LE GUIDE
DES VINS DE BORDEAUX

DU MÊME AUTEUR

CHOSES BUES, Grasset, 2008.

JACQUES DUPONT

LE GUIDE DES VINS DE BORDEAUX

BERNARD GRASSET
PARIS

ISBN 978-2-246-76351-2

SOMMAIRE

Introduction générale 11
Pourquoi / parce que 13
Les classements 15
Les seconds vins 23
La carte des appellations 25
Économie résumée et simplifiée 27
Les cépages du Bordelais 31
Sols et terroir 35
Notes et dégustation 39
Lexique 43
Millésimes de 2000 à 2009 51
Millésimes de 1945 à 1999 75

Le Médoc 83
Haut-médoc 87
– Crus classés du haut-médoc 88
– Crus bourgeois et ex-crus bourgeois du haut-médoc 118
– Crus artisans du haut-médoc 222
Listrac 235
– Crus bourgeois et ex-bourgeois de listrac 236
Moulis 255
– Crus bourgeois ou ex-bourgeois de moulis 256
Margaux 285
– Crus classés 286
– Crus bourgeois et ex-bourgeois de margaux 417
– Crus artisans de margaux 456
Saint-julien 459
– Crus classés de saint-julien 460
– Crus bourgeois ou ex-bourgeois de saint-julien 533
Pauillac 545
– Crus classés de pauillac 546

– Crus bourgeois ou ex-bourgeois de pauillac 652
– Crus artisans 664
Saint-estèphe 667
– Crus classés de saint-estèphe 668
– Crus bourgeois ou ex-bourgeois de saint-estèphe 704
– Crus artisans de saint-estèphe 766
Médoc 769
– Crus bourgeois ou ex-bourgeois du médoc 770
– Crus artisans du médoc 828

Graves et pessac-léognan 839
Pessac-léognan 841
– Les crus classés de graves 843
– Les pessac-léognan non classés 926
Les graves 974

Sauternes, barsac, blancs liquoreux 1017
Sauternes 1019
– Les crus classés de sauternes et barsac 1021
– Sauternes et barsac non classés 1112
Loupiac 1134
Sainte-croix-du-mont 1139

Fronsac et canon-fronsac 1147
Fronsac 1150
Canon-fronsac 1184

Pomerol et lalande-de-pomerol 1205
Pomerol 1207
Lalande-de-pomerol 1364

Saint-émilion 1407
– Premiers grands crus classés 1413
– Grands crus classés de saint-émilion 1520
– Saint-émilion grand cru et saint-émilion 1656

Satellites de saint-émilion 1729
Lussac-saint-émilion 1734
Montagne-saint-émilion 1746

Puisseguin-saint-émilion 1760
Saint-georges-saint-émilion 1767

Les côtes-de-bordeaux 1777
Blaye 1781
Côtes-de-bourg 1803
Cadillac et premières-côtes-de-bordeaux 1826
Castillon 1842
Francs 1871
Sainte-foy-bordeaux 1879

Bordeaux et bordeaux supérieurs 1883

Index 1941

Remerciements 1949

Introduction générale

Pourquoi / parce que

« Les femmes et le bordeaux, je crois que ce sont les deux seules raisons de survivre. »

Pierre DESPROGES

Ce livre n'est pas objectif.

C'est juste un livre de bonne foi, comme disait Montaigne.

J'aime les vins élégants, harmonieux. Avec ce qu'il faut de tanins ou d'acidité pour qu'ils se tiennent droits, des parfums subtils qui excitent l'imagination. Je n'aime pas les vins monstrueux qui sentent la vanille et le shampooing bon marché.

J'aime les vins qui donnent envie. Je n'aime pas les vins qui rassasient.

J'aime les vins qui font appel à l'intelligence et à la sensibilité. Je n'aime pas les vins qui traduisent des ego ballonnés.

J'aime les gens qui cherchent et qui doutent. Je n'aime pas les gens qui savent déjà tout.

À partir de là, même si je déguste au maximum à l'aveugle, étiquettes sous cache, je ne prétends pas à l'objectivité. L'honnêteté suffira.

Ce livre n'est pas initiatique.

Vous n'y trouverez pas les fameux chapitres « apprendre à déguster », « choisir son verre », « comment constituer sa cave »...

Bien constituer sa cave, c'est simple. Il suffit d'acheter deux tiers de vins à boire jeunes et un tiers de vins de garde. Si vous faites l'inverse, vous boirez des vins qui ne seront pas prêts et qui vous décevront. Le reste n'est que littérature de remplissage destinée à rendre les guides et les ouvrages de conseils un peu plus moelleux.

De même, rien sur « comment conserver son vin ». Ceux qui pensent qu'il faut loger les bouteilles au grenier, sur une terrasse, dans le congélateur ou dans la partie la plus ensoleillée de leur appartement nous achèteront par erreur et n'apprendront rien de nouveau ici.

Ce livre est fait pour être picoré.

Pour se balader de château en domaine, en flânant du pas tranquille du promeneur solitaire, ou à l'inverse pour trouver subitement le renseignement précis sur un millésime dans une propriété, la qualité, la réussite de tel ou tel sur une année ou une période. On y glanera également, au fil des visites dans les châteaux, une foule d'informations sur les techniques, les sols, les cépages. On y rencontrera surtout des hommes et des femmes. Car le vin n'est pas une affaire d'anonymes.

Avant d'être le produit d'une rencontre entre un coteau, un versant, une « croupe », comme on dit dans le Médoc, et une exposition, un climat, il est d'abord, avant tout, un choix humain. C'est son intérêt, du moins je l'espère. Sans cela, je n'en aurais pas fait ma spécialité. Le vin est une décision. Domestication de la plante, choix du lieu, défrichage, drainage souvent dans le Bordelais, méthodes culturales, date de vendanges, vinification, élevage… Tout cela relève de décisions humaines et non d'une sorte d'intervention divine, de génération spontanée, de merveille naturelle, comme souvent les livres sur le vin d'autrefois voulaient nous le faire accroire. La nature est belle mais rarement bavarde.

Ce livre est une histoire.

Quand il y a de l'humain, il y a des histoires à raconter, des changements, des parcours, des aventures, des expériences… Rien que du bonheur pour les curieux. Ce livre est donc une somme de temps passé, dans les vignes, les chais, parfois les cuisines, à déguster, écouter, retenir.

Les classements

Les classements ont toujours existé. C'est une façon évidente de dire le meilleur et l'acceptable.

Ce n'est pas une exclusivité bordelaise. En Bourgogne, les premiers écrits témoignent des méthodes culturales ou œnologiques avant le mot. Obligatoirement, ils annoncent une classification. Ainsi, le docteur Jules Lavalle, au XIXe siècle, a délivré son propre classement des meilleurs terroirs de chaque village de la Côte-d'Or. Encore une référence aujourd'hui.

En 1855, à Bordeaux, les courtiers dressent un tableau incroyablement moderne des meilleurs crus du Médoc. Tellement génial qu'encore aujourd'hui on hésite à le contredire et qu'il est toujours objet de polémique. Donc vivant. Même ses plus farouches adversaires lui rendent hommage en proposant de l'amender. Jamais ignoré, qu'a-t-il donc de si éternel ?

Simplement d'être fondé sur le commerce. Les courtiers ne se sont guère embarrassés de considérations sur le terroir. Ils ont simplement enregistré que les vins les plus demandés et les plus chers étaient les meilleurs. Sur la durée. Faut-il pour autant jeter à l'estuaire toute considération sur les sols, l'exposition, etc. ? Certes pas.

Si Latour, Haut-Brion, Margaux, Lafite et consorts furent dès lors rangés au rang de premiers, ils le devaient au choix d'excellentes parcelles très bien mises en valeur par des hommes de talent.

Faut-il le rappeler, sans drainage, sans recherche du meilleur cépage planté à la bonne densité par hectare, taillé comme il faut, bref, sans intervention humaine, point de grand terroir viticole.

Nier l'importance des sols et des expositions est aussi absurde que d'ignorer l'effort des hommes pour leur mise en valeur ou l'influence des facilités d'accès pour le commerce.

Les classements anciens figurent une sorte de chambre d'enregistrement de ces facteurs mélangés. Cela n'a rien à voir avec l'appellation d'origine contrôlée, concept moderne, né à la fin des années 30, à la demande des vignerons et qui s'appuie sur une meilleure connaissance scientifique (en principe) des phénomènes naturels.

Les deux, AOC d'une part et classement de l'autre, la plupart du temps se recoupent. C'est le cas en Bourgogne où l'AOC ne fait qu'entériner des classements anciens. Ce n'est pas le cas avec le classement de 1855. Les grands crus qu'il distingue existaient déjà comme des produits modernes, sur d'importantes surfaces qui dépassaient parfois les limites de la commune. Plus que le vin issu d'une appellation, un château, c'est une marque. Les classements bordelais ne recoupent donc pas à la lettre la délimitation des AOC. À tel point que Lafite, premier grand cru classé de pauillac (AOC pauillac), possède une partie de son vignoble en appellation saint-estèphe… Ce n'est pas le seul exemple.

Le classement de 1855

Le plus ancien et le plus fameux. Il émane du Syndicat des courtiers à la demande de la Chambre de commerce de Bordeaux pour l'Exposition universelle de Paris. Sont concernés les vins rouges du Médoc et Haut-Brion, pourtant situé dans les graves, du fait de sa notoriété et de son antériorité ; les blancs liquoreux de Sauternes et Barsac. En 1973, Mouton-Rothschild a rejoint la liste des premiers crus classés de 1855. Nous le présentons sous sa forme actualisée, certains noms de domaines ayant pu varier, accompagnés de l'appellation à laquelle ils sont attachés.

Crus	**Appellations**	**Crus**	**Appellations**
Premiers crus		**Deuxièmes crus**	
Haut-Brion	graves	Brane-Cantenac	margaux
Lafite-Rothschild	pauillac	Cos-d'Estournel	saint-estèphe
Latour	pauillac	Ducru-Beaucaillou	saint-julien
Margaux	margaux	Durfort-Vivens	margaux
Mouton-Rothschild	pauillac	Gruaud-Larose	saint-julien

Crus	Appellations
Lascombes	margaux
Léoville-Barton	saint-julien
Léoville-Las-Cases	saint-julien
Léoville-Poyferré	saint-julien
Montrose	saint-estèphe
Pichon-Longueville	pauillac
Pichon-Longueville-Comtesse de Lalande	pauillac
Rauzan-Ségla	margaux
Rauzan-Gassies	margaux

Troisièmes crus

Boyd-Cantenac	margaux
Calon-Ségur	saint-estèphe
Cantenac-Brown	margaux
Desmirail	margaux
Ferrière	margaux
Giscours	margaux
d'Issan	margaux
Kirwan	margaux
Lagrange	saint-julien
La Lagune	haut-médoc
Langoa-Barton	saint-julien
Malescot-Saint-Exupéry	margaux
Marquis-d'Alesme-Becker	margaux
Palmer	margaux

Quatrièmes crus

Beychevelle	saint-julien
Branaire-Ducru	saint-julien
Duhart-Milon	pauillac
Lafon-Rochet	saint-estèphe
Marquis-de-Terme	margaux
Pouget	margaux

Crus	Appellations
Prieuré-Lichine	margaux
Saint-Pierre	saint-julien
Talbot	saint-julien
La Tour-Carnet	haut-médoc

Cinquièmes crus

d'Armailhac	pauillac
Batailley	pauillac
Belgrave	haut-médoc
Camensac	haut-médoc
Cantemerle	haut-médoc
Clerc-Milon	pauillac
Cos-Labory	saint-estèphe
Croizet-Bages	pauillac
Dauzac	margaux
Grand-Puy-Ducasse	pauillac
Grand-Puy-Lacoste	pauillac
Haut-Bages-Libéral	pauillac
Haut-Batailley	pauillac
Lynch-Bages	pauillac
Lynch-Moussas	pauillac
Pédesclaux	pauillac
Pontet-Canet	pauillac
du Tertre	margaux

Sauternes et barsac

Premier cru supérieur

d'Yquem	sauternes

Premiers crus

Climens	barsac
Clos Haut-Peyraguey	sauternes
Coutet	barsac
Guiraud	sauternes
Lafaurie-Peyraguey	sauternes

Crus	Appellations	Crus	Appellations
Rabaud-Promis	sauternes	Doisy-Daëne	barsac
Rayne-Vigneau	sauternes	Doisy-Dubroca	barsac
Rieussec	sauternes	Doisy-Védrines	barsac
Sigalas-Rabaud	sauternes	Filhot	sauternes
Suduiraut	sauternes	Lamothe	sauternes
La Tour-Blanche	sauternes	Lamothe-Guignard	sauternes
		de Myrat	barsac
		de Malle	sauternes
Deuxièmes crus		Nairac	barsac
d'Arche	sauternes	Romer-du-Hayot	sauternes
Broustet	barsac	Suau	barsac
Caillou	barsac	Romer	sauternes

Les crus bourgeois du Médoc

Les crus bourgeois disposaient d'un classement de 1932, fortement daté et vaguement revu en 1966. Le syndicat a organisé un nouveau classement plus sévère, rendu public en juin 2003, et qui distinguait 9 crus bourgeois exceptionnels, des crus bourgeois supérieurs et enfin les crus bourgeois simples. Ce classement, révisable tous les dix ans, a évidemment fait l'objet de critiques et de procédures qui ont abouti à son annulation. Les ex-crus bourgeois s'imposent désormais un label qui sera attribué ou non tous les ans. Pour le moment… Ce n'est donc plus un classement, mais un label annuel. Avec le temps, qui sait si un nouveau classement ne verra pas le jour.

Les crus artisans du Médoc

Une des règles incontournables pour faire partie du cercle bien verrouillé des crus artisans est constituée par l'obligation de résider sur place et d'y accueillir le client.

Dans le Médoc, au XVIIIe siècle, au bas de l'échelle, on trouve les petites vignes des paysans et celles des artisans, nombreux, au service des plus grands. Autour des beaux domaines viticoles, les petits métiers prospèrent: forgeron, maçon, charron ou simplement boulanger, qui tous possèdent un bout de vigne. Parfois, dans les archives, le nom du propriétaire est suivi de celui de son métier : *«Sébileau et Rapet, charpentiers à Saint-Estèphe; Lagarde, maréchal-ferrant à Saint-Julien...»* À partir de 1868, la mention devient presque officielle et figure dans certains ouvrages de référence. Les crises de l'entre-deux-guerres, les guerres elles-mêmes et la terrible gelée de 1956 font peu à peu disparaître ces petites exploitations indépendantes. Les uns cèdent leurs parcelles aux crus voisins plus importants. D'autres entrent en cave coopérative ou vendent leur production en vrac aux négociants et plus personne ou presque ne parle des crus artisans. La mention en devient presque péjorative.

Le retour des belles années fait sortir du maquis une nouvelle génération de vignerons, bien décidés à redonner ses vraies valeurs au nom d'artisan. Ceux-là parlent volontiers du passé, du grand-père tout jaune quand il pulvérisait le soufre sur les vignes ou tout bleu quand c'était le tour de la bouillie bordelaise, des mules, des bœufs, du premier tracteur Loiseau acheté d'occasion en 1959... Ce n'est pas de la nostalgie, c'est juste de l'assise.

En février 1989 est créé le Syndicat des crus artisans, qui a pour but de *«regrouper les exploitations autonomes de petite et moyenne importance, où le chef d'exploitation participe effectivement à la conduite de son vignoble»*. Un artisan, un vrai, qui travaille de ses mains, en famille, avec parfois un ou deux employés. En 1994, la réglementation européenne admet la dénomination, qui pourra désormais figurer sur les étiquettes pour le marché français et l'export. Très vite, ils ont organisé leur propre classement. Pas de hiérarchie à l'intérieur, juste le droit d'en être ou pas.

Chez les crus artisans, c'est le Médoc caché que l'on découvre, celui des dégustations dans la cuisine, des entrecôtes épaisses et recouvertes d'échalotes, des vieux millésimes au fond des paniers, des parties de pêche et des coups de main en cas de besoin.

Des vignobles de petite surface, souvent morcelés et parfois imbriqués dans des domaines aux noms prestigieux, comme

Béhèré, en pauillac, coincé entre Mouton et Pontet-Canet pour certaines parcelles. Ces artisans, s'ils ne disposent pas des moyens des crus classés, connaissent leur terroir, leur sol et pratiquent le métier depuis plusieurs générations. Il n'est pas rare de trouver des chais qui semblent des miniatures de ceux que l'on a visités chez les grands. Ce qui ne signifie pas que l'on puisse comparer, car le prix de revient et donc l'investissement par pied de vigne, en soins, analyses, personnels, n'a pas grand-chose à voir. Le prix de la bouteille non plus, et c'est ce qui fait le bonheur des amateurs curieux.

La qualité s'est beaucoup améliorée ces dernières années, car on échange beaucoup les expériences et même parfois le matériel. Quelques-uns, même, n'ont pas attendu que ce soit la mode pour s'intéresser à la culture sans pesticides, bio, biodynamique. En 2006, le classement validé au *Journal officiel* retenait 44 crus artisans. Un chiffre qui devrait augmenter. Devant le succès de ce classement, plusieurs crus ont manifesté le désir de le rejoindre.

Le classement des graves

En 1959, l'Institut national des appellations d'origine (INAO) a procédé au classement des vins blancs et rouges de graves. Il sont tous aujourd'hui dans l'appellation pessac-léognan, créée en 1987.

Château Haut-Brion (rouge)
Château Bouscaut (rouge et blanc)
Château Carbonnieux (rouge et blanc)
Domaine de Chevalier (rouge et blanc)
Château Couhins (blanc)
Château Couhins-Lurton (blanc)
Château de Fieuzal (rouge)
Château Haut-Bailly (rouge)
Château La Mission-Haut-Brion (rouge)
Château La Tour-Haut-Brion (rouge)
Château Latour-Martillac (rouge et blanc)
Château Laville Haut-Brion (blanc)
Château Malartic-Lagravière (rouge et blanc)
Château Olivier (rouge et blanc)
Château Pape-Clément (rouge)
Château Smith-Haut-Lafitte (rouge)

Le classement des crus de Saint-Émilion

Tous les dix ans, en principe, Saint-Émilion procède, sous l'égide de l'Inao, à un nouveau classement : premiers grands crus classés A (Ausone et Cheval-Blanc) ou B et grands crus classés. Le dernier classement, rendu public en 2006, a donné lieu à des procès interminables qui ont refroidi les ardeurs classificatrices. Un nouveau système, s'appuyant sur un organisme certificateur, devrait permettre une réactualisation prévue en 2012…

Premiers grands crus classés

A :

Château Ausone
Château Cheval-Blanc

B :

Château Angélus
Château Beauséjour (hDL)
Château Beau-Séjour-Bécot
Château Bélair-Monange
(ex-Château Bélair)
Château Canon
Château Figeac
Clos Fourtet
Château La Gaffelière
Château Magdelaine
Château Pavie
Château Pavie-Macquin
Château Troplong-Mondot
Château Trottevieille

Grands crus classés

Château Balestard-La Tonnelle
Château Bellefont-Belcier
Château Bellevue
Château Bergat
Château Berliquet
Château Cadet-Bon
Château Cadet-Piola
Château Canon-La Gaffelière
Château Cap-de-Mourlin
Château Chauvin
Château Corbin
Château Corbin-Michotte
Château Dassault
Château Destieux
Château Faurie-de-Souchard
Château Fleur-Cardinale
Château Fonplégade
Château Fonroque
Château Franc-Mayne
Château Grand Corbin
Château Grand-Corbin-Despagne
Château Grand-Mayne
Château Grand-Pontet
Château Guadet
Château Haut-Corbin
Château Haut-Sarpe
Château L'Arrosée

Château La Clotte
Château La Couspaude
Château La Dominique
Château La Marzelle
Château La Serre
Château La Tour-du-Pin (ex-Château La Tour-du-Pin-Figeac, Moueix)
Château La Tour-du-Pin-Figeac, Giraud-Bélivier
Château La Tour-Figeac
Château Laniote
Château Larcis-Ducasse
Château Larmande
Château Laroque
Château Laroze
Château Le Prieuré
Château Les Grandes-Murailles
Château Matras
Château Monbousquet
Château Moulin-du-Cadet
Château Pavie-Decesse
Château Petit-Faurie-de-Soutard
Château Ripeau
Château Saint-Georges-Côte-Pavie
Château Soutard
Château Tertre-Daugay
Château Villemaurine
Château Yon-Figeac
Clos-de-l'Oratoire
Clos-des-Jacobins
Clos-Saint-Martin
Couvent des Jacobins

Les seconds vins

Qu'est-ce qu'un second ? Tout ce qui n'est pas le premier ? Celui qui aide ou seconde le premier ? Ce qui précède le reste ? Presque un sujet pour le bac. En bon français, déjà, on peut écrire ou dire second ou deuxième, il n'y a pas de différence. Maurice Grévisse lui-même, pape de la grammaire, l'affirmait : contrairement à une opinion souvent répandue, les deux termes signifient la même chose. Un second, comme son compère le deuxième, peut être suivi d'un troisième. Et, en matière de crus, c'est parfois le cas.

Cette révision orthographique n'est pas hors sujet. Car le second vin a beaucoup évolué dans sa définition. Aux premiers jours de l'histoire des crus classés, il n'y avait pas de seconds. On sélectionnait les barriques en fonction des acheteurs ou des destinataires. Ce système a prévalu pendant fort longtemps, jusqu'à ce que chaque propriétaire adopte la mise en bouteilles au château. Celle-ci, généralisée après les années 50, a imposé peu à peu une qualité unique de vin à la sortie du château. Parallèlement, la plupart des crus classés se sont agrandis, surtout dans le Médoc. Si bien qu'à l'orée des années 90 les châteaux se sont retrouvés avec des volumes importants, la nécessité de hausser la qualité face à une demande forte, mais exigeante. Il y avait donc nécessité de profiter des surfaces et des volumes plus importants qu'autrefois pour ne retenir sous le nom du grand vin que le meilleur de la récolte.

Du second vin, tous ne donnent pas la même définition. Certains préfèrent évoquer un « autre » vin, produit, dans le premier cas, sur un parcellaire à peu près identique chaque année. L'inconvénient de l'« autre vin », c'est qu'on ne sait plus où le ranger. Dans la panoplie déjà pléthorique de l'offre française, il n'apparaît pas absolument nécessaire d'encore un peu plus compliquer le jeu de piste.

Le second vin a une place définie et une fonction claire : il permet l'approche d'un grand vin, il s'y substitue pour partie et doit donner envie. Il montre le savoir-faire. Les seconds vins, en principe, ne sont pas (ou plus) la déchetterie des cuviers. Tout ce qui est jugé indigne de porter la signature du château, grand ou second, est cédé anonymement en citerne au négoce.

Vendu rapidement, et en général à un prix soutenu, le second vin est d'un bon rapport. Ensuite, il assure la promotion du château. C'est un tremplin, un ambassadeur formidable à condition d'être réussi. Il ne doit être ni un ersatz ni le « cadet » du grand, mais un aperçu savoureux, une signature du terroir et du métier.

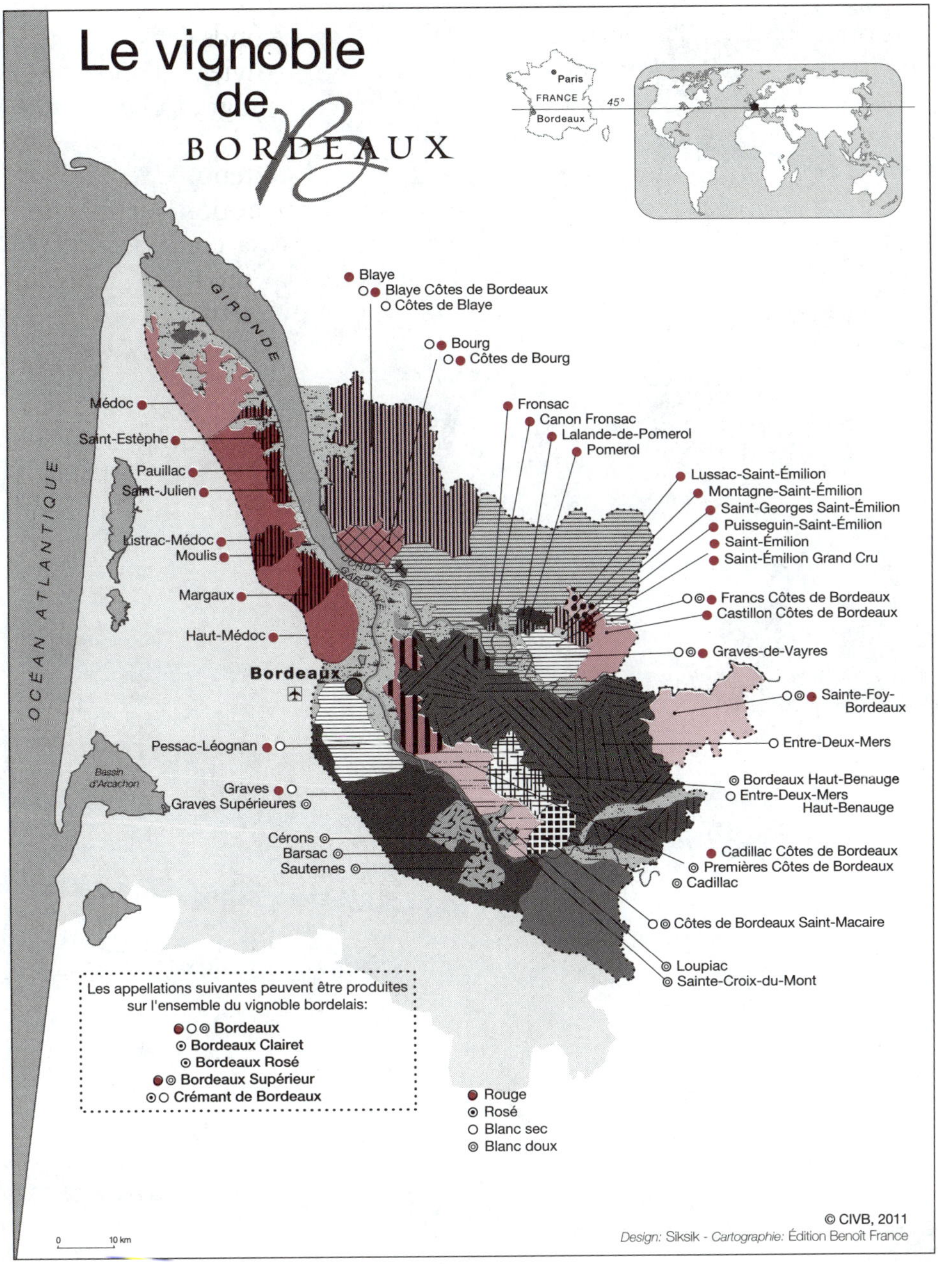
Le vignoble
de
BORDEAUX
Paris
FRANCE
Bordeaux
45°
GIRONDE
OCÉAN ATLANTIQUE
Bassin d'Arcachon
DORDOGNE
GARONNE
Bordeaux
Blaye
Blaye Côtes de Bordeaux
Côtes de Blaye
Bourg
Côtes de Bourg
Fronsac
Canon Fronsac
Lalande-de-Pomerol
Pomerol
Lussac-Saint-Émilion
Montagne-Saint-Émilion
Saint-Georges Saint-Émilion
Puisseguin-Saint-Émilion
Saint-Émilion
Saint-Émilion Grand Cru
Francs Côtes de Bordeaux
Castillon Côtes de Bordeaux
Graves-de-Vayres
Sainte-Foy-Bordeaux
Entre-Deux-Mers
Bordeaux Haut-Benauge
Entre-Deux-Mers Haut-Benauge
Cadillac Côtes de Bordeaux
Premières Côtes de Bordeaux
Cadillac
Côtes de Bordeaux Saint-Macaire
Loupiac
Sainte-Croix-du-Mont
Médoc
Saint-Estèphe
Pauillac
Saint-Julien
Listrac-Médoc
Moulis
Margaux
Haut-Médoc
Pessac-Léognan
Graves
Graves Supérieures
Cérons
Barsac
Sauternes
Les appellations suivantes peuvent être produites sur l'ensemble du vignoble bordelais:
Bordeaux
Bordeaux Clairet
Bordeaux Rosé
Bordeaux Supérieur
Crémant de Bordeaux
Rouge
Rosé
Blanc sec
Blanc doux
0
10 km
© CIVB, 2011
Design: Siksik - Cartographie: Édition Benoît France

Économie résumée et simplifiée

« Quand Renault tousse, c'est la France qui s'enrhume ! » La fameuse maxime qui fit la joie des journalistes économiques en panne d'inspiration n'est plus tout à fait exacte aujourd'hui. Mais une de ses déclinaisons possibles, celle que l'on obtient en remplaçant Renault par Bordeaux, reste parfaitement d'actualité. Oui, un petit coup de mou du côté de l'Aquitaine et c'est la France viticole qui s'inquiète ou subit. À part l'exception champenoise, qui a su développer sa propre organisation, sa propre communication, et inventer un système commercial moderne et original, les autres régions productrices de vin vivent Bordeaux comme un baromètre agaçant que l'on aurait souvent envie de passer par la fenêtre.

Qui donne le *la* en matière de millésime ? Bordeaux. Même si l'année a été excellente en Bourgogne ou dans le Languedoc, on n'entendra que l'écho girondin. Si ce n'y fut que médiocre, alors l'année sera médiocre des Vosges au canal du Midi. Ainsi le 1991, formidable en Beaujolais, le 1987, délicieux en Côte-d'Or, le 2001, grandissime en côte-rôtie et autour, furent-ils classés minables dans la mémoire collective. En revanche, le 2000, millésime moyen en Bourgogne, est déclaré monument national parce que bon à Bordeaux.

Pourquoi cette prédominance ?

Déjà parce que Bordeaux est – de loin – le plus grand vignoble français : 117 500 hectares. Le suivant, la vallée du Rhône, est loin derrière avec un peu moins de 80 000 hectares. Tandis que la Bourgogne, présentée comme l'éternelle rivale, ne couvre que 27 000 hectares.

Ensuite, et c'est sans doute là l'essentiel, du fait de son développement commercial historique. Il n'aura échappé à personne que Bordeaux, autant que l'Angleterre demeure une île, est un port. Son marché, avant d'être français, fut d'abord maritime. Au XVIIIe siècle, le plus sûr et le plus efficace moyen de transport pour les marchandises s'avère fluvial ou maritime. L'Angleterre, avec laquelle l'Aquitaine entretient une très ancienne complicité, fut et demeure son premier client. Mais il y a aussi la Hollande, les pays du nord de l'Europe, les Amériques, etc. Cette présence internationale de Bordeaux, très tôt dans l'Histoire, a assis sa réputation de meilleur vignoble du monde. C'est du moins ainsi qu'il est perçu hors de nos frontières. Ce n'est pas un jugement sur le goût ou sur la qualité des vins, juste une réalité économique.

Cette prédominance profite inégalement à l'ensemble des producteurs de vin. Les très grands crus ont vu ces dernières années leurs prix exploser, tandis que les revenus d'un viticulteur en appellation bordeaux simple, fournisseur de vin en vrac au négociant, sont très faibles et mettent en question l'existence même de certaines exploitations. À l'inverse de la Champagne, par exemple, où tout le monde profite de la croissance... La différence tient à la mise en valeur des vins et au rôle du négoce. À Reims et à Épernay, la mise sur le marché et la valorisation des vins sont l'œuvre des négociants. Même s'il existe des grands crus, délimités, connus et reconnus comme tels, ils ne jouent pas un rôle essentiel dans le prix de la bouteille. Celles qui sont vendues le plus cher sont les cuvées spéciales des négociants. Le client qui commande une bouteille de Dom Pérignon se fiche pas mal de savoir si dedans il y a du vin d'Aÿ, du Mesnil ou d'Avize. Il achète une marque. Pour Bordeaux, on pourrait dire la même chose pour l'amateur de Lafite ou de Pétrus. À la différence que Lafite ou Pétrus sont produits sur des propriétés limitées en quantité limitée. Les grandes marques de champagne achètent du raisin aux producteurs qui, en fonction de l'offre et de la demande, vendent de plus en plus cher cette matière première nécessaire. Les grandes marques de bordeaux, c'est-à-dire les grands châteaux, ne vendent que ce qu'elles produisent sur leur propre territoire. Le petit livreur de raisin installé dans l'Aube, en périphérie champenoise, tire profit de l'usine champagne. Celui de l'entre-deux-mers voit passer le train des richesses mais ne peut grimper dedans. À côté des grands crus, il n'existe pas à Bordeaux de Moët & Chandon, Mumm, Laurent Perrier ou de négociants qui aient eu l'envie ou la capacité de réaliser avec le nom Vin de Bordeaux une marque riche et célèbre.

Lorsque l'on fabrique du champagne, il n'existe qu'une seule appellation contrôlée champagne.

À Bordeaux, on recense 63 AOC différentes : graves, côtes-de-bourg ou de-blaye, pauillac, médoc, saint-émilion, etc. Pas facile pour un négociant de mettre tout cela en musique et sur une seule partition comme l'ont fait les grands de la Champagne.

Pour l'amateur aussi, ce n'est guère aisé de s'y retrouver. Mais ce fractionnement a aussi ses bons côtés. Il permet de faire des affaires.

On ne peut plus acheter les grands pauillacs, leurs prix sont beaucoup trop élevés ! Qu'à cela ne tienne, on trouvera en crus bourgeois, non loin des tours et des ardoises des prestigieux châteaux, dans des demeures moins nobles, des crus délicieux et presque bradés. Les premiers de saint-émilion sont introuvables dans les meilleurs millésimes ! Tant pis, dans les appellations satellites, on peut dénicher un vin remarquable et raisonnable.

Le vieux dicton bordelais *« En petite année achète des grands et en grande année achète des petits ! »* n'a jamais été autant d'actualité.

Bordeaux en chiffres

63 AOC, 32 premiers grands crus classés, 219 crus classés, 11 500 châteaux.

40 coopératives et 6 unions de coopératives. Elles représentent 42 % des récoltants et 22 % des surfaces cultivées.

Environ 300 entreprises de négoce (le nombre varie souvent) qui commercialisent 70 % de la production.

Aucun restaurant 3 étoiles (…)

117 500 hectares en production.

89 % des surfaces dédiées au vin rouge, 11 % au blanc.

47 % des surfaces pour les appellations bordeaux et bordeaux supérieur.

17 % pour les médocs et graves.

14 % pour les côtes (blaye – côtes-de-bordeaux ; castillon – côtes-de-bordeaux, francs – côtes-de-bordeaux ; Cadillac – côtes-de-bordeaux ; 1res côtes-de-bordeaux – côtes-de-bordeaux – côtes-de-bourg, graves-de-vayres, sainte-foy-bordeaux).

11 % pour les saint-émilion, pomerols et fronsacs.
8 % pour les blancs secs.
3 % pour les blancs doux.

Récolte en 2010 : 5,7 millions d'hectolitres. Taille moyenne des exploitations : 15 ha en 2009 (contre 5 ha en 1987).

Le marché : 68 % en France et 32 % à l'export (dont 53 % au sein de l'Union européenne) pour un total de 5,06 millions d'hectolitres en 2010 et une valeur de 3,36 milliards d'euros.

Consommation : en 2010, 50 % des ménages français ont déclaré acheter du vin de Bordeaux (12 bouteilles en moyenne), mais 20 % des acheteurs réalisent 71 % des achats.

Lieux de vente en France : 32 % cafés, restaurants, cantines, cafétérias, etc. ; 44 % en grandes surfaces classiques (soit 200 millions de bouteilles en 2010) et 12 % en hard-discount, 12 % cavistes, Salons et ventes directes à la propriété.

Exportations : en valeur, Bordeaux représente 37 % des exportations françaises de vins tranquilles.

Premières destinations pour les vins de Bordeaux (en valeur) :

Hongkong : 251 ; Royaume-Uni : 227 ; Chine : 164 ; Belgique : 118 ; Allemagne : 111 ; États-Unis : 99 ; Japon : 95.

Les cépages du Bordelais

L'encépagement du vignoble bordelais tel que nous le connaissons aujourd'hui, avec seulement quelques cépages rois comme le cabernet-sauvignon, le cabernet franc et le merlot en rouge, le sauvignon et le sémillon en blanc, est relativement récent. Il est la conséquence d'au moins deux grands événements catastrophiques : la crise phylloxérique, à la fin du XIXe siècle, et le grand gel de février 1956. Le terrible puceron qui décima l'ensemble du vignoble européen et les températures polaires qui succédèrent à un mois de janvier plutôt doux, en 1956, ont obligé les vignerons à replanter en presque totalité leur domaine. Chaque fois, l'urgence et la nécessité, le manque de plants, aussi, ont obligé à la simplification. Sans doute y a-t-on un peu perdu de la complexité et du folklore. Un cépage ancien et disparu titille nos envies insatisfaites de savoir et laisse dans nos mémoires une trace peut-être plus importante que sa réelle qualité gustative ne nous en aurait procuré… À moins que les anciens aient eu vraiment collectivement mauvais goût, il est probable que, en conservant ceux qui nous régalent aujourd'hui, ils ont choisi ce qu'ils pensaient être le meilleur, et pas seulement en ce qui concerne la quantité produite.

Les cépages rouges

Le cabernet-sauvignon

C'est le raisin roi du Médoc et de la région des Graves. Cépage tardif qui peine à mûrir, mais produit des vins d'une grande finesse, il requiert des terrains secs, bien drainés, pour aller jusqu'à la parfaite maturité. Il se plaît sur les sols de graves légèrement argileuses ou sableuses.

Le merlot

Cépage précoce offrant de la rondeur, du moelleux et de l'alcool. Il est majoritaire en Libournais et sur toute la rive droite de la Garonne, aussi bien sur les sols calcaires, sableux ou argileux, et intervient de façon complémentaire au cabernet-sauvignon dans le Médoc et les Graves. Sa forte représentation dans le vignoble bordelais est assez récente. Elle a vraiment commencé après les replantations post-phylloxériques. Le merlot est issu d'un croisement entre le cabernet-franc et la magdeleine noire des Charentes, presque disparue. L'Ampélopole, à Cherves-Richemont (Charente) en a retrouvé quelques pieds qui ont été mis en culture.

Le cabernet franc

Il semble être le papa de la plupart des cépages actuels rouges du Bordelais. Sans doute originaire d'Espagne ou du Pays basque, il s'installe dans la région peu après la conquête romaine. Son croisement avec le sauvignon a donné le cabernet-sauvignon. Mais on le retrouve aussi dans la Loire, sous son nom ou celui de « breton ». Il est présent un peu partout dans le vignoble bordelais, en complément la plupart du temps, mais il constitue la colonne vertébrale de très grands saint-émilion comme Cheval-Blanc et Ausone.

Le petit-verdot

Originaire du Sud-Ouest, il ne possède pas de lien de parenté avec les autres cépages. Cépage tardif, tannique, qui exige chaleur et sols secs pour bien mûrir, il se plaît sur les graves de Margaux et apporte des notes épicées dans les assemblages.

Le malbec

Ou « cot », suivant les régions. C'est le cépage dominant de la région de Cahors. Il occupait une très grande place dans le vignoble bordelais avant de quasi disparaître après le gel de 1956. Les producteurs lui reprochaient son irrégularité et sa tendance au pourrissement. De meilleures sélections ont depuis été opérées et il fait un retour en force dans le vignoble des côtes-de-bourg.

Le ou la carménère

On le trouve en forte implantation au Chili, importé par les émigrants français. Ce descendant du cabernet-franc marié à des cépages du Sud-Ouest avait pratiquement disparu du vignoble bordelais, sans doute à cause d'un mauvaise capacité à fructifier. Il fait un timide retour aujourd'hui dans quelques propriétés.

Les cépages blancs

Le sauvignon

Originaire sans doute du centre de la France et des bords de Loire – Sancerre pourrait être sa capitale –, c'est un cépage vigoureux, très fruité, parfois jusqu'à la caricature s'il ne dispose pas de terrain assez sec ou s'il n'est pas à sa pleine maturité. Présent dans toutes les appellations de blanc, souvent dominant, sauf dans les liquoreux où la plupart du temps il complète le sémillon.

Le sémillon

Sans doute un autochtone, né du travail de sélection des hommes dans la région de Sauternes. Il apporte du gras, réagit bien à l'action du botrytis, la pourriture noble. Moins immédiat que le sauvignon sur le plan aromatique, assez neutre dans sa jeunesse, il se révèle avec le temps dans les grands liquoreux en apportant des nuances de miel et d'épices douces.

La muscadelle

En perte de vitesse, ce cépage sensible à la pourriture intervient en complément des sauvignons et sémillons, surtout dans les liquoreux. Très aromatique, les Bordelais la qualifient de musquée, je lui trouve parfois des senteurs proches du cerfeuil ou de l'aneth.

Sols et terroir

Premier rôle du sol

Le vignoble de Bordeaux est constitué de quelques grandes familles de sols et d'une multitude de cas particuliers. Mais dans tous les cas, pour qu'une terre soit viticole, la première des conditions – qui peut paraître étrange, sachant qu'il s'agit de vin – est la qualité de son régime hydrique ! C'est dans son rapport à l'eau, sa capacité à conserver juste le nécessaire et évacuer le surplus, à organiser l'alimentation de la plante, à la mettre au régime sec quand c'est indispensable, qu'un sol se montre apte à accueillir la vigne pour y produire du bon vin.

Au début du cycle, à la fin de l'hiver, quand pointent les premiers bourgeons, la vigne dispose d'une certaine quantité d'eau en réserve dans le sol qui va diminuer au fur et à mesure. La « transpiration » par les feuilles dépense cette réserve. La pluie vient compenser en partie cette perte, mais pas en suffisance. La transpiration doit toujours dépasser les précipitations afin d'arriver à l'été en ayant absorbé la presque totalité de l'eau du sol. Il se produit alors ce qu'on appelle le stress hydrique. La vigne manque d'eau et cesse de croître. L'énergie de la plante – les sucres formés par la photosynthèse – va alors s'orienter vers la production des baies. En cas de déficit extrême, comme en 2003, la photosynthèse est affectée et les baies ne sont pas nourries, la maturité est bloquée.

Exemple : trois grands types de sols

Les graves

C'est le sol le plus précoce, mélange de cailloux traînés par les glaciers et roulés par la Garonne. On le trouve essentiellement en Médoc, et évidemment dans la zone des Graves. Très perméable, il oblige la plante à un enracinement profond pour se nourrir. Après une forte pluie, toute l'eau a disparu et le système racinaire développé tout en longueur, de 3 à 6 mètres en profondeur, n'aura pratiquement jamais été en contact avec elle. En revanche, en cas de sécheresse, ce même système, du fait de sa taille et de son énorme développement, arrive à trouver de l'humidité dans les couches les plus profondes et souvent argileuses.

Le calcaire à astéries

Sol type du plateau de Saint-Émilion, à peine recouvert de cailloux, de sables et de terres, sur une épaisseur de 30 à 60 centimètres, ou s'entremêlent les racines. En cas de pluie, l'eau traverse cette couche et pénètre dans le calcaire, qui fonctionne comme une éponge. Il permet à l'eau de passer mais pas aux radicelles : pas d'excès dans l'alimentation de la vigne. En période sèche, les racines qui courent sur le calcaire pompent l'humidité en surface par capillarité, comme le morceau de sucre dans le café. L'eau des couches profondes remonte, migre vers la surface et alimente la couche asséchée par les racines.

Les argiles

Le sol des grands pomerols. Il contient une quantité d'eau très importante. Cette argile très dense retient l'eau et la vigne a du mal à l'extraire.

En cas de fortes pluies, l'argile se gonfle et écrase les radicelles qui ont plongé dans les fentes. La plante absorbe donc peu de cette eau en surabondance, d'autant que celle-ci glisse et ruisselle sur la surface devenue compacte et imperméable. En cas de sécheresse, les racines passent dans les fentes qui se forment, plongent en profondeur et continuent d'alimenter la plante.

Le terroir

La confusion entre sols et terroirs s'entend fréquemment. On peut posséder le plus beau sol viticole, sous le meilleur climat, la plus belle des expositions en pente face au soleil, s'il ne peut être valorisé par l'homme, il demeurera une terre inculte.

« Il n'y a pas moins d'excès à définir les grands crus bordelais comme une "conséquence" de la présence de la terre de graves qu'il y

en aurait à représenter l'art ogival comme un don du calcaire lutétien », écrivait le grand géographe Roger Dion[1]. Ce sont les hommes qui déterminent le terroir. D'abord en installant les vignobles dans des zones de commerce possible, ensuite par leur travail, drainage, apport, recherche des cépages le mieux adaptés. Les vignerons ont repéré et construit leur terroir au fil des siècles, et c'est la seule chose que l'on ne peut pas exporter.

1. *Le Paysage et la Vigne : essais de géographie historique*, Payot, 1990.

Notes et dégustation

La dégustation à l'aveugle n'est pas une fin en soi. Elle permet simplement de se débarrasser du poids des étiquettes et de l'empathie que l'on peut ressentir vis-à-vis de tel ou tel. Je la pratique le plus que je peux, mais elle ne représente qu'une étape. Elle permet de casser les hiérarchies que l'on se fabrique dans nos cervelles. Je m'explique. Pour un dégustateur bien rodé à la chose, s'il goûte les crus classés de pauillac, Pichon-Lalande doit forcément être meilleur que Haut-Bages-Libéral et Grand-Puy-Ducasse. Haut-Batailley sera moins bien noté que Grand-Puy-Lacoste. Et Croizet-Bages doit fermer le ban. J'ai même vu, et je ne suis pas le seul, certains corriger leurs notes après une dégustation à l'aveugle où ils n'avaient pas respecté ce classement obligé. Ils passent ainsi à côté du redressement spectaculaire opéré à Croizet et de certains millésimes délicieux de Ducasse…

Mais l'intérêt principal de la dégustation à l'aveugle tient au repérage. Pourquoi, d'un coup, ai-je porté une appréciation très positive sur ce cru que d'habitude je déguste plutôt mal ou que bêtement je ne connais pas ?

Il suffit d'aller voir. C'est la deuxième étape pour l'approche d'un vin : la rencontre avec la propriété et le vigneron. Dans presque 100 % des cas, on découvre qu'il y a eu changement de génération, de vinificateur, de façon de cultiver la vigne…

Un vin change parce que celui qu'il l'a conçu a changé.

Le vin n'est pas anonyme, il est le produit d'une rencontre entre un homme – ou de plus en plus une femme – et un sol, un climat.

Sur les meilleurs calcaires de Saint-Émilion, les graves les plus sensiblement dosées en argile du Médoc, on peut produire le plus médiocre des vins.

Qu'un footballeur de classe internationale puisse s'offrir une Ferrari ne lui confère pas le talent au volant d'un pilote de formule 1.

Avec le vin, c'est l'envie de faire qui remplace le moteur.

Certains achètent des domaines dans le cadre d'une seconde vie. Ils font appel à un œnologue vedette et embauchent du personnel qualifié. Ils pourront produire du bon vin mais reproductible ailleurs.

D'autres (ou les mêmes), plus impliqués, s'attacheront à comprendre comment fonctionnent leurs vignes, et les complicités de celles-ci avec le sol qui les porte, y consacreront tout leur temps. Ceux-là, peut-être se tromperont-ils car ils n'étaient pas préparés suffisamment, mais ils ont au contraire toutes les chances de donner naissance à un vin exceptionnel car non reproductible. C'est leur vin, leur signature, leur histoire.

La visite une à une des propriétés viticoles permet d'appréhender cela.

Voir les gens, les entendre, les deviner, partager un moment leurs doutes et leur bonheur.

Si un jour vous êtes reçu par un guide dans un grand cru classé, vous garderez en mémoire la majesté des lieux, la netteté des installations, la précision du travail.

Vous n'oublierez jamais le moment passé avec un vigneron dans un chai obscur si celui-ci sait transmettre son amour des vignes et toute l'intelligence qu'il place dans ses vins. Une heure avec Patrick Grisard, à Cornélie, en Haut-Médoc, une entrecôte partagée dans un cru artisan, la passion tranquille d'un François Despagne à Grand-Corbin-Despagne ou celle vibrionnante des Lascaux en bordeaux supérieur et je vous le garantis, vous ne goûterez plus jamais leur vin comme avant.

La dégustation, c'est cela. Une part tend vers l'objectivité : mais la dégustation même à l'aveugle n'est jamais une science exacte. Une part de subjectivité confère au vin son humanité.

Je note sur 20. C'est ainsi que moi-même on me notait au sein des établissements mis à notre disposition par le ministère de l'Education nationale. Comme vous, je savais qu'en rentrant à la maison avec un 12/20 j'avais sauvé les meubles, mais qu'il n'y avait pas vraiment matière à pavoiser. Alors que l'obtention d'un 18 ouvrait des possibilités nouvelles dans le relationnel avec les parents, surtout à la veille des fêtes de Noël.

Cela me semble clair, simple à comprendre.

Certains ont opté pour la notation sur 100, en prétextant que celle-ci était plus précise. Cela me semble davantage relever du trompe-l'œil et du marketing. Avez-vous déjà dégusté un vin qui aurait été noté 44 sur 100 ou 63 ? En vérité, ce système met en valeur uniquement les vins qui dépassent 80. Et encore ! Les très bons vins s'inscrivent dans une marge étroite qui va de 90 à 100.

Un peu de calcul. Un vin noté 16 représente dans mon échelle basique un très bon vin. Pas un excellent, mais un très bon. Si je multiplie par 5 pour trouver son équivalence sur 100, cela donne 80. Mais 80, pour ceux qui notent sur 100, c'est davantage un bon vin sympa qu'un très bon qui sera lui plutôt noté 90… Où est la précision ?

Personnellement, je préfère m'en tenir à la notation sur 20, me consacrer au vin et oublier la calculette…

Lexique

AGRÉMENT. Ensemble des opérations (dégustation et analyse) permettant l'obtention de l'appellation pour chacun des vins d'une propriété, à chaque millésime.

ANTHOCYANES. Composés phénoliques présents dans la peau des raisins et qui vont donner la couleur aux vins rouges au cours de la macération.

AOÛTEMENT. Lignification des rameaux de la vigne, apparition d'une fine écorce qui en change la couleur. Au mois d'août, bien sûr.

BARRIQUE. Fût de 225 litres à Bordeaux, de 93 centimètres de hauteur. La circonférence « à la tête » doit être de 1,84 mètre, et « au bouge » (la partie renflée) de 2,17 mètres. La chauffe de la barrique pour cintrer les douelles (planches courbées servant à la fabrication des tonneaux) peut varier selon les tonneliers et selon la demande. Une chauffe douce et lente joue peu sur les arômes. À l'inverse, une chauffe forte donne des arômes de café, de cacao, qui vont influer sur le goût du vin. Une barrique dite d'un vin a déjà supporté l'élevage d'un millésime et marque moins le vin qu'une barrique neuve. Le chêne utilisé influence beaucoup la qualité des arômes. Certaines forêts comme celle de Tronçais, dans l'Allier, figurent parmi les plus recherchées. Le chêne américain, dit chêne blanc (à l'inverse du chêne pédonculé d'Europe), confère au vin des senteurs de noix de coco un peu vulgaires.

BÂTONNAGE. Technique très ancienne revenue à la mode en œnologie moderne, qui consiste à agiter, grâce à un bâton ou à un fléau, le vin blanc dans les tonneaux en fin de fermentation, ou après celle-ci, pour remettre en suspension la lie fine composée de levures en fin d'activité.

BOISÉ. Ensemble des arômes apportés par l'élevage en barrique (de chêne, généralement). Cela peut être agréable quand, à faible dose, il apporte une touche épicée, torréfiée ou vanillée à un ensemble déjà construit. Quand le boisé violent domine le vin, c'est vite fatigant. Les industriels du Nouveau Monde et, hélas, certains élaborateurs français utilisent des copeaux de chêne, des granulats ou des *staves*, sorte de solives, pour conférer le goût boisé, ce qui est assimilable à une aromatisation artificielle.

BOTRYTIS. C'est un champignon qui provoque la pourriture du raisin. Parfois une catastrophe (botrytis gris) quand il s'attaque aux raisins rouges, parfois précieux (*Botrytis cinerea*), allié des grands vins liquoreux quand il concentre les baies. On parle alors de « pourriture noble ».

CÉPAGE. Le raisin. Sur la rive droite de la Garonne – Pomerol, Saint-Émilion, Côtes, Fronsac –, le merlot est dominant, sauf exception, dans les vins rouges. C'est un cépage précoce et très sucré. Le cabernet-sauvignon est prépondérant dans le Médoc, il donne moins de sucre et donc moins d'alcool, il mûrit également moins facilement. Le cabernet franc – cépage souvent d'appoint, sauf sur certains crus de Saint-Émilion et de Pomerol, où il détermine souvent la qualité de la vendange – est porteur de saveurs fruitées fraîches.

CHAPEAU. Partie solide composée des pépins et des peaux (parfois de la rafle) qui se forme en haut de la cuve pendant la fermentation.

CHAPTALISATION. Ajout de sucre dans le vin pour hausser le taux d'alcool. Plus vraiment d'actualité désormais. Les vins ces derniers millésimes atteignent des degrés naturels parfois trop importants.

COLLE, COLLAGE, LEVÉ DE COLLE. Au blanc d'œuf dans les grands crus. L'introduction dans la barrique ou la cuve d'une matière capable de sédimenter une partie des particules solides en suspension dans le vin permet de le clarifier et d'adoucir les tanins. Quand la « colle » est bien déposée au fond, on soutire le vin, on « lève de colle ».

CONCENTRATEUR. Grosse machine. Par osmose inverse ou système d'entropie, les concentrateurs ont pour fonction de soustraire de l'eau aux moûts. Ses partisans affirment qu'il est préférable de retirer de l'eau plutôt que d'ajouter du sucre. Le concentrateur mal utilisé peut aussi amplifier les mauvais goûts ou la verdeur des tanins.

CONTRE-BOURGEON. Bourgeon supplémentaire qui pousse quand le premier a été détruit par le gel ou la grêle, mais qui peut aussi pousser en parallèle un peu plus tardivement, et augmenter le nombre de grappes.

COULURE. Au moment de la floraison, si le temps est trop froid ou pluvieux, la fécondation ne se fait pas, et les vignes auront peu ou pas de grappes.

CRYO-EXTRACTION. Technique très en vogue à la fin des années 80 en Sauternais, un peu moins maintenant. Les raisins sont congelés avant pressurage, et l'eau transformée en glace reste dans le marc, seul le sucre s'écoule. Comme les concentrateurs, la « cryo » peut aussi augmenter mauvais goût et verdeur.

DÉLESTAGE. À la différence d'un remontage (*voir ce mot*), on retire entièrement de la cuve la partie liquide, avant de la reverser sur le marc. Cela favorise l'extraction.

DENSITÉ À L'HECTARE. C'est le nombre de pieds de vigne sur un hectare. Pour un même rendement, une vigne plantée à 3 000 pieds à l'hectare porte beaucoup plus de grappes (par pied) qu'une vigne plantée à 10 000. Le raisin sera donc moins riche en sucres et en polyphénols (tanins, arômes...).

ÉCLAIRCISSAGE. Ou vendanges vertes, ou vendanges en vert. Passage en juillet (souvent, mais parfois aussi plus tard) pour faire tomber les grappes en trop sur certains pieds de vigne. Intervention nécessaire mais pas toujours heureuse, car souvent les grappes qui restent en profitent pour prendre du poids.

EFFEUILLAGE. Suppression des feuilles qui font écran entre le soleil et la grappe.

ÉLEVAGE. Après les fermentations, le vin est placé en cuves ou en barriques. Il se débarrasse de ses impuretés et arrondit ses tanins (pour les rouges) au contact infime de l'air. Les lies se déposent. L'élevage peut varier dans sa durée de quelques mois à près de deux ans.

EXTRACTION. Ensemble des méthodes (remontage, pigeage) qui permettent d'extraire de la peau du raisin la couleur et les tanins au cours de la macération, avant que la fermentation ne se déclenche. On peut aussi laisser macérer après la fermentation, mais en douceur, pour ne pas extraire de tanins de pépins, plus verts. Par son pouvoir solvant, l'alcool favorise en effet l'extraction.

FERMENTATION. Transformation par les levures du sucre en alcool.

FERMENTATION MALOLACTIQUE. Transformation de l'acide malique en acide lactique par des bactéries. Cela provoque une baisse des acidités totales. Autrefois, avant que l'on comprenne ce phénomène, on disait que les vins travaillaient avec le retour du printemps. C'était plus poétique.

GRAVES. Petits cailloux de nature multiple en provenance du Massif central ou des Pyrénées, érodés, arrondis et transportés par les glaciers ou par la Garonne jusqu'en Aquitaine. On les trouve essentiellement sur la rive gauche dans la région… dite des Graves, et plus en aval dans le Médoc.

MACÉRATION. Contact prolongé et échange entre le jus et les matières solides du raisin, surtout la peau. La macération à froid ou préfermentaire a lieu avant la fermentation. Elle est censée donner du fruit au futur vin. La macération classique se déroule après la fermentation. Le jus se charge en matière colorante et en tanins alors plus facilement libérés sous l'effet de l'alcool, qui agit comme un solvant. En blanc aussi, on peut pratiquer une macération préfermentaire qui permet d'acquérir surtout du gras. En rosé, une courte macération avant la fermentation permet d'obtenir la couleur désirée.

MATURITÉ PHÉNOLIQUE. On distingue la maturité des sucres et des acides de la maturité des tanins et autres composés qui vont apporter fruit, structure, couleur. Des raisins peuvent être mesurés à 13° potentiels sans pour autant avoir atteint cette maturité phénolique. Vinifiés à ce stade, ils donneront des vins durs, astringents, sans charme.

MILDIOU. Maladie de la vigne due à un champignon. Le mildiou est redoutable, car il agresse tous les organes, de la tige au grain en passant par les feuilles, en profondeur. C'est contre lui que fut mise au point la fameuse bouillie bordelaise, à base de cuivre et de chaux. Comme le phylloxéra apparu peu après, le mildiou est venu d'Amérique du Nord, sans doute dans les bagages de quelques aventuriers, nombreux à cette époque, qui tentaient d'augmenter la production française en utilisant des ceps américains. Le champignon hiverne à l'état d'oospore à l'intérieur des feuilles tombées. Dès que les températures remontent, les oospores germent, forment des spores qui se dispersent et pénètrent la face inférieure des feuilles. Une fois à l'intérieur, le champignon se propage. Plus le temps est humide ou pluvieux, plus il se développe, formant une tache blanchâtre. Il provoque la chute prématurée des feuilles et le dépérissement des grappes.

MOÛT. Jus avant fermentation.

NOUAISON. Passage de la fleur au fruit.

OÏDIUM. Maladie de la vigne due à un champignon. Moins redoutable que le mildiou, il ne s'attaque qu'en surface des parties vertes. Le soufre en a été longtemps le meilleur remède.

PALISSAGE. Conduite de la vigne en ligne sur les fils de fer pratiquée dans tout le Bordelais. Rehausser le palissage consiste à augmenter (vers le haut) la hauteur de la vigne et accroître la partie feuillage, l'« usine à sucre » du raisin.

PHYLLOXÉRA. Venu d'Amérique, au milieu du XIXe siècle, ce puceron dont la larve se nourrit sur la racine de la vigne a détruit le vignoble européen. La solution est venue du greffage sur des pieds américains résistants à ce fléau *(voir Porte-greffe)*.

PIGEAGE. Opération qui consiste à casser le chapeau (*voir ce mot*) de marc afin de favoriser l'échange entre jus et particules solides. Autrefois, c'étaient les hommes qui s'y collaient. Aujourd'hui, on dispose de vérins qui plongent dans la cuve.

PORTE-GREFFE. Pied de vigne américain sur lequel est greffée une vigne française. C'est la conséquence du phylloxéra, qui a détruit le vignoble à la fin du XIXe siècle : après bien des tâtonnements, on s'est aperçu que l'« insecte ravageur » épargnait les racines des pieds américains, et la technique s'est généralisée.

PRESSES. Après macération et fermentation, on écoule les cuves. Le premier jus obtenu s'appelle « vin de goutte ». Le marc restant au fond de la cuve est alors pressé et donne le « vin de presse ». On dit plus rapidement les « presses ». Sa qualité varie suivant le millésime et la durée de macération. Souvent le vigneron l'élève à part, décidant plus tard s'il doit ou non, totalement ou partiellement, l'incorporer au grand vin.

RENDEMENT. Quantité de raisins récoltée à l'hectare. En AOC, le rendement moyen est limité suivant chaque appellation. Des rendements faibles ne sont pas forcément synonymes de qualité. En année de récolte généreuse, on trouve certains des plus grands millésimes (1982, 1986, 1990).

REMONTAGE. Au cours de la vinification, il se forme un « chapeau » en haut des cuves avec les parties solides (peau, pulpe, pépins, etc.), qui contiennent tanins et éléments colorants. Le remontage consiste, avec l'aide d'une pompe, à vider la cuve par le bas pour reverser le jus en haut, afin de remélanger chapeau et jus et favoriser l'extraction. Cette technique ancienne permet un meilleur échange entre les parties solides et le liquide. On parle de remontage fractionné, quand on procède par étapes, en ne vidant à chaque fois qu'une petite partie de la cuve pour maintenir toujours le chapeau immergé.

SAIGNÉE. Pratique ancienne pour les vins rouges. Dès que la cuve est remplie de raisins, on ouvre le robinet. Un jus sucré mais clair s'échappe de la cuve (on peut aussi en faire du rosé). On gagne en couleur et en densité, mais il ne faut pas exagérer. Rarement plus de 10 % du volume d'une cuve, sinon on risque de perdre du fruit et de faire venir l'amertume.

SOUFRE. Substance antiseptique et antioxydante connue depuis l'Antiquité, sans doute déjà utilisée par les Romains. Mais ce n'est qu'à l'époque moderne qu'on en redécouvre l'usage. Il va permettre une meilleure conservation du vin et donc favoriser l'exportation de celui-ci. Le soufre a aussi donné la possibilité au vigneron du XVIIIe siècle d'allonger la durée de macération sans craindre que le vin vire au vinaigre et de passer ainsi de vins rosés foncés aux vins rouges d'aujourd'hui. L'excès de soufre, à l'inverse, assassine le bonheur, paralysant les arômes et provoquant le mal de tête.

THERMORÉGULATION. Maîtrise des températures de vinification (par circulation d'eau chaude ou froide sur les parois des cuves, par exemple). Un grand progrès, qui permet notamment de préserver la fraîcheur des arômes menacée par les montées en température trop fortes au cours des fermentations.

TANIN. Composé naturel contenu dans la peau du raisin, le pépin ou la partie ligneuse de la grappe, la rafle. La macération des vins rouges permet d'extraire les tanins, qui donnent la texture, la solidité et aussi le moelleux quand les tanins sont « mûrs ». Le vinificateur cherche surtout à extraire les tanins de la peau, les plus mûrs et les plus nobles. Les tanins de pépins ou de rafle, plus « verts », surtout en année moyenne, confèrent au vin dureté et astringence. Une année de longue maturation permet aux tanins de mieux mûrir.

TRI (OU TRIE). Action qui consiste à retirer les mauvais grains, pas mûrs ou touchés par la pourriture. On utilise souvent des tables de trie vibrantes qui, par secouage, font tomber au sol les impuretés. Dans les liquoreux, on parle de vendange par tries successives, en plusieurs passages, pour chaque fois sélectionner les grains très mûrs ou atteints de pourriture noble.

VENDANGES VERTES ou vendange en vert : voir *Éclaircissage*.

VÉRAISON. En été, quand les grains changent de couleur, passant du vert au rouge (pour les rouges) ou au jaune (pour les blancs).

Millésimes de 2000 à 2009

« Devant la nature, les gens ont souvent un sentiment d'impuissance. D'où la tentation d'intervenir, de vouloir agir, sans savoir si c'est bien ou pas. Il faut de la retenue et de la modestie envers la vigne. En croyant bien faire, on peut remettre en cause des équilibres. »

Paul PONTALLIER,
Château Margaux.

Millésime 2000

Le très bon millésime

On a tout entendu. Tout et son contraire. « *Des merlots formidables* », dit-on à Château Montrose. « *Pas une grande année de merlot* », pour Ducru-Beaucaillou. « *Les cabernets n'ont pas dépassé 11,5°* », affirme-t-on à Gruaud-Larose, et Philippe Dambrine, à Cantemerle, en avait 10 hectares qui frôlaient les 14°… Les Bordelais seraient-ils devenus plus jaseurs que d'habitude ? Non, ceux-là n'ont rien de bateleurs de foire. C'est plutôt ce millésime 2000 qui semble à géométrie variable. Les constats, si différents d'un cru à l'autre, ont cependant des explications rationnelles. 2000 s'est construit à la bagarre.

D'abord, il y a les données « objectives », communes ou presque à tout le vignoble : un printemps et un début d'été mouillés qui favorisent l'éclosion des maladies, un mois d'août très sec et chaud qui ralentit et parfois bloque la maturité des raisins. Ensuite, il y a les réponses à ces problèmes. Celles apportées par les hommes : soins dans les vignes, taille, traitements, effeuillage, ébourgeonnage, etc.

Celles apportées par les terroirs, qui introduisent des variables beaucoup plus fines à analyser. Un exemple. Les fameux sols de graves, ces petits cailloux roulés par la Garonne, contiennent plus ou moins d'argile. Quand il y en a trop peu pendant une période de sécheresse, les racines ne trouvent pas l'humidité suffisante à leur alimentation, le raisin mûrit mal.

C'est une des explications possibles cette année à la différence ressentie entre les qualités de vin d'un domaine à l'autre.

Il se dégage cependant quelques grandes tendances. L'année a été favorable au cabernet-sauvignon, cépage tardif et roi du Médoc. Le merlot est moins homogène. Sans doute sa précocité lui a-t-elle porté préjudice au moment du coup de chaud d'août. Le cabernet-sauvignon aime prendre son temps, profiter longuement du sec et de la chaleur. Alors, seulement, ses tanins mûrissent parfaitement et offrent cette onctueuse finesse qui signe les grands médocs. L'ancien doyen de la Faculté d'œnologie de Bordeaux, Yves Glories, résumait ainsi le phénomène : « *Quand la maturation est lente, les pépins libèrent moins de tanins.* » Dans ce cas, ce sont les peaux qui « libèrent » en premier des tanins mûrs et veloutés. Les grands vinificateurs ne s'y sont pas trompés. Voyant que dans les cuves les jus se coloraient très rapidement, que la « *matière venait vite* », ils ont choisi de ne pas trop faire durer les cuvaisons, de ne pas trop « triturer » les moûts pour éviter d'extraire des tanins de pépins porteurs d'astringence. On parlera donc d'un grand millésime sans cependant dire qu'il est exceptionnel. Avantage au Médoc, grâce à la forte implantation du cabernet-sauvignon.

Le fait de l'année

Paul Pontallier, directeur de Château Margaux : « *Le métier des grands vins à long terme est incompatible avec le lucre.* » C'est assez dire le mépris énervé des grands seigneurs de la rive gauche vis-à-vis de ce phénomène des « vins de garage », ces micro-cuvées plus propres à la rive droite.

Pour mieux comprendre, il faut imaginer le paysage. Rive gauche, c'est le Médoc, entre Gironde et Atlantique, un relief à peine plissé, où les vignobles sont vastes. Une région bâtie au XVIIIe siècle par de grands propriétaires terriens, comme les Ségur (qui possédaient Latour, Lafite, Calon-Ségur et quelques autres babioles du même type).

Ici règne le classement de 1855, établi par les courtiers et négociants. C'est le château, la marque qui est classée et non la surface. Malgré les héritages et les partages, les domaines se sont plutôt agrandis, en empiétant sur les petits crus alentour. Dépasser 50 hectares figure souvent la règle et, à plus de 100 hectares on est loin d'être l'exception. En face, sur la rive droite, du côté de Saint-Émilion et de Pomerol, pour des raisons historiques, de développement et de relief (plus mouvementé), la propriété foncière est davantage morcelée. À 20 hectares, on se situe déjà dans les grands ; à 5 hectares, en pomerol, on est respecté.

Finalement, entre ces deux modèles viticoles, les intérêts divergent. Les « grandes surfaces » médocaines, abritées derrière leur classement gravé dans le bronze, peuvent se permettre d'améliorer leur vin en sélectionnant hardiment les meilleures parcelles et en proposant un deuxième, voire un troisième vin. Ceux de la rive droite n'ont pas forcément ce choix. Évidemment, les très célèbres s'en fichent quelque peu. Ils sont connus, leurs bouteilles s'arrachent et les prix sont soutenus. Les autres, les sans-grade, les ignorés des classements, risquent fort de le demeurer. D'où la tentation du coup d'éclat. C'est ce qu'a réussi Jean-Luc Thunevin avec son château de poche et son chai « de garage », Valandraud. Quasi-vedette des médias, Thunevin conseille, vinifie, achète. Bref, il fait prospérer ses lauriers. Et son mini-mini est devenu un confortable cru de 15 hectares avec des parcelles bien plus intéressantes – en termes de sols – que celles du départ.

Son aventure a donné des idées à une bonne centaine d'autres petits ou moyens propriétaires de Saint-Émilion ou d'ailleurs. Avec plus ou moins de bonheur. Car tout le monde n'est pas capable de faire du Thunevin et beaucoup de ceux qui s'y emploient créent surtout des monstres de tanins et de bois, plus proches du coulis que du vin.

Millésime 2001

L'année discrète

C'est sans hésitation que l'on peut qualifier 2001 de millésime exceptionnel pour les blancs liquoreux. Un des plus beaux millésimes que j'aie jamais dégustés. Les liqueurs sont abondantes, les acidités parfaites. La cause de cette réussite n'a rien de mystérieux d'après les producteurs. C'est la rapidité de développement du botrytis, le champignon de la fameuse « pourriture noble », qui en est la cause. *« D'habitude, il nous faut vingt-cinq jours de vendanges et de nombreux passages. Là en deux tries, sur sept jours tout était plié. Tout s'est fait tellement vite qu'il ne pouvait y avoir de déviation de goût du botrytis »*, selon Éric Kohler, responsable de Rieussec.

Pluie abondante au début du printemps, juillet calamiteux, septembre froid, des raisins qui peinaient à mûrir, des vendanges à haut risque en octobre... Inutile de remonter au temps des Romains : vingt ans plus tôt, le millésime 2001 en rouge aurait donné pour l'essentiel un pinard infâme. Cependant, c'est un millésime agréable dès son plus jeune âge, qui dans certains châteaux se montre plus subtil que 2000. La floraison très précoce a sans doute donné un avantage au raisin en lui permettant grâce à cette avance d'attendre la bonne maturité. Autre facteur, l'intervention humaine. Le monde viticole est devenu meilleur cultivateur. Cela peut paraître un peu paradoxal, anachronique ou décalé : c'est pourtant la vérité. Et la mécanisation n'a pas grand-chose à voir avec tout cela. Ce sont des gestes simples, anciens ou nouveaux, du travail à la main, long et coûteux, qui assurent aujourd'hui les beaux raisins et les grands vins. Ébourgeonnage, échardage, épamprage, effeuillage, éclaircissage... Des mots du temps du Grand Meaulnes que l'on croyait rangés au musée des Arts et Traditions populaires au côté de la plume Sergent-Major, des cartes Vidal de La Blache et de *L'Almanach du laboureur*. Des paroles d'hier prononcées par des gens vraiment d'aujourd'hui, au pied de cuves rutilantes et tronconiques en inox avec refroidissement contrôlé par ordinateur.

Le fait de l'année

Ce retour aux sources, cette affirmation de la suprématie de la matière première (le raisin) sur les modes de transformation, qui pourrait apparaître comme une forte tautologie, est cependant lourd de conséquences. Il marque la fin d'une époque.

Au début de la décennie 90, le monde viticole bordelais se passionnait pour toutes ces pratiques œnologiques nouvelles, expérimentales, qui permettaient d'extraire de la couleur et d'avoir des vins noirs même en année médiocre ou de tirer des peaux et des pépins le maximum de tanins. Puis encore, les mille et une façons de rendre ces tanins aimables, d'abord en cherchant à faire des vins plus alcoolisés – l'alcool donne une sensation de rondeur en bouche –, ou en travaillant sur l'apport d'oxygène (ce que fait naturellement la traditionnelle barrique), qui arrondit ces fameux tanins. La science œnologique a des similitudes avec l'automobile. Elle aussi permet d'aller d'un point à un autre : du jus de raisin au vin, en l'occurrence. Mais au volant, comme dans le chai, on peut avoir envie de franchir la ligne blanche. C'est humain. Forte est la tentation de bricoler un peu la réalité de « dépasser le terroir », comme on disait il y a quelques années.

Cette course un peu folle à la séduction par la concentration, au vin trop puissant et trop riche, a été bénéfique pour Bordeaux. C'est elle qui a relancé l'export, enrichi les châteaux, leur a permis d'investir et parfois de remettre en état des vignobles que l'absence d'argent dans les années 70 avait contraints au quasi-abandon. Elle a montré aussi ses propres limites : une partie de la profession a intégré que la course à la puissance, à terme, défavoriserait Bordeaux, qui, sur ce terrain-là, ne peut pas gagner contre les vins de soleil de Californie, d'Australie ou d'Argentine.

Millésime 2002

Le sous-estimé

Plus personne n'y croyait. Temps pourri au printemps ! Il pleuvait dans le cœur des vignerons comme il pleuvait dans la vigne. Froid et flotte au moment où la vigne est en fleur signifie mauvaise fécondation et petite récolte. On parle alors de coulure (absence de grappes) ou de grains millerandés (petits, incomplets). Chacun savait à quoi s'en tenir : la récolte serait très inférieure aux années précédentes. Certains ont baissé les bras, qui, devinant les futurs rendements, ont fait une croix sur le millésime. D'autres, en revanche, ont tenté de sauver les meubles.

« Cette année-là, sans savoir ce qu'on allait récolter, il fallait en faire plus », disait Alfred Tesseron. Pas très motivant. D'autant que le mois d'août, *« celui qui fait les moûts »*, selon le vieux dicton vigneron, n'avait fait qu'ajouter de l'angoisse. Humide sans être vraiment

pluvieux et franchement maussade. Les plus motivés étaient passés dans les rangs pour tenter d'équilibrer la récolte, en faisant tomber les grappes qui ne mûrissaient pas ou en effeuillant à la hauteur des raisins pour favoriser l'action du soleil. Ou encore en « échardant », un travail de précision qui consiste à couper les ailes de chaque grappe pour ne garder que le cœur, mieux alimenté, plus sûr de mûrir.

Et septembre est arrivé. Un franc soleil de fin d'été – moins chaud que celui de juillet et d'août – s'est installé dans la durée. Il était accompagné d'un vent de nord-est qui a d'abord séché les grappes menacées de pourriture, puis concentré la matière contenue dans les raisins : tanins, sucres mais aussi acidité. Dans le Libournais, région de Saint-Émilion et de Pomerol, entre autres, majoritairement plantée en merlot, cépage précoce, cette histoire a fonctionné presque comme un piège. La floraison est tombée en pleine période froide et le soleil de septembre est arrivé trop tard : la maturation s'est mal faite. Ceux qui avaient des cabernets (plus tardifs) dans l'encépagement de leurs domaines étaient soulagés ou sauvés. Les merlots du Médoc ne sont guère plus brillants mais le cabernet-sauvignon, dominant dans ce vignoble, a bien bénéficié de l'été indien. Autre bizarrerie du millésime, la sécheresse. Tous les sols n'ont pas réagi de façon similaire à cet état de fait. Et, d'une vigne à l'autre, le résultat pouvait être différent. Sur le plateau de Pauillac, par exemple, une partie du vignoble est plantée sur des graves sableuses. La vigne a eu beau plonger ses racines, elle n'a rien trouvé pour alimenter les baies. La maturité s'est bloquée et le raisin n'a pas profité du beau temps d'arrière-saison. À quelques hectomètres de là, on trouve des graves argileuses. Des cailloux, tout pareil, mais au lieu de sable pour les entourer, c'est de l'argile, dont la capacité à retenir l'eau est connue. La plante a disposé d'une maigre mais suffisante ration d'humidité pour que ses raisins supportent le sec et le vent. La maturité s'est opérée tant bien que mal.

Le fait de l'année

Bordeaux, qui, après avoir réalisé les profits du siècle (le XXe) avec le millésime 2000, n'a pas compris qu'il fallait relancer la machine par une forte baisse sur le 2001, va devoir brader ses 2002. Par chance, la récolte est faible. Les premiers crus classés, qui un court moment s'étaient sentis à l'abri des vicissitudes du marché, ont annoncé des prix de sortie en chute de 50 à 60 %. D'autres, qui s'étaient montrés raisonnables avec le millésime 2000, sont cependant obligés eux aussi de baisser. Quant à ceux qui ne le font pas, c'est simple, ils ne vendent pas.

Le temps récent où les vins body-buildés, les crus bidons issus uniquement du savoir-faire technique, les microcuvées damaient le pion aux vins issus des grands terroirs semble se terminer : « *Les vins de garage sont rentrés au garage* », plaisante le négociant Jean-Pierre Rousseau. Ils y sont retournés d'autant plus vite que, désormais, les « heureux » possesseurs de ces merveilles achetées à prix d'or commencent à ôter les bouchons et à vérifier verre en main la validité de leur achat. L'opération est souvent douloureuse. « *Les vins de garage, c'est comme les tentes de camping : quand on enlève la toile, il ne reste que les piquets* », résume Lucien Guillemet, propriétaire de Boyd-Cantenac.

Finalement, après la crue, le fleuve Bordeaux retrouve son cours normal. L'amateur français est en mesure de réapprovisionner sa cave en bordeaux de qualité.

Millésime 2003

Le caniculaire surestimé

L'année est sans références depuis 1893.

La logique voudrait que le principe soit simple. Année chaude et ensoleillée : bon grain, bon vin. Et récolte précoce. Rien n'est plus faux.

S'il fallait schématiser l'évolution du raisin au mois d'août, on pourrait tracer deux courbes. La première représenterait la montée du sucre qui va se transformer en alcool ; la seconde montrerait la maturation des tanins. En année classique, ces deux courbes sont à peu près parallèles. En 2003, pas du tout. La très forte chaleur a souvent brisé la mécanique. Par endroits, la vigne s'est totalement bloquée. Les très fortes températures – 50 °C relevés au pied d'un cep à Lafite – ont favorisé la montée des sucres, mais stoppé la maturité des tanins… Voici ce qu'en dit la Faculté (d'œnologie) sous la signature des professeurs Guy Guimberteau et Pascal Ribéreau-Gayon : « *En 2003, le choix de la date des vendanges était particulièrement délicat et nécessitait la recherche d'un compromis entre la teneur élevée en sucres et l'acidité très basse d'une part, la qualité des arômes et, pour les raisins rouges, celle des tanins d'autre part. Il fallait prendre en compte également la disparité de constitution des raisins d'un même cépage en fonction de la nature des sols.* » En clair, si la vigne était jeune, peu enracinée, sur des sols contenant très peu d'humidité : adieu équilibre, qualité et parfois même adieu récolte. Quand, en revanche, les racines de ceps âgés plongeaient en profondeur dans des zones plus humides, la vigne continuait son petit bonhomme de chemin vers la maturité des sucres et des tanins. Nous avons rencontré toutes les situations cette année, peut-être la plus hétérogène que nous ayons fréquentée. Ainsi, à Saint-Émilion, à côté de vins d'une fraîcheur surprenante, parfumés, bien ronds, on dégustait à l'inverse des rouges aux senteurs de pruneau ou de vieille confiture, avec des tanins rudes comme la justice saoudienne et une finale façon falaises d'Étretat. L'explication était avant tout géologique. Exemple : sur le plateau de Saint-Émilion, les racines serpentent (au-delà de la fine couche de terre) sur le rocher de calcaire tendre. Celui-ci fonctionne avec la pluie comme une éponge. Il absorbe l'eau comme un morceau de sucre à la surface d'une tasse de café et les racines n'ont plus, en cas de besoin, qu'à pomper dans ce réservoir intarissable. Résultat, pas de stress, la vigne s'alimente avec parcimonie et régularité et alimente à son tour le fruit. À l'inverse, dans les zones sableuses, les racines ont eu beau chercher, elles n'ont trouvé que du sec.

Certains responsables de domaines n'ont pas anticipé ces événements. Ils ont appliqué à la lettre les procédés techniques recommandés les années précédentes. L'effeuillage systématique, par exemple. Ainsi a-t-on vu, par endroits, des ceps ressembler aux vautours déplumés de Tex Avery : plus de feuilles pour faire vivre la plante ou même faire un rempart aux grains contre les rayons du soleil.

D'autres ont cru tenir la vendange de leur vie et sont allés trop loin dans les extractions. Au début des fermentations, les tanins des peaux, bien mûrs, se sont libérés. Mais ensuite, ce fut le tour des tanins des pépins. Ils ont apporté aux vins une astringence, une dureté qu'un usage excessif de la barrique neuve pour l'élevage des vins n'a fait que renforcer. Bref, cette année il fallait faire fonctionner l'instinct, le sensible, et se garder d'appliquer les recettes codifiées par les maîtres de l'œnologie. « *Timeo hominem unius libri.* » Je crains l'homme d'un seul livre, disait saint Thomas d'Aquin. Il eût fait, cette année à Bordeaux, un excellent conseiller.

Très grande année pour les sauternes et les autres vins liquoreux. Les premières pluies de septembre sont arrivées sur des raisins en parfait état sanitaire et déjà gorgés de sucre. La concentration s'est opérée très rapidement à travers la fameuse « pourriture noble », le *Botrytis cinerea*, un champignon magique.

Le fait de l'année

En marge de la qualité disparate de ce millésime, il convient également de signaler le succès grandissant de sa présentation. C'est devenu plus qu'une manifestation professionnelle, une sorte de festival. Un succès dont le moteur est l'Union des grands crus, que préside Patrick Maroteaux (Château Branaire-Ducru) : « *Quand j'ai pris la présidence en 1999, nous préparions 1 700 badges pour les professionnels, cette année nous en sommes à 3 700 et nous totalisons 13 000 entrées dans les différents lieux de dégustation. C'est 28 % de plus qu'en 2002 et 12 % de plus qu'en 2000, qui était le millésime attractif par excellence. Sans compter qu'il y a eu au moins 50 manifestations parallèles, une sorte de festival off.* »

Il faudrait évoquer aussi les limousines ou les minibus qui, dans le sillage d'un négociant bordelais, débarquent une flopée de belles dames et de beaux messieurs dans les cours d'honneur des châteaux. Tous partis à la découverte du nouveau millésime. C'est peut-être là qu'il faut chercher la grande réussite de la vente en primeurs des crus bordelais : l'incroyable engouement international pour ce nouveau type de tourisme viti-vinicole haut de gamme. Chinois, Finlandais, Américains, Japonais en grand nombre, Coréens... Un tiers d'étrangers cette année, c'est un échantillon de la planète qui défile entre Médoc et Libourne. Bordeaux est encore actuellement le seul vignoble à posséder ce pouvoir d'attraction.

Millésime 2004

Bon millésime, fort rendement, petit prix

« Ça sentait vraiment bon ! » Les vinificateurs qui s'étaient penchés au-dessus des cuves faisaient tous ce même constat. Non pas que d'habitude « ça » sente mauvais ! Arômes de raisins chauds, tout juste entrés au chai, odeurs entêtantes et fermentaires des pressoirs... Mais cette fois, c'était fort. C'est sans doute la première caractéristique des bordeaux rouges de 2004 : un fruit incroyablement présent dès le premier coup de nez. Pour la suite, pour le vin en bouche, c'est un millésime assez facile à expliquer. Une météo d'été craintive a provoqué une maturité lente qui s'est étirée jusqu'à la mi-octobre. *« Une année plus sèche que la normale : 500 millimètres de précipitations cette année contre 875 d'habitude. En revanche, plus d'eau pendant la période végétative qu'en 2003. Les pluies ont fait que la maturation a été longue »*, commente Éric Tourbier, de Mouton-Rothschild. Des conditions assez favorables au style bordelais. Ici, les grands vins s'expriment dans la finesse et celle-ci s'obtient davantage par la lente maturation des différents composants du raisin. Après un mois d'août maussade, qui pouvait faire redouter le pire, septembre a fait remonter le baromètre et changer la donne. Au final, un millésime beaucoup plus classique que le violent 2003. Un beau millésime à boire jeune qui peut s'écrire avec des si...

Il fallait en effet ne pas chercher à trop extraire, s'en tenir aux tanins nobles de la peau du raisin, car ceux des pépins apportaient la plupart du temps de la verdeur et de l'astringence.

Il fallait surtout une vendange bien maîtrisée en quantité. Car la vigne, dont la production fut faible en 2003 (pour cause de canicule) comme en 2002, cherchait sa revanche. Une alimentation équilibrée des sols, une taille adaptée et certaines pratiques, comme l'élimination des bourgeons en trop, ont été les alliées indispensables des producteurs.

Dès le 15 mai, Rémi Di Costanzo, au Château Saint-Pierre, envoyait ses équipes éliminer les bourgeons secondaires *« afin d'éviter un entassement et une quantité trop importante de grappes »*. Les comptages effectués dans les vignes laissaient en effet imaginer une récolte d'une ampleur rare. Les 8, 9 et 10 juin, la floraison se déroulait dans de très bonnes conditions climatiques. Dans les grands domaines, on recrutait sans plus tarder du personnel saisonnier, car on savait d'ores et déjà qu'il faudrait intervenir en force dans la vigne pour contenir cette déferlante annoncée de raisins. Dès les premiers jours de l'été, des vendangeurs de raisins verts passent et repassent pour réduire le nombre de grappes. *« Il fallait être là en juillet et en août, c'est à ce moment-là que l'on doit faire tomber du raisin. En septembre, c'est trop tard »*, commente Hubert de Boüard, de Château Angélus, à Saint-Émilion. Les vendanges vertes ont comme objectif, en réduisant la production, d'éviter la dilution. Mais, à vouloir trop bien faire, on provoque l'effet inverse : *« On ne peut empêcher la vigne de compenser en produisant des grains plus gros,* analyse Jean-Claude Berrouet, vinificateur de Pétrus. *C'est alors le rapport entre le jus et la peau qui devient problématique. »* La peau contient les phénols qui confèrent couleur et tanins au vin. En voulant réduire les rendements, on risquait ainsi d'obtenir des vins avec moins de matière, autrement dit dilués…

Évidemment, ces pratiques coûtent cher. Payer des gens à « non-récolter » semble une aberration pour ceux qui peinent à équilibrer leur budget et souvent s'y refusent. Seuls les domaines qui disposent d'une certaine trésorerie et sont assurés de vendre un bon prix peuvent se lancer dans une telle aventure. Autant dire que ce type de millésime ne participe pas à réduire le fracture sociale qui sépare de plus en plus les deux mondes bordelais, celui des grands crus et celui des petits, des appellations d'entrée de gamme, ces *« favelas »* comme les désigne un négociant bordelais.

Le fait de l'année

En 2004, les vins de Bordeaux ont connu un chute de leurs exportations de 12 % en volume et de 22 % en valeur, tandis que la récolte progressait de 21 % par rapport à 2003… Cherchez l'erreur. *« Le millésime 2003 a été surnoté par les Américains. Les importateurs ont acheté les grands crus à prix élevés. Ils ne se lancent pas sur 2004. On n'est plus en 2000, où l'argent coulait à flots et où tout se revendait. »*, confiait Patrick Bernard, de la société Millésima, un des négociants importants de la place de Bordeaux. En laissant de côté les crus trop « spéculatifs », qui aujourd'hui sont obligés de pratiquer des baisses abyssales, il n'en demeure pas moins que l'on assiste à un atterrissage plutôt brutal. Sur 253 vins actuellement proposés en primeur, la baisse moyenne par rapport à 2003 est de 20,27 %. Nombre de crus retrouvent leur prix de 1996.

Ces chiffres ne racontent cependant pas la détresse des petits bordeaux, dont les cours sur le marché de gros sont en dessous du prix de revient. Ils ne disent pas non plus le futur forcément inquiétant des vins de milieu de gamme, qui jusque-là ont fait confiance au système traditionnel bordelais pour se vendre. Quel négociant est prêt à s'encombrer de crus bourgeois sans notoriété ou de saint-émilion méconnus ? Certains syndicats discutent déjà pour savoir jusqu'à quelle hauteur ils vont autoriser les bidouillages dans les chais. Utilisation des copeaux, acidification, aromatisation… Sous prétexte que la concurrence (Nouveau Monde) le fait, quelques responsables sont prêts à lâcher du lest et flatter une base pourtant bien consciente que le succès des pays émergents tient plus à leur organisation et leur punch marketing qu'à la pharmacie. « *La panoplie du petit chimiste permet à des vins de pas grand-chose de ressembler à des vins de presque rien* », confiait un œnologue admirateur de Pierre Dac.

Millésime 2005

The best

Et si c'était, de tous les temps, le plus grand millésime de Bordeaux ? Certains le pensent. Ne parlons pas de ceux qui chaque année tentent le bluff, même si la pluie n'a pas cessé des Rameaux à la Toussaint… Il y a client plus sérieux. Lucien Guillemet, par exemple. Propriétaire et vinificateur de deux crus classés à Margaux (Boyd-Cantenac et Pouget), ce n'est ni un novice, ni un bonimenteur : « *On a sans doute par le passé connu des années semblables, mais on n'avait pas la maîtrise technique d'aujourd'hui ; c'est ce qui me fait dire que 2005 est peut-être le meilleur millésime qui ait jamais existé.* » Même la faculté, d'ordinaire très prudente, se risque à l'enthousiasme. Ils sont dix têtes chercheuses de l'Inra, de l'université ou de l'Énita à avoir rassemblé leurs notes pour nous expliquer les (bons) caprices de la nature en 2005 : « *Il est assez rare, à Bordeaux, de réussir à la fois, avec un tel bonheur, les vins blancs secs, les vins rouges et les grands liquoreux. Le climat de 2005 fut favorable aux trois couleurs de Bordeaux.* » Année phénomène ou plus encore année qui cumule les phénomènes. La qualité du millésime, en effet, est due à une série de bizarreries climatiques qui se sont empilées. *« Un grand terroir viticole, c'est un handicap surmonté »*, nous disait l'an passé le professeur Denis Dubourdieu, l'un des rédacteurs de la note citée. Un grand millésime semble bien être de la même veine.

Premier facteur, contrariant pour la nature mais bénéfique pour le vin cette année : la sécheresse. En temps ordinaire, un déficit important en eau peut entraîner le blocage de la plante et le refus de mûrir du raisin. Ce fut le cas par endroits en 2003. Les très grosses chaleurs et l'évaporation ont provoqué la mise sur arrêt de la vigne. Celle-ci a cessé de nourrir le fruit pour assurer sa propre survie. En 2005, le schéma est différent. D'abord, cette sécheresse commence tôt, ce qui permet à la plante d'anticiper. Elle réduit la voilure côté végétal, moins de pousses, moins de feuilles... Elle développe des racines qui vont plonger en profondeur à la recherche de l'humidité.

Ainsi, quand le temps sec atteint son apogée, au mois d'août, la vigne ne vit pas de drame. Nos scientifiques disent cela autrement : *« Bien que le déficit hydrique ait été intense en 2005, la perte de feuilles et les blocages de maturation furent bien plus rares que pendant l'été 2003, marqué par l'installation d'un stress hydrique brutal. »*

Deuxième phénomène : les nuits froides d'août. Certains s'en souviennent : à l'été 2005, pour les veillées sur les terrasses, il fallait prévoir une petite laine. Les amateurs de bains de minuit étaient des courageux. Ce fut excellent pour l'équilibre interne du raisin, qui, grâce à ce froid, conserva une bonne acidité et des arômes frais.

Enfin, le vent. Les journées chaudes de l'été et un vent doux continuel ont contribué à concentrer des baies, qui n'étaient déjà pas bien grosses du fait de la sécheresse. L'arrêt de croissance, c'est-à-dire le moment où la plante cesse de croître pour en quelque sorte transférer son énergie au raisin et lui permettre de mûrir, s'est opéré très tôt.

Il faudrait ajouter encore quelques petits détails venus parfaire le tableau : des petites pluies début septembre avant les vendanges qui soulagent la vigne, cerise sur le gâteau d'une maturation parfaite.

Des pluies encore, très légères mais un peu plus tardives, qui déclenchent la fameuse pourriture noble nécessaire aux sauternes.

Un temps radieux pendant toute la durée des vendanges sur les rouges... Devant cette matière première de belle qualité, le vinificateur (ou la vinificatrice, les femmes sont de plus en plus nombreuses à faire du vin) avait le choix : soit montrer qui est le maître, de l'homme ou de la nature. Soit ne pas brusquer les choses en ayant *« cette confiance du médecin qui fait crédit à la nature plus qu'à ses remèdes »* (Jacques Chardonne).

Le fait de l'année

Le millésime 2005 a marqué le retour des *« chaussures à pompons »*. C'est ainsi que le propriétaire bordelais repère et désigne les clients américains. Quand, dans la cour du château, recouverte de dragées blanches immaculées et ratissées, se gare le minibus anthracite ou la Mercedes noire de location, la première chose que voit le propriétaire bordelais, ce sont les pieds des visiteurs qui jaillissent des portières. Mocassins dotés de deux glands baladeurs en cuir signifient acheteurs US…

Combien tous ces gens sont-ils prêts à mettre pour notre bordeaux ?

Dès janvier, Jean-Guillaume Prats (Cos-d'Estournel) annonçait *« les prix les plus élevés que Bordeaux ait connus… »* Rien ni personne ne l'a démenti !

Quoi de surprenant ? Les deux ou trois grands châteaux qui ont changé de main cette année se sont négocié entre 1,5 et 2 millions d'euros par hectare. À quelques kilomètres seulement à vol d'oiseau, certaines propriétés mettent la clé sous la porte. Le « petit bordeaux » se vend peu ou mal. Autour de 1 euro le litre quand il trouve preneur. Là, le foncier a tellement baissé que certains cherchent à convertir leurs parcelles en terre à lotir.

Cependant, il paraît bien difficile de reprocher leur prix élevé aux crus classés. Ils ont la demande, au nom de quelle solidarité virtuelle n'en profiteraient-ils pas ? Brader Pétrus fera-t-il mieux vendre Château Inconnu ?

Millésime 2006

Le compliqué

Des rouges un peu étriqués, bien fruités, avec une acidité présente. Des liquoreux moyens. Au printemps, un peu de retard des bourgeons à l'allumage, retard rattrapé ensuite par une période chaude : tout allait bien. En juin et juillet, chaleur d'excellent aloi. Gérard Bécot (Beau-Séjour-Bécot) dit : *« C'était parti encore mieux que 2005. En juillet, on se demandait ce qu'on allait pouvoir raconter à nos visiteurs. Avec 2005, on avait épuisé notre vocabulaire. »*

Le mois d'août a calmé les esprits. Un peu de pluie, ce qui en soi était plutôt favorable, et aussi un temps froid qui a perturbé la véraison, cette période où les grains passent du vert au rouge ou au jaune. Début septembre, brutalement, s'est installée pour une dizaine de jours une très forte chaleur, qualifiée même de canicule par les responsables techniques des châteaux. L'enthousiasme renaît. Marcel Ducasse, qui dirigeait sa dernière vendange à Lagrange, témoigne : *« Au 10 septembre, c'était mieux que 2005. Après, ça s'est dégradé. »* Après, ce sont des trombes d'eau qui se sont abattues sur la région. Très fortes dans le nord du Médoc, un peu moins dans le sud et sur la région des graves... Pluies d'orage qui ont frappé toutes les régions mais à des dates différentes : *« La très grosse pluie, chez nous, c'est le samedi 16 »*, dit Christian Moueix en parlant de Saint-Émilion et de Pomerol. Christian Moueix a emmené toute sa troupe de vendangeurs au cinéma... Mi-septembre, donc, le moral n'est plus au beau fixe, comme le temps. Chacun élabore une nouvelle stratégie, d'autant que la pourriture menace.

Faut-il attendre la pleine maturité, au risque de voir une bonne partie de la récolte fichue ? Faut-il se dépêcher et tout ramasser, au risque de rentrer du raisin pas tout à fait mûr ? De nombreux paramètres peuvent intervenir et influencer la décision. Par exemple : les travaux réalisés dans la vigne. L'effeuillage permet au vent et au soleil de sécher les raisins ; l'éclaircissage – faire tomber des grappes – évite à la pourriture de se propager trop vite... La nature des sols également. C'est d'ailleurs ce qui a fait l'incontestable supériorité de pomerol cette année. Son terroir favorise une maturité précoce. *« En pomerol, on était à maturité quand la grosse pluie du 16 est arrivée. On avait un peu d'avance sur saint-émilion »*, dit Jean-Marie Bouldy (Bellegrave). Au final, il paraît difficile de qualifier dans son ensemble ce millésime. Les grands terroirs ont mieux résisté aux caprices du temps. Les saint-émilion provenant des sols sableux sont décevants, mais ceux récoltés sur le plateau calcaire ou sur les piémonts argileux sont frais et délicats. En médoc, nous avons trouvé de tout : des vins durs, herbacés, et des grands rouges classiques de garde.

Marcel Ducasse nous résume tout cela en trois phrases : « *On ne peut pas dire que ce n'était pas mûr, mais avec des tanins plus massifs qu'en 2005, austères, qui, mélangés à une acidité légèrement supérieure, donnent un côté aride et une finale crochue, mais ça va s'arrondir. Ce n'est pas grâce aux talents du vinificateur que l'on s'en sort bien, mais ce sont les terroirs qui ont tenu le coup. Les terroirs, heureusement qu'ils existent !* »

Le fait de l'année

Dans une rue de Saint-Émilion, une Ferrari est garée. Alain Vauthier (Ausone) et Gérard Bécot (Beau-Séjour-Bécot) s'arrêtent, la regardent, l'admirent. « *Bah,* dit Alain Vauthier, *ça vaut quoi ? Avec cinq ou six caisses, on s'en offre une !* » Évidemment, il ne parle pas sérieusement. Pour la Ferrari, nous n'avons pas fait les comptes. Il faudrait plus de six caisses, c'est certain. Mais à 500 euros hors taxes la bouteille d'Ausone 2005 en fin de campagne primeur, on peut rêver aux belles berlines, même si ce n'est pas ce qui fait vibrer Vauthier… Pourquoi ce prix faramineux ? Parce que existe la demande : « *On n'en a pas eu assez !* », disent même, unanimes, les négociants, qui ont eu à mettre Ausone en marché. Idem pour tous les très grands crus de 2005.

Quant au petit nouveau, 2006, suivant le cycle des saisons économiques de Bordeaux, le marché devrait en principe s'annoncer tout mou.

Mais ce n'est pas, semble-t-il, le pari que font propriétaires et même négociants. La tendance que l'on peut relever aujourd'hui n'est pas à la chute spectaculaire des prix.

Seuls une quarantaine de châteaux seront effectivement recherchés par les nouveaux marchés porteurs.

Seuls une dizaine seront considérés comme indispensables.

Millésime 2007

Le gentil millésime

Ce n'est pas un mystère : 2007 est un petit millésime pour les rouges. Encore faut-il s'entendre sur l'adjectif. Un grand, c'est à Bordeaux un vin de longue garde. Avec, comme atouts principaux, des tanins mûrs qui lui assurent de la chair et de la structure, de l'acidité pour la fraîcheur et la durée. Le maître mot, c'est l'équilibre. Quand il est parfait, comme en 2005, ou très réussi, comme en 2000, nous avons affaire au très grand millésime, voire à l'exceptionnel. Après, il y a les bons ou très bons millésimes. Comme 2001, un peu méprisé par l'international – il arrivait après 2000 –, mais là aussi très bien équilibré, des tanins moins drus qu'en 2000 mais une très belle gamme aromatique. Ou 2004, tout en fraîcheur, pas très épais, un peu sérieux, mais d'une belle finesse. Ce sont des vins de moyenne garde. Le nouveau venu, 2007, sera en dessous de ces deux-là. Une nuance, pourtant : le même millésime trente ans auparavant eût donné du 72 ou du 77… Affreux !

Là, pas du tout. La raison en incombe aux progrès réalisés dans la culture de la vigne depuis quinze ans. Le bouleversement – ce qui fait que l'on peut avoir de « petits » millésimes mais plus rarement des mauvais – vient des soins apportés à la plante. En 2007, c'est exemplaire. Toutes les conditions étaient réunies pour une vendange catastrophique, voire une non-vendange. Début de printemps précoce suivi d'un mai pluvieux : la floraison traîne en longueur. Avec, pour conséquence, quelques mois plus tard, une maturité des grappes inégale, des baies roses ou vertes mêlées aux baies noires et mûres.

L'humidité ambiante déclenche des attaques de mildiou comme on n'en avait pas constaté depuis 1977… Juillet et août sont minables, froids, humides mais sans pluies véritables, sauf fin août où des orages déclenchent la pourriture grise, qui se développe d'autant plus facilement quand les grappes sont serrées et la récolte, abondante.

Puis, soleil en septembre et octobre, mais, sur le papier, c'était trop tard. Avec de telles données, n'importe quel pro d'autrefois aurait dit : c'est fichu ! La différence, c'est qu'aujourd'hui on a acquis un savoir-faire qui permet de retenir le mildiou, d'éviter le développement du botrytis et de préparer la vigne à bénéficier d'un soleil de fin d'été, moins puissant que celui de juillet et d'août, moins efficace dans la maturité des baies et de ses composants, mais tout de même salvateur. À l'arrivée, des rouges sympathiques, fruités que l'on boira en attendant les grands 2005.

En liquoreux, du côté de Sauternes, Barsac et compagnie, c'est tout simplement fabuleux. Tout ce qui a joué en défaveur des rouges a été bénéfique pour ces grands blancs, ou presque. La floraison paresseuse ? Impeccable… *« Cela donne des raisins de différents âges et maturités »*, dit Francis Mayeur, de Château d'Yquem. Avec des vendanges étalées dans le temps, de la mi-septembre à presque la fin novembre, et du bon botrytis, les châteaux ont multiplié les passages dans les vignes. Cinq pour Climens, et jusqu'à sept chez Yquem. De la concentration, de la fraîcheur et une complexité aromatique qui dépasse celle obtenue en 2001.

Le fait de l'année

La logique voudrait qu'à grand millésime prix fort et à petite année prix léger. Ce n'est pas aussi évident. D'abord, il y a ce contexte international où fleurissent partout nouveaux riches et fortunes colossales, amassées en quelques trimestres. Chez ces gens-là, on ne compte pas, monsieur, on étale. Puis il y a un phénomène nouveau à Bordeaux, dans les très grands crus : *« On a de moins en moins de vrais propriétaires comme interlocuteurs dans les châteaux, mais des gérants qui rendent des comptes à des actionnaires… »*, constate François Lévêque, président des courtiers de Gironde.

Un millésime comme 2007 coûte beaucoup plus cher en main-d'œuvre dans la vigne qu'un 2005, qui s'est fait tout seul et s'est vendu très cher… L'un compense l'autre, en vieux bon sens paysan, mais là, nous ne sommes plus chez les paysans ! Si, proposés à des prix trop élevés, ces vins ne trouvent pas preneur, ou s'ils encombrent trop longtemps les chais des négociants, nous les retrouverons dans quelques années bradés dans les foires aux vins, comme naguère les 84, 87, 97 vendus trop cher au départ, puis dispersés quelques années plus tard à bas prix.

Millésime 2008

La bonne affaire

Pour la première fois, officiellement et ensemble, les principaux chercheurs de la Faculté d'œnologie et l'Institut des sciences de la vigne et du vin de Bordeaux nous livrent les cinq conditions naturelles nécessaires pour obtenir le millésime parfait. Nos éclaircissements figurent entre crochets :

« *1) Une floraison précoce et rapide, propice à une bonne fécondation, assurant des rendements satisfaisants et laissant espérer une maturité homogène.*

2) Un début de contrainte hydrique [manque d'eau] *à la nouaison* [formation des baies, fin du printemps-début de l'été] *limitant le grossissement des jeunes baies et déterminant leur richesse tannique future.*

3) L'arrêt franc de la croissance de la vigne avant la véraison [les baies passent du vert au rouge], *imposé par une forte contrainte hydrique.*

4) Une maturation complète des raisins assurée par un fonctionnement optimal du feuillage [qui apporte le sucre aux raisins] *jusqu'aux vendanges, sans reprise notable de la croissance végétative.*

5) Un temps clément pendant les vendanges permettant d'attendre, sans crainte de dilution ou de pourriture, la maturité des parcelles et des cépages tardifs. »

En 2008, que s'est-il passé ? Le printemps fortement arrosé et frais n'a pas permis de remplir les deux premières conditions. Le mois de juillet, sec et relativement ensoleillé, a tenu le pari de la troisième. Le mois d'août plutôt froid et un peu humide n'a pas bien joué son rôle pour la quatrième. En revanche, l'été indien qui s'est installé à la mi-septembre a parfaitement fonctionné pour la cinquième condition. Moralité : « *Avec deux conditions et demie remplies sur cinq, dont la troisième qui est sine qua non, 2008, sans prétendre au rang des millésimes exceptionnels, rejoint sans aucun doute celui des bons.* » Une vision que l'on peut qualifier de réalisme optimiste.

Incontestablement, 2008 est un bon millésime en rouge, meilleur que 2007, plus dense et plus construit, plus riche que 2006. Mais c'est aussi un des plus hétérogènes que nous ayons dégustés. Impossible d'affirmer par exemple que la rive droite (Saint-Émilionnais) supplante la rive gauche (Médoc). Ni l'inverse. Même au sein d'une seule appellation, d'un cru à l'autre on note de grandes différences. L'explication tient sans doute à la réaction des terroirs face aux aléas climatiques : printemps peu réjouissant, gel, grêle, etc. Tous ces éléments perturbateurs provoquent des retards dans la croissance de la vigne et dans la maturité des raisins. La réaction de la plante dépend des sols où elle est implantée, de son exposition mais aussi de la façon dont l'homme la cultive.

Le fait de l'année

À Bordeaux, les grands crus sont des grimpeurs, très bons dans les côtes et très mauvais dans les descentes. Cette incapacité à négocier les baisses (de prix) provoque régulièrement des chutes collectives spectaculaires. Et c'est exactement ce qui s'est passé. Les prix avaient commencé de s'emballer avec 2003, millésime de la canicule, surcoté par les dégustateurs américains, séduits par la puissance alcoolique et les saveurs « confiturées » de ces vins hors normes mais dans la plupart des cas sans finesse. Avec 2004, petit millésime sympathique, beaucoup avaient baissé. Puis il y avait eu le grand décollage de 2005, le millésime exceptionnel. Les prix avaient grimpé jusqu'au ciel ou presque. Il eût été raisonnable ensuite de revenir avec 2006 et surtout 2007, gentil mais pas grand, à des tarifs incitatifs pour le consommateur.

Mais ce ne fut pas le cas. Car, entre le producteur et la réalité du marché, c'est-à-dire le consommateur, il y a un amortisseur : le négociant. Il gagne copieusement sa vie avec les 2005. C'est très bon, tout le monde en veut, et sa marge reste large comme l'estuaire de la Gironde.

Quand arrivent les 2006 et surtout les 2007, les amateurs se font plus rares. Mais lui, le négociant, est tout de même obligé de les acheter. Sinon, le propriétaire lui fait fermement comprendre que si un nouveau 2005 arrive, il n'en aura pas une caisse. On appelle cela les « allocations ». Donc, pour ne pas perdre ces fameuses « allocations », le négociant achète et stocke en attendant des jours meilleurs. À partir de là, l'état des lieux n'est pas difficile à établir. Les 2006 et 2007 retenus par les négociants trouvent difficilement preneur auprès des revendeurs (cavistes, distributeurs divers) et encombrent le marché. La crise mondiale provoque même un début de revente des fameux 2005 par certains acheteurs étrangers…

Résultat : même si 2008 est bien meilleur que 2007, il se vend radicalement moins cher. Les grands premiers, Margaux, Lafite, Latour, Mouton, ont quasiment divisé leur prix par deux. Mais proposer 2008 moins cher alors que le vin est supérieur, c'est admettre qu'on s'est un peu offert la tête du client avec les 2007 !

Millésime 2009

Grand millésime solaire

L'année avait commencé très ordinaire. Très froide et pluvieuse l'hiver ; guère plus chaude, et humide, au printemps. La végétation boudait, la vigne hésitait à sortir ses bourgeons de peur qu'un vilain gel de dernière minute, une réplique de l'hiver, ne vienne les lui griller.

Puis ce fut plus aimable. Le premier signe d'un futur très bon millésime est apparu au moment de la fleur. C'est une étape déterminante. Si elle est rapide, alors les raisins s'aligneront comme à la parade. Ils grandiront au même rythme et mûriront tous ensemble. Si le temps est maussade, la floraison dure trop longtemps. Non seulement la fécondation n'est pas parfaite et la quantité n'y sera pas, mais, en plus, au moment des vendanges, on va retrouver sur une même vigne des raisins verts, roses et noirs. *« En un week-end, tout était en fleur. C'est la première fois que l'on relève une floraison aussi groupée »*, raconte Pierre Olivier, de Château Cheval-Blanc.

En juin, pas de chagrin non plus, la nature est passée en phase de rattrapage grande vitesse. Ceux qui ont été épargnés par les violents orages de grêle de la mi-mai, qui ont ravagé le plateau de Cantenac, en appellation margaux, ainsi qu'une partie de saint-émilion, se réjouissent.

Après une floraison homogène, il est nécessaire, toujours dans l'optique du bon millésime, que la vigne souffre un peu – mais pas trop – de la sécheresse en juillet. Ainsi, la plante cesse de pousser, la partie végétale se met en veille, et c'est le fruit qui prend le relais. Plus c'est tôt dans la saison, plus cette opération, la véraison (le passage des raisins du vert au rouge – ou doré pour les blancs !), est homogène, plus c'est profitable pour la qualité du millésime. Dans le Médoc, pas de problème. Les stations météo installées dans le Médoc à Margaux, Ludon, Pauillac et Saint-Estèphe témoignent d'une absence de précipitations.

Le danger alors pouvait être aussi qu'une absence de pluie ne provoque l'arrêt de la maturation du raisin pour cause de sécheresse. En Saint-Émilionnais comme à Pomerol, dans les Graves ou en Entre-deux-Mers (région de prédilection des bordeaux supérieurs), quelques orages pluvieux ont remédié à cet inconvénient.

Dans le Médoc, les nuits fraîches ont remplacées la pluie. Après, il ne restait plus qu'à attendre les vendanges en espérant que le beau temps perdure. Du moins en apparence. Le raisin ne se résume pas à des courbes, des relevés et des statistiques. Le cabernet a démarré lentement, a mûri calmement, profitant au maximum du soleil, des nuits fraîches et des rares épisodes pluvieux. Le merlot, plus précoce, s'est heurté trop tôt au stress hydrique, s'est essoufflé et sa fin de course fut davantage problématique.

Le sucre, c'est-à-dire le taux d'alcool potentiel, n'a cessé de grimper, tandis que les tanins, eux, mûrissaient lentement.

Les relevés dans les vignes indiquaient des taux d'alcool potentiels sur les merlots dépassant les 14° dès la mi-septembre. Fallait-il attendre ou vendanger ? «*Il y avait ces degrés qui nous faisaient un peu peur, et on s'est davantage basés sur la fraîcheur aromatique et la qualité des tanins que sur l'alcool*», commente Mickaël Obert, de Gazin, à Pomerol.

C'est sans doute là que, dans chaque château, la qualité s'est jouée. Ceux qui ont ramassé au bon moment disposent de vins très riches mais frais, friands. Ceux qui, croyant mieux faire, ont trop attendu, proposent des rouges lourds, trop puissants.

Superbe qualité des liquoreux : sauternes, barsac et compagnie. 2005 et 2009, deux immenses millésimes, récoltés dans des conditions fort différentes avec cependant un point commun : ils seront de grande garde, mais peuvent aussi se goûter dès à présent.

Le fait de l'année

Qu'il est loin, le temps où dans les salons on se faisait peur en semblant redouter le péril jaune ! À Bordeaux, désormais, on aime tout le monde. Même les ex-Bolcheviks, depuis qu'ils ont troqué le couteau entre les dents pour un aimable tire-bouchon doré. Mais le grand amour du moment, c'est le trio Shanghai, Singapour, Hongkong. «*Si on y ajoute les Anglais qui font les intermédiaires, on peut dire que pour nous la Chine est devenue le premier marché*», analyse Christian Moueix, négociant à Libourne et propriétaire de plusieurs crus. La crise a rendu le Russe ramollo, l'Américain protectionniste, l'Anglais méfiant et le Japonais économe. Le Chinois est parfait. Son taux de croissance ressemble à la montée du Galibier et sa classe aisée s'agrandit à la vitesse de la marée montante au Mont-Saint-Michel.

Un milliard trois cent soixante millions de Chinois, et moi et moi et moi, pensent les responsables de crus. Jamais, pendant la fameuse semaine des primeurs, en avril, quand les professionnels viennent déguster le nouveau millésime, on n'avait enregistré une telle affluence : 1 400 personnes sont passées à Lafite, avec de fortes délégations chinoises. Lafite fait figure de référence chez les nouveaux riches là-bas. À tel point que certains propriétaires d'autres grands crus classés, vexés ou du moins gênés, ont reçu des importateurs chinois qui leur demandaient : *« Vous aussi, vous faites du Carruades ? »* – le second vin de Lafite…

Les millésimes de 1945 à 1999

1945. Mouton fête la victoire avec un V sur l'étiquette. L'année est splendide pour les hommes, qui attendaient depuis si longtemps la fin. Le vin aussi.

1946. Personne ne s'en souvient, placé, le pauvre 46, entre deux géants. Une année moyenne, agréable dans sa jeunesse, paraît-il. Je n'en ai jamais goûté, ou je n'en garde pas un mémorable souvenir.

1947. Est-il besoin d'en parler ? Très grand millésime qui a donné beaucoup de soucis aux vinificateurs, tant il faisait chaud au moment des fermentations. Certaines cuves sont tellement montées en température qu'elles ont fini vinaigre. D'autres ont reçu de la glace ou de l'eau en guise de rafraîchissement. Il faut l'accepter : il y a de l'eau dans certains 47… À Cheval-Blanc, considéré comme « le » 47, le chai sentait très fort la banane, comme le beaujolais nouveau…

1948. Un millésime qui s'est fait tout petit entre les deux géants, 47 et 49. Mais il a son charme, beaucoup de douceur, et certains vins en magnum peuvent encore donner du plaisir.

1949. Très grande année, moins de richesse que 47, mais beaucoup de finesse. On peut s'en régaler encore aujourd'hui.

1950. Forte récolte, vins sympas, à l'époque. Aujourd'hui, c'est plié…

1951. Épouvantable. Je me souviens d'un délicieux Domaine de Chevalier blanc goûté en 1990 – c'est tout…

1952. Année précoce et de qualité en rouge. Des vins soyeux mais fatigués aujourd'hui.

1953. Un mois d'août parfait suivi d'un septembre maussade et pluvieux qui gâche la fête. Rouges hétérogènes. D'assez jolis liquoreux. Quelques rouges peuvent surprendre encore aujourd'hui mais ils sont rares.

1954. Du point de vue des escargots et des champignons, tout va bien, mais la pluie incessante en seconde partie d'été a fortement déplu au raisin, qui n'a pas voulu mûrir. Il pleuvait aussi sur Diên Biên Phu.

1955. Très grande année en rouge comme en liquoreux, sans doute plus de fraîcheur et d'équilibre que le 59, auquel on le compare souvent. Une récolte abondante, tant mieux, car 1956, c'est juste après...

1956. Les chars sont à Budapest et le gel dans les vignes. Pendant tout le mois de février, il gèle à cep fendre. Une grande partie du vignoble français est détruit. Les oliviers aussi. Du jamais-vu sans doute depuis le terrible hiver et le printemps de 1709.

1957. On se remet difficilement du grand gel de l'année précédente. Petite récolte de qualité variable. Mon meilleur souvenir, La Tâche 1957, mais c'est en Bourgogne...

1958. Le retour du Général n'est que moyennement fêté par la vigne. Météo capricieuse, beaucoup de maladies et des vins légers oubliés depuis longtemps.

1959. Année très chaude, par bonheur arrosée par quelques orages mi-août et mi-septembre. Rouges chaleureux, corsés et ronds qui régalent encore aujourd'hui. Liquoreux puissants.

1960. Année de volume, mais sans intérêt pour la qualité.

1961. Du soleil à profusion et quelques pluies pour relancer la machine. La récolte est faible, mais la qualité exceptionnelle. Une vraie « année du siècle » en rouge. Souvenir d'un Petit-Village sublime bu à Cos-d'Estournel.

1962. Beau temps tout l'été. Une vague de pluie fin septembre permet une belle maturité. Le beau temps revient juste après pour les vendanges. Très bons rouges, bons liquoreux. Un millésime un peu dans l'ombre de 61.

1963. Pas terrible. Il pleut de la mi-août jusqu'à la fin septembre. Vins dilués et manquant de maturité. On peut se rattraper avec les portos vintage magnifiques.

1964. Assez bonne année, mais très irrégulière en rouge comme en blanc, la météo capricieuse a joué avec les nerfs des propriétaires. Il fallait choisir la bonne fenêtre de tir pour les vendanges. Très beau Haut-Marbuzet.

1965. Très mauvaise année, septembre sous la pluie, tous aux abris.

1966. Grande année et petit volume. Forte chaleur fin août et en septembre. Quelques orages ont permis à la vigne de mener à bien la maturité des raisins rouges. Blancs très moyens.

1967. L'année est aux blancs liquoreux, vraiment exceptionnels. Pour les rouges, récolte importante et qualité correcte. Un été chaud surtout en août. Superbe mois de septembre surtout en seconde partie, quand débutent les vendanges. Rouges fins et de garde. Batailley, dégusté dans les années 2000, remarquable. Brillette, en moulis, également.

1968. Il n'a fait beau que le temps des manifs. Été maussade, les Russes à Prague, pluies et vents en septembre, vins mauvais.

1969. Mauvais temps au moment de la fleur, grêle. Un mois de septembre orageux provoque de la pourriture. Récolte faible et de qualité moyenne.

1970. Une des vraies « années du siècle » (parmi d'autres). Des rouges de garde par excellence – certains sont loin de leur épanouissement. On les compare souvent aux 82.

1971. Saint-émilion et pomerols séduisants. La renommée des 70 a gommé la bonne tenue de ce millésime classique dans le style 81 ou 2008 par son élégance.

1972. Mauvais millésime vendu à la hausse et début de crise à Bordeaux. Les cours s'effondrent en quelques jours.

1973. Grande crise et scandale à Bordeaux. Petit millésime et quelques belles réussites. Ausone étonnant, absolument délicieux jusqu'au début des années 2000.

1974. Petite année qui a réservé de bonnes surprises en bouche au rayon saveurs. Très fatigués aujourd'hui.

1975. Souvent vendangés trop tôt, les rouges ne tiennent pas leurs promesses. Aujourd'hui, les survivants gardent cette pointe d'astringence qui traduit des tanins pas mûrs. Année exceptionnelle en liquoreux.

1976. Cherchez les magnums, moins évolués. Souvent riche en alcool et un peu sec. La grosse chaleur et le manque d'eau ont produit du sucre, mais bloqué la maturité des tanins.

1977. Fête à la grenouille. Rien n'a mûri. Résultat très médiocre.

1978. Belle année style classique où la végétation a pris son temps. Comme souvent dans les millésimes où l'arrière-saison (septembre et début octobre) ensoleillée fait la maturité, les vins furent lents à s'ouvrir.

1979. Des rouges très agréables, épanouis, chaleureux, souvent fatigués aujourd'hui.

1980. Dilué, d'évolution rapide, porté disparu.

1981. Une année un peu méconnue, car austère à ses débuts. Sublime Léoville-Las-Cases, un millésime qui a gentiment évolué et peut encore offrir quelques belles bouteilles.

1982. Grande année surtout dans le Médoc. Mais aussi année de grand rendement. Déceptions courantes à Saint-Émilion et Pomerol. Le meilleur 82 : Figeac, un saint-émilion. Comme quoi…

1983. Curieuse année avec une météo en dents de scie. L'évolution des rouges dans le temps fut de même. Parfois semblant proches du cimetière à bouteilles et quelque temps après renaissants. Ils peuvent encore procurer beaucoup de plaisir. Remarquable Saint-Pierre (saint-julien). Les bons pomerols et saint-émilion continuent à nous régaler. Des liquoreux d'anthologie.

1984. À oublier, sauf Yquem… Vendus trop chers, les grands crus finiront à prix cassé dans les foires aux vins pour le plus grand bonheur des consommateurs. 1984 servira de rampe de lancement à la grande distribution pour ce rendez-vous annuel.

1985. La séduction, toutes appellations et couleurs confondues. Les rouges déclinent aujourd'hui en offrant de belles saveurs de fruits cuits. À boire.

1986. Qualité et volume. La réussite exemplaire des grands pauillacs et saint-julien ne doit pas cacher les déceptions apportées par nombre de rouges, qui n'ont pas tenu la distance pour cause de rendements trop forts. Superbe Montrose. Liquoreux de garde.

1987. Petit millésime. Des vins manquant de structure mais très agréables à boire dans les dix ans. Certains en magnum tiennent encore le coup aujourd'hui, mais ils sont au bout de leur parcours.

1988. Le classicisme. Avantage rive droite. Certains pomerols, saint-émilion, éclipsent même leurs cadets 89 et 90 par leur élégance. Grand souvenir de Cheval-Blanc. Liquoreux harmonieux et friands.

1989. Belle année, tout est beau – sauf chez certains amateurs de gros rendements, dont les vins ont passé. On trouvera les plus belles bouteilles de rouge en pauillac, saint-julien, pessac-léognan, saint-émilion (Troplong-Mondot). Des liquoreux en élégance, sûrs d'une belle longévité. Très grand millésime à Château d'Yquem.

1990. Grand soleil, grand volume, grande année, tout est bon en rouge. Au sommet absolu, certains rouges du Médoc comme Château Margaux, ou de la rive droite comme les fronsacs (moins chers)...

1991. Le gel d'avril n'a épargné que quelques grands crus médocains placés près du fleuve ou des exceptions comme Brulesécaille, en côtes-de-bourg. Une bonne année moyenne, sinon, mais avec des finales sèches dues au manque de maturité.

1992. Abondance et dilution : la vigne a compensé en volume les pertes de 1991, mais le soleil n'était pas au rendez-vous. Au mieux, des rouges agréables dans les cinq ans qui suivirent. Aux abonnés absents aujourd'hui.

1993. Petite année. La vendange se présentait mal avec des attaques de pourriture. D'assez bons pomerols qui auraient déjà dû être bus. Les vins se goûtaient bien dans leur jeunesse, mais manquaient de colonne vertébrale, ils ont évolué très vite. Liquoreux anecdotiques.

1994. C'eût été une très grande année sans les pluies de septembre, qui sont venues gâcher la fête et empêcher une totale maturité. On lui accorde la mention assez bien. Les rouges sont d'une bonne tenue, plus tanniques que les 93, mais parfois un peu secs, quand lesdits tanins n'étaient pas mûrs et que les vignerons sont allés trop loin dans l'extraction. Grand Lafite. Le merlot, plus précoce, a mieux mûri que le cabernet-sauvignon et donc la rive droite (Saint-Émilion, Pomerol, Fronsac, etc.) est avantagée et se boit plus tôt. Le retour du soleil début octobre a permis une récolte minuscule mais de qualité en liquoreux.

1995. Un très bel été : *« Un des meillleurs que nous ayons connus depuis trente ans »*, selon Jean-Claude Berrouet (Pétrus), *« comparable à 1989 et 1990 avec un ensoleillement légèrement inférieur. »* Pourtant, en septembre, les producteurs ont cru à un 94 bis. La pluie est arrivée le 7. Peu abondante et concentrée sur des temps très courts, elle n'a pas provoqué d'effet dilution, d'autant que la vigne souffrait de la sécheresse. Le beau temps est revenu le 17.

Saint-émilion plutôt hétéroclites, pomerols plutôt en forme. La bonne nouvelle vient surtout du Médoc. Pour la première fois depuis 1990, les cabernets ont vraiment mûri. Les rouges, assez vite savoureux, manquent parfois d'acidité pour être de grande garde. On s'en fiche, on les boit. Jolis liquoreux.

1996. De très beaux vins en Médoc, fournis en acidité. Des vins durs au départ, mais qui vieillissent très bien. Un Lafite encore supérieur au 94 et qui marque le grand retour de ce cru. Comme nous le disait Philippe Roux, de Château Dauzac, à Margaux : *« On devrait ériger une statue aux trois premières semaines de septembre. »* C'est en effet un temps froid, sec et ensoleillé (228 heures d'ensoleillement en septembre 1996 contre 155 en 1995, 119 en 1994, 136 en 1993...) qui a succédé à la pluie. Il a parfait la maturité des raisins (soleil) et bloqué les attaques de pourriture (froid). Pour saint-émilion et pomerol, on est plus nuancé. Le merlot, cépage dominant sur cette rive, assez précoce, a souffert de l'humidité d'août. Petits liquoreux.

1997. Climat tropical en fin d'été et début d'automne, humidité et chaleur, on tondait encore les pelouses en octobre. La vigne ne savait pas qui favoriser : le fruit ou le végétal ? Résultat moyen. Rouges agréables, mais qui ne s'inscrivent pas dans la durée, surtout vendus bien trop cher, ce qui va plomber le marché – cette fois dans la durée. Très grands liquoreux avec du botrytis parfait.

1998. Très joli millésime dans le Médoc et en partie dans les graves. Finesse, fraîcheur et densité : en 2009, ils commençaient à s'ouvrir. Année moyenne sur la rive droite. Liquoreux assez bons.

1999. Grosse grêle sur Saint-Émilion avant les vendanges. Château Angélus annonce qu'il ne produira pas de grand vin, avant de se rendre compte que le résultat n'est pas si mauvais et de se rétracter. Dans l'ensemble, des vins plaisants, à boire jeunes, qui déclinent après dix ans.

Les grands millésimes d'avant :

1900, 1921, 1928, 1929, 1937 (surtout en liquoreux).

Le Médoc

Le vignoble, collé au fleuve, s'étend sur une large bande, grosse langue tirée vers l'océan, couvrant un peu plus de 16 000 hectares. Pour l'essentiel, les sols sont composés de graves d'origines diverses (glaciaires ou fluviales), petits cailloux arrondis par l'érosion enrobés de plus ou moins d'argiles ou de sables. Ces graves sont posés sur un socle calcaire dur qui affleure par endroits, notamment à Listrac et à Saint-Estèphe. Quand ce ne sont pas des graves qui recouvrent la roche, une couche assez fine de terres mêlées de cailloux, un assemblage argilo-calcaire prend sa place. C'est le cas tout au nord dans l'appellation médoc. Médoc ou médoc ? Il ne faut en effet pas confondre la région Médoc, qui désigne l'ensemble de la région, et l'appellation médoc, qui s'étend tout au bout de la péninsule autour de la ville de Lesparre.

Le vignoble du Médoc compte huit appellations.

– Médoc et haut-médoc.

– Les appellations dites communales, car cerclées autour d'un village : listrac, moulis, margaux, saint-julien, pauillac et saint-estèphe.

Seules les appellations médoc, listrac et moulis ne comportent pas de crus classés en 1855.

L'appellation médoc constitue un excellent réservoir à vins fruités et tanniques, royaume des bonnes affaires pour les non-buveurs d'étiquettes. Haut-médoc figure l'appellation la moins homogène, on s'en doute au vu du fractionnement de son territoire. Tantôt les vins possèdent des accents de margaux, c'est le cas remarqué de Cantemerle. Tantôt ils peuvent s'identifier à des saint-julien ou à des pauillacs.

Les listracs forment une famille un peu divisée suivant que les domaines sont posées sur des graves ou sur de l'argilo-calcaire, qui leur confère une rusticité qui s'efface avec le temps. Moulis, surtout pour les crus situés sur la butte de Poujeaux, offre de la douceur, de l'éclat et une belle capacité de vieillissement.

Margaux, c'est la sensualité, la douceur des tanins grâce à l'épaisse couche de graves gunziennes (d'origine glaciaire) enrobées d'argiles fines en plus ou moins grande quantité, selon les zones. Toujours cette petite note de fruits rouges, de cerise, qui signe les grands millésimes.

Saint-julien pourrait être qualifié de juteux, si l'on pense à un fruit qui éclate en bouche. Passerelle entre la douceur margalienne et la sévérite pauillacaise, saint-julien semble le plus séducteur du Médoc.

Pauillac, austère dans sa jeunesse, rigoureux comme un pasteur prostestant du XIXe siècle, se révèle avec le temps. Ses vins se situent exactement à l'inverse de ce qu'on pourrait qualifier d'initiatique. Pour découvrir le Médoc, ne jamais commencer par pauillac, trop subtil pour être saisi à la première dégustation.

Saint-estèphe, la puissance. Suivant là aussi les terroirs, plus ou moins de graves, plus ou moins d'argilo-calcaire, socle rocheux affleurant ou non, les vins varient. Le climat aussi joue son rôle. On se rapproche de l'océan et son influence y est d'autant plus sensible, tempérant ou accentuant les caprices météorologiques. Saint-estèphe est un vin fougueux.

En dehors des appellations, au sein de celles-ci ou les transcendant, les classements établissent une autre hiérarchie.

Autrefois, ceux-ci se lisaient assez facilement : crus classés de 1855, crus bourgeois et crus artisans. L'annulation du classement des crus bourgeois et son remplacement, que l'on souhaite provisoire, par un label annuel complique le repérage. En voici un exemple concret : comment, dans un ouvrage de ce type, faire figurer les crus ayant obtenu ce label pour un millésime sans savoir si, pour le suivant, ils seront encore lauréats ?

Haut-médoc

Cette appellation est fractionnée en plusieurs blocs : une première poche de grande qualité au nord de Saint-Estèphe, autour du village de Saint-Seurin-de-Cadourne, capitale du célèbre Sociando-Mallet. Ensuite, en longeant Pauillac et Saint-Julien, un second et vaste ensemble autour des communes de Vertheuil, Cissac, Saint-Laurent. On y trouve de très bons bourgeois ou crus artisans et une pincée de crus classés : Camensac, La Tour-Carnet, Belgrave. En continuant la descente et à la hauteur de Listrac, encore un bel îlot avec Lamarque, son château crénelé, son village, son port, ses cabanes de pêcheurs, et Cussac, avec son fort construit par Vauban. Enfin, au sud, autour de Margaux et en direction de Bordeaux, aux limites des zones urbaines, encore une ruche de crus dont deux classés (Cantemerle et La Lagune). Il y a une réelle différence – pour ne pas dire opposition – entre les crus du Haut-Médoc du Nord, qui s'expriment plutôt en puissance, et ceux du Sud, plus orientés douceur et fruité.

Crus classés du haut-médoc

Cantemerle

5e cru classé
Surface : 90 ha
Propriétaire : MABTP
Contact : Philippe Dambrine
33460 Macau
05.57.97.02.82
www.cantemerle.com

« La prochaine fois, je leur fais boire du vinaigre ! » Ainsi parlait Pascal Berteau, outré par la conduite de certains visiteurs du soir. Pendant Vinexpo ou lors d'autres grandes manifestations bordelaises, Cantemerle, comme d'autres châteaux assez vastes, héberge gratuitement professionnels du négoce ou de la presse. Pascal, le responsable technique, représente exactement l'opposé de son patron, Philippe Dambrine. Le premier parle avec son cœur et sa gouaille de Médocain garanti pur jus d'entrecôte grillée aux sarments, qu'il sait (paraît-il) faire cuire comme personne. Et ce n'est pas facile, car la braise de sarments ne dure que quelques instants : *« Faut pas se louper ! »*

Dambrine, lui, aurait pu faire une brillante carrière au Quai d'Orsay. Il est patient, Philippe Dambrine. Depuis que les propriétaires, les Mutuelles d'assurance du bâtiment et des travaux publics, lui ont confié Cantemerle, il a attendu son heure. D'abord il a *« écouté »* le vignoble, surgreffant du cabernet-sauvignon sur des pieds de cabernet franc, attendant que les vignes plantées en 1982 soient à leur âge adulte, peaufinant ses techniques douces de vinification. Le domaine a réussi un 2000 exceptionnel, même si peu de gens s'en sont aperçus. Il existe un temps de latence important entre les réels progrès accomplis par un cru et sa reconnaissance par le marché et les critiques. Pas assez de dégustations à l'aveugle, la trop grande vitesse, la peur adolescente de ne pas suivre le mouvement, de passer pour un mauvais goûteur, de faire l'éloge d'un médiocre ou à l'inverse de « casser » un très bon que l'on n'a pas compris... Tout cela fait que nombre de ceux qui viennent déguster le nouveau millésime en avril qui suit la vendange... pourraient s'en dispenser. Tant ils reproduisent les schémas du voisin ou leur notes des années précédentes. Faiblesse et vanité font bon ménage.

Et voilà pourquoi votre fille est muette, et pourquoi Cantemerle peine a trouver sa reconnaissance. Il n'est pas le seul, parlez-en à Durfort-Vivens ! En attendant, le 2000 est excellent, il arrivait comme la récompense de beaucoup d'efforts, notamment au vignoble. Les millésimes suivants relèvent du réglage. Changement dans les vinifications, moins d'extraction, un rapprochement avec le style margaux classique, dont Cantermerle est très proche en termes de terroir.

Second vin : Les Allées de Cantemerle

Millésime 2000

– *Dégustation d'avril 2001*

« Des cabernets-sauvignons avec 14° potentiels sur pied, je n'avais jamais vu cela de ma vie. C'était sur le plateau de Pichelèbre, sur une surface de 10 hectares et pas seulement sur une parcelle », explique Philippe Dambrine, peu suspect d'exubérance. Avec une matière première aussi riche, les vinificateurs ont donc procédé avec douceur : *« On a plus fait de l'infusion que de la macération, sans trop toucher aux cuves. »* Après les écoulages, quand il ne reste que la partie solide, peaux et pépins, dans la cuve, l'équipe Dambrine s'est lancée dans une opération (que Château-Margaux fait aussi en partie) qui n'est pas des plus faciles : *« On a retiré sur une vingtaine de centimètres les couches du haut et du bas, qui sont plus lessivées et plus oxydées, pour ne garder que le milieu du gâteau. »* Après pressurage, ils ont obtenu ainsi un jus dense et moelleux, sans altération, qui est venu renforcer l'assemblage. La qualité exceptionnelle de ce Cantemerle tient aussi aux nouvelles plantations opérées en 1980 et 1982 et dont les raisins commencent à entrer dans le grand vin. *« On redécouvre le Cantemerle tel qu'il existait il y a cinquante ans. »* La maîtrise technique en plus. 55 % cabernet-sauvignon, 40 % merlot, 5 % petit-verdot.

17 – Nez de peau d'orange et d'agrumes, très frais, touche de framboise, bouche sérieuse et douce à la fois, trame tannique onctueuse, sans aspérité mais sans faiblesse, bien droite, qui donne une très grande longueur au vin et beaucoup d'élégance. Le meilleur Cantemerle que nous ayons goûté.

– *Dégustation du 24 mai 2002*

17 – Note café, framboise, fraise des bois, nez ouvert et séduisant, bouche fraîche, élégante, dense et délicate à la fois. La réputation de ce cru, souvent comparé aux margaux, est une fois de plus confortée.

Millésime 2001

– *Dégustation d'avril 2002*

Depuis qu'il est débarrassé des cabernets francs, qui ne voulaient pas mûrir ici, et que les plantations réalisées au début des années 80 entrent dans le grand vin, Philippe Dambrine commence enfin à approcher ce Cantemerle dont il rêvait. Son 2001 confirme le second souffle du cru. Avec cependant une vendange pas très facile : « *La première partie s'est bien passée, les merlots ont été rentrés par beau temps. Avec les cabernets, plus tardifs, il a fallu trier sévèrement. Sur les cinq derniers jours, on a beaucoup jeté.* » Comme la maturité complète n'était pas assurée, Dambrine a choisi la méthode douce : « *Fermentation lente assez froide, pas de remontage* », afin de prendre le fruit, mais de pas trop extraire de tanins verts et astringents. 57 % merlot, 37 % cabernet-sauvignon, 6 % petit-verdot. Elevage avec 50 % de barriques neuves.

16 – Nez cerise, fruits rouges avec une note réglissée, texture délicate, soyeuse, bonne densité mais pas d'aspérité. La forte proportion de merlot apporte de la douceur à l'assemblage, belle finale fruitée et vive.

Millésime 2002

– *Dégustation d'avril 2003*

« *On a été le premier château à demander une dérogation pour vendanger plus tôt* », raconte Pascal Berteau, le maître de chai. « *En fait, on croyait que les merlots n'étaient pas encore mûrs, à cause de l'acidité qui était plus importante que d'habitude et qui nous cachait cette maturité des sucres et des tanins. Quand le représentant de l'Inao est venu, il a noté : extrême maturité.* » Georges Pauli a donné l'alerte. Conseiller de nombreux châteaux médocains, il connaît Cantemerle comme sa poche pour l'avoir souvent vinifié du temps où celui-ci faisait partie de la galaxie Cordier. « *Il a un flair incroyable* », ajoute Philippe Dambrine. Aujourd'hui, Cantemerle bénéficie d'un vignoble en parfait état de marche. Les rendements sont corrects (54 hectolitres/hectare en 2002) mais maîtrisés, et le vin atteint son plus beau niveau.

60 % cabernet-sauvignon, 30 % merlot, 5 % cabernet franc, 5 % petit-verdot.

16,5 – Très beaux arômes complexes qui évoquent la salade de fruits rouges et noirs, la menthe. Belle bouche soyeuse, sans faiblesse, sans ce petit creux en milieu de bouche des Cantemerle d'autrefois. Droit, plein, élégant, favorisant le fruit.

Millésime 2003

– *Dégustation d'avril 2004*

« *On ne se plaint pas, on a produit environ 53 hl/ha, mais c'était inégal* », raconte Philippe Dambrine. « *Il y avait des secteurs à 30 et d'autres à 60 hl/ha et, curieusement, ce sont les vignes les plus chargées qui ont le mieux supporté le coup de chaud. Elles se sont mises en mode autonome entre le 6 et le 10 août. Elles ont pompé sur le raisin pour assurer leur survie. Cela a donné des grains de différentes tailles.* » L'assemblage définitif retient 70 % de cabernet-sauvignon, 20 % de merlot, 7 % de petit-verdot, 3 % de cabernet franc. Philippe Dambrine a décidé d'utiliser assez peu de barriques neuves, de l'ordre de 30 %.

16 – Nez épicé et fruits noirs, bouche très douce, petits tanins soyeux, et finale sur les fruits noirs. Un vin très suave, gourmand, sans doute moins de garde que le 2002, mais d'une grande délicatesse.

Millésime 2004

– *Dégustation d'avril 2005*

« *Les vendanges vertes sont un échec !* » affirme Philippe Dambrine. « *Il vaut mieux réduire les rendements par des opérations sur le sol. Les apports à la vigne sont déterminants ! Quand cette information est bien comprise par les équipes, c'est gagné. Ici, on note plus qu'autrefois. On observe et on compare. On essaie de comprendre pourquoi une vigne devient buissonnante, c'est-à-dire qu'elle a trop de végétation, des fruits en excès qui mûrissent mal. On fait des analyses de ce que la vigne consomme ou pas. On fertilise en fonction de ses besoins. Il faut être à la source et arrêter d'enfoncer des portes ouvertes.* » Est-ce une conséquence ? Cantemerle a peu souffert l'an passé et n'a pas connu une forte baisse de ses rendements pendant la canicule (environ 54 hl/ha). Dès lors, le vignoble n'a pas compensé en 2004 et la récolte n'est pas pléthorique : 55 hl/ha. L'autre déclic, cette année, c'est l'acquisition d'un système d'égrappage et de trie qui permet de traiter 8 tonnes par heure.

« *Jusqu'à présent, ceux que l'on connaissait pouvaient passer 2 tonnes par heure : c'est insuffisant, pas assez rapide. On ne veut pas que la vendange traîne et risque de s'abîmer. On a enfin trouvé la perle rare.* » Au fil des ans et des détails, on voit se dessiner le profil clair d'un vin élégant mais sans faiblesse, charnu mais peu imposant, se rapprochant par la structure du style des margaux, mais sans renoncer au fruité particulier signé haut-médoc que l'on retrouve également à La Lagune. 64 % cabernet-sauvignon, 25 % merlot, 7 % petit-verdot.

16,5 – Violette, mûre, très fruits noirs et réglisse, bouche fraîche, douce, tanins soyeux, belle longueur, très harmonieux.

Millésime 2005

– *Dégustation d'avril 2006*

« C'est le vin du Bon Dieu, ça s'est fait tout seul », s'enthousiasme Pascal Berteau. *« Je suis dans ce métier depuis 1977 et je n'avais jamais vu une cuve arriver à 14° et des rapports jus et marc de ce type. En 1989, année très chaude, les IPT (unité de mesure de la quantité de tanins) étaient à 60, avec 2005 ils sont à 82. Tout le monde va battre des records. »* Mais, le plus curieux, c'est que le vin n'a rien de monstrueux, à peine plus riche qu'avant. *« On n'a aucun vin dur : les tanins sont tous excellents et on n'a jamais autant préservé le fruit. »* L'assemblage se compose de 65 % cabernet-sauvignon, 30 % merlot, 3 % petit-verdot, 2 % cabernet franc.

16,5 – Un Cantemerle un peu inhabituel, plus dense que de coutume et qui continue à habiller son milieu de bouche autrefois un peu faible. *« On a enlevé le creux »*, dit Pascal Berteau. Fruits noirs, cerise burlat, beaucoup de fruit en bouche et des tanins virils, serrés, qui lui confèrent un côté épaulé que l'on ne lui connaissait pas jusqu'alors.

Millésime 2006

– *Dégustation d'avril 2007*

Cette année, grâce à l'œnologue Éric Boissenot, l'équipe a fait de gros progrès sur la maîtrise des vins de presse, ceux qui sortent du pressoir (par opposition aux vins de goutte, qui s'écoulent directement de la cuve). *« Éric a tout goûté – les 300 barriques de vins de presse – avec, branchés dans la tête, deux capteurs : la rusticité et le gras. Pour écarter la première des assemblages et pour donner, grâce au second, de la douceur aux tanins. Cela a été déterminant »*, raconte Philippe Dambrine, qui n'est pas un partisan des travaux spectaculaires : *« Je préfère dépenser de l'argent à la vigne. Notre rêve, c'est de pouvoir gérer par le sol. Dans nos terres pauvres, on maîtrise l'alimentation par la matière organique. La moitié est enherbée. On fait des analyses pour trouver ce que consomme la plante et lui apporter juste ce dont elle a besoin. »* 52 % cabernet-sauvignon, 33 % merlot, 8 % petit-verdot, 7 % cabernet franc.

17 – Fruits noirs, épices, boisé doux, bouche ronde, moelleuse, tanins de très grande qualité, nobles, qui confèrent au vin un toucher velouté, belle longueur. Une grande réussite.

– *Dégustation du 10 avril 2008*

16,5 – Violette, cassis, fruits noirs, bouche ronde soyeuse, douce, moelleuse, très rond, plus en gourmandise qu'en longueur et en finesse.

Millésime 2007

– *Dégustation d'avril 2008*

Pascal Berteau ne s'embarrasse pas de circonlocutions : « *On a pu sauver le millésime. Je n'avais jamais vu ça : si vous avez bien travaillé, c'est que vous n'avez pas bien travaillé. Je m'explique : plus la vigne est belle, plus elle est fragile. On a gardé des témoins non traités, il n'y avait pas un pet de mildiou et, quinze jours après, elles étaient dévastées. Il était virulent. Par contre, pas de problème de botrytis, mais des problèmes de maturité. Ce qui n'est pas bon est végétal, dur et sec. Ce qui est mauvais est très mauvais, et ce qui est bon est très bon. On a eu plus de merlots que d'habitude, et nos cabernet-sauvignons ne sont pas venus.* » La grosse surprise est venue de la structure du vin, où Pascal trouve beaucoup de moelleux. 45 % merlot, 39 % cabernet-sauvignon, 9 % cabernet franc, 7 % petit-verdot.

15 – Violette, bouche dense, touffue, bons tanins moelleux, beaucoup de fruit, long, un peu tassé en finale, peut-être moins soyeux que d'habitude, moins margaux mais plus consistant.

Millésime 2008

– *Dégustation d'avril 2009*

« *Ce fut un cycle végétatif long et semé d'embûches. Il fallait se protéger contre les problèmes cryptogamiques et ce ne fut pas simple de conduire la vigne en bon état sanitaire* », commente Philippe Dambrine. Depuis plusieurs années déjà, le style s'affirme, empruntant un peu à celui des margaux dont il est voisin : douceur des tanins, moelleux et fruité : « *On vinifie beaucoup moins chaud qu'autrefois.* » Autant dire : on extrait moins.

L'assemblage est composé de 37 % merlot, 7 % cabernet franc, 66 % cabernet-sauvignon. 12,8° d'alcool.

15,5/16 – Fraise, fruits rouges, joli fruit, bouche ronde, moelleuse, tendre, frais, gourmand, doux, bonne longueur. Très joli fruit un peu plus exprimé que certaines années.

– *Dégustation d'avril 2010*

16 – Prise de bois, fermé, bouche souple, bien vive, nette, élégante, fraîche, joli fruit, classique, long, frais fin, finale délicate et épicée.

Millésime 2009

– *Dégustation d'avril 2010*

Philippe Dambrine : *« Une année que nous n'avons pas vue arriver ! C'est arrivé l'été et en septembre, ce grand millésime. On redoutait les blocages, et cette alternance de nuits froides et de journées ensoleillées a agi comme une machine à fabriquer les tanins et à les faire mûrir. Il fallait goûter les raisins pour comprendre. L'excès de sucre et d'alcool étaient à redouter mais ici, avec nos sols de graves sablonneuses, on n'a jamais des degrés trop haut. On est à 13°, pas plus. »* Vendanges du 21 septembre au 1er octobre. Assemblage : 49 % cabernet-sauvignon, 38 % merlot, 7 % petit-verdot, 6 % cabernet franc. *« Les francs entrent de plus en plus dans l'assemblage du grand vin. »*

16,5 – Violette, mûre, bouche ronde, souple, tendre, légère, moelleux, très doux, très gras, large mais fondu, long, très moelleux, velouté. 3,7 de pH. Puissant mais fondu, grain des tanins très soyeux.

Belgrave

5e cru classé
Surface : 61 ha
Propriétaire : GFA du Château Belgrave
Contact : Vins et Vignobles Dourthe
35, route de Bordeaux – Parempuyre – CS8004
33295 Blanquefort Cedex
05.56.35.53.00
www.dourthe.com

Crédit mutuel du Nord, Union française de gestion… Ils sont 444 porteurs de parts et propriétaires de ce cru, racheté en 1999 et dont la gérance a été confiée depuis fort longtemps à CVBG, négociant et gestionnaire de domaines. Le sigle parle peu. Mais c'est un des opérateurs importants de Bordeaux qui produit notamment un vin de marque remarquable, le numéro 1 de Dourthe, jamais décevant en blanc et rouge. Un vrai joli travail de négociant. CVBG a été racheté depuis peu par le Champenois Alain Thiénot, également propriétaire dans les Graves et surtout en Champagne (Thiénot, Canard-Duchêne…).

Il y a eu de très beaux millésimes à Belgrave, comme le 1986, mais aussi des ratés, avec de trop fortes extractions, des vins massifs qui faisaient penser que ce cru servait parfois de champ expérimental. Pendant quelques années, Merete Larsen a assuré la direction du château. Venue du Danemark à 19 ans parfaire son français à Bordeaux, elle découvre le monde du vin, dit adieu à ses études de droit et suit des cours d'œnologie à la faculté de Talence. Frédéric Bonnafous lui a succédé. Tous deux se sont appliqués à lui donner une image un peu moins décalée. Les derniers millésimes nous semblent prometteurs et plus dans la réalité des capacités de ce domaine. Frédéric vient de Toulouse, où il a passé un BTS de biochimie. « *Mais le labo d'analyses toute la journée, le choix n'était pas pertinent.* » Son père possède une très belle cave et la coutume familiale passait par « *la bonne bouteille de vin* » sur la table. « *C'est ce qui m'a donné envie.* »

Entré à l'Ecole d'ingénieurs agricoles de Purpan, il fait partie du bureau de la vinothèque et renvoie l'ascenseur à son papa en l'invitant quelquefois aux soirées de dégustation. Maintenant c'est lui, Frédéric, qui offre des vins pour les soirées de Purpan et reçoit les stagiaires. Frédéric habite sur place avec sa petite famille. Une pratique peu usitée, les responsables de grands domaines préférant à la vie de château, en isolement dans la campagne, celle des appartements bordelais. « *Pour moi, il faut vivre la propriété. C'est une chose sur laquelle j'ai insisté en étant embauché. Le matin, j'ouvre mes volets, je vois la vigne. La vie sociale est moins facile, mais le cadre est superbe, surtout dès qu'on dépasse le 1er avril. L'hiver, il y a Internet…* » En 2011, Frédéric a été nommé responsable de l'ensemble des crus CVBG. Le problème des longues soirées d'hiver ne se pose plus…

Second vin : Diane de Belgrave

Millésime 2000

– *Dégustation d'avril 2001*

15 – Nez épicé, gelée de mûres, note boisée. Bouche puissante, dense, plus en élégance que dans les millésimes précédents, beaucoup de volume cependant et une finale sur les fruits compotés.

– *Dégustation d'avril 2002*

15 – Mûre, fruits confits ; bouche ample, onctueuse, tanins en première séquence assez fondus, puissant, flatteur, un peu rude en finale, plus en démonstration qu'en précision.

Millésime 2001

– Dégustation d'avril 2002

Le négociant CVBG vient de voir son bail renouvelé pour vingt-cinq ans. « *Alors on fait des travaux* », commente Merete Larsen, directrice d'exploitation. « *On fait des essais avec des cuves tronconiques en bois avant de se décider définitivement pour refaire entièrement le cuvier.* » 55 % merlot, 10 % cabernet franc, 35 % cabernet-sauvignon dans l'assemblage du 2001. L'extraction des tanins s'est faite par pigeage, selon la méthode originaire de Bourgogne, et que l'œnologue Michel Rolland recommande depuis quelque temps.

14,5/15 – Nez séduisant de cerise et de rose, bouche fruitée, tendre, petits tanins ronds, vin sérieux mais moins rugueux que d'habitude, plus en élégance que dans certaines versions précédentes où les finales semblaient un peu durcies.

Millésime 2002

– Dégustation d'avril 2003

« *C'est l'année du vinificateur à côté de ses cuves* », explique le maître de chai, Antoine Gonzales. « *Il fallait très peu fouler. J'extrais surtout pendant la période de fermentation. Après, quand l'alcool est là, on ne touche plus trop à la matière pour garder le fruit. Ce sont des méthodes traditionnelles qui permettent d'avoir fruit et finesse.* » 40 % merlot, 48 % cabernet-sauvignon, 12 % cabernet franc. « *On a replanté 2 hectares de petit-verdot pour avoir le choix dans l'assemblage.* »

15 – Fruité, frais, cerise, note chocolat noir. Bouche vive, tannique, qui se fond en finale. Un côté sauvage en attaque et un tanin qui s'adoucit et porte le fruit en seconde séquence.

Millésime 2003

– Dégustation d'avril 2004

De grands travaux sont en cours et le nouveau chai devrait être opérationnel pour la prochaine vendange. Les vendanges ont été très étalées dans le temps pour tenter d'obtenir la maturité idéale sur les 60 hectares du domaine. Elles ont en effet commencé le 10 septembre pour s'achever le 13 octobre.

14 – Nez de cassis et de prune, fruits confits, bouche puissante, dense, tanins très serrés, beaucoup de fruit, mais une trame austère.

Millésime 2004

– Dégustation d'avril 2005

Le tout nouveau chai de vinification s'est rodé avec ce millésime 2004.

14 – Ce sont surtout des notes boisées, vanillées, qui dominent les arômes. La bouche est plus communicante avec sa puissance un peu austère, ses tanins présents. Un vin dense, assez extrait, qui s'achève sur des notes épicées.

Millésime 2005

– Dégustation d'avril 2006

On retrouve cette année le style Belgrave qui nous avait tant plu avec le millésime 86. Moins ostentatoire, moins de tanins grincheux. Est-ce dû au cuvier tout neuf parfaitement adapté au parcellaire ? Ou au talent de Frédéric Bonnafous, le responsable technique actuel ? « *On travaille énormément en pigeage pour obtenir l'expression la plus douce possible. On a tout fait pour éliminer les parties végétales. On a supprimé les pompes afin d'éviter les écrasements qui vont apporter des goûts végétaux* », ajoute Frédéric. « *On pratique beaucoup la macération à froid, qui permet la diffusion des arômes et des tanins en phase fraîche, autrement dit quand l'alcool n'est pas encore présent, car ce dernier accentue l'extraction par son pouvoir solvant.* » La forte proportion de merlot dans l'encépagement diminue peu à peu grâce à des efforts de replantation en cabernet et petit-verdot. L'assemblage comprend 55 % de cabernet-sauvignon, 35 % de merlot, le reste à égalité entre petit-verdot et cabernet franc.

16 – Fruits rouges et noirs, fraises au sucre, tanins vigoureux et serrés, bouche musclée mais sans dureté donnant une impression de velouté. Bonne finale fraîche et nette sur des saveurs kirschées.

Millésime 2006

– Dégustation d'avril 2007

Frédéric Bonnafous a choisi l'option cabernet-sauvignon : « *On a trouvé que les merlots n'étaient pas à la hauteur et que, plus on avançait, plus les cabernets étaient expressifs et denses. On a espacé les vendanges jusqu'à la mi-octobre à partir d'une étude de terroir pour déterminer les zones où le stress hydrique est le plus important.* » C'est un peu compliqué à expliquer (à comprendre et à répéter sans se tromper aussi...), mais c'est à partir de la mesure dans les moûts de l'isotope 13 du carbone. Plus les stomates de la feuille sont fermés, moins celle-ci absorbe d'isotope 13 et moins on le retrouve dans le raisin… Bref, cette méthode d'analyse permet de dresser une cartographie de ramassage assez précise. « *Globalement, on s'aperçoit qu'il y a peu d'erreurs de plantation !* »

75 % cabernet-sauvignon (contre 55 % l'an passé), 22 % merlot, 3 % petit-verdot, du pigeage et des macérations courtes : « *On avait beaucoup de tanins dès le départ, on ne voulait pas trop extraire.* »

15,5 – Fruits noirs, framboise, boisé marqué, bouche tendre en attaque avec beaucoup de rondeur, ferme ensuite pour finir sur des tanins très vigoureux.

– Dégustation d'avril 2008

16 – Assemblé mais pas collé, Grillé, joli nez, épices, fruits cuits, boisé bien intégré, bouche dense, épicée, un peu pauillacaise par le grain du tanin et les saveurs épicées. Long, frais, pas mal.

Millésime 2007

– Dégustation d'avril 2008

« *Ce qui a été très éprouvant, c'est la pression mildiou…* », raconte Frédéric Bonnafous. « *Un des anciens du Médoc m'a dit qu'en soixante ans de millésimes il n'avait jamais vu ça ! Sans les moyens dont on dispose aujourd'hui, on ne récoltait pas à Bordeaux.* » Peu de pluie mais souvent, et qui maintenait un taux d'humidité favorable au développement du champignon. Le vignoble de Belgrave est assez jeune. Il a été replanté pour l'essentiel entre 1979 et 1985, avec une forte proportion de cabernet-sauvignon qui atteignent aujourd'hui l'âge adulte et entrent depuis quelques millésimes dans le grand vin (65 % en 2007, contre 35 % dans le 2001, par exemple). Ce qui en modifie assez fortement le profil : « *On en a une forte proportion dans le 2007, d'autant que les merlots sont assez plats.* » Pour la première fois, 5 % de petit-verdot – « *Ils sont sur des terroirs précoces. C'est une sélection massale.* » – et seulement 30 % de merlot.

16 – Fruits noirs, épicé, bouche ronde, tanins serrés mais sans dureté, bien fruité. Bouche tannique mais pas sèche.

– Dégustation d'avril 2009

15,5 – Fruits noirs, boisé, bouche ronde, souple, fraîche mais pas nerveuse, suave, déjà très agréable.

Millésime 2008

– *Dégustation d'avril 2009*

« Il y a des gens qui avec ce millésime ont voulu rester sur le mode bourguignon, moins dense en couleur, mais pour moi, l'expression des terroirs de bordeaux, ce sont des vins avec de la couleur, de la profondeur », dit Frédéric Bonnafous, *« On est avec des cabernets-sauvignons à rendements faibles. Les merlots étaient moins évidents. Il en fallait un petit peu mais pas trop, sinon on perdait de la personnalité. Quand on commence à dépasser les 25 % de merlot, on quitte le Médoc. »* Pas de petit-verdot, cette année, ils ont été jugés trop massifs. *« On a déjà des vins très puissants, costauds. »* En revanche, le cabernet franc à hauteur de 5 % *« apporte une touche florale »*. 65 % cabernet-sauvignon, 5 % cabernet franc, 25 % merlot.

Rendements de 38 hl/ha, ce qui est faible pour la propriété. *« Mais c'est aussi ce qui a sauvé le millésime. »* Peu de remontages pendant les vinifications : *« On est dans le prolongement de Saint-Julien sur le plan des sols, mais avec un peu plus d'argiles ; faut pas essayer de se battre contre son terroir, on doit faire des vins élégants. »*

16 – Joli fruit, très cerise, frais, fin, délicat, boisé, bien fait, bouche assez vive, tendue, bien fruitée.

– *Dégustation d'avril 2010*

16,5 – Bien fruité, tanins doux en milieu de bouche, plein, dense, mentholé, orange, belles saveurs qui persistent longtemps ; droit. Joli vin. *« Depuis 2006, on a baissé notre proportion de bois neuf ; on est à 35 % de bois neuf, on veut moins d'ostentatoire, plus de finesse. »*

Millésime 2009

– *Dégustation d'avril 2010*

Frédéric Bonnafous : *« Nous avons été en déficit hydrique depuis le 15 juillet et sans pluie jusqu'au 15 octobre. On craignait que ça fasse comme en 2003, mais la vigne a absorbé cette climatologie. Sans doute grâce au froid d'août la nuit. Le matin, souvenez-vous, on supportait un petit pull. Ce sont ces nuits fraîches qui ont construit la qualité du millésime. Au 1er septembre, on était déjà à 12,5°. Mais il y avait une grosse différence entre les mesures effectuées sur pied et ce qu'on avait réellement dans la cuve, où on a relevé des degrés inférieurs parfois de 1°. Car il y a aussi les grappes qui sont à l'ombre. Au final, on est à 13,5°. »* Assemblage : 75 % cabernet-sauvignon, 20 % merlot, 5 % petit-verdot.

17/17,5 – Épices, fruits noirs, bouche douce, parfumée, longue, belle matière onctueuse, joli fruit, serré mais frais en finale, de l'allure, jolis tanins de milieu de bouche.

CAMENSAC

5e cru classé
Surface : 75 ha
Propriétaire : Groupe Taillan
Contact : Château Camensac – 33112 Saint-Laurent-Médoc
05.56.59.41.69
info@chateaucamensac.com

Situé sur une hauteur, Camensac est entouré des Châteaux La Tour-Carnet et Belgrave. Le vignoble a été entièrement reconstruit par la famille Forner, des Espagnols installés en France pendant la période franquiste, également propriétaires du plus connu (en France) des domaines de la Rioja : Marques de Caceres. Quand on admire cette magnifique croupe que recouvrent 75 hectares d'un seul tenant de vignobles, on a du mal à imaginer ce qu'y a trouvé, en arrivant, Elisée Forner : *« Ma première récolte a été 1970. Il ne restait de Camensac que 12 hectares dont 2 de cépages hybrides. Le Médoc d'alors était vraiment une presqu'île. »*

En 2005, le groupe Taillan, c'est-à-dire la famille Merlaut (Chasse-Spleen, Citran, Gruaud-Larose, Haut-Bages-Libéral, Ferrière, etc.), a racheté Camensac. Il a été confié à l'une des jeunes branches de la famille : Céline et Jean-Pierre Foubet. Il s'agit de relancer la machine. Camensac, sous la gestion de la famille Forner, était un gentil cru, bien entretenu, et qui faisait le bonheur des amateurs de crus classés pas trop chers dans les foires aux vins. Les Foubet ont décidé de hausser le ton et surtout la qualité, qui en avait sérieusement besoin.

Second vin : La Closerie de Camensac

Millésime 2000

– *Dégustation d'avril 2001*

Le domaine annonce des rendements mesurés, 45 hl/ha, et une production d'un tiers de second vin. 60 % cabernet-sauvignon, 35 % merlot, 5 % cabernet franc.

13 – Nez de fruits cuits, prune compotée, réglisse, bouche ronde et tendre en attaque, des tanins un peu rugueux apparaissent en deuxième séquence, donnant une finale légèrement végétale. Un vin puissant mais, à ce stade, manquant de charme.

– *Dégustation du 24 mai 2002*

13,5 – Épices, fruits noirs cuits, bouche souple en attaque, saveurs de vin un peu plus âgé, finale serrée, assez séchante, ensemble un peu rustique.

Millésime 2001

– *Dégustation d'avril 2002*

48 % merlot et 52 % cabernet-sauvignon. *« On a ramassé les cabernets neuf à dix jours après la fin des merlots »*, explique Élisée Forner. Le domaine n'a pas utilisé le concentrateur : *« L'osmose inverse, on en revient, ce n'est pas la panacée que l'on nous avait annoncée. D'autant que l'on a des degrés suffisants. »*

13 – Un fruité un peu masqué par la barrique, trame serrée en bouche, tanins rugueux, du fruit mais un manque de soyeux que l'élevage devra adoucir.

Millésime 2002

– *Dégustation d'avril 2003*

Élisée Forner a dirigé cette année sa 34e vendange. *« Je ne me souviens pas d'avoir déjà vu des cabernets-sauvignons avec de tels degrés. »* 60 % cabernet-sauvignon, 35 % merlot, 5 % cabernet franc.

13,5 – Nez épicé et cassis, bouche souple, fruitée, densité moyenne, plus en rondeur qu'en puissance, mais équilibré. Pourra se boire assez jeune.

Millésime 2003

– *Dégustation d'avril 2004*

« J'ai fait entre 20 et 25 % de moins », commente Élisée Forner. *« On a eu autant de grappes, mais les grains de cabernet-sauvignon étaient minuscules. La vinification n'a entraîné aucun problème d'acidité. On entendait partout des*

nouvelles alarmantes, mais notre œnologue, Michel Rolland, nous a dit : n'écoutez pas tout ça, faites votre vin et vous verrez. Il avait raison, à la fin des vinifications les pH étaient élevés mais restaient dans la normale. » Assemblage d'environ 60 % de cabernet-sauvignon et 40 % de merlot.

14,5 – Épicé, note de grillé, fruits mûrs, conservant assez de fraîcheur, bouche souple et ronde, bien garnie, tanins soyeux qui portent une finale nerveuse aux saveurs de cerise. On le place au-dessus du 2002.

Millésime 2004

– *Dégustation d'avril 2005*

La rumeur bordelaise annonce Camensac à vendre depuis déjà quelque temps. Toutefois, avis aux amateurs, Camensac a un vignoble en parfait état de marche et un vin qui, sans jamais atteindre les sommets auxquels il pourrait prétendre, déçoit rarement après quelques années de garde. Grâce à sa rondeur et à sa gourmandise. Ce millésime lui convient assez bien.

14,5 – Rose, fraise, assez chatoyant, bouche ronde, tendre, souple. Il ne possède pas une densité phénoménale, mais on apprécie son fruit et la suavité des tanins.

Millésime 2005

– *Dégustation d'avril 2006*

Et un de plus pour la famille Merlaut, qui possédait déjà 25 % de Camensac avant que la famille Forner ne décide en 2005 de se retirer. Après Gruaud-Larose, Citran, etc., Camensac rejoint cet empire familial tentaculaire (450 hectares de vignes au total) et rigoureusement géré. Nous avions jadis comparé cette gestion à celle exercée par Guy Roux à Auxerre, sans être formellement démenti. L'équipe Chasse-Spleen, les Villars-Foubet, annonce son intention de jouer en défense : « *On est arrivés ici le 15 septembre et on n'a pas fait grand-chose. Le vignoble était bien tenu et nous étions proches des vendanges. On a juste attendu un peu plus que de coutume les cabernets-sauvignons* », explique Jean-Pierre Foubet. « *Nous avons aussi réduit le parc de barriques neuves de chêne américain, qui marque trop les vins. Nous les avons remplacées par du chêne français.* » L'assemblage se compose de 55 % de cabernet-sauvignon, 45 % de merlot.

14,5 – Épices, fruits noirs, bouche dense aux tanins à peine rustiques, plein, solide.

Millésime 2006

– *Dégustation d'avril 2007*

À l'inverse de son voisin Belgrave, Camensac a augmenté sa proportion de merlots cette année : 50 % contre 45 l'an passé, et le reste en cabernet-sauvignon. Ce n'est pas la seule nouveauté puisque, changement spectaculaire celui-là, les étiquettes se sont simplifiées : « *Camensac est redevenu le Camensac tel qu'il figurait en 1937* », nous explique Sandrine Roca, qui nous reçoit. Le style du vin aussi a changé, plus précis, moins démonstratif.

15 – Épices, fruits noirs, mûre, rond, tendre, souple, bien fruité, un bon ensemble cohérent favorisant la douceur et le fruit, avec une petite remontée tannique en finale.

– *Dégustation d'avril 2008*

15 – Boisé marqué, fruits confits, bouche ronde, souple, très boisé, vin gourmand, souple en attaque, un peu trop concentré en finale, demande de l'attente, un peu trop d'extraction qui lui confère de la rusticité.

Millésime 2007

– *Dégustation d'avril 2008*

Céline Foubet : « *Le plus gros changement, c'est le changement d'œnologue ; on n'est plus avec Michel Rolland, mais avec Éric Boissenot. Il nous accorde beaucoup de temps et nous apporte toute une série de précisions, sur le matériel, les lots à isoler, le parcellaire réparti en cuves, mais aussi les tonneliers, le travail sur les vins de presse... On a fait aussi un audit du terroir avec Aymeric Hervy, un jeune ingénieur champenois. On est bien plantés, les adéquations cépages/sols sont bonnes, sauf pour 10 hectares que l'on va arracher.* » 50 % seulement de grand vin. 55 % merlot, 45 % cabernet-sauvignon.

15 – Violette, mûre, note sève, cabernet, bouche souple, fraîche, structure souple, légère, soyeuse, agréable, pas trop extraite mais avec une note végétale. Joli fruit en finale.

– *Dégustation d'avril 2008*

15,5 – Boisé blond, chocolat, bouche élégante, crémeuse, souple, bien fruitée, douce, finale chocolatée, lactée, bon grain de tanins, très gourmand.

Millésime 2008

– *Dégustation d'avril 2009*

La remise en route se poursuit, comme le confirme Jean-Pierre Foubet : « *On a réduit les cuves de béton de moitié, on a allongé l'élevage en barriques.*

On fait une sélection des presses avec Éric Boissenot. On a supprimé les barriques américaines. Cette année, on arrache et on replante… Les cabernets qui étaient en bas, on les met en haut. On s'est acheté des tracteurs hors de prix pour retravailler les sols. Le problème de notre viticulture avec des écarts de 1 mètre seulement entre les rangs, c'est qu'il y a peu de machines et qu'elles sont chères, 150 000 euros avec les outils, c'est presque du sur-mesure. » Pièce rapportée dans la famille Merlaut, Jean-Pierre Foubet se sent de plus en plus à l'aise dans son environnement : « *Chez les Merlaut, la valeur compte plus que le pedigree !* »
Assemblage : 45 % merlot, 55 % cabernet-sauvignon.

15 – Nez épicé, grillé, un peu pauillacais, bouche douce, élégante, dense, tendue en finale, beaucoup plus précis qu'autrefois, bien rond, pas trop extrait.

– *Dégustation d'avril 2010*

15 – Fruits noirs, boisé, bouche ronde, souple, chocolatée, bien gourmand, assez serré et boisé à ce stade, mais un vin beaucoup plus précis qu'autrefois.

Millésime 2009

– *Dégustation d'avril 2010*

Céline Foubet-Villars : « *Nous avons un assemblage avec 45 % de merlot. En fait on a un encépagement de 60 % cabernet-sauvignon mais les rendements des cabernets sont assez faibles sur des sols tassés. On a entrepris de décompacter les sols en passant une lame en profondeur tous les deux rangs. Mais il faut y aller progressivement pour ne pas couper les racines qui se sont développées en surface mais plutôt les obliger à plonger. On fait plus de 50 % de second vin.* »

14,5/15 – Fruit noirs, merlot mûr, un peu sanguin, encre, poivre, bouche bien fondue, épicée, tendue, serrée, puissant, assez touffu, pas très charmeur mais droit.

La Lagune

3e cru classé
Surface 80 ha
Propriétaire : Famille Frey
Contact : Caroline Frey
83, avenue de l'Europe – 33290 Ludon-Médoc
05.57.88.82.77
contact@chateau-lalagune.com

La propriété jouissait d'une grande réputation au XIXe siècle. Le domaine couvrait alors une surface nettement inférieure à celle d'aujourd'hui et sa production au début du XXe siècle était environ quatre fois inférieure. Entre-temps, La Lagune a bien failli disparaître de la liste des crus classés. Les crises et les guerres l'avaient à peu près réduit à néant quand Georges Brunet, un passionné de viticulture, le racheta juste après la fin de la Seconde Guerre mondiale. Il replanta une partie de l'ancien vignoble transformé en friches, puis réhabilita certains bâtiments, dont la cuverie qui passait à l'époque, avec son acier rutilant, pour une des perles du Médoc. Mais le marché n'étant toujours pas au rendez-vous et la fortune de Georges Brunet pas inépuisable, il fut contraint de vendre la propriété au début des années 60. Georges Brunet quitta le Médoc pour fonder Vignelaure, à Rians, dans le Var, pensant avoir trouvé un nouvel Eldorado viticole.

La Lagune fut rachetée par un autre brillant personnage, René Chailloux, propriétaire de la maison de champagne Ayala, une des plus renommées avant guerre, fondateur du Comité interprofessionnel de la Champagne, et créateur d'un règlement interne à la viticulture de cette région qui fut jusqu'à présent une des bases de sa prospérité. René Chailloux, sans enfants, légua ses biens à son fidèle jeune second, Jean-Michel Ducellier. Sous la gouvernance des deux Champenois, la domaine a continué de s'agrandir. Mais Jean-Michel Ducellier consacrait davantage de temps au bien commun champenois, au Comité interprofessionnel, qu'à ses propres affaires. Ayala n'était plus la grande marque renommée d'autrefois, citée dans les catalogues Nicolas des années 30 au même rang que Bollinger. Par bonheur pour La Lagune, il avait eu la sagesse de confier la direction technique à un discret mais vrai professionnel, Patrick Moulin, qui officie toujours au domaine.

Est arrivé ce qui devait arriver : Ayala et les autres actifs des Ducellier furent rachetés par le groupe Frey en 2000. Jean-Jacques

Frey a construit sa fortune dans l'aménagement de zones commerciales en périphérie des villes. Cela ne restera pas forcément comme une des meilleures preuves de l'apport architectural du XXe siècle au patrimoine périurbain, mais cette activité se révèle certainement plus rentable que l'édification des pyramides.

Il faut bien reconnaître que la rénovation entreprise à La Lagune n'a que peu de ressemblance avec la décoration assez sommaire des magasins But. Le château (qui accueille des séminaires, par exemple) a retrouvé toute sa splendeur et les installations techniques sont révolutionnaires. Mais le plus spectaculaire et photogénique dans cette reprise en main arbore un joli sourire et porte un prénom : Caroline.

La nouvelle œnologue du château est en fait la fille du propriétaire. Mademoiselle Frey, jean et baskets, sourire au vent, ne la joue pas fille à papa. *« On a été bluffés par sa compétence. Elle s'est tout de suite intégrée à l'équipe »*, souffle un employé du chai. Caroline travaille en équipe avec Patrick Moulin, le vieux routier du Médoc et détenteur du style La Lagune, privilégiant contre modes et marées le fruit à la trop grande concentration. Le tandem officie dans un chai neuf, performant et adapté. Tout a donc changé, sauf le vin, que Caroline Frey vénère. *« C'est à la fac que j'ai fait mes premières dégustations et qu'il y a eu le déclic. Avant, ma passion, c'était l'équitation. Je faisais des concours. J'ai passé mon bac par correspondance. J'étais installée à Lyon, chez mon entraîneur. Après, je me suis rendu compte que c'était une passion, pas forcément un métier. »* Si le style demeure, l'orientation prise est de lui donner un peu plus de chair sans compromettre l'élégance. Le vignoble, planté à 6 600 pieds à l'hectare (ce qui est peu en Médoc), ne supporte pas les rendements un peu forts. L'exercice consiste donc à maintenir une production assez faible, rarement au-dessus de 45 hl/ha.

En 2005, les Frey ont également repris la maison Jaboulet, en vallée du Rhône, et désormais Caroline partage son temps entre Bordeaux et l'Hermitage, qui fit la réputation de la famille Jaboulet.

Second vin : Moulin de la Lagune

Millésime 2000

– Dégustation d'avril 2001

Franc ou pas franc, telle était la question ! Celle que s'est longuement posée Patrick Moulin cette année. Las de se *« faire allumer »* dans les dégustations pour cause de structure un peu faible, il avait réalisé un premier assemblage en cherchant la concentration. Mais le vin manquait du fruité maison, signature du cru. *« Dès qu'on a ajouté les cabernets francs, c'était meilleur. Nos francs produisent très peu, ils sont plantés sur graves et une année sur cinq ils sont incomparables. »* 20 % cabernet franc, 10 % petit-verdot, 40 % cabernet-sauvignon, 30 % merlot.

15 – Très framboise, pêche de vigne, bouche élégante, très fruitée, trame tannique souple mais sans faiblesse, sans creux, bonne longueur.

– *Dégustation du 24 mai 2002*

16 – Nettement au-dessus du 99, que nous n'avions pas trop aimé, ce 2000 s'affirme à l'élevage. Rose rouge, cerise, frais, net, soyeux, structure tendue. Les tanins se sont épanouis et expriment un soyeux délicat mais solide et le fruité continue de s'exprimer.

Millésime 2001

– *Dégustation d'avril 2002*

« On a tout ramassé entre le 1er et le 12 octobre, pour attendre la pleine maturité. Les merlots ont très bien tenu, les cabernets-sauvignons ont eu plus de mal sur la fin. » Patrick Moulin s'est méfié comme d'habitude des méthodes trop extractives, *« surtout cette année »*, où la maturité était inégale. *« Notre ambition, c'est de continuer à rester La Lagune »*, c'est-à-dire un vin qui privilégie le fruit plus que l'épaisseur. 10 % cabernet franc, 30 % merlot, 50 % cabernet-sauvignon, 10 % petit-verdot.

14,5/15 – Fruits rouges, cerise, tendre, souple, joli fruit, beaucoup de fraîcheur, des notes épicées, bonne longueur, mais milieu de bouche un peu en retrait. À revoir, avec La Lagune, il faut rester prudent…

Millésime 2002

– *Dégustation d'avril 2003*

Thierry Budin, passé de la maison Perrier-Jouët à Ayala, veille aux destinées de La Lagune, un des fleurons du Haut-Médoc, propriété de cette marque champenoise. *« On a fait un travail sur la vigne comme jamais. On arrive à 32 hl/ha, mais aucune parcelle n'a dépassé 40 hectolitres. »* 70 % cabernet-sauvignon, 20 % merlot, 5 % cabernet franc, 5 % petit-verdot.

15,5 – Beaucoup de fruits rouges, frais au nez, cerise, fraise des bois, des notes de rose, bouche tendre, petits tanins délicats, texture fine, soyeuse, favorisant l'expression du fruit.

Millésime 2003

– Dégustation d'avril 2004

Dorénavant, on se gare devant un bâtiment tout neuf où sont rassemblés les bureaux, le labo, une ou deux salles de dégustation, et surtout un cuvier ultramoderne en forme de fer à cheval avec une double réception de vendanges, des monte-charges pour les cagettes de raisin. Pour alimenter les cuves, deux bras articulés immenses, genre station orbitale. « *J'avais vu cela dans un cuvier rond en Espagne, et on a adapté l'idée à nos besoins* », explique Patrick Moulin. « *J'ai commencé ici en 1972*, raconte-t-il, *ce n'était pas le même matériel. On n'avait pas la thermorégulation, quand les cuves chauffaient on utilisait des pains de glace.* » Mais le principal changement, peut-être un peu moins visible, c'est la suppression des grandes cuves de 200 hectolitres et leur remplacement par 58 cuves de tailles différentes, adaptées au parcellaire. À La Lagune, la nappe phréatique n'est jamais bien loin et le sous-sol argileux, recouvert de graves et de sables, a permis aux vignes de ne jamais souffrir cette année. L'assemblage se compose de 55 % de cabernet-sauvignon, 30 % merlot, 10 % petit-verdot, 5 % cabernet franc.

16,5 – Joli fruit très frais, nez framboise et mûre, bouche ample, onctueuse, avec l'élégance habituelle de ce cru qui n'est pas sans rappeler la finesse des margaux, mais un grain de tanins un peu plus affirmé cette année.

Millésime 2004

– Dégustation d'avril 2005

55 % cabernet-sauvignon, 30 % merlot, 15 % petit-verdot. Pour obtenir un peu plus de concentration face à une récolte importante, les vinificateurs ont décidé de saigner les cuves et de produire un rosé La Lagune. Le grand vin est élevé en barriques, dont 55 % de neuves.

16 – Réglisse, fruits noirs, rose, bouche soyeuse, délicate, bonne longueur. Un fruité plus éclatant en bouche qu'au nez, une structure solide mais douce, à la trame fine.

Millésime 2005

– Dégustation d'avril 2006

Jean-Jacques Frey est désormais un des poids lourds du monde français du vin. Propriétaire de plusieurs maisons champenoises et actionnaire imposant de Billecart-Salmon, il a constitué avec Jaboulet et La Lagune un véritable petit empire viticole. Caroline est toujours aussi active à La Lagune et s'estime en observation chez Jaboulet : « *Je suis surtout à l'écoute. Les vins sont magni-*

fiques. » Comme ici, c'est le professeur Denis Dubourdieu qui va apporter ses conseils de super-œnologue chez Jaboulet. À La Lagune, Dubourdieu a conseillé de vendanger assez tôt : « *On a commencé un peu avant les autres, vers le 12 septembre pour les premiers merlots, et on a fini le 30.* » Le vin se compose de 56 % cabernet-sauvignon, 35 % merlot, 9 % cabernet franc.

16 – Fruits noirs, mûre, bouche serrée, les tanins, bien présents en attaque, s'arrondissent ensuite sur une sensation veloutée, beaucoup de fraîcheur.

Millésime 2006

– *Dégustation d'avril 2007*

« *On n'a pas mis les cabernets francs, on a pourtant une très belle cuve, mais, quand on les ajoute, ça pince, ça diminue le milieu de bouche !* » confie Patrick Moulin. Les vendanges ont commencé le 16 septembre, avant le ban officiel. « *Après il a plu, nous n'avons pas regretté ce choix car il a fallu ensuite trier fortement. Le nouveau chai a été performant cette année, où il fallait tout séparer.* » 55 % cabernet-sauvignon, 35 % merlot, 10 % petit-verdot.

15,5/16 – Cassis, violette, cerise, fruité très pur, bouche tendre, douce, légère, délicate, une finesse presque fluide en milieu de bouche et une belle finale sur un fruité éclatant. Les vins de presse ne sont pas pour le moment intégrés et vont sans doute donner un peu plus de corpulence à cet ensemble.

– *Dégustation du 10 avril 2008*

16 – Épices, fruits noirs, épices, poivre, bouche dense, tendue, élégante, vive, droite, belle tension, serré, long.

– *Dégustation d'avril 2009*

16 – Fruits noirs, assez fermé, intense mais fermé, un peu plus extrait, austère à ce stade, note pruneau due à un brin de surmaturité.

Millésime 2007

– *Dégustation d'avril 2008*

Caroline Frey résume : « *Le plus gros problème, ça été les grappes pas mûres, on a fait des passages dans les vignes pour éliminer, et un gros travail sur les tables de tries B, c'est-à-dire après éraflage. On a enlevé la valeur de 4 ou 5 hl/ha, c'était indispensable. Une année particulièrement réussie pour les petits verdots. On en a 20 % dans l'assemblage, c'est la première fois que l'on en a autant.* »

15,5 – Nez fruits noirs, bouche assez puissante, dense, ramassée, joli fruit en finale, tendu. Le petit-verdot le rend un peu austère. L'élevage va lui donner de l'amabilité.

– *Dégustation d'avril 2009*

15,5 – Boisé, fruits rouges, bouche souple, tendre, fondu délicat, joli fruit, frais, élégant et gourmand, style 2004, bien fait, très fruit.

Millésime 2008

– *Dégustation d'avril 2009*

Patrick Moulin : « *L'année a été difficile. On a eu la gelée du 7 avril qui nous a touchés sur une dizaine d'hectares, puis la grêle sur 4 hectares, assez sérieusement. Et de la coulure au moment de la floraison. Nous n'avons produit que 30 hl/ha.* » L'assemblage est composé de 60 % cabernet-sauvignon, 25 % merlot, 15 % petit-verdot. « *On a monté les petits-verdots, ils étaient superbes. Comme souvent, on a bénéficié d'un mois de septembre exceptionnel.* » Les vendanges se sont déroulées du 29 septembre au 16 octobre. Les vins se sont montrés tout aussi tardifs, ne révélant leur fruit que début 2009, après les fermentations malolactiques. « *Avant, je les trouvais pointus, acérés.* »

15,5/16 – Nez bien frais, fraise, fruits rouges, épices, prune rouge, bouche vive, bien garnie, bien fruité, tendu, un peu sévère mais joli fruit qui commence à envahir la finale.

– *Dégustation d'avril 2010*

16,5 – Fruits rouges, fraise écrasée, bouche ronde, souple, fraîche, tendue, assez strict, serré, bien fruité, petite pointe d'amertume en finale qui souligne les saveurs fruitées.

Millésime 2009

– *Dégustation d'avril 2010*

Patrick Moulin : « *On a fait 42 hl/ha. C'est bien, car dans ce vignoble dès qu'on monte trop en rendement, on dilue. Notre assemblage se compose de 60 % cabernet-sauvignon, 15 % petit-verdot, 25 % merlot. Tout était haut en degré cette année : pas une cuve de cabernet-sauvignon au dessous de 13°. Je n'ai jamais connu une telle régularité dans les hauts degrés, pourtant on a commencé de vendanger tôt, le 17 septembre. Plusieurs facteurs jouent. Il y a le rehaussement du palissage : davantage de feuilles et donc une photosynthèse plus importante, plus de sucre dans les grains. Les rendements réduits : on maîtrise davantage le raisin pour l'amener à maturité. Et il y a aussi et incontestablement, il suffit de regarder les moyennes des températures, le réchauffement climatique. Il a manqué aussi un peu de précipitations début septembre, qui relancent la machine et permettent à la vigne d'aller plus vite en maturité des tanins sans que l'alcool grimpe. »*

16,5 – Fruits noirs, encre, bouche douce, moelleuse, assez large, puissante on n'est pas loin de 14°. Doux, tendre, bien garni, joli fruit bien préservé.

Archives

– *Dégustation de février 1992*

Millésime 1981

14 – Grenat profond. Nez puissant, minéral, épice, cèdre, fruits noirs. Très frais, très fermé, soyeux, assez long, mais sèche un peu en finale. On s'interroge sur son évolution future.

Millésime 1982

18 – Grenat sombre, encre. Nez très expressif, complexe, jeune. Gras, vivacité, café, tanins fermes, long et très structuré. Un grand.

Millésime 1983

14,5 – Grenat plus clair, plus évolué. Nez chlorophylle, tabac, menthe, confiture de mûres. Epanoui, manque de relief, une belle matière peut-être sur le déclin.

Millésime 1984

11 – Clair, évolué. Nez cuir, minéral. Bouche métallique, maigre, pas très long et sans matière. À oublier.

Millésime 1985

17 – Grenat sombre. Nez cèdre, boîte de havanes. Du gras, rond, très fin, agréable, finale sur les tanins fruités, bon à boire.

Millésime 1986

14,5 – Grenat, reflets noirs, trace d'évolution. Nez minéral, presque pétrole, austère, conifère. Vif, tanins très soyeux, pas très long, semble devoir évoluer assez vite. Peut se boire.

Millésime 1987

15 – Nez cuir, poivre, très élégant, menthol. Fin, élégant, réglisse, cerise, très agréable avec une surprenante capacité de vieillissement.

Millésime 1988

16 – Violet, sombre. Nez sauvage, un peu thym, légèrement chocolaté, très menthe. Rond, fermé, un peu simple, sera bon à boire assez vite – quand le fruit se sera totalement épanoui.

Millésime 1989

18 – Violet d'encre presque opaque. Nez fermé, mûre, alcool, bois, fumée. Bouche très dense, tanins gras et fruités, fermé, de la finesse. Un autre grand.

Millésime 1990

16 – Grenat foncé. Nez menthol, chlorophylle. Bouche : du gras, de la rondeur, de la finesse, long et droit.

Il fut proposé en primeur à 960 francs H.T. la caisse de 12 : environ 12 euros la bouteille… Le bon temps.

La Tour-Carnet

5e cru classé
Surface : 68 ha
Propriétaire : Bernard Magrez
Contact : Route de Beychevelle – 33112 Saint-Laurent
05.56.73.30.90
www.bernard-magrez.com

Propriété de Bernard Magrez depuis 1999, ce cru a eu une enfance malheureuse. Il avait en pratique disparu de la famille du vin. Quand il est racheté en 1962 par les Lipshitz (armateurs), il n'en reste plus que *« 2 ou 3 hectares »*, nous a raconté Bernard Magrez. Cette famille puis ses enfants vont reconstituer le vignoble sur l'aire qui avait été classée en 1855, moins quelques belles parcelles oubliées et plantées depuis l'arrivée de Bernard Magrez. Le style de La Tour-Carnet a changé plusieurs fois. Des vins un peu minces et ternes à la fin des années 80, plutôt monstrueux aux alentours de 1994. Enfin le style Magrez depuis 2000. Bernard Magrez est un entrepreneur. Il a réussi autrefois à installer sa marque de bordeaux générique Malesan, puis son négoce de spiritueux William Pitters parmi les meilleurs mondiaux avant de tout vendre pour ne s'occuper que de domaines et de crus dont il est propriétaire. L'avenir ne sera jamais bouché pour les « premiums » et les « ultrapremiums », c'est-à-dire les cuvées rares de vins particulièrement soignés et travaillés, voilà l'idée. D'où une communication très orientée *people*, de l'achat d'espace publicitaire dans les revues « aimables » avec le propriétaire et des vins qui sous la houlette de l'œnologue international Michel Rolland s'affirment dans la générosité, la puissance, les saveurs bien marquées, les tanins très présents mais souvent adoucis par microbullage, un toucher très crémeux en bouche. On aime ou pas : le succès est incontestable.

Second vin : Les Douves de La Tour-Carnet

Millésime 2000

– *Dégustation d'avril 2001*

Bernard Magrez : « *Tout a été vendangé en cagettes, par parcelles, avec une baisse de rendement de 11 hl/ha. On a doté le domaine des mêmes équipements que l'on installe partout, à commencer par une table de trie de 8 mètres de longueur.* »

14,5 – Nez de violette, réglisse, cerise burlat, la bouche est douce, la rusticité habituelle a été gommée, la structure est moins agressive et le fruit domine. Le vin a gagné en délicatesse.

– *Dégustation de mai 2002*

14 – Boisé grillé, rond en attaque, dense, large, puissant, trapu, un boisé en bouche très présent et une finale assez séchante.

Millésime 2001

– *Dégustation d'avril 2002*

Nouveaux chais, nouvelles méthodes, cette année : cuvier en bois, égrenage à la main grappe par grappe… La pureté du fruit semble être au centre des préoccupations, même si la densité tannique reste très présente.

15 – Une présence boisée assez prenante, mais une fraîcheur nouvelle en bouche, des tanins serrés mais assez délicats, veloutés, beaucoup de fruit et une bonne longueur.

Millésime 2002

– *Dégustation d'avril 2003*

Xavier Loriaud, du Château Bel-Air-La Royère, en côtes-de-blaye, a rejoint l'équipe de Bernard Magrez pour diriger La Tour-Carnet, dont le propriétaire veut faire un de ses crus phares. Les moyens mis en œuvre tant dans les vignes que dans les chais sont importants. 55 % cabernet-sauvignon, 35 % merlot, 4 % petit-verdot, 6 % cabernet franc.

15 – Nez très épicé, note havane, bouche puissante, dense, tanins feutrés, un peu sévère en attaque, devenant plus moelleux en finale. Le fruit en finale est relevé par les saveurs vanillées du chêne.

Millésime 2003

– *Dégustation d'avril 2004*

Emmanuel Bonneau, 27 ans, qui vient de passer quatre ans à Bois-Pertuis, une autre propriété de Bernard Magrez, remplace Xavier Loriaud, reparti s'occuper de son délicieux Bel-Air La-Royère. Bernard Magrez, qui a vendu sa marque de bordeaux Malesan à son vieil ami Pierre Castel, dispose de plus de temps pour s'occuper de ses nombreuses propriétés (à Bordeaux, mais aussi en Languedoc, en Espagne, en Algérie, etc). Cette année, nous y avons dégusté la première vraie récolte d'un blanc composé de sauvignon, sauvignon gris, sémillon et muscadelle : un bébé vin aux arômes de banane sèche, bien fruité « *On veut faire un autre vin, pas un vin de plus* », explique Bernard Magrez. Pour en revenir au cru classé, il se compose de 55 % cabernet-sauvignon, 37 % merlot, 6 % cabernet franc et 2 % petit-verdot.

15,5 – Fruits noirs et note de torréfaction, bouche puissante, serrée, dense, tanins fermes mais sans dureté, finale sur les fruits confits. Plus en élégance que dans les millésimes précédents.

Millésime 2004

– *Dégustation d'avril 2005*

La propriété s'est équipée cette année de cuves en bois supplémentaires. On y a pratiqué des macérations assez longues, mais en brassant moins la matière. Les remontages et pigeages, qui provoquent l'extraction, ont été réduits. En revanche, l'équipe a procédé à des microbullages (envoi d'oxygène par de très petites buses) des lies, sous le chapeau de marc. Cette technique permet d'assouplir les tanins. L'assemblage se compose de 55 % cabernet-sauvignon, 37 % merlot, 6 % cabernet franc, 2 % petit-verdot.

15 – Fraise cuite, framboise, nez assez extraverti, bouche bien fruitée, une matière assez riche et imposante mais sans dureté. Un vin solide, frais, ample, assez gourmand.

Millésime 2005

– Dégustation d'avril 2006

Pour la première fois cette année, les jeunes vignes de merlot ont pu faire leur apparition dans l'assemblage du grand vin. La Tour-Carnet avait jusqu'alors un peu de mal à trouver sa place dans cette offre tourbillonnante. La rotation des responsables rendait de surcroît peu lisible le message. L'installation d'un boss technique solide, en la personne d'Emmanuel Bonneau, devrait modifier cette perception. 51 % merlot, 39 % cabernet-sauvignon, 7 % cabernet franc, 3 % petit-verdot.

15,5 – Fruits rouges et violette, bien parfumé, bouche douce, tendre, tanins moelleux, présents mais bien fondus, un vin plus aimable et plus précis qu'autrefois.

Millésime 2006

– Dégustation d'avril 2007

« On avait des merlots sur graves qui commençaient à perler, la baie qui se fend, alors on a vendangé dare-dare. Les argilo-calcaires ont mieux résisté. On a beaucoup de sols en argilo-calcaire et on replante du merlot dessus, c'est mieux adapté pour la maturité. On a fait une petite récolte en cabernet-sauvignon : on ramassait ceux destinés au second vin tout en guettant les bons pour le premier vin », commente Emmanuel Bonneau. 65 % merlot, 35 % cabernet-sauvignon.

15 – Floral, framboise, bouche réglissée, épicée, assez tendue, tanins un peu massifs mais sans dureté, le fruit est bien préservé.

– Dégustation d'avril 2008

15 – Réglisse, fruits noirs, épices, bouche dense, veloutée en attaque, serrée ensuite, commence à se fondre, bon fruit, rustique.

Millésime 2007

– Dégustation d'avril 2008

Dernier coup d'éclat de Bernard Magrez : le rachat d'un vignoble au Japon : *« C'est humide, alors ils font pousser la vigne en pergola. Cela donne des grappes grosses comme des raisins de table mais ça fait du bon vin, c'est un cépage de là-bas qui ressemble un peu à un croisement de sémillon et de sauvignon, c'est un vignoble ancien, qui date de 1 200 ans. C'est aussi une façon de nous rapprocher de nos amis japonais… On ne se ménage pas au niveau investissement. Notre principe, c'est d'étonner, l'amateur a besoin de s'étonner.* » Cabernet-sauvignon 55 %, merlot 45 %.

15 – Boisé blond (plus vanille que café), violette, framboise, bouche dense, structure assez fine, un peu plus serrée en finale, le tanin est un peu rugueux, mais bon fruit.

– *Dégustation d'avril 2009*

15 – Boisé vanille, bouche ronde, souple en attaque, un boisé assez marqué en bouche, tanins présents, un peu rustique, finale serrée, pointe d'amertume.

Millésime 2008

– *Dégustation d'avril 2009*

Anne Le Naour remplace Emmanuel Bonneau : « *On a un plan de restructuration qu'on a renforcé ces dernières années. On replante au moins 3 hectares par an. À terme, on aura réussi à replacer le bon matériel végétal aux bons endroits, notamment sur la butte d'argile où il y avait un peu de tout. On vire tous les cabernets-sauvignons de cette partie-là pour mettre du merlot, car c'est un sol qui lui est favorable. Par ailleurs, on replante du cabernet-sauvignon sur des parcelles de graves, en hauteur.* » Dans la même logique, l'équipe a adapté l'enherbement aux différents sols : « *On va jusqu'à mélanger nous-mêmes des graines de trèfle nain avec du gazon anglais.* » Le but étant d'avoir des rendements et des maturités homogènes. « *Ici, il y avait des vignes en mauvais état qui produisaient beaucoup, il a fallu du temps…* »

La propriété a produit 32 hl/ha.

15 – Mûre, fruits noirs, bouche boisée, onctueuse, marquée par le bois, un peu dure en finale mais l'élevage devrait le rendre plus aimable, bonne longueur.

– *Dégustation d'avril 2010*

15 – Boisé, épices, un peu marqué par le chêne, bouche vive, tendue, serrée, épicée, assez sévère en finale pour le moment mais droit.

Millésime 2009

– *Dégustation d'avril 2010*

Frédéric Chabaneau, nouveau responsable technique de La Tour-Carnet en remplacement d'Anne Le Naour, partie à la direction technique des crus du Crédit agricole (Grand-Puy-Ducasse, notamment). « *On continue la restructuration du vignoble. Sur un cru de 70 hectares, cela prend du temps.* »

15/15,5 – Cassis, bouche puissante, tendue, serrée, de la mâche, un peu séchante en finale, prise de bois assez sensible, velouté en première partie, astringent ensuite. Toujours ce petit trop dans l'extraction qui interdit l'élégance.

Crus bourgeois et ex-crus bourgeois du haut-médoc

Château d'Agassac

Surface : 43 ha
Propriétaire : Groupama
Contact : Jean-Luc Zell
15, rue du Château-d'Agassac – 33290 Ludon-Médoc
05 57 88 15 47
www.agassac.com

D'Agassac, situé non loin de La Lagune, est un très joli château, « *un ancien fort de défense* » entouré d'un parc et désormais entièrement restauré. Propriété de Groupama, gérée par Jean-Luc Zell : « *J'ai fait un bac agro, mais, si j'avais appris à aimer le vin par mes parents, restaurateurs, je ne comprenais rien aux bordeaux. J'avais envie de la paille de l'agriculture, de faire de l'élevage. C'est pendant mes études à Bordeaux qu'à la suite de dîners avec les copains je me suis mis à l'aimer. Groupama m'a repéré – je ne sais pas trop comment – en 1996, en Anjou, où je faisais du vin pour une coopérative à Ancenis.* » Beaucoup de gens, surtout dans cette région, savent faire du vin. Ils sont beaucoup moins nombreux à savoir le vendre. Jean-Luc Zell possède les deux talents.

Quand nombre de châteaux demeuraient grilles fermées, confiant aveuglément leur sort au négoce traditionnel qui chaque année achetait la totalité de la production, Zell ouvrait d'Agassac en grand. Lui, très tôt, avait compris que les négociants ne possédaient pas de baguette magique capable de réduire les crises. Ici, les clients particuliers représentent 30 % du chiffre d'affaires : « *Ils sont les rois. Ils peuvent visiter à n'importe quelle heure de la journée, une guide reçoit et on a la possibilité de faire la visite sous forme de jeu de piste avec un iPod. Il y a un questionnaire à remplir, notamment pour les petits avec une princesse enfermé dans le château du* XIII*e* *siècle. S'ils trouvent, ils gagnent une dégustation de jus de fruit, de jus de raisin et un diplôme de princesse et de preux chevalier du Château d'Agassac.*

Parents et enfants le font ensemble mais avec des histoires différentes. Cela dure trente minutes. » Dans le parc, des tables permettent de pique-niquer… « *Pour le reste, on a construit notre commercialisation avec le négoce sans avoir de pression grâce aux ventes aux particuliers.* »

D'Agassac produisait un vin rond, gourmand, très agréable, à qui l'on n'aurait certes pas attribué le prix d'excellence catégorie finesse. Il évolue désormais vers davantage d'élégance. « *Avant le rachat, une grande partie du vignoble n'était pas plantée. On a arraché 5 hectares de cabernet-sauvignon sur de mauvais sols et on a planté sur les très bons terroirs inutilisés et où on a plus de 6 mètres de graves. Ils entrent depuis 2004 dans le grand vin. Avant on était très (trop) merlot, cela faisait des vins ronds mais qui manquaient un peu de précision.* »

Désormais, sur les terroirs jugés moyens et plantés en merlot, Jean-Luc Zell produit un second vin, L'Agassant (90 % merlot) joyeusement pourvu d'une étiquette rigolotte avec un petit personnage en tricorne qui chipe le dernier « a » d'Agassant (celui d'avant le « nt »). Avec comme slogan : « *Sérieusement, avez-vous déjà dégusté un bordeaux qui ne se prend pas au sérieux ?* »

Seconds vins : Pomies-Agassac et L'Agassant d'Agassac

Millésime 2000

– *Dégustation d'avril 2001*

15,5 – Nez de fruits rouges, cerise, framboise, boisé neuf. La bouche racée, solide, structurée offre une chair crémeuse et un beau tanin qui se resserre en finale.

Millésime 2001

– *Dégustation d'avril 2002*

15,5 – De beaux arômes de fruits rouges cuits, tarte à la cerise avec une pointe vanillée, bouche élégante, tendre, trame tannique discrète mais solide.

Millésime 2002

– *Dégustation d'avril 2003*

15,5/16 – Un beau nez puissant, violette et framboise, bouche charnue, racée, une belle texture tramée et longue.

Millésime 2003

– Dégustation d'avril 2004

« J'essaie qu'il y ait un fil conducteur dans nos vins, au-delà des millésimes. Ils sont faits pour être bus. Il faut arrêter de penser que nous faisons des œuvres d'art tous les ans. » 72 % cabernet-sauvignon, 28 % merlot.

16 – Nez bien fruité, gelée de mûre, violette, bouche douce, tanins bien fondus, trame solide, mais sans aspérités, bel équilibre, beaucoup de gourmandise.

Millésime 2004

– Dégustation d'avril 2005

Jean-Luc Zell a fait sensation en proposant son vin en primeur dans deux versions. Une, traditionnellement bouchée avec du liège. L'autre avec un bouchon… à vis. Est-il toujours indispensable d'utiliser de bons bouchons pour les vins à boire dans les deux ans ? Pour un cru bourgeois, c'est déjà plus osé, même si l'on sait que jusqu'à quatre ans cela ne pose guère de problème de conservation. La clientèle visée par le bouchon à vis est sans doute la restauration, qui propose rapidement ce genre de cru sur table.

16,5 – Réglisse, fruits noirs, note grillée, bouche au boisé discret mais soulignant les saveurs de fruits mûrs, tanins gras bien fondus dans un ensemble très savoureux, long, solide et gourmand.

– Dégustation d'octobre 2009

16 – Réductif au premier nez, bouche bien fruitée avec des notes de violette et de fruits confits, large et long, joli vin, qui commence à se former, à prendre ses marques avec un fruité intense qui arrive en finale.

Millésime 2006

– Dégustation d'avril 2007

15 – Fruits noirs, boisé, rond en bouche, plein, dense, tanins moelleux, bonne longueur.

Dégustation d'octobre 2009

16 – Fruits rouges, cerise confite, bouche douce, fraîche, élegante, bien fondue, avec une finale relevée mais sans dureté, joli fruit.

Millésime 2007

– Dégustation d'avril 2008

14,5 – Nez boisé, fruité, un peu végétal, cerise belle-de-juillet, bouche ronde, soyeuse, bien fruité, très doux, boisé travaillé pour séduire.

– Dégustation d'octobre 2009

15 – Nez fermé, un peu cerise, le boisé s'estompe, bouche douce en attaque, plus ferme ensuite, bonne matière finale un peu serrée mais joli vin à venir.

Millésime 2008

– Dégustation d'octobre 2009

Jean-Luc Zell peine à développer son marché de bouteilles avec les bouchons à vis : « *Même dans les marchés abordés par des vins du Nouveau Monde équipés de capsules à vis, on a du mal. Il y a un vrai problème de code avec bordeaux, qui est dans la tradition et donc implique le bouchon liège…* »

15 – Le bois d'élevage domine, 25 % d'élevage en cuve, 25 % en bois neuf et 50 % en bois d'un vin. Nez boisé, bouche plus douce, ronde, tendue, ferme, plus cabernet qu'avant.

Millésime 2009

– Dégustation d'avril 2010

15 – Réglisse, fruits noirs, bouche bien fondue, souple, légère, tendre, peu d'acidité, tanins en finale, gourmand.

Barreyres

Surface : 109 ha
Propriétaire : Castel
Contact : 21-24, rue Georges-Guynemer
33295 Blanquefort Cedex
05.56.95.54.00
www.groupe-castel.com

L'empire Castel, vins, eaux minérales naguère, bières (notamment la plupart des bières nationales africaines), repose sur les décisions d'un homme comme on les fabriquait dans l'entre-deux-guerres, mi-aventurier, mi-homme d'affaires rusé et secret. Pierre Castel, octogénaire dynamique, est difficile à cerner, à rencontrer et surtout, d'après son entourage, à suivre. Pourquoi, alors qu'il en avait plus que les moyens, ne s'est-il jamais offert un grand cru classé ? Parce qu'il n'y croit pas, nous a-t-il confié entre deux histoires de brasseries africaines et un bref résumé des pratiques expéditives du dictateur d'une « république » de l'ancienne URSS. Le vin ne rapporte rien, disait-il ce jour-là, bien moins que la bière ou l'eau. Mais peu après, il rachetait un gros négociant du muscadet… Et, tout récemment, il s'est offert Beychevelle (au côté du groupe japonais Santori), un cru classé !

Cela fait peu de temps qu'il montre un véritable intérêt pour ses propriétés (14 au total), qui comptent quelques crus bourgeois. Sans toutefois chercher à en faire des vins de compétition. Barreyres, superbe château entouré de 240 hectares de forêts, de parcs et de vignes, comme Tour-Prignac sont d'un niveau correct tout comme le vin des graves Ferrande. Fidèle à son image et à sa stratégie, Pierre Castel a voulu élaborer des crus facilement buvables à des prix très raisonnables, disponibles partout dans le commerce.

Second vin : Tour-Bellevue

Millésime 2001

– Dégustation d'avril 2002

14,5 – Joli fruit, bouche vive, tanins présents mais pas trop d'extraction, bien travaillé.

Millésime 2006

– Dégustation de septembre 2009

14,5 – Fruits noirs, prune, bouche ronde, suave, bien fondue, des notes havane au nez qui se traduisent par une petite sévérité en bouche mais sans dureté, agréable, bien fait, d'une densité moyenne.

Millésime 2007

– Dégustation d'avril 2008

14/14,5 – Fermé, bouche ronde, suave, élégante, un peu serrée en finale, joli fruit.

– Dégustation de septembre 2009

14 – Nez vanillé, des notes résine de pin que l'on retrouve en bouche, tendre, souple, équilibré. Un vin agréable, à boire jeune. Dommage, une petite touche de boisé américain un peu vulgaire en finale.

Millésime 2009

– Dégustation d'avril 2010

13,5/14 – Fruits noirs, épices, boisé, résine, bouche dense mais fondue, tanins suaves, finale assez serrée mais belle matière. Vin nerveux, un brut de fondérie prometteur.

Bel-Air

Surface : 37 ha
Propriétaire : Françoise Triaud
Contact : Jean-Louis Triaud – Domaines Henri Martin
33250 Saint-Julien
05.56.59.08.18
www.domaines-henri-martin.com

Sur la partie haute du village de Cussac, sols de graves assez proches de ceux que l'on rencontre sur Saint-Julien, Bel-Air a été racheté en 1980 par Françoise Triaud. Les Triaud, comme leur nom l'indique possèdent trois châteaux : Gloria, Saint-Pierre cru classé en saint-julien, auquel on se reportera avec avantage si on veut en savoir plus. La qualité monte, les prix stagnent. D'habitude c'est l'inverse, profitez-en. On le trouve parfois en foires aux vins à un tarif ras des pâquerettes…

Millésime 2001

– Dégustation d'avril 2002

15,5 – Une belle surprise, ce Bel-Air au nez fleuri, délicat en bouche, élégant, très droit, tanins fins, bonne longueur, très classe.

Millésime 2002

– Dégustation d'avril 2003

14 – Nez de cerise burlat, framboise. Bouche souple, droite, garde du charme bien que la finale soit assez musclée.

– Dégustation de juin 2005

14,5 – Mentholé, pain grillé, fruits noirs, bouche fraîche, nette, bien fruitée, tanins pas tout à fait fondus en finale.

Millésime 2004

– Dégustation d'avril 2005

60 % cabernet-sauvignon, 40 % merlot.

14 – Très fruité au nez, cerise, fringant en bouche, vif, léger, bien parfumé, finale resserrée.

Millésime 2005

– Dégustation d'avril 2006

65 % cabernet-sauvignon, 32 % merlot, 2 % cabernet franc, 1 % petit-verdot.

15 – Très en fruit, tarte à la myrtille, mûre, bouche fraîche, nette, légère et rafraîchissante.

Millésime 2006

– Dégustation d'avril 2007

67 % cabernet-sauvignon, 33 % merlot.

13,5/14 – Vif, bien fruité, tanins vifs, finale un peu pointue.

Millésime 2007

– Dégustation d'avril 2008

75 % cabernet-sauvignon, 2 % cabernet franc, 23 % merlot.

16,5 – Fruits confits, cerises au sucre, orangette, bouche souple, tendre, élégante, chocolatée ; joli vin d'équilibre et de maturité.

Millésime 2008

– *Dégustation d'avril 2009*

35 hl/ha, 68 % cabernet-sauvignon, 32 % merlot, 25 % de bois neuf. Petite production à cause de la coulure.

14,5 – Bien fruité au nez, bouche douce et bien fruitée, peu extrait, assez fin, tanins plutôt raffinés.

– *Dégustation de juin 2010*

14 – Grillé, boisé, bouche souple, douce, assez élégante, bon fruit, un peu de bois qui devrait se fondre.

Millésime 2009

– *Dégustation d'avril 2010*

60 % cabernet-sauvignon, 40 % merlot.

14,5 – Fruits noirs, pas très ouvert, bouche tendue, fraîche, vive, friand, finale chocolat. Un peu plus touffu que d'habitude.

BEL-ORME-TRONQUOY-DE-LALANDE

Surface : 28,5 ha
Propriétaire : Famille Quié
Contact : Jean-Philippe Quié
Bel-Orme-Tronquoy-de-Lalande
33180 Saint-Seurin-de-Cadourne
05.56.59.38.29./06.81.04.20.56

Propriété de la famille Quié (comme les crus classés Rauzan-Gassies et Croizet-Bages), toujours remarqué, distingué (et pas seulement par l'auteur de ces remarquables lignes), même quand les autres crus familiaux ne brillaient pas au firmament des crus classés. Très beau terroir sur Saint-Seurin-de-Cadourne, capitale du célèbre Sociandot-Mallet. Ceci a peut-être à voir avec cela. Pour le reste, on vous dit tout à la page Rauzan-Gassies. À moins que ce ne soit à Croizet-Bages.

Millésime 2000

– Dégustation d'avril 2001

14 – Nez violette et cerise, joli fruit en bouche, bien droit, séduisant grâce à un fruité porté par des tanins ronds mais présents.

Millésime 2001

– Dégustation d'avril 2002

60 % merlot, 10 % cabernet franc, 30 % cabernet-sauvignon.

15,5 – Épicé, réglisse, rose rouge, Zan, bouche bien garnie, tanins moelleux, du fruit et de la consistance, tanins souples mais présents, bonne longueur.

– Dégustation de juin 2005

16 – Subtil mélange de chocolat et d'épices, de fruits confits, bouche dense, bien garnie, tanins moelleux, beaucoup de saveurs, long, délicieux dès aujourd'hui.

Millésime 2002

– Dégustation d'avril 2003

65 % merlot, 5 % cabernet franc, 30 % cabernet-sauvignon. Un tiers de bois neuf.

15 – Sous-bois, fruits noirs, rond, bien gras, tanins moelleux, beaucoup de gourmandise dans ce vin solide sans être imposant.

Millésime 2003

– Dégustation d'avril 2004

60 % merlot, 30 % cabernet-sauvignon et 10 % cabernet franc.

14 – Nez de cassis, note gentiane, bouche fruitée, tanins bien ronds, ensemble souple, agréable, qui devrait gagner en chair avec l'élevage.

Millésime 2006

– Dégustation d'avril 2007

14 – Épices, rose séchée, nez un peu pauillac, tanins tendres, vifs, joli fruit ; vin frais et vif, pas trop extrait.

Millésime 2007

– *Dégustation d'avril 2008*

66 % merlot, 4 % cabernet franc, 30 % cabernet-sauvignon.

14,5 – Fruits rouges, floral, bouche souple, douce bien parfumée, un peu serrée en finale, droit, fruité, souple, pas trop extrait.

Millésime 2008

– *Dégustation de juin 2010*

14,5 – Fruits noirs, moka, bouche bien garnie, très gourmande, un élevage qui favorise les saveurs de pâtisserie, bonne longueur, vin facile, très agréable.

Millésime 2009

– *Dégustation d'avril 2010*

14 – Fruits noirs, épices, poivre, bouche tendue, serrée, pas mal de tanins, note de noix de coco, frais, fin, bien serré en finale.

BELLE-VUE

Surface : 10 ha
Propriétaire : Famille Mulliez
Contact : 103, route de Pauillac – 33460 Macau
05.57.88.19.79
www.chateau-belle-vue.fr

Spécialiste des fusions-acquisitions au sein de la banque américaine Morgan à Londres pendant plus de dix ans, Vincent Mulliez, enfance passée dans la région de Bordeaux, a presque tout plaqué pour se lancer dans une aventure médocaine. Presque tout, car il avait fondé sa propre société de conseil en fusions-acquisitions et était notamment le maître d'œuvre de la reprise récente du cru classé Pédesclaux. Vincent Mulliez avait racheté ce Belle-Vue, le Château de Gironville et le Château Bolaire, un petit cru de 5 hectares marqué par la présence de petit-verdot (40 % de l'encépagement). Les trois domaines, commercialisés ensemble, sont placés sous la direction technique de Vincent Bache-Gabrielsen, ingénieur formé à l'école de Purpan, élève de Jean-Claude Berrouet dans les domaines Moueix à Pomerol et remarquable animateur d'équipe. Vincent Mulliez est brutalement décédé au printemps 2010, et sa famille et son associé Frédéric Boisseau poursuivent son travail. La présence là aussi du petit-verdot et un élevage marqué par le bois neuf font de Belle-Vue un vin intéressant, assez rigide au départ et pour le moment nous ne disposons pas d'assez de recul pour suivre son évolution dans le temps.

Millésime 2005

– *Dégustation d'avril 2006*

14 – Le nez est plutôt fermé, la bouche s'ouvre sur un joli fruit évoquant la confiserie, les fruits noirs. Le tanin est dès l'attaque assez viril, intense, laissant même la finale sur une sensation un peu asséchante. Un peu moins d'extraction aurait valorisé le fruit.

Millésime 2007

– *Dégustation d'avril 2008*

13,5 – Boisé, confit, fruits noirs, bouche souple, moderne, concentrée mais liquide.

Millésime 2008

– *Dégustation d'avril 2009*

13 – Boisé violent, bouche dense, épicée, très marquée par la prise de bois, bonne structure derrière, puissant.

Millésime 2009

– *Dégustation d'avril 2010*

14 – Fruits noirs, boisé, bouche ronde, suave, tanins veloutés, beaucoup de matière, puissant, extrait, plus en puissance qu'en délicatesse.

Bernadotte

Surface : 35 ha
Propriétaire : Champagne Roederer
Contact : Sylvie Cazes
Château Pichon-Lalande – 33250 Saint-Sauveur
05.56.59.19.40
www.chateau-bernadotte.com

Même si le nom évoque le maréchal de Napoléon, qui fut ensuite roi de Suède, le rapport est assez lointain et le domaine de création plutôt récente, à la fin du XIXe siècle. Enfin, du moins le premier Bernadotte, qui ne faisait que 8 hectares, bien situés sur le plateau de Pauillac et en appellation pauillac. Plus récemment, il a été aggloméré au Château Fournas-Bernadotte, qui, lui, faisait 26 hectares et qui au fil du temps et des acquisitions est passé de l'appellation pauillac (il était alors inclus dans un cru classé) à haut-médoc. May-Éliane de Lencquesaing, devenue propriétaire, a préféré déclarer la totalité de la production en haut-médoc plutôt que de revendiquer pour une partie l'appellation pauillac (vous suivez ?). La qualité des vins est à l'image de son histoire, un peu chaotique. Une fois c'est pas mal, une autre c'est mieux, une troisième c'est un bloc de tanins peu aimable. Il semble bien que le vignoble au moment de l'acquisition ait été assez peu performant et ait nécessité quelques retouches en profondeur. Les équipes ont essayé de faire pour le mieux sans toujours y parvenir. L'arrivée du Champagne Roederer à la tête des propriétés devrait permettre sans doute la mise au point d'une stratégie à long terme.

Second vin : Château Fournas-Bernadotte

Millésime 2000

– *Dégustation d'avril 2001*

Élevé en bois neuf pour un tiers, les deux tiers restants en barriques de Pichon d'un et deux vins. 60 % cabernet-sauvignon, 40 % merlot.

14 – Nez de fruit, cerise, note grillée. Bouche équilibrée, bonne texture, tanins sérieux, assez boisé en finale, ce qui lui enlève de l'éclat.

– *Dégustation de mai 2002*

14 – Fruits confits, pain d'épice, bouche puissante, dense, un peu rustique, marquée par des tanins « gratteurs » en finale.

Millésime 2001

– Dégustation d'avril 2002

« On est obligés de passer deux fois, car on a complanté là où il y avait des pieds manquants et on ne mélange pas avec les plus anciens. Mais on connaît maintenant de mieux en mieux ce vignoble », commente Gildas d'Ollone, directeur général.

14,5 – Nez épicé et fruits mûrs, note de grillé, gras en bouche, assez gourmand, bien rond, finale sur les fruits noirs.

Millésime 2002

– Dégustation d'avril 2003

14,5/15 – Violet-noir. Nez partagé entre le boisé et le fruit frais. Bouche texturée, solide, une belle structure de tanins civilisés.

Millésime 2003

– Dégustation d'avril 2004

57 % cabernet-sauvignon, 41 % merlot, 1 % petit-verdot, 1 % cabernet franc.

16 – Nez prune et violette, bouche musclée, tanins serrés, bien droits, beaucoup de fruit, bien long.

Millésime 2004

– Dégustation d'avril 2005

59 % cabernet-sauvignon, 36 % merlot, 3 % cabernet franc, 2 % petit verdot. Élevage dans 30 % de barriques neuves.

14,5 – Nez d'épices et fruits noirs, bouche souple en attaque, bien fruitée, bonne tenue en longueur, finale assez vigoureuse.

Millésime 2005

– Dégustation d'avril 2006

49 % cabernet-sauvignon, 48 % merlot, 3 % cabernet franc.

15 – Fruits noirs, suavité en bouche, fruité bien préservé, petits tanins vifs et croquants. Un vin fringant, tonique.

Millésime 2006

– Dégustation d'avril 2008

En avril 2007, nous n'avions pas retenu Bernadotte. Trop dur, l'acidité due au millésime renforçait le côté rugueux des tanins. En 2008, après un an d'élevage, il s'est un peu adouci.

14,5 – Vanille, coco, bouche souple en attaque, douce, un peu monolithique, finale dense, épicée, très astringent en finale.

Millésime 2007

– *Dégustation d'avril 2008*

37 % cabernet-sauvignon, 55 % merlot, 5 % cabernet franc, 3 % petit-verdot.

13 – Fruits noirs, bouche ronde, charnue, souple, un peu tendu en finale, un peu séchant.

Millésime 2008

– *Dégustation d'avril 2009*

44 % merlot et 56 % cabernet-sauvignon.

14 – Fruits noirs, épices, rose séchée, dense, tendu, élégant, frais, joli fruit, serré en finale mais plutôt réussi.

Millésime 2009

– *Dégustation d'avril 2010*

40 % cabernet-sauvignon, 56 % merlot, 2 % cabernet franc, 2 % petit-verdot.

Philippe Moreau, responsable technique du Château de Pez et de Bernadotte : « *On avait beaucoup de pieds "manchots" c'est-à-dire avec un seul aste, une seule branche, si vous préférez. On a rouvert les pieds pour refaire deux astes et produire un peu plus ; on est à 55 hl/ha. On a remis en culture, on laboure, c'était avant en désherbant. On apporte ainsi de l'air et ça mûrit mieux. On veut faire plonger les racines, les vignes labourées ont des tanins plus ronds.* »

14,5 – Fruits noirs, fruits confits, bouche ronde, souple, fraîche, pas trop extraite, vif en finale.

Cambon-La Pelouse

Surface : 65 ha avec Trois-Moulins
Propriétaire : Jean-Pierre Marie
Contact : 5, chemin de Canteloup – 33460 Macau
05.57.88.40.32.
www.cambon-la-pelouse.com

Ce cru à la réputation ancienne avait pratiquement disparu après le gel de 1956. Replanté dans les années 70, il est aujourd'hui la propriété de Jean-Pierre Marie : *« J'ai acheté en 1996. J'avais un hyper Champion près d'Orgeval. Cette région* (Médoc) *nous avait intéressés, la mer, la campagne… On a eu une opportunité. On a 61 hectares. C'est moins contraignant que d'en avoir 5 : avec 5, on doit tout faire, avec 60, on fait faire. Je travaille essentiellement à l'export (58 %) et je vends beaucoup en grande distribution. »* Avec Cambon, Jean-Pierre Marie prenait aussi en charge Trois-Moulins, réuni au premier dans les années 60.

En 2002, Jean-Pierre Marie a racheté une parcelle de margaux (50 ares) au boucher du village, et tout replanté. *« Vinification sans pompe, on travaille tout manuellement »*. Le vin s'appelle L'Aura, 50/50 merlot et cabernet-sauvignon. Les vignes sont très jeunes, mais on décèle déjà quelques accents margaliens sur le 2008. Cambon-La Pelouse, lui, est assez marqué merlot. Comme souvent avec les nouveaux propriétaires, les vins ont connu une période boisée et une extraction musclée. Puis le nouveau propriétaire, s'il n'est pas borné, découvre les vertus du vin buvable, consommable et apprécié des consommateurs. Jean-Pierre Marie n'a pas tardé à revenir vers ces fondamentaux. Nouvel œnologue moins porté sur les tanins moustachus, passage d'une partie du vignoble en bio avec l'objectif de convertir la totalité du domaine… Les derniers millésimes, plus proches du terroir, traduisent une évolution vers un rouge délicat, clin d'œil à margaux dont les sols sont assez proches.

Autre vin : Trois-Moulins

Millésime 2003

– Dégustation de juin 2005

15 – Le boisé est assez présent et mêle des saveurs vanillées à un fruité bien préservé. Un vin plutôt bien équilibré, mais qui demande de l'attente.

Millésime 2004

– *Dégustation d'avril 2005*

14,5 – Épices, chocolat, réglisse, nez complexe et riche. Bouche ample en première séquence, tanins serrés mais moelleux, une puissance un peu trop marquée en deuxième partie, qui durcit la finale. Une extraction peut-être un peu vigoureuse, un vin qu'il faudra regoûter après élevage.

– *Dégustation d'avril 2009*

14 – Nez fermé, bouche souple, commence à évoluer, à boire.

Millésime 2005

– *Dégustation d'avril 2009*

15 – Réglisse, fruits noirs, bouche ronde, onctueuse, large et longue, beau fruit noir en finale.

Millésime 2006

– *Dégustation d'avril 2007*

14 – Boisé, riche, bouche vanillée, long, pas mal, le boisé joue un rôle de valorisateur ; initiatique.

– *Dégustation d'avril 2009*

14,5 – Réduit, bouche ronde, douce, tanins plus gras, bouche plus large, finale un peu rugueuse.

Millésime 2007

– *Dégustation d'avril 2008*

15 – Épices, fruits noirs, noisette, bouche ronde, bien fruitée, tendu en finale mais bien construit.

– *Dégustation d'avril 2009*

14,5/15 – Grillé, fruits noirs, bouche ronde, droit, pas trop extrait, tanins doux.

Millésime 2008

– *Dégustation d'avril 2009*

14,5 – Fruits noirs, cerise, bouche un peu extraite, serrée, pas mal de bois, petits tanins serrés, joli fruit en finale.

– Dégustation de juin 2010

14,5 – Chocolat, fruits noirs, bouche souple, fondue, tendre, assez gourmande.

Millésime 2009

– Dégustation d'avril 2010

15,5/16 – Fruits noirs, cerise, bouche douce, tendre, fraîche, élégante, tanins soyeux, frais, fin, belle longueur, beaucoup de retenue et de finesse dans le travail d'extraction.

Caronne-Sainte-Gemme

Surface : 45 ha
Propriétaire : Vignobles Nony-Borie
Contact : François Nony
33112 Saint-Laurent-Médoc
05.57.87.56.81 et 06.03.03.56.09.
www.chateau-caronne-ste-gemme.com

Les Nony, comme beaucoup de ceux qui ont fait la fortune des vins de Bordeaux (et la leur souvent), sont originaires de Corrèze, du village de Bugeat, où un Nony figure toujours au conseil municipal. *« J'ai été chargé du caveau familial à Bugeat et je me suis trompé de tombe, c'est bourré de Nony, c'est surnommé Louxor, car ils avaient tendance a construire des pyramides »*, s'amuse François Nony. Bugeat, c'est aussi le bourg choisi par le romancier populaire Henri Troyat pour sa saga *Les Semailles et les Moissons*. Troyat, né russe, a découvert Bugeat sur le tard : *« Il me plaisait qu'au cœur de la France il y eût cette province secrète et rude avec l'abondante toison de ses forêts, ses eaux vives, ses villages mussés dans la verdure, ses vieilles églises bossues, ses ruines gallo-romaines, ses barrages tout neufs, ses lacs artificiels où se reflète un ciel changeant aux nuages échevelés et aux brusques déchirures bleues. »*

Meilleurs que les Anglais, obligés de faire demi-tour sous la poussée des lances royales françaises, tranquillement, pacifiquement, les Corréziens ont colonisé la Gironde. Les Nony sont arrivés à la fin du XIXe. « *Ils avaient monté un négoce à Pauillac et une fille Nony a épousé un Borie, et c'est comme ça que l'on est cousins.* » (Les Borie aujourd'hui : Ducru-Beaucaillou, Grand-Puy-Lacoste, Haut-Batailley, etc.) Le couple a deux fils : Francis et Marcel Borie. Les deux frères achètent Batailley. « *Après la guerre, ils se sont séparés. Francis a acheté Ducru, Marcel a gardé Batailley et il a eu une fille, Denise, qu'a épousée Émile Castéja.* » Les voilà donc aussi en famille avec les Castéja (Batailley, Lynch-Moussas, Trottevieille, etc.).

Caronne-Saint-Gemme était géré par l'oncle de François Nony jusqu'en 2000 : « *Il m'a donné peu à peu les rênes. Mon oncle Jean-Denis avait une forte personnalité ; je m'occupais des ventes sur le marché anglais, c'était loin et c'était bien.* » Depuis, François, aidé de son frère Georges, a poussé les murs, amélioré la partie technique. « *On a entamé le grand chantier, c'est la vigne.* » Le vignoble produisait trop et avec trop de « manquants », ces ceps qui meurent et qu'on ne remplace pas. Il comportait sans doute aussi un peu trop de cabernet-sauvignon. Caronne se situe dans les terres, loin des bords de la Gironde, et le cabernet-sauvignon doit produire peu pour arriver à maturité. La reprise en main se fait sentir sur les derniers millésimes ; les vins fermés dans leur toute jeunesse développent des tanins plus nobles qu'autrefois et gagnent en élégance.

Millésime 2000

– *Dégustation de juin 2010*

14 – « *C'est le premier millésime où on a pu faire ce qu'on voulait.* » Fruits noirs, épices, poivre, bouche douce, tanins fins, élégants, un peu vifs en finale, un peu séchant.

Millésime 2001

– *Dégustation de juin 2010*

14,5 – Grillé, épices, fruits noirs, rôti, solaire, bien mûr au nez, bouche délicieuse aujourd'hui, tendu, vif, des tanins un peu rêches en finale, un peu chaotique mais gourmand.

Millésime 2002

– Dégustation de juin 2010

13,5/14 – Végétal au premier nez, un peu poivron en bouche, serré en finale, crémeux, finale un peu séchante.

Millésime 2003

– Dégustation de juin 2010

13,5/14 – Grillé, solaire, épices, cannelle, bouche tendue, un peu séchante en finale, première séquence très savoureuse et solaire, finale aux tanins durs.

Millésime 2004

– Dégustation de juin 2010

15 – Fruits noirs, joli nez fruité, floral, pivoine, cerise, bouche souple, bien fondue, très joli fruit, bonne longueur, finale un peu plus aimable, joli vin pour aujourd'hui. Finale tannique.

Millésime 2005

– Dégustation de juin 2010

15,5 – Fruits noirs, café, bouche puissante mais harmonieuse, dense, tendue, vive, tanins assez serrés, vin de garde.

Millésime 2006

– Dégustation de juin 2010

14,5/15 – Fruits noirs, boisé pas encore tout à fait fondu, floral, cerise, bouche douce en attaque, bonne vivacité, finale plus douce que sur les premiers millésimes des années 2000. Très beau fruit.

Millésime 2007

– Dégustation de juin 2010

14,5 – Fruits noirs, grillé, joli nez, bouche vanillée, tendre, souple, peu extrait, assez fin, joli fruit, tanins plus souples.

Millésime 2008

– Dégustation d'avril 2009

14 – Boisé violent, bouche puissante, dense, un peu extraite mais de la chair autour des tanins, puissant, plus en en force qu'en élégance, à voir sur l'évolution…

– Dégustation de juin 2010

15 – À l'évolution, le boisé est encore puissant, bouche dense, assez extraite, bon fruit, intense, riche, un peu serré en finale. Un vin qui demande à se fondre, du mordant mais avec de la classe, du potentiel même s'il a un peu trop de tout à ce stade. Style viril.

Millésime 2009

– Dégustation de juin 2010

15 – Fruits noirs, cerise burlat, bouche ronde, souple moelleuse, bon fruit, bonne longueur, assez juteux.

Château du Cartillon

Surface : 51 ha
Propriétaire : GFA du Cartillon
Contact : Route de Balizac – 33720 Landiras
05.57.43.01.44.

Confié en fermage au groupe Les Grands Chais de France, ce grand domaine bien situé produisait un vin agréable mais sans régularité. L'arrivée de Merete Larsen, ancienne responsable du cru classé Belgrave puis du Château Lestage-Simon, change sans doute la donne. Le millésime 2009 nous en donne un aperçu.

Second vin : Moulin du Cartillon

Millésime 2002

– Dégustation d'avril 2003

14 – Nez fruits noirs, cerise au chocolat. Bouche virile, de la tenue, mais le tanin ne manque pas de finesse.

Millésime 2008

– Dégustation d'avril 2009

14,5/15 – Nez fermé, fruits noirs, bouche onctueuse, tanins fondus, moelleux, frais, bien fruité, fruit noir en finale, bon grain de tanins.

Millésime 2009

– Dégustation d'avril 2010

15 – Fruits noirs, tarte à la myrtille, bouche ronde, onctueuse, souple, bien fruitée, élégant, bonne longueur.

CHARMAIL

Surface : 22 ha
Propriétaire : Bernard d'Halluin
Contact : Château Charmail – 33180 Saint-Seurin-de-Cadourne
05.56.59.70.63
www.chateau-charmail.fr

Libournaise d'origine, la famille possède un cru à Fronsac. Olivier Sèze s'est investi à fond dans ce voisin de Sociando-Mallet, sur la commune de Saint-Seurin, considérée depuis toujours comme un très bon terroir du Médoc. Un jour, Olivier m'avait dit, à la suite d'un millésime difficile, que, pour choisir les dates de vendanges, il avait passé beaucoup de temps dans les parcelles à goûter les baies de raisin. Après plusieurs coupes sauvages dans le texte afin de le faire tenir dans les pages du *Point*, qui, me le rappelle-t-on souvent, n'a pas vocation à remplacer (en volume) *Guerre et Paix*, le passage concernant Charmail a suggéré par un raccourci quelque peu caricatural qu'Olivier occupait ses journées, planté dans les vignes, à manger du raisin. Quelques-uns de ses voisins, malicieux, lui ont demandé s'il comptait remplacer les anciens épouvantails destinés à faire fuir les étourneaux… Olivier Sèze, profitant de ce joli terroir de graves dominant l'estuaire, produisait un vin qu'il qualifiait de fruité. Je pense davantage que Charmail est un vin de garde, rarement agréable et souple dans sa prime jeunesse, qui mérite de l'attente, et qu'il n'est jamais aussi bon que passé cinq à sept ans après la mise en bouteilles. Et encore, il peut attendre bien plus longtemps. Un vrai vin de garde médocain, en somme. En 2008, Bernard d'Halluin ayant fait sa pelote dans le nord de la France, bercé au bordeaux et rêvant de faire partie de ceux que l'on vient visiter à la cave, a racheté Charmail. Olivier Sèze demeure et continue de faire les vins. L'accord parfait. Pourvu que cela dure.

Second vin : Tours de Charmail

Millésime 2000

– *Dégustation d'avril 2001*

Olivier Sèze : « *On a mis tous les francs car ils étaient exceptionnels, et j'ai regretté de ne pas en avoir plus. En revanche, on avait des doutes quant à la maturité du merlot.* » 50 % merlot, 20 % cabernet franc, 30 % cabernet-sauvignon.

15 – Nez de prune, mûre, myrtille, bouche ronde, élégante, petits tanins ronds, fraîcheur et fruit sur une trame solide.

Millésime 2002

– *Dégustation d'avril 2003*

15 – Nez profond, de l'ampleur avec un fruit très fin et mûr. La structure est crémeuse, le tanin présent, abondant et moelleux, et un fruit frais agrémente la bouche jusqu'à la finale.

– *Dégustation de juin 2005*

15,5 – Nez puissant de fruits cuits et de mûre rehaussé par un boisé marqué mais pas envahissant, bouche ronde, tanins serrés et fondus.

Millésime 2004

– *Dégustation d'avril 2005*

15 – Nez un peu marqué par la prise de bois en barrique, fruits noirs, bouche dense, un peu sévère, tanins vigoureux qui demandent à être domestiqués par l'élevage. Une belle matière un peu bourrue. Vin prometteur.

Millésime 2005

– *Dégustation d'avril 2006*

14,5 – Nez fermé, bonne attaque de bouche, tanins moelleux et gras, un vin large, puissant, ample, donnant une impression un peu massive. Comme très souvent Charmail jeune. On le redécouvre beaucoup plus élégant quelques années après.

Millésime 2006

– *Dégustation d'avril 2007*

14,5 – Fruits noirs, belle attaque sur des tanins ronds, du volume et du gras. La finale est un peu gommée par le bois qui sèche un peu le vin sur cet échantillon.

Millésime 2008

– *Dégustation d'avril 2009*

14 – Nez fermé, note fruits noirs, bouche serrée, dense, tannique, vin séveux mais assez austère. Comme toujours, ce cru ne se révèle qu'après élevage.

– *Dégustation de juin 2010*

15 – Fruits noirs, austère, bouche puissante, dense, tannique, long, un peu fermé mais harmonieux.

Millésime 2009

– *Dégustation d'avril 2010*

14 – Fruits noirs, bouche soyeuse, douce, élégante, ronde, bien fruitée ; vin bien rond en première séquence mais dur en finale.

Cissac

Surface : 65 ha (50 Cissac, 15 du Breuil)
Propriétaire : Famille Vialard
Contact : Marie Vialard
33250 Cissac – 05.56.59.58.13
www.chateau-cissac.com

Une branche de la famille Vialard fut propriétaire de Clerc-Milon, racheté depuis par les Rothschild de Mouton. Depuis 1967, Cissac est dirigé par les femmes. Danielle en premier, fille de Louis Vialard, et désormais Marie, nièce de Danielle et petite-fille de Louis, qui a apporté au vin une délicatesse nouvelle, sensible sur les derniers millésimes. Deux générations de femmes dirigeantes sur cette propriété, une rareté ! Forte domination du cabernet-sauvignon, 70 % dans l'encépagement, qui confère aux vins une bonne capacité de garde. Aussi 8 % de petit-verdot, des ceps anciens de très belle qualité. Cissac est bâti sur les ruines d'une ancienne villa romaine et des fouilles ont mis au jour des amphores et des tombeaux. L'origine de la famille se situe en Lozère, implantée depuis très longtemps à Pauillac. Laurent Saint-Pasteur, directeur technique, a commencé à Cissac un an après Marie. Fils de fonctionnaires nommés à Pauillac, il a choisi la vigne. *« Mes origines sont gersoises, du milieu agricole et de la terre. Petit, j'aidais à faire les foins ; on s'imprègne de ce monde-là… »*

Autrefois Cissac se destinait exclusivement ou presque au marché anglais. Marie parle sobrement d'un vin un peu rustique qui se gardait longtemps… *« On a essayé de le mettre à notre image. »* Avec Laurent, le travail a changé. Il disposait d'un bon outil technique, une très ancienne et magnifique cuverie en bois s'ouvre depuis quelques années sur un chai moderne avec des cuves inox, tronconiques comme les ancêtres de chêne. Le grand changement a eu lieu dans les vignes : labour pour une partie, enherbement pour une autre, et surtout plan d'arrachage et replantation avec des porte-greffes et des cépages adaptés. *« On a reculé les dates de vendange pour récolter plus mûr qu'autrefois. On réduit de plus en plus les herbicides. »* En 1987, la famille a racheté le voisin Du Breuil, revendu les bâtiments et conservé la vigne. Du Breuil possède un château fort et de vastes bâtiments qui ont été repris par un ami du baron Éric de Rothschild pour s'en faire une résidence. Lafite n'est pas loin, un marais les sépare. En 2006, un incendie a détruit un chai de stockage où reposaient les plus anciens millésimes de Cissac : *« On a perdu toute l'histoire du domaine. »* Mais celle que le tandem Marie et Laurent est en train d'écrire sera au moins aussi intéressante. L'étiquette Du Breuil existe toujours : un vin plus facile, moins cher, destiné à la grande distribution. Mais qui trouve preneur aussi en Chine, proximité avec Lafite aidant. Lafite, en Chine, figure le roi des vins. Ce qu'il n'est pas loin d'être, finalement. Cissac est proposé aux particuliers au domaine. L'essentiel de la production est vendu par la maison de négoce Louis Vialard, entreprise indépendante créée par le grand-père et gérée aujourd'hui par Éric Hosten.

Second vin : Reflets du Château Cissac

Millésime 2000

– Dégustation d'octobre 2010

13,5 – Nez note animale, fondu, un peu en creux, agréable, pas très dense, léger, un peu séchante en finale, à boire.

Millésime 2001

– Dégustation d'avril 2002

14 – Rond, souple, boisé bien travaillé, assez vif en finale, une dominante fruits rouges, harmonieux.

– Dégustation d'octobre 2010

13 – Fruits noirs, bouche souple, rond, bien fondu, un peu fuyant en finale, un peu en déclin aujourd'hui, produit avec des rendements confortables.

Millésime 2003

– Dégustation d'octobre 2010

13,5 – Réglisse, nez pas très ouvert, bouche ronde en attaque qui se resserre ensuite, finale un peu séchante, mentholé, assez typé du millésime.

Millésime 2004

– Dégustation d'octobre 2010

14 – Fruits noirs, note végétale, bouche ronde, fraîche, tendue, frais, mentholé, tanins vifs en finale, bonne longueur.

Millésime 2005

– Dégustation d'avril 2006

15,5 – Violette, tarte aux myrtilles, bouche ample et douce, tanins onctueux, beaucoup d'épices en finale, soulignés par un boisé présent.

– Dégustation d'octobre 2010

15 – Nez plus complexe, boisé gourmand, fruits rouges, bouche ronde, bonne matière, assez généreux, tanins bien fondus mais avec de la réserve, bonne longueur.

Millésime 2006

– Dégustation d'avril 2007

14 – Boisé imposant mais belle matière, douce, bien fondue, tanins moelleux.

– Dégustation d'octobre 2010

14 – Fruits noirs, bouche ronde, mentholée, fraîche, tendue, vive, un peu séchante en finale, mais sans dommage.

Millésime 2007

– Dégustation d'octobre 2010

15 – Fruits noirs, menthe, réglisse, cacao, bouche ronde, mentholée, souple, frais, assez élégant, bonne longueur, frais, tendu mais harmonieux. Vin frais et bien équilibré.

Millésime 2008

– Dégustation d'avril 2009

14,5 – Fruits noirs avec une note de framboise, bouche ronde, fraîche, tanins suaves, boisé un peu marqué noix de coco, mais bonne matière, finale un peu rapide.

– Dégustation d'octobre 2010

14,5 – Chocolaté, fruits noirs et raisins secs, bouche ronde, souple, boisé et tanins ne sont pas encore fondus, vin à attendre, un peu brassé (mise de juillet), finale souple.

13 – Reflets de Cissac

Léger boisé, bouche ronde en attaque, un peu serré en finale.

Millésime 2009

– Dégustation d'octobre 2010

15,5 – Échantillon pris sur barriques. Fruits noirs, jus de cerise, bouche voluptueuse, douce, moelleuse, tanins veloutés, long, dense, chaleureux, belle matière généreuse.

14/14,5 – Reflets de Cissac

Bien fruité, cerise, fruits confits, joli nez, bouche ronde, souple, bien fondue, très beau fruit.

Citran

Surface : 90 ha
Propriétaire : Antoine Merlaut
Contact : 33480 Avensan
05.56.58.21.01
www.citran.com

Aujourd'hui, la route des châteaux nous fait admirer belles façades et pelouses parfaites, constructions intégrées et châteaux astiqués. La même visite dans les années 60 se serait déroulée dans une autre atmosphère, de toitures crevées et de vignobles à l'abandon. Citran en est un peu l'exemple. Des 90 hectares à la fin du XIXe siècle, il ne restait que 4 en 1945, et encore, en bien piteux état. Jean Miailhe, aujourd'hui décédé, figure du Médoc et propriétaire de plusieurs crus bourgeois (*Conversations et souvenirs autour du vin de Bordeaux*, éditions Confluences), raconte le rachat par son père et son oncle du cru bourgeois Château Citran dans les années 1944-1945 : *« Quand mon père a visité Citran, les moutons se promenaient dans le hall carrelé de marbre du château. Citran appartenait aux Magne, de Saint-Julien-en-Born, marchands de bois. Ils avaient investi dans ces propriétés-là pour le pin ! Le grand-père Magne se promenait dans la propriété, des graines de pin dans sa poche ; avec sa canne, il faisait des trous pour y mettre une graine. »*

Il n'y a pas que Citran qui soit alors à vendre. Château d'Issan et Giscours, deux superbes crus classés, sont également sur le marché et au même prix : 5 millions de francs de l'époque, soit 50 000 de nos francs d'avant l'euro, soit encore 7 500 euros… Mais ils préfèrent renoncer : *« Ils pensèrent qu'il y avait trop de risques à les acheter ; tandis que le bois de Citran, on pouvait le couper, et cela valait les 5 millions à investir. »*

Le domaine fut racheté dans les années 80 par un groupe japonais dont l'ambition affichée était d'en faire l'égal d'un cru classé. Gros travaux, les pelleteuses reformaient des croupes de graves tandis que les chais s'agrandissaient. En 1990, pour le tournage d'un documentaire *52 sur la Une* (la Une, amis de moins de 20 ans, c'était la maman de TF1), nous avions réuni à Lafite quelques propriétaires remarquables, dont le responsable de Citran. C'était d'ailleurs le seul à être arrivé en Porsche, les autres, sachant présentes les caméras de Bernard Laine, avaient opté pour la Peugeot du maître de chai. Pendant le dîner, May-Éliane de Lencquesaing, très en verve, rappela qu'elle était une fille Miailhe et que sa famille avait été propriétaire de Citran. Mais, lapsus et langue qui fourche, au lieu de dire Citran, elle prononça citron. Notre Japonais, qui lui même s'extasiait sur les *« cloupes de glaves »* (croupes de graves), ne remarqua rien de ce dérapage incontrôlé. L'équipe du film et les hôtes autour de la table échappèrent de peu au fou rire.

Finalement revente à la famille Merlaut, qui, comme d'habitude, fit une bonne affaire. Je dis comme d'habitude, car les Merlaut semblent s'être spécialisés dans le rachat pas cher de propriétés rénovées par d'autres (voir Gruaud-Larose, notamment). Je ne suis pas un fanatique, cela ne surprendra pas Antoine Merlaut, du Citran des années 2000. Je ne l'étais pas non plus avant. Il me semble que c'est un vin daté. De l'époque du vin à chromes et gourmette, les années 90 et cet assaut vers le public américain le moins raffiné, qui suivait allègrement les gourous dont les capteurs semblaient bloqués sur les degrés d'alcool des châteauneuf-du-pape, la vanille des crèmes lavantes bon marché, les tanins moelleux façon Chamallow. Je ne dis pas que Citran rassemblait tout cela dans sa bouteille, mais un peu tout de même, et j'en parle ici car cela m'étonne d'une famille aussi raffinée que les Merlaut. Citran est idéalement placé sur les empreintes de l'appellation margaux. On devrait en retirer un vin élégant, fin, délicat. On me souffle dans l'oreillette que justement avec l'arrivée aux responsabilités de Céline Villars, nièce d'Antoine, chef de Chasse-Spleen et de Camensac (encore une bonne affaire), mon souhait est en bonne voie d'être exaucé. Parfait.

Second vin : Moulins de Citran

Millésime 2000

– Dégustation d'avril 2001

13,5 – Nez expressif, fruits rouges, caramel, cacao. Bouche sur le fruit – cassis – mais très extraite. Devient un peu rustique sur la finale.

Millésime 2001

– Dégustation d'avril 2002

13,5 – Joli nez, rose rouge, framboise, bouche fraîche en attaque, tanins serrés, finale assez sèche.

Millésime 2002

– Dégustation d'avril 2003

14 – Confiture de prune, gelée de myrtilles, bouche ample, riche, tanins gras en attaque, beaucoup de volume, finale un peu astringente.

Millésime 2008

– Dégustation d'avril 2009

15 – Vanille, mine de crayon, bouche garnie, boisé intégré, assez minéral, tendu, avec de la réserve, bien construit. Citran irait-il vers un nouveau style ? Moins extrait qu'avant.

– Dégustation de juin 2010

14 – Assez mûr au nez, boisé, note chocolat en bouche, vif en finale, un peu sec mais agréable.

Clos du Jaugueyron

Surface : 9 ha (5 en haut-médoc et 4 en margaux)
Propriétaire : Michel Théron
Contact : Michel Théron
4, rue de la Haille – 33460 Macau
05.56.58.89.43.
www.biturica.com/chateau-jaugueyron.htm

Originaire du Minervois, en Languedoc, Michel Théron est venu dans le Bordelais en 1988 pour faire des études d'œnologie. « *Je prenais un peu de taille à faire le week-end, c'est comme ça que je suis entré dans un domaine du Médoc : Gironville.* » Cinq ans plus tard, à peu près le temps qu'il faut à une vigne pour bien prendre racine, le Théron a fait sarment dans le Haut-Médoc en limite de margaux, sur la commune d'Arsac : « *En 1993, j'ai loué 40 ares de vignes en haut-médoc ; cela s'appelait cru du Jaugueyron. Il appartenait à des doubles actifs, il y en avait beaucoup. Ils disparaissent tous, surtout dans les appellations où le foncier est très cher. Ceux qui ont résisté sont des passionnés et ils ne sont plus doubles actifs.* » Un petit domaine de 5 hectares avec, en prime, 25 ares de margaux, qu'il vinifie à part. Puis, Michel Théron se lie avec Christophe Landry, du Château Les Graviers, un cru artisan en margaux, une adresse que je conseille systématiquement à mes amis. Je réserve les crus chers et pas bons aux gens que je n'aime pas trop. Christophe a engagé depuis quelques années une approche de la culture en bio puis en biodynamie. Michel Théron partage sa vision : « *Partager, c'est hyper-rassurant. On discute, ce sont des années de travail et d'observation. Je convertis toutes les vignes en biodynamie. Je fais mon potager de cette manière. J'ai quelques abeilles, j'aime manger des choses saines. On ne peut pas fonctionner pour soi d'une façon et travailler d'une autre.* »

Depuis, Michel Théron a récupéré 3,75 hectares à Margaux, et totalise donc 4 hectares dans cette prestigieuse appellation où il est bien difficile de trouver des vignes qu'un grand château aurait laissées échapper.

« *Je m'efforce de produire des vins sur la finesse, avec une bonne fraîcheur, afin qu'on ait envie de boire toute la bouteille... Je ne suis pas un adepte de la surmaturité ni de la surextraction.* » Moi non plus.

Millésime 2000

– *Dégustation d'avril 2010*

14,5 – **Margaux**. Grillé, noisette, 100 % en bois neuf pendant dix-huit mois, épicé, frais, élégant, un peu serré en finale.

Millésime 2005

– *Dégustation d'avril 2010*

15 – **Margaux**. Fruits rouges, cerise, floral, bouche souple, bien fruitée, agréable déjà mais avec de la réserve, bien typé, long, frais pas trop extrait.

Millésime 2006

– *Dégustation d'avril 2010*

14,5 – **Haut-médoc.** 60 % cabernet-sauvignon, 5 % cabernet franc, 30 % merlot, 5 % petit-verdot.

Résine, épices, frais, très beau fruit, finale un peu séchante.

Millésime 2007

– *Dégustation d'avril 2010*

13 – **Haut-médoc.** Nez poivron, cassis, bouche ronde, assez souple, bonne tenue, mais manque de maturité.

15 – **Margaux**. Fruits noirs, joli fruit, violette, frais net, élégant, bien fruité, long, équilibré, tendu, un peu serré en finale.

Millésime 2008

– *Dégustation d'avril 2010*

15 – **Haut-médoc.** Réducteur, fruits noirs, boisé, élevage en cours, bouche vive, tendue, un peu serrée mais avec du fruit, bon vin d'avenir.

Millésime 2009

– *Dégustation d'avril 2010*

16 – **Haut-médoc.** Sucrosité au nez, fraises au sucre, bouche ronde, suave, bien fondue, élégante. *« J'ai beaucoup moins extrait qu'autrefois, et c'est le style qui me convient. »*

16,5/17 – **Margaux**. Fruits mûrs, salade de fruits au sucre, bouche ronde, souple, frais, long, tendre, éclatant de fruit, jolis tanins drus mais sans dureté.

CORNÉLIE

Surface : 7,76 ha
Propriétaire : Patrick Grisard
Contact : Château Cornélie
Chemin de la Sablière – 33250 Cissac
Tél. : 05.56.73.83.98/06.45.47.94.05

Patrick Grisard est l'ancien régisseur de Sénéjac. Il a repris en fermage 5,5 hectares sur la commune de Saint-Sauveur-en-Médoc, où il réalise son *« rêve de gamin »*. Début difficile.

Quand il ne possède pas un solide pedigree médocain de plusieurs générations, le nouveau venu, s'il n'est pas milliardaire, n'est pas toujours le bienvenu. Les riches s'inscrivent dans le décor. Ils roulaient carrosse, ils se déplacent aujourd'hui en berline à vitres fumées, parfois embauchent. Le petit, forcément, vient piquer le pain des autres. « *La première année, j'ai vu arriver deux papys avec des chapeaux comme dans* Borsalino. *J'étais en train de faire des vendanges vertes, ils m'ont dit : "Tu es un extraterrestre, toi ! On ne fait pas ça ici, faudra pas que tu recommences !"* » C'est pour le côté folklorique et gentil. Moins drôle, les anonymes de la nuit qui s'attaquent aux vignes ou au matériel, vident la cuve de fioul, crèvent les pneus de la fourgonnette. Patrick non seulement est étranger, il vient du sud de la Gironde, mais, en plus, il a travaillé dix ans à Yquem avant Sénéjac. « *Tu ne vas pas nous apprendre notre métier !* », lui a-t-on lancé alors qu'il s'occupait de son vignoble sans rien demander à personne. Il s'en fiche. Il a l'énergie et tous les matins, quand il se réveille, qu'il va à son chai, il se répète qu'il a fait le bon choix. Puis, dans le Médoc, il y a aussi des gens sympathiques, qui prêtent du matériel. En 2009, Patrick, qui s'essaie à la biodynamie, a pu racheter 2,36 hectares sur Cissac. De quoi rendre l'exploitation un peu plus rentable. « *J'ai de tous petits moyens. Je rame mais je sais pourquoi je le fais, je suis fauché mais heureux.* »

Millésime 2005

– *Dégustation d'octobre 2010*

« *J'aurais voulu commencer un an plus tôt, j'aurais eu le temps de préparer mieux le vignoble. Il était fait pour trop produire et je n'ai pas eu le temps suffisant pour ce millésime.* »

14 – Épices, fruité, commence à évoluer vers les fruits confits, bouche souple, délicate, fruitée, agréable, petits tanins fins, pas très charnel mais équilibré.

Millésime 2006

– *Dégustation d'avril 2007*

51 % merlot, 49 % cabernet-sauvignon.

14,5 – Nez fruits noirs, bouche assez vive, bien fruitée en attaque, un peu plus serrée en finale. Tanins et acidité ont besoin de se fondre, mais ce vin aux accents un peu pauillacais devrait faire une agréable bouteille.

– *Dégustation d'octobre 2010*

« *Le travail au vignoble commence à payer. On a franchi une étape.* »

15 – Fruits noirs, mûre, note réglissée, bouche tendre, mentholée, fraîche, bien équilibrée, bonne longueur, plus structuré que 2005, finale fruitée, prune.

15 – Cuvée Amabilis Vinea. « *Le vin de l'amitié. C'est un vin qui n'a rien à voir avec le reste. La fermentation alcoolique en partie en barriques anciennes, pas de pompe, aucun soutirage.* » 76 % merlot.

Nez boisé, bouche douce, tendre, tanins bien intégrés, fin, fruitée, vin encore à venir, équilibré et en finesse.

Millésime 2007

– *Dégustation d'avril 2008*

27 hl/ha. « *Ce n'est pas assez, mais je préfère avoir des rendements comme ça et être fier de mon vin, plutôt que conserver des vins en stock dont on ne sait pas quoi faire.* »

14 – Boisé, grillé au nez, bouche séveuse, parfumée, sucrosité, pas très dense, mais bien équilibrée.

– *Dégustation d'octobre 2010*

60 % merlot.

14,5 – Fruits noirs, bouche ronde, souple, un peu boisée, note caramel noir en finale, du volume mais moins de finesse que 2006. Très plaisant mais moins élégant.

Millésime 2008

– *Dégustation d'octobre 2010*

66 % merlot, beaucoup de pieds de cabernet-sauvignon soufrent de la maladie du bois et sont morts. 21 hl/ha.

15,5 – Mine de crayon, graphite, bouche tendue, vive, serrée, fruits noirs, prune d'ente, prometteur, long, à attendre. À boire en 2012.

Millésime 2009

– *Dégustation d'octobre 2010*

21 hl/ha. Première année avec la vigne récupérée sur Cissac. Très petite récolte en cabernet-sauvignon.

16,5 – Fruits noirs, mûre, myrtille, bouche ronde, moelleuse, dense, joli fruit, frais, charnu, note de Zan à la violette, long. Joli vin en devenir.

COUFRAN

Surface : 76 ha
Propriétaire : Famille Miailhe
Contact : Éric Miailhe
Château Coufran – 33180 Saint-Seurin-de Cadourne
05.56.59.31.02/06.80.31.68.78
www.chateau-coufran.com

Là où la famille Miailhe est passée, on trouve du merlot. C'est une règle en Médoc toujours vérifiée. Comme les Miailhe, grande famille de courtiers et de vignerons, ont traversé (possédé et revendu) plusieurs domaines, on en repère la trace à cette particularité. L'exemple le plus connu, Pichon-Comtesse, que May-Éliane de Lencquesaing, dite La Générale (bien qu'épouse de général, c'était elle qui portait les galons), a revendu récemment au groupe Roederer. L'origine « merlotisée » des Miailhe prendrait sa source ici, à Coufran. Louis Miailhe, à la fin des années 20, déçu par le cabernet-sauvignon régnant sans partage à Coufran, où il mûrissait mal, aurait arraché une grande partie du vignoble pour le remplacer par du merlot. Et le succès fut immédiat ou presque, la période n'étant pas favorable au feu d'artifice économique, surtout après le 24 octobre 1929, un certain « jeudi noir » mondial.

Après Louis, il y eut Jean, son fils, que j'ai eu la chance de bien connaître. Un fameux raconteur d'histoires vraies, un témoin impliqué de la vie médocaine et plus généralement bordelaise. Quand il arrivait avec son copain Marc Pagès (La Tour-de-By) dans la salle de dégustation de Pauillac, il était bien difficile de ne pas interrompre la séance. D'abord, nous avions passé un pacte. Pas question d'aller déjeuner au restaurant. Celui-ci ne servait que jusqu'à 13 heures et je savais que je n'aurais jamais terminé sinon en bâclant. Ensuite, je n'ignorais pas non plus qu'étant chez eux dans cet établissement, les deux compères apporteraient une brassée de vieux millésimes qui rendraient toute activité d'après-midi impossible. Je voulais avoir l'esprit clair pour visiter quelques crus bien notés au cours de la dégustation. Donc, casse-croûte sur place et improvisé dans la salle de dégustation. Surpris au début, Marc et Jean furent bientôt ravis de cette initiative. Ils faisaient les courses, attendaient bien sagement que nous ayons terminé, puis évidemment sortaient de leur panier les vieux millésimes que malgré nos mols interdits ils avaient apportés. Je regrette de n'avoir pas pris assez de notes et de n'avoir jamais enregistré. Mais se seraient-ils autant lâchés si nous avions sortis nos stylos ?

C'était surtout Jean Miailhe qui racontait. Marc Pagès, malgré sa crinière blanche, faisait presque figure de jeunot dans le Médoc, débarqué seulement en 1965.

Aujourd'hui Éric, son fils, et Marie-Cécile, sa fille, ont pris le relais à la tête des trois crus bourgeois familiaux : Coufran (85 % de merlot pour 15 % de cabernet-sauvignon), Verdignan et Soudars.

Le merlot confère à Coufran une rondeur et un moelleux qui le rendent séduisant dès les premières années.

Second vin : Château La Rose-Maréchale

Millésime 2000

– Dégustation d'avril 2001

14 – Jolis fruits mûrs au nez. Bouche racée, charnue, sans rusticité. Jolie finale.

Millésime 2001

– Dégustation d'avril 2002

14 – Violette et épices, bouche souple, bien ronde, douce. Vin facile, agréable, qui pourra se boire assez jeune.

Millésime 2005

– Dégustation d'avril 2006

14 – Fruits frais, bouche douce, tanin fondu, pas très opulent, mais on apprécie la fraîcheur et l'équilibre.

Millésime 2006

– Dégustation d'avril 2007

14,5 – Joli fruit, gras, moelleux, un peu refermé mais bonne longueur.

Devise d'Ardilley

Surface : 11 ha
Propriétaire : Vignobles Vimes-Philippe
Contact : Madeleine et Jacques Philippe
33112 Saint-Laurent-Médoc
05.57.75.14.26.
www.chateaudevisedardilley.com

Lorrain de Metz, ingénieur des Arts et Métiers, belle situation à la Compagnie générale des eaux, Jacques Philippe aurait dû attendre gentiment que l'heure de la retraite sonne. *« Aux alentours de 50 ans, on s'interrogeait sur comment finir notre vie. Ma femme disait n'attends pas d'avoir 65 ans pour te lancer dans un nouveau métier. »* Le vin avait sa place dans la culture familiale : *« Il y avait une sorte de cérémonial à sortir la bonne bouteille. »* Alors, l'idée a fait son chemin et, en bon ingénieur, Jacques Philippe a établi ses critères et fait ses choix. Bordeaux, dit-il, est le seul vignoble en France où on peut démarrer sans être viticulteur. Il y a du monde pour conseiller, intervenir, en l'occurrence l'œnologue Sandra Dubosc. Une tradition commerciale aussi. Avec un marchand de biens spécialisé, les Philippe ont visité des dizaines de domaines avant de se décider : *« Pendant trois ou quatre ans on passait nos vacances dans le vignoble. Ce qui m'intéressait à 60 ans, c'était un bon terroir avec un vignoble pour l'essentiel en état. Mon prédécesseur avait beaucoup replanté pas mal de choses et avec une idée qualitative. La part principale, on la doit au vignoble. »* En 2000, enfin, ils trouvent l'endroit idéal et réalisent leur premier millésime avec 2001. Depuis, ils ont développé un réseau de cavistes et de clients particuliers qui apprécient ces vins délicats, bien travaillés. *« J'ai appris que le vignoble capitalise les efforts que l'on fait. Ce qui fait une grande bouteille, c'est le temps et les efforts. »* Fin de la dégustation, Jacques Philippe sort du chai, regarde le vignoble qui descend derrière la maison : *« C'est une grande chance, dans une société programmée, de pouvoir changer de métier. C'est la première fois de ma vie que je vois vivre les saisons, que je suis en plein dans la nature. »* En 2011, Devise d'Ardilley a remporté la Coupe des crus bourgeois, compétition gustative importante qui n'avait plus eu lieu depuis 1999.

Millésime 2004

– Dégustation de juin 2010
50 % cabernet-sauvignon, 45 % merlot, 5 % petit-verdot.

14,5/15 – Fruits noirs, épices, floral, lierre, un peu mentholé, bouche douce, délicate, bien fondue, note chocolatée en finale, vin élégant, bien fondu, tanins assez présents en finale.

Millésime 2005

– *Dégustation de juin 2010*

15 – Fruits noirs, note de violette, bouche fraîche, pas trop extraite, tendue vive, encore fermée, de la fraîcheur, long, tanins fins.

Millésime 2006

– *Dégustation de juin 2010*

15,5 – Fruits noirs, épices, toujours cette petite touche aromatique en plus, entre menthe et cerise écrasée, bouche souple, délicate, bien fondue, vin élégant, fin, petits tanins délicats.

Millésime 2007

– *Dégustation de juin 2010*

14 – Fruits noirs, chocolat, épices douces, note mentholée, bouche souple, délicate, petits tanins bien fondus, joli fruit, bien fait, bonne longueur, moins intense que 2006, un peu plus évolué. À boire.

Millésime 2008

– *Dégustation d'avril 2009*

14,5 – Nez fruits noirs, bouche serrée, puissante, dense, tannique, sucrosité, pas mal, de la finesse.

– *Dégustation de juin 2010*

15,5 – Bien parfumé, floral, bouche vive, bien pleine, équilibrée, tendue, tanins assez présents mais sans dureté, bonne longueur, friand. Plutôt de garde.

Millésime 2009

– *Dégustation d'avril 2010*

14,5 – Fruits noirs, boisé, bouche puissante, grasse, veloutée, beaucoup de matière, vin assez riche en tanins et en alcool, un peu séché par le bois à ce stade, mais il devrait bien évoluer, dans un style gourmand et large.

Duthil

Surface : 6 ha
Propriétaire : Eric Albada Jelgersma
Contact : Alexander Van Beck
Château Giscours
Labarde – 33460 Margaux
05.57.97.09.09
www.chateau-giscours.fr

Vinifié par l'équipe de Giscours (cru classé de margaux).

Millésime 2001

– Dégustation de juin 2005

15 – Joli nez de rose rouge et de cerise écrasée, bouche fraîche, tendre, élégante, tanins croquants, beaucoup de fruit. À boire.

Millésime 2002

– Dégustation d'avril 2003

14 – Ce vin plaît par son bouquet franc qui évoque un panier de fruits rouges. Il ne manque pas de tenue en bouche avec un petit tanin gourmand, se durcissant en finale.

Millésime 2003

– Dégustation d'avril 2004

15 – Réglisse, violette, bouche dense mais pas rude, tanins fins, beaucoup de fruit, finale délicate et bien parfumée.

Millésime 2004

– Dégustation d'avril 2005

14,5 – Beaucoup de fruit, un peu dans le désordre mais flatteur. Bouche épicée, ronde, gourmande, un panier de fruits rouges et un bon équilibre.

Millésime 2005

– Dégustation d'avril 2006

14,5 – Très joli nez au fruité éclatant, bouche dense, onctueuse, tanin un peu trop marqué en finale, mais un excellent fruit.

Millésime 2006

– Dégustation d'avril 2007

50 % merlot, 50 % cabernet-sauvignon.

14,5 – Fruité, rond, souple, vin gourmand sans extraction prétentieuse.

Millésime 2009

– Dégustation d'avril 2010

15 – Fruits rouges, très expressif, framboise, bouche souple, délicate, tendre, bien parfumée, soyeuse.

FONTESTEAU

Surface : 32 ha
Propriétaires : Joachim Immelnkemper, Dominique Fouin, Jean-Christophe Barron.
Contact : Château Fontesteau
33250 Saint-Sauveur
05.56.59.52.76.
www.fontesteau.com

Un parc de 100 hectares, avec forêt, lac, et au centre un vrai château fortifié, construit avec les pierres du terroir, un fronton aux armes de François Ier, sept chambres d'hôtes (gîte rural), l'endroit a de quoi séduire. L'équipe est jeune et sympa, notamment celui que nous connaissons le mieux : Jean-Christophe Barron, issu d'une lignée de quinze générations de bouilleurs de cru à Cognac. Son frère reprenant les eaux-de-vie, il s'est installé en Médoc comme stagiaire à Fontesteau, puis en 1992 rachète les parts de son patron et s'associe avec Dominique Fouin. Après avoir construit chais de vinification et d'élevage (beaucoup par eux-mêmes), les Fontesteau ont apprivoisé leur terroir : *« On a des sols disparates, des sables colorés, des graves pyrénéennes, un barrage calcaire. Dès qu'on laboure, on sort de la pierre. Le chemin est entièrement empierré par ce que l'on a retiré en plantant.* » Les associés gèrent (fort bien) leur vignoble et bougent beaucoup pour en vendre le vin. Fontesteau participe a de nombreux Salons. Vin en finesse, pas trop extrait et qui peut se boire trois ans après la mise en bouteilles.

Second vin : Messire de Fontesteau

Millésime 2000

– *Dégustation d'avril 2001*

15 – Nez parfumé, élégant, fruits mûrs. La bouche est souple mais racée, un tanin soyeux accompagnant le fruit vers une finale longue et fine.

Millésime 2001

– *Dégustation d'avril 2002*

14,5 – Nez de fruits rouges, épices, note cassis, bouche souple, élégante. Le refus d'une extraction exagérée a préservé le fruit.

Millésime 2002

– *Dégustation d'avril 2003*

Jean-Christophe Barron : *« On a eu la grêle au début des vendanges, heureusement Pichon-Baron et Terrey-Gros-Cailloux nous ont tout de suite prêté leurs vendangeurs pour ramasser au plus vite nos 37 hectares et sauver l'essentiel. »*

60 % cabernet-sauvignon, 25 % merlot, 13 % cabernet franc, 2 % petit-verdot. Élevage en bois dont 25 % neuf.

15 – Le fruit est privilégié et point masqué par les 25 % de barriques neuves, myrtille, prune, bouche épicée, vive, petits tanins réglissés. Un vin qui donne envie de finir la bouteille.

Millésime 2003

– *Dégustation d'avril 2004*

14,5/15 – Nez floral, rose, lilas, distingué. Bouche tout en fruit, douce et soyeuse, bien équilibrée, sans manquer de texture.

– *Dégustation de juin 2005*

15 – Un millésime qui semble bien convenir à Fontesteau, pourtant sur des sols assez secs. Nez cacao, prune rouge, bouche dense, racée, note réglisse et poivrée, un petit côté saint-estèphe.

Millésime 2004

– *Dégustation d'avril 2005*

14,5 – Nez boudeur, plutôt orienté sous-bois et fruits sauvages. Bouche souple en attaque, développant sa capacité tannique ensuite ; finale sérieuse, limite sévère, comme souvent pour ce cru dans sa jeunesse.

Millésime 2005

– *Dégustation d'avril 2006*

15 – Nez poivré, épicé, bouche tendre, souple, tanins doux faisant un tapis délicat en bouche, belle finale fruitée.

Millésime 2008

– *Dégustation d'avril 2009*

14,5 – Fruits noirs, fruits au sucre, bouche souple en attaque, tendue, serrée ensuite, massive, manque de charme, petits tanins souples, un peu trop d'extraction mais de la longueur, du potentiel.

Millésime 2009

– *Dégustation d'avril 2010*

15,5 – Grillé, café, boisé assez marqué mais noble, bouche fraîche, bonne vivacité pour le millésime, fruit préservé, équilibré, matière généreuse mais sans lourdeur.

Château de Gironville

Surface : 10,5 ha
Propriétaire : Famille Mulliez
Contact : SC de la Gironville
69, route de Louens
33460 Macau
05.57.88.19.79

Vincent Mulliez (voir Belle-Vue, en cru bourgeois du médoc) datait la reconnaissance de la qualité des vins de Gironville au

XIXe siècle. J'ai trouvé une référence plus ancienne, légendaire et finalement peut-être pas très crédible. « *Près de Macau* [qu'il écrit Maccau], *voici le Château de Gironville, bâti, selon la légende, par le musulman Giron, que le vin et les artichauts décidèrent à renier la religion de ses pères pour se faire chrétien et disciple de Bacchus. Et quand le grand-duc d'Occident, Charles Martel, chassa les Sarrazins, il ne put lui faire abandonner sa vigne tant aimée.* » (Maurice des Ombiaux, *Le Gotha des vins de France*, Payot, 1925.) On se demande bien en quoi les artichauts sont mêlés à cette affaire, mais il paraît selon des études récentes que leur jus posséderait des vertus inconnues de Giron, ou peut-être pas : il ferait chuter l'alcoolémie. Mais, après avoir bu du Gironville, se taper un verre de jus d'artichaut relève du sacrilège.

Millésime 2002

– *Dégustation de juin 2005*

15 – Fruits noirs, café, sous-bois, bouche ronde, onctueuse, tanins souples, boisé agréable et pas envahissant, partition moderne et bien exécutée.

Millésime 2006

– *Dégustation d'avril 2007*

14,5/15 – Nez fermé, grillé, belle bouche aux tanins doux, serrés mais fins.

Millésime 2007

– *Dégustation d'avril 2008*

14 – Noir, nez très boisé, grillé, café, bouche puissante, gourmande, puissant, un peu lourd, un peu trop extrait.

Millésime 2008

– *Dégustation d'avril 2009*

14,5/15 – Fruits noirs, mûre, bouche ronde, moelleuse, souple, bien fondue, petits tanins gourmands et frais, sucrosité, très rond, flatteur.

Millésime 2009

– Dégustation d'avril 2010

14 – Très boisé, fruits noirs, vin large, puissant, épicé, un peu « too much », large, dense : un gros bonbon riche en sucrosité et saveurs.

HAUT-MADRAC

Surface : 25 ha
Propriétaire : Famille Castéja
Contact : 33 250 Pauillac
05.56.00.00.70
domaines@borie-manoux.fr

Le château appartient à la famille Castéja, il est voisin de leur cru classé Lynch-Moussas et vinifié dans les chais de ce cru classé. Autrefois un peu délaissé, il bénéficie désormais de la présence assidue de Philippe Castéja sur ses propriétés. Sa renaissance s'est traduite par une nouvelle étiquette depuis 2002.

Millésime 2002

– Dégustation d'avril 2003

14,5 – Nez agréable, fruits noirs, cèdre, épices. Beaucoup de fruit en bouche, vin gourmand, festif, à boire jeune sur un repas de copains.

– Dégustation de juin 2005

14,5 – Prune noire, torréfaction, bouche aux tanins souples en attaque, durcissant en finale. Un vin de caractère encore un peu jeune.

Millésime 2005

– Dégustation d'avril 2006

42 % merlot, 58 % cabernet-sauvignon.

14,5 – Fruits noirs, bouche ronde et tendre, friand, tanins vifs, réguliers donnant une bouche droite et bien fruitée.

Millésime 2006

– *Dégustation d'avril 2007*

13,5/14 – Fruits noirs, cerise, bouche ronde, tendre, bien fruitée, un peu sèche en finale. 40 % merlot, 60 % cabernet-sauvignon.

Millésime 2007

– *Dégustation d'avril 2008*

14 – Fruits noirs, cerise, bouche ronde, souple, fondue, tanins doux, bon fruit, bien dans le millésime.

Millésime 2008

– *Dégustation d'avril 2009*

14 – Fruits rouges, bouche ronde, boisée, bonne matière, veloutée, assez dense, du gras, des tanins un peu martiaux mais c'est prometteur.

La Lauzette-Declercq

Surface : 13 ha
Propriétaire : Vignobles Frans Roskam
Contact : Frans et Lise Roskam
5, lieu-dit Couhenne
33480 Listrac-Médoc
05.57.88.81.78.

Frans est né à Paris de père néerlandais, chercheur à Pasteur puis chez Sanofi, et d'une mère saint-émilionnaise. Lui avait envie d'être dentiste, du coup, en toute logique, après le bac il est entré dans la banque. Par bonheur, sa maman qui connaissait bien le dieu de la rive droite, Jean-Claude Berrouet, l'ancien vinificateur de Pétrus, lui a confié le jeune homme avec pour mission de le ramener dans le droit chemin.

L'affaire n'a pas traîné : Frans s'est retrouvé en BTS viti-œno comme tout le monde, puis l'école d'agro de Purpan (Toulouse) où justement Lise était en stage. Lise est américaine. Etudes dans l'agroalimentaire aux États-Unis, puis Purpan, puis encore stage en entreprise viticole au Château Cantenac, à Saint-Émilion, propriété de… la maman de Frans. L'avantage avec Purpan, explique Frans, c'est justement que les anciens élèves reçoivent ensuite dans leur exploitation des stagiaires venus d'autres pays. Résultat : un frère marié avec une Canadienne, et un autre avec une Américano-Chinoise… « *On couvre tous les marchés !* »

Mais, sur Cantenac, outre le côté international, il y a une trop forte densité de Roskam au mètre carré. « *J'y travaille toujours mais on avait envie d'avoir un projet tous les deux.* » Après avoir cherché en vain dans l'appellation graves, en 2005 ils sont tombés sur cette exploitation, propriété d'une famille belge qui avait la passion des vins. « *C'était un peu leurs vacances, de faire les vendanges.* » Puis, si ce n'est pas en appellation graves, c'est tout de même sur un sol de graves pour « *70 à 80 % avec des sous-sols argileux. Le reste, c'est l'argilo-calcaire de listrac qui convient assez bien au merlot.* » Pas d'extraction forcenée ni de recherche de surmaturité : « *On fait du bordeaux, pas du vin de Californie, ils le feront toujours mieux que nous.* »

Le domaine est situé sur l'appellation listrac mais Lise et Frans ne la revendiquent pas. Au niveau international, haut-médoc, c'est plus connu que listrac. « *C'est plus par rapport à nos clients*, dit Lise. *J'ai des amis aux États-Unis qui m'ont dit "tu sais, il paraît que l'on fait du chardonnay en France…"* »

Millésime 2005

– *Dégustation d'avril 2009*

14 – Assez fermé, bouche tannique, un peu dure, un peu sévère, finale rugueuse.

Millésime 2006

– *Dégustation d'avril 2009*

15,5 – Fruits rouges, compotés, bouche vive, élégante, tendre, fraîche, longue, plus sévère que 2007, mais bonne longueur et très frais.

Millésime 2007

– *Dégustation de juin 2010*

15,5 – Nez fraise écrasée, joli petit fruit, frais élégant, gourmand, tendre, bien fruité, fin, long, joli fruit, long.

Millésime 2008

– *Dégustation d'avril 2009*

14,5 – Fruits noirs, cerise, bouche ronde, assez suave, bien parfumée, gourmande.

– *Dégustation de juin 2010*

15 – 70 % cabernet-sauvignon, 25 % merlot, 3 % petit-verdot et 2 % de cabernet franc. Nez fermé, bouche tendre, élégante, tanins fermes mais non agressifs, vif, plein, droit.

Millésime 2009

– *Dégustation de juin 2010*

16 – Réducteur, fruits noirs, séveux, bouche ronde, souple, moelleuse, juteux, plein, dense, très beau fruit.

Château de Lamarque

Surface : 36 ha
Propriétaire : Famille Gromand d'Évry
Contact : Château de Lamarque
33460 Lamarque
05.56.58.90.03
www.chateaudelamarque.fr

La première trace écrite que l'on connaisse d'un membre de la famille est une reconnaissance de dette auprès d'un banquier lombard. Non pas pour acheter un pressoir, mais pour s'équiper en vue des croisades. Elle est signée à Saint-Jean-d'Acre par Gaubert de Fumel et date de 1090… Autant dire que côté quartiers de noblesse chez les comtes de Fumel, on ne fait pas dans le simili. Cela leur coûtera cher à la Révolution. Trois têtes tranchées et des ennuis financiers qui les obligeront à vendre Haut-Brion (à Talleyrand) et Château Margaux. Lamarque ne fut acheté qu'en 1839. Le château, une ancienne forteresse censée ennuyer les Vikings, est le parfait écrin pour cette saga historique que raconte Pierre-Gilles Gromand d'Évry, témoin et héritier du passé familial. La propriété a périclité jusqu'en 1960, date à laquelle le père de Pierre-Gilles a choisi de s'en occuper. *« Mon père a été le responsable civil du débarquement en Afrique du Nord le 8 novembre 1942. Puis l'adjoint du général Pierre Kœnig, qui est mon parrain, lors de l'occupation en Allemagne, et ministre de l'Air sous Edgar Faure. Il était très lié aux de Gaulle. Ils se voyaient très souvent pendant la traversée du désert, autour du pot-au-feu à Colombey. »* L'Algérie les a séparés. Non pas sur l'idée de l'indépendance mais sur la méthode. En 1960, il ne restait qu'un demi-hectare de vignes autour de Lamarque, contre 35 aujourd'hui : *« Mon père a tout replanté et décidé de se faire aider par un jeune consultant alors inconnu, Émile Peynaud. »* Lequel Peynaud est devenu, dans les années 70, l'œnologue de référence à Bordeaux. La première récolte en appellation haut-médoc date de 1967. Depuis, les vins n'ont fait que progresser. Ces dernières années à marche forcée. Pierre-Gilles s'occupe du commerce et du chai. Son épouse, Marie-Hélène, fait office de chef de culture *« et de DRH »*, ajoute son mari. Si les vins de 2006 et 2005 sont remarquables, nous avons repéré parmi les vieux milllésimes quelques jolies bouteilles, certaines sont encore en vente au domaine… *« Depuis 1990, on a procédé à une remise à niveau du vignoble, la taille, l'alimentation… À partir de 1996, on a refait le cuvier en installant le contrôle des températures. On a renouvelé les barriques. Tout a été changé. Ces huit dernières années, on sait récolter à maturité. On croise les analyses et la dégustation des baies. »*

Encépagement du domaine : 45 % cabernet-sauvignon, 35 % merlot, 15 % cabernet franc, 5 % petit-verdot.

Second vin : D de Lamarque

Millésime 2000

– Dégustation d'octobre 2007

16,5 – Café, chocolat, fruits noirs, pas très ouvert, bouche dense, épicée, tendue, fermée, le tanin est assez ferme, peu fondu, la bouche est large et longue. Bonne structure peu évoluée, sans dureté.

Millésime 2001

– Dégustation d'octobre 2007

16 – Plus ouvert, grillé, sous-bois, bouche vive, tendue, élégante, tanins plus soyeux, rond, tendre, élégant, frais et fin, le tanin est moins massif que 2000, plus en élégance.

Millésime 2002

– Dégustation d'octobre 2007

15,5 – Fruits rouges, kirsch, bonne bouche souple, ronde, pas très épaisse mais bien fruitée, bonne longueur. « *Le plus petit rendement que j'aie fait depuis que je m'occupe du vin : 28 hl/ha.* » Élégant, fin, délicat.

Millésime 2003

– Dégustation de juin 2005

15,5 – Floral, rose, fruits rouges, note vanillée assez discrète. Bouche tendre, bien parfumée ; des notes gelée de framboises, finale assez serrée. Vin élégant, déjà séduisant par ses arômes.

– Dégustation d'octobre 2007

15,5 – Confit, boisé, violette, tarte à la myrtille, bouche ronde, souple, du gras, du volume et un peu des saveurs de porto vintage, beaucoup de matière. Un peu astringent en finale, mais le fruit est remarquable.

Millésime 2004

– Dégustation d'avril 2005

14,5 – Réglisse, Zan à la violette, bouche bien ronde en attaque, souple, tanins qui se développent ensuite et donnent une finale bien tendue. Un vin ferme, bien équilibré, peu démonstratif à ce stade mais doté d'une structure solide.

– Dégustation d'octobre 2007

14 – Fruits rouges et noirs, jeune et frais, bouche fraîche, tendre, jeune, élégant, bien rond, commence sa maturité, agréable, bien rond. Pas très dense.

Millésime 2005

– Dégustation d'octobre 2007

17 – Fruits rouges et vanille, tarte aux cerises, patisserie, bouche souple, ronde, tendre, élégante, tanins soyeux, tendu, rond et long.

Millésime 2006

– Dégustation d'octobre 2007

16 – Fruits rouges, rose, cerise cuite, fraise, bouche douce, élégante, tanins serrés et vifs, assez présents, long, le boisé est assez mordant en finale mais le fruit domine.

Millésime 2007

– Dégustation d'avril 2008

13,5 – Végétal, bouche souple, tendue en finale, assez austère pour le moment.

– Dégustation d'octobre 2007

13,5/14 – Bouche ronde et souple, pas très épaisse mais assez fruitée.

Millésime 2009

– Dégustation d'avril 2010

14,5 – Fruits rouges, bouche assez tannique, costaud, matière présente ; vin serré, austère à ce stade mais bien équilibré, prometteur.

Archives

– Dégustation d'octobre 2007

Millésime 1981

14,5 – Fruits confits, épices, joli nez bine intégré sur du confit, fruits confits, tabac, nez de maturité mais pas de vieillesse. Bouche ronde, souple, tanins fondus un peu vifs en finale. Vin agréable, bien mûr, pas très précis, mais goûteux. Belles saveurs de fruits noirs.

Millésime 1982

16 – Fourrure et fruits confits, grillé, giboyeux, bouche dense tendue, pleine, plus intéressante que la première, puissant, tanins vifs et peu usés, long, se relevant en finale.

Millésime 1983
14,5 – Très ouvert, prune, fourrure, assez violent, viande rôtie, mentholé, bouche séveuse, puissante, tendue, tanins un peu plus serrés et sévères, viril, mais chaotique, belles saveurs, finale un peu sévère.

Millésime 1985
14 – Nez floral, fleurs séchées, poivre blanc, assez aérien, bouche plus fondue, un peu sur la pente descendante, mais avec un maximum de saveurs. Moins large que le 2002 ou le 2001. La finale est un peu astringente.

Millésime 1986
15,5 – Viandox, assez puissant, truffe, joli nez qui s'ouvre et monte facilement, bouche garnie de petits tanins ronds, veloutée, souple, un milieu de bouche plus garni que le 85. La finale manque encore de douceur, mais c'est déjà plus construit.

Millésime 1990
16 – Truffe noire, réglisse, épices, poivre, pruneau, fruits noirs en confiture, bouche puissante, dense, tannique, gras, pas trop exubérant, plein, note de grillé, rond. Un élevage plus raffiné.

Millésime 1995
15,5 – Fruits confits, plus fermé, bouche ronde, souple, tendue, serrée, pas encore fondue, vin jeune, souple, rond, bien construit, peut être un peu ténu en milieu de bouche, frais, fin.

Millésime 1996
16,5 – Grillé, épices, riche gras, plein dense, tannique, puissant, dense, épicé, très garni, la bouche est riche tendue, peu fondue, un vin qui semble plus évolué au nez qu'en bouche, très structuré, long. Belle finale sur des tanins domestiqués, vifs mais pas séchants.

Millésime 1997
14 – Grillé, chocolat, merlot, rond en bouche, bien mûr, à point aujourd'hui. On sent bien la différence de millésimes avec 96 et même 95, le 97 est plus avancé, gourmand, mais un peu déjà sur le déclin.

Millésime 1998

15,5 – Nez truffe, joli fruit, assez simple, pas encore développé, bouche douce en attaque, tanins ensuite, finale serrée, encore boudeur mais bien construit, frais et fin, élégant, tendu.

Millésime 1999

13,5/14 – Fruits noirs, grillé, Note truffée, plus évolué que le 98, note fraîche de menthe, mais déjà en phase de début de maturité, bouche souple, fondue, élégante, tanins assez serrés, un peu trop d'extraction et une finale un peu râpeuse.

Lamothe-Bergeron

Surface : 60 ha
Propriétaire : Cognac H. Mounier & Cognac Hardy.
Contact : Laurent Méry
Chemin des Graves – 33460 Cussac-Fort-Médoc
05.56.58.94.77

Changements successifs de propriétaires. Lamothe-Bergeron appartenait au négociant Mestrezat, fusionné depuis avec la maison Cordier. Il fut ensuite vendu en même temps que le cru classé Grand-Puy-Ducasse au Crédit agricole, qui lui-même centre en retrait et passe aux Cognacs Hardy et Mounier, lesquels appartiennent aux coopératives de Cognac… Stop ! Ma pauvre tête.

Résultat, une communication toute neuve, des investissements tout plein et le conseil qu'il vous faut pour décrocher de bonnes notes et se faire goûter par ceux qui font le marché. C'est Hubert de Boüard de Laforest, entre autres propriétaire d'Angélus, un premier cru classé en saint-émilion, qui s'y colle. Vous voyez l'avantage, non ? C'est simple. Au lieu d'être dégusté anonymement à l'Alliance des crus bourgeois, Lamothe figure sur la table en chêne massif de la salle de réception d'Angélus, où défile le gotha du vin. Cela m'agace un peu, pas beaucoup, car cet avantage est aussi un inconvénient : Lamothe se retrouve comparé à quelques très fortes pointures que vinifie Hubert, dont Angélus…

Sinon, nouvelle étiquette réussie et vin bon. Mais il l'était déjà bien souvent du temps de Bernard Monteau, qu'un méchant cancer nous a enlevé et qui, malgré des moyens mesurés du temps de Mestrezat, a toujours maintenu une belle qualité.

Second vin : Romefort

Millésime 2002

– *Dégustation d'avril 2003*

« C'est d'assez loin ce que j'ai fait de mieux à Cussac », dit Bernard Monteau, qui gère aussi Grand-Puy-Lacoste. *« Je ne vais pas dépasser 25 % de bois neuf, afin de ne pas masquer le fruit. »* 58 % cabernet-sauvignon, 40 % merlot, 2 % cabernet franc, rendement modeste : 36 hl/ha.

15 – De la suavité, tant au nez, avenant, floral, violette et rose, qu'en bouche, ronde presque crémeuse, la structure médocaine sans austérité.

Millésime 2003

– *Dégustation d'avril 2004*

Le domaine a pris un violent orage de grêle qui a beaucoup réduit les rendements.

14 – Nez de torréfaction et de noix de muscade, bouche ronde, plus en saveurs épicées qu'en densité. Plaisant jeune.

Millésime 2005

– *Dégustation d'avril 2006*

15 – Nez légèrement mentholé, bouche ronde, tendre et bien garnie, souple, bien fruitée, vin de très bon rapport qualité/prix.

Millésime 2006

– *Dégustation d'avril 2007*

14,5 – Vanille, cannelle, tanins gras, fruits noirs, long, du moelleux, fruit bien préservé.

Millésime 2007

– *Dégustation d'avril 2008*

14 – Fruits rouges, bouche tendre, souple élégante, joli fruit, long, frais.

Millésime 2009

– *Dégustation d'avril 2010*

15 – Floral, fruité, bouche douce, élégante, bien ronde et fruitée, souple, joli fruit. Délicat, bonne longueur, assez chaleureux.

Lanessan

Surface : 45 ha
Propriétaire : SCEA Delbos-Bouteiller
Contact : Paz Espero
33460 Cussac-Fort-Médoc
05.56.58.94.80.
www.lanessan.com

Pour ceux qui ont déjà emprunté la « route des châteaux », celle qui fait défiler devant les phares éblouis et les essuie-glaces en point d'exclamation de nos autos, les joyaux de la terre médocaine, je restitue la scène. Nous sommes dans la petite ligne droite après Cussac. Devant nos yeux émerveillés, la silhouette étirée du Château Beychevelle sur la droite et à gauche les grilles massives de Branaire-Ducru. Paraît-il qu'autrefois les propriétaires des deux domaines se détestaient plus que cordialement, et que ceux de Beychevelle, étant propriétaires d'une bande de terre de l'autre côté de la route, avaient installé leur fil à linge devant les grilles de Branaire. C'est vieux, tout ça. Le spectacle est grandiose et, si on prend son temps, ce qui est relativement aisé sur cette route où il est difficile de dépasser les camionnettes d'un autre âge dont le Médoc semble-t-il raffole, on comprend mieux les terroirs. Juste avant Beychevelle, un marais et des prairies, où paissent peinards de grands bœufs blancs tachés de roux, reçoivent les eaux qui ruissellent des deux croupes se faisant face : celle de Cussac et celle de Beychevelle. En fait, je simplifie. Ces croupes, des collines très douces, connaissent plusieurs vallonnements mais le sens d'écoulement des eaux est bien visible ici et on comprend mieux comment ces sols de graves se drainent et évacuent le trop-plein d'eau.

Les trois crus (Lanessan, Lachesnaye, Sainte-Gemme) des Bouteiller sont juste là, sur cette magnifique pente qui vient de l'ouest et décline vers le marais au nord et l'estuaire à l'est. Un endroit viticole idéal, fait d'un sol de graves comparable à ceux des plus grands. Évidemment, celui-ci est un peu meilleur en haut, où se trouve Lanessan, qu'en bas, plus sablo-argileux et plus humide, où s'élabore Sainte-Gemme.

En empruntant au corps diplomatique français son talent linguistique, qui lui permet d'expliquer qu'un loup picore au poulailler, je signalerai au lecteur que les vins du domaine, d'une qualité respectable jusque-là, possèdent, avec l'arrivée d'une nouvelle génération aux commandes, une marge de progression à peine plus vaste que la plaine de Patagonie.

Hubert Bouteiller, qui gérait ces propriétés avec un remarquable sens de l'économie, a pris sa retraite en août 2009, laissant la place à un assemblage d'enfants et de neveux qui souhaitent dépasser le stade du convenable pour atteindre celui du sublime, sans passer par l'étape patapouf (bois, vanille, sucre, alcool, tanins Chamallows). Pour ce faire, ils ont décidé de s'en remettre à quelqu'un d'extérieur à la famille et recruté dès le 3 août 2009 Paz Espero, une œnologue élevée à la bouillie de dynamite. Paz a dû mettre moins de temps que je n'en ai eu à écrire cette page pour visiter, prendre la dimension du terroir, mesurer le boulot à venir et décider que décidément, c'était un sacré fabuleux challenge. Paz est née à Madrid, a fait ses études d'œnologie à Bordeaux, s'est envolée pour l'Argentine, l'Italie, est revenue à Bordeaux, chez Calvet, pendant six ans et demi où elle avait élaboré un rouge très fruité que j'avais trouvé formidable à l'époque, mais que la marque n'a pas vraiment valorisé. Puis la voilà dans une autre maison de négoce, Cordier, revendue deux fois ou trois. Paz vinifie le 2005 de Meyney. Après, je ne sais plus.

L'essentiel, c'est qu'elle ait posé ses valises ici et qu'on va voir ce qu'on va goûter ! Les sols, qui avaient vaguement entendu parler de l'existence d'instruments aratoires nommés charrues, ont découvert depuis l'arrivée de Paz que cet outil existait vraiment. Le sol, qui se présentait comme du béton armé, a commencé par être griffé, puis l'année suivante, travaillé un peu plus en profondeur avec une lame « sous-soleuse » qui permet d'aérer et de couper les racines de surface, obligeant la plante à développer son système racinaire en profondeur afin de profiter du terroir.

L'ensemble Bouteiller pèse 75 hectares. Lanessan seul couvre 45 hectares. Il est accompagné de Lachesnaye, 20 hectares. C'est exactement le même sol, peut-être même que Lachesnaye possède un léger avantage grâce à quelques parcelles encore supérieures. Il est fort à parier que les deux feront un. Une marque forte, Lanessan, et un second vin devraient simplifier l'offre du domaine. Ce doublé serait complété par Sainte-Gemme, 13 hectares, qui produit un vin sympa/fruité et de moyenne garde.

Second vin : Les Calèches de Lanessan

Millésime 2006

– *Dégustation de novembre 2010*

13 – Grillé, fruits noirs, boisé, bouche assez veloutée en attaque mais finale assez séchante, petite amertume en finale.

Millésime 2007

– *Dégustation de novembre 2010*

14 – Nez cassis, un peu bourgeon, bouche douce en attaque, rond, souple, finale moins séchant que 2006, note épicée.

Millésime 2008

– *Dégustation de juin 2010*

13,5/14 – Fruits noirs, bouche ronde en attaque, tannique ensuite, puissante, riche, un peu dur en finale mais ça devrait se fondre, pas mal d'alcool, ensemble un peu rustique.

– *Dégustation de novembre 2010*

14,5 – Fruits noirs, nez assez jeune, des notes grillées derrière, bouche ronde, souple, agréable, finale un peu électrique, mais droit, bien fruité, assez bien construit.

Millésime 2009

– Dégustation de novembre 2010

Paz Espero : *« Je recherche le soyeux des tanins. On a tout vinifié à basse température, pas de macération à froid, remontage fractionné, parc à barriques renouvelé, 1/3 de neuf, 1/3 d'un an, 1/3 de deux ans. »*

15,5 – Nez fruits noirs, mûre, s'ouvre sur des notes de rose, bouche douce, élégante, note épicée, bonne matière onctueuse, finale fraîche, tannique mais sans dureté.

14 – **Les Calèches de Lanessan**. 45 % cabernet-sauvignon, 2 % de cabernet-franc, 3 % petit verdot, 50 % merlot. *« L'idée, c'est un vin à boire dans les cinq ans. »*

Bien fruité, fruits noirs, bouche tendre, moelleuse, vin souple, saveurs de mûre et de myrtille, agréable.

Larose-Trintaudon

Surface : 190 ha
Propriétaire : Assurances générales de France (AGF)
Contact : Château Larose-Trintaudon
Route de Pauillac
33112 Saint-Laurent-Médoc
05.56.59.41.72
www.chateau-larose-trintaudon.fr

Immense. La totalité du domaine plantée en vigne couvre 225 hectares, soit 190 pour Trintaudon et le reste pour Larose-Perganson, issu d'une sélection de parcelles. Davantage un autre vin qu'un autre château, même s'il y eu autrefois un Château Perganson tombé en ruine depuis. Ce pauvre Trintaudon a connu bien du malheur. Autrefois domaine réputé, il n'échappa pas au phylloxéra. Il aurait pu s'en remettre comme les voisins, sauf qu'il échoua (en 1923) dans les mains gantées d'un Russe blanc, soi-disant comte Tchernoff, dont le principal atout se situait du côté de sa femme, riche Américaine de la famille des banquiers Morgan. Le comte, qui roulait en Rolls sur les chemins du Médoc, s'était improvisé fermier modèle. Il avait eu l'ambition de créer, sur les terres pauvres de Saint-Laurent, un élevage laitier industriel. Il arracha ce qui restait de vignes, fit construire d'immenses étables, acheta des tracteurs et dévora une bonne partie des économies familiales. Tandis que les vaches se contentaient des maigres touffes que les sols sableux voulaient tolérer. Moralité : terre à vigne n'est pas terre à vaches. Quelques péripéties plus tard, château délabré et pillé, friches en vente, ce sont les Forner qui en 1963 récupèrent le domaine. Ils sont voisins, propriétaires de Camensac (revendu depuis aux Merlaut), même si ces Espagnols ayant fui le franquisme sont davantage connus pour leur rioja Marqués de Cáceres. Élisée Forner, disparu depuis, m'a raconté qu'ils avaient dû tout créer. Remettre des gouttières au château, équiper les chais et surtout planter près de 200 hectares de vignes. Ce n'est pas rien.

En 1986, les AGF rachètent aux Forner. Le domaine est grand, mais les vins pas très... Depuis, l'équipe technique, même si un paquebot de cette envergure ne se manie pas comme un Zodiac, a redressé la barre. Sans atteindre des sommets, les vins sont agréables, frais et se trouvent facilement en grande surface à des prix très raisonnables. Chaque année, pour les foires aux vins, ils constituent un bon achat pour celui qui ne compte pas garder ses vins trente ans.

Le domaine s'est engagé vigoureusement dans une politique de respect de l'environnement. Certifié ISO 9002 et les suivants, Larose a reçu en octobre 2008 le certificat AFAQ 1000NR Niveau Maturité du groupe Afnor. Ce qui en français veut dire qu'il s'agit du *« premier vignoble européen et français prouvant ses engagements dans une politique de développement durable. »* Larose-Trintaudon s'est aussi engagé auprès de l'Union nationale de l'apiculture française en devenant le premier partenaire aquitain de son opération « Abeille, sentinelle de l'environnement ». Six ruches ont été installées, permettant à la fois de mesurer l'évolution de la flore et de mettre en œuvre des mesures visant à protéger les abeilles.

En 2007, les AGF et Larose-Trintaudon ont acheté à la famille Roggy-Theil (les Theil étaient propriétaires de Poujeaux) le château Arnauld, un cru bourgeois de 40 hectares en vignes, qui en son temps fut fort apprécié par Valéry Giscard d'Estaing.

Second vin : Larose Saint-Laurent

Millésime 2000

– *Dégustation d'avril 2001*

13 – La robe est très noire, dénotant une forte extraction. Autant l'attaque est enrobée, ronde, satinée, autant la texture impose ensuite des notes très sévères de tanins presque asséchants.

Millésime 2001

– *Dégustation d'avril 2002*

14 – Assez puissant, dense, beaucoup de matière, et des tanins un peu rugueux à ce stade.

14,5 – **Larose-Perganson**. Nez de cerise noire, trop pésent ; bouche marquée par des tanins fondus et moelleux. Un vin bien équilibré, travaillé pour plaire assez jeune.

Millésime 2002

– *Dégustation de juin 2005*

15,5 – Nez chocolaté, fruits noirs et boisé gourmand, bouche souple, onctueuse, tanins moelleux. Vin très agréable, idéal pour une approche en douceur du Médoc.

Millésime 2005

– *Dégustation d'avril 2006*

14 – Cassis au nez, bouche tendre, bien fruitée, structure souple. Le vin nous a paru un peu en retrait, sans doute encore un peu brassé par les fermentations.

Millésime 2007

– *Dégustation d'avril 2008*

13,5/14 – Fruits noirs, bouche souple, fruits noirs, serré, accrocheur, tendu, astringent en finale mais l'élevage devrait l'adoucir.

14,5/15 – **Larose-Perganson.** Boisé, extrait, bon fruit, dense mais pas trop dur, le fruit est préservé.

Millésime 2008

– *Dégustation d'avril 2009*

14 – Fruits noirs, prune, un peu sur les tanins, du fruit en finale, pas très dense mais séduisant, bien fruité.

– *Dégustation de juin 2010*

14 – **Larose-Perganson**. Chocolat, bouche ronde, vif, tanins un peu agressifs mais bon vin à venir.

Millésime 2009

– *Dégustation d'avril 2010*

13,5 – Épices, fruits noirs, bouche ronde, souple, petits tanins croquants, un peu dur en finale.

LARRIVAUX

Surface : 26 ha
Propriétaire : Domaines Carlsberg
Contact : 23-25, route de Larrivaux
33250 Cissac-Médoc
05.56.59.58.15

Du beau linge ou de la lingerie, plutôt. Le domaine s'est transmis de femme en femme avec, jusqu'à une génération récente, de la très belle particule : marquise de La Barre de Larrivaux, marquise de Paroy, vicomtesse du Hamel (j'ai connu un Hamel marchand de grains qui a présidé longtemps le club de foot d'Auxerre, mais ça ne doit pas être les mêmes), marquise de Chabot-Maulevrier. Puis, pour finir, Bérengère Tesseron, épouse du jeune Basile (Lafon-Rocher, cru classé en saint-estèphe). Si j'étais Basile, je tenterais un Tesseron de Lafon-Rocher sur la feuille d'état civil, histoire d'harmoniser l'arbre généalogique.

Un cru qui jusqu'à présent ne brillait guère, et que le renfort de la nouvelle génération semble avoir dopé. Que tous ces titres n'effraient pas : le noble ne signifie pas le cher. Larrivaux est bon marché.

Millésime 2006

– Dégustation d'avril 2007

14,5 – Violette, fruits noirs, bouche équilibrée, gourmande, bien parfumée, finale un peu crochue.

Millésime 2007

– Dégustation d'avril 2008

13 – Nez végétal, bouche souple, fruitée, tendre.

Millésime 2008

– Dégustation de juin 2010

15 – Feuillage, fruits noirs, un peu poivron, bouche douce, tanins moelleux, beaucoup de douceur, onctueux, bonne longueur.

Millésime 2009

– Dégustation d'avril 2010

14,5 – Fruits noirs, floral, bouche souple, délicate, un peu touffu, gourmand, bonne texture et bonne longueur.

LIVERSAN

Surface : 52 ha dont 30 pour Liversan
Propriétaire : Château Liversan
Contact : Jean-Michel Lapalu, Château Patache-d'Aux
1, rue du 19-Mars-1962 – 33340 Bégadan
05.56.41.50.18
www.domaines-lapalu.com

Le domaine de 52 hectares regroupe les châteaux Liversan et Fonpiqueyre (imprononçable) depuis le XVIIIe siècle. Mais c'est Liversan, 30 hectares, qui nous intéresse. Il appartenait au prince Guy de Polignac. Son fils Henri-Melchior, membre de l'aéroclub de Saint-Laurent, s'est tué en avion en survolant trop bas le vignoble :

« Il a attrapé un fil électrique. Le prince Guy a voulu garder le vignoble en mémoire de son fils, mais ça ne marchait pas très bien et on est devenu fermiers en 1996 », raconte Jean-Michel Lapalu. *« Il a vendu à des banques et on est toujours fermiers. »* Les Lapalu, dont vous trouverez la vie et l'œuvre davantage détaillées à la page concernant Patache-d'Aux, en médoc, gèrent donc Liversan et peu à peu lui redonnent sa consistance d'antan. *« Ç'a été très bon autrefois, on a goûté des vieux millésimes. Mais on a dû reprendre beaucoup de choses au vignoble et ça c'est toujours long. On a arraché la moitié depuis 1996, il a fallu attendre que ces hectares entrent en production avant d'arracher de nouveau… On sent que c'est un terroir particulier qui donne des vins assez fins. »* Mais certaines années plus difficiles que 2009, par exemple, Liversan peut sembler un peu trop mince : *« On progresse dans la connaissance des parcelles. On est sur le plateau calcaire recouvert d'une fine couche de graves et de sables. Pour le rendre plus complet, il faut que l'on récupère des parcelles avec plus de fond. »*

Liversan a connu plusieurs propriétaires successifs. Les Polignac avaient racheté en 1980. Mais avant eux, dans les années 50, un des propriétaires précédents avait arraché le vignoble pour planter des pommiers. Encore un qui revient de loin.

Millésime 2006

– Dégustation d'avril 2007

14 – Fruits rouges, souple, rond, bien équilibré. Pas trop d'extraction, une vinification en faveur du fruit.

Millésime 2007

– Dégustation de mars 2010

14 – Nez discret, bouche tendre, légère, tanins très souples, facile à boire.

Millésime 2008

– Dégustation de mars 2010

14,5 – Nez boisé, épicé, grillé, bouche plus garnie que 2007, mais avec la même finesse de tanins, souple, frais, assez élégant, gourmand.

– Dégustation de juin 2010

14,5 – Fruits noirs, grillé, bouche onctueuse, souple, très douce ; un vin frais, agréable, qui pourra se boire jeune.

Millésime 2009

– Dégustation de mars 2010

15 – Nez fruits noirs, bouche souple, élégante, bien fondue, tanins fringants, vin vif, frais, bien parfumé, milieu de bouche délicat.

MALESCASSE

Surface : 40 ha
Propriétaire : Alcatel
Contact : Château Malescasse
6, route Moulin-Rose
33460 Lamarque
Tél. 05.56.58.90.09

Propriété d'Alcatel, Malescasse est situé à Lamarque, sur une croupe dont le point culminant est à la même hauteur que le clocher de l'église de la commune. Il est vinifié par l'équipe de Gruaud-Larose.

Second vin : La Closerie de Malescasse

Millésime 2000

– Dégustation d'avril 2001

14 – Le nez est expressif, violette, iris. La bouche expose un boisé assez raffiné, un fruit bien friand. La finale est plus austère et devra s'arrondir à l'élevage.

Millésime 2001

– Dégustation d'avril 2002

15,5 – Pas de faiblesse dans ce vin soyeux, à la trame solide mais sans aspérité, très marquée par un fruité qui évoque la prune fraîche et l'abricot. Bonne longueur.

Millésime 2002

– *Dégustation d'avril 2003*

14,5/15 – Jolie robe, vin bien fait, un joli fruit, cerise griotte, vanille, belle extraction, de la chair, un vin de plaisir qui se gardera bien dix ans ou se boira jeune.

– *Dégustation de juin 2005*

15 – Nez bien fruité, marqué par la fraise et la gelée de groseille, bouche droite, élégante, vive, tanins serrés. Vin nerveux, fringant.

Millésime 2003

– *Dégustation d'avril 2004*

15,5 – Des notes de torréfaction et de réglisse, bouche souple, délicate, petits tanins bien calibrés et soyeux, finale sur le fruit.

Millésime 2004

– *Dégustation d'avril 2005*

15 – Prune, note de cerfeuil, cerise noire, bouche vive, tendre, tanins généreux, ensemble assez nerveux, bien équilibré.

Millésime 2005

– *Dégustation d'avril 2006*

15,5/16 – Cerise, fruits rouges, fruits au sucre, bouche bien pleine, soyeuse, tanins bien présents, vifs mais sans dureté.

Millésime 2006

– *Dégustation d'avril 2007*

14 – 50 % merlot, 50 % cabernet-sauvignon, dont un zeste de petit-verdot d'après Georges Pauli, le vinificateur. Épices, fruits noirs, souple en attaque, bonnes saveurs de fruits noirs, tarte aux fruits, finale plus crochue.

Millésime 2007

– *Dégustation d'avril 2008*

13,5 – Note végétale au nez, bouche ronde, souple, un peu serrée en finale.

Millésime 2008

– *Dégustation d'avril 2009*

60 % cabernet-sauvignon, 30 % merlot, 10 % petit-verdot.

14 – Nez un peu végétal, floral, bouche assez extraite, charbon de bois, dense, finale tannique, bouche souple en milieu de bouche.

Millésime 2009

– *Dégustation d'avril 2010*

14 – Fruits noirs, cassis, rond (5 % petit-verdot, le reste par moitié merlot et cabernet-sauvignon). Bouche ronde, vive, fruitée. Finale serrée.

Maucamps

Surface : 19 ha
Propriétaire : Famille Tessandier
Contact : 33460 Macau
05.57.88.07.64

Ici, c'est le centre opérationnel des commandos de la vigne. On les appelle Vitigestion, un nom de code. Personne ne les connaît, personne ne doit voir leur visage. Ils interviennent cagoulés, en tenue léopard, se déplacent la nuit dans les vignes, taillent avec une lampe frontale, décuvent dans les chais le dimanche matin quand la vraie France communie. Le groupe, composé de plusieurs ingénieurs agro et œnologues en cols roulés, quelques techniciens viti et même des spécialistes de la gestion et de la commercialisation, ne communique pas. Seul le commandant Gaudin est habilité à répondre aux questions, avec l'accord de l'état-major. « *Je suis arrivé en 1984. On a replanté Lescalle, puis on a racheté Moulin-Noir en lussac-saint-émilion. En 1988, on a créé une structure de conseil pour ne pas s'ennuyer. On fait tout ce qui est suivi technique même si il y a déjà un œnologue. On a aussi créé une structure de négoce dont on s'occupe, c'est la société Ambrosia qui absorbe une partie des vins.* »

Initié dans les années 1988 par la famille Tessandier, qui possède une bonne demi-douzaine de domaines rive droite et rive gauche, Vitigestion (on peut aller voir le site sur Internet, aussi joyeux que le procès-verbal du dernier conseil d'administration de la maison Roblot) gère, entretient, conseille, et même en cas de besoin s'occupe de tout dans un domaine viticole.

Du sol au plafond, en toute discrétion.

Pour certaines familles qui souhaitent conserver le domaine bien que leur vie professionnelle se déroule ailleurs, c'est une aubaine. Pour ceux, aussi, qui adorent raconter à leurs amis leur nouvelle vie de vigneron sans toutefois crotter leurs mocassins Berluti, Vitigestion offre le recours parfait. Maucamps, propriété des Tessandier, propose un joli vin qui se rit des modes et ne prétend pas égaler Latour ou Mouton. Reposant. Je me souviens d'un 96 remarquable, à ne pas rater si un magnum passe à portée de tire-bouchon.

Autre vin : Clos-de-May

Millésime 2000

– Dégustation d'avril 2001

13 – Joli bouquet de fruits noirs, myrtille, mûre. La bouche est équilibrée, faite pour plaire, gourmande, facile, finale pruneau.

Millésime 2001

– Dégustation d'avril 2002

15 – Beaucoup d'épices dans ce vin subtilement travaillé. On a recherché la séduction à travers des tanins aimables et veloutés et l'expression du fruit qui domine la finale.

– Dégustation de juin 2005

14 – Fermé, cassis, bouche tendre, de l'allure, mais en période boudeuse. Un vin qui devrait révéler son élégance et son fruit dans deux ans.

Millésime 2007

– Dégustation d'avril 2008

15 – Fruits rouges, bouche souple, pas trop extrait, frais, élégant, bien fait.

Millésime 2008

– Dégustation d'avril 2009

14 – Cassis, fruits noirs, bouche ronde, souple, bien fruitée, manque un peu de chair en milieu de bouche mais agréable.

Maurac

Surface : 18 ha
Propriétaire : SCEA Maurac
Contact : Claude Gaudin
33460 Macau
05.57.88.07.64

Propriété appartenant à plusieurs personnes dont Claude Gaudin, fondateur de Vitigestion. D'ailleurs, à la page consacrée à Maucamps, non loin d'ici, on vous dit tout sur Vitigestion et Gaudin. Prix mini.

Millésime 2007

– Dégustation d'avril 2008

16 – Boisé doux, fruits au sucre, bouche dense, bonne matière, bien soutenue par un boisé intégré, long, un peu serré mais bien fait. Excellent rapport qualité/prix.

Millésime 2008

– Dégustation d'avril 2009

15,5 – Fruits noirs, bouche ronde, tendue, fraîche, vive, un peu extraite mais beau fruit. Vin long, frais, tendu, classe !

MILLE-ROSES

Surface : 9,5 ha (dont 4 de margaux)
Propriétaire : David et Sophie Faure
Contact : 16, chemin de Cantelap
33460 Macau
05.57.88.42.16 et 06.10.01.31.41
www.chateaumilleroses.com

Création récente, Mille-Roses en conversion bio comprend deux appellations distinctes, haut-médoc et margaux, mais un terroir assez similaire fait de graves sableuses, des sols bien filtrants qui ne conservent pas l'eau.

Création récente mais aboutissement, c'est du moins ce que l'on ressent à écouter David Faure, tranquille, apaisé, mais dont on peut imaginer que la jeunesse n'a pas toujours été un jardin de roses. David a perdu son père très jeune : « *Il est mort le jour du décès de Pompidou, le 1er avril 1974, j'avais 4 ans, et ma mère est décédée peu après dans un accident de voiture.* » Ses oncles et tantes qui ont pris le relais des parents l'ont naturellement dirigé vers l'agriculture car son père, vigneron et céréalier, possédait « *pas mal* » de terres autour de Macau. Études à Beaune, job à Madagascar, puis l'envie de faire autre chose. « *J'avais 20 ans, un BTS viti-œno en poche, et je me suis retrouvé planté au milieu de tout ça. À 20 ans j'avais du bien, mais pas de transition familiale affective.* » David devient éducateur sportif, moniteur de parapente : « *Ça m'a permis de gagner de la confiance en moi* ». C'est grâce au parapente qu'il rencontre Sophie et que les envies changent. En 1999, il vinifie son premier millésime, se réapproprie la demeure familiale, récupère des terres jusque-là en fermage et donne à son domaine le nom de Mille-Roses en souvenir de celles, nombreuses, que sa mère entretenait. Sous cette étiquette, deux vins donc, un margaux, un haut-médoc, une famille, deux enfants, beaucoup d'amour.

Second vin : L'Enfant

Millésime 2004

– *Dégustation de juin 2010*

14 – Haut-médoc. 60 % merlot ; 40 % cabernet-sauvignon. Nez fermé, bouche fraîche et vive, plein, fruité, élégant, fin, assez plein pour un 2004.

Millésime 2006

– Dégustation de juin 2010

14,5 – Haut-médoc. 50/50 cabernet-sauvignon et merlot. Fruits noirs, bouche vive, tendue, élégante, bien fraîche, longue, tendre, long.

Millésime 2008

– Dégustation de juin 2010

15 – Haut-médoc. Fruits noirs, fumée, bouche vive, équilibrée, tendue, assez cabernet, sans artifice, bonne longueur.

15,5 – Margaux. 60 % cabernet-sauvignon, 40 % merlot. Nez fruits rouges, bouche tendre, bien fondue, serrée en finale, frais élégant, tonique. Prometteur.

Château Moulin-de-Blanchon

Surface : 24 ha
Propriétaire : Vignobles H. Négrier & Fils
Contact : Henri, Martine, Sylvain et Vincent Négrier
3, rue des Casaillons
33180 Saint-Seurin-de-Cadourne
05.56.59.38.66 et 06.62.38.38.66
chateau-moulin-de-blanchon.com

Moulin-de-Blanchon s'était présenté en 2003 lors du classement des crus bourgeois, annulé depuis. *« On avait été recalés pour manque de notoriété. »* Il aurait sans doute suffi de demander à son prestigieux voisin Sociando-Mallet et à son propriétaire, Jean Gautreau, ce qu'il pensait du Petit Poucet… Du bien, rien que du bien, et il arrive même que Sociando, qui ne vend pas à la propriété, envoie des clients potentiels.

L'aventure a commencé en 1992. *« J'ai toujours travaillé dans la vigne, comme ouvrier. On a acheté en 1978 une première parcelle de 25 ares, et dès qu'on avait trois sous c'était pour les mettre dans les pieds de vigne. On a été en cave coop : j'étais vice-président et j'ai tout de suite compris qu'il fallait vendre nous–mêmes. J'allais faire les Salons bénévolement et il y avait des anciens qui ne bougeaient pas.*

Un bon produit, il faut savoir le vendre. Il faut être bon partout, en vin et en commerce. C'est motivant quand on a un retour des clients. En 1992, quand nos enfants ont attrapé 14 et 15 ans, on a vu qu'ils étaient intéressés et on s'est dit : c'est bon, on se lance. Maintenant on a un peu plus de 23 hectares. On va commencer à lever le pied et leur donner les parts. On est ouvert non stop tous les jours. On aime les contacts, on aime les gens. C'est dommage de ne pas ouvrir ses portes. »

Millésime 2006

– *Dégustation d'avril 2010*

15 – 60 % cabernet-sauvignon, 40 % merlot, note boisée, bouche ronde, souple, élégante, bien fraîche, tendue, plus de garde, serré en finale, mais sans dureté.

Millésime 2007

– *Dégustation d'avril 2010*

15 – 50 % merlot, 50 % cabernet-sauvignon, 1/3 de bois neuf. Bouche ronde, suave, douce, élégante, bien typée, médoc c'est-à-dire fruit, finesse et tanins épicés. On peut commencer à le boire.

Millésime 2008

– *Dégustation d'avril 2010*

15,5/16 – Bouche vive, tendue, élégante, petits tanins croquants, dense. Plus de rondeur que 2006, car plus de chair en milieu de bouche.

– *Dégustation de juin 2010*

15,5/16 – 50 % merlot, 50 % cabernet-sauvignon. Bouche vive, fraîche, tendue, élégante, petits tanins croquants, épicée.

Millésime 2009

– *Dégustation d'avril 2010*

16 – Grillé, fruits noirs, réglisse, nez très expressif, bouche ronde, souple, boisé un peu noisette, assez savoureux, long, gourmand, bien moelleux, bel équilibre.

Du Moulin

Surface : 0,93 ha
Propriétaire : José Sanfins
Contact : Château Chantelune – 33460 Lamarque
06 10 46 34 35 – sanfinsjose@aol.com

Ce haut-médoc est un peu le jardin, le terrain d'expériences ou le jouet de José Sanfins, vinificateur de Cantenac-Brown, quelques parcelles qui constituent 1 hectare. *« C'est un petit vignoble sans être un vin de garage. C'est un vin de terroir sans être un vin austère. C'est un vin concentré sans être artificiel. »*

Millésime 2002

– *Dégustation d'avril 2003*

Pas un vin de garage – *« surtout pas ! »* –, plutôt un passe-temps de week-end.

15 – Nez de mûre et de cannelle, bouche gourmande, tannique mais sans astringence, développant un joli fruité mêlé aux notes de cacao apportées par la barrique.

Millésime 2003

– *Dégustation d'avril 2004*

62 % cabernet-sauvignon, 38 % merlot.

15,5 – Nez de fruits noirs, assez sauvage, frais en bouche, épicé, gourmand, une bonne trame tannique fondue, sans sécheresse, tout en douceur.

Millésime 2005

– *Dégustation d'avril 2006*

62 % cabernet-sauvignon et 38 % merlot. Cette année, il a aussi récupéré 92 ares en AOC margaux, Chantelune, avec une forte proportion de petit-verdot. La bouche est un peu plus rugueuse et épicée. On attend la suite.

16 – Joli nez mentholé, bouche fraîche et douce, tanins gras, bien fondus, opulent et fruité.

Millésime 2008

– Dégustation d'avril 2009

14,5/15 – Fruits rouges, cerise, bouche douce, bien fruitée, élégante un peu margaux dans l'expression des tanins. Fin, pas trop extrait, joli fruit.

Millésime 2009

– Dégustation d'avril 2010

14 – Nez bien fruité, bouche vive, éclatante, tendue, beaucoup de fruit, longueur moyenne mais vin gourmand.

PALOUMEY

Surface : 32 ha
Propriétaire : Martine Cazeneuve
Contact : 50, rue du Pouge-de-Beau
33290 Ludon-Médoc
05.57.88.00.66
www.chateaupaloumey.com

Martine avait prévenu : *« Si quelqu'un arrache un pied de vigne, je l'attendrai avec un fusil ! »* Par bonheur, personne ne s'y est risqué. C'était dans les années 90. Martine Cazeneuve venait de reprendre ce domaine à l'abandon, rayé des guides et des annuaires mais qui autrefois avait eu son heure de gloire. Martine, enseignante, épouse d'un expert-comptable, fille d'un marchand de grains et de produits phytosanitaires – *« c'est pour cela que je n'ai jamais voulu recevoir de conseils des représentants en produits ! »* –, n'était pas complètement débutante dans le métier. Ses parents avaient acquis Mayne-Gazin, dans le Blayais, et Martine, en plus de son métier et de ses trois enfants, dirigeait le domaine : *« Je vendais aux particuliers par correspondance. »* Puis, en 1988, Mayne-Gazin est vendu : *« Je me suis dit : je vais faire comme tout le monde, aller bronzer sur le bassin d'Arcachon. En 1989, je suis passée à notre ancienne propriété pendant les vendanges, et je l'ai très mal vécu. Je suis rentrée et j'ai dit à mon mari : ce n'est pas une maison sur le bassin que je veux, c'est un vignoble.* » Un an à peine plus tard, en août 1990, un soir, il l'emmène voir une propriété… « *C'était Paloumey. Il n'y avait pas de vignes. Et voilà. Nous avons été très aidés par Daniel Llose, de Lynch-Bages, qui a tout organisé. Les gens du Médoc nous ont prêté du matériel. Ils nous ont beaucoup soutenus.* » À l'époque, sans entrer dans les détails d'une procédure kafkaïenne, l'administration fiscale encourage ceux qui veulent se développer et cherchent des droits de plantation (car la possibilité de planter de la vigne est réglementée par la législation européenne), à en récupérer chez les voisins qui en disposent mais songent à la retraite. Puis la même administration fiscale, quelque temps plus tard, dénonce ce procédé et se retourne contre ceux-là mêmes qui sur son invitation en avaient usé. Recours, tribunaux, procès… Nombreux sont les propriétaires, du Médoc jusqu'au Beaujolais, à se retrouver accusés et obligés de se défendre. Dans l'air, la menace de faire arracher les vignes, indûment plantées selon l'administration. D'où la déclaration de Martine et son inclination en cas de besoin à se transformer en Calamity Jane. « *Ta mère va aller en prison, disaient les enfants à l'école !* » Finalement, une bonne négociation valant mieux qu'une guerre civile, un compromis fut trouvé. Et Paloumey, au départ sans chai, sans vigne mais doté d'un excellent terroir de graves situé entre les deux crus classés, La Lagune et Cantemerle, est devenu un fleuron de la famille des crus bourgeois. Martine Cazeneuve a élargi sa gamme en reprenant deux petits crus sur des appellations communales : Le Garricq en moulis et La Bessane, à Cantenac, en appellation margaux.

Second vin : Les Ailes de Paloumey

Millésime 2000

– Dégustation d'avril 2001

15 – Nez fin, fruits rouges, boisé vanillé. Bouche souple, le bois est présent mais bien fondu, genre toasté. Beaucoup de charme.

Millésime 2001

– Dégustation d'avril 2002

14 – Plutôt fermé et boudeur, mais une bouche élégante, pas très charnue à ce stade. S'il ne se goûte pas très bien aujourd'hui, on peut parier sur une bonne évolution à l'élevage.

Millésime 2002

– *Dégustation d'avril 2003*

15,5 – Voilà l'un des plus réussis des bourgeois de l'année, avec un nez parfumé, racé, attirant, très fruits mûrs, une bouche au boisé bien dosé, toasté, une saveur gourmande évoquant le biscuit fourré, la confiture de framboises, jusqu'à la finale ronde et longue.

Millésime 2003

– *Dégustation d'avril 2004*

14 – Nez délicat, rose fumée, fraise. Bouche souple, noyau, cerise, chocolatée, un peu trop de bois sur l'échantillon.

Millésime 2004

– *Dégustation d'avril 2005*

15,5 – Nez épicé, note de cacao en plus des inévitables fruits noirs qui marquent les arômes du millésime. Bouche souple, onctueuse, sans excès de bois, le fruit est bien mis en valeur par une structure tannique qui se développe en bouche. Belle finale vive et savoureuse.

Millésime 2005

– *Dégustation d'avril 2006*

15,5 – Le boisé marque un peu l'échantillon, mais la bouche au tanin dense et velouté domine et semble moins impressionnée par l'élevage en barriques. Opulence et fruit.

– *Dégustation d'avril 2007*

15,5/16 – Épices, fruits noirs, bouche intense mais fondue, bonne tension, élégant, long, de garde.

Millésime 2006

– *Dégustation d'avril 2007*

15 – Joli fruit, mûre, violette, bouche fraîche, séveuse, matière assez présente, bon fruit, bon équilibre.

Millésime 2007

– Dégustation d'avril 2008

14,5 – Vanille, floral, rose, bouche douce, bien fondue, tendre, élégante, le boisé est bien travaillé.

Millésime 2008

– Dégustation d'avril 2009

16 – Boisé pas encore intégré, petits tanins doux en bouche, bonne matière assez élégante, finale un peu serrée, de l'allure.

– Dégustation de juin 2010

15,5/16 – **Paloumey.** Boisé, bouche souple, tanins fondus, souple, élégant, finale vive, un vin en devenir, avec beaucoup d'élégance.

14,5 – **Ailes de Paloumey.** Fruits noirs, cerise, bouche douce, chocolatée, tanins doux, soyeux, structure intéressante, fin, élégant, savoureux.

Millésime 2009

– Dégustation d'avril 2010

15,5/16 – Fruits noirs, cerise burlat, bouche ronde, souple, tanins très fondus et suaves, style margalien, peu d'acidité, bonne longueur, frais, élégant.

PEYRABON

Surface : 57 ha dont 7 en pauillac
Propriétaire : Patrick Bernard
Contact : Vignes de Peyrabon
33250 Saint-Sauveur
05.56.59.57.10
www.chateaupeyrabon.com

Patrick Bernard, patron de Millésima, un des négoces forts et particulièrement dynamiques dans la vente en ligne, a acheté ce cru en 1998. Il se compose de 50 hectares en appellation haut-médoc et de 7 hectares en pauillac, vendu sous le nom de La Fleur-Peyrabon, qui figure une sorte de haut de gamme du domaine. Peyrabon est une très ancienne propriété dont le haut fait fut de recevoir en ses murs la reine Victoria, venue assister à un concert donné en son honneur. C'était le bon temps. Car après, il y a eu deux guerres, des crises à répétition et, pour parachever cette belle série, le grand gel de février 1956, qui détruisit une grande partie du vignoble français. Peyrabon fut replanté, mais, comme souvent à cette époque, avec des porte-greffes médiocres, du moins pour une partie du vignoble. Depuis son arrivée, Patrick Bernard a réalisé de gros investissements (on parle de 2 millions d'euros) afin d'arracher et de réinstaller des ceps qualitatifs sur 15 hectares, de drainer l'ensemble de la propriété, de remettre des vignes en labour et de profondément moderniser le chai. Les derniers millésimes témoignent de ces efforts.

Second vin : Pierbone

Millésime 2004

– *Dégustation d'avril 2005*

14 – Nez discret, bouche solide, puissante, tanins bien présents mais assez enrobés, de la chair, un fruité avantageux. Finale séveuse, pas encore fondue.

Millésime 2008

– *Dégustation d'avril 2009*

13,5 – Boisé, bouche ronde, de la sève derrière, tendue, fin, serré. Sec, un peu trop extrait.

– *Dégustation de juin 2010*

15 – Cerise, fruits rouges, bouche délicate, fine et fraîche, élégante, bonne longueur, petits tanins serrés en finale, bon ensemble.

Millésime 2009

– *Dégustation d'avril 2010*

14,5/15 – Fruits noirs, épices, bouche ronde, suave, petits tanins délicats, bien fondus, vin élégant, joli milieu de bouche tout en rondeur, finale plus serrée, note chocolat noir.

PONTOISE-CABARRUS

Surface : 28 ha
Propriétaire : Famille Tereygeol
Contact : Pontoise-Cabarrus
27, rue Georges-Mandel
33180 Saint-Seurin-de-Cadourne
05.56.59.34.92
www.chateau-pontoise-cabarrus.com

C'est un Cabarrus, famille basque à l'origine, qui fonda ce qui est devenu la banque centrale espagnole. Grosse fortune et grands propriétaires partout, notamment dans le Médoc, où les Cabarrus possédaient le Château Lagrange, à Saint-Julien, qui, au XVIIIe siècle, figurait parmi les plus grands domaines. Nous connaissons mieux, nous autres Français, une des filles Cabarrus qui, sous le nom de Mme Tallien, provoqua la chute de Robespierre, lutta contre la Terreur et participa à sa fin. Femme de tête et de charme, elle eut beaucoup d'amants, quelques maris et des tas d'enfants, mais curieusement le nom de Cabarrus n'a pas perduré dans le Médoc, sauf chez Pontoise, qui seul est demeuré fidèle. Les Tereygeol ont repris cette propriété en 1959, de retour du Maroc, et l'ont transformée. La dernière génération aux commandes, Laurent et Éric, ont accentué le virage depuis les années 2000. *« Ce qui a changé, c'est le choix des parcelles et la sélection : premier et second vin. Avant, on faisait 150 000 bouteilles d'un seul vin, aujourd'hui on ne produit que 70 000 de premier vin, avec les parcelles de sols de graves et des vignes de plus de 30 ans. »* Éric Tereygeol, devenu maître de chai, a connu un parcours inhabituel : *« Avant, j'étais éducateur pour jeunes adultes à la ZUP de Bayonne, puis à Pauillac. C'est un métier passionnant, mais faut être au top. Mon père avait besoin de quelqu'un ici ; moi, je commençais à perdre ma motivation. Je me suis dit que j'allais avoir plus de temps pour ma vie, que je m'occupais des enfants des autres et pas assez des miens… Ma formation, c'est aussi ce qu'on m'a transmis. Puis il y a Laurent, mon frère, qui connaît et travaille la vigne. »* Les vins sont du genre costaud, avec un boisé qui les marque dans leur jeunesse, mais ils possèdent une sève et une densité qui permettent de les attendre.

Second vin : Les Hauts de Plaisance

Millésime 2006

– *Dégustation d'avril 2007*

60 % merlot, 37 % cabernet-sauvignon, 3 % cabernet franc.

16 – Épices, fruits rouges, souple, onctueux, tanins gras, veloutés, fruits noirs en finale, bonne longueur.

Millésime 2007

– *Dégustation d'avril 2008*

14 – Fruits rouges, cassis, doux en bouche, souple en attaque, un peu sec en finale sur cet échantillon marqué par la prise de bois.

Millésime 2008

– *Dégustation d'avril 2009*

14,5 – Fruits confits, charbon de bois, bouche extraite, petite amertume, serrée. Vin d'avenir.

– *Dégustation de juin 2010*

14 – Boisé, grillé, chocolat, un peu trop boisé à ce stade ; bon vin à venir mais un peu lourd. Refermé, mais sans doute une belle bouteille dans deux ans.

Millésime 2009

– *Dégustation d'avril 2010*

14 – Fermé, bouche boisée, serrée, un peu séchée par le bois mais bien fruitée, bon vin derrière.

Château du Raux

Surface : 20 ha
Propriétaire : SCI du Raux
Contact : Patrick Bernard
33460 Cussac-Fort-Médoc
05.56.58.91.07 et 06.85.98.55.86.

Rares ceux qui autrefois ont eu la chance de déguster ce Château du Raux. Si, peut-être, du temps de Jean Drouillard, propriétaire célibataire qui faisait profiter ses amis de ses plus beaux millésimes. Sa nièce hérita du domaine et c'est désormais son fils qui est aux commandes. Patrick Bernard (rien à voir avec le négociant homonyme célèbre à Bordeaux, patron de Millésima) se lance dans la vente en bouteilles aux particuliers depuis peu : « *Jusqu'en 2001, le négoce achetait la totalité de la production. Ce système nous convenait bien. Mon père et moi sommes accaparés par la vigne. On faisait nos ventes en quelques fax. On essaie de viser le bon rapport qualité/prix.* » De ce point de vue, c'est gagné : les vins sont remarquables et les prix plus que raisonnables. Depuis que dans *Le Point*, nous l'avons un peu mis à l'honneur, le Château du Raux, idéalement placé près du fleuve, à l'arrière de Cussac, fait le bonheur de quelques amateurs qui apprécient en plus le côté siècle d'avant de l'étiquette des Bernard.

« *On est petits avec 20 hectares. On essaie de vendre aux particuliers, mais on n'était pas préparés à cela. La crise, on sait que c'est cyclique, c'est cela aussi le vin, des périodes fastes et d'autres difficiles. Ça va reprendre. Les vins de qualité auront toujours de l'avenir.* » Moins de 8 euros et encore moins en primeur…

Millésime 2002

– *Dégustation de juin 2005*

15,5 – Nez floral, pivoine et des notes de résine, cèdre, bouche élégante, bien vive, avec des notes cacao, tanins fins. Vin gourmand qui commence à être à point. Le 2001 dégusté à la propriété est aussi remarquable.

Millésime 2005

– *Dégustation d'avril 2006*

16 – Fruits rouges, cerise, groseille, des arômes rappelant les margaux, bouche, ronde et tendre, opulente mais sans dureté, gourmand et élégant.

Millésime 2008

– Dégustation d'avril 2009

14 – Fruits noirs, cassis, bouche ronde, parfumée, tanins un peu rugueux, sur le fruit, finale vive.

– Dégustation de juin 2010

14 – Bien fruité, bouche vive, tendue, un peu sévère à ce stade.

Millésime 2009

– Dégustation d'avril 2010

15 – Joli fruit au nez, cerise, bouche tendre, parfumée, élégante, corps moyen mais très beau fruit, vin en longueur, relevé en finale, étiré.

Du Retout

Surface : 34 ha
Propriétaire : Famille Kopp
Contact : Hélène et Frédéric Soual
33460 Cussac-Fort-Médoc
05.56.58.91.08
www.chateau-du-retout.com

Pour Hélène et Frédéric, la fin du tunnel et des ennuis, peut-être. Ils l'ont bien mérité. Ce du Retout est issu du rassemblement de trois crus en déshérence depuis le phylloxéra, en imaginant qu'après ce fléau il y en eut d'autres et pas des moindres. Les guerres et les crises économiques mondiales n'étant par définition pas très favorables au bon développement des vignobles de qualité. Hélène avait commencé à faire des études de médecine avant de changer d'orientation. *« Le domaine avait été acheté par mes grands-parents dans les années 50. C'était pour passer leur retraite et c'est mon père, en rentrant de la guerre d'Algérie, qui l'a développé. Je me suis lancée dans des études d'œnologie, mais je ne buvais pas de vin. »* Jusque-là, Du Retout se débrouillait un peu tout seul et vivait au jour le jour, selon les humeurs des négociants qui l'achetaient à vil prix : *« Avec mes études, j'ai appris à faire des choses neuves. Ici, on faisait du vin sans âme, il fallait réagir. Quand je suis arrivée, j'ai commencé par faire le ménage, nettoyer le chai, remplir des bennes. En 1997, j'ai commencé à savoir ce que je voulais. En septembre 2001, j'attendais mon deuxième enfant, Frédéric est venu me rejoindre et on a pu surveiller la maturité. Depuis 2004, j'ai l'impression de mieux maîtriser...»* Frédéric Soual, ancien technicien au Château Palmer, cru classé en margaux, connaît bien la vigne et ce qu'il faut faire sur ce cru pour lui redonner de la sève. Tous deux ont investi un travail considérable dans cette propriété de 34 hectares (dont 2 hectares de blanc) tout en tentant de développer une commercialisation qui rémunère leurs efforts. Pas facile tous les jours, mais allez les voir. Ils sont accueillants et leur prix raisonnables. Ce sera l'occasion de goûter leur très original vin blanc composé de sauvignon gris, *« le seul à être cultivé dans la région »*, de gros-manseng, cépage du jurançon, le savagnin du Jura et enfin, la mondeuse blanche, *« le plus rare de ces quatre cépages »*, qui existe seulement sur 4 hectares en Savoie.

Millésime 2000

– *Dégustation d'avril 2001*

14,5 – Nez épicé, rose rouge, expressif ; la bouche est charnue, ronde, la finale offre plus de grillé de bois neuf que de fruit.

Millésime 2001

– *Dégustation d'avril 2002*

15 – Nez assez fortement boisé, note moka, bouche chaleureuse, fruits macérés, bonne densité, bouche puissante et veloutée, long.

Millésime 2002

– *Dégustation d'avril 2003*

14,5 – Bouquet expressif, frais, fruits rouges, la bouche est d'une élégance assez raffinée et ne manque pas de tanins pour l'étayer.

Millésime 2003

– *Dégustation d'avril 2006*

15 – Fruits noirs, bouche bien garnie de tanins gras, veloutés. L'expression d'une bonne maturité et d'une extraction bien menée, pas trop exagérée. Belle finale prolongée et épicée.

Millésime 2006

– Dégustation d'avril 2007

15 – Nez très parfumé, gelée de mûres, cassis, quatre-épices, bouche bien ronde, tanins souples, un peu plus tendue en finale, bonne longueur. Un vin solide et bien fruité. 45,4 % cabernet-sauvignon, 39 % merlot, et une forte proportion de petit-verdot : 15,6 %.

Millésime 2007

– Dégustation d'avril 2008

13,5/14 – Grillé, boisé, bouche ronde, souple, pas très dense mais équilibré.

Millésime 2008

– Dégustation d'avril 2009

14,5/15 – Grillé, mentholé, bouche dense, un peu extraite, serrée, pas mal de tanins, bon fruit ; vin à venir, avec du potentiel.

Millésime 2009

– Dégustation d'avril 2010

14 – Fruits noirs, olive, boisé, bouche souple, douce, bien fondue, tanins délicats, bonne longueur.

Reysson

Surface : 40 ha
Propriétaire : Mercian Corporation
Contact : Vignobles Dourthe
35, rue de Bordeaux – 33290 Parempuyre
05.56.35.53.00
www.dourthe.com

Propriété d'une société japonaise de vins et spiritueux, Mercian Corporation, Reysson a été confié en 2001 aux soins vigilants des

Vignobles Dourthe, la branche armée de sécateurs de l'important négociant CVBG. Dourthe gère plusieurs crus dont Belgrave, un des classés en haut-médoc. Et, puisqu'on en parle, il se trouve que le responsable de Reysson n'est autre que Frédéric Bonnafous, chef de Belgrave. Il y avait beaucoup de travail sur ce cru assez original. En plein cœur du Médoc, il est en effet très majoritairement planté en merlot, 92 %, un score digne d'une élection de chef d'État dans une république soviétique au bon vieux temps. Une exception ici entre pauillac et margaux où domine le cabernet. Ce choix historique est dû à la situation de son vignoble sur une butte argileuse, un sol sur lequel le tardif cabernet-sauvignon peinerait à mûrir, lui qui aime les sols secs de graves et de sables. Le domaine était planté avec une densité de 5 000 pieds à l'hectare, trop faible. Les Dourthe's boys replantent à 6 700 une partie chaque année. Les chais ont été transformés, nouvelle réception de vendanges, cuverie neuve, table de trie vibrante, système de froid pour les macérations préfermentaires, pressoir pneumatique et tout le toutim moderne sans lequel il n'est même pas envisageable de faire du vin au XXIe siècle. L'objectif revendiqué de Dourthe : produire un vin agréable, accessible à tous en termes de prix et de goût. Inutile d'y chercher la complexité d'un grand pauillac, Reysson se place davantage dans le peloton des vins ouverts, comme on le disait autrefois des villes sans fortifications.

Millésime 2006

– *Dégustation d'avril 2007*

14,5 – Boisé, épicé, violette, bouche ronde, dense, serrée, puissante, chocolatée, longue.

Millésime 2007

– *Dégustation d'avril 2009*

13 – Fruits confits, bouche tendre, souple, déjà prêt à boire, un peu serré en finale, pointe d'amertume.

Millésime 2008

– *Dégustation d'avril 2009*

13,5/14 – Fruits rouges, café, bouche douce, souple, assez fraîche ; l'objectif, c'est un vin à boire jeune.

– Dégustation de juin 2010

15 – Boisé, vanille, bouche ronde, souple, moelleuse, bonne matière, longueur, densité, un peu d'extraction. Vin flatteur et bien fait.

SÉNÉJAC

Surface : 39 ha
Propriétaire : Lorraine Cordier
Contact : Lorraine Cordier
Château Sénéjac – 33290 Le Pian-Médoc
05.56.70.20.11
www.chateau-senejac.com

En 1999, Lorraine Cordier, copropriétaire de Talbot avec sa sœur Nancy, a racheté ce joli cru, bien situé sur des graves profondes, non loin des limites de l'appellation margaux. Thierry Rustmann, son mari, s'en est occupé jusqu'au divorce du couple. La période Thierry a été marquée par la création d'un vin de garage – c'était la mode –, Karolus, dont on peut comprendre en lisant les notes ci-dessous que nous n'étions pas convaincu de son intérêt. Par ailleurs, Sénéjac produit de très bons vins, aptes à la garde, mais qui peuvent se boire assez jeunes. Depuis 2010, Lorraine Cordier, disparue depuis peu, avait trouvé auprès des responsables de Pontet-Canet les conseils nécessaires à une évolution vers la culture bio.

Second vin : Artigues de Sénéjac

Millésime 2000

– Dégustation d'avril 2001

14,5 – Nez de violette et de cerise, un brin margaux, structure ténue mais solide, tanins soyeux, joli fruit, très agréable.

Millésime 2001

– Dégustation d'avril 2002

15,5 – Marqué par la violette et les fruits noirs, un vin tout en rondeur, déjà très agréable mais avec une structure tannique derrière qui lui confère un bon avenir.

Millésime 2002

– Dégustation d'avril 2003

On oubliera le vin de garage également produit par ce cru, Karolus, très serré, tannique et trop boisé, pour ne retenir que le vin « normal » du château, qui, lui, est délicieux.

15 – Bouquet charmant de rose rouge, violette, lilas, bouche avenante, élégante, bien bâtie sur un bon tanin onctueux, avec une finale fraîche et racée.

– Dégustation de juin 2005

15,5 – Épices, fruits noirs, gentiane, bouche épicée, puissante, tanins fermes et serrés, bon potentiel. À attendre.

Millésime 2003

– Dégustation d'avril 2004

14,5 – Épices, rose rouge, bouche tendre, bien ronde, tanins un peu mordants mais sans dureté, joli fruit frais en finale.

Millésime 2004

– Dégustation d'avril 2005

45 % de cabernet-sauvignon, 43 % de merlot, 10 % de cabernet franc et 2 % de petit-verdot.

15 – Nez bien épicé, cassis, bouche aux tanins doux, veloutés, portant un fruit éclatant. Vin tonique, bien équilibré.

Millésime 2005

– Dégustation d'avril 2006

Thierry Rustmann a renoncé à produire la cuvée Karolus. L'intérêt de la chose résidait surtout dans les appréciations enthousiastes qu'elle provoquait du côté de la critique américaine. 50 % cabernet-sauvignon, 30 % merlot, 20 % cabernet franc.

16 – Nez attirant de cèdre, résine, et violette, bouche bien ronde en attaque, les tanins montrent leurs muscles ensuite, sans brutalité, finale croquante et fruitée.

Millésime 2006

– Dégustation d'avril 2007

13,5 – Bien fruité, souple, élégant, densité moyenne mais joli fruit. 55 % cabernet-sauvignon, 20 % cabernet franc, 25 % merlot.

Millésime 2007

– Dégustation d'avril 2008

15 – Très joli fruit, élégant, tendre, extraction douce, équilibré, bien fruité.

Millésime 2008

– Dégustation d'avril 2009

14 – Fruits noirs, mûre, souple, doux, très fondu, fruité, pas très dense mais gourmand.

Millésime 2009

– Dégustation d'avril 2010

14 – Fruits confits, bouche ronde, souple, bien fruitée, agréable, finale un peu accrocheuse.

Sociando-Mallet

Surface : 90 ha
Propriétaire : Jean et Sylvie Gautreau
Contact : 33180 Saint-Seurin-de-Cadourne
05.56.73.38.80
www.sociandomallet.com

Dilettante sans argent devenu champion de tennis, courtier puis négociant en rouge – « qui rend aveugle », auraient dit les Tontons flingueurs –, Jean Gautreau doit à l'inconstance d'un Belge l'achat de Sociando-Mallet, cru (devenu) mythique du Haut-Médoc. « *Je ne voyais pas grand avenir dans le vin de table. Un jour, j'ai rempli une 2 CV camionnette et je suis parti vendre des grands crus en Belgique. Cinq ou six ans après, j'étais devenu le premier sur ce marché.* » À tel point qu'un de ses clients le charge de trouver une propriété à acheter pour l'un de ses amis. « *Sociando appartenait alors à l'ancien président du syndicat viticole de Marrakech. Il venait de mourir, j'ai envoyé une note à l'acheteur belge, qui ne m'a jamais répondu, et j'ai acquis cette propriété pour 250 000 francs en 1969, surtout pour le point de vue qu'elle offrait sur la Gironde.* » Située sur la commune de Saint-Seurin-de-Cadourne, elle comprenait 30 hectares de terres, dont seulement 5 ou 6 de plantés. « *Après, la maladie du pied de vigne m'a gagné. J'ai acheté parcelle par parcelle et, peu à peu, on a constitué le vignoble d'aujourd'hui.* » Une réussite exemplaire qui se rit des modes et des mots d'ordre. Quand tous les grands de Bordeaux ne parlent que de concentration, de raisins coupés en juillet pour réduire la production, Jean Gautreau affirme le contraire : « *Pas d'effeuillage, pas de traitements antipourriture, pas de vendanges vertes (en juillet), rien que ce que peut donner un vrai bon terroir.* » C'est de ce côté qu'il faut chercher le coup de génie : « *Jean Gautreau ne s'est pas trompé,* commente Jean Delmas, ex-patron de Haut-Brion, premier grand cru classé. *Le vignoble de Sociando-Mallet occupe toute la surface de la plus belle croupe de graves de cette région du Haut-Médoc.* » Des sols caillouteux où l'eau de pluie ne stagne jamais, un enracinement profond, une maturité précoce et des méthodes de vinification qui mettent en valeur la matière sans en rajouter ont assuré une rapide notoriété au cru dès le début de la décennie 80. Si la dégustation des vins des années 70 met en évidence une recherche des possibilités du terroir, le virage est sensible à partir de 1981. Les vins sont plus construits. Ils prennent des accents pauillacais ; la densité s'impose mais, à l'inverse de ses nombreux imitateurs, Sociando-Mallet ne se départ que rarement d'un raffinement un peu austère.

Depuis le millésime 95, Jean Gautreau a décidé de mettre à part une faible partie de la récolte : « *Cela représente 1 % du volume total. C'est du Sociando mais l'élevage dure dix-huit mois au lieu de douze. Au départ, on sélectionne 3 barriques par cuve en fonction des parcelles, soit 60 barriques au total. Au bout d'un an, on goûte à l'aveugle et on conserve 15 ou 16 barriques. L'assemblage aussi est différent. On s'aperçoit que le cabernet-sauvignon entre dans cette sélection pour 70 à 90 %.* » Plus que dans Sociando, où on le trouve en général à 50 à 55 % complété de 40 % de merlot, d'un peu de cabernet franc et de petit-verdot.

Une grande différence entre cette sélection et le vin « classique » de Sociando ? À la dégustation, pas vraiment. La cuvée Jean Gautreau l'emporte en 1997, 1998, 2000, 2004. La cuvée classique domine en 1995, 1996 (de peu), 1999, 2002, 2003 (de peu), 2005.

Nous les avons classées à égalité en 2001 et 2006… Jean Gautreau s'est décidé à vendre ces bouteilles qui portent son nom. Quelques bouteilles et peu d'élus, collectionneurs et grandes tables. Mais il reste Sociando, une valeur sure et abordable.

Pour encore mieux profiter du point de vue qui l'avait tant séduit, Jean Gautreau a aménagé une vaste terrasse qui domine l'estuaire et les cabanes de pêcheurs avec leur carrelet désormais restaurées comme celles, toutes différentes, implantées dans le vignoble.

Pas de vente à la propriété, uniquement chez les cavistes ou auprès des négociants.

Second vin : Demoiselle de Sociando

Millésime 2000

– Dégustation d'avril 2001

Les vendanges ont commencé le 21 septembre : « *On a pu organiser nos travaux de vendanges comme on le désirait, sans se presser, en arrêtant un week-end entre les merlots et les cabernets* », commente Vincent Faure, directeur technique et gendre de Jean Gautreau. Le domaine produit 70 % de grand vin composé de 55 % cabernet-sauvignon, 42 % merlot, 3 % cabernet franc et petit-verdot.

17,5 – Nez de cassis, cerise, note de peau d'orange qui traduit la grande maturité du cabernet, rond, gras, onctueux, très beau fruit. Une matière riche, dense mais fondue, du volume.

Millésime 2001

– Dégustation d'avril 2002

Assemblage 55 % cabernet-sauvignon, 42 % merlot, 3 % cabernet franc. Alors qu'il est de bon ton de vanter les éclaircissages et les réductions de rendement, Jean Gautreau affirme tranquillement ses 60 hl/ha : « *Un peu moins que l'an passé. C'est parce que dans le Médoc on a parfois planté là où on ne devait pas que l'on doit éclaircir. Mais, dans les vrais terroirs à vigne, c'est inutile et contraire à l'esprit vigneron.* »

16,5 – Vin dense, où se mêlent les arômes de fruits noirs, de boisé, encore tumultueux, peu domptés par l'élevage, un joli fruit, de la réglisse et des tanins fortement présents. Toujours ce bel équilibre qui signe le cru.

Millésime 2002

– Dégustation d'avril 2003

Jean Gautreau est très fier de sa Demoiselle, le second vin de Sociando : *« On a créé une nouvelle équipe qui, pendant les vendanges, ne s'occupe que de la Demoiselle et cueille quand il faut. »* Cela donne un vin en progrès, très en fruit (50 % cabernet-sauvignon, 50 % merlot), assez fin, agréable assez jeune.

Le grand vin, lui, se compose de 55 % de cabernet-sauvignon, 40 % merlot, 5 % cabernet franc. *« Avec le temps qu'il a fait sur la fleur, je dois reconnaître que nous avons été très inquiets, mais pour finir on a quand même laissé venir la vigne comme tous les ans, sans la brider, et comme tous les ans elle nous a récompensés. On avait droit à 56 hl/ha et nous en avons produit 55. »* Quand on a la chance d'avoir un vrai grand terroir…

17,5 – Épices, grillé, sous-bois, gelée de mûres, bouche fondue mais trame solide, des notes de Zan à la violette, du volume, une grande pureté de fruit qui explose en finale. Incontestablement un cran au-dessus de 2001.

Millésime 2003

– Dégustation d'avril 2004

Jean Gautreau aime à narguer les intégristes du rendement misérable en annonçant une *« récolte faible »* de 49 hl/ha, contre 55 l'an passé. *« C'est un millésime de terroir, les sous-sols argileux ont moins souffert »*, explique Vincent Faure, responsable technique. *« Tout ce qui était exposé est/ouest a subi la canicule, les feuilles d'en bas sont tombées au mois d'août comme cela se passe en automne. On ne savait pas trop appréhender le sujet, puis la nature a repris ses droits. C'était tout de même plus agréable à travailler qu'une vendange sous la pluie. On peut dire que c'est un millésime de soleil, ni mou ni cuit. Je le mets dans les grands, en compétition avec 2000. »* 55 % cabernet-sauvignon, 40 % merlot, 5 % cabernet franc.

16,5 – Nez épicé, violette, fruits confits, puissant, bouche très tannique mais sans aspérité, virile mais pas brutale, beaucoup de mâche, des tanins mûrs, une matière opulente. Bref, un vrai Sociando, ample et fort.

Millésime 2004

– Dégustation d'avril 2005

Comme à son habitude, le domaine a fait le plein et même plus : *« Nous avons quelques belles cuves qui vont partir à la distillation, elles auraient pu faire de l'excellent Demoiselle, notre second vin. »* Jean Gautreau est contre l'idéologie des petits rendements qui seuls seraient la clé des grands vins. *« Les grandes réussites, nous pouvons les faire quand nous pouvons choisir, et pour choisir, il faut du volume. »* Sociando est élevé dans 100 % de bois neuf, *« sinon, c'est un peu sévère »*.

17 – Nez très floral, violette, jacinthe et fruits rouges, bouche puissante mais tanins fondus, réglissés. Vin long, élégant, malgré une matière assez imposante.

Millésime 2005

– *Dégustation d'avril 2006*

Jean Gautreau : *« On vient d'acheter 10 hectares de vignes à une dame qui était à la coop. Six hectares feront du Sociando. On a produit 59 hectolitres, mais cette année le rendement maximum pour le Haut-Médoc était fixé à 49 ; il était inférieur à celui des appellations communales comme pauillac ou saint-estèphe. On va devoir jeter 10 hl/ha... »* Du vin qui, s'appelant Sociando, aurait sans problème trouvé preneur, mais la crise oblige à des mesures autoritaires pour l'ensemble de la production. Pas d'exceptions. Le second vin, Demoiselle, représente 20 % de la récolte. Il est élevé pour 20 % en bois neuf et le restant en cuve pour garder intact un fruit très bien exprimé.

18 – Nez iris, herbe fraîche, cerise, un côté séveux, bouche délicate, tanins serrés mais soyeux favorisant l'expression du fruit, beaucoup de classe dans ce vin d'une longueur impressionnante.

Millésime 2006

– *Dégustation d'avril 2007*

« On a fait des fosses pour mieux connaître nos sols. On se situe à la rencontre des deux origines de graves, celles qui proviennent du Massif central et celles des Pyrénées », explique Vincent Faure. *« Mais il y a des choses qu'on ne comprend pas. On a une parcelle très grasse, des argiles. Jamais à l'œil, en voyant les coupes, on ne pourrait imaginer y planter du cabernet-sauvignon ; on se dirait qu'il ne mûrira jamais, lui qui a besoin d'un sol sec. Pourtant, c'est là qu'on récolte des cabernets-sauvignons toujours superbes, parmi nos meilleurs. Ces études nous expliquent à 60 % le fonctionnement des sols, mais pas tout. »* Il est tombé en septembre 130 millimètres d'eau, le double d'une année normale, les merlots se sont vite dégradés, tandis que les cabernets francs étaient superbes. 55 % cabernet-sauvignon, 45 % merlot, 5 % cabernet franc.

17 – Joli fruit, fraise et framboise, bouche souple, droite, nette, tanins fermes mais sans dureté ; on est cependant loin du moelleux de l'an passé. Un joli vin équilibré, long et fin.

– Dégustation d'avril 2008

16,5 – **Sociando**. Épices, grillé, bouche souple, bien fruitée, tendu, vif, tanins serrés en finale.

17 – **Cuvée Jean Gautreau.** Nez plus grillé, plus barriques neuves, tanin plus présent, vin sérieux, austère, riche, long.

15 – **Demoiselle.** Bien fruité, grillé, bouche pleine, dense, épicée, beau fruit en finale.

Millésime 2007

– Dégustation d'avril 2008

Jean Gautreau : *« On a fait un mois de septembre béni, sinon on était partis pour la gloire... On a trié normalement. »* Demoiselle, le second vin, est tendre, élégant, bien fruité, pas très long mais parfumé.

16,5 – Le grand vin est composé de 55 % cabernet-sauvignon, 5 % cabernet franc, 40 % merlot. Épicé, grillé, tendre, léger, bien fruité.

– Dégustation d'avril 2009

16,5/17 – Floral, rose rouge, bouche fraîche, élégante, tendue, très joli fruit.

Millésime 2008

– Dégustation d'avril 2009

La grande nouvelle à Sociando s'appelle Arthur, un poupon de quelques semaines qui transforme Jean Gautreau en grand-père comblé et lui fait oublier les affres du marché primeurs. Comme Arthur est (aussi) le fils de Sylvie Gautreau et de Vincent Faure, le directeur technique du cru, il a de fortes chances d'entendre parler de merlot, de cabernet-sauvignon, de sols de graves assez rapidement...

« On a travaillé un peu plus les cuves que les autres années, sans pouvoir dire pourquoi : avec Patrice, le maître de chai, on l'a senti comme ça, raconte Vincent Faure. *On a pris plus de temps pour fermenter, on avait ce fruit, et on a senti qu'on pouvait aller plus loin. On a commencé le 29 septembre et fini le 11 octobre. C'est le fruit qui nous guide. Les peaux étaient très fragiles, il ne fallait pas trop attendre. »*

16,5 – Fruits noirs, épices, bouche tendre, tanins veloutés en milieu de bouche élégante, fraîche, souple, tanins doux, très joli fruit.

14,5/15 – **Demoiselle**. 55 % merlot, 45 % cabernet-sauvignon. Fruits rouges, framboise, bouche ronde, fruitée, fraîche, gourmande, délicate, peu extrait, sur le fruit.

– *Dégustation de juin 2010*

17 – **Sociando**. Boisé, bouche marquée par le bois, matière assez riche, un peu trop de bois à ce stade, joli fruit derrière, long, frais, fin, bons tanins, beaucoup d'allure.

Millésime 2009

– *Dégustation d'avril 2010*

Jean Gautreau, qui nous est apparu en grande forme, confie qu'il se sent vieillir à bientôt 83 ans : « *Je ne marche plus dans les vignes comme autrefois. Ici, ils me font croire que je suis indispensable, c'est de la gentillesse...* » Ce à quoi son entourage répond en soupirant : « *Nous, on est bien contents quand il est fatigué ! Ça nous repose.* » Vincent Faure : « *C'était assez piégeux, il fallait surveiller les merlots, ne pas les laisser cuire. C'était tentant d'attendre, il faisait beau. Les cabernets peuvent attendre, mais les merlots, il faut qu'ils restent croquants, ils basculent vite et perdent leur fruit.* »

17,5 – 55 % cabernet-sauvignon, 5 % cabernet franc, 40 % merlot. Fruits noirs, nez vif, bouche ronde, souple, élégante, assez fraîche, petite tension qui réveille la finale, frais, fringant, long, élégant.

15 – **Demoiselle**. 50 % merlot, 50 % cabernet-sauvignon. Fruits noirs, épices, bouche ronde, souple, bien fruité, tendre mais tendu en finale, bien fruité, gourmand ; il sera prêt assez tôt. 13,3°.

Archives

Dégustation de janvier 2002

Millésime 1970

17 – Robe très foncée, nez goudron chaud, poivre, fourrure, bouche austère, vin concentré, opulent, pas encore à son top.

Millésime 1971

15 – Épices douces, cacao, séduisant, plein, fin, petits tanins soyeux, finale cerise, vin délicat.

Millésime 1974

12 – Petit millésime pour tout le monde, nez chocolaté, rouille, bouche légère s'asséchant en finale.

Millésime 1975

14 – Note animale, foin sec, chaleureux, attaque ronde, finale un peu sèche mais de bonnes saveurs de vin senior.

Millésime 1976

14,5 – Grillé, épicé, nez puissant, raisin sec, tanins moelleux mais encore consistant, savoureux.

Millésime 1978

17,5 – Rappelle le 70 en plus avenant, bouche délicate mais bien tissée, long, persistant, riche en saveurs, très fin.

Millésime 1980

14 – Terre de Sienne, nez silex et chocolat noir, trame un peu usée mais encore de la tenue sur table.

Millésime 1981

16 – Arômes frais, gelée de mûres, fruits noirs, bouche qui confirme, cassis, tanins serrés et gras, vin frais et fringant.

Millésime 1982

18,5 – Robe noire, nez à peine ouvert, charnel, cuir, poivre, la bouche surprend par son ampleur, tanins frais et veloutés, vivacité, volume.

Millésime 1983

16,5– Épicé, avec des notes riches de porto mûr, bouche puissante, très riche, vin de soleil, séduisant et généreux.

Millésime 1985

14,5 – Sous-bois et fruits rouges, fin, fruité, mais manque un peu de chair pour ce millésime.

Millésime 1986
17,5 – Cèdre, cigare, fourrure, résine, nez impressionnant, bouche puissante, tanins moelleux, volume, élégance, équilibre et grande longueur.

Millésime 1987
13 – Encadré par les deux monuments que sont les 86 et 88, ce 87, très floral mais un peu sec, fait pâle figure.

Millésime 1988
18 – Bois exotique, boîte à cigares, complexe, bouche très dense, petits tanins serrés, vin cistercien, sans fioritures, structuré et élégant comme un grand pauillac.

Millésime 1989
16,5 – Fruits secs et pruneau, café en bouche, onctueux, gourmand, à point, un peu sudiste, finale chocolat.

Millésime 1990
17,5 – Notes épicées d'évolution, très gras en bouche, puissant, onctueux, démonstratif, délicieux, style à l'opposé du 88.

Millésime 1991
15,5 – Cerise, réglisse, fin, souple, tanins délicats, presque mûr.

Millésime 1992
14,5 – Épices et tabac, iode, tanins peu charnus, mais beaucoup de saveurs combinées avec la barrique, à boire.

Millésime 1993
14,5 – Grillé, assez simple, rond, tanins en partie fondus, pointe de sécheresse en finale, pas très fin mais agréable.

Millésime 1994
15 – Fruité, adolescent, prune rouge, tanins fondus en attaque, rugueux en finale, un brin rustique à ce stade.

Millésime 1995
16 – Puissant, fort potentiel, fermé mais dense, devrait bien évoluer.

Millésime 1996

18 – Fermé au nez, bouche élégante, structure tannique, classe dans le style 88 en plus suave, bel équilibre, charnu, long.

Millésime 1997

15 – Chocolat, cassis, pointe d'évolution, joli fruit, déjà agréable.

Millésime 1998

16 – Pain d'épice, cerise confite, tanins serrés et peu fondus, équilibré sans le velours de 96.

Millésime 1999

16 – Fruits noirs, cassis, cerise, rond, élégant, belle harmonie en bouche, joli fruit, assez riche.

Millésime 2000

17 – Fermé, gras, onctueux, très fruité, belle matière, tanins délicats et serrés, moins de densité que le 96 mais beaucoup d'allure.

Cuvée Jean Gautreau

– Dégustation de janvier 2009

Millésime 1995

14 – Assez végétal, note bois sec, bouche serrée, un peu rugueuse, peut-être un discret problème de bouchon sur cette bouteille.

Millésime 1996

18 – Chocolat, menthe au nez, bouche ronde, épicée, assez virile mais sans dureté, très persistante, des accents de pauillac.

Millésime 1997

15 – Très frais, épicé, de la verdeur, bouche douce, agrablement évoluée, une pointe de sec en finale mais un ensemble très gourmand.

Millésime 1998

18,5 – Cacao, note truffée, bouche dense, serrée, épices, beaucoup de saveurs, grande classe.

Millésime 1999

13,5 – Cerfeuil, assez végétal, attaque de bouche souple, mais deuxième séquence assez sèche.

Millésime 2000

18,5/19 – Rôti, cerise confite, bouche ronde, musclée mais sans dureté, tanins onctueux et nombreux, velouté en bouche, douceur étonnante.

Millésime 2001

16,5 – Grillé, moka, épices, nez pas encore complètement développé, bouche moelleuse en attaque, plus tendue ensuite, fraîche, vive, jeune.

Millésime 2002

15,5 – Vanillé, séduisant, bouche ronde, gourmande, assez fine, souple, très beau fruit en finale.

Millésime 2003

15 – Fruits noirs, cerise, poivre, assez fortement épicé, rond en bouche, suave, puissant, riche, tanins vifs mais finale un peu sèche.

Millésime 2004

17 – Floral, cerise, encore marqué par son fruité de jeunesse, frais, élégant, bien fruité, bonne longueur.

Millésime 2005

17 – Boisé, épices, fruits confits, gras, plein, riche, tannique, un vin dense, peu évolué, assez massif à ce stade, fort potentiel mais très fermé.

Millésime 2006

16,5 – Bien fruité, fringant, les tanins sont encore peu fondus et donnent une impression de dureté mais l'ensemble devrait bien se fondre.

Soudars

Surface : 22 ha
Propriétaire : Vignobles E.F. Miailhe
Contact : 33180 Saint-Seurin-de-Cadourne
05.56.59.36.09 et 06.07.05.77.74

Soudars, avec Verdignan et Coufran, fait partie de la trilogie Miailhe. Pour comprendre cet hermétique message, on aura tout intérêt à se reporter, à quelques pages d'ici, au passage consacré à Coufran. C'est Lovely Miailhe, fille d'Éric Miailhe, qui dirige Soudars.

Second vin : Marquis de Cadourne

Millésime 2000

– *Dégustation de juin 2001*

13 – Nez assez frais, joli fruit, expressif. Bouche ronde, gourmande, pleine de fruits rouges.

Millésime 2006

– *Dégustation de juin 2007*

14/14,5 – Souple, tanins veloutés, bon fruit, beau grain de tanins, rond, gourmand.

Millésime 2007

– *Dégustation de juin 2008*

13,5 – Floral, cerise, bouche ronde, souple, fraîche, acidité basse, bien fruité.

Millésime 2008

– *Dégustation de juin 2010*

15,5 – Boisé au premier nez, assez profond ensuite, fruits noirs, feuilllage, bonne matière en bouche, tanins onctueux en première séquence, plus fermes ensuite, bon équilibre et bonne longueur, assez savoureux.

Du Taillan

Surface : 30 ha
Propriétaire : Famille Cruse
Contact : 56, avenue de la Croix
33320 Le Taillan
05.56.57.47.00
www.chateaudutaillan.com

Aux portes de Bordeaux, un domaine de 150 hectares dont 30 de vignes. Nicolas et Armelle Falcy se dépensent beaucoup pour ce château, magnifique demeure, et son chai souterrain du XVIe siècle, unique en Médoc et classé aux Monuments historiques. Taillan et son vignoble sont posés sur un socle de calcaire très dur, affleurant par endroits, et qui confère au vin une forte personnalité. Ici, on reçoit sept jours sur sept.

Millésime 2001

– Dégustation de juin 2005

14 – Nez résine, violette, bouche tendre, souple, des notes résine et pin, bien équilibré.

Millésime 2005

– Dégustation d'avril 2006

15 – Nez épicé, poivré, un peu dans un style pauillacais, bouche fine, élégante, petits tanins séveux, un vin sérieux et délicat.

Millésime 2008

– Dégustation de juin 2010

14,5 – Boisé, sureau, bouche douce en attaque, courte, ensuite le bois l'emporte, puissant, à venir, assez extrait.

Millésime 2009

– Dégustation d'avril 2010

14,5 – Fruits noirs, note confite, bouche souple, moelleuse, épicée, fruits noirs, puissant, dense, tanins doux, chocolaté, bonne longueur.

Trois-Moulins

Surface : 65 ha avec Cambon-La Pelouse
Propriétaire : Jean-Pierre Marie
Contact : 5, chemin de Canteloup – 33460 Macau
05.57.88.40.32
www.cambon-la-pelouse.com

Voir Cambon-La Pelouse, même propriétaire. Trois-Moulins constitue une marque plus qu'un terroir précis.

Millésime 2005

– Dégustation d'avril 2006

15,5 – Violette, sous-bois, poivre, beaux tanins volumineux mais sans dureté en bouche, des notes d'épices douces et de confiserie, bonne persistance.

– Dégustation d'avril 2008

14,5/15 – Fruits noirs, bouche ronde, souple, un peu chocolatée, évolue vers la gourmandise.

Millésime 2006

– Dégustation d'avril 2008

13,5 – Grillé, fruits noirs, bouche avec un peu d'amertume, un peu sèche.

Millésime 2007

– Dégustation d'avril 2008

13 – Fruits confits, bouche souple en attaque, tanins bien travaillés, rugueux en finale.

– Dégustation d'avril 2009

14 – Fermé, bouche souple douce, très fruitée, bonne longueur.

Millésime 2008

– Dégustation d'avril 2009

15 – Fruits rouges et noirs, cerise burlat, bouche ronde, souple, fraîche, petits tanins veloutés, finale cerise, un fruité très pur et gourmand, des saveurs bourguignonnes sur une structure bordelaise.

– *Dégustation de juin 2010*

14,5 – Chocolat, bouche ronde et moelleuse : joli travail d'élevage pour faire un vin rond et gourmand, bien plaisant, limite style international mais bien fait.

Millésime 2009

– *Dégustation d'avril 2010*

14,5 – Réducteur, bouche ronde, souple, bien fondue, réglissée, bonne longueur, serré, assez moelleux : un bon classique.

Verdignan

Surface : 60 ha
Propriétaire : Vignobles E.F. Miailhe
Contact : Éric Miailhe
Château Coufran
33180 Saint-Seurin-de-Cadourne
05.56.59.31.02/06.80.31.68.78
www.chateau-verdignan.com

Verdignan, propriété Miailhe (voir Coufran), fait mentir l'adage médocain qui veut que quand un Miailhe passe dans un vignoble le merlot règne en maître. Ici, sagement, sur cette belle croupe de graves, terroir idéal pour le cabernet-sauvignon, c'est bien ce cépage qui domine. Cette forte présence (65 %) fait la différence. Coufran, c'est la rondeur, Verdignan le sérieux et le séveux, avec une belle capacité à la garde.

Second vin : Plantey-de-La Croix

Millésime 2001

– *Dégustation d'avril 2002*

15 – Nez épicé, poivré, un peu dans un style pauillacais, bouche fine, élégante, petits tanins séveux, un vin sérieux et délicat.

Millésime 2005

– *Dégustation d'avril 2006*

15 – Floral, rose rouge, bouche élégante, soyeuse en première partie. La finale est supportée par un fruité éclatant et des tanins virils.

Millésime 2007

– *Dégustation d'avril 2008*

13 – Noir, violette, bouche puissante, lie, serré, tannique, extrait.

Millésime 2008

– *Dégustation de juin 2010*

14 – Parfumé, floral, bouche ronde, souple, fruitée, pas très dense mais équilibrée, finale un peu serrée, bon équilibre, un peu séchant toutefois. Refermé, trop jeune.

DE VILLAMBIS

Surface : 18 ha
Propriétaire : ADAPEI Gironde
Contact : 3, allée de Villambis – 33250 Cissac
05.56.73.90.90
www.villambisenligne.com

Dans ce domaine de 40 hectares au total, une partie est consacrée à l'horticulture et appartient à l'Association départementale des amis et parents d'enfants inadaptés de la Gironde, Les Papillons blancs, qui y a créé un Centre d'aide par le travail. Une centaine d'handicapés mentaux travaillent sur ce site, sont rémunérés, encadrés. Un CAT est un établissement médico-social dont l'objectif est l'insertion sociale et professionnelle en termes d'accueil, de métiers, de formations et de soutiens. *« La personne handicapée a la possibilité d'exercer le métier qu'elle choisit, en fonction des impératifs de production du CAT, et de se former dans le but de maintenir ou de développer des compétences tant professionnelles que sociales. »* Villambis, racheté il y a une trentaine d'années, était en mauvais état, son vignoble replanté peu à peu couvre aujourd'hui 18 hectares et pour la première fois avec le millésime 2009 ses responsables ont soumis leur vin à notre dégustation (à l'aveugle). Le résultat est très prometteur. Villambis a par ailleurs été sélectionné pour figurer sur les vols Air France. Tout petit prix.

Second vin : l'Aôst de Villambis

Millésime 2009

– Dégustation d'avril 2010

14,5/15 – Vanillé, boisé discret, bouche souple, élégante, petits tanins assez fins, vif, frais, droit.

Château de Villegeorge

Surface : 15,3 ha
Propriétaire : Marie-Laure Lurton
Contact : Marie-Laure Lurton 2036 Chalet
33480 Moulis
05.56.58.22.01
www.marielaurelurton.com

Il est arrivé une drôle d'affaire à Villegeorge. En l'espace d'un mois, son vignoble est passé de 33,32 à 15,31 hectares. Une division par deux et sans que sa propriétaire en soit le moins du monde chagrinée. Bien au contraire, Marie-Laure est encore plus souriante que de coutume. L'histoire en vérité est moins mystérieuse qu'il n'y paraît. Marie-Laure, comme Cadet-Rousselle (mais lui, c'étaient des maisons), a trois châteaux. Papa Lucien Lurton avait racheté tout ce qu'il pouvait comme crus en ruine, quand la crise était tellement profonde que les malheureux propriétaires en auraient offert deux pour le prix d'un. Certains domaines pour milliardaires d'aujourd'hui se sont vendus pour le prix du troupeau de bœufs qui paissaient tranquillement sur des prés qui remplaçaient les vignes.

Lucien, père prévoyant de dix enfants, acquit ainsi une quinzaine de domaines. Marie-Laure, au moment des partages, obtint ce Villegeorge et deux autres broutilles, La Tour de Bessan en margaux et Duplessis en moulis. Voilà qu'un beau jour ou peut-être une nuit il vint à l'esprit de Philippe Raoux, propriétaire du Château d'Arsac (voir ce cru en margaux), de demander que son domaine soit classé en margaux et non en haut-médoc comme il l'était jusque-là. Haussement d'épaules du côté du syndicat d'appellation margaux et fin de non-recevoir. Raoux, qui n'est pas du genre à se laisser marcher sur les ceps, fait analyser ses sols par le Bureau de recherches géologiques et minières, qui conclut que ceux-ci sont identiques à ceux de margaux (comme si le terroir n'était qu'une affaire de sols, mais passons !). Résultat, justice, procès, condamnation de l'Inao, chargé de veiller aux bonnes limites des AOC et qui doit verser force pépètes si rien n'est fait. Accélération du dossier, gros plan sur les graves de margaux et d'Arsac, travelling avant sur les petits cailloux, panorama très large sur la dimension de l'appellation et... happy end. Arsac est classé margaux AOC et avec lui toutes une séries de parcelles qui jusque-là figuraient en haut-médoc. Dont, vous avez deviné, une bonne partie de Villegeorge, qui n'avait rien demandé.

Ce n'est cependant pas tout à fait un hasard.

Lucien Lurton, fin connaisseur des sols viticoles, avait agrandi de son temps Villegeorge en rachetant des friches dont les sols lui semblaient intéressants. Du coup, Marie-Laure a tranché. La moitié margalienne de Villegeorge est allée rejoindre La Tour de Bessan, déjà margaux d'origine. *« En résumé, la surface a été divisée par deux. En quelque sorte, Villegeorge est revenu à son terroir d'origine sur Avensan »,* conclut-elle.

Le vignoble est géré sous agrément Terra Vitis. Marie-Laure Lurton pratique une viticulture raisonnée, avec peu d'intervention humaine ; la vigne est labourée, enherbée, on y respecte la biodiversité, les traitements sont limités à l'indispensable. Le vin suit naturellement ces progrès.

Millésime 2001

– *Dégustation de juin 2005*

16,5 – Fruits noirs, mûre, violette, nez séduisant, bien exprimé. Le vin s'est arrondi, a gagné en fluidité depuis notre première dégustation. Bouche élégante, soyeuse, minéralité du terroir, long.

Millésime 2002

– Dégustation d'avril 2003

14,5 – Nez ouvert de cerise noire, mentholé, boisé léger. Corps suave, sapide, franc, le fruit persiste sur une finale longue et agréable.

Millésime 2003

– Dégustation d'avril 2004

15,5 – Joli nez ouvert, floral, rose et violette, agréable et fin. Bouche gourmande, friande, souple, avec une belle qualité de fruit jusqu'à la finale.

Millésime 2004

– Dégustation d'avril 2005

16 – Fruits noirs, sous-bois, résine, bouche tendre, élégante, petits tanins croquants, finale fraîche et vive sur des notes fruitées et mentholées.

Millésime 2005

– Dégustation d'avril 2006

15 – Épices douces, fruits noirs, bouche onctueuse, bien garnie de petits tanins veloutés. Le vin est encore un peu brut de fonderie, il devrait gagner en élégance avec l'élevage.

Millésime 2006

– Dégustation d'avril 2007

14 – Groseille, fruits rouges, bouche tendre, plus léger que de coutume, mais le fruit est préservé.

Millésime 2007

– Dégustation d'avril 2008

14,5/15 – Cassis, fruits noirs, bouche tendue, tanins bien présents, assez viril mais sans dureté, bien fruité. Équilibré.

Millésime 2008

– Dégustation d'avril 2009

16,5 – Nez fruits rouges, bouche douce, bien fondue, un peu margalien dans son toucher de tanins très suaves, long, frais, délicat.

– Dégustation de juin 2010

15 – Nez refermé, bouche aux tanins délicats, tendre, élégant. Attendre deux à trois ans.

Millésime 2009

– Dégustation d'avril 2010

14,5 – Nez épicé, bouche tendre, fondue, pas trop extrait, finale un peu rugueuse, joli fruit, prometteur.

Le Beyan

Cru artisan
Surface : 6,8 ha
Propriétaire : EARL du Beyan
Contact : Barbot & Fils – 33460 Arcins
05.56.58.90.24 / 06.07.16.53.07

Une famille de viticulteurs et d'horticulteurs où l'on ne compte guère les heures de travail. La nouvelle génération met l'accent sur le vin. Avec succès.

Millésime 2008

– *Dégustation d'avril 2009*

15,5 – Fruits rouges, cerise, fraise des bois, bouche douce, élégante, fraîche, tendre, tendue, très beau fruit, long, frais, fin.

Millésime 2009

– *Dégustation d'avril 2010*

14,5 – Fruits cuits, épices douces, bouche ronde, souple, fruitée, tendre, pas très dense, très soyeux en revanche, presque margalien.

Château de Coudot

Cru artisan
Surface : 11,30 ha
Propriétaire : Famille Blanchard
Contact : 9, impasse de Coudot
33460 Cussac-Fort-Médoc
05.56.58.90.71

À la sortie du lycée, il y a les fourmis qui se précipitent vers les inscriptions dans le supérieur, les cigales préférant le grand voyage, le permis et la voiture qui a peu roulé de la grand-mère… Joël Blanchard, lui, a choisi les vignes. Un petit lot de 4,5 hectares qui se vendaient à petit prix. C'était en 1981, la folie du foncier n'avait pas encore enivré les cervelles médocaines. Son objectif premier était de poursuivre à la faculté, de devenir œnologue. *« Mais il y avait ces vignes pas trop chères, et j'ai arrêté les études. Le vin, c'est une passion : je suis comme mon cousin, né sous un pied de vigne. »* Le cousin, très proche, c'est Christian Brun, au Château de Lauga. Joël s'est installé en 1981, *« en parallèle »* avec son père qui cultivait 4 hectares et vendait un peu en bouteille : *« Il avait commencé en 1964 et il travaillait à mi-temps à l'extérieur. »*

Joël ne regrette jamais son choix : *« Il y a beaucoup de contraintes, mais on a la liberté et on fait son produit. »* Puis, quand il n'est pas dans les vignes, il y a les champignons. Ses copains disent qu'il en trouverait dans le désert. *« Ça a commencé avec mon père, je devais avoir 4 ou 5 ans, et ça ne m'a plus quitté. »* Il a la réputation de faire les plus beaux « plis » (récoltes) de la région. *« J'ai autant de plaisir à les trouver qu'à les ramasser. »* Il y a aussi la pêche : *« J'ai pas trop le temps, on va un peu au balustre pêcher des crevettes. »* L'hiver, il chasse la grive, la lapin, le lièvre. *« Le faisan, c'est pas trop mon truc, j'aime ce qui est sauvage. »* Parfois, il descend au Pays basque et grimpe *« au col »* pour la palombe… Le potager aussi, avec en saison des tomates les plus belles de Cussac. Joël a même trouvé le temps de monter lui-même les murs de ses bâtiments et ne refuse jamais un brin de causette avec les amateurs de passage qui découvrent qu'un haut-médoc peut se vendre moins cher que 5 litres de sans-plomb 98. *« La clientèle particulière représente 70 % de mes ventes. »* Mais attention, il ne donne jamais ses coins à champignons…

Millésime 2000

– *Dégustation de juin 2003*

15 – Nez vif de groseille et de cerise belle-de-juillet. Bouche bien fruitée, bonne matière faite de tanins serrés et croquants ; vin frais et fruité avec un bon potentiel.

Millésime 2004

Dégustation de juin 2010

14 – Fruits noirs, poivre, bouche bien fondue, douce, tanins doux, chocolaté, très fondu, pas très dense mais gourmand et à boire aujourd'hui.

Millésime 2005

– *Dégustation d'avril 2006*

16 – Superbe fruit, note réglissée, violette, sous-bois, tanins fins et veloutés, ensemble harmonieux et savoureux.

Millésime 2006

– *Dégustation d'avril 2007*

15,5 – Grillé, réglisse, très prononcé violette, cassis, bouche ronde, bien pleine, très parfumée. Tendu mais très belle qualité de tanins.

– *Dégustation de juin 2010*

15,5 – Épices, fruits noirs, frais, bouche tendue, pleine, vive, bien fruitée, bonne longueur, vivacité en finale, long, bien plein.

Millésime 2007

– *Dégustation d'avril 2008*

15 – Nez vanillé, boisé marqué, bouche ronde, souple, bonne matière. En pleine prise de bois, ce qui rend la dégustation difficile, rond, souple, bouche garnie, belle bouteille à venir.

– *Dégustation de juin 2010*

14 – Note végétale au nez, bouche douce, tendre, élégante, bien fondue, vin à boire jeune, assez vif.

Millésime 2008

– Dégustation d'avril 2009

16 – Fruits noirs, prune, bouche douce, élégante, bien fruitée, soyeuse, beau fruit noir, frais, fin, belle finale fruitée.

Grand-Brun

Cru artisan
Surface : 13 ha
Propriétaire : Famille Brun
Contact : Olivier Brun
33460 Cussac-Fort-Médoc
05.56.58.97.87

Une des branches Brun, dont les ramifications se coulent dans le paysage viticole de Cussac comme les cèpes dans les forêts du Médoc. Jean-Pierre Brun, frère de Christian (Château de Lauga), a laissé la place à Olivier, son fils. Mais un vigneron n'est jamais vraiment à la retraite. Loin de ses vignes, il dépérit. Donc, Jean-Pierre a choisi l'option retraite active. Son affaire, c'est le marché. Pas celui avec des courbes en pages éco des quotidiens, mais celui de Lacanau ou de Bordeaux le dimanche, où il tient un stand de 6 mètres entre le copain qui vend des huîtres et celui qui produit les beaux canards, en face du charcutier roi du boudin, *« devant chez lui il y a toujours la queue. »* Avec son camion jaune *« pour bien qu'on le voie »*, il installe un vrai décor pour les bouteilles et les BIB (bag in box). Sophie, sa fille, s'occupe de la commercialisation après un long détour par l'épicerie familiale du village et la brocante. À eux deux ils *« font »* pas moins de 400 marchés dans l'année. *« Ça m'a pris quand j'étais tout jeune. Qu'est-ce que je pouvais faire, qui soit à ma portée, qui ne coûte pas les yeux de la tête, pour vendre mon vin ? J'aime le contact, j'aime préparer des bouquets de saison avec les genêts et les ajoncs. Les gens s'arrêtent et me disent : c'est à vendre ? Eh non, je le garde, mais le vin, goûtez-le, celui-là, je le vends… »* Depuis 2000, Olivier vinifie les vins du domaine dont il a pris les rênes en 2008. Des vins solides mais sans dureté, des bouteilles qui se gardent, mais que l'on peut boire dans leur jeunesse. Un vignoble soigné par des amoureux de la vigne et du bon vivre. Sophie a récupéré les locaux de l'ancienne épicerie familiale à Cussac, *« face à l'église »* pour y vendre le vin. Si elle est absente, elle a laissé son numéro de portable, vous l'appelez : *« J'arrive dans les cinq minutes. La route, je la connais ; j'y suis née, à l'épicerie ! »*

Millésime 2005

– Dégustation d'avril 2006

15 – Nez de fruits noirs sauvages, note grillée, violette, tanins déjà fondus et aimables, vin racé et délicat.

– Dégustation de novembre 2010

15 – Fruits noirs, mentholé, bouche fraîche vive, tendue, assez fermée encore, s'ouvre à l'aération, tannique, beaucoup de réserve, à attendre.

Millésime 2006

– Dégustation de novembre 2010

15 – Cerise, fruits rouges, encore très frais, élégant, fruité, tendre, élégant, délicat.

Millésime 2007

– Dégustation d'avril 2008

14 – Violette, cassis, bouche parfumée, un peu vive, pas très mûr mais plaisant, bien rond en finale.

– Dégustation de novembre 2010

13,5 – Nez fermé, feuillage, bouche ronde en attaque, plus serrée en finale, moins de maturité que 2006.

Millésime 2008

– Dégustation d'avril 2009

15,5 – Boisé, chêne, bouche douce, élégante, tendue, un peu moins éclatante en fruit que les précédents, un peu sur la prise de bois, bonne matière, long.

– Dégustation de novembre 2010

15,5 – Fruits rouges, nez de vin jeune, bouche tendre, veloutée, tannique mais fondue, tanins croquants, bonne longueur, vin encore très jeune que l'on peut boire pour son côté fruité mais qui pourra se garder quelques années.

Millésime 2009

– Dégustation de novembre 2010

15,5 – Fruits noirs, mûre, encore des arômes de pressoir, de vendange, de raisin pressé, bouche dense, onctueuse, dense, tannique mais beaucoup de gras, rond, plein, future belle bouteille.

Château de Lauga

Cru artisan
Surface : 8,7 ha
Propriétaire : Christian Brun
Contact : 4, rue des Capérans – 33460 Cussac-Fort-Médoc
05.56.58.92.83 / 06.16.55.14.90 – www.lauga.com

Christian Brun est un « artisan » passionné, qui sait raconter comme personne l'histoire du Médoc des propriétaires vignerons et de sa famille : *« Mon arrière-grand-père s'appelait Jean Pineau ; fils de maître de chai, il travaillait dans un château. Il a été repéré par le marquis de Riscal, qui lui a proposé de partir faire le vin dans son domaine en Rioja. Il avait 20 ans, sa mère l'a accompagné. Là-bas, il s'est marié à une Espagnole et a eu deux garçons et une fille, dont Firmin et Pétronille. Sa femme est décédée à 40 ans et lui à 50. Sa mère était toujours vivante, elle est revenue avec les trois petits-enfants dans le Médoc. Voilà pourquoi on est cinq cousins sur la même commune. Joël Blanchard (Château de Coudot) descend de Firmin et moi de Pétronille. Nos parents ont toujours gardé des liens forts entre eux. Nous sommes allés là-bas, avons trouvé le tombeau de Jean Pineau, mais on a perdu la trace de la famille espagnole. »*

Le père de Christian a travaillé le sol de belles graves du vignoble avec des bœufs jusqu'en 1959. Il fit alors l'acquisition d'un tracteur, une révolution dans ces petites exploitations. Christian respecte profondément le travail investi par les cinq générations qui l'ont précédé et n'entend pas céder au vent des modes : *« Nous, on fait des vins de garde ! »* prévient-il. Effectivement, nous avons goûté dans sa réserve personnelle des millésimes anciens remarquables de tenue dont un 89 excellent aujourd'hui. D'ailleurs, plusieurs millésimes sont à la vente à prix cadeau.

Millésime 2001

– Dégustation de juin 2005

14,5 – Grillé, note de chocolat, bouche onctueuse, élégante, tanins pas encore complètement fondus mais déjà de belles saveurs adultes, long, épicé. Vin sérieux.

Millésime 2003

– Dégustation d'avril 2004

16 – Des arômes de violette et de réglisse, bouche dense, tanins serrés mais veloutés, beaucoup de classe, une matière souple et fruitée qui évoque les saint-julien.

Millésime 2005

– Dégustation d'avril 2006

16 – Nez typé de terre humide, épices douces, fraise bien mûre, sur des tanins épicés et frais, charnu et savoureux.

Millésime 2006

– Dégustation d'avril 2007

14,5 – Réducteur, fermé, bouche ronde, souple, bien fraîche, moins de dureté que certaines années, réglisse en finale, droit et pur.

Millésime 2007

– Dégustation d'avril 2008

14,5 – Fruité vif, cerise, groseille, un peu boisé, bouche tendue, pas trop extraite, serrée mais fine. Vrai médoc, un peu rugueux, à l'ancienne, bonne tenue, long.

Millésime 2008

– Dégustation d'avril 2009

15 – Fruits noirs, prune, réduction, bouche douce, concentrée, mûre, joli fruit, frais, tendu, belle longueur sur la mûre et la cerise, plus velouté que sur les millésimes d'autrefois.

– Dégustation de juin 2010

15 – Nez qui s'ouvre à l'aération, fruits rouges, bouche vive, tendue, tanins assez enrobés, du fruit sur une structure vigoureuse. Joli vin bien équilibré, vrai vin du Médoc, un peu pauillacais.

Millésime 2009

– Dégustation d'avril 2010

15,5 – Fruits rouges, réglisse, bouche bien parfumée, cassis, un peu fumée, tannique, dense mais sans dureté, bonne longueur, frais, net, tendu.

Archives

– Dégustation de juin 2003

Millésime 1998

15,5 – Ce 98 commence seulement à s'ouvrir sur des notes de cassis et de sous-bois, la bouche est dense, assez souple mais avec de la réserve, une belle qualité de tanins assure la garde.

MICALET

Cru artisan
Surface : 7 ha
Propriétaire : Famille Fedieu
Contact : Damien et Dominique Fedieu
10, rue Jeanne-d'Arc – 33460 Cussac-Fort-Médoc
05.56.58.95.48
www.chateau-micalet.fr

Autre vin : Château Moneins

Après une période d'essai sur une partie de leur vignoble, les Fedieu ont converti dès le milieu des années 2000 la totalité de leur domaine à la culture bio. « *On doit accepter un peu de maladie et de perdre un peu de récolte. C'est l'inverse qui n'est pas naturel. La philosophie des techniciens, c'est zéro perte. Tous ces produits que l'on met, c'est nous qui les respirons. Le problème de la bio, c'est qu'il faut beaucoup travailler à la vigne et s'il pleut, il faut recommencer.* » Pendant quelques années, ils nous ont donc présenté deux cuvées. La première était certifiée bio et la seconde s'affichait en conversion, puisqu'il faut un minimum de trois ans pour obtenir la certification.

Millésime 2001

– *Dégustation d'avril 2005*

15,5 – Nez poivré, épices, encore un peu fermé, bouche riche, tannique mais ronde, beau fruit encore sur la réserve. Vin droit, ferme, précis, qui gagnerait à attendre encore deux ans en cave.

Millésime 2003

– *Dégustation d'avril 2004*

14 – Nez épicé, Zan, sous-bois, bouche élégante, bien parfumée, fraîche, souple.

– *Dégustation de juin 2010*

15 – Un petit passage en carafe juste avant de servir libère les arômes, chocolat, épices douces, cannelle, bouche gourmande avec des saveurs de pâtisserie orientale, fruits noirs compotés, long, bien plein, chocolat au lait. Soyeux et moelleux.

Millésime 2005

– *Dégustation d'avril 2006*

14,5 – Nez friand de petits fruits rouges, gourmand et frais en bouche, tanins fins, dans un style tonique et séveux.

Millésime 2006

– *Dégustation d'avril 2007*

14 – Poire, acide malique, bouche fine, tendue, mais le vin se présente mal. Fin, rond, jolis tanins frais.

14,5 – Cuvée en conversion bio. 75 % cabernet-sauvignon, 25 % merlot. Nez verdure. Vanille, bouche fraîche, cerise, prune, dense, épicé, dense, un peu tannique en finale, besoin d'élevage.

Millésime 2007

– Dégustation d'avril 2008

14,5 – Cuvée bio. 70 % cabernet-sauvignon, 25 % merlot, 5 % petit-verdot. Cerise, fraise, rond, souple, tendre, bien parfumé, très fraise en bouche, bien parfumé, gourmandise.

14,5 – Cuvée classique, en conversion bio. 45 % cabernet-sauvignon, 45 % merlot, 3 % cabernet franc et 7 % petit-verdot. Fruits noirs, bouche boisée, un peu marquée, fraise, rond, gras, plein, tannique mais fondu, tendu, bien fait.

Millésime 2008

– Dégustation d'avril 2009

14 – Cuvée bio. 70 % cabernet-sauvignon, 25 % merlot et 5 % petit-verdot. Mûre, violette, échantillon un peu oxydé, bouche douce, bien fruitée, joli fruit mais l'oxydation cache le fruit et gêne la dégustation à ce stade.

14 – Cuvée conversion bio. 45 % cabernet-sauvignon, 45 % merlot, 7 % petit-verdot et 3 % cabernet franc. Boisé, fruits noirs, merlot mûr, bouche ronde, un peu extraite, dense, tannique, serrée, bonne tenue.

Millésime 2009

– Dégustation d'avril 2010

14 – Fruits noirs, épicé, bouche fruits noirs, note de lie en suspension, un peu séchant, se présente moyen à ce stade, mais bonne matière.

Archives

– Dégustation d'avril 2003

Millésime 1999

14,5 – Boisé encore un peu prenant, chocolat, bonne matière, droit, équilibré, pas encore à son top.

D'Osmond

Cru artisan
Surface : 7,30 ha
Propriétaire : Philippe Tressol
Contact : 36, route des Gûnes
33250 Cissac
05.56.59.59.17 / 09.53.63.57.57
www.chateaudosmond.com

C'est parmi les crus artisans que l'on rencontre le plus de vignerons philosophes, qui savent donner du sens à la vie. Voyez Blanchard à Coudot, Christophe Landry au Château Les Graviers en margaux, et le chef, le président des crus artisans, Philippe Tressol, dont le grand plaisir consiste à passer l'estuaire ou à régater sur la Gironde en jouant sur les vents et les courants. Philippe a commencé sur son propre domaine en 1987 tout en travaillant à la Chambre d'agriculture pendant dix ans. Ses vignes les week-ends et pendant les vacances, les vignes et les terres des autres le restant de l'année. Son vignoble se divise en deux blocs, une partie sur Cissac et l'autre sur Saint-Sauveur, *« ainsi on a de la diversité de terroirs et, en cas de grêle, on ne perd pas tout... » « J'ai été un des premiers à installer un réseau de lutte raisonnée à la Chambre d'agriculture. Quand je suis parti, je me suis cloné, car maintenant ils sont deux. »* Philippe se définit comme un *« viticulteur peinard avec 7,30 hectares. Mon objectif, ce n'est pas d'avoir des hectares, mais de vendre le plus possible mon vin en bouteille. »*

Philippe est l'artisan des crus artisans ; avec ses amis, il a redonné à cette dénomination un contenu qui s'est traduit par une sélection et un classement avec parution au *Journal officiel* le 11 janvier 2006. Le classement est valable dix ans. Seuls 47 crus sur 63 candidatures ont été retenus. Alors que la contestation se traduisait par des procès pour le classement des crus bourgeois ou ceux de Saint-Émilion, il y a eu ici *« zéro procès »*. Philippe, remarquable viticulteur, pratique comme la plupart de ses collègues des prix très bas. Seule une cuvée particulière dépasse les 10 euros. Elle est constituée d'un cépage unique, le petit-verdot.

Autre vin : Cuvée Petit-Verdot

Millésime 2000

– Dégustation de juin 2003

15,5 – Bouquet complexe de résine et de cèdre, note de sous-bois, bouche aux saveurs de cerise cuite un peu côtes-de-nuits, griotte, tanins fins, délicats mais portant loin le fruit.

Millésime 2001

– Dégustation de juin 2003

15,5 – Épices douces, grillé, fraise, bouche élégante développant un fruité puissant, tanins souples, onctueux. Pas trop extrait, bien équilibré.

Millésime 2002

– Dégustation d'avril 2005

15,5 – Fruits cuits, épices douces, cannelle, bouche fraîche, tannique, tanins vigoureux, serrés, peu fondus. Beaucoup d'allure dans ce vin élégant et dense.

Millésime 2003

– Dégustation d'avril 2004

14,5 – Nez cassis, fraise, pain d'épice, bouche épicée, dense, serrée, beaucoup de matière et de potentiel sur ce vin un peu austère à ce stade.

Millésime 2005

– Dégustation d'avril 2006

15,5 – Expressif sur les épices douces, note de grillé, cuir, terre humide, tendre et séduisant, beaucoup de délicatesse.

Millésime 2006

– Dégustation d'avril 2007

16 – Grillé, cassis, fruits noirs, souple en bouche, belle attaque, large et veloutée, tendue ensuite, belle longueur, beaucoup de matière qui s'étire et porte le fruit, pas de dureté, fin, long.

15 – **Le Petit-Verdot.** Très fruits noirs, gras, plein, dense, souple, du volume, ample, frais, très onctueux.

Millésime 2007

– Dégustation d'avril 2008

14,5 – Nez bien fruité, les lies en suspension dans les barriques gênent la dégustation en ce moment, mais après élevage ce sera un joli vin structuré, fin, tannique. 36 hl/ha.

Millésime 2008

– Dégustation d'avril 2009

14,5/15 – Épices, fruits noirs, bien fruité, tendre, frais, en prise de bois mais bonne structure, pas trop extrait.

Millésime 2009

– Dégustation d'avril 2010

14 – Fruits confits, réglisse, bouche ronde, plus serré en finale, agréable, frais, vif, bien fruité ; on a privilégié le fruit à l'extraction.

15 – **Le Petit-Verdot.** Fruits noirs, encre, bouche très épicée, riche tannique, tendue, forte matière, très tendu, frais, long.

Listrac

On connaît pauillac, margaux, saint-estèphe, saint-julien, un peu moins moulis et encore moins listrac. Toutes ces appellations communales sont médocaines pur jus, mais les deux dernières ne possèdent pas de cru classé, c'est-à-dire de star internationale qui enfièvre la notoriété. Moulis dispose cependant de Poujeaux et Chasse-Spleen, deux starlettes… Reste listrac, qui peine à se frayer un chemin médiatique malgré Château Clarke, racheté autrefois par Edmond de Rothschild. Le vignoble couvre 670 hectares de sols hétérogènes. Une partie sur un socle calcaire très dur parfois affleurant ou recouvert d'argile et de cailloux favorables au merlot, l'autre sur graves où se plaît le cabernet-sauvignon. Les vins élégants de graves côtoient des rouges plus rustiques qui s'affinent avec le temps. Listrac ne prétend pas ressembler à pauillac et les prix y sont largement inférieurs.

Crus bourgeois et ex-bourgeois de listrac

CHÂTEAU BAUDAN

Surface : 8 ha
Propriétaire : Alain Blasquez
Contact : Sylvie et Alain Blasquez
33480 Listrac
05.56.58.07.40 / 06.86.55.18.53
www.chateaubaudan.com

Rayé de la carte pendant près de soixante ans, Baudan renaît peu à peu grâce à l'énergique Alain Blasquez. *« Mon grand-père est décédé quand maman avait 2 ans, en 1938. Le domaine s'est éteint petit à petit. J'étais dans la presse gratuite, chez Havas. J'y étais entré à 19 ans comme commercial de base. C'était un rêve d'enfant de remonter Baudan… »* Alain a racheté de vieilles vignes à un coopérateur pour commencer, puis il a replanté les parcelles autour de la maison. *« Quand j'ai voulu vendre le vin, en 1995, j'ai demandé à un négociant. Le prix qu'il me proposait ne me permettait pas de vivre. Alors j'ai pris ma valise. »* À l'époque, tout le monde visait l'export et les États-Unis, Alain Blasquez se dit que le marché hexagonal n'est certainement pas saturé. Depuis, il s'est créé une clientèle fidèle de particuliers et de cavistes. *« Avec les particuliers on fait beaucoup de repas-dégustation. »* Le domaine s'est équipé pour recevoir des groupes et propose même des survols du vignoble en hélicoptère.

Millésime 2001

– Dégustation de juin 2005

15,5 – Joli nez de cerise et de fruits rouges que l'on croirait cueillis de la veille, bouche tendre, élégante, tanins à grains fins qui semblent rouler en bouche, la finale commence seulement à se fondre. Beaucoup d'élégance.

Millésime 2008

– Dégustation d'avril 2009

14,5 – Fruits noirs, cassis, bouche fraîche, bien fruitée, souple, pas trop extraite, bien fruité, frais et fin.

Cap Léon Veyrin

Surface : 20 ha
Propriétaire : Famille Meyre
Contact : Donissan – 33480 Listrac
05.56.58.07.28
www.vignobles-meyre.com

Quelle équipe, les Meyre ! Il y a plus de vingt ans qu'il ont inventé l'œnotourisme en ouvrant leur domaine au public, table et chambres d'hôtes. Et, comme ce n'était pas suffisant, en famille, le père, la mère, la fille et le fils ont monté un cabaret *« avec des copains »*. Le cabaret fait le plein à chaque représentation, sans que l'on sache si c'est pour les attractions qu'ils présentent et les numéros qu'ils interprètent ou pour la cuisine délicieuse de Maryse, la maman. Côté vin, Julien, le fils, passionné par le sol et les vignes, a décidé de revenir au labour sur déjà la moitié du domaine. Les Meyre ont aussi racheté une partie de l'ancienne propriété de Jean Tigana, Bibian. Mais là, il y a un peu de travail de remise en marche… Au total, l'ensemble des domaines couvre 50 hectares en listrac et haut-médoc.

Autres vins : Haut-Veyrin, Château Julien, Château Bibian

Millésime 2000

– Dégustation d'avril 2001

14 – Nez pivoine, cerise écrasée, bouche très ronde marquée par le merlot, tanins souples et onctueux, déjà plaisant.

Millésime 2002

– Dégustation d'avril 2003

14 – Fraise des bois, groseille, note épicée. Bouche très en fruit, tanins bien ronds, beaucoup de souplesse. Vin de séduction immédiate.

Millésime 2005

– Dégustation d'avril 2006

15,5 – Cerise et notes de chêne de début d'élevage, les tanins sont de qualité, souples, soyeux en attaque, un peu plus mordants ensuite, mais sans sécheresse. Joli fruit en finale.

Millésime 2006

– Dégustation d'avril 2007

15,5 – Groseille, floral, bouche tendre, jolis tanins soyeux, élégant, fin, frais, très beau fruit, belle longueur, vin équilibré, bien fait, en accord avec le millésime.

Millésime 2008

– Dégustation d'avril 2009

13,5 – Fruits noirs, bouche un peu creuse en attaque, tanins et bois derrière, costaud en finale.

Millésime 2009

– Dégustation d'avril 2010

15,5 – Nez expressif, note mentholée, onctueux, tendre, tanins fins, soyeux, note d'amertume rafraîchissante, harmonieux, très fin et élégant.

Clarke

Surface : 54 ha
Propriétaire : baron Benjamin de Rothschild
Contact : 33480 Listrac
05.56.58.30.00

En 1973, quand Edmond de Rothschild acheta ce Château Clarke, beaucoup se posèrent la question : qu'allait-il faire dans cet argilo-calcaire ? Le baron avait largement de quoi œuvrer comme les cousins, s'offrir un superbe cru classé. D'autant qu'à cette période tout était à vendre et pas cher. Mal conseillé, ou volonté farouche de dire : avec un terroir de moindre notoriété je relève le défi et vous allez voir ce que vous allez voir ? Nul n'a de réponse bien claire. Toujours est-il que de puissants investissements furent réalisés, qu'on fit appel aux techniciens les plus réputés (Michel Rolland, entre autres), mais que Clarke n'obtint jamais une reconnaissance égale à celle d'un cru classé ou d'un Valandraud, par exemple, sur la rive droite. (En à peine deux décennies et au départ sur un terroir médiocre, Jean-Luc Thunevin a hissé son cru à un niveau de prix incroyable.) Le miracle ne s'est pas produit avec Clarke. Cependant, la maison n'a reculé devant aucun sacrifice. On a même créé un prix Edmond-de-Rothschild qui récompense chaque année le meilleur livre sur le vin. À condition toutefois que l'auteur n'ait pas l'outrecuidance d'écrire que Clarke n'est pas un joyau. Fortement marqué par le merlot (70 % de l'encépagement) qui convient à ces sols d'argile, les vins élevés dans une proportion importante de barriques neuves sont assez massifs, puissants, dans un style peut-être davantage rive droite que médocain traditionnel. Avec le temps, ils gagnent en légèreté mais restent marqués par l'empreinte du bois. Les derniers millésimes montrent une évolution vers plus d'élégance. Cette branche de la famille possède d'autres domaines, notamment l'agréable Les Laurets à Puisseguin et produit aussi un fabuleux fromage de Brie dans sa ferme d'élevage bio en Île-de-France. Il leur manque un peu de gamay bien fruité, un domaine en beaujolais pour l'accompagner.

Second vin : Les Granges des Domaines Edmond-de-Rothschild

Millésime 2001

– *Dégustation d'avril 2002*

15 – Gelée de mûres, cerise confite, riche, gras, bien rond, puissant en finale, plus dense qu'élégant, avec beaucoup de fruit.

Millésime 2005

– *Dégustation d'avril 2006*

15,5 – Nez floral, cassis, bouche ronde, tanins fondus, une matière opulente mais sans dureté, vin tendu, frais, peu boisé, avec une belle finale cerise.

– *Dégustation de février 2010*

15/15,5 – Nez séveux, fruits noirs, encre, bouche dense et moelleuse, beaucoup de gourmandise, tanins présents mais sans dureté, agréable, chaleureux mais digeste, un bon moment de plaisir.

Millésime 2006

– *Dégustation d'avril 2007*

15 – Boisé, vanille, fruits rouges, boisé marqué, bouche fruitée, vive, tannique mais fine ; un peu séché par le bois de la barrique, mais prometteur.

Millésime 2007

– *Dégustation d'avril 2008*

13,5/14 – Nez un peu réduit, bouche vive, tanins éveillés, tendus, fruit moyen, bonne rondeur.

Millésime 2008

– *Dégustation d'avril 2011*

15 – Nez résine, frais, élégant, bouche tendue, joli fruit, un vin nerveux et appétant.

Ducluzeau

Surface : 10 ha
Propriétaire : Famille Borie
Contact : Bruno Borie
33250 Saint-Julien
05.56.73.16.73
www.chateau-ducru-beaucaillou.com

Propriété de la famille Borie côté féminin (transmission par les femmes pendant trois générations), gérée par Bruno Borie (Ducru-Beaucaillou), qui a agrandi la surface de 3 hectares : *« On a racheté une partie des vignobles de Tigana quand il a vendu Bibian. »*

Millésime 2007

– Dégustation d'avril 2008

50 % merlot et 50 % cabernet-sauvignon dans le vignoble. Assemblage à 70 % merlot, 30 % cabernet-sauvignon.

14,5/15 – Floral, cerise, fraise, bouche tendre, élégante, bien fruitée, souple, agréable, rond, doux, tanins agréables.

Millésime 2008

– Dégustation d'avril 2009

75 % merlot, 25 % cabernet-sauvignon. *« On va diminuer le cabernet, c'est une zone à merlot. On veut devenir le petit Pétrus du Médoc, avec 100 % de merlot »*, s'amuse Virginie Salette, responsable technique de Ducru-Beaucaillou et des autres vins de Bruno Borie.

15 – Nez fruits noirs, bouche ronde, moelleuse, un peu sucrée, gourmand, un peu serré en finale, mais bon vin, bien fruité, plus en gourmandise qu'en finesse.

Fonréaud

Surface : 32 ha
Propriétaire : Domaines Chanfreau – 33480 Listrac
Contact : 05.56.58.02.43
www.chateau-fonreaud.com

Retour d'Algérie en 1962 et 1963, comme beaucoup de ceux qui travaillaient la terre et la vigne là-bas, les Chanfreau ont investi dans ce Médoc alors en ruine. Le foncier ne valait rien et les châteaux prenaient l'eau. Une génération a passé ; les chagrins, et cette famille en a eu son compte, sont derrière. Jean, son épouse, Marie-Hélène, sa sœur Caroline gèrent les domaines (Lestage en voisin et Chemin-Royal à Moulis). Fonréaud ne se présente jamais en maillot moulant les tablettes de chocolat. Il affiche plutôt le genre discret, élégance sobre, équilibre (et prix très raisonnable). Ce sont des vins que l'on retrouve trois ou quatre ans après, tanins fondus, plaisir garanti. Sous l'étiquette La Cygne, Fonréaud produit également un vin blanc bien fruité. Listrac au XIXe siècle était connu pour la qualité de ses blancs.

Second vin : La Tourelle du Château Fonréaud

Millésime 2000

– Dégustation d'avril 2001

14,5 – Nez cerise écrasée, menthe, bouche ronde, moelleuse, très douce, garnie de tanins gras, bonne longueur.

Millésime 2001

– Dégustation de juin 2007

15,5 – Poivré, chocolat noir, gras, plein, tannique, matière serrée, prometteur.

Millésime 2002

– Dégustation d'avril 2003

14 – Nez fin, fruité, pêche de vigne, bouche légère, tendre en attaque, qui se resserre un peu ensuite. Une matière un peu austère, mais un vin prometteur.

Millésime 2003

– Dégustation de juin 2007

14 – Fermé, poivre, puissant, tannique, un peu massif à ce stade. Demande à se fondre.

Millésime 2004

– Dégustation d'avril 2005

14,5 – Bien fruité, des notes de violette, bouche élégante, tendre, tanins fins. Un vin jamais volumineux, mais toujours chatoyant, bien plaisant après deux ou trois ans de bouteille. La finale serrée laisse imaginer une garde un peu plus prolongée.

Millésime 2004

– Dégustation de juin 2007

15,5 – Rose séchée, plein, dense, élégant, tendu, de l'allure, encore jeune.

Millésime 2006

– Dégustation d'avril 2007

14,5 – Fruits au sucre, rose rouge, bouche tendre, légère, fraîche, élégante, bien fruité, joli fruit.

Millésime 2007

– Dégustation d'avril 2008

13,5 – Fruits noirs, bouche ronde, tendue, tanins doux, serré, un peu mordant mais bien fait.

Millésime 2008

– Dégustation d'avril 2009

14,5 – Cerise noire, bouche ronde, fraîche, le cabernet lui donne un peu de « niaque », petits tanins frais et vifs, tendu.

Archives

Dégustation de juin 2007

Millésime 1995

14,5 – Parfumé, cassis, belle bouche mentholée, tendue, un peu austère.

Millésime 1998

15,5 – Cacao, rond, tendre, souple, belle qualité de tanins, velouté et soyeux ; on peut commencer à le boire.

FOURCAS-DUPRÉ

Surface : 46 ha
Propriétaire : Famille Pagès
Contact : Patrice Pagès – 33480 Listrac
05.56.58.01.07
www.fourcasdupre.com

Le clan Pagès, tous vignerons en Tunisie, s'est éparpillé dans le Médoc à la fin des années 60. Marc s'est installé au nord, à La Tour-de-By, et son frère Guy au sud, à Listrac, rachetant aux Delon de Léoville-Las-Cases ce Fourcas-Dupré qu'ils avaient remis en état de marche. Le lieu-dit Fourcas, un point culminant (42 mètres ; nous sommes dans le Médoc, pas dans les Alpes) favorise le ruissellement des eaux. Puis sur ce Fourcas, le vignoble lui-même de Dupré, une quarantaine d'hectares d'un seul tenant, est entièrement situé sur des sols de graves garonnaises. Plus loin, ailleurs, dans cette appellation listrac, on rencontre de l'argilo-calcaire. Une roche très dure sur laquelle s'est déposée une couche de terre plus ou moins épaisse. De bonnes terres à vignes mais pas grand-chose à voir avec l'excellence des graves de Fourcas-Dupré, légèrement argileuses, les mêmes que l'on retrouve sur une partie de l'appellation margaux, par exemple. Patrice Pagès, fils de Guy, pilote son cru avec beaucoup de sagesse. Les vins sont souvent un peu fermés, austères dans leur jeunesse. On ne les goûte jamais vraiment bien dans leur jeunesse. Mais il gagnent en ampleur et en élégance au fil du temps, au point de faire jeu égal en complexité avec les très bons moulis. Les prix très raisonnables font de ce cru une des très bonnes affaires du Médoc en vente primeur.

Second vin : Bellevue-Laffont

Millésime 2000

– Dégustation de juin 2007

16 – Fermé, s'ouvre lentement, frais, vif, tendu, très prometteur.

Millésime 2001

– Dégustation de juin 2007

15 – Tabac, café, bouche élégante, souple, petits tanins vifs, de l'allure.

Millésime 2002

– Dégustation d'avril 2003

14,5 – Fruits au sucre, rose rouge, bouche tendre, légère, fraîche, élégante, bien fruité, joli fruit.

Millésime 2003

– Dégustation d'avril 2004

15,5 – Joli nez, mûre, tarte à la myrtille, bouche savoureuse, petits tanins ronds et croquants, bonne finale sur le fruit.

– Dégustation de juin 2005

15,5 – Cerise, refermé par rapport à notre précédente dégustation, bouche fruitée, agréable, tendre. Le vin devrait gagner en ampleur avec le temps.

– Dégustation de juin 2007

16,5 – Fermé, plein, dense, belle structure, équilibré, harmonieux, tanins veloutés, à attendre.

Millésime 2004

– Dégustation d'avril 2005

15 – Zan à la violette, bouche tendre, souple, chocolatée, fraîche, ronde, assez longue. Bel ensemble équilibré et gourmand.

– Dégustation de juin 2007

15,5 – Résine, poivre, serré, dense, tendu, à venir. Dupré demande de la garde.

Millésime 2005

– Dégustation d'avril 2006

14,5 – Violette, cassis, bouche ronde, moelleuse, tanins serré en finale qui demande à s'arrondir au cours de l'élevage.

Millésime 2006

– Dégustation d'avril 2007

15 – Grillé, amande, bouche onctueuse, ronde, souple, bien fruitée, fondue ; pas trop puissant mais équilibré, souple, harmonieux.

Millésime 2007

– Dégustation d'avril 2008

13,5 – Vanille, grillé, bouche ronde, souple, très fondue, un peu fluide.

Millésime 2008

– Dégustation d'avril 2009

14,5 – Cassis, fruits noirs, bouche ronde, moelleuse, souple, finale sur les baies noires, un peu serré en finale.

Millésime 2009

– Dégustation d'avril 2010

14 – Fruit net, fin, texture veloutée, frais, tanins un peu poudrés, délicat, manque d'éclat à ce stade, ce qui est très fréquent dans ce cru au réveil tardif.

Archives

– Dégustation de juin 2007

Millésime 1995

16/16,5 – Fruits noirs, cacao, bouche épicée, savoureuse, rondeur et finesse.

Millésime 1998

14 – Nez fermé, bouche sévère, fermée, difficile d'accès pour le moment.

Fourcas-Hosten

Surface : 47 ha
Propriétaires : Renaud et Laurent Momméja
Contact : 33480 Listrac
05.56.58.01.15
www.fourcas-hosten.fr

Jolie chartreuse, beau parc et vignoble aux justes proportions : un partie sur sols de graves pour les cabernets et une autre (40 %) sur l'argilo-calcaire pour le merlot. Le tout forme un des meilleurs crus bourgeois que les nouveaux repreneurs (depuis 2006) souhaitent patiemment valoriser. En principe, Renaud et Laurent Momméja savent s'y prendre. Un don de famille. Leur arrière-arrière-grand-père était harnacheur. C'est-à-dire qu'il fabriquait des harnais pour les chevaux et avait même en 1837 créé une petite société d'équitation. Il s'appelait Thierry Hermès. *« Émile, son petit-fils, l'a transformée en société de mode et de luxe entre les deux guerres. Nous sommes aujourd'hui la sixième génération avec nos cousins. »*

Renaud et Laurent se fondent dans paysage médocain. Nulle envie, chez les deux frères, d'afficher Hermès ou de s'en servir pour faire briller le nom d'Hosten. Leur approche modeste consiste à changer les cuves, améliorer le vignoble, obtenir avec l'œnologue lui aussi discret, Éric Boissenot, le meilleur assemblage possible, faire confiance au négoce bordelais et travailler en équipe avec trois autres crus au sein du Quatuor de Listrac (Fourcas-Hosten, Fourcas-Dupré, Fonréaud et Lestage) à mieux faire connaître cette appellation. Avant 2006, Fourcas-Hosten appartenait à un groupe d'actionnaires qui l'avait confié en gérance à Patrice Pagès, de Fourcas-Dupré. Patrice, en très bons termes avec les Momméja, a assuré la transition jusqu'à la mise en place d'une nouvelle equipe technique.

Second vin : Les Cèdres d'Hosten

Millésime 2000

– Dégustation d'avril 2001

15 – Fruits noirs, mûre au nez, bouche dense, tanins serrés mais souples, note réglissée en finale, bonne tenue et finale harmonieuse.

– Dégustation de juin 2007

17 – Grillé, tabac, menthe, bouche élégante, tendue, marquée cabernet par sa finesse.

Millésime 2001

– Dégustation d'avril 2002

15,5 – Très joli nez floral, rose, framboise, gras et vif à la fois, élégant, bouche garnie, tanins serrés, très prometteur.

– Dégustation de juin 2007

16 – Épices, tanins ronds, onctueux, frais, de la réserve.

Millésime 2002

– Dégustation d'avril 2003

16 – Fraise des bois, fraîcheur au nez, bouche fine et bien construite, grande élégance des tanins, bonne longueur. Beaucoup de chic dans ce vin.

Millésime 2003

– Dégustation d'avril 2004

15 – Nez de fraises au sucre, bonbon, bouche souple, soyeuse, tanins délicats, bonne longueur.

– Dégustation de juin 2005

17 – Nez très expressif de cèdre, résine, cacao, pointe de truffe ; la bouche est tendre, souple en attaque, tanins bien fondus avec un joli grain qui donne l'impression de croquer en finale. L'ensemble est soyeux, éveillé, avec de la réserve.

– Dégustation de juin 2007

16 – Cerise, bouche fraîche, tendue, onctueuse mais sans mollesse.

Millésime 2004

– Dégustation d'avril 2005

15 – Prune, myrtille, bouche dense, épicée, tannique. Un vin serré, extrait, riche, un peu sévère à ce stade mais avec un potentiel de garde réel.

– Dégustation de juin 2007

16,5 – Résine, pin, épices, vif, fin, tanins soyeux, classe.

Millésime 2005

– Dégustation d'avril 2006

16,5 – Cerise, fruits rouges mixés, fin, tendre, bien fruité en bouche, mais une structure d'une belle densité, un tanin vigoureux issu d'une extraction bien maîtrisée.

Millésime 2006

– *Dégustation d'avril 2007*

14 – Réglisse, bouche souple, bon fruit, manque un peu de longueur.

Millésime 2007

– *Dégustation d'avril 2008*

14,5 – Fruit et bois mélangés, bouche souple, pas trop extraite, fraîche ; le boisé couvre un peu trop le fruit sur cet échantillon.

Millésime 2008

– *Dégustation d'avril 2009*

14,5 – Grillé, café, bouche souple, tanins gras, un peu extrait, finale sur les tanins mais sans dureté.

Millésime 2009

– *Dégustation d'avril 2010*

16,5/17 – Fruits noirs, bouche ronde, suave, élégante, fraîche, petits tanins soyeux, précis, fin, tendu, joli vin d'élégance.

Archives

– *Dégustation de juin 2007*

Millésime 1995

15,5 – Chocolat, grillé, cerise cuite, bouche ample, épicée, très longue.

Millésime 1998

15 – Réglisse, chocolat, menthe, vif, tendu, pas encore à son maximum.

Lestage

Surface : 42 ha
Propriétaire : Domaines Chanfreau – 33480 Listrac
Contact : 05.56.58.02.43
www.chateau-lestage.com

Lestage, comme Fonréaud, a été acheté par la famille Chanfreau au début des années 60, après son départ d'Algérie. Caroline et son frère Jean dirigent les deux domaines. Les prix sont raisonnables, Lestage s'affiche plus tendre que Fonréaud.

Second vin : La Dame-de-Cœur

Millésime 2000

– *Dégustation d'avril 2001*

14 – Des notes de grillé au nez qui dominent le fruit, bouche vive, tannique mais sans aspérités. Un vin qui devrait prendre du volume à l'élevage.

– *Dégustation de juin 2007*

14,5 – Violette, fruits noirs, gras, souple, onctueux, séduisant et solide.

Millésime 2001

– *Dégustation de juin 2007*

15 – Floral, chocolat, bouche soyeuse, gourmande, frais et vif.

Millésime 2003

– *Dégustation d'avril 2004*

14 – Fruits noirs, mûre, bouche ronde, épicée, bien fondue, vin simple mais gourmand, un peu serré en finale.

– *Dégustation de juin 2005*

15 – Les arômes ne sont pas encore installés, la bouche en revanche est bien typée listrac, tendre, tanins doux, bien rond. Un vin délicat, régalant, qui plaira à tous, initiés ou non.

– *Dégustation de juin 2007*

14 – Pomme au four, cassis, bouche onctueuse, tanins bien fondus, vin de plaisir immédiat. À boire.

Millésime 2004

– *Dégustation de juin 2007*

15 – Fruits noirs, souple mais structuré, vif, tendu, bien parfumé.

Millésime 2006

– *Dégustation d'avril 2007*

14 – Framboise, joli nez de fruits rouges, bouche ronde, souple, bien fruitée, très merlot, bonne longueur.

Millésime 2008

– *Dégustation d'avril 2009*

13,5 – Fruits noirs, bouche ronde, souple, bien fondue, pas très concentré, mais fruité.

SARANSOT-DUPRÉ

Surface : 15,7 ha, dont 2 ha de blanc
Propriétaire : Famille Raymond
Contact : Yves Raymond
Château Saransot-Dupré – 33480 Listrac
05.56.58.03.02
saransot-dupre.com

Un jour, Yves Raymond a été élu par ses pairs président du Conseil. Sous la IVe République, le président du Conseil, c'était le Premier ministre. Yves, ce n'est pas son genre, Premier ministre. Ce n'est pas un nerveux du parapheur. Il est plutôt rêveur, raconteur d'histoires. Un verre de vieux vin rouge et un feu de cheminée consommé. Puis quelqu'un m'a dit que c'était président du Conseil des vins du Médoc. Déjà davantage son affaire. Mais pour lui, l'ancien animateur de radio libre tard le soir, faire le chef aux réunions, c'était un rôle de composition. Il a dû se forcer un peu mais il a assumé la fonction et bien vite s'en est retourné dans son chai, ses vignes, à regarder défiler la nature. D'autant que, sans rouler des épaules, Yves

Raymond, œnologue diplômé, a sacrément chamboulé son Saransot-Dupré. « *J'ai hérité d'une propriété en mauvais état. En 1985, le gel d'hiver a fait exploser le vieux vignoble. Par chance, j'avais commencé à replanter en 1983, c'est ce qui m'a permis de continuer. Ici, une bonne partie est sur le socle calcaire. Une roche très dure qu'il a fallu dynamiter quand on a voulu drainer à 1,50 mètre. Le reste est sur argilo-calcaire, des sols bien filtrants qui ne retiennent pas la pluie.* » L'encépagement à Listrac est traditionnellement très tourné vers le merlot ; ici, il représente 58 %, contre 24 % de cabernet-sauvignon, 15 % de cabernet franc, 3 % de petit-verdot et 2 % de carménère. Des rouges agréables, d'une grande buvabilité, comme disent les sommeliers, et il faut vraiment bien les aimer pour tolérer une telle horreur de mot.

Saransot-Dupré produit également un vin blanc de réputation ancienne (25 % sauvignon, 75 % sémillon en moyenne), très fruits blancs, vif, bien parfumé, bien meilleur que d'autres beaucoup plus chers.

Second vin : Château Pérac

Millésime 2000

– *Dégustation d'avril 2001*

15,5 – Nez bien exprimé de fruits noirs, tanins souples en bouche, rondeur, le fruité et la douceur de la structure donnent beaucoup de gourmandise à ce joli vin bien équilibré.

Millésime 2001

– *Dégustation d'avril 2002*

16 – Tannique et bien rond, joli fruit, matière surprenante de densité pour ce millésime sans que l'équilibre en soit affecté. Un très bon Saransot.

Millésime 2002

– *Dégustation d'avril 2003*

15 – Joli nez de quetsche et de thym, bouche fraîche, nette, élégante, petits tanins soyeux, souple, beaucoup de fraîcheur, belle finale sur le fruit.

– *Dégustation de juin 2005*

14,5 – Cerise, bien fruité au nez, bouche tendre, élégante, bien droite, tanins pas encore totalement fondus. Attendre encore un an.

Millésime 2003

– Dégustation d'avril 2004

13,5/14 – Épices, fruits noirs, cerise, bouche vive, tendue, très fraîche, des tanins un peu rugueux. Du fruit, la rondeur devrait venir à l'élevage.

– Dégustation de septembre 2010

14,5 – Fruits noirs, encore assez jeune, bouche onctueuse, les tanins se sont fondus, bien moelleux, un vin gourmand qui n'atteint pas la finesse de certains millésimes mais procure du plaisir.

Millésime 2004

– Dégustation d'avril 2005

15,5 – Nez bien fruité, cerise, groseille, bouche tendre, élégante, très fraîche, tanins serrés et fins. Ensemble délicat, long, bien structuré.

Millésime 2006

– Dégustation d'avril 2007

13,5 – Violette, bouche puissante, ronde, tanins souples, veloutés, puissant, épicé, long, brut de fonderie.

– Dégustation de septembre 2010

14,5 – Bien arrondi mais avec de la réserve, un vin vif, tendu que le temps a amadoué. Il lui manque un soupçon de rondeur en milieu de bouche.

Millésime 2008

– Dégustation d'avril 2009

14 – Fruits noirs, cerise noire, bouche fruitée et boisée, douce, ronde, bien fruitée, assez dense, un peu tannique mais de bon goût.

Millésime 2009

– Dégustation d'avril 2010

14,5 – Fruité pur, fruits noirs très mûrs, vif en bouche, séveux, savoureux, astringence agréable, gourmand.

Moulis

Moulis, comme listrac la voisine, ne possède pas de crus classés. C'est un handicap dans la vie d'une appellation communale médocaine, quand on lutte avec des concurrentes qui se nomment margaux, pauillac, saint-estèphe et saint-julien. Lesquelles ont comme ambassadeurs les étiquettes prestigieuses sacralisées par le classement de 1855. Longtemps les deux orphelines ont rêvé d'unir leurs forces en une seule AOC : *« Il y a une longue histoire de mariages ratés entre listrac et moulis »*, confirme Jean-Pierre Foubet, de Chasse-Spleen, président de l'appellation. Si, sur les parties argilo-calcaires, moulis et listrac ont en effet beaucoup de ressemblances, quelques grands îlots de moulis sont d'une classe supérieure : *« Sur moulis, les lieux de Poujeaux mais aussi de Brillette et de Guitignan sont constitués par les graves quaternaires du Günz, de la même origine que les graves des grands crus classés des autres appellations communales »*, nous a écrit Éric Boissenot, œnologue et conseil de nombreux grands vins du Médoc. C'est précisément là que l'on retrouve les crus les plus réputés de l'appellation ou bien ceux qui le mériteraient…

Crus bourgeois ou ex-bourgeois de moulis

ANTHONIC

Surface : 40 ha
Propriétaire : Famille Cordonnier
Contact : Jean-Baptiste Cordonnier
Château Anthonic
33480 Moulis-en-Médoc
05.56.58.34.60
www.chateauanthonic.com

Pierre Cordonnier, négociant à Lille et important courtier en Belgique, a racheté en 1977 quelques parcelles totalisant 3 hectares, queue de comète d'un ancien cru de graves, Queytignan, devenu Anthonic en 1922 en hommage à un ancêtre du propriétaire de l'époque. Les Cordonnier ont conservé le nom et changé tout le reste. Désormais, le domaine couvre 40 hectares. Un vignoble en bon état auquel correspond un chai entièrement rénové avec des petites cuves en béton de dimensions variables pour s'adapter au parcellaire. François, le frère de Pierre Cordonnier, avait quant à lui racheté le voisin Dutruch-Grand-Poujeaux, qui couvre une trentaine d'hectares. Il a laissé son domaine à son neveu Jean-Baptiste, qui se retrouve à la tête d'un bel ensemble : *« Tout était très morcelé. J'ai organisé un remembrement privé avec les voisins, douze propriétaires dont certains ne se parlaient pas, et qui se sont retrouvés chez le notaire sans savoir avant qui serait là. J'ai mis trois ans, et 40 hectares ont ainsi changé de mains… »* Pour l'essentiel, Anthonic est situé sur la partie argilo-calcaire de l'appellation, complétée de parcelles sur graves. Rondeur et moelleux caractérisent ces vins faciles d'accès et que l'on peut boire assez jeunes.

Millésime 2000

– Dégustation d'avril 2001

14 – Très coloré, bouquet cerise et mûre. Bouche suave à l'attaque ronde, le corps est gracieux mais se durcit un peu en finale.

Millésime 2001

– Dégustation d'avril 2002

13 – Très coloré, fruits noirs, le boisé domine. Bouche austère, bois de planche, vernis.

Millésime 2002

– Dégustation d'avril 2003

13,5 – Nez épicé, bouche puissante, riche en tanins, un peu rustique dans son expression. L'élevage devrait l'affiner.

Millésime 2005

– Dégustation d'avril 2006

15 – Fruits noirs, note café, bouche volumineuse, tanin serré. Le vin pourrait paraître épais sans cette acidité revigorante qui lui confère de la finesse. Belle bouteille dans quelques années.

– Dégustation de juin 2009

14,5/15 – Nez fermé, bouche riche en alcool, droit, dense, puissant. Un vin assez démonstratif mais qui apporte du plaisir à table.

Millésime 2006

– Dégustation d'avril 2007

13,5/14 – Bouche ronde, tanins gras, l'échantillon était un peu oxydé, mais fond de vin de qualité.

Millésime 2007

– Dégustation d'avril 2008

14,5/15 – Fruits rouges, framboise, bouche ronde en attaque, vive ensuite, fluide mais pas fuyante, joli fruit, note groseille. Un vin sans forte extraction, plutôt agréable par sa retenue et son fruit.

– Dégustation de juin 2009

14,5 – Fruits noirs, lacté, bouche cabernet, petite note séveuse, serré, tendu, vif, assez long.

Millésime 2008

– Dégustation d'avril 2009

13,5 – Fruits noirs, bouche tendre en attaque, pas très dense, séchante en finale, un peu de fruit…

Millésime 2009

– Dégustation d'avril 2010

15 – Fruits noirs, bouche ronde, voluptueuse, bonne longueur, frais, vif, serré, belle matière, tanins de qualité.

Biston-Brillette

Surface : 25 ha
Propriétaire : Famille Barbarin
Contact : Serge et Jean-Paul Barbarin
Petit-Poujeaux – 33480 Moulis-en-Médoc
05.56.58.22.86

Les Barbarin ont acquis ce domaine en 1930. Domaine, c'est beaucoup dire. *« Mon grand-père avait des vaches, des poules, des canards et 1 hectare de vigne. »* Serge s'occupe davantage de la partie commerciale et son frère Jean-Paul de la production : *« On travaille beaucoup en commun et pour les vendanges on se rend dans les parcelles ensemble pour évaluer les dates pour chaque lot. »* Une opération qui prend un peu de temps, car Biston-Brillette figure en somme l'exception dans cette appellation. Un vignoble en trois îlots : 10 hectares d'argilo-marneux qui donnent des vins assez rustiques mais avec un aromatique développé. Une zone pas très précoce mais qui convient bien au merlot. L'eau y pénètre peu car elle ruisselle, ce sont des sols lourds, imperméables, mais qui s'accommodent très bien des années humides. Ensuite, 12 hectares sur le lieu-dit Brillette. Là, c'est plus classique : des graves sur argilo-calcaire. Enfin, et c'est original : 5 hectares sur sables mêlés d'argilo-calcaire. Ces deux derniers sols plus favorables au cabernet. Ce curieux mélange demande une parfaite technique : « *Depuis 2000, on pratiquait l'enherbement intégral ; l'inconvénient, c'est que l'herbe se nourrit d'une partie des éléments nécessaires à la plante. Alors, en 2003, on a fait appel à un ingénieur agro et on a travaillé sur des appports plus précis, variables selon les parcelles ou même des morceaux de parcelles. On a eu d'abord des résultats visuels sur la plante et, à partir de 2007, des changements dans le vin.* » Les vins y ont surtout gagné en élégance.

Millésime 2000

– Dégustation d'avril 2001

15 – Beau fruit, coulis de framboise, violette. Bouche charnue, finale réglissée, vin savoureux.

Millésime 2001

– Dégustation d'avril 2002

14,5 – Nez encore fermé, beaux arômes de fruit, de violette. Bouche équilibrée, charnue, vin savoureux qui se goûte déjà bien.

Millésime 2002

– Dégustation d'avril 2003

15,5 – Nez puissant de cassis et de violette, bouche dense, onctueuse, riche en tanins friands, veloutés, qui portent les saveurs très longtemps en bouche.

Millésime 2004

– Dégustation d'avril 2005

13,5 – Nez assez vif, avec des notes très fruitées. La bouche est plus sévère et demande à être domptée par l'élevage.

Millésime 2005

– Dégustation d'avril 2006

14,5 – Nez boudeur, un peu réductif, tanins fins en bouche, fruité, assez élégant, sans dureté.

– Dégustation de juin 2009

15,5 – Épices, graphite, bouche tendue mais garnie, frais, vif, serré, tanins présents, finale pas encore fondue, bien équilibré.

Millésime 2006

– Dégustation d'avril 2007

14 – Fruits rouges, bouche douce, un peu margalienne, finale hélas un peu courte, agréable, léger.

– Dégustation de juin 2009

13,5/14 – Boisé marqué, bouche aux tanins délicats, souples, frais, agréable, un peu serré et dur en finale.

Millésime 2007

– Dégustation d'avril 2008

13,5 – Fruits rouges, tanins souples, note végétale, finale serrée, bon fruit.

– Dégustation de juin 2009

15 – Graphite, cèdre, fruits noirs, fleurs séchées, bouche droite, tendue, profond, long, finale souple. Plus de rondeur et de profondeur que les millésimes précédents.

Millésime 2008

– Dégustation d'avril 2009

14 – Fruits noirs, bouche ronde, souple, fraîche, bonne longueur, manque un peu de moelleux.

Millésime 2009

– Dégustation d'avril 2010

15 – Vanille, fruits noirs, bouche douce, tendre, bien fondue, assez élégante, petits tanins fins, souples, gracieux, finale plus resserrée à cause de la prise de bois.

Branas-Grand-Poujeaux

Surface : 12 ha
Propriétaire : Justin Onclin
Contact : 33480 Moulis-en-Médoc
05.56.58.93.30
www.branasgrandpoujeaux.com

Une propriété de 12 hectares, rachetée en 2002 par Justin Onclin, négociant franco-belge : *« Il restait 5,5 hectares de vignes en très bel état et un hangar. »* Justin Onclin a racheté également une ancienne maison familiale des Teil, longtemps propriétaires de Poujeaux, avec un chai en ruine. *« Il a fallu jouer avec l'espace et utiliser toute la place disponible. »* Petites cuves tronconiques en bois et en inox, chai à barriques en rez-de-chaussée et à l'étage. L'architecte a utilisé le moindre mètre carré et paré de bois les façades. Superbe résultat. Luc Pasqueron gère techniquement la propriété, bénéficiant des conseils de Stéphane Derenoncourt, qui intervient également dans le dernier bijou que s'est offert Justin Onclin, le cru classé Villemaurine, à Saint-Émilion.

Millésime 2005

– *Dégustation de juin 2009*

13,5/14 – Séveux, olive noire, bouche ronde, tendue, vive, un peu trop boisée, riche en alcool, puissant, tanins sévères, cocktail alcool-bois un peu lourd.

Millésime 2006

– *Dégustation d'avril 2007*

50 % merlot, 45 % cabernet-sauvignon, 5 % petit-verdot.

14 – Épices douces, orange, cerise, gras, plein, assez volumineux, attaque séduisante, la seconde séquence est plus rugueuse, un peu trop marquée par des tanins virils.

– *Dégustation de juin 2009*

15 – Chocolat noir, bouche parfumée, résine, bonne densité, tanins moelleux ; vin large, puissant, riche, très cacao, pas mal de bois. Un vin qui n'est pas d'une immense finesse mais séduisant.

Millésime 2007

– *Dégustation d'avril 2008*

On est sur 50 % merlot, 45 % cabernet et 5 % petit-verdot.

14,5 – Réglisse, épices, bouche ronde, un peu éteinte, bonne structure, fin, bien rond.

Millésime 2008

– *Dégustation d'avril 2009*

55 % merlot, 40 cabernet-sauvignon, 5 % petit-verdot.

14,5/15– Fruits noirs, violette, joli fruit, bouche ronde, tendre, moelleux, tanins gras, pas surextrait, plus en longueur qu'autrefois, très fruits noirs.

BRILLETTE

Surface : 40 ha
Propriétaire : Famille Flageul
Contact : Erwan Flageul
3059 Brillette-Ouest – 33480 Moulis-en-Médoc
05.56.58.22.09
www.chateau-brillette.fr

Brillette a été racheté en 1976 par la famille Berthault, fondateur de Viniprix/Euromarché, chaînes anciennes de supérettes et de supermarchés rachetée en 1991 par Carrefour. Le domaine a connu un passage à vide à la mort de M. Berthault. Puis, le petit-fils, Erwan Flageul, est devenu gérant en 2001 : « *Brillette, j'y passais mes vacances depuis tout petit. Mon père s'en occupait de très loin. C'est un endroit qui me tenait à cœur, et j'ai toujours aimé le vin.* » Nouveau départ, nouvelle équipe jeune avec aux commandes techniques Hervé Diez, de retour en France après huit années passées à vinifier au Chili : « *On refait le monde là-bas, on trouve des plants directs dont on ne sait pas ce que c'est : des cabernets-sauvignons qui ressemblent à des francs, des merlots qui sont des carménères. Des ceps apportés au moment du phylloxéra par des gens qui partaient de France, avec des caisses et des cépages... On ne fait que se poser des questions...»* Erwan et Hervé ont un objectif, cultiver Brillette en biodynamie: *« On veut que ce bel endroit reste préservé. »* En attendant de convertir l'ensemble du vignoble, ils ont déjà commencé avec succès dans le potager.

Brillette se situe sur un remarquable terroir en hauteur, sol de graves, et se classait naguère dans le trio de tête des moulis aux côtés de Poujeaux et de Chasse-Spleen.

Second vin: Les Hauts de Brillette

Millésime 2000

– *Dégustation d'avril 2001*

15 – La propriété retrouve peu à peu son lustre d'antan. Nez floral, iris et violette, parfumé, bouche au tanin tendre, soyeux, élégant.

Millésime 2001

– *Dégustation d'avril 2002*

15 – En progrès constants depuis trois ans, Brillette offre un bouquet framboisé, floral, une bouche au boisé élégant et gourmand, avec une finale fine et racée.

– *Dégustation de juin 2005*

15 – Brillette ne brille pas par les extravagances de ses arômes. Fermé au nez, mais bouche prometteuse garnie de tanins moelleux, ronds et serrés. À venir.

Millésime 2002

– *Dégustation d'avril 2003*

15 – Pain d'épice, fruits noirs, myrtille, bouche bien ronde, tanins souples et tendres qui s'expriment dans le registre délicat, bonne persistance sur les fruits compotés. Bien équilibré.

Millésime 2005

– *Dégustation d'avril 2006*

14,5 – Réglisse, Zan, bouche aux tanins veloutés dans une première séquence, bon fruit, finale un peu sévère à ce stade.

– Dégustation de juin 2009

16 – Cacao, prâline noire, sanguin, bouche ronde en attaque, assez tendue ensuite, de la réserve, tendue, fraîche, vive, élégante, grillée en finale bonnes saveurs mais un vin encore jeune.

Millésime 2006

– Dégustation d'avril 2007

15 – Épices, réglissé, bouche souple, tanins gras, frais, doux, finale un peu rugueuse mais bon vin à venir.

– Dégustation de juin 2009

14,5/15 – Fruits noirs, bouche douce, élégante, fraîche, assez raffinée, bon milieu de bouche, serré en finale.

Millésime 2009

– Dégustation d'avril 2010

15,5/16 – Floral, pivoine, souple, moelleux, frais, élégant, petits tanins doux, beaucoup de gras, finale un peu touffue mais belle matière au départ, long et dense.

Chasse-Spleen

Surface : 80 ha
Propriétaire : Famille Merlaut
Contact : Céline Villars-Foubet, Jean-Pierre Foubet
Chasse-Spleen – 33480 Moulis-en-Médoc
05.56.58.02.37
www.chasse-spleen.com

Chasse-Spleen, domaine récent (XIXe), est né du partage familial d'une ancienne grande propriété, Gressier. D'un côté, Gressier-Grand-Poujeaux, donné au fils ; de l'autre, un vignoble sans nom donné à la fille. Qui a gagné ? La fille. Ou, du moins, la fille de la fille, Dame Castaing qui trouva Chasse-Spleen, ce nom fabuleux et créateur de légendes. On a le choix. Soit on adhère à la version lord Byron, de passage au château un soir et qui ayant un peu trop refait les niveaux, aurait déclaré : *« C'est du bon ton casse-cafard ! »* Ce qui serait devenu, pour l'Histoire : *« Ce vin éloigne le spleen ! »*

Sinon, on adopte Baudelaire, jamais en défaut de citations picologiques. Longtemps dissimulé aux oreilles des lycéens, le vrai début de *Spleen*, le poème du grand Charles, serait celui-ci : *« Quand le ciel bas et lourd pèse comme un couvercle / Sur l'esprit gémissant en proie aux longs ennuis / Je sors mon tire-bouchon, décrivant un grand cercle / Aux délices de Céline, je chasse mes soucis. »* Ce qui prouve, s'il en était besoin, le côté visionnaire du prince des nuées, capable de deviner qu'à partir de 2003 la responsable du cru se nommerait Céline.

Chasse-Spleen est une propriété Merlaut (négoce et propriétés divers (Gruaud-Larose, Ferrière, etc.) que gérait extrêmement bien Bernadette Villars (née Merlaut). Puis, après son décès et celui de son mari dans un accident de montagne, la famille demanda à Claire, leur fille, de venir prendre sa place. Céline, sa sœur, architecte de formation, prit ensuite le même chemin. Aujourd'hui, après une nouvelle répartition familiale opérée en 1999/2000, Claire dirige Haut-Bages-Libéral, Ferrière et La Gurgue, tandis que Céline et Jean-Pierre Foubet, son mari, s'occupent de Chasse-Spleen, de Camensac et nouvellement de Citran.

Les années 2000 sont décidément celles du grand chambardement, puisque les Villars-Foubet ont eu l'occasion de recréer l'ancien domaine Gressier, celui des débuts du XIXe.

Gressier-Grand-Poujeaux s'est trouvé à vendre en 2003. Un des plus beaux terroirs de l'appellation, 30 hectares dont 20 plantés *« haut de gamme à 90 % »*, dixit Jean-Pierre Foubet. Il apporte sans doute à Chasse-Spleen un peu de cette douceur tannique qui, parfois, lui manquait dans sa jeunesse.

Désormais, doté de ce cadeau (le prix ne le fut pas) de l'Histoire, Chasse-Spleen atteint le niveau d'un bon cru classé. *« Autrefois, c'était la machine à produire du vin en quantité, avec un certain style,* dit Jean-Pierre Foubet. *C'est devenu plus précis. »*

Chez les Foubet-Villars (ou l'inverse, au choix) on pense aussi écologie, traitements des effluents et suppression des pesticides : *« On produit propre, dorénavant. On a des enfants, on veut leur laisser quelque chose de correct. On voudrait passer au solaire. »*

Second vin : L'Héritage de Chasse-Spleen

Millésime 2000

– Dégustation d'avril 2001

Premier millésime en solo de Céline Villars. Le style du cru, fait de puissance aromatique et de solidité tannique, se maintient sans surprise. 65 % cabernet-sauvignon, 30 % merlot et 5 % petit verdot. 59 hl/ha. 30 hectares de jeunes vignes plantées entre 1976 et 1982, sur les très belles parcelles du lieu-dit Grand-Poujeaux, commencent à entrer dans le grand vin.

17 – Nez intense, fruits noirs, mentholé, pain grillé. L'attaque en bouche raconte le millésime avec son fruit mûr et sa tendresse, mais le terroir reprend vite le dessus, puissant, trapu, gras mais austère. Grand vin bâti pour la durée.

Millésime 2001

– Dégustation d'avril 2002

16 – Nez intense, rose, violette, giroflée. Bouche solide, texturée ; comme souvent dans ce cru, en vin jeune, le tanin est présent mais, cette année, un peu moins sévère que d'habitude grâce à une extraction bien contrôlée. Vin de garde, bien typé.

Millésime 2002

– Dégustation d'avril 2003

65 % cabernet-sauvignon, 32 % merlot, 3 % petit-verdot et 52 hl/ha, des rendements confortables qui prouvent que dans un vignoble bien tenu il n'est pas nécessaire de faire une récolte sahélienne pour produire du bon vin.

17,5 – Mûre, myrtille, gelée de framboises, plein en bouche, bien dense, la vigueur du Chasse-Spleen traditionnel sans la dureté que l'on y trouve parfois, des tanins opulents mais veloutés. Les travaux de drainage opérés sur une partie des cabernets-sauvignons n'y sont sans doute pas pour rien.

Millésime 2003

– Dégustation d'avril 2004

17,5 – Rose séchée, mûre, violette. Bouche dense, équilibrée, tanins gras et moelleux, vin à la fois gourmand et très chic. Sans doute un des meilleurs Chasse-Spleen.

Millésime 2004

– Dégustation d'avril 2005

17 – Épices, fruits noirs, note grillée. Bouche puissante, tannique, une trame très liée mais savoureuse par son côté velouté, moelleux, la finale resserrée ajoute une touche de sérieux. Vin un peu austère à ce stade, mais sans dureté.

Millésime 2005

– Dégustation d'avril 2006

55 % cabernet-sauvignon, 5 % petit-verdot, 40 % merlot.

16,5 – Nez boudeur qui s'ouvre à l'aération sur les fruits rouges, bouche fraîche, assez tendre en attaque, plus tendue en seconde partie, vin séveux, finale sur un fruité éclatant.

Millésime 2006

– Dégustation d'avril 2007

15,5 – Nez floral, bouche douce, tendre, tanins fondus, élégant, doux, belle matière, bon équilibre, tendre, long, frais, finale un peu plus courte que l'an passé.

– Dégustation de juin 2009

16,5 – Nez épicé, fruits noirs compotés, bouche ronde, souple, bien fondue, chocolatée, finale serrée. Vin élégant, fin, droit, vif, à attendre.

Millésime 2007

– Dégustation d'avril 2008

15,5 – Fruits rouges, cerise, bouche douce, bien fondue, tanins soyeux et bien fondus, bon équilibre. Le fruit n'est pas éclatant, mais l'équilibre et la gourmandise des tanins doux compensent.

– Dégustation de juin 2009

16/16,5 – Joli nez, fruits noirs, épices, mûre, bouche pleine, tendue, du vert mais pas de végétal, dense, droit, long, frais. Joli vin, assez classe.

Millésime 2008

– Dégustation d'avril 2009

50 % cabernet-sauvignon, 43 % merlot, 7 % petit-verdot : *« Beaucoup de petit-verdot depuis quelques années. »*

17 – Séveux, résine, réglisse, fumé, bouche dense, très beau fruit noir en bouche, serré, tendu, solide, épicé, cacao, long, très belle texture.

Millésime 2009

– Dégustation d'avril 2010

43 % merlot, 50 % cabernet-sauvignon, 7 % petit-verdot.

17 – Nez cassis, mûre, bouche vive, tendue, serrée, beaucoup de tanins mais sans dureté, bien dans le style de Chasse-Spleen, avec cette finale poivrée, un peu rugueuse, qui fait saliver. Vin tonique.

DUTRUCH-GRAND-POUJEAUX

Surface : 30 ha
Propriétaire : Famille Cordonnier
Contact : Jean-Baptiste et Nathalie Cordonnier
Château Dutruch-Grand-Poujeaux
33480 Moulis-en-Médoc
05.56.58.02.55
chateaudutruchgrandpoujeaux.com

En 1993, François Cordonnier, ancien régisseur du château de Chenonceaux, qui avait acquis ce domaine en 1967, l'a confié à son neveu Jean-Baptiste, propriétaire d'Anthonic. On s'y reportera pour en savoir plus. Dutruch semble mieux équipé sur le plan du sol viticole : l'essentiel de son vignoble repose en effet sur la grave garonnaise du lieu-dit Poujeaux, aux côtés des meilleurs moulis.

Millésime 2001

– Dégustation d'avril 2002

14,5 – Nez délicat, féminin, floral violette, poudre de riz, lilas. Bouche soyeuse, élégante et raffinée, la finale est un peu chaude.

Millésime 2002

– Dégustation d'avril 2003

14 – Cannelle, brioche, bouche puissante, riche, bien pleine, tanins présents, un peu de rusticité dans l'expression mais bonnes saveurs.

Millésime 2005

– Dégustation d'avril 2006

15 – Fruits rouges, floral, bouche élégante, petits tanins frais, vin délicat.

Millésime 2006

– Dégustation d'avril 2007

14,5/15 – Boisé un peu prenant, vin rond, souple, soyeux, joli fruit, tanins veloutés, droit, harmonieux, bonne matière.

– Dégustation de juin 2009

14 – Joli nez mûre, poivre blanc, charnel, sang, bouche pas très ronde, vive, sauvage ; vin tendu, un peu rustique mais intéressant.

Millésime 2007

– Dégustation d'avril 2008

13,5/14 – Fruits noirs, bouche tendre, douce, assez moelleuse, pas très dense en milieu de bouche, agréable, très merlot mûr, linéaire.

– Dégustation de juin 2009

14,5/15 – Vanillé, boisé assez marqué, bouche tendue, vive, serrée, tanins présents en première séquence, bouche très souple ensuite. Finit assez vite mais agréable, équilibré.

Millésime 2008

– Dégustation d'avril 2009

13,5/14 – Fruits noirs, bouche ronde, souple, bien fondue, pas très dense mais équilibré, frais.

Millésime 2009

– Dégustation d'avril 2010

14/14,5 – Floral, fruits rouges, bouche tendre, élégante, fraîche, bien fruitée, finale un peu tannique mais ensemble gourmand.

La Garricq

Surface : 2,80 ha
Propriétaire : Martine Cazeneuve
Contact : 50, rue du Pouge-de-Beau
33290 Ludon-Médoc
05.57.88.00.66
www.chateaupaloumey.com

Petit cru exploité en fermage par Martine Cazeneuve, l'héroïne de Paloumey (voir avec intérêt ce cru en haut-médoc). La Garricq, vin de caractère, possède 20 % de petit-verdot dans son encépagement, ce qui n'est pas très fréquent dans cette appellation.

Millésime 2004

– Dégustation d'avril 2005

14 – Agréablement fruité, tendre, velouté. Un vin simple et bien fait.

Millésime 2006

– Dégustation d'avril 2007

14 – Fruits noirs, violette, bouche douce, tendre, bien fruitée, milieu de bouche un peu fluet, mais l'ensemble est assez agréable à boire jeune.

– Dégustation de juin 2009

16 – Sans être totalement épanoui, le vin a pris de l'ampleur. Bouche dense, pleine, riche, bien équilibrée, bons tanins veloutés ; un vin encore fermé mais qui devrait s'ouvrir assez vite, une belle matière serrée et onctueuse, long.

Millésime 2007

– Dégustation d'avril 2008

14 – Myrtille, fruits noirs, boisé discret, bouche ronde, bien merlot, souple, fondu, bien travaillé.

– Dégustation de juin 2009

14 – Vanille, boisé, bouche ample, douce, bien boisée, un peu rustique en deuxième séquence, séchant mais avec du caractère.

GRANINS-GRAND-POUJEAUX

Surface : 13 ha
Propriétaires : Maryline et Pascal Bodin
Contact : Granins-Grand-Poujeaux
18, chemin de l'Ancienne-École – 33480 Moulis
05.56.58.05.82

« C'est une transmission par les femmes depuis deux générations, mais c'est mon grand-père qui a créé le vignoble dans les années 1928-1930. Il travaillait au château Chasse-Spleen, il a acheté des vignes et constitué la propriété. » Par phénomène classique de succession, la propriété fut scindée en deux. Mais la nouvelle génération a réussi à recréer l'unité. Maryline et Pascal Bodin ont beaucoup misé sur l'accueil à la propriété.

Dans la salle de réception, une étonnante fresque en pierre provient d'une ancienne tonnellerie.

Second vin : La Tour-Granins-Grand-Poujeaux

Millésime 2002

– Dégustation d'avril 2005

14 – Nez de violette assez marqué, bouche aux tanins gras et fondus, vin presque prêt à boire, assez gourmand.

Millésime 2003

– *Dégustation d'avril 2004*

14,5/15 – Épices et violette au nez, bouche puissante aux saveurs un peu sauvages, beaucoup de matière, un vin un peu fougueux, racé, bien parfumé.

Millésime 2005

– *Dégustation d'avril 2006*

16 – Des arômes fleuris et fruits rouges à dominante cerise écrasée, bouche tendre en attaque, tanin fin, solide et élégant, beaucoup de fruit, une structure harmonieuse. Vin classe.

Millésime 2006

– *Dégustation de juin 2009*

15 – Réduit, charnel, s'ouvre vite, bouche ronde, souple, bien fondue en première partie ; vin vif, tendu, pas très large, serré, droit.

Millésime 2007

– *Dégustation d'avril 2008*

14,5/15 – Floral, cerise, bouche ronde, souple, pas trop extraite, bien fruitée ; un vin simple, bien fait, équilibré, tourné vers le fruit.

– *Dégustation de juin 2009*

14,5 – Boisé, grillé, vanille, bouche vive, serrée, acide, sec, joli fruit en bouche, finale assez serrée.

Millésime 2008

– *Dégustation d'avril 2009*

13 – Nez discret, bouche souple, densité moyenne, tanins un peu astringents en finale.

Millésime 2009

– *Dégustation d'avril 2010*

13,5/14 – Fruits noirs, grillé, souple, fondu, assez gourmand, un peu fuyant en finale, longueur moyenne. Bon fruit, mais le vin ne se présente pas au mieux aujourd'hui.

Guitignan

Surface : 7,5 ha
Propriétaire : Famille Lestage-Vidaller
Contact : Cave de Listrac
21, avenue de Soulac
33480 Listrac
05.56.58.03.19

Ce petit cru très ancien et bien situé sur un sol de graves garonnaises est confié au soin vinicole de la cave coopérative de Listrac. Les derniers millésimes annoncent un renouveau. Tout petit prix.

Millésime 2005

– *Dégustation de juin 2009*

13,5 – Poivre, sanguin, bouche douce, pas très concentrée mais bien fruitée, un peu séchante en finale.

Millésime 2007

– *Dégustation d'avril 2008*

13,5 – Floral, vanille, bouche tendue, un peu tannique, serrée, bon fruit, vif, pas mal.

Millésime 2008

– *Dégustation d'avril 2009*

14,5/15 – Fruits noirs, note mentholée, bouche ronde, fine, élégante, bien tendue, petits tanins vifs.

Maucaillou

Surface : 76 ha
Propriétaire : Famille Dourthe
Contact : Château Maucaillou
33480 Moulis-en-Médoc
05.56.58.01.23
www.chateau-maucaillou.com

Roger Dourthe avait porté la superficie de ce moulis de 3 hectares lors du rachat en 1929 à 54 hectares. Philippe, son fils, a continué sur cette lancée. Il a racheté quelques domaines dans le Bordelais (Beau-Rivage, bordeaux supérieur) et en Languedoc. Il a créé au château un « espace Maucaillou » avec un musée des Arts et Métiers de la vigne et du vin sur 2 500 mètres carrés ouvert au public. On y trouve salle de conférences, audiovisuel et tout ce qu'il faut pour organiser des séminaires. *« Recevoir est notre passion. »* Philippe Dourthe a officiellement pris sa retraite, mais on l'imagine mal totalement inactif. Ses trois enfants lui succèdent : la preuve indiscutable qu'il travaillait pour trois. Caroline, Pascal et Magali se sont réparti les tâches, la gestion technique revenant à Magali.

Second vin : N° 2 de Maucaillou

Millésime 2000

– *Dégustation d'avril 2001*

15 – Joli nez aromatique, fruit frais. Bouche tendre, au fruit expressif, nuancé de violette, soyeuse, pas très puissante.

Millésime 2001

– *Dégustation d'avril 2002*

14,5 – Nez délicat de rose séchée et d'épices douces, bouche un peu mince, mais soyeuse, charmeuse, donnant déjà du plaisir.

Millésime 2003

– *Dégustation d'avril 2004*

14 – Nez austère, fermé, puis fruits noirs, boisé. Bouche dense, sur le bois, sévère, mais pleine et qui ne sèche pas.

Millésime 2004

– *Dégustation d'avril 2005*

13,5 – Nez encore discret, qui exprime des nuances délicates de lilas et de violette. Bouche aux tanins guerriers, a besoin de s'arrondir en barrique.

Millésime 2005

– *Dégustation de juin 2009*

15 – Cacao, boisé, charnel, bouche souple, séveuse, tendue, droite, vive, fraîche, un peu séchante en finale ; dommage que la finale soit resserrée.

Millésime 2006

– *Dégustation de juin 2009*

14,5 – Cèdre, fermé, bouche merlot, tendre, souple, fraîche, bien fondue, note suie au nez, romarin, souple, fondu ; agréable à boire assez jeune.

Poujeaux

Surface : 52 ha
Propriétaire : Famille Cuvelier
Contact : Christophe Labenne
33480 Moulis-en-Médoc
05.56.58.02.96
château-poujeaux@wanadoo.fr

La famille Theil avait réussi, au fil des années, à reconstituer Poujeaux, divisé en trois à la fin du XIXe siècle. Mais c'est la famille elle-même qui n'a pas résisté au temps et s'est divisée. En 2007, Philippe Cuvelier, déjà propriétaire de Clos-Fourtet, à Saint-Émilion, l'a racheté. La légende dit ceci : quand Napoléon III a exigé des courtiers bordelais un classement des crus, en vue de l'Exposition universelle – mais aussi afin d'en favoriser l'exportation –, le Médoc n'avait pas le même visage. Une vaste zone agricole, beaucoup d'élevage, des forêts de pins, quelques vignobles dont certains déjà très connus. À Moulis, comme à Listrac, où l'on faisait plus de blancs que de rouges, la vocation viticole n'était pas très aboutie. Les courtiers auraient hésité à classer Poujeaux avant de renoncer. Si cette histoire n'est pas authentique, elle est du moins vraisemblable, au vu de la qualité des terroirs et des vins produits. Le lieu-dit Poujeaux (dérive du mot pujau : petite hauteur en gascon) où sont établis les plus beaux vignobles de l'appellation (dont Chasse-Spleen) est comparable au terroir des meilleurs crus classés. *« Sur Moulis, les lieux de Poujeaux mais aussi de Brillette et de Guitignan sont constitués par les graves quaternaires du Günz, de la même origine que les graves des grands crus classés des autres appellations communales »,* dit l'œnologue Éric Boissenot. Poujeaux, du temps des Theil, n'a jamais fait partie des domaines revendiquant des mini-récoltes. On produisait généreusement, sans que pour autant le vin semble dilué. Pas non plus d'*« œnologie vaudoue »*, selon le mot de Paul Pontallier (Château Margaux), ni de 100 % de bois neuf. Juste du vin, du très bon vin. Le responsable du cru, Christophe Labenne, est demeuré à son poste. La gestion du domaine a été confiée à Nicolas Thienpont, qui s'occupe de plusieurs crus rive droite (Pavie-Macquin, Larcis-Ducasse, entre autres) avec le renfort technique de Stéphane Derenoncourt.

Second vin : La Salle de Poujeaux

Millésime 2000

– Dégustation d'avril 2001

Ici, on fait du moulis, et à 60 hl/ha ! Et avec un succès jamais démenti. 52 % merlot, 42 % cabernet-sauvignon, 4 % petit verdot, 3 % cabernet franc. Le grand vin représente 75 à 80 % des 52 hectares.

17,5 – Nez délicat, intense, raffiné, très joli fruit. Bouche élégante, un toucher suave, presque féminin, mais une texture dense, tanin mûr, présent, crémeux. Tout est harmonieux.

– Dégustation de décembre 2009

16,5 – Viande rôtie, truffe, joli nez qui demande encore à évoluer, bouche douce, tanins margaliens, souples mais avec de la consistance, un vin pas encore mature mais belle constitution.

Millésime 2001

– Dégustation d'avril 2002

45 % merlot, 50 % cabernet-sauvignon, 5 % petit-verdot. Les rendements sur le grand vin sont de 45 hl/ha. Il y aura deux tiers de grand vin et un tiers de second, l'élevage se fera dans 30 % de barriques neuves à chauffe moyenne.

16,5/17 – Belle robe, nez raffiné, floral, rose rouge, poudre de riz, lilas, bouche souple, élégante, belle structure de tanins soyeux et longs, Poujeaux est l'un des vins les plus harmonieux de 2001.

– *Dégustation de décembre 2009*

16 – Nez plus ouvert que le 2000, fruits confits, bouche suave, déjà un peu évoluée, chocolat au lait, tendre, plaisant, à boire aujourd'hui pour ses saveurs séduisantes.

Millésime 2002

– *Dégustation d'avril 2003*

En 2002, la nature a réduit la récolte et Poujeaux n'a produit que… 55 hl/ha. François Theil pense qu'il a vinifié son meilleur vin depuis trente ans tout en réduisant les remontages et en limitant l'extraction. 62 % cabernet-sauvignon, 30 % merlot, 4 % cabernet franc, 4 % petit-verdot.

18,5 – Tous les ingrédients du plaisir Poujeaux sont au rendez-vous, un brin de densité en plus, des arômes épicés, violette, mûre, sous-bois, une bouche d'une belle finesse, délicate, gourmande, bien fruitée, une pointe d'élégance en sus.

– *Dégustation de décembre 2009*

17,5 – Fruits noirs, nez de vin jeune, note cassis, bouche fraîche, jeune, plus consistante que le 2001, tanins veloutés, élégant, savoureux, belle qualité des tanins et milieu de bouche bien garni.

Millésime 2003

– *Dégustation d'avril 2004*

15,5 – Nez bien fruité, bouche tendre, toujours ce charme incomparable qui est la signature du cru, tanins soyeux mais sans la densité de l'an passé. Reste un très joli vin d'une belle élégance.

– *Dégustation de décembre 2009*

15,5 – Raisin écrasé, assez frais, bouche onctueuse, moelleuse, pas mal d'alcool mais doux, fianle sur des tanins un peu sévères, bonnes saveurs.

Millésime 2004

– Dégustation d'avril 2005

16,5 – Annoncé à vendre depuis quelques années, mais toujours propriété des frères Theil. Un très joli nez rappelant les margaux, cerise, petits fruits rouges, bouche tendre, élégante, tanins soyeux, pas de faiblesse dans cet univers délicat et fruité. Belle bouteille à boire dans son adolescence pour sa fraîcheur et son fruit.

– Dégustation de décembre 2009

16 – Nez jeune, fruits noirs, bouche souple, bien fondue, chocolatée, tendre, bien fruité, bonne longueur, un vin à boire assez jeune, bien équilibré, pas très dense mais gourmand.

Millésime 2005

– Dégustation d'avril 2006

16 – Fruits rouges, cerise, bouche tendre, élégante, fraîche et fine. Les tanins sont discrets et fins, tendant une toile ténue mais solide qui sert de support au fruit.

– Dégustation de décembre 2009

17 – Nez fermé, bouche droite, garnie, tendue, vive, tannique, un peu hermétique, se rapproche du style margaux, long, frais droit.

Millésime 2006

– Dégustation d'avril 2007

16,5 – Nez grillé, café, épices, fruits noirs, bouche tendue, fraîche, élégante, petits tanins serrés, bon fruit, droit, finale vive, bien fruité. Un style différent plus ferme, soyeux.

– Dégustation de décembre 2009

17 – Fruits noirs, sous-bois, bouche douce, ronde, tendre, veloutée, bien garnie, dense, tanins fondus de qualité mais serré, joli 2006 sans dureté, frais et tendu.

Millésime 2007

– Dégustation d'avril 2008

La famille Theil a cédé ce beau domaine à Philippe Cuvelier. La gestion technique du domaine est confiée à l'équipe Nicolas Thienpont et Stéphane Derenoncourt.

14,5/15 – Cerise, bouche ronde en attaque, un peu serrée en finale, matière légère, joli fruit.

– Dégustation de décembre 2009

15 – Encore boisé, nez pas très ouvert, bouche ronde, soyeuse, tendre, bien fait pour le millésime, élégant, savoureux, joli 2007, bien tourné vers le fruit. À boire jeune.

Archives

– Dégustation du 16 décembre 2009

Millésime 1921

15,5 – Des notes florales et agrumes, caramel, bouche ronde, douce, encore assez jeune, sans dureté, les saveurs sont celles d'un très vieux vin avec la vieille boîte à épices, le boisé un peu fagot, mais ça tient encore bien la distance, bonne longueur.

Millésime 1924

14 – Truffe, cerises à l'eau-de-vie, cire, bouche ronde, souple, sans dureté, au bout du rouleau, tanins fatigués mais encore de bonnes saveurs, sucrosité.

Millésime 1928

Couleur noire étonnante, rien à voir avec les deux précédents qui sont vermillon, brique flammée. Lui est un vin noir. Le nez fait un peu bouillon de bœuf, bouche puissante et rustique.

2e bouteille

15,5/16 – Nez vanillé, jeune, toujours cette robe noire, épices, truffe noire, bouche puissante et veloutée, très serrée mais sans dureté, d'une jeunesse étonnante, finale sur les tanins, vin d'une grande densité dont on imagine qu'il devait être assez dur à boire jeune, les tanins sont plus que serrés en finale. La bouche sèche mais les saveurs sont très fraîches.

Millésime 1929

14 – Nez assez fermé, chocolat noir, alcool, bouche douce, veloutée, moins de définition que le 28, mais plus solaire, plus merlot mûr, finale cacao, structure encore assez jeune, finale rugueuse, alcool.

Millésime 1937

12 – Nez un peu piquant, caramel, cuir, tabac, assez riche, bouche évoluée, commence à prendre des notes fagot, sèche en finale.

Millésime 1943

Non noté – Nez piquant, colle Scotch, bouche vive, tendue, usée.

Millésime 1945

16,5/17 – Nez assez frais, mandarine, cerises en bocal, bouche douce, de la matière, peu usée, tendue mais sans dureté, un fruité assez frais de cerise cuite, tarte aux fruits rouges, gelée, note chocolat au lait en finale, vin à maturité, peu usé, droit.

Millésime 1947

15,5 – Épices, fruits noirs, note de cire, coing, bouche gelée de coings, riche en saveurs, moins distingué que le 45, mais plus solaire, puissant, finale pruneau.

Millésime 1949

13 – Nez peu ouvert, un peu d'alcool, bouche ronde, onctueuse, bonne structure en première séquence, plus osseux ensuite, les saveurs sont en perdition sur cette bouteille.

Millésime 1952

12,5 – Épices douces, caramel, bouche ronde, assez fondue, élégante, droite en première partie, la finale est plus délicate, un peu fatiguée.

Millésime 1955

16 – Nez puissant, solaire, chocolat, mandarine, des notes agrumes à l'oxygénation, bouche chocolatée, longue, puissante, vin gras, généreux, moelleux en pleine maturité, juste la finale qui commence à se durcir.

Millésime 1957

14,5 – Nez sous-bois, feuille morte, noté épicée, grillée, bouche tendre, peu usée, assez vive, du fruit, un vin encore agréable, de bonne tenue, avec un pointe de sécheresse en finale.

Millésime 1959

14,5 – Fermé, alcool, bouche douce, confiture de prune, solaire mais un peu séché, tanins assez délicats, de la fraîcheur, la finale est un peu dure mais on retient surtout le côté savoureux et généreux.

Millésime 1960

13 – Robe un peu usée, nez fuyant, fruits rouges au départ, bouche très muée, du moelleux en première séquence, finale asséchante. Vin fatigué, présent pour le souvenir.

Millésime 1961

Non noté – Bouteilles défectueuses, le bouchon gâte la fête. Un très beau vin derrière.

Millésime 1962

12,5 – Verdeur, persil au premier nez, bouche ronde, soyeuse, douce, tanins bien fondus, beaucoup de douceur, mais les saveurs sont un peu parties.

Millésime 1964

16 – Pruneau, armagnac, presque une sensation de boisé, bouche veloutée, onctueuse, vin très solaire, ample, large, savoureux, on pourrait le confondre à l'aveugle avec un 59 ou un 47.

Millésime 1966

13,5 – Nez discret, bouche vive, tendue, serrée, un peu sur l'acidité, assez frais, très en contraste avec le 64.

Millésime 1970

13,5 – Alcool, épices, bouche généreuse, large, tanins très fondus mais de la fraîcheur, finale un peu osseuse, le vin est très mûr, un peu sur le déclin, sans doute une récolte généreuse.

Millésime 1975

13 – Nez jus de rôti, à l'aération fougère, feuillage, cacao, taille-crayon, graphite ; en bouche, c'est assez sensible, mine de crayon. Finale séchante.

Millésime 1977

Non noté – Herbacé, tout à fait dans l'esprit du millésime !

Millésime 1978

Non noté – Nez fermé, bouche tendue, dure, assez acide, tanins de verdeur.

Millésime 1979

Non noté – Pas net, bouchon, pollution ?

Millésime 1980

Non noté – Nez fermé, bouche ronde, un peu évoluée, manque de chair. Fluide.

Millésime 1981

13 – Huître, marin, bouche chocolatée, assez évoluée, un peu fluide, léger, tendre.

Millésime 1982

15/15,5 – Net, frais, bouche ronde, onctueuse, un peu séchante en finale, mais bonne matière, assez riche, du volume, bonne longueur.

Millésime 1983

17 – Nez cacao, agrumes, bouche savoureuse, des notes fruitées, assez fraîches, bonne longueur, un fruité agréable qui rappelle un peu les saint-julien, raffiné, beaucoup de fraîcheur.

Millésime 1984

Non noté – Nez pas très net, liégeux, évolué, bouche tendre, assez fluide.

Millésime 1985

12 – Nez assez évolué, bouche fluide, souple, tendre, dilué.

Millésime 1986

14,5/15 – Fruits noirs, assez jeune au nez, vanillé, tendre en bouche, délicat, frais, bien fondu, bonne tenue, droit, bien mûr, agréable.

Millésime 1988

16,5/17 – Fruits noirs, truffe, un peu pauillacais, cassis à l'aération, frais, dense, tendu, belle matière généreuse et souple à la fois, vin très élégant, classique bordeaux, belle acidité, long. Très joli vin de repas.

Millésime 1989

16 – Chocolat, assez solaire, lichen, fruits noirs, bouche onctueuse, généreuse, moins précis que le 88, mais séduisant par ses saveurs cacaotées, large, ample, savoureux.

Millésime 1990

15 – Nez puissant, piquant, goudron, un peu évolué, bouche généreuse, ample onctueuse, beaucoup de saveurs, commence à sérieusement évoluer, à boire avant qu'il ne sèche. Bouteille défectueuse ? J'en ai déjà dégusté de meilleures.

Millésime 1991

14,5 – Cassis, fruits noirs, assez frais, une note de poivron, bouche ronde, souple, agréable. Plaisant.

Millésime 1992

13 – La première année où l'on a pratiqué des saignées. Nez épicé, grillé, bouche souple, finale séchante.

Millésime 1993

14,5 – Nez fermé, fruits noirs, bouche ronde, un peu évoluée, belles saveurs, épices, douces, chocolat, très agréable, à pleine maturité, plaisant à boire aujourd'hui.

Millésime 1994

13,5 – Fermé, feuillage, bois, bouche tendue, serrée, manque un peu de maturité, note noix de coco, un peu séchant en finale.

Millésime 1995

16 – Réducteur, viande grillée, bouche ronde, onctueuse, serrée, dense, tendue, finale encore tannique, puissante, savoureuse, joli vin de caractère, finale tendue.

Millésime 1996

15 – Viande rôtie, fruits rouges, bouche généreuse, bien fondue pour un 96, la finale est assez vive mais de bonnes saveurs, n'a pas encore atteint sa maturité, vivacité, un peu d'austérité, même.

Millésime 1997

14 – Chocolat noir, vanille, marqué par le bois, bouche souple en attaque, un peu plus ferme ensuite, acidité basse, le boisé est peu fondu, la finale commence à sécher, alcool.

Millésime 1998

15 – Pas très ouvert, viande rôtie, bouche puissante, peu fondue, dense, serrée, assez peu ouvert, austère, une assez belle matière mais un petit manque en milieu de bouche.

Millésime 1999

13 – Vanille, nez encore fermé, une pointe de volatil, bouche fermée, manque de chair, un peu séchante en finale.

Margaux

Margaux, pour beaucoup, c'est d'abord un très beau et très grand château : le premier cru classé Château Margaux. Mais c'est aussi et sans doute davantage, pour tous ceux qui n'ont pas les moyens de se l'offrir, une quantité d'autres crus plus ou moins abordables, qui forment, réunis, l'appellation contrôlée margaux. En tout, soixante-quatorze propriétés sur 1 413 hectares. C'est le bas du Médoc, l'appellation communale la plus au sud de la « péninsule » médocaine, la plus proche de Bordeaux. Les amateurs studieux savent qu'ils sont vingt et un domaines à bénéficier du titre de cru classé depuis le fameux classement historique de 1855. On peut produire du margaux sur cinq communes, mais dans des zones bien délimitées : Margaux, Cantenac, Soussans, Arsac et Labarde. En principe, seuls sont retenus les sols de graves garonnaises, sur un plateau central de 6 kilomètres de longueur sur 2 kilomètres de largeur. Les graves de margaux ont été étalées en nappe par un cours antérieur de la Garonne au quaternaire ancien. De belle taille, elles sont associées à des galets de dimensions moyennes. Cette nappe préhistorique repose sur un socle tertiaire calcaire ou argilo-marneux. Le cépage petit-verdot y est davantage présent que dans les autres appellations.

Boyd-Cantenac

3e cru classé
Surface : 17 ha
Propriétaire : Famille Guillemet
Contact : Lucien Guillemet
11, route Jean-Faure-Cantenac
33460 Margaux
05.57.88.90.82
www.boyd-cantenac.fr

« Venez armé, l'endroit est désert ! » avait répondu Tristan Bernard à un ami qui lui demandait des places pour assister à la représentation d'une de ses pièces. On aurait donné à peu près le même conseil, dans les années 90, à quiconque aurait souhaité visiter Boyd-Cantenac. Mais « quiconque » ne demandait rien. Personne ne visitait. Pierre Guillemet, le papa de Lucien, détestant les importuns, s'était forgé la réputation du plus mauvais caractère du Médoc. Réputation qu'il entretenait soigneusement. Boyd et Pouget, l'autre cru de la famille, semblaient des forteresses impénétrables où d'ailleurs aucune salle de réception n'était aménagée. Tout cela a bien changé depuis nos premières tentatives et notre première rencontre avec Lucien Guillemet, juste après son retour à la propriété. Je n'irai pas jusqu'à affirmer que Lucien possède la souplesse d'un concierge de palace cinq étoiles habitué aux caprices des stars, mais du moment que l'on ne tente pas de lui expliquer son métier, il accueille, fait déguster, commente. Mépris des clichés et de la langue de bois, sens de l'humour et de la formule courte et pimentée. Celle-ci, une mes préférées, à propos du mildiou : *« Moralité : chassez le naturel, il revient au mois d'août ! »* Ou encore, à propos de la mode des vins très concentrés mais issus de terroirs moyens : *« Les vins de garage, c'est comme les tentes de camping : quand on enlève la toile, il ne reste que les piquets. »*

Visiter Boyd chaque année constitue pour moi un moment indispensable.

Jusqu'en 1995, Boyd-Cantenac et son jumeau Pouget ont été travaillés « à l'ancienne » par Pierre Guillemet, donnant des vins d'une grande régularité, mais peut-être pas à la complète mesure du terroir. *« J'ai repris les domaines progressivement, depuis 1996,* raconte Lucien. *De 1978 à 1991, je m'occupais de la partie technique à Giscours. Après, je suis parti faire des expertises pour les assurances et les tribunaux dans des cas de litige. Du conseil en propriété, aussi. Je continue aujourd'hui. On voit plus large quand on est dehors. Sur un domaine, on est le nez dans le guidon. Il ne faut pas rester tout le temps chez soi, sinon on finit par limiter le monde aux bornes de sa propriété. J'ai connu. C'était courant à une époque. »* Les vins de Boyd ont du caractère, et des tanins souvent en abondance qui leur confèrent une agressivité de jeunesse compensée par un fruité très marqué.

Second vin : Jacques Boyd

Millésime 2000

– *Dégustation d'avril 2001*

14,5 – Nez cerise écrasée, bouche tendre en attaque, tanins veloutés, se resserrant ensuite pour devenir musclée, puissante et dense.

Millésime 2001

– *Dégustation d'avril 2002*

62 % cabernet-sauvignon, 30 % merlot, 8 % petit-verdot. *« Nous avons fait 38 hl/ha sans le vouloir. Avec l'humidité de l'année dernière, nous avons eu, en avril, une attaque d'escargots. Après, on a voulu bien travailler et on a sans doute trop éliminé »*, commente Lucien Guillemet, qui a choisi de ne pas pousser trop loin l'extraction : *« C'était une année où il était facile de faire des choses végétales. »*

15,5 – Nez épicé, fraise cuite, joli fruit, bouche dense, assez tannique, trame serrée mais sans aspérités, bouche longue, charnue, moins gourmande que Pouget, mais plus en finesse.

Millésime 2002

– *Dégustation d'avril 2003*

78 % cabernet-sauvignon, 2 % petit-verdot, 20 % merlot.

15 – Nez très fruits rouges, framboise, bouche soyeuse, tanins enrobés et fins, bonne longueur, bien équilibré, bonne expression du fruit. Un style margaux classique.

Millésime 2003

– *Dégustation d'avril 2004*

« *On n'est pas dans les racines !* » explique Lucien Guillemet. « *On ne sait jamais comment la plante peut réagir, et cela autorise beaucoup d'interprétations. Il y a eu cette année une diffusion d'idées partout et dans tous les sens. À écouter la rumeur, il n'y avait pas d'extractibilité, pas de matière colorante, pas de parfum, pas d'acidité. Certains ont pris peur et ont commencé à ramasser. Sur margaux, les gens ont attendu et finalement les nuits ont commencé à fraîchir et la vigne a fabriqué des parfums. Vers les 6 et 7 septembre, il a plu. Cela a fait le bonheur des sauternes, mais nous étions, nous, inquiets. Il n'y a cependant pas eu de pourriture, et les acidités sont normales.* » Deux tiers de cabernet-sauvignon, le reste en merlot, avec un « soupçon » de cabernet franc et de petit-verdot.

15 – Nez très frais de cerise, fraise, bouche souple, bien vive, fruits rouges. Un margaux bien tendu, qui ne laisse pas imaginer que c'est une année de chaleur.

Millésime 2004

– *Dégustation d'avril 2005*

Lucien Guillemet : « *Le cabernet aime à mûrir lentement. Il se débarrasse des pirasines, qui donnent le goût végétal de poivron vert, et se charge en arômes et en matière colorante. 2004 est une des plus longues périodes de maturation de notre histoire viticole. C'est aussi pour cela que j'ai choisi de mettre un peu plus de bois neuf, pour avoir un bon effet oxygénant qui stabilise la couleur et enrobe les tanins.* » Les vendanges ont duré environ un mois, du 28 septembre au 25 octobre. « *On a eu de la chance, car l'été fut moyen, mais septembre a fait le moût.* » 66 % cabernet-sauvignon, 27 % merlot, 7 % petit-verdot. Le vin est élevé dans 80 % de barriques neuves.

17 – Sans doute le meilleur Boyd que nous ayons goûté. Des arômes de prune rouge et de violette, une bouche souple, des tanins bien enrobés mais serrés, rondeur et densité. La finale, très longue, est amplifiée par la présence tannique.

Millésime 2005

– *Dégustation d'avril 2006*

Nous écrivions l'an passé que le 2004 était sans doute le meilleur Boyd que nous ayons goûté. Copier/coller pour qualifier le 2005. Lucien Guillemet : *« Tous les indices indiquaient que nous étions sur un millésime précoce et on a vendangé très étalé dans le temps, du 26 septembre au 21 octobre. En fin de compte, c'est plutôt tardif. La véraison* [les grains passent du vert au rouge] *était en avance, mais la maturation fut longue et cela plaît bien au cabernet. »* Lequel cabernet-sauvignon entre pour 66 % dans la composition du vin, aux côtés du merlot, 27 %, et du petit-verdot, 7 %. Devant une matière aussi intense, Lucien Guillemet a opté pour un élevage en barriques neuves à 100 %. Cela ne se sent pas à la dégustation. *« On a sans doute par le passé connu des années semblables, mais on n'avait pas la maîtrise technique d'aujourd'hui, c'est ce qui me fait dire que 2005 est peut-être le meilleur millésime qui ait jamais existé. »*

18 – Fruité cerise, prune rouge, violette, rose, belle attaque large, voluptueuse où on prend toute la dimension du fruit et des tanins mûrs et veloutés. La seconde séquence place la fraîcheur sur le devant, la structure tannique devient délicate, fine, très margalienne. Une densité qui n'est jamais envahissante. Très joli vin.

Millésime 2006

– *Dégustation d'avril 2007*

« Une des caractéristiques de 2006, c'est la connerie des fonctionnaires du Service de protection des végétaux, qui ont dit aux vignerons : il fait chaud, le mildiou est HS, ne traitez plus contre le mildiou. C'était en juillet chaud et sec, et le mildiou s'est installé en août. Moralité : chassez le naturel, il revient au mois d'août ! » Le mildiou s'attaque aux feuilles : *« Donc, beaucoup de récoltes se sont faites de façon précoce car il n'y avait plus de feuilles, du mildiou et du botrytis. Là où c'était sain, il y a eu une bonne maturation, notamment à Margaux, dans le sud du Médoc, où il a moins plu. »* Les vendanges se sont étalées à Boyd et à Pouget, entre le 26 septembre et le 18 octobre. 64 % cabernet-sauvignon, 31 % merlot, 5 % petit-verdot.

16/16,5 – Fruits noirs, salade de fruits, bouche soyeuse, joli grain de tanins, vivacité, fraîcheur, bon équilibre, bonne longueur.

– Dégustation d'avril 2008

16,5 – Nez bien fruité, bouche vive élégante, fraîche, épicée, longue, tanins serré mais pas sec, bonne longueur, finale sur les fruits rouges, classe.

Millésime 2007

– Dégustation d'avril 2008

« On avait un vignoble et un feuillage en bon état, on a vendangé tard », résume sobrement Lucien Guillemet. 66 % cabernet-sauvignon, 29 % merlot, 3 % petit-verdot, 2 % cabernet franc. 100 % bois neuf comme souvent. *« Il me semble qu'en termes de structure il y a un effet net, une noblesse apportée aux arômes et à la structure. On y est venus progressivement. Des années comme 1998 ou 1999 n'étaient pas 100 % bois neuf... Dans la mesure où le vin le supporte, c'est une bonne chose. »*

On goûte le cabernet-sauvignon pur, vendangé du 15 au 19 octobre. Il paraît sucré (sucrosité apportée par le bois), dense, élégant, tendre, très fin. À côté, le merlot est un peu pataud. Le cabernet allonge l'ensemble.

16 – Grillé, café, boisé, souple, rond, gourmand, long, bien fruité. Bon fruit.

– Dégustation d'avril 2009

16,5 – Épices, fruits rouges, bouche ronde, souple, douce, bien garnie, longue, finale relevée, un peu poivrée.

Millésime 2008

– Dégustation d'avril 2009

Dégustation pédagogique avec Lucien Guillemet, qui nous fait goûter les vins par cépages. Si les merlots se montrent fermes, un peu rustiques même et pas très longs, les cabernets francs se révèlent puissants, aromatiques et très persistants. Mais ce sont les cabernets-sauvignons qui dominent par leur élégance et la finesse de leurs tanins. La vendange a débuté le 6 octobre par les merlots et s'est achevée par les cabernets, fin octobre. Ces derniers, plus résistants et plus tardifs que les merlots, ont profité de cet été indien. Boyd est composé de 80 % cabernet-sauvignon, 12 % merlot, 8 % petit-verdot.

16,5 – Floral, fruits confits, bouche veloutée, souple, tanins gras, assez serré, construit, bonne matière.

– *Dégustation d'avril 2010*

17 – Fruits noirs, épices, bouche dense, tannique, serrée, belle matière, serrée, épices, tendue, beaucoup de matière, assez viril à ce stade, vin dynamique, assez flamboyant, un très beau fruit couvre les tanins en finale.

Millésime 2009

– *Dégustation d'avril 2010*

Lucien Guillemet : « *La chance que nous avons eue, c'est une arrière-saison qui n'en finissait pas. Le cabernet adore ça. On a commencé le 2 octobre, on a eu des merlots assez frais, ce ne sont pas des merlots qui ont un goût de pruneau avec des tanins acres, mais c'est aussi une affaire de terroir. Dans les sols trop sableux, ils ne se comportent pas comme dans les graves. Quand les températures sont trop élevées, on arrive à ces arômes de vielle confiture de prunes. Quand en plus vous tutoyez les 14,5/15°, vous avez des extractions de choses pas toujours mûres, maigres, acres. Car l'alcool favorise l'extraction.* »

Assemblage : 77 % cabernet-sauvignon, 12 % merlot, 8 % petit-verdot, 3 % cabernet franc.

17,5 – Fruits noirs, sous-bois, bouche ronde, épicée, tendue, vive, très belle matière, tannique et tonique, grande élégance, très joli fruit. Long, épicé beaucoup d'éclat.

BRANE-CANTENAC

2e cru classé
90 ha
Propriétaire : Henri Lurton
Contact : Cantenac – 33460 Margaux
05.57.88.83.33
www.brane-cantenac.com

On entre ici au cœur du « Lurtonland ». Lucien Lurton, frère d'André (qui possède quelques joyaux en pessac-léognan), oncle de Pierre (qui dirige Cheval-Blanc et Yquem) connaît le terroir de Margaux presque mètre par mètre. Son grand-père avait acheté Brane en

1925 et lui n'a cessé d'agrandir la collection, totalisant une dizaine de châteaux, autant qu'il eut d'enfants. Tous n'ont pas fait carrière dans le vin, mais peu s'en faut. En 1992, Lucien a procédé au partage, ce qui fait que l'on retrouve les rejetons de la nouvelle génération aux quatre coins du vignoble bordelais. Mais c'est à Margaux que la densité de Lurton est la plus forte (Durfort-Vivens, Desmirail, entre autres). Henri a hérité du joyau, à la condition cependant de lui redonner son lustre d'antan. Car si Brane eut autrefois une très forte réputation, celle-ci s'était quelque peu ternie pendant les années de crise. Lucien Lurton avait mené de front bien des batailles : acquérir des propriétés quand celles-ci ne valaient pas grand-chose, ce qui fut le cas jusque dans les années 80, faire fonctionner une entreprise de négoce qui assurait la trésorerie de l'ensemble, maintenir les propriétés et les vignobles en état de marche. Aux successeurs d'assurer brillance et notoriété. C'est ce qu'a entrepris avec succès Henri. Nouveau chai équipé de cuves plus petites permettant une meilleure sélection de la vendange, réduction des rendements, volume restreint de premier vin, étude des sols et sous-sols (ce qu'avait déjà commencé son père avec le professeur Seguin), arrachage et replantation avec de meilleurs plants, etc. Depuis les millésimes 95, 96, Brane a changé d'allure. Vin d'une grande finesse mais parfois un peu mince, disait-on avant. Il a conservé la finesse tout en gagnant en plénitude, en densité. Le millésime 2000 ouvrait la porte du nouveau millénaire avec grâce et certitude.

Par un subtil jeu de transmissions et de partage familial auquel même les acteurs principaux n'ont l'air de comprendre goutte, Brane a été amputé de 22 hectares partis rejoindre deux autres crus lurtoniens, Desmirail et Durfort-Vivens. Période de tension au sein du groupe, qui en a vu d'autres. Mais le cœur de la propriété n'a pas bougé.

Avec Henri, ce terroir exceptionnel, un des plus beaux exemples de graves profondes, référence absolue des professeurs de pédologie de l'université de Bordeaux, a atteint le nirvana. Passionné par les sols et leur adéquation avec la plante, Henri a tout misé sur l'étude de ceux-ci, n'hésitant pas, au fil de ses découvertes, à chambouler l'ancestral ordonnancement des cépages. Ses doutes, ses hésitations ont enrichi le vin, l'ont transcendé. Mais comme l'explique Henri, avec les grands terroirs, rien n'est jamais acquis : « *Les crus classés ont 150 ans. Ce n'est rien comparé aux bourguignons : on n'a pas encore assez de recul par rapport au terroir. Nous avons fait déjà un important travail sur les parcelles et ce travail nous a permis d'avancer. On a finalisé les analyses de sol. Nous avons fait plusieurs centaines de fosses pour voir de plus près et cela nous guide pour les futures plantations. Pour un cru comme le nôtre, il vaut mieux raisonner en termes de terroir qu'en termes de cadastre ancien. Aujourd'hui, il y a des parcelles classées en 1855 qui ne sont pas très qualitatives et qui ne figurent pas dans le grand vin. Mais, en revanche, nous en avons récupéré d'autres, meilleures.»* Le garçon étant d'un genre un peu perfectionniste, le mot fin n'est pas près de s'inscrire au générique de Brane.

Second vin : Baron de Brane

Millésime 2000

– *Dégustation d'avril 2001*

« Sur les meilleures graves de Brane, la maturité s'est faite très tôt, mais avec des peaux très épaisses, et il a fallu attendre le début des pluies pour les voir s'affiner », raconte Henri Lurton, que le millésime a surpris. *« Je ne me souviens pas d'avoir eu connaissance de quelque chose d'aussi homogène depuis 1982. Les merlots ressemblaient aux cabernets-sauvignons. C'est la première année où je n'avais aucune idée d'assemblage avant de vinifier. On a des super-merlots, au niveau de 98, et je crois que les cabernets-sauvignons des terroirs précoces ont un petit truc en plus que ceux de 96. »* 55 % cabernet-sauvignon, 42 % merlot, 3 % cabernet franc.

18 – Nez de cerise chaude, prune, violette, puissant, expressif et changeant. Bouche très suave, une matière dense, mais avec toujours cette élégance et ce raffinement. La trame est cette fois un peu plus serrée.

– *Dégustation d'avril 2002*

18,5 – Réglisse, floral rose, lilas, bouche élégante, tanins délicats, croquants, vin d'une sublime finesse et très construit, finale relevée, longue.

16,5 – **Baron de Brane** est aussi un grand moment, plus en rondeur, plus gras, un séducteur.

Millésime 2001

– *Dégustation d'avril 2002*

En 2001, la partie était plus difficile pour Henri Lurton, qui a eu plus de mal à conduire ses cabernets-sauvignons à la pleine maturité. En revanche, il accorde droit de cité à ses francs, qui entrent pour 10 % dans l'assemblage final et apportent un fruité délicat. Le taux de merlot est assez important, 50 %, tandis que le cabernet-sauvignon complète à hauteur de 40 %. L'ensemble de la propriété a produit 36 hl/ha, ce qui est assez peu.

16,5 – Des arômes floraux et cerise burlat, bouche dense, trame serrée, pas d'astringence mais pas d'éclat non plus, un vin très séveux, ferme, solide, bien construit, parfaitement équilibré, nettement plus sévère que l'an passé.

Millésime 2002

– *Dégustation d'avril 2003*

Henri Lurton : « *On a un peu plus de cabernets-sauvignons que les autres années. Quand on introduisait des merlots de qualité dans l'assemblage, c'était toujours les cabernets qui prenaient le dessus. Les francs étaient aussi supérieurs aux merlots. L'explication, c'est que, durant septembre et début octobre, les merlots n'ont pas évolué alors que les cabernets ont poursuivi leur maturation. En revanche, ils ont apporté du gras, ce qui les a tout de même rendus intéressants. Mais on a mis presque un mois à réaliser cet assemblage.* » 65 % cabernet-sauvignon, 6 % cabernet franc, 29 % merlot.

18,5 – Des notes mentholées, résine, presque garrigue se mêlent aux fruits rouges, une qualité de tanins exceptionnelle en bouche, de la soie et une trame sans faille. Un vin puissant et élégant à la fois doté d'un fruité complexe.

Millésime 2003

– *Dégustation d'avril 2004*

Henri n'est pas, à l'oral, sans nous rappeler certains moments de Patrick Modiano chez Bernard Pivot au bon temps d'*Apostrophes*... Ayant pris la précaution d'accumuler enseignements, dégustations et visites, nous ne nous rendons pas à Brane sans biscuits. Ainsi pouvons-nous sans difficulté achever certaines phrases restées en suspens. « *En termes de connaissance du terroir, c'est une année exceptionnelle. On pouvait lire le sous-sol et les enseignements des géologues, qui ont travaillé sur la propriété, simplement en regardant les vignes, et en goûtant les raisins, au rang près, au mètre près.* » Ce fut, à l'en croire, son travail essentiel cette année. Henri, qui se définit comme « *non interventionniste* », a surtout cherché les bonnes dates de vendanges suivant l'état du raisin : « *C'est sur le plateau, là où nous avons nos meilleurs terroirs de graves, que la vigne a le mieux tenu, car les raisins ont en sous-sol des réserves argileuses de qualité. En fait, il y a un enracinement diffus et peu profond. Seules quelques racines vont en profondeur et atteignent ce qu'on pourrait appeler le garde-manger, les zones plus compactes où l'argile se mêle à la grave. Quand on a, comme en 2003, un gros coup de chaleur, le système se bloque en surface et ce sont ces rares racines profondes qui prennent le relais. On le voyait en passant dans les rangs : quand, au labour, on avait coupé ces racines profondes, la plante crevait immédiatement. De même, nos plants très jeunes, qui n'ont pas encore développé ce système racinaire, sont morts et nous avons dû les remplacer.* » L'assemblage final de Brane comprend 65 % de cabernet-sauvignon, 5 % de cabernet franc, 30 % de merlot.

17 – Des arômes de poivre et d'épices mêlés de notes réglissées, violette et sureau, la bouche est tout en douceur, tanins soyeux, délicats, ronds. Une sensation de limpidité et de fraîcheur domine la dégustation, même sur la fin de bouche où la note réglissée revient en surface.

Millésime 2004

– *Dégustation d'avril 2005*

Comme toujours, la sélection a été impitoyable et Henri Lurton n'a retenu que 37 % de la récolte pour faire du Brane. « *Les jeunes vignes avaient des rendements trop élevés. On a fait tomber de la vendange, mais il fallait en laisser, sinon la vigne produit du bois, de la branche. Il faut penser au millésime, mais aussi à l'avenir.* » 67 % cabernet-sauvignon, 28 % merlot, 5 % cabernet franc.

17 – Mûre, fruits noirs, bouche ronde, soyeuse, la structure élégante des grands margaux de Cantenac, tanins doux et fermes, long mais un peu refermé quand nous l'avons dégusté.

Millésime 2005

– *Dégustation d'avril 2006*

C'est un Henri Lurton fatigué et légèrement plus à l'ouest que de coutume qui nous accueille : « *On a reçu 3 000 personnes cette semaine !* » Pendant cinq jours, en effet, ce fut le défilé au château de tout ce que le monde du vin compte d'importants (plus ceux qui le pensent). Brane-Cantenac avait été désigné par ses pairs de l'Union des grands crus comme un des lieux où les dégustateurs venus du monde entier pourraient découvrir le nouveau millésime bordelais. Curieusement, cette année, Henri ne s'est pas tourmenté : « *Une année sans problèmes, avec un état sanitaire incroyablement parfait. L'assemblage était évident.* » Pour ceux qui le connaissent, cette dernière affirmation semble relever du faux grossier. Et pourtant, il insiste : « *Nous sommes vite arrivés à quelque chose qui était Brane et nous n'avons rien changé. C'était un peu l'année idéale. Toutes les parcelles étaient au plus haut niveau, l'assemblage s'est construit sur la qualité des tanins.* » 51 % cabernet-sauvignon, 43 % merlot, 6 % cabernet franc.

18 – Un vin tactile, un style particulier qui s'affirme au fil des millésimes, suavité, rondeur des tanins plus qu'éclat du fruit, bouche soyeuse, délicate, tout en douceur solide, on pense au satin ; les épices et les fruits rouges pourtant présents se font oublier au profit d'une structure en dentelle qui subjugue les papilles.

Millésime 2006

– *Dégustation d'avril 2007*

« *Début septembre, les avis étaient partagés. Beaucoup étaient inquiets et pensaient que l'été n'avait pas tenu ses promesses, mais les premiers contrôles de maturité étaient étonnants et comparables à ceux de 2005. Ce qui m'a marqué le plus, c'est cette résistance au botrytis du cabernet-sauvignon* », raconte Henri Lurton. La vendange s'est achevée vers le 7 octobre, et le grand vin ne comprend que 38 % de la récolte. Une sélection sévère mais assez habituelle ici, sur un vignoble qui se reconstruit peu à peu. L'assemblage final comporte 60 % de cabernet-sauvignon, 36 % merlot, 4 % cabernet franc.

17,5 – Cerise, chocolat, réglisse, note mentholée, bouche onctueuse, très douce, très beau grain de tanins veloutés, long, déjà gourmand, très fondu.

– *Dégustation d'avril 2008*

17/17,5 – Épices douces, violette, fruits noirs, bouche ronde, souple, élégant, bien tendu, long, frais, bonne matière, soyeux, très fin.

Millésime 2007

– *Dégustation d'avril 2008*

« *Pour moi, c'est un assemblage terroir. La marche d'escalier était beaucoup plus petite entre les bons et les autres.* » Certes ! En poussant un peu plus l'interrogatoire, nous avons obtenu ceci, qui paraîtra davantage précis au lecteur : « *Si les merlots devant le château étaient de superbe qualité, d'autres merlots qui entrent dans le grand vin d'habitude étaient trop en dessous. La précocité a joué. Les meilleurs, les plus précoces, ont mûri, les autres étaient sans grand intérêt. Les cabernets ont eu une maturité lente, de meilleure qualité. Les cabernets étaient plus homogènes.* » En espérant avoir traduit à peu près fidèlement.

Henri Lurton ajoute : « *Pour moi, ç'a été une année facile, intellectuellement.* » On redoute par avance l'année difficile !

26 % seulement de grand vin, qui est composé de 53 % cabernet-sauvignon, 8 % cabernet franc, 39 % merlot.

17 – Le nez est un peu fermé, rond, souple, moelleux, beaucoup de gourmandise, fruits noirs et sensation veloutée, sur une structure longue et droite.

– *Dégustation d'avril 2009*

16,5 – Nez cerise noire, bouche moelleuse et douce, rond, gras, frais, note moka, très beaux tanins soyeux et doux, long.

15 – **Baron de Brane.** Café, chocolat, bouche douce, chocolatée, plein, assez tannique, un peu fermé.

Millésime 2008

– *Dégustation d'avril 2009*

34 % de grand vin, 45 hl/ha. Vendangé du 1er au 17 octobre.

Dégusté trois fois, Brane, lors de l'ultime présentation, nous a semblé gagner en moelleux mais sans atteindre la plénitude à laquelle ce cru nous avait habitué des dernières années. 70 % cabernet-sauvignon, 28 % merlot, 2 % cabernet franc.

15,5 – Nez fermé, bouche ronde, suave, tendu, réglisse, petits tanins fermes, très serré, avec un note un peu végétale en finale.

14,5 – **Baron de Brane**. 58 % cabernet-sauvignon, 2 % franc, 40 % merlot. Cassis, floral, framboise, bouche, ronde, douce, bien fruitée, violette, bien frais, finale très fruitée. À boire jeune, sur son fruit.

– *Dégustation d'avril 2010*

15,5/16 – Moka, bouche souple, assez soyeuse, très douce, souple, très en finesse au point de manquer un peu d'épaisseur en milieu de bouche, un vin tout en longueur.

14,5 – **Baron de Brane**. Fruits noirs, note de grillé, bouche fondue, souple, ronde, gourmande, bien fruitée.

Millésime 2009

– *Dégustation d'avril 2010*

Henri Lurton : « *Pour moi, ce n'étaient pas des vendanges très simples, car il fallait trouver le bon moment. Je me suis lancé un moment sur les merlots très précoces et on était presque en surmaturité ; du coup, j'ai avancé la suite de deux jours, avec toujours ce souci de garder la fraîcheur. On peut très vite perdre en fruit, on a du mal à quantifier, il faut prendre des risques et avoir le courage de démarrer plus tôt. J'ai une partie en conversion bio depuis cette année.»* 53 % cabernet-sauvignon, 7 % cabernet franc, 40 % merlot.

16/16,5 – Olive, fruits noirs, petite note de cassis, on est beaucoup sur le plateau, bouche souple, bien fondue, fraîche, assez léger en milieu de bouche frais, tendre, en finesse.

14 – **Baron de Brane**. 58 % merlot, 42 % cabernet-sauvignon. Fruits noirs, épices, cassis, bouche tendre, souple, bien fruitée, un peu vive, petite note végétale.

Cantenac-Brown

3e cru classé
Surface : 42 ha
Propriétaire : Simon Halabi
Contact : José Sanfins – 33460 Margaux
05.57.88.81.81
www.cantenacbrown.com

On le voit de loin. Brique rouge et pierre blanche, un monument anglais dressé et immense en terre médocaine, encore un peu plus incongru que la plupart des châteaux construits au XIXe siècle sur cette terre de pauvres où seule la vigne a créé de la prospérité.

En Médoc, les riches sont venus de l'extérieur. C'est encore plus vrai avec cette demeure de style Tudor bâtie par un peintre animalier, John Lewis Brown, fortuné, amateur de soirées brillantes, peut-être même légèrement coquines.

Le domaine a ensuite changé plusieurs fois de mains avant d'être repris et redressé par le groupe Axa en 1989 (grâce au rachat de la Compagnie du Midi par Axa). *« C'était en ruine quand Axa a acheté »*, commente José Sanfins, l'homme qui a largement contribué à la remontée en qualité de Cantenac.

Simon Halabi, Britannique d'origine syrienne qui a fait sa (grosse) pelote dans l'immobilier (considéré comme l'un des dix hommes les plus riches du royaume), s'est offert ce cru classé en 2005.

Longtemps considéré comme le « rustique » des margaux, Cantenac-Brown a peiné pour trouver ses marques. Vinifié dans un style qui favorisait l'extraction, il faisait figure de hussard perdu au stand des petits rats de l'Opéra.

Cantenac-Brown se tient aujourd'hui parmi les meilleurs.

Avec le millésime 2006, le nouveau propriétaire a voulu confirmer cette appréciation en augmentant très sensiblement le prix. Après 2005, que tout le monde s'est arraché à prix d'or, ce n'était pas forcément une bonne idée. Le marché était « gavé » et pas vraiment prêt à faire un tel effort. C'est à travers de telles expériences que les nouveaux propriétaires apprennent à devenir des propriétaires anciens...

Second vin : Brio de Cantenac-Brown

Millésime 2000

– Dégustation d'avril 2001

« *Quand on est arrivés, on a travaillé sur les vins, c'était l'urgence,* confie José Sanfins. *Depuis cinq ans, on connaît mieux les parcelles et on vendange de façon plus adaptée. On peut se permettre de mettre l'accent sur le travail au vignoble.* » 45 % merlot, 50 % cabernet-sauvignon, 5 % cabernet franc.

15 – Nez de groseille, assez boisé, bouche souple, douce, très enrobée par des tanins veloutés très serrés. L'ensemble est droit, sans faiblesse avec un fruité assez explosif en finale.

– Dégustation d'avril 2002

15,5 – Joli nez de fruits au sucre, frais et complexe, bouche ample, dense mais des tanins fins, assez soyeux, l'ensemble s'est affiné au cours de l'élevage, le vin a gagné en fluidité et en élégance.

Millésime 2001

– Dégustation d'avril 2002

60 % cabernet-sauvignon, 40 % merlot. Rendements de 48 hl/ha, 50 % de grand vin élevé dans 50 % de barriques neuves.

15,5 – Nez d'épices et de mûre, bouche satinée, tanins enveloppants et très serrés. Vin un peu cistercien mais sans aspérités. Assez classe.

Millésime 2002

– *Dégustation d'avril 2003*

« Cette année, on a vendangé à la carte », raconte José Sanfins. *« On a commencé le 26 septembre pour finir le 12 octobre. Il faisait beau et les gens sont revenus sans problèmes. C'était une équipe sympa qui s'entendait bien, et on a pu arrêter quand on a voulu et redémarrer quand, dans une parcelle, les raisins semblaient mûrs. La table de trie vibrante nous a bien aidés à retirer toutes les impuretés. »* 66,5 % cabernet-sauvignon, 6,5 % cabernet franc, 27 % merlot. 50 % de barriques neuves.

16 – Nez puissant de sous-bois, confiture de cerises, cannelle, bouche moelleuse aux accents finement chocolatés, onctueux, doux, tanins aimables, beaucoup de saveurs.

Millésime 2003

– *Dégustation d'avril 2004*

« Quand on a vu la canicule s'installer, on a travaillé les sols à la portugaise – un bon binage vaut mieux que trois arrosages – et on n'a plus touché à la vigne pour ne pas la fatiguer », remarque José Sanfins. *« On n'a pas vu la plante souffrir, même si elle n'était pas gaillarde. Les vieilles vignes ont mieux supporté, et certains secteurs, Soussans, par exemple, ont bénéficié d'un peu plus de pluie que d'autres. On a eu le nez creux de vendanger sur quatre semaines, en étalant du 11 au 27 septembre. Pour les cabernets, il était urgent d'attendre, alors que les merlots commençaient à lâcher. »* Ici, les indices tanniques sont un peu inférieurs à ceux de 2002 : *« Il ne fallait pas aller trop loin dans les extractions. En 2002, on a vendangé tard, jusqu'au 12 octobre, les pépins étaient mûrs, pas en 2003. On ne voulait pas récupérer de la verdeur. »* L'assemblage final comporte 65 % de cabernet-sauvignon et 35 % de merlot. Le second vin, baptisé Brio en remplacement de Canuet, *« pour rajeunir la marque »*, est remarquable : note de violette et de chocolat, bouche grasse et ronde, très gourmande, à boire dans les cinq ans.

15,5/16 – Un nez bien parfumé, entre fruits noirs et sous-bois, bouche fruitée, tendre, élégante. Le côté gras, cette année lui confère de la gourmandise, sans tomber dans un excès méridional.

Millésime 2004

– *Dégustation d'avril 2005*

José Sanfins : *« C'est un millésime de sportif qui fait tousser le contrôleur de gestion. Il y a des vignes où il a fallu passer deux fois. On est dans le top de ce que l'on peut faire, mais ça n'a pas été tout seul. On a commencé le 28 septembre par les merlots, que l'on a cueillis en trois épisodes, en s'arrêtant à plusieurs reprises. On a terminé les cabernets le 19 octobre. Mais notre première cuve de merlot comme notre dernière cuve de cabernet figurent dans le grand vin. On en conclut que l'on ne s'est pas trop plantés dans les dates de vendanges…* » L'assemblage final comporte 62 % de cabernet-sauvignon et 38 % de merlot (tous les francs sont dans le second vin, Brio). 50 % de barriques neuves pour l'élevage.

17,5 – Gelée de mûres, cerise, violette ; bouche délicate, tanins garnis et bien enrobés ; solide, précis, bien équilibré, un fruité explosif. Un très beau margaux et un millésime qui fera référence pour cette propriété.

Millésime 2005

– *Dégustation d'avril 2006*

Simon Halabi n'a vraiment pas fait une mauvaise affaire. « *Depuis dix ans que l'on fait du bon vin, le négoce commence à apprécier. L'appellation a le vent en poupe et les négociants sont contents de trouver ce cru ouvert, sans lien particulier avec aucun d'entre eux, et dont ils savent que le nouveau propriétaire a envie d'aller plus loin.* » Le vignoble soigneusement remis en ordre montre aujourd'hui de quoi le terroir est capable et Simon Halabi a décidé cette année, en accord avec José, que seuls 50 % de la récolte feraient du grand vin. Bonne décision, car, pour du grand vin, en effet, c'est du grand. 65 % cabernet-sauvignon, 35 % merlot, élevage dans 50 % de bois neuf.

18,5 – Prune rouge, cerise, violette, tanins doux, soyeux, trame serrée, d'une grande fraîcheur, vin tendu mais sans dureté, très long. La rigueur et l'élégance.

Millésime 2006

– *Dégustation d'avril 2007*

Simon Halabi a visiblement décidé de faire de son cru un cheval de course : « *Avec Éric Boissenot, notre œnologue, nous lui avons soumis trois assemblages possibles, dont celui que vous goûtez qui nous semblait le plus qualitatif mais qui ne retient que 30 % de la récolte, et sans hésiter c'est celui-là qu'il a choisi* », raconte José Sanfins. Cela signifie que 70 % de la récolte ont été écartés du grand vin. C'est avec une partie de ce « solde » que sera constitué le second vin.

Autant dire que Brio n'est évidemment pas ce qu'on appelle d'ordinaire un second vin, mais plutôt une autre version de Cantenac.

Le grand vin, lui, est composé de 75 % cabernet-sauvignon, 25 % merlot.

18 – Framboise, rose rouge, bouche très dense, pleine, épicée, tanins onctueux et serrés, très belle trame, large et long, une sorte de condensé de margaux mais sans rusticité ni vulgarité, beau fruit en finale.

– *Dégustation d'avril 2008*

18 – **Cantenac-Brown**. Fruits noirs, épices, bouche dense, serrée, puissant, tendu, précis, long. Très concentré.

16 – **Brio**. Tendu, frais, vif, élégant, vif, joli fruit, bien tendu, digne d'un cru classé.

Millésime 2007

– *Dégustation d'avril 2008*

Si le concentrateur a servi ici, comme dans nombre de propriétés, il n'a pas été utilisé sur le grand vin, nous affirme José Sanfins. « *L'objectif est de ne pas l'utiliser, mais c'est en même temps quelque chose qui oblige à bien travailler en amont. Car si on doit l'utiliser, il faut avoir une vendange parfaite, sinon on fait du concentré de mauvais… On a ramassé les merlots à la sauternaise, par tries en deux fois. On a commencé le 20 septembre les merlots qui nous semblaient assez mûrs, et on est revenus dix jours après finir les mêmes parcelles, on a fait trois belles cuves. On a préféré les ramasser sur le fruit rouge que sur le fruit noir. Un boulot qui coûte vachement cher !* »

70 % de second vin.

Pour le grand vin, 65 % cabernet-sauvignon, 35 % merlot.

17 – Épices, bouche ronde, souple, bien fondue, très beaux tanins soyeux, long, frais, tendu, épicé.

14,5 – **Brio** : 50 % cabernet-sauvignon, 5 % cabernet franc, 45 % merlot. Souple, bien rond, bonne bouche moelleuse et gourmande, veloutée, bonne fraîcheur.

Millésime 2008

– *Dégustation d'avril 2009*

Le grand vin représente 33 % de la récolte. Il est composé à 60 % de cabernet-sauvignon, 40 % de merlot. « *On a vendangé les merlots du 1er octobre jusqu'au 7. Le 9, on a ramassé les cabernets francs, et du 13 au 19, les cabernets-sauvignons.* »

16,5/17 – Nez fruits noirs, épices, bouche très douce, tanins gras, fraîcheur, densité, long, plein, très garni mais sans surextraction. Un vin bien plein mais sur la fraîcheur, très séveux, long.

15 – **Brio** : « *Comme toujours, un vin vinifié sur le fruit* », dit José Sanfins. 56 % cabernet-sauvignon, 32 % merlot, 12 % cabernet franc, un quart de barriques neuves. Fruits noirs, bouche ronde, fraîche, souple, bien fruitée, tanins assez présents, joli grain de tanins, très gourmand.

– *Dégustation d'avril 2010*

16,5/17 – **Cantenac-Brown**. Nez fermé, bouche ronde, souple, frais, fin, tendre, bien fruité, petits tanins frais, classique, frais et fin, distingué.

14,5/15 – **Brio**. Nez séveux, feuillage presque végétal, bouche ronde, souple, note chocolatée, presque prêt à boire. Rond, souple.

Millésime 2009

– *Dégustation d'avril 2010*

José Sanfins : « *La difficulté était de faire des bordeaux, c'est-à-dire des vins avec de la fraîcheur. On a choisi de garder les cabernets-sauvignons pour le grand vin, pour conserver justement cette fraîcheur. Il n'y avait pas grand-chose de mauvais cette année dans les cuves. Nous réalisons 42 % de grand vin. Le choix entre grand vin et second est décidé bien avant les vinifications. On choisit les parcelles avant les vendanges et donc on les travaille différemment.* »

Cantenac-Brown : 65 % cabernet-sauvignon, 35 % merlot. 50 % de barriques neuves. 13,3°. Vendangé à partir du 26 septembre et fini le 15 ou 16 octobre.

16,5/17 – Nez fruits noirs, épicé, violette, bouche dense, pleine, tendue, vive, large, une amertume en finale de fruits noirs, serré tendu, puissant, très rond, moelleux. Ça demande à s'affiner ; beaucoup de volume, mais avec de la finesse.

14,5/15 – **Brio :** 50 % cabernet-sauvignon, 40 % merlot, 10 % cabernet franc. Un quart de barriques neuves. Fruits noirs légèrement compotés, bouche ronde, moelleuse ; un peu mûr, puissant, gras, très rond, dense, épicé, gourmand et à boire jeune.

Château Margaux

Premier cru classé
99 ha dont 12 de raisins blancs (sauvignon)
Propriétaire : Corinne Mentzélopoulos
Contact : Château Margaux – 33460 Margaux
05.57.88.83.83
chateau-margaux@chateau-margaux.com

Racheté en 1977 par André Mentzélopoulos, *« un épicier grec »*, disait-on, propriétaire alors des magasins Félix Potin, Château Margaux était en mauvaise passe. Corinne, la fille d'André, a pris la suite avec l'aide financière de la famille Agnelli, devenue en 1990 actionnaire majoritaire. En 2003, Corinne a réussi à racheter les parts des Agnelli. Elle est aujourd'hui la seule propriétaire d'un cru au mieux de sa forme.

Ne pas chercher le superflu, il n'habite pas ici. Quelqu'un m'a dit récemment que le problème de Château Margaux était qu'il ne s'y passait rien, qu'en termes de communication ce n'était pas très bon vis-à-vis des concurrents parce que… Après, je ne sais plus très bien. Parfois le début est prometteur, puis on s'aperçoit que le reste ne suit pas, alors on débranche.

Si « le problème », c'est la régularité, est-ce vraiment un problème ? S'il faut choisir entre l'image et la bouteille, je laisse l'image aux autres et je prends la bouteille.

Château Margaux, c'est la sérénité. Pas de pharaons pour déplacer le Nil, pas d'annonce grandiose, pas d'innovation haute technologie. Corinne Mentzélopoulos, pleinement propriétaire, et Paul Pontallier, son directeur depuis presque toujours, pratiquent la modestie et le respect. L'objectif s'appelle l'équilibre : *« On ne saisit jamais la vraie capacité de puissance que révèle l'équilibre »*, dit Paul.

Ici, *« pas d'œnologie vaudoue ! »* Paul est un champion dans le lancer des petites phrases au curare : *« Le métier des grands vins à long terme est incompatible avec le lucre ! »* Il peut se le permettre, lui qui ne commet jamais de faux pas.

On le voit toujours flegmatique, sorti d'un de ces romans écrits par un diplomate. Un roman d'avant guerre, quand on avait la gentillesse de confier des ambassades aux écrivains sans héritage.

On le devine bien plus anxieux que son sourire. Ce doit être quelque chose, la responsabilité d'un tel monument. Un monument vivant, qui se régénère chaque année, qui refait sa vie tous les ans, qui remet sans cesse en cause ses acquis.

Il n'y a pas de force de l'habitude. On ne déclenche pas les vendanges comme on va au bureau. On ne décide pas d'écouler une cuve, de stopper la macération à la suite d'une causette avec un copain devant la machine à café ou parce que c'est l'arrêt du bus.

Pourtant, à chaque visite, on a l'impression que c'est simple. Que le monde se divise en deux, d'un côté les grands terroirs (comprenez Château Margaux), de l'autre les autres. Ceux-là font comme ils peuvent. Un peu d'œnologie vaudoue au besoin. Mais chez les grands terroirs, non merci, on n'a besoin de rien, juste que la pluie tombe quand il faut. Et encore ! En cas d'orage imprévu, le grand terroir a d'incroyables ressources. Il absorbe l'eau plus vite qu'un collégien un Carambar et l'expédie hors de portée des racines avant même qu'elles aient eu le temps de se retourner… Quand c'est trop sec, le grand terroir se montre magnanime et puise dans ses réserves argileuses le complément nutritionnel et humide nécessaire. Ah, les racines des grands terroirs ont bien de la chance de posséder un tel patron ! Château Margaux aussi.

« Il faut de la retenue et de la modestie envers la vigne. En croyant bien faire, on peut remettre en cause des équilibres. »

Second vin : Pavillon rouge. Le domaine produit aussi Pavillon blanc en bordeaux AOC.

Millésime 2000

– Dégustation d'avril 2001

Paul Pontallier : *« On produit 50 % de deuxième vin et on cède en vrac au négoce les 10 % restants. C'est la première fois que l'on fait ainsi un troisième vin dans un grand millésime. Quand je suis arrivé ici, nous faisions l'inverse, avec 60 % de grand vin, et je me souviens d'avoir fait un rapport dans lequel j'écrivais que cela ne pouvait que s'améliorer puisque nous étions alors à une sorte de pic de jeunes vignes, le vignoble ayant été beaucoup replanté entre 1978 et 1982. En vérité, il n'en est rien, car si les jeunes vignes d'hier peuvent aujourd'hui entrer dans le grand vin, notre exigence a changé. On est allés de plus en plus loin dans la précision et le fractionnement des vinifications, et on écarte beaucoup plus de choses qu'autrefois. Margaux tourne à plein régime. Nous produisons 48 hl/ha cette année et j'affirme que descendre à 30 est une idiotie viticole dans un grand terroir à forte densité de plantation. »* Le second vin,

Pavillon rouge, se compose de 33 % merlot, 60 % cabernet-sauvignon, le reste est partagé entre petit-verdot et cabernet franc. Il est d'un fruité décoiffant, souple, très moelleux en bouche. *« Le meilleur Pavillon rouge que l'on ait fait »*, dit Paul Pontallier, emporté par son enthousiasme. Château Margaux a le profil suivant : 80 % cabernet-sauvignon, 10 % merlot, 7 % petit-verdot, 3 % cabernet franc. Il présente un indice de tanins supérieur à celui de 1986, *« le plus élevé depuis quarante ans »*.

18,5 – Le nez ne trompe pas : quand Margaux fleure bon ce mélange de cerise noire et de framboise, la suite est souvent prometteuse. Texture soyeuse, tanins fondus, souples, tissant une trame serrée et onctueuse. Une grande complexité de saveurs, du solide et du doux, un régal.

Millésime 2001

– Dégustation d'avril 2002

La vendange a eu lieu du 1er au 15 octobre, avec huit jours de retard sur la date prévue, *« à cause du froid de début septembre, qui a ralenti la maturité des cabernets sans affecter celle des petits-verdots, qui étaient magnifiques. Pour la première fois depuis un siècle, on a plus de petit-verdot dans l'assemblage que de merlot. Je m'attendais à ce que l'on mette plus de merlot, mais, chaque fois que nous voulions en ajouter, cela donnait de la rusticité »*, dit Paul Pontallier.

82 % de cabernet-sauvignon, 7,4 % de petit-verdot, 7,3 % de merlot, 3,3 % de franc. Le grand vin représente 38 % de la récolte (contre 40 % en 2000) et le deuxième vin, Pavillon rouge, 51 % (11 % dans un troisième vin). Ce dernier est assez riche en merlot (35 %), très parfumé, avec une bouche ronde en attaque, assez resserrée ensuite, marquée par un fruité prenant. À noter, l'excellence de Pavillon blanc, le vin blanc réalisé par Margaux (90 % sémillon, 10 % sauvignon), d'une élégance étonnante alors que les degrés sont assez élevés.

17 – Nous avons dégusté Margaux en deux séances, le 2 avril et le 16 avril (cette deuxième fois sur plusieurs barriques). La seconde fois, le vin était plus éveillé, des arômes plus marqués de rose, cerise, avec des notes d'épices douces ; la bouche aussi avait gagné en épaisseur, bien qu'elle conserve une certaine retenue. Des tanins délicats, une trame assez tendue, beaucoup de fruit.

Millésime 2002

– Dégustation d'avril 2003

Heureux et *« circonspect »*, Paul, cette année. Le directeur de Margaux est parfaitement satisfait de l'arrangement survenu entre Corinne

Mentzélopoulos, qui détenait 25 % des parts, et la famille Agnelli. Corinne a racheté les 75 % restants aux Turinois de Fiat. De gérante elle devient ainsi propriétaire, au grand soulagement des salariés du domaine, qui craignaient que ce joyau ne tombe en quelques mains excentriques. Les merlots, en revanche, rendent Paul plus dubitatif : *« Il a commencé à faire beau début septembre, c'était trop tard pour les merlots, malgré des rendements faibles. Au départ, j'étais un peu circonspect, ensuite franchement déçu : ce n'est pas une année pour eux. Mais c'est un beau millésime de cabernet. Ils ont réussi partout, dans les terroirs précoces, mais aussi dans ceux qui sont plus tardifs. »*

Le grand vin est composé de 86 % de cabernet-sauvignon, 7 % de merlot, 5 % de petit-verdot, 2 % de cabernet franc.

17,5/18 – Nous avons dégusté deux fois ce 2002 au château. Les 1er et 8 avril. Lors de la seconde séance, nous avons goûté plusieurs barriques de provenances différentes. Comme souvent, on trouve ces arômes de rose et de cerise noire qui caractérisent ce cru, des touches de violette et de framboise complètent le bouquet. En bouche, le vin est encore cistercien, pur et peu flatteur, dense, très fin, plus structuré sans doute que le 2001. Il sera aussi plus long à se révéler.

Millésime 2003

– Dégustation d'avril 2004

« Ici, on ne pratique pas l'effeuillage. Devant la nature, les gens ont souvent un sentiment d'impuissance. D'où la tentation d'intervenir, de vouloir agir sans savoir si c'est bien ou pas. » Paul Pontallier possède à merveille l'art de distiller les sentences à l'encontre de certaines modes affectionnées par le monde des petits vins qui aimeraient devenir grands. *« Nous avons bien sûr fait des essais, mais je n'ai jamais vu une vigne produisant habituellement du Pavillon rouge donner du Château Margaux après éclaircissage ou effeuillage. Au mieux, cela peut donner du meilleur Pavillon rouge. »* La vendange a commencé le 10 septembre, comme en 1989, autre année chaude, mais avec des rendements peu comparables. Château Margaux n'a produit cette année que 30 hl/ha : c'est la première fois, mis à part 1991, l'année du grand gel de printemps, que le domaine produit aussi peu depuis plus de vingt ans. *« Nous avons connu une concentration historique ; ma fierté, c'est que cela ne se voit pas. Comme les raisins étaient très mûrs, on ne devine pas, à la dégustation, la densité des tanins. Avec l'expérience de 1982 et 1989, je m'attendais à quelque chose de plus exotique, de moins frais, de moins précis. »* Comme à Lafite, le second vin est ici aussi exceptionnel. Pavillon rouge, composé de 35 % de merlot, 63 % de

cabernet-sauvignon et 2 % de petit-verdot, est un délice de fruits noirs sur une matière serrée mais souple, un vin dense, très classe. L'assemblage du grand vin comporte, lui, une très grande majorité de cabernet-sauvignon (83 %), complété de 12 % de merlot et de 5 % de cabernet franc et de petit-verdot.

18,5 – Cerise burlat, groseille, rose rouge et des notes poivrées un peu sauvages, la bouche est très tendue, tout en longueur, d'une grande finesse. Pas de rusticité, pas de tanins massifs, un fruit préservé dans sa fraîcheur et de la force profilée.

Millésime 2004

– *Dégustation d'avril 2005*

« *Je suis particulièrement heureux de vous faire goûter cela* », confie Paul. Sentiment partagé : difficile en ce lieu de jouer les blasés. « *C'est la première fois depuis 1995 qu'il y a un excellent niveau dans les deux cépages. Généralement le merlot tire le cabernet-sauvignon vers le bas. Cette année, il y a une synergie entre les deux cépages : l'assemblage est meilleur que le cabernet-sauvignon pur.* » Le château a produit 55 hl/ha, un rendement d'année normale : « *Cela ne fait pas beaucoup dans un grand terroir.* » Et Pavillon blanc est exceptionnel cette année. « *Le plus grand blanc de Margaux* », selon le peu disert Jean-François Moueix, un des plus importants négociants en grands crus de la place. Un blanc charnu, séveux, équilibré, à la manière des grands bourgognes. En rouge : 78 % cabernet-sauvignon, 18 % merlot et 4 % petit-verdot.

18,5 – Cerise, menthe, note minérale qui rappelle les grands champagnes du Mesnil ; à l'aération, peau d'orange. Bouche aux tanins très liés, frais, soyeux, puissant, mais délicat, très long. Moins impressionnant que le 2003, mais plus en finesse, plus « *émouvant* », pour reprendre le mot de Pontallier.

Millésime 2005

– *Dégustation d'avril 2006*

« *C'est presque pédagogique, comme année ! On a pu attendre la maturité parfaite sans risque* », commente Corinne Mentzélopoulos, propriétaire de ce lieu magique et classé. Ce qui complique un peu les affaires quand il s'agit de faire des travaux. Ainsi Corinne et Paul aimeraient bien pousser un peu les murs pour laisser entrer quelques cuves supplémentaires qui permettraient de faire coïncider mieux encore parcellaire et chai de vinification. À chaque parcelle de vigne sa date de vendange et une cuve adaptée à son volume de raisins… Mais voilà : « *Quand on est monument historique, on ne peut pas s'agrandir. C'est une chance de travailler dans des locaux d'une telle beauté et c'est la contrainte du privilège ! Nous sommes juste des gestionnaires de passage…* » Cela se soldera donc par un déménagement : le chai de stockage va rejoindre une annexe et libérer de la place. Ces petits problèmes d'intendance n'ont pas gêné la réalisation d'un vin exceptionnel, que nous classons premier des premiers aujourd'hui, à ce moment précis. N'oublions pas, en effet, que tous ces vins sont loin d'être achevés. L'élevage, avant la mise en bouteille dans plus d'un an, modifiera encore leur structure et notre perception. Château Margaux est composé de 85 % de cabernet-sauvignon. « *Dans un vrai grand millésime, ici, les autres cépages ne trouvent pas leur place* », commente Paul. On y ajoute 15 % de merlot. Le second vin, Pavillon rouge, est bien parfumé et possède l'amabilité rustique du merlot puissant dont il est composé à 48 % (autant de cabernet-sauvignon, le reste en cabernet franc et petit-verdot).

19,5 – Cerise noire, note mentholée et agrumes. Bouche explosive de fruits rouges. Des petits tanins d'une grande douceur tapissent la bouche et confèrent au vin une structure solide et fine à la fois. C'est long, très long et très frais, c'est exceptionnel.

Millésime 2006

– *Dégustation d'avril 2007*

« *On n'a jamais fait aussi peu de vin. En quantité absolue, nous avions 46 hl/ha, mais on n'a conservé que 36 % de cette récolte* », se souvient Paul Pontallier. Cette année encore, l'assemblage est fortement dominé par le cabernet-sauvignon : 90 % contre 5 % de petit-verdot et 5 % de merlot. « *Le réchauffement climatique est très favorable au cabernet-sauvignon. Depuis douze ans et le millésime 95, on n'a pas connu de cabernet qui n'arrive pas à la pleine maturité. Autrefois, le merlot apportait la rondeur qui manquait au cabernet. Dorénavant, on n'en a plus besoin. D'ailleurs, dans nos replantations, on remplace le merlot cette année par du cabernet.* » Les vendanges ont commencé le 23 septembre et se sont achevées le 6 octobre, avec des raisins sains : « *Depuis que l'on a recours à la confusion sexuelle pour les insectes, on n'a pratiquement plus de vers de la grappe, qui sont la première cause de la pourriture.* » Pontallier compare ce millésime au 96, qui avait également subi la pluie au moment des vendanges : « *On a eu l'eau dont on avait besoin, et aussi de l'eau dont on se serait volontiers passés. Mais bien que l'on ait reçu près de 100 millimètres, c'est un des millésimes les plus riches en tanins que nous ayons faits.* »

19 – Menthe et cerise noire, bouche tendre en attaque, tanins assez vifs, de la chair, des notes poivrées et minérales, un vin très long, tendu et fin, beaucoup de fruit, une très grande pureté.

– Dégustation d'avril 2008

19 – **Margaux**. Boisé mais aussi fruits rouges, cerise, bouche dense, longue, très classique dans sa construction, tout en longueur, délicat, tanins vifs, frais, tendu, très long.

16 – **Pavillon rouge**. Bouche tendue, vive, énergique, vigoureux, très beau fruit en finale, longue. Le vin a pris du muscle et de la rondeur.

14,5/15 – **Pavillon blanc**. Fermé, grillé, épicé, poire, élégant, fruits blancs, moelleux, finale un peu plus collante.

– Dégustation d'avril 2009

19 – **Margaux**. Chocolat, grillé, épicé, fruits confits, bouche dense volume, gras, tendu, large et long, tanins serrés, finale un peu rude mais un milieu de bouche tapissé, serré, très élégant.

Millésime 2007

– Dégustation d'avril 2008

Pour Paul Pontallier, l'année se résume à deux faits marquants. D'abord, pas assez beau en août, « *donc on ne peut pas prétendre faire un grand millésime. Mais on pouvait encore en faire un mauvais, ou un médiocre.* » Ensuite, « *un été indien bordelais. On a repoussé de dix jours les vendanges. Dans les grands terroirs, on est arrivés à la parfaite maturité, il leur manque la densité. Les tanins sont plus tendres qu'il y a vingt-cinq ans. La même quantité de tanins donne un résultat plus doux. Au départ, Margaux 1982, si l'on s'en tient aux analyses, a un IPT (indice de mesure de la quantité de tanins) inférieur à celui de Pavillon 2007, pour dire si tout cela est ridicule… Cela tient à différentes raisons, la maturité des raisins, la qualité des vins de presse expliquent beaucoup que les vins soient plus tendres, plus précis.* » Cette année les vins sont également moins riches en alcool. Mais, précise Paul Pontallier, « *en 2005 le grand vin était à 13°, le Pavillon à 13,5°, et le troisième à 14°, tout simplement parce qu'il y avait plus de merlot dans le troisième…* » (le merlot est toujours plus riche en alcool).

Pavillon rouge se compose de 58 % cabernet-sauvignon, 37 % merlot, 5 % petit-verdot. Le nez n'est pas éclatant, bonne matière en bouche, rond, suave. On retrouve le gras des merlots mais sans leur fruité habituel.

Le grand vin représente 32 % de la récolte, « *la plus dure sélection que l'on ait faite* ». 89 % de cabernet dont 1 ou 2 % de franc, 11 % merlot. « *Seuls les petits-verdots et les merlots sur argiles ne sont pas arrivés à la pleine maturité. Je trouve que l'écart des merlots avec les cabernets est de plus en plus grand depuis vingt-cinq ans. Bien que nos merlots en 2007 aient été plus cohérents qu'en 2006.* »

17,5 – Nez de cerise mûre, précis, plus intense, bouche tendue, belle épaisseur, tanins suaves, très en fruit, cerise, note mentholée, sensuel, tanins doux ; rappelle un peu 2004, avec peut-être un peu plus de suavité qu'en 2004.

– *Dégustation d'avril 2009*

17,5 – Le boisé ressort à ce stade, épicé, vanille, fruits noirs, bouche souple, fraîche, très tendre, délicieux, très frais, long, délicat, moins de milieu de bouche que 2008. Très fin.

Millésime 2008

– *Dégustation d'avril 2009*

« *J'ai eu un peu de mal à prendre le rythme et la mesure*, avoue Paul Pontallier. *Le rythme : on a dû vendanger un peu plus tard que d'habitude. Et la mesure, car ces conditions qui n'étaient ni bonnes ni mauvaises, on a une tendance naturelle à les interpréter de façon défavorable. Il est probable que la sécheresse de juillet ait tempéré l'humidité du mois d'août. Dans les grands terroirs, tout le monde a ramassé plus mûr que ce qu'il attendait, et plus dense. La maturité difficilement obtenue est la signature des grands bordeaux.* » La vendange a débuté les premiers jours d'octobre pour se terminer le 22.

« *Dans Pavillon rouge, on est plus cabernet car on a 25 % de merlot au lieu de 35 % environ habituellement. Car les merlots font une petite récolte, ce qui ne veut pas dire qu'il sont meilleurs. Les cabernets sont toujours meilleurs ici. L'écart de style se rapproche de Margaux, d'habitude, c'est le petit-cousin et là, c'est le petit frère…* »

Assemblage du grand vin : 87 % cabernet-sauvignon, 10 % merlot, 1,5 % petit-verdot, 1,5 % cabernet franc. Il représente 36 % de la récolte.

18 – Cerise noire, menthe, très brut, bouche dense, élégante, fraîche, bouche tendue, réglissée, serré, très joli grain de tanins, un côté crayeux en finale. Long.

16 – **Pavillon rouge** : 68 % cabernet-sauvignon, 26 % merlot, 5 % petit-verdot, 1 % cabernet franc. Fruits rouges, cerise, bouche touffue, plus dense que d'habitude, tanins doux, tendre, bien fruité, assez précis.

14,5 – **Pavillon blanc.** À priori, le millésime n'était pas aussi doué que 2007 pour les blancs. Ainsi, celui de Château Margaux, au nez floral, peu développé, est frais, tendu, mais aromatiquement un peu plat.

Millésime 2009

– *Dégustation d'avril 2010*

Paul Pontallier ne ment jamais. Sauf quand il dit : *« Les vins ont plus d'éloquence que moi. »* Paul est très éloquent, et parle un français très pur.

« Je pense que c'est un des plus grands millésimes de Bordeaux, c'est avec 2000 et 2005 un des plus grands millésimes que j'aie vus. Il possède des qualités rarement assemblées. La concentration en tanins supérieure à 2005. En même temps un des plus tendres : la force aurait très bien pu ne pas être polie, mais il y a une forme de suavité, comme 1990. En 1990 on avait fait 40 % de premier vin, là on est à 36 %, avec un rendement global beaucoup moins important. En plus, on a un troisième vin. Donc la sélection s'est durcie aussi sur le second, et je crois que c'est le meilleur Pavillon rouge que nous ayons fait. Les conditions climatiques sont parfaites. On a pu ramasser en temps et en heure et non pas poussés par les contraintes. Juste ce qu'il faut de pluie pour que la vigne cesse de pousser et favorise le fruit. Au niveau alcool, on est à 13,4° sur Pavillon et 13,2° sur Margaux. Les merlots faisaient entre 14 et 16°, un niveau de concentration jamais vu, des grains en bon état. » 39 hl/ha. 3,79 en pH. Assemblage : 87 % cabernet-sauvignon, 9 % merlot, 2 % cabernet franc, 2 % petit-verdot. 13°.

20 – Cerise noire, feuillage, encre, bouche suave, élégante, tendre, belle matière mais sans que l'on sente la concentration, onctueux, suave, une qualité des tanins en milieu de bouche tout à fait exceptionnelle. Plus que parfait.

16,5/17 – **Pavillon rouge**. 67 % cabernet-sauvignon, 29 % merlot, 4 % petit-verdot. Cerise, floral, bouche délicate, tendre, soyeuse, fraîche, élégante, suave, très frais, fruité ; digne d'un Château Margaux d'autrefois.

16,5 – **Pavillon blanc**. *« On a fait de gros efforts pour baisser le degré d'alcool. Un tas de pratiques viticoles, on a moins effeuillé et vendangé trois jours plus tôt que prévu. On a fait une double sélection, on a enlevé les grains trop mûrs, on a éliminé les dernières presses, toujours trop riches. »* 13,9°.

Fruits blancs, ananas, très joli fruit, 32 % de la récolte, bouche pêche blanche, fraîche, élégante, très fine.

Dauzac

5e cru classé
Surface : 45 ha
Contact : Christine de Caix
Château Dauzac, avenue Georges-Johnson – Labarde
33460 Margaux
05.57.88.32.10
www.chateaudauzac.com

Même regard bleu et perçant que le papa André, collectionneur de crus dans les graves et en entre-deux-mers, ou que les frangins Jacques et François, accumulateurs de domaines et d'étiquettes entre Buenos Aires et Béziers. Mme Christine de Caix est une Lurton, à n'en pas douter. Les Lurton, en Aquitaine, c'est un peu comme le merlot, on en trouve partout. D'abord, ils font souvent beaucoup d'enfants (recordman : Lucien, frère d'André et tonton de Christine, avec dix têtes plus ou moins blondes). Ensuite, ils ont beaucoup de châteaux, rachetés la plupart du temps quand personne n'en voulait. Exception qui confirme la règle : Dauzac n'est pas une propriété Lurton. Il appartient à la Mutuelle d'assurance des instituteurs, la MAIF. Longtemps Dauzac a été le cru sympa fortement marqué par la rondeur du merlot (45 % et cabernet-sauvignon 55 %) et des rendements confortables. Sous la gestion d'André Lurton et désormais de sa fille Christine, il a changé peu à peu de profil. Aussi parce qu'il bénéficie des soins de Philippe Roux, responsable technique de haut niveau, lui-même formateur de plusieurs vinificateurs que l'on retrouve aux quatre coins du vignoble bordelais. Toujours accessible et gourmand, Dauzac s'est étoffé grâce notamment à une sélection plus rigoureuse et un vignoble désormais en parfait état.

Second vin : La Bastide Dauzac

Millésime 2000

– Dégustation d'avril 2001

15,5 – Nez très margaux, cerise et rose rouge, bouche élégante, bien fruitée, tanins serrés et onctueux mais sans lourdeur, bonne longueur.

– Dégustation d'avril 2002

15,5 – Nez bien fruité, bouche douce, construite autour des saveurs fruitées, cerise et fraise. Un vin généreux et gourmand, assez dense.

Millésime 2001

– Dégustation d'avril 2002

Philippe Roux : « *Pas de concentrateur. Ici, on a mis en place une politique qui évite de concentrer. On fait, en amont, tout un travail au vignoble qui nous permet en principe d'obtenir une maturité homogène. Avec André Lurton, on ne veut pas que tout soit basé sur la technique. On a 10 000 pieds à l'hectare, sur lequel on récolte 50 hectolitres avec 4 grappes par pied en moyenne.* » 55 % merlot, 45 % cabernet-sauvignon.

15,5 – Fruits rouges, joli nez, rose rouge, bouche fine, très fruitée, beaucoup d'allure et de gourmandise, tanins charnus, belle finale éclatante.

Millésime 2002

– Dégustation d'avril 2003

« *On a des terroirs assez précoces, on a commencé les vendanges dès le 22 septembre pour finir le 8 octobre en prenant notre temps* », commente Philippe Roux. « *Cette année, on n'a pas eu de chutes d'acidité durant l'été et les nuits froides de septembre ont maintenu le côté aromatique* », précise-t-il. 72 % cabernet-sauvignon, 28 % merlot.

15 – Gelée de cerise, fleurs séchées, bouche douce, beaux tanins moelleux, un fruit franc, de la rondeur. Vin bien équilibré, de la tenue et beaucoup de gourmandise.

Millésime 2003

– Dégustation d'avril 2004

« *C'est un peu comme le tramway qui fait son retour à Bordeaux : on nous réinstalle un cuvier dans le style médocain d'autrefois, avec la réception à l'étage. Mais, comme pour le tram, les matériaux ont changé. C'est de la cuve inox et des moyens modernes et pratiques* », s'amuse Philippe Roux en nous faisant visiter les dernières installations de Château Dauzac. L'assemblage se compose de 65 % de cabernet-sauvignon et de 35 % de merlot.

13,5/14 – Gelée de cassis, prune cuite, bouche ronde en attaque, tanins un peu aigus ensuite, finale serrée. Du fruit, mais sans les rondeurs habituelles de ce cru aux accents gourmands.

Millésime 2004

– *Dégustation d'avril 2005*

14 – Nez de cerise et note grillée, bouche très souple, douce, tanins discrets et fondus, plus en fruit qu'en densité.

Millésime 2005

– *Dégustation d'avril 2006*

La grande nouveauté à Dauzac cette année, c'est un prénom : Christine. Émigrée pendant vingt ans dans la région parisienne, elle revient en famille à Bordeaux et prend donc la succession de son père à la tête de Dauzac. « *Un retour aux sources, car j'ai déjà fait six ans à Clos-Fourtet (saint-émilion) avant de me marier.* » Dauzac a été vendangé en cagettes, assez tard, jusqu'au 16 octobre. Il est composé de 60 % cabernet-sauvignon et 40 % merlot, l'élevage s'effectue avec 65 % de barriques neuves.

15/15,5 – Nez fruits rouges bien affirmés, bouche aux tanins assez présents mais souples, feutrés, de la fraîcheur et une bonne longueur.

Millésime 2006

– *Dégustation d'avril 2007*

« *Autrefois, dès qu'il y avait un peu de pourri, c'était l'affolement. Aujourd'hui, avec nos cagettes et nos tables de trie, on fonctionne. C'est là qu'on se dit qu'on a progressé. Puis il y a tout ce travail au vignoble qui pèse favorablement. Il y a dix ans, on n'aurait pas fait une récolte comme cela* », dit Philippe Roux. Les vendanges à Dauzac ont commencé le 15 septembre pour s'achever le 3 octobre. Cabernet-sauvignon 62 %, merlot 38 %.

15 – Fruits noirs, vanille, bouche ronde en attaque, serrée ensuite, une bonne matière mais qui demande à se fondre. Tous les éléments de l'assemblage ne sont pas encore en place. Notamment le merlot, qui devrait s'épanouir à l'élevage et apporter de la rondeur.

– *Dégustation d'avril 2008*

15,5 – Fruits noirs, grillé, bouche ronde, veloutée, un peu sucrée, douce, bien fruitée, vin gourmand, agréable, qui a gagné en souplesse, bonne matière.

13,5 – **La Bastide**. Fruité et boisé, bouche ronde, souple, un peu courte.

Millésime 2007

– Dégustation d'avril 2008

« À la suite de notre étude de sols, on a décidé de séparer des bouts de parcelles vendangées à part, car elles nous semblaient moins bien. On a beaucoup travaillé dans le vignoble à surveiller, à goûter avant de vendanger. Ce beau temps du dernier moment nous a permis de réfléchir, d'attendre », explique Philippe Roux. Un deuxième vin, **La Bastide**, créé en 1988, ne représentait que 20 % de la récolte. Dauzac a créé un **troisième vin :** *« On le vend en vrac et on est à 50/50 entre le premier et le second. »* Mais, avec ce troisième lot, le grand vin ne représente plus que 39 %. Passer de 80 % à 39, cela peut paraître exagéré, mais c'est le prix, semble-t-il, à payer pour figurer dans le peloton de tête des crus classés, ceux qui haussent les prix et s'arrachent ou s'arracheront demain sur les marchés de luxe...

La Bastide est composé de 54 % cabernet-sauvignon pour 46 % de merlot. Floral, fruits rouges, bouche serrée, élégante, tendre, pas très large mais bien fruité.

L'assemblage : 62 % cabernet, 32 % merlot.

15,5/16 – Nez fraises au sucre, bouche ronde, souple, milieu de bouche un peu faible mais bon fruit, tanins vifs en finale. Tanins moelleux, longs. Un peu touffu mais prometteur.

– Dégustation d'avril 2009

15/15,5 – Grillé, boisé, bouche ronde, souple, épicée, fruits noirs, finale tendue, note végétale.

13,5 – **La Bastide**. Nez grillé, violette, myrtille, bouche douce, tendue, fraîche mais un peu de dureté en finale.

Millésime 2008

– Dégustation d'avril 2009

On se frotte les mains à Dauzac cette année, car une fois n'est pas coutume, le cru a échappé à presque toutes les calamités qui ont frappé quelques-uns des voisins : *« On n'a pas eu de gel, ni de grêle, on a eu de la chance. Et même le cycle végétatif s'est plutôt bien déroulé »*, commente Christine de Caix. *« On est un peu plus cabernet que l'on n'a été, avec 59 % contre 41 % de merlot »*, ajoute Philippe Roux. Ce style va bien à Dauzac, qui gagne en élégance ; il conserve son côté joufflu et gourmand mais avec un milieu de bouche plus construit.

16,5 – Violette, mûre, myrtille, bouche tendre, élégante, bien fruitée, un peu serré en finale mais bien typé Dauzac dans son style rond, gourmand, séducteur mais tendu et séveux. Avec la pointe d'acidité en plus, qui lui confère de la finesse.

14 – Le second vin, **La Bastide**, est très fruits rouges, cerise, une bouche tendre, bien fruitée, souple, un peu de mâche en finale, longueur moyenne.

– Dégustation d'avril 2010

16,5 – 59 % cabernet-sauvignon, 41 % merlot. Fruits noirs, note grillée, bouche ronde, moelleuse, souple bons tanins veloutés, gras, frais, joli fruit en finale, bonne longueur, trame serrée mais en douceur.

Millésime 2009

– Dégustation d'avril 2010

Christine de Caix et Philippe Roux : *« Maintenant, on procède aux réglages : épamprage, travail du sol, taille, on sait mieux où il faut intervenir, quand et comment. On travaille les sols depuis trois ans, plus d'insecticides, et on veut faire un essai sur 10 % du domaine en respectant le cahier des charges des bios. »* 64 % cabernet-sauvignon, 36 % merlot.

16,5 – Fruits noirs, violette, bouche réglissée, tanins moelleux, serré, dense, beaucoup de tanins mais assez fondus, riche, très réglisse en finale, beaucoup de volume.

La Bastide : 57 % cabernet-sauvignon, 43 % merlot.

14 – Fruits noirs, cerise, bouche ronde, souple, pas très dense, bien ronde, demi-corps mais bien fruité, finale cassis.

Desmirail

3e cru classé
Surface : 40 ha
Propriétaire : Denis Lurton
Contact : Château Desmirail, 28, avenue de la Ve-République
Cantenac – 33460 Margaux
05.57.88.34.33
www.desmirail.com

Au moment de la crise de 1929, la propriété qui appartenait à un industriel du textile fut vendue « par appartements » : bâtiments d'un côté (à Marquis-d'Alesme-Becker), vignoble de l'autre mais par morceaux. Lucien Lurton, mémoire du vignoble de Margaux, a reconstitué, par rachat et échange, le vignoble et trouvé de nouveaux bâtiments. Denis Lurton, son fils, lui a succédé en 1992, un millésime pourri par de fortes pluies au moment des vendanges : *« Ce fut une bonne prise de conscience des difficultés à venir. »* Par définition les Lurton sont modestes, et Dieu (il est sans doute le seul à savoir le total exact des membres de la tribu) sait qu'ils sont nombreux, mais Denis concourt dans la catégorie supermodeste. *« J'ai appris sur le tas,* dit-il. *J'ai toujours gardé ma petite parcelle »*, une sorte de doudou *« dont je m'occupe seul. Quand j'étais enfant, je m'ennuyais sur le bassin* (d'Arcachon, lieu de villégiature incontournable du Bordelais supérieur). *Mes parents n'étaient pas du Bordeaux chic avec la belle villa. Ils nous emmenaient pour les bains de mer et le bon air. Je n'aimais pas ça. Je préférais le tracteur et les vignes. »* Des plaisirs simples, voilà ce qu'il réclame Denis. Comme par exemple le décuvage. Il s'agit de sortir ce qui reste des baies, peaux et pépins demeurés au fond de la cuve quand on fait écouler le jus : *« Il y a des fous du décuvage ; moi, j'en suis une sorte de mercenaire. Je le fais à Durfort* [chez son frère Gonzague] *car c'est plus difficile à faire chez soi devant le personnel »*, qui peut en effet s'interroger sur ce qui pousse le patron à se transformer en diable rouge fourche en main.

Il a beaucoup arraché, surtout des cabernets-sauvignons plantés dans des zones où les raisins ne pouvaient atteindre la maturité. Sauf en année exceptionnelle : 1986, 1990, par exemple…

Le vignoble est donc devenu davantage merlot qu'autrefois. Il mûrit plus facilement et confère au vin un peu plus de rondeur. C'est l'objectif affiché de Denis Lurton, qui souhaite faire de Desmirail un vin facile d'accès, souple, tourné vers une consommation moins élitiste : « *On veut davantage d'amabilité pour que le consommateur ait le choix : le garder ou le boire dans sa jeunesse.* » Pas très éloigné de la solution et près de recueillir des années d'efforts, Denis Lurton doit encore procéder à quelques réglages, notamment pour que les finales de ses vins soient un peu plus délicates.

Second vin : Initial de Desmirail

Millésime 2000

– *Dégustation d'avril 2001*

30 % de merlot : c'est à notre connaissance la première fois qu'une telle quantité de ce cépage entre dans la composition du vin de ce château. Desmirail conserve son aspect un peu sévère et réservé, mais gagne en chair et en épaisseur. Côté prix, c'est une des bonnes affaires des margaux.

14,5 – Réglisse et violette au nez, bouche équilibrée et bien garnie, attaque ronde, finale tannique et fruitée.

– *Dégustation d'avril 2002*

14 – Grillé dû à l'élevage, fruits cuits, belle attaque dense, épicée, assez volumineuse, deuxième séquence moins attirante avec des tanins un peu rugueux.

Millésime 2001

– *Dégustation d'avril 2002*

Denis Lurton continue la remise à niveau de Desmirail. L'an passé, Denis Lurton avait pu monter son taux de merlot à 30 %, c'était déjà un exploit. En 2001, il passe à 40 % : « *Suivant la qualité, on a pu intégrer des merlots de très jeunes plants qui étaient remarquables.* » 60 % cabernet-sauvignon, 40 % merlot.

14 – Nez violette, cassis, terre mouillée, bouche tannique, trame solide, un peu rustique mais avec de la chair et du fruit.

– *Dégustation de juin 2007*

13,5/14 – Fruits rouges, joli nez assez frais, tendre en attaque de bouche, un peu plus dur en suivant, les tanins en finale se montrent assez peu aimables, note végétale, malgré la présence un peu plus forte que l'an passé en merlot.

Millésime 2002

– *Dégustation d'avril 2003*

« Denis fait du bon vin, mais on dirait qu'il ne veut pas que ça se sache », dit un de ses frères. C'est un peu vrai. Tant mieux pour l'acheteur, car les prix ne s'envolent pas. 37 % merlot, 63 % cabernet-sauvignon.

15 – Nez puissant de violette, cerise burlat, bouche dense, sérieuse mais avec une trame solide bien enrobée, de la chair, du volume, un joli fruit en finale. Un vin bien équilibré fait pour la garde.

– *Dégustation de juin 2007*

15,5/16 – Cerise cuite, rose, cannelle, bouche ronde, tendre, bien margaux, tanins assez soyeux, vin droit, sans dureté, équilibré, très agréable des aujourd'hui et pour une dizaine d'années.

Millésime 2003

– *Dégustation d'avril 2004*

« Je suis très content », dit en nous accueillant Denis Lurton. C'est un gros progrès de sa part. Cette fois, il semble un peu moins s'excuser d'avoir réussi son vin. Mais pourquoi cette déclaration évoque-t-elle le *« I'm happy »* du Droopy de Tex Avery ? Ce doit être le ton. *« Aujourd'hui, nous parvenons à faire entrer 33 % de merlot dans l'assemblage. »* Ce qui était encore impossible à la fin des années 90. Le vin semblait dur, austère, même si, au vieillissement il réservait de belles surprises. *« Il me reste 4 ou 5 hectares à replanter vers Du Tertre, sur Arsac. Notre terroir est un trois fois dix : 10 hectares sur Cantenac, 10 sur Soussans, 10 sur Arsac, grosso modo. Les deux tiers du parcellaire actuel correspondent à celui de la famille Desmirail au XIXe siècle. »*

15 – Nez très expressif de violette, réglisse, beaucoup de fruit en bouche, tanins souples et gras, un charme inhabituel sur une trame solide.

– *Dégustation de juin 2007*

15 – Épices, fruits confits, cacao, bouche ronde, grasse, assez voluptueuse. Même si l'alcool est assez présent, le vin reste frais et fruité. Finale assez rugueuse.

Millésime 2004

– *Dégustation d'avril 2005*

« On veut faire des vins qui se boivent assez tôt pour le marché actuel. Pour cela, on essaie d'avoir des raisins mûrs pour obtenir des tanins mûrs », tel est le

credo de Denis Lurton. Chai de vinification, chai à barriques, bureaux, réception ont été repensés, rénovés ou parfois construits. L'assemblage est composé de 61 % de cabernet-sauvignon et 39 % de merlot. Une nouvelle étiquette encadrée d'orange, plus lisible que la précédente, qui datait de 1993, ornera désormais les bouteilles.

14 – Prune rouge, rose, bouche vive, nette, fraîche, tanins vigoureux et serrés. Plus en fruit qu'en matière.

– Dégustation de juin 2007

14 – Fruits rouges, prune, belle attaque assez ronde et généreuse, tanins présents, une bonne première séquence mais de la dureté en finale.

Millésime 2005

– Dégustation d'avril 2006

Les vignes de merlot commencent à avoir une dizaine d'années et Denis Lurton les introduit fortement dans l'assemblage en attendant que d'autres cabernets de meilleure qualité que les anciens – *« On a fini d'arracher les vieilles parcelles en 2005 »* – entrent à leur tour en production. La viticulture est une affaire de patience. Ce cru classé démantelé dans les années 40 avait autrefois appartenu à un cousin de Félix Mendelssohn, petit-fils du poète du vin Pierre Biarnez, à qui l'on doit notamment ces deux vers inoubliables : *« Nos lèvres ont à peine effleuré le calice /Qu'en notre sein déjà la volupté se glisse. »* Le calice d'aujourd'hui contient 51 % merlot et 49 % cabernet-sauvignon.

14 – Fruits noirs mûrs, note agrumes, bouche aux tanins doux, veloutés, feutrés, finale plus résistante. Le vin a gagné en densité au fil des millésimes.

– Dégustation de juin 2007

14,5 – Joli fruit, cerise et vanille, fruits au sucre, bouche tendre en attaque, riche, plein, solide. La deuxième séquence se montre davantage rétive avec une finale un peu séchante.

Millésime 2006

– Dégustation d'avril 2007

On pousse encore les murs à Desmirail : *« Il y avait une grosse partie stocks car, du temps de mon père, tout ce qui provenait des autres châteaux était centralisé ici. »* La visite se révèle bien intéressante pour qui veut voir comment fonctionnait un chai au XIXe siècle. Denis Lurton a conservé l'étage, le plafond au-dessus des cuves (il en existe encore quelques autres, à Lynch-Bages, Pontet-Canet et Malescot, notamment). La vendange arrivait par cet étage et était versée dans les cuves. C'est à peu près ce que l'on reconstruit aujourd'hui, à grands frais, dans le Médoc (voir Cos-d'Estournel). Le merlot entre pour 50 % dans l'assemblage de cette année.

14,5 – Fruits noirs, bouche large, massive, avec des tanins ronds et souples. Un vin plus puissant, plus gourmand aussi. Si l'élevage lui apporte un peu plus de finesse, le pari sera réussi.

– Dégustation de juin 2007

14 – Fruits rouges et baies noires, bonne première partie avec des tanins enveloppants, finale en dureté.

– Dégustation du 11 avril 2008

14 – Fruits noirs, note épicée de l'élevage, bouche bonne attaque, dense mais séchant en finale.

Millésime 2007

– Dégustation d'avril 2008

Deux partis s'affrontent en Médoc, les pro-merlot et ceux qui ont été franchement déçus par la conduite boudeuse de ce cépage. Denis Lurton se range dans le premier clan : *« Nous avons 60 % de merlot dans l'assemblage. Ils étaient très beaux, très friands. Il y avait des risques cette année. D'abord le mildiou : on l'a contenu, c'est souvent au départ qu'il faut ne pas se rater avec lui. On a fait durer les vendanges. On pouvait utiliser la durée cette année. Il fallait prendre son temps et surtout ne pas trop extraire. »*

15,5 – Mûre, prune, bouche ronde, souple, tanins moelleux, serré en finale, frais, assez long.

– Dégustation d'avril 2009

15 – Fruits noirs, grillé, cerise noire, bouche ronde, pointe d'amertume, frais, un peu moelleux, bonne matière un peu séchante en finale.

Millésime 2008

– Dégustation d'avril 2009

La propriété a été fortement grêlée. *« On a commencé les vendanges le 1er octobre. On a fini le 1er novembre. On a attendu au maximum. Après, il ne fallait pas trop extraire »,* commente Denis Lurton. Un peu moins de merlot que d'habitude dans l'assemblage, des vins un peu plus sérieux, un peu plus cabernets cette année. Le domaine s'est un peu agrandi : « *On a repris 6 hectares en fermage sur Soussans.* » 40 % merlot, 60 % cabernet-sauvignon.

14 – Fruits noirs, violette, bouche douce, ronde, un peu serrée en finale mais sans dureté ; vin assez facile, plaisant, petite note végétale mais assez frais.

– *Dégustation d'avril 2010*

14 – Fruits rouges, floral, bouche ronde, souple, facile, plaisant, léger, un peu séchante en finale.

Millésime 2009

– *Dégustation d'avril 2010*

Ce n'est pas Denis Lurton, en voyage, qui nous reçoit mais Rémi Molis, dont le titre exact serait directeur commercial mais dont on peut comprendre qu'il intervient désormais aussi dans la partie technique : « *Je suis originaire du Pays basque, j'ai fait œnologie à Bordeaux, j'ai travaillé un an à Lynch-Bages et ensuite j'ai été un peu défroqué, car je m'occupe davantage du commercial à Desmirail. Je suis un peu en appui sur le technique. J'aime bien avoir cette imbrication entre les deux : le technique et le commercial. Sur 2009, on a fait évoluer les choses.* » D'autant que le domaine a repris 6 hectares d'un fermage confié jusqu'alors à Brane-Cantenac. « *Avec cet apport, on est davantage cabernet ! Les 6 hectares sont presque exclusivement en cabernet, et donc la cartographie du vignoble, c'est 70 % de cabernet-sauvignon. On a fait 39 hl/ha.* » 50 % de grand vin contre 60 % d'habitude. 70 % cabernet-sauvignon, 30 % merlot.

16,5 – Cerise, joli fruit, très joli nez, bouche ronde, élégante, fraîche souple, charnu, tanins beaucoup plus élégants qu'avant, frais, fin. Un vrai margaux. Enfin !

13 – **Initiale de Desmirail**. Végétal au nez, bouche vive, tendue, serrée, rugueuse en finale.

Archives

– *Dégustation de juin 2007*

Millésime 1983 – Épices, note de miel, commence à giboyer, bouche vive, fruits cuits, assez savoureux même si le milieu de bouche manque un peu de chair. 13,5.

Millésime 1986 – Nez plus complexe que le 83, couleur plus jeune, des notes de viandes rôties, fleurs séchées, joli nez avec une pointe de sucrosité, bouche ronde, des tanins enveloppés, du gras et de la chair, long, mûr aujourd'hui. 15,5.

Millésime 1990 – Fruits cuits, menthe, rose séchée, bouche moelleuse, ronde, souple, des notes chocolat, des tanins bien fondus. Un vin très agréable aujourd'hui et encore pendant une dizaine d'années. Moins de fond que 1986 mais très gourmand. 15.

Millésime 1991 – Grillé, viande rouge rôtie, épices, bouche ronde en attaque, assez soyeuse, des notes de grande maturité, fruits cuits, plus de matière que dans le 90. Les tanins sont plus présents mais sans apporter de dureté. Le millésime du grand gel de printemps (avril) semble plutôt réussi à Desmirail. 15.

DURFORT-VIVENS

2e cru classé
Surface : 60 ha
Propriétaire : Gonzague Lurton
Contact : Château Durfort-Vivens
33460 Margaux
05.57.88.31.02
www.durfort-vivens.com

Dans l'art de se faire des ennemis, Gonzague Lurton est plus que bon, un as. Mauvais caractère ? Pas du tout. C'est le garçon le plus doux, le plus souriant de sa rue (du Général-de-Gaulle, à Margaux). Drôle, avec ça. Un pince-sans-rire version libre parole, équipé d'une paire de ciseaux à tailler les costumes parmi les plus efficaces de Bordeaux. Gonzague refuse des choses, c'est tout. Quelles choses ? Pas mal de choses. En voici quelques-unes :

– Les échantillons bidouillés. Au moment où se goûtent les vins en primeur, au mois d'avril qui suit la récolte, certains sont tentés d'améliorer un peu ce qu'ils vont faire déguster aux négociants, acheteurs venus du monde entier et journalistes pressés qui ne prennent pas le temps de venir vérifier sur place, dans les châteaux. En général, cela ne relève pas de l'action frauduleuse, mais quand les cabernets sont un peu sévères, on ajoute un peu plus de merlot plus rond, plus tendre. Parfois, certains vont un peu plus loin. Avec l'aide de leur œnologue, très doué pour l'exercice, ils confectionnent un assemblage dans une barrique bien toastée, un assemblage spécial qui ne servira qu'à produire des échantillons qui plairont beaucoup à des dégustateurs très influents outre-Atlantique, dont on connaît le goût pour des vins riches, onctueux, gras, puissants, sucrés. Bref, voilà mon Gonzague sur le sentier de la guerre, à proposer que tous propriétaires ou responsables de crus s'engagent par écrit sur l'authenticité de leur échantillon : parole de papier et d'honneur. Il a fait un four d'envergure. Depuis, quelques-uns qui se sentaient visés ne lui tressent pas que des couronnes de louanges.

– Les critiques injustifiées. Après avoir été épinglé dans des revues ou des guides par des dégustateurs qui n'avaient pas pris la peine de passer le voir pour constater le travail investi depuis une quinzaine d'années, Gonzague a fermé la porte. Il refuse de faire des risettes, de donner l'accolade et parfois même de recevoir ceux qui font mal leur travail. Cela n'améliore en rien les appréciations délivrées par ces gens-là, on s'en doute.

– Les rengaines œnologiques. Celles que le propriétaire se croit obligé d'entonner pour valoriser son domaine. Exemple : *« Cette année, nous avons été les derniers de l'appellation à vendanger. Tout le monde avait fini et lavait le matériel quand on a commencé. On a énormément gagné en maturité. »* Le nombre de « derniers à vendanger » que je rencontre tous les ans dans chaque appellation varie selon les millésimes mais suit une courbe régulièrement ascendante. Et Gonzague, ça l'énerve. Il tourne en dérision les pratiquants de cette religion du baratin. Encore quelques copains de plus.

Durfort est un vieux cru qui a connu une période de grande gloire et d'autres moins bien.

À la fin du XVIIIe siècle, le grand voyageur et futur président des États-Unis Thomas Jefferson (*Journal de voyage en Europe,* éditions Féret) place Durfort aussitôt après Lafite, Latour et Margaux, aux côtés de Léoville et de Rauzan-Ségla. Le classement de 1855 confirme et lui attribue le rang de 2e cru classé. C'est après que le temps se couvre. Entre phylloxéra à la fin du XIXe, guerre de 14, crise des années 20, le domaine est malmené jusqu'en 1937. On en possède un témoignage par la plume de Maurice des Ombiaux, qui écrit en 1925 dans son *Gotha des vins de France* : *« À côté* [de Rauzan]*, se* *trouve Durfort, un prince déchu, le possesseur de ce sol si précieux ayant négligé sa vigne.* » Durfort est alors repris par la société du Château Margaux, dont la famille Lurton est le principal actionnaire. En 1961, Lucien Lurton, grand connaisseur des terroirs viticoles de Margaux, acquiert et commence de restaurer le vignoble.

En 1992, son fils Gonzague hérite de la propriété. Cela commence à sérieusement l'échauffer, Gonzague Lurton, d'entendre ou de lire que Durfort aurait été dépouillé de ses meilleures parcelles au profit de Château Margaux pendant la période 1937-1961. Les deux domaines ont été intimement liés, Durfort faisant même office de second vin du grand premier, et sans doute Durfort y a-t-il laissé des plumes. Mais les ventes des deux domaines et la reprise en main du domaine de Durfort en 1961 par Lucien Lurton ont mis un terme à ces pratiques. « *Il y a eu des échanges en plusieurs étapes avec Château Margaux parce que le parcellaire au XIX*e *siècle était très morcelé, et les propriétaires, comme dans tout le Médoc, ont procédé à des remembrements privés. Quand mon père a repris, il a surtout cherché à faire des ensembles de qualité plutôt que d'acheter des bouts de vigne. À l'époque, c'était plus aisé car le foncier avait moins de valeur. Honnêtement, on a aujourd'hui un super-terroir.* » J'ajouterai que, sans faire de mauvais esprit, il m'apparaît peu vraisemblable que dans un échange de parcelles on puisse abuser un Lurton, toutes générations confondues. Lucien avait fait le gros du chemin en dotant ses enfants (une dizaine au dernier recensement) de domaines viticoles plutôt bien placés. À eux d'assurer la suite. C'est ce qu'a entrepris Gonzague en restructurant une bonne partie du vignoble – les fruits de ce boulot commencent à mûrir, mais la vigne est un long combat. In situ, il a profondément modernisé l'outil de travail en le dotant d'un chai magnifique, avec cuves en bois et petites cuves en inox adaptées à chaque parcelle. Gonzague et Jérôme Héranval, son passionné directeur d'exploitation, qui défend Durfort plus que s'il était à lui, travaillent en binôme, dans la bonne humeur et sans triche… À tel point que, généralement, on trouve bien meilleurs les vins une fois mis en bouteilles que lors des dégustations primeurs. La preuve de l'honnêteté mais pas seulement. Durfort est un coureur de fond qui semble un peu mince au départ et prend du souffle et du muscle avec le temps. En témoigne le millésime 2001, par exemple, qui, suivant la trace du 1998, est aujourd'hui époustouflant.

Second vin : Vivens et Relais de Durfort-Vivens

Millésime 2000

– Dégustation d'avril 2001

Gonzague Lurton : *« 2000, c'est l'année du miracle. On a tout eu, même une attaque de vers de la grappe le 10 septembre, quand on ne pouvait plus rien faire, puis un coup de frais a calmé le jeu. Et tout le temps comme ça. Mais, dès que l'on mettait en cuve, ça sentait le fruit, tout venait très vite, fruité, couleur, tanins… »* 65 % cabernet-sauvignon, 5 % cabernet franc, 30 % merlot.

17 – Très joli nez de rose rouge et de griotte, bouche détendue, élégante, solide mais délicate grâce à des tanins de cabernet mûrs. Du charme et de l'allure. 40 % seulement de barriques neuves pour ne pas gêner le fruit.

– Dégustation du 26 octobre 2009

16,5 – Fruits noirs, fruits mûrs, chocolat, amande, nez bien mûr, bouche souple, tendue, fine, séveuse, commence à s'ouvrir sur des notes mandarine, fruits confits, orange en finale. Encore fermé.

Millésime 2001

– Dégustation d'avril 2002

Après un 2000 exceptionnel, Gonzague Lurton nous gratifie d'un 2001 dans un style plus resserré, moins harmonieux. Un vin qui devrait se situer dans la lignée de 98. 67 % cabernet-sauvignon, 24 % merlot, 9 % cabernet franc.

15 – Nez cerise, fruits noirs, assez vineux, la bouche est solide, bien structurée avec des tanins qui se manifestent assez vigoureusement en finale. Beaucoup de fruits et de l'allure.

– Dégustation du 26 octobre 2009

16,5 – Chocolaté, noisette grillée, torréfié, bouche ronde, suave, élégante, bien fondue, tanins doux, droit dans le vieillissement, sapide, envie de boire, bien gourmand. Tanins souples, bien fondu. Savoureux.

Millésime 2002

– Dégustation d'avril 2003

« Les nappes phréatiques étaient au plus bas, 1 mètre au-dessous du niveau habituel. Si on avait eu un mois d'août très chaud, on aurait eu un blocage de maturité car la vigne aurait manqué d'eau. Le temps maussade a évité le stress hydrique. Toutefois, la concentration en septembre s'est faite de façon

disparate. Les merlots n'ont pas concentré sur pied. Cette lente maturation a favorisé les cabernets. J'ai des parcelles de francs qui n'étaient pas entrées dans le grand vin depuis 1986 et qui cette fois y sont. »

80 % cabernet-sauvignon, 13 % merlot, 7 % cabernet franc. Toute petite récolte de 28 hl/ha.

16/16,5 – Cerises en bocal, rose, mûre, violette, nez bien exprimé, bouche élégante, tanins tendres mais serrés, beaucoup de fruit. Vin réservé, sérieux et fin. Du style.

– Dégustation du 26 octobre 2009

15,5 – Nez peu ouvert, poivre, bouche puissante pas très ouverte, tanins doux en attaque, un plus dur en finale, austère un peu rugueux, pas sec mais sérieux. Refermé, à attendre.

Millésime 2003

– Dégustation d'avril 2004

Tout va bien. La belle parcelle devant les chais, à l'angle de la « route des châteaux » et du chemin goudronné qui mène à Château Margaux, est en voie de replantation. Cela faisait bizarre, à cet endroit, un champ de céréales. Mais, pour qu'un sol se repose et se débarrasse des viroses qui ne manqueraient pas d'infester les nouveaux plants, il faut du temps. Le chai est désormais doté de petites cuves en bois ou en inox, adaptées au parcellaire (une cuve pour une parcelle). En 2003 le domaine a peu produit, autour de 30 hl/ha, ce qui semble correspondre au rendement moyen des terroirs centraux (de graves) de l'appellation.

17 – Des arômes de fruits noirs rôtis et d'épices, peu ouvert, la bouche est dense, soyeuse, très précise, avec des tanins serrés et veloutés. Un fruité intense et une bonne sensation de fraîcheur, aucun exotisme dû à la chaleur, un ensemble très margaux.

– Dégustation du 26 octobre 2009

16 – Café, chocolat, grillé, flatteur, les 2003 ont un peu partout le même nez ; 5 % cabernet franc, 34 % merlot, 61 % cabernet-sauvignon, bouche douce, ronde, bien mûre, bonne attaque souple, finale plus fluide, mais bon vin agréable, très gourmand.

Millésime 2004

– *Dégustation d'avril 2005*

« Cette année, on a fait tomber des grappes dans les merlots, près d'un tiers de ce qui était accroché, et c'est sans doute la meilleure année de merlots que l'on ait faite ici depuis que je m'en occupe. On a eu une maturation très régulière et des rendements importants : 57 hl/ha. On est plutôt satisfaits, car on avait produit 30 hectolitres en 2003 et, pis, 28 en 2002 », explique Gonzague Lurton, qui évoque *« le vin le plus accompli que j'ai vinifié. C'est aussi que l'on travaille plus à la vigne qu'autrefois. Nous sommes désormais partout en labour. Tout l'été on a eu une troupe qui passait dans les vignes. »* Le vin sera élevé en barriques dont 40 % sont neuves, assez longtemps, entre dix-huit et vingt mois. 65 % cabernet-sauvignon, 30 % merlot, 5 % cabernet franc. Un bon tiers de la récolte passe en second vin.

17,5 – Fruits cuits, violette, cerise, des notes bourguignonnes, bouche ronde, soyeuse, tanins fins et liés. Une facture classique. Pas un monstre, mais un vin solide et élégant, du margaux en somme.

– *Dégustation du 26 octobre 2009*

16,5/17 – Réglisse, épices, fruits noirs, encre, bouche dense, tannique, mais fondue, un peu sévère en saveurs, mais bonne matière, encore très jeune, élégant, un peu curé en soutane côté aromatique, mais bonne texture.

Millésime 2005

– *Dégustation d'avril 2006*

Désormais le vignoble est en état de marche. Gonzague Lurton arrive au bout d'un long travail de restructuration. Le voilà plus serein sans doute, et toujours aussi distancié, voire moqueur, vis-à-vis des discours à la mode : *« Cette année, on a découvert le fil à couper le beurre : le fruit se ramasse quand il est mûr ! Le grand truc, c'est d'inciter les propriétés à vendanger le plus tard possible. Mais il y avait en 2005 un vrai risque à porter le cabernet à surmaturité, nous l'avons constaté sur une parcelle. Les chiffres ne disent pas tout. L'analyse, c'est bien surtout après, quand on fait l'historique du millésime. Mais sur le moment cela ne veut rien dire. Quand on porte des raisins à l'analyse, il se pose un problème de représentativité. Ont-ils été cueillis en haut ou en bas ? Sont-ils le reflet exact de l'état de maturité de l'ensemble ? Goûter les raisins en se promenant dans la parcelle donne un meilleur résultat. Même si l'analyse n'est pas complètement favorable, si la dégustation est bonne, on coupe. Il y a un moment où le raisin bascule, il ne faut pas aller plus loin. »* 67 % cabernet-sauvignon, 8 % cabernet franc, 25 % merlot.

18 – Mûre, myrtille, violette, nez opulent, parfumé, entre fruits noirs et floral, la bouche n'a rien perdu de son élégance habituelle, mais, depuis quelques millésimes (c'était déjà le cas avec le délicieux 2004), elle s'est étoffée. Les tanins semblent des petits grains croquants, sans dureté ; ils tapissent le palais en finesse sans gêner l'expression du fruit.

– Dégustation de juin 2007
17,5 – Nez pas très ouvert, séveux, poivre, tanins fins, élégants, belle matière délicate, tendue, fine, beaucoup de fraîcheur, des notes menthe et cerise, très long. Belle réussite.

– Dégustation du 26 octobre 2009
17,5 – Séveux, pin, bouche souple, élégant, bouche tendue, pas fondue, belle attaque, finale dure, vin très jeune avec un fort potentiel. Tanins bien enrobés.

Millésime 2006

– Dégustation d'avril 2007
« *On a vendangé tard, plus tard que saint-julien, et les cabernets-sauvignons ont bien profité du début octobre. On a fini le 6 octobre, sans aucune pression sanitaire. Le sud du Médoc a beaucoup moins été arrosé que le nord. Nous n'avons pris que 80 millimètres dans tout le mois de septembre* », commente le président de l'appellation, Gonzague Lurton. Mais le président a d'autres soucis en tête : un projet d'autoroute contournant Bordeaux et qui passerait par Margaux, et la nouvelle délimitation de l'appellation reconnue à la hâte par l'Inao pour des raisons que d'aucuns soupçonnent de ne pas être tout à fait limpides… « *Ils ont classé des parcelles qui n'étaient pas meilleures que celles qu'ils ont déclassées* », résume-t-il sobrement.

Assemblage : 70 % cabernet-sauvignon, 30 % merlot.

15,5/16 – Framboise, confiserie, cerise, tanins tendres, bouche souple, joli fruit, un vin bien fait, assez séveux, pas très large mais bien équilibré.

– Dégustation du 10 avril 2008
16 – Pas encore collé. Nez fermé, s'ouvre doucement, doux, délicat, soyeux en attaque, séveux, bonne saveurs, bien équilibré, frais, long.

– Dégustation du 26 octobre 2009
16,5 – Pin, cèdre, s'ouvre sur des notes un cacao, dense, tendue, riche, fin, très rond, un vin qui s'est étoffé, belle matière mais très rond, souple, onctueux, belle finale. Vin très élégant.

Millésime 2007

– *Dégustation d'avril 2008*

« Les détails ont plus compté que dans d'autres années », remarque Gonzague Lurton. *« Fin août, on était très inquiets pour la maturité, on avait un feuillage impeccable grâce au travail dans les vignes, tout était prêt pour attendre la vendange, mais il manquait la météo. »* Les vacanciers du mois d'août 2007 pourront confirmer. *« On a profité de l'été indien, on a pu aussi attendre la maturité optimale car on n'avait pas de vers de la grappe, donc de perforation, ni de botrytis. La parcelle devant le château a véré le 15 juillet et on a récolté le 28 septembre, 74 jours après, c'est énorme, un cas extrême. Analytiquement, les sucres sont moins élevés que ces dernières années… »*

Assemblage : 5 % cabernet franc, 21 % merlot, 74 % cabernet-sauvignon. 62 % de grand vin.

15,5/16 – Nez fruité framboise, bouche ronde, souple, très fruitée, élégant, tendu, tanins serrés, vin sérieux, rond, très fruité, pulpeux. Un vin moins racé que 2006 ou 2004 mais qui sera délicieux dans cinq ou six ans.

– *Dégustation d'avril 2009*

16 – Floral, violette, joli nez avec des notes de cerise confite, bouche élégante, souple, fraîche, un peu de tanins en finale, prometteur, assez serré.

– *Dégustation du 26 octobre 2009*

15,5 – Nouvelle étiquette avec gravure en taille douce. Note résine, fruits noirs, agréable, un peu chaotique, agréable mais un peu en souffrance à cause de la mise en bouteilles récente.

Millésime 2008

– *Dégustation d'avril 2009*

« On a commencé le 26 septembre et prolongé jusqu'au 16 octobre, ce sont les vendanges les plus tardives depuis que j'ai commencé, en 1992 », commente Gonzague Lurton. *« On n'a pas eu le côté négatif des pluies, car il n'a pas beaucoup plu en août, mais il a fait frais, cela n'a fait que ralentir la maturation. »*

78 % de cabernet-sauvignon, 22 % merlot ; les assemblages se sont faits très tard, le 15 février, c'est sans doute pour cela que le vin n'est pas très précis.

15,5 – Nez cerise, pas très ouvert, bouche tendue, minérale pas très définie aromatiquement, douce, fraîche. Sans doute un joli vin à l'arrivée.

– *Dégustation du 26 octobre 2009*

15,5 – Épices, fruits noirs, le boisé est peu présent, bouche vive, bien fruitée, souple, finale un peu serrée, joli fruit, belle acidité, un peu vif en finale.

– *Dégustation d'avril 2010*

15,5/16 – Fruits rouges, frais tendre, élégant, fruité, vif, élégant, le vin évolue lentement, fraîcheur, tension en finale. Bonne évolution.

Millésime 2009

– *Dégustation d'avril 2010*

Chambardement à Durfort : « *J'ai décidé de donner de nouvelles orientations techniques et marketing à la propriété* », annonce Gonzague Lurton. « *D'abord, on se lance dans la biodynamie. J'ai rencontré Alain Moueix* [Fonroque, à Saint-Émilion, cultivé en biodynamie] *plusieurs fois, on commence sur 6 hectares à Cantenac. Quand on a mis notre personnel là-dedans, ça les a tout de suite intéressés. On ne vise pas la certification, on cherche à comprendre et à réussir. Ce qu'on constate, c'est que tous gens qui mettent quelques parcelles en biodynamie passent rapidement à la totalité du domaine.* »

Autre nouveauté : les conseils de Jacques Lurton, cousin de Gonzague et vinificateur sur à peu près tous les continents.

Enfin, changement d'habits. « *On a repris l'étiquette du* XIXe *siècle avec le millésime 2007 qui est mis en bouteilles. Elle a été redessinée et gravée selon la technique de la taille douce, pour obtenir une véritable gravure apposée sur chacune des bouteilles. Une nouvelle capsule confère à l'habillage plus de visibilité.* » 75 % cabernet-sauvignon, 5 % cabernet franc, 20 % merlot. Vendanges des merlots du 28 au 30 septembre, et des cabernets du 30 septembre au 14 octobre.

16 – Cerise noire, menthe, bouche moelleuse, dense, tannique, un peu confit en finale, épicé, très moelleux, long, puissant, large, petite note confiturée en finale.

Ferrière

3e cru classé
Surface : 15 ha
Propriétaire : Famille Merlaut-Villars
Contact : 33 bis, rue de la Trémoille – 33460 Margaux
05.57.88.76.65
www.ferriere.com

Ferrière est en renaissance. Depuis des lustres (1952), il était confié en fermage à Lascombes et inclus dans la production de celui-ci. Une étiquette Ferrière a plus ou moins, de temps à autre, été utilisée par Lascombes, mais sans que le vin contenu dans la bouteille corresponde forcément à ce que produisait son vignoble. En 1988, la famille Merlaut le rachète, mais doit attendre 1992 que le bail se termine. À cette date, il fut confié à Claire Villars, jeune et pétillant rameau du clan Merlaut. Cela peut paraître incroyable, qu'un cru classé en 1855 puisse être ainsi oublié, mis au rancart. Un peu comme si la direction du musée du Louvre décidait de descendre dans les réserves *Le Tricheur à l'as de carreau*, de La Tour (Georges, pas le pauillac).

Tout dépend de l'époque. Le pauvre Georges de La Tour en sait quelque chose. Naufragé de l'oubli, ses œuvres attribuées à d'autres, il ne fut « réhabilité » qu'au XXe siècle.

En 1952, le Médoc est en pleine panade et pour le prix d'un pavillon préfabriqué d'aujourd'hui on aurait pu alors s'offrir un, voire deux crus classés qui font rêver les milliardaires. Quarante années aux oubliettes, le retour sur le devant de la scène est forcément long. La qualité est là, incontestable, mais la notoriété peine dans les côtes… Tant mieux pour le consommateur, qui peut s'offrir en primeur un cru classé de haute volée à un prix raisonnable.

Claire Villars gère également La Gurgue, cru bourgeois de margaux, et Haut-Bages-Libéral, cru classé de pauillac. Claire et sa sœur Céline, qui dirige Camensac et Chasse-Spleen, n'étaient pas destinées à s'occuper de vignoble. La disparition de leurs deux parents lors d'une course en montagne en 1992 en a décidé autrement. À la demande de son grand-père Merlaut, Claire est d'abord revenue dans les propriétés. Céline, architecte (c'est elle qui a conçu le chai de Ferrière), a suivi peu de temps après.

Claire, 100 000 volts branchés sourire, semble parfois un peu difficile à suivre dans ses explications où se mêlent terroir, technique, travaux, voyages, bébés, amitiés… Mais ce n'est que le reflet de tout ce qu'il lui a fallu parcourir : un maximum de passions et de sentiments en un minimum de temps.

Second vin : Les Remparts de Ferrière

Millésime 2000

– *Dégustation d'avril 2001*

Depuis sa résurrection en 1992, Ferrière a bien défini son image. Petit (en surface) et trapu : un margaux un peu atypique, qui s'affine avec le temps. Claire Villars cherche d'ailleurs à le rendre un peu plus aimable : « *J'ai diminué le nombre de barriques neuves, 60 % cette année. Il y en avait un peu trop et j'ai préféré allonger la durée d'élevage pour mieux arrondir les tanins. On a un terroir argilo-calcaire qui confère de la puissance aux merlots, censés adoucir la rudesse des cabernets.* »

16 – Nez puissant de cerise écrasée, bouche riche, dense et douce à la fois. Les tanins soutiennent le fruit et ne le dominent pas, belle persistance sur des notes mentholées.

Millésime 2001

– *Dégustation d'avril 2002*

78 % cabernet-sauvignon, 22 % merlot, élevage dans 50 % de barriques neuves. Comme beaucoup de vinificateurs médocains, Claire Villars a levé le pied sur les fortes extractions : « *On travaille plus en finesse. Depuis deux ans, nous étudions de près la maturité des peaux. On extrait moins, on recherche plus l'harmonie.* »

16,5 – Nez épicé, fruits noirs, bouche fruitée et fraîche garnie de petits tanins délicats. Ensemble assez soyeux malgré une matière assez présente et qui marque la finale.

Millésime 2002

– *Dégustation d'avril 2003*

Claire Villars : « *On a eu plus de perte de récolte à Margaux, environ 25 %, qu'à Pauillac, autour de 10 %. La coulure et le millerandage dus au froid pendant la floraison ont été plus sensibles à Margaux.* » Claire Villars met ses vins en barriques le plus tôt possible. « *On fait un préassemblage dès que la fermentation est finie, puis on regoûte et on corrige, et l'assemblage définitif est réalisé en janvier/février. Plus on assemble tôt, plus on a de synergie dans le vin.* » 80 %

cabernet-sauvignon, 20 % merlot, 50 % de barriques neuves pour un élevage de dix-huit mois.

17/17,5 – Depuis que les fermentations se font plus douces, à température plutôt basse et sans recherche prolongée d'extraction, Ferrière est devenu plus aimable, plus fin, plus margaux, sans pour autant perdre de sa vigueur. C'est un style presque parfait, avec une masse de fruit bien exprimée et une sorte de joie de vivre tannique en bouche. Fraîcheur, élégance mais densité.

Millésime 2003

– *Dégustation d'avril 2004*

Avec Claire Villars (épouse Lurton Gonzague), il ne s'agit pas d'avoir la bille du stylo un peu mollasse. Elle balance les infos à la vitesse d'une météorite. Voilà ce que nous avons pu saisir au vol : « *Le nouveau chai, avec moitié cuves béton, moitié bois, est achevé, mais il reste encore beaucoup de travaux à faire. Ferrière n'avait pas connu de travaux d'entretien ou d'embellissement depuis les années 70. Il y avait des gouttières partout, on a déjà refait les toits.* » Ainsi, le dernier bébé du couple dort à l'abri. Claire, qui s'est distinguée au début de sa jeune carrière de vigneronne (un peu plus de dix ans déjà !) par des vinifications musclées avec extractions Rocky Balboa, a depuis levé le pied. « *Je me fais casser dans certaines dégustations, mais je préfère mon vin comme cela.* » Et cette année, revenue des macérations à froid de naguère – « *cela donnait de la vulgarité au vin* » –, elle a décidé d'écourter les durées de cuvaison. En revanche, elle a choisi de pratiquer des « préassemblages » très tôt, avant la mise en barriques, qu'elle rectifie au besoin afin de mieux marier les différents éléments. L'assemblage se compose de 80 % de cabernet-sauvignon et de 20 % de merlot, comme l'an passé.

16,5 – Nez fortement épicé, bouche bien dense, tanins veloutés, des notes chocolatées, beaucoup de délicatesse dans le toucher. Un très joli vin qui n'explose pas en fruit comme le 2002 l'an passé à la même époque, mais que l'élevage devrait révéler.

Millésime 2004

– *Dégustation d'avril 2005*

Claire Villars, extraits saisis au vol : « *À Margaux, c'est rare de devoir faire tomber de la vendange, et cette année il a fallu le faire, des grappes sur les merlots. Sur les cabernets, ce n'était pas la peine. Je n'ai pas une parcelle où il y avait moins de 900 grammes par pied. On a réussi à homogénéiser. Le pire, c'est en effet d'avoir de gros rendements sur une parcelle et rien sur l'autre. Il y avait de très bonnes maturités et des pépins peu nombreux. J'ai commencé le 30 septembre et fini vers le 15 octobre. Ça s'extrayait tout seul, c'était très facile. On a des sols assez différents sur l'appellation. Vers Cantenac, où il y a peu d'argile, les racines s'enfoncent très profondément et cela donne des vins assez souples. Sur la commune de Margaux, nous avons plus d'argile et les vins sont toujours plus costauds, plus fermes.* » 70 % cabernet-sauvignon et 30 % merlot, élevage dans 40 % de bois neuf.

16,5 – Nez assez minéral, presque crayeux, cerise dominante, bouche dense, tannique, d'une tenue rigoureuse, tanins serrés, abondants et enrobés. Un style sérieux, un brin sévère, très droit.

Millésime 2005

– *Dégustation d'avril 2006*

17 – Joli nez de fruits rouges très mûrs, gelée de framboises, bouche fraîche, délicate, installée sur des petits tanins margaliens très serrés, croquants ou presque, un style flamboyant, beaucoup plus aimable et séduisant que naguère.

– *Dégustation de juin 2007*

16,5/17 – Fumé, grillé, séveux, bouche dense, moelleuse, grillée, long, frais, fin, beaucoup d'allure et de caractère, petits tanins soyeux.

Millésime 2006

– *Dégustation d'avril 2007*

La grande nouvelle, c'est le rachat en famille par Claire Villars et son mari d'un joli petit cru de saint-estèphe, Domeyne : *« Il y a 5 hectares de magnifiques, très très belles graves. »* Elle parle comme ça, Claire : quand c'est très bon, c'est très très bon, superbe. Et quand ce n'est pas bon, c'est très très mauvais, immonde ! Mais comme elle va très très vite, précipitamment, c'est bien bien commode pour prendre des notes : un mot sur deux ou trois, et on a chopé le sens général du discours. Pour la première fois, du cabernet franc dans l'assemblage de Ferrière (grâce à quelques vignes récupérées en fermage) et donc un peu plus de fruité qu'apporte ce cépage. L'assemblage se compose donc de 70 % cabernet-sauvignon, 26 % merlot et 4 % de cabernet franc.

16 – Cerise, rose rouge, note poivrée, rond en attaque, la prise de bois est assez sensible, tanins serrés en seconde partie mais sans dureté, bien fruité, long. La finale est un peu crochue.

– Dégustation du 10 avril 2008

16 – Nez fraise, floral, bouche souple, beau fruit, un peu marqué par l'élevage en finale, belle première séquence élégante et fruitée, finale un peu mordante, future belle bouteille.

Millésime 2007

– Dégustation d'avril 2008

L'ensemble est composé de 60 % cabernet-sauvignon, 5 % cabernet franc et 35 % merlot. Élevage 40 % de bois neuf.

16 – Fruits rouges, grillé, boisé qui remonte un peu, bouche souple, ronde, gourmande, très fruits noirs, long, fin, élégant, tendre, très beau fruit.

– Dégustation d'avril 2009

16 – Fruits rouges, bouche souple, ronde, chocolat à la cerise, prêt et facile à boire.

Millésime 2008

– Dégustation d'avril 2009

Sans vouloir semer le trouble « dans le conjugo », il est cependant assez évident que Mme Claire Villars, épouse Lurton, a mieux réalisé ce millésime que son mari Gonzague (Durfort-Vivens). En revanche, le couple a parfaitement réussi un très beau bébé, prénommé Grégoire, et c'est bien lui l'essentiel.

16,5/17 – Fruits rouges, boisé un peu marqué, épices, frais, doux, tendre, élégant, joli fruité, tanins savoureux, soyeux, frais, long, croquant.

Millésime 2009

– Dégustation d'avril 2010

Claire Villars, en grande forme, livre son interprétation du millésime à une vitesse à peine supérieure à celle de la lumière. Voici ce que nos radars ont saisi : « *Cette année, je n'ai pas fait de vinification au-delà de 26°C, et on n'a pas fait de cuvaisons longues ni de macérations de vingt jours ; on avait un peu la trouille, parce qu'on avait beaucoup de pépins et on avait peur d'extraire trop de tanins. On est à 13,6°, on a des pH de 3,63. Ce sont les cabernets qui sont étonnants, mais au prix de rendements très faibles. Je déteste les merlots en surmaturité et ces goûts de pruneau, j'ai commencé à les ramasser vers le*

26 septembre. En revanche, on a attendu les cabernets-sauvignons jusqu'au 10 octobre. » Assemblage : 37 % merlot, 4 à 5 % de cabernet franc et le reste en sauvignon.

16,5/17 – Violette, sureau, bouche ronde, moelleuse, souple, le style s'est beaucoup assoupli, frais, gras, dense, moelleux, long, droit. Très frais, élégant, un milieu de bouche tout en finesse.

GISCOURS

3e cru classé
Surface : 83 ha
Propriétaire : Éric Albada-Jelgersma pour la société d'exploitation. Famille Tari pour une partie du vignoble
Contact : Alexander Van Beek
10, route de Giscours
Labarde – 33460 Margaux
05.57.97.09.09
www.chateau-giscours.fr

Éric Albada-Jelgersma n'a peut-être pas été guidé par de bonnes fées quand il s'est intéressé à Giscours en 1995. Famille en bataille, pratiques œnologiques façon Tour de France, épisodes juridiques sans fin, il lui a fallu beaucoup de patience et le savoir-faire d'une équipe judicieusement recrutée pour redorer l'image et consolider les fondations de ce cru autrefois très réputé. Mais si l'on avait écouté tous les pourfendeurs du classement de 1855, Giscours n'en serait plus. On aurait l'air malin. Car si Giscours, autrefois, aurait pu porter plainte pour « maltraitance », tout cela est bien loin.

L'affaire avait pourtant très mal commencé. À peine Éric Albada a-t-il pris possession de la société d'exploitation (le vignoble appartient toujours à la famille Tari. C'est un peu comme pour le chemin de fer : la SNCF exploite les trains mais les rails appartiennent à Réseau ferré de France) qu'un « scandale » éclatait à propos du second vin dans un millésime antérieur. Celui-ci aurait été « bricolé » pour le rendre buvable et « amélioré » avec du haut-médoc appartenant à Giscours, mais hors appellation saint-julien. Ce dernier fait ne présente rien d'exceptionnel, nombre de crus classés étendent leur territoire hors de leur appellation d'origine. Depuis toujours, une parcelle de Lafite en AOC pauillac se situe sur le territoire de l'AOC saint-estèphe. Les appellations contrôlées sont postérieures au classement de 1855.

Tout fut dit dans cette histoire et surtout n'importe quoi. Sans se rendre sur place et sans enquêter, quelques Torquemada de bureau ont affirmé des énormités. Dans un ouvrage publié chez Odile Jacob (*Du vin*), le sociologue Claude Fischler a montré comment ce fait divers, par un mouvement d'amplification et de surenchères est devenu une « affaire ». Pour ma part, connaissant un peu le sujet et les acteurs, j'avais écrit un papier dans *Le Point* qui me paraissait replacer cette histoire dans son juste cadre, soulignant que tout cela était plus *« minable que pendable »*. Mais mon propos modéré n'allait pas dans le sens de ce que voulait démontrer Claude Fischler sur l'emballement des médias. Donc, il en rajouta dans le commentaire : *« Mais, pour un peu, l'auteur semblerait tenir rigueur à Giscours de n'avoir fraudé "que" sur le deuxième vin… »* De la part d'un chercheur aussi affûté, l'utilisation du conditionnel *« semblerait »* et de *« pour un peu »* comme tentative de lecture de mon inconscient laisse un peu songeur. Je trouvais surtout amusant qu'après avoir dénoncé les interprétations tordues de la presse il recoure au même procédé.

Sous le poids des attaques et leur exagération – nombre de commentaires oubliaient de préciser que le problème portait sur le second et non le grand vin – un autre qu'Éric Albada aurait sans doute envoyé tout promener et serait retourné dans ses polders. Bien au contraire, il fit face, assuma des responsabilités qui ne le concernaient que d'extrêmement loin, défendit son cru devant la justice, essuya les insultes, colmata les dommages collatéraux et continua son bonhomme de chemin en faisant confiance à son équipe et au temps qui passe, qui efface aussi.

En 2005, Éric Albada avait accepté d'organiser la Fête de la Fleur dans son château voisin du Tertre, dont il est à 100 % propriétaire, cette fois. La Fête de la Fleur est un événement mondain et mondial très coûteux pour celui qui reçoit. Peu de temps auparavant, il avait été victime d'un accident qui le laissa tétraplégique. Là encore, il ne renonça pas et maintint la fête, même en son absence.

Second vin : La Sirène de Giscours

Millésime 2000

– Dégustation d'avril 2001

Avec 2000, Giscours retrouve son brio d'autrefois : une grande finesse mais sans maigreur. « *On l'a voulu très margalien et on y est parvenus en faisant des choix dans le vignoble. Dans mon métier* », dit Jacques Pélissié, directeur technique, « *le chai représente 10 % ; l'essentiel, c'est la maturité exacte et la séparation des lots.* »

16,5 – Mûre, cerise écrasée, fruits noirs, beaucoup d'arômes de fruits. Délicatesse en bouche, tanins soyeux mais sans faiblesse, le vin tient très longtemps en bouche. Sa rondeur flatte le palais, sa longueur surprend.

– Dégustation d'avril 2002

16,5/17 – Fruité franc, cerise, bouche séveuse, bien fruité, riche en saveurs. L'élevage n'a pas trahi le fruit et le soyeux des tanins est resté à l'identique. Beaucoup d'allure.

– Dégustation du 15 janvier 2008

16,5/17 – Changement d'habillage, retour au millésime gravé sur la bouteille et ajout de « grand cru classé » en doré en bas de l'étiquette. Chocolat, cerise au chocolat, bouche souple, ronde, moelleuse, tanins soyeux de qualité, doux, bonne maturité, un vin qui commence à atteindre son âge de raison, il est encore jeune mais abordable, de beaux tanins tapissent la bouche, la finale demande encore à s'attendrir.

Millésime 2001

– Dégustation d'avril 2002

Depuis l'arrivée d'Éric Albada et le recrutement d'une nouvelle équipe sous la direction de Jacques Pélissié, routard éclairé du vin, le château retrouve sa raison. C'est devenu un bonheur de déguster ce vin suave, frais, délicat, bref, très margalien. Pour clore le chapitre justice, Giscours est obligé d'arracher certaines parcelles puis de les replanter. Avec les fruits de ces ex-futures vignes, pourquoi ne pas créer une cuvée Kafka ?

60 % cabernet-sauvignon, 40 % merlot dans le grand vin, qui représente 57 % de la récolte.

16 – Nez expressif de prune et de réglisse, bouche souple et séveuse, tanins fins, beaucoup d'élégance, trame ténue mais solide.

– *Dégustation du 15 janvier 2008*

16,5 – Mentholé, cerise, bouche ronde, moelleuse, bien garnie, un peu plus en fraîcheur et en élégance que 2000, grande finesse, profondeur, retenue, vrai vin, trame serrée et fraîcheur.

Millésime 2002

– *Dégustation d'avril 2003*

« 2002, ça fait partie des grands comme 98 et 2000 », affirme Jacques Pélissié. 60 % cabernet-sauvignon, 40 % merlot, élevage dans 50 % de bois neuf.

16 – Nez épicé, violette, rose, bouche tendre, petits tanins très fins, délicats, bien enrobés.

– *Dégustation du 15 janvier 2008*

15,5 – Menthol, commence à évoluer, note poivron mais bonne structure, rond, onctueux, petit défaut de maturité sur les cabernets-sauvignons mais en mangeant ça doit passer.

Millésime 2003

– *Dégustation d'avril 2004*

Pour dire ce qu'il pense, Jacques Pélissié ne s'y prend pas à deux fois : *« Il y a trop de conseillers à Bordeaux et trop de clients. Les gars passent et il faut bien dire quelque chose à celui qui vous paie. Alors c'est le train technique du moment qui prévaut. Aux vendanges, c'était l'acidification. À force de rester dans les bureaux, on se trompe. Il y en a qui devraient sortir un peu dans les vignes. Au Maroc, j'ai fait des vins à 2,7 grammes d'acidité et je sais qu'on ne touche pas sans danger à l'équilibre naturel du vin. On est à 3,4 au final sur Giscours et c'est parfait. Ceux qui ont trop écouté les oracles se retrouvent avec des vins durs, qu'ils ne se plaignent pas. »* Il est vrai que le peu d'acidité des raisins aux analyses d'avant vendanges a déclenché un vent de panique chez certains œnologues, qui savent qu'un manque d'acidité expose le vin à toutes sortes d'attaques bactériennes et levuriennes. Mais les plus expérimentés, comme Jacques Pélissié, n'ignorent pas que les analyses sont trompeuses et que la fermentation libère des acides… *« On est là pour mettre en valeur des terroirs qui ont 150 ans de reconnaissance, soyons modestes devant eux. »* Giscours 2003 est composé de 60 % cabernet-sauvignon, 35 % merlot et 5 % cabernet franc.

16 – Nez réglissé, très parfumé, floral, bouche bien grasse, presque lisse, très tendre du moins en attaque, la seconde période montre un vin plus resserré, dense, aux tanins plus acérés. L'ensemble est équilibré, frais, bien fruité. Moins percutant que 2001 mais plus complet que 2002.

– Dégustation du 15 janvier 2008

15,5/16 – Fourrure, chocolat, bouche pleine, assez fraîche, bonne évolution, grillé, moelleux, moins d'effet millésime qu'en 2002.

Millésime 2004

– Dégustation d'avril 2005

« *Le grand vin ne représente que la moitié de la récolte* », dit Jacques Pélissié. « *On a, certes, 40 hectares de vignes qui ont plus de 30 ans, mais il y avait beaucoup de pieds manquants. En 1996, nous avons procédé à la complantation de 13 000 ceps. Ce qui vous donne une idée de l'état du vignoble.* » Cela équivaut à planter un domaine de 13 hectares. « *Ces complants sont travaillés différemment. On les a éclaircis fortement pour faciliter leur maturité et permettre qu'on les ramasse en même temps que le reste. Parfois, ils représentent 40 % de la parcelle.* » L'assemblage se compose de 60 % de cabernet-sauvignon et de 40 % de merlot.

17,5 – Fruits rouges et épices douces, prune rouge, bonne complexité. Bouche ronde et pleine, tanins liés, soyeux. On retrouve la grande élégance et le fruité qui ont fait la réputation de ce cru.

– Dégustation du 15 janvier 2008

16,5 – Fermé, petites notes agrumes de fraîcheur, bonne bouche soyeuse, souple en première séquence, un peu refermée ensuite. Tendu, serré, bien médocain, pas le volume de 2001.

Millésime 2005

– Dégustation d'avril 2006

« *On a profité d'un climat viticole remarquable qui peut, s'il se répétait, générer des problèmes car les systèmes racinaires de nos vignes ne sont pas adaptés à ces climats secs* », commente Jacques Pélissié. « *La montée des sucres s'est opérée très tôt, mais les tanins n'étaient pas encore mûrs, et finalement il nous a fallu attendre.* »

17,5/18 – Nez fruits noirs, note grillée et sous-bois, très beaux tanins nobles qui tapissent la bouche dès l'attaque, soyeux, rond, souple, très beau fruit, bien persistant.

– Dégustation du 15 janvier 2008

17,5/18 – Cerise, fruits noirs, bouche puissante, généreuse, mentholée, gras, plein, beaucoup d'allure, tanins vifs, peu fondus, long, serré.

Millésime 2006

– Dégustation d'avril 2007

« *Les merlots étaient fragiles* », nous dit Jacques Pélissié. « *Il fallait faire vite. On les a rentrés entre le 22 et le 28 septembre. Ensuite, pour les cabernets-sauvignons, il fallait attendre. On a fait effeuiller à la troupe car on voulait garder les vendangeurs. Si on ne leur donne rien, ils vont voir ailleurs. Le pH est plus bas dans les cabernets, cette sensation acide donne une lisibilité plus grande au fruit. Ça se développe très bien et doucement, le côté aromatique prend de l'ampleur au fur et à mesure de l'élevage.* » 65 % cabernet-sauvignon, 35 % merlot.

16,5/17 – Cerise, menthe, rose rouge, bouche séveuse mais tendre, bien fruitée, assez subtile, des tanins discrets car très doux mais présents, bonne longueur. Vin harmonieux, pas trop extrait et assez classe.

– Dégustation du 11 avril 2008

16,5/17 – Violette, cerise, épicé, bouche ronde, moelleuse, douce, bien fondu, en longueur, très joli vin, d'une belle élégance.

– Dégustation du 15 janvier 2008

16,5 – Épices, grillé, chocolat, bouche serrée, dense, marqué par son bois, tendu, serré, un peu brassé.

Millésime 2007

– Dégustation d'avril 2008

« *On n'a jamais mis autant de cabernet-sauvignon : 65 % contre 35 % de merlot* », explique Alexander Van Beek, gérant du domaine. « *On avait des merlots jolis, mais pas aussi sexy qu'en 2006 ou 2005.* » L'état-major technique des domaines connaît quelques modifications : « *Jacques Pélissié va prendre sa retraite dans deux ans, il est directeur d'exploitation. On essaie de préparer l'avenir. Frédéric Ardouin est arrivé maintenant à Château du Tertre, et Didier*

Foret sur Giscours. Chaque exploitation aura une gestion technique séparée, même si certains moyens sont mis en commun. » Les vendanges ont été très étalées, du 22 septembre au 12 octobre, date de la gerbaude, la fête de fin de vendanges.

15,5/16 – Nez épices, cerise, cassis, bouche ronde, souple, bien fruitée, tendu, le bois marque un peu, joli fruit derrière.

Millésime 2008

– *Dégustation d'avril 2009*

Didier Foret a travaillé avec deux équipes de vendangeurs et deux réceptions de vendanges. Un choix déterminé par l'hétérogénéité de la vendange : « *On a souhaité disposer d'équipes plus petites cette année. Il fallait être proche des cabernets. Il fallait passer plusieurs fois avant même de cueillir, tellement il y avait d'écarts de maturité. Les grappes qui, trois semaines avant les vendanges, n'étaient pas prêtes, il a fallu les faire tomber.* » Les vendanges ont débuté le 30 septembre pour s'achever le 18 octobre. « *On a eu la chance d'avoir un temps en octobre qui a permis d'attendre.* » 65 % cabernet-sauvignon, 30 % merlot, 5 % cabernet franc.

16,5 – Nez fruits rouges, bouche ronde, souple, fondue, petits tanins assez fins et croquants, finale assez tendue, bien fruité. Vin séveux, frais, l'élevage devrait le parfaire.

– *Dégustation d'avril 2010*

17 – Fruits noirs, épices, bouche ronde, souple, fraîche, bien fruitée, tanins doux, bonne longueur, beaucoup de fraîcheur, plus sur la minéralité que 2009, profond.

Millésime 2009

– *Dégustation d'avril 2010*

Didier Foret : « *On a commencé le 22 septembre et ce sont vendanges les plus longues que l'on ait connues. On a eu des journées de vendanges à 30 °C. Pour ne pas commencer les fermentations trop chaud, on beaucoup baissé les températures et procédé à des macérations préfermentaires à froid afin d'éviter de voir proliférer des levures indésirables qui pourraient apporter des mauvais goûts. On a baissé le taux de cabernet-sauvignon car on a grêlé cette année sur les parcelles de cabernet. Et puis, on commence à récupérer les grands merlots du domaine qui ont été replantés, des parcelles qui reviennent en production.* » 53 % cabernet-sauvignon, 7 % cabernet franc, 40 % merlot. 44 hl/ha.

16,5/17 – Nez boisé, bouche ronde, souple, bien fruitée, rond, gras, épicé, gourmand, souple, bonne matière, un vin moelleux, séduisant, peut-être un peu moins séveux que certaines années mais qui donne l'impression de pouvoir être bu assez jeune.

Archives

– *Dégustation du 15 janvier 2008*

Millésime 1995

12 – Première année de reprise par Albada. Jacques Pélissié est arrivé en 1998. Cerise, alcool, sec, pas de moelleux, petit vin. Sec.

Millésime 1996

13,5 – Épices, poivré, mandarine, assez évolué, bouche ronde en attaque, délicate, manque de volume et de rondeur, de chair, mais moins dur que 95.

Millésime 1997

13 – Poivre, un peu poivron vert, bouche ronde, souple, onctueuse, finale anguleuse, attaque agréable, finale fluide, osseuse.

Millésime 1998

15,5/16 – Chocolat, fruits confits, 55 % cabernet-sauvignon : *« On s'est efforcés de complanter, il y avait des manquants en cabernet, notamment. Sur 40 hectares de très grands terroirs. Les pieds replantés commencent à avoir 10 ans et on les rentre dans le grand vin. À l'époque, on était obligés de monter la proportion de merlot. »*

Poivre, épices, le nez s'ouvre. Bouche tendue mais tanins ronds, vin assez représentatif de 98, vif, serré, frais, avec de la matière. Joli vin médocain.

Millésime 1999

14,5 – Moka, café, bouche souple, assez évoluée, à boire maintenant. Vin de plaisir, serré, bien mûr en bout de parcours, bonne longueur.

D'Issan

3e cru classé
Surface : 53 ha
Propriétaire : Famille Cruse
Contact : BP 5 – 33460 Margaux
05.57.88.35.91
www.chateau-issan.com

Dans le dégustoir, une photo des années 60 pour le journal *Sud-Ouest* montre le célèbre courtier Daniel Lawton, en pardessus à la Maigret et coiffé d'un chapeau sombre, recracher d'un jet puissant un vin qu'il vient de déguster. Photo en noir et gris d'une époque où les hommes semblaient avoir toujours froid. Le Médoc était alors un courant d'air sans chauffage. Les toits fuyaient. Les châteaux glacés sentaient l'humide et le vide. Le vin fin ne rapportait rien.

Les propriétés ont commencé à s'ébrouer, à sortir de l'hiver au moment où les journaux sont devenus en couleur. Quel rapport ? Aucun, juste une concordance des temps.

Jusqu'au millieu des années 90, parler d'Issan consistait surtout à évoquer son architecture : un des plus beaux et des plus authentiques châteaux du Médoc (XVIe siècle) avec cour carrée, grand parc et douves pour de vrai. La plupart des concurrents, constructions du XIXe, reflètent, davantage qu'un style d'époque, l'état du portefeuille, l'orgueil, l'imagination ou les désirs exotiques des propriétaires.

D'Issan évoquait au propre et au figuré *La Belle au bois dormant*. Joli château, vieilles pierres et vin sympathique avec de belles réussites certaines années. Puis les toits des chais ont été refaits. Un pressoir pneumatique a fait son entrée pour le millésime 96 : la qualité des jus pressés s'en est sentie sensiblement améliorée. *« On a rénové le réseau de drainage d'une grande partie du vignoble, ça ne se sent pas forcément tout de suite »*, dit Éric Pellon, le directeur technique. Mais, à la longue, les racines qui ne trouvent plus d'humidité superficielle plongent davantage, dépendent moins du climat de surface et offrent à la vigne une alimentation plus régulée. En 1999, la réception de vendanges a été modifiée et doublée, les vis sans fin qui trituraient les raisins supprimées. *« Deux réceptions de vendanges nous permettent de ramasser avec plus de précision, et quand c'est le bon moment on a une puissance de feu plus importante »*, ajoute Éric. En 2002, un nouveau cuvier a fait son apparition avec des cuves dont les volumes sont adaptés aux parcelles. *« Tout cela fait que l'on travaille mieux chaque année... »* Ces transformations étaient mises en œuvre par la nouvelle génération, en l'occurrence Emmanuel, fils de Lionel Cruse personnage haut en couleur du monde vinicole bordelais. Les Cruse, grande famille avec des cousins partout et des racines profondes dans la belle société. Emmanuel trotte aux frontières, entre valeurs traditionnelles et moderne déconnade. Ce serait schizophrène sans l'humour, la dérision et une certaine gouaille. Emmanuel est vice-président de la Villa Primrose, où il dirige la section de hockey sur gazon. Primrose, c'est un club. On y pratique le tennis, les sports chics, le bridge et peut-être un jour, c'est en débat, le jeu de paume. Un club comme seuls les Bordelais et les romans anglais d'avant guerre peuvent en inventer, pas particulièrement prolétarien. Pour y accéder, il est préférable d'être passé par les lycées fréquentés par l'« aristocratie du bouchon », Tivoli ou Grand-Lebrun, où l'on n'apprend pas obligatoirement à chanter *l'Internationale.* Cette parfaite connaissance du bon milieu et de ses hommes ajoutée à un sens aigu de l'observation dynamise un don remarquable, celui d'imitateur. Au pied levé, en pleine séance de dégustation, Emmanuel est capable de prendre la voix, les tics de langage et les attitudes de la plupart de ses voisins de château ou des grands négociants de la place. Nul n'est à l'abri, et celui qui rit ce jour-là risque fort d'être à son tour victime le lendemain devant un nouveau public. Au cours d'une de ces nombreuses soirées gustatives où deux ou trois patrons de crus présentent quelques millésimes à des amateurs de Chicago ou de Hongkong, Emmanuel devait commenter ses vins et ceux du Château Lagrange en l'absence du directeur, Marcel Ducasse, son grand ami. Face à un public médusé, Emmanuel a proposé de faire les commentaires *« en V.O. »*, c'est-à-dire avec la voix de Marcel. Succès assuré et grosse rigolade l'année suivante dans la salle quand le vrai Ducasse est venu en personne délivrer son message.

Même si la critique internationale qui déguste trop peu à l'aveugle a pris son temps pour s'en apercevoir, il n'y a guère de raté à d'Issan depuis dix ans. Une fois n'est pas coutume, le fils n'a pas tué le père à coup de vinifications monstrueuses et d'extractions au marteau-piqueur. Les vins sont restés des margaux, c'est-à-dire des médocs soyeux, élégants. Ils ont juste gagné en définition, précision et élégance. Avec un peu plus de matière en milieu de bouche, ce qui n'est pas un défaut !

La propriété a connu dernièrement trois événements importants : deux négatifs et un positif. Commençons par ce dernier. La nouvelle délimitation de l'appellation margaux a agrandi un peu la propriété : quelques parcelles naguère en appellation haut-médoc sont devenues du margaux. Elles entrent dans la composition du second vin, Blason d'Issan, une bonne affaire pour le consommateur, car ce vin abordable en termes de prix se révèle toujours très agréable. En revanche, alors que la propriété n'avait jamais connu la grêle sur l'ensemble du domaine depuis 1945, elle a souffert deux années de suite en 2008 et surtout en 2009, réduisant considérablement la production de ce millésime excellent.

Second vin : Blason d'Issan

Millésime 2000

– Dégustation d'avril 2001

Emmanuel Cruse a fait cette année une petite vendange – moins de 40 hl/ha : des rendements faibles et en partie involontaires. Après avoir beaucoup éclairci en début d'été (c'est-à-dire fait tomber des grappes vertes pour obtenir de meilleures maturité et concentration sur celles qui restent), le vignoble a essuyé deux coups de grêle localisés qui ont fait plus de mal à la récolte qu'on ne le pensait au départ. Le domaine a cependant choisi de ne garder que 60 % de premier vin composé de 69 % de cabernet-sauvignon et de 31 % de merlot.

14,5 – Nez réglisse, épices, puissant, bouche tannique, dense, beaucoup de fruit, une petite pointe de dureté en finale que l'on retrouve souvent dans ce cru, notamment sur le 98.

– Dégustation d'avril 2002

15,5 – Bien mieux que l'an passé. La petite « pointe de dureté » s'est gommée avec l'élevage, le vin s'est étiré et a gagné en harmonie. Nez séduisant de fruits rouges au sucre, tanins ronds, souples, de la réserve qui s'exprime par une touche tannique en finale.

– Dégustation du 28 octobre 2009

15,5/16 – Fermé, pain d'épice, commence un peu, très timidement, à s'ouvrir. Poivre, grillé, des notes pain grillé, bouche fraîche, tanins doux, séveux, tendu, vin encore très fermé, le temps a adouci les tanins mais la finale manque un peu d'enrobé.

Millésime 2001

– *Dégustation d'avril 2002*

68 % cabernet-sauvignon, 32 % merlot : « *L'assemblage définitif est réalisé depuis début janvier.* » Élevage dans 50 % de bois neuf. « *On a commencé le 1er octobre, puis stoppé le 3 et fini le 12* », raconte Emmanuel Cruse. « *Depuis 1995, ce sont les plus belles grappes que nous ayons rentrées.* » Le cru continue sa progression. Les vins sont devenus charnus, sans perdre de leur charme, et gagnent en précision, en équilibre. Signalons au passage que 1995 dont parle Emmanuel Cruse est ici une parfaite réussite.

15 – Nez de framboise, très fruits rouges, bouche séveuse, bien pleine, des tanins présents mais plus élégants qu'autrefois, bonne persistance sur le fruit. Espérons qu'il évolue aussi bien que le 95.

– *Dégustation du 28 octobre 2009*

16,5 – Nez pain grillé, s'ouvre ensuite sur des notes de cèdre, pin, bouche douce en attaque, bien droite, longue, sans chaos, les tanins sont ronds, glissants, belle finale fruits cuits, Un vin très agréable aujourd'hui doté d'une belle persistance fruitée.

Millésime 2002

– *Dégustation d'avril 2003*

« *D'habitude, on a 60 vendangeurs ; là, on était une centaine. Ça nous a permis d'être plus mobiles. On a commencé le 1er octobre, le temps était formidable. On savait que ce n'était pas une année à merlot, donc on a préféré attendre. On a ramassé en un temps très court. On ne s'est pas arrêtés entre merlot et cabernet* », explique Emmanuel Cruse. « *On a produit 42 hl/ha. Globalement, en volume, on s'en sort un peu mieux que la plupart de nos petits camarades, c'est sans doute parce que l'on a un peu plus d'argile qui a conservé de l'humidité pour alimenter la vigne.* » 78 % cabernet-sauvignon, 22 % merlot, élevage dans 50 % de barriques neuves.

17 – Très fruit au nez, framboise, fraise des bois. On pourrait se croire en Bourgogne. La bouche est délicate, tanins fins soyeux, solide mais discrets, bien enrobés. Un pur style margaux.

– Dégustation du 28 octobre 2009

17 – Nez riche, mentholé, cèdre, bouche souple, ronde, soyeuse, délicate, très margalienne, un fruité expressif, un peu sur des notes compotées posées sur des tanins bien ronds et veloutés. Un plaisir intense et immédiat. Finale encore un peu serrée, très joli vin que l'on peut attaquer aujourd'hui, très cabernet.

Millésime 2003

– Dégustation d'avril 2004

« Cette année, on remercie les étourneaux qui tournaient au-dessus des vignes. Grâce à l'ombre de leurs ailes, on a moins souffert que les voisins. » Même quand il s'agit de faire goûter le fruit de son travail, Emmanuel Cruse, vaguement sosie de Bill Gates (mais en plus drôle), ne peut s'empêcher de blaguer. *« La vanne, chez lui, est une sorte de soupape de sécurité, il est constamment en ébullition »*, dit un de ses proches. Évidemment, après une visite, il faut trier dans les notes ce qui relève de la soupape. 69 % cabernet-sauvignon, 31 % merlot.

15 – Épicé, note grillée, gelée de groseilles, bouche tendre, souple, tanins gras et veloutés, des notes chocolatées. Un vin gourmand, assez tendre, au fruité épanoui.

– Dégustation du 28 octobre 2009

14,5 – Nez truffe noire, sous-bois, bouche monolithique, large, puissante mais sans finesse, sans définition. Un vin massif, un peu rustique dont l'évolution n'est pas plaisante. Il ne gagne pas en charme, il conserve son côté massif avec des notes d'évolution en finale.

Millésime 2004

– Dégustation d'avril 2005

Au fil des nouveaux millésimes, ce n'est pas un margaux souple et tendre, joliment parfumé, que nous accouche Emmanuel Cruse, mais un vin séveux, réservé, se révélant de garde. L'assemblage définitif, réalisé assez tard (le 28 janvier), se compose de 60 % de cabernet-sauvignon et de 40 % de merlot. Le vin est élevé en barriques, dont la moitié sont neuves.

16,5 – Fruits noirs, mûre, myrtille, mentholé, bouche dense, onctueuse, tanins serrés, veloutés, du volume. Un vin un peu cistercien, bien équilibré, très prometteur.

– *Dégustation du 28 octobre 2009*

16,5/17 – Poivre noir, note cacao, le côté séveux monte ensuite, bouche douce, petits tanins délicats, serrés mais frais et doux, un peu dans le style de 2002, avec là encore une très belle persistance. Ce sont deux millésimes très cabernet, structurés mais fins.

Millésime 2005

– *Dégustation d'avril 2006*

Emmanuel Cruse a la langue qui fourche en parlant de vacances pour dire vendanges. Lapsus révélateur de quatre semaines incroyables *« où l'on pouvait partir en week-end »*, tant la météo et l'état sanitaire du raisin ne laissaient aucune inquiétude au responsable. D'ailleurs Emmanuel a offert un séjour sur les plages de l'Atlantique à sa troupe de vendangeurs danois, le temps que les cabernets finissent de mûrir. *« On a passé un deal avec un collège danois, une école de commerce, dont le directeur est passionné de vin. Ils viennent tous les ans, encadrés par leurs professeurs. On les loge et on les nourrit. Ils sont 45. Une partie de l'argent va à l'achat de matériel pour le collège et l'autre est utilisée à visiter Paris. »* 65 % cabernet-sauvignon, 35 % merlot.

17 – Nez un peu marqué par la barrique neuve sur un premier échantillon. Nous l'avions ensuite dégusté au chai sur des fûts plus anciens, et le fruité était beaucoup plus éclatant et significatif de la version définitive de ce vin… Fruits rouges, rose fraîche, note de violette, les tanins sont dès le départ d'une grande finesse, dentelle serrée et solide, une longueur impressionnante.

– *Dégustation du 28 octobre 2009*

17/17,5 – Sous-bois, épices, séveux, fougère, poivre vert, bouche dense, intense, serré, tannique mais frais, des tanins disciplinés, domestiqués, future belle bouteille, très fermée aujoud'hui mais beaucoup plus délicate et raffinée que 2000.

Millésime 2006

– *Dégustation d'avril 2007*

« C'était plus sportif qu'en 2005 ! » commente Emmanuel Cruse, qui a fait réaliser pour son domaine une superbe plaquette où est retracée l'histoire du château. Ainsi apprend-on que ce vin, qui au XIXe siècle couvrait plus de 120 hectares, était retombé à 2 hectares de vignes quand, en 1945, la famille Cruse en fit l'acquisition. On découvre aussi qu'Emmanuel Cruse est un

« sportif accompli » et donc que ce millésime n'a pas dû lui déplaire : *« Mi-août, on a mis une grosse équipe à effeuiller et surtout à effectuer un deuxième passage de vendanges en vert pour enlever les grappes qui étaient en retard sur la maturité. Je pense que cela nous a permis de vendanger dans une relative sérénité. On a commencé les merlots le 19, puis on a fait une bonne semaine de break avant d'attaquer les cabernets le 2 octobre. »* 39 % merlot, 54 % cabernet-sauvignon, 7 % de vin de presse. À noter un très séduisant et moelleux second vin, Blason d'Issan, toujours d'un bon rapport qualité-prix.

18 – Fraises au sucre, rose, cerise, bouche soyeuse, tanins de très grande qualité, sans dureté mais fermes. Un vin voluptueux, qui s'appuie sur la fraîcheur, l'acidité du millésime, plutôt que de la subir ; grande longueur, très bon équilibre.

– *Dégustation d'avril 2008*

17,5/18 – Grillé, épices, fruits noirs, bouche ronde, tendue, longue, serrée, bien tendue, tout en longueur, pas collé, net, long.

– *Dégustation d'octobre 2009*

17,5 – Fermé, fruits noirs, poivre noir, refermé, bouche fraîche, fine, élégante, tendre, bien fondu, jolis tanins souples et fins, délicat, un peu plus extrait, long, tannique mais sans dureté.

Millésime 2007

– *Dégustation d'avril 2008*

Après une campagne électorale discrète mais efficace, Emmanuel Cruse a été choisi par ses pairs pour présider la Commanderie de Bontemps. Une confrérie comme les autres ? Avec les robes pourpres, les drôles de chapeaux et tout le falbala médiéval de salle des fêtes ? Pas seulement. La Commanderie est une institution médocaine incontournable, qui compte parmi ses adhérents un paquet de futurs – ou plus souvent anciens – chefs d'État, vedettes oscarisées ou césarisées, d'écrivains nobélisés… Des ambassadeurs de poids, au carnet d'adresses bien rempli. Une institution efficace que gérait jusqu'à présent Jean-Michel Cazes, lequel a souhaité passer la main. *« Il va falloir que je devienne sérieux et que j'arrête de dire des c…, heu, des gros mots ! »* précise le nouveau grand maître. Pas gagné d'avance, tout comme ce millésime 2007, *« le millésime au coût de production le plus élevé, 32 % de traitements en plus. Globalement, on effeuille d'un côté puis, mi-août, on effeuille l'autre face. Là, quand on a vu que l'été allait se barrer, on a effeuillé double face d'entrée de jeu, en juillet, suivi par un premier passage de vendanges vertes, puis un deuxième, puis un troisième, pour retirer tout ce qui avait véré en retard. Il y avait du raisin après les vignes, et donc on fait 50 hectolitres.»* 63 % cabernet-sauvignon, 37 % merlot.

16/16,5 – Fruits noirs, cerise, épices, dense, rond, bien tendu, long, tanins doux, moelleux, bonne longueur.

– Dégustation d'avril 2009

16 – Fruits noirs, mûre, bouche épicée, bouche un peu touffue, fruits noirs, plein, épicé, tanins doux. Un peu brassé.

– Dégustation d'octobre 2009

16 – Un peu de verdeur séveuse, épices, poivré, bouche fraîche douce, tendre, élégante, soyeuse, pas très dense mais équilibré, tanins soyeux,

Millésime 2008

– Dégustation d'avril 2009

Les murailles du château n'en reviennent toujours pas. L'orage de grêle qui a frappé l'appellation margaux (pas seulement) s'est montré ici particulièrement virulent. *«Il faudrait plutôt parler de tempête, avec de la grêle et de l'eau. Éric* [Éric Pellon, directeur technique] *avait de l'eau au-dessus du marchepied du 4x4. On a 25 mètres de murs qui sont tombés par terre. De mémoire d'ancien, on n'avait jamais été grêlés comme cela. C'est une récolte catastrophique en volume. Alors, on a fait un pari avec la météo. Avec 28 hl/ha de potentiel, on n'avait pas de maladies, on a attendu au maximum. Le cœur des vieux cabernets-sauvignons a été cueilli les 14,15 et16 octobre ; on a fini le 20»*, raconte Emmanuel Cruse. 62 % de cabernet-sauvignon et à 38 % de merlot.

16/16,5 – Fruits noirs, bien fruité, épices, bouche tendue, tanins serrés dans le genre gras, le vin est encore un peu mâché, bien fruité, frais, tendu, chocolaté.

14,5 – **Blason d'Issan**. 68 % de cabernet-sauvignon et à 32 % de merlot. Boisé mais frais, tendre, vif en finale, joli fruit.

– Dégustation d'octobre 2009

17 – Cerise, cerise confite, bouche douce, élégante, fraîche, fine, tendue, bonne acidité, serrée, pas très volumineux, mais fin vif, élégant.

– *Dégustation d'avril 2010*

16,5/17 – Fruits noirs, un peu réduit, bouche pleine, tanins fins, élégant, raffinés, très droit, long.

Millésime 2009

– *Dégustation d'avril 2010*

D'Issan, le 11 mai, était au cœur de l'orage qui s'est abattu sur margaux. Emmanuel Cruse : « *On aurait grêlé à 79 % selon les experts. En perte de récolte entre 2008 et 2009, cela fait 3,8 millions d'euros. C'est décidé, on s'équipe de canons antigrêle car deux années de suite, ça fait beaucoup. Depuis la tempête de 1999 et la disparition de nombreux arbres, les courants ont changé. Tout le plateau de Cantenac a pris la grêle, un couloir plus large que l'an passé. En juillet et août, on a enlevé les raisins de seconde génération pour conserver le peu de récolte homogène. Dans les bonnes nouvelles, on va enfin pouvoir planter des petit-verdot. Il fallait qu'on trouve le bon sol, le bon terroir plus argilo-calcaire et qui se draine bien. C'est fait, on a arraché une parcelle qui correspond.* »

60 % cabernet-sauvignon, 40 % merlot. 13,9°. 55 % de barriques neuves.

16 – Fruits noirs, bouche fraîche, vive, élégante, tendue, tanins moelleux en milieu de bouche, finale assez tannique, un peu cassis en finale.

14,5 – **Blason d'Issan**. 62 % cabernet-sauvignon, 38 % merlot. 35 % de bois neuf. Réglisse, fruits noirs, bouche vive, bien fruitée, élégante, note cassis en finale.

KIRWAN

3e cru classé
37 ha
Propriétaire : Famille Schÿler
Contact : Philippe Delfaut
Kirwan
33460 Margaux
05.57.88.71.00
www.chateau-kirwan.com

Le domaine est né en 1760 de la réunion d'un Château Ganet et du Domaine de Lassalle. Un Kirwan arrivé d'Irlande a épousé la fille du propriétaire et la famille a « régné » sur le domaine jusqu'en 1827. Le château et son vignoble changent encore de propriétaire avant d'être rachetés par Camille Godard, adjoint à la mairie de Bordeaux, qui en a fait don à la ville ainsi que de sa fortune pour qu'elle achète le fameux Parc bordelais. La maison Schröder et Schÿler, célèbre négociant, récupère en exclusivité la totalité des vendanges et acquiert le cru en 1925.

La suite est classique.

Le négoce gagnant plus d'argent avec son activité de commerce (et les vins de consommation courante) qu'avec les châteaux, on entretenait mais on investissait peu. Le réveil est venu tardivement, à la fin des années 90, quand, après avoir cédé dans un premier temps leurs parts au GAN, les Schÿler décident de les racheter et montrent une forte implication dans le château.

On a d'abord goûté – à l'inverse de ce qui se faisait avant – des vins très concentrés mais manquant d'élégance. Devant un tel changement qui signifiait également une recherche de style nouveau, la critique s'est montrée clémente. Puis défilèrent les années et les millésimes, plus bourrus les uns que les autres, des vins puissants, trop extraits mais qui semblaient bien se vendre outre-Atlantique. Pourquoi pas, mais ce n'est pas ce que l'on attend d'un médoc, signé margaux de surcroît.

Nouveau changement, positif cette fois : l'arrivée aux commandes de Philippe Delfaut, transfuge de Palmer, spécialiste du vignoble, jeune mais avec les quelques cheveux gris de celui qui n'a plus rien à démontrer. Effectivement, on commence enfin à découvrir la vraie nature de Kirwan, sans les tanins monstrueux et le boisé de menuiserie. Sans compter qu'en étant plus raisonnable en matière d'extraction, Delfaut produit non seulement un vin plus fin mais en plus grande quantité. Avec 2009, par exemple, il a réintroduit dans le grand vin 15 % de vin de presse, celui qui sort du pressoir quand, après les vinifications, on presse le marc restant au fond de la cuve. « *Comme on extrait peu, on a des presses de grande qualité que l'on peut réintroduire dans le grand vin. Avant, quand c'était extrait férocement, c'était de la flotte. Cela faisait 17 % de vin perdu en moyenne chaque année.* » Il fallait y penser.

Particularité : une assez forte représentation (10 %) du petit-verdot dans l'encépagement.

Second vin : Charmes de Kirwan

Millésime 2000

– Dégustation d'avril 2001

On y croyait quand, au début des années 90, les Schÿler multipliaient les efforts pour rendre à ce cru sa véritable noblesse. Quelques millésimes plus tard, on ne peut cacher une certaine déception. La recette semble toujours la même : beaucoup de bois et une extraction qui paraît dépasser la qualité de la vendange.

12,5 – Nez confiture de fruits noirs et violette, bouche presque saturée de saveurs boisées, tanins vifs et astringents. Un fruité masqué qui ne demande qu'à s'exprimer. À revoir après élevage.

– Dégustation d'avril 2002

13 – Une bonne première séquence en bouche avec du moelleux et des tanins bien présents, mais la finale est amère, séchante, un vin trop extrait.

Millésime 2001

– Dégustation d'avril 2002

Comme son voisin Boyd-Cantenac, Kirwan a été la victime d'un gang d'escargots qui a fait bombance avec les pousses et les feuilles au printemps. *« Au milieu des parcelles, on n'a rien soupçonné. »* Résultat : 37 hl/ha à l'arrivée, des rendements assez faibles pour une propriété plantée à 7 000 pieds à l'hectare.

14,5 – Nez mentholé, mûre, pivoine, bouche riche, puissante, matière serrée, tanins présents mais assez fondus, finale chocolatée.

Millésime 2002

– Dégustation d'avril 2003

Nathalie Schÿler : *« On a un assemblage un peu atypique pour Kirwan, avec beaucoup de cabernets francs formidables et surtout des petits-verdots exceptionnels. Par contre, on a été déçus par les merlots. »* Pour mémoire, ils entraient pour 50 % dans l'assemblage de l'an passé. Cette année, celui-ci se compose de 55 % cabernet-sauvignon, 18 % merlot, 15 % cabernet franc, 12 % petit-verdot. Les vendanges se sont déroulées fort tardivement, du 2 au 18 octobre, en surmaturité, notamment sur les petits-verdots.

14 – Nez de capucine, café (de la barrique), fruits cuits, chocolat en bouche, tanins puissants, veloutés en attaque, durcissant ensuite, de la puissance, mais une finale rugueuse.

Millésime 2003

– *Dégustation d'avril 2004*

«*Sur le plateau de Cantenac, on a des zones de graves et des parties plus basses avec des sols argileux très forts, qui ne donnent jamais beaucoup de raisins, car le système racinaire a du mal à se développer*», raconte Nathalie Schÿler. «*Cette année, c'était encore plus compliqué de comprendre les réactions en fonction du parcellaire. On a eu très peur. D'un bout d'une parcelle à l'autre, on n'avait pas les mêmes maturités, et des comportements différents du raisin.*» Le rêve de Nathalie est de faire ressembler Kirwan à Palmer. Côté terroir, rien ne s'y oppose, Kirwan est très bien placé. Côté vignoble, il reste sans doute à améliorer, adapter. Côté vinification: «*On essaie de comprendre pourquoi on sort avec des vins hyperpuissants, alors qu'on voudrait faire des vins plus fins...*» L'assemblage se compose de 43 % de cabernet-sauvignon, de 22 % de merlot, le reste est à égalité petit-verdot – «*Il était superbe, on a tout mis*» – et cabernet franc.

14 – Épices, violette, un peu fruits en confiture, puissant en alcool et en tanins, bouche serrée, beaucoup de matière. Bon vin, certes, mais on l'aimerait un peu plus élégant et frais.

Millésime 2004

– *Dégustation d'avril 2005*

14 – Nez de café, boisé, grillé, bouche tannique, dense; tanins très présents, finale assez rugueuse.

Millésime 2005

– *Dégustation d'avril 2006*

De Kirwan, on disait autrefois: «*Des troisièmes, c'est là le premier, le plus grand*», cependant il peine à se définir. On l'attend très élégant et on le retrouve souvent un brin rustique: «*On essaie de moins extraire. Michel Rolland* [œnologue-conseil] *est beaucoup moins dans l'extraction. C'est aussi notre optique, mais on est toujours tentés de le faire. Cette année, on est allés très en douceur.*» À Kirwan, on a décidé de procéder à l'arrachage des cabernets francs, qui mûrissent mal, à l'inverse des cabernets-sauvignons, dont Nathalie dit que «*c'est leur année, même dans les parcelles qui d'habitude ne font que du second vin*». L'assemblage se compose de 30 % merlot, 10 % petit-verdot, 58 % cabernet-sauvignon et enfin 4 % de franc.

14 – Fruits rouges et noirs, bouche volumineuse, du gras, des tanins puissants mais plus fondus que certaines autres années, note de sucrosité en finale qui habille l'ensemble.

Millésime 2006

– *Dégustation d'avril 2007*

C'est donc cette année que Philippe Delfaut, responsable technique de Palmer, est devenu directeur général de Kirwan. Philippe a de la marge, il le sait, et une sorte de sourire carnivore nous fait penser qu'on n'a pas fini d'enregistrer, au fil des millésimes, les progrès de Kirwan. « *Notre première tâche, c'est une étude pédologique. Je connais bien le vignoble, d'autant qu'à Palmer on était voisins ; c'est un vignoble ancien renouvelé après le gel de 1956, mais il faut qu'on aille plus loin dans la connaissance des sols.* » Rendez-vous aux prochaines vendanges, qui seront dirigées par Philippe Delfaut. 45 % cabernet-sauvignon, 35 % merlot, 10 % cabernet franc, 10 % petit-verdot.

14,5 – Violette, vanille, tendre, frais, bien fruité en attaque, deuxième séquence plus serrée, tendue, un peu rugueuse.

– *Dégustation d'avril 2008*

13,5/14 – Nez boisé un peu toasté, bouche dure serrée, séchante en deuxième séquence.

Millésime 2007

– *Dégustation d'avril 2008*

« *C'était le millésime parfait pour découvrir le vignoble, compliqué à souhait* », affirme Philippe Delfaut. Enfin, on déguste ce cru sur son originalité, ses arômes de violette, cette assise veloutée, argileuse, débarrassé de cette extraction trop violente qui le rendait pâteux. « *C'était une année de petits-verdots, ils étaient magnifiques alors qu'ils ont véré* [passé du vert au rouge] *fin août pour une partie, et le reste en septembre. On a tout mis. Nous avons retenu 13 % de cabernet franc. Ils étaient superbes mais, comme souvent quand les francs sont bons, les sauvignons sont superbes – d'où un choix difficile au moment des assemblages.* » 28 % merlot, 47 % cabernet-sauvignon, 12 % petit-verdot.

15,5 – Nez fruits noirs, violette, prune, bouche ronde, dense, très fruits noirs, belle matière, longueur moyenne mais bien fruitée. Très beau fruit préservé.

– *Dégustation d'avril 2008*

15 – Juste levé de colle. Fruits rouges, cerise, peu boisé, bouche ronde, boisé intégré, douce, tendue manque un soupçon d'épaisseur en milieu de bouche, beaucoup de finesse.

Millésime 2008

– *Dégustation d'avril 2009*

Nouveau bâtiment entièrement rénové dédié à l'œnotourisme, accueil et salle de réception, petits salons, comptoir de dégustation et de... vente. Désormais, on peut visiter et repartir avec quelques bouteilles de vin, ce qui ne se faisait guère dans le Médoc ancien des grands châteaux. Philippe Delfaut reçoit dans son complexe qui sent le neuf construit dans le... très ancien. « *C'étaient les écuries ; ici, autrefois il y avait des vaches.* » L'étiquette aussi a été modifiée, plus légère, moins chargée, plus lisible aussi. Mais ce qui a surtout changé avec l'arrivée de Philippe Delfaut, c'est le vin. Fini, le body-buildé fabriqué au goût international, Kirwan est redevenu margaux, soyeux et élégant. Avec toujours une forte proportion de petit-verdot : 10 % dans le vignoble. « *Ils sont somptueux cette année, je suis plus dubitatif sur le franc. Mais j'attends de voir, car ils sont sur des argiles et le franc se plaît mieux sur les argiles que sur les graves.* »

51 % cabernet-sauvignon, 18 % merlot, 16 % cabernet franc, 15 % petit-verdot. Deux tiers de grand vin. Très faibles rendements de 28 hl/ha : « *On a été grêlés le 28 mai. Tout a été fait pour nous dégoûter, cette année. Je suis persuadé que les anciens, au 15 septembre, seraient partis à la palombe ou à l'ouverture de la chasse et n'auraient pas récolté.* »

16,5 – Poivré au nez, cerise, joli nez, assez discret, bouche douce, élégante, souple, bien fraîche, souple, droite, douce, très élégante, finale violette.

– *Dégustation d'avril 2010*

16,5/17 – Violette, fruits noirs, séveux, bouche vive, fraîche, douce, élégante, bien vive, longue, fraîche, joli fruit, très fin, souple malgré la présence des tanins.

Millésime 2009

– *Dégustation d'avril 2010*

Philippe Delfaut : « *On a pris la grêle comme à Issan et Prieuré. On est riche en tout excepté en rendement, qui est de 30 hl/ha. C'est la deuxième année consécutive. Les rameaux étaient encore très tendres, il y a eu beaucoup de casse.*

Davantage sur le merlot. Le petit-verdot se refait facilement, il nous a donné une production presque normale de 40 hl/ha. Dès le mois de juillet, le stress hydrique a commencé. Le merlot avait de la peine à mûrir. Les sucres ont été mûrs très vite mais pas les polyphénols [tanins, etc.], *et la pluie de septembre n'y a rien changé pour les merlots, alors qu'elle a été bénéfique pour les cabernets-sauvignons et les petits-verdots. Dès le 2 octobre, on avait des signes qui ne trompent pas : des essaims d'abeilles dans les verdots. Il a fallu qu'on ramasse vite, car les pellicules se sont affinées en deux ou trois jours. »* Assemblage : 56 % cabernet-sauvignon, 17 % merlot, 13,5 % cabernet franc, 13,5 % petit-verdot. 13,9°. *« On a une acidité naturelle qui est bien présente et qui évite qu'on acidifie comme cela se fait dans d'autres pays. Il fallait savoir bien analyser la maturité phénolique, car on aurait pu faire du 1975, qui avait été ramassé trop tôt. »*

17 – Fruits noirs, violette, prune, bouche ronde, puissante, tannique, serrée, dense mais sans dureté ; vin moelleux, très gras, long, le fruité est bien préservé.

Lascombes

2e cru classé
Surface : 84 ha
Propriétaire : Colony Capital
Contact : 1, cours de Verdun – 33460 Margaux
05.57.88.70.66
www.chateau-lascombes.com

Si les crises récentes ont montré du doigt des investisseurs étrangers voyous qui, après avoir pillé le savoir d'une entreprise, la liquidaient en laissant sur le carreau ses salariés, voici le parfait exemple contraire.

Lascombes, fondé par un chevalier de Lascombes, racheté par Alexis Lichine (voir Prieuré-Lichine) en 1952 puis par le négoce internationale Bass & Charrington en 1971, était tombé bien bas. Vignoble planté en dépit du bon sens, ceps malades ou morts non remplacés, chais pollués conférant aux vins sécheresse et mauvais goûts, installation pour le moins désuète... En dépit de sa gentillesse et de sa bonne volonté, René Vannetelle, responsable du cru, faute de moyens, ne pouvait transformer le plomb en or. L'arrivée de Bruno Lemoine (sans doute dans la perspective de vendre le cru), ancien de Montrose, avait fait illusion. Bruno avait réduit la sélection de grand vin et tenté de réformer le vignoble. Le grand chamboulement nécessitait un très fort investissement qu'a réalisé Colony Capital, un fonds d'investissement américain devenu propriétaire en 2001. Tout a été remis à neuf. Dans l'ensemble, celui qu'on surnommait le VVF (Village Vacances Famille), tant il semblait un pur produit de l'industrie des loisirs époque pompidolienne, est redevenu un cru du Médoc. L'ancien chai nauséabond a été détruit et, à la place, on a réalisé sur quatre niveaux un nouveau bâtiment très bien équipé, avec de nombreuses cuves de différentes dimensions pour recevoir la vendange. C'était d'autant plus nécessaire que Lascombes a la particularité de posséder un vignoble extrêmement morcelé où le très bon côtoie le moyen. Ainsi figure au patrimoine la plus haute croupe du Médoc, un terroir exceptionnel et idéal pour le cabernet-sauvignon, mais qui était dédié au cabernet franc. Et aussi des fonds argileux pas très qualitatifs, sauf pour le précoce merlot. Évidemment, c'était en cabernet-sauvignon, tardif, qu'on les avait plantés ! Depuis, à un rythme accéléré, le vignoble a été restructuré. Dominique Befve a continué ce que Lemoine avait entamé. Arrachage, replantation, complantation (quand il manquait des ceps), peu à peu le profil du nouveau Lascombes se dessine. La rapidité avec laquelle les dégustateurs américains, toujours prompts à donner des leçons à la terre entière, ont excellemment noté le premier millésime dès le rachat laissait songeur. Un chai infesté de mauvaises odeurs et un vignoble dans un état lamentable : comme on peut l'imaginer facilement, ce n'est pas en un trimestre que l'on remédie à tout cela. Nous avons regretté les tentatives de débordement par hyperconcentration du début. Sans doute pour faire contraste avec les millésimes dilués d'autrefois... Les derniers vins dégustés montraient davantage de finesse et d'entente avec le style des margaux. Mais Lascombes est officiellement à vendre, sans doute très cher car Colony n'est pas venu ici faire uniquement œuvre charitable. Le futur propriétaire récupérera (si ce n'est déjà fait à l'heure où seront publiées ces lignes) un domaine en parfait état et un personnel hautement qualifié.

Second vin : Chevalier de Lascombes

Millésime 2000

– *Dégustation d'avril 2001*

Côté chai, les travaux sont déjà bien avancés. Côté vignoble aussi, ça bouge. Bruno Lemoine a pris cette année la sage décision de surgreffer la plus belle croupe en cabernet-sauvignon, cépage plus adapté à ce terroir exceptionnel et à la production de vin de Margaux. 58 % cabernet-sauvignon, 7 % petit-verdot, 35 % merlot dans l'assemblage de ce millésime. Les cabernets francs ont été écartés : *« C'était élégant, fin, mais sans la chair nécessaire pour faire du grand vin. »*

15 – Nez assez discret, floral, épices, bouche marquée par le cabernet mûr, la suavité sans le creux en milieu de bouche qui était autrefois la marque de fabrique de ce cru, belle finale fruitée.

– *Dégustation d'avril 2002*

13,5/14 – Nez brûlé, notes animales, curieuses et exogènes, bouche puissante en attaque, beaucoup de tanins, trop, même, car la finale est asséchante et métallique. Comment va-t-il évoluer ?

Millésime 2001

– *Dégustation d'avril 2002*

L'excellent Dominique Befve, ancien des domaines Rothschild qui s'occupait de L'Évangile à Pomerol, a maintenant la lourde tâche de remonter Lascombes à son vrai niveau. 8 hectares sont arrachés et 4 le seront l'an prochain. La nouvelle équipe a fait venir des prestataires de service spécialisés qui ont remonté le feuillage. Le palissage aussi est en cours de réfection. *« On fait réaliser également une étude parcellaire. Sur la moitié de la propriété, on fait des trous pour analyser et mieux comprendre le terroir. »* L'an prochain, une bonne partie du travail effectué, Lascombes devrait déjà se retrouver. En attendant, grâce à un nouveau cuvier et un chai d'élevage plus sain, Dominique Befve a réussi un vin qui tient la route.

50 % merlot, 45 % cabernet-sauvignon, 5 % petit-verdot.

14,5 – Nez assez riche, épices, mûre, confiture de cerises, rond en attaque, milieu de bouche assez garni, bon fruit, tanins un peu rugueux, un version assez musclée de Lascombes.

Millésime 2002

– Dégustation d'avril 2003

Un effort considérable : 60 000 pieds de vigne ont été complantés pour remplacer ceux qui manquaient. On arrache 4 hectares cette année juste après les vendanges et déjà on replante les 8 hectares arrachés l'an passé : *« On défonce les sols jusqu'à 1,30 mètre en profondeur, on nivelle, on sème du trèfle, on met du fumier par endroits, on enfouit et ensuite on plante en tenant compte de l'étude des sols que nous avions commandée : du cabernet-sauvignon sur les graves et du merlot sur les argilo-calcaires »*, raconte Dominique Befve. Côté chai aussi, la remise en ordre est totale : finies les mauvaises odeurs du sombre entrepôt à barriques. Le nouveau chai est sain, propre, fonctionnel. 55 % de cabernet-sauvignon, 40 % de merlot, 5 % de petit-verdot composent l'assemblage du 2002.

14,5 – Joli nez de fruits rouges, bouche garnie, tanins mûrs, bonne longueur, une pointe de dureté et des notes confites en finale.

Millésime 2003

– Dégustation d'avril 2004

« Cette année, c'était l'enracinement qui comptait. Les vignes bien enracinées ont supporté le chaud et ont mieux profité des premières pluies. » Dominique Befve semble cette année commencer à profiter du travail investi dans ce cru. Déjà, Lascombes a retenu pour son grand vin 30 % de volume en plus que l'an passé, c'est encourageant.

15 – Nez épicé, grillé, gelée de mûres, note mentholée, bien complexe. La bouche est dense, veloutée, bien tapissée de tanins délicats, bonne longueur et du fruit.

Millésime 2004

– Dégustation d'avril 2005

« Une drôle d'année, où l'on avait l'impression de courir dans les vignes pour rien. En 2003, moins on en faisait, mieux c'était. En 2004, c'était l'inverse. Après des vendanges vertes générales, on a dû repasser dans les merlots : il y en avait toujours autant. Une année où il a fallu se battre. En revanche, que de détente pendant ces vendanges longues, où l'on avait le temps ! » Dominique Befve définit un style qui commence à être visible : élégant et charnu.

15,5/16 – Un peu trop de boisé sur l'échantillon, moka. Bouche douce, séveuse, tanins soyeux qui se resserrent jusqu'à la finale, bien enrobés. De la souplesse et du caractère.

Millésime 2005

– *Dégustation d'avril 2006*

Le souhait de Dominique Befve est désormais de polir sa production, de garder la densité en gagnant en élégance, signature des margaux. « *On pratique des macérations à froid longues, sous neige carbonique, afin d'éviter les remontages et les extractions physiques trop lourdes. Cette année, la matière se libérait toute seule.* » Le domaine a produit 41 hl/ha, ce qui est bon signe quant à la santé du vignoble, et l'assemblage comprend 52 % de cabernet-sauvignon, 45 % de merlot, 3 % de petit-verdot.

16 – Cerise, fruits rouges, bouche aux tanins mûrs, bien ronds en attaque, un peu plus présents ensuite. Le fruit est très bien préservé, même si en finale les tanins prennent le dessus. Un phénomène sans doute dû aux 100 % de barriques neuves et à un élevage sur lies fines remises en suspension. Au départ, cela donne une sensation de surdensité. Au cours de l'élevage, le vin devrait gagner en finesse.

Millésime 2006

– *Dégustation d'avril 2007*

Avis aux amateurs : Lascombes est à vendre. Le prix est à discuter, sans doute à partir d'une base assez élevée, mais le nouveau propriétaire peut entrer et poser ses valises, c'est nickel. L'encépagement du vignoble a un peu changé, après une étude pédologique qui a mis en avant une forte proportion de sols argilo-calcaires plus que de graves. Sols favorables au merlot. Le cabernet-sauvignon est donc passé de 55 % environ à 45 %. Cela se traduit dans l'assemblage de cette année : 50 % merlot, 45 % cabernet-sauvignon, 5 % petit-verdot.

15,5/16 – Fruits rouges et violette, bouche assez extraite, avec une première partie en forme de pouf moelleux, enveloppant, et une finale plus banc d'église, un peu rude et sommaire. De la structure, mais le charme n'est pas encore au rendez-vous. Pas de sécheresse cependant, l'élevage devrait lui apporter le liant.

– *Dégustation d'avril 2008*

15,5/16 – Fruits rouges, cerise, prune, note poivrée. Bouche tendre, souple, élégante en attaque, finale serrée, un vin en deux séquences, attaque souple et ronde, finale plus serrée, tanins rugueux en finale.

Millésime 2007

– Dégustation d'avril 2008

Dominique Befve : *« On a eu le bronzage de fin d'été, après, c'était une question de patience pour vendanger. On avait une présence de botrytis menaçante, et on n'est pas passés loin de la catastrophe, heureusement le beau temps l'a bloqué et il ne s'est pas développé. »* L'assemblage compte 54 % de merlot, 40 % de cabernet-sauvignon et 6 % de petit-verdot. 75 % de grand vin dans 85 % de barriques neuves.

16 – Fruité noir, bouche moelleuse de merlot, souple, rond, gras et rond, bien fruité, un style moelleux et une bonne longueur.

– Dégustation d'avril 2009

15 – Joli nez violette, note boisée assez noble, bouche ronde, soyeuse, fine, joli fruit, note grillée en finale, assez aimable, vin gourmand, sur la séduction.

Millésime 2008

– Dégustation d'avril 2009

Pas de panneau « À vendre » ni d'adresse d'agence, ce n'est guère la coutume dans les crus classés, mais Colony Capital est toujours à la recherche du bon (lire très riche) repreneur. Cela ne semble pas angoisser Dominique Befve : *« Cette année, je n'était pas là uniquement pour faire de la figuration comme en 2005. Il fallait réfléchir et se montrer patient, très patient… En octobre, l'évolution devient de plus en plus lente. Les jours sont courts et le soleil plus froid. La nature avait du retard et on a commencé quinze bons jours plus tard que d'habitude. Certains châteaux avaient fini. On a vendangé du 10 au 27 octobre. La sécheresse avait stoppé le botrytis… On est à 80 % de bois neuf au lieu de 100 %. »*

47 % cabernet-sauvignon, 50 % merlot, 3 % petit-verdot. Grosso modo mi-merlot, mi-cabernet-sauvignon.

15,5/16 – Vanille, pas trop boisé, cerise, bouche tendre, élégante, fraîche, tendue, joli fruit, un peu massif en milieu et fin de bouche, fraîcheur en finale.

– Dégustation d'avril 2010

15,5 – Boisé, fruits noirs, bouche moelleuse, puissante, toujours massif, serré, tendu, un peu séchant en finale.

Millésime 2009

– Dégustation d'avril 2010

Petit-verdot 4 % dans l'assemblage, complété de 48 % cabernet-sauvignon et 48 % merlot. 90 % de barriques neuves.

15,5/16 – Violette, fruits mûrs, bouche ronde, veloutée, dense, serrée, puissante, un peu d'amertume en finale, extrait, long, confit.

MALESCOT-SAINT-EXUPÉRY

3e cru classé
29 ha
Propriétaire : Jean-Luc Zuger
Contact : BP 8 – 33460 Margaux
Tél. : 05.57.88.97.20
malescotstexupery@malescot.com

Une fois, il me semble, cela n'a pas duré très longtemps, quelques minutes à peine, un mouvement à peine perceptible et éphémère comme l'onde chimérique qu'un sursaut de vent provoque à la surface du lac, j'ai vu Jean-Luc Zuger de belle humeur. Ça lui avait échappé, sans doute. Parce que en principe son statut normal dans la société, c'est ronchon. Rien qui ne va jamais vraiment bien. Le vent, la pluie, la grêle, les journalistes, les collègues, le négoce, le garagiste, les œnologues, l'Inao (surtout), celui qui ne dit rien, celui qui cause trop, celui qui dit comme lui (un hypocrite), celui qui ne dit pas comme lui et qui n'a forcément rien compris : tout le monde est contre lui. Conséquemment, c'est préoccupant.

Comment voulez-vous après qu'il soit de bonne humeur ?

Ronchon, mais vraiment sympathique. On pourrait même se demander s'il ne cultive pas le côté ronchon pour masquer un peu qu'il est sympathique. Allô, Sigmund !

Son père faisait des vins assez souples mais qui affichaient une belle évolution dans le temps. Jean-Luc, lui, s'est résolument orienté vers la concentration, les raisins très mûrs, les cuvaisons longues et les extractions musclées comme on les aimait dans les années 90. Le tout est élevé dans 100 % de barriques neuves. Du moins jusqu'à présent. Jean-Luc n'est pas du genre à changer d'avis facilement mais, à quelques signes discrets, on peut imaginer un léger fléchissement de tendance. Une sorte de retour vers un vin un peu plus aimable, davantage soyeux. Il faut cependant reconnaître que les vins de Malescot vieillissent très bien et offrent à l'amateur une belle palette aromatique et un toucher de bouche gourmand. L'heure est peut-être venue de leur accorder une petite touche de finesse en plus, comme une esquisse de sourire.

Le domaine a bien appartenu à un Saint-Exupéry, arrière-grand-père de l'écrivain, mais il n'est pas resté dans la famille. Les Zuger, des Suisses originaires du canton de Zug, l'ont racheté en 1955. Jean-Luc a conservé comme symbole de son travail cette très belle phrase d'Antoine de Saint-Exupéry : *« On n'hérite pas de la terre de nos ancêtres ; on l'emprunte à nos enfants. »*

Second vin : La Dame de Malescot

Millésime 2000

– Dégustation d'avril 2001

15 – Des arômes de fruits rouges et de violette, un boisé assez présent au nez mais qui s'estompe en bouche, les tanins serrés et doux reprennent le dessus et portent un joli fruité de mûre et de prune rouge. L'ensemble est bien équilibré, assez dense mais élégant.

– Dégustation d'avril 2002

15,5 – Cire, épices, nez puissant et boisé, bouche dense, grasse, tanins serrés, matière assez épaisse mais une perception veloutée.

Millésime 2001

– Dégustation d'avril 2002

30 % merlot, 60 % cabernet-sauvignon, 5 % cabernet franc, 5 % petit-verdot, rendements de 35 hl/ha et 90 % de la récolte dans le grand vin. *« Notre objectif, c'est 100 % de grand vin ; c'est d'arriver à conduire notre vignoble de façon qu'il ne produise que de la qualité. Malescot n'est pas immense, 23,5 hectares… On ne peut faire du bon vin que si on a un équilibre agronomique et c'est ce que nous cherchons »*, commente Gilles Pouget, maître de chai. Le vin est élevé dans sa totalité en barriques neuves cette année et, depuis 1998, n'est ni collé ni filtré.

15 – Nez fruits confits, cerise, boisé, bouche ronde et grasse, assez massive mais sans astringence, final épicée et cerise au chocolat.

Millésime 2002

– *Dégustation d'avril 2003*

« *Il faut se méfier des discours* », prévient Jean-Luc Zuger. « *Il fallait beaucoup intervenir sur la vigne cette année. Il y a ceux qui l'ont fait, et ceux qui disent qu'ils l'ont fait et ne sont passés dans les rangs pour faire tomber les grappes en surnombre que trois jours avant les vendanges. Ce qui ne servait à rien. Nous, on a effeuillé, on a effectué deux passages pour nettoyer et retirer les grappes pas mûres. On a eu 13,4° naturel, la concentration s'est faite sur pied.* » L'anxieux et sympathique Jean-Luc Zuger ne nous convainc pas toujours quand, sur certains millésimes, il pousse les extractions un peu loin. Mais, cette année, pas d'angoisse, le Malescot est beau et a bien supporté ses quatre semaines de cuvaison. 80 % cabernet-sauvignon, 17 % merlot, 3 % petit-verdot et un rendement très faible de 27 hl/ha, mais 90 % de la récolte ira dans le grand vin.

16,5 – Violette, gelée de cassis, note de grillé, bouche ronde, souple, moelleuse, mais conservant une bonne fraîcheur. On goûte les baies noires, la quetsche, le Zan. C'est gourmand et onctueux sans être fatigant.

Millésime 2003

– *Dégustation d'avril 2004*

Jean-Luc Zuger a choisi d'attendre un maximum la maturité des tanins, et a commencé seulement le 25 septembre à ramasser ses merlots : « *On a fini quatorze jours plus tard les cabernets, le 9 octobre. Les merlots étaient superbes, je ne les ai jamais vus comme cela depuis 1995.* » Laquelle 95 fut, sans la canicule, une véritable année de sécheresse. Évidemment, avec une vendange aussi tardive, les acidités frôlent le plancher ; du coup, le pH du vin est assez élevé. En principe, les œnologues redoutent ce genre d'équilibre, mais Jean-Luc ne s'affole pas et rappelle qu'en 1947 aussi les pH étaient par-dessus les toits, ce qui n'a guère empêché ce millésime d'être sacrément de garde. L'assemblage se compose de 50 % cabernet-sauvignon, 40 % de merlot et les 10 % restants se partagent entre petit-verdot et cabernet franc.

15,5 – Joli nez de violette, de grillé et de rose séchée, bouche riche, moelleuse, très douce, suave, avec une finale rehaussée par les tanins.

Millésime 2004

– Dégustation d'avril 2005

16,5/17 – Cerise, fruits rouges au sucre, nez tout en douceur, bouche savoureuse, riche mais pas encombrée, tanins de velours. Le vin s'exprime dans la rondeur, le plaisir et le fruit. Un régal.

Millésime 2005

– Dégustation d'avril 2006

« Depuis la tempête de 1999, il y a sans doute des couloirs de vent qui se sont créés dans les forêts, cela a modifié le mezzo-climat. On a moins de pluie. Cette année, sur Margaux, on n'a pas eu le coup de pluie nécessaire et on finit avec des rendements faibles de 37 hl/ha », raconte Jean-Luc Zuger, qui qualifie la récolte de *« sympathique à travailler »*. Des vendanges étalées entre le 29 septembre et le 8 octobre, un tri sélectif au départ, une matière très concentrée qu'il fallait maintenir à température basse avec des durées de macération assez longues, car *« les pépins étaient mûrs »*. L'élevage sur lies en barriques 100 % neuves donne à ce stade la sensation d'une présence tannique assez forte. 60 % cabernet-sauvignon, 35 % merlot, 5 % petit-verdot.

15,5 – Fruits noirs, cerise écrasée, fruits compotés, bouche très dense donnant l'impression d'une extraction vigoureuse, matière imposante. La finale est d'une vigueur surprenante.

Millésime 2006

– Dégustation d'avril 2007

Les vendanges ont commencé assez tard, le 25 septembre : *« Je préfère suivre le vieil adage : il vaut mieux ramasser des raisins mûrs sous la pluie que des raisins verts au soleil ! »* commente Jean-Luc Zuger, assez remonté contre la nouvelle délimitation de l'appellation margaux *« entérinée par l'Inao contre l'avis du syndicat, ce qui ne se fait jamais »*. Ce nouveau découpage lui retirerait 2 hectares, lui qui a déjà un des plus petits crus classés de l'AOC, mais pas un des moins virils. 60 % cabernet-sauvignon, 30 % merlot, 10 % cabernet franc et petit-verdot.

15,5/16 – Fruits noirs, violette, belle attaque onctueuse, tanins fermes, durcissant en finale. Un vin puissant, sérieux, voire un peu austère. Nous avons avec Jean-Luc Zuger un désaccord sur les finales qui se fondent ou pas au vieillissement. Le temps et la dégustation nous départageront.

– *Dégustation du 11 avril 2008*

16 – Vanille, boisé, fruits rouges, bouche ronde en attaque, souple, bien fondu en première séquence, frais, vif, long, tendu, finale un peu rustique mais bon fruit.

Millésime 2007

– *Dégustation d'avril 2008*

« On a concentré à la vigne car on a fait 36,8 hl/ha », commente Jean-Luc Zuger. *« On a commencé les merlots le 28. Les cabernets sont plus solides en peau, ils ont mieux résisté. Beaucoup de boulot de trie, on a un peu osmosé. C'est la première année que l'on s'en sert depuis 2002. »* 60 % cabernet-sauvignon, 33 % merlot, 3 % cabernet franc, 4 %petit-verdot. Le vin est comme d'habitude dans 100 % de bois neuf.

16 – Beau fruit, pas trop extrait, tendu mais pas trop sec. Cerise noire. Il ne fallait pas trop extraire cette année.

Millésime 2008

– *Dégustation d'avril 2009*

Le domaine a produit 34 hl/ha et les vendanges se sont déroulée du 6 au 22 octobre. 68 % de grand vin. Nous avons le sentiment que Jean-Luc Zuger, après une période où il avait besoin de montrer que l'on pouvait faire du vin concentré à Malescot, entre dans une nouvelle phase. Plus d'élégance, moins de bois neuf et sans doute un peu moins d'extraction... Pas de petit-verdot cette année dans l'assemblage : 51 % cabernet-sauvignon, 9 % cabernet franc, 40 % merlot. Élevage avec 65 % de barriques neuves (contre 100 % d'habitude).

16 – Fruits noirs, épices, résine, bouche douce, moins boisée qu'autrefois, tannique, serré, bien fruité, toujours viril mais moins extrait.

– *Dégustation d'avril 2010*

16 – Fruits noirs, un peu réduit, bouche vive, tendue, fraîche, élégante, dense, tannique, mais assez moelleuse. Bonne longueur, assez serré en finale.

Millésime 2009

– *Dégustation d'avril 2010*

Jean-Luc a acheté 4,5 hectares en appellation margaux à Soussans, plutôt destiné à produire du second vin, Dame de Malescot.

Le Malescot 2009 est composé de 37 % merlot, 4 % petit-verdot, 8 % cabernet franc, 51 % cabernet-sauvignon. 13,98° d'alcool. Vendanges du 29 septembre au 14 octobre.

17 – Nez cerise noire, bouche vive dense, épicée, bien ronde, puissante, large et longue, tanins généreux mais sans dureté, assez friand, même, équilibré.

Archives

– *Dégustation de mai 2002*

Millésime 1999

14,5/15 – Café, moka, pain grillé, belle attaque sur des tanins assez fins, milieu de bouche un peu en retrait, finale fondue marquée par des saveurs boisées, toastées.

Marquis-d'Alesme-Becker

3e cru classé
Surface : 16 ha
Propriétaire : Famille Perrodo
Contact : Delphine Kolasa
Labégorce
33460 Margaux
05.57.88.71.32
www.chateau-marquis-dalesme.fr

« La marquise est bien vieille
Elle reçoit dans un salon raté
Où tout est luxe et pauvreté. »

Le marquis ne valait guère mieux que sa collègue chantée par Charles Trenet. Un jour, un voisin, toujours prompt à dire du mal – mais le métier de voisin serait bien gris sans cet agréable dérivatif –, m'a dit : « *Oh, cette année, ce doit être un peu meilleur, Jean-Claude a ramassé à maturité, il s'est cassé la jambe et n'a pas pu aller à la chasse !* » Pour dire l'ambiance. À la décharge de Jean-Claude Zuger, il n'avait ni banque, ni compagnie financière et encore moins une grosse fortune personnelle pour l'aider à moderniser son domaine. Mais cela ne semblait pas vraiment son souci. Bienheureux dans sa jolie demeure, il s'intéressait à d'autres choses, hébergeait un corps de ballet ou retapait un magnifique canoë. Quand le besoin s'en faisait sentir, il poussait les murs, déplaçait les cuves, vidait en avril le lieu de stockage des bouteilles pour loger en barriques la récolte suivante. Le problème s'était aggravé au milieu des années 90. Jusque-là, un bail signé en 1977 confiait en fermage 7 hectares de Marquis-d'Alesme à Malescot-Saint-Exupéry, propriété du frère de Jean-Claude. Un bail de dix-huit ans qui prenait fin au grand dam de Malescot. Mais la propriété est passée alors d'un coup de 10 à 17 hectares. Crise du logement. Quelques vignes ont été cédées à Château Margaux... Bref, il était temps de passer à autre chose.

Hubert Perrodo, industriel du pétrole, propriétaire de Labégorce puis de Labégorce-Zédé, réussissant à rassembler deux crus séparés par les siècles, rêvait d'un cru classé. Les deux Labégorce possèdent d'excellents terroirs, mais pas le titre. Ils n'étaient « que » crus bourgeois. Avec le rachat en 2006 de Marquis, tout devenait possible, d'autant que le classement de 1855 s'accorde avec le nom du domaine, pas avec le périmètre du vignoble. Cela permet une restructuration, un remembrement des propriétés. En clair, cela signifie que l'on peut redessiner l'aire du Marquis pour le rendre plus cohérent en échangeant quelques parcelles avec Labégorce. L'objectif non officiel serait d'obtenir un Marquis rassemblant entre 12 et 15 hectares d'excellent vignoble. Labégorce ferait alors entre 63 et 68 hectares. Labégorce-Zédé est supprimé. Demeure l'ancien cru bourgeois Labégorce, avec un second vin, Zédé-de-Labégorce.

Depuis le décès accidentel d'Hubert Perrodo en 2006, survenu juste après le rachat de Marquis, sa famille a pris le relais. Nathalie Perrodo, sa fille, s'implique de plus en plus.

Désormais, les anciens jumeaux Labégorce ne font plus qu'un. Le Marquis s'est vu doté d'un joli petit chai, petites cuves bois et en inox tronconiques. À partir du millésime 2009, il perd son Becker pour devenir Marquis-d'Alesme. Six lettres en moins, voilà qui va réjouir mon éditeur.

Second vin : Marquise-d'Alesme

Millésime 2000

– Dégustation d'avril 2001

12 – Nez pas très expressif, bouche légère et agréable mais manquant de structure pour un cru de ce rang.

Millésime 2001

– Dégustation d'avril 2002

13 – Robe très colorée, nez boisé, puissant, avec des notes de cerise, bouche tannique et très boisée, attaque agréable mais finale séchante.

Millésime 2002

– Dégustation d'avril 2003

Dégustation originale à Marquis. C'est un superbe canoë de course – *« un deux barré »*, précise Jean-Claude Zuger – qui sert de comptoir. *« Je l'ai récupéré dans le Lot-et-Garonne alors qu'il allait être brûlé, et je l'ai restauré. »* Côté vendange, là aussi une originalité : *« C'est presque dans les merlots que j'ai fait les meilleurs rendements. On a des parcelles derrière le parc qui sont plus tardives. La floraison s'est faite plus tard et elles ont moins souffert de la pluie. Je me suis quand même acheté une table de trie vibrante, c'était indispensable cette année pour enlever les mauvais grains. »* 45 % cabernet-sauvignon, 45 % merlot, 10 % petit-verdot.

13,5/14 – Nez épicé et fruits rouges, bouche souple, ronde, du fruit, finale un peu astringente. Un vin plus précis, plus harmonieux qu'autrefois. L'élevage devrait lui conférer un peu plus de moelleux.

Millésime 2003

– Dégustation d'avril 2004

Jean-Claude Zuger : *« J'ai des vignes relativement fraîches sur la commune de Soussans, et ça n'a pas trop souffert. J'ai fait une récolte assez importante sur les merlots et assez basse sur les cabernets-sauvignons et les petits-verdots, car ce sont des vieilles vignes qui ont peu donné. On produit 39 hl/ha, ce qui n'est pas si mal. »* Assemblage de 50 à 55 % de merlot, le reste en cabernet-sauvignon.

13,5/14 – Épices, fruits noirs, tarte à la myrtille, gras, rond, plus en saveurs qu'en finesse, assez marqué par les merlots, qui lui apportent des notes cacaotées.

Millésime 2004

– Dégustation de juin 2007

12,5/13 – Nez fermé, un peu alcool, bouche souple, ronde, un peu serrée en finale, mâchée, amertume.

Millésime 2005

– Dégustation d'avril 2006

À l'heure où nous écrivons, Marquis est au minimum à vendre, sinon déjà vendu. Cru classé géré sans enthousiasme, il ne pourra que progresser dans des mains passionnées.

13,5 – Nez fermé, bouche souple en attaque, une certaine sucrosité, tanins rugueux ensuite, manque d'harmonie.

Millésime 2006

– Dégustation d'avril 2007

L'an passé, Hubert Perrodo a racheté Marquis-d'Alesme-Becker en juin, un cru qui avait sérieusement besoin d'être repris en main et remplumé au niveau parcellaire. Or le plateau de Labégorce ne manque pas de très bons terroirs. Assemblage : 55 % cabernet-sauvignon, 35 % merlot, 5 % petit-verdot, 5 % cabernet franc.

14 – Cerise, fruits rouges, bouche ronde, friande, bien fruitée, pas très complexe mais nette et droite.

– Dégustation d'avril 2008

14 – Épices, cacao, chocolat, bouche ronde, souple mais tanins derrière, milieu de bouche un peu en creux, finale sèche et pointe d'amertume.

Millésime 2007

– Dégustation d'avril 2008

66 %cabernet-sauvignon, 29 % merlot, 5 % petit-verdot.

15,5 – Fruits noirs, fermé, bouche ronde, veloutée, joli fruit, moelleuse, beaux tanins en rondeur.

– Dégustation d'avril 2009

14,5 – Fruits noirs, séveux, bouche ronde, suave, tendu, un peu sévère en finale, sorti de colle, chahuté. Finale sévère, milieu de bouche un peu trop suave.

Millésime 2008

– Dégustation d'avril 2009

41 % cabernet-sauvignon, 31 % merlot, 16 % cabernet franc, 12 % petit-verdot.

15 – Nez épicé, fruits noirs, bouche ronde, suave, épicée, finale relevée, assez ferme.

– Dégustation d'avril 2010

15 – Fraises au sucre, bouche ronde, vive, épicée, un peu de réglisse en finale, bonne structure, serré, frais, vif, assez long.

Millésime 2009

– Dégustation d'avril 2010

Marjolaine De Coninck, ancienne responsable de Fonplégade à Saint-Émilion, a pris le poste de directrice générale des propriétés. Philippe de Lagarrigue, le directeur technique, a quitté les domaines après avoir redressé vigoureusement la qualité des vins de Marquis. 61 % cabernet-sauvignon, 17 % cabernet franc, 15 % merlot, 7 % petit-verdot.

16 – Fruits rouges, cassis, bouche ronde, moelleuse, douce, tendue, fraîche, serrée, bonne densité en bouche, grain de tanins serrés, beau fruit bien préservé.

Marquis-de-Terme

4e cru classé
Surface : 38 ha
Propriétaire : Famille Sénéclauze
Contact : Ludovic David
3, route de Rauzan – 33460 Margaux
05.57.88.30.01
www.chateau-marquis-de-terme.com

Bernard Ginestet, ancien maire de Margaux et dont la famille fut propriétaire de Château Margaux, écrivain prolifique (et doué) du vin, a publié une histoire de Marquis-de-Terme un peu délayée.

L'histoire étincelle brusquement quand il évoque la personnalité d'Alexandre Tolo, maître de chai et des lieux pendant quarante ans, personnage imposant, aussi connu pour son increvable 2 CV que pour son autorité naturelle et bienveillante. Le rachat par la famille Sénéclauze est également un moment intéressant de l'ouvrage car il témoigne de la panade médocaine dans les années 30. Les Sénéclauze avaient le choix, tout était à vendre. En 1974, Alexandre Tolo a laissé la place à Jean-Pierre Hugon. Un peu la force tranquille de Margaux, ce Hugon qui laisse passer les modes, n'écoutant que son terroir et son flegme que rien ne trouble – sinon quelques chutes de cheval, sa passion (le cheval, pas les chutes). Tenant du titre pendant 36 vendanges, il est parti s'occuper de ses chevaux. Alexandre Tolo avait lui aussi tenu une sacrée distance (de 1935 à 1974). Ludovic David tiendra-t-il aussi longtemps ? Il semble déjà bien installé dans ses meubles. Originaire de Cherbourg, Ludovic a pas mal voyagé. *« Mon père était enseignant, et on est partis à Madagascar, puis j'ai fait mes études à Toulouse. Je suis toulousain d'adoption. »* Ingénieur agro, il s'est très vite spécialisé dans le vin : *« Il y avait une réelle attirance pour ce raisin qui pouvait finir sur une table cent ans plus tard, ça fait un peu cliché mais cette partie histoire me plaisait. »* Il a d'abord fait ses armes à Pomerol, dans la famille Bourotte (Clos du Clocher et Bonalgue), comme directeur. *« À l'époque, on ne parlait que d'œnologie. Pourtant, dans le Libournais, on est plus avancé sur le travail des sols. C'est logique : les propriétés sont plus petites et la décision revient directement au propriétaire. Je pense changer une approche viticole, parcellaire, taille, éclaircissage, etc. Je crois beaucoup au terroir. »*

Second vin : Les Gondats de Marquis-de-Terme

Millésime 2000

– Dégustation d'avril 2001

Jean-Pierre Hugon : *« 2000 est une vraie année de cabernet. Mais les meilleurs ne sont pas ceux qui affichaient 13°. J'ai préféré retenir pour le grand vin les cabernets moins riches en alcool mais plus harmonieux : le blocage d'août a ralenti la maturité alcoolique, mais a favorisé le mûrissement des tanins. »* Dans le grand vin également, une excellente cuve de petit-verdot aux saveurs mentholées et d'une constitution de rugbyman. 60 % cabernet-sauvignon, 30 % merlot, 10 % petit-verdot.

16 – Nez à dominante gelée de mûres, pointe épicée, bouche dense et souple, bien garnie, tanins veloutés.

– *Dégustation d'avril 2002*

16 – Les arômes se sont épicés, avec des côtés sucrés, miel, la bouche s'est un peu refermée, plus tendue, moins dans le velours, plus dans la tension.

Millésime 2001

– *Dégustation d'avril 2002*

Jean-Pierre Hugon : « *L'an passé, j'ai sorti de l'assemblage quelques cuves de merlots qui n'était pas satisfaisants. Cette année, ils sont magnifiques et je ne suis pas loin de penser que mes 2001 sont meilleurs que mes 2000. En tout cas, c'est plus facile d'approche.* » 60 % cabernet-sauvignon, 35 % merlot, 5 % petit-verdot. Élevage dans 50 % de barriques neuves. « *On a concentré 3 cuves de cabernet-sauvignon de façon homéopathique, je ne saigne jamais les cuves, je trouve qu'on perd du fruit.* »

17 – Épicé, cerise, menthe, note cassis, bouche tendre, riche, dense et élégante à la fois. Un vin posé sur une base solide, mais qui développe un fruit étonnant et ne sacrifie rien à la finesse qui sied au margaux.

Millésime 2002

– *Dégustation d'avril 2003*

Jean-Pierre Hugon enthousiaste, presque euphorique, est un spectacle assez rare pour être relevé. « *Je suis content du millésime. C'est sûr que l'on revient de loin, mais on a fait de très belles vendanges. Pour moi, c'est une réussite. On a des tanins magnifiques et bien mûrs. Ce qu'on a ramassé en merlot était irrégulier. Dans mes belles parcelles au-dessus de Lascombes, on n'avait rien, en revanche on a fait deux très belles cuves sur d'autres parcelles.* » 62 % cabernet-sauvignon, 30 % merlot, 8 % petit-verdot.

16,5/17 – Joli nez de framboise et de vanille, bouche ferme, petits tanins délicats et croquants, belle explosion en milieu de bouche sur un fruit crémeux, onctueux. Un vin très bien construit, d'une grande harmonie.

Millésime 2003

– *Dégustation d'avril 2004*

« *C'est ma 31e vendange et je fais toujours le même constat : toutes les années d'excès ne font jamais de vins équilibrés. Le cabernet, qui est notre cépage ici, ne se plaît que dans le tempéré.* » Jean-Pierre Hugon n'est pas du genre à passer des couches de rose sur le gris et ce millésime 2003, il ne le vit pas comme la panacée des grands millésimes bordelais. « *Ça me rappelle 75, oui, un compromis entre 75 et 76 : une année atypique. Les merlots m'ont déçu. Ils étaient plus brûlés que mûrs.* » 25 % de merlot, 65 % de cabernet-sauvignon, 10 % de petit-verdot qui « *était magnifique* ».

14,5 – Violette, épices, nez discret mais élégant, bouche fruitée, attaque moelleuse, se resserre ensuite, finale sur des tanins un peu rugueux.

Millésime 2004

– *Dégustation d'avril 2005*

15,5 – Floral, prune, joli fruit mêlé à des arômes de sous-bois. Bouche élégante, petits tanins bien liés, serrés. Un vin plus en élégance qu'en puissance, d'une belle longueur.

Millésime 2005

– *Dégustation d'avril 2006*

15,5 – Fruits noirs, bouche ample, tanins veloutés, serrés, une matière ferme et droite que l'élevage devrait rendre plus aimable, finale réglissée.

– *Dégustation d'avril 2008*

16,5 – Grillé, cerise, un peu fermé, très beau fruit en bouche, rond, tendre, épicé, très beau fruit, très cerise, fruits rouges, long, puissant mais équilibré.

Millésime 2006

– *Dégustation d'avril 2007*

Jean-Pierre Hugon : « *C'est une année difficile ! Tous nos bons vieux merlots à Cantenac, entre Lascombes et Palmer, ont souffert de la sécheresse. Ils ont été échaudés en septembre. La vigne a subi le manque d'eau en juillet : les feuilles se recroquevillaient dès 10 heures du matin. Le cabernet, en revanche, était excellent, sauf les pieds botrytisés. On a donc trié et retrié. Trois fois en tout…* » Assemblage : 72 % cabernet-sauvignon, 21 % merlot, 7 % petit-verdot.

16 – Réglisse, Zan à la violette, prune, bouche bien fruitée, dense, épicée, le tanin du cabernet-sauvignon lui confère une structure solide, sérieuse mais sans sécheresse ; l'ensemble est plutôt onctueux et d'une bonne longueur.

– *Dégustation d'avril 2008*

15,5/16 – Fruits rouges, boisé, fin, fleurs séchées, bouche ronde, bonbon, bien fruitée, tendue, frais, solide, fin, élégant, belle tension.

Millésime 2007

– *Dégustation d'avril 2008*

«*Je fais le 2008 et j'arrête*», nous dit Jean-Pierre Hugon, qui envisage très bientôt de ne se consacrer qu'à son autre passion : les chevaux. «*J'ai commencé avec trois millésimes pourris et je finirai avec trois millésimes difficiles : 2006, 2007 et sans doute 2008 si la météo ne change pas.*» Philosophe pas vraiment optimiste, Jean-Pierre Hugon relativise les difficultés de l'année, à commencer par le mildiou : «*Ce n'est pas la première fois qu'on en a. Dans les années 60, il y a eu plusieurs millésimes comme 63, 67 et on n'avait alors pas les moyens dont on dispose aujourd'hui. Moi, ce que j'ai le plus raté, c'est le foin pour les chevaux, je l'ai laissé se mouiller, il était minable !*»

18 % de merlot – «*ils n'étaient pas géniaux !*» –, 75 % de cabernet-sauvignon et 7 % de petit-verdot.

15 – Fruits rouges, réducteur, bouche souple, ronde, fondue, finale un peu serrée, joli fruit persistant.

– *Dégustation d'avril 2009*

15 – Joli nez floral, fruits rouges, bouche fraîche, légère, tendre, soyeux, léger mais gourmand.

Millésime 2008

– *Dégustation d'avril 2009*

Première vinification sous la direction de Ludovic David, dans un château en début de rénovation, plus ouvert vers l'extérieur, plus accueillant pour les visiteurs. Habitué à goûter au chai avec Hugon, qui allait toujours à l'essentiel, c'est pour moi l'occasion de découvrir quelques salles agréables de la demeure. Assemblage : 70 % cabernet-sauvignon, 25 % merlot, 5 % petit-verdot.

15,5/16 – Fruits rouges, cerise, bouche un peu boisée, joli fruit derrière, vif, élégant, tendu, serré. Frais. Tanins croquants.

– *Dégustation d'avril 2010*

16 – Cerise, prune, bouche douce, tendre, fruitée, épicée, vive, tendue, très frais, vif, de garde.

Millésime 2009

– Dégustation d'avril 2010

Ludovic David procède à quelques changements visibles. Cette année, il a changé d'étiquette grâce au concours d'une jeune agence, Pomelo, qui déringardise certaines étiquettes à peu près illisibles des anciens bordeaux. Ainsi Marquis-de-Terme en possédait une dont la calligraphie en gris clair argenté sur fond blanc se déchiffrait à peu près aussi facilement qu'un signal de fumée blanche un jour de brouillard dans un paysage de neige. La nouvelle est une réussite. Le vin aussi change, mais pas trop. Juste quelques petites touches discrètes, on s'en réjouit. « *Je voulais travailler sur la notion de fruit, je voulais redonner un côté plus fruité au vin. Enlever un peu d'austérité. On procède à des macérations plus douces, pour avoir des tanins avec plus de suavité.* » L'assemblage se compose de 60 % de cabernet-sauvignon, 34 % de merlot et 6 % de petit-verdot. « *Ce qui m'a le plus plu, cette année, c'est de vendanger quand je voulais. C'était un énorme plaisir de pouvoir cueillir les cabernets-sauvignons quand on les jugeait mûrs. Découvrir le médoc sur un tel millésime c'est formidable !* »

16,5 – Nez séveux, fruits noirs, bouche douce, épicée, tanins doux, réglissée, joli fruit, très fraise, beaucoup de saveurs, frais, vif, long.

PALMER

3e cru classé
Surface : 55 ha
Propriétaire : SC Palmer
Contact : Thomas Duroux – 33460 Margaux
Tél. : 05.57.88.72.72
www.chateau-palmer.com

En fouillant dans les vieux bouquins, il est amusant de trouver que Palmer comptait 85 hectares de vignes au début du XXe siècle pour 55 aujourd'hui. Où sont passés les 30 ? Qui les a mangés ? Le trio ravageur de l'époque, oïdium, mildiou, phylloxéra, a commencé par détruire une bonne partie du travail réalisé par le général anglais Palmer qui, en 1814, avait pris les rênes du domaine. Comme d'autres crus classés, ballottés par les fléaux naturels, les crises et les ventes qui s'ensuivent, Palmer a connu des modifications de périmètre. On dit que c'est à cause de cela et de son manque d'entretien qu'il ne fut pas classé second en 1855. D'autres crus parfois ont presque totalement disparu avant d'être reconstitués par quelques propriétaires obstinés. À Palmer, après le général, ce furent des banquiers, les Pereire. Puis les Mähler-Besse, Bouteiller, Sichel, des familles associées à partir de 1938. Cet éclatement des pouvoirs de décision a sans doute retardé une nécessaire modernisation technique.

Dans les décennies récentes, Palmer a connu quelques très beaux millésimes, qui le faisaient cousiner avec Château Margaux, et quelques passages à vide. On a parlé d'époque Chardon, du nom des maîtres de chai, responsables techniques qui se sont succédé de père en fils pendant trois générations. Un peu essoufflés vers la fin… Puis le redressement a commencé avec Philippe Delfaut, aujourd'hui responsable de Kirwan, une pointure dans la gestion du vignoble et des parcelles. Thomas Duroux, devenu le patron, possède une solide expérience internationale qui passe par le Languedoc, les États-Unis, l'Italie. Il a recruté Sabrina Pernet, jeune et audacieuse technicienne : *« Elle nous a apporté plus de précision en pratiquant une vinification spécifique à chaque cuve et initié un travail de sélection sur les presses. Depuis 2008, on est allés beaucoup plus loin sur le parcellaire. On a fait une étude approfondie sur l'alimentation des terroirs et des parcelles. Chacune est divisée en quatre pour les vendanges et la conduite. On teste. »* Enfin, la particularité de ce cru de margaux, appellation où le cabernet-sauvignon est nettement dominant, consiste en un encépagement fort en merlot (47 %). *« On a gardé des bouteilles où on avait isolé chaque cépage. Au vieillissement, il est presque impossible de distinguer en dégustation le merlot du cabernet. Le terroir dépasse le cépage. »*

Second vin : Alter Ego

Millésime 2000

– Dégustation d'avril 2001

Sous la conduite de Philippe Delfaut, le vignoble met en valeur sa diversité de terroirs et la maturité des raisins de chaque parcelle est soigneusement contrôlée. *« On cherche la maturité, pas la surmaturité. »* Grâce à la création d'un vrai second vin, Alter Ego, plus souple, le grand vin est plus sélectionné et plus orienté terroir. *« On fait une première sélection en janvier, où on écarte ce qui ne nous plaît pas ; seulement après on procède aux assemblages simultanés des deux vins.* »

17,5 – Robe presque noire, nez fin de rose séchée et de cerise, bouche suave, tanins serrés et doux, beaucoup d'élégance, très long.

– *Dégustation du 4 février 2009*

17,5 – Nez touffu, puissant, séveux, bon végétal qui témoigne d'une future richesse, bouche contenue, serrée, dense, très peu évoluée, les tanins sont assez suaves mais forment une barrière bien close aux mailles serrées. Un vin sévère comme le sont les 2000 aujourd'hui.

Millésime 2001

– *Dégustation d'avril 2002*

« *On a produit 44 hl/ha au lieu de 48, mais cela nous convient, nous cherchons à être entre 40 et 50, c'est le bon équilibre pour le vignoble. On a 50 % de grand vin et 36 % d'Alter Ego, enfin 14 % de troisième vin* », commente Philippe Delfaut. Depuis son arrivée à la direction technique du cru, Philippe Delfaut a fait réaliser une cartographie précise du vignoble : « *On sait exactement ce qu'on a jusqu'à 2 mètres de profondeur dans toutes les parcelles des 50 hectares. Cela nous aide pour les replantations, mais aussi pour la connaissance du raisin, des traitements, des dates de vendanges. Les techniques de vinification sont désormais bien connues ; là où on peut encore progresser, c'est dans la connaissance du raisin.* » 51 % de cabernet-sauvignon, 44 % merlot, 7 % petit-verdot. « *Tous nos petits-verdots sont dans le grand vin.* » Pas de cabernet franc : « *On n'a plus de francs, on est passé à l'euro…* »

17 – Épicé, fruits noirs, menthe et chocolat (After Eight), bouche soyeuse, très dense, séveuse, riche et serrée. Un style très classique, sans trop d'éclat à ce stade mais très prometteur par son équilibre et sa structure.

– *Dégustation du 4 février 2009*

17 – Le nez est encore fruité, des notes de mûre, la bouche est fraîche, tanins délicats, moins riche que 2000 mais plus élégante, raffinée, plus margaux. Petits tanins doux, soyeux et belle longueur. Beaucoup d'attrait.

Millésime 2002

– *Dégustation d'avril 2003*

Philippe Delfaut : « *On a eu peu de raisins et des grains qui sont restés petits. Ils contenaient peu de pépins, plus souvent des ébauches de pépins. Au mois de septembre, avec le vent et le soleil, on a assisté à un phénomène de concentration naturelle et on s'est retrouvés avec énormément de tanins et des degrés astronomiques : 14° sur certains merlots et 12° sur les cabernets. On a procédé tout doux en vinification, car on voulait faire du margaux, garder l'élégance. Il n'y a que dix-huit jours de macération, avec peu de remontages et des températures qui n'ont pas excédé 28°C afin de ne pas trop extraire. »*

Alter Ego, composé fortement de merlot (53 % contre 47 % de cabernet-sauvignon), affiche un degré légèrement supérieur au grand vin (13° contre 12,8°) et se montre puissant, dense mais un peu massif. L'élevage devrait l'affiner.

Palmer contient 40 % de merlot, 52 % de cabernet-sauvignon, 8 % de petit-verdot.

17,5 – Nez puissant de violette, sous-bois, note épicée, bouche souple, tanins nombreux mais onctueux, fin, élégant, long, finale sur la prune et les baies noires, beaucoup d'allure. Dans cet assemblage, la densité ne s'oppose pas à la délicatesse.

Millésime 2003

– Dégustation d'avril 2004

« C'était facile de tomber dans l'erreur », confie Philippe Delfaut. *« Fin août, on ne savait pas ce qu'on allait faire ; heureusement, les nuits fraîches de septembre sont arrivées. On a fait une toute petite récolte de merlot du 8 au 12 septembre. De toute façon, on a perdu 25 % de la récolte par déshydratation. La qualité des sols et l'orientation des rangs ont beaucoup joué dans la résistance à la chaleur. On a vinifié plus bas en température, autour de 28 °C plutôt que 30, et pratiqué peu de méthodes extractives. »* L'assemblage compte moitié moins de merlot que l'an passé, 20 % pour 68 % de cabernet-sauvignon et 12 % de petit-verdot : *« C'était une année pour eux, on les a rarement goûtés aussi fruités et denses. »*

16,5 – Fruits noirs, mûre, épices, fruits confits, bouche puissante, tanins gras, long, joli fruit, finale réglissée.

– Dégustation du 4 février 2009

15,5 – Boisé, truffe blanche, racine, sous-bois, bouche puissante, solaire à fond, une grosse bulle ronde qui tend à sécher en finale.

Millésime 2004

– *Dégustation d'avril 2005*

« C'est une année à cycle long, qui est allée jusqu'au bout, jusqu'à la bonne maturité. La vigne s'est développée tout en douceur, confie Philippe Delfaut. *J'aime bien ce type de millésime où le climat ne prend pas le dessus mais où le terroir s'exprime. On peut voir également si la vinification respecte le millésime. »* Palmer est composé de 47 % de merlot, de 46 % de cabernet-sauvignon et de 7 % de petit-verdot.

17 – Nez de fruits noirs, cassis, cannelle, bouche ample, dense, du gras, du velouté, des tanins gourmands, bien enrobés, des notes de cacao.

– *Dégustation du 4 février 2009*

16,5 – Séveux, bouche ronde, suave, élégante, assez fine, élégante, ce n'est pas un monstre de concentration en milieu de bouche, mais c'est un vin agréable qui devrait donner une bonne bouteille dans deux ou trois ans. Bien margaux.

Millésime 2005

– *Dégustation d'avril 2006*

« La sécheresse a commencé très tôt et la vigne a eu le temps de s'adapter en développant son système racinaire en profondeur pour s'alimenter et supporter cette situation », explique Philippe Delfaut. *« La maturité des sucres a été atteinte vers le 10 septembre. En revanche, il ne fallait surtout pas se précipiter pour récolter, même si les degrés potentiels semblaient élevés, car les composés phénoliques, les tanins, n'ont fini de mûrir que deux semaines plus tard, après les quelques pluies de septembre. »* Ce type d'analyse, le vinificateur bordelais est capable de la mener seulement depuis quelques années. Depuis que les universitaires (notamment le professeur Yves Glories) ont travaillé sur la maturité du raisin. Auparavant, la plupart des producteurs déclenchaient les vendanges sitôt atteint le degré alcoolique potentiel suffisant. C'est ainsi que dans beaucoup de châteaux on a cru obtenir un excellent millésime avec le 1975, que l'on reconnaît encore aujourd'hui à sa finale astringente, car les tanins n'étaient pas mûrs et ne se sont jamais fondus par la suite.

53 % cabernet-sauvignon, 40 % merlot, 7 % petit-verdot.

18,5 – Violette, prune, touche de poivre, attaque volumineuse, impressionnante de densité et de douceur. On croit le vin massif et, au contraire, il s'affine, évolue doucement en bouche vers l'élégance et la tension. Une qualité de tanins remarquable donne cette impression de délicatesse. Un vin cylindrique, intense en saveurs. La puissance ne l'emporte jamais. *« S'élever au-dessus de la faiblesse est une force, s'élever au-dessus de la force, une faiblesse. »* Ladislav Klima.

– Dégustation du 4 février 2009

18,5 – Vanille, frais, encore jeune, fruité un peu côtes-de-nuits, cerise, rappelle les 90 en Bourgogne qui ont conservé leur fruit très tard, tanins serrés et souples, long, frais, fin, très tendu mais avec de la grâce.

Millésime 2006

– Dégustation d'avril 2007

« On avait l'impression que les merlots seraient moyens. Ils avaient la peau fine et nous les avons vinifiés de façon douce, à la bourguignonne. À côté, des cabernets très beaux, minéraux, poivrés… On les a redécouverts au moment des assemblages, ils ont apporté, à notre grande surprise, du moelleux. On a de la chance que ces merlots soient plantés sur graves, sur des terroirs à cabernet, et qu'ils finissent par se comporter comme eux », raconte Thomas Duroux. 10 % de la récolte est écartée, puis 10 % fait du margaux générique, 45 % de l'Alter Ego qui comporte notamment tous les petits-verdots du domaine, 45 % de grand vin. L'assemblage de Palmer : 44 % merlot, 56 % cabernet-sauvignon.

17,5/18 – Séveux, minéral, silex, bouche délicate, élégante mais tendue, un très beau fruit bien préservé et beaucoup de longueur, un vin plus en longueur qu'en largeur, de petits tanins délicats, moins explosif que 2005, mais précis et minéral.

– Dégustation du 4 février 2009

17/17,5 – Feuillage, jeune, noisette, encore sur les senteurs d'élevage, bouche douce, élégante, tendre, bien faite, bonne longueur, vin harmonieux, qui devrait bien vieillir.

Millésime 2007

– Dégustation d'avril 2008

Sabrina Pernet remplace Philippe Delfaut, devenu patron de Kirwan : *« Je suis restée trois ans à Loudenne et quelques mois à Ducru-Beaucaillou. J'ai travaillé sur la restructuration du vignoble. Puis je suis arrivée ici en mai 2007. »* Thomas Duroux est au poste de pilotage. Il a roulé sa bosse du Languedoc jusqu'en Italie (on le croise dans le film *Mondovino*) pour finalement poser ses valises dans ce bijou de Margaux : *« On a beaucoup sélectionné en juillet, c'est pourquoi on a fait 34 hl/ha sur la propriété. On a pris le temps de vendanger : quatre semaines. Après, on s'est posé beaucoup de questions au niveau des extractions, en goûtant le plus souvent possible. »*

Le grand vin représente 40 % de la récolte. *« On a déclassé 10 % »*. 49 % merlot, 44 % cabernet-sauvignon, 7 % petit-verdot. 12,5° d'alcool : *« C'est suffisant, on a jugé que les tanins n'étaient pas très puissants, les acidités pas très élevées. On voulait que le vin reste en équilibre. »*

16,5/17 – Violette, fruits noirs, fermé, bouche tendre, élégante, souple, tanins veloutés, frais, élégant, doux, fin, long, bien fruité.

– *Dégustation d'avril 2009*

17 – Fruits noirs, épices, poivre noir, bouche boisée, fraîche, souple, bien ronde, tendue, élégante, finale mentholée, longue.

14,5 – **Alter Ego**. Café, grillé, bouche ronde, souple, bien parfumée, le bois lui apporte de la complexité, milieu de bouche plus light que 2008.

Millésime 2008

– *Dégustation d'avril 2009*

Petits rendements à Palmer, juste en dessous de 30 hl/ha. Comme partout, ce résultat est dû en partie à la « coulure », la mauvaise floraison par temps froid, et aussi à l'orage de grêle du 28 mai (juste avant la floraison) qui a frappé plusieurs parcelles : *« Tout s'est bloqué pendant quinze jours. La vigne est comme un animal blessé qui s'arrête et tente de récupérer. Quand elle repart, elle dépense son énergie à refaire du feuillage plus que du fruit »*, raconte Thomas Duroux, responsable du cru. Cela se retrouve aussi au moment de la récolte : obligation de trier sévèrement pour enlever les mauvais raisins, verts ou mal formés. *« Pour nous, le challenge était d'arriver au 15 septembre avec des raisins sains. On a commencé le 1er octobre et fini le 17 octobre. »*

51 % merlot, 41 % cabernet-sauvignon, 8 % petit-verdot : toujours une forte proportion de merlot, qui se retrouve dans l'encépagement historique du cru. *« C'est tellement l'identité de ce cru, ces vieux merlots ! Il y a de grands terroirs et d'autres. Ce qui est très bon pour le cabernet, ce sont les terroirs précoces, mais c'est très bon aussi pour le merlot. »*

17,5/18 – Épices, fruits noirs, violette, un peu poivre, bouche ronde, moelleuse, assez voluptueuse, beaucoup d'allure. Un vin complet, avec des tanins gras, de la fraîcheur et une très belle longueur, finale chocolatée. Beaucoup de charnu.

15 – **Alter Ego** est composé à 52 % de merlot, à 48 % de cabernet-sauvignon, et représente la moitié de la récolte. Fruits noirs – « on essaie de faire nos choix assez tôt pour bien le travailler » –, petits tanins fins, ronds, suaves, finale relevée.

– *Dégustation d'avril 2010*

18 – Un Palmer ténu, fin, petits tanins suaves, classe, long, goûté à la barrique sur colle, frais et fin, un délice, équilibre parfait.

15,5 – **Alter Ego**, fin, élégant, tendu, vif, finale bien nerveuse, milieu de bouche agréable.

Millésime 2009

– *Dégustation d'avril 2010*

Thomas Duroux : « *Cette année, la question était : comment obtenir la maturité des tanins tout en conservant les arômes floraux qui font le charme des bordeaux ? On a peu travaillé, peu de remontages et très doux. À des températures très basses. C'était facile de s'emballer et d'aller chercher la grosse cavalerie. On a encore du travail sur la connaissance des terroirs, sur la conduite du vignoble parcelle par parcelle. Par exemple, le petit-verdot n'a macéré que onze jours, avant il faisait vingt et un jours, comme tout le monde. Il faut adapter à la vinification ce qu'on apprend des parcelles.* »

52 % merlot, 41 % cabernet-sauvignon et 7 % petit-verdot. 14° en alcool.

17,5 – Nez complexe, résine, sous-bois, fruits noirs, bouche ronde, moelleuse, frais, vif, tendu, sucrosité des tanins et fraîcheur, résine, moelleux, tanins gras, chaleureux et élégant, long. La présence importante dans l'encépagement de merlot fait monter sensiblement le degré d'alcool. Je trouve Palmer plus à l'aise, plus élégant dans un millésime moins chaud, comme 2008.

15 – **Alter Ego**. 51 % de merlot, 49 % de cabernet-sauvignon. Fruits noirs, violette, bouche ronde, souple, frais, dense tannique, puissant, large et long, milieu de bouche garni. Très beau fruit. On sent les tanins en finale.

Archives

– *Dégustation du 4 février 2009*

Millésime 1996

15 – Nez bien mûr de fruits cuits, merlote un peu, note mentholée à l'agitation, encore frais, bouche vive mais tanins fondus, tendue par l'acidité, un peu serré, pas très charnel mais élégant.

Millésime 1997

15,5 – Chocolaté, cacao, bouche ronde assez solaire, bonne rondeur en attaque, peu d'usure des tanins, c'est assez frais pour un 97, de la rondeur certes mais une bonne tenue, même si la finale fait un peu acérée.

Millésime 1998

17,5 – Note truffée, vieux cuir, fourrure, note animale sur le premier nez, après fermé et du vert qui monte, du séveux, bouche vive, élégante, tendue, longue, une impression de plénitude, vif mais enrobé et long.

Millésime 1999

14 – Poivre, truffe, assez évolué et ouvert au nez, épices, bouche douce en attaque, plaisante mais un peu disloquée, tanins sévères en finale.

– *Dégustation octobre 1991*

Millésime 1989

16,5 – Grenat foncé, un peu bleu. Nez vanille, boisé, cerise, menthe, frais. Fraîcheur, élégance en attaque, matière enveloppante, finale un peu chaude. Manque d'élégance pour le moment mais prometteur. En 1991, il était proposé à la vente à 220 francs (un peu plus de 35 euros).

Millésime 1988

18,5 – Très jeune, dense, bleuté, brillant. Nez pivoine, violette, cassis, fraise, menthe. Bouche encore bien marquée par le bois. Beaux tanins avec sensation de fraîcheur, beaucoup d'élégance. Grand vin en devenir.

Millésime 1987

14 – Robe claire, grenat rubis, assez jeune. (30 à 40 % de la récolte ont été éliminés.) Nez herbacé, merlot, jeune, poivre, vanille. Bouche un peu dure en attaque. Encore jeune, assez agréable mais court. Pas encore à son apogée.

Millésime 1986

16,5 – Joli grenat dense. Nez fourrure, pivoine, anis, bois, praline, fenouil, orange. Bien ferme, beaucoup de tanins, rond en attaque avec une structure très présente, dure. Difficile à goûter pour le moment, mais avec un bon potentiel.

Millésime 1985

15 – Grenat jeune, reflets violets. Nez cerise, très jeune, fraise des bois, groseille, mure. Tanins très fins en attaque, bonne rondeur jusqu'en milieu de bouche. Mais dureté et acidité peu agréables en finale.

Millésime 1984

11,5 – Grenat-rubis cuivré. Nez vieux biscuit, fruits trop mûrs, évolué. Rond en attaque, maigre ensuite. À boire sans délai.

Millésime 1983

15 – Grenat brunissant. Nez un peu rôti, poivre, épices. Rond, plaisant, bien mûr en finale, très 83. Un vin en pleine croissance. À boire dans deux ou trois ans avec du plaisir.

Millésime 1982

13,5 – Grenat noirâtre et reflets tuile. Nez cire, confiture de prune, cerises à l'eau-de-vie (volatile ?). Tanins pas encore fondus et des traces d'évolution. Goûts de surmûri, pruneau et alcool en finale. Bouteille douteuse.

Millésime 1981

17 – Grenat bien tuile, homogène. Nez cerise bien mûre, gelée de groseilles, beau bouquet fruité avec des notes de rose. Rond, bien mûr, tanins fondus, pas mal d'alcool, mais un fruité enveloppant bien typique de ce millésime de garde moyenne et souvent savoureux.

Millésime 1980

14,5 – Cuivre peu dense. Nez champignons, bois sec, iode, Viandox. Bouche équilibrée. Comme dans d'autres endroits, ce millésime mérite d'être bu maintenant.

Millésime 1979

13,5 – Grenat foncé, cuivré. Nez gibier, cire, iode, pruneau. Bouche fruitée, cerise, fraise, mûre ; léger en tanins. Simple, à boire maintenant, assez plaisant, mais manque de chair.

Millésime 1978

18 – Grenat cuivré. Nez gelée de cassis, violette, prune, mirabelle. Rond en attaque, vif, très parfumé cannelle, cerise ; bien long, beaucoup d'élégance et de finesse. Très beau vin encore vif, racé, bien représentatif de son terroir de Margaux.

Pouget

4e cru classé
Surface : 10 ha
Propriétaire : Famille Guillemet
Contact : Lucien Guillemet
11, route Jean-Faure – Cantenac
33460 Margaux
05.57.88.90.82
www.chateau-pouget.com

Dans la même famille depuis bientôt un siècle. L'ancêtre des Guillemet, un Darquier qui venait du Pays basque, l'a acheté en 1903. Un « chemin du Basque », sur la commune de Cantenac, lui a survécu. Pouget couvre une dizaine d'hectares sur le terroir historique du classement opéré en 1855. Depuis, la plupart des châteaux se sont agrandis, phagocytant les parcelles alentour, même si finalement ils continuent ou redécouvrent qu'ils font leur grand vin sur ce noyau originel. Les courtiers de l'époque ne s'étaient guère trompés. (Voir Boyd-Cantenac, propriété de la même famille.)

Second vin : Antoine Pouget

Millésime 2000

– *Dégustation d'avril 2001*

14 – Nez marqué par le début d'élevage en barrique : café et vanille. La bouche exprime la gourmandise avec des tanins veloutés, un gras enrobant les papilles et une finale très parfumée. Une petite pointe d'astringence cependant en fin de dégustation.

Millésime 2001

– *Dégustation d'avril 2002*

55 % cabernet-sauvignon, 35 % merlot, 10 % cabernet franc.

14,5 – Fruits noirs, violette, nez très présent. Bouche sur le fruit, rond et gras, tanins veloutés, agréablement rustique, sans sécheresse, très gourmand.

Millésime 2002

– *Dégustation d'avril 2003*

« Le vent de nord-est qui a soufflé en septembre est un vent de concentration et il a concentré, mais, curieusement, il y a quand même eu maturation alors

qu'on en doutait », commente Lucien Guillemet. 83 % cabernet-sauvignon, 17 % merlot. « *Il y a un peu de franc, mais c'est anecdotique.* »

14,5 – Nez de fruits confits, cerise cuite, tanin assez ferme en bouche, plus serré que d'habitude, beaucoup de fruit mais dans un style assez sérieux.

Millésime 2003

– *Dégustation d'avril 2004*

L'assemblage est composé de deux tiers de cabernet-sauvignon et d'un tiers de merlot.

14,5 – Frais, joliment fruité, une pointe boisée légèrement torréfiée, la bouche est souple, bien ronde. Un vin frais, très fruité, facile d'accès avec de jolis tanins serrés qui réveillent la finale.

Millésime 2004

– *Dégustation d'avril 2005*

« *La quantité, en 2004, n'est pas une surprise* », affirme Lucien Guillemet. « *Dès mai et juin 2003, alors que les grappes de 2003 étaient sorties, celles de 2004 étaient en formation dans les bourgeons. Et l'on a bénéficié d'un ensoleillement exceptionnel qui a conduit à une très grande fertilité. On pouvait donc se préparer dans les vignes, car on pouvait savoir que ce serait abondant.* » Pouget a un vignoble âgé (40 ans en moyenne), peu productif et contrôlable ; le rendement de l'année est à 45 hl/ha. 62 % cabernet-sauvignon, 33 % merlot, 5 % cabernet franc. Le vin est en cours d'élevage dans 80 % de bois neuf. Durée : dix-sept mois environ.

15,5 – Bien parfumé, fruits rouges et noirs, bouche ample, un peu épicée, tanins liés, vin sérieux, équilibré, bien construit.

Millésime 2005

– *Dégustation d'avril 2006*

39 % merlot et 56 % cabernet-sauvignon.

15 – Nez floral, rose rouge, attaque caressante, souple, onctueuse, bonne longueur, fruité bien exprimé, une petite touche prunelle en finale.

– *Dégustation de juin 2007*

15 – Grillé, boisé, chocolaté, bouche ronde, souple, bien boisée, très gourmand. Vin d'approche bien réussie.

Millésime 2006

– Dégustation d'avril 2007

« On trie avant les vendanges, puis à la vigne, quand on ramasse, et enfin on a une grande table de trie dans le chai. Nos cabernets francs étaient très bien portants, bien qu'ici ils ne donnent pas souvent des choses merveilleuses », explique Lucien Guillemet. L'assemblage se compose de 36 % merlot, 59 % cabernet-sauvignon, 5 % cabernet franc.

15 – Nez fraises au sucre, cerise, bouche souple, ronde, fraîche, élégante, soyeuse, le milieu de bouche est un peu faible, mais le fruit est superbe.

– Dégustation d'avril 2008

15 – Fruits rouges, framboise, bouche tendre, fine, bien fruitée un peu serrée en finale.

Millésime 2007

– Dégustation d'avril 2008

61 % cabernet-sauvignon, 34 % merlot, 3 % cabernet franc, 2 % petit-verdot.

14 – Fruits rouges, framboise, bouche ronde, souple, bien fruitée, tendre, finale un peu mâchée.

Millésime 2008

– Dégustation d'avril 2009

« Il s'est mis à faire beau le 10 septembre, et qui était en position d'attendre, surtout avec le cabernet, était en phase de faire du vin », explique Lucien Guillemet. En position d'attendre signifie bon état sanitaire de la vigne. *« Le cabernet aime les maturités longues. Je ne vois pas de sécheresse sur les tanins, ça laisse de très bonnes bouches, avec de la structure. Août n'était pas génial ; on dit toujours qu'août fait le moût, en fait octobre l'a rattrapé. »* Lucien Guillemet aime les vins pas trop extraits, pas trop massifs : *« On sait bien que la taille n'a rien à voir avec le plaisir ! »*

16 – Très coloré, boisé marqué, sucrosité, violette, bouche large, opulente, tanins gras, rond, moelleux, du caractère.

– Dégustation d'avril 2010

16/16,5 – Fruits noirs, violette, bouche ample, ronde, veloutée, élégant, très belle structure, d'une grande finesse, très élégant, long, équilibré.

Millésime 2009

– *Dégustation d'avril 2010*

Le cru de Lucien Guillemet hérite d'une nouvelle bouteille dans le style des anciens flacons du XVIIIe siècle remis au goût du jour par la maison Cordier. Forte proportion de cabernet-sauvignon dans l'assemblage. C'est le cabernet qui construit le vin, assure une bonne présence en milieu de bouche, tandis que *« le merlot fait l'édredon. Une fois qu'il vous a sauté au cou, c'est terminé ! »* 76 % cabernet-sauvignon, 16 % merlot, 8 % cabernet franc.

16/16,5 – Réductif, bouche bien construite, serrée, dense, fraîche, puissante, très tonique, relevée.

Prieuré-Lichine

4e cru classé
Surface : 70 ha
Propriétaire : Famille Ballande
Contact : Justin Onclin
34, avenue de la Ve-République
Cantenac – 33 460 Margaux
05.57.88.36.28 – www.prieure-lichine.fr

Comme son voisin Lascombes, Prieuré-Lichine a changé de mains ces dernières années. Prieuré a appartenu à un personnage haut en couleur de Bordeaux, Alexis Lichine, négociant, propriétaire et auteur d'une encyclopédie des vins du monde qui a longtemps fait référence. Son fils, Sacha, après avoir cédé le domaine, s'est installé dans les côtes-de-provence. Le groupe Ballande en est devenu propriétaire en 1999 et multiplie lui aussi les investissements pour remettre au vent ce beau bateau échoué depuis trop longtemps.

À l'origine de la fortune de la famille Ballande, dit-on, il y aurait des Écossais au service du roi de France, à l'époque où l'on aimait s'embrocher joyeusement avec nos amis anglais.

Installés du côté de Biron, en Dordogne, ils construisent des moulins pour fabriquer de la pâte à papier. Puis un beau jour, un des fils dit à son père : « *Arme-moi un bateau, je pars pour le Chili avec une lettre de change.* » Cela se faisait beaucoup à Bordeaux, plus proche de l'Atlantique que ne l'est, par exemple, Clermont-Ferrand.

Depuis, l'inventaire de leurs possessions relève de Prévert. On y trouve le nickel de Nouvelle-Calédonie, le plus gros troupeau de bœufs limousins du Pacifique, quelques châteaux dont Prieuré-Lichine, racheté en 1999, et même, pendant un temps, le guide Gault-Millau. La liste est loin d'être exhaustive. Un arrière-grand-père Ballande, député de la Gironde, décédé en novembre 1918, aurait déposé le premier projet de participation des salariés dans les entreprises. Une idée chère au général de Gaulle, dont les Ballande seraient par ailleurs quelque peu cousins par les Vendroux (Yvonne de Gaulle était une Vendroux)...

L'équipe de Prieuré-Lichine – renforcée par le conseiller technique Stéphane Derenoncourt, mercenaire de la vigne et du vin plutôt basé rive droite – semble ravie. Elle dispose enfin des moyens techniques pour faire du bon vin et on lui autorise des sélections nettement plus sévères qu'autrefois. Au départ, Justin Onclin, négociant franco-belge, directeur du cru, par ailleurs propriétaire de Villemaurine à Saint-Émilion et de Branas-Grand-Poujeaux à Moulis, avait recruté large en disposant des aides de Michel Rolland et de Derenoncourt. Cela ressemblait quelque peu à pince-mi et pince-moi sont dans un bateau. Vous connaissez la suite.

Second vin : Le Cloître du Château Prieuré-Lichine

Millésime 2000

– Dégustation d'avril 2001

55 % cabernet-sauvignon, 40 % merlot, 3 % petit-verdot, 2 % cabernet franc.

14,5 – Soyeux des tanins, fraîcheur en bouche et qualité du fruit qui rappelle la mûre.

– Dégustation d'avril 2002

14,5/15 – Nez épicé et boisé marqué par l'élevage, plein, dense, milieu de bouche bien garni, une matière assez présente, un vin pas très précis, gourmand, onctueux.

Millésime 2001

– *Dégustation d'avril 2002*

42 hl/ha de récolte totale dont la moitié fait du grand vin avec, dans l'assemblage, 50 % merlot, 40 % cabernet-sauvignon, 8 % petit-verdot, 2 % cabernet franc. De nombreux investissements sont réalisés pour améliorer le vin. La marge de manœuvre est assez large, dans le chai comme dans la vigne, dont le palissage a été refait, remonté.

14,5 – Épices, poivre, fleurs séchées au nez, bouche dense, un peu épaisse, trame serrée. Vin puissant, manquant un peu d'élégance à ce stade.

Millésime 2002

– *Dégustation d'avril 2003*

Stéphane Derenoncourt, désormais célèbre dans le Saint-Émilionnais, apporte seul son concours lors des vinifications, et surtout son expérience en matière d'élevage du vin. Les Ballande continuent de s'investir dans le monde du vin. Ils ont racheté la maison de négoce Reine Pédauque, en Bourgogne.

70 % cabernet-sauvignon, 22 % merlot, 6 % petit-verdot, 2 % cabernet franc.

14,5/15 – Fruits rouges, violette, un peu pâtisserie, bouche agréable, tendre, tanins moelleux en attaque, un peu plus ferme en finale.

Millésime 2003

– *Dégustation d'avril 2004*

Prieuré est le seul cru classé à avoir des parcelles sur les cinq communes de l'appellation. « *Depuis 1999* », confie Patrick Bongard, directeur des domaines Ballande, *« on a complanté 50 000 pieds dans les vignes existantes. Notre programme est simple : 1) on complante pour assurer la pérennité ; 2) après avoir arraché ce qui était en trop mauvais état, on attaque les replantations. »* Les progrès sont sensibles dans le vin, qui a gagné en netteté et en volume.

15 – Nez épicé, myrtille, violette, la bouche est souple, fine mais sans faiblesse, la finale suave rompt avec les sensations de dureté que l'on percevait sur les millésimes précédents.

Millésime 2004

– *Dégustation d'avril 2005*

16 – Très joli nez de rose rouge, cerise, un peu pinot bourguignon, bouche très fine en attaque, tendre, s'affirmant ensuite, des notes mentholées de cabernet mûr, finale resserrée portant le fruit.

Millésime 2005

– Dégustation d'avril 2006

Les vendanges, commencées le 22 septembre pour les merlots, se sont achevées le 12 octobre pour les cabernets. *« Du début jusqu'à la fin, on a été tranquilles et on a pu attendre que les raisins changent de goût, perdent totalement leur saveur végétale »*, confie Patrick Bongard. 55 % cabernet-sauvignon, 40 % merlot, 5 % petit-verdot.

15 – Joli nez de cerise et de gelée de groseilles, bouche ronde, tendre en attaque, bien fruitée, les tanins se resserrent ensuite sur une finale plutôt dynamique.

Millésime 2006

– Dégustation d'avril 2007

En 2006, pas de forte extraction, et le travail de concentration sur les merlots s'est avéré payant, même si l'assemblage repose sur le cabernet-sauvignon. 60 % cabernet-sauvignon, 37 % merlot, 3 % petit-verdot.

16 – Fruits rouges, rose, bouche séveuse mais tendre, sans dureté, bonne longueur ; le fruit est très pur.

Millésime 2007

– Dégustation d'avril 2008

« C'est une année compliquée. Ça permet de se poser des questions, mais ce n'est pas très reposant ! » commente Patrick Bongard. La propriété a consacré 7 000 heures aux travaux dans la vigne, contre 3 000 pour une année normale. *« Beaucoup de travaux en vert. On a pu attendre très longtemps. Les premiers merlots ont été cueillis cinquante-cinq jours après la mi-véraison, contre quarante-cinq d'ordinaire, et pour les cabernets-sauvignons c'est soixante jours. On a fini le 16 octobre. »* L'assemblage : 65 % cabernet-sauvignon, 5 % petit-verdot – *« au mois d'août ils étaient verts comme des poireaux, ils ont bien profité de septembre »* – et 30 % de merlot. *« On a mis moins de merlot que d'habitude, ils n'avaient pas d'éclat, ils étaient ternes. »*

16 – Nez très cabernet, mais sans note végétale, bouche serrée, puissante, pas mal de bois, ample, beau fruit, bonne longueur, vin assez tendu, avec un joli fruit.

– Dégustation d'avril 2009

15,5/16 – Fruits noirs, chocolat, bouche ronde, soyeuse, fondue, épicée, serrée, assez fine ; pas très câlin mais bien fait. Petits tanins tendus, serrés.

Millésime 2008

– Dégustation d'avril 2009

La grêle survenue le 28 mai n'a pas épargné Prieuré, détruisant une bonne partie du potentiel de récolte. La propriété a produit des rendements faibles – 33 hl/ha – et imposé du travail supplémentaire afin d'éliminer les grappes en retard ou abîmées. « *Après fermentation* », commente Justin Onclin, « *on a fait trois lots, ce qui méritait d'aller dans le premier vin, puis dans le second, et le reste. On fait disparaître le moins bon par le bas.* » L'assemblage du grand vin se compose de 65 % cabernet-sauvignon, 30 % merlot, 5 % petit-verdot. Les vendanges se sont déroulées en octobre, du 2 au 23.

15,5 – Fruits rouges, cerise, assez net, bouche ronde, pas trop extraite, bien fruité, manque un peu de moelleux en milieu de bouche et en finale. Serré. Un peu en tension en finale, bonne structure.

Millésime 2009

– Dégustation d'avril 2010

Étienne Charrier, nouveau responsable technique : « *Je suis arrivé ici en février 2009, avant je travaillais au Château Mazeyres avec Alain Moueix. J'ai passé huit ans avec lui, plus deux avec lui aussi mais en Afrique du Sud.* » Alain Moueix dirige le Château Mazeyres, à Pomerol, et sa propre propriété, Fonroque, à Saint-Émilion (en biodynamie). « *On a adopté le tri optique depuis cette année. C'est à la suite de l'orage de grêle, car on craignait l'hétérogénéité des raisins après la grêle. On entre des paramètres dans la machine et c'est elle qui trie. Sur les parties qui demandent le plus de sélection, on élimine 7 %. Mais sur les autres parcelles on était à 3 % seulement. La machine ne connaît pas la fatigue ni le moment de distraction, et elle n'enlève que les baies vraiment pas bonnes.* » Rendements faibles à cause de la grêle : 30,5 hl/ha.

65 % cabernet-sauvignon, 30 % merlot, 5 % petit-verdot. « *On a commencé les merlots le 25 septembre, les cabernets du 13 au 19 octobre.* »

16,5 – Fruits noirs, orange, bouche souple, délicate, fraîche, tendue, frais, élégant, petits tanins de qualité.

Rauzan-Gassies

2e cru classé
30 ha
Propriétaire : Famille Quié
Contact : 1, rue Alexis-Millardet
33460 Margaux
05.57.88.71.88
www.domaines-quie.com

Dans les années 40, Paul Quié acquiert ce cru (en 1943 selon Bernard Ginestet, ancien propriétaire de Château Margaux et écrivain truculent du vin. La famille Quié retient la date de 1946). Paul Quié est alors un des courtiers importants de Bercy, centre névralgique du vin à Paris et en France. Il représente notamment la maison Sénéclauze, une des principales marques d'Algérie. C'est Paul Quié qui en 1935 a d'ailleurs incité Pierre Sénéclauze à acheter un cru en Médoc (Marquis-de-Terme) où tout est à vendre.

Rauzan-Gassies complétait un joli bouquet où figurent Croizet-Bages, en pauillac, et Bel-Orme Tronquoy-de-Lalande, un superbe bourgeois. En 1968, Paul Quié meurt et son fils, Jean-Michel, reprend la direction des domaines. *« Mon père avait 24 ans »*, raconte Jean-Philippe, petit-fils de Paul. *« Il lui fallait vivre et payer la succession. Une semaine après avoir enterré son père, il est arrivé à Bel-Orme. Le personnel l'attendait sur le perron pour être payé. La première facture acquittée lui a permis de le faire : c'était le lait des bêtes qu'il y avait sur l'exploitation… Le lait rapportait plus que le vin ! »*

Jusque dans les années 90, les Quié ont maintenu les propriétés en l'état. Davantage une survie qu'un développement. Les vins supportaient mal la comparaison avec certains autres crus médocains rachetés par des compagnies financières, qui disposaient de moyens confortables leur permettant de faire face à la curiosité grandissante pour les grands bordeaux et à la demande qui l'a logiquement accompagnée. C'est alors que Jean-Michel Quié, passionné de chevaux, repère l'écuyer modèle capable de faire passer du pas au galop ses montures médocaines.

C'est un Bourguignon pur Côte-d'Or échoué du côté de Château Loudenne, un endroit magnifique qui servait de vitrine aux propriétaires fabricants du gin Gilbey's. Jean-Louis Camp s'y ennuie un peu, il a monté pour se distraire une sorte d'école de dégustation par cépages.

Ravi de l'aubaine, Jean-Louis s'engouffre dans la gestion technique des différent crus et obtient rapidement des résultats. Du moins pour Rauzan-Gassies. Du côté de Croizet-Bages, ce fut un peu plus long à venir.

Depuis 2001, les enfants, Anne-Françoise et Jean-Philippe Quié, se sont de plus en plus investis dans la gestion de ce patrimoine.

« En théorie, mon frère Jean-Philippe s'occupe beaucoup plus de la partie technique et moi de l'accueil au château, gestion du social, mais on est tous les deux techniciens », confiait Anne-Françoise en 2009. *« Je suis œnologue de formation. Certaines tâches sont strictement affectées et pour d'autres, c'est flou. Les dégustations d'assemblage sont collégiales. Ce sont des petites structures et tout le monde est polyvalent. Au-delà d'une définition de poste, on est une structure familiale. Il y a une attache très forte aux domaines. Le projet de vie, il est là. J'ai toutes les semaines des offres d'achat pour nos propriétés. On pourrait être rentiers pendant trois générations, mais les cocotiers, c'est pas notre affaire, très peu pour nous. »*

Second vin : Chevalier de Rauzan-Gassies

Millésime 2000

– Dégustation d'avril 2001

La paire Jean-Louis Camp-Didier Thomann a réveillé ce cru. *« Cette année »*, raconte Jean-Louis Camp, *« on a saucissonné la récolte en 36 lots, deux fois plus que l'an passé. Ce fractionnement nous a permis de mieux travailler les assemblages, barrique par barrique, d'isoler les presses et d'éliminer toutes celles de merlot, mais de conserver celles de cabernet-sauvignon. »* 70 % cabernet-sauvignon, 18 % merlot, 12 % petit-verdot. Nous avons dégusté les lots provenant de ce cépage : beaucoup d'épices et matière imposante.

15,5 – Nez violette, épicé, prune rouge, bouche dense et souple, bien homogène avec beaucoup de fraîcheur, des tanins croquants et fruités.

– Dégustation d'avril 2002

15/15,5 – Floral, fruits rouges, bouche assez riche, des notes de Zan à la violette, bien fruitée, tanins assez vifs, bonne tenue en longueur.

Millésime 2001

– Dégustation d'avril 2002

« Il n'y a pas beaucoup de différences entre 2000 et 2001, peut-être dans le

style. Parfois, c'est plus concentré en 2001 », commente Jean-Louis Camp. « *On a commencé à vendanger le 1er octobre pour finir le 12. On aurait préféré attendre deux jours de plus, mais le temps ne le permettait pas.* » Cabernet-sauvignon 64 %, merlot 30 %, cabernet franc 6 %.

15 – Cassis prononcé, Zan à la violette, fruits rouges, frais, net, élégant en bouche, assez séveux, un fruité un peu exotique qui rappelle la pêche de vigne en finale.

Millésime 2002

– *Dégustation d'avril 2003*

« *C'est une année de plaisir* », commente Jean-Louis Camp. « *Nous avons fait des cuvaisons courtes, par exemple seulement six jours sur les petits-verdots, sinon on aurait eu des tanins à ne plus savoir qu'en faire.* » L'assemblage final se compose de 60 % cabernet-sauvignon, 30 % merlot, 6 % cabernet franc, 4 % petit-verdot. L'élevage se déroule en barriques neuves pour un tiers.

16 – Myrtille, prune rouge, rose, joli nez droit et expressif, peu marqué par le bois, tanins souples, soyeux, gourmands, une trame tonique mais lisse qui porte le fruit longtemps en bouche.

Millésime 2003

– *Dégustation d'avril 2004*

Vignoble remis en état de marche, chai vivifié, travail important des sols et de la vigne, vendanges soigneuses et aux bonnes dates, vinifications attentives qui ne doivent rien à la sorcellerie en vogue chez certains... Le résultat est là, pureté du fruit, précision des tanins : une série de millésimes sérieux depuis la fin des années 90. L'assemblage se compose de 65 % cabernet-sauvignon, 26 % merlot, 5 % cabernet franc et 4 % petit-verdot.

15,5 – Nez très floral, rose rouge appuyée de senteurs de cerise écrasée, bouche tendue, fraîche, très élégant, bon équilibre. Un joli margaux et un air de famille avec son voisin immédiat, Rauzan-Ségla.

Millésime 2004

– *Dégustation d'avril 2005*

16,5 – Rose rouge, cerise belle-de-juillet, nez délicat, bouche fraîche, vive, tanins présents donnant de la nervosité au vin et portant un fruité frais de framboise et de cerise. Beaucoup d'allure.

Millésime 2005

– Dégustation d'avril 2006

Jean-Louis Camp devrait partir à la retraite l'an prochain. Après avoir réussi à transmettre le virus du vin à la nouvelle génération de la famille Quié.

16,5 – Violette, fruits rouges au sucre, bouche dense, tanins frais, virils et serrés, le fruité est porté par la fraîcheur acide et tannique. Beaucoup d'allure dans ce vin prometteur.

Millésime 2006

– Dégustation d'avril 2007

« Je n'ai jamais eu d'autre ambition que de venir ici », explique Jean-Philippe Quié, responsable des domaines familiaux et doublement responsable depuis le départ à la retraite de son mentor, Jean-Louis Camp. Jean-Philippe Quié a opéré une série de grands travaux, notamment l'aménagement d'un accueil pour ceux qui veulent déguster et visiter. Assemblage : 60 % cabernet-sauvignon, 30 % merlot, 7 % cabernet franc et 3 % petit-verdot.

15,5 – Fruits noirs, bouche souple, élégante, séveuse, bien tendue, assez serrée en finale, joli fruit.

– Dégustation d'avril 2008

15/15,5 – Nez fermé, bouche suave, ronde, souple, bien tendue, un peu sévère mais longue, fraîche et bien parfumée, un peu fermée.

Millésime 2007

– Dégustation d'avril 2008

Jean-Philippe Quié, qui n'est pas spécialement ce que dans les campagnes on appelle un taiseux, fait le tour en détail des travaux entrepris, finis ou à venir. C'est vrai que la propriété a changé d'aspect : *« On veut faire maintenant un chai totalement calqué sur le parcellaire. C'est mon frère architecte fait les plans, ma sœur suit les travaux. »* Merlot parfumé, cerise, sucrosité, rond, souple, un peu creux, mais bon fruit. Cabernet franc, framboise, bouche pas très dense mais bien parfumée, très séduisant. Petit-verdot, bouche fruitée, serrée, beaucoup d'allure. Cabernet-sauvignon, côté sauvage, bouche serrée, tanins délicats, beaucoup d'élégance, on comprend qu'il forme la base du vin… L'assemblage se compose de 4 % petit-verdot, 4 % cabernet franc, 22 % merlot, 70 % cabernet-sauvignon.

15 – Fruits noirs, bouche suave, boisé un peu marqué, tanins doux, fondus, très souples, fruité discret, assez prometteur.

– Dégustation d'avril 2009

15,5/16 – Chocolat, cerise au chocolat, résine, joli nez, bouche fraîche, gourmande, bien fruitée, bonnes saveurs chocolatées, frais, fin, long, doux.

Millésime 2008

– Dégustation d'avril 2009

Ici, pas de groupe industriel ni de fonds d'investissement, ce sont les emprunts familiaux qui financent la remise en état des domaines – qui en avaient d'ailleurs fortement besoin. Pas de jalousie, cependant : « *Pour des gens comme nous, c'est bien aussi d'avoir de grands groupes comme voisins, qui ont une démarche qualitative* », dit Anne-Françoise Quié. « *Ils ne sont pas venus là pour faire des investissements financiers, ce n'est pas de la spéculation, et il nous apportent aussi de la notoriété.* » Bien vu. 68 % cabernet-sauvignon, 24 % merlot, 4 % cabernet franc, 4 % petit-verdot.

15,5 – Fruits noirs, chocolat, bouche ronde, souple, fraîche, un peu tendue, pas très gras, très violette, assez fin, tanins assez croquants, finale mentholée.

– Dégustation d'avril 2010

15,5 – Fruits rouges et noirs, café, complexe, bouche ronde, suave, tanins fins, élégants, tendre, bien fruité, serré, long.

Millésime 2009

– Dégustation d'avril 2010

Anne-Françoise Quié nous reçoit en compagnie de Nicolas Pejoux, arrivé comme responsable technique pour le millésime 2006. « *Les millésimes 2006, 2007 et 2008 n'étaient pas des millésimes faciles à faire* », commente Nicolas. « *En 2009, il fallait ramasser les merlots juste au bon moment, avant qu'il soient fanés. C'était le piège dans lequel il ne fallait pas tomber, notamment sur les parcelles où il y a pas mal de sables. On pouvait facilement avoir des degrés élevés et perdre tout le fruit du merlot. Les cabernets, eux, pouvaient se faire attendre.* » Les vendanges se sont déroulées du 27 septembre au 14 octobre, une récolte assez faible à cause de la grêle : 37 hl/ha. L'assemblage comprend 75 % de cabernet-sauvignon, 23 % de merlot et 2 % de petit-verdot.

16,5 – Violette, fruits noirs, cerise, encre, épices, bouche ronde, souple, moelleuse, jolis tanins de milieu de bouche, tendu, serré en finale, réglissé, bonne matière qui demande à être domestiquée.

RAUZAN-SÉGLA

2e cru classé
Surface : 52 ha
Propriétaire : Famille Wertheimer
Contact : 1, rue Alexis-Millardet – BP 56
33460 Margaux
05.57.88.82.10
www.chateaurauzansegla.com

On s'en doute, il y a fort longtemps Rauzan-Gassies et Rauzan-Ségla formaient un seul domaine. Thomas Jefferson, futur président des États-Unis et grand amateur de vin, plaçait *« le Margaux de Mme de Rausan »* parmi les meilleurs de la contrée. Puis il y eut séparation, comme souvent dès que l'on parle d'héritage et de partage. Ségla eu la coquetterie de conserver son nom orthographié avec un *s* et Gassies optant pour le *z*. Depuis le rachat par la famille Wertheimer (Chanel) en 1994, tout a changé et le *s* est même devenu un *z*. Les nouveaux propriétaires n'ont pas mégoté sur les travaux. Vitrine d'une marque de luxe, pas n'importe laquelle, Rauzan-Ségla se devait d'être beau. Bâtiments, parc, la partie émergée semble toujours sortir de chez un grand coiffeur. Mais c'est côté moteur que portèrent les plus gros efforts. Le chai a été entièrement refait, avec cinq zones de travail différentes pour *« gagner en souplesse »*, une sorte de coque de bateau en béton profonde de 7 mètres a été enterrée pour stocker les bouteilles, et l'on a posé des kilomètres de drains dans le vignoble, afin d'éliminer les poches d'eau. Le vin ne cesse depuis de s'améliorer.

À Rauzan, deux hommes parlent, commentent et critiquent (comme il s'agit de deux forts caractères, on pourrait ajouter se supportent) : John Kolasa et Henry de Ruffray. Henry a commencé en 1987 : *« Je m'ennuyais et je voulais partir quand Chanel est arrivé et en quelques mois tout a changé. Il y a eu de gros investissements et on s'est mis à faire du vin. Je me suis dit : je vais attendre pour voir – et ça fait plus de quinze ans… »*

John Kolasa fut naguère directeur du premier grand cru classé Latour. Il dirige aujourd'hui Rauzan-Ségla et Canon à Saint-Émilion, deux crus classés. John Kolasa possède l'un des plus beaux pedigrees du vignoble français. Pourtant, ce n'est pas pour une bouteille mais pour les beaux yeux d'une Française, rencontrée à l'université londonienne où il enseignait le français, qu'il a quitté la City pour le quai des Chartrons. Débarqué en 1971 dans un pays dont il connaît parfaitement la langue – il a vécu sept années de son enfance dans le Jura –, il entre chez William Bolter, une société de négoce, pour : *« promener des gens dans le vignoble »*. En 1973, grosse crise, *« les crus sont passés de 100 à 25 francs la bouteille »* (en gros, 4 €). Kolasa cherche et trouve un autre emploi, sur l'autre rive, dans la maison Janoueix, un des porte-avions corréziens en terre libournaise, où il fait ses vraies classes et où le boss du premier grand cru médocain Latour entend parler de lui. *« Quand Jean-Paul Gardère m'a recruté pour Latour, il disait que j'avais fait HEC : les hautes études corréziennes. »*

La famille alsacienne Wertheimer, propriétaire de Chanel, entend dire que Latour est à vendre et prend langue avec Kolasa. Mais le financier François Pinault est plus rapide. Rauzan-Ségla, magnifique terroir de Margaux, est à son tour sur le marché. Cette fois, les Wertheimer signent et confient à Kolasa le soin de refaire briller l'argenterie : *« J'ai eu la possibilité de montrer tout ce que j'avais appris en vingt-cinq ans. »* La mode était alors aux vins très extraits, puissants, fortement boisés. Ce n'était pas du tout l'ambition d'Henry et de John. Leur premiers millésimes sont qualifiés de dilués ou de fluides par certains critiques qui confondent maigreur et élégance. Aujourd'hui, la mode du « sumo-vino » semble derrière nous et Rauzan obtient de meilleures appréciations. Il n'est certes pas faux de dire que le vin s'est amélioré. Mais cela fait déjà un bon bout de temps.

Second vin : Ségla

Millésime 2000

– *Dégustation d'avril 2001*

Des rendements très faibles cette année, 37 hl/ha : « *On avait plutôt visé 45* », confirme Henri de Ruffray. « *Nous essayons de gérer la maturité, pas la surmaturité, car les millésimes de surmaturité comme 90 évoluent très vite et on préfère chipoter, passer d'une parcelle à l'autre, pour conserver la fraîcheur qui favorise l'expression des arômes. Par ailleurs, la mode, encouragée par le réchauffement climatique, est aux degrés plus élevés et aux acidités basses, c'est une modification de l'équilibre qui ne nous plaît pas trop. Le 86 faisait 4 grammes d'acidité, les 95 et 96 sont plutôt à 3,6 et les vins de 2000 tournent autour de 3,2.* » 61 % cabernet-sauvignon, 36 % merlot, 3 % petit-verdot.

17 – De beaux arômes de cerise burlat et de fruits noirs avec de fines notes épicées et tabac blond, trame délicate en bouche, tanins soyeux en quantité qui assurent une grande longueur sans faiblesse au vin. Du très beau margaux.

– *Dégustation d'avril 2002*

17,5 – Épicé, tabac blond, encore marqué par les notes de boisé de l'élevage, qui peu à peu vont s'estomper et se fondre dans le bouquet global du vin. Bouche fraîche, élégante, petits tanins fondus qui créent une trame solide, note de confiserie, long et en finesse.

– *Dégustation du 15 janvier 2008*

17,5/18 – Poivre blanc, fruits confits, bouche ronde, pleine, élégante, vin équilibré construit, fin et délicat. Très fin, mais garni, belle élégance.

15 – **Ségla**. Chocolat, bouche vive, acide, un peu moins dure que la première, cacao en bouche, assez fine, bonne longueur.

Millésime 2001

– *Dégustation d'avril 2002*

« *Si nos cabernets-sauvignons ne sont pas fins à Margaux, c'est que l'on ne fait pas du margaux.* » La sentence est signée Henry de Ruffray. « *On n'a pas trop travaillé sur les cabernets. Les premiers tanins libérés dans la cuve sont nobles, après c'est plus végétal. Les merlots étaient assez exceptionnels, peut-être les meilleurs depuis quinze ans, on a un peu extrait et beaucoup goûté. Cela fait un bon mariage, les deux assemblés. Les acidités naturelles sont de 3,4 grammes, contre 3,2 en 2000, donc un peu plus marquées.* » 63 % cabernet-sauvignon, 33,5 % merlot, 3,5 % cabernet franc. 50 % de barriques neuves.

17 – Amateur du style « tout en puissance », passe ton chemin ! Rauzan-Ségla s'exprime dans le style floral, rose, saladier de fruits rouges, bouche tendre, trame délicate mais sans faiblesse, une élégance très margalienne, et une très insistante persistance.

– Dégustation du 15 janvier 2008

17,5 – Chocolat noir, truffe au chocolat, pas encore complètement ouvert, bouche délicate, soyeuse, souple, élégante, frais et fin, long, bien équilibré. Tendu, un peu serré en finale.

15,5 – **Ségla**. Chocolat, épices, poivre, bouche garnie, épicée, tendre, tanins moins anguleux, rond, soyeux, élégant, souple.

Millésime 2002

– Dégustation d'avril 2003

« C'étaient des vendanges assez sympa, sous le soleil », raconte Henry de Ruffray. *« L'extraction s'est faite rapidement, la matière se livrait facilement. On avait des couleurs très fortes. »* 58 % cabernet-sauvignon, 5 % petit-verdot, 2 % cabernet franc, 35 % merlot.

16,5 – Pêche de vigne, rose, note épicée, bouche très souple, petits tanins serrés et fins, beaucoup de fruit. Un style de margaux pur et précis qui nous plaît bien. À ce stade, on a une petite préférence pour le 2001, qui était une œuvre d'art à Rauzan.

– Dégustation du 15 janvier 2008

16 – Couleur noire, cerise cuite, nez peu développé, bouche souple, ronde, grasse, gourmande, grosse bulle savoureuse, tanins moelleux, la finale est un peu agressive.

14,5/15 – **Ségla**. Discret, bouche ronde, souple, cacaotée, moelleuse, bien gourmande, très agréable aujourd'hui.

Millésime 2003

– Dégustation d'avril 2004

« On n'a pas de points de repère par rapport à ce genre de millésime ! » avoue Henry de Ruffray. *« La difficulté, c'était d'apprécier et de comprendre le vin. En vérité, on s'attendait à de l'atypique, et le résultat est beaucoup plus classique qu'imaginé. Ce n'est pas du tout un vin espagnol. Il est passé par différents stades, et il nous étonne plutôt dans le bon sens. »* 54 % de cabernet-sauvignon, 40 % de merlot, 5 % de petit-verdot, 1 % de cabernet franc.

16,5 – Épicé, rose rouge, framboise, bien frais, bouche délicate, tendre, très tendue. Rauzan-Ségla affirme un style, au fil des millésimes, qui tend vers la pureté et le dépouillement au profit du fruit et de la finesse des tanins. Finale serrée, très élégante.

– Dégustation du 15 janvier 2008

15,5 – Café, grillé, moka, bouche ronde, solaire, puissant, les tanins sont assez peu fondus en finale qui semble un peu sèche, saveurs du Sud…

15 – **Ségla**. Café, chocolat, pâtisserie, puissant, riche mais savoureux, un peu poivré en finale. Très flatteur, on ne peut pas dire d'où il vient mais c'est bon. « *On en aurait fait 20 000 de plus, on les aurait vendues.* »

Millésime 2004

– Dégustation d'avril 2005

16 – Cerise noire, mûre, un peu sauvage. Bouche aux tanins assez présents, fruité confirmé, trame solide, discrète au début, qui se resserre ensuite. Bonne longueur. Un Rauzan un peu plus en muscle que d'habitude.

– Dégustation du 15 janvier 2008

16,5 – Robe jeune, noire, épices, fruits noirs, bouche ronde, grasse, souple, longue, un peu plus de verdeur en finale, tendu, un peu dans l'esprit de 98 en moins garni.

14 – **Ségla**. Fermé, tendu, vif, pas encore ouvert au nez, mais la bouche est déjà agréable, un peu serré en en finale.

Millésime 2005

– Dégustation d'avril 2006

Petit à petit, le vin fait son nid. « *Il y a eu du surgreffage, de l'arrachage, de la replantation, du drainage, de la complantation… On espère avant la retraite intégrer certains terroirs superbes, bien situés, mais que l'on ne met toujours pas dans le grand vin…* », ironise Henry de Ruffray. « *Peu à peu, on maîtrise la vigueur de ces jeunes vignes, on devine les prémices du vin qu'elles nous donneront. D'ici quatre ou cinq ans, on aura quelque chose qui devrait nous permettre d'arriver à ce qu'on veut. C'est plein de petits détails qui, bout à bout, devraient payer.* » Déjà, ce 2005 semble être une sorte de récompense, et le Tout-Bordeaux viticole s'accordait (rare) cette année à saluer la performance. 54,5 % cabernet-sauvignon, 5 % petit-verdot, 39 % merlot, 1,5 % cabernet franc.

18 – Cerise noire, prune rouge, touche de poivre et d'épices, la bouche est tapissée de petits tanins ronds très margaliens, un roulement à billes parfaitement huilé, beaucoup de fruit (fraise et cerise), un vin très droit sans heurts, soyeux et joyeux.

– Dégustation du 15 janvier 2008

17,5/18 – Fruits rouges, cerise, bouche ronde, souple, moelleuse, gras, épicé, longue, structuré, puissant mais fin, délicat et structuré dans l'esprit 2000. Un peu plus de fraîcheur.

16 – **Ségla**. Floral, rose, rouge, bouche garnie, souple, élégante, volume et distinction, long, tendu, serré, troisième dimension en plus.

Millésime 2006

– Dégustation d'avril 2007

« On ne peut pas ramasser du 2005 tous les ans ! » dit Henry de Ruffray. *« Nous avons cueilli les merlots le 21, la semaine où il a fait beau, et les cabernets à partir du 30 septembre sur le plateau de Rauzan, c'est ce qui a sauvé le millésime. On a bien apprécié nos équipes de trieurs et nos tables de trie, mais on s'est quand même bien pris la tête pour que tout se déroule dans des conditions relativement correctes ! »*

16 – Violette, floral et fruits noirs, bouche élégante, fine, tendre, bien fruitée, bonne structure, pas très enveloppée mais des tanins de qualité, sans dureté, bonne longueur.

– Dégustation du 15 janvier 2008

17 – Vanille, fruits rouges, bouche fraîche, délicate, élégante, très joli fruit, framboise, élégant, raffiné, petite réserve tannique en finale qui devrait s'adoucir avec le collage.

Millésime 2007

– Dégustation d'avril 2008

John Kolasa est d'humeur maussade ce jour-là : *« Trop de comédie humaine, je suis agacé par tous ces gens qui disent qu'ils ont dépensé beaucoup d'argent en produits de traitement et qui annoncent des sélections de 30 % pour justifier un maintien des prix. »* Sous-entendu : avec un millésime qui ne le mérite pas.

« On souffre de la sécheresse, ici. La vigne est formidable, elle s'adapte à une certaine climatologie. Margaux est en déficit chronique depuis 2001 et

pourtant la plante est verte. Mais on n'a pas le jus qu'on attendait. Il y a eu une forte concentration sur trois semaines.» Henry de Ruffray ajoute*: «Les cabernets ont perdu 15 % de volume en vingt jours, entre les premiers contrôles et la maturité...»* 59 % cabernet-sauvignon, 35,5 % merlot, 5,5 % petit-verdot.

17 – Fruits rouges, bouche ronde, fruitée, tension, élégance, petits tanins croquants, souple, délicat, vrai margaux.

– Dégustation d'avril 2009

16,5 – Fruits noirs, grillé, bouche ronde, souple, fruitée, très gourmande cerise au chocolat, long et frais.

– Dégustation d'avril 2010

16,5 – Fruits noirs, cerise, bouche tendre, bien fondue, petits tanins ronds, soyeux, élégant, très fins, chocolaté.

Millésime 2008

– Dégustation d'avril 2009

«Notre chef de culture ne prend pas de vacances en août, et le vignoble est en bon état», résume sobrement Henry de Ruffray, directeur technique. Il ajoute : *«On n'y croyait plus début septembre, comme tout le monde. Après, quand le temps s'est mis au beau, il fallait savoir combien de temps attendre.»* John Kolasa : *«Ce n'était pas si vilain que ça, fin août. Il manquait juste le beau temps. Il y a eu le soleil et surtout le vent qui ont tout concentré.»* 62 % cabernet-sauvignon, 38 % merlot. *«On n'a pas mis les petits-verdots, excellents, mais qui marquaient trop l'assemblage.»*

17 – Fruits noirs, cerise, bouche douce, soyeuse, milieu de bouche très doux et plein, long, frais, long, frais, fin, dense mais soyeux.

– Dégustation d'avril 2010

17 – Moka, épices, nez pas très développé à ce stade, rond, souple, petits tanins gourmands, long, fin, soyeux, violette. Long, finale sur les tanins, très long.

Millésime 2009

– Dégustation d'avril 2010

Comme d'habitude, John Kolasa rumine et fulmine : les vins sont trop chauds, les prix sont trop hauts, les acheteurs (les vrais) pas si nombreux que ça, les petits-verdots rustauds, les jeunes merlots trop pruneau... Sinon, ça va. Henry de Ruffray, le directeur technique, tempère : « *On est à 13,9°. C'est vrai, les jeunes merlots ont souffert du stress hydrique et on ne va pas les mettre dans le grand vin. On s'était excités sur le petit-verdot, magnifique, mais quand on l'ajoutait dans l'assemblage, on perdait l'élégance et la finesse. Les francs étaient trop liquides, ça diluait.* » Finalement, ont été retenus pour participer à la finale : 42 % de merlot et 58 % de cabernet-sauvignon. « *On a vendangé tranquillement, sans courir, du 22 septembre au 1er octobre les merlots, et les sauvignons jusqu'au 11 octobre.* »

17,5 – Nez mûre, sureau, bouche souple, vive, onctueuse, bien fondue, vin dynamique, tendu, frais, tonique, petits tanins fins.

Archives

– *Dégustation du 15 janvier 2008*

Millésime 1994

14,5 – Fourrure, fruits noirs, minéral, poivre, bouche vive, serrée, bien 94 avec une acidité un peu prenante en finale.

Millésime 1995

14,5/15 – Réduction, nez peu ouvert, bouche serrée, austère, note d'eau-de-vie, un peu kirsché, serré.

Millésime 1996

16 – Fourrure, chocolat, le nez commence à s'ouvrir sur des notes gourmandes de pâtisserie, bouche tendue, vive, bons tanins un peu vifs, serré, tendu, bonne matière commence à s'ouvrir.

Millésime 1997

15 – Joli nez épicé, poivré, minéral, un peu capsule, bouche vive, un peu évoluée, tendue. Le nez et la bouche sont différents.

Millésime 1998

16,5 – Nez capsule, minéral, sous-bois, bouche puissante, tendue, vive, élégante sans trace d'évolution, fraîche, tannique mais garnie, les tanins me semblent plus habillés.

Millésime 1999

16 – Chocolat, cacao, cannelle, bouche ronde, soyeuse, bonne matière pas de dilution, gourmand, prêt à boire. Très agréable mais sans faiblesse comme on a pu le sentir sur d'autre vins en fonction des rendements.

Du Tertre

5e cru classé
Surface : 52 ha
Propriétaire : Éric Albada-Jelgersma
Contact : Avenue de Ligondras – 33460 Arsac
05.57.88.52.52
www.chateaudutertre.fr

Quel changement ! Racheté en 1997 par l'homme d'affaires néerlandais Éric Albada-Jelgersma, du Tertre a subi un traitement de choc. Le château a été entièrement rénové, agrandi, décoré. Idem pour les jardins. Nous avions en mémoire une vaste bâtisse isolée, vide, un peu triste et solitaire au milieu de ce vignoble d'une cinquantaine d'hectares d'un seul tenant. Et, quatre ans après son rachat, nous avons visité ce que les voisins appellent le *« petit Versailles »,* un vaste château dont on ne sait plus, tellement les architectes et les artisans ont été habiles, ce qui est d'origine et ce qui est ajouté. Ils ont recréé un magnifique château meublé XVIIIe, peintres flamands, consoles Roi-Soleil et vastes salles de réception. La piscine qui monte, qui descend, qui se recouvre automatiquement sans doute quand il pleut, a beaucoup occupé les esprits des milieux professionnels. Mais le plus intéressant se situe dans le moteur du domaine. Chais modernes et très bien équipés, surtout un vignoble peu à peu remis aux normes et des sols travaillés. Le vignoble était en bon état, mais planté avec une densité à l'hectare trop faible. Du Tertre comptait 6 200 pieds à l'hectare alors que la législation en impose 6 500 et que certains domaines en comptent 10 000. Cela permet, pour un rendement identique, une plus grande concentration. Lentement, il poursuit sa mutation car il est plus facile de déplacer une commode Louis XIV, qu'un hectare de merlot.

Éric Albada-Jelgersma possède également la société d'exploitation du Château Giscours.

Second vin : Les Hauts du Tertre

Millésime 2000

– Dégustation d'avril 2001

Jacques Pélissié, vinificateur de ce cru et de Giscours, dispose d'un outil à sa mesure. Un chai plus austère que la demeure, mais où tout est conçu pour accoucher d'un grand vin. Attention, prévient le sage homme du lieu, *« ce n'est pas parce qu'on a le matériel qu'il faut faire tourner à fond la machine à laver le linge »*. En clair, la surextraction au détriment de l'élégance, ce n'est pas le style de la maison.

15 – La marge de progression est vaste sur ce cru qui n'a pas changé de superficie depuis le classement de 1855. Le style est plus nerveux que celui de Giscours, plus sauvage, avec des notes de fruits noirs, une bouche aux tanins vifs, solides mais sans aspérités, une vigueur athlétique et beaucoup de fruit.

– Dégustation d'avril 2002

15 – Épicé, l'élevage en barriques se fait sentir, ce qui est normal à ce stade, fruits noirs, la bouche s'est assouplie, des notes de grillé se mêlent au fruité, rond, souple, flatteur, délicieux assez jeune.

– Dégustation de janvier 2008

15,5 – Cacao, note verdure fraîche, mentholée, bouche ronde assez volumineuse, le cabernet-sauvignon apporte de la densité, fraîche, tendue, des tanins vifs mais de la matière autour.

Millésime 2001

– Dégustation d'avril 2002

14,5 – Nez épicé, boisé, assez toasté, bouche gourmande, bien parfumée, tanins moelleux. Un vin bien plein, flatteur, mais qui manque un peu de finesse.

– Dégustation de janvier 2008

15,5 – Nez cacao, poivre, bouche fraîche, élégante, serré, tanins qui grattent un peu, un peu de réduction. Cerise noire après aération. Verdure, bouche bien dense, tendue, vive, en finesse, un peu pointu, long. Joli vin d'un style un peu à l'ancienne.

Millésime 2002

– Dégustation d'avril 2003

40 % cabernet-sauvignon, 35 % merlot, 20 % cabernet franc. Jacques Pélissié : *« Ce sont de vieux cabernets francs un peu malades qui donnent des rendements faibles et des jus superbes. J'envisage d'en faire une sélection pour pouvoir en replanter. Car ce qu'on nous propose aujourd'hui, ce sont des francs*

qui font des grosses grappes et qui mûrissent mal. » 40 % de bois neuf pour l'élevage.

15 – Nez un peu fermé qui s'ouvre à l'aération sur des notes de violette et de boisé toasté, bouche onctueuse, une sucrosité enrobe le fruit, un côté confiserie. Un joli vin à boire jeune, plus en gourmandise qu'en élégance.

– Dégustation de janvier 2008

14 – Légèrement réductif, rond, souple, fluide, agréable jeune, souple. Le cabernet sauvignon a peiné pour mûrir. « *On les a poussés au bout mais c'est la météo, ils ne sont pas comme d'habitude.* » Petite note poivron.

Millésime 2003

– Dégustation d'avril 2004

Jacques Pélissié a fait de du Tertre son chouchou. Il en aime le fruité, la suavité, la simplicité. Nous aussi, surtout depuis qu'il s'en occupe. Le domaine n'a produit que 38 hl/ha, contre 48 à Giscours, mais la densité de pieds à l'hectare est nettement inférieure ici. 45 % cabernet-sauvignon, 35 % merlot, 15 % cabernet franc, 5 % petit-verdot.

15/15,5 – Nez épicé, rose rouge, réglisse, bouche tendre, délicate, bien fruitée, des notes de framboise posées sur une trame tendue mais souple. Un bon trampoline à fruits rouges.

– Dégustation de janvier 2008

15 – Pas très ouvert, note de violette très subtile, bouche ronde, volumineuse avec des traces d'évolution, gras, riche en alcool, chaleureux, pas très fin mais puissant. Comment cela va-t-il évoluer ? Les tanins ne sont pas tous mûrs en bouche.

Millésime 2004

– Dégustation d'avril 2005

Cette année, Jacques Pélissié (accent du Sud-Ouest à couper au couteau) et Alexander Van Beek (accent néerlandais revisité médocain) ont procédé à l'arrachage d'une parcelle de cabernet franc. Elle sera replantée en cabernet-sauvignon en 2007, le temps que la terre se repose, et ses raisins n'entreront probablement pas dans le grand vin avant 2020. L'assemblage est composé de 50 % de cabernet-sauvignon, 10 % de cabernet franc et 40 % de merlot. La vendange s'est déroulée du 27 septembre au 15 octobre.

15 – Cerises en bocal, framboise, bouche vive, tendue, fraîche, trame tannique assez présente mais sans dureté, beaucoup de fruit.

– Dégustation de janvier 2008

15,5 – Boisé de vin jeune, bouche ronde, souple, petits tanins soyeux, agréable, bien rond, très gourmand mais avec la retenue médocaine, assez fin, manque un peu de longueur mais une belle première séquence. Le vin s'étoffe avec le temps.

Millésime 2005

– Dégustation d'avril 2006

Du Tertre est un vignoble installé sur deux croupes, c'est ainsi que l'on nomme ces collines écrasées du Médoc. *« La première a été plantée entre 1958 et 1963, la seconde de 1982 à 1987. Nous, au fur et à mesure, on replante en densité forte »*, dit Jacques Pélissié.

40 % cabernet-sauvignon, 30 % merlot, 5 % petit-verdot, 25 % cabernet franc. *« Les francs étaient superbes en fruit, on a choisi d'en mettre beaucoup cette année. »*

16 – Très fruité, griotte, framboise, cerise, bouche douce, petits tanins friands et croquants, long, fin, gourmand, bien droit et sans faiblesse. Un vin pour les amateurs de margaux délicats et parfumés.

– Dégustation de janvier 2008

16 – Cerise, nez jeune, note épicée, bouche ronde, suave, bien garnie, joli fruit, dense, serrée, pointe de verdeur en finale, un vin encore très jeune, serré, cerise, bien équilibré, droit.

Millésime 2006

– Dégustation d'avril 2007

David Fennelly est maître de chai depuis 1988 au Château du Tertre. Il a quitté son Irlande natale après l'école, sur une envie de jeunesse et de voyage. *« J'avais trouvé un job chez Woltner, à Bruxelles. Les Woltner, c'était autrefois les propriétaires de Mission-Haut-Brion et j'y suis allé, naturellement. Après j'ai travaillé à Sénéjac, puis j'ai rencontré ma future femme et j'ai décidé de rester en France… »* David a connu l'ancien du Tertre. *« Je me souviens de l'époque où on refroidissait les cuves avec des toiles de jute mouillées. Ça marchait, mais quel boulot ! »* Assemblage : 50 % de cabernet-sauvignon, 30 % de merlot, 20 % de cabernet franc. Le grand vin représente 60 % de la récolte.

14,5 – Joli fruit, cerise, fraise, bouche légère, souple, bien équilibrée et favorisant le fruit. Pour le moment, la longueur est assez moyenne.

– Dégustation de janvier 2008

15 – Fruité franc, cerise, agréable, rond, moins de volume qu'en 2005, mais bel équilibre et l'expression du fruit est plus pure qu'au début de la décennie.

Millésime 2007

– Dégustation d'avril 2008

« L'Énita [École nationale d'ingénieurs des travaux agricoles] *a passé beaucoup de temps à identifier le terroir pour restructurer, surgreffer, et, en fonction de cette étude, on arrache et on replante, mais on le fait progressivement car on ne voulait pas perdre le bénéfice des vieilles vignes. »* Frédéric Ardouin, ancien responsable technique de Latour, vient de débarquer aux commandes du cru. Il sera opérationnel dès les prochaines vendanges. 59 % cabernet-sauvignon, 23 % merlot, 18 % cabernet franc.

13,5 – Nez végétal, marqué par le cabernet pas très mûr, bouche serrée, tendue, manque de chair. Loin derrière le 2004 ou le très bon 2001.

Millésime 2008

– Dégustation d'avril 2009

« 28 hl/ha, un record ! » commente Frédéric Ardouin. Cette très faible récolte est due aux accidents climatiques de l'année qui ont épargné certains crus et durement frappé les autres. *« On a tout eu : la grêle, le gel, le millerandage... »* Malgré cela, Frédéric est assez satisfait du travail engagé sur le vignoble : *« En 2008, Kees Van Leeuwen* [professeur à l'Énita] *a fait un énorme travail de repérage sur nos terroirs, et cela nous a permis de faire la sélection parcellaire. »* 50 % cabernet-sauvignon, 30 % merlot, 20 % cabernet franc.

15,5 – Sucrosité des fruits bien mûrs, bouche ronde, souple, bons tanins assez finss et croquants, joli fruit rouge, frais en finale.

– Dégustation d'avril 2010

16 – Chocolat, sous-bois, bouche soyeuse, bien fruité, petits tanins vifs, joli grain de tanins, frais, tendre, gourmand, tonique.

Millésime 2009

– *Dégustation d'avril 2010*

Frédéric Ardouin : « *On procède à un réencépagement. Avant, nous avions un tiers merlot, un tiers cabernet franc et un tiers cabernet-sauvignon. Note objectif c'est 60 % de sauvignon, 25 % de merlot et 10 % de franc, plus 5 % de petit-verdot. Toutes les parcelles sont passées en travail du sol depuis deux ans, plus de désherbant. On a démarré 1 hectare en biodynamie en 2009, et on en aura 7 en 2010* ». Avec Pierre Masson comme conseiller. Un Bourguignon en terre médocaine, qui découvre à son tour ce que veulent dire tanins serrés et finales tendues. Rendements faibles : 33 hl/ha. Assemblage : 55 % cabernet-sauvignon, 22 % merlot, 15 % cabernet franc et 8 % petit-verdot. 45 % de bois neuf.

16,5 – Nez fruits noirs, boisé, la prise de bois est sensible, bouche ronde, souple, bien fruitée, vin élégant, tout en longueur.

Archives

– *Dégustation de janvier 2008*

Millésime 1997

13,5 – L'année du rachat par Éric Albada-Jelgersma. Un millésime à accouchement difficile : la vente a été réalisée pendant les vendanges. Les deux parties n'étaient pas vraiment en accord sur l'orientation technique…

Grillé, cacao, cerise confite, un nez qui monte immédiatement, avec des notes mandarine, qui s'installent vite, nez instable, pointe boisée encore présente. Bouche souple, fluide, agréable, à boire aujourd'hui, un peu d'angles aigus en finale…

Millésime 1998

14,5/15 – Cacao, boisé, nez moderne, vanillé, encore marqué par le boisé plus que par le fruit. Bouche tendue, plus en volume que 1997. Vive, tanins serrés, délicat, plus margaux, assez fin.

Récolte assez maigre, « *on avait trop éclairci* ».

Millésime 1999

14 – Fourrure, chocolat, un peu saint-émilionnais, le merlot bien mûr domine, bouche agréable, en cours d'évolution, finale un peu fluide. Récolte abondante.

Crus bourgeois et ex-bourgeois de margaux

Chantelune

Surface : 0,92 ha
Propriétaire : José Sanfins
Contact : Château Chantelune
33460 Lamarque
06.10.46.34.35
sanfinsjose@aol.com

Petit cru chouchouté par José Sanfins, le responsable de Cantenac-Brown. Il en parle si bien qu'on lui laisse la parole : *« On a choisi le nom Chantelune, en souvenir du temps où M. Soubrane, charpentier de son état, enrôlait toute la famille les jours de pleine lune pour aller couper les arbres destinés à la charpente. Le bois coupé à la pleine lune, disait-il, n'est jamais attaqué par les insectes, il devient inaltérable. Viticulteur à ses heures, il a planté sa vigne au point le plus haut de l'appellation margaux, là où certains galets dépassent le kilogramme. »* Le charpentier a choisi José pour lui succéder.

Une forte proportion de petit-verdot.

Millésime 2005

– Dégustation d'avril 2007

14,5/15 – Fruits rouges, sève, chlorophylle, bouche souple en attaque, tanins serrés, matière imposante, serrée ; puissant et encore peu fondu, finale réglissée.

Millésime 2007

– Dégustation d'avril 2008

16 – Fermé, bouche souple, bien garnie, soyeux, long, tendre, bien rond, gourmand, bonne matière.

Millésime 2008

– *Dégustation d'avril 2009*

15 – Fruits rouges, cerise, bouche douce, fraîche, souple, tendue mais bons tanins, grain assez fin, vif, joli fruit, velouté.

Millésime 2009

– *Dégustation d'avril 2010*

15 – Fruits noirs, violette, bouche ronde, souple en attaque ; deuxième séquence plus serrée, Zan à la violette, long, frais, bien équilibré.

Château d'Arsac

Surface : 112 ha
Propriétaire : Philippe Raoux
Contact : 1, allée Comte
33460 Arsac-en-Médoc
05.56.58.83.90
www.chateau-arsac.com

Philippe Raoux, patron de Chamvermeil, leader de la vente de vins par correspondance, et de La Winery, « centre œnotouristique », où on peut s'amuser, goûter, s'instruire, acheter (et pas seulement du bordeaux), est aussi un multipropriétaire de crus. Signalons Château de Viaud, en lalande-de-pomerol, vendu récemment à un groupe chinois. Et Château d'Arsac à… Arsac depuis 1986. Deux sœurs d'Arsac épousèrent les deux amis (« parce que c'était lui, parce que c'était moi ») Montaigne et La Boétie. Philippe Raoux s'est d'abord intéressé aux bâtiments. D'Arsac avait l'allure parfaite d'un château formel, dans ce style pompier mais pas trop qu'affectionnaient les riches Bordelais du temps de Louis-Philippe. Raoux lui-même dit qu'il ressemble à Moulinsart (*Tintin*).

Plus maintenant. Entièrement passé au bleu Klein (ou Gordini, pour les nostalgiques des Sixties) par l'architecte Patrick Hernandez, on ne peut pas l'ignorer dans la campagne médocaine.

Après le bâti, Philippe s'est penché sur l'avenir du vignoble. Il l'avait déjà sérieusement vitaminé en faisant replanter tout ce qui pouvait et devait l'être. Mais d'Arsac était en appellation haut-médoc. Quand on est juste en limite de margaux, c'est rageant. Margaux en bouteille, cela vaut déjà plus cher mais, en version foncier, pour du placement c'est encore bien mieux. D'autant que plusieurs documents, écrits à la plume d'oie, parlaient du vieil Arsac comme d'un margaux. Alors, Philippe Raoux a pris lui aussi sa plume (Mont-Blanc, on ne trouve plus de bonnes oies) pour écrire au syndicat de l'appellation (margaux) et demander qu'une partie de ses vignes classées en haut-médoc le soit en margaux. Haussement d'épaules et refus du syndicat de défense de l'appellation qui considère qu'il s'agit là de *« terres à poulets »*. L'Inao, la maman des appellations, suit l'opinion du syndicat et émet une sorte de réponse en forme de « compte là-dessus et bois du haut-médoc » qui ne laisse aucune illusion au requérant. Manager-chef conduisant lui-même sa voiture, capable de porter une veste en velours le samedi mais sûrement pas d'accepter qu'on marche sur ses Weston, Philippe Raoux n'en reste pas là. Il va au procès, qu'il gagne, conforté par une étude du Bureau de recherches géologiques et minières, organisme public. Pour le BRGM, qui n'a pas comme nous passé sa vie à chercher une signification à peu près précise au mot terroir – il ne saurait en aucun cas se résumer au seul sol viticole –, un caillou c'est un caillou. Et, du sable c'est du sable. L'essentiel de sa conclusion se résumait comme suit : ici (Arsac), c'est comme en face (margaux).

Le glaive de la justice trancha. L'Inao fut condamné à verser une lourde indemnité, à moins que… Une commission fut alors désignée avec comme ordre de mission de faire fissa pour redélimiter l'appellation (margaux encore) et surtout d'y inclure les parcelles de Raoux. La commission chargée de cette opération a rendu son verdict, déclenchant la colère de quelques propriétaires et le bonheur des autres. Le nouveau tracé exclut des parcelles anciennes qui faisaient du margaux. Malescot-Saint-Exupéry, Palmer perdent de la surface, tandis que d'autres en gagnent qui le trouvent finalement pas si mal, ce Raoux.

Second vin : Le Monteil d'Arsac

Millésime 2001

– Dégustation d'avril 2002

14 – Joli fruit en attaque, tanins serrés un peu durs en finale.

Millésime 2002

– Dégustation de juin 2005

14 – Prune, violette, bouche serrée, note de fruits noirs à peine mûrs, tanins bien présents. Un vin de caractère. Attendre encore deux ans.

Millésime 2004

– Dégustation d'avril 2005

14 – Joli nez de prune, fruits noirs, bouche assez dense, moelleuse, un fruité bien exprimé. La finale assez vive se durcit sur des tanins bien présents. L'élevage devrait l'adoucir.

– Dégustation de juin 2007

14 – Fumé, chocolaté, boisé, bouche souple, ronde, pas très dense mais bien rond ; le bois est un peu dominant sur le fruit ; tanins très fondus.

Millésime 2005

– Dégustation d'avril 2006

14 – Floral, violette, bouche très douce, tanins très fondus en attaque. La finale, par contre, laisse apparaître de la rugosité.

Millésime 2006

– Dégustation d'avril 2007

14,5/15 – Cassis, cerise, tanins moelleux, gras, souple, très onctueux, riche, beaucoup de matière.

Millésime 2008

– Dégustation d'avril 2009

13,5/14 – Fruits noirs, note cassis, une pointe végétale, bouche fraîche, vive, tanins fondus, agréables en milieu de bouche, finale réglissée. L'ensemble est plaisant, assez fluide mais manque un peu de complexité.

Millésime 2009

– *Dégustation d'avril 2010*

14 – Feuilles de cassis, confiture de cerises, tendre, séveux, bien frais, note d'amertume, longueur moyenne.

DEYREM-VALENTIN

Surface : 15,5 ha (13 en margaux)
Propriétaire : Jean Sorge
Contact : Sylvie et Christelle Sorge
Deyrem-Valentin – 33460 Soussans
05.57.88.35.70
www.chateau-deyrem-valentin.com

C'est la maître de chai qui fait visiter. Christelle Sorge n'a pas trop de peine à se faire reconnaître comme patronne de la technique. Ici, le propriétaire, c'est son père et la responsable de toute la partie administration et gestion revient à sa sœur Sylvie. Une affaire de famille et de longue date : *« C'est mon arrière-grand-père qui a acheté en 1928. Ils avaient un bar-restaurant sur la commune. Ça ne valait pas grand-chose mais lui pensait que ça vaudrait quelque chose ! »* Cadeau empoisonné pour la génération suivante, celle des grands-parents, qui ont essuyé les crises et une guerre, qui reconnaissons-le, n'est pas une période des plus favorables au commerce des grands vins. Sans compter que les troupes d'occupation agrémentent en général leur séjour par une plus ou moins discrète accoutumance au libre-service. Christelle a commencé en 1999 après l'obtention de son BTS et le chai a été refait en 2003. Le papa Jean, ravi de ce changement de génération, suit encore de près la vie de ses vignes. Tandis que Cristelle se sent comme chez elle entre les cuves inox et les barriques : *« Moi, j'ai toujours aimé ça. Au dire de mes parents, j'étais un garçon manqué, et puis j'ai un profond respect pour le travail de l'arrière-grand-père et ce qu'il nous a offert. »* Le domaine est situé sur le plateau de Marsac, vers les vignes d'une partie de Lascombes et celles de Labégorce. Christelle a réalisé son premier millésime en solitaire avec la vendange 99, mais estime qu'elle a vraiment trouvé sa voie à partir de 2005 : *« J'ai eu l'impression de faire autre chose. »* Pas question de tomber dans la mode des vins trop extraits : *« Je veux faire du margaux. Mon père faisait des vins très durs, du pauillac, et je lui ai dit je voulais bien revenir, mais à condition de faire du margaux. Chacun son caractère. »*

Autres vins : Châteaux Valentin (haut-médoc) et Soussans

Millésime 2000

– *Dégustation d'avril 2001*

14,5 – Nez d'épices douces et prune rouge, bouche souple, moelleuse, tanins tendres, joli fruit, Zan à la violette, belle mise en valeur du terroir.

Millésime 2003

– *Dégustation d'avril 2004*

13,5/14 – Nez épicé et violette, bouche soyeuse, douce, bien fruitée.

– *Dégustation de juin 2005*

15,5 – Épices douces, chocolat au lait, fruits mûrs, noisette grillée, très séduisant. Tanins soyeux, bien fondus. Il pourra se boire assez jeune.

Millésime 2004

– *Dégustation de juin 2007*

13,5 – Grillé, chocolat, poivre, bouche souple, ronde, tendue en finale ; bien fruité, un peu sec en finale.

Millésime 2005

– *Dégustation de juin 2007*

13,5/14 – Épices, fruits noirs, bouche souple, tendue, épicée, serrée, un peu séchante en finale.

– *Dégustation d'avril 2010*

14 – Fruits noirs, cerise, bouche douce, un peu prune, 50 % merlot, 48 % cabernet-sauvigon, 2 % petit-verdot et carménère. Assez gracieux, finale tendue.

Millésime 2006

– *Dégustation d'avril 2010*

15 – Fruits rouges, bouche souple, délicate, fraîche, tendue, fine, joli fruit, bien rond, frais et fruité.

Millésime 2007

– Dégustation d'avril 2008

15 – Vanille, boisé discret, bien intégré, joli nez. Bouche ronde, souple, fraîche, bien garnie, petite acidité, tendue, bien fruitée.

– Dégustation d'avril 2010

14,5 – Grillé, café, gourmand, bouche ronde, souple chocolatée, plus merlot – 60 % –, doux, tendre, très gourmand, à boire aujourd'hui.

Millésime 2008

– Dégustation d'avril 2009

14 – Nez fruits rouges, discret, bouche ronde, souple, densité moyenne mais bonne longueur, tanins fins.

– Dégustation d'avril 2010

14,5/15 – Fruits noirs, épices, bouche douce, souple, légère, tanins soyeux, assez vifs en finale, souple et rond, féminin.

Millésime 2009

– Dégustation d'avril 2010

« En 2009, j'ai pris plus de risques, j'ai fait cinq jours de macérations préfermentaires et j'ai l'impression d'avoir autre chose sur le plan aromatique. »

15,5 – Très expressif, chocolat, confiture de fruits noirs, texture soyeuse, réglissé, tanins fins, frais, élégant, savoureux.

Archives

– Dégustation d'avril 2010

Millésime 1999

14 – Grillé, viande rôtie, joli nez de fruits confits, bouche ronde, souple grillée, soyeuse, bien ronde, fraîche et souple, un peu séchant en finale.

Haut-Breton-Larigaudière

Surface : 15 ha
Propriétaire : De Mour
Contact : Haut-Breton-Larigaudière
Jean-Michel Garcion
33460 Soussans
05.57.88.94.17
www.de-mour.com

Il ne restait que 2 hectares de vignes et des bâtiments en mauvais état quand la famille De Mour, des négociants belges de Gand, en devint propriétaire en 1964. Astucieusement, ils en confièrent la gestion à un Médocain pur sucre, habitué de la chasse à la palombe et de la pêche aux aloses avec les voisins, qui réussit petit à petit à remembrer, racheter et constituer un domaine viable. Haut-Breton prit son envol dans les années 90 (le remarquable millésime 96 marque un tournant dans la qualité de ces vins), au point même d'ouvrir un restaurant dans une partie des chais rénovés. Le décès d'un des fils, très impliqué dans les propriétés et la vie médocaine, lors du crash du vol Bruxelles-Bordeaux, en 1994, retint les projets. Le restaurant n'est plus mais Haut-Breton-Larigaudière s'est installé dans la régularité. Dirigé à présent par la nouvelle génération représentée par Olivier De Schepper, il est devenu un des domaines de pointe de l'appellation margaux.

Second vin : Château du Courneau

Millésime 2000

– *Dégustation d'avril 2001*

14,5 – Nez sous-bois, terre mouillée, cassis, bouche délicate, souple, très fruitée, des notes de framboise et de fraise des bois, bonne longueur.

Millésime 2001

– *Dégustation d'avril 2002*

15 – Nez puissant de violette, bouche souple, tanins soyeux, joli fruit, droit et long, très margalien.

Millésime 2004

– Dégustation de juin 2007

15,5 – Cerise, bien fruité, bouche souple, bien fondue, joli fruit, long, fin, frais, bien tendu, sans dureté.

Millésime 2005

– Dégustation d'avril 2006

15 – Séveux, bon végétal, cerise, épices, un peu fruits à l'eau-de-vie, bouche dense, bien garnie, tendue, serrée, un peu séchante en finale ; bonne matière cependant, le vin devrait bien vieillir.

Millésime 2006

– Dégustation de juin 2007

14 – Réducteur, cerfeuil, bouche ronde, souple, sucrosité, agréable mais pas très dense, équilibrée.

Millésime 2008

– Dégustation d'avril 2009

14,5 – Fruits noirs, cerise, boisé, bouche puissante, ronde, un peu trop d'extraction, tanins un peu astringents en finale mais bon fruit et de la chair.

Millésime 2009

– Dégustation d'avril 2010

14,5 – Joli nez sur les fruits noirs très mûrs, frais, bigarreau, très soyeux, girofle, épices douces, tanins fins, finale fraîche, le boisé masque un peu la chair du vin.

La Bessane

Surface : 1,80 ha
Propriétaire : Martine Cazeneuve
Contact : 50, rue du Pouge-de-Beau
33290 Ludon-Médoc
05.57.88.00.66
www.chateaupaloumey.com

Petite propriété exploitée par Martine Cazeneuve, de Château Paloumey *(Voir ce cru dans la famille haut-médoc)*. Fortement plantée en petit-verdot, 35 %, le reste se partage entre cabernet-sauvignon, 45 %, et merlot, 20 %.

Millésime 2004

– Dégustation d'avril 2005

14,5 – Bien construit, cerise, tanins serrés, vigoureux. Un vin qu'il faudra savoir attendre.

Millésime 2005

– Dégustation de juin 2007

14 – Fruits noirs, poivre, bouche bien boisée, ronde, souple, tendue en finale, tanins un peu sévères, bonne longueur.

Millésime 2006

– Dégustation d'avril 2007

14,5 – Floral, cerise, bouche assez dense, ferme, réglissée, des tanins pas très câlins à ce stade, mais sans sécheresse.

Millésime 2007

– Dégustation d'avril 2008

14 – Fruits rouges, cerise, bouche douce, fraîche, bien fruitée, pas très long mais gourmand.

Millésime 2008

– Dégustation d'avril 2009

40 % cabernet-sauvignon, 40 % merlot, 20 % petit-verdot dans l'assemblage cette année.

15 – Nez fruits noirs, note moka, bouche souple, tanins fondus et frais, milieu de bouche élégant, finale fruitée.

La Galiane

Surface : 11 ha
Propriétaire : Famille Renon
Contact : 05.57.88.35.27

Christiane Renon a repris les rênes des deux petits domaines familiaux, La Galiane (5,71 ha) et Charmant (4,69 ha), en 1991. Une Médocaine de tradition. L'arrivée de Sébastien Roche, formé à Cantenac-Brown, comme maître de chai a incité à quelques investissements et donné un peu plus de précision aux vins.

Prix bas, très raisonnables pour du margaux.

Autre vin : Charmant

Millésime 2001

– *Dégustation de juin 2005*

16 – Nez joliment fruité, framboise, bouche fraîche et tendre, tanins élégants et soyeux, vin bien typé margaux, séduisant et réservé.

Millésime 2004

– *Dégustation d'avril 2007*

14 – Fruits noirs, tabac, pointe boisée, bouche fraîche, ronde, souple, un peu serrée en finale, droit mais un peu sévère.

Millésime 2005

– *Dégustation d'avril 2006*

14 – Violette et réglisse, gras, plein, onctueux, tanins vifs, pas très dense mais d'une belle finesse.

Millésime 2005

– Dégustation d'avril 2007

14,5/15 – Fruits noirs, cerise, un peu poivré, bouche souple, ronde, tendue, un peu virile en finale, tanins drus, mais pas de dureté : ça devrait se fondre et c'est bien typé margaux.

Millésime 2006

– Dégustation d'avril 2007

15 – Discret, bouche ronde, soyeuse, très souple mais de la matière, joli grain de tanins, finale violette.

Millésime 2008

– Dégustation d'avril 2009

14,5/15 – Cerise, fruits rouges, bouche ronde, élégante, fruitée, petits tanins croquants, bien margaux.

La Gurgue

Surface : 10 ha
Propriétaire : Famille Merlaut-Villars
Contact : 33, bis rue de la Trémoille
33460 Margaux
05.57.88.76.65
www.ferriere.com

Placé sous la responsabilité de Claire Villars. Pour en savoir plus sur Claire, il faudra vous rendre à la page Ferrière (3e cru classé). La Gurgue fut racheté par la famille en 1979 et confié aux très bons soins de Bernadette Villars, maman de Claire. Laquelle lui a succédé en 1993. Le vignoble complété, replanté, modifié revendique une certaine jeunesse qui comme la nôtre s'estompe à chaque saison. La Gurgue, joli terroir de graves, commence à le raconter (son terroir), et comme Claire en a terminé avec sa période tanins virils, depuis quelques millésimes on déguste un joli margaux abordable en prix.

Millésime 2000

– *Dégustation d'avril 2001*

16 – Nez expressif de cerise et de prune, bouche fondue, moins agressive que sur certains millésimes, tanins fondus et trame serrée portant un fruit bien présent. Une gourmandise.

Millésime 2001

– *Dégustation d'avril 2002*

« On essaie d'avoir 800 grammes de raisin par pied », raconte Claire Villars. *« On passe dans les vignes pour réguler, équilibrer. »* 33 % merlot, 67 % cabernet-sauvignon.

16,5 – Fruité explosif, bouche élégante et dense, moins trapue que certaines années, plus en finesse, fraîcheur, très classe.

Millésime 2002

– *Dégustation d'avril 2003*

30 % de merlot, 70 % cabernet-sauvignon.

14,5/15 – Nez de Zan à la violette, résine, pin, attaque de bouche tendre et veloutée, joli fruit, de la chair, une pointe de rugosité en finale.

Millésime 2003

– *Dégustation d'avril 2004*

« Nous avons des vignes assez jeunes, 15 ans en moyenne », explique Claire Villars. *« L'assemblage est très cabernet-sauvignon – 77 % environ – pour 23 % de merlot. »*

16 – Nez grillé, épices, fruits noirs, bouche dense et moelleuse, tanins un peu touffus et beaucoup de fruits. Prometteur.

Millésime 2004

– *Dégustation d'avril 2005*

40 % de merlot et 60 % de cabernet-sauvignon.

16,5 – Nez de vanille, violette, mûre, rond, tendre, tanins soyeux, moins rebelles qu'autrefois. Le vin évolue vers plus d'amabilité, moins en largeur, plus en longueur, avec une précision plus sûre. Finale rehaussée, vive et bien parfumée.

Millésime 2005

– *Dégustation d'avril 2006*

14,5 – Fumé, cerise, sous-bois, bouche ronde, généreuse en tanins.

– *Dégustation de juin 2007*

15/15,5 – Fruits noirs, épices, bouche tendre, veloutée, plus large que long, bien fruité, assez moelleux, du gras, belle finale souple et fraîche.

Millésime 2006

– *Dégustation d'avril 2007*

14,5/15 – Cerise, fruits rouges, bouche assez élégante, marquée par le cabernet, qui lui confère de la longueur et de la finesse ; droit, finale sur le fruit. 62 % cabernet-sauvignon, 35 % merlot, 3 % petit-verdot.

– *Dégustation d'avril 2008*

14,5 – Fruits rouges, fraise, bouche douce, élégante, un peu ferme en finale, sèche un peu en finale.

Millésime 2007

– *Dégustation d'avril 2008*

14,5 – Fruits rouges, cerise, bouche ronde, tendre, souple, bien fondue, élégante, bien fruitée, très gourmand, bonne version de La Gurgue en mode fruité. Allégé.

Millésime 2008

– *Dégustation d'avril 2009*

55 % cabernet-sauvignon, 43 % merlot, 2 % petit-verdot. *« On a commencé le 1er octobre et jusqu'au 7 pour les merlots, du 8 au 13 pour les cabernets-sauvignons. On n'a jamais commencé ni fini aussi tard. »*

15 – Fruits rouges, bouche ronde, souple, bien fruité, vif, tendu, petits tanins fins, pas mal. Gourmand.

Millésime 2009

– *Dégustation d'avril 2010*

40 % de merlot, 3 % de petit-verdot, le reste en cabernet-sauvignon.

15,5/16 – Nez fruits noirs, bouche souple, délicate, tanins gras, souples, bien fruité, agréable ; bon margaux d'approche, bonne longueur.

Labégorce

Propriétaire : Famille Perrodo
Contact : Delphine Kolasa
33460 Margaux
05.57.88.71.32
www.chateau-labegorce.fr

Labégorce fut racheté en 1989 par Hubert Perrodo (pétrole, etc.) En vis-à-vis, de l'autre côté du chemin, se trouvait Labégorce-Zédé, une séparation issue d'un partage familial au début du XIXe siècle. Tentant ! Encore fallait-il aligner un chiffre et des zéros en suffisance pour convaincre les propriétaires de Zédé, les Thienpont, une famille comme on en trouve beaucoup ici, un pied en Belgique avec une affaire de négoce, l'autre dans les propriétés viticoles. Il est aisé de supposer que le chèque fut assez substantiel, car les Thienpont ne passent pas pour des pigeonneaux de l'année. Ce faisant, Hubert Perrodo a réalisé le rêve de quelques générations de propriétaires de ce cru : reconstituer ce que fut autrefois le fameux vignoble de l'abbé Gorsse de Gorsse au temps Louis XV. Le nom de Zédé date de 1920. C'est le nom d'un amiral. Il succédait à Labégorce-Meynaud. Hubert Perrodo a également racheté le cru classé Marquis-d'Alesme-Becker, et un vaste remembrement s'est opéré entre les trois propriétés, qui couvrent au total 83 hectares de vigne. Dans le vignoble de Marquis, il y avait des vignes de grande qualité mais aussi certaines qui relevaient plus du cru bourgeois que du classé. Le but du jeu, on s'en doute, était de faire de Marquis un cru classé digne de son rang, sans déshabiller Labégorce. Le sacrifié de l'histoire est donc Zédé, qui disparaît de l'écran, fondu et enchaîné dans Labégorce, tandis qu'un second vin apparaît : Zédé-de-Labégorce. Finalement, tout cela n'a rien d'exceptionnel. Au fil du temps, les domaines se sont agrandis ou divisés. Certains ont disparu, dévorés par de plus gros. Cette fois, il s'agit davantage d'une reconstitution plus de deux siècles après la division. Disparu brutalement après cette opération, Hubert Perrodo n'aura guère savouré cette réussite. Nathalie Perrodo, sa fille, s'implique de plus en plus et Marjolaine de Coninck, qui œuvrait auparavant à Fonplégade (saint-émilion), a été nommée directrice générale.

Second vin : Zédé-de-Labégorce

Millésime 2000

– *Dégustation d'avril 2001*

Nez de mûre et d'épices douces, bouche bien ronde, joli fruit, tanins présents mais doux, bonne longueur.

Millésime 2001

– *Dégustation d'avril 2002*

15,5 – Nez épicé et fruité, assez discret, bouche ronde, tanins veloutés, vin trapu avec des tanins bien présents qui emplissent bien la bouche, bonne longueur.

Millésime 2002

– *Dégustation d'avril 2003*

18,5 – Épices douces, fleurs blanches, mûre, myrtille. Pas d'artifice boisé mais un fruit somptueux soutenu par une trame tannique serrée et soyeuse, une grande longueur en bouche, une élégance. Ce vin ne déparerait pas au milieu de crus classés.

– *Dégustation de juin 2005*

17 – Refermé depuis la précedente dégustation. Voici nos commentaires à l'aveugle. Sous-bois, cerise au chocolat, attaque douce sur des tanins bien fondus, le vin se resserre ensuite sur une finale tannique et réservée. Beaucoup d'allure.

Millésime 2003

– Dégustation d'avril 2004

À partir de carottages et de fosses creusées dans chaque parcelle, le vignoble a été totalement « repensé », drainé, repalissé… Les installations techniques, cuvier et chais sont rénovés et adaptés au parcellaire. Beaucoup de petites cuves qui permettent d'isoler chaque lot, parcelle par parcelle.

17 – Nez puissant de réglisse et de fruits noirs, bouche dense et élégante, tanins fins, beaucoup de fruit mêlé à des notes torréfiées. Précision et harmonie dans ce vin fin, structuré et long.

Millésime 2004

– Dégustation d'avril 2005

16/17 – Fruits noirs, cerise burlat, bouche veloutée, tendre, tanins ronds et souples. Du fruit, de la fraîcheur. Un vin garni et tendre à la fois.

– Dégustation de juin 2007

16/16,5 – Nez grillé, cerise en bocal, séveux, touche de menthe, bouche fraîche, élégante, tanins délicats, bonne longueur, finale pas tout à fait fondue, prometteur.

Millésime 2005

– Dégustation d'avril 2006

16,5 – Noblesse. Épices et fruits rouges, tanins vifs et croquants, beaucoup d'élégance, structure très tendue, joli fruit, vin très prometteur.

– Dégustation de juin 2007

15,5/16 – Grillé, fruits noirs, bouche ronde, souple, bien fondue, tanins soyeux, un peu plus motivés en finale, bel ensemble tendu, équilibré et d'avenir, finale réglissée, séveuse.

Millésime 2006

– Dégustation d'avril 2007

14 – Fruits au sucre, bouche ronde, soyeuse, tanins soyeux, finale bien fruitée, vin friand mais échantillon curieux.

– *Dégustation d'avril 2008*

16 – Nez grillé, boisé, fruits noirs, marqué bois, bouche ronde, douce, soyeuse, plus velouté que Zédé, plus dans le charme.

Millésime 2007

– *Dégustation d'avril 2008*

50 % cabernet-sauvignon, 45 % merlot, 5 % cabernet franc.

15,5 – Fruits noirs, réglisse, fumé, bouche ronde, tendue, réglissée, longue, douce.

– *Dégustation d'avril 2009*

15 – Fruits noirs, un peu moka, bouche tendre, épicée, souple, fraîche, élégante.

Millésime 2008

– *Dégustation d'avril 2009*

55 % cabernet-sauvignon, 45 % merlot.

15 – Nez cerise, bouche tendre, bien fondue, petits tanins délicats, frais, velouté, fin, tendu.

Millésime 2009

– *Dégustation d'avril 2010*

50 % cabernet-sauvignon, 38 % merlot, 8 % petit-verdot, 4 % cabernet franc.

15 – Fruits rouges, épices, bien fruité en bouche, souple, fruits rouges élégants, petits tanins de milieu de bouche croquants, frais, vif, élégant.

Labégorce-Zédé

Surface : 27 ha
Propriétaire : Famille Perrodo
Contact : Delphine Kolasa
Labégorce – 33460 Margaux
05.57.88.71.32
www.chateau-labegorce.fr

Au début du XIXe siècle, le domaine de Labégorce fut divisé. En 2005, Hubert Perrodo, déjà propriétaire de Labégorce tout court, acheta à la famille Thienpont la partie Zédé et réunifia les deux exploitations. En 2003, lors du classement (annulé par décision de justice), Labégorce-Zédé avait obtenu le rang de cru bourgeois exceptionnel. Désormais, il demeure un seul Labégorce et Zédé-de-Labégorce figure le second vin. Pour en savoir davantage, on peut aussi se reporter à Marquis-d'Alesme-Becker, cru classé de margaux lui aussi propriété de la famille Perrodo.

Millésime 2000

– Dégustation d'avril 2001

16 – Nez de framboise et violette, floral, dense en bouche, tanins serrés mais fondus, une acidité rafraîchissante donne du style à l'ensemble. Bonne longueur et joli fruité en finale.

Millésime 2001

– Dégustation d'avril 2002

15 – Fruits confits, pivoine, bouche élégante, petits tanins serrés, bien dense, finale un peu serrée à ce stade. Le vin devrait s'ouvrir et prendre de la rondeur pendant l'élevage.

Millésime 2002

– Dégustation d'avril 2003

16 – Épicé, grillé, fruits noirs, frais, élégant, tanins souples, veloutés, vin crémeux, gourmand, qu'une certaine vivacité rend assez classe.

Millésime 2003

– Dégustation d'avril 2004

16 – Violette, épices, mûre, bouche souple, élégante, tanins de grande qualité qui portent un fruité frais. La finale un peu durcie devrait se fondre à l'élevage.

Millésime 2004

– Dégustation d'avril 2005

Dernière vinification de la famille Thienpont dans ce cru.

16 – Fruits noirs, grillé, bouche puissante, riche, très tannique, une matière serrée, plus lin que soie, un fruité très exprimé, un style sauvage qui ne manque pas de charme. Vin de garde.

– Dégustation d'avril 2007

16 – Joli nez de cerise, bien marqué margaux, note sauvage de mûre ou de myrtille, bouche souple, un peu d'amertume, volumineux, tanins ronds en attaque, assez durs en finale. Fermé mais prometteur.

Millésime 2005

– Dégustation d'avril 2006

16 – Joli nez qui évoque la cerise noire et la rose, bouche serrée, tanins bien présents mais sans aspérités, qui tendent à s'adoucir en finale, beaucoup de charme.

Millésime 2006

– Dégustation d'avril 2007

16 – Nez séveux, gentiane, menthe, bouche moelleuse, tanins gras, plein, dense, onctueux, bon fruit plutôt sur les notes de fruits noirs et de cerise noire, long, plein, de l'acidité pour la garde, assez trapu. Joli vin.

– Dégustation d'avril 2008

16 – Nez boisé et grillé, bouche ronde, voluptueuse, tannique, dense, fruits noirs, longue, beaux tanins.

Millésime 2007

– Dégustation d'avril 2008

50 % cabernet-sauvignon, 40 % merlot, 5 % cabernet franc, 5 % petit-verdot.

15,5/16 – Fruité, cerise, bouche bien ronde, souple, élégant, bien fruité, tendu, souple, moins extrait qu'à l'époque Thienpont.

– *Dégustation d'avril 2009*

15,5 – Réglisse, cerise, poivré, bouche ronde mais pleine, tendue, vive, élégante, bien fruitée.

Millésime 2008

– *Dégustation d'avril 2009*

47 % cabernet-sauvignon, 38 % merlot, 6 % cabernet franc, 9 % petit-verdot.

16 – Nez de violette, cerise, bouche tendue, bien tramée, solide, épicée, serrée, puissante, mais bons grains de tanins en milieu de bouche, assez masculin.

Le Coteau

Surface : 11 ha
Propriétaire : Famille Léglise
Contact : Éric Léglise, 39, avenue Jean-Luc-Vonderheyden
33460 Arsac
05.56.58.82.30

Éric Léglise a repris la propriété familiale en 1993 après des études rapides. Longtemps, le domaine fut voué à la vente en vrac au négoce : *« Je n'avais pas de place, pas d'installation pour garder les vins. Tout était élevé en cuve. »* Depuis 2001 et la construction d'un chai à barriques, Éric propose ses vins en bouteille. Mieux, la définition du cru a changé. D'anonyme attendant la bonne volonté du négoce, il est devenu un domaine dont la priorité est de vendre et de faire goûter à la propriété, de faire partager le sens de l'artisanat.

« J'ai été élevé là-dedans, dans cette mentalité vigneronne, avec les vieux qui venaient vendanger, la fête après… J'ai gardé un attachement sentimental à ces traditions. Nous essayons de maintenir la

même ambiance. Ma mère fait à manger, ça couronne notre année. Je ne me vois pas vendanger à la machine. De moins en moins de châteaux nourrissent leurs vendangeurs ; nous, on continue. » Le vignoble ne connaît pas l'adresse du marchand de désherbant : « *Toutes mes vignes sont labourées.* » Autour, qui encerclent ce petit domaine, les grands crus. « *On a peu de contacts. Ici, c'est très hiérarchisé. Peut-être aussi qu'on a un petit complexe vis-à-vis d'eux. On voit davantage les maîtres de chai, les chefs de culture...* » Prix très raisonnables pour cette qualité de margaux.

Millésime 2003

– *Dégustation d'avril 2004*

65 % cabernet-sauvignon, 35 % merlot.

14 – Framboise, fruits rouges frais, bouche élégante, bien fruitée, tanins serrés en finale.

– *Dégustation de juin 2007*

14 – Fruits rouges, noté épicée, souple en attaque, rond, fruité cerise, un peu serré en finale.

Millésime 2004

– *Dégustation de juin 2007*

« *C'est mon millésime chouchou. C'était difficile, j'ai tout vendangé en octobre. On a commencé le 1er par les merlots et on a fini le 20 avec les cabernets-sauvignons. On n'avait jamais vendangé aussi tard. En fin de saison, c'est là que l'on a les meilleurs cabernets, la plus belle expression.* »

15 – Séveux, boisé, un peu cerfeuil, bouche souple et ronde, Zan à la violette, bien fruité, droit, très réglisse.

Millésime 2005

– *Dégustation d'avril 2006*

14 – Cassis et violette, beaucoup de fruit, bouche dense, serrée, pas très fondue. Un peu brut de fonderie.

– *Dégustation de juin 2007*

16 – Fruits noirs, cerise, menthe, joli nez, bouche souple, ronde, bien construite, tendue en finale mais sans dureté, bonne longueur, joli fruit, cerise et fraise écrasée, fin et élégant.

Millésime 2006

– Dégustation d'avril 2007

14 – Réducteur, bouche vive, élégante, mais manque un peu de matière, joli fruit frais, bouche légère, tendre, un peu fluide.

Millésime 2007

– Dégustation d'avril 2008

14 – Poivre, échantillon un peu fatigué, bouche sans faiblesse, structurée mais fermée, bon potentiel.

Millésime 2008

– Dégustation d'avril 2009

15 – Fruits noirs, cassis, boisé, bouche soyeuse, ronde, assez garnie, boisé bien fait, de la chair et du fruit.

Millésime 2009

– Dégustation d'avril 2010

15 – D'abord discret, fruits rouges, poivre, bouche tendre, souple, tanins aimables, finale savoureuse, long et séduisant.

MONBRISON

Surface : 21 ha
Propriétaire : E.M. Davis & Fils
Contact : Laurent Vonderheyden
33460 Arsac
05.56.58.80.04
www.chateaumonbrison.com

Après une éclipse au début des années 90, ce cru auquel on doit de somptueuses bouteilles (1988 ou 1989) retrouve son meilleur niveau. Laurent Vonderheyden a peiné à se faire un prénom, après la disparition de son frère Jean-Luc, attachant, chaleureux, personnage fort du Médoc, qui condamnait les excès de rendements quand ce n'était pas la mode, à la fin des années 80. Un commando courageusement anonyme, une nuit, était venu, en expédition punitive, lui couper des pieds de vigne. Laurent dirigeait aux États-Unis une maison d'importation et de distribution de vins. « *Je suis revenu au domaine le 23 juillet 1992, et le 8 août on a grêlé. En 1993, il y a eu la pluie et en 1994 de nouveau la grêle.* » Beaucoup, alors, disaient « *Monbrison, c'est fini* ». Le retour de millésimes plus généreux a démontré le contraire et le savoir-faire de Laurent. Une approche en finesse, peut-être moins démonstrative que celle de Jean-Luc, ce qui a pu surprendre les dégustateurs.

Second vin : Bouquet de Monbrison

Millésime 2000

– *Dégustation d'avril 2001*

Les 13,5 hectares de vignes âgées de 35 ans sont composés de 28 % merlot, 20 % cabernet franc, 7 % petit-verdot et 45 % cabernet-sauvignon. Vendanges en sélection parcellaire, cuvaisons de vingt-cinq à trente et un jours, 45 % de bois neuf, pas de filtration.

15,5 – Robe fuchsia. Nez floral, rose noire, cerise, chocolat cassis, expressif et élégant. Bouche tendre, élégante, aux antipodes des vins de garage, un tanin de soie, une texture prometteuse de longue garde, toute la finesse des grands margaux.

Millésime 2001

– *Dégustation d'avril 2002*

16 – Épices, violette, prune, bouche élégante et tanins soyeux, riche, dense mais sans perte d'élégance.

Millésime 2002

– *Dégustation d'avril 2003*

47 % cabernet-sauvignon, 12 % cabernet franc, 36 % merlot, 5 % petit-verdot.

17 – Nez de violette, fruits frais, bouche souple, veloutée, tanins fins, fondus, belle longueur, beaucoup de classe.

– *Dégustation de juin 2005*

16,5 – Des arômes de résine de pin, cerise, bouche tendre aux tanins veloutés. Une matière forte, solide mais sans aspérités, beaucoup d'élégance.

Millésime 2004

– *Dégustation d'avril 2005*

15 – Fruité vif, prune, cerise, note de violette, bouche élégante, tanins délicats bien liés. Remarquable surtout par l'expression fruitée en finale. Un vin bien équilibré, travaillé en finesse.

Millésime 2005

– *Dégustation d'avril 2007*

15 – Nez fermé, concentré, puissant ; les tanins sont assez présents. Vin très jeune, demande à se fondre.

Millésime 2006

– *Dégustation d'avril 2007*

50 % cabernet-sauvignon, 41 % merlot, 7 % petit-verdot, 2 % cabernet franc.

14,5 – Cerise, violette, poivre, bouche ronde, beau fruit, gras, plein, souple, frais, finale un peu plus légère.

– *Dégustation de décembre 2010*

15 – Cerise, nez jeune, encore assez tourné vers les fruits rouges, des petites notes épicées commencent à poindre, prune, bouche fondue en attaque, tanins souples, délicats, vin friand, assez nerveux, bien parfumé.

Millésime 2007

– *Dégustation de décembre 2010*

63 % cabernet-sauvignon, 25 % merlot, 9 % petit-verdot, 3 % cabernet franc.

14/14,5 – Boisé, chocolat, le bois marque davantage le vin sur ce millésime peu concentré, bouche souple, légère, assez épicée. Représentatif de cette année gourmande, souple, que l'on boit dans sa jeunesse.

Millésime 2008

– *Dégustation de décembre 2010*

55 % cabernet-sauvignon, 37 % merlot, 5 % petit-verdot, 3 % cabernet-franc.

16 – Réglisse, Zan, cerise, bouche dense, élégant, tendu, vif, petits tanins croquants, fraîcheur, densité et complexité, future belle bouteille.

Millésime 2009

– *Dégustation de décembre 2010*

59 % cabernet-sauvignon, 36 % merlot, 5 % petit-verdot.

16,5 – Fruits confits, boisé, échantillon prélevé à la barrique, bouche moelleuse, onctueuse, riche mais en finesse, beaucoup de tanins mais mûrs et moelleux, très droit, fin, pas trop solaire, long.

Mongravey

Surface : 9,5 ha
Propriétaire : Famille Bernaleau
Contact : Karin et Régis Bernaleau – 33460 Arsac
05.56.58.84.51
www.chateau-mongravey.fr

À partir de quelques vignes en héritage, Régis Bernaleau a constitué ce nouveau cru. Pas d'amiral terrassant l'Anglais (surtout que fréquemment c'était l'inverse), ni de grand-duc ou de belle marquise, Mongravey est tout neuf. Régis Bernaleau s'est installé en 1980, puis il a agrandi le vignoble, récupéré des vignes en haut-médoc et créé deux entités différentes, Braude (haut-médoc lauréat de la Coupe des crus bourgeois 2011) et ce Mongravey qui rappelle à la fois le fameux Monbrison, château presque voisin, et les graves, ces jolis petits cailloux abandonnés par les glaciers ou la Garonne quand elle cherchait son chemin. En 1999, un chai est pratiquement sorti de terre et le domaine a de l'allure. Il pourrait s'en contenter mais, au fur et à mesure que le temps passe, on voit ce Mongravey s'affirmer dans les dégustations et rivaliser avec les meilleurs des bourgeois. Remarquable 2009.

Autre vin : Château de Braude, en haut-médoc

Millésime 2005

– Dégustation de juin 2007 :

14 – Fruits noirs, boisé, pain d'épice, bouche puissante et fondue, bien relevée par un boisé présent mais bien fait ; pas mal d'alcool, mais l'ensemble est harmonieux.

Millésime 2006

– Dégustation d'avril 2007

14,5 – Fruits noirs, mûre, bouche ronde, moelleuse, tanins gras, saveurs fruits rouges et noirs, long, beau grain.

Millésime 2008

– Dégustation d'avril 2009

14/14,5 – Cerise, bouche garnie, fraîche, bien fruitée, pas très dense mais équilibrée, fruit préservé, bonne longueur. L'élevage devrait lui donner un peu plus de moelleux.

Millésime 2009

– Dégustation d'avril 2010

16 – Note boisée élégante, fruité gracieux, bigarreau, vif, fraîcheur un peu minérale, mentholé, tendu, élégant, long, séveux, finale fraîche.

Paveil-de-Luze

Surface : 32 ha
Propriétaire : Famille de Luze
Contact : Frédéric de Luze
3, chemin du Paveil
33460 Soussans
05.57.88.30.03
www.chateaupaveildeluze.com

Une chartreuse magnifique à deux façades. Par-devant, du beau classique respecté mais aménagé et les limousines qui se rangent sur les allées de graviers. Derrière, les anciens siècles, les enfants coiffés de charlottes, les nurses en noir et blanc, les dames sous chapeau de paille, les hommes en bottes d'équitation… Facile de les imaginer devisant dans le parc, autour de l'étang, face au bois où en saison les cèpes se ramassent en ronds serrés – encore aujourd'hui, paraît-il. Paveil, depuis 1862 dans la famille des barons de Luze, n'a connu que trois propriétaires différents depuis sa création. Une exception en terre médocaine qui, suivant les époques, les hauts, les bas, les crises, les guerres, les insectes ravageurs ou les uniformes imposés, a vu défiler tant d'actes notariés. Nous sommes donc ici dans la continuité. *« Mon père a vinifié 30 millésimes »,* dit Frédéric, baron de Luze, mais ça ne se voit pas trop.

La famille œuvre dans le négoce depuis toujours ; 1820, précise Frédéric. La société originelle a été absorbée par plus gros, Rémy Martin. Mais Frédéric, en 1992, a créé LD Vins, avec son ami Thierry Decré, entreprise spécialisée dans les crus classés. *« En 1992, ce n'était pas vraiment l'époque favorable »* : millésime médiocre suivant une année de gel et précédant un millésime moyen… Frédéric s'occupe aussi depuis 2004 de cette propriété familiale de 32 hectares. Les vins – est-ce dû aux équipements modernes, comme le suggère modestement Frédéric ? – ont gagné en précision, en délicatesse, en harmonie. Paveil est devenu un des meilleurs bourgeois du Médoc. À ce propos, en 2010, Frédéric de Luze a pris la présidence de l'Alliance des crus bourgeois. C'est courageux, la place n'est pas de tout repos et les candidats ne se bousculaient pas.

Second vin : Château de La Coste

Millésime 2000

– *Dégustation d'avril 2001*

14,5 – Nez épices, violette, cerise, bouche dense, tanins onctueux, joli fruit marié à la vanille de la barrique, bonne longueur.

Millésime 2004

– *Dégustation d'avril 2007*

14,5 – Vanille, fruits rouges, cerise, noté épicée, bouche séveuse, tanins fondus. L'ensemble est encore un peu chaotique, belle fraîcheur et joli fruit en finale.

Millésime 2005

– *Dégustation d'avril 2006*

15 – Violette, cassis, bouche tendre, fraîche, délicate, tanins serrés, sans faiblesse ni dureté.

– *Dégustation d'avril 2007*

15,5 – Très fruits confits, pâte de fruits, floral, joli nez, bouche souple, fruitée, ronde, tendue en finale. Vin jeune et de caractère, pas tout à fait fondu en finale.

Millésime 2006

– *Dégustation d'avril 2007*

15 – Fraise, bouche ronde, souple, onctueuse, un peu de sucrosité, tanins très soyeux, élégant.

Millésime 2007

– *Dégustation d'avril 2008*

15 – Cerise, floral, bouche ronde, très souple, équilibrée, pas trop extraite, fruitée, vin simple et droit.

Millésime 2008

– *Dégustation d'avril 2009*

15,5 – Cerise, fin, bouche ronde, souple, bien fondue, de la grâce, fin, soyeux. Bonne longueur.

Millésime 2009

– *Dégustation d'avril 2010*

16,5 – Fruits noirs bien mûrs, bigarreau, acidulé en milieu de bouche, tendre, charnu, savoureux, onctueux, long sur le fruit confituré.

PONTAC-LYNCH

Surface : 10 ha
Propriétaire : Famile Bondon
Contact : Marie-Christine Bondon
Château Pontac-Lynch
33460 Cantenac
05.57.88.30.04

Dans ce monde viticole où rien n'est sûr, où les crises brutales ont succédé aux périodes de grande richesse ; où, à peine l'ardoise posée sur les toits des châteaux, une guerre ou une maladie venait ruiner les vignes, une chose est cependant certaine. Quelle que soit la période, fût-elle troublée par le débarquement tant attendu des petits hommes verts, Marie-Christine Bondon, si elle en décide ainsi, ne rencontrera aucun problème pour vendre au prix qu'elle souhaite son domaine de Pontac-Lynch. Pour le trouver, c'est facile. En sortant de l'allée de Sa Majesté Château Margaux, ne tournez pas à droite pour rejoindre la grande route (si l'on peut dire) mais continuez tout droit. Pontac, c'est là, juste en voisin, séparé du glorieux par un simple fossé. Derrière, excusez du peu, nous trouvons Palmer et sur les côtés les vignes de Rauzan-Ségla et d'Issan. Une très jolie maison cachée dans un jardin à l'anglaise, luxuriant, proche du fleuve. Marie-Christine Bondon est née dans la maison, *« à cause du gel de 1956, on ne pouvait pas sortir du domaine »*. Elle a renoncé à une carrière d'avocat au décès de son papa et s'est associée à sa mère et à ses frère et sœur pour conserver la propriété. Beaucoup de soins apportés dans les vignes et des vins qui parfois sont délicieux, le 2003, par exemple. Parfois moins. Marie-Christine revendique le côté artisanal de son cru, mais un tout petit peu de régularité en plus ne nuirait pas à cette image.

Autre vin : Pontac-Phénix en haut-médoc

Millésime 2003

– *Dégustation d'avril 2004*

15,5 – Nez de rose rouge, frais, cerise, bouche délicate, tendre, tanins fringants, beaucoup d'allure.

– *Dégustation de juin 2005*

16 – Pain grillé, chocolat, bouche tendre, tanins fondus, souple, chocolatée, un délice et assez prêt à boire. La finale tannique assure la garde.

Millésime 2004

– *Dégustation de juin 2007*

14,5/15 – Cerise, kirsch, boisé assez marqué, bouche souple, ronde, chocolatée, souple, moelleux, très gourmand mais à maturité. Délicieux dès aujourd'hui.

Millésime 2006

– *Dégustation d'avril 2007*

13,5/14 – Floral, rose rouge, bouche tendre, souple bien fondue, pas très dense, mais joli fruit.

Siran

Surface : 24 ha
Propriétaire : Famille Miailhe
Contact : Édouard Miailhe
33460 Labarde
05.57.88.34.04
www.chateausiran.com

Un terroir à faire des envieux, bordé de tous côtés par des crus classés. Mais Siran, en 1855, au moment où dans le bronze de l'éternité (pas moins) on gravait la liste des aristos du Médoc, affichait relâche. Les Miailhe disent : quel dommage ! Notre famille, déjà des pros du vin, en est devenue propriétaire juste après. Mais juste après, c'est déjà trop tard. À l'époque, en 1855, Siran est aux mains, sympathiques mais peu délurées du sécateur, du comte de Toulouse-Lautrec, le grand-père du peintre qui aimait tant les « petites femmes ». Peut-être que le grand-père aussi, ce qui expliquerait l'état du vignoble. Plus tard, récemment, Alain Miailhe se fixa comme objectif de faire réviser le classement afin d'y figurer. Peine perdue. Alain, fâché avec la partie administrative de la France et notamment ses services de recouvrement des contributions indirectes, a lâché l'affaire, laissant la gérance de Siran à son épouse Brigitte. Laquelle a mené Siran à la baguette, mais avec un sourire irrésistible, vers la qualité.

En 2003, enfin la reconnaissance : Siran fait partie des 9 crus distingués « exceptionnels » lors du classement des crus bourgeois. Quelque temps plus tard, contestés par quelques-uns qui en étaient exclus, le classement est annulé par la justice. Aujourd'hui, comme les autres exceptionnels et de nombreux crus de bonne notoriété, Siran s'est retiré de l'Alliance des crus bourgeois et ne revendique plus de titre. Édouard, le fils de Brigitte et d'Alain, a pris la gérance du domaine, un des meilleurs margaux tous classements confondus…

Second vin : S de Siran

Millésime 2001

– Dégustation d'avril 2002

14,5 – Nez bien exprimé de violette et de réglisse, bouche chaleureuse, tanins fondus, puissant, plus en force qu'en élégance.

Millésime 2003

– Dégustation d'avril 2004

34 % cabernet-sauvignon, 46 % merlot, 7 % cabernet franc, 13 % petit-verdot.

16,5 – Des arômes d'épices, légèrement poivré, puis, à l'aération, des notes cerise et fruits rouges, bouche souple et dense, tanin élégant, belle longueur, bien typé margaux.

Millésime 2004

– Dégustation d'avril 2005

17 – Cerise et vanille, épices douces, nez subtil. Bouche bien fruitée, souple, fraîche ; tanins soyeux, beaucoup de gourmandise dans ce vin pas trop extrait, à la trame serrée et élégante, d'une belle longueur.

Millésime 2005

– Dégustation d'avril 2006

17 – Deuxième année très réussie ici, le vin est moins démonstratif mais plus défini. Nez délicat et floral, bouche élégante, très droite, petits tanins fins et soyeux, réglissés. Ils prolongent la bouche et valorisent des notes de fruits rouges.

Millésime 2006

– Dégustation d'avril 2007

16,5 – Framboise, fruits rouges, bouche droite, puissante, un peu plus linéaire, très doux, velouté, long, beau fruit en finale, belle persistance.

Millésime 2007

– Dégustation d'avril 2008

15,5 – Fruits noirs, note épicée, bouche assez construite, tanins présents mais fondus, bonne structure, un peu rugueux en finale, bon équilibre, vin viril, bon potentiel.

– Dégustation d'avril 2010

16,5 – Fruits cuits, grillé, cerise cuite, réglisse, un peu moka, bouche ronde, souple moelleuse, tendue, vive, belle matière généreuse et fraîcheur pour un 2007, à attendre.

Millésime 2008

– Dégustation d'avril 2009

17 – Boisé, chêne, séveux, tendu, plein, riche, un peu serré, tanins présents, matière riche, dense, un peu touffue, fort potentiel, finale serrée, bien fruité.

– Dégustation d'avril 2010

17 – Juste sorti de colle, frais, rond, tendre, bien vif, élégant, tendu, frais, long, bien fruité, nerveux.

Millésime 2009

– Dégustation d'avril 2010

Benjamin Sala, nouveau directeur technique depuis juin 2009 : *« Je suis ingénieur agro. À la sortie du diplôme d'œnologue, j'ai fait une saison chez Denis Dubourdieu, qui était mon professeur et conseil Siran. On a grêlé le 12 mai, on a perdu pas loin de la moitié de la récolte. Ce sont les moins bonnes parcelles qui ont le plus souffert, c'est la chance dans notre malheur… »* 48 % merlot, 45 % cabernet-sauvignon, 7 % petit-verdot. 28 hl/ha.

16 – Fruits noirs, épicé, encre, bouche ronde, souple, bien rond, tendre, milieu de bouche bien garni. Vin assez fermé sur le plan aromatique mais bien structuré, moelleux, frais, élégant.

Tayac

Surface : 37 ha
Propriétaire : Famille Portet
Contact : 33460 Soussans
05.57.88.33.06
www.chateautayac-margaux.com

La famille Portet, Nadia, Nadine, Guy, Nicolas, a adopté la « Méthode Cousinié ». À l'énoncé, on pourrait supposer qu'il s'agit là d'une recette à l'ancienne. Ça l'est d'ailleurs peut-être un peu, puisqu'il s'agit surtout d'observer, d'analyser, de comprendre terroir et plantes et d'intervenir le moins possible. Jean-Pierre Cousinié, œnologue, qualifié par les Portet d'*« homéopathe de la vigne »*, cherche à ce que la plante développe ses propres défenses plutôt que de recourir à des traitements qui ne font que créer de nouveaux déséquilibres engendrant à leur tour des maladies. Jean-Pierre Cousinié propose ses propres engrais naturels destinés à mettre en adéquation les sols et les ceps. Et ça marche. Pas de raison d'ailleurs que cela ne fonctionne pas, puisque la vigne en France possède un âge respectable, plus de deux mille ans, et que l'industrie des produits phytosanitaires n'a pas conquis la Gaule dans la foulée des légions de César. Tayac s'en porte mieux et, depuis quelques millésimes, sa cote de popularité dans nos dégustations ne fait que grimper.

Second vin : Grand-Soussans

Millésime 2001

– *Dégustation d'avril 2002*

15 – Belle présentation, avec des arômes puissants de fruits rouges et noirs, rond, tendre, trame délicate et solide, bonne longueur, sans faiblesse.

Millésime 2002

– *Dégustation d'avril 2006*

14,5 – Violette au nez, petits tanins délicats, serrés, tendus, finale un peu rugueuse qui devrait se fondre.

Millésime 2008

– *Dégustation d'avril 2009*

13,5/14 – Fermé, bouche fluide, un peu lactée, tanins ronds et gras, échantillon pas très net mais bonne matière, bons tanins.

Millésime 2009

– *Dégustation d'avril 2010*

15 – Fruits noirs compotés, charnu, tendre, fermé, tanins veloutés, texture dense, riche, racé, à attendre.

La Tour-de-Bessan

Surface : 19 ha
Propriétaire : Marie-Laure Lurton
Contact : Marie-Laure Lurton
Route d'Arsac – 33460 Cantenac
05.56.58.22.01
www.marielaurelurton.com

Une création récente. La Tour-de-Bessan faisait auparavant partie des vignobles Clauzel et, jusqu'à son rachat par Lucien Lurton en 1972, figurait le second vin de La Tour-de-Mons. Pris en charge par Marie-Laure, fille de Lucien, il devient peu à peu un vrai cru de margaux. Une partie du vignoble se trouve sur Arsac et l'autre sur Soussans, entre Le Tertre et d'Angludet. Un important travail sur le vignoble a été entrepris par l'équipe de Marie-Laure Lurton (également propriétaire de Villegeorge, en haut-médoc), car l'encépagement comportait beaucoup (trop) de cabernet franc et des porte-greffes SO4 dont le rayonnement racinaire se développe surtout en surface. Mais la substantifique moelle de ce domaine va nous apparaître dans les années à venir car La Tour-de-Bessan est passé de 16,91 hectares en 2006 à 32 en 2007, récupérant une partie du cru Villegeorge (voir ce domaine en haut-médoc), classée désormais en appellation margaux. Jusqu'à présent, La Tour-de-Bessan semblait un peu fluet avec des finales rustiques. Cet apport nouveau et la remise à niveau du vignoble devraient considérablement le renforcer. On le devine déjà en dégustant le 2009…

Millésime 2004

– *Dégustation d'avril 2005*

14 – Cerise, framboise, bouche tendre en attaque, resserrée ensuite, des tanins qui manquent un peu d'enrobage.

– *Dégustation de juin 2007*

14,5 – Boisé grillé, bouche souple et ronde, un peu serrée en milieu de bouche, margaux un peu rustique, bien fruité.

Millésime 2009

– Dégustation d'avril 2010

15 – Fruits noirs très mûrs, sureau, mûre, onctueux, savoureux, tanins astringents, serrés, long sur le fruit et le poivre, encore austère.

La Tour-de-Mons

Surface : 46 ha
Propriétaire : Crédit agricole et Caisse des dépôts et placements du Québec
Contact : 20, rue Marsac – 33460 Soussans
05.57.88.33.03

Cette vaste propriété qui fut encore plus vaste, trois fois plus, au XIXe siècle a connu une période glorieuse sous le règne du père Dubos, qui officiait ici et à Cantermerle. La Tour-de-Mons alors se négociait au même prix que certains crus classés. La petite-fille de ce grand vinificateur, Laurence Ters de La Verrie, influencée par ses séjours de vacances chez ses grand-parents, est devenue œnologue et vinifie à Saint-Émilion. La Tour-de-Mons, racheté par un groupe institutionnel, s'est modernisé, nouveau chai, nouveau matériel. Sous la direction technique de Dominique Laux (parti depuis vers d'autres horizons), quelques très bons millésimes ont attiré l'attention de la critique internationale. Les derniers millésimes nous semblent présenter moins d'éclat.

Second vin : Marquis-de-Mons

Millésime 2000

– Dégustation d'avril 2001

Dominique Laux : *« On a beaucoup de vieux cabernets-sauvignons qui produisent peu, 35 hl/ha environ, ça se retrouve dans l'assemblage, même si en quantité les merlots dominent. 55 % merlot, 38 % cabernet-sauvignon, 7 % petit-verdot. »*

15 – Très violette au nez, bouche ronde, souple, bien fruité, un margaux aimable mais bien structuré, doté d'une belle finale sur la cerise.

Millésime 2001

– Dégustation d'avril 2002

15,5 – Nez réglissé, assez fin, violette, bouche délicate, raffinée, des notes de baies sauvages sur une trame soyeuse.

Millésime 2002

– Dégustation d'avril 2003

15,5 – Cerise et violette que l'on retrouve assez systématiquement dans ce vin, bouche douce, moelleuse avec un tanin plus affirmé, dense et élégant, prometteur.

Millésime 2003

– Dégustation d'avril 2004

14,5/15 – Violette, bien parfumé, bouche ronde et grasse, tanins veloutés, beaucoup de saveurs. Un vin pas très nerveux mais enveloppant.

Millésime 2004

– Dégustation d'avril 2005

16 – Note vanillée de la barrique mêlée aux senteurs de violette, bouche soyeuse, lisse, tanins bien enveloppés, de la chair et du fruit, une belle longueur. Un margaux de plaisir et de gourmandise.

– Dégustation d'avril 2007

15 – Séveux, violette, un peu de bois, bouche vive, fraîche, tanins serrés mais sans dureté, pointe d'amertume en finale ; finale sévère, fermé.

Millésime 2005

– Dégustation d'avril 2006

16 – Fruits frais, chêne de la barrique pas encore intégré mais pas envahissant, bouche douce, onctueuse, bien fruitée, souplesse et longueur.

Millésime 2006

– Dégustation d'avril 2007

14 – Épicé, fruits noirs, bouche souple, tanins onctueux en première partie, finale un peu fuyante.

Millésime 2007

– Dégustation d'avril 2008

14 – Échantillon fatigué, oxydation, mais bouche ronde, assez marquée par le bois, bonne matière derrière.

Millésime 2008

– Dégustation d'avril 2009

14 – Fruits rouges, bouche tendre, assez fine, manque de moelleux mais bons tanins. Devrait bien évoluer.

Crus artisans de margaux

Château des Graviers

Cru artisan
Surface : 10 ha
Propriétaire : Famille Landry
Contact : Christophe Landry
05.56.58.89.11

Château des Graviers n'est pas Château Margaux, et son propriétaire vigneron n'a pas l'ambition de rivaliser avec la star, mais c'est un margaux, un vrai, parfaitement délicieux, et son prix est de loin inférieur… « *On a une clientèle que mon arrière-grand-père a créée. Je continue d'avoir leurs petits-enfants et je n'ai pas envie de rompre avec eux. Pourtant, les droits de succession sont calculés sur le prix de l'hectare dans l'appellation. C'est identique, que l'on soit à 9 euros la bouteille ou à 30…* » On pourrait, et on va le faire, ajouter que Christophe se donne autant de mal sinon plus que certains propriétaires qui vendent à 30 euros… Le culture des vignes, par exemple. Christophe Landry s'est peu à peu rapproché de la bio et même de la biodynamie. À sa façon : « *Quand je me suis intéressé à la biodynamie, j'ai acheté toutes les cuvées qui m'intéressaient, je voulais voir si dans ces vins il y a avait de l'esprit. Je me reconnais dans certaines personnes comme Alain Moueix et dans son vin Fonroque, à Saint-Émilion, mais pas dans les labels.* » Les labels, selon lui, c'est une forme de sécurité et des aides financières, ce qui incite à les rechercher. « *Mais ce qui ne me rassure pas, c'est qu'on n'a pas le choix. On doit utiliser ce qu'ils préconisent. Et moi, je veux continuer à faire la cueillette des plantes le dimanche matin : je veux observer, échanger.* » Suivre les recettes ne fait pas partie de son patrimoine. « *Nous, on a été élevés avec les sens, les goûts. La transmission ne se fait que par le temps : si on demande à ma grand-mère comment elle prépare la lamproie, elle ne peut pas le dire ; il faut la préparer avec elle pour apprendre.* » Et, je peux en témoigner, il a très bien appris.

Millésime 2001

– Dégustation d'avril 2005

15 – Réglisse, sous-bois, peu ouvert, bouche fraîche, assez élégante mais encore peu ouverte, tanins moelleux se resserrant en finale. À attendre, mais de la classe.

Millésime 2002

– Dégustation d'avril 2005

14,5 – Nez chocolaté, bouche dense, onctueuse. Boisé pas encore complètement fondu, mais le vin est plaisant. À boire assez jeune.

Millésime 2003

– Dégustation d'avril 2004

15,5 – Épicé, violette, bouche tendre, élégante, bien fruitée, des tanins soyeux bien typés des margaux.

Millésime 2004

– Dégustation d'avril 2009

14/14,5 – Chocolat, bouche ronde, souple, assez flatteur, sur des notes grillées, chocolatées ; à boire maintenant.

Millésime 2005

– Dégustation d'avril 2006

15,5 – Encore fermé, un vin qui revendique ses origines, sur des tanins gras, racés, une matière dense qui doit se fondre.

– Dégustation de juin 2007

15 – Séveux, sanguin, fruits rouges, pêche de vigne, framboise, très fruits rouges, un vin assez original, structuré, plein en bouche, rappelle le carménère, long, de garde.

– Dégustation d'avril 2009

16 – Menthe, feuillage, cerise, bouche fruitée, fin, élégant, tendre, joli fruit, très fin, petits tanins croquants.

Millésime 2006

– *Dégustation d'avril 2007*

16,5 – Fruits confits, cerise confite, joli nez où pointe la violette à l'aération. Bouche douce, bien garnie, élégante, fraîche, petits tanins serrés et doux. Meilleure maîtrise des extractions qu'autrefois. Fruit très pur. Long.

– *Dégustation d'avril 2009*

16 – Légère réduction, note grillée, bouche dense, fraîche, un peu fermée, joli fruit, tendu.

16,5 – **Cuvée Quintessence**. Nez floral et fruits rouges frais, bouche garnie, enveloppante, soyeuse, bonne longueur, fraîcheur et densité.

Millésime 2008

– *Dégustation d'avril 2009*

16 – Violette, fruits noirs, bouche tendue, un peu serrée mais très fruitée, bonne longueur, frais, très persistant sur le fruit.

Millésime 2009

– *Dégustation d'avril 2010*

15,5 – Épices, fruits noirs, vanille, bouche ronde, moelleuse, riche dense, le boisé est un peu marqué mais belle matière derrière, tendu.

Saint-julien

On trouve peu de crus ex-bourgeois et aucun cru artisan sur cette appellation pourtant vaste de 900 hectares. L'explication tient au nombre de crus classés et à leur importance. Ils sont onze et occupent près de 90 % de l'espace viticole. Rien de scandaleux dans cet accaparement : de toutes les communales, l'appellation saint-julien est sans aucun doute la plus homogène en termes de sols. Formant un gros carré, elle ne comprend que des graves plus ou moins argileuses, car, comme pour pauillac, plus on s'éloigne du fleuve, plus les graves deviennent sableuses. Saint-julien est séparée de l'appellation haut-médoc au sud par le marais de Beychevelle, séparation historique mais que contestent certains producteurs de haut-médoc, le prix du foncier n'étant évidemment pas le même.

Crus classés de saint-julien

BEYCHEVELLE

4e cru classé
Surface : 78 ha
Propriétaire : GMF et Suntory
Contact : Philippe Blanc
Route de Châteaux – 33250 Saint-Julien
05.56.73.20.70 – www.beychevelle.com

Le château a connu de tout. Des ducs, celui d'Épernon, grand amiral de France et mignon d'Henri III. C'est à cause de lui, la légende… On prétend que les vaisseaux devaient baisser la voile en passant devant sa demeure en signe de révérence. Beychevelle, baisse-voile… Outre que ce n'est pas très malin, car il y a du courant, il semble que le lieu et le nom existaient déjà avant le fameux duc. Cette histoire a au moins le mérite de situer l'endroit : les croupes de graves en bordure de la Gironde, au mezzoclimat tempéré par l'influence du fleuve.

Il y a eu des banquiers, aussi. C'est très bien un banquier, surtout quand il s'agit d'investir. C'est ce que firent Armand Heine, puissant financier et cousin du poète Heinrich Heine, puis les Fould. Achille Fould, lui aussi banquier, fut plusieurs fois ministre (des Finances, bien entendu). Napoléon III voulut le faire duc, il refusa. Dommage pour Beychevelle, qui perdit l'occasion de renouer avec la légende. Plus tard, Aymar-Achille Fould fut par trois fois secrétaire d'État (notamment aux PTT en 1975), jamais ministre ! Mais, sous son règne, Beychevelle recevait chaque année des écrivains qui devaient, durant leur séjour, imaginer une histoire. Quelques-uns l'écrivaient surtout à l'encre rouge du cabernet-sauvignon, paraît-il. En 1986, à la mort d'Aymar-Achille, le domaine fut vendu à la GMF, la mutuelle d'assurances des fonctionnaires (65 %), qui s'est peu après associée au groupe japonais Suntory. Il y en avait grand besoin, car Beychevelle avait quelque peu baissé pavillon en termes de qualité.

Vignoble mal ficelé. Après avoir temporisé, hésité, les nouveaux actionnaires ont fait le bon choix en confiant la gestion du domaine à Philippe Blanc. Depuis son arrivée, le vin, sans perdre de son élégance, s'est nettement embelli. Avant, il nous faisait penser à un très bel appartement mais après la visite des huissiers. Aujourd'hui, les meubles reprennent leur place d'origine. Beychevelle est ce qu'on appelle à Bordeaux une étiquette forte. Il n'a jamais perdu de son aura auprès des amateurs et des marchands pendant sa période minceur, même si les prix n'étaient pas très élevés. Depuis février 2011, la GMF (et ses associés MAAF, GMA) a cédé ses parts à Castel pour 50 % et à Suntory pour le reste qui grimpe aussi dans le capital à 50 %. Dans la pochette-surprise, on trouve outre Beychevelle, le cru bourgeois Beaumont, le Savour Club et la maison de négoce Barrière Frères, plus deux ou trois autres bricoles dont je vous fais grâce. Enfin, puisque l'on est dans les images immobilières, il est à signaler que l'arrivée à Beychevelle par la route des châteaux, avec Branaire sur la gauche, est une des plus belles images que le Médoc puisse offrir.

Second vin : Amiral de Beychevelle

Millésime 2000

– Dégustation d'avril 2001

49 % cabernet-sauvignon, 38 % merlot, 7 % cabernet franc, 6 % petit-verdot.

15 – Nez violette, grillé, rose rouge, trame tannique très fine, beaucoup de fruit, l'attaque en bouche séduit par sa rondeur, cette suavité en deuxième séquence semble presque trop ouatée. La finale fraîche et fruitée réveille les papilles.

– Dégustation d'avril 2002

15,5 – Nez toasté dû à l'élevage pas encore digéré, pain d'épice, une note de miel, rond, tendre en bouche, frais et soyeux, en finesse.

Millésime 2001

– Dégustation d'avril 2002

Dernière vendange pour Lucien Soussotte, maître de chai, qui part à la retraite ce printemps, après trente-six ans de Beychevelle. « *Après mon certificat d'études, à 14 ans, je suis allé travailler en boulangerie pendant dix ans.*

Aujourd'hui, je pense aux bons millésimes et aux moins bons : 77, par exemple, ma première année de maître de chai, où il avait gelé. Chez nous, 2001 rappelle 79 ; ce n'est pas 2000, mais c'est mieux que 99. Les merlots et les petits-verdots étaient très beaux. Les fermentations malolactiques ont été très longues, on a donc attendu pour mettre le vin en barriques, et aujourd'hui il n'a pas assez de bois, il n'a pas encore passé assez de temps en fût pour se révéler. »

54 % cabernet-sauvignon, 39 % merlot, 7 % petit-verdot. 55 % de la récolte dans le grand vin.

14,5/15 – Des arômes de fruits frais et de raisin écrasé, bouche tendre, souple, bien fruitée, douce, tanins soyeux, trame ténue, élégant. Sans doute délicieux assez jeune.

Millésime 2002

– *Dégustation d'avril 2003*

Philippe Blanc a trouvé un nouveau maître de chai et adjoint technique. Olivier Richaud, 34 ans, « *en provenance de La Tour-Carnet* », est arrivé fin juillet et a donc participé aux dernières vendanges. « *Depuis que je suis ici, j'essaie d'augmenter la part de cabernet-sauvignon et de diminuer celle de merlot. On grignote peu à peu…* », dit Philippe Blanc. Un des plus forts taux de cabernet-sauvignon de ces dernières années à Beychevelle : 57 %. Le merlot occupe 30 % de l'assemblage, le cabernet franc 9 % et le petit-verdot 4 %.

16 – Des senteurs de prune et de myrtille précèdent une bouche douce, onctueuse, très en finesse mais sans faiblesse, beaucoup de fruit et un grain de tanin friand.

Millésime 2003

– *Dégustation d'avril 2004*

« *Nos vignes n'ont pas souffert* », commente Philippe Blanc. « *On n'a pas eu de blocage de maturité et nos raisins étaient très sains.* » Philippe Blanc et Olivier Richaud ont inauguré à l'occasion un système de tables de trie vibrantes doubles (avant et après égrappage). « *C'est impressionnant, on a enlevé 1 tonne par jour de petits déchets végétaux, morceaux de rafles ou grains pas mûrs, sur 30 tonnes de raisins rentrés.* » Assemblage : 53 % cabernet-sauvignon, 34 % merlot, 8 % cabernet franc, 5 % petit-verdot.

15,5/16 – Framboise, groseille, note torréfiée apportée par la barrique, la bouche est tendre, les tanins gourmands et discrets. Un ensemble très agréable, harmonieux et solide.

Millésime 2004

– Dégustation d'avril 2005

46 % seulement de cabernet-sauvignon pour 42 % de merlot, auxquels s'ajoutent 7 % de cabernet franc et 5 % de petit-verdot. « *Sur les dix dernières années, on a 50 % de cabernet-sauvignon ; en 2004, une partie ne nous a pas semblé suffisamment bonne pour entrer dans le grand vin* », estime Olivier Richaud. Beychevelle a un vignoble assez chargé en merlot, parfois planté dans des zones (sur le plateau au-dessus du château) où le cabernet-sauvignon serait parfait. L'équipe actuelle corrige au fur et à mesure des replantations cette donnée « historique ».

15,5 – Noix de cajou, épices douces, fruits noirs, bouche assez structurée, bien fruitée, d'une bonne densité, assez carrée.

– Dégustation d'avril 2008

15 – Un peu réduit, frais, élégant, souple, bien fruité, s'ouvre aujourd'hui. Agréable, sera à boire assez jeune.

Millésime 2005

– Dégustation d'avril 2006

« *On n'a jamais atteint une telle richesse sur les merlots* », confie Philippe Blanc. « *Les cabernets, toujours plus pauvres en sucre, annonçaient des degrés potentiels entre 12,3° et 12,8°, on a craint de se retrouver avec des vins trop chauds. Finalement, l'ensemble se situe à 13,3°, compte tenu de la densité des vins, c'est un bon équilibre.* » Philippe Blanc s'interroge beaucoup sur la gestion future des vignobles phares que sont les crus classés : « *Il faut qu'on pense à faire autre chose en termes de traitements. Si nous ne faisons pas des choix rapidement, c'est de toute façon la société qui nous y obligera.* » Assemblage : 47 % cabernet-sauvignon, 46 % merlot, 4 % petit-verdot, 3 % cabernet franc. Élevage 50 % barriques neuves.

16/16,5 – Cerise burlat, bouche ronde, soyeuse, petits tanins fins porteurs d'un fruit délicieux, milieu de bouche garni, finale douce.

– Dégustation d'avril 2008

16/16,5 – Réductif, nez peu ouvert, fruits noirs, bouche puissante, serrée, dense, un peu ferme en finale.

Millésime 2006

– *Dégustation d'avril 2007*

« On a fait faire un audit de nos terroirs par l'Énita de Bordeaux [École nationale d'ingénieurs en travaux agricoles]. *Elle a réalisé une trentaine de fosses. On a une carte idéale du vignoble et on s'est fait un planning de travail. Cela nous permet d'aller plus dans le détail au moment des vendanges »*, nous dit Olivier Richaud. *« C'est sur le merlot que l'on a eu le plus de travail. On a concentré sur les meilleures parcelles. Le concentrateur, il faut s'en servir peu, et seulement sur le meilleur. »* Un peu plus de la moitié de la récolte fera du grand vin. 59 % cabernet-sauvignon, 29 % merlot, 7 % cabernet franc, 5 % petit-verdot.

17 – Fruits noirs, prune, épices douces, bouche ronde, tendre en attaque, élégante, tanins soyeux, bien construit, droit, équilibré, bonne longueur. Du charme et de la consistance.

– *Dégustation d'avril 2008*

16,5/17 – Sur colle. Nez fermé, bouche tendre, élégante, bien tendue, serrée, dense, petits tanins doux, serrés. Beaucoup d'équilibre.

Millésime 2007

– *Dégustation d'avril 2008*

Philippe Blanc a commencé la culture en bio : *« Sur 3 ou 4 hectares. Je veux apprendre pour le moment, ensuite j'ai bien l'intention d'aller plus loin. Je ne veux plus d'herbicide après 2009, et pas d'engrais non bio, on a des vaches, on a le fumier, on récupère nos sarments qu'on composte. »*

Les vendanges se sont déroulées du 24 septembre au 12 octobre. *« On n'a jamais dépensé autant d'argent, c'est peut-être un privilège de riches, de faire du vin cette année. »*

55 % cabernet-sauvignon, 35 % merlot, 5 % cabernet franc, 5 % petit-verdot.

16 – Bouche tendre, élégante, fraîche et fine. Bonne longueur. Un Beychevelle fidèle à lui-même, du moins comme on le goûte ces dernières années, avec un fruité très tonique et un milieu de bouche construit.

– *Dégustation d'avril 2009*

16 – Rose rouge, cerise, joli nez pas marqué bois, bouche tendre, souple, bien fruitée, à boire assez jeune, moins de densité que dans le 2008.

Millésime 2008

– *Dégustation d'avril 2009*

« On a commencé le 29 septembre et fini le 16 octobre, comme en 2004 », commente Philippe Blanc. *« Parvenir à des maturités aussi poussées est un des enseignements de l'année. »* L'assemblage du grand vin est fortement merlot cette année : 47 % merlot, 48 % cabernet-sauvignon, 5 % cabernet franc. *« J'ai plutôt pour objectif d'avoir plus de cabernet-sauvignon, mais voilà, ça se termine comme ça... et pas de petit-verdot cette année : trop fort, il marquait trop. »* 55 % de la récolte dans le grand vin, et des rendements confortables pour le millésime : 49 hl/ha. *« On a fait 4 hectares en bio l'an passé. Cette année, on fait 10 hectares sur des parcelles qui n'entrent pas encore dans le grand vin mais font du haut-médoc. Je me suis donné trois ans : si, au bout, ça ne génère pas d'inconvénient, on le fera sur Beychevelle... »*

17 – Épices, boisé moka, bouche délicate, fraîche, bien pleine, tanins assez gras, fins, bonne matière soyeuse, mentholé, note vanille, beaucoup de finesse, très élégant, petits fruits rouges, tendu, frais, sans dureté. Un des plus beaux Beychevelle de la décennie. Qui allie élégance – c'est une qualité qu'on lui reconnaissait souvent – et densité – ce qui lui manquait parfois.

– *Dégustation d'avril 2010*

15,5 – **Amiral**. Résine, fruits noirs, pin, fruits rouges, séveux, bouche ronde, souple, douce, tanins doux, frais, plus granuleux qu'en 2009, beaucoup de finesse dans ce 2008.

16,5 – **Beychevelle**. Tendu, vif, frais, élégant, vif, serré, sur colle, tanins assez serrés, le boisé accentue cette impression de tension.

Millésime 2009

– *Dégustation d'avril 2010*

Ce sont davantage que des rumeurs : la GMF, la mutuelle des fonctionnaires, souhaite vendre sa part de Beychevelle (le groupe japonais Suntory est copropriétaire) ainsi que dans le cru bourgeois Beaumont. Cela n'émeut pas outre mesure Philippe Blanc, qui sait que son action dans ce cru s'inscrit dans la durée. La vigne, ce n'est pas comme la lessive ou l'électroménager, ça pousse moins vite. Première journée de vendanges le 21 septembre et dernière le 12 octobre. *« Des vendanges à rythme très lent, 100 personnes au lieu de 150 et on ne travaillait que quatre jours, très étalées et relax. D'habitude on met quatre jours pour les merlots et là, six jours et demi. On n'a jamais été aussi mûr, aussi riche en alcool et en polyphénols.* » Assemblage : 46 % cabernet-sauvignon, 44 % merlot, 6 % cabernet franc, 4 % petit-verdot.

16,5/17 – Fruits noirs, épices douces, tabac blond, bouche ronde, moelleuse, veloutée, le merlot apporte beaucoup de densité en milieu de bouche et de rondeur, et les tanins sont assez élégants. Bien gourmand, très fruité.

Amiral représente 40 % de la production – « *Le grand vin fait 58 %, il reste un petit reliquat qui n'entre dans aucun de ces vins.* » 58 % cabernet-sauvignon, 36 % merlot, 5 % cabernet franc, 1 % petit-verdot.

14,5 – Fruits rouges au nez, bouche ronde, fraîche, tanins un peu rugueux en finale, un vin pas encore domestiqué, mais déjà assez plaisant.

BRANAIRE-DUCRU

4e cru classé
Surface : 50 ha
Propriétaire : Famille Maroteaux
Contact : Patrick Maroteaux
33250 Saint-Julien
05.56.59.25.86
www.branaire.com

Après avoir appartenu longtemps à une famille du Luc, il est passé aux mains des Ducru. Avec cette habitude, aux siècles précédents, de laisser son nom traîner derrière celui du château, notre pauvre Branaire-Ducru-Duluc semblait paré pour figurer éternellement dans « L'album de la comtesse ». Depuis 1988 et la reprise du domaine par Patrick Maroteaux et sa famille, Duluc est devenu le second vin et seul Branaire-Ducru est demeuré. Cela fait davantage sérieux et c'est aussi ce qu'est devenu le vin. Rarement explosif dans sa jeunesse, c'est un saint-julien de fond, qui se révèle peu à peu. Il n'a certes pas le côté chatoyant de Ducru-Beaucaillou ou la délicatesse de Beychevelle, le voisin d'en face ; mais, à table, pour peu que l'on dispose d'un millésime d'une dizaine d'années, il se montre parfois supérieur dans les alliances avec les mets. Patrick Maroteaux, venu de l'industrie sucrière, est ce qu'on appelle un exemple d'intégration réussie au sein de la société des châteaux. D'abord président de l'Union des grands crus, qui rassemble (par cooptation) une élite des domaines bordelais, il en a fait un outil de promotion performant. Aujourd'hui, il a été élu à la tête de l'appellation saint-julien. Avec un nouveau combat à gagner. Cette fois, c'est l'avenir de la prestigieuse appellation saint-julien qu'il doit défendre contre ses voisins de Cussac et autres lieux.

Certains propriétaires ont fait une demande auprès de l'Inao pour être rattachés à saint-julien, alors qu'ils sont actuellement en haut-médoc. *« Évidemment, le prix du foncier est bien plus élevé en saint-julien ! »* dit Maroteaux. *« À Bordeaux, on a des AOC leaders, des vitrines internationalement reconnues, et on voudrait les casser ! C'est quoi, ce raisonnement ? »* Bref, ça va bouillir. Maroteaux aime bien les présidences où il faut visser, boulonner, argumenter, démontrer. Sinon, je le soupçonne de s'ennuyer.

Un homme comme lui, à la tête d'un groupe industriel, se retrouver, à 40 ans, gestionnaire d'un château parfaitement d'équerre et qui fonctionne comme une montre de riche publicitaire perpétuellement bronzé, c'est un peu comme surveiller un manège.

Le pire ennemi ou ami, ça dépend du temps (en l'occurrence, la formule n'est pas gratuite), c'est la météo. Un élément sur lequel, même Patrick Maroteaux n'a que peu d'influence, sinon d'être incollable sur les nuages d'hier. Quel temps faisait-il le 15 août 2002 ? Et le voilà qui sort la petite fiche de l'agenda où tout est noté, répertorié, classé, mis en parallèle ou en statistiques. Les crus classés sont-ils trop chers ? Hop, nouvelle petite fiche avec les comparatifs depuis 1959 du prix du pain, du vin et tant qu'on y est du Boursin. Ministre, il eût été parfait à la Fonction publique, dans ces négociations lourdes autour d'un quart de centime quand il faut traduire le pouvoir d'achat calculé en francs constants d'avant 1960 et son évolution en euros par rapport aux indices de l'Insee, du BNIC, du FMI et de l'OCDE. Tout est déjà sur les fiches.

Second vin : Duluc de Branaire-Ducru

Millésime 2000

– *Dégustation d'avril 2001*

Philippe Dhalluin, directeur technique, n'est pas un partisan des concentrateurs, préférant saigner légèrement ses cuves (voir lexique), ce qu'il a d'ailleurs peu pratiqué en 2000 : *« 10 % sur deux ou trois cuves »*.

16 – Nez épicé, fruits noirs, prune, bouche très douce, marquée par des arômes d'orange et de cèdre, tanins croquants, fraîcheur, beaucoup de gourmandise dans ce vin à la structure solide mais non épaisse.

– *Dégustation de mai 2002*

16/16,5 – Cerises et épices, bouche dense, tannique mais onctueuse, une matière généreuse, encore très touffue mais non dénuée d'élégance. Belle bouteille à venir.

– *Dégustation d'avril 2010*

16 – Demande de l'aération, un peu de verdeur, bouche dense, intense, tannique, résine, tendu, nerveux, légèrement agressif.

Millésime 2001

– *Dégustation d'avril 2002*

75 % cabernet-sauvignon, 19 % merlot, 2 % cabernet franc, 4 % petit-verdot. 60 % de bois neuf.

15,5 – Prune, cerise noire, mûre, bouche serrée, tanins bien présents, beaucoup de sève mais pas d'astringence. Vin solide, assez retenu, mais avec une finale sur les fruits noirs bien persistante.

Millésime 2002

– *Dégustation d'avril 2003*

Jean-Dominique Videau, 34 ans, œnologue et ingénieur agro, a fait son entrée à Branaire, où il remplace Philippe Dhalluin, parti diriger l'équipe de Mouton-Rothschild. *« L'organisation est la même, on partage le même bureau face à face comme avec Philippe »*, confie Patrick Maroteaux, un brin mélancolique. *« C'est la fin d'un couple de 15 millésimes. »* Mais Mouton ne se refuse pas. 60 % cabernet-sauvignon, 34 % merlot, 5 % petit-verdot, 1 % cabernet franc.

15 – Mûre, confiserie, sirop de fraises, très séduisant, bouche crémeuse, tanins onctueux. Vin gourmand et bien garni.

Millésime 2003

– *Dégustation d'avril 2004*

Patrick Maroteaux définit l'évolution du cru en trois étapes : « *Jusqu'en 1993, on a progressé dans la définition ; de 1994 à 1998, plus de puissance ; à partir de 1999, dans l'équilibre, fraîcheur, fruit, puissance.* » Le 2003 est composé de 72 % cabernet-sauvignon, 20 % merlot, 4,1 % petit-verdot, 3,5 % cabernet franc.

16 – Nez épicé, résine, fruits noirs, bouche serrée, petits tanins bien calibrés et fermes, presque croquants, structure de vin de garde.

Millésime 2004

– *Dégustation d'avril 2005*

75 % cabernet-sauvignon, 18 % merlot, 5 % petit-verdot et 2 % cabernet franc. « *Le cabernet-sauvignon était plus expressif, c'est assez fréquent chez nous. On en met un peu plus dans l'assemblage* », indique Patrick Maroteaux. Jean-Dominique Videau raconte ses vinifications : « *On travaille sur des macérations plus courtes, des durées de cuvaison entre dix-sept et vingt-trois jours. On extrait de façon vigoureuse au départ, avant la fermentation. Après, en phase alcoolique, on n'y touche plus trop. On ne veut pas extraire des tanins qui ne nous passionnent pas.* » Le domaine a produit 50,4 hl/ha dont deux tiers feront du grand vin. Les vendanges se sont déroulées du 29 septembre au 13 octobre.

16/16,5 – Des notes de cassis et de cerise noire, une bouche aux tanins moelleux, beaucoup de matière et de la finesse. Cette densité s'exprimait en douceur, en charnu mais sans agressivité. Le fruit est porté par les tanins, finale prolongée.

Millésime 2005

– *Dégustation d'avril 2006*

« *Ici, nous pensons que la vraie question de l'année était : préserver le fruit ou aller plus loin sur les dates de vendanges. Il y a eu des stratégies contrastées. Nous avons choisi de préserver la fraîcheur* », dit Patrick Maroteaux. 66 % cabernet-sauvignon, 30 % merlot, 4 % petit-verdot. 60 % de barriques neuves pour l'élevage.

16,5 – Floral, rose, cerise écrasée, beau fruit bien exprimé, attaque souple, soyeuse, la puissance tannique se développe ensuite, prenante, dense. Elle confère au vin un sérieux quasi pauillacais. Belle finale où le fruit reprend le dessus.

– Dégustation d'avril 2010

17 – Résine, épices douces, bouche ronde, fine, tendre, très riche mais d'une grande élégance, droit, précis, l'équilibre parfait.

Millésime 2006

– Dégustation d'avril 2007

Les vendanges ont commencé le 18 septembre, avec des chiffres ahurissants : 15,5° constatés sur les premières cuves de merlot. « *La pluie nous a fait redescendre de 0,7°. On a tout vendangé en onze jours, une première sortie de trois jours puis, un peu plus tard, une deuxième récolte de huit jours. Il n'est pas entré 10 kilos de raisins pourris dans le chai* », commente Patrick Maroteaux. 67 % cabernet-sauvignon, 27 % merlot, 4 % petit-verdot, 2 % cabernet franc.

16,5 – Cerise cuite, bien fruité, bouche ronde et souple, pas trop extraite, plus en longueur qu'en largeur, tanins serrés mais sans dureté, très longue persistance.

– Dégustation d'avril 2008

16/16,5 – Fruits noirs, boisé, un peu fermé, bouche ronde, souple, tendre, élégante, bien fruité, pas très dense mais très beau fruit, la finale est un peu astringente.

– Dégustation d'avril 2010

16,5 – Nez fermé, un peu cacao, bouche fermée, tendue, vive, sur les tanins. Un joli vin à venir mais très fermé aujourd'hui. Harmonieux, plein. Note cuir.

Millésime 2007

– Dégustation d'avril 2008

Patrick Maroteaux : « *C'est un millésime qui fait partie du haut du deuxième groupe : 2006, 2004, 2001, 1996. Dans le premier groupe, je place 2005, 2003, 2000...* » Nous aurions quant à nous un classement un peu différent, préférant en moyenne 2001 à 2003... « *Nous avons des rendements supérieurs à 2005/2006, autour de 50 hl/ha. État sanitaire impeccable, avec de bons niveaux de maturité, vendangé du 20 septembre au 9 octobre, avec plusieurs interruptions, des troupes plus petites que les autres années.* »

63 % cabernet-sauvignon, 30 % merlot, 4 % petit-verdot, 3 % cabernet franc.

16,5/17 – Nez fruits rouges, framboise, tanins doux, souples, très cabernet mais de belle qualité, joli fruit, long, tendu, moins touffu qu'autrefois, a gagné en élégance.

– *Dégustation d'avril 2009*

16/16,5 – Juste sorti de colle, violette, bouche ample, tanins gras, frais, assez vif en finale, plein, beau fruit, pas très raffiné mais bien gourmand.

– *Dégustation d'avril 2010*

16,5 – Grillé, moka, bouche douce, fraîche, élégante, très fraîche, petits tanins fondus, tendu, vif, bonne longueur, pas très épais mais d'une belle finesse.

Millésime 2008

– *Dégustation d'avril 2009*

Patrick Maroteaux : *« On est à peu près dans les mêmes dates que les années précédentes. Nous avons commencé le 30 septembre et fini le 15 octobre. On avait fini le 9 en 2007. On a 17 % de moins en volume que l'an passé... »* 68 % cabernet-sauvignon, 5 % petit-verdot, 25 % merlot, 2 % cabernet franc.

16/16,5 – Nez un peu boisé, bouche fraîche, élégante, petits tanins serrés, note un peu cassis, bon végétal, bonne fraîcheur, tanins un peu bourrus mais l'ensemble est cohérent.

– *Dégustation d'avril 2010*

16 – Nez épicé, marqué par le collage qui fait ressortir le bois, bouche onctueuse, fraîche, fine, élégante, droit pas trop extrait, frais fin, élégant, bien fondu, pourra se boire assez jeune.

Millésime 2009

– *Dégustation d'avril 2010*

Patrick Maroteaux sort une petite fiche de son agenda : *« Tout le prouve : plus d'heures d'ensoleillement, une répartition des pluies parfaite. Souvenez-vous, tous les fruits étaient bons cet été, les cerises, les pêches... La météo était idéale. Avec une forte différence de température entre le jour et la nuit. »* Assemblage : 65 % cabernet-sauvignon, 28 % merlot, 4 % petit-verdot, 3 % cabernet franc. *« C'est à peu près notre moyenne sur les quatre derniers millésimes. »*

17 – Fruits noirs, réglisse, Zan, bouche moelleuse, belle qualité de tanins en milieu de bouche, beaucoup de douceur, suave, velouté, bonne matière, pas mal de tanins mais fondus. Beaucoup de fruit, cerise burlat.

DUCRU-BEAUCAILLOU

2e cru classé
Surface : 75 ha
Propriétaire : Famille Borie
Contact : Bruno Borie – 33250 Saint-Julien
05.56.73.16.73
www.chateau-ducru-beaucaillou.com

Les prénoms changent, le style demeure. Jean-Eugène Borie a longtemps dirigé ce cru. Humour, vaste culture des choses bordelaises et d'ailleurs, précision et dérision. Anthony Barton son voisin de Léoville-Barton nous a rapporté cette anecdote : « *Quand on lui demandait comment il s'y prenait pour choisir la date des vendanges, il répondait : "Quand j'ai passé trois nuits blanches !"* »

François-Xavier, son fils qui travaillait avec lui, a pris la direction des domaines (les Borie possèdent plusieurs domaines) ; c'est pour cela qu'il est cité jusqu'au millésime 2002. Ensuite, c'est son frère Bruno, auparavant responsable du retour en grâce de l'apéritif Lillet, qui lui succède tandis que François-Xavier prend en charge Haut-Batailley et Grand-Puy-Lacoste (qui lui appartient).

En son temps, La Bruyère affirmait que deux héritiers c'étaient deux hommes fâchés. Rien n'a changé.

Ducru-Beaucaillou fait partie de la bande des « super-seconds », ceux qui valent cher et surtout qui sont situés sur les bonnes terres, non loin du fleuve. Au moment où la pollution des chais due aux bois traités contre les termites donnait des goûts étranges, proches du bouchon, à certaines bouteilles, les Borie ont très vite opté pour la construction de nouveaux chais. Ces nouveaux outils conjugués à un travail minutieux dans le vignoble font de Ducru, aujourd'hui, un domaine parfaitement au point. On a craint, au début de l'ère

Bruno, que la communication frétillante du château ne s'accompagne d'un certain raidissement des tanins. En clair, que le nouveau boss cherche à produire des vins très extraits, trop puissants et démonstratifs pour se démarquer de l'ère précédente. Ce n'était que de mauvaises pensées inspirées sans doute par le millésime. Bruno Borie s'est lancé en effet avec le 2003, année de la canicule, année excessive.

Second vin : La Croix-de-Beaucaillou

Millésime 2000

– *Dégustation d'avril 2001*

78 % cabernet-sauvignon, 2 % cabernet franc, 20 % merlot : *« Ce ne sont tout de même pas les meilleurs merlots que j'aie connus »*, confie François-Xavier Borie. En revanche, il affiche une entière satisfaction quant aux cabernets qui entrent pour 78 % dans l'assemblage du grand vin 2000, complétés par 20 % de merlot et 2 % de cabernet franc.

17,5 – Nez de fruits noirs, confiture de cerises, note sucrée de mirabelle, bouche dense garnie de tanins moelleux et raffinés, grande longueur et finale sur les fruits rouges. La qualité de la trame tannique apportée par les cabernets en fait un grand Ducru-Beaucaillou.

– *Dégustation d'avril 2002*

17,5/18 – Fruits confits, épices, un peu refermé mais profond, grande ampleur en bouche, tanins fondus et moelleux. Encore peu expressif sur le plan aromatique, ce vin est d'une constitution presque trop parfaite. On imagine une garde très longue. Patience !

Millésime 2001

– *Dégustation d'avril 2002*

Ah, toutes les bonnes blagues que François-Xavier Borie entend à propos des portes monumentales, en fer brut, de son nouveau chai, que son architecte a voulu d'aspect rouillé, comme la coque d'un vieux cargo à l'abandon ! La plus inoffensive – et éculée – de ces fines plaisanteries étant : *« Avec ce que le chai lui a coûté, il n'avait plus d'argent pour payer la peinture ! »* Ce nouvel outil de travail, conjugué sans doute à de gros efforts dans la vigne, a pour conséquence une fantastique remise à (haut) niveau de Ducru. Millésime 99, puis 2000 et enfin 2001, que du beau et du grand dans un pur style de Bordeaux – du moins celui que l'on aime – fait d'élégance et de complexité. 68 %

cabernet-sauvignon, 30 % merlot, 2 % cabernet franc. 65 % de la récolte ont fait du grand vin. 60 % de bois neuf.

17 – Nez de gelée de cerises, à la fois le fruit et son expression sucrée, sa version confiserie, une matière généreuse faite de tanins élégants, serrés, ramassés mais délicats. Vin ferme et frais où le fruit prime sur l'extraction.

Millésime 2002

– Dégustation d'avril 2003

C'est désormais Bruno Borie qui a la charge de Ducru-Beaucaillou. 82 % cabernet-sauvignon, 18 % merlot. 42 hl/ha.

17,5 – Nez de rose, épices douces, violette, bouche élégante, tanins soyeux, beaucoup de classe, grande longueur. Un vin riche sans paraître large, opulent sans être tapageur.

Millésime 2003

– Dégustation d'avril 2004

Bruno Borie, amateur d'art moderne, a apporté dès cette année son style aux dégustations organisées au château. Hôtesses parlant japonais et salle de dégustation, sous la terrasse, en forme de tunnel et couleur orange. Flashy en diable. 80 % cabernet-sauvignon, 20 % merlot.

17 – Mûre, myrtille, cassis, bouche fraîche, nette, tannique, structure droite, serrée sans que le charme du vin en souffre. Très classe.

– Dégustation d'avril 2008

16 – Chocolat, café, plein, chocolat, un peu exotique, souple dans ses tanins, finale serrée, un peu sec en finale.

Millésime 2004

– Dégustation d'avril 2005

« On a macéré gentiment. On a pressé gentiment. On a tout fait gentiment. On a des tanins plus solides que l'an passé. Comme le rappelle Jacques Boissenot, notre œnologue, les tanins trop exposés au soleil sont moins stables », confie Bruno Borie. Le grand vin représente 45 % de la production ; le second, La Croix-de-Beaucaillou, 40 %, et *« nous avons les 15 % restants en Lalande-Borie »*. Ducru-Beaucaillou est composé à 77 % de cabernet-sauvignon et à 23 % de merlot. Il est élevé dans 80 % de bois neuf.

17,5 – Fruits noirs, épices douces du bois, nez plutôt discret. Bouche douce, élégante, attaque souple, le vin se resserre ensuite sur des tanins fins, serrés mais veloutés, finale prolongée sur des saveurs fruitées. Beaucoup de fraîcheur.

– Dégustation d'avril 2008

17 – Épicé, commence à s'ouvrir, charnel, chocolat, bouche ronde, épicée, bien moelleuse, résine, très joli 2004.

Millésime 2005

– Dégustation d'avril 2006

« C'est assez curieux, cette année, on dirait que les merlots ont fait un pas vers les cabernets et que ceux-ci se sont rapprochés des merlots. Au moment des assemblages, avec Jacques Boissenot, nous ne les reconnaissions plus. On a travaillé sans identifier les origines. On s'est rendu compte après qu'on était à 67 % de cabernet-sauvignon et 33 % de merlot », raconte Bruno Borie, enthousiasmé par la douceur des uns et la puissance contenue des autres.

17,5 – Épicé, gelée de mûres, réglisse, frais, fins petits tanins soyeux en attaque et qui montent en puissance sans jamais frôler la dureté, long, beau potentiel.

– Dégustation d'avril 2008

17,5 – Épicé, chocolat, dense, résine, long, tendu, très élégant, puissant, équilibré.

Millésime 2006

– Dégustation d'avril 2007

Nous sommes reçus par Virginie Salette, responsable qualité : *« Je voulais faire de la génétique pour entrer à l'Inra, j'ai fait l'Énita de Dijon – l'école d'ingénieurs. Mais j'avais le mal du pays, les vignes qui tombent dans l'estuaire, ça me manquait. J'ai été embauchée comme responsable qualité, à 25 ans. Même si gérer une équipe de trente gars n'est pas facile, quand je me mets dans le parc et que je regarde le château, je me dis : c'est pas vrai ! C'est moi, là ? »*

Fille de vignerons, Médocaine revendiquée, elle consacre son énergie au vignoble : *« On est revenus au travail des sols. On essaie de faire à l'optimal, en intervenant souvent sur la vigne en vert. »* Le grand vin est composé de 75 % cabernet-sauvignon, 25 % merlot, pour l'essentiel récolté *« dans le cœur qualitatif, autour du château »*.

16,5/17 – Poivre, prune, mûre, joli nez très flatteur, bouche ronde, du gras de l'onctuosité, tanins moelleux, vin riche, dense, opulent.

– *Dégustation d'avril 2008*

16,5/17 – À peine sorti de colle. Nez boisé un peu grillé, bouche puissante, bien fondue en première séquence, dense ensuite, serrée en finale, réglissée. Encore assez austère en finale.

Millésime 2007

– *Dégustation d'avril 2008*

« *La fleur a duré quinze jours, donc, au mois de juin, on s'est dit que ce ne serait pas homogène et que ce ne seraient pas les tables de trie qui allaient nous sauver* », dit Bruno Borie. « *Au moment de la véraison on a récupéré une belle troupe de vendangeurs pour éliminer les grappes roses. Au mois d'août on s'est rendu compte qu'on avait un déficit de journées d'ensoleillement. Je ne suis pas un adepte de l'effeuillage et de ces raisins toastés qui donnent des tanins faibles. Mais là, on a fait tomber des feuilles des deux côtés. Les grappes ont profité des journées chaudes de septembre. Comme quoi, il faut changer de programme chaque année…* »

90 % cabernet-sauvignon, 10 % merlot.

17,5 – Nez grillé, épicé, bouche ronde, souple, douce, bien fondue, belle matière généreuse, long, charnu, long, puissant, dense.

15,5 – **La Croix-de-Beaucaillou**. 95 % cabernet-sauvignon et 5 % merlot. Nez épicé, bouche tendue, serrée, bien fruitée, mais serrée, long, puissant, bien droit.

– *Dégustation d'avril 2009*

17,5 – Boisé, chocolat, fruits rouges, mûre, bouche dense, intense, très beau fruit, long, frais élégant, très gourmand, très fin, moins épais que 2008, mais belle longueur.

Millésime 2008

– *Dégustation d'avril 2009*

Virginie Salette : « *J'ai confiance dans ces terroirs et on en a la confirmation avec cette campagne.* » Pas facile a priori pour une jeune femme de s'imposer dans ce milieu d'hommes. Le grand vin est présenté depuis le millésime 2003 dans un habillage très classe : bouteille légèrement tronconique, gravée, verre très noir, bouchon de 54 millimètres de longueur… 85 % cabernet-sauvignon,

15 % merlot : *« Il ne fallait pas aller très loin dans les extractions. On a juste fait des remontages à température modérée. C'est pour cela qu'on a des vins de presse de très belle qualité. »*

17,5/18 – Fruits noirs, épices, cerise noire, fruits noirs, bouche souple, douce, bien intégrée, tanins moelleux, gras, long, plein, dense, tanins croquants, onctueux, très gourmand, superbe fruit.

15 – **La Croix-de-Beaucaillou**. 90 % cabernet-sauvignon et 10 % merlot. Mûre, myrtille, fruits noirs, bouche souple douce, très fondue, pas très dense, mais joli fruit, fin, élégant, bien fait.

– Dégustation d'avril 2010

18 – Nez réglisse, fruits noirs, bouche tendue, vive, élégante, fraîche, serrée, très beaux tanins en milieu de bouche, très fin, élégant, très classe.

Millésime 2009

À la retraite, René Lusseau, ancien maître de chai, reçoit toujours à Ducru-Beaucaillou. Son cru, une bonne partie de sa vie. Avec Virginie Salette, ils parlent en duo : *« On travaille beaucoup en sélection parcellaire, mais on s'aperçoit que le grand vin vient toujours du plateau de 35 hectares. On a des vignes sur le plateau qui sont sur des graves très profondes, la racine plonge à plus de 10 mètres »*, explique Virginie, et René ajoute : *« Quand il fait froid elles sont au chaud, quand il fait chaud elle sont au frais, quand vous passez vous les entendez rire... »* 85 % % de cabernet-sauvignon, 15 % de merlot. 13,5°.

17,5/18 – Fruits noirs, épicé, assez mûr, cerise, bouche ronde, moelleuse, veloutée, tendue, vif, serré, long, beaucoup de volume, un peu touffu en milieu de bouche, très riche.

15 – **La Croix-de-Beaucaillou**. 75 % cabernet-sauvignon, 25 % merlot. Fruits noirs, épices, assez mûr, bouche fraîche, élégante, assez tendue ; vin assez élancé, frais.

GRUAUD-LAROSE

2e cru classé
Surface : 82 ha
Propriétaire : Famille Merlaut
Contact : Jean Merlaut
Château Gruaud-Larose – 33250 Saint-Julien
05.56.73.15.20 – www.gruaud-larose.com

Dans cette histoire, il n'est pas certain qu'Alcatel ait réalisé une très bonne affaire. Comme tous les grands groupes et grands capitaines, les dirigeants de l'époque (1993) se sont offert un beau château bordelais. Il fallait le moderniser. Ce fut fait et avec la manière.

Des travaux gigantesques ont transformé ce mammouth de 150 hectares (dont 82 en production) en outil performant. Deux étages de caves ont été creusées et aménagées en croisées d'ogives avec un chai pouvant contenir 1 800 barriques, chaîne d'embouteillage ultramoderne. Au total, 3 hectares de bâtiments et même une station de traitement des eaux usées. Alcatel, acquéreur du temps d'Ambroise Roux, rénovateur sous Pierre Suard, a réglé la douloureuse sous la direction de Serge Tchuruk. Lequel a préféré, une fois les travaux terminés, se débarrasser de Gruaud en le cédant à la famille Merlaut (Chasse-Spleen, Citran, etc.). Ce qu'un caprice de PDG avait fait, un autre l'a défait… La famille Merlaut ne nous a pas dit clairement combien elle avait payé ce bel ensemble en parfait état de marche, mais, depuis, elle a racheté Camensac. Preuve que Gruaud ne l'avait pas ruinée… Longtemps Georges Pauli a dirigé les opérations techniques, comme conseiller. Georges était un peu comme chez lui à Gruaud. Présent du temps de l'ancien propriétaire, Jean Cordier, qu'il considérait comme un second père. Après son décès et le démantèlement de l'empire qui comprenait de nombreux crus, Georges avait continué de « suivre » comme consultant les anciens domaines de l'empire Cordier. Avec Alcatel, c'est encore Pauli qui dessine les plans des futurs bâtiments ou presque et qui dresse la liste de courses (cuves, pressoirs, robot-pigeur, etc.). Alcatel disparu, Pauli demeura comme conseiller de Jean Merlaut. On comprendra à la lecture des commentaires ci-dessous que Georges aime les vins d'homme et ne recule devant aucun sacrifice technique pour les produire. Son départ à la retraite annonce sans doute une nouvelle époque de Gruaud avec, peut-être, un peu moins d'extraction. À suivre.

Second vin : Sarget de Gruaud-Larose

Millésime 2000

– *Dégustation d'avril 2001*

Philippe Carmagnac, responsable technique, a redouté ce millésime presque jusqu'aux vendanges. « *On a eu des problèmes sanitaires tout au long de l'année jusqu'à la fin de juillet, puis un léger stress hydrique à cause de la sécheresse d'août. En revanche, les vinifications se sont très bien passées. Nous avons fait le choix d'utiliser le concentrateur légèrement, mais sur 80 % des cuves, et nous en avons beaucoup, car la plupart sont petites et correspondent à des parcelles. Il permet d'éviter la chaptalisation, mais ce n'est pas lui qui décide de la façon d'extraire.* » 64 % cabernet-sauvignon, 28 % merlot, 2 % petit-verdot, 6 % cabernet franc.

15,5 – Nez épicé, violette, réglisse, bouche moelleuse en attaque, trame tannique très serrée, dense, un peu rugueuse. Un Gruaud moins élégant qu'en 1999, plus en force. Un style un peu international.

– *Dégustation d'avril 2002*

16 – Épices, cerise, Zan à la violette, bouche puissante, bien parfumée, intense, large, du moelleux, pointe de dureté en finale.

Millésime 2001

– *Dégustation d'avril 2002*

« *Cette année* », racontent Philippe Carmagnac et Georges Pauli, « *on a enlevé les feuilles à la nouaison un peu plus tôt, ce qui nous a permis de gagner du temps sur la maturation. Les vendanges ont duré du 26 septembre au 16 octobre, l'état sanitaire était bon, on a attendu la maturité phénolique, celle des tanins.* » L'équipe de Gruaud-Larose se situe toujours dans un processus de recherche de la maturité optimale du raisin pour procéder à des vinifications extractives poussées, avec de nombreux remontages. « *Depuis cinq ans, on macère pendant un mois et, au départ, on procède à une macération préfermentaire, c'est-à-dire que l'on maintient les raisins entre 10 et 12 °C, on sulfite de façon conséquente pour éviter les problèmes bactériens, on retarde ainsi le départ de fermentation.* » 50 % de grand vin, 60 % cabernet-sauvignon, 30 % merlot, 7 % cabernet franc, 3 % petit-verdot.

14,5/15 – Réglisse, très épicé, des notes de violette, bouche puissante, tanins imposants mais moelleux en attaque, se durcissant ensuite. Beaucoup de matière, vin imposant mais avec une finale un peu sèche.

Millésime 2002

– *Dégustation d'avril 2003*

Les explications techniques sont toujours passionnantes, surtout présentées par Georges Pauli, qui n'a jamais abandonné son accent catalan et roule les *r*, même sur le mot enzyme. La signature technique, que l'on trouvait un peu trop prononcée en 2001 et 2000 (très extraits), laisse la place à une expression plus fruitée, plus représentative de ce grand saint-julien. 63 % cabernet-sauvignon, 24 % merlot, 6 % cabernet franc, 4 % petit-verdot, 3 % malbec.

17,5 – Gelée de sureau, cassis, rose, cerise, bouche fraîche nette, riche en saveurs, trame serrée, tanins bien enveloppés, un vin très classe, un fruité délicieux et très persistant.

Millésime 2003

– *Dégustation d'avril 2004*

Avec Georges Pauli, c'est reposant : les réponses fusent à haut débit et précèdent les questions. *« On n'a pas singé tous les grands pontes qui effeuillent de façon inconsidérée et font tomber de la vendange à tout moment. À partir de fin juin, on a arrêté d'emmerder la vigne : on a vu très tôt qu'on avait une avance thermique. On a de la chance d'être sur des graves profondes avec 12 à 15 % d'argile. Et, depuis trente ans, on met de la matière organique dans les sols et cela fonctionne comme l'argile en facilitant le complexe argilo-humique. Cela veut dire que la matière organique qui se transforme en humus multiplie les contacts avec l'eau. On considère que 1 kilo d'humus retient 1 litre d'eau. Quand on associe argile et humus, on a de la rétention d'eau et d'oxygène, ce qui permet aux racines de passer, de descendre, et cela facilite aussi la vie des micro-organismes. »* 66 % cabernet-sauvignon, 22 % merlot, 6 % cabernet franc, 5 % petit-verdot, 1 % malbec. Le domaine a produit 48 hl/ha, presque un record dans l'appellation.

16,5 – Nez épicé, fruits rouges, violette et noisette grillée, beaucoup de matière en bouche, des tanins à profusion mais bien enveloppés, une sensation veloutée et une finale assez tonique.

Millésime 2004

– *Dégustation d'avril 2005*

16 – Fruits noirs, épices douces, grillé, bouche fondue, très souple, une trame tannique en douceur, avec des notes chocolatées, long, large, moderne, très gourmand.

Millésime 2005

– *Dégustation d'avril 2006*

Malgré un froid de canard accentué par un vent du nord peu discret, Georges Pauli traverse la cour au pas de charge, en chemise blanche constellée de pois rouges sur le devant. C'est une première indication : Gruaud est bien coloré cette année ! « *Le plus surprenant, c'est que tout était délicieux. Fruité, rondeur et saveur dans les tanins... On a mis presque la totalité des cabernets francs, car ils avaient une belle expression florale. Les merlots nous plaisaient, mais ce n'est pas général dans le Médoc. L'ensemble est à 13,1°.* »

Au niveau des vinifications, Georges, tu fais quoi ?

« *On macère à froid vers 12/13 °C de température, car sinon ça part très vite en fermentation et on n'a pas le temps de macérer. Après fermentation, on brasse les lies avec des turbo-pigeurs ou en envoyant de l'azote, ça remet en suspension les levures mortes qui vont apporter du gras au vin, enrober les tanins. À chaque cuve on adapte un traitement particulier.* » Assemblage : 60 % cabernet-sauvignon, 32 % merlot, 4 % cabernet franc, 3 % petit-verdot, 1 % malbec.

16,5 – Fruits rouges, gelée de groseilles, beaucoup de présence en bouche, tanins serrés, tendus, un vin très étoffé, volumineux, mais qui n'étouffe pas le plaisir et le fruit. Bonne longueur.

Millésime 2006

– *Dégustation d'avril 2007*

« *On s'est fait des frayeurs, mais ça supportait très bien. Gruaud est toujours exposé au vent. Ça et le travail de la vigne ont stoppé le botrytis* », commente Georges Pauli. « *On avait des merlots avec des puissances tanniques comparables au cabernet-sauvignon, et beaucoup d'arômes sur les cabernets. C'est dû aux nuits froides du mois d'août.* » 60 % cabernet-sauvignon, 24 % merlot, 11 % cabernet franc, 5 % petit-verdot. Élevage dans 45 % de bois neuf.

16 – Fruits noirs, chocolat, des notes qui rappellent les pomerols, bouche puissante, épicée, assez douce en première partie, moelleuse puis resserrée ensuite, petite pointe de dureté en finale, qui devrait se fondre.

– *Dégustation d'avril 2008*

16 – Nez boisé, bouche tendue, puissant, serré. Dense, un peu trop extrait et marqué par l'élevage à ce stade. Bon potentiel, cependant.

15 – **Sarget**. Violette, joli nez, épicé, grillé, il a été collé, bouche ronde, souple en attaque, frais, un peu tendu en finale mais pas mal de volume, un peu d'amertume en finale mais bonne tenue, bon Sarget.

Millésime 2007

– *Dégustation d'avril 2008*

Jean Merlaut : « *On ébourgeonne très tôt, s'il gèle tant pis, on ne fait pas du Gruaud avec des contre-boutons. Les acidités en septembre étaient basses, ça semblait mûr mais ça n'avait pas de goût. C'est en attendant, dans les derniers jours, que le raisin a pris du goût. On a vendangé du 2 septembre au 9 octobre. On avait décidé de faire des macérations courtes, pour ne pas extraire des choses dures. On a en revanche allongé les durées de cuvaison, pour tirer la matière en douceur.* »

Gruaud-Larose est composé de 71 % cabernet-sauvignon, 21 % merlot, 2 % cabernet franc, 6 % petit-verdot.

16 – Épicé, rose fanée, bouche bien parfumée, souple, ronde, moelleuse, tannique mais fondue. Vin long, pas trop extrait, beaucoup de fruit, bien dans l'esprit du millésime.

14 – **Sarget**. Nez fruité, bouche ronde, bien souple, fruitée, douce, tanins ronds, un peu fluide mais agréable.

– *Dégustation d'avril 2009*

16 – Gras, plein, chocolaté, très rond, très gourmand, souple, plein, chocolat à la cerise. Donne le sentiment qu'on pourra le boire très vite.

14,5 – **Sarget**. Prêt à la mise en bouteilles. Un peu boisé, bouche douce, fraîche, tendre, gourmand, un peu réglissé, orange.

Millésime 2008

– *Dégustation d'avril 2009*

C'est presque trop calme. On s'attend à tout moment à un éclat de voix, à un arrachement de porte. Mais non, faudra s'y faire, le bouillant Georges Pauli ne conseille plus Gruaud. Il est en phase de « *retraite active* ». C'est l'œnologue Éric Boissenot qui « suit » la propriété comme il le fait dans beaucoup d'autres crus du Médoc. Discrétion et efficacité. Jean Merlaut : « *On a peu de vin, sortie moyenne, travail trop fort en vert. On ébourgeonne très tôt, et la gelée a été importante.* » Le grand vin est composé de 57 % cabernet-sauvignon, 34 % merlot, 9 % petit-verdot.

16 – Nez un peu fermé, bouche ronde, souple, bien fondue, très gourmand, beaux tanins moelleux, très souple, joli fruit, fraîcheur en finale et un fruité bien posé et persistant.

14,5 – **Sarget**. 66 % de cabernet-sauvignon, 6 % de franc, le reste en merlot. Légère réduction, bouche douce assez volumineuse, tanins gras, veloutés, rond, agréable, bon second vin.

– *Dégustation d'avril 2010*

16/16,5 – Boisé, épices, poivre blanc, bouche ronde, suave, fraîche, élégante, densité moyenne mais le fruit est bien préservé.

14,5 – **Sarget**. Fruits rouges, frais, fin bien fruité, tendu, élégant, assez friand, à boire assez jeune.

Millésime 2009

– *Dégustation d'avril 2010*

Jean Merlaut a conservé intact le bureau d'Ambroise Roux, grand lobbyiste du patronat français, ancien patron de la CGE, qui fut propriétaire un temps de Gruaud. Si le bureau, le confortable fauteuil et les meubles sont demeurés, il n'en est pas de même du mobilier Empire qui s'empilait autrefois à Gruaud. Quand la CGE racheta le cru à la famille Cordier, tout fut bradé pour le plus grand bonheur des brocanteurs locaux. Philippe Carmagnac : « *Il y avait très peu de jus, on avait une moyenne à 13,4°. Il ne fallait rien toucher. Parfois, quand j'étais dans le chai, je me disais : tu n'oublies rien, il n'y a rien à faire ? On s'est un peu méfiés. Je me souvenais de 1975 où on était allés un peu trop loin dans l'extraction, et donc on a surveillé ; et dès que le tanin était un peu trop extrait, on baissait les températures et on écoulait.* » 68 % cabernet-sauvignon, 32 % merlot.

17 – Épices, fruits noirs, bouche droite, fraîche, plein, dense, fruité bien préservé, riche, tannique mais pas séchant, long, velouté. Un Gruaud d'un style plus raffiné que dans les années 2000, bonne longueur. Très beau milieu de bouche.

15 – **Sarget**. 54 % cabernet-sauvignon, 26 % merlot, 13 % cabernet franc, 7 % petit-verdot. Fruits noirs, bouche souple, ronde, tendue, vive, bien moelleuse, long, cohérent, beaux tanins bien intégrés.

Lagrange

3e cru classé
Surface : 117 ha
Propriétaire : Suntory
Contact : Bruno Eynard
33250 Saint-Julien
05.56.73.38.38
www.chateau-lagrange.com

Quand, en 1983, le groupe japonais Suntory, numéro deux ou trois mondial des spiritueux, s'intéresse à Lagrange, le 3e cru classé de saint-julien n'avait jamais autant mérité son nom.

Que restait-il en effet du vaste domaine magnifiquement mis en valeur par François Cabarrus, ministre des Finances de Joseph Bonaparte ? Des friches, des ruines, des bâtiments à l'abandon, des ayants droit en embuscade, des stocks en fumée. Les 300 hectares d'autrefois ? Il n'en demeure guère que la moitié, dont seulement 56 sont vaguement plantés en vigne. La prise de possession a lieu le 1er janvier 1984. Pour défendre ses intérêts, Suntory a fait appel à un homme (aujourd'hui disparu) dont nul ne conteste l'autorité en Médoc, le propriétaire de Léoville-Las-Cases, Michel Delon. C'est lui qui met en relation vendeurs et acheteurs ; il recrute aussi l'homme chargé de redresser la situation : Marcel Ducasse. « *J'avais passé treize ans dans la recherche à l'ITV* [Institut technique de la vigne et du vin] *et je venais d'entrer dans l'industrie phytosanitaire. Je faisais du marketing, une sorte de voyage dans le monde de la réalité car, à l'ITV, on est dans l'utopie.* » À Lagrange en mars 1984, quand Ducasse prend ses fonctions, il n'y a pas de place pour l'utopie : « *Le groupe avait acheté le domaine 54 millions de francs, mais il a fallu en investir 250 en six ans. Tout était à construire : les chais, les bureaux, les hangars pour le matériel, les chambres pour les vendangeurs…* » Plutôt risqué pour quelqu'un qui n'avait pas l'expérience de la gestion d'un cru et qui ne savait pas grand-chose de ses nouveaux patrons. « *J'avais la parole de Michel Delon, sa garantie, et cela me suffisait.* » Le Médoc, habitué aux investisseurs étrangers, ne s'étonne pas de voir des Japonais redonner vie à un de ses fleurons. D'autant que les nouveaux venus ne dérogent pas aux habitudes : « *On a continué de vendre en s'adressant au négoce de Bordeaux, on fait partie de toutes les associations. On n'a rien fait d'extravagant.* » Le vignoble a été rénové, les friches plantées : Lagrange totalise aujourd'hui 113 hectares de vignes (le domaine couvre 157 hectares, dont un immense parc). Une partie des plantations effectuées dans les années 80 commence à être suffisamment âgée pour produire du raisin digne du cru classé. Avec une particularité : une forte proportion du cépage petit-verdot. *« Nous sommes la propriété où il doit y avoir le plus de petit-verdot d'un seul bloc : 7 hectares. C'est un choix personnel. La base, ici, c'est cabernet-sauvignon et merlot en complément. Le petit-verdot apporte de l'originalité : une couleur plus intense, un nez spécifique fruits noirs et de la structure tannique. »*

En 2004, Marcel Ducasse a fêté, modestement comme à son habitude, ses vingt ans de Lagrange. En 2008, il a passé la main, rejoint son cher bateau et ses coins de pêche dans l'estuaire. Beaucoup de ses admirateurs disent qu'il a fait un vin délicieux. Lui dit qu'il est « *convenable* » et que sa réussite, c'est la vigne et les relations qu'il a construites avec le monde extérieur. Le reste, la magie technique, le *wine making*, comme il convient de dire ? *« C'est du pipeau. Ce qui compte le plus, c'est le contrôle interne de détails, mais cela ce n'est pas visible par le consommateur. »*

Bruno Eynard, qui secondait Marcel Ducasse, a pris naturellement sa succession.

Second vin : Les Fiefs-de-Lagrange

Millésime 2000

– Dégustation d'avril 2001

Marcel Ducasse a tranché : pas de petit-verdot dans le grand vin. *« Ils sont trop denses, trop riches, trop tanniques. On avait suffisamment de volume avec les cabernets-sauvignons, ce n'était pas la peine d'en rajouter. »* Le petit-verdot est donc allé renforcer le deuxième vin parfaitement délicieux cette année et qui représente 61 % du volume. *« On a quelque chose de plus lié grâce aux cabernets mûrs, on a moins de creux que dans certains millésime précédents. La trame annonce la longévité et en même temps c'est un vin que l'on a déjà envie de boire, pas un vin de concours. »* Tout est dit. 64 % cabernet-sauvignon, 36 % merlot.

16,5 – Nez puissant et flatteur, entre salade de fruits de printemps et rose rouge, bouche onctueuse, très douce, structure tannique qui favorise la longueur, tanins doux, fruité explosif en finale.

– Dégustation de mai 2002

16,5/17 – L'élevage domine un peu les arômes, café, torréfaction, la barrique est à ce stade bien présente, le fruit vient après, tout cela va se fondre au fil du temps. Bouche prometteuse, tanins moelleux, rondeur, plénitude, note poivre et épices, belle longueur.

– Dégustation janvier 2004

17,5 – Le vin a magnifiquement évolué. Nez intense, épicé, girofle, fumée, fruits et rose. La matière est riche et pleine, le tanin gras étaie la finale sur un fruit expressif.

Millésime 2001

– Dégustation d'avril 2002

62 % cabernet-sauvignon, 27 % merlot, 11 % petit-verdot. « *Ce sont les plus beaux petits-verdots que j'aie connus à Lagrange, beaucoup moins rustiques que l'an passé* », commente Marcel Ducasse. « *On fait moins de vin que l'an passé. La production globale est inférieure, et on vend en vrac un lot plus important pour conserver la qualité des fiefs.* » Les Fiefs-de-Lagrange, le second vin, s'est en effet acquis une très belle réputation dans le monde de la restauration.

15,5/16 – Réglisse, violette, rose à l'aération, bouche délicate, suave, tanins soyeux, bonne longueur, vin harmonieux, assez charnu, au bouquet riche et séduisant.

– Dégustation de janvier 2004

15,5 – Agréable au nez, floral, violette, rose et réglisse, boisé fumé. Attaque fraîche, corps souple et soyeux, belle finale pleine de fruit, en élégance plus qu'en puissance.

Millésime 2002

– Dégustation d'avril 2003

Une fois n'est pas coutume, Marcel Ducasse est presque enthousiaste : « *On a fait 44 hl/ha et on avait beaucoup de bonnes cuves. En 2002, on a eu du mal à décider ce qu'on allait mettre dans le second vin.* » 54 % cabernet-sauvignon, 33 % merlot et une très forte participation des petits verdots : 13 %.

16,5 – Joli nez bien fruité, mûre, fraise des bois, tanins opulents en bouche, beaucoup de matière, une certaine fermeté. Dans un style à la fois fruité et sérieux, un beau vin de garde.

– *Dégustation de janvier 2004*

16,5 – Joli nez fruité, mûre, fraise des bois, tanins opulents en bouche, beaucoup de matière, une certaine fermeté.

Millésime 2003

– *Dégustation d'avril 2004*

« On a opté pour des durées de macération assez modérées, car la richesse en tanins était forte », commente Marcel Ducasse. *« En revanche, si l'équilibre sucre/acide était réalisé fin août, il n'en allait pas de même des tanins. Il fallait attendre, et ce n'était pas facile, car les merlots commençaient à lâcher sur le plan sanitaire. Le temps beau et sec a permis de tenir et de sauver la situation en évitant la pourriture. Au final, on a une bonne concentration par déshydratation et une matière mûre. »* Assemblage de Lagrange : 57 % cabernet-sauvignon, 33 % merlot et 10 % petit-verdot, un assemblage assez proche de la moyenne des dix dernières années. Marcel Ducasse insiste sur la très belle qualité des petits-verdots, qui sont entrés en totalité dans le grand vin. *« On avait une cuve à 15,1° potentiels, il a fallu mettre du jus de cabernet dedans pour arriver à faire démarrer la fermentation. »*

16/16,5 – Nez assez fermé, des notes fraîches de rose, bouche tendre, bien souple en attaque, milieu de bouche garni et moelleux, la finale se resserre sur des tanins présents mais fins. Un vin structuré, sans aucun doute de garde.

Millésime 2004

– *Dégustation d'avril 2005*

« On va balancer 1 000 hectolitres de bon vin à la chaudière », raconte Marcel Ducasse, peu adepte de la langue de bois. Ici comme ailleurs, la récolte a été imposante : 65 hl/ha pour 58 de reconnus en appellation contrôlée. La nature, qui ne connaît rien au règlement, a compensé les petites récoltes de 2002 et 2003. À Lagrange cette année, on a cependant pratiqué des vendanges vertes pour réduire la production. *« Mais la fleur a été formidable. On s'est aperçus qu'il n'y avait pas de grains millerandés (non fécondés). Il y avait un nombre incroyable de grains par grappe… »* La sélection a été impitoyable. Seuls 38 % de la récolte ont donné du grand vin. 44 % ont été retenus pour Les Fiefs-de-Lagrange. Quant au grand vin, Marcel Ducasse le trouve plus que *« convenable »*, ce qui dans sa bouche relève du superlatif. *« Il va prendre du muscle et du gras tous les jours. On le voit évoluer. Il correspond à mon goût. »*

17,5 – Myrtille, fruits noirs, rose, bouche souple, tanins serrés et doux qui développent leurs muscles progressivement en bouche jusqu'à la finale bien fruitée. De la gourmandise, comme toujours ici, beaucoup d'élégance en plus, une finesse inhabituelle.

Millésime 2005

– *Dégustation d'avril 2006*

Résumé toujours succinct et pertinent de Marcel Ducasse : « *C'est un millésime équilibré malgré sa forte concentration. La concentration, c'est la sécheresse, et l'équilibre, ce sont les nuits fraîches d'août et septembre.* » Pendant les vendanges, Lagrange a enregistré quelques records historiques avec une cuve de petit-verdot à 14,9° et une autre de merlot à 15°. Par bonheur, l'assemblage final est moins chargé : 13,7° tout de même, et sans que jamais on puisse le ressentir à la dégustation. 46 % cabernet-sauvignon, 45 % merlot, 9 % petit-verdot.

17/17,5 – Réglisse et violette (comme souvent sur ce cru) au nez, bouche riche, tanins moelleux, une densité exceptionnelle ici, mais sans trahir la finesse. Un vin opulent, velouté, très long. Sans doute une très grande bouteille après élevage.

Millésime 2006

– *Dégustation d'avril 2007*

Dernière vendange, dernière vinification à Lagrange pour Marcel Ducasse, parti fin avril à la retraite : « *Au 10 septembre, c'était mieux que 2005. Après, ça s'est dégradé. On ne peut pas dire que ce n'était pas mûr, mais avec des tanins massifs, austères, qui, mélangés à une acidité légèrement supérieure, donnent un côté aride et une finale crochue – mais ça va s'arrondir. Ce n'est pas grâce au talent du vinificateur que l'on s'en sort bien, ce sont les terroirs qui ont tenu le coup. Les terroirs, heureusement qu'ils existent !* » Joli mot de la fin pour ce grand modeste.

Le grand vin est composé de 59 % cabernet-sauvignon et 41 % merlot.

17 – Un remarquable Lagrange une nouvelle fois, et qui joue sur un équilibre parfait entre acidité, tanins mûrs et alcool, beaucoup de fruit, d'onctuosité et de finesse, des notes myrtille et une finale vive qui prolonge le fruit en bouche.

– *Dégustation d'avril 2008*

17 – Nez poivré, fermé, bouche puissante, tannique, dense, peu fondue, vin à la forte trame, très dense, de garde, beaucoup d'allure.

14,5 – **Les Fiefs-de-Lagrange**. Épices fruits noirs, souple, rond, bien garni, long, tendu en finale. Fin de bouche un peu dure.

Millésime 2007

– *Dégustation d'avril 2008*

Bruno Eynard : « *Au moment des vendanges, on a 100 personnes qui coupent. C'est difficile de les faire stopper pour attendre la maturité, la tension monte vite, il faut trouver un endroit où ils coupent, sinon, ça tourne à la bagarre. Cette fois, on est passés par des entreprises de prestation de services, encadrés par nos fixes. L'énorme avantage est de vendanger aux bonnes dates et non pas de subir la pression : vingt-trois jours de vendanges au lieu de quinze d'habitude. On a deux gros projets : on va passer des grosses cuves à des plus petites, et le tri de la vendange sur 115 hectares. On veut aussi s'adapter mieux aux cépages. On a plein de pistes qui demandent du travail. La recherche des détails…* » Le château s'ouvre aussi au tourisme, avec l'embauche de Charlotte Denjean, chargée des relations publiques et de l'œnotourisme.

68 % de cabernet-sauvignon, 25 % de merlot, 7 % de petit-verdot.

16 – Fruits noirs, épices, poivre, bouche tendue, vive, bien fruitée, élégante, fondue, jolis tanins très doux.

14 – **Les Fiefs-de-Lagrange** est composé de 54 % cabernet-sauvignon, 39 % merlot, 7 % petit-verdot : nez floral, rose, framboise, pointe végétale plutôt agréable, bouche ronde, bien fruitée, douce pas trop extraite.

– *Dégustation d'avril 2009*

16 – Fruits noirs, épices, bouche ronde, assez veloutée, un peu boisée.

14 – **Les Fiefs-de-Lagrange**. Fruité noir, grillé, café, bouche ronde, assez fluide, rond, gourmand, souple.

Millésime 2008

– *Dégustation d'avril 2009*

Lagrange demeure une très grosse machine qu'il faut savoir maîtriser. « *Les jours où on est énervés, on rentre jusqu'à 100 tonnes de vendanges par jour* », dit Bruno Eynard. Une fois rentrée, cette vendange doit aussi trouver sa bonne destination : « *On a changé une partie de nos grosses cuves de 220 hectolitres pour des cuves plus petites, pour s'adapter au parcellaire : une cuve pour une parcelle, du moins les plus intéressantes.* » Les vendanges se sont déroulées du 6 au 23 octobre, en fonction des maturités. « *On a vendangé des merlots au milieu des cabernets.* » Pour les vinifications, le pari de Bruno Eynard est d'apporter « *un peu plus d'élégance ; si on a une marge de progression, c'est sans doute dans ce sens-là, par la culture du détail* ».

72 % cabernet-sauvignon, 26 % merlot, 2 % petit-verdot.

15,5 – Un Lagrange très cabernet, au nez, légèrement végétal, bouche touffue, assez tannique, bon fruit derrière.

14 – **Les Fiefs-de-Lagrange** est composé de 57 % cabernet-sauvignon, 29 % merlot, 14 % petit-verdot. Cassis, un peu végétal, c'est le premier cabernet rentré qui donne ça. Bouche fraîche, tendre, souple en attaque, un peu dure en finale.

– *Dégustation d'avril 2010*

15,5 – Fruits rouges, un peu cerise, vif, frais tendu, serré, frais, bien fruité, une petite note végétale, mais qui se fond dans un ensemble assez fruité.

14 – **Les Fiefs-de-Lagrange**. Fruits noirs, mûre, bouche assez légère, tendre, souple, assez légère, finale fruitée.

Millésime 2009

– *Dégustation d'avril 2010*

Bruno Eynard : « *Ce qu'on essaie de faire ? C'est gagner en élégance, avoir des choses un peu plus délicates, car on était assez carré ici.* » Gagner en élégance et sans doute en précision. Osera-t-il s'attaquer aux 7 hectares de petit-verdot chers à Marcel Ducasse ? Suspense… Mais, cette année, ils ne font pas partie de l'assemblage. « *On était tous partisans de mettre le petit-verdot dans Lagrange, mais notre œnologue, Éric Boissenot, nous a dit : vous allez perdre de l'élégance.* » Il a bon dos, Éric. Pendant ce temps-là, Marcel taquine le bar sur son bateau à l'embouchure de l'estuaire… « *On a vendangé du 28 septembre au 16 octobre. Ce qui nous a inquiétés, c'est le décalage entre maturité alcoolique et maturité phénolique. On avait peur que l'alcool monte très haut avant que les tanins ne soient effectivement mûrs. Préserver l'équilibre a été notre préoccupation principale. À l'arrivée, on a 13,5°, on reste médocains, d'autant que les pH sont à 3,65, on garde de la fraîcheur, c'est la surprise du millésime.* »

73 % cabernet-sauvignon, 27 % merlot.

17 – Fruits noirs, poivre, tabac, bouche souple, moelleuse, dense, serré, beaucoup de matière mais c'est assez raffiné, frais, tannique mais élégant.

14,5 – **Les Fiefs-de-Lagrange**. 57 % cabernet-sauvignon, 35 % merlot, 8 % petit-verdot. Fruits noirs, un peu réducteur, frais, vif, bien rond, tendu en finale, un fruité bien en avant et une structure tannique suffisante pour le porter.

15 – Egalement goûté **Arums (blanc) :** 60 % sauvignon, 30 % sémillon, 10 % muscadelle. Joli nez marqué sauvignon, bouche ronde, fraîche, bien parfumée, agréable.

Archives

– Dégustation janvier 2004

Millésime 1990

17 – Fruits rouges, violette, mûre, épices. Bouche pleine, droite, opulente, finale longue et chocolatée, fraîche, tout en finesse. Peut attendre encore longtemps.

Millésime 1991

15 – Joli nez ouvert, violette et Zan. Du fruit, rond, pas très complexe, mais souriant.

Millésime 1993

14 – Rubis. Nez aimable, fruit, champignon blanc, léger, groseille. Corps fin et mince, du soyeux, un peu court, un fruit agréable en finale.

Millésime 1994

14 – Nez de fraises en tarte, cacao. Assez frais en attaque, le corps est étayé par un tanin viril et une acidité vive.

Millésime 1995

15,5 – Épices, fruits noirs, prune, pruneau. Texture riche, opulente, tanin serré, plein et puissant. Vin à attendre.

Millésime 1996

17 – Myrtille, cassis, violette, complexe, menthol. Complet, riche en bouche, charnu, séveux. Finale appuyée sur un tanin gras et puissant.

Millésime 1997

15,5 – Nez très ouvert, éclatant, violette. Bouche bien fondue, la chair est souple, la finale longue, tout en fruit.

Millésime 1998

16,5 – Cassis, violette, pain grillé, très élégant. Classique, riche et opulent en bouche, épicé, avec une matière, serrée.

Millésime 1999

16 – Beau nez de tous les fruits : cerise, myrtille, cassis, bien ouvert. La bouche est ronde, le tanin caresse plus qu'il n'agresse.

Langoa-Barton

3e cru classé
Surface : 18 ha
Propriétaire : Anthony Barton
Contact : Château Langoa-Barton
33250 Saint-Julien
05.56.59.06.05
www.leoville-barton.com

Langoa-Barton – 3e cru classé en AOC saint-julien, ce n'est pas rien – vit un peu dans l'ombre de Léoville-Barton. C'est historiquement injuste parce que, après tout, Langoa est chez lui. Le château où réside la famille Barton, c'est Langoa. Léoville, fruit d'une séparation en trois d'un ancien grand domaine, ne possède pas de belle résidence avec accès par escalier double en pierre. Ce n'est qu'un sous-locataire de Langoa.

Éclatant au départ, le petit frère fruité et doux de Léoville-Barton évolue assez vite sur un rythme boudeur dont il met plusieurs années à se débarrasser. Même si la famille Barton s'agace des comparaisons, il faut bien reconnaître qu'exceptions rares mises à part (en 2004, surtout), Léoville est toujours devant. D'ailleurs, les prix auxquels on trouve ces vins chez les négociants ou les cavistes en attestent. Langoa est toujours moins cher que Léoville, même si – on doit leur rendre cet hommage – les Barton n'ont jamais cherché à atteindre en prix les sommets de certains voisins comme Ducru-Beaucaillou ou Léoville-Las-Cases. *« On ne trouve pas de Barton en ventes aux enchères car les gens les boivent, parce que nos prix sont raisonnables… »*

Second vin : Lady Langoa

Millésime 2000

– Dégustation d'avril 2001

Anthony Barton a concocté pour Langoa un assemblage comprenant 70 % de cabernet-sauvignon, 20 % de merlot et 10 % de cabernet franc : *« Je n'aime pas beaucoup les cabernets francs, mais, depuis que je leur ai parlé – j'ai menacé de les arracher ! –, ils font un petit effort. »*

15,5 – Comme d'habitude dans ce cru, on est séduit par le fruité exubérant qui commence au premier coup de nez et ne s'achève qu'en fin de bouche, laquelle est bien garnie, tapissée de petits tanins moelleux.

Millésime 2001

– *Dégustation d'avril 2002*

70 % cabernet-sauvignon, 10 % cabernet franc, 20 % merlot.

14,5/15 – Des notes tapenade, épices, fumé, bouche riche, dense, trame serrée. Un Langoa un peu surprenant. On est habitué, avec ce cru, à chercher le fruit plus que la structure.

– *Dégustation de novembre 2008*

14,5 – Assez évolué mais joli nez flatteur ; la bouche souple en attaque offre une agréable palette aromatique. La finale est moins harmonieuse avec des tanins un peu séchants.

Millésime 2002

– *Dégustation d'avril 2003*

« Les sols de Langoa sont plus siliceux que sur Léoville », explique Michel Raoult, régisseur. *« Il faut surveiller et, dès que ça arrive à maturité, cueillir vite, alors que sur Léoville, où on a des graves argileuses, on peut attendre davantage. »* L'assemblage est composé de 75 % cabernet-sauvignon, 22 % merlot, 3 % cabernet franc. Le vin était en pleine prise de bois quand nous l'avons dégusté et les arômes étaient un peu masqués.

14,5 – Fruits noirs, confiture de prunes, bouche boisée, tanins serrés, matière assez dense. Il lui manque un peu de ce velouté qui signe souvent ce cru.

Millésime 2003

– *Dégustation d'avril 2004*

« Contrairement à ce que prévoyaient les analyses, on a des acidités suffisantes », explique Anthony Barton. *« Les analyses, c'est comme les sondages avant les élections, faut s'en méfier… »* L'assemblage définitif, réalisé début février, annonce 72 % de cabernet-sauvignon, 20 % de merlot, 8 % cabernet franc.

15,5 – Joli nez de violette et de cassis, touche épicée, bouche tendre, très fruitée, tanins fondus et veloutés, beaucoup de gourmandise.

– Dégustation de novembre 2008

15 – Fruits confits, bouche assez fraîche pour le millésime, épices, note d'amande grillée, puissant, tannique surtout en finale où tous les éléments ne semblent pas encore fondus.

Millésime 2004

– Dégustation d'avril 2005

75 % cabernet-sauvignon, 25 % merlot. 50 % de barriques neuves pour l'élevage.

16 – Nez très fruité, mûre, tarte aux myrtilles, bouche pleine et soyeuse, bien fraîche, très parfumée, avec des notes mêlées de framboise et de cassis en finale, des tanins agréables, sans mordant. Joli vin fruité et équilibré.

– Dégustation de novembre 2008

17,5 – Le nez s'ouvre à l'aération, rose, fleurs séchées, des senteurs bourguignonnes, note sanguine, bouche fraîche, élégante, d'une grande finesse. Pas encore à son top, des tanins délicats et serrés, une trame très noble.

Millésime 2005

– Dégustation d'avril 2006

75 % cabernet-sauvignon, 25 % merlot.

16 – Fruits noirs, épices douces, boisé un peu marqué à ce stade de l'élevage, bouche fraîche, bien fruitée, tanins assez présents mais sans dureté, délicat et racé.

– Dégustation d'avril 2008

16,5/17 – Fermé, réducteur, tanins assez fermes, dense, milieu de bouche plein, bonne matière, long, tendu.

– Dégustation de novembre 2008

17 – Épices, fruits rouges, réglisse, séveux, bouche puissante, dense mais équilibrée et fraîche. Tanins souples et serrés, beaucoup de charme et de profondeur.

Millésime 2006

– Dégustation d'avril 2007

70 % cabernet-sauvignon, 25 % merlot, 5 % cabernet franc.

15,5/16 – Fruits noirs, violette, frais, élégant, tanins fondus en attaque, un peu plus vifs en finale. Très beau fruit bien préservé.

– Dégustation d'avril 2008

16 – Floral, tendre, souple, en attaque, très beau fruit, finale plus tannique, tendue, serrée, encore un peu dure.

– Dégustation de novembre 2008

15,5 – Fermé, chlorophylle, bouche ronde, élégante, tanins souples, bonne acidité, bien fruitée. Pas une matière phénoménale mais un équilibre parfait.

Millésime 2007

– Dégustation d'avril 2008

« On a un peu plus de cabernet franc que d'habitude. Très fruit, pas de vendange verte, pas d'osmose, pas de microbullage… », revendique Lilian Barton-Sartorius, la fille d'Anthony.

15,5 – Sucrosité, bouche vanillée, sucrée, échantillon un peu préparé, dense, tanins serrés, vanille, belle présentation, très souple.

– Dégustation d'avril 2008

15,5/16 – Bouche douce, gourmande, bien fondue, milieu de bouche très velouté, finale réglissée.

– Dégustation de novembre 2008

15 – Fruits noirs et boisé, bouche très souple, marquée par la prise de bois. Refermé.

Millésime 2008

– Dégustation d'avril 2009

Vendanges du 1er au 13 octobre. 67 % cabernet-sauvignon, 27 % merlot, 6 % cabernet franc.

16 – Nez fruité et boisé, rond, frais, plein, joli fruit, tendu, tanins gras, velouté en milieu de bouche, tendu en finale.

– Dégustation d'avril 2010

Boisé, grillé, le collage à ce stade fait ressortir le bois, rond, tendre, souple, frais, fin, séveux, très élégant, joli fruit.

Millésime 2009

– Dégustation d'avril 2010

Anthony Barton : *« Nous avons 54 % de cabernet-sauvignon, 32 % de merlot, 12 % de cabernet franc. Ce ne sont que des statistiques. Les statistiques, c'est comme le bikini, ça montre beaucoup de choses, mais ça cache l'essentiel… »*

16,5 – Très frais, cerise, fruits rouges, bouche vive assez boisée, tendre, frais, rond, tendre, élégant, très en fruit.

Archives

– Dégustation de novembre 2008

Millésime 1990

16 – Poivre, fruits noirs en confiture, olive noire, des arômes solaires, bouche ronde, tannique, structurée, beaucoup de matière et de gourmandise, tanins présents. Un vin de bouche, très présent, flatteur, de la suavité et une finale un peu amande grillée.

Millésime 1996

15,5 – Nez de poivre qui n'est pas sans rappeler celui du Léoville 1988, finesse et note charnelle. La bouche est encore serrée – le vin semble adolescent –, tendue, droite mais les tanins demandent à se fondre. Un peu austère aujourd'hui mais une bonne bouteille en perspective.

Millésime 1997

13,5 – Fruits confits, poivre, note animale, fourrure. La bouche est serrée mais peu harmonieuse, une première partie agréable ensuite le boisé domine avec des saveurs vanillées et le vin s'exprime dans un registre assez amer en finale.

Millésime 1998

15 – Fruits noirs en cuisson, grillé, note d'orange. La bouche attaque avec de la rondeur et se durcit ensuite. Les tanins encore très jeunes se montrent virils et cette sensation est renforcée par l'acidité du millésime. Un vin qui devrait bien évoluer dans un style classique médocain, mais pour le moment c'est austère…

Millésime 1999

15,5 – Fruits noirs, cerise confite, des arômes de maturité, épices. Bouche ronde, souple, chocolat, semble plus marqué par le merlot, gourmand, très agréable aujourd'hui.

Léoville-Barton

2e cru classé
Surface : 50 ha
Propriétaire : Anthony Barton
Contact : Château Léoville-Barton
33250 Saint-Julien
05.56.59.06.05 – www.leoville-barton.com

Quand l'œil commence à s'allumer, à pétiller, cela signifie qu'Anthony en a terminé avec les merlots et les cabernets. C'est alors qu'il faut prendre des notes. Les anecdotes, les reparties, les pensées fulgurantes ou minutieusement préparées sont des instants de bonheur, bien précieux dans ces périples médocains bien plus harassants qu'on ne l'imagine.

Une petite « bartonnerie », pour vous mettre en appétit : *« Mon oncle, quand j'ai commencé à travailler avec lui à la société de négoce dont il s'occupait à Bordeaux, me disait toujours : "Mon petit, il ne faut jamais se montrer trop pressé, le mépris du client est le début de la sagesse…" »*

Nous faisons quelques pas dans la cour du château, petit silence, poignée de mains, et Anthony relance : *« Trois semaines après, mon oncle faisait faillite ! »*

La société de négoce Barton et Guestier est cédée à un puissant repreneur américain qui insiste pour que l'oncle Ronald vienne visiter les installations ultramodernes du groupe en Californie. Il n'en a guère envie, renâcle quelque peu, et finit par céder. Un jeune et brillant technicien lui commente la visite, faisant admirer la tuyauterie en inox, les systèmes de contrôle, de filtre, de pompe, etc. Entre la laiterie aseptisée et l'usine à gaz. À la fin du parcours, le jeune technicien demande à l'oncle Ronald son avis. Celui-ci répond : *« Si je comprends bien, c'est donc par pure coïncidence que vous faites du vin ? »*

Anthony Barton est arrivé à Bordeaux en 1951 à la demande de son oncle : *« Je m'intéressais plus à la production qu'à la vente. Mon oncle m'a dit, il faut inverser, car ce qui gagne de l'argent, c'est la vente ; la propriété en perd. Et maintenant, c'est l'inverse. »* Le négoce, alors souverain, a connu depuis des heures difficiles. *« J'ai commencé à avoir mon mot à dire en 1982 et vraiment vinifié en 1985. »*

Drôle de destin que celui de ces Irlandais qui, depuis le début du XVIIIe siècle, partagent leur destin entre leur terre d'origine et la France. Parfois, cela faillit leur coûter cher. Au moment de la Révolution, notamment. Ronald Barton fit la dernière guerre dans les rangs de l'armée britannique, mais comme agent de liaison avec les Forces françaises libres… Anthony Barton est né en Irlande, ce qui lui vaut une pointe d'accent.

Léoville-Barton, 2e cru classé, c'est le délicieux du Médoc, toutes appellations confondues. Celui qui allie fruit, délicatesse, grâce des tanins raffinés à la structure tendue et solide. Un sorte de compromis entre la sévérité des pauillacs que son vignoble côtoie, et le fruité de saint-julien (son appellation). Anthony (et son équipe) lui a apporté de la précision, un équilibre parfait grâce à une meilleur maîtrise du vignoble et de la vinification. C'est incontestable ! Mais nous avons eu (trop rarement) l'occasion de déguster de très vieux millésimes (certains du XIXe siècle conservés chez le voisin, Lafite-Rothschild) qui semblaient posséder la même fraîcheur et le même éclat… Preuve d'une continuité dans la gestion de ce terroir. Léoville n'est pas indifférent à l'effet millésime. Ainsi, parmi les plus récents, 1994 et sa fin d'été pourrie se traduit par un rouge plein de sève mais dont la finale semble un peu astringente. De même, 1999 donne un vin certes sans la complexité et la finesse habituelles, mais gourmand. Ou encore 2002, un peu fluide mais tellement séduisant… Pour terminer, quelques phrases d'Anthony relevées dans mes carnets au fil des visites :

« Cette année, les fermentations malolactiques se sont déclenchées assez tard. Autrefois, mon oncle ne croyait pas à la fermentation malolactique, ni à la TVA : cela nous a coûté très cher. »

« Le réchauffement de la planète, c'est un sujet passionnant. Surtout quand on a presque 75 ans. »

« Des gens sont prêts à payer des prix ridicules pour un millésime ancien. Je dis : pensez à ce qu'il devient après que vous l'avez bu ! »

Second vin : Réserve de Léoville-Barton

Millésime 2000

– Dégustation d'avril 2001

« Il y a un seuil à ne pas franchir. L'autre jour, on m'a proposé un 99 à 4 000 dollars, je n'ai pas marché ; pourtant, c'était un 1899… »

Cette année, avec son œnologue Jacques Boissenot – *« Je l'aime bien, il est calme, pas trop autoritaire »* –, Anthony a choisi d'assembler 72 % de cabernet-sauvignon, 8 % de cabernet franc et 20 % de merlot. « *J'ai légèrement augmenté la proportion de merlot : Léoville-Barton avait la réputation d'être austère. Je me rappelle une expérience qu'avait faite mon oncle en 1952. Il avait mis en bouteilles juste une barrique de pur merlot absolument formidable. Dix ans après, c'était délicieux ; quinze ans après, c'était l'assemblage qui était passé devant.* »

17 – Nez de violette, cassis, baies roses, fleurs séchées, bouche très gourmande, envahie par un fruité remarquable, la structure tannique est douce, serrée, onctueuse, dans la lignée du délicieux 98.

– Dégustation de mai 2002

17,5/18 – Nez un peu refermé, avec de notes réglissées. La bouche est d'une densité rarement rencontrée dans ce cru, tannique, structurée, très longue. Un vin en pleine construction, bien plus impressionnant que l'an passé.

– Dégustation de novembre 2008

18,5 – Pas très ouvert, poivre, séveux, du bon végétal, bouche puissante, dense, tanins serrés, une matière forte, riche mais jamais envahissante. Un vin droit, tendu, ramassé et qui est loin d'atteindre sa maturité.

Millésime 2001

– Dégustation d'avril 2002

72 % cabernet-sauvignon, 20 % merlot, 8 % cabernet franc. « *Depuis que j'ai menacé de les arracher, les cabernets francs sont de mieux en mieux. Il suffisait de leur parler avec le langage de la fermeté. Cette année, c'est l'indice tannique le plus élevé que l'on ait eu depuis que nous faisons cette mesure. Mais cela ne veut pas dire grand-chose* », commente Anthony Barton.

16,5 – Nez cerise, bouche dense, tanins moelleux et serrés. Un très beau fruit, beaucoup d'allure, sans cependant atteindre la plénitude ni le parfait niveau d'élégance du millésime précédent.

Millésime 2002

– Dégustation d'avril 2003

75 % cabernet-sauvignon, 22 % merlot, 3 % cabernet franc.

16 – Marqué par la prise de bois. Bouche puissante, tanins onctueux, belle matière opulente, trame solide et fine.

– Dégustation de novembre 2008

16 – S'ouvre doucement sur des notes de poivre noir et de cuir neuf, bouche douce, souple, fondue, des notes de cerise fraîche et de vanille. Un vin délicat, peut-être un peu mince en milieu de bouche mais assez long et bien savoureux. On peut commencer à le boire.

Millésime 2003

– Dégustation d'avril 2004

Avec Anthony Barton, il faut s'attendre à tout : *« Cette année, quoi de nouveau ? Il y a eu du soleil et on a fait du vin. »* Ainsi, toute déclaration a de fortes chances de commencer Léoville (sérieux, cru classé, etc.) et de finir Barton. Exemple : *« Il y avait deux sortes de raisins : de petits raisins et de très petits raisins… »* L'assemblage final se compose de 70 % de cabernet-sauvignon, 20 % de merlot, 10 % de cabernet franc.

16/16,5 – Nez assez fermé, plutôt floral, bouche dense, tanins présents mais veloutés. Vin ramassé, bien équilibré, trame tannique plus serrée que d'habitude mais sans perdre son élégance.

Millésime 2004

– Dégustation d'avril 2005

75 % cabernet-sauvignon, 25 % merlot. Le millésime surprend Anthony Barton par sa qualité et, visiblement, il n'en attendait pas tant : *« Je suis étonné, car on a eu un été moyen, et même, à la fin, ce n'était guère ensoleillé. »* 50 % de barriques neuves pour l'élevage.

16 – Nez très fruité, mûre, tarte aux myrtilles, bouche pleine et soyeuse, bien fraîche, très parfumée, avec des notes mêlées de framboise et de cassis en finale, des tanins agréables, sans mordant. Joli vin fruité et équilibré.

– Dégustation de novembre 2008

16,5 – Fermé, des notes minérales de silex, bouche plus accessible, assez tendre, un milieu de bouche un peu effacé, ensemble assez fin, encore marqué par le boisé de l'élevage. Un vin en cours de mutation.

Millésime 2005

– Dégustation d'avril 2006

Anthony Barton ne voit *« pas de millésime comparable. J'avais peur de l'excès de concentration mais non, la maturité était parfaite et le climat à la demande. Je ne me rappelle pas une année aussi sèche».* Au point qu'Anthony Barton minimise le choix des dates de vendanges. *« Franchement, je n'ai pas remarqué de différences entre les premières cuves de cabernet ramassées et les dernières. Nous avons commencé le 20 septembre avec une troupe nombreuse, et nous avons conclu le 30. »* 73 % cabernet-sauvignon, 23 % merlot, 4 % cabernet franc. Élevage dans 50 % de bois neuf.

18,5 – Nez un peu marqué par le boisé de la barrique, bouche soyeuse, dense, tanins gras, un fruité remarquable. Le toucher est délicat, suave, mais la structure est solide, très droite, beaucoup de persistance. Élégance et concentration.

– Dégustation d'avril 2008

18,5 – Fermé, fruits noirs, mûre, bouche dense, violette, myrtille, un fruit étonnant, un très beau tanin d'une qualité incroyable, doux et ferme.

– Dégustation de novembre 2008

18,5/19 – Nez de sève, du bon végétal, fruit et fraîcheur, tanins touffus, serrés, une bouche dense mais harmonieuse, tout en longueur. Un grand vin qui deviendra un très grand vin.

Millésime 2006

– Dégustation d'avril 2007

« On a vendangé du 20 au 30 septembre. C'est la semaine où il n'a pas plu. Avant il a plu beaucoup, et après aussi... Je ne comprends pas cette manie de vendanger tard et d'attendre souvent trop tard... Nous produisons du vin pour qu'il soit consommé, pas pour établir des performances... » Toujours un régal d'écouter Anthony Barton, qui a ajouté à propos de 2006 cette définitive sentence : *« On ne peut pas faire des vins exceptionnels tous les ans, sinon ils ne seraient pas exceptionnels ! »* 73 % cabernet-sauvignon, 23 % merlot, 4 % cabernet franc.

17,5 – Épices douces et fruits rouges, frais, tendu, belle matière d'une grande pureté, cerise, fruits rouges, bonne longueur, tanins de qualité sans dureté mais bien présents.

– Dégustation d'avril 2008

17/17,5 – Épices, un peu oriental, fruits noirs, bouche très fine, longue, complexe et moelleuse, longue, petits tanins en finale.

– *Dégustation de novembre 2008*

17 – Des arômes de sous-bois, de charbon de bois, la bouche encore marquée par les saveurs boisées de la barrique est d'une bonne densité, avec cette élégance caractéristique du cru. Fraîcheur, tension, dans un style tendu qui rappelle 96 en un peu moins charnu.

Millésime 2007

– *Dégustation d'avril 2008*

« *Cette année, on aurait pu tout avoir faux, la semaine de la fleur a été terrible, et on a réussi à contenir le mildiou* », nous dit Lilian Barton-Sartorius, qui rappelle qu'ici, on fait du vin avec des raisins et sans la panoplie technique censée pallier les déficiences de la nature.

17 – Floral, fruits rouges, très bonbon, rond, tendre, élégant, solide, structuré, dense, beau fruité assez intense, long, très beau vin.

– *Dégustation d'avril 2009*

16,5/17 – Nez fermé, bouche douce, veloutée, élégante, bien fruitée, tanins doux.

– *Dégustation de novembre 2008*

16,5 – Fruits noirs, moka, bouche tendue, assez dense, tanins serrés, bonne acidité. Un vin assez plein, belle réussite dans ce millésime moyen.

Millésime 2008

– *Dégustation d'avril 2009*

Quand est-ce qu'il faudra le boire ?

Ne jamais poser cette question à Antony Barton si l'on ne veut pas s'entendre répondre : « *Vous avez le choix entre le midi et le soir !* »

Et combien de temps peut-on le garder ? « *Jusqu'à ce que vous le débouchiez…* »

« *On n'a pas eu d'été pourri, on a eu juste un été froid, qui a ralenti la maturation* », dit plus sérieusement le propriétaire des lieux. La vendange s'est déroulée du 1er au 13 octobre. 67 % cabernet-sauvignon, 27 % merlot, 6 % cabernet franc.

16,5 – Violette, fruits noirs, bouche puissante, serré mais pas trop extraite, fraîche, tanins élégants, joli fruit.

– *Dégustation d'avril 2010*

16,5/17 – Épices, poivre noir, cassis, gelée de mûres, bouche fraîche, fine, tendue, élégante, assez serrée, bien fruitée, vive, raffinée, séveuse, bonne longueur, le vin s'est étoffé.

Millésime 2009

– *Dégustation d'avril 2010*

Un nouveau régisseur à Léoville, François Bréhant, qui officiait auparavant dans le cru bourgeois Monbrison. Vendanges du 23 septembre au 3 octobre. Anthony Barton : « *Les gens me demandent : pourquoi vous vendangez si tôt ? Et je réponds : demandez aux autres pourquoi ils vendangent si tard.* » 77 % cabernet-sauvignon, 22,5 % merlot, 0,5 % de franc.

17,5/18 – Nez frais, fruits noirs, cerise noire, bouche sensuelle, douce, élégante, très fraîche, vive, bien fruitée, serrée, séveuse, longue, bien vive.

Archives

– *Dégustation de novembre 2008*

Millésime 1985

17,5 – Fruits cuits, truffe noire, épices orientales, bouche très fondue, long, soyeux, tous les éléments sont mûrs mais sans faiblesse, beaucoup de saveurs.

Millésime 1988

18 – Nez épicé, fruits confits, noix de muscade, petite note charnelle, sanguine. Bouche douce, affinée, délicate, bien fondue, mûre aujourd'hui. Les éléments se sont fondus, le vin est élégant, tendu, garni, sans dureté, très long.

Millésime 1994

15 – Des arômes de vin jeune avec des notes séveuses et réglissées. La bouche traduit aussi cette maturité inaccomplie, trace du boisé de l'élevage, puissance et agressivité des tanins. La météo de cette année-là n'a guère permis une parfaite maturité des tanins et le vin s'en ressent : pointe de dureté et d'astringence en finale. Un costaud plus qu'un délicat, dont il ne faudra pas attendre un long vieillissement harmonieux.

Millésime 1996

17 – Poivre, cacao, épices orientales, fruits secs, sanguin, bouche harmonieuse, beaucoup de fraîcheur, pas de rusticité, les tanins sont présents mais sans dureté. Vin élégant, construit à partir d'une matière première de grande qualité.

Millésime 1998

18 – Un nez assez minéral comme on pourrait le dire d'un blanc, puis des notes séveuses et racinaires, réglisse, bouche ronde en attaque plus relevée ensuite, puissante mais sans dureté, des tanins de très haute définition, une très longue finale un peu cacao. Grand vin dans la lignée des 88 et 96, c'est-à-dire avec de la tension et de la finesse.

Millésime 1999

14,5/15 – Cacao, confiture de quetsches, fortement épicé, rond, note animale, gourmand mais sans la complexité et la finesse habituelles.

LÉOVILLE-LAS-CASES

2e cru classé
Surface : 97 ha
Propriétaire : Famille Delon
Contact : Jean-Hubert Delon – 33250 Saint-Julien
05.56.73.25.26
leoville-las-cases@wanadoo.fr

C'est une exception qui cultive et entretient son exceptionnalité. C'est un second qui pourrait revendiquer le titre de premier et que nous avons parfois qualifié de vice-premier grand cru classé, un cas à part, l'égal souvent des premiers et parfois au-dessus de certains. Un terroir lui aussi d'exception, en prolongement et comparable à celui de Latour, et une gestion qui depuis deux générations a toujours eu une longueur d'avance.

La force de Léoville, c'est peut-être cela.

Quand, dans les années 80 et 90, les Bordelais confiaient leur destin vinicole au seul pouvoir d'une œnologie alors triomphante, Michel Delon, disparu brutalement depuis (son fils Jean-Hubert lui a succédé), s'appuyait sur le vignoble, sur la vigne et sur la façon d'obtenir les plus beaux raisins possibles.

Michel Delon faisait figure de sphinx du Médoc. Toujours le premier informé, facilitant les transactions, recommandant tel homme aux nouveaux arrivants. C'est grâce à lui que les Japonais du groupe

Suntory ont acheté Lagrange et embauché Marcel Ducasse, qui a reconstruit le cru. Tellement sphinx que, lorsqu'on avait le privilège d'être reçu au château et que Michel Delon posait une question, on hésitait à répondre de peur d'être transformé en lion de pierre, comme ceux qui marquent l'entrée du vignoble. Sans doute des courtiers qui autrefois avaient répondu à côté.

À l'heure du déjeuner, Michel Delon, que je soupçonnais de tout noter après la visite, précisait la date, même ancienne, du précédent repas, les sujets de conversation, les vins et les millésimes. Invariablement, un vieil Yquem figurait sur la liste. Curieux de tout, il échangeait des bouteilles avec des vignerons d'appellations moins prestigieuses qui s'étonnaient qu'un tel personnage s'intéresse à leur production et leur propose un troc à un contre un, une caisse contre une caisse.

L'homme fort du vin, Jacques Depoizier, le chef d'exploitation, ne résidait pas entre les éprouvettes au chai mais entre les rangs de cabernet (c'est une image, on lui permettait de s'abriter l'hiver...). Jacques Depoizier a le premier remis le vignoble au cœur de la problématique « comment faire du vin ». C'est lui aussi qui a inventé la concentration par osmose inverse dont Las-Cases a bénéficié dès 1987, la plus grande bouteille du Médoc dans ce millésime. Il avait même envisagé à titre expérimental de remplacer les fils de fer qui tiennent la vigne par de la fibre optique qui apporterait de la chaleur aux grappes. Jacques est parti à la retraite en 2010. Il a été remplacé par un jeune fils de vigneron alsacien, Jean-François Klee, qui travaillait en binôme avec lui depuis quelque temps.

Le second vin, Clos-du-Marquis, considéré souvent comme un autre cru classé, existe depuis le millésime 1902. Jean-Hubert Delon aime rappeler qu'à Léoville-Las-Cases, seuls les 60 hectares historiques, de l'ancien domaine Léoville (du temps ou Las-Cases, Léoville-Poyferré et Léoville-Barton ne faisaient qu'un), entrent dans la composition du grand vin, et que Clos-du-Marquis est composé grosso modo du reste, dont on élimine le médiocre.

Pourquoi pas. Mais outre que ce n'est pas très gentil pour les voisins, il serait dommage de se priver, pour le grand vin, d'une très bonne cuve venant d'une zone périphérique.

Par exemple, en année de météo exceptionnelle comme lors de la canicule de 2003, certains sols plus riches, plus humides, ont pu donner de très belles choses. Ou à l'inverse, des sols sableux, très secs, connaissent leur moment de gloire lors d'un millésime fortement arrosé…

Il semble que Clos-du-Marquis n'ait pas toujours été un second. Le *Cocks et Féret*, bible bordelaise créée au XIXe siècle, notait ceci dans sa 8e édition, parue en 1908 : « *Le Clos-du-Marquis fait partie du château Léoville-Las-Cases, où il est récolté uniquement dans le vieux vignoble de ce domaine. Pour la première fois en 1904, les Clos-du-Marquis ont été présentés au commerce. Leur qualité, aussitôt appréciée, les a fait rechercher et a justifié les prix obtenus pour les 1904 et les 1905. Ils assurent dès aujourd'hui à Clos-du-Marquis une belle position parmi les grands crus classés du Médoc.* » Le Féret affiche toujours un enthousiasme sans faille (d'autant que les notices étaient fortement inspirées des proclamations du propriétaire), mais cette déclaration fait plutôt penser que le Clos était une cuvée spéciale, une tête de cuvée plutôt qu'un second vin. Demeure que tout cela est excellent et que Léovillle est considéré (unanimement) comme l'un des plus grands vins du monde.

Seconds vins : Clos-du-Marquis, Petit Lion

Millésime 2000

– *Dégustation d'avril 2001*

À écouter les responsables de ce très grand cru, cela paraît assez simple de faire du vin excellent. Voici le secret : « *On a vendangé du 28 septembre au 11 octobre avec des degrés rarement atteints sur les cabernets. Cinq cuves ont dépassé 13°. La vendange était très saine et on a éliminé la pluie avec l'usage modéré du concentrateur. Nous avons fait des extractions douces avec 4 remontages par vingt-quatre heures – on se relayait la nuit. Les cuves commencent à fermenter vers 18 °C de température, on laisse monter de 1 °C toutes les douze heures et on finit à 28 °C. On garde ainsi la fraîcheur des arômes et des vins de presse de qualité.* »

17,5 – Nez puissant, complexe, mélange d'oranges et d'épices, beaucoup de volume en bouche, des tanins serrés et gras, une structure qui ne gomme pas l'élégance, beaucoup d'allure, racé, très long. L'élevage se déroule dans 60 % de barriques neuves sur sans doute une durée de vingt-huit mois.

– *Dégustation d'avril 2002*

18 – Épices, fruits noirs, réglisse, graphite, tarte à la myrtille, un nez qui a pris de l'ampleur et où on peut lire les notes fruitées du merlot, bouche fraîche, longue, très fine. Un vin qui s'étire, sans sacrifier ses saveurs, sans dureté mais avec une trame très solide, un grain de tanins d'une grande délicatesse.

16 – **Clos-du-Marquis**, comparativement, semble puissant, avec beaucoup de moelleux mais sans l'élégance raffinée du grand vin. Belle bouteille tout de même.

Millésime 2001

– *Dégustation d'avril 2002*

À Léoville-Las-Cases, on se montre très satisfait de ce 2001, qui « *talonne 2000. On est mieux que 99, qui était mieux que 98... Les tanins sont différents de 2000, c'est légèrement supérieur en maturité avec une acidité semblable* », dit Jean-Hubert Delon. 69 % cabernet-sauvignon, 19,5 % merlot, 11,5 % cabernet franc. Les vendanges se sont déroulées assez tard, du 2 au 12 octobre, avec des rendements faibles (32 hl/ha) : « *On ne l'a pas fait vraiment exprès. La floraison n'a pas été homogène, et le nombre de grappes par pied n'était pas régulier. Sur Las-Cases, on a à peu près la même quantité, mais on a perdu sur Clos-du-Marquis.* »

17 – Nez épicé, fruits noirs, des notes charbon de bois, violette, sureau, complexe, bouche ample, tannique, dense, tanins présents mais enrobés, équilibre parfait, grande élégance, un peu cistercien, très long.

Millésime 2002

– *Dégustation d'avril 2003*

Petits rendements cette année, dus aux conditions météo lors de la floraison. 28 hl/ha. L'assemblage se compose de 66,7 % de cabernet-sauvignon, 14,5 % merlot, 13,9 % cabernet franc, 5 % petit-verdot. Jean-Hubert Delon voit en ce 2002 un Léoville plutôt esthète qui lui rappelle 1961 : « *Las-Cases est un peu Janus, tantôt pauillac comme en 2001, tantôt saint-julien comme ce 2002, très fin, moins consensuel.* »

17,5/18 – Menthe, mûre, épices, nez chatoyant et bien exprimé, bouche souple, trame présente mais plutôt veloutée, beaucoup de chair. Vin sérieux et soyeux en même temps, une expression très pure du cabernet.

16 – **Clos-du-Marquis** est cette année comme un petit frère de Léoville sur le plan aromatique, avec moins de densité en bouche.

Millésime 2003

– Dégustation d'avril 2004

Bruno Rolland, maître de chai à Léoville, comme l'était déjà son père, se souviendra de ces vendanges 2003. C'est bien la première fois, en effet, qu'un maître de chai est victime du mal de mer en faisant son métier. *« On a utilisé le matériel de Nénin* [le cru de pomerol de la famille Delon, propriétaire de Léoville), *c'est-à-dire tables vibrantes plus érafloir et de nouveau tables vibrantes. On y passe quatre à cinq fois plus de temps, c'est contraignant, on a la tête qui tourne mais le résultat est bien meilleur. »* L'assemblage retenu comporte 17,2 % de merlot, 12,6 % de cabernet franc, 70,2 % de cabernet-sauvignon et pas de petit-verdot. Pour l'élevage, le château a choisi une proportion de 60 % de bois neuf.

17,5 – Nez où se mêlent des notes florales de violette et de fruits mûrs, bonne complexité, la bouche est onctueuse, plus fondue que sur le 2002, des tanins puissants mais onctueux qui soutiennent un fruité presque exubérant dans ce cru.

15 – **Clos-du-Marquis** est une belle réussite, avec des notes de goudron chaud, de gentiane, très typé médocain, à la fois souple et sérieux, velouté. Il devrait faire un vin gourmand que l'on pourra commencer de boire avant la fin de la décennie.

Millésime 2004

– Dégustation d'avril 2005

Le grand vin est composé de 76 % de cabernet-sauvignon, 11 % de cabernet franc, 13 % de merlot. *« On a fait attention à ne pas trop extraire pour avoir des vins de presse de qualité qui permettaient de bien finir les assemblages »*, confie Bruno Rolland. Léoville, depuis quelques années, évolue vers plus de délicatesse et a baissé sa proportion de bois neuf (60 % pour 2004).

18 – Fruits noirs, myrtille, violette, plein gras, tanins onctueux d'une rare finesse, très long en bouche, très racé. Un Léoville un peu pauillacais cette année.

15 – **Clos-du-Marquis** possède un bouquet extra de tarte aux myrtilles et même de poire, des notes réglissées. La bouche est tendre, bien fondue, avec des tanins juste ce qu'il faut de pointu pour réveiller la finale.

Millésime 2005

– Dégustation d'avril 2006

Jean-Hubert Delon pense que 2005, c'est la force de 86 et l'élégance de 96. Bruno Rolland nous explique que l'assemblage s'est construit à partir du cabernet-sauvignon, au top. *« C'était le lot de base obligatoire, après on y a ajouté des cuves charnières. Il fallait la touche de merlot. L'ensemble des cabernets francs apportait du fruit et de l'élégance, mais on ne pouvait pas aller bien loin, sinon on affaiblissait l'ensemble. C'est un des plus forts taux de cabernet-sauvignon, avec 96, que nous ayons jamais eus.* » Le grand vin comporte donc 87,6 % de cabernet-sauvignon, 4,8 % de cabernet franc, 6,8 % de merlot.

18,5/19 – Les 75 % de barriques neuves qui assurent l'élevage de ce vin ne se devinent nullement à la dégustation, tant le vin domine par son opulence et sa grâce. Le nez est assez fermé au départ, laissant dépasser quelques fruits rouges. La bouche semble une superposition de tapis de soie. Les tanins serrés mais très délicats donnent cette sensation de douceur et de tension.

16 – **Clos-du-Marquis** comporte, lui, une proportion importante de merlot (37,5 %) et se montre fin, velouté, sans faiblesse, un tanin dense assez moelleux.

Millésime 2006

– *Dégustation d'avril 2007*

Moins de la moitié de la récolte – 40 % – a produit du Léoville. *« Il est surtout fait avec les vieux cabernets de l'Enclos. On avait une vendange très saine grâce à notre travail dans le vignoble. La matière s'extrayait facilement, aussi on a fait des remontages plus courts, à des températures fraîches.* » 85 % cabernet-sauvignon, 14,5 % merlot, 0,5 % cabernet franc, c'est-à-dire pratiquement pas de cabernet franc dans le grand vin, élevage à 65 % dans des barriques neuves.

18,5 – Fruits noirs, violette, séveux, bouche veloutée en attaque mais tendue, puissante, tanins très serrés mais sans dureté, très savoureux. Une grande richesse, sans l'onctuosité sans doute de 2005, un côté plus sévère mais une belle bouteille de garde.

15 – **Clos-du-Marquis** nous a semblé moins rayonnant que Léoville : attaque douce, presque un peu terne, puis il développe ensuite en bouche et finit beaucoup mieux.

– *Dégustation d'avril 2008*

18,5 – Nez truffe, bouche puissante, tendue, élégante, vive, longue, belle tension apportée par l'acidité, long, frais, fin, tanins d'une grande qualité.

15,5/16 – **Clos-du-Marquis**. Nez réduit, bouche large, souple, bien fondue, élégante, très complet.

Millésime 2007

– *Dégustation d'avril 2008*

« Beaucoup de travail dans les vignes, en vert. Fin août on n'avait pas le moral, début septembre ça été mieux. On a vendangé du 24 septembre au 7 octobre, c'est une durée moyenne. Les vendanges les plus courtes, c'est onze jours et les plus longues, vingt et un », commente Bruno Rolland. Une vendange tardive mais sans surmaturation. Jean-Hubert Delon nous rejoint : *« On ne s'en rend pas compte car le temps est frais –, depuis 2002, on est en stress hydrique l'été. La vigne n'a pas assez d'eau. »*

Léoville est composé à 82 % de cabernet-sauvignon, 8 % merlot, 10 % cabernet franc. Les vins de presse sont entrés pour 6,6 % dans l'assemblage : *« C'est la première fois que je vois des vins de presse aussi gras »*, dit Bruno Rolland. Élevage dans 65 % de bois neuf.

17,5/18 – Nez profond, marqué par le minéral, rond, soyeux, crémeux, un peu plus moelleux, assez dense. Moins impressionnant que certaines années (2006, par exemple) mais une qualité de tanins remarquables. En termes de bonne concentration, peut-être pas de finesse, Léoville est au-dessus de certains premiers cette année.

15,5/16 – **Clos-du-Marquis** comprend 58,4 % de cabernet-sauvignon, 34,8 % de merlot, 4,9 % de cabernet franc, 1,9 % de petit-verdot, élevage dans 25 % de bois neuf. Bouche ronde, souple, élégante, chocolatée, vive, bonne matière.

Millésime 2008

– *Dégustation d'avril 2009*

« Ce n'étaient pas les vendanges les plus dures », dit Jean-Hubert Delon. *« Août n'a rien apporté et rien enlevé à la vendange. Le plus compliqué était d'amener les raisins à la bonne maturité et sans trop de problème sanitaire. Ça se préparait en juillet… »* Le résultat de cette maturation tardive, c'est une faible récolte, car la concentration des baies a provoqué une perte de jus. Le grand vin de Léoville est composé de 78 % cabernet-sauvignon, 10 % merlot, 12 % cabernet franc.

17,5/18 – Violette, prise de bois, épices, bouche tendue, pleine, séveuse, pas très élégante à ce stade mais très belle matière, puissante, riche, épicée. Massif mais avec un milieu de bouche très construit.

16 – **Clos-du-Marquis**. 55 % cabernet-sauvignon, 41 % merlot, 3 % cabernet franc, 1 % petit-verdot. Violette, fruits noirs, bouche tendue, veloutée, dense, épicée, serré ; vin tendu, un peu austère style pauillac, long.

– Dégustation d'avril 2010

17,5/18 – Très floral, rose rouge, bouche tendre, élégant, fine, raffinée, très floral, cerise, frais et fin, tendu. Frais et fin.

15,5 – **Clos-du-Marquis**. Fermé, bouche douce, élégante, fine, assez proche de Petit Lion,

15 – **Petit Lion** (véritable second vin créé avec le millésime 2007, qui recueille tout ce qui est jeunes vignes de l'ensemble du domaine). Fruits rouges, bouche douce, vive, vin élégant, bien fruité, tanins vifs.

Millésime 2009

– Dégustation d'avril 2010

Les vendanges se sont déroulées du 22 sept au 5 octobre. *« On a fait attention à récolter mûr mais pas au-delà. Les merlots trop mûrs ne se marient pas avec le vin. De même, pour les extractions, une année comme celle-là, on a vite tendance à aller trop loin et à récupérer des tanins pas mûrs, astringents. »* 76 % cabernet-sauvignon, 15 % merlot, 9 % cabernet franc. 65 % de bois neuf.

19 – Nez assez marqué par la prise de bois, note miel, bouche tendue, très fraîche, les cabernets sont magnifiques et apportent fraîcheur et tension. Vin très élégant, fin, raffiné, un Léoville tout en finesse.

15,5 – **Clos-du-Marquis**. 70 % cabernet-sauvignon, 20 % merlot, 8 % cabernet franc, 2 % petit-verdot. Épices, poivre noir, cerise, bouche tendue, assez sévère à ce stade.

14 – **Petit Lion**. Un peu en surmaturité, un peu de cuit, bouche tendre, souple, mais finale un peu rugueuse.

Archives

– Dégustation de février 1992

Millésime 1970

16 – Grenat très sombre à peine brunissant. Nez havane, boîte à cigares, minéral. Très vif, fermé, tanins fermes, beaucoup de vivacité, rond et plein, très puissant ; long, un peu massif – mais on retrouve en finale le fruit caractéristique des saint-julien. Il s'ouvrira sans doute un jour !

Millésime 1971

16,5 – Encore un 71 médocain qui nous étonne et nous procure un plaisir maximum. Nez ouvert, cèdre, tabac, frais, forêt de pins, superbe. Rond, très fin, plein, juste à boire, finale longue et typée, cerise.

Millésime 1972

13,5 – Brun tuilé, très conifère, résine, thym, praline, anis. Rond en attaque, frais, droit, vif. Sèche en finale. Tiendra encore, en restant à son niveau.

Millésime 1973

13 – Grenat assez clair, évolué, tuilé. Nez très cacao, rancio, résine, cerise cuite, quinquina. Vif, souple, pour un plaisir immédiat, ne semble plus avoir beaucoup de réserves.

Millésime 1974

13,5 – Grenat un peu plus jeune que le précédent. Nez très conifère, résine, cacao, cuir frais. Un peu de gras et d'ampleur en attaque, vif, bon à boire avec plaisir mais pas très grand.

Millésime 1975

17,5 – Grenat sombre avec trace d'évolution. Nez silex, confiture de mûres, pin, bois, épices douces. Puissant, très bon équilibre, très homogène, longue finale harmonieuse, encore beaucoup de réserve. Ne sèche pas, contrairement à d'autres 75.

Millésime 1976

15 – Grenat brun, pas très évolué. Nez d'épices, girofle, muscade, pistache. Du gras, des tanins un peu rêches, puissant, assez long, presque bon à boire, finale chocolat cuit.

Millésime 1977

15 – Grenat, à peine plus jeune que le précédent. Nez fermé, s'ouvre lentement, fruits secs, noix, épices, bois exotique. Vif et rond, fruit présent, peut être bu avec plaisir ou encore attendu, une petite faiblesse en finale l'empêche d'être parfait.

Millésime 1978

18 – Grenat foncé jeune. Eau-de-vie de poire, pêche jaune, joli fruit, vanille, café, praline. Très fin, équilibré et homogène, dense.

Millésime 1979

16 – Grenat jeune, peu d'évolution. Nez amande, pin, fraîcheur, curry. Gras en attaque, mais moins de matière, très jeune, tanins fruités, groseille. À attendre ; pourra surprendre à l'évolution.

Millésime 1980

12,5 – Grenat pas très sombre, assez évolué. Nez praline, bois, évolué et expressif. Très souple en attaque, très évolué (rancio) en finale. À boire très vite.

Millésime 1981

16,5 – Grenat soutenu très jeune. Nez minéral, cèdre, plus pauillac que saint-julien, un peu poivre, sous-bois. Plus long que gras, tanins denses, beaucoup de fruit, belle finale légère et fraîche. De la réserve. Très bon vin dans quelques années.

Millésime 1982

18,5 – Noir opaque. Nez bois, cèdre, épices, confituré, noisette, rose rouge, très complexe. Rond, très fin, superbe. Une grande bouteille pour longtemps encore.

Millésime 1983

17 – Grenat très foncé. Nez fruits mûrs, cassis, prune, capsule, minéral. Du gras, long, fin, café, chocolat, frais, finale fine et belle. S'est ouvert depuis moins d'un an, s'épanouit.

Millésime 1984

14 – Grenat très sombre. Nez conifère, menthe, très frais. Plein et rond, concentré, mais assez évolué en bouche. Au début de sa pleine forme : à boire vite.

Millésime 1985

16,5 – Grenat très sombre, très jeune. Nez pin, résine. Beaucoup de fruit, rond, très framboise, concentré mais avec une structure et des tanins souples, sera probablement bon à boire rapidement.

Millésime 1986

19 – Grenat opaque noir. Nez cuir, mûr, menthol, chlorophylle, résine, cèdre, tabac blond. Dense, fermé, énorme matière très concentrée, avec de la finesse, parti pour un long voyage mais donne déjà beaucoup de plaisir.

Millésime 1987

13 – Nez très expressif, conifère. Du fruit, pas très long, manque de complexité à ce stade.

Millésime 1988

17 – Grenat opaque très sombre. Nez bois neuf, pin, cèdre. Gras en attaque, très élégant, beaucoup de vivacité, souple en finale. À surveiller à l'évolution.

Millésime 1989

19 – Noir violine. Nez chlorophylle, bois, menthol, cèdre. Bouche pruneau, rond, plein, très dense, très concentré, impressionnant.

Millésime 1990

18 – Opaque, grenat bleu. Nez bois, violette, chlorophylle, curry. Gras, fin et droit, très long, belle silhouette élégante.

Léoville-Poyferré

2e cru classé
Surface : 80,3 ha
Propriétaire : Famille Cuvelier
Contact : Anne et Didier Cuvelier
Château Léoville-Poyferré – 33250 Saint-Julien
05.56.59.08.30 – www.leoville-poyferre.fr

Comme la plupart des grands crus du Médoc, Léoville prit son envol au XVIIIe siècle. Il y avait à cette époque un seul domaine (contre trois aujourd'hui : Léoville-Barton, Léoville-Las-Cases, Léoville-Poyferré). Les de Gascq, puissante famille de parlementaires bordelais, transformèrent un petit domaine viticole sans vraie réputation nommé Mont-Moytié en Léoville (ou Lionville). Des lions ornent le portail d'entrée du vignoble de Las-Cases. Alexandre de Gascq était un physiocrate, un disciple de François Quesnay, pour qui l'agriculture est la base de l'économie. Sous son impulsion, Léoville se transforma en une propriété modèle et la plus importante du Médoc. Il fit planter des cépages nobles dits « à petits grains », sans doute le cabernet-sauvignon. Le vignoble fut palissé, sur des lattes de pin (aujourd'hui remplacé par le fil de fer). Technique révolutionnaire au temps de Louis XV.

À la mort d'Alexandre, Léoville couvre 120 hectares. Après, ça sa gâte : partages, Révolution, saisie, vente en bien national pour une partie, marasme et crises… Vers 1840, c'en est fini du Léoville unique. Un baron d'Armagnac, Jean-Marie Poyferré de Cère, donne son nom à l'un des morceaux de l'ancien domaine. Les Cuvelier, négociants en vins à Lille *« depuis 1904 »*, le rachètent dans les années 20. C'est aujourd'hui Didier Cuvelier, installé en 1979, qui gère la propriété. Depuis, il y a les changements bien visibles : chais et construction d'un bâtiment de réception digne d'un cru classé car, dans les partages, Poyferré avait un vignoble mais point de château. Aujourd'hui, on y reçoit et on loue à l'occasion. Il y a également les travaux moins spectaculaires, comme les études des sols, la replantation du domaine avec des cépages adaptés à chaque parcelle, etc. *« J'ai beaucoup arraché et replanté depuis 1979. Ces vignes nouvelles entrent dans le grand vin et on sent la différence. »* Toutes les replantations nécessaires ont été achevées en 2000 et, désormais, Poyferré touche les dividendes de ce long, très long investissement.

Chacun des trois Léoville a sa personnalité : Barton, la finesse ; Las-Cases, la densité qui le fait souvent ressembler à un pauillac : Poyferré, le fruité, les parfums, le bouquet et une grande réussite dans les millésimes de soleil. À ma connaissance, personne n'a eu l'idée de les assembler pour goûter ce qu'aimait Alexandre de Gascq…

Second vin : Moulin-Riche ; Pavillon-de-Poyferré.

Millésime 2000

– Dégustation d'avril 2001

« On avait des taux de tanins très élevés, on a préféré préserver le fruit et ne pas faire des vins trop capiteux, garder le style médoc », commente Francis Dourthe, maître de chai. Servi par une acidité de 3,6 grammes, ce qui paraîtrait peu aux anciens et fait l'admiration aujourd'hui, le Poyferré de cette année prend des allures de grand élégant. 70 % cabernet-sauvignon, 28 % merlot, 2 % cabernet franc.

15,5 – Nez frais de rose rouge, bouche sur le fruit garnie de petits tanins vifs, éveillés, qui favorisent l'explosion de fruits rouges et noirs en finale.

– Dégustation de mai 2002

16 – Nez encore très fruité, peu marqué par son élevage, bouche ronde, tanins doux. Le vin, expressif au nez, est plutôt dans une période refermée en bouche, bonne longueur, droit et structuré.

– Dégustation de février 2009

17 – Poivre noir, pas très ouvert, bouche puissante, dense, épicée, longue, fraîche, tendue, commence à s'ouvrir, large et long. Moins fermé que prévu, long, note résine en finale.

Millésime 2001

– Dégustation d'avril 2002

65 % cabernet-sauvignon, 30 % merlot, 5 % petit-verdot. 55 % de grand vin, de 65 à 75 % de barriques neuves dans l'assemblage final, qui n'était pas encore déterminé lors de notre passage : *« Les fermentations malolactiques se sont déroulées assez tard et nous avons descendu les vins en barriques tardivement aussi. C'est la raison pour laquelle tout n'est pas encore définitif. »*

14,5/15 – Nez assez marqué par le bois, des notes de framboise derrière, bouche ronde, fruitée, elle aussi un peu dominée par la barrique. Tanins veloutés en première séquence, un peu plus rugueux en finale. Un vin qui souffre sans doute d'être dégusté trop tôt cette année.

– Dégustation de février 2009

18 – Fruits noirs, truffe noire, arabica, bouche dense, souple, élégante, fraîche, plus de fraîcheur qu'en 2000, long, élégant, chocolaté. Évolution droite.

Millésime 2002

– Dégustation d'avril 2003

Le château a récolté 37 hl/ha et en a retenu la moitié pour produire le grand vin. L'assemblage se compose de 75 % cabernet-sauvignon, 20 % merlot, 5 % petit-verdot.

16 – C'est au cours de la dégustation à l'aveugle que nous avons le mieux apprécié Poyferré, l'échantillon goûté au château paraissant un peu plus fermé. De jolis arômes de fruits rouges, style bourgogne, une bouche généreuse marquée par un tanin friand, beaucoup d'élégance et de fruit.

– Dégustation de février 2009

15,5/16 – Mûre, fruits noirs, bouche ronde, épicée, bonne matière, soyeux, velouté, pas la densité de 2001, beaucoup de charme, pas mal de tanins, mais ça évolue bien, finale un peu sévère.

13,5 – **Moulin-Riche**. Nez fortement torréfié, bouche puissante, dense, tanins serrés avec une pointe d'astringence en finale.

Millésime 2003

– Dégustation d'avril 2004

Didier Cuvelier a produit 31,5 hl/ha. « *C'était très concentré, mais on ne peut pas dire que les vignes aient souffert de la sécheresse. Il y a eu de la pluie quand il fallait, notamment 35 millimètres lors des orages de mi-juillet.* » Didier Cuvelier a choisi un assemblage très favorable au cabernet-sauvignon, 75 % dans le grand vin. Le merlot y entre pour 20 %, et le petit-verdot pour 5 %.

16 – Fruits rouges, prune, et des notes de torréfaction, la bouche est dense mais délicate, bien ferme, des saveurs café mêlées à la mûre et à la framboise, la finale serrée mais sans sécheresse.

– Dégustation de février 2009

15 – Fruits noirs, joli nez, bouche puissante, monolithique, sécheresse et amertume en finale, vin totalement refermé. Didier pense que cela évoluera comme 1990, je n'y crois pas.

Millésime 2004

– *Dégustation d'avril 2005*

16,5 – Floral, prune, terre mouillée… Joli nez bien exprimé, bouche élégante, fraîche, tanins fins, bien liés, pas trop extraits, beaucoup de fruit, des notes de baies sauvages en finale. Plus en finesse qu'en puissance.

– *Dégustation de février 2009*

15,5 – Fruits rouges, pas d'évolution, bien fruité avec un boisé assez conséquent, bouche fine, douce, milieu de bouche un peu fuyant, finale relevée, plaisant, agréable.

Millésime 2005

– *Dégustation d'avril 2006*

L'assemblage que nous présente le nouveau maître de chai, Didier Thomann, comprend un fort taux de cabernet-sauvignon et de petit-verdot : *« Les merlots étaient décevants en Médoc. Ils manquaient de caractère, surtout dans les terroirs moyens. »* 64 % cabernet-sauvignon, 26 % merlot, 10 % petit-verdot. Élevage dans 70 % de bois neuf. Le grand vin représente 55 % de la récolte.

18 – Jus de cerises, fruits rouges au sucre ; l'attaque de bouche bien ronde, dotée de tanins gras, poursuit cette impression de fruité en liberté, puis une certaine tension tannique ajoute de la fraîcheur et du tonus, finale fraîche, sans dureté ni faiblesse. De la grâce.

– *Dégustation de février 2009*

17,5/18 – Fruits rouges et noirs, assez boisé, bouche puissante, tanins veloutés, puissant, fermé, riche, matière très riche mais sans dureté, très long, velouté, belle qualité de tanins.

Millésime 2006

– *Dégustation d'avril 2007*

Des trois Léoville, Poyferré a le terroir le moins homogène : *« C'est ce qui fait notre richesse »*, commente Didier Cuvelier. *« C'est disparate et complexe, bien que nous ayons l'essentiel en graves sur sables. »* Le grand vin est fortement marqué par le cabernet-sauvignon, 73 % : *« Le cabernet est favorisé par le réchauffement climatique et 2006 est la deuxième année depuis le début de la décennie en ensoleillement après 2003. »* Les merlots représentent 21 % de l'assemblage, avec 6 % de petit-verdot.

17 – Fruits noirs, vanille, épices douces, bouche souple, onctueuse, droite, bien fruitée, la qualité des tanins du cabernet est assez proche de 2005. Vin harmonieux, élégant, bien construit.

– *Dégustation d'avril 2008*

17 – Boisé assez présent, bouche ronde, souple, dense, très structuré, bonne acidité, très beau fruit, long, puissant, à venir, beau vin de garde.

– *Dégustation de février 2009*

16 – Épices, fruits noirs, boisé, bouche douce, élégante, tendre, fraîche, élégante, boisé un peu violent, pas encore digéré.

Millésime 2007

– *Dégustation d'avril 2008*

« *La problématique de l'année a été d'avoir un milieu de bouche* », raconte Didier Cuvelier. « *Quand on prenait les cuves une par une, ça manquait de milieu de bouche, il est venu par l'assemblage avec les presses. On a joué la prudence sur les extractions et par conséquent on a sorti de très belles presses.* [On distingue le vin de goutte – celui qui s'écoule directement de la cuve – de celui que l'on obtient en pressant le marc qui demeure au fond de la cuve.] *Si on a 30 cuves de vinification, on a 60 lots de presses, car on distingue les premières presses des secondes. Cela fait 55 ou 60 lots différents à déguster.* » Les cabernets francs ont ici été retenus pour leur fruit : « *Ils avaient de la classe, du charme, mais pas de milieu de bouche* ».

65 % cabernet-sauvignon, 24 % merlot, 7 % petit-verdot, 4 % cabernet franc.

16,5/17 – Nez fruit rouge, assez éclatant, bouche fine, souple, tendue, élégante, rond et fin, bonne longueur, beau fruit, élégant, frais.

14,5/15 – **Moulin-Riche**. « *C'est une entité à part de Poyferré, on partage seulement les petits-verdots. On a en commun un troisième vin, Pavillon-de-Poyferré* », précise Didier Cuvelier.

53 % cabernet-sauvignon, 44 % merlot, 3 % petit-verdot.

Légère réduction, bouche tendre, élégante, bien fondue, souple, bon fruit, peu d'extraction, frais, agréable.

– *Dégustation d'avril 2009*

16 – Fruits noirs, boisé, un peu refermé, bouche souple et tendre, très fraîche, petits tanins doux, soyeux, assez fin, beaucoup de charme, très agréable.

Millésime 2008

– *Dégustation d'avril 2009*

La propriété a vendangé du 6 au 19 octobre. Didier Thomann définit ce millésime comme celui *« du fruit, de la fraîcheur »*, mais aussi de la puissance : *« Au niveau tannique, ce sont des indices que l'on n'a jamais faits. On a plus de tanins qu'en 2005. »* Un vin de garde, de longue garde, même : *« Cela risque de faire un millésime comme 1986, où la couleur n'a pas bougé pendant dix ans »*, ajoute Didier Cuvelier.

64 % cabernet-sauvignon, 26 % merlot, 5 % cabernet franc, 5 % petit-verdot pour Léoville : *« Je ne veux pas mettre trop de petit-verdot dans Poyferré, car je trouve qu'en vieillissant il a des déviations aromatiques, il est moins pur que le cabernet-sauvignon. »*

17 – Fruits noirs, grillé, bouche douce, veloutée, un milieu de bouche dense, des tanins bien présents, ce n'est pas la belle mécanique horlogère du voisin Las-Cases, mais c'est bien garni, gourmand, avec un beau fruit très juteux qui fait saliver.

15 – **Moulin-Riche** est composé de 65 % cabernet-sauvignon, 30 % merlot, 5 % petit-verdot. Légère réduction, bouche ronde, souple, bien fruité, léger en milieu de bouche, beau fruit en finale.

– *Dégustation d'avril 2010*

17 – Fruits noirs, le nez est marqué par l'élevage, joli fruit derrière, bouche ronde, moelleuse, tendue, vive, serrée, long, frais et fin.

Millésime 2009

– *Dégustation d'avril 2010*

Les grues et les échafaudages sont de retour à Poyferré. *« On refait le toit du chai de vinification »*, commente Didier Cuvelier, qui a profité de cette absence de toit pour virer dix grosses cuves remplacées par vingt-deux plus petites et de tailles différentes. *« Tous les meilleurs terroirs de Poyferré vont être vinifiés à part. »* Assemblage : 60 % cabernet-sauvignon, 29 % merlot, 6 % petit-verdot, 5 % cabernet franc.

17,5/18 – Fruits noirs, mûre, épices, bouche « ovale », c'est-à-dire aussi ronde que longue, très moelleuse, tanins gras en milieu de bouche, long, tendu, plein, très frais, nerveux en finale. Belle matière, tanins vibrants en finale, sans dureté.

15 – **Moulin-Riche**. 65 % cabernet-sauvignon, 28 % merlot, 7 % petit-verdot. Fruits rouges, bien fruité, éclatant, bouche ronde, souple, tendre, fraîche, ronde. Éveillé en finale et tout en fruit.

Archives

– *Dégustation de février 2009*

Millésime 1982

17 – Nez résine, pin, grillé derrière, cigare, bouche souple, douce, un peu passée, très fondue, la beauté des vieux tableaux où le contour des dessins se fond dans les couleurs. Bonne longueur, pur plaisir.

Millésime 1983

14,5 – Réducteur, l'aération dans le verre le dégage, rôti, fruits cuits, prune cuite, épices, bouche saccadée avec des tanins un peu séchants en finale, bonnes saveurs mais moins de chair.

Millésime 1985

17 – Nez résine, poivre, viande rôtie, pin, bouche douce, élégante, suave, fraîche, bonne acidité, tendue, vive, pas de creux, de belles saveurs truffe et fruits cuits sur une structure sans faiblesse. Un des très bons 85 en Médoc.

Millésime 1986

16 – Nez puissant, peu flatteur, plus pauillac par sa raideur et son austérité que saint-julien, épices, bouche dense, tendue, tannique, serrée, moins d'élégance que dans le 85 mais beaucoup d'allure, un guerrier ! La finale est un peu sévère.

Millésime 1988

15,5/16 – Nez faisandé, animal, poivre, demande de l'air, résine ensuite, bouche puissante, dense, tendue, ample, long, vif, vin un peu sévère, moins que le 86, serré, long, tannique, manque un peu de chair autour de la structure tannique.

Millésime 1989

15,5/16 – Grillé, truffe, solaire, fumé, bouche épicée, tendue, vive, grillée, saveurs du Sud, long, puissant, anisé en finale, un peu vieux châteauneuf, mais toujours ces finales assez carrées.

Millésime 1990

17 – Animal, grillé, résine, cèdre, bouche dense, tannique, onctueuse, longue, épicée, rondeur, équilibre, puissant mais fin, long, dense, large et long, joli vin, bien fruité, assez riche en alcool.

Millésime 1991

15 – Animal, poivre, bouche ronde, épicée, douce, un peu passée, mais très agréable, bonnes saveurs, serré en finale. À boire.

Millésime 1993

13,5 – Épices, bouche fraîche, tendue, sèche en finale, tanins durs.

Millésime 1994

14 – Nez austère, fermé, bouche dense, épicée, serrée, tendue, manque un peu de maturité, sévère, sèche en finale.

Millésime 1995

16,5 – Truffe, cerise, taille-crayon, fruits noirs, bouche ronde, épicée, ronde, souple, élégant, frais, gourmand, bien tendu, finale sévère.

Millésime 1996

16 – Nez de maturité, grillé, fruits noirs, olive noire, bouche vive, tendue, élégante, fraîche, grillée, un peu de boisé en finale.

Millésime 1998

17 – Épices, riesling, poivre, profond, bouche dense, tanins nobles, épices douces, longueur, finesse, bon équilibre large et long, élégance. Très fin.

Millésime 1999

14 – Nez grillé, bouche ronde, plaisant, en évolution, sans complexité mais gourmand.

SAINT-PIERRE

4e cru classé
Surface : 17 ha
Propriétaire : Domaines Henri Martin
Contact : Jean-Louis Triaud
33250 Saint-Julien
05.56.59.08.18
www.domaines-henri-martin.com

Le pauvre M. de Saint-Pierre, qui vivait sous le règne de Louis XV, ne pouvait imaginer à quel destin tragique il attachait son nom. Très ancien cru, Saint-Pierre fut littéralement dépecé au fil des siècles et des partages. Les propres filles du baron (car Saint-Pierre était baron) commencèrent par le couper en deux : Saint-Pierre-Sevaistre et Saint-Pierre-Bontemps-Dubarry. Malgré cela, en 1855, les deux domaines furent classés au rang de 4e. Mais on peut imaginer qu'il aurait eu accès à un niveau supérieur sans cette division. Ensuite, ce fut pire. Vente, revente, au point de disparaître. C'est Henri Martin, beau-père de Jean-Louis Triaud, qui l'a peu à peu reconstitué en partant de Saint-Pierre-Sevaistre ; en récupérant d'abord les chais, puis le château, enfin une partie du vignoble. Saint-Pierre couvrait autrefois 44 hectares contre 17 aujourd'hui, nous a dit Jean-Louis Triaud. Mais vers 1900, chacun des deux Saint-Pierre revendiquait un volume de vins annuel aux alentours de 60 à 70 tonneaux (le tonneau faisant 900 litres). Additionnés, cela équivalait à la production de Château Talbot qui, lui, couvrait 70 hectares…

On retrouve des morceaux de l'ancien parcellaire dans Gruaud-Larose, Ducru-Beaucaillou et même dans le cru bourgeois Gloria, autre propriété de la famille Triaud. Dans les années 80 et 90, Saint-Pierre a produit quelques beaux millésimes (dont un étonnant 1983) mais depuis 2000 et l'arrivée du pointilleux, sourcilleux, exigeant Rémi Di Costanzo aux manettes, le cru a fait un sacré bond en avant. Le bronzage permanent de Rémi ne doit rien aux ultraviolets en cabine : *« Je suis au moins quatre heures dans les vignes par jour, je suis fils de paysan. »* Son credo : *« Je suis arrivé avec l'idée de faire des vins de garde le plus purs possible, donc pas de latence en cuve, pas de macération à froid. Il ne faut pas laisser le milieu développer des bactéries ou des levures indésirables. Je préfère que la fermentation démarre très vite. On est dans un biotope où la levure qui transforme le sucre en alcool prend le dessus et ne laisse pas la place aux autres. Pour les remontages, au lieu de le faire en une fois, on divise, on remonte des petits volumes chaque fois, je fractionne en cinq ou six fois pour que le chapeau de marc, pépins et peaux, soit toujours immergé. Pour éviter là aussi des déviations. »*

Rémi déteste les faux goûts, les arômes qui parasitent le vin et que les vignerons d'autrefois n'hésitaient pas à qualifier de *« spécifiques au terroir »*.

Cet élan nouveau – enfin, qui date de 2000 – se retrouve dans les autres vins de la famille Triaud, eux aussi sous haute surveillance Costanzo, à savoir Gloria (saint-julien) et Bel-Air (haut-médoc).

Second vin : pas de second vin officiellement. Ce qui n'est pas retenu participe sans doute au second vin de Gloria, l'autre cru jumeau de la famille Triaud.

Millésime 2000

– Dégustation d'avril 2001

Jean-Louis Triaud, président des Girondins de Bordeaux, a réalisé le transfert de l'année en récupérant Rémi Di Costanzo, qui jouait directeur du vignoble dans l'équipe Cos-d'Estournel. En milieu de terrain surtout, il fait merveille : *« On a une marge de progression importante qui passe par la connaissance précise des parcelles afin de mieux suivre les maturités et de parfaitement adapter notre travail sur la vigne. Au niveau du chai, c'est la même chose, on doit différencier les provenances, isoler des lots pour réaliser le meilleur assemblage possible. »* 75 % cabernet-sauvignon, 25 % merlot.

15 – Nez très marqué fruits noirs, cassis, myrtille, bouche concentrée, plus velours que soie, tanins présents mais onctueux qui ne gênent pas l'expression du fruit. Du bon Saint-Pierre.

– Dégustation de mai 2002

16 – Fruits noirs, la bouche s'est adoucie, les tanins sont plus moelleux, le vin s'est étiré et a gagné en élégance. Forte présence fruitée en finale.

Millésime 2001

– Dégustation d'avril 2002

« Cette année, on a fait quatre types de vinification à Saint-Pierre, un gros travail d'extraction sur les parcelles les plus précoces et les plus qualitatives, et plus doucement ailleurs », commente Rémi Di Costanzo. *« Le plus gros travail, c'est sur la vigne. On peaufine la gestion du parcellaire pour déterminer les dates de ramassage. »* 55 % de barriques neuves pour l'élevage.

14,5/15 – Le vin était assemblé depuis quinze jours. Cela explique une certaine discrétion aromatique. La bouche, en revanche, révèle une structure assez massive, des tanins fondus et serrés, avec une belle finale sur le fruit. Ce vin, encore à l'état sauvage, devrait s'étoffer, gagner du charme au cours de l'élevage.

Millésime 2002

– Dégustation d'avril 2003

« On commence à mieux connaître le parcellaire, qui lui-même évolue en fonction du travail investi », commente Rémi Di Costanzo. *« Je commence à gérer le détail et c'est dans le détail qu'on fait avancer la qualité. »* C'est vrai que, sous la férule de ce passionné du terroir, Saint-Pierre prend peu à peu de la

régularité, du volume et de la finesse. 75 % cabernet-sauvignon, 20 % merlot, 5 % cabernet franc.

15,5 – Violette, cèdre, réglisse, bouche tannique et moelleuse, bien droite, sans creux, un fruité bien posé sur une trame solide et fine.

Millésime 2003

– Dégustation d'avril 2004

« *On a déjà, depuis quatre ans que je suis là, redécoupé le parcellaire en fonction de notre connaissance des sols et de leur réaction aux cépages. Tout cela afin de mieux intervenir, et surtout de ramasser partout à la parfaite maturité. Mais cette année, le millésime nous a obligés à nous adapter, à changer nos plans. Il fallait aller chercher les merlots avant qu'ils ne lâchent et préserver les cabernets. Ce sont eux qui ont fait le vin.* » Rémi Di Costanzo a fait grandir ce cru à l'histoire tourmentée.

17 – Nez retenu, des notes épicées et framboise, bouche aux tanins délicats d'une très grande qualité, fraîcheur, netteté, souplesse, trame fine et solide. Délicieux mais de garde, ce vin a beaucoup de talent.

Millésime 2004

– Dégustation d'avril 2005

« *Cette année, nous avons éclairci en deux fois* », raconte Rémi Di Costanzo. « *Une première fois pour équilibrer, la deuxième quinzaine de juillet. Puis assez tard, fin août. Le deuxième éclaircissage doit toujours se faire le plus tard possible et proportionnellement à la récolte potentielle. Sinon, la vigne compense, elle pousse du bois, retarde l'arrêt de croissance végétal et la maturité ne se fait pas.* » Saint-Pierre est composé de 79 % de cabernet-sauvignon et 21 % de merlot. L'élevage requiert 60 % de barriques neuves.

17 – Nez très parfumé, salade de fruits noirs et rouges, bouche fraîche, tannique. Une structure forte, bien présente mais sans dureté, qui s'épanouit lentement en bouche, juste ce qu'il faut de gras et de rondeur.

Millésime 2005

– Dégustation d'avril 2006

« *La marge n'est pas énorme entre 2004 et 2005, il y a simplement un peu plus de tout dans 2005* », résume Rémi Di Costanzo.

L'équipe a adapté ses vinifications : macération, température, durée et fréquence des remontages sont personnalisées suivant les cépages, les sols, l'âge des vignes… L'assemblage comprend 70 % de cabernet-sauvignon et 30 % de merlot. Élevage dans 60 % de barriques neuves.

17 – Cerise, fruits rouges, mûre, tanins très serrés mais doux, un profil frais et tendu comme en 2004 mais la bouche possède un peu plus de charnu, de largeur et de gras. Belle persistance sur les fruits rouges.

Millésime 2006

– *Dégustation d'avril 2007*

Rémi Di Costanzo : « *On a effeuillé à 100 % sur la face est pour essayer d'obtenir une maturité homogène. La sélection est un peu plus serrée que d'habitude, mais les raisins ont tenu. On a commencé à cueillir le 20 les merlots, et le 27 les cabernets-sauvignons. On a fini le 6 octobre.* » Saint-Pierre comprend un peu plus de cabernet – 73 % – que d'habitude, contre 27 % de merlot.

16/16,5 – Fruits rouges, rose, cerise, nez parfait de saint-julien, bouche élégante, très fruitée, tendre, pas trop extraite et donc pas de dureté, tanins doux, persistance agréable sur le fruit.

– *Dégustation d'avril 2008*

16,5/17 – Nez profond, fruits noirs, mûre, cerise, milieu de bouche bien construit, long, dense, épicé. Joli vin de garde, le milieu de bouche est parfait.

– *Dégustation d'avril 2010*

17 – Fruits noirs, violette, mûre, tendu, sérieux, beau vin de garde qui n'est pas sans rappeler 86 ou 88. Frais, vif, belle matière.

Millésime 2007

– *Dégustation d'avril 2008*

« *C'est un millésime de fibre, il fallait avoir la fibre !* », affirme Rémi Di Costanzo. « *Il a fallu homogénéiser les grappes, on est passés deux fois, notamment fin août pour enlever les grappes roses. On a récolté les merlots à partir du 25 septembre et les cabernet-sauvignon après le 1er octobre, on a fait durer les vendanges trois semaines. C'est un millésime qui coûte cher, le millésime le plus difficile en viticulture que j'aie rencontré.* » 73 % cabernet-sauvignon et 27 % merlot.

16 – Nez boudeur, bouche vive, tendue, serrée, pointe d'astringence, bien fruité, bon grain de tanins en bouche, de l'allure, sérieux.

– *Dégustation d'avril 2008*

16 – Grillé, café, bouche douce, élégante, tanins soyeux, milieu de bouche assez construit, fin, velouté, mais construit.

– *Dégustation d'avril 2010*

16,5 – Grillé, café, assez charmeur, bouche ronde, saveurs de Zan, joli grain de tanins en milieu de bouche, tendu, frais, fin, très droit.

Millésime 2008

– *Dégustation d'avril 2009*

Rémi Di Costanzo : « *Cette année, les cabernets-sauvignons étaient meilleurs. Ils dominaient dans nos dégustations d'assemblage. On a même fait des simulations à 100 % cabernet, c'était excellent. Mais on n'a pas voulu trop contrarier les habitudes, et finalement le merlot n'enlevait rien.* » Résultat : un assemblage de 83 % cabernet-sauvignon, 17 % merlot.

16,5 – Fruits rouges, bouche soyeuse, bien rond, tanins frais et raffinés, joli fruit. Des tanins en finale, mais très beau milieu de bouche.

– *Dégustation d'avril 2010*

17 – Nez fermé, le vin est sur colle, bouche ronde, bien fruité en bouche en revanche, grains de tanins assez fermes, vif, croquant, fin, vanillé en finale, très prometteur.

Millésime 2009

– *Dégustation d'avril 2010*

Cette année, la grande nouvelle c'est le rachat de parcelles : 5 hectares de saint-julien du côté de Lagrange. Mais, ce qui intéressait le plus Jean-Louis Triaud et Rémi Di Costanzo, ce sont les bâtiments contigus à Saint-Pierre et Gloria : « *Cela va nous permettre de faire une extension du chai avec encore plus de petites cuves et une réception pour les visiteurs plus accueillante, un endroit sympa avec vue sur la Gironde.* » 81 % cabernet-sauvignon, 19 % merlot. 55 % de bois neuf.

17,5/18 – Nez fruits noirs, épices, violette, séveux, dense, tanins moelleux en milieu de bouche, finale réglissée, tanins serrés et très fins en finale. Après élevage, un vin qui s'avérera d'une grande élégance.

Talbot

4e cru classé
Surface : 102 ha
Propriétaire : Lorraine Cordier et Nancy Bignon-Cordier
Contact : 33250 Saint-Julien
05.56.73.21.50 – www.chateau-talbot.com

Lorraine et Nancy. Ces deux prénoms le suggèrent : les Cordier, avant de devenir négociants et propriétaires de plusieurs crus à Bordeaux, étaient originaire de l'est de la France : « *Toute la famille vient de Toul. Ils étaient négociants en vins là-bas. Mais notre arrière-grand-père ne voulait pas que ses enfants connaissent les horreurs de la guerre. Il a créé une société de vins à Bordeaux.* » Désiré, l'arrière-grand-père, avait acheté Talbot à un notaire en 1917. Un meilleur placement cette année-là que les emprunts russes. Jusque dans les années 80, en règle générale, les domaines appartenant au négoce étaient entretenus sur le plan viticole mais on y faisait peu d'investissements. Les crus étaient jusque dans les années 80 davantage un fardeau qu'une source de revenus, au mieux un agréable lieu de séjour pour un week-end en famille aux beaux jours. L'hiver, les châteaux n'étaient pas chauffés.

Jean Cordier, le père de Nancy et Lorraine, fait un peu exception à la règle du négoce, car il a toujours montré de l'intérêt pour ses domaines et notamment Talbot. C'est Jean Cordier qui décida ou approuva la création d'un vin blanc sur le domaine (5,8 hectares). C'est encore lui qui recruta le jeune Georges Pauli (aujourd'hui profitant d'une retraite très active) pour dynamiser la quête technique dans les domaines. C'est lui qui signa le chèque quand le même Pauli fit refaire le cuvier de Talbot et adopter pour les vinifications des cuves tronconiques en bois (à la place de cuves en béton vitrifié).

Aujourd'hui, les chais un peu vieillis et l'agencement pas très commode contraignent l'équipe en place à faire d'importants travaux. Dans la première moitié des années 2000, Thierry Rustmann, le mari de Lorraine, contrôle la gestion technique de Talbot. Mais Lorraine est redevenue Cordier et, après une période de flottement, les deux sœurs ont opéré un changement dans l'équipe dirigeante du château. Lorraine, victime d'un méchant cancer, est décédée au printemps 2011. Elle faisait l'unanimité et ses obsèques ont été suivies par l'ensemble du Médoc.

Depuis le millésime 2008, Stéphane Derenoncourt, conseiller autodidacte de nombreux crus de la rive droite, intervient à Talbot. But : gommer une certaine rusticité, gagner en précision et en profondeur.

Second vin : Connétable-de-Talbot

Millésime 2000

– *Dégustation d'avril 2001*

« Le risque avec 2000, c'est d'avoir pensé que tout était mûr parce qu'il y avait de bonnes teneurs en sucre. Or la maturité phénolique, celle des tanins, était moins importante qu'en 1996 », commente Thierry Rustmann. *« L'extraction se faisait toute seule, on ne voulait pas aller trop loin. »* 70 % cabernet-sauvignon, 30 % merlot.

16 – Bouquet puissant de réglisse, Zan à la violette, quetsche, structure tannique bien développée, trame serrée mais discrète qui se fait plus sentir sur la longueur en bouche que sur la puissance d'attaque. Vin solide sans être un « gros » vin, un fruité qui fait durer le plaisir.

– *Dégustation de mai 2002*

16 – Nez un peu brassé, le vin vient d'être collé, des notes florales, bonne structure marquée par les épaules du cabernet, dense, assez long, des tanins nobles, moelleux. Belle bouteille à venir.

Millésime 2001

– *Dégustation d'avril 2002*

40 % merlot, 55 % cabernet-sauvignon, 2 % cabernet franc, 3 % petit-verdot. *« On fait 52 hl/ha et moins de Talbot que l'an passé. La moitié de la récolte fera du Connétable »*, confie Thierry Rustmann. Les vendanges ont commencé le 26 septembre et se sont achevées le 10 octobre. *« On a eu des merlots très sains, très gourmands. »* Mais le travail en amont, dans les vignes, pour préparer une vendange homogène, a aussi payé. *« En dix ans, on a compté que l'on passait trois fois plus dans les vignes : épamprage, vendanges vertes, effeuillage, le travail n'a plus rien à voir. »*

15,5 – Épicé, fruits cuits, gras, souple, soyeux, gourmand. Le style continue d'évoluer vers l'aimable et le doux, la finesse aussi, sans pour autant perdre de sa capacité à tenir le temps.

Millésime 2002

– *Dégustation d'avril 2003*

C'est la première année, de mémoire de maître de chai, que Talbot comporte aussi peu de merlot : 20 % au lieu de 35 habituellement (voire 40 % l'an passé). « *Les merlots diluaient l'assemblage* », ajoute Ramon Sorajuria. En revanche, l'équipe a décidé d'intégrer tous les francs et les petits-verdots. Côté blanc, pour lequel notre basque maître de chai a un faible, c'est un grand sourire : « *Un de nos meilleurs millésimes* ». Cette année, Ramon a raison, un nez bien parfumé dû aux 85 % de sauvignon (15 % de sémillon), nez de pêche blanche et de fleurs, bouche délicate, très fruits blancs, un régal. Pour revenir au rouge, l'assemblage est le suivant : 72 % cabernet-sauvignon, 20 % merlot, 3 % cabernet franc, 5 % petit-verdot. Les vendanges se sont déroulées du 1er au 12 octobre.

15,5 – Très fruits rouges, rose, un festival d'arômes qui précède une bouche souple, aux tanins fins, bien ronde. Un Talbot inattendu sans ses volumes habituels, un peu plus sérieux mais très agréable par son fruité.

Millésime 2003

– *Dégustation d'avril 2004*

« *On a fait les vendanges en deux temps* », commente Ramon Sorajuria, qui cumule quatorze ans de Talbot précédés de vingt-cinq ans de Latour. « *On a commencé le 11 septembre et arrêté le 15. On a repris quelques jours plus tard, pour finir le 25. C'est une année de cabernet et de petit-verdot, ils étaient splendides comme je n'en ai jamais vu. On n'a pas trop souffert sur le grand terroir. Ici, on a un très bon chef de culture, Christian Hostein. Il a senti le millésime et on a peu effeuillé. Il est là depuis 1988… Il vient de Latour, lui aussi.* » 70 % cabernet-sauvignon, 25 % merlot, 4 % petit-verdot, 1 % cabernet franc.

16,5 – Pain d'épice, fruits noirs, bouche souple, moelleuse, tanins fondus ; les saveurs de fruits mûrs et la trame veloutée provoquent un grand plaisir gustatif même en vin très jeune.

Millésime 2004

– Dégustation d'avril 2005

Le domaine annonce 54 hl/ha. *« Sur les vieilles vignes, on avait juste ce qu'il fallait, et sur les jeunes vignes, on a fait tomber des raisins »*, confie Ramon Sorajura. Les vendanges se sont déroulées du 5 au 17 octobre. L'assemblage est composé de 40 % de merlot, 55 % de cabernet-sauvignon et 5 % de petit-verdot.

15 – Nez de cassis et de violette, bien exprimé, bouche tendre en attaque, développant ses tanins ensuite, des notes épicées, une matière assez imposante finissant sur des sensations un peu rugueuses.

Millésime 2005

– Dégustation d'avril 2006

Christian Hostein, chef de culture, nous raconte : *« On a avancé les dates de vendange sur deux parcelles de jeunes vignes qui atteignaient des degrés pas croyables. On ne les a pas gardées pour le grand vin. Les vraies vendanges ont commencé le 20 septembre, et tout a été très vite. Au 15 octobre, les fermentations étaient terminées. On n'a pas cherché à extraire énormément et, malgré cela, les indices de tanins sont les plus élevés que j'ai connus ici. C'est aussi le plus grand vin auquel j'ai participé. »* 56 % cabernet-sauvignon, 40 % merlot, 4 % petit-verdot.

16 – Nez violette assez prononcé, bouche aux tanins souples, bon équilibre et de la fraîcheur. Un vin d'un beau classicisme, parfaitement exécuté, qui devrait encore prendre de l'ampleur et du raffinement au cours de l'élevage.

Millésime 2006

– Dégustation d'avril 2007

Jean-Pierre Marty est le nouveau directeur du cru. Débarqué des côtes-de-provence juste pour la vendange, en septembre 2006, il n'est pourtant pas en terre inconnue ici : *« Je retrouve les amis et la pluie de Bordeaux. Cela faisait treize ans que j'étais en Provence, mais mon père travaillait chez Cordier. »* L'assemblage du rouge 2006 est constitué de 61 % cabernet-sauvignon, 32 % merlot, 5 % petit-verdot et 2 % cabernet franc.

15,5 – Fruits noirs et subtile note de résine, bouche ronde, tendre, souple, tendue, bien fruitée.

– Dégustation d'avril 2008

15,5/16 – Talbot. Nez mûre, bouche tendre, élégante, soyeuse, chocolatée, pas de dureté, un peu ferme en finale, mais bonne tenue. Il s'est adouci, a gagné en gourmandise.

14 – **Connétable-de-Talbot**. Joli fruit, rond, tendre, élégant, nez peu ouvert, tendre, élégant, bien dense, bonne matière serrée.

Millésime 2007

– *Dégustation d'avril 2008*

Jean-Pierre Marty est désormais assisté de Jean-Max Drouilhet, nouveau maître de chai. 66 % cabernet-sauvignon, 31 % merlot et 3 % petit-verdot. *« On a fait un assemblage plus serré que ce qu'on a fait autrefois, on a écarté quelques bons merlots qui se retrouvent dans le Connétable. On est à 10 % de moins en récolte que l'an passé. »*

14,5 – Un peu réducteur, bouche tendue, note végétale, serrée, un peu sèche en finale. L'élevage devrait le rendre moins austère.

15 – **Talbot blanc** : 78 % sauvignon, 22 % sémillon. Nez bien fruité, agrumes, bouche fraîche, nerveuse, vin frais, gourmand, bien équilibré, vif.

Millésime 2008

– *Dégustation d'avril 2009*

Pour la première fois, intervention comme conseiller de Stéphane Derenoncourt, coqueluche des crus de Saint-Émilion. *« Il a commencé en septembre, il est intervenu au moment de la macération, des assemblages et surtout l'élevage. »* Jean-Pierre Marty explique : *« On garde les vins sur lies fines, en barriques. L'assemblage est retardé, pour conserver le plus longtemps possible sur ces lies, qui apportent du gras. »* Exercice de manipulation difficile dans un domaine qui ne compte pas moins de 2 000 barriques. L'assemblage se compose de 75 % cabernet-sauvignon, 22 % merlot, 3 % petit-verdot. Vendangé fin septembre jusqu'à mi-octobre. *« On a baissé le taux de premier vin depuis 2007, on n'en produit que 50 à 55 %. »*

15,5/16 – Fraise, fruits rouges, bouche tendre, ronde, légère, souple, tendue, petits tanins frais, délicats, une acidité mordante, un très joli fruit.

15 – **Talbot blanc** : un assemblage cette année de 60 % sémillon et 40 % sauvignon. Un peu l'inverse des autres années. Nez assez éclatant, bouche poire, bien fruitée, élégant, du gras et du fruit, 4 grammes de sucre résiduel.

Dégustation d'avril 2010

15 – Talbot. Sur colle, nez fermé, bouche ronde, assez tannique, puissante, dense, serrée en finale. Joli fruit en finale.

Millésime 2009

– *Dégustation d'avril 2010*

Christian Hostein : « *Deux choses marquantes. D'abord, ce fut une des années les plus dures en traitements phytosanitaires jusqu'au 14 juillet. Il y a eu beaucoup d'eau avant. La deuxième, c'est la floraison groupée et ça, on l'a retrouvé aux vendanges : tout a mûri en même temps. On a commencé le 28 septembre, jusqu'au 14 octobre.* » 65 % cabernet-sauvignon, 30 % merlot, 5 % petit-verdot.

16 – Fruits noirs, épices, rond, tendre, souple, long, joli fruit, épicé, bonne matière, séveux en finale, assez tendu, puissant mais plus aimable qu'autrefois.

14,5 – **Connétable-de-Talbot**. 46 % merlot, 54 % cabernet-sauvignon. 15 % de bois neuf. Fruits noirs, violette, sucrosité, rond, bien fruité, tendre, agréable, on pourrait le boire tout de suite.

14 – **Talbot blanc**. 30 % sémillon, 70 % sauvignon. Fruits blancs, citronné, bouche un peu mate, moins éclatante que le nez.

Crus bourgeois ou ex-bourgeois de saint-julien

La Bridane

Surface : 15 ha
Propriétaire : Vignobles Saintout
Contact : Bruno Saintout
Domaine de Cartujac
33112 Saint-Laurent-Médoc
05.56.59.91.70 – www.vignobles-saintout.com

Médocains de Saint-Julien depuis le XVIe siècle, les Saintout figurent sans doute la plus ancienne famille de vignerons de l'appellation. Pas de grands propriétaires, juste des vignerons qui ont acquis La Bridane au XIXe siècle et le bon Château du Périer, en haut-médoc, en 1989. Le Médoc, ils en connaissent les coins secrets et les plantes rares. La partie de vignoble qui enfante La Bridane se situe sur les belles croupes de graves voisinant avec les Léoville. Les vignes des terres plus argileuses donnent le second vin. Quand ils ne sont pas au chai pour accueillir les visiteurs (pendant la belle saison), on les attrape au fief familial, le Domaine de Cartujac.

Second vin : Moulin-de-La Bridane

Millésime 2002

– Dégustation d'avril 2003

14 – La diminution naturelle des rendements semble convenir à La Bridane, qui nous propose un vin bien parfumé, délicat en bouche, onctueux, souple mais sans creux, bien fruité.

Millésime 2005

– Dégustation d'avril 2006

16 – Bien parfumé, violette, rose Pierre-de-Ronsard, framboise, bouche dense, une pointe de sucrosité qui évoque la tarte aux fraises, tanin doux mais sans faiblesse, bonne longueur.

Millésime 2006

– Dégustation d'avril 2007

13,5/14 – Groseille, fraise, réglisse, bouche tendue, tannique, serrée, vive, solide, bien fruitée. Petite amertume en finale.

Millésime 2007

– Dégustation d'avril 2008

14 – Réduit, fruits noirs, bouche bien fruitée, pas très dense mais équilibré, bien fruité.

Du Glana

Surface : 58 ha
Propriétaire : Famille Meffre
Contact : Ludovic et Julien Meffre
33250 Saint-Julien
05.56.59.06.47 – www.chateau-du-glana.com

La propriété, bâtie sur un ancien cru de peu d'envergure, a été constituée au début des années 60 par Gabriel Meffre (voir aussi le voisin Lalande et Bellegrave, à Pauillac), pépiniériste dans le Vaucluse et fournisseur des domaines bordelais. À l'époque, les pépiniéristes travaillaient à plein. Les châteaux sortaient des années noires, crise, guerre, gel de 1956, et recommençaient à planter. Beaucoup étaient à vendre, très peu cher, pour qui disposait d'un peu de trésorerie. Gabriel Meffre a fait son marché en reprenant plusieurs domaines. Il a aussi donné de l'épaisseur à son du Glana en reprenant des parcelles à l'abandon ou en mauvais état. L'immense cru classé Lagrange lui en céda une bonne surface. Son fils, Jean-Paul, a pris sa suite. À son tour, il fait de la place à la nouvelle génération : Ludovic et Julien. Jean-Paul s'occupe de comptabilité : *« Il nous surveille »*, plaisantent les duettistes. *« Nous, on bichonne nos vignes, on est nés là-dedans. »* Les Meffre ont reconstruit tous les bâtiments en 2003… Provenant de sols (sables noirs) moins intéressants que du

Glana, le cru Lalande est davantage destiné aujourd'hui au marché de la grande distribution. Moins cher, en version vin fruité à boire plus jeune, il occupe sa place lors des foires aux vins de septembre.

Second vin : Pavillon-du-Glana

Millésime 2001

– Dégustation d'avril 2002

16 – Des arômes séduisants où se mêlent les épices et les fruits cuits, bouche bien typée, souple et soyeuse, fraîche, bien ronde avec une belle finale cerise et chocolat.

Millésime 2002

– Dégustation d'avril 2003

14,5 – Nez plutôt fermé, note épicée, bouche souple, tanins tendres, beaucoup de fruit, finale un peu rugueuse.

– Dégustation de juin 2005

14,5 – Café, torréfaction, des notes boisées assez présentes, bouche aux tanins gras, du volume, ample, finale fruits noirs.

Millésime 2003

– Dégustation d'avril 2004

14,5 – Épices et violette, bouche souple, élégante, surtout en première séquence, la finale est un peu plus musclée mais sans aspérités.

Millésime 2005

– Dégustation d'avril 2006

15,5 – Nez cerise, constitution robuste, tanins bien présents mais sans dureté, beaucoup de fruit. La finale resserrée devrait se fondre au cours de l'élevage.

Millésime 2006

– Dégustation de novembre 2010

13,5 – Fruits noirs, bouche ronde en attaque, un peu plus vive ensuite, tendue, acidité assez marquée, finale un peu électrique.

Millésime 2007

– *Dégustation d'avril 2008*

13,5/14 – Fermé, réduit, bouche bien fruitée, souple, douce, tendue mais équilibrée.

– *Dégustation de novembre 2010*

14 – Fruits noirs, nez un peu végétal, bouche ronde, souple en attaque, finale serrée, première séquence ronde et agréable, finale plus abrupte.

Millésime 2008

– *Dégustation d'avril 2009*

16 – Fruits rouges et noirs, bouche tendue, fraîche, vive, serrée, beau fruit, tanins croquants, de l'éclat.

– *Dégustation de novembre 2010*

15,5 – Mentholé, bouche fruitée, élégant, petits tanins frais, croquants, frais et fins, bonne longueur, élégant.

Millésime 2009

– *Dégustation d'avril 2010*

13 – Floral, fruité, frais, tendre, vif, un peu d'acidité et de végétal en finale.

– *Dégustation de novembre 2010*

14,5 – Fruits noirs, mûre, vanille, bouche ronde, onctueuse, fraîche. La finale s'est allongée, on retrouve le petit côté électrique mais le vin a gagné en ampleur. Fruité bien marqué.

GLORIA

Surface : 44 ha
Propriétaire : Domaines Henri Martin
Contact : Jean-Louis Triaud
33250 Saint-Julien
Tél. : 05.56.59.08.18 – www.domaines-henri-martin.com

Gloria ne revendique pas de passé. C'est un joli patchwork créé de toutes pièces par Henri Martin, fils de tonnelier et tonnelier lui-même, qui a constitué ce domaine en commençant par acheter un lopin de 6 000 pieds de vigne. À coups d'échanges, de rachats, il a peu à peu constitué un vignoble d'une quarantaine d'hectares, entre la fin des années 30 et le milieu des années 70. L'époque s'y prêtait. Le Médoc vivait sa période noire, on arrachait les vignes, on élevait du bétail pour survivre, on glissait des bassines dans les chais où les toits étaient percés… Parfois, il a échangé des prés contre des vignes, car l'élevage rapportait plus que le grand vin… La même opération aujourd'hui serait évidemment impossible. Il est à noter d'ailleurs qu'Henri Martin, qui avait entre-temps racheté ce qui restait du cru classé Saint-Pierre, a préféré favoriser en superficie Gloria, une marque nouvelle, plutôt qu'un domaine distingué au fameux classsement de 1855. Cela donne une idée de l'état du marché alors et du peu de cas que l'on faisait des grands noms du Médoc qui font rêver la planète aujourd'hui. Les deux domaines sont gérés par Jean-Louis Triaud, gendre d'Henri Martin. Les millésimes des années 80 de Gloria n'ont rien d'exceptionnel. Ceux de la décennie 2000 sont bien plus intéressants. Des rendements sans doute plus raisonnables, une meilleure appréciation du parcellaire et des dates de vendange ; en résumé, une meilleure maîtrise technique (voir aussi nos commentaires sur Saint-Pierre) ont rapidement situé Gloria à un très bon niveau. Souvent dégusté au milieu des crus classés, il ne détonne pas.

Second vin : Peymartin, commun à Saint-Pierre et à Gloria

Millésime 2000

– Dégustation d'avril 2001

Depuis ce millésime, Gloria bénéficie des soins de Rémi Di Costanzo, nouveau directeur technique de Château Saint-Pierre et des autres domaines de la famille Triaud. *« On a de tout comme sols, depuis les sables noirs alluvionnaires jusqu'aux meilleures graves. Mon premier travail est d'identifier tout ce parcellaire pour mieux le comprendre et le travailler.* » 65 % cabernet-sauvignon, 5 % cabernet franc, 5 % petit verdot, 25 % merlot.

15,5 – Fruits noirs et cerise au nez, bouche ronde et grasse, tanins croquants, très belle finale sur la mûre, vin souple, gourmand.

– *Dégustation d'avril 2002*

15,5 – Le nez est marqué par l'élevage, les arômes apportés par la barrique ne sont pas encore bien intégrés mais la bouche est très prometteuse ; de beaux tanins granuleux et sans sécheresse, une belle longueur.

Millésime 2001

– *Dégustation d'avril 2002*

55 % cabernet-sauvignon, 35 % merlot, 5 % cabernet franc, 5 % petit-verdot.

16,5 – Nez épicé, fruits rouges, bouche dense, fraîche, nette, élégante, belle longueur et tanins soyeux, très cerise en finale.

Millésime 2002

– *Dégustation d'avril 2003*

Petits rendements de 37 hl/ha.

16 – Nez prune rouge, cassis, rose, bouche tendre en attaque, se resserrant ensuite, fruité éclatant, belle longueur, trame solide. Joli vin à venir.

Millésime 2003

– *Dégustation d'avril 2004*

16,5 – Des arômes de fruits rouges, griotte, framboise, bouche tendre, très fraîche, bien garnie, longue et équilibrée.

Millésime 2004

– *Dégustation d'avril 2005*

65 % cabernet-sauvignon, 25 % merlot, 5 % cabernet franc et 5 % petit verdot.

16,5 – Nez de fruits rouges, des notes de pinot noir bourguignon, framboise, bouche fraîche, élégante, bien fruitée, petits tanins savoureux bien liés et portant le fruit très longtemps.

Millésime 2005

– Dégustation d'avril 2006

61 % cabernet-sauvignon, 30 % merlot, 5 % cabernet franc, 4 % petit-verdot. Élevage 40 % de barriques neuves.

16 – Fruits noirs, tanins étoffés en milieu de bouche, beaucoup de fruits rouges tendance gelée de groseille ; la structure appelle l'élevage pour gommer ou adoucir la vivacité un peu piquante des tanins.

Millésime 2006

– Dégustation d'avril 2007

57 % cabernet-sauvignon, 32 % merlot, 5 % cabernet franc, 6 % petit-verdot.

15 – Nez grillé, s'ouvre sur les fruits noirs, tarte aux myrtilles, bouche ronde en attaque, bien fruitée, d'une densité moyenne mais très pure et équilibrée.

– Dégustation d'avril 2008

15/15,5 – Juste sorti de colle. Fruits rouges et léger boisé qui valorise le fruit, un peu serré, brassé, bien fruité, très gourmand. De la réserve.

Millésime 2007

– Dégustation d'avril 2008

68 % de cabernet-sauvignon, 2 % de franc, 25 % de merlot, et 5 % petit-verdot.

15 – Floral, fruits rouges, bouche douce en attaque, veloutée, finale plus aride, un peu séchante, bonne première partie malgré une note végétale.

– Dégustation mai 2009

15 – Floral, fruits rouges, bouche douce en attaque, veloutée, finale plus aride, un peu séchante, bonne première partie, malgré une note végétale

Millésime 2008

– Dégustation d'avril 2009

Rémi Di Costanzo : « *Production plus faible que l'an passé. Le fait marquant, c'est la date et le fractionnement des vendanges. Il fallait prendre un peu de risques. On a commencé le 2 octobre et on a fini le 18. On a arrêté quatre ou cinq jours. Il y a des parcelles où on est passé deux ou trois fois. Il ne fallait pas vendanger trop tard non plus, sinon on avait des raisins fades.* » 61 % cabernet-sauvignon, 24 % merlot, 6 % cabernet franc, 9 % petit-verdot.

16 – Nez pas très ouvert, fruits noirs, bouche douce, élégante, souple, très fruitée, plus en fruit en bouche qu'au nez, tendu mais pas sec.

– *Dégustation d'avril 2010*

15,5 – Fruits noirs, épices, sur colle, tendu, vif, joli fruit, cerise, frais belle matière derrière. Prometteur.

Millésime 2009

– *Dégustation d'avril 2010*

61 % cabernet-sauvignon, 27 % merlot, 6 % cabernet franc, 6 % petit-verdot. 40 % de bois neuf.

16,5 – Fruits noirs, violette, cerise, bouche bien fruitée, sucrosité, très rond, fraises au sucre, cabernet bien frais, onctueux, caressant. « *Mais c'est un vin qui pourra vieillir vingt ans sans problème* », ajoute Rémi Di Costanzo.

LALANDE-BORIE

Surface : 35 ha
Propriétaire : Famille Borie
Contact : Bruno Borie
33250 Saint-Julien
05.56.73.16.73
www.chateau-ducru-beaucaillou.com

Propriété de la famille Borie, gérée par l'équipe de Ducru-Beaucaillou.

Millésime 2005

– *Dégustation d'avril 2006*

Bruno Borie : « *Depuis deux ans, on le vinifie à basse température pour préserver son fruit et lui conférer un vrai style saint-julien !* » 46 % merlot, 45 % cabernet-sauvignon, 9 % cabernet franc.

14,5 – Cerise, rose au nez, bouche assez tendue, tanins vifs et serrés, bonne tenue en finale.

Millésime 2007

– *Dégustation d'avril 2008*

50 % cabernet-sauvignon, 7 % cabernet franc, 43 % merlot.

15 – Violette, cassis, épices, bouche douce, ronde, bien fruitée, tendu, long, frais, joli fruit.

Millésime 2008

– *Dégustation d'avril 2009*

50 % cabernet-sauvignon, 10 % cabernet franc, 40 % merlot.

16 – Bon fruit, grillé, épices, fruits noirs, bouche souple, fraîche, tendue, grains ronds ; vin serré, pas trop extrait, très beau fruit.

Millésime 2009

– *Dégustation d'avril 2010*

14 – Fruits noirs, cassis, épicé, frais, un peu mentholé, plus cabernet que merlot, touffu mais assez gourmand.

Moulin-de-la-Rose

Surface : 4,8 ha
Propriétaire : Guy Delon
Contact : Jean-François Delon
33250 Saint-Julien
05.56.59.08.45
www.segur-de-cabanac.com

Petite propriété, les Delon disent Lilliput, comparée aux mastodontes crus classés qui entourent un des derniers domaines « indépendants » de l'appellation. Guy Delon avait racheté à son père ce domaine en 1971 et en a fait un petit bijou que son fils Jean-François continue de bichonner. Les Delon sont également propriétaires de Ségur-de-Cabanac, en saint-estèphe. Les deux forment une excellente destination gustative.

Millésime 2000

– Dégustation d'avril 2001

14,5 – Nez rose rouge, comme son nom l'indique, pas très ouvert, bouche marquée par des tanins moelleux en attaque, un fruité bien exprimé, une finale un peu plus sévère qui devrait prendre de la rondeur avec l'élevage.

Millésime 2001

– Dégustation d'avril 2002

14,5 – Un saint-julien classique, tanins souples, plus en fruité qu'en concentration de matière. Bon équilibre.

Millésime 2002

– Dégustation de juin 2005

15 – Fruits noirs, mûre, gelée de myrtilles, très bien exprimé, bouche ronde, soyeuse, tanins frais et croquants, joli fruit bien prolongé.

Millésime 2004

– Dégustation d'avril 2005

14 – Nez discret, boudeur, bouche dense, tannique, trame bien présente, un joli fruit qui couronne la finale.

Millésime 2005

– Dégustation d'avril 2006

15 – Dense et soyeux en bouche, un très joli fruit qui évoque la framboise, petits tanins croquants.

Millésime 2006

– Dégustation d'avril 2007

16 – Joli fruit, cerise, groseille, note rose, pivoine, bouche souple, soyeuse, délicate, très belle qualité de tanins, bouche gourmande, douce, fine.

Millésime 2008

– Dégustation d'avril 2009

15 – Fruits rouges, fraise, bouche ronde, soyeuse, moelleuse même, finale plus serrée, bon toucher en bouche même si le fruit est un peu absent à ce stade de son élevage.

Millésime 2009

– Dégustation d'avril 2010

15,5/16 – Floral, rose rouge, bouche douce, fraîche, petits tanins souples et croquants, frais, fin, élégant.

TERREY-GROS-CAILLOUX

Propriétaire : Famille Borie
Contact : Bruno Borie
33250 Saint-Julien
05.56.73.16.73
www.chateau-ducru-beaucaillou.com

Porté disparu. Ce cru a fait le bonheur de plusieurs générations d'amateurs de vins solides, de garde, droits dans leurs ceps et pas trop chers. Henri Pradère était un personnage connu dans la région, tout à fait à l'image de ses vins. Henri Pradère est mort en août 2004. Moins d'un an plus tard, le cru était cédé à Ducru-Beaucaillou. On peut encore trouver des millésimes (jusqu'à 2004) sur le marché, mais l'étiquette ne figure pas sur la liste des vins proposés par Ducru. Le vignoble a été absorbé par les différents crus du domaine.

Millésime 2002

– Dégustation d'avril 2003

14,5 – Cerise, fruité, bouche tendre, souple, fruitée, délicate, finale un peu fuyante, mais l'élevage devrait lui conférer du volume.

Millésime 2003

– *Dégustation d'avril 2004*

70 % cabernet-sauvignon, 25 % merlot, 5 % petit-verdot.

15 – Nez rose séchée, griotte, bouche tendre, élégante, petits tanins soyeux, grande finesse.

– *Dégustation d'avril 2005*

15 – Fruits rouges, lilas, œillet rouge, très floral, bouche tendre, délicate mais soutenue par une bonne trame tannique, bonne longueur, bon équilibre.

Pauillac

Trois premiers grands crus classés sur 1 200 hectares : pauillac fait figure d'appellation reine du Médoc. Une reine isolée, séparée de saint-julien au sud et de saint-estèphe au nord par des marais où s'écoule l'eau venue des croupes, ces ondulations du relief où se plaît le vignoble. Les graves qui caractérisent les sols et assurent leur parfait drainage ne sont uniformes qu'en apparence. Ces petits cailloux blancs se ressemblent, mais pas ce qui les entoure. Ce qui fait la différence, c'est l'argile, davantage présente à l'est qu'à l'ouest, où le sable prend sa place. Les vins les plus denses proviennent de ces zones de graves argileuses. Les rouges de pauillac, qui se distinguent par leur droiture un peu sévère et leur finesse, ne se révèlent qu'avec le temps.

Crus classés de pauillac

BATAILLEY

5e grand cru classé
Surface : 58 ha
Propriétaire : Famille Castéja
Contact : Borie-Manoux
86, cours Balguérie – 33082 Bordeaux Cedex
05.56.00.00.70 – www.borie-manoux.com

Philippe Castéja a inventé l'hyperprésidence avant que ce soit à la mode. Patron de la maison de négoce familiale Borie-Manoux, il préside également l'Association des crus classés de médoc et sauternes, et quelques autres bricoles de même envergure. Sans doute craignait-il, avec seulement sept ou huit domaines familiaux dont s'occuper, d'avoir trop de loisirs ! Entre Trottevieille, premier cru classé en saint-émilion, Domaine de l'Église en pomerol, Baret en pessac-léognan ou Beau-Site en saint-estèphe, il faut s'imaginer les kilomètres avalés au moment des vendanges. Mais le résultat vaut la peine. Car depuis la bonne dizaine d'années qu'il est à la tête des Domaines Borie-Manoux, la qualité n'a cessé de progresser. Comme le plupart des domaines gérés par des négociants, ils étaient négligés. Agréables résidences d'été où les enfants pouvaient gambader à l'aise sans risquer de croiser une voiture dans les grands parcs privés, les châteaux constituaient davantage une charge qu'une rente. Seul le commerce de vins en gros gagnait de l'argent. Les vignobles du fin fond du Médoc recevaient le traitement que l'on réserve d'ordinaire à l'héritage d'une vieille tante. On ne sait qu'en faire mais on ne veut tout de même pas s'en débarrasser. D'autant que les murs sont recouverts de portraits et de photos de famille. Alors, on entretient a minima. À partir du milieu des années 80, ce fut l'inverse. La propriété continuait certes de coûter cher, car il fallait investir pour la remettre au niveau mais, avec la mode du bon vin conquérante aux Amériques, la charge devenait vraiment rentable. Tandis que le rouge ordinaire, le vin aliment, quittait la table quotidienne.

Le clan Castéja dirigé par Émile, le père de Philippe, mit un peu de temps à en convenir. Si bien que les propriétés étaient à la traîne. Quelques belles réussites en grands millésimes et le restant assez moyen. *« En 2000, c'était le cinquante-cinquième millésime de mon père à Batailley et le premier pour moi, car il m'a appelé pour l'aider. »* Ce fut même le tournant, le grand bond en avant, comme on disait du temps de Mao, bien que les Castéja, sauf démenti formel, versent assez peu dans l'imitation du grand leader. Travaux, recrutement, remise en forme des chais et du vignoble, conseil de l'œnologue intransigeant Denis Dubourdieu… Batailley, un des crus classés les plus vendus en France, retrouve son rang et nous avons plaisir à le visiter. D'autant plus de plaisir que Philippe Castéja connaît tout de l'histoire du Médoc et des grandes familles bordelaises dont on distinguait les préférences religieuses dans les années 50 aux marques d'automobile : *« Les protestants roulaient en Peugeot et les catholiques en Citroën ou Renault. »*

Le château et la famille sont les symboles de ces lignées anciennes qui ont écrit l'histoire des vins de Bordeaux. Les Castéja, originaires des Landes, sont alliés aux Borie, originaires de Corrèze, alliés aussi aux Ballande, descendants de ces soldats écossais qui avaient adopté la France, armateurs, commerçants dont les possessions s'étendent du nickel calédonien au château Prieuré-Lichine…

Second vin : pas de second vin, ce qui n'entre pas dans le grand vin est récupéré par la maison de négoce Borie-Manoux.

Millésime 2000

– Dégustation d'avril 2001

70 % de cabernet-sauvignon, 25 % de merlot, 2 % de petit-verdot et 3 % de cabernet franc.

15 – Nez pivoine, cerise, assez expressif, note vanillée de la barrique, puissant en bouche, tanins serrés, un peu sévère, dense. Bien dans le style pauillac, boudeur jeune et capable de tenir longtemps.

– Dégustation d'avril 2002

15,5 – Boisé de l'élevage assez présent : normal à ce stade. Pain d'épice, baies noires, bouche onctueuse, bien pleine, une matière généreuse, un peu brassée encore. On devine que le vin va s'affiner avec le temps, équilibrer, juste ce qu'il faut de sévérité, sans dureté.

Millésime 2001

– *Dégustation d'avril 2002*

70 % cabernet-sauvignon, 28 % merlot, 2 % cabernet franc. 60 % de barriques neuves.

15,5 – Floral, violette, rose rouge, attaque de bouche fruitée et souple qui se resserre ensuite, tanins bien présents, trame solide, un Batailley classique assez réservé et plutôt élégant.

Millésime 2002

– *Dégustation d'avril 2003*

Voir nos commentaires de Lynch-Moussas. Denis Dubourdieu a conseillé d'attendre le mois d'octobre pour ramasser les cabernets-sauvignons, *« ce qui a été fait le 12 »,* précise Philippe Castéja. L'équipe a opté pour une fermentation longue et peu brutale.

70 % cabernet-sauvignon, 25 % merlot, 3 % cabernet franc, 2 % petit-verdot.

15 – Fruits noirs, nez assez fermé, bouche solide, un peu austère, des tanins de qualité, puissant, long. L'élevage devrait le rendre plus aimable.

Millésime 2003

– *Dégustation d'avril 2004*

Philippe Castéja : *« On a réduit les temps de remontage pour éviter d'extraire les tanins de pépins, garder les tanins mûrs et le fruit, ne pas surextraire. »* 72 % cabernet-sauvignon, 24 % merlot, 2 % cabernet franc, 2 % petit-verdot.

15,5 – Un très joli nez de fruits rouges, de cassis et de rose, la bouche est tendre, parfumée, des tanins souples et bien fondus en attaque, un peu serré en finale. Un ensemble bien équilibré.

Millésime 2004

– *Dégustation d'avril 2005*

« En 2001, quand j'ai commencé, on a d'abord cherché à établir un ordre de ramassage. On passait dans chaque parcelle et on goûtait », raconte Philippe Castéja. *« On a surtout changé les habitudes en 2002. On commence*

à avoir un historique.» 69 % cabernet-sauvignon, 26 % merlot, 2 % cabernet franc, 3 % petit-verdot.

16 – Violette, épices, grillé, tanins serrés ; du volume, dense, séveux. Vin sérieux, bien pauillac mais sans aspérité. Les tanins tapissent la bouche sans dureté.

Millésime 2005

– Dégustation d'avril 2006

«On refait entièrement le cuvier, on double la surface pour installer des cuves plus petites et, surtout, qui correspondent en volume aux différentes parcelles que nous avons identifiées. C'est l'aboutissement du travail engagé depuis six ans pour comprendre ce terroir et mieux l'interpréter», confie Philippe Castéja. Batailley est devenu plus dense, plus précis, mieux défini qu'autrefois. Quoique… Philippe a eu la gentillesse de nous faire déguster un 1961 absolument remarquable. Millésime, il est vrai, d'anthologie comme le sera 2005. Lequel est composé de 23 % merlot, 73 % cabernet-sauvignon, 2 % petit-verdot, 2 % cabernet franc.

16 – Fruits noirs un peu compotés, bouche onctueuse, tanins gras, veloutés mais avec le côté sérieux pauillacais. Un vin bien droit, sans faiblesse, aux tanins de qualité.

Millésime 2006

– Dégustation d'avril 2007

Dans la famille Castéja, on ne déteste pas récupérer. Parfois, c'est assez grandiose. Ainsi un aïeul a-t-il eu l'idée de ne pas laisser perdre un des grands halls de l'Exposition universelle de 1889, transféré à Batailley, et qui, depuis, a accueilli nombre de réceptions importantes et quelques chefs d'État : *«Il a donc le même âge que la tour Eiffel»*, précise Philippe Castéja. Nettement plus récent puisqu'il a été construit l'an passé, le nouveau cuvier – *«56 cuves pour 56 hectares !»* – et le chai souterrain qui prolonge les réserves de vieux millésimes. Car, comme souvent dans les crus de pauillac, la balade à rebrousse-temps vaut singulièrement le détour. D'ailleurs, avis à tous ceux qui possèdent un Batailley 1982 : c'est un délice… Assemblage du 2006 : 26 % merlot, 70 % cabernet-sauvignon, 2 % cabernet franc, 2 % petit-verdot.

15,5 – Fruits noirs, cerise, joli nez expressif, bouche souple en attaque, bien fruitée, un peu plus sévère en finale. Le fruit est bien préservé.

– *Dégustation d'avril 2008*

15,5/16 – Nez grillé, fruits confits, bouche douce, sérieux, plein, dense, tendu, joli fruit, l'élevage l'a adouci, plus de chair en milieu de bouche.

Millésime 2007

– *Dégustation d'avril 2008*

73 % cabernet-sauvignon, 23 % merlot, 3 % cabernet franc, 1 % petit-verdot, vendangé entre le 27 septembre et le 4 octobre.

15,5 – Fruits noirs, violette, bouche ronde, souple, fondue, épicée, long. Tanins de qualité, souple, élégant.

Millésime 2008

– *Dégustation d'avril 2009*

75 % cabernet-sauvignon, 22 % merlot, 2 % cabernet franc, 1 % petit-verdot.

15,5 – Fruits rouges, bouche ronde, tendre, frais, élégant, joli fruit, pas très dense mais traité en finesse.

– *Dégustation d'avril 2010*

15,5 – Chocolat, grillé, moka, bouche douce, délicate, tendre, frais élégant, délicat, moins dense que d'habitude mais parfaitement équilibré.

Millésime 2009

– *Dégustation d'avril 2010*

22 % merlot, 74 % cabernet-sauvignon, 2 % petit-verdot, 2 % cabernet franc.

16,5 – Nez fruits noirs, mûre, poivre, gras, plein, épicé, tendu, tannique, du relief, frais, très cabernet, long, intense, bonne longueur.

Clerc-Milon

5e cru classé
Surface : 40 ha
Propriétaire : Rothschild
Contact : Château Clerc-Milon
33250 Pauillac
05.56.73.20.20 – www.bpdr.com

Comme d'Armailhac, Clerc est une propriété Rothschild, côté Mouton, qui a beaucoup grandi en trente-cinq ans, passant de 6 hectares en 1970 (date du rachat) à 44 aujourd'hui. Mais la qualité n'a pas forcément suivi la même courbe ascendante. En 2004, l'agrandissement fut spectaculaire grâce au rachat et à l'intégration progressive de La Fleur-Milon, un cru bourgeois dont les parcelles étaient imbriquées dans celles de Clerc-Milon. De quoi alimenter l'argumentaire de tous ceux qui, par intérêt ou par besoin de s'inventer un rôle, veulent mettre à bas le classement de 1855. Déjà dans les années 90, à l'invitation d'un milliardaire américain, un conclave de grands dégustateurs (il n'en est pas de petits) avait ainsi banni du classement une bonne partie des crus de Margaux. Par chance, leur avis n'ayant qu'une faible influence sur l'histoire, on ne changea rien. Et l'on fit bien, à constater aujourd'hui la cohérence de cette appellation. Donc, Clerc-Milon a récupéré de très bons terroirs et va produire dans les années à venir un pauillac encore meilleur. Il a de la marge… Traditionnellement, ces crus considérés comme secondaires par rapport à Mouton étaient moins bichonnés que le grand premier. Par exemple, la troupe de vendangeurs s'y rendait seulement quand il n'y avait rien à cueillir chez Mouton. Soit avant, soit après, soit pour boucher des trous. Rarement en fonction de la parfaite maturité. Cela pouvait fonctionner avec les grands millésimes mais, les années à météo plus délicate, le résultat était peu convaincant. Depuis quelques années, l'équipe dirigeante a entrepris de leur donner de l'autonomie (dates de vendanges indépendantes des décisions concernant Mouton) et de leur accorder davantage d'attention. Sur Clerc, il s'agit surtout de conserver la puissance mais sans rusticité.

Second vin : pas de second vin revendiqué. Ce qui n'est pas conservé part dans la société de négoce du groupe.

Millésime 2000

– Dégustation d'avril 2001

Clerc-Milon est élevé dans 30 % de bois neuf. 67 % cabernet-sauvignon, 33 % merlot.

16 – Nez puissant de réglisse et de violette sur un fond assez épicé, puissant en bouche, dense, pas mal de volume mais, grâce à des tanins de belle qualité, sans sacrifier l'élégance.

– Dégustation de mai 2002

16 – Pain d'épice, miel et fruits confits, bouche dense, tannique mais ronde, bien étoffée, bonne structure, longueur et persistance.

Millésime 2001

– Dégustation d'avril 2002

75 % de la récolte dans le grand vin composé de 54 % cabernet-sauvignon, 36 % merlot, 10 % cabernet franc, 35 % de bois neuf. « *Une acidité légèrement plus élevée qu'en 2000, un peu moins de tanins mais des tanins plus classiques. Au début, on comparait à 98, mais aujourd'hui le vin nous apparaît plus enrobé qu'en 98, c'est plus complet* », commente Éric Tourbier, également responsable technique à Mouton-Rothschild.

15,5 – Nez épicé mais peu ouvert, bouche dense, structurée, un vin un peu bourru, austère, mais avec un fort potentiel. L'élégance des tanins séduit en première séquence, la suite est plus structurée, plus monolithique.

Millésime 2002

– Dégustation d'avril 2003

Tout petits rendements à Clerc-Milon cette année : 26 hl/ha. « *Vendanges en cagettes et tables de trie : des pratiques que l'on va mettre en service sur d'Armailhac l'an prochain.* »

55 % cabernet-sauvignon, 40 % merlot, 3 % cabernet franc, 2 % petit-verdot.

14,5 – Nez puissant de cassis, mûre, bouche très dense, beaucoup de tanins, riche en fruit, mais un grain de tanins un peu agressif.

Millésime 2003

– Dégustation d'avril 2004

Le vignoble, qui avait peu produit l'an passé, n'a guère fait mieux cette année, avec 28 hl/ha. Son encépagement, avec le merlot qui joue encore une part très importante du fait de la jeunesse des replantations en cabernet-sauvignon, ne l'avantageait guère ces deux derniers millésimes, où, pour des raisons diamétralement opposées (grande fraîcheur l'été 2002, grosse chaleur en 2003), ce cépage a souffert. L'assemblage se compose de 55 % de cabernet-sauvignon, 39 % de merlot, 3 % de cabernet franc, 2 % de petit-verdot et 1 % de carmenère,

14,5 – Nez d'épices et de fruits rouges, belle attaque en bouche gourmande et souple, moins austère que de coutume. La finale marque un caractère plus refermé avec des tanins serrés un peu massifs.

Millésime 2004

– *Dégustation d'avril 2005*

51 % cabernet-sauvignon, 42 % merlot, 5 % cabernet franc, 1 % petit-verdot, 1 % carmenère. 30 % de barriques neuves.

15,5/16 – Réglisse, fruits confits, sucrosité apportée par le merlot qui lui confère de la rondeur en bouche et enrobe les tanins d'un moelleux flatteur. L'ensemble est charnu, séveux, assez gourmand, avec une belle finale Zan à la violette.

Millésime 2005

– *Dégustation d'avril 2006*

38 % cabernet-sauvignon, 40 % merlot, 10 % cabernet franc, 1 % petit-verdot et enfin 1 % de carmenère.

15 – Réglisse, fruits noirs, bouche volontaire marquée par des tanins virils assez présents, une austérité très pauillacaise qui se gomme grâce à l'élevage. Le 2004, par exemple, a gagné en douceur depuis l'an passé.

– *Dégustation d'avril 2008*

15 – Nez fermé, bouche tendue, fine et fraîche, un peu fragile en milieu de bouche, long, serré, manque de chair en milieu de bouche à ce stade, il lui faut du temps.

Millésime 2006

– *Dégustation d'avril 2007*

50 % cabernet-sauvignon, 44 % merlot, 6 % cabernet franc. *« Nos merlots sont sur argilo-calcaires et non sur graves, ils sont assez tanniques »*, précise Philippe Dhalluin, responsable du domaine et surtout du grand frère Mouton.

14 – Épices, prune, cerise noire, bouche tendre, assez fraîche en attaque, les tanins sont plus rugueux en finale. À ce stade, c'est incontestablement un pauillac pur jus, mais il lui manque un peu d'amabilité. À revoir après élevage.

– *Dégustation d'avril 2008*

15 – Fumé, pain d'épice, bouche garnie, dense, fraîche, élégante, l'élevage lui a fait du bien.

Millésime 2007

– *Dégustation d'avril 2008*

48 % cabernet-sauvignon, 42 % merlot, 7 % cabernet franc, 2 % petit-verdot, 1 % carmenère.

15,5 – Nez fermé, boisé, bouche dense, bien ronde, moelleuse, très agréable, un beau gros bébé bien rond, serré en finale.

– *Dégustation d'avril 2009*

15 – Nez fruits rouges. Bouche fraîche, élégante, tendue, pas mal de mâche, tanins un peu marqués, on sent le squelette du vin.

Millésime 2008

– *Dégustation d'avril 2009*

Merlots : 40 %, contre 42 % de cabernet-sauvignon, complété de 16 % cabernet franc et 2 % de petit-verdot. « *Pas de carmenère, c'est un cépage trop tardif* », dit Philippe Dhalluin. Le vin pèse 13,3° d'alcool.

15,5 – Nez fermé, tanins fermes, assez serré, un vin un peu tassé, tendu, masse tannique assez imposante, merlots un peu massifs. C'est assez dans le style du cru, qui s'affine avec le temps.

– *Dégustation d'avril 2009*

15,5 – Fruits noirs, épices, rose rouge, bouche douce, élégante, vive, finale un peu râpeuse, long, frais, le fruit est bien préservé.

Millésime 2009

– *Dégustation d'avril 2010*

Deux grands types de sols : une partie de la fin des graves de Mouton et Lafite avec, sur la partie proche de la Gironde, l'argilo-calcaire en surface et le socle calcaire très dur en dessous. Philippe Dhalluin : « *Clerc-Milon, c'est une grande pièce de vignes de 45 hectares montée en puzzle, avec de toutes petites parcelles de différents cépages, avec des âges différents. Pour bien la travailler, il fallait tout identifier. Jean-Emmanuel Danjoy, venu d'Opus One, s'en est chargé. Il a passé beaucoup de temps à repérer et identifier chaque pied. On a classé en trois zones différentes de maturité.* » 44 % merlot, 60 % cabernet-sauvignon, 4 % cabernet franc, 1 % petit-verdot, 1 % carmenère.

16,5 – Nez pomme mûre, épices douces, fruits noirs, encre, bouche ronde, souple, tannique, bien fondue, une petite touche pomerolaise chocolatée en finale.

CROIZET-BAGES

5e cru classé
30 ha
Propriétaire : Famille Quié
Contact : Rue de la Verrerie – 33250 Pauillac
05.56.59.01.62
www.domaines-quie.com

Racheté après la Première Guerre mondiale par Jean-Baptiste Monnot, citoyen américain et propriétaire de la célèbre marque d'accessoires bruyants d'automobiles Klaxon, il devient la propriété en 1942 de Paul Quié, courtier en vin à Bercy. Pourvu en partie d'un bon terroir – 27,5 hectares dont un quart le long de Lynch-Bages –, Croizet-Bages remonte lentement la pente. La plus grande difficulté réside dans la gestion d'un vignoble en phase de « reconstruction ». Une partie des vignes avait été plantée avec des densités à l'hectare trop faibles et sur des porte-greffes (la partie racinaire du cep), recommandés autrefois mais dont les professionnels se sont aperçus plus tard qu'ils n'étaient pas adaptés (trop vigoureux, et peu enclins à plonger dans les profondeurs du sol). Anne-Françoise et Jean-Philippe Quié, la nouvelle génération arrivée aux commandes avec les années 2000, ont dopé la machine à rattraper le temps perdu : « *Nulla dies sine linea* », aucun jour sans tracer une ligne. Pour en savoir un peu plus, on peut se rapprocher des lignes consacrées à l'autre cru de la famille Quié : Rauzan-Gassies, qui habite chez les crus classés en margaux.

Second vin : La Tourelle de Croizet-Bages

Millésime 2000

– Dégustation d'avril 2001

57 % cabernet-sauvignon, 8 % cabernet franc, 35 % merlot.

14 – Nez discret de fruits noirs, bouche moins sévère que de coutume grâce à des tanins plus mûrs, frais, net, belle finale fruitée.

– Dégustation d'avril 2002

14 – Nez poivré, réglisse, austère, bouche séveuse mais des tanins carrés, assez rugueux, finale serrée.

Millésime 2001

– Dégustation d'avril 2002

55 % cabernet-sauvignon, 35 % merlot, 10 % cabernet franc, 30 % de bois neuf dans l'assemblage avec quelques barriques de chêne du Missouri.

14 – Nez tabac, assez épicé, bouche élégante mais marquée par des tanins vigoureux. Vin solide, manquant un peu de charme à ce stade.

Millésime 2002

– Dégustation d'avril 2003

Au rythme de 2 hectares par an, les replantations continuent à 8 000 pieds par hectare, c'est-à-dire une forte densité, pour obtenir des raisins moins nombreux et plus concentrés sur chaque cep. Il remonte aussi la surface foliaire pour un meilleur échange et une meilleure maturation des baies. 60 % cabernet-sauvignon, 35 % merlot, 5 % cabernet franc.

14,5 – Ce n'est certes pas le plus concentré des pauillacs, mais son fruité mérite le détour, fruits rouges, bouche douce, moins sévère que d'autres années, gourmande, très agréable. Un pauillac aimable et bien fait.

Millésime 2003

– Dégustation d'avril 2004

Des merlots étonnants cette année, légèrement muscatés, fleur de sureau : au nez, les yeux bandés, on pourrait penser à un vin blanc. La récolte est très honorable – 52 hl/ha –, mais le vin, à ce stade de la dégustation, manquait de charme. 54 % cabernet-sauvignon, 38 % merlot, 8 % cabernet franc.

13,5 – Cerise au nez, fruits rouges, nez bien parfumé, bouche souple, tanins discrets, manque un peu de volume.

Millésime 2004

– Dégustation d'avril 2005

13 – Nez de cassis et floral, bouche fruitée mais tanins un peu trop apparents.

Millésime 2005

– Dégustation d'avril 2006

13 – Nez poivron, bouche souple, tanins agréables, bien fondus. L'ensemble manque de chair, à ce stade du moins.

Millésime 2006

– Dégustation d'avril 2007

Jean-Philippe Quié : « *On a effectué une sélection très sévère. Nous avons gardé 65 % de grand vin.* » 65 % cabernet-sauvignon, 30 % merlot, 5 % cabernet franc.

14 – Violette, poivre, réglisse, bouche tendue tanins serrés mais sans dureté. Ensemble un peu strict mais droit.

– Dégustation d'avril 2008

13,5/14 – Nez boisé, fruits noirs, bouche ronde, souple, bien boisée, un peu serrée, pas très raffinée.

Millésime 2007

– Dégustation d'avril 2008

Jean-Philippe Quié : « *Je lance un travail d'étude de l'ensemble du terroir, en partenariat avec l'Enita, sur les 28 hectares. On est en train de procéder à la restructuration du vignoble commencée il y a dix ans, on diminue le franc.* » Cette année, déjà, il a revu le plan de vendanges : « *On repère systématiquement par dégustation collégiale les baies mûres, on définit les parcelles à couper, c'est quotidien.* »

75 % cabernet-sauvignon, 20 % merlot, 5 % cabernet franc.

15,5 – Très joli nez fruité, bouche bien fruitée, ronde, tanins serrés mais de la chair, le boisé est un peu présent ; bien fruité, élégant, équilibré, frais.

– *Dégustation d'avril 2009*

14,5/15 – Grillé, note végétale, bouche fraîche, souple, tanins assez fins, un peu séchant en finale, mentholé. Vin refermé mais avec de la réserve.

Millésime 2008

– *Dégustation d'avril 2009*

Le plus joli vin produit au château depuis bien longtemps ! Depuis que nous le fréquentons, du moins. *« Il y a surtout beaucoup de choses changées au vignoble, on a rehaussé le palissage car on était trop productif. On a aussi des jeunes vignes d'une dizaine d'années introduites par Jean-Louis Camp qui entrent en production »*, nous dit Anne-Françoise Quié. Ici, on récolte mécaniquement. *« Le but, c'est de vendanger quand on veut. Ce sont nos vignerons qui passent en premier pour nettoyer, et c'est mieux fait que par une troupe attrapée au lasso et qui n'a jamais vu un pied de vigne. »* De gros travaux sur les chais sont prévus à Croizet, après ceux déjà réalisés dans l'autre cru classé familial, Rauzan-Gassies : *« Les travaux à venir sont suffisamment lourds pour que l'on prenne le temps, il faut refaire le cuvier, entre autres… »* 65 % cabernet-sauvignon, 25 % merlot, 10 % cabernet franc.

15,5/16 – Épices, fruits noirs, chocolat, bouche ronde, solide, épicée, droit, bien fait, serré mais parfumé. On confirme : le meilleur Croizet depuis longtemps.

– *Dégustation d'avril 2010*

16 – Boisé, chocolat, bouche souple, bien fondue, assez savoureuse, épicée, droite, un milieu de bouche assez construit, bonne longueur.

Millésime 2009

– *Dégustation d'avril 2010*

65 % cabernet-sauvignon, 25 % merlot, 10 % cabernet franc. 13,5°.

15 – Boisé, prise de bois, bouche ronde, suave, épicée, tendue, frais, séveux, violette, milieu de bouche beaucoup plus construit qu'autrefois, tendu, serré, puissant mais fondu.

DUHART-MILON

4e cru classé
Surface : 73 ha
Propriétaire : Famille Rothschild, gérant Éric de Rothschild
Contact : Charles Chevallier
33250 Pauillac
05.56.73.18.18 – www.lafite.com

« Vin violent aux saveurs changeantes et fortement prononcées ». Cette description en vaut bien une autre. En plus, je l'ai trouvée dans mes carnets, autant l'utiliser. Ce Duhart a été racheté en 1962 par les Rothschild de Lafite. Le vignoble ne semblait pas très équilibré. Une très forte densité de cabernet-sauvignon handicapait le vin. Surtout les années où ce cépage peinait à mûrir. Il donnait un vin assez dur, long à s'ouvrir, musclé, mais manquant un peu de charme.

Après le gel de 1956, qui a détruit une grande part des vignes en France, on a beaucoup replanté de cabernet-sauvignon à Bordeaux. Trop et en dépit du bon sens. Le prétexte donné par les autorités viticoles était qu'il était tardif, que ses bourgeons sortaient seulement après les risques de gelées printanières, comme ce lapin malin qui dresse ses oreilles seulement après le passage du chasseur. Mais le gel de 1956 n'avait rien à voir. Il s'était produit en février et concernait la plante, pas les lapins, je veux dire les bourgeons. En février, les bourgeons ne savent même pas qu'ils deviendront des bourgeons plus tard. En 1956, c'est la sève qui a gelé à l'intérieur des ceps, les faisant éclater au printemps. On a connu ça plus récemment : le fameux hiver de 1985 ou, plus récemment (décembre 2009), en Côte-d'Or, quand en une nuit le thermomètre est passé de 0 à – 18 °C…

Le cabernet-sauvignon est un très grand cépage, le roi du Médoc, à condition cependant de le planter sur des pentes, des hauteurs, des endroits où il reçoit suffisamment de chaleur pour mûrir. Dans le cas de l'après-56, on l'a imposé partout, parfois dans des creux où même un publicitaire de Neuilly ne parviendrait pas à trouver un solarium.

Donc à partir du milieu des années 70, l'équipe de Lafite a commencé d'arracher des vignes et de replanter. Cela ne se fait pas en un jour, mais peu à peu. Car si on arrache tout d'un coup, on n'a plus de vin pendant de longues années. On a l'air malin ! Le vignoble de Duhart a donc été entièrement refait. Progressivement. Sauf 2 hectares qui datent de 1948 et qui en 1956 avaient planqué leurs oreilles.

Plus de la moitié des vignes ont moins de 25 ans, et l'équipe de Charles Chevallier tend au fil des millésimes à réaliser l'assemblage parfait pour ce cru, qui devrait évoluer vers *« un peu plus de merlot »*. Les vignes de merlot, plantées pour remédier à cet excès de rudesse, commencent à avoir l'âge adulte et peuvent entrer dans l'assemblage du grand vin, ce qui devrait sensiblement l'amadouer. Ne serait-ce qu'à la prononciation, on comprend que le merlot est doux, parfois un peu flou, et le cabernet net et viril.

Le cabernet-sauvignon en excès n'était pas le seul problème de Duhart-Milon. Longtemps, il a été traité comme un cadet malchanceux. L'aîné, Lafite, passait avant tout. Quand on rassemblait la troupe de vendangeurs, c'était pour soigner Lafite le somptueux. Et quand il y avait un trou dans l'emploi du temps, on s'occupait de pauvre Duhart. Les cousins de Mouton ont procédé de même avec Clerc-Milon jusqu'à récemment. Désormais on le traite en grand garçon et lui on accorde son autonomie, ses propres vendangeurs, on choisit des dates de vendanges appropriées. Cela a commencé vraiment en 2002, goûtez la différence ! Côté BTP, de gros investissements ont été réalisés : cuvier neuf plus adapté au parcellaire et travaux d'embellissement extérieurs qui font que, désormais, on le remarque.

Second vin : Moulin de Duhart

Millésime 2000

– Dégustation d'avril 2001

Avec 80,5 % de cabernet (et 19,5 % de merlot) bien mûr, il offre une suavité inhabituelle.

16 – Nez de violette très présent, épices, réglisse, rose séchée, zeste d'orange, bouche élégante, douce, soyeuse mais avec la force de caractère du cabernet. Sérieux et plaisir sont donc compatibles.

– Dégustation du 10 novembre 2009

16 – Très poivré, fourrure, animal, fermé, épicé, note truffe, traverse de chemin de fer, créosote, puissant, large, sévère, dense, mais tanins fondus, c'est davantage dans les saveurs qu'il exprime son austérité que dans la structure, long, vin d'amateur.

Millésime 2001

– Dégustation d'avril 2002

54 % de la récolte totale dans Duhart avec 86,7 % de cabernet-sauvignon, 13,3 % de merlot. Élevage : 50 % de bois neuf.

15 – Nez réglisse, Zan, fumé, myrtille, bouche assez souple, fine, agréablement fruitée. On devine que le vinificateur n'a pas poussé trop loin l'extraction sur les cabernets.

– Dégustation du 10 novembre 2009

15 – Nez piquant, agrumes, mandarine confite, assez original, bouche souple parfumée, agréable, bien fondue, toujours avec ces saveurs confites d'agrumes. Un peu l'opposé du 2000 par son ouverture et sa tendresse. Mais sans doute d'évolution assez rapide

Millésime 2002

– Dégustation d'avril 2003

75 % cabernet-sauvignon, 22 % merlot, 3 % cabernet franc.

17 – Nez à la fois floral et épicé, des notes de violette, de cassis et de poivre, bouche puissante mais sans rusticité, un pauillac sérieux sans être austère, des tanins mûrs et soyeux, beaucoup de classe et un très beau fruit bien préservé.

– Dégustation du 10 novembre 2009

17 – Fermé, pin, résine, bouche douce mais garnie, moins évolué que 2001, bon milieu de bouche onctueux, tanins fondus, long, dense, poivré, fruits noirs et épices en finale, beaucoup d'allure.

Millésime 2003

– Dégustation d'avril 2004

Enfin, Duhart existe. On l'a vu avec ses beaux bâtiments tout neufs ! Ce qui est moins spectaculaire, mais sans doute plus efficace, c'est l'adoption d'un nouveau conquet de réception de vendanges vibrant (cela fonctionne comme une sorte de tamis qui élimine les impuretés et les grains verts) et d'une table de trie en sortie d'égrappoir afin d'enlever les derniers raisins de moindre qualité qui auraient échappé au traitement vibratoire. L'œnologue Christophe Congé est particulièrement fier de cette réalisation. Cette année, il a choisi de réduire la voilure côté barriques neuves, 55 % seulement, et un assemblage de 73 % de cabernet et 27 % de merlot. *« Je m'amuse plus à faire Duhart. Pour*

Lafite, la seule difficulté est de ne pas faire de bêtises. À Duhart, faut un peu plus se cracher dans les mains.»

16,5 – Nez complexe où se mêlent cerise, cèdre, violette, bouche fraîche, tanins serrés mais souples, une mer d'huile mais avec beaucoup de profondeur. Un vin souple, élégant avec de la tenue.

– Dégustation du 10 novembre 2009

15,5 – Grillé, moka, truffe, robe très noire, chocolat, bouche ample, dense, volumineuse, des saveurs assez évoluées. On le placerait plus facilement à Pomerol qu'ici, finale abrupte avec une note rhubarbe.

Millésime 2004

– Dégustation d'avril 2005

2004 confirme l'embellie, comme le dit sobrement Charles Chevallier : *«Cette année, il y a beaucoup de vins très respectueux de l'appellation et du terroir, et Duhart-Milon en fait partie.»* 72 % cabernet-sauvignon, 28 % merlot.

16,5/17 – Nez de réglisse, cerise, menthe, fruits rouges, bouche pleine et onctueuse, la présence du merlot lui confère de la rondeur, tanins veloutés et séveux, matière riche et serrée, long.

– Dégustation du 10 novembre 2009

16,5/17 – Fermé, feuillage, bouche vive, élégante, tanins assez prenants mais mûrs, pas de végétal en bouche, bonne longueur, un vin encore austère mais très droit, mentholé, un très joli 2004 qu'il est préférable d'attendre encore deux ou trois ans.

Millésime 2005

– Dégustation d'avril 2006

71 % cabernet-sauvignon, 29 % merlot.

16,5 – Fruits noirs, discret, tanins très souples, reflet d'un cabernet bien mûr, bouche serrée et soyeuse, du beau pauillac élégant et réservé.

– Dégustation du 10 novembre 2009

16/16,5 – Nez encore boisé, épices, poivre, résine, bouche ample, un peu boisée, tendue, vive, plus souple que 2004, élégant, réservé, frais. On s'attend à du concentré et du violent, on est davantage sur du tendre, du fin mais du solide.

Millésime 2006

– Dégustation d'avril 2007

70 % cabernet-sauvignon, 30 % merlot.

16 – Poivre noir, menthe, épices douces, bouche large en attaque, onctueuse mais soutenue fermement par une structure tannique solide, long, fin, précis. Toujours un peu sévère mais sans dureté.

– Dégustation d'avril 2008

16,5 – Nez fermé, sorti de colle, un peu sur le bois, bouche mâchée mais la sévérité a disparu, la finale n'est pas encore revenue, il a gagné en finesse et en souplesse.

– Dégustation du 10 novembre 2009

16/16,5 – Épices, fruits noirs, poivre, bouche vive, tendue, tanins davantage domestiqués que les années précédentes, un vin moins violent, plus élégant depuis 2005, fin, long, plus dans le style des vins de la maison.

Millésime 2007

– Dégustation d'avril 2008

26,5 % merlot, le reste en cabernet-sauvignon.

15 – Nez très cassis, note poivron, bouche tendue, végétale, vive, tannique vin long, poivré, un peu rustique.

– Dégustation du 10 novembre 2009

15 – Chocolat, poivre, note végétale, un peu serré, bouche ronde, chocolatée, finale un peu abrupte, bonne longueur mais un vin plus chaotique que 2006, moins de matière sans doute.

Millésime 2008

– Dégustation d'avril 2009

73 % cabernet-sauvignon, 27 % merlot.

16,5/17 – Fruits noirs, réglisse, bouche ronde en attaque, puissante ensuite, dense, plus douce que d'habitude, bien fondue, minéral, serré mais plus élégant, finale minérale, très beau fruit.

– Dégustation du 10 novembre 2009

16,5/17 – Fermé, fruits rouges et noirs, cerise, bouche boisée, petits tanins frais et croquants, tendu, vif, élégant, fin, joli fruit, bel équilibre.

Millésime 2009

– Dégustation d'avril 2010

63 % de cabernet-sauvignon, 37 % de merlot. 50 % de bois neuf.

17 – Fermé, doux, plus tendre que d'habitude, long, frais, rond. Duhart est plus souple, plus aimable que les autres années, finale fraîche où on retrouve le caractère séveux.

Château d'Armailhac

5e cru classé
Surface : 50 ha
Propriétaire : Baronne Philippine de Rothschild
Contact : Château d'Armailhac
33250 Pauillac
05.56.73.20.20
www.bpdr.com

« *My name is Sonny Boy Williamson* ». Le vieux bluesman harmoniciste aimait commencer ses concerts par cette déclaration. Il avait deux bonnes raisons. Sa date de naissance semblait très incertaine et il ne s'appelait pas Sonny Boy Williamson. Pour d'Armailhac, c'est un peu la même histoire.

En 1939, le baron Philippe de Rothschild acheta ce cru voisin qui devait singulièrement l'agacer. Car d'Armailhacq avec un q, comme il s'écrivait autrefois, du nom d'un de ses propriétaires, brillant agronome, s'intitulait véritablement : Mouton-d'Armailhacq. Il était issu d'une ancienne division avec Mouton, le vrai, celui du baron. Non seulement il avait parfaitement le droit de s'appeler Mouton mais en plus, lors de la séparation, il avait conservé le château d'origine et le parc. Rageant. Toutefois, le vignoble était moins bien considéré puisqu'en 1855 Mouton-d'Armailhacq fut classé 5e et Mouton-Brane (le premier nom de Mouton-Rothschild) 2e. En 1939, cela aura échappé à peu de monde, il y eut la guerre. Puis, après la guerre, ce ne fut pas beaucoup mieux pour le Médoc. Le baron eut sans doute d'autres préoccupations – notamment Mouton, qu'il porta au firmament – que de veiller à faire progresser d'Armailhacq qu'il rebaptisa dans un premier temps Mouton-Baron-Philippe puis Mouton-Baronne-Philippe. En 1989, Philippine, la fille du baron, lui redonna son presque vrai nom, supprimant Mouton. Et coupant le q qui n'ajoutait rien à la prononciation du cru (répétez cette dernière phrase en allant de plus en plus vite, ça fait rire les enfants). Soyons franc, longtemps ce d'Armailhac ne nous a ni fait coucher tard ni lever de bonne heure. Il figurait un complément de gamme, un peu osseux, sauf dans les très bons millésimes où il ne pouvait pas faire autrement. Parent pauvre de la bergerie, on le vendangeait quand Mouton ne réclamait pas la totalité de la troupe. Surtout, l'encépagement n'avait pas été très bien pensé. En 1983, quelques nouvelles plantations avaient été effectuées sans modifier la donne en profondeur. Enfin, depuis une dizaine d'années, l'équipe technique a décidé de le valoriser, en s'attaquant notamment au problème du vignoble pas très bien agencé. Arrachage, replantation de bons cépages… Toutes choses qui prennent du temps à réaliser et surtout à se faire sentir dans le vin. Ces jeunes vignes entrent peu à peu dans les assemblages. Les derniers millésimes sont déjà bien meilleurs. Pas d'impatience : Mouton lui-même ne s'est pas fait en un jour.

Second vin : pas de second vin revendiqué. Ce qui n'est pas conservé part dans la société de négoce du groupe.

Millésime 2000

– *Dégustation d'avril 2001*

« On essaie de vinifier différemment d'Armailhac », confie Éric Tourbier, de l'équipe Mouton-Rothschild. *« Pas de macérations trop longues, on est sur des sables et les tanins sont plus fragiles. On essaie de le gérer en fonction de la maturité. »* Toute petite récolte cette année, 39 hl/ha, due à des éclaircissages musclés. *« On produit 650 barriques, soit 300 de moins que l'an passé. »* 42 % merlot, 58 % cabernet-sauvignon.

14,5 – Nez rose rouge, cerise, très frais. Bouche tout en rondeur, bien garnie, beaucoup de fruit. Pas le sérieux austère des grands pauillacs, mais un fruit gourmand qui le rend très agréable.

– *Dégustation de mai 2002*

14 – Vanille, sucrosité du boisé, bouche douce en attaque, assez tendre, même un peu en creux en milieu de bouche, tanins assez rugueux en finale. Ensemble pas très harmonieux.

Millésime 2001

– *Dégustation d'avril 2002*

60 % cabernet-sauvignon, 40 % merlot. 65 % de grand vin. « *Pas de cabernet franc, ça manquait un peu de structure, on a été très restrictifs cette année* », commente Éric Tourbier. Un tiers environ de barriques neuves pour l'élevage.

15 – Nez discret, assez fermé, bouche réglissée, dense et tendre à la fois. Vin sérieux mais pas sec, qui a gagné en épaisseur sans se départir de son côté raffiné. Belle finale veloutée.

Millésime 2002

– *Dégustation d'avril 2003*

Jean-Paul Polaert, jeune ancien de Lynch-Bages, a rejoint l'équipe Mouton-Rothschild pour s'occuper exclusivement des vignes et des vins produits sur d'Armailhac et Clerc-Milon. « *C'est une création de poste. Les raisins des plantations effectuées sur les parcelles le long de Pontet-Canet sont entrés dans le grand vin cette année.* »

70 % cabernet-sauvignon, 22 % merlot, 5 % cabernet franc, 3 % petit-verdot.

15 – Un vin un peu à l'inverse des d'Armailhac d'autrefois, souvent fluides. Une masse tannique assez imposante, des arômes de grillé et de fleurs séchées, une bouche puissante, beaucoup de matière et de volume, une finale un peu rugueuse à ce stade.

Millésime 2003

– *Dégustation d'avril 2004*

Le vignoble a produit 35,6 hl/ha et l'assemblage comporte 66 % cabernet-sauvignon, 12 % cabernet franc, 20 % de merlot, 2 % de petit-verdot.

14,5/15 – Nez épicé, violette, presque minéral, la bouche semble fluide à la première dégustation, mais cette sensation n'est que passagère. La grande maturité des tanins, combinée avec une acidité peu élevée, donne cette sensation de souplesse et de soyeux. Au final, un vin gourmand qui pourra se boire jeune.

Millésime 2004

– Dégustation d'avril 2005

« *Trop de cabernet franc, qui était à la mode autrefois* [traduction : que le baron Philippe vénérait…]. *On rééquilibre depuis quelques années au profit du cabernet-sauvignon et du merlot* », explique Éric Tourbier. 25 % de la récolte a été éliminé du grand vin, qui est composé de 58 % de cabernet-sauvignon, 25 % de merlot, 14 % de cabernet franc et 3 % de petit-verdot. Élevage dans un quart de barriques neuves.

15 – Épicé, rose séchée, fruits noirs, rond, tannique, structuré. Des tanins bien présents mais assez enrobés.

Millésime 2005

– Dégustation d'avril 2006

60 % de cabernet-sauvignon, 10 % seulement de franc, 29 % de merlot et 1 % de petit-verdot.

14 – Fruité tourné vers les fruits rouges et la cerise, bouche tendre, réglissée, pas très dense mais de la rondeur.

– Dégustation d'avril 2008

14,5/15 – Nez réducteur, rond, suave, plein, un peu osseux en finale. Dense, un peu sévère à ce stade.

Millésime 2006

– Dégustation d'avril 2007

64 % cabernet-sauvignon, 20 % merlot, 15 % cabernet-sauvignon, 1 % petit-verdot.

14,5 – Joli nez d'épices et caramel, bouche ronde en attaque, assez légère, souple, pas très garnie mais bon équilibre.

– Dégustation d'avril 2008

14,5 – Nez boisé, sorti de colle, bouche ronde, souple, un peu dominée par le bois, bien rond, finale tannique, pointe d'amertume.

Millésime 2007

– Dégustation d'avril 2008

22 % de cabernet franc, 23 % merlot, 54 % cabernet-sauvignon, 1 % petit-verdot.

15 – Nez bien fruité, élégant, tendu, un peu dur en finale, tendu, les tanins du franc donnent cette sensation de creux mais le vin est bien structuré.

– Dégustation d'avril 2009

14,5 – Boisé, séveux, bouche tendue, élégante, un peu serrée, finale légère amertume.

Millésime 2008

– Dégustation d'avril 2009

Il faut remonter à 1986 pour trouver des vendanges aussi tardives : *« On a commencé le 2 octobre par les merlots et on a terminé le 15 octobre. Le vin est en barriques depuis début janvier, là aussi un peu plus tard que d'habitude »*, raconte Philippe Dhalluin. 54 % cabernet-sauvignon, 29 % merlot, 15 % cabernet franc, 2 % petit-verdot.

15 – Fumé, épicé, rond en attaque, première séquence assez moelleuse, finale un rien abrupte. Bien fruité, un peu sec en finale.

– Dégustation d'avril 2010

14,5/15 – Note de verdeur au nez, bouche vive, fraîche, tendue, un peu séchante en finale, serrée.

Millésime 2009

– Dégustation d'avril 2010

60 % cabernet-sauvignon, 24 % merlot, 14 % cabernet franc, 2 % petit-verdot.

15 – Menthe, fruits noirs, frais, fin, séveux, tendu, joli fruit, rond, assez costaud mais pas séchant.

Grand-Puy-Ducasse

5e cru classé
Surface : 40 ha
Propriétaire : Crédit agricole
Contact : 4, quai Antoine-Ferchaud – 33250 Pauillac
05.56.59.00.40 – www.cagrandscrus.com

Au départ, il y a Mestrezat (origine Suisse), une affaire familiale de négoce bordelaise ancienne comme il y en eut tant au temps de la marine à voile et des colonies. Un pied en Algérie, un autre dans le Languedoc, une béquille à Bordeaux et mon tout finissant à Bercy. À Bordeaux, les Mestrezat s'inscrivaient davantage dans cette petite élite de la barrique qui n'a pas vu venir l'ère merveilleuse de la grande distribution, des centres-villes désertés et des périphéries discrètement meublées d'immenses hangars en tôle et de parkings géants. Les Mestrezat avaient, comme d'autres collègues, acquis quelques crus de bonne facture au temps où ceux-là se bradaient : Rayne-Vigneau à Sauternes et ce Grand-Puy-Ducasse à Pauillac. Peu d'investissements, même après la reprise de Mestrezat par Paribas, parfois même pas du tout et les équipes locales qui s'en sortent comme elles peuvent. Puis les affaires vont moins bien et, comme les crus sont de nouveau à la mode, on vend les châteaux pour faire de la trésorerie.

Une entreprise qui de loin semble florissante se porte acquéreur : Val d'Orbieu. Derrière ce nom poétique, on trouve un système coopératif languedocien qui investit tous azimuts, mené au galop par Yves Barsalou, personnalité forte influente du Midi viticole et président du Crédit agricole (depuis, il a pris sa retraite). Val d'Orbieu a racheté aussi le négociant Cordier avec ce qu'il restait de son empire viticole (Lafaurie-Peyraguey en sauternes, Meyney en saint-estèphe) et aussi les Salins du Midi. Mais Val d'Orbieu a vu trop grand et ne parvient pas à tenir les prix de ses vins du Languedoc suffisamment haut pour rentabiliser tout cela. Il faut donc vendre ces bijoux de châteaux au plus offrant.

Qui s'y colle ? Le Crédit agricole, évidemment. C'est fort, la solidarité paysanne.

Bref, aujourd'hui les crus qui restent dans les coffres de la banque verte sont soignés, chouchoutés et les vins retrouvent de l'éclat.

Grand-Puy-Ducasse, même sans moyens, avait cependant réussi l'exploit de ne jamais se laisser trop distancer par les voisins. Il le devait au dévouement et à l'intelligence bonhomme d'un grand du vin : Bernard Monteau. Un vilain cancer a gagné la partie en avril 2009. Le cancer ne respecte pas les types bien.

Anne Le Naour, transfuge des domaines Bernard Magrez, succède donc à Bernard Monteau. Anne dirige techniquement Grand-Puy et les autres propriétés du Crédit agricole, Meyney et Rayne-Vigneau, entre autres : *« Il n'y a pas grand-chose à ajouter aux investissements et plan de restructuration ambitieux initiés depuis 2004 sur le vignoble. Un audit avait été réalisé sur certaines propriétés pour mieux adapter cépages et sols. Sur Grand-Puy, cela avait montré que les meilleurs terroirs étaient occupés par de trop vieilles vignes, ou mal complantées, mélange d'âges, de pieds de clones, des ceps virosés. Sur 36 hectares, il y en a 7 qui ne donnent encore rien, ce sont de jeunes vignes qui vont commencer en production cette année. Si l'on n'est pas exigeant en matière de rendement, on en fera quelque chose. Le plus dur a été réalisé. C'était méritoire de la part de Bernard de réduire la proportion de grand vin de façon drastique. J'arrive juste pour en profiter et relancer. »* Grand-Puy-Ducasse est toujours d'un bon rapport qualité/prix.

Second vin : Prélude à Grand-Puy-Ducasse

Millésime 2000

– Dégustation d'avril 2001

15 – Épices, grillé, violette, poivre. Bouche puissante, trapue, tanins serrés et doux, bonne matière domestiquée et joli fruité, l'ensemble est équilibré avec une acidité de vin de garde.

– Dégustation d'avril 2002

15/15,5 – Fruits noirs, épices, nez encore peu expressif, la bouche est portée par des tanins fins, soyeux, une trame souple mais solide et des saveurs de cerise en bocal que le boisé n'a pas recouvertes. Bonne longueur, joli vin.

Millésime 2001

– Dégustation d'avril 2002

40 % merlot, 60 % cabernet-sauvignon.

14,5 – Nez de fruits cuits, un peu confiserie, pâte de fruits, bouche élégante, tanins serrés, bonne longueur. Une certaine austérité qui n'est pas sans rappeler les pauillacs de 1988, le fruit en plus.

Millésime 2002

– *Dégustation d'avril 2003*

« On a remplacé les grandes cuves par d'autres de petit volume, cela permet une meilleure répartition des provenances et d'avoir le choix au moment des écoulages en barriques. » Bernard Monteau ne semble pas regretter le passage de relais entre les anciens propriétaires et le groupement Val d'Orbieu, venu du Languedoc : *« On ne me freine pas.* » Cette année, Grand-Puy a perdu *« 20 % de la récolte, 15 % à cause de la coulure et 5 % par la sécheresse »*. 65 % cabernet-sauvignon, 35 % merlot.

15 – Quetsche, violette, sous-bois, bouche riche en saveurs, des notes de chocolat noir, des tanins onctueux, assez fin, belle finale sur les fruits noirs.

Millésime 2003

– *Dégustation d'avril 2004*

« Quand on remplissait les cuves, ça faisait un chapeau pointu en haut, tellement les grains étaient secs, pétard ! » Bernard Monteau n'en revient toujours pas de cette année *« monstrueuse »*, qui lui a réservé bonnes et mauvaises surprises. La grêle sur le cru bourgeois Lamothe-Bergeron et la grande réussite en sauternes, à Rayne-Vigneau, où certaines cuves annonçaient du 31° potentiel… 62 % cabernet-sauvignon, 38 % merlot.

15/15,5 – Des notes florales et des touches pain d'épice, miel, bouche tendre, bien fondue, tanins veloutés, le boisé renforce le côté confit du fruit, pas d'austérité mais un vin sérieux.

Millésime 2004

– *Dégustation d'avril 2005*

15 – Nez épicé, poivré, bouche bien fruitée, petits tanins liés, frais, assez croquants, un vin tonique, bien construit.

Millésime 2005

– *Dégustation d'avril 2006*

63 % cabernet-sauvignon, 37 % merlot.

15 – Mentholé, sous-bois, bouche aux tanins drus, serrés. L'attaque est assez ronde, la puissance monte ensuite, beaucoup de fraîcheur en finale.

Millésime 2006

– *Dégustation d'avril 2007*

« *J'ai eu un peu peur cet été 2006* », dit Bernard. « *On a traité au sérénade, un produit naturel. C'est un champignon qui mange l'autre champignon, le botrytis responsable de la pourriture. Mais il ne fonctionne que s'il y a déjà un premier développement du botrytis.* » De quoi effectivement se faire peur à attendre la première attaque pour traiter… 60 % cabernet-sauvignon, 40 % merlot, élevage dans 30 % de barriques neuves.

17 – Épices, fruits noirs, une certaine minéralité qui rappelle le silex et donne de la profondeur à ce vin, bouche dense, tanins moelleux, beaucoup de longueur. Un vin remarquable d'équilibre, de construction et de saveurs.

– *Dégustation d'avril 2008*

16,5/17 – Nez orange, fruits rouges, bouche ronde, souple, bien fondue, tendre, dense, épicée, longue, fraîche, bien faite.

Millésime 2007

– *Dégustation d'avril 2008*

60 % cabernet-sauvignon, 40 % merlot. « *On a manqué tellement d'ensoleillement ! Il y a un déficit énorme. Autant on s'est embêtés au vignoble, autant ça s'est passé tout seul dans les chais. Fallait pas trop se lâcher sur les extractions, c'est pas notre style de toute façon* », nous dit Bernard Monteau.

15 – Nez floral, fruits rouges, souple, élégant, tendre, joli fruit, bouche ronde, souple, douce, tendue, vive, serrée, un peu brut de fonderie.

– *Dégustation d'avril 2009*

15,5 – Note d'orange, agrumes, bouche assez intense, serrée ; un vin viril surtout en finale, dense, pas d'une immense élégance mais goûteux, droit, bien typé pauillac.

Millésime 2008

– *Dégustation d'avril 2009*

Bernard Monteau, amaigri, fatigué par la maladie mais volontaire, nous a reçus aux côtés de Thierry Budin. Bernard Monteau est décédé quelques jours après notre rencontre, sans avoir laissé au cancer la possibilité de le diminuer. Sans sa belle moustache, mais avec son caractère. « *On a fait le rendement : on a frisé les 50 hl/ha. On a commencé le 1er octobre, jusqu'au 15.* » 60 % cabernet-sauvignon, 40 % merlot.

15 – Fruits noirs, épices, bouche boisée, prise de bois, un peu planche, séchée par le bois. Belle matière en devenir, assez élégant.

– *Dégustation d'avril 2010*

15/15,5 – Chocolaté, dense, tannique, vif, épicé, un peu serré, vin de garde, assez viril, élégant. Finale cacao.

Millésime 2009

– *Dégustation d'avril 2010*

Anne Le Naour : « *Sur 2009 on est à 60 % de cabernet-sauvignon et 40 % de merlot. Quelques très belles parcelles de graves sont plantées en merlot. À terme, ce sera arraché pour mettre du cabernet-sauvignon.* » 40 % de bois neuf.

16/16,5 – Fruits noirs, mûre, fraise, sous-bois, bouche ronde, souple, bien fondue, bonne tension, fruits frais, élégant, joli pauillac d'approche, finale assez serrée sans être agressive, bien vif, tendu, joli fruit. Bien net.

Grand-Puy-Lacoste

5e cru classé
Surface : 55 ha
Propriétaire : François-Xavier Borie
Contact : Domaines François-Xavier Borie
BP 82 – 33250 Pauillac
05.56.59.06.66
www.grand-puy-lacoste.fr

Le vaisseau amiral de la famille Borie, Ducru-Beaucaillou, faisait un peu d'ombre aux deux escorteurs pauillacais : Haut-Batailley et Grand-Puy-Lacoste. Depuis la séparation des domaines (c'est son frère Bruno qui a repris la direction de Ducru), Grand-Puy-Lacoste est en pleine lumière et comme éclairagiste François-Xavier Borie n'a pas son pareil : « *Il faut revenir à des vrais vins, et non des copies de vins standard que l'on peut faire partout dans le monde : des faux grands. Les producteurs sont en train de réaliser que la surmaturité, la surextraction, le surboisé, le consommateur n'en veut plus. Avec nos terroirs, on a la chance d'accéder à la finesse. Ça, on ne peut pas l'avoir partout.* » Grand-Puy-Lacoste est constitué de 53 hectares d'un seul tenant, fortement planté en cabernet-sauvignon et admirablement situé sur un plateau de graves argileuses au sud de Pauillac. Il est donc aisé de comprendre que, les années où ce cépage tardif mûrit bien – ce fut le cas en 2000 par exemple –, Grand-Puy-Lacoste dépasse son rang de 5e cru classé. Mais depuis l'ère François-Xavier, la récidive est fréquente. Excellente gestion du vignoble, outil de vinification performant, intelligence à tous les étages.

Second vin : Lacoste-Borie

Millésime 2000

– *Dégustation d'avril 2001*

L'assemblage comprend 78 % de cabernet-sauvignon pour 20 % de merlot et 2 % de cabernet franc.

17 – Très joli bouquet floral évoquant la rose rouge et la framboise, bouche très construite avec un grain de tanins fins et soyeux, des notes de zeste d'orange. La structure porte le fruit sans agresser la bouche. Un grand classique fait pour durer.

– *Dégustation de mai 2002*

17,5 – Épices douces, fleurs séchées, nez un peu refermé, bouche dense et douce à la fois, structuré mais sans dureté, très long.

Millésime 2001

– *Dégustation d'avril 2002*

15,5 – Des arômes épicés, une note graphite, mine de crayon, qui se mêle à un joli fruité où domine la cerise, bouche sérieuse, tanins un peu militaires, bon équilibre, un style pauillac grand classique avec un potentiel certain.

Millésime 2002

– *Dégustation d'avril 2003*

« *On n'a pas fait d'extractions trop fortes ni de cuvaisons longues. La matière venait assez vite dans les cuves et on craignait d'extraire des tanins végétaux* », commente François-Xavier Borie. Terroir (frais, qui conserve de l'humidité) et cépage (80 % de cabernet-sauvignon) convenaient parfaitement à ce millésime tardif et sec. L'assemblage est complété par 3 % de cabernet franc, et 17 % de merlot.

16,5 – Fruits noirs, cerise, pointe de tabac, bouche ronde en attaque, des tanins nobles, veloutés enveloppent le fruit, beaucoup de finesse, bien droit, long.

Millésime 2003

– *Dégustation d'avril 2004*

François-Xavier Borie : « *Les masses d'air étaient un peu plus humides vers le nord du Médoc, et donc sur Pauillac. Peut-être cela a-t-il joué en notre faveur, mais il serait hasardeux d'en tirer des conclusions définitives quant à la qualité des vins.* »

16,5 – Nez un peu sauvage de framboise et de mûre, bouche fraîche, nette, petits tanins soyeux, une trame serrée, précise mais délicate. Un vin très harmonieux, droit, de bonne garde.

Millésime 2004

– *Dégustation d'avril 2005*

« *On a pu naviguer assez bien entre les parcelles en fonction de la maturité* », explique François-Xavier Borie. « *On a commencé le 27 septembre pour finir le 12 octobre, en passant de Grand-Puy-Lacoste à Haut-Batailley. Sur GPL, on a pas mal de terroirs précoces et un porte-greffes, le riparia, qui nous fait gagner deux ou trois jours. Sur des années comme celle-là, c'est favorable.* » Grand-Puy-Lacoste a la particularité de n'avoir pas varié en surface depuis le classement de 1855 (sauf un échange de parcelles portant sur 1 hectare).

17 – Nez de menthe, orange, fruits noirs, bouche onctueuse, ample, assez dense mais sans rien céder sur le terrain de l'élégance. Les graves argileuses qui composent les sols donnent au vin une chair veloutée qui habille la structure tannique. Beaucoup d'allure.

Millésime 2005

– *Dégustation d'avril 2006*

C'est « *l'année cabernet* », commente François-Xavier Borie. « *On est allés au bout de la maturité sans arriver à la surmaturité* », ajoute ce défenseur du style classique Bordeaux. L'assemblage comprend 78 % de cabernet-sauvignon et 22 % de merlot.

18 – Rose séchée, note mentholée, bouche jus de cerise, très parfumée, fine et longue, bâtie sur une trame tannique d'une grande délicatesse, de la dentelle en Kevlar, pas d'aspérité, élégance et solidité.

Millésime 2006

– *Dégustation d'avril 2007*

François-Xavier Borie : « *Et, alors ? On dirait que la pluie empêche de faire du vin. On est dans le triangle du Médoc. Les pluies y sont fréquentes, on ne le découvre pas aujourd'hui… On est en climat limite et c'est ce qui fait l'expression élégante du cabernet-sauvignon !* » Dans la foulée, FX, particulièrement en verve ce jour-là, a servi les tonneliers : « *On a des chauffes modérées. Si on écoutait les tonneliers, ce serait leur bois qui ferait le vin. Ils cherchent à vendre des barriques, c'est normal. Ils ont besoin de faire parler d'eux et inventent des brûlages particuliers ou des mélanges de bois, mais c'est du marketing. Ce qui est important, c'est de respecter le vin.* » Grand-Puy a produit 47 hl/ha, et l'assemblage final est dominé par 76 % de cabernet-sauvignon.

17,5/18 – Fruits noirs, bouche dense, épicée, tanins serrés et onctueux, un vin de forte densité mais tendu, élégant, très droit, belle finale cerise noire et réglisse, une extraction juste ce qu'il faut, parfaitement maîtrisée.

– *Dégustation d'avril 2008*

18 – Nez violette, rose, bouche tendre, élégante, fine, fraîche, tout en longueur, délicat, joli fruit, tanins d'une grande qualité. Grand vin.

Millésime 2007

– *Dégustation d'avril 2008*

72 % cabernet-sauvignon, 28 % merlot. « *Un peu plus de merlot que l'an passé. Selon les millésimes, il y a une philosophie commune, mais avec une expression de terroir différente, construit avec les éléments dont on dispose. Chaque année on construit un modèle* », commente François-Xavier Borie.

17 – Nez profond, violette, note épicée, bouche consistante, serrée, vive, un peu boisée, assez savoureuse, en longueur, dense, épicée, tendue.

Millésime 2008

– Dégustation d'avril 2009

« On a mis un peu plus de merlot ; quand il est mûr et qu'il se porte bien, il donne de la race et de l'amplitude », dit François-Xavier Borie. 69 % cabernet-sauvignon, 28 % merlot, 3 % cabernet franc.

17 – Nez épice, charnel, bouche dense, tannique, épicée, long, frais pas trop extrait, élégant, sur le fruit.

Millésime 2009

– Dégustation d'avril 2010

François-Xavier Borie : *« On a un millésime qui transcende le terroir. L'option choisie d'avoir une forte proportion de cabernet permet de conserver le style pauillac. On s'installe dans une histoire, un terroir. »* 80 % cabernet-sauvignon, 18 % merlot, 2 % cabernet franc.

17,5/18 – Résine, pin, violette, cerise, bouche dense, juteuse, pulpeuse, tanins gras, amples, très beau fruit et une personnalité forte. Vin élégant et solide. Tendu, résine, séveux.

14 – **Lacoste-Borie**. 70 % cabernet-sauvignon, 28 % merlot, 2 % cabernet franc. Bien fruité, frais, vif, cassis, assez serré en finale.

HAUT-BAGES-LIBÉRAL

5e cru classé
Surface : 30 ha
Propriétaire : Famille Merlaut-Villars
Contact : Claire Villars
Saint-Lambert – 33250 Pauillac
05.57.88.76.65 – www.hautbagesliberal.com

Après être passé entre plusieurs mains dont un M. Libéral (tout un programme) qui lui laissa son nom, ce domaine a échoué chez les Merlaut vers 1982. Il aurait pu tomber plus mal, surtout que la famille a confié son destin à la bouillonnante Claire Villars, que vous retrouverez également au Château Ferrière, à Margaux. À ses débuts, après s'être rodé à Chasse-Spleen, encore une propriété de la famille, Claire avait tendance à faire des vins d'homme, comme on dit dans nos campagnes. Ou, pour celles ou ceux que pourrait choquer cette affirmation virile, nous déclassifions des archives une métaphore qui ne risque plus de mettre en danger l'équilibre Est-Ouest : des vins féminins comme l'étaient les nageuses de la République démocratique allemande dans les années 70. Des vins musclés. Elle, toute menue !

Puis, s'apercevant que sur les grands terroirs il était plus pertinent de laisser parler la finesse que la poudre, elle a peu à peu corrigé le tir. Moins d'extraction, moins de bois neuf, meilleure maîtrise des rendements dans le vignoble donnent à Haut-Bages un profil plus affiné. D'autant que, comme l'explique très bien Claire, les sols de Haut-Bages, en partie, offrent déjà des vins généreux : *« Nous avons deux grands ensembles de terroirs. Le premier derrière Pichon-Baron, des sols anciens avec des graves sableuses et argileuses. Le second autour du château, très différent. C'est un substrat calcaire qui est à 1 mètre en sous-sol, assez compact, et au-dessus, on a de la molasse, et encore au-dessus, des graves. Cela donne des vins plus précoces, des cabernets riches en sucre, tanniques, et des merlots très gras. »*

Ce château revient de loin. Il commence depuis ces dernières années à quitter la posture de la ferme abandonnée avec hangar adjacent au profit d'une allure plus compatible avec le statut de cru classé. Chai moderne et performant, bâtiments administratifs et d'accueil sans luxe ostentatoire (ce qui ne serait pas très Merlaut) mais tout à fait convenable… Ce n'est pas pour autant que le marché le reconnaît comme une des pointures sur lesquelles on peut miser et gagner à tout coup. La notoriété est un drôle d'animal capricieux qui ne se laisse pas dompter facilement. C'est ennuyeux pour Claire, mais assez bénéfique pour le consommateur qui ne dispose pas des revenus de Bill Gates (après impôts). Haut-Bages figure en bonne place sur la liste des excellentes affaires à réaliser sur Pauillac…

Second vin : La Chapelle-de-Bages

Millésime 2000

– Dégustation d'avril 2001

Claire Villars souhaite *« travailler »* un peu différemment désormais. *« Je vais faire un élevage en bois de dix-huit mois, j'allonge les durées mais je diminue la part de bois neuf, pour ne pas masquer le fruit.* » 80 % cabernet-sauvignon, 20 % merlot.

16 – Fruits rouges au nez, note épicée, bouche dense, massive, un peu austère mais bien équilibrée. Les tanins du cabernet sont mûrs et n'agressent pas les papilles. La puissance est dominée.

Millésime 2001

– *Dégustation d'avril 2002*

Un beau chai tout neuf et fonctionnel, une partie avec des cuves tronconiques en inox, une autre en béton « *pour les grandes parcelles, celles qui font toujours du premier vin* ». Cette réalisation s'achève au moment où Claire Villars précise son approche des vinifications. Moins en quête d'extraction, plus à la recherche de l'équilibre et de la vérité du terroir. 75 % cabernet-sauvignon, 25 % merlot.

16,5 – Nous avons goûté plusieurs fois Haut-Bages-Libéral en retrouvant chaque fois des notes épicées et tabac au nez assez originales, une bouche tapissée de tanins délicieux, beaucoup d'élégance un peu stricte, un fruité discret, une belle longueur. Vin droit, bien équilibré, profond.

Millésime 2002

– *Dégustation d'avril 2003*

75 % cabernet-sauvignon, 25 % merlot, 50 % de barriques neuves.

15,5/16 – Nez poivré, cerise, légèrement épicé, bouche tannique, structure rigoureuse, droite, tanins serrés, un peu austère mais sans sécheresse. À ce stade, on ne retrouve pas le brio du 2001, assez exceptionnel ici.

Millésime 2003

– *Dégustation d'avril 2004*

Claire Villars-Lurton a choisi de baisser le taux de bois neuf dans l'élevage de ce nouveau Haut-Bages : de 50 % l'an passé à 40 % cette année : « *On a commencé les vendanges le 11 septembre et on a produit 42 hl/ha. Curieusement, sur la partie des merlots plantés sur le calcaire, nous n'avons pas eu de chute d'acidité.* » 78 % cabernet-sauvignon, 22 % merlot.

16,5 – Nez épicé et charnel, bouche fraîche, nette, tanins calibrés, ronds et serrés. Beaucoup de fruit sur une structure affûtée, précise, d'une belle pureté.

Millésime 2004

– *Dégustation d'avril 2005*

65 % cabernet-sauvignon et 35 % merlot.

16,5 – Nez charnel, poivré comme certains vins de schistes. On a retrouvé ce type d'arômes sur d'autres pauillacs cette année, notamment Lynch-Bages. Des notes mentholées également, une bouche dense, onctueuse, très pure.

Millésime 2005

– *Dégustation d'avril 2006*

Après le moteur, la carrosserie : cette année, Haut-Bages commence à ressembler à un vrai domaine médocain avec, comme il se doit, des pilastres à l'entrée, un entourage, l'allée inévitable de graviers, un château mis en valeur par un environnement bien peigné.

16 – Notes fumée, tabac, tuile chaude, bouche dense, tannique mais sans dureté, un vrai pauillac viril, droit dans ses tanins, qui devrait prendre du grain et de la rondeur avec l'élevage en barriques.

Millésime 2006

– *Dégustation d'avril 2007 :*

15,5 –Beaucoup de matière, un peu massif mais sans dureté.

– *Dégustation d'avril 2008*

16 – Épices, bouche ronde, suave en attaque, bien fondue, élégant, belle finale fruitée, un vin solide, ferme, long, plus en longueur qu'en puissance.

– *Dégustation d'avril 2009*

16,5 – Nez épicé, chocolat, bouche ronde, souple, frais, tendu, long, fin, un peu serré en finale, très pauillac, long, fin.

Millésime 2007

– *Dégustation d'avril 2008*

« La pression mildiou a été très difficile à pauillac, beaucoup plus qu'à margaux ou saint-julien », commente Claire Villars. *« Avec Éric Boissenot comme nouveau consultant, on a fait autant de sélections qu'en 2006. Pour passer à un échelon supérieur, il manque des merlots, mais les cabernets étaient très beaux. »*

82 % cabernet-sauvignon, 18 % merlot.

15 – Floral, mûre, petite note végétale, bouche souple, ronde, tendre, élégante, un peu serré en finale.

– Dégustation d'avril 2009

15 – Fruits noirs, épices, grillé, bouche vive, serrée, tannique ; vin austère, sérieux, plus à attendre que Ferrière.

Millésime 2008

– Dégustation d'avril 2009

70 % cabernet-sauvignon, 30 % merlot.

15 – Fruits noirs, mûre, cassis, bouche ronde, bien fruitée, tendre, longue, fraîche, finale serrée mais bien fruitée. Pas trop extrait, assez fin, un peu séchant en finale.

Millésime 2009

– Dégustation d'avril 2010

Claire Villars : *« Éric Boissenot m'a fait travailler l'élégance. Il est hyper-précis, il est très fort pour les assemblages, les presses, un des plus grands dégustateurs en vin fini. »*

72 % cabernet-sauvignon et 28 % merlot, *« grosso modo »*. Vendanges : dernière semaine de septembre.

17 – Un peu réduit, grillé, bouche dense, épicée, du gras, des tanins voluptueux, frais, élégant, droit, juteux, long, sans doute le meilleur Haut-Bages que nous ayons dégusté.

Haut-Batailley

5e cru classé
22 ha
Propriétaire : Famille Brest-Borie
Contact : François-Xavier Borie
BP 82 – 33250 Pauillac
05.56.59.06.66 – www.grand-puy-lacoste.fr

Il existe un cliché tout droit enfanté d'un vieux proverbe, « À quelque chose malheur est bon », dont on aimerait bien qu'il disparaisse de nos habitudes citatrisantes. Penser que le malheur a du bon ! Faut vraiment rien avoir sous la main pour se consoler ou justifier l'effort… C'est s'en sortir qui a du bon, pas le malheur. Ainsi, François-Xavier Borie se serait bien passé des ruptures familiales qui ont conduit à séparer les domaines dont son frère et lui s'occupent en se tournant le dos.

Lui, à Haut-Batailley et Grand-Puy-Lacoste avec une très grande réussite. Bruno à Ducru-Beaucaillou avec un tout égal succès. Haut-Batailley, qui provient d'un partage de l'ancien Batailley (déjà !) au sein de la famille Borie, était un joli cru situé sur un terroir de graves sableuses qui somnolait un tantinet. Ce n'est certes pas là le plus grand terroir de Pauillac, mais on pouvait espérer des vins souples, ronds, faciles à boire assez jeunes, avec en prime les accents fruités de saint-julien dont il est frontalier. Avec les efforts entrepris par François-Xavier, le vin est en cours de dépassement accentué de cette ancienne impression. Haut-Batailley prend de la couleur et s'affiche en trois dimensions : plaisir (on s'en doutait), élégance (c'est déjà plus surprenant) et profondeur (ce que l'on n'attendait pas). Résultat d'un travail patient, d'une sage compréhension agricole et non pas de la rivalité fraternelle comme on l'entend parfois sur place.

Second vin : Château La Tour-L'Aspic

Millésime 2000

– Dégustation d'avril 2001

« C'est une grande année pour les cabernets-sauvignons, qui nous donnent des tanins mûrs et soyeux », confie François-Xavier Borie. *« Les vins évoluent et changent très souvent. Ils prennent de la densité et du fruit. On sent chaque semaine que les éléments s'assemblent et ce qu'on trouvait un peu difficile à comprendre au début prend forme. »* 75 % cabernet-sauvignon, 25 % merlot.

15 – Nez flatteur de salade de fruits, bouche souple, bien garnie, trame tannique un peu sévère mais sans rusticité, finale sur le fruit.

– *Dégustation de mai 2002*

15/15,5 – Gelée de mûres, violette, nez bien expressif, bouche veloutée, intense, dense mais ronde et savoureuse.

Millésime 2001

– *Dégustation d'avril 2002*

14,5/15 – Des arômes de fraise écrasée, une bonne rondeur en début de bouche, des saveurs fruitées soutenues par une trame solide un peu rugueuse en finale. L'ensemble est plutôt élégant.

Millésime 2002

– *Dégustation d'avril 2003*

80 % cabernet-sauvignon, 20 % merlot, 42 hectolitres par hectare.

14 – Épices, confiture de cerises, café, fruits noirs, un nez bien exprimé que ne gêne pas une prise de bois assez douce (50 % de barriques neuves). L'attaque en bouche est suave, fruitée, on est cependant moins séduit par la finale assez rugueuse, manquant un peu de chair.

Millésime 2003

– *Dégustation d'avril 2004*

70 % cabernet-sauvignon, 28 % merlot, 2 % cabernet franc.

15,5 – C'est un peu le petit pendant fruité de Grand-Puy ; un peu moins de chic mais plus de gourmandise. Nez très expressif de fruits rouges, bouche grasse et ronde, un vin tonique, très parfumé et sans faiblesse.

Millésime 2004

– *Dégustation d'avril 2005*

On annonce pour l'an prochain la naissance d'un nouveau cuvier plus adapté à ce cru qui, jusqu'ici, produisait un pauillac d'une grande honnêteté, sans être cependant étincelant. « *Il servait un peu de faire-valoir* », reconnaît François-Xavier Borie. « *Je mets des moyens importants pour aider à franchir quelques millimètres en qualité. On aura des cuves plus petites, pour être plus précis et faire des préassemblages.* » En 2004, pas d'extraction massue, mais de discrets remontages et des températures de vinification surveillées : « *Dans ces millésimes longs à mûrir comme 2004, il y a des touches, des nuances, des différences…* » 70 % cabernet-sauvignon, 30 % merlot.

15,5 – Épices et fruits noirs, bouche souple, en finesse, tanins présents mais harmonieux, d'une bonne maturité, des notes de fruits très mûrs en finale. Un vin assez dynamique au style ouvert.

Millésime 2005

– Dégustation d'avril 2006

François-Xavier Borie a rodé en 2005 le nouveau cuvier tout neuf, avec réception de vendanges rutilante, une régulation des températures plus puissante, un nouveau pressoir et même un chai à barriques supplémentaire. *« Chaque fois que l'on fait des investissements, cela motive les équipes et crée une ambiance de challenge interne.* » 76 % cabernet-sauvignon, 24 % merlot.

16 – Rose séchée, fruits noirs, bouche élégante, tanins bien mûrs et élégants, dense et droit, rectiligne, vin sérieux, bien typé pauillac, au style plus précis qu'autrefois.

Millésime 2006

– Dégustation d'avril 2007

Fin des travaux de remise en état à Haut-Batailley : *« Tout ce qui est technique est terminé. On en est au ravalement »*, confirme François-Xavier Borie. L'assemblage est à peu près identique à l'an passé : 75 % cabernet-sauvignon, 23 % merlot, 2 % cabernet franc.

16,5 – Cassis, floral, note épicée, bouche ronde, souple, beaux tanins moelleux, longueur et fraîcheur, joli fruité qui se prolonge.

– Dégustation d'avril 2009

16,5/17 – Épicé, cerise, confit, bouche ronde, souple, tanins moelleux, gras, long, tendu, serré, très beau milieu de bouche, long.

Millésime 2007

– Dégustation d'avril 2008

« On est bien lancés avec notre nouveau cuvier. On a juste ajouté une table de trie après l'égrappoir », dit François-Xavier Borie. *« On a ramassé le merlot du 24 au 26 septembre et on a recommencé le 2, jusqu'au 6 octobre pour les cabernets. On n'est pas en surmaturité, on est en maturité. Une année de choix, il fallait prendre des décisions : on n'a pas des cuves qu'on peut rétrécir ou agrandir,*

il faut donc décider ce qu'on met dedans, ce qu'on assemble dans chacune, et il faut bien anticiper, pas se tromper... » 70 % cabernet et 30 % merlot.

16,5 – Épices, bouche ronde, moelleuse, suave, très fondue, longue, savoureuse, belle fraîcheur. Le vin a gagné en pureté et précision depuis quelques millésimes.

Millésime 2008

– Dégustation d'avril 2009

L'assemblage se compose de 66 % cabernet-sauvignon, 32 % merlot, 2 % cabernet franc. Une plus forte proportion de merlot que d'habitude : « *Le merlot lui allait bien cette année.* »

16 – Un peu fermé, bouche douce, tendue, vive, assez boisé, frais, équilibré, assez élégant.

Millésime 2009

– Dégustation d'avril 2010

François-Xavier Borie : « *On ne cherche pas à extraire. On préfère travailler sur la longueur que sur l'extraction.* » 78 % cabernet-sauvignon, 20 % merlot, 2 % cabernet franc. 13,5°.

16,5 – Nez fruits rouges, fruité, vif, serré, résine, long, fin, joli fruit qui remonte en finale, tonique.

LAFITE-ROTHSCHILD

1er grand cru classé
Surface : 107 ha
Propriétaire : Famille Rothschild, gérant Éric de Rothschild
Contact : Charles Chevallier
33250 Pauillac
05.56.73.18.18
www.lafite.com

Afin que l'on s'y retrouve, précisons d'emblée que les Rothschild de Lafite ne sont pas les mêmes que ceux de Mouton. S'ils sont tous issus d'une même pousse, celle-ci est devenue un solide chêne généalogique et les branches n'ont plus guère l'occasion de vibrer au même vent depuis déjà fort longtemps. Nathaniel acquiert Mouton en 1853. Il représente la branche anglaise de la famille. Lafite fut acheté un peu plus tard, en 1868, par James, chef de la branche française.

Des trois premiers de pauillac, Lafite est sans doute le plus mystérieux et le plus élégant. Chez Alexandre Dumas, il aurait tenu le rôle d'Aramis, celui qui garde ses secrets, qui ne se livre pas, qu'il faut deviner. Mais qui de temps en temps réussit un vrai coup d'éclat. Ainsi, il y eut le merveilleux 1959. Suave, émouvant comme un grand bourgogne, raffiné comme seuls les grands cabernets-sauvignons peuvent l'être. 1959 fut une année chaude, solaire. Mais dans le verre, aucune trace de chaleur, de fruits trop mûrs ou de pruneau : que de la dentelle et de la fraîcheur. Lafite a connu une décennie 70 un peu chaotique. Beaucoup de vins décevants. En « Archives », un peu plus loin, j'ai exhumé une dégustation opérée en 1993. Elle témoigne déjà de la grosse fatigue ressentie par certains millésimes. Je trouvais alors, malgré un côté légumineux, le 77 (une année de météo déplorable) plutôt intéressant ; il doit aujourd'hui être complètement raplapla. On n'en dira pas autant du 76, resté bien alerte. Au milieu des années 80, la direction technique du domaine effectua un vigoureux serrage de boulons au niveau des rendements et de la sélection. Le 82 est certes une belle réussite, mais les 86, 88, 89 sont peut-être un cran au-dessus dans la précision et l'équilibre. Même le 87, dans sa catégorie poids légers, est encore bien debout. Quand au 90, que nous avions bien noté à l'époque, je l'ai redégusté très récemment : un vrai bonheur.

Mais dans cette décennie 90, le coup d'éclat de Lafite s'est joué avec un millésime qui ne plaît pas forcément aux palais sucrés ou aux amateurs de vins guimauves : 96. Acidité, verdeur, tanins souples comme des suspensions de Lada 4x4, les vins étaient sévères sur la rive gauche et à peine passables sur la rive droite. Avantage Médoc avec quelques perles : Sociandot-Mallet notamment, et ce Lafite dont Christophe Blanck, courtier, ancien « acheteur vins » particulièrement doué pour Carrefour, disait : *« Lafite 96 a un côté dalaï-lama, c'est lui qui succédera à la mort du 59. »* C'était avant que la décennie 2000 n'accouche de quelques très beaux millésimes… Autre réussite dans une année compliquée : 1994. Mauvais temps pour les vendanges, maturité compliquée à obtenir : beaucoup de 94 présentent les côtés anguleux de tanins pas assez bronzés au soleil. Souvent, les responsables ont choisi d'augmenter la proportion de merlot dans les assemblages. Ce cépage est précoce et apporte de la rondeur, tandis que le cabernet-sauvignon est un ronchon tardif qui, parfois, fait attendre les vendangeurs jusqu'à la mi-octobre. En 1994, pas question de patienter avec la pluie qui s'était abattue dès septembre. Lafite a surpris tout le monde en annonçant un 100 % cabernet-sauvignon sans une trace de verdeur ou de dureté, un vin de finesse que l'on pourrait imaginer d'une année bien plus ensoleillée. C'est une spécialité de Lafite que de sublimer les millésimes moyens. On retrouve cette manie déroutante avec le 2004.

L'encépagement de Lafite comprend 70 % de cabernet-sauvignon, 25 % merlot (plus 3 % de cabernet franc et 2 % de petit-verdot). Mais on notera que, bien souvent, l'assemblage retenu pour le grand vin comporte un pourcentage supérieur de cabernet-sauvignon et peu de merlot. Lafite n'est pas un vin de rondeur mais de finesse, davantage Aramis que Porthos…

Second vin : Carruades de Lafite

Millésime 2000

– *Dégustation d'avril 2001*

« Cette année, l'écart se creusait entre merlot et cabernet-sauvignon de façon très importante. Nous avons 27 % de merlot dans l'encépagement de Lafite, mais il n'en figure que 6,7 % dans l'assemblage définitif. De même, on a longtemps cru pouvoir mettre les cabernets francs, mais ils affaiblissaient l'ensemble », raconte Charles Chevallier. *« On fait du Lafite sur le terroir de 1855. Richesse, densité et élégance ne viennent que de ce terroir. On peut faire du vin puissant partout, cela reste du concentré ; pour qu'il soit élégant, on ne peut le faire que dans ce périmètre. »* Et c'est là que sont évidemment plantés les grands cabernets-sauvignons du château qui sont présents à 93,3 % dans l'assemblage.

18,5 – Nez poivre, épices, baies roses, violette, amande, très riche mais peu exubérant. Bouche sérieuse, trame tannique vaste, tout en longueur, une impression de puissance contenue. Vin racé, impressionnant par ce mélange de délicatesse et de densité. Vin de grande garde.

– Dégustation du 10 décembre 2009

18 – Charnel, fourrure, cacao, poivre, truffe, le nez, qui semble réduit au départ, s'ouvre progressivement, réglisse, bouche puissante, dense, épicée, large, commence à s'ouvrir, puissant, presque mordant mais avec beaucoup d'enrobé, fort potentiel, un vin encore hermétique, de très longue garde.

16 – **Carruades**. Nez bien exprimé, délicat mélange de fruits noirs, tabac, un peu poivré, note prune, bouche douce, bien fondue, tanins très doux, bonne longueur, bien éveillée, ouvert mais peu évolué, délicieux aujourd'hui. Très pauillac dans sa retenue, pas très large mais fin.

Millésime 2001

– Dégustation d'avril 2002

« La caractéristique de 2001, c'est un cycle végétatif plus long, commente Charles Chevallier. *La floraison s'est déroulée à date normale, comme en 2000. En revanche, nous avons eu une véraison tardive et la maturation des baies a été moins homogène. Nous savions dès lors qu'il faudrait savoir attendre. »* Les premiers merlots ont été cueillis le 28 septembre, puis les vignerons du domaine ont pratiqué un peu d'effeuillage pour dégager les grappes et leur permettre de profiter du soleil. *« Nous avons recommencé à cueillir le 1er octobre avec 350 vendangeurs pour terminer le 11. »* 42,5 % de la récolte totale dans le grand vin, composé de 86,5 % cabernet-sauvignon, 13,5 % merlot.

17,5 – Nez de cassis marqué par le boisé, bouche onctueuse, très élégante, une bonne fraîcheur et des tanins mûrs, un vin très en longueur qui attaque très discrètement et monte ensuite en bouche. Fruit très pur, très belle persistance. Un vin assez facile d'accès qui rappelle ce que fut en son temps le 1985.

– Dégustation du 10 décembre 2009

17 – Fruits noirs, chocolat noir, jus de rôti, bouche plus douce, plus tendre que 2000, un fruité deuxième âge qui commence à s'installer, des notes confites, beaucoup de saveurs, orangette. Le vin reste d'une grande fraîcheur, un Lafite très séducteur, que l'on peut commencer à envisager de boire à condition de le carafer quelques heures auparavant.

15,5 – **Carruades**. Nez très différent du 2000, plus graphite, bouche ronde, chocolatée, peut-être plus large, plus évoluée dans ses saveurs, un peu moins en finesse mais beaucoup de gourmandise, bonne longueur. Un vin de plaisir, moins précis que 2000, mais plus démonstratif.

Millésime 2002

– *Dégustation d'avril 2003*

« J'ai l'impression qu'il y a eu une maturité sans éclat, sans rebondissement, assez linéaire. Le raisin évoluait normalement malgré nos inquiétudes », commente Charles Chevallier. Pourtant, tout avait mal commencé. *« La floraison, la période de fécondation, s'était déroulée par temps froid et humide. Les mots que les viticulteurs n'aiment pas, coulure et millerandage, grains pas ou mal fécondés, étaient au rendez-vous. À Lafite, on a perdu pas loin de 30 % de récolte. »* Mais petite récolte ne signifie pas petit travail, bien au contraire, avec ce millésime qui a nécessité de nombreux passages dans les vignes. *« Aux vendanges, par exemple, les équipes sont passées une première fois retirer les raisins millerandés pour nettoyer. »* Les merlots ont été cueillis entre le 26 septembre et le 1er octobre, les francs juste après et le ramassage des cabernets-sauvignons s'est achevé le 8 octobre. 87 % cabernet-sauvignon, 9,5 % merlot, 3,5 % cabernet franc.

17,5/18 – Des notes d'épices et de sous-bois, l'apport de la barrique est assez sensible, la bouche puissante, grasse, offre des tanins serrés mais fins. L'ensemble est très dense, riche, séveux. On ne retrouve pas à ce stade l'élégance qui caractérise Lafite. C'est pour beaucoup sans doute dû à la date de dégustation, un peu trop précoce pour que se révèle la finesse des cabernets.

– *Dégustation du 10 décembre 2009*

17,5/18 – Nez fermé, note de beurre salé, le vin se cherche une ouverture, mais il reste encore aux portes, bouche onctueuse, d'une grande élégance, raffinée, moins dans la séduction que 2001 mais plus fin, plus délicat, et plus précis. Très joli vin sans l'ampleur de 2000 mais très long.

16/16,5 – **Carruades**. Épices, poivré, encore des notes de fruits confits, poivre noir, bouche dense, ample assez précise, du moelleux en milieu de bouche, tendu, des notes de prune, sérieux et plein, bien « carré ».

Millésime 2003

– *Dégustation d'avril 2004*

Quand la canicule était à son maximum, les gens de Lafite se sont amusés à placer un thermomètre au pied d'un cep sur le plateau de graves qui domine le château. Résultat : plus de 50 °C ! *« Cette année, on a essayé de faire du vin »*, raconte Christophe Congé, responsable du chai. *« Avec de telles températures, il y a eu des blocages de maturité partout. »* La vigne jouait sa survie et s'est mise en position de veille. *« Finalement, ce qu'on n'avait pas eu au mois d'août, on l'a récupéré début septembre, quand la vigne a repris sa maturation normale. Même si on n'a pas tout rattrapé. Le potentiel de tanins semblait inférieur à 2002, mais, en revanche, on a bénéficié d'une meilleure extractibilité de la matière, qui se libérait dès que le raisin était en cuve.»* Et, à l'arrivée, les indices de tanins sont à peu près identiques à ceux de 2002. *« C'est une année où il y a eu des contradictions incessantes entre les analyses et ce qu'on a constaté à l'arrivée. Par exemple : l'acidité. Les chaleurs ont détruit les acides, mais ça ne se sent pas à la dégustation, et pendant les fermentations les levures ont synthétisé de l'acidité plus que d'habitude. Sur certaines cuves qui, à l'analyse, nous faisaient peur tant l'acidité était basse, on l'a vue remonter de presque 1 gramme… »* L'assemblage de Lafite se compose de 86 % de cabernet-sauvignon, 9 % de merlot, 3 % de cabernet franc, 3 % de petit-verdot.

18 – Nez fermé, épices, cerise, note de mûre, assez frais, bouche souple, onctueuse, délicate, une apparence facile sur un fond de grand vin avec des tanins très ronds, fondus. Le domaine a évité les goûts de fruits cuits grâce aux tries impitoyables qui ont permis d'éliminer les graines flétries. Un vin d'une grande pureté.

– Dégustation du 10 décembre 2009

17 – Café, chocolat, nez flatteur, bouche large, onctueuse, bien chocolatée, puissante, des tanins qui martèlent la bouche en finale, s'arrête un peu vite, puissant, démonstratif mais moins dans le style Lafite, fait de rigueur et de retenue.

15 – **Carruades**. Fruits confits et épices, assez sudiste, bouche ronde, chocolat au lait, très gourmand aujourd'hui, beaucoup de gras, de moelleux, finale moins agréable que le milieu de bouche, un peu plus sur des tanins vifs.

Millésime 2004

– Dégustation d'avril 2005

Cette année, Charles Chevallier nous en a dit un peu plus sur ses choix. Comment sélectionne-t-il le grand vin ? À quel moment décide-t-on que tel lot ira dans les Carruades ? *« On connaît toutes les parcelles qui font du grand vin, et d'autorité il est placé en barriques neuves. Pour les parcelles qui, systématiquement, tous les ans, donnent des Carruades, on écoule directement en barriques de réemploi. Il reste toujours un "entre les deux" avec lequel on se balade. Le parcellaire de Lafite, je peux le dessiner de mémoire, c'est presque toujours le même, sauf année bizarre, comme 1994, où le merlot a été éliminé, ou 2003… »* Lafite se compose de 90,5 % de cabernet-sauvignon, 9 % de merlot et 0,5 % de petit-verdot. Il est, comme de coutume, élevé (100 % bois neuf) dans les barriques fabriquées à la tonnellerie de Lafite, où l'on procède à une chauffe douce et très longue pour éviter les goûts envahissants de moka ou de caramel. Le vin titre 12,6° naturellement.

19 – Un des très grands Lafite, avec la classe du 96 mais rondeur et charme en plus. Nez floral légèrement teinté de framboise, bouche fraîche, tanins croquants, réglissés ; un ensemble d'une grande élégance, toucher délicat, sans aucune rusticité mais fermement pauillac.

– Dégustation du 10 décembre 2009

17,5/18 – Pas très ouvert, minéral, séveux, bouche ample et fine à la fois, beaucoup de fraîcheur que l'on apprécie d'autant plus après le 2003, long, tendu, moins de maturité que sur d'autres millésimes, mais bien dans le style maison, surtout cette fraîcheur un peu mentholée que l'on retrouve en finale.

15/15,5 – **Carruades**. Premier nez poivré, note végétale ensuite, bouche douce en attaque, un peu plus tendue ensuite, séveux et serré, tanins pas très arrondis, un petit manque de maturité du raisin sans doute. L'ensemble est assez sévère et demande encore de l'attente.

Millésime 2005

– Dégustation d'avril 2006

Seuls 40 % de la récolte font du Lafite, le reste (pour une part) est consacré aux Carruades et le solde tout simplement revendu en vrac à un négociant qui ne doit pas s'en plaindre. Une bonne partie des merlots sont une nouvelle fois dans les Carruades, comme souvent ici. Chez Lafite, priorité au cabernet-sauvignon des terroirs historiques. « *On n'a fait que du classique. Vinifications douces pour ne pas trop extraire. Sur les parcelles, on a produit le même travail que l'an passé, mais la différence, c'est que nous avons 39 hl/ha, 20 % de rendement en moins par effet de concentration naturelle* », commente Christophe Congé, adjoint du maître ès vins du lieu, Charles Chevallier. L'assemblage final se compose de 88,8 % de cabernet-sauvignon, 10,7 % merlot et, pour la forme, 0,5 % petit-verdot.

19 – Un Lafite en grande forme, toujours aussi élégant et raffiné mais doté d'une constitution de coureur de fond. Des notes fleuries et épicées, une bouche tendue, ramassée, tanins serrés, doux, très fins. Un vin long, droit, parfaitement harmonieux.

– Dégustation du 10 décembre 2009

19 – Fermé, des notes de cerise discrètes, épices douces, encore une petite influence boisée, bouche délicate, raffinée, ample, tanins soyeux, Un vin d'une très grande délicatesse. Difficile d'imaginer que l'on puisse exprimer autant de force avec autant de douceur. Très long.

17 – **Carruades**. Fermé, bouche large, onctueuse et fine à la fois, puissant, tendu mais fin, beaucoup d'élégance et de retenue. Le vin est refermé et ne montre aucune faiblesse, pas d'évolution bizarre, il avance en ligne droite. Fort potentiel, supérieur à ce qu'on attend d'un second vin. J'aime se retenue et son austérité.

Millésime 2006

– Dégustation d'avril 2007

Charles Chevallier : « *Les grappes se sont profilées en juillet, elles étaient petites. On a décidé d'y aller doucement. On a très vite calmé les remontages pour ne pas trop extraire et on a laissé se prolonger les fins de fermentation sans bouger le vin. Les macérations après fermentation ont duré neuf jours pour les merlots, les plus courtes, et jusqu'à trois semaines pour certains cabernets-sauvignons.* » Lafite s'éloigne de plus en plus de la méthode concentrative (osmose ou entropie, qui permettent toutes deux d'enlever de l'eau au jus), jugée un peu brutale et qui fait monter le degré. « *La viticulture a bien progressé, on a moins besoin de ces appareils. Je préfère, si besoin, saigner une cuve (retirer du jus)* », dit encore Chevallier. L'assemblage se compose de 82 % de cabernet-sauvignon, 16 % de merlot, 2 % de cabernet franc.

18,5/19 – Violette, menthe, réglisse, bonne prise de bouche juteuse, ronde, tanins très fins qui s'étirent lentement. Un vin sérieux et délicat, raffiné et très construit, grande classe.

– Dégustation d'avril 2008

18,5/19 – Boisé, nez encore fermé, bouche puissante, dense, austère, tanins frais de très grande classe, frais, milieu de bouche très raffinée, long, frais, fin, délicat, très long. Très grande bouteille.

15,5 – **Carruades**. Marqué par le bois, violette, floral, bouche souple, bien fondue, gourmandise, délicieux, s'est amplifié par rapport à l'an passé, le fruit l'emporte sur la structure.

– Dégustation du 10 décembre 2009

18/18,5 – Fermé, épices, truffe, sous-bois, le boisé est encore présent et se confirme en bouche, belle matière élégante, un tanin présent, renforcé par l'acidité, bonne longueur. À ce stade, manque un peu d'enrobé, mais le vin est fermé et demande l'attente, fort potentiel.

15 – Carruades. Poivre, note truffe, cacao, peu ouvert, bouche tendue, vive, élégante, pas très dense, vif, serré, peu aimable à ce stade. Manque un peu d'ampleur notamment en milieu de bouche.

Millésime 2007

– Dégustation d'avril 2008

Charles Chevallier fait remarquer que c'est une *« année de treize lunes »* et que, selon les anciens, rien n'est jamais tout à fait normal ces années-là. *« Mon chef de culture va se souvenir longtemps de ce millésime, vendange verte, un peu mais pas énorme car on n'avait pas de grosses sorties, mais ambiance humide, fraîche, la protection était difficile car sitôt appliqués les traitements étaient lessivés. À la mi-août, gros orage, histoire de nous mettre le moral à zéro… Heureusement, septembre fut superbe et sec, sans pression, sinon on était mal barrés… Tous ceux qui avaient la possibilité d'attendre ont pu s'en tirer, ce n'est pas le millésime du siècle, mais c'est frais, équilibré. On est à 12,6,° vinifications très différentes d'une cuve à l'autre, ce qui est tout a fait inhabituel. On a fait des macérations de quinze jours sur certaines, et sur d'autres d'un mois, sans sentir de dureté sur les tanins. »* Lafite a éliminé 17 % de sa production, cédés en vrac, pour mieux sélectionner sur les Carruades. Le Lafite est, lui, composé à 84 % de cabernet-sauvignon, 1 % de petit-verdot, 15 % de merlot. *« Le cœur de Lafite est orienté sud-sud-ouest »*, et a profité au maximum des journées d'ensoleillement.

17 – Nez réglisse, floral, violette, joli nez complexe, un peu boisé, bouche douce, élégante, ronde ; vin très doux, fin, fondu, élégant, souple, petite note végétale.

– Dégustation du 10 décembre 2009

17 – Fruits noirs, encore posé sur ses arômes de jeunesse, réglisse, prune, bouche marquée par le bois, tendre, fin mais bien structuré, bonne matière, un 2007 de qualité sans les faiblesses du millésime, beau travail de sélection et d'assemblage.

14 – Carruades. Nez jeune, note végétale, bouche boisée, très fondue au niveau des tanins du vin, pas très dense, un vin qui pourra se boire jeune, sans doute le plus léger de la série.

Millésime 2008

– Dégustation d'avril 2009

« Millésime difficile pour la viticulture », nous dit Charles Chevallier. *« L'herbe poussait par moments plus vite que la vigne ! On a fait des vendanges assez tardives sur du raisin bien mûr. Il y avait un peu de pourriture, mais on est arrivés à s'en sortir. Au moment des vendanges, on ne pensait vraiment pas à quelque chose d'extraordinaire, c'était sympa mais pas le peps, pas le croquant qu'on aime bien. Mais à l'arrivée, c'est un bon millésime. »* 46 hl/ha, une récolte plutôt confortable par rapport à d'autres zones du Médoc.

Lafite est composé de 83 % cabernet-sauvignon, 4 % cabernet franc – *« On avait de jolis francs cette année, pour une fois. C'est un cépage qui ne supporte pas la médiocrité. »* 12,8° d'alcool.

18 – Nez de violette, boîte à cigares, fruits noirs, mûre, petites baies noires, boisé moka, tanins doux, soyeux, de grande qualité, frais, tendu, bel équilibre, très beau milieu de bouche, finale un peu sur la prise de bois et des notes cerise. Future très belle bouteille.

15,5/16 – **Carruades**. Nez fruits noirs assez discret mais élégant, bouche très douce, fraîche, un peu tendue en finale, ensemble bien rond, tanins moelleux, assez gourmand.

– Dégustation du 10 décembre 2009

18 – Fermé, des notes de fruits rouges, bouche aux tanins croquants, vin tendu, fin, élégant, proche de 2006 avec un enrobé des tanins, un moelleux un peu plus présent, long, fin croquant, beaucoup d'élégance et de fraîcheur.

16 – **Carruades**. Nez réglisse, fruits noirs, note boisée, bouche ronde, souple mais avec de la matière, petits tanins croquants, bonne longueur, fin, élégant, plus souple que 2006, moins garni que 2005. Un beau compromis.

Millésime 2009

– Dégustation d'avril 2010

« Une année viticole un peu difficile jusqu'au mois de juin », dit Charles Chevallier. *« Du retard à l'allumage, une pression avec l'humidité, puis fin juin, après Vinexpo, un temps superbe, des températures élevées dans la journée, et fraîcheur dans la nuit. Analytiquement on a des pH assez élevés – 3,85 –, mais ça m'est égal. J'oublie les chiffres. La perception est acide. Il faut des contrôles réguliers pour qu'il n'y ait pas de dérapage pendant l'élevage. »* En milieu peu

acide, le vin peut subir les assauts de microbestioles indésirables qui dégradent les saveurs, mais ce genre de phénomène dans un premier grand cru classé est inimaginable à l'heure actuelle, avec tous les contrôles qui s'opèrent. « *On a vendangé du 23 au 30 septembre pour les merlots, puis deux jours de rupture et on a attaqué les cabernets. On pouvait avoir tendance à attendre, mais quand on goûtait, c'était mûr, après on change le goût. En vinification, ce sont des millésimes où la matière se lâche très vite, il faut savoir être feignant dans la vie. Pourquoi faire ce que la nature fait toute seule ?* » 82,5 % cabernet-sauvignon, 17 % merlot, 0,5 % petit-verdot.

19,5 – Épices, fruits noirs, myrtille, minéral, encre, long, droit, tendu, séveux, serré en finale. Un Lafite avec une matière plus ferme que d'habitude. Un très grand vin d'avenir, mais qui donne l'impression d'être accessible immédiatement.

16 – **Carruades**. 50,6 % cabernet-sauvignon, 42,2 % merlot, 5 % cabernet franc, 2,2 % petit-verdot. Fruits noirs, mûre, très rond, très merlot, un peu fruits confits, bien rond, moelleux, gourmand.

Archives

– *Dégustation de juin 1993*

Millésime 1970

17,5/18 – Grenat foncé. Nez fumé, animal, fruits (mûre, cassis), minéral, plomb, pin. Gras et vivacité, finale agrumes. Aucun signe de sécheresse. Un vin d'amateur, d'une immense élégance.

Millésime 1971

12 – Orangé. Nez cèdre, fumée. Pas de tanins, de l'acidité, un peu de réserve en dépit d'un tragique manque de matière. Intéressant seulement au nez.

Millésime 1972

13,5 – Orangé avec du grenat. Nez cèdre, tabac brun, confiture de mûres, fumée. Frais et vif, un peu simpliste en attaque, se réveille lentement, joli en finale. À boire aujourd'hui avec plaisir.

Millésime 1973

15 – Couleur acajou. Nez de cèdre, pin brûlé, havane, plomb. En bouche, petits tanins élégants, saveur de fruits noirs (myrtille), belle longueur. Un Lafite modèle dans un petit millésime, subtil et complexe.

Millésime 1974

13 – Acajou, reflets grenat. Nez olive verte, varech, puis bois brûlé. Attaque molle, sécheresse, se réveille à l'air. À carafer et boire vite.

Millésime 1975

15,5 – Brunissant. Nez fumée, quinquina. Du gras, des tanins. Emplit la bouche, la tapisse. Se révèle bon à boire tel qu'il est, avec l'astringence.

Millésime 1976

16,5 – Fauve, comme un banyuls. Nez porto vintage, fruits confiturés, muscade. Tanins, rondeurs, beaux fruits cuits, évoque une grande champagne, finale fraîche et ample. Très beau dans un millésime habituellement décevant.

Millésime 1977

15 – Grenat. Nez tabac, conifère, hydrocarbure, suie. Du fond, mais des tanins un peu secs, finale un peu légume, mais longueur et puissance. Pas très élégant, mais intéressant.

Millésime 1978

16 – Acajou, tuile. Nez bois ciré, piment. Petits tanins ronds, bon équilibre, fruits cuits, un peu austère au début, plus enjôleur à l'aération.

Millésime 1979

16,5 – Grenat soutenu. Nez fermé, puis un côté iodé trouvé déjà dans le 74. Gras, soyeux, homogène et suave, la texture d'un beau Lafite, menthe fraîche en finale. Le plaisir.

Millésime 1980

14 – Grenat un peu évolué. Nez tabac, minéral, fumée. Rond et souple, aimable, confituré et fruité. Vin agréable, pas très long. Conforme au millésime.

Millésime 1981

16,5 – Grenat foncé. Nez quinquina, confiture de groseilles, gingembre, notes viandées. Gras, fin et droit. Tanins un peu rugueux. Bon à boire, mais avec encore de la réserve.

Millésime 1982

18,5 – Grenat foncé. Nez menthe, fumée, épicé, fruits cuits, bois neuf, puissance. Rond, petits tanins, long et frais, serré et dense. Grand vin de garde, superbe.

Millésime 1983

17 – Très foncé. Nez fumé, éther, surmûri, poivre gris, piment. Plus évolué que le 82 mais avec plus d'expression et d'ampleur, long et impressionnant. Menace de sécheresse.

Millésime 1984

13 – Grenat foncé un peu brunissant. Nez fumé, menthol, anis, poivre. Rond en attaque, un creux, du fruit, sécheresse, finale métallique du millésime.

Millésime 1985

16 – Grenat foncé. Nez thym, poivre, menthe, un peu sauvage. Frais, très élégant, fruité, déjà bon à boire. Tout en souplesse (redégusté en 2002, il n'avait guère varié, même tendresse, des notes de graphite au nez et des fruits cuits en bouche mais pas d'usure des tanins).

Millésime 1986

18 – Grenat noir. Nez cèdre, poivre, sous-bois, très résine. Belle matière, tanins denses, soyeux, élégants, un peu rêches en finale, mais l'ensemble demeure suave et homogène.

Millésime 1987

16,5 – Noir grenat, Nez cèdre, minéral, menthe. Rond, frais, très fin, séducteur, riche et puissant. De la réserve. À attendre : donnera une belle bouteille de plaisir. Un de ces 87 qui se révèlent meilleurs à chaque dégustation.

Millésime 1988

18 – Noir. Odeur de cave, puis fruits noirs, fumé. Gras, fin, une manière de perfection dans les tanins. Perfection, le terme revient ; le mètre étalon.

Millésime 1989

18,5 – Grenat noir. Nez mûre, épices, menthe, piment, superbe et fumé. Gras, plein, framboise et prune, tout le fruit de Lafite déjà et une structure inégalée. La grande bouteille.

Millésime 1990

18,5 – Grenat noir opaque. Nez bois neuf, épices, mûres. Belle matière, cacao, rond et dense, richesse tannique. On devine l'élégance future plus qu'on ne la sent.

– *Dégustation d'avril 2009*

Millésime 1990

19/19,5 – Lafite. Grillé, séveux, truffe, encore de la verdeur au nez, de la fraîcheur, bouche crémeuse, dense, épicée, très complet ; un vin droit, élégant et délicat, un bijou.

LATOUR

1er grand cru classé
Surface : 80 ha
Propriétaire : François Pinault
Contact : Saint-Lambert
33250 Pauillac
05.56.73.19.80 – www.chateau-latour.com

Latour, comme tous les autres grands du Médoc est une création récente. Certes, son nom est ancien, antérieur à la jolie tour que l'on aperçoit depuis la route, en fait un ancien colombier construit au XVIe siècle. Il y avait auparavant, on ignore son emplacement précis, une tour carrée de défense pour la possession de laquelle Français et Anglais se sont écharpés avant de la démolir. C'était bien la peine ! Le domaine viticole a pris son envol au carrefour des XVIIe et XVIIIe siècles avec les Ségur, grande famille noble fondatrice de presque tous les grands crus environnants (Lafite, Calon, Mouton, etc.). Puis, en 1963, les descendants du marquis de Ségur cèdent les actions au groupe Pearson, lesquelles, après un passage dans l'escarcelle d'Allied Lyons, atterrissent dans celle de François Pinault en 1993. Depuis, tous les trois mois environ, la rumeur circule : Pinault vend Latour. En attendant qu'un jour cela soit vrai, François Pinault a réalisé de très gros investissements dans l'outil de production, qui ont permis à Latour de monter en qualité : nouveau chai souterrain, aires de stockage elles aussi souterraines, rénovation des chais et des bâtiments, du cuvier et des systèmes de vinification, etc. Moins visible, le travail dans le vignoble. La politique de Pearson était de ne jamais arracher mais de remplacer les pieds manquants afin de conserver au maximum les vieilles vignes. Sur le papier, l'idée était bonne, mais, au final, cela se traduisait par un vignoble peu productif, avec des ceps fragilisés. L'équipe actuelle a continué cette complantation là où c'était nécessaire et possible, mais elle a aussi lancé un programme d'arrachage, de mise en repos des terres pendant cinq ans et de replantations. Parallèlement, une expérience de culture en biodynamie a été lancée en 2008 sur certaines parcelles, afin d'étudier si cette pratique peut être généralisée à l'ensemble du vignoble. Le grand vin est produit sur le terroir dit de l'Enclos, qui est constitué de trois grandes familles pédologiques : les graves argileuses, les sables graveleux, les argiles marneuses. Les sols et sous-sols de cet Enclos sont un modèle médocain, avec la couche de graves bien drainantes en surface. Les cailloux jouent également un rôle dans la maturité en accumulant la chaleur le jour pour la restituer la nuit. Mais les argiles en profondeur sont déterminantes. Ce sont elles qui vont fournir à la plante, l'été, une humidité et une nourriture suffisantes pour conduire les raisins jusqu'à la pleine maturité. Les parcelles extérieures à l'Enclos (et les jeunes vignes de celui-ci) produisent le second vin et un troisième vin, Pauillac, proposé à un prix assez raisonnable et souvent délicieux.

Second vin : Forts-de-Latour

Millésime 2000

– *Dégustation d'avril 2001*

« Les travaux devraient durer jusqu'en décembre, mais la partie essentielle, le cuvier, sera prête pour les vendanges. Après, ce sera la partie embellissement et la voirie. » Frédéric Ardouin, directeur technique, se montre discret quant aux travaux d'embellissement – au château, on ne veut pas gâcher l'effet de surprise –, mais se montre plus disert à propos du millésime. *« On a terminé l'étude pédologique commencée il y a trois ans. On a donc pu affiner l'organisation des vendanges en fonction des sols. On a ramassé tous les merlots ensemble, y compris les très vieux pieds qui étaient plantés autrefois au milieu de rangs de cabernet. Ils étaient alors perdus, car quand on passait pour les cabernets, ces merlots plus précoces étaient fichus. »*

77 % de cabernet-sauvignon, 16 % de merlot, 3 % de petit-verdot, 4 % de cabernet franc (48 % du volume total). On n'a pas utilisé le concentrateur à Latour.

18 – Nez discret, mélange délicat de fruits rouges et d'agrumes avec une pointe de pain d'épice. Dès la prise en bouche, une vague de tanins mûrs, soyeux envahissent le palais. L'acidité suffisante (3,7 g) donne de la fraîcheur à cet ensemble très construit. Sensation veloutée et saveurs de cerise qui perdurent. Un très beau Latour, peut-être supérieur à 96, remarquable ici.

– *Dégustation de mai 2002*

18/18,5 – Nez pain d'épice, encore marqué par l'élevage, bouche dense, moelleuse, matière très serrée, ample, présente, des tanins onctueux qui donnent une impression de volume. La finale n'est pas encore fondue. Le vin s'est épaissi, depuis l'an dernier sans toutefois perdre de son élégance.

Millésime 2001

– *Dégustation d'avril 2002*

Pendant les travaux, Latour continue. Cela fait deux ans qu'ils durent, ces travaux, et que les responsables du château ont dû déménager cuves et stocks en fonction des lieux de rénovation. Mais l'enjeu en vaut la peine. Et Pierre-Henri Chabot, le maître de chai, qui nous recevait cette année, est satisfait : *« Tout ce qui est technique a été opérationnel dès septembre. La réception et les salles de dégustation seront sans doute achevées pour les vendanges. Avec le nouveau cuvier, on a presque doublé le nombre de cuves, ce qui nous permet de faire plus de parcellaire »,* c'est-à-dire de vinifier plus précisément, de séparer pour mieux travailler les assemblages ensuite. Bref, de mieux isoler pour mieux régner. D'autant que ce doublement des cuves s'accompagne d'un travail à long terme avec l'École nationale d'ingénieurs des travaux agricoles de Bordeaux pour affiner la connaissance des sols et leur fonctionnement. Les rendements plafonnent à 47 hl/ha, 15 % de moins que l'an passé. *« On a pratiqué des éclaircissages comme d'habitude, mais les baies ont moins grossi ensuite et, c'est une surprise, les fruits avaient peu de jus. »* 79 % cabernet-sauvignon, 18 % merlot, 1 % cabernet franc, 2 % petit-verdot. 53 % de la récolte a fait du grand vin. Élevage dans 85 % de bois neuf.

17,5 – Des arômes de rose rouge, petits fruits, groseille, framboise, épices douces, très belle qualité de tanins, moelleux, serrés, nobles. La bouche est très longue, droite, solide, mais moins massive que certaines années, du charme et une très belle finale fruitée.

Millésime 2002

– *Dégustation d'avril 2003*

Toute petite récolte cette année à Latour. Sur certaines parcelles de très vieilles vignes de cabernets, on évoque des rendements situés entre 8 et 15 hl/ha, comme dans les grands sauternes. Frédéric Ardouin, directeur technique, a mis en place un programme de renouvellement du vignoble : *« On arrache 2 hectares tous les trois ans et on laisse la parcelle cinq ans au repos. Il nous faudra soixante ans pour tout replanter. L'idée aussi, dans les futures plantations, c'est d'augmenter la part de petit-verdot aux dépens du cabernet franc qui, à terme, n'existera plus à Latour. »* Cette année nécessitait comme partout une grande vigilance dans les vignes, et l'effeuillage a demandé beaucoup de soins. *« On supprime les feuilles qui ne fabriquent plus de sucre. Sur une hauteur de 90 centimètres de feuillage, on en enlève une bande 30 centimètres à hauteur des grappes qui ainsi bénéficient mieux du soleil. »* Important cette année, où le soleil de septembre, moins puissant, a remplacé celui d'août. Au niveau des vinifications, Frédéric Ardouin a fait *« du light. Je ne suis pas un partisan de la surextraction. Dix-huit à vingt-deux jours pour les cabernets, et quinze jours pour les merlots »*. 74 % cabernet-sauvignon, 25 % merlot, 0,5 % cabernet franc, 0,5 % petit-verdot.

18,5 – Réglisse, épices douces, floral, prune, fruits compotés. Bouche délicate, tanins serrés mais d'un grain fin, soyeux, porteurs d'un fruité généreux, très belle texture douce, enveloppante. Un vin solide mais d'une très grande élégance. À noter également la belle réussite de Forts-de-Latour, très gourmand, tout en rondeur, salade de fruits rouges.

Millésime 2003

– Dégustation d'avril 2004

L'équipe de Latour s'attaque désormais à la présentation, à la mise en scène des vins et du domaine. *« On aménage un caveau particulier où nos très vieilles bouteilles seront visibles et valorisées. Nous avons aussi de très vieux documents qui remontent au XIVe siècle. Notamment un document daté de 1351, le premier acte notarié d'échanges de parcelles entre grandes familles. Plus près de nous, un parcellaire de 1739 montre le vignoble de Latour presque dans sa forme actuelle »*, commente Frédéric Engerer, directeur général. Côté actualité du millésime, l'équipe, au vu des températures estivales, s'était préparée à des vendanges précoces : *« En fait, on s'est rendu compte que l'on était loin de la maturité phénolique, celle des tanins. On a préféré attendre. La vigne, sous l'effet de la chaleur, s'était bloquée. Les deux orages du 19 et du 31 août, avec 20 millimètres de pluie, ont permis à la maturité de redémarrer. On a commencé par les merlots, le 8 septembre, pour leur conserver de la fraîcheur. Le 12 septembre, il est retombé 12 millimètres et le temps est devenu plus doux, avec des nuits fraîches, ce qui est idéal pour affiner la maturité. Le 22 septembre, on a attaqué les cabernets. La vendange s'est terminée le 30. »* Touché par un orage de grêle en juillet, le vignoble de Latour n'a produit que 36 hl/ha cette année (soit un peu plus d'un tiers de litre par pied de vigne).

18,5/19 – Un fruité intense, mélange de cerise, de prune, une bouche très équilibrée, en élégance, des tanins que l'on pourrait qualifier de précis tant leur rondeur et leur densité évoquent la mécanique de haute précision. Cette douceur n'empêche pas la puissance typique des grands millésimes de Latour. Moins pauillac austère que 2002, il semble cependant plus complet.

14 – Les Forts-de-Latour sera à boire sans trop attendre. On en retient surtout le fruité éclatant et les tanins croquants en bouche.

Millésime 2004

– Dégustation d'avril 2005

Habitué depuis quelques années aux rendements light, Latour, avec 55 hl/ha sur l'ensemble du domaine, a fait tourner à plein son nouveau cuvier, fonctionnel et superbe. *« Il fallait suivre. En juillet, nous avons passé deux fois plus de temps dans les vignes que les autres années. Mais on sentait que la plante avait la force de tenir dix grappes »*, raconte Frédéric Engerer. Tenir dans le temps et profiter du soleil de septembre : *« On a commencé par les merlots, du 23 au 30 septembre. Puis on a attaqué les cabernets-sauvignons le 7 octobre. C'était mûr. Les peaux n'étaient pas trop épaisses, mais c'était compact avec des tanins de pépins discrets peu extractibles. On a tout fini le 19 octobre. »* Le grand vin titre 13° sans chaptalisation avec 90 % de cabernet-sauvignon : une belle performance de maturité pour ce cépage qui ne se signale jamais par de forts degrés.

18,5 – Écorce d'orange (comme le 1996) et de clémentine, tabac blond, menthol ; joli nez très distingué. Bouche riche, dense, tanins sérieux et serrés, fruits noirs et orangette, long, vif, très classe.

Millésime 2005

– Dégustation d'avril 2006

Un Latour très fin, tendu, aux tanins d'une grande élégance :

« C'était facile d'aller chercher la sucrosité et les tanins. Nous avons choisi délibérément la fraîcheur. Nous avons maintenu les températures de fermentation à 26 °C, cela suffisait pour extraire de la matière de qualité », commente Frédéric Engerer. Le château est retombé à 45 hl/ha cette année car, si les grappes étaient en suffisance, les grains récoltés étaient plus petits : *« On a perdu beaucoup de jus par effet de concentration, fin août, du fait de la sécheresse. »* Grand vainqueur de l'été, le cabernet-sauvignon en très fort pourcentage dans l'assemblage (87 % contre 12 % merlot et 1 % petit-verdot). *« Les merlots étaient beaux mais, quand on les mettait à côté des cabernets en dégustation, ils paraissaient simples, ils raccourcissaient le grand vin. »*

18,5/19 – Nez mentholé, cerise au chocolat, bouche ronde, opulente mais fine, tanins serrés, beaucoup de tension dans ce vin particulièrement élégant, qui devrait pleinement se révéler après l'élevage, quand le cabernet aura libéré sa puissance.

Millésime 2006

– Dégustation d'avril 2007

L'ambiance était lourde au moment des vendanges dans les grands crus à Pauillac. Alors qu'ils croyaient tenir un nouveau millésime d'exception, les pluies très denses se sont abattues sur une vendange qui n'était pas encore à sa pleine maturité : « *On était face à un vrai choix. On voyait évoluer la maturité phénolique (tanins) et on perdait en sucre comme en volume, car certaines grappes commençaient d'être atteintes par le botrytis. Entre le 10 septembre et la fin du mois, on a perdu 0,8° d'alcool, c'est assez rare* », confie Frédéric Engerer. Au final, après des sélections drastiques, les volumes récoltés sont comparables à ceux de 2003 (36 hl/) pour un millésime que Frédéric Engerer qualifie de « *très océanique. Les tanins sont plus nus, plus crus qu'en 2005* ». Le grand vin est composé essentiellement de cabernet-sauvignon : 86 % ; les merlots ont moins bien résisté aux pluies (13 %) ; 1 % de cabernet franc pour compléter.

18 – Grillé, fruits noirs, prune, bouche tendue, tanins serrés et vigoureux, une bonne structure et de la longueur, sans le côté crémeux de 2005. Beaucoup de fraîcheur. L'élevage sera déterminant pour la confection d'un habit plus moelleux.

– Dégustation d'avril 2008

18 – Nez prune, épice, le bois est encore marqué, bouche tendue, vive, élégante, serrée, acidité et tanins donnent une sensation de vivacité et de tension, long, fin, sévère mais bien équilibré.

16 – **Forts-de-Latour**. Grillé, boisé assez marqué, bouche ronde, tendre, souple, élégant milieu de bouche, garni et fin, très beau fruit en finale.

– Dégustation d'avril 2009

18 – Chocolat, épices, fruits noirs, bouche opulente, du moelleux, épicé, rond, long, beaucoup de matière, riche, puissant, finale chocolatée moins raffinée que celle de 2008. Vin de garde, long, puissant, équilibré.

Millésime 2007

– Dégustation d'avril 2008

Frédéric Engerer : « *Le point positif, c'est l'expression du fruit, le cœur du vin, c'est le fruit ; après on peut se dire : qu'est-ce qu'on fait ? Soit on essaie de garder cette pureté, soit on en fait autre chose… Je ne suis pas sûr qu'on les laisse dans le bois neuf jusqu'au bout, je n'ai pas envie que l'on perde le fruit sur cette matière. En 2007, c'est tout le boulot en cave qui a été compliqué, les sélections, l'assemblage. L'état sanitaire était meilleur qu'en 2006 mais le travail pour assembler plus compliqué, on a dû éliminer des parcelles qui, traditionnellement, sont dans le grand vin.* »

Latour, composé de 91 % de cabernet-sauvignon contre 9 % de merlot. À l'assemblage, l'équipe a ajouté beaucoup de vin de presse (15 %) pour renforcer le milieu de bouche.

17 – Fruits noirs, épices douces, bouche douce, souple, ronde, tendue, très en fruit, très bel équilibre, pas très impressionnant mais finesse et harmonie.

15,5 – **Forts-de-Latour**. Plus épicé, fruits confits, un peu moins éclatant que d'habitude sans doute à cause de la forte présence des merlots (41 %), plus mat cette année, prune, un peu boisé, tanins ronds, souple, soyeux, bonne longueur.

14,5 – **Pauillac**. Fruité cerise, vif, longueur moyenne, un vin très agréable et sans faiblesse.

– *Dégustation du 4 mai 2009*

17 – Nez un peu boisé, grillé, bouche tendre, légère, un peu marquée bois, séveux, bouche douce, ronde, moins de matière qu'en 2008 ou 2006 par exemple, mais d'une belle finesse. On le boira un peu plus jeune.

Millésime 2008

– *Dégustation d'avril 2009*

Frédéric Engerer procède à quelques réglages : « *On a deux pressoirs cette année, ce qui nous permet d'écouler quand on veut, quand on estime que la cuvaison a assez duré. Sans attendre que le pressoir soit libre.* » La grande nouveauté, cette année, c'est le départ d'essai de culture en bio et en biodynamie pour aller encore plus loin dans la pureté d'expression de ce grand terroir. Latour : 94 % : cabernet-sauvignon, 5 % merlot, 0,75 % cabernet franc, 0,25 % petit-verdot. « *On s'est amusés à faire des pigeages sur les grands cabernets. La ligne jaune, c'était que le fruit ne soit pas gommé par le tanin ; il fallait garder de la crème, du fruit autour du tanin.* »

18 – Nez cerise, note épicée, Bouche pleine, dense, un peu extraite. Précis, dense, serré, matière ferme, très beau fruit d'une grande pureté, un peu sévère en finale mais ça devrait se fondre. « C'est du tanin qui s'empile et pas du tanin sec. »

16 – **Forts-de-Latour**. 66 % cabernet-sauvignon, 31,5 % merlot, 2 % petit-verdot. Fruits noirs, cerise, bouche un peu massive, moins éclatant en fruit mais plus structuré, bonne longueur. Vin étiré mais sans faiblesse en milieu de bouche.

16 – **Pauillac**. 45 % cabernet-sauvignon, 55 % merlot. Nez fruits rouges, épicé, bouche tendue, fraîche, vive, bon fruit, finale nette, vive, très joli fruit.

– Dégustation d'avril 2010

18 – Réglissé, poivre, résine, puissant, tendue, très vif, très pauillac, long, plein, ferme, tendu. Très joli vin de style classique.

Millésime 2009

– Dégustation d'avril 2010

Frédéric Engerer adopte un langage de pilote de Formule 1 pour parler de ce 2009 : « *Il est un peu plus fou que 2005, il monte un peu plus dans les tours !* » Les rendements sont comparables à ceux de 2002 ou 2003 : 36 hl/ha. Avec trois équipes de vendangeurs et trois lignes de trie, Latour a réussi à améliorer les temps de vendanges et les délais entre la cueillette et l'arrivée en cuve du raisin. C'est important pour préserver la qualité du fruit. « *Un raisin coupé n'attend pas plus de trois heures avant d'aller en cuve. On est à la limite des possibilités. En vinification, on a dû extraire un peu plus en y allant très molo, on pigeait, on enfonçait le chapeau, la naissance du bébé était plus difficile. Il fallait prendre des précautions.* » 91 % de cabernet-sauvignon, 9 % merlot. 13,7°.

19 – Réglisse, épicé, fruits noirs, violette, tendu, vif, plein, tendu, riche, Tendu, très frais, puissant, beaucoup d'éléments dans ce vin d'une grande complexité.

16 – **Forts-de-Latour**. 32 % merlot, 65 % cabernet-sauvignon, reste en petit-verdot et cabernet franc. Très fruit, bouche souple, dense, épicée, très forte densité, serré, puissant, des notes de fruits compotés.

15 – **Pauillac**. 46 % merlot, 54 % cabernet-sauvignon. « *On teste les limites de la vulgarité !* » s'amuse Frédéric Engerer. « *On le construit avec beaucoup de merlot, on empile des vins de presse et quand la jupe est trop courte, on arrête.* »

Nez fruits noirs. Bouche gourmande, épicée, dense, un peu monstre en milieu de bouche, tanins granuleux, très fruité.

LYNCH-BAGES

5e cru classé
Surface : 96 ha
Propriétaire : Famille Cazes
Contact : Sylvie et Jean-Charles Cazes
BP 120 – 33250 Pauillac
05.56.73.24.00
www.lynchbages.com

Dans la hiérarchie à tradition orale de Bordeaux, on qualifie Lynch-Bages de « super-second », une famille complexe, où l'on retrouve certes des seconds comme Cos-d'Estournel ou les Pichon de pauillac, mais aussi Palmer, classé officiellement 3e, ou Lynch-Bages. Les courtiers de 1855, à qui Napoléon III avait demandé d'organiser un classement en vue de l'Exposition universelle (comme quoi, déjà à l'époque, les vins français souffraient de manque de lisibilité…), avaient été peu généreux avec ce cru. À leur décharge, ils ne pouvaient pas imaginer que le destin (et surtout la faim) allait faire venir d'un village perdu d'Ariège une famille d'ouvriers agricoles au fort tempérament : les Cazes. Les ancêtres ont commencé ici, avec la pioche, au moment où le phylloxéra ravageait les vignobles, se sont incrustés dans ce coin du Médoc et n'ont cessé d'y construire leur vie. Leur dynamisme a perduré au fil des générations. Sylvie et son frère Jean-Michel, jamais à court d'idées, ont entrepris depuis quelque temps de faire revivre le hameau de Bages, à la sortie de Pauillac. Ils y ont réinstallé une boulangerie (ce fut le métier du grand-père). Ils ont ouvert un bistrot sympathique avec plat du jour, devenu un lieu de rendez-vous où se mêlent huiles des châteaux et touristes en pèlerinage vinicole. Puis une charcuterie, un bazar dynamique aussi où on trouve des livres, des couteaux, du linge, de beaux objets. Le genre de boutique où on a envie de tout acheter sans trop savoir pourquoi. Ce n'est que la suite logique d'une volonté « cazienne » de donner au Médoc un visage plus accueillant, plus ouvert au tourisme et où il fait bon vivre. En 2006, Jean-Charles Cazes a succédé sans secousses particulières à son père, Jean-Michel, à la tête du petit groupe familial.

Au passage de relais entre deux millénaires (je crois que c'était entre le second et le troisième), j'avais organisé un référendum auprès de « grands électeurs ». Il s'agissait de désigner les vins qui avaient marqué la toute fin du précédent (millénaire). Cela s'appelait un peu pompeusement « Les 20 vins qui ont changé le vin ». Voici les commentaires de quelques respectables professionnels à propos de Lynch-Bages 1985 :

– Jean-Pierre Lécluze (caviste à Rennes) : *« L'année du premier vol spatial franco-américain, et Patrick Baudry emporte le vin des Cazes dans l'espace. En plus, il est bon, très bon… actuellement. »*

– Philippe Bourguignon (sommelier, directeur du restaurant Laurent, à Paris) : *« Une réussite pour Jean-Michel Cazes, qui modernise l'image bordelaise dans les années 80, et surtout ouvre les châteaux. »*

– Stéphane Fouquet (courtier à Bordeaux) : *« On a dit meilleur 85 du monde, peut-être. En tout cas, un vin merveilleux, surtout avec les volumes produits. »*

– Jon Winroth (journaliste, disparu aujourd'hui) : *« Ce vin superbe égale les premiers crus. »*

Bon, quelqu'un avait écrit aussi que c'était en somme le début de l'ère Parker. Pas faux. Lynch-Bages n'est pas exempt de cette mode triomphante des vins surextraits, qui faisaient le délice des dégustateurs américains distributeurs de bonnes notes et de visas pour le commerce d'outre-Atlantique. Mais, à Lynch-Bages, je les devine revenus du « sur » et du « trop ». Qui plus est, les vins vieillissent bien et donnent du plaisir. On pourrait même ajouter, si nous n'avions pas la crainte de rallumer une guerre fratricide, que ceux du Médoc, davantage cabernet-sauvignon, ont mieux supporté le « sur » et le « trop » que les confrères de la rive droite avec leur merlot. *Pax vobiscum…*

Second vin : Écho, qui succède à Haut-Bages-Averous

Millésime 2000

– Dégustation d'avril 2001

Pour Jean-Michel Cazes, la vendange 2000 rappelle les conditions de 1990 et les tanins, *« très gras, très mûrs »,* rappellent aussi, par leur texture, ce millésime resté dans les mémoires. 71 % cabernet-sauvignon, 16 % merlot, 11 % cabernet franc, 2 % petit-verdot.

16,5 – Nez d'écorce d'orange, fruits noirs, une couverture tannique imposante mais sans lourdeur ni astringence, la maturité de ces tanins ne fait pas de doute. Cette texture porte les saveurs longtemps en bouche.

Millésime 2001

– Dégustation d'avril 2002

La famille Cazes semble redoubler d'activités avec ses propres affaires. C'est la cuisine et l'hôtellerie avec Cordeillan-Bages, la meilleure table de la région, le rachat à Bordeaux du Chapon fin suivi par l'équipe de Cordeillan, la création d'une école de cuisine ouverte aux amateurs, avec des programmes modulables et des visites dans le vignoble.

78 % cabernet-sauvignon, 18 % merlot, 10 % petit-verdot, 3 % cabernet franc.

16,5 – Nez de fruits confits, bouche dense, homogène, ferme, très pauillac, bonne tenue, long, droit. Vin rigoureux et élégant.

Millésime 2002

– Dégustation d'avril 2003

Les vendanges ont commencé le 15 septembre et ont duré plus de trois semaines. L'assemblage se compose de 80 % cabernet-sauvignon, 12 % merlot, 6 % cabernet franc, 2 % petit-verdot. Des rendements corrects de 49 hl/ha et une sélection de 60 % de grand vin.

15 – Curieusement, alors que l'année est plutôt favorable au cabernet-sauvignon, cépage qui convient bien à Lynch-Bages, nous sommes moins convaincus que l'an passé par ce que nous avons goûté (deux fois). Un nez bien réglissé, une bonne densité en bouche, des tanins serrés, mais une trame un peu sèche et une finale rugueuse inhabituelle ici.

Millésime 2003

– Dégustation d'avril 2004

L'équipe de Lynch-Bages n'a *« jamais constaté un tel écart de maturité entre les cabernets et les merlots : près de douze jours les séparent »*. 75 % cabernet-sauvignon, 15 % merlot, 8 % cabernet franc, 2 % petit-verdot.

17 – Très belle réussite cette année avec ce Lynch-Bages aux arômes très pauillacais de rose séchée, petits fruits rouges, bouche riche, tanins serrés et délicats, presque croquants, une puissance bien contrôlée, finesse et longueur.

Millésime 2004

– Dégustation d'avril 2005

Stephen Carrier, maître de chai, explique : *« On a pu bien travailler. C'était intéressant, cette année. Nous avons vendangé du 20 septembre au 19 octobre et observé une coupure d'une semaine entre la fin des merlots et le début des cabernets. On a pas mal saigné* [voir lexique] *les cuves, entre 8 % et 10 %. Une seule à 20 %.* » Le grand vin est composé de 84 % de cabernet-sauvignon, 9 % de merlot, 5 % de cabernet franc et 2 % de petit-verdot. 60 % de barriques neuves.

17,5 – Fruits confits et épices douces, touche de poivre, cerise, nez très ouvert, fringant en bouche, tanins soyeux préservant le fruit, beaucoup d'élégance et de distinction, long, belle finale prolongée. Un LB bien construit, sans faiblesse et sans trop d'extraction. Dans les années 90, Lynch-Bages se faisait remarquer par la puissance de ses tanins ; l'évolution actuelle, vers plus de finesse et de complexité, lui va bien.

Millésime 2005

– Dégustation d'avril 2006

Assemblage : 70 % cabernet-sauvignon, 12 % cabernet franc, 17 % merlot, 1 % petit-verdot.

17,5/18 – Violette, très floral, des notes lavande et rose Pierre-de-Ronsard, bouche serrée au départ, qui s'ouvre peu à peu sur des tanins domestiqués, moelleux, denses. Un vin sévère, tendu, très équilibré, d'une grande élégance. Bref, un pauillac authentique.

Millésime 2006

– Dégustation d'avril 2007

Sylvie Cazes : *« On a privilégié les cabernets-sauvignons dans le grand vin. On a fait exploser les budgets en réalisant un nombre considérable de contrôles de maturité. Il a fallu prendre des décisions difficiles et quelques risques. Par exemple : est-ce qu'on fait des vendanges vertes sur 90 % du vignoble ? »* L'assemblage final est composé de 79 % cabernet-sauvignon, 10 % cabernet franc, 10 % merlot, 1 % petit-verdot.

18 – Framboise, rose, très joli nez expressif, un peu surprenant par son éclat ici à Pauillac où les vins sont plus facilement boudeurs. Bouche très dense, fraîche, les tanins sont sans dureté mais présents, veloutés, soyeux presque. Un vin très construit, beaucoup de classe et assurément de longue garde.

– Dégustation d'avril 2008

18 – Fruits confits, cerise, bouche tendue, élégante, bien fondue, fraîche, tonique, vigoureux mais sans dureté, très long.

Millésime 2007

– *Dégustation d'avril 2008*

« On a fait un rendement de 50 hl/ha. Il y a un peu de bluff sur les rendements, ça a tendance à nous agacer ici. En 1989 et 1990, on était à 70 hl/ha et on n'a pas fait que du vent. On a la faiblesse de croire qu'à 10 000 pieds l'hectare on peut faire du vin », dit Jean-Charles Cazes. *« Mais on a été très sélectifs sur le grand vin. On a retenu 63 % de grand vin contre 68 % l'an passé. »*

Le grand vin, 75 % cabernet-sauvignon, 15 % merlot, 8 % cabernet franc, 2 % petit-verdot.

17,5 – Nez frais, floral, fraise, bouche ronde en attaque, poivre blanc, bouche bien pauillac dans ses saveurs, tendue, élégante, fraîche, très beau fruit. Hors les premiers, c'est le meilleur des pauillacs cette année.

14,5 – **Haut-Bages-Averous** est bien fruité, élégant, frais, un peu en creux en milieu de bouche, mais sans dureté.

– *Dégustation d'avril 2009*

17/17,5 – Fruits noirs, épices, bouche ronde, tendre, souple, épicée, réglisse, long, frais sans faiblesse, belle longueur, persistant sur la réglisse.

14 – **Haut-Bages-Averous**. Bouche assez fluide, agréable mais manque de densité en milieu de bouche.

Millésime 2008

– *Dégustation d'avril 2009*

Exit Haut-Bages-Averous : la tribu Cazes s'est réunie *« en brain-storming sur l'île de Patiras »*, une île dans l'estuaire, au large de Pauillac, sur la Gironde. Et ils ont trouvé Écho. *« C'est en hommage à Écho, la déesse qui planquait pour Zeus et fut condamnée par Héra (l'épouse légitime de Zeus) à ne jamais parler la première »*, résume Jean-Michel Cazes. Écho protégeait les amours de Zeus et de sa maîtresse Sémélé, desquels naquit Dionysos. Sémélé fut foudroyée pour avoir tenté de contempler son amant dans toute sa nudité, et le bébé finit sa gestation dans la cuisse de... Jupiter. *« Il est probable que la cuisse désigne les organes sexuels »*, nous apprend Jean-Robert Pitte (*Le Désir du vin à la conquête du monde,* chez Fayard). Cette gestation, selon certains historiens, serait également le symbole de la cuvaison du raisin. Lynch-Bages est composé, lui, de 78 % cabernet-sauvignon, 13 % merlot, 7 % cabernet franc, 2 % petit-verdot. Il est élevé en barriques dont 75 % de neuves.

17,5 – Fruits noirs, un peu fermé, poivre, bouche souple, fondue, tanins moelleux, rond, plein, souple, très frais, long, bien fruité.

14,5 – **Écho**, le second, pourquoi pas ? Mais, en l'occurrence, il est préférable de le faire parler en premier, avant le grand vin : séveux, réglisse, frais, vif, épicé, un peu light mais fruité.

– *Dégustation d'avril 2010*

17,5 – Fruits noirs, boisé, sur colle, dense, tannique, épicé, long, très fin, tendu, puissant, classique, long, très beau vin. La marche avec le 2009 n'est pas très importante.

14,5 – **Écho**. Séveux, un peu végétal, serré, tendu, vif, un peu astringent, demande quelque temps pour s'arrondir.

Millésime 2009

– *Dégustation d'avril 2010*

Nicolas Labenne, directeur technique : « *Le merlot, ce sont de grosses baies, du feuillage, c'est très consommateur d'eau et il a davantage souffert que les cabernets de la période sèche. Les cabernets en revanche ont très bien tenu le coup. On a produit 54 hl/ha. On a fait de la cartographie par satellite. Cela fait ressortir les différences de vigueur de la vigne. En vérifiant sur le terrain, on s'est aperçus qu'on avait des différences de 1°C entre ces parcelles vigoureuses en végétation et les autres. On a donc refait des découpages et au lieu de 100, on a travaillé sur 140 parcelles.* » Assemblage : 76 % cabernet-sauvignon, 18 % merlot, 4 % cabernet franc, 2 % petit-verdot. 13,5 °.

18 – Fruits noirs, sous-bois, cerise, épices, bouche tendre, en attaque, épicé ensuite, serré, très frais, bel équilibre long, tendu, frais. « *Le poids des baies était déjà de 15 % inférieur à une année normale, c'était pas la peine d'aller chercher une concentration supérieure* ». Très fin, élégant.

14 – **Écho**. 72 % cabernet-sauvignon, 17 % merlot, 11 % cabernet franc. Cerise, fraises au vin, bouche ronde, un peu végétale, serrée, séchante, un peu sévère.

15 – **Blanc de Lynch-Bages**. 58 % sauvignon, 30 % sémillon, 12 % muscadelle. 12,8°. Très fruité, ananas, joli nez, bien en fruit, bouche poire, douce, assez fin, bonne longueur, vif.

Lynch-Moussas

5e cru classé
Surface : 60 ha
Propriétaire : Famille Castéja
Château Haut-Bages-Monpelou
86, cours Balguerie-Stuttenberg
33082 Bordeaux Cedex
05.56.00.00.70
domaines@borie-manoux.fr

Trottevieille, Bergat, Clos-l'Église, Batailley, Beau-Site… le nombre des propriétés de la famille Castéja est impressionnant. On pourrait les croire corréziens, comme les Moueix, Janoueix, Borie et tant d'autres qui, au XIXe siècle, l'âme commerçante en bandoulière et la misère dans la musette, ont bâti des petits empires viticoles. « *Nous sommes landais d'origine* », raconte Philippe Castéja, « *des familles de juristes qui ont peu à peu rejoint Bordeaux. Mon grand-père était attaché militaire à Moscou pendant la guerre de 14. En 1919, tout était à vendre, mon grand-père a racheté Lynch-Moussas et Pichon-Baron, qu'il a revendus ensuite à la famille Bouteiller. Il avait aussi Duhart-Milon et Doisy-Védrines, à Sauternes. Il est mort dans les années 50. Lynch-Moussas est resté en indivision entre les frères de mon père.* » La propriété, au final, n'a pas connu d'investissements entre 1919 et 1970, au moment où le père de Philippe Castéja l'a reprise : « *C'était surtout une maison de vacances. Il restait 4 hectares de vignes. La première année, on n'a pas pu vinifier, il fallait remettre des toits sur les chais et installer des cuves.* » Les Castéja dirigent également une importante affaire de négoce de vins, Borie-Manoux, et Lynch-Moussas a longtemps été géré à l'économie, comme souvent les domaines appartenant aux négociants. (Voir Batailley.)

Depuis quelques millésimes et l'arrivée de Philippe à la tête des propriétés, les investissements, comme les vins, ont grandi. Le changement de qualité a été très rapide, mais la marge de progression est encore importante… Lynch-Moussas, au nord-ouest de l'appellation ne possède pas le terroir le plus merveilleux des pauillacs, ce n'est pas non plus ce que cherche à faire Philippe Castéja. Juste un bon pauillac, un peu plus fruité que les très grands, abordable en termes de goût et de prix.

Second vin : Les Hauts de Lynch-Moussas

Millésime 2000

– *Dégustation d'avril 2001*

70 % cabernet-sauvignon, 30 % merlot.

14,5 – Nez parfait de violette avec une pointe réglissée, bouche ronde, tanins veloutés et gourmands, beaucoup de fruit. Un peu l'inverse de son jumeau Batailley, Lynch-Moussas est immédiatement plus ouvert, plus extraverti. On peut aussi le boire plus jeune.

Millésime 2001

– *Dégustation d'avril 2002*

67 % cabernet-sauvignon, 33 % merlot, élevé dans 60 % de barriques neuves.

14 – Nez de vanille et de fruits rouges, un peu pâtisserie, bouche souple, assez marquée par le bois, tanins fondus. Un vin flatteur qui devrait pouvoir se boire assez jeune.

Millésime 2002

– *Dégustation d'avril 2003*

Désormais, Philippe, fils d'Émile (forte personnalité), assume complètement la direction de la totalité des crus : *« C'est mon premier millésime à 53 ans »,* plaisante-t-il. Cela faisait longtemps que Lynch-Moussas n'avait vu autant de monde s'activer dans les vignes. C'est dû au travail important de vendanges vertes – suppression des grappes mal fécondées – que le millésime a nécessité. Aussi, la surface foliaire de la moitié du vignoble a été augmentée en rehaussant les tuteurs de 30 centimètres. 75 % cabernet-sauvignon, 25 % merlot, deux tiers de bois neuf pour l'élevage.

14,5 – Joli nez explosif de réglisse, cerise violette, bouche ronde, souple, bien fruitée, finale assez serrée.

Millésime 2003

– *Dégustation d'avril 2004*

Depuis les vendanges, un jeune œnologue de 31 ans, Arnaud Durand, (auparavant à Fourcas-Loubaney) est chargé du domaine. 68 % cabernet-sauvignon, 32 % merlot.

14 – Nez floral, rose, violette, bouche tendre en attaque, assez resserrée en finale, beaucoup de fruit. Le côté un peu anguleux des tanins devrait se gommer à l'élevage. On en retient surtout le fruité.

Millésime 2004

– Dégustation d'avril 2005

Lynch-Moussas est ainsi en renaissance, dans un style plus fruité que trapu, charnu mais sans austérité, en adéquation avec son terroir de graves, de graves sableuses et de veines argileuses. Deux tiers de cabernet-sauvignon, un tiers de merlot, élevage dans 55 % de barriques neuves.

15 – Violette, fruits noirs, gras, onctueux, tanins doux. Une bonne structure bien enrobée, souplesse et gourmandise, belle finale fruitée.

Millésime 2005

– Dégustation d'avril 2006

« *On avait plus de marc que de jus, du fait de la sécheresse, et il fallait faire attention pendant les vinifications à ne pas trop extraire, à ne pas multiplier les remontages, sinon on se retrouvait avec des vins trop durs, séchants. D'autant que, comme c'était bien mûr, tout s'extrayait facilement* », commente Philippe Casteja. 29 % merlot, 71 % cabernet-sauvignon.

15 – Fruits noirs, note insistante de cassis, bouche ronde, bien fruitée, fringante, tanins vifs et frais bien serrés. Un vin un peu échevelé, sympathique et bien parfumé.

Millésime 2006

– Dégustation d'avril 2007

L'assemblage comprend 72 % de cabernet-sauvignon et 28 % de merlot.

14,5 – Nez violette et fruits noirs, bouche tendre en attaque, bien fruitée ; la finale, plus rugueuse, devrait s'assouplir au cours de l'élevage.

Millésime 2007

– Dégustation d'avril 2008

75 % cabernet-sauvignon, 25 % merlot.

14,5 – Fermé, bouche ronde, souple, assez soyeuse en attaque, plus rugueuse ensuite, bien fruitée.

Millésime 2008

– Dégustation d'avril 2009

Le grand vin est assemblé à partir de 77 % cabernet-sauvignon, 23 % merlot.

15,5 – Fruits noirs, olive noire, bouche vive, élégante, fondue, bien fruitée, assez longue, tanins pas trop extraits, vifs, mais fins.

14 – **Les Hauts de Lynch-Moussas**. Violette, cassis, fruits noirs, bouche ronde, souple, fraîche, gourmande.

– *Dégustation d'avril 2010*

15,5 – La prise de bois est sensible, épices, douces, joli nez avec de la résine, bouche souple, ronde, soyeuse, frais gourmand, qualité des tanins remarquable, très fin.

Millésime 2009

– *Dégustation d'avril 2010*

« Il y a des veines d'argile qui traversent le terroir et le goût du raisin y est différent. Sur une année comme 2009, ça stresse un peu, alors qu'en 2003 on sortait des vins extras », commente Philippe Castéja. 28 % merlot, 72 % cabernet-sauvignon.

14,5/15 – Note végétale au nez, bouche ronde, souple, tendre, tanins souples, finale serrée.

Mouton-Rothschild

1er grand cru classé
Surface : 80 ha
Propriétaire : Philippine de Rothschild
Contact : Château Mouton-Rothschild
33250 Pauillac
05.56.73.20.20
www.bpdr.com

Thomas Jefferson, en 1787, le classait troisième ; il fut second en 1855 et à la fin du siècle, dans les vieux bouquins, il est répété qu'on le vend au prix des premiers. Ce Brane-Mouton, comme il s'appelait autrefois, relève davantage d'un tumultueux bélier que d'un gentil ovidé juste bon à la tonte. Bien géré mais de loin par quelques générations de Rothschild, il prend sa véritable identité en 1922 avec l'arrivée d'un jeune homme fougueux âgé de 20 ans, Philippe de Rothschild. Quatre ans plus tard, il imposait la mise en bouteilles intégrale au château qui garantit au consommateur qu'il s'agit bien de Mouton dans la bouteille… L'ensemble des crus classés suivait bien vite cet exemple. Auparavant, chaque négociant achetait en vrac et procédait en partie à l'élevage et à la mise. C'est pour cette raison que l'on trouve sur les étiquettes de très vieux millésimes bordelais le nom du château et celui du négociant qui a procédé à la mise en bouteilles.

Puis, en 1945, il crée la fameuse étiquette avec le V de la victoire illustré par Philippe Jullian. Depuis, chaque année, un nouveau peintre réalise la nouvelle étiquette du millésime. En 1973, il obtient l'impensable : la révision du classement de 1855 et l'accession au rang de 1er cru classé. Fortement marqué par l'empreinte du baron, Mouton est le seul des premiers grands crus à connaître un fonctionnement quasi monarchique mais éclairé.

Rien ne se décide sans l'assentiment de la propriétaire, Philippine de Rothschild, fille ô combien de son père, au caractère bien trempé. Ambassadrice infatigable de son domaine, elle a poursuivi l'œuvre du baron. Avec le recrutement de Philippe Dhalluin comme directeur technique, Philippine, Madame, comme on dit au château et alentour, a fait franchir à Mouton un nouveau pas qualitatif. Davantage de franchise et de définition, plus de réussite dans les millésimes moyens. Surtout une sélection beaucoup plus sévère qu'autrefois. Mouton a réduit sa production de moitié ou presque. La création de Petit-Mouton, le second vin, a contribué à cette hypersélection. Le nouveau chai, prévu, discuté, minutieusement étudié car sa réalisation nécessitait la démolition d'une bonne part des bâtiments actuels, devrait apporter encore plus de précision sans gommer toutefois ce qui a donné sa célébrité à Mouton : son nez. Ah, le nez de Mouton, comme celui de Cléopâtre, a beaucoup occupé les esprits ! Certaines années, les plus réussies en général, il développe des arômes de café, de moka qui ne sont pas sans rappeler les odeurs que peuvent apporter les élevages en barriques fortement chauffées. Les amateurs de Haut-Marbuzet, par exemple, connaissent ces senteurs qui évoquent le petit-déjeuner avec le pain grillé et l'arabica fumant.

Le nez de Mouton, disaient certains, c'est de la triche, de l'artifice, quelque chose que l'on rajoute et qui n'est pas inhérent au vin.

Ceux qui affirmaient cela n'étaient pas, on s'en doute, les meilleurs amis du cru. Au château, on répondait en faisant le gros dos : c'est dans le vin, c'est notre terroir, on n'y est pour rien, etc.

Pour en avoir pas mal discuté avec Philippe Dhalluin, je pense que comme souvent la vérité est à mi-chemin : « *Ce sont des parcelles dans le cœur historique du vignoble qui développent ça. On le trouve aussi sur une parcelle de d'Armailhac, sans que l'on puisse trouver une explication technique. Cela se sent dès la vinification !* » Mais, autrefois, les anciens maîtres de chai avaient repéré que cette nuance était présente sur les bons millésimes. Alors, pour forcer le destin, il n'hésitaient pas à utiliser des barriques bien chauffées, toastées, qui au moins sur les vins jeunes donnaient l'illusion du moka en conférant au vin la petite touche café…

À signaler, le vin blanc du domaine, Aile d'argent, composé de sémillon en forte proportion puis de sauvignon et d'un soupçon de muscadelle. Est-ce bon ? Certainement, mais comme tous les blancs du Médoc produits par les grands crus, dont le prix est sans rapport avec le plaisir qu'ils procurent.

Second vin : Petit-Mouton

Millésime 2000

– Dégustation d'avril 2001

Une très forte proportion de cabernet-sauvignon (86 %) domine l'assemblage de Mouton cette année (contre 14 % de merlot). « *On a davantage de sauvignon, car on n'a pas gardé les francs dans le grand vin. Malgré leur côté fruité, ils affaiblissaient l'ensemble* », commente Éric Tourbier, le responsable technique. « *Les merlots étaient riches, fruités mais le côté terroir ressortait mieux avec les cabernets-sauvignons.* »

17,5 – Très joli nez pur de cerise et rose séchée avec des notes réglissées, bouche voluptueuse, tanins serrés et mûrs, belle longueur. Un volume généreux mais sans sacrifier à l'élégance. On retient principalement l'onctueux de la structure et la fraîcheur du mariage tanins/acidité.

– Dégustation de mai 2002

17/17,5 – Fruits noirs, café, torréfaction, bouche dense, tanins moelleux, beaucoup de matière assez serrée, un peu touffu, riche, avec une petite pointe d'amertume en finale. Dans une phase de recul.

– *Dégustation du 26 octobre 2009*

17,5/18 – 86 % cabernet-sauvignon, 14 % merlot. Nez fermé, note fourrure, terre, sous-bois, bouche fraîche, mentholée, serrée, dense, pas beaucoup de charme aujourd'hui, finale serrée, tannique, un peu bloc, long, puissant. Il ne raconte pas grand-chose, ce serait vraiment dommage de le déboucher aujourd'hui.

Millésime 2001

– *Dégustation d'avril 2002*

86 % cabernet-sauvignon, 2 % cabernet franc, 12 % merlot. 66 % de grand vin élevé dans 90 % de bois neuf. « *Les tanins étaient en limite de maturité, on a donc extrait pas trop longtemps pour ne pas récupérer des tanins verts. Nous avons procédé à quelques remontages et pratiqué des aérations assez fortes en faisant couler le vin sur des plaques inox* », commente Éric Tourbier, qui ajoute : « *J'ai pris des paris avec un collègue, je ne serais pas surpris que, plus tard, on situe ce millésime au même niveau que 2000, mais avec une expression différente.* »

17 – Nez complexe de fruits noirs, noix muscade, grillé, pain d'épice ; des tanins serrés et raffinés portent les saveurs de myrtille et de prune. Belle longueur, harmonie et délicatesse. Le vin, un peu ramassé quand nous l'avons dégusté, devrait gagner encore en chair au cours de l'élevage.

– *Dégustation du 26 octobre 2009*

17/17,5 – Nez chocolat, moka au premier nez, note de truffe blanche, poivre blanc, joli nez, d'une grande finesse. Bouche douce, élégante, fraîche, fine, bien vive, longue, un classique très élégant. La bouche est moins volumineuse que 2000, mais toute en longueur, délicat.

Millésime 2002

– *Dégustation d'avril 2003*

Philippe Dhalluin, à la tête de l'ensemble, n'a eu à faire que quelques kilomètres pour s'acquitter de cette nouvelle charge. Il était en effet jusqu'à présent directeur de Branaire-Ducru, qu'il avait largement contribué à remettre à niveau.

77 % cabernet-sauvignon, 10 % cabernet franc, 12 % merlot, 1 % petit-verdot. « *Les petits-verdots étaient exceptionnels, avec des taux de tanins élevés et des degrés qui frisaient les 14,5°.* » Le domaine a produit 31 hl/ha, et l'équipe a procédé à deux séries de tries, avant et après l'égrappage.

17,5 – Épices, mûre, fraise écrasée, pointe mentholée, bouche très riche, tanins moelleux, beaucoup de matière mais qui s'exprime dans le velouté, du volume et un très beau fruit en finale.

– Dégustation du 26 octobre 2009

17,5 – Nez fruits mûrs, viande rôtie, jus de viande, pin, bouche dense, tanin présent, tout petits rendements. Bouche puissante, dense, tannique, serré. Très bon millésime ici. Très gourmand.

Millésime 2003

– Dégustation d'avril 2004

Le solide Philippe Dhalluin n'a pas tardé à trouver ses marques à la tête des propriétés de la baronne Philippine de Rothschild : « *Ici, on a choisi d'effeuiller au nord et à l'est, car le cycle végétatif a été raccourci, et par conséquent il fallait favoriser le passage de la lumière. Et vous pouvez regarder ces photos aériennes prises pendant la vendange, elles témoignent de la verdeur des vignes. Les plus jeunes ont souffert car elles manquaient d'enracinement, mais, pour le reste, il n'y a pas eu de stress hydrique. Il ne fallait pas viser un rendement trop élevé, car cela aurait trop tiré sur la plante, mais le rendement moyen de toute l'appellation pauillac est de 37 hl/ha, c'est ce qu'il fallait. En plus, pauillac, c'est essentiellement du cabernet-sauvignon, qui résiste très bien à la chaleur. Je dirais même que la grande surprise vient de la fraîcheur des arômes.* » La vendange a commencé le 15 septembre pour les merlots et le 22 pour les cabernets. La récolte est de 32 hl/ha, mais 80 % ira dans le grand vin, qui est élevé dans une forte proportion de barriques neuves (94 %). L'assemblage final se compose de 76 % de cabernet-sauvignon, 8 % de cabernet franc, 14 % de merlot et 2 % de petit-verdot.

17/17,5 – Nez épices, violette, réglisse, assez floral, la bouche est chatoyante, très ronde, une expression fruitée assez peu fréquente ici, tanins soyeux, très fondus, une matière lisse et caressante.

– Dégustation du 26 octobre 2009

17 – Poivre noir, assez ouvert, truffe, épicé, chocolat noir, bouche puissante, caramel, truffe, long, puissant mais un peu rustique, déjà un peu d'évolution.

Millésime 2004

– Dégustation d'avril 2005

L'année la plus sèche depuis 1962, aussi Philippe Dhalluin procède-t-il par touches successives. Chaque cuve a été vinifiée en fonction de sa provenance : « *On écoulait quand chacune semblait à son optimum.* » Un traitement personnalisé qui devrait encore se perfectionner si le projet en cours aboutit : la création d'un nouveau chai de vinification. De gros efforts de sélection ont abouti en 2004 à un résultat paradoxal : alors que l'ensemble du vignoble a connu une récolte très abondante, Mouton va produire moins de vin qu'en 2003, année de canicule et de rendements au ras des pâquerettes. 69 % cabernet-sauvignon, 15 % merlot, 13 % cabernet franc, 3 % petit-verdot.

17,5 – Le style change. Moins de fard et, déjà depuis quelques millésimes, moins d'arômes (café, etc.) provenant de barriques à forte chauffe. Les barriques neuves réduisent leur influence aromatique. Le vin présente sans doute moins d'exubérance en version jeune, mais la pureté du fruit et de l'expression minérale y gagne. Nez de fruits, tarte à la framboise, violette, fruits noirs, bouche ample, onctueuse, bien construite, tanins veloutés. Belle longueur.

– Dégustation du 26 octobre 2009

17 – Fruits noirs, résine, olive, bouche vive, petits tanins fins, du grand classique, frais, tendu, pas un monstre de concentration. Tanins un peu fermes en finale. Bouche tannique, serrée, tendue. Manque un peu de gras, de charnu.

Millésime 2005

– Dégustation d'avril 2006

Les rendements de 2005 sont à peine supérieurs à ceux de 1991, année de gel printanier !

18,5 – 85 % cabernet-sauvignon, 14 % merlot, 1 % petit-verdot. Rose séchée, fruits rouges, touche mentholée, bouche ronde et souple, tanins serrés, élégants et soyeux, beaucoup d'allure, long, charnu, précis dans sa construction et ses arômes.

– Dégustation d'avril 2008

18,5 – Épices, violette, résine, bouche pleine, dense, tannique, frais, délicat, joli fruit, très frais, mentholé, délicat, beaucoup de fraîcheur.

16,5 – **Petit-Mouton**. Fermé, réducteur, bouche vanillée, souple, légère, très frais, élégant et fin.

– Dégustation du 26 octobre 2009

18,5 – Nez fermé, jeune, hermétique. Cerise, bouche dense, tannique, du relief, long, plein, plus élégant que 2000, plus en relief moins fermé, un millésime supérieur à 2000, large et très long, élégant et très dense, la signature d'un très grand millésime.

– Dégustation d'avril 2010

18/18,5 – Nez un peu réducteur, plus fermé, bouche ronde, moelleuse, chocolatée, bien garnie, dense, peut-être un côté merlot un peu surmûri, bien tapissé en bouche, très gourmand.

Millésime 2006

– Dégustation d'avril 2007

Un peu moins de la moitié de la récolte (44 %) a été retenue pour produire du Mouton. Le reste fait pour une part (15 %) du second vin, Petit-Mouton, et surtout termine son parcours au sein d'un vaste assemblage, un pauillac générique. Mouton est composé de 87 % cabernet-sauvignon et 13 % de merlot. *« Nous n'avons pas utilisé les cabernets francs dans le grand vin. C'est la troisième année de suite que nous ne les retenons pas. Ils avaient beaucoup de fruit, c'est pour cela qu'on les a gardés pour le second vin, mais ils conféraient au grand vin comme un petit creux en bouche »*, commente Philippe Dhalluin. L'équipe technique a choisi de procéder à des extractions et à des macérations plus courtes. *« Nous savions que les tanins étaient présents et se libéraient facilement dans le vin. Simplement, il fallait les gainer, leur donner de la chair, sinon ça pouvait ressembler aux vins de 1994 ou de 1996, un peu sévères »*, complète le responsable technique, Éric Tourbier.

19/19,5 – Nez de violette, prune, réglisse, bouche tendre, commençant très délicatement puis prenant peu à peu son ampleur, tanins moelleux, serrés mais souples, des notes épicées, une grande longueur. Un vin très réussi, sans faiblesse ni dureté, révélant une minéralité et une pureté rarement égalées dans ce cru.

– Dégustation d'avril 2008

19,5 – Moka, fruits noirs, violette, réglisse, épices, bouche ronde, suave, large et fine, tendre et fin, classe, long, tendu, le fruit est souvent rôti et donne ce côté un peu flatteur, sarment brûlé, on le trouve dès les fermentations, c'est une expression du cabernet-sauvignon ici. Très belle bouteille. Quand Mouton est exceptionnel.

14 – **Petit-Mouton**. Fumé, grillé, racoleur, souple, 100 % barriques neuves, serré, plein, finale avec une pointe d'amertume.

– *Dégustation d'avril 2009*

19 – Fruits noirs, grillé, moka, séveux, bouche pleine, dense, épicée, riche, complet, long, tanins très fins, crémeux et tendu, finale relevée, un peu plus de densité en milieu de bouche que 2008, mais on peut trouver une filiation.

– *Dégustation du 26 octobre 2009*

19 – Nez moka, fruits noirs, grillé, épices, année classique, proche de 96. Tanins veloutés, très fin, aromatique, tanins très veloutés qui expriment la fraîcheur, presque soyeux pour un pauillac, grande classe. On a vraiment envie de le boire.

– *Dégustation d'avril 2010*

19 – Nez très complexe, minéral, profond, sous-bois, puissant et fin, grains de tanins croquants, frais, long, pas encore refermé, velouté, tendu, soyeux. Très grand vin, il confirme sa place de numéro un dans ce millésime pas facile.

Millésime 2007

– *Dégustation d'avril 2008*

« On n'a jamais cuvé aussi court. On à commencé à froid, entre 12 et 14°C pendant trois jours, les matières se sont livrées tout de suite. On a une sélection drastique, le volume est faible. » Plus petite production de Mouton depuis 1969, l'équipe a voulu faire une démonstration de qualité dans ce millésime qui ne semblait pas s'y prêter. Le nouveau chai tant attendu et annoncé depuis trois ans n'est toujours pas en chantier.

Le grand vin, Mouton, est composé de 81 % cabernet-sauvignon, pour 19 % de merlot.

17 – Nez de rose, cerise, bouche bien dense, pleine, tannique, riche, gras, ample, bien rond, concentré, d'un bloc. S'il s'affine à l'élevage, il devrait faire une très belle bouteille.

14,5/15 – **Petit-Mouton** – 76 % cabernet-sauvignon, 13 % merlot, 11 % cabernet franc – est bien expressif, un peu cassis, bouche tendue, un peu serrée, beaucoup de fruit, bonne longueur. Pointe d'astringence en finale sans être sec.

16 – **Aile d'argent**, 50 % de bois neuf, 13,7°, comprend 65 % sauvignon et 35 % sémillon. Nez pêche blanche, bouche gazeuse, agréable, bien fruitée, assez réussi surtout depuis que le fruit dépasse le bois.

– *Dégustation d'avril 2009*

17 – Joli nez épicé, séveux, boisé, bouche tendue, vive, serrée, un peu séchante, demande de l'air à ce stade. À l'aération, reprend un côté moelleux en milieu de bouche.

15 – **Petit-Mouton**. Gourmand, grillé, café, réduit, bouche ronde, souple, fraîche très beau fruit. Joli second.

– *Dégustation du 26 octobre 2009*

16,5 – Nez un peu végétal, poivron, vient d'être mis en bouteille, un peu dissocié. Assez structuré mais moins raffiné que 2006.

– *Dégustation d'avril 2010*

16,5 – Moka, grillé, note végétale, bouche vive, fraîche, tendre, agréable, équilibrée mais un peu végétale.

Millésime 2008

– *Dégustation d'avril 2009*

Mouton : 83 % cabernet-sauvignon, 17 % merlot : « *On a fait des extractions de trois semaines. On a été très classiques. On goûte chaque cuve tous les jours pour décider de ce qu'on fait en extraction. C'est en fonction de l'expression de la cuve qui représente une parcelle.* »

18,5/19 – Fruits rouges, nez profond, bouche soyeuse, élégante, fraîche, délicate, assez sensuel, long, délicat, très fin, structure dentelle et solide, très belle finale relevée.

16 – **Petit-Mouton**. 6 % merlot, 94 % cabernet-sauvignon. Fruits noirs, grillé, bouche ronde, suave, élégant, long, frais, fin, belle qualité des tanins soyeux et gourmands.

15,5 – **Aile d'argent**. 65 % sauvignon, 33 % sémillon 2 % muscadelle. Ce sont quatre parcelles situées un peu aux quatre points cardinaux, des terrains un peu plus limoneux ou argileux. Floral, agrumes, bouche tendue, fraîche, élégante, bon fruit, vif.

– *Dégustation du 26 octobre 2009*

18 – Fruits noirs, mûre, violette, bouche onctueuse, douce, élégante. Le vin a perdu de sa raideur, de son acidité, le boisé est un peu marqué, long, fin assez élégant. Joli vin, élégant comme 2004, mais plus dense.

16 – **Petit-Mouton**. 94 % cabernet-sauvignon, 6 % merlot. La sélection a été tellement forte sur Mouton que Petit est devenu délicieux.

– Dégustation d'avril 2010

18,5 – Moka, café, fruits noirs, bouche vive, tendue, fraîche, élégante, frais, tendre, élégant. Tendu, beaucoup d'élégance.

16 – **Petit-Mouton**. Nez épicé, chocolat, feuillage, bouche onctueuse, douce, fraîche vive, élégante, moka, vif.

Archives

– Dégustation du 26 octobre 2009

Millésime 1995

16,5 – 19 % merlot, 72 % cabernet-sauvignon, 9 % cabernet franc. Fruits noirs, amande, épices douces, note chocolatée, bouche vive, tendue, très jeune, assez vif, pas très parfumé en bouche, toucher délicat, malgré un côté hermétique, finale serrée, dense, peu ouvert. Fermé sur le plan aromatique. Manque un peu de maturité.

Millésime 1996

17,5/18 – 13 % merlot, 77 % cabernet-sauvignon, 10 % de franc. Pour l'élégance. Nez café, moka, cacao, nez assez typé Mouton avec ses barriques bien chauffées, s'ouvre sur des notes résine, cèdre, pin, bouche fraîche, vive, élégante, souple, soyeuse, assez vive, très élégant, un tanin plus frais, plus tonique.

Millésime 1997

15 – 82 % cabernet-sauvignon, 13 % merlot, 3 % cabernet franc, 2 % petit-verdot. Fruits noirs, olive, menthe, bouche douce, un peu linéaire, gras, plein, massif, la maturité était hétérogène, même si toutes les baies étaient noires, il y avait des différences de maturité. Finale un peu séchante. Début des vendanges le 11, fin le 30 septembre.

Millésime 1998

17,5 – 86 % cabernet-sauvignon 12 % merlot, 2 % de cabernet franc. Fruits noirs, épices, peu ouvert, très grande année en Saint-Émilionnais et moins bien en Médoc. Il s'est mis à pleuvoir pendant les vendanges. Fruits noirs, menthe, bouche gourmande, souple, droite. Finale tannique, peu fondue, frais, fin, souple en première séquence, un peu plus sévère en finale, beau vin d'avenir, séveux.

Millésime 1999

15,5 – 160 millimètres de pluie en juillet. Café, l'élevage a un peu pris le dessus sur le vin, bouche assez simple, souple, très cacao, chocolatée, agréable aujourd'hui, accessible, gourmand. Fluide mais sans faiblesse, finale un peu accrocheuse.

PÉDESCLAUX

5e cru classé
Surface : 26 ha
Propriétaire : Jacky Lorenzetti
Contact : Château Pédesclaux
Padarnac – 33250 Pauillac
05.56.59.22.59 – www.chateau-pedesclaux.com

Tout passe, tout casse, même et peut-être surtout les familles quand il est question d'argent et de patrimoine.

« La propriété compte également une chartreuse du XVIIIe *siècle, dotée de chambres d'hôtes haut de gamme »*, dit le descriptif de l'agence-conseil qui a procédé à la vente. C'est parfaitement exact. La famille Jugla a quitté Pédesclaux à l'été 2009, après presque un siècle de mariage d'amour. Les Jugla au départ n'avaient rien de ces grands propriétaires terriens du Médoc qui changent de clocher au gré des mariages et des testaments. Le fondateur de la dynastie, Lucien Jugla, était le maître de chai de ce petit cru classé d'origine récente puisque créé en 1810. Malgré les déconfitures d'un comte décati, le Lucien assurait la continuité du cru. Puis en 1930, quand le comte fut définitivement dans le rouge, il le racheta. Depuis, c'est une histoire avec des hauts et des bas en fonction des époques, des crises et des moments joyeux. Le château, qui possède des parcelles très bien placées le long de Lynch-Bages, entre Mouton et Pontet-Canet, sur le grand plateau de Pauillac, nous avait régalés, il y a longtemps, de quelques très beaux millésimes. Puis, passage à vide : vignobles dont on avait un peu trop tiré sur le cep, chais chargés d'odeurs indésirables… Du pain sur la planche pour la nouvelle génération venue au pouvoir après un mini-coup d'État familial, mais qui ne disposait d'aucun grand groupe pour financer les travaux.

Quand le marché va, tout va. Ces temps-ci, il allait moins bien et les Jugla avaient réalisé de gros investissements. La famille Jugla a donc cédé le Château Pédesclaux à Jacky Lorenzetti, fondateur du Groupe Foncia, déjà propriétaire du Château Lilian-Ladouys à Saint-Estèphe et du club de rugby Racing Métro.

La gestion commerciale et technique fut confiée à un tandem : Vincent Mulliez et Vincent Bache-Gabrielsen faisaient déjà équipe sur deux autres domaines, Belle-Vue et de Gironville, dont Vincent Mulliez était propriétaire. Ils ont réussi un coup de maître en rachetant Haut-Milon au printemps 2010 : 13 hectares en pauillac que lorgnaient tous les grands du secteur, de Lafite à Latour en passant par Mouton. « *Nous opérons un remembrement du domaine. Nous avons récupéré 2 autres hectares d'une coopérative. Il y a sur Pédesclaux pas mal de manquants, il a fallu arracher pas mal, 6,5 hectares, et donc on est contents d'en avoir 15 de plus. À terme, on va passer à 40 hectares. Cela nécessite donc un nouveau chai, on va raser l'actuel et en faire un nouveau. Les travaux devraient commencer fin octobre* », nous avait confié Vincent Mulliez, décédé brutalement quelques semaines plus tard. Frédéric Boisseau, son associé dans la société de fusion-acquisition qu'ils avaient fondée ensemble, a pris sa succession à la tête du cru.

Second vin : Sens de Pédesclaux

Millésime 2000

– *Dégustation d'avril 2001*

La tempête n'a pas épargné le château. Le vent est entré par une cheminée arrachée et a littéralement explosé un appartement à l'étage, cassant les cloisons et effondrant les plafonds. Sur les conseils de l'œnologue des grands crus médocains Jacques Boissenot, un deuxième vin, Lucien de Pédesclaux, a été pour la première fois isolé. « *Jacques Boissenot nous aide aussi à déterminer les dates de vendange et avec lui on a changé nos méthodes de vinification : on fait moins de remontages, on décuve en plusieurs fois pour séparer les vins de goutte et les vins de presse de chaque lot* [voir lexique]. » 65 % cabernet-sauvignon, 35 % merlot.

14 – Nez de mûre et myrtille avec des notes de prunes compotées, bouche tannique et grasse, un moelleux qu'on ne connaissait pas ici, ensemble bien équilibré, orienté vers le plaisir plus que vers la complexité. Une bouteille qui fera plaisir assez vite.

– *Dégustation d'avril 2002*

13,5/14 – Fruits cuits, note chocolatée, bouche ronde, agréable, pas très dense, montrant déjà une certaine évolution. Un vin qui se boira assez jeune.

Millésime 2001

– *Dégustation d'avril 2002*

55 % merlot, 45 % cabernet-sauvignon, 5 % cabernet franc, 60 % de grand vin. Début des vendanges le 25 septembre sur les merlots et fin avec les cabernets le 12 octobre.

14 – Nez de mûre et d'épices, bouche ronde, souple, assez chaleureuse, attaque très agréable, se durcissant légèrement en finale, mais des tanins de qualité. L'élevage devrait affiner l'ensemble.

Millésime 2002

– *Dégustation d'avril 2003*

C'est long mais ça vient ! Pas de Jaguar sur le parking ; le toit de la tourelle, écorché par la tempête de 1999, patiente. Le vin et ses nécessités d'abord. L'assemblage n'était pas définitif quand nous l'avons dégusté, il devrait s'équilibrer à 50 % cabernet-sauvignon, 50 % merlot.

15 – Fruits noirs, prune, rose, cerise noire, bien plein, moelleux, bonne bouche garnie et veloutée, du fruit et de la densité. L'arrivée de cabernet-sauvignon supplémentaire dans l'assemblage définitif devrait lui apporter un peu plus de finesse et de structure.

Millésime 2003

– *Dégustation d'avril 2004*

Si dans quelques crus classés on pratique désormais un peu de vente directe, rares sont ceux qui le revendiquent, de peur de gêner, dit-on, le travail du négoce. À Pédesclaux, les Jugla reçoivent tous les jours : *« C'est ouvert le samedi de mai à septembre, et la vente au domaine ne cesse d'augmenter. C'est du travail, mais c'est aussi très intéressant de rencontrer le public. Cela ne concurrence en rien le négoce, car les amateurs qui viennent de Belgique et repartent avec 6 bouteilles ne vont pas revenir en chercher la semaine d'après. En revanche, ils deviennent des fidèles de la marque. »* 50 % cabernet-sauvignon et 50 % merlot.

15 – Nez bien pauillac de fleurs séchées, d'épices et de fruits noirs ; la bouche est souple, les tanins soyeux portent un fruité sauvage très agréable.

Millésime 2004

– *Dégustation d'avril 2005*

« On a étalé les vendanges sur un mois. On a un rendement de 55 hl/ha après avoir sélectionné dans les raisins. Il y avait une telle poussée qu'on aurait pu passer tout le temps et faire des vendanges vertes, la vigne compensait par des graines plus grosses. »

14 – Épices, réglisse, fruits noirs, bouche fruitée, souple, un peu carrée. L'élevage avec 30 % de barriques neuves devrait lui conférer plus de charme.

Millésime 2005

– Dégustation d'avril 2006

14 – Nez boudeur, bouche droite, tanins vigoureux, serrés, encore bruts de décoffrage. Vin équilibré, bonne longueur. L'élevage devrait habiller la structure et lui conférer du moelleux.

Millésime 2006

– Dégustation d'avril 2007

« C'est jouissif de voir ce qu'on a fait ! » Les Jugla viennent de mettre le point final à la rénovation du château, devenu hôtel, lieu de conférences, restaurant, centre d'initiation à la dégustation. *« On fait un package chambres, dégustation, etc. »* Cinq suites se déclinent sur les cinq sens : le goût, le toucher, etc. Pour le toucher, justement, la suite utilise la soie, le lin, le bois ou les galets comme outils d'aménagement et de décoration. Pour l'ouïe, la cabine de douche reproduit la forme du pavillon de l'oreille.

« On a vendangé à partir du 23 septembre. On a procédé à des effeuillages et à des éclaircissages ; on a surtout essayé un antipourriture naturel, Sérénade, un champignon qui mange le botrytis. Ça nous a bien protégés et permis d'attendre. » 60 % cabernet-sauvignon, 40 % merlot, élevage dans un tiers de barriques neuves.

14 – Fruits noirs, épices, bouche vive, tendue, fraîche, tanins ronds, assez joli fruit.

– Dégustation d'avril 2008

14 – Floral, boisé, sort de colle. Bouche ronde, souple, milieux de bouche léger, tendre, souple, bon fruit. Ne sèche pas, manque un peu de volume.

Millésime 2007

– Dégustation d'avril 2008

60 % cabernet-sauvignon, 5 % cabernet franc, 35 % merlot.

Denis Jugla : *« On a commencé le 25 septembre et fini le 19 octobre, on a arrêté quatre fois, on a fait les deux types de vendanges, mécaniques et manuelles. On a nourri les vendangeurs, on les a gardés, mais tout le monde a fait un peu ça : arrêter et redémarrer. Les gens sont là pour se faire de l'argent et ça grogne un peu. »*

13,5/14 – Réduction au nez, tanins bien présents, assez dense, épicé, boisé, finale assez rugueuse. L'élevage lui donnera de la rondeur.

– Dégustation d'avril 2009

14 – Il est collé, prêt à la mise, vin fini. Grillé, boisé, chocolat, bouche tendre, soyeuse, bien équilibrée, souple, fondue, pointe d'amertume en finale mais bien fait.

Millésime 2008

– Dégustation d'avril 2009

Les vendanges ont débuté le 29 septembre et se sont terminées le 17 octobre. Un rendement honnête de 48 hl/ha malgré une coulure sur les vieux merlots au moment de la floraison. « *On a pratiqué un effeuillage double face à cette année froide – tout pour éviter les maladies et chercher la maturité. On songe à revenir au travail du sol. On passe la charrue à disques à l'automne et à la sortie de l'hiver, mais on voudrait aller plus loin. Après, c'est une question de main-d'œuvre, d'outils, donc de moyens* », dit Denis Jugla. Assemblage : 50 % cabernet-sauvignon, 45 % merlot, 5 % cabernet franc.

14/14,5 – Nez épicé, un peu boisé, note fruitée, bouche tendue, bien typée. Pas très dense mais bien équilibré.

Dégustation d'avril 2010

13,5 – Fruits noirs, boisé un peu envahissant, bouche souple, molle, séchante, noix de coco.

Millésime 2009

– Dégustation d'avril 2010

Jacky Lorenzetti a acheté à la famille Jugla ce cru qui était dans une indivision compliquée. La transaction a été signée l'été 2009, avant les vendanges. Vincent Mulliez : « *On est intervenus à partir de juin sur la vigne. On a préparé la vendange 100 % manuelle. Ce qui est 100 % nouveau !* » 55 % cabernet-sauvignon, 5 % cabernet franc, 40 % merlot.

14,5/15 – Nez fleuri, un peu boisé, bouche douce, souple, fondue, agréable, tanins ronds, moelleux, un peu touffu, serré en finale, doux, agréable, bonne longueur.

Pichon-Longueville-Comtesse-de-Lalande

2e cru classé
Surface : 86 ha
Propriétaire : Champagne Louis Roederer
Contact : Gildas d'Ollone
33250 Pauillac
05.56.59.19.40 – www.pichon-lalande.com

« On a tiré au sort dans une boîte à biscuits les trois parts d'héritage et j'ai eu Pichon. J'ai pleuré toutes les larmes de mon corps. » C'est ainsi que May-Éliane de Lencquesaing est devenue propriétaire en 1978 d'un des plus beaux fleurons bordelais, 2e cru classé en pauillac, voisin direct de Latour. *« C'était un trou sans fond. Je quittais mon Pas-de-Calais où j'avais mené une vie sociale et politique, je retournais sur les bancs de l'université apprendre l'œnologie. Ici, c'était sous scellés. J'ai repris sans un sou, sans chauffage et il pleuvait dans le château… »* La suite, on connaît : l'ouverture vers le marché américain, le fantastique décollage des grands crus et surtout la volonté garantie incassable de May-Éliane qu'ici, dans le Médoc, tout le monde appelle « la Générale ». La famille Miailhe, très présente dans le vignoble médocain – May-Éliane de Lencquesaing, est née Miailhe –, a toujours eu un faible pour le cépage merlot, que l'on retrouve en forte proportion dans les crus qu'elle a dirigés. Pichon-Comtesse n'échappe pas à la règle et c'est sans doute cette singularité à Pauillac, royaume du cabernet-sauvignon, qui signe la personnalité du cru.

À Pichon, le décor a changé. Plus de trous dans les toits mais un château somptueux qui abrite une collection unique d'objets en verre dont le plus ancien date de deux mille ans : Bohême, Venise, Chine et, plus récentes, des aiguières ou des carafes signées Fabergé, Lalique, Gallé…

Les équipes aussi ont changé. Gildas d'Ollone, neveu de May-Éliane, chef d'orchestre façon faux Tournesol, l'allure ailleurs mais les pieds sur terre, a laissé la place à Sylvie Cazes, transfuge de Lynch-Bages.

Thomas Dô-Chi-Nam, le discret vinificateur hors pair, vient de rejoindre Château Margaux.

Tout a changé sauf la détermination de l'ancienne propriétaire (Pichon a été racheté par Roederer en 2007), qui a continué de participer aux dégustations, parcouru le monde au nom de son

Pichon, s'est amusée des visites inédites de milliardaires chinois, détaille les investissements, et nous ravit de ses souvenirs : « *Ma mère s'intéressait peu aux chiffres. Elle disait : "Un million, c'est combien de zéros ? Un zéro, c'est rien, non ? Alors pourquoi s'en faire ?" Pendant la guerre, les vaches avaient une vie de chien ! Le matin, on les trayait et l'après-midi elles étaient à la vigne pour remplacer les chevaux réquisitionnés. Tous les cousins étaient réfugiés. On n'allait pas à l'école, on faisait la classe à la maison. Une bande de gosses et de jeunes, on s'amusait beaucoup. On préparait le bac et on allait prendre les ordres à Lascombes pour la Résistance...* » Dans l'impossibilité de transmettre le bien aux générations suivantes, May-Éliane a choisi parmi plusieurs prétendants un repreneur dont elle soit certaine qu'il continue dans la même direction. Évidemment, elle qui a tant pesté contre les investisseurs institutionnels (voir le voisin d'en face, Pichon-Baron), a opté pour une famille, les Rouzaud, des champagnes Roederer.

Pichon-Longueville-Comtesse-de-Lalande (Pichon-Comtesse, dit-on couramment), que l'on ne confondra pas avec son jumeau Pichon-Longueville (alias Pichon-Baron), couvre 85 hectares, avec cette proportion importante de merlot (35 %) dans son encépagement, avec 45 % de cabernet-sauvignon, 12 % de cabernet franc, 8 % de petit-verdot, ce qui lui conférait une certaine rondeur, du moins dans sa jeunesse. Les derniers millésimes montrent une évolution vers une plus forte proportion de cabernet-sauvignon dans le grand vin.

Second vin : Réserve de la Comtesse

Millésime 2000

– Dégustation d'avril 2001

Merlot 34 %, avec 50 % de cabernet-sauvignon et une très forte participation de petit-verdot : 10 %. « *Ce sont de vieux ceps plantés en 1932 et leur puissance tannique donnait de la "niaque" au merlot ; on a décidé de les intégrer en totalité dans le grand vin* », commente Gildas d'Ollone.

16,5 – Nez de grillé, épices, mûre, cassis, fruits noirs, violette, bouche dense et joyeuse, les tanins sont vifs et veloutés à la fois, une version virile de Pichon où l'élégance cependant domine la puissance.

– Dégustation de mai 2002

16,5/17 – Épices, grillé, cassis, bouche dense, onctueuse, tanins gras, beaucoup de matière mais qui s'exprime dans la rotondité et le moelleux.

Millésime 2001

– *Dégustation d'avril 2002*

14 % de petit-verdot dans l'assemblage final, c'est presque un record en Médoc, 50 % cabernet-sauvignon, 36 % merlot. 37 % de la récolte ont fait du premier vin, élevé dans 50 % de barriques neuves.

16,5 – Joli fruit au nez, bouche ample, moelleuse, très onctueuse, droite. Une matière volumineuse mais des tanins fondus, beaucoup de douceur et un fruité éclatant en finale.

Millésime 2002

– *Dégustation d'avril 2003*

Thomas Dô-Chi-Nam : *« C'est plus une année à cabernets : les écarts de température les ont favorisés. Mais, si les merlots ne sont peut-être pas très brillants aujourd'hui, ils étaient beaux pour peu qu'on les travaille. Mais il fallait passer dans les parcelles, éliminer les mauvaises grappes, surveiller. C'était un vrai pari de faire tout ce travail alors qu'on ne savait vraiment pas si on allait récolter quelque chose jusqu'à la mi-septembre. C'est l'été indien qui fait le millésime. »* 51 % cabernet-sauvignon, 34 % merlot, 9 % cabernet franc, 6 % petit-verdot. *« On avait des francs somptueux qui rappelaient ceux de 1995. »*

17 – Le nez s'exprime en puissance sur les fruits rouges, cerise, cassis avec une pointe de vanille, la bouche confirme cette sensation de gourmandise, tanins souples et gras sans faiblesse, tanins onctueux, beaucoup de gras, un côté friandise épicée, long, séveux.

– *Dégustation de janvier 2006*

17 – Le vin a gardé une bonne part de sa fraîcheur juvénile : nez cerise et prune, le boisé s'est fondu, la bouche est vive avec de la rondeur ; les tanins serrés ajoutent de la subtilité, une finale réglissée. Un peu refermé, d'une grande élégance.

Millésime 2003

– *Dégustation d'avril 2004*

« On a peu souffert parce que nos graves sont légèrement argileuses et que l'on a un vignoble assez âgé pour l'essentiel, avec des enracinements profonds. Nous avons produit 39 hl/ha, ce qui n'est pas énorme mais pas catastrophique non plus. » 65 % cabernet-sauvignon, 31 % merlot, 4 % petit-verdot. *« Nos petits-verdots sont assez anciens, ils sont de bonne qualité, surtout cette année. »*

17,5 – Fruits rouges, cerise écrasée, bouche dense, tanin puissant mais doux en attaque. La seconde séquence est plus resserrée, une sensation de sucrosité du fruit bien mûr. C'est un vin long, enveloppant, solide mais délicat.

– Dégustation de janvier 2006

17 – Libre union entre la puissance du millésime et la finesse pauillacaise, ce vin est à la fois violent et délicat. Le nez traduit la canicule, épices, tabac, grillé ; et la première sensation en bouche est la puissance, la largeur tannique et des saveurs explosives, mais sans lourdeur ni sensation de surmaturité.

Millésime 2004

– Dégustation d'avril 2005

« On avait de très beaux merlots, situés en fait sur des terroirs à cabernet-sauvignon. C'est étonnant, car ils en adoptent le profil aromatique », raconte Gildas d'Olonne. Le grand vin est composé à 53 % de cabernet-sauvignon, 36 % de merlot, 7 % de petit-verdot, 4 % de cabernet franc. Le second vin, Réserve de la Comtesse, est particulièrement réussi cette année, très délicat, fin, gourmand et parfumé. *« Nous n'y mettons pas les jeunes vignes, qui entrent dans un autre vin, Les Garcieux-de-Pichon-Lalande. »* Cela explique sans doute la tenue de ce brillant second vin.

18 – Fruits rouges, cerise, épices douces, bouche fraîche, élégante et soyeuse. Malgré des analyses d'acidité et de pH assez proches de celles de 2003, le vin procure une sensation de vivacité et de fraîcheur bien supérieure. C'est dû à la qualité des tanins, mûrs mais pas grillés. Délicieuse alliance entre la classe et la gourmandise.

Millésime 2005

– Dégustation d'avril 2006

Thomas Dô-Chi-Nam : *« On savait qu'on avait moins de jus et plus de peaux et donc qu'en macération on allait ramasser beaucoup de matière, de tanins. On a choisi de maintenir des températures de fermentation peu élevées, pour ne pas durcir le vin. »* Le résultat est concluant. Assemblage où cette année le cabernet est très présent : 64 % cabernet-sauvignon, 29 % merlot, 6 % cabernet franc, 1 % petit-verdot.

18/18,5 – Violette, réglisse, menthe, tanins très soyeux, doux, long en bouche, frais, très droit, solide et ténu à la fois, vin d'une grande délicatesse.

Millésime 2006

– Dégustation d'avril 2007

C'est le dernier millésime suivi par May-Éliane de Lencquesaing, qui, devant les difficultés à mettre toute sa descendance d'accord, a vendu le domaine à la famille Rouzeau, des champagnes Roederer, déjà propriétaires de Delas en vallée du Rhône, et, plus près d'ici, de château de Pez, excellent cru bourgeois en saint-estèphe. May-Éliane, qui a passé avec brio le cap des quatre fois 20 ans, poursuit son activité dans le vin (et, discrètement, dans l'humanitaire), en Afrique du Sud, où elle a créé un domaine. Thomas Dô-Chi-Nam : « *Il a fallu intervenir très vite en septembre, car les raisins étaient très fragiles et on craignait la pourriture.* » Le grand vin est composé de 64 % cabernet-sauvignon et 36 % merlot.

18/18,5 – Épices, violette, prune, bouche riche, ample, séveuse ; une texture de tanins proche de ce que l'on pouvait trouver en 2005, année de grande maturité, vin onctueux et élégant, très bien construit.

– Dégustation d'avril 2008

18 – Cuir, épices, fruits noirs, très cabernet, dynamique, tendue, vif, élégant, frais, tanins de grande qualité.

15,5 – **Réserve de la Comtesse**. Gourmand, souple, bien fruité, souple, soyeux.

Millésime 2007

– Dégustation d'avril 2008

Pichon est entre deux moments, comme un voilier qui cherche le vent. En l'occurrence, ce sont les conseillers qui, chargés de gonfler les voiles, semblent souffler dans des sens différents.

Pichon, le grand vin : 36 % merlot, 58 % cabernet-sauvignon, 2 % cabernet franc, 4 % petit-verdot. « *On a eu un gros travail d'assemblage, on avait un beau fonds de vin global, après, c'était une question de choix, de style* », nous dit Thomas Dô-Chi-Nam.

16 – Note épicée, fruits noirs, réglisse, bouche ronde, souple, moelleux, tendu, bien enveloppé, long, frais, doux.

15 – **Réserve de la Comtesse** est composé de 41 % merlot, 46 % cabernet-sauvignon et 13 % cabernet franc. Nez fruits confits, gelée de mûres, bouche ronde, souple, gourmand, bien fruité.

– *Dégustation d'avril 2009*

17 – Grillé, fruits noirs, bonne bouche dense, bien serrée, tanins qui donnent une bonne sensation de fraîcheur, belle matière. Très frais. L'assemblage a sans douté été corrigé (en mieux) depuis notre précédente dégustation.

14,5/15 – **Réserve de la Comtesse**. Cerise, un peu tendu en bouche, frais, tanins un peu présents. Assez séveux. Un peu plus pauillac carré que d'habitude.

Millésime 2008

– *Dégustation d'avril 2009*

Le nombre des conseillers s'est réduit à deux : Denis Dubourdieu et Jacques Boissenot. *« On a fait une grande dégustation des millésimes de Pichon avec les Rouzeau et Jean-Baptiste Lécaillon* [responsable technique de Roederer] *pour revenir aux fondamentaux et aller dans le sens de ce qui a fait la réputation de Pichon »*, commente Thomas Dô-Chi-Nam. *« Sur le vignoble, on travaille sur les gestes de qualité : raccourcir les bras des ceps à la taille, avoir le meilleur palissage possible… On a lancé une étude des sols. »* Grande nouveauté aussi : un essai de culture en bio sur 1 hectare. Le grand vin est composé de 63 % cabernet-sauvignon, 29 % merlot, 3 cabernet franc, 5 % petit-verdot pour le grand vin.

17,5 – Séveux, épicé, bouche dense, moelleuse, épicée, tendue, frais, finale un peu serrée mais bon milieu de bouche, beaucoup d'allure.

15 – **Réserve de la Comtesse** est assemblé à 50 % merlot, 33 % cabernet-sauvignon, 12 % cabernet franc, 5 % petit-verdot. Joli fruit, cerise, bien fruité, un peu boisé, dense, moelleux, serré, réglisse, long, bien gourmand.

Dégustation d'avril 2010

Résine, pin, fruits noirs, bouche fraîche, tendue, vive, classique, assez serré, un style un peu surprenant ici, où on était habitué aux vins très ronds. On a fait un élevage sur la réduction pour préserver les arômes.

15,5 – **Réserve de la Comtesse**. Olives, fruits noirs, douze mois d'élevage, bouche ronde, souple, tendre, vive et moelleuse à la fois, tapisse la bouche au niveau tanins.

Millésime 2009

– *Dégustation d'avril 2010*

Thomas Dô-Chi-Nam : *« C'est un millésime où tout souriait. On finit à 13°. L'assemblage comprend 75 % de cabernet-sauvignon. Depuis 2000, on monte le cabernet. On veut conserver l'harmonie de Pichon, mais en lui donnant un peu plus de force. On commence à recueillir les fruits des efforts entrepris depuis l'arrivée de Roederer comme propriétaire. Meilleure connaissance du parcellaire, grosses modifications dans l'organisation du travail… On est passés sur un système mensualisé. Avant, les salariés étaient payés aux pièces, au "prix fait". C'est une trop forte pression sur le salarié, cela nuit à la qualité et même à la santé. Ça nous permet aussi de valoriser les anciens, leur travail, on pérennise leur savoir-faire.* »

17,5 – Fruits noirs, cerise, frais, élégant, tendu, serré, tendu, plus sérieux qu'avant, long, frais, épicé en finale, tanins bien éveillés en finale.

15 – **Réserve de la Comtesse**. 38 % merlot, 53 % cabernet-sauvignon, 9 % cabernet franc. Fruits noirs, dense, moelleux, merlot assez mûr, rond, bien gourmand.

Archives

– *Dégustation de janvier 2006*

Millésime 1928

18,5 – Caramel au lait, rose séchée, bouche délicate, fraîche, tanins d'une grande douceur, vin généreux, ample et élégant à la fois, finale pâte de coings.

Millésime 1934

17 – Truffe blanche, havane, girofle, bouche serrée, puissante, petits tanins encore denses. Sans doute très dur dans sa jeunesse, ce vin a évolué vers la finesse en gardant un fruité bien frais.

Millésime 1949

14,5 – Orange, un peu évolué, bouche douce, parfumée mais sur le déclin.

Millésime 1953

18,5 – Nez puissant havane et foie gras, truffe noire, cèdre, bouche douce mais bien garnie, long, puissant, plus complexe que le 59, long et frais, bien médocain.

Millésime 1959

15 – Café, épices douces, cuir frais, chaleureux, gras, large, des notes grillées, vin de soleil gourmand et onctueux.

Millésime 1966

17,5 – Épicé, chocolat, poivre, bouche tendre, élégante, tanins soyeux, très fin, pointe d'agrumes.

Millésime 1970

15,5 – Comptoir d'épices, fleurs séchées, puissant, tanins serrés un peu rugueux, dense mais un peu rustique.

Millésime 1978

16,5/17 – Nez étonnant d'agrumes, chèvrefeuille, citronnelle, bouche très fraîche également, structure fine, délicate, ténue, et des saveurs orange fraîche, finale finement épicée.

Millésime 1982

17,5 – Rose séchée, havane, pointe chocolatée, la bouche est restée assez fraîche, tendre, élégante, on devine le millésime de soleil sans les excès de 2003, des notes nougat et pâtisserie en finale.

Millésime 1988

18 – Fumé, foie gras, fourrure, s'ouvre à l'aération sur des notes réglissées et mentholées. Bouche très fraîche, fine, des notes gelée de cerises, un vin joyeux, relevé, délicat et très long. Le style grand bordeaux classique.

Millésime 1994

16 – Dans ce millésime où la maturité ne fut jamais complète, l'équipe n'a pas poussé trop loin les extractions. Cuir, sous-bois, note fougère, bouche dense, serrée, une pointe de rusticité mais beaucoup d'allure.

Millésime 1996

17,5/18 – Bien installé dans ses arômes adultes, épices, poivre, muscade, tabac blond, bouche douce, soyeuse, tanins fins, trame serrée mais fondue, long, délicat.

PICHON-LONGUEVILLE (PICHON-BARON)

2e cru classé
Surface : 73 ha
Propriétaire : Axa Millésimes
Contact : 33250 Pauillac
05.56.73.17.17
www.pichonlongueville.com

Pauillac en mode majeur. Celui qui n'a jamais dégusté de pauillac ne doit jamais entamer son chemin initiatique par ce Pichon-là. Mieux vaut commencer par des crus plus aimables comme celui d'en face, Pichon-Comtesse, ou le gentil Haut-Batailley, par exemple. Pichon-Baron est un vin magnifique, d'une grande retenue, tendu comme un câble de téléphérique, rigoureux comme Calvin rejetant la messe. Si c'était un tableau, ce serait un paysage de Nicolas de Staël : jamais rien de trop.

Comme on peut s'y attendre, les deux Pichon ne faisaient qu'un avant que le baron Joseph de Longueville n'ait l'idée un peu baroque de le couper en deux pour en léguer une partie à ses filles (la plus grande part, curieusement pour l'époque !) et l'autre, celle qui nous intéresse présentement, à ses fils.

Depuis, Longueville a plutôt été marqué par une gestion masculine, tandis que Lalande restera définitivement estampillé May-Éliane de Lencquesaing, tant la Générale a marqué ce cru.

On peut même ajouter que, dans la définition des vins, Lalande est plutôt féminin, avec une importante participation du cépage merlot, et Longueville davantage masculin, fortement typé cabernet-sauvignon.

Pichon-Longueville, que tous les professionnels appellent Pichon-Baron (et le voisin d'en face, Pichon-Comtesse), a été racheté en 1987 par Axa Millésimes, que dirigeait alors Claude Bébéar, ami (à l'époque) de Jean-Michel Cazes, du voisin Lynch-Bages. C'est naturellement à lui que fut confié le pilotage des domaines Axa et principalement de Pichon. De gros travaux de rénovation furent alors entrepris : on ne peut ignorer, sur la route des châteaux, les bâtiments somptueux qui abritent les chais. Christian Seely a succédé à Jean-Michel Cazes, mais la gestion technique est restée à Jean-René Matignon (ne dites pas qu'il est le Premier ministre de Pichon, on le lui a déjà fait trop de fois). Doux et modeste expert qui a considérablement réduit les rendements ces dernières années, renforçant le côté « pur pauillac » de Pichon, c'est-à-dire un tiers d'austérité, un tiers de densité, un tiers d'élégance.

Second vin : Les Tourelles de Longueville

Millésime 2000

– *Dégustation d'avril 2001*

70 % cabernet-sauvignon, 25 % merlot, 5 % cabernet franc.

17 – Nez puissant de cerises en confiture, pivoine, puissant, dense, beaucoup de tanins moelleux qui donnent une sensation immédiate d'amplitude. En finale une fraîcheur et une élégance surprenantes.

– *Dégustation de mai 2002*

17/17,5 – Graphite, capsule, note de gelée de mûres derrière, nez bien pauillac, bouche dense, serrée, un peu minérale, structurée, un vin solide mais sans dureté avec une finale relevée, en finesse.

– *Dégustation d'octobre 2009*

17,5/18 – Fermé, note boisée, peu d'arômes comme tous les 2000 en ce moment et peut-être pour longtemps. Sous-bois, bouche dense moelleuse, hermétique, tanins onctueux, beaucoup de séveux, matière imposante mais vin carré, peu accessible aujourd'hui. Ce serait un massacre que de le consommer. Grande bouteille sans doute, mais pour plus tard.

Millésime 2001

– *Dégustation d'avril 2002*

70 % cabernet-sauvignon, 30 % merlot, 3 % cabernet franc. *« En 2001, la maturité était limite, il fallait aller la chercher, attendre et ne pas faire d'erreurs au moment de la vendange, c'était sur le fil du rasoir »,* confie Jean-René Matignon.

17 – Nez puissant de violette, de Zan, assez épicé, puissant en bouche, très ramassé, tanins veloutés et trame très intense. Vin très construit, viril mais pas macho, qui, malgré cette matière riche, laisse une impression d'élégance.

– *Dégustation d'octobre 2009*

17 – Nez pâtisserie, chocolat, poivre, bouche ronde, généreuse, belle matière tendue, plus allongée que le 2000, vin en finesse soutenue par une acidité un peu prenante. Harmonieux, élégant, tanins un peu pointus en finale. Très savoureux : une attaque de bouche riche en émotions ; après, le vin retrouve sa sévérité coutumière. Mon ami Olivier Bompas a ce commentaire : *« C'est quelqu'un qui a dit un petite bêtise devant des gens sérieux et qui se ressaisit bien vite. »*

Millésime 2002

– *Dégustation d'avril 2003*

« On a fait des efforts pour ne pas trop extraire », commente Jean-René Matignon. *« On est contents de ce que l'on a obtenu en cabernet-sauvignon mais on est assez satisfaits des merlots. »* Les rendements (37 hl/ha) traduisent cependant les efforts d'élimination et de sélection qui ont été nécessaires à

l'obtention d'une telle qualité. 65 % cabernet-sauvignon, 35 % merlot. 70 % de premier vin, deux tiers de barriques neuves.

17,5/18 – Nez de chêne grillé, cassis, cerise noire, cannelle, bouche crémeuse, tanins veloutés et serrés, beaucoup de classe et de gourmandise. Un vin puissant mais sans ostentation, qui a su préserver le fruit. Une des plus belles réussites de ce millésime.

– *Dégustation du 27 octobre 2009*

17,5 – Pas très ouvert. Bouche dense, tanins assez ronds, mais vin hermétique sur le plan aromatique. Tous les éléments sont en place, maturité des tanins, du moelleux et il manque juste quelques années, peut-être une ou deux, pour que se déclenche le feu d'artifice du bouquet.

Millésime 2003

– *Dégustation d'avril 2004*

Les bâtiments – déjà monumentaux – qui s'étendent devant le célèbre château aux tourelles effilées vont connaître un nouveau chambardement. On va peut-être même déranger les poissons qui se dorent au soleil dans le très grand bassin devant les chais. « *On va faire une extension du chai à barriques. On est en train d'étudier* », confie Jean-René Matignon. 31 hl/ha cette année, et parfois des rendements de sauternes (15 ou 16 hl/ha) sur certaines parcelles de cabernet. « *On a attendu, mais on perdait de la récolte au fur et à mesure. Le vent séchait les raisins. On a fait l'inverse de notre habitude : on a ramassé d'abord les zones périphériques et ensuite le cœur du terroir, qui résistait mieux.* » 65 % cabernet-sauvignon, 35 % merlot.

17 – Épices, violette, rose, joli nez complexe déjà, bouche charnue, beaux tanins souples et soyeux, un peu plus tendus en finale. Vin austère et puissant mais sans sécheresse, très pauillac.

– *Dégustation d'octobre 2009*

17 – Poivre, épices, un coté floral, bouquet un peu lourd de certaines roses, bouche ronde, onctueuse, moelleuse, vin large, puissant, pour une fois un 2003 qui semble bordelais et non pas sudiste, long, joli vin, reste frais. Étonnant.

Millésime 2004

– *Dégustation d'avril 2005*

« *Une année abondante. On a fait des saignées entre 5 % et 15 %, mais on n'a pas eu recours au concentrateur ni à la chaptalisation* », résume Jean-René

Matignon, qui a fêté cette année son vingtième millésime à Pichon. Les vendanges ont commencé le 27 septembre pour s'achever le 18 octobre. *« Ce sont les plus longues de ces vingt dernières années et celles qui se finissent le plus tard. On a utilisé les vieilles vignes de cabernet franc, vendangées assez tard. Mais j'ai le sentiment que c'est ici une des plus belles années de merlot.* » L'assemblage se compose de 65 % de cabernet-sauvignon, 30 % de merlot et 5 % de cabernet franc.

17,5/18 – Beaucoup de fraîcheur, fruits rouges, rose, violette, bouche voluptueuse, tanins très ronds et liés, fruité assez explosif. L'ensemble est assez classe, tanins doux et brillants favorisant l'expression du fruit.

À noter, un joli second vin encore cette année, Les Tourelles de Longueville, qui représente 40 % de la production. Fraise écrasée, bouche simple et soyeuse, tendre.

– Dégustation d'octobre 2009

16,5 – Nez fermé, tabac brun, cèdre, bouche serrée, fermée, hermétique, très restreint. Sans doute un peu moins d'épaisseur que 2002, par exemple, note cèdre en finale.

Millésime 2005

– Dégustation d'avril 2006

Peu de production cette année, 35 hl/ha : *« On a de très vieilles vignes de cabernet qui donnent peu, 25 hectolitres en moyenne. Cela fait partie de l'histoire de ce vignoble. Pour l'instant, on ne veut pas y toucher* », commente Jean-René Matignon. *« On a de bonnes acidités et des pH stables. On pense que ce sont les racines profondes qui ont le plus alimenté la vigne à cause de la sécheresse. Elles pompent dans la partie du sol où il y a moins de potasse.* » Le grand vin représente 55 % de la production. Il est composé de 64 % cabernet-sauvignon, 3 % cabernet franc, 33 % merlot.

18,5/19 – Fruits noirs, épices douces, bouche tendue, attaque fine, serrée, le vin prend du large ensuite, des tanins mûrs, fermés mais bien enveloppés, un style pauillac bien affirmé et de très grande classe.

– Dégustation d'octobre 2009

18,5/19 – Fermé, cèdre, poivre, bouche dense, tannique, peu fondue, très hermétique, plus de relief que 2000, mais très fermé, puissant, harmonieux, très structuré, grand vin de garde par obligation car il est totalement opposé à ce qu'on le déguste aujourd'hui et pour au moins dix ans.

Millésime 2006

– Dégustation d'avril 2007

« On a commencé le 20 septembre et on n'a pas arrêté jusqu'au 5 octobre. On avait peur que ça se délite. Le raisin était naturellement riche sans que l'on s'essaie à trop extraire, la matière se libérait facilement. On a opéré quelques saignées sur des cuves et donc, cette année, on va commercialiser du Tourelles rosé... », raconte Jean-René Matignon. Le grand vin est composé de 70 % cabernet-sauvignon, 28 % merlot et 2 % de franc. La récolte a été de 37 hl/ha.

17 – Floral, rose, fruits rouges et noirs, note réglisse, bouche large en attaque, puissante car c'est un peu la signature du cru, marquée par une présence de tanins aussi forts qu'en 2005 mais un peu moins nobles, milieu de bouche assez souple, et finale en adolescent rebelle.

– Dégustation d'avril 2008

16,5/17 – Rond, souple, élégant en attaque, tendu, serré, très tannique en finale, dans un style un peu 86, qui doit se fondre, pauillac viril.

– Dégustation d'octobre 2009

16,5/17 – Nez fruits mûrs, violette, plus ouvert que 2005, mais sur encore les arômes de jeunesse, un peu vanillé, bouche tannique, serrée, structurée, le pauillac séveux et sévère, long, moins large que 2005 mais tendu, minéral, très droit, long. Un vin raffiné encore marqué par son bois.

15 – **Les Tourelles de Longueville**. Chocolat, floral, sève, rose rouge, bien fruité, bouche souple, ronde, gourmand, plus merlot. Le côté tannique revient en finale.

Millésime 2007

– Dégustation d'avril 2008

Le domaine a produit 32 hl/ha sur l'ensemble du vignoble. *« On a éclairci et effeuillé. On voulait arriver avec une vendange en parfait état sanitaire ; ce n'était pas facile à prendre comme décision, car ça n'avait pas le profil d'un millésime sur lequel on pouvait investir 80 personnes du 20 juin jusqu'au 15 août »*, raconte Jean-René Matignon. *« Les vendanges étaient relax, du 18 septembre au 1er octobre pour les merlots, et du 1e au 9 octobre pour les cabernets-sauvignons. En vinification, on a fait classique, on n'a pas du tout touché au marc. On n'a pas trop insisté sur les merlots. Ils étaient beaux, mais on n'arrivait pas à lire leur maturité. »*

Le grand vin est à 74 % cabernet-sauvignon pour 26 % merlot.

16 – Épices, grillé, violette, séveux, bouche vive, tanins moelleux, tendu, fin, élégant, séveux en finale mais sans être serré ; un Pichon plus élégant, très cabernet mais fin.

14,5 – **Les Tourelles de Longueville** : 62 % merlot, 10 % cabernet franc, 28 % cabernet-sauvignon, souple, rond, tendre, nez un peu éteint, bouche plus fruitée, tendue, vive.

– Dégustation d'avril 2009

16,5 – Échantillon sur colle. Sous-bois, un peu chocolat, bouche tendue, épicée, très pauillac, austère, moins de milieu de bouche que 2008, mais bien tendu. Il a bien évolué depuis l'an passé, il s'est garni.

– Dégustation d'octobre 2009

16 – Vin jeune, toasté, grillé, sur les arômes de jeunesse, bouche épicée, souple, ronde, un vin agréable, moins structuré que les précédents, agréable, pas trop extrait, vin harmonieux dans son millésime. Le vinificateur a joué le fruit.

15 – **Les Tourelles de Longueville**. Café, moka, chocolat, bouche douce boisée, très gourmande, moelleux, agréable à boire.

Millésime 2008

– Dégustation d'avril 2009

Cette année, ce fut surtout la chasse au végétal : « *On est passés enlever les grappillons, les grappes vertes, on a pensé qu'il fallait mettre tous les atouts de notre côté. À la belle arrière-saison, on a été plus relax. Globalement on est à 36 hl/ha.* » 71 % cabernet-sauvignon, 29 % merlot.

17 – Fruits noirs et rouges, bouche fraîche, souple, bien tendue, longue, droit, assez sérieux, bon milieu de bouche, dense, frais, tendu ; un vin qui devrait évoluer vers l'élégance. Très séveux.

15,5 – **Les Tourelles de Longueville** est à 60 % merlot, 25 % cabernet-sauvignon, 15 % cabernet franc. « *Sur ce type de vin, la réduction des rendements a été déterminante.* » Nez boisé, fruits rouges, droit, fin, élégant, bien fruité, délicat, très tendre, joli fruit. Très bon second vin, d'une grande élégance.

– Dégustation d'octobre 2009

16,5/17 – Fruits rouges, note vanillée, en cours d'élevage et donc le boisé est présent. Bouche fine, élégante, douce, pas trop extraite, longue, bien structurée, dans le style 2006.

– Dégustation d'avril 2010

17 – Juste sorti de colle. Fruits rouges, bouche vive, souple, petits tanins croquants, réglisse, frais, fin tanins de belle qualité, long, nerveux.

Millésime 2009

– Dégustation d'avril 2010

Jean-René Matignon : *« On a commencé le 24 septembre en cueillant les merlots sur trois jours. Nous avons eu 35 millimètres de pluie du 17 au 20 septembre. Les sols étaient tellement secs que l'eau n'a pratiquement pas atteint les racines, mais ça a ralenti le montée des sucres. »* Le grand vin représente 45 % de la production. Un rendement de 45 hl/ha sur les vignes qui donnent du second vin, Les Tourelles, et 33 hl/ha sur les vieilles vignes historiques de la propriété qui donnent du Pichon. *« On essaie de gagner en précision ; on a enlevé tous les reverdons, les grappillons qu'on laissait pour les grives autrefois. Cela permet de concentrer l'énergie sur les grappes principales. »* 33 % merlot et 67 % cabernet-sauvignon. 13,8°.

18 – Fruits noirs, épices, encre, prune, bouche ronde, veloutée, bien mûre, longue, large et longue, très beaux tanins avec beaucoup de moelleux en milieu de bouche, souple, onctueux, très charnu, mais avec beaucoup d'élégance.

15,5 – **Les Tourelles de Longueville**. 61 % merlot, 25 % cabernet sauvignon, 14 % cabernet franc. La base de l'assemblage vient toujours du même secteur à l'ouest en direction de Batailley, des graves plus sablonneuses sur concrétion ferrugineuse imperméable. Fruits noirs, épices, poivre, bouche souple assez fondue, gourmande, fraîche petits tanins gras, bien fondus, très élégants.

Archives

Dégustation d'octobre 2009

Millésime 1997

14 – Chocolat noir, nez mûr, bouche souple un peu usée, finale un peu acérée. Le nez est l'agréable reflet d'une maturité optimale, la bouche est en déclin, avec des tanins qui fléchissent.

Millésime 1998

17 – Fruits noirs, assez boisé, mais encore jeune, bien épicé, bien pauillac avec des côtés mine de crayon, graphite, un côté tissu au nez, coton chaud, velours, bouche douce, tanins bien fondus et enrobés, bouche large assez puissante, finale un peu pointue, mais bon fruit et un milieu de bouche bien garni qui gomme les aspérités de la finale. Séveux, du bon végétal. Vin jeune.

Millésime 1999

16,5/17 – Nez mûr, séveux, chocolat, rôti, s'ouvre à l'agitation sur des choses plus fraîches, un retour de fruit automnal, genre poire mais aussi des cerises en bocal. Bouche souple, ample, généreuse, rond, un beau 99 dans ce millésime pas facile. Finale graphite bien stylée pauillac.

PONTET-CANET

5e cru classé
Surface : 81 ha
Propriétaire : Famille Tesseron
Contact : Alfred Tesseron
33250 Pauillac
05.56.59.04.04
www.pontet-canet.com

Pourvu que ça dure, a-t-on envie de dire à l'équipe Alfred Tesseron-Jean-Michel Comme qui, chaque année, nous accueille au domaine. La première fois que nous avons entendu parler de ce cru, c'était avant que les gens soucieux de se donner de l'importance ne nous importunent avec les téléphones portables dans les trains. Mais c'était quand même une affaire de rail. Nous allions à Bordeaux et quelqu'un devant nous s'est mis à imiter avec ses coudes les bielles des locomotives à vapeur en ânonnant : pon-tet-ca-net… Un peu déroutant. Il paraît que c'était un sketch connu entre grands voyageurs, car Pontet-Canet était le pauillac des chemins de fer. Pas très cher, pas terrible non plus, mais au wagon-restaurant, il faisait le bonheur des notes de frais. Les Tesseron avaient une affaire de cognac (splendides vieilles cuvées) et sans doute que Pontet n'était pas au cœur de leurs préoccupations. Ça l'est devenu. Du moins pour celui qui en est aujourd'hui le patron, Alfred Tesseron. Depuis le milieu des années 90, le vin est excellent, gagnant en précision et en clarté d'année en année. Son prix est devenu lui aussi amateur de sommets. Plus question de l'associer à un de ces splendides sandwichs glacés proposés dans les TGV.

Depuis 2002 environ, on le sentait tendu, Alfred, inquiet, pas dans son assiette. Parfois agacé ou soupirant, se tordant les mains, voulant dire et se retenant. Puis il a fini par lâcher le morceau. Et quel morceau ! Voilà qu'influencé au début, puis en totale connivence avec son responsable technique Jean-Michel Comme, Pontet-Canet était en conversion biodynamique.

Quand on a été le défenseur de la machine à vendanger (autrefois), que l'on jetait un regard peu amène à ces attardés post-soixante-huitards qui cultivaient le bio en sabots, pas évidente, la conversion. Quand, surtout, on a racheté les parts à la famille et que l'on a une bonne quarantaine de salariés à faire vivre, c'est un incroyable pari. Plus de désherbants, plus de traitements chimiques, plus d'antipourriture, plus de produits de synthèse pour lutter contre le mildiou ou l'oïdium ? Il convient de rappeler que le climat est océanique et qu'il pleut à Bordeaux à peu près trois fois plus qu'en Alsace.

Il est relativement aisé de s'en tenir à la bio (la biodynamie est encore plus contraignante) en Languedoc, avec un climat sec et des vents qui bloquent la pourriture. En Médoc, entre océan et estuaire, c'est une autre aventure. Peut-être Alfred est-il un visionnaire. La demande mondiale est de plus en plus exigeante. Le client nouveau n'est pas forcément l'abruti à gourmette en or et garde du corps couturé, amateur de pin-up blondes et de Ferrari rouges.

Il en est d'autres avec d'autres demandes. Comment produisez-vous ? Quelle garantie ? Les résidus, les analyses ?

La preuve, c'est que, depuis, beaucoup de crus classés du Médoc se lancent dans les essais. Pas ceux de Montaigne mais ceux de Déméter ou d'AB. Tout le monde cultive son petit carré de vignes en bio, pour voir. Avant, ils se moquaient d'Alfred, de ses tisanes, de ses chevaux tirant des sulkys équipés de fers pour griffer les sols (sur quelques hectares seulement pour le moment). Désormais, ils marchent sur ses traces. Et lui, il leur donne le bonjour.

Second vin : Les Hauts de Pontet

Millésime 2000

– *Dégustation d'avril 2001*

Jean-Michel Comme fait partie de ce clan des fous de la vigne, qui poussent l'observation et la précision jusqu'à l'extrême. « *Je travaille beaucoup sur les cabernets francs, je les suis depuis 1993. On s'est aperçus que les meilleures grappes se situaient en bout des astes* [la branche à fruit sur le pied de vigne, NDLA] *et on essaie de nouveaux modes de taille et d'ébourgeonnage qui favorisent ces raisins-là.* » Cette année, le nombre d'heures passées par les vignerons de Pontet-Canet dans la vigne s'est accru de 60 %.

66 % cabernet-sauvignon (5 % de plus que l'an passé), 30 % merlot, 4 % cabernet franc.

16,5 – Nez frais de fruits rouges, framboise, fraise des bois, note réglissée, la bouche est très séduisante par sa finesse sans faiblesse, un fruité éclatant soutenu par une trame tannique élégante, délicate mais solide. L'extraction mesurée n'a pas provoqué l'arrivée de tanins grossiers qui gâcheraient le plaisir.

– *Dégustation de mai 2002*

17 – Épices, rose séchée, cerise, bouche puissante en attaque puis qui s'affine ensuite. Une matière dense, présente, pas encore bien ordonnée, des tanins veloutés, belle longueur. Future belle bouteille.

Millésime 2001

– *Dégustation d'avril 2002*

De la baie vitrée où l'on déguste au premier étage du chai, on domine les vignes et la succession de croupes qui forment comme une suite de vagues aux crêtes rabotées, une mer de cailloux ronds et de ceps. « *Cette année* », confie Alfred Tesseron, « *on a produit 37 hl/ha sur l'ensemble de la propriété. On est partis sur une préparation du vignoble très sévère, car on pensait que derrière 2000 il fallait assurer.* »

65 % cabernet-sauvignon, 29 % merlot, 5,5 % cabernet franc, 0,5 % petit-verdot. « *C'est la première fois que l'on met du petit-verdot, il était très mûr avec des degrés alcooliques astronomiques et des rendements minuscules.* »

16 – Des arômes très séduisants de fruits rouges à peine vanillés par le bois de la barrique (60 % de bois neuf), bouche élégante, petits tanins soyeux et stricts à la fois, beaucoup d'allure.

Millésime 2002

– *Dégustation d'avril 2003*

Alfred Tesseron : « *On est entrés dans un monde qu'on ne connaissait pas : la fermentation ultralente. Cela permet d'extraire la matière, les tanins de la peau du raisin en phase non alcoolique. Quand l'alcool est déjà dans le vin, il a une action solvante, il accentue l'extraction. Alors on risque de récupérer des tanins pas très nobles, ceux des pépins, qui vont donner de la dureté et de l'astringence au vin.* » 65 % cabernet-sauvignon, 32 % merlot, 2 % cabernet franc, 1 % petit-verdot.

16,5 – Arômes puissants de violette, cassis, fruits noirs, finement épicé, bouche dense, une trame solide et fraîche, des tanins de qualité qui portent le fruit, pas de creux, pas d'astringence, droit et solide.

Millésime 2003

– *Dégustation d'avril 2004*

« *On n'a pas eu de défoliation. Travailler la vigne, ça paie* », commente Alfred Tesseron. « *C'est l'aboutissement d'une politique qui a été mise en place il y a plusieurs années. On a eu des cabernets magnifiques, d'une grande fraîcheur. On a goûté beaucoup de 2003, les meilleurs ont de la fraîcheur, c'est la marque de qualité du millésime.* » 65 % cabernet-sauvignon, 30 % merlot, 4 % cabernet franc, 1 % petit-verdot.

16,5 – Nez fortement épicé, fruits rouges, bouche serrée, beaucoup de matière, un tanin solide mais feutré, doux, des notes de sucrosité du fruit mûr en finale.

Millésime 2004

– *Dégustation d'avril 2005*

« *Nous avons un rendement de 47 hl/ha en n'ayant pratiqué aucune saignée et sans se servir du concentrateur. Ce résultat est le fruit du travail engagé dans le vignoble depuis plusieurs années* », explique Alfred Tesseron. Pontet-Canet est composé à 65 % de cabernet-sauvignon, 28 % de merlot, 5 % de cabernet franc et 2 % de petit-verdot. « *Je n'ai jamais fait de cabernets-sauvignons aussi jolis, avec une telle pureté de fruit.* »

16,5/17 – Nez étonnant de fruits noirs et notes de sous-bois, de truffe ; la bouche est épicée, puissante mais onctueuse, avec une minéralité que confirment les premières sensations aromatiques. Un pauillac long, séveux, très typé.

Millésime 2005

– *Dégustation d'avril 2006*

Le béton peut être beau. Nous en avons eu une nouvelle fois la preuve avec le nouveau cuvier de Pontet, installé dans les murs de l'ancien chai de vinification et entièrement constitué de cuves en béton tronconiques : 32 au total, de volumes différents. « *La plus petite fait 80 hectolitres* », dit Alfred Tesseron. « *Nous disposons désormais de 16 cuves en chêne, et de cette nouvelle série qui nous permet d'être en parfaite adéquation avec le parcellaire. Elles sont en béton brut, sans revêtement. C'est dans notre démarche d'aller de plus en plus vers la pureté. Intervenir le moins possible pour réchauffer ou refroidir. Chacune pèse 9 tonnes, elles font 15 centimètres d'épaisseur, comme cela elles ont une très forte inertie.* » 70 % cabernet-sauvignon, 25 % merlot, 4 % cabernet franc, 1 % petit-verdot. Le domaine a produit 70 % de grand vin.

17,5 – Nez fruits frais, silex, une étonnante minéralité dans l'expression des arômes, bouche aux tanins soyeux, ronds et pleins. Un vin droit, parfaitement équilibré, long, généreux qui devrait encore s'enrober à l'élevage.

Millésime 2006

– *Dégustation d'avril 2007*

Cette année 2006, favorable à la pourriture et aux maladies, figurait une sorte de test pour la méthode de Jean-Michel et d'Alfred, sans pesticides, sans herbicides ni traitements chimiques : « *C'était une année très difficile, mais cela s'est plutôt bien passé, on continue !* » Pontet a vendangé à partir du 19 septembre, en cagettes de 7,5 kilos : « *Ça permet de faire un réel tri* ». Comme partout, la récolte est plutôt mince, 35 hl/ha : « *Mais c'était mûr !* » Au chai, peu de manipulations : on foule extrêmement peu, on n'utilise pas de levures, on laisse fermenter très longtemps et on écoule pour 60 % en barriques neuves et le reste en barriques d'un vin. 60 % cabernet-sauvignon, 33 % merlot, 2 % petit-verdot, 5 % cabernet franc.

16/16,5 – Fruits noirs, biscuit, bouche fine, tanins serrés mais sans dureté. Le fruit est bien préservé. Ce n'est pas très corpulent mais la longueur y est, et surtout, l'équilibre est préservé.

– *Dégustation d'avril 2008*

17 – Nez floral, rose séchée, poivrée, bouche élégante, tendue, affiné, long, frais délicat, plus en longueur qu'en largeur, fin, tendre. Les tanins ont gagné en élégance.

Millésime 2007

– *Dégustation d'avril 2008*

Devant la pression des maladies qui menaçaient le vignoble, Alfred Tesseron a décidé cet été de traiter, avec de la chimie. Choix pénible, avec le sentiment d'une défaite amère. Cela nous donne plutôt envie de dire : chapeau ! D'autant qu'il n'y a que les certificateurs et les gens des labels pour leur signifier qu'ils repartent de zéro, en s'étant appuyés sur la chimie ! Eux, dans leur tête, n'ont renoncé à rien. Pis, même, ils ont acquis trois chevaux pour travailler une partie du vignoble… Presque de la provocation : *« On va faire entre 7 et 10 hectares »*, dit Alfred Tesseron. *« Des chevaux bretons que Jean-Michel* [Comme] *a trouvés. C'est pour répondre à un problème très concret de compactage des sols. L'an passé, on en a parlé ensemble. C'est parti en discutant. On vit encore sur nos grands crus avec les contraintes sociales et économiques de la période 1950, quand tout était ruiné et qu'il fallait fonctionner à l'économie. Il ne faut rien retenir de cette époque, il faut tout reconstruire. Notre projet est unique. On étudie pour les chevaux : soit on peut le faire sur les 70 hectares, soit ce n'est pas rentable et on ne le fait pas. Il faut que ça soit efficace et que le vin soit meilleur. »*

16,5 – Nez fruits rouges, note épicée, minéralité, bouche dense, épicée, beau tannins moelleux, frais, tendus, long, joli fruit, délicat, tendre.

– *Dégustation d'avril 2009*

17 – Joli nez, un peu boisé mais bien fruité, bouche tendre, fondue, souple, beaux tanins gras, élégant, raffiné. Un vin beaucoup plus précis qu'autrefois, élégant, très frais. Un des beaux 2007.

Millésime 2008

– *Dégustation d'avril 2009*

Virage à fond donc vers une agriculture respectueuse, biodynamique. Les temps changent et les mentalités aussi, poussées par le vent de la nécessité. Désormais, un peu partout dans les grands crus, on nous annonce que, discrètement, on essaie, on s'initie à des pratiques culturales bio… À Pontet-Canet, on a de l'avance. Et même les échecs sont profitables. *« Cette année on produit 35 à 36 hl/ha. Peu de rendements, mais mieux que l'an passé car on s'était fait prendre par le mildiou. Le principe n'est pas de se dire : qu'est-ce qu'on va faire demain ? – c'est l'anticipation… »*, dit Jean-Michel Comme. Des fenêtres du chai, on assiste au labour par un cheval du domaine : *« Pour la conduite du cheval, on a davantage de volontaires que de chevaux ! »* 30 % merlot, 65 % cabernet-sauvignon, 4 % cabernet franc, 1 % petit-verdot.

17,5 – Framboise, cerise, très fruit, bouche un peu boisée, séveux, tanins ronds, épicé en finale, long, de la verdeur, tendu, frais, petits tanins serrés, séveux. Long, très tendu.

Millésime 2009

– Dégustation d'avril 2010

Jean-Michel Comme : « *On fait de plus en plus de grand vin et de moins en moins de Hauts de Pontet, le second. En quelques années, nous avons changé. Il s'est avéré qu'en baissant les rendements on est devenus plus homogènes. On a aujourd'hui une vendange différente, des équilibres différents, on n'est plus sur les mêmes standards de réflexion. Avant, on était fiers de dire qu'on faisait seulement 45 % de grand vin. Aujourd'hui, l'ensemble est plutôt meilleur. Dans le chai, c'est de plus en plus classique. Élevage et vinification sont devenus des opération mineures. C'est un peu comme développer une photo, c'est une étape importante, mais le geste artistique est dans la prise de vue. On ne rogne plus, on ne fait plus d'effeuillage ni de vendanges vertes. Il faut apprendre à lire la nature et ça prend beaucoup de temps. Faire le tour des vignes à pied demande trois heures. Il faut essayer de retrouver ce savoir qui a disparu à la fin du* XIXe *siècle.* »

65 % cabernet-sauvignon, 30 % merlot, 4 % cabernet franc, 1 % petit-verdot.

18,5 – Nez fruits noirs, épices, poivré, bouche vive, tendue, séveuse, minérale, serrée, belle acidité. Sensation de fraîcheur. Tendu, frais, vif, long, très fin. Juste ce qu'il faut de sévérité pour être un vrai pauillac.

Crus bourgeois ou ex-bourgeois de pauillac

BELLEGRAVE

Surface : 8 ha
Propriétaire : Famille Meffre
Contact : Ludovic et Julien Meffre
22, route des Châteaux
33250 Pauillac
05.56.59.05.53
www.chateau-bellegrave.com

Il existe de nombreux Bellegrave en un seul mot ou en deux dans le vignoble bordelais. Celui-ci est connu de ceux qui empruntent la route des crus classés, car on le voit s'afficher entre les grands noms et on se demande comment il a pu éviter d'être absorbé par une des célébrités voisines. Longtemps Bellegrave-Van der Voort, du nom de son propriétaire pendant près d'un siècle, il a finalement été racheté en 1997 par les Meffre, de Château du Glana, à Saint-Julien (voir ce château). Si les anciens propriétaires avait rallongé son nom, ils lui avaient aussi raccourci son vignoble dont il ne restait que 1,5 hectare. *« Notre père a été séduit par la résidence : le château et un parc magnifique »*, racontent Ludovic et Julien Meffre. Côté vigne, le spectacle assurait moins. Une grande partie avait été vendue pour combler les trous de trésorerie, et ce qui restait affichait un bilan de santé proche de l'arrêt de travail. *« Il a fallu tout racheter, pressoir et cuves ».* Et surtout des vignes : 6,5 hectares à différents petits producteurs-coopérateurs. *« On a repris de belles parcelles sur Artigues à deux peintres en bâtiment qui faisaient ça en plus de leur journée. C'était planté à 8 500 pieds l'hectare, bichonné comme dans les grands crus. »* Les deux frères vinifient ce cru à tour de rôle un an sur deux.

Second vin : Les Sieurs-de-Bellegrave

Millésime 2002

– Dégustation d'avril 2003

14,5 – Nez puissant de fruits noirs et de grillé, bouche vive, un peu austère, bien garnie, structurée, long, dense. Belle bouteille après élevage.

Millésime 2006

– Dégustation de novembre 2010

15 – Épices, boisé encore marqué, fruits cuits, bouche fraîche, tendue, austérité bien pauillac, note de cerise, milieu de bouche assez dense, qui permet une finale agréable.

Millésime 2007

– Dégustation d'avril 2008

15 – Fruits noirs, bouche garnie, solide, bons tanins, déviance due à l'oxydation, note mentholée, moelleux, long.

– Dégustation de novembre 2010

15,5 – Purée d'olive noire, Zan, bouche réglissée, dense, tannique, tendu, bonne matière qui valorise le côté fruits noirs, assez long, finale encore peu fondue.

Millésime 2008

– Dégustation de novembre 2010

15 – Tapenade, épices, bouche vive, tendue, acidité encore marquée qui porte le fruité, long, bonne matière, mais demande de l'attente.

Millésime 2009

– Dégustation d'avril 2010

14,5 – Fruits noirs, mûre, bouche douce en attaque, bonne matière qui prend le pouvoir ensuite, intense, serré, finale assez sévère. Un vin sérieux, qui devrait très bien évoluer.

– Dégustation de novembre 2010

16 – Encore sur son fruit de jeunesse, cerise, fraise écrasée, bouche avec du volume, dense, tendue, épicée, tanins présents, un pauillac viril, frais, long.

Colombier-Monpelou

Ce cru de 25 hectares, qui appartenait à la famille Jugla (voir Pédesclaux), a été racheté par Mouton-Rothschild en 2007. Le vin, plutôt bien fait, était proposé à des prix raisonnables. Ces dernières années, Mouton a procédé à des délestages de millésimes antérieurs en foires aux vins. Les meilleures parcelles ont été récupérées pour les crus classés du domaine (principalement d'Armailhac). Le nom du cru est appelé à disparaître.

Millésime 2003

– *Dégustation d'avril 2004*

15 – Nez parfumé bonbon, fraises au sucre, bouche ferme mais douce, bonne trame serrée, élégant et fruité, un pauillac souriant.

Millésime 2004

– *Dégustation d'avril 2005*

15 – Cerise, fruits rouges, bouche élégante, racée, petits tanins croquants. Assez original dans son style un peu sauvage.

Millésime 2006

– *Dégustation d'avril 2007*

14 – Nez cassis, framboise, bouche ronde en attaque, souple ; long, bon fruit, tanins un peu végétaux en finale mais bonne matière.

La Fleur-Peyrabon

Surface : 7 ha
Propriétaire : Patrick Bernard
Contact : Vignes de Peyrabon
33250 Saint-Sauveur
05.56.59.57.10 – www.chateaupeyrabon.com

L'idéal serait d'aller faire un tour à la page Peyrabon, en Haut-Médoc. Même maison, même combat.

Millésime 2003

– Dégustation d'avril 2004

14,5 – Nez épicé, moka et fruits confits, prune, bouche ronde, solide, trame serrée. Vin sérieux, bien dense, de garde.

Millésime 2005

– Dégustation d'avril 2006

15 – Bien fruité, note cerise au nez, bouche tendre en attaque, tanins vifs mais enrobés, la finale est serrée mais douce, beaucoup de fraîcheur.

Millésime 2008

– Dégustation d'avril 2009

15 – Boisé un peu marqué, valorisant le côté fruits confits, olive noire, bouche ronde, moelleuse, grains veloutés, un peu extrait mais préservant le fruit, bonne longueur.

Millésime 2009

– Dégustation d'avril 2010

16 – Floral, rose rouge, bouche douce, tanins fondus, du moelleux en milieu de bouche, bonne longueur, tanins veloutés, extraction bien contrôlée, long, frais, élégant.

Fonbadet

Surface : 20 ha
Propriétaire : Domaine Peyronies
Contact : Pascale Peyronie-Fonbadet
33250 Pauillac
05.56.59.02.11
www.chateaufonbadet.com

« Comment voulez-vous faire du droit quand à 6 ans on vous a autorisé à fouler dans les douilles ? » Bonne question. Fouler dans les douilles constitue un divertissement magique pour les enfants. Pensez, on les gronde quand ils sautent dans les flaques d'eau et là on leur recommande de le faire dans des bacs remplis de raisins d'où ils sortent noirs et rouges, collant comme des sucettes mouillées. Pascale n'a jamais oublié. Sa sœur voulait faire pharmacienne, comme maman, et Pascale voulait sauter dans les douilles comme papa. Cela lui a pris un peu de temps, détour quand même par la fac de droit histoire de remplir le CV, mais, en 2000, elle est revenue patauger à plein temps.

Et, j'espère que papa ne se vexera pas, mais je préfère Pascale. Je parle des vins, naturellement, comme disait un ancien président de la République quand il s'apprêtait à commettre un gros mensonge. *« Papa faisait des vins qui se goûtaient dans la durée. Depuis 2000, j'avais changé des choses, mais je n'arrivais pas à avoir des tanins plus fondus, plus harmonieux. »* Puis Pascale a goûté, un peu partout, autour, dans d'autres châteaux, d'autres vins que le discret Éric Boissenot conseille. Éric, œnologue, fils de l'œnologue Jacques, une famille de consultants. Jamais vedette, jamais sur la photo. Dans l'ombre mais agissant, au service du petit cru artisan comme du plus grand des crus classés. Même patience, même sourire, même disponibilité. *« J'ai goûté les vins que faisait Éric, et il est venu. On s'est très bien entendus. Et depuis 2007, il y a un vrai changement. »* Je confirme… Une vinification parcellaire plus importante (à une cuve correspond une parcelle) : *« Davantage de tries, des cuvaisons plus courtes à température modérée et un énorme travail sur les vins de presse* [voir Lexique], *on goûte toutes les barriques de presse. Puis c'est un véritable magicien au niveau de l'assemblage. »*

60 % cabernet-sauvignon, 20 % merlot, 15 % cabernet franc, 5 % petit-verdot et malbec.

Second vin : L'Harmonie-de-Fonbadet

Millésime 2001

– *Dégustation d'avril 2002*

13 – Nez ouvert et expressif, fruit rouge, assez opulent. Bouche d'abord tendre, puis se refermant, un peu chaotique, finale dure.

Millésime 2002

– *Dégustation d'avril 2003*

14 – Épicé, fruits mûrs légèrement confits, bouche ample, grasse, bien extraite, long, puissant, genre pauillac austère mais prometteur.

Millésime 2003

– *Dégustation d'avril 2004*

14 – Joli nez très parfumé, note épicée, bouche fondue en attaque, souple, bien parfumée, finale plus resserrée, un peu austère. Vin sérieux qui devrait bien vieillir.

Millésime 2004

– *Dégustation d'avril 2005*

14 – Nez de confiture de quetsches, bouche grasse, puissante, tanins moelleux. Un vin généreux aux tanins serrés, assez extrait.

Millésime 2005

– *Dégustation de mars 2010*

14 – Floral, fleurs séchées, bouche fine, assez délicate, fin, délicat, tanins bien fondus, assez sérieux, finale un peu mâchée.

Millésime 2006

– *Dégustation de mars 2010*

15 – Réglisse, violette, résine, bouche douce, élégante, souple, belles saveurs de résine, pin, long, frais, bonne longueur.

Millésime 2007

– *Dégustation d'avril 2008*

14,5 – Poudre de riz, boisé, doux, rond, bonne matière garnie et ronde, tanins moelleux, assez long.

– Dégustation de mars 2010

14 – Grillé, épices, chocolat, bouche souple, fondue, 70 % cabernet-sauvignon, 30 % merlot, bouche moelleuse, souple, bien fondue, de la longueur et des saveurs, un peu plus de barriques neuves, 50 % (30 % auparavant).

Millésime 2008

– Dégustation d'avril 2009

13,5 – Fruits noirs, épices, bouche ronde, assez fondue, bien fruitée, plus en fruit qu'en densité, pas très pauillac mais plaisant.

– Dégustation de mars 2010

14 – Rose rouge, floral, très fruité, bouche ronde, souple, élégante, le vin a gagné en densité et a conservé son fruit, long, vif, élégant.

Millésime 2009

– Dégustation d'avril 2010

16 – Fruits noirs, olive, boisé, bouche bien garnie, matière onctueuse, du gras, de la matière, un peu poivré, long. Vin de caractère, précis et bien équilibré, un joli pauillac.

Haut-Bages-Monpelou

Surface : 15 ha
Propriétaire : Famille Castéja
Contact : Borie-Manoux
86, cours Balguerie-Stuttenberg
33082 Bordeaux Cedex
05.56.00.00.70
domaines@borie-manoux.fr

Proche du cru classé Duhart-Milon, dont il faisait partie autrefois, avant d'être racheté par la famille Borie. Il est aujourd'hui géré par Philippe Castéja (Batailley, Lynch-Moussas, etc.).

Millésime 2002

– Dégustation d'avril 2003

14 – Bonne expression de prune d'ente, tanins ronds, gras, bouche gourmande et fruitée. À boire jeune.

– Dégustation de juin 2005

15 – Épicé, poivré, griotte, bouche fraîche, nette, tendue, assez élégante. Un vin bien typé pauillac, à la fois élégant et réservé.

Millésime 2003

– Dégustation d'avril 2004

14 – Constitué de fraise, très chatoyant au nez, bouche grasse, dense, tanins moelleux, finale resserrée mais sans excès. Vin agréable jeune.

Millésime 2004

– Dégustation d'avril 2005

32 % merlot, 65 % cabernet-sauvignon, 3 % cabernet franc.

14,5 – Violette, mûre, fruits noirs, frais tendre, souple, onctueux, les saveurs du pauillac sur une structure enrobée où le merlot apporte de la douceur.

Millésime 2005

– Dégustation d'avril 2006

14,5 – Joli nez bien fruité, cerise, bouche assez tendre, élégance et harmonie avec la structure. Un vin pas très extrait, mais bien équilibré.

Millésime 2006

– Dégustation d'avril 2007

14,5 – Rose rouge, cerise, bouche ronde, tendre, souple, bien fruitée, tanins moelleux, bonne matière, finale un peu sèche, devrait se fondre.

Millésime 2007

– Dégustation d'avril 2008

14,5 – Fruité fraise, bouche moelleuse, bien juteuse, pas trop extraite, assez charmeur.

Millésime 2008

– *Dégustation d'avril 2009*

14,5 – Fruits rouges, bouche douce, souple, un peu tendue en finale. Très fruité en finale. Le vignoble est installé sur des terroirs de graves et pentus, sans argile, ce qui lui confère ces côtés fruités et peu tanniques.

Millésime 2009

– *Dégustation d'avril 2010*

13,5/14 – 66 % cabernet-sauvignon, 24 % merlot, 10 % cabernet-franc. Grillé, café, épicé, assez moelleux, acidité basse, un peu séchant en finale, tendu.

PIBRAN

Surface : 17 ha
Propriétaire : Axa Millésimes
Contact : Christian Seely
Château Pichon-Longueville
33250 Pauillac
05.56.73.17.17

Propriété d'Axa, Pibran figurait un peu le rustaud de Pauillac. Généreux, puissant mais pas marqué au coin de l'élégance. Jean-René Matignon, responsable technique des domaines, s'est attaché à corriger cette image. Déjà en créant un second vin, ce qui fut facilité par l'acquisition de Tour-Pibran, le voisin, un autre cru bourgeois. Désormais, les meilleures parcelles des deux domaines vont dans Pibran. Certaines parcelles de cabernet-sauvignon mal exposées et qui ne mûrissaient jamais ont été arrachées et c'est le précoce merlot qui joue les remplaçants. Pibran est désormais entièrement vinifié à Pichon et profite ainsi des installations performantes du cru classé. L'élevage se déroule à Pibran.

Second vin : Tour-Pibran

Millésime 2000

– *Dégustation d'avril 2001*

45 % merlot, 50 % cabernet-sauvignon, 5 % cabernet franc et petit-verdot.

14,5 – Nez café, grillé, bouche fruitée, puissante, dense, plus en puissance qu'en finesse, mais un joli fruit en finale.

Millésime 2001

– *Dégustation d'avril 2002*

50 % merlot, 50 % cabernet-sauvignon, élevage 50 % bois neuf.

13,5 – Nez discret, pain grillé. Bouche tendre, serrée, solide, vin carré au tanin goûteux, finale marquée par le boisé avec une légère amertume.

Millésime 2002

– *Dégustation d'avril 2003*

45 % merlot, 65 % cabernet-sauvignon. Rendements plutôt favorables cette année de 40 hl/ha.

15 – Réglisse, romarin, boisé, bouche flatteuse, tanins très moelleux, beaucoup de saveurs, vin assez imposant, un peu dur en finale.

Millésime 2003

– *Dégustation d'avril 2004*

« On vient d'arracher 5 hectares de cabernet-sauvignon, ça touche d'Armailhac et les merlots y sont plus adaptés. Surtout, on va démolir les installations anciennes et commencer à construire un nouveau chai d'élevage », commente Jean-René Matignon.

15,5/16 – Nez épicé, grillé, fruits noirs, bouche dense, mais souple, très réglissée, belle finale fruitée.

Millésime 2004

– *Dégustation d'avril 2005*

50 hl/ha, vendangé en octobre. Jean-René Matignon : *« Sur Pibran, on a des vins naturellement tanniques. On y va doucement, pour ne pas les durcir. »* 55 % cabernet-sauvignon, 45 % merlot.

15,5 – Nez de Zan à la violette, bouche dense, tannique, imposante, comme souvent dans ce cru en vin jeune. Au fil des ans, Pibran perd de sa brutalité et gagne en complexité. Ce 2004 est équilibré, la finale bien fruitée est assez longue.

Millésime 2005

– Dégustation d'avril 2006

65 % cabernet-sauvignon et 35 % merlot. Jean-René Matignon : *« Autour du château, on a des graves profondes sur lesquelles on a surtout des cabernets et aussi quelques merlots, mais ces derniers sont essentiellement sur une autre partie du vignoble en graves fines posées sur socle calcaire. On extrait moins, on ne met plus les vins de presse, qui durcissaient le vin. »*

16,5 – Épicé, même poivré au nez, bouche ample, tanins serrés, vifs, vin robuste mais sans dureté, plus aimable qu'autrefois.

Millésime 2006

– Dégustation d'avril 2007

70 % merlot et 30 % cabernet-sauvignon ; une proportion de merlot inaccoutumée ici : *« On est en train de replanter les cabernets-sauvignons, on a donc une majorité de jeunes vignes qu'on n'intègre pas dans le grand vin »,* dit Jean-René Matignon.

13,5/14 – Cerise, rose rouge, groseille, bouche ronde en attaque, plus rugueuse en finale. Sans l'ossature et le charnu habituels.

– Dégustation d'avril 2008

14 – Séveux, extrait, puissant, dense, tannique, un peu séchant, savonneux, très serré.

Millésime 2007

– Dégustation d'avril 2008

55 % cabernet-sauvignon, 45 % merlot.

15,5 – Nez fraise, bien fruité, les merlots sur calcaire lui confèrent un fruité explosif, bouche élégante, fine, bien fruitée, pas trop extrait, délicat, harmonieux. *« Si on ne s'était pas retenus, on aurait mis tous les merlots… »*

– Dégustation d'avril 2009

14,5/15 – Fruits noirs, rose séchée, bien fruité, bouche tendre, souple, frais, assez gourmand, plus en longueur qu'en densité.

Millésime 2009

– *Dégustation d'avril 2010*

51 % cabernet-sauvignon, 49 % merlot. 60 % de la récolte pour le grand vin.

15 – Fruits rouges, boisé, bouche tendre, assez élégante, bien fruité, plus aimable d'année en année. *« On a évolué vers davantage de merlot. Le rachat de Tour-Pibran en 2001 nous a permis de monter la sélection et de faire de meilleurs vins. »*

Crus artisans

Béhèré

Cru artisan
Surface : 5,35 ha
Propriétaires : Anne-Marie et Jean-Gabriel Camou
Contact : Jean-Gabriel Camou
Le Pouyalet – 33250 Pauillac
05.56.59.11.19

Château Béhèré ? Facile à trouver. Il faut passer Pauillac, laisser sur la gauche Pontet-Canet, continuer jusqu'au lieu-dit Le Pouyalet et suivre le panneau Mouton-Rothschild, sur la gauche. Il ne faut pas aller jusqu'à Lafite-Rothschild, un peu plus loin. Béhèré, c'est juste là, à côté de Mouton. C'est bien aussi Mouton, mais c'est plus cher. Béhèré, il y a du monde autour, du beau monde. Des gens qui invitent Jean-Gabriel Camou à déjeuner, à fumer le cigare en buvant du très vieux cognac. Pas intéressés du tout, mais le jour où il vendra ses 5 hectares, surtout, qu'il ne les oublie pas, les gentils voisins.

« Ici, c'était mon atelier. J'étais plombier-chauffagiste. J'ai acheté une friche en 1987, puis mon père, qui avait 75 ans, m'a donné une vigne en 1988. En 1989, un vigneron, qui ne voulait pas vendre aux "gros propriétaires", m'a cédé une parcelle enclavée dans Duhart-Milon, 20 francs le mètre carré. Quand on est allés voir le notaire, celui-ci m'a demandé si je ne voulais pas revendre, le soir même, le double… Devant chez nous, c'est une pointe de vigne de Mouton. »

Avec ses parcelles enclavées chez les grands, Béhèré fait partie des espèces menacées. Tout autour, les notaires ont beaucoup travaillé ces dernières années. Les grands châteaux rachètent tout ce qu'ils peuvent en faisant grimper les prix. Pour le propriétaire d'une ou deux petites parcelles et dont la retraite s'annonce aussi légère qu'une promesse électorale, c'est une aubaine. Mais, pour le moment, fleuron des crus artisans, Jean-Gabriel profite de la bonne cote de son vin. L'essentiel est vendu à l'export, *« sauf les particuliers qui sont venus, à la suite de la lecture du* Point… » Et qui, de plus en plus nombreux, presque trop, ne le regrettent pas. Profitez-en, cela ne durera pas…

Millésime 2001

– Dégustation d'avril 2005

17 – Poivre, épices, rôti, grillé, bouche à l'attaque tendre, souple, favorisant une expression de saveurs épicées. Les tanins se développent ensuite et assurent densité et longueur à ce vin remarquable, solide, mais sans exubérance, d'une belle élégance.

Millésime 2002

– Dégustation d'avril 2005

15 – Fruits cuits, cerises en bocal, bouche soyeuse, épicée, bien fruitée, tanins pas trop extraits. Vin fringant, vigoureux, long.

Millésime 2003

– Dégustation d'avril 2004

16,5 – Résine, pin, fruits confits, gras, plein, dense, bouche large, garnie, tanins serrés mais croquants, belle longueur.

Millésime 2004

– Dégustation d'avril 2005

Composé de 80 % de cabernet-sauvignon et de 20 % de merlot.

16 – Épices, rose séchée, note de chêne frais et de violette, bouche fraîche, tannique mais sans dureté, élégante, finale sur les fruits noirs.

Millésime 2005

– Dégustation d'avril 2006

16,5 – Joli nez aromatique, rose séchée, tanins élégants, denses, racés, pureté de fruit, très joli vin harmonieux.

Millésime 2005

– Dégustation d'avril 2007

16 – Chêne, fraise, fruits confits, bouche ample, douce, serrée mais moelleuse, élégante et dense à la fois. Un vrai pauillac de caractère, très proche du terroir, presque minéral, long, frais.

Millésime 2007

– Dégustation d'avril 2008

16,5 – Épicé, grillé, bouche ronde, solide, tannique mais sans dureté, longue, puissante, très pauillac, finale grillée, digne d'un très bon bourgeois voire d'un classé ; finale tannique et longue, très réglissée.

Millésime 2008

– Dégustation d'avril 2009

15,5 – Fruits noirs, épices, menthe, bouche dense, tendue, fraîche, longue, tanins savoureux, croquants, finale sur des notes de violette, un peu touffu mais délicieux.

Millésime 2009

– Dégustation d'avril 2010

15,5 – Fruits noirs, épices, bouche souple, fondue, réglissée, serrée en finale, tannique, droit, plein, puissant, riche, épicé, long.

Saint-estèphe

L'appellation saint-estèphe, qui fait rêver tant d'amateurs de grands vins médocains dans le monde, se constitue d'abord d'un groupement d'exploitants d'un vignoble défini : cinquante foyers viticoles dont cinq crus classés, plus d'une trentaine de crus bourgeois ou ex-bourgeois, deux crus artisans et une cave coopérative qui produit un cru bourgeois, plusieurs marques, et qui alimente le négoce. Au total, 1 250 hectares. Parmi les appellations communales du Médoc, saint-estèphe est un peu à part. Ses sols, déjà. Les graves ne sont pas présentes partout et surtout ne sont pas forcément posées sur les mêmes socles. Par exemple, on trouvera de l'argile, beaucoup plus qu'à margaux ou pauillac, aussi du calcaire très dur et enfin des alluvions sableuses, ce qui n'est pas le meilleur. L'encépagement est également assez différent. Le cabernet-sauvignon, roi du Médoc, doit faire une place importante au merlot. Celui-ci, en effet, aime l'argile et confère au vin ce côté massif, puissant, généreux.

Crus classés de saint-estèphe

Calon-Ségur

3e cru classé
Surface : 53 ha
Propriétaire : Famille Capbern-Gasqueton
Contact : Denise Capbern-Gasqueton
33180 Saint-Estèphe
05.56.59.30.08 – calon-segur@calon-segur.fr

Ils sont quelques lourds de la finance mondiale à regarder Calon avec les yeux du loup de Tex Avery reluquant la pin-up de cabaret… C'est le domaine qui fait rêver les connaisseurs du vignoble et nombreux sont ceux qui – évidemment fortunés – rêvent en secret de se l'offrir. Il a l'histoire pour lui. Il porte le nom des Ségur, qui furent au XVIIIe siècle les propriétaires, excusez du peu, de Lafite et Latour (entre autres). Le marquis Nicolas-Alexandre à la cour de Louis XIV était surnommé le « Prince des vignes ». Mais Calon est avant tout un terroir historique, un divin mélange entre argile et graves posés sur une croupe qui domine le village. Son handicap : une densité de plantation un peu faible. Il avait été en partie replanté à la grande époque du machinisme triomphant. Les acteurs de l'époque avaient tracé des rangs bien espacés pour laisser passer les tracteurs. Mais en Médoc, on ne fait pas de grands vins en dessous de 8 000 ou 10 000 pieds à hectare. À l'inverse des élevages de poulets, il faut que les ceps se concurrencent, que leurs racines ne disposent pas d'un garde-manger trop vaste.

Alors, en année moyenne, genre humide, Calon était moyen. Mais en grande année le vin possède l'élégance sublime, celle qui allie dentelle et solidité. Depuis une dizaine d'années, Denise Capbern-Gasqueton, l'âme du lieu, a entrepris de replanter ou de complanter selon les parcelles afin de revenir à la bonne norme des grands vins. Travail long, onéreux et qui requiert de la patience : une vigne ne donne des raisins qu'au bout de quatre ans et ne parle avec l'accent du terroir que passé ses dix ans. Les millésimes de la décennie 2000, marqués par la sécheresse et la chaleur, ont favorisé Calon, une meilleure maîtrise technique également. Depuis 2005, Calon a retrouvé un niveau qui plairait au divin marquis. Celui de Ségur bien sûr.

Vincent Millet, ancien responsable de la recherche et du développement à Château Margaux, a été recruté par Denise Gasqueton pour diriger le domaine à partir du millésime 2006. Avec un ordre de mission sans doute inspiré de l'*Ethique* de Spinoza : « *Vous faites le vin selon votre sensibilité et selon la philosophie de Calon.* » Il s'y emploie.

Second vin : Marquis-de-Calon

Millésime 2000

– Dégustation d'avril 2001

55 % cabernet-sauvignon, 35 % merlot, 10 % cabernet franc.

16 – Nez délicat de rose séchée, tanins soyeux en bouche, une approche tendre mais sans faiblesse, sans creux, droit, long avec une finale doucement épicée.

– Dégustation d'avril 2002

16,5 – Épices, floral, réglisse, la bouche a gagné en densité à l'élevage sans perdre de sa finesse, petits tanins ronds serrés, des notes de violette en finale. Un vin long et élégant, un style saint-estèphe à part.

Millésime 2001

– Dégustation d'avril 2002

« *Nous avons été les premiers à vendanger, le 26 septembre. On a arrêté quelques jours pour attendre ces paresseux cabernets et on a fini le 10 octobre* », raconte Denise Gasqueton. 35 % merlot, 10 % cabernet franc, 55 % cabernet-sauvignon.

16 – Nez complexe de grillé et d'épices mêlés de notes de fruits exotiques (mangue), bouche fraîche, nette, élégante, tapissée de petits tanins vifs, croquants. Vin distingué, délicat mais sans faiblesse.

Millésime 2002

– Dégustation d'avril 2003

« *Le beau temps de septembre a rattrapé le millésime et sauvé la vendange. J'ai rarement vu des cabernets de cette nature, aussi riches, aussi puissants.*

Nous avons attendu, rien ne pressait, pour finalement récolter entre les derniers jours de septembre et le 10 octobre », explique Denise Gasqueton. Avec 35 hl/ha, la moitié fera du grand vin élevé dans 50 % de barriques neuves. 60 % cabernet-sauvignon dont quelques cabernets francs, 40 % merlot.

14 – Épices, fruits noirs, bouche soyeuse en attaque, assez fine. On retrouve cette qualité de fruit qui caractérise Calon-Ségur. Toutefois, la finale s'achève sur des notes un peu astringentes.

Millésime 2003

– Dégustation d'avril 2004

L'assemblage de cette année comprend 60 % de cabernet-sauvignon, 30 % de merlot et 10 % de cabernet franc. « *On a eu du bon raisin, notamment du cabernet-sauvignon comme je n'en ai jamais vu.* »

15,5 – Des notes torréfiées mêlées aux fruits noirs, bouche fraîche, délicate, tapis souple et velouté de petits tanins en première séquence, finale plus vive et plus serrée.

Millésime 2004

– Dégustation d'avril 2005

Les vendanges ont eu lieu entre le 29 septembre et le 12 octobre. Assemblage de 60 % de cabernet-sauvignon et 40 % de merlot. L'élevage se déroule à 50 % dans des barriques neuves.

16,5 – Sur des touches de violette et de réglisse, confiserie, bouche souple, tanins doux, soyeux, finesse et fruit, bonne longueur. Un vin élégant, sans faiblesse.

Millésime 2005

– Dégustation d'avril 2006

Denise Gasqueton : « *Un cabernet-sauvignon d'une qualité comme je n'en reverrai sans doute jamais !* » Ils entrent pour 60 % dans l'assemblage aux côtés du merlot, 30 %, et du franc, 10 %.

16,5/17 – Épicé, fruits noirs, note de grillé, bouche aux tanins doux, très beau fruit bien préservé, droit, frais, tendu, long. Comme d'habitude dans les grands millésimes, le terroir exceptionnel de Calon est au rendez-vous.

Millésime 2006

– Dégustation d'avril 2007

Arrivée, avec ce millésime, de Vincent Millet : « *Nous avons eu un rendement situé entre 45 et 50 hl/ha sur chaque parcelle. On n'avait pas une vigne à 20 et l'autre à 60, c'était régulier. Début septembre, on a pressenti les complications et on a procédé à un traitement antipourriture, puis à un effeuillage le 20 septembre. Le vent était favorable, il séchait les grappes. Cela nous a permis d'attendre et de commencer seulement les cabernets-sauvignons le 8 octobre. Nous avons conservé 60 % de la récolte pour le grand vin.* » L'assemblage final se compose de 64 % cabernet-sauvignon, 33 % merlot, 3 % petit-verdot. Extraction douce – « *Je trouve que sur saint-estèphe on a un peu trop tendance à faire des vins massifs* » – et 75 % de barriques neuves qui ne se sentent pas à la dégustation.

16,5 – Floral, fruits rouges, bouche élégante, très fine, petits tanins croquants mais enveloppés, de la chair et beaucoup de fruit. Quelqu'un disait – et c'était bien avant l'arrivée de Vincent Millet – que Calon était le plus margaux des saint-estèphe. Il y a du vrai.

Millésime 2007

– Dégustation d'avril 2008

Vincent Millet : « *L'orage de fin août nous a assommés. On avait 80 personnes, début septembre, pour éliminer toutes les grappes non vérées et les feuilles pour éviter le botrytis. Les raisins ont bénéficié de l'ensoleillement. Après, on a patienté pour démarrer le plus tard possible. Le 1er octobre pour les merlots, et du 3 au 10 pour les cabernets-sauvignons. On a fait deux traitements anti-mildiou supplémentaires, c'est tout. On a plutôt essayé de prévenir que de guérir, et appliqué le guide des bonnes pratiques agricoles : pulvérisateurs bien réglés et sur du feuillage sec, non mouillé, sinon c'est à refaire.* »

Récolte : 40 hl/ha. Assemblage : 76 % cabernet-sauvignon, 24 % de très vieux merlots. « *On a réduit la part des grands merlots, qui sont excellents mais qui affaiblissaient l'assemblage. Ceux que l'on a gardés ont 60 ans d'âge, ils n'ont pas abaissé les tanins des cabernets, ils sont venus les compléter.* »

17 – Floral, rose séchée, épices, souple, doux, petits tanins délicats, fin, équilibré, tendre, délicat.

– Dégustation d'avril 2009

17 – Calon-Ségur confirme la bonne impression de l'an passé, le vin s'est un peu épaissi, bien rond, réglissé, joli vin d'équilibre.

Millésime 2008

– *Dégustation d'avril 2009*

« *Les vendanges se sont décidées à la dégustation, on a sectorisé à l'intérieur d'une parcelle, les analyses étaient bonnes mais on avait des différences de maturité par zone* », explique Vincent Millet. « *On a commencé les merlots le 1er octobre jusqu'au 8, puis répit ; on a attaqué les cabernets-sauvignons le 12 pour finir le 16. On a fait de l'effeuillage assez tardif, au mois de septembre, pour permettre une meilleure aération et une maturité supplémentaire.* »

55 % de grand vin, composé de 80 % cabernet-sauvignon, c'est inédit ici, 18 % merlot, 2 % petit-verdot.

17 – Prune, violette, kirsch. Bouche très cabernet, tendue, gelée de mûres, bien typé, droit, fin, long. Un vin d'une grande pureté.

Dégustation d'avril 2010

17,5 – Sorti de colle depuis quinze jours. Le boisé s'en ressent, bouche très fraîche, petits tanins frais, vif, élégant, Très séveux, long, résine.

Millésime 2009

– *Dégustation d'avril 2010*

« *La construction des vins n'a pas été aussi simple* », commente Vincent Millet. « *Les grands merlots à côté des grands cabernets, c'était la confrontation de l'année. Les merlots écrasaient la finesse des cabernets. Soit je faisais un vin monstre dans un style international, soit on restait dans la finesse de Calon. On a choisi : les merlots sont dans Marquis-de-Calon, le second vin.* » 90 % de cabernet-sauvignon, 7 % merlot, 3 % petit-verdot. 100 % de barriques neuves, que l'on ne sent pas.

18 – Fruits noirs mûre, bouche onctueuse, sucrosité des tanins et grande fraîcheur, long, frais, puissant mais fondu, d'une grande élégance.

Cos-d'Estournel

2e cru classé
Surface : 91 ha
Propriétaire : Domaines Reybier
Contact : Jean-Guillaume Prats
33180 Saint-Estèphe
05.56.73.15.50 – www.estournel.com

Comme un pavillon oublié d'une exposition coloniale, Cos-d'Estournel, second cru classé en saint-estèphe, est la plus originale des folies architecturales médocaines construites au début du XIXe siècle. Ses tourelles en forme de pagode font la joie des touristes qui tentent la photo depuis la route, où des camions respectueux n'en écrasent qu'un ou deux par saison. Le créateur, Louis-Joseph Gaspard de Maniban, marquis d'Estournel, originaire de Cahors, peaufina son bijou bizarre en lui offrant comme porte principale celle du palais des sultans de Zanzibar. Cos a longtemps été cité surtout pour son allure de décor de film de Fritz Lang, époque *Le Tigre du Bengale,* les réceptions fastueuses du marquis, ses chevaux arabes et sa passion des bateaux. Tout cela a un prix, et bientôt il dut vendre, trois ans avant que le classement de 1855 ne porte Cos en tête des saint-estèphe.

Plus tard, en 1917, c'est la célèbre famille de négociants Ginestet qui le rachète. La crise des années 30 bloque les investissements et emplit les chais de bouteilles qui ne trouvent pas preneur. Cos redémarre vraiment avec l'arrivée aux commandes de Bruno Prats, un descendant des Ginestet.

Bruno Prats réalise son premier millésime en 1968, excellente année pour les barricades, les remises en question, les découvertes intellectuelles et autres, mais exécrable pour le vin.

Trente et un ans plus tard, il a raconté, lors d'un congrès d'œnologues suisses, ce qu'il avait trouvé en arrivant à Cos. Comme quoi, il peut parfois se trouver des pavés sous la plage : « *Les rendements à l'hectare faibles correspondaient souvent à des pieds trop chargés à côté de pieds manquants (…) La pression du botrytis était telle que l'on vendangeait dès le degré minimum de l'AOC atteint. La vendange manuelle s'effectuait sans tri, le raisin passant du panier dans une hotte puis dans des douils en bois où il était tassé. Les douils étaient déversés sur une aire cimentée et le raisin chargé à la pelle dans un fouloir égrappoir en fer. La fermentation se faisait en cuves ciment qu'il fallait remplir deux fois par manque de place, en écourtant donc les macérations (...) Les pompes à piston pour les remontages étaient anémiques et les tuyaux en caoutchouc impossibles à nettoyer correctement. Le chai à barriques avait un sol en terre battue bien imbibé de vin au cours des années, la mise en bouteilles était faite à façon par un groupe mobile très ancien. Les barriques avaient entre 3 et 10 ans d'âge. La compétence œnologique des responsables était nulle. Mon oncle, qui dirigeait le domaine ainsi que Château Margaux, était docteur en droit. Il ne croyait pas à la fermentation malolactique...* » Je dédie ce passage à tous les nostalgiques de l'époque où l'on faisait de tellement meilleurs vins qu'aujourd'hui.

À la fin des années 70, Bruno Prats a transformé le chai, agrandi la cuverie. Il a pu dès lors allonger les durées de cuvaison sans être obligé de vider ses cuves pour rentrer le reste de la vendange. « *On a vraiment commencé à travailler intelligemment à partir de 1981, quand mon père a opéré les premières sélections, éliminant ce qui ne lui paraissait pas digne de faire du grand vin* », commente aujourd'hui Jean-Guillaume Prats qui dirige le domaine pour le compte de la famille Reybier (propriétaire depuis 2000). Ensuite, Cos et les hommes ont cherché la voie.

Barriques neuves à profusion de 1982 à 1990 (big success in the USA). Puis, recherche de la finesse et de la complexité, parfois intuitivement. Le taux de barriques neuves utilisées pour élever les vins est passé de 100 % en 1990 à 70 % en 1995 et 1996, 50 % en 1997. Pour revenir aux environs de 80 % dans la décennie 2000. Les douelles du Seigneur sont modifiables...

Mais c'est surtout côté sols et vignes (72 hectares dont 60 % de cabernet-sauvignon, 37 % de merlot, 2 % de cabernet franc, 1 % de petit-verdot) qu'un gros travail a été entrepris. Cos est en effet une butte avec des cailloux (graves) en haut, de l'argile en bas, le tout fortement imbriqué. L'équipe de Cos n'a eu de cesse de peaufiner sa connaissance des parcelles en divisant les plus grandes, à la recherche du détail et du plus petit dénominateur commun. Ce travail permet de connaître la réaction, presque pied par pied, de la vigne à la météo, aux attaques des parasites et surtout de pouvoir ramasser chaque rang à la maturité voulue. (Ne dites pas aux Bordelais que la Bourgogne pratique cela depuis trois cents ans, ils ne vous croiraient pas ; et d'abord, on fait du vin en Bourgogne ?)

À Cos, on cherche la perfection. Le nouveau chai est incroyable, avec des cuves ascenseurs qui permettent au vin de changer d'étage sans passer par la pompe et les tuyaux.

La perfection n'est pas fille facile ; pour la côtoyer, il faut sans arrêt prendre des risques, essayer des nouveaux modes de séduction. C'est sans doute pour cela que les vins de Cos, surtout dans leur jeunesse, sont parfois difficiles à interpréter. Certains dégustateurs les notent bien, par habitude ou incompréhension déférente. D'autres, les marchands notamment, se disent que de toute façon il y a de la demande, même si les prix sont élevés. La machine fonctionne, tant mieux car le niveau d'investissement bat des records médocains. Le temps et les dégustations à venir diront si les choix étaient bons.

Second vin : Les Pagodes-de-Cos. À noter l'apparition d'un Cos blanc produit en petite quantité.

Millésime 2000

– Dégustation d'avril 2001

Jean-Guillaume Prats : *« Grâce à une étude géologique très poussée, on a baissé globalement les rendements en divisant en trois le vignoble. La partie A, c'est le meilleur terroir, celle qui fait toujours du Cos ; on essaie d'obtenir 45 hl/ha réellement. Puis il y a la partie B, dont on aimerait bien qu'elle fasse du Cos, c'est le milieu de croupe. On la bichonne, on palisse, on fait tomber les feuilles au levant fin juillet et au couchant fin août, c'est là que l'on réalise le plus gros investissement pour un rendement de 35 hl/ha. Enfin la partie C, c'est ce qui ne fera pas de Cos, on est à 55. »* Cos-d'Estournel est équipé d'un concentrateur par osmose inverse, qui, cette année, n'a pas servi ! De même, la vinification a été très douce, sans recherche d'extraction maximale. 40 % merlot, 60 % cabernet-sauvignon.

17 – C'est un style nouveau que Jean-Guillaume Prats rode depuis deux ou trois millésimes : moins de bois, moins de violence dans l'expression tannique, plus de velouté. Des vins qui paraissent plus tendres, mais n'en demeurent pas moins très denses, surtout ce 2000, peut-être plus plein qu'autrefois, sans creux ni bosse, avec une trame serrée et très onctueuse. Un vin moins fardé mais avec plus de fond.

Millésime 2001

– Dégustation d'avril 2002

55 % cabernet-sauvignon, 45 % merlot élevé dans 80 % de bois neuf. *« Il nous a semblé que c'était un millésime assez classique, qui rappelle un peu 88, avec un bon potentiel de garde, des tanins présents, et qu'il fallait lui donner de la rondeur à l'élevage »*, commente Dominique Arangoïts, responsable technique. D'où ce pourcentage de barriques neuves, plus important que dans les derniers millésimes de Cos.

« Le 15 août, on n'était guère optimistes, la véraison [quand les raisins passent de vert à noir] *s'est déroulée tard, vers le 25. Les degrés n'étaient pas mal mais la maturité phénolique* [tanins, etc.] *n'y était pas. On a effeuillé côté soleil couchant et cela nous a aidés. On a vendangé les merlots du 1er au 8 octobre et les cabernets du 8 au 15. »*

17 – Nez très complexe, ce qui semble la caractéristique des saint-estèphe cette année, mélange de rose séchée, d'épices et de tarte à la myrtille, bouche dense et soyeuse à la fois, un bel équilibre entre une trame solide et un soyeux tactile des tanins, grande longueur, beaucoup d'élégance.

Millésime 2002

– Dégustation de mai 2003

Jean-Guillaume Prats : *« Je ne cherche pas à faire un vin aussi dense, c'est la nature qui nous a donné cela cette année, un millésime d'exception, le plus gros degré d'alcool (13,4°) de Cos, avec cependant une acidité de 4 grammes qui équilibre l'ensemble. Le vent de septembre a tout concentré. Nous allons pratiquer un élevage très long, sans doute vingt-deux à vingt-quatre mois en barriques. »* 58 % cabernet-sauvignon, 38 % merlot, 3 % cabernet franc, 1 % petit-verdot.

Deux dégustations, début avril, nous avaient laissé un peu perplexe, le vin manquant d'éclat malgré sa puissance. Un ensemble, bien affiné, soumis en mai est plus convaincant.

16,5/17 – Épicé, fruits noirs, mûres en confiture, poivre, très affiné, bouche pleine, droite, ensemble très tramé, de l'opulence, avec l'élégance coutumière du cru et un boisé grillé.

Millésime 2003

– Dégustation d'avril 2004

Jean-Guillaume Prats : *« Nous n'avions pas subi de blocage de maturité. Les argiles des sous-sols de Cos ont permis d'emmagasiner l'eau d'un automne et d'un hiver pluvieux dans le nord du Médoc et de jouer le rôle de réserve hydrique. La vigne a continué de travailler et les courbes de maturité – sucre d'un côté, tanins de l'autre – ont été parallèles. Cela fait que l'on a des degrés raisonnables et une bonne acidité.»* Forte proportion de cabernet-sauvignon, 70 % (d'autant que les plantations des années 80 commencent à entrer dans le grand vin), 27 % merlot, 2 % petit-verdot, 1 % cabernet franc. Il représente 70 % de la récolte.

17,5 – Nez fortement épicé, note de curry, chocolat noir, bouche soyeuse, beaucoup d'allure, petits tanins calibrés et délicats, fruité puissant et frais, grande longueur. Un des grands millésimes de Cos.

Millésime 2004

– Dégustation d'avril 2005

Les vendanges se sont déroulées du 27 septembre au 10 octobre pour les cabernets. *«Cette attente nous permet d'atteindre des degrés moyens naturels de 13,6° sur vin fini»*, commente Jean-Guillaume Prats. 74 % de cabernet-sauvignon, 23 % de merlot et 3 % de cabernet franc composent le grand vin, élevé dans 80 % de barriques neuves.

17,5 – Épices, myrtille, tarte sablée, bouche ample et onctueuse, bien tendue, puissante mais enrobée, tanins réglissés, du gras, large et long. Finale vive qui réveille la bouche.

Millésime 2005

– Dégustation d'avril 2006

L'habitude de la maison est d'attaquer les vinifications à très haute température pour extraire très rapidement les bons tanins du raisin (environ 30 °C), puis de calmer le jeu, là aussi très vite. Car plus la fermentation avance, plus l'alcool est présent. Celui-ci a un effet solvant bien connu et peut contribuer, sous l'effet de brassage ou à haute température, à extraire des tanins moins nobles, plus verts et astringents, contenus dans les pépins, par exemple. *«Notre méthode est efficace, à la seule condition justement d'être très doux ensuite. 2005 était tellement simple à faire que je le qualifie de millésime chaise longue!»* La proportion de cabernet-sauvignon est très importante: *«On a arraché 3,5 hectares de merlots trop vieux, et nous avons inclus des cabernets plantés en 1981, donc adultes désormais. Pendant une quinzaine d'années, il y aura environ 75 % de cabernet-sauvignon, le temps que d'autres merlots puissent intégrer le grand vin.»* 78 % cabernet-sauvignon, 19 % merlot, 3 % cabernet franc. Élevage, 80 % barriques neuves.

18,5/19 – Épicé, grillé, réductif comme une syrah de côte-rôtie jeune, bouche aux tanins très serrés, d'une grande densité mais qui ne porte pas atteinte à l'harmonie ni à la finesse de ce vin concentré, austère à ce stade mais d'une grande pureté.

Millésime 2006

– *Dégustation d'avril 2007*

On rase, mais pas gratis. Le grand chai de Cos a en effet disparu, laissant place à un vaste chantier. « *On a creusé pour réaliser un chai à barriques souterrain, avec le cuvier par-dessus. Cela mettra la réception des vendanges au niveau de la pagode* [la célèbre entrée de Cos, qui a fait tant pour l'industrie des cartes postales], *en hauteur, à l'étage, comme c'était d'ailleurs autrefois* », nous explique Jean-Guillaume Prats : « *Tout sera travaillé par gravitation naturelle jusqu'à la mise en barriques. J'avais en tête depuis 1999 de nous mettre à jour au niveau technique, et Michel Reybier* [propriétaire] *a eu le désir de faire encore mieux.* » Vendanges assez tardives du 21 au 28 septembre pour les merlots, et du 2 au 6 octobre pour les cabernets : « *Il y avait de gros orages suivis de coups de vent et de soleil. Si on avait des vignes en bon état, ça valait le coup d'attendre.* » Cos est composé de 78 % cabernet-sauvignon, 20 % merlot, 2 % cabernet franc, et représente 55 % de la récolte. Les Pagodes, bien fruité, manque un peu de rondeur.

16,5 – Grillé, chocolat, boisé assez présent qui devrait se fondre devant la puissance tannique du vin aux saveurs de fruits confits, épices, très riche, une matière imposante, serrée, qui manque à ce stade d'un peu de raffinement. On a cru même déceler une pointe de dureté en finale. L'élevage sera déterminant. Si l'ensemble se fond, c'est réussi…

Millésime 2007

– *Dégustation d'avril 2008*

Presque fin de travaux à Cos-d'Estournel : « *On s'est posé la question : à côté d'un monument tel que Cos, que faire ? Du faux ancien ? On a préféré du très moderne à l'intérieur, verre et acier. Au départ, Jean-Michel Willmotte* [l'architecte] *voulait faire une charpente tout en verre. Mais il y avait un risque, et donc inox recouvert de verre… Des poteaux en verre de 5,50 mètres* », raconte Jean-Guillaume Prats. « *La clé, cette année, c'était d'intervenir très tôt, pour mettre la vigne en état de stress rapidement, en faisant tomber les feuilles du bas. Les merlots sont exotiques, très Napa Valley, on a préféré choisir les cabernets-*

sauvignons pour construire le grand vin.» Cos-d'Estournel est composé de 85 % cabernet-sauvignon, 12 % merlot, 3 % cabernet franc.

16,5 – Fruité explosif au nez, violette, fraise, des notes vanille et amande. La bouche est large, puissante, assez extraite, mais des tanins ronds et du moelleux, épicé, long, très pulpeux.

15 – **Les Pagodes-de-Cos**. 40 % cabernet sauvignon, 58 % merlot, 2 % petit-verdot. Violette, réglisse, bouche ronde, souple, tendue, réglissée, tendu, vif, serré. Finale très réglisse.

– *Dégustation d'avril 2009*

16,5 – Fruits confits, moka, bouche assouplie, du fruit, finale un peu astringente.

14,5/15 – **Les Pagodes-de-Cos**. Fruits noirs, un peu touffu, de la rondeur mais peu d'éclat. Refermé.

15 – **Cos blanc**. Bouche assez ronde, bien fruitée, tendue, fraîche, bien vive.

Millésime 2008

– *Dégustation d'avril 2009*

On a visité la merveille. Des cuves en inox comme des fusées, qui se vident par gravitation dans d'autres « cuves ascenseurs » capables de monter ou de descendre le vin selon les besoins. *« Vingt-deux entreprises ont travaillé sur le site et je me targue de les avoir toutes choisies. Ce fut long et difficile, mais c'est plein d'enseignement sur la valeur humaine. Je ne regrette vraiment pas cette rencontre avec des artisans de haute volée. »*

Le grand vin est fortement cabernet : 85 % cabernet-sauvignon, 13 % merlot, 2 % cabernet franc.

16,5/17 – Nez assez fermé, touche de violette, bouche suave, petits tanins frais en bouche portant le fruit, finale un peu plus tendue, mais un bel ensemble distingué, élégant et savoureux.

15,5 – **Les Pagodes-de-Cos**. 45 % cabernet-sauvignon, 53 % merlot, 2 % petit-verdot. Fruité noir, et note de framboise, bouche bien ronde, souple, tendue, très beau fruit, petits tanins ronds et suaves.

– *Dégustation d'avril 2010*

17 – Fruit noirs, tabac, cuir frais, Zan à la violette, bouche vive, suave en première séquence, tendue ensuite, droit, beau fruit, long.

15 – **Les Pagodes-de-Cos**. Friand, gourmand, frais, bien fruité, construit, tendu, favorisant le fruit et des tanins croquants.

Millésime 2009

– Dégustation d'avril 2010

Jean-Guillaume Prats : *« L'écart entre les grandes parcelles historiques et les autres était très net, cela a facilité l'assemblage. Tous les cabernets exposés sud-sud-ouest ont stressé. On ne les a pas retenus. On a donc moins de cabernet et moins de grand vin. Sur des raisins fragiles, la vinification par gravité que nous permet notre nouveau chai a apporté beaucoup en précision. On prend le raisin à la main, on le manipule le moins possible, c'est une évolution stylistique. Le procès d'intention que l'on peut nous faire ne tient pas : ce n'est pas de l'extrême* winemaking. *On fait très peu de chose. »*

Il n'empêche que le 2009 est un vin hors normes. Techniquement parfait, très droit, complet et sans la moindre dureté ou impureté. On peut sans procès d'intention et dans le plus grande sincérité s'interroger sur sa définition, son origine. 33 % merlot, 65 % cabernet-sauvignon, 2 % cabernet franc.

16 – Nez de porto vintage, fruits noirs en confiture, bouche puissante, tanins gras en milieu de bouche, sucrosité des tanins, puissant, long, dense, tannique, très riche, très solaire, un style assez éloigné de ce que l'on connaît des vins de Bordeaux. Avec le temps…

14 – **Les Pagodes-de-Cos**. Fruits noirs, boisé – 50 % de bois neuf. Bouche bien boisée, ronde, fraîche, un peu de surmaturité, puissant, confit, prune, finale assez durcie.

Archives

– Dégustation de septembre 1999

Millésime 1970

13,5/14 – Nez pruneau, noix de muscade, très oriental, bouche épicée, un bon démarrage sur des tanins encore solides mais qui très vite donnent une sensation astringente. Les arômes évoluent rapidement dans le verre.

Millésime 1975

14 – Grenat, fruits cuits, menthe, alcool, bouche ronde, puissante ; marquée par l'alcool, note caramel et fruits confits, finale assez sèche.

Millésime 1978

14 – Le nez est assez évolué, fruits compotés, bouge beaucoup à l'aération, bouche vive, saveurs agréables mais tanins assez secs.

Millésime 1979

15 – Une robe assez peu évoluée, et un nez épices, orange confite, pas très développé ; la bouche est douce, réveillée par une acidité présente mais sans excès. Un vin bien équilibré, très beau pour le millésime.

Millésime 1981

15 – Délicieux, souple, soyeux avec des saveurs de fruits prononcées (cerise) et de menthol. Une bonne tenue en bouche, mais sans doute à son apogée.

Millésime 1982

16 – Première année avec 100 % de barriques neuves, qui marquent le nez par des côtés cacao, épices, poivre. La bouche est très dense, avec des tanins sévères encore peu fondus. La douceur est ajoutée par (nous semble-t-il) une petite pointe de sucre laissée par le raisin.

Millésime 1983

14,5 – Nez assez violent de gibier et de cacao, bouche marquée par le boisé, moka, mais la structure est agréable, assez ronde. Un vin flatteur qui manque un peu de finesse.

Millésime 1985

16 – Beaucoup de merlot (50 %) dans l'assemblage confère à ce vin une rondeur, un côté grassouillet très séduisant. Tanins soyeux, beaucoup de saveurs.

Millésime 1986

17 – Un côté balèze de foire avec tanins musclés que l'on avait déjà dans le 82 mais avec de l'élégance en plus. Autant on peut se demander si le 82 vieillira un jour, autant celui-là ne nous inquiète pas trop malgré une petite séquence sèche en finale. Le nez évoque la truffe et la violette.

Millésime 1988

16 – Bien plus fin que le 86, avec une belle complexité d'arômes entre mûre et bois brûlé ; ses tanins soyeux manquent un peu de présence. On commence à s'en régaler.

Millésime 1989

15 – Un côté méditerranéen qui surprend, des notes pruneau, porto et confiture. Il fait plaisir, mais sa typicité prête à confusion.

Millésime 1990

16 – Il est « trop ». Du boisé à revendre, un gras, une puissance, de l'alcool qui en font une bête à concours. C'est bon mais épuisant. À tel point qu'il a même fatigué ses auteurs, revenus depuis à des vins plus élégants.

Millésime 1991

15 – Délicat, tendre, bien fruité, tanins fondus et distinction. À boire dans les cinq ans.

Millésime 1993

14 – Grenat, des notes fraîches de framboise et de violette, bouche nette, assez vive, élégante, un vin droit mais un peu court.

Millésime 1994

15,5 – Belle surprise dans ce millésime difficile : un nez très développé, une bouche moelleuse, un peu margaux, du charme, de l'opulence et du fruit.

Millésime 1995

17,5 – La grande élégance, avec des tanins serrés mais sans agressivité, un vin droit, vif, plus Brummel que Stallone et de longue garde.

Millésime 1996

18 – Assez proche du 95 mais avec une semaine de maturité en plus, ce qui a conféré aux cabernets une suavité, une rondeur que l'on ne trouve que dans les très grands millésimes.

Millésime 1997

14,5/15 – Grenat noir, violette, séveux ; bouche tendre, bien ronde, marquée par le merlot qui lui confère un côté souple et moelleux. Vin facile, qui pourra se boire jeune.

Cos-Labory

5e cru classé
Surface : 18 ha
Propriétaire : Famille Audoy
Contact : Bernard Audoy
33180 Saint-Estèphe
05.56.59.30.22 – cos-labory@wanadoo.fr

Cos, en médocain, c'est la colline aux cailloux, presque le titre d'un western. Un peu comme le pey dans le Périgord, qui signifie aussi la colline. L'appellation Pécharmant, à côté de Bergerac, c'est la colline charmante, presque le titre d'un roman Harlequin. Ce Cos-ci est un détachement de l'ancien Cos-d'Estournel opéré au moment de la Révolution. Plus tard, en 1845, il fut rattaché à la maison mère et, qui sait, aurait pu bénéficier au classement de 1855 d'un rang de second, comme le super-voisin, mais, pour cause de besoin urgent de liquidités du propriétaire, il fut revendu trois ans avant… Ce n'est pas un traumatisme pour la famille Audoy, qui gère son affaire comme un gentil placement monétaire sans risques. Pas question d'œnologie étrange super-concentrante, ni de rendements à l'hectare ridicules pour faire plaisir à l'Amérique. Ici, on est généreux en production, on fait des bons vins qui se vendent et se boivent facilement. Les prix rémunèrent le travail investi et ne saignent pas le consommateur. Cos-Labory est encore une propriété où l'on reçoit (sur rendez-vous) facilement, et où on peut même acheter sur place quelques millésimes mûrs. C'est plutôt rare dans les crus classés.

Chez les Audoy, on travaille en famille. Bernard fut le premier des fils à assurer la continuité, rejoint ensuite par Stéphane et enfin Martial, le plus jeune des trois frères. Pas de compagnie financière ou de mutuelle pour assurer les investissements, et cependant le trio a modernisé chais et bâtiments, rendu sa vocation de cru bourgeois à Andron-Blanquet, leur seconde propriété, et donné un bel élan à Cos-Labory. Homonymie, proximité des chais, trop souvent on compare les deux Cos en défaveur de Labory. C'est oublier que celui-ci est un 5e CC et Cos-d'Estournel un 2e. La qualité des terroirs n'est pas la même : moins de graves, plus d'argilo-calcaire… Mais un prix plus abordable. Nettement.

Second vin : Le Charme-de-Cos-Labory

Millésime 2000

– Dégustation d'avril 2001

Bernard Audoy poursuit la mise en valeur de sa propriété en se dotant de chais modernes et adaptés aux 18 hectares de la propriété.

40 % merlot, 65 % cabernet-sauvignon, 5 % petit-verdot.

14,5 – Nez puissant, réglisse, prune, gras, rond, mentholé en première séquence, les tanins serrés mais enrobés tapissent la bouche jusqu'en finale, qui se prolonge sur des notes épicées. Bernard Audoy le compare au 95, grande réussite ici.

– Dégustation d'avril 2002

14,5 – Pain d'épice, note boisée due à l'élevage, bouche équilibrée, solide, un peu austère, pas très câline, les tanins ont besoin de se fondre.

Millésime 2001

– Dégustation d'avril 2002

Traditionnellement, les vendanges commencent cent jours après la fleur, la floraison de la vigne. « *Cette année* », a calculé Bernard Audoy, « *il s'est passé cent dix jours* », notamment à cause du coup de froid de juillet. Ici, les merlots ont été cueillis entre le 1er et le 5 octobre et les cabernets du 8 au 13, et le volume est de 15 % inférieur à celui de l'an passé. Bernard Audoy a retenu 60 % de la récolte pour le grand vin qui est un assemblage de 45 % merlot, 55 % cabernet-sauvignon.

14 – Cassis, myrtille, assez joli nez avec des notes de fleurs séchées. En bouche, le vin est encore très brut, les tanins sont élégants mais on sent une retenue, l'oxygénation naturelle qui se produit dans les barriques n'a pas encore produit son effet. La structure est bonne, mais manque l'enrobé que procurera l'élevage.

Millésime 2002

– Dégustation d'avril 2003

35 % merlot, 65 % cabernet-sauvignon (10 % de plus qu'en 2001).

14,5/15 – Nez puissant de réglisse et de cacao, matière enveloppante en bouche, tanins onctueux, joli fruit. Un vin immédiat, bien gourmand, avec une finale relevée qui lui confère de l'élégance.

Millésime 2003

– Dégustation d'avril 2004

« *Saint-estèphe est toujours mieux en année sèche qu'en année humide grâce à – ou à cause de – l'argile dans beaucoup de zones* », affirme Bernard Audoy. L'assemblage réunit 60 % de cabernet-sauvignon et 40 % de merlot : « *Finalement, j'ai laissé cuver assez longtemps alors que je pensais le contraire, mais en dégustant, le vin prenait du gras, on n'avait pas de tanins secs et on gardait le fruit.* »

16 – Nez très parfumé, violette, épices douces, framboise, bouche tendre, soyeuse, tanins délicats, bien fondus. La trame est serrée et sans aspérité, et le fruité explose en finale.

Millésime 2004

– Dégustation d'avril 2005

« *Nous avons effeuillé et effectué des vendanges vertes sur les pieds trop chargés. Fin août et début septembre, nous avons fait un nouveau passage pour enlever les grappes encore vertes»*, indique Bernard Audoy. Les vendanges ont commencé le 1er octobre et se sont achevées le 18. Cos est composé de 33 % de merlot et de 67 % de cabernet-sauvignon, que Bernard Audoy estime *«excellents cette année»*. L'élevage se fait en barriques, dont 40 % sont neuves.

14,5 – Épices, fruits noirs, bouche ronde, souple, tanins assez présents mais sans agressivité. Un vin un peu carré, peu révélé encore. L'élevage devrait lui donner de la chair et de l'éclat.

– Dégustation d'avril 2006

15 – Le 2004 a bien profité de son élevage, les tanins un peu carrés de l'an passé se sont adoucis, il a gagné en élégance.

Millésime 2005

– Dégustation d'avril 2006

«On parle moins de sécheresse ici !» commente Bernard Audoy. *«Nous avons eu un bel été, mais dans le nord du Médoc la pluie est venue quand il le fallait, 20 millimètres fin juillet. Cela a soulagé la vigne.»* Pour preuve, des rendements corrects de 55 hl/ha. *«On a vendangé durant trois semaines en attendant la maturité optimale de chaque cépage.»* Le profil du vin a évolué depuis trois millésimes. Bernard Audoy recherche moins l'extraction que l'harmonie et la préservation des arômes. *«Pendant les fermentations, on ne laisse plus monter les températures jusqu'à 30 ou 32°C comme on faisait autrefois. On se contente de 26 à 28°C et on ne lessive plus le chapeau de marc en haut des cuves. Car on extrayait des tanins durs. On recherche plutôt des tanins de qualité, quitte à prolonger un peu les cuvaisons.»* Le nouveau cuvier, plus spacieux, avec davantage de cuves, le permet.

16 – Confiserie, cerise cuite, cannelle, bouche veloutée, tanins serrés mais sans dureté, long, bien droit, structure sans faiblesse, rectiligne. Un vin plus précis qu'autrefois, plus en finesse aussi.

– Dégustation d'avril 2008

16 – Rond, souple, bien fondu, milieu de bouche charnu, bien dans son style, de garde mais équilibré.

Millésime 2006

– Dégustation d'avril 2007

«J'ai commencé avec le 25 septembre. Je préfère avoir 5 ou 10 % de botrytis que de ramasser tout vert. C'était surprenant, il y avait un pied qui en avait, et

cinq ou six pieds qui étaient indemnes. Ce n'était pas régulier… On a fait un tri sévère », se remémore Bernard Audoy. *« J'ai trouvé que j'avais de bons merlots et les ai mis dans l'assemblage. »* L'assemblage final est donc de 50 % merlot et autant de cabernet-sauvignon.

14,5 – Épices, cerise noire, mûre, joli nez, bouche tendue, fine. La chair manque un peu en milieu de bouche. L'élevage en barriques (60 % de fûts neufs) devrait lui conférer un peu plus de charme.

– *Dégustation d'avril 2008*

15 – Joli nez, floral et fruité, un peu boisé, bouche ronde, moins tendu que l'an passé, finale un peu séchante, a besoin de collage.

Millésime 2007

– *Dégustation d'avril 2008*

Bernard Audoy : *« On a conservé pour le grand vin les deux tiers de la récolte. Avec un assemblage de 39 % merlot et 61 % cabernet-sauvignon. »*

15,5/16 – Souple, frais, élégant, pas trop extrait, cabernet bien mûr, tendre, finale un peu serrée, qui devrait s'adoucir à l'élevage. Bien équilibré.

– *Dégustation d'avril 2009*

15,5 – Fruits noirs, un peu pain d'épice, cacao, rond, tendre, souple, bien fruité, gourmand, kirsch, cerises à l'eau-de-vie ou confites, très beau fruit. À boire aujourd'hui. Note pour le plaisir immédiat.

Millésime 2008

« On a fait des vendanges tardives », dit Martial Audoy. *« Elles se sont déroulées du 6 au 20 octobre. »* La propriété a produit 44 hl/ha *« 15 % de moins qu'une année normale »*. 45 % merlot, 55 % cabernet-sauvignon. La forte présence de merlot fait un peu monter les degrés : 13° en alcool.

15 – Fruits noirs, petite note végétale, bouche assez douce, tendre, bien fondue, très vive, droit, un peu séchant en finale mais bien fruité.

– *Dégustation d'avril 2010*

15 – Fruits noirs, bouche vive, élégante, bien fruitée, pas très dense, un peu légère, bien fruitée, assez fin, la finale doit encore se fondre, bon fruit mais la densité est légère.

Millésime 2009

– *Dégustation d'avril 2010*

« Je crois qu'on n'a jamais fait aussi bon ! » s'enthousiasme Bernard Audoy. Et il a sans doute raison. *« Cela fait trois ou quatre ans que je vinifie à basse température pour garder le fruit et ne pas extraire trop de tanins. »* Mais ce n'est sans doute pas la seule explication. Des rendements moins élevés qu'autrefois (52 hl/ha cette année) et un millésime très favorable ont sans doute contribué à cette réussite. Le travail entrepris avec l'œnologue Sandra Duboscq aussi : *« Elle est très compétente, on goûte les raisins dans les vignes, elle y passe du temps. »*

Les vendanges se sont déroulées du 30 septembre au 2 octobre. Le domaine produit 75 % de premier vin. 45 % merlot, 55 % cabernet-sauvignon. Des degrés élevés de 14,23° mais un pH (3,65) assez bas, qui traduit une bonne acidité. 50 % de fûts neufs.

17 – Fruits noirs, épices, orange, bouche vive, bien garnie, bien mûr, joli fruit, des notes de framboise, fraise, belle finale relevée.

LAFON-ROCHET

4e cru classé
Surface : 45 ha
Propriétaire : Famille Tesseron
Contact : Basile Tesseron
Lieu-dit Blanquet 33180 Saint-Estèphe
05.56.59.32.06 – www.lafon-rochet.com

L'eau ruisselle le long des piliers roses du chai à barriques. L'effet est superbe : partout des fontaines dans ce lieu sombre et frais, où les odeurs de bois se mêlent aux senteurs du vin nouveau. *« Il faut aussi donner du rêve aux gens qui viennent nous voir. On voulait donner l'idée d'espace. J'ai toujours été impressionné par les chais où l'on voit les barriques au sol à perte de vue. Cela n'ajoute rien à la qualité, mais ça fait plaisir à l'œil, et faire du beau ne coûte pas plus cher que de faire du vilain. »* Depuis qu'avec son frère Alfred (Pontet-Canet) ils font château à part, Michel Tesseron laisse libre cours à sa sensibilité poétique. Aussi à son humour. Mais pour cela il avait pris de l'avance et, lors des nombreux voyages que font les propriétaires bordelais pour assurer la promotion de leur vin, sa compagnie est très recherchée. Humour, sensibilité, l'un ne va pas sans l'autre. Chez Michel, l'un sert souvent à cacher l'autre.

Depuis peu, son fils Basile a pris les commandes du domaine et 2008 fut son premier millésime en solitaire (mais avec une équipe technique performante).

Chez les Tesseron, le goût du décor est héréditaire. Guy, le père de Michel et d'Alfred, avait racheté ce qu'il restait de Lafon-Rochet en 1960 : un vignoble en piteux état et des bâtiments en ruine avancée. Considérant qu'il ne pouvait réhabiliter la demeure, il la fit raser et construisit à la place une superbe chartreuse XVIIIe à partir de plans d'époque. Sur place, il faut vraiment le savoir pour imaginer qu'il s'agit d'un bâtiment contemporain des grands ensembles banlieusards ou de l'affreux quartier Mériadeck, à Bordeaux, voulu par Chaban-Delmas, alors maire de la ville.

En revanche, Guy Tesseron avait planté fortement en cabernet-sauvignon, comme l'y incitaient à l'époque les services officiels (Chambre d'agriculture, Inao, Inra). Le cabernet-sauvignon, cépage tardif, cachait ses bourgeons au moment des gels de printemps, alors que le merlot, plus précoce, s'exposait davantage. Sur le papier, cela semblait la bonne idée. L'inconvénient, c'est que sur les parcelles plus froides, argileuses, comme celles que Lafon-Rochet possède pour partie, le cabernet-sauvignon, à moins de lui offrir un Damart ou une serre, ne mûrit que les années très chaudes.

Les descendants Tesseron ont corrigé le tir, la part de merlot – plus précoce et demandant moins d'ensoleillement – a doublé et le vin se montre plus aimable. Il n'en reste pas moins que Lafon-Rochet n'est jamais aussi bon qu'en année solaire.

Second vin : Les Pèlerins de Lafon-Rochet

Millésime 2000

– Dégustation d'avril 2001

On l'avait quitté gris et on le retrouve jaune ocre. Le château, comme les chais d'ailleurs, a subi une sacrée cure de jouvence depuis que Michel

Tesseron a repris seul en main les destinées de Lafon. 50 % cabernet-sauvignon, 50 % merlot.

15,5 – Nez floral, prune, fruits noirs, assez délicat, un toucher moelleux en bouche, beaucoup de rondeur, les tanins du cabernet bien mûr et pas trop extrait donnent une impression de gourmandise ouatée, favorisant l'expression du fruit en finale.

– Dégustation d'avril 2002

15,5 – Biscuit, vanille due à l'élevage en cours, épices, bouche tendre, moelleuse, pas de tanins sévères, un vin assez gourmand en structure, large, finale pointue assez éveillée. Bon équilibre.

Millésime 2001

– Dégustation d'avril 2002

Cette année, c'est l'étiquette qui se donne un coup de jeune. Et changer l'étiquette dans un cru classé dont la réputation remonte à deux siècles n'est pas une mince affaire. Mais il faut bien reconnaître que la mue opérée est une telle réussite que l'on en oublie facilement l'ancienne. 50 % merlot, 46 % cabernet-sauvignon, 4 % cabernet franc.

15 – Moins de gourmandise et d'onctuosité que dans le 2000 ; en revanche, un soupçon d'élégance en plus, même si derrière les arômes d'épices douces et de réglisse la bouche apparaît aujourd'hui assez tannique, un peu rugueuse. L'élevage devrait se charger d'arrondir les angles en donnant de la douceur au vin.

Millésime 2002

– Dégustation d'avril 2003

« *On veut gommer la rusticité des millésimes d'autrefois* », déclare sans ambages Michel Tesseron. « *Ce millésime est très différent des autres. Nous avons installé une table de trie vibrante qui a permis de bien épurer la matière première. Tous les grains secs, toutes les parties végétales ont été retirés. En extraction aussi, on procède en douceur. On veut garder le fruit et ne pas avoir un boisé dominant. Ce sont les vins pas trop extraits qui évoluent le mieux en bouteille, pas les autres. Ce qui compte, ce n'est pas la quantité de tanins mais la qualité.* » 57 % cabernet-sauvignon, 3 % cabernet franc, 40 % merlot.

15,5/16 – Des arômes francs de fruits rouges et de tarte à la myrtille, cette gourmandise qu'on trouvait également dans le 2000, mais la bouche est plus précise, tanins fins, beaucoup de fruit, un ensemble assez élégant.

Millésime 2003

– *Dégustation d'avril 2004*

Lafon-Rochet est un clavier de 41 parcelles sur lequel il faut jouer avec prudence en année humide – d'autant qu'une partie du vignoble se situe sur des zones argileuses. 2003 lui convient en revanche bien. 55 % cabernet-sauvignon, 40 % merlot, 5 % cabernet franc.

16 – Des arômes de sous-bois et de fruits noirs, pointe de poivre, bouche onctueuse. Les tanins d'autrefois, un peu rustiques, ont laissé la place à une trame plus régulière et plus souple, une abondance de fruits noirs sur une structure veloutée.

Millésime 2004

– *Dégustation d'avril 2005*

16 – Violette, gelée de mûre, nez bien exprimé et flatteur. Bonne densité en bouche, tanins moelleux, des notes épicées et de fruits mûrs. Un vin plein, riche, mais sans dureté ni amertume.

Millésime 2005

– *Dégustation d'avril 2006*

« Je n'ai pas de souvenir marquant. Ce millésime, c'est le ciel, c'est la terre, c'est la nature... », poétise Michel Tesseron. Lafon est composé de 49 % merlot, 44 % cabernet-sauvignon, 3 % petit-verdot, 4 % cabernet franc.

16 – Fruits noirs, quetsche très mûre, bouche douce, délicate, la sucrosité du raisin rejaillit sur le vin et lui donne de la douceur pour habiller une trame aux tanins serrés. Plein, rond, long.

Millésime 2006

– *Dégustation d'avril 2007*

Basile Tesseron, 27 ans, prend peu à peu les rênes du domaine. Voilà comment Michel, son père, nous présente l'affaire : « *J'ai été libre à 60 ans* [auparavant Michel gérait avec ses frères les propriétés Tesseron] *et je me suis dit que si, à 30 ans, j'avais eu une propriété, j'aurais été heureux ; donc, à Basile, je la lui donne dès que possible. On travaille un an ensemble et après, je regarderai plus attentivement les catalogues d'articles de pêche à la ligne...* » L'assemblage final est composé de 53 % merlot, 42 % cabernet-sauvignon, 2 % cabernet franc, 3 % petit-verdot.

17 – Violette, framboise, bouche tendre en attaque, du moelleux, tanins veloutés, belle matière sans dureté, sans amertume ni faiblesse, une remarquable façon d'aborder ce millésime compliqué en privilégiant la finesse, la séduction et l'équilibre.

– *Dégustation d'avril 2008*

16 – Très joli nez, violette, boisé flatteur qui met en valeur le fruit, confiture de fraises, bouche dense, moelleuse, frais, élégant, tendu, long, bien fait. Fondu.

Millésime 2007

– *Dégustation d'avril 2008*

« C'est mon premier millésime en tant que vinificateur, un baptême du feu redoutable. En plus, on ne s'est pas engueulés avec mon père », raconte Basile Tesseron, qui semble avoir hérité de l'humour à froid de Michel, son papa.

« C'est le millésime des pleurs. On pleurait tous les matins », dit Basile. *« On a fait des rognages tous les trois jours pour éviter de multiplier les traitements, il y avait eu du vert mais pas du vert franc, du vert malade, qu'il fallait éliminer. »* 38 % merlot, 57 % cabernet-sauvignon, 5 % petit-verdot.

15 – Grillé, épicé, plus merlot, tanins serrés mais du moelleux, tendu, assez long, bien gourmand, le milieu de bouche est moyen. Le choix d'un vin rond, parfumé, simple mais accessible, sans doute un bon choix cette année.

– *Dégustation d'avril 2010*

15 – Assez boisé, grillé, café, souple doux, tendre, léger, frais, fin mais assez léger.

14 – **Les Pèlerins de Lafon-Rochet**. Fruits noirs, bouche souple, fraîche, ronde, gourmande, agréable, plus de longueur.

Millésime 2008

– *Dégustation d'avril 2009*

« Ça a été très hétérogène au départ », commente Basile Tesseron. *« On pensait que ça n'allait jamais mûrir. Finalement, même les petits-verdots qui sont très tardifs ont mûri, et même avant les cabernets-sauvignons. »* 59 % cabernet-sauvignon, 31 % merlot, 4 % cabernet franc, 6 % petit-verdot.

14,5/15 – Fruits rouges, cerise, bouche bien fruitée, tendre, élégante, petite note végétale en finale.

– *Dégustation d'avril 2010*

15 – Fruits noirs, bouche ronde, souple, tanins moelleux, tendu, un peu séchant en finale, assez carrée, finale un peu astringente

Millésime 2009

– *Dégustation d'avril 2010*

Arrivée au domaine de Lucas Leclerc : « *Parisien d'origine, formé aux écoles d'œnologie de Bourgogne* ». Par chance, il a passé cinq ans chez Jean-Baptiste Bourotte (Bonalgue et Clos-du-Clocher, à Pomerol), ce qui lui a permis d'apprendre la langue d'ici. Basile Tesseron explique : « *Lucas apporte un nouvel élan, un niveau technique supérieur dans la vigne et dans le chai. On est des gestionnaires de propriétés, pas des techniciens.* »

67 % cabernet-sauvignon, 27 % merlot, 5 % petit-verdot, 1 % de presse. « *C'est la première fois que l'on a autant de cabernet-sauvignon.* »

15,5/16 – Fruits noirs, bouche ronde, souple, frais, élégant, tendu, bien fruité et assez carré, bonne longueur.

MONTROSE

2e cru classé
Surface : 68 ha
Propriétaire : Famille Bouygues
Contact : Jean-Bernard Delmas
33180 Saint-Estèphe
05.56.59.30.12 – www.chateau-montrose.com

L'année 2006 a vu quelques belles propriétés familiales bordelaises changer de mains. Ainsi, La Mondiale a repris en juillet Soutard, cru classé en saint-émilion. Sur Saint-Estèphe, l'arrivée des frères Bouygues fut spectaculaire. À chaque survol d'hélicoptère, le Médoc spéculait : ce sont eux ? combien ? avec qui ?

Incroyable ! Montrose, second cru classé en 1855, chez les Charmolüe depuis la fin du XIXe siècle, vendu comme un pavillon ! Pas au même prix toutefois. Installée en 1896 sur ce versant qui domine l'estuaire, la famille Charmolüe avait depuis tout ce temps considéré que l'important c'était Montrose.

Le vignoble sur cette lande perdue aux confins du Médoc est d'implantation récente : vers 1815. *« Avant cette date, je pense qu'il n'y avait rien »*, racontait Jean-Louis Charmolüe, *« tout était réuni sous le nom de Calon. C'est la famille Dumoulin qui en premier a planté de la vigne ici. Le nom de Montrose apparaît au cadastre de 1825 »*, avec une surface entre 5 et 6 hectares. En 1832, sept ans plus tard, il couvre déjà 31 hectares. Son complet développement est encore plus contemporain. Un Alsacien d'origine, Mathieu Dollfus, l'acquiert en 1866. Le classement de 1855 où il est consacré second cru classé lui a conféré de l'assise. Dollfus défriche, agrandit et modernise. Il fait construire un embarcadère qui permet à des wagonnets de charger directement les barriques sur les bateaux. Il plaque sur les bâtiments des noms de rues qui lui rappellent le pays des cigognes (rue de Mulhouse, d'Alsace, etc.).

Un vrai petit village, le château. Au XIXe siècle, l'ensemble du personnel y logeait. Dollfus avait édicté une organisation sociale très avancée : les salariés étaient intéressés aux bénéfices sous forme de prime versée à chaque fin d'année.

« Les femmes enceintes touchaient une indemnité lorsqu'elles s'arrêtaient de travailler et jusqu'après l'accouchement », apprend-on d'une monographie parue en 1984.

À son décès, c'est un Hostein qui rachète, en 1889. Le nouveau propriétaire est doté d'une jolie nièce qui épouse un Charmolüe, né en face ou presque, sur l'autre rive, au Château Figeac de Saint-Émilion. Louis-Victor Charmolüe devient, grâce à ce mariage, également propriétaire de Château Pomys et de Cos-d'Estournel… Jusque-là, tout va bien. Les millésimes 1918, 1921, 1928, 1929 sont autant de réussites.

Mais 1929, c'est aussi la crise. Les prix s'effondrent, les familles aussi et les châteaux changent de mains. À Montrose, on résiste. On diminue la surface en vigne, on réduit les coûts, on cesse d'entretenir les bâtiments. En 1933, un incendie détruit une partie des chais et la récolte de 1932. En 1939, l'armée française installe des canons et réquisitionne le logis pour ses officiers. Quelques mois plus tard, les troupes allemandes font de même : ils délaissent les chambres, mais installent des champs de tir. La production est passée de 300 tonneaux en 1900 à 25 en 1943. Albe Charmolüe, fils de Louis-Victor, gazé lors la Première Guerre mondiale, meurt en janvier 1944 d'une bronchite. Son épouse Yvonne lui succède, réussit un superbe 1945 et replante peu à peu le domaine. Avec la récolte de 1959, le domaine produit 50 tonneaux. *« C'est à partir de cette époque que l'on a commencé à revivre un peu, à mettre la tête hors de l'eau »*, se souvenait Jean-Louis Charmolüe, le fils d'Yvonne, rentré de la guerre d'Algérie en février 1960.

Pour lui faire comprendre que c'est à son tour de faire vivre Montrose, sa mère a recours à une formule simple, sans ambages et sans réplique : *« Tu te débrouilles ! »* Il l'a fait plutôt bien. Le domaine couvre 94 hectares dont 68 en vignes, avec un encépagement composé de 25 % merlot, 10 % cabernet franc, 65 % cabernet-sauvignon. Mais les assemblages de grand vin tournent souvent autour de 70 % cabernet-sauvignon et 30 % merlot, le cabernet franc en étant parfois exclu. Le vignoble est d'un seul tenant sur une croupe graveleuse qui descend vers le fleuve. Une situation qui l'a préservé de quelques grandes gelées célèbres, comme celle de 1956, qui détruisit une partie du vignoble français. Le millésime 90 a connu la gloire et des prix élevés aux États-Unis. Mais il a un côté « too much », quasi méditerranéen dans sa maturité et ses saveurs, qui gomme un peu la finesse. Nous lui préférons, dans la série des millésimes historiques, le 86, un peu plus austère, plus médocain aussi.

L'arrivée des Bouygues a été plutôt bien vécue en Médoc. Certes, la dimension des travaux entrepris intrigue, force le respect ou agace ceux à qui les banques refusent un emprunt pour agrandir une grange, mais on sait Martin Bouygues amoureux du cru, dont il collectionnait les bouteilles. À l'opposé de certains hommes d'affaires qui suivent de très loin la vie de leur danseuse, il se montre très présent, physiquement ou par téléphone. D'après un des hommes du château, *« il s'inquiète en permanence de la météo et de la qualité des raisins »* et n'hésite pas à prendre les commandes d'un nouveau tracteur pour vérifier sa maniabilité et sa puissance.

Second vin : La Dame-de-Montrose

Millésime 2000

– Dégustation d'avril 2001

Pour la première fois en 2000, Philippe de Lagarigue utilise le nouveau chai de vinification, qui tranche avec les charmantes vieilles cuves tronconiques en bois que l'on visite comme au musée. *« Plutôt que de rénover de l'exigu qui datait du siècle dernier, on a investi grand et neuf pour avoir de l'espace, on a choisi des cuves en inox, mais on a gardé le même rapport hauteur et circonférence que dans les cuves en bois »*, commente Jean-Louis Charmolüe. 63 % cabernet-sauvignon, 31 % merlot, 4 % cabernet franc, 2 % petit-verdot composent le grand vin.

17,5 – Nez puissant de violette et de framboise, très frais. Ce fruité se prolonge en bouche, soutenu par une trame de tanins veloutés, bien serrés et sans aspérité. L'assemblage joue remarquablement sur l'équilibre entre cette densité et l'élégance, le charme, la fraîcheur.

– Dégustation d'avril 2002

17,5 – Rose séchée, violette, tarte à la myrtille, la bouche est onctueuse, dense, les tanins serrés un peu mordants ou croquants font une haie d'honneur aux saveurs de fruits noirs que l'élevage n'a pas encore atténuées. Un vin très prometteur mais qui devrait se refermer. Une bouteille à oublier au moins dix ans.

Millésime 2001

– Dégustation d'avril 2002

34 % merlot, 62 % cabernet-sauvignon, 3 % petit-verdot, 1 % cabernet franc, élevé dans 70 % de barriques neuves. Le rendement de la propriété a été de 32 hl/ha. *« On a des petites grappes sur les cabernets-sauvignons et pas mal de millerandage sur les merlots, certains terroirs ont eu du mal à supporter les coups de chaleur d'août et de juin, la maturité s'est bloquée. Nous avons retardé les vendanges pour permettre au raisin de bien mûrir. »*

16 – Un style Montrose assez classique, c'est-à-dire avec des arômes épicés, puissants, riches et une bouche dense, à la limite de la dureté mais dont on connaît le potentiel au vieillissement. On relève cependant une évolution vers un fruité plus évident et des tanins plus souples, malgré le millésime.

Millésime 2002

– Dégustation d'avril 2003

« On n'a pas fait de vinifications plus douces que d'habitude, ce sont les tanins qui étaient bien mûrs », nous dit Philippe de Lagarigue. Depuis quelques années, le style est passé du cistercien rustique au doux et pur roman des églises charentaises. Toujours autant de matière, certes, mais une expression plus affinée, plus délicate, qui privilégie la finesse sur la force. Même La Dame-de-Montrose bénéficie de cet embellissement. Gourmandise pourrait

qualifier la version 2002. Quant au grand vin, il est composé de 62 % cabernet-sauvignon, 32 % merlot, 4 % cabernet franc, 2 % petit-verdot.

17,5/18 – Rose rouge, fleurs séchées, mûre, frais, net, bouche d'une belle élégance, tanins apprivoisés, une grande longueur et un fruit très bien préservé.

– *Dégustation de mars 2010*

17,5/18 – Bouquet de début de maturité, mélange entre fruits en salade et épices, bouche droite, longue, très belle qualité de tanins. L'élevage est parfait et confère au vin une distinction et une finale très précise.

Millésime 2003

– *Dégustation d'avril 2004*

« Nous n'avons pas souffert du sec. Nous sommes à 12 mètres d'altitude et à 1 kilomètre de la Gironde. Les sols étaient frais », nous dit Philippe de Lagarigue. *« On a fait 33,5 hl/ha, ce n'est pas lié à l'année. Cela fait trois ans que l'on fait des petits rendements. On avait besoin de tailler court pour reprendre les bois sur la vigne et la conduire différemment. Cela va se sentir sur 2004. On commence vraiment à être en période de croissance sur le vignoble. Aujourd'hui, on passe beaucoup de temps dans les vignes avec le chef de culture à manger du raisin* [c'est peut-être aussi pour cela que les rendements sont faibles !]. *On choisit les parcelles à vendanger la veille pour le lendemain. Parfois on coupe les parcelles en deux, entre le haut et le bas, si une partie nous paraît moins mûre. »* 62 % cabernet-sauvignon, 34 % merlot, 3 % cabernet franc, 1 % petit-verdot.

18 – Nez épicé, fruits noirs, complexe, notes de poivre noir, violette, bouche veloutée, beaucoup de saveurs, gelée de mûres, framboise. Vin garni, équilibré, puissant mais élégant, très long.

– *Dégustation d'avril 2005*

Nous avons redégusté à l'occasion le 2003, assez proche du 89, sans les côtés méditerranéens prononcés que l'on peut déceler dans d'autres crus.

Millésime 2004

– *Dégustation d'avril 2005*

Le domaine a produit 57 hl/ha, pas loin du maximum autorisé. Cela représente tout de même quelque 23 ou 24 hl/ha de plus que l'an passé (canicule), soit à peu près le double. *« Nous avons de nouvelles parcelles qui entrent dans le grand vin. Nous avons 25 % de récolte qui partent dans le second vin. »* Le grand vin, vendangé du 27 septembre au 15 octobre (64 %

cabernet-sauvignon, 32 % merlot, 3 % cabernet franc et 1 % petit-verdot), est élevé dans 70 % de bois neuf.

17,5/18 – Nez original d'agrumes, de zeste d'orange et de fruits rouges, bouche éclatante de fruits ; tanins serrés et veloutés, dense et précis, très droit, long, finale vive évoquant la violette, très long. Le tempérament traditionnel de Montrose, mais avec plus de rigueur, de définition.

Millésime 2005

– *Dégustation d'avril 2006*

Changement de propriétaire. Les Bouygues ont de grandes ambitions pour ce cru tout à fait exceptionnel. Jean-Bernard Delmas en prend la direction générale. Ancien patron de Haut-Brion, retraité très actif (il conseillait Haut-Bailly), Jean-Bernard Delmas, ami de la famille Moueix (associés minoritaires aux Bouygues), est un homme de grande expérience. Les Charmolüe ont choisi le Sud et racheté, *« histoire de ne pas s'ennuyer »*, Château Romanin, 58 hectares en appellation baux-de-provence et cultivés en biodynamie. Un excellent vin mais qui, en ces temps incertains, sera sans doute moins facile à vendre que celui de Montrose… Assemblage constitué de 32 % merlot, 65 % cabernet-sauvignon, 3,5 % cabernet franc, 0,5 % petit-verdot. Le domaine a produit 77 % de grand vin et seulement 17 % de La Dame-de-Montrose.

17 – Fruits noirs, cerise, bouche très fruits rouges avec des notes d'épices, petits tanins serrés, granuleux, presque croquants, une facture très classique qui n'est pas sans rappeler celle de 1986 en plus joyeux, moins sévère.

Millésime 2006

– *Dégustation d'avril 2007*

« Cela m'intéresse de rénover la partie fonctionnelle, la vigne, les chais, mais je veux aussi m'occuper du côté visuel. Il y a plein de gens qui vont venir ici, il faut faire une maison accueillante. Je veux qu'elle soit à la disposition des collaborateurs d'un grand groupe. Ce n'est pas à notre disposition personnelle, même si je suis très heureux de l'utiliser », nous a confié Martin Bouygues. Jean-Bernard Delmas a recruté pour le seconder un ancien agro de Montpellier, Nicolas Glumineau, qui avait fait ses stages à Château Margaux et à… Haut-Brion. Le style est résolument différent de l'ancien : moins d'extraction, plus d'élégance. Mais le millésime ne sert pas vraiment la nouvelle équipe. 72 % cabernet-sauvignon, 28 % merlot.

16 – Fruits noirs, gelée de mûres, framboise, belle attaque en bouche, finesse et velouté des tanins, tension, densité et une finale très resserrée, peu fondue. L'acidité et la vivacité de tanins pas encore fondus donnent une impression de dureté.

– Dégustation d'avril 2008

16 – Serré, tendu, un peu sec, raide, sévère. Tanins sévères. Demande beaucoup de temps.

15 – **La Dame de Montrose**. Vanillé, grillé, vient d'être mis en bouteille, bouche bien parfumée, ronde, gourmande, assez boisée.

Millésime 2007

– Dégustation d'avril 2008

Crinière blanche au vent (et à la pluie), car Montrose est un endroit bien ventilé, Jean-Bernard Delmas a des allures de sénateur romain : « *On a des graves pyrénéennes sur sol argileux et sableux. Le plateau avec de la grave fine convient à tout, cabernets, petits-verdots, merlots. La pente qui va vers l'estuaire, avec des grosses graves et plus d'argile, est favorable au cabernet, et le bas de pente, qui est argile et alluvions, est bon pour les merlots. Le travail au vignoble a été énorme, comme la sélection parcellaire. La première année, on tâtonne un peu, après ça va mieux. On met en place les choses petit à petit. Ici, on faisait beaucoup de complantation, on n'arrachait pas. Désormais on arrache et on replante, à cause des maladies. Il faut partir sur des sols sains.* »

Rendements : 52 hl/ha. Le grand vin est composé de 64 % cabernet-sauvignon, 30 % merlot, 5 % cabernet franc, 1 % petit-verdot. Élevage : 60 % en barriques neuves.

16,5/17 – Épices, violette, cerise noire, bouche ronde, souple, tanins soyeux, vif mais garni, finale tendue sur la violette et le Zan, long, très fin.

14,5 – **La Dame-de-Montrose**. 68 % cabernet-sauvignon, 32 % merlot : violette, fumé, velouté, frais, réglisse, tendu, finale un peu en entonnoir.

– Dégustation d'avril 2010

16,5 – Violette, cerise noire, truffe, bouche ronde, souple, fraîche, tanins soyeux, violette, réglisse, bonne longueur, milieu de bouche frais, délicat.

14,5 – **La Dame-de-Montrose**. Grillé, moka, bouche souple, ronde, bien fruité, densité moyenne, mais gourmand, agréable.

Millésime 2008

– Dégustation d'avril 2009

Il eût été étonnant chez les frères Bouygues que l'on se contente d'un coup de peinture. *« Cela ne donne pas l'impression de travaux pharaoniques, mais ce sont des projets importants »*, dit Jean-Bernard Delmas. En travaux depuis un an et demi et pour deux ans encore, *« au moins »*, dit-on au château : *« L'objectif est de devenir un site énergétiquement positif. Avec 3 000 mètres carrés de tuiles photovoltaïques, on devrait produire 20 % d'énergie de plus que nos besoins. C'est une partie du projet, c'est une démarche citoyenne. De la même façon, au vignoble, on remet tout en culture, plus d'herbicides, on ne fait plus de traitements systématiques. »*

L'assemblage de Montrose est exactement celui de l'encépagement de la propriété : 65 % cabernet-sauvignon, 30 % merlot, 4 % cabernet franc, 1 % petit-verdot.

16,5/17 – Nez cerise, fruité, un peu de baies noires, bouche tendue, fraîche fine, pas trop extraite, de la densité, assez solide, pas très éclatant mais avec du potentiel.

14,5/15 – **La Dame-de-Montrose** est à 44 % cabernet-sauvignon, 56 % merlot. Épices, fruits noirs, assez éclatant, bouche fraîche, tendue, joli fruit, pas très dense mais bien fruitée.

– *Dégustation d'avril 2010*

17 – Fruits noirs, épices, séveux, bouche ronde, tendue, épices, serrée, solide, tanins mordants, plein, joli fruit.

15 – **La Dame-de-Montrose**. Fruits noirs, un peu confit, souple, rond, vif, cerise, bouche d'une densité moyenne mais finale relevée.

Millésime 2009

– *Dégustation d'avril 2010*

Jean-Bernard Delmas : *« L'idée, c'est d'ouvrir la fenêtre de la dégustation, faire des vins de garde sans avoir besoin d'attendre vingt ans pour les boire. »* Le domaine a produit 72 % de grand vin. 65 % cabernet-sauvignon, 29 % merlot, 5 % cabernet franc, 1 % petit-verdot.

18 – Fruits noirs, violette, bouche très fruitée, dense, tannique et tonique. C'est un Montrose avec beaucoup de tanins, mais équilibré frais, dense, long. Le style classique sans les impuretés d'autrefois.

15 – **La Dame-de-Montrose**. 82 % de merlot 18 % de cabernet-sauvignon. Fruits noirs, violette, Zan, bouche ronde, douce, souple bien fruitée, gourmande, belle matière veloutée, long.

Archives

– Dégustation « exceptionnelle » de juin 1997

Millésime 1945

16,5 – Grenat tuilé. Nez café, cacao, viande rôtie, porto, truffe, complexe, donnant une impression de grande maturité. Plein, dense, beaucoup de matière encore, note chocolaté, tanins serrés, quelques pointes de sec qui ne gênent pas, beaucoup de fruits qui s'expriment dans une gamme confite et confiture. Vin musclé mais avec de la finesse.

Millésime 1947

16 – Robe brique foncée. Nez thym, raisin sec, truffe, pâte de fruits. Bouche dense, tanins rugueux, puissants, un peu bouledogue, vivacité, saveurs de chocolat et de cerise confite. Beaucoup de matière encore, plus en rusticité qu'en élégance, de belles saveurs.

Millésime 1949

17 – Le noir des cerises, reflet brun. Nez viande rôtie, café, pain d'épice, torréfaction, cuir, figue, pruneau. Bouche souple, note de vieux bois, structure encore assez fraîche, long, beaucoup de fruit, fondu mais pas usé, très savoureux malgré une finale qui commence à durcir.

Millésime 1953

14,5 – Grenat foncé, tuilé. Nez compote, tarte Tatin, cannelle, pomme chaude, note viandée. Bouche ronde, tendre, structure en retrait, un peu usé, évolue vite dans le verre sur des notes végétales, tanins ridés. À boire sans carafer.

Millésime 1955

18 – Nez épices, viande rôtie, cacao, muscade, truffe, cannelle. Vif, dense, structure très peu usée, tanins fondus mais serrés, voluptueux en bouche, gras, ample, un peu dans le style 70, long, gras, délicat, très frais.

Millésime 1957

15 – Grenat tuilé. Nez épices, rose jaune, cerise, noyau. Rond, tendre, souple, fin, élégant, très fondu, doux et chocolaté, très saveurs, avec des notes de fruits cuits et confiturés. Très agréable même si cela n'a pas la « race » d'un très grand comme 59.

Millésime 1959

17 – Grenat tuilé. Nez épices, cannelle, arachides, fleurs séchées, poivre, assez oriental. Bouche : café en saveur dominante, gras, plein, bien dense, tanins gras et moelleux pas usés par le temps. Il rappelle, par sa douceur et son élégance, certains 78 d'autres domaines avec une sensation de maturité, de confit en plus, long, jeune, en pleine forme.

Millésime 1961

16,5 – Grenat noir, brique. Nez cuir, cachou, crayon, truffe, moka, confiture de fraise, s'ouvre à l'agitation sur des notes florales. Très fin, fruité, frais, dense, structure bien présente marquée par des tanins jeunes, vifs et une acidité présente. On imagine assez bien que ce vin « à l'ancienne » a dû être imbuvable jeune. À présent, on apprécie sa fraîcheur, sa complexité et son élégance.

Millésime 1962

15 – Robe brique foncée. Nez cacao, chocolat, épices douces. Très doux, fin, gourmand, structure amincie, vin souple en attaque, assez marqué alcool, tanins commencent à sécher en finale. Commence à décliner mais reste délicieux.

Millésime 1964

17– Nez rose séchée, poivre, un peu oriental, très séduisant. Bouche tendre, souple, fondu, tanins moelleux, gras, fin, rond, vin très élégant, à maturité aujourd'hui, ample et souple, structure très droite encore avec une acidité gommée par la douceur des tanins, finale légèrement chocolatée. On se régale.

Millésime 1966

15 – Beau grenat, couleur fraîche. Nez poivre, fruits mûrs, truffe, évolue assez vite vers des notes terreuses. Rond en attaque, sensation de soyeux au départ, astringence en finale. Déjà bien évolué. Beaucoup de saveurs dans ce vin qui doit être bu.

Millésime 1970

18 – Grenat noir. Nez goudron chaud, cuir, café, nez puissant et prenant, muscade, magasins d'épices. Dense, puissant, solide, soutenu par une bonne acidité, tanins solides et sans aspérités, équilibré, pas encore à son maximum. Une facture très classique « à l'ancienne » et un des plus beaux 70 du Médoc.

Millésime 1971

15,5 – Nez prune, fruits confits, pétales de rose, fleurs séchées, nez fin, délicat. Ample, gras, soyeux, à son maximum aujourd'hui, dans la lignée de 76, un peu d'acidité en finale, qui se sent en dégustation, mais certainement pas au cours d'un repas.

Millésime 1975

15 – Grenat foncé, nez d'épices, café, rose séchée, réglisse, gras, dense, assez riche en alcool, un vin puissant en bouche, imposant et même un peu massif. Très agréable mais pas le plus fin de la bande.

Millésime 1976

16 – Grenat, épices, résine de pin, note animale, fourrure, cannelle, un bouquet de vin mûr qui conserve de la complexité, la bouche attaque sur des tanins très fondus, tendres mais qui se durcissent ensuite. On ressent l'effet millésime, la sécheresse de 1976 qui a bloqué la maturité des tanins. Il a été vendangé vers le 12 septembre, avant l'arrivée des pluies qui mettaient fin à cet été infernal.

Millésime 1978

18,5 – Grenat foncé, jeune. Nez épices, rose séchée, muscade, note épicée et florale. Vif, net, rond, gras et élégant, finesse, beaucoup de fruits, note muscatée, très belle structure délicate et solide. Un peu l'envers du puissant 70, plus Talleyrand qu'Attila.

Millésime 1979

15,5 – Grenat très jeune. Nez vineux, grillé, pomme chaude, moins expressif que le 78. Bien rond en attaque, jeune, un peu rustique, tanins et acidité se renvoient la balle. Vin à venir, pas à son top, mais il lui manque la chair des grands millésimes.

Millésime 1981

16,5/17 – Nez vineux, truffe, mine de crayon, confiture de raisin. Rude, puissant en bouche, tanins serrés, dense, belles saveurs confites et café, cacao, le boisé a marqué les saveurs, finale encore peu fondue. Un vin très jeune, austère, bien équilibré, pas de tanins séchants. Correspond assez à l'image que l'on se fait volontiers de Montrose : puissant et rude.

Millésime 1982

17 – Grenat noir, robe très sombre. Nez épices, roses séchées, café, cacao, thé, tabac, nez bien complexe. Gras, dense, tanins plus enrobés que dans le 81, puissant, dans le style 70, donne l'impression d'une grande maturité des raisins. Beaucoup de tanins mais sans aspérités.

Millésime 1985

14,5 – Grenat très foncé, un peu tuilé. Nez bouillon de bœuf, poivron vert, iode, fermé et réductif. Vif, net, agréable mais pas très dense, chocolat, un peu évolué, charmeur mais un peu léger.

Millésime 1986

19 – Grenat noir. Nez de grillé, bois, arachides, fruits secs, muscade. Vif, plein, note cacao, puissant, dense, réglisse, tanins serrés et moelleux, structure très solide, peu fondu, très jeune, bien équilibré, concentré. Un vin qui laisse deviner une matière première superbe. Grande bouteille mais encore assez loin de son apogée.

Millésime 1987

14 – Nez chocolat, réducteur, épices, végétal. Rond en attaque, un peu terreux, solide, dense, très fermé avec une finale sèche. Sans jamais atteindre le grandiose, ce vin devrait se présenter mieux dans deux ou trois ans. Mauvaise passe pour l'instant.

Millésime 1988

18 – Grenat noir. Nez cacao, cerise, prune rouge. Plein, gras, ample, notes florales, cassis, réglisse, cerise cuite, long, doux, très belle structure qui allie solidité et finesse, très élégant. Grand vin classique un peu costume croisé, mais signé d'une sacrée étoffe.

Millésime 1989

17 – Nez cuir, prune rouge, tabac, épices, cacao. Très gras, rond, ample, large en bouche, fondu, pas mal d'alcool, long, beau fruit, cerise confite. Un vin un brin méridional, généreux, très agréable.

Millésime 1990

17,5 – Grenat foncé. Nez mûre, prune rouge, cuir, fruits confits, framboise, nez très jeune. Opulent, ample, très extrait, beaucoup de fruits, long, dense, tanins moelleux. Le fond bien structuré de Montrose avec un peu de folie méridionale en plus, café, havane. Sensation de grande maturité.

Millésime 1991

15,5 – Nez épices, cassis, vanille, groseille, menthe, eucalyptus, assez sauvage. Bouche ronde, du gras, souple, assez fondue, très agréable, délicat, souple, vin presque prêt, finale résine, cèdre. Le plus aimable des Montrose de la décennie. De par sa situation particulière en bordure du fleuve, Montrose a moins gelé que d'autres domaines : *« À la récolte, on avait une très bonne maturité. »*

Millésime 1992

14,5 – Grenat foncé. Nez épices, violette, cerise, très fruit. Rond, tendre, souple, plaisant, très réglisse, un peu sec en finale, pas tout à fait fondu, tanins un peu sévères, un peu justes en maturité.

Millésime 1993

16 – Nez épices, poivre, viande rôtie, tabac, fruits macérés, bois, puissant. Attaque de bouche assez fine qui se referme ensuite, tanins très serrés, long, austère, très structuré. Un Montrose bien classique.

Millésime 1994

16,5 – Nez tabac, épices, réglisse, fruits cuits. Gras, rond, bien plein, tanins serrés qui se sont adoucis depuis notre précédente dégustation, finale refermée, droit, équilibré, classique.

Millésime 1995

18 – Nez menthe, réglisse, cerise cuite, mûre. Bouche très dense, matière serrée, concentrée, tanins bien présents mais ronds, long. Vin très concentré et fin à la fois, un peu refermé.

Crus bourgeois ou ex-bourgeois de saint-estèphe

ANDRON BLANQUET

Surface : 16 ha
Propriétaire : Domaines Audoy
Contact : Bernard Audoy
33180 Saint-Estèphe
05.56.59.30.22 – cos-labory@wanadoo.fr

Appartient aux Domaines Audoy (Cos-Labory). Longtemps considéré comme le second vin de Cos, il est devenu depuis quelques millésimes une entité à part, ne dépendant que de son terroir. Régulier, proposé à un prix très raisonnable, il fait partie des bonnes affaires des foires aux vins.

Millésime 2000

– *Dégustation d'avril 2001*

14,5 – Nez bien exprimé de fruits noirs, costaud en bouche, tanins bien présents, bien dense, un bon vin pour les plats du Sud-Ouest.

Millésime 2001

– *Dégustation d'avril 2002*

Bernard Audoy : *« Le pourcentage des merlots a augmenté de 5 %, ils étaient superbes, on en a profité. »* 45 % merlot, 55 % cabernet-sauvignon.

15 – Expressif et bien ouvert au nez. Texture solide, concentrée, mais sans dureté ni sécheresse, finale réglissée. En progrès sur 2000.

Millésime 2002

– *Dégustation d'avril 2003*

45 % merlot, 55 % cabernet-sauvignon, 20 % de barriques neuves.

14 – Café, épicé, cuir frais, bouche tannique, ample, large, puissante, un fruité pas très éclatant à ce stade mais de la structure.

– Dégustation d'avril 2005

15 – Réglisse, floral, bouche droite, fraîche aux tanins fondus, saveurs bien marquées d'épices et de fruits noirs. Déjà très agréable.

– Dégustation de juin 2006

14,5 – Chocolat noir, résine, épices douces, bouche ronde, légère, élégante, bien fruitée, pas d'une densité exceptionnelle mais bonne tenue et harmonie.

Millésime 2003

– Dégustation d'avril 2004

33 % merlot, 66 % cabernet-sauvignon.

15 – Prune, épices, bouche tendre, bien fondue, tanins doux, des notes de grillé, fin, très savoureux.

– Dégustation de juin 2006

14,5 – Fruits noirs, chocolat, bouche tendre, délicate, joli fruit, fraîcheur, équilibre, finale resserrée un peu rugueuse.

Millésime 2004

– Dégustation d'avril 2005

13,5 – Fruits noirs, violette, un assez joli nez. La bouche est tendre, souple, les tanins sont sensibles à la dégustation. L'ensemble manque un peu de chair à ce stade.

Millésime 2005

– Dégustation d'avril 2006

58 % cabernet-sauvignon, 42 % merlot. « *Pour l'élevage, on a fait quelque chose d'assez original : on utilise 27 % de barriques neuves et le reste est laissé en cuve pour préserver le fruit.* »

15 – Violette, fruits noirs, en bouche tanins doux et tendres en attaque, plus serrés ensuite, finale fraîche, intense sur des notes de gelée de mûres.

Millésime 2006

– Dégustation d'avril 2007

13,5 – Violette, épices, fruits confits, bouche douce, tendre, très soyeuse en attaque, fini un peu sec. 30 % merlot, 42 % cabernet-sauvignon, 20 % cabernet franc.

Millésime 2007

– Dégustation d'avril 2008

« On a vendangé très tard : les 27 et 28 septembre, puis repris le 1er et le 2 octobre, ensuite on est repartis le 8 et on a fini le 15, pour les cabernets francs », commente Bernard Audoy. 40 % merlot, 40 % cabernet-sauvignon, 20 % cabernet franc.

14,5/15 – Réglisse, violette, bouche ronde, souple, tendre, bien fondue ; vin harmonieux, où l'on n'a pas cherché à extraire ce qui n'existe pas.

– Dégustation d'avril 2009

14,5 – Fruits noirs, épices, moka, bouche souple, tendre, bien fruitée, fraîche, gourmande.

Millésime 2008

– Dégustation d'avril 2010

45 % merlot, 40 % cabernet-sauvignon, 15 % cabernet-franc.

13,5/14 – Boisé qui ressort car sorti de colle la semaine passée, bouche ronde, souple, légère, pas très dense mais bien fruitée, un peu séchant.

Millésime 2009

– Dégustation d'avril 2010

32 % merlot, 58 % cabernet-sauvignon, 10 % cabernet franc. 14,51° d'alcool. *« Avec notre sous-sol calcaire, on a plus d'alcool »*, dit Bernard Audoy.

14,5 – Nez pas très ouvert, bouche ronde, souple, soyeuse en attaque, un peu plus fermée ensuite, frais, souple, bien rond, agréable.

CHÂTEAU L'ARGILUS-DU-ROI

Surface : 5 ha
Propriétaire : José Bueno
Contact : José Bueno
6, rue du Luc
33250 Cissac
05.56.73.49.78 – www.chateaulargilusduroi.com

Mouton, c'était sa vie. « *Mouton, c'était ma vie !* »

José Bueno est resté vingt-trois ans à Mouton-Rothschild. « *Entré en 1976 et parti en 1999* ». Mais, à la fin, il ne dormait plus la nuit. Non pas à cause de Mouton, mais à l'idée de le quitter. « *J'ai mis deux mois à prendre ma décision !* » Il ne voulait pas en partir et pourtant il devait, c'était impératif : « *J'avais envie de faire mon vin. C'était devenu une obsession, comme une petite flamme en moi.* » José est assis dans la salle de réception de L'Argilus, son épouse a préparé un « petit » casse-croûte. Il s'excuse que tout ne soit pas encore fini mais quand on reviendra, ce sera parfait. La salle est en hauteur, on domine le vignoble de saint-estèphe, on goûte. José raconte la petite propriété d'oliviers en Espagne que ses parents avaient laissée en fermage. Son père avait aussi des raisins de table que les Américains achetaient. « *Un jour, ils n'ont plus acheté. Alors mon père est venu en France pour travailler. Il est venu avec un groupe de vendangeurs.* » Ils sont arrivés ici par étapes. Son père est resté. La cave coopérative l'a embauché. Il en est devenu le vinificateur. « *C'est quelqu'un de fabuleux. Partout où il est passé les gens l'ont aimé, un gros travailleur, très droit, très juste. Ce n'est que du bonheur quand on est en famille, avec mes sœurs. Je me suis fait plaisir et je lui ai fait peut-être plus plaisir à lui qu'à moi.* »

En 1996, José rencontre un « *petit papy* » à qui il restait 80 ares de vignes. Le papy lui propose de reprendre la suite, de devenir exploitant. C'était deux mois avant les vendanges et José n'avait rien, pas de matériel, pas de local, pas de cuve. C'est un autre papy à Saint-Estèphe, à la retraite depuis 1989, qui l'a dépanné, lui passant local et matériel en attendant qu'il récupère d'autres vignes et puisse s'installer dans son propre chai. « *En 2005, j'ai fait bâtir ici. On a 5 hectares aujourd'hui.* »

José est un inconditionnel de la dégustation des baies. On l'a initié à Mouton : « *On décortique les baies, on goûte les pépins.* » Ce n'est pas la seule chose qu'il pratique *« comme à Mouton »*. Il y a aussi les effeuillages, les vendanges vertes, *« et la vendange manuelle avec les petites cagettes »*.

Le nom, L'Argilus, vient d'une observation dans une parcelle. Il a délimité un vaste cercle où la vigne pousse plus vite qu'ailleurs. Un jour, il a creusé pour voir le sol en coupe. De l'argile, comme un gros ballon posé là : *« On dirait une boule de pétanque géante. Elle se trouve au milieu d'un terroir de graves. »* Le nom de famille de sa mère est Del Rey : *« On l'a francisé en du-Roi. »*

Millésime 2005

– Dégustation d'avril 2010

16,5/17 – Fruits noirs, note de grillé, encore fermé, bouche tendre, souple, bien fondue, tanins doux, élégant, des notes fumée, longue. Fin, bien fruité, très bel élevage.

Millésime 2006

– Dégustation d'avril 2010

16 – Fermé, bouche souple, élégante, tendue, vive, épicée, longue, serrée, frais et fin.

Millésime 2007

– Dégustation d'avril 2008

14,5/15 – Réglisse, épices, poivre, bouche douce en attaque, bien garnie, tendue, finale un peu osseuse mais l'élevage va lui faire du bien.

– Dégustation d'avril 2010

15 – Assez ouvert, merlot, chocolat, 55 % merlot et 40 % cabernet-sauvignon, 5 % de petit-verdot, en général en 2007 un peu plus de merlot. Bouche souple, ronde, le boisé marque assez le vin, gourmand, bonnes saveurs.

Millésime 2008

– Dégustation d'avril 2010

16,5/17 – Fruits noirs, note de violette, floral, bouche souple, élégante, vive, tendue, serrée, joli vin à venir, très beau fruit.

Millésime 2009

– Dégustation d'avril 2010

17 – Fruits noirs, violette, élégant, tendu, frais, fin, droit, réglissé, bien fruité, tanins très soyeux, tout en longueur.

Beau-Site

Surface : 35 ha
Propriétaire : Famille Castéja
Contact : Borie-Manoux
86, cours Balguerie-Stuttenberg
33082 Bordeaux Cedex
05.56.00.00.70 – domaines@borie-manoux.fr

Situé sur une croupe proche de Calon-Ségur, Beau-Site est, comme son nom l'indique, bien situé. Philippe Castéja, qui gère les nombreuses propriétés de la famille, a entrepris ici comme ailleurs d'accroître la qualité. Nouveau chai à barriques, installations modernisées et intervention à tous les étages de Denis Dubourdieu, œnologue, vigneron lui-même et professeur à la faculté d'œnologie. Si, dans certaines propriétés, les conseils de Denis sont plus ou moins suivis d'effet (surtout quand il s'agit d'investir), ici, on ne discute pas : *« Avec Philippe, il n'y a pas de discussion. Il est pressé et efficace. Quand on préconise, dans la semaine, c'est réalisé… »*

Millésime 2000

– Dégustation d'avril 2001

14 – Nez marqué par la barrique, bouche dense, puissante, riche, plus en puissance qu'en finesse.

Millésime 2003

– Dégustation d'avril 2004

14/14,5 – Nez puissant de réglisse et de violette, Zan, bouche souple, tendre ample, assez chaleureuse. Ensemble gourmand et fondu.

Millésime 2004

– Dégustation d'avril 2005

34 % merlot, 63 % cabernet-sauvignon, 3 % petit verdot.

15 – Minéral, gelée de cassis, mûre ; bouche onctueuse, tanins bien enrobés, un beau bouquet de fruits noirs. Vin gourmand à la structure moelleuse.

Millésime 2005

– Dégustation d'avril 2006

69 % cabernet-sauvignon, 29 % merlot, 3 % petit-verdot, 2 % cabernet franc.

15 – Nez fermé, bouche serrée, élégante, tanins denses, un peu austère à ce stade, mais prometteur.

Millésime 2006

– Dégustation d'avril 2007

25 % merlot, 71 % cabernet-sauvignon, 3 % cabernet franc, 1 % petit-verdot.

13,5 – Cassis, olive noire, bouche ronde, souple, bien fondue, pas très dense mais fruitée, petit creux en milieu de bouche.

Millésime 2007

– Dégustation d'avril 2008

14 – Fruits noirs, violette, bouche douce, tendre, frais, bien fait, joli fruit.

Millésime 2008

– Dégustation d'avril 2009

14 – Fruits noirs, cassis, bouche poivrée, serrée, note grillée, assez touffu, dense, petits tanins serrés, devrait bien évoluer. Prix pas encore fixés.

Millésime 2009

– Dégustation d'avril 2010

70 % cabernet-sauvignon, 24 % merlot, 3 % cabernet franc, 3 % petit-verdot.

14 – Fruits noirs, épices, assez solaire, bien fondu. Agréable, rond, bonne longueur.

Le Boscq

Surface : 18 ha
Propriétaire : Union française de gestion
Contact : Vins et Vignobles Dourthe
35, route de Bordeaux – Parempuyre
33295 Blanquefort Cedex
Tél : 05.56.35.53.00 – www.dourthe.com

Avec ce goût du secret qui caractérise les entreprises françaises, il est parfois bien difficile de savoir qui est qui et qui possède quoi. Un titre de noblesse ou un cardinal de la Sainte Église romaine peuvent cacher, et c'est le cas bien souvent, une cave coopérative fondée dans le plus pur esprit radical-socialiste. Derrière le sigle GFA, Groupement foncier agricole, il ne faut pas toujours s'attendre à trouver une poignée d'hommes en bottes et cottes à bretelles sachant du premier coup d'œil reconnaître un Deutz Agrotron M640 de 170 chevaux d'un MK3 de 135 chevaux seulement. Ainsi pour le GFA Le Boscq, ceux qui le dirigent savent mieux compter les choux que les planter à la mode de chez nous. Il s'agit en effet de l'Union française de gestion, sise boulevard Haussmann, à Paris, et dont le métier consiste à faire pousser des « produits de placement patrimoniaux à long terme ». Ça paie mieux que le lait et l'orge de printemps, paraît-il. Toujours est-il que ces vigoureux paysans de la forte valeur ajoutée ont confié à Dourthe, négociant et gérant de vignobles, le soin de tailler la vigne et vinifier le vin. Ce en quoi ils démontrent ainsi leur bon sens agricole. Dourthe s'occupe de nombreux domaines dont Belgrave, cru classé en haut-médoc. Le Boscq a la particularité d'être le cru le plus au nord de l'appellation saint-estèphe, sur des sols très argileux et fortement plantés en merlot, 65 %, pour 25 % de cabernet-sauvignon et 10 % de petit-verdot.

Second vin : Héritage de Le Boscq

Millésime 2000

– *Dégustation d'avril 2001*

14,5 – Un saint-estèphe agréable, bien bâti, tout en fruit, avec une bouche solide, un tanin gras et de grain serré.

Millésime 2002

– *Dégustation d'avril 2003*

14 – Bien fruité, note violette, plein, dense, chaleureux, un peu chahuté au moment des extractions mais conservant une certaine élégance.

– *Dégustation de juin 2005*

16 – Nous l'avions trouvé un peu chahuté au moment des premières dégustations. Le fruité est toujours bien présent, les tanins sont devenus plus raisonnables. L'ensemble est assez friand et très parfumé.

Millésime 2003

– *Dégustation de juin 2006*

15 – Chocolat, truffe, cigare, cuir, bouche ample, onctueuse, boisé sensible mais sans gêne, une matière généreuse. Plus en densité qu'en finesse, mais pourquoi bouder son plaisir ?

Millésime 2005

– *Dégustation d'avril 2006*

15,5 – Cerise, fraise, bien fruité, bouche souple, ronde, tanins bien fondus, beaucoup de maturité, finale assez serrée sur un fruité éclatant.

Millésime 2006

– *Dégustation d'avril 2007*

15,5 – Réglisse, poivre, café, joli nez, chocolat, un peu pomerolais, bouche douce, onctueuse, beau vin, garni, gras, belle matière, tanins généreux, saveurs rehaussées par un bois maîtrisé.

Millésime 2007

– Dégustation d'avril 2009

14,5/15 – Nez cèdre, fruits confits, bouche ample, souple, bien ronde, onctueuse, riche en alcool, assez droit, bonnes saveurs.

Millésime 2008

– Dégustation d'avril 2009

15 – Fruits noirs, gelée de mûres, bouche ronde, garnie, tanins gras, fraîcheur, souplesse, mais de la matière derrière, bonne longueur et fruit préservé.

CAPBERN-GASQUETON

Surface : 41 ha
Propriétaire : Famille Capbern-Gasqueton
Contact : Denise Capbern-Gasqueton
33180 Saint-Estèphe
05.56.59.30.08 – calon-segur@calon-segur.fr

Même propriétaire que Calon-Ségur. Pour des raisons obscures, ce cru très bien situé sur des graves qui dominent la Gironde, pour une bonne part, avait été condamné aux oubliettes. Il revient à la lumière. Le chai a été refait, un nouveau cuvier est en construction. Vincent Millet, directeur technique des domaines, le serre de près, veillant à ce qu'il ne produise pas trop, compte tenu d'une densité de plantation à 6 500 pieds par hectare, ce qui, sans être trop faible, se situe tout de même un peu en dessous de la norme pour les grands vins.

Millésime 2009

– Dégustation d'avril 2010

Vincent Millet a opéré une sélection « *drastique* » : 12 % de cabernet franc, 60 % de cabernet-sauvignon, 28 % de merlot, 50/50 en barriques neuves, 13,5°. « *L'objectif est de lui redorer son blason d'antan.* »

14,5/15 – Fruits noirs, extraction douce, séveux, bouche souple, onctueuse, chocolatée, long.

CLAUZET

Surface : 28 ha
Propriétaire : Baron Velge
Contact : Château Clauzet-Leyssac
33180 Saint-Estèphe
05.56.59.34.16

En 1997, le baron Maurice Velge, administrateur de sociétés et industriel dans le secteur maritime en Belgique, rachète deux domaines entourés de quelques parcelles : Clauzet et de Côme. Il a ensuite une seconde bonne idée : confier la direction technique à José Bueno dont vous lirez les aventures à L'Argilus-du-Roi. Aujourd'hui Clauzet, après le rachat d'autres parcelles, couvre 28 hectares de vignes et s'affirme comme un des meilleurs de saint-estèphe. Seule ombre au tableau pour Maurice, l'annonce de sa mort, en fait celle d'un homonyme patron d'un groupe métallurgique en mai 2010, dans la presse belge.

Millésime 2001

– Dégustation d'avril 2002

14 – Un joli fruit au nez, corps un peu mince, finale sur le fruit, longueur moyenne.

Millésime 2003

– Dégustation d'avril 2004

14,5 – Nez épicé, fruits noirs, bouche tendre, souple, élégante, tanins soyeux surtout en première séquence, la finale est un peu plus chargée, mais l'ensemble reste élégant.

– *Dégustation de juin 2005*

15 – Épices douces, note cannelle, Zan, bouche fraîche, ronde, tendre en attaque, des notes de fruits noirs, la bouche se resserre ensuite pour finir un peu austère.

Millésime 2005

– *Dégustation d'avril 2006*

15 – Épicé, réglisse, note de violette, bouche tendre en première séquence, tanins gras qui se resserrent en finale. Un vin complet, qui a besoin d'élevage. C'est un peu la caractéristique de ce cru, impeccable après élevage.

Millésime 2006

– *Dégustation d'avril 2007*

15,5 – Épices, grillé, bouche douce, moelleuse, tendre, pas trop extrait, élégant, soyeux, bien fait, un peu acide, mais bonne tenue, joli grain de tanins.

Millésime 2007

– *Dégustation d'avril 2008*

15 – Fruits confits, fraise, bouche douce, du volume, moelleux, tendre, fondue, joli fruit, un peu trop de bois mais bien fait. Bonne longueur.

Millésime 2009

– *Dégustation d'avril 2010*

15 – Fruits noirs, violette, bouche suave, bien fondue, pas d'une densité impressionnante, mais équilibré, bon fruit.

Coutelin-Merville

Surface : 28 ha
Propriétaire : Famille Estager
Contact : François et Bernard Estager
Blanquet – 33180 Saint-Estèphe
05.56.59.32.10

On retrouve des Estager du côté de Pomerol, des familles venues de Corrèze comme tant d'autres, dispersée aux différents coins du vignoble. Ici, il y eut Pierre, puis Antonin dans les années 20, puis Guy, puis François et Bernard, plus récemment. Le domaine s'est agrandi au fil des générations et amélioré en qualité avec la dernière. Non pas que Coutelin fût médiocre, il est même d'une grande régularité, mais les vins semblent plus harmonieux sur les derniers millésimes.

Second vin : Château Merville

Millésime 2001

– Dégustation d'avril 2002

14,5 – Rouge sombre. Nez de fruits noirs, texture élégante, de la race, finale un peu trop dominée par un boisé imposant.

– Dégustation de juin 2005

14 – Mûre, violette, bouche fraîche, ronde, bien fruitée, plus en élégance qu'en densité.

Millésime 2003

– Dégustation de juin 2006

14 – Fruits noirs, beurre, pâtisserie, note poivrée, bouche épicée, poivrée, tanins serrés un peu rugueux. Vin de caractère.

Millésime 2005

– Dégustation d'avril 2006

14 – Violette, épices, gras, rond, gourmand, un beau bébé joufflu, onctueux et flatteur.

Millésime 2006

– *Dégustation d'avril 2007*

14,5/15 – Violette, grillé, bouche ronde mais sur un support tannique, vigoureux, puissant, se développe en bouche, du gras, bonne tenue, long.

Millésime 2008

– *Dégustation d'avril 2009*

14 – Fumé, boîte à cigares, ces mêmes notes de fumée en bouche, suie, pas très dense mais bon fruit, assez long.

Millésime 2009

– *Dégustation d'avril 2010*

16 – Mûre, brioche, pain d'épice, bouche ronde, moelleuse, bonne matière avec des tanins moelleux, veloutés et de la fraîcheur, bonne longueur, finale sur les épices et les fruits noirs. Vin équilibré, généreux et frais.

Le Crock

Surface : 32 ha
Propriétaire : Famille Cuvelier
Contact : Didier Cuvelier
Château Léoville-Poyferré
33250 Saint-Julien
05.56.59.08.30 – www.leoville-poyferre.fr

En 2003, anniversaire. Un siècle que ce cru appartient à la famille Cuvelier (voir Léoville-Poyferré). Le cuvier a été entièrement refait en 2001 et le vin a gagné en précision sans perdre pour autant de sa gourmandise. Voisin de Montrose et de Cos-d'Estournel, le château est magnifique, le terroir ne l'est pas moins. *« Il avait été classé 5e cru en 1845, le propriétaire de l'époque n'avait pas fait assez de lobbying et il n'a pas été retenu en 1855 »*, s'amuse Didier Cuvelier. En fouillant un peu, je l'ai même retrouvé mieux placé : au rang de 3e dans le classement Prefet's Survey de 1849 (voir à ce sujet *1855,*

Histoire d'un classement, de Dewey Markham, éditions Féret), un des nombreux préclassements qui ont précédé 1855.

Second vin : La Croix-Saint-Estèphe

Millésime 2000

– *Dégustation d'avril 2001*

15,5 – Nez de fruits mûrs compotés, cerise et rose rouge, beaucoup de charnu, mais élégant, avec une jolie finale épicée.

Millésime 2001

– *Dégustation d'avril 2002*

14 – Rendements raisonnables, 48 hl/ha. « *On a eu très peu d'eau lors des pluies du dernier week-end de septembre. Le nord du Médoc a été assez épargné.* » Beaucoup de fruit au nez, de la finesse, assez souple, finale un peu amère.

– *Dégustation d'avril 2003*

15 – Orange, menthe, bouche ronde et assez pleine, plus aimable que l'an passé, des notes chocolat à la menthe en finale. Un joli vin qui peut se boire assez jeune.

Millésime 2002

– *Dégustation d'avril 2005*

14 – Nez frais, violette, bouche soyeuse, assez élégante, tanins rugueux en finale bien qu'une certaine sucrosité adoucisse l'ensemble.

Millésime 2003

– *Dégustation d'avril 2004*

« *On a pas mal d'argile en sous-sol, les vignes ont eu une alimentation en eau régulière et ont peu souffert de la canicule* », explique Didier Cuvelier.

14 – Nez bien parfumé, bouche d'une bonne densité, pas très nerveuse mais gourmande. Ensemble charmeur.

– *Dégustation de juin 2006*

15 – Cuir jeune, fruits noirs, note truffée, bouche dense, assez extraite, tanins bourrus, serrés mais arrondis par l'alcool. L'ensemble devrait faire une agréable bouteille vers 2008.

Millésime 2005

– *Dégustation d'avril 2006*

60 % cabernet-sauvignon, 15 % cabernet franc, 20 % merlot, 5 % petit-verdot.

16 – Très fruits rouges au nez ; en bouche, on ne peut s'empêcher d'écrire que Le Crock est croquant, non pour faire un mauvais jeu de mots, mais parce que c'est la réalité. Petits tanins frais, vifs et ces saveurs de groseille qui donnent l'impression de manger le fruit.

Millésime 2006

– *Dégustation d'avril 2007*

14 – Très fruits rouges, souple en bouche, tendre, qui pourra se boire assez jeune. 63 % cabernet-sauvignon, 22 % merlot, 10 % cabernet franc, 5 % petit-verdot.

Millésime 2007

– *Dégustation d'avril 2008*

64 % de cabernet-sauvignon, 10 % cabernet franc, 5 % petit-verdot.

14,5/15 – Nez floral, fruits rouges, assez profond, beau fruit en bouche sur une structure souple mais serrée, joli grain, finale un peu séchante.

– *Dégustation d'avril 2009*

14,5/15 – Bien parfumé, fruits confits, bouche ronde, souple, agréable, fruité assez linéaire, finale un peu rugueuse mais bon vin, qui se boira assez rapidement.

Millésime 2008

– *Dégustation d'avril 2009*

Vendangé du 8 au 22 octobre. 57 % cabernet-sauvignon, 23 % merlot, 15 % cabernet franc, 5 % petit-verdot.

16 – Fruits noirs, bouche douce, pas trop extrait, tanins veloutés qui supportent un joli fruit.

Millésime 2009

– *Dégustation d'avril 2010*

14,5/15 – Fruits noirs, épices, bouche bien ronde, souple, assez mûre, moelleux, gras. 58 % cabernet-sauvignon, 30 % merlot, 6 % cabernet franc, 6 % petit-verdot. 13,8°.

Domeyne

Surface : 9 ha
Propriétaire : Claire et Gonzague Lurton
Contact : Claire Villars-Lurton
33180 Saint-Estèphe
05.56.59.72.29

En 2007, Claire Villars et son mari, Gonzague Lurton, ont renforcé un peu plus le mouvement de concentration capitaliste viticole tel que le définissait Marx page 372 du *Capital* en rachetant ce cru d'une dizaine d'hectares en saint-estèphe. Gonzague, caractère fort, dirige Durfort-Vivens, cru classé en margaux. Claire, fort caractère, s'occupe de Haut-Bages-Libéral, cru classé en pauillac, et de Ferrière, idem en margaux : *« Il y a 5 hectares de magnifiques, très, très belles graves »*, dit-elle avec cette faconde bien personnelle où les adverbes sont systématiquement doublés.

Stefano Ruini, directeur de production à Haut-Bages, s'occupe de Domeyne, ce qui ne doit pas être de tout repos à moins de posséder très très bien l'art de la synthèse.

Second vin : Château Faget

Millésime 2001

– *Dégustation d'avril 2002*

14 – Bouquet floral, doux, féminin. Bouche plus drue, extraite jusqu'à une finale serrée mais un peu sèche.

Millésime 2003

– Dégustation de juin 2006

14 – Chocolat, poudre de riz, plein, dense, épicé, une pointe d'astringence en finale qui ne gêne pas.

Millésime 2007

– Dégustation d'avril 2008

14 – Nez myrtille (en barriques depuis fin janvier). Bouche ronde, souple, élégante, très en fruit, droit, joli fruit, souple, sans faiblesse, bon vin d'approche.

Millésime 2008

– Dégustation d'avril 2009

14 – Mûre, myrtille, bouche douce, bien fruitée, souple, veloutée ; pas très raffiné mais gourmand.

Millésime 2009

– Dégustation d'avril 2010

15 – Confit, grillé, cerise cuite, bouche ronde, suave, assez élégante, bonne fraîcheur, long, frais fin, tendu.

HAUT-BEAUSÉJOUR

Surface : 20 ha
Propriétaire : Champagne Roederer
Contact : Philippe Moureau
Château de Pez
33180 Saint-Estèphe
05.56.59.30.26

Premier domaine à Saint-Estèphe racheté par la famille Rouzaud (Roederer). Trois ans plus tard, ce fut le tour de Château de Pez (voir ce cru). Haut-Beauséjour figure le petit-frère de Pez, plus souple, plus rond, plus facile et toujours cette même facture parfaite.

Millésime 2001

– *Dégustation d'avril 2002*

14,5 – Très joli nez, précis, du fruit et du volume. Bouche soyeuse, corps un peu mince, du charme, plaisant et un peu court.

Millésime 2002

– *Dégustation d'avril 2003*

14 – Nez de cerise, assez frais, bouche nette, élégante, des notes grillées et pâtisserie, tanins assez serrés. L'ensemble, à ce stade, manque un peu d'éclat, mais l'élevage devrait le révéler.

Millésime 2005

– *Dégustation d'avril 2006*

15,5 – Épices, grillé, bouche douce, tendre, très joli fruit bien préservé. La structure tannique est solide mais discrète, l'ensemble est très plaisant.

Millésime 2007

– *Dégustation d'avril 2008*

60 % merlot, 40 % cabernet-sauvignon.

15 – Poivre, fruits noirs, bouche douce, bien fondue, tanins doux, très joli fruit, bien relevé en finale, tendu, long.

– *Dégustation d'avril 2009*

14,5 – Joli nez, séduisant, bouche ronde, fluide, souple, bien fondue, bien fruité, simple et facile à boire.

Millésime 2008

– *Dégustation d'avril 2009*

40 % merlot, 50 % cabernet-sauvignon, 5 % malbec, 5 % cabernet franc.

13,5/14 – Fruits noirs, mûre, bien typé saint-estèphe, aimable, bien fruité, un peu sévère en finale.

Millésime 2009

– Dégustation d'avril 2010

40 % cabernet-sauvignon, 60 % merlot.

15 – Friand, tendre, souple, frais, élégant, vif, tendu, tanins assez vifs, épicé.

HAUT-MARBUZET

Surface : 70 ha
Propriétaire : Famille Duboscq
Contact : Henri Duboscq
33250 Saint-Estèphe
05.56.59.30.54
infos@haut-marbuzet.net

L'histoire de Haut-Marbuzet est liée avant tout à celle de deux générations de Duboscq qui l'ont totalement recréé. Initialement existait vers 1815 un vaste domaine de 65 hectares appartenant à un MacCarthy, un Irlandais, comme son nom le laisse supposer. En 1848, ses petits-enfants ont voulu vendre, sans d'ailleurs y parvenir à cause de la crise économique qui sévissait (déjà). Ils ont donc procédé à un découpage en 12 lots plus faciles à disperser : une sorte de vente par appartements. Chaque « nouveau » domaine a pris un nom différent : Tour-de-Marbuzet, Chambert-Marbuzet, MacCarthy-Moula, Hostein-Marbuzet, Eyquem-Marbuzet, Fontanel-Marbuzet, Lalande-de-Marbuis, MacCarthy, Rose-de-Marbuzet, Haute-Grave-de-Marbuzet, Lartigue. Et bien sûr Haut-Marbuzet, qui ne comptait que 7 hectares. Un siècle plus tard (1952), ce tout petit domaine est acheté en rente viagère par Hervé Duboscq, *« ce loup famélique qui était mon père »*, comme le décrit Henri.

Hervé Duboscq a été sous-chef de gare à Langon : *« Les chemins de fer prenaient des jeunes indigents dans les communes, il était une sorte de Gavroche. Après la guerre, il vendait le vin des négociants corréziens. À l'époque, si le client demandait au représentant où était le vignoble, il répondait : à Meymac, près Bordeaux. »* (Meymac est une commune de Corrèze). Les Corréziens avaient eux aussi des allures de loups faméliques. Ils ont relancé le commerce des vins, se sont installés à Bordeaux et surtout à Libourne. Rachetant les domaines et développant leurs affaires, ils ont créé de véritables dynasties. La plus célèbre de ces familles, les Moueix, possède aujourd'hui de nombreux domaines à Pomerol (notamment Pétrus).

De 1952 à aujourd'hui, les Duboscq ont, au fur et à mesure de leurs possibilités financières, racheté les onze autres domaines : *« Au début c'était presque gratuit, à la fin beaucoup moins. Mais, ce qui est amusant, c'est que chacun a été à vendre quand on avait fini de digérer l'acquisition du précédent. »* Le dernier fut Lartigue, et l'ancien Haut-Marbuzet a retrouvé grosso modo son parcellaire d'origine. *« On a 50 hectares sur ce que j'appelle la moyenne terrasse, une croupe qui descend vers la Gironde avec une hauteur moyenne de 17 mètres, une terre de prédilection pour le merlot, car les argiles ne sont pas loin. On a aussi 20 hectares sur la haute terrasse, sur Chambert, où j'ai plus de cabernet-sauvignon. »* Avec des couches de graves importantes. Ces achats successifs pour reconstituer le domaine ont été en partie rendus possibles grâce à une stratégie commerciale fondée sur la clientèle particulière. *« On a un fichier de 25 000 clients, des partisans, des inconditionnels. Grâce à ces gens, je n'ai jamais connu de crise. »*

Une partie des vins, celle destinée à l'export, est traitée par la place de Bordeaux : *« Je ne veux pas traiter l'export en direct. »*

Henri Duboscq est arrivé sur le domaine en 1961 : *« Je portais la hotte. »* Il manie le verbe comme la pipette, adore exagérer, confie qu'il aime le goût des barriques de chêne neuves parce que cela correspond à son *« tempérament d'extraverti »,* raconte que le millésime 82, dur à vinifier, fut *« le taureau bleu de ma vie »* et se souvient de son père, le réveillant à 4 heures du matin pour aller voir les vignes et disant au gamin ensommeillé : *« Tu vois, Henri, tu ne trouveras jamais une femme pour te faire le café à 4 heures du matin… »*

En 1973, son père a pris officiellement sa retraite, *« mais il continuait à goûter pour les assemblages ».* Henri a vraiment vinifié seul à partir de 1982. On a beaucoup parlé du boisé de Haut-Marbuzet, surtout quand celui-ci était un des rares à utiliser le bois neuf à 100 %. On a moins souligné que les Duboscq, pour obtenir une meilleure qualité, avaient créé un second vin, il y a plus de trente ans… Même dans les crus classés, ils n'étaient pas légion à l'avoir fait dans les Sixties. Henri Duboscq, qui avoue une passion pour

Talleyrand et une haine farouche des *« œnarques »,* les faiseurs de vins *« modernes »,* devient encore plus lyrique que de coutume quand il aborde la question de l'assemblage. Extraits : *« Le vinificateur de blanc a des valeurs chrétiennes. Pour faire du rouge, c'est l'inverse. Un bon assembleur doit être corrompu, riche et triomphant, il ne doit pas par exemple forcément éliminer le mauvais vin ou le moyen qui peut sublimer le grandiose… »* Etc. Henri travaille à son tour avec ses fils.

Second vin : MacCarthy

Millésime 2000

– Dégustation d'avril 2001

Henri Dubosq : *« On est toujours à 100 % de bois neuf, cela se sent moins peut-être parce que les barriques sont moins chauffées, je crois surtout que le vignoble vieillit et que le terroir parle plus. »*

55 % merlot, 40 % cabernet-sauvignon, 5 % cabernet-franc.

17 – Nez très frais de cerise écrasée, note de fruits noirs, prune, myrtille, bouche ronde, douce, tapis de tanins soyeux qui porte le fruit très longtemps. Une version très élégante de Haut-Marbuzet.

Millésime 2001

– Dégustation d'avril 2002

16,5/17 – Henri Duboscq aurait-il fait un meilleur vin que l'an passé ? Lui le pense. *« C'est la première fois de ma vie que je ramasse des cabernets-sauvignons aussi mûrs, on a attendu huit jours après la maturité des sucres, pour cueillir aussi les peaux et les pépins à maturité complète. »* Fin des vendanges, en effet, dans les derniers, le 10 octobre. Merlot 40 %, cabernet-sauvignon 50 %, cabernet franc 10 %. Peut-être ces derniers ont-ils apporté ce nez frais, de rose rouge et de cerise ; le bouquet est opulent, mûr, avec un boisé pain grillé gourmand. Bouche tendre et friande à l'attaque, avec une texture racée ; finale au fruit explosif, dotée d'une solide présence de tanins serrés, qui se fondront à l'élevage.

Millésime 2002

– Dégustation d'avril 2003

50 % cabernet-sauvignon, 10 % cabernet franc, 40 % merlot. 46 hl/ha de rendement global sur la propriété. Une partie est dévolue au Chambert-Marbuzet, vin plus immédiat, très fruité.

18 – Réglisse, menthe, fruits noirs, plein, dense mais élégant, des notes épicées qui n'ont plus rien à voir avec le côté moka des Haut-Marbuzet d'il y a dix ans. Plus de fruit, plus de moelleux dans les tanins.

Millésime 2003

– *Dégustation d'avril 2004*

17 – Nez boisé, grillé, résine et fruits noirs, bouche puissante, charmeuse et ample à la fois. Un vin qui allie la structure, la gourmandise et la délicatesse de toucher.

Millésime 2004

– *Dégustation d'avril 2005*

16,5 – Nez très fruité, avec des notes de sucrosité et de confiserie, un boisé délicat souligne les arômes. Bouche puissante, tannique, très ronde et volumineuse. Les tanins, étonnamment soyeux, procurent une sensation de légèreté. La finale sur le fruit et la fraîcheur réveillent les papilles.

Millésime 2005

– *Dégustation d'avril 2006*

Henri Duboscq pense que cela fera partie des 3 ou 4 millésimes de sa vie, avec 1982 et 1990, et que peut-être il n'a jamais produit meilleur vin. 50 % cabernet-sauvignon, 10 % cabernet franc, 40 % merlot.

17,5 – Comme d'habitude et pas comme d'habitude. Le vin des Duboscq a toujours son côté séveux et moins d'exubérance. D'où un Haut-Marbuzet qui, sans renier ses 100 % de bois neuf, a un peu gommé le toasté et habillé un peu plus le milieu de bouche.

Millésime 2006

– *Dégustation d'avril 2007*

Assemblage : 50 % cabernet sauvignon, 40 % merlot, 10 % cabernet franc.

15,5 – Framboise, fruits rouges, joli nez bien parfumé, bouche tendre, un peu light mais équilibrée, le boisé est assez sensible sans trop dominer. Un vin friand, tendre, un peu crochu en finale mais plutôt bien réussi.

– Dégustation d'avril 2008

15 – Cerise, fruits confits, bouche ronde, épicées, souple, dense, tanins un peu sévères en finale.

Millésime 2007

– Dégustation d'avril 2008

« Les conditions n'ont pas été merveilleuses avec le mildiou », dit Henri Duboscq. *« C'était une question de baraka ; si vous traitiez juste avant la présence du parasite, c'était bon, et si c'était le lendemain, c'était fichu, le parasite était dedans. Je n'ai pas fait un colosse, j'ai fait un hédoniste. Si l'hédonisme, c'est la découverte d'une morale par le plaisir, alors bien de mes clients vont se retrouver vertueux cette année. »*

50 % de merlot, 45 % de cabernet-sauvignon et 5 % de franc ; 12,5° d'alcool.

16,5 – Violette, cerise noire, bouche ronde, souple, élégant, bien fruité, doux, joli fruit.

– Dégustation d'avril 2010

16 – Violette, mûre, bouche dense, bien veloutée, belle matière, rond, souple. *« On a fait beaucoup de second vin pour obtenir cela. »*

Millésime 2008

– Dégustation d'avril 2010

17 – Fruits noirs, grillé, cerise noire, bouche épicée, souple, moelleuse, frais, élégant, très joli vin, assez classe. Fraîcheur.

Millésime 2009

– Dégustation d'avril 2010

« En 48 millésimes au compteur, je n'ai jamais vu ça. Je sais : je dis toujours ça, mais cette année c'est vrai ! » Bruno, le fils d'Henri, parvient à interrompre son père : *« On a vendangé les merlots comme tout le monde, mais on a attendu les cabernets. On n'a jamais eu autant de tanins. »*

17 – Fruits noirs, cassis, sucrosité, tarte à la myrtille, bouche ronde, moelleuse, douce, longue, bien crémeuse. Vin long, à la finale bien fruitée, crémeux et persistant. 13,8° en alcool.

Archives

– *Dégustation verticale d'octobre 1996*

Millésime 1961

18 – 60 % de cabernet-sauvignon, entre 15 et 20 hl/ha. Nez résine, framboise, viande rôtie, cacao, pain d'épice, tabac blond. Bien fondu, tanins présents, serrés, belle charpente, solide et onctueux à la fois, évolution linéaire, finale longue et persistante sur des notes havanes et chocolat. Très beau vin, parfaitement harmonieux et encore frais.

Millésime 1964

17 – Vendangé du 29 septembre au 10 octobre. Nez épices, truffe, cacao, fruits frais, viande rôtie, note eucalyptus. Ample, note grillée, bien dense, structure jeune et grasse, pas de sécheresse, souple, délicat, très fin, long. Très beau vin.

Millésime 1966

16 – Nez floral, pauillac, mine de crayon. Très fruité, frais, groseille, belles saveurs un peu bourguigonnes, complexe, délicieux, finale légèrement sèche mais un vrai vin de plaisir, atypique dans la série (70 % de merlot).

Millésime 1967

15 – Nez café, note rancio, agréablement évolué, encore riche avec des notes humus de vieillissement, confit, assez long, finale chocolat au lait. Agréable mais bientôt en fin de course.

Millésime 1970

17,5 – Nez animal, viande rôtie, cuir (une note liégeuse due au bouchon est venue gâcher la fête à l'aération). Puissant, gras, très jeune, tanins serrés, pas de sécheresse, peu évolué. Du solide. Un vin plus en force qu'en finesse, note havane en finale, très long.

Millésime 1972

14,5 – Nez animal, chocolat, grillé et musqué. Assez riche, fruité, harmonieux, matière fondue mais un peu usée. Vin étonnant de consistance pour le millésime, encore bien agréable.

Millésime 1974

12 – Grosse récolte. Clair tuilé. Nez animal, gibier, rafle, confiture. Bouche ronde en attaque mais sèche très vite, vin assez fruité mais décharné.

Millésime 1975

15,5 – Nez végétal, fermé, vineux, mine de crayon. Bouche riche, peu fondue, matière serrée et tanins un peu rustiques, fruits rouges, saveurs fraîches, pas mal d'alcool mais ensemble assez équilibré, charnu, finale pin et résine. Très goûteux.

Millésime 1976

14,5 – Vendanges commencées le 15 septembre, pas de chaptalisation. Nez cognac, rhum, champignons séchés, cacao, cerises à l'eau-de-vie. Belle attaque ronde et grasse, épices et cannelle, s'arrête un peu vite sur des notes chaleureuses. Un peu oriental.

Millésime 1977

13 – Brique, assez dense, pas trop évolué. Nez chocolat, pruneau, assez simple. Bouche agréable, un peu sec, mentholé, assez dense, moins évolué que d'autres 77 que nous avons dégustés en Médoc grâce notamment à une acidité assez importante et qui marque le vin en finale.

Millésime 1978

17 – Vendangé du 8 au 21 octobre. Grenat, légèrement brique, intense. Nez cacao, chocolat, épices, fourrure, pain d'épice, humus. Grains très fins, beaucoup de saveurs, long, riche, pointe d'astringence en finale. Beaucoup de structure et d'élégance dans ce vin encore très jeune.

Millésime 1979

15 – Vendangé du 3 au 19 octobre. Nez violette, vanille, fourrure, cannelle, pruneau, truffe, note animale. Rond, bien plein, riche en saveurs épicées, bien large en attaque et finale resserrée un peu séchante.

Millésime 1980

15,5 – Nez floral, rose rouge, cuisson de confiture, chocolat et cerise, cigare. Souple, violette, réglisse, dense, plaisant, beaucoup de saveurs, très bouchées Mon Chéri, frais, jeune. Remarquable pour le millésime.

Millésime 1981

16,5 – Nez floral, résine, nez plus pauillac que saint-estèphe, assez sévère. Souple, gras, fin, élégant, épicé, souple, jeune, finale chocolatée, délicieux aujourd'hui. Structure bien fondue, beaucoup de saveurs.

Millésime 1982

18 – *« Je n'étais pas équipé pour contrôler les températures : ce millésime, c'est le taureau bleu de ma vie. »* Noir, très dense. Nez viande rôtie, épices, mine de crayon, pain d'épice, grillé, vanille, très complexe. Beaucoup de gras, tanins solides mais sans agressivité, grains soyeux. Un vin onctueux, puissant et rond, très long. Une sorte de concentré des saveurs de Haut-Marbuzet.

Millésime 1983

15 – Nez floral, agrumes, prune, notes d'orange et de mandarine. L'excès de maturité des merlots donne aux arômes une touche rhodanienne. Tendre en attaque, assez plein, solide, rustique avec des tanins un peu mordants, joli fruit bien exprimé en finale.

Millésime 1984

14,5 – Nez viande, humus, note végétale. Tendre, rond, chocolaté, souple, évolué, framboise, fruité, note cabernet-sauvignon pas trop mûr.

Millésime 1985

16 – Nez épices, terre, viandé, rôti, café, floral. Gras, plein, riche, ample, long, délicat, beaucoup de douceur, moelleux, tanins bien fondus, déjà des notes chocolatées. Un vin gentil et affectueux.

Millésime 1986

17,5 – Nez floral, agrumes, résine, cire, mûre, épices, tabac. Bien fondu, beaucoup de volume, jeune, frais, puissant, structure solide et fine, long, dense, droit, harmonieux. Pas encore à son top.

Millésime 1987

14,5 – Nez fruité, cerise, boisé assez présent, vanille, café. Tendre, tanins très fondus, beaucoup de bois qui lui confère des notes torréfiées et cacao, riche en saveurs mais *« plus Duboscq que saint-estèphe »*, comme le dit son auteur.

Millésime 1988

17 – Nez rose noire, grillé, café, le bois est encore assez présent. Nez classique de Haut-Marbuzet jeune. Dense, plein, mais des « attaches fines », une structure délicate, beaucoup d'harmonie et d'élégance, menthe, cacao, cassis, framboise, finesse de grain, commence à être délicieux.

Millésime 1989

16,5 – Nez cire, violette, épices, anis, framboise, cerise cuite, noyau. Gras, plein, riche en saveurs confites de surmaturité, un vin du Sud, opulent, long, généreux. *« Il faisait 13,5° naturel, on a commencé le 9 septembre et on aurait dû le faire le 2. »*

Millésime 1990

18,5 – Nez épices, cannelle, minéral, boisé discret, pas très ouvert. Plein, riche, dense, beaucoup de matière, cacao, fruits confits, tanins serrés et fins, très complet, long. L'équilibre est parfait : *« On avait l'expérience de 89. »*

Millésime 1991

15,5 – Année du grand gel d'avril. Les parcelles situées le long de Montrose, vers le fleuve, n'avaient pas gelé. Nez épices, rose rouge, framboise. Souple et fruité, délicat, déjà assez mûr, un vrai vin de plaisir, bien équilibré, ferme mais sans sécheresse.

Millésime 1992

15 – Nez floral, cerise écrasée, vanille, pas mal de bois, très fruits rouges.

Rond, tendre, flatteur, beaucoup de saveurs de fruits frais, un peu marginal dans la « typicité » du château, mais un vrai régal.

Millésime 1993

15,5 – Nez fermé, bois, mine de crayon, floral. Plus solide que 92 et un peu plus anguleux aussi, sérieux, pas très flatteur et surtout pas fondu. Une matière présente et fermée.

Millésime 1994

16 – Nez cerise, griotte, groseille, fruit en avant. Refermé, matière de qualité, tanins serrés un peu durs à ce stade, joli fruit. Équilibré mais sévère, sans la densité de 95.

Millésime 1995

17 – Grenat dense, reflet violet. Vanille, violette, viandé, bois. Gras, plein, fin, dense ; tanins délicats et serrés, mûre, sureau, vin séveux, ample, long, encore réservé mais une structure de beau millésime.

La Haye

Surface : 11 ha
Propriétaire : Famille Lamiable
Contact : Jean-René Lamiable
Leyssac – 33180 Saint-Estèphe
05.56.59.32.18
www.chateaulahaye.com

C'est joli, Tours-sur-Marne, village fleuri avec Laurent Perrier comme voisin, la Marne, ses péniches et au bord de l'eau sa délicieuse auberge familiale. Famille de Champenois, de vignerons vrais de vrais, les Lamiable ont rejoué *Go West*. S'installant d'abord en 1986 dans les premières-côtes-de-bordeaux, à Puy-Bardens. Lieu superbe, vallonné, les forêts autour, les collines dominant la Garonne (revendu en 2001 au groupe Bonfils, propriétaires de nombreux vignobles dans le Languedoc). Puis, toujours à la conquête de l'Ouest mais plutôt du Nord-Ouest, ils ont remonté la route du Médoc jusqu'à Saint-Estèphe, dans un endroit secret et historique où Henri II et Diane de Poitiers venaient s'aimer en toute intimité.

C'est du moins ainsi que l'on interprète le monogramme H et D sculpté dans la pierre d'entablement de la porte d'entrée.

Si ça se trouve, c'était le « Sam Suffit » d'Hubert et Denise, mais ce château datant du XVIe, pourquoi pas. La Diane, née sans doute en 1500, sportive accomplie mais déjà sensible aux sirènes de la beauté éternelle, se serait empoisonnée avec des élixirs à base d'or, selon une étude réalisée par des médecins de l'hôpital Raymond-Poincaré (Paris), qui ont analysé sa dépouille. Bref, voilà nos Champenois, installés en 2005 peut-être chez Henri et Diane, avec cette légende à ruminer qui ne suffit pas à combler les longues soirées d'hiver. Saint-Estèphe ce n'est pas comme les premières côtes, à quelques encablures de Bordeaux. Ici, comme le dit sobrement Jean-René Lamiable : *« L'adaptation est différente. »* Bordeaux est à une heure de route, quand l'entrée dans la ville n'est pas bloquée par les embouteillages dont elle n'est pas loin de détenir le record de France. Depuis, les Lamiable ont un peu craqué devant la grande beauté de la solitude médocaine. La petite famille s'est rapprochée du berceau en s'installant à Châlons-en-Champagne. Jean-René fait des allers-retours pour être présent le plus possible à la propriété : *« On est ouverts au maximum au public de mai à septembre et on le fait savoir. Pendant l'été, on a jusqu'à 80 personnes par jour. Notre objectif, c'est de tout vendre en direct. »* Il n'y a pas d'or dans les bouteilles, pas de danger donc, mais du vin qui après trois ou quatre années se révèle même excellent. Et les prix sont raisonnables.

Second vin : Fief-de-La Haye

Millésime 2001

– *Dégustation d'avril 2002*

14 – Nez frais et plaisant, sur le fruit. Bouche nerveuse, degré sensible, corps moyen.

Millésime 2002

– *Dégustation d'avril 2003*

14 – Framboise, beaucoup de fraîcheur au nez, bouche tendre, délicate, tanins soyeux, pas d'une densité époustouflante mais un fruité et un équilibre appréciables.

Millésime 2004

– Dégustation de juin 2006

15 – Cerise, fruits confits, gelée de groseilles, nez très frais. Bouche élégante, tendue, matière présente, tanins frais, serrés, de l'allure. Le vin sera au top dans deux ans.

– Dégustation d'août 2010

15,5 – Le vin n'a pas pris de ride, pas de note pruneau, au contraire, de la fraîcheur, des senteurs de fruits noirs et de sous-bois, une bouche très agréable, fondue, harmonieuse, d'une bonne longueur. Beaucoup de plaisir.

Millésime 2007

– Dégustation d'avril 2008

13,5/14 – Eucalyptus, résine, bouche tendue, astringente, trop serrée, bon fruit, droit.

Millésime 2008

– Dégustation d'avril 2009

16 – Fruits rouges, bouche ronde, fraîche, souple, tendre, tanins gras, soyeux, frais et fin, belle élégance et des notes de violette en finale.

Millésime 2009

– Dégustation d'avril 2010

14 – Réduit, floral ensuite. Après aération, fruits noirs, bouche vive, douce, tendre, en finesse plus qu'en force. Vin en devenir qui se présente mal aujourd'hui.

Lilian-Ladouys

Surface : 47 ha
Propriétaire : Jacky Lorenzetti
Contact : Blanquet – 33180 Saint-Estèphe
05.56.59.71.96

C'était une belle aventure romantique. Christian Thiéblot, ancienne fortune de l'informatique, a créé de toutes pièces ce domaine en ajoutant au lieu-dit Ladouys le prénom de son épouse. Il rachetait des parcelles, plus souvent des bouts de parcelle, parfois un rang ou deux qu'un coopérateur en double activité entretenait le dimanche quand la chasse était fermée et que ce n'était pas la saison des cèpes, deux activités sacrées en Médoc. Nous étions en 1989, date anniversaire de la Révolution, et personne n'imaginait que l'on pouvait acheter aussi cher des vignes dont pas grand monde encore ne voulait. Las, après avoir fait flamber les prix et donné des idées « extravagantes » aux petits propriétaires, qui se sont frotté les mains quand Bouygues, quelques années plus tard, s'est mêlé de la partie, Christian Thiéblot céde le domaine. Natexis rachète en 1997 et revend à son tour à Jacky Lorenzetti, fondateur du groupe Foncia en septembre 2008. Depuis, il a fait l'acquisition de Pédesclaux, cru classé en pauillac. Les vins de Lilian-Ladouys, souvent un peu trop musclés, boisés et massifs, découvrent la vraie vie d'un vin du Médoc sous la conduite de l'équipe technique qui régit Pédesclaux.

Millésime 2002

– *Dégustation d'avril 2003*

13,5 – Grillé, pâtisserie, moka, beaucoup de gras et de moelleux, saveurs de fruits cuits, souple, rond, manquant un peu de fraîcheur.

Millésime 2008

– *Dégustation d'avril 2009*

14,5 – Boisé, grillé, café, bouche souple, marquée par ce boisé toasté qui lui confère des notes café et rappelle les vins de Haut-Marbuzet d'autrefois. Un peu trop extrait mais gourmand. Un style un peu international.

– *Dégustation d'avril 2010*

14 – Un peu extrait, boisé violent, très extrait, un peu d'amertume, tanins du bois, serré.

Millésime 2009

– *Dégustation d'avril 2010*

Vincent Mulliez (décédé depuis), responsable du cru (voir aussi Pédesclaux) : *« On a vendu 12 hectares et on a racheté deux fois 6 hectares qui nous semblaient de meilleurs terroirs. On avait 47 hectares au début, 47 à l'arrivée, et on a fait des échanges sur 5 hectares, on remembre. »*

14 – Fruits noirs, bouche assez virile, serrée, assez fruitée, virile, tendue, un peu astringent.

Château Marbuzet

Surface : 11 ha
Propriétaire : Domaines Reybier
Contact : Jean-Guillaume Prats
33180 Saint-Estèphe
05.56.73.15.50
www.estournel.com

Depuis 1994, ce cru n'est plus le second vin de Cos-d'Estournel. Le vignoble et la vinification sont travaillés par la même équipe, mais Marbuzet peut désormais exprimer la vérité de son terroir argileux et de ses vieux merlots, qui couvrent 75 % de la surface plantée.

Millésime 2000

– *Dégustation d'avril 2001*

L'assemblage de cette année n'est pas loin de refléter l'encépagement : 70 % merlot, 25 % cabernet-sauvignon, 5 % petit-verdot.

15,5 – Nez épicé et myrtille, bouche dense, très onctueuse, tannique mais sans rusticité, dominée par un fruité un peu sauvage qui flatte les papilles, belle finale réglissée.

Millésime 2001

– Dégustation d'avril 2002

14,5 – Beaucoup de finesse au nez, un boisé élégant, des notes épicées (curry). La bouche est bien fournie, racée, charnue, la finale nette et très fruitée.

– Dégustation de juin 2005

15 – Réglisse, note boisée, bouche tendre, fine, bien fruitée. Un vin un peu timide mais qui monte avec le temps.

Millésime 2002

– Dégustation d'avril 2003

15 – Épices, Zan à la violette, groseille, rond, tendre, souple, très gourmand, tanins veloutés et discrets.

– Dégustation de juin 2006

16/16,5 – Rose, chocolat noir, note grillée, nez flatteur, bien exprimé, bouche ronde et soyeuse, bel élevage qui s'appuie sur une vinification qui a su extraire le meilleur. Beaucoup de gourmandise.

Millésime 2003

– Dégustation d'avril 2004

45 % cabernet-sauvignon, 50 % merlot, 5 % petit-verdot.

16 – Épices, grillé, violette, des notes de torréfaction. Bouche dense, bien grasse, puissante, réglissée, tanins serrés mais fondus.

Millésime 2004

– Dégustation d'avril 2005

39 % cabernet-sauvignon, 59 % merlot, 20 % petit-verdot. Élevé dans 50 % de barriques neuves.

15 – Fruits rouges, pointe de vanille, bouche aux tanins bien garnis, joli fruit, bien équilibré, belle finale un peu truffée.

Millésime 2005

– Dégustation d'avril 2006

55 % cabernet-sauvignon, 43 % merlot, 2 % petit-verdot. Élevage : 50 % de barriques neuves.

16,5 – Petite note réductive au nez, café, bouche suave, tanins moelleux, fondus et donnant un sentiment de gras, finale assez serrée. Beaucoup d'élégance.

Millésime 2006

– Dégustation d'avril 2007

15,5 – Fruits noirs, cerise, bouche épicée, ronde, tendue mais avec de la chair, élégante, bien parfumée. 58 % cabernet-sauvignon, 40 % merlot, 2 % petit-verdot.

MEYNEY

Surface : 51 ha
Propriétaire : Crédit agricole Grands Crus
Contact : Crédit agricole Grands Crus
Quai Antoine-Ferchaud
BP 23 – 33250 Pauillac
05.56.59.00.40 – www.meyney.fr

Cela ressemble beaucoup à un ancien prieuré. Cour carrée, bâtiments en pierre, style sobre et austère qu'appréciaient les cisterciens. Un bel endroit pour prier sans gêner les voisins, un peu émouvant. Mais, nous disent de plus calés que nous, c'était juste une propriété monastique, pas un prieuré. Chez les cisterciens, on disait une grange. Voisin de Montrose, orienté comme lui face à la Gironde, sur une croupe, une colline qui assure un parfait ruissellement des eaux. Un terroir de graves avec soubassement argileux, des argiles très fines parfaites pour alimenter les vignes au compte-gouttes, condition indispensable pour accoucher des grands vins. Après, comme nul ne l'ignore, il faut de l'humain dans la continuité. Un vignoble, disait l'historien Pierre Chaunu, c'est avant tout *« une terre artificielle façonnée par deux mille ans de travail »*. Un soupçon d'exagération, en tout cas pour le vignoble d'ici, dont l'histoire est plus courte. On lui colle cinq ou six siècles, guère plus (en tant que vignoble de qualité), ce qui autorise déjà une certaine reflexion et pas mal de travail. C'est dans la dernière ligne droite de ce long parcours que l'affaire s'est sensiblement compliquée. Meyney était une possession Cordier, grand négoce, grand propriétaire. Puis Cordier a fait une passe à Indosuez, qui aussitôt a renvoyé sur Val d'Orbieu, puissante machine languedocienne en apparence, tigre de papier en réalité. Et comment tout cela s'est-il terminé ? Chez Crédit agricole pour Meyney, une banque sur qui on peut compter. Tous ces changements de proprio se sont accompagnés d'initiatives techniques, qui, pour aller dans le bon sens, n'en étaient pas moins un peu désordonnées. Par chance, avec CA Grands Crus, la filière propriétés viticoles du Crédit agricole, sont arrivés des gens de bon sens… Bernard Monteau, notamment, attaché à Grand-Puy-Ducasse, cru aussi dans le livret du CA, excellent vinificateur disparu en 2009. Anne Le Naour, une championne, lui succède. Denis Dubourdieu, l'œnologue et prof incontestable de la faculté au franc-parler et à la rigueur quasi cistercienne, est lui aussi de la partie. Finies les mauvaises odeurs d'autrefois, terminées les grandes envolées tanniques de naguère, excommuniées les surmaturités et les raisins blets ou secs comme les testicules de Toutankhamon, selon l'expression imagée de Dubourdieu. Meyney montre de quoi il est capable. C'est-à-dire du meilleur.

Millésime 2001

– *Dégustation d'avril 2006*

16 – Fruits noirs, pointe de truffe, sous-bois, gras, plein, dense, épicé, une matière qui s'est densifiée et arrondie au cours de l'élevage, puissant mais souple, beaucoup de saveurs.

Millésime 2002

– *Dégustation d'avril 2003*

16 – Nez complexe, réglisse, épices, fruits noirs, bien net, bouche dense, tanins serrés, matière onctueuse, du volume, une sensation assez charmeuse en finale. Bel ensemble.

Millésime 2003

– Dégustation d'avril 2004

15,5/16 – Pain grillé, résine, tarte à la myrtille, bouche ample et souple, puissante, des notes réglissées, une finale tonique sans dureté.

Millésime 2005

– Dégustation d'avril 2006

15,5 – Boisé au nez, épices douces, le vin est en pleine prise de bois, bouche aux tanins moelleux, serrés et très doux, une structure généreuse, assez large, un ensemble de belle qualité.

Millésime 2006

– Dégustation d'avril 2007

15 – Réglisse, prune violette, bouche onctueuse, tanins moelleux en attaque, se resserre ensuite, finale un peu rugueuse, mais de l'allure, long. 60 % cabernet-sauvignon, 30 % merlot, 10 % petit-verdot.

Millésime 2007

– Dégustation d'avril 2008

« Denis Dubourdieu nous a fait remonter le palissage », raconte Bernard Monteau. *« On a arraché tous les cabernets francs, il en reste moins de 1 hectare. Ils ne convenaient pas ici. Et drainé une partie du vignoble. Par contre, les petits-verdots sont magnifiques, certaines années on en a 25 % dans l'assemblage »*. Cette année, 60 % cabernet-sauvignon, 15 % petit-verdot et 25 % merlot. Ces dernières années, Meyney a gagné en élégance : *« On fait de la vinification bien classique. On a freiné le bois et les extractions. »*

16 – Grillé, cassis, épices douces, bouche souple mais garnie, tanins moelleux, un peu d'extraction mais bien maîtrisée.

– Dégustation d'avril 2009

16 – Épices, bien fondu, fruits rouges, un vin très fruité, joli boisé qui favorise le fruit, tendu, vif, beaucoup de finesse.

Millésime 2008

– Dégustation d'avril 2009

Bernard Monteau est décédé en avril, une semaine après notre rencontre. *« On a fait une sélection importante, 50 % seulement de premier vin sur une récolte peu abondante : 38 hl/ha. Coulure au moment de la fleur, froid, on a souffert…* » 10 % petit-verdot, 60 % cabernet-sauvignon, 30 % merlot.

15 – Nez violette, réglisse, bouche tendre en attaque, serrée ensuite, très cabernet ; un vin un peu rugueux, tendu, serré, prometteur.

Millésime 2009

– Dégustation d'avril 2010

16,5 – Fruits noirs assez mûrs, sureau, mûre, belle bouche ronde et onctueuse, riche, complet, dense, long, viril, un peu serré en finale.

Les Ormes-de-Pez

Surface : 36 ha
Propriétaire : Famille Cazes
Contact : Sylvie et Jean-Charles Cazes
BP 120 – 33250 Pauillac
05.56.73.24.00 – www.lynchbages.com

Les Ormes est un des bastions de la famille Cazes. C'était déjà un Cazes qui en était le régisseur en 1926, avant que le domaine ne soit vendu à un riche Néerlandais qui lui-même, après moult déboires, le recéda au grand-père Cazes en 1940.

Quelques dates importantes : 1980, apparition des cuves inox ; 1981, aménagement d'un nouveau chai ; 1989, incendie du chai à barriques : les deux tiers de la récolte 88 sont détruits.

Les vinifications sont assurées par une équipe sur place sous la compétente autorité du magicien Daniel Llose, le patron des domaines Cazes. Le cru a commencé à prendre des allures de grand vin à l'angle des décennies 70 et 80 avec un effort sur l'élevage : « *On a commencé par acheter des barriques à Latour pour Lynch-Bages en 1976 et 1977. Les années suivantes, on a mis ces barriques aux Ormes-de-Pez…* », nous avait confié Jean-Michel Cazes. Une autre époque ! Le Médoc commençait juste à sortir du trou noir où l'avaient plongé guerres mondiales et crises à répétition. L'encépagement se compose de 60 % de cabernet-sauvignon, de 30 % de merlot et de 10 % de cabernet franc. La propriété compte deux types de sol bien définis : graves d'un côté et argilo-calcaire de l'autre.

Millésime 2000

– *Dégustation d'avril 2001*

15 – Nez fortement épicé avec des notes de cèdre et de myrtille, bouche ronde, tanins moelleux, note de poivre et de pin, bien équilibré, long.

Millésime 2001

– *Dégustation d'avril 2002*

Cabernet-sauvignon 57 %, merlot 30 %, cabernet franc 13 %, élevage en bois avec 30 % de barriques neuves.

15 – Nez très fruit, rehaussé d'épices, poivre, cèdre ; puissant, au tanin serré, véritable vin de garde.

Millésime 2002

– *Dégustation d'avril 2003*

16 – Épices, rose séchée, joli fruit, assez complexe, frais, net en bouche, élégant, trame serrée mais pas trop d'extraction. Les tanins sont présents et portent le fruit sans apporter d'astringence.

Millésime 2003

– *Dégustation d'avril 2004*

16,5 – Un panier de fruits rouges au nez, bouche souple, très fruitée, élégante et droite, tanins serrés mais sans dureté. Un vin d'un fort potentiel.

Millésime 2004

– *Dégustation d'avril 2005*

16 – Réglisse, boisé un peu marqué, nez puissant, fortement épicé. La bouche est dense, un peu massive, riche, tannique, comme souvent avec Les Ormes en version jeune. Une matière abondante et bien présente.

Millésime 2005

– Dégustation d'avril 2006

« *On a encore moins travaillé que d'habitude* », commente ironiquement Daniel Llose.

16,5 – Épicé, grillé, violette, bouche aux tanins doux, veloutés, qui paraissent plus ronds que de coutume mais d'une très forte densité, belle finale réglissée.

Millésime 2006

– Dégustation d'avril 2007

16 – Fruits noirs, cerise, bouche ample, dense, ronde, tendue, complexe, riche, serrée.

Millésime 2007

– Dégustation d'avril 2008

14,5 – Fumé, réglisse, petite note séveuse, bouche vive, serrée, bien fruité, milieu de bouche un peu faible, finale tendue.

– Dégustation d'avril 2009

16 – Chocolat, cacao, bouche pleine, mentholée, frais net, bien rond, joli fruit, fraîcheur en finale, joli vin.

Millésime 2008

– Dégustation d'avril 2009

78 % cabernet-sauvignon, 13 % merlot, 7 % cabernet franc, 2 % petit-verdot.

« *Du 15 juillet au 15 août, période pluvieuse, on est passés faire du tri dans les vignes. Début septembre, on avait 1,5° en moins qu'en 2007 et on a fini plus fort* », commente Nicolas Labenne, responsable technique de Lynch-Bages et des Ormes. « *Les vendanges ont eu lieu les 29, 30 septembre et 1er octobre pour les merlots. On a marqué une pause et on a repris le 8 jusqu'au 18 octobre, avant un coup de gel qui est arrivé le 19.* »

16 – Boisé doux, bouche tendue, suave, serrée, beaucoup de matière, très joli fruit avec de la fraîcheur, vif, finale longue sur les fruits noirs.

– Dégustation d'avril 2010

16 – Boisé car sur colle, bouche souple dense mais en rondeur, beaucoup de fraîcheur, frais, fin, beaux tanins fins, très long.

Millésime 2009

– Dégustation d'avril 2010

15,5/16 – Fruits noirs, épices, grillé, un peu de lie en suspension due à la météo, serré, plein, réglissé, bien droit mais assez fermé.

Archives

– Dégustation d'octobre 1993

Millésime 1970

15 – Fumé, grillé, fourrure, charbon, fruits cuits, épices. Beaucoup de matière, du fruit, mais des tanins très asséchants.

Millésime 1971

15,5 – Champignons séchés, cave, café, s'ouvre à l'aération sur des notes grillées. Agréable, fruité, plaisant, notes épicées et fruité assez jeune, vivacité rafraîchissante. Bonne surprise.

Millésime 1972

12 – Chicorée. Léger, souple, un peu fluet, rond, mais les saveurs ont disparu.

Millésime 1973

14 – Orange, vanille, animal, note eucalyptus. Plaisant, joli fruit en bouche, très vieux merlot, assez gourmand.

Millésime 1974

13,5 – Eucalyptus, floral, épices. Souple, assez fin, note prâline, patisserie, fruits confits, assez plaisant malgré sa finale sèche. Pas très long. Évolue très vite dans le verre.

Millésime 1975

15 – Fruits cuits, épices, girofle, café. Bien fondu en attaque, tanins présents mais sans agressivité au départ. Après, ça se gâte ! Des saveurs chocolatées, un joli fruit, assez gourmand. Finale sèche. Bon vin de repas malgré tout.

Millésime 1976

12 – Marmelade d'orange, paille, chocolat. Évolue très vite dans le verre. Encore un brin de structure mais les saveurs ne sont guère agréables.

Millésime 1977

11 – Animal et végétal à la fois, foin, artichaut. Goût terreux. Ce 77-là n'a pas échappé à la règle.

Millésime 1978

17 – Fermé, tabac, s'ouvre sur les fruits cuits à l'aération. Matière enveloppante, souple mais avec une structure bien solide encore, assez jeune, beaucoup de charme, long.

Millésime 1979

16 – Rôti de bœuf, biscuit au café. Fin, rond en attaque, bien mûr, bonnes saveurs grillées. Un vrai vin de plaisir à son apogée, une pointe de sec en finale qui ne se sentirait pas au cours d'un repas.

Millésime 1980

15 – Confiture de fraises, quatre-épices. Bien doux, très mûr et très souple, des tanins en dentelle, mais encore de la tenue. Agréable aujourd'hui, un vin gourmand mais à boire rapidemment.

Millésime 1981

16,5 – Tabac blond, confiture de fraises. Beaucoup de saveurs dès l'attaque en bouche, épices et chocolat, souple, sans sécheresse, tendre, fin. Comme souvent un millésime discret qui réserve de bonnes surprises.

Millésime 1982

18,5 – Épices, café, du fruit, cassis et fortement violette. Très beaux tanins onctueux, serrés et alignés comme à la parade, évolue très lentement en libérant des saveurs chocolatées. Un vin moelleux, d'un parfait équilibre et persistant très longtemps.

Millésime 1983

16 – Épices, tabac, fourrure, fermé. Très serré, peu évolué, bons tanins, bien dans le millésime, riches en saveurs, bonne structure. Le côté gourmand des 79 sans le gras des 82.

Millésime 1984

13 – Animal, poivré. Pas déplaisant, mais bien 84, avec un côté vif et sec, un fruité très mûr et peu de longueur.

Millésime 1985

13 – Végétal, foin, fourrure, évolué. Rond, confituré, trop évolué pour un 85.

Millésime 1986

17– Vanillé, café, paraît élevé en bois neuf (ce qui n'est pas le cas), framboise. Gras et fin, très dense, rond. On peut déja le boire grâce à un très beau fruit et des tanins abondants mais pas agressifs.

Millésime 1987

14,5 – Végétal, s'ouvre à l'aération, cerise. Confituré, très agréable, plaisant, en cours d'évolution, bonnes saveurs, épices, café en finale, fruits cuits. Un peu en trompe-l'œil, avec des côtés évolués qui masquent une bonne tenue de la structure.

Millésime 1988

18 – Un peu fermé, cerise, framboise. Plein, riche, bon équilibre, tabac et épices, droit, structure fine de petits tanins réguliers alignés comme à la parade. Un saint-estèphe que l'on pourrait imaginer en provenance d'un cru classé.

Millésime 1989

16,5 – Bois, cassis, prune, vanille, sous-bois, cerise, noix. Très élégant et fin en attaque, fruits cuits, souple, un peu chocolaté, évolue de façon agréable, des tanins en réserve.

Millésime 1990

17,5 – Bois, épices, un peu rafle, noyau, un nez assez sévère. Bouche mûre, myrtille, très gras, plein, structure enveloppante et fine, les premières notes d'évolution, très agréable en attaque, un peu refermé ensuite ; tout à fait le style du millésime.

Millésime 1991

15,5 – Mûre, épices, myrtille. Beaucoup de fruits, assez souple, finale presque sans trace d'astringence, signature de la maturité moyenne du millésime.

Millésime 1992

15 – Violette, rose rouge. Rond et souple, une note confiture et praline, droit, un peu végétal en finale, vin de plaisir immédiat, bien réussi dans ce millésime.

Petit-Bocq

Surface : ha
Propriétaire : SCEA Lagneaux
Contact : Docteur Gaëtan Lagneaux
Château Petit-Bocq
3, rue de la Croix-de-Pez
33180 Saint-Estèphe
05.56.59.35.69
www.chateaupetitbocq.com

Une histoire : un médecin belge en quête d'une résidence de bord de mer et qui s'amourache d'un bout de vignoble. Un nom : Petit-Bocq, même pas importé du plat pays, un nom d'ici qui sonne tellement belge. Le propriétaire impatient m'adresse une lettre recommandée en me faisant comprendre que seul au royaume des crétins je n'appréciais pas son vin et qu'impérativement je devais venir le voir.

Voilà comment commencent les grandes incompréhensions qui font les heurts de l'Histoire. Par bonheur, je goûte à l'aveugle et trouve les vins de Petit-Bocq bien meilleurs qu'au début. Dans le vignoble, les gens investissent, travaillent, prennent des risques et à juste titre ont envie que l'on reconnaisse leurs efforts. Difficile pour eux qui vendangent à la main d'admettre que le journaliste n'est pas une machine aux capteurs innombrables. Plus on passe du temps dans le vignoble, plus on déguste, plus on visite, plus on risque de se voir reprocher d'être passé voir le voisin « et pas moi ».

Que cet aveu ne vous détourne pas de Petit-Bocq, le vin est bon à la hauteur de l'impatience.

Millésime 2001

– *Dégustation d'avril 2006*

14 – Chocolat, fruits noirs, bouche serrée, riche, bien tendue, belles saveurs de fruits noirs, mais une pointe de sécheresse en finale.

Millésime 2002

– *Dégustation de juin 2005*

15,5 – Nez de grillé, rose, cerises en bocal, bouche souple et ronde, tanins gras, veloutés. Du volume et de l'allure. Finale fruits noirs.

– *Dégustation d'avril 2006*

15,5 – Poivre noir, résine de pin, gelée de mûres, bouche au boisé doux qui arrondit bien les tanins, frais, commence à bien s'ouvrir. Bel ensemble gourmand, flatteur mais garni.

Millésime 2004

– *Dégustation d'avril 2006*

15 – Épices, prune, une certaine minéralité qui lui confère de la profondeur, plein, dense, tanins serrés, solide mais pas trop extrait, bouche chaleureuse, arrondie par l'alcool en finale. Ensemble gourmand et harmonieux.

Millésime 2005

– Dégustation d'avril 2006

15,5 – Nez boisé (c'est souvent le cas sur les échantillons de ce domaine ; un peu moins cette année), fruits noirs, la bouche est dense, ample, le tanin viril mais sans dureté. L'ensemble devrait s'adoucir avec le temps et donner un saint-estèphe de caractère.

Millésime 2006

– Dégustation d'avril 2007

13,5 – Grillé, réglisse, floral, framboise, rond, souple, boisé pas très dense, on a joué le fruit, mais ça manque un peu de chair.

Millésime 2007

– Dégustation d'avril 2008

16 – Boisé, bouche ronde, moelleuse, bien fondue, pas très dense mais bien équilibrée, joli fruit. Élégant.

Millésime 2008

– Dégustation d'avril 2009

13 – Fruits noirs, boisé noix de coco, bouche fluide, un peu séchante en finale ; vin marqué par ce boisé entêtant à ce stade.

Millésime 2009

– Dégustation d'avril 2010

15 – Cassis, myrtille, fruits noirs, réduction, bouche douce, fumé, onctueux, généreux, assez puissant dans un style plutôt démonstratif, mais bon équilibre.

Château de Pez

Surface : 26 ha
Propriétaire : Champagne Roederer
Contact : Philippe Moureau
Château de Pez
33180 Saint-Estèphe
05.56.59.30.26 – www.chateaudepez.com

En 1995, la maison de champagne Louis Roederer, dirigée par la famille Rouzaud (Frédéric a succédé à son père, Jean-Claude), a racheté ce cru. Depuis, ils se sont offert le second cru classé de pauillac Pichon-Comtesse-de-Lalande. De Pez, une histoire très ancienne puisqu'il aurait fait partie de la première avant-garde des grands domaines constitués à la fin du XVIe siècle. Depuis deux générations, il était fort bien géré par les Dousson qui produisaient des vins assez sérieux et de longue garde. L'équipe Roederer a apporté ici son sens du détail et sa compétence technique. Jean-Baptiste Lécaillon, brillant responsable champenois, dirige la manœuvre, relayé sur place par Philippe Moureau. Les chais ont subi une cure de jouvence, mais on a conservé le principe de la cuverie en bois comme autrefois. Le vignoble est renouvelé et le cabernet-sauvignon peu à peu retrouve les sols de graves qui lui conviennent le mieux. Assez rapidemment, le cru a été reconnu comme un des tops de l'appellation, au point de figurer parmi les 9 exceptionnels lors du classement de 2003, depuis (stupidement) annulé. Le millésime 2005 est d'anthologie.

Millésime 2000

– *Dégustation d'avril 2001*

14,5 – Bel échantillon au nez expressif, un peu dominé par un boisé, certes, fin mais présent. Tendre et bien rond en bouche, du fruit, des nuances réglissées et grillées.

Millésime 2002

– *Dégustation d'avril 2003*

14,5 – Nez flatteur, pain d'épice, vanille, boisé, bouche ronde, bien structurée, fruits noirs, bonne tenue. Un vin assez facile d'accès mais qui devrait tenir dans le temps.

Millésime 2003

– Dégustation d'avril 2004

16 – Des arômes de rose et de fruits rouges, bouche vive, dense, bien équilibrée, un tanin ferme, ramassé, solide. Un bon vin de garde.

Millésime 2004

– Dégustation d'avril 2005

16 – Nez épicé, fruits noirs, café froid, bouche dense mais tanins fins, une bonne longueur, de l'élégance, une belle expression de terroir mise en valeur par une vinification qui a privilégié la finesse et le fruit.

Millésime 2005

– Dégustation d'avril 2006

18 – Violette, café, réglisse, bouche crémeuse en première partie, les tanins montent au créneau ensuite, un peu plus virils mais sans dureté, donnant plutôt un côté soyeux et allongeant le vin. Frais, dense, épicé, construit.

Millésime 2006

– Dégustation d'avril 2007

16 – Épices, grillé, sucrosité, gras, plein, tendre, souple, très fondu, long, violette, réglisse, tendu, finale serrée. Élégant.

Millésime 2007

– Dégustation d'avril 2008

Nouvelle acquisition dans le prolongement de Pez : Château Morin, 12 hectares, situé sur une très belle croupe de graves argileuses. Tout a été arraché et replanté en cabernet, avec comme objectif une première production en 2017.

De Pez est constitué de 5 % cabernet franc, 35 % cabernet-sauvignon et 60 % merlot.

16,5 – Fraise, épices, poivre, bien typé, bouche puissante, dense mais sans dureté, très saint-estèphe, long, tendu, réglisse, épices. Équilibré.

– Dégustation d'avril 2009

16 – Séveux, plus de boisé, bouche dense, épicée, frais, tanins gras, riche en saveurs, bon milieu de bouche, jolie finale fruitée.

Millésime 2008

– Dégustation d'avril 2009

65 % de grand vin, 45 % cabernet-sauvignon, 50 % merlot, 5 % petit-verdot.

« On a entonné avec un mois de retard, on a fait des cuvaisons très longues mais sans faire d'extraction, très peu de remontages », nous dit Philippe Moureau.

16,5 – Bien fruité, floral, bouche dense, ronde, gourmande, assez moelleuse, bien fruitée, tanins, ronde mais avec de la réserve ; vin de garde.

Millésime 2009

– Dégustation d'avril 2010

47 % cabernet-sauvignon, 47 % merlot, 6 % petit-verdot.

Philippe Moureau : *« On replante du cabernet. L'idée, c'est de le rendre un peu plus médocain. Pez était plaisant, mais on n'avait pas assez de fond et le cabernet nous l'apporte. »*

16,5 – Fruits noirs, réglisse, bouche ronde, volume, souple en première séquence, plus tendu ensuite, tanins gras, beaucoup de matière mais sans dureté.

PHÉLAN-SÉGUR

Surface : 70 ha
Propriétaire : Famille Gardinier
Contact : Véronique Dausse
33180 Saint-Estèphe
05.56.59.74.00
www.phelansegur.com

Thierry Gardinier avait tout pour être heureux. Des affaires variées, la famille, qui a bâti une fortune dans l'industrie chimique, possède d'immenses orangeraies en Floride, le magnifique hôtel restaurant Les Crayères, à Reims. Et que sais-je encore ? À l'heure de ces lignes, le fameux restaurant Taillevent a rejoint l'escadre… C'est d'ailleurs après avoir vendu la célèbre marque Pommery qu'ils ont acheté Phélan-Ségur. Thierry est intelligent, bel homme. Il est de surcroît marié avec Pascale, pour qui le rire constitue un aliment de première nécessité. Qu'allait-il faire dans cette Alliance des crus bourgeois, alors que son cru ne revendiquait même pas son appartenance à cette maison ouverte ? Ce n'est pas parce que son père Xavier, brillant autocrate gaulliste, marquait sa différence en 1960 en se revendiquant *in familia* favorable à l'indépendance de l'Algérie, que le fils devait devenir le chantre des causes difficiles. Thierry prit la présidence des crus bourgeois quand le vaisseau, en vue du port (le classement de 2003), commençait à subir des voies d'eau importantes. Contestation de certains exclus, hargne d'autres déçus de ne pas figurer en tête de peloton… Thierry a essuyé un grain nauséabond qu'il ne méritait pas. Ensuite, il a ramé. L'épithète est rétablie : bourgeois seront ceux qui chaque année accepteront de soumettre leur production au jugement d'un jury. Bourgeois, le temps d'un millésime et gare au suivant. Les bons s'en sortiront bien mais un vin un peu fermé, une année compliquée, et les résultats peuvent varier. Bref, ça existe. Thierry, lui, boulot accompli, a pris la tangente, préférant le splendide isolement aux joies de la multitude. Phélan est connu, reconnu. Suffisamment ? On verra. Pendant les travaux de consolidation du label, la vente continue. Phélan s'est porté acquéreur des 25 hectares de Houissant, un domaine sur graves, bien placé et pas très valorisé que Phélan a malaxé et digéré. La propriété s'étirait sur 90 hectares, un peu beaucoup quand on n'est pas cru classé. Les Gardinier ont donc vendu à leur tour 20 hectares au Château Montrose, second cru classé en saint-estèphe, trop content de récupérer des vignes contigues à leur frontière nord-est. Thierry pense qu'il a fait une affaire. Sans doute que les Bouygues, propriétaires de Montrose, en ont offert un bon prix. Sans doute. Mais Thierry explique que ce n'est pas là le problème et qu'avec 70 hectares de très bons sols il est plus performant. Les mauvaises langues disent que surtout Phélan-Ségur, le domaine, sera plus facile de vendre à 70 ha qu'à 90…

L'année 2010 a vu l'arrivée à la tête de la propriété de Véronique Dausse en tant que directeur général (elle ne veut pas que l'on dise directrice) de Phélan. Véronique, formation commerce, a débuté dans le vin au Clos du Val, en Californie, au côté de Bernard Portet, référénce planétaire, puis a travaillé chez Skalli, en Languedoc,

Bouchard Père & Fils, en Bourgogne, Nicolas Feuillatte, en Champagne. Bordeaux manquait à son palmarès. Longtemps, Jacques Boissenot fut l'œnologue-conseil de Phélan. Depuis 2006, Michel Rolland l'a remplacé. À suivre.

Second vin : Frank-Phélan

Millésime 2000

– *Dégustation d'avril 2001*

60 % cabernet-sauvignon, 40 % merlot.

16,5 – Nez très frais, proche des odeurs de vendanges, bouche délicate, tendre, tanins moelleux qui tapissent les papilles sans s'imposer, tendre et structuré.

– *Dégustation d'octobre 2010*

16 – Nez bien mûr, confit, petites notes de graphite qui montent à l'aération, bouche souple, ronde, les tanins sont fondus, moelleux, on a l'impression d'une plus grande quantité de merlot. Un vin prêt à boire, bien gourmand, encore un peu touffu.

Millésime 2001

– *Dégustation d'avril 2002*

16,5 – Robe grenat sombre. Nez de fruits rouges, expressif, épices, écorce, boisé. Bouche friande, un tanin assez ferme mais racé se développe, avec du gras, un peu d'austérité normale à ce stade, le potentiel du vin est confirmé par la longueur en bouche. De la maturité.

– *Dégustation d'octobre 2010*

16,5 – Grillé, chocolat, s'ouvre sur des notes un peu végétales, feuillage, qui donnent plus de fraîcheur, bouche fraîche, vive, tendue, moins de maturité que 2000 mais davantage de caractère. Frais, tendu, vif, tanins serrés en finale.

Millésime 2002

– *Dégustation d'avril 2003*

35 % merlot, 63 % cabernet-sauvignon, 2 % cabernet franc. *« Cela fait très longtemps que l'on n'avait pas eu autant de cabernet. »*

17,5 – Nez marqué par les fruits noirs, prune d'ente, mûre, cassis, bouche douce. L'extraction n'a pas été violente : les tanins sont goûteux, moelleux et favorisent l'expression du fruit.

– *Dégustation d'octobre 2010*

16,5 – Cassis très marqué, mentholé, eucalyptus, frais, tendu, vif, encore très jeune, élégant, petits tanins frais, serré, long, refermé mais une qualité de tanins remarquable. Un peu austère. Il me semble avoir dégusté récemment une meilleure bouteille de Phélan dans ce millésime.

Millésime 2003

– *Dégustation d'avril 2004*

17,5 – Pain d'épice, cassis, fruits confits, un peu austère dans une première approche. La bouche est puissante, très garnie, enveloppante. La qualité des tanins est exceptionnelle.

– *Dégustation d'octobre 2010*

16 – Cake, vanille, nez sudiste, bouche moelleuse, souple en première séquence, plus gourmand qu'en finesse, bonne longueur, le mélange forte maturité et bois donne un ensemble agréable mais simple. Mais, contrairement à certains 2003, il ne chute pas.

Millésime 2004

– *Dégustation d'avril 2005*

17 – Cerise burlat, réglisse, rose, joli nez frais, élégant. Bouche puissante, tannique, dense. La trame tannique est serrée mais enrobée. Un vin sérieux, sans austérité grâce à un fruité permanent, avec un potentiel de garde important.

– *Dégustation d'octobre 2010*

16 – Nez feuillage, frais, cerise, 51 % merlot, 47 % cabernet-sauvignon, 2 % cabernet-franc. Bouche ronde, souple en attaque, frais, vif, serré en finale, un peu séchant en finale. Vin bien fruité, bonne tenue sans doute à table.

Millésime 2005

– *Dégustation d'avril 2006*

10 % cabernet franc, 50 % cabernet-sauvignon, 40 % merlot. « *Le cabernet franc enlevait de la concentration mais apportait un côté floral et une finesse supplémentaire.* »

17,5 – Nez finement épicé, note violette, pointe de grillé, bouche tendre, fraîche élégante, petite touche de bonbon style abbaye de Flavigny à la violette, fringant, long.

– Dégustation d'octobre 2010

16,5/17 – Le boisé est encore marqué au nez, cerise, fruits noirs, bouche ronde, suave, fraîche, tendue, séveux, long, droit. Joli vin chaleureux qui ne se livre pas, encore fermé. Belle bouteille à venir.

Millésime 2006

– Dégustation d'avril 2007

17 – Réglisse, violette, bouche souple, très cassis, ample, large, vive, cabernet, un peu serrée en finale, brut de fonderie, tendu, fruité très pur.

– Dégustation d'octobre 2010

16/16,5 – Fruits noirs, graphite, bouche tendue, vive, élégante, petits tanins soyeux en attaque, acidité ensuite, fermée, pas très aimable mais frais, note chocolatée et mentholée, assez serré en finale. Une année fraîche et des vins vifs.

Millésime 2007

– Dégustation d'avril 2008

14,5 – Nez épicé, tanins très fondus, souple, du volume, brut de fonderie, manque de définition. À revoir en fin d'élevage.

– Dégustation d'octobre 2010

14,5/15 – Nez végétal, prune, feuillage, simple, bouche ronde, souple, un vin à boire jeune, un peu séchant en finale, frais, très agréable même si ce n'est pas un vin de grand avenir.

Millésime 2008

– Dégustation d'octobre 2010

16 – Nez pas encore finalisé, jeune, fruits noirs, bouche ronde, moelleuse, tendu, frais, élégant, tendu, joli fruit, la finale est un peu plus marquée par les tanins.

Millésime 2009

– Dégustation d'avril 2010

16,5 – Fruits noirs, sucrosité, bouche volumineuse, bien fondue, milieu de bouche moelleux, du gras, rond, beaucoup de saveurs.

– *Dégustation d'octobre 2010*

16,5 – Fruits noirs, violette, alcool, eau-de-vie, jus de cerise, bouche moelleuse, beaucoup de fruit mais frais en bouche, élégant, bien fondu, déjà chocolaté en finale.

Archives

– *Dégustation d'octobre 2010*

Millésime 1996

15,5 – Nez un peu animal, fruits cuits, compote de cerises, bouche bien mûre, longue, gourmand, bien fondu, assez long.

SÉGUR-DE-CABANAC

Surface : 7,1 ha
Propriétaire : Domaines Guy Delon
Contact : Jean-François Delon
33180 Saint-Estèphe
05.56.59.70.10 – www.segur-de-cabanac.com

Grande et ancienne famille du vignoble (les cousins sont propriétaires de Léoville-Las-Cases), les Delon furent contraints de vendre Phélan-Ségur, un crève-cœur, au milieu des années 80. Sans se décourager, Guy Delon a reconstitué un plus petit domaine, en contrebas, sur les pentes bien drainées et graveleuses qui descendent vers la Gironde. Phélan est en vue, une grosse poussière dans l'œil : « *J'y suis né* », dit sobrement Jean-François. Le chai de Ségur a été construit sur d'anciens jardins et le vignoble provient de rachat de vignes « *par-ci, par-là* » à des coopérateurs.

« *C'est d'ailleurs chez l'un d'eux qu'on a trouvé le nom du domaine. Il y avait une borne dans une parcelle où il était écrit Ségur-Cabanac.* » Les Ségur, surtout le plus illustre, le marquis de Ségur, baptisé « le Prince des vignes » à la cour de Louis XV, furent les fondateurs des grands domaines médocains. Leur empire couvrait les plus grands comme Lafite ou Calon-Ségur. « *La famille existe toujours, des descendants du marquis de Ségur. Ils se sont expatriés en Autriche et nous les avons comme clients. Ils parlent très bien français. Pour le mariage des enfants, ils ont commandé du vin.* » Jean-François, qui a succédé à son père à la direction technique du domaine, travaille lui-même ses deux domaines, Ségur mais aussi Moulin-de-la-Rose, un excellent saint-julien, « *à l'ancienne* ». Entendez par là labour plutôt que désherbage. Les vins, médocains comme les patrons, se révèlent avec le temps. Plutôt réservés quand on les goûte en primeur, ils deviennent délicieux, parmi les meilleurs de la catégorie en saint-estèphe, quelques années plus tard.

Millésime 2000

– Dégustation d'avril 2001

14,5 – Nez épicé, bouche ronde, souple, tanins moelleux, finale réglissée, bon équilibre.

Millésime 2001

– Dégustation de juin 2005

15,5 – Poivre, mûre, fraise, un nez surprenant de fraîcheur, bouche soyeuse, élégante, bien équilibrée, long, droit, bien typé.

– Dégustation de juin 2006

15 – Épices, note truffée, un vin pas encore abouti, serré, dense, de garde. Il commence seulement à révéler ses parfums de maturité.

Millésime 2002

– Dégustation de juin 2006

16,5 – Fruits noirs, gelée de mûres, prune en compote, gras, fin, souple, beaux tanins doux, vin long, élégant et gourmand à la fois, belle finale cerise confite.

Millésime 2008

– Dégustation d'avril 2009

15 – Fruits noirs, bouche ronde, souple, tanins moelleux, frais, bonne matière, vin assez séduisant par sa finesse.

Millésime 2009

– Dégustation d'avril 2010

14,5 – Réduit, bouche tendre, souple, assez fin, tendu, fruits noirs.

SÉRILHAN

Surface : 24 ha
Propriétaire : Famille Marcelis
Contact : Sérilhan – 33180 Saint-Estèphe
05.56.59.38.83
www.chateau-serilhan.fr

Didier Marcelis, ancien directeur marketing de Cisco Systems, a repris le vignoble familial en janvier 2003. Neuf hectares à l'époque et un matériel « *à bout de souffle* ». Lui et son épouse, Laurence, ont recréé cette propriété. « *On retravaille les sols, on ensemence avec de l'herbe pour leur redonner une vie microbienne. On a 47 parcelles. On a fait ça dans l'inconscience. Si on avait réfléchi, on ne se serait peut-être pas lancés. Mais on ne regrette pas.* »

Second vin : Château Moutinot

Millésime 2004

– Dégustation de juin 2006

14 – Note sous-bois, tourbe, gras, puissant en bouche, beaucoup de matière qui demande encore à se fondre.

Millésime 2005

– Dégustation d'avril 2006

15 – Fermé, plutôt épicé, bouche ronde et souple en attaque, assez opulente, un peu serrée en finale, bon fruit, vin moderne et bien fait.

Millésime 2007

– Dégustation d'avril 2008

15,5 – Boisé marqué, bouche cerise, douce, tendre, élégant, bon équilibre, bien fruité, réussi.

Millésime 2008

– Dégustation d'avril 2009

13,5/14 – Boisé, un peu de sucrosité, bouche bien fruitée mais pas très dense, manque un peu de chair en milieu de bouche.

TOUR-DE-PEZ

Surface : 30 ha
Propriétaire : Philippe Bouchara
Contact : Franck Duprat – 33180 Saint-Estèphe
05.56.59.31.60 – www.tourdepez.com

Philippe Bouchara (pharmacie, dermo-cosmétique) a acheté cette propriété en 1989. Agrandie, modernisée, rénovée, la propriété produit sur des sols argilo-calcaires pour partie et sur des graves pour l'autre des vins de bonne qualité, assez faciles à boire pour peu qu'on les attende deux à trois ans.

Second vin : Les Hauts-de-Pez

Millésime 2001

– Dégustation de juin 2006

15 – Prune et cerise en bocal, gras, plein, dense, bien construit, vin tendu, qui commence à s'arrondir.

Millésime 2002

– Dégustation d'avril 2003

14 – Nez miel, doux, évoquant le pain d'épice, bouche onctueuse, assez chaleureuse, fruité un peu compoté. Pourra se boire assez jeune.

– *Dégustation de juin 2006*

14,5/15 – Très coloré, nez chocolat noir, prune, fruits noirs en gelée, bouche bien pleine, tanins un peu velus, extraction musclée, mais joli fruit, bonne longueur.

Millésime 2003

– *Dégustation de juin 2006*

14 – Nez tabac, encre, havane, bouche dense, serrée, une extraction que l'on devine assez forte a libéré des tanins épicés, rugueux. Le vin semble assez sévère à ce stade, mais devrait s'adoucir avec le temps.

Millésime 2006

– *Dégustation d'avril 2007*

14 – Vanille, boisé, bouche ronde, puissante, tanins gras, souple, frais, droit.

Millésime 2007

– *Dégustation d'avril 2008*

15,5 – Fruits noirs, bouche douce, fondue, tanins moelleux, un peu serré en finale, pas mal extrait, droit, dense, assez tannique.

Millésime 2008

– *Dégustation d'avril 2009*

14 – Fruits noirs et boisé, bouche ronde, souple, un peu boisé noix de coco, densité moyenne mais tanins de qualité.

Millésime 2009

– *Dégustation d'avril 2010*

14 – Fruits rouges, boisé, bouche ronde, souple, assez fin, bien fruité, un peu fuyant en finale, joli fruit.

Tour-des-Termes

Surface : 25 ha
Propriétaire : SCEA des Vignobles Jean Anney
Contact : Christophe Anney
2, rue du Pigeonnier
33180 Saint-Estèphe
05.56.59.32.89
tourdestermes.free.fr

Pourquoi Tour-des-Termes ? Parce qu'il y a une sorte de tour qui ressemble fort à un pigeonnier au milieu d'une parcelle appelée les Termes. Sans doute une origine t(h)ermale. Depuis, on s'en raconte, des histoires de Romains venant prendre les eaux ici. Peut-être qu'avec un peu d'avance ils donnaient raison à Pierre Dac, préférant le vin d'ici à l'au-delà. *« Le domaine est divisé en trois lots. On a 9 hectares dans le village de Corbian, c'est de l'argilo-calcaire avec socle calcaire à 80 centimètres ; puis 6 hectares sur Saint-Estèphe, en face de Château de Pez, c'est de la grave pure. Ce sont ces deux parcelles qui constituent Tour-des-Termes. Avec la troisième parcelle, moins qualitative, sol plus sablonneux et calcaire, on produit le troisième vin : Haut-Baradieu. »* Issu d'une vieille famille de vignerons depuis 1678 (*« j'ai l'acte de mariage de mon ancêtre laboureur sur la commune de Potensac »*), Christophe Anney porte une grande admiration à son grand-père, qui a acheté ce domaine en 1938.

« La transmission s'est faite pratiquement de mon grand-père à moi. Mon père avait une boucherie, place des Grands-Hommes à Bordeaux. Il a assuré la transition pendant dix ans. J'étais bien vu du grand-père, qui était un vrai Médocain à l'ancienne avec sa gouaille et son fort caractère… »

L'encépagement s'adapte aux différents sols : le merlot sur l'argilo-calcaire, les cabernets et petit-verdot sur les graves.

Second vin : Préface (Les Aubarèdes précédemment)

Millésime 2001

– Dégustation d'avril 2002

13,5 – Un vin sérieux, au nez réservé, à la texture charnue, boisée, austère, une finale serrée, un peu sèche.

Millésime 2002

– Dégustation d'avril 2003

14,5 – Nez fruité et fleuri violette et fraise, bouche fraîche, élégante, tanins assez enveloppants. Un style assez classique.

Millésime 2003

– Dégustation d'avril 2004

13,5/14 – Violette, fruits noirs, bouche tannique, assez solide, un peu massive. Le vin ne se présente pas au mieux, mais on peut parier sur son évolution vers plus de douceur au cours de l'élevage.

Millésime 2004

– Dégustation de juin 2006

13,5 – Fruits noirs, assez fermé, tendre, souple, chocolaté, assez évolué, tanins fondus. Un vin qui semble déjà mûr, avec d'agréables saveurs.

Millésime 2005

– Dégustation d'avril 2006

15 – Fruits noirs en confiture, bouche douce, tanins moelleux, vin élégant, bien fondu, pas trop extrait.

– Dégustation de mars 2010

14,5/15 – Fruits noirs, bouche ronde, souple, bien fruitée, long, frais, fin, tendu. Serré, chocolat, bien fruité. Joli vin qui commence à s'ouvrir.

Millésime 2006

– Dégustation de mars 2010

15,5 – Grillé, épicé, frais, fin, élégant, joli fruit, tendu, vif, serré, bon fruit, long, commence à s'éveiller, pas mal de matière, très frais, très long.

Millésime 2007

– Dégustation d'avril 2008

14 – Bouche serrée, vive, un peu astringente, tendue, fraîche, joli fruit.

– Dégustation de mars 2010

14 – Café, grillé, réglisse, chocolat, bouche ample, épicée, frais, doux, du moelleux, long. Bien ouvert, à boire aujourd'hui.

Millésime 2008

– *Dégustation d'avril 2009*

14,5 – Fruits noirs, boisé discret, bouche tendre, tanins vifs et serrés, joli fruit très pur, finale dense, un peu rugueuse, que l'élevage devrait adoucir.

– *Dégustation de mars 2010*

15 – Violette, fruits noirs, bouche vive, tendue, serré, classique, besoin d'attente et d'élevage. Beau potentiel.

Millésime 2009

– *Dégustation d'avril 2010*

Entre 55 % et 60 % de merlot, 25 % cabernet-sauvignon, 15 % cabernet franc, 5 % petit-verdot.

15 – Fruits noirs, bouche vive, fraîche, tendue, élégante, milieu de bouche soyeux ; vin bien fruité, assez fin, tendu, brioché.

Tronquoy-Lalande

Surface : 20 ha
Propriétaire : Famille Bouygues
Contact : Jean-Bernard Delmas
33180 Saint-Estèphe
05.56.59.30.12 – www.chateau-montrose.com

Sans doute un des plus beaux terroirs de graves de l'appellation. Sur une hauteur face à l'estuaire, un terroir qui faisait rêver les voisins et les investisseurs potentiels. Un domaine que gérait seule, depuis 1973, Anne-Arlette Castéja, une dame d'un âge certain. Perchés sur les piquets de vigne alentour, les vautours attendaient. Finalement, il n'y eut pas de suspense ; comme aux enchères, ce fut le plus offrant qui l'emporta. Mais quand on s'appelle Bouygues, l'exercice ne semble pas des plus difficiles. Après, le temps s'est suspendu. Les nouveaux propriétaires pouvaient très bien décider de rayer ce cru de la carte et d'incorporer sa production à celle de

Montrose. Le classement, en effet, n'est pas du ressort de l'appellation contrôlée ni de l'Inao. C'est le château, la marque Montrose, qui a été classée, et sa surface peut varier. Charbonnier est maître chez lui, si l'on peut dire... Il n'en fut rien. Tronquoy demeure Tronquoy, avec un solide rafraîchissement du côté des installations et du vignoble.

Comme le dit le gérant des domaines, Jean-Bernard Delmas, Tronquoy *« était resté dans son jus »*. Sans doute assez proche de ce qu'il était au XIXe siècle. La nouvelle équipe a modernisé les installations, créé un nouveau cuvier, sans pour autant modifier cet aspect historique. Surtout, le vignoble a été remis en ordre de marche avec un palissage rehaussé et la mise en route d'un plan de replantation. Le plus heureux dans l'histoire, c'est le directeur technique, Yves Delsol. Par le passé, il se bagarrait seul pour maintenir la qualité, surveillant les vignes avec sa voiture personnelle, isolant un second vin qui était systématiquement réincorporé au premier quand l'unique négociant récupérait le fruit de la récolte. Aujourd'hui, il dispose d'un outil performant, bénéficie de l'oreille attentive de Delmas et on lui a offert un véhicule de travail. Quant au second vin, il demeure du second.

Second vin : Tronquoy-de-Sainte-Anne

Millésime 2000

– Dégustation d'avril 2001

15 – Nez frais, noyau, mirabelle, fumée, boisé. La bouche est ferme, satinée, le tanin s'affirme, mais sans sécher.

Millésime 2001

– Dégustation d'avril 2002

15,5 – Nez de fruits mûrs, confiturés, épicés. Texture satinée et ample, beau fruit et finale cacao. Une belle bouteille !

Millésime 2002

– Dégustation d'avril 2003

14,5 – Cassis, violette, sous-bois, bouche fraîche, souple, élégante en première séquence. La fin de bouche nous a semblé un peu rugueuse lors d'une autre séance de dégustation.

– *Dégustation de juin 2005*

15 – Violette, cassis, bouche souple, ample, soyeuse, des notes de chocolat et d'épices douces, long, très fin.

– *Dégustation de juin 2006*

16 – Fermé, chocolat et queue de cerise, bouche serrée, austère, tanins serrés. Très beau potentiel mais le vin est encore très jeune, pas de dureté mais une matière noble non révélée, très long.

Millésime 2003

– *Dégustation d'avril 2004*

15 – Fruits noirs, sous-bois, résine, bouche grasse, tanins moelleux en quantité, souple, chaud, très gourmand avec une belle réserve pour la garde.

– *Dégustation de juin 2006*

15,5 – Lacté, vanille, chocolat au lait, s'ouvre sur les fruits noirs compotés à l'aération, bouche serrée, puissante, tanins encore jeunes. Vin sérieux, presque sévère, de garde.

Millésime 2005

– *Dégustation d'avril 2006*

17,5 – Fruits rouges, épices douces, bouche ample, très serrée, tanins tendus mais sans aspérités, beaucoup de matière et de la fraîcheur. Grand vin.

Millésime 2007

– *Dégustation d'avril 2008*

Depuis l'an passé, Jean-Bernard Delmas a officialisé l'existence d'un second vin, Tronquoy-de-Sainte-Anne, qui permet d'absorber les jeunes vignes. « *Le chai à barriques restera en terre battue, il est historique. Le nouveau cuvier est en construction.* »

8 % merlot, 12 % petit-verdot, 30 % cabernet-sauvignon.

15,5 – Épices, réglisse, bien parfumé, violette, bouche solide, tonique, bien parfumée, pas de creux.

– *Dégustation d'avril 2010*

15 – Mûre, encre, fumé, bouche dense, tendue, tanins assez mordants, long, vif, ½ corps mais bonne longueur, à boire dans deux ans.

Millésime 2008

– *Dégustation d'avril 2009*

37 % cabernet, 13 % petit-verdot, 50 % merlot. Yves Delsol : « *On a attendu les petits-verdots au maximum.* »

15,5 – Très fruité, fraise, bouche ronde, épicée, fraîche, un peu poivrée, tendue, très joli fruit en finale, bien droit. 13° d'alcool.

14 – **Tronquoy-de-Sainte-Anne**. 38 % de la production, 59 % cabernet-sauvignon et 41 % merlot, nez réglissé, mûre, un peu végétal, bouche souple, bien fruitée, tendre, milieu de bouche pas très dense, mais vin de fruit.

– *Dégustation d'avril 2010*

16 – Poivre noir, épices douces, bouche tendre, veloutée, tanins frais, élégants, souples, très beau milieu de bouche, long.

14,5 – **Tronquoy-de-Sainte-Anne**. Épices, grillé, fruits noirs, bouche ronde, souple, milieu de bouche très tendre, bon fruit, un peu serré en finale.

Millésime 2009

– *Dégustation d'avril 2010*

51 % merlot, 42 % cabernet-sauvignon, 7 % petit-verdot.

15,5 – Fruits noirs, sanguin, mûre, bouche tendue, vif, élégant, doux, puissant, joli fruit, frais, gras, dense, épicé, long.

Crus artisans de saint-estèphe

La Peyre

Cru artisan
Surface : 15 ha
Propriétaire : Vignobles Rabiller
Contact : René Rabiller – 33180 Saint-Estèphe
05.56.59.32.51

Le même propriétaire possède des vignes partagées par moitié entre l'appellation haut-médoc et celle de saint-estèphe. Parti faire des études quand la vigne nourrissait mal les familles, René Rabiller est devenu ingénieur électromécanicien. Mais l'atavisme a pris le dessus : « *Je suis né ici* », rappelle-t-il avec conviction. « *J'ai décidé de prendre la succession quand mon père a arrêté. Pour rien au monde je ne quitterais les crus artisans, j'aime cette ambiance de confiance et de camaraderie...* »

Autre vin : La Peyre, en haut-médoc

Millésime 2000

– *Dégustation de juin 2003*

16 – Saint-estèphe. Floral, gelée de cassis, moka, gras en bouche, dense, épicé, saveurs mêlant cerise cuite, épices, tanins moelleux, long, bien équilibré.

Millésime 2001

– *Dégustation de juin 2003*

14 – Haut-médoc. Nez vanillé, fruits noirs, bouche assez élégante, bien ronde, tanins moelleux jusqu'en finale, un peu plus sévère.

14 – Saint-estèphe. Cerises en bocal, tanins serrés, une matière un peu austère à ce stade mais de l'élégance et de l'allure.

– *Dégustation de juin 2005*

16,5 – Saint-estèphe. Fruits noirs, réglisse, menthol, bouche dense, puissante, tanins présents, serrés mais sans dureté. Long, prenant, vin de caractère.

Millésime 2003

– *Dégustation de juin 2005*

15 – Saint-estèphe. Joli nez, cacao et cerise, bouche marquée par les fruits rouges, élégant, petits tanins vifs, favorisant le terroir plus que la technique.

Millésime 2005

– *Dégustation d'avril 2006*

17 – Saint-estèphe. Nez séduisant au fruit très pur, note de cacao, grillé, beaucoup de finesse, d'élégance, tanins épicés, frais, racés.

Millésime 2006

– *Dégustation d'avril 2007*

14 – Saint-estèphe. Réducteur, vanillé, un peu trop de bois sur l'échantillon, salé, dense, un peu sec. Pointe d'acidité.

Millésime 2007

– *Dégustation d'avril 2008*

14,5/15 – Saint-estèphe. Fruits noirs, violette, mûre, bouche souple de merlot, rond, tendre, très fondu, agréable, bien fait. À boire jeune, sur le fruit.

Millésime 2008

– *Dégustation d'avril 2009*

14,5/15 – Saint-estèphe. Boisé, floral, bouche douce, élégante, fondue, fraîche, bien parfumée.

Millésime 2009

– *Dégustation d'avril 2010*

16 – Saint-estèphe. Boisé, fruits noirs, bouche ronde, souple, bien fondue, épicée, poivrée, belle qualité de tanins, fin, élégant, serré en finale, long, droit.

Archives

– *Dégustation de juin 2003*

Millésime 1999

16 – **Saint-estèphe**. Gelée de framboises, nez très frais et fruité, bouche précise, nette, élégante, tanins très fins, beaucoup d'allure.

Médoc

L'essentiel des 800 hectares de l'appellation se concentre au nord de la presqu'île, sur des sols variés. Les graves se font plus rares et on trouve davantage de sols argilo-calcaires classiques, mélange de terre et de cailloux parfois posé sur le socle calcaire à peine recouvert. Cette variété se retrouve dans les vins. Tantôt ceux-ci peuvent prendre des accents pauillacais avec une certaine austérité et de la finesse, tantôt ce sont des rouges très fruités que l'on aura plaisir à boire jeunes. Une caractéristique à tous ces vins : des prix très bas, qui en font autant d'excellentes affaires pour le consommateur un peu curieux. L'œnotourisme se développe dans cette région, la plus belle du Médoc, et l'on est sûr d'y être bien accueilli.

L'Argenteyre

Surface : 37 ha
Propriétaires : Philippe et Gilles Reich
Contact : 43, route de Courbian
33340 Bégadan
05.56.41.52.34

Les deux frères Philippe et Gilles Reich gèrent en famille cette exploitation qu'ils ont fortement développée. Gilles : *« Les arrière-grands-parents étaient des montagnols, c'est ainsi qu'on appelait ceux qui venaient de l'Ariège poussés par la faim. Ils arrivaient avec leur sabots, leurs brouettes et les pioches des montagnols, d'énormes pioches. »* Philippe et Gilles ont lancé leur propre exploitation en 1992 avec 3,5 hectares. Ils travaillent désormais 37 hectares. Dernière acquisition, elle date de 2008 : 5 hectares sur Valeyrac, *« un superbe terroir »*. Tous deux sont passionnés par les cépages minoritaires comme le petit-verdot, qu'ils cultivent en conséquence, ou le carménère, presque en voie de disparition et qu'ils ont replanté également en 2008. Le petit-verdot confère à leurs vins une vigueur qui peut passer pour de la sévérité (surtout les années peu généreuses en soleil) tant que ceux-ci n'ont pas trois ans ou quatre de bouteille. *« On a vraiment progressé en 2004 avec l'achat d'un nouveau pressoir vertical à cage bois, qui nous a apporté des presses de qualité pour les assemblages. »* Presses de qualité désigne la partie des vins obtenus après pressurage moins chargés en tanins végétaux et par conséquent un peu plus aimables. Prix très aimables aussi…

Second vin : Les Tresquots

Millésime 2004

– Dégustation d'avril 2008

15,5 – Grillé, café, épicé, bouche ronde, café, souple, gourmand, très fin, élégant. Tendu, joli fruit.

Millésime 2005

– Dégustation d'avril 2008

15 – Nez fermé, bouche ronde en attaque, tendue, fermée, massif, un peu rugueux en finale, de garde.

Millésime 2007

– Dégustation d'avril 2008

Vendanges du 24 septembre au 24 octobre, à la main. 15 % petit-verdot, 40 % merlot, 45 % cabernet-sauvignon.

14 – Framboise, très fruit, vif, serré, frais, relevé, poivré en finale.

Millésime 2008

– Dégustation d'avril 2009

13,5 – Cassis, un peu végétal, simple, bonne matière, un peu limite en maturité mais bien parfumé.

Millésime 2009

– Dégustation d'avril 2010

14,5/15 – Premier nez un peu réduit puis très joli fruit, savoureux, réglissé, tanins fins, frais, épices douces.

Bessan-Ségur

Surface : 90 ha dont 53 en vignes
Propriétaire : Famille Lacombe
Contact : Rémi Lacombe – 33340 Civrac-en-Médoc
05.56.41.56.91
contact@vignobles-lacombe.com

Cette propriété faisait partie du vaste ensemble créé par Joseph-Marie de Ségur-Cabanac. Bessan, réduit à la portion congrue au fil des crises et des guerres, ne totalisait plus que 4 hectares quand Rémi Lacombe en prit la direction à la suite de son père. Sans doute inspiré par l'œuvre de Joseph-Marie, il a entrepris de lui redonner son ampleur d'autrefois. Bessan couvre 53 hectares de vignes, une vaste propriété, d'autant que les Lacombe possèdent autour trois autres domaines eux aussi fortement dynamisés. Très attachés à l'hygiène, à la protection de l'environnement, du paysage et de l'architecture, les Lacombe construisent avec les pierres du sol des vignes et dans le style du XVIIIe siècle : *« Briquettes, pavés, moellons, encorbellements, pigeonniers, anneaux à chevaux, chiens-assis sont nos standards architecturaux. À l'heure où les goûts se cherchent, les viticulteurs se doivent de contribuer à l'éducation des palais, à l'éveil et à l'étonnement des sens, et bien sûr à la beauté d'un village ! »*

Autres vins : La Gravette-Lacombe, Tour-Saint-Vincent, La Grange-de-Bessan.

Millésime 2003

– *Dégustation d'avril 2004*

14 – Épices et fruits cuits, bouche tendre, tanins discrets, du fruit, de la rondeur, vin gourmand.

Millésime 2005

– *Dégustation d'avril 2006*

15 – Nez cassis et violette, tanins virils en bouche, pas sans aspérités, beaucoup de tenue, la vinification à température assez basse a maintenu la fraîcheur des arômes qui s'expriment en finale sur des évocations de cerise et de mûre.

Millésime 2006

– Dégustation d'avril 2007

14 – Épices, fruits noirs, grillé, prune, bouche ronde, souple, tanins soyeux, agréable.

Millésime 2008

– Dégustation d'avril 2009

13,5 – Végétal, bouche vive, bien fruitée, assez fin, un peu acide en finale.

Millésime 2009

– Dégustation d'avril 2010

14 – Mûre, fruité expressif, ronce, assez charnu, tanins harmonieux, frais, long sur le fruit.

La Branne

Surface : 23 ha
Propriétaires : Fabienne et Philippe Videau
Contact : Fabienne et Philippe Videau
33340 Bégadan
05.56.41.55.24 – www.labranne.com

Que les déçus lèvent la main ! Personne, je m'en doutais. Essayer La Branne, c'est l'adopter, surtout si, comme un certain nombre d'amis à qui j'ai recommandé de passer les voir, vous faites le déplacement. Faut en avoir l'envie et le temps. Les Videau sont au fond du Médoc, bien au nord, pas très loin de l'estuaire. Mais la qualité de l'accueil – souvent les clients deviennent des copains –, la beauté de ces vignes tenues comme un jardin de retraité, leur chai propre comme une salle de bains d'un Relais & Châteaux un jour d'inspection valent le détour. Et je ne parle pas du prix, tellement bas qu'il ne mérite pas qu'on l'évoque. Philippe et Fabienne, fille de viticulteur et ancienne élève d'une école hôtelière, adorent recevoir les touristes qui l'été viennent pour la Côte, les vagues de l'Atlantique, mais qui n'hésitent pas à abandonner une journée l'eau pour le vin. Alors, ils racontent, sans jamais forcer la dose, mais si on veut en savoir plus, voir les vignes, déguster, Philippe et Fabienne sont toujours disponibles et ne savent pas vraiment le sens des mots week-ends et vacances. Sauf quand il s'agit d'aller chasser la bécasse !

Le CV de Philippe tient en peu de mots : *« C'est la vigne qui a bercé toute ma jeunesse. Tous les week-ends, j'étais dans les vignes avec mon grand-père, et en classe de première D j'ai tout laissé tomber, c'était au début des années 80. À l'époque, les parents insistaient lourdement pour que les enfants aillent loin dans les études. Je ne m'identifiais pas du tout dans ce cursus général. J'ai quitté le lycée et je me suis réorienté tout seul vers un BTA par alternance. Je suis venu travailler avec mon grand-père. Il m'a appris une chose, c'est que toute notre vie on est toujours des apprentis. »*

La petite exploitation couvrait 7 hectares et le grand-père portait ses raisins à la coopérative. *« On a quitté la coop en 1998, c'était un peu frustrant de ne pas faire le vin. »* Aujourd'hui, les Videau travaillent 23 hectares, possèdent un chai bien équipé, vinifient tous les deux, élèvent leurs vins en barriques. Ils ont réalisé leur rêve, alors pour quoi faire, prendre des vacances ?

Millésime 2002

– *Dégustation d'avril 2008*

16 – Nez de cabernet bien mûr, fruits noirs, épices, bouche ronde, souple, douce, élégant, bien frais, long, délicat.

Millésime 2003

– *Dégustation d'avril 2008*

14 – Prune, café, bouche ronde, souple, moelleuse, belle structure, saveurs plus cuites, longue, un peu chaleureux.

Millésime 2004

– *Dégustation d'avril 2008*

15 – Grillé, café, bouche ronde, souple, douce de cabernets bien mûrs, la finesse des cabernets, très gourmand, long.

Millésime 2005

– Dégustation d'avril 2008

« L'été 2005, on avait des coquelicots partout. On aurait dit qu'on les avait semés. »

15 – Floral, boisé discret, joli fruit, bouche tendue, ronde, note grillée, 30 % de bois neuf. Rond, souple, soyeux.

Millésime 2006

– Dégustation d'avril 2008

16 – Cerise cuite, velouté, doux, tanins soyeux, du volume, gras, rond, très beau fruit.

Millésime 2007

– Dégustation d'avril 2008

Le 2007 est composé de 78 % cabernet-sauvignon, 20 % merlot, 2 % de vieux petit-verdot (planté en 1957). *« On effeuille deux fois, on tombe les grappillons. On a fini le 23 octobre. »*

15,5 – Fraise, cerise, joli nez bien fruité, bouche bonbon, souple, élégante, bien fruitée, tendre.

Millésime 2008

– Dégustation d'avril 2009

14,5/15 – Boisé prenant, bouche marquée par le bois, puissant, dense, du volume, un peu lacté. L'échantillon est un peu marqué par la prise de bois, mais on sent un vin séveux derrière, qui devrait donner après élevage un peu plus d'élégance.

Millésime 2009

– Dégustation d'avril 2009

16 – Résine, encens, fruité racé, onctueux, savoureux, très long, tanins racés, pureté aromatique.

La Cardonne

Surface : 45 ha
Propriétaire : Domaines CGR
Contact : Gaëtan Charlou
Route de la Cardonne – 33340 Blaignan
05.56.73.31.51 – www.domaines-cgr.com

Grivière, La Cardonne, Ramafort, même combat. On se reportera avec intérêt aux inoubliables lignes consacrées au propriétaire et à ses châteaux brillamment juxtaposés à la page Grivière, non loin d'ici.

Second vin : Château Cardus

Millésime 2001

– Dégustation d'avril 2005

15 – Cerise, agrumes, notes de résine ou de pin, bouche souple, bien fondue, gourmande. On peut commencer à le boire.

Millésime 2004

– Dégustation d'avril 2005

14 – Cerise, fruits noirs, bouche tannique, assez épicée, tanins serrés, vifs. Bon potentiel, d'autant que l'élevage devrait lui donner plus de rondeur.

Millésime 2006

– Dégustation d'avril 2007

45 % merlot, 55 % cabernet-sauvignon. « *Ce sont les meilleurs cabernets que j'aie jamais faits à La Cardonne* », dit Magali Guyon, directrice des domaines.

16 – Réglisse, violette, volume et douceur, tanins bien fondus, plein de caractère mais pas d'agressivité, très beau fruit.

Millésime 2007

– Dégustation d'avril 2008

14,5 – Fruits rouges, bouche vive, boisé prenant, vif, tendu, droit, un peu austère à ce stade, mais prometteur.

CHANTELYS

Surface : 16 ha
Propriétaire : Christine Courrian
Contact : Christine Courrian
Lafon 32, rue des Colombiers
33340 Prignac-Médoc
06.10.02.12.92/05.56.09.02.78

L'autre branche Courrian. Ce château-ci appartient à Christine, nièce de Philippe, cousine de Véronique, bref ceux de Tour-Haut-Caussan. Vin élégant, raffiné, il vérifie une nouvelle fois l'adage qui assure que le vin ressemble à celui ou à celle qui le fait. Voici en effet ce que Christine écrit : « *Le vin est un dénominateur commun à tous les peuples de la planète. Pas seulement pour la convivialité qu'il apporte, mais aussi parce qu'il représente universellement un signe du raffinement de l'esprit. Cependant, un vin particulier marque une culture tout en individualisant un terroir. À ces divers titres, le vin est un véritable phénomène de civilisation. Sa longue histoire gravite autour de valeurs essentielles, religieuses ou philosophiques. Le vin confine donc au domaine du sacré.* »

Et vous voudriez que j'en rajoute ?

Millésime 2002

– *Dégustation d'avril 2003*

14 – Fruité, cerise, bouche tendre, favorisant le fruit, léger, délicat, agréable, un peu bourguignon.

Millésime 2003

– *Dégustation d'avril 2004*

14 – Épicé, violette, bouche ronde, bien fruitée, plus en élégance et en saveurs qu'en puissance.

Millésime 2008

– *Dégustation d'avril 2009*

15 – Boisé, violette, bouche ronde, souple, élégante, petits tanins croquants, frais, vif, tendu.

La Clare

Surface : 20 ha
Propriétaire : Jean Guyon
Contact : Château Rollan-de-By
3, route du Haut-Condissas
33340 Bégadan
05.56.41.58.59
www.rollandeby.com

Jean Guyon est également propriétaire de Rollan-de-By, dont nous parlons non loin de cette page. La reprise de La Clare date de 2001, plus de dix ans après l'arrivée de Guyon à Rollan-de-By. L'ambition avec ce vin n'est pas la même. Vendu moins cher, La Clare peut se boire jeune, dans les trois ans suivant sa mise en marché.

Millésime 2000

– *Dégustation d'avril 2001*

13,5 – Nez épicé, fruits noirs, rond, tendre, du gras, assez élégant, même si l'échantillon dont nous disposions semblait un peu fatigué.

Millésime 2002

– *Dégustation d'avril 2003*

14,5 – Épices, grillé, bouche riche, puissante, tanins serrés, du fruit et une matière concentrée. À venir.

Millésime 2003

– *Dégustation d'avril 2004*

14 – Violette au nez, des notes de torréfaction, bouche vanillée, tanins moelleux. Vin agréable, chaleureux, qui pourra se boire assez jeune.

Millésime 2006

– *Dégustation d'avril 2007*

14 – Fraise, bouche souple, un peu oxydé, bon fruit, tendre, léger.

Millésime 2008

– Dégustation d'avril 2009

14,5 – Boisé prenant, bouche marquée par la prise de bois, assez volumineux en attaque, large, puissant, un peu trop d'extraction qui se conjugue avec le bois et lui confère une finale un peu séchante, mais un vin séveux derrière.

D'ESCURAC

Surface : 20 ha
Propriétaire : Jean-Marc Landureau
Contact : Route d'Escurac – 33340 Civrac-en-Médoc
05.56.41.50.81
www.chateaudescurac.com

Encore un qui revient de loin. Le grand père de l'actuel propriétaire l'avait acheté surtout pour la beauté du lieu. Belle maison simple et harmonieuse, flanquée d'une chapelle du XIe siècle, réputation ancienne de grands vins… Mais, en 1934, du domaine viticole il ne devait pas rester grand-chose car le premier Landureau, passionné par les chevaux, transforma d'Escurac en un haras. Son fils, le père de Jean-Marc, réinstalla le domaine dans sa vocation première. Il portait ses raisins à la coopérative de Prignac, qui rassemblait à l'époque les très petits propriétaires. À la toute fin des années 80, la coop avait perdu la moitié de ses adhérents (concentration, disparition, abandon…) et la moyenne des exploitations ne dépassait pas 2 hectares. Difficile dans ces conditions de contrôler la qualité des apports. C'est alors, en 1989, que Jean-Marc arrive aux commandes du domaine. Lui, comprend très vite que l'avenir passe par une maîtrise complète de la « chaîne de production ». De la vigne à la cave du client.

Il dispose d'un terroir remarquable – une des plus belles croupes du nord du Médoc –, des graves profondes bien drainées naturellement, et s'attache à visser le moindre détail. Lutte raisonnée, sélection sévère (non seulement il élabore un second vin mais même un troisième), pressoir vertical (les meilleurs du moment), long élevage… Même l'étiquette a été confiée au Studio Pomelo, qui, à Bordeaux, « relooke » les sublimes vieilles choses parcheminées et lettres gothiques qui longtemps ont contribué à rendre Bordeaux aussi moderne qu'une pub pour la Quintonine qui donne bonne mine.

Du coup, simplicité, lisibilité, classe. Très vite, même très très vite, à peine dix ans plus tard, d'Escurac était salué comme un des grands des bourgeois en remportant la coupe des crus du même nom devant les pointures habituelles et habituées des podiums. Un vin assez solide, taillé, musclé mais pas dans le style haltérophile, plutôt en longueur, en finesse. Équilibre.

Second vin : La Chapelle-d'Escurac

Millésime 2000

– *Dégustation d'avril 2001*

15,5 – Nez de violette et de mûre, bouche droite, tanins moelleux, beaucoup de finesse, finale sur le fruit.

Millésime 2001

– *Dégustation d'avril 2002*

16,5 – Nez épicé, résine, fruits noirs, bouche bien garnie, tanins moelleux, beaucoup de fruit, gourmand, finale confiserie.

Millésime 2002

– *Dégustation d'avril 2003*

15,5 – Fin, assez réservé au nez, des notes sous-bois et baies sauvages, tanins soyeux et serrés. Une trame solide mais un grain délicat donnent une sensation de velouté en bouche. Vin solide, bien construit, bien équilibré.

– *Dégustation de juin 2005*

16 – Gratin de cerises avec une pointe de cannelle, bouche souple, soyeuse, aux tanins élégants. Si on aime les vins jeunes, il est idéal aujourd'hui.

Millésime 2003

– Dégustation d'avril 2004

15,5/16 – Nez très frais, rappelant les vendanges et le jus du pressoir, bouche souple, tanins veloutés en attaque, beaucoup de fruit, la deuxième séquence montre un tanin plus ferme mais sans sécheresse. Vin sérieux, de garde.

Millésime 2004

– Dégustation d'avril 2005

17 – Nez complexe où se mêlent des notes racinaires de gentiane, de violette, de sous-bois et de mûre. Bouche fraîche, nette, élégante, tanins serrés et soyeux, pas de rusticité, beaucoup d'allure, de classe. Un fruit prolongé par une structure ferme, dense, tendue en finale.

Millésime 2005

– Dégustation d'avril 2006

14,5/15 – Nez racé et très fruité, vanillé, bouche charnue, étoffée à l'attaque, un corps plein, puis, en bouche, un tanin ferme vient durcir la finale. Beau vin garni, mais un peu austère.

Millésime 2006

– Dégustation d'avril 2007

16 – Joli fruit expressif, framboise, vanille, bouche douce, toucher soyeux, tanins sans dureté, équilibré et assez gourmand en finale.

Millésime 2007

– Dégustation d'avril 2008

15 – Cassis, bouche souple, bien fondue, très merlot, droit, souple, gourmand.

Millésime 2008

– Dégustation d'avril 2009

14,5 – Nez fermé, note violette, bouche avec du volume mais peu de fruit, rond, souple, suave, le fruit est caché pour le moment mais bonne structure.

Millésime 2009

– *Dégustation d'avril 2010*

14/14,5 – Fruits rouges, frais, cerise, milieu de bouche assez touffu, rond, doux, bonne longueur, tanins moelleux, une boule de tanins gras et touffus en milieu de bouche, un peu serré en finale.

FLEUR-LA MOTHE

Surface : 13 ha
Propriétaire : SCEA des Œnologues
Contact : Route du Canyon – 33250 Pauillac
05.56.59.67.06

À force de regarder faire les autres et de les conseiller, une envie forte de mettre les mains dans le marc est venue à trois œnologues médocains : Édouard Massie, Henri Boyer et Antoine Médeville. Ils ont acheté en 2008 une propriété de 13 hectares, anciennement La Mothe et rebaptisée Fleur-La Mothe, sur le plateau de Saint-Yzans-du-Médoc. Planté en merlot (60 %) et cabernet-sauvignon (40 %), le vignoble, âgé d'une quarantaine d'années, a subi des modifications importantes dès le rachat : hauteur de feuillage, vendanges en vert, effeuillage, etc. Pour le premier millésime, on devine que les trois compères ont opté pour un vin fruité, engageant et facile d'accès. Les suivants seront sans doute plus profonds. Ils le disent, leur objectif est de : *« Faire le vin que tout amateur éclairé souhaiterait mettre en bonne place dans sa cave. »*

Second vin : Le Jardin de Fleur-La Mothe

Millésime 2008

14,5 – Fruits rouges, boisé délicat, tanins moelleux, bouche fraîche mais douce, très fruitée, belle finale sur la fraise et la cerise.

Fontis

Surface : 10 ha
Propriétaire : Vincent Boivert
Contact : Château Fontis
2, route de Hontemieux – 33340 Ordonnac
05.56.73.30.30
www.ormes-sorbet.com

Dans le Médoc, le nom de Boivert est associé au château Les Ormes-Sorbet. Quelques générations de Boivert y ont défilé, des hommes courageux et innovants. Vincent, en 1995, s'est retrouvé en âge de faire du vin tandis que son père était, lui, encore bien loin de celui où l'on pense qu'il est temps d'acheter des cannes à pêche. Deux têtes de lard pensantes et agissantes dans un même chai, c'est une de trop, se sont dit les Boivert. Alors Vincent s'est installé à Fontis, pas très loin. *« Cela ne devait servir qu'à agrandir Les Ormes, mais on on s'est aperçus que c'était très différent et on a séparé les deux… »* Il ne pouvait pas prévoir que la maladie, celle qui ne pardonne pas, aurait raison de l'éternel sourire du grand Jean moins de dix ans plus tard.

Ici, comme dit Vincent, c'est le *« fin fond du Médoc »*, mais de bonne compagnie. Autour, on lit sur les panneaux : Potensac, le très bon des Delon de Léoville-Las-Cases, La Cardonne, Grivière et Ramafort, ou encore Tour-Haut-Caussan, de la bande familiale Courian. Que du bon !

« En vignes, on est moitié cabernet, moitié merlot. C'est comme Les Ormes-Sorbet, en lutte raisonnée. Sur les hauteurs, c'est assez argileux, j'ai envie de tout enherber mais cela nécessite du matériel spécifique. Je suis plus souvent aux Ormes, je navigue entre les deux. »

Fontis donne des vins moins onctueux, moins tanniques que Les Ormes, sans doute moins de garde mais avec un fruité explosif, un côté floral et framboise, des petits tanins croquants qui en font un produit pas très économique, car à table la bouteille se vide très vite. Radins s'abstenir.

Millésime 2002

– Dégustation d'avril 2003

14,5 – Floral, violette, bouche tendre, souple, élégante, plus en fruit qu'en volume. Un vin plus solide qu'il n'y paraît et qui devrait faire une belle bouteille dans cinq ans.

– *Dégustation de juin 2005*

15 – Cerise, fruits rouges, violette, joli nez séducteur, bouche tendre, élégante, tanins fins, beaucoup de fruits rouges. Un vin fringant.

Millésime 2004

– *Dégustation d'avril 2005*

15 – Les millésimes de fraîcheur conviennent assez bien au terroir de Fontis. Nez de framboise et lilas mauve, bouche tendre, vive, petits tanins frais et fringants, toucher délicat, fin, savoureux.

– *Dégustation de mars 2010*

14,5/15 – Un peu réductif, bouche sérieuse mais fine, élégant, frais, fin, riche en saveurs et bien tendu, finale longue.

Millésime 2005

– *Dégustation de mars 2010*

15,5 – Nez plutôt fermé, vin pas encore abouti mais avec un fort potentiel. Gras, moelleux en bouche, souple, en attaque, tanins encre à fondre en finale. Plutôt de garde.

Millésime 2006

– *Dégustation d'avril 2007*

14,5 – Framboise, bonbon, léger, tendre.

– *Dégustation de mars 2010*

14,5/15 – Nez fruits noirs, mûre, bouche assez moelleuse, le vin a gagné en chair sans perdre de son élégance.

Millésime 2007

– *Dégustation d'avril 2008*

13,5 – Fruits rouges, boisé, bouche légère, tendre, pas mal, un peu sec en finale.

– *Dégustation de mars 2010*

14 – Bien fruité au nez, floral, rose rouge, un peu poivré, bouche vive, élégante, tendue, fraîche, bien fruité en finale, vin aérien, très parfumé, le vin s'est bien fondu, il est à boire en ce moment.

Millésime 2008

– Dégustation d'avril 2010

14 – Rose rouge, cerise, bouche fraîche, tendue, bien fruitée, petits tanins croquants.

– Dégustation de mars 2010

14,5 – Vin sur colle, le nez n'est pas encore bien défini, bouche fraîche, vive, tendre, bonne longueur, vif, croquant, fruits rouges en finale.

Millésime 2009

– Dégustation d'avril 2010

16 – Poivre, net, vif, séveux, gazeux, très joli fruit, délicat, tanins fins, savoureux, croquant du fruit, élégant.

Les Grands Chênes

Surface : 12 ha
Propriétaire : Bernard Magrez
Contact : Château Pape-Clément
216, avenue du Docteur-Nancel-Pénard – 33600 Pessac
05.57.26.43.04
www.bernard-magrez.com

Qu'est-ce que j'ai aimé ce vin quand il avait encore des défauts ! C'était alors Jacqueline Gauzy-Darricade qui s'en occupait. Jacqueline, ancienne fonctionnaire du ministère des Finances, avait appris l'œnologie dans les livres au cours de ses voyages dans le « Drapeau », le train express qui reliait Paris à Bordeaux avant le TGV. Son père produisait un peu de vin et livrait surtout à la coopérative. Lors de notre première visite, en vieux Médocain méfiant, il n'avait pipé mot, tandis que Jacqueline nous faisait déguster des années anciennes. Nous étions deux, mon copain Pierre Crisol et moi, à remonter le temps. Un moment, l'un de nous demande à Jacqueline :

« Vous n'avez pas changé de méthode de vinification ou de cuves, celui-ci semble plus marqué par le bois ancien ? »

Alors son père, sans se tourner vers nous, dit à sa fille :

« C'est la dernière année où j'ai utilisé les cuves en bois. Après, je les ai remplacées par des cuves en acier… Je vais acheter des entrecôtes. Ils restent déjeuner. »

Des souvenirs comme celui-ci, on n'en ramasse pas à la pelle. Quelque temps plus tard, le papa de Jacqueline est mort. Il avait recommandé à sa fille de partager avec nous une ou deux vieilles bouteilles en sa mémoire. On l'a fait.

Puis Jacqueline, n'ayant personne pour assurer la suite, a vendu Les Grands Chênes. C'était un tout petit domaine, 7,16 hectares. Jacqueline disait : *« Nous sommes de la même taille, pas très grands. »* Bernard Magrez, grand gaillard, qui l'a repris, l'a un peu élargi, mais surtout il en a fait un vin autrement. Dans le style « premium » qu'il affecte et que ses techniciens et conseillers (notamment Michel Rolland) appliquent dans chaque cru (Pape-Clément, La Tour-Carnet, Fombrauge, etc.). Vin puissant, moelleux, très tannique, large. Sans doute moins perfectible que celui de Jacqueline et de son père, mais…

Millésime 2000

– Dégustation 2001

14,5 – Beaucoup de fruit au nez, bouche très extraite, puissante, tanins très serrés un peu rugueux. À revoir après élevage.

Millésime 2001

– Dégustation 2002

15 – Nez framboisé tout en finesse, épices douces, bouche au boisé élégant, fondu, texture charnue, racée, finale fraîche aux tanins bien tramés.

Millésime 2002

– Dégustation 2003

14,5 – Épices, gelée de fruits noirs, plein, dense, riche, puissant, fruits très mûrs. Plus en puissance qu'en élégance.

Millésime 2003

– *Dégustation 2004*

14 – Nez marqué par le boisé de la barrique, torréfaction, fruits confits, bouche dense, tanins un peu austères, beaucoup de matière mais un côté un peu massif.

Millésime 2004

– *Dégustation 2005*

14,5 – Nez de fruits confits, gelée de groseilles, bouche ample, dense, puissante, d'une agréable rusticité. Du volume, un style moderne.

Millésime 2005

– *Dégustation 2006*

15 – Nous avons dégusté deux fois, avec des appréciations différentes, ce cru. Le premier échantillon nous avait semblé un peu trop boisé (sans doute barrique neuve) ; le second laissait passer un fruité plus démonstratif et intéressant. Dans les deux cas, la bouche est ronde, bien tapissée de petits tanins serrés, virils mais sans dureté.

Millésime 2007

– *Dégustation 2008*

13,5 – Nez bien fruité, frais, fin, élégant, tendu, vif, serré, bon fruit un peu astringent, le boisé sèche en finale.

Greysac

Surface : 70 ha
Propriétaire : Greysac SAS
Contact : Philippe Dambrine – 33340 Bégadan
05.56.73.26.56
info@greysac.com

Greysac a été acheté en 1973 par un groupe d'amis autour du baron François de Gunzburg et de Giovanni Agnelli (Fiat). La famille Agnelli en est l'unique propriétaire depuis 1975. Il est situé au hameau de By, sur un sol de graves remarquable. La direction du cru est assurée par Philippe Dambrine, qui gère également le cru classé Cantemerle, en haut-médoc. Greysac, valeur sûre, s'épanouit avec le temps et n'est jamais aussi bon que six à huit ans après la récolte. Le château produit également à Bégadan sur 2 hectares un vin blanc sec issu uniquement de sauvignon.

Millésime 2000

– *Dégustation d'avril 2001*

16 – 50 % merlot, 50 % cabernet-sauvignon. Nez de sureau, fruits noirs, bouche élégante, fondue, trame étirée qui porte longtemps le fruit. Un vin élégant, précis.

– *Dégustation du 24 mai 2002*

17 – Épices, violette, souple mais garni. Il s'est étoffé tout en conservant son fruit, long, dense, harmonieux, tres belle finale fruitée, le plus beau millésime du domaine.

Millésime 2001

– *Dégustation d'avril 2002*

15 – Ce n'est certes pas le superbe Greysac de 2000, mais on retrouve cette expression forte de cassis sur une bouche souple, qui opte pour l'élégance plus que pour l'extraction.

– *Dégustation de juin 2005*

15,5 – Boisé un peu en évidence, le vin s'est refermé côté arômes. La bouche est soyeuse, les tanins sont délicats, bon équilibre.

Millésime 2002

– *Dégustation d'avril 2003*

La famille Agnelli a vendu cette année Château Margaux, mais conserve Greysac.

15,5 – Cassis, violette, mentholé, bouche finement boisée, tanins délicats, souple, long, belle finale sur les fruits noirs.

Millésime 2003

– *Dégustation d'avril 2004*

16 – Le millésime convient bien à Greysac, le nez est plus charmeur, plus floral que d'habitude. Bouche puissante, dense, massive sans être agressive, beaucoup de saveurs. Affiné par l'élevage, ce devrait faire une belle bouteille.

Millésime 2004

– *Dégustation d'avril 2005*

16,5 – Très fruits rouges, vanille, un peu bourguignon au nez. La bouche offre une belle densité, des tanins onctueux, bien liés, superbe fruit en finale. Un vin élégant, bien équilibré, qui pourra se boire relativement jeune.

Millésime 2005

– *Dégustation d'avril 2006*

16 – Gelée de groseilles, forte expression fruitée au nez, bouche veloutée au tanin dense, grande longueur en bouche, note épicée, beaucoup de classe.

Millésime 2006

– *Dégustation d'avril 2007*

14,5/15 – Bonne matière, tanins serrés, pas de dilution, fruits noirs.

Millésime 2007

– *Dégustation d'avril 2008*

14 – Vanille, boisé, bouche tendue, marquée par le bois mais avec de la matière, vin puissant, pas en finesse mais avec du volume.

Millésime 2008

– *Dégustation d'avril 2009*

14 – Nez discret, boisé, bouche vive, du fruit, petits tanins serrés, vif en finale.

Millésime 2009

– Dégustation d'avril 2010

16 – Sur le fruit, nez frais, réglisse, souple, tanins fins, séveux, amertume agréable, fait saliver, savoureux.

Grivière

Surface : 49 ha
Propriétaire : Domaines CGR
Contact : Gaëtan Charloux
Route de la Cardonne
33340 Blaignan
05.56.73.31.51 – www.domaines-cgr.com

Quelle carte de visite ! Gaëtan Charloux, gérant pour le compte de sa famille trois châteaux, Grivière, La Cardonne, Ramafort. Tous trois anciens domaines des barons de Rothschild cédés dans les années 90. Charloux Gaëtan, à la tête d'un ensemble pesant une petite cent-cinquantaine d'hectares. Je m'attendais à la crinière argentée d'un monsieur d'âge mûr, rosette à la boutonnière, cravaté Hermès, chaussé Berluti. Je n'aurais jamais imaginé que le grand jeune homme aux allures d'étudiant tardif des Beaux-Arts installé verre en main au comptoir de La Cagouille (rue de l'Ouest, Paris XIVe) fût le Gaëtan des domaines au sigle mystérieux CGR.

Est-ce Gaëtan, ce prénom qui pourrait précéder un des nombreux pseudos d'Arsène Lupin, ou CGR qui sonne comme Compagnie générale des rasoirs, mais je ne le voyais certainement pas en scooter faisant la tournée des bars à vins et des restos, bouteilles en main, pour présenter ses trois crus.

Gaëtan ne pose pas au « créateur de vin ». Il n'expose pas sa philosophie du cabernet, pas plus que son approche instinctive et toujours en mouvement du merlot. Il met en avant son équipe, ceux qui font vivre la vigne, le chai, les domaines. À commencer par la très modeste Magali Guyon, directrice technique du groupe : *« J'ai commencé mon métier d'œnologue en faisant de l'informatique pendant quatre ans. Jean-Michel Cazes, à Lynch-Bages, voulait créer un logiciel de gestion technique pour les travaux des chais.* » Cazes, ancien informaticien de haut vol, lui avait confié : « *Si vous voulez un logiciel qui fonctionne, il ne faut surtout pas que ce soit un informaticien qui le mette au point, mais un technicien du chai !* »

Après d'autres fonctions plus en rapport avec son métier à Lynch-Bages, Magali a rejoint le staff de Grivière et consorts : « *C'était un vrai changement ! On utilise un réseau d'agents commerciaux pour aller chercher les clients.* » Eh oui, à Lynch-Bages, on refuserait presque les clients, mais, pour vendre Grivière ou Ramafort, il vaut mieux ne pas attendre derrière un bureau. D'où Gaëtan en scooter, en train, en avion et même parfois en voiture, quand il récupère les points que la maréchaussée confisque à ceux qui dépassent les 90 kilomètres/heure dans les lignes droites.

Des trois crus, Grivière a ma préférence, même s'il m'arrive de noter mieux les deux autres. Je n'ai pas fait de moyenne, mais il est possible que Ramafort gagne à ce calcul. Peu importe, une bouteille de Grivière 1999 ou 2001 fera la différence. C'est un vin de pêcheur à la ligne, de patient. Celui qui déguste une série, je parle des professionnels, risque de passer à côté s'il va trop vite. Grivière semble toujours le timide de la cour de récré, celui qui préfère Alfred de Vigny au foot. Celui qu'on retrouve plus tard épanoui, toujours délicat mais affirmé. Ce vin a quelque chose de provocant. Il prend sa revanche avec le temps, sort de sa bulle et fait découvrir des saveurs que l'on rencontre peu souvent ici. Des notes d'agrumes, d'orange, peu banales dans les vins rouges, et qui le distinguent dans les dégustations. Jean-François Rovire, talentueux acheteur du groupe Monoprix, à qui j'en parlais un jour puisqu'il vend ce vin, m'a confirmé cette impression d'orange sanguine. On est au moins deux. Est-ce le sol marneux et calcaire où le merlot se plaît bien ? Il y a dans la notion de terroir une part de mystère et c'est bien ainsi.

Second vin : Château Malaire

Millésime 2000

– Dégustation d'avril 2001

14 – Nez cerise, note de grillé, bouche bien fondue, tanins moelleux, vin souple, chaleureux, d'une bonne longueur.

Millésime 2001

– Dégustation de juin 2005

15,5 – Fruits noirs, sous-bois et des notes de peau d'orange qui se mêlent agréablement aux arômes, bouche tendre, souple, élégante, bien fondue.

Millésime 2003

– Dégustation d'avril 2004

14 – Épices, note torréfiée, bouche assez fraîche, tendre, tanins élégants, joli fruit, un peu de dureté en finale.

Millésime 2005

– Dégustation d'avril 2006

16 – Nez fruits cuits en tarte, prune rouge, cerise, petite note de tabac blond, bouche ronde et gourmande, tanins doux, bien fondus, satinés. Bon équilibre, garni et gourmand.

Millésime 2006

– Dégustation d'avril 2007

15 – 55 % merlot, 45 % cabernet. Fruits noirs, fruité délicat, note d'orange, rond, tendre, souple, frais, léger, sans dureté mais long.

Millésime 2007

– Dégustation d'avril 2008

14 – Nez fermé, bouche ronde en attaque, serrée ensuite, petits tanins croquants, bon équilibre.

Millésime 2008

– Dégustation d'avril 2009

14,5 – Fruits noirs, cerise, bouche ronde, souple, onctueuse, fraîche, bien ronde, bonne longueur.

Millésime 2009

– Dégustation d'avril 2010

14,5 – Nez boisé, fruits rouges bien mûrs, onctueux, savoureux, tanins serrés, doit s'harmoniser à l'élevage.

Haut-Maurac

Surface : 28 ha
Propriétaire : Olivier Decelle
Contact : 33340 Saint-Yzans-de-Médoc
05.57.51.34.86

Tout ce que je savais sur l'ancien propriétaire de Picard, cet « agité » d'Olivier Decelle, *« le plus remuant des surgelés »*, je l'ai couché dans les pages de saint-émilion, au Château Jean-Faure, qu'il possède également.

Je me méfie des vignerons de « deuxième vie » par principe. Très souvent, ils prennent feu un peu vite. Parce qu'ils se sont ennuyés dans une première existence peu valorisante intellectuellement, mais très enrichissante dans le sens premier du mot, ou parce qu'ils pensent qu'ils n'ont pas de temps à perdre, ou encore qu'ils estiment leurs voisins bien benêts qui n'ont jamais assisté à la conférence du lundi animée brillamment par le directeur du marketing. Alors les voilà sonnant à la porte de l'œnologue miracle qui connaît les procédés magiques et les grands dégustateurs dont la bonne note ouvrira les portes du marché export et décorera de milliers de paillettes dorées l'orgueil du nouveau propriétaire. Et que je ramasse mes raisins à la Toussaint quand même les étourneaux n'en veulent plus. Et que je te glisse des granulats de chêne lyophilisé pendant la fermentation pour lui donner un peu plus le goût du bois « intégré ». Et pousse l'extraction et vogue les tanins. Au boulot les enzymes rajoutées. Et bonjour monsieur le tonnelier, donnez-moi 100 % de barriques neuves très brûlées à l'intérieur pour que mon vin sente bien le café. Et hardi les bouteilles lourdes. Et que j'achète les pages de pub dans *Le Figaro* qui me consacre un article confirmant mon génie. Que mes petits-enfants vont être fiers de papy !

Voilà très brièvement résumé pourquoi le recyclé second destin peut parfois gratter la partie de mon cortex où sont rangés les neurones de l'agacement. Mais Olivier Decelle, qu'au début – il pourra vous le confirmer – j'ai observé à la jumelle bien à l'abri derrière mes sacs de préjugés, n'est rien de tout cela. Pas de surboisage, pas d'extraction format pelleteuse, Olivier Decelle fait du vin. Du bon, du meilleur d'année en année. Du vin que l'on peut boire, pas de la confiture de raisin fortement alcoolisée. Ce Haut-Maurac, par exemple, un joli terroir signalé à Decelle par le plus discret des œnologues, Jacques Boissenot, ne joue pas les starlettes. C'est un médoc élégant, bien fruité, qui enracine profondément dans la réalité cette forte sentence du philosophe Petitrenaud Jean-Luc : « *Une bouteille à deux c'est pas assez, mais un magnum ça ferait presque trop…* »

Millésime 2000

– *Dégustation d'avril 2001*

14,5 – Joli nez floral évoquant la pivoine, bouche fruitée, élégante, bien construite, tanins assez présents soutenus par une bonne acidité.

Millésime 2005

– *Dégustation d'avril 2006*

14,5 – Joli nez bien fruité, cerise, bouche tendre en attaque, élégante, tendue, un peu serrée en finale. L'élevage devrait lui donner du moelleux.

Millésime 2006

– *Dégustation d'avril 2007*

14,5 – Rond, tendre, bon fruit, friand, pas très dense mais équilibré, très beau fruit bien préservé.

– *Dégustation de septembre 2009*

15 – Un très joli nez, séveux, pin, réglisse, rose, bouche tendre, élégante, un fruité bien préservé, petits tanins discrets en soutien, très agréable. Un vin respectueux de son terroir.

Millésime 2007

– *Dégustation d'avril 2008*

50 % cabernet-sauvignon, 50 % merlot, un peu de malbec.

14 – Nez un peu poivron, cassis, bouche souple et ronde, bien fruité, serré en finale.

Millésime 2008

– *Dégustation d'avril 2009*

15 – Fruits noirs, charbon de bois, bouche boisée, rond, agréable, souple, bien fruité, assez long, équilibré.

L'Inclassable

Surface : 16 ha
Propriétaire : Rémy Fauchey
Contact : 4, chemin des Vignes
33340 Prignac-en-Médoc
05.56.09.02.17
www.linclassable.com

On l'imagine mal en victime, Rémy Fauchey, avec ses moustaches de brigadier-chef et son air de vouloir en coller une au premier qui moufte. Pourtant, dans cette affaire, c'est bien lui l'accablé. Une décision de justice l'a dessaisi de son nom de domaine au profit d'un autre. Château Lafon, cultivé par cinq générations de mâles dominants, n'est plus depuis 2002. Très remonté, Rémy a décidé d'adopter L'Inclassable comme nouvelle devise et finalement cela lui va bien et semble commercialement plus porteur. Lafon, il en existe plein, même des éditeurs, un fabricant d'équipements pour stations-service. Ils sont plein, les Lafon, près de 10 000 en France, presque pire que les Dupont. Peut-être, comme cela se pratique beaucoup, il aurait pu modifier, ajouter, devenir Lafon-Ronchon en harmonie avec le caractère de Rémy, mais Lafon-Rochet, cru classé en saint-estèphe, n'aurait pas apprécié. Alors que des inclassables qui le revendiquent, ce n'est pas la grande foule. Puis cela lui va bien au vin ; au bonhomme aussi, gentil et rouspéteur, entier comme son rouge composé fortement de cabernet-sauvignon et de près de 15 % de petit-verdot. Quelqu'un l'a qualifié de vert, c'était injuste. Il s'agit surtout de vin sans concessions, un médoc de tradition, c'est-à-dire de garde. Vrai, au moment des dégustations primeurs, ils sont rarement aimables, les inclassables, mais avec le temps on se régale. Je me souviens d'avoir goûté à la propriété un 1986 qui avait alors une dizaine d'années et pouvait en remontrer à certains crus classés. Oui, mais lui, justement, il est inclassable.

Personne ne se souvient de l'autre Lafon, celui qui a gagné le procès, tandis que L'Inclassable a pris les lumières des projecteurs et ce n'est que justice, et la preuve que celle-ci doit dire le droit à la lumière de la conscience des hommes.

Second vin : Fontaine-de-l'Aubier

Millésime 2000

– *Dégustation d'avril 2001*

14 – Rémy Fauchey aime les vins qui ont de la chair, du corps et de la personnalité. Son 2000 est bien dans cet esprit, musclé, viril, saveurs de cassis et tanins bien présents. On sait par expérience que dans deux ou trois ans il se montrera plus aimable.

Millésime 2001

– *Dégustation d'avril 2002*

14 – Comme d'habitude, dans ce cru où l'on aime les vins de garde, Rémy Fauchey n'a pas fait dans l'à-peu-près. Des tanins serrés, une rusticité agréable et qui peut évoluer vers de très jolies surprises.

Millésime 2002

– *Dégustation d'avril 2003*

14,5 – Nez épicé, myrtille, bouche tannique, puissante, dense, les tanins sont virils, presque agressifs mais sans sécheresse. On conseille de garder.

Millésime 2003

– *Dégustation d'avril 2005*

14,5 – Nez mûre, myrtille, pointe boisée, bouche souple en attaque, très expressif, finale resserrée, sérieuse.

Millésime 2006

– *Dégustation d'avril 2007*

13 – Fruits noirs, boisé, bouche souple, ronde, pas très dense, finale un peu courte.

Millésime 2008

– *Dégustation d'avril 2009*

15 – Boisé, fruits noirs, bouche opulente, douce, bien fruitée, un peu de bois en trop mais ça reste bon.

Millésime 2009

– *Dégustation d'avril 2010*

14 – Discret, fruits noirs, onctueux, tanins fins, frais, assez pur, pointe d'amertume, encore sur la réserve.

LAYAUGA-DUBOSCQ

Surface : 13 ha
Propriétaire : Henri Duboscq
Contact : chemin de Lescapon
33340 Queyrac
05.56.59.30.00

C'est Henri Duboscq, de Haut-Marbuzet, qui a créé ce vignoble en achetant quelques parcelles. Le maître explique : « *J'ai toujours tenu à avoir plus de clients que de vignes et toute ma vie j'ai acheté les vignes des voisins pour répondre à la demande. Depuis que mon voisin Martin Bouygues est arrivé, les prix ont monté et je ne peux plus acheter sur Saint-Estèphe. J'ai trouvé un joli petit petit terroir à Queyrac. D'abord 6 puis 13 hectares.* »

Millésime 2006

– *Dégustation d'avril 2010*

14 – **Cuvée Renaissance**. Cerise confite, bouche vive, tendue, serré, vif, coupant. Frais, net.

Millésime 2007

– *Dégustation d'avril 2010*

14 – Cuvée Renaissance. Fruits confits, tendre souple, frais, bien fruité, rond, gourmand.

Millésime 2008

– *Dégustation d'avril 2010*

15 – Cuvée Renaissance. Fruits noirs, grillé, le boisé est un peu sensible, violette, bouche épicée, dense, bien tendue, fraîche.

Millésime 2009

– *Dégustation d'avril 2010*

Cuvée Renaissance. 40 % merlot, 40 % cabernet-sauvignon, 20 % petit-verdot. Rendement 30 hl/ha. « *Pour faire ce vin là là-bas, ça coûte de l'argent, on fait peu de récolte.* »

14,5 – Très fruits noirs, mûre, bouche dense, tannique, vin assez rond, moelleux. Pointe d'amertume, serré en finale.

LOUDENNE

Surface : 42 ha et 12 de bordeaux blanc
Propriétaire : Marie-Claude et Jean-Paul Lafragette
Contact : Florence Lafragette
Château Loudenne – 33340 Saint-Yzans-de-Médoc
05.56.73.17.80 – www.lafragette.com

Loudenne a appartenu longtemps, plus d'un siècle, à la famille Gilbey, davantage connue outre-Manche pour son gin. Le domaine constitue un des plus beaux endroits du Médoc, avec son parc, son port privé et ce château rose posé sur une terrasse de dalles anciennes. Pour les Gilbey, il s'agissait surtout d'une propriété d'agrément où il faisait bon recevoir les amis, négociants, propriétaires de crus classés, qui venaient goûter là l'hospitalité British sans la traditionnelle cup of tea. C'est là que j'ai rencontré la première fois Jean-Louis Camp, œnologue, gérant de propriété efficace et malicieux, recruté ensuite par la famille Quié pour remettre en selle Rauzan-Gassies et Croizet-Bages. Jean-Louis s'ennuyait à Loudenne et inventait, rodait ses expériences. Il proposait aussi, bien avant que l'on parle d'œnotourisme, ce mot bizarre qui sonne aux oreilles comme un klaxon d'autocar, des leçons de dégustation pour les amateurs. Il avait aussi beaucoup travaillé le vin blanc, une originalité de Loudenne, quand presque personne ne faisait de vin blanc en Médoc.

Puis ce sont les Lafragette qui ont repris le flambeau. La famille s'est installée à Cognac après son retour d'Algérie où, déjà, elle faisait du vin : *« Je suis la sixième génération de producteurs »*, dit Florence, qui dirige le domaine, une des filles de Marie-Claude et Jean-Paul Lafragette. Les parents ont fait fortune grâce à Alizé, un cocktail créé en 1984 à base de cognac et de fruits de la passion qui a fait fureur aux États-Unis. Puis Jean-Paul a acheté d'autres entreprises, avant de rencontrer quelques difficultés d'ordre juridico-financiers qui lui ont valu de vendre un autre domaine (Rouillac) en appellation pessac-léognan. Florence a donné un bel élan à Loudenne, d'autant qu'elle n'était pas vraiment préparée à ce métier : *« Je faisais tout sauf travailler avec mes parents. C'est en Californie, à Napa Valley, que j'ai réalisé que c'était sympa, le vin… Loudenne est un endroit magique, c'est naturel que j'y développe l'œnotourisme. »* Loudenne accueille groupes et particuliers dans ses superbes chambres au décor XVIIIe. Avec quelques amies, comme Marie-Laure Lurton ou Martine Cazeneuve, elle a créé un groupe de femmes – les Médocaines – particulièrement actives.

Second vin : Rives-de-Loudenne

Millésime 2001

– Dégustation d'avril 2002

15 – Cela faisait bien longtemps que nous n'avions goûté un Loudenne aussi réussi. Certes un peu trop boisé sur cet échantillon, mais une belle matière, des petits tanins délicats, une bouche fruitée et bien construite.

Millésime 2002

– *Dégustation d'avril 2003*

15,5 – Nez bien fruité, cerise et notes de violette, bouche aux tanins gras, ample, riche, plus en densité qu'en finesse mais beaucoup de gourmandise et un équilibre respecté. Beaucoup de fruit.

Millésime 2006

– *Dégustation d'avril 2007*

15,5 – Fraise, bouche ronde, souple, tanins ronds, pas d'une concentration imposante, mais droit, bon fruit, élégant.

Millésime 2008

– *Dégustation d'avril 2009*

14 – Fruits noirs, bouche ronde, bien fondue, tanins moelleux en attaque, serrés ensuite, un peu trop d'extraction mais bon fruit.

NOAILLAC

Surface : 46 ha
Propriétaire : Famille Pagès
Contact : 6, chemin du Sable-des-Pins
33590 Jau-Dignac-et-Loirac
05.56.09.52.20
www.noaillac.com

Ce domaine ancien ne couvrait plus qu'une dizaine d'hectares quand Marc Pagès et son fils, Xavier, en firent l'acquisition en 1983. Marc Pagès, l'homme du redressement de La Tour-de-By (voir ce cru), a eu le bonheur, avant de quitter le monde des vignes des humains pour celles du Seigneur (on le lui souhaite), de voir deux petits-fils s'installer aux commandes des domaines. Ici, c'est Damien, fils de Xavier, qui a rejoint son père et son grand-père en 2004 après une solide formation viticole et œnologique. Prix extrêmement raisonnables, surtout si l'on achète en primeur.

Second vin : La Rose-Noaillac

Millésime 2001

– Dégustation d'avril 2002

15,5 – Nez de grillé et de fruits confits, bouche douce, tanins de belle qualité, trame serrée, joli fruit. Une belle bouteille à venir.

Millésime 2005

– Dégustation d'avril 2006

50 % merlot, quasi autant de cabernet-sauvignon, avec une très faible présence de petit-verdot.

15,5 – Fruits noirs, bouche moelleuse, bien ronde, tanins très mûrs et fondus. Un vin flatteur, gourmand, bien fruité.

Millésime 2006

– Dégustation d'avril 2007

14 – Fruits noirs, bouche concentrée, fruits noirs, souple, bien dense, tannique, bon fruit.

Millésime 2008

– Dégustation d'avril 2009

14/14,5 – Un peu d'oxydation sur l'échantillon, bouche douce, simple, fruitée, assez élégant, pas trop extrait, frais, souple.

Les Ormes-Sorbet

Surface : 20 ha
Propriétaire : Famille Boivert
Contact : Château Les Ormes-Sorbet
20, rue du 3-Juillet-1895
33340 Couquèques
05.56.73.30.30 – www.ormes-sorbet.com

Quand on lui demandait d'où venait ce nom magnifique et surtout inoubliable, Jean expliquait : *« Il y avait des ormes et on l'a racheté à un monsieur Sorbet. »* Aussi facile que cela, comme tout ce que faisait Jean Boivert, du moins comme il en parlait. Excellent dégustateur, il n'en laissait rien paraître et cédait facilement la vedette aux autres. Modeste, simple et toujours élégant, il se dégageait de sa personnalité un étonnant mélange de finesse, de fragilité mais aussi de sécurité. Son jugement était sûr mais jamais appuyé, obstiné, certifié, comme le sont tant de propos sans intérêt. Jean Boivert est mort en 2004. Sa femme Hélène et ses deux fils Vincent et François continuent comme on l'a toujours fait dans la famille Boivert, propriétaires et vignerons depuis 1764. Chacun apportant sa pierre à l'édifice, avec si possible une petite longueur d'avance sur le voisinage. L'un mettant en bouteilles la presque totalité de sa production quand tous les autres vendaient en vrac. L'autre achetant le premier tracteur moderne de la commune, un Gadan fabriqué artisanalement en Bourgogne, à Barizey. Quelques dizaines d'exemplaires sont sortis de ces ateliers et celui des Boivert, toujours en parfait état de fonctionnement, fait figure de pièce de musée. Sur la veine de calcaire qui passe ici (on parle de *« calcaire de Couquèques »*), Jean a favorisé le cépage cabernet-sauvignon, celui des grands vins du Médoc. Cépage tardif, il n'est jamais aussi royal que les années de longue maturité et assez ensoleillées. Un Boivert fut l'auteur d'un 1893 resté dans les annales médocaines. Jean, lui, a signé le 1986, une pure merveille d'équilibre, de complexité, de réserve. Un grand vin de Bordeaux ne peut être celui qui donne tout et tout de suite, il doit conserver sa part de secrets qu'il délivre parcimonieusement, au fil du temps. Ce 1986 mériterait d'être comparé avec son équivalent signé d'un très grand cru classé, non pas pour faire la course, mais juste pour démontrer que dans ce Médoc, quand on possède un terroir et un grand interprète, on peut créer une œuvre. D'autres très bons millésimes ont suivi : 1990, notamment, puis 2000. J'ai un faible pour 2003, malgré mon peu d'empathie pour ce millésime encensé par ailleurs mais trop caniculaire. Ici, il conserve une grande élégance et ce fut le dernier de Jean Boivert. Les fils ont signé le 2009. Continuité.

Millésime 2000

– *Dégustation d'avril 2001*

17 – On retrouve cette année la race du grand 86, le chef-d'œuvre de Jean Boivert. Nez fruité à dominante framboise, bouche d'une grande élégance, trame tannique délicate et tendue, rectiligne, sur laquelle se pose un fruité complexe et fin. Fraîcheur et densité.

Millésime 2001

– *Dégustation d'avril 2002*

14,5 – Nez épicé, cuir, tanins soyeux en bouche, de l'élégance mais des tanins un peu rugueux en finale. Très fermé, à revoir.

Millésime 2002

– *Dégustation d'avril 2003*

15,5 – Épices, cassis, mûre, tanins serrés et fins, bouche structurée mais sans agressivité, un peu austère à ce stade mais prometteur.

Millésime 2003

– *Dégustation d'avril 2004*

16 – Joli nez de cerise et de framboise, bouche très élégante, petits fruits rouges, tanins croquants, beaucoup de finesse et une structure de garde.

Millésime 2004

– *Dégustation d'avril 2005*

15,5 – Framboise, cerise belle-de-juillet, floral, bouche tendre, élégante, bien fruitée, petits tanins fins, serrés, beaucoup d'allure dans ce vin à l'extraction mesurée.

Millésime 2007

– Dégustation d'avril 2008

14 – Cassis, framboise, bouche légère. Un joli fruit posé sur une matière vive et sévère. L'élevage devrait l'arrondir.

Millésime 2008

– Dégustation d'avril 2009

15 – Nez très fruité, groseille, fraise des bois, bouche ronde, souple, bien fruitée, vive ; le fruit est vraiment mis en avant grâce à une extraction douce, bonne longueur.

Millésime 2009

– Dégustation d'avril 2010

16,5 – Très expressif, pureté du fruit, tendu, vif, savoureux, dans un style fringant, long, tanins fins, beaucoup de fond.

Patache-d'Aux

Surface : 43 ha
Propriétaire : Famille Lapalu
Contact : Château Patache-d'Aux
1, rue du 19-Mars-1962 – 33340 Bégadan
05.56.41.50.18
www.domaines-lapalu.com

Patache est le centre de commandement d'un vaste ensemble de domaines où l'on retrouve, sous la signature Lapalu, les Châteaux Lacombe-Noaillac, Lieujean, Liversan et quelques autres. Au total, quelque 200 hectares. Les Lapalu sont originaires de Villefranche-de-Lauragais. *« Mon arrière-grand-père était un petit paysan et il est parti avec un lot de colonisation en Tunisie. Mon père est rentré en 1964. »* Ils sont arrivés dans un Médoc ravagé par deux guerres, une crise de 29, un grand gel de 1956. *« Mon père a acheté Patache-d'Aux aux Delon* [Léoville-Las-Cases, entre autres] *à l'occasion d'un partage de famille. C'était la seule propriété qui avait un chai en bon état et des bâtiments entretenus»*, raconte Jean-Michel Lapalu. Œnologue, ancien élève des grands ténors de l'œnologie Émile Peynaud et Jean Ribéreau-Gayon, il reprend le Château Lacombe-Noaillac en 1979. Le château, c'est beaucoup dire. Il ne reste pratiquement rien de l'ancien domaine viticole, qui eut pourtant son heure de gloire mais ne figure même plus sur l'*Atlas Larmat de la France viticole* de 1949. Le *Larmat*, très bel ouvrage avec des cartes pliées, figure une sorte d'officiel du vignoble. *«La commune de Jau-Dignac, où se trouve Lacombe, a été ravagée au moment du phylloxéra et les vignerons se sont lancés dans les vins d'hybrides qui se vendaient mieux que les médocs traditionnels»*, poursuit Jean-Michel. *«On faisait alors beaucoup de vins de coupage et ces hybrides étaient surtout des cépages teinturiers, c'est-à-dire très colorés destinés à renforcer les autres vins. Les courtiers achetaient à la couleur.»* Les courtiers ne goûtaient pas ces vins-là, ils en appréciaient seulement l'opacité selon une méthode bien particulière : *«Ils balançaient leur verre sur un mur de chaux et je crois me souvenir qu'il y avait trois prix correspondant à un barème de trois couleurs.»*

Après le départ à la retraite de son père en 1992, Jean-Michel a pris la direction de Patache.

Longtemps, ce vin a présenté ce côté convivial que l'on connaît chez les croque-morts de western et les surveillants de bagne. Il fallait l'attendre une paire de siècles (là, j'avoue, j'exagère, disons vingt ans) pour qu'il commence à faire risette. Les Lapalu disaient autrement. Ils vantaient son étonnante capacité de garde. Mais franchement, ils l'auraient préféré un peu moins inusable et largement plus aimable dans sa jeunesse. *«Patache était planté en cabernet-sauvignon. On avait suivi les prescriptions de nos grands docteurs, qui ne sont plus là pour assumer leur choix.»* Après le gel de février 1956 qui détruisit une grande partie du vignoble, les «grands docteurs» de l'Inao et autres organismes qui ne se trompent jamais recommandèrent fermement de planter du cabernet-sauvignon partout. Même dans les endroits où cet excellent cépage ne mûrit pas.

Depuis, Jean-Michel a remplacé une partie du cabernet par du merlot, plus précoce : *«On garde cette charpente cabernet mais, avec le merlot, cela devient un vin avec un peu plus de facilité à être bu en vin jeune.* » Retour en arrière, donc, mais est-ce que la culture du vin n'est pas une sempiternelle redécouverte ? « *C'est quand même curieux qu'avec tout ce qu'on sait aujourd'hui, on ne revienne aux gestes de la fin du* XIX*e* *siècle. Un exemple, l'effeuillage. Nos prédécesseurs le faisaient sans trop savoir, nous on le fait parce qu'on a l'explication scientifique.* » Prix raisonnables.

Autres vins : Lacombe-Noaillac, Lieujan, Leboscq ; voir aussi à Liversan.

Millésime 2005

– *Dégustation d'avril 2006*

14 – Nez cassis, herbe fraîchement coupée, bouche serrée, séveuse, de la rondeur en milieu de bouche, une finale un peu rugueuse.

Millésime 2007

– *Dégustation d'avril 2008*

14 – Fruits noirs, bouche ronde, suave, un peu sucrée, douce, droite, joli fruit.

Millésime 2009

– *Dégustation d'avril 2010*

14,5 – Très joli fruit, savoureux, fruits noirs, suie, moka, charnu, tanins veloutés, boisé marqué.

Château du Périer

Surface : 7 ha
Propriétaire : Vignobles Bruno Saintout
Contact : Domaine de Cartujac
33112 Saint-Laurent-Médoc
05.56.59.91.70
www.vignobles-saintout.com

Il s'appelle du Périer en hommage au fondateur, Henri du Périer de Larsan, multipropriétaire au XIXe siècle en Médoc. Il existe plusieurs branches de comtes du Périer de Larsan. Arte, voilà une dizaine d'années, avait consacré à l'un d'eux un documentaire émouvant. Ce comte-là, maire de sa commune (de Normandie, me semble-t-il), était un personnage fantastique, ancien maquisard, déporté à Dachau, résistant à toute forme d'oppression ; il hébergeait dans les communs de son château une cinquantaine de sans-abri ou de sans-papiers. Le nôtre, Henri, celui du Médoc, ne s'inscrit pas vraiment dans la même veine politique. Député à la fin du XIXe, il s'illustra dans la défense du vrai vin contre les fraudeurs. Favorable au protectionnisme pour lutter contre l'invasion des rouges étrangers au moment du phylloxéra, il fut également maire de sa commune, où il interdit aux femmes de servir dans les cafés et les restaurants, à l'exception de l'épouse du tenancier. Pas d'aguicheuses chez lui. Cet aimable édile se méfiait tant de la si dangereuse gent féminine qu'il s'opposa fermement, mais en vain, à l'ouverture aux femmes du métier d'avocat. Autre époque, toujours amusante à juger avec le regard d'aujourd'hui.

Le domaine du Périer a été repris en 1989 par la famille Saintout, propriétaire de La Bridane (saint-julien) depuis *« près de trois siècles »*. Production régulière, peu chère, qui sans doute pourrait revêtir davantage d'éclat.

Millésime 2000

– Dégustation d'avril 2001

15 – Nez de violette et de mûre, bouche ronde, bien parfumée, matière élégante et soyeuse, long, bien fruité, belle allure.

Millésime 2005

– *Dégustation d'avril 2006*

14 – Fruits noirs, bouche ronde, tanins souples en attaque, un peu plus rugueux en finale. L'élevage devrait apporter la touche de rondeur.

Millésime 2006

– *Dégustation d'avril 2007*

14,5/15 – Fruits rouges, framboise, rond, tendre, souple, gras, velouté, tanins frais, bon fruit.

Millésime 2007

– *Dégustation d'avril 2008*

13,5 – Fruité cerise, bouche bien fruitée, tendue, finale vive, manque d'éclat à ce stade.

Millésime 2008

– *Dégustation d'avril 2009*

13 – Floral, fruits rouges, boisé en bouche, un peu serré par le bois, sèche en finale.

Poitevin

Surface : 39 ha
Propriétaire : Famille Poitevin
Contact : Guillaume et Natacha Poitevin
14, rue du 19-Mars-1962
33590 Jau-Dignac-et-Loirac
05.56.09.45.32 – www.chateau-poitevin.com

Dans ce nord du Médoc, quelques fils de paysans-vignerons, au croisement des décennies 80 et 90, reprenant les maigres hectares des parents ou grands-parents, ont transformé les exploitations familiales. Ils les ont modernisées, spécialisées et agrandies, profitant que la vigne se négociait à bas prix. Guillaume Poitevin en est un bon exemple : « *Tous dans le village avaient un parc à huîtres, des vaches et quelques cépages hybrides. Comme ils avaient diverses activités, ils portaient leurs raisins à la cave coop. Ici, chez nous, c'était la boulangerie du village, avec le poste à essence devant, on a gardé le four des grands-parents. Mon père était contrôleur laitier. Il a été le premier à planter de la vigne pour de vrai, avec de bons cépages. Il avait 13 hectares, à la fin.* » Puis Guillaume est arrivé avec son épouse Natacha, qu'il n'a pas eu grand mal à convaincre : « *Elle habitait juste derrière. On se connaît depuis l'âge de 13 ans. Elle, c'est la gestion, et moi, la vigne.* »

Pour réussir, dans ce coin qu'aucune grande route ne traverse, il faut savoir tout faire, aller chercher le client et monter les murs des bâtiments : « *Pour le chai, on a fait les plans et on a construit avec mes deux ouvriers et mon frère. Là, ça fait dix jours qu'on n'a rien à faire dans les vignes, alors on a piqué les murs de la maison des grands-parents, monté les cloisons d'isolation et passé l'électricité.* » Tout cela dans la bonne humeur et en n'oubliant jamais la bonne tradition médocaine, griller l'entrecôte et partager avec les amis. « *On avait de vieux pieds de malbec, on a surgreffé du sauvignon pour faire du blanc. On s'amuse. On en a produit 300 bouteilles et on en a bu 100 avec les copains…* »

Second vin : Lamothe-Pontac. Autre vin : Moulin-de-Canhaut

Millésime 2005

– *Dégustation d'avril 2006*

14,5 – Boisé un peu prenant sur cet échantillon, bouche ronde et tendre en attaque, les tanins se développent ensuite, donnant une sensation de densité en finale.

– *Dégustation d'avril 2009*

15 – Bouche souple, douce, tendre, frais vif, bien fruité, élégant.

Millésime 2006

– *Dégustation d'avril 2007*

15 – Épices, fruits noirs, souple, frais, droit, serré, un peu sec en finale. Belle attaque.

– Dégustation d'avril 2009

14,5 – Fruits rouges, bouche ronde, souple, bien fruité, assez dense.

Millésime 2007

– Dégustation d'avril 2009

14 – À peine sorti de barriques, nez chocolat, frais, tendre, élégant, pas très dense, joli fruit, vin à boire jeune, gourmand.

Millésime 2008

– Dégustation d'avril 2009

15 – Fruits noirs, bouche ronde, souple, frais, tendre, bien rond, élégant, petits tanins croquants, frais, bonne longueur.

Millésime 2009

– Dégustation d'avril 2010

14 – Joli nez expressif, dense, charnu, tanins serrés, réglisse, s'ouvre sur le fruit, tanins marqués en finale.

14/14,5 – **Moulin-de-Canhaut**. Un vignoble de 6 hectares où Guillaume fait ses expériences avec, comme but de recherche, *« élégance et modernité »*. Fruits noirs, charnu, suie, réglisse, un peu surmûri, fruité flatteur, assez fin.

POTENSAC

Surface : 65 ha
Propriétaire : Famille Delon
Contact : Jean-Hubert Delon – 33250 Saint-Julien
05.56.73.25.26 – www.potensac.com

Ce cru appartient à la famille Delon (Léoville-Las-Cases) depuis plus de deux cent cinquante ans. Potensac est un cru qui a beaucoup évolué en quelques millésimes. Le vignoble possède des parcelles de très vieux cabernets francs, qui donnent les plus belles cuves du château, souvent supérieures aux cabernets-sauvignons.

Les investissements engagés depuis 1996 permettent une meilleure sélection au chai ; le vin a gagné en chair et en finesse. Les soins apportés au vignoble, les dates de vendanges plus adaptées au parcellaire et la maturité réelle du raisin, un travail de chai plus raffiné en ont fait un vin moins cassant, moins bourru, dépourvu de rusticité. Les vieux millésimes sont souvent surprenants et délicieux. Les vins de la nouvelle génération seront aussi de garde, mais on pourra les boire plus jeunes. Potensac, reconnu cru bourgeois exceptionnel lors du classement annulé de 2003, mérite pourtant bien cette distinction.

Second vin : Chapelle-de-Potensac

Millésime 2000

– Dégustation d'avril 2001

35,6 % merlot, 19,6 % cabernet franc, 44,8 % cabernet-sauvignon composent l'assemblage. 10 % de barriques neuves.

15,5 – Très beau nez de violette et cerise noire, bouche élégante, bien garnie, trame serrée de tanins solides, beaucoup de fraîcheur.

– Dégustation d'avril 2002

16 – Fruits confits, boisé discret, les tanins se sont assouplis mais il reste une trame solide, beaucoup de soyeux, finale rehaussée par la présence de tanins croquants.

Millésime 2001

– Dégustation d'avril 2002

48 % cabernet-sauvignon, 19 % cabernet franc, 33 % merlot.

16 – Joli nez de fruits confits, de cerise, tanins serrés mais bien enrobés, beaucoup de fruit. Vin sérieux mais avec du charme, un peu pauillac pour la structure et saint-julien pour le fruit.

Millésime 2002

– Dégustation d'avril 2003

L'équipe de Jean-Hubert Delon a choisi, à l'inverse de la tendance générale, de favoriser le merlot dans l'assemblage avec 42 % (15 % cabernet franc, 43 % cabernet-sauvignon cette année contre 33 % en 2001). *« Sur Potensac, on a eu moins de coulure, car la fleur a démarré plus tard, et nous avons des rendements honorables de 49 hl/ha. Nos vieux merlots sont très bons, il n'y avait pas de raison de les laisser de côté.* »

15,5 – Un Potensac plus aimable que de coutume (la présence de 15 % de barriques neuves n'y est sans doute pas pour rien), au nez épicé et floral, bouche ronde, fruitée, tanins presque doux, beaucoup de fruit.

Millésime 2003

– *Dégustation d'avril 2004*

Bruno Rolland, maître de chai à Léoville-Las-Cases, explique : « *La vigne a très bien résisté à Potensac, où les sols ont de fortes réserves hydriques. Le sol est plus riche qu'à Léoville et même les vignes plantées en 1989, relativement jeunes, ont bien tenu. Les cuves de cabernet franc étaient superbes.* » Preuve de ce bon comportement face à la canicule, des rendements de 43 hl/ha, ce qui constitue presque une performance cette année. L'assemblage retenu comporte 33 % de merlot, 23,5 % de cabernet franc et 43,5 % de cabernet-sauvignon.

16 – Fruits rouges, la présence des cabernets francs lui confère un côté raffiné et frais, bouche souple, élégante, moins horse-guard que d'habitude, plus souple, plus gourmand.

Millésime 2004

– *Dégustation d'avril 2005*

Depuis 2002, on y élabore un second vin, Chapelle-de-Potensac, qui représente 40 % de la récolte en 2004. Un vin fruité, marqué par une forte présence du cabernet franc cette année. Le grand vin est composé de 40,7 % de merlot, 52,5 % de cabernet-sauvignon et 6,8 % de petit-verdot.

16,5 – Floral, rose, framboise, très fruité ; bouche tout aussi dense qu'autrefois, avec des tanins plus fins, plus élaborés. Un vin solide mais qui gagne en élégance, en précision.

Millésime 2005

– *Dégustation d'avril 2006*

41 % merlot, 40 % cabernet-sauvignon, 19 % cabernet franc, élevage dans 30 % de barriques neuves. Le grand vin représente un peu plus de la moitié de la récolte.

16,5 – Fruits rouges, bouche souple, bien fruitée, petits tanins soyeux, peu d'éclat aromatique encore. Il était encore un peu tôt pour le déguster.

Millésime 2006

– *Dégustation d'avril 2007*

46,1 % merlot, 42,4 % cabernet-sauvignon, 11,5 % cabernet franc.

14,5 – Nez groseille, bouche vive, tanins serrés, pas très charnu, vif, boudeur.

– *Dégustation d'avril 2008 :*

15 – Nez réducteur, bouche tendue, fine, élégante, manque un peu de chair en milieu de bouche mais belle finale sur le fruit et la minéralité.

Millésime 2007

– *Dégustation d'avril 2008*

16 – Cassis, fruits noirs, bouche vive, tendue, épicée, milieu de bouche bien garni, bonne longueur.

14 – **Chapelle-de-Potensac**, très médoc, orange, sauvage, tendu, vif, frais.

Millésime 2008

– *Dégustation d'avril 2009*

16,5 – Encre, fruits noirs, myrtille, bouche dense tannique, tendue, vive, très beau fruit, long, vif, serré, un peu austère mais long.

14 – **Chapelle-de-Potensac**. Fruits rouges, fraise, bouche souple, fraîche, joli fruit, finale un peu austère, tanins rugueux mais bon fruit.

– *Dégustation d'avril 2010*

16 – Fruits noirs, boisé, cacao, bouche vive, fraîche, bien fruitée, en longueur, fin, élégant.

Millésime 2009

– *Dégustation d'avril 2010*

16 – Boisé, séveux, tendu, vif, bien droit, serré, fruité, bien dans son style.

Preuillac

Surface : 30 ha
Propriétaire : Famille Mau
Contact : Jean-Christophe Mau
Château Preuillac – 33340 Lesparre
05.56.09.00.29 – www.chateau-preuillac.com

La famille Mau, important négociant traditionnel (Yvon Mau), achète ce cru en 1998, au moment où les crus bourgeois envisagent de faire un sérieux ménage chez eux. Une lourde machine se met en place afin de procéder à un nouveau classement s'appuyant sur la notoriété, la tenue du domaine, enfin la dégustation. En 2003, la commission chargée de l'opération rend public son jugement. Sur 490 candidats, seuls 247 châteaux ont été retenus et 243 châteaux sont écartés. Non sans raisons. Certains n'étaient que des étiquettes supplémentaires à un cru déjà existant. D'autres n'avaient pas les qualités requises. Certains vins présentaient des défauts majeurs dus à l'état du vignoble ou des chais.

En revanche, la pilule est difficile à avaler pour des propriétaires qui avaient engagé récemment des travaux importants de rénovation à la suite d'un rachat ou d'une succession, comme les Mau. Les millésimes dégustés par la commission, choisis réglementairement dans la décennie 90, ne représentent pas le travail des nouveaux propriétaires. La famille Mau choisit, comme d'autres, le recours judiciaire. Son Château Preuillac mérite, à la lumière des derniers millésimes, de figurer parmi les crus bourgeois. La justice a donné raison aux Mau mais, à l'arrivée, le classement n'existe plus et désormais c'est un label annuel qui est délivré. Qui avait tort ? Qui a vraiment gagné dans cette affaire mal engagée ?

Sympathique, maniant l'humour mieux qu'un Anglais, Jean-Christophe Mau s'occupe des propriétés (aussi Château Brown, en pessac-léognan) et d'une école de dégustation et de formation aux vins de Bordeaux installée dans les locaux de Preuillac.

Second vin : Château Le Preuil

Millésime 2004

– Dégustation d'avril 2005

15 – Nez de cerise en bocal, pâtisserie, bouche épicée, ronde, tanins veloutés. De la douceur et du fruit, finale épicée. Un vin qui pourra se boire assez jeune.

Millésime 2005

– Dégustation d'avril 2006

C'est Stéphane Derenoncourt qui intervient comme conseiller depuis cette année.

15,5 – Réglisse, violette, bouche fraîche, tendue, serrée. Un vin un peu sévère mais d'une grande intensité, beaucoup de fruits en finale.

Millésime 2006

– Dégustation d'avril 2007

14 – Zan, fruits noirs, bouche douce, peu extraite, équilibrée, bon fruit.

Millésime 2007

– Dégustation d'avril 2008

13 – Framboise, boisé intégré, bouche ronde en attaque, se durcit ensuite, un peu végétale, finale très vive.

RAMAFORT

Surface : 30 ha
Propriétaire : Domaines CGR
Contact : Gaëtan Charlou
Route de la Cardonne – 33340 Blaignan Médoc
05 56 73 31 51
www.domaines-cgr.com

Ramafort, Grivière (voir ce cru pour en savoir plus) et La Cardonne appartiennent à la même famille. Des trois crus, Ramafort apparaît comme le plus tannique, le plus dense, celui qui demande davantage de garde avant d'être apprécié.

Second vin : Le Vivier

Millésime 2000

– Dégustation d'avril 2001

15,5 – Nez fruits noirs, mûre et myrtille, bouche rendue très élégante par la trame tannique, tendue et souple à la fois, joli fruit en finale.

Millésime 2001

– Dégustation d'avril 2002

16 – Bien épicé au nez, bouche souple, garnie, tanins moelleux, long, bien construit.

Millésime 2003

– Dégustation d'avril 2004

14 – Épices, fruits noirs, bouche aux tanins bien présents, un peu serrés en finale mais sans dureté.

Millésime 2004

– Dégustation d'avril 2005

14 – Des notes de céleri au nez, puis mentholées à l'aération. La bouche est puissante mais fondue ; tanins gras, moelleux, un vin gourmand, moderne, que l'on pourra déguster assez jeune.

Millésime 2005

– Dégustation d'avril 2006

15 – Fruits noirs, bouche douce, tanins moelleux en attaque, un peu plus serrés et virils ensuite, bonne finale sur les fruits noirs.

Millésime 2006

– Dégustation d'avril 2007

15 – 50/50 merlot et cabernet-sauvignon. Épices douces, violette, bouche ronde, tanins veloutés en première séquence. La finale est un peu plus accrocheuse.

Millésime 2008

– Dégustation d'avril 2009

14,5/15 – Fruits noirs, note cassis, bouche ronde, souple en attaque, petite note végétale et orange, bonne fraîcheur, doux, délicat, bien fait.

Millésime 2009

– *Dégustation d'avril 2010*

15 – Joli nez délicat, fruits noirs, frais, tendu, séveux, pointe d'amertume, tanins encore fermes, long.

Rollan-de-By

Surface : 45 ha
Propriétaire : Jean Guyon
Contact : Château Rollan-de-By
3, route du Haut-Condissas
33340 Bégadan
05.56.41.58.59 – www.rollandeby.com

Architecte d'intérieur, Jean Guyon, ayant amassé une pelote substantielle en faisant profiter de son talent quelques fortunes dans le monde, est passé à la seconde partie de sa vie et à sa seconde passion : le vin. En 1989, il achète une toute petite propriété bien tenue et surtout extrêmement bien située sur cette croupe de By, où l'on rencontre quelques fleurons du Médoc comme Greysac ou La Tour-de-By. Au fil des ans, il achète tout ce qui se vend autour de lui et, des quelque 2 ou 3 hectares du début, il passe à plus de 80 avec la reprise de La Clare, Tour-de-Séran... Les vins du début et même de la suite sont rudement marqués par la mode de l'extraction et du boisé. Haut-Condissas, la cuvée haut de gamme notamment, que l'on retrouve en tête ou bien placée dans plusieurs dégustations. Pour ma part, j'avoue préférer Rollan-de-By aujourd'hui, un peu moins dans le démonstratif qu'autrefois, et n'être guère emballé par Haut-Condissas, trop épais pour accepter d'être confronté simplement à une bonne volaille. Je ne partage pas l'idée que le vin doit dominer, rassasier. Rollan-de-By donne envie de finir la bouteille, pas l'autre. Mais, au prix où il est vendu, c'est peut-être mieux. Rollan-de-By se trouve très facilement, surtout en septembre, pendant les foires aux vins, présent dans presque toutes les enseignes à un prix très raisonnable. Assez marqué par le merlot, le vin est porté par la rondeur des tanins, un moelleux très agréable, un fruité préservé.

Récemment, Jean Guyon a repris sa casquette de décorateur pour aménager un hôtel, pari audacieux dans ce nord du Médoc peu fréquenté, mais qui le deviendra forcément avec le développement de l'œnotourisme.

Second vin : La Fleur-de-By

Millésime 2001

– Dégustation d'avril 2002

15,5 – Fruité noir bien exprimé, bouche fraîche, tanins fins, bonne matière, l'élégance lui va bien.

Millésime 2002

– Dégustation de juin 2005

15 – Épicé, grillé, fruits confits, nez assez riche, bouche volumineuse, bien épicée, tanins pas encore tout à fait fondus.

Millésime 2003

– Dégustation d'avril 2004

15 – Des notes boisées un peu envahissantes au nez, la bouche corrige cette première impression, le fruit est plus présent sur une structure moelleuse, des sensations de sucrosité. La finale austère ne sèche pas.

Millésime 2004

– Dégustation d'avril 2005

15 – Épices, fruits noirs, mûre, bouche élégante en attaque, assez fondue. La trame se resserre ensuite, tanins assez présents mais sans dureté. Un vin moderne, concentré mais sans excès.

Millésime 2006

– Dégustation d'avril 2007

14 – Fruits noirs, bouche souple, ronde, bien garnie, bons tanins, matière, pas trop extrait, gourmand.

Millésime 2007

– *Dégustation d'avril 2008*

14 – Fruits noirs, bouche souple en attaque, tanins doux, bien travaillés, fruité discret, finale serrée.

Millésime 2008

– *Dégustation d'avril 2009*

14,5/15 – Boisé, bouche puissante, un peu extraite, dense, tannique, marqué par un boisé assez présent, bonne longueur, plus en densité qu'en finesse, mais assez gourmand.

SAINT-CHRISTOLY

Surface : 29 ha
Propriétaire : Famille Héraud
Contact : Cathy et Sandrine Héraud
9, rue du 19-Mars-1962
33340 Saint-Christoly-Médoc
05.56.41.82.01/06.73.71.02.29
www.chateaustchristoly.com

Un cru au féminin, fondé par un homme, un vrai, un forgeron de village, et qui s'est ensuite transmis par les femmes pendant deux génération successives. Puis, il y a eu Hervé Héraud, joyeux papa de deux grandes filles bien décidées à lui piquer sa place. Mais il n'a pas l'air de s'en plaindre. Depuis l'année 2010, Hervé est officiellement à la retraite, ce qui veut dire en langage vigneron qu'il continue à travailler avec Sandrine, chef total de l'administration, et Cathy, directrice générale au pilotage du chai. Sandrine ajoute : *« Et aussi à la conduite du tracteur, Cathy est une passionnée du tracteur ! »*

Hervé : *« À l'âge de 12 ans, elle prenait le tracteur et elle tournait des heures dans la cour autour du massif ! »*

Sandrine : *« En 4e, elle a quitté le circuit général pour aller dans une maison familiale faire viti et œno, puis la vie au grand air… »*

Cathy : *« Je faisais plus rien à l'école, enfermée à Bordeaux ! »*

Hervé : « *Ça ne me gênait pas qu'elles prennent la suite. J'ai très vite laissé faire. Aux jeunes, si on ne leur donne pas de responsabilités... De toute façon, je n'avais pas le choix. En plus, elles m'ont fait trois petites-filles !* »

Sandrine : « *J'ai fait lettres et théâtre. Mon mari travaille à Potensac. J'ai choisi de revenir à la propriété en me demandant ce que j'allais y faire. Je me suis découvert une passion pour tout ce qui est commercial, administratif et la communication. Le tracteur, je ne pouvais pas.* »

Cathy : « *Elle est très maladroite !* »

Sandrine : « *Je rentrais dans les arbres, je crevais.* »

Autant vous dire qu'il règne une joyeuse ambiance dans ce château situé au cœur du joli village bien médocain de Saint-Christoly. Les vins sont bons, pas chers. On y reçoit gentiment. Que vouloir de plus ?

Millésime 2004

– *Dégustation d'avril 2008*

14,5 – Grillé, café, épicé, chocolat, un peu pomerolais, bouche onctueuse, souple, gourmande.

Millésime 2005

– *Dégustation d'avril 2008*

15 – Fumé, un peu végétal, merlot, réduit, tanins doux, serré, plein, onctueux, bon fruit.

Millésime 2006

– *Dégustation d'avril 2008*

14 – Épicé, fruits noirs réductif, dense, tannique, bien fruité en bouche, souple, assez marqué merlot.

Millésime 2007

– *Dégustation d'avril 2008*

14,5 – Pas très ouvert, fruits rouges, bouche serrée, tendue, vive, pas de dureté, un vin qui est fermé pour l'instant, mais assez prometteur.

Millésime 2008

– Dégustation d'avril 2009

15 – Floral, rose rouge, bouche ronde, souple, pas trop extraite, bien fruitée, bonne longueur, délicat, frais.

La Tour-de-By

Surface : 75 ha
Propriétaire : Famille Pagès
Contact : 5, route de la Tour-de-By – 33340 Bégadan
05.56.41.50.03 – www.la-tour-de-by.com

Grand bonhomme, grand vin. Marc Pagès est parti heureux. À 82 ans, il s'était transformé en professeur modeste de son petit-fils, Frédéric Leclerc, qui a renoncé à une carrière internationale pour le métier de vigneron. Marc Pagès attendait cela depuis longtemps. Il avait gardé pour le vin l'enthousiasme de ses 20 ans, quand il était dans la fameuse 2e DB. Débarqué de Casablanca le 20 juillet 1944, tireur de char, il sera sur le second blindé à entrer dans Strasbourg. Il doit à une blessure ramassée au Blanc-Mesnil d'avoir rencontré sa future femme à l'hôpital du Val-de-Grâce. Vingt ans plus tard – encore le nombre 20 –, il est expulsé de Tunisie et s'installe dans ce coin du Médoc avec des associés (à qui il rachètera leurs parts en 1999). Commence alors une longue histoire d'amour avec ce cru bourgeois, à qui il confère la meilleure réputation qui soit pour un château bordelais : la régularité. Auparavant, vers 1910, La Tour-de-By avait été une des propriétés de Julien Damoy, célèbre épicier-caviste « à succursales multiples », dont les héritiers gèrent encore aujourd'hui le plus gros domaine en chambertin.

La Tour-de-By est située à la pointe nord du Médoc, sur un terroir en partie de graves et d'alios (grès) jaune avec la nappe phréatique très proche : *« On a la flotte à 1,50 mètre par endroits »*, résumait Marc Pagès. La tour qui a donné son nom au domaine, construite en 1825 sur les ruines d'un moulin médiéval, était en fait un phare destiné à guider par temps de brouillard les bateaux qui empruntaient l'estuaire. La Gironde, à cet endroit, est large de 9 kilomètres. Le domaine couvre 94 hectares dont 75 de vignes.

La Tour-de-By n'a guère connu de ratés. Même les petits millésimes ont du charme, comme on le constatera un peu plus bas, en parcourant le compte rendu d'une dégustation effectuée en 1995. Depuis, le domaine a produit un 96 qui, aujourd'hui épanoui, est un vrai modèle du style médocain le plus pur. Le 2005, vrai vin de garde, prend aussi le chemin des grands La Tour-de-By.

Frédéric Leclerc, le petit-fils de Marc, a suivi un parcours original avant de diriger seul désormais ce vaste domaine : l'École polytechnique, puis une carrière de consultant en stratégie et management. « *Certains anciens élèves de l'X sont devenus clients de La Tour-de-By. J'ai l'impression de continuer mon métier. Il faut manager vingt-trois personnes pour un cru comme celui-ci, et internationaliser nos ventes. On démarre la Chine, la Corée, le Brésil...* » Encépagement du domaine : 60 % cabernet-sauvignon, 35 % merlot, 4 % cabernet-franc, 1 % petit verdot.

Second vin : La Roque-de-By

Millésime 2000

– *Dégustation d'avril 2001*

15 – Le 99 de Marc Pagès était tout en finesse, le 2000 est plus tannique, plus marqué cabernet, avec des notes de peau d'orange et de fleurs séchées, bouche élégante, tanins très serrés, joli fruit. L'élevage devrait lui conférer la douceur qui lui manque aujourd'hui.

Millésime 2001

– *Dégustation d'avril 2002*

15 – Ce grand classique se décline, cette année, sur le ton de la retenue et de la densité, du fruit, une matière droite et généreuse que l'élevage devrait domestiquer.

Millésime 2002

– *Dégustation d'avril 2003*

15,5 – Un ton au-dessus du 2001, nous semble-t-il. Nez de violette et de rose, bouche vive, bien garnie de petits tanins serrés, gourmand et fin à la fois, droit, long.

Millésime 2003

– Dégustation d'avril 2004

15 – Un grand classique du Médoc. Nez réglissé, cerise, violette, bouche tendre, tanins solides mais fondus, joli fruit en finale.

– Dégustation de juin 2005

16 – Violette, fraise des bois, très flatteur, bouche tendre, souple, bien fruitée, extraction douce qui favorise la présence de tanins délicats, veloutés. Un vin régalant.

Millésime 2004

– Dégustation d'avril 2005

16 – Nez prononcé de violette et de prune rouge, bouche gourmande, tanins serrés et moelleux, bonne structure douce et serrée. Un vin généreux, solide mais velouté, très parfumé.

Millésime 2005

– Dégustation d'avril 2006

75 % cabernet-sauvignon, 25 % merlot, 5 % petit-verdot. Élevage dans un tiers de barriques neuves.

16,5 – Un peu sauvage, mûre, framboise, petits tanins serrés, vif et fins. Beaucoup d'élégance, fraîcheur et densité.

Millésime 2006

– Dégustation d'avril 2007

15,5/16 – Rose rouge, cerise, bouche ronde, veloutée, souple en attaque, plus tendue ensuite, tanins enveloppés, très beau fruit. Bonne interprétation en douceur du millésime.

Archives

– Dégustation d'avril 1995

Millésime 1970

17 – S'ouvre à l'aération sur des senteurs de café, chicorée, crème au chocolat, muscade, truffe, pruneau. Ample, large, bouche soyeuse, beaux tanins fondus, fruité assez frais, cerise en bocal, droit, long, belle persistance. Joli vin sans usure.

Millésime 1973

15 – Épices, truffe à l'aération, très expressif et variant dans le verre. Comme souvent avec ce millésime, on se régale davantage avec le nez qu'avec la bouche. Finale un peu sèche, persistance fruits cuits très agréable.

Millésime 1975

13,5 – Contrairement au 76, le 75 ne fait pas exception à la logique du Médoc. Tendre en attaque, saveurs chocolatées, fruité un peu groseille, mais séchant assez rapidemment.

Millésime 1976

16,5 – Un des bons 76 que nous ayons dégustés dans le Médoc, où ce millésime n'est souvent pas plus qu'agréable. Étonnant fruité très frais, rose rouge, cerise. Bouche souple, bien gras, ample, rond, très agréable ; structure glissante et rectiligne, long, finale sur le fruit.

Millésime 1979

16 – Grillé, cacao, muscade, compote à la cannelle. Belles saveurs marquées pin, résine, épices, long, très agréable, encore de la réserve. Finale éclatante sur les fruits cuits.

Millésime 1980

15 – Fruits cuits, épices, tabac, chocolat, flatteur. Très tendre mais pas usé, rond, délicat, saveurs mûres et plaisante. Vin gourmand, agréable, d'initiation.

Millésime 1981

15 – Nez viandé, vieux morgon, grillé, cacao, les arômes évoluent vite dans le verre. Fruit un peu macéré, finale chaude mais ensemble très agréable sur un repas.

Millésime 1982

14 – Ce 82 déçoit par rapport à la qualité des autres millésimes. Marc Pagès pense qu'il a peut-être été vendangé *« un peu trop tôt »*. Animal, chocolat, noisette grillée. Attaque souple, astringence en milieu de bouche, manque de maturité.

Millésime 1983

14,5 – Résine, cèdre, eau-de-vie de prunelle. Un peu évolué, agréable, bonne tenue encore, saveurs de fruits cuits et de confiture très cuite.

Millésime 1985

16,5 – Suie, réglisse, cerise et chocolat, charmeur. Rond, tendre, tanins très fondus, beaucoup de saveur, un charme un peu bourguignon, fruité et fraîcheur.

Millésime 1986

17 – Nez suie, prune cuite, nez chaleureux, séduisant. Enveloppé, gras, riche en saveurs, tanins mûrs, vin bien onctueux, l'alcool est assez présent mais sans brûler grâce à une matière bien prenante. L'ensemble est réussi avec encore un très bon potentiel de garde.

Millésime 1988

16,5 – Fermé, épices, mûre. Rond, fin, ample, très équilibré, mais ne se livre pas. Tanins souples, pas de risque de sécheresse, mais ce vin monte très lentement vers son meilleur niveau.

Millésime 1989

17,5 – Un vin qui n'a guère bougé depuis sa sortie, croissance linéaire et toujours la même gourmandise. Nez épices, poivre, fruits cuits, chocolat, développé et séduisant. Tanins bien moelleux, tous les éléments bien fondus. Vin riche et gourmand.

Millésime 1990

17 – *« Probablement notre meilleur vin depuis vingt-sept ans. »* Pour l'instant, le 89 reste notre favori, de peu. Mais il est vrai que le 90 gagne en soyeux, intégrant parfaitement ses tanins et son bois, tout en conservant son fruité d'origine. Mûre, caramel blond, épices, complexe. Bien plein, très dense, tanins enrobés, moelleux, gras, très long, équilibre parfait.

Millésime 1991

14,5 – Nez violette, peu ouvert. Vanillé, pas mal de fruit mais une structure un peu sèche.

Millésime 1992

15 – Violette, fruité, expressif. Joli fruit frais, souple, des notes grillées, boisé prenant un peu le relais des saveurs en finale. Vin de plaisir, pas du tout décevant.

Millésime 1994

15 – Nez fermé, sur son bois d'élevage. Tendre, souple, bien rond, moins extrait que certains voisins, le bois domine pour le moment. Bonne structure, tanins fins.

Vieux-Robin

Surface : 20 ha
Propriétaire : Maryse Roba
Contact : Château Vieux-Robin
3, route des Anguilleys – 33340 Bégadan
05.56.41.50.64
www.chateau-vieux-robin.com

Le domaine, dans la famille depuis cinq générations, pourrait avoir trouvé son nom en dérivant Roba vers Robin, mais il n'en est rien. Didier Roba, le mari de Maryse, est d'origine belge, un Médocain d'adoption. Quand au Vieux-Robin, on ignore qui il est sinon qu'il a donné son nom à une parcelle et au domaine lui-même juste après la Seconde Guerre mondiale. Maryse, Didier et leur fils Olivier travaillent ensemble, Maryse figurant une très insistante ambassadrice de son cru. Depuis le millésime 2008, les Roba ont simplifié la gamme Robin et c'est tant mieux. Avant, on ne savait pas trop quel était le premier vin. La cuvée Bois-de-Lunier, présentée comme une parcelle particulière, semblait à part, et Air-de-Robin comme un second. Bref, un peu de lumière se faisait prier et la lumière fut. Désormais, le château propose un Vieux-Robin (qui succède à Bois-de-Lunier) en grand vin et un second baptisé Classique, c'est plus clair. Les Roba aiment les vins assez virils, trapus, aux tanins abondants, qui demandent quelques années de patience.

Second vin : Classique

Millésime 2000

– Dégustation d'avril 2001

14,5 – **Bois-de-Lunier**. Fruits noirs, boisé, bouche ronde, puissante, matière trapue, tanins assez présents, finale sur les fruits noirs.

Millésime 2001

– Dégustation d'avril 2002

14 – **Bois de Lunier**. Trop de bois sur cet échantillon, tanins gras en bouche mais le fruit est masqué, vin puissant.

Millésime 2002

– Dégustation d'avril 2003

14,5 – **Bois-de-Lunier**. Nez puissant de gelée de mûres, bouche riche en tanins, saveurs de fruits en confiture, épicé, dense, un peu trop riche.

Millésime 2007

– Dégustation d'avril 2008

15 – Réduit, fruits rouges derrière, bouche tendre, fraîche, vive, tanins présents mais sans dureté.

Crus artisans du médoc

Baudens

Cru artisan
Surface : 0,6 ha
Propriétaire : Louis-Pierre Pradier
Contact : 33340 Saint-Germain-d'Esteuil
05.56.73.06.01

Louis-Pierre Pradier est connu de tous les grands noms du vignoble bordelais pour les avoir aidés et conseillés dans leurs replantations.

Ancien technicien de la Chambre d'agriculture, c'est un mordu de la vigne, incollable sur les cépages et les mille et une façons de les travailler. Son petit vignoble de 0,60 hectare est composé de tous les cépages rouges possibles dans le Médoc, dont les plus rares, comme le carménère. « *Il y a une vingtaine d'années, je me suis dit que c'était bien de s'occuper de la vigne des autres, mais que je pouvais le faire aussi pour moi, pour m'amuser. Mon père avait 50 hectares en Algérie et, tout petit, je courais dans les vignes, je n'ai jamais arrêté. J'ai les six cépages autorisés dans le Médoc, dont le carménère. On l'avait abandonné car il avait un problème de pollinisation : le pollen du mâle n'était pas productif. Je l'ai placé à côté d'un merlot qui le pollinise parfaitement. Je taille à la médocaine, à plat, j'effeuille. Je pige dans ma cuve deux fois par jour et j'élève en barriques avec une ou deux neuves par an. Pas plus, je ne veux pas faire de la tisane de chêne.* » On goûte dans la petite cave. Louis-Pierre adore recevoir les consommateurs débutants et leur expliquer le vin et la vigne, et pratique des prix spéciaux pour les campeurs de la côte.

Millésime 2006

– *Dégustation d'avril 2007*

13,5 – Réducteur, fruits noirs, poivre, bouche tendue, vin viril, un peu séchant en finale. Tanins présents, bon fruit, l'élevage sera déterminant.

Millésime 2007

– Dégustation d'avril 2008

14,5 – Joli nez fruité et floral, bouche douce en attaque, un peu serrée ensuite ; bien fruité, tendu, vif, vrai médoc sans dureté mais ferme.

Millésime 2008

– Dégustation d'avril 2009

13,5/14 – Fruité, floral, pivoine, bouche vive, tendue, une bonne réserve tannique, joli fruit.

BÉGADAN

Cru artisan
Surface : 26 ha
Propriétaire : Famille Salette
Contact : Jean-Pierre Salette – 33340 Bégadan
05.56.41.55.77

Le 2009, en vente primeur, sur réservation, s'est vendu 5,80 € TTC pour les particuliers. Mais si certains préfèrent dépenser plus, on a le choix à Bordeaux.

Millésime 2003

– Dégustation d'avril 2004

15,5 – Nez discret de réglisse et d'épices, bouche souple, bien ronde, tanins gras et veloutés en attaque, plus resserrés ensuite. Un ensemble assez classe et solide, de garde.

Millésime 2008

– Dégustation d'avril 2009

14 – Prune, bien fruité, bouche ronde en attaque, assez tendue ensuite, bonne longueur, frais, assez élégant.

Millésime 2009

– Dégustation d'avril 2010

15 – Touche boisée, cerise, mûre, bouche ronde, souple, veloutée, droite, pas d'aspérités, bons tanins de qualité. Joli travail d'extraction retenue, en finesse.

Béjac-Romelys

Cru artisan
Surface : 20 ha
Propriétaire : Famille Berrouet
Contact : Sylvie et Xavier Berrouet
4, rue de Rigon – 33340 Saint-Yzans-de-Médoc
05.56.09.08.21

Ils ont commencé tout petit sur 2 hectares qui sont, au fil du temps et du travail, devenus 20 hectares. Les Berrouet ont tout misé sur l'accueil à la propriété, ce qu'ils réussissent parfaitement bien. Belle qualité et tout petits prix.

Millésime 2000

– Dégustation de juin 2003

16,5 – Nez intense de moka, de cèdre et de fruits cuits, bouche soyeuse, bien ronde en attaque, plus sévère en finale mais sans sécheresse. Vin long, dense, bon potentiel.

Millésime 2001

– Dégustation d'avril 2005

16 – Vanille, tabac blond, bouche soyeuse en attaque, tanins qui resserrent ensuite, de notes de gelée de framboises, long. Vin pas encore à son top.

Millésime 2002

– Dégustation d'avril 2005

14 – Viande rôtie, nez puissant, bouche dense, riche, tanins serrés, peu fondus. Un vin en pleine crise d'adolescence, prometteur mais rebelle.

Millésime 2005

– Dégustation d'avril 2006

14,5 – Le fruit est net, précis, baies sauvages, épices douces, tanins racés et réglissés, long et séveux, il devra se patiner un peu.

Millésime 2006

– Dégustation d'avril 2007

14,5 – Joli nez bien fruité, prune, violette, épices ; bouche bien fruitée, tendue ; frais, vif, élégant.

Millésime 2007

– Dégustation d'avril 2008

Merlot, bouche ronde, souple, doux, soyeux, plaisant par son fruit mais un peu fuyant. À boire jeune.

Millésime 2008

– Dégustation d'avril 2009

15 – Fruits rouges, bouche tannique, tendue, serrée, bien fruitée, long, joli fruit, belle finale.

Millésime 2009

– Dégustation d'avril 2010

14,5 – Cassis, myrtille, bouche garnie, ronde, bien pleine, tannique mais fondue, assez volumineuse, milieu de bouche bien velouté, finale plus serrée.

Gadet-Terrefort

Cru artisan
Surface : 40 ha
Propriétaire : Christian Bernard
Contact : Christian Bernard – 33340 Gaillan-en-Médoc
05.56.41.70.88
www.gadet-terrefort.com

On est bien loin des lumières de la ville. Il faut passer Lesparre et suivre quelques tracteurs en direction de la pointe du Médoc pour arriver chez les Bernard. L'effort en vaut la peine. La preuve par Anaïs, qui, après HEC, a choisi de revenir à l'espace familial avec son père, Christian. Oui, l'espace plus que le domaine viticole, car ici on vit autrement, un peu en autarcie. Les Bernard posssèdent 40 hectares de vignes mais entretiennent aussi 60 vaches limousines, des bêtes à viande. Avec quelques amis éleveurs, ils ont créé leur propre boucherie : *« On a aussi quelques moutons et le cochon. Autant vous dire qu'on ne nous voit pas souvent chez Carrefour pour la nourriture »*, s'amuse Christian, pour qui une entrecôte à la médocaine ne doit pas faire moins de deux centimètres d'épaisseur. Anaïs est revenue définitivement au début de l'année 2010 : *« J'étais là l'été. En 2009, j'ai fait un peu d'audit, je voulais voir autre chose, faire un autre travail, me prouver que j'étais capable de gagner ma vie. Maintenant, j'ai vu et je suis là. »* Le domaine a été constitué au fil des générations : *« Mon grand-père a acheté avec les pins. Dès qu'on avait gagné un peu d'argent, on ne le portait pas à la banque, on plantait des pins qu'on vendait ensuite. »* Le coup d'accélérateur a été donné par Christian, qui a récupéré, en plus des 25 hectares sur Gaillan, 15 sur Ordonnac, un terroir très calcaire. Dès 2000, Anaïs avait incité son père à créer la cuvée La Croix-de-Gadet, issue d'une parcelle là aussi achetée à Ordonnac, 2,5 hectares de très vieilles vignes, un sol de graves où sont mélangés de vieux cépages pas toujours identifiés. Cette Croix-de-Gadet, proposée à un prix un peu supérieur, est élevée en barriques neuves sans que cela se devine. Les Bernard sont secondés par Mickaël Villain, l'ami d'Anaïs, charpentier-menuisier, arrivé ici pour faire de la restauration et qui a trouvé que la vie à Gadet valait le coup de devenir vigneron.

Millésime 2000

– Dégustation de juin 2003

15 – Cassis, rose, grillé, bouche onctueuse, tanins gras, bien ouvert, assez charmeur. Un vin bien travaillé, à boire dans deux ou trois ans.

Millésime 2002

– Dégustation d'avril 2005

14 – Fermé, fruits cuits, bouche fraîche, élégante, joli fruit, finale légèrement chocolatée.

Millésime 2005

– Dégustation de novembre 2010

15 – Chocolat, fruits noirs, bouche ronde, onctueuse, souple, rond, tendre, petits tanins souples et soyeux, à point aujourd'hui.

14,5/15 – **La Croix-de-Gadet**. Nez un peu boisé, chocolat, bouche ronde, tannique, pas encore bien fondue, tendue, vif, à venir.

Millésime 2006

– Dégustation de novembre 2010

14,5 – Prune, un peu végétal, fruits noirs, bouche ronde, souple, assez élégante, tendue en finale, pointe de vivacité, mais joli fruit.

15 – **La Croix-de-Gadet**. Fruits noirs, épices, grillé, réglisse, bouche tendre, veloutée, longue, bien persistante, serré en finale, commence seulement à s'ouvrir.

Millésime 2007

– Dégustation de novembre 2010

14 – Fruits noirs, note chocolatée, bouche tendre, souple, fruitée, bien ronde, finale relevée, un peu serrée.

14,5 – **La Croix-de-Gadet**. Réglisse, Zan, fruits noirs, bouche dense pour le millésime, note de fumé, bonne longueur.

Millésime 2008

– Dégustation d'avril 2009

15,5 – Fruits noirs, bouche puissante, épicée, longue, bien fraîche, tendue minérale, beau terroir, bien mis en avant.

– *Dégustation de novembre 2010*

15 – Fruits noirs, olive noire, bouche un peu séchante à cause de l'acidité, à attendre, joli fruit.

15,5 – **La Croix-de-Gadet**. Fermé, prune, bouche onctueuse, dense, fraîche, long, tanins relevés en finale.

Millésime 2009

– *Dégustation d'avril 2010*

14,5 – Mûre, fruits noirs, tabac blond, épices douces, bouche fine, élégante, bien fruitée, petits tanins serrés, bien fruité, droit, bien gourmand.

GARANCE-HAUT-GRENAT

Cru artisan
Surface : 4 ha
Propriétaire : Famille Rebès
Contact : Laurent Rebès
33340 Bégadan
05.56.41.37.61
garance-haut-grenat@over-blog.com

Après avoir participé comme maître de chai (*« J'étais libre de mes choix*, dit-il, *et ce fut une bonne formation.* ») à l'ascension de Rolland-de-By et l'avoir quitté sans regrets en 1997, Laurent Rebès a repris la propriété familiale, toute voisine, où avaient œuvré son père et son grand-père. Dès 1998, il quitte la coopérative et commence à vinifier ses 4 hectares de graves sis entre La Tour-de-By et Greysac. Un peu tenté par les fortes extractions au départ, il a corrigé peu à peu le tir et propose des vins plus fins, plus élégants, aux arômes d'une grande fraîcheur. À une dégustation que nous avions organisée au Bistrot du sommelier, chez mon ami Hervé Valverde, Garance le vin et Laurent son auteur s'étaient taillé un franc succès auprès de responsables de très grands crus. J'en connais même qui lui en achètent tous les ans en primeur.

Millésime 2000

– *Dégustation d'avril 2001*

Vendanges le 23 septembre, en évitant toute surmaturité, mais à 12,8°. 40 % cabernet-sauvignon, 44 % merlot, 9 % cabernet franc et, dit-il, « *7 % de vieux petits-verdots qui entrent toujours dans le premier vin* ».

15,5 – Nez très fruité, framboise, Zan à la violette. Bouche suave et fraîche, sur une belle assise de tanins gras et mûrs.

Millésime 2001

– *Dégustation d'avril 2002*

38 % cabernet-sauvignon, 44 % merlot, 7 % petit-verdot, 9 % cabernet franc.

14,5/15 – Nez de mûre et d'épices, myrtille, bien gras en bouche, des tanins qui tapissent le palais, une pointe de dureté en finale, mais un fruité riche qui se prolonge.

– *Dégustation de juin 2003 :*

14,5 – Mûre, épices, vanille de la barrique, bien gras en bouche, des tanins qui tapissent le palais, une pointe de dureté en finale due à la barrrique. À attendre.

– *Dégustation d'avril 2005*

15 – Épices douces, craie, prune cuite, gras, plein tanins moelleux, belle structure. Le vin s'est adouci, arrondi depuis notre précédente dégustation, belle longueur.

Millésime 2002

– *Dégustation d'avril 2003*

L'encépagement complet se compose des quatre cépages médocains : 38 % cabernet-sauvignon, 46 % merlot, 9 % cabernet franc, 7 % petit-verdot.

16 – Robe grenat, nez élégant, fruit frais, cassis, buis, vanille. Bouche séveuse, avec un tanin bien extrait, sans dureté, beaucoup de fruit. Un vin à conserver en cave trois ou quatre ans.

– *Dégustation d'avril 2005*

14,5 – Boisé, fruits noirs, tabac blond, bouche souple, bien fruitée, rondeur et saveur. À boire jeune.

Millésime 2003

– Dégustation d'avril 2004

15 – Épices, fruits noirs, violette, bien exprimé, bouche tendre, élégant, bien garni mais souple, du beau tanin et du fruit.

Millésime 2005

– Dégustation d'avril 2006

La dégustation des crus artisans avait lieu cette année à Garance, dans la cuisine familiale. « *Réparer la roue de la brouette* », était-il écrit à la craie sur l'ardoise pense-bête.

16 – Finesse et pureté de fruit, un peu floral, profond, tanins gras et denses, belle matière, un vin prometteur.

Millésime 2006

– Dégustation d'avril 2007

15,5 – Violette, fruits noirs, boisé ensuite, belle matière, onctueux, bonne densité, fruité assez éclatant, tanins veloutés, moins extrait qu'autrefois, plus aimable et plus noble.

Millésime 2007

– Dégustation d'avril 2008

15,5 – Éclatant de fruit, cerise, mûre, bouche vive, longue, fine, vin bien équilibré. Omniprésence d'un fruité réjouissant.

Millésime 2008

– Dégustation d'avril 2009

15 – Épices, floral, menthe, bouche un peu marquée par le bois, tendue, fine, assez minérale, bonne longueur.

Millésime 2009

– Dégustation d'avril 2010

15 – Fruits noirs, tabac, bouche ronde, souple, douce, bien fondue, joli fruit, bonne longueur, droit, vif, élégant.

Archives

– Dégustation de juin 2003

Millésime 1999

14,5 – Nez de cerise au chocolat « forêt-noire », gras en bouche, beaucoup de matière, riche, beaucoup d'allure malgré une pointe de dureté en finale.

Château La Tessonnière

Cru artisan
Surface : 17 ha
Propriétaire : Famille Colemyn
Contact : Cédric Colemyn
6, rue du Puits – 33340 Civrac-en-Médoc
05.56.41.37.24

Cédric Colemyn a repris en 1995 ce domaine familial créé par son arrière-grand-père. Il propose trois qualités. Le Fleuron de la Tessonnière et le Bois du Roi sont élevés en barriques, tandis que La Tessonnière tout simple ne connaît que la cuve. C'est un vin délicieux à boire dans les trois ans.

Millésime 2000

– Dégustation de juin 2003

16 – Nez encore fermé, bouche tannique, solide, matière bien tonique mais sans aspérités, bien équilibré, droit. Beau médoc classique.

Millésime 2006

– Dégustation d'avril 2007

15/16 – Floral, fruits rouges, frais, bouche ronde, tendre, souple, bien tendue mais tanins apprivoisés. Joli fruit, élégant et fin. Provient de vignes très âgées.

Millésime 2008

– Dégustation d'avril 2009

14 – **Le Fleuron-de-La Tessonnière**. Boisé, bouche boisée, gazeuse, beau potentiel, un vin encore bébé mais une belle matière, très merlot, frais, rond bien fruité.

Millésime 2009

– Dégustation d'avril 2010

14 – Cassis, fruits noirs, bouche soyeuse, souple, fine, élégante, joli vin tendre, bien gourmand, frais, tannique en finale, pointe d'amertume.

Graves et pessac-léognan

Pessac-léognan

L'appellation est née en 1987, d'une scission avec les autres graves, ceux du « Sud ». Pessac-léognan rassemble les crus proches de la ville de Bordeaux, parfois imbriqués dans le tissu urbain. Tous les pessac-léognan ne sont pas classés, mais tous les crus classés figurent dans cette appellation. À moins de sous-estimer la merveilleuse exception française, il peut paraître incongru que les crus classés situés en AOC pessac-léognan s'appellent officiellement « crus classés de graves ». Et que, dans la foulée, aucun vin de l'appellation graves ne figure dans le classement qui porte son nom. Mais c'est la réalité. Le classement fut enregistré en 1959 (sauf Haut-Brion, cru classé en 1855), avant la scission entre Nord et Sud, et tout est resté en l'état, malgré les protestations sudistes.

Dévorés par l'urbanisation et les extractions de graves (ces jolis petits cailloux qui décorent si bien les allées des jardins !), les graves du Nord étaient en voie d'extinction – mis à part quelques célébrités. Je n'exagère pas. En voici la preuve. Le 18 décembre 2009, Artcurial a vendu aux enchères les cuivres gravés (d'imprimerie) représentant les châteaux dans les différentes éditions du Coks et Féret, *Bordeaux et ses vins*, entre 1850 et 1908. « Le Féret », comme on dit à Bordeaux, est un monument. Il recense à peu près tout ce qui fait du vin à Bordeaux, avec une notice technique et un commentaire toujours élogieux. Dans le catalogue de la vente figurent les cuivres gravés de cinquante-huit crus de la zone pessac-léognan. Sur ces cinquante-huit domaines, trente-quatre ont disparu, mangés par l'urbanisation. Plus d'un sur deux.

L'arrivée de la nouvelle AOC, en 1987, a dynamisé les vocations viticoles. Les propriétaires se sont opposés à plusieurs projets qui, une fois de plus, faisaient disparaître des terroirs de qualité. Au final, de 500 hectares de vignes en 1975, la zone pessac-léognan est passée à 1 500. Cela montre le dynamisme.

Cela signifie également qu'une grande part du vignoble est très jeune.

L'appellation regroupe des crus classés et non classés en rouge et en blanc, anciens et nouveaux, près de soixante aujourd'hui, mais un peu plus excentrés. La fin des années 80 et une bonne partie de la décennie suivante avaient été une période de grand chantier sur les vins blancs. Redécouvrant des techniques bourguignonnes, les domaines s'étaient lancés dans la « course au gras ». Macération excessive, barriques neuves très chauffées (au goût de café), bâtonnage des lies à répétition... À l'arrivée : des vins formidables en dégustation mais un peu fatigants à boire. On retrouve, depuis quelques millésimes, des vins frais, fruités, avec juste ce qu'il faut de gras pour séduire et flatter la bouche.

Les crus classés de graves

BOUSCAUT

Cru classé des graves en rouge et en blanc
Surface : 47 ha ; 40 en rouge, 7 en blanc
Propriétaire : Sophie Lurton-Cogombles et Laurent Cogombles
Contact : Château Bouscaut
1477, avenue de Toulouse – 33140 Cadaujac
05.57.83.12.20
www.chateau-bouscaut.com

Il me semble que, sous Napoléon III, le domaine s'appelait Haut-Truchon, ce qui, même pour un marketeur moustachu Second Empire, ne semblait pas un idéal commercial. D'autant que Victor Hugo avait, à propos d'un militaire désastreux face aux Prussiens, inventé ce slogan, *« Trochu, participe passé du verbe trop choir »*. Truchon n'avait rien à voir avec le général Trochu, mais la proximité sonore paraît indéniable. Bouscaut sonne mieux, on peut imaginer également un galonné, un général Bouscaut, mais dans un style vainqueur, époque Premier Empire, dans une série Austerlitz plus que Trafalgar.

C'était bien avant l'arrivée du maréchal Lurton Lucien, commandant en chef d'une dizaine de petits Lurton qu'il avait entrepris de doter chacun d'un château.

Que de bastides à prendre, de donjons à enlever, de pont-levis à franchir ! Ce fut fait et promptement. Henri, seigneur de Brane-Cantenac, Gonzague, baron de Durfort-Vivens, Marie-Laure, princesse de Villegeorge et autres fiefs, Bérénice, reine de Climens, Denis, duc de Desmirail. Et tant d'autres. Sophie hérita de Bouscaut, terre en difficulté, vieille seigneurie bien posée sur un bon sol de graves, mais un vignoble en état très moyen qui nécessitait que la main de l'homme et de la femme s'en occupât prestement. Cela ne faisait pas peur à Sophie et Laurent Cogombles, son mari ingénieur en techniques agricoles. Le papa Lucien a élevé ses enfants dans l'esprit du laboureur de La Fontaine :

« Creusez, fouillez, bêchez, ne laissez nulle place
Où la main ne passe et repasse. »

Un trésor est caché sous les graves qui met du temps à sortir en surface, celui que prennent les vignes à bien s'enraciner. Surtout celles de rouge. En blanc, les vins se présentent vifs, parfumés, séduisants. Les rouges pouvaient paraître un peu fluets au début. On les voit évoluer d'année en année, gagner en profondeur, en complexité, tout en restant friands et sans tomber dans le genre mastard sucré qui plaît parfois ailleurs. À ce propos, d'ailleurs, en 2000, agacés d'être toujours fort mal notés chez l'Américain Robert Parker, Sophie et Laurent ont décidé de s'amuser à ses dépens.

Ils se sont offert un encart dans le journal *Sud-Ouest,* avec un dessin à la Sempé représentant un caviste et son client, aux États-Unis, en pleine conversation : *« … un bon vin de terroir ? Beaucoup de typicité ?… Pas d'hésitation, une mauvaise note Parker ! »* disait la légende. Le dessin a fait le tour du monde vinicole. À Bordeaux, la plupart des collègues des Cogombles ont bien ri, vivement applaudi, approuvé. Puis ils se sont vite empressés de faire déguster leur échantillon par Parker. Car tant que les riches Américains s'intéresseront aux vins français au travers d'un seul filtre, « Bob » sera toujours le bienvenu…

Second vin : Les Chênes-de-Bouscaut

Millésime 2000

– Dégustation d'avril 2001

15 – Rouge. 80 % merlot, 20 % cabernet-sauvignon. Nous avons dégusté plusieurs barriques. Le vin s'exprimait mieux dans celles qui avaient précédemment accueilli un vin que dans les neuves. Nez épicé avec des notes cassis assez prenantes, bouche onctueuse, portée sur le fruit, trame tannique ferme et dense, ensemble équilibré. L'assemblage du blanc n'était pas encore définitif.

Millésime 2001

– Dégustation d'avril 2002

15 – Rouge. Nez encre, prune, sur le fruit, bouche ronde, tanins soyeux, déjà très agréable, sans doute pas une profondeur extrême, mais un vin bien équilibré, riche en saveurs.

Millésime 2002

– *Dégustation d'avril 2003*

45 % merlot, 45 % cabernet-sauvignon, 10 % malbec, un cépage que l'on ne trouve plus guère dans la région (Gruaud-Larose en fait figurer souvent dans son assemblage). *« Nos malbecs étaient très beaux, séveux, mais avec de tout petits rendements. On ne les avait pas retenus en 2000 et 2001 ; cette année, cela aurait été dommage de s'en priver »*, dit Laurent Cogombles.

16 – Rouge. Une note de fruits exotiques au nez, mangue peut-être, puis salade de fruits rouges que l'on retrouve en bouche portée par un tanin délicat et ferme. Bonne longueur, beaucoup de finesse.

16,5 – Blanc. 50 % sauvignon, 50 % sémillon. Buis, floral, note amande grillée, bouche ample, vive, bien fraîche, pêche blanche, beau fruit qui s'exprime longtemps, bon équilibre.

Millésime 2003

– *Dégustation d'avril 2004*

14,5 – Rouge. Très parfumé, comme à son habitude, baies noires, myrtille, réglisse. La bouche est douce, tanins fondus, bien ronde, la finale resserrée présente une pointe de dureté qui devrait disparaître à l'élevage.

Millésime 2004

– *Dégustation d'avril 2005*

14,5 – Rouge. Cerise et boisé, vin boudeur, prise de bois en cours qui gêne l'expression du fruit. Un peu austère à ce stade.

15 – Blanc. Nez grillé, fermé, bouche marquée pamplemousse, nerveux, structuré par une bonne acidité, long.

Millésime 2005

– *Dégustation d'avril 2006*

Équipé d'une nouvelle étiquette, Bouscaut poursuit sa remontée vers le devant de la scène.

14,5 – Rouge. Boisé doux, mûre et violette, bouche souple, soyeuse, bien fruitée. Le boisé (comme l'an passé, d'ailleurs) est un peu trop perceptible sur cet échantillon alors que le vin, à l'arrivée, est plus tourné vers le fruit.

14,5 – Blanc. Boisé grillé, bouche enveloppée, bien pleine, gazeuse mais riche. Un vin à peine adolescent.

Millésime 2006

– *Dégustation d'avril 2007*

13 – Rouge. Boisé blond, cerise, bouche ronde, tendue, vive, pas mal de bois, pas très long, léger, un peu séchant.

16 – Blanc. Fruits blancs, pêche blanche, bouche vive, élégante, bien fruitée, assez longue, bonne acidité.

Millésime 2007

– *Dégustation d'avril 2008*

14 – Rouge. Violette, bouche simple, bien parfumée, un peu végétale, agréable, ronde, tendre, fruitée.

15,5 – Blanc. Fruité vert, agrumes, pêche blanche, bouche dense, construite, riche, longue, joue avec la sucrosité, bonne longueur.

Millésime 2008

– *Dégustation d'avril 2009*

15 – Rouge. Fruits rouges, minéral, craie, bouche douce, ronde, bien fruitée, souple, fraîche, pas d'une complexité féroce mais bien fait, équilibré, bon fruit.

16 – Blanc. Sauvignon, bien fruité, grillé, belle acidité, du mordant, vif, frais et tendu.

Millésime 2009

– *Dégustation d'avril 2010*

15,5/16 – Rouge. Fruits noirs, frais, note calcaire, minérale, bouche ronde, souple, pas trop extraite, fruit préservé, matière délicate, fin, équilibré.

15,5/16 – Blanc. Bien fruité, presque variétal, beurré, bouche fruitée, élégante, généreuse, le boisé est très discret et laisse la place aux fruits blancs, des notes de poire en finale, vive, assez riche.

Carbonnieux

Cru classé des graves en rouge et en blanc
Surface : 90 ha ; 47 en rouge, 43 en blanc
Propriétaire : Famille Perrin
Contact : 33850 Léognan
05.57.96.56.20
www.carbonnieux.com

Quand Lamartine, négociant en vins à Mâcon et poète lacustre, connut quelques déboires en politique, l'un de ses proches, Philibert Perrin, « choisit » de quitter les bords de la Saône pour l'Algérie. Beaucoup plus tard, en 1956, ses descendants « choisirent » de traverser la Méditerranée dans l'autre sens. C'était le début des « événements ». Les Perrin ne faisaient qu'anticiper en liant leur nom à celui de Carbonnieux. Il ne restait plus grand-chose de l'ancien vignoble amoureusement créé par les moines bénédictins, puis minutieusement entretenu par la famille d'ampélographes Bouchereau, au XIXe siècle. De 60 hectares, Carbonnieux était descendu à 29. Et encore, c'était un chiffre comparable à ceux que proclament les organisateurs de manifs les soirs de 1er Mai. La préfecture de police, par principe, se montre moins enthousiaste. Dans la réalité, les ceps malades ou morts n'avaient pas été remplacés. Il y avait des trous énormes dans le tissu viticole, comme si des mites géantes s'étaient gavées sans qu'on les dérange quelques décennies durant. Ce qui n'était pas faux, à condition de considérer que ces mites, protéiformes, se soient glissées dans la peau du phylloxéra, des crises à répétition et de deux guerres mondiales.

Les bâtiments, inoccupés depuis 1918, menaçaient de s'effondrer et le matériel viticole était inexistant. Restait le charme de ce lieu, entre pins des Landes, ciel bleu tourmenté et très belle demeure monastique discrètement protégée par sa cour carrée. Puisqu'on parle de charme, il faut citer Anthony Perrin, disparu récemment et dont je n'ai jamais entendu quelqu'un dire du mal. C'est exceptionnel à Bordeaux, où le sport dominant, largement devant le foot, demeure la pique au voisin. En toute amitié, bien sûr ! Même quand il dirigeait l'Union des grands crus, situation bien plus périlleuse en termes de fréquentation de la foudre que celle d'un paratonnerre de clocher sur le plateau de Millevaches, pas la plus petite (si j'ose, oui j'ose) vacherie. Difficile de critiquer un homme toujours souriant, même devant la plus impitoyable des maladies, plaignant les autres de leurs petits malheurs, pétillant d'intelligence, d'humanité et d'humour. Tout le contraire de l'ironie, dont je ne sais plus qui disait que c'était la fiente de l'humour. Quelqu'un qui ne devait pas trop aimer l'ironie, sans doute.

Devenu un incontournable de la partie nord des graves-pessac-léognan, Carbonnieux a fait des petits. Il y eut Château Le Pape. Puis, sans doute par souci d'œcuménisme, Le Sartre. Aussi Haut-Vigneau, Lafont-Menaut, Bois-Martin.

Carbonnieux, comme l'escargot sa coquille, promène dans les guides une réputation de bon vin à bon prix, sympathique en blanc, tendre et bon père de famille en rouge. Le vin du dimanche. Les réputations s'installent et pantouflent même quand elles ne correspondent plus à la réalité. Car Carbonnieux n'est plus cela. D'abord les blancs. Faites un tour dans les restaurants de Bordeaux, qu'y boit-on avec les huîtres et la sole ? Du Château Machin bien boisé ? Que nenni, ça ne passe pas. Tous ces caramélisés du nez et sucraillon de la bouche qui cartonnent dans les hits des revues ne font pas le poids quand il s'agit de les marier aux mets. Carbonnieux, avec sa vivacité, sa tenue, sa fraîcheur, son fruit, ne s'effondre pas dès qu'on le travaille au couteau à poisson. Itou les rouges, que la nouvelle génération Perrin, les Philibert et brothers, revisitent depuis quelques années. Toujours la même tendresse mais un peu plus de matière, un milieu de bouche plus construit qui lui donne de la présence et de la persistance. Il reste cependant quelque chose de vrai dans la réputation ancienne de Carbonnieux : le vin a changé mais pas les prix, toujours raisonnables.

Second vin : Tour-Léognan

Millésime 2000

– Dégustation d'avril 2001

15 – Rouge. Nez cassis, prune, un peu bourru, bouche en contraste, assez fine, bien fruitée, finale sur la fraîcheur, bonne longueur.

14,5 – Blanc. Poire au nez, pêche blanche, bouche ronde, assez grasse, fruité discret à ce stade.

Millésime 2001

– Dégustation d'avril 2002

13,5 – Rouge. Nez fruits noirs, assez fermé, bouche tendre en attaque, tanins soyeux mais un léger creux en milieu de bouche et finale rugueuse, manquant un peu de chair. À revoir.

Millésime 2002

– Dégustation d'avril 2003

« *En rouge, on a un tiers de moins de rendement que d'habitude* », confie Anthony Perrin. 75 % cabernet-sauvignon, 25 % merlot.

14,5 – Rouge. Joli nez complexe de fruits noirs, sous-bois, cannelle, belle matière en bouche, des tanins qui se resserrent ensuite. Un Carbonnieux plus austère que d'habitude et qu'il faudra attendre.

16 – Blanc. 65 % sauvignon, 35 % sémillon. Comme souvent, un blanc très réussi au nez fleuri, bien parfumé en bouche, vif et gras, frais, des saveurs de pêche blanche, une bonne acidité qui structure l'ensemble et lui confère de l'élégance.

Millésime 2003

– Dégustation d'avril 2004

14,5 – Rouge. Fruits noirs, groseille, sous-bois, bouche réglissée, assez élégante en première séquence, plus resserrée ensuite, de la fraîcheur.

14 – Blanc. Nez floral, aubépine, bouche souple, équilibrée, agréable, d'une longueur moyenne.

Millésime 2004

– Dégustation d'avril 2005

15/15,5 – Rouge. Fruits noirs, nez relativement timide, bouche fraîche, élégante, fringante, souple. Un vin pas prise de tête, porteur d'un fruité frais et généreux, finale sur des notes de framboise.

15,5 – Blanc. Nez bien fruité, ananas, pêche blanche, bouche fraîche rehaussée d'une touche de vanille, vif, rond, parfumé, équilibré.

Millésime 2005

– Dégustation d'avril 2006

15 – Rouge. Floral, fruité, boisé blond, assez flatteur, bouche ronde et soyeuse, une attaque bien agréable. Les tanins durcissent un peu ensuite. L'ensemble reste très séduisant, favorisant les saveurs.

15 – Le blanc de Bordeaux préféré des Français, toujours aussi régulier. Pamplemousse, citronné, bouche ronde, peu d'acidité et des saveurs très marquées agrumes.

Millésime 2006

– Dégustation d'avril 2007

« Les cabernets-sauvignons sont restés petits, on n'a pas eu de pourriture. On a de l'herbe dans les vignes, ça aide. On a eu des raisins mûrs avec des peaux épaisses. La méthode de travail est pilotée par Denis Dubourdieu. On va chercher les parcelles qui se ressemblent pour avoir dans nos cuves un meilleur préassemblage. Surtout, on fait beaucoup moins de vin qu'autrefois... », commente Philibert Perrin. 65 % cabernet-sauvignon, 30 % merlot, 5 % cabernet franc et malbec.

16 – Rouge. Floral, bouche fraîche, élégante, délicate, petits fruits rouges, séveux, petits tanins doux.

16,5 – Blanc. Frais, fin, élégant, bonne bouche vive et ronde, bon fruit, très agréable, bien construit.

Millésime 2007

– Dégustation d'avril 2008

15,5 – Rouge. Bien fruité, bouche souple, petite pointe de sucrosité, fraîcheur, mentholé, pas très concentré mais fin, élégant.

15/16 – Blanc. Végétal, bouche vive, un peu muscatée, élégante, moins puissant que le précédent, frais et fin, délicat et assez long.

Millésime 2008

– Dégustation d'avril 2009

15,5 – Rouge. Réglisse, Zan, bouche tendue, du vert, droit, vif, séveux, long, serré, austère mais prometteur.

16 – Blanc. Floral, fleurs blanches, bouche bien ronde, tendre, frais, fin, gourmand, bonne longueur.

Millésime 2009

– Dégustation d'avril 2010

16 – Rouge. Fruits noirs, note de cassis, boisé marqué, milieu de bouche garni, dense, moelleux, bien fruité, finale serrée, beaucoup de fruit, bonne longueur, souple, gourmand, bien dans la tradition Carbonnieux.

16 – Blanc. Fruits blancs, poire, pêche blanche, bouche vive, élégante, bien tendue, un peu de gaz, frais, fin, relevé, bien vif.

COUHINS-LURTON

Cru classé des graves en blanc
Surface : 24 ha dont 6 en blanc
Propriétaire : André Lurton
Contact : Château Bonnet – 33420 Grezillac
05.57.25.58.58
www.andrelurton.com

L'histoire de Couhins est celle d'un sauvetage. Le domaine, ancien et renommé, classé pour ses vins blancs en 1959, a bien failli être arraché en 1967 par la famille Gasqueton, propriétaire de plusieurs crus (toujours de Calon-Ségur) dans une période bien difficile pour les grands crus. Alerté, André Lurton, syndicaliste fort actif du vignoble, et lui aussi multipropriétaire, proposa alors aux Gasqueton de le prendre en fermage. Trois ans plus tard, les Gasqueton cèdent vignobles et château à la Société d'aménagement foncier et d'établissement rural, qui revend les bâtiments à un couple de pharmaciens et les vignes à l'Inra (voir à ce propos l'autre Couhins). André demeura fermier jusqu'en 1978. À cette date, l'Inra reprit à son compte l'exploitation du vignoble. Sauf une parcelle qui devait servir de point de départ à l'existence de ce Couhins-Lurton. Depuis, en 1992, André a racheté le château, construit des chais, rénové l'existant, agrandi le vignoble. *« On a tout construit là-bas, ce sont les équipes de la maison qui ont tout rénové. »* Autrefois, Couhins avait obtenu le classement en blanc, mais ne produisait pas de rouge notable. Couhins-Lurton propose des vins de qualité dans les deux couleurs : en rouge depuis le millésime 2002. Dans la couleur blanche, pour l'ensemble de la production Lurton (André), le cépage sauvignon règne en maître absolu.

Millésime 2000

– Dégustation d'avril 2001

14 – Blanc. Note de fenouil et de rose blanche, agrumes, bouche délicate, fruité marqué par le sauvignon, vif, assez élégant.

Millésime 2003

– Dégustation d'avril 2004

15,5 – Rouge. Nez épicé, note torréfaction, fruits noirs, tanins fermes sans aspérités, de la chair, et du fruit. Vin charnu, racé.

14 – Blanc. Nez pomme au sucre, pêche blanche, frais, vif, très sauvignon.

Millésime 2004

– Dégustation d'avril 2005

14,5 – Blanc. Encore trouble quand nous l'avons dégusté, pêche blanche, note de beurre fondu, bouche mirabelle, pamplemousse, un fruité un peu végétal, rafraîchissant, bonne acidité. Il devrait mieux se goûter après élevage.

– Dégustation de novembre 2010

14,5 – Rouge. Cacao, fruits noirs, myrtille, bouche tendue, vive, élégante mais garnie, frais, très jeune, finale un peu trop tannique.

Millésime 2005

– Dégustation d'avril 2006

15 – Blanc. Nez floral, buis, bouche vive et fraîche encore gazeuse, de bonnes saveurs pomme granny et poire, fringant, sympathique et désaltérant.

15,5 – Rouge. Joli nez floral et notes cerise écrasée. Bouche veloutée, tanins ronds, opulents. Vin gourmand et délicat.

– Dégustation de novembre 2010

15 – Rouge. Fruits noirs, épices, grillé, bouche puissante, dense, gras, puissant, pas fondu, très riche, fermé aujourd'hui. À attendre.

Millésime 2006

– Dégustation d'avril 2007

14 – Blanc. Persil, végétal, bouche ronde, pomme, délicat, pas mal, très sauvignon.

13 – Rouge. Nez fruits rouges, élégant en bouche, bien rond, boisé un peu marqué, finale assez fuyante.

– Dégustation de novembre 2010

14,5/15 – Rouge. Fruits noirs, tarte à la myrtille, pâtisserie, bouche vive, tendue, élégante, belle acidité, fruit et fraîcheur.

Millésime 2007

– Dégustation d'avril 2008

16 – Blanc. Agrumes, fruits blancs, bouche douce, élégante, fraîche, bonne longueur, pêche blanche, délicat, tendre, fin.

14,5/15 – Rouge. Cassis, bouche ronde, simple, bien fruitée, tanins doux, pas de dureté, finale un peu courte.

Millésime 2008

– Dégustation d'avril 2009

16,5/17 – Blanc. Floral, sucrosité, bouche douce, élégante, très fraîche, bonne acidité, un vin séduisant avec du fond, finale pêche blanche, très persistante. Vin très pur.

14,5 – Rouge. Nez fruits rouges, un peu végétal en bouche, très doux, rond, pas très long.

Millésime 2009

– Dégustation d'avril 2010

15,5 – Blanc. Fruits blancs, poivre blanc, bouche vive, assez fraîche, bonne acidité, long, bien fruité, bien vif.

14 – Rouge. Fruits noirs, bouche douce, un peu boisée, ronde, souple, vin gourmand, aux tanins très fondus, peu d'acidité, tout en moelleux, finale plus rugueuse.

COUHINS

Cru classé des graves en blanc
Surface : 17 ha ; 5 en blanc et 12 en rouge
Propriétaire : Institut national de la recherche agronomique
Contact : Clément Bouriez
Château Couhins, chemin de la Gravette – BP 81
33883 Villenave-d'Ornon Cedex
05.56.30.77.61
cbouriez@bordeaux.inra.fr

Couhins, qui signifie confins en gascon, très ancien domaine viticole, appartenait à la famille Gasqueton, propriétaire de Calon-Ségur, à Saint-Estèphe. Pour partie à l'abandon, il a été racheté en 1969 par l'Inra. Peu de temps auparavant, André Lurton, quasi-pape des graves et membre d'une famille fort nombreuse et tout autant fortement engagée dans le vignoble, en était devenu le fermier. L'Inra a maintenu ce fermage et lui a même vendu 1 hectare, point de départ de son propre domaine et voisin : Couhins-Lurton. Dix ans plus tard, fin du fermage, l'Inra récupère son vignoble. *« Au début, l'idée était de faire un domaine agricole expérimental ; il y avait même des vergers, Lurton était sur la vigne et l'institut se livrait à des expérimentations »*, explique l'actuel directeur, Dominique Forget. *« Aujourd'hui, c'est davantage un domaine de démonstration »*, qui s'est offert comme conseillers Denis Dubourdieu et Valérie Lavigne, universitaires et gens de terrain.

Ingénieur agro et œno, formé à Montpellier, Dominique Forget a été recruté pour transformer ce laboratoire vivant en cru authentique : *« Jusque-là, la production était vendue en interne aux gens de l'Inra. Désormais, une bonne partie est commercialisée par le négoce de Bordeaux. Depuis 2005, la direction générale de l'Inra a décidé de montrer que c'était un terroir exceptionnel. »* Et ça l'est ! La croupe caillouteuse de Couhins culmine à 41 mètres. Que de la grave, ces petits cailloux arrondis portés par les fleuves en une couche épaisse de plusieurs mètres, selon Forget. Victime d'un brusque affaissement de motivation, j'avoue n'avoir pas vérifié pioche en main. Un sol de prédilection du cabernet-sauvignon, *« cépage qui nécessite une contrainte hydrique pour exprimer son potentiel »*.

Sur une autre partie, exposée au nord, on rencontre la roche calcaire recouverte d'une fine couche d'argile : *« Ces sols emmagasinent l'eau puis la restituent à la plante en période sèche, ce qui convient parfaitement au sauvignon. »*

En clair, l'histoire récente de Couhins se divise en trois périodes : avant l'arrivée de Valérie Lavigne comme conseillère en 1999. *« Il n'y avait pas d'ambition qualitative »*, dit Forget.

De 1999 à 2005, une période de rodage : *« Ce n'est pas facile car, comme c'est un domaine expérimental, dans chaque parcelle on trouve différents porte-greffe et différents cépages »*, commente Valérie Lavigne (c'est son vrai nom).

« On a appris à appréhender la diversité », ajoute Forget.

Cela s'est traduit par la création d'un second vin qui permet de ne retenir que les bons raisins bien mûrs dans Couhins.

Troisième époque, à partir de 2005, où l'on peut considérer que Couhins figure vraiment parmi les crus classés. Avec Valérie Lavigne et Dominique Forget, nous avons dégusté les vins de 2000 et 2001, qui ne méritent pas qu'on s'y attarde. J'ai choisi de ne retenir que les millésimes à partir de 2002. À noter que les blancs sont issus à 100 % du cépage sauvignon.

Second vin : Couhins-Lagravette

Millésime 2002

– Dégustation du 15 octobre 2009

14,5 – Blanc. Miel, un peu exotique, côté alsace, bouche douce, assez alcooleuse en finale, joli fruit, finale un peu ferme.

14 – Rouge. Joli nez, grillé, note végétale, fruits noirs, cacao, bouche tannique, tanins fermes, un peu serré en finale, construit mais sévère.

Millésime 2003

– Dégustation du 15 octobre 2009

13,5/14 – Blanc. Assez clair, nez frais, floral, bouche un peu gazeuse, pas très long, un peu plat, court.

14,5 – Rouge. Fruits noirs, chocolat, légèrement réducteur, joli nez qui se développe, bouche ronde, souple, onctueuse, finale étriquée mais vin agréable, plaisant.

Millésime 2004

– *Dégustation du 15 octobre 2009*

12 – Blanc. Miel, banane, un peu fatigué.

14,5/15 – Rouge. Fruits noirs, réglisse, chocolat noir, bouche tannique, ferme, sans dureté, finale un peu serrée ; dommage, elle est gommée par un joli milieu de bouche assez moelleux.

Millésime 2005

– *Dégustation d'avril 2006*

14,5 – Blanc. Nez assez fermé, gras en bouche, assez volumineux, de bonnes saveurs de fruits blancs rehaussées par un boisé noisette.

– *Dégustation du 15 octobre 2009*

14 – Blanc. Ananas, fruits blancs, bouche douce, pas très longue mais agréable, bien fruitée mais courte.

15 – Rouge. Cerise, prune, joli nez de fruits rouges et noirs, belle expression aromatique, bouche enveloppante, dense, tannique, très beau fruit bien préservé en bouche, mais finale avec un peu d'astringence. Mais beaucoup de vigueur dans le vin.

Millésime 2006

– *Dégustation d'avril 2007*

14 – Blanc. Pomme, floral, agrumes, agréable, mais finale un peu fuyante.

13 – Rouge. Fruits rouges, bouche tendre, élégante, un peu d'oxydation, finale serrée.

– *Dégustation du 15 octobre 2009*

15,5 – Blanc. Frais, pêche blanche, un peu réduit, cépage, bouche vive, agréable, finale acide qui se prolonge, assez frais.

14 – Rouge. Grillé, réductif, chocolat, fruits noirs, bouche fraîche, tendue, tannique, un peu serrée, un peu étriqué derrière le 2005, mais très beau fruit, vif.

Millésime 2007

– *Dégustation d'avril 2008*

16 – Blanc. Vif, agrumes, net en bouche, nerveux, élégant, bonne longueur, pêche blanche.

15 – Rouge. Floral, boisé, fruits rouges, bouche ronde, souple, douce, élégante, pas trop extraite, finale douce.

– Dégustation du 15 octobre 2009

15 – Blanc. Frais, citronné, agrumes, bouche souple, bien parfumée, un peu séchante en finale, bien fruité.

14 – Rouge. Cacao, fruits noirs, mûre, joli nez, un peu poivre noir, bouche douce, tanins doux en première partie, un peu chaotique, un petit creux en milieu de bouche.

Millésime 2008

– Dégustation d'avril 2009

15,5 – Blanc. Agrumes et pêche blanche, bouche vive, tendue, élégante, un peu d'acidité en finale.

15,5 – Rouge. Framboise, fruits rouges, tendu, frais, fin, élégant, bon fruit, droit, pointe d'amertume en finale, mais bon ensemble pas trop extrait.

– Dégustation du 15 octobre 2009

15,5/16 – Blanc. Floral, bouche douce, élégante, bien fruitée, bonne longueur, charnu, belle expression aromatique.

15,5 – Rouge. Fruits rouges, encore des arômes fermentaires, boisé, bonbon, bouche ronde, souple, élégant, frais, bien fruité, pas trop extrait, assez fin, belle finale.

Millésime 2009

– Dégustation d'avril 2010

16 – Blanc. Fruits blancs, abricot, mangue, bouche vive, élégante, très bel équilibre, fin, délicat, une fraîcheur un peu chablisienne, long, très persistant.

14,5 – Rouge. Fruits noirs, cerise, rose rouge, floral, épices, bouche vive, tendue, élégante, petits tanins croquants ; finale marquée par le mordant des tanins.

Domaine de Chevalier

Cru classé des graves en rouge et en blanc
Surface : 42 ha ; 37 en rouge et 5 en blanc
Propriétaire : Famille Bernard
Contact : Olivier Bernard
102, chemin Mignoy – 33850 Léognan
05.56.64.16.16
www.domainedechevalier.com

Autrefois, il s'appelait Chivaley. Curieuse impression d'entendre un vieux Texan prononcer à haute voix – et au chewing-gum ! – le nom de Chevalier. Mais rien à voir. Chivaley, juste un nom de lieu-dit qui s'est simplifié en gagnant en noblesse et en mystère. L'endroit s'y prête. Isolé, entouré par la forêt : Claude Ricard pensait que c'était cette situation particulière du domaine, enfoncé dans les bois – protégé, en quelque sorte –, qui lui conférait ces notes particulières de fraîcheur et qui lui assurait une parfaite réussite dans des millésimes très moyens comme le modeste 84, réussi ici, ou le déplorable 51, délicieux en blanc chez Chevalier. Claude Ricard fut le dernier de la famille à posséder le domaine. Les Ricard ont eu en propriété tous les grands crus de l'appellation, Haut-Bailly, entre autres. Ici, ils ont fait œuvre de renaissance. Chevalier fréquentait la vigne en bonne réputation depuis fort longtemps quand un des propriétaires au XIXe siècle eu la curieuse idée d'arracher la vigne pour planter des pins. En vérité, les allers-retours entre conifère et *vitifera* n'est pas si exceptionnelle que cela. Le destin des cultures dépendait des époques et des marchés. Des crus du Médoc se sont négociés au prix des bois qu'ils contenaient, alors ici, en bordure de la forêt des Landes, facile d'imaginer l'alternance. Les Ricard achètent Chevalier quand sonne le dernier quart du XIXe siècle, coupent les pins, construisent un chai, replantent la vigne. Le domaine est vaste, une centaine d'hectares. Seuls une vingtaine sont exploités en vigne. En 1983, la famille Bernard, négociants et surtout producteurs d'eau-de vie en forte quantité – ils fournissent notamment l'essentiel des alcools destinés à muter les portos –, rachètent Chevalier. Ils comprennent bien vite que, sans altérer la qualité, il est possible d'agrandir le vignoble et d'augmenter ainsi la production. Les terroirs sont là, il suffit de les convertir et de se montrer patient. Attendre que la vigne s'enracine et se construise un curriculum vitæ version expérience senior.

Avec le grand froid de l'hiver 1985, l'affaire se complique. Une partie des merlots n'apprécie guère la surgélation et décide de rendre l'âme. Le profil du vin évolue en suivant le schéma suivant. Avant 1984, l'assemblage tourne autour de ces proportions : 65 % de cabernet, 5 % de cabernet-franc, 30 % de merlot. Après 1985 et l'arrachage des vignes gelées, on flirte avec plus de 80 % de cabernet-sauvignon dans les assemblages. Cela va durer une bonne partie de la décennie suivante. Avec quelques très beaux millésimes à la clé. Et quelquefois des vins un peu massifs. Avec beaucoup de vignes trop jeunes pour entrer dans la course, le vinificateur ne dispose pas d'une palette très large au moment des assemblages.

Mais une autre variante (ce n'est que mon avis) intervient dans l'évolution du vin. Pendant longtemps, Olivier Bernard a suivi les conseils de Claude Ricard, l'ancien propriétaire donc, amoureux transi du domaine et de la musique. Excellents conseils d'ailleurs, dont la clé de voûte reposait depuis toujours sur l'exigence des tries les plus sévères. Pas de grain pourri, pas de baie mal mûrie.

Les années 90 avaient d'autres exigences, notamment celle de plaire aux papilles américaines. Olivier Bernard a continué de trier, mais il a aussi adopté la règle du 100 % barriques neuves et des extractions (en rouge) un peu poussées. Ne lui jetons pas de pierre, ceux qui en ont fait autant sont si nombreux qu'on viendrait à manquer de cailloux.

Le bilan apparaît incontestablement favorable. D'abord, Olivier en est revenu, des vins qui bombaient le torse. Puis, le travail investi dans les vignes, les plantations à 10 000 pieds l'hectare, notamment, alors que la densité moyenne est souvent plus proche de 6 500, tout cela commence à payer.

Les ceps prennent de l'âge, parlent avec l'accent du terroir et quand, chaque année, leurs raisins sont invités au chai, ils sont traités comme des princes. L'architecture du lieu avec un puits de lumière qui diffuse au centre depuis le plus haut point du toit est une des plus belles réussites de Bordeaux. Si, en plus, les raisins ont la chance de croiser le sourire d'Anne, l'épouse d'Olivier (sourire mystère entre le « secret smile » de James Bond et celui de la Joconde), ils sont dans l'obligation de donner le meilleur vin.

Côté blanc, le Domaine de Chevalier fait figure depuis fort longtemps de champion parmi les crus de graves. Pas tant les premières années que sur sa capacité, à l'image des grands bourgognes, à évoluer favorablement au fil du temps. Là aussi, depuis le deuxième millénaire, les vins se sont affinés, débarrassés des artifices de séduction, destinés aux dégustations d'avril suivant la récolte, pour gagner en profondeur.

Anne et Olivier ont choisi de vivre sur place. Ils accueillent bien volontiers sur rendez-vous.

Second vin : L'Esprit-de-Chevalier

Millésime 2000

– *Dégustation d'avril 2001*

14,5 – Rouge. Nez boisé, grillé. Difficile à déguster : une forte domination de la barrique masquait les saveurs du vin. Structure assez fine, tanins onctueux, bon équilibre. À revoir.

15 – Blanc. Nez d'agrumes, assez frais, pamplemousse, mandarine, bouche fine, du gras, de la fraîcheur. Le boisé se marie bien avec le fruit.

Millésime 2001

– *Dégustation d'avril 2002*

16 – Rouge. Joli nez sur le fruit, gelée de cerises, fruits rouges sucrés, bouche souple, tendre, tanins soyeux, bonne longueur. L'élégance et la solidité qu'on aime dans ce cru.

Millésime 2002

– *Dégustation d'avril 2003*

« On a une petite moitié de grand vin car on a beaucoup de jeunes vignes », dit Olivier Bernard. *« On est à 100 % de barriques neuves, mais avec des chauffes moins fortes que d'habitude pour avoir moins de goûts toastés. »* Stéphane Derenoncourt, conseiller itinérant du Libournais et spécialiste de l'élevage sur lies fines, intervient désormais au domaine.

16 – Rouge. 60 % cabernet-sauvignon, 35 % merlot, 2,5 % petit-verdot, 2,5 % cabernet franc. Fruits noirs, note d'orange, tanins soyeux et serrés, belle texture solide mais sans agressivité. Le fruit passe devant la puissance. Bref, c'est du graves.

15,5 – Blanc. 80 % sauvignon, 20 % sémillon. Cannelle, jasmin, buis, très joli nez, bouche riche, dense, grasse, beaucoup de volume.

Millésime 2003

– *Dégustation d'avril 2004*

Olivier Bernard : « *Sur sables et terrains secs, les gens ont vendangé tôt par obligation. Mais quand on avait le choix, sur les grands terroirs authentiques, ceux qui reposent sur l'alios, les graves sur argile, là où il y a de l'humidité, on devait attendre. Vers le 12 septembre, on était à la moitié des merlots et on n'avait pas une feuille par terre. Simplement, cette année, il fallait surveiller les vignes et travailler les sols. Nous avons cumulé vingt mille heures de travail cet été dans le vignoble, 30 % de plus qu'en 2002.* »

Le domaine a récolté 49,7 hl/ha, ce qui semble une performance dans la région : « *Il valait mieux avoir du rendement pour équilibrer alcool et matière. On est sur le 45e parallèle et, chaque année, le viticulteur bordelais doit se demander : comment vais-je gagner de la maturité ? Cette année, c'était l'inverse, il fallait planquer les raisins du soleil. Le sucre, on s'en fichait. Les gars qui me disent qu'ils ont cherché la surmaturité, je me demande sur quelle planète ils vivent.* »

16,5 – Rouge. 60 % cabernet-sauvignon, 30 % merlot, 8 % petit-verdot. Joli nez de rose, floral et fruits rouges, bouche tendre, élégante, tannique et fraîche, beaucoup de fruits. L'écart avec le 2002 n'est pas spectaculaire, mais 2003 semble posséder une touche d'élégance en plus.

15,5 – Blanc. 80 % sauvignon et 20 % sémillon, peu de barriques neuves – 25 % contre 30 % habituellement. « *Fin août, nous étions très inquiets, mais finalement ce sont les raisins de septembre qui ont donné les plus beaux vins.* » Nez marqué ananas, poire, pomme golden, bouche bien grasse, dense en attaque, des notes épicées, bonne longueur. À l'inverse des rouges, le 2003 est ici moins complexe que le 2002.

Millésime 2004

– *Dégustation d'avril 2005*

16,5 – Rouge. Fruits noirs bien mûrs, bouche dense, tannique, très structurée, solide mais sans dureté, une trame serrée portant le fruit très longtemps. Un vin bien construit où le doux et le ferme s'équilibrent. De garde.

17 – Blanc. Tarte au citron, vanille, pomélo, nez séduisant et complexe, bouche onctueuse bien structurée. Frais et vif, long, bien droit.

Millésime 2005

– *Dégustation d'avril 2006*

16,5 – Rouge. Floral, cerise, tanin très élégant en bouche, vin tonique et serré, fruité bien préservé, beaucoup d'allure. Le style a changé. Moins dans l'extraction, le vin s'exprime avec une forte densité en milieu de bouche et une finale plus douce, laissant la place à une certaine minéralité qui lui confère de l'assise.

18 – Blanc. Nez élégant, complexe, mêlant le chèvrefeuille, l'ortie blanche, le tilleul et le pomélo, bouche délicate, bien équilibrée, beaucoup de fruits et une longueur épatante. Un vrai bordeaux blanc, comme on pourrait le dire d'un puligny-montrachet en Bourgogne.

Millésime 2006

– *Dégustation d'avril 2007*

16 – Rouge. Fermé. Après une vigoureuse aération, le nez prend de l'ampleur, bouche plus douce, tanins serrés, vin qui a besoin de prendre du gras et de la chair, finale poivrée.

16,5 – Blanc. Réduit, amande, floral, bouche douce, délicate, légère, douce, alcool, fruits blancs, riche et complexe.

Millésime 2007

– *Dégustation d'avril 2008*

17,5/18 – Rouge. Fruits au sucre, prune, cassis, cerise en bocal, bouche riche, complexe, puissante et fondue, très joli fruit, petits tanins soyeux, long. (La note est fonction du millésime.)

16 – Blanc. Frais, élégant, joli nez floral et citronné, bouche vive, fraîche, nerveuse.

Millésime 2008

– *Dégustation d'avril 2009*

16,5 – Rouge. Floral, note de grillé, un peu réductif, bouche tendre, souple, pas trop extraite, tendue en finale, bon fruit, long, assez complexe dans ses saveurs.

16 – Blanc. Floral, citron, bouche avec du gras, puissante ; agréable, équilibré, un peu austère, belle structure.

Millésime 2009

– *Dégustation d'avril 2010*

18,5 – Rouge. Épices douces, sucrosité, bouche ronde, onctueuse en attaque, pas mal d'amer ensuite, tendu, tanins très fins, du gras, de la finesse, délicat, complexe, long. Un peu austère au départ, s'ouvre à l'aération : très prometteur.

16,5 – Blanc. Nez fruits blancs, bouche souple, fruitée, l'impression acide vient en finale, frais, élégant, bien éveillé, un peu sévère en finale, miel d'acacia.

Archives

Dégustation de juin 1992 (rouge)

Millésime 1975

15 – Grenat tuilé, sombre. Nez chocolat, animal, épices, résine, cannelle. Tendre, doux en attaque, très frais, tanins fondus, saveurs, cèdre, cire, finale un peu asséchante.

Millésime 1976

16 – Nez tabac, havane, bois jeune, fourrure, foin, épices, très complexe. Très tendre, fin, délicat, tanins très fondus, beaucoup de goût, belles saveurs chocolat, noisette, beurre de cacao, très agréable, long et frais, un beau fruité en finale avec une pointe de sec.

Millésime 1977

15 – Très brique, robe évoluée. Au nez une dominante résine et cèdre, très fruité à l'aération, orange confite, touche animale et magasin d'antiquités. Souple, mais pas à son maximum, très goûteux, délicat, un peu pin dans les saveurs, fruité, agréable avec de la réserve.

Millésime 1978

17,5 – Grenat très soutenu. Nez grillé, résine, fleurs séchées, pivoine, Zan, coco, note de lavande. Très parfumé, tanins délicats, superbe fruit, fin, long, ouvert, avec une note douce et cerise en finale. Beaucoup de personnalité.

Millésime 1979

17 – Grenat foncé, aucune trace d'évolution. Nez animal, chocolat, résine, épices, chicorée. Gras, souple, fin, très goûteux, bonne saveur de fruits cuits et des tanins frais, fondus mais sans usure, belle matière, rond, flatteur.

Millésime 1980

15 – Grenat tuilé, assez clair. Nez cannelle, fourrure, animal, viande rôtie, muscade. Tendre, assez nerveux, pas mal d'acidité, peu de tanins en réserve, mais de la fraîcheur. Finale légèrement asséchante.

Millésime 1981

18 – Nez chocolat, boisé, épices, sous-bois de cèpes, truffe. Plein, très riche, très résine (comme souvent), complet, gras, belle matière, astringence de jeunesse, très structuré et plein d'avenir.

Millésime 1982

17,5 – Grenat jeune. Nez très résine, épices, foin, séché, caramel. Très riche, très fermé, beaucoup de matière, tanins ronds et serrés. Un grand potentiel, très jeune, encore dur.

Millésime 1983

17 – Très sombre, grenat foncé. Nez fermé, bois, sous-bois, café, grillé, fleurs séchées. Très gras, bien complexe, pas du tout évolué, des saveurs chocolat assez prononcées, bonne acidité un peu mordante, vin jeune, aux tanins mûrs mais jeunes.

Millésime 1984

16 – Nez boisé de vin jeune, cassis, vanille. Très rond, agréable, pas mal de tanins, bonne acidité, assez fermé, atypique du millésime, peu évolué.

Millésime 1985

17,5 – Grenat sombre. Nez fleurs fanées, grillé, chicorée, assez fermé. Rond, doux, un peu pruneau dans les saveurs, très fondu, très frais, élégant, une belle matière droire et franche, une bonne acidité et beaucoup de potentiel qui s'exprime en finesse.

Millésime 1986

18,5 – Grenat très jeune presque bleu. Nez résine, fermé. Frais, tanins délicats, serrés et ronds, on devine l'alcool car rien n'est vraiment fondu, un grand potentiel dans ce vin austère aujourd'hui et qui paraît bien plus jeune que son âge.

Millésime 1987

15 – Grenat un peu tuilé. Nez confiture, épices, bois. Fin en attaque, matière un peu resserrée en finale. Pas de sécheresse mais le vin n'est pas fait.

Millésime 1988

18,5 – Grenat très sombre. Nez pain grillé, bois, vanille, assez fermé. Gras en attaque, frais, beaucoup de matière, puissant, très harmonieux, concentré, long, typique de Chevalier, allie la puissance à l'élégance, très droit. Grand vin de garde.

Millésime 1989

17,5 – Noir, très foncé. Nez complexe et discret, épices, framboise, torréfié. Gras, très plein, puissant, superbe matière, riche en alcool, des notes de surmaturité. Paraît plus évolué que le 88, par exemple. Mais quelle puissance.

Millésime 1990

18 – Très noir. Nez confiture de mûres, fruits cuits. Beaucoup de finesse dans l'attaque en bouche. Gras, élégant, tanins très fondus, bien droit, très équilibré, rappelle un peu le 88 avec une acidité légèrement inférieure (au palais).

Château de Fieuzal

Cru classé des graves en rouge
Surface : 48 ha ; 42 en rouge et 6 en blanc
Propriétaire : Famille Quinn
Contact : Stephen Carrier
124, avenue de Mont-de-Marsan – 33850 Léognan
05.56.64.77.86 – www.fieuzal.com

Fin de galère pour ce cru qui a connu une vie assez chaotique ces trente dernières années. La fin de la décennie 80 reste marquée par la présence de l'œnologue Dupuy, un accumulateur d'expériences in vivo, plus homme des vignes et des chais que des labos. Il avait transformé le vin blanc de Fieuzal en une Formule 1 des circuits de dégustation. Tant et si bien qu'on s'interrogeait sur la justesse du classement. Fieuzal semblait bien pâle en rouge et flamboyant en blanc. Mais c'est dans la couleur grenat et non dans le jaune doré qu'il figure comme cru classé de graves ! Cette période, quand on y repense, paraît un temps bien déraisonnable pour les vins. Le baroque du style l'emporte sur la finesse des lignes. Fieuzal figurait la starlette préparée par l'école d'esthéticiennes. Je parle des rouges. Tout dans l'apparence. Vin noir, tanins extraits à la pelle mécanique, boisé Nutella, etc. Puis tout passe, tout lasse. Après la période des grosses notes et des commentaires « monstrueux » des carnets américains, l'oubli vint. Par bonheur, un couple d'Irlandais, Brenda et Lochlann Quinn, a racheté en 2001. Quelques difficultés au départ, besoin de comprendre, de s'adapter, de recruter la bonne personne.

Stephen Carrier, Champenois de Bar-sur-Aube (Meurville), est arrivé début juillet 2007 : *« Jean-René Matignon m'avait pris en stage à Pichon-Baron. J'ai d'abord fait le guide pendant cinq mois, et j'ai connu Daniel Llose, à Lynch-Bages, qui m'a ensuite appelé pour être maître de chai, puis directeur technique. Jusqu'en 2005, j'étais à Lynch-Bages et aux Ormes-de-Pez avec Daniel, à qui je dois tout. Je suis ensuite parti en Californie dans un domaine, mais c'était une gestion de holding et d'actionnaires et ça ne me plaisait pas. J'ai rencontré là-bas Lochlann Quinn, qui avait racheté Fieuzal en 2001. Il y a eu clash avec son gérant, en 2006, et moi je suis arrivé en juillet. Auparavant, tout était vendangé à la machine ; désormais on vendange à la main, en cagettes. »* Surtout, la gestion des vignes a changé : moins de rendements, études parcellaires, vendanges à la juste maturité… Fieuzal, en rouge, retrouve des couleurs…

Second vin : Abeille-de-Fieuzal

Millésime 2000

– *Dégustation d'avril 2001*

Non noté en rouge : problème d'échantillon…

15,5 – Blanc. Généralement supérieur en blanc, Fieuzal n'est cependant pas classé dans cette couleur. Nez frais, citron vert, un peu exotique, bouche élégante, bien fruitée, très agrumes, long.

Millésime 2001

– *Dégustation d'avril 2002*

14 – Rouge. Nez floral, rose rouge, prune, bouche souple en attaque, tendre, tanins fondus, finale un peu sèche. Le vin manque un peu de chair, à revoir après élevage.

Millésime 2002

– *Dégustation d'avril 2003*

Le rouge de cette année se compose de 70 % cabernet-sauvignon, 30 % merlot.

15 – Rouge. Réglisse, cassis, myrtille, assez riche, rond en bouche, tanins fermes et enrobés, bien fruité, d'une densité moyenne. Un vin qui surprend ceux qui ont connu les anciens Fieuzal, un peu « too much ».

16 – Blanc. 60 % sauvignon, 40 % sémillon. Moins de bois neuf, plus de fruit : Fieuzal revient à des vins accessibles. Fin, floral, bouche fraîche, très proche du fruit, des notes de pomme et de poire, bonne longueur.

Millésime 2003

– *Dégustation d'avril 2004*

13,5/14 – Rouge. Mûre, myrtille, bouche puissante, très grasse, boisé un peu massif. Une extraction qui nous a semblé excessive par rapport au millésime, du moins sur cet échantillon.

14,5 – Blanc. Floral, pêche blanche, bouche ronde, sensation de sucrosité du fruit mûr, note épicée, bonne longueur.

Millésime 2004

– Dégustation d'avril 2005

13,5 – Rouge. Parfumé, cerise, framboise au nez, boisé assez imposant qui confisque les tanins du vin pour donner une sensation astringente en finale. Pourquoi tant de chêne ?

16 – Blanc. Citronné, pamplemousse, pêche blanche, moins de saveurs boisées qu'autrefois et c'est tant mieux. Bouche ample, fraîche, savoureuse, des notes beurrées comme un bourgogne. Long, droit, savoureux.

Millésime 2005

– Dégustation d'avril 2006

14,5 – Rouge. Rose rouge, cerise, nez flatteur, bien développé, bouche ronde en attaque, assez volumineuse, le tanin est un peu trop extrait en finale.

15 – Blanc. Fruits blancs, cannelle, arômes bien portés par une barrique douce, du gras, des saveurs agrumes et cresson, bien rond, séducteur.

Millésime 2006

– Dégustation d'avril 2007

14 – Rouge. Épices, confituré, un peu évolué, doux, délicat, tendre, pointe d'amertume en finale, agréable, pas très complexe, pas trop extrait.

15 – Blanc. Pêche de vigne, fruits blancs, bouche ronde, agréable, assez longue, acidité bien répartie, assez long.

Millésime 2007

– Dégustation d'avril 2008

15 – Rouge. Fruits noirs, un peu végétal, bouche boisée un peu planche mais bonne matière derrière, pointe d'amertume due au bois.

14 – Blanc. Doré soutenu, nez intense de fruits mûrs, bouche large mais pas très longue, puissant mais pas très fin.

Millésime 2008

– Dégustation d'avril 2009

15 – Rouge. Grillé, boisé assez marqué au nez, bouche ronde, souple, fondue, beaucoup de moelleux, un peu massif dans le genre moderne.

14,5 – Blanc. Nez pas très ouvert, bouche un peu gazeuse, puissante, dense, manque de fruit, puissant mais pas révélé.

Millésime 2009

– Dégustation d'avril 2010

16 – Rouge. Fruits noirs, gelée de framboises, sucrosité, bouche boisée sans excès, tendue, fraîche, élégante, bien équilibrée, tanins vigoureux, serrés, long, puissant, dense. Tout cela devra se fondre, mais le profil du vin est bien dessiné, dans un style musclé. Pas aussi précis et ciselé que certains crus de l'appellation.

14 – Blanc. Miel, pêche jaune, bouche boisée, puissante. Le bois d'un côté, le vin de l'autre. Un peu creux.

HAUT-BAILLY

Cru classé des graves en rouge
Surface : 28 ha
Propriétaire : Robert et Elisabeth Wilmers
Contact : Château Haut-Bailly
33850 Léognan
05.56.64.75.11 – mail@chateau-haut-bailly.com

Dans les années 90, à Bordeaux, quand on voulait démontrer qu'un vin ressemblait à celui qui le faisait, on citait Haut-Bailly et Jean Sanders. Le délicieux Jean Sanders, souriant, modeste, d'une courtoisie qui confinait à la tendresse pour son prochain. Et Haut-Bailly cheminait de même, jamais dans la démonstration vulgaire des vins rassasiants, lourds, épais, dont l'époque voulait qu'ils fussent les hérauts d'un nouveau style international. Comme si, forcément, l'amateur devenait grossier. En 1998, on a craint le pire quand, séchement, la nouvelle nous est parvenue : Haut-Bailly racheté par un banquier de Buffalo (État de New York). On imaginait déjà les conseillers branchés, Jean Sanders au placard, du bois neuf en infusion, des messieurs très sérieux expliquant le terroir un œil sur la calculette… Pas du tout. Non seulement Robert et Élisabeth Wilmers, les nouveaux, ont confirmé le style élégant de Haut-Bailly mais ils ont maintenu la direction du cru telle qu'elle existait. Jean Sanders et sa petite-fille Véronique, qui après hypokhâgne, khâgne et une licence d'économie, était bien vite revenue à sa passion d'enfant, le vin, avec le fabuleux grand-père. Jean, passionné d'aviation, s'est envolé définitivement au printemps 2009, mais cela faisait déjà quelques années que Véronique dirigeait seule le domaine, avec l'excellent Gabriel Vialard comme responsable technique. *« Je suis depuis 1996 sur le domaine. Maintenant, ça commence à aller. Quand Haut-Bailly a été vendu, je ne pensais pas m'en occuper en n'étant plus propriétaire. Bob Wilmers a voulu que mon grand-père reste, et ensuite m'a fait confiance. »*

Je suis un privilégié. J'ai eu la chance de faire deux dégustations de millésimes anciens de Haut-Bailly. Cela constitue un événement. Le père de Jean Sanders, qui avait connu la période des grandes crises, redoutait les stocks. Il avait cédé à vil prix la plupart des millésimes anciens. Et Jean, qui le regrettait amèrement, s'est empressé de faire de même. Les vieilles bouteilles sont rares, au château. Véronique a dû en racheter chez des négociants pour reconstituer une vinothèque honorable : *« C'est très difficile. On ne trouve pas de vieux millésimes car ils sont bus… »* En archives, on trouvera les résultats des deux dégustations exécutées à des dates fort différentes. Je n'ai rien retouché !

Quand Haut-Bailly est à son meilleur niveau, il ne peut se comparer à aucun autre cru de pessac-léognan. Il a pour lui la grâce, une distinction un peu British, un soyeux des tanins qui n'a rien à voir avec la fragilité. Cette grâce, on la retrouve dans le 2000, comme dans les fabuleux 82 ou 85, qui reste une des bouteilles les plus délicieuses de ce millésime.

Second vin : La Parde de Haut-Bailly

Millésime 2000

– *Dégustation d'avril 2001*

50 % cabernet-sauvignon, 50 % merlot. Ici, on travaille dans la bonne humeur. Comment en serait-il autrement avec un maître de chai officiellement champion du monde du cri du cochon ?

17 – Nez fruits rouges, pêche de vigne, mûre, bouche aux tanins soyeux qui donnent une structure étirée au vin, sans creux ni faiblesse. Juste de la finesse et du fruit.

– Dégustation du 16 octobre 2009

18,5 – Fruits noirs, mûre, encore boisé, tout de suite séveux, poivre noir, réglisse, bouche dense, puissante, onctueuse, veloutée, finale un peu électrique, un bloc doux et moelleux, très long, pas encore fondu en finale mais très prometteur, long, puissant mais sans dureté. Assez impressionnant par ce milieu de bouche moelleux et très long.

Millésime 2001

– Dégustation d'avril 2002

Véronique Sanders : « *On n'a pas gardé les cabernets francs, ils avaient trop souffert de la pluie fin septembre. On avait été très sévères, ne conservant que 6 grappes par pied et 8 sur les merlots, c'est ce qui nous a sauvés. On a fait un gros travail dans les vignes. On a marqué les plus vieilles pour les vendanger à part et on a éclairci sur les plus jeunes, plus productives.* » 65 % cabernet-sauvignon, 35 % merlot.

16,5 – En bouche comme au nez, c'est la distinction qui domine, comme souvent dans ce cru, avec cette fois une précision encore plus sensible dans l'équilibre entre tanins délicats et fruité épanoui. Un ensemble soyeux, souple, très fin.

– Dégustation du 16 octobre 2009

17,5 – Fruits noirs, rôti, grillé, pas très ouvert, bouche dense, fraîche, élégante, fin, doux, long, évolue vers le séveux au nez à l'aération, frais, tendu, long, onctueux. Véronique pense que c'est un coureur de fond et moi je dis que cela évoluera un peu plus vite que 2000. On se donne rendez-vous dans dix ans.

Millésime 2002

– Dégustation d'avril 2003

62 % cabernet-sauvignon, 35 % merlot, 3 % cabernet franc.

17 – Des arômes d'iris, lilas, groseille, quetsche, finement mêlés au chêne de la barrique ; bouche fraîche, élégante, souple, bien fruitée ; tanins délicats et serrés portant le fruit très longtemps.

– Dégustation du 16 octobre 2009

16,5 – Fruits noirs, boisé, vin jeune, bouche fraîche, jeune, élégante, tanins serrés, dense, tannique, épicée, un peu trop d'extraction qui donne une finale un peu sévère. *« Mais l'analyse donne une acidité marquée »*, dit Gabriel ; un peu séchant en finale.

Millésime 2003

– Dégustation d'avril 2004

Désormais, on déguste dans une passerelle qui domine le chai (enfin, un des chais) comme une nacelle de dirigeable. Rien d'ostentatoire, les nouveaux propriétaires veulent respecter le style élégant des vins et de la propriété. En revanche, sur le plan fonctionnel, c'est la révolution. *« Depuis 1998, on a multiplié par quatre le nombre de cuves afin de mieux cibler notre parcellaire. On peut isoler la récolte de morceaux de parcelles et ainsi choisir le plus qualitatif au moment des assemblages »*, explique Gabriel Vialard, qui, avant d'être commandant de bord à Haut-Bailly, a servi sous les couleurs de Smith-Haut-Lafitte pendant une dizaine d'années. *« Un passage d'un an ensuite à Cambon-la-Pelouse, dans le Médoc, et je suis revenu dans les pessacs. »* Peu de récolte cette année, comme partout, et des vendanges *« à la pince à épiler »*, selon le mot de Véronique Sanders. *« Pendant plus de quatre semaines, car il a fallu attendre la maturité des cabernets. »* L'assemblage final réalisé avec l'œnologue Denis Dubourdieu comprend 54 % de cabernet-sauvignon, 8 % de franc et 38 % de merlot.

16,5 – Note fumée, réglisse, rose séchée, fruits noirs, bouche souple, petits tanins élégants et fins, beaucoup de délicatesse dans le toucher, long, harmonieux. Un joli vin, différent du splendide 2002, modèle d'équilibre.

– Dégustation du 16 octobre 2009

16 – Pain grillé, encore sur le bois, fruits cuits. *« On a pris trois bonnes décisions, pas d'effeuillage. Le fils de Denis Dubourdieu, qui revenait d'Argentine, nous a dit : "vous allez devoir attendre la maturité des tanins", et on été très surpris, mais il y avait des blocages de maturité et effectivement il fallait attendre. Enfin, on n'a pas acidifié. Dans les cuves, les raisins rendaient de l'acidité ; la concentration a aussi concentré l'acidité. »* Bouche douce, onctueuse, moelleuse, puissante, tanins virils en finale, une grosse bulle, pleine de saveurs et de plaisir.

Millésime 2004

– Dégustation d'avril 2005

« On vient de finir nos cinquante chantiers », s'amuse Véronique Sanders. *« Tous les extérieurs sont terminés. Il y a enfin une unité qui apparaît. »* Cette

année, Véronique a fait venir un conseiller de poids, Jean-Bernard Delmas, nouveau retraité, ancien patron de Haut-Brion. Véronique a retenu 50 % de la récolte pour le grand vin composé de 45 % de merlot, 50 % de cabernet-sauvignon et 5 % de cabernet franc.

18,5 – Pâte sablée sortant du four, fruits rouges frais, rose, nez éclatant. Bouche tendre en attaque, longue, bien droite ; une trame tannique soyeuse, ténue mais ferme comme de la dentelle, resserrée en finale, portant le fruit. Jean Sanders peut être fier de son élève.

– Dégustation du 16 octobre 2009

17,5 – Fruits noirs, pureté du fruit, plus de précision, bouche ronde, moelleuse, cacao, un vin gourmand, moelleux, souple, onctueux, sans doute d'évolution plus rapide que dans certains millésimes mais délicieux aujourd'hui. Équilibré, doux, à maturité.

Millésime 2005

– Dégustation d'avril 2006

Véronique Sanders est la nouvelle présidente des crus classés de graves et cumule les annonces cette année : présidence, mariage, millésime extra et fin des travaux à Haut-Bailly. Le vin, qui n'a jamais cessé d'être un des meilleurs de l'appellation, est encore monté d'un cran avec ce millésime fabuleux.

18,5 – Nez complexe où se mêlent fruits rouges et noirs relevés d'une pointe épicée, bouche douce, longue, tanin serré mais soyeux formant une trame solide et veloutée, grande longueur et persistance. Un vin distingué.

– Dégustation du 16 octobre 2009

18,5 – Fruits noirs, séveux, bouche dense, onctueuse, fermée, tanins fermes, tannique, très fort potentiel, équilibre parfait, très jeune, retenu, futur très joli vin complètement masqué aujourd'hui, très frais.

Millésime 2006

– Dégustation d'avril 2007

16,5 – Un peu réducteur, fruits noirs à l'aération, bouche souple, vanillée, petits tanins soyeux, crémeux même, bonne longueur, bien fait.

– Dégustation du 16 octobre 2009

17 – Nez séveux, fermé, cerise, encore sur les arômes de vins jeunes, frais, droit, élégant, raffiné, souple, droit, joli milieu de bouche élégant, très beau vin de finesse, peu évolué, donne l'impression d'avoir plus de possibilités de garde que le 2004.

Millésime 2007

– Dégustation d'avril 2008

17,5 – Floral, rose, fruits rouges, bouche tendre, souple, ronde, concentrée mais fondue, élégante, bien fondue frais, vif.

– Dégustation du 16 octobre 2009

16,5 – Nez fermentaire, fruité de vin très jeune, souple, frais, rond, le boisé prend un peu la place des tanins, agréable, velouté, vin agréable à boire jeune.

Millésime 2008

– Dégustation d'avril 2009

16 – Floral, note végétale, framboise, bouche tendre en attaque, vive, milieu de bouche assez léger mais très beau fruit, tendu.

– Dégustation du 16 octobre 2009

16,5 – Échantillon pris dans les barriques, assemblage. Fruits rouges, bouche souple, caramel au lait, doux, tendre, assez élégant, frais, fin, finale un peu tendue, serrée. Milieu de bouche moins garni que le 2006.

Millésime 2009

– Dégustation d'avril 2010

18 – Floral, fruité, boisé noisette, bouche ronde, fine, souple, bien fruitée, tendre, élégante, petits tanins croquants, beaucoup de finesse, très frais. Beaucoup de délicatesse dans les tanins en milieu de bouche. Joli vin, à la finale un peu astringente.

Archives

– Dégustation du 16 octobre 2009

Millésime 1978

15 – Nez un peu rouille, s'ouvre, fruits cuits, assez mûr dans l'âge, épices, bouche un peu sur le déclin, tendre, fin, tanins un peu vifs, l'enrobage est parti, reste la structure, un peu métallique.

Millésime 1979

16 – Frais, plus net au premier nez, fruits confits, enrobé, tanins moelleux, souple, riche, puissant, doux, long, finale sur les tanins mais avec de l'enrobé, vin assez solaire.

Millésime 1982

14 – Nez truffe assez volatile, bouche vive, légère assez élégante, un peu fluide mais fin.

Millésime 1983

17 – Nez riche, chocolaté, note truffe, épices douces, tanins enrobés, soyeux, long, fin, piquant en finale, petits tanins vifs, très belle première séquence douce, généreuse et raffinée et finale éveillée, électrique.

Millésime 1985

18 – Nez puissant, fruits confits, cerise, épices, nez de vin jeune, bouche vive, complexe, dense, épicée, veloutée, un vin concentré, riche, puissant, mûr, tanins solides, fraîcheur, enrobé, forte personnalité.

Millésime 1986

18,5 – Jeune de robe, fermé, épices, 100 % cabernet, il a plu sur les merlots, puissant, électrique, tonique, pas encore la douceur du 85 mais une puissance en tanins, puissance retenue, long. Très persistant.

Millésime 1988

18 – Fruits noirs, jeune, un peu austère, du bon végétal, bouche fraîche, élégante, tendu, fin, élégant, vif, ferme, encore très jeune.

Millésime 1989

16,5 – Fruits noirs, confits, poivre noir, rôti, viande rôtie, solaire mais pas fatigué, bouche ronde, souple, onctueuse, tanins serrés en finale, chocolaté, bonne évolution. Très gourmand.

Millésime 1990

18/18,5 – Nez chocolaté, poivre, cacao, bouche onctueuse, dense, moelleux, plein, finale chocolatée, belle persistance, belle allonge, complexe et long, une troisième dimension par rapport au 89.

Millésime 1995

15 – Camphre, cèdre, pin, vin jeune, encore adolescent, avec du vert, tanins un peu piquants en finale, très belles saveurs, tanins qui demandent à s'affiner. Finale un peu dure.

Millésime 1996

16,5 – Épices, giboyeux, rôti, jus de viande, bouche douce en attaque, tanins vifs, serrés, construit sur l'acidité et les tanins, fortement cabernet. Sévère, assez proche du 88. Vin élégant, fin, très bordeaux classique.

Millésime 1997

14,5/15 – Fruits noirs, commence à prendre des notes truffées, bouche onctueuse, peu d'acidité, moelleux, doux, tendre, simple sur le plan aromatique, évolue asse vite, mais vin de plaisir à boire aujourd'hui.

Millésime 1998

18 – Fin, épices, poivre, cerise confite. *« C'est le premier virage pour nous, on a déclassé 50 % de la récolte, sans changer le style mais en renforçant la densité.* » 40 % de merlot. Bouche douce, élégante, tendue, fraîche, tanins élégants, raffinés, tendu, poivré, long. Savoureux et séveux.

Millésime 1999

14,5 – Fermé, rôti, séveux, cacao, bouche ronde, milieu de bouche un peu en creux, finale séchante.

– Dégustation de juin 1992

Notes et commentaires de l'époque

Presque tous les vins nous furent servis en magnum ! Jean Sanders s'est occupé de la propriété en 1979 – son premier millésime – et l'on devine aisément le changement en dégustation. Mis à part l'accident de 1982 – *« trop de vendange »*, dit Jean Sanders –, Haut-Bailly n'a cessé de croître en qualité depuis cette date. Pour conclure avec une série impressionnante de grands vins : 85, 86, 88 (sublime !), 89 – *« on a fait l'inverse de d'habitude avec une vinification relativement froide »* – et 90, qui comprend 65 % de bois neuf sans que cela se sente.

Millésime 1976

13 – Très rôti, un peu confituré, très avancé. Bien mûr avec des tanins doux, un peu rancio, finale assez sèche. Ce rare échantillon était manifestement oxydé.

Millésime 1977

15 – Un peu résine, et cuit, complexe, épices. Bonne acidité pas trop marquée, matière présente, note de chocolat, poivron, tanins encore jeunes, très plaisant.

Millésime 1978

16 – Foxé, animal, fumé, girofle. Plein, gras, riche, bonne matière, très jeune, équilibré, pas mal d'alcool, puissant, beau vin épanoui.

Millésime 1979

17 – Nez chocolat, pain, résine, cerise. Très frais, plein, gras, saveur un peu kirsch, riche et soyeux.

Millésime 1980

16 – Nez résine, fruits cuits, assez complexe. Bonne matière, fruité superbe, concentré, asséchant en finale, sans doute à cause d'un choix de bois pas très judicieux. Cela reste très agréable.

Millésime 1981

17,5 – Nez truffe, chocolat, très matière, long, structuré, puissant, frais, beaucoup de tanins, vin ferme, droit, jeune.

Millésime 1982

14 – Nez très fruité, cerise, note de volatil. Gras en attaque, assez fin, confiture, finale un peu asséchante.

Millésime 1983

18 – Très mûr, raisins confits, bois, confiture de reines-claudes, bien complexe et flatteur. Fin en bouche, très frais, belle matière, gras, tanins soyeux, beaucoup de fraîcheur, un vin gourmand et une note en fonction du plaisir qu'il procure immédiatement.

Millésime 1984

15 – Réduit, besoin d'aération. Belle matière pour le millésime, de l'harmonie dans l'évolution, tanins serrés, jeune et de bonne tenue.

Millésime 1985

17,5 – Beau nez complexe et profond, des notes de myrtille et sous-bois. Rond et plein, très fin, riche, ferme, tanins très serrés, grand potentiel, pas encore à son apogée.

Millésime 1986

18,5 – Prune, confiture de mûres, riche, attirant et complexe. Bien plein, beaucoup de matière, riche et élégant en même temps, issu de 100 % cabernet.

Millésime 1987

12 – Petite note de bois moisi, épices, plaisant en bouche, mais déjà évolué. Mais un mauvais goût déja remarqué au nez. Était-ce l'échantillon ?

Millésime 1988

18,5 – Assez fermé. Fin, rond avec une bonne acidité, belle matière enveloppante mais peu ouverte, beaucoup de douceur qui traduit un grand équilibre, des tanins magnifiques de densité et de qualité. Grand potentiel.

Millésime 1989

18 – Nez confituré, mûre, cassis, pas très ouvert. Gras en bouche, très rond, puissant et fin, vendange bien mûre mais qui a gardé au vin de la fraîcheur, long, équilibré.

Millésime 1990

18,5 – Grenat foncé. Nez cerise, cassis, framboise, mûre, violette. Très gras, plein, beaucoup de matière, riche, plein, puissant, tanins serrés, pas mal d'alcool mais équilibré par la matière et de l'élégance.

Haut-Brion

Premier grand cru classé
Cru classé des graves en rouge
Surface : 48,35 ha dont 2,9 en blanc
Propriétaire : Domaine Clarence Dillon
Contact : Jean-Philippe Delmas
SA Château Haut-Brion
135, avenue Jean-Jaurès – 33608 Pessac
05.56.00.29.30
www.haut-brion.com

Haut-Brion est un cru qui a toujours de l'avance. En maturité, c'est chaque année le premier. Quand tous les autres en sont à tenter de comprendre comment on inscrit les vendangeurs sur les déclarations « simplifiées » de l'Urssaf, à Haut-Brion les sécateurs claquent déjà des mâchoires depuis une semaine.

C'est dû à son sol épatant de graves profondes. Assurément. Mais aussi à sa situation un peu paradoxale de cru au milieu de la ville. Le réchauffement climatique, ici, on connaît depuis déjà quelques années. Pas besoin de se perdre sur les petites routes pour se rendre au château, le bus suffit. Bien des beaux domaines alentour ont disparu, bouffés par la cité à chaque poussée d'urbanisme ou de démangeaison écomomique.

Deux années de mévente, une trésorerie en berne et c'est 2 ou 3 hectares qui se transformaient en lotissement ou en parc à tôles galvanisées avec parkings et sacs en plastique.

Il demeure des traces bien visibles, quelques demeures au fond d'allées rongées par la pavillonnite des années d'entre-deux-guerres. Par-ci par-là, une ancienne entrée de domaine avec les piliers en pierre taillée aussi gais que les Indiens des réserves… Haut-Brion lui-même, au fil du temps, a perdu des parcelles et tente quand il le peut d'en récupérer en rachetant et en démolissant du mauvais bâti. Cette situation en ville a modifié le climat du cru. La température y est urbaine et assure tous les ans une belle avance sur les collègues. Mais, même sur le terrain de l'Histoire, Haut-Brion gagne d'une longueur. C'en est troublant.

Pour une fois, je ne vais pas citer mes sources : « *C'est le 23 avril 1525 qu'est né ce cru prestigieux entre tous. Jean de Pontac, alors âgé de trente-sept ans et greffier au Parlement de Bordeaux, épousait la fille du maire de Libourne, Jeanne de Bellon. Michel de Montaigne et La Boétie étaient témoins de ce mariage, et Jeanne de Bellon apportait en dot les vignobles de Haut-Brion.* » Date fondatrice de Haut-Brion. Comme cet extrait porte la signature d'une personne extrêmement savante de l'histoire de cette région viticole, cette anecdote a été reprise de nombreuses fois dans des ouvrages sérieux. Montaigne et La Boétie, témoins de ce mariage et sans le savoir bénissant la naissance du plus ancien des premiers grands crus classés : magique et magnifique. Moi-même, qui aime les belles histoires, j'y croyais. Qu'il fut cruel, le jour où un professeur de littérature me fit remarquer que Montaigne étant né en 1533, il était peu probable qu'il fût présent au mariage du gars Pontac en 1525. De même pour La Boétie, d'une précocité étonnante, puisqu'il écrit son *Discours sur la servitude volontaire* en 1549, à peine âgé de 19 ans. Texte magnifique, prémonitoire, actuel et optimiste, finalement. « *Telle est pourtant la faiblesse des hommes ! Contraints à l'obéissance, obligés de temporiser, divisés entre eux, ils ne peuvent pas toujours être les plus forts.* »

Malgré tout, on l'imagine mal cinq ans avant sa naissance, passer les alliances aux futurs époux.

Ce Jean de Pontac vécut très vieux (plus de soixante-dix ans, une performance à l'époque) et se maria plusieurs fois. Avec un peu de chance et personne pour me contredire, on peut affirmer avec certitude que lors de l'ultime hyménée, si Montaigne et La Boétie n'étaient pas sur place, du moins ils l'auraient pu.

De l'avance, Haut-Brion en eu aussi pour sa commercialisation grâce à Jean de Pontac. Valise à échantillons en main, le greffier traversa les mers pour faire connaître son vin chez les Anglo-Saxons. Un peu comme les vignerons d'aujourd'hui font la tournée des bars à vins, Jean de Pontac allait de bonnes tavernes en tables nobles afin que l'on déguste ce fameux rouge pâle au parfum si particulier de cuir et de fumée… Quand eut lieu le classement de 1855, Haut-Brion avait pris une telle importance, on lui devait tant que les courtiers, jurés du moment, n'hésitèrent pas l'intégrer, lui, le cru de graves, au beau milieu des vins du Médoc. Et pas n'importe où, mais dans le très haut de la hiérarchie, au premier rang.

Ensuite, Haut-Brion vécut comme tout le monde le défilé du temps avec son sac d'avatars ou de catastrophes. Après la barbichette de Napoléon III, il y eut les chansons de Maurice Chevalier, les aiguilleurs du ciel, les commentateurs de matchs de foot, la théorie des ensembles en classe de quatrième, les sonneries de portables, quelques guerres, etc.

Mais, plus que tout, deux événements ont bouleversé sa vie de château. D'abord, son rachat en janvier 1935 par les Dillon, dont le plus éminent représentant fut ambassadeur des États-Unis et ministre de JFK, et la prise en main de son destin technique par la famille Delmas. L'alliage entre la douce urbanité aristocratique du duc et de la duchesse de Mouchy, descendants de Clarence Dillon, et le caractère plébéien délicieusement ronchonchon de Jean-Bernard Delmas firent merveille. Après un faux départ en 1994, pour cause de mésentente cordiale avec les propriétaires, Jean-Bernard était revenu aux commandes en 1995 avec un peu plus d'autonomie et de pouvoir. Notamment celui de virer les raseurs ou de ne pas les recevoir et de piquer de temps à autre de saines colères.

Ainsi, un matin d'avril, au moment des dégustations primeurs, alors que défilaient au château les professionnels venus de tous les horizons, la moutarde lui grimpa aux narines.

Cause de l'ire directoriale ? Une question déplacée en ce lieu : est-ce que lui, Delmas, utilisait une de ces techniques en vogue chez les bidouilleurs de la vinification qui permet durant quelques semaines (ou mois) de faire croire qu'une 2CV est une Ferrari ?

Le chef n'a pas répondu, s'est retiré dans ses bureaux et a dicté une sorte de tract. Extraits :

« La réputation du terroir de Haut-Brion n'est plus à faire, dès le XVIIIe*, les érudits en décrivaient les qualités. Dans un tel lieu, des soins palliatifs n'ont pas cours. Rien ne peut remplacer la qualité naturelle issue du raisin.*

– Point d'égrenage manuel, tous les grains sont de qualité et les mauvaises grappes sont éliminées au ramassage ;

– Point de surmaturation ;

– Point de macération préfermentaire à froid ;

– Point de fermentation ni de macération pelliculaire en barrique ;

– Point d'évaporation sous vide ;

– Point d'osmose inverse ;

– Point de levurage artificiel par levures sélectionnées ;

– Point de macération exagérée ;

– Point de microbullage... »

Etc.

En 2003, Jean-Bernard a en principe pris sa retraite. Mais comme il s'imaginait mal en pêcheur à la ligne, après avoir conseillé de l'extérieur quelques crus, il a pris la direction de Château Montrose, à Saint-Estèphe. L'énormité des travaux en cours depuis que la famille Bouygues l'a racheté devrait le tenir éloigné des ablettes pendant encore quelque temps.

Jean-Philippe Delmas, le fils de son père, au caractère plus doux, du moins en apparence, mais animé de la même exigence, a pris les commandes.

Au premier rang des grandes réussites du domaine, il faut citer le 89. Un millésime bizarre. Dans l'inconscient bordelais, il y avait comme une réminiscence du 47, comme un espoir non dit d'année du siècle. Certains l'ont pensé tellement fort qu'ils ont laissé la bride sur le cou à la maturité dans un esprit de record. Haut-Brion 89 est un millésime de sang-froid gardé, de tempérance, de retenue. La puissance ne l'a pas emporté sur l'élégance et pourtant ce n'était pas vraiment dans l'air du temps. En 2000, j'avais organisé une sorte de référendum sur les vins qui avaient marqué les esprits en cette fin de millénaire. Georges Lepré, ancien chef sommelier du Ritz, avait choisi Haut-Brion 89 avec ce commentaire : *« Vous avez dit perfection ! La voilà. »* Et Stéphane Fouquet, courtier à Bordeaux, avait ajouté : *« S'il fallait emporter une bouteille sur une île déserte, je n'hésiterais pas longtemps. »*

Second vin : Bahans-Haut-Brion jusqu'au millésime 2006. Clarence de Haut-Brion à partir du millésime 2007.

Millésime 2000

– Dégustation d'avril 2001

Résumé des conditions climatiques par Jean-Bernard Delmas : *« La moyenne des températures sur 2000 est de 1,5°C plus élevée que celle des dix dernières années. Après le 16 juillet, il n'est plus tombé d'eau jusqu'à la fin septembre. Un été très sec et un mois d'août particulièrement chaud. Cette longue période de sécheresse n'a pas donné les conditions idéales à la maturation de tous les cépages et sur tous les terroirs. »* À Haut-Brion, on a fait le choix de ne garder que peu de cabernet franc dans le grand vin, ils sont en presque totalité dans Bahans-Haut-Brion, le second vin (complété de 45 % de merlot et de 31 % de cabernet-sauvignon), parfaitement délicieux cette année, tout en rondeur et au fruité éclatant. Haut-Brion est, lui, composé de 51 % de merlot, 6 % de franc et 43 % de cabernet-sauvignon.

17,5 – Nez délicat de violette, cerise, prune, bouche très droite, tanins serrés, peu de fioritures dans ce vin un peu cistercien qui s'appuie sur une structure tannique soyeuse mais très dense. Fermeté, classicisme sont les deux qualificatifs qui viennent à l'esprit. On pourrait y ajouter longévité.

– Dégustation du 26 mars 2002

18 – Retour sur le 2000, que l'an passé nous avions trouvé «*cistercien*» comparé aux autres 2000, plus ouverts, plus faciles d'accès. Il faut reconnaître qu'une année d'élevage lui a conféré une troisième dimension, une chair que les tanins de l'an passé masquaient. Un vin qui reste austère, avec une matière très dense mais sans dureté, très classe. Il dépasse d'une tête l'élégant 2001.

Millésime 2001

– Dégustation de mars 2002

Haut-Brion a commencé de vendanger assez tôt pour finir tard: «*Du 17 septembre jusqu'au 24, on a cueilli les merlots. Après*», raconte Jean-Philippe Delmas, «*on a marqué cinq jours de pause pour gagner en maturité sur les cabernets et finir vers le 8 octobre. Les plus beaux étaient rentrés avant le 3, où il est tombé des abats d'eau.*» 52 % merlot, 36 % cabernet-sauvignon, 12 % cabernet franc. «*Les francs ont été difficiles, on ne pensait pas les garder, puis on s'est aperçus en faisant les assemblages que partout où on en mettait c'était meilleur... Nous n'avons pas cherché à cuver longtemps; au bout de seize jours, on a écoulé.*»

17,5 – Des arômes assez épicés, fruits confits, cerise en bocal, bien complexe, bouche très élégante, matière assez resserrée, tanins vifs, plus ronds, semblant plus en chair lors de la seconde dégustation.

Millésime 2002

– Dégustation d'avril 2003

51 % merlot, 40 % cabernet-sauvignon, 9 % cabernet franc dans le grand vin. À noter l'excellence du second vin, Bahans-Haut-Brion, que l'on trouve plus facilement depuis quelque temps.

18,5 – Supérieur par sa chair à 2001 et par son élégance à 2000, ce millésime 2002 sera sans doute un des grands Haut-Brion. Un nez complexe de mûre, d'épices douces, de violette et une bouche onctueuse et droite, des tanins délicats et serrés, du volume et de la finesse, un vin complexe et très long, beaucoup de classe.

15,5 – **Haut-Brion blanc**. Jean-Bernard Delmas : « *Il n'y avait pas de récolte dans les sémillons, pas de raisin sur les vignes. On a produit 28 hectolitres en tout sur 2,5 hectares à Haut-Brion.* » 77 % de sauvignon, le reste en sémillon.

Pomme, fruits blancs, joli fruit en bouche mais pas le gras et l'onctuosité habituels. Cette année, sans hésiter, on préfère les rouges.

Millésime 2003

– *Dégustation d'avril 2004*

Cette année, la date de début de vendanges bat tous les records : 13 août pour les blancs. « *Il fallait commencer, c'est la récolte la plus précoce que nous connaissions* », raconte Jean-Philippe Delmas. « *En rouge, les deux parcelles de jeunes merlots perdaient leur feuilles. On les a vendangées le 19 août, et pour les vignes plus anciennes, on a attaqué le 25 pour finir autour du 4 septembre. Les cabernets, plus tardifs, ont été rentrés jusqu'au 15 septembre. On savait qu'on allait avoir un paquet de tanins, alors on a diminué de moitié les durées de cuvaison. C'était toute la difficulté pour le vinificateur cette année : garder des choses souples, agréables, ne pas aller trop loin dans l'extraction de la matière. On a aussi baissé le bois neuf pour les barriques. On est à 70 %, pour ne pas en rajouter côté tanins. Et sur Bahans, on n'a pas du tout utilisé de barriques neuves.* » Lequel Bahans-Haut-Brion – c'est à retenir – est un des trois meilleurs seconds vins de grands crus cette année, avec Carruades de Lafite et Petit-Cheval de Cheval-Blanc.

17,5 – Des notes de framboise très présentes, une bouche délicate, ouverte, beaucoup de fraîcheur, des tanins discrets, bien fondus, qui portent un fruité un peu bourguignon. L'assemblage se compose de 58 % merlot, 31 % cabernet-sauvignon, 11 % cabernet franc.

15 – **Haut-Brion blanc**. Ce millésime de Haut-Brion 2003 ne nous fera pas oublier – loin de là – l'incomparable 96 ou le très gourmand 95 que nous avons eu l'occasion de redéguster (goûter et boire, plutôt) récemment. La canicule n'a guère favorisé l'équilibre.

Nez beurré, pêche blanche, gentiane, bouche bien pleine en attaque, grasse mais un peu durcie en finale.

Millésime 2004

– *Dégustation d'avril 2005*

« *Nous avons eu cinquante personnes dans les vignes du 1er juillet jusqu'aux vendanges. C'est ce qui nous a permis d'effeuiller des deux côtés du rang, de vendanger en vert pour conserver le même nombre de grappes par pied »*, commente Jean-Philippe Delmas. *« Le rendement global a été de 57 hl/ha et nous n'avons pas chaptalisé, une fois de plus. Depuis 1999, nous n'avons pas utilisé 1 gramme de sucre. »* Comme chaque année, Haut-Brion a commencé les vendanges plus tôt que les confrères. *« Elles ont débuté le 16 septembre et on a pris notre temps. Les merlots étaient prêts et c'eût été folie de les garder plus longtemps. »* Le second vin, Bahans-Haut-Brion, est composé de 22 % de merlot, 73 % de cabernet-sauvignon et 5 % de cabernet franc. C'est un régal de fruits noirs et rouges, assez nerveux, frais et net. Le grand vin est, lui, assez riche en merlot, 61 %, contre 20 % de cabernet-sauvignon et 19 % de cabernet franc. *« Le franc est le cépage qui nous a le plus surpris par la finesse de ses tanins. »*

18 – Une note de réglisse domine les épices douces et les fruits noirs écrasés, la bouche est nette, tannique, séveuse, d'une grande rigueur. Des tanins bien présents mais assez enrobés. Un vin solide, carré, sérieux, d'un grand potentiel.

17,5/18 – **Haut-Brion blanc**. 41 % sauvignon, 49 % sémillon. Banane, poire, un peu exotique et riche au nez, bouche grasse, souple, bien pleine. L'exubérance du fruité se confirme, belle longueur prolongée par une vivacité un peu pomme verte rafraîchissante.

Millésime 2005

– Dégustation d'avril 2006

Traitement particulier à Haut-Brion cette année : *« C'est la première fois que l'on éclaircit sur les vieilles vignes ! »* raconte Jean-Philippe Delmas. Dans la famille Delmas, on est assez peu partisan de ces méthodes qui consistent à faire tomber du raisin vert pour diminuer les rendements et favoriser la bonne maturité des grappes restantes. Avec 2005, ce n'était pas le rendement et l'excès qu'il fallait combattre, mais le manque d'eau. La sécheresse nuisait à la plante, même quand celle-ci était âgée et donc profondément enracinée. Pas d'autre choix, dans ces conditions, que d'abandonner une partie de la future vendange pour soulager la vigne et lui permettre de faire son boulot de mère porteuse jusqu'au bout. Pas de saignée des cuves qui permet, en évacuant une partie des jus de la cuve, de concentrer davantage, ni de méthodes vigoureuses d'extraction. *« On avait déjà assez de matière qui se libérait facilement pour ne pas aller chercher des tanins trop durs. »* L'ensemble pèse 14° grâce au merlot, toujours plus riche en alcool potentiel que le cabernet-sauvignon. L'assemblage est composé de 56 % merlot, 39 % cabernet-sauvignon, 5 % cabernet franc.

18,5 – À la brillance exubérante de La Mission (voir La Mission-Haut-Brion), il oppose un sérieux de maître d'école fin de siècle (le XIXe, évidemment). Les tanins sont serrés, très denses, une texture blindée et des saveurs épicées et mentholées. Un vin très « classique/bordeaux », sans dureté, suave et ferme à la fois, carré et long. On en reparlera longtemps.

16 – **Haut-Brion blanc**. 52 % sauvignon et 48 % sémillon. Nez floral, bouche dense, du gras, beaucoup de longueur, un peu moins en élégance et en finesse que Laville, produit par la même équipe.

Millésime 2006

– Dégustation d'avril 2007

Commencées le 7 septembre, avant la vague de pluie survenue le 11, les vendanges se sont achevées le 15. Précoces et rapides grâce à une troupe de 150 personnes. Ce qui fut cueilli avant la pluie aurait pu figurer au Livre des records pour ce qui concerne les sucres. « *On avait une cuve de merlot qui annonçait 258 grammes de sucre par litre, le chef de vendange disait qu'on avait ramassé du hors-taxe... Il y avait, avec la chaleur du début de mois, un effet de concentration.* » La pluie a ramené les raisins à des scores plus raisonnables. Les cabernets-sauvignons ont en effet été cueillis entre le 21 et le 29. « *Les cabernets francs, entre les deux autres cépages, faisaient triste figure, on en a gardé très peu dans le grand vin.* » Le second vin, Bahans, aux arômes de violette et de prune, bouche aux tanins soyeux, est loin de la concentration de Haut-Brion, composé de 57 % de merlot, 41 % de cabernet-sauvignon et 2 % de franc.

18 – Fruits noirs, gelée de mûres et un côté sauvage, framboise, bouche séveuse, construite, serrée, très dense mais sans dureté. Un vin sérieux, long, un peu cistercien, sans fioriture, très Haut-Brion classique.

16 – **Haut-Brion blanc**. « *On a pratiqué des vendanges sauternaises, c'est-à-dire par passages et par tries en dix jours. On a commencé à 50 et on a fini à 100 personnes. Il fallait distinguer le mûr du pas mûr, le pourri du pas pourri. On est passé trois fois au minimum...* », raconte Jean-Philippe Delmas.

Bien fruité, savoureux en bouche, plein, gras, vif, mais sans la classe des grandes années.

– Dégustation d'avril 2008

17 – Nez poivré, alcool, bouche puissante, rond en attaque, épicé, un peu plus osseux que La Mission, volumineux, puissant mais un peu dur en finale.

16 – **Haut-Brion blanc.** Nez agrumes, assez frais, bouche pleine, riche, plus large, plus de charme que Laville, long, frais, tendu, belle finale.

Millésime 2007

– *Dégustation d'avril 2008*

« *Comme les copains, pas facile !* » résume Jean-Philippe Delmas, peu enclin à la langue de bois : « *On a eu un mois de mai "dégueu", grosse pression, maladie, humidité de juin et juillet. On a commencé le 28 août. Les blancs, d'habitude, on met cinq jours pour vendanger les 5 hectares avec 50 vendangeurs, et là on a mis dix jours avec 100 personnes, des vendanges par tries successives, de type sauternais. En rouge, on a profité des premiers jours de septembre pour finir de mûrir, et ça a été plus bénéfique sur les cabernets que sur les merlots. Ils ne sont pas repartis. En revanche, les cabernets-sauvignons ont continué d'évoluer, notamment sur le côté aromatique. Pour la première fois depuis longtemps, on est majoritairement cabernet sur les deux grands vins, à Haut-Brion comme à Mission.* »

Au rayon nouveautés, une surprise de taille : le remplacement du nom du second vin, Bahans-Haut-Brion, par Clarence de Haut-Brion en hommage à Clarence Dillon, qui a offert ce cru à sa famille. Le domaine a produit 43 % de grand vin, 36 % de Clarence, le restant étant vendu en vrac. La précocité du terroir de Haut-Brion joue cette année à plein en sa faveur. 43 % merlot, 44 % cabernet-sauvignon, 13 % cabernet franc.

18 – Nez complexe, fleurs séchées, il rappelle des arômes ressentis en Bourgogne du côté du grand cru La Tâche. Tabac, bouche pleine, dense, tanins moelleux, épicé, moelleux, très classe, très long, équilibre parfait.

16 – **Clarence de Haut-Brion** est composé de 51 % merlot, 34 % cabernet-sauvignon, 15 % cabernet franc. – Joli nez floral, bouche vive, pointue, vin très charmeur, beau fruit, mordant en finale, très beau fruit, long.

16,5 – **Haut-Brion blanc**. 55 % sauvignon, 45 % sémillon. Épicé, agrumes, bouche vive mais large, plein, dense, puissant, belle acidité, vif, long.

Millésime 2008

– *Dégustation d'avril 2009*

« *Très content compte tenu du climat, la qualité de l'ensemble est assez étonnante, entre 2001, 2004, 2008, cela se situe bien* », dit Jean-Philippe Delmas.

Le grand vin, lui, est assemblé sur la base de 41 % merlot, 50 % cabernet-sauvignon, 9 % cabernet franc. Il titre 13,7° en alcool (la forte participation du merlot explique ce degré assez élevé). Élevage dans 74 % de barriques neuves.

17 – Chocolat, nez fermé, bouche tendre, élégante, bien fruitée, élégant, frais et fin, tanins soyeux, belle structure, tendu, assez fin.

15,5 – **Clarence** est composé de 45 % merlot, 41 % cabernet-sauvignon, 14 % cabernet franc. Épices, fruits noirs, bouche tendue, un peu chocolat, dense, tanins serrés.

14,5/15 – **Haut-Brion blanc**. Sucrosité, gras, plein, mais pas très long, bonnes saveurs.

– *Dégustation d'avril 2010*

17/17,5 – Cuir frais, cacao, épices, résine, bouche douce en attaque, petits tanins frais et croquants, belle finale où on ne sent pas l'alcool, bon équilibre.

15,5/16 – **Clarence**. Fruits noirs, bouche douce, petits tanins fins bien intégrés, bouche vive, tendue, fraîche, agréable, très frais.

15 – **Haut-Brion blanc**. Pêche blanche, gras, riche plein, puissant, alcool, un peu séchant en finale.

Millésime 2009

– *Dégustation d'avril 2010*

Jean-Philippe Delmas : « *Le travail ne fut pas facile. L'hiver et le printemps ont été humides, de la grêle le 8 juin sur Haut-Brion, la décision de vendange était beaucoup moins évidente qu'en 2005. La même richesse était là, mais il y avait aussi une astringence en goûtant les baies. Après, si on attendait trop, on pouvait tomber sur des choses plus cuites, plus sèches. Pendant la macération, avec les degrés élevés, les levures ont fatigué. Elles peinaient à transformer le sucre en alcool et pour la première fois on a écoulé des cuves pas terminées. Si on avait laissé faire, attendu qu'elles finissent le travail, on aurait extrait trop de matière et on aurait eu un monstre, avec des tanins agressifs.* » 46 % merlot, 40 % cabernet-sauvignon, 14 % cabernet franc.

19 – Violette, bouche fraîche en attaque, puissante ensuite, un vin qui monte en bouche, long, puissant, massif, tannique, une masse de tanins qui demandent de l'élevage. C'est, parmi les premiers crus, celui qui demande le plus d'élevage. Une future très grande bouteille.

16 – **Clarence**. Nez fermé, tanins gras en milieu de bouche, plein, dense, long, frais, tendu. Belle finale.

17 – **Haut-Brion blanc**. 38 % sémillon, 62 % sauvignon. Nez un peu fermé, bouche pleine, dense, très riche, sucrosité naturelle, pas de sucre résiduel.

Archives

– *Dégustation de juin 1995*

Millésime 1970

18,5 – Grenat tabac foncé. Nez truffe, cacao, volaille rôtie, fruits cuits. Gras en attaque, rond, solide mais en finesse, droit, pas d'usure de la structure. Parfaite harmonie entre l'alcool et les tanins. Beaucoup de saveurs fruitées, épicées en finale, mais une certaine réserve. Un vin encore un peu distant, noble, d'une évolution rectiligne.

Millésime 1971

15 – Grenat tuilé. Nez cerise, chocolat, gelée de groseilles, des notes de fruits rouges assez fraîches. Un peu tassé en bouche, tanins presque usés, mais de belles saveurs épicées. Cela sèche en finale, mais l'ensemble procure beaucoup de plaisir, ce qui est en définitive le but du jeu…

Millésime 1972

14 – Bien tuilé. Nez chocolat, épices, champignon, un peu éteint. Tendre, souple, un peu passé mais encore très agréable, peu de largeur mais une belle expression des saveurs. Sèche un peu en finale ; l'aération réveille les arômes.

Millésime 1973

15 – Grenat tuilé. Nez de viande rôtie, assez évolué, un peu poivron. Plus séduisant en bouche qu'au nez, bonnes saveurs de groseille et de fruits rouges en général, vif, presque un peu trop expressif. Vin très agréable mais à boire vite.

Millésime 1974

14 – Brunissant mais encore d'un robe assez soutenue pour le millésime. Nez prune, biscuité, note végétale pas gênante. Rond, tendre, un peu sec mais assez gourmand, bien savoureux, surtout après aération. Très agréable si on le carafe et qu'on le boit immédiatement.

Millésime 1975

16 – Grenat tabac. Nez viande rôtie, un peu Quintonine, kirsch, chocolat, note de lavande, thym, nez assez séduisant. Rond mais avec une pointe d'acidité dès le départ, bonnes saveurs kirschées et chocolatées, sèche moins que d'autres crus dans ce millésime. Haut-Brion a dû bénéficier de son terroir précoce. Bien agréable malgré sa finale en entonnoir.

Millésime 1976

14,5 – Tuilé brique. Nez pas très ouvert, chocolat, groseille en arrière-plan. S'ouvre lentement. Tendre en attaque, assez fin, séduisant jusqu'en milieu de bouche. La finale rappelle ce que fut l'année : sécheresse, richesse en alcool et blocage de maturité des tanins. Persistance pruneau à l'armagnac. Saveurs agréables mais la structure manque d'harmonie.

Millésime 1977

13 – Très tuilé, brique flammée. Nez champignon, sous-bois, végétal. Très expressif mais peu attirant. Très chocolaté, vif, attaque encore agréable, finale un peu amère. Il peut toutefois faire son effet sur un repas.

Millésime 1978

17,5 – Assez évolué à l'œil. Nez réglisse, violette, s'ouvre sur des notes capsule, goudron, truffe, épices. Le nez est un vrai bonheur avec cette ouverture progressive en forme de découverte. Très gras, bien rond, bien vanillé, évolution rectiligne, tendre, frais, souple, tanins fondus, saveurs très expressives de pâtisserie, fruits confits. Délicieux aujourd'hui. Beau vin d'élégance, en dentelle. Moins structuré qu'un 70 ou un 82, mais d'une grande suavité.

Millésime 1979

16 – Grenat noir. Nez grillé, cacao, muscade, vanille. Doux, bien mûr, rond, chaleureux, belles et bonnes saveurs chocolatées. Des côtés qui rappellent l'exubérance chaleureuse du 89 mais sans la structure. Très agréable à boire aujourd'hui.

Millésime 1981

15,5 – Grenat un peu tuilé. Nez viande rôtie, assez évolué, qui s'affine à l'aération vers les fruits cuits. Tendre, très fondus mais encore frais, une belle évolution harmonieuse. Belle finale sur le fruit. L'attaque est un peu austère ; la finale, plutôt explosive dans les saveurs (cerise cuite), laisse un bon souvenir.

Millésime 1982

19 – Grenat dense. Le premier nez surprend : les arômes sont encore floraux ; viennent ensuite les notes de cacao, épices, muscade, cannelle ; riche et pas encore complètement développé. Attaque bien ronde et fondue, puis des tanins encore puissants, une acidité rafraîchissante, des notes de griotte un peu bourguignonnes qui évoluent, une heure après, vers des sensations de fruits macérés et d'épices, en retour. Un parfait équilibre.

Millésime 1983

14,5 – Un peu tuilé, pas très dense. Nez biscuit, assez évolué, note chocolatée, épicés comme un vin du Sud, fruits macérés. Impressions confirmées en bouche, rond, opulent, très agréable mais déjà sur le déclin.

Millésime 1985

16 – Grenat dense. Nez sirop de cerise, prune, résine, cèdre, des senteurs de forêts de conifères à l'aération. Rond, très fondu, souple, séducteur mais avec de la réserve, bon fruit, tanins assez resserrés en finale mais sans sécheresse, prune, kirsch, beaucoup de saveurs, un peu chaud en finale. Moins harmonieux que le 82, par exemple, moins équilibré mais très tonique. Parce qu'ils étaient délicieux assez jeunes, on a pensé que les 85 évolueraient et déclineraient assez vite. Celui-ci et quelques autres nous prouvent déjà le contraire.

Millésime 1987

15,5 – Assez clair. Nez très expressif, rose rouge, chocolat, prune. Pas très complexe mais immédiatement saisissable. Bouche souple, vin fondu, droit, saveurs de prune/pruneaux, épices, cerise cuite. longueur moyenne mais sans défaut. Un vrai vin de plaisir aujourd'hui. Son avenir est limité, mais quel régal.

Millésime 1988

18 – Grenat foncé, reflet pourpre de jeune vin. Nez mûre, sureau, pivoine, gelée de cerises. Frais, net, tanins encore vifs, plein, riche, tanins presque fondus, très élégant. Bonne acidité qui lui confère fraîcheur et équilibre. Saveurs nettes, structure jeune. Belle longueur et retour sur la cerise de l'Yonne ou la griotte.

Millésime 1989

18,5 – Grenat foncé. Mine de crayon, graphite, épices, des notes rancio (rivesaltes), cèdre, cacao, très complexe. Bouche bien mûre, beaucoup de saveurs, opulent, généreux, riche, très expressif. Sans doute moins en finesse que le 90, mais plus complexe. Persistance et retour sur la prune et les fruits macérés.

Millésime 1990

18 – Violette, fruits rouges, frais et fin, sur le fruit, cerise et vanille. Frais, structuré, gras, plein, un peu austère. Ensuite, développement des tanins en largeur. Sensation de maturité, riche mais fin, harmonieux, chaleureux, très long. Beaucoup d'avenir.

Millésime 1994

17,5 – Grenat bleu, très foncé. Nez vanille, framboise, rose rouge, frais, encore primeur, très fruité. Tanins garrnis et onctueux, long, gras, fin, fruité, riche, pas très large mais d'une belle élégance, matière très soyeuse en attaque, un peu plus austère que nous l'avions décrit en avril. Long, finale sur le fruit mais resserrée.

Latour-Martillac

Cru classé des graves en rouge et en blanc
Surface : 45 ha dont 35 en rouge, 10 en blanc
Propriétaire : Famille Kressmann
Contact : Château Latour-Martillac – 33650 Martillac
05.57.97.71.11
www.latour-martillac.com

Vieille famille protestante et commerçante en café venue d'Allemagne, les Kressmann se sont établis au XIXe siècle à Bordeaux. Édouard Kressmann fonda sa maison de négoce en 1871, puis la marque Kressmann Monopole, célèbre pour la qualité des vins proposés. En Allemagne, les Kressmann possédaient l'art d'assembler les différentes provenances de café. À Bordeaux, c'est dans l'assemblage des crus que leur savoir-faire fit succès.

Édouard Kressmann achète les vins de Latour, qui ne s'appelle pas encore Martillac, et aide le propriétaire à replanter le domaine avec des pieds greffés au moment du phylloxéra. On dit même qu'il aurait, à l'époque, planté quelques pieds de riesling. Mais ce n'est qu'en 1929 que la famille, Alfred, le fils d'Édouard, en devient propriétaire. Le cru s'agrandit et se modernise et adopte Martillac à la suite de Latour afin de ne pas créer de confusion avec le Latour de Pauillac, et aussi pour ancrer le cru dans son origine : commune et terroir. Aujourd'hui ce sont les deux frères, Loïc et Tristan, petits-fils d'Alfred, qui s'en occupent.

Longtemps, entre professionnels, à Bordeaux, on s'accordait à dire que les blancs de Latour-Martillac se distinguaient par leur fraîcheur et leur capacité à bien évoluer dans le temps. On restait plus discret à propos des rouges. D'autant qu'il ne viendrait à l'idée de personne de faire de la peine aux frères Kressmann, nobélisables en courtoisie et modestie réunies. Mais franchement les rouges, ce n'était pas ça ! On peut le dire aujourd'hui qu'ils sont devenus bien meilleurs.

Sans doute un peu trop extraits, des tanins poil à gratter qui ne correspondaient ni à l'élégance d'un tel cru ni au profil des propriétaires, qui furent parmi les premiers à embaucher une femme comme responsable technique : *« J'ai toujours voulu faire ça ! »* raconte Valérie Vialard. *« Je suis une élève de Denis Dubourdieu et j'ai travaillé dans son équipe. C'est lui qui m'a dit en 1990 que Tristan Kressmann ne serait pas contre le fait d'embaucher une femme. À l'époque, cela ne se faisait pas beaucoup, de laisser une femme entrer dans un chai. Les autres propriétaires se sont gentiment moqués de lui. C'est un milieu d'hommes, il faut s'imposer. J'ai vraiment réussi à me faire écouter en 1998, huit ans après mon arrivée. Je suis très attirée par les odeurs, les arômes, la subtilité des senteurs ; si je n'y étais pas arrivée, j'aurais cherché à travailler dans les parfums.* » Il ne serait pas complètement surprenant que les discussions à la maison tournent autour du vin et de la façon de l'élaborer. Valérie est mariée à Gabriel Vialard, responsable technique de Haut-Bailly, lui aussi cru classé de graves. Depuis 2008, Denis Dubourdieu est devenu conseiller de Latour-Martillac. Valérie s'en réjouit. Les tanins deviennent aimables. Les commentaires s'améliorent. Les Kressmann, ravis, demeurent modestes. Conclusion : tout le monde est content.

Second vin : Lagrave-Martillac

Millésime 2000

– *Dégustation d'avril 2001*

L'assemblage de cette année favorise le cabernet-sauvignon, 70 % (le reste en merlot avec un soupçon de petit-verdot).

15,5 – Rouge. Nez de fruits rouges, mûre, cassis, bouche ronde, élégante, tanins assez présents, bonne longueur, acidité qui lui assure fraîcheur et longévité.

16 – Blanc. Nez de fruits frais, orange, agrumes, bouche délicate, tendre, élégante. Il semble que l'on ait plus cherché à préserver le fruit et la fraîcheur qu'à trouver la puissance.

– *Dégustation d'avril 2001*

15 – Rouge. Nez chocolaté, vanille, bouche serrée, amertume, dur, puissant, tendu, un vin qui a du mal à se fondre.

Millésime 2001

– *Dégustation d'avril 2002*

14,5 – Rouge. Fruits noirs, nez assez pur, bouche vive à la limite du végétal, tanins pointus, assez concentré mais difficile à juger. Nous avons goûté trois fois ce vin sans trop le comprendre. On aime son fruit et sa distinction, on s'interroge sur le côté rugueux des tanins.

– *Dégustation d'avril 2008*

15 – Rouge. Nez chocolaté, «*on avait de jolis merlots*», rond, souple, soyeux, grillé, épicé, long, tendu.

Millésime 2002

– *Dégustation d'avril 2003*

65 % cabernet-sauvignon, 30 % merlot, 5 % petit-verdot.

15,5 – Rouge. Nez profond de fruits noirs, comme à l'habitude, les tanins de cabernet sont très soyeux, le merlot ajoute une pointe de gras. L'ensemble donne un vin souple et moelleux, d'une bonne finesse.

15 – Blanc. 50 % sauvignon, 48 % sémillon, 2 % muscadelle. Vinification et élevage dans 40 % de bois neuf.

Pomme verte, amande grillée, rose jaune, bouche bien fruitée, élégante, bonne longueur, finale souple sur la pêche blanche.

– *Dégustation d'avril 2008*

16 – Rouge. Grillé, café, moka, bouche ronde, souple, moelleuse, assez dense, tendue, beau fruits, bonne longueur, assez plein, pas de dureté.

Millésime 2003

– *Dégustation d'avril 2004*

14 – Rouge. Joli fruit au nez, groseille, floral, bouche vive, tanins un peu rugueux avec une certaine dureté en finale. Est-ce la prise de bois qui a durci le vin ? Un second échantillon dégusté quelques jours plus tard nous a semblé posséder plus de chair, mais avec toujours une certaine austérité tannique. À revoir.

14 – Blanc. Pamplemousse, frais, bouche plaisante, légère, bien fruitée, longueur moyenne mais joli fruit.

– *Dégustation d'avril 2008*

13,5/14 – Rouge. Animal, viande grillée, vanille, bouche souple, moelleuse, tendue, tanins durs en finale.

Millésime 2004

– *Dégustation d'avril 2005*

14 – Rouge. Bien fruité, prune, cerise, tarte chaude, un nez flatteur, bien exprimé. La bouche attaque sur des tanins moelleux qui se resserrent ensuite.

La finale est assez rugueuse, tanins et acidité créent un point de dureté un peu couvert par le fruité toujours présent.

– Dégustation d'avril 2008

14,5 – Rouge. Fruité fraise, cerise, épices douces, vanille, bouche ronde, pas très charnue, fraîche, agréable.

14,5 – Blanc. Agrumes, bouche fraîche tendue, léger, rond, bien équilibré, tendu, frais, fin.

Millésime 2005

– Dégustation d'avril 2006

14 – Rouge. Fruits confits, bouche douce, délicate, bien fondue dans une première séquence assez séduisante. La finale est plus compliquée à saisir, avec une certaine dureté et même une pointe d'amertume. À revoir après élevage.

15 – Blanc. Nez pas très développé, encore boudeur, bouche douce, du gras et des saveurs noisette en finale, bonne longueur.

– Dégustation d'avril 2008

14,5 – Rouge. Fruits confits, bouche ronde, douce, charnue, un peu serrée et astringente en finale. Pointe d'amertume. Riche mais sévère, un peu sec.

Millésime 2006

– Dégustation d'avril 2007

13,5/14 – Rouge. Terre, réduit, bouche ronde, moelleuse, pas très dense, vive, un peu pointue en finale.

14 – Blanc. Discret, bouche savon (réduction), un peu creuse, droit, assez fin, acidité.

– Dégustation d'avril 2008

14,5/15 – Blanc. Mis en bouteilles début février, beurré, vanille, joli fruit, frais, vif, une pointe végétale, bien fruitée.

Millésime 2007

– Dégustation d'avril 2008

Changement d'œnologue : Michel Rolland, qui conseillait le domaine jusqu'ici, a souhaité réduire son portefeuille de crus. C'est Denis Dubourdieu qui prend la place : « *Il connaît bien nos terroirs, c'est son fief ! Il nous conseillait déjà en blanc. Il nous apporte déjà beaucoup au niveau viticulture, c'est d'abord un grand vigneron* », dit Tristan Kressmann.

15,5 – Blanc. Séveux au nez, floral, cassis, bouche souple, douce, tendue, vive, bien fruitée ; élégant.

– *Dégustation d'avril 2008*

14,5/15 – Rouge. Sur colle, fruits rouges, joli nez bien expressif, bouche ronde, souple, vanillée, épicée, résine, bouche douce, ronde, souple en attaque, fondue, finale serrée.

Millésime 2008

– *Dégustation d'avril 2009*

16 – Rouge. Nez un peu lacté, boisé élégant, belle attaque sur du soyeux, serré, tendu en finale, assez dense mais sans dureté, extraction bien contrôlée.

16,5/17 – Blanc. Floral, rose blanche, bouche douce, élégante, vive, bien fruitée, très droite, belle longueur, très parfumée.

Millésime 2009

– *Dégustation d'avril 2010*

16,5 – Rouge. Fruits noirs, épices, mûre, myrtille, bouche dense, belle matière onctueuse, plein, équilibré, pas mal de moelleux, long ; un vin généreux, bien équilibré, élégant.

16 – Blanc. Nez feuillage, pomme, floral, bouche vive, fruits blancs, vif, long, tendu, élégant, racé, fin, abricot en finale.

Archives

– *Dégustation d'avril 2008*

Millésime 1990

15,5 – Rouge. Chocolat amer, fruité évolué, un peu tendu, chocaloté, fin, gourmand.

Millésime 1999

15 – Blanc. Doré soutenu. Nez miel, pêche jaune, abricot, bouche ancienne, boisé, rhum, puissant, note exotique.

Laville-Haut-Brion

Cru classé des graves en blanc
Surface : 3,7 ha
Propriétaire : Domaine Clarence Dillon
Contact : Jean-Philippe Delmas, SA Château Haut-Brion
135, avenue Jean-Jaurès – 33608 Pessac
05.56.00.29.30
www.haut-brion.com

Laville-Haut-Brion, tout proche de La Mission et appartenant au même propriétaire, était considéré comme le blanc de La Mission. Robert de Luxembourg, qui dirige les domaines, a décidé d'officialiser cette union et de simplifier la vie des amateurs (fortunés, cela va de soi, car il s'agit d'un vin blanc rare et cher). Désormais, depuis le millésime 2009, Laville n'existe plus, place à La Mission-Haut-Brion blanc. Avec un second vin commun aux deux grands crus Haut-Brion et La Mission : La Clarté. Cela sonne comme une marque d'ampoules électriques, mais au final, ces différents choix ont au moins le mérite de… la clarté.

Second vin : La Clarté de Haut-Brion

Millésime 2000

– Dégustation d'avril 2001

15 – Nez de beurre frais, agrumes, fin, bouche délicate, douce, élégante mais sans l'éclat et la gourmandise des grands millésimes.

Millésime 2002

– Dégustation d'avril 2003

Une toute petite récolte de 20 hl/ha. 17 % sauvignon et le reste en sémillon.

14,5 – Épices, beurré, ananas, bouche vive, citronnée, puissante mais finissant un peu sèchement.

Millésime 2003

– Dégustation d'avril 2004

14 – Nez fruité, pamplemousse, un peu piquant, bouche aux saveurs de poire, bien parfumée, d'une longueur moyenne, élégante mais un peu bloquée en finale.

Millésime 2004

– Dégustation d'avril 2005

17 % sauvignon, 83 % sémillon.

16 – Pêche blanche, bouche élégante, droite, sans faiblesse. Joli fruit très frais qui se prolonge en finale, bon équilibre.

Millésime 2005

– Dégustation d'avril 2006

Une fois n'est pas coutume, nous avons préféré Laville au grand frère Haut-Brion pour son équilibre et sa fraîcheur. 78 % sémillon et 22 % sauvignon.

16,5 – Beurre frais, pêche de vigne, bouche élégante, joli fruit évoquant la mirabelle et les fruits blancs à noyau, nerveux, long, harmonieux.

Millésime 2006

– Dégustation d'avril 2007

14 – Abricot, litchi, bouche très vive, marquée par des saveurs agrumes, pas très long.

Millésime 2007

– Dégustation d'avril 2008

83 % sémillon, 17 % sauvignon.

15,5 – Agrumes, vif, citronné, tendu en bouche, élégant, bonne acidité, 13,6° d'alcool. Nerveux.

Millésime 2008

– Dégustation d'avril 2009

15,5 – 79 % sémillon, 21 % sauvignon. Nez feuillage, frais, net, vif, tendre, joli fruit, assez fin mais pas très long.

– Dégustation d'avril 2010

16 – Fruits blancs, ananas, citronné, bouche vive, nerveuse, bien parfumée, très nerveux.

Malartic-Lagravière

Cru classé des graves en rouge et en blanc
Surface : 53 ha ; 46 en rouge et 7 en blanc
Propriétaire : Famille Bonnie
Contact : 43, avenue de Mont-de-Marsan – BP7 33850 Léognan
05.56.64.75.08 – www.malartic-lagraviere.com

À tous les auteurs de romans historiques en quête de bons personnages « ayant vraiment existé », je signale qu'Anne Joseph Hippolyte de Maurès de Malartic, la célébrité de la famille Malartic, mérite le détour. Bon, il est à peu près certain qu'il ignorait tout des graves, du merlot comme du cabernet-sauvignon, et qu'il ne but jamais un verre du cru qui porte glorieusement son nom. Né à Montauban en 1730, ce garçon a beaucoup dialogué avec nos amis anglais ; tantôt à coups de sabre, plus souvent au son du canon. Au Canada avec Louis Joseph de Montcalm, dans les îles avec Robert Surcouf, il n'eut de cesse de découper le Rosbif. À tel point que lors de sa mort, en 1800 – il est alors gouverneur de l'île Maurice, bloquée par la flotte des Anglais –, ceux-ci font hisser les drapeaux de deuil aux mâts des navires. Pas rancuniers pour deux shillings, ils iront même jusqu'à financer le monument érigé à sa mémoire sur l'île. Il existe aussi une ville minière qui porte son nom au Canada.

Sa famille, plus pacifique, a repris le domaine de Lagravière, sans doute peu de temps avant ou après sa mort. Puis les Ricard (rien à voir avec l'anis ; une famille de tonneliers, au départ), qui ont possédé presque tous les crus de la région – Domaine de Chevalier, Fieuzal, Carbonnieux et Haut-Bailly –, ont ajouté Malartic à Lagravière, en hommage au héros. Plus tard encore, après un bref passage dans le groupe Laurent Perrier, en 1997, ce sont les Bonnie qui ont racheté le domaine et procédé à une sérieuse mise à niveau.

Alfred-Alexandre Bonnie, citoyen belge, a bâti sa fortune dans la lessive, et plus précisément le détachant. Jean-Jacques, son fils, qui dirige le domaine, raconte : « *Mon père a été PDG de Benckiser – c'était une société de lessives –, Cristaux de soude, Calgon, Saint-Marc, aussi Baranne. Il a racheté la lessive Saint-Marc à la famille Le Tanneur, qui l'a emmené visiter des domaines. Ça a été l'étincelle et il s'est dit : si un jour j'ai les moyens ! Puis, il a repris l'Eau écarlate et quelques marques, le Brillant belge, pour les cuivres, et un shampooing moquette. Il a développé les détachants puis créé des nettoyants à lunettes, la lingette anti-décoloration, les pastilles de javel, on faisait appel à pas mal de labos de recherche, c'étaient des produits qui répondaient à des demandes des consommateurs. En 2000, il a vendu les trois quarts de la société et, ensuite, le reste. Il a fait une fortune en douze ans de temps.»* Mais Bonnie père possédait sa madeleine de Proust : les bouteilles qui lui rappelaient son enfance quand il les rangeait avec son papa dans la cave familiale, en Belgique. Des vins achetés à la Maison Fourcroy, de Bruxelles, négociant depuis 1862, fournisseur de la Cour de Belgique. En 1995, les époux Bonnie ont commencé leurs recherches et visité près de soixante propriétés avant de choisir Malartic… «*Ils avaient envie de reprendre une propriété pas trop rénovée pour apporter leur touche personnelle. Mon père est donc le second après Jésus à avoir transformé l'eau en vin, mais celle-ci était écarlate*», ajoute Jean-Jacques. En 1998, les Bonnie ont construit les nouveaux bâtiments, chais et bureaux, et commencé de replanter le vignoble. Celui-ci couvrait 19 hectares. Il en atteint aujourd'hui 53. Les Bonnie ont procédé à des plantations (mais aussi à des arrachages sur des terroirs moins performants) et à des surgreffages. «*On a récupéré des terroirs perdus*», explique Sandrine, l'épouse de Jean-Jacques, «*qui sont référencés dans les livres anciens, mais qui n'étaient plus exploités, et qui avaient échappé à l'urbanisation.*»

Les vins des millésimes 1998 à 2008 me semblent trop extraits, possédant un joli fruit mais des tanins trop rugueux en finale. Nous en avons discuté verre en main avec Sandrine et Jean-Jacques, qui me certifie qu'il procède à des ajustements en vinification et dans l'assemblage pour gommer ce côté un peu rustique. À suivre, donc. Mais cela ne répond pas à la question fondamentale qui est la suivante : pourquoi l'Eau écarlate s'appelle-t-elle écarlate alors qu'elle est transparente ? «*Au départ, l'Eau écarlate avait été conçue pour nettoyer les pantalons garance des cavaliers puis des soldats tachés par la graisse des fusils. C'était un peu teinté de rouge…*»

Second vin : Le Sillage de Malartic

Millésime 2000

– Dégustation d'avril 2001

15,5 – Rouge. Nez épicé, violette, fraise des bois, très friand, bouche élégante, moelleuse, tanins très soyeux, délicat et concentré.

15 – Blanc. Nez grillé, un peu marqué par le bois, bouche plus ouverte, du gras, un joli fruit, acidité rafraîchissante.

– Dégustation d'octobre 2009

14,5/15 – Rouge. Nez solaire, poivre blanc, chocolat noir blanchissant un peu passé, s'ouvre à l'aération sur des notes plus fraîches et fruitées, bouche douce, ronde, tanins veloutés, bonne matière, finale sévère un peu trop marquée par les tanins verts, bonne densité, mais amertume en finale et un peu de sécheresse.

Millésime 2001

– Dégustation d'avril 2002

16 – Rouge. Des arômes de cigare, gelée de sureau, fruits noirs sucrés, bouche onctueuse, ronde et riche, tanins croquants. Vin gourmand, soyeux, bien travaillé, à la fois flatteur et chic.

– Dégustation d'octobre 2009

15 – Rouge. Nez cassis, baies noires, première année en double trie, assez frais, bouche dense, cassis, plus frais, amertume en finale, serré, un peu sec.

16 – Blanc. 80 % sauvignon, 20 % sémillon. *« On est plus souvent à 85/15. »* Nez miel, boisé, mirabelle, sucrosité, pêche jaune, abricot ; le vin a bien vieilli sans dysharmonie, assez gourmand, plein, très agréable. Joli fruit.

Millésime 2002

– Dégustation d'avril 2003

55 % cabernet-sauvignon, 40 % merlot, 5 % cabernet franc.

14,5 – Rouge. Un joli nez de fruits rouges et de sous-bois, bouche moelleuse, assez dense, portant un fruit bien présent. La finale un peu rugueuse surprend.

– Dégustation d'octobre 2009

15,5 – Rouge. Nez peu ouvert, chocolat, note animale de fourrure, poivre blanc, bouche ronde en attaque, chatoyante, tanins serrés en finale mais moins d'amertume que le 2001, rond, souple, bien fruité, assez aimable, avec une bonne densité.

14 – Blanc. Miel, bonbon au miel, floral, agrumes, bouche douce, moelleuse, moins riche que le 2001, fini plus acide, commence à décliner.

Millésime 2003

– Dégustation d'avril 2004

50 % cabernet-sauvignon, 5 % cabernet franc, 45 % merlot.

13,5/14 – Rouge. Nez épicé, confiture de prune, rose séchée, bouche puissante, austère, tanins vigoureux qui se raidissent en finale. À revoir après élevage. On ne retrouve pas la grâce et la complexité du 2001, ni la densité du 2002.

14,5 – Blanc. Nez un peu exotique, ananas, fruits de la passion, bouche bien parfumée, riche, souple, pas très nerveuse.

– Dégustation d'octobre 2009

15 – Rouge. Gibier, assez animal au premier nez, viande rôtie, grillé, bouche ronde souple, moelleuse, bonne maturité, ne fait pas son millésime, gras, rond, souple, bien moelleux, le premier vraiment gourmand. L'extraction est en équilibre avec la maturité, pas de tanins amers, une bonne douceur qui se prolonge. Assez marqué par les épices.

14 – Blanc. Nez très sauvignon, floral, bouche douce mais peu d'acidité, agréable mais un peu mou, peu d'évolution, finale un peu courte.

Millésime 2004

– Dégustation d'avril 2005

14,5 – Rouge. Fruits compotés, vanille, assez flatteur, bouche tendre, élancée, petits tanins croquants, joli fruit, finale resserrée, un peu boudeuse.

15 – Blanc. Pêche blanche, vanille, bouche souple, un peu de gras, de la douceur et un fruit bien développé. Un vin aromatique, plus en séduction qu'en densité, bonne acidité qui réveille la finale.

– Dégustation d'octobre 2009

14 – Rouge. Floral, fruits cuits, fruits noirs ensuite, grillé, bouche douce en attaque, resserrée ensuite, dense, tannique, trop extrait, finale sévère et séchante, tanins avec de l'amertume en finale.

14 – Blanc. Floral, marqué sauvignon, bouche fraîche, vive, bien sauvignon, finale avec un peu d'amertume.

Millésime 2005

– Dégustation d'avril 2006

15,5 – Rouge. Confiture de cerises, griotte, nez flatteur, bien exprimé. Bouche ronde et tendre, donnant l'impression d'une certaine sucrosité, tanin fin et discret, structure peu voyante, le fruité et la gourmandise occupent la première place.

14 – Blanc. Nez discret, bouche mentholée, suave, encore un peu brassée mais d'une bonne longueur.

– *Dégustation d'octobre 2009*

15/15,5 – Rouge. Chocolat, fruits noirs, joli nez encore marqué par l'élevage, grillé, bouche dense, tannique, sévère, puissant, peu fondu, finale sévère. Mais vin fermé.

15,5 – Blanc. Nez floral, vanillé, orange, aubépine, bouche vive, assez pleine, bien fruitée, complète, dense, longue, vin large et long, bien fait.

Millésime 2006

– *Dégustation d'avril 2007*

« Pourquoi la vigne ? Parce qu'on est belges... », s'amuse Jean-Jacques Bonnie. *« En novembre 2002, mes parents ont posé la question : est-ce que vous voulez venir, Séverine et toi ? Et voilà... »* 50 % cabernet-sauvignon, 45 % merlot, 5 % cabernet franc.

14,5/15 – Rouge. Bouche dense, chocolatée, vin large en attaque, finale sur l'amertume, serrée, très dense, un peu rugueuse.

15 – Blanc. Fermentaire, réducteur, frais, citronné, vif, délicat, fin, désaltérant. Bon sauvignon.

– *Dégustation d'octobre 2009*

14,5 – Rouge. Fruits noirs, boisé marqué, un peu plus parfumé, noix de coco, bouche épicée, souple en attaque, un peu plus serrée en finale, petite amertume pas déplaisante, mais un peu séchante.

15 – Blanc. Floral, citronné, vanille, bouche vive, tendue, un peu mince, légère, pas mal d'acidité, élégant, finale pêche de vigne.

Millésime 2007

– *Dégustation d'avril 2008*

14 – Rouge. Floral, réglisse, note végétale, bouche en deux séquences : dense, très riche, veloutée, beaucoup de saveurs en attaque ; finale brutale et un peu séchante. L'extraction semble un peu vigoureuse.

– *Dégustation d'octobre 2009*

13,5 – Rouge. Note poivron, bourgueil, chinon, bouche boisée, tension en milieu de bouche, tanins serrés un peu séchants.

16 – Blanc. Pêche jaune, nez assez généreux, bouche grasse, enveloppante, un peu lourde, puissant, plus assis, dense, riche, généreux.

Millésime 2008

– *Dégustation d'avril 2009*

15 – Rouge. Framboise, bouche vive, tendue, serrée, matière riche, onctueuse, petite amertume en finale, tendu.

14,5/15 – Blanc. Floral, citronné, bouche vive, fraîche, tendue, note noyau, amande, bonne longueur, finale amertume.

– *Dégustation d'octobre 2009*

15 – Rouge. Tourné vers le fruit, cerise, bouche ronde, petite note boisée, bonne matière en attaque, milieu de bouche serré, astringent, très beau fruit, rond, souple en première séquence pureté du fruit, finale astringente.

15/15,5 – Blanc. « *On est en général sur 40 à 50 % de bois neuf. Fermentation en barriques sur la presque totalité, ceux qui font la vinification en cuve vont en général dans le second vin. Entre dix et quatorze mois en barriques.* » Vanille, floral, très sauvignon mais sans le végétal, dans le registre fleuri, équilibré en bouche, bien fruité, tendu, un peu dans le style 2006.

Millésime 2009

– *Dégustation d'avril 2010*

14,5/15 – Rouge. Fruits rouges et noirs, épices douces, bouche tendue, fraîche, serrée, un peu de verdeur en finale, avec des tanins assez sauvages et agressifs.

14,5 – Blanc. Nez fruits blancs, frais, bouche bien vive, tendue, bonne longueur, ananas. Manque un peu de relief.

Archives

– *Dégustation d'octobre 2009*

Millésime 1997

14 – Nez un peu cuit, assez évolué, fruits cuits, bouche douce, assez évoluée, pas très charmeur, un peu sévère, s'ouvre lentement sur des notes plus chaleureuses au nez, mais la bouche est un peu en retrait, sur le déclin.

« Notre première vendange ; le parc à barriques avait besoin d'être rafraîchi et on a mis un peu plus de neuves que nécessaire. »

Millésime 1998

15 – Nez fermé, réducteur, chocolat, épices, grillé, poivre, nez assez chatoyant, épices douces, bouche douce, ronde, tanins agréables, saveurs un peu austères, finale serrée, vin un peu sévère avec une finale sur l'amertume des tanins. Bonne première séquence, finale plus difficile.

Millésime 1999

13 – Nez fourrure, un peu gibier, poivre, fruits cuits, bouche douce en attaque, sévère ensuite, trop extrait, tanins amers en finale.

LA MISSION-HAUT-BRION

Cru classé des graves en rouge et blanc
Surface : 30 ha dont 3,6 de blanc
Propriétaire : Domaine Clarence Dillon
Contact : Jean-Philippe Delmas
SA Château Haut-Brion
135, avenue Jean-Jaurès – 33608 Pessac
05.56.00.29.30 – www.haut-brion.com

La Mission, comme Haut-Brion, est une enclave, une poche de résistance viticole dans l'agglomération bordelaise, cerclée de routes, d'une voie de chemin de fer et d'habitations construites sur ce sol exceptionnel de petits cailloux (graves gunziennes) déposés par la Garonne. Les argiles fines et les sables permettent un très bon écoulement des pluies et conservent suffisamment d'humidité pour assurer une alimentation régulière en eau à la vigne. Les 21 hectares du domaine sont complantés de cabernet-sauvignon (48 %), de merlot (45 %) et de cabernet-franc (7 %). On connaît Haut-Brion, premier grand cru classé, star de l'appellation pessac-léognan. La Mission-Haut-Brion, son voisin au terroir identique, est passée entre plusieurs mains dont celles des frères lazaristes (saint Vincent de Paul) avant d'être rachetée en 1983 par la famille Dillon, déjà propriétaire de Haut-Brion.

Confiée aux bons soins de la famille Delmas, La Mission a un problème : elle ne varie pas, ne suit pas les modes ni les humeurs. La philosophie Delmas se résume ainsi : rendements raisonnables, maturité optimale (mais pas de surmaturité), ne pas demander à un millésime ce qu'il ne peut donner... Toute correction tardive pour concentrer sucre ou tanins, toute intervention chimique ou mécanique est un aveu d'échec. Alors, La Mission, son incroyable finesse et ses tanins de chat capricieux laissent dubitatifs ceux qui baignent dans le goût universel. Ce faisant, ils traduisent une demande moderne : on rêve de grands vins sans avoir la patience de les attendre. La Mission n'est pas un vin de gare, vite bu, vite oublié. Il se mérite, chaque millésime a son histoire. Qui rivalise avec celle de Haut-Brion.

Depuis 2006, La Tour Haut-Brion, petit cru classé adjacent et propriété des Dillon, a été annexé à La Mission.

Depuis le millésime 2009, Laville-Haut-Brion, du même propriétaire, cru classé blanc, qui était toujours présenté comme le blanc de La Mission, l'est devenu effectivement et officiellement. Laville disparaît donc au profit d'un La Mission blanc...

Second vin : La Chapelle de La Mission en rouge. La Clarté de Haut-Brion en blanc.

Millésime 2000

– *Dégustation du 4 mai 2001*

32 % cabernet-sauvignon, 58 % merlot, 10 % cabernet franc.

17 – Épicé, fruits rouges, délicat. Trame tannique ténue et solide ; long, sobre dans l'expression des saveurs en première séquence. Une facture classique de vin bien équilibré et bâti pour la garde. Très beau fruit, longtemps persistant en finale.

– *Dégustation du 26 mars 2002*

17,5 – Nez très expressif, réglisse, cerise ; beaucoup de fruits, bouche tannique mais onctueuse, une grande élégance, long, une belle réserve. Vin d'équilibre et de saveurs persistantes.

Millésime 2001

– *Dégustation de mars 2002*

62 % merlot, 35 % cabernet-sauvignon, 13 % cabernet franc.

16,5 – Nez épicé, cacao, cerise confite, bouche en deux temps, attaque dense, charnue, très serrée, les tanins ensuite sont plus vifs, la finale relevée, un peu rigide, donne une impression de retenue.

Millésime 2002

– Dégustation d'avril 2003

La Mission utilise désormais une étiquette antifraude fabriquée par une entreprise spécialisée dans la création de papiers d'identité et de monnaies nationales. 52 % merlot, 48 % cabernet-sauvignon.

17/17,5 – Fruits noirs, profond, sous-bois, truffe, un peu austère en bouche, ample, tanins serrés, épicé. Un vin avec beaucoup de volume, très rigoureux, de grande garde.

Millésime 2003

– Dégustation d'avril 2004

La Mission, avec ce millésime, se situe parmi les plus grands vins de la rive gauche. L'assemblage est composé à 39 % de merlot, 9 % de cabernet franc, 52 % de cabernet-sauvignon.

18 – Nez épicé, discret, note sous-bois, bouche garnie de tanins serrés et doux avec des notes encre et sureau. Un vin très classe, sérieux, une sensation féline de puissance bien contrôlée.

Millésime 2004

– Dégustation d'avril 2005

Haut-Brion serré et séveux, La Mission, plus en rondeur, davantage savoureux mais sans faiblesse. Qui sera le champion dans cinq ou dix ans ? On s'inscrit pour départager… La Mission est composé de 55 % de merlot, de 42 % de cabernet-sauvignon et de 3 % de cabernet franc. L'élevage comprend 74 % de barriques neuves.

18 – Fruits rouges, tarte chaude aux fraises et aux framboises, bouche ronde, tendre, petits tanins soyeux, savoureux. Trame serrée mais lisse, longueur, élégance, de la grâce.

À noter, La Chapelle de La Mission, le second vin, fortement cabernet (94 %) cette année, bien fruité, légèrement épicé, fin et gourmand.

Millésime 2005

– Dégustation d'avril 2006

Haut-Brion s'exprime dans la tension et le charnel de tanins bien enrobés ; La Mission, certes très fruité, donne l'impression d'être un peu en retrait et d'une structure moins harmonieuse. 69 % merlot, 30 % cabernet-sauvignon, 1 % cabernet franc.

16 – Nez bien parfumé de fruits noirs et de cannelle, bouche nette, tanins traçants, une matière assez imposante, beaucoup de fruit, finale fraîche, assez douce. L'ensemble est un peu brut de décoffrage, nous sommes curieux de goûter après élevage.

Millésime 2006

– *Dégustation d'avril 2007*

C'est d'un cloître que s'est doté La Mission, cloître qui recouvre un chai neuf et magnifique, souterrain, soutenu par vingt-quatre piliers, qui n'est pas sans évoquer les croisées d'ogives de l'art roman. Autre nouveauté, et de taille : la disparition de La Tour-Haut-Brion, un cru de 6 hectares qui était depuis la fin du XIXe siècle vinifié à La Mission, avec des terroirs contigus et identiques : *« On n'a jamais pu récupérer la maison qui allait avec le cru et qui était devenue une maison de retraite. De guerre lasse, on a vendu le bâti et décidé d'intégrer La Tour à La Mission »*, raconte Jean-Philippe Delmas. La Mission est composé de 60 % cabernet-sauvignon (dont une poignée de cabernet franc) et 40 % de merlot.

17,5 – Fruits rouges, nez très charmeur et très pur, bouche ronde, élégante, tanins fermes, structure solide, un fruit très enjôleur, un vin avec beaucoup de charme reposant sur une bonne texture.

– *Dégustation d'avril 2008*

17,5 – Fruits noirs, épices, poivré, bouche puissante, ronde, tanins soyeux et serrés, puissant en alcool mais équilibré, long, dense, un peu austère à ce stade. Très tannique, très serré, séveux, long, équilibre parfait.

15 – **La Chapelle**. Bonbon, fruits rouges, commence à prendre ses arômes de maturité, long, épicé, bien tendu, belle attaque, le ventre est un peu plus rugueux.

Millésime 2008

– *Dégustation d'avril 2009*

Récolte du 24 septembre au 17 octobre : *« Parmi les plus longues et les plus tardives. Dans les merlots, on est passés en tout trois fois… »*, commente Jean-Philippe Delmas. *« Extraction très douce car la masse tannique était imposante. Ce n'est pas 2005, il ne fallait pas aller chercher des tanins durs. »* Quatorze jours de macération, contre dix-huit jours l'an passé.

La Mission est composé de 43 % merlot, 51 % cabernet-sauvignon, 6 % cabernet franc.

16 – Épices, fruits noirs, un peu cacao, élégant, frais, manque un peu de moelleux en bouche.

14,5 – **La Chapelle** : 39 % merlot, 56 % cabernet-sauvignon, 5 % cabernet franc. Fruits rouges, bouche tendre, légère, bien fruitée, souple.

– Dégustation d'avril 2010

16 – Nez fermé, bouche vive, élégante, tendue, un peu d'alcool en finale, 13,8°. Corps moyen. Vif.

14,5/15 – **La Chapelle**. Cacao, fruits noirs, bouche souple pas très dense mais bien fruitée, assez tendue, tanins vifs en finale.

Millésime 2009

– Dégustation d'avril 2010

17 – Réductif, bouche dense épicée, bons tanins volumineux, large, très puissant, long, tannique, des tanins assez accrocheurs, beaucoup de saveur, riche en alcool en finale. 47 % merlot, 47 % cabernet-sauvignon, 6 % cabernet franc.

14,5 – **La Chapelle**. Constitué, lui, de 44 % merlot, 46 % cabernet-sauvignon, 10 % cabernet franc. Fruits noirs, un peu réductif, bouche ronde, grasse, veloutée, tendue, un peu séchante en finale.

15 – **La Mission blanc**. 84 % sémillon. Fruits blancs, bouche vive, pleine, dense, beau fruit, un peu chaud, belle gamme aromatique, finale agréable, vive, pas très longue. 13,9°.

Archives

– Dégustation de juin 1998

Millésime 1989

18 – Longtemps nous avons pensé que 89 était le millésime par excellence de La Mission. Un vin un peu hors normes, aux accents méditerranéens, très fruits confits, chaleureux, qui pour cette dégustation nous a semblé plus évolué que le 90. On ne demande qu'à renouveler l'opération pour changer de jugement !

Millésime 1990

18,5 – Pour la première fois, nous plaçons le 90 au-dessus du 89. Une bouteille exceptionnelle avec des tanins enrobés, une richesse étonnante et beaucoup d'allure. L'évolution est très harmonieuse. Peut-être est-il en train de se trouver une seconde vie.

Millésime 1991

17 – Résultat d'une sélection drastique, cette année connut un gel de printemps. Nez cacao avec une pointe de fraîcheur mentholée, bouche très élégante, du soyeux, des saveurs cerise cuite et une belle longueur.

Millésime 1992

15 – Nez mûr avec des senteurs café et chocolat, bouche souple, tendre, suffisamment évolué pour être bu aujourd'hui. Une viande rôtie ou une volaille gommera la petite pointe nerveuse des tanins en finale.

Millésime 1993

16,5 – Robe grenat assez surprenante de densité, nez résine, cacao, muscade, pas encore totalement développé, bouche fine, souple, petits tanins serrés, une délicatesse un peu boudeuse. Un vin supérieur à la réputation du millésime.

Millésime 1994

17 – Robe très jeune, un peu noire, et des arômes de fruits, de rose noire, de mûre. Bouche ronde, tanins souples, pas de dureté. Dans ce millésime où la maturité ne fut jamais complète, l'équipe de La Mission n'a pas cherché à trop extraire pour ne pas conférer au vin des goûts végétaux. Un vin sans doute assez précoce mais délicieux.

Millésime 1995

18 – Déjà au nez la grande complexité des beaux millésimes de graves, noyau, épices, prune, résine, trame serrée et délicate, beaucoup d'allure, très long et droit. De longue garde.

Millésime 1996

16 – Grenat soutenu, arômes de muscade et de cannelle, pas très ouvert, tendre en bouche, tanins un peu rugueux, joli fruit mais sans la chair du 95.

Millésime 1997

16 – Joli nez de violette, très doux en bouche, délicat, moelleux, petits tanins mûrs, en élégance. Sans doute une maturité assez rapide.

Nous avons noté 16,5 le **1988** encore très fermé, d'une facture classique avec une pointe d'acidité en finale. Le **87** (13,5) devrait être bu sans tarder, le **85** (17) est un vin joyeux à son apogée. Le **86** (17,5 ou 18) est son jumeau en plus garni.

OLIVIER

Cru classé des graves en rouge et en blanc
Surface : 55 ha ; 10 en blanc, 45 en rouge
Propriétaire : Jean-Jacques de Bethmann
Contact : Laurent Lebrun Château Olivier – 33850 Léognan
05.56.64.73.31
www.chateau-olivier.com

Au cœur d'une zone urbanisée, un parc de 220 hectares. Des pièces d'eau, de profondes forêts de pins et de chênes parfois centenaires entourent un château de pierre jaune protégé de douves.

Pas un château Walt Disney bâti sous Poincaré et modifié à l'ère René Coty. Une vraie ancienne forteresse, adoucie au fil des siècles et des architectes, que fréquenta la belle aristocratie anglaise, du temps où les Plantagenêts chassaient le loup, piquaient le sanglier et zigouillaient le chevalier français. En fêtant chaque victoire au claret, le délicieux petit vin à peine rougissant qu'on récoltait au pied du donjon. Jean-Jacques de Bethmann, descendant d'Alexandre de Bethmann, maire de Bordeaux à la fin du XIXe siècle, qui fit élever à ses frais la fontaine des Trois Grâces sur la place de la Bourse, m'a montré dans une tour une agréable chambre où, m'assure-t-il, le vaillant Bertrand du Guesclin fut prisonnier sur parole. Rien d'un cul-de-basse-fosse, même si depuis on a amélioré le chauffage et changé les papiers peints.

Le vignoble, dans ce petit paradis, n'occupe que 55 hectares, et pourtant l'ensemble du domaine est retenu en appellation contrôlée. N'hésitez pas à relire cette phrase, elle est importante pour comprendre la suite.

Quand, en 2003, Jean-Jacques de Bethmann a voulu améliorer ce patrimoine « *dans la famille depuis 1886* », la question s'est posée d'agrandir ou de valoriser le vignoble. « *On a décidé de lancer alors une étude spécifique pour voir s'il n'y avait pas sous la forêt un grand terroir viticole* », raconte le responsable du domaine, Laurent Lebrun, fils d'un vigneron de Pouilly-sur-Loire (Domaine Lebrun, à Saint-Andelain, excellent pouilly-fumé). « *On s'est appuyés sur plusieurs spécialistes des sols et on a fait des fosses de 2,50 mètres de profondeur un peu partout. On en a creusé 220 en dehors de l'actuel vignoble. On allait assez vite, dans une ambiance un peu "course au trésor". On s'est rendu compte qu'il y avait de grandes différences. Et, à l'opposé du vignoble actuel, à l'ouest du domaine, dans la zone de*

Bel-Air, on a trouvé sur 8 hectares le grand terroir viticole rive gauche par excellence, composé de 60 % de graves matrices sablo-argileuses, l'idéal pour un bon approvisionnement hydrique. La tempête de 1999 avait couché une partie des arbres, on a dessouché et on a commencé à planter 2 hectares dès 2004 »

Aujourd'hui, les 8 hectares accueillent de jeunes cabernets-sauvignons qui s'enracinent peu à peu. Ils devraient donner dans les années à venir un très grand vin et devenir le cœur du vignoble d'Olivier. À la suite de cette découverte, Laurent Lebrun et son équipe n'en sont pas restés là : « *Après, on s'est dit : on va continuer nos recherches. On a fait une soixantaine de fosses sur le vignoble actuel, et on a isolé onze terroirs différents. On a toutes sortes de combinaisons, depuis le rocher calcaire affleurant* [comme sur le plateau de Saint-Émilion] *jusqu'à la grave profonde. On a trouvé des parties basses trop humides, que l'on a arrachées. Cette démarche nous a conduits à réfléchir globalement sur l'identité d'Olivier.* » Cette grande diversité de terroirs constitue un atout formidable ; cela multiplie les possibilités d'assemblage, de combinaisons pour obtenir le plus grand vin possible. À condition, cependant… que le chai puisse accueillir ce nouveau découpage, permette d'isoler chaque récolte de chaque parcelle… C'est en quelque sorte la théorie des dominos appliquée au vignoble. On part d'un arbre arraché par le vent en 1999, qui aurait pu se traduire par le simple achat d'une tronçonneuse pour le débiter, et au lieu de cela, on termine avec un chai flambant neuf composé de « *vingt-trois cuves en inox tronconiques de capacité variant de 40 à 120 hectolitres, permettant ainsi de pratiquer la vinification parcellaire subtile* ». Vinif subtile et sans doute facture salée, mais à l'arrivée, dans les années à venir, Olivier, qui n'a cessé d'améliorer sa qualité depuis dix ans, devrait figurer parmi les quatre meilleurs crus de pessac-léognan. Laurent Lebrun, trop discret pour emboucher une quelconque trompette de la renommée, y croit ferme : « *Après l'agro à Montpellier, je suis parti pour l'Australie pendant six ans. Là-bas, on fait du vin comme un autre produit. On identifie le marché et on fabrique en fonction. C'est un vieux continent, très érodé, avec peu de variations de terroir. En France, c'est l'inverse, on a une grande diversité de terroirs, et je pense que cette diversité, souvent présentée comme un handicap, peut se transformer en atout…* »

Second vin : Dauphin d'Olivier

Millésime 2000

– Dégustation d'avril 2001

15 – Rouge. Nez sur les fruits rouges, framboise, bouche gourmande confirmant le nez, petits tanins soyeux et frais. Un bon millésime pour ce domaine.

14,5 – Blanc. Nez flatteur floral, presque lilas, bouche équilibrée, marquée par des saveurs citronnées, agrumes.

Millésime 2001

– Dégustation d'avril 2002

Laurent Lebrun, ancien directeur général adjoint de la tonnellerie Séguin-Moreau, est nommé directeur du cru. L'objectif est de faire le meilleur vin possible.

16 – Rouge. Épicé, mûre, pas très ouvert, bouche soyeuse, dense, onctueuse, tanins lisses et fermes, beaucoup de fruit, grande longueur. Beau vin d'avenir.

Millésime 2002

– Dégustation d'avril 2003

55 % cabernet-sauvignon, 40 % merlot, 5 % cabernet franc.

16,5 – Rouge. Nez fruits noirs, feuilles mortes, bouche fraîche et nette, bien fruitée, un beau tanin ferme et enrobé, une bonne longueur. Le vin gagne en élégance et en précision depuis quelques millésimes.

Millésime 2003

– Dégustation d'avril 2004

16 – Rouge. Nez cerise, poivre, bien épicé, bouche fraîche, nette, très en fruit, tanins solides mais sans dureté. Le vin est encore un peu brut de fonderie, mais très prometteur.

15 – Blanc. Pomme, pêche blanche, joli fruit, bouche élégante, bien parfumée, assez vive, bon équilibre et finale persistante.

Millésime 2004

– Dégustation d'avril 2005

15 – Rouge. Fruits noirs, note de goudron, fumée, prune, bouche épicée assez puissante, trame tannique présente, serrée. Un vin qui se cache encore, assez fermé, sans concessions, mais qui devrait évoluer au cours de l'élevage vers plus de rondeur. Les tanins sont de qualité.

14,5 – Blanc. Poire, pêche blanche, légèrement mentholé, bouche dans la continuité, vive et parfumée. Pas très long, mais goûteux.

Millésime 2005

– *Dégustation d'avril 2006*

15 – Rouge. Nez de violette, cassis, olive noire, bouche tendre, élégante en attaque, plus resserrée ensuite, tanin vigoureux mais sans dureté. L'élevage devrait conférer à ce vin la rondeur nécessaire.

14,5 – Blanc. Floral, du gras, de la douceur, saveurs de fruits blancs rehaussées par des notes noisette et épices douces, bonne longueur. Le vin n'a pas encore pris son envol.

Millésime 2006

– *Dégustation d'avril 2007*

16 – Rouge. Floral, fruits rouges, racinaire, serré, un peu végétal, séveux, bon fruit, tendu, élégant.

14 – Blanc. Fruits blancs, bouche vive, tendue, fraîche, finale sur l'acidité.

Millésime 2007

– *Dégustation d'avril 2008*

15 – Rouge. Cassis, rose, baies roses, bouche douce, ronde, bien fondue, large, milieu de bouche un peu mince mais beaucoup de fruit.

17– Blanc. Agrumes, pêche blanche, bouche ronde, douce, souple, élégant, délicat, frais et fin, citronné, rafraîchissant.

Millésime 2008

– *Dégustation d'avril 2009*

15,5/16 – Rouge. Fruits noirs, bouche puissante, un peu d'amertume de l'extraction, riche, dense, sans trop de finesse à ce stade, un peu refermé mais avec une belle structure.

14,5 – Blanc. Nez marqué sauvignon, floral, pêche de vigne, bouche vive, pas très dense, bien fruitée, finit un peu vite.

Millésime 2009

– Dégustation d'avril 2010

16,5 – Rouge. Fruits rouges, bouche vive, bien fruitée, légère, agréable, rond, tendre, petits tanins croquants, frais et fins, très élégants, plus facile d'accès que certains autres crus, délicat, frais et fin.

16,5 – Blanc. Floral, pomme, fruits blancs, pêche de vigne, frais, élégant, vif, tendu, belle acidité, long.

Pape-Clément

Cru classé des graves en rouge
Surface : 32,7 ha (dont 2,5 en blanc)
Propriétaire : Bernard Magrez
Contact : Château Pape-Clément
216, avenue du Docteur-Nancel-Pénard – 33600 Pessac
05.57.26.38.38 – www pape-clement.com

Bernard Magrez n'est jamais aussi bon que dans le rôle du mal-aimé. Le vilain petit canard qui contre tous s'est forgé un destin mais que la société, surtout la bonne société bordelaise, rejette car il n'est pas des leurs… La légende Magrez, Bernard la raconte facilement de sa belle voix grave et colorée à l'accent atténué de Bordeaux. Cancre à l'école, tête de mule, apprenti affûteur de lames de scie sur décision paternelle, puis avec l'aide de son oncle qui n'était tout de même pas gardien de parking, mais Jean Cordier, négociant puissant et multipropriétaire de crus, la fondation d'une petite maison de commerce.

Depuis, il a fait sa fortune avec les vins de marque, Malesan notamment, revendu au groupe Castel, et les spiritueux sous le label William Pitters. Son dynamisme, sa capacité à s'adapter, à doper la force de vente par tous les moyens, ses colères feintes ou réelles, son interprétation toute personnelle du management donnent lieu à des anecdotes que racontent à la veillée ses anciens salariés. Lesquels n'ont jamais de difficulté à retrouver un emploi. On les sait dévoués, capables de se dépasser et dotés d'un sens certain de l'entreprise.

Un beau jour, Bernard Magrez a pris un nouveau virage. Terminé les alcools et les vins de marque, fini la cravate Malesan (avec un cheval) que devaient arborer les hommes du groupe. Place aux « premiums » et aux « ultra-premiums », des crus travaillés avec le plus de minutie et de technique possible (l'œnologue Michel Rolland à tous les étages) pour en faire des vins rares à très forte notoriété et plus-value. D'une qualité générale assez élevée, ils sont destinés à des marchés ciblés et proposés en exclusivité à certains importateurs. *« Les gens, aujourd'hui, veulent se battre avec des exclusivités, car ainsi ils sont protégés. »*

Tout cela accompagné d'une très forte communication déclinée allegro en mode : un auteur, un créateur, des vins d'exception. *« La passion de la rareté »*, est-il écrit sur les étiquettes. Événements, mondanités, séduction pour ne pas dire plus auprès d'une certaine presse, plus attentive aux rentrées publicitaires qu'à la charte déontologique.

Aujourd'hui, Bernard Magrez est devenu l'ami des stars, le copain de Gérard Depardieu, l'homme qui ne passe pas une semaine sans sa photo chez les pipoles, le « compositeur de grands vins » avec des pieds de vigne sur tous les continents, des crus à la pelle...

On aurait pu imaginer qu'en septuagénaire plus plus, Bernard se calme, pense qu'il n'a plus besoin de montrer à son père et aux Bordelais qu'il méritait mieux qu'une école d'affûteur de scies. Qu'il décide, comme l'a fait son idole François Pinault, de se consacrer aux arts. Qu'il crée sa fondation (c'est fait : Institut culturel Bernard-Magrez), qu'il s'y consacre et se retire des affaires !

Il n'en est rien. Bernard court comme s'il pouvait dépasser le temps. Après Depardieu, voilà le cuisinier des cuisiniers en renfort, Joël Robuchon, qui n'a jamais été aussi actif que depuis qu'il a annoncé sa retraite. Le maître, qui souffrait sans doute d'un petit creux dans son emploi du temps, joue du fourneau pour accorder les crus de Magrez avec son cuit à lui.

Pape-Clément constitue le fleuron des vins Magrez. Situé à Pessac, en ville comme son presque voisin Haut-Brion, Pape-Clément doit son nom à Bertrand de Goth, archevêque de Bordeaux devenu pape sous le nom de Clément V au début du XIVe siècle. Tout comme Haut-Brion, il bénéficie d'un microclimat urbain qui favorise la maturité. De loin, c'est le meilleur vin au catalogue de Bernard Magrez, même si la mise en avant de micro-cuvées sur des terroirs viticoles parfois moins favorisés peut créer la confusion.

Depuis la fin des années 80 et la totale reprise en main par Magrez, Pape a retrouvé son rang grâce notamment à un important travail dans les vignes. Un soupçon de moins de puissance, un zeste de plus vers l'élégance et ce serait parfait.

Aussi du blanc : une production marginale par rapport au rouge.

Second vin : Le Clémentin

Millésime 2000

– Dégustation d'avril 2001

16 – Nez épicé, un peu poivré, avec des touches de sous-bois, bouche puissante, tanins veloutés très présents. Ensemble assez dense, équilibré, que l'élevage devrait affiner.

– Dégustation de mars 2002

16,5 – Nez marqué par l'élevage, bouche dense en attaque, puissante, très riche, un peu trop extraite, avec des tanins assez marqués et rugueux. Un très fort potentiel si les tanins s'affinent, mais une certaine rusticité à ce stade.

Millésime 2001

– Dégustation de mars 2002

50/50 cabernet-sauvignon et merlot. « *C'est la première fois que l'on ramasse en cagettes. On dispose de dix cuves bois de 70 hectolitres sur lesquelles on égrène à la main, pas de foulage. On remet en cagette et direct dans la cuve avec de la neige carbonique pour éviter l'oxydation. On fait ainsi un genre de macération intracellulaire. Le but, c'est de chercher à empêcher le chapeau de se durcir. On n'a pas le terroir de Haut-Brion, et par nos innovations on essaie de s'en rapprocher* », commente Bernard Magrez.

17 – Nez très épicé, marché oriental, fruits noirs en confiture derrière, bouche puissante mais bien fondue, tanins moelleux, finale serrée mais sans aspérités. Vin élégant et racé, beaucoup de style.

Millésime 2002

– Dégustation d'avril 2003

40 % merlot, 60 % cabernet-sauvignon. Égrenage manuel et trie sur tables – « *11 kilos par personne et par heure* », a comptabilisé Bernard Magrez –, mise en cuves bois par gravité, etc. L'essentiel reste que c'est bon.

17,5 – Nez complexe d'épices, de grillé, de fruits noirs, note cacao, bouche puissante, dense, riche d'un tanin moelleux, très enrobé mais ferme. Pas de sécheresse, mais du solide. Belle bouteille après élevage.

Millésime 2003

– *Dégustation d'avril 2004*

60 % de cabernet-sauvignon et de 40 % merlot.

17 – Rouge. Nez de cerise noire, mûre, gentiane, une touche racinaire, sureau, fruits noirs, bouche souple, onctueuse, tanins veloutés, beaucoup d'allure, finale serrée mais sans rusticité.

14,5/15 – Blanc. Écorce d'agrumes, épicé, pomme verte, vif, élégant en bouche, une bonne complexité aromatique et une longueur moyenne.

Millésime 2004

– *Dégustation d'avril 2005*

46 % merlot, 54 % cabernet-sauvignon.

17 – Rouge. Épices, cannelle, fruits confits, nez expressif, riche, bouche onctueuse, beaucoup de tanins doux, gras, onctueux. Une matière généreuse, opulente, qui surprend par sa capacité à exprimer un fruité assez frais et fringant en finale.

15 – Blanc. Bien fruité, ananas, pomélo, bouche vive, bien structurée, finale parfumée aux fruits blancs.

Millésime 2005

– *Dégustation d'avril 2006*

Bernard Magrez ne soumettait pas moins de 72 vins au jugement des professionnels venus lui rendre visite. Des vins qu'on peut acquérir ou goûter dans une boutique (41, rue Saint-Augustin, Paris 2e). Mais ici, on est dans le cru phare, où le recueillement est nécessaire.

17,5 – Rouge. Floral, violette, réglisse, bouche séveuse, puissante, tanins virils mais fondus s'exposant dans un registre velouté, une forte densité, et beaucoup de longueur.

15,5 – Blanc. Pomme golden, poire, agrumes, joli nez flatteur, bouche ronde, citronnée, du volume, de la richesse mais équilibrée par l'acidité. On l'a connu plus démonstratif.

Millésime 2006

– *Dégustation d'avril 2007*

16 – Boisé, résine, bouche bien droite, tanins veloutés, rehaussée par le bois, bonne rondeur, tendu, fin.

Millésime 2007

– *Dégustation d'avril 2008*

16,5– Rouge. Cassis, myrtille, très fruits noirs, un peu sévère, bouche dense, tendue, belle matière, serré, frais, bien fruité.

14 – Blanc. Citronné, bouche ronde, sucrosité, rond, très boisé.

Millésime 2008

– *Dégustation d'avril 2009*

16,5/17 – Rouge. Floral, fraises au sucre, bouche fine, délicate, un peu vite resserrée en finale. Bon fruit, un peu dur en finale mais très belle première séquence, devrait se fondre et faire un joli vin de garde.

16 – Blanc. Citronné, bouche ronde, un peu de gras, ample, large, puissant, pas mal d'alcool, puissant et complexe.

Millésime 2009

– *Dégustation d'avril 2010*

16/16,5 – Rouge. Fruits noirs, épices, bouche au boisé marqué, matière imposante, des notes carbonifères, fumée, un peu d'amertume en finale, matière généreuse, puissante ; vin intense, un peu austère.

14,5 – Blanc. Fermé, bouche moelleuse, douce, très enrobée, un peu lourd, très mûr, rond, riche, puissant, un peu surmûri.

Smith-Haut-Lafitte

Cru classé des graves en rouge
Surface : 67 ha ; 56 en rouge et 11 en blanc
Propriétaires : Florence et Daniel Cathiard
Contact : 33650 Martillac
05.57.83.11.22
www.smith-haut-lafitte.com

Le Bordeaux du vin, classique dans ses usages, considérait les Cathiard avec le regard d'un chanteur de charme visionnant en 1963 la fin d'un concert des Beatles sur une télé noir et blanc. C'est vrai que Florence a fait montre de tout son talent, parfois sans prendre la mesure de la société environnante, de ses contraintes, de ses lourdeurs. Même son mari Daniel en convient, Florence peut sembler parfois quelque peu lancinante dans sa façon bien à elle de convoquer CNN si un jour elle trouvait un caillou dans les lentilles. Ancienne publicitaire de choc, vice-présidente de l'agence internationale de marketing et communication McCann, elle a transformé la reprise de Smith en un événement à peine plus médiatique que l'arrivée à la Maison-Blanche de Barack Obama. C'était en 1990. Jusqu'alors, Smith, pourtant très ancien cru, avait une renommée de 2,50 mètres. Le vin que les négociants ignoraient. D'ailleurs, il était commercialisé en exclusivité depuis la nuit des temps par une seule maison : Louis Eschenauer. Laquelle avait fini par le racheter. Pas cher.

Un mot sur « Oncle Louis », comme on l'appelait avant, pendant et un peu moins après la Seconde Guerre mondiale. Surnommé « le Roi de Bordeaux », Louis Eschenauer dirige en 1939 la plus importante maison de vins. Ses trop bonnes relations avec l'occupant lui valurent quelques ennuis en 1945, sans pour autant mettre sa vie en péril. L'historien Philippe Roudié rappelle qu'au moment du départ des troupes allemandes Louis Eschenauer, profitant de sa proximité avec les officiers supérieurs, négocia afin d'éviter que le port et une partie de la ville ne soient détruits. Élan patriotique soudain ou besoin de blanchir un CV un peu gris ? Pour en savoir plus, il faut lire le très amusant ouvrage de Florence Mothe *Toute honte bue* (Albin Michel).

Eschenauer rachète donc en 1958. La date est importante. 1958 ne signifie pas seulement le retour du Général aux affaires. C'est aussi, deux ans après le grand gel de février 1956, la pleine période de replantation du vignoble. Période de vaches maigres également. Nombre de propriétés se situent entre la zone de grande difficulté et l'abandon. Le négoce, quand il est également propriétaire, manie l'investissement avec la plus grande parcimonie. D'autant que la richesse, à l'époque, ne provient pas des grands crus et des châteaux mais des vins de table, ceux produits par coupage en fort volume. On entretient donc les propriétés a minima. Smith a été replanté avec une densité à l'hectare de 6 500 pieds, contre 10 000 en principe. Souvent, on a placé les cabernets, plus tardifs, dans les zones où le gel de printemps aurait détruit les bourgeons du précoce merlot. Il se trouve qu'en général ce sont des endroits où le cabernet mûrit mal ou pas du tout. On choisit le porte-greffe, c'est-à-dire la partie racinaire du cep, en fonction de sa productivité et non de la qualité des raisins, etc. À Bordeaux, on désigne ce type de handicap par une phrase que seuls les initiés peuvent comprendre : *« Planté par le négoce »*.

Les Cathiard avaient du pain sur la planche, ce qui ne leur faisait pas peur. Mais ils avaient surtout besoin de temps. Remettre en ordre de marche un vignoble, provoquer un enracinement suffisant des nouvelles plantations, revoir les tailles et le palissage ne se fait pas en une saison.

Florence et Daniel Cathiard se sont connus sur les pistes. Tous deux faisaient partie de la grande équipe de France des années 60. *« Pas de chance pour moi ; dans l'équipe, il y avait aussi Killy, Périllat… »*, s'amuse Daniel Cathiard. Propriétaire de la chaîne de magasins Genty-Cathiard, créateur de Go Sport, à la tête de 500 hyper et supermarchés, il décide de tout vendre en 1989, à 45 ans. Après une année à réaliser des rêves d'exploits (rallyes autombiles, voile, etc.) que des années de boulot sans dimanche n'avaient pu exaucer, il cherche et trouve une nouvelle voie : le vin.

Rapidement, après le rachat, Florence et Daniel Cathiard ont réussi à produire un blanc de qualité, techniquement irréprochable. Au départ uniquement basés sur le sauvignon traditionnel, les blancs ont évolué dans leur composition. À partir de 2003, le cépage fié gris, sauvignon gris plus riche en sucre, très savoureux, et le sémillon sont entrés dans l'assemblage à hauteur de 5 % chacun.

En revanche, l'exercice s'est avéré plus difficile pour les rouges.

Un temps, les Cathiard ont contourné l'obstacle en faisant des vins puissants, démonstratifs, mais manquant quelque peu de finesse. On ne saurait le leur reprocher. Depuis les années 2000, on devine que les efforts réalisés dans le vignoble paient : moins de chromes et plus de couple, dirait-on d'un moteur. Et comme pilote Fabien Teitgen, look rock, cheveux longs façon Neil Young époque *Harvest,* modeste et talentueux. Le nouveau Smith rivalise désormais avec les meilleurs de l'appellation.

Entre-temps, la famille a révolutionné le secteur. Rachat de Cantelys (pessac également) en 1994, un cru d'une quarantaine d'hectares, ou plus récemment de Le Thil. Surtout, avec les enfants du couple, création des Sources de Caudalie avec restauration, thermalisme, etc. Une centaine de personnes travaillent sur le site.

Quelle énergie ! Deux générations, Daniel, Florence, leurs enfants, et ce cru, surtout fréquenté par les merles autrefois, devenu une vraie petite ville bruissant au rythme des différentes activités créées de toutes pièces.

Second vin : Les Hauts de Smith

Millésime 2000

– *Dégustation d'avril 2001*

15,5 – Rouge. Nez épicé, vanillé, fruits confits, bouche dense, tanins serrés donnant une colonne vertébrale solide au vin mais manquant un peu de charme.

15,5 – Blanc. Nez bien frais, citronné, agrumes, fleurs blanches. Bouche tendre, ronde, avec ce qu'il faut de gras pour flatter les papilles, note mentholée rafraîchissante, bonne longueur.

– *Dégustation de juin 2008*

15,5 – Rouge. Floral, feuillage, commence à s'ouvrir. Bouche dense, ronde en première séquence, refermé ensuite, assez long, un peu sévère en finale.

16 – Blanc. Beurré, poire, nez assez complexe, beaucoup de saveurs en bouche, du gras, bonne longueur.

Millésime 2001

– *Dégustation d'avril 2002*

15,5 – Rouge. Nez très expressif de mûre et de fruits rouges, fraise des bois, bouche ronde, bien épicée, tanins frais pas trop enrobés, une sensation d'élégance qu'on ne connaissait pas dans ce cru. Du chic et de la réserve.

– Dégustation de juin 2008

15,5 – Rouge. Nez assez fermé, prune, fumé, bouche ronde, souple, bonne matière, agréablement évoluée, vin équilibré, droit, moins de volume que le 2000 mais plus harmonieux.

14 – Blanc. Un peu fatigué au nez, miel en bouche, assez évolué, à boire rapidement.

Millésime 2002

– Dégustation d'avril 2003

Fabien Teitgen : *« On recherche la maturité, pas la surmaturité. On évite aussi le côté surextrait, pas de macération brutale. On travaille l'élevage lot par lot, en bâtonnant au début pour mettre les lies en suspension, puis on laisse le vin s'enrichir sur lie. »*

15 – Rouge. Nez de fraise écrasée et de baies noires, bouche ronde, souple, tanins moelleux, vin gourmand, bien fruité, sans le chic de l'an passé à ce stade.

17 – Blanc. Nez complexe ; floral, pomme verte, tilleul, bouche droite, bien équilibrée entre acidité et gras, fruits de la passion, long. Classe.

Millésime 2003

– Dégustation d'avril 2004

16,5 – Rouge. Nez frais, fruits rouges, sorbet, épices douces, bouche délicate, tanins crémeux, beaucoup de fruit, bonne longueur, structure élégante et solide.

15,5 – Blanc. Ananas, mangue, pêche blanche, bouche fraîche, bien fruitée, avec de la consistance et de la longueur.

– Dégustation de juin 2008

15,5 – Blanc. Beurré, avec des accents de chardonnay, gras en bouche, poire Williams, riche, ample, puissant mais gourmand, bonne longueur.

Millésime 2004

– Dégustation d'avril 2005

Depuis quelques millésimes, le style a changé. Moins d'extraction, plus de douceur et de respect du fruit.

16 – Rouge. Tarte aux fruits, une touche de boisé discret aux accents vanillés, bouche svelte, tendre, tanins charnus et liés mais sans dureté, douce amertume en finale. Vin charmeur, long, bien fruité.

15 – Blanc. Grillé au nez, bouche dense, du gras, des notes épicées, assez opulent. Des saveurs de fruits blancs, de melon et d'ananas mêlées à la cannelle. Bon équilibre.

– Dégustation de juin 2008

15,5 – Rouge. Floral, fruits rouges cuits, bouche tendre, assez élégante, bien fruitée, une pointe de boisé en trop qui pèse un peu sur la finale.

15,5 – Blanc. Abricot, poire, fruits blancs, assez élégant, bonne fraîcheur, du fruit, bon équilibre.

Millésime 2005

– Dégustation d'avril 2006

17 – Rouge. Floral, tabac, épices douces mêlées aux fruits noirs, la densité en bouche n'est pas contradictoire avec l'élégance, petits tanins ronds et soyeux, vin droit, séveux, sans les petits creux ou les pics de dureté d'autrefois. Le meilleur Smith que nous ayons goûté et sans doute une sorte d'aboutissement pour ceux qui ont réinventé ce cru.

16 – Blanc. Beurré, joli fruit, nez un peu bourguignon, bouche fraîche, assez vive, bien fruitée, une pointe d'amertume rafraîchissante en finale.

– Dégustation de juin 2008

17,5 – Rouge. Assez fermé, prune, feuillage, note épicée, bouche dense, tanins veloutés, long, ensemble tendu, fin, très belle qualité des tanins, très harmonieux.

15,5 – Blanc. Fermé, bouche ronde, avec du gras, assez volumineux et marqué par le bois qui estompe le fruit.

Millésime 2006

– Dégustation d'avril 2007

16,5 – Rouge. Puissant, chêne, fruits noirs, bouche ronde, élégante, bien garnie, réglissée. Très bien travaillé, long. Un peu serré en finale.

15 – Blanc. Grillé, épicé, réduit, bouche puissante, du gras, riche, pas mal de bois, sucrosité.

– Dégustation de juin 2008

16 – Rouge. Gelée de framboises, encore sur son fruité de jeune vin, bouche ronde mais vive, fruitée, élégante, tendue, tanins un peu serrés en finale, bon ensemble frais et nerveux.

15 – Blanc. Fruits blancs, pêche de vigne, vif, élégant, pointe de sécheresse en finale, mais joli fruit.

Millésime 2007

– *Dégustation d'avril 2008*

16,5 – Rouge. Vanille, floral, fruits confits, bouche ronde, souple, tendre ; vin élégant, raffiné, bien travaillé, pas trop extrait, un peu de sucrosité en finale. Beaucoup de séduction.

– *Dégustation de juin 2008*

16 – Rouge. Prune, cerise, pas très ouvert, souple, doux, bien rond, mais assez refermé par rapport à la dégustation primeur.

16 – Blanc. Fruits blancs, bouche savoureuse, bien fruitée, vive, du gras, beaucoup de matière, un vin tonique et gourmand.

Millésime 2008

– *Dégustation d'avril 2009*

17 – Rouge. Un nez étonnant de fruits blancs, rappelant le condrieu de la vallée du Rhône, pêche jaune, bouche ronde, moelleuse, très fondue, sucrosité sans sucre, puissant mais fondu, gourmand, belle matière onctueuse et bon fruit, un peu trop d'extraction mais l'ensemble est cohérent.

16,5 – Blanc. Floral, note de miel, frais, tendre, vif, tendu, un peu serré, bon fruit. Un vin un peu en repli à ce stade mais prometteur, avec de la minéralité.

Millésime 2009

– *Dégustation d'avril 2010*

17,5 – Rouge. Fruits noirs, épices, bouche crémeuse, souple, fine, élégante, du soyeux, velouté, garni, violette, frais et fin, tanins d'une extrême finesse, douceur, délicatesse, très joli vin.

15,5 – Blanc. Fruits blancs, pêche de vigne, bouche riche, puissante, très enveloppée, riche en alcool, intense, long, chaleureux.

La Tour Haut-Brion

Cru classé des graves en rouge
Surface : 6 ha
Propriétaire : Domaine Clarence Dillon
Contact : 135, avenue Jean-Jaurès – 33608 Pessac
05.56.00.29.30
www.haut-brion.com

Fait partie des domaines Clarence Dillon, comme Haut-Brion et La Mission. Voir La Mission Haut-Brion dans lequel il est intégré désormais.

Millésime 2000

– *Dégustation d'avril 2001*

53 % merlot, 5 % cabernet franc, 42 % cabernet-sauvignon.

16 – Cerise écrasée au nez, fruits noirs, rond, tendre en bouche, la structure tannique réveille la deuxième séquence, on le découvre dense, costaud, bien garni, un peu renfermé mais très prometteur.

Millésime 2001

– *Dégustation d'avril 2002*

54 % merlot, 33 % cabernet-sauvignon, 13 % cabernet franc.

15,5 – Nez discret, charnu, tanins gras, fruité éclatant en bouche, souple, agréable assez rapidement.

Millésime 2002

– *Dégustation d'avril 2003*

51 % merlot, 30 % cabernet-sauvignon, 19 % cabernet franc.

15,5/16 – Nez très fruits rouges, groseille, fraise des bois, bouche vive, élégante, fraîche, tanins soyeux, vin délicat et soyeux.

Millésime 2003

– *Dégustation d'avril 2004*

68 % merlot, 32 % cabernet-sauvignon.

14,5/15 – Nez prune, confiture de fraise, bouche puissante, un peu massive, tanins serrés. À revoir après élevage.

Millésime 2004

– Dégustation d'avril 2005

60 % merlot, 38 % cabernet-sauvignon, 2 % cabernet franc. Élevage dans 44 % de bois neuf, qui devrait lui apporter un peu plus d'amabilité.

15,5 – Épices, fruits noirs, nez boudeur, bouche solide, un peu austère, beaux tanins droits, sans dureté. Juste une certaine sévérité. Bon potentiel.

Millésime 2005

– Dégustation d'avril 2006

Un assemblage très favorable au cabernet franc : 32 % merlot, 27 % cabernet-sauvignon, 41 % cabernet franc.

15 – Épices, poivre, cerise, bouche serrée, tanins mordants, peu fondus, une matière abondante et assez rugueuse.

Les pessac-léognan non classés

Baret

Surface : 22 ha dont 2 en blanc
Propriétaire : Ballande
Contact : Château Baret
86, cours Balguerie-Stuttenberg
33082 Bordeaux Cedex
Tél. 05.56.00.00.70
www.borie-manoux.fr

Propriété gérée par Philippe Castéja, propriétaire de Trottevieille à Saint-Émilion, Lynch-Moussas et Batailley à Pauillac.

Millésime 2001

– Dégustation d'avril 2002

14 – Rouge. 55 % cabernet-sauvignon, 40 % merlot, 5 % cabernet franc. Nez de fruits rouges très prononcé, bouche souple, parfumée à la framboise, droite, savoureuse. Un vin qui se boira assez jeune.

Millésime 2002

– Dégustation d'avril 2003

14,5 – Rouge. 34 % merlot, 61 % cabernet-sauvignon, 5 % franc. Épices, note de chêne mêlée aux fruits noirs, vif en bouche mais rond, tanins tendres, déjà très agréable.

14,5 – Blanc. 60 % sauvignon, 40 % sémillon. Buis, floral marqué par le sauvignon, frais, un peu poivré en bouche, rafraîchissant, bien vif.

Millésime 2003

– Dégustation d'avril 2004

14 – Rouge. Épices, rose rouge, bouche fraîche, parfumé de pêche de vigne. Vin léger, pas très dense mais bien parfumé.

13,5 – Blanc. Épicé, citron, frais, bien fruité, agréable par son fruit plus que par sa densité.

Millésime 2004

– Dégustation d'avril 2005

14,5/15 – Rouge. 52 % merlot, 41 % cabernet-sauvignon, 7 % cabernet franc. Fruits rouges, cerise, framboise ; bouche vive, élégante, bien droite, petits tanins fins, finale vigoureuse sur des notes empyreumatiques (un nom savant pour dire fumées).

Millésime 2005

– Dégustation d'avril 2006

15 – Rouge. Bien exprimé, violette, prune, réglisse, bouche ronde, tendre, on a mis la pédale douce côté extraction et cela donne un vin équilibré, soyeux, qui fait plaisir à boire !

Millésime 2006

– Dégustation d'avril 2007

14,5 – Rouge. 53 % merlot, 42 % cabernet-sauvignon, 5 % cabernet franc. Épicé, bouche ronde, agréable, un peu ferme côté tanins mais agréable, bonne finale fruitée.

14 – Blanc. Nez floral, fruits blancs, bouche bien fruitée, agréable, pas très longue, vive.

Millésime 2007

– Dégustation d'avril 2008

14,5/15 – Rouge. Fruits noirs, bois, bouche ronde, volumineuse, assez puissante mais sans dureté, frais.

14,5/15 – Blanc. Bien fruité, bouche vive, un peu végétale, agrumes, long, frais, vif, belle fraîcheur.

Millésime 2008

– Dégustation d'avril 2009

15 – Rouge. Grillé, boisé, bouche ronde, gourmande, souple, un joli boisé et un bon équilibre.

14,5 – Blanc. Pomme verte, floral, léger, tendre, bien parfumé, pas très long.

Millésime 2009

– Dégustation d'avril 2010

15,5 – Rouge. Fruits noirs, très mur, charnu, tendre, savoureux, tanins aimables, très charmeur, long, épices douces.

14,5 – Blanc. Nez frais, fleurs blanches, pêche blanche, onctueux, fumée, note d'amertume, boisé un peu marqué, finale gourmande, assez fin.

Brown

Surface : 28 ha dont 4,5 en blanc
Propriétaire : Dirkzwager-Mau
Contact : Jean-Christophe Mau
allée John-Lewis-Brown – 33850 Léognan
05.56.87.08.10
www.chateau-brown.com

Ce cru a été acheté en 2005 par les Mau (le négociant Yvon Mau possède également Château de Preuillac, en médoc), associés à une famille néerlandaise, les Dirkzwager. Brown a eu son heure de gloire vers le milieu du XIXe siècle et a couvert jusqu'à 200 hectares, englobant une partie de ce qui est devenu Château Olivier. En 1993, en piètre état, il avait été repris par Bernard Barthe, originaire du Sud-Ouest, où son père et son grand-père étaient éleveurs de chevaux de course. Sympathique, lié à l'Espagne où il avait bâti sa carrière, il s'était dévoué à la cause du vin et à celle de Brown en particulier, investissant dans les bâtiments et la replantation du vignoble. Les vignes sont donc pour une grande part assez jeunes, mais le cru devrait monter en qualité, surtout en rouge, qui représente plus des trois quarts du vignoble. Jean-Christophe Mau s'est attaché les services de Stéphane Derenoncourt.

Second vin : Colombier-de-Brown

Millésime 2001

– *Dégustation d'avril 2002*

Rouge. 55 % cabernet-sauvignon, 42 % merlot, 3 % petit-verdot dans l'assemblage.

14,5 – Nez bien fruité, mûre et myrtille, bouche ronde, tanins assez serrés mais sans aspérités, beaucoup de fruit en bouche, de l'élégance, bonne finale réglissée.

Millésime 2005

– *Dégustation d'avril 2006*

Rouge. 60 % cabernet-sauvignon, 35 % merlot, 5 % cabernet franc.

15,5 – Floral, rose rouge, bouche douce et fraîche, tanins élégants et bien fondus, un vin gourmand mais sérieux.

Millésime 2006

– *Dégustation d'avril 2007*

14,5 – Rouge. Fruits noirs, bouche serrée, amertume de la réduction, très extrait, tanins veloutés, puissant. Manque la douceur des graves.

Millésime 2007

– *Dégustation d'avril 2008*

14,5 – Rouge. Violette, un peu végétal, bouche fine, souple, assez gourmande, délicate, mieux en bouche qu'au nez.

14 – Blanc. Beurré, citronné, bouche vive, gazeuse, couleur soutenue, très agrumes et pêche blanche, pas mal, assez gourmand.

Millésime 2008

– *Dégustation d'avril 2009*

14,5 – Rouge. Fruits rouges, boisé, un peu amande grillée, bouche agréable, souple, pas d'une complexité farouche mais bien fruité, finale réglissée.

14,5/15 – Blanc. Floral, bouche souple, fraîche bien parfumée, vive.

Millésime 2009

– Dégustation d'avril 2010

14,5 – Blanc. Aromatique, élégant, séveux, ananas, abricot, floral, vif, long, sur le fruit.

Cantelys

Surface : 24 ha dont 9,50 en blanc
Propriétaire : Florence Cathiard
Contact : 33650 Martillac
05.57.83.11.22
www.smith-haut-lafitte.com

Les Cathiard de Smith-Haut-Lafitte ont acheté ce grand domaine de 40 hectares d'une seul tenant (24 de plantés) en 1994. Ma foi, il serait étonnant qu'ils y fassent du mauvais vin à terme ou qu'ils ne le fassent pas connaître.

Millésime 2006

– Dégustation d'avril 2007

14,4/15 – Rouge. Fruits rouges, léger, fruité, tendre, élégant, souple, bon fruit.

Millésime 2007

– Dégustation d'avril 2008

14,5 – Blanc. Réduit, bouche dense, fraîche, assez complexe, mentholée, bonne longueur.

Millésime 2008

– Dégustation d'avril 2009

15 – Rouge. Fruits noirs, note pêche jaune, bouche fluide, ronde, bien fruitée, petits tanins, vin assez tendu, bien fait.

15 – Blanc. Petite réduction, bouche tendue, fraîche, vive, assez structurée, acidité en finale ; le fruit est un peu aux abonnés absents, mais de la structure.

Millésime 2009

– Dégustation d'avril 2010

13,5 – Rouge. Frais, fruits noirs très mûrs, un peu surmûri, sucre en milieu de bouche, finale un peu pâteuse.

Les Carmes-Haut-Brion

Surface : 4,7 ha, rouge
Propriétaire : Patrice Pichet
Contact : Château Les Carmes-Haut-Brion
197, avenue Jean-Cordier
33600 Pessac
05.56.93.23.40
www.les-carmes-haut-brion.com

Que s'est-il passé ? La famille Chantecaille-Furt, qui gérait le domaine depuis le XIXe siècle, semblait bien partie pour continuer, avec Pénélope Furt qui avait rejoint ses parents. Et patatras, voilà qu'on découvre que Les Carmes a été racheté par un voisin, promoteur immobilier. Je n'ai rien, du moins pas plus que vous, contre les promoteurs immobiliers. On leur doit tant de si belles choses… Patrice Pichet figure parmi les dix plus importants de France, mais il a eu un prix pour le récompenser de respecter l'environnement. Déjà ça. Quand on voit ce bijou de petit château niché dans son écrin de verdure, comme disent les poètes qui écrivent les brochures des syndicats d'initiative, on est bluffé. Au cœur de la ville. Autour plein de maisons, et même de ces jolis lotissements tous pareils construits par des prom… Oh, pardon Patrice Pichet. Je sais : comme pour les garagistes et les chasseurs, il faut faire la différence entre le bon promoteur et le mauvais. Le mauvais promoteur, c'est celui qui construit n'importe quoi, n'importe où. Le bon promoteur, c'est celui qui construit quelque chose quelque part. Donc, autour c'est la ville et Les Carmes-Haut-Brion est demeuré intact dans son périmètre, depuis que Jean de Pontac, fondateur de Haut-Brion, le vrai, a offert ce lopin de terre aux carmes afin de s'acheter un visa pour le paradis. Une fois, je me rappelle avoir trouvé (mais pas ramassé, on a de l'éducation) des morilles sur la pelouse devant le château, en plein Pessac. A propos, Patrice Pichet, dont le nom de famille rendait obligatoire l'achat d'un cru, a basé son groupe à Pessac et il figure parmi les sponsors des Girondins de Bordeaux, dont le président est aussi vigneron. On est sauvés.

Second vin : Clos-des-Carmes

Millésime 2000

– Dégustation d'avril 2001

14,5 – Fruits noirs, cerise écrasée, bouche dense, ronde, tanins solides, un peu trop extrait, assez vif en finale.

Millésime 2001

– Dégustation d'avril 2002

50 % merlot, 40 % cabernet franc, 10 % cabernet-sauvignon.

14,5 – Nez grillé, fruits cuits, bouche ronde, tanins moelleux, gras, beaucoup de fruit. L'élevage devrait l'affiner.

Millésime 2003

– Dégustation d'avril 2004

55 % merlot, 24 % cabernet franc, 20 % cabernet-sauvignon. Didier Furt : *« Nous avons beaucoup d'argile, nous avons des rendements faibles de 38 hl/ha, mais la vigne n'a pas trop souffert. »*

15 – Cassis, violette, joli nez floral et fruité, boisé discret, bouche dense, matière serrée, tanins présents, bon équilibre.

Millésime 2006

– Dégustation d'avril 2007

15,5 – Fruits confits, cerise confite, bouche dense, épicée, bien construit, long, fruité, tanins crémeux, un peu de dureté en finale.

Millésime 2007

– Dégustation d'avril 2008

14 – Grillé, épices, plus ou moins boisé, bouche vive, serrée, tendue, joli fruit, pointe d'astringence en finale.

Millésime 2008

– Dégustation d'avril 2009

14,5 – Boisé intense, fruits rouges, bouche fluide, séchée par le bois ou pas très consistante. Un joli grain de tanins mais trop de bois sur l'échantillon.

Millésime 2009

– Dégustation d'avril 2010

14,5 – Fruits noirs, bouche souple en attaque, assez élégant, un peu serré en finale.

Clos Marsalette

Surface : 6,3 ha dont 0,8 en blanc
Propriétaire : Vignobles Comtes von Neipperg
Contact : Stephan von Neipperg
Château Canon-La Gaffelière – 33330 Saint-Émilion
05.57.24.71.33
www.neipperg.com

Au départ de l'aventure, on trouve Francis Boutemy, de Château Haut-Lagrange, acteur important des pessac-léognan, associé à Jean-Pierre Sarpoulet, ancien géomètre de La Brède et Stephan von Neipperg, ami de Boutemy et propriétaire de Canon-La Gaffelière, à Saint-Émilion. Les cols financiers passés, ne restent plus à pédaler que Neipperg et son copain Didier Miqueu, polytechnicien, économiste et financier, consultant spécialisé dans la gestion et la finance d'entreprises. En 2004, ces deux-là ont réuni un groupe d'investisseurs privés pour valoriser des vignobles à travers Winevest

Partners. Quelques propriétés bien choisies, non pas en termes de notoriété, mais pour la qualité de leur sol viticole, ont rejoint l'ensemble Vignobles Stephan von Neipperg. Les vins sont en général au rendez-vous. Au Clos Marsalette, une bonne partie du vignoble est encore un peu jeune pour révéler (en rouge) tout le potentiel du terroir.

Millésime 2000

– Dégustation d'avril 2001

14 – Blanc. Nez pomme, aubépine, vin brut de décoffrage, beaucoup de gaz encore, du gras et une certaine finesse. À revoir.

Millésime 2001

– Dégustation d'avril 2002

16 – Rouge. 70 % cabernet-sauvignon, 30 % merlot, sur sol assez argileux. Nez puissant de violette et de prune noire, bouche ronde, tendre, veloutée, tanins délicats mais sans faiblesse, une trame assez charnue, joli fruit, très classe.

Millésime 2005

– Dégustation d'avril 2006

14,5 – Rouge. Réglisse, violette, bonne structure bien arrondie et des tanins souples, une sensation de sucrosité qui lui confère du charme. Le vin est un peu éteint à ce stade et les saveurs discrètes, on peut juger la structure, pas l'émotion.

– Dégustation d'avril 2008

15,5 – Rouge. Grillé, épicé, réglisse, bouche ronde, souple, délicate, tendre, bien fondue, bien typée, soyeuse et ronde, petits tanins vifs en finale.

Millésime 2006

– Dégustation d'avril 2008

14,5 – Rouge. Fumé, grillé, réduit, violette, bouche souple, fondue, resserrée, un peu mâchée en finale.

Millésime 2007

– *Dégustation d'avril 2008*

13,5 – Blanc. Assez complexe au nez, gazeux, riche, compoté, surmûri.

Millésime 2008

– *Dégustation d'avril 2009*

14 – Rouge. 40 % merlot, 55 % cabernet-sauvignon, 5 % cabernet franc. Fruits noirs, bouche ronde, souple, frais, un peu extrait, réglissé en finale, serré, limite végétal.

15 – Blanc. Minéral, citronné, bouche vive, un peu fermentaire, bon fruit, tendu.

Millésime 2009

– *Dégustation d'avril 2010*

14 – Rouge. Fruits rouges et noirs, joli nez bien expressif, bouche ronde, souple, un peu creuse, sucrosité, gourmand.

14,5/15 – Blanc. Nez vif, feuillage, floral, citronné, bouche douce, un peu de gaz pour la fraîcheur, bien fruité, longueur moyenne mais belle fraîcheur.

Château de Cruzeau

Surface : 97 ha dont 27 en blanc
Propriétaire : André Lurton
Contact : 1, allée de Cruzeau – 33650 Saint-Médard-d'Eyrans
05.57.25.58.58
www.andrelurton.com

Vaste domaine qui eut son heure de gloire avant de pratiquement disparaître à la fin du XIXe siècle. Il fut reconstitué et doté d'une demeure à la fière allure en… 1912. Deux années plus tard éclatait ce que tout le monde sait, puis ce fut la série de crises d'entre les deux guerres, puis 1940. Ce Cruzeau attendait son Robinson qui vint en 1973, sous la forme d'un syndicaliste du vin entêté, réformateur ambitieux à tendance autoritaire : André Lurton. Depuis, le domaine a plus qu'été reconquis. Il a même doublé par rapport au siècle précédent et, comme dans presque tous les domaines viticoles où il plante sa pioche, André l'a doté d'un encépagement en blanc 100 % sauvignon. Même si nous le préférons dans cette couleur, les rouges ne sont pas mal non plus.

Millésime 2000

– Dégustation d'avril 2001

14,5 – Rouge. Cassis, mûre, nez très fruits noirs, bouche structurée, tanins serrés et ronds donnant une sensation d'onctuosité, fruits confits en finale.

Millésime 2002

– Dégustation d'avril 2003

15 – Blanc. Nez grillé, pomme verte, rose, bouche fraîche, nette, délicate, bien fruitée.

Millésime 2007

– Dégustation d'avril 2008

15 – Rouge. Fruits noirs, sucrosité, séduisant, bouche bien fondue, douce, finale un peu serrée.

Millésime 2008

– Dégustation d'avril 2009

14,5 – Rouge. Fruits rouges, bouche fluide, creuse, un peu reposante mais manquant de finale, souple et rond, tanins très fins.

14 – Blanc. Bon végétal, pomme, agrumes, bouche vive, élégante, pas très nerveuse, mais bon fruit.

Millésime 2009

– Dégustation d'avril 2010

15 – Blanc. Fruits blancs, pomme, bouche vive, bien fruitée, bonne longueur, équilibré, frais, savoureux.

Château d'Eck

Surface : 5 ha
Propriétaire : Michel Gonet & Fils
Contact : Frédéric Gonet
Château Lesparre – 33750 Beychac-et-Caillau
05.57.24.51.23
www.gonet.oxatis.com

En 1986, se sentant un peu à l'étroit sur son domaine en grand cru de la côte des Blancs, Michel Gonet, un nom célèbre en Champagne, rachète un premier domaine en Bordelais : Lesparre. D'Avize, le village où tout bon Champenois rêve d'avoir un rang de vigne, faire le grand écart pour installer sa famille à Beychac-et-Caillau, au cœur du bordeaux simple et de base, l'aventure peut sembler singulière. Mais, en 1986, elle l'était moins. Les bordeaux supérieurs se vendaient bien, le foncier restait raisonnable. L'opération ressemblait à un bon placement d'avenir. Les crises successives et la grande distribution tirant les prix vers le bas ont rendu à peu près inaudible le message pourtant clair de ces vins, première marche vers les grands crus. Les Gonet traversent l'épreuve sans trop d'émotion, car, rodés au savoir-faire champenois, ils ont développé très vite leur propre réseau commercial, indépendant du négoce traditionnel. Mieux, même, non découragés par l'ambiance morose qui domine chez les voisins, ils ont agrandi leur emprise, multipliant les achats de domaines. Château d'Eck représente sans doute un de leurs plus beaux coups. Jolie façade de défense avec murs crénelés et tours d'angle, le château est situé en bordure de l'autoroute qui mène à Toulouse, à la sortie de Bordeaux. Nul ne peut l'ignorer et nombreux sont ceux qui se réjouissent d'y voir de nouveau des vignes remplacer les friches. La famille Gonet totalise quelque chose comme 200 hectares à Bordeaux, où elle est une des rares à proposer, en plus du bordeaux simple, des graves-de-vayres et des pessac-léognan, un champagne blanc de blancs grand cru d'Avize cuvée Marquis de Sade. Divin marquis ou dix vins marquis, au choix.

Autres vins : Lesparre, Saint-Eugène, Haut-Bacalan, Durand-Bayle, Lathibaude…

Millésime 2006

– Dégustation d'avril 2007

14,5 – Poivre, épices, bouche épicée, un peu minérale, tendre, frais, élégant.

Millésime 2007

– Dégustation d'avril 2008

14,5 – Fruits rouges, petits tanins fondus en bouche, assez élégant, bien travaillé, même si c'est un peu flatteur.

Millésime 2009

– Dégustation d'avril 2010

15 – Fruits rouges, floral, bonne matière, épicé, tendu, serré, pas mal de bois mais du vin derrière, bien fruité.

CHÂTEAU D'EYRAN

Surface : 15 ha, rouge
Propriétaire : Famille de Sèze
Contact : 33650 Saint-Médard-d'Eyrans
05.56.65.51.59
www.chateaudeyran.com

« Si sa tête tombe, nous aurons à combattre la fureur étrangère et la pitié nationale. » Malgré le brillant et courageux discours de Nicolas-Joseph Marey devant la Convention, la tête du roi tomba et celui qui le défendit, le ci-devant citoyen avocat de Sèze, aurait bien pu, comme Louis, finir dans les bras de la Veuve. Mais il n'en fut rien. La preuve, ses descendants occupent cette jolie chartreuse, par lui achetée en 1796 (peut-être avait-il grandement besoin de prendre l'air loin de Paris). La vigne avait été totalement guillotinée en 1920 et, du domaine viticole, il ne demeurait qu'un lointain passé glorieux. En 1984, Sophie et son œnologue de mari, Stéphane Savigneux, ont décidé de le replanter. Toute la famille s'y est collée, même le grand-

père, alors âgé de 87 ans, «*un vrai kolkhoze royaliste*», s'amusait Stéphane, qui a réalisé sa première vinification au château en 1988. Depuis, les vignes se sont enracinées et les vins gagnent en profondeur. Stéphane Savigneux ne recherche pas l'extraction ni la matière forte. Ses vins sont orientés vers la filière fruit, tanins fins et plaisir rapide du consommateur.

Second vin : Haut-L'Artigue

Millésime 2001

– *Dégustation d'avril 2002*

Stéphane Savigneux : *«On a 50 % de merlot, 45 % de cabernet-sauvignon et 5 % de petit-verdot. Ils ont eu une véraison tardive, mais on a des petits grains vifs, très agréables. On les a pistés, c'était très casse-pied, mais ils nous apportaient de l'acidité.»*

15 – Nez fumé, tarte à la myrtille. Bouche ronde et grasse, bonne acidité, puissant et viril mais sans aspérités, belle longueur.

Millésime 2002

– *Dégustation d'avril 2003*

50 % merlot, 45 % cabernet-sauvignon, 5 % cabernet franc.

14 – Un peu fermé, tanins assez fins mais fermes, joli fruit. Un vin qui ne se livre pas facilement, mais assez prometteur.

Millésime 2004

– *Dégustation de novembre 2010*

14 – Nez fruit noir, bouche douce, fondue, tendre. Un gentil vin, sans dureté, basé sur le fruit, à boire rapidement.

Millésime 2005

– *Dégustation de novembre 2010*

14 – Nez feuillage, bouche vive, tendue, serrée, joli fruit, vin jeune, tanins peu fondus, à attendre.

Millésime 2006

– *Dégustation de novembre 2010*

15 – Nez fruité, un côté bourguignon, fruits rouges, bouche tendre, fruitée, élégante, les tanins se resserrent en finale mais sans dureté, très beau fruit, une matière supérieure à 2005.

Millésime 2007

– *Dégustation de novembre 2010*

13,5/14 – Chocolat, le boisé apporte des notes grillées, bouche tendre, légère, pas très dense mais bien fruité, vin gourmand.

Millésime 2008

– *Dégustation de novembre 2010*

14,5/15 – Joli nez, fruits rouges, bouche légère, tendre, élégant, bonne longueur, assez minéral et fruité.

La Garde

Surface : 45 ha dont 2 en blanc
Propriétaire : Vignobles Dourthe
Contact : Vins et Vignobles Dourthe
35, route de Bordeaux – Parempuyre
33295 Blanquefort Cedex
05.56.35.53.00
www.dourthe.com

Cet ancien domaine avait été acheté par le négociant Louis Eschenauer, surnommé Oncle Louis, dans les années 20. J'ai lu quelque part que ce fut le début d'un nouvel *« épanouissement »*. J'en doute. Eschenauer et ses collègues négociants assuraient le minimum dans leur propriété. Dire qu'ils y faisaient du grand vin revient à célébrer la qualité d'un camembert au lait pasteurisé fabriqué dans la proche banlieue de Tirana. Les Cathiard le savent bien, qui avaient racheté non loin Smith-Haut-Lafitte, après une longue gestion Eschenauer. Tout le vignoble ou presque était à reprendre, pour parler gentiment.

En 1990, c'est le négociant et gestionnaire de domaines Dourthe CVBG qui s'y colle. La situation a changé. Les propriétés qui ne rapportaient pas un euro autrefois sont devenues rentables, pour peu que l'on y produise du bon vin. Dourthe fait creuser une cave de grandes dimensions pour élever les vins et retape peu à peu le vignoble en procédant à des arrachages et à des replantations. Les œnologues Michel Rolland pour les rouges et Christophe Ollivier pour les blancs apportent leur savoir-faire. Guillaume Pouthier, responsable du cru, manœuvre au plus près du goût des consommateurs. Une réussite, La Garde, depuis quelques années, s'affirme comme un vin délicieux, bien rond, très accessible pour tous les palais et suffisamment de garde pour qu'un 95 régale encore quinze ans plus tard.

Second vin : Terrasse-de-La Garde

Millésime 2000

– *Dégustation d'avril 2001*

15,5 – Rouge. Nez fruits noirs avec une touche de grillé, bouche moelleuse, parfumée de cassis, très douce, bien équilibré, savoureux.

14 – Blanc. Des arômes très frais de pêche blanche et de citron vert, bouche dans la continuité, pas très volumineuse mais savoureuse.

Millésime 2002

– *Dégustation d'avril 2003*

15,5 – Joli fruit frais au nez, cerise, pointe de vanille du chêne, bouche élégante, tanins soyeux, bien fruité, vin de plaisir assez structuré pour bien vieillir.

Millésime 2003

– *Dégustation d'avril 2004*

15 – Nez épicé, fruits noirs, légèrement boisé, bouche grasse, dense, tanins veloutés, structure solide, bonne matière, joli fruit.

Millésime 2005

– *Dégustation d'avril 2006*

16,5 – Épicé, fruits noirs, frais, élégant, tanins généreux, pas trop extraits, racé, fruité, bonne longueur.

Millésime 2006

– *Dégustation d'avril 2007*

14,5 – Floral, bouche boisée mais dense, tanins moelleux, pas mal d'alcool, puissant. Bons tanins doux. Un peu sévère en finale.

Gazin-Rocquencourt

Surface : 9 ha, rouge
Propriétaire : Famille Bonnie
Contact : 43, avenue de Mont-de-Marsan BP 7 – 33850 Léognan
05.56.64.75.08
www.malartic-lagraviere.com

Cru de 9 hectares en production voisin du célèbre Domaine de Chevalier. *« C'est dans notre famille depuis une trentaine d'années »*, me disait le docteur Jean-Marie Michotte, propriétaire en indivision avec sa sœur. L'indivision possède cette remarquable particularité de se conclure en général par une division. Celle-ci n'échappa pas à la règle et, en 2006, l'affaire fut pliée au profit de Malartic-Lagravière. Au départ, le domaine s'appelait Gazin tout court, mais il existait un précédent – et non des moindres – à Pomerol et, malgré l'excellent caractère de son propriétaire, les Michotte durent ajouter Rocquencourt, ce qui sonne plutôt bien. Jean-Marie Michotte avait essayé de remettre la propriété aux normes. Même avec des moyens réduits, il parvenait à élever un assez joli vin sur ce très bon terroir. *« On a vu le potentiel »*, commente Jean-Jacques Bonnie, de Malartic.

Millésime 2000

– *Dégustation d'avril 2001*

15,5 – Très joli nez de violette, cerise et groseille, une sensation de fraîcheur qui se confirme en bouche, tanins fins et veloutés, bonne longueur, beaucoup de classe.

Millésime 2001

– *Dégustation d'avril 2002*

Jean-Marie Michotte. « *On revient vers des vins plus traditionnels avec des tanins plus présents sans qu'on ait besoin de trop les chercher.* » 70 % cabernet-sauvignon, 30 % merlot.

16 – Nez de cerise confite, note grillée, bouche riche, élégante, structurée. Vin sérieux, trame tannique serrée et soyeuse. Beaucoup de classe.

Millésime 2006

– *Dégustation d'avril 2007*

Vendu à Malartic, donc, en début d'année 2006.

14 – Fruits noirs, boisé, bouche souple, ronde, bien fruitée, finale un peu rugueuse, joli fruit.

Millésime 2008

– *Dégustation d'avril 2009*

13 – Du vert, bouche serrée, tendue, pas très mûre, un peu séchante en seconde séquence.

Millésime 2009

– *Dégustation d'avril 2010*

15 – Fruits noirs, épices, bouche ronde, soyeuse, épicée, douce, bonne longueur, tendue, élégante, finale un peu resserrée.

Haut-Bergey et Branon

Surface : 28,5 ha dont 2 en blanc. 6,5 ha pour Branon
Propriétaire : Vignobles Garcin
Contact : Sylviane Garcin-Cathiard
Château Haut-Bergey
33850 Léognan
05.56.64.05.22
www.vignoblesgarcin.com

Sylviane Garcin, sœur de Daniel Cathiard (Smith-Haut-Lafitte), n'a pas tardé à rejoindre son frère, descendu des massifs alpins en 1990. Un an plus tard, elle achetait ce joli château, Haut-Bergey. Des travaux considérables ont été réalisés et la partie vinification n'a pas été oubliée. En 1997, les Garcin ont repris également Clos-L'Église, en pomerol, et possèdent aussi Barde-Haut, à Saint-Émilion. Sylviane Garcin s'est intéressée au sort de Branon, très ancien cru à peu près disparu, des bâtiments duquel il ne restait que les ruines. Dans les années 2000, on a goûté, présenté par le conseiller négociant Jean-Luc Thunevin, un Branon qui semblait davantage, d'après Thunevin, une cuvée spéciale de Haut-Bergey que le résultat d'une replantation précoce de Branon. Désormais, Branon a sa propre existence, un peu brouillonne pour le moment, mais quand les vignes seront davantage enracinées, sans doute quittera-t-il son style mondialisé pour nous parler avec l'accent du terroir.

Second vin : Étoile-Bergey

Millésime 2000

– *Dégustation d'avril 2001*

14 – Rouge. Nez réglisse, violette, Zan, bouche bien garnie, un peu rustique mais avec une dominante fruitée qui la rend très agréable.

Avec le célèbre vinificateur Jean-Luc Thunevin (Valandraud, à Saint-Émilion), le domaine a isolé 2 hectares des meilleures parcelles (60 % merlot, 40 % cabernet-sauvignon) en rouge. Cela donne **Château Branon**, noté 15, au nez de pâtisserie, tarte à la cerise, bouche gourmande, très ronde.

Millésime 2002

– Dégustation d'avril 2003

14,5 – Rouge. 60 % cabernet-sauvignon, 40 % merlot. Joli nez de fruits noirs et d'épices, rond, tendre, soyeux, déjà agréable. Un vin gourmand, plaisant, assez facile d'accès.

Branon. Goût international, très boisé, plus destiné au marché export.

Millésime 2008

– Dégustation d'avril 2009

13 – Rouge. Vanille, boisé, bouche tendue, serrée, astringente, dense, mais manque de charme.

15 – Blanc. Floral, bouche bien pleine, du gras, de la fraîcheur, bonne longueur.

14,5 – **Branon**. Nez fruits noirs, bouche puissante, boisée, bien ronde, dense, un peu massive à ce stade, mais devrait bien évoluer.

Millésime 2009

– Dégustation d'avril 2010

15 – Rouge. Cassis, crème de fruits rouges, cèdre, matière riche, dense, tanins serres, séveux, finale massive, du fond.

14,5 – **Branon**. Fort boisé, idem en bouche, vin séveux, écrasé par le bois, costaud en finale, toasté. Style international.

HAUT-LAGRANGE

Surface : 8,5 ha dont 1 en blanc
Propriétaire : Francis Boutemy
Contact : 89, avenue de la Brède – 33850 Léognan
05.56.64.09.93
www.hautlagrange.com

Haut-Lagrange est une création ou plutôt une recréation sur un site ancien, au terroir remarquable de graves et où autrefois d'autres crus prospéraient. Les Boutemy sont originaires du Nord, du côté paternel comme maternel. L'un des grands-pères était devenu négociant à Bercy. L'autre possédait une filature à Marcq-en-Barœul et son frère avait racheté le cru classé Haut-Bailly. C'est d'ailleurs là, à Haut-Bailly, que les deux familles se sont rencontrées et que les jeunes, les futurs parents de Francis, se sont charmés. Les Boutemy avaient d'abord acheté Larrivet-Haut-Brion en 1940, avant de le revendre en 1987. Haut-Lagrange est l'œuvre de Francis, qui a commencé de le replanter en 1989. Pas n'importe comment. Ce n'est vraiment pas le genre de ce garçon, toujours un peu inquiet et perfectionniste. Francis a opéré un travail de repérage et de sélection. C'est d'ailleurs cela qui l'intéresse : l'avant plus que l'après.

Repérer les sols viticoles, les préparer, bercer la plante, donner naissance au vin le plus proche du terroir sans écouter les trompettes de la renommée, ça, c'est son affaire. Aider les autres aussi, les conseiller, porter leurs projets puis se glisser dans l'ombre (exercice difficile pour cet homme de haute taille) font également partie de son registre coutumier. Je crains qu'il ne soit pas toujours payé de retour. En témoigne l'obligation qui lui a été faite de se dessaisir d'un peu plus de 11 hectares, sur demande du Crédit agricole, son « partenaire ». De 20 hectares le domaine est passé à 8,5. Le foncier, surtout bien mis en valeur par Francis, c'est du rentable ! Francis Boutemy est l'inventeur de la première machine à vendanger à la main ! Un machine autotractée, qui avance très doucement, guidée par des capteurs, et où prennent place six vendangeurs, confortablement assis et qui disposent de temps pour trier sans se casser le dos. Horloger suisse dans ses vignes, voilà Boutemy. Si l'on se place du côté consommateur, on ne souhaite pas vraiment que, d'un coup, pris d'une envie irrésistible, il aille s'inscrire aux cours de marketing d'une « High School of Wine Business in the World ». Le vin de Haut-Lagrange ne figurerait alors plus un des meilleurs rapports qualité/prix de l'appellation pessac-léognan. Très pur, surtout. Le vin comme l'homme.

Millésime 2000

– *Dégustation de novembre 2010*

16 – Nez chocolat, commence à s'ouvrir, des notes sanguines, épices, cheminée, bouche douce, délicate, soyeuse, des notes résine, pin, fumée, bonne longueur, un vin en finesse mais sans faiblesse, commence à être mûr.

Millésime 2001

– Dégustation d'avril 2002

45 % merlot, 55 % cabernet-sauvignon, sur du calcaire tendre.

15,5 – Nez très rose rouge et cerise, bouche souple et soyeuse, très ronde, une matière élégante, beaucoup de fruit. Vin enjôleur.

– Dégustation de novembre 2010

14,5 – Cacao, poivre noir, bouche bien mûre, plus évolué que le 2000, à point aujourd'hui, agréable, mais commence à décliner. Souple, onctueux, pas de sécheresse mais à boire.

Millésime 2002

– Dégustation d'avril 2003

55 % cabernet-sauvignon, 45 % merlot, élevé dans 30 % de bois neuf.

16 – Beaucoup de fruits au nez, prune, tarte à la myrtille, pâtisserie, joli tanin un peu ferme en bouche, friand, fin, une bonne vivacité qui met en exergue un fruit d'une grande netteté.

– Dégustation de novembre 2010

16,5/17 – Nez fruité, cerise, épices, fruits confits, bouche délicate, tendre, fraîcheur, tension, fruité et garni, joli vin avec beaucoup d'éclat, encore assez jeune mais presque à son apogée. Remarquable.

Millésime 2003

– Dégustation d'avril 2004

15 – Sous-bois, épices, assez complexe, bouche structurée, tanins veloutés, fruité un peu marqué par le bois sur l'échantillon, ce qui n'est d'habitude pas la marque de ce domaine. Bien équilibré.

– Dégustation de novembre 2010

14,5/15 – Épicé, cacao, poivre noir, sudiste, gras, rond, gourmand, sans lourdeur, mais à point aujourd'hui, un vin simple mais gourmand.

Millésime 2004

– Dégustation de novembre 2010

14 – Rouge. Nez pas très ouvert, fruits noirs, bouche vive, douce, marquée fruits noirs, frais agréable, pas très dense mais droit, équilibré.

14 – Blanc. 50/50 sémillon et sauvignon (dont 5 % de sauvignon gris). Pêche jaune, note exotique, bouche grasse, ronde, onctueuse, finale un peu courte mais très joli fruit.

Millésime 2005

– Dégustation de novembre 2010

15,5 – Rouge. Poivre, kirsch, épices, bouche dense, tannique belle matière onctueuse, tendue, dense, un vin très construit mais fermé. À attendre, long et frais.

14,5 – Blanc. Beaucoup de sémillon. Note fruits exotiques, mangue, bouche douce, bien mûre, puissant, riche, long, finale épicée. Bel équilibre, riche en saveurs.

Millésime 2006

– Dégustation d'avril 2007

15 – Rouge. Gazeux, vif, sucrosité, pas fini, bonne pureté de fruit, tendre, élégant, vif, bien construit, long, original.

– Dégustation de novembre 2010

15,5 – Rouge. Fermé, gelée de groseilles, épices douces à l'aération, s'ouvre lentement, assez poivré, bouche douce, tendue, élégante, fraîcheur, fruits noirs, tanins en finale mais sans dureté. À attendre encore deux ou trois ans.

15,5 – Blanc. Abricot, pêche blanche, bouche fraîche, tendue, vive, pêche de vigne, frais, équilibré, long.

Millésime 2007

– Dégustation de novembre 2010

13,5/14 – Rouge. Réglisse, un peu végétal, cassis, bouche tendre, bien fondue, agréable, plaisant aujourd'hui, à boire maintenant.

15 – Blanc. Nez fruits blancs, pêche jaune, bouche douce, ronde, vanillée, pêche blanche, bonne longueur.

Millésime 2008

– Dégustation d'avril 2009

14 – Rouge. Cassis, bouche un peu végétale à ce stade, rustique, tendue, boisé un peu violent. L'élevage devrait le domestiquer.

– Dégustation de novembre 2010

15,5 – Rouge. Nez fermé, fruits noirs, cassis, mûre, bouche vive, tendue, élégante, fraîche, fin, fruité éclatant, long, l'élevage a préservé le fruit en arrondissant les tanins.

14 – Blanc. Fruits blancs, bouche un peu boisée, noix de coco, confiserie, trop de bois.

Millésime 2009

– Dégustation de novembre 2010

16 – Rouge. Nez solaire d'année chaude, cacao, bouche ronde, onctueuse, fraîche, élégante, sucrosité sans sucre, ample, gras, très onctueux, long. Un vin qui allie gras, gourmandise et fraîcheur.

15 – Blanc. Nez fruits blancs, nez d'abricot, très mûr, gras, plein long, gourmand. À boire.

Millésime 2010

– Dégustation de novembre 2010

16,5 – Fruits noirs, sucrosité, pêche de vigne, bouche douce, ronde, élégante, beaucoup de fruit, long, moins solaire que 2009, plus frais, long. Belle bouteille après élevage.

HAUT-NOUCHET

Surface : 34 ha dont 7 en blanc
Propriétaire : Famille Briest
Contact : Château Haut-Nouchet
3, chemin La Tour – 33650 Martillac
www.hautnouchet.com

Pour Domitille, Gauthier et Thibaut, Haut-Nouchet, c'est le pari Briest. L'une était notaire pas tout à fait installée, le second ingénieur agricole et le troisième diplômé d'une grande école de commerce. Les deux frères et la sœur voulaient travailler ensemble, se lancer dans une belle aventure en apportant chacun ses compétences. Pour l'ingénieur agricole, pas de problème ; pour les deux autres, ce n'était qu'une affaire d'adaptation. Le droit et le commerce font bon ménage dans une exploitation agricole. En 2008, ils ont donc acheté ce Haut-Nouchet à une des nombreuses branches de la famille Lurton, qui l'avait sauvé d'une mort annoncée.

À l'aube des années 70, Haut-Nouchet ne faisait pas le malin. Dénoyauté de son chai, déplumé de ses vignes, il était tombé entre les serres d'un promoteur immobilier qui n'envisageait pas une seconde de magnifier son superbe terroir de graves et sa butte qui culmine à plus de 40 mètres. Les graves, pour le promoteur, c'est d'abord des petits cailloux, parfaite chair à béton pour peu qu'on la mélange au ciment. De nombreux « terroirs » exceptionnels ont ainsi terminé leur vie sous forme de fondations de lotissements après un bref passage dans les camions-toupies. C'est ainsi que s'est construite une bonne partie des alentours de Bordeaux.

Par chance pour Haut-Nouchet, il existait alors un autre regard sur les graves, celui des Lurton. André, en combattant contre l'urbanisation ; Lucien, son frère, en dénicheur de grands terroirs. À eux deux, ils rassemblent une bonne vingtaine de domaines en pessac et margaux. Curieusement, tandis qu'André est fortement impliqué dans cette zone, c'est Lucien, plus orienté margaux, qui a sauvé le cru en le rachetant juste avant que l'irréparable ne soit commis.

Son fils, Louis, a rebâti le domaine en lui donnant une couleur verte très prononcée, bio puis biodynamie certifiée. En 2008, Louis a passé la main au trio Briest, qui maintient le vignoble dans une logique respectueuse de l'environnement, mais sans continuer à cultiver en biodynamie. Stéphane Derenoncourt intervient comme conseiller. Les vins sont bons et les prix soutenus.

Autres vins : Arpège, Florilège.

Millésime 2008

– Dégustation d'avril 2009

14 – Rouge. Un peu d'oxydation, bouche puissante, un peu rustique, dense, un peu trop extraite, du fruit, de la matière, des tanins pas câlins pour le moment.

14 – Blanc. Floral, sucrosité, fruits blancs, bouche séduisante, fruits, du gras, bonne longueur, avec un petit creux en milieu de bouche.

Millésime 2009

– Dégustation d'avril 2010

15 – Rouge. Joli fruit, belle maturité, frais, savoureux, rond, charnu, tendre, tanins fins, veloutés, long, élégant.

14 – Blanc. Citronné, pomme verte, bouche vive, fruits blancs, agréable malgré l'amertume en finale.

LARRIVET-HAUT-BRION

Surface : 72 ha dont 10 en blanc
Propriétaire : Famille Gervoson
Contact : Christine et Philippe Gervoson
84, avenue de Cadaujac – 33850 Léognan
05.56.64.75.51
www.larrivethautbrion.fr

Longtemps, je me suis interrogé. Que faisaient-elles de leur argent, ces pauvres vieilles parvenues à la fortune sur le tard ?

Pour Mamie Nova, je ne sais pas trop. En revanche, je tiens à rassurer tous ceux qui s'inquiéteraient du sort de Bonne Maman. Sauf le respect que je dois à ses cheveux blancs, elle pète le feu. Elle besogne toujours dans le fruit. Mais, depuis 1987, craignant pour sa retraite, elle a élargi ses activités. Bonne Maman s'est mise au vin. Non pas qu'elle soit devenue une picolo, la pauvre. Maman vinifie chez elle, dans sa cave, avec tout le talent qu'elle continue de mettre dans sa bassine à confiture.

C'est son bon génie, Jean Gervoson, créateur de la marque Andros (et Bonne Maman) qui lui a décroché le job.

Pour Jean Gervoson, dit Christine, sa bru, *« le vignoble, c'était l'aboutissement d'une vie »*. En bon Corrézien, il aurait dû rejoindre les cohortes de ses coreligionnaires qui ont phagocyté le commerce des vins du côté de Libourne. Mais non, il a choisi les graves de Pessac et ce château où le vignoble était à reconstruire. *« Au début, Francis Boutemy* [Château Haut-Lagrange] *nous a aidés à reconstituer le vignoble : on est passés de 18 à 60 hectares. C'est quasi comme ça a été autrefois. Émilie, notre fille, qui travaillait dans l'événementiel, est venue nous rejoindre.»*

Depuis 2007, la Bonne Maman du chai s'appelle Bruno. Pas terrible pour la pub, mais ce n'est pas le but de Bruno Lemoine, ancien de Montrose (saint-estèphe) et de Lascombes (margaux). Un vrai pro qui se frotte les mains: *«Les jeunes vignes commencent à avoir entre 15 et 20 ans et à donner plus de profondeur au vin. On faisait du prêt-à-porter, on va faire de la haute couture.»*

Autres vins: Demoiselles et Hauts-de-Larrivet-Haut-Brion

Millésime 2000

– Dégustation d'avril 2001

15 – Rouge. Fruits noirs, bouche ronde, un peu trop boisée, mais tanins fins, joli fruit en finale, assez prometteur.

Millésime 2005

– Dégustation d'avril 2009

15,5 – Blanc. Floral, miel, poire, bouche puissante, pas mal d'alcool, très gras, riche, puissant, très opulent.

Millésime 2006

– Dégustation d'avril 2007

15 – Rouge. Nez fermé, bois, bouche puissante, virile, dense, un peu trop de bois, mais bonne matière derrière.

15 – Blanc. Nez fruits blancs, abricot, bouche bien pleine, riche, dense, épicée, vive, longue.

– Dégustation d'avril 2009

15 – Rouge. Nez fumé, grillé, fruits noirs, un peu de boisé, bouche puissante, tendue, un peu boisée, vanille mais pas encore à son top, finale un peu serrée.

14 – Blanc. Floral, un peu réduit, bouche plus mince, plus de gaz, moins de fruit.

Millésime 2007

– Dégustation d'avril 2008

15,5 – Rouge. Boisé, minéral, bouche ronde en attaque, un peu plus serrée par la suite ; vin vigoureux, tannique et tonique mais sans dureté, bonne longueur.

14,5/15 – Blanc. Agrumes, pêche blanche, gras, plein, brioche, un peu tannique, long, sucrosité, mais bonne acidité, puissant, original.

– Dégustation d'avril 2009

15,5 – Rouge. Premier millésime de Bruno Lemoine. 50 % de bois neuf. Bouche douce, délicate, fraîche, bonne matière, plus droit, milieu de bouche mieux rempli. Tendu, serré.

16 – Blanc. Nez floral, pêche blanche, fleurs blanches, bouche bien fruitée, poire, très complexe, long, gras, plein.

Millésime 2008

– Dégustation d'avril 2009

16 – Rouge. Nez épicé, fruits noirs et rouges, bouche vive tendue, très fin, petits tanins soyeux, long, bien construit ; la prise de bois est un peu rude mais, à l'arrivée (sans jeu de mots), cela devait faire un bon vin.

14,5 – Blanc. Floral, ananas, pomme, bouche vive, fruitée, bonne acidité, tendre, rond. *« On a plus de sauvignon cette année : 80 %, contre 50/50 avec le sémillon les autres années »*, commente Bruno Lemoine.

Millésime 2009

– Dégustation d'avril 2010

14 – Rouge. Boisé marqué, bouche douce, moelleuse, ronde, pointe d'amertume, vin rond, moelleux, gras et fortement épicé.

La Louvière

Surface : 61 ha dont 13 en blanc
Propriétaire : André Lurton
Contact : 149, avenue de Cadaujac
33850 Léognan
05.56.64.75.87/05.57.25.58.58
www.andrelurton.com

Ancien domaine des Chartreux, puis d'un grand négociant qui y fit bâtir l'actuel délicieux château classé monument historique, La Louvière s'échouait lentement sur les graves de Léognan quand le jeune André Lurton, en 1965, monta à bord. Résistant combattant, syndicaliste véhément, passionné de mécanique (il entretient sous des hangars d'anciens blindés de la Seconde Guerre mondiale, pour la mémoire), président d'une ribambelle d'associations par lui créées dans le but essentiel de défendre les terroirs viticoles contre les assauts urbains, fondateur de centres œnologiques pour aider les vignerons, André Lurton a longtemps fait figure d'Attila de la technocratie. Face aux génies du lotissement, aux penseurs de mégapoles, aux magiciens de la déviation à quatre voies en passe de réaliser le bonheur des autres en magnifiant le tissu rural à coups de pelleteuses, le seul nom d'André Lurton agissait comme un wagon de Prozac sur un panier de souris. Ce bonhomme à lui tout seul a davantage terrorisé de géniaux ingénieurs et de patelins politiques que l'Institut Pasteur de virus. Déjà, sous les éclairs de ses yeux bleu acier de Tolède grande époque, le pire des blindages fond en larmes.

André a provoqué la rupture entre graves du Sud et du Nord, et la création de l'appellation pessac-léognan. Il n'en tire guère de bénéfices. Depuis, les pessac-léognan ont prospéré et c'est à une véritable renaissance que nous assistons. Mais La Louvière, qui à coup sûr aurait pu bénéficier du titre de cru classé si un nouveau classement avait été organisé, reste dans le rang du fait de cette discorde entre Nord et Sud…

Je me souviens d'une dégustation de tous les pessac-léognan un matin à La Louvière. Le brouillard bat lentement en retraite dans le parc derrière le château. Un ouvrier immobile se dessine en noir sur gris. Je l'observe. Quelqu'un qui ne bouge pas chez les Lurton mérite qu'on s'y intéresse. Le soleil ose un regard. L'ouvrier immobile se révèle être une statue de bronze. Perdu encore une occasion de me faire un copain.

Ceux qui ne sont pas de bronze – ils sont nombreux, 160 salariés pour l'ensemble des domaines (650 hectares) – montrent un attachement particulier à ce grand personnage et de la fierté à travailler pour lui.

Second vin : L de La Louvière

Millésime 2000

– Dégustation d'avril 2001

14,5 – 65 % cabernet-sauvignon, 33 % merlot, 2 % de franc. Nez cerise, rond, souple, très goûteux, bien rond, déjà agréable, petits tanins ronds et croquants.

– Dégustation de novembre 2010

15 – Fruits noirs, épices, poivre, bouche douce, ronde, tanins assez présents en finale, tendu, vif, long, pas encore complètement fondu.

Millésime 2001

– Dégustation d'avril 2002

15,5 – Nez puissant de fruits noirs et de sous-bois, bouche musclée, garnie de tanins serrés et veloutés porteurs d'un fruité sauvage original. Vin sauvage, très riche, droit, très prometteur.

– Dégustation de novembre 2010

15,5/16 – Chocolat, fruits noirs, bouche vive, note fumée, cacao, plein, dense, épicé, jeune, bouche élégante, bien ronde, équilibré, fin, tanins soyeux.

Millésime 2002

– Dégustation d'avril 2003

15 – Blanc. Nez épicé, mentholé, bouche dense, beaucoup de gras et une vivacité structurante, bonne longueur. Un vin qui mérite un peu d'attente.

– Dégustation de novembre 2010

15 – Rouge. Fruits noirs, vanille, fraise, bouche douce, tendre, bien fondue, demi-corps mais beaucoup de charme, des notes rosés séchées qui lui confèrent un côté bourguignon.

Millésime 2003

– Dégustation d'avril 2004

14,5 – Blanc. Pamplemousse, agrumes, citronné, bouche fraîche bien fruitée, vive. On apprécie la vivacité du fruit.

– Dégustation de novembre 2010

14,5 – Rouge. Grillé, encre, fruits noirs, bouche fraîche, douce, petits tanins veloutés, finale un peu durcie, du volume.

Millésime 2004

– Dégustation de novembre 2010

Premier millésime avec des équipes dédiées à chaque propriété.

14,5/15 – Rouge. Grillé, fruits noirs, bouche ronde, souple, tendre, pas très dense mais joli fruit, pur, net, long, frais, fin.

Millésime 2005

– Dégustation de novembre 2010

16,5 – Rouge. Fumée, épices, fruits noirs, bouche dense, petits tanins veloutés, frais, vin tendu, garni, belle longueur, du volume, beaucoup de matière mais qui s'exprime dans la finesse, la délicatesse. Très joli vin.

Millésime 2006

– Dégustation d'avril 2007

15,5 – Rouge. Rond, souple, soyeux, manque un peu de fruit, mais bonne structure. Bien fait, long.

13 – Blanc. Floral, fruits blancs, bouche courte ; pointe d'amertume, très sauvignon.

– Dégustation de novembre 2010

15 – Rouge. Fruits noirs, cassis, poivre noir, bouche vive, tendue, fraîche, élégante, un peu fermée mais vin droit, prometteur, pas très complexe sur le plan aromatique mais d'une grande fraîcheur.

Millésime 2007

– Dégustation d'avril 2008

15 – Rouge. Fruits noirs, bouche délicate, petits tanins moelleux, de la finesse, la finale est un peu courte, bonne fraîcheur.

15,5/16 – Blanc. Citronné, bouche droite, gazeuse, séveux, joli fruit.

– *Dégustation de novembre 2010*

13,5/14 – Rouge. Chocolat, le boisé n'est pas encore complètement intégré, bouche souple, ronde, le boisé domine le vin mais l'ensemble reste assez gourmand.

Millésime 2008

– *Dégustation d'avril 2009*

15/15,5 – Rouge. Grillé, café, bouche ronde, souple, chocolatée, bien fondue, boisé bien travaillé, vin moderne aux tanins bien travaillés, bien fait, dans la séduction.

– *Dégustation de novembre 2010*

16 – Rouge. Nez fruits noirs, mûre, profond, bouche aux tanins harmonieux, soyeux, très beau cabernet qui donne ces tanins de grande qualité, long, frais, soyeux.

Millésime 2009

– *Dégustation d'avril 2010*

16,5 – Rouge. Réduit, fruits noirs derrière, bouche ronde, souple, fruitée, bien fondu, moelleux, tanins soyeux, fin, délicat, belle longueur. Une classe de classé.

15 – Blanc. Fruits blancs, citronné, agrumes, bouche vive, élégante, bien fruitée, bonne longueur, très rafraîchissant.

– *Dégustation de novembre 2010*

16,5 – Rouge. Gelée de mûres, violette, kirsch, note boisée, bouche riche, pleine, dense, beaucoup de moelleux, gras, riche et onctueux, très fruit mûr. Très riche.

LUCHEY-HALDE

Surface : 22 ha dont 4 en blanc
Propriétaire : Énita de Bordeaux
Contact : Luchey-Halde 17, avenue du Maréchal-Joffre
33700 Mérignac
05.56.45.97.19
www.luchey-halde.com

Camarades antimilitaristes, sautez cette page, elle ne vous apportera rien de bon. Dans cette histoire, l'héroïne s'appelle l'armée française et nous allons de ce pas cadencé lui rendre hommage. Souvenez-vous précisément de ce que j'ai écrit quelque part dans ce livre. Je déplorais, sans doute avec une véhémence un peu excessive due à l'émotion, l'urbanisation galopante en périphérie de nos villes qui nous a débarrassés de chênes centenaires forts pollueurs en glands divers au profit des merveilleux lotissements dont même les nains de Blanche-Neige, confinés dans leur dortoir sans douche, n'osaient rêver. *« Petites boîtes très étroites, petites boîtes toutes pareilles... »*, chantait Graeme Allwright. Beaucoup de ces crus de graves qui voisinaient Bordeaux ont ainsi disparu, transformés en « petites boîtes », hyper-halles à godasses ou brico-broadway. C'est contre cela que la glorieuse armée française a livré bataille, protégeant de son impénétrable armure d'airain le flanc gauche de la ville sur le point de céder face aux coups de boutoir des pelleteuses ennemies. Deux crus, Luchey et Halde, se faisaient de plus en plus petits, espérant qu'on les oublie. C'était en 1919, l'armée cherchait des terrains afin de s'entraîner pour la prochaine. On ne peut pas dire que les cinq années précédentes s'étaient montrées très favorables au commerce du vin fin (on sait qu'en revanche il fut bénéfique au gros rouge, déversé en masse dans les tranchées pour « maintenir le moral » des combattants). Luchey et Halde devinrent donc terrains militaires, ce qui les protégea des promoteurs. Évidemment, les vignes furent arrachées. En 1999, Jean Magne, directeur de l'École nationale d'ingénieurs des travaux agricoles de Bordeaux, a racheté ces terrains pour les replanter. Un très beau terroir viticole de graves représenté sur les premières cartes viticoles du XVIIIe siècle, et, qui plus est, enrichi de sueur de fantassins pendant quatre-vingts ans... Le premier vin fut réalisé avec le millésime 2002. Il a nécessité de construire un chai souterrain accolé à une cave magnifique en pierre, en forme d'anse de panier, survivance des anciens bâtiments. Évidemment, les vignes sont jeunes mais, confiées à ces futurs ingénieurs que l'on retrouve ensuite à la tête des plus grands châteaux, on peut imaginer qu'elles sont en de bonnes mains, mon capitaine.

En rouge, le vignoble est replanté dans les proportions suivantes : 55 % cabernet-sauvignon, 5 % petit-verdot, 5 % cabernet franc, 35 % merlot. En blanc, c'est plus simple : sémillon (45 %) et sauvignon (55 %).

Second vin : Haldes-de-Luchey

Millésime 2002

– Dégustation d'avril 2003

Un vignoble dirigé par Pierre Darriet, ancien de Fieuzal.

14 – Rouge. Très fruité au nez, frais en bouche, tendre, souple, vin de fruit sans prétention mais évidemment plutôt bien fait.

Millésime 2005

– Dégustation d'avril 2006

15 – Rouge. Nez frais très floral, raisin mûr, cerise griotte, groseille, légère touche boisée, menthol. Bouche soyeuse et vive, une vraie gourmandise, petit tanin fin et léger qui porte bien la finale et laisse la bouche fraîche.

Millésime 2006

– Dégustation d'avril 2007

14 – Rouge. Épices, fruits noirs, merlot, rond, assez évolué, bien rond, bon fruit.

13,5/14 – Blanc. Floral, lavande, bouche tendre, pas très vive, longueur moyenne, droit.

Millésime 2007

– Dégustation d'avril 2008

14 – Blanc. Agrumes, pêche blanche, bouche vive, un peu d'amertume en finale, tendu, vif.

Millésime 2008

– Dégustation d'avril 2009

15 – Rouge. Fruits rouges, menthe, bouche douce, un peu boisée, tanins suaves, un peu noix de coco, mais bonne structure, soyeux et souple, bonne longueur.

Millésime 2009

– Dégustation d'avril 2010

14 – Rouge. Nez expressif, note fumée, fruits noirs compotés, très tendre, onctueux, moelleux, un peu sucré, finale douce sur le fruit.

14,5/15 – Blanc. Fruits blancs, pamplemousse, bouche vive, élégante, tendue, fraîche, bonne longueur.

Picque-Caillou

Surface : 21 ha dont 1 de blanc
Propriétaire : Paulin Calvet
Contact : Paulin Calvet Avenue Pierre-Mendès-France
BP 60304 – 33700 Mérignac
05.56.47.37.98
chateaupicquecaillou@wanadoo.fr

Un des survivants à l'urbanisation, un cru en ville, un beau terroir de graves sèches, sur sables, qui réussit mieux en année normale ou un peu humide qu'en année de canicule ou de sécheresse. Longtemps ce cru nous a habitué à des sautes d'humeur, produisant parfois un grand vin puis disparaissant pendant quelques millésimes. Depuis le milieu des années 2000, on assiste à une spectaculaire remontée en surface. Que s'est-il donc passé ? Vous allez le savoir. Les propriétaires s'appelaient Denis. Cela ne dira pas grand-chose à ceux de nos lecteurs qui ne sont pas au fait de l'histoire bordelaise. Les Denis s'inscrivent parmi les grandes familles marchandes et conquérantes du port de Bordeaux. De ceux qui sont partis à la voile s'installer, vendre et importer des marchandises aux Amériques puis aux Indes. Les Denis, c'était l'Asie, leur destination. En 1870, les établissements Denis Frères se sont installés au Vietnam, devenant la première maison bordelaise en Indochine. Des comptoirs sur toutes les côtes, et des navires sur toutes les mers. Évidemment, la décolonisation a porté un rude coup aux affaires. Mais ces marchands ne se laissaient pas abattre par les événements. Ils se sont réinstallés en Malaisie, où ils font de la conserve. Les Denis ont acheté une propriété, Chêne Vert, aux frères des écoles chrétiennes de Saint-Genès, situé juste à côté de Picque-Caillou, dans le but d'en faire une maison de week-end. Puis Picque-Caillou s'est trouvé à vendre en 1947... Comme ils vivaient six mois par an en Indochine, ils n'avaient pas le temps de s'en occuper et le domaine était confié aux plus ou moins bons soins de régisseurs et de gérants. À partir des années 80, Picque a eu la chance de tomber sur Jean Renaud, un expert foncier qui a produit quelques bons millésimes. En 1993, la famille Denis a souhaité le vendre et c'est là que Paulin Calvet, époux d'une fille Denis, est entré en scène, persuadant son beau-père de conserver Picque-Caillou et de le laisser le valoriser. *« J'ai surtout développé la partie commerciale. En 1997, mon beau-père m'a proposé de le racheter pour sortir de l'indivision et, pour finir, je suis arrivé ici en 2006. »* Paulin travaillait chez le négociant libournais Christian Moueix. *« Je suis resté chez Moueix jusqu'en 2006. Christian a été formidable. Il m'a proposé de rester six mois à mi-temps et de profiter de mes voyages pour faire connaître Picque-Caillou. »* Ils sont comme ça, les Moueix... En 2006, Paulin a décidé de se faire conseiller par l'équipe de Denis Dubourdieu. L'encépagement en rouge s'établit autour de 50/50 merlot/cabernet-sauvignon. En blanc : 60 % sauvignon, 40 % sémillon.

Second vin : Réserve-de-Picque-Caillou

Millésime 2000

– Dégustation de novembre 2010

14,5 – Chocolat, épices, bouche vive, tendue, fraîche, serrée, tanins un peu anguleux en finale, vin pas encore fondu et dont on peut se demander si il le sera un jour. Extraction trop poussée sans doute. Mais un joli fruit.

Millésime 2001

– Dégustation d'avril 2002

40 % merlot, 10 % cabernet franc, 50 % cabernet-sauvignon.

14,5 – Nez confiserie, fruits rouges sucrés, bouche délicate, tanins fins, beaucoup de fruits, bonne longueur.

– Dégustation de novembre 2010

15,5 – Fruits noirs, épices, fourrure, chocolat, bouche tendre, souple, tanins bien arrondis. Un vin ferme mais sans dureté, qui commence à livrer des saveurs de pleine maturité. L'extraction n'a pas durci la finale, élégante et solide.

Millésime 2002

– Dégustation d'avril 2003

55 % cabernet-sauvignon, 40 % merlot, 5 % cabernet franc.

13,5/14 – Réglisse, cerise, bouche ronde, élégante, nette, un peu fermée à ce stade mais de bonne tenue.

– Dégustation de novembre 2010

14/14,5 – Nez chocolat, des arômes qui rappellent certains cognacs, bouche chocolatée, vive, tendue, assez élégante, confiserie, frais, vif, pointe de dureté en finale.

Millésime 2003

– Dégustation de novembre 2010

15/15,5 – Grillé, fruits confits, rôti, bouche assez fraîche pour le millésime, vin généreux, solaire mais sans les excès que l'on peut parfois trouver sur ce millésime, finale un peu rugueuse qui demande à se fondre.

Millésime 2004

– Dégustation de novembre 2010

15,5/16 – Fruits noirs, épices, bouche, élégante, fondue, fine, fraîche. Vin délicat, tendre mais bien structuré, de la matière et une grande douceur des tanins.

Millésime 2005

– Dégustation de novembre 2010

Non noté – Fermé, nez curieux, bouche dure, semble oxydé. Sèche en finale. Deux échantillons identiques.

Millésime 2006

– Dégustation d'avril 2007

14,5 – Fruits rouges, bouche douce, tanins bien fondus, soyeuse, légère, finale un peu mâchée mais agréable, racé, finale un peu serrée.

– Dégustation de novembre 2010

15,5 – Fruits rouges, nez jeune, commence seulement à prendre des côtés épicés, bouche vive, tendue, élégante, vive, très jeune encore. Juteux, fruité…

Millésime 2007

– Dégustation d'avril 2008

15,5 – Fruits noirs, framboise, bouche tendue, vive, élégante, bien construite, bon fruit, un peu de tanins vifs en finale. Assez riche mais bien fait.

– Dégustation de novembre 2010

15 – Fruits noirs, mûre, nez jeune, commence seulement à prendre des notes chocolatées et épicées, bouche douce, tanins onctueux, densité moyenne mais beau fruit, élevage bien maîtrisé qui donne une finale souple et gourmande.

15 – Blanc. Fruits blancs, pêche blanche, marqué sauvignon, bouche beurrée, commence à être mûr, long, frais, riche en saveurs.

Millésime 2008

– Dégustation d'avril 2009

16 – Blanc. Pomme verte, fruits blancs, bouche vive, tendue, belle acidité, frais, long.

– Dégustation de novembre 2010

15,5 – Rouge. Fruits noirs, boisé pas tout à fait intégré encore, bouche tendue, vive, serrée, pas du tout fondue. Un vin avec de la classe mais encore très jeune, fruité pur, belle longueur.

– *Dégustation de novembre 2010*

14,5 – Blanc. Fruits blancs, bouche douce, élégante, un peu mou, fermé, tendre. Vin refermé aujourd'hui.

Millésime 2009

– *Dégustation d'avril 2010*

15 – Rouge. Fruité frais, fin, fermé, tendu, jolie matière, riche, racé, tanins fermes, long, juteux, doit s'ouvrir.

– *Dégustation de novembre 2010*

15,5/16 – Rouge. Fruits noirs, vanille, bouche tendue, vive, serrée, riche, dense, tannique mais fondu, long, puissant.

16 – Blanc. Vanille, nez discret, pas encore développé, bouche vive, fraîche, élégante, bien fruitée, droit, fait saliver, belle longueur, finale épicée.

Archives

– *Dégustation de novembre 2010*

Millésime 1995

16 – Fruits noirs un peu confits, vanille, nez de vin bien mûr, résine, pin, fumée, eucalyptus, nez bien complexe, bouche tendre, douce, bien fondue, mûr à point. Un vin plus en élégance et en complexité qu'en densité.

Millésime 1996

14,5/15 – Nez amande grillée, rôti, fourrure, poivre blanc, bouche vive, fraîche, assez tendue, une acidité plus marquée que sur le 95, vif, un vin pas encore à son maximum, assez réservé. Un léger manque de maturité des raisins au départ.

Millésime 1997

13 – Nez un peu bois sec, feuille morte, semble assez évolué au nez, note de gelée de groseilles, bouche ronde, souple en attaque, un peu sec en finale. Un vin qui ne devrait pas évoluer encore très longtemps.

Millésime 1998

14 – Fruits confits, confiture de prune, chocolat, bouche ronde en attaque, moelleuse, bien souple, tanins fondus, bonne structure en première partie, la finale est un peu asséchante. Agréable mais manque un peu de complexité dans les saveurs.

Pont-Saint-Martin

Surface : 3,2 ha, rouge
Propriétaire : Famille Fontaine
Contact : Bernard et Françoise Fontaine
Château Pont-Saint-Martin
14-16, avenue de Mont-de-Marsan – 33850 Léognan
05.56.64.17.15
www.chateaupontsaintmartin.com

Francis Boutemy, qui s'occupe de plusieurs crus de la région, a vendu 3 hectares de Haut-Lagrange (voir ce cru) à un ami, Bernard Fontaine, pour créer ce Pont-Saint-Martin. On retrouve dans ce vin la patte de Boutemy, du moins au départ : jamais trop d'extraction, priorité à l'harmonie et au fruit. Les Fontaine ont modernisé leur installation et volent désormais de leurs propres ailes, sans changer de feuille de route : d'abord la finesse.

Uniquement du rouge composé de : 80 % merlot, 20 % cabernet-sauvignon.

Millésime 2001

– Dégustation d'avril 2002

14,5 – Rose au nez, cerise écrasée, bouche tendre, élégante, très soyeuse, vin de gourmandise.

Millésime 2002

– Dégustation d'avril 2003

Bernard Fontaine : *« Cette année, nous avons vinifié à la maison, toujours avec les conseils de Francis, mais maintenant nous avons notre chai. »* 80 % merlot, 20 % cabernet-sauvignon.

14,5 – Très fruité, bouche élégante, ronde, souple, tanins croquants, un vin qui régale immédiatement. À boire jeune.

Millésime 2003

– Dégustation d'avril 2004

14 – Rose, cerise, note boisée, bouche puissante, tanins assez présents, un peu massif à ce stade, mais avec un bon potentiel.

Millésime 2008

– Dégustation d'avril 2009

15,5 – Grillé, bouche ronde, suave, bien fondue, élégante et gourmande, vin facile d'accès, très style graves.

Millésime 2009

– Dégustation d'avril 2010

14 – Très frais, joli toasté, confiture de baies sauvages, sureau, myrtille, milieu de bouche très doux, un peu confit, finale asséchante.

PONTET-CAILLOU

Surface : 11 ha, rouge
Propriétaire : Dominique Haverlan
Contact : 33640 Portets
05.56.67.18.63
Dominique.haverlan@libertysurf.fr

Président des graves du Sud, Dominique Haverlan (Vieux-Château-Gaubert) est venu semer ses petits cailloux chez les Nordistes de pessac-léognan. Une sorte de symbole d'une possible réconciliation entre Nord et Sud. Mais n'y croyons pas trop, son cru s'appelle Pontet, ce qui ne saurait se confondre avec viaduc. Pour le moment, Pontet-Caillou ne produit que du vin rouge.

Millésime 2006

– Dégustation d'avril 2007

13,5 – Vanille, sucrosité, tendre, rond, souple, merlot, souple, doux, amertume en finale. Moderne, jeunes vignes, bien travaillé.

Millésime 2008

– Dégustation d'avril 2009

15 – Framboise, floral, bouche tendre, très parfumée, ronde, peu extraite, très fruitée, des côtés bourguignons dans l'expression du fruit. Un vin agréable à boire jeune, bon équilibre.

Millésime 2009

– Dégustation d'avril 2010

14 – Fruits noirs, épices, note vanillée, matière élégante mais écrasée par le bois.

Château de Rochemorin

Surface : 59 ha dont 13 en blanc
Propriétaire : André Lurton
Contact : Château Bonnet – 33420 Grézillac
05.57.25.58.58
www.andrelurton.com

Respect : on entre ici sur les terres de Charles Louis de Secondat, seigneur de La Brède. Autrement dit, Montesquieu, grâce à qui, bien que tout le monde s'en fiche, l'auteur du présent ouvrage obtint une note inespérée à l'oral du bac français. Il faut imaginer que, sur ces chemins traversant le vignoble, Montesquieu poussait sa jument au galop. Montesquieu adorait parcourir ses terres à cheval. À tel point, il le raconte je ne sais plus où, qu'il fit une chute terrible et crut sa dernière heure arrivée. Étaient-ce vraiment les mêmes chemins ? Rien n'est moins sûr, car le domaine, géré longtemps par ses descendants, fut vendu au lendemain de la Première Guerre mondiale aux Établissements Armand Beaumartin, spécialisés dans l'exploitation forestière. Les temps durs étaient nettement plus favorables au pin qu'au vin. La famille Beaumartin existe toujours. Les descendants sont aujourd'hui propriétaires du superbe vignoble Laroque, grand cru classé de saint-émilion. Rochemorin perdit ses vignes au profit du résineux. Ce n'est qu'en 1973, quand l'inévitable (ici en terres de graves) André Lurton le prit sous son aile protectrice, que le domaine retrouva peu à peu son destin initial.

À noter qu'en blanc Rochemorin, comme quelques autres crus lurtoniens, est planté à 100 % en sauvignon.

Millésime 2002

– *Dégustation d'avril 2003*

60 % cabernet-sauvignon, 40 % merlot.

13,5/14 – Épices, cerise noire, onctueux, souple en attaque, joli fruit mais finale un peu rustique.

Millésime 2007

– *Dégustation d'avril 2008*

15 – Floral, sucrosité, bouche élégante, droite, pas très complexe mais bien fait dans l'esprit du millésime, bon fruit, équilibré.

Millésime 2008

– *Dégustation d'avril 2009*

15 – Réglisse, fruits rouges, bouche douce, bien fondue, joli fruit, un vin bien travaillé pour le millésime, pas trop d'extraction, frais, délicat.

Millésime 2009

– *Dégustation d'avril 2010*

15 – Réduit, ensuite beaucoup de fruit, lard fumé, séveux, du fond, savoureux, fait saliver, long, gourmand.

Château Le Sartre

Surface : 36 ha dont 10,5 en blanc
Propriétaire : Marie-José Leriche
Contact : 78, chemin du Sartre – 33850 Léognan
05.56.64.08.78
www.lesartre.com

En 1980, Anthony Perrin, de Château Carbonnieux, a acheté et replanté cet ancien domaine viticole au bord de la forêt des Landes, qui n'avait plus connu de vignes depuis 1914. Un terroir assez particulier de sables noirs et de très petites graves qui possédait une belle réputation dans les textes anciens. En 2004, la sœur d'Anthony, Marie-José Leriche, a pris le relais, secondée par David Château, chef d'exploitation. Les vignes commencent à prendre de l'âge et le vin s'affirme. Il n'atteindra pas le niveau des crus classés de l'appellation, mais régale par la tendresse de ses tanins et sa fraîcheur. Les prix du Sartre restent raisonnables et ne donnent pas la nausée. Ils causent vraiment au peuple.

Autre vin : Bois-Martin

Millésime 2002

– *Dégustation d'avril 2003*

14,5 – Rouge. Cassis très marqué au nez, sous-bois, bouche bien enrobée, tanins gras, bien équilibré.

14 – Blanc. 70 % sauvignon, 30 % sémillon. Nez vanillé et pomme au four, bouche douce, bien parfumée, des notes de pomme persistantes.

Millésime 2006

– *Dégustation d'avril 2007*

13,5/14 – Blanc. Réducteur, vif en bouche serré, un peu sec, bon fruit, la réduction le resserre, agréable.

Millésime 2007

– *Dégustation d'avril 2008*

13,5/14 – Rouge. Fruité, fraises au sucre, cerise, boisé, bouche ronde, gazeuse, un peu sucrée, gourmande, finale sèche.

Millésime 2008

– *Dégustation d'avril 2009*

13,5 – Rouge. Fruits au sucre, bouche ronde, souple, serrée en finale, un peu végétale ; un vin correct mais sans éclat.

14 – Blanc. Nez pêche blanche, fruits blancs, bouche creuse, pas très longue, bon fruit blanc mais pas très charnu, surtout pour le fruit.

Seguin

Surface : 31 ha, rouge
Propriétaire : Société civile Domaine de Seguin
Contact : Chemin de la House
33610 Canéjan
Tél : 05.56.75.02.43
www.chateauseguin.com

Dans ce chapitre sur pessac-léognan, il m'est arrivé quelquefois de dénigrer le métier de promoteur immobilier et plus particulièrement de lotisseur. Je veux faire ici amende honorable et rendre justice au groupe Loticis, dont le nom ne laisse guère de doute sur sa finalité. « Seguin, cru très ancien, bien situé et de forte renommée ». Les propriétaires actuels rappellent à juste titre (j'ai vérifié dans l'édition de 1908) que dans les premiers Féret, sorte de bible viticole bordelaise, les auteurs comparent les vins rouges à ceux de Haut-Brion. Je tempérerai seulement leur enthousiasme en signalant que l'on trouve assez peu de remarques désagréables dans les Féret, sauf peut-être concernant quelques propriétaires masochistes, puisqu'il est d'usage que les commentaires soient rédigés par eux-mêmes. L'intérêt indiscutable du Féret ne réside pas tant dans les commentaires sur les vins que parce qu'il donne la vision statistique la plus précise possible. Toujours est-il que Seguin figurait parmi les très bons crus de la région. Mais, comme beaucoup d'autres, il traversa difficilement les épisodes dramatiques dont nous a généreusement gratifiés le XXe siècle. Au moment de son rachat en 1987 par la famille Darriet, l'ancien grand était réduit à peau de chagrin et menacé dans son intégrité par, justement, un projet de lotissement. Jean Darriet, géomètre-expert et lotisseur lui-même, a sauvé ces 30 hectares et quelques (deux grandes parcelles de 15 hectares) d'un avenir incertain : *« C'est une honte de sacrifier un tel patrimoine ! »* s'enflammait cet ami de Yann Arthus-Bertrand. En 1999, devant l'ampleur de la tâche, Jean et son fils Denis se sont associés à Moïse Ohana, du groupe Loticis, très présent pour la partie marketing et commerce, qui manquait à Seguin. Culture très respectueuse de l'environnement et chai dissocié du château, vendu séparément en 1987.

Second vin : Angelot-de-Seguin

Millésime 2006

– Dégustation d'avril 2007

65 % cabernet-sauvignon, 35 % merlot.

16 – Fruits noirs, rose, floral, bouche tendre, souple, droite, joli fruit, bien fait, élégant, délicat, très fin.

Millésime 2008

– Dégustation d'avril 2009

14,5/15 – Vanille, boisé, bouche souple, marquée par le bois, un peu d'amertume en finale. Droit, bon fruit, tendu.

DOMAINE DE LA SOLITUDE

Surface : 32 ha dont 7 en blanc
Propriétaire : Communauté de la Sainte-Famille
Contact : Olivier Bernard
10, route de la Solitude – 33650 Martillac
05.56.72.74.74
www.domainedelasolitude.com

La communauté de la Sainte-Famille, fondée dans les années 1820 par le prêtre Pierre-Bienvenu Noailles, possède ici des bâtiments conventuels et un domaine qui a longtemps hésité entre agriculture diversifiée et viticulture. Le lieu est magique, les vins l'étaient beaucoup moins. Les sœurs qui gèrent l'ensemble se sont un jour rendu compte que, sur un aussi beau terroir (qui n'est pas loin de ressembler à celui du Domaine de Chevalier), offrir aux hommes et à Dieu un aussi piètre breuvage relevait du péché. Aussi se sont-elles tournées vers Olivier Bernard, qui gère pour le compte de sa sainte famille à lui le Domaine de Chevalier. C'était en 1993. Les sols ressemblaient davantage à du béton qu'à des terres de graves, tant les années et les quantités de désherbant répandues avaient durci les surfaces. La première fois que l'équipe Bernard introduisit le fer d'une charrue dans les vignes, il paraît que les ceps s'enfuyaient terrorisés, tellement cela faisait longtemps que la main de l'homme n'y avait glissé un soc. Par la douceur, la conversation, la démonstration surtout, peu à peu, les vignes se sont habituées à ce nouveau traitement. Elles y avaient tout intérêt. Car, si Olivier est un diplomate par nature, il sait aussi se montrer ferme avec les récalcitrantes. Ainsi a-t-il, sans l'ombre d'un regret, éliminé une partie des merlots en surabondance dans le vignoble et revu le rapport de forces qui régissait les conflits entre sémillon et sauvignon au profit de ce dernier, traité jusqu'alors en minorité sans droits démocratiques réels.

Après un mouvement de grève de trois ans, les vignes s'ingéniant à ne produire que le service minimum sous prétexte de maltraitance des radicelles, tout est rentré dans l'ordre. À leur décharge, la charrue a tendance à détruire les racines et radicelles de surface, mais c'est pour leur permettre de visiter les profondeurs du sol, et de disposer ainsi d'une meilleure assise dans la vie, donc d'une fiable sécurité de l'emploi. Sans compter que la bouffe est bien meilleure en bas, chargée de sels minéraux, et que, une fois confortablement installée dans les sous-sols, la vigne se fiche pas mal des aléas de surface. Canicule ou déluge, peu lui chaut ! Au niveau cantine aussi, Olivier a fourni de gros efforts. Jusque-là traitées aux aliments chimiques survitaminés mais au goût inqualifiable, elles ont vu leur ordinaire s'enrichir de bon vieux composts organiques, savoureux fumier, tendres déchets végétaux mijotés à feu doux durant de longs mois. Depuis, fini les raisins riquiqui, fâchés avec le soleil. Bonjour les jolis grains dorés ou bleu de nuit sans lune tout épatés de se retrouver sur la table de trie entre les doigts agiles des jolies vendangeuses. Les vins aussi assurent côté résilience. Et ce n'est qu'un début. Olivier a signé un bail de quarante ans.

Millésime 2002

– *Dégustation d'avril 2003*

15 – Rouge. 50 % cabernet-sauvignon, 30 % merlot, 15 % cabernet franc. Floral, rose rouge, cerise, assez frais, bouche également fruitée, tanins tendres et soyeux. Vin déjà très agréable.

Millésime 2006

– *Dégustation d'avril 2007*

14 – Blanc. Pêche blanche, bouche ronde, vive, agréable, bien faite, bon fruit.

Millésime 2007

– *Dégustation d'avril 2008*

15,5/16 – Blanc. Frais, mentholé, bouche vive, élégante, bien fraîche, tendue, vive, longue.

Millésime 2008

– *Dégustation d'avril 2009*

14 – Blanc. Très réduit, bouche vive, tendue, forte acidité, mais du fruit.

Millésime 2009

– *Dégustation d'avril 2010*

16 – Rouge. Premier nez discret, joli fruit bien net, mentholé, charnu, tendre, fin, s'ouvre en bouche, délicat, tout en longueur, tanins veloutés.

14 – Blanc. Agrumes, fermé, onctueux, bien vif, note minérale, sobre, rafraîchissant.

Les graves

L'histoire est connue : pour se réconcilier, il faut commencer par se fâcher. Et, de ce point de vue, avec l'aide de quelques fortes personnalités que ce terroir recèle, les gens des graves avaient bien fait les choses. Avant la fâcherie, il y avait un vaste territoire, allant des portes de la ville de Bordeaux jusqu'au sud de Langon. Au nord, malgré le grignotage urbain, la réputation était forte, avec comme tête de pont Haut-Brion, désigné premier cru classé en 1855, en même temps que les médocains. C'était le moins que l'on pouvait faire : Haut-Brion avait été historiquement le premier, au XVIIIe siècle, à se distinguer comme tel, à travailler à sa reconnaissance, à développer ce qu'on appellerait aujourd'hui une stratégie de marché export. Autour, du côté de Pessac et de Léognan, quelques noms célèbres : La Tour-Martillac, Pape-Clément, Haut-Bailly, etc. Ceux-là n'étaient pas classés, mais méritaient de l'être. Ce qui fut fait en 1953 et confirmé en 1959. Le ver de la querelle était alors dans le fruit. Au nord, on reconstruisait vignobles et réputation. Au sud, sans cru classé pour servir de leader, on pratiquait une agriculture de la vigne : blancs secs et doux, rouges faciles destinés pour beaucoup aux clients de proximité. « *Ici* », nous racontait autrefois un des protagonistes, « *il n'y avait pas de dynamique de groupe. La chaleur de la relation humaine ou la palombe passent avant l'équation économique ; des coins où l'on prend le temps de vivre, d'arrêter le tracteur un quart d'heure pour parler.* » Entre Nord entreprenant, urbain, et Sud paysan, presque gascon, une guerre de sécession, attisée par quelques généraux aux humeurs peu compatibles, éclatait dans les années 80.

En 1985, aucune personnalité du Nord n'est élue au bureau du syndicat rassemblant l'ensemble des propriétaires et dominé largement par le vaste Sud. C'en est trop, ceux du Nord créent leur propre structure et obtiennent, en 1987, une appellation pessac-léognan. Depuis, celle-ci n'a cessé de progresser, multipliant par deux les surfaces plantées et, entraînée par le groupe des crus classés, haussant la qualité.

Restait à ceux du Sud leur appellation graves, et le besoin pour survivre de rattraper le temps perdu. Ce qui ne pouvait se faire en un jour sur un territoire de 3 600 hectares (2 200 en rouge, 1 400 en blanc) comprenant 340 exploitations. Rapidement, une petite élite se formait. On y rencontrait Denis Dubourdieu, professeur d'œnologie à la faculté de Talence ; la famille Lévêque – Henri Lévêque, ancien président des courtiers, avait constitué un domaine, Chantegrive, en rachetant des parcelles, 63 actes notariés furent nécessaires pour rassembler 80 hectares –, les Ardurats, de Château Magneau ; Roland Belloc, de Château Brondelle, et quelques autres. Au total, ceux qui se distinguaient dans les dégustations se comptaient sur les dix doigts… Et ce, pendant longtemps. *« En 1998 »*, raconte un vigneron, *« à la question voulez-vous faire quelque chose pour améliorer les graves, 48 % ont répondu non. »* Il est à parier que, dix ans plus tôt, ils auraient été 70 % à faire la même réponse.

Depuis, les dégustations révèlent plus d'homogénéité, il y a une émulation stimulante que les responsables du syndicat aimeraient bien traduire en termes de classement. Mais là, il faut l'accord et la complicité de ceux du Nord, classés et non classés de pessac-léognan. Condition nécessaire pour qu'une de ces grandes manœuvres aboutisse : la réconciliation entre Nord et Sud. La guerre fait moins de ravages que celle de Sécession, mais la réunification n'est plus à l'ordre du jour. Pessac-léognan est devenue une appellation connue et confortée.

Donc les crus classés, tous situés en pessac-léognan, sont cependant et officiellement des crus classés de graves. Lesquels ne possèdent pas de crus classés… On retrouve là une de ces exceptions dont seule la France a le secret.

Beauregard-Ducasse

Surface : 45 ha dont 9 en blanc
Propriétaire : Famille Jacques Perromat
Contact : Beauregard Ducasse – 33210 Mazères
05.56.76.18.97 – www.mjperromat.com

Jacques Perromat exerçait le métier d'œnologue à Blois, dans le Val de Loire, loin de ses bases et de celles de la famille Perromat, fortement impliquée dans les vignobles de la région. Il est revenu dans les graves pour développer Beauregard-Ducasse, qui, une fois n'est pas coutume, provient du côté de Marie-Laure, son épouse. Une création récente. Un endroit où il y a toujours eu de la vigne, mais où il y en a beaucoup plus depuis 1981. *« On a décidé de créer quelque chose ; on est partis de 2 hectares, on en est à 45. »* Bon et pas cher, aux alentours de 10 euros, en primeur le 2008 était proposé à 7,50 euros. La cuvée Albert-Duran a été élaborée en hommage au grand-père de Marie-Laure.

Millésime 2005

– *Dégustation d'avril 2006*

15 – **Albert-Duran**. Épices douces, cacao, réglisse, bouche tendre en attaque, assez soyeuse, une bonne trame fine et solide porte le fruit vers une finale un peu vigoureuse à ce stade.

Millésime 2008

– *Dégustation d'avril 2009*

14,5 – **Albert-Duran**. Floral et fruits rouges, bouche puissante, épicée, bien tendue, une matière assez imposante, un peu de rusticité due à l'extraction mais l'élevage devrait le rendre plus aimable.

Archives

– *Dégustation de juin 2001*

Millésime 1998

16 – **Albert-Duran**. Nez séduisant, floral et fruits rouges, très frais, bouche ronde, tendre, tanins veloutés, long, équilibré, finale réglissée. Joli modèle de graves.

Château Le Bourdillot

Surface : 15 ha dont 2,4 en blanc
Propriétaire : Patrice Haverlan
Contact : 11, rue de l'Hospital – 33640 Portets
05.56.67.11.32/06.11.66.64.59

Patrice Haverlan reçoit dans l'ancienne tonnellerie qui a conservé tous ses outils : « *Avec mon frère* [Dominique, à Vieux-Château-Gaubert], *quand on avait 18 ans, on avait découvert cette pièce qui était pleine de cochonneries et on l'avait nettoyée. On a piqué les murs. On se faisait des soirées entre copains. On goûtait du vin, c'était notre petit cercle d'amis. Et plus tard je l'ai transformée en salle de dégustation. La cheminée date de Louis XI. Mon père avait récupéré les outils du grand-père tonnelier et de vieux outils de chai, comme cette pompe à soutirer : ça envoyait de l'air dans la barrique et ça poussait le vin dans l'autre barrique. Maintenant on pousse avec de l'azote, mais c'est le même principe. On n'a rien inventé, on a modernisé. J'ai repris derrière mon père sur les terres du Bourdillot en 1986. Je m'étais installé séparément, et en 1990 il est parti à la retraite et il m'a donné les propriétés familiales. J'ai fait des études de mécanique ; c'est important, car on maîtrise mieux le matériel. On a peu d'écart avec mon frère, on a démarré ensemble. On est très liés. On faisait toute l'Europe à moto. On se donne beaucoup d'idées, on s'appelle, on échange, on a beaucoup de matériel en commun. Chacun peut s'épanouir de son côté, faire des vins à sa façon. Il y a une émulation, une compétition positive entre nous deux. Ça nous tire vers le haut. Mon père avait été celui qui avait eu le plus de médailles d'or à Bordeaux. On a grandi dans cet esprit. Haverlan, c'est Haverland, cela veut dire terre d'avoine, d'origine néerlandaise. C'était une fierté d'avoir un domaine à Bordeaux et cette fierté s'est transmise de génération en génération. Pour mon grand-père, une bouteille de vin c'était un trésor.* » Le Bourdillot comprend 65 % de cabernet-sauvignon, tandis que le second vin élaboré à partir des jeunes vignes se compose de 65 % de merlot.

Second vin : Tentation-de-Bourdillot

Millésime 2002

– Dégustation d'avril 2003

14,5 – Rouge. Boisé un peu prenant, lait de coco, fruits confits, bouche assez fine, tanins fins. La structure est bonne, on est moins convaincu par le choix des barriques à ce stade.

16,5 – Blanc. Épicé, pêche blanche, pomélo, gras en bouche mais bien équilibré grâce à une acidité présente, riche, puissant, mais sans lourdeur.

Millésime 2005

– Dégustation d'avril 2006

14,5/15 – Rouge. Confiserie, fruits rouges, note boisée. Bouche tendre en attaque, un peu marquée par la barrique à ce stade de son élevage, le tanin est assez présent et demande à s'arrondir, belle finale fruitée.

15 – Blanc. Citronné, abricot, pomme verte, très frais en bouche, bon équilibre entre vivacité et gras, pureté du fruit non masquée par le boisé. On s'en régale sans se poser de questions.

– Dégustation d'avril 2010

16 – Rouge. Nez épicé, grillé, fruits noirs bien mûrs, résine, bouche doue, épicée, tendre, résine, long, bien fruité. Long, fin.

14,5 – **Tentation**. Nez bien fruité, boisé encore marqué, bouche souple, douce, bien ronde, gourmand.

Millésime 2006

– Dégustation d'avril 2007

15/15,5 – Rouge. Fruits noirs et rouges, framboise, bouche ronde, petits tanins délicats, bien fruité, fin, un bon type de graves, suave et long.

– Dégustation d'avril 2010

15 – Rouge. Fruits noirs, épices, truffe, bien fruité, grillé, bouche vive, tendue, fraîche, bonne longueur, vif, long.

Millésime 2007

– Dégustation d'avril 2008

13 – Rouge. Boisé, vanille, fruits rouges, bouche très gourmande, flatteuse, un peu sucrée par le bois.

– Dégustation d'avril 2010

14 – Rouge. Réduit, fermé, cabernet, cassis, bouche puissante, dense, tannique, serré. Un peu trop concentré.

14,5/15 – **Tentation**. Fruits noirs, grillé, tarte à la myrtille, bouche ronde, souple, bien mûre, douce, fondante. Le second, tourné vers le fruit et pas les tanins, est mieux réussi.

Millésime 2008

– Dégustation d'avril 2009

15 – Rouge. Boisé, fruits rouges, un boisé qui souligne le fruit, bouche douce, fruitée, un peu trop de bois sur cet échantillon, bonne matière derrière.

14,5 – Blanc. Abricot, pêche blanche, bouche litchi, pas mal, joli fruit.

– Dégustation d'avril 2010

15 – Rouge. Séveux, épices, fruits noirs, bouche douce, élégante, bien fondue, agréable, un peu de coco en finale. Joli grain de tanins.

Millésime 2009

– Dégustation d'avril 2010

14,5/15 – Rouge. Épices douces, bouche boisée, noisette, grillé, des notes moka, vin assez flatteur, rond, tendre, pas très dense mais relevé, vif, bien fait dans un style séducteur et chaleureux.

Archives

– Dégustation de juin 2001

Millésime 1999

14,5 – **Prestige** (rouge). Nez fruité, cerise noire. Rond en attaque, élégant, tannique, bien structuré, solide, la présence du cabernet lui confère un côté un peu sévère qui évoluera vers la finesse avec le temps.

Brondelle

Surface : 30 ha ; 8 en blanc, 22 en rouge
Propriétaire : Famille Belloc
Contact : Jean-Noël Belloc
Chateau Brondelle – 33210 Langon
05.56.62.38.14 – chateau.brondelle@wanadoo.fr

Une fois que j'avais écrit quelque chose de gentil sur Brondelle, j'ai reçu ce mot de Jean-Noël Belloc : « *À Brondelle, nous sommes adeptes de la rigueur et du travail tout au long de l'année pour exploiter au mieux notre terre. Nous cultivons la terre par passion et par atavisme. Nous cultivons la discrétion par politesse mais nous sommes ravis quand notre vin est mis en avant. Nous tentons de cultiver l'humour, au cas où on ne pourrait pas en acheter à Fronsac !* » Clin d'œil pour Thierry Gaudrie, de Château Villars, à Fronsac, grand ami de Jean-Noël. Les deux échangent bouteilles et boutades et ne manquent jamais une occasion de passer de bons moments à table.

Je n'ose pas regarder dans les archives depuis combien de temps, chaque fois que je déguste les graves (à l'aveugle), Brondelle se distingue avec forte note et belle appréciation. C'était déjà le cas du temps de Roland, le père de Jean-Noël. Roland Belloc a retracé l'historique de la propriété, ancien bien de la seigneurie de Roquetaillade. Plus banalement voué à la polyculture au XIXe siècle *« comme le voulait la tradition : vignes, céréales, tabac, élevage »*. Le vrai changement a lieu en 1925, quand *« Louis Turtaut rachète le domaine de Brondelle à la famille Mesnage. La propriété était toujours exploitée en polyculture, mais les vins faisaient l'objet des soins les plus attentifs »*.

Par alliance, le domaine passa des Turtaut aux Belloc. En blanc comme en rouge, Brondelle est remarquable. Dans cette dernière couleur, il a pour lui une touche de fruit presque bourguignonne et des tanins de velours car jamais les Belloc, Roland, Philippe Rochet, son gendre, ou Jean-Noël n'ont cédé aux sirènes de l'ultraconcentration et des vins sirupeux. *« Le grand vigneron, c'est celui qui n'a rien à raconter, car il fait les mêmes gestes, de la rigueur et du boulot... Et ça ne fait pas rêver. Il y a des gens malins qui communiquent sur le "plus". Celui qui vendange le plus tard, qui fait le plus petit rendement, qui fait durer les cuvaisons le plus longtemps... Du coup, le voisin, qui ne veut pas être en reste, dit "moi aussi je suis un M. Plus, et je dirais même plus, j'en fais encore plus que plus..." Le vin, ce n'est pas ça ; c'est du plaisir.* »

Jean-Noël est revenu à la propriété en 1988 après un bon détour chez IBM, à Bordeaux. *« Dans les mutations, ils m'ont proposé Corbeil-Essonnes, donc je suis venu ici. Philippe Rochet, mon beau-frère, travaillait déjà avec mon père.* » Jean-Noël repousse encore plus loin les limites de son empire. Il a repris 4 hectares de sauternes,

Château Fontaine (premier millésime en 2008), et commencé de planter Château d'Alix, en pessac-léognan : 2,65 hectares pour le moment, mais avec l'objectif d'atteindre 12 hectares. Première production en 2012.

Millésime 2000

– Dégustation d'avril 2001

15 – Rouge. Épices, fruits rouges en salade. Bouche tendre, élégante, souple, fruité cerise, petits tanins serrés, belle matière bien équilibrée.

Millésime 2002

– Dégustation d'avril 2003

15 – Blanc. Épices douces, buis, fleurs blanches, bouche bien pleine, ronde, assez grasse, très joli fruit de pêche jaune. Long.

Millésime 2006

– Dégustation d'avril 2007

14 – **Cuvée Damien** (rouge). Fruits confits, épices, un peu poivre blanc, rond, tendre, souple en attaque, la deuxième séquence est plus rugueuse.

– Dégustation de juin 2008

16 – **Grand Vin** (blanc). Fruits blancs, boisé, pêche blanche, abricot en bouche, équilibré, bien parfumé, long, harmonieux, bonne acidité.

Millésime 2007

– Dégustation d'avril 2008

15 – Rouge. Floral, joli nez frais, bouche vive, douce, fraîche, bon équilibre, pas trop extrait, tanins délicats, assez long, bien fait.

– Dégustation de juin 2008

14,5 – Blanc. Pêche blanche, citronnée, bouche gazeuse, fraîcheur, bonnes saveurs d'agrumes, un peu léger mais équilibré, bonne longueur, pointe de minéralité.

Millésime 2008

– Dégustation d'avril 2009

15 – Blanc. Fermé, floral, bouche fraîche, bien parfumée, bonne longueur.

De Chantegrive

Surface : 90 ha dont 30 en blanc
Propriétaire : Famille Lévêque
Contact : Château de Chantegrive – 33720 Podensac
05.56.27.17.38
www.chantegrive.com

Henri Lévêque, ancien président des courtiers bordelais, a constitué ce domaine que gèrent aujourd'hui ses enfants. Au départ, en 1966, la maison n'était qu'une résidence de campagne. Mais un terroir avec des graves sur 3 à 10 mètres de profondeur, autour des murs, l'a fait changer d'avis. Peu à peu, il a racheté des parcelles pour constituer un domaine de 90 hectares, un des plus importants de la région. Le domaine produit, outre le Château de Chantegrive, en blanc et rouge, plusieurs cuvées : Caroline en blanc, une sélection particulière davantage riche et boisée, la cuvée Henri-Lévêque en rouge, hommage au fondateur, La Rose-Nouet, fruité, léger et moins cher, vin de « déjeuner sur l'herbe » comme le définit François Lévêque, fils d'Henri et courtier lui-même. Chantegrive produit aussi sous ce nom un liquoreux en appellation cérons.

Second vin : Benjamin-de-Chantegrive

Millésime 2001

– Dégustation d'avril 2002

15,5 – Rouge. Nez boisé marqué par des arômes de moka, bouche dense, tanins serrés, long en bouche, bien équilibré.

Millésime 2002

– *Dégustation d'avril 2003*

14,5 – Rouge. Café, grillé, prise de bois assez marquée, bouche droite, tanins serrés et fins. Un vin qui ne se présente pas très bien à ce stade au niveau aromatique, mais d'une structure prometteuse.

15,5 – **Cuvée Caroline** (blanc). Nez pêche blanche, note d'amande grillée, très élégant en bouche, équilibré, une bonne acidité structure l'ensemble et porte le fruit en finale.

Millésime 2003

– *Dégustation d'avril 2004*

13 – Rouge. Épices, boisé un peu marqué, bouche puissante, tanins un peu sévères, de la matière mais boudeuse.

14 – **Cuvée Caroline** (blanc). Ananas, vanille, note torréfiée, bouche souple, ronde, bien fruitée, assez équilibrée, finale discrète.

Millésime 2005

– *Dégustation d'avril 2006*

14 – **Cuvée Caroline** (blanc). Floral, abricot, très gras, plein, noisette et fruits exotiques. Puissant, dense, certainement pas le blanc d'apéritif gouleyant. À essayer sur des volailles ou des plats crémés.

Millésime 2006

– *Dégustation d'avril 2007*

13,5 – **Cuvée Caroline** (blanc). Pamplemousse, vif, floral, bouche équilibrée, agrumes, un peu de végétal mais pas mal.

Millésime 2007

– *Dégustation d'avril 2008*

14,5 – Rouge. Violette, cassis, un peu terre, bouche vive, sucrosité, tanins doux, un peu d'amertume en finale, bien équilibré, devrait bien évoluer.

Clos Floridène

Surface : 32 ha dont 14,7 en blanc
Propriétaire : Denis et Florence Dubourdieu
Contact : Château Reynon – 33410 Béguey
05.56.62.96.51
www.denisdubourdieu.fr

En tournant les pages de ce livre, on parviendra facilement à celles consacrées aux vins de sauternes et plus particulièrement au Château Doisy-Daëne, autre propriété du clan Dubourdieu. Floridène, au départ, était un vrai clos d'un peu plus de 2 hectares racheté en 1982. Il en compte aujourd'hui 32. Pour l'essentiel, du sable mêlé d'argile posé sur un socle calcaire poreux, une situation assez idéale pour la vigne, qui trouve dans ce calcaire l'humidité lentement distillée qui lui permet de vivre son cycle sans subir les caprices de la météo. À condition cependant qu'on l'y invite vigoureusement par des labours de surface qui obligent ses racines à descendre voir ce qui se passe en sous-sol. Denis Dubourdieu, pas vraiment partisan de l'enherbement, dont on contrôle mal la rivalité avec la vigne, pratique depuis toujours les labours (son vignoble ressemble à un jardin de retraité, tellement il est bien entretenu) et l'apport de composts organiques. Clos Floridène s'est taillé une solide réputation avec ses vins blancs. Pour ma part, j'assume une petite préférence pour les rouges et leur distinction.

Millésime 2002

– *Dégustation d'avril 2003*

17 – Rouge. Fruits rouges, cerise, note de violette, mangue, pêche, complexe et séduisant, tanin doux, soyeux, boisé discret, droit, long, une trame qui sert le fruit et prolonge les sensations. Très beau graves.

15,5 – Blanc. Citron vert, buis, nez pur, bouche vive, élégante, des notes minérales, une bonne longueur.

Millésime 2005

– *Dégustation d'avril 2006*

16 – Rouge. Floral, rose Pierre-de-Ronsard, une touche épicée, bouche élégante, assez classe, tanins vigoureux en milieu de bouche, un vin tendu et fin où le fruité tient la vedette.

Millésime 2006

– Dégustation d'avril 2007

14 – Rouge. Crémé, réducteur, bouche aux tanins assez mordants, confirmée par un boisé encore peu intégré, viril.

16 – Blanc. Agrumes, bouche vive, élégante, fruits blancs, précise, équilibrée, bonne longueur, persistance nette sur la pêche blanche.

Millésime 2007

– Dégustation d'avril 2008

15 – Rouge. Joli nez où le boisé se mélange bien au fruit, bouche souple, très fondue, tanins vifs en finale.

14 – Blanc. Gazeux, bouche fraîche, élégante, pas très longue mais bien faite.

Millésime 2009

– Dégustation d'avril 2010

15 – Rouge. Épices, fruits noirs, bouche douce, large, plaisant, en pleine prise de bois, tendu, vif, serré, un peu austère à ce stade mais prometteur, bel équilibre.

14,5 – Blanc. Fruits blancs, bouche assez riche, puissante, valorisée par le bois, bon équilibre.

La Croix

Surface : 16 ha
Propriétaire : Famille Espagnet
Contact : Cédric Espagnet
Château La Croix – 33210 Langon
05.56.63.29.36

Rien n'était prévu. Chez les Espagnet, on n'y croyait pas trop, à l'avenir de la vigne. Cela marchait un peu mieux ces dernières années, après avoir fait le choix de mettre en bouteilles une partie de la récolte. Les clients s'arrêtaient puis revenaient, autant charmés par les vins que par la gentillesse de l'accueil. Mais on avait envoyé le fils, Cédric, aux études, qu'il avait brillamment réussies : un doctorat de mécanique, la science des mouvements des particules entre elles, rupture, résistance, etc. Autrefois, dans ces exploitations, on pratiquait trois cultures. Sur les terres sèches, les anciens faisaient de la vigne ; là où c'était plus riche, des légumes ; et au bord du ruisseau, des vaches. « *Tous les étés, je travaillais ici, j'étais de la partie. Mais tant qu'ils avaient la pêche, mes parents me décourageaient. Ils me disaient de continuer : ta bourse, tes études… Instinctivement, je sentais que devais revenir.* » Cédric a suivi une petite formation pour adultes en 2001, appris la comptabilité. « *Je me suis vraiment installé en 2003.* » Il a commencé par planter de la muscadelle, 2 hectares, ce vieux cépage capricieux mais très parfumé qui ajoute « *de la complexité, des arômes* », et rangé la machine à vendanger au garage pour les blancs. Le domaine développe une clientèle particulière, surtout avec des prix qui se situent en dessous du niveau de la Garonne.

Autre vin : Château Gueydon

Millésime 2006

– *Dégustation d'avril 2007*

15 – Rouge. Épicé, un peu taille-crayon, bouche assez suave, petite note oxydée mais bonne tenue, vin accessible mais avec de la matière, droit, bonne longueur, un peu de dureté en finale qui devrait se gommer à l'élevage.

Millésime 2007

– *Dégustation d'avril 2008*

13 – Rouge. Prune au nez, bouche souple, bien fruitée, vin assez élégant.

Millésime 2008

– *Dégustation d'avril 2009*

14 – Rouge traditionnel. Nez brassé, bouche tendue, vive, bonne matière mais pas très charmeur.

16 – Rouge, cuvée en fûts de chêne. Fruits rouges, bouche douce, petite cerise, rond, doux, délicat, bien fruité, souple, frais, belle qualité des tanins.

Millésime 2009

– *Dégustation d'avril 2010*

14 – Rouge traditionnel. Confiture de fraise, bouche ronde, douce, bien parfumée, assez soyeuse, beaucoup de fruit, densité moyenne mais bien équilibré.

14,5 – Rouge, cuvée en fûts de chêne. Bien fruité au nez, note terre, sous-bois, bouche ronde, assez fluide, réduction, finale un peu séchante, milieu de bouche gras et soyeux ; vin agréable, bien dans le style graves.

13,5 – Blanc. Fruits blancs, sucrosité, du gras, plein, riche, alcool, une sensation sucrée en bouche, du fruit.

Ferrande

Surface : 82 ha
Propriétaire : Famille Castel
Contact : Franck Crouzet
21-24, rue Georges-Guynemer
33295 Blanquefort Cedex
05.56.95.54.00 – www.groupe-castel.com

Quand je pense à Ferrande, je bénis les magasins U, qui depuis quelques années ont eu l'excellente idée de le proposer à des prix très raisonnables lors des foires aux vins.

Dans l'océan des domaines Castel, longtemps Ferrande (racheté en 1992) a navigué en solitaire. Pour dire les choses clairement, c'était la seule bouteille qui nous ait donné de l'émotion. Les autres, Brassens les aurait facilement déclassées en Château Lulu. Depuis quelques années, les divers domaines de la famille Castel se sont vivement redressés.

On les retrouve en dégustation à des places honorables et le groupe n'hésite plus à communiquer, signe qu'on (c'est-à-dire Pierre Castel) y attache de l'importance. Au milieu des années 2000, Pierre Castel m'avait expliqué que le vin ne l'intéressait plus, que cela rapportait des clopinettes, que la bière et l'eau minérale étaient bien plus rentables. Quelques mois plus tard, l'insaisissable personnage vendait toutes ses eaux minérales et rachetait des sociétés de négoce de vin, et non des moindres.

Autre vin : un peu plus de 5 hectares donnent du Ferrande blanc.

Millésime 2001

– *Dégustation d'avril 2002*

15,5 – Rouge. Nez très séduisant de cerise et de rose rouge, bouche également sur le fruit, bien typé graves par le soyeux des tanins, beaucoup d'éclat.

Millésime 2002

– *Dégustation d'avril 2003*

16,5 – Rouge. Épices et résine, bouche puissante, à la limite de la surextraction, mais nous ne relevons pas de sécheresse, un très beau fruit, une grande netteté et une élégance en finale font penser que tout cela devrait se fondre.

Grand-Enclos du Château de Cérons

Surface : 21 ha dont 5,5 en blanc.
Propriétaire : Giorgio Cavanna
Contact : 33720 Cérons
05.56.27.01.53 – le-grand-enclos.com

Le domaine faisait autrefois partie d'un vaste ensemble qui fut partagé, comme souvent au milieu du XIXe siècle. Le nouveau propriétaire, depuis 2000, s'appelle Giorgio Cavanna, un nom que connaissent les passionnés de vins italiens, puisqu'il est également l'heureux possesseur de Castello di Ama, en Toscane. Le vignoble d'un seul tenant a dû être profondément remis en état et un chai moderne a été construit avec des cuves tronconiques en inox.

Le domaine couvre en tout 28 ha dont 21 en graves (rouge et blanc) et 7 en appellation cérons, un blanc liquoreux de grande qualité mais de superficie et de notoriété modestes.

Second vin : Lamouroux

Millésime 2002

– Dégustation d'avril 2003

15 – Rouge. Nez épicé, vanille du chêne, fruits noirs, bouche douce, tanins serrés et fermes, une matière assez présente mais qui ne prend pas le pas sur le fruit.

Millésime 2003

– Dégustation d'avril 2004

14 – Blanc. Floral, épicé, frais, net en bouche, élégant, finale discrète mais bon équilibre.

Millésime 2008

– Dégustation d'avril 2009

14,5 – Blanc. Volumineux, puissant, large, un peu massif, grillé, gazeux, du gras, bonne longueur.

Millésime 2009

– Dégustation d'avril 2010

14 – Rouge. Fruits noirs, bouche ronde, souple, assez soyeuse, finale plus sévère, bonne structure, vin un peu fermé, assez épicé.

13 – Blanc. Joli nez, floral, fruits blancs, bouche vive, fraîche, longueur moyenne.

GRAND-ABORD

Surface : 26 ha
Propriétaire : Vignobles Dugoua
Contact : 56, route des Graves – 33640 Portets
05.56.67.50.75 – www.vignobles-dugoua.fr

Au XVIIe siècle, le domaine servait de port pour les bateaux naviguant sur la Garonne, d'où le nom. Aujourd'hui, on pourrait lui trouver une autre signification : grand abordable. Les vins sont en effet proposés à prix cadeaux, surtout si on les commande en primeur. Le 2009 était ainsi (en prix primeur) offert, il n'y pas d'autre mot, à moins de 7 euros dans sa version Passion.

Autres vins : Château Bel-Air, Château Lagarde

Millésime 2006

– Dégustation d'avril 2007

15 – Cerise, bien fruité, bouche souple en attaque, ronde, bonne matière, assez fine ; l'élevage devrait lui conférer rondeur et onctuosité, il a déjà l'élégance.

15 – **Passion**. Floral, verdure, bouche souple, fine, tendre, pas très dense, matière légère favorisant le fruit, léger mais droit.

Millésime 2007

– Dégustation d'avril 2008

13 – Café, boisé, bouche souple, fondue, tanins soyeux, doux, bouche délicate, un peu séchante en finale.

Millésime 2008

– Dégustation d'avril 2009

13,5/14 – **Passion**. Floral, rose, bouche vive, manque un poil de maturité, finale serrée, bien fruité, séchant en finale.

Millésime 2009

– Dégustation d'avril 2010

15/15,5 – **Passion**. Fruits noirs, bouche ronde, un peu marquée par le bois, bonne matière, finale un peu serrée, joli fruit, droit, vif.

HAURA

Surface : 15 ha
Propriétaire : Bernard Leppert
Contact : Denis Dubourdieu Domaines
Château Reynon – 33410 Béguey
05.56.62.96.51
www.denisdubourdieu.fr

Propriété prise en fermage par Denis Dubourdieu (voir Reynon, Clos Floridène…) en 2002. Un site assez exceptionnel, vallonné par deux croupes de graves. Une production assez faible pour le moment, car le vignoble est en restructuration. Mais qui augmente régulièrement. On se dirige tout droit vers un grand vin de graves. Pour le moment, ce n'est pas cher, surtout si on le commande en primeur.

Millésime 2005

– Dégustation d'avril 2006

16 – Fruits noirs, des arômes de tarte à la myrtille discrètement rehaussés d'une pointe moka apportée par la barrique, belle attaque de bouche sur des tanins denses et doux, une matière présente sans être pesante, finale fruitée et vive.

Millésime 2008

– Dégustation d'avril 2009

15,5 – Floral, cerise, bouche ronde, fraîche, joli fruit, petits tanins croquants.

Millésime 2009

– Dégustation d'avril 2010

14 – Fruits noirs, prune, bouche ronde, souple, bien fondue, manque de chair en milieu de bouche, pointe d'amertume en finale, assez souple et fruité.

Haut-Reys

Surface : 15,5 ha
Propriétaire : Grégoire et Isabelle Gabin
Contact : 18, allée Perrucade
33650 La Brède
05.56.20.38.29
www.haut-reys.com

« Ce n'est pas un château ! » Grégoire et Isabelle Gabin préviennent. À La Brède, pays de Montesquieu, on n'a pas que l'esprit des lois, on a aussi celui de la pierre. Les belles demeures viticoles, construites à l'âge d'or au XIXe, ne manquent pas. Les Gabin ont repris cette exploitation en 1997 : *« Il n'y avait rien, sauf les vignes. »* Ils ont d'abord construit un chai, ensuite une petite maison en face. D'abord l'outil, ensuite le confort. La maison permet aussi d'être sur place et disponible pour les clients : *« On vend une bonne partie de notre production à la propriété, 60 % aux particuliers. On n'a pas trop le choix, cela m'a donné des moyens pour travailler à la vigne et sortir des vins de qualité. Ici il n'y avait aucun antécédent qualitatif, je ne connaissais pas le parcellaire. »*

Fils d'agriculteurs champenois, Grégoire est venu à la vigne *« par amour de la terre et du vin »*. Ce n'est pas comme les céréales, le vin. C'est quelque chose que l'on suit *« de A à Z et on met son nom dessus »*. On s'engage, on signe. Isabelle était déjà un peu dans la partie. Elle travaillait chez CVBG (maison de négoce et gestion de domaines). Grégoire a suivi des stages dans différentes propriétés viticoles et il a rencontré Isabelle pendant *« les manifs agricoles pour défendre les maraîchers… »*

Le frère de Grégoire produit des asperges que les Gabin proposent en saison aux clients de passage. *« Les gens cherchent des vins ronds. Si c'est trop extrait, ils n'arrivent pas à les boire. »*

Isabelle et Grégoire voyagent beaucoup, participent à des Salons et organisent des soirées dégustation chez leurs clients fidèles. *« J'ai une grande famille dans toute la France, à Albi, Saint-Étienne, dans l'Aisne et dans la Marne, où je suis né. Cela nous fait des points de chute… »* Prix doux.

Millésime 2006

– *Dégustation d'avril 2009*

14 – Vieilles Vignes (rouge). Tendre, rond, bouche légère, bien parfumé.

Millésime 2007

– *Dégustation d'avril 2009*

14,5 – Vieilles Vignes (rouge). Matière généreuse, des tanins assez présents mais sans dureté, minéral, tendu, frais.

Millésime 2008

– *Dégustation d'avril 2009*

14,5/15 – Vieilles Vignes (rouge). Fruits noirs et rouges, bouche suave, bien parfumée, tendue, pas très dense mais bien fruitée.

Millésime 2009

– *Dégustation d'avril 2010*

16 – Cuvée Paumarel (rouge). Fruits noirs, laurier, bouche ronde, souple, du volume et de la densité, tanins serrés, séveux, bonne longueur, classe ! Vin d'avenir.

Langlet

Surface : 8 ha, rouge
Propriétaire : Domaines Kressmann
Contact : Tristan et Loïc Kressmann
33650 Martillac
05.57.97.70.16
www.latour-martillac.com

Propriété de la famille Kressmann ; voir Latour-Martillac, cru classé en pessac-léognan.

Millésime 2001

– Dégustation d'avril 2002

15 – Nez marqué par le merlot, gelée de mûres, fruits noirs, bouche bien pleine, tanins gras et veloutés, bonne densité, finale avec une pointe d'astringence que l'élevage devrait atténuer.

Millésime 2003

– Dégustation d'avril 2004

13 – Nez chocolat noir, cassis, bouche souple, tendre, tanins discrets.

Millésime 2008

– Dégustation d'avril 2009

15 – Baies noires, boisé, bouche ronde, souple, tanins doux, un peu d'acidité, vin rond, pas très dense mais agréable, fruité noir. Bien rond, bien graves.

Millésime 2009

– Dégustation d'avril 2010

13,5/14 – Épices, résine, bouche ronde, peu d'acidité, très souple, tanins gras, veloutés, finale rugueuse mais ensemble cohérent, bien fruité.

Archives

– Dégustation de juin 2001

Millésime 1999

14 – Nez fruité, résine et cerise, bouche bien ronde, très merlot, souple, gourmand, tanins pas tout à fait fondus en finale.

Magneau

Surface : 44 ha dont 25 en blanc
Propriétaire : Famille Ardurats
Contact : 12, chemin Maxime-Ardurats
33650 La Brède
05.56.20.20.57

On se connaît depuis si longtemps, avec les Ardurats, qu'on peut se dire les choses tranquillement. Henri est le descendant d'une longue lignée d'Ardurats. Les aïeux ont connu Montesquieu, vigneron dans le secteur et philosophe dans le monde, qui aimait se promener à cheval dans la campagne, discuter avec les uns et les autres, écouter les potins. Jean-Vincent Coussié, un voisin au Château La Blancherie, rapporte cette anecdote : *« Un jour, par un très grand froid, Montesquieu vit un de ses employés assis dehors sur son banc. Il s'approcha et lui demanda : "Mais que fais-tu là dehors par un si grand froid ?*

– C'est que, Monsieur le Baron, il y a la cheminée qui fume", répondit l'employé.

Montesquieu voulant s'en assurer, entrouvrit la porte ; aussitôt, il entendit une voix de femme en furie qui hurla : "Dehors vilain, je ne veux pas te voir, si tu entres, tu as du balai, dehors !"

Alors Montesquieu referma la porte et, regardant son ouvrier, lui dit : "Mon pauvre ami, j'ai souvent vu fumer des cheminées, mais je n'en avais encore jamais entendu qui fasse autant de bruit…" ».

Ce n'était pas un Ardurats. Dans la famille, on a du caractère sans donner du balai. Bref, tout ça pour vous dire que longtemps j'ai préféré les blancs de la famille à leur rouge. Tous leurs efforts et notamment ceux de Jean-Louis portaient sur cette couleur : profiter de l'engouement pour les blancs un peu gras et boisés comme on les découvrait dans les années 90 pour installer la renommée du domaine. Ce qui fut. Magneau rapidement acquit une bonne réputation avec une cuvée Julien très en vogue. Et le rouge ? Ce ne fut pas le cas. Du moins, pas tout de suite.

Il leur manquait des vignes, bien placées, de qualité. Petit à petit, ils ont comblé leur retard et désormais annoncent une capacité performante dans les deux couleurs. Les blancs se boivent jeunes et les rouges demandent deux ou trois ans d'attente.

Toute la famille Ardurats travaille au domaine : Jean-Louis pour la vigne et le vin, Brigitte en gestion et commercialisation, Bruno s'occupe du commerce et des Salons, sans compter les parents, fondateurs et toujours au charbon : *« On voit de moins en moins le négoce, il faut se débrouiller pour vendre »*, se lamente Henri. *« On a développé la clientèle particulière en faisant des Salons. En étant plus souvent au contact des consommateurs, notre façon de faire les vins a changé, elle aussi. »*

Millésime 2001

– Dégustation d'avril 2002

16 – Rouge. Nez fraise, badiane, vanille, bouche tendre et complète, tapissée de petits tanins, pas trop d'extraction, mais des raisins mûrs, riche et élégant à la fois, belle réussite dans ce millésime.

Millésime 2002

– Dégustation d'avril 2003

15,5 – Rouge. Fruits macérés, cerise, rond, gras, tendre, très confiture de cerise, tanin ferme bien enrobé, bonne longueur.

Millésime 2003

– Dégustation d'avril 2004

14 – Blanc. Nez fermé, bouche subtile, bien fruitée, bon équilibre. Le vin était encore sur ses lies quand nous l'avons dégusté, mais il nous a semblé prometteur.

Millésime 2005

– Dégustation d'avril 2006

14,5 – Rouge. Nez boudeur, réductif, l'élevage va lui redonner de l'éclat. Bouche ronde, tendre, élégante et douce, les tanins s'affirment vers la finale.

Millésime 2006

– Dégustation d'avril 2007

15,5 – Rouge. Fermé, fruits noirs, un peu réducteur ; bouche souple, assez onctueuse, tanins de merlot assez mûr mais pas trop extraits, bonne structure harmonieuse.

Millésime 2007

– *Dégustation d'avril 2008*

15 – Blanc. Beurré, agrumes, bouche vive, tendue. Un vin coupant, qui devrait évoluer dans l'élégance.

Millésime 2008

– *Dégustation d'avril 2009*

13,5 – Rouge. Boisé marqué, chêne, bouche dense, serrée, tanins prenants, finale rugueuse à ce stade.

15 – Blanc. Noisette, agrumes, bouche vive, bien fruitée, assez longue, bien fait.

14,5 – Cuvée Julien (blanc). Floral, fruits blancs, pêche blanche, bouche vive, élégante, enveloppante, longue mais un peu massive.

Millésime 2009

– *Dégustation d'avril 2010*

15 – Blanc. Floral, fruits blancs, ananas, bouche vive, nerveuse. Un vin à l'inverse de ce que l'on pouvait redouter du millésime.

Archives

– *Dégustation de juin 2001 (rouges)*

Millésime 1999

16 – Nez épicé, rose, mûre, très séduisant, bouche bien ronde, beaucoup de fraîcheur, tanins serrés et délicats, encore très jeune, beau fruit, belle réussite dans le millésime.

Millésime 1998

15 – Nez résine, cèdre, fruits noirs, muscade, bouche aux tanins fondus, bonne densité mais sans agressivité, élégant, bonne longueur.

Méjean

Surface : 6,5 ha, rouge
Propriétaire : Bruno Géraud
Contact : 33640 Ayguemorte-les-Graves
06.09.70.32.98
www.chateau-mejean.fr

Quand vous lirez ce texte, peut-être que Méjean n'existera plus. Dévoré par le TGV. Comme ces centaines de domaines grignotés par l'urbanisation au dernier siècle dans la banlieue de Bordeaux et dont il ne reste parfois que les colonnes qui encadraient le portail. Une perte irréparable qu'un urbanisme seulement un peu réfléchi aurait pu facilement préserver. Dans le cas de Méjean, pas de promoteurs gros cigare, juste des costumes gris et cravates mornes, des têtes bien faites remplies dans les bonnes écoles, qui pensent exactement comme les anciens qui ont bousillé les abords des villes, mais avec des arguments plus policés, parlant sans accent la langue technique au service du raisonnable. Sur le fond, c'est la même chose, l'argent. Cela coûte moins cher, disent les cravates mornes, de raser le vignoble que de passer un peu plus loin. Enfin, ils ne le disent pas comme cela, mais c'est ce qu'il faut entendre. Un petit peu de patrimoine en moins pour permettre d'économiser l'argent du contribuable, bien plus utile pour acheter des vaccins jetables en cas de vraie fausse grippe… Bruno Géraud, fils et petit-fils d'épiciers, épicier en plus grand lui-même, s'était créé un petit coin de paradis dont il faisait profiter les autres. La vigne mais aussi les bêtes, des vaches bazadaises pour la boucherie ouverte à La Brède, un parc, un restaurant. Il faisait revivre ce vieux vignoble abandonné près de chez Montesquieu. Il créait du patrimoine, on lui colle des voies ferrées, de la LGV, ligne à grande vitesse qui détruit son vignoble. En plus, le vin est (était) bon. Un peu dans le style patapouf/Parker mais, au contact des bazadaises, ça lui aurait passé.

Millésime 2006

– *Dégustation d'avril 2007*

15,5 – Chêne et fruits noirs, bouche puissante un peu confiturée, vin puissant, épais, dense, un peu international mais pas sans charme, rondeur des tanins et fruité prenant.

Millésime 2007

– *Dégustation d'avril 2008*

14 – Fruits confits, bouche soyeuse, dense, tannique mais fine, fraîche, bien équilibrée, une belle matière, pas trop extraite, des tanins portant le fruit, mais trop de bois sur l'échantillon.

Millésime 2008

– *Dégustation d'avril 2009*

15/15,5 – Boisé blond, floral, bouche séduisante, fine, petits fruits rouges et tanins soyeux, finale un peu serrée mais bon ensemble.

Millésime 2009

– *Dégustation d'avril 2010*

14,5 – Fruits noirs, bouche assez boisée, bonne matière, tanins moelleux, un peu d'extraction en trop mais cela reste aimable, droit, assez long, un peu trop d'alcool.

Château du Mont

Surface : 25 ha
Propriétaire : Famille Chouvac
Contact : Claire et Hervé Chouvac – 33410 Sainte-Croix-du-Mont
06.89.96.54.73
www.chateau-du-mont.com

Hervé Chouvac est également producteur de sauternes et de sainte-croix-du-mont (blanc liquoreux), une Cuvée Pierre à couper le souffle (voir à sainte-croix-du-mont). « *Mon grand-père ne faisait que du liquoreux. Mon père a diversifié la gamme et a développé une clientèle importante auprès des comités d'entreprise. Nos rouges sont ramassés à la main. Je ne trie pas dans le chai mais à la vigne. Responsabiliser les vendangeurs à la vigne fait qu'ils sélectionnent mieux les raisins.* » Hervé est partout, au chai, à la vigne, chez ses clients, à l'écoute et à la parole. Pas de discours lénifiant sur le terroir béni des dieux, mais le récit du travail, le bonheur à partager, le désir de toujours faire mieux.

Millésime 2001

– *Dégustation d'avril 2002*

15 – Rouge. Des arômes séduisants, mêlant cerise et épices ; bouche ronde, très fruitée, tanins serrés avec une pointe d'astringence ; au final, un vin assez racé, droit, bien équilibré.

Millésime 2005

– *Dégustation d'avril 2006*

50 % cabernet-sauvignon, 50 % merlot.

16 – Rouge. Floral, cerise, rose rouge, bouche pleine et douce, des notes boisées soutiennent le fruit sans exagération, jolis tanins soyeux, assez drus en finale. Un vin très prometteur, bien équilibré.

Millésime 2006

– *Dégustation d'avril 2007*

16 – **Gabriel** (rouge). Cerise confite, vanille, bouche tendre, élégante, bien servie par un boisé délicat, tanins fins, bonne longueur, joli vin de finesse.

Millésime 2007

– *Dégustation d'avril 2008*

13,5/14 – **Gabriel** (rouge). Grillé, boisé, bouche vive, pas très dense, bien fruitée, un peu séchante en finale, bon fruit, tanins un peu mordants en finale.

Millésime 2009

– *Dégustation d'avril 2010*

14 – **Gabriel** (rouge). Nez fermé, bouche douce, pas très dense, fruitée, agréable, souple, pas beaucoup de corps mais un bon équilibre et de la finesse.

Rahoul

Surface : 42 ha dont 3,5 en blanc
Propriétaire : Alain Thiénot
Contact : 4, route du Courneau – 33640 Portets
05.57.97.73.33
www.chateau-rahoul.com

Négociant en Champagne, propriétaire de sa propre marque et de Canard-Duchêne, racheté au groupe Moët, Alain Thiénot a repris ce domaine en 1986. Puis, en 2007, ce fut le tour de la maison de négoce et gestionnaire de domaines CVBG de tomber dans son escarcelle. Depuis, Rahoul est géré techniquement et commercialement par l'équipe de CVBG. Ce sont eux qui déjà dirigent Belgrave, cru classé en haut-médoc. Cette prise en charge s'est accompagnée d'investissements importants dans le chai.

Millésime 2001

– Dégustation d'avril 2002

14,5 – Rouge. Nez floral, bouche assez boisée, tanins gras. Ample et doux, marqué par une forte présence de merlot qui lui confère une rondeur étonnante. Finale sur le fruit.

Millésime 2002

– Dégustation d'avril 2003

15,5/16 – Rouge. Très beau fruité assez explosif et bien mêlé à un boisé discret, bouche crémeuse, ronde, avec des notes de cerise au chocolat, vin flatteur et bien construit.

Millésime 2003

– Dégustation d'avril 2004

14 – Rouge. Nez de pain d'épice, assez boisé, bouche onctueuse, plus grasse que vive, tanins moelleux.

13,5/14 – Blanc. Fermé, bouche pamplemousse, très agrumes, pas très long mais bonnes saveurs.

Millésime 2005

– Dégustation d'avril 2006

14,5 – Rouge. Épicé, grillé, menthe, la bouche est marquée par son arrivée en barrique, la douceur des tanins n'est pas en cause mais, pour le moment, on devine plus les arômes chocolat et café que le fruit. La structure est de qualité.

15 – Blanc. Nez flatteur d'abricot bien mûr et de banane, bouche bien fruitée, du gras et une bonne fraîcheur, un vin suave et bien construit, plutôt vin de repas.

Millésime 2006

– Dégustation d'avril 2007

14,5/15 – Rouge. Fruits noirs, cerise, vanille, joli boisé, bien fruité, un peu bonbon, rond, gourmand, petits tanins en finale, bon vin, facile d'accès.

14 – Blanc. Élégant, agrumes, pêche blanche, bonne longueur.

Millésime 2007

– Dégustation d'avril 2008

14,5 – Rouge. Floral, fruits rouges, bouche assez boisée mais douce, délicate, tanins soyeux, bon équilibre, assez frais, bien fruité en finale. Vin séducteur, extraction maîtrisée.

Millésime 2008

– Dégustation d'avril 2009

14 – Rouge. Fruits noirs, cerise burlat, joli nez assez complexe, bouche ronde, douce, vendanges bien mûres, du moelleux, un peu d'amertume en finale.

15 – Blanc. Vanille, fleurs blanches, bouche poire, assez complexe, droit, note grillée, agréable.

Millésime 2009

– Dégustation d'avril 2010

16 – Rouge. Fruits rouges, bouche douce, petits tanins moelleux, du gras en milieu de bouche, un vin sérieux, droit, bien fait, sans faiblesse, bien équilibré, relevé en finale.

Archives

– Dégustation de juin 2001

Millésime 1998 (rouge)

15 – Nez ouvert, touche chocolatée, boisé très discret, bouche dominée par les saveurs du merlot bien mûr, rond, tendre, tanins veloutés, finale épicée. À boire dans deux ans.

Respide

Le Pavillon-de-Boyrein
Surface : 50 ha, plus 25 ha pour Le Pavillon-de-Boyrein
Propriétaire : Vignobles Bonnet
Contact : Le Pavillon-de-Boyrein – 33210 Roaillan
05.56.63.24.24
www.chateau-de-respide.com

Il fut autrefois la demeure de Gabriel Nicolas de La Reynie, redouté lieutenant de police de Louis XIV ; il est aujourd'hui entre les plus douces mains de la famille Bonnet, qui n'a pas conservé le château mais seulement les vignes. Nous sommes dans le sud de l'appellation, en bordure du Sauternais, plus landais que bordelais, comme le dit Franck Bonnet, sympathique patron de ce vaste ensemble. *« À Bordeaux, on se prend plus au sérieux ; ici on est plus festifs, un peu gouailleurs. Le vin, c'est naturel et c'est la fête. J'aurais du mal à partir, j'ai été élevé dans cet esprit de paysan gascon. »* Respide était surtout connu autrefois pour ses blancs doux, qu'on produisait à profusion : *« Au moment de la crise, dans les années 70, on s'est tournés vers les rouges. Je suis revenu en 1983 et, depuis 1990, je m'occupe de la propriété. Je trouvais les vins un peu trop secs et j'ai travaillé sur la rondeur, c'est pour cela qu'on a créé la cuvée Callipyge, en référence à la Vénus… »*

Autre vin : Le Pavillon de Boyrein

Millésime 2001

– *Dégustation d'avril 2002*

17 – **Callipyge** (rouge). Nez épicé, fruits noirs, plus de profondeur que dans Le Pavillon, la bouche est souple, onctueuse, bien typée graves, tanins soyeux, des notes de réglisse, très long, beaucoup d'élégance.

15,5 – **Le Pavillon-de-Boyrein** (rouge). Nez pêche de vigne, rose, framboise, beaucoup de fraîcheur en bouche, bonne vivacité et tanins ronds, très parfumé, vif, éclatant.

Millésime 2002

– *Dégustation d'avril 2003*

14,5 – **Callipyge** (rouge). Fruits rouges, amande grillée, vif, net, joli fruit, bouche assez ferme. Un vin qui est au début de son élevage et qui devrait bien évoluer.

14,5 – **Orpale** (blanc). Vif, citronné, pomme, bouche bien fraîche, élégante, des saveurs un peu exotiques, facile et gourmand.

Millésime 2003

– *Dégustation d'avril 2004*

15 – **Callipyge** (rouge). Joli nez légèrement épicé. Bouche vive, saveurs de mirabelle et d'épices douces, bien fruité et assez long.

Millésime 2005

– *Dégustation d'avril 2006*

15,5 – **Callipyge** (rouge). Cerise, doux, tendre, trame tannique très souple et fondue, un vrai vin de graves, fruité et soyeux.

15,5 – **Callipyge** (blanc). Fruits blancs, pêche, des notes noisette et une pointe de grillé, bouche ronde, bien fruitée, un équilibre idéal entre gras et acidité, belle finale sur les fruits exotiques.

Millésime 2006

– *Dégustation d'avril 2007*

14 – **Callipyge** (blanc). Floral, bouche vive, citronnée, bonne longueur, rafraîchissant.

Millésime 2007

– Dégustation d'avril 2008

13,5 – Callipyge (rouge). Fruits noirs, bouche aux tanins veloutés, bien fondus, pointe d'amertume en finale, un peu râpeux.

Millésime 2009

– Dégustation d'avril 2010

15 – Callipyge (rouge). Fruits rouges, joli nez ouvert et frais, bouche ronde, soyeuse, vive, bien fraîche, petits tanins fins, extraction modérée, fraîcheur et gourmandise.

13,5/14 – Callipyge (blanc). Fruits blancs, ananas, bien aromatique, le boisé le valorise, un peu séchant en finale.

Archives

– Dégustation de juin 2001

Millésime 1998

16 – Callipyge (rouge). Nez de fruits noirs, mûre, violette, fine touche de boisé qui se fond dans l'ensemble, tanins soyeux en bouche, structure délicate et élégante, bonne longueur, finale réglisse.

15 – Le Pavillon-de-Boyrein (rouge). Nez de prune rouge, gras, rond, très merlot mûr, onctueux, gourmand mais avec de l'élégance. À boire jeune.

Roquetaillade-La Grange

Surface : 45 ha dont 15 de blanc
Propriétaire : Vignobles Guignard
Contact : Pascal Guignard
33210 Mazères
05.56.76.14.23
www.roquetaillade.com

Roquetaillade est une ancienne forteresse construite entre le XIIe et le XIVe, aménagée à la Renaissance et restaurée par Viollet-le-Duc, qui sauva de la ruine Vézelay, Carcassonne (où il ajouta sa petite touche médiévale personnelle) et tant d'autres. C'est impressionnant de loin, c'est encore plus beau de près, de l'intérieur surtout, car on peut visiter. Le château n'appartient pas aux Guignard. Eux possèdent le vignoble qui l'entoure, situé sur un des points les plus hauts de la région. Depuis 2000, les Guignard ont commencé à vendre en primeur, sur réservation, comme les grands crus, mais à des prix très raisonnables, et ne cessent de progresser. Bruno, œnologue, Dominique, ingénieur agronome, et Pascal, ingénieur qualité, les trois frères font partie de cette nouvelle génération qui n'a pas peur de s'occuper aussi bien des vignes que de la commercialisation : *« On a chacun son secteur, mais personne n'est roi dans son pays. Ce n'est pas toujours facile. On a un an d'écart tous les trois, et cela fait quarante ans qu'on se colle des baffes. Maintenant, on a une secrétaire dans le bureau, et on veut montrer qu'on est bien élevés ; on ne se met plus de baffes, mais on discute de tout, c'est comme cela qu'on avance. »*

Millésime 2001

– Dégustation d'avril 2002

14 – Rouge. Nez framboise, floral, bouche délicate, tendre, plus en finesse qu'en puissance.

– Dégustation d'avril 2004

15 – Un peu austère, très complet, bien garni, mais à attendre.

Millésime 2002

– Dégustation d'avril 2003

15 – Rouge. Épices, violette, pointe de vanille, bouche ronde, tanins fins, assez fermes mais élégants, fruits frais, bonne longueur, vin droit, précis.

– Dégustation d'avril 2004

14 – Souple, pas très large mais gourmand, que l'on pourra commencer à boire dès l'automne.

Millésime 2003

– *Dégustation d'avril 2004*

15 – Rouge. Nez de résine, pin, note de quetsche. Bouche souple, tendre, bien fruitée, tanins pas trop serrés, plus en élégance qu'en densité, mais un ensemble harmonieux et frais.

Millésime 2004

– *Dégustation d'avril 2005*

15 – Rouge. Nez de merlot mûr, sureau, gelée de mûres. Tanins fins, gourmands, élégant, souple, bien fondu, bien mûr, sans amertume, doux, soyeux, bien fruité.

Millésime 2005

– *Dégustation d'avril 2006*

14,5 – Rouge. Nez de fruits noirs, cassis, note grillée, bouche vive, petits tanins croquants pas encore bien fondus, vivacité et charme. Le vin devrait gagner en rondeur au cours de l'élevage.

Millésime 2007

– *Dégustation d'avril 2008*

14,5/15 – Rouge. Nez boisé, café, bouche ronde, suave, bien fondue en première partie, un peu plus sévère ensuite ; droit, tendu, bien fait.

Millésime 2008

– *Dégustation d'avril 2009*

15,5 – Rouge. Fruits rouges, boisé blond, bouche tendre, élégante, assez fine, du relief, raffiné, beaucoup de fruit.

13,5 – Blanc. Abricot, note de vanille un peu marquée, le vin est encore plein de gaz et ne se goûte pas au mieux.

Millésime 2009

– *Dégustation d'avril 2010*

14/14,5 – Rouge. Prune, mûre, bouche ronde, moelleuse, veloutée, très fruits mûrs, cerises en bocal ; un vin gourmand par son fruit et sa rondeur, déjà agréable à ce stade.

Archives

– *Dégustation de juin 2001*

Millésime 1998

14 – Rouge. Nez grillé, assez marqué par l'élevage en barriques, bouche douce, veloutée, tanins de qualité, bon équilibre.

SAINT-ROBERT

Surface : 34 ha dont 6 en blanc
Propriétaire : Crédit foncier
Contact : Michel Garat
Château Bastor-Lamontagne – 33210 Preignac
05.56.63.27.66
www.chateau-saint-robert.com

À l'origine, du moins celle que l'on connaît, ce Saint-Robert, désigné par Clos-Saint-Robert, se consacrait aux blancs liquoreux, récoltés avec les mêmes soins qu'Yquem sous la direction de son propriétaire, Poncet-Deville. Lequel passait dans la région pour un très grand agronome et un dégustateur de talent. J'ai retrouvé un passage le concernant dans *La Vigne, voyage autour des vins de France* (1878), d'un certain Bertall (Charles Albert d'Arnould), quelquefois cité dans d'autres ouvrages (en oubliant les passages douteux à connotation raciste qui prêteraient à sourire, si moins d'un siècle plus tard ce genre d'âneries n'avaient accouché de l'affreux Adolf). Bertall visite deux ou trois propriétés du Sud bordelais, dont Yquem, et on lui indique que celle du Clos-Saint-Robert est indispensable. Il s'étonne que Poncet-Deville attende la pourriture pour vendanger. L'autre lui répond : « *Voyez cette grappe, par exemple ; il y a vingt-cinq grains. Cinq sont atteints de ce genre de pourriture* […]. *Ces cinq-là vont être cueillis puis coupés soigneusement avec des ciseaux par une de ces femmes que vous voyez là-bas accroupies ou assises sur de microscopiques tabourets de bois ; les vingt autres grains sont laissés à la grappe* […]. *Demain ou après-demain, une vendangeuse passera, trouvera un grain ou deux suffisam-*

ment prêts, elle les prendra, et ainsi de suite, jusqu'à la fin de la grappe. »

Nul doute que l'aire du vignoble consacrée aux vins liquoreux fut à cette époque bien plus vaste qu'aujourd'hui, et bon nombre d'excellents vins rouges proviennent de terroirs où l'on récoltait de cette façon ou de manière moins attentive des vins blancs botrytisés. Poncet-Deville propose au voyageur de l'accompagner le lendemain matin à Yquem, où il semble se trouver comme chez lui. « *À cinq heures et demie, le cheval, attelé, piaffait dans la cour. Allons, allons, messieurs ! allons, une petite collation légère, un peu de médoc pour tonifier, et en route !* » On attaquait tôt à cette époque. Le domaine s'est depuis profondément modifié. Propriété du Crédit foncier (comme Beauregard en pomerol et Bastor-Lamontagne en sauternes), les cépages rouges y ont peu à peu remplacé ceux de blancs pour les deux tiers. Une cuvée de blanc mais aussi de rouge Poncet-Deville rend hommage à celui qui en fit un cru renommé. Après tout, s'il vinifiait du blanc, il buvait du rouge, et du bon, d'après Bertall, qui de ce point de vue semble crédible.

Second vin : Tour-de-Rodet

Millésime 2005

– *Dégustation d'avril 2006*

16 – Poncet-Deville (rouge). Épices, fruits noirs, violette, confiserie, bouche un peu marquée par la barrique, le vin est en prise de bois, mais une bonne matière avec des tanins serrés, mûrs, pas trop extraits. Il devrait bien évoluer.

Millésime 2006

– *Dégustation d'avril 2007*

13,5 – Poncet-Deville (blanc). Bon fruit, ananas, litchi, bien parfumé, un peu entêtant mais pas mal.

Millésime 2007

– *Dégustation d'avril 2008*

13,5/14 – Poncet-Deville (rouge). Boisé discret, bouche droite, vive, bien équilibrée, bonne matière, un peu trop d'extraction. Un vin qui manque un peu d'éclat à ce stade, mais bien fait.

Millésime 2008

– Dégustation d'avril 2009

15 – Poncet-Deville (rouge). Fruits rouges, bouche douce, tendre, pas très dense mais bien fruitée, droite, assez élégante.

Millésime 2009

– Dégustation d'avril 2010

15 – Poncet-Deville (blanc). Nez fruité, vif, bien sauvignon, élégant, tendu, agréable. Bien fruité, bon potentiel.

Archives

– Dégustation de juin 2001

Millésime 1998

14,5 – Poncet-Deville (rouge). Nez marqué par l'élevage en barriques neuves, vanille, brioche, panettone, bouche ronde, souple ; le fruité est moins dominé qu'au nez et commence à évoluer vers des arômes complexes ; bonne matière, tanins délicats. Un peu moins de bois neuf ne nuirait pas à son élégance.

TOURTEAU-CHOLLET

Surface : 65 ha dont 6,5 de blanc
Propriétaire : Partitor SAS
Contact : 3, chemin de Chollet – 33640 Arbanats
05.56.67.47.78
www.vitisvintage.com

Vaste domaine racheté en 2001 et géré par Maxime Bontoux. Partitor et Vitis Vintage, la société de commercialisation, sont également propriétaires de deux crus de saint-émilion, Ferrand-Lartigue et Grand-Lartigue. Le vignoble a été profondément restructuré et les nouveaux propriétaires insistent sur sa conduite en lutte raisonnée (certifiée). Ses efforts et l'âge des vignes replantées aidant, les vins se font davantage remarquer sur les derniers millésimes.

Second vin : Château Chollet

Millésime 2008

– Dégustation d'avril 2009

16 – Rouge. Floral, bouche fraîche, pas très dense, petits fruits rouges en finale, raffiné, délicat.

14 – Blanc. Fruits blancs, bon équilibre, note de poire en finale.

Millésime 2009

– Dégustation d'avril 2010

15 – Rouge. Prune, fruits noirs, menthe, boisé un peu marqué, bouche ronde, souple, fruitée. Le début d'élevage en barrique lui confère une pointe de dureté qui va se fondre, un vin frais, tendu, nerveux.

VIEUX-CHÂTEAU-GAUBERT

Surface : 25 ha dont 5 de blanc
Propriétaire : Dominique Haverlan
Contact : 33640 Portets
05.56.67.18.63
dominique.haverlan@libertysurf.fr

Il existe deux types de présidents d'appellation. Ceux qui aiment bien les réunions et ceux qui aiment bien leur appellation. Indubitablement, Dominique Haverlan fait partie de la seconde. Avec une distinction supplémentaire : non seulement il consacre beaucoup de temps à son AOC mais, en plus, il fait du bon vin, du très bon, même, et il n'est pas rare que Vieux-Château-Gaubert version rouge arrive en tête dans mes dégustations. Dominique est un président militant possédé par une grande idée : réconcilier, « remastériser » la famille graves. Faire que Nord (pessac-léognan) et Sud (graves) roulent des barriques ensemble. Il l'a espéré, il y a cru, il a pensé n'être pas loin de l'arrivée. Il avait tort. L'idée semblait simple, énoncée à haute voix : réviser le classement des crus de graves. Tous les classés sont dans le Nord, en appellation pessac-léognan, et le Sud n'en possède aucun. La réouverture du classement aurait permis à des pessacs non classés comme à des graves du Sud de pouvoir prétendre devenir crus classés. Évidemment, ceux qui le sont déjà ne sont pas les plus farouches partisans de cette remise sur le chantier. Bref, avec un peu de mauvaise foi et beaucoup de mauvaise volonté, l'affaire n'est pas près d'aboutir. Si classement il y avait, sûr que Vieux-Château-Gaubert, qui allie finesse des tanins et structure solide, figurerait parmi les prétendants : *« C'est une particularité du terroir, on a des tanins fins. Le style, c'est le soyeux. On ne peut pas obtenir des vins raides, même sur les microcuvées, on n'arrive pas à faire de la dureté ! »*

Dominique possède également Pontet-Caillou, un domaine chez les « nordistes ».

Second vin : Benjamin de Vieux-Château-Gaubert

Millésime 2001

– Dégustation d'avril 2002

16 – Rouge. Fruits noirs, boisé tendance café, belle attaque sur le fruit et des tanins soyeux, la suite ne déçoit pas, une tenue remarquable grâce à une trame tannique de grande qualité, belle longueur.

Millésime 2002

– Dégustation d'avril 2003

16,5/17 – Rouge. Fruits noirs, boisé un peu prenant, bouche ronde, tanins soyeux, crémeux, portant un fruit de cerise et de mûre, long, racé, très joli vin.

Millésime 2003

– Dégustation d'avril 2004

14,5 – Rouge. Violette, cassis, bouche souple, du gras, des tanins assez doux, finale assez serrée. Vin fermé.

14 – Blanc. Pain grillé, épices, bouche ronde, tendre, bien gourmande, une rondeur gourmande et fruitée, mais finale un peu courte.

Millésime 2004

– Dégustation du 20 mars 2008

15,5/16 – Rouge. Fruits cuits, épices, joli nez de fruits confits, bouche ronde, bien mûre, pas mal de bois, bien rond, commence à s'ouvrir, souple, sera à boire dans un an ou deux, belle finale fruitée.

Millésime 2005

– *Dégustation d'avril 2006*

15,5 – Rouge. Floral, cerise, rose rouge, frais, net en bouche, le tanin est raffiné, bien présent mais sans dureté. Un vin assez vif, serré, qui prendra de l'ampleur et du gras au cours de l'élevage.

15,5 – Blanc. Floral, vanille, aubépine avec des notes miel, la bouche est encore chargée du gaz produit par la fermentation (ce qui permet de protéger le vin durant l'élevage sans ajouter de soufre), pas mal de gras et de douceur posés sur une acidité rafraîchissante, bon équilibre et persistance des saveurs.

– *Dégustation du 20 mars 2008*

17,5 – Rouge. Boisé, fruits noirs, bien intégré, bouche ronde, épicée, milieu de bouche charnu, beaucoup de matière, peu fondu encore, un vin carré, droit, un peu sévère, beau vin de garde.

Millésime 2006

– *Dégustation d'avril 2007*

15,5/16 – Rouge. Fermé, réducteur, bouche veloutée, petits tanins fermes, bonne structure de base, vin élégant et construit, riche en alcool, prometteur.

– *Dégustation du 20 mars 2008*

16,5 – Rouge. Nez bien intégré, bien fondu, élégant, bouche puissante mais équilibrée, pas de faiblesse, tendu, vif, étiré, long, plus fondu que 2005 mais avec un peu plus d'acidité, équilibre différent, très classique comme bordeaux.

Millésime 2007

– *Dégustation d'avril 2008*

15,5 – Rouge. Bien boisé, un boisé qui valorise les notes fruits rouges en les enrobant de vanille. Bouche puissante, un poil trop extraite, mais ça devrait se fondre.

Millésime 2008

– *Dégustation d'avril 2009*

14 – Rouge. Nez boisé, bouche très marquée planche, bonne matière derrière mais échantillon trop boisé.

14 – Blanc. Sauvignon, frais, boisé, bien fait, élégant, bien fruité.

Millésime 2009

– Dégustation d'avril 2010

15 – Rouge. Boisé, grillé, café, bouche souple, onctueuse, bien fondue, du gras en milieu de bouche, de la chair, séveux. Le bois mange un peu la finale, mais à l'arrivée, après élevage, sans doute un vin délicieux.

Archives

Dégustation de juin 2001

Millésime 1998 (rouge)

16,5 – Nez fruits noirs, touche de boisé pas encore intégrée, bouche onctueuse, tanins serrés et fins, du fruit, une sensation crémeuse, finale violette, Zan. Très gourmand.

VILLA-BEL-AIR

Surface : 50 ha dont 12 de blanc
Propriétaire : Famille Cazes
Contact : Château Villa-Bel-Air
33650 Saint-Morillon
05.56.20.29.35
www.villabelair.com

Propriété de la famille Cazes, de Lynch-Bages, rachetée en 1988, ce Villa-Bel-Air a des allures romaines, une chartreuse à frontispice, classée à l'inventaire des monuments historiques. Beaucoup de travail depuis, avec l'intention d'en faire un joli graves, abordable en prix, pas un cru d'exception ni un vin de garage. 40 % cabernet-sauvignon, 50 % merlot, 10 % cabernet franc.

Millésime 2000

– Dégustation d'avril 2001

15 – Rouge. Fruits noirs, cassis, mûre, nez frais et bien exprimé, bouche finement boisée, joli fruit qui domine et confirme les arômes, bouche droite, très agréable, bonne tenue.

15,5 – Blanc. Nez explosif, agrumes, aubépine, bouche délicieuse, sur les fruits blancs frais, vif, frais, délicat.

Millésime 2002

– Dégustation d'avril 2003

15,5 – Rouge. Épices, fruits noirs, sous-bois, nez profond et flatteur, bouche gourmande, tapissée de tanins soyeux, beaucoup de fruit, un grain velouté déjà très agréable, ensemble assez fin et goûteux.

14,5 – Blanc. Vif et épicé, un peu exotique, boisé qui complexifie les saveurs de fruit, bonne longueur, finale sur la mangue.

Millésime 2003

– Dégustation d'avril 2004

14 – Rouge. Résine, cèdre au nez, bouche ronde, tendre, du charme, tanins ronds, finale réglissée.

Millésime 2004

– Dégustation d'avril 2005

15 – Rouge. Fruits noirs, cerise, souple, onctueux, tanins de qualité, une vinification en souplesse qui favorise le fruit. Un joli graves à boire dans sa jeunesse.

Millésime 2005

– Dégustation d'avril 2006

Rouge : 40 % cabernet-sauvignon, 10 % cabernet franc, 50 % merlot.

14,5 – Fruits noirs, cassis, Zan, bouche vive, serrée, beaucoup de fruits entre cassis et myrtille. Un vin assez simple, bien construit et régalant.

14 – Blanc. Nez floral, entre chèvrefeuille et aubépine, bouche fraîche, bien parfumée. Un vin pas compliqué, net, plaisant, bien construit autour du fruit.

Millésime 2006

– Dégustation d'avril 2007

13,5 – Blanc. Abricot, pêche jaune, gras, enveloppant mais finale floue.

Millésime 2007

– Dégustation d'avril 2008

13,5 – Blanc. Grillé, bois, bouche puissante, vive, fraîche, plutôt agréable, poire en finale.

Archives

– Dégustation de juin 2001

Millésime 1999

14 – Rouge. Nez très ouvert, fruits noirs, bouche ronde, souple, tendre, tanins fondus, déjà assez plaisant.

Sauternes, barsac, blancs liquoreux

Sauternes

Le pays de Sauternes est à la peine. Il produit un des plus grands vins du monde, un des plus subtils, et ne trouve toujours pas de marché à sa mesure. On rêve pour lui de prix qui s'envolent, qui rémunèrent enfin les efforts consentis. Le sauternes, vin d'exception, donnant peu de rendements les bonnes années et rien les mauvaises, est difficile à produire. Il faut, sur un raisin mûr, que se développe un parasite craint d'habitude par tout le monde viticole : le *Botrytis cinerea.* Ici, on préfère l'appeler « pourriture noble ». C'est l'action de ce champignon sur les raisins qui est à l'origine du caractère liquoreux des sauternes. Il concentre et complète les arômes. Mais le botrytis ne conquiert jamais la totalité des raisins d'une parcelle le même jour, ni même toutes les baies. Il est donc impératif de vendanger à la main, par « tries », c'est-à-dire d'effectuer plusieurs passages. Le résultat d'un tel travail devrait coûter les yeux de la tête. Il n'en est rien. Les non-classés se négocient moins cher que les bourgeois rouges du Médoc, et les crus aussi prestigieux que Rieussec ou Haut-Peyraguey n'atteignent jamais, et de loin, les cotes de leurs homologues de Pauillac ou de Margaux, qui pourtant produisent des volumes trois fois supérieurs. Les audits commandés par les producteurs révèlent des vérités qu'ils savaient déjà : un ralentissement de la consommation et des habitudes différentes. Cela n'explique guère pourquoi une production somme toute peu importante ne trouverait pas preneur sur le marché mondial. Le couple foie gras et sauternes a certes mal vieilli, mais il est possible d'imaginer d'autres alliances. La gastronomie française a des ressources, sans compter les possibilités offertes par les cuisines asiatiques. Défaut d'imagination, de communication, manque de moyens ou mentalités à changer ? Difficile d'affirmer qu'il y a une seule réponse. Le lancement d'une démarche unifiant enfin tous les liquoreux bordelais sous la bannière « Sweet Bordeaux » semble localement porter ses fruits. Mais ces vins subtils, d'une richesse aromatique incomparable, restent en danger. Le salut viendra peut-être de l'Asie. Ces vins accompagnent à merveille la cuisine indienne, thaïlandaise ou la gastronomie chinoise et en général tout de qui est pimenté ou épicé. Mais une telle conquête ne peut se faire sans l'aide d'un négoce motivé. Ce qui, pour le moment, ne semble pas être le cas.

Le vignoble couvre 2 300 hectares. Il se situe au sud-est de Bordeaux, rive gauche de la Garonne, sur les communes de Sauternes, Bommes, Barsac, Fargues, Preignac. Une région de vallons bordés par la forêt des Landes. Les sols sont composés de sables, de graves, et de cailloux calcaires mêlés à l'argile en surface, avec une argile très dense en général en sous-sol.

Le sémillon occupe 80 % des surfaces, suivi du sauvignon et de la muscadelle en petite quantité.

Les crus classés de sauternes et barsac

CHÂTEAU D'ARCHE

2e cru classé
Surface : 32 ha
Propriétaire : SCI Château d'Arche
Contact : Jérôme et Sabine Cosson – 33210 Sauternes
05.56.76.66.55
www.chateaudarche-sauternes.com

Pierre Perromat, personnage important à Bordeaux et au sein de l'Institut national des appellations d'origine, dont il est président d'honneur, a laissé sa place de gérant à sa fille, Sabine, et à son gendre, Jérôme Cosson. Venu de la Haute-Vienne avec un BTS agro, Jérôme Cosson se retrouve à la tête de cette belle propriété de 32 hectares, appartenant depuis 1996 à une société irlandaise. Le château, une belle chartreuse XVIIIe, a été aménagé depuis 2002 en hôtel de charme de neuf chambres. La partie viticole a été également restaurée. *« On a replanté, en conservant les vignes âgées de 40 ans. »* Les Cosson ont assimilé la blague que racontait autrefois à propos des sauternes Bernard Ginestet, ancien maire de Margaux et écrivain du vin. Un entrepreneur demande un audit de sa société et explique au spécialiste venu le rencontrer :

« Je ne comprends pas pourquoi notre carnet de commandes est d'année en année toujours en baisse. Nous avons les meilleurs ouvriers, nous utilisons des produits de très grande qualité, nos prix sont raisonnables, nos délais imbattables, notre service après-vente des plus rapides…

– Vous fabriquez quoi ?

– Des carrosses. »

Elle est un peu sévère. Mais pas très éloignée de la réalité. Les sauternes, qui ont connu une gloire immense autrefois, sont en panne de marché depuis trente ans. Les vins ne sont pas des carrosses à l'heure automobile, mais disons que le service marketing n'est pas conquérant. Sans doute faudrait-il inventer autre chose que le foie gras comme moment de dégustation. Les producteurs s'y emploient mais sans grands moyens d'investigation et de communication. Les Cosson ont choisi d'ouvrir grand les portes, de faire venir à eux les petits clients. Réception de séminaires, chambres magnifiques, salles décorées en finesse… Le lieu, une très belle chartreuse, s'y prête. Le vin n'est pas traité en élément secondaire, on peut même ajouter qu'il n'a jamais été aussi bon. Les Cosson ont simplement, à leur niveau, trouvé le moyen de le faire goûter. Et de gagner leur vie.

Second vin : Cru-de-Braneyre

Millésime 2000

– *Dégustation d'avril 2001*

13,5 – Nez curieux d'eucalyptus, bouche puissante, riche, plus éclatante que le nez ne le laissait paraître, assez long.

Millésime 2001

– *Dégustation d'avril 2002*

15 – Or sombre. Nez botrytisé, miel, caramel, floral en rétro-olfaction, lilas, riche, un peu lourd.

Millésime 2002

– *Dégustation d'avril 2003*

15 – Doré. Frais, floral, vanille, pâtisserie, frangipane. Fin et frais en bouche, liqueur délicate.

Millésime 2003

– *Dégustation d'avril 2004*

Dans trois ans, le cru comportera 80 % de sémillon et 20 % de sauvignon. Vendanges finies le 30 septembre, degré naturel de 27° à 28° (« *comme partout* », dit Jérôme Cosson), rendement 16 hl/ha. « *Il n'y a pratiquement pas eu de trie. Juste après les premières pluies de septembre, la pourriture noble s'est déclenchée, et tout a été très vite. On a couru pendant quinze jours après la vendange. Le seul problème était de suivre dans les chais…* »

16,5 – Nez encore fermé, floral, note boisée légère, en finesse. Contrastée, la bouche est riche, opulente, vineuse, avec une belle fraîcheur, un rôti intense et une finale de fruits exotiques, mangue et ananas.

Millésime 2004

– Dégustation d'avril 2005

14,5 – Fermé, boisé, pêche blanche, note iodée, gras en bouche, assez plein, puissant, un peu marqué par la prise de bois, mais bon équilibre.

Millésime 2005

– Dégustation d'avril 2006

15 – Nez lacté, champignon de couche, ananas, bouche aux saveurs d'amande grillée : le boisé n'y est pas pour rien, une structure puissante et équilibrée par l'acidité, bonne longueur. Un échantillon prélevé dans une barrique ancienne aurait sans doute donné un commentaire plus détaillé des arômes.

Millésime 2006

– Dégustation d'avril 2007

16 – Robe soutenue, nez discret, bouche ronde, équilibrée, joli fruit, plein, abricot, long, note cire d'abeille.

Millésime 2007

– Dégustation d'avril 2008

14,5/15 – Réductif, gras, puissant, pas très net, très botrytis, forte liqueur et boisé marqué, manque un peu de fruit.

Millésime 2008

– Dégustation d'avril 2009

14,5/15 – Fermé, bouche puissante, riche, pas très aromatique, vif, finale nerveuse, assez relevé, poivré, un style assez particulier, pas mal mais finale un peu marquée chêne.

Millésime 2009

– Dégustation d'avril 2010

16,5/17 – Ananas, bouche puissante, large, beaucoup de liqueur, puissant, un peu fermé, sensation de grande fraîcheur en finale ; un vin très prometteur mais fermé, fort potentiel.

Broustet

2e cru classé
Surface : 16 ha
Propriétaire : Didier Laulan
Contact : 33720 Barsac
05.56.27.16.87
www.chateau-broustet.com

Ce n'est sans doute pas le plus célèbre des crus classés de 1855. Sa notoriété souffre peut-être d'avoir été très longtemps établie autour de l'ancienne activité de Broustet : la tonnellerie. C'était en effet le siège d'un des plus importants artisans fabricants de tonneaux de la Gironde. Le cru, longtemps propriété de la famille Fournier (qui possédait aussi Canon, à Saint-Émilion), a été repris en 1994 par Didier Laulan, déjà propriétaire de Saint-Marc, un cru voisin. Aidé par son neveu Guillaume Forcade, diplômé d'une école de commerce, il a entrepris de secouer un peu la communication traditionnelle sauternaise ou barsacaise, puisque Broustet est un cru de Barsac. Ils se sont taillé sur mesure un franc succès lors de l'inauguration du Salon du prêt-à-porter et de la soirée organisée par le magazine *Vogue,* en 2009 et 2010, à l'hôtel Crillon, à Paris, en distribuant aux plus beaux mannequins du monde des bouteilles WIT de Broustet. Ce sont des flacons de 100 millilitres, à peu près la contenance d'un verre, qui se présentent sous la forme d'une ampoule droite. Design, élégant, et ça tient dans le sac à main pourtant minuscule de ces longues dames. C'est sûr que ça change radicalement du sempiternel refrain sur le sauternes avec le foie gras qui fleure bon le Sud-Ouest façon Maïté. Mais cette entreprise tardive n'a pas suffi à redresser l'équilibre dépenses et recettes. Fin 2010, Broustet a été racheté par Denis Merlaut du groupe Taillan, qui possède une bonne douzaine de crus en Bordelais (Chasse-Spleen, Gruaud-Larose, Camensac entre autres). L'encépagement de Broustet est fortement marqué par le sémillon, 70 %, complété de 20 % de sauvignon et de 10 % de muscadelle.

Second vin : Les Charmes de Château Broustet

Millésime 2000

– Dégustation d'avril 2001

14 – Doré soutenu, nez épicé, agrumes, bouche bien équilibrée, dense, assez riche, finale mandarine et pain d'épice.

Millésime 2001

– Dégustation d'avril 2002

15 – Doré. Nez un peu réduit, miel d'acacia, liqueur de mirabelle. Assez gras, note de champignon blanc, long et liquoreux.

Millésime 2003

– Dégustation d'avril 2004

15,5 – Nez frais, freesia, miel d'acacia, floral. Jolie bouche élégante, belle liqueur, de la vivacité et de la puissance en finale, équilibrée.

Millésime 2005

– Dégustation d'avril 2006

14 – Poire Williams, fruits blancs, belle attaque grasse et savoureuse, la finale est un peu plus fuyante.

Millésime 2007

– Dégustation d'avril 2008

14 – Nez boisé, bouche ronde, équilibrée, un peu masquée par le bois, sec en fin de bouche, frais, puissant, alcool ; équilibre difficile favorable à l'alcool.

Millésime 2008

– Dégustation d'avril 2009

15 – Pomme verte, bouche tendre, assez fine, bon équilibre, pas très aromatique, mais beaucoup de finesse. Délicat.

Millésime 2009

– Dégustation d'avril 2010

14 – Vif, épicé, puissant, alcool. Vin fermé aujourd'hui, une liqueur présente assez neutre sur le plan aromatique à ce stade.

CAILLOU

2e cru classé
Surface : 13 ha
Propriétaires : Michel et Marie-José Pierre
Contact : Michel et Marie-José Pierre
33720 Barsac
05.56.27.16.38/06.74.83.29.53
www.chateaucaillou.com

À la fin du XIXe siècle, la propriété avait été rachetée par Louis Sarraute, parti avec son frère faire fortune au-delà des mers. Ils furent les créateurs de la première ligne de chemin de fer de Cuba avant de revenir finir leur vie en Gironde. En 1909, Joseph Ballan enleva aux enchères Caillou, qui depuis est demeuré dans la même famille. Au château, on peut contempler une photo de Reine, la fille de Joseph, en pantalon et tunique blanche, installée au rugueux volant d'acier d'un tracteur pionnier à chenilles, qui devait être aussi facile à manier que les statues de l'île de Pâques. Aujourd'hui, Marie-José, la fille de Reine, et son mari, Michel Pierre, sont aux commandes. Avec des tracteurs à direction assistée.

Second vin : Les Érables-de-Caillou

Millésime 2001

– Dégustation d'avril 2002

16 – Or frais. Beau et complexe, floral, fruits exotiques. Citron confit en bouche, long et boisé en finale.

Millésime 2002

– Dégustation d'avril 2003

14,5/15 – Jaune pâle. Champignon blanc, tilleul, miel. Soyeux, délicat, facile, frais en finale.

Millésime 2003

– Dégustation d'avril 2004

14,5 – Nez délicat, fleurs blanches, muguet, pêche blanche. Belle liqueur, finale vive.

Millésime 2004

– Dégustation d'avril 2005

15 – Minéral, citronné, nez assez fin, bouche fraîche, élégante, bien équilibrée entre sucre et acidité. Ensemble assez enlevé.

Millésime 2005

– Dégustation d'avril 2006

13 – Floral, note d'ail vert, bouche à l'acidité assez marquée, serrée, joli fruit en finale, mais l'équilibre est étrange.

Millésime 2006

– Dégustation d'avril 2007

14,5 – Vanille, floral, joli nez amande, bouche tendre, élégante, fraîche, délicat, frais et fin.

Millésime 2007

– Dégustation d'avril 2008

15 – Nez un peu brassé, bouche puissante, très liquoreuse, ample, grasse ; long, très puissant, un peu lourd mais belle acidité, équilibré, un peu rustique.

Millésime 2009

– *Dégustation d'avril 2010*

14 – Botrytis, citron, beaucoup de liqueur, bouche puissante, épicée, citronnée, vive, belle matière, bon équilibre, très riche, mais l'échantillon proposé à la dégustation était un peu fatigué.

Climens

1er cru classé
30 ha
Propriétaire : Bérénice Lurton
Contact : Château Climens – 33720 Barsac
05.56.27.15.33
contact@chateau-climens.fr

Au sein de la famille sauternes, on distingue la branche barsac, les vins provenant de cette commune ayant leur propre personnalité. Plus de finesse, disent les gens de Barsac. Moins de fruit, répondent les vignerons de Sauternes.

Tout cela est un peu vrai. Les barsacs livrent des arômes moins spectaculaires que les sauternes, possèdent souvent une acidité légèrement supérieure qui confère au vin une sensation supplémentaire de fraîcheur. Climens, premier cru classé, est considéré comme le roi des barsacs. Il est aussi l'un des crus prestigieux de Bordeaux qui ont le moins souvent changé de propriétaire depuis le XVIIIe siècle (quatre fois) et guère varié en surface :

« La propriété couvrait 27 hectares au siècle dernier, contre 30 aujourd'hui », commente Bérénice Lurton, aujourd'hui aux commandes. Son père, Lucien Lurton, a racheté Climens à la famille Gounouilhou en 1971. Les Gounouilhou sont surtout connus dans la région pour être les fondateurs du journal *La Petite Gironde*, qui devait devenir *Sud-Ouest* au lendemain de la guerre. Bérénice Lurton ne se destinait pas vraiment au métier de vigneronne : *« J'ai fait Sciences po. Je pensais au journalisme, sans me spécialiser. Je ne voulais pas m'enfermer dans une seule voie. »*

Mais Climens ne se refuse pas, même si le cadeau peut paraître parfois empoisonné : « *Je suis arrivée en 1992* [millésime difficile]. *On n'a pas produit de Climens, mais seulement du second vin : Les Cyprès. En 1993, ce fut pis, on n'a même pas sorti de second vin...* » C'est ainsi, la vie, dans les liquoreux : une année avec et parfois plusieurs sans. Les rendements sont ridicules, souvent cinq fois moindres que dans les rouges, et les prix n'atteignent jamais ceux des premiers crus classés du Médoc ou de Saint-Émilion.

De temps en temps, il y a la récompense, comme ce millésime 2001, exceptionnel, dont Bérénice Lurton a surveillé l'assemblage barrique par barrique. « *On travaille le plus longtemps possible pour le réaliser et décider de ce qui va faire du Climens ou du Cyprès. Ainsi, j'ai l'impression de ne pas créer le vin, mais de le trouver. Je n'arrête que quand on a trouvé cet élan qui caractérise Climens.* »

Second vin : Cyprès-de-Climens

Millésime 2000

– *Dégustation de mars 2002*

Très faible production. Bérénice Lurton n'a retenu pour le grand vin que la valeur de 2,5 hl/ha. « *On a pratiqué l'osmose inverse* [technique qui permet de retirer de l'eau aux moûts], *car on avait de beaux raisins botrytisés mais pleins d'eau en début de vendange.* »

15,5 – Nez fin, floral, bouche vive, élégante, l'alcool est assez sensible, belle finale sur des notes de poire.

– *Dégustation de mars 2003*

15 – Pamplemousse, tilleul, mousse de sous-bois, vif, élégant, frais, déjà plaisant, fruité.

Millésime 2001

– *Dégustation de mars 2002*

Nous avons pu déguster à la barrique, en fonction des lots non assemblés provenant de quatorze jours de vendanges, et l'ensemble est somptueux, un des plus grands Climens que nous ayons jamais connus. Bérénice Lurton : « *Nos vins demandent du temps pour se fondre, c'est pourquoi nous ne pouvons pas les présenter en primeurs ; avec 11 hl/ha, notre 2001 se situe en volume dans la moyenne de Climens ; nous utiliserons 3 % de bois neuf, pour garder le fruit.* »

18/18,5 – Climens offre une palette aromatique d'une rare complexité : floral, épicé, muguet, agrumes, ananas, pomélos, pomme, miel, rose blanche, poire passe-crassane… tous les arômes les plus fins, avec en bouche du frais, du gras, de l'onctueux. Les dernières tries, le 16 octobre, étant les plus belles en élégance, fraîcheur, moelleux…

– *Dégustation de mars 2003*

18,5 – Cette fois le vin est assemblé. Floral, pomme verte, poire, frais, élégant, très dense, épicé, riche mais en finesse, fraîcheur, longueur, complexité.

Millésime 2002

– *Dégustation d'avril 2003*

Bérénice Lurton : « *J'ai rarement été aussi heureuse d'une année, c'est un festival de parfums, riche, complexe, superbe !* »

17 – Robe or clair. Nez d'une grande complexité, arômes floraux, épicés, rôti, abricot, bouche très élégante, associant des notes de confiserie et de fruit, pêche blanche, avec un corps souple, basé sur une élégante liqueur. Finale en fraîcheur.

Millésime 2003

– *Dégustation d'avril 2004*

Une très petite récolte à Climens, avec une pourriture noble hâtive : « *On avait fini de vendanger à Climens le 1er octobre* », dit Frédéric Nivelle, le directeur, « *c'est la date où habituellement nous commençons ! Les degrés étaient incroyables, il y avait des lots à 27° potentiels, avec un rôti magnifique. Dès le deuxième passage, on coupait à tire* [on ramassait tout, NDLR], *c'était tendre, très concentré.* » Bérénice Lurton précise : « *Au début, avec de tels degrés, on a eu peur de faire des vins lourds, mais en fait, à la vinification, on a retrouvé de la fraîcheur, de l'allant.* » Rendements : moins de 11 hl/ha, 100 % sémillon.

Nous dégustons à la barrique plusieurs lots ramassés du 19 au 25 septembre, de plus en plus riches, puis un assemblage représentatif du chai. Pour le même prix, nous avons droit aussi à un traitement de faveur : une verticale éblouissante de 1998, 1999, 2000, 2001, 2002, que du bonheur !

18,5 – Un bouquet exubérant, explosif, d'une complexité rare, miel, citron et melon confit, fleurs blanches, mandarine et épices douces, beau rôti, bouche tendre, très concentrée, opulente. Le degré et le volume sont équilibrés par la fraîcheur.

Millésime 2004

– *Dégustation d'avril 2005*

« *On est contents, on a presque fait 14 hl/ha* », plaisante (à demi) Bérénice Lurton. « *On n'a pas fait de trie de nettoyage. On avait des dégâts de pourriture grise dès début septembre. On a pensé qu'on n'allait pas vendanger, car c'était situé au cœur des grappes, donc inaccessible. On a effeuillé au tout début de septembre, côté soleil couchant, et cela a séché avec le soleil. Au premier passage, à la première trie, il a fallu enlever le mauvais et garder le bon. Cette première trie a duré longtemps, en taillant dans la grappe. C'était bizarre, très hétérogène, il y avait de tout. Pour faire notre programme de vendanges, nous étions dubitatifs. Dans chaque parcelle, il fallait passer plusieurs fois pour décider si oui ou non on allait vendanger. Mais après ce travail pénible, on n'a pas eu un seul lot avec des goûts déviés. On a continué à vendanger quand la pluie est arrivée à la mi-octobre, en versant les paniers dans un filet pour égoutter. On a enlevé la première pressée. On a fait des choses pas vilaines, mais peu à peu la concentration baissait. Les derniers passages n'iront peut-être pas dans le grand vin. On verra…* »

16,5/17 – Nous avons dégusté une dizaine de lots différents, à la barrique. Bérénice Lurton et son équipe préféraient attendre avant de proposer un essai d'assemblage. C'est donc une note et une appréciation sur l'ensemble de la dégustation que nous indiquons. Des vins très parfumés et forts différents dans leur expression aromatique : de la lavande à la nectarine, en passant par la frangipane. La puissance en bouche n'est pas le signe de l'année, mais plutôt la rondeur et la fraîcheur. Un millésime moins impressionnant que le 2003 ou le 2001 mais qui devrait régaler assez vite.

– *Dégustation d'avril 2009*

16 – Fruits blancs, citronné, bouche ronde, souple, plein, pointe d'amertume, agréable, un peu marqué par le bois, pas très vif.

Millésime 2005

– *Dégustation d'avril 2006*

Comme à son habitude, Climens n'avait toujours pas réalisé son assemblage définitif lors des dégustations primeur. C'est sans doute un handicap commercial, car peu de gens prennent le temps de venir goûter la totalité des barriques au château, mais c'est un choix respectable. Frédéric Nivelle, responsable technique, et Bérénice se donnent ainsi la possibilité de retirer ou d'ajouter un lot du grand vin jusque tard dans l'évolution du vin en barriques. Cette année, cependant, les travaux étaient bien avancés : *« On a fini les vendanges avec 28 lots différents, puis on a commencé à assembler, car c'était assez homogène. On est arrivés à 11 lots pour le moment. »* En progrès.

Il ne nous restait plus qu'à déguster les 11 lots afin de nous faire une idée de l'ensemble. La moyenne du chai se situe à 13,8° d'alcool et 170 grammes de sucre résiduel au litre.

18 – Les arômes se promènent entre frangipane, poire, chèvrefeuille, agrumes. Les bouches sont en règle générale très riches, mais l'acidité compense cette richesse liquoreuse en lui donnant de la vivacité. On serait bien repartis avec une barrique de lot B, mais ce n'était pas très discret comme larcin.

– *Dégustation d'avril 2009*

18 – Vif, tendu, très beau fruit, poire, pomme mûre, épicée, abricot, puissante et relevée, poivre blanc, long.

Millésime 2006

– *Dégustation d'avril 2008*

17 – Puissant, très liquoreux, marqué bois, finale grillée, plus étiré, long, plus en longueur, frais, fin.

14,5 – **Cyprès**. Fortement boisé, grillé, confiserie, riche, plein, épicé, fruits confits, gros bonbon, en rondeur.

– *Dégustation d'avril 2009*

16 – Bouche puissante, dense, fermée, un peu gros bébé joufflu, manque de relief à ce stade.

Millésime 2007

– *Dégustation d'avril 2008*

« On n'était pas très optimistes, on avait de petites attaques de pourriture grise. C'était vilain, une sale tête et pas de goût », raconte Bérénice Lurton. *« Finalement, on se retrouve avec le millésime le plus aromatique depuis longtemps. Les premiers lots, récoltés entre le 12 et 14 septembre, sont très purs. Après, on a attendu quinze jours pour la fin de la première trie, puis quinze jours encore pour la seconde. La pluie est revenue fin septembre, mais il faisait trop froid la nuit. On a fini le 26 octobre : sept semaines, avec uniquement quatorze jours de vraies vendanges. On a eu du très beau botrytis sur la seconde partie. »* Comme d'habitude, Climens n'est pas encore

assemblé et on le goûte lot par lot. Résumé : Lot du 27 septembre : richesse très forte en sucre, du 150 grammes, avec une puissance aromatique exubérante, pêche blanche, agrumes, mirabelle, long, bien soutenu par l'acidité, une sensation moins sucrée que certaines années. Très botrytisé sur les lots d'après le 15 octobre, beaucoup plus d'élégance. Lot du 19 octobre : très forte acidité. Lot du 22 octobre : très complet, avec une acidité qui équilibre tout. Au final, des lots très homogènes, aucun ne semble démériter. On se demande avec quelles barriques Bérénice Lurton va pouvoir faire un second vin…

– *Dégustation d'avril 2009*

18,5 – Assemblé en théorie, très aromatique, poire, très fin, relevé, épicé, coing, agrumes, puissant et fin à la fois, long.

Millésime 2008

– *Dégustation d'avril 2009*

« On a échappé au gel et à la grêle qui s'est arrêtée à quelques centaines de mètres », raconte Bérénice Lurton, nouvelle présidente des crus classés de sauternes et barsac. *« Ma sœur et mon beau-frère* [ils sont très nombreux ; en l'occurrence, il s'agit de ceux de Château Bouscaut en pessac-léognan], *qui passaient sur la nationale 113, ont cru que j'avais perdu la récolte. On a eu de la chance. On fait même une récolte acceptable pour Climens : 10 hectolitres à l'hectare. C'était assez hétérogène, mais le botrytis s'est répandu très vite sur la deuxième trie mi-octobre. Les vins bougent beaucoup. Il y a des lots qu'on avait écartés au départ et qu'on pourrait peut-être intégrer dans le grand vin. »*

La récolte s'est déroulée en trois vagues, et nous avons dégusté chaque lot. Début de vendange, autour du 1er octobre. Ce sont des vins très denses, fortement liquoreux et riches en alcool, un peu imposants. Fin de vendange, juste avant les pluies de novembre, autour du 27 octobre, c'est plus mince mais assez aromatique. Le cœur de la campagne, 57 % de la récolte, a été ramassé autour du 21 octobre. Ce sont les lots les plus équilibrés et ils semblent être du Climens à eux seuls.

16,5/17 – Nez amande, craie, note florale. L'ensemble se structure sur l'acidité et la fraîcheur, aromatiquement un peu linéaire et pour le moment pas très complexe. Mais c'est un vin coureur de fond, qui devrait peu à peu se révéler.

Millésime 2009

Bérénice Lurton : « *Ce sont des vendanges doublement concentrées : le raisin qui l'était fortement, et la durée des vendanges. On a ramassé 90 % en une seule trie en huit jours consécutifs ; il y a beaucoup d'endroits où on a ramassé tout d'un coup, "à tire". En fait, lundi 28 septembre, on a procédé à une microtrie au départ, mais qui n'a concerné que 10 % du vignoble et moins de 2 % de la récolte. Le lendemain, en faisant le tour, on s'est rendu compte que le botrytis était là mais encore peu développé, on s'est dit qu'on avait le temps et que l'on ne commencerait que le lundi suivant. Mais, dès le jeudi, tout avait explosé, et là on a déclenché les hostilités, on a appelé tout le monde. Du vendredi au vendredi suivant non-stop on a quasiment tout ramassé, sauf des choses un peu vertes, on les a attendues une semaine pour faire des lots qui ont allégé certains cœurs de vendanges très riches. On a plus de 20 hectolitres à l'hectare, qualité et quantité, et une dimension supplémentaire, celle qui fait la différence entre très bon millésime et exceptionnel.* »

À noter que depuis cette année le domaine entame une conversion en biodynamie sur la totalité du vignoble. Dans cette démarche, Bérénice Lurton est aidée par Corinne Comme, du Château Champs-des-Treilles (bordeaux-sainte-foy).

18/18,5 – Comme d'habitude ici, on déguste des lots séparés, une vingtaine pas encore assemblés. Les premières récoltes de la grande trie : puissant, riche en acidité, très structuré mais avec beaucoup de fraîcheur. La récolte du 6 octobre au matin : poire, bouche riche, très sucrée, puissante en attaque, ample, très long, plus sauternes (puissance) que barsac (finesse). Idem, mais récolté l'après-midi : très structuré, acidité marquée. Lot n° 10/15, ramassé vers la fin, très élégant, raffiné. Etc. Au final, un ensemble un peu plus puissant que d'habitude, fortement concentré, qui confirme l'exceptionnalité de cette vendange où sucre et acidité atteignent des niveaux élevés sans gommer le fruit.

Archives

– *Dégustation de mars 2003*

Millésime 1966

17 – Nez de caramel, de pâte de coing, marmelade d'abricots, complexe, épicé, bouche puissante en liqueur exprimant les fruits confits et la cire. Un monument.

Millésime 1970

15 – Épices, truffe, miel, bouche dense et élégante à la fois, un très joli fruit qui évoque la pêche jaune et le pomélo.

Millésime 1973

14 – Cannelle, marmelade d'oranges, plein, acidité, rafraîchissant, un vin pas très dense mais procurant encore beaucoup de plaisir.

Millésime 1974

15 – Très frais, nez évoquant le citron confit, la pêche blanche, bouche légèrement iodée, fruit dominant, long.

Millésime 1975

16 – Épices et abricot bien mûr, bouche un peu exotique avec des notes de litchi, cassis, menthe fraîche, finale café et fruits confits.

Millésime 1978

16 – Abricot et pêche blanche, note anisée, onctueux, suave, gras, beaucoup de liqueur, long, finale de grillé.

Millésime 1979

14,5 – Cire d'abeille, cannelle, gras, plein, onctueux, un peu mou, assez riche en alcool, gourmand.

Millésime 1980

15 – Tarte aux mirabelles, cire, abricot, plein, dense, gras, pas très vif mais riche en saveurs.

Millésime 1981

16,5 – Grillé, citron, agrumes, complexe, riche, dense, puissant, une structure équilibrée entre gras et acidité.

Millésime 1982

14,5 – Laurier, menthe, poivre, cassis, gras, plein, dense, puissant en alcool, des notes mandarine en finale.

Millésime 1983

18 – Fruits confits, poire, épices, cannelle, poivre, très liquoreux mais équilibré, beaucoup de saveurs entre cire et pêche jaune.

Millésime 1985

15 – Caramel blond, tabac, rond, souple, bien liquoreux, gourmand mais sans la complexité du 83.

Millésime 1988

18 – Citron, fleur d'oranger, pomélo, très frais, très riche, des notes minérales ajoutent à sa complexité, élégant, vif.

Millésime 1989

17,5 – Abricot sec, miel, poivre, des notes truffées, un vin puissant, riche sans perdre son élégance.

Millésime 1990

16 – Pâtisserie, flan à l'abricot, bouche puissante, très liquoreuse, concentrée. Un vin un peu atypique par sa densité.

Millésime 1991

15 – Pommes au four, café, grillé, onctueux en bouche, agréable, gourmand, long.

Millésime 1995

15,5 – Mirabelle, tilleul, floral, fin en bouche, délicat, souple, pas encore à son apogée, bonne acidité, prometteur.

Millésime 1996

16 – Nez de truffe blanche, minéral, épicé, bouche puissante mais équilibrée, dense mais encore fermée. À venir.

Millésime 1997

17 – Fermé au nez, bouche élégante et complexe, bien équilibrée, finale sur le fruit. À attendre.

Millésime 1998

14,5 – Floral, mirabelle, bien fruité en bouche, pas très vif, mais gourmand. À boire jeune.

Millésime 1999

15,5 – Banane séchée, fleurs blanches, gras, plein, saveurs de fruits mûrs, savoureux.

CLOS HAUT-PEYRAGUEY

1er cru classé
Surface : 12 ha
Propriétaire : Famille Pauly
Contact : Martine Langlais-Pauly
Château Haut-Bommes – 33210 Bommes
05.56.76.61.53
closhautpeyraguey.com

Ce n'est pas le plus spectaculaire des châteaux sauternais, mais, de la salle de dégustation perchée à l'étage, la vue sur le vignoble et le grand voisin Yquem est ravissante. Comme on peut l'imaginer, le Clos Haut-Peyraguey et Lafaurie-Peyraguey ne faisaient qu'un au départ. Au vent de l'histoire, des têtes coupées, des familles séparées, des ventes et des reventes, Lafaurie a gardé le château et le Clos son morceau de grand terroir.

Les murs ne sont pas tout. Si la demeure semble modeste, il s'agit là d'un des tout meilleurs crus de sauternes, fort bien géré depuis longtemps. Le vignoble couvre un total de 17 hectares, planté à 90 % de sémillon et 10 % de sauvignon. Mais seuls 12 hectares appartiennent au Clos Haut-Peyraguey. Le reste, les 5 autres hectares, sont commercialisés sous le nom de Château Haut-Bommes, qui, sans être un second vin, est considéré comme le « petit frère » du premier. Martine Langlais-Pauly dirige aujourd'hui la propriété. Non sans mal au départ. Martine fait partie de cette génération dont les papas avaient un peu de mal à imaginer que leur fille pourrait travailler la terre. Longtemps, en se levant de bonne heure, elle songeait au métier qu'elle exerçait et à celui qu'elle aurait voulut exercer : *« Je dirigeais une clinique de convalescence psychiatrique, mais en fait j'attendais. J'étais dans les starting-blocks depuis quinze ans. Quand un voisin posait la question à papa de sa succession, il répondait qu'il n'avait personne. Moi, je bouillais. J'avais vraiment envie de lui dire : je suis là. Et finalement, je suis bien là. Mon père est ravi de voir la propriété toujours dans la famille, même s'il a encore un peu de difficulté à le dire. C'est dans son caractère… »*

Ces propos datent de 2006. Martine Langlais-Pauly affiche aujourd'hui l'expérience que les millésimes successifs, jamais identiques, distillent récolte après récolte. Il ne viendrait à personne l'idée qu'un jour, dans une autre vie, elle a eu une autre occupation.

Autre vin : Château Haut-Bommes

Millésime 2000

– Dégustation d'avril 2001

16 – Doré soutenu, nez de rôti, grillé, pain d'épice, bouche dense, puissante, bien pleine, long, très frais, bien réussi.

Millésime 2001

– Dégustation d'avril 2002

17,5 – Jaune d'or. Puissance maîtrisée au nez, miel et fleurs blanches, capiteux. Texture de velours, magnifique rôti, bois neuf bien fondu en bouche.

Millésime 2002

– Dégustation d'avril 2003

16,5/17 – Boisé fin, fleur et miel de sureau, rôti délicat. Bouche fraîche, pommes au four, épices, équilibré, finale pain grillé, très réussi.

Millésime 2003

– Dégustation d'avril 2004

18 – Or liquide. Nez charmeur, très expressif, complexe, miel, cire, fleur de poirier, une bouche grasse et puissante, confiture de melon, agrumes, avec de la vivacité, un vanillé de bois neuf bien fondu.

Millésime 2004

– Dégustation d'avril 2005

16 – Citronné, agrumes, floral, bouche tendre, élégante. La liqueur, sans doute assez riche (nous n'avions pas les analyses), se dissimule derrière une acidité structurante qui donne une impression de légèreté. Un joli vin délicat, bien parfumé.

Millésime 2005

– Dégustation d'avril 2006

17,5 – Le nez est un peu boudeur, à caractère réductif, sur cet échantillon mais quel bonheur en bouche ! Un équilibre parfait entre fraîcheur, nervosité et douceur de la liqueur. Un fruité insistant et une structure réglée au millimètre.

Millésime 2006

– Dégustation d'avril 2007

16 – Réduit, cire, poivre blanc, bouche dense, épicée, nougat, long, puissant, élégant, frais.

Millésime 2007

– Dégustation d'avril 2008

16 – Boisé, fruits blancs, bouche puissante, dense, épicée, marquée par le bois, un peu d'amertume en finale, gras, beaucoup de liqueur.

Millésime 2008

– Dégustation d'avril 2009

15,5 – Fermé, peu d'arômes, bouche dense, intense, très liquoreuse, puissante, un peu alcooleuse, pas un équilibre parfait, amertume agréable en finale.

Millésime 2009

– Dégustation d'avril 2010

17 – Fruits blancs, pêche blanche, bouche vive, bel équilibre, frais, fin, tendu, assez élégant, vif, puissant.

Coutet

1er cru classé
Surface : 38,5 ha
Propriétaire : Philippe et Dominique Baly
Contact : Philippe Baly – 33720 Barsac
05.56.27.15.46
www.chateaucoutet.com

« Aux innocents les mains pleines ! » dit Philippe Baly. *« Nous avons racheté en 1977, avec mon frère. J'étais dans l'industrie des transports, lui dirige un groupe pharmaceutique américain, on s'est dit qu'un cru de sauternes ça ne devait pas être difficile. »*

La suite lui prouva que si.

Produire ces vins-là s'apprend dans *L'Art de la guerre* selon Sun Tzu : Philippe a compté que, pour s'occuper des 38,5 hectares du vignoble, il ne fallait pas moins de 22 000 heures de travail par an.

Les vendre et gagner sa vie constitue un tel exploit qu'à côté les ennuis d'Orphée revisités par David Cronenberg passeraient pour un nouvel épisode de *Martine range sa chambre*. Mais l'obstacle n'a pas fait perdre son sens de l'humour à Philippe Baly, qui brasse l'autodérision en narrant les bons et les mauvais moments passés à découvrir la région, les voisins, les habitudes locales ou les relations de travail avec les vignerons du domaine, pour qui il ne cache pas son admiration. Cinq familles, soit 22 personnes vivent sur la propriété.

Les Baly ont en partie résolu le problème des ventes en signant un contrat d'exclusivité avec Baron Philippe, la société de négoce de Mouton-Rothschild. Un avantage certain, quand on sait le réseau international de la maison et sa force de frappe commerciale. Coutet possède les terres les plus froides du Sauternais : *« Je vendange toujours plus tard que Climens, par exemple. »* Pourtant presque voisin.

Il a longtemps appartenu aux Lur-Saluces, les seigneurs d'Yquem, et on le comparait souvent à ce cru. Il a été revendu une première fois en 1922. C'est à cette date que fut créée la Cuvée Madame, réalisée seulement les très grandes années. Elle provient toujours des mêmes parcelles, des vignes de 40 ans en côte, sur des terres argileuses.

Second vin : Chartreuse-de-Coutet

Millésime 2000

– *Dégustation d'avril 2001*

15 – Épices, miel corsé, grillé, bouche dense, puissante, beaucoup de liqueur mais bien équilibrée par l'acidité.

Millésime 2001

– *Dégustation d'avril 2002*

15,5 – Robe d'or. Nez floral, sureau, chèvrefeuille, bel équilibre sucre/fraîcheur, très boisé, notes de liqueur Cointreau, orange, vin riche.

Millésime 2002

– *Dégustation d'avril 2003*

15 – Or clair. Fumée, lilas, fleur de lis, très floral. Fraîcheur en bouche, velouté, puissant et vif.

Millésime 2003

– *Dégustation d'avril 2004*

16,5 – Nez frais, fleurs capiteuses, meringue à l'amande, un rôti intense, appétissant, un grain serré, une belle liqueur, boisé très sensible.

– *Dégustation d'avril 2007*

16,5 – Vin puissant avec 150 grammes de sucre résiduel, le nez est encore peu développé, des notes florales et de miel d'acacia, la bouche offre une liqueur imposante, très poire mais avec de la fraîcheur. Un vin préadolescent, de grande garde.

Millésime 2004

– *Dégustation d'avril 2005*

13,5 – Nez de champignon blanc, fermé, bouche puissante, pas très vive, beaucoup de liqueur un peu envahissante. Est-ce vraiment l'assemblage définitif ?

– *Dégustation d'avril 2007*

14,5/15 – 135 grammes de sucre pour 13,8°. Vif, élégant, assez fin, des notes fumées, bien équilibré, moins d'avenir que 2003, on pourra le boire dans sa jeunesse.

Millésime 2005

– *Dégustation d'avril 2006*

16 – Nez pas très ouvert, rien d'inquiétant à ce stade. La bouche est puissante, très liquoreuse, beaucoup de saveurs, une présence tannique qui renforce ce côté puissant, une pointe d'amertume, comme de l'écorce de pamplemousse, ajoute une signature originale à la finale.

Millésime 2006

– *Dégustation d'avril 2007*

17 – Puissant, dense, riche, bon vin derrière, élégant, frais, mais équilibré.

Millésime 2007

– *Dégustation d'avril 2008*

17 – Nez fermé, boisé, bouche vive, très liquoreuse, un peu raisins secs, des notes de tokay, très riche, banane, long.

Millésime 2008

– *Dégustation d'avril 2009*

15 – Un peu oxydé, bouche dense, épicée, gourmande, bon équilibre, aromatiquement un peu plat, mais bonne matière, pointe d'amertume.

Millésime 2009

– Dégustation d'avril 2010

17,5 – Fruits blancs, botrytis, bouche épicée, poivre blanc, long, fin, tendu, vif, bel équilibre.

Archives

– Dégustation d'avril 2007

Millésime 1975

16,5 – Doré soutenu, citron confit, mandarine, pâte de coing, sucre bien intégré, épicé, agrumes confites, très fin, bien barsac. 99 grammes de sucre résiduels à l'analyse aujourd'hui pour 14,4°.

Millésime 1988

17 – Frais, floral, litchi, bouche élégante, l'acidité confère de la fraîcheur, long, bien fruits blancs, très frais. 102 grammes pour 14,4°.

Millésime 1989

17 – **Cuvée Madame**. Notes grillées, nez un peu piquant, poivré, abricot, gras, plein, très puissant en bouche, un style ancien, très riche mais assez équilibré, surtout très persistant.

Millésime 1990

16 – Miel, cire, abricot sec, puissante en bouche très confiture d'abricots, de type solaire, il ressemble davantage à un sauternes qu'à un barsac par son côté miel.

Millésime 1996

14,5 – Floral, orange, miel d'acacia, plus de barriques neuves que d'habitude. Fringant en bouche, très vif, pointe d'iode, longueur moyenne : *« Cette année-là on a fait huit passages pour les vendanges. »*

D'Yquem

1er grand cru classé
113 ha
Propriétaire : Moët Hennessy – Louis Vuitton
Contact : Pierre Lurton
Château d'Yquem – 33210 Sauternes
05.57.98.07.07

Je me souviens de Guy Latrille, parti à la retraite en 1996. Il avait participé à 44 millésimes d'Yquem. Entré comme ouvrier de chai avant d'en devenir le maître. Ses plus grands millésimes : 70, 75, 76, 82, 83, 88, 89, 90… Ses plus douloureux souvenirs, les années jugées trop médiocres pour donner de l'Yquem : *« En 1964, 1972, 1974 et plus récemment 1992, on n'a rien retenu. »* D'autres années, la récolte est si faible qu'elle tient en quelques barriques. Ici, on vit la durée.

Alexandre de Lur-Saluces, dont la famille a été propriétaire d'Yquem pendant deux siècles et demi, avait coutume de dire que la récolte d'Yquem, c'est moins d'un verre par pied. *« Sur une même surface, on produit moins de vin que de cognac ! »* En moyenne, des rendements qui dépassent rarement 8 à 10 hl/ha, qu'il conviendrait de comparer aux 50 et plus que produisent les grands crus médocains… On peut toujours trouver qu'une bouteille d'Yquem est très chère ! Mais c'est un élixir et un concentré de travail patient. On ne compare pas le prix d'une eau de toilette à celle d'un parfum.

Yquem est-il le meilleur, le plus grand ? Je ne sais pas. Mais je peux témoigner de ceci. Vers 1990, nous avions organisé une vaste dégustation de tous les grands liquoreux du monde. Il y avait les grands rieslings allemands, les fameux Eiswein (vin de glace), les plus belles sélections de grains nobles d'Alsace, des vins venus d'Australie, d'Afrique du Sud, de Hongrie (tokay), des bonnezeaux, bref de tout et de partout. Il y eut d'abord un premier tour d'élimination, puis une finale où figuraient quelques-uns des meilleurs dégustateurs internationaux de l'époque. C'était évidemment à l'aveugle. Tout le monde était bien concentré sur son verre et personne ne mouftait. C'est sérieux, ces épreuves-là. On en était peut-être à la huitième ou neuvième merveille, car ne restaient en piste que des merveilles, quand un nouveau vin fut servi. Soudain, un dégustateur, Christian Millau, puis deux, puis toute la table relève la tête et sourit. C'était Yquem. Personne ne le savait, mais tous avaient deviné. C'était comme un moment de bonheur qui passait au milieu de ce groupe un peu trop sérieux. Je n'ai jamais rencontré quelqu'un qui se soit offert un verre ou une bouteille d'Yquem, quel qu'en soit le prix, et qui m'ait dit ensuite : je regrette. Ce n'est pas le cas de tous les premiers grands crus classés.

Ce vin exceptionnel doit grandement à l'histoire et au commerce. Le Médoc a été fortement dopé par la demande anglaise ; le sauternes est pour beaucoup le fruit des échanges avec la Hollande à partir du XVIe siècle. Les Hollandais, désormais en paix avec la France, demandent du vin blanc, le plus doux possible. Les familles riches, comme les Sauvage, sieurs d'Yquem, imposent les vendanges de raisins « pourris » pour obtenir le maximum de sucre, et plus tard disposent des moyens de drainer les sols.

Alexandre de Lur-Saluces nous a montré des bornes de drainage datées de 1884 : *« Ce sont des poteries, mais avant on utilisait des fagots enfouis dans le sol. Aujourd'hui, on en est au tuyau flexible en plastique posé au laser. Les méthodes changent mais, comme dans l'art militaire, tout est effet d'exécution... »* Yquem est depuis très longtemps cultivé en bio sans pour autant se réclamer d'un label – *« le bio absolu est difficile »*. Les vignes sont labourées quatre fois l'an, elles sont nourries par du compost ou du fumier. Le changement de propriétaire et l'arrivée de Pierre Lurton à la tête du domaine n'ont pas provoqué de révolution quant à la conduite de la vigne. Mais Yquem s'est un peu plus ouvert et participe désormais à le vente en primeur, ce qui ne se faisait pas autrefois (sauf pour le 2000). En 2002, par exemple, le château commençait à faire déguster le... 1996.

Dans ce lieu, depuis 1785, six générations de Lur-Saluces ont géré le premier des premiers crus classés de Sauternes. Sur cette haute colline qui domine la vallée de la Garonne, derrière les murs d'un château doré tout en rondeurs, dans la tranquillité des jardins longtemps et impeccablement entretenus par Jeannot, l'expert en conduite des rosiers, tout bouleversement semblait banni.

Mais, en 1998, minoritaire et trahi par sa propre famille, le comte Alexandre de Lur-Saluces dut se résigner à accepter un suzerain, en l'occurrence le groupe LVMH (qui détient 63 % des parts). Ce ne fut pas sans douleur ni combat. Les Lur-Saluces sont de noblesse d'épée. La nomination de Pierre Lurton à la tête du cru ne fut pas une surprise. Pierre gérait déjà Cheval-Blanc, premier grand cru classé de Saint-Émilion, autre propriété de LVMH, en association avec Albert Frère. Choix judicieux.

« Mon problème : comment peut-on faire mieux ? »

Presque solennel, Pierre. Une attitude rare chez quelqu'un qui pourrait mettre sa carrière en jeu plutôt que de renoncer à une de ses reparties à la Pierre Dac.

Pierre Lurton, issu d'une famille de grands vignerons et propriétaires, a montré l'étendue de son talent à la tête de Cheval-Blanc. Son action s'établit *« dans la recherche du détail »*, davantage de précision, de pureté, si cela est possible... On attend de lui surtout qu'il fasse d'Yquem un vin convoité, de très grand luxe, avec un prix correspondant à sa rareté et aux sacrifices que son élaboration nécessite.

Dans les autres crus classés du Sauternais, on se réjouit de ce changement. L'appellation est en souffrance et vit dans un splendide isolement. La mise sous les projecteurs d'Yquem ne peut être que bénéfique.

L'accès au très beau parc est libre du lundi au vendredi, pour les visites et dégustations, l'accès est un peu plus filtré...

Second vin : pas de second vin mais un vin blanc sec, Y d'Yquem, composé à parts égales de sauvignon et de sémillon.

Millésime 2000

– *Dégustation de mai 2004*

Vendangé en deux parties. Une assez belle récolte en deux passages jusqu'au 4 octobre. La pluie a ensuite gâché la fête et compliqué le travail de trie.

16,5 – Nez puissant d'agrumes, pamplemousse, pâtisserie, miel. Bouche épicée, fruits secs, très grasse, onctueuse (suave) avec des notes xérès. En bouteilles depuis six mois.

Millésime 2001

C'est sans hésitation que l'on peut qualifier 2001 d'année du siècle. D'abord parce que celui-ci n'a pour l'instant qu'un parcours temporel limité, ensuite parce que c'est effectivement un des plus beaux millésimes que nous ayons jamais dégustés. *« C'est une année d'anthologie, magnifique, proche des mythiques 67 »*, selon Alexandre de Lur-Saluces. Les liqueurs sont abondantes, les acidités parfaites. La cause de cette réussite n'a rien de mystérieux, d'après les producteurs. C'est la rapidité de développement du botrytis qui en est la cause.

– *Dégustation d'avril 2010*

19 – Robe dorée soutenue, nez poivré, fruits blancs confits, petite note iodée, jus d'huître, « *il y a un passage où ces notes sortent et ça disparaît ensuite* », dit Sandrine Garday, maître de chai. « *On ne sait pas pourquoi, toujours à cette date-là, au bout d'une dizaine d'années, ces notes-là apparaissent puis disparaissent.* » Vin très concentré, très belle liqueur, 13,6° et 150 grammes de sucre. Très large, puissant et long, persistant. Un grand vin de garde.

Millésime 2002

– *Dégustation d'avril 2010*

Maturité plus tardive, peu de soleil cet été-là. « *On travaille de façon plus espacée sur de petites quantités depuis la mi-septembre, on a eu une petite fenêtre fin octobre.* » 14,1° et 129 grammes de sucre.

16,5/17 – Joli nez chatoyant, bien fruité, bouche grasse, plus simple que certaines années, des notes prune en bouche, presque pruneau à l'armagnac, bonne longueur, commence seulement à vieillir. Belle acidité en finale.

Millésime 2003

– *Dégustation de mai 2004*

Récolté en neuf jours, du 17 au 26 septembre, record de précocité de fin de vendanges, détenu jusque-là par l'année 1934 avec une fin de récolte le 4 octobre. « *Le raisin a basculé dans la nuit du 10 septembre. On avait 140 vendangeurs et 26° potentiels à la fin.* »

17,5 – Nez floral, fleur d'acacia, rose, des notes de mirabelle, bouche épicée, grasse, parfumée puissante, pâte d'amande, une pointe de dureté en finale. Ce vin est issu d'un premier assemblage, très riche, sans atteindre le génie du 1997.

Millésime 2004

– *Dégustation d'avril 2005*

Sandrine Garday, maître de chai, et Francis Mayeur, responsable technique, racontent des vendanges très longues, commencées le 20 septembre et achevées le 20 octobre. « *Au début, ce fut surtout pour nettoyer et commencer la récolte des sauvignons. En octobre, plus on avançait, plus on était sur de la vendange mûre, atteinte de pourriture noble, avec des alcools potentiels de 18 ou 19°. On allait vers le gras et moins sur le fruit. Ce sont des tries utiles pour l'assemblage, car elles apportent de la puissance.* » Dans le chai, nouveau signe des temps, « *on a éliminé plus de lots que d'habitude* ».

17 – Nez entre citron et mirabelle, des notes florales assez fraîches, bouche bien équilibrée entre puissance et élégance. Une approche en finesse de la liqueur. Rien à voir avec la force d'un 89 ou la délicate complexité d'un 97. Un joli millésime d'initiation, plus facile d'approche que le 2001.

Millésime 2005

– Dégustation d'avril 2006

La véritable arrivée d'Yquem dans ce qui ressemble finalement aux défilés de haute couture, la dégustation en primeurs, s'est donc déroulée cette année, avec la présentation du 2005. Un vin magnifique, récolté dans des conditions optimales, du jamais-vu ou presque chez les techniciens du cru : « *Chaque fois qu'il a plu, il faisait immédiatement plus chaud que la moyenne normale des températures. Dans ces conditions, le botrytis se développait très vite. Tout le potentiel d'Yquem a été ramassé, même sur les argiles les plus froides… C'est une vendange d'anthologie, difficile à comparer. Le sémillon était rose tellement il était mûr…* » Les fermentations ont duré de sept à huit semaines et ont pris fin autour de Noël. Le vin est composé de 80 % de sémillon et de 20 % de sauvignon, l'équilibre entre sucre et alcool est parfait : 13° et 133 grammes de sucre par litre.

19 – Des arômes surdimensionnés et évolutifs. Au passage, on repère la frangipane, l'amande puis l'ananas, des notes de fleurs blanches printanières, voire de chèvrefeuille, l'orange succède à la pêche blanche. La bouche est surprenante de retenue, on attend le monstre et c'est Brummel qui apparaît : élégance, fruit, liqueur bien compensée par une acidité rafraîchissante, et quelle longueur !

Millésime 2006

– Dégustation d'avril 2007

Le château possède des archives météo depuis 1897 : « *On les prête à Météo-France pour l'étude du réchauffement climatique* », racontent Sandrine Garday et Francis Mayeur. « *2006 est une année très chaude, très au-dessus des normales, sauf au mois d'août. C'est un potentiel climatique proche de 1921, 1934 ou 1929.* » Des millésimes évidemment historiques pour Sauternes. « *Les terroirs n'ont pas réagi de la même façon face à la pluie de septembre : les graves ont pompé l'eau et ont fait éclater les baies. Les sols argileux les plus tardifs ont mûri, mais sans développer de botrytis. Une troisième partie, composée des milieux et des bas de pente d'argile ocre et de graves, a très bien réagi. On est à 21° le 6 septembre, c'est mûr. On a déclenché dans cette partie la première trie de ramassage. Au 18 septembre, un tiers est rentré. On a vendangé au toucher ; s'il y avait des drosophiles, on laissait tomber : un bon tiers est resté ainsi sur pied, sacrifié. On a arrêté le 22 septembre, pour laisser passer la pluie, et on a repris le 28, pour finir vers le 2 octobre. On a fait ensuite quelques passages jusqu'au 10 octobre. »*

19 – Mirabelle et poire, bouche carrée, vive, puissante mais équilibrée par une bonne acidité. 125 grammes de sucre résiduel pour 14° d'alcool : l'équilibre parfait (la règle à Yquem est de toujours évoluer entre 120 et 130 grammes de sucre, sauf en 2001 où il y en a eu 150). Beaucoup de fruit et une très grande longueur.

– *Dégustation d'avril 2008*

18,5 – Nez sur le bois, on est parti sur un élévage de trente mois. Séveux, plein, dense, épicé, gras, plus sémillon, séveux, gras, long, racé, ramassé, en boule. Long.

– *Dégustation d'avril 2009*

18,5 – Nez vif, floral, poire, pêche blanche, poivre blanc, bouche ronde, fraîche, tendue, un peu vif, tendu, sans doute moins d'avenir que 2008, mais très bel équilibre.

Millésime 2007

– *Dégustation d'avril 2008*

« D'avril à juin, il a plu trois jours sur quatre », commente, graphique à l'appui, Francis Mayeur. *« La fleur s'est étalée, ce qui nous arrange ! »* Partout ailleurs, notamment dans les rouges, c'est plutôt embarrassant, car cela donne des raisins de maturités diverses au moment des vendanges. Ici, *« avec des raisins de différents âges et maturités »*, cela apporte de la complexité au millésime. De fin juin à fin août, température plus basse que la normale, favorable aux blancs, qui conservent ainsi de la fraîcheur. *« Du 20 au 24 août, on a eu 100 millimètres de pluie. Ça nous a fait craindre l'arrivée de drosophiles et les baies éclatées, le mauvais botrytis... Mais la faiblesse des températures le matin va être notre première chance, la pourriture grise ne s'est pas développée et on a*

constaté même des phénomènes de cicatrisation. Dès le 10 septembre, on avait des raisins mûrs et pourris nobles. On a fait un premier passage puis, dans la même semaine, un deuxième. La semaine suivante, troisième passage. Du 24 septembre au 9 octobre, période difficile car il est tombé 30 millimètres. On a attendu, car ce qui était intéressant était rentré. Le 5 octobre, on a fait venir les vendangeurs, surtout pour ne pas les perdre. Disons que c'était pour tâter le raisin. Après le 10 octobre, superbe anticyclone, dix jours de beau temps, et là on n'a pas arrêté. Les tries s'enchaînaient. Températures fraîches et botrytis renouvelé qui apporte de la complexité. On a pratiqué la septième trie du 5 au 7 novembre. On retrouve l'étalement de la fleur dans l'étalement des vendanges. » Au chai, la maîtresse des lieux, Sandrine Garday, a constaté une fermentation rapide dans des moûts très sucrés : « *On est à 14°, une grande variété de parfums, au niveau des pressurages c'était homogène, très facile à presser.* » 100 % de bois neuf, 80 % sémillon, 20 % sauvignon, 130 grammes de sucre par litre.

19,5 – Poire, amande, abricot. Plus explosif que 2001 en arômes, long, tendu, vif, bel équilibre, fruits blancs donnés par le sauvignon qui se fait remarquer dans l'assemblage, séveux, long, très aromatique, petite note de poire Williams en finale.

– *Dégustation d'avril 2009*

19/19,5 – Nez puissant, mirabelle, bouche puissante, très gras, très riche, puissant, un peu refermé, « dans son tunnel », bouche très puissante, suave, longue, riche, très persistante.

– *Dégustation d'avril 2010*

19 – « *On a un raisin moyen mais un grand botrytis* », explique Francis Mayeur. Nez frangipane, poivre blanc, bouche très puissante, pas encore complètement intégrée, 14,2° et 137 grammes de sucre. Très long, très riche, un vin adolescent, loin de son apogée. Mis en bouteilles en février.

15 – Y d'Yquem. 60 % de sauvignon, nez marqué sauvignon, un peu de grillé, fruits blancs, bien parfumé, long en bouche, 14,4° et 6 grammes de sucre résiduel. Bonne persistance.

Millésime 2008

– *Dégustation d'avril 2009*

Francis Mayeur : « *Cela faisait une quinzaine d'années que ce n'était pas arrivé : en 2008, on retombe sous la moyenne annuelle des températures calculée depuis 1900. Une année assez froide donc, avec une sinusoïde très marquée, une alternance très forte de passages chauds et froids, trois semaines de chaud, trois semaines de froid.* » Le gel du 7 avril, qui a gravement endommagé certains crus, a en partie épargné Yquem, ne touchant que des parcelles qui ne font pas de grand vin. « *À la fleur, on a eu une période froide et de la coulure : une vendange verte naturelle. Du 15 juin au 15 août, il n'a plu que quatre jours seulement, provoquant un stress hydrique dont a besoin la plante au niveau du cycle végétatif. Mi-septembre, arrêt total des pluies. La maturation en période froide a donné des sémillons léopard, avec des peaux tachées où le botrytis se développe très vite.* » Les premières vendanges par tries ont eu lieu le 17 septembre, « *ensuite, deux tries complètes du 20 au 25 septembre. Puis semaine de pluie début octobre et deuxième arrivée de botrytis. On reprend la trie vers le 17 et on finit avant l'arrivée de fortes pluies. Le 29 octobre, tout est terminé.* » Le domaine a produit 15 hl/ha. Le vin titre 13,5° d'alcool pour 139 grammes de sucre. 80 % sémillon et le reste en sauvignon.

17,5/18 – Nez frangipane, pas très aromatique, les sauvignons sont un peu ternes cette année. Bouche vive, beaucoup de liqueur, vif, long, tendu, un fort potentiel mais pour l'instant peu développé. Bel équilibre.

Millésime 2009

Graphiques à l'appui, courbes de températures depuis le XIXe siècle, relevés précis des précipitations en main, Francis Mayeur, le boss du vignoble, raconte : « *Pour nous, 2009 c'est l'association d'un très grand raisin et d'un très grand millésime. On a un excédent de températures peu excessif mais régulier pendant six mois consécutifs. On a aussi un excédent d'ensoleillement, une durée d'ensoleillement supérieure et régulière. Pour la pluviométrie, automne, hiver et printemps normaux. Le stress hydrique s'installe au début de l'été, mais là aussi sans sécheresse, sans dureté. Sur six mois, des pluies inférieures à la moyenne en quantité et aussi en nombre de jours. Donc toutes les conditions pour avoir un beau raisin.*

« *Nous avons 10 mm de pluie le 25 août, ces pluies initient quelques départs en pourriture. On effectue un premier passage : une seule trie mais en deux vagues, les 7, 8, 9 et les 16 et 17 septembre. Cela représente 5 % de la récolte. On a ensuite un week-end de pluies les 18, 19 et 20 septembre : 34 mm. Un vrai coup de chance et le grand botrytis qui démarre. Ensuite dix-huit jours sans pluie, la phase de concentration a commencé là. Le vrai déclenchement des vendanges se fait le 1er octobre. Deux tries. C'est à ce moment-là qu'il fallait avoir beaucoup de monde et beaucoup de capacité de pressurage pour ne pas se faire avoir par la concentration et ne pas aller trop loin dans le sucre. On n'avait jamais rentré autant de raisins en une seule journée depuis 1893. 50 % de la récolte en une semaine. Ça s'arrête le 8 octobre. Il pleut les 8, 9 et 10 : 12 mm. On reprend le 13 octobre et on finit le 19, les quatrième et cinquième tries. Il fait froid, il y a deux matins où il gèle. Au final, on a rentré des choses différentes, qui permettent d'avoir de la complexité.* »

Sandrine Garday, maître de chai, complète : «*Des choses difficiles à fermenter, On a peiné pour monter à 14° sur l'ensemble, avec 155 g de sucre résiduel.* »

19,5 – Fruits blancs, frangipane, pomme, bouche moelleuse, équilibrée, beaucoup de gras, de liqueur, amande grillée, puissant mais sans exagération, long, complexe, fortement botrytisé, très pur, très beau fruit. Long. Très bel équilibre. Très grande année.

Archives

– *Dégustation de mars 2002*

Millésime 1996

17 – Nez mélange d'épices et de notes végétales, agrumes, iris, bouche légère, vive, faisant davantage penser à la fraîcheur des barsacs, vin élégant, raffiné, finale sur le miel d'acacia.

– *Dégustation de mai 2004*

Millésime 1989

18 – Vendangé du 25 septembre au 25 octobre. Pâte de coing, poivre blanc, champignons séchés, marmelade d'orange, agrumes confits, truffe. La légère amertume des saveurs apporte beaucoup de nerf et de complexité à ce vin puissant et original.

Millésime 1997

18,5/19 – Vendanges étalées du 4 septembre au 4 novembre. « *On a harcelé le raisin en allant chercher presque grappe par grappe les grains botrytisés et rôtis* », dit Sandrine Garday. Fruits confits, abricot, mangue, ananas, tabac blond, un festival d'arômes. Bouche fraîche, délicate, longue et complexe, finement mentholée en finale.

Millésime 1999

18 – Un premier passage des vendangeurs fin septembre a permis de récolter une petite partie légèrement botrytisée, l'essentiel a été ramassé après le 15 octobre. Nez fortement épicé, puissant, bouche carrée, orange confite, grillée, bien dense, beaucoup d'allure dans ce vin viril.

– *Dégustation de juin 1995*

Millésime 1982

Une année difficile avec deux périodes de vendanges. « *Entre la première et la deuxième, il est tombé 300 millimètres d'eau. On a dû éliminer les quatrième et cinquième tries.* » 115 grammes de sucre.

18 – Doré soutenu. Nez poire, nèfle, banane séchée, eau-de-vie de figue, épices. Fin, très élégant, dense, concentré, saveurs qui confirment le nez, riche en alcool, mentholé, frais et complet, vif, peu ouvert.

Millésime 1988

Le 88 a été vendangé tardivement, « *à la Toussaint* », tandis que le 89 au contraire a été ramassé en septembre avec « *un développement de botrytis très rapide* ». Une acidité à peu près semblable, des sucres autour de 120 grammes, mais une constitution assez différente.

17,5 – Doré assez clair. Nez riche, miel, banane séchée, rôti, genêt, agrumes, assez frais. Très élégant, paraît plus équilibré sur l'alcool que sur le sucre, gourmand aujourd'hui, très frais.

Millésime 1989

18,5 – Doré assez soutenu. Nez fruits secs, vanille, assez fermé. Riche, très liquoreux, beaucoup de gras et de sucre, long, ample, opulent, grand retour en bouche sur l'ananas. Très fort potentiel.

DOISY-DAËNE

2e cru classé
Surface : 16 ha
Propriétaires : Pierre et Denis Dubourdieu
Contact : 33720 Barsac
05.56.62.96.51
www.denisdubourdieudomaines.com

Que dire de plus, après avoir signalé que ce cru appartient à la famille Dubourdieu, cultivé, entretenu, vinifié par Denis Dubourdieu, célèbre professeur d'œnologie à la fac de Bordeaux, consultant international et sans doute une des matières grises les plus saines que le vin ait laissées fermenter. « *Un grand vin, c'est avant tout un projet esthétique qui vous fait rêver et dont vous pensez qu'il fera rêver ceux qui vont le boire.* » Denis Dubourdieu a de par son métier le souci de se faire comprendre en utilisant des formules simples et claires qui frappent l'esprit et l'obligent à s'interroger. Par exemple, Denis dit : « *Le terroir, c'est un handicap surmonté.* »

Denis, qui n'a pas forcément entendu mais qui connaît son monde et a déjà eu l'occasion de voir des mines ahuries dans les amphis tout au long de sa carrière, poursuit son raisonnement en expliquant que l'homme a dû batailler ferme pour, par exemple, produire des grands vins à Bordeaux, où la pluviométrie est fort importante, que le drainage ne s'est pas fait par l'opération du Saint-Esprit, lequel n'est pas connu pour être performant dans le maniement de la pioche ou la conduite de la pelle mécanique.

Parfois les formules de Denis sont tellement percutantes que l'esprit frappé de plein fouet le prend mal, surtout quand il se prend pour un esprit fort. Denis ne brille pas par ses compétences en matière de diplomatie avec les esprits forts. Il possède même une sorte de chic, poussé par un zéphyr d'orgueil, pour envoyer dans les cordes d'un uppercut flamboyant les contestataires qui s'approchent un peu trop près de son savoir acquis et vérifié.

Le même Dubourdieu, capable de bien faire comprendre à tel raseur qu'il le tient pour un parfait crétin, se montre d'une douceur attentive et patiente avec ses élèves ou ses stagiaires. Des « anciens » de Dubourdieu, c'est-à-dire des presque trentenaires qui bouleversent les pratiques planplan dans les exploitations où on les a recrutés pour le plus grand malheur de ceux qui attendaient patiemment en roulant une cigarette que l'heure de la retraite sonne, on en rencontre beaucoup. Tous sont unanimes et tiennent un discours identique à celui de Florent Girou, brillantissime jeune vigneron de Bergerac (mais il exerce aussi en Toscane) et qui résume ainsi son passage chez les Dubourdieu : « *Quand on est stagiaire, on habite chez lui, on partage la vie de la famille, on prend le petit-déjeuner et les repas avec eux et Denis n'est pas avare de conseils. On reste toujours en relation.* »

Ses travaux ont contribué à une plus grande connaissance des origines des arômes dans le vin et par conséquent des méthodes à utiliser pour les préserver, ne pas les dégrader et les conserver dans leur pureté.

Doisy-Daëne, une fine couche de sables argileux posée sur un sous-sol calcaire assez compact, est un vin à deux faces. Des senteurs florales et citronnées au départ, puis, sur ce rameau initial, au fil du temps viennent s'ajouter des senteurs de badiane, de fruits blancs, de miel plus tardivement. C'est un vin qui peut se déguster comme un cognac, beaucoup et longtemps par le nez, si on en a envie, avant la mise en bouche… Le sucre n'est jamais envahissant et la fraîcheur porte la signature des terroirs de Barsac.

Autre vin : blanc sec

Millésime 2000

– Dégustation d'avril 2001

14,5 – Nez miel, floral, grillé du bois, bouche miel, grasse, assez complexe, finale badiane bien fraîche.

Millésime 2001

– Dégustation d'avril 2002

16,5 – Belle robe d'or. Nez de charme, pâtisserie, vanille, fleurs blanches. Citronné en bouche, très bon, en finesse, finale liqueur de poire.

Millésime 2002

– Dégustation d'avril 2003

14,5/15 – Or vert. Miel, freesia. Soyeux puis gras, équilibré, finale légère.

Millésime 2003

– Dégustation d'avril 2004

14,5 – Nez de bonne intensité, délicat, miel de lavande, cire d'abeille. Note d'amande fraîche et de calisson d'Aix, en bouche, du charme.

Millésime 2004

– Dégustation d'avril 2005

16 – Pas très ouvert, pêche, abricot, bouche épicée, paraissant encore fermentaire, concentrée, puissante. Une liqueur assez enveloppante et de l'acidité qui équilibre et lui donne de la fraîcheur. Long, élégant.

Millésime 2005

– Dégustation d'avril 2006

17 – Bonbon au miel, floral, fleurs blanches, la petite note que l'on qualifie de « rôti », mélange de grillé, de sous-bois ou de lichen qui traduit le bon botrytis fortement développé, bouche bien équilibrée entre sucre et acide, bon défilé fruité.

Millésime 2006

– Dégustation d'avril 2007

15 – Réduit, s'ouvre à l'aération, bouche fraîche, vive, équilibrée, frais, long, tendu, vin de garde.

Millésime 2007

– Dégustation d'avril 2008

16 – Joli nez de pêche blanche, bouche bien fruitée, pêche blanche, pêche de vigne ; bien fruité, bel équilibre, puissant en finale.

Millésime 2008

– Dégustation d'avril 2009

15,5/16 – Nez réduit, fermé, qui s'ouvre à l'aération ; la bouche est tendue, fraîche, nerveuse, des notes séveuses, écorce d'agrumes, une amertume agréable en finale.

Millésime 2009

– Dégustation d'avril 2010

16,5/17 – Réduit, bouche vive, puissante, très liqueur, un peu court, refermé en finale, net, fort potentiel.

Doisy-Védrines

2e cru classé
Surface : 31 ha
Propriétaire : Famille Castéja
Contact : Frédéric Deyres
33720 Barsac
05.56.68.59.70

Un des rares crus demeurés dans la même famille depuis la classification de 1855 ou presque. Les Boireau ont acquis cette propriété en 1858. Les Boireau filles ont marié des Castéja mâles descendus de Pauillac, leur fief. « *Mon oncle et papa* », raconte Éric Castéja, « *ont épousé deux filles de négociants, Borie et Joanne.* » Si bien qu'aujourd'hui on retrouve un Castéja, Philippe, (en plus de la ribambelle de crus familiaux Trotte-Vieille, Batailley, etc.) à la tête de la maison Borie-Manoux. Tandis que l'autre branche, celle de Doisy, dirige la société de négoce Joanne, premier ou second metteur en marché de grands crus classés. « *Mon frère Olivier et moi* », ajoute Éric, « *nous avons passé plus de dix ans à conduire les tracteurs ici et à tailler les vignes, notre père a toujours tenu à ce que l'on sache ce que c'était qu'un pied de vigne.* » Plus de tracteur pour les frères Castéja depuis déjà longtemps. Frédéric Deyres s'occupe avec talent de la propriété depuis 1999. Lui-même a suivi un parcours inhabituel, passant de l'industrie très spécialisée, le traitement sous vide des matériaux, au vin liquoreux : « *Je suis de Preignac. Mes parents avaient une petite propriété familiale. J'ai voulu être exploitant ; ça ne s'est pas fait car je n'ai pas réussi à récupérer le fermage et j'ai trouvé des petits remplacements.* » D'abord une saison au Château Myrat, chez l'excellent Xavier de Pontac, qui l'a signalé à ses amis Castéja.

Doisy-Védrines et Doisy-Daëne, le voisin, ne faisaient qu'un autrefois, mais on note cependant des différences entre les deux crus. Doisy-Védrines se goûte toujours plus liquoreux, plus puissant que Daëne. Sans doute des éléments de terroir pas tout à fait identiques et surtout des choix de vignerons (dates de vendanges, sélection) sensiblement différents. L'encépagement comprend 85 % sémillon, 14,5 % de sauvignon et « *quelques rangs* » de muscadelle.

Millésime 2000

– Dégustation d'avril 2001

13,5 – Nez épices, violette, sous-bois, bouche puissante, un peu lourde, des notes champignon, puissant mais manque de finesse à ce stade.

Millésime 2001

– Dégustation d'avril 2002

15,5 – Or blanc. Amande, mirabelle, coing au nez. Complexe, fruit et liqueur d'orange, rôti en finale. Beau vin.

Millésime 2002

– Dégustation d'avril 2003

14,5 – Doré un peu trouble. Ouvert, expressif, bois neuf, tartelette aux fruits blancs. Plaisant, structuré, liqueur fine, finit très boisé.

Millésime 2003

– Dégustation d'avril 2004

15 – Nez encore fermentaire, amande, coing confit. Corps puissant, crémeux, belle liqueur, vin ample et élégant.

Millésime 2004

– Dégustation d'avril 2005

16 – Pamplemousse, pommes au four, floral, gras en bouche, dense, une liqueur assez présente mais équilibrée par l'acidité. Riche, long, finale très fruitée, assez complexe.

– Dégustation de décembre 2010

16 – Vanille, frangipane, poire, bouche puissante, volumineuse, liqueur présente, bon équilibre tourné vers la liqueur, assez puissant, belles saveurs de maturité. Long.

Millésime 2005

– Dégustation d'avril 2006

15,5 – Épices douces, amande grillée, abricot sec, bouche riche, puissante, équilibre en faveur de la liqueur. Un vin très dense, démonstratif, que l'élevage devrait adoucir.

– *Dégustation de décembre 2010*

17 – Fruits blancs, miel, poire, tilleul, bouche douce, élégante, très aromatique, d'une grande pureté, encore jeune, loin d'être à son apogée, très beau fruit, équilibre parfait, très long.

Millésime 2006

– *Dégustation d'avril 2007*

16 – Fermé, pêche blanche, tilleul, orange, bouche dense, épicée, frais, élégant, dense, poivré.

– *Dégustation de décembre 2010*

15,5/16 – Nez assez jeune, floral, fruits blancs, bouche élégante, bien fruitée, long, tendu, un peu marqué par le bois encore, mais pas loin de sa plénitude, amertume élégante en finale.

Millésime 2007

– *Dégustation d'avril 2008*

15,5 – Nez pas très ouvert, bouche puissante, dense, un peu masquée par le bois, très liquoreux, puissant, très large.

– *Dégustation de décembre 2010*

16,5/17 – Agrumes, encore fermé, s'ouvre tout doucement à l'aération sur des notes de fleurs blanches, la bouche est puissante, assez liquoreuse. Le vin commence à s'affiner. Évolution très lente, vin de garde, qui évolue vers la finesse. Fort potentiel.

Millésime 2008

– *Dégustation d'avril 2009*

14,5/15 – Miel, nez fermé, forte liqueur en bouche, tendu, pas très raffiné, puissant, aromatiquement un peu plat mais forte structure.

– *Dégustation de décembre 2010*

14,5 – Épices, poivre blanc, bouche tendue, dans un style un peu différent du Doisy bien gras des autres millésimes, une gamme aromatique assez discrète.

Millésime 2009

– Dégustation d'avril 2010

16,5 – Fermé, pêche, poire, belles saveurs fruitées, riche, plein, épicé, très poire, fin, long, frais, bien équilibré.

– Dégustation de décembre 2010

Éric Castéja : « *On a toutes nos chances en Asie avec nos vins, car ils ont l'art de la table que n'ont pas les Américains, mais il faut du temps et des explications.* »

16,5/17 – Arômes de vendanges, les sauvignons expriment un fruité assez marqué, pêche blanche, ananas, poire, bouche vive, élégante, bien construite, longue, 147 grammes de sucre, très pur, long et fin malgré sa richesse.

FILHOT

2e cru classé
Surface : 62 ha
Propriétaire : Famille de Vaucelles
Contact : Château Filhot
33210 Sauternes
05.56.76.61.09
www.filhot.com

Jamais, nulle part, avec aucun autre château, je ne constate, et je ne suis pas le seul, un tel écart entre les notes attribuées en avril qui suit la récolte, c'est-à-dire lors des dégustations primeur, et celles données plus tard, quand le vin est en bouteille. Contrairement à d'autres, qui font suivre à leurs échantillons des séances de musculation, Filhot pratique, lui, la « dégonflette ». Il ne se goûte jamais bien à ces époques-là. Étriqué, malingre, boudeur, râleur comme un Paul Léautaud de mauvais poil.

Mais, en revanche, il se montre sous de bien meilleurs auspices quand il affronte le temps. J'ai le souvenir d'une bouteille de 1893 dégustée à Saint-Brieuc absolument délicieuse ; un vin presque sec, comme si les années avaient grignoté lentement le sucre, ne laissant qu'une douceur pour accompagner un festival d'épices et de saveurs exotiques. Mais cette capacité de passer le siècle n'explique pas pourquoi en avril votre Filhot est muet.

La raison en tient pour l'essentiel au mode de vinification opéré par les Vaucelles. Les vins ne fermentent pas en bois comme dans les autres châteaux, mais en cuves de petit format, à basse température, entre 19 et 21°C *« pour garder la fraîcheur des sauvignons, on en a beaucoup (36 %) »*, explique Gabriel de Vaucelles. Ensuite, vers le mois de mai, un tiers des vins sont placés en bois neuf. En mai, donc après les dégustations… Autant la barrique neuve peut parfois trop marquer les vins rouges, autant, sur des vins blancs liquoreux d'une telle puissance, elle apporte immédiatement rondeur, oxygène, fraîcheur et favorise l'expression des arômes. *« Les primeurs, c'est une période délicate pour nous, les assemblages ne sont pas faits et les vins ne sont pas encore dans les fûts… »*

Mais le consommateur curieux peut se rattraper en faisant l'emplette de quelques vieilles bouteilles au château. Car ici, on reçoit et on vend sur place, ce qui est loin d'être une pratique courante dans les crus classés. À Filhot, on peut acheter tous les millésimes ou presque depuis 1969. Les prix, extrêmement raisonnables, varient de 25 euros pour les plus récents à 70 pour de plus anciens. Quand on sait que de nombreux auteurs du passé, dont l'alors futur président des États-Unis, le fin connaisseur et observateur précis Thomas Jefferson, le classaient en deuxième position, derrière Yquem…

Ici, tout est vaste. Le bâti, château et dépendances, couvrent dans les 2,5 hectares et le domaine en totalité en occupe 330. Le vignoble par lui-même (62 hectares) a été créé en 1709 par les Filhot, grande famille qui a joué un rôle important au parlement de Guyenne. Puis, comme souvent dans la région, les Lur-Saluces d'Yquem l'ont développé. En 1935, le domaine fut repris par la sœur du marquis de Lur-Saluces et son mari, le comte Durieu de Lacarelle, dont les descendants gèrent le château du même nom dans le Beaujolais. *« En 1972, c'est mon père qui a repris la propriété. Mes frères et sœurs sont copropriétaires »*, raconte Gabriel de Vaucelles. Filhot s'étend sur tout le sud du village de Sauternes. Une bonne partie du domaine est plantée en pins. *« C'est complémentaire, les pins sur la partie sableuse, les châtaigniers et les acacias pour les piquets de vigne. »*

Second vin : Château Pineau-du-Rey

Millésime 2001

– Dégustation d'avril 2002

14 – Robe d'or sombre. Nez de pain grillé, croûte chaude, mangue, confiture de citron. Suave, onctueux, assez frais en finale.

– Dégustation d'avril 2008

15,5 – Fermé, bouche puissante, tendue, vive, fraîche, très sauvignon, bien fruité, long, tendu. Bien vif, net.

Millésime 2002

– Dégustation d'avril 2003

13,5 – Mais vaut vraisemblablement mieux. Robe pâle. Nez cire, acacia, feuillages. Tendre, mais de la chair, de la liqueur, finale courte et sèche.

Millésime 2003

– Dégustation d'avril 2004

14,5 – Nez fermé, délicat, amande, fleur de lis et beurre frais. Assez fin, floral en bouche, net et droit, un peu court en finale.

– Dégustation d'avril 2008

17 – Il valait beaucoup mieux que la note précédente. Ce 2003 figure le contraire de Guiraud ou La Tour-Blanche, par sa délicatesse et sa fraîcheur : miel, fruits exotiques, fruit de la passion en bouche, long, puissant, élégant, bien équilibré malgré la puissance. 160 grammes de sucre résiduel, long, très beau fruit.

Millésime 2004

– Dégustation d'avril 2005

13,5 – Vanille, boisé, pêche de vigne, bouche grasse, opulente, puissante, riche en alcool. Un équilibre un peu bousculé.

Millésime 2005

– Dégustation d'avril 2006

14 – Épices, miel, des notes soufrées qui gênent la dégustation, en bouche l'échantillon. C'est dommage, car on devine une structure et un équilibre qui méritent mieux que la note attribuée.

– *Dégustation d'avril 2008*

16 – Fruits blancs, pêche de vigne, élégant, tendu, vif, belle réussite, bel équilibre, on sent moins l'alcool. 145 grammes de sucre, bonne acidité.

Millésime 2006

– *Dégustation d'avril 2007*

15/15,5 – Fruits blancs, bonne bouche, bon équilibre, bien construit, poire, assez long, mais équilibré, puissant en liqueur.

Millésime 2007

– *Dégustation d'avril 2008*

14,5 – Nez fermé, bouche puissante, très liquoreuse, plus en puissance qu'en fruité, un peu éteint à ce stade.

Millésime 2008

– *Dégustation d'avril 2009*

14,5 – Nez plat, bouche avec des notes de sauge, vif, tendu, pas mal équilibré mais pas très complexe, forte liqueur.

Millésime 2009

– *Dégustation d'avril 2010*

14 – Très réduit, pêche, poire, assez simple, un peu court, manque de complexité, fruité ananas.

Archives

– *Dégustation d'avril 2008*

Millésime 1999

15 – Nez épicé, bien fruité, bouche tendue, fraîche et fine, belle acidité, élégant, frais et fin. Longueur sur l'acidité.

GUIRAUD

1er cru classé
Surface : 100 ha
Propriétaire : SCA Château Guiraud
Contact : Xavier Planty
33210 Sauternes
05.56.76.61.01
www.chateauguiraud.com

Château Guiraud a été sauvé de la noyade en 1981 par Frank Narby, armateur, considéré comme l'inventeur du porte-conteneurs. La petite histoire veut qu'il ait deviné avant tout le monde et anticipé la fermeture du canal de Suez en 1967 (jusqu'en 1975). Guiraud était en ruine, « *en déchéance* ». On y cultivait aussi bien le sémillon, le sauvignon et la muscadelle, cépages traditionnels du sauternes, que le cinsault, raisin des vins de table du Midi. Frank Narby eut alors la bonne idée d'en confier la gestion à Xavier Planty, qui avait fait ses classes à Yquem. L'intransigeance faite vigneron. Planty a refait de Guiraud ce qu'il était autrefois : un très grand cru.

En 2006, Guiraud a été racheté par quatre associés. Planty lui-même, Olivier Bernard (Domaine de Chevalier, en pessac-léognan), Stephan von Neipperg (Canon-La Gaffelière, en saint-émilion) et Robert Peugeot (Châteaux 308, 407, 206… Ou plutôt responsable du holding familial). Les quatres mousquetaires ont de grands projets. La réalisation d'un nouveau chai sur lequel planchent les architectes, ou le passage en bio, annoncé déjà depuis un moment, réalisé officiellement en 2010 bien que le domaine soit déjà depuis longtemps assez proche de ce mode de culture.

Petite leçon de sauternes par Xavier Planty, prise en notes voilà quelques années. Tout ce que vous avez toujours voulu savoir sur la pourriture noble, en ayant osé le demander mais sans jamais avoir eu de réponse claire, Xavier Planty vous l'énonce.

1 – Le sauternes est produit par concentration des raisins récoltés en automne.

2 – Les raisins peuvent se concentrer de deux façons :

a) par passerillage, la peau se fripe, le grain se dessèche ;

b) sous l'effet d'un champignon microscopique, le *Botrytis cinerea,* qui a comme pseudo « pourriture noble » (c'est plus marchand) et dont l'action consiste à absorber l'eau et donc à augmenter la densité en sucre (et en acidité).

3 – Le botrytis donne au vin des saveurs bien plus complexes que celles obtenues par passerillage.

4 – Comme tout champignon, le botrytis aime l'humidité.

5 – Après commencent les contes, légendes dorées et fariboles. La plus belle voudrait que la pourriture noble se développe dans l'aire Sauternes-Barsac parce que le Ciron, charmant affluent de la Garonne, garantirait un brouillard de qualité extra aux propriétaires avoisinants.

Xavier Planty a une autre explication : « *Quand on regarde les sols, on a un aspect assez uniforme, graveleux. Mais les sous-sols sont beaucoup plus hétérogènes. C'est même très tumultueux. On a des argiles qui varient en fonction de la profondeur ; des pingos, par exemple, qui ressemblent à la glaise qu'enfant on presse entre les doigts, des argiles blanches ou bleues. Tout cela avec des alternances rapides. À 1 mètre de l'argile bleue, on peut rencontrer du sable. Ce mélange a créé des poches d'eau souterraines qu'il a fallu résorber. Yquem, depuis longtemps, est drainé à 95 %. Sauternes est un lieu aménagé par l'homme, sinon Yquem, Rieussec ou Guiraud ne seraient pas des terroirs viticoles. Mais on ne peut éliminer la totalité de ces poches. Situées dans des zones de sable qui se réchauffent vite, elles sont la cause des brouillards. Mais la poésie du Ciron est très belle et il faut la conserver.* » En revanche, l'influence de la Garonne et des Landes n'est pas une légende. « *On a des créations thermiques, des courants d'air qui sèchent la vigne et participent à la concentration du raisin.* »

Planty a d'autres obsessions. D'abord, le cépage sauvignon, représenté à hauteur de 35 % ici, plutôt inhabituel au pays du sémillon dominant. Et aussi les haies, par exemple. On ne sait pas toujours l'importance historique et écologique des haies. Au Moyen Age, elles servaient de clôture pour le bétail et fournissaient les hommes en bois de chauffage, notamment pour les fours à pain, mais elles étaient également un remarquable garde-manger avec leurs baies, leurs poires sauvages, etc. Xavier doit pouvoir tenir une conférence complète sur les haies, leur rôle dans la lutte contre l'érosion, la filtration des eaux, les dégâts du vent… Il en a d'ailleurs planté plus de 4 kilomètres. Puis les tomates. Mais elle n'entrent pas dans l'assemblage du vin. Planty a doté Guiraud d'un conservatoire de légumes anciens qui comprend 270 pieds de tomates de variétés anciennes. Ce conservatoire voisine avec celui des cépages créé en

2001. Il regroupe une centaines de souches différentes de sémillon et de sauvignon, prélevées dans des propriétés membres d'une association pour la préservation de la diversité des ceps. Tout cela est visible, visitable et dégustable. Guiraud ouvre ses portes, montre, démontre, anime, promène, explique. Il suffit de prendre rendez-vous…

Second vin : Le Dauphin-de-Guiraud

Millésime 2000

– *Dégustation d'avril 2001*

Une récolte diminuée des deux tiers par rapport à la normale. 65 % de sauvignon, pas de chaptalisation ni de recours à la concentration. « *Le botrytis, ça se cultive !* » affirme Xavier Planty, Il le traque dès la période de la fleur, l'étudie, le suit et, avec cette vendange 2000, le domestique. Pas de sucre ajouté, pas de concentration artificielle : le vin dans sa pureté.

17 – Nez de pêche blanche, poire, rose jaune, séduisant et riche. Bouche élégante, vive et très construite, une complexité d'arômes que l'on doit au botrytis et qui réjouit le palais, bien équilibré.

Millésime 2001

– *Dégustation d'avril 2002*

17,5 – Bel or frais, un bouquet net, fruits mûrs et rôti superbe, bouche dense, habillée par le boisé ; un style racé, raffiné, tout en élégance, bien construit, long en finale sur des notes capiteuses.

Millésime 2002

– *Dégustation d'avril 2003*

Xavier Planty fête cette année ses 20 ans de vendanges à Guiraud avec un millésime bien maîtrisé : « *La propriété est conduite en lutte raisonnée, ce qui favorise l'implantation du botrytis dès la maturité des sucres. On a pu ainsi vendanger les sauvignons très tôt, dès le 11 septembre, et le 2 octobre 90 % de la récolte était rentrée, avec une deuxième trie très longue, très botrytisée, du 17 au 27 septembre. À ce niveau de pourri noble, les sucres naturels, les seuls légitimes, sont nobles et jouissifs dans le vin.* »

16 – Or nuancé de cuivre. Délicat, fin, fleur d'oranger, anis, gâteau basque. Du gras, de l'opulence, long, rôti, pur.

Millésime 2003

– Dégustation d'avril 2004

Outre sa traditionnelle puissance, Guiraud offre en 2003 une élégance remarquable, bien que d'une richesse rarement atteinte : 13,9° et 135 grammes de sucre résiduel ! 65 % sémillon, 35 % sauvignon.

17,5 – Nez riche, expressif, miel et superbe rôti, floral, aubépine, rose blanche. Bouche ample, avec de la vivacité malgré une texture dense, un modèle de puissance contrôlée.

Millésime 2004

– Dégustation d'avril 2005

16,5 – Des arômes puissants de poire, de pomme, de buis. La bouche est riche, bien équilibrée par l'acidité, élégante, nerveuse, avec une finale prolongée sur la pêche de vigne.

Millésime 2005

– Dégustation d'avril 2006

17 – Pêche jaune, pas encore très ouvert au nez. La bouche en revanche est explosive, entre expression pure et complexe du botrytis, qui ajoute des notes truffées aux fruits blancs, et liqueur quasi tannique qui structure le vin. Un vin de grande garde.

Millésime 2006

– Dégustation d'avril 2007

17,5 – Nez fermé, bouche puissante, large, épicée, dense, bon équilibre, long, massif mais avec de la finesse.

Millésime 2007

– Dégustation d'avril 2008

18 – Pêche blanche, pamplemousse, nez séduisant par sa fraîcheur, abricot, beau fruit frais, bien équilibré et porté par l'acidité, long, frais, fin, délicat, joli boisé.

Millésime 2008

– Dégustation d'avril 2009

16 – Miel, amande, bouche puissante, très liquoreuse, beaucoup de matière, un peu massif, pas très aromatique, tout en puissance.

Millésime 2009

– Dégustation d'avril 2010

16 – Fruits blancs, pêche jaune, ananas, bien fruité, plein, riche, puissant, alcool en finale, simple, agréable, bien fait, assez simple, bon équilibre.

Archives

– Dégustation de mai 1999

Millésime 1979

15,5 – Doré soutenu, nez frais d'agrumes, d'orange confite, d'angélique, bouche droite, nette, petite pointe d'alcool en finale.

Millésime 1983

16,5 – Nez vanillé, boisé, assez peu ouvert, très dense en bouche, encore jeune, puissant, beaucoup de liqueur, belle acidité qui équilibre, grande complexité aromatique, long.

Millésime 1985

15 – Doré vert, nez cire, miel, floral, bouche joyeuse, fruitée avec une note minérale, très agréable aujourd'hui.

Millésime 1986

17,5 – Agrumes confits au nez, menthe poivrée, très frais, bouche grasse, note de poiré et de nèfle, puissance et élégance, complexe.

Millésime 1988

15 – Robe claire, nez fin, grillé, épicé, pas très ouvert, bouche délicate, élégante, plus précieux que 86 mais moins d'ampleur.

Millésime 1989

18 – Doré soutenu, nez miel, citron confit, épicé, gras, plein, floral, puissant, très liquoreux, un colosse.

Millésime 1990

16 – Orange fraîche au nez, iris, ample en attaque, puissant, mais s'arrête plus vite que 89.

Millésime 1996

16 – Doré soutenu, nez muscaté, épices, bouche poivrée, riche, moins liquoreux que 90, plutôt en élégance.

Millésime 1997

17 – Nez vanille et menthe, bien plein en bouche, gras, ample, équilibré, des notes fraîches de pêche blanche, long, belle finale qui se prolonge.

LAFAURIE-PEYRAGUEY

1er cru classé
Surface : 36 ha
Propriétaire : GDF-Suez
Contact : Éric Larramona
Château Lafaurie-Peyraguey
33210 Bommes
05.56.76.60.54
www.lafaurie-peyraguey.com

« *Ça manque de palmiers* », disait Charles Constant Albert Nicolas d'Arnould de Limoges Saint-Saens, dit Bertall – on comprend pourquoi il avait choisi ce raccourci –, qui fut l'illustrateur le plus prolifique du XIXe siècle, celui des œuvres complètes de Balzac, de la comtesse de Ségur et de nombreux romans populaires. Bertall a écrit, aussi. Notamment *La Vigne, voyage autour des vins de France,* dans lequel il voit Lafaurie en « *mosquée, harem ou palais* ». Il est vrai que le château, construit sur un mode médiéval avec murailles crénelées, a des allures de fortin espagnol du temps de la conquête arabe, ou de décor pour un épisode de *Zorro.* Mais ce n'est pas la seule construction du XIXe siècle greffée sur du plus ancien à vibrer bizarrement dans le soleil aquitain. Puis c'est tout de même plus distrayant que les copies du style Victor Louis à colonnades gréco-romaines.

Depuis le début du XXe siècle, Lafaurie-Peyraguey faisait partie de la très belle écurie Cordier (comme Gruaud-Larose) avant d'être racheté par le groupe Suez.

Éric Larramona, ancien responsable technique de Pape-Clément (propriété de Bernard Magrez), dirige le domaine. Un travail technique mais aussi commercial : « *Avec Magrez, j'ai appris à toujours me remettre en question.* » C'est préférable pour vendre du sauternes. « *C'est difficile, faut bouger. Dès qu'on fait goûter, les gens adhèrent, mais il faut aller à leur rencontre. On a fait trois villes en Chine : Canton, Shanghai, Pékin. On passait plus de bouteilles que les rouges. Il y a un véritable intérêt, même si la mode pour l'instant est aux rouges ; il y a un potentiel énorme. Aux États-Unis, ça se développe bien. En France, les gens ne savent pas avec quoi les boire. On a raté le coche de l'apéritif. C'est parfait avec les saint-jacques, tout ce qui va avec le safran, les langoustines, avec une émulsion de pamplemousse... Il ne faut pas de sauces lourdes, mais des plats avec de la vivacité (agrumes, légumes) ou des épices. Les fromages, les vieux goudas. Avec les desserts, c'est paradoxalement le plus difficile, car il faut des desserts où le sucre n'est pas trop présent, les agrumes, encore une fois. Il faut lever le frein du foie gras. Je ne dis pas que ce n'est pas bon avec le foie gras, mais c'est limité.* »

Lafaurie est magnifiquement situé et parfois les vins atteignent un niveau comparable à celui d'Yquem. Mais pas toujours. J'ai parfois trouvé des notes iodées un peu fortes qui trahissent le fruité originel et confèrent au vin une pointe de vulgarité. L'usage de méthodes concentratives avait parfois ces conséquences-là, sans que je puisse affirmer que c'en est la cause ici. Beaucoup de domaines s'équipèrent dans les années 90, celles du bling-bling pour les vins, avec des machines qui gelaient les raisins, et cela permettait lors du pressurage d'éliminer l'eau transformée en glace. Ce procédé répondait au doux nom de cryo-extraction...

La mode n'étant plus au supersucré du fait du réchauffement climatique, nous serions davantage aujourd'hui dans la recherche inverse...

Éric Larramona, depuis peu aux commandes, semble définir un nouveau style, moins puissant, plus délicat, plus en adéquation avec la demande des consommateurs d'aujourd'hui.

Second vin : La Chapelle de Lafaurie-Peyraguey

Millésime 2000

– *Dégustation d'avril 2001*

14,5 – Épices et vanille, bouche iodée, très liquoreuse. Comme souvent, Lafaurie se présente un peu brut de fonderie, très puissant mais rustique. L'élevage devrait lui donner plus d'amabilité.

Millésime 2001

– Dégustation d'avril 2002

17,5/18 – Robe colorée. Bouquet de poire, mirabelle, sur fond floral, rose blanche. Somptueuse bouche fraîche, un envol de saveurs riches, pain grillé, puissance caractéristique du cru, très boisé, viril.

Millésime 2002

– Dégustation d'avril 2003

16,5/17 – Bourgeon de cassis, fleurs blanches, pêche, grillé, fourrure. Un peu brut, melon, gras, en puissance malgré la vivacité, bon équilibre.

Millésime 2003

– Dégustation d'avril 2004

17,5 – Robe encore trouble, nez intense abricot et agrumes, poire de la Saint-Jean. Bouche opulente, pleine, boisé brioché sensible, le volume viril assez coutumier du cru.

– Dégustation d'avril 2010

17 – Miel, bonbon au miel, cire, abricot, bouche ronde, grasse, riche, très gourmand, forte puissance, beaucoup de liqueur, gourmandise, bonne longueur.

Millésime 2004

– Dégustation d'avril 2005

15,5 – Nez de mirabelle, floral, fin, frangipane, bouche souple, pas mal de liqueur mais bien équilibrée par l'acidité, note vanillée, abricot, frais, finale bien éveillée.

– Dégustation d'avril 2010

14 – Iodé, jus d'huître, bouche grasse, plein, grosse matière, riche, très puissant mais fortement iodé.

Millésime 2005

– Dégustation d'avril 2006

15,5 – Champignon de couche, lichen, nez fortement botrytisé, bouche dense, très liquoreuse, beaucoup de saveurs, mirabelle, coing, vin long, très puissant.

– *Dégustation d'avril 2010*

17 – Nez fermé, puissant, riche, dense, tendu, riche, ample, loin d'être abouti, vin à attendre, long, riche, droit.

Millésime 2006

– *Dégustation d'avril 2007*

15,5 – Orange, mirabelle, botrytis, pointe iodée, bouche dense, tendue, épicée ; puissant, riche, très gras.

– *Dégustation d'avril 2008*

15 – Le vin avait été filtré un mois auparavant et ne se présentait certainement pas au mieux. Vanille, tendre, en bouche plein, épicé, amande, grillé, bien tendu.

– *Dégustation d'avril 2010*

15,5 – Fruits blancs, amande, citronné, bouche poivrée, épicée, pas mal d'acidité, frais, vif, un vin qui a pris de l'ampleur, assez gourmand et équilibré.

Millésime 2007

– *Dégustation d'avril 2008*

16 – Nez un peu refermé, bouche vive, élégante, belle acidité, millésime de fraîcheur, tendu, vibrant sur la finale par l'acidité, long, frais.

– *Dégustation d'avril 2010*

16/16,5 – Nez puissant fruits confits, miel, raisins secs, banane séchée, bouche ample, épicée, un peu marquée par le bois avec des notes de grillé en finale. Commence à évoluer vers ses arômes secondaires, demande encore de l'attente.

Millésime 2008

– *Dégustation d'avril 2009*

Trouble, réduction due à la fermentation, bouche épicée, boisée, le bois est un peu dominant, puissant mais pas très équilibré à ce stade. Difficilement dégustable (pas noté, à revoir).

– *Dégustation d'avril 2010*

15,5 – Épices, fruits blancs, poire, bouche vive, puissante, assez boisée, vanille, frangipane, petite pointe d'amertume en finale, bonne longueur. Vin qui sera agréable jeune.

Millésime 2009

– *Dégustation d'avril 2010*

Éric Larramona : « *On a accéléré le rythme de ramassage pour ne pas laisser monter les sucres et tomber dans la lourdeur. On a tout ramassé en quinze jours alors qu'en 2008, où il y avait la moitié de la récolte, on avait ramassé en quatorze jours.* » 13,9°, 138 grammes de sucre.

16,5 – Pêche blanche, fruits blancs, botrytis et boisé, bouche puissante, long, très liquoreux, vif, tendu.

LAMOTHE-DESPUJOLS

2e cru classé
Surface : 7,1 ha
Propriétaire : Famille Despujols
Contact : Guy Despujols
Château Lamothe – 33210 Sauternes
05.56.76.67.89
guy.despujols.free.fr

Les deux Lamothe ne faisaient qu'un, mais il semblerait que l'histoire et les propriétaires successifs se soient acharnés à les diviser. À chaque reconstitution a succcédé une division. C'est même miraculeux qu'en 1855 les courtiers qui devaient délibérer pour établir le fameux classement aient réussi à s'y retrouver. Sans doute la preuve d'un grand terroir qui dépasse les affaires d'héritages et de partages. Les Despujols ont récupéré le domaine en 1961. On peut acquérir en direct au château, à des prix assez dérisoires, des vieux et grands millésimes comme 1995 ou 1989 (en magnum).

Second vin : Les Tourelles-de-Lamothe

Millésime 2000

– *Dégustation d'avril 2001*

14,5 – Nez miel, bouche légèrement iodée, belle matière dense, assez vive, des saveurs épicées, de l'allure.

Millésime 2001

– *Dégustation d'avril 2002*

15,5 – Encore trouble, travaille. Nez de fermentation, mais puissant et prometteur en bouche, chaud, note boisée en finale.

Millésime 2002

– *Dégustation d'avril 2003*

13,5 – Robe jaune clair. Miel d'acacia, sucre candi, la finale durcit un peu avec une vivacité marquée.

Millésime 2003

– *Dégustation d'avril 2004*

14,5 – Comme souvent à cette époque, encore un peu trouble, mais floral au nez, assez fin, pêche de vigne. Élégant et assez puissant en bouche.

Millésime 2004

– *Dégustation d'avril 2005*

15 – Citronné, fruits confits, bouche riche en saveurs, très agrumes et pêche de vigne. Un très joli fruit en finale, bon équilibre.

Millésime 2005

– *Dégustation d'avril 2006*

16 – Gâteau de miel, aubépine, tilleul, bien botrytisé avec des notes lichen, bouche dense, bien équilibrée, une belle liqueur soutenue par l'acidité, longue finale d'épices douces.

Millésime 2007

– *Dégustation d'avril 2008*

14 – Fermé, oxydatif, bouche puissante, vive, acidité prononcée, un peu agressif en fin de bouche.

Millésime 2008

– *Dégustation d'avril 2009*

14 – Fruits blancs, miel, pas très développé, bouche douce, grasse, pas mal de liqueur, frais, tendu, un peu d'amertume en finale.

Millésime 2009

– *Dégustation d'avril 2010*

16 – Réducteur, poire, dense, complexe, long, fin, belle persistance, bon potentiel.

LAMOTHE-GUIGNARD

2e cru classé
Surface : 28 ha
Propriétaire : Famille Guignard
Contact : Philippe et Jacques Guignard
33210 Sauternes
05.56.76.60.28
chateau-lamothe-guignard.fr

Ce pauvre Lamothe, qui s'appelait d'Assault autrefois, fut dépecé, racommodé, puis de nouveau déchiqueté. Il a finalement, lors du dernier découpage, été récupéré par d'un côté les Despujols et de l'autre (la plus grande partie) la famille Guignard.

Second vin : L'Ouest de Lamothe-Guignard

Millésime 2000

– *Dégustation d'avril 2001*

13 – Boisé, poire, bouche vive, notes de miel, équilibré, marqué par des notes de grillé, fruité un peu éteint.

Millésime 2001

– Dégustation d'avril 2002

14 – Or pâle, nez délicat de miel de pin, un peu oxydatif en bouche, pomme golden.

Millésime 2002

– Dégustation d'avril 2003

14 – Or pâle. Délicat, pâtisserie, sucre vanillé. Bouche subtile, du rôti, finale serrée.

Millésime 2003

– Dégustation d'avril 2004

15 – Nez exotique, ananas flambé, beignets de pomme, tendre et compoté. Bouche tendre, bon équilibre avec de la vivacité, longue, sur des notes grillées.

Millésime 2004

– Dégustation d'avril 2005

13,5 – Rôti, miel, bouche onctueuse, puissante, une pointe d'amertume en finale. Ensemble bourru, assez rustique à ce stade.

Millésime 2005

– Dégustation d'avril 2006

14,5 – On retient surtout une bouche très dense, fortement épicée. Un vin large, gourmand, un futur grand séducteur.

Millésime 2006

– Dégustation d'avril 2007

14,5 – Orange, fruits blancs, pêche jaune, boisé, plein, gras, un peu trop de bois, riche, onctueux, pointe d'amertume (bois) en finale.

Millésime 2008

– Dégustation d'avril 2009

14 – Citronné, menthe, bouche vive, assez fruitée, liqueur assez présente, finale sur l'acidité, un peu de végétal en finale, pointe d'amertume.

Millésime 2009

– *Dégustation d'avril 2010*

14 – Nez avec un peu d'oxydation, beaucoup de liqueur, agrumes confits, citronné en finale, puissant, un peu massif.

CHÂTEAU DE MALLE

2e cru classé
Surface : 27 ha
Propriétaire : Comtesse de Bournazel
Contact : Château de Malle
33210 Preignac
05.56.62.36.86
www.chateau-de-malle.fr

Il faut chausser les crampons et bien assurer ses prises pour grimper après l'arbre généalogique de la famille Bournazel, qui, depuis le XVIIe siècle, occupe ce magnifique château, un des plus majestueux de la Gironde. Le parc qui l'accompagne, d'inspiration italienne, est habité de personnages de la commedia dell'arte. À l'intérieur, rien ne semble avoir bougé depuis la création. La comtesse de Bournazel nous a montré les boules de marbre que l'on a fait parvenir en guise d'échantillons au propriétaire afin qu'il choisisse les couleurs pour les cheminées et les sols. C'était au XVIIIe siècle. Au départ, il y a un Jacques de Malle, le constructeur, puis par mariage les Lur-Saluces, la célèbre famille qui a fait d'Yquem ce qu'il est aujourd'hui, enfin par mariage également les comtes de Bournazel, dont le plus célèbre fut Henri, dit le « Cavalier rouge ». Henri de Bournazel, un Lawrence d'Arabie version Frenchie, a inspiré plusieurs romans et récits historiques. Toujours vêtu de pourpre, chargeant à la tête de sa brigade, héros de la guerre coloniale au Maroc, il a été de tous les combats contre les « rebelles ». Entre 1920 et 1933, date de sa mort, sa bravoure et sa décontraction faisaient le bonheur des magazines. Après la décolonisation, certes, on en parla moins. Henri, en dehors du rouge de sa tenue, était également célèbre pour combattre en chantant à tue-tête des airs populaires. On raconte qu'il atteignit un sommet vers El-Mers, la tête ensanglantée par un coup de sabre en chantant « The Love Need », un air de fox-trot, la danse à la mode inspirée du ragtime et des negro spirituals, mais en version accélérée. Le plus drôle de l'histoire, sauf pour lui, c'est qu'un général mal inspiré l'obligea un jour, le dernier, à se couvrir d'une djellaba blanche avant de partir à l'assaut, son costume rouge en faisant une cible trop parfaite. C'est évidemment ce jour-là qu'il est mort atteint de plusieurs balles. Ne pleurez pas trop vite : Henri, marié peu avant, avait tout de même laissé en plan sa jeune femme et sa descendance pour aller faire le zouave chantant dans le désert.

Par bonheur donc, il y eut descendance et Pierre de Bournazel reprit la propriété au début des années 50. On lui doit la remise à niveau du cru et la réhabilitation du château. Pierre est décédé en 1985 et son épouse a poursuivi son œuvre, aidée de ses fils. Au moment où ces lignes sont écrites, le domaine est en vente. On attend la suite.

La propriété, qui s'étend aussi dans l'appellation graves, propose un blanc et un rouge bien fait sous le nom de Domaine de Cardaillan.

Autres vins : M de Malle, graves blanc, Cardaillan graves rouge.

Millésime 2000

– Dégustation d'avril 2001

15 – Nez frais, vif, floral, bouche ronde, délicate, bien équilibrée, joli fruit, liqueur et acidité en harmonie, élégant.

Millésime 2001

– Dégustation d'avril 2002

16,5 – Robe or fin, nez frais, parfumé, élégant, associant la pâte d'amande et le miel d'acacia, équilibre parfait en bouche, jolie texture, délicat et raffiné. L'ensemble évoque le beau sauvignon botrytisé.

Millésime 2002

– Dégustation d'avril 2003

15,5 – Doré, encore un peu trouble. Nez dense, un peu sur la réserve, miel, fleurs capiteuses, thé vert. Bouche opulente, texture grasse et vive.

Millésime 2003

– Dégustation d'avril 2004

15,5/16 – Nez encore fermé, fruits en compote, pêche jaune, poire passe-crassane, miel d'acacia. Bouche élégante, de la fraîcheur, un beau degré, une liqueur rôtie, longue.

Millésime 2004

– Dégustation d'avril 2005

14 – Kiwi, pomme verte, bouche douce, bonne acidité. Pas très dense mais élégant.

Millésime 2005

– Dégustation d'avril 2006

15,5 – Nez puissant de litchi, mandarine, orange sanguine, bouche au fruit bien posé, très expressif, liqueur importante mais sans exagération, bonne longueur.

Millésime 2006

– Dégustation d'avril 2007

13,5/14 – Joli nez de fruits blancs, poire, mirabelle, bouche liquoreuse, équilibre moyen, de la matière mais un peu en vrac.

Millésime 2007

– Dégustation d'avril 2008

14,5 – Citronné, agrumes, floral, thym, bouche sauvignon, vive, élégante, fraîche, originale. Pas très dense mais équilibré, bien fruité.

Millésime 2008

– Dégustation d'avril 2009

15 – Pomme verte, menthe, sauvignon, bouche puissante, très large, riche, long, du fruit et de la liqueur, un peu dominant en bouche.

Millésime 2009

– Dégustation d'avril 2010

17 – Nez botrytisé, bouche gazeuse, riche, ample, assez rôti, droit, bonnes saveurs de fruits rôtis, beurrés, tarte aux fruits, long, net.

MYRAT

2e cru classé
Surface : 22 ha
Propriétaire : Famille de Pontac
Contact : Xavier de Pontac – 33720 Barsac
Tél. 05.56.27.15.06
www.chateaudemyrat.fr

S'appeler Pontac dans le monde viticole bordelais équivaut à se nommer Chanel dans la mode, Voltaire dans la philosophie ou Lumière dans le cinéma, et je pourrais multiplier les comparaisons si je ne craignais pas d'abuser de la patience du lecteur. Les Pontac s'inscrivent en haut de la liste des fondateurs du vin de Bordeaux moderne. C'est un Pontac qui crée le Haut-Brion que l'on connaît et l'impose en tant que grand cru en Angleterre chez les connaisseurs aisés. Aussi la décision prise par le père de Xavier en 1976 fit-elle l'effet d'une très violente douche glacée dans ce même monde viticole bordelais. Il s'agissait ni plus ni moins que d'arracher la totalité du vignoble de Myrat, l'ultime propriété de la famille. Max de Pontac avait placé toute sa confiance dans un négoce qui lui offrait 3 francs et 30 centimes pour un litre du merveilleux millésime 75. C'était au mois d'avril. Le comte de Pontac regardait les bulldozers qui, sur son ordre, broyaient les 22 hectares de vignes d'un des plus fameux crus classés de sauternes. Château Myrat était en quelques jours rayés des cartes viticoles. *« Il faudra que les choses changent beaucoup pour qu'un jour à nouveau il y ait ici de la vigne »*, déclarait le comte. On m'a dit que les gens venaient au bord des parcelles assister immobiles et impuissants au sinistre labeur des engins mécaniques. On m'a assuré que certains anciens ne pouvaient retenir leurs larmes.

Les années 70 ne brillaient guère pour le vin. Les Trente Glorieuses trébuchaient sur un choc pétrolier. Il y avait crise au programme et fameux scandale des vins de Bordeaux. Une fraude assez classique, révélée en 1973 et sans doute fortement amplifiée par le fait que le maire de Bordeaux, Jacques Chaban-Delmas, figurait parmi les prétendants potentiels à la présidence de la République. Il n'avait pas que des amis, notamment au ministère des Finances, où régnait un autre candidat potentiel, Valéry Giscard d'Estaing.

Le vin de Sauternes, même doté de la finesse des sols de Barsac, ne figure pas parmi les produits de première nécessité, indispensables même en période de crise grave. C'est d'ailleurs bien dommage, car c'est un outil idéal pour réparer une baisse de moral. En 1988, douze ans après la destruction, le comte meurt et les agents de l'Inao prennent contact avec ses enfants. Il y a urgence. *« On nous a dit le 25 juin que les droits de plantation allaient être fichus. »* En clair, si le cru n'est pas replanté dans les semaines qui suivent, il sera définitivement rayé de la carte. Xavier et son frère Jacques n'ont guère le temps de réfléchir. En quelques semaines, les bulls sont de nouveau là. Cette fois pour la bonne cause. Jacques de Pontac, le manager, et Xavier, l'homme de terrain, ont tout organisé. Ils s'appellent Pontac, sont nés au-dessus d'un chai, leur arbre généalogique se confond avec un très ancien pied de vigne. On plante et autour on se réjouit, on encourage, on aide. La mairie prête une motopompe pour arroser les jeunes plants. En 1990, Xavier, qui a quitté sa société de location de plantes vertes et de fleurs, sort son premier vin. Il n'a pas encore le droit de s'appeler sauternes ou barsac, la vigne est trop jeune. Mais le vin est délicieux et l'histoire trop belle.. Nous avons fêté ensemble ce premier vin du nouveau Myrat en buvant du Haut-Bailly.

Ils avaient tout prévu, les deux frères, sauf la météo à venir. 1991, première récolte en appellation : terrible gel. 1992 : année de la pourriture grise, petite récolte de médiocre qualité. 1993 : gel et pourriture. 1994 : gel. Après ça s'est arrangé. Malgré tout, les Pontac conservent sourire et bon moral. Mieux, à travers ces millésimes noirs, ils nous montrent ce dont le terroir de Myrat est capable. Depuis, la vigne s'est enracinée. Il y eu les merveilleux 1997, 2001, 2003 et Myrat figure chaque année parmi les meilleurs de l'appellation. Même son copain Planty, de Château Guiraud, éternel bougon insatisfait, en convient. Xavier est devenu tellement vigneron qu'il a présidé un temps les crus classés de sauternes et barsac. Sa vie a vraiment changé. Avant, il roulait en berline à Paris ; désormais affublé d'un imperméable façon

Columbo et de cravates qui en savent long sur la vie des célibataires, il cahote dans les chemins au volant d'une Polo plus pourrie qu'un raisin botrytisé de novembre. Le barsac est une vocation.

Millésime 2000

– *Dégustation d'avril 2001*

15,5 – Nez épices, coing, agrumes, bouche grasse, liqueur riche équilibrée par l'acidité qui lui confère de la fraîcheur, des saveurs très présentes de mirabelle, dense, élégant. Un remarquable travail d'assemblage.

Millésime 2001

– *Dégustation d'avril 2002*

17,5 – Encore trouble, or orangé. Notes confites, fruits exotiques, pain grillé, citronnelle, mentholé, fermentaire. Très gras en bouche, remarquable par sa puissance et sa délicatesse, équilibré, un très beau vin proche des premiers crus.

Millésime 2002

– *Dégustation d'avril 2003*

16,5 – Or clair. Nez racé, thé au jasmin, musqué, bon rôti bien expressif. La texture, remarquable, associe du gras et de la fraîcheur à la richesse de la liqueur, équilibrant la vivacité de l'année.

Millésime 2003

– *Dégustation d'avril 2004*

17/17,5 – Nez de barsac superbe, complexe, très expressif, frais, délicat. Fleurs et fruits d'été, abricot mûr. Bouche grasse, dense, liqueur superbe, équilibrée, très longue sur des notes capiteuses et toastées.

Millésime 2004

– *Dégustation d'avril 2005*

16 – Nez un peu fermé, discret. La bouche, au contraire, est assez explosive, du gras, plein, très riche mais avec une bonne fraîcheur, des notes de pêche blanche et de mangue. Bien équilibré, élégant et long.

Millésime 2005

– *Dégustation d'avril 2006*

16,5 – Épices, miel, bon nez évoquant ce côté mystérieux et indéfinissable du bon botrytis (une sorte d'amplificateur aromatique), bouche très barsac, peut-être moins chargée en liqueur que certains sauternes, mais avec de la finesse et de l'aérien. Tendre, élégant, fruits blancs en finale.

Millésime 2006

– *Dégustation d'avril 2007*

16,5 – Abricot, pêche jaune, miel, boisé, bouche ronde, grasse, épicée, bien droite. Long, équilibré, joli fruit, un peu de tanins en finale, fin, délicat. 13,5° d'alcool pour 125 grammes de sucre résiduel : l'équilibre parfait pour ce millésime.

Millésime 2007

– *Dégustation d'avril 2008*

16,5 – Fruits jaunes, belle bouche bien équilibrée, tendre, élégante, fraîche, long, fin.

Millésime 2008

– *Dégustation d'avril 2009*

16,5 – Miel, mousse, bouche vive, puissante mais fondue, du relief, bon fruit, pêche de vigne, long, puissant, très liquoreux, belle finale sur le fruit.

Millésime 2009

– *Dégustation d'avril 2010*

17 – Dégusté deux fois. Citron, frangipane, pêche blanche. Bouche vive, élégante, fraîche, pas mal de sucre mais finale éveillée, dynamique. Équilibre parfait.

NAIRAC

2e cru classé
Surface : 17 ha
Propriétaire : Famille Tari
Contact : Nicolas Heeter-Tari
81, avenue Aristide-Briand – 33720 Barsac
05.56.27.16.16

Nairac fut d'abord un nom de famille, celle de puissants marchands et armateurs bordelais qui possédaient domaines bien placés et hôtel particulier situé dans le bon Bordeaux construit par Victor Louis, l'architecte célèbre, bienfaiteur des tailleurs de pierre, qui lui sculptaient des colonnades romaines jusque tard dans la nuit à la lueur des lampes à huile. Puis Nairac sans les Nairac traversa une période d'éclipse fort longue avant que Nicole Tari et son mari américain, Tom Heeter, décident d'y prolonger leur lune de miel. Nicole, fille de Nicolas Tari, qui avait racheté Giscours au début des années 50, a continué seule après que le couple n'en eut plus été un. Depuis 1993, Nicolas Heeter-Tari, leur fils, après hypo-khâgne et une première vie à San Francisco, a pris les commandes du domaine. Surfant quelque peu sur la vague boisée/concentrée qui déferla sur les vins bordelais dans les années 90, Nicolas a d'abord cherché son style. En principe, les barsacs se différencient des sauternes par leur élégance, leur finesse, qui peut les faire paraître fragiles quand on les goûte en parallèle avec leurs voisins. Surtout quand on les compare avec les quelques monstres sauternais qui brillent lors des dégustations par leur teneur en sucre résiduel. Après, une fois qu'ils ont pris le chemin de la bouteille dont le destin final est d'être vidée, c'est une autre affaire. Les vins qui conservent de la fraîcheur sans colmater les voies d'accès au plaisir donnent envie de renouveler les stocks tandis que les « Massif central » de la liqueur peinent à revenir en deuxième semaine. Le jeune Tari l'a semble-t-il compris et, sous son impulsion, Nairac redevient Nairac de chez Barsac… Un peu comme le château lui-même, dont on présume que Victor Louis aurait supervisé les plans mais sans, pour une fois, y coller les colonnes du Parthénon. Dans la querelle qui oppose les partisans du sauvignon au sémillon, débat qui s'éteindra dans ces appellations le jour où les dinosaures s'ébattront de nouveau joyeusement dans les marais poitevins, Nairac a choisi son camp avec un encépagement comprenant 90 % de sémillon contre 6 % de sauvignon et 4 % de muscadelle.

Second vin : Esquisse-de-Nairac

Millésime 2001

– *Dégustation d'avril 2002*

16 – Aspect huile d'or. Nez très concentré, pâte de coings et fruits exotiques, rôti puissant. Bouche avec encore un peu de CO_2, fermentaire, pain chaud, texture de sirop d'érable, très concentré.

Millésime 2002

– *Dégustation d'avril 2003*

15 – Or roux. Nez complexe, miel, cire, pin, boisé très présent. Bouche à l'accoutumée, très dense, puissante, amande, de l'opulence plus que de la fraîcheur. Fidèle à son style concentré.

Millésime 2003

– *Dégustation d'avril 2004*

16,5 – Notes fraîches d'orange, abricot, ananas. Bouche assez vive, concentrée, extraite, pâtisserie, tarte à l'abricot, amande, finale assez boisée.

Millésime 2004

– *Dégustation d'avril 2005*

16,5 – Nez boisé, grillé, un peu trop marqué. La bouche, en revanche, est fraîche, nette, bien équilibrée, avec une liqueur enveloppante et portant des saveurs de fruits blancs bien mûrs. Long, droit.

Millésime 2005

– *Dégustation d'avril 2006*

17 – Fruits blancs, beaucoup d'arômes très frais, bouche épicée, belle liqueur équilibrée avec l'acidité. Un vin puissant mais qui s'avance tout en délicatesse et en élégance : James Bond sans la frime. L'harmonie entre les différents composants, acide-sucre-alcool-fruit, est remarquable.

Millésime 2006

– Dégustation d'avril 2007

13 – Vanille, fruits blancs, cire, bouche pas très équilibrée, densité moyenne, assez fin, finit sur le sucre mais le fruit est un peu absent.

Millésime 2007

– Dégustation d'avril 2008

15 – Fin, citronné, encore en fermentation, gazeux, léger, pointe d'amertume, élégant.

Millésime 2008

– Dégustation d'avril 2009

15 – Fruits blancs, sauvignon, bouche vive, en fermentation, gazeuse, poire, pomme, très fruits blancs, agréable, bien fait.

Millésime 2009

– Dégustation d'avril 2010

16,5/17 – Fruits blancs, botrytis, bouche puissante, dense, gazeuse, riche, onctueuse, note de poire, riche en saveurs, démonstratif, long.

RABAUD-PROMIS

1er cru classé
Surface : 33 ha
Propriétaire : Famille Déjean
Contact : Thomas Déjean
33210 Bommes
05.56.76.60.52
rabaud-promis@wanadoo.fr

Pour la séparation entre les deux Rabaud (Promis et Sigalas), il est recommandé d'aller faire un tour dans les lignes consacrées à Sigalas.

Les Déjean n'ont pas choisi la voie viti-vinicole la plus confortable. De père en fils dans l'agriculture et les liquoreux... Le frère de Philippe, Patrick, est intallé à Loupiac, au Domaine du Noble. Rabaud-Promis possède des sols à forte teneur en argile. Les années chaudes, il donne des vins riches et très parfumés mais il supporte plus difficilement les millésimes pluvieux.

2008 et 2009, peut-être encore plus ce dernier, s'annoncent comme de très grandes réussites.

Philippe et Thomas, son fils, partagent la même passion pour le sport mécanique. Pas celui qui se pratique sur les circuits, mais celui où l'on se ramasse à chaque pelle dans la boue et les feuilles mortes. « *On essaie de rester près de la terre, dans la famille. C'est pour ça qu'on fait du cross ! Mon père, c'était en voiture et moi sur deux roues. Quand on tombe, c'est qu'on progresse, mais ce n'est pas la vitesse qui fait mal, c'est la façon dont on tombe. J'ai arrêté la compétition. Je suis un peu plus tourné vers la vie de famille.* »

Thomas a rejoint l'exploitation officiellement en 1997, « *mais en fait je travaille ici depuis toujours. Dès que je pouvais, pendant les vacances et le temps libre* ».

Millésime 2000

– *Dégustation d'avril 2001*

15 – Nez épicé, pommes au four, grillé, gras, plein, dense, bien équilibré entre la liqueur et l'acidité.

Millésime 2001

– *Dégustation d'avril 2002*

16 – Or clair. Nez intense, fruits confits, épices. Bouche charnue, gras, notes vives, coing, rôti, complexe. Très réussi.

Millésime 2002

– *Dégustation d'avril 2003*

15,5 – Or clair, frais, fleurs blanches, fleurs de poirier. Bouche suave, avenante, belle liqueur, du rôti, long en bouche et vif sur le fruit.

Millésime 2003

– Dégustation d'avril 2004

17,5 – Grande réussite, un nez opulent et racé, rôti, fumée, vanille, brioche. Bouche riche très savoureuse, abricot mûr, figue, épices.

Millésime 2004

– Dégustation d'avril 2005

15 – Miel, pêche blanche, rôti, bouche dense, épicée, puissante, boisé un peu excessif, mais un bel ensemble, riche et équilibré, marqué par les saveurs d'abricot et de mangue.

Millésime 2005

– Dégustation d'avril 2006

16 – Tarte aux mirabelles, des senteurs fumées que le boisé amplifie, bouche puissante, épicée, paraissant presque tannique comme un vin rouge, longue, bien structurée.

Millésime 2006

– Dégustation d'avril 2007

14 – Cire, bois, bouche orange, puissant, épicé, tendu, un peu sec, caramel.

Millésime 2007

– Dégustation d'avril 2008

15 – Floral, lavande, assez aérien, bouche élégante, bien équilibrée, fine, bien fruitée, tout en finesse, beaucoup de fruit, melon, amylique.

Millésime 2008

– Dégustation d'avril 2009

17,5 – Fruits blancs, poire, menthe, belle bouche fraîche, mentholée, tendre, joli fruit, toucher délicat, beaucoup de liqueur mais pas envahissante, équilibre réussi.

Millésime 2009

– *Dégustation d'avril 2010*

« Il y a énormément de fruit dans ce sucre, c'est peut-être pour cela que l'on a cette impression, ce n'est pas l'acidité qui compense. Elle est assez faible, je n'ai jamais vu ça et je ne comprends pas. Ça fait trente-cinq ans que je vinifie et je n'ai jamais vu une année comme cela », dit Philippe Déjean.

17,5 – Fruits blancs, pêche blanche, riche, puissant, épicé, très liquoreux, poire, très riche, belle acidité, devrait s'affiner avec le temps.

Rayne-Vigneau

1er cru classé
Surface : 85 ha
Propriétaire : Crédit agricole
Contact : 33210 Bommes
05.56.59.00.40
www.cagrandscrus.com

Si, dans les années 30, on avait organisé un sondage pour savoir lequel des premiers crus classés de sauternes était le plus connu, nul doute que Rayne-Vigneau serait arrivé en tête. Mais pas grâce à la qualité de son vin ! Rien à dire sur celle-ci, le domaine, qui avait appartenu à la grande famille Pontac, celle qui fit connaître Haut-Brion en Angleterre, était alors parfaitement géré par l'un des héritiers : Marie Alexandre Gabriel, vicomte de Roton. Sous le pseudonyme-anagramme de Notor, le vicomte fut un illustrateur célèbre, ami de Paul Claudel et spécialisé dans les images grecques antiques. Il illustra *Les Chansons de Bilitis,* de Pierre Louÿs, *Pour la Grèce* d'Edmond Rostand, et sa grande œuvre fut incontestablement *L'Iliade* et *L'Odyssée*, d'Homère *« illustrées par la céramique grecque »* avec préface de Claudel. Mais ce n'est pas encore pour cette raison que Rayne-Vigneau fit la une des gazettes dans les années de l'entre-deux-guerres.

Notre vicomte, qui suivait de près les travaux agricoles de son domaine, fit dans une de ses parcelles une bien curieuse découverte.

Voici ce qu'en disait *La Gazette Pau-Pyrénées* sous la plume d'un certain Coiffier : « *On se rappelle la dépêche fameuse de l'agence Havas, lançant dans le monde entier la nouvelle inouïe de la découverte d'un gisement de pierres précieuses en Gironde, à Rayne-Vigneau. À la suite, la presse de grande information fit paraître de nombreux et substantiels articles sur les splendides minéraux, calcédoines, agates cristallines, jaspes, onyx variés, cornalines, opales, etc., trouvés par M. le vicomte de Roton dans sa propriété de Rayne-Vigneau, à Bommes, Sauternes (Gironde).* [...] *Aussi bien ce très riche gisement ne constitue-t-il pas seulement une curiosité d'ordre local, mais bien plutôt, des savants l'ont déjà dit, une curiosité régionale dont peut, à bon droit, s'enorgueillir notre belle région du Sud-Ouest. Il nous a été donné récemment de voir au château de Rayne-Vigneau cette collection de pierres précieuses* [...] *Elle comporte plus de 10 000 pièces, dont 1 200 taillées et polies : calcédoines, agates, jaspes, onyx variés, saphirs blancs, topazes, améthystes, sardoines, cornalines, opales dites de Hongrie, cristaux de roche rubanés et brodés, dragées de quartz, oolithes, etc.*

Et quand on pense que ces admirables minéraux de Rayne-Vigneau sont de chez nous, du pays de France, en vérité, c'est cela qui est déconcertant ! »

Le plus déconcertant dans cette histoire, c'est de savoir comment elles sont arrivées là et pourquoi on ne les trouve que sur une seule parcelle bien délimitée. Il semble qu'à l'époque le vicomte ait reçu un abondant courrier, avec les hypothèses « fariboliques » que l'on peut imaginer. Caravanes de pierres précieuses attaquées par les brigands, trésor enfoui, etc. Plus prosaïquement, les géologues expliquent la présence de ces magnifiques cailloux par les torrents venus des glaciers et entraînant avec eux des roches arrachées anciens volcans. Pourquoi pile à cet endroit ?

Le camarade Coiffier a son idée : « *Le vrai n'est quelquefois pas vraisemblable. Mais cela ne tient-il pas du prodige de rencontrer dans ce même terroir de Rayne-Vigneau le cep qui produit l'un des meilleurs vins blancs du monde, le sauternes, et ces "fruits de pierre" qui donnent sans doute au nectar sa belle couleur d'ambre et son bouquet royal ? Quel poète que la nature !* »

On ne le dira jamais assez.

Rayne-Vigneau, à la mort du vicomte de Roton presque centenaire, est devenu propriété (le vignoble, pas le château) du négociant

Mestrezat et a perdu de son éclat. Puis, grâce à Bernard Monteau (voir Grand-Puy-Ducasse), le cru avait retrouvé finesse et densité à la hauteur de la réputation de son terroir : le meilleur après Yquem. Le Crédit agricole a repris la propriété en 2004 et c'est désormais Anne Le Naour qui dirige les opérations. Denis Dubourdieu (et son équipe) conseille les propriétés du Crédit agricole, ce qui semble logique puisqu'il habite dans les graves, donc tout près, et qu'il est plein de bon sens.

L'encépagement se compose de 74 % de sémillon, 24 % de sauvignon et 2 % de muscadelle.

Second vin : Madame-de-Rayne

Millésime 2000

– *Dégustation d'avril 2001*

14,5 – Nez épicé, badiane, floral, bouche poivrée, puissant, fruits compotés, long, bien équilibré.

Millésime 2001

– *Dégustation d'avril 2002*

16 – Robe d'or. Nez vanillé, anis, massepain. Soyeux, beaucoup de fruits frais, mandarine, noyau, kirsch. Long et fin.

Millésime 2002

– *Dégustation d'avril 2003*

14,5 – Expressif, coing, sucre candi, pomme golden cuite. Épicé, fin, noyau, en élégance.

Millésime 2003

– *Dégustation d'avril 2004*

Dégusté à deux reprises, à un mois d'intervalle, avec les mêmes notes ; un Rayne-Vigneau sidérant ! « *Pardi* », nous dit Bernard Monteau, « *il y avait des cuves à 31° potentiels, et en final il y a 124 grammes de sucre résiduel !* » 19 hl/ha.

17,5 – Nez d'agrumes, mangue, lis, freesia, bêtise de Cambrai, bouche équilibrée, fraîcheur et opulence, notes de fleur d'oranger, élégant et racé.

Millésime 2004

– Dégustation d'avril 2005

14,5 – Citron confit, boisé délicat, bouche puissante, marquée par la liqueur. Un vin un peu boudeur, refermé, manquant d'éclat à ce stade, mais d'une grande puissance qui devrait se révéler à l'élevage.

Millésime 2005

– Dégustation d'avril 2006

Un ensemble qui pèse 14° et 132 grammes de sucre et qui se présente presque comme un frêle jeune homme, grâce à une acidité revigorante qui ne laisse pas imaginer ce potentiel. Grâce aussi aux 20 % de sauvignon qui confèrent de la fraîcheur aux arômes.

16 – Miel, abricot, le beau rôti du botrytis, bouche puissante mais fraîche, des notes de poire et d'agrumes, long et assez fin malgré cette constitution intense.

Millésime 2006

– Dégustation d'avril 2007

16,5 – Fermé, réduit, puissant, un peu exotique, fortement sauvignon, long, dense, épicé. Gras, puissant.

Millésime 2007

– Dégustation d'avril 2008

« Bon rendement du volume et très bon en quantité », nous dit Bernard Monteau. 20 % de sauvignon, 80 % sémillon. 134 grammes de sucre. 14°.

16 – Très joli nez pur, pêche de vigne, mirabelle, équilibre parfait, frais, très beau fruit, long. Belle acidité qui vivifie le fruit.

– Dégustation d'avril 2009

17 – Vient d'être travaillé, un peu brassé, miel, agrumes, mousse, abricot. Bouche puissante mais équilibrée, très beau fruit qui persiste longtemps, pur.

Millésime 2008

– Dégustation d'avril 2009

Bernard Monteau : *« On a attendu longtemps le botrytis, qui est arrivé tard : vers le 16 octobre ; une fenêtre assez courte où on a multiplié les tries. On a fait 13 hl/ha, ce qui est une bonne récolte pour l'année. »*

16,5 – Nez fermé, boisé, bouche puissante, pas trop liquoreuse, mentholée, riche, acidité qui compense la liqueur, bon équilibre, long.

Millésime 2009

– *Dégustation d'avril 2010*

17,5 – 80 % sémillon, 20 % sauvignon. Ananas, puissant, riche, très liqueur, un peu de gaz, beaucoup d'acidité, long, frais, fin.

RIEUSSEC

1er cru classé
Surface : 92 ha
Propriétaire : Barons de Rothschild (Lafite)
Contact : 33210 Fargues
05.57.98.14.14
www.lafite.com

Ce premier cru classé de Sauternes a la chance d'être voisin d'Yquem (à l'est), auquel il fut souvent comparé, et la malchance d'être situé dans un couloir de vent et de grêle en cas d'orage : *« Sur dix ans, j'ai fait six déclarations de grêle aux assurances. »* Charles Chevallier, qui depuis 1994 supervise l'ensemble des domaines Rothschild (tendance Éric), à commencer par Lafite, connaît particulièrement bien Rieussec. *« Le château a été racheté fin 1984, après les vendanges, et moi j'ai commencé ici pour les vendanges de 1985. »* Originaire de Lunel, dans le Languedoc, Charles Chevallier avait été présenté à Éric de Rothschild par Marc Pagès, le grand monsieur – décédé depuis – de La Tour-de-By, dans le Médoc. Rieussec est complanté de 90 % de sémillon, 7 % de sauvignon et 3 % de muscadelle. Dans le vin, le sauvignon est rarement utilisé et souvent gardé pour le R de Rieussec, le blanc sec produit en petite quantité. Un terroir assez hétérogène. Une forte présence de graves et par endroits du sable avec des couches d'argiles en dessous à des hauteurs variables. À partir du millésime 89, un nouveau chai a été construit.

« Je ne suis pas très fort sur les dossiers et les chiffres. Je suis arrivé au conseil d'administration avec deux échantillons de 86. L'un avait fait dix-huit mois de barriques et l'autre, vingt-huit mois. Et le choix a été vite fait. C'est comme cela que la décision a été prise de construire le nouveau chai, pour que l'on ait plus de place pour élever les vins plus longtemps. »

Un homme du sérail sauternais m'a raconté que l'ancien maître de chai, Gouze, aurait réussi en 1976 une petite cuve de 65 hectolitres à 35° potentiels. Plus proche de la confiture que du vin. Mais 1976, ceux qui ont payé l'impôt sécheresse s'en souviennent, fut une année de grande chaleur et de très forte concentration. La cuve s'avérait impossible à commercialiser en l'état. Elle aurait été assemblée à doses homéopathiques aux récoltes suivantes, jusqu'en 1983… Cette histoire justifierait la couleur soutenue des millésimes de cette époque. Elle est sans doute authentique. Elle n'explique pas les robes très soutenues d'aujourd'hui. Charles Chevallier, sans être formel, pense que l'on peut attribuer cette coloration aux argiles du secteur.

Il semble qu'autrefois les fermentations avaient lieu en cuves ; seulement ensuite le vin était mis en barriques. Ce n'est plus le cas aujourd'hui : les jus sont immédiatement entonnés dans les barriques, où se déroulent les fermentations. Ensuite, chacune est dégustée plusieurs fois pour décider de ce qui entrera dans le grand vin et ce qui fera du second.

Second vin : Carmes-de-Rieussec

Millésime 2000

– *Dégustation d'avril 2001*

L'adjoint de Charles Chevallier, Éric Kohler : *« On a fait beaucoup de kilomètres dans les vignes en septembre pour récolter les raisins botrytisés, il fallait faire de la dentelle en vendange. Après le 8 octobre, on a compris qu'on ne pourrait plus ramasser de la grande qualité et on est entrés dans une logique de second vin avec la cryo-extraction, qui n'est qu'un outil pour sauver les meubles. »* Le grand vin de Rieussec provient pour l'essentiel des premières tries.

16,5 – Doré soutenu, nez d'agrumes où se mêlent l'orange et la mandarine, bouche puissante et harmonieuse, riche, bien épicée, belle longueur, beaucoup de gras.

Millésime 2001

– Dégustation d'avril 2002

Éric Kohler : *« Une perfection de vendange. On a pu maîtriser le fruit, très peu de sulfitage, un travail parfait pour mettre en valeur cette année, comparable aux plus grandes. Il n'y a pas de petits lots, 80 % de la récolte fera du grand vin ! »*

18/18,5 – Or éclatant. Nez subtil, grandiose, miel, épices, fumée, fleurs de poirier. Bouche ample, profonde, racée, grasse, corsée avec une finale fraîche comme une salade de fruits, pain d'épices.

Millésime 2002

– Dégustation d'avril 2003

15,5 – Nez expressif, floral et épices, fleurs blanches, fleur de lis, notes fraîches. Le corps est plein, beau rôti, tarte aux pommes, cannelle, pâtisserie, finale pourtant vive.

Millésime 2003

– Dégustation d'avril 2004

18 – Un nez racé, rôti, fin, notes de fruits exotiques, d'épices, de vanille, de banane flambée. Bouche magnifique, onctueuse, pleine, degré et finesse élevés, longueur et persistance.

Millésime 2004

– Dégustation d'avril 2005

« On a fait un premier passage début septembre pour enlever le raisin vert qui commençait de pourrir. Après, la maturité s'est faite normalement. Le botrytis a entamé son travail à la mi-septembre, jusqu'à début octobre. Tout s'est déroulé dans de bonnes conditions », commente Charles Chevallier.

17 – Abricot, mirabelle, bouche bien ronde. Moins volumineuse que le 2003, mais d'un bon équilibre, entre acidité et sucre, et beaucoup de saveurs.

Millésime 2005

– Dégustation d'avril 2006

17 – Fruits blancs à profusion et notes de cannelle, une pointe vanillée. La bouche est riche, très puissante – c'est une signature de ce cru dans sa jeunesse –, mais l'équilibre est bien réglé. Un vin où l'on pourrait imaginer une trace tannique qui lui donne encore plus de consistance. Grand vin de garde, d'une facture bien classique.

Millésime 2006

– Dégustation d'avril 2007

16 – Orange, pêche jaune, épices, fruits mûrs, plein, dense, alcool, un peu lourd mais riche, pointe d'amertume en finale.

Millésime 2007

– Dégustation d'avril 2008

16,5/17 – Pêche blanche, nez vanille, crème anglaise, bouche puissante, épicée, très liquoreux, dense, long.

Millésime 2008

– Dégustation d'avril 2009

16 – Boisé puissant, miel, amande, bouche épicée, riche, très puissante, pas mal de bois, un peu massif, beaucoup de matière, mais pas très fin à ce stade, bien équilibré cependant.

Millésime 2009

– Dégustation d'avril 2010

16,5 – Botrytis, fruits jaunes, puissant, gras, dense, beaucoup de liqueur, très riche, un peu lourd.

Archives

– Dégustation d'avril 2009

Millésime 1998

16 – Pointe iodée au nez, miel, frangipane, bouche puissante, assez liquoreuse, un peu évoluée.

– Dégustation de juin 1996

Millésime 1985

16 – 96 grammes de sucre, 14,7° en alcool. Doré brillant, soutenu sans être trop foncé. Coing, vanille, miel, des saveurs de raisin passerillé. 1985 ne fut pas une année à botrytis. Gras, ample, large, riche, très puissant, gourmand, sans la finesse du 86.

Millésime 1986

17,5 – 24 hl/ha, 58 % de la récolte conservés pour le grand vin, 103 grammes de sucre, 14,3° en alcool. Doré soutenu. Nez orgeat, sirop de pêche, vanille, agrumes confits. Joli nez frais avec des notes citronnées. Beau fruit, bien classique, beaucoup de saveurs, bien équilibré, raisins secs en finale, très long.

Millésime 1987

15,5 – 92 grammes de sucre, 13,8° en alcool. 23 hl/ha mais un tiers de la récolte conservé. Doré très soutenu. Nez animal, rôti, grillé, confiture de rhubarbe, mousse de sous-bois. Bouche citron confit, orgeat, très savoureux, prêt à boire, tendre, équilibré. Vin simple, reposant et de plaisir.

Millésime 1988

16,5 – 100 grammes de sucre, 14,4° d'alcool. Nez muscat, miel de fleurs, fuchsia, coing, floral. Tendre, souple, fin, délicat, très fruit, fruits confits, pamplemousse, bien équilibré, très classique.

Millésime 1989

17 – Une récolte « considérable » pour le domaine : 24 hl/ha, 112 g de sucre, 14,8° en alcool. Doré clair. Nez épices, grillé, cire d'abeille, rôti, floral à l'aération, tilleul. Fin, tendre, plein, élégant, délicat, beaucoup de saveurs, souple et long. Le plus ouvert des jeunes millésimes aujourd'hui.

Millésime 1990

18 – Vingt-huit mois de barrique, fermenté en cuve comme les autres millésimes, 14° d'alcool, 115 grammes de sucre. Doré soutenu. Nez légèrement réductif, miel, abricot, orgeat, côté floral naissant et pas encore développé, miel d'acacia, pâtisserie. Pêche blanche en bouche, structure délicate, fin, liqueur bien intégrée, gras et long, frais, très long, beaucoup de fruit. Beau millésime de garde.

Millésime 1991

14,5 – Très orangé. Nez floral, mandarine, abricot, raisin sec, orgeat. Gras, ample, dense, très fruits mûrs, abricot sec. Un vin pas très complexe mais flatteur, plein de gourmandise aujourd'hui. Dix-huit mois de barriques avec 50 % de bois neuf, soutirage tous les quatre à cinq mois. 11 hl/ha.

Millésime 1992

15,5 – 90 grammes de sucre, 14,2° en alcool. Doré soutenu. Nez agrumes, floral, sous-bois, plutôt fermé. Dense, bien gras, ample, vanillé, pas mal de liqueur mais de la finesse. Un peu fermé pour le moment ; il devrait bien évoluer.

1993

Pas de vendange, récolte jugée insuffisante en qualité.

Millésime 1994

17 – 13 hl/ha, un quart de la récolte conservé. Doré foncé, presque ocre. Nez agrumes, miel, abricot confit, pamplemousse rose, orange sanguine, parfumé et séduisant. Gras, plein, dense, bien vif, long, élégant, des notes minérales, bien équilibré, beaucoup de matière, long.

Millésime 1995

16,5 – 13 hl/ha (à cause de la grêle) en récolte, mais seulement 60 % ont été retenus pour le grand vin. Doré soutenu. Nez cire, miel de sapin, eucalyptus. Plein, encore marqué par des saveurs iodées – cela s'estompe avec les soutirages –, fin, élégant, bien long.

ROMER-DU-HAYOT

2e cru classé
Surface : 12 ha
Propriétaire : Famille du Hayot
Contact : Andoyse – 33720 Barsac
05.56.27.15.37
vignoblesduhayot.pagesperso-orange.fr

Quelques coups d'éclat comme ce millésime 2005 ou le 2008, qui m'avait semblé comporter un peu plus de sauvignon que de coutume. Sinon, des vins agréables mais quelque peu sous-dimensionnés par rapport à son rang dans la hiérarchie des crus. À propos du millésime 2000 : « *J'ai dû passer, sans la comprendre, à côté d'une grande bouteille : il est marqué grand cru classé sur l'étiquette* », ironise un blogueur sur le site « www.lapassionduvin.com ». Le domaine est plongé dans une indivision tourmentée, mais on note une réelle amélioration de la qualité depuis l'arrivée de Patrick Sorin à la direction technique en 2007.

Second vin : Delicius de Romer-du-Hayot

Millésime 2000

– *Dégustation d'avril 2001*

12,5 – Fumé et miel, bouche vive avec des notes de grillé, pas très long.

Millésime 2001

– *Dégustation d'avril 2002*

14 – Couleur dorée, nez délicat amandé, floral. Bouche assez fraîche, pas très dense, notes de poire Williams, finale légère, longueur moyenne.

Millésime 2002

– *Dégustation d'avril 2003*

14,5 – Doré, brillant. Grillé, cire d'abeille, floral, sémillon mûr. Tendre mais bien équilibré, vivacité, très en valeur cette année.

Millésime 2003

– *Dégustation d'avril 2004*

15 – Encore fermentaire, très botrytisé, abricot. Belle bouche charnue, tendre, fruit mûr, long et gras, de la mâche.

Millésime 2005

– *Dégustation d'avril 2006*

15,5 – Joli nez évoquant la mirabelle et les fleurs de printemps, le colza en début de floraison, bouche très liquoreuse, puissante, impressionnante, même. L'élevage devrait gommer ce côté un peu massif.

Millésime 2006

– *Dégustation d'avril 2007*

13,5/14 – Vanille, un peu oxydé, fermentaire, cire, poivré, un peu rustique.

Millésime 2007

– *Dégustation d'avril 2008*

13 – Boisé vert, bouche bien liquoreuse, bonne acidité, tendu, un peu séché par le bois.

Millésime 2008

– Dégustation d'avril 2009

15,5 – Doré clair, pêche jaune, bouche fraîche et fine, assez élégante, bonnes saveurs, marqué sauvignon, long, bon équilibre.

Millésime 2009

– Dégustation d'avril 2010

14,5 – Poire, pêche, puissant, large, un peu fuyant en finale, pas très bien construit, finit assez court, bien fruité.

ROMER

2e cru classé
Surface : 7 ha
Propriétaire : Famille Farges
Contact : Anne Farges
33210 Fargues-de-Langon
05.56.63.24.04
www.chateau-romer.com

Après une longue éclipse, ce Romer revient, doucement, par la petite porte mais avec beaucoup de bonne volonté et de courage. Romer et Romer-du-Hayot ne faisaient qu'un au bon vieux temps du comte de La Myre-Mory, qui passa la balle au comte de Beaurepaire-Louvagny. Je sais, cela sonne un peu comme une contrepèterie ; moi aussi j'ai cherché mais non, rien à deviner, notre paire de comtes existait bien… Nous pourrions tout aussi bien les imaginer personnages d'un film d'Éric Rohmer. Si on veut vraiment pousser le genou de Claire plus loin, le cinéphile et amateur de vin notera cette coïncidence troublante (si une coïncidence n'est pas troublante, son utilité s'avère limitée) : le cycle de films qui rendirent célèbre Éric Rohmer (avec un *h*, mais comme ce n'était pas son vrai nom…) s'intitulait *Six Contes moraux.* Plus tard, en 1911, une fois que les comptes furent faits et les comtes enterrés, le Romer d'origine se scinda en deux parties inégales. D'un côté Romer-du-Hayot, le plus grand en surface, et de l'autre Romer tout court, propriété de la famille Farges. En 1977, Romer fut confié en fermage à Romer-du-Hayot et retrouva son unité. Depuis le millésime 2003, Anne Farges a récupéré son terroir d'origine et s'est lancée dans l'aventure. Il faut de la détermination pour prendre en charge un domaine de cette dimension qui ne produit que du barsac, même s'il s'agit d'un cru classé bien situé. Donc, si vous voyez une bouteille de Romer, achetez-la, vous encouragerez Anne !

Millésime 2003

– *Dégustation d'avril 2004*

14 – C'est le premier millésime d'Anne Farges. Nez floral, biscuit, miel, manque de netteté. Tendre et parfumé, léger, va progresser.

Millésime 2005

– *Dégustation d'avril 2006*

14 – Nez assez réductif, bouche puissante, beaucoup de liqueur, un vin qui s'exprime en densité plus qu'en complexité. Du moins à ce stade de son élevage.

Millésime 2007

– *Dégustation d'avril 2008*

14 – Citronné, agrumes, bouche simple, citronnée, un peu dure, tendue, boisé prenant.

Millésime 2009

– *Dégustation d'avril 2010*

13 – Botrytis, sous-bois, terre, un peu terreux en bouche, frais, puissant, finale fuyante, équilibre moyen.

Sigalas-Rabaud

1er cru classé
Surface : 14,25 ha
Propriétaire : Famille Lambert des Granges
Contact : Laure de Lambert
33210 Bommes
05.56.21.31.43
www.chateau-sigalas-rabaud.fr

Du temps du père, Henri, c'était grand. Mais Pierre, le fils, a vendu la majeure partie du vignoble. Ah, les fils ! On lui pardonne, au Pierre Gaston Drouilhet de Sigalas. Surtout que l'opération s'est déroulée en 1903 et que, à l'heure où nous en parlons (15 h 48), là où il est, Pierre Gaston s'en fiche un peu, de ce que nous pensons. Quand il a cédé une bonne trentaine d'hectares à la famille Promis, qui s'est alors construit un gros Rabaud voisin (Rabaud-Promis), solennel, Pierre Gaston a déclaré : « *Je conserve le bijou de Sigalas* ». Soit la totalité de la croupe graveleuse exposée au sud : les 14 hectares actuels. Cela ne l'a pas empêché de mettre le domaine en fermage dix ans plus tard.

En 1930, Fernand Ginestet, qui possède un nombre important de domaines, une société de négoce, et en plus des parts dans l'autre Rabaud, prend Sigalas en fermage. Retour à la case départ : les deux Rabaud n'en forment plus qu'un.

La période n'était pas ce qu'on peut appeler idéale pour vendre du vin de réjouissance. Grande crise, guerre, après-guerre, la série de mauvais millésimes des années 30 : la réunification n'enthousiasme pas plus que de raison les marchés. C'est alors que les Ginestet ont l'occasion de racheter Château Margaux (1950). Ils abandonnent le fermage de Sigalas et vendent quelques-unes de leur propriétés, dont Rabaud-Promis, racheté par les Dejean, qui en sont toujours propriétaires. Le marquis de Lambert des Granges épouse une demoiselle de Sigalas. Il construit un cuvier, aménage le chai et relance la marque disparue durant vingt ans. En 1995, un accord est passé avec le château voisin, Lafaurie-Peyraguey, qui prend en charge vignes et vinification.

Enfin arrive Laure, fille de Gérard de Lambert des Granges. C'est elle (en avril 2009) qui raconte : « *Cet accord a pris fin en septembre 2008 : la première année qu'on fait les vendanges de façon autonome. J'ai fait histoire de l'art, passé un diplôme de théologie, travaillé au*

Louvre des antiquaires. J'avais monté une petite boîte de PLV au Louvre. Je n'avais absolument pas envie de reprendre. Nous sommes depuis cinq siècles dans le vignoble, du côté de ma mère, et deux siècles du côté paternel. Je voulais partir, j'étais la fille de..., la petite-fille de... Mon grand-père a été président du Comité interprofessionnel. Je voulais me prouver que j'étais capable de réussir toute seule. Papa a été arrêté un mois en 2003 et il m'a demandé de le remplacer pour aller présenter les vins au Canada ; là, je suis tombée sur des gens sympas. Après 2003, j'ai repris des études d'agro à Montpellier, j'ai travaillé comme une tarée, c'était monacal chez moi. Mon mari a été muté à Bordeaux, j'ai fait le diplôme universitaire d'aptitude à la dégustation et je me suis régalée, et j'ai fini par un master de l'Énita. J'ai bien observé, et j'ai commencé... » Avec brio.

Second vin : Lieutenant-de-Sigalas

Millésime 2000

– *Dégustation d'avril 2001*

13,5 – Nez fermé, bouche iodée, riche, puissante, mais les saveurs sont masquées par le côté iodé. À revoir.

Millésime 2001

– *Dégustation d'avril 2002*

17 – Robe encore trouble à ce stade. Nez puissant, cire d'abeille, fleurs capiteuses. Riche et capiteux, bouche onctueuse, au boisé gourmand et à la finale fraîche.

Millésime 2002

– *Dégustation d'avril 2003*

17 – Nez festif et luxuriant, nougatine, calisson, banane flambée, cire d'abeille, très puissant. Bouche plantureuse, beaucoup de volume, richesse de la liqueur équilibrée par la vivacité.

Millésime 2003

– *Dégustation d'avril 2004*

16,5 – Nez d'épices, mirabelle, miel, expressif, boisé présent. Bouche opulente, grillée, vanillée, riche en degré et en liqueur.

Millésime 2004

– Dégustation d'avril 2005

16 – Chêne et citron, amande grillée, plein en bouche, très riche, ample, gras, volumineux, épicé. Le boisé bloque un peu la finale, mais, à n'en pas douter, ce sera une belle bouteille.

Millésime 2005

– Dégustation d'avril 2006

17 – Épices douces, des arômes fruités amplifiés par le botrytis qui ajoute des touches de grillé et de sous-bois, ananas, poire, la bouche est très puissante avec une liqueur qui serait envahissante sans l'acidité qui l'équilibre.

Millésime 2006

– Dégustation d'avril 2007

14 – 90 % sémillon, 10 % sauvignon. Fermé, un peu botrytis, note iodée, puissant, grillé, épicé, très frais.

– Dégustation d'avril 2009

15 – Miel, agrumes confits, bouche dense, fraîche, gourmande, bien équilibrée, beaucoup de saveurs, évolue vers le confit, la cire.

Millésime 2007

– Dégustation d'avril 2008

Gérard de Lambert des Granges : « *J'ai 77 ans, et j'ai vu passer 57 vendanges. 2007 fait partie des meilleurs millésimes en sauternes. À Sigalas, le 2007 n'a pas la splendeur du 2001, mais il a plus de charme, et il est bien supérieur au 2003, qui, finalement, a été déséquilibré par la canicule.* »

17 – Agrumes, sauvignon, pêche de vigne, bien fruité, équilibré, long, bel équilibre entre acidité et liqueur.

– Dégustation d'avril 2009

17 – Miel, épices, bouche douce, bien pleine, tendue, puissant, éclatant, long, frais. Très fort potentiel.

Millésime 2008

– *Dégustation d'avril 2009*

16,5 – Fruits blancs, bouche fraîche, puissante mais bien équilibrée, longue, tendue, bons arômes, un peu d'amertume en finale due au bois, beaucoup de fraîcheur, acidité titillante en finale.

Millésime 2009

– *Dégustation d'avril 2010*

16 – Fermé, bouche vive, puissante, épicée, dense, très riche, un peu lourd, beaucoup de liqueur.

Suau

2e cru classé
Surface : 6,5 ha
Propriétaire : Roger Biarnes
Contact : Navarro – 33720 Illats
06.81.56.42.57
chateau-archambeau@wanadoo.fr

C'est un manque de chance commercial un nom pareil. En français, du moins. Mais peut-être se vengera-t-il en découvrant que cela se prononce fort bien en japonais. En chinois, si ça se trouve, cela signifie coucher de soleil flamboyant sur l'écume nacrée de la plus pure des ondes. Et l'avenir, pour ces vins, se situe certainement du côté des alliances possibles avec la gastronomie asiatique. Les épices, les mets pimentés, le salé/sucré s'accommodent parfaitement avec les sauternes et barsacs, ou avec les liquoreux angevins. Finalement, ce barsac qui ne caracole jamais en tête dans les dégustations est assez fin et peut se boire jeune. Il figure parmi les moins chers des crus classés. Tout récemment, en 2009, Corinne Biarnes, fille de Roger, a pris la gérance du domaine. Il faut s'attendre à une montée en qualité avec les millésimes à venir.

Second vin : L'Attelage-de-Suau

Millésime 2000

– Dégustation d'avril 2001

13 – Nez agrumes et miel, floral, vif, gras, bien équilibré mais sans éclat.

Millésime 2001

– Dégustation d'avril 2002

14,5 – Doré, floral au nez, doux, noisette et amande grillée. Bouche soyeuse, souple et plaisante.

Millésime 2002

– Dégustation d'avril 2003

14 – Doré, nez aimable, lis de Saint-Jean, fleurs blanches, poirier. Bouche douce, un peu de rôti, de la fraîcheur, manque de volume mais reste plaisant.

– Dégustation d'avril 2005

15 – **Cuvée Prestige**. Floral, peu ouvert, plein, dense, onctueux, souple, tanins gras, beau fruité en finale sur des notes de tarte aux myrtilles. Vendu 9,50 euros à l'époque…

Millésime 2003

– Dégustation d'avril 2004

14 – Nez délicat, noisette et beurre, assez frais, petite liqueur, bouche charnue, sucrée, bon équilibre, plus passerillé que botrytisé.

Millésime 2004

– Dégustation d'avril 2005

14 – Pêche jaune, floral, bouche vive, élégante, bonne acidité. Un vin peu marqué par la liqueur mais équilibré, nerveux et parfumé.

Millésime 2005

– Dégustation d'avril 2006

15 – Pomme, menthe fraîche, bouche vive, équilibrée, le boisé marque un peu mais sans excès, bon équilibre sucre et acide, net, élégant.

Millésime 2006

– Dégustation d'avril 2007

13,5 – Fermé, poire, bouche ronde, plein, un peu végétal, amertume en finale.

Millésime 2007

– Dégustation d'avril 2008

13,5 – Nez pas très ouvert, bouche élégante, pas très dense, pas très botrytisé.

Millésime 2008

– Dégustation d'avril 2009

13 – Pomme, nez assez fermé, bouche avec de l'alcool, pas très équilibré.

Millésime 2009

– Dégustation d'avril 2010

15,5 – Fermé, bouche, pas mal de liqueur, aromatiquement encore peu développé, fin, bon équilibre.

SUDUIRAUT

1er cru classé
Surface : 92 ha
Propriétaire : Axa Millésimes
Contact : 33210 Preignac
05.56.63.61.90
www.suduiraut.com

On peut lire et entendre des choses contradictoires à propos de Suduiraut. Pour les uns, il aurait traversé les siècles et les crises, gouverné de main de maîtres, je l'écris au pluriel, par des propriétaires successifs conscients de la valeur de ce terroir exceptionnel, vignerons avisés, veillant comme la poule sur ses poussins au bon état du vignoble. La réalité me semble tout autre et le témoignage de Paul Mercadier (château Tuyttens, en sauternes), fils du dernier gérant propriétaire avant qu'Axa ne rachète en 1992, confirme mon impression, formée à d'autres lectures. Suduiraut n'est pas passé entre les gouttes et a subi comme tant d'autres les conséquences des trésoreries asséchées par les crises, les guerres et les insectes ravageurs. *« Mon arrière-grand-père avait acheté Suduiraut. C'était un industriel en textile, un lainier de l'Ariège, il avait acheté ça comme une danseuse. C'était devenu une famille nombreuse avec vingt-cinq petits-enfants. Mon père était celui qui s'occupait de la propriété. Il avait retapé Suduiraut, qui était complètement à la dérive. Le grand-père ne voulait pas vendre les bouteilles. Il commençait les vendanges quand Yquem, le voisin, commençait. C'était le signal. »*

Axa Millésimes (voir Pichon-Baron, en pauillac) a beaucoup investi dans le domaine, vignobles et chais. Cette vaste propriété, 200 hectares au total dont 10 de bâtiments et un parc magnifique, offre des vins bien ronds, assez riches, gourmands, plaisants relativement jeunes.

Second vin : Castelnau-de-Suduiraut

Millésime 2000

– Dégustation d'avril 2001

14 – Épices, citron confit, gras, dense, assez vif, acidité présente, de belles saveurs mais un peu trop de vivacité.

Millésime 2001

– Dégustation d'avril 2002

17 – Robe jaune d'or. Nez de miel, puissant, racé, boisé et vanillé, agrumes, citron confit. Bouche à la liqueur riche, grasse, opulente, finale en retour plus fraîche, citronnée.

Millésime 2002

– Dégustation d'avril 2003

15 – Robe dorée, notes florales riches, freesia et miel, mangue, citron. On retrouve la vivacité en bouche, avec des nuances acidulées, le corps est équilibré, la finale est assez nerveuse (tarte à l'abricot).

Millésime 2003

– *Dégustation d'avril 2004*

17 – Un nez tout en élégance, en finesse, racé et frais, rôti et fruit mûr bien associés. Bouche équilibrée, longue et parfumée.

Millésime 2004

– *Dégustation d'avril 2005*

15 – Des notes de citron et de chêne, bouche grillée, ample, beaucoup de gras, puissant. La liqueur est imposante mais sans déséquilibrer l'ensemble. Très flatteur, bien dodu.

Millésime 2005

– *Dégustation d'avril 2006*

16,5 – Joli nez friand évoquant la poire et les pommes au four, bouche puissante, dense, onctueuse, une belle longueur, beaucoup de liqueur.

Millésime 2006

– *Dégustation d'avril 2007*

16/16,5 – Miel, orange, pêche jaune, bouche dense, épicée, bien fruitée, grasse, longue, bien typée sauternes ; long, épicé, finale très vanillée.

Millésime 2007

– *Dégustation d'avril 2008*

16 – Nez botrytis, épicé, riche en bouche, puissant, dense, tendu, long, complexe, très liquoreux et décidément puissant.

– *Dégustation d'avril 2009*

16 – Miel, ananas, abricot, bouche ronde, tendre, frais, puissant, long, gras, encore fermé.

Millésime 2008

– *Dégustation d'avril 2009*

16 – Pomme, agrumes, bouche très liquoreuse, puissante mais assez bien équilibrée, longue, très forte acidité et forte liqueur (140 grammes de sucre résiduel) ; très puissant.

Millésime 2009

– *Dégustation d'avril 2010*

17 – Pêche blanche, gras, frais, épicé, puissant, très riche, long, impressionnant de concentration mais un peu monstrueux, belle acidité en finale.

La Tour-Blanche

1er cru classé
Surface : 37 ha
Propriétaire : Lycée viticole
Contact : 33210 Bommes
05.57.98.02.73
www.tour-blanche.com

Propriété du ministère de l'Agriculture, La Tour-Blanche est aussi établissement d'enseignement depuis 1911. Il accueille 200 élèves et apprentis. C'est un petit établissement, mais qui règne sur 40 hectares dont 37 en sauternes. Alex Barrau s'occupe de la partie exploitation et Jean-Pierre Faure est maître de chai. Les élèves viennent quatre jours par semaine et participent aux travaux dans les vignes. « *Notre manière de travailler n'est pas analytique, on goûte et on décide d'arrêter le lot, si ça nous plaît ; ce n'est pas l'analyse qui commande mais le plaisir, le goût...* » Souvent, La Tour-Blanche se distingue par sa puissance, sa concentration en sucre, sa recherche du botrytis jusqu'au bout...

Second vin : Les Charmilles de Tour-Blanche

Millésime 2001

– *Dégustation d'avril 2002*

17,5 – Robe or sombre. Nez de miel, notes fumées, sauvignon, beau rôti. Bouche dense, puissante, onctueuse, belle finale longue sur le fruit.

– *Dégustation d'avril 2008*

15 – Fumé, plastique, iodé, bouche puissante, iodée, oursin, marée, rustique, fermé, puissant, fini un peu court.

Millésime 2002

– *Dégustation d'avril 2003*

14,5/15 – Robe encore un peu trouble. Frais, citronnelle, pomme reinette, très sucré, très gras. Pas trop de botrytis, concentré, puissant.

– *Dégustation d'avril 2008*

16 – Nez puissant agrumes, bouche dense, fruits confits, en cours d'évolution. Long, frais, dense, bien fruité.

Millésime 2003

– *Dégustation d'avril 2004*

17,5 – Encore trouble, nez frais, ouvert, fleurs blanches et acacia. Structure impressionnante, très concentrée, surpuissante, un fruit et une liqueur riches, finale onctueuse sur le fruit. Un vin monumental.

Millésime 2004

– *Dégustation d'avril 2005*

16,5 – Chêne, citron, agrumes, des notes de grillé, bouche puissante. Un vin bien dans le style de La Tour-Blanche, spacieux, avec une liqueur imposante, beaucoup de netteté, des saveurs bien posées, finale épicée.

– *Dégustation d'avril 2008*

17 – Nez un peu épicé, agrumes, bien sauvignon en bouche, bonne acidité, frais, ananas, 150 grammes de sucre, petit 13°. Très liquoreux. Riche, peu évolué.

Millésime 2005

– *Dégustation d'avril 2006*

16,5 – Nez puissant de pêche jaune et d'abricot, bouche ample, très liquoreuse, ce qui est une signature du cru, large, riche, un équilibre qui favorise le sucre. Beaucoup de saveurs.

Millésime 2006

– *Dégustation d'avril 2007*

17 – Nez fruits jaunes, melon, gras, dense, très puissant, très riche, liquoreux, long, beaucoup de liqueur. Une production très minimaliste de 6 hl/ha…

Millésime 2007

– Dégustation d'avril 2008

80 % sémillon, 15 % sauvignon, 5 % muscadelle. 135 grammes de sucre, 13,8°.

17 – Citronné, floral, mirabelle, bouche puissante, frais, vif, puissant, dense, belle acidité, long.

Millésime 2008

– Dégustation d'avril 2009

15,5 – Fermé, miel, très puissant, gras, un peu monstrueux, long, un peu trop de richesse.

Millésime 2009

– Dégustation d'avril 2010

16,5/17 – Ananas, fruits blancs, bouche vive, fraîche, longue, élégant, belle acidité, puissant mais équilibré, long, frais, assez technique.

Archives

– Dégustation d'avril 2008

Millésime 1997

18 – Grillé, noisette, amande grillée, minéralité, écorce d'orange, agrumes confits, bouche dense, épicée, note fumée, fruits confits, poivré, épicé, muscade. 9 hl/ha.

Armajan-des-Ormes

Surface : 17 ha
Propriétaire : Vignobles Jacques et Guillaume Perromat
Contact : Guillaume Perromat – 33210 Preignac
05.56.62.35.78
www.mjperromat.com

Dans la famille Perromat, qui a donné à la viticulture des présidents de l'interprofession, responsables élus de l'Inao et quelques têtes chercheuses parfois iconoclastes, Michel semble le plus discret. Ses fils, Jacques et Guillaume, ne sont pas non plus des vedettes. Ils se contentent de faire connaître leurs vignobles. Jacques à Beauregard-Ducasse, en graves, et Guillaume, ancien pharmacien, à Armajan-des-Ormes. Guillaume a fait un détour par la Malaisie pour le compte du CNRS, où il cherchait dans les forêts primaires, jamais exploitées par l'homme, des plantes inconnues pour produire des médicaments nouveaux. Quand Michel a pris sa retraite, Guillaume est revenu travailler avec son frère. Un vieux parchemin représente en couleurs le château tel qu'il était avant les guerres de Religion, avant aussi que Charles IX et Catherine de Médicis n'y fassent halte. Les murailles et les créneaux ont disparu, mais ce qui demeure mérite le détour. *« On fait des visites historiques d'une heure, et on organise des concerts baroques autour du 14 Juillet »*, raconte Guillaume. 80 à 85 % de sémillon, vinification en cuves inox et en barriques pour partie lors des grands millésimes.

Autre vin : Le Juge

Millésime 2003

– Dégustation de décembre 2010

16 – Fruits blancs, litchis, note épicée, note eucalyptus, bouche riche, grasse, forte liqueur, côté exotique, frais, long, joli fruit. Puissant mais pas lourd.

Millésime 2004

– *Dégustation de décembre 2010*

15 – Nez abricot, bouche onctueuse, bien fruitée, très pêche jaune et abricot, bon à boire aujourd'hui, bien équilibré, très agréable, pas un grand millésime de garde, mais gourmand.

Millésime 2005

– *Dégustation de novembre 2010*

15,5 – Miel, poire, cire, bouche bien fruitée, riche, pas très vif, plein, ample, gourmand, déjà bien mûr.

Millésime 2006

– *Dégustation de décembre 2010*

14/14,5 – Nez pas très ouvert, bouche douce, bien équilibrée, aromatiquement la palette n'est pas très large, mais le vin est plaisant.

Millésime 2007

– *Dégustation de décembre 2010*

16 – Miel, cire, mise en bouteilles de septembre 2010. Abricot, fruits confits, bouche puissante, bon potentiel, un peu brassé par la mise, mais belle concentration en bouche. Joli vin à venir.

Millésime 2008

– *Dégustation de décembre 2010*

14,5 – Vanille, fougère, bouche tendre, pas très liquoreuse, frais, agréable, un peu plus dense que 2006 mais dans le même esprit, agréable jeune.

Millésime 2009

– *Dégustation de décembre 2010*

16 – Encore très jeune, agrumes, amande, bouche puissante, liquoreuse, riche, note de grillé, un vin qui n'a pas encore digéré totalement son bois, très jeune, avec un potentiel de garde important. Note pêche blanche et abricot frais en finale.

Cantegril

Surface : 19,4 ha
Propriétaire : Pierre et Denis Dubourdieu
Contact : Château Reynon – 33410 Beguey
05.56.62.96.51
www.denisdubourdieudomaines.com

Propriété de Denis Dubourdieu, voir Doisy-Daëne.

Millésime 2008

– *Dégustation d'avril 2009*

16,5/17– Mousse, agrumes, bouche vive, tendue, bonne acidité, frais, vif, boisé, bien fait, long, amande.

Millésime 2009

– *Dégustation d'avril 2010*

15 – Frais, vif, élégant, puissant, dense, bel équilibre, long.

Domaine de Carbonnieu

Surface : 22 ha
Propriétaire : Famille Charrier
Contact : Alain Charrier
Les Chons – 33210 Bommes
05.56.76.64.48
www.domainedecarbonnieu.com

Il y a quelques années, pas très loin en arrière, à l'été 2003, Alain Charrier m'expliquait sa passion de viticulteur et son peu d'attirance pour la vente. « *Je suis dans les vignes de la taille aux vendanges, je n'ai pas le temps de me consacrer au commerce et ça m'intéresse moins. Ceux qui partent faire les foires pour vendre leur vin, les vignes s'en ressentent. J'ai un fils de 30 ans, Christophe, et nous c'est la vigne de A jusqu'à Z.* » Christophe, même modèle breveté que le papa, n'a guère davantage la fibre commerciale. Mais il ressent bien désormais la nécessité d'aller faire goûter son vin. Par bonheur, son petit frère, le troisième de la bande, Alexis, rejoint peu à peu l'exploitation, et lui a très envie de révéler les trésors que recèle Carbonnieu (Domaine de… On ne confondra pas avec le Château Carbonnieux avec un *x*, cru classé de graves). Les Charrier symbolisent familialement le problème majeur de ces appellations. Des gens qui travaillent à la perfection, qui ont tout appris des générations anciennes : « *Le grand-père, quand il avait fini la vigne, il ramassait les pommes pour nourrir le cochon ; nous, on se contente d'aller le chercher chez des copains.* » Des viticulteurs perfectionnistes, qui préfèrent se priver plutôt que de renoncer à toujours chercher le meilleur. Mais qui ne sont pas récompensés de leurs efforts. Longtemps le système a reposé sur la confiance dans le négoce. Encore en 2003, Alain vendait 80 % de sa production au négociant. Aujourd'hui, les métiers ont changé. Le négoce ne construit plus, il va au plus pressé. Les grands crus de rouges font la « bulle », crèvent les plafonds et enrichissent ceux qui les vendent. Quand le négoce acquiert des liquoreux, c'est à très bas prix, pour satisfaire les grandes surfaces. Le vigneron doit se débrouiller seul. Inventer sa clientèle et les moyens de la séduire. Les Charrier ont acheté un fourgon d'occasion, bien décidés à aller au-devant des consommateurs. Salons, foires et soirées chez les particuliers. « *Dès que l'on fait goûter, c'est gagné*, dit Christophe. *Les gens ont perdu la culture de nos vins, il faut expliquer, montrer…* »

Millésime 2001

– Dégustation de juin 2003

17 – Doré soutenu, orgeat, abricot, grillé, beaucoup de gras et de liqueur en bouche, des saveurs d'ananas, de mangue, de pêche jaune, long, bien équilibré, un fruité parfait.

Millésime 2003

– Dégustation de novembre 2010

15,5/16 – Boisé, grillé, banane sèche, bouche grasse, dense, intense, beau fruit, très gras, puissant, long.

Millésime 2005

– Dégustation de novembre 2010

16,5 – Poivre blanc, épices, nez pas très ouvert, bouche pleine, puissante, large et élégante à la fois, frais, fin, belle acidité, tendu. Très fin.

Millésime 2007

– Dégustation de novembre 2010

16 – Miel, poire, bouche puissante, grasse, vive et complexe, riche, tendu, assez fin, une petite amertume en finale ajoute de la complexité.

Millésime 2008

– Dégustation de novembre 2010

Année de la gelée : récolte de 12 hl/ha.

15 – Nez banane, poire, tendre en bouche, élégante, fraîche, bien fruitée, bonne longueur, petite amertume rafraîchissante en finale.

Millésime 2009

– Dégustation de novembre 2010

16,5 – Encore des arômes fermentaires, agrumes, bouche dense, intense, bien fruitée, jeune, belle acidité, long, fin.

Closiot

Surface : 8 ha
Propriétaire : Françoise Sirot-Soizeau
Contact : Françoise Sirot-Soizeau – 33720 Barsac
05.56.27.05.92
www.closiot.com

Fille et petite-fille de vigneron – c'est même son grand-père qui a redonné vie à ce domaine très ancien mais fortement ballotté au fil des ans et des propriétaires –, Françoise Sirot-Soizeau a repris les rênes de l'exploitation en 1988 avec la volonté de dynamiser les ventes. Elle propose plusieurs cuvées et même très récemment un graves rouge. Dans sa volonté de faire connaître son travail et l'appellation, Françoise est secondée par Bernard Sirot, journaliste et porte-parole des bons vins de France en Belgique. On me dit que Françoise refuse du monde aux vendanges, tant l'ambiance et la table sont bonnes. Ce qui expliquerait la petite proéminence qui précède Bernard depuis qu'il a obtenu la nationalité barsacaise…

Autre vin : Domaine Maingeon, en appellation cérons

Millésime 2001

– Dégustation de juin 2003

16 – Pas en bouteille au moment de la dégustation. Nez de poire, épices, écorce d'orange, bouche bien liquoreuse, riche, beaucoup de fruit et une acidité qui lui confère finesse et fraîcheur.

Millésime 2007

– Dégustation de novembre 2010

15 – Nez fermé, bouche vive, noisette, grillée, pas très long mais fin, élégant, persistance moyenne.

La Clotte-Cazalis

Surface : 5 ha
Propriétaire : Famille Lacoste
Contact : Bernadette Lacoste et Marie-Pierre Lacoste-Duchêne
33720 Barsac
05.56.67.54.27/06.08.81.46.09
www.laclotte-cazalis.com

Il y a deux sortes d'héritiers : ceux qui se frottent les mains et ceux qui se retroussent les manches. La famille Lacoste est à classer dans la seconde catégorie. La propriété, dans la famille depuis 1779, était restée en fermage pendant cinquante ans, de 1947 à 1997. Bernadette, institutrice de maternelle puis employée du cabinet médical de son mari, ne pensait jamais devenir vigneronne. Elle avait tort, car c'est précisément ce qui lui est arrivé. Le fermage terminé, il fallu faire un triste constat. Le domaine ne brillait pas par son bilan de santé. Beaucoup de pieds de vigne étaient morts et aucun n'avait été remplacé. « *Je suis allée à l'école d'agriculture de Blanquefort prendre des cours, il me fallait un diplôme pour reprendre derrière un fermier. J'ai fait cela pour faire plaisir à mon mari.* » On savait que l'amour donnait des ailes, mais pas des sécateurs. Puis il y avait Marie, la fille de Bernadette, qui faisait œnologie et agro à Montpellier. Marie a passé trois ans au Château Guiraud avec le fabuleux Xavier Planty et aujourd'hui travaille à Vitigestion (voir Maucamps, en haut-médoc) et supplée sa maman qui mène sa barque en viticultrice confirmée, c'est-à-dire en rouspétant : « *Ce qui m'énerve, c'est que tout les jours il y a de nouveaux trucs. Si on équilibrait les comptes, ce serait parfait, mais on a dû tout faire complanter, réaménager les chais…* »

En plus, le domaine compte 13 hectares de céréales. Mais Bernadette, qui se sentait pas de conduire la moissonneuse, a confié cela à une entreprise. Marie et Bernadette font un duo de choc pour un vin qui ne l'est pas moins.

Millésime 2001

– Dégustation de décembre 2010

17 – Floral, pêche blanche, un peu marin, très jeune, bouche élégante, fine, fraîche, tendu, encore sur des arômes d'agrumes, élégant, bien typé barsac. Joli vin concentré et fin.

Millésime 2003

– Dégustation de décembre 2010

16,5 – Miel, banane sèche, épices, bouche grasse, puissant mais sans perdre de sa finesse, très typé barsac, même en 2003, ça reste barsac. Fin et riche à la fois.

Millésime 2005

– Dégustation de décembre 2010

15,5/16 – Chêne frais, agrumes, bouche vive, élégante, fraîche, gourmande, bien rond avec de la fraîcheur, une ressemblance avec 2001, sans posséder peut-être la grande finesse de ce millésime…

Millésime 2007

– Dégustation de novembre 2010

15 – Miel, vanille, chêne, bouche élégante, fraîche, bien fondue, cire, bonne longueur, fruits exotiques.

Millésime 2009

– Dégustation de décembre 2010

Dégusté en cuve et aux barriques.

16,5/17 – Une explosion aromatique, abricot, pêche jaune, pomélo, pomme, et une bouche savoureuse, bien équilibrée entre sucre et acidité, beaucoup de fraîcheur. Très joli vin.

Château de Fargues

Surface : 15 ha
Propriétaire : Comte Alexandre de Lur-Saluces
Contact : Château de Fargues – 33210 Fargues-de-Langon
05.57.98.04.20
www.chateau-de-fargues.com

Le chai se trouve au pied de la forteresse construite en 1306 et possession de la famille Lur-Saluces depuis 1472 : « *Elle a brûlé en 1687. En ce moment on consolide, on a cristallisé des murs, comme disent les architectes : on bloque la pierre* », commente Alexandre de Lur-Saluces, ancien gérant pour sa famille de Château d'Yquem. La vie de Fargues, bureaux et chais, s'accomplissait autour, hors les murs austères et un peu inquiétants, de ce très bel édifice militaire. Depuis 2011, un étage a été aménagé à l'intérieur. Fargues est un terroir exceptionnel, sur une croupe bien dessinée. Il peut facilement se comparer à un cru classé, mais ne figure curieusement pas parmi ceux-ci. L'explication tient à son histoire : « *Autrefois, le vignoble de Fargues n'était pas là. Il était dans le bas et produisait du vin rouge. C'est Bertrand de Lur-Saluces qui l'a replanté à partir des années 30 à 40. La première mise en bouteilles au château date de 1943.* » Les appellations contrôlées, débutées en 1936, l'incitent à le faire, d'autant qu'il est alors un des leaders de la viticulture bordelaise. Bertrand de Lur-Saluces, sans descendance directe, l'oncle d'Alexandre, est un personnage particulier. Royaliste, homme de conviction, il parle russe couramment et figure une sorte de visionnaire du monde viticole. Le déplacement et la replantation dureront un quart de siècle. L'opération ne sera achevée – si l'on peut parler ainsi d'un vignoble, qui nécessite toujours de nouveaux aménagements – que sous l'ère d'Alexandre, qui pratique à Fargues ce qu'il a appris et transmis à Yquem.

« J'ai quelques millésimes derrière moi, et je sais que c'est l'équilibre qui compte. Il faut faire attention à l'excès, les acidités diminuent désormais, ce qui amène à une réflexion sur le bois et les équilibres. C'est mûr plus tôt qu'autrefois, quand on utilisait plus de cuivre qui durcissait les peaux, par exemple. Il y a le climat, le réchauffement, et notre travail qui a changé. On n'a pas accéléré ; c'est plutôt qu'autrefois on ralentissait. »

Le domaine a conservé sa vocation originelle de polyculture. Il couvre 170 hectares dont une centaine en forêt de pins, des acacias pour faire les piquets de vigne et un superbe troupeau de vaches, les fameuses bazadaises : *« Une quarantaine de têtes, gris cendré, qui fournissent de la très bonne viande et le fumier pour les vignes. »*

Depuis 1993, François Amirault s'occupe officiellement de la partie technique, mais il est ici un peu chez lui, bénéficiant de la confiance absolue du propriétaire : *« On se limite à 130 ou 140 grammes de sucre résiduel ; on peut faire des monstres, tout le monde trouvera ça bon en dégustation, mais après... Personne ne les boit, ces vins-là, et on peut mettre la clé sous la porte. Le vin, ce n'est pas fait pour tremper les lèvres, c'est fait pour être bu et partagé. Il ne faut pas que la richesse en sucre soit un obstacle. On est peut-être redevenus à la mode, on vit avec la nature, tout le monde ici fait tous les métiers, on s'occupe du vin, des bêtes, on essaie de faire intelligemment. »*

Second vin : Guilhem-de-Fargues

Millésime 2000

– Dégustation d'avril 2010

François Amirault : *« On avait de très beaux raisins, je n'en avais jamais vu d'aussi beaux, dorés... Malheureusement, la pluie est arrivée trop tôt, le*

10 octobre, et on a perdu la suite de la vendange. C'est un millésime de première trie commencée fin septembre et de moitié de seconde trie. La qualité est là, mais pas la quantité, et il manque la complexité apportée par les autres passages. »

16,5/17 – Miel, lacté, poivre blanc, coing, très joli nez, bouche aux notes épicées, pruneau en finale, bonne vivacité. Un vin très agréable aujourd'hui.

Millésime 2001

– *Dégustation d'avril 2010*

François : « *C'est un millésime avec plusieurs générations de botrytis, on ne le voit pas arriver. On va grappiller de temps en temps. Il s'est fait jour après jour, avec de petites touches aromatiques différentes qui arrivaient les unes après les autres et ça, c'est magique.* »

18 – Poivre blanc, assez refermé à ce stade, note frangipane, miel, bouche tendue, très dense, puissante toujours avec cette nervosité qui est la signature de Fargues et de ses argiles très profondes. Vin très long, très puissant, liqueur très présente en lutte avec l'acidité, mais un vin à conserver. Il ne se livre pas pour le moment. Le verre après une heure vire à l'épice, au poivre noir.

Millésime 2002

– *Dégustation d'avril 2010*

François : « *Une bonne partie en septembre, vendanges relativement précoces. La pluie du 9 octobre et des jours suivants relance le botrytis et le soleil de la troisième semaine d'octobre permet de ramasser de très beaux raisins bien botrytisés. Les fruits blancs, la pêche blanche, ces arômes sont donnés à Fargues par les vendanges précoces de septembre, tandis que l'abricot, c'est octobre. Dans ce millésime, on a des arômes de septembre dominants avec beaucoup de fraîcheur comme en 1998, qui arrivait souvent devant Yquem en dégustation.* »

16,5 – Fruits blancs, pêche blanche, mirabelle, bouche vive, tendue, moins d'acidité que dans le 2001, mais c'est tonique, frais, élégant. Assez raffiné et facile d'accès.

Millésime 2003

– *Dégustation d'avril 2010*

François : « *Vendanges particulières. Le 10 août, c'était mûr avec 13°. Tout est récolté entre le 19 et le 25 septembre. Le botrytis s'est développé très vite, on a eu 30 millimètres de pluie au tout début septembre, entre le 5 et le 10 ; avec ces températures nocturnes très élevées, le botrytis est parti très vite. Le challenge était de ne pas être débordé. On a des installations de pressurage un peu surdimensionnés, ç'a été très utile. »*

17,5/18 – Nez frais, floral, fruits blancs, poivré, note citron confit, bouche douce, très ronde, veloutée avec le petit retour acide en finale, commence à se refermer, long, très bel équilibre. Pas du tout un millésime de canicule.

Millésime 2004

– *Dégustation d'avril 2010*

« Accident de grêle le 21 juillet à 7 heures le matin, avec 50 % des grappes détruites, ç'a été un mal pour un bien, car on a eu beaucoup moins de raisins, sur cette année très généreuse en quantité. Au mois d'août, la vigne est repartie en végétation, mais, en même temps, il y a eu une activité de synthèse qui a migré vers les quelques grappes restantes. On n'a pas maturé comme les propriétés voisines. On est arrivés à très bonne maturité de façon inattendue. 6 hl/ha. Une année intéressante, mais que l'on n'a pas envie de revivre. »

16 – Feuillage, du vert au nez, floral, bouche vive, tendue, pas la complexité de certains millésimes, mais beaucoup de fraîcheur, vif, moins de complexité aromatique mais de l'élégance.

Millésime 2005

– *Dégustation d'avril 2010*

« Millésime assez facile, tout se passe bien, la pluie quand il faut, de belles concentrations sans trop de débordement, les tries s'enchaînent les unes après les autres, c'est le cas d'école. »

17,5 – Floral, fruits blancs, encore peu développé. Une belle verdeur au nez qui traduit la fraîcheur, la bouche est toute jeune, tous les éléments sont en place dans un parfait équilibre pour le grand millésime, mais ce n'est pas encore intégré. Il lui manque le facteur temps. Encore un bébé.

Millésime 2006

– *Dégustation d'avril 2010*

« On a eu des attaques de drosophiles qui piquent les grappes et provoquent la pourriture aigre. Il a fallu jeter la moitié de la récolte. Un travail compliqué de vendangeurs : il vaut mieux jeter que de prendre une seule grappe attaquée et qui sent le vinaigre. On n'a pas d'œnologue gourou dans ces cas-là mais vingt-cinq

œnologues, ce sont les vendangeurs, dont va dépendre la pureté de la vendange. »

16,5/17 – Frangipane, poivre blanc, miel, bouche déjà mûre, douce bien liquoreuse, semble plus évolué que 2005. On pourra le boire plus jeune, même dès maintenant où il révèle de nombreuses saveurs de fruits mûrs comme l'abricot, belle trame. « *On est déjà dans le confit.* »

Millésime 2007

– *Dégustation d'avril 2008*

Le 2007 comprend 80 % de sémillon et 20 % de sauvignon.

17 – Nez abricot, bouche très fruitée, 135 grammes de sucre. Nez botrytis, séveux, qui se développe dans le verre, pas de bois neuf, bois de 1 an et bois de 2 ans. Très bel équilibre, vif, long, tendu.

– *Dégustation d'avril 2010*

« *Vendanges d'octobre, floraison longue, maturité à rallonge et une arrière-saison fabuleuse qui permet d'avoir de beaux résultats. Millésime assez tardif, un millésime en 7, tout en longueur comme 97, mais un peu plus ciselé ; on a davantage de finesse et de pureté. Des saveurs très droites, bien définies.* »

17/17,5 – Miel, abricot, pêche jaune, bouche puissante, intense, complexe, très gâteau de miel, intense, profond, très beau vin assez émouvant. Peut-être moins parfait que 2005, mais à ce stade il dégage plus d'émotions.

Millésime 2008

– *Dégustation d'avril 2010*

« *Année de gel d'avril, qui a détruit 50 % de la future récolte. On a eu après du filage : la grappe qui part en vrille car le végétal prend le dessus ; la vigne, sa première fonction, c'est de faire de la feuille.* »

16/16,5 – Note fumée, 15 % de bois neuf. « *On pense qu'avec le bois neuf, comme on a de plus en plus de liqueur, cela peut apporter de la fermeté.* » Bouche douce, délicate, très fraîche. Vif, frais, bien fruité, Très fin, élégant, raffiné, un style à part qui n'est pas sans rappeler les barsacs.

Millésime 2009

– Dégustation d'avril 2010

18,5/19 – Nez pomme, chlorophylle, réglisse, 15 % bois neuf, poire, bouche très fraîche, élégante, raffinée, complexe, frais, tendu et riche. *« C'est du très grand »*, dit François, et nous sommes bien d'accord. La synthèse entre un très grand raisin et un très grand botrytis. *« On a cherché à ne pas dépasser les 140 grammes de sucre, on voulait un peu d'alcool pour qu'il ne s'aplatisse pas ; on est à 14°. »*

Château Haut-Mayne

Surface : 10,7 ha
Propriétaire : Famille Roumazeilles
Contact : Bruno Roumazeilles – 33210 Preignac
05.56.27.03.77
julien.roumazeilles.pagesperso-orange.fr

Bruno représente la troisième génération Roumazeilles installée ici et au Château Grillon, à Barsac. Le grand-père avait repris et replanté ce vignoble en greffant les ceps sur place. Les Roumazeilles se sont succédé et les ceps sont restés. *« On racote, mais on conserve ce vieux vignoble ! »* dit Bruno. Racoter, c'est remplacer les ceps malades ou morts par de jeunes plants. Cela évite d'arracher des vignes qui sont profondément enracinées dans ces sols, produisant peu mais bon.

Bruno n'a pas négligé la partie commerciale. Il reçoit dans son superbe chai en pierres empilées presque sans mortier et daté de plus de 400 ans. Puis il s'est très tôt intéressé à l'export, où il place 60 % de sa production. *« On a commencé à Vinexpo ; après, c'est du bouche-à-oreille. On vend en direct dans l'Europe du Nord, les pays scandinaves et en Italie. »* Son frère, visiteur médical, lui a apporté une clientèle fidèle de pharmaciens et de médecins. Mais ce qui le réjouit le plus, c'est de constater que des groupes de jeunes viennent le visiter quand il organise ses portes ouvertes. Curieux, attentifs et amateurs de vins frais. *« Mon grand-père, je l'entendais dire aux clients, vous le gardez pendant cinq ans avant de le boire. On ne peut plus dire ça aujourd'hui… »*

Millésime 2005

– *Dégustation de décembre 2010*

14,5 – Abricot sec, épices, miel, bouche cire complexe, fruits confits, bonne longueur, fin, élégant.

Millésime 2007

– *Dégustation de décembre 2010*

15,5 – Miel, vanille, floral, note agrumes, bouche pleine, 154 grammes de sucre, riche, vive, belle amertume rafraîchissante en finale.

Millésime 2009

– *Dégustation de décembre 2010*

16,5/17 – Miel, crème aux œufs, abricot, bouche généreuse, très parfumée, long, plein, équilibré, riche, palette aromatique très large.

Les Justices & Gilette

Surface : Les Justices 8,5 ha ; Gilette 4,5 ha
Propriétaire : Gonet-Médeville
Contact : Julie Gonet-Médeville
33210 Preignac
05.56.76.28.44
www.gonet-medeville.com

Les Justices, c'est du classique et Gilette, de l'exception mise au point par les anciens. La nouvelle génération, les Gonet-Médeville, s'est fabriquée à partir d'une rencontre en forme de coup de foudre lors d'un Salon où la petite Médeville et le jeune Gonet présentaient elle ses sauternes, lui ses champagnes. Elle a goûté ses bulles, lui a dégusté ses beaux vins dorés. Ils se sont dit qu'ils pourraient peut-être se revoir et, de fil en aiguille, ils ont créé un nouveau domaine en Champagne, un autre dans le Médoc, et prolongé l'activité de Christian et Andrée Médeville, qui avaient beaucoup donné de leur personne pour faire vivre leur graves Respide-Médeville (étonnamment fermé quand il est jeune et délicieux au bout de cinq ans) et les appellations dans lesquelles ils militaient. Car ces Médeville, on peut vraiment les qualifier de militants du goût et du bon vin. Julie Gonet-Médeville et Xavier, son mari, ont pris le relais. Ils perpétuent le grand œuvre de Christian, le Château Gilette, qui lui valut le surnom d'« Antiquaire du sauternes ». Le principe est né juste avant la guerre, quand le papa de Christian, mobilisé, interdit que l'on touche à ses vins jusqu'à son retour. Il pensait, comme tous les autres troufions, revenir bien vite après avoir maté le Teuton. On sait que cela a pris un peu plus de temps que prévu... Quand il revint, le sauternes de Gilette, un clos bien particulier sur des sols de graves et sables, gréseux en sous-sol, conservé en cuve, avait mûri en conservant une gamme aromatique de jeune vin. Eurêka, se dit René (c'est ainsi qu'il se prénommait), je vais continuer. Et depuis, pour Gilette, pas question de barriques, un élevage long en cuve pour préserver les arômes et une mise en bouteille quand Jupiter salue Neptune ou plutôt quand Christian le juge nécessaire. Il a d'ailleurs transmis ses pouvoirs de sorcier à sa fille et à son gendre. Julie, comme papa, ne commercialise ses vins qu'après vingt ans de vieillissement.

On peut donc acheter du Gilette de 1989, du 1975 et même beaucoup plus vieux. J'ai encore en mémoire un 1955 dédié à la mémoire de Jean Troisgros où se mêlaient fruits exotiques et truffe blanche. En reste-t-il ?

Millésime 2001

– Dégustation de juin 2003

15 – Les Justices. Nez fermé, bloqué, bouche ample, dense, sur des saveurs d'agrumes, puissant, fin mais très fermé à ce stade. Un vin prometteur.

Millésime 2006

– Dégustation de novembre 2010

15 – Les Justices. Nez séveux, fougère, bouche vive et dense, séveuse, agrumes, long, tendue, bien fait. Bon équilibre, belles saveurs de fruits blancs, frais, vif.

Archives

– *Dégustation de décembre 2010*

Millésime 1975

16,5 – **Gilette**. Miel, châtaigne, pâte de coings, poivre blanc, bouche assez fraîche pour ce millésime de soleil, des notes de fruits confits et de gelée de coings, fin, le côté liquoreux s'est atténué, bien persistant.

LAVILLE

Surface : 13 ha
Propriétaire : Jean-Christophe Barbe
Contact : Château Laville – 33210 Preignac
05.56.63.59.45
chateaulaville@hotmail.com

Cet ancien domaine, qui formait un clos autour de la demeure, fut racheté en 1960 par Jean Delmond, de retour forcé d'Algérie. Il a redonné vie à ce domaine, replanté le vignoble, modifié les chais et l'a rétabli parmi les crus qui comptent à Sauternes. Son petit-fils, Jean-Christophe Barbe, est actuellement aux commandes. Il propose des vins assez riches, séduisants, mais qui demandent à vieillir.

Second vin : Château Delmond

Millésime 2005

– *Dégustation d'avril 2006*

15 – Nez miel, boisé, bouche dense, puissante, très concentrée, beaucoup d'épices et un élevage en barriques qui marque. Mais l'ensemble est séduisant et bien fait.

Millésime 2007

– *Dégustation d'avril 2008*

14 – Botrytis, prune, bouche grasse, pleine, manque un peu de saveurs mais puissante, liquoreuse, très sémillon.

– *Dégustation de novembre 2010*

14 – Miel, vanille, bouche un peu iodée, de la matière un peu rustique, demande à se fondre.

Millésime 2008

– *Dégustation d'avril 2009*

15 – Doré soutenu, miel, banane, bouche puissante, très liquoreuse, note grillée, sec.

PIADA

Surface : 9,5 ha
Propriétaire : Famille Lalande
Contact : Frédéric Lalande
33720 Barsac
05.56.27.16.13
www.chateau-piada.com

À 76 ans, Jean Lalande, qui pratiquait toujours le rugby, a entamé des travaux de terrassement. Comme il trouvait qu'il n'allait pas assez vite, qu'il avait une petite chute de forme… Je lui laisse raconter la suite : « *Je me suis mis à courir avec les brouettes pour m'entraîner et je suis resté sur place. Je me suis provoqué un anévrisme.* » Transporté en urgence, il est opéré et récupère assez vite : « *À l'hopital, je n'ai jamais bu d'eau et en sortant j'ai été faire de la montagne à 3 000 mètres pour me remettre.* » C'était il y a déjà quelques années, mais Jean et son épouse, Dolorès, en pleine forme tous deux, n'envisagent pas la vie sous la forme d'un purgatoire médical. Potager, bonne chère, rires et partages. « *J'ai fumé pendant soixante ans, j'ai bu beaucoup de vin et de l'armagnac, et mes analyses sont parfaites. Nous ne sommes pas tous égaux face à la santé !* » Aujourd'hui le couple a laissé à Jean-Frédéric, leur fils, bâti sur le même moule, le soin de la propriété. Eux se contentent de recevoir les clients quand le fils n'y est pas. « *J'ai totalement décroché* », dit Jean, « *car mon père, quand il a arrêté, m'a laisssé la place vide, complètement. Il était content quand je lui demandais un conseil mais c'est tout, et j'ai fait de même.* » Jean-Frédéric travaille également 8 hectares de graves en rouge et en blanc sur la commune d'Illats et une parcelle de cérons.

Second vin : Clos-du-Roi

Millésime 2001

– *Dégustation de juin 2003*

17 – Poire, des notes sucrées qui rappellent le calisson d'Aix, floral, citron confit, très fin, bouche élégante, bonne acidité qui équilibre le gras, vif. Un vin qui réussit le pari d'allier puissance et élégance.

Millésime 2004

– *Dégustation de décembre 2010*

14 – Nez fermé, bouche légère, petite note de grillé, finale un peu sèche, petite acidité en finale.

Millésime 2005

– *Dégustation de décembre 2010*

15,5 – Nez pas très ouvert floral, bouche puissante, dense, très grasse, très riche, avec des saveurs citronnées, agrumes, kiwi, long, puissant. Vin à venir.

Millésime 2006

– *Dégustation de décembre 2010*

14,5 – Nez fougères, épices, bouche ample, pamplemousse, riche en liqueur, moins aromatique que 2005, mais plaisant.

Millésime 2007

– *Dégustation de décembre 2010*

16 – Poire, pomme, fruits blancs, bouche tendue, vive, bonne acidité et liqueur assez généreuse, bel équilibre, long, frais, tendu, joli vin. Bonne longueur.

Raymond-Lafon

Surface : 18 ha
Propriétaire : Famille Meslier
Contact : Marie-Françoise Meslier
33210 Sauternes
05.56.63.21.02.

La famille Meslier a conservé le nom de ce domaine, qui fut d'abord celui d'un maire du village au XIXe siècle. Prospère vignoble de 25 hectares à une époque où l'on s'arrachait les sauternes, il ne pesait plus que 3,5 hectares quand Pierre Meslier le racheta en 1972. Pierre Meslier a été directeur technique de Château d'Yquem durant vingt-sept ans, de 1963 à 1990, avant qu'une fâcherie pour cause indéterminée avec Alexandre de Lur-Saluces ne le fasse retourner vers ses foyers. Il n'avait pas grand trajet à parcourir puisque Raymond-Lafon, non loin d'Yquem, est imbriqué dans le cercle magique des grands crus classés. Cette situation et le savoir-faire du maître en ont fait un cru comparable à ceux-ci, comme ne manque jamais de le rappeler avec forte insistance et détermination Marie-Françoise, le fille de Pierre, lequel a laissé sa place à Charles-Henri, chargé de la conduite du vignoble et des vinifications.

Second vin : Lafon-Laroze

Millésime 2001

– *Dégustation de juin 2003*

17 – Pas en bouteille au moment de la dégustation, nez d'agrumes, de pomélo, frais, élégant, fin, beaucoup de matière, mais qui s'exprime dans la délicatesse.

Millésime 2005

– *Dégustation d'avril 2006*

17,5 – Miel, fruits blancs, pâtisserie (mille-feuille), bouche élégante, riche mais équilibrée par une fraîcheur intense, des saveurs mirabelle, pêche blanche, un vin de dentelle, long et déjà délicieux.

Millésime 2007

– *Dégustation d'avril 2008*

15 – Nez boisé, amande, bouche fraîche, équilibrée, très sémillon, bien fait.

Millésime 2009

– *Dégustation d'avril 2010*

15 – Fruits blancs confits, puissant, gras, épicé, bonne longueur, très liquoreux, riche, manque un peu d'arômes à ce stade.

TUYTTENS

Surface : 20 ha
Propriétaire : Philippe et Lucile Mercadier
Contact : Ghislaine Ducos
Tuyttens – 33210 Fargues
05.56.76.85.69

Les Mercadier possèdent un grand vignoble dans les Corbières, spécialisé dans l'élaboration de chardonnay (en vin de pays) et, depuis peu, de pinot noir, destinés surtout à l'export. Mais le grand-père de Philippe était propriétaire du superbe cru classé Château Suduiraut que la famille, trop nombreuse pour gérer une indivision, fut contrainte de vendre en 1992. Le grand-père, un industriel en textile, un lainier de l'Ariège – *« On tondait le mouton, on lavait la laine… »* –, avait acheté Suduiraut pour le plaisir et ne s'en occupait que de très loin. Philippe s'y était beaucoup investi pour le remettre à niveau et sa perte fut pour lui, selon son fils Paul, *« un gros chagrin »*. Pour compenser, il a racheté Tuyttens, puis deux autres domaines, Haut-Coustet (très joli 2005) et de Veyres. Malgré les difficultés commerciales que connaissent les sauternes, les Mercadier ne se découragent pas : *« On a repris des vignes au-dessus de Fargues, 6 hectares, un superbe vignoble avec des sols sablo-argileux et des graves… »*

Second vin : Château Partarrieu

Millésime 2001

– *Dégustation de décembre 2010*

14,5 – Pomme, un peu marin, note iodée, plein gras, riche, assez évolué, long, plein, à boire.

Millésime 2004

– *Dégustation de décembre 2010*

14 – Nez évolué, ciré, orange, verveine, bouche douce, très mûre, gras, plein, forte liqueur, à boire aujourd'hui.

Millésime 2007

– *Dégustation d'avril 2008*

14,5 – Épices, bouche douce, élégante, pas très pleine, assez frais.

Millésime 2008

– *Dégustation d'avril 2009*

14 – Amande, nez peu expressif, bouche vive, bien équilibrée, peu de fruit, un peu séché en finale.

Château de Veyres

Surface : 12 ha
Propriétaire : Famille Mercadier
Contact : Ghislaine Ducos – 33210 Fargues
05.56.76.85.69
vignoblesmercadier@wanadoo.fr

Ce fut autrefois un grand vignoble. Paul Mercadier, qui le gère aujourd'hui avec sa famille, m'assure qu'il couvrait plus de 100 hectares avant d'être vendu par morceaux à différents propriétaires. Le fil du temps est souvent très coupant. Aujourd'hui le domaine, racheté par les Mercadier à la Fondation de France en 2001, totalise 12 hectares. « *On a signé en août et vendangé en septembre. On a fait comme on a pu avec une des vieilles cuves, un antique pressoir Vaslin, et on a fait un très bon vin.* » Des sols très argileux, avec des ceps très âgés, certains plus que centenaires. Xavier Planty, qui a créé au Château Guiraud un conservatoire fondé sur la diversité au sein d'une même variété, a sélectionné quelques-uns de ces ancêtres pour récupérer des rameaux et les reproduire.

Millésime 2003

– *Dégustation de décembre 2010*

15,5 – Nez volatil, banane, bouche grasse, intense, miel, très puissant, large et long. Riche mais assez élégant.

Millésime 2005

– *Dégustation d'avril 2006*

15 – Nez réducteur, fermé, sans gravité à ce stade, bouche dense, liqueur abondante équilibrée par l'acidité, beaucoup de fruit, déjà délicieux.

Millésime 2008

– *Dégustation d'avril 2009*

14,5 – Nez fermé, bouche ronde, bien équilibrée, bonne longueur, un peu d'alcool en finale, pas mal de liqueur, puissant, manque de fruit, très sémillon.

Millésime 2009

– *Dégustation d'avril 2010*

15,5 – Nez grillé, botrytisé, bouche pleine, dense, épicée, joli fruit, poire, élégant, équilibre parfait.

Loupiac

Dans le vaste monde des liquoreux bordelais où règne Sauternes, Loupiac fait figure de poids-léger. D'abord par la taille, 350 hectares, puis par la dimension des propriétés. Une dizaine sont de taille suffisante pour commercialiser du vin. Le reste est divisé en une quarantaine de très petits producteurs qui possèdent 30 ares, 40 ares. Ils élaborent un peu de vin pour eux, pour des particuliers, avec quelques ventes aux grossistes... D'autres viennent d'appellations voisines. Ils ont acheté des parcelles de 1 ou 1,5 hectare pour compléter leur gamme. Une situation qui devrait évoluer, car, avec la nouvelle réglementation interne, ces producteurs extérieurs seront contraints de vinifier à Loupiac même ou dans les communes limitrophes. Une mesure destinée à privilégier la qualité et à fermer la porte à ceux qui cherchent un produit d'appoint.

Au final, entre 60 et 80 % des volumes de loupiacs sont entre les mains de cette dizaine de vignerons qui vivent réellement de cette appellation. «*Il faut être un peu fou ou vraiment passionné pour faire ce genre de vin. Il ne faut pas le faire pour gagner de l'argent*», dit Patrick Déjean, du Domaine du Noble. Depuis quinze ou vingt ans, en euros constants, les prix n'ont pas augmenté !

Poids légers également dans le style. Moins de sucre que dans les sauternes ou les délicieux voisins, sainte-croix-du-mont, les loupiacs se distinguent par des arômes floraux et une certaine fraîcheur. Mais, comme tous les vins liquoreux, Loupiac a connu sa traversée du désert. La clientèle des années 50 est en voie de disparition et la génération qui a suivi n'avait guère le goût au sucré. «*Dans les foires, on voit arriver une clientèle jeune et féminine. Le mari entraîne sa femme vers les rouges alors qu'elle veut goûter, et nous sourit*», s'amuse Daniel Sanfourche, responsable de l'appellation. «*Mais on voit arriver aussi des hommes jeunes, qui cuisinent et travaillent avec des vins liquoreux. On axe la dégustation avec les mets, mariage sucré-salé...*

Les vignerons organisent aussi des journées portes ouvertes qui sont fréquentées – ils ont fait des relevés – à 40 % par des jeunes.

DAUPHINÉ-RONDILLON

Surface : 15 ha
Propriétaire : Vignobles Darriet
Contact : Jean-Christophe Darriet, Sandrine Darriet-Froléon
33410 Loupiac
05.56.62.61.75 / 06.12.35.08.05
www.vignoblesdarriet.fr

Il s'agit là d'une affaire familiale. Pour s'en persuader, il suffit de lire la fiche technique du domaine. *« Propriétaires : Guy et Isabelle Darriet, septième génération de viticulteurs ; maître de chai : Jean-Christophe Darriet, huitième génération ; consultant : Philippe Darriet, huitième génération, enseignant-chercheur à la Faculté d'œnologie de Bordeaux-II ; commercialisation : Sandrine Darriet-Froléon, huitième génération… »*

Le « huitième génération » a choisi librement ce métier, sans pression des parents. Sandrine a fait d'autres études. Elle était ingénieur chimiste avant de revenir au domaine s'occuper de la commercialisation. Quant à Jean-Christophe, son désir de vin s'est déclaré dans d'originales circonstances : *« J'ai un DEA de maths appliquées, j'étais le moins préparé à revenir ici. La question, je me la suis posée en mer, à bord du* Duguay-Trouin, *de Saint-Malo. J'étais timonier de quart : le milieu de la nuit, ça aide à réfléchir. Je pensais beaucoup à des choses techniques, les cuves, l'informatique, les pressoirs… Mes notions, je vais les utiliser sur des points concrets. En fait, ça me sert sur la gestion. Mon intérêt s'est déplacé aujourd'hui vers la vigne. Les améliorations techniques, nous les avons faites, mais ce n'est pas notre super-pressoir sous azote qui fait le vin, c'est le soleil, le botrytis, le terroir, l'âge des vignes et les raisins qu'on sélectionne. »*

En 1952, un Château Dauphiné-Rondillon 37 fut offert par la ville d'Orange lors d'un dîner en l'honneur de Sa Majesté Juliana, reine des Pays-Bas. Il fut servi au côté d'un Château Yquem 39. Lui aussi une majesté.

Autres vins : De Rouquette (loupiac), Moutin (graves blanc sec)

Millésime 2007

– *Dégustation de juin 2009*

17 – Lacté, abricot, poivré, long, épicé, belle structure, assez vive, longue, bien équilibré, abricot, mirabelle.

15,5/16 – **De Rouquette**. Nez seringa, floral, bouche abricot, fraîche, ronde, souple ; vin frais, assez élégant, bien vif, note mandarine, beaucoup de fraîcheur.

Domaine du Noble

Surface : 13 ha
Propriétaire : Patrick Déjean
Contact : Patrick Déjean
33410 Loupiac
05.56.62.98.30
www.domaine-du-noble.fr

Le liquoreux, les Déjean sont nés dedans. Un frère dans un cru classé de sauternes et lui à Loupiac, longtemps président de l'appellation, comme son frère à Sauternes. Patrick a œuvré pour une communication commune à tous les liquoreux de Bordeaux. Son vœu semble se réaliser avec la campagne « Sweet Bordeaux », qui connaît un certain succès auprès des jeunes. Une production régulière de loupiacs frais, pas trop tournés vers le sucre et la liqueur, des vins parfaits à l'apéritif.

Second vin : Château du Gascon

Millésime 2000

– Dégustation de novembre 2001

15 – Floral et tendre, à boire aujourd'hui sur le fruit. Un vin parfumé, qui se livre immédiatement.

Millésime 2007

– Dégustation de novembre 2008

15 – Fermé, bouche concentrée, bien parfumée, boisé intégré, bonne longueur.

Château du Cros

Surface : 90 ha
Propriétaire : Michel Boyer
Contact : Michel Boyer et Catherine d'Halluin
33410 Loupiac
05.56.62.99.31
www.chateauducros.com

Un très beau et grand domaine, installé au pied d'un pic rocheux qui domine la Garonne. Les ruines du château médiéval, haut lieu de l'amitié franco-anglaise au temps des arbalettes, des catapultes et des charges de cavalerie, figure à l'inventaire des monuments historiques. On n'y trouvera pas, en revanche, la liste des collaborateurs (trices) de Michel Boyer, qui s'est entouré d'une équipe jeune et en partie familiale dont sa fille Catherine, déterminée responsable commerciale. Souvent critiqué, jamais imité, Michel Boyer empile les millésimes réussis avec des vins brillants dans leur jeunesse et parfaitement de garde. Le domaine rayonne aussi dans les appellations voisines, en graves et en bordeaux.

Second vin : Fleur-de-Cros

Millésime 2005

– *Dégustation d'avril 2006*

14 – Floral, fleurs blanches, vif, plein, très fringant. Un vin d'apéritif à boire frais sans se poser de questions.

Millésime 2007

– *Dégustation de juin 2009*

15 – Frangipane, nez fin, discret, bouche un peu boisée, note amande, mille-feuille, crème pâtissière, bonne longueur, pas mal de bois, un peu d'amertume.

Sainte-croix-du-mont

L'or est là, dans la bouteille. Et la mine est en dessous. La couleur du vin est incroyablement belle et tellement incitative qu'elle risque le procès. Le filon couvre sur 45 hectares les coteaux rive droite de la Garonne, à 40 kilomètres au sud de Bordeaux. Des cailloux, des graves par endroits sur le plateau, un peu d'argile pour la liaison, et surtout – cas unique, peut-être – un banc d'huîtres fossiles en dessous et autour du village. Depuis la classe de cinquième, chacun a en mémoire un exemple de calcaire conchylien ou coquillier : de la roche et, de-ci de-là, une empreinte de coquillage. En ce lieu, c'est tout autre. Il faudrait imaginer une tribu de géants particulièrement amateurs d'huîtres qui les auraient empilées pendant des siècles. Impressionnant.

Ici, la chaîne de fabrication s'appelle septembre-octobre. Comme à Sauternes la voisine, quand vient la fin de l'été, on attend. Les autres, ceux qui font du rouge ou du blanc sec, en sont déjà à surveiller l'évolution des moûts dans les chais ; les producteurs de grands blancs liquoreux guettent encore dans les vignes l'apparition de la pourriture noble. C'est elle, avec son champignon magique, le *Botrytis cinerea,* qui va provoquer la concentration en sucre, en arômes et en acidité de la baie. Après, il faudra cueillir, grappe par grappe en passant plusieurs fois (la vendange par tries successives) et en perdant beaucoup de volume potentiel. L'or, ça se mérite, même si celui-ci ne se vend pas au prix de la pépite !

Résumons-nous : vin superbe, site pittoresque. Ajoutons : vue magnifique sur la vallée de la Garonne et, au loin, trônant en majesté, le Château d'Yquem, situé juste en face, sur l'autre rive. Tout cela réuni devrait faire de Sainte-Croix-du-Mont un lieu visité sinon recherché. Cependant, l'appellation est en panne. Quelques propriétés s'en sortent. Ce sont les plus dynamiques. Elles misent sur la qualité, vendent le vin en bouteilles et ne ratent pas une occasion de se faire connaître. Les autres patinent, écoulent en vrac auprès d'un négoce peu intéressé, et font un peu de trésorerie grâce aux vins rouges. En France, le vin liquoreux perd sa clientèle ancienne et vieillissante ; les syndicats d'appellation n'ont pas les moyens de financer des campagnes de promotion intelligentes auprès des jeunes. Ce type de vin leur plaît, mais ils ne le connaissent pas, et leur désir n'est pas sollicité. Les cuisines d'Asie, le sucré-salé, les épices, le piment s'accordent à merveille avec les grands blancs liquoreux. Reste à le faire savoir aux intéressés…

LOUBENS

Surface : 22 ha ; 7 en rouge, 15 en blanc
Propriétaire : Famille de Sèze
Contact : Arnaud de Sèze
33410 Sainte-Croix-du-Mont
05.56.62.01.25

Commençons par le bas. Une falaise qui domine la Garonne et un banc d'huîtres bien empilées sur plusieurs mètres de hauteur. Un souvenir de l'ère tertiaire qui en a intrigué bien d'autres. Louis XIII, notamment, accompagné de l'inévitable (à l'époque) Richelieu, y est venu en 1620 entendre une messe dans une chapelle creusée à flanc de coteau, au sein de ce banc coquillier. La chapelle est située en dessous du Château Loubens, propriété de la très ancienne famille de Sèze.

Un escalier glissant, très glissant – je peux en témoigner –, mène à une série de sept galeries qui s'enfoncent de 30 mètres chacune dans la falaise. Loubens n'a pas à proprement parler de problème de caves. Au-dessus, enfin, les propriétaires. Un des plus anciens fut chasseur de sorcières sous Henri IV – un de nos vieux métiers traditionnels, encore bien vivace aujourd'hui. Lui, d'après ses mémoires, en aurait brûlé cinq cents. Record à battre ! Arnaud de Sèze, l'actuel châtelain, se contente de sélectionner, couper, trier, tailler, presser, faire fermenter des raisins fortement botrytisés qui ne lui ont rien fait. Pratiquement que du sémillon. Loubens ne propose que des millésimes mûrs, longtemps élevés en fûts puis en bouteilles.

Second vin : Château des Tours

Archives

– Dégustation de juin 1995

Millésime 1989

15 – Grillé au nez, des notes salées, bon fruit en bouche, pas mal d'alcool mais équilibré.

Millésime 1990

18 – Une merveille au nez, miel, noisette grillée, fruits secs. Gras, très riche, ample, puissant, très volumineux, long. Plus sur l'équilibre d'un grand sauternes.

– Dégustation de juin 2006

Millésime 1998

16 – Joli nez de coing, mirabelle, confiture d'abricot et des notes vanillées, bouche dense, puissante mais équilibrée par une acidité rafraîchissante.

Millésime 1999

15 – Bien épicé, coing, abricot, la note iodée s'estompe à l'aération pour faire de la place aux fruits confits, bouche puissante, encore jeune, vif, ample.

DU MONT

Surface : 25 ha
Propriétaire :
Contact : Hervé Chouvac – 33410 Sainte-Croix-du-Mont
05.56.62.07.65/06.89.96.54.73

Le plaisir à la portée de tous. Pour moins de 15 euros, et souvent moins de 13, de grands vins liquoreux que l'on a trop longtemps associés au foie gras ou à des mets lourds. Hervé Chouvac (voir également en graves) préfère, lui, abandonner le discours traditionnel et faire déguster ses vins frais en dehors des clichés : « *Les jeunes s'intéressent aux liquoreux, mais ne savent pas quand les boire. Nous, on leur dit d'essayer très frais, à l'apéritif, ou quand ils veulent. Faut arrêter de vouloir mettre les liquoreux à toutes les sauces, faut les consommer quand cela fait plaisir.* »

Hervé cultive également, sur Fargues, 1,5 hectare en appellation sauternes, tout aussi remarquable.

Millésime 2003

– *Dégustation de juin 2006*

17 – Cuvée Pierre. Miel, abricot, pêche blanche, note de grillé ou de rôti, bouche ample, concentrée, un côté liquoreux prononcé qui lui confère beaucoup d'onctuosité, long, bien équilibré, assez frais : une petite merveille.

Millésime 2004

– *Dégustation de juin 2006*

15 – Cuvée Pierre. Miel d'acacia, aubépine, frangipane, note d'amande, fin, équilibré, un liquoreux tendre, bien long, et des saveurs qui évoquent le beurre chaud de pâtisserie, bonne fraîcheur.

Millésime 2008

– *Dégustation d'avril 2009*

15 – Cuvée Pierre. Cire, vanille, bouche assez dense, liquoreuse, un peu d'alcool en finale, boisé marqué.

Millésime 2009

– *Dégustation d'avril 2010*

15 – Cuvée Pierre. Cire, pointe iodée, huître, abricot, bouche assez marquée par la liqueur, long, puissant, peu d'acidité.

Du Pavillon & Les Roques

Surface : 9 ha
Propriétaire : Famille Fertal
Contact : Viviane Fertal
Château du Pavillon – 33410 Sainte-Croix-du-Mont
05.56.62.01.04

Alain Fertal, ancien dirigeant de Darty, n'avait pas choisi la voie la plus facile pour exaucer sa passion pour le vin. En 1994, avec son épouse, Viviane, ils avaient racheté cette très jolie propriété, à flanc de collines et partagée sur deux appellations : loupiac (Les Roques) et sainte-croix-du-mont (Pavillon). Pourquoi, comme nombre de ses congénères recyclés dans le vin, ne pas choisir une appellation porteuse comme saint-émilion, plus facile à vendre ? *« On fait partie d'une caste, des gens prêts à perdre de l'argent pour ressentir cette excitation du grand millésime. On risque tout à attendre en automne que les raisins atteignent la pourriture noble. Et quand cela réussit, comme en 2001, ce que l'on vit, c'est un sentiment que l'on n'aura jamais avec du rouge. »*

Ce sont des *« vins de fous »*, ajoutait-il. Alain Fertal a disparu en 2008 et Viviane continue.

Millésime 2002

– Dégustation de juin 2006

15 – Pavillon. Frais et fringant, fruits blancs et amande, vif, élégant en bouche, le sucre est discret, bien équilibré par l'acidité.

Millésime 2005

– Dégustation d'avril 2006

15,5 – Pavillon. Nez miel, coing, rôti du botrytis, bouche ample, dense, épicée, une bonne liqueur pas trop imposante et équilibrée par une acidité rafraîchissante.

14,5 – Les Roques. 85 % sémillon, 14 % sauvignon, 1 % muscadelle, élevage en cuve pour garder le fruit.

Miel, aubépine, bouche tendre, note beurrée de pâtisserie, bien gras, très gourmand.

Millésime 2007

– *Dégustation d'avril 2008*

14 – **Pavillon**. Cuisine, beurre brûlé, réduit, boisé, bouche puissante, fraîche, dense.

14 – **Les Roques**. Miel, épices, boisé, grillé, bouche dense, épicée, longue, belle matière.

– *Dégustation de juin 2009*

16 – **Pavillon**. Épicé, pêche blanche, frais, délicat, tendre, bien équilibré, charmant, élégant, belle finale.

La Rame

Surface : 20 ha
Propriétaire : Yves Armand
Contact : Yves Armand, Angélique et Olivier Allo
33410 Sainte-Croix-du-Mont
05.56.62.01.50

« Quand je vois Angélique et Olivier, le mal qu'ils se donnent pour vendre le vin, ça me rend malade. Ils ne prennent jamais de repos. Ils travaillent trop. On a un potentiel formidable avec sainte-croix, mais c'est très difficile. Ceux qui ont compris la nécessité du commerce il y a dix ou quinze ans s'en sortent. Les autres plombent le marché en vendant leur vin au-dessous du prix de revient. La commercialisation, ça coûte cher. Débarquer à Tokyo, louer une voiture, ce n'est pas à la portée de tout le monde. »

Yves Armand a pris les commandes de Château La Rame en 1985. Trente ans plus tard, il se serait peut-être découragé sans le renfort de ses enfants. Avec sa fille, son fils et son gendre, ils forment une équipe de choc. Son histoire et celle de son vignoble se confondent avec celle de sainte-croix-du-mont : *« En 1900, il y avait six belles propriétés avec de grandes familles qui ont peu à peu dilapidé leurs biens. Ce sont leurs ouvriers qui ont racheté par morceaux. On est passés de six à cent vingt exploitants en 1940. Il y avait alors des gens qui vivaient avec seulement 2 hectares. C'est l'époque où mon grand-père a acheté La Caussade. On a repris La Rame en 1956. Mon père n'avait que 5 hectares en rentrant de la guerre, quand il a quitté l'armée Leclerc. C'est lui qui a fait la propriété. Il a passé son temps à acheter de la vigne. Lui, c'était la vigne et encore la vigne... On gardait les pièces de 1 franc (ancien) pour acheter le lait.* » Le vigneron vivait au fil de son époque, préoccupé par les saisons, les biens à faire fructifier et à transmettre. Aujourd'hui, Yves Armand fait le constat un peu inverse : sans une démarche commerciale volontaire, les vignes ne servent à rien.

« *D'où l'on vient, on a du mal à faire le commercial !* »

Par bonheur, la nouvelle génération y parvient fort bien et les vins sont délicieux, avec cet équilibre parfait – pas trop de sucre, pas trop d'alcool, petite pointe de nervosité – qui les rend « modernes », plus dans la demande d'aujourd'hui que les liquoreux trop riches. Le domaine s'étend sur deux autres appellations : graves (La Charmille) et cadillac, en liquoreux.

Autre vin : La Caussade

Millésime 2005

– *Dégustation d'avril 2006*

16,5 – Très joli nez floral, évoquant le lilas et l'aubépine, pointe de vanille, pâtisserie, pêche blanche, bouche fraîche, nette, riche mais bien équilibrée, d'une grande longueur. Un vin initiatique, fait pour convertir les dubitatifs aux liquoreux. Ne cherchez pas les alliances bizarres, servez-le frais à l'apéritif.

Millésime 2006

– *Dégustation d'avril 2007*

16,5 – Notes très présentes de noisette, d'amande fraîche et de citron confit. Bouche pas trop liquoreuse, bonne acidité, long.

Millésime 2008

– *Dégustation d'avril 2009*

14,5/15 – **Réserve du Château**. Réduit au nez, boudeur, pas trop de liqueur, équilibré. Manque un peu de fruit à ce stade, mais ça devrait revenir au cours de l'élevage.

Millésime 2009

– Dégustation d'avril 2010

16 – Cadillac. Boisé, banane, épices, bouche équilibrée, fruitée, long, frais dense, explosif sur le plan aromatique.

14,5 – Réserve du Château. Vanille, frangipane, bouche vive, tendue, bonne acidité.

Archives

– Dégustation de juin 2006

Millésime 1998

16,5 – Réserve du Château. Floral, vanille, mirabelle, amande, joli nez complexe et variant, bouche ample, douce, onctueuse, bien équilibrée, les fruits blancs sont rehaussés d'une note grillée, long.

Fronsac et canon-fronsac

Ce sont deux appellations jumelles, fronsac et canon-fronsac, situées au nord de Libourne, sur les coteaux qui dominent la Dordogne. Un peu moins de 1 200 hectares au total, et des sols variés où le calcaire tendre « à astéries » n'est jamais vraiment absent. De nombreuses anciennes carrières d'où l'on a extrait la pierre de taille pour les monuments et les demeures bordelaises en témoignent. Fronsac, la plus vaste, connaît des variations suivant que les vignobles se situent sur le plateau ou à flanc de coteau. Canon-fronsac (300 hectares) repose pour l'essentiel sur ce calcaire recouvert d'une fine couche d'argile et de cailloux, mais les deux appellations se confondent en dégustation comme d'ailleurs dans leurs conditions de production. Le merlot domine, suivi des inévitables cabernets. Bref, un profil identique aux saint-émilion et pomerols. Pourquoi ces deux-là sont-ils plus célèbres et mieux cotés ? Sans doute est-ce le résultat d'une histoire récente. Au sortir des crises successives qui ont marqué la fin du XIXe siècle, le commerce s'est rétabli grâce aux vignobles les plus proches des chais du négoce et dans lesquels ce dernier avait investi. Pomerol, encore aujourd'hui, est fortement détenu par des négociants. Mais il y existe une seconde raison : c'est le « tirage » de la notoriété vers le bas, à cause de marchés ponctuels. Après le phylloxéra, quand la France manque de vin, ceux des « palus » (zone des bords de la Dordogne, humide et fertile) intéressaient fortement le commerce. Quantité plus que qualité ! Ces vins de « cargaison », comme on les nommait à l'époque, étaient d'un bon rapport. Propriétaires et marchands du fronsadais ont alors investi dans ces vignobles médiocres. En somme, les erreurs de jugement des ancêtres pénalisent toujours, près de deux siècles plus tard, les générations qui s'appliquent. Car fronsac et canon-fronsac sont aujourd'hui les parents pauvres du trio libournais, avec un prix inférieur à leur valeur intrinsèque.

Fronsac

Château de Carles

Surface : 20 ha
Propriétaire : Famille Chastenet de Castaing
Contact : Constance et Stéphane Droulers
33141 Saillans
05.57.84.32.03

La mode est passée des cuvées spéciales et c'est tant mieux. Trop de monde s'amusait à isoler des parcelles et à pratiquer de l'œnologie vaudoue dans le but souvent avoué d'obtenir une forte note chez les dégustateurs en largeur, qui préfèrent l'armoire normande aux vases de Gallé. Ce fut une grave épidémie sur cette rive-ci de la Dordogne, dont l'épicentre fut Saint-Émilion. En dehors de fatiguer l'amateur, la cuvée spéciale présentait l'inconvénient de déshabiller Pierre pour habiller Paul. En retirant de la cuvée normale les meilleurs parcelles, on lui enlevait aussi de sa moelle, de sa chair. Ici, au Château de Carles, on a persisté et poussé la logique jusqu'au bout. Le grand vin s'appelle Haut-Carles, et Carles tout court, qui désigne cependant la propriété, est devenu le cadet du prince. Il ne viendrait à l'idée de personne de me féliciter pour ma parfaite maîtrise du marketing, mais il me semble cependant que cette démarche du Carles moins bien que le Haut-Carles ne ferait pas l'unanimité lors d'un vote à main levée des professeurs de l'Anderson School of Management. Mais point d'anglais en ce lieu. Le Château de Carles, vague référence à un campement de Charlemagne, fut la propriété de l'académicien Jacques Chastenet, fondateur du journal *Le Temps* dans l'entre-deux-guerres, historien prolifique, connu surtout pour ses travaux sur la IIIe République et les relations internationales. Sa petite-fille et son mari ont pris le relais, revivifiant le vignoble et modernisant les installations. C'est bon, mais, pour mon goût, ce serait bien meilleur si on y faisait un peu moins de Haut-Carles et un peu plus de Carles. En clair, un peu plus de fraîcheur.

Autre vin : Haut-Carles

Millésime 2000

– *Dégustation d'avril 2001*

15,5 – **Haut-Carles.** Beau vin de merlot bien mûr. Bouquet riche, opulent, fruits confits. Bouche tendre, suave, malgré une belle corpulence, belle assise de tanin mûr. Vin extraverti, onctueux.

Millésime 2001

– *Dégustation d'avril 2002*

15,5 – **Haut-Carles.** Robe violet sombre. Nez élégant, pain grillé, poivre, confiture de mûres. Bouche grasse, puissante, toastée, le boisé est très présent à ce stade, mais le vin le prend bien, finale chocolat.

Millésime 2002

– *Dégustation d'avril 2003*

15 – **Haut-Carles**. Beau nez de fruits noirs, myrtille, vanille poivre, café. Les notes moka se retrouvent en bouche, la chair est pleine, l'ensemble puissant et élégant.

Millésime 2004

– *Dégustation d'avril 2005*

14,5 – **Haut-Carles**. Épices, viande rôtie, gentiane, bouche vive, tannique, des tanins qui montent en puissance en bouche, finale un peu rugueuse à ce stade.

Millésime 2007

– *Dégustation d'avril 2008*

15 – **Carles**. Boisé marqué, chocolat, puissant, fondu, très pomerol, grillé en bouche, très chocolat, long ; un bon travail de présentation et d'élevage ; un côté international, mais bien fait.

13,5/14 – **Haut-Carles**. Boisé, chocolat, bouche dense, épicée, tannique, extraite, mais bon fruit, serré en finale, lourd. Ce millésime demandait des vinifications un peu plus douces.

Millésime 2008

– Dégustation d'avril 2009

13,5 – Haut-Carles. Mûre, fruits au sucre, bouche vanillée, sucrée, boisée, un peu too much, sèche en finale. Trop extrait, surmaturité, alcool.

Millésime 2009

– Dégustation d'avril 2010

14,5/15 – Haut-Carles. Boisé, floral, réglisse, bouche ronde, souple, structure légère et élégante, bonne acidité, bonne proportion de cabernet.

Chadenne

Surface : 12 ha
Propriétaire : Philippe et Véronique Jean
Contact : Château Chadenne – 33126 Fronsac
05.57.24.93.10
www.chateauchadenne.com

Le domaine a appartenu à la famille Leuvielle, autrement connue grâce à un de ses fils sous le nom de Max Linder, pionnier du cinéma et inventeur de ses formes modernes. Une bonne partie des œuvres de Max Linder, celle tournée avant la Première Guerre mondiale, a disparu et on a oublié qu'il fut la vedette de Los Angeles aux prémices de Hollywood. Le personnage de Linder à l'écran a fortement inspiré Chaplin pour celui de Charlot, troquant le haut-de-forme pour le melon. Comme souvent les grands comiques, Max Linder était un désespéré qui finit par se suicider.

Parlons de choses plus gaies. Des Corréziens, par exemple, qui, une fois de plus, se retrouvent propriétaires d'un château. Ceux-là, les Jean, n'ont pas quitté leurs origines en poussant la charrette à bras à la recherche d'un meilleur avenir, comme le veut la légende corrézienne des négociants de Libourne. Ou alors, il y a longtemps. Philippe Jean emballait. Beaucoup, sans doute, car il en a fait un métier, de l'emballage, et qu'il s'est offert Chadenne en paquet-cadeau. Depuis 1999, les Jean, Véronique et Philippe, aidés de leur œnologue Christian Veyry, se donnent beaucoup de mal pour produire un joli vin sur ces hauteurs du Fronsadais. Avec succès, même si on peut imaginer qu'ils peuvent encore gagner en finesse au cours de l'élevage.

Second vin : Fleur-Chadenne

Millésime 2001

– *Dégustation d'avril 2002*

13,5 – Nez de fruits rouges, assez boisé, confituré. Le bois domine la bouche à ce stade.

Millésime 2002

– *Dégustation d'avril 2003*

14 – Un nez d'agrumes, réglisse, cacao, peau d'orange. Sérieux, charpenté, boisé, demande à s'ouvrir après l'élevage, en l'état assez austère.

Millésime 2003

– *Dégustation d'avril 2004*

13,5 – Nez de fruits rouges, pain grillé. Bouche assez fraîche, texture fine, notes grillées, caramel en finale.

Millésime 2005

– *Dégustation de juin 2008*

14 – Épices, poivre, bouche serrée, tendue, vive en finale ; vin de cabernet un peu sévère, séchant.

Millésime 2006

– *Dégustation d'avril 2007*

14 – Nez puissant, poudre de riz, végétal, cerises à l'eau-de-vie, bouche ronde, bien fruitée, tendue en finale, bonne matière.

Millésime 2008

– *Dégustation d'avril 2009*

15,5/16 – Floral, fruits rouges, framboise, bouche tendre, élégante, douce, bien construite, valorisant le fruit sur une structure veloutée et gourmande.

Millésime 2009

– *Dégustation d'avril 2010*

13,5/14 – Boisé, grillé, bouche vive, du moelleux, tendu, vif, un peu marqué par le bois mais assez bonne matière, chaleureux.

Clos-du-Roy

Surface : 12 ha
Propriétaire : Philippe Hermouet
Contact : Philippe Hermouet, Clos du Roy – 33141 Saillans
05.57.55.07.41
www.vignobleshermouet.com

Philippe Hermouet est devenu vigneron par hasard, par rencontre, par amour et par souci d'indépendance. Ingénieur agricole, Vendéen du canton agricole des Essarts, celui de la famille de l'homme politique Philippe de Villiers – *« je jouais au foot contre ses frères »* –, rien ne le préparait vraiment à tailler les sarments. *« J'ai découvert le vin en arrivant ici. »* En 1988, il décide avec son épouse de reprendre la propriété de sa belle-famille. *« Ils avaient 10 hectares de plantés, ce n'était pas une structure très viable. Avec mon épouse, on paraissait un peu surdiplômés pour venir là ; mes beaux-parents étaient mitigés. »*

Le domaine s'étend pour une part sur l'appellation fronsac, aussi en bordeaux, mais la majorité n'a pas été replantée depuis les gelées dévastatrices de 1956. Le beau-père de Philippe considérait le vignoble comme une activité secondaire. Sa passion, c'est la photo, et il a monté un magasin où il vend également des disques. Philippe, au départ, apprend et regarde : *« Il y avait un salarié à l'ancienne que j'ai laissé faire et avec qui j'ai appris en observant. On a travaillé ensemble six ans, je me suis surtout occupé de la partie plantation. J'ai beaucoup replanté. Moi, je ne voulais pas rester salarié toute ma vie ; c'était le moteur, je voulais notre indépendance, et au final je ne regrette pas. »*

Le domaine couvre aujourd'hui 12 hectares en fronsac et 25 en bordeaux (Château Roc-Meynard). La cuvée Arthur a été créée en

1995. *« Jusqu'en 1994, on n'avait qu'un seul vin élevé en cuve. Après, on a commencé à faire un peu de barriques, et j'avais un fils, Arthur... »*

Depuis 2006, Mélodie Blanc, une jeune œnologue, travaille comme maître de chai : *« Elle a sans doute contribué à faire des vins plus élégants. »*

Millésime 2005

– Dégustation d'avril 2008

15,5/16 – Cuvée Arthur. Séveux, résine, pin, joli nez, bouche ronde, douce, mais une belle matière généreuse, un peu dure en finale mais ça devrait se fondre. Élevage soigné, vin élégant.

– Dégustation d'avril 2010

15,5 – Épices, grillé, fruits noirs, olive noire, bouche douce, bien fondue, rond, gras, plein, bien fruité, finale tannique, commence à s'ouvrir, long.

Millésime 2006

– Dégustation d'avril 2007

13,5 – Arthur. Fruits noirs, épices, bouche vive, tendue, pas mal d'acidité, un peu trop acide en finale, boisé prenant.

Millésime 2007

– Dégustation d'avril 2008

14,5/15 – Boisé chocolat, bouche puissante, tendue, belle matière un peu austère, bien équilibrée.

13,5 – Arthur. Fruits rouges, vif, serré, tendu, un peu rugueux en finale, vin viril, équilibré, mais manquant un tantinet de charme.

– Dégustation d'avril 2010

14,5/15 – Fruits noirs, épices, bouche ronde, souple, bien fondue, vive, finale fraîche – *« On ne fait pas la course à l'extraction, plus priorité à l'élégance. »* Frais, fin très agréable.

Millésime 2008

– Dégustation d'avril 2009

14,5 – Floral, fruits rouges, bouche douce, une certaine sucrosité, pas très dense, longueur moyenne mais de la gourmandise apportée par un boisé réussi.

14 – **Arthur**. Nez fermé, fruits noirs, bouche vive, tendue, assez serrée, un joli fruit un peu bourgogne côtes-de-nuits.

Millésime 2009

– Dégustation d'avril 2010

16 – **Arthur**. Boisé, prune, bouche ronde, souple, tanins fondus, vin élégant, assez soyeux, bien fait, bonne longueur, fin.

Dalem

Surface : 15 ha
Propriétaire : Famille Rullier
Contact : Brigitte Rullier-Loussert
Château Dalem – 33141 Saillans
05.57.84.34.18
www.chateau-dalem.com

Michel Rullier a repris ce domaine, puis l'a agrandi en 1955. Chaleureux, sympathique, il a d'abord produit, avec l'aide de Michel Rolland, des vins à l'image de son tempérament généreux et volubile. Sa fille, Brigitte, lui a succédé depuis 2002 et travaille avec l'œnologue Christian Veyry, conseiller de nombreux domaines et vigneron lui-même en côtes-de-castillon. Les Rullier exploitent également le Château de La Huste.

Millésime 2000

– Dégustation d'avril 2001

15 – Nez riche et profond. Cassis. Belle texture en bouche avec un tanin savoureux et onctueux.

Millésime 2001

– Dégustation d'avril 2002

14,5 – Nez ouvert, cassis, mûre, poivre. La bouche est grasse, concentrée, la finale se resserre sur un tanin vigoureux.

Millésime 2002

– Dégustation d'avril 2003

14 – Un échantillon très boisé, clou de girofle, austère. Bouche très dominée par le bois, le tanin est rude, la finale sans grâce sur des notes rugueuses. À revoir après élevage.

Millésime 2003

– Dégustation d'avril 2004

15,5/16 – Nez de fruits rouges, épices, poivre, cerise. Bouche expressive, framboisée, texture fine et élégante, finale fraîche et longue. Beau vin de garde, que l'on pourra découvrir assez jeune.

Millésime 2005

– Dégustation d'avril 2006

16,5 – Beaucoup de fruit mûr au nez, ouvert et séduisant. Bouche structurée et fruitée, le boisé est sensible mais fondu, vin d'avenir bien bâti.

Millésime 2006

– Dégustation d'avril 2007

15,5 – Violette, boisé, fraise, bouche tendre, souple, fraîche, bonne matière, tanins fins, délicat, très beau fruit. Vin fin, élégant.

Millésime 2007

– Dégustation d'avril 2008

14 – Fruits rouges, bouche boisée, tanins ronds, souples, mais trop de bois sur cet échantillon. Extraction musclée.

Millésime 2008

– Dégustation d'avril 2009

14,5/15 – Boisé assez marqué, bouche douce, bien veloutée, bon fruit, un peu lactée. Un vin gourmand, souple, bien travaillé.

Château de La Dauphine

Surface : 31 ha
Propriétaire : Famille Halley
Contact : Guillaume Halley
La Dauphine – 33126 Fronsac
05.57.74.06.61
www.chateau-dauphine.com

Succession de grandes familles. D'abord les Brem, les historiques, qui possédaient une grande partie de fronsac. Puis en 1985, les Moueix, qui possèdent une bonne tranche de pomerol. Enfin, les Halley, qui possédaient une confortable série d'hyper et supermarchés Continent et Carrefour. À l'origine de leur fortune, comme souvent, un petit paysan qui devient épicier, puis fournisseur pour les épiceries, etc.

Jean Halley, décédé depuis, avait acheté La Dauphine. C'est drôle, en écrivant cela, je pense davantage à la petite Renault aux phares rieurs et à la chanson de Bashung (*Osez Joséphine*) qu'à la femme du fils de Louis XV. Et c'est pourtant à elle que ce domaine, où elle a posé un jour son pied charmant, doit son nom. Pourtant, la Dauphine, quelle bagnole ! Surtout dans sa version Gordini ou, plus rare, 1093 qui avait, si ma mémoire est bonne, remporté le Tour de Corse. Bref, Jean Halley achète en 2000 aux Moueix, qui voulaient se recentrer sur pomerol. Il confie le domaine à sa fille, mais, comme dit joliment Guillaume : « *Travailler avec mon père n'est pas chose facile…* » La sœur de Guillaume raccroche en 2004 et le papa se tourne vers son fils : « *On se connaît bien, on se supporte mieux.* » Guillaume est plutôt du genre calme mais résolu, celui qui désamorce les conflits mais suit son idée. Guillaume possède aussi deux magasins Carrefour Market, un à Ouistreham et l'autre à Bordeaux, ce qui nécessite d'aimer les voyages, et il s'est visiblement pris au jeu de la viticulture. « *La partie haute du vignoble était à refaire ; il y avait beaucoup de pieds manquants et des espacements différents. On a replanté 10 hectares sur 31 et considérablement rajeuni l'encépagement.* » Justement, cette partie haute se situait en appellation canon-fronsac et se commercialisait à part sous le nom de Canon-de-Brem jusqu'au millésime 2005. Depuis, les deux parties sont assemblées. Consultant de la propriété, Denis Dubourdieu est à l'origine de ce rapprochement : « *Denis a goûté La Dauphine, il a dit c'est un bon vin. Puis, il a dégusté Brem, il a dit c'est aussi un bon vin. Ensuite il a mélangé les deux verres et il a conclu : là c'est un meilleur vin !* » Papa Halley n'était pas trop chaud pour supprimer Brem. L'opération a pris un peu de temps, deux ou trois millésimes, celui de la réflexion, mais, à partir de 2006, terminé Brem.

Avant Dubourdieu, Jean-Claude Berrouet, mythique vinificateur de la maison Moueix (aujourd'hui retraité actif) assurait l'intérim… Berrouet, Dubourdieu, ces choix déterminent un style. Celui de la fraîcheur et de l'élégance. Ce n'est pas toujours, loin de là, l'option retenue par les nouveaux et riches propriétaires, la plupart du temps en quête de bonnes notes américaines. Bon point pour les Halley. Je dirai même plus : Halley La Dauphine !

Second vin : Delphis

Millésime 2000

– *Dégustation d'avril 2001*

15 – Grenat sombre. Joli nez expressif, rose, fruits rouges. Frais, souple en bouche. Bel équilibre tanin-alcool-acidité. Jolie finale de fruits frais.

Millésime 2002

– *Dégustation d'avril 2003*

13,5 – Fruit, framboise et cassis. Bouche souple, un peu fuyante, fraîche, texture moyenne, vin de plaisir immédiat.

Millésime 2003

– *Dégustation d'avril 2004*

90 % merlot, 10 % cabernet franc. Élevage en bois à 50 % neuf.

15 – Joli nez fruité, boisé, violette et framboise. Bonne structure en bouche, gourmand, tanin ferme mais mûr, vin prometteur.

Millésime 2005

– *Dégustation d'avril 2006*

14 – Nez puissant de mûre, groseille, assez frais. Joli fruit en bouche, tannique, finale vive, gardant tout son fruit.

Millésime 2006

– Dégustation d'avril 2007

16 – Vanille, framboise, joli nez fin, discret, fruits au sucre, bouche ronde, douce, petits tanins frais et fins, bouche douce, garnie, harmonieuse et favorisant le fruit.

– Dégustation de novembre 2010

16 – Fruits noirs, épices, douces, le vin s'est fait, boisé intégré, bouche tendue, belles saveurs de prune noire, finale aux tanins éveillés par l'acidité du millésime, droit et fin. Demande encore un peu d'attente.

Millésime 2007

– Dégustation d'avril 2008

14 – Fermé, bouche dense, tannique avec une pointe de sucrosité, onctueux, souple, bien fait, mais les merlots manquent de relief.

– Dégustation de novembre 2010

14,5 – Fruits noirs, encore un peu de boisé, épices, chocolat noir, bouche souple, tendre, gourmand, à boire jeune, milieu de bouche un peu faible et tanins de merlot marqués en finale.

Millésime 2008

– Dégustation de novembre 2010

16,5 – Cèdre, nez cerise noire, poivre blanc, fruits noirs, bouche tendue, fraîche, jeune, séveux, long, frais, petits tanins en finale, long, étiré, très persistant.

Millésime 2009

– Dégustation de novembre 2010

16 – Fruits noirs, le bois est présent car le vin est en cours d'élevage, bouche ample, grasse, large, beaucoup de volume, long, un vin qui pourra se boire assez jeune. Du volume, long, vin solaire mais qui conserve de la finesse.

FONTENIL

Surface : 9 ha
Propriétaire : Dany et Michel Rolland
Contact : 10, chemin de Maillet – 33500 Pomerol
05.57.51.52.43
www.rollandcollection.com

Un joli vin que je n'ai plus trop l'occasion de déguster, non pas que la mission serait impossible, mais Michel Rolland n'y tient pas trop. Pour en savoir plus, faites un saut dans les pages consacrées à Pomerol, au chapitre Le Bon-Pasteur. Le second vin a une histoire amusante. Il a été créé avec le millésime 2000. Cette année-là, la propriété de Dany Rolland (également œnologue) fut punie par l'Inao, pour cause de bâchage d'une parcelle – technique à l'essai, en principe destinée à protéger les sols de la pluie (technique qui, en 2000, fut particulièrement inefficace, puisqu'il n'a pas plu de juillet à octobre !). Cela lui a valu le déclassement de la parcelle en vin de table. Sous le nom de Défi-de-Fontenil, ce vin de table de luxe a été commercialisé avec succès grâce à cette publicité inattendue. Pour la suite, les Rolland ont conservé la dénomination. On a raté de peu l'incident diplomatique en évitant le nom, un moment évoqué, de Bâches-Folles.

Second vin : Défi-de-Fontenil

Millésime 2000

– Dégustation d'avril 2001

16,5 – Beau nez riche, au boisé intense, fruit très mûr. Superbe bouche vanillée, le bois couvre le fruit à ce stade, mais le vin est gras, onctueux, puissant et épicé.

15 – **Défi-de-Fontenil**. Élevé en bois neuf : spectaculaire, avenant, très gras, très boisé, pain grillé, café, chocolat.

Millésime 2001

– Dégustation d'avril 2002

16 – Nez ouvert, net, intense, fruits et épices, pruneau. Bouche crémeuse, charnue, ronde, opulente, le tanin est serré mais gras. Très bon.

Millésime 2003

– Dégustation d'avril 2004

16 – Nez de fruits noirs, un boisé vanillé très fin, élégant. Bouche souple, gourmande, texture soyeuse, raffinée, avec des notes épicées, chocolat et cerise en finale, très savoureux.

Millésime 2004

– Dégustation d'avril 2005

15 – Épicé, fruits compotés, bouche dense, tannique, tanins assez fermes, finale serrée, bonne longueur.

HAUCHAT-LA ROSE

Surface : 7 ha
Propriétaire : Jean-Bernard Saby
Contact : Château Rozier – 33330 Saint-Laurent-des-Combes
05.57.24.73.03
www.vignobles-saby.com

C'est l'histoire d'un papa heureux doté de deux fils œnologues et agronomes, Jean-Christophe et Jean-Philippe, qui investissent sans compter leur temps et leur énergie dans les propriétés familiales. Les Saby, vignerons depuis huit générations, ont peu à peu accumulé 60 hectares de vignes dans diverses appellations : bordeaux supérieur, saint-émilion, fronsac et le divin Saint-André-de-Corbin, un saint-georges-saint-émilion que je recommande à mes amis. Ce Hauchat occupe 7 hectares sur le plateau argilo-calcaire de Saint-Aignan. J'ai comme l'impression que depuis huit générations les Saby n'ont pas augmenté leurs prix, profitez-en !

Second vin : Hauchat

Millésime 2003

– Dégustation d'avril 2004

Merlot 95 %, cabernet franc 5 %, élevage en bois français, neuf à 50 %. Une de nos surprises de l'année.

16 – Nez racé, fruits noirs, cerise au chocolat. Plein, charnu en bouche, belle texture satinée, beau tanin sérieux, reste frais jusqu'à la finale.

Millésime 2004

– Dégustation de juin 2008

14 – Chocolat, boisé, bouche ronde, chocolatée, un peu boisée mais agréable.

Millésime 2005

– Dégustation d'avril 2006

16 – Nez élégant de fruits noirs, expressif, poivré. Soyeux en attaque, gourmand en milieu de bouche avec les notes tendres de la sucrosité du bois neuf, mais texturé par un tanin consistant, présent jusqu'à la finale.

Millésime 2006

– Dégustation d'avril 2007

15 – Fruits confits, fraise, bouche vive, tendue, pas mal d'extraction, un peu épais, finale à la limite de l'amertume ; le fruit est cependant préservé.

Millésime 2007

– Dégustation d'avril 2008

14 – Floral, bouche chocolatée, douce, vive, bien équilibrée, bonne longueur, un peu serrée en finale.

Millésime 2009

– Dégustation d'avril 2010

16 – Fruits rouges, épicé, bouche douce, moelleuse, crémeux, doux, bonne longueur, beaucoup de gourmandise.

Haut-Lariveau

Surface : 8 ha
Propriétaire : Famille Hubau
Contact : Bénédicte et Grégoire Hubau
33126 Fronsac
05.57.51.14.37
www.moulinpeylabrie.com

Dans une vie antérieure, je m'étais permis d'écrire, à propos de ce couple, boulot, hubau mais pas dodo. C'est ce que j'avais trouvé de mieux ou de pis (on n'est pas toujours malin quand on est jeune) pour signifier – ce qui est encore le quotidien de ces vignerons – qu'ils ne chômaient pas. Arrivés des grandes plaines betteravières du nord de la France en 1988, à la suite d'un désir commun de changement de vie (on n'est pas toujours malin quand on est amoureux), ils n'avaient peut-être pas mesuré la quantité de travail qu'il fallait investir. Mais, une fois sur place, si. Vignobles, chais, commercialisation. En plus, ils n'avaient pas commencé avec ce Haut-Lariveau mais avec Moulin-Pey-Labrie et c'est seulement quelque temps après qu'ils ont acheté ce cru. Donc ce sont de dangereux récidivistes et j'invite le jury à n'avoir aucune pitié. Même si ce 100 % merlot mérite les circonstances atténuantes.

Millésime 2001

– Dégustation d'avril 2002

15,5/16 – Beau nez floral, baies noires, complexe, bois gourmand. Épicé, friand en bouche, racé, belle finale longue et fraîche, du volume, de la tenue.

Millésime 2002

– Dégustation d'avril 2004

Élevage en bois, un tiers de barriques neuves.

14 – Nez de violette, Zan, cacao, très mûr. Très extrait, viril, trapu, boisé sensible.

Millésime 2003

– Dégustation de juin 2008

14/15 – Un peu de minéralité, truffe, joli nez, bouche ronde, souple, sudiste mais avec de la fraîcheur, un peu lourd en finale.

Millésime 2004

– Dégustation de juin 2008

17 – Épices, poivre, bouche ronde, souple, douce, bien fondue, élégante, très douce, fine élégante, un peu pomerolaise.

Millésime 2005

– Dégustation d'avril 2006

15 – Nez de fruits mûrs confiturés, avec de la fraîcheur. Bouche de fruit, bien suave à l'attaque, avec un tanin mûr, de la rondeur, texture feutrée.

– Dégustation de juin 2008

15 – Chocolat, cerfeuil, bouche ronde, du volume, très merlot, large, souple, pas très volumineux, mais fin, très fondu, gourmand.

Millésime 2006

– Dégustation d'avril 2007

14,5 – Cerise, fraise, boisé présent mais bien fait, bouche ronde, souple fondue, tanins croquants, bon fond de vin masqué par le bois.

Millésime 2007

– Dégustation d'avril 2008

16 – Nez fermé, bouche tendue, savoureuse, entre épices, chocolat et fruits noirs, bonne longueur, équilibre.

Millésime 2008

– Dégustation d'avril 2009

15,5 – Orange, bouche fraîche, tendre, élégant, pas trop extrait, des tanins de qualité.

Millésime 2009

– Dégustation d'avril 2010

14 – Fruits noirs, cassis, bouche ronde en attaque, merlot mûr, puissant, dense, un peu rustique, beaucoup de volume.

Château de La Huste

Surface : 5 ha
Propriétaire : Famille Rullier
Contact : Brigitte Rullier-Loussert
Château Dalem – 33141 Saillans
05.57.84.34.18
www.chateau-dalem.com

Même propriétaire que Dalem.

Millésime 2001

– Dégustation d'avril 2002

13,5 – Fruits rouges, épicé, poivré. Très rigoureux en bouche, tanin sévère, une astringence à apprivoiser pendant l'élevage.

Millésime 2005

– Dégustation de juin 2008

15 – Épices douces, poivre, bouche ronde, moelleuse, chocolatée, matière et finesse, des notes épicées et résineuses en bouche ; vin élégant.

Millésime 2006

– Dégustation d'avril 2007

13,5/14 – Épices, fruits noirs, bouche douce en attaque, matière assez présente ensuite, vive. Puissant, un peu rustique, brut de fonderie.

– Dégustation de juin 2008

13,5/14 – Nez fruits cuits, bouche puissante, tannique, plus en force qu'en finesse mais équilibré, puissant, moelleux en première séquence, un peu sec ensuite.

Millésime 2007

– Dégustation d'avril 2008

15 – Floral, rose rouge, légère réduction, bouche douce, tanins soyeux, équilibré, harmonieux, bien fait, droit.

Millésime 2008

– *Dégustation d'avril 2009*

13,5/14 – Tabac, boisé, toasté, bouche puissante, ronde, trop fortement boisée, un peu de rusticité, alcool.

Millésime 2009

– *Dégustation d'avril 2010*

15,5 – Fruits noirs, séveux, floral, cassis, bouche ronde, soyeuse, bonne longueur, fin, matière très fondue, de l'allure.

MOULIN-HAUT-LAROQUE

Surface : 15 ha
Propriétaire : Famille Hervé
Contact : Château Moulin-Haut-Laroque – 33141 Saillans
05.57.84.32.07
moulinhautlaroque.pagesperso-orange.fr

Jean-Noël avait un ancêtre breton, un marin du roi venu s'installer ici. Cela n'explique pas tout et on n'est pas obligé de donner foi aux vieux dictons qui nous décrivent les Normands indécis et les Bretons têtus. Les mêmes dictons affirment bien, contre toute vraisemblance, que les Portugais sont gais… Mais tout de même, Jean-Noël a quelque chose de breton en lui. Une angoisse perpétuelle, comme quelqu'un qui habite trop près de l'Océan lors des grandes marées. Et une obstination à bien faire qui le conduit parfois à mettre un peu trop de beurre salé dans les crêpes. Premier à installer des tables de trie vibrantes. Premier à supprimer les pompes. Dernier à être complètement satisfait de son vin. Concentration, complexité et rendements de misère, tel fut son lot et continue de l'être. Le résultat est bon, certes, mais c'est un peu comme avec le kouign amann. Il faut du temps pour la digestion. Tenter de le boire jeune revient à risquer l'ascension du Mont-Blanc par la face nord en espadrilles. En revanche, quand matière et bois se sont apprivoisés, on se surprend à chanter : « *Ils ont des tanins ronds, vive les Bretons…* »

Second vin : Hervé-Laroque

Millésime 2000

– Dégustation d'avril 2001

15,5 – Joli fruit, tartelette de fraises et framboises, bouche agréable, fraîche, intense et longue.

Millésime 2001

– Dégustation d'avril 2002

14 – Très noir. Cassis et réglisse au nez, notes boisées. Tendresse du vanillé, suivi de tanins de bois pas encore fondus, masquant le fruit en bouche.

Millésime 2002

– Dégustation d'avril 2003

15,5 – Beau nez confituré, boisé toasté, poivré. La bouche ne manque pas d'élégance, avec un fruit bien exposé ; la finale, tannique, se resserre sur un tanin au grain dense.

Millésime 2003

– Dégustation de juin 2008

16 – Charnel, fruits noirs, épices, tendre, élégant, frais, fin, équilibré, puissant mais sans excès.

Millésime 2004

– Dégustation de juin 2008

15,5 – Résine, épices douces, bouche serrée, bien parfumée, plein, dense, un peu tendu en finale, une extraction assez vigoureuse.

Millésime 2006

– Dégustation d'avril 2007

15 – Boisé prenant ; bouche dense, tannique, puissante, riche, serrée, tanins mordants en finale ; densité, mais un peu brut de fonderie, finale dure et sévère.

Renard-Mondésir

Surface : 7 ha
Propriétaire : Famille Chassagnoux
Contact : Xavier Chassagnoux
33126 La Rivière
05.57.24.96.37
www.vignobles-chassagnoux.com

Le nom de famille fleure bon la Corrèze, d'où le grand-père est venu chercher fortune dans le Libournais comme tant d'autres de ses congénères. Il a acheté le domaine Jean Voisin, que Xavier et sa fille Laurence exploitent en parallèle. Xavier Chassagnoux a racheté en 1978 Renard-Mondésir et exploite ces 7 hectares complantés de 90 % merlot et 10 % cabernet franc ; l'élevage se fait en barriques à 50 % neuves tous les ans. Excellent rapport qualité/prix.

Second vin : Château Renard

Millésime 2000

– *Dégustation d'avril 2001*

14 – Un vin de charme. Beau nez raffiné, assez complexe, notes fines. Bouche soyeuse, élégante, manque un peu de concentration et de complexité.

Millésime 2001

– *Dégustation d'avril 2002*

14 – Cerise noire, droit. Bouche trapue, du fruit, mais l'astringence occupe la place. Revoir après élevage, car le volume est intéressant.

Millésime 2003

– *Dégustation d'avril 2004*

Xavier Chassagnoux : « *Sur nos coteaux, on a beaucoup d'argile et la proximité du fleuve donne de la fraîcheur : l'alimentation hydrique ne s'est pas rompue. Les vignes ont bien résisté à la chaleur, nous avons d'ailleurs de beaux rendements. On est toujours un peu plus acide qu'à Saint-Émilion : d'habitude, cela nous dessert ; pas cette année…* »

15,5/16 – Robe couleur myrtille. Nez frais, salade de fruits, épices, poivre de Java. Attaque en bouche suave, de la fraîcheur, de la sève, beau tanin au grain serré, agréable et très fin.

Millésime 2004

– Dégustation de juin 2008

15 – Nez un peu évolué, bouche douce, ronde, un peu éventée, mais très douce, souple.

Millésime 2006

– Dégustation de juin 2008

15,5 – Nez chocolaté, bouche ronde, souple, élégante, pas trop extraite, fermée mais droite, tanins fins, assez prometteur.

Château de La Rivière

Surface : 58 ha
Propriétaire : Vignobles Grégoire
Contact : Château de La Rivière
33126 La Rivière
05.57.55.56.56
www.chateau-de-la-riviere.com

Souvent considéré historiquement comme le cru vedette du Fronsadais, avec l'un des plus jolis châteaux de la région, La Rivière fut repris en 2003 par James Grégoire. Le plus vaste des domaines de l'appellation produit un fronsac des plus séducteurs, un peu dans le style des années 90, assez boisé, avec des tanins joufflus. La cuvée Aria, 100 % merlot, dotée d'un élevage très long en barriques, est destinée aux amateurs de vins puissants et moelleux.

Second vin : Les Sources du Château de La Rivière

Millésime 2000

– Dégustation d'avril 2001

13,5 – Beaucoup de bois au nez, café, pain grillé. Bouche souple et gourmande, au boisé aguichant, mais qui domine un peu le vin.

14 – **Aria**. Robe très noire. Beau nez épicé, aromatique, boisé. Bouche en retrait exprimant beaucoup d'arômes grillés, une texture soyeuse, mais une note très rêche vient assombrir la finale.

Millésime 2001

– Dégustation d'avril 2002

13 – Nez assez frais, sans grande intensité. Peu de puissance en bouche, mince, petit tanin finissant sur des notes astringentes.

13,5 – **Aria**. Tanin doux, moelleux, un peu mou, mais qui se boira avec plaisir.

Millésime 2002

– Dégustation d'avril 2003

13,5 – Joli nez parfumé, fruits rouges, mûre, un boisé grillé. Bouche ronde, crémeuse, un tanin doux, manque de fermeté.

Millésime 2005

– Dégustation d'avril 2006

16 – Très coloré, avec un nez intense, plein de noblesse, de fruits noirs. Très extrait en bouche mais frais, plein, équilibré, avec une finale qui se termine sur des notes cacao, moka.

14,5 – **Aria**. De couleur opaque, nez dense, puissant, très marqué par le boisé. La bouche est très pleine, charnue, évoluant vers une texture assez rude, avec un boisé dominant.

Millésime 2007

– Dégustation d'avril 2008

14 – Floral, framboise, bouche tannique, serrée, droite, joli fruit, un peu austère.

Millésime 2008

– Dégustation d'avril 2009

14 – Boisé marqué, bouche café, puissante, très moka ; vin d'export, bien travaillé, plus dans la séduction immédiate que dans la finesse.

La Rousselle

Surface : 3,5 ha
Propriétaire : Viviane Davau
Contact : 33126 La Rivière
05.57.24.96.73

Petit cru, très grande qualité. Dans les années 70, Jacques et Viviane Davau avaient acquis cette petite propriété, ultime morceau d'un domaine plus vaste autrefois, avec la ferme intention d'en faire une perle rare. Beaucoup de travail, des heures et des jours à rétablir le vignoble, à retaper chai et maison d'habitation et très vite une assez belle reconnaissance de la part du monde professionnel. Jacques n'est plus. Viviane continue. La Rousselle est situé sur un site bien particulier, une fine couverture argilo-calcaire et, très vite en dessous, le socle de calcaire tendre identique à celui que l'on trouve sur le haut de Saint-Émilion.

Millésime 2001

– Dégustation de mars 2010

15,5 – Joli fruit, épices, amande grillée, fourrure, bouche douce, délicate, épicée, bien fondue, gourmande, avec de la classe, des notes de cire en finale, le côté puissant s'est effacé au profit de la finesse

Millésime 2004

– Dégustation d'avril 2005

16 – Café, cerise cuite, framboise, bouche vive, tanins serrés et bien présents, renforcés par une pointe d'acidité, frais, fin, très fruité, finale poivrée. Beaucoup d'allure.

Millésime 2005

– Dégustation d'avril 2006

14 – Nez expressif, fruits à maturité. Attaque tendre, sucrosité de bois neuf, vanille, corps moyen, mais en élégance plus qu'en concentration. Vin de plaisir qui s'ouvrira assez vite.

Millésime 2006

– *Dégustation d'avril 2007*

16,5 – Cerise, joli nez bien fruité, rehaussé par un boisé discret ; bouche vive, tendue, fraîche, fruitée.

Millésime 2007

– *Dégustation d'avril 2008*

14,5/15 – Prune, épices, cerise, bouche ronde, chocolatée, dense, bien tannique mais fondue.

Millésime 2008

– *Dégustation d'avril 2009*

15 – Floral, fruits rouges, bouche ronde, souple, pas très volumineuse mais bien équilibrée, un peu d'alcool en finale.

Millésime 2009

– *Dégustation d'avril 2010*

15,5 – Fruits rouges, cerise, bouche vive, boisé mais frais et assez fin, la structure est solide, bon fruit. Le boisé à ce stade gêne un peu mais c'est tendu, fin et prometteur.

Tour-du-Moulin

Surface : 7 ha
Propriétaire : Famille Dupuch
Contact : Vincent Dupuch
Le Moulin – 33141 Saillans
05.57.74.34.26/05.56.35.10.23

Le grand-père n'y croyait pas trop. Sa fille avait fait des études. Devenue enseignante, elle avait épousé un enseignant. Il y avait bien le petit-fils, Vincent, qui venait en vacances chez eux et qui donnait un coup de main. Le métier lui plaisait, il avait suivi une formation viticole. Mais, manque de chance, il était entré à la Chambre d'agriculture *« faire du développement »*, qu'il disait. Ça consistait à aller chez les gens et essayer de *« comprendre pourquoi une vigne ne pousse pas… »* Tu parles d'un métier !

Puis voilà qu'en 1987 il décide de s'occuper de la propriété. Le grand-père doutait toujours. Jamais il ne pourra, et puis c'est pas ses parents enseignants, qui ne savent pas ce que c'est qu'un pied de vigne, qui vont l'aider…

Et ce fut tout le contraire. Il ne restait que 1 hectare de vigne. Aujourd'hui, il en compte 7. Vincent a quitté la Chambre d'agriculture en 2002. *« Un jour, en 1993, en passant dans les vignes, le grand-père m'a dit : "Il faut que tu éclaircisses !" »* Éclaircir, c'est enlever du raisin, faire tomber des grappes, un acte sacrilège pour les anciens. Pourtant, comme le dit Vincent : *« lui, à son âge, il avait compris… »*

Millésime 2000

– Dégustation d'avril 2001

15 – Nez bien fait, équilibré, bien mûr. Bouche texturée, bâtie pour la garde, avec un beau tanin ferme, associé aux fruits rouges.

Millésime 2001

– Dégustation d'avril 2002

13,5/14 – Nez frais, cassis, groseille, la bouche est structurée, le tanin ferme, mais tout s'arrondira à l'élevage.

Millésime 2004

– Dégustation de juin 2008

15 – 80 % merlot et 15 % cabernet franc. Nez fruits noirs, cèdre, résine, bouche ronde, souple, moelleuse, de la tenue, frais et fin.

Millésime 2005

– Dégustation de juin 2008

16 – Violette, épices, fruits noirs, nez riche, complexe, bouche dense, épicée, fine, élégante, une matière solide et des tanins serrés, mais doux.

Château Les Trois-Croix

Surface : 15 ha
Propriétaire : Famille Léon
Contact : Bertrand Léon
33126 Fronsac
05.57.84.32.09
www.chateaulestroiscroix.com

Comment se faire un prénom quand son nom de famille en est déjà un et que son père l'a porté loin ? Jusqu'en Californie, déjà, où Patrick Léon a vinifié Opus One. S'il n'y avait qu'Opus One, mais Patrick a conseillé partout, au-delà des mers et surtout à Mouton-Rothschild, dont il fut le patron technique pendant si longtemps qu'on n'ose le dire pour ne pas l'accabler (c'est surtout qu'on n'a pas calculé !). Bertrand, habitué à lire et à entendre que c'est son père qui fait le vin, n'en tire nul ombrage. Bertrand dit qu'il est fier de son père et que, si les gens pensent que c'est Patrick l'auteur du vin, cela constitue un hommage à son père et un compliment pour lui. Il ajoute que d'avoir son père à ses côtés revient à s'offrir les services d'un superconseiller. Patrick Léon et son clan cherchaient un endroit où ils seraient bien, une maison avec du soleil, des arbres, une vue et si possible des vignes. Les Troix-Croix, découvert un jour après maintes péripéties, ressemblait à la Toscane. Un lieu protégé, sur une colline, l'argile mêlée de calcaire assez typique des mollasses du Fronsadais telles que les avait décrites le professeur Henri Enjalbert, auteur d'une incroyable et touffue thèse sur l'histoire des terroirs de la rive droite (pomerol, fronsac, saint-émilion), qui avait fait les délices de Patrick. Le retraité pouvait poser ses valises et regarder les enfants s'emparer du lieu. Le domaine est ancien, créé en 1712, une pierre à l'entrée du chai en témoigne. Par endroits, la roche calcaire pousse la terre et vient respirer en surface. Un sol idéal pour y mélanger le merlot (85 %) et le cabernet franc (15 %). L'âge des vignes, 40 ans, le savoir-faire, l'élevage en barriques neuves à 50 % concourent à la production d'un fronsac classique et réputé, sans concessions et de longue durée. Ici, même les années de canicule, le vin conserve de la fraîcheur : *« On a huit jours de différence de maturité avec saint-émilion, bien plus précoce que nous »*, dit Bertrand. *« Cela tient à la nature des sols, ces argiles mêlées de calcaire. Les cinq ou six premières années de mon installation ont été celles du premier palier : comprendre les sols, connaître les parcelles. À partir de 2004, on est devenus plus précis sur le travail de la vigne, sa nutrition. Mais, forcément, on tâtonne… Il faut du temps. »* Modeste comme le père.

Second vin : Château Lamolière

Millésime 2000

– Dégustation d'avril 2001

90 % merlot, 10 % cabernet franc.

15,5 – Robe violine. Nez très riche, intense et avenant de fruits bien mûrs, framboise, rose rouge. Très belle bouche fraîche et racée, avec du corps, du fruit, une longue finale gourmande.

Millésime 2001

– Dégustation d'avril 2002

14,5 – Violacé. Le nez, d'abord austère et très boisé, offre ensuite des arômes fruités, framboise et fraise. La bouche est tendue, puissante, le tanin robuste ne laisse pas de place à la fantaisie. Vin de garde.

Millésime 2002

– Dégustation d'avril 2003

14,5 – Un fruit très mûr, confituré, prune, épicé, poivre et vanille. Bouche imposante, beaucoup de gras, manque un peu de vivacité.

Millésime 2003

– Dégustation d'avril 2004

14,5/15 – Nez expressif, délicieux, de fruits rouges, poivré. Bouche fraîche, du gras, bel équilibre, finale assez tannique.

Millésime 2004

– Dégustation d'avril 2005

15,5 – Fruits cuits, bouche dense, tannique, un peu sévère, un bon équilibre entre tanins et acidité. Un vin de garde solide, riche, long, harmonieux. À ne pas toucher avant quatre ans.

Millésime 2005

– Dégustation d'avril 2006

15,5 – Nez très expressif, sur des fruits rouges, violette, genièvre. Bouche trapue, solide, texturée, finale qui associe la vivacité et la puissance tannique.

– Dégustation de juin 2008

15,5/16 – Très fermé, beaucoup de matière en bouche mais sans dureté. Un vin élégant, équilibré, mais qui ne se livre pas pour le moment.

Millésime 2006

– Dégustation d'avril 2007

14 – Boisé, bouche puissante, rustique, séchante, dure en finale ; échantillon marqué par le bois, bon équilibre. Le vin a besoin de se fondre.

– Dégustation de juin 2008

15 – Nez fermé, bouche élégante, petits tanins discrets, bien fondus, un vin raffiné, délicat.

Millésime 2007

– Dégustation d'avril 2008

15,5 – Nez chocolat, épices, pas très ouvert, bouche ronde, grasse, onctueuse, très gourmande, assez pomerolais, serré en finale.

Millésime 2008

– Dégustation d'avril 2009

16 – Fruits noirs, vanille, bouche douce, souple, bien fondue, tanins veloutés, presque gras, un peu d'alcool en finale, bien fait.

Millésime 2009

– Dégustation d'avril 2010

15,5 – Épicé, vanille, grillé, bouche douce, tendre, moelleuse, un vin aux tanins généreux.

CHÂTEAU VILLARS

Surface : 29,65 ha
Propriétaire : Famille Gaudrie
Contact : Thierry Gaudrie, Château Villars – 33141 Saillans
05.57.84.32.17
www.chateauvillars.com

Ils sont rares, les vignerons bordelais qui boivent du bourgogne rouge, le font goûter à leurs amis et recommandent sur leur site à la rubrique « copains » des vignerons d'autres régions, parfois même pas françaises. Personnellement, dans ce rôle, je ne connais que Thierry Gaudrie, éternel sourire sur une bouille ronde et l'œil allumé comme sur une pub ancienne pour les phares antibrouillard Marchal. Lui, il se décrit ainsi : *« Avec mon imper jaune et mes joues rouges, sur la photo, j'ai plus l'air d'un drapeau colombien que d'un vigneron de Fronsac, non ? »* J'ai oublié de quelle photo il s'agit, publiée sans doute dans *Le Point.*

Thierry Gaudrie, bardé de diplômes en œnologie, vinifie chez lui et conseille quelques autres. Jamais pleinement satisfait du résultat, de son travail, préférant ce qu'il pourrait faire à ce qui est, maniant la dérision, l'humour. Jamais cynique. Quand, en pleine crise, certains confondaient mirages et guérison, l'ajout de copeaux dans les vins et la conquête de nouveaux marchés, Thierry avait lâché : *« Le bateau coule et on entend des gens qui débattent des avantages de la marine à voile sur la marine à vapeur… »*

Ici, à Fronsac, on a franchit le Rio Grande, c'est-à-dire la Dordogne, qui sépare les deux mondes du vin. On a quitté Montesquieu et *L'Esprit des lois.* On se rapproche du Périgourdin Montaigne, semblant s'amuser à réfléchir. *« Fais ton fait et te connais»,* une phrase de Platon qui fait disserter Montaigne, pourrait servir de devise à la famille Gaudrie, et à Thierry particulièrement. Quand tant d'œnologues, de savants fous sachant tout se prennent pour des petits dieux, lui se mesure. Il se connaît, sait ce qu'il connaît, fait ce qu'il sait faire et espère faire mieux.

Les Gaudrie, présents sur ce terroir depuis sept générations, sont le symbole d'une viticulture soigneuse, respectueuse de l'histoire des vins de Bordeaux. J'ai connu les parents, Jean-Claude et Brigitte, tapant la semelle dans les Salons et les foires. Depuis quelques années, le client vient à eux. Ils n'ont pas fait fortune. Ils échangeraient bien, comme dit Thierry, leurs 30 hectares de fronsac contre 30 hectares de pomerol bien placés. Une dégustation verticale, à rebrousse-temps, chez eux, figure une sorte d'agenda où seraient inscrites toutes les étapes des changements survenus dans le monde du vin depuis vingt-cinq ans.

«1978, c'était la première fois que l'on mettait en barriques.»

«En 1982, j'ai investi dans le contrôle de température.»

«Avec le 86, j'ai fini le 23 octobre et le 24 il pleuvait. On a décuvé le 10 décembre seulement; on faisait la course avec Jean-Noël Hervé [propriétaire de Moulin-Haut-Laroque, voisin et ami] *pour savoir qui décuverait en dernier.»*

«En 1991, on est revenus aux vendanges manuelles.»

De même ont-ils abandonné les grandes cuves en inox, la grande innovation technique du début des années 80, au profit de plus petites en ciment, comme au début du siècle, qui permettent – on le sait maintenant – un meilleur échange entre jus et marc garantissant une plus grande inertie thermique. Le progrès, du moins dans le vin, c'est aussi parfois savoir enclencher la marche arrière: faire son fait et se connaître…

Depuis les années 2000, Thierry, sur 9,65 ha, c'est précis, mijote un vin plus facile, plus fruité, plus immédiat et solide malgré tout. Il s'appelle Moulin-Haut-Villars et il se classe plutôt bien dans les dégustations à l'aveugle. La preuve en dessous.

Second vin: Malvat

Millésime 2000

– *Dégustation d'avril 2001*

16 – Nez de fruit frais et mûr, violette, framboise, vanille, tout en grâce. Bouche droite, pas trop extraite, équilibrée, beau tanin gras en finale.

Millésime 2001

– *Dégustation d'avril 2002*

16 – Nez profond, bois neuf intense associé à du fruit mûr, poivre, cassis, complexe. Bouche riche et dense, très fruits frais, gourmande, opulente, des tanins serrés mais veloutés. Bel équilibre.

Millésime 2002

– *Dégustation d'avril 2003*

« *On n'a pas fait forcément le grand vin là où on le récoltait d'habitude. La circulation de l'eau a été déterminante. Les terroirs où il y avait de l'argile ont largement été supérieurs à ceux qui étaient plus secs, qui n'ont pas permis d'alimenter les ceps et le fruit pendant la période de maturation* », confie Thierry Gaudrie.

70 % merlot, 19 % cabernet franc, 11 % cabernet-sauvignon.

15 – Beau fruit au nez, prune, pointe de cannelle et de poivre, bouche ronde avec des notes fumées, tanins moelleux, belle acidité qui garantit la longévité.

Millésime 2003

– *Dégustation d'avril 2004*

Merlot 73 %, cabernet franc 18 %, cabernet-sauvignon 7 %. Élevage en barriques neuves pour le quart environ, vendanges manuelles.

16,5 – Nez de baies noires, myrtille et cassis, aromatique, violette ; bouche texturée, satinée, tanin gras, finale longue et fraîche. Grand vin riche et complexe.

– *Dégustation de juin 2008*

15,5 – Fruits noirs, noisette, bouche puissante, dense, épicée, riche, large, assez complexe, sudiste mais équilibré.

Millésime 2004

– Dégustation d'avril 2005

16,5 – Nez très fruité, cerise, framboise, bouche souple, tendre, tanins soyeux et de grande qualité, fraîcheur, longueur et finesse.

– Dégustation de juin 2008

16,5 – Nez fruits noirs, assez expressif, bouche ronde, souple, douce, tendue, élégante, vive, commence à s'ouvrir, beaucoup de tenue, petits tanins serrés et fins.

15 – **Moulin-Haut-Villars**. Chocolat, bouche fruits confits, agréable aujourd'hui, bien fondu, fruité, très gourmand.

Millésime 2005

– Dégustation d'avril 2006

17 – Beau nez fruits noirs, myrtilles, mûre, ouvert, boisé bien présent, belle complexité. Bouche pleine de fruit, équilibrée, poivrée ; la finale, longue, est pleine d'avenir.

15 – **Moulin Haut-Villars**. Résine, fruits noirs, bouche séveuse, commence son évolution, douce, moelleuse, tendue, beaucoup de volume, réglisse en finale. Élevage minimaliste, sans doute en cuve pour partie.

Millésime 2006

– Dégustation d'avril 2007

17 – Violette, fraise, bouche douce, ronde, suave, tanins bien fondus, du gras, rond, souple, suave, frais, tanins derrière, belle matière, long, bien merlot.

Millésime 2007

– Dégustation d'avril 2008

15 – Nez piquant, fermé, bouche suave, douce, très chocolat, large, gourmand. Beaucoup de moelleux. Un style inhabituel chez Thierry Gaudrie avec ce millésime.

Millésime 2008

– Dégustation d'avril 2009

17 – Fruits noirs, olive, bouche onctueuse, douce, souple, très veloutée, tanins moelleux, fraîcheur et douceur. Un vin puissant dans un verre de velours.

15,5 – **Moulin-Haut-Villars**. Fruits rouges, bouche vive, assez minérale, bon fruit, tanins fins et serrés, plus en longueur qu'en largeur.

Millésime 2009

– *Dégustation d'avril 2010*

17 – Fruits rouges, bien éveillé, bouche vive, élégante, bien fondue, très fin, élégant, délicat, long : la classe.

14 – **Moulin-Haut-Villars**. Réduit à ce stade. Après une bonne aération, des notes florales, une bouche tendre, souple, facile d'accès. Un vin qui pourra se boire jeune.

Archives

– *Dégustation d'octobre 2000*

Millésime 1978

15 – Robe brique, nez d'amande grillée, pruneau, gras en bouche, belle attaque dense et fruitée, finale qui commence à sécher.

Millésime 1980

13,5 – Rubis tuilé, nez de sous-bois, champignons, bouche ronde, souple, d'assez bonne tenue pour ce millésime moyen, finale sur les tanins souples.

Millésime 1981

17 – Grenat soutenu, des arômes épicés, truffe, cacao, prune cuite, bouche onctueuse, tanins doux, densité et gourmandise, très long.

Millésime 1982

14,5 – Grenat foncé, nez cannelle et sous-bois, feuille morte ; en bouche, le vin semble encore se chercher, des tanins rugueux, une forte densité, un alcool assez présent.

Millésime 1983

14,5 – Grenat brique, nez poivron cuit, bouche chocolatée, très ronde, soyeuse ; on le boit aujourd'hui avec beaucoup de plaisir.

Millésime 1985

15,5 – Grenat soutenu, nez riche entre marmelade d'orange, chocolat, café… Bouche dense, tanins moelleux, une certaine sucrosité des saveurs, un peu miellé, gras, long.

Millésime 1986

16 – Grenat soutenu, nez pas très ouvert, épicé, bouche onctueuse, petits tanins moelleux qui lui confèrent plénitude et élégance. Plus de classe que le 85.

Millésime 1988

17,5 – Robe foncée, nez humus, pas très ouvert, bouche droite, solide, délicate mais structurée, un vin élégant, sérieux, pas encore à maturité.

Millésime 1990

16 – Aspect foncé, nez cerise confite, chocolat, grillé, bouche dense, ample, moelleuse, riche en tanins et en alcool, mais sans trop sacrifier à l'élégance.

Millésime 1991

14,5 – Nez réglisse et muscade, tendre en bouche, rond, fin, ferme et délicat.

Millésime 1993

15 – Robe grenat, reflet brique, nez café, sous-bois, bouche veloutée, gourmande, beaucoup de saveurs, vin à boire.

Millésime 1994

17 – Très foncé, nez de violette et de réglisse, onctueux et plein en bouche, tanins soyeux, dense et élégant, long, plus racé que le 93, très long.

Millésime 1995

15,5 – Grenat noir, nez fermé, petite touche vanille et pivoine, puissant en bouche, tannique, on goûte plus la structure imposante que le fruit. À ne pas toucher avant cinq ans.

Millésime 1997

15 – Un des bons du millésime, mais qu'il faudra boire rapidement, nez de cuir, de cerise cuite et d'épices, rond, gras, assez riche en alcool, beaucoup de saveurs.

Millésime 1998

16 – Grenat noir, nez réglissé, bouche structurée et élégante, tanins serrés peu fondus. Vin un peu austère à ce stade, mais de garde.

Canon-fronsac

BARRABAQUE

Surface : 9 ha
Propriétaire : Famille Noël
Contact : Caroline Noël-Barroux
Château Barrabaque – 33126 Fronsac
05.57.55.09.09/06.07.46.08.08
www.chateaubarrabaque.com

Nicole Noël, dentiste de profession, avait posé la roulette pour reprendre ce domaine, dans la famille depuis 1936. Avec talent et constance, elle en a fait un des repères de l'appellation. Nicole est décédée en 2004 et Caroline, sa fille, a pris la suite : *« J'ai commencé à travailler la chimie organique en Allemagne, c'était une opportunité, et après je suis revenue faire ce dont j'avais envie. C'est toujours bien d'aller faire ses armes ailleurs. Quand maman est tombée malade, j'étais maître de chai à Saint-Émilion, en 2001. Elle m'a dit que ce serait bien que je m'occupe de la partie technique ; elle ne pouvait plus. En 2004, on s'est posé la question, pour la propriété. On a fait ce qu'elle aurait souhaité, c'est-à-dire qu'on ne lâche pas l'exploitation. »* Barrabaque se décline en deux versions. Une cuvée Prestige, élaborée avec les parcelles de haut de coteau, et Tradition, plus orientée vers une consommation rapide, élevée en barriques qui ont déjà servi pour Prestige.

Millésime 2000

– Dégustation d'avril 2001

13 – Prestige. Bouquet un peu lourd de merlot très mûr. Bouche trapue, épaisse, boisée, très extrait.

Millésime 2001

– Dégustation de juin 2008

15,5 – Prestige. Grillé, truffe, bouche épicée, tanins moelleux, veloutés, long, frais, une qualité de tanins remarquable.

Millésime 2002

– Dégustation de juin 2008

15 – Prestige. Fruits cuits, café, réglisse, épices, bouche douce, bien fondue, un vin d'une bonne longueur, mûr à point.

Millésime 2003

– Dégustation d'avril 2004

13,5 – Prestige. Couleur noire, nez austère, fruits noirs, boisé, beaucoup de volume en bouche, texture serrée, vin trapu, tanin viril en finale.

Millésime 2004

– Dégustation d'avril 2005

14,5 – Prestige. Nez puissant de grillé, bouche bien ronde, opulente, du volume, tanins onctueux, assez marqué par la prise de bois.

– Dégustation de juin 2008

15,5 – Prestige. Nez encore peu développé, notes cacao qui commencent à se développer, bouche dense, épicée, tendue, belle matière et tanins délicats. Le vin commence seulement à s'ouvrir.

14 – Tradition. Réglisse, épices, bouche bien fruitée, Zan à la violette, mûre, vin tendre, agréable aujourd'hui.

Millésime 2005

– Dégustation d'avril 2006

15 – Prestige. Cerise confite, boisé doux, bouche dense, épicée, tanins soyeux et gourmands. Belle longueur.

Millésime 2006

– Dégustation d'avril 2007

13,5 – Prestige. Cerise, floral, bouche ronde, tendre, élégante ; délicat, frais, bien fruité, un peu acide en finale mais bon potentiel.

Millésime 2008

– Dégustation d'avril 2009

16,5/17 – Prestige. Fruits rouges, bouche souple, fine, élégante, tendue, fraîche, beau fruit, finale relevée, de l'allure.

Millésime 2009

– Dégustation d'avril 2010

14,5 – Prestige. Épices, fruits noirs, bouche ronde, onctueuse, boisé assez marqué, bouche tendue, serrée, finale chaleureuse.

Canon et Junayme (Fronsac)

Surface : 5 ha Canon et 17 ha Junayme
Propriétaire : Famille De Coninck
Contact : François De Coninck
Château Junayme – 33126 Fronsac
05.57.51.29.17

Les ancêtres avaient fondé en 1740 ce qui demeure aujourd'hui la plus ancienne maison de négoce de Libourne, Horeau-Beylot. Une des filles eut la bonne idée de rencontrer un De Coninck, négociant belge à Waterloo. La suite, c'est une bonne vingtaine de châteaux en Bordelais où l'on retrouve les De Coninck ou leurs cousins…

François De Coninck et son épouse, Roseli, originaire du Brésil, se sont attachés à relancer en 2004 deux propriétés issues de cette histoire, Château Canon et Junayme.

Canon, un terroir exceptionnel en coteau, beaucoup de petites parcelles avec des expositions différentes qu'il faut vendanger au fur et à mesure de la maturité, pour un résultat exceptionnel. Le retour de l'élevage en barriques et un gros travail sur les vignes ont vite permis d'obtenir un très joli vin.

Pour Junayme, c'est un peu plus long : *« C'est dans la famille depuis 1886. Junayme, c'était la maison familiale où tout le monde se retrouvait l'été. Puis, problème de partage et d'héritage. C'est resté dix ans en indivision, avec un fermage.»* Conséquence, pas grand-chose de bien dans le vignoble ni au chai. *«Dans le partage, chacun avait des quotes-parts. On a échangé des lots en fonction des valeurs et maintenant, avec mon frère et ma belle-sœur qui sont installés dans la Napa Valley, nous sommes les uniques propriétaires.»* Depuis quatre ans, beaucoup de travaux ont été réalisés dans les vignes. Avec des pelles mécaniques, il a fallu remonter la terre que l'érosion avait fait descendre sur les chemins, puis replanter, revoir la taille…

Millésime 2005

– Dégustation d'avril 2006

15 – Canon. Nez élégant de fleurs mauves, violette, lilas, vif. La bouche, soyeuse et charnue, fait son plein de tanins, mais reste bien équilibrée car solaire et mûre.

Millésime 2006

– Dégustation d'avril 2007

15 – Canon. Fruits noirs, bouche puissante, touche animale, tanins veloutés, fraîcheur et puissance, vin serré en finale, droit.

Millésime 2006

– Dégustation d'avril 2008

15 – Canon. Fruits rouges, bouche douce, souple, bien fondue, petits tanins frais, serré, bien fruité, délicat, élégant.

Millésime 2008

– Dégustation d'avril 2009

17/17,5 – Canon. 70 % merlot, 20 % cabernet-sauvignon, 5 % cabernet franc, 5 % malbec. Nez bien fruité, cerise, bouche ronde, tendre, tanins fondus, soyeux, toucher délicat, frais et fin, finale kirsch.

14,5 – Junayme cuvée L'Aimée. Fruits rouges, framboise, très beau fruit, bouche tendue, un peu rugueuse en finale.

Millésime 2009

– *Dégustation d'avril 2010*

15 – Canon. Fruits rouges, vif, boisé marqué, bouche souple, onctueuse, assez fraîche, équilibré.

15 – Junayme. Réduit, floral, cassis, bouche souple, fruitée, structurée, de l'allure, bonne longueur, assez marqué par le cabernet.

CANON-DE-BREM

Surface : 8 ha
Propriétaire : Famille Halley
Contact : Guillaume Halley
La Dauphine – 33126 Fronsac
05.57.74.06.61
www.chateau-dauphine.com

Canon-de-Brem n'existe plus. À partir du millésime 2006, la famille Halley a trouvé plus efficace de rassembler ses deux domaines voisins, La Dauphine (fronsac) et Canon-de-Brem (canon-fronsac) en un seul domaine. Les deux terroirs assemblés donnent un vin plus subtil et plus complexe, quitte à créer un second vin, Delphis, pour ne garder que le meilleur pour la marque phare, La Dauphine.

Millésime 2002

– *Dégustation d'avril 2003*

14,5 – Nez ouvert, rose fumée, fruits rouges confiturés. Attaque sur le fruit, corps bien musclé, la finale très boisée offre un peu de sécheresse.

Millésime 2003

– *Dégustation d'avril 2004*

Merlot 80 %, cabernet franc 20 %. Élevage 50 % bois neuf.

15,5/16 – Beau bouquet de fruits noirs et rouges, framboise, épices. Bouche pleine, avec de la finesse, drue et fraîche, vin droit et précis.

Millésime 2004

– *Dégustation d'avril 2005*

15 – Épices, fruits mûrs, bouche souple, élégante, bien fruitée, petits tanins friands, bien équilibré.

Millésime 2005

– *Dégustation d'avril 2006*

15,5 – Fruits confits, bouche onctueuse, tanins moelleux qui s'affinent et se tendent en finale. Beaucoup d'allure.

Canon-Saint-Michel

Surface : 5,5 ha et 3,5 ha La Rose-Garnier en fronsac
Propriétaire : Christine et Jean-Yves Millaire
Contact : Lamarche – 33126 Fronsac
06.08.33.81.11
www.vins-millaire.fr

Jean-Yves Millaire a recyclé la charcuterie des parents, « *le meilleur jambon du pays* », à la sortie de Fronsac, en lieu de vente pour ses vins. Comme souvent autrefois, les anciens exerçaient plusieurs métiers. Le grand-père de Jean-Yves était boulanger et pratiquait le commerce du foin. Il avait aussi acheté plusieurs petites parcelles après les grandes gelées de 1956. « *On a une propriété pas très grande et très morcelée, avec un vignoble ancien.* » Quand il a repris avec Christine, son épouse, il n'existait pas de chai, et il ne disposait d'aucun matériel. Ils ont dû tout créer et bâtir. Mais ces deux-là ne reculent devant rien. Avec Christine, ils se sont connus à l'école puis perdus de vue. « *Moi, j'étais dans les chevaux*, dit-elle, *mon oncle a un centre équestre. J'ai passé mon instructorat à Saumur.* » Il se sont retrouvés à une fête, celle des 10 ans du lycée. Il y avait un point commun dans leurs histoires. Les parents de Christine aussi étaient bouchers-charcutiers. « *Ils assurent les repas de vendanges.* » Depuis 2006, les Millaire sont passés à le culture bio avec la ferme intention de pouvoir cultiver une partie avec les chevaux : « *Mon oncle fait travailler des chevaux et des bœufs pour des spectacles, et on trouvait intéressant d'essayer dans la vigne. Mon oncle y croit dur comme fer.* »

Bon vin, tout petit prix.

Millésime 2005

– *Dégustation de juin 2008*

15,5 – Épices, fruits noirs, résine, bouche ronde, souple, tendre, resserrée en finale. Vrai 2005, avec des tanins velus !

Millésime 2008

– *Dégustation d'avril 2009*

15,5 – Fruits rouges, framboise, boisé blond, joli fruit en bouche, dense, assez musclé et marqué par le bois. Un vin séduisant et gourmand.

13,5 – **La Rose-Garnier**. Verdeur au nez, bouche assez virile, tendu, un peu d'astringence et d'alcool en finale.

Millésime 2009

– *Dégustation d'avril 2010*

14,5 – Fruits noirs, bouche souple, onctueuse, un petit creux en milieu de bouche, bonne finale sur le fruit.

Cassagne Haut-Canon

Surface : 13 ha
Propriétaire : Dubois
Contact : Zita et Jean-Jacques Dubois
33126 Saint-Michel-de-Fronsac
05.57.25.05.55/06.23.11.14.39
www.chateau-cassagne.fr

Un terroir particulièrement escarpé, qui a conduit Jean-Jacques Dubois à cultiver quelques parcelles en terrasse comme on peut le voir dans certains vignobles de montagne. Au cœur du vignoble et autour d'une truffière (d'où le nom) – une exposition et des sols qui plaisent au cabernet-sauvignon – se récoltent les raisins destinés à produire la cuvée La Truffière, qui a fait la réputation du domaine. Mais, à l'inverse de certaines cuvées spéciales qui se caractérisent surtout par des excès de macération et de bois neuf, celle-ci se distingue par sa finesse.

Millésime 2000

– *Dégustation d'avril 2001*

13 – La Truffière. Nez franc, fruits rouges, compote de fraises. Bouche en finesse qui développe des nuances charnelles et chocolatées.

Millésime 2001

– *Dégustation d'avril 2003*

13,5 – La Truffière. Bon fruit au nez, bouche sans éclat, le tanin est rond, jovial, la finale sans dureté.

Millésime 2003

– *Dégustation d'avril 2004*

14 – La Truffière. Nez délicat, fruits noirs, myrtille, boisé et complexe. Très mûr en bouche, souple à l'attaque, puis se durcit en finale avec des nuances un peu arides et sévères.

Millésime 2005

– *Dégustation d'avril 2006*

15,5 – La Truffière. Nez intense, vif, puissant. La bouche est drue, assez sévère, très virile, avec une finale resserrée, malgré un fruit sensible.

Millésime 2006

– *Dégustation d'avril 2007*

16 – La Truffière. Groseille, cerise, bouche ronde et tendre, fraîche, fine, élégante, tanins soyeux.

Millésime 2007

– *Dégustation d'avril 2008*

14,5– La Truffière. Nez pas très ouvert, bouche café, solide, droite ; vin équilibré, en finesse.

Millésime 2008

– *Dégustation d'avril 2009*

15,5 – La Truffière. Violette, bouche puissante, virile, serrée, un poil de dureté en finale, mais bon vin qui devrait bien évoluer à l'élevage, chaleureux.

Millésime 2009

– *Dégustation d'avril 2010*

15 – La Truffière. Séveux, feuillage, bouche douce, volumineuse, tanins un peu accrocheurs, joli fruit, milieu de bouche bien fondu.

Château du Gaby

Surface : 16,39 ha
Propriétaire : Famille Curl
Contact : Château du Gaby – 33126 Fronsac
05.57.51.24.97
www.chateaudugaby.com

En 1999, Antoine Khayat, Anglo-Franco-Syrien (financier de la City) et, d'après la rumeur locale, *« un gars super-sympa »*, avait acheté du Gaby à la famille Petit. Comme d'habitude : gros investissement, embauche de Damien Landouar, un autodidacte doué et *« très chouette »*, toujours d'après la rumeur locale. Peu à peu, il a redonné du sens à cette propriété et la cohérence qu'elle avait perdue.

Malheureusement, Antoine et sa famille se sont un peu lassés du manque d'enthousiasme du marché pour cette appellation. En décembre 2006, David Curl, Canadien anglophone (et financier aussi), a racheté du Gaby. Un gars *« sympa »*, lui aussi (sources déjà citées plus haut).

Il a conservé la même équipe et continue les investissements à un rythme soutenu !

La qualité est bien là et, pour les débouchés, il a embauché un autre jeune, Pierre Rebaud, chargé de l'export. Efficace et « *très sympa* »...

Second vin : Roches-Gaby

Millésime 2002

– Dégustation d'avril 2003

14,5/15 – La prise de bois couvre un fruit mûr, un peu confit, poivré. Belle bouche de satin, texture riche, un beau tanin bien extrait prolongeant les sensations onctueuses en finale.

Millésime 2006

– Dégustation d'avril 2007

13,5 – Boisé, cerise, bouche fraîche, élégante, bonne matière un peu dominée par le bois.

Millésime 2007

– Dégustation d'avril 2008

14,5/15 – Chocolat, grillé, boisé, bouche dense, épicée, pomerolaise, large, gourmande, très cacao, tanins assez fins, petit manque en milieu de bouche.

Millésime 2008

– Dégustation d'avril 2009

16 – Violette, bouche douce, veloutée, soyeuse, fraîche, tendue, souple, gourmande, délicate.

Millésime 2009

– Dégustation d'avril 2010

15 – Sanguin, bouche soyeuse, douce, souple, moelleuse, bien fondue, délicate, en finesse, tanins soyeux.

Haut-Ballet

Surface : 2,6 ha
Propriétaire : Olivier Decelle
Contact : Haut-Ballet – 33126 Saint-Michel
05.57.51.34.86

Propriété achetée en 2001 par Olivier Decelle. Allez voir Château Jean-Faure, en saint-émilion, et tout le bien que je dis de ce garçon au Château Haut-Madrac, en haut-médoc.

Millésime 2006

– *Dégustation d'avril 2007*

15,5/16 – Joli fruit, fraise, cerise, bouche ronde, souple, tanins soyeux, belle matière noble, sans trop d'extraction mais avec de la densité ; long, frais.

Millésime 2007

– *Dégustation d'avril 2008*

« Le vin m'a amené cette grande chance de me laisser voir mes enfants grandir. Avant, quand je rentrais, je préférais entendre que tout allait bien… »

14,5– Floral, cerise, bouche encore un peu gazeuse, bien fruitée, fraise, cacao en finale.

Haut-Mazeris

Surface : 11 ha
Propriétaire : SCEA du Château Haut-Mazeris
Contact : Haut-Mazeris – 33126 Saint-Michel-de-Fronsac
01.53.77.28.38

On peut s'y perdre, dans les noms de château, à Fronsac, un peu comme dans certains villages bourguignons où tous les vignerons sont cousins et que l'on identifie uniquement par le prénom. Ce Haut-Mazeris, que l'on ne confondra pas avec ses voisins, est géré par Capucine de Luynes, duchesse de Chevreuse : *« Ce vignoble de 11 hectares appartient à ma famille depuis quatre générations. Avec les conseils de Jean-Luc Thunevin et le couple de vignerons qui travaillent sur la propriété depuis plus de trente ans, j'ai réussi à obtenir un vin équilibré et riche en arômes fruités.* » Tout est dit ou presque, car il faut ajouter que le domaine est à cheval sur les deux appellations et qu'il produit donc sous la même étiquette une version fronsac et une autre en canon-fronsac.

Millésime 2003

– *Dégustation d'avril 2004*

65 % merlot, 18 % cabernet-sauvignon, 17 % cabernet franc.

15,5 – **Canon-fronsac cuvée Capucine**. Nez intense, fruits noirs, poivré, bouche dense, opulente, goûteuse finale cassis.

Millésime 2005

– *Dégustation d'avril 2006*

16 – **Canon-fronsac**. Un peu réducteur au départ, le nez s'ouvre sur les fruits noirs et le grillé, la bouche est élégante, le tanin rond, serré. Un vin intense et vif, rappelant certains saint-émilion de la côte.

Millésime 2006

– *Dégustation d'avril 2007*

15,5 – **Fronsac**. Fermé, un peu de vert, bouche douce en attaque, un peu végétale, serrée. Assez élégante, pas trop extraite. Bon vin de moyenne garde, peu démonstratif mais équilibré, bonne longueur.

15,5 – **Canon-fronsac**. Vanille, frais, boisé doux, bouche délicate, fraîche, fine, pointe d'amertume, bonne longueur ; manque un peu de rondeur mais beau fruit.

– *Dégustation de juin 2008*

14,5/15 – **Fronsac**. Fermé au nez, bouche solide, tendue, pas très charme, mais d'une bonne densité, tanins veloutés, mais assez fermée.

14 – **Canon-fronsac**. Boisé, vanille, bouche douce, tanins fondus, un peu trop de bois, mais gourmand, un peu d'amertume en finale. À revoir après digestion du bois.

Mazeris

Surface : 17,5 ha
Propriétaire : Famille de Cournuaud
Contact : Château Mazeris – 33126 Saint-Michel-de-Fronsac
05.57.24.96.93/06.08.85.25.06
www.chateau-mazeris.com

La propriété est composée de deux blocs de terroirs différents. Une partie, la plus importante (10,5 ha), sur le plateau avec le socle de calcaire affleurant et une partie sur le coteau ou argile et cailloux se mêlent. Le domaine est dans la famille Cournuaud depuis que Noé a construit son arche ou presque. Patrick, né par manque de chance l'année du grand gel, en 1956, est désormais secondé par son fils, Jean de Cournuaud, qui, après avoir bourlingué en Australie et en Californie, est revenu au domaine.

Second vin : Orangerie-de-Mazeris

Millésime 2005

– Dégustation d'avril 2006

15 – Nez de confiture aux quatre fruits, boisé, pain d'épice. Chair solide, tanin rond et plein, vin gourmand avec ses notes boisées sans excès.

– Dégustation de juin 2008

15 – Boisé encore marqué, séveux, bouche puissante. Tendu, très serré, vin sévère qui demande de l'air.

Millésime 2006

– Dégustation d'avril 2007

14 – Cerise, bouche puissante, droite, fraîche, tendue. Vin traditionnel, bien fait, concentré, un poil sec en finale.

Millésime 2007

– Dégustation d'avril 2008

14 – Fermé, bouche ronde, soyeuse, souple, le fruit est un peu absent, mais bonne structure.

Mazeris-Bellevue

Surface : 9,5 ha
Propriétaire : Famille Bussier
Contact : Diane Bussier
33126 Saint-Michel-de-Fronsac
05.57.24.98.19/06.80.18.10.54
www.expressionfronsac.com

En 1848, tandis que Paris se soulève et que Louis-Philippe abdique, un Bussier crée ce domaine en haut de la colline de Mazeris. Bien plus tard, Diane est arrivée après un long et curieux détour : *« J'ai toujours aimé ça. J'ai fait des études de sciences, de la biologie, c'était inconsciemment programmé, on a la chance de vivre dans des propriétés magnifiques. »* La jeune femme gérait pour Lenôtre les repas de la Coupe du monde de football en 1998. Un événement qui pour elle ne se résumait pas au *« et un, et deux, et trois... »* de la finale gagnée par la France, mais à envoyer entre 3 000 et 6 000 couverts par match sur la plate-forme de Bordeaux...

« Quand j'ai dit que je voulais revenir, mon père était à fond pour. Il s'y attendait un peu. Ensuite, il a fallu que chacun trouve sa place. C'est une force d'être une femme dans ce métier, car les hommes sont plus attentifs. Ils prennent plus le temps de déguster et de discuter. »

Diane Bussier a repris un domaine bien géré et en bon état, avec une particularité – une forte proportion de cabernet-sauvignon qui mûrit bien sur ce coteau plein sud. *« C'était assez atypique avant que je n'arrive, avec 50/50 cabernet/merlot. J'ai apporté un peu plus de merlot pour rendre les vins plus agréables. »* Le domaine produit des vins de garde qu'une clientèle particulière développée par Jacques, le papa de Diane, apprécie depuis longtemps. D'autant que les prix sont plus que raisonnables.

Millésime 2004

– *Dégustation de juin 2008*

15 – Nez cabernet, épices, fruits noirs, bouche souple, élégante, pas très volumineuse mais en finesse.

Millésime 2005

– *Dégustation d'avril 2006*

16 – Confiture de cerises burlat, bouche croquante au boisé bien fondu, puissant, aromatique, assez chaud en finale.

Millésime 2006

– *Dégustation d'avril 2007*

13 – Fermé, bouche vive, limite végétale, serrée. Manque de charme, droit, tendu, un peu herbacé en finale.

Millésime 2007

– *Dégustation d'avril 2008*

15 % cabernet franc, 15 % cabernet-sauvignon, 70 % merlot.

15 – Nez chocolaté, bouche moelleuse, douce, tanins doux, bien fruité.

Millésime 2008

– *Dégustation d'avril 2009*

17 – Fruits noirs, bouche douce, tendre, élégante, bien fruitée, tanins moelleux, une grande douceur, long, frais, de la dentelle…

Millésime 2009

– *Dégustation d'avril 2010*

15 – Fruits noirs, cassis, épices, bouche douce, moelleuse, ronde, vin bien fruité, beaucoup de tanins qui doivent se fondre à l'élevage, puissant.

Moulin-Pey-Labrie

Surface : 6,75 ha
Propriétaire : Famille Hubau
Contact : Bénédicte et Grégoire Hubau – 33126 Fronsac
05.57.51.14.37
www.moulinpeylabrie.com

Premier domaine repris par les Hubau à leur arrivée sur Fronsac en 1988. Il sera suivi de Haut-Lariveau, lui-même complété de Combes-Canon (les deux n'en forment plus qu'un, voir Haut-Lariveau, en fronsac).

Pey-Labrie est assez représentatif des terroirs de la famille canon, situés à flanc de coteau sur des sols très caillouteux posés sur la molasse dite du Fronsadais. 98 % merlot et 2 % malbec.

Après une période où le muscle dominait un peu, Moulin-Pey-Labrie est devenu plus distingué. Les tanins semblent avoir rangé leur tenue de Superman au vestiaire pour adopter une livrée un peu moins voyante.

Millésime 2000

– Dégustation d'avril 2001

14,5 – Vin classique, nez élégant, fruits noirs, mûre, groseille, bouche poivrée, épicée, finale cassis et joli bois. Beau vin.

Millésime 2001

– Dégustation d'avril 2002

14 – Violet sombre. Nez fermé, austère. Bouche dense, cerise noire, toastée, chocolatée, bonne extraction sans complaisance. Vin classique.

Millésime 2002

– Dégustation d'avril 2003

15,5 – Fruits mûrs, épices, fumée, engageant. Du gras en bouche, du boisé grillé, une finale de tanins amples, onctueux, belle longueur.

Millésime 2003

– Dégustation d'avril 2004

100 % merlot, élevé en barriques à 50 % neuves.

14,5 – Beaucoup de fruit, confituré. Gras, du fruit, un boisé intense qui domine la bouche, plaisant, style moderne des années 90.

Millésime 2005

– *Dégustation d'avril 2006*

16 – Nez délicat de mûre, myrtille, épices, poivre. Bouche un peu sévère, équilibre élevé avec de la vivacité et un tanin présent.

– *Dégustation de juin 2008*

15 – Bois, chocolat, bouche séveuse, tendre, tanins fondus, élevage assez marqué qui lui confère un côté flatteur, la finale est assez serrée pour le moment, un peu séchante en finale.

Millésime 2006

– *Dégustation d'avril 2007*

14 – Boisé, fruits noirs, bouche riche, bien pleine, parfumée, tanins moelleux, gras, riche, très belle attaque, suave, douce, finale serrée, un peu sèche.

Millésime 2007

– *Dégustation d'avril 2008*

16 – Fruits noirs, pas très ouvert, bouche dense, tannique dans le sens velouté, bonne tenue, droit, long ; un peu en retrait mais de garde.

Millésime 2008

– *Dégustation d'avril 2009*

15 – Boisé violent, framboise, bouche dense, fortement marquée par le bois, puissant, un peu astringent en finale, mais prometteur.

Millésime 2009

– *Dégustation d'avril 2010*

15,5/16 – Boisé, bouche ronde, suave, bien fruitée, tendue, assez serrée en finale, dynamique, petits tanins croquants en finale.

Château du Pavillon & Château Grand-Renouil

Surface : 5 ha chacun
Propriétaire : Michel Ponty
Contact : Michel Ponty et Nadine Ponty-Couraud
Les Chais du Port – 33126 Fronsac
05.57.51.29.57

Un propriétaire vinificateur pour deux domaines : Château du Pavillon, situé sur un sol argilo-siliceux de pied de côte ; Château Grand-Renouil, surface identique mais placée sur le plateau et donc sur le socle calcaire, assez proche de celui que l'on trouve en haut de Saint-Émilion. L'encépagement pour les deux domaines est le même, 100 % merlot (Grand-Renouil comporte du cabernet franc qui passe dans le second vin). Seul l'âge diffère, plus de 60 ans pour Grand-Renouil et des vignes de 40 ans pour Château du Pavillon.

Second vin : Petit-Renouil

Millésime 2000

– *Dégustation d'avril 2001*

14,5 – **Pavillon**. Nez de merlot mûr, sensuel, bouche veloutée, assez souple et soyeuse, finale épicée.

15 – **Grand-Renouil**. Nez épicé, poivré, fruits rouges, réglisse. Bouche veloutée, texturée, concentrée mais sans aspérités. Beau vin de garde.

Millésime 2003

– *Dégustation d'avril 2004*

16/16,50 – **Pavillon**. Nez de fruits frais, cerise, prune d'ente, belle extraction modérée, vin charnu, très fin, élégant, finale cacaotée, mais fruitée. Une des réussites de l'année.

Millésime 2005

– *Dégustation d'avril 2006*

14,5 – **Pavillon**. Jolie complexité aromatique au nez fruité, poivre. Bouche serrée, de la puissance compensée par la fraîcheur, long en finale, sur des notes cerise.

– Dégustation de juin 2008

16 – **Pavillon**. Chocolat, bouche ronde, beaucoup de tanins mais fondus ; vin assez trapu, ramassé, solide, tendu, serré, long.

Millésime 2006

– Dégustation d'avril 2007

14,5 – **Pavillon**. Animal, réduit, cacao, bouche puissante, tannique, dense, mais sans dureté, volumineux, bonne longueur.

14 – **Grand-Renouil**. Framboise, bouche fine et souple, bien structurée, délicate ; un peu d'amertume en finale, mais bien fait.

Millésime 2007

– Dégustation d'avril 2008

13,5/14 – **Grand-Renouil**. Fermé, joli fruit en bouche, bonne matière, un peu brut de décoffrage pour le moment.

Produit aussi un blanc délicieux, nez de sauvignon, simple, direct, bien fruité, du gras en bouche.

Millésime 2008

– Dégustation d'avril 2009

15 – **Pavillon**. Nez pas très expressif, bouche douce, délicate, peu extraite, dans la finesse et la douceur, équilibre parfait.

15,5 – **Grand-Renouil**. Nez fraise, pas très ouvert, bouche délicate, souple, fraîche, un peu de tension en finale, joli fruit, un peu minéral.

Millésime 2009

– Dégustation d'avril 2010

14,5 – **Pavillon**. Cassis, fruits noirs, bouche ronde, soyeuse, finit un peu court, bien fruité, bonne matière ; vin ramassé, tendu, fermé mais prometteur.

16,5 – **Grand-Renouil**. Nez cassis, floral, pivoine, bouche tendue, fine, joli vin élégant et suave, belle fraîcheur, joli fruit bien préservé.

VRAI-CANON-BOUCHÉ

Surface : 12 ha
Propriétaire : Philip de Haseth-Möller
Contact : Château Vrai-Canon-Bouché
1, tertre de Canon – 33126 Fronsac
05.53.24.18.43/06.75.76.62.23
chateauvraicanonbouche.com

En position dominante, face à la rivière, le plus beau terroir de l'appellation et probablement un des plus beaux du Libournais. Ici serait née la notion de « cru » à Bordeaux. Le château lui-même est posé sur les galeries d'anciennes carrières souterraines offrant des caves superbes.

Longtemps ronronnante, cette propriété à été achetée par un Néerlandais en 2005, qui possède aussi un domaine à Bergerac, Château Monestier-La Tour. Philip de Haseth-Möller a entrepris un boulot de titan en rénovant chai et vignobles et, depuis 2005, la qualité ne cesse de monter. Tombera-t-il dans la caricature bling-bling qui a produit tant de ravages chez les nouveaux propriétaires de la rive droite ? Sa connaissance du marché avec l'expérience Monestier l'en préserve a priori…

Second vin : Terrasses-de-Vrai-Canon-Bouché

Millésime 2006

– Dégustation d'avril 2007

16 – Vanille, fruits rouges au sucre, bouche pleine, dense, souple, petits tanins élégants, bonne longueur, frais et harmonieux.

– Dégustation de juin 2008

15,5 – Fruits noirs, bouche ronde, suave, douce, tanins doux, chocolatés, bien serrés, beau travail en vinification et en élevage, douceur et tenue. Un peu d'alcool.

Millésime 2008

– Dégustation d'avril 2009

14,5 – Échantillon oxydatif difficile à juger au nez, bouche très mûre, fondue, souple, moelleuse, un peu en mode surmûri, mais pas mal.

Millésime 2009

– *Dégustation d'avril 2010*

14,5/15 – Boisé prenant, bouche puissante, dense, moelleuse, en pleine prise de bois, mais bonne matière, un peu d'amertume apportée par le bois, prometteur.

Pomerol et lalande-de-pomerol

Pomerol

L'appellation n'est pas grande, 770 hectares à peine. Avec des limites infranchissables : la ville de Libourne à l'ouest, la rivière Barbanne au nord, l'appellation saint-émilion à l'est et au sud. C'est au point que l'hippodrome de Libourne, vaste terrain peu utilisé et situé en aire d'AOC, va bientôt disparaître au profit de la vigne. Amendé au crottin de cheval pendant des années, cela lui confère une valeur supplémentaire ! La lecture des terroirs, exercice difficile pour peu que l'on veuille simplifier les données minutieuses des géologues, pourrait se résumer ainsi :

1) Le cœur de pomerol. Une zone centrale très argileuse, mais avec des argiles variées, qui affleure par endroits et le plus souvent recouverte d'une fine couche de graves, ces petits cailloux arrondis et portés par les fleuves.

2) Le très bon terroir. Il s'agit autour du cœur de zones graveleuses et argileuses. L'argile se mêle aux cailloux sur une assez forte épaisseur.

3) Le bon terroir. (Par définition, il n'existe pas de mauvais terroir sinon, il ne serait pas en appellation !) Ce sont les sols de graves et de sables, peu d'argile, du moins en surface.

Sur l'ensemble de l'AOC, on rencontre en sous-sol une sorte de mâchefer, la « crasse de fer », à laquelle on attribue un rôle prépondérant dans la qualité et les saveurs des pomerols, sans pour autant qu'on en ait fourni la démonstration. Mais si tout devait ou pouvait s'expliquer, le vin deviendrait vite ennuyeux.

Pas de classement en pomerol. Du moins, reconnu et officiel. Mais de nombreux auteurs, connaisseurs, spécialistes s'y sont essayés. Les appréciations varient, mais tous s'accordent à placer Pétrus en tête, comme premier grand cru, seul et unique.

S'il peut, certaines années, être dépassé par tel ou tel, comme d'ailleurs Lafite ou Latour le sont par la réussite exceptionnelle d'un cru subalterne, il semble en effet difficile sur le long terme de remettre en cause cette hiérarchie « naturelle ». Nous pouvons ajouter en seconde ligne les crus dont les terroirs de grande qualité sont servis par un savoir-faire impeccable : Lafleur, Vieux-Château-Certan, Trotanoy, Gazin, L'Évangile, La Conseillante. Je placerais à part Le Pin, minuscule propriété, davantage un exercice de style, une exception à la règle, qu'un cru pour de vrai.

Ensuite, cela devient très aléatoire. Bellegrave (Vignobles Bouldy), par exemple, ne se situe pas dans le cœur historique. Son terroir de graves ne se compare pas à celui de Trotanoy, mais sa mise en valeur par une famille de vignerons exceptionnels le place chaque année très haut dans les notes des dégustateurs.

Le rôle de l'homme détermine le sort du cru.

Un rachat, une volonté, une interprétation déplacent le curseur de mini vers maxi. Encore faut-il se méfier des trompe-l'œil. Certains investisseurs ont pensé transformer une brouette en Formule 1 juste en achetant des cuves en bois, en confondant mûri et surmûri, en imaginant que la rondeur de l'alcool pouvait remplacer le soyeux des tanins d'un raisin bien conduit, en propulsant le bois neuf des barriques au rang de seigneur de l'aromatique.

Les consommateurs néophytes, séduits au départ par le côté immédiat et chaleureux de ces vins chromés comme des Harley, découvrent au fil du temps et des repas la capacité des vins moins démonstratifs à accompagner les mets sans fatiguer (ce que les sommeliers baptisent d'un néologisme barbare : la buvabilité). Relisons la fable : le lièvre ne gagne jamais avec la tortue. Les bouteilles de vins puissants et lourds, gonflés à l'œnologie bidouillante, ne sont ni celles que l'on boit avec le plus de plaisir autour d'une table ni celles qui se conservent le mieux. Comme si d'avoir trop donné pendant les vinifications les privait d'une certaine réserve calorique pour affronter les ans.

Pomerol est un terroir chaud, où la maturité est obtenue avec une semaine ou parfois quinze jours d'avance par rapport à Saint-Émilion. Il est donc tentant d'essayer d'aller plus loin... Mais *« jamais un lourdaud, quoi qu'il fasse, ne saurait passer pour galant »*, écrit Bernard Ginestet en avant-propos à son *Pomerol,* paru en 1984 (éditions Jacques Legrand). Son altesse Pétrus ne se présente jamais sous son meilleur profil au début de son âge. Ce n'est qu'avec le temps qu'il révèle sa complexité.

Méfions-nous donc de ces vins qui livrent tout en vingt-quatre heures chrono, leurs saveurs et leurs rondeurs. Ils n'ont pas de retenue, de pudeur, d'intelligence. Le bon pomerol est un vin séduisant mais avec de la profondeur. L'encépagement fait la part belle au merlot, entre 70 et 80 %, il se fait accompagner du cabernet franc, souvent entre 10 et 30 %, et parfois d'un peu de cabernet-sauvignon, rarement plus de 5 à 10 %.

BEAU-SOLEIL

Surface : 3,5 ha
Propriétaire : GFV Beau-Soleil
Contact : Thierry Rustmann
33500 Pomerol
05.57.25.54.09
www.chateau-beau-soleil.com

En 2004, Thierry Rustmann (ex-Talbot, en saint-julien, et Sénéjac, en haut-médoc) a pris en fermage cette petite propriété pour vingt-cinq ans. *« Je m'amuse, tout est en miniature par rapport au Médoc. Rien que des vieilles vignes. »* Beau-Soleil se trouve sur le plateau sud-ouest de Pomerol, proche des vignes de Taillefer et Nénin. Des vieux merlots, avec un soupçon de cabernet (5 %), sur un sol de graves fines sablonneuses et crasse de fer. Auparavant, Beau-Soleil avait été géré par Anne-Marie Audy-Arcaute, dont la famille possédait autrefois Clinet et La Croix-du-Casse, toujours à Pomerol.

Millésime 2000

– *Dégustation d'avril 2001*

14 – Joli nez de fruits rouges bien mûrs, fumée, boisé, un peu fourrure. Bouche souple, confiturée, finale sur un tanin serré, un peu sec, échantillon sur barrique neuve sans doute.

Millésime 2001

– Dégustation d'avril 2002

14,5 – Fruits noirs intenses au nez, fumée, ouvert. Bouche suave à l'attaque, fraîche, petit tanin savoureux, bon équilibre, finale qui se resserre sur des notes plus austères.

Millésime 2002

– Dégustation d'avril 2003

Anne-Marie Audy-Arcaute a entrepris l'an dernier d'importants travaux pour refaire un chai. Rendement : 32 hl/ha. 95 % merlot, 5 % cabernet franc. Élevage en bois neuf.

15,5 – Nez fin, fruits noirs, cerise, myrtille, réglisse. De l'opulence, avec des nuances épicées, cannelle et Zan, belle finale onctueuse et fruitée.

Millésime 2003

– Dégustation d'avril 2004

14,5/15 – Nez de fruits confiturés, cassis, bouche charnue, aromatique et ronde. Fruit mûr, malgré une amabilité apparente, une structure tannique concentrée.

Millésime 2004

– Dégustation d'avril 2005

15,5 – Nez frais, intensité moyenne, cerise burlat, cacao, bouche souple, boisé assez élégant.

Millésime 2005

– Dégustation d'avril 2006

15,5 – Nez agréable, engageant, avec un joli fruit et des notes réglissées, cerise burlat, cassis. Bouche étoffée, avec des tanins gras, charnus.

Millésime 2006

– Dégustation d'avril 2007

14 – Floral, cerise, bouche tendue, tanins frais, vifs, serrés ; un peu trop extrait, finale assez rugueuse sur un boisé ardent.

Millésime 2007

– Dégustation d'avril 2008

16,5 – Nez frais, mentholé, orangette, bouche tendue, fraîche, fine, élégante et gourmande à la fois, velouté, long.

Millésime 2009

– Dégustation d'avril 2010

14 – Fruits noirs, bouche ronde, souple en attaque, bien équilibrée, d'une densité moyenne, mais plaisant, bien fruité.

BEAUREGARD

Surface : 17 ha
Propriétaire : Crédit foncier
Contact : Michel Garat
33500 Pomerol
05.57.51.13.36
www.chateau-beauregard.com

On parle beaucoup d'histoire et d'architecture à propos de Beauregard, qui, contrairement à ce que l'on croit, n'est pas la dernière demeure de Jack Beauregard, alias Henry Fonda, quand, à la fin de *Mon nom est Personne,* il quitte les rivages américains. La jolie chartreuse du XVIIIe a été intégralement copiée par Guggenheim pour sa propriété à Long Island. Cette superbe demeure, qui domine des jardins à rendre jalouse Babylone, remplaçait un vieux manoir fondé par les chevaliers de Saint-Jean de Jérusalem (futur ordre de Malte) et commande un beau vignoble de 17 hectares d'un seul tenant, acheté en 1991 par le Crédit foncier. Lequel a eu la bonne idée de confier la direction technique du cru à Vincent Priou (le groupe a d'autres domaines, notamment Bastor-Lamontagne, en Sauternais, Michel Garat assurant la gérance de l'ensemble). Après avoir fait chauffer la machine, poussé les merlots jusque dans leurs ultimes retranchements, mesuré les capacités vibratoires du terroir,

Vincent Priou a fait son choix. Plus de dérapages contrôlés spectaculaires mais hors-style du cru, adoption d'une conduite adaptée avec calcul des trajectoires. Cela se traduit par une production de vin raffinés, consistants, qui gagnent en élégance depuis le début des années 2000. Un des atouts du maître pour jouer la partie avec subtilité consiste à renforcer l'encépagement en cabernet franc, qui apporte de la tenue, des tanins frais, de la précision, tant sur le plan aromatique que dans la structure du vin. Avec les nouvelles plantations, l'encépagement comporte aujourd'hui 35 % de cabernet franc. C'est en somme un retour aux sources, car j'ai trouvé dans des vieux bouquins que Beauregard, autrefois, quand il ne couvrait encore que 12 hectares, comportait davantage de franc que de merlot et qu'on le jugeait remarquable surtout par sa fraîcheur... À noter également, et ce n'est pas qu'un détail : Beauregard vend en direct et en ligne une part de sa production et les prix sont raisonnables (surtout au moment des ventes en primeur).

Second vin : Benjamin-de-Beauregard

Millésime 2000

– Dégustation d'avril 2001

60 % merlot, 30 % cabernet franc, 10 % cabernet-sauvignon.

14,5 – Nez de fruit, couvert par le boisé. Bouche tendre, gourmande, fraîche, boisée.

Millésime 2001

– Dégustation d'avril 2002

15 – Nez de fruit mûr, boisé intense, pain grillé. Bouche ronde, texture souple, arômes confiturés, goudron, finale nette et assez longue, un peu trop boisée.

Millésime 2002

– Dégustation d'avril 2003

Un glissement notable vers plus de finesse, moins de concentration et de boisé brûlé.

15/15,5 – Élégant, prune, vanille, myrtille. Bouche ronde, souple, puis charnue jusqu'à la finale, avec un beau tanin ferme mais élégant, aucune note de surmûri, un style plus racé.

Millésime 2003

– *Dégustation d'avril 2004*

« Nous avons eu des difficultés avec la canicule », explique Vincent Priou, *« surtout dans la zone sableuse, très filtrante ; sur les graves argileuses, les vignes de 35 ans ont bien résisté, mais il y avait peu de jus, et on n'a que 30 hl/ha de rendement. Ce sont surtout les jeunes vignes encore mal enracinées qui ont souffert. On avait peu effeuillé, heureusement. »* Dans le millésime 2003, il y aura 72 % de merlot, 28 % de cabernet franc. Le grand vin représentera 65 % de l'ensemble, le reste faisant un deuxième vin. Élevage en barriques neuves à 60 %.

15,5 – Nez parfumé, floral, un peu grillé. Tendre, soyeux en bouche, corps plein et élégant, finale gourmande, cacao, savoureuse, avec un tanin de belle qualité.

Millésime 2004

– *Dégustation d'avril 2005*

15,5 – Coloré, nez de baies noires, mûre, myrtille, ouvert et riche. Souple, texture suave, charnu, boisé toasté. Belle présentation.

Millésime 2005

– *Dégustation d'avril 2006*

Vincent Priou : *« Les degrés risquaient d'être élevés, on a évité autant que possible la surmaturité, et on a sulfité la vendange, ce qui présente l'intérêt de sélectionner les levures dès le départ dans le moût. Cela nous a permis des fermentations sans histoires. Élevage dans 70 % de bois neuf, on est revenus des boisés trop marqués. »* 75 % merlot, 25 % cabernet franc. *« Les francs sont superbes, friands, délicats, on les a utilisés dans l'assemblage ; ils se plaisent chez nous, d'ailleurs on va cette année en replanter une parcelle de 1,2 hectare à 9 200 pieds à l'hectare. »*

16,5 – Coloré, nez de fruits rouges, très expressif, bouche charnue et fraîche, vin de séduction qui ne manque pas de longueur, finale sur un tanin gourmand et des notes de gelée de cerises. Le vin a gagné en finesse et en fraîcheur.

Millésime 2006

– *Dégustation d'avril 2007*

15,5/16 – Boisé, café, fruits confits, bouche ronde, bien enrobée par le bois, finale moins jouissive, où l'extraction et le boisé prennent le dessus. Tanins un peu rêches en finale mais bon ensemble, bon fruit. Besoin d'air.

Millésime 2007

– Dégustation d'avril 2008

15,5/16 – Fruits rouges, boisé, bouche ronde, moelleuse, veloutée, garnie mais fondue, très merlot, avec de la sucrosité, puissant, démonstratif, du volume.

Millésime 2008

– Dégustation d'avril 2009

14,5 – Floral, un coté syrah du Rhône, bouche épaisse, un peu massive, pas mal d'extraction, puissant, finale sur les tanins, fruits rouges mais trop extrait, colle en finale. À revoir, l'échantillon dégusté ne nous semble pas conforme au style de la maison.

Millésime 2009

Dégustation d'avril 2010

15,5 – Fruits noirs, réducteur, bouche un peu mâchée à ce stade, tanins soyeux, un peu croquant, frais, élégant, vif, équilibré.

Bellegrave

Surface : 8 ha
Propriétaire : Famille Bouldy
Contact : Jean-Marie Bouldy
Lieu-dit René – 33500 Pomerol
05.57.51.20.47
www.chateaubellegravepomerol.com

« Visites et dégustations : du lundi au vendredi 8h30-12h30/14h-19h. Le samedi, il est préférable de nous prévenir de votre visite par téléphone. » Tout est dit dans cette annonce. Ici, on reçoit, on vend du vin, on le fait très bien, on en parle avec les mots justes. Même si, depuis quelques années, le nom de ce domaine figure dans des guides et des revues accompagné d'éloges, les Bouldy n'ont pas changé leurs habitudes. *« On aime recevoir nos clients »*, dit Jean-

Marie, et ce n'est pas du bluff. Pas le genre de la maison... « *Je fais le vin que j'aime. Je ne cherche pas à faire autre chose... et je n'aime pas trop le bois neuf grillé, l'extraction sévère, source de tanins incongrus qui n'ont rien à faire ici. Pour moi, pomerol c'est rond, velouté, soyeux. J'aime la finesse et la maturité, j'évite la surmaturité qui fait des échantillons flatteurs mais handicape le futur.* » La propriété fut achetée par son père, ancien tonnelier, en 1951. Elle appartenait auparavant à un horloger parisien qui ne s'en souciait guère. Ne faisant pas partie des domaines reconnus historiquement, c'est par leur travail méticuleux et la qualité des vins que les Bouldy sont parvenus aujourd'hui à une certaine notoriété. Jean-Marie travaille depuis longtemps sans herbicides ni traitements dévastateurs, comme son père avant lui. Le bio ici s'appelait tradition, geste naturel. La labélisation est venue plus tard. Dans cette famille, la transmission est une des valeurs fondamentales. Allez voir sur le site, c'est frappant. En photos, le père, Jean, aujourd'hui disparu, et son fils ; Jean-Marie et Pascale avec les enfants déjà dans les vignes ou aux chais ou aux vendanges sans qu'on le leur impose. Transmettre ce qu'on a appris, faire passer le savoir et le respect de la vigne, des sols, tout cela s'affirme plus qu'en filigrane. Jean-Marie s'occupe aussi d'autres vignobles avec les mêmes principes : « *Il faut s'approprier la technique et non recopier les recettes et les modes d'emploi de fabricants, et il faut surtout respecter le cru.* »

Un jour, c'est juré, j'organiserai un concours de lamproie à la bordelaise. La lamproie est une sorte d'anguille très moche mais absolument délicieuse quand on sait la préparer avec des poireaux et du vin rouge. Sur le podium, avec la grand-mère de Christophe Landry (Château des Graviers, cru artisan en margaux), figurera, j'en suis sûr, Pascale, l'épouse de Jean-Marie.

Millésime 2000

– *Dégustation d'avril 2001*

Jean-Marie Bouldy : « *Nous sommes sur une butte de graves ; un carottage a permis de mesurer sur 5 mètres des sols graveleux et, à 11 mètres en profondeur, l'argile bleue.* » Un sol un peu particulier, à l'ouest de Pomerol et de la route de Libourne à Périgueux, près du lieu-dit René.

45 hl/ha, 75 % merlot, 25 % cabernet franc, un tiers de bois neuf.

16 – Fruit net, délicat, raffiné, élégant. Bouche suave, ronde, en finesse, vin mûr mais pas surmûri, boisé distingué, finale aux notes épicées du cabernet, de la race.

Millésime 2001

– *Dégustation d'avril 2002*

Jean-Marie Bouldy : *« Nous avons continué nos études des sols et des sous-sols de notre butte de graves – comme le nom du château l'indique – et replanté 50 ares à 6 000 pieds à l'hectare. Nous recherchons la qualité d'abord dans le terroir et dans le raisin. »* 80 % merlot, 20 % cabernet franc. 43 hl/ha.

15/15,5 – Nez très fruits, framboise, fraise. Il se retrouve en bouche, avec une texture souple et charnue, un tanin crémeux, une belle finale sur un fruit délicieux, suave, un tanin bien dru.

Millésime 2002

– *Dégustation d'avril 2003*

Jean-Marie Bouldy : *« On avait fait des vendanges en vert, effeuillé successivement des deux côtés des rangs. Le 4 septembre, on a eu peur du pourri, alors on a appelé une équipe de vendangeurs et on a… talqué les vignes ! On a pu ainsi attendre tranquillement pour vendanger. Les vinifications ont été faciles, mais j'ai bien pris garde à ne pas trop extraire, on a fait les remontages très doucement. »* 80 % merlot, 20 % cabernet franc, 38 hl/ha.

15,5/16 – Beaucoup de fruit, cassis, framboise, violette. Texture soyeuse, racée, assez vive, finale crémeuse sur un tanin bien extrait, très gourmand.

Millésime 2003

– *Dégustation d'avril 2004*

« Mon vignoble a bien passé l'été », explique Jean-Marie Bouldy, *« avec nos merlots enracinés profondément et les vieux cabernets sur argilo-graveleux, ça a bien résisté. Nous avons eu quand même 38 hl/ha, ce n'est pas si mal. J'ai cuvé assez court, quinze jours, pour ne pas extraire du sec. »*

15,5/16 – Beau bouquet, floral, violette, rose, réglissé, fin. En bouche, friand, bien texturé, charnu, jolie finale tannique, suave et opulente.

Millésime 2004

– *Dégustation d'avril 2005*

Sur les graves de l'ouest de Pomerol, la récolte s'annonçait pléthorique : « *Il y avait jusqu'à dix-huit grappes par pied, alors qu'on avait taillé à six bourgeons ; on a dû en faire tomber la moitié en éclaircissant !* » Rendement final : 48 hl/ha. 75 % merlot, 25 % cabernet franc.

16,5/17 – Superbe nez de fruits et de violette, mûr, élégant, frais. De la race et du peps en bouche, corps gras velouté mais accompagné par un fruit explosif et la fraîcheur de tanins civilisés.

Millésime 2005

– *Dégustation d'avril 2006*

Rendement final : 48 hl/ha. 75 % merlot, 25 % cabernet franc, élevage en bois, un tiers de barriques neuves.

17 – Fruits noirs et violette, ample, mûr, élégant, frais. En bouche, chair ronde, luxuriante, veloutée, avec de la puissance, des notes grillées, une longue finale très fraîche, mentholée.

Millésime 2006

– *Dégustation d'avril 2007*

« *On n'a pas ajouté les vins de presse à l'assemblage, car c'est déjà assez tannique, on verra en cours d'élevage,* commente Jean-Marie Bouldy. *À Pomerol, on était à maturité quand la grosse pluie du 16 est arrivée. On avait un peu d'avance sur les saint-émilion.* »

16 – Violette, fraise, groseille, épicé, bouche tendue, fraîche, joli fruit, dense mais sans rusticité ; un beau vin d'avenir bien équilibré.

Millésime 2007

– *Dégustation d'avril 2008*

16 – Réduit, bouche dense, tannique, serrée, tendue, vive, tanins présents mais sans dureté, beaucoup d'allure ; vin tonique, long, fruité et construit.

Millésime 2008

– *Dégustation d'avril 2009*

16,5/17 – Fruits rouges, gelée de framboises, bouche fraîche, bien fruitée, douce, petits tanins serrés et fins, un très beau fruit, une structure douce mais solide, bel ensemble, bon équilibre.

Millésime 2009

– Dégustation d'avril 2010

17 – Fermé, bouche ronde et séveuse, tanins veloutés, bonne longueur, un vin assez fermé, mais posé sur une structure de belle qualité, long, précis, délicat. Très joli vin.

BONALGUE

Surface : 7,55 ha
Propriétaire : Famille Bourotte
Contact : Jean-Baptiste Bourotte
62, quai du Priourat, BP 79 – 33502 Libourne Cedex
05.57.51.62.17

La Corrèze à Libourne, Jean-Baptiste Bourotte, qui porte le même prénom que l'arrière-grand-père, le fondateur de l'entreprise, connaît par cœur. Et s'en amuse avec tendresse. L'acharnement au travail, l'âpreté au gain après avoir connu la misère, la vie en clan, la dureté en affaires, les familles comme des citadelles, il les raconte très bien. Pourtant ce jeune homme a fait ses classes ailleurs. HEC, puis sept ans dans l'industrie du luxe chez Cartier, puis pour finir le fameux DUAD, diplôme universitaire d'aptitude à la dégustation, le portique obligé d'un an pour tout repreneur de vignoble, héritier ou nouveau venu à Bordeaux. C'est le parallèle corrézien au sketch de Lionel Rocheman, le poète de l'humour juif, que je cite de mémoire et en raccourci : *« Mon fils, tu as voulu faire HEC, tu as fait HEC ; tu as voulu faire Massachusetts Institute of Technology, tu as fait Massachusetts Institute of Technology… Et maintenant, qu'est-ce que tu vas faire ? Tailleur pour hommes ou tailleur pour dames ? »* La Corrèze de Libourne mène à tout, surtout au vin.

« J'aime la propriété, mais j'aime aussi le négoce et je n'y serais pas allé s'il n'y avait pas eu les deux. » Cela tombait bien, il y avait les deux. La maison Audy pour le négoce et les vignobles Bourotte pour la viticulture. *« Ma grand-mère paternelle était une Audy et elle s'est mariée avec un Bourotte. Les deux, corréziens. Jean-Baptiste Audy,*

mon arrière-grand-père, avait fait un bon mariage avec une fille Dematthieu, famille aussi de Corréziens du plateau de Millevaches. Ils avaient des terres et fonctionnaient un peu mieux. Et il a créé sa maison de négoce. Les hommes montaient des vins dans le nord de la France et redescendaient avec des tissus. Le plus célèbre était Joseph Janoueix. Il ne rentrait même pas dans les maisons. Il se tenait dans la rue et recevait les commandes depuis les fenêtres. Ils avaient comme devise : la première commande doit payer les frais. Tout ce qui double ne perd pas et tout ce qui triple commence à gagner... » Les Bourotte d'aujourd'hui n'ont plus d'attaches « *là-bas* ». Le peu de famille resté en Corrèze s'est éteint ou dispersé. Et les expatriés ont petit à petit fait leur pelote. Les Bourotte ont acheté le Clos du Clocher (voir ce cru) en 1924 et Bonalgue en 1926. L'affaire de négoce Audy annonce 14 millions d'euros de chiffre d'affaires et emploie 26 personnes. « *C'est une maison historique qui a une centaine d'années. Nous sommes très présents entre 6 et 12 euros, sur des vins mis en bouteille au château.* » Pierre Bourotte a pris sa retraite officiellement en 2005. Jean-Baptiste a repris la société de négoce en 2003 et réalisé sa première vinification sur les deux pomerols en 2005. « *La société, mon père n'a jamais vraiment aimé ça ; en revanche, il est attaché aux propriétés. On discute énormément sur les vignes. Il a réussi à se retirer et à changer de rôle, c'est comme un consultant externe.* »

En 2009, Jean-Baptiste a agrandi Bonalgue de 1 hectare mitoyen, racheté « *à la cousine d'Alain Vauthier* [Ausone]. *Il s'appelait Beauséjour-de-Bonalgue et elle vendait le vin à notre société de négoce. Sur Bonalgue, on a fait un gros travail sur les rendements pour équilibrer, surtout avoir une récolte plus régulière. Le risque, c'est la surmaturité car ce sont des terroirs chauds et la période de vendange optimale est étroite.* » En 2009, les Bourotte ont recruté Cécile Dupuis, jeune œnologue et ingénieur agro de grand talent.

Millésime 2000

– *Dégustation de janvier 2010*

15 – Nez sanguin, charnel, bouche douce, ronde, soyeuse en première séquence, tanins fermes ensuite mais sans dureté, vin assez fermé mais droit, un peu austère en finale.

Millésime 2001

– *Dégustation de janvier 2010*

14 – Fruits cuits, bouche douce, crémeuse, pas très précise mais gourmande, finale assez serrée, tanins un peu secs en finale.

Millésime 2002

– *Dégustation de janvier 2010*

14,5 – Nez un peu végétal, bouche douce, tanins assez soyeux, vin vif, éveillé, très agréable aujourd'hui, finale un peu serrée mais plus précis que 2001. Assez frais.

Millésime 2003

– *Dégustation de janvier 2010*

13,5/14 – Même nez que 2002, on retrouve ce nez un peu curieux de colle blanche, bouche chocolatée, puissante, un peu séchante en finale.

Millésime 2004

– *Dégustation de janvier 2010*

14 – Nez colle blanche, bois pas sec, noisette pas mûre, bouche ronde, souple, tendre, sans dureté, un vin assez fluide, pas très long, finissant sur des tanins un peu séchants.

Millésime 2005

– *Dégustation de janvier 2010*

16 – Nez boisé discret, bouche assez fraîche, vive, tanins de belle qualité, frais, tendu mais sans dureté, élégant, bien fait, bonne longueur, plus d'élégance que dans les précédents millésimes.

Millésime 2006

– *Dégustation de janvier 2010*

14,5/15 – Un peu réductif, nez cacao, bouche fraîche, vive, tendue, pas très dense mais de l'allure, un peu sévère en finale.

Millésime 2007

– Dégustation d'avril 2008

14,5 – Échantillon un peu oxydé. Gelée de mûres, bouche pleine, souple, dense, épicée, chocolatée, longue, puissante. Vin gourmand, large, velouté, finale un peu sur les tanins.

– Dégustation de janvier 2010

« On avait commencé à faire un gros boulot sur la vigne. Ça aurait pu être une très grosse production, mais on a bien régulé. On commence à sentir les effets des efforts engagés. »

15,5 – Fruits noirs, épices, bouche vive, tendre, ronde, sur le fruit plus que sur l'extraction, assez vif, savoureux, droit.

Millésime 2008

– Dégustation d'avril 2009

15 – Fraises au sucre, nez sur la sucrosité, bouche tendue, plus minérale, tanins un peu sévères, trop d'extraction mais bon fruit, long, frais, tendu, simple et gourmand.

– Dégustation de janvier 2010

15 – Boisé sensible, bouche souple, gourmande, assez frais, plus précis qu'avant, le bois doit se fondre mais bonne matière, le vin a gagné en fraîcheur et précision.

Millésime 2009

– Dégustation d'avril 2010

15,5 – Épices, poivré, bouche ronde, savoureuse, chocolatée, petits tanins gras, crémeux, belle finale noisette ; joli vin équilibré, fin, séduisant et ne manquant pas de fond.

Le Bon-Pasteur

Surface : 6,7 ha
Propriétaire : Michel Rolland
Contact : 10, chemin de Maillet – 33500 Pomerol
05.57.51.52.43
www.rollandcollection.com

Le propriétaire des lieux possède des cheveux bruns et gris, une barbe courte bien entretenue, un éternel sourire légèrement ironique que confirment des yeux rieurs. Il est de taille moyenne, semble s'amuser en travaillant, voyage beaucoup mais ne paraît jamais fatigué. Comme tout le monde, il adore se moquer des autres, mais déteste qu'on le critique. Comme tous les hommes, il a peur de vieillir. On ne vantera jamais assez le rôle bénéfique de l'œnologue Michel Rolland. Il a appris à une ou deux générations de vignerons à regarder autrement leur vignoble, à réduire les rendements, à attendre la maturité, à trier, à ne plus traiter la vigne comme une machine à produire du raisin mais à la considérer comme la condition sine qua non de la qualité du vin. Comme son aîné Émile Peynaud et contrairement à l'image qu'il peut projeter, il est l'œnologue qui a dédramatisé l'œnologie. Fils de propriétaire vigneron, il connaissait les doutes et les méfiances que les hommes du chai éprouvaient vis-à-vis du jeune diplômé venu remettre en cause des pratiques traditionnelles. Je ne pense pas caricaturer sa démarche en affirmant qu'il a placé l'œnologie à un rang subalterne, loin derrière la viticulture. *« Donnez-moi du beau raisin, je vous ferai du beau vin »*, ne manquait-il jamais de répéter à ses débuts, imitant en cela son maître Peynaud. Je ne partage pas l'idée d'un Michel Rolland fer de lance d'une uniformisation des goûts au service d'une mondialisation rampante. Ce serait lui conférer un pouvoir qu'il ne détient pas. Je n'en dirais pas autant de l'ensemble de ses clients de par le monde. Oui, Michel Rolland est partout, signe, encourage, conseille des vins et des domaines dans de nombreux pays. Beaucoup se ressemblent et témoignent d'un style bien particulier et qui ne m'enthousiasme pas : maturité trop poussée, extraction plus que virile, que l'on corrige au besoin par des apports d'oxygène (le fameux microbullage), élevage en bois neuf. Un jour, avant que nos rapports ne se rafraîchissent singulièrement, il m'avait affirmé que n'importe quel vin de qualité serait toujours meilleur élevé dans du bois neuf. C'est parfaitement son droit de le penser. Et le mien de n'être pas d'accord, même si lui sait faire du vin et pas moi. Je n'aime pas nombre de vins signés Rolland, mais j'en apprécie au moins autant.

« La guerre est une chose trop grave pour la confier à des militaires », disait Clemenceau. Le vin est une chose trop importante pour le confier au seul œnologue. Quand il intervient à L'Évangile, au moment des écoulages ou de l'assemblage, Michel Rolland apporte son talent de dégustateur et sa grande connaissance des terroirs de Pomerol. Il agit en tant que professionnel avec d'autres professionnels : l'équipe des domaines Rothschild, au profit d'un grand vin. L'exemple s'accorde avec de nombreux crus gérés par des hommes ou des femmes qui rendent concomitants leur personnalité, le terroir et le savoir-faire. Rolland est bon quand il a du monde en face, des partenaires qui écoutent, choisissent, décident. Pas des béni-oui-oui, des adorateurs(trices) qui appliquent à la lettre le livre des recettes.

Ce n'est pas un secret : certains de ceux qui ont fait appel à ses services envisageaient davantage ses rapports privilégiés avec la critique internationale, notamment Robert Parker, que sa capacité à subjuguer une cuve de merlot avec une touche de cabernet franc. Rien n'était dit, mais tout était clair. Quelques faiseurs d'opinion américains raffolent des vins puissants, onctueux, riches en tout mais un brin rassasiants. Michel Rolland n'a pas son pareil pour élaborer ce genre de produit et surtout le faire goûter et apprécier des destinataires. Un moment, le système s'est caricaturé, tout seul, sans qu'on le pousse. Autour de Michel Rolland et de son amitié avec Parker se sont greffés quelques « amis » dont les motivations relevaient davantage du pécuniaire que de l'ode à Bacchus. Cela provoqua quelques remous bien vite recouverts par l'épaisse et douce couverture que Bordeaux et ses réseaux souterrains savent si bien tricoter. La machine fonctionne toujours, mais le mécanisme grince légèrement. Puis, d'autres faiseurs de rois sont apparus, d'autres écuries de course. Les goûts évoluent aussi, le style chamallow plaît moins. Michel Rolland a subi l'effet *Mondovino*, le film de Jonathan Nossiter, où il n'apparaît pas vraiment sous son meilleur jour. Michel Rolland a d'abord accusé un montage très défavorable, puis a préféré le silence et sans doute la réflexion. Peu de temps après le film, Nossiter a produit un DVD de dix heures, une sorte de préassemblage de ce qui avait donné naissance au film. Là, c'était du bout-à-bout de séquences sans montage ou presque, et l'image que donnait Rolland ne semblait guère plus flatteuse. La télévision agit comme un miroir et l'image qu'elle renvoie, renforcée ou non par le montage, reflète sa part de vérité. L'exagération était-elle derrière la caméra ou devant ? Au fond, il est probable que Nossiter a rendu service à Rolland en lui montrant ce qu'il risquait de devenir. Le succès et le pouvoir sont des drogues dures. Pas vraiment nouveau, le phénomène. « *J'ai élevé des ouvrages magnifiques, j'ai bâti des maisons et j'ai planté des vignes. J'ai possédé des serviteurs et une nombreuse famille, et de grands troupeaux de bœufs et de brebis. J'ai entassé l'argent et l'or, le revenu des rois et des provinces ; j'ai eu des musiciens et des musiciennes... En tout cela je n'ai vu que vanité, affliction d'esprit ; rien de stable sous le soleil.* » C'était déjà écrit dans la Bible. De l'Ecclésiaste au Bon-Pasteur, la transition est aisée qui nous ramène à nos moutons. Ce cru, propriété de la famille Rolland depuis plusieurs générations, est posé au lieu-dit Maillet, un peu à cheval sur Saint-Émilion et Pomerol, d'où un style un peu particulier, entre rondeur pomerolaise et fringance saint-émilionnaise. Est-ce les voisins qui ont progressé, notre goût qui a changé ou le style qui a évolué, les quelques fois que nous l'avons dégusté ces dernières années, Bon-Pasteur nous est apparu avec une certaine raideur des tanins. À revoir dans le temps, si Michel Rolland nous y invite... Rien n'est moins sûr : au risque de me répéter, comme beaucoup d'hommes, il supporte mal la critique.

Millésime 2000

– *Dégustation d'avril 2001*

15 – Très coloré, grenat violet. Nez fermé sur l'échantillon soumis, en attente. Bouche ample, puissante, satinée, notes de cassis et cacao, finale tannique encore sévère.

Millésime 2001

– *Dégustation d'avril 2002*

13,5 – Boisé très présent au nez, fruits rouges, framboise. Attaque veloutée, corps moyen, tanin assez présent, finale trop boisée à ce stade.

Millésime 2004

– Dégustation d'avril 2005

15 – Nez de fruits mûrs, confituré, corps gras et trapu, marqué par un boisé pain grillé gourmand. En finale, le tanin est un peu sauvage.

BOURGNEUF-VAYRON/BOURGNEUF

Surface : 9 ha
Propriétaire : Famille Vayron
Contact : Le Bourg neuf – 33500 Pomerol
05.57.51.42.03

Frédérique Vayron est revenue sur la propriété familiale en 2006 : « *Auparavant, j'ai fait plusieurs boulots, beaucoup de voyages au Bénin, un peu partout… Je m'obstinais à faire autre chose et très loin d'ici. Je ne voulais surtout pas que ma légitimité se définisse par la succession familiale. J'ai passé un brevet professionnel et fait des stages à Larcis-Ducasse, puis à Smith-Haut-Lafitte, en novembre et en décembre 2007. Le fait d'avoir appris à l'extérieur, ça a permis de légitimer la place que j'ai ici. J'ai participé à la vinification en 2007. Pour la vendange 2008, je l'ai suivie depuis la taille.* »

Le vin a gagné en précision, plus garni en milieu de bouche, les finales sont plus longues et moins rugueuses qu'autrefois. « *Dès le début on a limité la taille, en fonction de ce que le pied peut porter ; c'est du bon sens. Puis on a organisé des vendanges par parcelles en fonction de leur maturité. On a soigné les remontages en les faisant manuellement au cœur du chapeau. Notre problème ici, autrefois, était surtout de vendanger un peu tôt. Cette fois, on l'a fait à bonne maturité.* » La particularité de ce cru est de posséder ses 9 hectares d'un seul tenant. On peut désormais trouver ce vin sous le nom de Bourgneuf tout court. Depuis 2010, Frédérique a décidé de lui redonner son nom d'origine.

Une grosse partie est vendue par la maison Jean-Pierre Moueix. Mais les particuliers peuvent aussi acheter à la propriété.

Millésime 2001

– Dégustation d'avril 2002

14,5 – Joli nez violette, framboise et truffe, suie, original. Bouche souple en attaque, droite, corps moyen, finale plus austère sur un tanin assez rugueux.

Millésime 2004

– Dégustation d'avril 2005

14 – Fruit et épices, pain rôti, cerise, bouche soyeuse, finale qui se durcit, assez extraite.

Millésime 2005

– Dégustation d'avril 2009

14 – Chocolat, mousse, résine, bouche ronde, souple, tanins moelleux, dense, épicée, un peu fuyant en finale.

Millésime 2006

– Dégustation d'avril 2009

14,5 – Chocolat, cacao, bouche tendre, ronde, moelleuse, finale un peu serrée, séchante en finale.

Millésime 2007

– Dégustation d'avril 2009

14,5/15 – Nez fermé, juste levé de colle, bouche vive, nette, bonne matière assez fondue, finale plus garnie que 2006.

Millésime 2008

– Dégustation d'avril 2009

16 – Floral, vif, framboise, bouche souple, tendre, fraîche, petits tanins serrés et assez vifs, élégant, frais, serré, tendu, minéralité, long.

Millésime 2009

– Dégustation d'avril 2010

15 – Réductif, bouche ronde, souple, belle fraîcheur, serré en finale, tanins croquants, un peu de dureté en finale due aux tanins de la barrique, l'ensemble est cohérent et devrait bien évoluer

La Cabanne

Surface : 10 ha
Propriétaire : Vignobles Jean-Pierre Estager
Contact : François Estager
33, rue de Montaudon – 33500 Libourne
05.57.51.04.09
www.estager.com

Les domaines Estager comptent six ou sept crus en saint-émilion, lalande-de-pomerol, pomerol et La Papeterie, en montagne-saint-émilion, que l'on ne confondra pas avec le cru homonyme appartenant à l'autre branche Estager. Fleuron de ces propriétés, La Cabanne tient son nom sans doute des cabanes isolées des serfs et des petits paysans qui travaillaient la terre et les vignes dans ce secteur. Sol de graves et d'argiles, La Cabanne se situe dans le bon terroir de pomerol, exploité depuis le Moyen Âge. Nous avons dégusté quelques vieux millésimes excellents, ce qui démontre la capacité de garde des vins produits ici, très fortement merlot (92 % contre 8 % cabernet franc). Sans doute ce terroir pourrait-il rivaliser avec d'autres plus grandes vedettes. C'est ce que pense la nouvelle génération aux commandes. À suivre.

Second vin : Domaine de Compostelle

Millésime 2000

– Dégustation d'avril 2001

12,5 – Nez de petits fruits rouges. Bouche souple, légère, un peu maigre, sur le fruit.

Millésime 2001

– *Dégustation d'avril 2002*

14 – Noir, dense. Nez de goudron, fumée, mûres, cacao. Bouche dominée par un bois grillé, texture souple.

Millésime 2002

– *Dégustation d'avril 2003*

14 – Un 2002 assez réussi, nez expressif, en fruit, prune, cerise, café. Suave, assez charnu, plaisant.

Millésime 2006

– *Dégustation d'avril 2007*

15 – Bouche très boisée mais bon vin derrière, tanins fins, matière riche et élégante, petits tanins fins en finale. Trop de bois mais belle matière.

Millésime 2007

– *Dégustation d'avril 2008*

13 – Confit, bouche ronde, première séquence assez douce, ensuite ça se resserre. Astringence.

Millésime 2008

– *Dégustation d'avril 2009*

13,5/14 – Fruits rouges, minéral, bouche fine, élégante, tendue, un peu séchante et note d'amertume en finale.

Millésime 2009

– *Dégustation d'avril 2010*

Un incendie a ravagé les chais de La Cabanne fin mars. « *Nous avons perdu l'équivalent de 50 000 bouteilles et, sur les 25 000 bouteilles de La Cabanne 2008 prévues à la mise, j'espère en faire tout au plus… deux barriques* », nous dit François Estager. Par chance, les vins de 2009, qui se trouvent à l'opposé de l'endroit détruit par le feu, n'ont pas été touchés.

14 – Léger évent sur l'échantillon, bouche souple, acidité basse, joli fruit, bien fondu, gourmand, rond.

CERTAN-DE-MAY

Surface : 5 ha
Propriétaire : Famille Barreau-Badar
Contact : Château Certan – 33500 Pomerol
05.57.51.41.53
chateau.certan-de-may@wanadoo.fr

De tous les Certan du quartier, c'est lui l'historique. Le nom est écossais. Sans doute le premier Certan faisait-il partie des ces archers écossais ralliés à la cause du roi de France pour l'aider (les Écossais étaient souvent archers, un arc était-il moins cher qu'une épée ?) à bouter l'Anglais hors d'Aquitaine. La famille May de Certan fut, par la grâce des services rendus, très tôt autorisée à planter de la vigne et nous sommes donc en présence, ici, d'un des plus vieux domaines de Pomerol. Les May de Certan se sont éteints dans les années 20 et le domaine fut racheté par les actuels propriétaires. Évidemment, le terroir au cœur du plateau figure parmi l'exceptionnel et, tout aussi évidemment, quand on est dans le très bon pomerol, le nom de Moueix apparaît. Le suivi des vinifications et la commercialisation sont assurés par les Établissements Jean-Pierre Moueix, de Libourne.

Millésime 2000

– *Dégustation d'avril 2001*

16 – Nez de cerise, noyau, kirsch, profond. Texture de satin, solide, bouchée Mon Chéri au chocolat, belle maturité et du gras en finale.

Millésime 2004

– *Dégustation d'avril 2005*

14,5 – Joli nez de violette et céleri, frais. Bonne corpulence, finale un peu sèche, avec des notes dures, presque végétales.

Millésime 2005

– *Dégustation d'avril 2006*

16,5 – Nez complexe, floral, pivoine et violette. Attaque en bouche tendre, douce mais vive, charnue qui se développe sur un mode gourmand, vers une finale de charme.

Millésime 2007

– Dégustation d'avril 2008

16 – Grillé, poivre, tabac, bouche ronde, souple en attaque puis resserrée, tendue, concentrée ; vin austère, sérieux, prometteur.

Millésime 2008

– Dégustation d'avril 2009

15 – Gelée de cassis, nez un peu confiture de fruits rouges, boisé marqué, bouche vive, serrée, un peu astringente. Le boisé marque beaucoup et lui confère cette astringence.

Millésime 2009

– Dégustation d'avril 2010

17,5/18 – Petite trace oxydative, bouche douce, élégante, raffinée, longue ; vin tendre, serré, frais, fin, puissant, structure tannique présente.

CERTAN-MARZELLE

Surface : 2 ha
Propriétaire : Établissements Jean-Pierre Moueix
Contact : Christian Moueix
54, quai du Priourat, BP 129 – 33502 Libourne Cedex
05.57.51.78.96
www.moueix.com

En 1999, Christian Moueix et la famille Delon, ceux de Léoville-Las-Cases, ont racheté Certan-Giraud, un cru d'un peu plus de 7 hectares, qu'ils se sont partagé. Une partie est allée à Nenin, le cru des Delon, et l'autre est devenu Hosanna, côté Moueix. Dans le panier garni, il y avait ce petit cru Certan-Marzelle qui couvrait alors 3,5 hectares. Une parcelle a rejoint Hosanna, si bien que Marzelle aujourd'hui est réduit à cette vigne de 2 hectares de pur merlot. Il y a une certaine cohérence dans la démarche : à côté d'un Hosanna très complexe, Moueix propose ce Certan, soyeux, doux, bien parfumé, sans doute moins raffiné mais d'un plaisir immédiat plus affirmé.

Millésime 2001

– Dégustation d'avril 2002

15 – Fruits noirs, épices, bouche ronde, souple, élégante, tanins fins avec des notes de fruits blancs, pêche jaune. Un vin d'une belle délicatesse mais avec de la tenue.

Millésime 2002

– Dégustation d'octobre 2009

15 – Nez cerise, chocolat, cacao, bouche souple, fraîche, délicate, belles saveurs chocolatées, finesse, fraîcheur, un peu de vivacité sur les tanins mais bonne structure. À boire.

Millésime 2006

– Dégustation d'avril 2007

16 – Épices, poivré, chocolat, bouche onctueuse, tanins veloutés, grande douceur et côté soyeux en finale, droit, beaucoup de finesse, bonne longueur.

Millésime 2007

– Dégustation d'avril 2008

14 – Fruits noirs, cerise, cassis, bouche tendue, vive, fin, on pourrait penser à du cabernet s'il ne s'agissait de merlot pur.

Millésime 2009

– Dégustation d'avril 2010

16,5 – Épices, fruits noirs, bouche douce, fraîche, élégante, souple, vin fin, délicieux, très élégant, d'une grande douceur. Pur merlot.

La Clémence

Surface : 3 ha
Propriétaire : Christian Dauriac
Contact : Château Destieux – 33330 Saint-Hippolyte
05.57.24.77.44
www.vignobles-dauriac.com

« Je ne voulais pas acheter n'importe quoi ! Sur 650 hectares, il y en a 250 qui ne valent pas un clou ! » C'est peut-être un jugement un peu sévère, mais c'est celui d'un homme qui regarde le terroir comme un philatéliste sa collection. Christian Dauriac ou la vie sur deux étages. Au premier, brillant biologiste, le docteur Dauriac avec son labo d'analyses médicales, la machine à faire des sous. Au second, sous les toits, le vigneron Dauriac dans son atelier d'artiste, le machin à perdre des sous. Né dans l'univers du vin, à une époque où cela ne rapportait rien, il s'est construit ailleurs une sécurité qui lui a permis de revenir bien armé s'occuper de la propriété familiale de Saint-Émilion : Destieux, achetée par sa mère en 1971. Mais ce n'était pas suffisant : il lui fallait une création, une chose bien à lui, qui vienne de lui. Ainsi est née La Clémence, achetée ou constituée en 1996, projet un peu fou de rassembler sur un seul petit domaine, les trois types de sols qui font les grands pomerols :

– une partie sablonneuse et argileuse ; c'est elle qui entoure le chai ;

– une partie argileuse avec la fameuse crasse de fer en sous-sol ;

– une partie enfin sur les graves blanches telles qu'on les rencontre sur le premier grand cru classé de saint-émilion, Figeac.

Sept parcelles au total pour 3 hectares, placées au cœur du Pomerolais, certaines *« touchent Le Pin et La Fleur-Pétrus »*. Pour compliquer un peu l'affaire, Christian Dauriac, passionné par l'élevage en bois et initié par son ami d'enfance, l'œnologue Michel Rolland, attribue à chaque type de sol un type de barriques, un fabricant spécifique. Par exemple, le tonnelier Nadalié pour les argiles. Autant dire que la dégustation peut se prolonger et qu'on ne sort pas du chai de bonne heure. Celui-ci mérite aussi que l'on s'y arrête. Déjà parce que son édification a nécessité de sacrifier quelques rangs de vignes. À Pomerol, dans le cœur historique, cela revient à s'arracher un œil. Mais l'édifice est un vrai bijou : chai circulaire, beau et fonctionnel, où l'habillage en bois domine. Le millésime 2001 a été le premier vinifié ici dans six petites cuves en bois tronconiques. Le vin est constitué de merlot pour 85 %, et de cabernet franc pour 15 %, avec des rendements faibles.

« À Destieux, je me bats contre un terroir pour donner le meilleur. Ici, j'accompagne un terroir », dit joliment Christian Dauriac. On pourrait se demander si avec un tel terroir il est besoin d'autant de bois. Cuves en chêne, barriques neuves qui s'ajoutent à un vin récolté très mûr avec des rendements minimalistes... Le résultat est bon, très séduisant, riche et peut-être un peu baroque. Derrière la profusion des ornements, on aimerait bien distinguer la pureté de l'art ogival.

Millésime 2001

Dégustation d'avril 2002

16,5 – Nez puissant, fruits rouges, réglissé, toasté, épicé, confituré. Texture douce, onctueuse, avec un tanin puissant, gras, et une finale longue et boisée, café moka.

Dégustation d'avril 2003

16/16,5 – Nez épicé, rose rouge, framboise, note mentholée. Le boisé est mieux intégré que l'an passé, mais le vin conserve une pointe de dureté en finale. L'ensemble demeure assez fondu, gourmand, très chocolaté.

Millésime 2002

Dégustation d'avril 2003

Les orages de fin septembre ont contourné Saint-Émilion, mais n'ont pas épargné Pomerol, ce qui a contraint les producteurs à fortement trier au moment des vendanges pour éliminer ce qui n'était pas sain. Christian Dauriac : *« Après les merlots, on a attendu dix jours pour ramasser les francs, et on a cherché à aller à l'extrême : on a demandé à tous les jeunes de notre entourage, amis de nos enfants et amis d'amis, de venir sur les six tables de trie : certains jours il y avait 125 personnes égrenant manuellement les grappes et ne gardant que l'ultra-sain ! Et ça a donné 16 hl/ha, c'est la rançon de la sélection. Ici, il faut aller à l'extrême car je n'ai pas le terroir de Pétrus. »* 85 % merlot, 15 % cabernet franc *« moins touché par la pourriture »*. Élevage 100 % bois neuf *« avec un peu moins de barriques Radoux, qui boisaient beaucoup le vin »*.

16 – Violet-noir, salade de fruits, cassis, mûre, pain grillé, élégant et raffiné. Suavité, texture grasse, gourmand, longue finale sur un tanin maîtrisé.

Millésime 2005

– Dégustation d'avril 2006

« On a battu les records de tanins, sans du tout les chercher », nous a dit Christian Dauriac.

16 – Nez épicé, fruits noirs confiturés ; bouche très ronde et soyeuse, le boisé est marqué, ses tanins masquent un peu la finesse, le vin est dense, avec une finale moelleuse, dominée à ce stade par les notes toastées des barriques.

– Dégustation du 17 avril 2008

16,5 – Chocolat, bouche ronde, souple, douce, tendre, élégant, bien fait, fruité, serré mais fondu, long.

Millésime 2006

– Dégustation d'avril 2007

17 – Cerise, rose, framboise, bouche bien fruitée, vive, tendue, élégante, délicate ; finale un peu serrée, très beau fruit, moins de bois masquant qu'autrefois.

– Dégustation du 17 avril 2008

16 – Un peu poivré, épices, bouche fraîche, délicate, bien ronde en première partie, tanins un peu osseux en finale, limite séchant, un effet bois marqué.

Millésime 2007

– Dégustation du 17 avril 2008

16,5 – Note boisée assez prononcée, bouche souple, douce, bien fondue, tendue, vive, pas très dense, chocolatée, tanins présents. Épicé plus que fruité.

Millésime 2008

– Dégustation d'avril 2009

14 – Grillé, café, moka, bouche puissante, marquée par le bois et l'acidité, très extrait, collant en finale. Trop extrait, trop de bois.

Clinet

Surface : 9 ha
Propriétaire : Famille Laborde
Contact : Ronan Laborde
Château Clinet – 33500 Pomerol
05.57.25.50.00

« Étant né ce qu'il est, souffrir un tel outrage ! »

C'était il y a quelques années. Clinet reniait ses origines comme ces fils de bourgeois qui s'essaient au parler des cités. Ce cru du bon plateau, là où les fameuses graves dites gunziennes le disputent à la meilleure argile, barbotait dans la fange des sans-calotte (le haut du plateau est recouvert d'une calotte argileuse), venait le disputer aux vins privés de terroir qui, pour se faire connaître, recourent aux artifices d'une œnologie esthétique comme on le dit de la chirurgie.

Il n'y a qu'une seule attitude convenable devant un grand terroir : l'humilité. Mais se contenter de bien choisir les dates de vendanges et, une fois le raisin dans les cuves, ne pas trop en faire, surveiller, accompagner, patienter ne satisfait pas obligatoirement tous les ego. S'ajoute au caractère plus ou moins orgueilleux de chacun la pression des modes. Celles des années fin de siècle, le XXe, étaient au démonstratif. Mais que les vins de cette époque, ceux de Clinet, ont mal vieilli ! Trop extraits, trop bricolés ; ils ont tout donné dans leur enfance et se sont fanés bien vite.

Clinet, propriété d'une branche de la famille Audy, importants négociants et propriétaires, a ensuite été vendu au Gan (assurances) avant d'être racheté par Jean-Louis Laborde, ingénieur agronome, ancien céréalier, puis industriel spécialisé dans le traitement des déchets. Après avoir vendu son entreprise, Jean-Louis Laborde s'est investi dans le renaissance du vignoble de Tokay, en Hongrie, avant de racheter Clinet en 1998. Il a pris le risque intelligent de confier le cru à une équipe très jeune, son propre fils Ronan et un responsable technique, Daniel Estève, alors âgés respectivement de 23 et 26 ans. Leur mission : décaper Clinet, virer le vilain enduit qui recouvrait les fresques, le réinstaller dans sa famille d'origine – les grands crus.

Ce qu'ils ont assez bien réussi. Avant 2000, les vins sont très extraits, avec des tanins raides, séchants et des goûts de pruneau. Le 2000 marque le changement, et les millésimes qui suivent confirment. Daniel Estève, pour des raisons de vie personnelle, a quitté Clinet et goûte la douceur du climat de Bourgueil, en Val de Loire. L'équipe mise en place par la famille Laborde, avec Romain Ducolomb, encore un jeune, continue sur la lancée. On préférerait une représentation un peu plus aérienne des tanins, mais, dans son style bien assis, la nouvelle version de Clinet est bien attrayante.

Second vin : Fleur-de-Clinet

Millésime 2000

– Dégustation d'avril 2001

Daniel Estève : *« On avait eu des reproches les années passées sur le style du vin, on a vinifié 2000 plus en douceur, sans trop de remontages ; des essais de microbullage sur une cuve, de saignée sur une autre. On recherche plus la finesse que l'extraction. »*

16 – Fruits noirs, pivoine, expressif. Bouche charnue, suave, finale grasse et boisée. Vin riche, en progrès sur les derniers millésimes.

– Dégustation d'avril 2003

15,5/16 – Épices, chocolat au lait, cerise confite, joli nez, bouche soyeuse en attaque, bien fruitée, assez dense. La deuxième séquence est un peu plus sur la dureté, mais l'ensemble reste enrobé.

Millésime 2001

– Dégustation d'avril 2002

16,5/17 – Nez dense, puissant, fruit mûr, fumée, riche. Bouche racée, le terroir domine un boisé présent, l'ensemble est onctueux, riche et long, et la finesse n'est pas absente.

– Dégustation d'avril 2003

16,5 – Le boisé domine encore, grillé, bouche bien tendue, vive, garnie mais élégante, violette en finale, belle harmonie.

Millésime 2002

– Dégustation d'avril 2003

Le chai et le château (une maison assez modeste, comme souvent à Pomerol) sont refaits à neuf. La récolte 2002 a souffert du millerandage : *« On a un rendement de 22 hl/ha »*, dit Daniel Estève, *« avec des cabernets francs superbes, ramassés en dernier. »* Vendanges du 3 au 6 octobre. 75 % de merlot, 25 % de cabernet. 60 % de bois neuf. Le grand vin représentera 60 % de l'ensemble.

16,5/17 – Fruits rouges et noirs, violette, jus de rôti. Bien rond, tendre, plein, puis se développe avec, du volume, un tanin onctueux, vers une finale fraîche et dense, des notes de cacao.

Millésime 2003

– *Dégustation d'avril 2004*

16 – Nez de fruits noirs, mûre, myrtille, confituré, poivré, mentholé. Bouche texturée, un peu austère, prometteuse, avec de la profondeur et une finale tendue, sans sécheresse, abondamment garnie de tanins et de fruit.

Millésime 2004

– *Dégustation d'avril 2005*

Daniel Estève : « *Nous avons un rendement à la limite des 40 hl/ha : c'est peu, mais la remise en état du vignoble nous a amenés à faire beaucoup de complants, qui sont ramassés à part.* » Le chai neuf, avec ses cuves tronconiques en bois, est opérationnel pour la première fois. 80 % merlot, 7 % cabernet franc, 8 % cabernet-sauvignon.

14,5/15 – Fruits noirs, épices, corpulent et puissant, très boisé, réglisse et goudron, ce qui masque un peu le fruit en finale. L'élevage va être déterminant.

Millésime 2005

– *Dégustation d'avril 2006*

Daniel Estève : « *Nous avons ramassé avec des camions frigorifiques, afin de conserver au frais le raisin dès la vigne. Petite macération sur quatre à cinq jours, à 7 ou 8 °C, pas de foulage, aucun remontage, juste des pigeages, on écoulait dès la fin des fermentations, on voulait privilégier le fruit et le velouté essentiellement. On a tout fait à notre idée, à notre goût, sans trop écouter les conseils extérieurs.* » Le rendement final est respectable, 42 hl/ha, dont 40 % feront du grand vin élevé pour moitié en barriques neuves.

17,5 – Nez très frais, fort avenant, fruits rouges et gelée de groseilles, cerise noire. Bouche charnue, texture de soie avec pourtant un tanin bien présent, qui garnit bien le milieu de bouche, finale ronde et moelleuse sans aspérités, très pomerol, onctueuse et solaire.

Millésime 2006

– Dégustation d'avril 2007

16,5/17 – Cerise, poivre, fruits noirs, gras, onctueux, tanins velours et fraîcheur, des notes mentholées et fruits noirs, long, assez puissant mais frais, finale chocolatée.

Millésime 2008

– Dégustation d'avril 2009

16 – Floral, sucrosité, bouche dense, épicée, boisé mais beaucoup de vin, concentré mais frais, vif, belle matière onctueuse, veloutée, avec un prolongement considérable.

Millésime 2009

– Dégustation d'avril 2010

15,5 – Fruits noirs, un peu confituré, bouche moelleuse, ronde, puissante, un peu d'amertume en finale mais un vin dense, équilibré, avec beaucoup de moelleux.

CLOS DU CANTON-DES-ORMEAUX

Surface : 0,8 ha
Propriétaire : Olivier Cazenave
Contact : Vignobles Olivier Cazenave
1, Malbatit – 33500 Arveyres
05.57.51.97.11

Nouveau venu à la vigne, Olivier Cazenave a travaillé auparavant dans le négoce. Depuis 2003, il est propriétaire du Château de Bel, en AOC bordeaux, et plus récemment encore d'une parcelle d'un peu moins de 1 hectare en pomerol. Premier millésime en 2006, tout de suite remarqué…

Millésime 2006

– Dégustation d'avril 2007

16 – Menthe, grillé, fruits rouges, bouche ronde, souple, élégante, fine, petits tanins assez raffinés ; long, frais, élégant.

Millésime 2007

– Dégustation d'avril 2008

15 – Fermé, épices, bouche tendue, vive, tannique, serrée, manque de charme mais beaux tanins moelleux.

Millésime 2009

– Dégustation d'avril 2010

16 – Fruits noirs, bouche ronde, souple en attaque, bonne matière, nerveux, vif, tendu, assez élégant, finale serrée un peu agressive mais vin prometteur.

Clos du Clocher

Surface : 5,90 ha
Propriétaire : Famille Bourotte
Contact : Jean-Baptiste Bourotte
62, quai du Priourat, BP 79 – 33502 Libourne Cedex
05.57.51.62.17

Seuls 4,60 hectares sur les presque 6 sont exploités pour produire le Clos du Clocher : *« Nous avons un terroir un peu dispersé »*, explique Jean-Baptiste Bourotte [voir Bonalgue]. *« La partie la plus importante se situe vers Tropchaud, voisin de Latour et de Vieux-Château-Certan, de Fleur-Pétrus, c'est de l'argile. Une autre vers Trotanoy et La Cabanne, très argileux également. Enfin, la troisième, où se trouve d'ailleurs notre chai, vers Beauregard et La Croix. Là, on n'en garde que la partie haute. On élimine la partie basse qui est de moindre qualité. »* Depuis son arrivée à la tête des propriétés, Jean-Baptiste Bourotte a fait creuser des fosses un peu partout dans le vignoble pour mieux comprendre les sols et adapter la conduite de la vigne. « *Je trouve que l'on goûte de belles bouteilles sur les 88 et 90, ça tient le choc. Mais on a une forte marge de progression. Il y a souvent un passage à vide et c'est un vin qui s'exprime mieux sur les vieux millésimes. On avait plus de boulot à faire qu'à Bonalgue en termes de matériel végétal. Il a toujours été géré par plusieurs personnes ou un peu négligé, du temps où le négoce rapportait bien davantage que les propriétés.* » Les Bourotte sont à la fois propriétaires et négociants au travers de la société JB Audy. Clos du Clocher compte 30 % de cabernet franc et 70 % de merlot.

Millésime 2000

– *Dégustation d'avril 2001*

14 – Nez profond, beau fruit, bouche extraite, serrée, tanin assez gras.

– *Dégustation de janvier 2010*

14,5 – Nez boisé, bouche gourmande, un peu évoluée, mentholée, longue, riche, puissant, mais un peu refermé.

Millésime 2002

– *Dégustation de janvier 2010*

13,5 – Nez boisé pas très sec, bouche vive, un peu séchante, alcool et tanins séchants. Bon fruit mais tanins un peu rugueux.

Millésime 2003

– *Dégustation de janvier 2010*

15 – Chocolat noir, poivre, feuillage, bouche assez fraîche, douce, peu évoluée pour un 2003. La finale ne se ressent qu'à peine des aléas climatiques, bonne longueur.

Millésime 2004

– *Dégustation de janvier 2010*

15 – Pas très ouvert, fruits noirs, olive, bouche élégante, fine, pas très large, mais en finesse, beau terroir, bien équilibré.

Millésime 2005

– Dégustation d'avril 2006

14,5 – Nez puissant, fortement épicé, bouche dense, onctueuse, des notes chocolatées. Un vin moderne, volumineux.

– Dégustation de janvier 2010

15 – Réglisse, poivre blanc, bouche douce, chocolat, assez frais, velouté, un peu fermé en finale, tanins solides mais vin en devenir. Austère mais droit.

Millésime 2006

– Dégustation d'avril 2007

14 – Fermé, cerise, bouche tendre, souple, frais, élégant, bien rond, joli fruit, chocolaté, un peu sec en finale.

– Dégustation de janvier 2010

15 – Nez fermé, poivre, bouche ronde en attaque, tendu, vif, long, fin, chocolaté en finale, frais et fin.

Millésime 2007

– Dégustation d'avril 2008

15,5 – Fruits noirs, bouche ronde, souple, chocolatée, soyeuse, longue, fin.

– Dégustation de janvier 2010

15,5 – Joli nez, cacao, vrai nez de pomerol, bouche ronde, souple, moelleuse, chocolatée, bonne influence du bois qui en rajoute café et chocolat.

Millésime 2008

– Dégustation d'avril 2009

14 – Fermé, sucrosité, bouche un peu tassée, trop extraite, pointe d'amertume en finale. On devine la race d'un beau terroir derrière.

– Dégustation de janvier 2010

15 – Nez boisé, bouche souple, douce, bien fruitée, assez vif, tendu, tanins élégants derrière. Vin à venir de belle qualité.

Millésime 2009

– Dégustation d'avril 2010

14,5/15 – Fruits rouges, rose, joli nez, bouche souple, bien fruitée, élégante, vive, assez chaleureuse en finale, bons grains de tanins, du moelleux. L'élevage va l'affiner.

Clos l'Église

Surface : 6 ha
Propriétaire : Sylviane Garcin-Cathiard
Contact : Château Haut-Bergey – 33850 Léognan
05.56.64.05.22
www.vignoblesgarcin.com

Sœur de Daniel Cathiard (Smith-Haut-Lafitte), venue aussi des montagnes grenobloises, Sylviane Garcin a acheté Haut-Bergey, en pessac-léognan, en même temps que son frère, fondateur de Go Sport, faisait l'acquisition de Smith. En 1997, les Garcin ont repris également cet historique Clos l'Église, en pomerol. Ils possèdent aussi Barde-Haut, à Saint-Émilion. Bien situé sur la partie argileuse à peine recouverte de graves, le domaine appartient aux crus vénérables et reconnus, figurant même parmi les premiers cités lors des tentatives anciennes et jamais abouties de classement. Encépagement classique, 70 % merlot et 30 % cabernet franc, vinification à tendance un peu démonstrato-extractive.

Second vin : Esprit-de-l'Église

Millésime 2004

– Dégustation d'avril 2005

15 – Épices douces, cacao, bouche souple, tanins veloutés, bonne tenue, bon fruit. Un vin charmeur, bien fait, avec de la consistance.

Millésime 2005

– Dégustation d'avril 2006

15 – Nez riche et complexe, bien habillé par le boisé. Bouche présentant un peu de perlant (fin de malo), du volume et du corps.

Millésime 2008

– Dégustation d'avril 2009

15 – Fruits au sucre, bouche parfumée, boisé blond, un peu serrée mais de la tenue, du caractère, du panache ; un peu trop extrait mais le fruit n'est pas abîmé.

Millésime 2009

– Dégustation d'avril 2010

13,5/14 – Floral, fruité, un peu fermentaire, boisé marqué, bouche de merlot très mûr avec un boisé un peu envahissant, un style baraqué et bien fait mais davantage argentin que pomerolais.

Château Clos-René

Surface : 18 ha
Propriétaire : Famille Garde-Lasserre
Contact : Jean-Marie Garde
Clos René 33500 Pomerol
05.57.51.10.41

La famille habite le village du Grand-Moulinet depuis six générations où elle entretient ce domaine très ancien. Pierre Lasserre, qui fut tonnelier itinérant, a transmis ce domaine à son petit-fils, Jean-Marie Garde, par ailleurs président du syndicat viticole. Il gère sagement les 18 hectares familiaux d'un seul tenant et dotés d'un chai superbe des années 50, cuves béton couleur ocre et grenat complétées par quelques cuves inox pour correspondre parfaitement au parcellaire. Clos-René fait partie de ces pomerols discrets, pas toujours démonstratifs quand ils sont jeunes mais toujours fruités et dotés d'une belle capacité de garde (sans jeu de mots).

Autre vin : Moulinet-Lasserre

Millésime 2000

– Dégustation d'avril 2003

15,5 – Fruits noirs, nez un peu bourguignon de la côte de Nuits, bouche fraîche, nette, notes de cerise, fruitée et délicate, les tanins sont bien représentés en finale sans pour autant durcir l'ensemble.

Millésime 2001

– Dégustation d'avril 2003

15 – Fruits rouges, cerise, pointe de vanille, bouche fine, délicate, tendre, petite note de violette, un vin en élégance, plus dans la finesse que dans la densité.

Millésime 2002

– Dégustation d'avril 2003

« Nous avons un encépagement 80 % merlot, 20 % cabernet franc et quelques pieds de malbec ; la récolte a donné 35 hl/ha, avec de bons degrés. L'élevage se fera en barriques, neuves à 25 %. »

14 – Cassis, champignon blanc, réglisse. Tendre et fruité, finale douce et agréable, un pomerol à boire sans états d'âme.

Millésime 2004

– Dégustation d'avril 2005

Confirme la réussite en 2004 des vignobles sur graves de la zone ouest de Pomerol.

15,5/16 – Nez très parfumé, petites fleurs, réglissé, frais. Structure moyenne en bouche, mais friande, plaisante, finale élégante. Vin de plaisir que l'on pourra boire assez jeune.

Millésime 2005

– Dégustation d'avril 2006

15 – Nez de cerise noire, fumée, frais et riche. Bouche à l'avenant, vin onctueux et plein, finale nette sur un fruit mûr bien exposé.

Millésime 2006

– Dégustation d'avril 2007

14,5 – Fermé, bouche ronde, fraîche, tanins serrés, bon potentiel malgré une pointe d'amertume en finale. Joli fruit en finale, texture légère.

Millésime 2007

– Dégustation d'avril 2008

14,5 – Confiture de fruits rouges, bon fruit, doux, délicat, élégant, plus en finesse qu'en volume, bien fruité.

Millésime 2008

– Dégustation d'avril 2009

15 – Floral, fruits rouges, bouche douce, petits tanins frais, très beau fruit, un peu serré mais bien fait, équilibré.

Millésime 2009

– Dégustation d'avril 2010

15 – Fruits noirs, épices, bouche ronde, moelleuse, cerise et mûre en bouche, un corps moyen mais de l'élégance et de la fraîcheur ; vin précis et savoureux.

La Conseillante

Surface : 12 ha
Propriétaire : Héritiers Nicolas
Contact : Jean-Michel Laporte
La Conseillante – 33500 Pomerol
05.57.51.15.32
www.laconseillante.fr

La Conseillante demeure une propriété familiale avec une quinzaine d'actionnaires en nue-propriété. Tant de propriétaires nous ont affirmé que leur union familiale était indéfectible ! Puis, l'année suivante, c'était le représentant d'une puissante compagnie d'assurances qui nous recevait. Mais eux, les héritiers Nicolas, cinquième ou sixième génération (rien à voir avec les magasins du même nom), donnent l'impression de ne vouloir rien lâcher. Chaque année, quand j'emprunte le chemin blanc qui mène à cette maison égarée au milieu des vignes, avec sa drôle de porte en verre comme celle d'un grand magasin de ville moyenne, la silhouette à forte carrure de Jean-Michel Laporte rassure : ils sont toujours là !

Les Héritiers Nicolas ont conservé l'étiquette à pans coupés créée en 1871, avec bordure argent entourant la lettre *N*. La capsule violette rappelle quant à elle le parfum paraît-il caractéristique du cru, bien que cela ne nous semble pas tous les ans évident. Le parcellaire du domaine n'a pas varié non plus depuis 1871. En revanche, l'encépagement a évolué. Dans les vieux bouquins, on relève une forte proportion de cabernet franc (40 %) et une présence importante de malbec (10 %), aujourd'hui disparu au profit du merlot, qui recouvre 80 % de la propriété, tandis que le cabernet franc n'occupe plus que 20 % des surfaces. Et encore, bien souvent l'assemblage est un peu plus favorable au merlot. Jean-Michel Laporte n'est arrivé qu'en 2003, bien qu'on ait l'impression qu'il fasse partie de la famille. Il vit sa fonction comme saint Pierre : gardien du Paradis. *« Ailleurs, je faisais des vins techniques ; ici, on laisse parler le terroir. On peut travailler à l'ancienne et ce n'est pas plus mal. J'ai l'habitude de dire que j'ai atteint mon objectif de carrière et réalisé un rêve de gamin. J'ai toujours voulu travailler sur ces grands terroirs de Pomerol. De plus, c'est une propriété avec une famille derrière, qui met tout en œuvre. Je me sens garant d'une tradition. »*

Pas de méthode révolutionnaire ni de course à celui qui vendange le plus tard, La Conseillante figure même souvent parmi ceux qui commencent assez tôt, comme Pétrus, un petit cru voisin dont on dit le plus grand bien.

Rien de clinquant à La Conseillante, mais du matériel et des méthodes qui permettent d'optimiser ce grand terroir : quai de réception de vendange avec quatre tables de trie et un égreneur qui permet d'effectuer une sélection rigoureuse des raisins, des cuves de contenances variées pour vinifier séparément la récolte issue des diverses parcelles…

Il n'y a jamais eu de classement officiel à Pomerol, comme il en existe chez le voisin Saint-Émilion ou dans le Médoc et les Graves. Mais beaucoup de ceux qui ont écrit sur cette appellation se sont livrés à leur propre hiérarchisation. Tous, sans exception, placent La Conseillante parmi les grands premiers après Pétrus, derrière ou à côté de Vieux-Château-Certan. Et ce n'est pas parce que personne ne m'a demandé mon avis que je ne le donnerai pas : je suis d'accord.

Second vin : Duo de Conseillante n'existe que depuis le millésime 2007.

Millésime 2000

– *Dégustation d'avril 2001*

14 – Nez de fruit mûr, associé aux notes toastées du bois. Bouche au degré élevé, notes mirabelle, réglisse, texture soyeuse, tanin très marqué, très boisé.

Millésime 2001

– *Dégustation d'avril 2002*

17/17,5 – Superbe robe violet-noir. Nez intense, élégant, violette, réglisse, plein, frais, tout en finesse. Le charme joue aussi en bouche, fraîche et délicate malgré une belle structure, racée, dotée d'une finale superbe, tout en élégance avec un tanin dense et raffiné.

– *Dégustation d'avril 2003*

18 – Redégusté, le superbe 2001 confirme notre impression de l'an dernier, très aromatique, avec la violette caractéristique du cru, velouté, crémeux.

Millésime 2002

– *Dégustation d'avril 2003*

Arnaud de Lamy, 28 ans, né sur 160 hectares de vignes dans les Corbières, domaine de Fontarèche, est venu prendre la direction de La Conseillante : « *Nous avons peu de 2002, une demi-récolte, le millerandage nous a obligés à éliminer la moitié des grappes ; on a vendangé du 27 au 30 septembre, c'était très mûr, avec des tanins de pépins très mûrs aussi, et des francs superbes rentrés à la fin.* »

18 – Quand La Conseillante exprime bien son terroir, c'est fabuleux ! Un bouquet frais, balsamique, violette et cèdre, très racé, une bouche élégante, fruit mûr, un corps plein, délicat, une assise crémeuse de tanins ronds, une finale fraîche, mentholée, avec des notes confites.

Millésime 2003

– *Dégustation d'avril 2004*

Arnaud de Lamy a dû repartir vers ses vignes familiales du Midi. Un nouveau jeune directeur lui succède : Jean-Michel Laporte. Ingénieur agro de Toulouse, il débute avec un millésime pas très facile : « *Après du millerandage, nous avons eu cette chaleur sur le plateau argileux ! Les vignes sur sables ont perdu leurs feuilles. On n'avait que 28 hl/ha, on a décidé de vendanger le 1er septembre. Heureusement, il y a eu un relargage d'acide malique, en cours de fermentation, qui a amélioré l'équilibre ; on va utiliser moins de bois neuf, 80 %, à chauffe moyenne, pour garder du fruit.* »

15,5 – Nez de violette typique de La Conseillante, biscuit fourré, grillé. Bouche de texture moyenne, le fruit est mûr, le tanin rond et doux, la finale tendre. Vin friand.

Millésime 2004

– *Dégustation d'avril 2005*

« *La maturité, pas le surmûri* », dit Jean-Michel Laporte. « *On avait fait deux ou trois tries en vert, en juillet et en août, en décalant nos deux terroirs ; d'abord les argiles noires du type Pétrus, ensuite les graves du type Vieux-Certan.* » Rendement : 51 hl/ha, dont 85 % feront La Conseillante ; il n'y a pas de second vin ici. « *On a vinifié calmement, quatre jours de macération à froid, pour dix-huit à vingt jours de macération en tout ; nous l'élèverons dans 80 % de bois neuf seulement.* »

17,5 – Nez superbe, expressif, violette, épices douces, floral, d'une grande délicatesse d'arômes. On retrouve cette délicatesse en bouche, pleine, très friande, fraîche, menthol, réglisse et Zan, satinée, d'une longueur raffinée, avec des tanins très fins mais très solides.

Millésime 2005

– *Dégustation d'avril 2006*

« *J'ai voulu extraire un peu plus que d'habitude pour casser l'image du vin qui se révèle assez tard. J'ai voulu gommer le petit creux en milieu de bouche.*

Les équilibres étaient là, on pouvait se risquer à faire quelque chose de plus concentré sans perdre l'élégance de La Conseillante. » Le grand vin se fera avec 85 % de merlot et 15 % de cabernet.

18,5 – La note de violette intense, caractéristique de La Conseillante, rejoint les épices, les fruits rouges et la réglisse, formant un nez superbe et frais, d'une grande délicatesse. On retrouve cette finesse en bouche, soyeuse, souple à l'attaque, malgré une impressionnante présence de tanins au grain très serré. Le milieu de bouche est une longue séquence opulente, suivie d'une finale interminable aux notes gourmandes de biscuit fourré à la violette, d'une merveilleuse fraîcheur. La grâce traditionnelle de La Conseillante, avec une texture fastueuse.

– Dégustation du 2 avril 2008

18,5 – Grillé, 100 % bois neuf, un peu réducteur, grillé, bouche onctueuse, milieu de bouche bien garni, dense, épicée, puissant, élégant, long, Très beau vin presque agaçant par sa perfection.

Millésime 2006

– Dégustation d'avril 2007

« La pluie n'a pas eu que du mauvais. Ici, à Pomerol, c'était mûr et chargé en sucre avant les abats d'eau du 17. J'ai rentré une cuve de merlot qui annonçait 15,2° potentiels », commente Jean-Michel Laporte. *« La pluie a fait baisser de façon salutaire ces trop forts degrés. Nous avons des pH plus bas que l'an passé, et donc des vins plus nerveux et frais ; le risque, c'était l'amertume si on allait chercher l'extraction trop forte, j'ai donc travaillé en fonction de ce pH bas pour garder de l'élégance. Je compare à 2001. »* 85 % de merlot, 15 % de cabernet franc et un rendement honnête de 42 hl/ha.

16,5 – Cerise, violette, confiserie, bouche ronde, élégante, belle acidité, droit élégant, pas très garni mais fin. Après élevage, il pourrait réserver des surprises (bonnes).

– Dégustation du 2 avril 2008

16,5/17 – Nez boisé, grillé, bouche douce bien parfumée, précise, dense, tannique, puissante, vive, acidité bien marquée en finale, long, très fin. Vin de garde.

Millésime 2007

– Dégustation d'avril 2008

La grande nouveauté, c'est la naissance d'un second vin : Duo de Conseillante. *« Jusqu'à présent, on vendait en vrac au négoce, et le consommateur ne le savait pas. On avait eu des réflexions de gens qui nous disaient : vous faites quoi des jeunes vignes ? »* explique Jean-Michel Laporte. *« C'est vrai aussi que ça se vendra un peu plus cher qu'en vrac. Il y a là des possibilités commerciales nouvelles, pour la restauration, par exemple… »* Le Duo représente 10 % de la production. Il est bien rond, fluide, gourmand, bien fruité.

Les vendanges se sont déroulées relativement tôt, du 17 au 22 septembre : *« On voulait le fruit, l'équilibre, la fraîcheur, surtout pas de surextraction, et vinification douce avec arrosage du marc dans la cuve pour qu'il ne se pique pas, c'est tout. »* 85 % merlot, 15 % cabernet franc, 80 % de bois neuf. *« Je pars sur un élevage de dix-huit mois. »*

17 – Fruits noirs, sauvage, framboise, bouche douce, élégante, tendue, fraîche, très joli fruit, frais, fin, serré, long.

– Dégustation d'avril 2009

17 – Fruits confits, marqué par le bois de la fin d'élevage, bouche ronde, soyeuse, fraîche, finale vive qui demande à se fondre encore un peu mais dans quatre ans ce sera parfait.

15 – **Duo**. Frais, tendre, doux, bien rond, pourra se boire très jeune sur ses parfums de fruits noirs et de violette.

Millésime 2008

– Dégustation d'avril 2009

« Une année bizarre », dit Jean-Michel Laporte. *« On a vendangé les vignes sur sol de graves avant les argiles, alors que d'habitude c'est l'inverse. Le coup de feu pour les vendanges a été le 26 septembre, avec les merlots ; ils mûrissent avant les cabernets, et c'est un avantage cette année. On a fini de les ramasser le 1er octobre, et on a cueilli sur une journée les cabernets, le 7 octobre. On n'est pas vert, on est mûr, à 13,7° en alcool. Les acidités sont élevées, mais pas plus qu'en 2006. De toute façon, j'aime garder du fruit, de la fraîcheur. »*

86 % merlot, 14 % cabernet franc.

17 – Fruits noirs, vanille, joli nez de sucrosité, fruit noirs au sucre, bouche ronde, garnie, tanins de grande qualité, long, plein, fin, finale violette.

15 – **Duo** est à 90 % merlot et 10 % cabernet franc : *« Les francs mériteraient de rentrer dans le grand vin, mais je veux conserver le style de*

Conseillante. » Nez bien fruité, bouche tendre, ronde, souple, milieu de bouche bien garni, joli fruit, beaucoup de fraîcheur en finale.

– *Dégustation d'avril 2010*

17 – Épices douces, vanille, fruits rouges, bouche vive, tendue fraîche, assez pointue, demande à se fondre, bien fruitée, éveillée. Petits tanins vigoureux, mais sans dureté.

15/15,5 – **Duo**. Fruits noirs, grillé, moka, bouche ronde, souple, bien fruitée, élégante, bien gourmande assez juteuse, belle finale vive, longue, fruitée.

Millésime 2009

– *Dégustation d'avril 2010*

Jean-Michel Laporte : « *On a vendangé entre le 17 et le 28 septembre. La matière première n'était pas simple : des peaux épaisses, qui sont restées caoutchouteuses, beaucoup de matière, mais difficile à extraire. On a cuvé un peu plus longtemps, sans trop intervenir, pour ne pas récupérer de tanins durs : peu de remontages, zéro délestage. L'erreur était de croire que les peaux allaient s'affiner si on attendait pour vendanger. Je n'y croyais pas. Les nuits étaient fraîches, et elles se sont au contraire consolidées. Je préfère vendanger au début du pic plutôt qu'à la fin de la maturité. On est déjà à 14,2°. Je veux renforcer le potentiel en cabernet franc. J'ai arraché les vignes sur le plateau de graves, les sous-sols sont d'argile mais, en surface, c'est graveleux. Il y avait des merlots, et je veux y mettre des cabernets francs.* » 81 % merlot, 19 % cabernet franc.

17 – Très joli nez, fruits rouges en salade, fruits noirs, épices, fruité et floral, bouche souple, fraîche, élégante, tendre, bien fondue en milieu de bouche, la finale est plus relevée. Un vin assez nerveux, 3,75 de pH, les tanins sont assez vifs et même un peu piquants en finale. Bien dans son style, élégant et en longueur. Le milieu de bouche est gras et crémeux, bonne longueur.

15 – **Duo** est assemblé à 90 % merlot, 10 % cabernet franc. Nez pas très ouvert, cerise, bouche souple, légère, vive, parfumée, assez tendre.

La Croix

Surface : 10 ha
Propriétaire : Domaines Joseph Janoueix
Contact : Joseph Janoueix
37, rue Pline-Parmentier – 33506 Libourne
05.57.51.41.86
www.josephjanoueix.com

Les petits Corréziens ont fait du chemin. Six générations après le grand départ vers Libourne pour tâcher de gagner leur vie, les voilà à la tête d'une maison de commerce réputée et propriétaires d'une quinzaine de domaines, tous rive droite, en pomerol, saint-émilion et côtes-de-castillon. Rien que dans le périmètre de la commune de Catusseau, centre du monde pomerolais, ils possèdent trois domaines. Tous des Croix : La Croix-Toulifaut, La Croix-Saint-Georges et l'essentiel, le La Croix, tout simplement. Au cas où certains ne l'auraient pas deviné, il existe une croix en pierre au pied de laquelle les pèlerins pouvaient se recueillir. Pomerol fut un lieu de passage important où régnait une communauté des Hospitaliers de Saint-Jean de Jérusalem, futurs chevaliers de Malte.

Le Château La Croix eut son chevalier, un maître en vinification et en dégustation, en la personne de Paul Cazenave, aujourd'hui retraité, qui a assuré la renommée du cru sans disposer pour autant de matériel sophistiqué. En terre corrézienne, même après cinq ou six générations, on ne jette pas l'argent par les soupiraux des chais. Rien que du savoir, de l'expérience, le sens de l'anticipation et une profonde modestie : Paul Cazenave comme Jean-Claude Berrouet, l'ancien de Pétrus, font figure d'oracles dans la tribu pomerolaise. La particularité de La Croix tient à son encépagement, où les cabernets jouent un rôle important : merlot 60 %, cabernet franc 20 %, cabernet-sauvignon 20 % également. Cette présence du cabernet-sauvignon confère au vin un sérieux, une certaine sévérité dans sa jeunesse, mais lui assure un très long vieillissement. Le millésime 70 fut servi en 1994 lors du repas offert par François Mitterrand au président Clinton. Retenu par un concours international de tricotin, je n'assistais pas à ce dîner et ne peux donc témoigner de la qualité du vin, mais personne ne s'est plaint.

Second vin : Château Gabachot

Millésime 2000

– Dégustation d'avril 2001

13,5 – Nez riche, plein, vanillé. Fraîcheur en bouche, finale corsée et serrée sur un boisé expressif.

Millésime 2001

– Dégustation d'avril 2002

14 – Un fruit léger et mûr tout en fraîcheur. La bouche attaque bien, charnue, opulente, mais la finale est décevante, très extraite, dure et un peu sèche.

Millésime 2005

– Dégustation d'avril 2006

16 – Nez encore réservé, mais aux notes de fruit très élégantes. Belle bouche texturée, grasse et fraîche, longue et gourmande. Beau vin de classe.

Millésime 2007

– Dégustation d'avril 2008

15 – Noisette, épices, rond, serré, tendu, bouche fraîche, marqué cabernet franc, bonne longueur.

Millésime 2008

– Dégustation d'avril 2009

13,5/14 – Boisé, chocolat, bouche tendue, un peu serrée, extrait, puissant, un peu sec.

Millésime 2009

– Dégustation d'avril 2010

16/16,5 – Fruits noirs, épices, chocolat, bouche ronde, soyeuse, fraîche, tanins doux, chocolaté, bonne longueur ; vin droit, équilibré, très gourmand.

La Croix-de-Gay

Surface : 10 ha
Propriétaire : Famille Raynault
Contact : Alain Raynault, Chantal Lebreton
33500 Pomerol
05.57.51.81.81
contact@chateau-lacroixdegay.com

Depuis, j'en ai dégusté d'autres, des lamproies à la bordelaise, mais jamais je n'oublierai celle de Mme Raynault mère. Une gentille maman cordon bleu qui avait fort à faire entre ses casseroles et ses hommes, le père et le fils, à toujours se chercher, se quereller pour la moindre bonde de barrique. C'est fou comme le regard du père peut influencer le destin du fils. On connaît tous des exemples autour de nous, de près ou de loin, même chez les grands de ce monde. Les Bush, par exemple. On ne m'ôtera pas de l'idée que si Alain Raynault a étincelé autant par la suite – un peu trop, parfois –, c'était pour que son père l'admire enfin. Brillant médecin généraliste, Alain n'a eu de cesse de faire du vin, du grand vin, prouver qu'il pouvait figurer parmi les meilleurs. Très tôt, sans que papa approuve totalement, il a isolé les meilleures parcelles de La Croix-de-Gay, pour créer La Fleur-de-Gay, un vin plus concentré, plus raffiné et vendu plus cher, ce qui à Bordeaux consacre le grand vin. Dans la famille depuis plusieurs générations, vignoble bien entretenu et chai souterrain (une rareté à Pomerol), La Croix-de-Gay poursuit son destin de très bon pomerol bien équilibré à qui il ne faut pas demander de ressembler à Pétrus. Je me demande si maman Raynault a transmis à Alain sa recette de la lamproie. Aux dernières nouvelles, les domaines discrètement à vendre, La Fleur et La Croix ont trouvé preneur. La sœur d'Alain conserve une partie, tandis que l'autre est rachetée par L'Évangile d'Éric de Rothschild.

Autres vin : Château Le Commandeur, Vieux-Château-Groupey.

Millésime 2000

– Dégustation d'avril 2001

15 – Nez cerise au chocolat, puissant. Beaucoup de gras, de la chair, très boisé, opulent.

Millésime 2001

– Dégustation d'avril 2002

15,5 – Robe très sombre. Nez confituré, puissant, fruits noirs. Attaque pain grillé, corps charnu, élégant, bel équilibre, vin gourmand.

Millésime 2005

– Dégustation d'avril 2006

15 – Nez de violette et de pain grillé, champignon. Notes poivrées. Bouche pleine, massive, tanin mûr et serré, finale très épicée. Beaucoup de caractère.

Millésime 2006

– Dégustation d'avril 2007

14,5 – Une pointe d'oxydation, fruits noirs, bouche puissante, tanins veloutés, long, dense, trop extrait, tanins rugueux en finale mais bon fruit.

Millésime 2007

– Dégustation d'avril 2008

14,5/15 – Cerise, boisé, bouche ronde, moelleuse, douce, tendre, gourmand.

Millésime 2008

– Dégustation d'avril 2009

13,5/14 – Grillé, café, bouche puissante, un peu toastée, amertume du bois mais des tanins ronds, un peu de moelleux, correct.

Millésime 2009

– Dégustation d'avril 2010

15,5 – Nez fruits rouges, bouche fraîche, dense, intense, un peu marquée par les tanins et le bois, mais un beau milieu de bouche, velouté, prune, réglisse en finale.

La Croix-du-Casse

Surface : 9,25 ha
Propriétaire : Famille Castéja
Contact : Borie-Manoux
86, cours Balguérie-Stuttenberg – 33082 Bordeaux Cedex
05.57.24.71.34
domaines@borie-manoux.fr

« Vous ne reconnaîtrez pas ! » s'enthousiasme Philippe Castéja, nouveau patron de ce cru de 9,25 hectares de sables et graves en surface. La couche d'argile se trouve à 70 centimètres. La propriété appartenait autrefois à Georges Audy, descendant de ces Corréziens venus faire fortune à Libourne en marchands de vins. Négociant et heureux propriétaire de plusieurs crus, il possédait en pomerol Clinet et La Croix-du-Casse, dont il disait que c'était *« le vin de* [sa] *femme »*. Sans doute un peu parce que celle-ci en assurait la gestion et beaucoup parce qu'il opposait la rondeur flatteuse de La Croix au côté sérieux et viril de Clinet. Pour Georges Audy, qui ne connaissait ni Margaret Tchatcher ni les joueuses de tennis d'aujourd'hui, La Croix-du-Casse représentait le pomerol féminin, un Bacchus version Aubade. Après, sous la gestion de son gendre, Jean-Michel Arcaute (décédé accidentellement), le domaine a connu des hauts, des bas et manqué singulièrement d'investissements. En 2006, Philippe Castéja (une dizaine de crus dont Domaine de l'Église, en pomerol, et Trottevieille, en saint-émilion) a repris et remis à niveau ce petit bijou : *« On a commencé par les vignes et le vin, on va maintenant s'occuper du reste. On a changé l'étiquette, on a créé un second vin ; on a aussi refait les toitures, on a refait le palissage, complanté, redisposé le cuvier. C'était une propriété quasi à l'abandon, l'électricité sautait. On l'a remise à l'état normal. Quand on a fait les drainages, on s'est aperçus qu'on avait cette argile à 70 centimètres de profondeur, et donc on est passé avec une sous-soleuse. On a retravaillé tous les sols et on les a décompactés tout doucement, en passant une lame un rang sur deux pour faire plonger les racines, et décaissé toutes les allées. Ce sont des sols qui ont besoin d'oxygène. On commence à voir la sortie du tunnel. »*

Second vin : Chemin-de-La Croix-du-Casse

Millésime 2000

– *Dégustation d'avril 2001*

14 – Nez de merlot, dense, un peu viandé, charnel. Bouche ronde crémeuse, finale très boisée. Style un peu lourd, puissant, on aimerait plus de fraîcheur.

Millésime 2002

– *Dégustation d'avril 2003*

14,5/15 – Nez de fruits bien mûrs, violette, cassis. Tendre et friand en bouche, pas très dense, mais soyeux et pour finir très agréable.

Millésime 2006

– *Dégustation d'avril 2007*

93 % merlot, 7 % cabernet franc. Les vendanges ont commencé les 6 et 7 octobre pour les merlots, et se sont achevées par les cabernets le 9.

15,5 – Cerise, frais, rond, tendre, souple, bien gourmand, long. Tanins virils en finale mais bien fondus en première séquence, fruits noirs, chocolaté.

– *Dégustation d'avril 2009*

15,5 – Nez bien exprimé de fruits noirs, mentholé, bouche fraîche, vive, tendue, acidité marquée, joli fruit, bonne longueur, très fin, rond.

Millésime 2007

– *Dégustation d'avril 2008*

88 % merlot, 12 % cabernet franc, 42 hl/ha.

15/15,5 – Nez fruits noirs, poivré, réglissé, bouche gourmande, du volume, onctueux ; vin simple mais bien rond, gourmand, très pomerol.

Millésime 2008

– *Dégustation d'avril 2009*

15,5 – Nez bien exprimé de fruits noirs, mentholé, bouche fraîche, vive, tendue, acidité marquée, joli fruit, bonne longueur, très fin, rond.

Millésime 2009

– Dégustation d'avril 2010

93 % merlot, 7 % cabernet franc. 42 hl/ha. Vendangé les 29 et 30 septembre.

14,5 – Épices, fruits rouges, bouche douce, bien fruitée, tendue, assez vive, belle acidité, équilibré, vif, plaisant. Un joli pomerol de milieu de gamme. Pas alcooleux : 13,8°.

La Croix-Taillefer

Surface : 3,30 ha
Propriétaire : Famille Rivière
Contact : Romain Rivière
56, route de Périgueux – 33500 Pomerol
05.57.51.26.35

Jeune protégé d'Alain Vauthier (Ausone), Romain Rivière, centralien, est revenu sur les vignes familiales de Pomerol depuis le début du nouveau millénaire. Pendant la période des dégustations primeur, en avril qui suit la vendange, il présente ses vins à Ausone, poussé amicalement et fortement par le maître de maison. Avec une parcelle de 1 hectare de merlots âgés de 20 ans sur un sol de crasse de fer, au rendement de 30 hl/ha, il vinifie une Cuvée Romulus, élevée trois ans sur lies fines en barriques neuves, vendanges en cagettes, table de trie, extractions élevées, malolactique en barriques… Le domaine est cultivé en bio et presque totalement planté en cépage merlot. La Cuvée Romulus, qui au fil des millésimes nous semble moins versée dans l'extraction, est élaborée à partir de vieilles vignes 100 % merlot.

Millésime 2001

– Dégustation d'avril 2002

Deuxième millésime de Romain Rivière, sur la petite propriété de famille.

14,5/15 – Nez de merlot très mûr, charnel, avec un fruit frais, framboise, cerise. Charnu, bien équilibré, belle ossature de tanins gras. Un classique de pomerol.

15 – **Cuvée Romulus**. Pleine de notes de torréfaction, confiture de cerises en finale, qu'il faudra revoir en fin d'élevage.

Millésime 2002

– Dégustation d'avril 2003

14,5 – Fruit excellent, frais, bouche complexe, friande, délicieuse, avec un corps soyeux.

14 – **Cuvée Romulus**. Puissante, dense, avec un tanin très gras. Nous lui préférons pour le moment la version classique.

Millésime 2003

– Dégustation d'avril 2004

15 – Nez bien ouvert, fruits noirs, boisé. Belle qualité de texture satinée, du charme, tanin fin et dense, vin gourmand.

14 – **Cuvée Romulus**. Mêmes saveurs, avec une extraction plus poussée et des notes café, moka.

Millésime 2004

– Dégustation d'avril 2005

15 – Beau fruit au nez, le corps s'avère plus extrait. Malgré son charnu, la finale est un peu raide.

15,5 – **Cuvée Romulus**. La cuvée spéciale nous semble avoir évolué vers plus de finesse et se dote d'un boisé plus discret, avec une finale épicée.

Millésime 2005

– Dégustation d'avril 2006

15 – La Croix-Taillefer est composé de 95 % merlot et élevé en fûts de 400 litres. Fruits noirs, violette, bonne densité en bouche, un tanin puissant mais sans dureté.

16 – **Cuvée Romulus**. Nez assez boisé, mais garde de la fraîcheur, bouche épicée, matière serrée, un tanin bien présent, du volume et de la longueur.

Millésime 2006

– *Dégustation d'avril 2007*

En culture bio depuis deux ans. « *Cela fait trois années que l'on arrête de travailler les sols mi-août, pour qu'ils absorbent moins d'eau pendant les pluies. Cela favorise la création des chemins préférentiels par lesquels l'eau s'évacue* », dit Romain Rivière.

15,5 – Cuvée Romulus. Giroflée, bois, cerise, bouche un peu trop marquée par le bois, belle matière derrière, tanins souples, bonne densité. Un vin équilibré, structuré, qui devrait bien évoluer à l'élevage.

Millésime 2007

– *Dégustation d'avril 2008*

Romain Rivière : « *En mai, quand on a vu que le temps s'installait à l'humidité, on a laissé pousser l'herbe et on a acheté une tondeuse pour que l'herbe absorbe et régule. On a laissé jusqu'aux vendanges.* » 95 % merlot, 3 % cabernet-sauvignon, 2 % franc.

15 – Légère oxydation, bouche ronde, tendue, bien ronde, Rond, souple, tendre, agréable. 60 % de bois neuf en fûts de 400 litres.

16 – Cuvée Romulus. Nez fruits confits, bouche dense, épicée, ronde, moelleuse, tanins doux, beau fruit, un peu caramel, longue et bien tendue.

Millésime 2009

– *Dégustation d'avril 2010*

Romain Rivière s'essaie cette année à l'isothérapie : « *C'est utiliser la maladie pour stimuler les défenses de la vigne, on se sert de la maladie pour faire une sorte de vaccin.* »

16 – Fruits noirs, bouche onctueuse, chocolatée, longue, tannique, belle matière, long, puissant, finale sur les tanins.

16 – Cuvée Romulus. Grillé, chocolat, moka, bouche ronde, savoureuse, saveurs chocolatées rehaussées par le bois, vin puissant, assez extrait mais pas trop, riche en saveurs et doté d'une petite touche minérale qui lui confère de l'élégance. Vin d'avenir.

Domaine de l'Église

Surface : 7 ha
Propriétaire : Famille Castéja
Contact : Borie-Manoux
86, cours Balguérie-Stuttenberg – 33082 Bordeaux Cedex
05.57.24.71.34
domaines@borie-manoux.fr

Un des nombreux domaines de la famille Castéja, propriétaire également de la maison de négoce Borie-Manoux, qui, évidemment, vend en exclusivité ce joli vin. Comme pour les autres domaines (voir Trottevieille en saint-émilion ou Batailley en pauillac), un vrai saut qualitatif depuis que Philippe Castéja a pris en main leur destinée…

Millésime 2000

– *Dégustation d'avril 2001*

15,5 – Très noir. Nez de mûre, confituré, boisé délicat. Bouche assez dense, beau fruit, du gras, notes violette et truffe. Belle chair. Très long, très bon.

– *Dégustation d'avril 2002*

16 – Épicé, fruits noirs, note fumée, bouche riche en saveurs fruitées, gelée de mûres, les tanins sont moelleux surtout en attaque, beaucoup de charme. La finale demande à se fondre mais les notes violette sont très séduisantes.

Millésime 2001

– *Dégustation d'avril 2002*

15 – Bien coloré, nez ouvert, les fruits noirs s'y expriment (mûre, cassis) avec des notes florales. La bouche est bien structurée, racée et gourmande.

Millésime 2002

– *Dégustation d'avril 2003*

55 % merlot, 45 % cabernet franc.

14,5/15 – Beaucoup de fruits rouges au nez, la bouche est bien bâtie, avec une finale de tanins sans concessions, aptes au vieillissement.

Millésime 2003

– Dégustation d'avril 2004

96 % merlot, 4 % cabernet franc, rendement de 22 hl/ha, 60 % de bois neuf pour l'élevage.

15/15,5 – Nez violette, rose, et fruits rouges, tout en fruit. La bouche, boisée, garde tout son fruit et offre une finale gourmande et élégante.

Millésime 2004

– Dégustation d'avril 2005

88 % merlot, 12 % cabernet franc.

16 – Nez mûr, poudre de riz, violette, rond et gras en bouche, sapide, avec un beau fruit jusqu'à la finale.

Millésime 2005

– Dégustation d'avril 2006

Assemblage 92 % merlot et 8 % cabernet franc.

16 – Épicé, violette, bouche aux tanins onctueux, bien enveloppé, très flatteur et gourmand, finale chocolatée.

Millésime 2006

– Dégustation d'avril 2007

17 – Vanille, réglisse, bouche bien fruitée, gelée de framboises, rond, frais, tendu, fin, élégant et séveux. 94 % merlot et 6 % cabernet franc.

Millésime 2007

– Dégustation d'avril 2008

16,5 – Sur graves argileuses. Fruits rouges, vif, net, tendu, élégant, fin, soyeux, le terroir exprime l'élégance, marqué par la minéralité, long.

Millésime 2008

– Dégustation d'avril 2009

96 % merlot et 4 % cabernet franc.

16,5 – Floral, fruits rouges, sucrosité, bouche vive, structurée, très beau fruit, long, frais, vif, fin, tendu, bonne maturité, élégance et vivacité. Un fruit imposant.

Millésime 2009

– *Dégustation d'avril 2010*

96 % merlot, 4 % cabernet franc. 37 hl/ha.

17 – Fruits noirs, épices, bouche moelleuse, douce, fraîche, tendue, assez élégante, du moelleux et de la tension, beaucoup de fraîcheur. Qualité des tanins en milieu de bouche. Un style très bordeaux, fin, élégant.

L'Église-Clinet

Surface : 6 ha
Propriétaire : Denis Durantou
Contact : Denis Durantou
Château L'Église-Clinet – 33500 Pomerol
05 57 25 96 59
www.eglise-clinet.com

Petite propriété, petite production, pour l'essentiel vendue à l'export, et curieux propriétaire vinificateur qui se situe résolument en dehors du courant. Voici ce que donne un rapide relevé d'empreintes : « *Nous, on ne sacrifie pas à la mode du vin sans soufre* (...) *On travaille surtout les tanins, on va ovaliser les tanins* (...) *J'aime le raisin mûr, mais pas la surmaturité* (...) *Le 2000 on peut dire qu'il est à la mode et indémodable* ». Ou encore, à propos des nouvelles techniques de concentration, l'osmose inverse, qui permet d'éliminer de l'eau de la vendange, très tendance à la fin de la décennie 90 : « *L'osmose est un retour sur acquis qui permet de gommer une imperfection de la nature. Mais pour qu'il y ait retour sur acquis, il faut qu'il y ait acquis.* » En clair, on ne fait pas du grand vin en partant d'une mauvaise soupe.

L'Église-Clinet est constitué de deux terroirs. Une partie du vignoble est située sur le lieu-dit Clinet, avec des sols assez argileux qui donnent des vins assez structurés, et une seconde sur des terrains plus sablo-graveleux, qui apportent au vin des « *tanins plus longilignes* ».

Le grand secret des vins de Durantou n'est pas à chercher dans la vinification, tout ce qu'il y a de plus classique et respectueuse, mais davantage du côté du vignoble. « *Nous sommes très attentifs à la vigne* », dit Denis. Comme le furent ceux qui ont créé le vignoble dans ce secteur, cités en exemple par le professeur Henri Enjalbert, géographe qui a consacré une somme à l'histoire de Fronsac, Pomerol et Saint-Émilion. Un vignoble qui a échappé pour une bonne part aux grands gels de 1956 et 1985 et comprend aujourd'hui des ceps très anciens qui subissent moins que d'autres les aléas des phénomènes de surface comme la canicule de 2003.

En matière de commerce aussi, Durantou est un avisé. Possédant sa propre maison de commerce, il est bien placé pour évaluer, sans parti prix, les difficultés de la mise en marché des vins de Bordeaux : « *Quand on calcule notre prix de vente, on compte toujours la marge d'au moins deux intermédiaires. Il faut que chacun trouve sa rémunération. Si le propriétaire accapare la totalité de la plus-value, le vendeur n'a plus rien et passe à autre chose.* » Sage remarque que Bordeaux se dépêche d'oublier périodiquement.

Second vin : Petite-Église, un « autre vin ».

Millésime 2000

– *Dégustation d'avril 2003*

17 – Nez résine, fruits macérés, bouche dense, puissante, riche, sans dureté mais assez hermétique. Un vin pas trop extrait, fermé aujourd'hui avec un fort potentiel.

Millésime 2001

– *Dégustation d'avril 2003*

Denis Durantou : « *Cette année j'ai pu faire rentrer dans le grand vin des plants de jeunes cabernets qui arrivent à maturité et qui sont assez tanniques. J'aime bien conserver un bon potentiel de tanins, sans pourtant trop extraire, en gardant le grain, le grenu, la minéralité, mais pas la rusticité.* »

17 – Épicé, mentholé, cerise, bouche onctueuse, densité mais élégant, tanins ronds, veloutés, bon fruit, plus en longueur qu'en épaisseur.

Millésime 2002

– *Dégustation d'avril 2003*

38 hl/ha. 75 % merlot, 25 % cabernet franc. « *On a un peu plus de cabernet franc cette année, il fallait apporter quelque chose de plus au merlot. On avait de*

très belles enveloppes aromatiques sur les francs. On a eu un été sec et froid, c'est pour cela que les cabernets francs ont bien mûri, il leur faut de la lenteur. »

17,5 – Nez complexe, fruits noirs, pain grillé. Un deuxième échantillon, ouvert à l'instant, est plus floral, rose, violette, framboise. Bouche ample et puissante, un peu austère, mais dotée de tanins gras qui habillent et font durer la finale, sans manquer de fraîcheur.

L'Évangile

Surface : 16 ha
Propriétaire : Barons de Rothschild
Contact : Jean-Pascal Vazart – 33500 Pomerol
05.57.55.45.55
www.lafite.com

Printemps 1994 : Robert Doisneau est mort le 1er avril et L'Évangile propose à la dégustation un des meilleurs vins de 1993, année très moyenne. Les deux événements se télescopent dans le *Journal du dimanche*. Jean Cavé, qui dirige la rédaction, m'a demandé un papier sur le millésime à Bordeaux et Alain Génestar, passionné de photos, a décidé de consacrer tout le numéro à Doisneau. Le *JDD* est entièrement illustré par ses photos. C'est ainsi que je publiai à la une du journal un éloge de L'Évangile 1993 avec comme illustration la célèbre photo de l'ivrogne au comptoir. Pas vraiment le style Rothschild, mais le baron Éric a de l'humour. Quelque temps auparavant, il m'avait reçu à Lafite un jour de forte chaleur. En me proposant un verre d'eau, il avait ajouté : *« Vous pouvez la recracher, bien qu'il s'agisse de l'eau de Lafite ! »* Racheté en 1990, le domaine avait été auparavant durant près d'un siècle la propriété de la famille Ducasse, avec une forte empreinte des veuves de la famille. 1910, propriétaire veuve Ducasse ; 1989, propriétaire veuve Ducasse. Ce n'était plus la même. Je ne sais pas pour la première, mais l'ultime avait un fort caractère et les Rothschild, nouveaux propriétaires des lieux, ne purent entreprendre les réformes nécessaires qu'en appliquant la diplomatie des petits pas. D'ailleurs, sur l'étiquette du fameux 1993 figurait encore et en premier le nom de Madame Louis Ducasse, aux côtés des barons de Rothschild.

Depuis, bien des choses ont changé. De grosses cuves qui sont devenues petites, adaptées à chaque parcelle. Surtout, un nouveau chai, qui ne s'est pas construit sans difficulté, avec des plans qui dépassaient de 30 centimètres la surface possible. Mais tout cela, c'est du passé : replantations, sondages dans les parcelles, meilleures connaissances des capacités de chaque vigne… Tout a été passé au peigne fin. Demeurent les sols, argiles et graves, graves et argiles qui alternent en surface. Rien que du bon, et ce n'est pas un hasard si les voisins s'appellent Gazin, La Conseillante, Vieux-Château-Certan, etc. L'Évangile se distingue par un style assez musclé et volontariste.

Second vin : Blason-de-L'Évangile

Millésime 2000

– *Dégustation d'avril 2001*

Dominique Befve, directeur technique : *« On a pratiqué cinquante trous de 1,20 mètre de profondeur : l'argile est à 30 centimètres sur tout le plateau, à 80 centimètres sur les autres parcelles ; on sait maintenant que 80 % de la propriété est sur argile. On s'aperçoit aussi que l'on a hérité de terres riches, trop amendées en potasse et phosphate ; il va falloir y veiller. »* Une grande parcelle de 1 hectare, virosée, a été arrachée et va être replantée en merlot. 87 % merlot, 13 % cabernet franc.

17,5 – Robe noire. Bouquet somptueux, raffiné, fruits noirs et épices douces. La bouche associe une richesse en fruit étonnante à une texture concentrée, un tanin dense mais très onctueux.

Millésime 2001

– *Dégustation d'avril 2002*

Dans cette partie de Pomerol, la découverte d'une parcelle fourragère, c'est à peine plus rare que de tomber sur une parcelle de vignes dans le bocage normand. Bernard Faure, chef de culture depuis vingt-deux ans à L'Évangile, fournit l'explication : *« La parcelle de 1,3 hectare, arrachée l'an dernier pour cause de virose, est replantée en facelia, cette plante favorisant l'assainissement des sols. »* Quand on sait le prix de l'hectare de vigne sur ces grands terroirs, on apprécie l'effort… *« Pour 2001, nous avons vendangé du 25 septembre au 9 octobre. Il y aura 79 % de merlots, 21 % de cabernets francs, ces derniers étaient beaux, sauf une parcelle qui fera du second vin, mais globalement il y a plus de francs qu'en 2000.* » Dominique Befve est parti à Lascombes, la direction est assurée par Jean-Pascal Vazart, fils de vigneron champenois de Chouilly. Il travaillait auparavant dans le Médoc à Château Le Boscq, en appellation saint-estèphe. Élevage 100 % bois neuf, à chauffe modérée.

17,5 – Le premier nez est exotique, beignets de banane et de pomme, vanillé, très mûr. Le boisé, présent, est très fondu, parfaitement accepté par le vin. Volume et élégance, tanins crémeux. L'extraction est mesurée, le terroir s'exprime jusqu'à la finale longue, originale, avec finesse et classe.

Millésime 2001

– *Dégustation d'avril 2003*

17,5 – Fermé, fruits noirs discrets, bouche dense, ample, puissante, beaucoup de moelleux soutenu par une bonne vivacité, tanins doux, beaucoup de fruit, un vin très charmeur.

Millésime 2002

– *Dégustation d'avril 2003*

Jean-Pascal Vazart : « *2002 a été une année de contrastes, du très froid au très chaud, avec la fleur sous la pluie ; le premier jour des vendanges, on a ramené 20 hectolitres de grappes millerandées, on les a jetées, elles n'auraient apporté que du végétal et de l'acide ; les vendanges ont ensuite duré du 27 septembre au 4 octobre, on a tout récolté en cagettes ; c'était mûr, il faisait beau, deux cuves de cabernet franc qui étaient excellentes ont rejoint le grand vin. On avait fait du bon boulot dans les vignes pour nettoyer et avoir une vendange saine, on le retrouve dans le vin ; 2002, avec ses notes fraîches, sera très intéressant.* » 74 % merlot, 26 % cabernet franc, 100 % bois neuf à chauffe douce.

17 – Nez fin, boisé, cassis, framboise, avec une note épicée, café, cacao. Attaque fraîche en bouche, un fruit éclatant, mais sur une structure tannique imposante ; la suite est ample, longue, gourmande.

Millésime 2003

– *Dégustation d'avril 2004*

« *Le 13 août, on avait 48°C au pied des vignes, les feuilles tombaient. Il aurait mieux valu avoir le droit d'arroser, c'était un problème de survie ! Les graves sablonneuses ont morflé* », explique Jean-Pascal Vazart. « *Les zones sur calcaire ont mieux tenu. On a vendangé le 3 septembre, après avoir d'abord enlevé les grains passerillés.* » 79 % merlot, 21 % cabernet franc, élevage en 100 % bois neuf.

15 – Nez de cassis, mûr et assez frais. Bouche veloutée, soyeuse, un grain fin et équilibré, sans doute pas un grand millésime ici mais un vin de charme, gourmand.

Millésime 2004

– *Dégustation d'avril 2005*

Jean-Pascal Vazart a enfin pu vinifier dans le nouveau cuvier. Un bâtiment moderne, 26 petites cuves en béton, qui correspondent à 26 parcelles de vigne : *« On a pu adapter la vinification à chaque parcelle et faire un vrai second vin avec un vrai choix. »* Le chai est un bijou, sobre, des dégradés de gris, du bois naturel, magnifique et fonctionnel avec deux tables de trie, encuvage par tapis roulant, pigeage dans chaque cuve, toute une technique mise en place pour traiter le raisin en douceur. *« On a pu faire des vinifications faciles malgré les volumes, dans une année généreuse. Elle a donné 50 hl/ha, alors que nous sortons d'années à 35 ou 40 hectolitres ! Il y avait des grosses grappes très fournies, pas de coulure, on avait fait trois vendanges en vert en juillet-août, et on a pu vendanger tranquillement du 29 septembre au 9 octobre ; c'était mûr, même les pépins étaient bruns. »*

L'Évangile passera en bois neuf à 100 % ; le second vin à 70 % seulement. Ce second vin, Blason, est à 70 % merlot et 30 % cabernet franc. Il est fumé, boisé, texturé, avec un tanin dense mais soyeux. L'Évangile est composé de 90 % de merlot et 10 % de cabernet franc.

16,5 – Nez profond, mûr, floral et boisé, notes de violette. Étoffe en bouche, du gras et de l'opulence, la trame sans aspérités, la matière est là, feutrée, soumise au boisé des barriques. Est-ce l'adaptation nécessaire au nouveau cuvier ? On a l'impression furtive que le style se cherche encore un peu.

Millésime 2005

– *Dégustation d'avril 2006*

Jean-Pascal Vazart : *« On a fait des rendements de 30 hl/ha, c'est honorable et très qualitatif ! »* Vendanges du 13 au 26 septembre. *« Les bons millésimes sont ceux sans excès, de la chaleur mais pas trop, des nuits fraîches et une belle arrière-saison. Pour moi, 2005, c'est une vraie bombe ! »* L'Évangile passera en barriques neuves à 92 %, *« six sur dix de ces barriques proviennent de notre tonnellerie personnelle à Lafite, avec des bois longuement séchés et pas trop chauffés »*. Pour le second vin, Blason, merlot 87 %, cabernet franc 13 %, l'équipe a longtemps hésité : *« Le problème était : quelles cuves peut-on bien soustraire du grand vin pour faire le Blason ? On a réussi à en faire 20 % mais ce ne fut pas facile !* » Ce second vin, rubis, au nez fruité, mentholé, souple et croquant en bouche, a gardé la fraîcheur et la gourmandise du raisin frais. Il sera élevé à 70 % en barriques. L'Évangile est composé de 85 % merlot et 15 % cabernet franc.

18 – Nez frais, épices douces, tabac blond, notes de violette. Étoffé en bouche, corps plein, rond tanin serré sans aucune raideur, bouche pleine de charme et de fraîcheur, avec une longue finale aux notes cacao, cassis et framboise.

– Dégustation du 17 avril 2008

18 – Grillé, café, chocolat, bouche fraîche, élégant, droit, gourmand, moelleux, très doux, long et large, étonnant.

16 – **Blason**. Nez pas très ouvert, bouche ronde, délicieux, très souple, élégant, vin plaisir, chocolat, très doux. Fraîcheur des tanins.

Millésime 2006

– Dégustation d'avril 2007

« *Les raisins étaient mûrs, c'était sain, je n'ai eu qu'une seule parcelle avec du botrytis. On avait fait des éclaircissages pour éviter la pourriture, justement. On avait vendangé le 13 les très jeunes vignes, les plantes, la pluie a commencé le vendredi et a continué le samedi 16. Le dimanche matin, il a fait beau et à 14 heures on était dans les vignes à ramasser les merlots. On a produit 33 hl/ha* », commente Jean-Pascal Vazart.

17,5 – Cerise, fruits noirs, chocolat, bouche ronde, boisé un peu trop présent, ample, tendu, fin, élégant mais avec de la chair, belle longueur. 86 % merlot.

– Dégustation du 17 avril 2008

16,5/17 – Grillé, chocolat, un peu boisé, bouche ronde, chocolatée, élégant, gourmand, doux, équilibré.

15 – **Blason**. Sorti de colle. 89 % merlot, 11 % cabernet franc, Nez épices, amande, chocolat, sélection de jeunes vignes depuis 1995 que l'on replante, bouche souple, douce, élégante, bon fruit, en longueur.

Millésime 2007

– Dégustation d'avril 2008

Jean-Pascal Vazart : « *Quand les gens ont travaillé dans les vignes, ils ont fait de jolis vins. Il ne fallait pas être pressé, et très présent. On est partis très vite en début de saison, un coup d'arrêt en mai, avec la pluie et la pression du mildiou. En revanche, la fleur s'est un peu cherchée, des fleurs qui ont éclos plus tard, donc des raisins avec des maturités différentes, et cela impliquait de trier. La grappe était jolie, mais à l'intérieur on pouvait trouver des baies pas mûres.* »

Blason est 100 % merlot, « *ce qui veut dire que toutes les parcelles de cabernet sont dans l'Evangile* ».

L'Évangile est composé de 16 % de cabernet franc et 84 % de merlot. 70 % de grand vin.

17,5 – Nez très cerise, fruits noirs, bouche ronde, souple, soyeuse, les petits tanins du franc qui réveillent la bouche lui donnent de la nervosité, beau travail d'assemblage, vif et moelleux en même temps. Vin très élégant.

15 – **Blason**. Nez de fruits rouges bien mûrs, salade de fruits, bouche ronde, bien fruitée, douce, tanins moelleux, bien doux, une gourmandise, pas d'astringence, pas de végétal. Pas de bois neuf.

Millésime 2008

– *Dégustation d'avril 2009*

17 – 88 % merlot, 12 % cabernet franc. Nez charnel, mûre, bouche bien fruitée, douce, un peu fruits confits, bonne longueur, droit, très gourmand, belle persistance sur des fruits au sucre.

Millésime 2009

– *Dégustation d'avril 2010*

Jean-Pascal Vazart rayonne : jeune papa, bientôt jeune marié – « *On a un peu inversé les paramètres.* » Le jour où nous passons, il prépare la fête du soir pour ses 40 ans. Et, dans les chais, il tient avec L'Évangile et son second, Blason, « *le meilleur couple de vins que nous ayons faits depuis que je suis là* ». Beaucoup de grand vin, et 20 % seulement de la récolte donneront du Blason : « *C'est normal dans une grande année.* » La vendange n'a duré au total que six jours, « *mais étalés quasiment sur un mois* ». L'Évangile pèse 14,6° mais avec 3,76 de pH, ce qui constitue un équilibre acide plutôt favorable dans cette année chaude. « *On garde beaucoup de fraîcheur. On est un peu plus frais qu'en 2005 où les pH étaient à 3,81.* » 95 % merlot, 5 % cabernet franc.

17,5 – Nez réglisse, cassis, mûre, bouche moelleuse, large, dense, tanins moelleux, un peu de chaleur en finale mais l'ensemble est cohérent, équilibré, avec des tanins d'une grande douceur.

Blason, lui, est assemblé à 76 % merlot et 24 % cabernet franc. « *On avait replanté des nouvelles vignes de franc qui n'ont commencé à produire que cette année, et c'est pour cela qu'il y a peu de cabernet franc dans le grand vin.* »

16 – Bien fruité, bouche douce, tendre, assez serrée en finale, beaucoup de rondeur et de moelleux. Vin très gourmand, riche, mais qui donne l'impression qu'on pourra le boire dès sa mise en bouteille.

FEYTIT-CLINET

Surface : 6,34 ha
Propriétaire : Famille Chasseuil
Contact : Jérémy Chasseuil
Château Feytit-Clinet – 33500 Pomerol
05.57.25.51.27

Un cru de 6,34 hectares situé entre Clinet et Latour, à Pomerol, une grande partie sur sols d'argile et le reste en graves, 90 % merlot et 10 % cabernet-sauvignon. Un très beau vignoble âgé en moyenne de 30 ans, longtemps géré par l'équipe des Établissements Jean-Pierre Moueix. Michel Chasseuil, ancien salarié de Dassault Industries, a hérité ce domaine d'une vieille dame en perdition et qu'il avait recueillie. Il a souhaité le gérer en direct. Il y eut à l'époque quelques perturbations entre les Moueix et les Chasseuil, mais tout semble revenu à la normale. On se salue quand on se croise sur les minuscules routes de Pomerol, c'est bon signe. Le jeune et sympathique Jérémy Chasseuil (fils de Michel) a repris ce domaine en avril 2000 : « *Après le bac, je ne savais pas trop quoi faire. Mon père me l'a proposé, et je suis parti en formation.* » Le père de Jérémy collectionne bouteilles anciennes et vins de prestige. Les téléspectateurs fidèles d'*Envoyé Spécial,* sur France 2, ont eu la chance de visiter ses caves blindées et bien garnies. Michel Chasseuil dit vouloir offrir sa cave à l'humanité, la transformer en une sorte de patrimoine mondial, ce qui a le don d'irriter le spécialiste des vieux millésimes François Audouze, partisan de boire les vieux flacons plutôt que de les regarder. Voici ce qu'il écrivait peu de temps après avoir visité la caverne d'Ali Baba Chasseuil : *« Sa cave est réellement unique, car elle est le fruit d'une passion de posséder tout ce qu'il y a de plus rare dans l'histoire du vin. Cette passion est sincère. Mais c'est une cave figée, rangée avec un soin d'apothicaire. J'ai un immense respect pour cette œuvre unique, mais j'aimerais arriver à le persuader de "démomifier" sa cave, afin que les mythes absolus qui la fondent se traduisent en une mémoire du goût plutôt qu'en un ossuaire. »*

Jérémy gère seul ce domaine avec beaucoup de maîtrise et, en quelques années, il l'a transformé en perle que s'arrachent les amateurs de pomerols. Pour les boire, pas pour les collectionner.

Second vin : Colombiers-de-Feytit-Clinet

Millésime 2000

– Dégustation d'avril 2001

14,5 – Nez expressif, framboise, violette. Bouche puissante, confiturée, charnelle et texturée.

Millésime 2001

– Dégustation d'avril 2002

15,5 – Grenat. D'abord fermé au nez, il s'ouvre sur des notes de fruits exotiques, mangue, grenade. Bien bâti, texture ferme et grasse, en puissance, net et viril. Vin de garde.

Millésime 2002

– Dégustation d'avril 2003

16 – Nez boisé, chaleureux, cerise noire, violette, noyau. Corps souple et racé, tout en élégance, finale riche de fruits confiturés.

Millésime 2003

– Dégustation d'avril 2004

14,5/15 – Nez fruité et boisé. Texture fine, chair tendre, bon fruit en bouche, de la race.

Millésime 2004

– Dégustation d'avril 2005

14,5 – Très coloré, nez discret, mirabelle, bouche plus expressive, aromatique, boisée, extrait, finale habitée par un tanin dru, un peu sec.

Millésime 2006

– Dégustation d'avril 2007

17 – Fruits noirs, mûre, nez fin, délicat, cerise écrasée ; bouche parfumée, tendre en attaque ; belle matière onctueuse, long, bien fait, boisé marqué mais très bon fruit.

Millésime 2007

– Dégustation d'avril 2008

15 – Boisé, bouche ronde, moelleuse, extraite, un peu massive à ce stade mais sans dureté. Vin dense, épicé, puissant, qui devrait bien évoluer.

Millésime 2008

– Dégustation d'avril 2009

15 – Boisé marqué, bouche moelleuse en attaque, marquée par le bois, beaucoup de moelleux en bouche, manque un peu de finesse, un peu séché en finale. L'élevage devrait l'adoucir.

La Fleur-de-Gay

Surface : 3 ha
Propriétaire : Famille Raynault
Contact : Alain Raynault, Chantal Lebreton
33500 Pomerol
05.57.24.68.94
contact@chateau-lafleurdegay.com

Parcelles de 3 hectares au total détachées de La Croix-de-Gay, mêmes propriétaires mais chais séparés, l'idée des Raynault étant d'isoler le meilleur de La Croix-de-Gay, pour produire un vin capable de rivaliser avec le top des pomerols (voir La Croix-de-Gay). La Fleur se révèle souvent excellent mais, parfois, on flirte avec l'excès. Trop d'extraction, trop de bois neuf ; dans les bons millésimes, le vin se présente mieux, comme si le vinificateur avait joué la retenue, tandis que dans les petites années, on peut être gêné par une sorte de besoin d'en rajouter. Ce qui compte, dans un vin, disait un sage, ce n'est pas tant ce qu'on cherche à lui donner que ce qu'il retient. Avec un aussi grand terroir, on peut faire confiance au vin pour dépasser la technique et s'affiner avec le temps. En 2011, une partie du vignoble de La Croix-de-Gay et La Fleur-de-Gay a été cédée à L'Évangile.

Millésime 2000

– *Dégustation d'avril 2001*

14,5 – Nez bien mûr, boisé, fruits noirs. Bouche dense, chocolatée, du gras. Vin dense, un peu lourd.

Millésime 2001

– *Dégustation d'avril 2002*

16,5 – Fruits noirs, réglissé, violette et pain grillé, cerise noire, caramel. Corps dru, extrait, mais charnu avec du gras, boisé gourmand, Zan, long et racé, opulent.

Millésime 2002

– *Dégustation d'avril 2003*

17 – Nez fermé, profond, prune d'ente, myrtille, boisé toasté. Bouche onctueuse, ample, riche avec un tanin au grain serré et fin. Beau vin de garde.

Millésime 2003

– *Dégustation d'avril 2004*

15 – Nez réglissé, cacao, fruits rouges compotés. Texture grasse, charnue, chocolatée, assez fraîche pourtant, beau vin dense et boisé gourmand.

Millésime 2004

– *Dégustation d'avril 2005*

13 – Nez de fruit confituré et chocolat, gras, très extrait, finale assez dure, boisé très présent. Un pomerol en puissance.

Millésime 2005

– *Dégustation d'avril 2006*

16 – Beau nez, ouvert, séduisant, fruits noirs et violette. Bouche très fine, en fraîcheur, violette et lilas, gourmande, longue finale poivrée.

Millésime 2006

– Dégustation d'avril 2007

16,5/17 – Cuvée Prestige. Fruits noirs, épices douces. Bouche souple, fine, fondue, élégante, bonne longueur, tanins assez raffinés.

Millésime 2008

– Dégustation d'avril 2009

14,5 – Café, grillé, nez assez simple dominé par la barrique, bouche chocolatée, gourmande, un peu dure en finale, trop extrait. Beaucoup de matière mais trop touffue.

Millésime 2009

– Dégustation d'avril 2010

15,5/16 – Nez violette, Zan, bouche tendue, vive, assez élégante, serrée, fraîche, tanins présents, mais bon ensemble, pas trop extrait, joli fruit.

La Fleur-Pétrus

Surface : 14,5 ha
Propriétaire : Établissements Jean-Pierre Moueix
Contact : Christian Moueix
54, quai du Priourat, BP 129 – 33502 Libourne Cedex
05.57.51.78 96
info@jpmoueix.com
www.moueix.com

Une propriété qui a pas mal varié en superficie au cours des années. Les limites entre crus, dans ce coin de Pomerol où l'on rencontre tous les grands noms, ont beaucoup bougé en fonction des crises (phylloxéra, mais aussi soubresauts de l'Histoire). Tantôt l'un rachetait des parcelles au voisin démuni, tantôt c'était l'inverse. Vers 1910, La Fleur-Pétrus couvrait environ 4 hectares. Le domaine s'est agrandi par la suite et aujourd'hui, grâce à une heureuse acquisition opérée auprès d'un voisin en 1994, Christian Moueix l'a porté à 14,5 hectares. Cette très belle propriété acquise en 1953 est située juste en face de Pétrus, mais les vins n'atteignent cependant pas la qualité du grand frère. Prix raisonnables.

Millésime 2000

– *Dégustation d'avril 2001*

15,5 – Nez fin, séduisant, floral. Bouche distinguée, équilibrée, racée : belle chair, fruits rouges en tartelettes grillées. Belle finale raffinée.

Millésime 2001

– *Dégustation d'avril 2002*

15,5 – Beau nez, au fruit expressif, complexe, violette, réglisse ; bouche opulente, Zan, fraîche bien bâtie, tanin présent, mais rond, racé.

Millésime 2002

– *Dégustation d'octobre 2009*

15,5 – Réducteur, floral, chocolat, bouche souple, onctueuse, beau merlot mûr, souple, doux, rond, un peu poivré en finale ; délicieux aujourd'hui et encore pendant dix ans.

Millésime 2003

– *Dégustation d'avril 2004*

15 – Nez boisé avec délicatesse, vanille, épices, violette. Texture ronde et souple, chair tendre, finale plus serrée.

Millésime 2004

– *Dégustation d'avril 2005*

16,5 – Nez sérieux, dense, profond, fruits noirs confiturés, bouche moelleuse à l'attaque, ronde, puis puissante et étayée, presque austère en finale.

Millésime 2005

– *Dégustation d'avril 2006*

17 – Beau nez de fruits rouges et de truffe, élégant et intense. Bouche de soie, corps souple, charnu, plein et équilibré, aux nuances élégantes de fruits très frais.

Millésime 2006

– Dégustation d'avril 2007

17,5/18 – Poivré, cacao, épices, bouche tendre, onctueuse, veloutée, fraîche droite, tanins tendus, serrés mais comme de la dentelle, long, assez riche en alcool.

Millésime 2007

– Dégustation d'avril 2008

15,5/16 – Fruits noirs, chocolat, tabac, bouche ronde, soyeuse, souple, tanins doux mais tirés en longueur, belle matière onctueuse.

Millésime 2008

– Dégustation d'avril 2009

16,5 – Épices, fruits noirs, menthe, bouche dense, tanins moelleux, long, du gras, plein, onctueux, beaucoup de matière, assez imposant.

Millésime 2009

– Dégustation d'avril 2010

17 – Note de grillé, très suave, tanins doux, fins, croquants, vin frais, élégant, joli fruit. Très long en bouche.

FRANC-MAILLET

Surface : 6 ha
Propriétaire : Famille Arpin
Contact : Vignobles G. Arpin Chantecaille – 33330 Saint-Émilion
06.22.08.70.56
vignobles.g.arpin@wanadoo.fr

Vignoble familial qui se transmet de père en fils depuis 1920, avec cette particularité familiale que tous les hommes portent un prénom qui commence par un G, en hommage sans doute au fondateur du cru, qui s'appelait… Jean-Baptiste. Caramba, encore raté ! Bref, après

Jean-Baptiste, il y a eu Guy, puis Gérard, puis Gaël. Depuis peu, la lignée a été rattrapée par un petit Graham. Guy élaborait des vins plutôt musclés, de longue garde, avec un tanin puissant, car, paraît-il, il se refusait à égrapper la totalité de la vendange, à la mode bourguignonne. La nouvelle génération travaille plus dans la gourmandise, des vins souples bien oxygénés, plus en moelleux qu'en finesse et qui atteignent assez jeunes leur maturité. Prix raisonnables en primeur.

Second vin : La Fleur-Maillet

Millésime 2001

– Dégustation d'avril 2002

14,5/15 – Très noir, nez de violette, fleurs rouges, élégant. Bouche soyeuse, crémeuse, cerise au chocolat, brioche et violette en finale, sans aspérités, gourmand.

15,5 – **Cuvée Jean-Baptiste**. Nez assez, fin degré sensible. Le boisé domine en bouche avec des notes épicées, clou de girofle ; texture concentrée, riche, tanin puissant.

Millésime 2006

– Dégustation d'avril 2007

14,5 – **Cuvée Jean-Baptiste**. Fruits noirs, bouche ample, tannique, dense, épicée, bien fruitée, portée par un bon boisé gourmand ; finale un peu extraite, pas très précis mais gourmand.

Millésime 2008

– Dégustation d'avril 2009

14,5 – Nez boisé, tanins doux, frais, élégants, bouche souple, tanins virils en finale, bon ensemble, un peu rustique.

Millésime 2009

– Dégustation d'avril 2010

14,5 – Fruits rouges, boisé marqué, bouche ronde, assez savoureuse, des tanins pas extraits, assez vigoureux, un corps moyen mais un vin tonique.

GAZIN

Surface : 24 ha
Propriétaire : Famille de Bailliencourt dit Courcol
Contact : Nicolas de Bailliencourt
Château Gazin – 33500 Pomerol
05.57.51.07.05

Gazin affiche une très belle santé aujourd'hui. Confiés à des mains expertes, les derniers millésimes rendent jaloux les voisins. Tant mieux et pourvu que ça dure. Car la vie de Gazin n'a pas toujours ressemblé à un long fleuve tranquille. À la fin des années 60, les propriétaires, déjà la famille Bailliencourt, durent céder 4 ou 5 hectares pour le conserver et dédommager les autres héritiers. L'acheteur mérite qu'on le cite : Pétrus. Il est facile d'imaginer que pour s'agrandir Pétrus n'a pas cherché à acquérir de la terre à betteraves. On peut donc en conclure que le terroir de Gazin flirte avec l'exceptionnel. L'a-t-on traité comme tel ? Pas tout le temps. Il a même connu les premières machines à vendanger au milieu des années 80. Les premiers millésimes de la décennie 2000, et notamment le 2000 himself, sont à éviter. Nicolas de Bailliencourt, patient, chaleureux et sachant agir avec diplomatie sans perdre de vue ses objectifs, a rétabli lentement mais sûrement Gazin dans ses titres : au cœur du tout meilleur de Pomerol, comparable à Vieux-Château-Certan, L'Évangile ou La Conseillante. Son meilleur coup : le recrutement de Mickaël Obert comme directeur technique en décembre 2005. Venu d'un cru voisin, connaissant parfaitement son sujet, il est rapidement passé à l'action : *« On a changé toute la chaîne de réception des vendanges, j'ai fait faire une étude du sol et sous-sol de la propriété par l'Enita de Bordeaux. On a une assez grande variation de terroirs. On a des argiles pures le long de L'Évangile et vers Pétrus ; puis une langue de graves – celle qui fait le tour de Pomerol –, la même que l'on trouve sur Petit-Village ; enfin, de l'autre côté de la route, à proximité du château et sous le château, des graves sableuses. Ça me permet de mieux connaître le parcellaire pour les récoltes, affiner la sélection »*, explique-t-il. Futur grand projet : *« Déplacer les cabernets. Ceux qui sont autour du château ne mûrissent pas bien. On est obligés de les attendre jusqu'au dernier moment. On voudrait les arracher et les replanter à l'entrée du domaine, où c'est plus graveleux et plus chaud. »* C'est d'ailleurs là qu'ils figuraient autrefois, comme en attestent les vieux plans parcellaires du domaine. On est vraiment content pour toi, Gazin.

Second vin : L'Hospitalet-de-Gazin

Millésime 2004

– Dégustation d'avril 2005

17 – Violet fuchsia, nez sur la réserve qui se révèle floral et riche à l'agitation, boisé moderne, bouche mûre, notes grillées, plein et gras.

Millésime 2005

– Dégustation d'avril 2006

Mickaël Obert, qui vient de Clos-l'Église, remplace l'ancien maître de chai parti à la retraite, et commence par une belle vendange au climat parfait : *« Il y avait des peaux épaisses et des petits grains, il fallait éviter les concentrations exagérées, ne pas trop durcir les vins. On a eu des rendements de 35 hl/ha, deux tiers de la récolte feront du grand vin, qui sera élevé pour moitié en bois neuf. »*

17,5 – Violet fuchsia, nez réglissé, fruits noirs avec un boisé sensible sur l'échantillon pris sur une barrique neuve, puis beaucoup plus équilibré au chai sur une barrique d'un vin. Bouche bien concentrée, charnue, tanin présent, notes douces de chocolat, finale droite sur un tanin un peu sévère, vin d'avenir, plus civil que les millésimes précédents.

– Dégustation d'avril 2008

17 – Réducteur, chocolaté à l'aération, bouche ronde, souple, bien garnie, un peu touffu, épais, dense, garni, mais pas très précis, structure tannique bien présente.

– Dégustation d'avril 2010

17 – Fruits noirs, chocolat, bouche onctueuse, large, généreuse, dense, pas encore fondue, long, frais, fin, assez serré en finale, structuré, de garde.

Millésime 2006

– Dégustation d'avril 2007

18 – Cerise noire, bouche boisée, virile, bien parfumée par le bois, finale mâchée. Très puissant, manque de rondeur et de finesse à ce stade, sans doute une présence de cabernet qui lui confère cette envergure, fort potentiel, équilibré, séveux. Future très belle bouteille.

– *Dégustation d'avril 2008*

17,5 – Cerise, fruité généreux, simple, délicat en bouche tendre, souple bien fondu, élégant, finale un peu mâchée par le collage de la semaine précédente, élégant, raffiné, beau milieu de bouche soyeux, long.

– *Dégustation d'avril 2010*

17,5/18 – Poivré, sanguin, résine, le vin a pris ses quartiers d'hiver, il passe peu à peu aux arômes secondaires, bouche ronde, suave, élégante, vive, tendue, il s'est enrobé, mais demeure assez tannique. Il tient ses engagements du début.

Millésime 2007

– *Dégustation d'avril 2008*

Mickaël Obert : « *On a commencé le 17 septembre, on s'est arrêtés le 24 et on a repris le 28, pour les merlots. Ensuite les cabernets francs le 5 octobre et les cabernets-sauvignons le 9. Ils étaient très bons. Ils ont apporté de la fraîcheur à l'ensemble, le fruit frais.* » 83 % de merlot, 12 % de cabernet-sauvignon et 5 % de franc. « *Les vinifications se sont déroulées très rapidement ; on n'a pas cherché l'extraction et, du coup, on a eu des presses très bonnes. Dans l'assemblage, j'ai intégré 2 % de presses.* »

17 – Nez pas très ouvert, boisé. Bouche ronde, suave, élégante, tendue, fraîche, fruits bien préservé, finesse, harmonie, long, fin. Très réussi. D'une grande douceur et élégance.

– *Dégustation d'avril 2010*

16,5 – Fruits noirs, chocolat, mentholé, bouche douce, pas d'une densité folle mais bien fondue, équilibrée, petite pointe de vivacité rafraîchissante en finale, bien gourmand même s'il est un peu refermé.

Millésime 2008

– *Dégustation d'avril 2009*

Mickaël Obert : « *Ce sont les vendanges les plus tardives depuis vingt ans : du 29 septembre jusqu'au 17 octobre pour les cabernets. Il faisait beau, on avait le temps, on a d'abord ramassé sur les sols de graves, puis autour du château où c'est plus argileux, et enfin vers L'Évangile, où c'est plus tardif. La floraison a été très étalée dans le temps, avec pour conséquence une maturité hétérogène. Si on extrayait trop, on risquait de tomber sur des pépins verts.* »

Le domaine envisage de produire 51 000 bouteilles de grand vin, contre 72 000 en 2007.

18,5 – Fruits rouges, bouche tendre, bien parfumée, élégante, petits tanins fins, boisé doux, assez flatteur, tendu, vif, du caractère mais des tanins très fins, délicats, produit d'un grand terroir.

– *Dégustation d'avril 2010*

18,5 – Fruits noirs, assez confit, juste mis en bouteille, bouche élégante, fraîche, fine, petits tanins délicats, frais, d'une grande élégance, très frais, profond et délicat.

Millésime 2009

– *Dégustation d'avril 2010*

Mickaël Obert : *« On a commencé le 11 septembre par des plants de merlot (jeunes vignes). On l'a fait surtout pour garder un peu de fraîcheur. Après, on a attendu la semaine suivante pour attaquer les choses sérieuses. Il y avait ces degrés qui nous faisaient un peu peur, et on s'est davantage basés sur la fraîcheur aromatique et la qualité des tanins que sur l'alcool. On a pris 80 millimètres d'eau les 18 et 19 septembre ; c'est tombé fort sur une période courte. »* Nicolas de Bailliencourt ajoute : *« La pluie tombe toujours pour le ban des vendanges à Saint-Émilion, quand la presse et les personnalités sont là. Après, c'est difficile de leur dire que l'on a un grand millésime ! »* Mais le vent a séché rapidement les grappes. *« On attendu pour les cabernets, on a vendangé les francs le 9 octobre, et, le 15, les sauvignons. On est à 14,4°. »* L'assemblage se compose de 90 % merlot, 7 % cabernet-sauvignon et 3 % cabernet franc.

17,5/18 – Fruits noirs, cerise, cachou, poivre blanc, bouche ronde, souple, tannique mais fondue, fraîche, longue, vive, qui demande à se fondre. Sans être allé trop chercher, on a une forte matière. Vin rond, souple, riche mais sans dureté, serré en finale, un Gazin inhabituel, avec beaucoup de matière, très long.

Le Gay

Surface : 10,5 ha
Propriétaire : Catherine Péré-Vergé
Contact : Catherine Péré-Vergé
La Ferme du Rougefort – 7543 Mourcourt (Belgique)
(32) 69.88.01.18

C'est une scène fameuse de *Mondovino,* le film de Jonathan Nossiter : on peut y voir un court instant Michel Rolland brocarder Catherine Péré-Vergé. La séquence laisse penser qu'elle ne connaît pas grand-chose au vin et qu'il s'occupe de tout. C'est un peu vrai, qu'il s'occupe de tout. Mais il peut bien la charrier, l'œnologue barbu, elle s'en fiche. Michel Rolland fait partie de son premier cercle d'amis. *« Quand j'aime une fois, j'aime pour toujours »*, dit la chanson.

Le père de Catherine avait fondé la Cristallerie d'Arques, où elle a travaillé à ses côtés pendant quarante ans. Après, elle a conforté et développé ses investissements dans le vin. Jusqu'en Argentine, où, sur les conseils de l'incontournable Michel, elle a acheté avec d'autres un domaine de 800 hectares, au pied de la cordillère des Andes. Autoritaire et naïve, obstinée et un peu à l'ouest, elle parle, en jean et baskets, avec la sincérité aristocratique, légèrement décalée de nos jours, des héroïnes de Somerset Maugham : *« Je suis une terrienne. Mon père entretenait de vastes potagers à Arques, dans le château familial, et exploitait bois et forêts. J'éprouve la même passion pour la nature. J'ai toujours récolté framboises et mûres pour faire mes confitures. Je soigne moi-même mes rosiers anglais… »* En 1985, Catherine avait acheté Montviel, sympathique cru de pomerol, et, dans la foulée, La Gravière, en lalande-de-pomerol, un terroir très prometteur. Puis, en 2002, au cœur du cœur de Pomerol, Le Gay. Et depuis, La Violette, encore un très beau… pomerol. Évidemment, à Château Le Gay comme ailleurs, c'est Michel Rolland qui vinifie, après avoir prodigué conseils et recommandations pour la rénovation du cuvier. Le raisin est roi. Pas de vilaine pompe ni de méchant tuyau, tout est traité par gravité et une double table de trie permet d'éliminer tout ce qui n'est pas digne de faire du Le Gay. Puis vinification en cuve en bois, élevage en 100 % bois neuf, *« car vinifier un grand vin, c'est le respecter »*, ajoute Catherine. C'est justement là qu'on peut s'interroger. Sur le sens du mot respecter. Faut-il se contenter d'être le médecin accoucheur d'un très beau bébé ? Ou ajouter des « qualités » qui le font ressembler à d'autres vins que l'on trouve ailleurs, au risque de lui faire perdre de sa complexité et de son originalité ? Un grand vigneron du Sud, Laurent Vaillé (La Grange-des-Pères), m'a rapporté une phrase de Jacques Reynaud, le magicien bougon de Château Rayas, à Châteauneuf-du-Pape : *« Faire du vin, c'est d'une simplicité biblique ; mais c'est difficile, la simplicité biblique. »*

Millésime 2002

– *Dégustation d'avril 2003*

14,5 – Nez puissant et vineux, fruits noirs confiturés, boisé toasté fondu. Attaque tendre, sucrosité de bois neuf, texture riche et puissante, finale tannique sur la prise de bois.

Millésime 2003

– *Dégustation d'avril 2004*

14,5 – Nez de violette et prune d'ente. Bouche tendre, sucrosité de bois neuf, fumée, pain grillé, cacao. La bouche est tendre, dominée à ce stade par un boisé très pain grillé.

Millésime 2004

– *Dégustation du 5 septembre 2007*

14,5 – Résine, chocolat, tanins veloutés en attaque, puis une certaine rusticité avec des tanins assez rudes en finale.

Millésime 2005

– *Dégustation d'avril 2006*

16,5 – Nez intense, franc, très fruité, noyau de cerise. Bouche au tanin abondant, mais mûr, avec une attaque tendre, une structure ample, finale réglissée, cacao, beau vin.

– *Dégustation du 5 septembre 2007*

16 – Le boisé de l'élevage domine les arômes du vin, la bouche est puissante, dense, large. Un vin dont la forte extraction est renforcée par le boisé de l'élevage et les tanins du chêne. Finale serrée. Le vin a en lui un fort potentiel qui peut lui permettre un jour de prendre le dessus.

Millésime 2007

– Dégustation d'avril 2008

15,5 – Boisé intense, bouche puissante, très boisée, densité et puissance mais trop extrait, fatigant. Belle première séquence.

Millésime 2008

– Dégustation d'avril 2009

14 – Fraise écrasée, bouche douce, très boisée, un peu sucrée, extraction assez forte, serrée, manque de fruit.

Millésime 2009

– Dégustation d'avril 2010

16 – Floral, fruits noirs, bouche ronde, souple, boisé assez marqué, vin un peu austère à ce stade, mais avec du fond ; finale assez rugueuse et puissante en tanins et alcool, mais l'ensemble reste savoureux et sans dureté.

Gombaude-Guillot

Surface : 8 ha au total
Propriétaire : Claire Laval
Contact : 4, chemin Les Grandes Vignes – 33500 Pomerol
05.57.51.17.40

La propriété couvre un peu moins de 7 hectares, auxquels il convient d'ajouter le 1,15 hectare de Clos Plince, un petit domaine situé sur sables et argile. On déguste assez rarement ce Clos Plince ; j'ai conservé des notes sur le 2004, noté 14,5. Nez de fruit et de résine, bouche souple et élégante. Un fruit qui s'exprime bien, les tanins sèchent un peu en finale. Gombaude comprend, lui, un excellent terroir de graves sur argile très gonflante.

« *Gombaude, c'est la dot de mon arrière-grand-mère* », raconte Claire Laval. « *Son père était de Néac et il lui a donné les vignes de Pomerol. La famille est là depuis 1860. Je suis arrivée en 1983. Avant, je faisais de la formation et du développement agricole en Franche-Comté. J'enseignais aux contrôleurs laitiers à faire des rations pour les vaches. Je suis agronome de formation. Je voulais élever des cochons quand j'avais 20 ans. J'avais été séduite par un élevage de petits cochons roses, avec la lampe qui éclairait et la maman à côté. En Franche-Comté, les vaches sont belles, avec les éleveurs qui les brossent. Leur devise : "Comtois rends-toi, nenni ma foi." Mon père m'a dit : soit tu reviens, soit je vends. En 1983, mon père n'était pas un fana de la chimie mais ce n'était pas en bio. Moi, au départ, je voulais faire mieux que mon père, que ça soit nickel et donc avec davantage de chimie. J'avais été interpellée par la notion de terroir chez les Comtois, qui le mettaient beaucoup en avant. Les fromages ne sont pas les mêmes d'un village à l'autre. Entre ma vision agro-moderniste et la notion de terroir, j'étais en pleine schizophrénie. Et ce sont les acariens qui ont décidé. À force de vouloir bien faire, je me suis retrouvée avec une population incroyable d'acariens, et là ça a fait tilt. Je me suis dit, il y a un équilibre rompu. J'ai lu un bouquin d'un ancien de l'Inra, Chaboussou, qui écrivait que si on nourrissait trop un végétal avec surtout des nutriments très faciles à absorber, cela attirait les parasites, et que les produits de traitement créent des déséquilibres. Ses études n'ont jamais été reprises. C'est une idée recevable en médecine, par exemple, c'est le milieu qui attire les parasites. Sa théorie était en train de se matérialiser sous mes yeux. On a fait le pari de laisser se débrouiller la nature, de supprimer certains traitements. Pour le label, on me demandait un tas de papiers et j'y suis un peu hostile, on nous pose un tas de questions, les mêmes que pour les poules pondeuses. On se demande en quoi ça nous concerne. C'est seulement en 1997 que l'on a revendiqué le label AB. La vie, ce n'est pas seulement le chimique et l'explication scientifique. Ce que la science ne connaît pas, elle le nie. Moi, je goûte des vins en biodynamie ; l'idée de mise en harmonie n'est pas une idée sotte, l'idée aussi que les formes ont un sens, qu'on peut comprendre le monde en le regardant, c'est peut-être de la poésie, mais la poésie, c'est pas mal non plus pour expliquer le monde.* »

Second vin : Cadet-de-Gombaude

Millésime 2000

– Dégustation du 11 décembre 2009

15 – Nez vif, floral, fruité encore, bouche vive, tendue, vanillée, un peu boisée, frais, élégant, tanins fins, un peu de vanille, mais l'ensemble est très tendu, fin.

Millésime 2001

– Dégustation d'avril 2002

14,5 – Grenat. Nez agréable et net, prune, cerise, tarte aux fruits. Bouche bien texturée, corsée.

– Dégustation du 11 décembre 2009

16 – Fruits noirs, chocolat, plus profond que le 2000, bouche vive, tendue, corsée, épicée, dense, minéral, belle bouche aux tanins présents mais fondus, une minéralité plus exprimée.

Millésime 2002

– Dégustation du 11 décembre 2009

14,5 – Fermé, terre, s'ouvre à l'aération, réduit au départ, bouche vive, plus mince que le 2001, frais, vif, agréable, corps moyen, plaisant, fini sur des tanins qui manquent d'enrobage.

Millésime 2003

– Dégustation du 11 décembre 2009

13 – Écorce, lichen, sous-bois, bouche tendue, tanins serrés, finale séchante.

Millésime 2004

– Dégustation d'avril 2005

16 – Nez délicat, cerise, baies rouges, plaisant, bouche droite, élégante, racée, un tanin fin et bien serré, long. Un vin sans fard et séveux.

– Dégustation du 11 décembre 2009

16/16,5 – Fruits noirs, nez profond, terrien, bouche vive, fraîche, nette, tendue, serrée, tanins assez carrés, vin sous tension, frais, vif, bien droit. Bonne longueur.

Millésime 2005

– Dégustation du 11 décembre 2009

Nous avons dégusté plusieurs bouteilles à cause d'un lot de bouchons défectueux.

16,5 – Nez fruits rouges et chocolat, bouche dense, tanins enveloppés, souple, rond, soyeux en première séquence, tanins vifs en finale, bonne longueur.

Millésime 2006

– *Dégustation du 11 décembre 2009*

15 – Nez fermé, fruits rouges, bouche tendue, vive, fraîche, serrée, pas mal d'acidité, serrée en finale, tanins un peu rugueux à ce stade, bon potentiel mais encore fermé.

Millésime 2007

– *Dégustation d'avril 2008*

« Le premier millésime cultivé en biodynamie. »

14,5 – Végétal, bouche vive, pas très mûre, acidité un peu marquée, très cabernet franc, joli fruit, en finesse mais finale difficile.

– *Dégustation du 11 décembre 2009*

15 – Fruits noirs, chocolat, cerise, bouche vive, moins dense que le 2004 ou le 2005, mais agréable sans doute à boire plus jeune. Belle consistance pour un 2007.

Millésime 2008

– *Dégustation d'avril 2009*

15 – Floral, rose, fraise des bois, framboise, bouche un peu boisée mais assez bien construite, pas très large, fine, tendue ; pas très charnu mais bien fruité, minéral, tendu.

Millésime 2009

– *Dégustation d'avril 2010*

15,5/16 – Olives, fruits noirs, bouche rugueuse, tendue, serrée, tanins vifs, bien dans le style maison, long, vif, du fond mais demande à se fondre. Pas d'extraction massive, juste une acidité et une minéralité particulière. Le millésime lui va bien.

GRAND-MOULINET

Surface : 2,90 ha
Propriétaire : famille Ollet-Fourreau
Contact : Patrick Fourreau
Château Haut-Surget Ollet-Fourreau & Fils – 33500 Néac
05.57.51.28.68

Un beau matin d'avril 2008, en goûtant à l'aveugle les pomerols 2007, j'avais noté qu'un échantillon proposé me semblait trop boisé, en provenance sans doute d'une barrique neuve et non d'un assemblage correspondant à la réalité. C'était celui de Grand-Moulinet, et j'ai publié tels quels mes commentaires sans plus y réfléchir. La riposte ne s'est pas fait attendre. Sous forme de courriel, j'ai reçu ceci : « *Je vous remercie d'avoir sélectionné le Château Grand-Moulinet. Cependant, je tiens à vous préciser qu'il ne s'agit pas d'un échantillon pris uniquement sur une seule barrique. Aucune bouteille donnée au syndicat de Pomerol ne comportait cette mention. Tous nos échantillons représentent l'ensemble de la production. Nous ne sommes pas des adeptes de la barrique "Parker" destinée aux journalistes.* » Signé Patrick Fourreau. Et vlan ! Je suis donc revenu déguster à la propriété. Effectivement, pas de « barriques Parker » comme certains le pratiquent, sachant que le dégustateur américain raffole du bois neuf. Mais on ne s'éloigne pas trop des États-Unis, car Patrick Fourreau utilise pour l'élevage de ses vins une certaine proportion de bois américain. Le chêne des Amériques, dit chêne blanc, très différent du chêne pédonculé européen, marque bien davantage les vins et leur confère des notes de noix de coco, de fruits secs et même parfois de rhum. Souvent, cela m'évoque la glace plombières.

* Petite précision technique qui permet de faire son malin au cours des dîners en ville : pour fabriquer une barrique avec du chêne traditionnel européen (donc pédonculé), les douelles (les planches de côté) sont obligatoirement fendues alors qu'avec le chêne américain elles sont obtenues par sciage.

Patrick Fourreau a commencé d'avoir recours aux barriques américaines en 2005 et cette année-là il n'y est pas allé avec le dos de la cuillère (si l'on peut dire à propos de barriques). Résultat, les 2005 en Grand-Moulinet comme en Haut-Surget, la propriété centrale de la famille, en lalande-de-pomerol, restent très marqués par cette étape. Pour les suivants, Patrick Fourreau a baissé la proportion de chêne américain mais un nez un tant soit peu exercé le repère tout de même facilement.

Grand-Moulinet s'étend sur deux secteurs, *« mais avec des terroirs assez proches, sables noirs et graves »*.

Les Ollet-Fourreau ont racheté 2 hectares de saint-émilion grand cru au Château Grand-Mayne. C'est une première : *« On a toujours eu du pomerol dans la famille, mais jamais de saint-émilion. »*

Millésime 2000

– *Dégustation de janvier 2010*

15 – Fruits noirs, épices, joli nez complexe, sous-bois, bouche chocolatée, épices, bonne longueur, finale un peu astringente mais de l'allure.

Millésime 2001

– *Dégustation de janvier 2010*

14,5 – Fruits noirs, tarte à la myrtille, truffe noire, bouche chocolatée, épicée, long, fin, souple, belle finale chocolatée.

Millésime 2002

– *Dégustation de janvier 2010*

13,5/14 – Fruits noirs, vanille, épices, grillé, bouche ronde, souple, bien fruitée, un peu sévère en finale, vif, tendu.

Millésime 2003

– *Dégustation de janvier 2010*

13,5 – Café, épices, bouche ronde, souple en attaque, plus refermée et rugueuse en finale.

Millésime 2004

– *Dégustation de janvier 2010*

15 – Fruits noirs, épices, bouche souple, élégante, bien fruitée, tendre et fraîche assez élégante.

Millésime 2005

– *Dégustation de janvier 2010*

13,5/14 – Boisé marqué, bouche ronde, soyeuse, dommage que le boisé soit aussi marqué, un peu séchant en finale.

Millésime 2006

– Dégustation de janvier 2010

14,5/15 – Nez moins marqué par le bois, bouche vive, tendue, serrée, vin en devenir avec une bonne matière derrière une vivacité qui lui confère de la fraîcheur.

Millésime 2007

– Dégustation d'avril 2008

13 – Chêne, bouche puissante, tanins moelleux, mais échantillon trop boisé, ce qui rend difficile l'appréciation de sa finesse.

– Dégustation de janvier 2010

13,5/14 – Boisé, bouche ronde, souple, chocolatée, moins marquée par le bois que le 2005, mais sensible en finale. Ensemble agréable.

Millésime 2008

– Dégustation d'avril 2009

15 – Fruits rouges, boisé, bouche ronde, souple, très merlot mûr, douce, bien ronde, veloutée, bonne qualité de tanins. Du moelleux en bouche, pas un terroir très complexe mais bien travaillé.

– Dégustation de janvier 2010

14,5/15 – Nez boisé, bouche café, tendue, vive, joli fruit, bien rond, assez vif, tourné vers le fruit. Sans le boisé, ce serait encore mieux.

Millésime 2009

– Dégustation d'avril 2010

14,5 – Floral, fruits noirs, bouche soyeuse, souple, ronde, un corps moyen mais un bel équilibre qui rend ce vin savoureux et assez facile d'accès, finale chocolat.

La Grave

Surface : 8,7 ha
Propriétaire : Établissements Jean-Pierre Moueix
Contact : Christian Moueix
54, quai du Priourat, BP 129 – 33502 Libourne Cedex
05.57.51.78.96
info@jpmoueix.com
www.moueix.com

Il semble que la famille Moueix ait fait sienne cette vieille devise paysanne (catégorie aisée) mise en musique par les Charlots dans les années 70 : *« Si tu veux pas payer l'impôt, cache ton piano. »* Voici par exemple l'encyclopédique message que le groupe délivre sur La Grave : *« Monsieur Trigant de Boisset, propriétaire au XIXe siècle, a laissé son nom attaché à celui du Château. Acquise en 1971 par Christian Moueix, cette propriété se situe sur le versant ouest du plateau de Pomerol. »* On peut vous en dire un peu plus : La Grave n'est pas située sur les meilleurs terroirs de Pomerol, constitués d'argile. Là, ce sont des sables et des cailloux : des graves avec un profil argileux en sous-sol qui donnent des vins faciles à boire.

Second vin : Domaine Trigant-de-Boisset

Millésime 2001

– Dégustation d'avril 2002

15 – Grenat. Nez fermé, retenu, réglissé ; attaque ronde et suave, du corps, dense et cacaoté. Finale sapide, serrée, éclatante.

Millésime 2002

– Dégustation d'octobre 2009

14,5 – Nez réduit, orange, bouche souple en attaque, bien parfumée, un peu vive en finale, bien fruitée.

Millésime 2004

– Dégustation d'avril 2005

15,5 – Nez de violette, Zan, racé, vanille, cacao, bouche satinée, plus fondue à l'attaque qu'en finale, serrée mais sans sécheresse.

Millésime 2006

– *Dégustation d'avril 2007*

14,5 – Champignon sec, minéral, bouche ronde, bien enveloppante, tanins frais, beaucoup de rondeur en attaque, finale un peu plus resserrée avec une pointe amère.

Millésime 2007

– *Dégustation d'avril 2008*

14,5/15 – Nez fruits noirs, tabac, bouche ronde, moelleuse, pas mal de bois mais un bon fond de vin.

Millésime 2008

– *Dégustation d'avril 2009*

15 – Fruits noirs, bouche ronde, souple, un peu oxydée, bien garnie, bon fruit, assez rustique, un style pomerol assez gras.

Millésime 2009

– *Dégustation d'avril 2010*

16,5 – Résine, réglisse, fruits noirs, bouche bien garnie, pas mal de volume en bouche, très gourmand, bonne longueur. Un vin séduisant, sur une gamme aromatique plutôt fruits noirs.

Guillot

Surface : 4,7 ha
Propriétaire : Luquot Frères
Contact : Jean-Paul Luquot
152, avenue de l'Épinette – 33500 Libourne
05.57.51.18.95

Au cœur des grands terroirs de l'appellation, une petite propriété de 4,7 hectares le long de Château Le Pin, dirigée par Jean-Paul Luquot : « *Moi, j'étais architecte, mon père et mes oncles s'occupaient de la propriété. Mon père est décédé et j'ai laissé tomber mon premier métier, cela faisait déjà quelques années que ça me titillait. On est des Corréziens, de ces Corréziens qui sont venus ici au début du siècle chercher du travail. Mon grand-père avait acheté ici en 1937… Mon style, c'est modeste, chercher l'équilibre, essayer de garder tout ce qu'il peut y avoir de naturel dans le fruit. Je suis plutôt pour la modération. Accompagner plutôt que transformer. J'apprends tous les jours.* »

Second vin : Clos Renaissance

Millésime 2006

– *Dégustation d'avril 2008*

15,5 – Nez discret, élégant, frais fin, tendu, vif, un peu fermé, le fruit se cache derrière une structure un peu austère. À attendre.

Millésime 2007

– *Dégustation d'avril 2008*

Jean-Paul Luquot : *« On est passés à une récolte en cagettes avec un tri au chai, j'attribue le côté charmant de ce 2007 à ce travail. »* 40 % de bois neuf – *« Je ne crois pas que ce soit un millésime qui supporte 100 % de bois neuf. »*

16/16,5 – Fruits rouges, cerise, bouche souple, ronde, élégante, bien fruitée, un peu chocolatée. Bien fait, élégant.

Millésime 2008

– *Dégustation d'avril 2009*

15,5 – Fruits noirs un peu compotés, bouche avec de la sucrosité, ronde, merlot mûr, du moelleux, de la gourmandise, bonne longueur, un peu d'alcool.

Millésime 2009

– *Dégustation d'avril 2010*

16,5/17 – Léger évent, floral, bouche douce, tanins crémeux, du fond, de l'allure, le côté chatoyant des pomerols, savoureux et élégant, très classe.

GUILLOT-CLAUZEL

Surface : 1,7 ha
Propriétaire : Famille Clauzel
Contact : 33500 Pomerol
05.57.51.14.09/06.09.08.77.08

Cru voisin de Trotanoy, il s'appelait autrefois Graves-Guillot et on peut encore trouver des bouteilles des années 80 sous cette étiquette. Il appartient à la famille Clauzel, les anciens propriétaires de Beauregard. Il est vinifié avec la collaboration de François Despagne (Grand-Corbin-Despagne, à Saint-Émilion), un gage de qualité et d'honnêteté.

Millésime 2005

– *Dégustation d'avril 2006*

14 – Nez fermé, un peu poivre noir, bouche ronde, tanins gras, des saveurs chocolatées, une matière assez serrée, finale épicée.

Millésime 2006

– *Dégustation d'avril 2007*

16 – Fruits confits, cacao, belle texture en bouche, tanins croquants, serrés mais sans dureté, élégant, frais, assez classe.

Millésime 2008

– *Dégustation d'avril 2009*

14,5 – Fruits compotés, bouche tendre, délicate, frais, assez fin, un peu dur en finale mais de l'élégance, tendu, manque un peu de chair.

Millésime 2009

– *Dégustation d'avril 2010*

15,5 – Fruits rouges, bouche souple, élégante, pas trop extraite, pas d'une densité extraordinaire mais bien équilibré et favorisant le fruit, frais, précis.

Hosanna

Surface : 4,5 ha
Propriétaire : Établissements Jean-Pierre Moueix
Contact : Christian Moueix
54, quai du Priourat BP 129 – 33502 Libourne Cedex
05.57.51.78.96
www.moueix.com

Il s'agit d'une naissance. Le cru, pas le nom, venu de l'hébreu, qui signifie : « *Sauve-nous, de grâce !* » Pomerol a beaucoup de références religieuses dans ses lieux-dits, héritage des Hospitaliers de Saint-Jean de Jérusalem, qui avaient édifié là hôpital et maisons d'accueil pour les pèlerins en route vers Saint-Jacques-de-Compostelle. D'où aussi le nombre de crus qui se réfèrent aux croix qui se dressaient le long des chemins, aux intersections. L'Hosanna des Moueix est né de la fin d'un Certan-Giraud, vendu par les Giraud en 1999 et qui fut partagé avec Nenin, repris par la famille Delon, de Léoville-Las-Cases. Hosanna est très bien situé et, même si le vignoble n'était pas forcément tout à fait au point, le traitement par l'équipe Moueix en a fait presque immédiatement un cheval de course. Pourquoi Hosanna et pas Alléluia ? Peut-être pour nous préserver, nous « sauver, de grâce », de prix trop élevés. Si c'est le cas, nous avons la confirmation que Dieu ne peut pas tout.

Millésime 2000

– *Dégustation d'avril 2001*

15 – Nez de cassis, chocolat fourré, groseille. Bouche charnue, suave, confiture de baies rouges, tanin puissant, sévère en finale.

Millésime 2001

– *Dégustation d'avril 2002*

18 % de cabernet franc et 82 % de merlot. Les vinifications aériennes de Jean-Claude Berrouet ont donné en 2001 un pomerol magnifique.

16,5 – Nez dense, hautain, sur la réserve. Bouche très charnue, corpulente, avec un fruit superbe, une texture distinguée, presque médocaine, une finale soyeuse, un tanin riche et affirmé.

Millésime 2003

– *Dégustation d'avril 2004*

Cette propriété a bénéficié, grâce à ses sols frais, de bonnes conditions d'adaptation des vignes à la canicule.

15,5 – Nez plaisant, confituré, fruits rouges, tartelette de framboises, Zan. Structuré et frais en bouche, charnu, doté en finale d'un petit tanin fin et goûteux.

Millésime 2004

– *Dégustation d'avril 2005*

16,5 – Un nez doucement grillé, floral et fin, rose, violette, la bouche élégante offrant un fruit qui persiste jusqu'à la finale, fraîche et charmeuse. De la race, un pomerol en finesse.

Millésime 2005

– *Dégustation d'avril 2006*

17,5 – Beau bouquet en panier de fruits frais. Bouche élégante, gracieuse mais musclée. Texture de soie, avec du charme. Une sorte de petit frère de Pétrus, assez minéral, un peu monastique.

Millésime 2006

– *Dégustation d'avril 2007*

16 – Fermé, poivre, bouche douce, tendre, bien fondue, finale souple, un peu plus sèche, tendue, pointe d'amertume.

Millésime 2007

– *Dégustation d'avril 2008*

16 – Poivre, épices, bouche pleine, douce, assez serrée ensuite, dense, pas très mûre mais tendue ; devrait évoluer vers la finesse.

Millésime 2008

– *Dégustation d'avril 2009*

17,5 – Floral, rose rouge, nez riche et parfumé, gelée de groseilles, bouche vive, fraîche, tendue, petits tanins fins, long, puissant mais fin, grande longueur. On est épaté par la persistance en bouche.

Millésime 2009

– *Dégustation d'avril 2010*

17,5 – Note oxydative, bouche moelleuse, suave, très fraîche, grande qualité des tanins, pas mal d'alcool, mais un tanin velouté de très haute qualité, beaucoup de gras.

Lafleur

Surface : 4,5 ha
Propriétaire : Famille Guinaudeau
Contact : SCEA Guinaudeau
Grand-Village – 33240 Mouillac
05.57.84.44.03

En 2002, le Petit Poucet a gagné. Lafleur, un des plus beaux terroirs de Pomerol, tout proche et comparable à Pétrus, était à vendre. Il intéressait beaucoup de monde. Du monde très riche, car l'hectare de Pomerol, à cet endroit, coûte à peu près autant que son équivalent avenue de la Grande-Armée (Paris). État des lieux : d'un côté les Guinaudeau, famille de vignerons sans histoires et dépourvue de trésor caché. De l'autre, les grandes fortunes planétaires. Pour ma part, je n'étais pas intéressé, car je venais de placer tout mon argent dans l'achat d'une Volvo break d'occasion. Jacques Guinaudeau exploitait Lafleur en tant que fermier : *« On était locataires de notre cousine, Marie Robin, et, à son décès, j'étais un des héritiers. Il a fallu racheter les parts des autres, ça a été difficile. »* Et ce sont Jacques et Sylvie qui ont gagné.

Moralité : il existe aussi des banquiers avec vue sur le long terme.

Les grands vins de Bordeaux ne sont pas les plus extraits, les plus concentrés, les plus volumineux. Leur bon profil se dessine à partir d'une silhouette en longueur, plutôt mince avec les muscles en tension. Traduits en bande dessinée, ils ressembleraient à Corto Maltese. Le grand vin de Bordeaux ne montre pas. Il n'impose pas, il suggère. Il assure sans le crier sur les toits. Il ne doit jamais être engoncé dans un costume trop étroit.

Lafleur figure une sorte de modèle du grand vin de Bordeaux.

Voisin de palier de Pétrus, 4,58 hectares, Lafleur possède un encépagement partagé par moitié entre merlot et cabernet franc. Il est travaillé *« comme un grand jardin »* par l'équipe de Grand-Village, un bordeaux simple mais délicieux, autre propriété de la famille Guinaudeau. Lafleur n'a pas changé de superficie depuis 1872. *« Alors qu'à l'époque c'était bien d'agrandir les propriétés, mon arrière-grand-père, Henri Greloud, ne l'a pas rattaché au domaine Le Gay voisin, dont il était aussi propriétaire. C'est le fait fondateur de Lafleur »*, dit Jacques Guinaudeau. Un cru vénéré, mais peu connu en France, car il était surtout vendu à l'étranger : *« On a fait évoluer sa commercialisation. »* Depuis 2001, ils sont secondés par leur fils, Baptiste, et sa compagne, Julie, qui travaillent dans le même esprit : *« Nous n'aimons pas le surmûri et le confit, on veut de la fraîcheur. Nous avons depuis longtemps été influencés par Jean-Claude Berrouet »*, l'ancien vinificateur de… Pétrus. En 1987, les Guinaudeau ont créé un second vin, Pensées-de-Lafleur.

« Il y avait eu des millésimes moyens et on pensait que ce n'était pas normal de les vendre en Lafleur : le second vin doit être au service du grand. En 1987, nous n'avons produit que des Pensées, en 1991 aussi. Puis on a fait un pomerol générique aussi, pour faire des Pensées de meilleure qualité. Longtemps, les Pensées accueillaient les jeunes vignes. Mais, depuis 1998, on a fait une longue campagne de sondages et on découvert que nous avions une veine moins intéressante d'argile et de limons, plus profonde, plus riche, une mini-combe de 50 centimètres, qui a recueilli des choses plus riches. Les grappes sont plus grosses, moins concentrées. Depuis qu'on s'en est rendu compte, c'est devenu le socle des Pensées. Sauf en 2003 [année de la canicule], *où ça apportait de la fraîcheur à Lafleur. On s'est rendu compte aussi que des jeunes vignes bien menées pouvaient faire aussi bien que certaines vielles vignes… »*

Après le rachat, Jacques et Sylvie ont légèrement modifié l'étiquette. Le nom de Robin, l'ancienne propriétaire, a été remplacé : *« À partir de 2003, nous avons fait figurer celui d'Henri Greloud. Nous n'avons pas voulu mettre notre nom, mais celui du fondateur, pour qu'à l'avenir il ne change plus. »*

Second vin : Pensées-de-Lafleur

Millésime 2000

– *Dégustation d'avril 2001*

La forte proportion de cabernet franc (40 %) explique son caractère plus éclatant et fringant que la plupart des pomerols, à très forte proportion de merlot.

17 – Joli nez, gamme d'arômes frais, floraux, proches du lilas et du muguet, des notes mentholées, très élégantes. Cette finesse se retrouve en bouche, soyeuse, longue et raffinée avec une chair suave et riche.

– *Dégustation de janvier 2010*

18 – Poivré, fin, truffe noire, fruits rouges, élégant, fin, tanins serrés mais soyeux, long, fin, garni mais délicat. Sensation de frais en finale. La signature d'un grand vin.

15 – **Pensées-de-Lafleur**. Fruits rouges, chocolat noir, grillée, bouche ronde, souple, fraîche, assez tendue, fine, élégante, moins gourmande que 2001 mais un peu plus de garde.

Millésime 2001

– *Dégustation de janvier 2010*

17,5 – Chocolat, cacao, épices, bouche élégante, fondue, tanins fins, élégant, tendre, solide, plus chocolat que certains millésimes, un peu refermé, mais solide, très long.

15 – **Pensées-de-Lafleur**. Chocolat, cannelle, bouche ronde, douce, bien fondue, tendre, gourmande, légèrement réglissée en finale. À boire.

Millésime 2002

– *Dégustation de Janvier 2010*

16,5/17 – Fruits rouges, cerise, bouche élégante, soyeuse, fraîche, petits tanins soyeux et vifs. C'est le pomerol frais et vif, l'inverse des vins patapouf. Premier millésime où les Guinaudeau sont propriétaires.

Millésime 2003

– *Dégustation de janvier 2010*

15,5 – Majorité cabernet : 51 %, c'est l'année atypique. Nez cabernet, presque végétal, frais, cassis, bouche vive, tannique, sans le moelleux des autres millésimes mais aussi sans la dureté des autres pomerols en 2003.

Millésime 2004

– Dégustation d'avril 2005

17,5 – Nez très personnel, épices douces, fruits confits, café, minéral. La bouche donne une sensation de plénitude, elle est drue, moelleuse, certes, mais avec de la réserve, un tanin dense et satiné portant le fruit sur une finale promettant de la garde. Vin sérieux.

15 – **Pensées-de-Lafleur**. Tendre, floral, droit, franc, un peu dur en finale, mais très charmeur, avec un boisé gourmand.

– Dégustation de janvier 2010

17 – Poivre noir, chocolat, un peu de bois, bouche douce, délicate, plus légère que sur certains millésimes, mais en continuité, avec ce toucher gracieux des tanins.

Millésime 2005

– Dégustation d'avril 2006

39 % cabernet franc, 61 % merlot.

18 – Fruits noirs, légèrement réductif, bouche soyeuse, tanins très doux mais serrés, vin d'une grande délicatesse qui n'est pas sans rappeler un glorieux voisin.

16 – **Pensées-de-Lafleur**. Tendre, parfumé, élégant.

– Dégustation de janvier 2010

19 – Nez complexe, terre, sous-bois, truffe, épices, bouche douce, élégante, bien fondue, mais avec beaucoup de fraîcheur, long, pas encore prêt à boire, très long, dense.

16 – **Pensées-de-Lafleur**. Chocolat, myrtille, poivre, bouche ronde, tendue, serrée, longue, réglissée, puissante, tendue. Plus viril que le grand vin.

Millésime 2006

– Dégustation d'avril 2007

« Chaque année, nous faisons 15 % de pomerol générique vendu par le négoce, puis ce qui reste se divise en 25 % de Pensées et 75 % de Lafleur. » Déjà que le cru ne couvre que 4,58 hectares, cela ne fait guère de grand vin, et le rend rare pour les amateurs. *« Ces 15 % de générique nous permettent de faire ce que l'on veut. On ne veut travailler que des merlots croquants… »*

18 – Chocolat noir, poivre, bouche bien fruitée en attaque, très fine, très en longueur. Un vin délicat et dense à la fois, fraîcheur, élégance et suavité.

– *Dégustation de janvier 2010*

18 – Fruits noirs, cacao, floral, bouche douce, frais, tanins soyeux, vin ténu, élégant, cacao, une acidité qui le pousse un peu en avant, bonne longueur. Beaucoup d'allure.

15 – **Pensées-de-Lafleur**. Assez fermé, rose, cerise, bouche ronde, élégant, tendre, milieu de bouche moins construit que dans le grand vin, mais bonne fraîcheur.

Millésime 2007

– *Dégustation de janvier 2010*

16,5 – Fruits noirs, café, commence à monter des notes chocolatées, frais, fin, élégant, crémeux, le boisé est un peu plus sensible sur ce millésime moins concentré que d'autres comme le 2005 ou le 2006.

14,5/15 – **Pensées-de-Lafleur**. Fruits noirs, myrtille, mûre, bouche douce, très beaux tanins doux et veloutés, bonne longueur, chocolaté en finale. Finale réglisse.

Millésime 2008

– *Dégustation de janvier 2010*

17,5/18 – Floral, réglisse, séveux, bouche fruits noirs, frais, cassis, gelée de cassis, très cabernet, tendu, fin, élégant, vif, bonne acidité, long, serré.

16 – **Pensées-de-Lafleur**. Un peu de boisé, floral, réglisse, mûre, fruits noirs, bouche douce, élégante, fraîche, vive.

Lafleur-Gazin

Surface : 8,5 ha
Propriétaire : Famille Delfour
Contact : Christian Moueix
54, quai du Priourat, BP 129 – 33502 Libourne Cedex
05.57.51.78.96
www.moueix.com

Un joli cru bien situé car, comme son nom l'indique, il est entre Lafleur de la famille Guinaudeau et Gazin. C'est une des nombreuses étoiles de la galaxie Moueix (Établissements Jean-Pierre Moueix), qui le travaille, le vinifie et le commercialise, surtout à l'export, dans la plus grande discrétion. Remercions Dionysos d'avoir le droit de le goûter certaines années.

Millésime 2001

– *Dégustation d'avril 2002*

14,5/15 – Noir. Nez de fruits mûrs, cerise, cassis. Bouche tendre, souple, soyeuse et corsée, un joli tanin bien rond.

Millésime 2002

– *Dégustation d'octobre 2009*

14,5/15 – Nez poivré, chocolaté, fruits noirs, légèrement truffé, rond, souple bien fondu, assez vif, bouche serrée, tanins un peu séchants en finale, mais assez frais.

Millésime 2004

– *Dégustation d'avril 2005*

14,5/15 – Nez aimable et flatteur. Bouche ronde, satinée, pomerolaise avec du moelleux et de la gourmandise.

Millésime 2005

– *Dégustation d'avril 2006*

16 – Réglisse, chocolat, bouche fraîche, douce, souple, assez vive, tanin dru s'arrondissant vers la finale pour laisser une impression de moelleux, bonne longueur.

Millésime 2006

– *Dégustation d'avril 2007*

15,5 – Boisé discret, un peu vanillé, épices, bouche souple, tendre, tanins tendres, veloutés, bonnes saveurs un peu marquées fruits noirs, bonne longueur.

Millésime 2009

– *Dégustation d'avril 2010*

16 – Nez séveux, bouche délicate, souple, tanins très doux, finale un peu serrée ; un vin assez aérien et frais, petits tanins présents qui renforcent ce côté frais.

LATOUR À POMEROL

Surface : 7,9 ha
Propriétaire : foyer de charité de Châteauneuf-de-Galaure
Contact : Établissements Jean-Pierre Moueix
54, quai du Priourat, BP 129 – 33502 Libourne Cedex
05.57.51.78.96
www.moueix.com

Discret comme tous les crus gérés par Christian Moueix, mais efficace. C'est le genre de pomerol qu'on rêve de dénicher sur la carte des vins d'un restaurateur qui ne saurait pas trop ce qu'il a dans sa cave. Phénomène de plus en plus rare. On ne dira jamais assez le tort que fait Internet aux amateurs de vieux livres rares, jadis récupérés à vil prix chez un broc' du dimanche, et aux débusqueurs de bouteilles merveilleuses oubliées chez les aubergistes incultes. Un clic, et on sait – ou on s'imagine – que l'on possède un trésor ! L'essentiel du vignoble de Latour se trouve autour du clocher de Pomerol, tandis que la demeure, bien visible, est située en contrebas (si on peut dire, étant donné le peu de différence de niveau), vers Libourne, dans une zone plus gravelo-sableuse. Cette particularité a fait écrire parfois que le terroir de Latour était similaire à celui des crus moins cotés, proches de Libourne. En réalité, pour les deux tiers de sa surface il est bel et bien en zone argileuse, complétée de graves par endroits, en surface. Cette propriété faisait partie du patrimoine Loubat, cette fameuse dame hôtelière Edmonde Loubat, qui possédait Pétrus et l'a installé au premier rang des pomerols. Latour eut aussi à cette époque son heure de gloire, puis, à la mort d'Edmonde, il a appartenu à sa nièce, Lily Lacoste, dont on a beaucoup parlé en 2002, quand cette très vieille dame, abusée par des aigrefins, eut dilapidé sa fortune. Lily Lacoste a fait don, dans des conditions contestées lors de cette affaire, de Latour à une œuvre de charité. Mais la gestion du domaine est restée aux établissements Moueix. Le vin, constitué à partir d'un encépagement de 90 % de merlot et 10 % de cabernet franc, du très classique à Pomerol, est toujours d'un bel équilibre et vieillit fort bien.

Millésime 2000

– *Dégustation d'avril 2001*

14,5 – Robe prune. Nez de fruits, complexe, groseille, framboise, prune d'ente, en finesse. Bouche élégante, fruit, fumée, tanin ferme. Vin racé mais un peu sévère.

Millésime 2001

– *Dégustation d'avril 2002*

15,5/16 – Très coloré, nez ouvert, complexe, fruits rouges macérés, cannelle. Long et fruité, finale dense et exotique.

Millésime 2002

– *Dégustation d'octobre 2009*

14 – Nez un peu âcre, fruits noirs, cendre, bouche ronde, souple en attaque, tanins rugueux en finale.

Millésime 2004

– *Dégustation d'avril 2005*

16,5 – Robe noire, nez floral, cerise et violette, écorce d'orange, cacao. Texture de soie, charnu, long en finale sur un fruit frais, délicieux déjà aujourd'hui.

Millésime 2005

– *Dégustation d'avril 2006*

15,5 – Nez réservé, bouche très boisée, couvrant une texture pourtant assez opulente, finale trapue, longue.

Millésime 2006

– *Dégustation d'avril 2007*

14,5 – Réglisse, chocolat, sucrosité, bouche ronde, douce, tendre, très câlin, beaucoup de finesse, mais une finale un peu fuyante.

Millésime 2007

– *Dégustation d'avril 2008*

14,5 – Cassis, un peu poivron, bouche ronde, souple, délicate, un peu tendue en finale.

Millésime 2008

– *Dégustation d'avril 2009*

15 – Floral, framboise, très fruits rouges, bouche élégante, petits tanins fins, finale assez marquée par l'acidité. Vin tendu, nerveux, qui devrait bien évoluer. Pointe d'amer.

Millésime 2009

– *Dégustation d'avril 2010*

15,5 – Fruits noirs, bouche douce, tanins assez présents, un peu rustique, peu fondu. Austère.

Lécuyer

Surface : 3 ha
Propriétaire : Famille Petit
Contact : Château Tournefeuille – 33500 Néac
05.57.51.18.61
www.chateau-tournefeuille.com

Écrivez-le comme vous voulez, L'Écuyer ou Lécuyer, ce n'est pas grave. Les propriétaires eux-mêmes ont hésité. De L'Écuyer, leur première idée, ils sont passés à Lécuyer : *« C'était le nom de ma mère : Lécuyer »*, confie Émeric Petit, que l'on retrouve plus haut, sur la magnifique terrasse de Tournefeuille, un lalande-de-pomerol particulièrement bien situé. Cette famille de céréaliers venue d'ailleurs a réalisé son rêve en investissant à Lalande, puis en 2004, franchissant la Barbanne, ce petit affluent de la Dordogne qui sépare Pomerol de Lalande. Lécuyer faisait partie d'un ancien cru repris par les Safer et divisé entre les voisins. « *C'est nous qui leur avions proposé le projet. On a pu choisir, on a fait un montage avec une banque qui a rassemblé des investisseurs. Trois lots de 1 hectare : 1 du côté de Grangeneuve, sables sur argile ; 1 hectare limitrophe de Latour, sables sur argiles également ; et 1 du côté de Clinet, sur des argiles graveleuses.* »

Millésime 2004

– *Dégustation de décembre 2009*

16,5 – Épices, fruits noirs, pain d'épice, bouche réglissée, dense, tendu, frais, bâton de réglisse, plein, très joli vin vinifié en barriques de 400 litres. Persistant. 100 % merlot.

Millésime 2005

– *Dégustation d'avril 2006*

14,5 – Nez ouvert, bonne complexité de fruit mûr ; bouche structurée, tannique, rappelant un peu celle des saint-émilion. Finale un peu chaude.

– *Dégustation de décembre 2009*

14,5 – 50 % vinifié en barriques et 50 % vinifié en cuve. 90 % merlot. Plus rond, souple, tendre, chocolaté, plus évolué, gourmand mais sans la race du 2004.

Millésime 2006

– *Dégustation d'avril 2007*

15,5 – Fermé, bouche ronde en attaque, tanins veloutés au joli grain, gras, plein, riche, élégant, frais, finale sur un tanin qui devrait se fondre.

– *Dégustation de décembre 2009*

16 – Fruits noirs et rouges, joli nez, un peu séveux, réglisse, bouche fraîche, vive, dense, tendue, on retrouve les accents du 2004, long, persistant.

Millésime 2007

– *Dégustation d'avril 2008*

13 – Épices, poivre, bouche ronde, merlot mûr, puissant, pas très raffiné.

– *Dégustation de décembre 2009*

13,5 – Fruits rouges, mentholé, bouche douce, une note animale, un peu séchant en finale.

Millésime 2009

– *Dégustation d'avril 2010*

14 – Fruits noirs, olives, bouche ronde, souple, bien fondue, épicée, demi-corps, un peu séchant en finale : un effet des barriques plus que du vin.

MAZEYRES

Surface : 22 ha
Propriétaire : Caisse de retraite de la Société générale
Contact : Alain Moueix
56, avenue Georges-Pompidou – 33500 Libourne
05.57.51.00.48
www.mazeyres.com

Mazeyres appartenait autrefois à la famille nombreuse des crus Querre, un des noms bien connus dans le Libournais, un peu comme les Moueix ou les Janoueix. Cela tombe à pic, cette comparaison, car c'est Alain Moueix qui en est le gérant depuis 1992. Les Querre ont cédé à la caisse de retraite de la Société générale, en 1988, cette propriété située dans la partie graveleuse et sableuse de Pomerol, au bord de la grande route qui mène de Libourne à Périgueux. C'est bien, quand les banques investissent dans les choses qui font pétiller la vie. La propriété a fortement grandi, je crois même qu'en pomerol il n'existe pas d'autre exemple d'une croissance aussi forte : Mazeyres est passé de moins de 10 hectares à 22. Forte conséquence sur le volume, mais aussi et surtout sur la qualité. Alain

Moueix dispose désormais d'une palette de terroirs nettement plus vaste pour composer son grand vin, ne retenir que le meilleur et élaborer un vrai second vin qui ne soit pas la poubelle du premier, mais une sélection. Alain Moueix symbolise une autre façon de cultiver à Bordeaux. Il travaille dans son propre cru (voir Fonroque, en saint-émilion) en biodynamie. Pas à Mazeyres, du moins pas pour le moment, où il n'est pas chez lui. Mais sa formation, son expérience lui dictent la douceur et le respect des sols. Idem côté vinification : Alain cherche le raisonnable (même en prix), le plaisir et pas le dépassement. La vanité de ressembler aux seigneurs des lieux n'est pas sa hantise : « *On est toujours dans une politique d'équilibre du charme et du fruit, des tanins qui vont évoluer vers la douceur. Nous sommes sur des terroirs modestes, nous ne voulons pas singer les grands terroirs argileux.* » Un gros travail dans les parcelles a permis de rendre plus performants certains terroirs, notamment en éliminant les poches d'eau installées entre deux couches d'argile et qui alimentent trop fortement la vigne. « *On a beaucoup travaillé sur les besoins hydriques de la plante afin de déterminer ses moments de stress, pour mieux gérer les sols. On a des parcelles avec des nappes phréatiques, on a mis des puits de drainage avec des pompes qui ont eu un effet immédiat.* » Pour avoir du beau raisin, l'alimentation en eau doit être régulée et parcimonieuse… La vigne aussi doit consommer avec modération.

Second vin : Seuil-de-Mazeyres

Millésime 2000

– *Dégustation d'avril 2001*

14,5 – Nez salade de baies noires. Bouche tendre, gourmande, corsée, finale boisée, puis fruitée.

Millésime 2004

– *Dégustation d'avril 2005*

14 – Nez de café, cacao, cerise, boisé. Corps moyen, léger mais plaisant, assez gourmand, avec une petite faiblesse en milieu de bouche. Agréable.

Millésime 2005

– Dégustation d'avril 2006

15 – Fruits noirs, bouche souple, douce, un vin tendre, séduisant, pas un corps formidable, mais un fruité préservé.

Millésime 2006

– Dégustation d'avril 2007

14,5 – Léger, tendre, souple, bon fruit, fin, assez élégant.

Millésime 2007

– Dégustation d'avril 2008

15 – Réglissé, bouche vive, parfumée, douce, très cabernet, délicat, fin.

Millésime 2008

– Dégustation d'avril 2009

15 – Légère oxydation de l'échantillon, bouche boisée, ronde, souple, bien fondue, un peu marqué par le bois, pas mal d'alcool.

Millésime 2009

– Dégustation d'avril 2010

15,5 – Épices, chocolat, joli nez complexe, avec des notes sauge et laurier, bouche souple, ronde, savoureuse, d'une assez bonne longueur, fraîcheur et équilibre.

MONTVIEL

Surface : 10 ha
Propriétaire : Catherine Péré-Vergé
Contact : Château Montviel
1, rue du Grand-Moulinet – 33500 Pomerol
(32) 69.77.73.73
www.montviel.com

Le premier pomerol racheté par Catherine Péré-Vergé. Depuis, Le Gay et La Violette sont venus compléter le tableau de chasse de la fille du fondateur de la Cristallerie d'Arques. En 1985, alors qu'elle se prépare à quitter l'entreprise familiale, Catherine Péré-Vergé séjourne chez un ami espagnol et vigneron. Révélation, envie de faire de même, etc. Elle récupère une poignée d'hectares en pomerol et crée Montviel, jusque-là inconnu au bataillon des dégustateurs et des auteurs bien renseignés. Situé sur des sols de graves et de sables sur argile, Montviel n'est pas sur le papier le meilleur cru de la collection Péré-Vergé. Mais, bénéficiant peut-être un peu moins des méthodes œnologiques vigoureuses appliquées aux deux autres, il me semble plus facilement accessible, un peu moins sophistiqué, du moins jusqu'au millésime 2006.

Second vin : La Rose-Montviel

Millésime 2001

– Dégustation d'avril 2002

14,5 – Nez d'intensité moyenne, fruits noirs, boisé. Sévère, trapu en bouche, ne fait pas dans le charme, notes cacao, café, petite amertume finale, très extrait.

– Dégustation du 5 septembre 2007

15 – Résine, cèdre, bouche dense mais fondue, tanins moelleux, riche en saveurs, le vin est devenu plus aimable, le style est touffu et gourmand.

Millésime 2002

– Dégustation d'avril 2003

14,5 – Joli nez, vanille, cassis, ouvert. Bouche puissante, du volume, la finale est vive et se resserre sur un tanin ferme.

Millésime 2003

– *Dégustation d'avril 2004*

14,5 – Nez séveux, floral, violette, lilas, épices, fruit mûr. La bouche, friande, offre des notes réglissées, chocolatées, une structure harmonieuse avec des tanins abondants mais fins, élégant, finale un peu dure.

– *Dégustation du 5 septembre 2007*

14/14,5 – Grillé, café, épices, bouche ronde en première séquence, chocolatée, finale sur les tanins. C'est du rugueux mais, à table, ça passe.

Millésime 2004

– *Dégustation du 5 septembre 2007*

14,5 – Fruits noirs, poivre, un style plus frais que d'habitude, simple, assez savoureux, mais on retrouve les tanins anguleux en finale.

Millésime 2005

– *Dégustation d'avril 2006*

14,5 – Joli nez associant le boisé et les baies noires. Corps plein, une base tannique drue, finale extraite, couverte par le tanin, notes de marc de café.

– *Dégustation du 5 septembre 2007*

15,5 – Débarrassé de sa coquille de bois, le vin a pris des senteurs de réglisse, le boisé est toujours présent mais plus intégré, tannique, assez proche des sensations du 2000, serré, puissant, très savoureux.

Millésime 2006

– *Dégustation d'avril 2007*

15,5/16 – Vanille, fraise, boisé crémeux, bouche tendre, élégante, tanins fins, délicats, joli fruit en finale, très équilibré. Un exemple de réussite sur sol de graves.

Millésime 2007

– *Dégustation d'avril 2008*

13,5/14 – Nez fermé, bouche puissante, tannique, serrée, séchant en finale.

Millésime 2008

– *Dégustation d'avril 2009*

14,5 – Un peu d'oxydation, bouche moelleuse, douce, ronde, suave, veloutée, finale un peu serrée, mais belle première partie. Dommage, l'extraction trop forte durcit la finale.

Millésime 2009

– *Dégustation d'avril 2010*

14 – Fruits noirs, puissant, dense, tannique, fondu, merlot mûr, un peu séchant, surmaturité. Le côté aromatique est passé.

Le Moulin

Surface : 2,4 ha
Propriétaire : SCEA Le Moulin de Pomerol
Contact : Michel Querre BP 51 – 33330 Saint-Émilion
05.57.55.19.61

Disparition, résurrection, ce petit domaine est né d'un tour de passe-passe. Le Moulin existait bel et bien autrefois, au bord de la petite rivière qui sépare Pomerol de Lalande. Il produisait du vin et de la farine pour le pain. Seuls demeuraient les bâtiments quand Michel Querre en fit l'acquisition, à la fin des années 60, pour la beauté du style Directoire. Quelque temps plus tard, il eut l'opportunité de racheter à la famille Boyer les vignes de Vieux-Château-Cloquet, un cru bien situé sur des sols graveleux, non loin de la route qui mène de Libourne à Périgueux. Le Moulin retrouvait du grain de raisin à moudre, première récolte en 1997. La totalité de la récolte est vendue par la maison de négoce Michel Querre.

Second vin : Petit-Moulin

Millésime 2001

– Dégustation d'avril 2002

14 – Robe sombre. Nez toasté, café, brûlerie, tartelette aux fruits noirs, bouche solide, massive, très (trop ?) extraite. Un style imposant.

Millésime 2008

– Dégustation d'avril 2009

14 – Floral, joli nez, boisé blond, bouche ronde, suave ; bien travaillé, un boisé un peu marqué mais une structure de vin qui le supporte.

Millésime 2009

– Dégustation d'avril 2010

15,5 – Fruits noirs, cerise, épices, poivre, bouche ronde, moelleuse, souple, fruitée, tendre, tendue, fins petits tanins croquants, fait saliver.

Nénin

Surface : 30 ha
Propriétaire : Famille Delon
Contact : Jérôme Depoizier
Château Nénin – 33500 Pomerol
05.57.51.00.01
www.leoville-las-cases.com

Les Delon, de Léoville-Las-Cases, ont acheté Nénin en 1997. Sur place, on s'en souvient. Nénin était jusque-là l'aimable propriété des Despujols, cousins des Delon. Un cru sans histoires, sans vagues, sans grand intérêt non plus, sauf d'avoir une partie du vignoble fort bien située sur le plateau de Pomerol. Mais il n'y avait pas que le vignoble, sur le plateau : entourant l'agréable demeure, un vaste parc arboré en faisait tout le charme. Un bel espace d'agrément au cœur du cœur de l'appellation pomerol et sur son meilleur terroir, c'est presque aussi incongru qu'une barre HLM à Neuilly. Jean-Hubert Delon, qui n'avait pas acheté Nénin pour le transformer en résidence pour personnes âgées, fit immédiatement raser le parc, abattre les beaux arbres, retourner les pelouses pour y planter de la vigne. Autour, on ne poussa pas de grands cris, cela ne se fait pas. On se contenta de murmurer sa désapprobation en rappelant si besoin était combien ces gens du Médoc sont de vrais sauvages. Deux ans plus tard, un autre opportunité se présentait aux Delon : la vente d'un cru historique d'un peu plus de 7 hectares, fort bien situé dans le cœur historique de l'appellation, avec Pétrus comme voisin : Certan-Giraud. Exit Certan-Giraud. Cette fois, Jean-Hubert a partagé la proie avec Christian Moueix, l'homme fort de Pomerol, déjà propriétaire d'une ribambelle de crus. Certan a été en partie phagocyté par Nénin et, pour l'autre, rebaptisé Hosanna, propriété Moueix. Arrachage, repos des sols, plantation, enracinement des ceps… Faire du bon vin demande du temps. Jérôme Depoizier, qui dirige le domaine, est jeune, il voit et verra les progrès. La première décision de l'équipe fut de créer un second vin, Fugue-de-Nénin, qui permet d'écouler à prix raisonnable (d'autant que le vin est agréable) les jeunes vignes, les terroirs moins intéressants en contrebas, derrière le château. Nénin, pour l'instant, constitue une sélection des parcelles plus âgées, mais pas encore forcément le meilleur du terroir. D'ici quelques années, il devrait figurer parmi les meilleurs.

Second vin : Fugue-de-Nénin

Millésime 2000

– Dégustation d'avril 2001

Jérôme Depoizier, directeur de l'exploitation, format pilier de rugby, arrivé de la Loire – Château de Targé – en novembre 2000 : « *J'ai participé ponctuellement aux vendanges ; on a vinifié en petits volumes. Le merlot, ce n'est pas si facile qu'on le croit, surtout en 2000 ! On marchait à la dégustation, ça nous a évité de trop extraire par des remontages trop nombreux.* » Le grand vin, 30 % du total, merlot 73 %, cabernet franc 27 %. Pas plus d'un tiers de bois neuf.

15,5 – Nez de fruit mûr, floral, cerise griotte. Bouche fraîche, texture onctueuse, tanin gras et crémeux.

14,5 – **Fugue-de-Nénin** représente 60 % du volume avec peu de bois neuf (15 %), friand, tendre, frais.

Millésime 2001

– *Dégustation d'avril 2002*

Jérôme Depoizier : *« Il y avait des raisins verts et d'autres noirs. Si on avait attendu que le vert mûrisse, le noir aurait été pourri. On les a donc coupés. Nous avons vendangé en cagettes de 4,5 kilos, avec une seule couche de raisin (qui arrive ainsi intact au chai), l'élevage se fera en 20 % de bois neuf. Sur Pomerol, il faut jouer la carte du fruit et de la complexité, pas celle du boisé qui écrase le vin ! »* 70 % merlot, 30 % cabernet franc. 29 hl/ha, un tiers de grand vin, deux tiers de Fugue-de-Nénin.

16,5 – Premier nez discret, rose séchée, baies rouges et noires, de la vivacité, onctueux et une certaine vivacité rafraîchissante. La bouche est racée, fraîche, le tanin bien serré, des notes de Zan et de framboise agrémentent la finale.

14,5 – **Fugue-de-Nénin**. 87 % merlot, 13 % cabernet franc. Fruits noirs, nez vif, bel équilibre entre les tanins du bois et le raisin, une touche toastée rappelle en finale l'élevage en bois partiellement neuf.

Millésime 2002

– *Dégustation d'avril 2003*

Jérôme Depoizier : *« On avait planté en 1998 des merlots provenant de sélections massales faites à Léoville-Las-Cases : maintenant qu'ils sont en production, on a la surprise de constater qu'ils sont meilleurs à Pomerol. L'évolution en cuves de ces 2002 était très rapide, pour les remontages, il ne fallait pas travailler sur des plannings-papier mais déguster deux à trois fois par jour pour prendre les décisions, et surtout pour ne pas trop extraire. »* 32 hl/ha (supérieur à 2001) ; merlot 78 %, cabernet franc 22 %. Le deuxième vin, Fugue-de-Nénin, porte sur 60 % de la récolte. L'élevage du grand vin se fait en 40 % de bois neuf.

15,5/16 – Nez complexe, fruits rouges framboisés, texture racée, généreuse, longue finale sur le fruit, tannique sans dureté.

14,5 – **Fugue-de-Nénin**. 92 % merlot, 8 % cabernet franc, friand, framboisé, soyeux et tendre.

Millésime 2003

– *Dégustation d'avril 2004*

Jérôme Depoizier : *« Les terrains sableux filtrants ont souffert, les zones argileuses donnent du fantastique. Nous avons cherché un équilibre entre les tanins du raisin et ceux du bois avec seulement 20 % de bois neuf, à chauffe légère, pour que le boisé apporte juste un peu de complexité, et évité de trop extraire pour obtenir élégance et finesse.»*

15 – Nez de fruits mûrs, notes épicées. Bouche soyeuse, fraîche, un fruit bien ouvert, qui reste souple, élégante, bien construite, avec un tanin fin.

Millésime 2004

– *Dégustation d'avril 2005*

«On s'est fait quelques frayeurs!» Jérôme Depoizier n'a pas la langue de bois: *«La fleur avait été rapide, homogène, d'où une vendange concentrée, mais on pouvait faire 90 hl/ha! Il fallait absolument éclaircir, et on est passés deux fois, sinon on aurait trop produit, il aurait fallu saigner les cuves; et si on saigne de plus de 10 %, on concentre, on sèche et on arrive à du végétal.»* Le grand vin se compose de 75 % de merlot et de 25 % de cabernet franc.

16 – Nez racé, vif, cerise, gelée de groseilles, bouche charnue, harmonieuse, pas surmûrie, avec un bon équilibre, un tanin riche mais pas acerbe. *«On tient le style. On reste classiques, finesse et équilibre»*, dit Jérôme Depoizier.

14,5 – **Fugue-de-Nénin**. Frais, attirant, une friandise tout en fruit, avec une jolie matière et de la suavité.

Millésime 2005

– *Dégustation d'avril 2006*

Jérôme Depoizier: *«On a une maturité parfaite, un stress hydrique au moment optimal pour que la vigne se consacre au raisin, des vendanges parfaites, sans cette surmaturité qui rend le merlot parfois un peu lourd.»* La production de 36,4 hl/ha sera répartie entre 41 % pour le grand vin, 42 % pour le second vin, et 17 % qui seront vendus en vrac.

Le grand vin se compose de 74 % merlot et 65 % cabernet franc et sera élevé en 25 % de barriques neuves.

16,5 – Nez parfumé, cerise, classieux. Bouche d'entrée souple, satinée, une amabilité qui est suivie d'une deuxième séquence plus complexe et serrée, avec des tanins puissants, mais frais.

15,5 – **Fugue-de-Nénin**. 90 % merlot et 10 % cabernet franc, élevé à 15 % en barriques, est, cette année, frais, croquant, très soyeux.

Millésime 2007

– Dégustation d'avril 2008

Jean-Hubert Delon : *« D'ici quelques années, on pense pouvoir faire le Nénin avec 30 % de la récolte. Là on en est à 24 %. »*

Nénin semble plus onctueux, plus merlot mûr, alors que son assemblage n'en comporte que 76 % contre 24 % de cabernet franc.

15,5 – Cerise cuite, plus fruité, dense, épicé, riche, puissant, long, frais, équilibré, un peu chocolaté.

Millésime 2008

– Dégustation d'avril 2009

16 – Fruits noirs, sirop de fraise, bouche puissante, donne une impression assez chaleureuse. Puissant, très riche.

15 – **Fugue-de-Nénin**. Boisé, fruits noirs, bouche tendue, bien ronde, un peu sévère mais prometteur, bonne structure pas trop extraite, finale cacao.

Millésime 2009

– Dégustation d'avril 2010

15,5 – Fruits noirs, épices, poivre, frais, élégant, bien fondu, équilibré, floral, fin.

14,5 – **Fugue-de-Nénin**. Très cerise, parfumé, bouche ronde, souple, tendre, finale tendue et bien fruitée.

Petit-Village

Surface : 11 ha
Propriétaire : Axa Millésimes
Contact : 33330 Pomerol
05.57.51.21.08
www.petit-village.com

Sur un site d'amateurs (confirmés) de vin, « www.lapassionduvin.com », j'ai trouvé en résumé ce que beaucoup pensent de Petit-Village : *« Peut mieux faire. »* Il existe un vrai décalage entre la situation de ce cru, dans un des coins du triangle merveilleux de Pomerol, proche de La Conseillante ou de L'Évangile, son prix élevé et le contenu de la bouteille, souvent décevant. Certes, il y eut de grands millésimes à Petit-Village, le 82, aussi le 61, très grand millésime à Bordeaux et parfaitement réussi ici. Un vin que l'on n'oublie pas, surtout quand on le déguste avec Jean-Guillaume Prats, le petit-fils de celui qui l'a récolté et vinifié. Les Prats ont cédé le domaine à Axa Millésimes. En 2002, Petit-Village a bien failli une fois encore trouver un nouveau propriétaire en la personne de Gérard Perse (voir Pavie) et, à l'occasion, Petit-Village a provoqué une certaine agitation qui dépassait largement le cadre viticole.

Un bon terroir, des bâtiments vieillots, une réputation honnête de vin agréable, souple, rien ne disposait ce cru de 11 hectares à devenir l'objet de la stupéfaction bordelaise, sinon le montant de la transaction. On a parlé – sans que cela soit infirmé – d'un prix qui dépasserait les 4 millions et demi d'euros l'hectare. Le double ou triple des estimations les plus folles à l'époque… L'affaire ne s'est pas faite, et le landerneau a bruit autour de la promesse de vente, des arrhes déjà versées, du montant du dédit. Les 2002 ont été vinifiés par le propriétaire « vendeur », qui finalement n'a pas vendu, mais a sans doute réalisé au passage une assez jolie plus-value. Quelque temps plus tard, Axa commençait des travaux de modernisation à Petit-Village. *« Le nouveau chai a permis de faire des extractions par pigeage, dans le but d'obtenir un vin avec des tanins un peu plus soyeux qu'avant. La moitié du vignoble a été replantée depuis dix ans ; l'autre, c'est de la très vieille vigne. Il y avait un vignoble à remettre en état de marche et, en 2004, j'ai pris la décision d'arracher un quart de la surface »*, m'a dit sobrement Christian Seely, responsable des domaines d'Axa, dont Petit-Village. Un vignoble qui fonctionnait mal, des installations anciennes… Sans doute cela explique-t-il en partie le manque de « performance » du cru. Le professeur Henri Enjalbert, qui a disséqué l'histoire du Libournais et de son vignoble, rapporte qu'au XIXe siècle le drainage des sols initié par Fourcaud-Laussac, à Cheval-Blanc, poursuivi sous le Second Empire par les propriétaires des crus avoisinants, a permis la mise en valeur d'une « couronne » de 10 à 12 crus à Pomerol, dont La Conseillante, Petit-Village, etc. Ce système de drains qui permettait d'évacuer l'eau d'hiver des argiles était-il toujours aussi performant à la fin du XXe siècle ? La réponse est à venir, quand les travaux réalisés à Petit-

Village se traduiront dans la vigne et les raisins et quand les nouvelles plantations auront l'âge de raison…

Second vin : Jardin-de-Petit-Village

Millésime 2000

– Dégustation d'avril 2001

15,5 – Noir violet. Nez charmeur, salade de baies rouges et noires. Agréable, parfumé. Fidèle à lui-même.

Millésime 2001

– Dégustation d'avril 2002

14,5 – Nez agréable, opulent, de fruit mûr, bouche soyeuse, bien équilibrée, mais la finale se durcit sur un tanin sec.

Millésime 2002

– Dégustation d'avril 2003

13,5/14 – Nez fermé, assez complexe à l'aération. Bouche tendre, corps mince, structure modeste, le terroir se retrouve dans la finale longue.

Millésime 2004

– Dégustation d'avril 2005

15 – Nez expressif, cassis, violette, séduisant, bouche soyeuse, aromatique, boisé sensible, finale cacaotée.

Millésime 2005

– Dégustation d'avril 2006

14 – Cerise écrasée, prune, confiture de groseilles. Bouche très extraite, au tanin sévère, violente, a besoin d'être domptée par l'élevage.

Millésime 2006

– Dégustation d'avril 2007

14,5/15 – Fruits noirs, bouche tannique, assez extraite, assez rustique, tanins souples, un peu lie, alcool. Vin volumineux, puissant mais manquant d'élégance.

Millésime 2007

– Dégustation d'avril 2008

14,5 – Fruits noirs, mûre, bouche très boisée, puissant, dense, tannique, le bois est un peu marqué.

– Dégustation d'avril 2009

14,5 – Fruits noirs, grillé, résine, bouche dense, tendue, un peu en creux en milieu de bouche, un peu sévère.

13,5/14 – **Jardin-de-Petit-Village**. Cerise, bien parfumé, joli nez assez complexe et charmeur, chocolat, doux, tendre, bien parfumé, un peu light en finale mais agréable.

Millésime 2008

– Dégustation d'avril 2009

14,5 – Nez séveux, légèrement mentholé, bouche solide, tendue, pas très définie sur le plan aromatique.

Millésime 2009

– Dégustation d'avril 2010

14 – Encre, tabac, épices, bouche ronde, assez suave en première séquence, séchant ensuite, assez serré en finale, pointe d'amertume.

PÉTRUS

Premier grand cru classé
Surface : 11,5 ha
Propriétaire : Jean-François Moueix
Contact : Établissements Duclot
21, rue de Macau – 33000 Bordeaux

Il n'existe pas de classement pour les pomerols, mais la tradition veut que l'on considère Pétrus comme faisant partie de la très fermée famille des premiers crus classés, aux côtés des Lafite, Margaux, Latour, Haut-Brion, Mouton, Cheval-Blanc, Ausone et d'Yquem.

Une tradition pas très ancienne, liée au prix où se négocie ce vin et, bien sûr, à sa qualité. Dès le milieu du XIXe siècle, Pétrus est recherché par le commerce et il se négocie à peu près au même prix que les grands seconds du Médoc, comme Cos-d'Estournel ou Léoville. Aujourd'hui, il a largement dépassé cette cote par la grâce d'une demande internationale qui n'a jamais faibli depuis un demi-siècle. La notoriété de Pétrus n'est pas le fruit d'une cogitation marketing élaborée avenue Montaigne ou à Wall Street. Mais plus simplement le résultat d'une saine gestion et de l'obstination d'une aubergiste, Edmonde Loubat, dite « Tante Lou ». Dans les années 20, les Loubat sont propriétaires d'un établissement réputé, situé en face de la gare de Libourne. Edmonde s'intéresse au vin et possède le sens des affaires. Elle croit notamment à l'avenir d'un petit domaine de quelques hectares, situé au cœur du vignoble de Pomerol et dont une famille, les Arnaud, a réussi, tout au long du XIXe siècle, à lui établir une assez bonne réputation. Ils lui ont donné le nom du premier pape, Pétrus – Pierre, en latin. Edmonde Loubat achète des parts de Pétrus et en devient l'unique propriétaire en 1945. Elle a compris très vite que, si le classement de 1855 a quelque peu figé les représentations dans le Médoc, du côté de Libourne, tout est encore possible. Pomerol se remet à peine de la crise phylloxérique, les terres se vendent plus cher en périphérie de la ville, pour bâtir, qu'au cœur de l'appellation, pour faire du vin. La réputation de chaque domaine dépend de l'énergie avec laquelle son propriétaire la défend. De l'énergie, d'après tous les témoignages des contemporains, Edmonde Loubat en possède à peine plus que l'armée d'Attila à la veille de sa rencontre en finale avec les Romains. Voyages, culot, elle pousse les portes, occupe les salons, persuade tout ce qui compte comme gosiers d'importance. Elle sort Pétrus de son anonymat et rompt le cercle des fervents discrets à coups d'opérations spectaculaires. Elle présente même ses bouteilles aux grands d'Angleterre, lors des épousailles d'Élisabeth. Elle s'associe bientôt avec le marchand qui, lui aussi parti de rien dans les années 30, est en passe de devenir le numéro un du commerce du vin rive droite : Jean-Pierre Moueix. Il est né en 1913, en Corrèze (comme la plupart de ceux qui sont devenus négociants du Libournais). Ses parents sont venus s'installer à Libourne au moment de la crise de 1929. Il crée sa maison de négoce en 1937, à 24 ans, quai du Priourat, où elle demeure, sensiblement agrandie aujourd'hui. Lui, il va structurer le vin, organiser la vente et créer le mythe : Pétrus devient le vin culte des Kennedy. Loubat/Moueix : les deux vont admirablement illustrer le propos de Roger Dion, professeur au Collège de France, pour qui un grand terroir viticole n'existe pas sans le commerce des hommes. Jean-Pierre Moueix en devient d'abord le marchand exclusif, puis intervient dans la conduite du vignoble et des vinifications jusqu'à la disparition d'Edmonde Loubat en 1961... Sans enfants, elle a cependant deux héritiers, son neveu, Jean-Louis Robert Lignac, et sa nièce, Lily Paul Lacoste, qui ne s'entendent guère. En 1964, la branche Lignac vend sa part – la moitié de Pétrus – à Jean-Pierre Moueix. En 1972, Jean-Pierre Moueix décide de régler sa succession. Il cède ses parts de Pétrus à Jean-François, qui lui de son côté rachète l'autre moitié à Lily Lacoste et devient donc l'unique propriétaire. Jean-François est par ailleurs un important négociant en grands crus de la place bordelaise. La gestion du cru demeure alors aux Établissements Jean-Pierre Moueix, dirigés par Christian, le second fils de Jean-Pierre. Les deux fils ont hérité du père le sens du travail bien fait, de la discrétion et une grande capacité à bien s'entourer.

Christian rassemble une équipe de choc : Michel Gillet, patron des vignes, qui rêve d'une nature sans chimie ; François Veyssière, maître de chai, collectionneur d'arbres fruitiers en voie de disparition ; Jean-Claude Berrouet, le dieu modeste de la vinification.

Jean-Claude Berrouet est né le 22 mars 1942, de parents basques, à Bordeaux. « *Mon grand-père maternel était marchand de vin entre le marché des Capucins et la rue Pelleport. Beaucoup d'ouvriers et d'artisans y venaient boire le vin blanc. Ma grande récompense, c'était de remplir les bouteilles. L'odeur du vin me fascinait.* » Une influence qui se mélange à d'autres, et d'abord celle d'un père libre-penseur, un brin anarchiste, qui « *faisait toujours ce qu'il disait et disait toujours ce qu'il pensait* » et qui lui donne le « *goût de l'authentique* ». Les vacances aussi, en Charentes, entre Cognac et agriculture. Et surtout le Pays basque, qui le marque profondément par sa diversité : « *La vie n'a d'agrément que si on voit les différences. Il faut se méfier de la standardisation internationale dont le symbole est l'Amérique.* » Accro du vélo, membre de la secte rugby, ce qui n'a rien d'exceptionnel entre Bordeaux et Bayonne, il aime aussi prendre trois jours pour « *tuer le cochon* » et ne se sent jamais aussi bien qu'au contact de la nature et quai du Priourat, siège des Établissements Moueix : « *C'est une maison familiale où le respect est la règle.* » Jean-Claude Berrouet ne vinifie pas seulement Pétrus, il s'occupe (ou plutôt s'occupait jusqu'à son départ à la retraite en 2008) aussi de Trotanoy, La Fleur-Pétrus, La Magdelaine, premier grand cru classé de Saint-Émilion, et de quelques autres : « *J'ai une surprise naïve chaque année en face de la matière première, des saveurs, des odeurs différentes sur les neuf vins que je fais.* »

Aujourd'hui, les deux frères Moueix, à leur tour en âge de transmettre à leurs enfants, ont séparé les gestions. Pétrus est désormais placé sous la responsabilité de son propriétaire, Jean-François, qui a recruté Olivier Berrouet, fils de Jean-Claude, pour diriger Pétrus. On peut y voir comme une sorte de continuité : Pétrus est certes à la mode, mais Pétrus ne suit pas les modes, donc Pétrus est indémodable.

Millésime 2000

– *Dégustation d'avril 2001*

17,5 – Nez de violette, réglisse, sous-bois, épices douces, bouche très fondue, trame très serrée, tanins enveloppés, ouatés. Droit, long, harmonieux, finale sur les fruits noirs persistant longtemps.

Millésime 2001

– *Dégustation d'avril 2002*

18 – Exceptionnel à double titre. D'abord parce qu'il se goûte très bien dans sa prime jeunesse, c'est rarement le cas de Pétrus. Ensuite parce qu'il est formidablement réussi. Des arômes complexes de rose séchée, résine, noix de muscade, bouche impressionnante par sa longueur, la finesse des tanins et la solidité sérieuse de la trame.

Millésime 2002

– *Dégustation d'octobre 2009*

16,5/17 – Nez chocolat, épices douces, poivre noir, bouche douce, un peu praline, chocolat, fondue, tanins savoureux, croquants, finale un peu sévère mais beaucoup d'allure.

Millésime 2003

– *Dégustation d'avril 2004*

« *L'hétérogénéité est exceptionnelle : je n'ai jamais vu autant de diversité dans les vins* », dit Jean-Claude Berrouet. Et ce n'est pas le charrier que d'affirmer que le Basque le plus célèbre (quoique discret) de Bordeaux n'en est pas à sa première vendange. *« En 1982, année chaude également, tu voyais quelqu'un qui avait fait des cuvaisons de huit jours, un autre de trente : cela ne changeait rien. En 2003, la constitution même du raisin est variable et l'intervention de l'homme fut déterminante. C'est cela qui a fait la différence. On peut avoir des surmaturités physiques et des tanins pas mûrs. Si on multiplie les pigeages, les remontages, les macérations postfermentaires, on va chercher les tanins de pépins qui étaient verts, pas lignifiés, et on se retrouve avec des goûts végétaux. En 1970, j'ai cuvé seulement dix jours à Pétrus, et cela a fait un vin très solide. Cette année, les temps ont été un peu plus longs, mais on a fait moins de remontage, on a moins travaillé la matière. De même, on a réduit les barriques neuves, car les tanins sont fragiles et ne supportent pas le bois neuf. »* Pétrus fait, cette année, figure d'exception par sa réussite dans ce millésime guère favorable à l'appellation pomerol. Ses sols très argileux, d'une argile très fine, capable d'une forte rétention d'eau, sont sans doute à l'origine de ce miracle. Peut-être aussi l'expérience : *« Notre métier*, dit Jean-Claude Berrouet, *c'est la patience. »*

17,5/18 – Nez prononcé de résine, pin, cerise noire, frais en bouche, tanins serrés, mais de l'élégance. Un vin trapu aux fines notes de torréfaction, beaucoup de densité, mais une trame feutrée, sans aspérités.

Millésime 2004

– *Dégustation d'avril 2005*

« C'est un millésime océanique qui exprime plus la terre que le soleil. Il n'entre pas dans les canons internationaux », résume joliment Jean-Claude Berrouet. En 2004, *« les choix techniques sont déterminants »*. Par exemple, *« le pépin n'était pas lignifié* [converti en bois]. *Il fallait être prudent et ne pas pousser trop loin les macérations après fermentation, pour ne pas extraire de tanins de pépins qui donnent de l'amertume et un côté quinine. »* De même le vinificateur devait-il se méfier des barriques neuves : *« Comme en 2003, mais pour des raisons inverses. En 2003, les tanins du vin étaient fragilisés, peu réactifs, et ceux du bois prenaient facilement le dessus. Avec le 2004, on a un tanin du vin fortement réactif qui, au contraire, fixe ceux du bois et ajoute de l'anguleux, exacerbe le côté astringent. »*

18,5 – Nez puissant de chocolat et d'orangette, touche de violette, bouche vive, minérale, épicée. Les tanins sont bien présents, la matière semble imposante, à la limite d'une certaine raideur. Un vin janséniste dans sa jeunesse, mais d'une plénitude impressionnante. L'élevage en douceur devrait conférer à cette colonne imposante rondeur et moelleux. Très grande longueur. Un millésime qui peut rappeler le 95 par sa sève et le 88 par son austérité.

Millésime 2005

– *Dégustation d'avril 2006*

Jean-Claude Berrouet : « *Quand on goûtait les raisins, ils étaient très frais, ce qui pouvait signifier pas mûrs alors qu'ils l'étaient. On a pu nous reprocher de vendanger trop tôt (dès le 6 septembre), mais les tanins n'auraient pas mûri davantage et on aurait récolté de l'alcool en plus, ce n'est pas le but. Les pellicules des raisins étaient très épaisses et il fallait être en éveil pour ne pas exagérer les extractions de tanins trop verts des peaux. Dans la maturation, du fait de la sécheresse, il y a eu des blocages pour certains tanins et ceux-là, ces tanins crus, nous ne voulions pas les retrouver dans le vin.* »

19 – Cerise, fruits noirs, nez encore peu développé. La bouche impressionne par sa qualité et son équilibre. Tout est en place : l'acidité pour la fraîcheur, les tanins fins, serrés mais soyeux pour la structure, un fruit enfermé, divers, d'une belle richesse et un alcool discret. L'ensemble, d'une grande douceur, constitue sans doute un des meilleurs Pétrus depuis trente ans.

Millésime 2006

– *Dégustation d'avril 2007*

« *Nous avons attaqué le 12 sur Trotanoy et le 14 sur Pétrus. La très grosse pluie, chez nous, c'est le samedi 16, nous avons reçu 30 millimètres ; alors que la station de Mérignac* [sur Bordeaux et le Médoc, NDLR] *n'en relevait que 4. Ils en avaient eu beaucoup, en revanche, avant les 13 et 14* », raconte Christian Moueix. « *Le samedi, j'ai emmené tous les vendangeurs au cinéma !* » Nous n'avons pas vérifié si ce jour-là les cinémas de Libourne projetaient *Chantons sous la pluie*. « *Ensuite, la semaine a été correcte, c'est retombé le 22… Jean-Claude* [Berrouet] *considère qu'on était meilleurs juste après la pluie, la première. Moi, j'aurais préféré m'en passer. C'est un amical débat entre nous…* »

19 – Fruits rouges, fraises au sucre, ronce, floral, bouche ample, un tanin présent et fondu, beaucoup de classe, fruité, frais, délicat, tendre, complexe, long, fin, tendu, tannique, sans doute le plus tannique de ces dernières années, mais d'une très grande élégance.

Millésime 2007

– Dégustation d'avril 2008

Un Berrouet s'en va, un autre lui succède. Jean-Claude tire sa révérence après tant d'années au service des grands vins, et c'est son fils Olivier qui prend sa suite à la direction technique. « *Une grande satisfaction !* » dit sobrement le père. C'est encore Jean-Claude qui explique son dernier millésime : « *On a effeuillé deux fois. On a commencé le 14 septembre à Trotanoy, une jeune vigne. C'est souvent la première parcelle que l'on vendange. Puis on a picoré sur les propriétés. À partir du 24 septembre, la pluie est arrivée – 1 ou 2 millimètres – et la vigne a recommencé de pousser. La maturité était terminée. Après, ce n'est pas notre style.* » Un style que l'on pourrait résumer ainsi : jamais trop !

Mais il est vrai que, cette année, les grands pomerols ont bénéficié de la précocité de ces terroirs, et rares sont ceux qui ont décidé de vendanger tard.

18 – Nez réducteur, vin en longueur, tanins doux en bouche, dans un style réservé, trapu, pas de dureté, une première séquence même assez moelleuse, plus austère ensuite. Un côté cistercien, dépouillé, sans fioriture ajoutée. Bref, d'une belle pureté.

Millésime 2008

– Dégustation d'avril 2009

18,5 – Poivre, floral, plein, dense, riche, tout en longueur, un vin peu démonstratif mais d'un équilibre parfait. La fraîcheur due à l'acidité gomme la puissance alcoolique (14,2° tout de même !), long, frais, un peu sévère.

Millésime 2009

– Dégustation d'avril 2010

Olivier Berrouet : « *Débourrement (sortie des feuilles) le 29 mars, plus tardif qu'en 2007 et 2008, et floraison très ramassée, qui a engendré une grande homogénéité, Celle-ci se retrouve à la véraison et à la maturité. Quand on a des moments clés parfaits, c'est déjà un soulagement important. L'été a été sec avec quelques épisodes pluvieux, pas d'excès, ensoleillement très important, des températures hautes mais pas excessives et des nuits fraîches. Une maturation lente, maturité phénolique en même temps que celle des sucres. Dans une année où on a un fort ensoleillement, il ne me semble pas intéressant de faire des gros travaux sur la vigne. Si vous éclaircissez beaucoup, vous augmentez la maturité des sucres. Rien ne peut accélérer la maturité phénolique. On est autour de 40 hl/ha. Les grands millésimes sont les années où la nature est capable de porter à maturité une bonne quantité de raisin. Si on arrive à maîtriser sa date de vendange et sa durée d'extraction, on a fait le gros du travail. La tentation est grande d'aller plus loin, il faut être deux ou trois pour prendre les décisions. À un moment donné on arrive à un plateau, et on sait qu'au-delà on quitte l'harmonie. 14,2°, c'est un des Pétrus les plus riches.* » Les vendanges ont commencé les 17 et 18 septembre sur des jeunes vignes, et le 1er octobre pour le reste. 100 % merlot. 50 % de bois neuf : *« Cela ne doit pas être un élément d'aromatisation. »*

19 – Nez frais, fin, fruit délicat, séveux, épices, bouche délicate et douce, tanins frais, fins, élégants, de la puissance mais retenue.

Archives

– *Dégustation de novembre 1997*

Millésime 1982

18 – Grenat dense. Nez épices, truffe, résine, tabac, poivre, confit. Bouche très tendre en attaque, matière ample, soyeuse et droite, beaucoup de moelleux. Un vin prêt à boire, d'une grande pureté.

Millésime 1985

17 – Grenat brunissant. Nez épices, résine, mûre, cuir, viande rôtie. Bien tendre, souple, rond, attaque en finesse, développement tannique ensuite, puissant, musclé, pas encore complètement fondu, long, d'avenir.

Millésime 1987

16,5 – Grenat dense, légère touche brique. Nez intense de poivre, cannelle, résine, violette, cacao. Bouche tendre, fine et bien fondue, note chocolat et pain grillé, long et doux, suave, très savoureux. Longtemps fermé, ce 87 encore jeune commence à peine à prendre ses arômes d'évolution.

Millésime 1988

18,5 – Grenat dense, robe jeune, nez café, grillé, développement floral ensuite, rose noire et rouge, presque végétal, framboise. Tanins serrés en bouche, solide mais sans agressivité, très fin, sérieux voire sévère, bien équilibré. En finale, de petites touches chocolatées annoncent le début des arômes du second âge de ce vin. Plein, droit, très grand classique, pas encore mûr.

Millésime 1989

18 – Grenat dense, Nez de fruits macérés, havane, tabac, violette, mine de crayon, bois de santal, cannelle, résine. Bouche bien ronde, chocolat, gras, puissant, beaucoup de gourmandise, chaleureux, onctueux, épicé. Un Pétrus un peu oriental. Il est généralement le mieux noté des « Trois Glorieuses (88,

89, 90) », mais – c'est uniquement affaire de goût – nous préférons aujourd'hui la grande élégance de 88.

Millésime 1990

18 – Grenat très dense. Nez de violette, prune rouge, rose rouge, beaucoup de fraîcheur et ensuite des notes rôties. Le nez puissant n'a pas encore atteint la complexité du 89. Bouche bien grasse, puissante et élégante à la fois. Un peu du sérieux du 88 et du moelleux du 89. Beaucoup de saveurs, des notes violette, mûre en finale. Déjà une très belle bouteille.

Pas de millésime 1991 à Pétrus

Millésime 1992

16 – Robe grenat rubis, pas très foncée et peu évoluée. Nez épices, violette, chêne, cacao, sous-bois. Bouche tendre, délicate, douce, en finesse, tanins discrets, mais belle longueur, pas de sécheresse, des saveurs qui persistent.

Millésime 1993

17,5 – Grenat sombre. Nez épicé, vanille, très jeune et pas fondu, cuir, café, grillé. Bouche dense, tanins fondus en attaque et plus durs ensuite, matière pas encore fondue, beaucoup de fruit, long mais pas à son maximum.

Millésime 1994

17 – Grenat foncé, nez poivre blanc, pivoine, rose rouge, encore très proche du raisin, fruits rouges, framboise. Bouche délicate, tendre, en souplesse, tanins encore peu fondus en finale, beaucoup de fruit. Un classique.

Millésime 1995

18,5 – Grenat foncé, reflets bleus. Nez violette, terre mouillée, framboise, myrtille, prune rouge, fruits noirs. Bouche très fruits rouges, rond, tanins moelleux, plus refermé que lors de notre première dégustation en avril, dense, élégant, serré, persistant. Belle matière parfaitement équilibrée. J'ai eu depuis plusieurs fois l'occasion de déguster ce millésime : un des grands Pétrus.

Le Pin

Surface : 2 ha
Propriétaire : Famille Thienpont
Contact : Jacques Thienpont, Bossenaar 14
9680 Etikhove (Belgique)
(32) 55.31.17.59
wine@thienpontwine.com

« Ici, le linge sèche toujours bien, on est aux quatre vents », disait la dame qui habitait la petite maison au-dessus de la précieuse cave du Pin, où logent les quelques barriques de ce cru minuscule, propriété de la famille Thienpont. Rien d'ostentatoire, un pavillon des années 30 qui surprenait beaucoup les amateurs japonais en visite. Depuis, Jacques Thienpont a fait construire à côté un lieu plus accueillant.

Mais la remarque a son intérêt car ici, sur ce coin de Pomerol au nord de Catusseau, la maturité se fait par le soleil et par le vent… Jacques Thienpont a repris cette parcelle en 1979. Petit cru, célébrité presque immédiate, prix fortement élevé – on a vu le 2005 à plus de 2 500 euros la bouteille ! –, il a donné des envies à bien d'autres. Il fut ainsi l'ancêtre des « vins de garage » sans lui-même se revendiquer de cette mode et sans non plus en avoir le profil. Le Pin n'est pas un cru récolté en surmaturité, très concentré, épais comme le jus de tomate qu'on boit dans les avions. Certes, il est élevé dans 100 % de bois neuf, mais ce n'est pas une rareté à Pomerol. Surtout, à l'opposé des vins de garage, c'est un pomerol de plaisir qu'il n'est nul besoin d'attendre vingt-cinq ans pour boire. Il se distingue davantage par ses arômes très exotiques de jeunesse et un bouquet remarquable, mêlant épices de marché oriental et fruits noirs en gelée dès qu'il passe les cinq ans (sauf millésime exceptionnel comme le 2005). Évidemment, on le compare à Pétrus, mais les deux n'ont pas grand-chose en commun. Le premier est un explosif à mèche rapide, tandis que l'autre figure plutôt la bombe à retardement. La tentation est forte aussi de le mesurer à Vieux-Château-Certan, dont s'occupe le cousin de Jacques, Alexandre Thienpont, dépositaire des clés de la cave du Pin quand Jacques n'est pas sur place. La finesse de Vieux-Château contre l'opulence du Pin, la vieille querelle de Cîteaux contre Cluny, ou des parpaillots contre les cathos… Ne rallumons pas les antiques conflits, disons simplement que nous sommes toujours disponible pour effectuer des tests comparatifs. Jacques Thienpont a également racheté une parcelle de 5 hectares, en dessous de Troplong-Mondot, près de Pavie-Macquin, très beau terroir. On attend la suite.

Autre vin : Domaine de la Vieille-École

Millésime 2000

– Dégustation d'avril 2001

En tout, 18 barriques, soit, en gros, 5 000 bouteilles. À notre passage, l'assemblage n'était pas encore fait. 1er lot (12 barriques) : superbe, charnel, fruits noirs, jambon ibérique, fumée, riche et onctueux. 2e lot (6 barriques) : onctueux, élégant, plus frais, cerise, souple, gourmand, tanin ferme. *« On a juste saigné 12 % sur les jeunes vignes et 8 % sur les vieilles. »* 100 % merlot.

18 – L'ensemble des deux lots, fait « juste pour voir », promet un Le Pin merveilleux.

– Dégustation d'avril 2002

18 – Confiture de fruits rouges, mangue, assez exotique, bouche explosive de fruits rouges et noirs, tanins serrés et soyeux, structuré, plein, dense, mais l'ensemble demeure très souple et accessible.

Millésime 2001

– Dégustation d'avril 2002

La production de Château Le Pin sera en 2001 de 16 barriques (environ 400 caisses). Il faudra avoir des relations privilégiées avec les rares négociants acquéreurs de ce vin mythique pour espérer en mettre dans sa cave ! 100 % merlot, 100 % bois neuf de chauffe moyenne.

17,5 – Nez sur un fruit explosif, prune, figue, notes exotiques, cassis, mûre, cuir, un fruité presque bourguignon. La bouche concilie puissance et élégance, avec une longueur sans fin. *« Après le 83 et le 86, c'est pour moi le plus beau millésime du Pin »*, affirme Alexandre Thienpont qui tient la pipette et évite d'en faire tomber une goutte.

– Dégustation d'avril 2003

17,5/18 – Fruits noirs, cassis, mûre, pêche de vigne, le nez est à peine marqué par un an d'élevage en barriques. Le fruité continue de dominer. Même en bouche où l'on relève des notes de fruits de la passion, bouche dense, veloutée, très persistante.

Millésime 2002

– Dégustation d'avril 2003

La récolte 2002 a produit 13 barriques en tout ! La coulure sur les merlots en est la cause. Alexandre Thienpont : « *La famille a eu du mal à le croire, mais c'est sur la vigne que la perte de récolte a eu lieu ! Le Pin, c'est 100 % merlot, sur un terroir idéal, certes, mais qui n'offre pas de solution d'assemblage ! Le Pin est un cru accidentel, on pourrait le considérer comme un remarquable élément d'assemblage d'un plus vaste ensemble et accidentellement séparé...* » Le vin est encore en barriques, ensemble non fait, nous avons donc goûté, au chai, les vignes de 25 ans, puis celles de 40 ans, enfin les presses, deux barriques, le quart du volume total...

17,5 – Nez austère pour les jeunes vignes, exubérant, presque bourguignon pour les autres. Bouche boisée, riche, cassis, les presses sont veloutées. « *Pour moi, les presses, c'est le fond de sauce du vin* », elles vont gommer son côté cistercien. Sûrement une grande bouteille. Mais il n'y en aura pas pour tout le monde !

Millésime 2003

La famille Thienpont n'est pas contente du millésime et elle a décidé de ne pas faire de Château Le Pin en 2003, pour cause de niveau insuffisant...

Millésime 2004

– Dégustation d'avril 2005

17/17,5 – Le nez est encore sur la réserve, avec de la profondeur, complexe, cerise noire, boisé toasté. Bouche superbe, ronde, puissante, notes fumées et épicées, finale de violette, réglisse et menthol, charnue, très élégante, dense, opulente.

Millésime 2005

– Dégustation d'avril 2006

Le petit cru mythique a sans doute un peu souffert de la sécheresse et ne présente pas son opulence habituelle.

16 – Un nez très bourguignon qui rappelle les arômes d'un volnay jeune, bouche serrée, dense, assez peu enveloppé, sans le soyeux de 2004.

Millésime 2006

– *Dégustation d'avril 2007*

17 – Épices, résine, bouche ronde, tendre en attaque, bonne longueur, droit, précis, finale resserrée mais sans dureté. Beaucoup de classe.

Millésime 2007

– *Dégustation d'avril 2008*

18 – On déguste en trois lots dont il est aisé d'imaginer ce qu'ils apporteront à l'assemblage. L'un le fruit, l'autre l'épaisseur et le milieu de bouche, le troisième la structure, la rigueur, la longueur. Violette, fruit noir, bouche souple, fondue, très élégant, trame solide.

Millésime 2008

– *Dégustation d'avril 2009*

17 – Nez fraise, framboise, cerise, bouche très fruitée, savoureuse, plus facile d'accès que son cousin Vieux-Château-Certan, plus en fruit, moins minéral, mais d'un fruité éclatant.

Millésime 2009

– *Dégustation d'avril 2010*

17 – Comme souvent, l'assemblage des deux donne quelque chose de supérieur aux éléments séparés, plus de densité, de profondeur. Bouche tendue, vin frais, élégant, beaucoup de fruit, un vin très gourmand qui donne envie de le boire immédiatement.

PLINCE

Surface : 8,6 ha
Propriétaire : Famille Moreau
Contact : Michel Moreau
Château Plince – 33500 Libourne
05.57.51.68.77
chateauplince.chez-alice.fr

Situé sur la route qui mène de Libourne à Pomerol, Plince, cru discret, situé sur sables foncés et crasse de fer, est géré au cordeau par une famille qui compta plusieurs géomètres experts. Ici, on aime la précision et les choses dites. Rares sont les crus qui revendiquent de vendanger à la machine, justifient et expliquent leur choix ; c'est pourtant le cas des Moreau dont il faut visiter le site sur Internet. En général, ce type de lieu virtuel n'offre que quelques photos vides et une explication maigre où, subjugués, nous apprenons que le château est là depuis longtemps, qu'il est remarquable à tout point de vue et que l'on y produit uniquement de l'excellence. Avec les Moreau, rien de cela. De la précision, du détail, des abrégés clairs des travaux dans la vigne et dans le chai. Vaut le détour. En plus, à Plince, on pratique la vente directe au château. Dans les grandes appellation bordelaises, cela devient une rareté. L'encépagement est composé de 72 % merlot, 23 % cabernet franc, 5 % cabernet-sauvignon.

Second vin : Pavillon-Plince

Millésime 2003

– *Dégustation d'avril 2004*

Ce cru sort bien son épingle du jeu en cette année où son terroir a bien alimenté la vigne durant la canicule.

14,5/15 – Nez opulent, biscuit fourré au cassis, toucher soyeux en bouche, élégant et frais.

Millésime 2006

– *Dégustation d'avril 2007*

14 – Fruits rouges, alcool, rond, simple, fruité discret, pas très complexe, pointe d'amertume en finale, serré, bonne structure.

Millésime 2007

– Dégustation d'avril 2008

14 – Boisé, bouche souple, délicate, un peu cabernet franc, joli fruit mais un peu accrocheur en finale.

Millésime 2008

– Dégustation d'avril 2009

14 – Fraise des bois, nez de merlot fruité, gelée de groseille, bouche ronde, tendre en attaque, prise de bois marquée sur la finale.

Millésime 2009

– Dégustation d'avril 2010

14 – Fruits noirs, bouche chocolat, rond, gourmand, tanins doux, suaves, finale un peu serrée et marquée par des notes kirsch. Un bon pomerol classique de milieu de gamme, bien fait.

Plincette

Surface : 2 ha
Propriétaire : Vignobles Jean-Pierre Estager
Contact : François Estager
33, rue de Montaudon – 33500 Libourne
05.57.51.04.09
estager@estager.com

Négociants en grands vins et propriétaires ou gérants d'une dizaine de domaines, les Estager possèdent le Château La Cabanne, à Pomerol, et exploitent Haut-Maillet, dans la même appellation. Plincette est situé sur les sables au sud-est de l'appellation. L'encépagement est composé de 70 % merlot et de 30 % cabernet franc. Un vin qui ne demande pas un siècle d'attente et proposé à prix très raisonnable.

Millésime 2001

– Dégustation d'avril 2002

14,5/15 – Nez de merlot mûr, fruits noirs, un peu viande rôtie, bonne chair en bouche, long, sur des notes réglissées, beau vin.

Millésime 2006

– Dégustation d'avril 2007

14 – Cerise écrasée, vanille, fruits rouges, bouche tendue, boisé blond qui accompagne le fruit, vin tendu, frais, vif, qui devrait gagner en rondeur à l'élevage. Beau fruit.

Millésime 2008

– Dégustation d'avril 2009

14 – Fruits rouges, bouche assez suave en attaque, un peu fluide, finale pas très charnue. Vin agréable à boire jeune.

Millésime 2009

– Dégustation d'avril 2010

15 – Fruits noirs, olives, bouche souple, douce, élégante, bien fondue, un vin souple, classique, bien fait, tendre.

La Pointe

Surface : 22 ha
Propriétaire : Generali France
Contact : Éric Monneret
Château La Pointe, BP 63 – 33501 Pomerol
05.57.51.02.11
www.chateaulapointe.com
(À ne pas confondre avec le Domaine de La Pointe, également en pomerol.)

La Pointe, 22 hectares, est tourné vers la ville de Libourne, posé sur des sols sableux et graveleux et quelques parties argileuses. Une belle demeure style Directoire, un vaste parc et une famille d'Arfeuille, très implantée dans le vignoble (voir château La Serre, en saint-émilion), qui n'avait jamais cherché à imiter les plus grands terroirs argileux de l'appellation. On travaillait avec ce que la nature offrait et le résultat fut bien souvent de grande qualité, dans un genre souple, frais et fruité, vendu à prix abordable. Mais le jeu des successions et les domaines, considérés non pas comme un outil de travail mais comme du patrimoine, décousent ce que les générations ont tissé. Résultat : depuis novembre 2007, La Pointe appartient à la compagnie d'assurances Generali.

On peut s'en réjouir. Ces grandes compagnies, quand elles reprennent un vignoble, y dépensent beaucoup d'argent, réalisent de formidables investissements et se persuadent qu'elles feront bien mieux que les anciens occupants : *« Les professionnels du vin s'accordent à dire que Château La Pointe a toujours produit des vins de qualité, mais beaucoup pensent qu'il est loin d'avoir exprimé tout son potentiel. C'est pourquoi plusieurs chantiers visant à optimiser la qualité du vin et à développer l'image de la propriété ont été lancés »*, proclament les nouveaux propriétaires. Parfait.

On peut aussi s'inquiéter de voir autant de domaines passer entre les mains de compagnies d'assurances ou de sociétés financières. Elles produisent en général un excellent travail, mais la disparition des domaines familiaux devrait alerter les dirigeants français. Ce n'est pas le cas, enchaînons. Éric Monneret, responsable du cru, et Hubert de Boüard, son conseiller (propriétaire d'Angélus, à Saint-Émilion) ont confié à un spécialiste, le géologue Pierre Becheler, le soin de réaliser une étude des sols et sous-sols. Nous l'avons écrit, La Pointe est un grand domaine, situé au carrefour de plusieurs types de sols. Savoir les délimiter précisément, analyser leurs besoins et leur réactivité en fonction du climat, des cépages plantés, permettra sans doute d'améliorer encore l'interprétation du terroir. Éric Monneret : *« On dispose de trois blocs de terroir devant la propriété. On a une partie sablo-argileuse en direction de Nénin, et un deuxième bloc sableux près de Libourne qui était les pieds dans l'eau et qu'il a fallu sérieusement drainer de l'extérieur. Enfin, ce qu'on pensait le moins bon est en fait traversé par une faille qui draine naturellement les sols. L'eau est envoyée dans la faille. L'essentiel du travail a été de diagnostiquer le vignoble et de le réveiller. Il suffisait de pousser un peu les curseurs. »*

Éric n'aime pas le clinquant. Il préfère dépenser dans la vigne et les sols, que dans des bâtiments voyants. Reprendre les chais, transformer « à l'économie » les cuves : l'ensemble des travaux de bâtiments a coûté 1,6 million d'euros. Peu de chose à côté des entreprises pharaoniques qui poussent leur prétention hors sol ici et là. *« Il y a eu des groupes qui ont pensé que reprendre une propriété, c'était d'abord du Baccarat et ensuite la vigne. Nous, on est un peu radins et discrets. L'avantage des assureurs, c'est qu'il doivent placer de l'argent à long terme, il savent dérouler un tableau Excel sur trente ans. Le placement viticole, c'est de la sicav à 3 %… »*

Second vin : La Pointe-Riffat

Millésime 2000

– Dégustation d'avril 2001

14,5 – Nez de merlot, cuir, cassis. Vin assez puissant, bien texturé.

Millésime 2001

Dégustation d'avril 2002

15 – Robe noire. Nez plein, riche, très boisé, ouvert, confituré, café. Bouche couverte par un brûlé de bois neuf, sur une texture puissante et riche. On peut espérer que l'élevage va harmoniser le tout.

Millésime 2002

– Dégustation d'avril 2003

14,5 – Du fruit et des nuances charnelles, assez vif en bouche, à la fois velouté et frais, fruité, on pourra le boire jeune.

– Dégustation d'avril 2006

14,5 – Très tendre, au fruité cerise séduisant.

Millésime 2003

– Dégustation d'avril 2006

14 – Chocolaté, gourmand, très rond, à boire aujourd'hui.

Millésime 2004

– Dégustation d'avril 2005

15 – Nez classique, violette, champignon. Un peu trop de boisé sur une structure moyenne, mais bien compensé par un joli fruit en finale. À boire jeune.

Millésime 2005

– Dégustation d'avril 2006

La famille d'Arfeuille a recruté depuis deux ans Émilie Faniest, d'une famille de vignerons de Saint-Émilion, qui s'occupe du chai et du vignoble.

16,5 – Nez floral, rose rouge, finement poivré, bouche douce, tendre, soyeuse, un toucher de tanin délicat qui porte le fruit longtemps sur la finale. Beaucoup d'élégance.

– Dégustation d'avril 2010

15,5 – Chocolat noir, bouche douce, souple, tanins gras, plein riche, onctueux, moelleux, souple, beau gras en milieu de bouche, finale un peu aride qui demande à se fondre.

Millésime 2006

– Dégustation d'avril 2007

15 – Boisé assez marqué, bouche ronde, élégante, beaucoup de fraîcheur, tanins vifs, un peu poivrés, long, tendu.

– Dégustation d'avril 2010

15 – Chocolat, bouche bien fondue, frais, élégant, joli fruit, bien chocolat, long, droit.

Millésime 2007

– Dégustation d'avril 2008

14 – Boisé, bouche puissante, veloutée, un peu séchante en finale, assez extraite, merlot mûr, plus gourmande qu'élégante.

– Dégustation d'avril 2010

14,5 – Fruits noirs, menthe, bouche tendre, élégant, frais, fin, bien fruité pas trop extrait, demi-corps mais soyeux, bon vin à boire aujourd'hui.

Millésime 2008

– Dégustation d'avril 2009

Changement d'étiquette à partir de ce millésime.

15 – Boisé, sucré, bouche délicate, tendre, fraîche et fine, un peu boisée, tendue ; frais, assez construit, un peu extrait mais bien fait.

– Dégustation d'avril 2010

15 – Mis en bouteille trois semaines avant notre dégustation. Nez un peu fermé, bouche ronde, tendue, serrée, bon fruit, finale assez tannique. Vin un peu fermé mais prometteur. Beau milieu de bouche.

Millésime 2009

– Dégustation d'avril 2010

« Premier millésime avec le nouveau cuvier. On a attaqué le 28 septembre et rentré la dernière benne le 12 octobre. »

15 – Boisé, sucré, fruits noirs bouche délicate, tendre, fraîche et fine, un peu boisée, tendue ; frais, assez construit, un peu extrait mais bien fait.

La Providence

Surface : 4 ha
Propriétaire : Établissements Jean-Pierre Moueix
Contact : Christian Moueix
54, quai du Priourat BP 129 – 33502 Libourne Cedex
05.57.51.78.96
www.moueix.com

Récente acquisition de la maison Jean-Pierre Moueix, ce cru a été racheté à l'indivision Dupuy par morceaux. D'abord 50 % en 2002, puis le reste en 2005. La Providence est située au cœur du village de Pomerol, la famille Moueix connaissant trop bien le terroir de pomerol pour acheter n'importe quoi. Christian Moueix : *« On a trouvé un vignoble en très bon état, des vignes de 20 ans en moyenne ; notre impression aujourd'hui est qu'il est possible d'en monter le niveau, et qu'on va bientôt y faire du très grand vin. »*

Millésime 2005

– *Dégustation d'avril 2006*

17,5 – Nez encore discret, profond, épicé, fruits rouges sur la prise de bois. Toucher en bouche enrobé, rond, satiné, avec une opulence très pomerolaise, charnu, sensuel en finale.

Millésime 2006

– *Dégustation d'avril 2007*

17,5/18 – Fruits noirs, boisé, chocolat, quatre-épices, bouche soyeuse, douce, large et très longue, beaucoup d'onctuosité, un fruit permanent de mûre et une finale cannelle. Très long.

Millésime 2007

– *Dégustation d'avril 2008*

Situé sur des sols de limons et d'argiles dégradés, qui donnent des vins parfois riches en alcool, mais qui, sur ce type de millésime, assurent de la rondeur.

16,5 – Réducteur, grillé, bouche ronde, douce, tanins moelleux, acidité équilibrante, bonne longueur.

Millésime 2008

– *Dégustation d'avril 2009*

16 – Épices, fraise, bouche tendre, veloutée, serrée en finale, tanins un peu rugueux, long, tendu, riche, puissant mais un peu plus rustique que Hosanna, lui aussi propriété de Christian Moueix.

Millésime 2009

– *Dégustation d'avril 2010*

17 – Fruits rouges, cerise, bouche douce, souple, très élégante, enlevée, fin vif, gras, bonne longueur, finale un peu serrée.

Rouget

Surface : 18 ha
Propriétaire : Famille Labruyère
Contact : 6, route de Saint-Jacques-de-Compostelle
33500 Pomerol
05.57.51.05.85
www.chateau-rouget.com

Un des anciens crus de pomerol, fort bien situé dans le cœur historique autant qu'argileux de l'appellation et doté d'un vrai château. Il a été racheté par Jean-Pierre Labruyère en 1992. Forte personnalité bien connue dans le Mâconnais beaujolais, Jean-Pierre Labruyère possède des vignes en appellation moulin-à-vent et une solide connaissance de la grande distribution (Carrefour). On retrouve dans les vins, jusqu'au millésime 2008, le « style » Rolland, mais sans le côté parfois un peu volubile que l'œnologue vedette imprime au Gay ou à Pomeaux, entre autres.

Second vin : Vieux-Château-des-Templiers

Millésime 2000

– *Dégustation d'avril 2001*

15 – Nez de baies noires, myrtille, mûre ; du fruit, bien extrait, trapu mais racé.

Millésime 2001

– *Dégustation d'avril 2002*

15 – Nez intensité moyenne, réglisse, confiture de fruits rouges. Bouche onctueuse, boisée, notes capiteuses de mangue, figue, vin d'opulence et de puissance.

Millésime 2004

– *Dégustation d'avril 2005*

15 – Nez ouvert, violette, chocolat, bois vanillé, plein, charnu avec une sucrosité de bois neuf. La finale se durcit un peu sur des tanins robustes.

Millésime 2006

– Dégustation d'avril 2007

14,5 – Fraise, fruits rouges, vanille, bouche ronde, élégante, fraîche, tendue. Un peu rustique.

Millésime 2007

– Dégustation d'avril 2008

15 – Nez peu ouvert, bouche chocolatée, souple, bien fondue, élégant, tendre, bien équilibré.

Millésime 2008

– Dégustation d'avril 2009

14 – Menthe, pêche jaune, abricot, un peu viognier au nez, sucrosité en bouche, vinification moderne, pas mal d'extraction, boisé marqué, assez gourmand, même si cela fait un peu vin du Nouveau Monde.

Millésime 2009

– Dégustation d'avril 2010

14,5 – Fruits noirs, bouche ronde, cacao, épices, assez puissant, un peu d'amertume en finale ; vin un peu sévère, chaleureux, puissant, l'élevage devrait le civiliser.

Château de Sales

Surface : 47,5 ha
Propriétaire : Famille de Lambert
Contact : Bruno de Lambert – 33500 Pomerol
05.57.51.04.92
www.chateau-de-sales.com

Vaste propriété, la plus importante de Pomerol, plus proche des dimensions d'un grand cru médocain que d'un domaine du libournais : 90 hectares, dont un parc magnifique avec une forêt de bambous, une demeure de la fin du XVIe siècle abritant un chai immense. Le domaine se situe à gauche de la fameuse route qui mène de Libourne à Périgueux, assez éloigné du cœur de l'appellation et de la zone des argiles qui font la réputation des pomerols. Sales n'a d'ailleurs jamais eu la vanité de se mesurer aux Évangile, Pétrus et autres Conseillante. Là, ce sont de petites graves, des sables, des sols perméables, parfois noirs, qui donnent des vins friands, faciles à boire et délicats. C'est d'ailleurs pour ces raisons que Château de Sales fait le bonheur du négoce et de la restauration, d'autant que son prix reste toujours abordable. Le domaine a connu sa période cauchemar, quand de vilaines petites bêtes microscopiques, qui se nourrissaient de chlore (pour dire si elles avaient mauvais goût), avaient envahi les parties boisées des chais et conféraient aux vins des senteurs de liège. Dans les années 90, certains lots dans de nombreuses propriétés sentaient le bouchon sans que celui-ci en soit la cause. De très grands noms furent ainsi contaminés, sans que les propriétaires le reconnaissent. Bruno de Lambert, comme d'autres – à Saint-Émilion, château Canon, par exemple –, n'a pas joué les autruches. Il a affronté le problème, procédé aux travaux nécessaires. Même si, dans ces lieux historiques, il s'avère bien difficile de casser pour rénover, il me semble que depuis quelques années déjà les vins ont retrouvé leur pureté naturelle.

Second vin : Chantalouette

Millésime 2003

– Dégustation d'avril 2004

Autre exemple de la réussite, en 2003, des terroirs sableux et graveleux périphériques de Pomerol, plus froids, qui ont mieux tenu pendant les chaleurs.

14,5 – Fruit agréable, accompagné de notes réglissées, que l'on retrouve en bouche, avec un tanin solide et une finale sérieuse.

Millésime 2004

– Dégustation d'avril 2005

14 – Nez discret, fruit léger, bouche sans défaut, un fruit léger, une finale courte. Honnête.

Millésime 2006

– Dégustation d'avril 2007

14 – Chocolaté, bouche ronde, sucrosité, un peu extrait mais bien fait, finale un poil serrée, pas très long. Vin gourmand, agréable.

Millésime 2007

– Dégustation d'avril 2008

13,5/14 – Note végétale au nez, bouche souple en attaque, fluide, assez courte, un peu serrée.

Millésime 2008

– Dégustation d'avril 2009

14 – Légère oxydation, bouche tendre, un peu séchant. Souple, frais, un peu tendu, l'échantillon souffre de cette petite pointe d'oxydation, mais le fond de vin est de qualité.

Millésime 2009

– Dégustation d'avril 2010

14 – Épices, fruits noirs, bouche saline, bonne matière, tanins doux, un peu réduit, le vin gagne en rondeur à l'aération.

Taillefer

Surface : 12 ha
Propriétaire : Héritiers Bernard Moueix
Contact : Catherine Moueix – BP 09 –33501 Libourne
05.57.25.50.45
contact@moueixbernard.com

Taillefer, ce sont 13 hectares près de la route nationale qui mène de Libourne à Périgueux, dont un parc de 1 hectare entourant château et chais. Un bon terroir à 6 000 pieds à l'hectare, complanté à 75 % en merlot et 25 % en cabernet franc sur sols sablo-graveleux, avec l'argile en dessous. Le nom est sans doute lié à la présence de la fameuse crasse de fer qui signe les bons pomerols. La propriété fut achetée en 1923 par Antoine Moueix, un des acteurs importants de la saga corrézienne – ces déracinés, en quête de vie meilleure, qui choisirent Libourne et le vin pour la reconstruire. Les Corréziens sont allés à la conquête des gosiers du Nord, de Lille à Gand, et ont peu à peu bâti des fortunes, rachetant ensuite des domaines à Pomerol et Saint-Émilion. Bernard Moueix, petit-fils d'Antoine, décédé très jeune, Taillefer revint à son épouse, Catherine, et à ses deux enfants : « *Entre 1996 et 2001, il a fallu que je gère, que je vende mon entreprise, que je forme un an mon successeur, que j'apprenne le métier de vigneron, que je fasse des stages. En 2001, j'ai pris Denis Dubourdieu pour me conseiller jusqu'en 2008. Puis j'ai formé ma propre équipe.* » Catherine Moueix dirige ce domaine avec passion et fermeté.

Les vins ont beaucoup progressé dans les années 2000 (le millésime 2001 nous semble le plus réussi de la décennie). Ils ont gagné en précision, sans la petite finale sèche que l'on trouvait antérieurement.

Second vin : Château Fonmarty

Millésime 2000

– *Dégustation d'avril 2009*

13,5 – Café, bouche serrée, très épicée et café, puissante, serrée, peu ouverte, vin ramassé, fermé, finale séchante.

Millésime 2001

– *Dégustation d'avril 2002*

15 – Jolie réussite : un fruit net, un boisé élégant et bien fondu, la bouche est suave, vanillée, équilibrée, le corps est racé, séduisant, charmeur et sans excès d'extraction.

– *Dégustation d'avril 2009*

16,5 – Fourrure, sous-bois, poivre noir, chocolat, plein, frais, élégant, savoureux, long, moelleux, équilibré, dense. Premier millésime avec une finale réussie.

Millésime 2002

– *Dégustation d'avril 2003*

75 % en merlot et 25 % en cabernet franc. 45 hl/ha.

15,5 – Nez fin, fruits rouges, réglissé. Bouche ronde, fruitée, un corps racé, élégant, finale vive, tapissée d'un tanin ferme mais gras.

– *Dégustation d'avril 2009*

15 – Menthe, cèdre, un peu agrumes, frais, fin, élégant, moins dense que le 2002, mais tendre et long, peut commencer à se boire aujourd'hui.

Millésime 2003

– *Dégustation d'avril 2009*

14,5 – Cacao, bouche tendre, bien mûre, vin velouté, un peu serré en finale.

Millésime 2004

– *Dégustation d'avril 2005*

15 – Premier nez réduit, à l'aération se révèlent des nuances de fruit mûr. L'attaque en bouche est douce, des notes kirschées, cerise au chocolat. Solide.

– *Dégustation d'avril 2009*

15,5 – Nez chocolat, agrumes, orange, bouche souple, douce, tanins moelleux, très frais, doux, long, un peu serré en finale, tendu, frais.

Millésime 2005

– *Dégustation d'avril 2009*

14,5 – Réglisse, fermé, bouche puissante, douce, fondue, tension, mais des tanins moelleux, serré, long, vif, finale un peu dure.

Millésime 2008

– *Dégustation d'avril 2009*

15 – Fermé, fruits noirs, bouche bien fondue, tanins veloutés, finale tendue, du volume et du fruit, plutôt fruité noir, un peu serré en finale.

Millésime 2009

– Dégustation d'avril 2010

15 – Fruits noirs, bouche ronde, soyeuse, souple, douce, tanins gras, veloutés, bonne longueur et de la fraîcheur, bon équilibre.

Archives

– Dégustation d'avril 2009

Millésime 1990

14,5 – Rôti, un peu fer, rouille, feuille morte, bouche veloutée, agréable, finale chocolat encore bien ronde mais sur le déclin.

Millésime 1995

15 – Fumé, épices, noix de muscade, bouche ronde, encore fraîche, tendue, serrée en finale, fruitée mais un peu agressive.

Millésime 1998

15 – Poivre noir, moka, assez jeune, bouche pleine, dense, épicée en bouche, tendu, finale sévère mais bon fruit.

Château du Tailhas

Surface : 11 ha
Propriétaire : Famille Nebout
Contact : Luc Nebout, Château du Tailhas – 33500 Pomerol
05.57.51.26.02
www.tailhas.com

D'un côté, c'est la ville. Libourne a peu à peu grignoté les jardins et les vignes qui l'encerclaient. De l'autre, c'est Figeac, pour dire si l'appellation saint-émilion est proche. Du moins, la partie graveleuse de saint-émilion. Car il faut avoir en mémoire que Figeac est posé non pas sur le plateau calcaire, la belle pierre avec laquelle est bâtie la ville, mais sur une sorte de résurgence médocaine, les graves, petits cailloux arrondis par les fleuves qui, pour tromper les géologues, les ont déposés là-haut. Le domaine couvre 11 hectares d'un seul tenant sur un sol sablo-graveleux avec quelques veines d'argile dans le sous-sol. Tailhas, qui selon les érudits – que personne n'a envie de contrarier – signifierait tailler, couper, indiquerait donc une coupure entre les deux zones viticoles dans une interprétation moderne du nom. Mais comme un ruisseau traverse la propriété, peut-être que c'est celui-ci qui « taillasse » pour l'Histoire. Comme à Figeac, les cabernets, amoureux des sols de graves, sont assez bien représentés : 10 % de cabernet-sauvignon et 10 % de franc, mais le merlot domine largement (80 %). Il apporte rondeur et moelleux au vin. Luc Nebout, troisième génération depuis l'achat par sa famille dans les années 30, a d'abord commencé par la pharmacie : *« J'ai exercé en pigiste, je faisais des remplacements. Mes frères et sœurs n'avaient pas terminé leurs études, on se cherchait un petit peu… J'ai quitté les pilules en 1993 et j'ai repris ici en 1994. J'ai essayé d'avoir un peu plus de matière dans les vins tout en gardant le style en finesse. »* Au vignoble, papa Nebout avait réalisé du bon travail, il restait à la génération suivante à concrétiser cet effort : réduction des rendements, tri. Le domaine produit 40 hl/ha contre 55 à 60 autrefois. *« Le gros changement, ce fut d'attendre la pleine maturité des cabernets, qui nous apportent de la structure. »* Tailhas figure parmi les placements de père de famille de l'appellation. Jamais dans l'excès ou le démonstratif, mais de bons vins gourmands, très agréables dès qu'ils vieillissent un peu. Le 2005, en revanche, demande plus de garde. Voilà le genre de vin qu'il convenait d'acheter en primeur. D'un prix extrêmement raisonnable, il échappe à toute spéculation. Le domaine accueille facilement les visiteurs. *« J'essaie de privilégier des groupes à taille humaine. »*

Second vin : La Garenne

Millésime 2000

– Dégustation d'avril 2001

15,5 – Nez bien expressif, fruits noirs, net. Bouche fraîche et charnue, jolie finale longue et fruitée.

Millésime 2001

– Dégustation de mars 2010

80 % merlot et 20 % cabernet avec prédominance franc.

15 – Nez fruits cuits, fruits confits, note de grillé, bouche ronde, suave, souple, élégant.

Millésime 2005

– *Dégustation d'avril 2006*

15,5 – Épices grillées, cerise cuite, bouche bien dense, tanins moelleux, un peu resserré en finale, long, belle finale résine.

– *Dégustation de mars 2010*

15,5 – Fruits noirs, grillé, épices, grillé, fruits noirs, cassis, épicé, tendue. C'est un vin qui commence à s'ouvrir mais il est de garde et peut se conserver, beaucoup de moelleux, long.

Millésime 2006

– *Dégustation de mars 2010*

15,5/16 – Grillé, fruits noirs, chocolat, un peu plus de bois neuf, mentholé, bouche douce, élégante, du moelleux, long, frais, fin. Tanins délicats, très soyeux. Gourmand.

Millésime 2007

– *Dégustation d'avril 2008*

13 – Végétal, pas très dense, souple, élégant, manque un peu de chair.

Millésime 2008

– *Dégustation d'avril 2009*

14,5 – Ciste, bouche souple, douce, tanins moelleux, vin frais, doux, gourmand.

Millésime 2009

– *Dégustation d'avril 2010*

15,5 – Fruits noirs, tanins ronds, soyeux, bien fondus, vin élégant, tendre, souple, soyeux, bonne longueur, joli classique.

Tour-Maillet

Surface : 2,2 ha
Propriétaire : Jean-Claude et Gaël Largardère
Contact : Lagardère, Négrit – 33570 Montagne
05.57.74.61.63
vignobleslagardere@wanadoo.fr

Jean-Claude Lagardère gère ce petit cru de 2,2 hectares situé non loin de Bon-Pasteur. Après les débuts classiques en extraction forte et bois neuf plus qu'il n'en fallait, il est venu à la raison. Avec les conseils de l'œnologue Jean-Philippe Faure, il pratique des vinifications plus douces qu'auparavant : *« On fait moins d'extractions et on utilise moins de bois neuf pour l'élevage. »* Le vignoble est planté 100 % en merlot.

Millésime 2000

– Dégustation d'avril 2001

15 – Belle robe noire. Nez gelée de cassis, pain grillé. Bouche charnue, soyeuse, cacaotée, belle structure, très extrait.

Millésime 2001

– Dégustation d'avril 2002

15,5/16 – Belle robe sombre. Grillé au nez, poivré, prune d'ente et cerise noire, note de violette. Bouche équilibrée, élégante, soyeuse, finissant sur un beau fruit. Tanin un peu rugueux en finale, mais ça devrait se fondre.

Millésime 2002

– Dégustation d'avril 2003

13,5/14 – Nez fruits noirs, tabac, boisé pain grillé, fruits noirs, biscuit fourré. Bouche gourmande, finale qui durcit avec un tanin viril.

– Dégustation d'avril 2004

14,5 – Épices, fruits noirs, toasté, la bouche s'est adoucie, tanins onctueux, le vin a gagné en élégance, chocolat noir, du moelleux.

Millésime 2004

– *Dégustation d'avril 2005*

15,5 – Réglisse, violette, lilas, bouche droite, bien fruitée, tanins délicats, soyeux, élégant et frais. Bien équilibré.

Millésime 2005

– *Dégustation d'avril 2006*

14,5 – Tous les fruits noirs, myrtille, mûre, prune, bouche très dense, tanin extrait qui donne à ce stade une finale café un peu amère.

Millésime 2006

– *Dégustation d'avril 2007*

15,5 – Floral, rose, cerise, bouche souple, élégante, droite, joli fruit, longueur moyenne, tannique en finale mais sans dureté, bien fait.

Millésime 2007

– *Dégustation d'avril 2008*

15 – Réglisse, cerises en bocal, fruits confits, bouche ronde, onctueuse, souple, douce, bien fruitée, matière légère affinée par une acidité revigorante, bonne longueur.

Millésime 2008

– *Dégustation d'avril 2009*

15 – Fruits noirs, un peu olive, bouche ronde, souple, moelleuse, assez tendue en finale. En deuxième séquence, un peu touffu mais agréable.

Millésime 2009

– *Dégustation d'avril 2010*

15 – Fruits noirs, violette, cacao, bouche fraîche, petits tanins moelleux, une rondeur et un gras très agréables, finale plus serrée, joli vin bien équilibré.

Trotanoy

Surface : 7,2 ha
Propriétaire : Établissements Jean-Pierre Moueix
Contact : Christian Moueix
54, quai du Priourat – 33502 Libourne
05.57.51.78.96
www.moueix.com

Si l'appellation pomerol n'a pas d'unité de sols, ce qui rend sa compréhension difficile, elle possède tout au moins une lecture possible : la proximité de l'argile et la qualité de celle-ci. Les plus grands vins de l'appellation sont produits sur des argiles très fines, mêmes si celles-ci sont recouvertes de graves, comme à Vieux-Château-Certan. À Pétrus et autour, au plus haut de l'appellation, ces argiles affleurent. À Trotanoy, sous les pavés la plage, ou plutôt sous les graviers l'argile. Les géologues la dénomment « illite », car c'est dans l'Illinois, aux États-Unis, que l'on a identifié ces argiles pour la première fois. À Pétrus, c'est l'argile de Montmorillon, dite « montmorillonite ». L'illite est une argile très fine ; la montmorillonite encore plus, cousine du kaolin qui sert à la fabrication de la porcelaine. Et son pouvoir gonflant en cas de pluie est supérieur. Est-ce le secret de Pétrus ? J'ai posé la question naguère au professeur Gérard Séguin, spécialiste des sols viticoles au sein de l'université bordelaise. Sa réponse fut prudente : *« C'est une différence sans être une explication. »* Trotanoy s'appelait autrefois Trop-Ennui, sans que l'on en sache vraiment la raison. Sans doute ces argiles collantes rendaient-elles les sols difficiles à travailler. On trouve ainsi de nombreux noms de lieux-dits ou de parcelles qui traduisent la pénibilité du travail de l'homme ou des animaux : le Clos du Tue-Bœuf, dans la Loire, ou, plus proche, à Pomerol, le Haut-Tropchaud… Au début du siècle, Trotanoy couvrait 18 hectares. Les reventes lui ont fait subir une cure d'amaigrissement avant d'être racheté par Jean-Pierre Moueix en 1953. C'est aujourd'hui un des fleurons de la maison Moueix que dirige Christian, le fils de Jean-Pierre.

Millésime 2000

– *Dégustation d'avril 2001*

17 – Superbe nez complexe, gelée de baies noires, boisé très fondu. Toucher de bouche suave et gras, vin en trois dimensions, plein, dense, finale riche sur des notes grillées.

Millésime 2001

– Dégustation d'avril 2002

17,5 – Magnifique robe noire. Nez intense, prune, mûre, pain grillé, violette. Belle attaque, corps sphérique, en plénitude, une matière opulente habille la bouche. Un des plus grands pomerols de l'année !

Millésime 2002

– Dégustation d'octobre 2009

15,5/16 – Nez fleurs séchées, cerise confite, floral, bouche ronde en attaque, assez tendue, serrée, vive, un peu austère, bien fruitée en première période, un peu plus sévère ensuite, manque un peu de chair en finale.

Millésime 2003

– Dégustation d'avril 2004

Certaines vignes ont beaucoup souffert et à la dégustation, pomerol n'était pas l'appellation la plus passionnante et certes pas la plus homogène ! Jean-Claude Berrouet, le vinificateur de la maison Moueix et donc de Trotanoy, explique : *« Cette hétérogénéité exceptionnelle à Pomerol s'explique par le climat, certes, mais c'est plutôt par la faute de l'homme ; on est devenus trop interventionnistes : les vignes très effeuillées ont été le plus atteintes. Sur les grands terroirs de graves, chauds, avec des argiles compactes par-dessous, les enracinements sont assez superficiels, le stress de la chaleur a été dur. Les terroirs froids, aux vignes enracinées profondément et enherbées, ont été favorisés. »*

16,5/17 – Nez séveux, floral, violette, lilas, épices, fruit mûr. La bouche, friande, offre des notes réglissées, chocolatées, une structure harmonieuse avec des tanins abondants mais fins, beaucoup d'élégance.

Millésime 2004

– Dégustation d'avril 2005

17,5/18 – Un nez saisissant, intense, puissant, tout fruits noirs et rouges, doté de nuances épicées et d'une élégante minéralité. Un corps plein, très moelleux, rond, associant le volume et la grâce. Une chair veloutée qui occupe la bouche sans être envahissante. Vin de classe, proche de Pétrus.

Millésime 2005

– *Dégustation d'avril 2006*

« Nous étions dans un contexte qualitatif rare en 2005. En période de sécheresse, la limite, c'est l'eau dans le sol. Il y a des sols qui ont gardé des réserves d'eau et d'autres qui n'y parviennent pas. Les raisins de 2005 étaient très sains, les peaux épaisses, il ne fallait pas aller chercher la dureté dans la pellicule, ni attendre trop de maturité pour éviter du degré, ce qui entraîne trop de dissolution, d'extraction de matière en phase alcoolique, avec pour conséquence l'amertume, des notes de chicorée. Les meilleurs vins auront entre 13 et 14°. Il était conseillé d'éviter trop de remontages, et important de réduire les volumes brassés. Mais il y a des merveilles », commente Jean-Claude Berrouet. Trotanoy se distingue par sa grande classe.

18,5 – Un nez intense, de la violette, et du Zan, du fruit en abondance, éclatant. Un corps texturé, belle chair ronde, serrée, de la puissance mais très friand, un tanin de grande classe, une finale interminable, extrait de violette, étourdissante.

Millésime 2006

– *Dégustation d'avril 2007*

18,5/19 – Rose rouge, floral, poivre, ronce, bouche ample, serrée, tanins serrés et ronds, très forte densité mais sans dureté ni sentiment de domination, long, frais, beaucoup d'allure. Un vin ramassé, puissant, qui s'exprime en douceur : la vraie force tranquille.

Millésime 2007

– *Dégustation d'avril 2008*

17 – Framboise, fruits rouges, bouche dense, tannique, puissante, tanins un peu mordants mais sans dureté, beaucoup d'allure et de caractère.

Millésime 2008

– *Dégustation d'avril 2009*

17 – Épicé, fruits noirs, prune, bouche très ronde, gras, tanins veloutés, très frais, une matière d'une grande noblesse, long, l'alcool marque un peu la finale.

Millésime 2009

– Dégustation d'avril 2010

« Dans le millésime, le vin de goutte a pris le meilleur et on est prudent sur les presses. La matière première était vraiment belle et les degrés d'alcool étaient élevés, et donc on a extrait davantage ; avec l'alcool, il fallait donc se montrer prudent », commente Éric Murisasco, responsable technique de la maison Moueix.

18 – Fruits noirs, cerise, gras, moelleux, dense, tannique, beaucoup d'allure, tendu, matière serrée, frais, fin.

VIEUX-CHÂTEAU-CERTAN

Surface : 13,5 ha
Propriétaire : Famille Thienpont
Contact : Alexandre Thienpont
33500 Pomerol
05.57.51.17.33
www.vieux-chateau-certan.com

Alexandre Thienpont est pilote de planeur. Il a même proposé de m'emmener un jour si on trouvait le temps… Ce sport lui va bien. Il ne faut aucunement entendre dans cette appréciation le sens péjoratif du verbe planer. Même si Alexandre peut donner l'impression, parfois, d'avoir la tête dans les nuages, il a les pieds bien posés entre les rangs de vignes où il pratique une agriculture respectueuse de ce grand terroir. Puis la conduite d'un planeur nécessite de ne pas trop planer, justement. C'est davantage dans son regard sur le vin, les modes, les théories, les goûts jugés modernes ou pas, les techniques nouvelles, l'une indispensable cette année, chassée par une autre incontournable la saison d'après, que l'association au planeur lui convient. Pas de baratin, pas de « ici c'est mieux qu'en face », pas de somptueuse réception pour faire la promo du produit, pas de miracle, pas de trop… Juste ce qu'il faut, un discours clair sur les raisins qui font le vin et la météo en sage-femme. Visite reposante chez l'un des plus grands vins de Bordeaux.

Second vin : Gravette-de-Certan

Millésime 2000

– *Dégustation d'avril 2001*

Alexandre Thienpont : « *La connaissance parcellaire a été indispensable pour bien vendanger : le merlot était presque brutal, passerillé, au reflet du millésime ; l'améliorer par la technique aurait été une erreur, il ne fallait pas trop saigner les cuves pour ne pas les serrer, et les vieux cabernets francs, de 1948, ont permis d'optimiser l'ensemble par leur fraîcheur.* »

70 % merlot, 20 % cabernet franc, 10 % cabernet-sauvignon. 95 % bois neuf. 38 hl/ha.

17,5 – Très beau nez, très fin, violette, truffe, torréfaction, épices. Bouche à la texture divine, délicate, ample, raffinée, sensuelle. Un tanin mûr et croquant. Très haut dans l'échelle des 2000.

– *Dégustation d'avril 2002*

18 – Nez de mûre et de violette, peu marqué par l'élevage, bouche élégante, les tanins se sont fondus, devenus soyeux. Une bouche généreuse mais avec beaucoup de finesse.

Millésime 2001

– *Dégustation d'avril 2002*

Alexandre Thienpont : « *Les jeunes vignes n'ont rien donné, car elles ont continué à pousser en donnant des grosses baies avec des peaux fines. Nous avons produit notre grand vin avec les seules vignes âgées : elles sont arrivées à maturité plus lentement, avec des baies plus petites et des peaux plus épaisses. On a attendu dix jours après les merlots pour commencer à vendanger les francs. Rendements limités à 38 hl/ha, sans inclure les cabernets-sauvignons, qui s'étaient bloqués sur la fin.* » 80 % merlot, 20 % cabernet franc, 45 % de second vin. « *Pas trop d'extraction. C'est un millésime de fruit, que l'on vinifie sur le fruit. Il fallait aller jusqu'à la bonne couleur et c'était fini, il fallait éviter de rechercher les tanins comme en 2000. C'est très pomerol, peut-être plus que 2000.* »

17,5 – Dégusté à la barrique : nez délicat et frais, framboisé (notes réglissées sur une deuxième barrique), un vin soyeux, élégant, aux multiples saveurs avec un tanin raffiné.

Millésime 2002

– *Dégustation d'avril 2003*

Alexandre Thienpont, calme et mesuré comme toujours : « *On aura en 2002 un Vieux-Certan un peu particulier, avec 40 % de cabernet franc et 60 % de merlot ; les francs avaient 13,8°, du jamais-vu ! Ils étaient magnifiques. L'assemblage final réalisé il y a huit jours est à 12,8°. On a dû par contre écarter les merlots sur argile, on a eu trop d'eau et ce sol hydromorphe fait rétention d'eau et retarde la maturation, cela donne des tanins agressifs. Priorité aux merlots sur sols filtrants et aux francs pour nos assemblages.* » 55 % de grand vin dans cette récolte. 34 hl/ha.

16,5/17 – Un bouquet éclatant, framboisé, racé et élégant. Attaque douce, puis prend de l'ampleur en milieu de bouche, droit, frais, un beau fruit, de la subtilité, de la gourmandise.

Millésime 2003

– *Dégustation d'avril 2004*

Alexandre Thienpont : « *À Certan, nous sommes sinistrés du millésime à cause de la chaleur. Nous ne mettrons en bouteilles que la moitié de la vendange, qui était déjà la moitié d'une année normale. Alors, mettons 2003 entre parenthèses, et passons à autre chose !* » Et de nous proposer de déguster son 2001, une pure merveille ! Malgré tout, nous nous hasardons à écrire que ce 2003, goûté à la barrique, avec de vieux cabernets francs de 1948 et des merlots quinquagénaires, est plutôt bon.

15 – Nez framboisé, un joli fruit, tout en finesse ; bouche fraîche, craquante, élégante, avec un degré raisonnable, un vin qui pourra se boire assez vite, mais qui ne manque pas de race.

Millésime 2004

– *Dégustation d'avril 2005*

« *Cette année, j'ai l'impression d'avoir du vrai Vieux-Château-Certan. C'est du raisin fermenté comme mon grand-père aurait pu le faire. Sauf qu'il n'aurait pas éclairci. Nous avons gardé les mêmes méthodes et, comme tous les grands millésimes ici, c'est une super-année de cabernet franc, du type 1988, 1996 ou 2000.* » Alexandre Thienpont n'est pas du genre à faire la réclame, et on peut le croire lorsqu'il compare ses merlots à ceux de 1959, voire de 1932, et ses francs à 1948. « *La clé, c'est le boulot ! On est passé quatre fois dans les vignes pour éclaircir, mais ce n'était pas suffisant, alors on a mis la moitié des raisins par terre en août et fait un effeuillage. Sans travailler, on aurait eu plus de 60 hl/ha, et on a fini à 40. Il y avait une accumulation de réserve due à 2003. La viticulture, c'est toujours angoissant.* » 40 % de la récolte fera le second vin.

19 – Les fruits rouges frais des cabernets éclatent au nez. La bouche est d'une classe évidente, le tanin presque cistercien des cabernets dope les merlots. L'ensemble est d'un équilibre superbe, long, très long en finale sur un fruit délicat. Le gras du pomerol dans une version tout en fraîcheur.

Millésime 2005

– *Dégustation d'avril 2006*

« *Nous étions aussi mal partis qu'en 2003, mais nous avons été sauvés par la pluie. D'habitude, on dit sauvé par le beau temps, et cette fois, c'est l'inverse* », dit Alexandre Thienpont. « *Les orages de fin juillet, suivis de ceux du 28 août et du 10 septembre, ont débloqué la situation de manque d'eau.* » 80 % de merlot et seulement 20 % de cabernet franc, ce qui est un assemblage original à Vieux-Certan, d'ordinaire plus riche en franc (c'était déjà le cas en 1998). « *J'ai dû éliminer les vieux cabernets francs qui me semblaient herbacés.* »

17,5 – Un style différent, avec le velouté et le gras des merlots, un grain de tanin dru, gras, vertical, assez frais, plus pomerol que de coutume, mais peut-être un peu moins dans le style maison. Finale suave, satinée, avec de la fraîcheur.

Millésime 2006

– *Dégustation d'avril 2007*

« *2005 fut sauvé par la pluie, 2006 fut sauvé de la pluie !* » s'amuse Alexandre Thienpont. Autant en 2005 les quelques précipitations ont permis à la vigne de s'alimenter et porter le raisin à maturité, autant les abats d'eau de 2006 l'ont mise en péril : « *Quand on a 50 ans, on devient philosophe. Après les 60 millimètres du samedi, et la météo s'annonçant clémente pour la semaine suivante, je me suis mis à optimiser ce qui devait rester. Au final, on a perdu 15 à 20 % de la récolte. La table de trie a été la première phase clé ; ensuite, il fallait éviter la dilution et la surextraction. 2006 est comme une pièce de viande juste saisie sur toutes ses faces, surtout ne pas trop faire cuire.* » L'assemblage final se compose de 25 % cabernet franc, 75 % merlot.

17 – Épices, fruits noirs, cerise noire, bouche ronde, ferme, tanins veloutés, bon équilibre ; c'est le côté moelleux du merlot qui domine à ce stade, pour l'instant les cabernets francs ne sont pas encore éveillés dans cet assemblage.

– Dégustation du 17 avril 2008

18 – Fruits noirs, grillé, bouche douce, tendue, garnie, petits tanins fins, fin, long, très beau fruit, pas de sécheresse. Long, très dense, construit. 100 % de bois neuf.

Millésime 2007

– Dégustation du 17 avril 2008

« *Pas de levure étrangère, pas d'enzymes, pas de bâtonnage, pas de cliquage, pas d'osmose inverse, c'est juste du jus de raisin fermenté* », précise Alexandre Thienpont : « *Les vieux cabernets francs et les vieux merlots sont abandonnés, ils étaient trop minces pour le grand vin. C'est un millésime de fruit. On ne peut pas demander plus à un 2007. Ce n'est pas un vin à garder mais à boire.* » 70 % merlot, 30 % cabernet franc.

16,5/17 – Résine, épices, fruits noirs, bouche pleine, mûre, élégant, fin, tendu, milieu de bouche rempli, beaucoup de finesse.

Millésime 2008

– Dégustation d'avril 2009

« *On a vendangé entre le 28 septembre et le 8 octobre, ce qui est exceptionnel sur la propriété* », nous dit Odile Verlay, gardienne du temple quand Alexandre Thienpont est à l'autre bout du monde (en Chine cette fois-là). 70 % merlot, 20 % cabernet franc, 10 % cabernet-sauvignon.

17,5 – Fruits noirs, bouche souple, très beaux tanins longs, effilés, soyeux, la finale plus cabernet est aussi un peu plus ramassée. Un joli vin tout en longueur, fin, élégant, tendu.

Millésime 2009

– Dégustation d'avril 2010

Alexandre Thienpont : « *On a commencé le 25 septembre, juste après la pluie. Il faut cinq étapes bien précises pour faire un grand vin : un vrai hiver, un printemps avec une floraison homogène et rapide, un léger stress hydrique à la nouaison, un arrêt de végétation net fin juillet-début août à la véraison, et enfin une maturation lente sans excès, sans trop de froid, sans trop de chaud. Les raisins étaient trop propres, trop nets et la pluie les a transformés, elle les a légèrement dégénérés. La maturité est une certaine forme de dégénérescence. Là, on est passé de l'été à l'automne, et ils étaient mûrs. On a ramassé autour de 13,7°, ce qui est un degré très fort pour ici, avec des rendements de 40 hl/ha, ce qui est bien. La surprise, c'est que les merlots passent devant le cabernet franc planté en 1958, qui est d'habitude toujours dans le grand vin, du moins en année moyenne. Il est extra en 1998, en 2006, en 2004. On a 84 % de merlot – c'est très rare, autant de merlot –, plus 8 % de cabernet-sauvignon et 8 % de cabernet franc. Le cabernet-sauvignon, c'est "le trait de jus de citron sur le turbot", dit notre œnologue, qui qualifie par ailleurs les jeunes merlots de "Bardot en vichy" et les vieux merlots de "Pigalle en 15 CV, la Traction avant, au temps de Gabin".* » L'œnologue poète s'appelle Jean-François Chaîne, aujourd'hui retraité, mais qui passe déguster de temps à autre au château. Le cabernet-sauvignon, par sa nervosité, « *donne un plus, et on passe d'un vin massif à un vin agréable* ».

18,5 – Nez discret, fin, bouche élégante, tanins fins, délicats, milieu de bouche très fin, mentholé en finale, sans dureté, très bien construit, des notes résine, long.

La Violette

Surface : 3,5 ha
Propriétaire : Catherine Péré-Vergé
Contact : Catherine Péré-Vergé
La Ferme du Rougefort – 7543 Mourcourt (Belgique)
(32) 69.88.01.18

Le vignoble est ancien, mais le nom est récent. D'après la légende – pourquoi serait-elle fausse ? –, c'est à la suite d'une dégustation que le propriétaire de l'époque, à la fin du XIXe siècle, aurait baptisé son cru du nom de cette fleur au parfum si volatile. Racheté récemment par Catherine Péré-Vergé et vinifié sous la houlette de Michel Rolland, le vin a pris des épaules, du muscle. La subtile petite fleur arrivera-t-elle à faire son chemin au milieu des tanins coriaces qui l'encerclent ?

Pour en savoir plus, voir Le Gay et Montviel, les commentaires sur les autres propriétés de Catherine Péré-Vergé.

Millésime 2007

– Dégustation d'avril 2008

16,5 – Bouche tendre, élégante, bien fondue, joli fruit, bien fait.

Millésime 2008

– Dégustation d'avril 2009

14 – Confituré, bouche puissante, une matière énorme mais trop d'extraction, serrée, dense, tanins durs, amertume en finale.

Millésime 2009

– Dégustation d'avril 2010

14,5 – Fruits noirs, réglisse, bouche souple en attaque, se durcit ensuite, le bois marque le vin et rend asséchante la finale. Le fruit paraît masqué au profit des tanins à ce stade. Le style domine le terroir, dommage !

VRAY-CROIX-DE-GAY

Surface : 3,70 ha
Propriétaire : Aline Guichard-Goldschmidt
Contact : Aline et Paul Goldschmidt
Château Siaurac – 33500 Néac
05.57.51.64.58
www.baronneguichard.com

Petit domaine (3,70 hectares sur 8 parcelles), fleuron du domaine Baronne Guichard, comme Le Prieuré (saint-émilion) et Siaurac en lalande-de-pomerol (voir ce cru).

Second vin : Enchanteur de Vray-Croix-de-Gay

Millésime 2001

– Dégustation d'avril 2002

15 – Nez ouvert, salade de fruits et de baies noires, figue, bouche en biscuit, onctueuse, grasse, corsée, au boisé bien fondu.

Millésime 2004

– *Dégustation d'avril 2005*

« On a fait neuf lots différents parce que l'on a fait construire de petites cuves et que l'on divise une parcelle en deux en fonction des sols », raconte Yannick Reyrel, responsable du domaine. 90 % merlot, 10 % cabernet franc. Élevé dans 30 % de bois neuf.

15,5 – Nez ouvert, vanillé, fruits rouges compotés, un peu poivré, racé, bouche solide, structurée, charnue, avec un fruit gourmand, de la fraîcheur et du soyeux, finale relevée.

Millésime 2005

– *Dégustation d'avril 2006*

16 – Épices, cassis, baies noires en gelée, délicat. Bouche touffue, tanin vigoureux en milieu de bouche, large, finit un peu vite mais avec beaucoup de charme sur des notes fruitées.

Millésime 2006

– *Dégustation d'avril 2007*

14,5/15 – Bouche tannique, dense, chocolatée ; joli grain, long, frais, chocolaté.

Millésime 2008

– *Dégustation d'avril 2009*

15/15,5 – Nez de fruits rouges, bouche souple, veloutée, finale sur les tanins du bois, devrait bien évoluer malgré l'extraction, racé mais extrait. Le fruit est préservé.

Millésime 2009

– *Dégustation d'avril 2010*

15/15,5 – Fruits noirs, cerise burlat, cacao, bouche vive, tanins veloutés en première séquence, un peu plus sur la réserve en finale, bon équilibre, petite pointe d'amertume en finale.

Lalande-de-pomerol

Il y a, sur cette appellation lalande-de-pomerol, 1 158 ha, comme un microclimat favorable à l'épanouissement du bougon. Déjà cette fichue rivière, la Barbanne, qui serpente dans un effondrement séparant pomerol – définitivement, on peut le craindre – de lalande-de-pomerol.

D'un côté, les crus célèbres. De l'autre, ceux qui les contemplent. Ainsi, de la terrasse du Château Tournefeuille, en appellation lalande, on aperçoit les volets de Pétrus, la star de pomerol.

Il y a, aussi, comme un sentiment d'isolement. Saint-Émilion, ses monuments, son site classé au patrimoine mondial, ses milliers de touristes, sa confrérie planétairement rayonnante... C'est loin, là-bas, au bout de la route, du bon côté du rond-point.

Pomerol, en dehors du nom, c'est rien, quelques maisons même pas vieilles, une église que personne ne visite. Les domaines appartiennent pour beaucoup au négoce, qui a ses propres réseaux de vente. Issu bien souvent de l'« immigration » corrézienne, ce négoce, qui s'est fait tout seul, est par nature discret. Il ne s'est pas empressé d'aider les vignerons de lalande à faire connaître leurs vins. D'autant qu'il disposait là d'un réservoir quasi inépuisable de rouges corrects et bon marché portant un nom célèbre mais dépendants sur le plan commercial. Bref, du gâteau pour les marchands. *« Lorsqu'on nous achète nos vins, ils s'appellent lalande, mais, quand ils sont revendus, c'est pomerol qui est mis en avant »*, dit un responsable de l'appellation.

La coupe ne serait pas pleine sans quelques vieilles fractures internes mal réduites. Comme partout ailleurs, l'appellation n'est pas uniforme sur le plan des terroirs. Autrefois, on séparait les vins produits sur la commune de Néac et ceux issus de Lalande. Jusque dans les années 20 du siècle précédent, ces derniers portaient le nom de pomerol, et ceux de Néac se désignaient par un néacpomerol sur l'étiquette. Une appellation haut-néac a existé jusqu'en 2009, sans vraiment être utilisée. Quand pomerol, « la vraie », a souhaité protéger son nom, après quelques années de procédure devant les tribunaux, on est arrivé à la situation actuelle : tout ce qui n'est pas pomerol s'appelle lalande-de-pomerol. Sauf qu'il est demeuré entre les « néac » et les « lalande » une vieille *« cassure de mentalité »*, comme dit un vigneron. Le secret tient en un mot : argile. Les sols en contiennent un peu plus du côté de Néac et donnent des vins charnus, réputés localement de plus longue garde. Vers Lalande, on invoque la finesse conférée par les graves et les sables que l'on retrouve d'ailleurs sur une partie de Pomerol. Entre les deux terroirs, une frontière bien marquée, la Nationale 89, qui mène de Libourne à Périgueux, au trafic intense, pas facile à franchir.

Le virage déterminant pour cette appellation s'est négocié en 1956. Le grand gel de cet hiver-là a détruit pour une bonne partie le vignoble. Les propriétaires avaient le choix : renoncer ou recommencer, mais forcément avec des objectifs nouveaux. Les années 70 ont ensuite mis l'appellation en selle. La démocratisation de la science œnologique a permis aux vignerons d'envisager d'autres modes de commercialisation que la citerne, le vrac au négoce. Jusque-là, 70 % du volume partait ainsi, anonyme. L'œnologie a fait que chacun a pu élever son vin correctement et le mettre en bouteilles. Après, ce fut le schéma classique : les enfants qui suivent dans les écoles des formations spécialisées. Puis les stages à l'étranger ou du moins dans d'autres vignobles, où ils acquièrent une autre vision du développement de leur entreprise. Depuis, la qualité n'a cessé de grimper et quelques nouveaux, des voisins de pomerol, de saint-émilion, ou de nouveaux investisseurs, sont venus conforter le mouvement. Ça bougonne toujours, mais moins.

Âme-de-Musset

Surface : 5 ha
Propriétaire : Delbeck Vignobles et Développements
Contact : Château Tour-du-Pas-Saint-Georges
Saint-Georges-Saint-Émilion – 33570 Montagne
05.57.24.70.94
www.delbeckvignobles.com

Une des étoiles de la myriade Delbeck. Pascal Delbeck a vinifié Ausone et surtout Bélair. De ce premier grand cru classé de saint-émilion il a même été quelques années le propriétaire. Le temps de comprendre que droits de succession, services fiscaux et maintien du patrimoine ne se conjugaient pas forcément au même temps. De cette aventure que je conte, à Bélair, Pascal a sauvé quelques jolis crus qu'il vinifie avec maestria. Mais il n'en retient toujours pas un sens du commerce bien aiguisé. Je suis chaque année surpris du prix auquel il propose ses vins en primeur. Moins cher, on peut trouver un lot de serviettes en papier usagées ou des glaces fondues, mais plus rarement du saint-georges-saint-émilion ou du lalande-de-pomerol de cette qualité. Ce petit domaine, récupéré en 2005 à la veille des vendanges, est planté à 80 % en merlot et le reste en cabernet. Franc : 10 % et cabernet sauvignon. Son vrai nom ancien est Fleur-de-Brouard. Pascal, malgré l'antériorité, a préféré le débaptiser. Hubert de Boüard (Angélus) a en effet de son côté un lalande : La Fleur-de-Boüard…

Second vin : Caprices du Château Âme-de-Musset

Millésime 2005

– Dégustation d'avril 2006

15,5 – Nez cerise au chocolat, bouche dense, tannique, garnie, structure généreuse et enveloppée.

– Dégustation de février 2009

15,5 – Nez feuillage, bouche ronde, moelleuse, puissante, dense, tendue, serrée comme matière, mais devrait bien évoluer.

Millésime 2006

– Dégustation d'avril 2007

95 % de merlot.

16 – Réglisse, violette, bouche vive et dense, épicée, tendue, tanins élégants, belle longueur, beaucoup de finesse.

– Dégustation d'avril 2009

16 – Élevé en barriques de 300 litres. Nez feuillage, séveux, un peu de boisé, bouche veloutée, lalande-de-pomerol tout en rondeur mais avec une finale vive.

Millésime 2007

– Dégustation d'avril 2008

15,5 – Fruits rouges, bouche vive, fraîche, tendue, bien fruitée, élégante, fine. Vin qui donne envie de boire.

Millésime 2008

– Dégustation d'avril 2009

14,5/15 – Nez fermé, bouche aux tanins serrés et fins, solide, serré, tannique mais sans dureté.

Millésime 2009

– Dégustation d'avril 2010

16 – Cassis, fruits noirs, bouche serrée, dense, un peu sévère, joli grain de tanins, finale tendue, bon potentiel.

L'Ancien

Surface : 4 ha
Propriétaire : Vignobles Léon Nony
Contact : Vincent Duret
33500 Néac
05.57.55.58.58

Même propriétaire que Garraud et même responsable technique, Vincent Duret : *« L'Ancien, au départ, c'est une unité : les vignes d'un voisin, qui travailllait super-bien la vigne mais qui vendangeait toujours le 15 septembre. On l'a repris en 1997. On le travaillait comme un vin de garage. Depuis, c'est devenu une base à laquelle on ajoute des vieilles vignes de Garraud. Du 100 % merlot.* »

La tentation fut grande de se servir de ces vieilles vignes pour élaborer un vin hyper-concentré pour le marché américain. Mais l'équipe de Garraud, qui sait être raisonnable, a baissé les prix platine du début pour revenir à un vin consommable et de tradition bordelaise. L'Ancien est même, par sa qualité et son prix, une excellente affaire en achat primeur.

Voir aussi Château Garraud.

Millésime 2000

– *Dégustation d'avril 2001*

13,5 – Nez dense, boisé, feuillages aromatiques. Texturé et gras. Finale chaude, un peu lourde, boisée.

Millésime 2001

– *Dégustation d'avril 2002*

13 – Nez de confiserie, fraise, framboise. Texture soyeuse, longueur moyenne mais agréable.

Millésime 2003

– *Dégustation d'avril 2008*

15 – Évolué, bouche douce, grasse, confiture de prune, assez long, belle structure fraîche.

Millésime 2004

– *Dégustation d'avril 2008*

15 – Fumé, bouche légère, tendre, élégante, bien fruité, plus légère.

Millésime 2005

– *Dégustation d'avril 2008*

17 – Épicé, résine, cèdre, bouche dense, moelleuse, très rond, long.

Millésime 2006

– Dégustation d'avril 2007

16 – Nez légèrement vanillé, fruits compotés, cannelle, bouche ronde, moelleuse, le boisé est présent mais sans dominer, belle matière souple, très douce en attaque puis qui s'étire, se développe, prend de l'ampleur jusqu'à la finale tendue et bien parfumée.

– Dégustation d'avril 2008

16 – Boisé, puissant, riche, moelleux, serré, moelleux, gras, finale serrée.

Millésime 2007

– Dégustation d'avril 2008

17 – Nez tabac, un peu fermé, bouche souple, bien fondue, fraîche, petits tanins d'une grande finesse. Long, fin, élégant.

Millésime 2008

– Dégustation d'avril 2009

16 – Fermé, violette, cassis, bouche ronde, douce, moelleuse, un peu merlot très mûr, tanins gras, onctueux, bien plein.

Millésime 2009

– Dégustation d'avril 2010

15,5/16 – Floral, bouche fringante, petits tanins vifs, beau fruit noir, très fort potentiel, beaucoup de saveurs, puissant, long, dense, vrai vin de garde, bien équilibré malgré un alcool sans doute important.

Archives

– Dégustation de juin 2000

Millésime 1998

15 – Fruits noirs, cerise, boisé, bouche dense, moelleuse, tanins mûrs et serrés, matière volumineuse, ensemble riche mais un peu fatigant. À revoir après quelques années.

Belles-Graves

Surface : 17 ha
Propriétaire : Famille Théallet
Contact : Xavier Piton – 33500 Néac
05.57.51.09.61
www.belles-graves.com

Le commandant Cousteau, cousin des Théallet, aimait venir se reposer ici et mettre un peu de vin dans son eau. Xavier Piton, petit-fils de Jean Théallet, gérant du domaine, est également administrateur de l'équipe Cousteau. Les derniers millésimes montrent une évolution vers un vin construit, plus dense en bouche, davantage précis.

Second vin : Terrasses-de-Belles-Graves

Millésime 2007

– Dégustation d'avril 2008

13 – Réductif, bouche douce, bien construite, délicate, un peu fluide.

Millésime 2008

– Dégustation d'avril 2009

14/14,5 – Fruits rouges, bouche ronde, souple, bien fruitée, tanins fins, agréable, équilibré, droit.

Millésime 2009

– Dégustation d'avril 2010

14,5/15 – Cassis, framboise, bouche douce, moelleuse, très parfumée, très fruitée, des saveurs de framboise marquées sur une structure tannique très douce. Beaucoup de moelleux.

La Croix-des-Moines

Surface : 11 ha
Propriétaire : Famille Trocard
Contact : Château Trocard
33570 Les Artigues-de-Lussac
05.57.55.57.90
www.trocard.com

Jean-Louis Trocard a été président de pas mal de choses. D'abord des bordeaux et bordeaux supérieurs, c'est là que nous nous sommes rencontrés, puis encore plus haut, de l'interprofession bordelaise. Le gouvernement des vins de Bordeaux. Ensuite, il est revenu chez lui, à la vigne. Il n'avait rien oublié et avait appris un tas de choses, notamment cette admirable façon qu'ont les présidents qui doivent surfer sur le consensuel de dire pas grand-chose à l'aide de phrases enroulées comme un boa autour d'un phacochère. Celle-ci, par exemple : *« On ne peut faire de grands vins qu'avec de beaux raisins, produits sur de grands terroirs ! »* Avec de moches raisins sur des sols pourris, c'est bien plus difficile. Je plaisante. Jean-Louis est un homme sympathique qui n'a jamais versé dans l'excès des vins lourds et fatigants dont raffole la critique US (pas toute, par bonheur). Même si, de temps en temps, il lâche une petite concession à la nouvelle génération Trocard qui aimerait bien faire parler la poudre à concentrer sur certains terroirs. Précisons qu'ils ont le choix. Les Trocard règnent sur une petite dizaine de châteaux de la rive droite. Ici, depuis quelques années, ils ont isolé une parcelle de 2 hectares de La Croix-des-Moines, du pur merlot qui donne une cuvée Ambroisie dont je redoutais la parenté avec les vins de garage. Par bonheur, je déguste à l'aveugle, ce qui maintient ma mauvaise foi au vestiaire. Et, curieusement, j'ai plusieurs fois bien noté cette Ambroisie qui me semble bien plus aimable que les performances réalisées par certains de ses collègues dans de pareilles conditions de sélection. Bon, il est vrai que La Croix-des-Moines est située sur un grand terroir porteur de grands raisins, il n'y a donc pas de raison qu'on n'y récolte pas de grands vins.

Millésime 2003

– Dégustation d'avril 2004

15,5 – **Ambroisie**. Couleur sombre, nez discret mais riche, cerise, prune d'ente. Bouche ample, charnue, avec un bon fruit en finale.

Millésime 2005

– Dégustation d'avril 2006

15 – **Ambroisie**. Grillé, épices, violette, nez riche, puissant, bouche virile issue d'une extraction soutenue. Du volume, mais le fruit est préservé. Vin moderne, bien fait.

Millésime 2007

– Dégustation d'avril 2008

14 – Nez fruits noirs, bouche souple, petits tanins doux, délicats, agréable. Un vin de moyenne garde mais très agréable.

Millésime 2008

– Dégustation d'avril 2009

13 – Fruits rouges, bouche tendue, vive, serrée, fraîche, pas très mûre mais bien fruitée, un peu acide en finale.

15,5 – **Ambroisie**. Prune, bouche ronde, tendue, serrée, joli fruit, frais et fin, cerise en finale.

Archives

– Dégustation de juin 2000

Millésime 1998

15 – Nez marqué par le bois de l'élevage, tendre, souple, élégant en bouche, le côté séducteur du merlot bien mûr, tout en rondeur.

La Fleur-de-Boüard

Surface : 20 ha
Propriétaire : Hubert de Boüard de Laforest, Bertineau, BP 7
33500 Pomerol, France
Tél. 05.57.25.25.13
www.lafleurdebouard.com

Propriété créée après le rachat d'un La Fleur-Saint-Georges modifié et agrandi. Le domaine couvre une vingtaine d'hectares divisé en deux blocs presque identiques en surface ; une partie sur Néac – des sols argilo-sableux assez tardifs – et l'autre sur Lalande, – des sols graveleux, de gros galets roulés entourés d'argile. L'encépagement est fortement composé de merlot : 85 % pour 10 % cabernet franc et 5 % cabernet-sauvignon. Une sélection sévère de la vendange, élevage sur lies en barriques neuves à 70 %. Sur une des parcelles à gros galets (comme à Châteauneuf-du-Pape), Hubert produit la cuvée Le Plus de La Fleur-de-Boüard : *« Nous avions décidé de vinifier ces grappes séparément, non pas pour en faire une cuvée spéciale, mais pour une étude. Puis, peu à peu, en goûtant, on s'est laissés aller… »*

Autre vin : Le Plus de la Fleur de Boüard

Millésime 2000

– Dégustation d'avril 2001

15,5 – Robe violacée, bouquet ample, fruit mûr, violette, vanille de bois neuf. Très belle bouche gourmande, structurée, grasse, avec un tanin enrobé.

16 – **Le Plus**. Nez profond, fruits noirs, mûre, myrtille, mais frais et un peu toasté. Bouche puissante, satinée, toucher fin, puissante et fraîche à la fois.

Millésime 2001

– Dégustation d'avril 2002

Hubert de Boüard prête la même attention à ce lalande qu'à son premier cru classé de saint-émilion, Angélus. Le responsable sur place est Philippe Nunes, qui dispose d'un outil de travail, au chai et à la vigne, récent et performant.

15,5 – Robe violette, beaucoup de fruit au nez, avec des épices douces, une texture charnue, opulente, corsée, une finale nette au tanin savoureux.

16,5 – **Le Plus**. 100 % merlot et 100 % bois neuf. Nez ample, profond, chocolat chaud, cerises noires confites. La rondeur des tanins onctueux ne masque pas le fruit en bouche, qui reste très pur jusqu'à une finale savoureuse.

Millésime 2002

– *Dégustation d'avril 2003*

15 – De l'austérité, un peu réduit, très boisé, en puissance. Bouche corpulente, avec du gras et du boisé qui à ce stade couvrent le fruit.

17 – **Le Plus**. Un nez éclatant, sirop de cassis, épices, puissant. La bouche, corpulente, est garnie de tanins veloutés, la finale, trapue, reste agréable.

Millésime 2003

– *Dégustation d'avril 2004*

14 – Très coloré, nez charnel, animal, toasté, boisé brûlé, bouche virile, la bois domine à ce stade, gras, très extrait, très concentré (trop).

Millésime 2004

– *Dégustation d'avril 2005*

Le Plus de La Fleur-de-Boüard, 3 000 bouteilles : « *C'est un peu notre laboratoire, mais ce n'est fait qu'avec des vieilles vignes. Ce n'est pas un vin bricolé.* » Le Plus est un peu trop puissant à mon goût, tannique, épais. Un vin difficile à juger en primeur.

La Fleur semble plus humain. 73 % merlot, 20 % cabernet franc, 7 % cabernet-sauvignon.

16,5 – Fruits cuits, épices, mûres, bouche puissante, à la limite de la sévérité, riche mais équilibrée, tanins bien présents, vifs mais sans dureté.

Millésime 2005

– *Dégustation d'avril 2006*

15 – Fruits confits, chocolat, bouche ronde, très fondue, large, puissante mais moelleuse, plus en densité qu'en élégance à ce stade. Finale cacao, longue, persistante.

Millésime 2006

– Dégustation d'avril 2007

15,5 – Épicé, minéral, réglisse, bouche douce, tanins souples, rond, gras, matière onctueuse, finale relevée, bon ensemble savoureux.

Millésime 2008

– Dégustation d'avril 2009

80 % merlot, 15 % cabernet franc, 5 % cabernet-sauvignon. Cette année, les Boüard boys se sont amusés à faire des vinifications de cabernet-sauvignon directement dans les barriques…

15 – Nez pâtisserie, fruits noirs, bouche ronde, assez puissante, enveloppante, tanins puissants, sans dureté, pas dans la finesse, mais cela devrait se fondre au cours de l'élevage.

Millésime 2009

– Dégustation d'avril 2010

10 % cabernet-sauvignon, 10 % cabernet franc, 80 % merlot. 13,5°.

16 – Fermé, épicé, bouche dense, tannique mais fondue, saveurs de réglisse à la violette. Moelleux, frais, élégant, très velouté.

15 – **Le Plus**. 100 % merlot. Vieilles vignes uniquement. Nez pas très ouvert, bouche dense, veloutée, très gras, puissant, sans la complexité du premier, trente-cinq mois d'élevage en barriques.

La Fleur-Chaigneau

Surface : 8,5 ha
Propriétaire : Inigo Sanchez-Ortiz
Contact : 33500 Néac
05.57.25.93.80/06.84.80.19.26
www.chateau-lafleurchaigneau.com

Propriété achetée en 2002 par Inigo Sanchez-Ortiz, notaire à Libourne depuis 1996. « *Je n'avais jamais bu un verre de vin avant de m'installer à Libourne.* » Arrivé en France à l'âge de 11 ans, le futur notaire connaissait surtout les plages d'Arcachon, où il a grandi et étudié. Sa nouvelle vie libournaise fut une révélation. Un associé le présente dans les plus grands domaines et lui fait visiter la région et les chais dans sa Jaguar : Cheval-Blanc, Certan-de-May… « *On m'invitait aux vendanges !* » L'idée a commencé à faire son chemin : une petite propriété avec un fort potentiel ! Un ami vigneron lui signale La Fleur-Chaigneau et il signe : « *J'ai failli arrêter le notariat ! Quand on voit le monde du vin de l'extérieur, on rêve un peu. Je m'aperçois aujourd'hui que je suis bien derrière mes actes. La propriété m'a pris tout ce que j'avais, entre le temps et l'argent.* » Est-ce qu'il le regrette ? Pas vraiment, car immédiatement il reprend le fil de la pensée viticole pour nous expliquer la cuvée Ambroisie : « *Ce ne sont que des vieux merlots de 45 ans, on récolte six grappes par pied sur graves.* »

Millésime 2004

– *Dégustation d'avril 2010*

12,5/13 – Un peu fumé, souple, tendue, assez neutre, tanins rugueux en finale.

15 – **Ambroisie**. Fruits noirs, boisé, bouche ronde, souple, fraîche, assez élégant, rond, fin.

Millésime 2005

– *Dégustation d'avril 2010*

13 – Fruits noirs, épices, prune, bouche vive, souple, parfumée, un peu séchante

15,5 – **Ambroisie**. Fruits noirs, souple, rond, bien fruité, bonne longueur, commence à s'ouvrir.

Millésime 2007

– *Dégustation d'avril 2010*

13 – Fruits noirs, souple, bine fruité. Tendre.

15 – **Ambroisie**. Réglisse, boisé noix de coco, tendre, élégant, frais, vif, un peu serré.

Millésime 2008

– Dégustation d'avril 2010

14 – Rond, tendre, séveux, plein, dense, un peu sévère. Mais bien rond, assez gourmand.

15 – **Ambroisie**. Bonne matière, agréable, tendu, vif, serré, tendu, long, assez sérieux.

Millésime 2009

– Dégustation d'avril 2010

14 – Épices, fruits noirs, bouche vive, tendue, assez vive, un peu séchante, sort de fermentation malolactique, bon potentiel mais le vin se présente mal aujourd'hui.

16 – **Ambroisie**. Fruits noirs, séveux, bouche vive, cassis, un concentré de baies sauvages, bonne longueur, harmonie, équilibre et saveurs.

GARRAUD

Surface : 19 ha
Propriétaire : Vignobles Léon Nony
Contact : Vincent Duret
33500 Néac
05.57.55.58.58
www.vln.fr

Les Nony font partie de la grande vague d'immigration corrézienne qui, du milieu du XIXe siècle jusque dans les années 30, est arrivée à Libourne et a développé le commerce du vin. On trouve d'autres branches Nony à Saint-Émilion et même dans le Médoc. Ils viennent tous du même village. Léon Nony était évidemment négociant libournais. Puis, peu à peu, il a acheté ou créé des propriétés viticoles. Jean-Marc, son petit-fils, est aujourd'hui le patron de l'ensemble. L'homme du vin s'appelle Vincent Duret, né à Laval – *« je suis un peu apatride »* – d'un père médecin militaire et d'une mère institutrice. Rien qui préparait à la fermentation du merlot. Vincent a d'abord tenté médecine comme papa : *« J'ai adoré, car j'y ai rencontré ma femme. »* La faculté de médecine ne garde pas un souvenir précis de ce garçon qu'elle a peu fréquenté, tant il était occupé par les concours de billard qu'il remportait plus facilement que les examens de fin d'année. Un malentendu le tenait éloigné des amphithéâtres. Vincent fréquentait l'académie de billard de 12 à 16 heures *« car c'était demi-tarif »*. Et aucun des professeurs n'a proposé de déplacer ses cours afin de favoriser l'entraînement intensif de l'ex-futur carabin. Car Vincent n'est jamais devenu médecin. *« L'été de mon deuxième échec en médecine, on était à Bordeaux et je commençais à être le Tanguy de la famille. »* Sa mère, en désespoir de cause, lui dit : *« Pourquoi tu n'irais pas dans le vin ? »* Vincent discute, rencontre des passionnés et finit par visiter Château Margaux : *« Cette visite avec Paul Pontallier a tout déclenché. J'avais 21 ans. Quand je suis rentré avec ma 2 CV je me suis dit que c'était extraordinaire de faire ça. J'ai fait deux ans en œnologie, deux ans de biologie suivis d'un stage à Dauzac avec Philippe Roux, qui est devenu un grand ami. Une petite annonce dans* Sud-Ouest *et je suis arrivé ici. »* Comme quoi il faut toujours écouter sa maman.

Garraud pas cher et toujours très bon.

Millésime 2000

– Dégustation d'avril 2001

14,5 – Nez confiture de mûres, assez chaud ; texture suave, satinée, arôme de cerise noire. Bon tanin gras en finale.

– Dégustation d'avril 2008

15,5 – Nez grillé, épicé, bouche carrée, dense, puissante, riche, épicée, longue, fort potentiel.

Millésime 2001

– Dégustation d'avril 2002

14 – Le nez est fermé, un peu austère, baies noires. Bouche bien faite, racée, élégante, le fruit revient en finale avec de la vivacité.

– Dégustation d'avril 2008

15 – Nez chocolat, café, bouche ronde, élégant, suave, long, fin, gourmand, finale un peu serrée.

Millésime 2002

– Dégustation d'avril 2003

13,5 – Aimable, discret, violette. Bouche gourmande, bois grillé, de la vivacité, du fruit jusqu'à la finale.

– Dégustation d'avril 2008

13,5/14 – Poivré, bouche vive, poivrée, tendue, finale en retrait. À boire.

Millésime 2003

– Dégustation d'avril 2008

13,5 – Grillé, café, un peu évolué, pruneau.

Millésime 2004

– Dégustation d'avril 2008

15 – Violette, bouche douce, tendre, bien souple, tendre, fondu classique. Beau fruit. À boire.

Millésime 2005

– Dégustation d'avril 2006

Le domaine vend la totalité de sa production aux particuliers.

16 – Fruits rouges, bouche tendre, vive, bon fruit, touche d'épices, tanins assez serrés, bonne longueur finale résine et réglisse.

– Dégustation d'avril 2008

16 – Joli fruit, cerise, fin, bouche dense, épicée, longue, pas mal de bois, riche, puissant, long.

Millésime 2006

– Dégustation d'avril 2007

15 – 80 % merlot, 15 % cabernet franc, 5 % cabernet-sauvignon. Nez fruits noirs et légèrement poivré, bouche vive et bien garnie, tanins présents mais sans agressivité, un vin d'une tension régulière, équilibré, finale cacao bien pomerolaise.

– *Dégustation d'avril 2008*

15 – Nez cerise, bouche puissante, riche, finale serrée, très beau fruit, séchant en finale mais pas collé. Le collage gomme la rugosité des tanins.

Millésime 2007

– *Dégustation d'avril 2008*

16 – Réductif, fruits noirs, bouche souple, fondue, assez élégante, tendre, tanins doux, souples, bien pomerolais, chocolaté.

Millésime 2008

– *Dégustation d'avril 2009*

15,5 – Fruits noirs, note boisée, violette et floral, bouche ronde, suave, épicée, bons tanins solides, pas trop extrait, bonne longueur. Finale un peu serrée.

Millésime 2009

– *Dégustation d'avril 2010*

15,5 – Sanguin, bouche puissante, assez fermée, belle matière onctueuse, généreuse, épices, fruits noirs, belle densité qui n'altère pas l'élégance.

Archives

– *Dégustation de juin 2000*

Millésime 1994

16 – Nez violette et épices, gras en bouche, tanins moelleux, long et solide, bonne charpente. De la classe.

Millésime 1996

15 – Grenat noir, épices, cerise, tanins ronds bien fondus, note de thym, bien fruité, élégant et gourmand.

Millésime 1998

16 – Grenat noir, nez épicé, plein en bouche, riche, bonne matière un peu rustique, dense, finale serrée. Ensemble assez sévère mais prometteur.

Grand-Ormeau

Surface : 14 ha
Propriétaire : Jean-Claude Beton
Contact : Château Grand-Ormeau
Lalande de Pomerol – 33500 Libourne
05.57.25.30.20
www.chateaugrandormeau.com

Jean-Claude Beton est passé de la pulpe d'orange à celle du raisin. Créateur d'Orangina, il a été pionnier parmi ceux qui, ayant fait fortune ailleurs, viennent la dépenser dans le vin. Pas entièrement, heureusement. Encore qu'il m'est arrivé de croiser des nouveaux venus s'imaginant des retours sur investissement comparables à ceux d'un supermarché ou d'une usine de croquettes pour chiens. Chez ceux-là, les vendanges ont tourné court. Jean-Claude Beton n'était pas dans cet état d'esprit. Il voulait faire son vin, qu'il soit le meilleur possible et meilleur que celui des voisins. Alors, parfois, il s'agace quand quelqu'un (moi, par exemple) trouve qu'il en fait un peu trop et que cette année-là Grand-Ormeau n'est pas le merveilleux de l'extraordinaire. N'empêche que c'est bon et que le domaine, sous la direction d'André Femenia – *« mon père cultivait des agrumes au Maroc, on a l'orange en commun, avec Jean-Claude Beton »* –, connaît peu de ratés. Les années 90 et le début des 2000 furent ici comme ailleurs, dans cette région libournaise, marquées par des exagérations. Tout le monde, branché bonnes notes chez Parker, y est allé de sa cuvée spéciale issue de 2-hectares-de-très-vielles-vignes-sur-les-meilleures-parcelles-du-domaine. Grand-Ormeau possède sa cuvée Madeleine, le prénom de ma maman, mais je ne crois pas que Jean-Claude Beton l'ait choisi pour cela. Comme toutes les modes, celle-ci passera et passe déjà. Bientôt, nous ne verrons plus d'adolescents avec des pantalons où pourraient se loger facilement quatorze couches-culottes superposées, et les producteurs cesseront de mettre au régime leur premier vin pour surprotéiner une cuvée menacée d'obésité. Ce n'est pas le cas de Madeleine, qui garde la ligne. D'ailleurs, si Grand-Ormeau a par le passé connu sa période « tanins plus », il me semble qu'aujourd'hui on a fait de ce passé table rase. Les derniers millésimes traduisent un retour vers le futur qui, pour les vins de Bordeaux, ne peut être qu'élégant. À noter aussi, le jeu de mots juteux et évocateur pour désigner le second vin.

Second vin : Chevalier-d'Haurange

Millésime 2000

– Dégustation d'avril 2001

14,5 – Nez racé, prune, fruits noirs, cuir frais, gras, puissant, corsé en bouche, très confit.

Millésime 2001

– Dégustation d'avril 2002

14,5 – Noir. Nez opulent, le fruit est mûr, la bouche, très extraite, est pleine, puissante, et se resserre en finale.

Millésime 2002

– Dégustation d'avril 2003

15 – Le nez, à profusion, exprime des nuances de fruits confits et de bois neuf. Bouche texturée, corpulente, un tanin velouté abonde, la finale est consistante.

Millésime 2003

– Dégustation d'avril 2004

15 – Nez de fruits noirs, boisé, agréable. Du volume en bouche, gras, confituré, vanillé, un toucher très plein, gourmand.

Millésime 2004

– Dégustation d'avril 2005

15 – **Madeleine**. Nez de sous-bois, café, bouche puissante, tanins vigoureux mais assez fins, bonne expression fruitée, des notes de pâtisserie en finale. Vin viril, assez harmonieux et pas trop extrait.

Millésime 2005

– Dégustation d'avril 2006

14,5 – Fruits rouges, gelée de groseilles, bouche aux tanins vigoureux. Vin en deux séquences : une attaque souple et fondue, une finale rugueuse et fruitée. L'élevage devrait harmoniser l'ensemble.

Millésime 2006

– Dégustation d'avril 2007

13 – Fruits noirs, violette, bouche tendue, serrée, tanins séchants en finale. Trop de bois et d'extraction.

Millésime 2007

– Dégustation d'avril 2008

14,5/15 – Mentholé, note eucalyptus, bouche douce, un peu chocolatée, tanins doux, vin gourmand, agréable, bien fait, moins extrait que par le passé.

Millésime 2009

– Dégustation d'avril 2010

15,5/16 – Gelée de framboises, bon fruit, bouche douce, tanins veloutés, du caractère et de la fraîcheur ; un vin avec du relief, de la personnalité, très long.

La Gravière

Surface : 6 ha
Propriétaire : Catherine Péré-Vergé
Contact : Château Montviel, 1, rue du Grand-Moulinet – 33500 Pomerol
(32) 69.77.73.73
www.montviel.com

Au départ, une petite croupe de 94 ares achetée par Catherine Péré-Vergé, puis d'autres parcelles reprises ensuite. Au total, un petit domaine de qualité. Catherine Péré-Vergé est également propriétaire de Montviel, Le Gay et La Violette, en pomerol.

Second vin : Moulin-La Gravière

Millésime 2001

– Dégustation d'avril 2002

15 – Nez marqué par les fruits noirs, cassis, groseille, mûre. Jolie bouche charnue, un fruit un peu cacaoté, vin gourmand.

Millésime 2002

– *Dégustation d'avril 2003*

14,5/15 – Nez de fruits noirs et de groseille. La bouche est droite, tannique, avec du fruit et une finale assez consistante.

Millésime 2003

– *Dégustation d'avril 2004*

14,5 – Robe et bouquet de violette, texture suave, assez fin, bien équilibré.

Millésime 2005

– *Dégustation d'avril 2006*

14,5 – Fruits rouges, cerise, bouche puissante issue d'une extraction forte. L'attaque est agréable, bien ronde, la finale est plus rustique. À revoir après élevage.

Millésime 2006

– *Dégustation d'avril 2007*

14 – Fruits noirs, boisé imposant, réglisse, bouche souple, tendre, bien fondue, finale serrée, agréablement fruité.

Millésime 2007

– *Dégustation d'avril 2008*

15 – Nez épicé, boisé, bouche ronde, moelleuse, bien fruitée, pas mal dans son style gourmand.

Millésime 2009

– *Dégustation d'avril 2010*

13,5/14 – Bien fruité, mûre, fruits noirs, bouche douce, peu d'acidité, très gourmand, un peu en surmaturité et c'est dommage, le vin perd en finesse.

14,5/15 – **Moulin-La Gravière**. Boisé, vanille, arômes dominés par les apports de la barrique, la bouche en revanche est plus aimable, soyeuse, douce, bien ronde, tanins tendres, moelleux, bonne longueur.

Haut-Chaigneau

Surface : 15 ha
Propriétaire : Vignobles Chatonnet
Contact : 8, rue Chagneau – 33500 Néac
05.57.51.31.31
www.vignobleschatonnet.com

C'est sans doute un peu exagéré. Ou alors, c'est le communicant qui a légèrement forcé le trait. Bref, voilà Haut-Chaigneau baptisé « le temple du vin ». Il y a des colonnes à l'entrée et un fronton romain. Mais on voit bien que c'est du romain plus John que Julius, davantage *winery* californienne que *domus vini* by Jupiter. D'abord, du temps des Jules, les portes vitrées en aluminium laquées blanc qui s'ouvrent toutes seules, ça n'existait pas. Puis, en toge blanche, Pascal ? Vous n'y pensez pas. Il se salirait tout de suite. La toge, pour recracher, c'est ce qu'il y a de pire. On finit immanquablement par éclabousser le bas, sans compter qu'elle se prend dans les trucs qui dépassent toujours quand on monte aux échelles sur les cuves. Pascal Chatonnet, c'est le fils d'André, un costaud qui vendait des produits, à sa manière. À l'ancienne. On le faisait venir parce que les feuilles avaient la jaunisse ou bien qu'elles se tordaient ou encore qu'elles avaient des taches. La vigne, c'est comme les enfants, on ne sait jamais : roséole, varicelle, rougeole, poussée des dents… André, lui, il savait et connaissait le remède. Du coup, Pascal a fait chercheur. Une pointure, sauf qu'il ne peut pas trop communiquer sur les domaines qu'il conseille. Car, comme son père, il diagnostique et il soigne. Il s'est longtemps occupé d'une grave et honteuse maladie, une sorte de syphilis des chais. Un virus qui s'attrape avec les produits de traitement des bois. Les gens croyaient bien faire en s'immunisant contre les vers, les termites (à Bordeaux on les redoute) et toutes les bestioles qui mangent parquets, charpentes et même les meubles de façon spectaculaire. Ces produits aux vertus insecticides miraculeuses n'avaient qu'un inconvénient. Ils conféraient aux vins un horrible goût de bouchon. Odeur, transmission de molécules, on a longtemps hésité avant de trouver qu'un dérivé du chlore en était le vecteur. Les vignerons ont commencé, par habitude, à engueuler le marchand de bouchons. Celui-là n'est jamais vraiment innocent. Puis on a cherché. Et justement, Pascal Chatonnet, chimiste de formation, a mis au point une méthode totalement efficace pour analyser, savoir d'où vient le mal et permettre la remise en forme des chais. Mais il est facile d'imaginer que ses clients ne souhaitent pas trop de publicité quant à ses interventions chez eux. Chez le voisin, pas de problème. Donc, achetez du Haut-Chaigneau, c'est bon, c'est gourmand, et si vous ressentez comme un goût de bouchon, c'est vraiment que vous le faites exprès !

Second vin : Tour-Saint-André

Millésime 2000

– *Dégustation d'avril 2001*

14,5 – Nez expressif, prune, mûre, figue. Corps moelleux, finale plus austère et astringente.

Millésime 2001

– *Dégustation d'avril 2002*

15,5 – Très joli 2001, pas trop extrait, fin, élégant, très parfumé, gourmand avec des tanins élégants et une vivacité qui porte le fruit longtemps.

Millésime 2002

– *Dégustation d'avril 2003*

14 – Nez plaisant, violette, prune, pruneau. La bouche est pleine, un boisé toasté la garnit, la finale est abrupte.

Millésime 2007

– *Dégustation d'avril 2008*

13 – Fruits noirs, mûre, boisé, bouche très marquée par le bois. Dommage, le vin est intéressant, mais trop boisé, toasté.

Millésime 2008

– *Dégustation d'avril 2009*

14 – Fruits noirs, bouche parfumée à la fraise des bois, vin boisé et gourmand, très fruits rouges, confiserie.

Millésime 2009

– *Dégustation d'avril 2010*

14,5 – Fruits noirs, épices, bouche ronde, suave, veloutée, bien fruitée, un peu serrée en finale mais bien droite, note cacao.

HAUT-SURGET

Surface : 35 ha
Propriétaire : Famille Ollet-Fourreau
Contact : Château Haut-Surget Ollet-Fourreau & Fils
18, avenue Chevrol – 33500 Néac
05.57.51.28.68

Il n'y a pas si longtemps, Marie-Claude Fourreau expliquait la renaissance de cette appellation par la démocratisation de la science œnologique, qui a permis aux vignerons d'envisager d'autres modes de commercialisation que la citerne, le vrac au négoce. *« Jusque-là, c'étaient 70 % du volume qui partaient ainsi. L'œnologie a fait que chacun a pu élever son vin correctement et le mettre en bouteilles. Depuis, les enfants suivent des formations spécialisées et, quand ils reviennent au domaine, ils ont une autre vision du développement de leur entreprise. »* Patrick, son fils, allait justement revenir. Patrick est depuis revenu et assure la suite. Cinquième génération sur le domaine et travail en famille. Son épouse s'occupe du commerce, lui de la partie vinification. Son père surveille les vignes et Marie-Claude, la maman, veille au bon équilibre des colonnes dépenses et recettes. Si ce n'était que cela, comme au bon vieux temps, mais la gestion d'une entreprise viticole nécessite une paperasserie courtelinesque et kafkaïenne à la fois. Si un jour (on ne sait jamais) un gouvernement réalisait un sondage auprès des vignerons, en posant cette simple question : que peut-on faire pour vous aider ?, je suis certain que, devant toutes les revendications imaginables, la première des réponses serait : allégez-nous l'administratif ! La moitié de la production est proposée en Haut-Surget et l'autre, un assemblage différent, *« plus sur le fruit, avec un élevage moins boisé »*, s'appelle La Fleur-Vauzelle. Le reste, je l'évoque déjà dans les pages pomerol, à Grand-Moulinet, autre propriété de la famille.

Second vin : La Fleur-Vauzelle

Millésime 2000

– Dégustation de janvier 2010

15 – Fruits noirs, chocolat, épices, bouche avec du moelleux, vif, équilibrée, bonne longueur, finale serrée, vin à venir.

Millésime 2001

– Dégustation de janvier 2010

14,5/15 – Nez pas très ouvert, bouche tendue, vive, épicée, droite, serrée, agréable, note d'orange fraîche, élégant, fin.

Millésime 2002

– Dégustation de janvier 2010

13,5/14 – Chocolat, nez assez simple, note cerfeuil, bouche ronde, souple, gourmande.

Millésime 2003

– Dégustation de janvier 2010

14 – Chocolat, confit, fruits cuits, un peu pruneau, bouche ronde, plus fraîche que le nez, tanins veloutés, agréable aujourd'hui, même si la finale dégage une légère amertume.

Millésime 2004

– Dégustation de janvier 2010

14 – Fruits noirs, cacao, bouche tendue, épices, grillé, frais, vif, belle première séquence, finale plus vive, un peu séchante.

Millésime 2005

– Dégustation de janvier 2010

14 – Nez boisé plus marqué, vanille, bouche ronde marquée bois, des notes noix de coco, rond, souple, un peu trop boisé à ce stade.

Millésime 2006

– *Dégustation de janvier 2010*

14 – Nez boisé assez marqué, bouche ronde en attaque, tendue ensuite, assez vive, marquée par le boisé, un vin moderne, assez marqué par son élevage, mais d'une bonne fraîcheur.

Millésime 2007

– *Dégustation de janvier 2010*

15 – Nez fruits noirs, bouche vanillée, note plombières, exotique, tanins soyeux, tendu en finale, bonne longueur, bon fruit.

Millésime 2008

– *Dégustation d'avril 2009*

14 – Fruits noirs, boisé, extrait, lacté, puissant, pas mal de bois, bonne matière, un peu chocolatée, ronde et gourmande.

– *Dégustation de janvier 2010*

14 – Nez boisé, violette, lacté, noix de coco, bouche ronde, souple tanins de qualité, dommage que l'image soit un peu brouillée par le boisé américain.

Millésime 2009

– *Dégustation d'avril 2010*

13,5 – Fruits confits, bouche puissante, moelleuse, surmaturité, note de pruneau à l'armagnac, boisé noix de coco, du moelleux et de l'alcool.

Archives

– *Dégustation de juin 2000*

Millésime 1998

14,5 – Nez fruits noirs, bouche fermée, tanins serrés, belle matière refermée. Bien équilibré, mais à attendre.

Les Hauts-Conseillants

Surface : 10 ha
Propriétaire : Maison Jean-Baptiste Audy
Contact : Jean-Baptiste Bourotte
62, quai du Priourat BP 79 – 33502 Libourne Cedex
05.57.51.62.17
www.jbaudy.fr

« Une partie derrière Tournefeuille sur le plateau et l'autre derrière, vers Jean-de-Gué, ce n'est pas le vignoble le plus facile à travailler ni celui qui a été le plus travaillé chez nous, mais il y a un bon potentiel. » Ce qui est agréable, avec Jean-Baptiste Bourotte, c'est son incapacité à manier la langue de bois, que dans ce monde on appelle la langue de douelle (les planches qui forment les côtés du fût). Avec lui, un chat n'est pas un chien et un domaine moyennement entretenu ne se vante pas d'avoir été depuis toujours gavé des meilleurs soins. Jean-Baptiste, dont nous parlons ailleurs, en rubrique pomerol, du côté de Bonalgue et du Clos du Clocher, est un pur produit de la fabrique négoce. Il sait qu'avant lui on gagnait de l'argent en achetant du vin et en le revendant. Surtout pas en le produisant ! The Times They Are A-Changing, comme le prédisait Dylan, qui, à l'époque, aurait été assez étonné si on lui avait dit que quelqu'un collerait cette citation dans un texte sur Les Hauts-Conseillants. Aujourd'hui, Jean-Baptiste Bourotte s'attelle à faire des pépites familiales d'authentiques bijoux. Il va y parvenir.

Millésime 2000

– *Dégustation d'avril 2001*

13,5 – Nez boisé, grillé, confituré. Bouche pleine, extraite, finale un peu sèche.

Millésime 2001

– *Dégustation d'avril 2002*

13,5 – Nez original, bois précieux, huile de lin et fruits confits. Notes aussi exotiques en bouche, confiserie, longueur moyenne.

Millésime 2002

– *Dégustation d'avril 2003*

14 – Nez avenant, floral, rose rouge, et du boisé fumé. Bouche étoffée, mûre, finale tannique et réglissée.

Millésime 2003

– Dégustation d'avril 2004

14 – Nez opulent, assez vif, boisé. Bouche texturée et souple à la fois, bel échantillon, finale toutefois un peu dure.

Millésime 2005

– Dégustation de janvier 2010

13 – Boisé bizarre, colle blanche, créosote, bouche dense, un peu rustique pin, manque de charme.

Millésime 2006

– Dégustation de janvier 2010

14 – Nez fermé, traverse de chemin de fer, bouche tannique, assez rugueuse, pas très charmeuse, finale un peu séchante.

Millésime 2007

– Dégustation de janvier 2010

15 – Fruits noirs, boisé plus charmeur, bouche ronde, tendre, élégante, plus de charme, élégant, soyeux.

Millésime 2008

– Dégustation d'avril 2009

13,5/14 – Chocolat, bouche serrée, dense, tannique, un peu extraite, finale sur les tanins, mais bonne matière à l'arrivée.

Archives

– Dégustation de juin 2000

Millésime 1998

15 – Grenat noir, nez cassis, fruits noirs, épices, bouche chocolatée, bien pleine, dense, tanins peu fondus en finale, prometteur.

Jean-de-Gué

Surface : 10 ha
Propriétaire : Vignobles Aubert
Contact : Jean-Claude Aubert BP 40 – 33330 Saint-Émilion
05.57.40.15.76

Que dire ? Le nombre de sélections et les commentaires se suffisent. Voilà un vin que je retiens en dégustation à l'aveugle tous les ans avec cependant toujours une petite réticence, une réserve dans le compliment. C'est bon, c'est plein, c'est moelleux mais…

On se parle franchement ? Je trouve que c'est un vin qui pourrait être fait ailleurs. La technique, signée de l'œnologue Michel Rolland, dépasse le terroir. C'est exactement ce que beaucoup reprochent à Rolland, pour peu qu'on lui laisse la baguette de chef d'orchestre ou qu'on applique les recettes avec trop de zèle. Le résultat, commercialement, est parfait : bonnes notes sur 100 là où il faut. Mais on peut s'interroger sur l'intérêt de posséder un terroir de graves pour finalement s'aligner sur les critères communs du goût.

Millésime 2002

– *Dégustation d'avril 2003*

14 – Grenat, nez boisé, gelée de fruits rouges. Bouche fournie, un tanin assez raide durcit la finale, l'élevage va le civiliser.

Millésime 2003

– *Dégustation d'avril 2004*

14 – Couleur noire, nez austère, boisé, réglissé, bouche souple, un tanin de bois assez plaisant, pain grillé.

Millésime 2004

– *Dégustation d'avril 2005*

15,5 – Fruits rouges, bouche fraîche, élégante, petits tanins ronds qui favorisent l'expression d'un fruit vif et savoureux, finale légèrement chocolatée.

Millésime 2005

– Dégustation d'avril 2006

15 – Tarte aux fraises, beurre et vanille, bouche ronde en attaque, tanins doux se resserrant ensuite. L'ensemble est tendu, assez élégant, la prise de bois un peu violente marque la finale.

Millésime 2006

– Dégustation d'avril 2007

14,5 – Fruits noirs, violette, fruits confits, bouche souple, bien fondue, échantillon un peu fatigué, mais bonne matière.

Millésime 2007

– Dégustation d'avril 2008

14 – Boisé, grillé, très toasté, bouche ronde, moelleuse, très moderne, sans doute microbullage. Agréable vin moderne, initiatique, pas très lalande mais démonstratif, puissant et moelleux.

Millésime 2008

– Dégustation d'avril 2009

13,5/14 – Boisé exotique un peu trop marqué, bouche puissante, extrait, serré, petits tanins de qualité en milieu de bouche, finale astringente.

Millésime 2009

– Dégustation d'avril 2010

14,5 – Fruits rouges, vanille, bouche boisée mais posée sur une bonne matière moelleuse et savoureuse. L'ensemble est à la limite du racolage sur la voie publique, mais c'est plaisant.

Laborderie-Mondésir

Surface : 2,20 ha
Propriétaire : Vignobles Rousseau
Contact : Laurent Rousseau
1, Petit Sorillon – 33230 Abzac
05.57.49.06.10
www.vignoblesrousseau.com

Depuis sa base de Haut-Sorillon, un domaine en bordeaux supérieur, Laurent Rousseau se disperse façon puzzle pour surveiller, intervenir et vinifier une demi-douzaine de petits domaines rassemblés sous la dénomination Vignobles Rousseau. On y trouve du lussac-saint-émilion au Château des Rochers ou ici, Laborderie-Mondésir, joli compromis entre vin de garde et vin gourmand. La cuvée Excellence est issue comme d'habitude en pareil cas de vieilles vignes avec élevage en barriques neuves.

Autre vin : Excellence

Millésime 2002

– Dégustation d'avril 2003

14/14,5 – Ouvert, épanoui, fruité. Attaque en bouche tendre, presque sucrée, texture satinée, tanin crémeux.

Millésime 2008

– Dégustation d'avril 2009

15,5/16 – **Excellence**. Cerise, bouche ronde, fraîche, fine, tanins soyeux, savoureux, belle persistance sur la cerise, bon équilibre.

Archives

– Dégustation de juin 2000

Millésime 1998

15 – Grenat foncé, nez garrigue, thym, épices, bouche parfumée, beaucoup de fruits, tanins ronds, onctueux, déjà très agréable.

Pavillon-Bel-Air

Surface : 8 ha
Propriétaire : Crédit foncier
Contact : Michel Garat – 33500 Pomerol
05.57.51.13.36
www.pavillonbel-air.com

Une propriété rachetée en 2003 par le Crédit foncier, déjà installé à Beauregard, en pomerol, ou à Bastor-Lamontagne, en sauternes. Les très vieilles vignes de cabernet franc apportent de la finesse à l'assemblage. Évidemment, à la mode de la rive droite, on n'échappe pas à la cuvée spéciale Le Chapelain, élaborée sur deux parcelles de graves, dont la production est de l'ordre de la confidentialité. Pavillon est vinifié par l'équipe de Beauregard, un gage de qualité.

Autre vin : Le Chapelain

Millésime 2005

– Dégustation d'avril 2006

15,5 – Confiserie, fraises au sucre, bouche tendre, tanins souples et enveloppants, fraîcheur, joli fruit bien présent en finale.

Millésime 2007

– Dégustation d'avril 2008

13 – Nez boisé et fruité, bouche tendre, élégante, un peu séchante en finale, souple, agréable, un peu trop de bois.

Millésime 2009

– Dégustation d'avril 2010

14 – **Le Chapelain**. Fruits confits, bois, bouche ronde, souple, gourmande, riche mais bien équilibrée, un peu séchant en finale, un peu trop extrait.

Sergant

Surface : 18 ha
Propriétaire : Famille Milhade
Contact : Milhade SA – 33133 Galgon
05.57.55.48.90

Si j'ai bien interprété ce que Marc Milhade, fils de Xavier, a tenté de m'expliquer à propos des partages familiaux, Sergant serait rattaché désormais à la branche Gérard. Les deux frères Milhade, Gérard et Xavier, à la tête de plusieurs propriétés et d'une affaire de négoce, se sentant avancer dans l'âge, se sont résolus à organiser le partage familial, pour éviter d'éventuels futurs déchirements. À toi Recougne (un bordeaux supérieur de grande qualité) et Boutisse (saint-émilion), à moi Sergant et autres babioles. Comme ces domaines fort bien tenus donnent tous du bon vin, l'affaire n'a pas dû être facile. Ce Sergant en primeur n'est jamais bien cher (le 2002 est parti à moins de 8 euros à l'époque, et, plus proche, le 2009 à moins de 9 euros) et voyez-vous-même les commentaires, c'est plutôt pas mal.

Millésime 2002

– *Dégustation d'avril 2003*

15 – Nez engageant, fleurs, gratin de fruits rouges. Bouche étoffée, notes grillées de biscuit, réglisse, très plaisant.

Millésime 2007

– *Dégustation d'avril 2008*

13,5 – Boisé, bouche tendre, un peu fluide, élégant, frais, se boira jeune.

Millésime 2008

– *Dégustation d'avril 2009*

15 – Premier nez réduit, s'ouvre lentement à l'aération, bouche souple, petits tanins moelleux, frais, fin, chocolaté, gourmand.

Millésime 2009

– *Dégustation d'avril 2010*

14 – Boisé prenant, bouche puissante, moelleuse, généreuse mais un peu trop marquée par le bois.

Archives

– Dégustation de juin 2000

Millésime 1997

14,5 – Nez épicé, grillé, cassis, bouche pleine, assez costaud, un peu rustique à ce stade. Un 97 qui n'est pas encore mûr. À attendre deux ans au moins.

Millésime 1998

15,5 – Nez café, grillé, bouche riche, dense, un peu dominée par le bois à ce stade, mais, avec une telle matière, le vin devrait reprendre le dessus. De garde.

LA SERGUE

Surface : 5 ha
Propriétaire : Vignobles Chatonnet
Contact : 8, rue Chagneau – 33500 Néac
05.57.51.31.31
www.vignobleschatonnet.com

Plus qu'un vin de garage récolté sur trois rangs de vigne, il s'agit d'une sélection opérée sur 5 hectares du domaine central de la famille Chatonnet, Haut-Chaigneau. Vinification en cuves bois et élevage en barriques neuves.

Millésime 2001

– Dégustation d'avril 2002

14,5 – Un peu trop caramel, doux, parfumé, mais dans un style international.

Millésime 2005

– Dégustation d'avril 2006

15 – Très bonbon au nez, bouche ronde, bien parfumée, une sucrosité qui habille la structure, la finale durcit un peu l'ensemble. Cela devrait se fondre.

Millésime 2006

– Dégustation d'avril 2007

14 – Fruits rouges, style très différent d'il y a quelques années, pas mal extrait, finale assez sévère mais bon fruit.

Millésime 2007

– Dégustation d'avril 2008

14,5/15 – Épices, bouche tendue, souple, tanins de qualité, un peu serrés, long, bonne extraction, moderne mais classe.

Millésime 2009

– Dégustation d'avril 2010

15 – Fruits noirs, boisé, bouche douce, un peu sur des saveurs confites et poivrées, bonne maturité, vin assez chaleureux mais complet et gourmand, bien travaillé.

SIAURAC

Surface : 40 ha
Propriétaire : Famille Goldschmidt-Guichard
Contact : Aline et Paul Goldschmidt – 33500 Néac
05.57.51.64.58
www.baronneguichard.com

Domaine de la famille Guichard (Le Prieuré, en saint-émilion, et Vray-Croix-de-Gay en pomerol, voir ces crus). Olivier Guichard, ancien ministre, est sans doute l'homme qui a le plus souvent connu le général de Gaulle dans son intimité. Il fut son directeur de cabinet sans titre au moment de la traversée du désert et a sillonné la France, le Général à ses côtés en voiture, logeant chez l'habitant au moment du lancement du RPF, le mouvement qui devait amener de Gaulle au pouvoir et qui fut un échec. Olivier Guichard racontait avec beaucoup d'humour ces moments-là, et comment il devait supplier les préfets de lui accorder des bons d'essence pour que le libérateur de la France puisse rentrer *at home.* C'était peu de temps après la Libération, ceux qui l'avaient applaudi ou ceux qui l'avaient craint ne se précipitaient pas pour l'aider. Olivier Guichard est né à Néac, il en fut un temps maire et son domaine familial est géré aujourd'hui par sa fille et son gendre.

Second vin : Plaisir-de-Siaurac

Millésime 2003

– *Dégustation d'avril 2004*

15 – Nez fruits noirs, bigarreau, réglisse et vanille. Attaque fruitée, bouche souple, pas une grosse structure, un tanin assez présent, grillé.

Millésime 2004

– *Dégustation d'avril 2005*

85 % merlot, 15 % cabernet franc. Le premier vin représente la moitié de la récolte.

15,5 – Nez fruité, presque fermentaire, avec des notes de groseille ; bouche tendre en attaque, bien resserrée ensuite, tanins fermes mais de qualité, bonne longueur. Depuis la reprise en main par l'équipe, le vin a perdu de sa rusticité, il a gagné en finesse et en précision.

Millésime 2005

– *Dégustation d'avril 2006*

15,5 – Fruits rouges, rose, bouche douce, bien fruitée, tanins racés, virils mais d'une belle pureté, milieu de bouche soyeux et tendu, belle finale sur le fruit.

Millésime 2006

– *Dégustation d'avril 2007*

14 – Nez séveux, réglisse, bouche ronde en attaque, souple, fruits noirs, tanins souples, serré en finale.

Millésime 2007

– *Dégustation d'avril 2008*

14 – Fruits noirs, cassis, bois, bouche souple, fondue, un peu flatteur, manque de fond, plaisant, moderne, tanins délicats.

Millésime 2008

– Dégustation d'avril 2009

16 – Floral, bouche fraîche, bien fruitée, élégante, dense et fine à la fois, bien tendue, un peu chocolat au lait, frais et gourmand.

Millésime 2009

– Dégustation d'avril 2010

14 – Cassis, fruits noirs, bois, bouche sur les fruits très mûrs, un peu confits et chargés en alcool, note pruneau, surmaturité. Tanins gracieux, bien veloutés, on regrette le manque de fraîcheur.

TOURNEFEUILLE

Surface : 17 ha
Propriétaires : Familles Petit et Cambier
Contact : Émeric Petit, Château Tournefeuille – 33500 Néac
05.57.51.18.61
chateautournefeuille@wanadoo.fr

Tournefeuille et Sautarel, Sautarel et Tournefeuille : cela sonnait comme un titre de film ou une pièce de boulevard. Les deux noms associés, celui du domaine et celui des propriétaires, faisaient ce vin inoubliable. Il y avait la vue, aussi. Elle n'a pas changé. Une terrasse naturelle qui domine une rivière, la Barbanne, et semble défier les bijoux de Pomerol, Pétrus et ses volets vert d'eau, situés juste en face. Les frères Sautarel (*« trois générations de sauterelles sur le domaine »*, disaient-ils) faisaient du bon Tournefeuille, à l'ancienne, un peu rustique. De celui qu'il faut garder en cave quelques années avant qu'il ne se montre aimable, du solide qui plaisait à une clientèle bien fidèle. Pourquoi Sautarel n'est plus Tournefeuille ? Une histoire sans suite. Les deux frères étaient proches de la retraite et les enfants n'étaient pas intéressés. Bref, le domaine de la famille Sautarel a été repris par deux familles, Petit et Cambier, originaires du grand Nord. Les Petit étaient de Beauce, des céréaliers qui de génération en génération se transmettaient l'amour des caves et des vieux vins. Un truc d'avant l'écran plat. Cambier était lui de Valenciennes, céréalier aussi. Des amis d'enfance qui avaient un rêve. Le petit de Petit, Émeric, a été chargé de le réaliser. Il raconte la suite : *« On est arrivés en mars 1998. Mon père cherchait depuis longtemps. En 1992, il avait repéré La Tour-Séran dans le Médoc, ça ne s'est pas fait. Puis, à Saint-Etienne-de-Lisse, Clos du Calvaire, dans le village, et là, c'est la Safer qui a préempté. Ensuite, les prix ont augmenté, alors il a arrêté. Après la guerre d'Irak et quelques mauvais millésimes, le foncier a baissé, il a visité Château Barbe-Blanche, à Lussac. Il passait régulièrement devant Tournefeuille, il savait que c'était à vendre. C'était hors budget pour nous. Mais son ami Francis Cambier venait de vendre son affaire de semences. C'était un peu fou. Moi, j'étais dans la grande distribution chez Kiabi, je vendais des robes... Ça reste une très bonne formation. J'aimais le vin, mais je ne savais rien, et c'est devenu une passion. On n'a pas fait une mauvaise affaire sur le plan foncier, mais la rentabilité économique n'est pas là c'est gourmand en cash, une exploitation. On n'était pas du sérail, on n'était peut-être pas assez bons en communication. »* Émeric et son épouse se sont rattrapés, depuis. Les voilà vignerons modernes avec, sur Internet, le récit des vendanges heure par heure ou presque. Surtout, le vin grandit d'année en année. Finie l'ère de la rusticité. Tournefeuille possède deux terroirs bien différents. Le coteau, sous la terrasse, qui descend sur la Barbanne, des sols très argileux recouverts d'une fine couche de graves. C'est là que le vin prend sa force, sa structure, sa densité. Puis, sur le plateau, derrière le château, des graves qui lui confèrent légèreté et finesse. Il faut récolter et vinifier les raisins différemment et veiller à ne pas trop extraire pour attraper le juste nécessaire, préserver le fruit et ne pas tomber dans le tanin vulgaire. Mission réussie depuis le milieu des années 2000, les derniers millésimes en témoignent. Les Petit ont élargi leur rayon d'action. Ils gèrent pour le compte de groupements fonciers deux nouveaux domaines, Château La Révérence, en saint-émilion, et un cru de pomerol, Château Lécuyer. Petit devenu grand.

Autre vin : Rosalcy

Millésime 2000

– Dégustation de décembre 2009

15,5 – Fruits noirs, *« on commence les vendanges vertes, on descend à 45 hl/ha »,* épices, bouche garnie, dense, savoureuse, plus d'enrobé en milieu de bouche, les finales sont toujours un peu sévères mais le bouquet et les saveurs en font un vin très gourmand.

Millésime 2001

– Dégustation de décembre 2009

« C'est la première fois qu'on travaille par terroirs et en isolant les parcelles. Pour le faire, on est revenus à des cuves plus petites. » 42 hl/ha.

14 – Nez violette, cacao, note minérale, frais, fin en bouche, un peu sévère en milieu de bouche, finale un peu séchante.

Aussi **Cuvée Tournefeuille** 2001, 100 % merlot.

13 – Épices, cacao, poivré, note végétale, racinaire, bouche puissante, dense, accrocheuse, boisée.

Un peu trop d'extraction sur les 2001.

Millésime 2002

– Dégustation de décembre 2009

« Le botrytis commence au mois d'août, les graves décrochent, on fait vraiment le vin sur les argiles qui tiennent bon. » 30 % de cabernet franc.

13,5/14 – Nez un peu poivron, bouche douce, pas trop extraite, fruitée, finale un peu séchante, acidité prononcée. Le fruit a sauvé le millésime.

Millésime 2003

– Dégustation de décembre 2009

« Les vignes ont tenu sur les argiles du coteau, mais défoliation sur le plateau. » 30 % cabernet-franc.

16 – Nez ouvert, floral, nez assez frais pour un 2003, tabac de Virginie, pain d'épice, bouche ronde, suave, fraîche, souple, finale un peu rude mais très joli vin gourmand et frais.

Millésime 2004

– Dégustation de décembre 2009

15 – Fermé, fruits noirs, épices, bouche ronde en attaque, plus de moelleux qu'avant en milieu de bouche, finale encore un peu sévère, mais bonne densité bon fruit, longueur, commence à se fondre.

Millésime 2005

– Dégustation de décembre 2009

« On a intégré la totalité des cabernets, y compris ceux de la côte nord, car, dans ce millésime, tout était mûr. » 40 % cabernet-franc, 60 % merlot, un tiers de barriques neuves, 34 hl/ha : *« On a sans doute été trop drastiques avec sept grappes par pied. »*

15,5/16 – Nez fermé, note poivrée, réglisse, bouche douce en attaque, ronde, tanins fermes mais sans dureté, un vin assez dense qui demande de l'attente mais avec un bon potentiel.

Millésime 2006

– Dégustation de décembre 2009

15 – Nez chocolat, fruits noirs, un côté un peu évolué, mais assez savoureux, un peu chaotique, moins précis que 2005 mais assez agréable.

Millésime 2007

– Dégustation de décembre 2009

Très fruité au nez, fruits rouges : *« On bouge beaucoup moins les marcs, on fait des macérations à froid, on évite les tanins. »*

15,5/16 – Bouche ronde, souple fraîche, bien fruité, embouteillé en mars, petite note animale, 70 % merlot, 30 % cabernet franc. Joli fruit, tendre, sans la dureté des années du début.

Millésime 2008

– Dégustation d'avril 2009

14 – Fruits noirs, oxydatif, épicé, bouche marquée par le bois, tendue, serrée, tanins de qualité un peu masqués par le bois qui sèche en finale.

– Dégustation de décembre 2009

15/15,5 – Nous dégustons deux lots : un merlot sur graves du plateau. Bien fruité, cerise, fruits rouges, bouche souple, bien fruitée, petits tanins vifs, mais sans dureté. Deuxième lot : merlot et cabernet sur argile. Plus fermé, plus réglisse, violette, bouche dense, plus charnue, tanins assez présent, joli fruit mais plus de fond.

Millésime 2009

– *Dégustation d'avril 2010*

14,5 – Boisé assez marqué, bouche puissante, un peu trop extraite, boisé envahissant mais cela reste un joli vin, pas mal d'alcool, bons tanins veloutés.

Archives

– *Dégustation de décembre 2009*

Millésime 1998

14 – Nez viande rôtie, bouche souple, élégante, bien fondue, manque un peu de chair, agréable.

Aussi une **cuvée Tournefeuille** – *« On l'a faite en 1998 et 2001. »* – réalisée avec les vins du coteau, 95 % merlot.

15 – Épices, fruits noirs, bouche dense, riche puissante, bonne matière, longue, tanins serrés en finale.

Millésime 1999

13,5/14 – Chocolat, assez dense, bouche vive, manque un peu de maturité, finale assez osseuse. 85 % merlot et 15 % cabernet franc, élevage avec un quart de barriques neuves.

De Viaud

Surface : 20 ha
Propriétaires : Cofco
Contact : 33500 Lalande de Pomerol
05.57.51.17.86

Le domaine appartenait à Philippe Raoux, négociant et propriétaire du Château d'Arsac en appellation margaux (voir ce cru). La rumeur le donnait presque vendu à un groupe russe et la rumeur avait tort. C'est finalement Cofco, leader chinois de l'agro-alimentaire, producteur de vins, qui a emporté le marché. On attend de voir et de goûter la suite. Cofco, dans le deal passé avec le vendeur, s'est engagé à distribuer les vins de Raoux en Chine. Sur le papier, cela semble une bonne affaire. Reste à savoir quelles options techniques adopteront les nouveaux propriétaires. Ces choix devraient donner une indication intéressante sur l'avenir du marché des vins français en Chine.

Millésime 2002

– *Dégustation d'avril 2003*

13,5 – Le fruit serait très plaisant si le boisé, toasté, ne le couvrait un peu trop. Bouche étoffée, mûre, le boisé revient ensuite et durcit la finale.

Millésime 2005

– *Dégustation d'avril 2006*

14,5 – Fruits confits, rond, tendre en attaque, joli fruit, la deuxième séquence est plus agitée avec des tanins un peu rugueux mais une bonne longueur.

Millésime 2006

– *Dégustation d'avril 2007*

14,5 – Réglisse, fruits noirs, bouche souple, tendre, élégant, bien structuré, assez long, pas de dureté en finale, un peu rustique mais plein.

Archives

– *Dégustation de juin 2000*

Millésime 1998

15 – Vin très fermé, notes discrètes d'épices, bouche très dense, tanins moelleux, puissant et droit. Prometteur.

Millésime 1997

14,5 – **Grand Chambellan**. Cuvée plus simple du château. Nez chocolaté et fruits noirs, bouche ronde, riche en saveurs, bien fruité.

Saint-émilion

Ami de la clarté, passez votre chemin ! Ici, rien n'est évident. À commencer par les sols. Si on veut passer par l'entrée des artistes de la géologie et de la pédologie, prévoir un litre de café et deux ou trois Guronsan. L'endroit figure une sorte de croisée des chemins entre vieille chose calcaire, creusement de vallée et dépôts divers par la Dordogne, ancien fond marin que des forces bizarres ont grimpé en haut de la colline, souffle intense d'un vent pénible qui pousse des sables venus d'ailleurs… Pour résumer, saint-émilion est rangé comme mon bureau : quand on sait on trouve, sinon s'abstenir. C'est bien ce qu'aurait dû faire Édouard Ier d'Angleterre, qui, en 1289, a tracé les limites de la juridiction de Saint-Émilion. Les hommes passent, les limites demeurent. Édouard avait tracé une frontière administrative, pas une aire d'appellation contrôlée. Mais c'est encore aujourd'hui celle, généreuse à l'excès, tracée par l'Anglais qui dessine l'AOC saint-émilion. Cela ne s'est pas fait tout seul. Il y eut bagarre entre les partisans d'une appellation saint-émilion vraie de vraie et ceux des pourtours, qui, ayant toujours vendus leurs vins sous cette dénomination, n'en voulaient point changer. Au final, le décret du 14 novembre 1936 définissant l'appellation a entériné le dessin d'Édouard. On en a même un peu rajouté en permettant, dans les années 70, à l'appellation sables-de-saint-émilion (pas très valorisant), située sur la commune de Libourne, de supprimer sables et de devenir saint-émilion à part entière.

Pour faire simple, on peut dire qu'il y a deux grandes familles saint-émilionnaises : les chanceux et les autres. Les premiers sont en haut qui font du gâteau ; les seconds sont en bas, qui se débrouillent avec le ceci-cela. C'est-à-dire, les sables, les graviers, les limons, les terres inondables ou trop riches ou trop sensibles aux aléas climatiques.

Les chanceux composent plusieurs familles :

– la famille calcaire. Elle est installée autour de la ville et s'étend un peu vers l'est. Un socle de roche blanche recouvert d'une fine couche de terre. Parfois la roche affleure. On trouve fréquemment, à Soutard, par exemple, ou à Bellevue, des sillons, un peu comme des abreuvoirs creusés dans la roche, que les anciens avaient taillés pour les remplir de terre et permettre à la vigne de démarrer. Sur ce calcaire, les racines serpentent, s'infiltrent. La roche tendre sert de réservoir à l'eau façon morceau de sucre trempé dans le café. Puis, pendant les périodes sèches, les racines pompent cette humidité et s'en nourrissent. Les vins sont tendres, élégants, raffinés. Un style que l'on trouve par exemple à Clos-Fourtet, La Serre, Le Châtelet… ;

– la famille côtes et pieds de côtes. Les éboulis, les coulées de terre et de cailloux composent ces sols où la pierraille est mêlée à l'argile. La côte Pavie et, en face, Ausone, La Gaffelière ou, plus loin vers l'est, Larcis-Ducasse en sont les représentants. Vins plus fermes, tanins soutenus, un peu plus dans la densité que dans l'éclat ;

– la famille graves. Des cailloux déposés dans des lits anciens et qui se retrouvent sur le plateau en limite de pomerol. Tellement en limite que certains pomerols ressemblent à des saint-émilion ou l'inverse. Ce sont, pour les plus connus, Figeac et Cheval-Blanc. Qui dit graves pense au sol du Médoc ou des Graves et il a raison. C'est d'ailleurs pour cela que Cheval et Figeac comprennent une forte proportion de cabernet (comme en Médoc) dans leur encépagement. Vins de grande classe qui se révèlent avec le temps ;

– la famille exception. Des îlots, des zones comme la colline de Mondot (Troplong-Mondot), avec ses argiles et ses mollasses qui recouvrent en épaisseur le socle calcaire ou, plus loin, Laroque, terres plus lourdes et caillouteuses, ou encore sables argileux de Chauvin…

Pour résumer, sur les 9 communes (Saint-Émilion, Saint-Christophe-des-Bardes, Saint-Hippolyte, Saint-Étienne-de-Lisse, Saint-Laurent-des-Combes, Saint-Pey-d'Armens, Saint-Sulpice-de-Faleyrens, Vignonet, et une partie de la commune de Libourne) et les 5 400 hectares que compte l'appellation, les chanceux représentent, en comptant large, la moitié.

Les autres, moins bien servis par les caprices de la nature et de l'érosion, se débrouillent comme ils peuvent. Pour bien faire, il faut passer beaucoup de temps à comprendre son vignoble et à l'interpréter. Lui faire dire ce qu'il avait à dire, sans utiliser le latin. Pour mal faire, c'est facile, il suffit de croire en l'homme providentiel, l'œnologue magique qui, à travers des techniques élaborées et des conseils appropriés, changera la citrouille en carrosse. Certains l'ont dit, certains l'ont cru. Au cours des années 90, la dégustation des saint-émilion en provenance de ces terroirs secondaires me faisait l'effet d'une taxe foncière : obligatoire mais sans enchantement. Beaucoup de ces vins se présentaient extraits, avec des tanins arides, trop boisés, comme s'ils avaient à tout prix voulu ignorer leur terroir pour donner une image de vins de soleil, type castillan ou californien ; les minicuvées, dites aussi vins de garage, se multipliaient, donnant des vins à couper au couteau, lourds comme des meules de meunier. Le succès commercial de ces vins de garage a entraîné de nombreuses propriétés à appliquer la recette, sans nuances, suscitant une uniformité ennuyeuse dans les dégustations : du bois, du tanin, du concentré, tout dans l'apparence.

Un vent nouveau souffle désormais. L'exemple est venu d'en haut : *« On a regoûté récemment les 90, ramassés surmûris »*, nous disait en 2001 Hubert de Boüard, alors président des saint-émilion et maître d'Angélus. *« On se pose des questions : ils commencent à évoluer vite ; dans dix ans, ce sera sûrement trop tard pour eux. Il faut rechercher, désormais, plus d'acidités naturelles, qui seront un facteur de durée. »* Une quasi-autocritique, car Hubert ne fut pas le dernier à jouer de l'extraction.

Cette prise de conscience collective venue d'en haut annonce un retour vers des vins plus frais, moins « outre-atlantiqués », plus atlantiques, et capables d'un heureux vieillissement, tout en finesse et subtilité. De vrais saint-émilion, en somme.

Comprenons-nous bien, dans les zones moins favorisées où fleurissent nombre de saint-émilion ou saint-émilion grands crus (pas classés), on déniche de très bons vins. C'est même là que l'on peut faire les meilleurs affaires. À condition de bien se mettre en tête qu'à aucun moment la pépite découverte pourrait s'imaginer en sosie de Cheval-Blanc ou de Figeac. De jolis vins, pour des plaisirs au présent et pas au futur lointain.

Un peu partout, on parle de lutte raisonnée, souvent de culture agrobiologique, voire de biodynamie, méthode dont les adeptes passaient, il n'y a pas si longtemps, pour d'aimables farfelus !

Il me faut dire un mot de la ténébreuse affaire du classement qui a occupé les esprits vignerons de Saint-Émilion pendant trois ans. Voici les faits : tous les dix ans, cette appellation remet sa hiérarchie en cause… Tout en haut, rappelons-le, se situent les premiers grands crus classés. Cheval-Blanc et Ausone sont dans la catégorie A, qui, comme on peut aisément le deviner, précède la B où l'on rencontre Angélus, Figeac, Trottevieille et une petite dizaine d'autres (voir tableau p. 21) Ensuite figure la tribu des grands crus classés ; ils sont une quarantaine. C'est dans ce secteur que s'opèrent le plus souvent montée et descente. Un jury choisit de faire chuter vers les grands crus tout court les non-méritants, ceux qui se sont endormis sur leurs lauriers, et de faire grimper chez les classés des grands crus qui eux au contraire ont tout fait pour se distinguer. Notons au passage qu'entre grand cru tout court pas classé et saint-émilion simple, la différence pèse le poids d'une plume de moineau : c'est à peu près la même chose.

Il est très rare que des premiers grands crus classés descendent (sauf Beauséjour-Bécot, en 1986, et reclassé en 1996 : une mauvaise querelle et de mauvais caractères en étaient la principale cause). En revanche, la valse des chaises musicales concerne déjà plus le rang inférieur, celui des grands crus classés. Tous les dix ans, certains partent aux oubliettes et d'autres prennent leur place. C'est cruel – quelques déclassés de 1996 n'ont pas tenu et les propriétés se sont vendues –, mais c'est aussi motivant. Les punis souvent redoublent d'efforts pour reconquérir le rang perdu.

Chacun est libre de participer et de s'inscrire ou pas. Le dernier classement, celui de 2006, a été fortement contesté par certains crus que le jury avait déclassés. Quelques allers et retours devant les tribunaux avec des dossiers bien préparés leur ont donné raison, le classement fut annulé. On a bien failli se retrouver dans la situation paradoxale suivante : les nouveaux classés, ceux qui avaient trimé pour monter ou remonter étaient purement évincés, et les éliminés, dont la plupart avaient mérité de l'être, se retrouvaient de nouveaux classés.

« Il ne suffit pas qu'une décision soit juste, il faut aussi que passe l'esprit de justice », dit un jour Robert Badinter. On en était bien loin, de l'esprit de justice. Après divers rebondissements devant différentes cours, l'ultime résultat est le suivant : le classement est annulé et l'on en revient au précédent, daté de 1996, avec cependant un codicille. Les crus déclassés en 2006 sont réintégrés. Mais les nouveaux promus sont eux aussi maintenus, ce qui semble déjà un peu plus dans l'« esprit de justice ». Le prochain se prépare, bordé juridiquement, cette fois. Espérons-le.

Premiers grands crus classés

Ausone

Premier grand cru classé A
7 ha
Propriétaire : Famille Vauthier
Contact : Alain Vauthier – 33330 Saint-Émilion
05.57.24.24.57
château.ausone@wanadoo.fr

Longtemps en indivision, la propriété a finalement été reprise par la branche Vauthier au milieu des années 90. Dit comme cela, tout paraît simple. Deux lignes à peine pour résumer une bataille homérique qui fit le bonheur matériel des avocats. La veuve de Jean Dubois-Challon aurait vendu ses parts au diable plutôt que de les voir tomber entre les mains de ses neveux, l'autre famille copropriétaire : les Vauthier. Ah, Mauriac, quelle belle histoire tu nous aurais écrite là ! La volonté de la veuve ne pesait pas grand-chose face à l'obstination, la fougue, la parfaite connaissance du droit et du mode d'emploi de l'appareil judiciaire d'Alain Vauthier. Triomphante et devenue unique propriétaire, la famille Vauthier devait quelques années durant cohabiter avec l'ennemi. Car Hélyette Dubois-Challon, également propriétaire du voisin Belair, habitait toujours la demeure d'Ausone. Quelques années durant, jusqu'au décès de la vieille dame, ce fut un curieux spectacle sur ce morceau de rocher, un espace restreint, presque une île, l'affrontement silencieux entre les deux parties. Alain Vauthier organisant les travaux de réfection des chais, les engins manœuvrant au ras du perron de la veuve, les blocs de pierre devant ses fenêtres, les droits de passage plaidés devant les cours… L'hostilité était à ce point palpable que je me suis surpris à chuchoter dans la cour d'Ausone, comme on échange quelques propos de politesse à voix basse en suivant un cercueil. Vous pensez que j'exagère. Me croirez-vous si je vous affirme qu'après le décès de sa tante le très cartésien Alain Vauthier eut recours à un exorciste, puis à un démagnétiseur venu exercer ses talents sur le chai et la maison. Les révélations de ce dernier, parfaitement ignorant des secrets de famille, sur des moments violents d'un lointain passé en des endroits précis de la maison, ont profondément impressionné Alain. Effet bénéfique : depuis le passage du démagnétiseur, constate-t-il, les fermentations se sont déroulées plus lentement mais sans arrêts ni à-coups.

Les vieux démons envolés, le calme et la joie sont revenus à la maison d'Ausone (fut-elle celle du poète ? Sans doute, mais personne n'en a la certitude et tout le monde s'en fiche plus ou moins). Alain n'est plus aux plaidoiries et Pauline, sa fille, souriante, décontractée et professionnelle, dirige désormais la manœuvre technique aux vignes et aux chais à la tête d'une équipe jeune et qui ne vit que pour la qualité du cru. Ausone a une particularité : son étonnante capacité à bien vieillir. Même des millésimes très moyens comme 1973 offraient cinquante ans plus tard une délicatesse aromatique qui n'est pas sans rappeler les très grands bourgognes comme La Tache. Est-ce dû au cabernet franc, fortement présent dans l'encépagement (55 %), ou au terroir argilo-calcaire posé sur le rocher et incliné vers le sud ? C'est un peu comme pour le poète : on ne sait pas et on ne veut pas trop savoir. Ausone, comme tous les grands vins, doit conserver de l'ombre pour aiguiser l'imaginaire. La lumière c'est parfois l'ennui.

Second vin : Chapelle-d'Ausone

Millésime 2000

– *Dégustation d'avril 2001*

Alain Vauthier pense qu'il a réalisé en 2000 le plus beau millésime de sa carrière. « *Je n'ai jamais ramassé de cabernets comme ceux-là. Dans les sols argilo-calcaires, la vigne n'a pas souffert et n'a pas connu de stress hydrique en août et septembre. Analytiquement, le plus riche millésime que je connaisse, encore plus riche que 82.* » 55 % cabernet franc, 45 % merlot.

18 – Nez finement épicé, des notes de rose rouge et de pâte de fruits, bouche ronde, tanins gras et fondus, une matière généreuse sans être envahissante, beaucoup de finesse apportée par les cabernets, dense et fin à la fois. Un superbe Ausone.

Millésime 2001

– Dégustation d'avril 2002

La cour d'Ausone ressemble de plus en plus au jardin de Cléopâtre (version *Astérix*), tant les travaux entrepris par Alain Vauthier paraissent imposants. Il faut dire que l'espace est compté – Ausone est accroché au rebord du plateau qui domine la Dordogne. Ici, dès que l'on creuse, on est immédiatement dans ce calcaire jaune qui a tant servi à bâtir les monuments de Bordeaux et d'ailleurs. On ne déplace pas des gravats, on bouge d'énormes blocs de pierre, on dégage les entrées géantes d'anciennes carrières exploitées depuis les Romains. Alors, forcément, créer deux nouveaux chais souterrains – un pour la vinification, un pour les barriques – n'est pas un événement qui passe inaperçu. Il faut extraire et consolider à la fois pour que les anciennes galeries ne s'effondrent pas : *« Il a fallu 110 toupies de chaux pour boucher en dessous »*, commente Alain Vauthier, qui surveille la ballet des camions.

Moitié cabernet franc et moitié merlot dans ce 2001. *« Pas de presse, pas trop d'extraction. Certains ont pompé comme des Shadoks pour faire des remontages et extraire un maximum ; ce n'était pas ce qu'il fallait faire. »* Tant mieux, car ceux qui ont pu être surpris par certains millésimes récents d'Ausone, très denses, vont retrouver avec le 2001 l'élégance et le raffinement des vins de ce cru d'une très grande longévité.

18 – Un bouquet superbe de violette, rose, cerise, complété de touches épicées, bouche souple, tannique et soyeuse, des notes présentes de cassis et de mûre portées par une trame solide mais élégante à la fois. Très long, très pur.

Millésime 2002

– Dégustation d'avril 2003

« On est à plus de 50 % de cabernets francs par rapport au merlot, et des rendements à peu près équivalents à 2001 », commente Alain Vauthier. *« Cette année, on n'a pas éclairci, on a fait du "désailage", c'est-à-dire que l'on a enlevé les ailes, les bouts des grappes, pour ne garder que la partie la plus intéressante. L'éclaircissage trop poussé provoque des changements hormonaux de la plante. Elle produit des réserves pour donner le double de rendement l'année d'après. »*

18 – Nez fortement épicé, gelée de mûres, note de grillé, rond, souple, tanins très enrobés en bouche, beaucoup d'épices, une structure moelleuse mais très élégante, fruit frais en finale.

Millésime 2003

– *Dégustation d'avril 2004*

Alain Vauthier continue de démolir pour mieux reconstruire, d'explorer et de valoriser ce dédale de carrières, ces maisons accrochées aux rochers, ce vignoble à cheval sur la ligne de rupture entre le plateau calcaire de Saint-Émilion et ses coteaux. Dans la cour, abrité d'une bâche en plastique, le tailleur de pierre redonne forme aux anciens blocs récupérés ou arrachés au sous-sol. « *On s'arrêtera quand on n'aura plus d'argent* », plaisante (à moitié) Alain Vauthier. Le vignoble a peu souffert de la chaleur : « *On a eu du cramé ou du stress hydrique sur une petite zone de sable, c'est peanuts. Je crois que beaucoup de gens ont brûlé leurs vignes en faisant un traitement de trop, juste avant la canicule. Ce qui grille, c'est le raisin vert, pas le raisin noir d'après véraison. En revanche, il fallait effeuiller très tôt, à la floraison.* » L'assemblage final se compose d'une forte proportion de cabernet franc (50 à 55 %), le reste en merlot.

17,5/18 – Des arômes de fruits noirs et de violette, avec une trace fraîche de fenouil et de menthe, la bouche est très serrée, tannique surtout en finale. Après une attaque tout en suavité, le vin montre sa force et sa tonicité. L'élevage devrait adoucir le côté fauve.

Millésime 2004

– *Dégustation d'avril 2005*

Après les grandes guerres, l'apaisement. C'est un peu à quoi ressemble Ausone aujourd'hui, qui fut le champ d'affrontements familiaux longs, violents et douloureux. En vase clos, dans ce bout de falaise calcaire où chaque bloc cache une galerie, un souterrain, un étage de carrière, une histoire, Alain Vauthier, vainqueur, nettoie tout, redresse, rénove, aplanit. Il n'est plus le guerrier des débuts, chargé de dossiers lourds des plaidoiries en cours et à venir, en colère contenue permanente. Désormais, il vit en bâtisseur ou plutôt en rénovateur, car Ausone existait avant lui. Le vin de ce terroir magique n'a jamais non plus affiché la souffrance des changements de règne. Au début, il y eut sans doute la volonté d'afficher la différence. Ausone avait tendance à échanger son XL pour un XXL. Les tanins jouaient des coudes : on pouvait craindre pour la finesse. Mais c'est le propre des grands terroirs de dominer les humeurs et les envies de ceux qui ont la charge de les accompagner. Avec le temps, Ausone ne retiendra que les bienfaits. Composition : moitié cabernet franc, moitié merlot.

18,5 – Fruits confits, cerise, violette, lilas, bouche ample, dense, complète, tanins soyeux et serrés, beaucoup de sève, des notes épicées. Un vin fier de sa densité mais sans dureté. La plénitude n'est jamais de l'épaisseur. Le fruité très frais se prolonge longtemps en bouche.

Millésime 2005

– *Dégustation d'avril 2006*

« Ceux qui ont vendangé tôt ont eu raison et ceux qui ont vendangé tard ont eu raison aussi ! » résume Alain Vauthier pour signifier que le traditionnel débat sur le choix des dates de vendanges n'a pas eu lieu d'être cette année. *« Il était difficile de déterminer une bonne date, car il y avait des tanins et du sucre en abondance. »* Les nuits fraîches préservaient le raisin d'une perte d'acidité ou d'arômes. *« Nous avons opéré entre le 23 septembre et le 6 octobre. Tout au long, les raisins avaient beaucoup de goût. »* Bref, la sécheresse n'ayant pas provoqué de blocage dans les maturités, la fenêtre de tir était une grande baie largement ouverte. Alain Vauthier a, comme chez son alter ego Cheval-Blanc, privilégié le cabernet franc : *« Si on bosse dessus, il est bon. »* L'assemblage en comprend 55 % contre 45 de merlot, soit un peu plus que l'an passé. Ausone s'exprime en élégance, sans fard, sans perdre son coté charnu et moelleux.

18,5 – Fruits noirs, note chocolatée, sous-bois, cerise, la bouche est généreuse, dotée de tanins veloutés, beaucoup d'intensité, autant dans l'expression du fruit que dans le toucher, structure dense mais douce, un fort caractère contenu. À noter également le second vin, Chapelle-d'Ausone, délicat, soyeux en attaque, assez vigoureux en finale : une belle réussite.

Millésime 2006

– *Dégustation d'avril 2007*

« Fin août, on se dirigeait vers quelque chose de très riche », dit sobrement Alain Vauthier. Mais, même si la pluie a gâché la fête, ce qui demeure est d'une très grande qualité. *« Sur le plan analytique, on est égal ou supérieur à 2005… »* On a même eu le sentiment, au cours de cette conversation, qu'Alain Vauthier avait une petite préférence pour ce 2006 dernier accouché. *« Nous n'avons pas eu la même sérénité qu'en 2005. Il fallait être très vigilant. »* En clair, chercher la maturité, patienter le plus possible, mais pas trop quand même : *« Dès qu'il y avait une graine pourrie, il fallait y aller, ramasser et ne pas attendre ! On a placé la vendange égrappée dans dix petits cuvons réfrigérés, qui nous permettent d'attendre pour remplir les cuves. Pas de pompe, les cuvons sont levés par palan au-dessus des cuves et on travaille uniquement par gravité. »* 55 % de cabernet franc et 45 % de merlot. Le millésime convient parfaitement à Ausone, en

soulignant son style fait d'élégance et de rondeur. Le second vin est lui aussi tout à fait remarquable, fruits noirs, bouche raffinée et gourmande, tanins nobles, la classe !

19 – Cerise écrasée, mûre, touche de violette, Zan, bouche tendre, tanins veloutés, des notes épicées, une structure droite, précise, des tanins fournis et sans dureté. Un vin fin et concentré, harmonieux, très long.

Millésime 2007

– Dégustation d'avril 2008

La grande (et sympathique) nouveauté à Ausone, c'est l'arrivée aux responsabilités de Pauline Vauthier, fille d'Alain, âgée de 24 ans et bien décidée à imprimer sa marque : « *Je m'occupe de la partie technique, je préfère la partie vigne ; ici, c'est moi qui vinifie avec l'aide de Philippe Baillarguet, maître de chai. Au niveau de la dégustation, j'ai apporté des choses que les autres ne sentent pas, et eux m'ont fait découvrir des sensations que je ne connaissais pas.* » Après un BTS au lycée de Montagne-Saint-Émilion, Pauline est venue rejoindre l'équipe en 2005, pour quelques mois : « *Après les vendanges, je suis allée en Afrique du Sud, à Stellenbosch, trois mois début 2006. Je n'ai pas eu le temps de visiter, je le regrette. Je suis revenue pour les primeurs en mars, et depuis je n'ai pas bougé.* » Le clan des filles se renforce à Saint-Émilion : « *On échange pas mal avec Sophie Fourcade, Juliette Bécot…* » Pour l'instant : « *Pas d'accrochage avec mon père !* »

Le second vin, Chapelle d'Ausone, est constitué à 50 % cabernet franc et 50 % merlot. Très fruits noirs, poivre, gras, plein, dense, épicé, bouche fondue, douce, très ronde, élégante, finale un peu poivrée.

Le grand vin est composé de 55 % cabernet franc et 45 % merlot, élevé dans 100 % de bois neuf, chauffe moyenne. La vendange s'est étalée du 2 au 6 octobre pour les merlots, et du 10 au 15 pour les francs.

17,5 – Fruits noirs, épices, très beau fruit, complexe, réglisse, Bouche dense, moelleuse, ronde, souple, tendue, ferme, longue, tendre, très joli fruit, rond, long, élégant, gourmand.

Millésime 2008

– Dégustation d'avril 2009

Sur tous les domaines de la famille Vauthier (Simard, Fonbel etc.), les nouvelles plantations se font en haute densité : 12 600 pieds à l'hectare au lieu des 6 000 qui sont la norme à Saint-Émilion. Pauline Vauthier : « *Le travail est multiplié par 1,5, mais le résultat, au niveau concentration et structure des vins, est vraiment très intéressant. Ce sont de jeunes vignes, donc on les met dans la Chapelle* [second vin] *pour le moment, mais si ça continue comme cela, dans cinq ou six ans, ce sera dans le grand vin.* »

La vendange s'est déroulée les 17 et 18 octobre pour les merlots et le 20 pour les cabernets francs : « *Ils étaient mûrs. On a une semaine de décalage par rapport à 2007. La véraison a été notée le 20 août, alors que d'habitude c'est début août. On préfère vendanger à J moins un 1 plutôt qu'à J plus 2, pour conserver le fruité.* »

55 % de cabernet franc, 45 % de merlot, 100 % de barriques neuves, avec des chauffes moyennes « *pour que le caractère toasté ne soit pas trop présent* ».

18,5 – Épices, grillé, cistes, poivre noir, bouche ronde, moelleuse, tanins moelleux, beaucoup de classe, délicieux et garni, fraîcheur, largeur, longueur. Très beau vin, finale relevée, un peu poivrée.

16 – **Chapelle-d'Ausone** : fruits noirs, bouche ronde, cassis, dense, tendue, un peu serrée en finale, prune. Beaucoup de fruits noirs, myrtille. Près de 14° d'alcool.

Millésime 2009

– *Dégustation d'avril 2010*

« *Comme on le souhaitait, quand on le souhaitait,* commente Pauline Vauthier. *On a commencé les vendanges le 28 septembre pour les jeunes plants sur le plateau. Ensuite les merlots les 4, 5 et 6. On a enchaîné sur les cabernets francs le 9 et 10. On préfère vendanger les merlots un peu croquants. Si on avait attendu, on perdait le fruit. On n'aime vraiment pas ce goût de merlot trop mûr.* » Mais la colonne du vin, selon ses auteurs, c'est le cabernet franc : « *Ils étaient superbes. J'ai rarement vu des cabernets comme ça !* » dit Philippe Baillarguet (maître de chai). Pour l'équipe d'Ausone, 2009 est dans le même esprit que 2005, mais les vins ne se ressemblent pas : « *Cela me fait penser plus à 2000* », dit Pauline. Les travaux continuent. Le cuvier a été entièrement détruit pour être remplacé par un chai où raisins et vins seront traités par gravité (et non plus avec des pompes). « *On change les cuves, on en avait six, on en aura sept ; un hectare par cuve, faut que ça soit près pour septembre et ça le sera. Une fois la dernière cuve écoulée, on a tout cassé.* »

19,5 – 55 % cabernet franc, 45 % merlot, 14,5°. Fruits noirs, épices, poivre, olive noire, bouche puissante, dense, épicée, croquant, long, frais et fin moelleux, tendre, très beau fruit, tanins frais, long. Très élégant.

16,5 – **Chapelle-d'Ausone**. 70 % merlot, 30 % cabernet franc. Fruits noirs, un peu fermé, épices, prune, bien fruité, bouche moelleuse, douce, élégante, tanins soyeux, long, fin, séveux. Très frais, tendu. Long.

CHEVAL-BLANC

Premier grand cru classé A
Surface : 37 ha
Propriétaire : Bernard Arnault et baron Albert Frère
Contact : Pierre Lurton
33330 Saint-Émilion
05.57.55.55.55
www.chevalblanc.com

Si vous alliez voir à la page Figeac ce que, vissées à l'ordinateur, mes pauvres mains racontent, cela m'éviterait de répéter une histoire passionnante mais coûteuse en énergie. Cheval-Blanc est un cru récent. Relativement. Rien à voir toutefois avec certains vins du Nouveau Monde âgés de 10 ou 15 ans dont les responsables bordelais qui s'en occupent nous expliquent que ce sont des merveilles. Cheval-Blanc est un cru récent d'environ 170 ans. C'est l'âge de raison pour un grand cru, comme ne manqueront pas de vous l'expliquer les mêmes responsables bordelais lorsqu'ils remettent leur casquette de défenseurs du terroir et de la tradition. Nombreux sont les responsables de grands crus bordelais à rentabiliser leur savoir-faire ailleurs, notamment dans le Nouveau Monde.

Pierre Lurton dirige Cheval-Blanc et Château d'Yquem. On a craint un moment qu'autant de responsabilités ne lui provoque un éléphantiasis du cigare. Mais le garçon a un humour tellement piquant qu'aucune baudruche, même interne, ne saurait y résister. Pierre Lurton est arrivé à Cheval-Blanc avant que celui-ci ne soit racheté (en 1998) par deux grosses fortunes associées pour l'occasion : Bernard Arnault et Albert Frère.

À l'époque de son recrutement, par effet de succession, plusieurs familles et plus de trente-cinq actionnaires possédaient le domaine (c'est d'ailleurs pour cela qu'il fut vendu). Pierre Lurton est reçu par les représentants des familles. Lesquels lui disent (je devrais écrire lesquelles, car je crois me souvenir qu'il n'y avait que des femmes) en substance : *« Monsieur Lurton, votre candidature est la plus intéressante. Votre expérience est incontestable comme votre réussite à la direction de Clos-Fourtet, premier cru classé et propriété de votre famille. C'est justement là que le bât blesse. Les Lurton possèdent de nombreux châteaux, votre nom est connu dans tout le Bordelais et nous craignons avec votre arrivée qu'il soit dit que les Lurton ont racheté Cheval-Blanc... Pourriez-vous changer de nom, prendre un pseudonyme ? »* Pierre Lurton, un peu interloqué, ne sut pas trop quoi répondre, sauf que Lurton était son nom et qu'il n'avait pas trop envie d'en changer.

« Peut-être pourriez-vous alors prendre le nom de votre mère ? » Lurton sourit et répondit : *« Sans aucun doute, mais je crains que cela n'arrange pas vos affaires... Ma mère s'appelle Lafite ! »* Il fut embauché sur-le-champ et sous son nom.

Pierre Lurton est secondé par Cornelis Van Leeuwen, alias le Hollandais creusant, docteur en œnologie et surtout grand spécialiste des terroirs, responsables de nombreux « carottages », sondages dans les vignobles. Professeur à l'Énita, l'école d'ingénieurs en travaux agricoles, il est l'auteur de nombreux trous, des fosses pour voir ce qu'il y a là-dessous, et d'une carte des sols et sous-sols de Saint-Émilion. Pour Van Leeuwen, ce qui fait la grandeur de Cheval-Blanc, c'est la présence d'argile en sous-sol : *« Quand je parle d'argile, c'est avec une texture très fine, des grains inférieurs à 2 microns. Le rôle de l'argile est d'être un réservoir d'eau énorme. C'est de l'eau liée ou retenue que la vigne doit aller chercher, ce qui réduit les rendements et donne beaucoup de composés phénoliques. Dans ces sols, le drainage est essentiel, sinon il peut y avoir stabulation d'eau sur l'argile. C'est ce qu'avaient compris les premiers propriétaires de Cheval-Blanc au milieu du siècle dernier, ou ceux d'Yquem. Dans tous les grands terroirs, on trouve cette fonction réservoir. À Saint-Émilion, c'est aussi le calcaire à astéries qui joue ce rôle. Les grands terroirs, ce sont des textures extrêmes : ou très fines ou très grossières. »*

Cheval-Blanc a été créé à partir d'un morceau de l'ancien Figeac, qui couvrait alors 200 hectares. Il partage avec lui 60 hectares de terroirs exceptionnels de graves (30 chacun), les mêmes graves dites gunziennes que l'on retrouve dans les grands crus de pauillac ou margaux. (Avec cette argile en sous-sol dont parle Cornelis.) Les fondateurs, les familles Ducasse et Fourcaud-Laussac, savaient parfaitement ce qu'elles faisaient en achetant ces parcelles (1832). Pour preuve, ils furent les premiers de tout le Bordelais à entreprendre un drainage moderne (avec des tuyaux). Comme à Figeac, le cabernet est fortement représenté (60 % contre 40 % de merlot), mais uniquement du cabernet franc, pas de cabernet-sauvignon.

Second vin : Petit-Cheval

Millésime 2000

– Dégustation d'avril 2001

Pierre Lurton fait le même constat qu'Alain Vauthier à Ausone : *« On a eu des cabernets francs prodigieux. Ce sont eux qui font le cœur du vin. »* Une nouveauté cette année à Cheval-Blanc, la création d'un troisième vin, un « saint-émilion générique » pour répondre à la demande et aussi pour *« resserrer la structure du deuxième ; je trouvais qu'il manquait un peu de densité »*.

Le deuxième, Petit-Cheval, est un petit bijou de douceur et de fruit, mais posé sur une structure plus solide qu'autrefois – en effet, 50 % de merlot, 50 % de cabernet franc.

Le grand vin est constitué, lui, de 53 % merlot et 47 % cabernet franc.

18 – Nez épicé, cerise noire, prune, riche et complexe, bouche dense, trame très serrée, tanins généreux mais comme toujours ici d'une grande douceur. Une richesse presque inhabituelle et un fruité très frais. Une grande bouteille quand l'élevage aura affiné le pur-sang.

– Dégustation d'avril 2002

18/18,5 – Fruits rouges, frais, net, délicat, un fruité encore éclatant. Le côté dense, un peu serré de l'an passé s'est affiné avec l'élevage, le vin s'est allongé et a encore gagné en finesse.

Millésime 2001

– Dégustation d'avril 2002

« C'est une année assez bizarre », commente Cornelis Van Leeuwen. *« Ce qui était bon était très bon et ce qui était moyen était très moyen. »* Ainsi les cabernets francs vieux de 35 ans, qui, d'habitude, entrent obligatoirement dans l'assemblage du grand vin, n'en ont pas été jugés dignes cette fois. *« Cela a fait*

monter le pourcentage de merlot dans Cheval-Blanc, qui est de 65 % cette année (35 % cabernet franc). » 55 % de la récolte est entré dans la composition du grand vin, tandis que Petit-Cheval, le second vin, comporte 57 % de cabernet franc. Les efforts de sélection entrepris pour hausser la qualité de ce Petit-Cheval continuent. Il représente seulement 11 % de la récolte. Le reste est allé dans un troisième vin au destin mystérieux : « *On essaie d'en boire le plus possible et le reste est vendu de façon anonyme, en bouteille.* »

17 – Ce millésime de Cheval nous surprend, sans doute à cause de la présence forte de merlot. Le fruité exceptionnel de ce cru est bien au rendez-vous ; c'est la qualité des tanins qui étonne. Une qualité saint-émilionnaise assez classique, avec la rondeur, le moelleux mais sans ce grain délicat, chatoyant, qui signe les grandes années de Cheval.

Millésime 2002

– Dégustation d'avril 2003

« *On a pu trouver des merlots de qualité, mais notre réconfort est à chercher surtout du côté des cabernets francs* », commente Pierre Lurton. « *Ce n'est pas un très grand millésime sur le Saint-Émilionnais, cela rappelle les 78, qui se tiennent très bien aujourd'hui. Pour l'avenir de ce vin, on est confiants mais, pour les dégustations primeurs, c'est plus compliqué. Le vin n'est ni prêt, ni ouvert, ni aimable. On a fait une récolte très petite et une sélection très forte. On a 22 hl/ha, ce qui fait 35 000 bouteilles ; sur 40 hectares, c'est peu.* » 55 % cabernet franc, 45 % merlot.

17,5 – On retrouve la belle finesse de Cheval avec la belle qualité des petits tanins soyeux (qui nous manquaient un peu l'an passé). Le nez développe de beaux arômes de résine, prune, fruits noirs et une pointe de grillé, la bouche est élégante, très structurée, peu exubérante mais droite, prometteuse.

Millésime 2003

– Dégustation d'avril 2004

Nous sommes passés deux fois au château : le 19 mars et le 15 avril. La première fois, nous avions déjà au compteur à dégustations quelques centaines de crus de la rive droite, avec le curieux sentiment que le monde se divisait en deux : d'un côté le pruneau, de l'autre les falaises d'Étretat. En clair, d'un côté des raisins brûlés par le soleil, et de l'autre des tanins pas mûrs qui transformaient les papilles en un solide bloc de calcaire. La fraîcheur, la délicatesse de Cheval-Blanc, comparé à tous ces vins torrides, nous avaient semblé relever du mirage. Il fallait donc revenir et vérifier si l'oasis était bien réelle. Affirmatif ! Le Cheval-Blanc était bien de la couleur annoncée. « *La vigne s'est bloquée sur les graves. Nous avons la chance d'avoir cette diagonale argileuse qui nous a permis d'aller chercher des raisins assez frais. Finalement, la proportion de cabernet franc est un peu plus forte que l'an passé, entre 57 et 60 %. Les conditions climatiques ont été très favorables à la grande maturité de ce cépage. Il a conservé sa fraîcheur tout en fournissant la colonne vertébrale du vin. Le merlot est à 40 %.* » Et le second vin, remarquable et assez proche du premier, comporte un assemblage à peu près inversé. Les vendanges ont commencé le 1er septembre et se sont achevées le 14. « *Ce sont les plus précoces depuis 1893.* »

18,5 – Premier nez assez fermé, des notes d'épices et de rose montent peu à peu. La bouche est d'une grande délicatesse, les tanins se font discrets pour laisser la place au fruit, un fruité frais de cerise et de groseille avec des traces de cacao, une trame cependant très solide, bien tissée, serrée.

Millésime 2004

– *Dégustation d'avril 2005*

50 % de la récolte ont donné du grand vin et 23 % du Petit-Cheval. Le reste… « *On en boit le maximum* », plaisante Cornelis Van Leeuwen. « *On fait un tri très sévère, on élimine des lots pour produire une second vin vraiment digne. Quand on travaille les assemblages, on cherche d'abord Cheval, puis on élabore Petit-Cheval, et ce qui reste, tant pis…* » Lequel Petit-Cheval avait vraiment besoin d'avoine car il ne figurait pas autrefois parmi les meilleurs seconds. Ce n'est plus la cas aujourd'hui : le 2004 est un vrai bonheur de tanins doux et de fruits noirs. « *C'est un millésime très équilibré. Sécheresse en juin, juillet normal, plus de pluie que d'ordinaire en août et septembre très beau. La vigne était folle après une année de contrainte en 2003, elle annonçait des rendements énormes. Nous avons procédé à deux éclaircissages, c'est la première fois, pour arriver à un rendement de 45 hl/ha. Dans une année comme celle-là on ne peut pas trop réduire sinon on déséquilibre la vigne et les raisins.* »

19 – Nez épices, des notes racinaires, gentiane, côté sauvage de myrtille écrasée et de violette. La bouche est fine, délicate, fraîche, petits tanins liés, ramassés, croquants. Une grande longueur en bouche. Beaucoup d'élégance et de classe dans ce Cheval-Blanc, qui démontre une fois de plus que la puissance n'est pas le critère principal des grands vins de Bordeaux.

Millésime 2005

– Dégustation d'avril 2006

Cheval-Blanc est bon quand le cabernet franc est très bon. Dans cette région saint-émilionnaise où le merlot domine, quelques crus font bande à part. C'est le cas particulièrement notable de ce premier grand cru classé installé sur des sols graveleux et argileux, très différents de ceux du plateau voisin, où le calcaire affleure souvent. « *C'est curieux* », raconte Pierre Lurton, « *le cabernet franc n'apparaissait pas au moment des vinifications, il ne se faisait pas remarquer.* » Petite frayeur, donc, bien vite réfrénée : « *Après, c'est monté très fort...* » Et à l'arrivée : « *On tient un très grand vin !* » Nous sommes d'accord. Comme partout, les rendements sont nettement inférieurs à ceux de 2004, sans être ridicules (autour de 40 hl/ha), car, si les grappes étaient abondantes, les grains étaient petits et concentrés. Petit-Cheval (55 % merlot et 45 % cabernet franc), d'une grande délicatesse, porte bien son nom. Il a le goût du grand, son aspect et sa suavité sans en avoir la puissance et l'éclat un brin sauvage. Cheval-Blanc est composé de 44 % cabernet franc et 56 % merlot.

18,5/19 – Cerise noire écrasée, bouche onctueuse, très fruitée, d'une grande élégance, mais avec une densité rarement atteinte. Le vin est complet, tendu, tannique, mais sans la rugosité du 2000, très apprécié en son temps pour son ampleur. Les tanins nous semblent plus nobles, davantage soyeux que laineux.

Millésime 2006

– Dégustation d'avril 2007

Cornelis Van Leeuwen connaît les sols de Cheval-Blanc au mètre près. Sans exagération ! Kees (son petit nom) est en effet un peu comme le poinçonneur de Gainsbourg, il fait des trous partout (qu'il rebouche, bien sûr !) pour mieux connaître les dessous du terroir et affiner les dates des vendanges. Cette année, il avoue que ce fut compliqué. « *Il a fallu naviguer entre les averses et les attaques de botrytis. Ce fut au départ une année assez sèche, avec un mois de juillet chaud provoquant un arrêt de croissance précoce de la plante. Le mois d'août fut frais, du 1er au 10 septembre, on a connu la canicule, puis des pluies abondantes après cette date. Personne n'a pu vendanger avant cette pluie. Nous avons dû faire trois tries : dans les vignes et, successivement, sur deux tables au chai. On est arrivé à éliminer tout ce qui n'était pas correct, mais les rendements sont faibles : 28 hl/ha* [contre 40 l'an passé]. » En revanche, Kees et Pierre Lurton, qui parle de « *millésime stratégique* », sont assez satisfaits de la maturité des raisins : « *On avait des analyses identiques à celles de 2005, nous n'avons aucun phénomène de surmaturité, et un peu plus de fraîcheur qu'en 2005.* » L'assemblage n'a pas été facile non plus. « *Il fallait reconstituer* », dit Pierre Lurton. Les meilleurs lots, comme presque toujours ici, étaient constitués par les cabernets francs. Les merlots étaient plus « *homogènes* » mais avec moins d'éclat. Finalement, Cheval-Blanc est constitué cette année de 55 % de merlot et 45 % de cabernet franc. Petit-Cheval – 60 % de merlot et 40 % de cabernet franc – est très soyeux en bouche mais un peu éteint côté arômes.

18 – Nez épicé, boisé, un peu fumé, poivre, puis à l'aération petits fruits rouges ; bouche tendue, très fine, soyeuse, la petite touche de vert, séveuse, des millésimes de garde, tanins croquants, long, très pur, peut-être pas la densité de 2005, mais un équilibre parfait.

Millésime 2007

– *Dégustation d'avril 2008*

Quelques bouleversements cette année dans l'organigramme du château avec l'arrivée d'un nouveau chef de culture, Nicolas Corporandy, un jeune ancien de Château Laroque, formé auprès de l'exigeant Bruno Sainson, ce qui en soi est déjà une référence. Le domaine n'a produit que 30 % de grand vin sur la totalité de la récolte, et 30 % de Petit-Cheval. Le reste, soit les 40 % restants, est parti en saint-émilion générique : « *Ce n'était guère fabuleux* », constate Kees Van Leeuwen. « *La qualité passe par la sélection, cette année. La partie sableuse a eu du mal à concentrer, des vins fruités mais pas concentrés. Les merlots étaient déjà à une maturité satisfaisante. Ils n'évoluaient pas. Les merlots sur argile étaient très beaux. Les peaux continuaient de mûrir et on a préféré les attendre. On a commencé le 19 septembre pour finir le 6 octobre. Les francs, dans une moindre mesure, ont profité du soleil de septembre.* » Bref, avantage au sol d'argile.

Petit-Cheval est composé de 70 % cabernet franc et 30 % merlot : Zan, fruits noirs, bouche facile, bien ronde, fruitée, presque veloutée, favorisant le fruit.

Le grand vin est composé, lui, de 60 % cabernet franc et 40 % merlot.

17,5/18 – Nez réglisse, résine, un côté sauvage, bouche ronde, souple, bien fruitée, tanins élégants, délicats, croquants. Finesse et longueur, beaucoup d'allure.

Millésime 2008

– *Dégustation d'avril 2009*

« *Un classique avec acidité importante* », commente Pierre Lurton. « *Depuis un an et demi, notre nouveau chef de culture Nicolas Corporandy, un passionné de viticulture, est venu secouer notre problématique. On était dans un confort intellectuel. Peut-être le fait d'aller travailler à Yquem, où c'est moins facile, m'a fait me poser des questions. Il n'est pas question de trahir l'élégance de Cheval. Concrètement, on a revu les tailles, les gestes mal positionnés, l'enherbement qui ne me plaisait pas du tout. Sur les dates de vendanges aussi, on a un vrai débat…* » Celles de 2008 se sont étalées du 30 septembre au 17 octobre. « *On a pris le temps de faire les choses et d'aller vers la maturité mais pas la surmaturité.* »

Le grand vin : 45 % cabernet franc et 55 % merlot. « *Je pensais qu'on allait mettre plus de franc dans Cheval, et finalement on a trouvé le bon équilibre comme cela.* » 100 % de barriques neuves. « *La question que je me pose, c'est : est-ce que c'est bien, 100 % de neuf, est-ce qu'on ne devrait pas conserver un peu de marge de fraîcheur ?* »

18 – Rose, floral, framboise, bouche dense, tendue, élégante, fraîche, très fine, garnie, longue. Un vrai Cheval, avec de la construction et sans dureté.

16 – **Petit-Cheval** : 50 % merlot, 50 % cabernet franc. Délicieux, rond, assez musclé, mais tout en fruit, bonne longueur, gourmand, petite boule de fruits.

– *Dégustation de mars 2010*

18 – Floral, le boisé est assez présent, bouche douce, très moelleuse, soyeuse, un gras impressionnant, finale encore serrée, très fin mais avec une belle épaisseur en milieu de bouche – « *on a 23 hl/ha et c'est cette arrière-saison qui nous sauvés* ».

15 – **Petit-Cheval**. Rose rouge, bouche bien fraîche, sans la troisième dimension de Cheval, croquant mais sans le garni de milieu de bouche du grand frère.

Millésime 2009

– *Dégustation d'avril 2010*

Que fait la jeunesse ? Du grand vin. C'est un peu caricatural certes, mais on est frappé par la jeunesse des équipes qui dirigent techniquement, aujourd'hui, les très grands crus. Surtout en rive droite. Pétrus avec Olivier Berrouet, Ausone avec Pauline Vauthier et ici, à Cheval, où ce qu'il y a de plus blanc ce n'est certainement pas les cheveux de Pierre Olivier Clouet et Nicolas Corporandy. Une équipe en jean et baskets, décontractée mais sacrément au point dans leur métier. *« Il y avait un travail très intéressant à faire sur le vignoble, on a re-labouré les sols en profondeur, plus régulièrement, on a modifié la taille, on a changé la surface foliaire… On a beaucoup de très vieilles vignes et cela nécessitait un travail à la carte sur chaque pied afin d'avoir un rapport feuilles/fruits adapté »*, commente Nicolas. *« On identifie chaque pied et son potentiel. C'est assez valorisant car dès que l'on procède à des réglages, on a une réponse immédiate. »* Pierre-Olivier ajoute : *« On a la chance d'avoir un vignoble planté nord-sud et on peut donc bien profiter de la lumière en effeuillant le côté levant du soleil. Et on préserve le côté couchant pour ne pas griller les raisins. Ce qui a fait la qualité du millésime, c'est la floraison très homogène, en un week-end tout était en fleur. C'est la première fois que l'on relève une floraison aussi groupée. Les pluies des 18, 19, 20 septembre ont permis aux peaux de mûrir, elle ont relancé le travail des pellicules et elles ont calmé la montée de l'alcool, elles ont aussi préservé le fruit. »* 58 % merlot, 42 % cabernet franc. 13,8°.

19 – Fruits rouges, cerise, bouche douce, très fine, élégante, raffinée. Un vrai Cheval-Blanc, raffiné mais solide et bien tramé.

15 – **Petit-Cheval**. Deux tiers merlot, un tiers cabernet franc. Résine, épices, fruits rouges, bouche ronde, bien grasse, moelleuse, beau fruit, beaucoup de longueur ; l'alcool se fait sentir un peu en finale.

Archives

– *Dégustation de novembre 1994*

Millésime 1980

16,5 – Grenat brique foncé. Fruits cuits, prune, cannelle, cuir jeune, viande rôtie. Belle attaque, rond et gras, pas mal d'alcool et des saveurs très cacao, long, très fin, petits tanins encore serrés et encore présents, bien rond, délicat, bonne tenue pour son âge et le millésime qui justifie sa note.

Millésime 1981

17 – Grenat dense, à peine tuilé. Poivre, quatre épices, café froid, un brin austère avant aération. Très vif, droit, bien équilibré, bien rond, beaucoup d'élégance et des saveurs de noisette grillée, chocolat noir, cannelle, cerises compotées et à l'eau-de-vie, très café. On retrouve les tanins en finale mais sans astringence.

Millésime 1982

18 – Grenat dense, un peu brique. Nez épices, sous-bois, un peu truffe, cerise, cuir, torréfié, puissant. Rond, gras, ample, grain serré, très enveloppant, soyeux et dense, beaucoup de saveurs, puissant et gras, long, fruits cuits, beaucoup de réserve. On retrouve l'élégance du 81, mais avec plus de matière. Grand vin de garde.

Millésime 1983

12,5 – Grenat brique, d'une limpidité moyenne. Nez vanille, poivre, chicorée, un peu salé. Bouche assez caractéristique des 83 qui évoluent mal, champignon, beaucoup de saveurs sur un registre plutôt rustique, camphre, finale sèche.

Millésime 1984

14 – Grenat clair peu tuilé, moins évolué que le 83. Nez cerise, cannelle, poivre rose. Bouche assez évoluée mais sans excès, bien rond mais un peu sec en finale par manque de chair, cacao, fruits confits. Pas d'une longueur phénoménale mais très droit, de quoi se faire plaisir sur un repas.

Millésime 1985

17,5 – Grenat jeune. Nez cerise, vanille, miel, groseille, fougère, framboise, sous-bois, très expressif et attirant. Vanillé en attaque, fruits mûrs, compote pomme/cassis, gelée de cassis, très beau fruit, rond, soyeux, flatteur, homogène et frais. Sans doute un potentiel inférieur au 82, ce qui ne nous surprend pas, mais on en oublie l'architecture tant le plaisir est intense.

Millésime 1986

15 – Grenat un peu tuilé. Nez cuir, vanille, piquant, assez végétal. Gras en attaque, assez enveloppant, saveur chocolat d'un vin plus âgé, sèche assez vite. L'ensemble est agréable mais ce vin souffre de la maladie classique des 86 : trop de rendements. Ici, la forte récolte a obligé les vinificateurs à pratiquer des écoulages précoces faute de place.

Millésime 1987

15 – Grenat légèrement tuilé. Pointe végétale, un peu légume, café, s'ouvre bien à l'aération vers des senteurs de fruits cuits plus plaisantes. Bien rond en bouche. Vin qui s'éveille, et offre déjà une meilleure présentation en bouche qu'au nez, souple, fruité, note cacao, assez chaleureux. Vin de plaisir pour les deux/trois années à venir. Finale résine. Une note qui tient compte (comme toujours) du millésime. Première année d'entrée en fonction des cuves inox.

Millésime 1988

19 – Grenat jeune. Nez fermé, boudeur, bouton de rose, bois, grillé, note de cannelle et de framboise. Jeune en bouche, élégant, tanins fins et serrés, droit, évolution rectiligne, saveurs de fruits rouges, framboise et groseille, beaucoup de matière mais d'une grande délicatesse. Vin typé d'une année de maturation lente qui n'est pas sans rappeler certains 78. Le nouveau chai a permis des cuvaisons plus longues, mais 1988 fut aussi la première année de véritable maîtrise des rendements.

Millésime 1989

17 – Grenat jeune, très foncé, reflets fauves. Nez fruits cuits, surmaturation, chocolat. Beaucoup de matière et de glycérol, très gras, puissant, café, rond, torréfié. Un vin un peu violent avec de beaux tanins, musclé, riche, chaud. Plus en puissance qu'en élégance mais d'avenir, évolution rectiligne pour le moment.

Millésime 1990

18 – Grenat sombre. Nez fermé, cassis, cuir, tabac, café, fruits macérés à l'alcool. Ample dès l'attaque, puissant, beaucoup de matière, tanins fins et serrés qui équilibrent l'ensemble, saveurs de cerises en bocal, fruits cuits, plus fermé mais aussi plus fin que le 89. Très belle finale onctueuse.

Millésime 1991 : Petit-Cheval

13 – Pas de grand vin en 91, Pierre Lurton et son équipe n'ont pas jugé le millésime (ou du moins ce qu'il en restait après le gel) digne de Cheval. Grenat sombre. Nez cire, alcool, pomme. Rond, plus plaisant en bouche qu'au nez, agréable mais pas au niveau, avec des tanins un peu verts en finale.

Millésime 1992

15 – Grenat pourpre clair. Nez vineux, cerise, vanille. Bouche très tendre, soyeuse, bien ronde, beaucoup de fruit, une structure qui doit beaucoup au bois de la barrique, qui à ce stade de l'évolution est assez présent. Le terroir ne s'exprime pas encore. Un vin assez fin ; un Cheval plus au trot qu'au galop, que l'on pourra boire assez jeune.

Millésime 1993

17,5 – Grenat noir. Nez violette, tabac blond, épices, mûre. Bonnes saveurs de fruits rouges en attaque, rond, belle matière ample, riche, souple avec de la réserve, très Cheval-Blanc, épices et fruits, réglissé en finale, long, harmonieux.

ANGÉLUS

Premier grand cru classé B
Surface : 23,4 ha
Propriétaire : Famille de Boüard
Contact : Hubert de Boüard de Laforest
33330 Saint-Émilion
05.57.24.71.39
www.angelus.com

L'angélus, la cloche et tout le bazar suggestif, de Millet à Mitterrand (la force tranquille), invitent à piocher dans le dictionnaire des clichés usés comme les vieilles godasses du dimanche matin à la campagne. Un dico virtuel fort utile aux journalistes pressés de partir en week-end. Une bonne rasade de Sheila (*« la cloche a sonné, ça signifie »*), deux gouttes d'Édith Piaf avec Les Compagnons de la chanson (*« une cloche sonne, sonne, sonne... »*), un zeste de *Jingle Bells* (par Fats Waller) et nous aurions obtenu une superbe intro à l'ancienne pour carillonner deux dates déterminantes dans l'histoire récente de ce cru. Faisons simple : d'abord 1996. La révision du classement des crus de saint-émilion et l'accession d'Angélus au rang quasi suprême : premier grand cru classé. Notez au passage, que j'écris Angélus et pas l'Angélus. Hubert de Boüard, le propriétaire (avec sa famille), a souhaité supprimer l'article défini et son apostrophe. Plus facile à énoncer qu'à pratiquer. À haute voix, je vais à l'Angélus sonne (si je puis dire) bien mieux que je vais à Angélus. Essayez : j'ai bu du Angélus, c'est très moche, on dirait quelqu'un (d'âgé) qui parle sans son dentier. Passer de grand cru classé à premier grand cru classé n'est pas qu'honorifique. Décrocher le titre signifie beaucoup d'efforts et une récompense bien supérieure à celle qu'offrait la Compagnie des chemins de fer de l'Ouest pour la capture de Frank et Jesse James. Le vin change de gamme et de prix. En or se transforme le bronze de la cloche. Deuxième date importante : 5 septembre 1999. Un gros nuage compact, gris comme l'ardoise, descend la Garonne, traverse l'Entre-deux-Mers et lâche sa colère sur Saint-Émilion. On est à quelques jours, une dizaine, du début officiel des vendanges. La nature, cette année 1999, s'est chargée en une demi-heure d'accélérer l'histoire et le mouvement de la pensée. L'orage de grêle a dévasté une bonne partie des grands crus de saint-émilion. Hubert de Boüard, le lendemain, annonce sur LCI qu'il n'y aura probablement pas d'Angélus 99, qu'au mieux tout passera en second vin. Puis il convoque ses vendangeurs, accueille ceux des châteaux non touchés venus en renfort et tente de tout rentrer le plus vite possible. Les raisins sont pour la plupart éclatés et il n'y a pas de temps à perdre. Commencées le 6 septembre, les vendanges sont achevées le 16. C'est à peu près à cette date qu'il avait prévu de commencer. Après, silence radio : les vins fermentent. Hubert de Boüard, partisan déclaré des fortes maturités – ou, dit plus clairement, de récolter en surmaturité –, des extractions viriles, ne croit guère à l'avenir de ce qu'il récolte cette année-là. Il évite donc les longues macérations, redoute les tanins verts et la maigreur, cherche le fruit avec l'intention de produire uniquement un Carillon-de-l'Angélus, le second vin, sympathique. Début janvier, il a changé d'avis. Ce qu'il goûte dans son cuvier a beaucoup d'allure. Une fraîcheur, du fruit, de l'élégance ; rien à voir avec les côtés confit et moelleux du 98 ou les senteurs chocolat du 95. Finalement, cette vendange précoce donnera de l'Angélus. Elle initie sans doute une nouvelle façon de penser le vin. Moins « bête à concours », plus raffiné : *« Pendant la décennie 90, on a cherché à faire les vins des années 50. Celles de la chaleur et du soleil. On s'est fichus de la notion d'acidité, qui conserve de la fraîcheur de la vivacité au vin, on est allés trop loin dans la recherche de la maturité. On a regoûté récemment les 90, ramassés, surmûris, on se pose des questions : ils commencent à évoluer vite, dans dix ans, ce sera sûrement trop tard pour eux. Il faut rechercher, désormais, plus d'acidités naturelles, qui seront un facteur de durée. »* On ne se transforme pas en un coup de grêle magique une image acquise en vingt ans. La réputation d'Angélus (j'allais écrire de l'Angélus !) s'est établie sur un modèle de vin. Comme me l'a confié un jour Hubert : *« Ce qui compte, pour des vins comme le mien, c'est le marché américain et l'opinion de Parker ! »* Le marché a changé, surtout depuis que le cours des monnaies ne favorise plus guère le dollar. Les goûts aussi évoluent. La critique mondiale tend aujourd'hui à distinguer les grands vins de finesse des bons vins moelleux au palais, riches en tanins ovalisés par une forte maturité ou des procédés œnologiques oxygénants (l'oxydation adoucit la raideur tannique). Ces rouges-là ne sont pas à jeter au panier, ils permettent l'initiation, la découverte. Ils flattent, ils donnent envie parfois d'aller plus loin. Quel gourmet d'aujourd'hui n'a pas commencé son parcours gastronomique par la mayonnaise et les sauces crémées ? Les grands hommes qui répondent *« moi, mes premières lectures, ce furent Goethe, Stendhal, James Joyce, qui figuraient dans la bibliothèque de mon père…* » me font doucement rigoler. Avant Joyce, ils ont lu comme tout le monde *Babar, le Club des cinq* et *Martine va au cirque* côté filles. Pareil pour les vins. N'empêche, les grands vins de Bordeaux ne sont pas à chercher du côté des *Babar* que l'on a produits dans les années 90. Alors, lentement, prudemment, Hubert a levé le pied. Retour vers des vins plus frais, moins boisés, plus atlantiques, et capables d'un heureux vieillissement. Angélus s'étend sur la côte, pour l'essentiel, avec des sols tantôt sableux, tantôt calcaires mais avec une forte proportion d'argile : il n'est pas dans sa nature d'offrir du vin de dentelle. Son style demeure marqué par une indiscutable présence tannique. Hubert continue à s'amuser du côté de lalande-de-pomerol (La Fleur-de-Boüard). S'amuser ou plutôt chercher, tenter des expériences, aller au bout. C'est d'ailleurs en partie pour cela (et grâce à cela) qu'il conseille un certain nombre de propriétés où son expérience de ce qu'il faut ou ne faut pas faire lui permet d'être judicieux. Il doit bien y avoir certains de ses clients qui se disent : avec un tel mentor, on sera forcément dégustés avec des papilles favorables par ceux qui comptent… mais c'est une autre histoire. Angélus se décompose en 25 hectares de cru classé et 7 de non classé, qui font le second vin.

Second vin : Carillon-de-l'Angélus

Millésime 2000

– *Dégustation d'avril 2001*

Hubert de Boüard : *« Nous avons fini de vendanger le 27 septembre, sous le soleil, pas une goutte de pluie n'est venue troubler la cueillette ! Densité 1103, degrés 14, du jamais-vu sur les quatre dernières semaines, on avait perdu 2 % du poids des raisins par semaine. C'est l'eau qui s'évaporait. »* Des rendements faibles – 28 hl/ha pour les merlots – sans l'avoir vraiment voulu, et sans trop de vendanges vertes. 65 % de merlot, 35 % de cabernet franc, ce dernier cépage ayant donné seulement 20 hl/ha. Des macérations courtes, *« beaucoup d'extraction naturelle »*.

17 – Très noir. Nez confituré, arômes mentholés et chocolatés, boisé raffiné. Le corps est charnu, épicé, avec un tanin dense et frais à la fois et des notes de violette en finale. La puissance est bien celle d'Angélus, avec, en plus, de la fraîcheur. Opulent.

Millésime 2001

– *Dégustation d'avril 2002*

Vendanges du 20 au 27 septembre pour les merlots, et jusqu'au 6 octobre pour les cabernets francs. Des dates normales : on ne recherche plus systématiquement la surmaturité à Angélus. On a seulement attendu la limite pour les cabernets francs ; Hubert de Boüard : « *Ils étaient magnifiques et vont entrer en totalité dans le grand vin. Le rendement global a été assez bas, 30 hl/ha, et la qualité permettra de faire 88 % de premier vin. Nous avons fait des macérations longues, d'un mois, mais à température strictement contrôlée, 26 °C. Le risque était de trop travailler, piger, remonter, trop extraire. Il fallait au contraire laisser venir calmement, de façon classique.* » Merlot 60 %, cabernet franc 40 %, bois neuf à 90 %.

17 – Robe noire. Nez puissant, dense, confituré, réglissé, avec des notes de cassis, le boisé est intense mais pas dominant. Bouche texturée, profonde, solide, le tanin est feutré, serré, mais le fruit est bien présent. Le style dense de la propriété est bien là ; il y a, en plus, de la finesse.

Millésime 2002

– *Dégustation d'avril 2003*

Hubert de Boüard : « *On a dû éliminer complètement certaines parcelles millerandées de vieux merlots, qui n'auraient jamais donné de bon vin. Les merlots sur argile ont mieux tenu que les autres, grâce à l'acidité qui empêche le développement de la pourriture. Heureusement, les cabernets francs se sont bien concentrés, on les a vendangés plus tard, jusqu'au 10 octobre, ils étaient riches (jusqu'à 14° !), on a pigé et macéré plus de trois semaines. En revanche, sur les merlots, on y a été soft, en température basse. Grâce à ces vinifications, on a évité trop d'extraction avec des notes herbacées. Le rendement n'est que de 23 hl/ha, on fera 80 à 90 % de grand vin.* » 55 % cabernet franc, 45 % merlot. Un Angélus différent avec son cabernet majoritaire, qui va surprendre, un vin raffiné, avec une vraie personnalité, beaucoup d'élégance.

16,5/17 – Un bouquet séduisant, framboisé, brillant, très fruit, complexe, épicé. Bouche mûre, de la vivacité, un corps plein et une belle structure sur des tanins gourmands, finale épicée, exubérante. Un style éclatant.

Millésime 2003

– *Dégustation d'avril 2004*

« *J'ai eu deux cuves fabuleuses de cabernet franc, à 15°, vendangées le 4 octobre* », se rappelle le propriétaire ; « *on avait ramassé les merlots assez tôt, le 9 septembre, avec des acidités un peu basses, en essayant de toucher le moins possible au raisin.* » Emmanuelle d'Aligny-Fulchi, l'œnologue, à Angélus depuis 1996, ajoute : « *En fait, ce fut facile à vinifier, avec les inquiétudes normales dues à la chaleur et au degré, mais il suffisait de surveiller les fermentations ; les pépins des cabernets étaient noirs, avec le goût de noisette* [indice de maturité], *ce qui donne des tanins stables et mûrs. Pour une fois, les merlots étaient plus frais et les cabernets plus opulents.* » Rendements : 26 hl/ha. L'assemblage – merlot 50 %, cabernet franc 50 % – pourrait finalement devenir 55 % cabernet et 45 % merlot après l'élevage, qui sera fait en 100 % bois neuf.

16,5 – Nez confiture de cassis, un peu austère à ce stade, boisé grillé, fumée, écorce d'orange ; bouche puissante, texture dense, tanin opulent, très extrait, très charnu.

Millésime 2004

– *Dégustation d'avril 2005*

« *C'est un millésime de maturation lente. C'est le feu doux, le mijotage et pas la tranche de foie gras caramélisée ! Ce mois de septembre a été décisif : chaud le jour, frais la nuit, et beau tout le temps.* » Hubert de Boüard fait déguster les diverses cuvées de merlots et de cabernets, avant assemblage ; deux de merlots, gras, opulents, puissants, et deux de cabernets, frais, fruités, explosant d'arômes fins. L'ensemble définitif, que nous avons goûté le matin même, à l'aveugle, avec les autres premiers B, est composé de 60 % de merlot et 40 % de cabernet franc, et sera, comme à l'habitude, élevé en barriques neuves.

16,5 – Robe noire, nez grillé, boisé, réglissé, confiture de cassis, moka, bouche de merlot très mûr, puissante, texture ferme, tanin dense et puissant qui accompagne la finale aux notes de biscuit, cacao, avec une fine amertume. Un style très personnel, constant au fil des années.

Millésime 2005

– *Dégustation d'avril 2006*

« *Pas d'angoisse particulière, merci !* » dit Emmanuelle d'Aligny-Fulchi. « *On a vendangé du 15 au 30 septembre. Il a manqué un peu d'eau mais les sols argileux ont des réserves. Ils ont tenu, la situation n'est pas la même qu'en 2003. On a des équilibres inhabituels avec des acidités élevées. C'est plutôt bon signe pour la garde des vins.* » Nous avons dégusté lot par lot, cépages et provenances différenciés, notamment un merlot de côte sur sol assez argileux, étonnant de densité, qui donne peut-être ce côté pomerolais que l'on trouve dans Angélus cette année. Un style particulier, épicé, chocolaté, très doux, moins dans l'emphase qu'autrefois. « *Maintenant, on est sur des notions de traduction du terroir et moins dans la transformation.* » 60 % merlot, 40 % cabernet franc.

17,5 – Fruits cuits, fondant au chocolat, cerise cuite, bouche douce, tanin doux, bien installé mais enveloppé. Une matière généreuse mais fondue, moelleuse. Le vin est cylindrique, long, très persistant.

Millésime 2006

– *Dégustation d'avril 2007*

« *On n'avait pas beaucoup de chemins pour réussir !* » commente Hubert de Boüard. « *Les cabernets francs jeunes ont craqué, et donc on a plus de merlot que d'habitude dans l'assemblage. En juillet – très chaud –, les pépins ont commencé à mûrir mais les peaux ont pris du retard avec le mois d'août, froid. On a appliqué une méthode qui consiste à extraire les tanins des pépins, qui avaient bon goût de noisette. On a travaillé la matière au début des fermentations, puis plus rien après. Mais on laissé se poursuivre les macérations pour extraire des pépins mûrs. Ce que je veux, c'est refléter l'expression du millésime. 2006, ce n'est résolument pas 2005 !* » 63 % de merlot, 37 % cabernet franc.

16 – Fruits rouges, rose rouge, framboise, bouche vive, tendue, serrée. Bon fruit, petits tanins croquants, boisé un peu dominant. Une version nouvelle d'Angélus plus tournée vers le fruit.

Millésime 2007

– *Dégustation d'avril 2008*

« *Comme tout le monde, on a eu très peur* », confie Emmanuelle d'Aligny-Fulchi. « *Nous avons été très présents ici au mois d'août, pour nous adapter aux conditions climatiques, en pratiquant notamment des éclaircissages dans les vignes. C'était sain, on s'est dit : on tente le drop, et on a attendu. On a commencé le 25 septembre avec un plan de ramassage très compliqué, plus morcelé que d'habitude. On a fini le 12 octobre. Ce n'est pas très élevé en alcool, car la maturation lente permet d'avoir peu d'alcool et un bon affinement des polyphénols* [tanins, entre autres]. *Attendre nous a permis de récupérer les cabernets francs et on en a 38 % dans l'assemblage. On a travaillé sur chaque cuve de façon différente à cause des maturités différentes. Macération préfermentaire, pigeage et extractions très souples effectués au début.* » Les vins reposent sur leur lie et sont encore assez carrés, beaucoup de volume, le style reconnaissable d'Angélus, puissant mais pas grossier. Un style qui a évolué, plus précis, moins démonstratif : *« C'est grâce au travail dans la vigne. Dans les années 90, le vignoble a été profondément repris et peu à peu, avec le temps, il est plus adapté. »*

16 – Vanille, fruits rouges, floral, bouche puissante, un peu extraite, tannique, serrée, tendue, tanins un peu mordants, vifs, de l'allure.

Millésime 2008

– *Dégustation d'avril 2009*

« On a travaillé en douceur, ça fait déjà pas mal de temps qu'on essaie d'avoir la main douce », dit Emmanuelle d'Aligny-Fulchi. *« On a une qualité des cabernets francs incroyable. »* Mais le mûrissement tardif a eu des conséquences sur la quantité de récolte : *« On a perdu beaucoup de rendement par concentration sur pied. »* Le vent, notamment, contribue à dessécher les baies et faire chuter le volume. S'ajoute à cette perte *« ce qu'on a fait tomber pour que le reste mûrisse, tout ce qui était en retard de véraison »*. Les années un peu acides vont bien à Angélus. 58 % merlot, 42 % cabernet franc. 14° en alcool.

17– Nez fruits noirs, prune, joli fruit, bouche fraîche, petits tanins ronds, souples, bonne acidité, long, frais, concentré mais fin.

Millésime 2009

– *Dégustation d'avril 2010*

Hubert de Boüard : *« On a de l'alcool, mais on a voulu garder de la fraîcheur. On a arrêté de travailler le vin assez tôt pour ne pas récupérer les côtés lourds. On a fini autour du 14 octobre. »* Une année comme celle-là fait réfléchir dans les propriétés. Comment concilier l'attente de la pleine maturité des tanins sans que les sucres et donc l'alcool montent trop haut ? *« Nous, on baisse le palissage pour ne pas avoir trop de sucre. »* La hauteur du feuillage intervient sur la quantité de sucre, car ce sont les feuilles qui le fabriquent par la photosynthèse. *« On rabaisse la vigne et on veut augmenter les densités de plantation à l'hectare pour se rapprocher d'un couvert végétal, d'une ombre qui est favorable à la conservation du fruit. »* 60 % merlot, 40 % cabernet franc, 14,5°.

17,5/18 – Nez assez fermé, épicé, réglisse, bouche onctueuse, plus fruitée que le nez le laissait paraître – un fruité bourguignon qui rappelle la côte de Nuits –, large, soyeuse, tanins assez fins, bon équilibre, vivacité en finale. Un vin aux tanins croquants, qui fait saliver.

Carillon-de-l'Angélus. Des sols un peu plus précoces et davantage plantés en merlot. Vendanges entre le 25 septembre et le 10 octobre. 50 % cabernet franc et 50 % merlot. Élevage dans 40 % de barriques neuves pendant quatorze mois.

14,5 – Nez fermé, très merlot, gras, plein, marqué merlot mûr, bouche gourmande mais un peu séchante en finale. Vin rond, puissant mais bien gourmand.

BEAU-SÉJOUR-BÉCOT

Premier grand cru classé B
Surface : 17 ha
Propriétaire : Famille Bécot
Contact : Château Beau-Séjour-Bécot
33330 Saint-Émilion
05.57.74.46.87
www.beausejour-becot.com

Comme toutes les propriétés saint-émilionnaises, Beau-Séjour a souvent changé de propriétaires et parfois de nom. Au XVIIe siècle et jusqu'à l'aube de la Révolution française, il s'appelle Peycoucou. Cela sonne théâtre de boulevard, mais n'a rien à voir avec une quelconque histoire de chef de gare. Pey ou pé, c'est la colline, que l'on retrouve dans Pécharmant, l'AOC située à côté de Bergerac. Pécharmant, c'est la colline charmante, et Peycoucou, c'est la colline où chante le coucou. On est sur le plateau de Saint-Émilion, où la roche calcaire affleure. J'avoue qu'à cet endroit la notion de colline m'échappe un peu, mais comme on n'y entend pas non plus le coucou, on se dit que tout cela n'est pas très grave et qu'il convient d'apprécier ce nom curieux en tenant compte du fait que les anciens avaient eux aussi droit à leurs instants de fantaisie. Peycoucou conquiert son nouveau patronyme sous la poigne d'un général homme d'affaires, Jacques de Carle (voir également Figeac), et s'adjoint son Bécot en 1979. Cela fait alors dix ans que Michel Bécot en est propriétaire. Lui est issu d'une ancienne famille vigneronne, possède alors La Carte (limitrophe de Beau-Séjour), achetée par le grand-père en 1929, mais gagne sa vie comme marchand d'accessoires automobiles à Bordeaux. En 1969, raconte son fils Gérard, *« il a senti le vent tourner quand la grande distribution s'est développée*», il a vendu son affaire d'accessoires et racheté Beau-Séjour, qui couvre 10,35 hectares. En 1979, Michel Bécot reprend Trois-Moulins, une autre propriété limitrophe de 4,5 hectares qui appartenait à Nestlé : «*C'était le meilleur terroir de l'ensemble.*» Il rassemble le tout et revend (en partie à Angélus) les pieds des côtes. Beau-Séjour devenu Bécot est alors un domaine de 16,52 hectares, homogène, sur un terroir remarquable, le fameux plateau calcaire, dont on sait, grâce aux travaux du professeur Jacques Duteau, qu'il alimente régulièrement la plante par capillarité. En 1986, classement décennal des crus de saint-émilion : patatras : «*Votre propriété a plus que doublé*», déclare la commission : c'est faux, mais suffisant pour provoquer la relégation en deuxième division. Beau-Séjour perd son rang de premier grand cru classé. Décision surprenante, car Beau-Séjour est alors un vin remarquable qui, dans les dégustations à l'aveugle organisées entre propriétaires, arrive très souvent dans les quatre premiers avec Cheval-Blanc, Ausone et Figeac. Mais il y a aussi le non-dit : la réussite de Michel Bécot, son mauvais caractère, et ses très sincères inimitiés avec quelques personnages puissants et aussi «grandes gueules» que lui. «*Si j'étais le ministre de l'Agriculture...*», écrit alors Bernard Ginestet, ancien maire de Margaux, dont la famille a été propriétaire de Clos-Fourtet voisin, «*j'épinglerais la croix du Mérite agricole au revers de Michel Bécot pour tâcher de lui faire oublier sa descente aux enfers et pour l'encourager à continuer d'offrir aux amateurs du monde entier l'un des douze meilleurs vins du prestigieux terroir de Saint-Émilion.*»

Michel Bécot prend sa retraite à cette époque : «*Je vous donne tout*», dit-il alors à ses enfants. Les millésimes qui suivent marquent une amélioration en continu de la qualité des vins, avec un point culminant (on leur en souhaite d'autres) en 1990. Beau-Séjour est planté de 70 % merlot, 24 % cabernet franc et 6 % cabernet-sauvignon, avec une densité de 5 400 pieds à l'hectare. Le chai de vinification, qui datait de 1971 (premières cuves en inox sur Saint-Émilion), a entièrement été refait en 1996 et doté de cuves en inox plus larges que hautes pour améliorer l'extraction. Chaque cuve donne un lot de barriques élevées comme tel. L'assemblage final se fait avant le collage, si collage il y a ; les vins restent dix-huit mois en barriques. Évidemment, Beau-Séjour-Bécot a retrouvé son rang de premier cru au classement suivant, celui de 1996. Gérard sourit aujourd'hui en constatant que certain propriétaire qui avait conseillé à son père d'accepter sans barguigner le verdict de 1986 pour ne pas nuire à l'appellation fut un des premiers à déclencher la machine judiciaire quand un de ses trois crus fut déclassé en 2006…

Second vin : La Tournelle de Beau-Séjour

Millésime 2000

– Dégustation d'avril 2001

Oubliée, la dramatique grêle de 1999 ! Les vendanges 2000 ont été un vrai rêve pour Gérard Bécot : *« On pouvait attendre, ramasser les parcelles sans se presser, à la carte. Le soir, je me mettais sur ma terrasse, au milieu des vignes, et j'écoutais mon raisin mûrir »*, dit-il drôlement. 70 % merlot, 25 % cabernet franc, 5 % cabernet-sauvignon. Nous avons dégusté à plusieurs reprises à partir d'octobre, les vins sont en progression, chaque fois, dans leur style : racé, fin et complexe.

17,5 – Robe violine. Nez profond, intense, avec du nerf et des arômes très fins, fruits rouges et noirs. Bouche racée, soyeuse, au boisé épicé, vanille et clou de girofle, cerise noire. Élégant, très long, finale sur un tanin ample et feutré.

Millésime 2001

– Dégustation d'avril 2002

En attendant son nouveau chai à barriques en cours de construction, qui sera prêt pour la vendange 2002, Gérard Bécot a complété son vignoble par l'achat de deux rangs de merlot situés en plein milieu de ses vignes : *« C'est plus parce que ça m'agaçait de les voir là qu'autre chose*, dit-il, *et au prix où je les ai payés, 1,5 million de francs pour 10 ares, je n'aurais pas acheté 1 hectare ! »* Vendanges du 3 au 11 octobre, assez tardives. Rendements : 37 hl/ha, 70 % merlot, 24 % cabernet franc, 6 % cabernet-sauvignon. Les frères Dominique et Gérard Bécot sont désormais aidés par la fille de Gérard, Juliette, mastère en gestion de propriété, 25 ans aux cerises, qui s'occupe aussi de leur nouveau côtes-de-castillon, le château Joanin-Bécot.

17/17,5 – Noir opaque. Nez superbe, fruits confiturés, épices, réglisse, fumée. De la fraîcheur en bouche, malgré un corps puissant mais onctueux, un tanin crémeux racé. Un Bécot élégant, très classe.

Millésime 2002

– *Dégustation d'avril 2003*

Gérard Bécot résume parfaitement la situation des 2002 : *« Ce n'est peut-être pas le millésime du siècle qui commence, mais en tout cas c'est le "miracle" du siècle »*, dit-il, faisant allusion à l'exceptionnel été indien du mois de septembre. *« On aura peu de récolte à cause du millerandage, 32 hl/ha, mais de beaux degrés, et de bons tanins pour le vieillissement. »* Le nouveau chai est en construction, mais avec ce gruyère qu'est le sous-sol de Saint-Émilion, creusé de grottes, il y a eu des surprises : les sondages ont révélé des galeries insoupçonnées des architectes et, pour porter les bâtiments, il a fallu plonger dans le calcaire 70 pieux de 7 mètres, ce qui a prolongé les travaux de trois mois ! Vendanges en deux phases, du 1er au 4 octobre pour les merlots, et les 8 et 9 octobre pour les cabernets. Vinification avec cuvaison de vingt-neuf jours, pigeages manuels, écoulage pour fermentation malolactique en barriques neuves (85 % de la récolte). 70 % merlot, 24 % cabernet franc, 6 % cabernet-sauvignon.

16,5/17 – Bouquet de fruits rouges et noirs, racé, myrtille, cassis, bois toasté, vanillé ; corps charnu, puissant, texturé, la présence en bouche est fruitée, cannelle, figue, avec une finale réglissée sur des tanins crémeux et abondants.

Millésime 2003

– *Dégustation d'avril 2004*

« Le socle rocheux calcaire est à quelques dizaines de centimètres et il a servi de réservoir d'eau pour la vigne, qui n'a pas souffert de la chaleur ; dès le début des vendanges, le raisin était magnifique, mon père évoquait 1947. » Merlot 70 %, cabernet-sauvignon 6 %, cabernet franc 24 %. Rendements 27 hl/ha. 85 % de la récolte en barriques neuves, où s'est faite la fermentation malolactique.

17 – Nez intense, cerise noire et violette, bois toasté, épicé, complexe. Plein et opulent en bouche, un fruit très fin, une longue finale cacao et réglissée. Vin ample et généreux avec beaucoup de classe.

Millésime 2004

– *Dégustation d'avril 2005*

Un échantillon dégusté à l'aveugle le matin nous avait semblé assez extrait, ferme, presque austère. Nous avons redégusté à la propriété, d'abord un ensemble nettement plus civilisé, puis dans les nouveaux chais, librement, à la barrique, Gérard Bécot jouant totalement le jeu et nous laissant choisir à notre gré les barriques, cépage par cépage. À ce stade, en avril, avec un millésime plus tardif que d'habitude, le vin était encore fermé, les cabernets framboisés et frais, superbes, les merlots plus réservés, tanniques et austères.

15 – Nez de violette, boisé, toasté, moka, épicé. Bouche très texturée, avec du gras, un tanin puissant la dotant presque d'une virilité assez peu commune à Bécot. Finale grillée et café. L'élevage devrait l'arrondir.

Millésime 2005

– *Dégustation d'avril 2006*

Les Bécot se sont fait du souci avec ce 2005 qui ne voulait pas se finir. D'abord les fermentations alcooliques qui traînaient. Puis la transformation des acides, la malo : la fameuse fermentation malolactique (qui n'est d'ailleurs pas une fermentation, mais la mutation de l'acide malique, un peu agressif, en lactique, plus gentil), qui ne voulait pas se faire. *« On devrait s'en moquer et attendre tranquillement. C'est même mieux pour la stabilité du vin quand la malo se fait tard. Mais, avec les dégustations primeurs, il faut avoir des vins présentables »*, raconte Gérard Bécot. Alors, les frangins Dominique et Gérard se sont activés : *« On a monté des barriques à l'étage et on a chauffé. On a usé du fioul pour rien. »* La chaleur, en principe, active les bactéries qui font ce travail. Mais là, rien à faire, la sécheresse a provoqué un manque de matière azotée dont raffolent ces petites bêtes. *« Demande-moi ce que tu veux, mais, en matière de malo, on ne peut jamais rien prévoir ! »* a dit à Gérard le professeur Yves Glories, ancien doyen de la fac d'œnologie de Bordeaux. Paul Cazenave, un des anciens de l'appellation, qui a connu un nombre important de vendanges dans de nombreux châteaux, confirme : *« Je n'ai jamais vu un millésime aussi capricieux ! »* Enfin, tout est rentré dans l'ordre.

17 – Réglisse, violette, fruits noirs, bouche dense, onctueuse, tanins mûrs et fondus. Un vin gourmand, beaucoup de saveurs, un milieu de bouche doux et savoureux. La finale est prolongée par un tanin généreux.

Millésime 2006

– *Dégustation d'avril 2007*

« Les cèpes poussent toujours en lune montante et le botrytis aussi. On aurait dû se méfier, cette année on a eu beaucoup de cèpes ! » dit Gérard Bécot, qui allie au talent de vinificateur celui de conteur. *« C'était parti encore mieux que 2005. En juillet, on se demandait ce qu'on allait pouvoir raconter à nos visiteurs. Avec 2005, on avait épuisé notre vocabulaire. Puis le froid d'août a calmé le*

jeu… Les pluies de septembre aussi. » Cela n'entame pas la bonne humeur de Gérard, qui en profite pour nous raconter le curé de Saint-Émilion, dans les années 60, à qui il avait porté un petit fût de vin avec la 4L du domaine : « *Avant que je ne descende le fût, il avait ouvert le coffre, tiré un peu de vin à la cannelle, goûté, et m'avait dit : rapporte-le à ton grand-père et dis-lui que c'est gentil, mais qu'il veuille bien m'en donner du meilleur…* » 70 % merlot, 30 % de cabernet dont 6 % de sauvignon.

17,5 – Fruits noirs, épices, nez plus profond, cerise noire, terre, bouche dense, épicée, bien garnie, tendue, belle matière, rond et serré à la fois, beaucoup d'allure.

– Dégustation d'avril 2008

17,5/18 – Chocolat, sève, complexe, poivré, plein, dense, épicé, tendue, très joli vin minéral et tendu.

Millésime 2007

– Dégustation d'avril 2008

Gérard Bécot : « *On a vendangé les merlots du 2 au 4 et les cabernets les 11 et 12 octobre. La Gomerie* [petit cru genre vin de garage, voir dans saint-émilion grands crus] *le 2, et chez Juliette* [Joanin-Bécot, en côtes-de-castillon] *les 8, 9 et 10 octobre. On a un tracteur qui nous sert uniquement à faire les traitements. Il a trois roues qui permettent de passer même après un orage. Cette année, ça nous a été très utile, fin mai, pour ne pas se faire attraper par le mildiou. Il y en a qui ont vendangé jusqu'au 21 octobre, soit 145 jours entre la fleur et la récolte, c'est énorme par rapport aux 110 jours de principe. On a fait deux vendanges vertes, une à la nouaison et une à la véraison, le 15 août. On a fait 37 hl/ha à Beau-Séjour. 85 % de grand vin. 26 % de cabernets, car tous vont entrer dans le grand vin. Jean-Philippe Faure est notre œnologue et on s'entend très bien. Ici, on pratique la dégustation tous les jours, dès que la fermentation alcoolique est terminée. Cette méthode nous permet d'éviter les surextractions. Jean-Philippe vient, deux fois par semaine, on déjeune ici au-dessus du chai et on discute. Il fait un peu le gardien de la paix qui nous met en garde, sinon chacun croit qu'il fait le meilleur vin…* »

16,5 – Fumé, fraise, cerise, boisé, bouche, dense, épicée, bien longue, élégance et onctuosité, un brin de sévérité due au cabernet, bon fruit derrière, classique du cru.

– *Dégustation d'avril 2009*

16,5 – Nez café, marqué par son élevage, bouche souple, bien ronde, assez garnie, finale plus fuyante que 2008, mais très bon fruit, *« on pourra se faire plaisir pendant une dizaine d'années »*.

Millésime 2008

– *Dégustation d'avril 2009*

« On a vendangé à partir du 10 octobre jusqu'au 22 ; d'habitude, les vendanges sont terminées avant les palombes. On dit qu'elles passent à la Saint-Luc, le grand truc… », commente Gérard Bécot. *« Cette fois, on était en pleine vendange pendant les palombes. »* Gérard a acheté une forêt dans les Landes, équipée de trois palombières. Avec sa faconde et sa perpétuelle bonne humeur, il n'a pas tardé à devenir copain avec les chasseurs du cru, l'occasion de partager le jambon séché deux ans, le foie gras aux pommes, arrosés de Beau-Séjour.

« On a commencé cette semaine un audit sur le vignoble. Le but est d'optimiser le terroir avec un suivi sur chaque étape de la végétation pour produire mieux et plus. » Pour le moment, la vigne est conduite pour une production basse, quelle que soit la parcelle. *« Sur les grands terroirs, on peut produire davantage que ce qu'on fait aujourd'hui. Les prix de 2005, on ne les retrouvera jamais. À 40 hl/ha, on doit pouvoir faire du très bon vin, c'est là-dessus que l'on va pouvoir tirer une rentabilité de la propriété. »* L'assemblage de l'année : 70 % merlot, 24 % cabernet franc, 6 % cabernet-sauvignon.

16,5 – Nez un peu brassé, bouche douce, fondue, tanins moelleux, très merlot, finale assez vive, bien construit, doux, rond, gourmand mais nerveux en finale.

Millésime 2009

– *Dégustation d'avril 2010*

Gérard Bécot : *« On a pris un agronome qui a fait un audit précis de Beau-Séjour, une analyse basée sur 250 fosses. On a la surface exacte des vignes, car on a des allées entre les parcelles. Cela représente 10 % de la surface totale, ces allées. C'est important, ne serait-ce que pour calculer précisément les traitements : 10 % en plus ou en moins, c'est considérable. On pensait que tout était homogène car partout on retrouve la roche, mais jamais à la même hauteur. Parfois avec des sols de 40 centimètres, puis de 2 mètres. On a retrouvé des ouvertures d'anciennes carrières aériennes rebouchées avec des marnes de la*

Dordogne, il y en a partout sur tout le plateau de Saint-Émilion et cela fait des sols plus profonds. On a fait 29 hl/ha et 14°.»

17 – Fruits noirs, bouche tendre, douce, moelleuse, beaucoup de moelleux en milieu de bouche, puissant, riche, généreux, long, grillé en finale, gourmand, un peu extraverti, serré.

Archives

– Dégustation de novembre 1996

Millésime 1969

13 – Grenat dense. Nez terreux, sous-bois, champignon. Chocolat en attaque, souple, mais sèche très vite. Sans doute pas une grande maturité au départ. Vin sur le déclin.

Millésime 1970

16 – Sombre. Nez cuir, tabac blond, viande rôtie, sous-bois. Confit, plein, dense, vin de soleil, bien gras, note anisée, bien large, ample, puissant, long, un peu chaleureux. Vin dense mais sans l'élégance par exemple du 71.

Millésime 1971

17 – Grenat tuilé mais dense. Nez résine, fruits confits, épices, tabac, cuir. Bouche ronde, tendre, pas très évoluée, riche en saveurs, très épicée, cannelle, fruits cuits, long, bien dense, frais, tanins soyeux, finale pommes au four et épices douces : régal.

Millésime 1973

13,5 – Assez clair. Nez sous-bois, feuilles mortes, champignon, bref un nez automnal. Bouche très marquée champignon, structure fine mais fuyante, un peu trop évolué.

Millésime 1975

16 – Grenat tuilé. Nez discret, terreux, sous-bois. Assez mûr, caramel, résine, épices, plein, volumineux, plus large que long, saveurs violentes, goûteux, un peu sec en finale, mais d'une belle densité. Sans doute superbe sur un repas.

Millésime 1978

17,5 – Grenat profond, dense. Nez rôti, cerise cuite, note animale, violette. Bouche très violette, riche en saveurs, note chocolatée d'évolution mais un ensemble jeune et concentré, tanins moelleux, serrés et sans sécheresse, persistance sur le noyau, cerise cuite, très frais, élégant, long.

Millésime 1979

15 – Grenat tuilé. Nez rôti, bien mûr mais encore de la fraîcheur dans les arômes. Fondu, un peu anisé, doux, bien rond, tanins moelleux en attaque mais durcissant en finale. À boire vite.

Millésime 1981

15 – Dégusté en magnum. Grenat assez jeune. Grillé, rôti, cuir, animal. En bouche tendre, souple, bien frais, délicat, soyeux, épices, note cacao, petite pointe d'astringence en finale.

Millésime 1982

15 – Des rendements assez confortables (un peu moins de 60 hl/ha). Nez fin, anisé, violette, œillet. Tendre, souple, vanillé, épices, fruits confits, délicat, sous-bois, beaucoup de fruit, grande palette aromatique, très agréable mais une structure un peu flottante.

Millésime 1983

16,5 – 47 hl/ha. Tuilé mais dense. Nez « cerisé », (gelée de, sirop de, etc.), floral, note prune rouge. Très tendre, bien fondu, délicat, note viande rôtie, peu évolué, assez atypique du millésime, complexe dans ses saveurs, épices, long, chaleureux et dense.

Millésime 1985

17 – Grenat jeune. Nez floral, rose rouge, violette, mûre. Tendre, délicat, très fruits rouges ; note framboise et cerise, fin, soyeux, long et droit. Un vin en dentelle et en longueur, sans faiblesse, très harmonieux et mûr à point. Un régal aujourd'hui.

Millésime 1986

16 – Grenat foncé. Nez rôti, violette, floral, réglisse. Plein, velouté, dense, puissant, beaucoup de matière avec une finale un peu rude. Beaucoup de gras en attaque, un milieu de bouche onctueux et des tanins assez pointus en finale. L'ensemble est encore jeune mais n'atteint pas l'équilibre et l'élégance du 85.

Millésime 1988

17 – Grenat foncé. Nez violette, réglisse, cassis, complexe et fin, rôti, fruits confits. Dense, plein, ample, puissant, assez refermé, sévère, tanins peu fondus, une rigueur bien 88 et du potentiel. Pas encore sorti de sa période de jeunesse. À ne pas toucher pour le moment.

Millésime 1989

17 – Grenat. Nez viande rôtie, épices douce, floral. Bouche ample, souple, dense, gras, long, puissant, tanins veloutés, réglisse, très gourmand, puissant, chaleureux, finale cerise confite, long, beau potentiel. Un vin qui commence à s'ouvrir, un peu méridional avec des saveurs épicées et fruits confits.

Millésime 1990

18,5 – Grenat très foncé, dense. Nez puissant de violette, cerise, framboise. Gras, ample, très dense, très frais aussi avec des notes mentholées, plein, velouté, complet, moins surmûri que le 89, long, anisé, très belle matière puissante et sans aspérités. Riche et élégant à la fois : une des très belles réussites du millésime par sa richesse, sa finesse, son équilibre.

Millésime 1992

14,5 – Grenat pas très dense. Nez réglisse, fruité, rôti. Souple, fondu, mûr, réglisse, épicé, simple, beaucoup de saveurs, à point.

Millésime 1993

15,5 – Grenat soutenu. Nez floral, violette, anis, frais, net. Bouche tendre, joli fruit, agréable, gourmand, savoureux, pas très long, finale tannique, presque à maturité. On peut commencer à le boire.

Millésime 1994

16,5 – Grenat soutenu. Nez vanille, cannelle, violette, rose rouge. Attaque souple et fine, des tanins assez puissants ensuite, voire un brin de dureté, solide, long, pas très gras. Vin en pleine croissance qui rappelle dans leur jeunesse certains 88.

Millésime 1995

17,5 – Grenat noir. Fruits rouges, boisé beaucoup plus fondu que lors de notre précédente dégustation (avril 1996), rose noire, café. Tendre, rond, tanins bien fondus, soyeux, délicat, matière dense et moelleuse, beaucoup de fruit, long. Un vin suave, aujourd'hui très agréable et pas du tout refermé, beaucoup de finesse et de douceur.

BEAUSÉJOUR HDL

Premier grand cru classé B
Surface : 6,8 ha
Propriétaire : Héritiers Duffau-Lagarrosse
Contact : 33330 Saint-Émilion
05.57.24.71.61/06.72.92.06.71
www.beausejourhdl.com

Malgré l'homonymie à deux traits d'union près, Beauséjour et Beau-Séjour-Bécot, tout à fait voisins, ne sont pas identiques. Celui des Bécot est pour l'essentiel posé sur le plateau calcaire, tandis que celui des Héritiers Duffau-Lagarrosse, constitué d'une parcelle d'un seul tenant, est pour une bonne part sur argilo-calcaire, au commencement de la pente qui s'incline vers la vallée. Un pied, si l'on peut dire sur le plateau, et l'autre sur le coteau avec une exposition sud et ouest. La génération qui gère à ce jour le domaine a pris le dossard numéro 9. Autant dire que Beauséjour, acquis en 1847, est entouré d'une famille très nombreuse d'actionnaires qui jusqu'à présent ont réussi à préserver leur unité et à demeurer propriétaires. Longtemps, plus de vingt ans, un homme s'est identifié au cru. Au point même que l'homme et le vin finissaient par se ressembler. Avec une même qualité, la franchise. Une petite révolution de palais, un changement de générations et Jean-Michel Dubos est parti faire du vin ailleurs. La nouvelle équipe a d'abord confié les commandes techniques à une société spécialisée et qui a fait ses preuves dans la gestion des domaines : Vitigestion. Puis, en 2009, c'est une équipe voisine, celle de Nicolas Thienpont, qui a pris la relève. Nicolas Thienpont, en binôme avec Stéphane Derenoncourt, gère avec beaucoup de maestria Pavie-Macquin et Larcis-Ducasse (entre autres). Stéphane et son équipe de jeunes agronomes et œnologues conseillent désormais un portefeuille bien gonflé de crus, pour l'essentiel sur cette rive droite de la Dordogne. Mais les propriétaires, clients très anciens de l'œnologue Michel Rolland, n'ont pas souhaité renoncer aux conseils de celui-ci. C'est donc un attelage Rolland et Derenoncourt qui devrait accoucher des prochains millésimes. Expérience intéressante, surtout si cela dure.

Depuis le millésime 2009, autres changements, Beauséjour s'énonce ainsi : Beauséjour hDL, un résumé graphique d'héritiers Duffau-Lagarrosse, avec une nouvelle étiquette…

Millésime 2000

– Dégustation d'avril 2001

Jean-Michel Dubos : « *Nous avions visé des rendements de 40 à 45 hl/ha, la surprise a été de n'en avoir que 32 en raison de la concentration sur pied, qui a diminué les volumes de jus. On a vinifié très doux, fermentation basse à 2 °C, des remontages très lents. Michel Rolland nous a été bien utile pour goûter les cuves pendant la macération, de trois à quatre semaines ; le reste du temps, c'est son adjoint, Jean-Philippe Faure, qui nous suit.* » 70 % merlot, 20 % cabernet franc, 10 % cabernet-sauvignon.

17,5 – Nez charnel de merlot mûr, fruits noirs, prune, sureau, pain grillé. Vin charnu, sensuel, plein de fruit, crémeux. Un millésime très beau et très original.

– *Dégustation d'avril 2002*

17,5 – Cassis, violette, le nez se referme un peu, le vin s'est allongé, toujours aussi charnu, mais il a gagné en élégance, en soyeux, Long, fin, belle finale sur les fruits noirs.

Millésime 2001

– *Dégustation d'avril 2002*

Vendanges comme à Bécot, du 2 au 6 octobre pour les merlots, puis du 10 au 12 pour les cabernets. Rendement bas, 35 hl/ha ; 70 % merlot, 20 % cabernet franc, 10 % cabernet-sauvignon.

15,5 – Grenat sombre. Nez boisé, vanille, clou de girofle, assez léger. La bouche est légère, tendre, peu extraite, une chair souple ; la finale manque d'aménité, avec des notes de tanin presque végétal. Dégusté deux fois avec les mêmes notes. À revoir après élevage.

Millésime 2002

– *Dégustation d'avril 2003*

Jean-Michel Dubos a vendangé ses merlots du 4 au 9 octobre, puis a fait une pause jusqu'aux 14 et 15 octobre pour ramasser les cabernets. Les rendements sont faibles – 28 hl/ha – et la récolte sera élevée en bois neuf à 60 %, et 40 % de barriques ayant déjà servi. Assemblage : 70 % merlot, 20 % cabernet franc, 10 % cabernet-sauvignon.

17 – Robe grenat sombre, beau nez opulent, confituré, nuances de cassis, myrtille, pin sylvestre, toasté. Bouche équilibrée, gourmande, la texture est suave, le tanin est dru, mais avec un grain très fin, la finale reste fraîche et fruitée avec des notes grillées de biscuit. Un Beauséjour très réussi.

Millésime 2003

– *Dégustation d'avril 2004*

« *Nous avons vendangé les merlots du 15 au 18 septembre, les cabernets le 25 et le 26. Nous n'avons eu que 28 hl/ha* », dit Jean-Michel Dubos, « *mais ce n'était pas voulu, c'est dû au millerandage ; par contre, les vignes n'ont pas connu de souffrance hydrique sur nos terroirs argilo-calcaires. Il y aura 70 % de merlot, 20 % de cabernet franc et 10 % de cabernet-sauvignon. Les équilibres sont bons, les acidités aussi, on élèvera dans 70 % de bois neuf, de trois tonneliers : Seguin Moreau, Saury et Sylvain.* »

16,5 – Nez, comme souvent ici, encore un peu austère à ce stade, avec un fruit bien mûr et sur la prise de bois. Attaque pleine, bouche texturée, réglissée, des tanins solides, une belle longueur. Beau vin.

Millésime 2004

– *Dégustation d'avril 2005*

16 – Nez de fruit mûr, cerise, cassis, assez racé. Bouche souple, gourmande, une concentration moyenne, un tanin civilisé, beaucoup de fruit, en élégance et en finesse.

Millésime 2005

– *Dégustation d'avril 2006*

Cette année, à la propriété, Jean-Michel Dubos nous a fait déguster différents lots de différentes provenances. Des merlots provenant de jeunes vignes pour l'essentiel et qui donnaient un vin un peu touffu, tout fou, puissant, tannique, digne de figurer dans un assemblage pour donner de la force. Puis la Cuvée D, des merlots plus âgés et provenant du plateau calcaire, aux saveurs de fruits confits et aux tanins plus domestiqués, souples et soyeux. Une cuve de merlot de pieds de côte et de coteaux au nez de rose rouge, très élégante et garnie, absolument délicieuse, et dont nous aurions volontiers fait notre ordinaire avec une entrecôte. Des cabernets francs au nez de saumur-champigny, framboise, petits tanins frais et croquants. Enfin, un cabernet-sauvignon de pieds de côte, épicé et sévère comme un maître d'école d'avant 1914. Et tout cela assemblé donne un très beau vin structuré et parfumé, doté d'une belle acidité totale de 4 grammes par litre : « *C'est ce qui fera un grand vin de garde. Cette acidité lui donnera la fraîcheur, le pouvoir de vieillir et d'équilibrer l'alcool.* »

17,5/18 – Cerise et fruits noirs, touche florale et réglisse, bouche tendre en attaque, développant ensuite sa puissance sans trop en faire. Les tanins sont garnis, tendus, serrés mais en douceur. Beaucoup de profondeur dans ce vin viril.

Millésime 2006

– *Dégustation d'avril 2007*

« *La première semaine de septembre, on a eu du flétrissement à cause de la chaleur et on a perdu un peu de récolte ; on est à 38 hl/ha* », commente Jean-Michel Dubos. Mais, comme dans tous les domaines situés sur le plateau calcaire, les vignes ont résisté aux assauts climatiques de l'année. Les cabernets francs et les vieilles vignes de merlot (nous avons dégusté séparément ces différents cépages avant de goûter l'assemblage final) ont évidemment mieux tenu que les jeunes vignes de merlot, moins enracinées… 25 % cabernet franc, 75 % merlot.

17 – Fruits noirs, mûre, cerise noire, bouche ronde et grasse, ample en bouche, matière riche, soyeuse et veloutée ; long, frais et riche, tendu en finale ; belle réussite.

Millésime 2007

– *Dégustation d'avril 2008*

L'homme qui incarnait ce cru depuis plus de vingt ans, Jean-Michel Dubos, est parti. Propriété familiale et qui entend bien le rester, Beauséjour a connu une minirévolution avec l'arrivée, il y a deux ans, d'une nouvelle génération de gérants, avec Vincent Duffau-Lagarrosse et Christophe Redaud, cousins et gérants. Le départ de Jean-Michel Dubos s'est traduit par l'adoption d'une autre stratégie viti-vinicole : *« On s'est approchés de Vitigestion, un organisme qui prend en charge les propriétés. On a un contrat de neuf mois. Après, on verra. On est sur des petites structures, 7 hectares. On n'est pas certains que cela nécessite un staff technique permanent. »*

15 – Beaucoup d'expression au nez, très cassis, fraise écrasée, bouche douce et gourmande. Vin flatteur, très bonbon dans ses saveurs, pas très matière mais élégant dans la présentation des tanins, assez carré en finale.

Millésime 2008

– *Dégustation d'avril 2009*

Nicolas Thienpont succède à Vitigestion : *« On va essayer de travailler au niveau du parcellaire. Il y a des parcelles qui ne sont pas dans le grand vin et qui pourraient y être. On essaie de faire des projets pour faire un pigeage sur certaines cuves. L'état du vignoble est bon. »* L'œnologue Michel Rolland et le conseiller Stéphane Derenoncourt ont accepté de travailler ensemble sur la propriété. 80 % merlot, 20 % cabernet franc.

15,5/16 – Floral, sirop de fraise, beaucoup de fruit en bouche, des tanins un poil rustiques ; du moelleux et de la fraîcheur, le boisé n'est pas fondu et donne un côté séchant, mais l'ensemble est prometteur. Pointe d'amertume en finale.

Millésime 2009

– Dégustation d'avril 2010

Nicolas Thienpont : *« On est arrivés suffisamment tôt pour bien suivre la propriété et faire des travaux au vignoble et au cuvier. On a maintenu la cuverie, mais on découpe le haut des cuves pour agrandir l'ouverture. Ainsi on a le choix, on peut piger ou, selon le millésime, travailler de façon traditionnelle. »* David Suire, qui suit le vignoble, explique : *« On a procédé à des ébourgeonnages pour répartir la charge, le nombre de grappes par pied. C'est une propriété qu'on ne connaissait pas. Il faut découvrir et adapter le travail parcelle par parcelle. On va travailler avec des semis de céréales pour retenir la terre. On griffe au printemps, ça laisse la vigne démarrer, et on laisse l'herbe gagner ensuite au cas où il y aurait de gros orages en été. On a lancé aussi des travaux de drainage, car on trouve des résurgences de petites sources. »* Assemblage : 19 % cabernet franc, 4 % cabernet-sauvignon, le reste en merlot. 14,7°.

18 – Fruits noirs, prune, olive, bouche souple, suave, épicée, des tanins veloutés qui lui confèrent une gourmandise immédiate. Vin rond, équilibré pas trop extrait, frais, on retient surtout la qualité des tanins et des saveurs bien complexes.

BÉLAIR-MONANGE

Premier grand cru classé B
Surface : 13 ha
Propriétaire : Établissements Jean-Pierre Moueix
Contact : 54, quai du Priourat
BP 129 – 33502 Libourne Cedex
05.57.51.78.96
www.moueix.com

L'histoire avait plutôt bien commencé. À l'automne 2002 disparaissait Hélyette Dubois-Challon, propriétaire de Château Bélair, premier grand cru classé de saint-émilion. N'ayant pas d'héritier direct, elle désignait Pascal Delbeck, directeur du cru, comme son légataire universel. Un cadeau fantastique, mais un peu empoisonné par les droits de succession. Château Bélair est un joyau. Situé dans le prolongement d'anciennes carrières souterraines qui lui servent de caves, il domine la vallée de la Dordogne. Son terroir viticole (13 ha), sur le plateau calcaire, fait partie de ce que l'on peut trouver de mieux dans cette appellation. Mais Pascal Delbeck n'a pas de fortune personnelle. Fils d'une courtière en vins, artiste peintre, et d'un CRS, il est arrivé comme stagiaire en 1975 à Bélair et n'en est jamais reparti, imposant un style respectueux de la nature avec des idées claires et bien arrêtées : « *Je suis contre les vins standardisés. Une société dans laquelle tout le monde est parfait, mais c'est l'ennui, c'est la mort !* » Depuis 2003, Pascal Delbeck a visité longuement les services fiscaux – « *je pourrais en faire un livre* » –, tenté de multiples négociations. En vain. Les anciennes carrières sous les parcelles de vignes menacent de s'effondrer – Belair a déjà perdu 1 hectare de cette manière – et des travaux de consolidation très coûteux doivent être entamés sans trop tarder. « *Je préfère jeter l'éponge plutôt que de mettre en péril le domaine !* » Pascal Delbeck a reçu des propositions du monde entier (russes et chinoises, notamment) et a finalement signé la promesse de vente avec un voisin : Christian Moueix. Négociant et propriétaire de nombreux crus (dont Magdelaine, premier grand cru classé également), il était entré dans le capital à hauteur de 31 % en 2006.

Mis à part quelques épisodes pendant la Révolution, la propriété a changé une seule fois de mains, quand les Dubois-Challon, en 1916, l'ont rachetée aux descendants de Robert de Knolles, sénéchal anglais qui fit poliment prisonnier notre du Guesclin. Plus tard, les Knolles francisèrent leur nom en Canolle, et un de leurs cousins devint même ministre des Affaires étrangères du président Giscard d'Estaing.

Trop souvent, Bélair est dégusté trop vite, par des gens pressés, qui, marqués, impressionnés par l'échantillon précédent, puissant, boisé, musclé, traduisent sa finesse en maigreur. Bélair est un vin marathonien, capable de traverser les époques sans s'user en offrant à l'amateur patient des nouvelles sensations chaque année. Encore frais quand les autres, les musclés se sont épuisés en sprint. D'ailleurs, Bélair a longtemps figuré en premier dans les classements anciens (notamment dans les éditions du Cocks & Féret du XIXe siècle). Ce n'est qu'après le phylloxéra qu'il laissa la place à Ausone, dont le vignoble fut plus rapidement en état de produire.

Pascal Delbeck, philosophe barbu, aux commandes de ce château jusqu'en 2008, inventeur de procédés de vinification et de soutirages astucieux, vinificateur itinérant – il s'occupe d'un grand vignoble espagnol –, est aussi un gardien du vrai. « *La tradition, ce n'est pas le passé, c'est l'évolution dans la réflexion.* » Avec ses idées jamais arrêtées sur la culture de la vigne, plutôt bio, son refus de faire des vins technologiques qui, pourtant, « *mènent la danse* », et une certaine méfiance vis-à-vis des jugements trop rapides des dégustateurs pressés, Pascal Delbeck faisait un peu Martien dans un décor où la compétition tend parfois à l'emporter sur la qualité. Bélair, souvent, se sort mal des dégustations. Il n'a pas le boisé Castafiore, les tanins Rocky III ni la puissance d'un 747. Mais, à table, quand les vins épais et alcooleux n'intéressent plus personne, alors il retrouve toute sa grâce. Partisan lui aussi des vins « *non standardisés* », Christian Moueix devrait maintenir un style en pureté comme il l'a fait pendant de nombreuses années à Pétrus, propriété de son frère Jean-François et dont il a assuré longtemps la gestion technique. Ces dernières années, sans trop de moyens, Pascal Delbeck avait réussi à maintenir une très belle qualité. L'objectif de Christian Moueix est simple, dépasser ce niveau, réinstaller Bélair au premier rang, conserver la finesse avec juste ce qu'il faut en plus de densité. Pour bien se faire comprendre, il a déjà modifié le nom du cru : Bélair est devenu Bélair-Monange. On retrouvera Pascal Delbeck dans deux crus qui lui appartiennent : Âme-de-Musset en lalande de pomerol et Tour-du-Pas en saint-georges-saint-émilion.

Second vin : Haut-Roc-Blanquant

Millésime 2000

– Dégustation d'avril 2001

Pascal Delbeck : « *Le début d'année a été pénible : beaucoup d'eau en mai, juillet très moyen, mais avec nos vignes cultivées en biodynamie, c'était très sain ; nous continuerons dans cette voie naturelle, on supprime les ronciers qui sont des nids de cicadelles* [parasites de la vigne], *on replante les talus et les haies. Les travaux de soutènement continuent, on a fait pour 30 millions de frais en piliers de soutien !* » 80 % merlot, 20 % cabernet franc. Dégustation à la barrique, librement, des ensembles déjà réalisés.

17,5 – Robe sombre, nez délicat, floral, rose rouge, violette, soupçon de Zan, très raffiné. Bouche racée, délicate, à la texture suave, avec du gras, une finale réglissée, longue, élégante, vineuse et florale, violette. Élégance exceptionnelle.

– *Dégustation d'avril 2002*

17,5 – Cassis ; griotte, violette, le nez se referme doucement, quitte le côté explosif des premiers temps, la bouche s'est étoffée à l'élevage, densité, droiture, longueur, une belle bouteille d'avenir.

Millésime 2001

– *Dégustation d'avril 2002*

Pascal Delbeck : « *L'année a été climatiquement irrégulière, avec un arrêt des maturations en août, dû aux chaleurs, puis des nuits fraîches en septembre, une fin de saison très froide. Comme nous sommes en culture bio, sans produits, nous y sommes plus sensibles que d'autres, mais nous avons pourtant pu ramasser nos francs jusqu'au 10 octobre sans problème particulier. Le merlot aime la douceur et le cycle long de maturité sans heurts.* » Nous dégustons à la barrique, les différents cépages, notamment un merlot du plateau, d'une très grande finesse, puis un ensemble, déjà fait, comportant : 85 % merlot, 15 % cabernet franc.

17/17,5 – Superbe nez de violette, framboise, Zan, épices ; bouche concentrée et raffinée, une chair élégante, un tanin serré mais soyeux ; on retrouve la violette en finale avec beaucoup d'élégance et de longueur ; un Bélair subtil et racé.

Millésime 2002

– *Dégustation d'avril 2003*

Pascal Delbeck a vendangé du 29 septembre au 4 octobre, et son avis sur le millésime est original : « *Je fais toujours l'année comme je la sens dans les vignes ; en 2002, j'ai 90 % de merlot dans mon assemblage, car j'ai trouvé mes cabernets francs très durs. La véraison était hétérogène et, malgré le peu de rendement sur pied, on a dû faire tomber du raisin trop tardif, en août. Ensuite, il y a eu la même réaction qu'en 1983, un passerillage sur la vigne. On a vendangé suivant le calendrier de la biodynamie, en jours fleurs et fruits, vinifié avec les seules levures indigènes. Les vins de côte étaient mieux réussis que ceux du plateau calcaire.* » 33 hl/ha, 90 % merlot, 10 % cabernet franc. Dégustation de l'assemblage à la barrique. Élevage avec 90 % de barriques neuves.

17 – Un nez délicat, élégant, fleuri, violette, cerise, Zan. Bouche tendre, droite, soyeuse, des saveurs fruitées et réglissées, la subtilité et l'élégance traditionnelles de Bélair.

Millésime 2003

– *Dégustation d'avril 2004*

Pascal Delbeck : *« Ce fut un millésime compliqué, avec ces chaleurs ; pour nous, la culture bio a été un avantage, nous tenons la vigne assez haut pour avoir de l'ombre, et on griffe les sols : ainsi la plante se porte mieux ; l'assemblage devrait comporter 85 % de merlot et 15 % de cabernet franc. »* Dégusté trois fois, d'abord à l'aveugle, puis avec le propriétaire, à la barrique (un peu trop frais en ce mois de mars frisquet), et enfin chez Moueix, à Libourne, où, à bonne température, il était délicieux. Rendements : 31 hl/ha. Assemblage définitif terminé, merlot 80 %, cabernet-sauvignon 15 %, cabernet franc 5 %.

16,5 – Nez bonbon anglais, violette et framboise, puis fruits noirs, boîte de cigares. Attaque tendre en bouche, du fruit, un tanin corpulent mais fin, moka, chocolat, réglisse, long et élégant.

Millésime 2004

– *Dégustation d'avril 2005*

Nous l'avons dégusté à deux reprises et à quinze jours d'intervalle, avec des notes comparables, une première fois à l'aveugle avec les premiers grands crus classés B, une autre fois chez Jean-Pierre Moueix, au milieu des vins des propriétés, dont Pétrus et Trotanoy, excusez du peu ! Dans les deux cas, l'élégance de Bélair a fait florès.

17 – Nez raffiné, poudre de riz, fruits noirs, fin et frais, bouche de satin, suave et pleine, au boisé gourmand bien fondu, avec une finale élégante, longue, toute en fruit.

Millésime 2005

– *Dégustation d'avril 2006*

« On a eu 520 millimètres de pluies l'année dernière. Les nappes phréatiques n'ont pas récupéré. Regardez : il commence seulement à pleuvoir dans les caves. » Dans ce secteur de Saint-Émilion à flanc de coteau, ce qu'on appelle les caves sont en fait d'anciennes galeries de carrières, immense labyrinthe où, pendant une vingtaine de siècles, sur plusieurs étages, on a extrait de la pierre calcaire dorée pour construire Bordeaux et Libourne. Quand il pleut en surface, le calcaire absorbe ; l'eau descend lentement dans les profondeurs et traverse au passage les voûtes qui abritent les barriques. Taux d'humidité et fraîcheur garantis… Pascal Delbeck, l'ermite barbu de Bélair, passe d'une travée à l'autre la pipette à la main, pour nous faire déguster à la barrique les vins qu'il a choisis pour réaliser son assemblage, que l'on goûtera en dernier

(et que l'on a déjà dégustés à l'aveugle, parmi d'autres, le matin même). *« Ça, c'est un merlot de la côte, les fermentations ont été longues sur ces merlots, la sécheresse a provoqué des déséquilibres dans les peaux, il y avait des carences en sels minéraux qui ont sans doute manqué aux levures… Là, c'est une parcelle, Les Religieuses, au-dessus de Saint-Émilion, vers le couvent des Ursulines ; du merlot également. Enfin, on peut goûter les Six-Journeaux, 2 hectares à côté de Canon. »* Dégustation passionnante où l'on voit chaque élément prendre sa place dans le vin finalement retenu, qui comprendra 85 % de merlot et le reste de cabernet franc. *« On en a peu cette année, ils n'ont presque rien donné, mais ils sont très aromatiques. »*

18,5 – Confiserie, fruits rouges au sucre, framboise, bouche très garnie, plus intense que ce que l'on goûte d'habitude ici, mais avec la même élégance, le même raffinement des tanins. Une sorte de super-Bélair qui se serait musclé sans prendre un gramme. Beaucoup de fruit et cette structure douce et voluptueuse apportée par les merlots de côte.

Millésime 2006

– Dégustation d'avril 2007

Pascal Delbeck : *« J'ai eu de la chance que l'équipe de vendangeurs de Moueix soit venue m'aider. On a tout ramassé le 20, le 26 et le 28 septembre. »*

16,5 – Framboise, joli nez de terroir calcaire, bouche souple, délicate, très fin, soyeux, classe, avec un milieu de bouche garni, long, fin. Très beau fruit en finale.

Millésime 2007

– Dégustation d'avril 2008

« On a mis peu de bois neuf, car c'est un millésime qui est sur le fruit plus que sur le corps », dit Pascal Delbeck.

100 % merlot cette année : *« Il y a eu des blocages physiologiques par manque d'eau jusqu'à fin août. L'eau plus la chaleur de septembre ont débloqué la plante et apporté la maturité, mais les cabernets francs, plus tardifs que les merlots, avaient trop de retard à combler et je ne pense pas qu'on aurait gagné en attendant, la chaleur d'octobre n'est pas celle d'un mois d'août. On a fini de ramasser vers le 8 octobre, c'est déjà tard. Avant, on était dans une zone vraiment tempérée, avec une réserve en eau dans les sols. Désormais, tous les étés on manque d'eau et la plante stresse… »*

16 – Fruité vif, sur les fruits rouges, bouche ronde, fraîche, tendue, bien vive ; vin élégant et frais, peu dense mais équilibré, raffiné, parfumé.

Millésime 2008

– *Dégustation d'avril 2009*

Pascal Delbeck a cédé la totalité de ses parts, après une période de longue résistance contre les taxes, les droits de succession, etc. Ce sont les équipes de Christian Moueix, déjà propriétaire de nombreux crus dans le Libournais, qui ont vendangé et vinifié le 2008. L'objectif affiché est clair : faire de Bélair un petit bijou, le meilleur des premiers, le Pétrus des saint-émilion. Pour une fois, Christian Moueix en perdrait de sa légendaire modestie.

Mais le second bouleversement, qui risque de marquer davantage les mémoires, c'est le changement de nom. *« Il y a 124 Bélair en Gironde… Un peu trop. Si on veut redonner sa vraie place à Bélair, celle du plus grand, il faut lui donner un nouveau départ avec un nom moins répandu. »* Il s'est souvenu que sa grand-mère, venue de Corrèze en 1931, s'appelait Monange. Bélair est devenu Bélair-Monange, géré par Édouard Moueix, arrière-petit-fils d'Anne-Adèle Monange. Les vendanges se sont déroulées entre le 14 et le 21 octobre.

17,5/18 – Fruits noirs, myrtille, framboise, bouche soyeuse, souple, élégante, un milieu de bouche assez garni, des tanins doux, soyeux, longueur et densité. Toujours la grande finesse qui plaît tant aux amateurs de Bélair (dont nous sommes), mais avec un peu plus de chair en milieu de bouche.

Millésime 2009

– *Dégustation d'avril 2010*

Christian Moueix : *« On a un vignoble très âgé : un bloc de 1901 et un bloc de 1903. Mais on continue à éclaircir ; nous sommes obligés pour que la répartition sur chaque pied soit homogène. »* Résultat : des rendements inférieurs à ceux des sauternes cette année : 13,73 hl/ha. *« C'est une propriété à la maturité très tardive, à cause du vent. On a eu la chance d'avoir en 2008 et 2009 deux automnes très ensoleillés qui nous favorisent, on a pu vendanger très mûr. »*

Le sous-sol, truffé de carrières, menace la stabilité du vignoble en surface. *« On a entrepris des travaux de consolidation pharaoniques, presque limite pour une entreprise comme la nôtre, mais on ne peut pas laisser ce plateau s'effondrer. Saint-Émilion est inscrit au patrimoine mondial de l'Unesco, on a le devoir de le maintenir. »*

17,5 – Fruits noirs, nez fermé, bouche tendre, élégante, fraîche, très fin, d'une grande élégance, raffiné, séveux, minéral.

Archives

– Dégustation de juin 2000

Millésime 1920

15,5 – Tuilé, orangé d'aspect mais encore d'une belle jeunesse, avec des arômes de rose séchée, d'épices et de cerise cuite, tanins à peine séchants, élégant, fruité, étonnant de fraîcheur.

Millésime 1924

14 – Plus foncé de robe mais plus évolué, les arômes passent vite du fruit au champignon, bouche agréable mais fatiguée.

Millésime 1929

17 – Nez fin, discret, entre confiture de fraises, poudre de riz et muscade, gras, construit en bouche, équilibré, solide, long, avec une dominante de cerise en finale. Délicieux.

Millésime 1937

14 – Fève de cacao, un peu sec et pointu, acidité présente.

Millésime 1939

13,5 – Joli nez, mais évolue très vite à l'aération, à savourer très vite.

Millésime 1940

14,5 – Embouteillé en 1943 : *« C'était la guerre, il n'y avait pas de bouteilles. »* Mandarine, menthe, élégant, bonne tenue, assez fin, tanins un peu secs, beaucoup de saveurs.

Millésime 1942

17,5 – Nez somptueux entre truffe et fruits confits, tanins gras, riche, dense, belle structure et saveurs multiples.

Millésime 1947

18 – Truffe blanche, viande rôtie, cacao, gras, onctueux, pain d'épice, long, un monument.

Millésime 1948

14 – Fermé, s'ouvre sur les fruits rouges, tanins présents, une certaine acidité, frais mais sévère.

Millésime 1953

12 – Mie de pain, levure, anguleux, léger, rustique.

Millésime 1955

15,5 – Fleurs séchées, laurier, structure solide, un peu dur mais plein.

Millésime 1958

14 – Floral, fenouil, élégant, souple, chocolaté.

Millésime 1961

15 – Poivré, épicé, fruits rouges, gras, puissant, un peu sévère, trame serrée, joli fruit, long.

Millésime 1966

14 – Viande rôtie, cassis, vif, net, tanins pointus, élégant, frais.

Millésime 1969

14 – Tendre, élégant, joli fruit, agréable aujourd'hui, souple, un peu sec en finale.

Millésime 1970

17,5 – Cèdre, badiane, muscaté, fruits secs, très structuré, puissant, gras, velouté, tannique et fin, très long.

Millésime 1973

14 – Café, grillé, agréable en bouche, fruits rouges, tendre, souple, joli fruit en finale.

Millésime 1975

14 – Chocolaté, tabac, rond, délicat, souple, gourmand, un peu sec en finale.

Millésime 1982

17 – Menthe, fruits cuits, café, complexe, trame serrée et soyeuse, puissant, riche mais fin.

Millésime 1983

14,5 – Floral, tendre, délicat, joli fruit, plutôt élégant pour un 1983.

Millésime 1985

15,5 – Élégant, cerise, fruits cuits, fin, délicat, gourmand, tanins soyeux.

Millésime 1986

16 – Violette et kirsch, dense, puissant, assez sévère, assez fermé, beau potentiel.

Millésime 1987

14 – Framboise, groseille, léger, joli fruit, structure en dentelle. À boire.

Millésime 1989

16,5 – Truffe, réglisse, résine, cacao, rond, tendre, épicé, très fondu, tanins gras.

Millésime 1991

15 – Année du « grand » gel : 9 000 bouteilles au lieu de 55 000. *« On avait* *marqué les grappes non grêlées avec des bagues à pigeon.* » Cire, complexe, mûre, élégant, facile à boire, tanins souples.

Millésime 1994

14,5 – Grillé, café, chocolaté, agréable, souple, bien rond et fruité.

Millésime 1995

17 – Épicé, résine, cèdre, fin, minéral, dense, élégant, complexe, riche, joli grain de tanins, racé.

CANON

Premier grand cru classé B
Surface : 22 ha
Propriétaire : Famille Wertheimer
Contact : John Kolasa
1, Saint-Martin – 33330 Saint-Émilion
05.57.55.23.45
www.chateaucanon.com

C'est un ancien corsaire, fortune faite au service de Louis XV, qui fonda ce domaine. Jacques Kanon, en 1760 après avoir capturé quelques navires aux Anglais, choisit de leur vendre des tonneaux. Il s'appliqua à sa nouvelle tâche avec le même acharnement et constitua en moins de dix ans un très beau vignoble, revendu avec une très belle plus-value à un négociant bordelais, Raymond Fontémoing, le grand marchand de l'époque, très impliqué également dans les vignobles. Jacques Kanon, qui devait se sentir un peu à l'étroit dans cette ville de pierre, reprit la mer en 1770 et alla s'installer à Saint-Domingue, où il possédait une exploitation sucrière. À l'époque, le château s'appelait Bourdieu-de-Saint-Martin. Ce n'est qu'en 1850 qu'il adopta le nom de Canon, sous la direction de la petite-fille de Fontémoing. Était-ce une façon de rendre hommage à Jacques Kanon ? Jean-François Lalle, un temps directeur du château, qui s'est passionné pour son histoire, m'a raconté qu'à l'époque la famille Fontémoing *« vendait plus cher ses vins de Fronsac que ceux produit au Bourdieu-de-Saint-Martin. Donc, on ne sait pas trop si ce n'est pas plutôt pour faire référence au Canon-Fronsac qui avait fait la fortune du grand-père…* » Le domaine a changé ensuite plusieurs fois de mains. La famille Fournier le géra durablement avant de le céder en 1996 aux Wertheimer du groupe de luxe Chanel, déjà propriétaires de Rauzan-Ségla, à Margaux. Canon était alors en assez mauvais état. Le vignoble avait besoin d'être sérieusement revu et corrigé. Il datait pour une bonne part de la fin des années 50 et des années 60. Ce fut une période un peu désastreuse pour le *« matériel végétal »*, comme disent les professionnels pour désigner tout simplement la vigne. Bordeaux, qui avait connu autrefois de grands ampélographes et possédait une certaine avance dans ce domaine, lâcha la rampe au profit de l'œnologie, la science du vin. L'arrivée des grands professeurs d'œnologie effaça l'influence des ampélographes, et le grand gel de février 1956 fit exploser la demande en ceps auprès des pépiniéristes. Moins de recherche et d'attention, situation de crise, ces deux éléments conjugués et ajoutés aux recommandations de l'Inra et de l'Inao en faveur de cépages résistants au gel et plus productifs ont eu des conséquences défavorables à la recherche de la qualité. Bref, à Canon, la nouvelle équipe s'est attaquée immédiatement au problème du vignoble en adoptant la seule solution possible : l'arrachage de certaines parcelles, leur mise en repos pendant plusieurs saisons et leur replantation. Cela fut facilité par l'achat et l'absorption pour partie (3 hectares sur 5) d'un petit voisin très bien placé, Curé-Bon-La Madeleine, dont le vignoble était en assez bon état.

Autre difficulté, pour les repreneurs : un chai pollué par une substance appelée tétrachloro-anisole, et que l'on résume en TCA. Canon n'a pas été le seul a subir cet envahisseur, dont la particularité consiste à refiler au vin un goût proche de celui du bouchon. Mais Canon a été un des rares à le dire. Les autres crus, ils sont nombreux, préférant l'épais silence du pas vu-pas pris. Ces TCA étaient le résultat de traitements antiparasitaires des bois : charpente, palettes, cales pour les fûts, etc. Il y avait presque un côté humour noir et revanche du passé dans cette histoire, car les victimes étaient souvent ceux qui avaient cru bien faire en rénovant un chai ou en en construisant un tout neuf et aux normes. Dans bien des cas, notamment à Canon, on eut recours aux vieux bois de récupération (dans un château) pour les charpentes et au traitement des murs à la chaux, comme autrefois…

Stéphane Bonasse, responsable des vignes et du vin, insiste sur les étapes, selon lui déterminantes : « *En 2002, ce sont les vendanges en cagettes avec tries du raisin et suppression des pompes ; 2006, avec l'installation des cuves tronconiques en inox à double paroi, c'est la fin des cuves en bois. On a gagné en netteté aromatique et en richesse, on peut faire des macérations plus longues. Les cuves bois ne servaient que pendant les vinifications.* » Le reste du temps, elles étaient vides et susceptibles de récupérer de mauvaises odeurs. Peu hermétiques, « *elles laissaient passer de l'air et on perdait des arômes* ».

Canon possède désormais un vignoble en parfait état. Il devrait compter au final, quand tout sera terminé, un peu plus de cabernet franc qu'aujourd'hui (35 % contre 25 %) qui convient superbement au terroir de ce plateau de Saint-Émilion, où le socle calcaire est à peine recouvert de terre. Sans doute un des plus beaux de l'appellation.

Second vin : Clos-Canon

Millésime 2000

– Dégustation d'avril 2001

Après les grands travaux de réfection du chai, on signale l'achat du supplément de cuverie – deux cuves de 60 hectolitres et une de 40 – pour répondre à l'augmentation de récolte due à l'absorption de Curé-Bon. 80 % merlot, 20 % cabernet franc. 35 hl/ha et 40 % de grand vin. En progression sur les derniers millésimes.

16 – Robe noir violacé. Beau fruit aux notes de raisin noir très mûr, écorces, pain grillé. Beau volume en bouche, de la fraîcheur, du fruit et du gras. « *Les notes de maturité sont apportées par le cabernet, très mûr, ce qui n'était pas le cas l'an dernier* », précise le directeur, Jean-François Lalle.

– Dégustation d'avril 2001

16,5 – Cerise au chocolat, fruits rouges, nez ouvert et franc, bouche élégante, bien équilibrée, tendre, très fruitée. Comme à Magdelaine ou Bélair, le vin s'élargit à l'élevage, gagne du gras et du volume.

– Dégustation d'octobre 2009

17 – Fruits noirs, nez concentré, peu ouvert encore, séveux, note de poivre noir, bouche onctueuse, dense, très construite, tanins serrés, finale longue et peu encore fondue, mériterait d'être carafé deux heures comme souvent à Canon, vin droit, prometteur.

Millésime 2001

– Dégustation d'avril 2002

Merlot 80 %, cabernet franc 20 %, 34 hl/ha, 60 % de grand vin, 40 % de second. Jean-François Lalle : « *Avec les chaleurs de fin août, il y a eu soudain beaucoup de degrés, mais il fallait savoir attendre la maturité phénolique, plus lente, jusqu'au début d'octobre.* »

17 – Nez délicat, floral, fruit frais, rose et violette. La texture est tendre, douce, mais charnue, le boisé fondu, la finale sur un tanin gras, le tout est en progrès sur le millésime 2000.

– Dégustation d'octobre 2009

15,5/16 – Nez en rupture, très différent, frais, mentholé, jeune, on dirait qu'il n'a pas encore basculé vers la maturité. Bouche tendue, fraîche, élégante, serrée, très frais, finale un peu serrée, bien fruité, un peu style Canon ancien avec de l'austérité dans les tanins. Un peu plus d'extraction.

Millésime 2002

– Dégustation d'avril 2003

Un nouveau chai, un nouveau maître de chai, Stéphane Bonasse, un nouveau système de réception de la vendange, en cagettes, avec double table de trie vibrante, suivie d'une troisième trie de finition, mise en cuves par chariot élévateur évitant tout pompage pouvant blesser les baies. Les rendements ont été faibles, 21 hl/ha. 75 % merlot, 25 % cabernet franc. Élevage en barriques neuves à 50 %, pas de filtration.

15,5 – Nez de cerise griotte, doux, frais, épicé, clou de girofle, boisé. Le boisé toasté se retrouve en bouche, avec des notes de réglisse, de Zan, une texture puissante et serrée, un vin un peu austère à ce stade.

– Dégustation d'octobre 2009

16 – Nez orange, mandarine. « *On avait un peu le phénomène de 2005, on a concentré en quinze jours ; en deux jours j'avais perdu 20 % de poids sur les baies.* » Bouche ronde, agréable, souple, bien fruité, tanins souples, s'exprime en longueur.

Millésime 2003

– Dégustation d'avril 2004

Rendements : 28 hl/ha. Assemblage définitif : merlot 75 %, cabernet franc 25 %.

15 – Nez cerise rouge, groseille, tabac blond, fumée. Tendre et fruité en bouche, souple, petite note grillée, épicée en finale, vin élégant.

– Dégustation d'octobre 2009

15 – Séveux, grillé, cacao, mûre, expressif, nez du Sud, bouche fruits confits, attaque large savoureuse puis le vin se rétrécit et finit sur les tanins, on devine que la chaleur a provoqué des blocages de maturité.

Millésime 2004

– Dégustation d'avril 2005

Canon poursuit sa remontée grâce aux travaux imposants réalisés au chai et au vignoble, qui commencent à porter leurs fruits.

15,5 – Nez en finesse, vanillé, boisé, notes de fumée, puis confiture, poudre de riz. La bouche est marquée par le boisé, clou de girofle, pain grillé, avec une puissance nouvelle pour le cru.

– Dégustation d'octobre 2009

15,5/16 – Joli nez, mandarine, poivre, fleurs séchées, bouche douce, élégante, bien fruitée, tanins doux, tendu en finale, un peu austère, on revient au style Canon ancien, avec la finale un peu sévère mais pas séchante. Meilleur avec le temps, il a pris de la chair, mais le milieu de bouche est un peu en retrait.

Millésime 2005

– Dégustation d'avril 2006

Et revoici Canon. Le vrai Canon, celui des amoureux de Canon. Le Canon un peu bourru, sanglé dans son uniforme de hussard moustachu, très viril et presque mal embouché. Cette description est un peu exagérée. Mal embouché, à la limite de la rusticité, il l'était autrefois. Puis il est devenu tout gentil, pépère, un loup transformé en chien de compagnie. Depuis dix ans, l'équipe de John Kolasa n'a pas chômé. D'abord il a fallu assainir et refaire complètement le chai. Puis s'attaquer au plus long, la remise en ordre du vignoble : *« On aura fini de replanter en 2009 »*, nous dit John, que l'on devine bouillant quand il contemple les magnifiques parcelles du plateau semées de céréales. Il faut du temps (au moins trois ans sans vignes) au sol pour se refaire une santé. Stéphane Bonasse : *« On a produit 32 hl/ha ; l'assemblage comprend 80 % de merlot et 20 % de cabernet franc. La vendange était très saine, magnifique même, il n'y avait pas grand-chose à écarter. »* Alors, le secret du retour en force de Canon : la possibilité d'intégrer dans l'assemblage une partie du vignoble replanté ? *« Surtout du temps des anciens propriétaires, en 1995, par exemple, ils ont produit 8 000 caisses. Nous, avec ce millésime pourtant exceptionnel, nous ne produirons que 3 400 caisses. »* Sélection drastique, donc.

17,5 – Fruits rouges, épices, bouche dense, serrée, puissante mais fondue. On retrouve le style de la maison avec les tanins serrés, le vin sérieux, presque austère, monastique. Un peu règle de Saint-Benoît mais la robe de bure s'est faite velours.

– Dégustation d'octobre 2009

17 – Nez jeune, fruits noirs, encore vanillé, le poivre arrive après, cerise, nez jeune, adolescent, alcool de riz, bouche ronde, puissante, large, savoureuse, long, plus de bois neuf, tanins serrés en finale.

Millésime 2006

– Dégustation d'avril 2007

« Je suis vraiment super-content de mes 2006 », confie Stéphane Bonasse. *« J'ai viré toutes les cuves en bois et les ai remplacées par des cuves en inox tronconiques avec double paroi, qui nous permettent de mieux maîtriser les températures. Les cuves en bois, c'était joli, mais certaines avaient plus de vingt ans et elles n'apportaient rien, sinon des faux goûts dont on se serait bien passés. On a beaucoup gagné en fruit. Cette année, on avait un raisin superbe. On a pratiqué peu de tries. Sur le calcaire, on ne se plaint pas, c'était très sain, avec des merlots à plus de 14° et certains cabernets qui affichaient 13,7°… La pluie ne nous a apporté que du bien. »*

17 – Nez subtil de rose rouge, cerise, rond, tendre, souple, petits tanins soyeux, belle matière cohérente, fin, délicat, fruité, précis, très long. Un des meilleurs Canon que nous ayons goûtés.

– Dégustation d'avril 2008

17 – Note de grillé, bouche subtile, délicate, raffinée, plein, très fin, petits tanins moelleux.

– Dégustation d'octobre 2009

16,5 – Sous-bois, nez austère, fraise des bois, assez aromatique, violette, Zan, plus aromatique, long, fin, élégant, tendre, finale un peu serrée pas encore fondue, la petite austérité de Canon. Fin, tendu.

Millésime 2007

– Dégustation d'avril 2008

« Tous les investissements que l'on a faits commencent à porter leurs fruits : sélections de cépages, porte-greffe, c'est du travail qui a été réfléchi, on commence à bien sentir nos efforts », constate Stéphane Bonasse. *« Dans les 2 hectares devant la maison, on a enlevé les merlots et planté du cabernet franc. On revient au Canon d'origine, 70 % merlot et 30 % cabernet, alors qu'on était à 80/20. »*

Au chai aussi, la transformation est importante. *« On a des nez plus purs, on conserve mieux le fruit. J'ai fait des macérations assez basses en température pour garder le fruit et ça, je peux me le permettre avec nos nouvelles cuves, pas avec les anciennes en bois. »*

Les Wertheimer, pas seulement actionnaires, sont des amoureux du vin, qui aiment venir à la propriété : *« Ils goûtent les vins des vingt parcelles, et les vieux millésimes »*, apprécie Stéphane, qui ajoute : *« Partout on peut faire du vin qui plaît, mais faire ce qu'on fait ici, mettre en valeur le terroir et rester fidèle à Canon, c'est plus difficile. Dans vingt ou trente ans, je sais que l'on pourra ouvrir une bouteille de Canon sans rougir… »*

15/15,5 – Nez fumé, framboise, bouche très douce, fondue, 50 % de barriques neuves. Tendu en finale, première séquence bien ronde, élégant, note épicée, belle fraîcheur.

– Dégustation d'avril 2009

15/15,5 – Mûre, prune, un peu touffu, assez garni, le vin s'est étoffé depuis l'an passé. Un peu bourru mais assez prometteur, manque un peu de densité vers la finale. Vin à boire assez jeune, quand les éléments constitutifs seront un peu rangés.

– Dégustation d'octobre 2009

15 – Nez fruité assez simple, un peu bonbon, bouche souple, vanillée, tendre, frais, agréable. Sans la complexité des millésimes précédents.

Millésime 2008

– Dégustation d'avril 2009

Grands et beaux travaux à Canon où, pour loger six cuves supplémentaires et avoir ainsi une plus grande adéquation entre le chai de vinification et les parcelles, on ajoute une aile au château. Un bâtiment complet et dans le style, avec encadrement de portes et lucarnes en pierre de taille. C'est d'ailleurs un régal de regarder, de la salle de dégustation, les artisans travailler avec les mêmes gestes que ceux qui ont bâti les murailles de la ville. À Saint-Émilion, site classé au patrimoine mondial de l'Unesco, on ne construit pas façon zone pavillonnaire. Le coût non plus n'est pas le même, mais à Canon le beau est un devoir. 75 % merlot, 25 % cabernet franc. «*Depuis cette année, je m'occupe aussi de la vigne*», dit Stéphane Bonasse, devenu responsable technique vignes et vins.

15,5 – Mûre, floral, bouche tendre, souple, un peu vanillée, tanins doux, très fondu, délicat, bonne longueur. Un vin agréable, presque prêt à boire, tout en rondeur, assez long.

– Dégustation d'octobre 2009

16/16,5 – Nez bien fruité, fraise, framboise, j'avais un peu sous-estimé la qualité des tanins en bouche, 80 % de bois neuf, bouche élégante, raffinée, très fin, soyeux mais avec une bonne trame. Long, fin, élégant.

– Dégustation d'avril 2010

16,5 – Boisé et framboise, bouche délicate, des tanins de qualité qui emplissent bien le milieu de bouche, beaucoup de fraîcheur, long, fin, soyeux, un vin d'une grande finesse, qui monte en densité.

Millésime 2009

– Dégustation d'avril 2010

Stéphane Bonasse : «*À partir de cette année, les vignes sont totalement travaillées. Plus de désherbant ! J'ai l'impression qu'on avait déjà franchi un palier avec 2008, mais, avec 2009, il y a en plus l'effet millésime. Plus ça va, plus on devient précis. Pendant dix ans, ce vignoble a produit à la moitié de ses capacités car on a dû beaucoup arracher et replanter. Ce qu'on a replanté en 1997 et 1998 porte ses fruits et entre dans le grand vin. Par exemple, la parcelle Marie-Gabriel, 2 hectares de merlot, avec des densités plus importantes : 7 300 pieds à l'hectare* [contre 5 600 avant]. *On arrivera à 70 % merlot et 30 % cabernet franc, au lieu de 80/20. On a six cuves de plus, de 60 hectolitres, qui nous permettent d'isoler en vinification davantage de parcelles et d'être plus précis dans la sélection. On est plus précis aussi dans la sélection des tonneliers, pour s'adapter aux cépages, aux parcelles. Ça ne se fait pas en un an. Au mois de mai, on n'était pas fiers : avec la grêle, on a perdu 20 %. Dès le matin de la grêle, on a fait venir tout le personnel de Rauzan-Ségla et on a coupé tout ce qui était abîmé. La solidarité a joué à fond. On a fait un repas un peu amélioré.* » 75 % merlot, 25 % cabernet franc, 14,5°.

18 – Fruits rouges, minéral, calcaire, bouche ronde, suave, petits tanins croquants, très joli fruit, des saveurs qui rappellent la Bourgogne, bonne longueur, beaucoup de fraîcheur, très élégant. Le meilleur Canon depuis longtemps.

Archives

– *Dégustation d'octobre 2009*

Millésime 1956

15 – Nez superbe, très complet, mêlant épices, noix de cajou, cacao, fruits confits, belle attaque de bouche fraîche et dense, finale plus rustique sur des tanins assez rugueux et peu enrobés. L'ensemble est toutefois délicieux.

Millésime 1971

16 – Nez assez solaire, mandarine, fruits mûrs, bouche intense, assez longue, en rondeur, assez peu usée, un vin avec encore du potentiel.

Millésime 1998

16 – Chocolat noir, menthe, un peu séveux, bouche douce, fraîche, fine, petits tanins en finale, fin, élégant, assez suave, un peu de boisé en finale, agréable, sans usure. « *On a aussi fait un travail de tri des tonneliers depuis ce millésime 98.* »

Millésime 1999

15 – Nez séveux, fruits noirs, note truffée, « *on a reçu la grêle huit jours avant la date des vendanges, il a fallu ramasser vite* », bouche serrée, un peu plus chaotique, serré, frais, un peu séchant en finale, tanins pas fondus et manquant de maturité.

Clos-Fourtet

Premier grand cru classé B
Surface : 18,5 ha
Propriétaire : Famille Cuvelier
Contact : 33330 Saint-Émilion
05.57.24.70.90
www.closfourtet.com

« Je vendais des gommes et des crayons » : plaisanterie favorite de Philippe Cuvelier, fondateur de la société Guilbert – *« on a commencé avec 30 personnes »* –, une entreprise de fournitures de bureau européenne qui employait 15 000 salariés quand il s'en est séparé. Changement de décor, l'entrepreneur international règne désormais sur 20 hectares dont s'occupent 9 employés. Mais quel décor ! Le plateau de Saint-Émilion dans son plus bel apparat, en bordure de la vieille ville, au pied des grandes murailles. En avril, le château face à l'église de Saint-Émilion est superbe. *« On est aux premières loges pour les mariages et les enterrements »,* dit Mathieu, le fils, qui assure la relève, après une formation concentrée à l'université, notamment auprès du grand professeur d'œnologie Yves Glories, disparu récemment. Sous le château et les vignes, des galeries interminables sur plusieurs étages, d'anciennes carrières, servent en partie de caves de vieillissement. Mais il faut les surveiller de près, veiller à ce que les piliers ne se fissurent pas, provoquant des effondrements comme ce fut le cas au Château Bélair voisin. Clos-Fourtet fut aux mains de la famille Ginestet, importants négociants et propriétaires de crus (entre autres Cos-d'Estournel et Château Margaux) jusqu'en 1948. Ensuite, il fut la propriété des Lurton, eux aussi multipropréiétaires de crus, mais qui, à la différence des Ginestet, le sont restés. Pierre Lurton l'a dirigé pendant plusieurs années pour le compte de la famille avant d'être nommé à la tête de Cheval-Blanc. Sous l'ère Lurton, le vignoble en mauvais état a été fortement reconstitué, arrachages et replantations. Les vignes atteignent aujourd'hui l'âge adulte et c'est plutôt du côté des chais que les Cuvelier ont porté leur effort, réalisant un cuvier neuf et performant. Philippe Cuvelier nous avait dit qu'un seul cru suffisait : *« On m'a déjà proposé d'autres crus mais je compte bien en rester là. »* La maladie du pied de vigne, quand elle a gagné une nouvelle victime, ne l'abandonne pas aussi facilement. On ne lui connaît pas de vaccin. Après avoir échoué dans le rachat du superbe cru

Bellevue, qu'Hubert de Boüard (Angélus) lui a littéralement soufflé sous le nez, Philippe Cuvelier s'est « rabattu » sur Château Poujeaux à Moulis-en-Médoc. Rabattu, n'est peut-être pas le terme qui convient, car Poujeaux est un vrai bijou, dont tout le monde médocain s'accorde à dire qu'il aurait pu compter parmi les crus classés. Clos-Fourtet, quant à lui, figure le cru de calcaire par excellence : fruité éclatant, finesse des tanins.

Second vin : La Closerie-de-Fourtet

Millésime 2000

– Dégustation d'avril 2001

Clos-Fourtet a été racheté le 5 février par un néophyte sympathique, Philippe Cuvelier – aucun rapport avec la famille de Léoville-Poyferré –, qui avoue ne rien y connaître (« *J'apprends d'abord à recracher*, dit-il, *et ce n'est pas si facile !* ») et s'émerveille de se retrouver châtelain à Saint-Émilion. Il a gardé sagement l'équipe en place dirigée par Tony Ballu et a immédiatement entrepris des travaux importants, à commencer par la réfection des toits. Et, pour sa première année, il trouve dans la corbeille de mariage le millésime 2000 déjà vinifié ; on peut imaginer pire ! Tony Ballu : « *Nous avons mis dans le grand vin 85 % de merlot, 15 % de cabernet-sauvignon. Quant aux cabernets francs, on ne les a pas utilisés, ils pèchent par leur jeunesse (25 ans), par des clones trop productifs, et même cette année où ils s'étaient concentrés sur pied à 18 hl/ha, ça n'allait pas pour le grand vin.* »

16,5 – Robe dense, violacée. Nez puissant, fruits noirs, bouche racée, soyeuse. Texture onctueuse, finale cacao, moka, beau boisé.

Millésime 2001

– Dégustation d'avril 2002

Philippe Cuvelier vise à donner au cru les moyens de faire grand, et il s'y consacre exclusivement, « *sans chercher à acheter d'autres vignobles* ».

Tony Ballu, le directeur : « *Nous avons eu un très petit rendement, 33 hl/ha, qui nous a surpris ; il y avait pas mal de manques à la floraison, qu'on a mal vus, et du coup nos vendanges en vert ont été trop importantes. On n'a pas laissé assez de grappes sur les pieds. Tout le monde a subi cette année une chute de rendements. Dès fin septembre, nous avions des degrés élevés, mais les maturations finales étaient lentes.* » Vendanges du 3 au 11 octobre, 80 % merlot, 15 % cabernet-sauvignon, 5 % cabernet franc. 70 % de la récolte fera du premier vin ; élevage en bois 100 % neuf.

15,5 – Nez poivré, fruits noirs, épicé, réglisse. Attaque souple, vin sapide, pas trop texturé, le boisé est très présent sans pour autant sécher excessivement la finale. Une année de transition.

Millésime 2002

– *Dégustation d'avril 2003*

L'équipement du chai est entièrement rénové, des petites cuves inox à double paroi de 50 à 70 hectolitres permettent une sélection parcellaire et un pigeage manuel doux ; double table de trie et vendange en petits bacs apportent un raisin de qualité aux cuves. Rendement : 40 hl/ha. Assemblage : 85 % merlot, 10 % cabernet-sauvignon, 5 % cabernet franc.

15 – Nez puissant, fruits noirs, un peu austère, gelée de mûres, boisé sensible. La bouche manque un peu d'éclat, elle est pourtant épicée, dense, réglissée, et la longueur est bien là en finale.

Millésime 2003

– *Dégustation d'avril 2004*

Tony Ballu se sent proche de Jean-Claude Berrouet et de Stéphane Derenoncourt, qu'il aime bien consulter amicalement. Depuis le rachat de la propriété par Philippe Cuvelier, en 2001, nous avions noté l'importante modernisation des équipements du chai ; mais c'est à la vigne, et depuis 1973, que le plus gros travail a été fait : 14 hectares sur les 19 en production ont en effet été replantés depuis cette date. Le vignoble est donc assez jeune, et en très bon état. Tout est enherbé, au pâturin, une herbe peu gourmande, qui ne concurrence pas trop la vigne ; c'est cela, pour Tony, qui a permis de protéger le fruit en 2003. Rendement : 31 hl/ha. Assemblage définitif terminé, merlot 80 %, cabernet-sauvignon 15 %, cabernet franc 5 %.

17 – Nez confiture de baies noires, cassis, myrtille, cerise noire. Attaque tendre en bouche, du gras mais aussi du fruit, un tanin onctueux, abondant sans aucune dureté, beaucoup de charme. Grand vin.

Millésime 2004

– *Dégustation d'avril 2005*

15 – Beaucoup de fruit au nez, confiture de bigarreaux. La bouche est charnue, sans excès, suave, en élégance. Les tanins se réveillent en finale plus serrée, avec des notes moka.

Millésime 2005

– *Dégustation d'avril 2006*

Tony Ballu s'est fait des frayeurs avec ce millésime dont on a craint qu'il ne prenne le même chemin que 2003 (canicule et raisin grillé). Mais non point : « *Les jeunes vignes ont un peu souffert de la sécheresse et les rendements ont diminué. C'était moins violent que 2003. Ici, le calcaire agit comme une réserve d'eau.* » L'assemblage est de 12 % cabernet franc, 12 % cabernet-sauvignon et 76 % merlot.

17,5 – Nez café, un peu boudeur, les fermentations ont traîné en longueur et les vins prennent du temps pour retrouver leurs arômes naturels. En revanche, très jolie bouche séveuse, tannique, puissante, riche en alcool mais bien équilibrée grâce à une forte présence tannique et à la fraîcheur acide. Bonne longueur.

Millésime 2006

– *Dégustation d'avril 2007*

« *Aux tables de trie, ils étaient quatre en 2005, et on se demandait s'ils n'étaient pas trop. En 2006, ils étaient dix et aucun de trop* », raconte Tony Ballu, désormais assisté par Mathieu Cuvelier, fils du propriétaire, qui s'est pris de passion pour le vin : « *Il a remplacé le maître de chai pendant les vendanges, car ce dernier s'était cassé le genou* », dit Tony, qui énumère les stages et la formation de son élève. Mathieu, 29 ans, que rien ne préparait vraiment à ce métier, parle d'enthousiasme : « *J'ai trouvé ma vocation, je serais difficile sinon. Je me plais bien à Bordeaux. Il y a beaucoup de jeunes dans les crus, on s'entend bien, et ça nous permet de faire des présentations de vins, à l'étranger ou en France, un peu moins formelles…* » Les cabernets francs n'ont pas été retenus dans l'assemblage « *pour l'instant* ». Les cabernets-sauvignons étaient mûrs, en revanche. 95 % merlot et 5 % cabernet-sauvignon.

16 – Fruits noirs, biscuit, bouche vive, élégante, pas très garnie mais joli fruit, frais, fin, délicat, petits tanins ronds, beaucoup de matière, boisé un peu prenant, poivré.

Millésime 2007

– *Dégustation d'avril 2008*

Philippe Cuvelier se plaît décidément bien dans le monde du vin. À tel point qu'il envisageait de racheter à la famille De Coninck le Château Bellevue, un bijou dans un écrin, château, parc immense – une rareté à Saint-Émilion, où les propriétés sont de taille résolument plus modeste que dans le Médoc –

et, comme son nom l'indique, une vue superbe… C'était compter sans les connaissances et le savoir-faire d'Hubert de Boüard (Angélus), qui a emporté le joli morceau : « *Je n'en porte aucune rancœur. J'ai gagné le premier round, il a gagné le deuxième. J'ai réussi à enfermer toute la famille De Coninck ici, et j'en suis sorti avec toutes les signatures. Mais Hubert a eu l'agrément de l'autre partie.* » Et la belle fut pour lui. « *Je me suis vengé en achetant Poujeaux.* » Le superbe cru de moulis, cédé par la famille Theil. « *On découvre autre chose…* »

L'assemblage se compose de 85 % merlot, 15 % cabernet-sauvignon, « *mais on mettra peut-être 5 % de franc pour faire plaisir à Berrouet* [Jean-Claude, ancien vinificateur de Pétrus, amical consultant ici]. *Pour la première fois cette année, notre maître de chai, Daniel Alard, a trouvé bon le cabernet franc. Il déteste le franc, sauf arraché* », s'amuse Tony Ballu.

15,5 – Fumé, fruits noirs, grillé, boisé, cassis, bouche souple, tanins moelleux, très violette/cassis, fin avec de la réserve, long, serré en finale, avec une pointe d'amer.

– *Dégustation d'avril 2009*

16,5 – Joli nez mentholé, frais, bouche souple, tendre, élégante, bien fruité, petits tanins fins, très élégant et garni, souple, belle structure. La finale s'est adoucie à l'élevage.

Millésime 2008

– *Dégustation d'avril 2009*

« *Au tout début de septembre, on a eu du pourri qu'on a fait tomber tout de suite. Toute la saison estivale, on a eu une pression de mildiou comme je n'en avais jamais connu. C'est le mois de septembre avec le soleil qui a fait le millésime* », commente Tony Ballu. Mathieu Cuvelier, désormais le patron du cru, parle en vieux routier de la vigne : « *On a arraché 1,3 hectare que l'on sème en jachère fleurie devant le château, pour faire plaisir aux touristes. On laisse le sol se nettoyer. On a trop souvent tendance à replanter tout de suite après les arrachages et, quinze ans après, les vignes sont bonnes à arracher de nouveau. La gestion des jeunes vignes aussi, c'est important. Il ne faut pas les faire trop produire. À 20 hl/ha, on favorise l'implantation de la vigne et on obtient de beaux raisins. On favorise la pérennité du pied. Ce sont des choses que l'on fait depuis quelques années.* »

L'assemblage est composé de 87 % merlot, 3 % cabernet franc, 10 % cabernet-sauvignon. « *On espère mettre un peu plus de cabernet franc dans nos futures replantations.* » Les vendanges se sont déroulées du 9 au 20 octobre.

16,5/17 – Rose, cerise, nez « pinot noir de Bourgogne », bouche garnie, le boisé est un peu dominant, rond, vif, soyeux, beaucoup de délicatesse dans le toucher des tanins.

– Dégustation d'avril 2010

17 – Fruits rouges, pêche de vigne, bouche douce, délicate, élégante, bien fruitée, fine, délicate, séveux, belle finale Zan à la violette, joli vin tendu et vif.

Millésime 2009

– Dégustation d'avril 2010

Tony Ballu, directeur technique : « *Sur le volume, on n'est pas au plafond. On s'est fait un peu peur, ce n'est pas comme en 2005, où tout était facile ; là, c'était plus compliqué, on a eu quelques inquiétudes au niveau mildiou. Mais dans le verre, on a quelque chose de frais. Ce n'était pas la sérénité totale, mais je suis content du résultat.* » 88 % merlot, 8 % cabernet-sauvignon et 4 % franc. « *On commence sur 4 hectares en biodynamie pour voir si on trouve une différence, si aussi ça convient aux salariés, et voir au niveau des parcelles si cela change quelque chose.* »

17,5/18 – Fruits noirs, mûre, tanins moelleux, veloutés, très fin, rond, gourmand, élégant ; vin suave, délicat, sans doute l'alcool souligne la rondeur des tanins mais l'ensemble est bien équilibré, beaucoup de présence en bouche.

FIGEAC

Premier grand cru classé B
Surface : 40 ha
Propriétaire : Famille Manoncourt
Contact : Laure et Éric d'Aramon
33330 Saint-Émilion
05.57.24.72.26
www.château-figeac.com

Malicieusement, au début des années 2000, Thierry Manoncourt, propriétaire de Figeac, m'avait envoyé un relevé des notes que j'avais attribuées à son vin sur une dizaine d'années et, en comparaison, celles que j'avais délivrées aux premiers crus du Médoc (Lafite, Latour, Margaux, etc.). Figeac s'en sortait fort bien. Mais la démarche de Thierry Manoncourt était bien plus intéressante qu'un simple comparatif par ce qu'elle révélait chez ce porteur d'histoire (une seule, celle de sa vie, celle de Figeac). Thierry Manoncourt, décédé en août 2010, s'est tellement identifié à ce domaine qu'il en aurait voulu gommer la période la plus sombre. Revenir au temps d'Élie de Carle, propriétaire au XVIIIe siècle de la puissante seigneurie de Figeac, et oublier la suite, la triste suite. Les Carle étaient une grande famille de terriens, des agronomes pointus, des visionnaires du commerce des vins, comparables aux Ségur qui ont bâti le Médoc des châteaux. Le domaine couvrait alors 200 hectares, il était en tout point comparable à *« un grand du Médoc »*, comme l'a écrit le professeur Henri Enjalbert dans la somme qu'il a consacrée aux vins de Saint-Émilion, Pomerol et Fronsac, *« vaste domaine sur un terroir privilégié de graves, beau château et grand parc, tradition viticole presque séculaire »*.

Son histoire aurait dû s'inscrire en parallèle à celles des Lafite, Latour et compagnie. Mais, sous Napoléon Ier, tout s'enraye. Les Carle ont transmis à un neveu, André de Carle-Trajet, un illuminé agricole qui avait sans doute mal lu les physiocrates et s'est lancé dans toutes les entreprises qui conduisent sans détour à la ruine. D'abord, il installe à Figeac le système des « joualles » : cinq ou six rangs de vigne puis, de même largeur, une parcelle en céréales et ainsi de suite. La terre destinée aux céréales est fortement enrichie en fumier et la vigne en profite. Cela augmente les rendements et les vins sont dilués. Autre idée tout aussi lumineuse : la culture de la garance. Comme la France subit alors le blocus des alliés contre l'Empereur (surtout celui organisé sur mer par les Anglais), on ne peut plus faire venir du Mexique la cochenille qui donnait une teinture rouge écarlate du plus bel effet sur les pantalons militaires, transformant ainsi les soldats en cibles parfaites (cet usage perdurera jusqu'à la Première Guerre mondiale ! Il faudra quelques centaines de milliers de morts pour que la hiérarchie militaire y renonce). De la garance, une racine très difficile à arracher en terre lourde, effectivement bien adaptée aux sols graveleux et sableux de Saint-Émilion, on pouvait également extraire un rouge tout aussi prometteur pour les mires des fusils. Remplacer la cochenille : voilà l'avenir, selon Carle-Trajet.

Vingt années plus tard, Carle-Trajet est mort. Les teinturiers préfèrent la garance du Rhône, et Figeac, géré par la veuve Trajet, se vend par morceaux. La plus belle part fut achetée par un Ducasse : une métairie de Figeac qui devait faire une assez jolie carrière chez les grands crus classés sous le nom de Cheval-Blanc...

C'est aujourd'hui Cheval-Blanc qui est à la place de Figeac dans la hierarchie des grands vins bordelais, parmi la toute petite élite des très grands premiers crus classés. Certes, Figeac est un premier, mais classé B, tandis que l'ancienne métairie est classée A. C'est rageant. Entre la période garance et l'arrivée des ancêtres de Thierry Manoncourt en 1892, la propriété a changé de mains plusieurs fois et de nombreuses parcelles s'en sont détachées. Sur les 200 hectares, Figeac en a conservé 54, parc compris. Et, pour Thierry Manoncourt, c'était un mauvais rêve, une période qui n'aurait jamais dû exister et qu'il a tenté de bannir : Cheval-Blanc demeure une métairie de Figeac, lequel est en tout point comparable aux grands crus du Médoc.

L'ancienne seigneurie supporte douloureusement une famille nombreuse. Outre Cheval-Blanc, des crus moins prestigieux ont accolé au nom Figeac celui du lieu-dit ou du propriétaire. Certains parce qu'il proviennent en partie de l'ancien domaine, d'autres pour se donner de l'importance. Mais, dans ce dernier cas, les Manoncourt n'apprécient guère et les tribunaux leur donnent raison.

La première originalité de Figeac reposait et repose toujours sur son terroir central, celui qui donne toujours du grand vin et qui est composé de graves gunziennes, les mêmes que l'on rencontre sur l'autre rive, chez les grands crus du Médoc. Figeac comprenait autrefois 60 hectares de ces graves. Aujourd'hui, il n'en compte plus que 30, l'autre moitié habite chez Cheval-Blanc.

Les graves de Figeac débordent sur l'appellation pomerol voisine. Mais si le cépage classique de la rive droite, le merlot, domine à Pomerol, Figeac est majoritairement cabernet : 30 % de merlot pour 35 % de cabernet franc et autant de cabernet-sauvignon : encépagement unique à Saint-Émilion. Au total, 70 % de cabernet, comme... de nombreux crus du Médoc.

Singulier par son sol et son encépagement, Figeac l'est aussi par sa façon d'évoluer. Au milieu des vins à la mode, très noirs, bâtis en maîtres-nageurs, qui délivrent leur message musclé dès leur premiers ébats en barriques, Figeac pose au timide. Ensuite, avec le temps, les opinions changent. Figeac s'épaissit à l'élevage, conserve sa grâce et son élégance, mais l'ossature du cabernet lui confère une solidité surprenante. Pendant que les body-buildés s'amenuisent ou deviennent secs comme de la toile émeri, lui dévoile ses charmes. Le grand rénovateur, amoureux transi de Figeac, Thierry Manoncourt, dont le premier grand millésime fut 1947, a laissé la place à son gendre, Éric d'Aramon. Tout en continuant le style maison, Éric a apporté sa touche personnelle. Le vin semble un peu moins austère dans sa jeunesse.

Pour ce qui me concerne, premier A ou B, peu importe, Figeac se situe tout en haut. Parmi les trois meilleurs, si ce n'est souvent le meilleur des grands de Bordeaux, toutes appellations confondues. J'avoue n'avoir été que rarement déçu par un millésime du domaine, peut-être le 99, un peu trop marqué par le bois d'une cuve neuve de vinification, selon Éric. Ce fut surtout une année de grêle violente sur Saint-Émilion. Sans doute cela a-t-il laissé des traces dans le vin.

Dans sa toute première enfance, lors des dégustations primeur, Figeac s'emmitoufle, demande qu'on le devine et passe pour l'Alceste (« *Moi, je veux me fâcher et ne veux point entendre* »), comparé aux petits marquis enperlousés qui plaisent aux palais sans exigences. Mais si un jour une bouteille de 1982 vous tombe sous la main, n'invitez personne, ne partagez pas, soyez égoïste, vous ne le regretterez pas.

Que dire de plus ? Ah si, deux choses encore. Robert Parker n'aime pas trop Figeac. On sent qu'il se force quand il lui attribue une bonne note. En revanche, Pierre Desproges adorait Figeac. Il cite plusieurs fois dans ses sketchs le millésime 71, qui l'avait visiblement marqué. À tout prendre, je préfère être d'accord avec Desproges.

« *Les femmes et le bordeaux, je crois que ce sont les deux seules raisons de survivre* », disait-il.

Second vin : Grange-Neuve de Figeac

Millésime 2000

– *Dégustation d'avril 2001*

Éric d'Aramon : « *On avait taillé plus court en 1998, plus long en 2000. Conséquence : on a fait plus de rendements et l'année a été pourtant supérieure. On est arrivé à 51 hl/ha, avec une maturation excellente grâce au climat d'août et de septembre. Dès le début des vendanges, mon beau-père, Thierry Manoncourt, a dit que l'on risquait de faire des 75* [avec des tanins trop rudes] *si on allait chercher trop de matière : en fait, les tanins et la couleur sortaient très facilement. On a donc procédé à des extractions très raisonnables.* » C'est un grand Figeac qui est sorti des cuves, preuve que qualité et volumes ne sont pas incompatibles ! 40 % cabernet-sauvignon, 22 % cabernet franc, 38 % merlot.

17,5 – Robe très noire, bouquet intense, fruits noirs, écorces d'agrumes, fumée, panier de baies rouges. Bouche encore sévère, très cabernet mûr, buis, boisé, un très beau fruit commence à s'exprimer, une austérité et une prestance presque médocaines.

– *Dégustation d'avril 2001*

17,5/18 – Fruits noirs, cassis, un côté sauvage au nez, bouche dense mais moins sévère que l'an passé, note fumée, plein, riche, tendu. Un vin parfaitement équilibré, de très longue garde.

Millésime 2001

– *Dégustation d'avril 2002*

La propriété a racheté en 2001 Petit-Figeac, 1,5 hectare voisin, ainsi que Château La Fleur-Pourret, 4 hectares. À Figeac même, le vignoble évolue. Éric d'Aramon : « *Nous avons arraché des cabernets francs pour replanter 1 hectare de merlots, ainsi que 2 hectares de cabernets-sauvignons. On aime bien les cabernets-sauvignons, ici, ils donnent sur nos graves de la finesse, de l'élégance, et ces dernières années on en a replanté 6 hectares.* » Vendanges jusqu'au 10 octobre. 35 % merlot, 35 % cabernet-sauvignon, 30 % cabernet franc.

17/17,5 – Encore un Figeac éblouissant ! Que ce soit en échantillon ou le lendemain à la barrique, au château, nous avons donné les mêmes notes. Nez superbe, complexe, fruit et réglisse, fraise et chocolat, cerise noire, pain grillé. Bouche élégante et fraîche, tanin au grain serré, racé, une fin de bouche longue et fine.

Millésime 2002

– *Dégustation d'avril 2003*

« Les cabernets-sauvignons étaient superbes en fin de vendanges, nous les avons attendus et, du coup, nous avons vendangé sur trois semaines entre le 21 septembre et le 10 octobre. Mais le plus étonnant a été le cabernet franc : c'est la première fois que je ramasse une cuve entière de cabernet franc aussi mûr et à 14° naturels », dit Éric d'Aramon, en nous faisant faire, la pipette à la main, le tour du chai et des barriques neuves, tonnelier par tonnelier, ce qui nous permet de constater toutes les nuances dues au boisé différent, entre le friand des Demptos, le charnel rond des Nadalié, les notes fumées des Picard... L'assemblage comportera 35 % de cabernet franc, autant de sauvignon, et 30 % de merlot. Rendement 31 hl/ha, 65 % de la récolte feront du Figeac.

17,5/18 – Le nez est envoûtant, complexe, délicat, des notes de cassis pur, de rose rouge, fumée, cèdre, un boisé délicat. La bouche, souple fraîche, offre un bel équilibre entre la chair, satinée, et la structure tannique au grain très fin, presque crémeux, vers une finale où persiste le fruit mûr.

Millésime 2003

– *Dégustation d'avril 2004*

Éric d'Aramon : *« Tout a été soumis à la chaleur, et les jeunes vignes plus que le reste : les plantes de 1999 ont souffert. Cette année, il ne fallait pas effeuiller ! Les blocages de maturation ont cessé fin août grâce aux orages. Nous avons vendangé du 4 au 30 septembre, par petites étapes et sans nous presser. Les cabernets-sauvignons étaient beaux, ils apportent ces notes typiques de cassis de Figeac. »* Assemblage définitif : merlot un tiers, cabernet-sauvignon un tiers, cabernet franc un tiers.

17,5 – Nez inimitable de cassis frais, cerise noire, résine, rose rouge, réglisse, très élégant. Attaque tendre, vin racé, aristocratique, soyeux, vanille et fumée, du grain, mais aussi du fruit, pour une finale très pure et longue.

Millésime 2004

– *Dégustation d'avril 2005*

« Je suis ravi d'avoir fait du vin en quantité. » Sous-entendu (mais à peine) : avec un grand terroir, on n'est pas obligé de réduire les rendements de façon drastique pour faire du bon. *« Nous avons eu des vendanges sans stress »*, dit Éric d'Aramon, *« étalées sur quatre semaines, sans aucune raison de se presser, ce qui nous a permis, avec notre œnologue, Gilles Pauquet, d'attendre calmement la maturité de nos trois cépages, merlot, cabernet franc et cabernet-*

sauvignon, qui entrent pour un tiers chacun dans le grand vin. » Lequel Gilles Pauquet nous avait confirmé auparavant que cette année, *« à Figeac, on avait commencé de cueillir les cabernets quand les premières cuves de merlot avaient achevé leur macération »*. Un phénomène assez exceptionnel. *« Je suis cependant plus content des cabernets, francs ou sauvignons, que des merlots »*, poursuit Éric d'Aramon. La propriété est en permanence en cours de replantation : *« Sur les 40 hectares de Figeac, on renouvelle 0,5 hectare par an, c'est donc tout le vignoble qui est refait tous les quatre-vingts ans... C'est l'évolution nécessaire pour un cru classé. »*

16,5/17 – Nez aux notes réglissées, cassis, beaucoup de fruit, gelée de groseilles, gentiane, boisé bien fondu. Bouche souple, soyeuse, petit tanin très élégant, vin de classe.

Millésime 2005

– Dégustation d'avril 2006

Ici, on attend la sortie du prochain classement décennal avec beaucoup moins de fébrilité qu'en 1996. À l'époque, Thierry Manoncourt y croyait dur comme fer. Il se voyait monter en division supérieure (premier A), comme Cheval-Blanc et Ausone. Figeac, terroir historique et original géré de main de maître par l'ambassadeur encyclopédique de Saint-Émilion, le méritait. Mais voilà, le vin n'était pas à la mode. Le temps a passé, et nous ne blesserons pas les membres du jury de l'époque en rappelant l'importance de l'influence du marché américain et de ses « sélectionneurs » (dégustateurs, acheteurs...) sur les décisions bordelaises. Et puis, qu'importent les classements pourvu que Figeac demeure tel qu'il est : un témoin délicieux. *« Nous avons produit 36 hl/ha, soit 22 de moins que l'an passé. En revanche, la récolte était de telle qualité que l'on va avoir autant de grand vin. 95 % de la récolte fera du Figeac, on aura très peu de second vin. Tout était beau cette année »*, commente Éric d'Aramon. L'avantage de Figeac avec ses cabernets, moins riches en sucre que le merlot, est d'avoir cette année des degrés modérés : 13,3°, quand de nombreux collègues affichent plus de 14° au compteur. L'assemblage est simple, un tiers de cabernet franc, un tiers de cabernet-sauvignon, un tiers de merlot.

18/18,5 – Nez très pur de gelée de cerises, mûre, un fruité très exubérant et une bouche concentrée, avec toujours ces quelques notes cassis qui l'identifient jeune, des tanins très doux, peignés, une grande finesse, de structure et une longueur impressionnante.

Millésime 2006

– *Dégustation d'avril 2007*

« On pourrait aussi annuler les résultats du bac parce qu'ils ne conviennent pas à ceux qui ont échoué ! » fulmine Éric d'Aramon ce matin-là. Une décision de justice vient de « suspendre » le classement des saint-émilion à la demande de quatre crus qui ont été déclassés. *« Personne ne sortira grandi de cette histoire. On va dans le système et on en accepte les règles, ou on n'y va pas… »* Et pour 2006 ? *« Il y a eu de grosses variations suivant les terroirs. Les graves et graves sableuses ont donné de bons résultats, tandis que les vignes sur sable ont plus souffert de la sécheresse au mois de juillet ; cela a donné des vins avec moins de complexité aromatique. Ici, les cabernets francs qui étaient sur sable, nous les avons replantés sur zone argileuse et nous les remplaçons par des merlots et, par endroits, par des cabernets-sauvignons. »* L'assemblage est classique, du moins pour Figeac : un tiers de cabernet franc, un tiers de merlot, un tiers de cabernet-sauvignon. *« En 2006, on n'a pas du tout cherché à extraire sur les cabernets-sauvignons, pas de pigeage, j'ai préféré faire une cuvaison un peu longue plutôt que d'extraire vite, pour ne pas récupérer d'astringence. »*

17 – Réglisse, rose, note de cassis, bouche très complète, dense, droite, serrée, tendue, belle matière, très long. Beau potentiel.

Millésime 2007

– *Dégustation d'avril 2008*

On recensait déjà Petit-Cheval, le second vin de Cheval-Blanc (le voisin d'en face), voici Petit-Figeac. Mais attention ! précise Éric d'Aramon : *« C'est un petit ambassadeur de Figeac, ce n'est pas le deuxième vin, c'est une sélection de vignes qu'on n'entre pas dans le grand vin. »*

Il existe d'ores et déjà un second vin, Grange-Neuve, composé des jeunes vignes : *« Cela ne pourrait en aucun cas faire du grand vin. Petit-Figeac, lui, est un vin qui aurait pu faire du Figeac. »*

Pour revenir au millésime, Éric ne cache pas que ce fut *« une année difficile au niveau du suivi maturité. On a vendangé du 22 septembre au 15 octobre pour le grand vin. Un millésime d'attente, il fallait travailler, traiter sans relâche contre le mildiou. Grâce à ça, on a eu du raisin »*.

Figeac est composé de 40 % merlot, 40 % cabernet-sauvignon et 20 % cabernet franc.

17 – Fruits noirs, nez dense, épicé, bouche dense, veloutée, élégant et savoureux, beaucoup de matière qui s'exprime dans la finesse, long, construit, harmonieux.

15,5 – **Petit-Figeac**. Violette, fruits noirs, tabac, prune, bouche tendue, épicée, veloutée d'abord puis tannique, serrée.

15 – **Grange-Neuve**. Tabac, épices, fruits noirs, bouche bien ronde, douce, tendre, élégante, délicieux, friand. Fait pour être bu rapidement

– Dégustation d'avril 2009

16,5/17 – Boisé, vanille, fermé, bouche ronde, moelleuse, souple, tendre, bien construit, finale moins dense, moins étoffée que 2008.

Millésime 2008

– Dégustation d'avril 2009

Figeac ouvre ses portes. On peut désormais visiter et, surtout, grande nouveauté, acheter la gamme des vins du domaine. Car Figeac n'est pas que Figeac. Laure et Éric d'Aramon proposent également le second vin, Grange-Neuve, et le délicieux La Fleur-Pourret, provenant d'un petit vignoble situé sur le plateau, un peu avant l'entrée de la ville, sur la gauche. L'assemblage de l'année comporte toujours une bonne part de cabernet-sauvignon, 30 %, pour 40 % de merlot et 30 % de cabernet franc. Dates de vendanges : le merlot du 1er au 5 octobre, les cabernets entre le 14 et le 20.

18 – Nez fumé, épicé, mûre, fruits noirs et floral, le boisé arrive après, bouche tendre, veloutée, délicate, tendue, tanins doux et serrés, nerveux en finale, belle tenue, opulent et fin à la fois, beaucoup de fruit et de caractère.

14 – **Petit-Figeac**. Fruits très mûrs, plutôt baies noires, bouche souple, ronde, moelleuse. Vin gourmand, un bon fruité mais assez linéaire, agréable mais sans le ressort du grand vin.

– Dégustation d'avril 2010

17,5 – Boisé, épices, confit, bouche dense, beaucoup de fruit, élégant, fin, très tendu, long. Sans doute pas l'épaisseur d'un millésime solaire comme 2009 mais une grande élégance.

Millésime 2009

– Dégustation d'avril 2010

Frédéric Faye, chef de culture : *« Début 2009, nous avons eu un hiver froid et sec avec seulement des pluies fin janvier. Février et mars ont été secs. Le débourrement a commencé assez tardivement, en avril, comme en 2008. Il a été homogène sur tous les cépages. Mai a été quasi estival, la vigne a rattrapé son retard et la fleur a été très rapide, c'est idéal. Ce qui était bien, c'était les alternances pluie et soleil, le jardinier qui mettait un coup d'arrosage et des nuits fraîches. La véraison des merlots s'est opérée le 20 juillet et le 31 pour le cabernet. Amplitude forte en août et septembre, pas de pluie mais des nuits fraîches pour la synthèse des polyphénols, c'était parfait. On a préservé les raisins du soleil, éclaircissage et effeuillage pied par pied, rien de mathématique. Beaucoup de dégustation de baies pour déterminer les dates des vendanges. On a commencé le 22 septembre avec les merlots, fini le 28. Et les cabernets du 5 au 19 octobre. Il y avait un fort décalage entre maturité des sucres et des tanins, on ne s'est pas précipités. On a 13,5° d'alcool au final.* » Frédéric Faye, entré en 2003 à Figeac, est chef de culture depuis deux ans. Avant, il travaillait au chai. « *On travaille beaucoup en équipe avec Jean Albino, le maître de chai, on déguste ensemble, on va dans les vignes ensemble, on parle dès qu'on a un doute.* »

18,5/19 – La dégustation à la barrique confirme celle du matin à l'aveugle. Résine, cacao, cerise, le fruité du cabernet franc domine, avec un milieu de bouche d'une grande finesse, d'une bonne épaisseur, sans tanins accrocheurs, très soyeux, le cabernet-sauvignon ne marque pas le vin par ses habituels arômes de cassis mais par sa trame tannique, l'assemblage est très harmonieux. On retient en premier la fraîcheur et l'éclat du fruit.

Archives

– *Dégustation de mai 1999*

Millésime 1966

17/20 – Brique foncé, reflet cuivre. Nez d'épices, viande rôtie, résine, fruits secs, moka. Tanins gras, un wagon de saveurs.

Millésime 1981

17 – Épices, fruits cuits, café, encore des arômes de fruit, truffe, bouche goûteuse, cerise, élégance et fraîcheur, tanins délicats.

Millésime 1982

19,5 – Grenat noir à peine flammé, nez peu ouvert au départ qui se révèle à l'aération, grillé, amande, épices, prune, cerise, cannelle. Une bouche très dense, ample et grasse. Un vin généreux et riche en tout : alcool, gras, tanins, saveurs. Structure lisse et un développement impressionnant en bouche, entre épices et fruits. Peut-être le plus beau 82 de Bordeaux.

Millésime 1985

17 – Nez fermé, frais, plus jeune que ne le laisse penser la robe, note cerise cuite à l'aération. Rond, tendre, gras, bien tapissé de tanins onctueux, frais. Encore jeune et délicieux.

Millésime 1989

17,5 – Grenat avec un reflet flammé, nez de viande rôtie, mine de crayon, une tendance médocaine. Gras, ample, saveurs café, raisin sec, pruneau, puissant, sans le côté « méridional » de certains 89 sur cette rive.

Millésime 1990

18,5 – Grenat noir, pâtisserie, grillé, brioche chaude, prune, cerise cuite, fruits secs, cannelle. Gras, plein, dense, puissant, ample, l'alcool s'équilibre avec une forte présence de tanins gras, gelée de mûre, prune rouge. Onctuosité et puissance, mais moins élégant que le 82.

Millésime 1993

16 – Très joli fruit, cerise, assez peu développé. Bonne densité, mais sans la puissance de certains millésimes. Les amateurs de vins adolescents peuvent se régaler de ce mélange de saveurs entre cuit et frais.

Millésime 1994

17 – Nez de mûre, violette, fruits noirs, riche, assez somptueux ; beaucoup de gras, plein, dense, très rond, raisin mûr, tanins moelleux, pas mal d'alcool, mais une matière qui équilibre. Un des plus beaux 94 de l'appellation.

Millésime 1995

17,5 – Grenat pourpre, fermé, vanille, note de cerise propre aux cabernets de Figeac. Gras, plein, dense, tanins fins, structure solide mais fine, un délit d'initié entre élégance et puissance.

Millésime 1996

17 – Grenat sombre, nez fruité, un peu refermé, joli fruit en bouche, structure fine, délicate, un peu dentelle, mais avec du fil solide, long, très élégant.

La Gaffelière

Premier grand cru classé B
Surface : 22 ha
Propriétaire : Comte Léo de Malet Roquefort
Contact : 33330 Saint-Émilion
05.57.24.72.15
Second vin : Clos-La Gaffelière

Si l'on en croit Bernard Ginestet (*Saint-Émilion*, collection « Le Grand Bernard des vins de France », éditions Jacques Legrand), les Malet Roquefort descendraient directement des conquérants vikings qui ont causé tant d'ennuis à la vallée de la Seine au IXe siècle. Puis, toujours guerriers, ils ont combattu aux côtés de Guillaume le Conquérant contre Harold le Saxon avant de s'installer en Aquitaine. Définitivement pacifié et fort sympathique, Léo de Malet Roquefort (rien à voir avec l'auteur de *Brouillard au pont de Tolbiac*) ne se montre en guerrier conquérant qu'en des circonstances bien précises : la chasse à courre et les rallyes de vieilles voitures. Alors, au volant de sa Bugatti, il est imbattable et même redoutable, d'après son personnel qui craint chaque fois de ne pas le voir revenir. Le vin a un peu fait du sur-place dans les années 90, avant de redécoller d'une façon très bugattienne depuis deux ou trois millésimes. Au moment du classement de 1996 – à Saint-Émilion, on refait le classement tous les dix ans –, il s'était murmuré suffisamment fort pour que Léo l'entende que La Gaffelière était sur la sellette. Ce fut alors une période d'incertitude où l'on vit défiler au château le gratin des œnologues et conseillers, de Michel Rolland à Denis Dubourdieu. Période de grands travaux, également, avec une remise en forme du chai assez spectaculaire, puisqu'il fut nécessaire de démonter une partie du toit pour faire entrer les cuves. Dans le vignoble aussi, on a beaucoup chamboulé avec un plan d'arrachage et de replantation assez vigoureux, accompagné de la mise en place d'un drainage plus efficace des parcelles les plus basses. Philippe Gard, ingénieur agronome et vigneron dans le Roussillon, a géré le programme de replantation : *« Nous avions beaucoup de cabernet-sauvignon planté sur SO4, un très mauvais porte-greffe qui nous donnait trop de raisins. Il y a eu une époque, dans les années 60, où l'Inao nous obligeait à planter du cabernet-sauvignon partout. Ça marchait bien dans le Médoc et donc il en fallait partout. Et nous, bêtement, on a suivi, sauf qu'ici cela mûrissait très mal. D'ailleurs, ces parties-là n'entraient plus dans le grand vin. Six hectares ont été ainsi entièrement renouvelés. Il faudra encore quelques années pour que ces vignes donnent du raisin susceptible d'entrer dans le grand vin »*, raconte Léo de Malet.

C'est désormais Stéphane Derenoncourt qui fait un peu plus que conseiller le domaine. Il dirige les opérations de vendanges, vinifications et élevage. Avec un incontestable succès. Et ce n'est pas la moindre des qualités de Léo de Malet Roquefort que de lui avoir confié les clés d'un tel cru.

Millésime 2000

– *Dégustation d'avril 2001*

Les grands travaux au chai sont terminés et le cuvier, tout neuf, est opérationnel. Le directeur de la propriété, Éric Degliame, va *« prendre du recul »*, mais son équipe reste en place et assurera la continuité. 70 % merlot, 25 % cabernet franc, 5 % cabernet-sauvignon.

15,5 – Nez expressif, fruit mûr, boisé. Bouche au corps souple, tendre, un boisé gourmand.

– *Dégustation d'avril 2002*

15,5 – Épicé, marqué par son élevage en bois. Une belle matière en toile de fond, du gras, du velouté, peut-être pas la finesse qu'on espère d'un tel terroir.

Millésime 2001

– *Dégustation d'avril 2002*

Éric Degliame, l'ancien directeur, ayant quitté la propriété il y a huit mois, non sans quelques tensions, le comte de Malet Roquefort, assisté de son chef de culture, Jean-Marie Galeri, a repris la propriété en main. *« Nous avons replanté 4 hectares cette année, à 5 000 pieds à l'hectare, ils donneront leur premier vin en 2005. Fin septembre, les merlots étaient très chargés, les francs n'avançaient plus et, pour finir, nous n'avons eu que 39 hl/ha de rendement. »* 65 % merlot, 30 % cabernet franc, 5 % cabernet-sauvignon. Élevage 60 % en bois neuf – l'année n'en demande pas plus, selon Jean-Marie Galeri. Est-ce l'effet de la présence cette année du maître dans les vignes ? Le 2001 nous est apparu en net progrès sur les derniers millésimes.

16 – Très noir. Nez expressif de fruit, cerise noire, intense et d'une élégante fraîcheur. La bouche est racée, assez opulente, le tanin crémeux habille une finale au boisé bien intégré.

Millésime 2002

– Dégustation d'avril 2003

Le comte de Malet Roquefort a repris personnellement en main la gestion de son cru, assisté de Denis Dubourdieu à la vinification. Rendements de 40 hl/ha, 80 % merlot, 10 % de cabernet franc et de cabernet-sauvignon. 60 % bois neuf.

15 – Nez puissant, dense, fruits noirs, un peu austère. Bouche très charnue, opulente, dotée de tanins gras, feutrés, avec une finale virile et boisée, pain grillé.

Millésime 2003

– Dégustation d'avril 2004

Le comte de Malet Roquefort, affable, veste en tweed, très gentleman-farmer, vous accueille devant un feu de bois qui crépite. Dans le parc, une statue de jument grandeur nature, avec son poulain ; dans le garage à côté, deux Bugatti prêtes à bondir. Il flotte là un air un peu suranné. Mais ce qui n'est pas immuable, c'est le vin, en constants progrès depuis quelques années : « *En 2003* », dit monsieur le comte, « *c'était riche, les cabernets francs et sauvignons ont bien mûri, nous allons d'ailleurs en replanter en haut sous Bélair et Ausone, car pour le moment ils sont mal placés. Les fermentations ont été d'abord rapides, puis ralenties par la concentration des moûts, on arrive à 13,5°. Nous ne mettrons que 50 % de bois neuf, sur une durée courte, dix à douze mois d'élevage.* » Rendement 28 hl/ha.

16 – Nez floral, fin, violette, cerise, framboise. Bouche racée, tout en fruit, satinée, séveuse, finale plus tannique, petite note de gentiane, boisée. Un vin gourmand, difficile à recracher.

Millésime 2004

– Dégustation d'avril 2005

Ce cru, qui si souvent par le passé se reconnaissait à l'aveugle par sa fluidité, évolue désormais dans la catégorie poids moyens. Ce pourrait être un inconvénient et il pourrait donner l'image d'un cru classé contraint de jouer dans la cour des vins mondialisés. Il n'en est rien. Sans perdre de son élégance, La Gaffelière s'est étoffé et ne sacrifie pas son fruit.

16 – Nez discret, assez refermé, bouche en revanche assez vive, nette, solide, texture serrée mais sans dureté, un fruité bien exprimé qui s'appuie sur des tanins assez présents en finale.

Millésime 2005

– Dégustation d'avril 2006

80 % merlot, 10 % cabernet franc, 10 % cabernet-sauvignon. Léo de Malet Roquefort, il y a une trentaine d'années, avait fait la découverte, dans les ruines d'une ancienne villa gallo-romaine, d'une mosaïque superbe représentant… un pied de vigne. Dommage, aucune amphore soigneusement bouchée ne l'accompagnait. Le vignoble de côte entoure la maison, séparée du chai par la route, beaucoup plus fréquentée qu'au temps où un ancêtre de l'actuel propriétaire fit, paraît-il, don d'un chemin privé à la commune pour la construire.

14,5 – Fruits rouges, épices, floral, prune : joli nez. La bouche toutefois ne se présente pas au mieux. Tanins serrés presque anguleux, peu de chair, une bonne longueur mais pas le charme que l'on trouvait dans ces vins tendus et soyeux des derniers millésimes. Peut-être un assemblage à revoir. À moins que l'élevage ne confirme les choix techniques et apporte le moelleux nécessaire. On a dégusté trois fois ce vin, mais on est partant pour une quatrième.

Millésime 2006

– Dégustation d'avril 2007

Depuis 2004, Stéphane Derenoncourt est consultant pour le domaine. « *Il va beaucoup dans le vignoble, il goûte beaucoup les raisins* », raconte Jean-Marie Galeri, le maître de chai. « *Au chai, on fait un peu plus de pigeage manuel ; d'ailleurs on va rentrer des petites cuves avec de grandes ouvertures en haut pour mieux piger.* » Le domaine a beaucoup trié, avec une quinzaine de personnes qui ont écarté tous les raisins douteux. Au final, après assemblage, seulement 60 % de la récolte ont été retenus pour le grand vin.

15 – Floral, rose rouge, délicat, boisé blond, tendu, vif, serré, tanins un peu rugueux, sèche en finale, boisé un peu dominant sur l'échantillon proposé à partir d'une barrique neuve. Nous avons demandé à le goûter au chai, dans une barrique ayant déjà servi une année, et le fruité était plus éclatant.

Millésime 2007

– Dégustation d'avril 2008

Stéphane Derenoncourt : « *On a commencé en 2004, j'ai fait travailler les sols (labour) pour faire plonger les racines, ça commence à payer.* »

À la barrique, les merlots se montrent très fruités et les cabernets plus austères. « *C'est la surprise, j'étais franchement déprimé début septembre.*

Ensuite, j'ai vu qu'on pouvait aller à la maturité. J'ai fait faire des saignées et des extractions douces. » 90 % merlot et 10 % cabernet franc.

16,5 – Cerise, boisé un peu planche, belle matière en bouche, petits tanins ronds croquants, finesse, finale serrée, beaucoup de fruit.

– *Dégustation d'avril 2009*

15,5/16 – Fruits noirs, boisé (50 % bois neuf). Bouche ronde, il s'est étoffé, belle attaque, assez volumineuse, finale plus étroite et serrée. Vin gourmand, à boire assez jeune.

Millésime 2008

– *Dégustation d'avril 2009*

Cette année, le grand vin est composé à 100 % de merlot. Le peu de cabernet qui demeure sur le domaine n'était pas jugé de qualité suffisante. On modifie beaucoup le parcellaire à La Gaffelière : « *On a arraché les cabernets francs qui étaient dans la plaine (où ils mûrissaient mal) pour en replanter dans les coteaux (où ils mûrissent mieux)* », confie Jean-Marie Galeri, responsable technique. « *On a arraché 6 hectares et on en a replanté 3. On laisse reposer deux ou trois ans. On plante de la jachère.* » C'est déjà sensiblement mieux, et ce sera encore meilleur quand les jeunes vignes seront adultes dans dix, quinze, vingt ans… Le métier de vigneron ne connaît pas l'immédiat.

Vendanges du 10 au 22 octobre pour les merlots, 27 octobre pour les cabernets. Nous avons dégusté, en plus de l'assemblage final, deux lots de vins justement non assemblés. Le premier en provenance des coteaux : beaucoup de charme et d'élégance. Très vif, séveux. Le second, un lot de vin de plaine (enfin, plutôt qu'une plaine, il s'agit de bas de coteaux) : un nez plus touffu, bouche garnie, un peu plus rustique et puissant. L'assemblage représente deux tiers coteaux et un tiers plaine. Le premier apporte la finesse, le second la chair.

16 – Nez boisé et maturité, bouche ronde, assise, puissante, très merlot mûr, une maturité affirmée, mais manque d'éclat sur cet échantillon ; bonne longueur en revanche, rond, assez fin.

Millésime 2009

– *Dégustation d'avril 2010*

Le vignoble a subi un programme vigoureux d'arrachage et de replantation, mené par Philippe Gard, ingénieur agronome. Trop de cabernet-sauvignon et des porte-greffes trop vigoureux donnaient des vins sans grand intérêt. Actuellement, 6 hectares sont encore en attente de figurer un jour, quand les ceps seront suffisamment âgés, dans le grand vin. Dégustation à la barrique avec Jean-Marie Galeri, le maître de chai. On retient surtout les vins provenant des parcelles de la côte, en allant vers Ausone. Merveille de finesse, élégant, tendre, soyeux. Les vendanges ont commencé le 27 septembre pour s'achever le 9 octobre. 80 % merlot, 20 % cabernet franc. Tout passe en premier vin et l'assemblage est presque définitif.

17,5 – Fruits noirs, olive, grillé, épices, bouche ample, puissante, tendue, beaucoup de matière, des tanins veloutés et serrés à la fois. Vin d'argile, très structuré mais sans dureté, le milieu de bouche est sans faiblesse, le fruité toujours aussi éclatant et une bouche plus garnie que d'habitude.

MAGDELAINE

Premier grand cru classé B
Surface : 11 ha
Propriétaire : Établissements Jean-Pierre Moueix
Contact : Christian Moueix – 54, quai du Priourat
BP 129 – 33502 Libourne Cedex
05.57.51.78.96
info@jpmoueix.com
www.moueix.com

Le monde du silence, de la courtoisie et de la discrétion. Le monde des Moueix.

La Magdelaine, accrochée à la falaise, voisine d'Ausone et Bélair-Monange : une situation d'exception. Nous en connaissons quelques-uns qui l'auraient transformé en palais du Merlot avec vente de bondes, de tee-shirts, de macarons de Saint-Émilion (une spécialité absolument délicieuse que l'on trouve à la pâtisserie située 9, rue Gadet) et de vins du négoce. Les Établissements Jean-Pierre Moueix, s'ils possèdent quelques-uns des plus beaux crus de pomerol et deux premiers crus de saint-émilion, sont d'abord et avant tout négociants. Jean-Pierre Moueix, disparu en 2003, est arrivé de Corrèze dans les années 20 et fonda sa maison de commerce en 1937. Grand amateur de peinture, collectionneur qui n'hésitait pas à vendre des « valeurs sûres » comme Manet pour acheter de nouveaux artistes peu connus, il a transmis sa passion à ses enfants : Christian, qui a repris la maison familiale, et Jean-François, installé à Bordeaux, un des plus importants négociants de la place (Établissements Duclot, entre autres) et propriétaire de Pétrus. Jean-Pierre Moueix avait racheté La Magdelaine en 1952 à un curieux personnage, notaire désœuvré qui paraît-il passait l'essentiel de son temps debout derrière sa fenêtre, chapeau sur la tête, à observer les passants. Cette immobilité ne faisait guère progresser le cru qui était en piteux état quand les Moueix l'ont repris. Le vignoble forme un fer à cheval en haut de la côte de Saint-Émilion, dans le prolongement d'Ausone. Une situation très favorable à la vigne et un entretien difficile. Encore très récemment, une partie des sols était travaillée avec un cheval.

Le style Moueix, mis en partition par Jean-Claude Berrouet, aujourd'hui retraité actif, c'est l'élégance, le classique bordelais, la volonté de s'adapter aux millésimes sans la tentation de les dominer par des artifices techniques. Quand la mode fut aux vins de garage, aux superconcentrés, à la surmaturité et tutti frutti, Magdelaine ne s'est pas épargné les critiques : vendangée trop tôt, vin mince, etc. Il est amusant de comparer maintenant ce que les uns et les autres sont devenus : ceux qui ont résisté au temps et ceux qui ont mal vieilli. La chirurgie ou l'œnologie esthétique ne génèrent pas forcément de beaux seniors. C'est même plus souvent l'inverse. Évidemment, on ne visite pas La Magdelaine. Pas trop le genre Moueix, les visites touristiques…

Second vin : Les Songes-de-Magdelaine

Millésime 2000

– Dégustation d'avril 2001

16 – Rubis sombre. Nez ample, complexe, violette et fruits rouges, cerise, assez frais, au boisé léger. Bouche à la texture de satin, bel équilibre entre chair douce et tanin, finale dure, goûteuse et longue. Vin raffiné.

Millésime 2001

– *Dégustation d'avril 2002*

Ce château est dégusté à part des autres premiers, dans la salle de dégustation de la maison de négoce, à Libourne.

16,5/17 – Robe violine, nez intense, confituré, réglissé, raffiné. Attaque gourmande, tendre, fruit explosif, tout en finesse jusqu'à la finale au tanin frais et dru.

Millésime 2002

– *Dégustation d'octobre 2009*

15/16 – Nez facile, flatteur, un peu chocolaté, petite note florale, rose, fleurs séchées, nez flatteur, bouche douce suave, élégante, très fondue, délicate, finale serrée, un peu pointue, manque un peu de maturité, vif.

Millésime 2003

– *Dégustation d'avril 2004*

C'est une belle maison de maître, avec une vue panoramique superbe ; le chai est semi-souterrain, creusé dans la roche ; pour le moment, le seul habitant, dans une écurie attenante, est un cheval de trait, utilisé pour l'entretien du vignoble, certaines parcelles abruptes étant difficiles à pénétrer.

16,5 – Nez violette, cerise noire, framboise, épicé et complexe. Bouche fine, fruitée, garnie, vin d'opulence et de race, étoffé, finale charnue sur un tanin présent, réglissé.

Millésime 2004

– *Dégustation d'avril 2005*

16/16,5 – Beau nez intense, vanillé, fruits noirs, réglissé. La bouche est solide, serrée, très fruitée, la finale longue et fraîche se termine sur des tanins plus sévères.

Millésime 2005

– *Dégustation d'avril 2006*

Jean-Claude Berrouet, cette année encore, a choisi la modération dans les extractions. « *On a fait des macérations entre deux et trois semaines mais avec une approche prudente : peu de brassage, au cours des remontages on a pris en bas de la cuve des petits volumes pour immerger le chapeau de marc qui se forme en surface, mais pas la totalité des jus, on n'a pas cherché un échange violent entre jus et matières solides. On avait peur d'extraire des tanins crus. Car, même dans la peau du raisin, tous les tanins n'étaient pas mûrs à cause de la sécheresse. »*

17 – Nez assez fermé, bouche ronde et souple, tanin fin, tendu, beaucoup de fruit, cerise, fraise, des saveurs très fraîches. Une dentelle solide.

Millésime 2006

– *Dégustation d'avril 2007*

« On est très peu dans le chimique », dit Christian Moueix. *« Mais on ne s'interdit rien – le bio, c'est bien quand il fait beau. Nous avons souvent de l'avance grâce à nos vignobles de Californie, où l'exigence environnementale est importante. Par exemple, nous appliquons depuis longtemps le délai de ré-entrée. Le nom est un peu compliqué mais c'est le délai à respecter pour que le personnel entre dans une vigne après un traitement. »*

16 – Floral, fruits rouges, bouche tendre, veloutée, élégante, assez raffinée, tanins ronds et tapissant la bouche, plus long que large, très beau fruit en finale.

Millésime 2007

– *Dégustation d'avril 2008*

Comme d'habitude chez les Moueix, des vendanges assez tôt pour favoriser le fruit et des procédés œnologiques simples et respectueux du raisin.

15,5 – Violette, fumé, un peu cassis, bouche ronde, souple, milieu de bouche moelleux, très rond, tanins fondus, fin.

Millésime 2008

– *Dégustation d'avril 2009*

16 – Coloré, fruits rouges, bouche douce, délicate, petits tanins ronds, bon milieu de bouche, plus plein qu'autrefois, long, frais, vif. Bien plein.

Millésime 2009

– *Dégustation d'avril 2010*

16 – Nez vif, fruits rouges, bouche tendre, note de fruits noirs, un peu austère mais bonne tenue en bouche, tanins assez solides. Beau milieu de bouche.

Pavie-Macquin

Premier grand cru classé B
Surface : 15 ha
Propriétaire : Famille Corre-Macquin
Contact : Nicolas Thienpont – 33330 Saint-Émilion
05.57.24.74.23
www.pavie-macquin.com

Comme pour chaque soubresaut de l'Histoire, la crise phylloxérique a engendré ses aventuriers. Dans le Roussillon, il y eut Gouzy, du Mas Amiel, parti avec les paysans de Maury et 200 chevaux défoncer et replanter les vignes du Douro à la demande du roi du Portugal. Dans le Libournais, l'entrepreneur fou s'appelait Albert Macquin. Fils de laboureurs enrichis, propriétaires d'un grand domaine en Seine-et-Marne, il a tout plaqué, au grand dam de son père, qui fut aussi son premier banquier, pour s'installer en Saint-Émilionnais, ravagé par le puceron mortel. Il ne connaissait rien à la vigne, mais il avait eu l'intuition que, dans ce pays en ruine, tout était possible. Tout ? C'est-à-dire la fortune ? À la lecture du mémoire de thèse que lui a consacré Carol Baggio, curieusement le seul ouvrage que j'ai pu consulter sur un personnage ayant joué un rôle aussi déterminant dans cette région, il ne semble pas que l'argent, le luxe et l'agrément d'une vie familiale aisée aient été les moteurs du personnage. Refusant les mariages, fâché avec son meilleur ami, à qui il avait fait acheter Figeac (qu'il a en partie replanté), brouillé sévèrement avec l'épouse sur le tard choisie, Albert Macquin possédait, semble-t-il, un caractère épicé. Mais l'aventurier mou, le bravache docile et bon époux existent-ils ? Bref, notre Albert, parti de rien, a acheté tout ce qu'il pouvait, c'est-à-dire plus de 70 hectares autour de Saint-Émilion, dont une partie de la côte de Pavie.

Les actuels propriétaires du château Pavie-Macquin sont ses petits-enfants : Benoît et Bruno Corre, Marie Jacques Charpentier et leurs propres enfants. Une autre partie de la famille possède le Domaine de Maisonneuve, qui deviendra Château Macquin, en saint-georges-saint-émilion, figurait le centre opérationnel d'Albert Macquin. Pavie-Macquin, c'est une partie du coteau qui descend de Troplong-Mondot vers Pavie et le côté est de la ville de Saint-Émilion, et un chai. Point de belle demeure crénelée, juste une salle de dégustation où œuvrent en commun le gérant, Nicolas Thienpont, et son associé viti-vinificateur, Stéphane Derenoncourt, le MacGyver du vin. Pas de diplôme pour ce garçon venu du Nord, ouvrier de vignes puis de chai, tellement passionné qu'il est devenu un des meilleurs conseillers et des plus recherchés de la région bordelaise et au-delà. C'est à lui que Francis Ford Coppola a fait appel quand il a commencé son vignoble. Mon amie Laure Gasparotto a fait de Stéphane un portrait intime, loin des médailles et des honneurs (*Les Vins de Laure*, Grasset). Jusqu'en 1986, on parlait peu de ce cru pas très constitué, à la personnalité un peu pâle, aux vins souvent dilués. Puis, sur les conseils de la famille Moueix, les propriétaires ont recruté Maryse Barre, qui a remis en question le mode de culture, introduisant en pionnière les méthodes biodynamiques. On lui doit quelques très beaux millésimes dont le 88, qui a marqué les esprits et fait entrer sur la grande scène Pavie-Macquin. Dans son équipe, on y revient, un jeune ouvrier remarqué s'est attaché au domaine : Stéphane Derenoncourt. Nicolas Thienpont a succédé à Maryse, Stéphane est resté mais a changé de statut. Il dirige aujourd'hui une équipe de jeunes têtes chercheuses plutôt jean et chaussures de marche pour aller dans les vignes que blouse blanche et cravate. Pavie-Macquin demeure le vaisseau amiral du tandem Nicolas-Stéphane et, récompense suprême, a obtenu le titre de premier grand cru classé en 2006.

Second vin : Les Chênes-de-Macquin

Millésime 2000

– *Dégustation d'avril 2001*

Nicolas Thienpont : *« On aime bien ramasser mûr, on est toujours les derniers, on a vendangé jusqu'au 13 octobre. »* Les vignes enherbées, labourées, rappellent que la propriété est gérée en agrobiologie. 80 % de vieux merlots, 20 % de cabernet franc.

16,5 – Beau nez au boisé très fin, biscuit, puis cassis, mûre sauvage, puissant et pur. Bouche à l'extraction très contrôlée, beau fruit, complexe, raffinée.

Millésime 2001

– *Dégustation d'avril 2002*

75 % merlot, 20 % cabernet franc, 5 % cabernet-sauvignon. 40 hl/ha, 50 % de barriques neuves.

16,5 – Premier nez un peu fermé, puis arrivent des notes très fruitées, des arômes purs de cerise, violette, réglisse. Belle tenue en bouche, vin ample, viril, longue finale réglissée.

Millésime 2002

– *Dégustation d'avril 2003*

Nicolas Thienpont : « *On a eu des rendements faibles, assez proches de 30 hl/ha, mais ce n'était pas voulu, par une sorte de malthusianisme qualitatif, c'était dû à la coulure. À Pavie-Macquin, on est plutôt bio dans l'esprit, même si on ne demande pas le label. De même, on écarte assez peu de deuxième vin, on garde environ 90 % de la récolte pour le grand vin.* » 70 % merlot, 25 % cabernet franc, 5 % cabernet-sauvignon, élevage en bois neuf à 60 %.

15,5/16 – Robe violet foncé. Nez de fruits noirs, agréable, cacaoté, réglissé. Bouche friande, un corps plein, de la puissance, finale fraîche sur un tanin serré. A bien tiré son épingle du jeu dans le millésime.

Millésime 2003

– *Dégustation d'avril 2004*

« *Nous avons vendangé assez tard* », dit Nicolas Thienpont, « *le 20 septembre pour les merlots, jusqu'au 1er octobre pour les cabernets-sauvignons. À notre surprise, les merlots étaient plus vifs que les cabernets. Le rendement fut de 26 hl/ha, non prévus ni voulus !* » 70 % merlot, 25 % cabernet franc, 5 % cabernet-sauvignon. Sera élevé en 60 % bois neuf. L'un des meilleurs grands crus classés de l'année.

17 – Beau nez complexe, fin, fruits et épices, très élégant, d'une grande pureté d'arômes. Bouche gourmande, ronde, opulente sans excès, équilibrée, finale droite, de grande classe.

Millésime 2004

– *Dégustation d'avril 2005*

Stéphane Derenoncourt : « *Ici, on a préféré courir tous les risques, quitte à ramasser sous l'eau, on a attendu la maturité parfaite, et on a fini les cabernets-sauvignons le 2 novembre.* » Pari gagné. Le cru est l'un des meilleurs saint-émilion de l'année. 75 % merlot, 25 % cabernet franc. Élevage à 60 % en bois neuf, 40 % en barriques d'un vin.

17 – Nez ouvert, attirant, délicat et complexe, notes de fruits et de truffe, très belle bouche violette et biscuit, friande, soyeuse et charnue, longue finale gourmande, prunelle, tanin ferme prometteur.

Millésime 2005

– *Dégustation d'avril 2006*

Pavie ressemble à une ruche, un centre d'essais où viennent se former une nouvelle génération de vinificateurs décomplexés. L'assemblage comprend 80 % de merlot et 20 % de cabernet franc.

17,5 – Tarte aux cerises, confiserie, bouche fraîche et douce, favorisant l'expression fruitée, tanins doux, fins, toucher délicat en bouche, beaucoup de grâce dans ce vin.

Millésime 2006

– *Dégustation d'avril 2007*

« *Notoriété trop récente…* » C'est ainsi que la commission chargée du classement avait repoussé les avances de Nicolas Thienpont, qui souhaitait voir le cru dont il a la charge intégrer l'élite, celle des premiers grands crus classés. Mais, comme pour tous ceux qui étaient ou refusés en classe supérieure ou déclassés, la commission acceptait de les recevoir pour une sorte de grand oral. Et comme Nicolas avait des arguments de qualité à faire valoir, il a gagné la manche : « *J'étais en forme* », dit-il sobrement. Le millésime 2006 est selon lui « *une année bizarre* », aussi compliquée que 1993. « *On a vendangé par petits bouts en triant beaucoup et en jonglant avec les attaques de pourriture.* »

16,5 – Vanille, sucrosité, framboise, fruits noirs et rouges, salade de fruits, rond, souple, gras, très merlot, puissant et dense, long, gourmand, séduction mais densité.

Millésime 2007

– *Dégustation d'avril 2008*

« *Encore un millésime Moïse ! C'est septembre qui nous a sauvés…* » Nicolas Thienpont a rodé sa formule au fil des visites. « *Un des millésimes aux cycles végétatifs les plus longs que l'on ait connus. Ce que j'aime, c'est son fruit, c'est plus de ce côté-là qu'il faudra le saisir…* »

L'équipe Thienpont-Derenoncourt a procédé à « *des extractions douces. Il ne fallait pas chercher plus que nécessaire* ». La propriété est cultivée en partie enherbée, et l'autre partie en labour traditionnel. « *On a remis l'herbe entre les rangs. On est en bio sans être déclarés bio. On a des sols qui respirent, qui vivent… On utilise du compost biodynamique. On a des vins moins alcoolisés et un pH plus élevé, ça nous va très bien.* »

16,5 – Réglisse, épicé, bouche puissante, dense, tannique, un peu sévère, tendue, carré, riche puissant, peu fondu, un peu d'un bloc. Un vin qui ne se goûte pas au mieux aujourd'hui mais qui a un potentiel.

– Dégustation d'avril 2009

17 – Nez encore marqué par l'élevage, fruits rouges, bouche éclatante, bien fruitée et dense à la fois, tendue, délicat, suave, frais et fin. Beaucoup d'éclat.

Millésime 2008

– Dégustation d'avril 2009

Il existe plusieurs méthodes pour extraire couleur et tanins. À Bordeaux, on a le plus souvent recours au remontage : on vide la cuve par le bas et on remet le jus ainsi écoulé en haut, au-dessus du « chapeau » de marc que forment peaux et pépins. En Bourgogne, traditionnellement, on « pige », on écrase le chapeau soit avec les pieds comme autrefois, soit le plus souvent avec des robots. C'est cette dernière méthode qui est appliquée à Pavie-Macquin, comme l'explique David Suire, responsable technique : *« Un système de pigeage a été installé sur toutes les cuves béton, tout l'ensemble a été pigé. On a observé qu'on exacerbait le côté minéral et qu'on extrayait plus en douceur. Cela permet de diminuer les remontages, les mouvements de marc, et les vins sont moins fatigués en fin de fermentation. »* La vendange s'est déroulée du 17 au 25 octobre pour le merlot, et les 27 et 28 pour les cabernets.

17,5 – Fraises au sucre, framboise, cerise, bouche douce, délicate, tanins doux, très frais, élégants ; vin suave, bien équilibré par l'acidité, fraîcheur et densité.

– Dégustation d'avril 2010

17,5 – Nez boisé, vin encore en barriques, joli fruit derrière, épices douces, fraise au sucre, bouche bien construite, très intense mais douce, une bonne acidité revigorante en finale, serré, tendu, minéral. Beaucoup de classe.

Millésime 2009

– Dégustation d'avril 2010

Au fil des ans, Stéphane Derenoncourt se passionne de moins en moins pour la partie œnologie, la « tambouille » au chai ; il préfère la vigne. *« Quand on rentre des raisins parfaits, il n'y a plus qu'à laisser faire et surveiller. Cette année, on a fait peu d'extraction, quatre ou cinq pigeages et basta. J'avais peur, avec l'alcool potentiel dans les raisins, que ça mette longtemps à fermenter et que l'on se retrouve avec des vins durs et surextraits.* » Car, pendant la transformation des sucres en alcool, les peaux et les pépins libèrent les tanins et l'alcool joue un rôle de solvant, favorisant ainsi l'extraction.

On déguste avec Stéphane différents lots, dont celui provenant de la cuve baptisée Cunégonde, très vieilles vignes en frontière de Pavie, sur du calcaire affleurant. Une bouche intense, fraîche, florale, très moelleux, finale minérale, très cailloux.

17,5/18 – L'assemblage définitif : violette, mûre, fruits noirs, bouche vive, élégante, bien construite, très raffinée, long, très beau fruit, délicieux, en finale le fruit remonte et persiste. Beaucoup de gourmandise dans ce vin joyeux. Anti-austérité.

Pavie

Premier grand cru classé B
Surface : 30 ha
Propriétaire : Gérard Perse
Contact : Vignobles Perse, Château Pavie – 33330 Saint-Émilion
05.57.55.43.43
www.chateaupavie.com

Pavie a connu deux grands investisseurs : Ferdinand Bouffard et Gérard Perse. Ferdinand était un riche négociant bordelais qui avait récupéré un petit domaine de la Sable, en bas de la côte Pavie. C'était la grande époque du phylloxéra (1885) et tout était ruiné. Il n'était pas très difficile alors, avec une fortune importante, d'acquérir de belles terres. Ferdinand Bouffard était arrivé avec « ses escarpins vernis », ai-je lu dans un vieux bouquin, mais il avait bien vite repéré l'excellence de cette côte qui fait face à Ausone. Il fit installer à l'aide d'une machine à vapeur une énorme pompe et des kilomètres de tuyaux qui permettaient de remonter l'eau de la vallée pour inonder les vignes et permettre les injections de sulfure de carbone dans les sols, seuls moyens efficaces de lutter contre le phylloxéra. Puis il eut recours aux amendements, engrais et fumures afin de renforcer la vigueur de la vigne. Rapidement, Pavie obtint des reconnaissances aux expos universelles et aux concours internationaux. Les rendements du domaine, pas seulement de Pavie, d'ailleurs, mais de tous ceux qui eurent recours à ces amendements nombreux, étaient alors très confortables et ceux monétaires de Ferdinand aussi.

Gérard Perse est arrivé, fortune faite dans la grande distribution (Intermarché). Il a comme Ferdinand commencé par le bas en achetant Monbousquet, près de Saint-Sulpice-de-Faleyrens, dans une zone de sables et graviers. Et lui aussi a grimpé la côte Pavie (1998). Mais son style est à l'opposé de Ferdinand : maturité fortement poussée, concentration, rendements faibles, etc. Le niveau d'investissement est remarquable. Certaines décisions de restructuration du vignoble, contestées localement, me semblent justifiées. On a trop tendance aujourd'hui à considérer les sols viticoles comme des monuments historiques qui nécessiteraient de réunir des commissions pendant dix ans avant de prendre la décision d'inverser le sens d'un rang de vignes (parallèle ou perpendiculaire à la pente ? Barbe au-dessus de la couverture ou barbe en dessous ? s'interrogeait le capitaine Haddock). On oublie encore une fois que les terroirs sont des constructions humaines à partir de sols aptes à porter de la vigne.

Reste le style. Il plonge certains dans la béatitude. Pas moi. En matière de bœuf, je préfère au pur charolais morne et rassasiant la limousine aux saveurs vives et colorées. Ces vins hyperconcentrés, très extrait, gavés au bois neuf, m'ennuient. Entre Bouffard et Perse, il y eut d'autres propriétaires, notamment les Valette de 1943 à 1998. Les vins étaient à l'inverse total de ceux de Perse, souvent dilués. Mais, de temps en temps, un millésime aidant, on dénichait une pépite. Je n'ai pas regoûté depuis longtemps le 90 (et avec ce que je viens d'écrire, je ne suis pas près de le redéguster au château), mais, à l'époque, c'était une merveille, car il alliait le côté séveux des vins de côte à une tendresse, une élégance qui sont la signature des grands vins de Bordeaux. Celle qui permet de dire : rive gauche, médoc, graves ou rive droite, saint-émilion peu importe, c'est un grand bordeaux. À propos de Monbousquet, Gérard Perse se réjouit que le critique Robert Parker ait écrit que c'était le plus exotique des saint-émilion. Je ne suis pas certain qu'il faille le prendre comme un compliment. À Pavie, réjouissons-nous. L'outil est là, performant. Le vignoble est superbe. Un jour, le propriétaire n'aura plus rien à prouver et il fera le très grand vin.

Second vin : La Rosée-de-Pavie

Millésime 2000

– Dégustation d'avril 2001

Nous n'avons pas eu le « droit » de déguster les crus de Gérard Perse. L'an passé, il nous avait reproché d'avoir fait la grimace en recrachant son 98. Nous conseillons cependant à tous ceux qui se lancent dans la dégustation d'éviter de sourire en recrachant du vin rouge. Surtout s'ils sont vêtus de couleurs claires.

Millésime 2001

– Dégustation d'avril 2002

Laurent Lusseau, manager du domaine : *« Nous écoulons à chaud pour faire les fermentations malolactiques en barriques, le vin reste six mois sur lies fines, 100 % bois neuf, et l'élevage devrait durer plus de deux ans. Nous envisageons donc une mise en bouteilles tardive, sans collage ni filtrage. »* Encépagement : 70 % merlot, 20 % cabernet franc, 10 % cabernet-sauvignon. Rendement 30 hl/ha. Vendanges du 5 au 9 octobre.

15,5 – Robe d'encre. Nez particulier, épices, mûres, laurier, et un boisé grillé imposant. Bouche très extraite, massive, réglisse, violette, Zan, toastée, très structurée, en puissance.

Millésime 2003

– Dégustation d'avril 2004

Nous avons pu déguster toute la production des vignobles Perse, fort aimablement accueillis dans le magnifique chai à barriques par le jeune maître de chai, Jean-Baptiste Pion, un Palois de 28 ans, né de parents médocains, arrivé en 1998. *« Nous avons connu quelques blocages de maturité dus à la chaleur, les maturités phénoliques étaient en retard, nous avons donc attendu. Pavie n'a pas trop souffert, grâce aux sources qui ruissellent vers la côte. On a commencé à vendanger le 16 septembre. »* Malolactiques et élevage dans 100 % bois neuf.

14,5/15 – Impossible de confondre avec un autre saint-émilion. Pavie a sa personnalité propre, faite de concentration et de puissance. La robe est noire, saturée, le nez de fruits noirs, confiture de figues, épices, boisé puissant. La bouche est bâtie sur une architecture imposante, le corps est monumental, très extrait, très tannique, avec une finale cacao toastée, l'ensemble évoque les vins de syrah, ou certains vins californiens riches et opulents.

Millésime 2004

– Dégustation d'avril 2005

La propriété, après nous avoir fait déguster ses vins l'an dernier, a décidé à nouveau de ne pas se présenter à la dégustation 2004 à l'aveugle des grands crus classés B, organisée pour nous par le groupement des premiers.

Millésime 2005

– Dégustation d'avril 2006

Officiellement, nous n'avons pas dégusté ce vin. Quiproquo, malentendu… Le propriétaire voulait bien nous recevoir, mais pas nous faire goûter (ce qui nous intéressait moyennement)… puis nous aurait toutefois attendus. Bref ! Il eût été plus simple et plus vrai de présenter le vin à la dégustation à l'aveugle des premiers B que nous avions organisée… Nous l'avons tout de même goûté dans de bonnes conditions. Un échantillon fraîchement prélevé. Il nous est bien difficile de comprendre comment ce vin peut objectivement obtenir les commentaires élogieux dont le gratifient certains dégustateurs français et américains. Quand on possède un des plus beaux terroirs de Saint-Émilion, pourquoi ne pas se contenter de la noblesse ? Pourquoi cette surextraction ? Pourquoi ces tanins séchants et cette amertume ? Pourquoi ajouter une barbe à la Joconde ?

Millésime 2007

– Dégustation d'avril 2008

Vendanges du 8 au 13 octobre.

14,5/15 – Violette, réglisse, fruits noirs, tanins fondus en première séquence, bouche ensuite serrée, tannique, très extraite, surtout des notes épicées et chocolatées, finale astringente. Une note de minéralité mais trop d'extraction.

Millésime 2008

– Dégustation d'avril 2009

C'est Henrique Da Costa, le jeune gendre du propriétaire, Gérard Perse, qui nous reçoit : « *Je suis arrivé en 2005. Cela va faire quatre ans. J'ai travaillé à la BNP au moment de la fusion de BNP et de Paribas, j'ai travaillé sur l'outil informatique des filiales. Puis, en venant ici, j'ai fait une formation à la fac de Bordeaux. Je suis plutôt commercial, mais j'essaie de tout suivre, depuis les assemblages jusqu'à la vigne, c'est assez transversal. Mon épouse, Angélique, s'occupe de tout ce qui est gestion administrative et ressources humaines. Entre l'hôtel Plaisance (Gérard Perse a racheté et transformé l'hôtel-restaurant Plaisance de Saint-Émilion) et les domaines, on a à peu près 200 personnes en pic à gérer, et ce sont des secteurs très différents entre l'hôtellerie et la viticulture.* » Assemblage 70 % merlot, 20 % cabernet franc, 10 % cabernet-sauvignon. Les vendanges se sont déroulées en plusieurs étapes, du 13 au 21 octobre. 14,5° d'alcool.

15,5/16 – Nez de violette, ciste, garrigues, thym, un peu sudiste et solaire, bouche vive, tendue, extraite mais avec de la fraîcheur et du fruit. Vin au style international, plutôt bien fait.

Millésime 2009

– Dégustation d'avril 2010

L'échantillon présenté à la dégustation à l'aveugle nous a semblé moins extrait que les années précédentes. Impression confirmée par la suite, lors de notre visite au château. L'alcool fort présent dans les vins cette année apporte toujours de la rondeur, mais il nous a semblé néanmoins qu'en 2009 on n'avait pas procédé à des extractions aussi violentes que par le passé (récent). L'explication est peut-être aussi à chercher du côté de l'assemblage. Laurent Lusseau : *« On a petit à petit introduit du cabernet franc et sauvignon, et tous ceux que nous avons plantés ne sont pas encore dedans. Ça rééquilibre peu à peu avec les merlots.* » Dans le remembrement interne auquel s'est livré Gérard Perse, il a fait déclasser 6 hectares au lieu-dit Simard, bien en contrebas du domaine, dans la plaine, en dessous de la voie ferrée. *« Tous les francs étaient en bas, à Simard, on se retrouvait donc avec beaucoup de merlot dans la partie classée. Ensuite, on en a planté sous le château. Ce sont ceux-là qui commencent à entrer dans le grand vin.* »

16,5 – Fruits rouges, épices, grillé, bouche ronde, veloutée, puissante, tanins un peu durs en deuxième séquence, puissant, tendu, serré, beaucoup de tanins, du fruit. La finale est toujours un peu raide, mais elle suit une première partie harmonieuse et savoureuse.

Troplong-Mondot

Premier grand cru classé B
Surface : 33 ha
Propriétaire : Christine Valette-Pariente
Contact : Xavier et Christine Pariente – 33330 Saint-Émilion
05.57.55.32.05
www.troplong-mondot.com

Pour repérer Troplong-Mondot, grand cru classé de saint-émilion, rien de plus facile – et c'est bien le problème de Christine Valette. Son grand-père avait accepté sans barguigner qu'on y installe un bien peu discret château d'eau, en forme de champignon Schtroumpf comme on les aimait à l'époque. Pour les autorités locales, le lieu était en effet idéal : un tertre, une colline isolée à l'est de la ville, un point haut entouré de vignes à l'écart des ruines historiques de la cité médiévale. *« Je voudrais le faire enterrer »*, dit-elle. Ce serait comme une ultime récompense au travail investi par Christine Valette depuis vingt ans. Le domaine s'appelait simplement Mondot, au départ. Cela désigne précisément une colline assez ramassée, un peu « pentue », comme on dit chez les vignerons. Mondot appartenait à la puissante famille de Sèze, qui possédait plusieurs propriétés autour de Bordeaux, mais dont le nom est surtout connu grâce à Romain de Sèze, un des avocats de Louis XVI. Au XIXe siècle, c'est un fidèle de Napoléon III, Raymond-Théodore Troplong, président de la Cour de cassation puis du Sénat, qui en devint propriétaire. Il est l'auteur de *Droit civil expliqué suivant l'ordre des articles du Code* : une série de traités assez distrayante, au dire des amateurs du genre. Son neveu et héritier adjoint le nom du grand juriste à celui de Mondot. Enfin, le domaine fut acheté par Alexandre Valette, négociant en vins à Paris. Au début des années 80, c'est le père de Christine Valette qui en est le gérant. On le décrit comme un original, dilettante, grand amateur de jazz et de bonbons, assez facilement dépensier.

Bref, Troplong-Mondot n'était pas loin d'être en vente quand Christine, alors journaliste (elle s'occupe du journal de la Confédération générale des petites et moyennes entreprises), fut alertée par des proches. *« Je lui ai proposé de reprendre la propriété. Il avait 50 ans, moi 21 ; il a accepté. »* Sans doute soulagé. Depuis, il y a eu des colères, beaucoup de travail, de tâtonnements, de recherches, les conseils de l'œnologue Michel Rolland, des hésitations dans le style ;

aujourd'hui, une certaine sérénité. Christine Valette a créé un second vin en 1985, Mondot tout court, qui a permis de mieux sélectionner le premier. Depuis le millésime 98, ce Mondot est devenu remarquable. Quant au grand vin, il a connu sa période chien fou, avec des vinifications vigoureuses pour extraire le maximum de tanins. Un peu comme du Berlioz avec les basses à fond. Mais on s'aperçoit que, servis par de bons millésimes (88, 89, 90), ces musclés ont plutôt bien vieilli. Depuis le millésime 94, où la maturité du raisin était incompatible avec ce type d'extraction trop forte, Christine Valette s'est apaisée. Elle est passée au cuvier bien tempéré. *« On travaille plus en douceur. »*

Même pour le château d'eau. On devine qu'elle a rêvé mille fois de le faire exploser. Aujourd'hui, l'enterrer suffirait.

En 2006, Troplong accède à la reconnaissance suprême, le titre de premier grand cru classé. Mais, le classement est contesté. Christine et son mari, Xavier Pariente, très impliqué dans le fonctionnement du domaine, ne savent plus ce qu'ils doivent faire figurer sur l'étiquette, premier ou simplement grand cru classé. À l'export, les acheteurs doutent. Les banquiers, dont la générosité et l'intuition ne sont plus à louer, retirent leur confiance. Cela tombe mal, car Christine a dû s'endetter fortement pour racheter les parts des autres membres de la famille. On dit le château à vendre. Finalement, le titre de premier est confirmé. Ouf ! Les banquiers, dont le courage et la lucidité face à la facilité ne sont plus à vanter, font de nouveau confiance.

On l'a échappé belle.

Le domaine couvre 33 hectares, une colline à lui tout seul, un tertre, une grosse roche calcaire à l'est de la ville. L'encépagement de ce grand cru classé est composé pour l'essentiel de merlot, 80 %, complété par 10 % de cabernet franc et 10 % de cabernet sauvignon. Les millésimes 82, 85, 88, 90, 96 sont de très grandes réussites. Austères dans leur jeunesse, ces rouges puissants et concentrés vieillissent très bien.

Second vin : Mondot

Millésime 2000

– Dégustation d'avril 2001

Le paradoxe de Troplong-Mondot, c'est d'être un vin de femme qui n'a rien de féminin ! Le terroir s'impose, que voulez-vous ! Autant Christine Valette est charmante et féminine, autant Troplong-Mondot est viril, austère, surtout en primeur. Le dégustateur peut s'y tromper s'il n'a pas fréquenté les vieux millésimes. Car, avec les années, ce vin devient magnifique. L'échantillon de 2000 proposé à la propriété, assemblage non fini, ne comportait pas une cuve de cabernet franc, jugé trop sévère par Mme Valette, en mars – mais superbe, framboisé, épicé et doté d'un très beau fruit quand nous l'avons goûté (et qui ira dans l'ensemble). 13,5 °C. Merlot 90 %, cabernet franc 10 %.

17 – Nez fermé, réglissé, se développe sur la violette et le Zan. Bouche très texturée, un fruit imposant et un tanin puissant et mûr. Longue finale persistante sur des notes de cerise noire. Vin dense, de grand avenir.

– Dégustation de décembre 2002

17,5 – Nez fermé, fruits confits, bouche très dense mais sans excès de tanins, riche, onctueux, bien fruité. La puissance n'a pas entamé l'élégance.

Millésime 2001

– Dégustation d'avril 2002

Nous avons pu cette année déguster mi-avril à Troplong, au lieu de mars habituellement. La chose a son importance, car ce cru, l'un des plus beaux classés de saint-émilion, tarde toujours un peu à se faire, et ce n'est pas, de plus, le genre de Christine Valette, la propriétaire des lieux, de préparer des échantillons flatteurs. Le 10 avril, les ensembles étaient déjà faits, en trois cuves assez différentes, provenant de barriques de tonneliers divers. L'ensemble des trois cuves est impressionnant. En 2001, les rendements se sont avérés plus bas (30 hl/ha au lieu de 40), 80 % merlot, 20 % cabernet franc, élevage en 60 % de bois neuf. Le grand vin fera 90 % de la récolte (10 % de deuxième vin).

17 – Le nez est encore réservé, profond et confituré. La bouche commence très tendre, onctueuse, puis se resserre sur un tanin velouté, avec des notes épicées, laurier, fruits rouges ; la texture, ample, s'impose jusqu'à la finale, longue et habillée d'un tanin au grain feutré.

Millésime 2002

– Dégustation d'avril 2003

Christine Valette a eu des inquiétudes jusqu'aux vendanges, commencées le 27 septembre : *« On attendait la maturité, qui était masquée par les acidités naturelles, mais finalement le degré était bon, les tanins mûrs, et on a ramassé 35 hl/ha. Une parcelle de cabernet-sauvignon de 2 hectares au rendement assez faible a été arrachée, elle restera en jachère pendant cinq ans.»* Merlot 90 %, cabernet franc 10 %.

16,5/17 – Le bouquet est profond et, à son habitude, encore réservé, le fruit est mûr, en vivacité, avec des notes de cerise rouge, mentholées, épicées. La structure tannique est imposante, la chair dense, le style est ample, c'est un Troplong classique, de longue garde.

Millésime 2003

– *Dégustation d'avril 2004*

«Nous n'avons eu aucun stress hydrique sur nos coteaux et nous avons vendangé très tôt, pour nous, du 12 au 19 septembre», dit Christine Valette. *«Par contre, nous avons eu une perte de volume due à la coulure, au millerandage au moment de la fleur, d'où le rendement, bien involontaire, de 21 hl/ha.»* Le château vient de refaire un superbe chai pour 700 barriques, entièrement chaulé, des fenêtres anciennes ont été retrouvées et rouvertes. Côté vignoble, la plus grande parcelle de cabernet, qui ne donnait plus satisfaction car plantée sur des sols mieux adaptés au merlot, a été arrachée et sera replantée plus bas. En conséquence, les prochains millésimes de Troplong n'auront pratiquement pas de cabernet. Nous avons pu déguster aux barriques une cuvée de jeunes vignes, fraîche, cacaotée, puis de vieilles vignes, puissante, virile et opulente. L'ensemble sera élevé 100 % en bois neuf. Merlot 80 %, cabernet franc 10 %, cabernet-sauvignon 10 %.

17 – Nez sérieux, racé, de fruits noirs, de mûre, myrtille, épices douces, poivre. Bouche pleine, à la tannicité solide, opulente, une puissance et une longueur de premier cru classé. Vin d'avenir assuré. Une récente dégustation du 90 de la propriété, qui se goûtait à égalité avec Montrose 90, nous en a fourni une nouvelle preuve.

– *Dégustation du 31 mars 2008*

17 – Grillé, café, chocolat, plein, dense, épicé, assez frais, plutôt bien évolué, reste assez frais avec des côtés très mûrs et grillés.

Millésime 2004

– *Dégustation d'avril 2005*

À l'aveugle, au siège du syndicat des grands crus classés, Troplong a été l'un de ceux que nous avons reconnus sans hésiter, tant il survolait la dégustation avec une classe éblouissante. Le château de Christine Valette est sans conteste un candidat sérieux au rang de premier grand cru classé B lors de la révision décennale des classements qui s'annonce. Cette année : 80 % merlot, 10 % cabernet franc, 10 % cabernet-sauvignon. L'élevage se fera en barriques neuves ramenées à 75 % seulement.

18 – Magnifique nez, puissant, épicé, poivré, floral, rose rouge, violette. La bouche est complète, riche, avec du gras, des tanins enrobant une texture de soie, des notes de cerise noire et chocolat, une longueur sans fin.

– Dégustation du 31 mars 2008

17 – Joli fruit, frais, élégant, tendu, vif, serré, très beau fruit, mais finale encore raide.

Millésime 2005

– Dégustation d'avril 2006

Xavier Pariente, mari de Christine Valette et antiquaire parisien de renom, s'est laissé prendre au piège. Naguère, il regardait, apportait sa touche personnelle artistique à l'aménagement des chais et des bureaux, choyait la maison, s'amusait de l'agitation et des remous saint-émilionnais. Puis il a commencé à mettre un doigt dans la cuve, et tout le reste (du moins son esprit) y est passé. Désormais le voilà, même s'il s'en défend, totalement impliqué dans les vins. Peut-être plus encore dans la vigne, qui, peu à peu, devient une passion. « *Ce que je fais m'apprend ce que je cherche* », avait écrit Paul Klee. Depuis quelques millésimes, les vins de Troplong sont passés de l'intensité pertinente à la grâce. « *On a la main plus douce* », dit Christine. « *Dans les années 90, la première question que l'on nous posait était : combien de barriques neuves ? Cela voulait dire : combien d'argent ? Cela situait le cru. On était influencés par ça. Les évolutions vers plus de sagesse sont compliquées. Elles ne sont pas seulement techniques ou financières, elles sont aussi psychologiques. Avec Xavier, cela fait quinze ans que l'on discute et que l'on fait des essais.* » Ce nouveau millésime est donc une sorte d'aboutissement (provisoire) et tombe à pic. Dans le nouveau classement de saint-émilion, qui devrait être rendu public bientôt, Troplong-Mondot a de grandes chances de monter d'un étage et de devenir premier cru classé.

18,5/19 – Nez puissant de fruits au sucre, cerise, bouche dense et soyeuse, très droite, tanin excellent, fin, délicat, qui porte le fruité très longtemps. Un vin intense, fougueux mais élégant.

– Dégustation du 31 mars 2008

18,5 – Grillé, chocolat, plein, dense, riche très onctueux, tanins doux, veloutés, soyeux, chocolaté, long, plein. Très doux, rond, bel équilibre.

Millésime 2006

– *Dégustation d'avril 2007*

« Avant, on s'angoissait moins… », plaisante Christine Valette. Troplong-Mondot a (enfin) été reconnu premier grand cru classé et n'a pas raté son entrée dans la cour des seigneurs grâce à une réussite spectaculaire dans ce millésime 2006, particulièrement difficile à maîtriser. *« On n'a pas eu de botrytis, ici c'est bien ventilé, sur la hauteur. »* Troplong est situé sur un tertre à l'est de la ville. *« On a eu peu de rendement, on a des terres lourdes, argileuses, la pluie n'a pas eu vraiment d'effet de dilution. »* Par temps de pluie, l'argile gonfle et forme une couche imperméable favorisant le ruissellement. Forte dominante de merlot dans l'assemblage : 90 %.

18 – Violette, gras, plein, dense, onctueux, tanins moelleux, riche, velouté, très merlot, long, finale gelée de mûres. Assez impressionnant par sa tenue, cette chair onctueuse et ferme.

– *Dégustation du 31 mars 2008 :*

17,5 – Cassis, le vin commence à digérer son élevage, violette, réglisse, bouche chocolatée, tendue, fine, élégante, fruitée, douce, il s'est affiné et se referme en laissant de côté le moelleux.

14 – **Mondot**. Fumé, chocolaté, rond, gourmand, un peu sec en finale.

Millésime 2007

– *Dégustation d'avril 2008*

« On se rapproche de plus en plus de la bio, c'est le but de Xavier », dit Christine Valette. *« Il s'est mis à temps plein là-dessus. On a pris Claude Bourguignon comme conseiller. »* Lequel Bourguignon parcourt, en compagnie de son épouse, les vignobles (les terres céréalières aussi) de France et de Navarre avec, comme devise : cessez de nourrir la plante avec des engrais, faites vivre les sols, la plante s'en portera mieux et vos vins retrouveront un terroir…

« On a refait des murets, on fait des haies d'arbres, c'est cela qui fait les limites, les barrages naturels. On est dans le tâtonnement, pas dans les recettes… Regarder, essayer. Sans esbroufe », dit encore Christine. *« On a un peu moins de vin qu'en 2006. On a une sélection plus sévère : 27 hl/ha contre 33 l'an passé. »* Troplong a connu ses vendanges les plus tardives depuis vingt ans, du 9 au 19 octobre.

16/16,5 – Floral, réglisse, épicé, moelleux en bouche, doux au départ, tanins vifs en deuxième séquence, serrés, vigoureux, tendu, élégant mais pas très câlin à ce stade.

Millésime 2008

– Dégustation d'avril 2009

Un nouveau chai de vinification en noir et acier, ce qui lui confère une allure de décor de tragédie, cuve tronconique en inox étincelant, tuyau refroidi à l'eau glycolée (le glycol est un antigel, ce qui permet de faire circuler de l'eau très froide sans qu'elle gèle), le tout piloté par informatique. Seul rappel du passé : le bureau de maître de chai, semblable à celui d'un notaire du XIXe siècle… Bref, l'ultramodernité enracinée dans le classicisme.

Nous avons dégusté quelques lots séparés avant de goûter l'assemblage. Notamment les vieux merlots du domaine. Tout en rondeur et suavité. 14,5° tout de même. Un cabernet-sauvignon vendangé le 1er novembre : fraises au sucre, floral, minéralité, profondeur de la terre, bouche charnelle, ronde, suave, bonne acidité – *« ce sont les plus beaux qu'on ait jamais faits »*. 14,3° : ça ne se sent pas, grâce à l'acidité. *« On a restructuré le vignoble depuis dix ans et drainé, on a des expositions parfaites pour les cabernets-sauvignons. On a un vignoble en état, c'est une formule 1 »*, commente Xavier Pariente. 41 hl/ha.

17,5 – Nez merlot mûr, gelée de cassis, fruits noirs, sureau, bouche souple, profonde, enveloppante, tanins moelleux en attaque, resserrés ensuite, une matière veloutée et assez présente. Vin d'argile, minéral, vin d'hiver.

– Dégustation d'avrol 2010

17/17,5 – Nez un peu oxydatif sur l'échantillon, bouche tendre, fraîche, vive, petits tanins croquants, frais et fins, beaucoup d'allure, la matière s'est encore adoucie et donne un sentiment de grande fraîcheur en bouche. Finale encore un peu rugueuse.

Millésime 2009

– Dégustation d'avril 2010

Jean-Pierre Taleyson, maître de chai : *« La grêle au mois de mai a amputé la récolte, on fait un rendement de 27 hl/ha. On essaie de faire le moins de second vin possible ! »* Les vendanges se sont déroulées du 2 au 10 octobre pour les merlots et une journée de cabernets-sauvignons, le 20 octobre. *« On est au-delà de 15° sur les merlots. L'ensemble est au-dessus de 15°, pas loin de 15,5°. »*

On déguste par cuve :

Cuve 4 : 70 % de merlot de 6 ans et 30 % de 15 ans, jeunes vignes. Bien fruité, violette, prune, bouche vive, élégante, bien fruitée.

Cuve 2 : 55 ans d'âge moyen, vieille vigne de merlot. Nez minéral, bouche ronde, moelleuse, beaucoup d'harmonie, un fruité moins éclatant mais plus de profondeur.

Cuve 20 : cabernet-sauvignon pur, nez cassis, jeunes vignes de 5 ans, rond, souple, très fruité, moelleux.

L'assemblage donne un vin généreux, savoureux, dense, assez riche en alcool :

17 – Épices, fruits noirs, bouche souple, délicate, tendre, bien équilibrée, saveurs Zan à la violette, bonne longueur. Finale tannique. Très persistant.

Archives

– *Dégustation de décembre 2002*

Millésime 1982

17 – Nez puissant d'épices, poivre, cuir, graphite, une bouche dense et moelleuse, à pleine maturité, tanins doux, belle persistance.

Millésime 1983

14 – Des arômes puissants de crème de cassis, attaque de bouche assez grasse, seconde séquence plus sèche, vin goûteux mais assez simple.

Millésime 1985

17 – Rose rouge, épices, rôti, bouche ronde, bien garnie, tanins soyeux, long, gourmand et élégant.

Millésime 1986

16 – Fleurs séchées, fruits confits, un peu fermé, bouche dense, puissante, épicée, un peu sévère mais pas encore à son maximum.

Millésime 1988

17,5 – Nez de sous-bois, qui s'ouvre peu à peu, tanins doux en bouche, trame serrée, beaucoup d'élégance, fin, délicat, dans la lignée du 86, mais en plus complet.

Millésime 1989

16 – Note de cacao, biscuit, kirsch, bouche savoureuse, boisé encore présent, riche, très agréable par sa diversité aromatique, tanins un peu rugueux en finale.

Millésime 1990

17 – Un vin qui raconte bien ce millésime de chaleur et de maturité. Un nez de porto vintage, cerise cuite, bouche grasse et puissante. Ce n'est pas la grande élégance bordelaise, mais quels arômes !

Millésime 1995

16,5 – Épices, café, poivre, cannelle, encore des arômes de jeunesse, gras en bouche bien plein sans dureté, beaucoup d'élégance et un fruité déjà bien installé.

Millésime 1996

17 – Nez encore marqué par l'élevage, fruit peu développé, la bouche est assez austère mais parfaitement équilibrée. Vin dense, sans aspérités, assez cistercien mais très prometteur, grand classique.

Millésime 1997

15,5 – Déjà bien ouvert, cerise, framboise, très joli fruit, sobre en bouche, pas trop extrait. Le fruit et la douceur sont préservés, on se fait plaisir dès aujourd'hui.

Millésime 1998

16,5 – Nez rose rouge, finement épicé ; bouche ronde, tendre, assez raffinée, élégante ; souple, fruité bien préservé.

Millésime 1999

16 – Nez un peu méridional de fruits très mûrs. Bouche onctueuse, bien mûre. Pourra se boire jeune.

TROTTEVIEILLE

Premier grand cru classé B
Surface : 9,2 ha
Propriétaire : Famille Castéja
Contact : Borie-Manoux – 86, cours Balguerie-Stuttenberg
33082 Bordeaux Cedex
05.56.00.00.70.
domaines@borie-manoux.fr

C'était une fin d'après-midi de novembre, l'angélus venait de sonner au clocher de l'église Saint-Martin et la nuit déjà enveloppait les murailles, tandis que rue Gadet les fanaux d'une voiture à cheval dessinaient des fleurs de nénuphar sur les pavés humides. Une pauvre vieille grimpait le chemin… Mais non, rien. Vous pensez si j'ai cherché, moi qui adore les histoires répétées et déformées. Pas la moindre goutte de légende. Pas de vieille trottinant qui aurait laissé son nom au bon cru de la famille Castéja. Lui-même, Philippe Castéja, résume la chose sobrement : *« Sans doute une déformation d'un nom ancien… »* Ce qui est vrai, cependant, c'est que la vieille s'est réveillée plusieurs fois. Je parle du domaine. Déjà en 1948, quand le grand-père Borie de Philippe l'a acheté presque sur un coup de tête après en avoir partagé avec des amis une bouteille dans une auberge voisine. Le peu de vin produit, car la propriété était dans un quasi-abandon, était semble-t-il un délice. Du 1947, l'année fantastique. Puis seconde résurrection, quand Philippe devint le vrai patron des domaines de la famille, à la tombée des années 90. Jusque-là, Trottevieille (vous pouvez l'écrire Trotte-Vieille comme sur l'étiquette ou Trottevieille comme sur certains documents, cela ne vexe personne) était ce qu'on pourrait qualifier un « bien de négoce ». C'est-à-dire un domaine engourdi qu'on maintient à flot en dépensant le minimum. Autrefois, des années 30 aux années 80, le négoce rapportait, la propriété coûtait. Après les bons millésimes 82, 85, 86 et la trilogie 88, 89, 90, la tendance s'est assez vite inversée, mais les habitudes ont leur poids. On était méfiant, combien de valeureux capitaines de solides maisons s'étaient-ils noyés à vouloir miser sur des domaines démâtés ?

Quai des Chartrons, la Mecque du négoce, ou cours Balguerie-Stuttenberg, siège de Borie-Manoux, la société des Castéja, s'il y a une chose que l'on sait faire, c'est les additions. Et plutôt deux fois qu'une, pour voir si nulle retenue n'a été oubliée. Même au début de sa nouvelle tendresse pour les propriétés, Philippe se montrait prudent. Le mot investissement n'était pas un gros mot, mais il signifiait davantage dépenses que projet d'avenir. J'ai le sentiment qu'il s'est peu à peu pris au jeu en voyant et dégustant les résultats. Car, il ne faut pas en douter, Trottevieille est bien meilleur qu'avant. Bien plus précis, carré, net dans son univers aromatique, il exprime chaque année un peu plus une certaine minéralité due à son terroir de calcaire. Trotttevieille est on ne peut plus sur le plateau rocheux. En dessous, ce sont les carrières, les galeries dont il faut se méfier car les voûtes sont fragiles par endroits. La vigne, quand on la travaille en surface pour l'obliger à plonger, trouve sur cette roche des substances qu'elle transmet au vin et (du moins je l'imagine) qui lui confèrent un éclat, une pureté dingues. C'est du vin de roche, comme on peut le dire de certaines eaux. *« On continue notre quête pour trouver notre style »*, disait Philippe Castéja en 2001. Il a pris le bon chemin. Pour le reste, la légende de la vieille trottinant, si vous êtes assez nombreux à acheter ce livre, peut-être mon éditeur m'en demandera-t-il un suivant et alors trouverai-je une belle histoire à raconter.

Second vin : Vieille-Dame-de-Trottevieille

Millésime 2000

– Dégustation d'avril 2001

Le vignoble est repris en main par le directeur, Christophe Dussutour – spécialiste de la recherche variétale. On renouvelle les vignes parcelle par parcelle. « *Nous avons fait des vendanges vertes et effeuillé, en juin, puis de nouveau en août ; nous connaissons de mieux en mieux le parcellaire, nos petites cuves de 40 hectolitres permettent de vinifier par zones de 1 hectare à la fois, nous les suivons et les connaissons, du coup, très bien.* » Le château, sur le haut de sa croupe, a été ravalé et dresse, superbe, sa façade de pierre blonde. 33 hl/ha. 55 % merlot, 40 % cabernet franc, 5 % cabernet-sauvignon. Élevage à 95 % en bois neuf.

16 – Nez fermé mais profond. Fruits noirs, boisé. Bouche structurée, harmonieuse, notes toastées, chocolat, moka, puis florales, violette. Belle longueur.

– Dégustation d'avril 2002

16,5 – Le nez est fermé, un peu distant, la bouche est dense, un peu en tumulte mais solide, elle commence à s'affiner à prendre les nuances délicates des vins du plateau.

Millésime 2001

– Dégustation d'avril 2002

Nous avons dégusté 2001 à l'aveugle, puis au château sur trois millésimes, 99, 2000, 2001, avec l'ensemble des crus de la rive droite de Philippe Castéja. Il ressort de cette dernière dégustation que 2001 se situe ici au-dessus de 1999, égal ou supérieur aux 2000. Le 99 est certes gourmand, onctueux, il pourra se boire assez jeune en donnant beaucoup de plaisir tactile. Mais il n'atteint pas la délicatesse des deux suivants. Nous n'avons pas pu goûter l'étonnante particularité du domaine, qui est une vigne franche de pied, préphylloxérique, née au XIXe siècle, de 3 000 ceps, qui donne encore 8 grappes par pied, trop petite pour être vendangée à part. Dommage, ce serait intéressant de savoir quel était le goût des saint-émilion avant l'implantation des porte-greffes… Le syndicat devrait lancer une souscription pour offrir à la propriété une cuve spéciale à la taille de ce petit coin d'histoire ! Le 2001 est composé de 65 % merlot, 33 % cabernet franc, 2 % cabernet-sauvignon. 33 hl/ha, 95 % de bois neuf.

16,5 – Nez complexe, fruit noir, cerise griotte, prune, banane chaude, épices, rose rouge. Bouche ample, solide, de la race et de la sève, du gras, la finale est boisée, un peu sévère.

Millésime 2002

– *Dégustation d'avril 2003*

Philippe Castéja consacre désormais plus de temps à ses propriétés, et les résultats suivent ! Son 2002 s'inscrit parfaitement dans cette ligne ascendante. La vendange a été faite deux fois ; en effet, les pieds plus tardifs, à maturation décalée, avaient été marqués et ont fait l'objet d'une récolte et d'une vinification séparées. On ne fera à Trottevieille ni concentration ni filtration ; depuis un an, les œnologues-conseils sont Denis Dubourdieu et Gilles Pauquet, leur assistance au cru est bénéfique. Rendement bas, 22 hl/ha, élevage en bois neuf.

16,5 – Très noir, nez aux arômes grillés, cerise burlat, fruits frais. Ce fruité se retrouve en bouche, le corps est souple, bien extrait mais sans excès, suave, la fin de bouche est gourmande, longue, en finesse.

Millésime 2003

– *Dégustation d'avril 2004*

« Les blocages de maturité nous ont épargnés, le plateau argileux où nous sommes à Saint-Émilion a bien tenu le coup, le raisin était magnifique, il roulait sur les tables de trie comme des billes. On avait un peu effeuillé, surtout les francs, sans mettre les raisins à poil, fait un échardage, en enlevant les "filleules", ces rameaux secondaires qui repoussent après l'écimage, pompent l'énergie et ne donnent rien », nous dit Philippe Castéja. *« On a vendangé en deux jours, les 6 et 7 septembre, fait une prémacération à froid sur trois à quatre jours, pour garder du fruit. Pour les malos, on a écoulé la moitié en barriques, l'autre moitié est restée en cuves. »* Élevage 100 % en bois neuf, rendements 24 hl/ha, assemblage définitif : merlot 51 %, cabernet-sauvignon 4 %, cabernet franc 45 %. Et toujours pas de cuve séparée pour cette parcelle de cabernets préphylloxériques unique à Saint-Émilion – dommage !

17,5 – Beau nez enjôleur, complexe, fruits rouges et noirs, violette, boisé racé, réglisse ; bouche soyeuse comme un carré Hermès, en finesse, mais avec une belle réserve de tanin opulent, un grand Trottevieille nouveau, délicieux, gourmand.

Millésime 2004

– *Dégustation d'avril 2005*

Une surprise nous attendait : en 2004, comme nous l'avions souvent souhaité depuis plusieurs années, Philippe Castéja a vinifié séparément le bijou de sa propriété, 3 000 pieds de cabernets francs non greffés, préphylloxériques, datant donc de la fin du XIXe siècle, qui sont d'habitude ramassés avec les autres. Une occasion unique de savoir à quoi pouvaient ressembler les vins que l'on buvait ici sous Napoléon III. Ces ancêtres produisent encore 21 hl/ha et donnent des raisins superbes. Vinification traditionnelle, petit foulage, juste un pigeage, remontage en douceur au trident, comme autrefois, et un degré naturel de 13,5°. Cinq barriques neuves, soit 1 500 bouteilles. Et quel vin ! Robe noire, nez profond, minéral, confiture de baies rouges, fumée, épices, poivre. Bouche opulente, trame serrée, feutrée, une belle fraîcheur et une longue finale sur la violette et le Zan. Pour le moment, Philippe Castéja pense réintégrer ces barriques au grand vin de Trottevieille. Espérons qu'il en gardera quelques flacons pour les dégustations futures !

16,5 – La cuvée classique possède un nez de fruits et d'épices, clou de girofle. Sa bouche est texturée, pleine, solide, des notes de Zan et un tanin d'une légère amertume en finale.

Millésime 2005

– *Dégustation d'avril 2006*

Le domaine a produit 27 hl/ha : « *Un orage fin juillet avec de la grêle nous a fait perdre une partie de la récolte* », commente Philippe Castéja, qui, pendant les vendanges, passe dans chacune des propriétés dont il a la charge une fois par jour. Du nord du Médoc à Saint-Émilion en passant par les Graves, cela fait un joli paquet de kilomètres. Vignoble de plateau, vissé dans le socle calcaire, Trottevieille possède un patrimoine de vieilles vignes qui fait rêver. Depuis deux millésimes, l'équipe isole une parcelle de très vieilles vignes du XIXe siècle qui ont résisté miraculeusement au phylloxéra, pieds énormes et torturés qui donnent un vin émouvant, minéral et d'une grande finesse. Il est ensuite assemblé avec le reste de la production (sauf quelques bouteilles témoins). « *On a fait faire des greffons à partir de ces vieux ceps. La Chambre d'agriculture, qui fonde de gros espoirs dessus, les a testés pour voir s'il y a des viroses, et on commence à les replanter.* » L'assemblage se compose de 53 % merlot, 44 % cabernet franc, 3 % cabernet-sauvignon.

18 – Nez fruits noirs, tarte à la myrtille, sucre vanillé, bouche puissante, très dense, tendue, une matière abondante dont tous les éléments se mettent peu à peu en place. L'ensemble est moelleux et porté par une acidité qui lui donne de la légèreté et de l'élégance. Un vin qui devrait se dépasser après l'élevage.

Millésime 2006

– *Dégustation d'avril 2007*

49 % cabernet franc, 47 % merlot, 4 % cabernet-sauvignon. « *C'est notre record en proportion de francs. Ils avaient plus d'éclat, et on avait aussi serré les rendements sur les merlots* », dit Philippe Castéja. (Le petit lot issu des vignes antérieures au phylloxéra est cette année encore émouvant par sa minéralité, son côté issu de la terre et des roches qui dominent plus que le fruit.)

16,5 – Boisé, café, grillé, cerise noire, bouche veloutée, ronde, puissante et gourmande en attaque, puis qui se tend ; tanins plus perceptibles en finale. Un vin qui n'a pas encore son charme définitif. « *2005, c'était l'opulence ; 2006, c'est le terroir* ».

Millésime 2007

– *Dégustation d'avril 2008*

Accompagné d'une équipe technique de haut niveau, suivi par l'œnologue professeur Denis Dubourdieu, Philippe Castéja achève la cure de remise en forme de la « *Vieille qui trotte de mieux en mieux* », comme le dit un voisin.

L'existence d'un second vin, Vieille-Dame, créé avec le millésime 2000, n'est pas pour rien dans la montée en qualité du grand vin. Joli nez d'épices, résine (pin), bouche ronde, boisée, souple, mais un peu faible. Plus passionnante est la dégustation des « très vieilles vignes », antérieures au phylloxéra : vin minéral, dense, impressionnant de profondeur.

Pour le grand vin : « *On a un assemblage qui change avec l'habitude, avec beaucoup de cabernets francs, car on les trouvait superbes.* » 62 % de cabernet franc, 38 % de merlot.

16,5 – Floral, élégant, minéral, bouche un peu carrée, austère, fermée ; de la classe, amertume contrôlée, long, future belle bouteille.

– *Dégustation d'avril 2009*

16 – Boisé, chocolat, bouche tendre, souple, élégante, moins garnie que 2008 mais bien fruité, grillé, très agréable, déjà ouvert. Vin gourmand.

Millésime 2008

– Dégustation d'avril 2009

« Ici, la vigne est en permanence depuis le XV*e siècle au moins. Le nom de Trottevieille est déjà cité à cette époque... »*, commente Philippe Castéja. L'assemblage se compose de 50 % merlot, 47 % cabernet franc, 3 % cabernet-sauvignon. *« On a vendangé les merlots le 4 octobre et les cabernets le 15. On a pu attendre, car on avait une vendange saine. »*

16,5 – Floral, vif, nez assez minéral, craie, bouche vive, marquée cabernet franc, une acidité assez mordante, vin pointu, frais, tendu, nerveux avec un niveau de fruité agréable. L'élevage devrait lui donner un caractère plus aimable. Vin de calcaire, serré, dense, le fruit est plus éveillé, long, fin.

– Dégustation d'avril 2010

17 – Boisé, la prise de bois est bien sentie, fruits rouges, bouche souple, douce, suave, frais vif, raffiné, petits tanins fins, très élégant.

Millésime 2009

– Dégustation d'avril 2010

Le domaine a été grêlé le 13 mai, comme nombre de ses voisins qui se trouvaient dans le couloir de cet orage violent : *« On était à l'épicentre. On ne fera que 8 000 bouteilles au total au lieu de 35 000 à 40 000 »*, commente Philippe Castéja, propriétaire du cru. *« On s'est posé beaucoup de questions, et on est intervenus au fur et à mesure, on a coupé ce qui n'était pas bon »*, raconte Christophe Dussutour, responsable technique. Il réside sur place, a constaté le premier le désastre et avoue avoir eu les larmes aux yeux : *« Ça faisait un rideau blanc. La vigne est à 3 mètres de ma fenêtre et je ne la voyais pas, je pensais que c'était de la pluie mais quand je suis descendu... »* Début septembre, l'équipe a commencé à compter les raisins et a fait sauter tout ce qui venait des contre-bourgeons, afin de ne pas avoir des raisins mûrs à côté des raisins verts. Les cabernets, plus tardifs, ont mieux résisté à la grêle et 2009 figure un assemblage exceptionnellement riche de ce cépage : 31 % merlot, 67 % cabernet franc, 3 % cabernet-sauvignon.

17 – Fruits noirs, épices douces, bouche douce, vive, épicée, bonne acidité, frais, tendu, beaucoup de relief, finale sur des tanins éveillés qui prolonge la bouche, frais, élégant, très vin de calcaire.

Grands crus classés de saint-émilion

L'Arrosée

Grand cru classé
Surface : 9,30 ha
Propriétaire : Famille Caille
Contact : Jean-Philippe Caille
33330 Saint-Émilion
05.57.24.69.44
www.chateaularrosee.com

La famille Caille, originaire de Mâcon et fondatrice de Jet Services, a acheté ce cru en 2002. Les amateurs de voile et de courses en mer se souviennent de cette marque engagée auprès de quelques skippers célèbres. Un domaine en triste état : « *Tout le terrain était raviné, il a fallu complanter, replanter, refaire tout le cuvier. L'ancien propriétaire devait rester jusqu'en décembre pour nous conseiller. Il est parti en juillet, nous laissant nous débrouiller.* » Ce n'est peut-être pas ce qu'il a fait de pire, car les Caille s'en sont assez bien sortis. Ils ont improvisé, comme avec les voiliers. Ils ont même inventé et déposé le brevet d'une table de trie circulaire, bien plus performante que les rectangulaires.

Millésime 2002

– *Dégustation d'avril 2003*

Avec des vignes de 30 ans en moyenne, ce cru est un classique de l'appellation. 60 % merlot, 20 % cabernet franc, 20 % cabernet-sauvignon. Élevage à 100 % en bois neuf.

15 – Le vin a bien pris son boisé, le bouquet est toasté mais sans vulgarité, le fruit bien préservé. La bouche est tramée, puissante, avec du gras.

Millésime 2004

– *Dégustation d'avril 2005*

15,5 – Nez floral et frais, plaisant, toasté, fruits noirs, bouche dense, puissante, avec du gras, bien bâtie. Un saint-émilion de garde.

Millésime 2005

– *Dégustation d'avril 2006*

Les propriétaires se donnent les moyens de bien faire, sans tomber dans les excès de surextraction qui ont souvent tenté les nouveaux vignerons.

16 – Confiserie, cerise en bocal, dense, plein, tannique mais sans dureté, tanin velouté, une matière importante qui demande de l'élevage mais une expression élégante.

Millésime 2006

– *Dégustation d'avril 2007*

15 – Fruité cerise, bouche ronde tendre, souple, petits tanins soyeux, barriques neuves, vin gourmand, souple.

Millésime 2007

– *Dégustation d'avril 2008*

14,5/15 – Nez fermé, bouche lactée, chocolat, belle première séquence, ensuite un peu fuyant, doux, délicat.

Millésime 2008

– *Dégustation d'avril 2009*

15,5 – Fruits noirs, cassis, bouche ronde, douce, bien fondue, élégante, assez boisée ; vin moderne, bien fait, frais, très fondu.

Millésime 2009

– *Dégustation d'avril 2010*

15 – Fruits rouges, bouche tendre, douce, fraîche, élégante, petits tanins fins, finale resserrée, pas trop extrait, frais et fin.

Balestard-La Tonnelle

Grand cru classé
Surface : 11 ha
Propriétaire : Famille Capdemourlin
Contact : Thierry Capdemourlin
33330 Saint-Émilion
05.57.74.62.06
www.vignoblescapdemourlin.com

Propriétaires de plusieurs vignobles (Petit-Faurie-de-Soutard, Château Cap-de-Mourlin), la famille Capdemourlin fait figure de pilier de l'appellation. Mais, parfois, c'est le cas par exemple dans les carrières souterraines qui s'étendent au-dessous et autour de la ville, les piliers finissent par s'user. C'est ce que je ressens à déguster les vins des différentes propriétés. Balestard fut autrefois un très grand saint-émilion, il faisait officiellement partie de la « liste de 1867 ». Un palmarès établi, douze ans après le classement de 1855, des médocs et sauternes et qui semblait en être le pendant. Mais ce « classement » ne reçut jamais de reconnaissance officielle, peut-être en raison de la négligence des propriétaires de l'époque. L'appellation saint-émilion, alors, cherchait ses frontières, parfois à coups de procès. Depuis une vingtaine d'années, cependant, Balestard ne semble plus d'un niveau capable de rivaliser avec les meilleurs. En témoigne le nombre de millésimes que nous n'avons pas retenus ici. C'est sans doute le message que voulaient faire passer les jurés du classement de 2006 en déclassant un des domaines (Petit-Faurie-de-Soutard) de la famille. Jacques Capdemourlin n'a pas accepté la décision du jury et s'est lié avec d'autres « déclassés » afin de porter l'affaire devant la justice. Deux années de procédure et de démêlés politico-judiciaires se sont ensuivis. Petit-Faurie figure de nouveau parmi les crus classés. À Saint-Émilion, certains se souviennent que Jacques Capdemourlin avait fortement conseillé aux Bécot, quand en 1986 Beau-Séjour-Bécot avait subi un sort identique, de s'en tenir là et d'accepter la règle du jeu.

Fais ce que je dis, pas ce que je fais…

Second vin : Chanoine-de-Balestard

Millésime 2001

– Dégustation d'avril 2002

14 – Très coloré. Nez de fruits noirs confits, prune, pruneau, expressif. Bouche serrée, merlot mûr, finale rugueuse.

Millésime 2004

– Dégustation d'avril 2005

13,5 – Nez boisé, notes de fumée, grillé. La bouche est marquée par le bois neuf toasté, clou de girofle, le tanin du bois se cumule au tanin du vin, finale âpre.

Millésime 2005

– Dégustation d'avril 2006

14,5 – Grillé, café, boisé marqué, bouche ample, dense, matière serrée. Le boisé lui confère des notes exotiques.

Millésime 2007

– Dégustation d'avril 2008

14 – Nez oxydatif, bouche vive, tannique, serrée, manque de chair. Assez fin, bien fruité. Sec en finale.

BELLEFONT-BELCIER

Grand cru classé
Surface : 13,5 ha
Propriétaires : BHL
Contact : Dominique Hébrard
Château Bellefont-Belcier – 33330 Saint-Laurent-des-Combes
05.57.24.72.16
www.bellefont-belcier.com

Derrière ce sigle, BHL, désignant les propriétaires, aucun philosophe prolifique mais simplement les initiales de trois associés : Jacques Berrebi, Dominique Hébrard et Alain Laguillaumie. Jacques

Berrebi s'est construit une fortune par téléphone. Créateur et détenteur du plus gros « call center » d'Europe, les services en ligne qui commencent par 0.800... Dominique Hébrard assure la gestion au quotidien du domaine depuis 2003. Il s'agit là d'une renaissance. Bellefont-Belcier a été à la fin du XIXe la propriété d'un très brillant ingénieur agronome, Pierre Faure, auteur de nombreuses études sur les travaux de drainage du vignoble, entre autres. Il fit construire à Bellefont un chai circulaire, véritable prouesse d'architecte et surtout de charpentier, qui permettait de vinifier sans altérer le raisin par des systèmes de pompage et de réduire au maximum les déplacements et transvasements des moûts. Le chai est toujours là, accessible aux visiteurs. Lesquels sont bienvenus, pour peu qu'ils prennent rendez-vous, dans ce magnifique château construit en bas de Saint-Émilion, vers l'est, dans le prolongement de la côte Pavie, et voisin de Larcis-Ducasse.

Après la période glorieuse de Pierre Faure, Bellefont-Belcier est devenu un cru raisonnable, rangé et, pour ne rien vous cacher, moyennement intéressant. Avant son rachat, en 1994, on y pratiquait la vendange à la machine. Le vin était vinifié en peu de temps et l'élevage réduit au minimum en cuve. Pas de barriques comme il sied aux grands vins. Un grand terroir pour produire un « vin de soif », cela revient en quelque sorte à utiliser la Rolls pour faire les courses chez Leader Price. Tout a bien changé depuis. Dominique Hébrard, dont la famille a un pedigree bien enraciné dans le Saint-Émilionnais et au plus haut niveau (autrefois à Cheval-Blanc, notamment), n'avait guère besoin de passer chez l'opticien pour voir dans les sols de Bellefont la possibilité de produire un superbe vin. Ce qu'il fit. J'avoue que, au début, le virage un peu trop en épingle à cheveux emprunté par la propriété avait de quoi dérouter le dégustateur le mieux intentionné. On se cramponnait aux accoudoirs (opération fort difficile dans la salle de dégustation de Saint-Émilion, où je ne sais quel maudit architecte membre d'une secte abhorrant les fesses avait réussi à imposer des sièges en ferraille identiques à ceux des anciennes machines agricoles du temps de la traction animale). On passait d'un vin fluide fruité à une espèce de monstre griffu qui vous changeait la langue en paquet de sciure. Du brutal de menuiserie. Cela s'inscrivait sans doute dans une recherche de mise à niveau qui s'accompagne souvent de quelques excès pour voir jusqu'où il n'est pas nécessaire d'aller. Le gros du boulot se trouvait dans le vignoble, qui réclamait des mesures d'urgence (remplacement des pieds manquants, palissage, etc.). À partir de 2003 et l'arrivée aux commandes de Dominique Hébrard, Bellefont a immédiatement opéré un retour vers la civilisation qui, le soulignait le regretté Claude Lévi-Strauss, ne saurait se confondre avec le progrès technique avancé. Le destin étant ce qu'il est, c'est-à-dire frondeur, les ennuis n'étaient pas terminés. En 2006, excellente nouvelle : Bellefont figure parmi les lauréats du classement décennal. Mais, comme d'autres sont déclassés et ne l'admettent pas, la justice annule le classement. Après deux ans de bagarres juridiques et politiques, finalement Ponce Pilate, qu'à tort on croyait disparu, met tout le monde d'accord en offrant le rang de cru classé à ceux qui le méritaient grâce à leurs efforts, Bellefont notamment, et à ceux qui s'étaient seulement offert le service de bons avocats. Mais deux ans, c'est long et le mal était fait. Les investissements peu récompensés, le travail non reconnu ont tôt fait de fabriquer de la zizanie. Depuis, la rumeur est persistante d'une vente prochaine. On a même évoqué un moment un groupe russe. Ce beau domaine crée des envies. Outre une demeure imposante, il est composé de 13,5 hectares constitués de trois terroirs distincts : plateau, terrasses, côtes et pieds de côte. « *Des écosystèmes très différents. Avant, tout était ramassé en quatre jours, sans tenir compte des écarts pourtant importants. On a fait une grosse étude du terroir pour faire des ramassages cohérents, et on vendange maintenant en quinze jours, voire trois semaines. Sur le plateau, on est voisin de Troplong et de Pavie-Macquin* », dit Dominique Hébrard, qui ajoute : « *Je suis l'homme d'un projet. Je veux aller jusqu'au bout. Je sais comment étaient les vins avant 2003 et je sais ce qu'ils sont aujourd'hui.* » À suivre.

Second vin : Marquis-de-Bellefont

Millésime 2000

– *Dégustation d'avril 2003*

14,5/15 – Bien fruité, rose, rouge, bouche dense, structurée mais posée sur des tanins un peu trop présents.

Millésime 2001

– *Dégustation d'avril 2003*

13,5 – Vanillé, bouche tendre, un peu de sucrosité due au boisé de la barrique. Trop de bois qui aura du mal à se fondre.

Millésime 2002

– Dégustation d'avril 2003

La vendange a eu lieu entre le 23 et le 26 septembre après les orages. 60 % merlot, 40 % cabernet franc, trente jours de cuvaison.

14,5 – Fruits rouges un peu cuits, bouche ronde, droite, assez vive, pas encore marqué par le boisé de l'élevage.

– Dégustation d'avril 2008

13,5 – 100 % bois neuf de la tonnellerie Radoux, surmaturité. Chocolat, très marqué par le bois, bouche ronde, peu de matière, marquée par le bois, ennuyeux. Sèche.

Millésime 2003

– Dégustation d'avril 2008

14,5 – Café, grillé, épicé, boisé, chocolat, plein, dense, épicé, doux, moelleux, assez frais pour un 2003.

Millésime 2004

– Dégustation d'avril 2008

15 – Cerise cuite, épices, bouche ronde, veloutée, douce, élégante, assez fraîche, 70 % de bois neuf fourni par huit tonnelleries différentes, frais, élégant, chocolaté. Ramassé mûr, sans plus.

Millésime 2005

– Dégustation d'avril 2008

Dominique Hébrard : *« Le vin a fermenté jusqu'en juin sur certains lots, les meilleurs, et je ne suis pas sorti pour les primeurs. Avec Gilles Pauquet, on a décidé de laisser faire. »*

17 – Boisé, vanille, fruits rouges, délicat, tendre, épicé, bouche dense, souple, tendue, tannique, riche, longue, vif.

Millésime 2006

– Dégustation d'avril 2007

15,5 – Joli fruit, note sanguine, framboise, bouche douce, construite, bien fruitée, tendre, posée sur des tanins de qualité, belle persistance.

– Dégustation d'avril 2008

16,5 – Nez orange, agrumes, bouche vive, ronde, douce, souple, fraîche, long, tendu, frais, vif, minéral. Très long.

Millésime 2007

– Dégustation d'avril 2008

15,5 – Framboise, fruits rouges, bouche ronde, souple, bien fondue, beaucoup de fruits, long, frais, élégant.

Millésime 2008

– Dégustation d'avril 2009

16,5 – Floral, fruits rouges, bouche ronde, fraîche, vin de calcaire, fin, élégant, croquant, long.

Millésime 2009

– Dégustation d'avril 2010

16 – Fruits noirs, poivre, bouche ample, généreuse, pas trop extraite, un peu d'amertume cependant en finale ; vin généreux et solide, une matière qui fait penser à des sols d'argile.

BELLEVUE

Grand cru classé
Surface : 6 ha
Propriétaire : Famille de Boüard
Contact : Hubert de Boüard de Laforest
33330 Saint-Émilion
05.57.24.71.39
www.angelus.com

Une propriété un peu magique sur une colline qui domine la Dordogne. « *On voit depuis le clocher de Pomerol jusqu'à celui de Saint-Émilion. Puis ç'a été très préservé, avec un parc, des petites carrières et des sillons gallo-romains creusés pour planter la vigne.*

Hubert est en train de planter des oliviers dans les sillons », raconte Emmanuelle d'Aligny-Fulchi, responsable technique à Angélus. C'est son équipe, depuis le millésime 2008, qui en a la charge. Hubert de Boüard a remporté au finish la bataille qui l'opposait à Philippe Cuvelier (Clos-Fourtet) pour le rachat de ce bijou. Bellevue appartenait à deux familles, les De Coninck et les Lavaud, des familles anciennes de Saint-Émilion, comme les Boüard de Laforest.

Pas seulement pour la vue et l'adorable demeure à restaurer, le jeu en valait la chandelle, car le domaine est doté d'un terroir remarquable, sur le plateau calcaire. Ses voisins directs s'appellent Angélus et Beau-Séjour-Bécot. Depuis 2000, Bellevue avait été confié à l'équipe qui fait merveille à Pavie-Macquin, Nicolas Thienpont et Stéphane Derenoncourt. Ils lui avaient fait franchir un pas qualitatif déterminant. Désormais, Hubert de Boüard assure avec son staff l'avenir du cru.

Bellevue avait été déclassé en 2006. Les dégustations d'agrément portaient sur les millésimes antérieurs à l'arrivée de Derenoncourt. Mais les suites judiciaires et administratives que ce classement a entraînées ont provoqué un retour à la case départ. Hubert de Boüard a donc acheté un cru déclassé qui, quelques mois plus tard, s'est trouvé reclassé…

Millésime 2000

– Dégustation d'avril 2001

18 000 bouteilles seront faites en 2000. 80 % merlot, 20 % cabernet, 30 hl/ha.

16 – Nez profond, violette, cassis, riche, finesse. Bouche ample, texturée, puissante, terroir noble. Belle finale sur un fruit superbe. Une redécouverte.

Millésime 2001

– Dégustation d'avril 2002

100 % merlot, 30 hl/ha. Du travail soigné. Dégusté deux fois, les 10 et 11 avril, avec les mêmes notes.

15,5 – Robe très noire. Nez de fruit noir, élégant et boisé, intense. Bouche soyeuse, racée, séduisante, avec de la classe, féminin.

Millésime 2002

– *Dégustation d'avril 2003*

« Nous sommes dans une philosophie de culture bio, sans en demander le label. En fait, nos vignes sont en cours de complantage, et avec la coulure cela a réduit la production à 25 hl/ha sans qu'on l'ait véritablement cherché. On fait 100 % de grand vin ici, avec 80 % de merlot et à peine 20 % de cabernet franc », explique Nicolas Thienpont.

15 – Nez sur la prise de bois, vanillé, toasté. Ensuite viennent des notes fruitées, confirmées en bouche. Une race évidente mais beaucoup d'austérité, une finale assez dure.

Millésime 2003

– *Dégustation d'avril 2004*

80 % merlot, 20 % cabernet franc.

15,5 – Nez de cassis, bouquet intense violette, profond, grillé. Toucher en bouche équilibré, un très beau grain, notes moka et cacao, style attractif, gourmand.

Millésime 2004

– *Dégustation d'avril 2005*

35 hl/ha. Le grand vin représente 80 % de la récolte. 80 % merlot, 20 % cabernet franc.

15,5/16 – Nez parfumé, complexe, frais et séduisant, bouche droite, notes de cassis, belle texture, pleine, raffinée, beau tanin, finale réjouissante sur le fruit.

Millésime 2006

– *Dégustation d'avril 2007*

15,5 – Rose rouge, cerise, framboise, très beau fruit bien préservé, bouche souple mais tannique, de ces tanins dodus qui glissent sur les papilles sans les agresser, belle finale tendue.

Millésime 2007

– *Dégustation d'avril 2008*

L'équipe de Nicolas Thienpont, qui en avait jusque-là la gestion, a vinifié ce 2007. Vendangé du 3 au 15 octobre.

16 – Nez fruits noirs, bouche dense, épicée et fondue, tannique, serrée, beaucoup de matière mais sans dureté, tendu, minéral, long. Beau vin.

Millésime 2008

– *Dégustation d'avril 2009*

16,5/17 – Fruits rouges, réduction, fermentation malolactique à peine finie, bouche fine, souple, très fruitée. Beaucoup de délicatesse dans ce vin de calcaire, finale relevée, bonne longueur.

Millésime 2009

– *Dégustation d'avril 2010*

98,5 % de merlot.

17 – Nez épicé, floral, bouche douce, ronde, moelleuse, très fin, délicat, tendre, tanins de grande qualité, très soyeux.

BERGAT

Surface : 3,5 ha
Propriétaire : Famille Castéja
Contact : Borie-Manoux
86, cours Balguerie-Stuttenberg – 33082 Bordeaux Cedex
05.56.00.00.70
domaines@borie-manoux.fr

Un petit domaine dans les remparts sud-est de la ville de Saint-Émilion qui domine la vallée vers la côte Pavie. Le terroir est superbe sur la côte, mélange d'argile et de calcaire, près de la roche. Il confère au vin une grande finesse. Cela fait partie, comme La Serre ou quelques autres, de ces grands vins qui démontrent leur qualité par la délicatesse de leurs tanins plus que par la concentration. Soie plus que velours. On pourrait oser une comparaison bourguignonne. On dirait alors qu'ils sont davantage chambolle-musigny que clos-de-vougeot. Si vous ne voyez pas ce que je veux dire, précipitez-vous chez votre caviste, cela fera plaisir à son chiffre d'affaires. *« On a racheté à la ville le chemin du bas, qui borde les vignes, et reconstruit les murs de soutènement qui dataient de plus d'un siècle* », dit Philippe Castéja, qui a en quelques années remis en état ce cru fort ancien, tant côté chai que côté vignoble. On ne sait ce qui a coûté le plus cher, de la remise en état du mini-chai ou de la réfection des murs anciens en pierre qui bordent la propriété côté La Clotte et Pavie-Macquin. Un mur en « *or massif* », comme dit Philippe Castéja, dans ce village classé au patrimoine mondial de l'Unesco. Comme les autres crus Castéja, Bergat est conseillé par l'œnologue et professeur à la faculté Denis Dubourdieu.

Millésime 2000

– *Dégustation d'avril 2001*

Les importants travaux d'aménagement sont terminés et l'outil tout neuf est opérationnel. 34 hl/ha, 60 % merlot, 30 % cabernet franc, 10 % cabernet-sauvignon.

15 – Robe grenat violet. Nez expressif, fraise, rose thé, fraîcheur du fruit. Trois semaines de cuvaison ont donné un corps aimable, rond, gras, avec une belle finale de fruit mûr et des notes pain grillé.

– *Dégustation d'avril 2002*

15,5/16 – Le nez a évolué vers des notes de sous-bois et de baies noires, le vin s'est étoffé mais garde son côté éveillé grâce à des tanins croquants, vifs et qui allongent la bouche.

Millésime 2001

– *Dégustation d'avril 2002*

Rendement moyen : 35 hl/ha. 60 % merlot, 35 % cabernet franc, 5 % cabernet-sauvignon. Un chai tout neuf, un tiers de bois neuf.

15,5 – Nez de fruits mûrs, cassis, framboise. Bouche pâte de fruit, confiserie, belle charpente, tanin ferme, bâti pour durer, mieux que 2000.

Millésime 2002

– *Dégustation d'avril 2003*

14,5 – De la vivacité et du fruit, cerise griotte, framboise au nez. La bouche est solide sans pour autant sécher, offre une texture ferme, une finale pain grillé, en vivacité.

Millésime 2003

– *Dégustation d'avril 2004*

52 % merlot, 40 % cabernet franc, 8 % cabernet-sauvignon. 26 hl/ha.

15 – Nez mûr de fruits noirs, myrtille, attaque très fruitée, souple, sensation friande en bouche, tanin plus sévère en finale.

Millésime 2004

– *Dégustation d'avril 2005*

64 % merlot, 36 % cabernet franc.

15,5 – Nez de fruit mûr, charnel, dense, bouche solide, trapue, tannique mais sans excès. Vin de garde, plus solide que charmeur à ce stade.

Millésime 2005

– *Dégustation d'avril 2006*

50 % merlot, 42 % cabernet franc, 8 % cabernet-sauvignon.

16,5 – Nez fruits rouges, éclatant, bouche tendre et fraîche, petits tanins vifs avec de la chair, droit, long, très droit, belle finale violette. Un petit bijou.

Millésime 2006

– *Dégustation d'avril 2007*

49 % merlot, 7 % cabernet-sauvignon, 44 % cabernet franc.

15 – Nez petits fruits rouges, bouche ronde et fine, bien typée du plateau calcaire, souple, tendre, bien fait, pas trop extrait.

Millésime 2007

– *Dégustation d'avril 2008*

16,5 – Fruité, rose rouge, élégant, frais, fin, tendu, parfumé, pas trop extrait, bien vif.

Millésime 2008

– *Dégustation d'avril 2009*

49 % merlot, 44 % cabernet franc, 7 % cabernet-sauvignon.

15,5/16 – Fraises au sucre, cerise, bouche tendue, un peu boisée, frais, fin, tendu, pas trop extrait, croquant, vif, beaucoup de séduction.

Millésime 2009

– *Dégustation d'avril 2010*

« Même punition qu'à Trottevieille », dit Philippe Castéja. Cela signifie qu'à Bergat aussi on a subi l'orage de grêle du 13 mai. Le domaine a très peu produit : 10 hl/ha, soit à l'arrivée 4 000 bouteilles au total. 50 % merlot, 45 % cabernet franc, 5 % cabernet-sauvignon.

15 – Fruits noirs, bouche vive, ronde, souple, petits tanins ronds, belle acidité, un vin garni, assez concentré pour Bergat, frais en finale, joli fruit.

Berliquet

Grand cru classé
Surface : 9 ha
Propriétaire : Patrick de Lesquen
Contact : Château Berliquet – 33330 Saint-Émilion
05.57.24.70.48/06.07.22.73.45

Devenir coopérateur : c'est sans doute le chemin le plus original pour être désigné cru classé. Ce fut celui de Berliquet, avec pourtant un passé et même une actualité tout ce qu'il y a d'aristocratiques. Berliquet est passé entre les mains de la puissante famille de Carle, anciens seigneurs de Figeac, et demeure la propriété du vicomte de Lesquen, descendant des Carle. Patrick de Lesquen était banquier, ce qui ne favorise pas toujours une présence effective dans les vignes à surveiller la progression du mildiou. La commercialisation des vins n'était pas non plus sa première préoccupation, d'autant qu'avant les années 80 il était plus facile de proposer des confettis aux portes des cimetières que de vendre du grand vin. Ou presque. Bref, au grand dam de la bonne société vinicole saint-émilionnaise, le vicomte choisit d'adhérer à la Cave coopérative des vignerons de Saint-Émilion. À l'époque, c'était un peu comme si l'évêque s'abonnait à *L'Humanité*. Devenue aujourd'hui un outil professionnel performant, la coopérative n'était sans doute pas, dans ces années compliquées, l'endroit le plus adapté à la production de vins fins. Mais ce fut une solution pour maintenir la propriété à un niveau de qualité correct et peut-être aussi la conserver au sein de la famille. D'abord entièrement vinifié à la cave, Berliquet commença de réinvestir son propre chai à partir de 1978, en vue du classement décennal de 1986, où il fut couronné grand cru classé. À partir de 1996, le cru fut confié aux soins de Patrick Valette, issu d'une famille très impliquée dans le vignoble (le père de Patrick fut propriétaire de Pavie jusqu'en 1998). Patrick Valette, assisté de Jean-Daniel Rapeau, procéda à de nombreuses améliorations techniques. Depuis le millésime 2008, c'est le tandem Nicolas Thienpont et Stéphane Derenoncourt qui gère la propriété, comme ils le font déjà à Larcis-Ducasse ou Pavie-Macquin.

Second vin : Les Ailes de Berliquet

Millésime 2000

– Dégustation d'avril 2001

Pour 2000, une deuxième table de trie a été installée pour mieux sélectionner les raisins grain à grain, après des vendanges en cagettes. *« Nous avons plus de personnel aux tables de trie qu'à la vigne »*, dit Jean-Daniel Rapeau. 80 % merlot, 15 % cabernet franc, 5 % cabernet-sauvignon.

16,5 – Belle robe sombre. Nez fin, délicat, rose rouge, fruit mûr, violette, vanille. Bouche élégante, note grillée, biscuit fourré, corps opulent, finale fine et réglissée.

Millésime 2001

– Dégustation d'avril 2002

16 – Nez mûre et cassis, pain grillé, réglisse, cacao. Bouche texturée, dense, beaucoup de fruit, une belle finale chocolat, longue.

Millésime 2002

– Dégustation d'avril 2003

15 – Robe très sombre, nez encore fermé, cerise burlat, boisé fondu, vanillé, myrtille. Belle bouche dense, texturée, puissante. Beau vin de garde.

Millésime 2004

– *Dégustation d'avril 2005*

14,5/15 – Robe dense, nez de fruits, notes de poire mûre, bouche friande, un peu perlante (fin de malo) mais fraîche et bien équilibrée, vin fin et racé.

Millésime 2005

– *Dégustation d'avril 2005*

15 – Fruits noirs, cerise, vif en bouche, tanin serré, un vin droit, tendu, qui devrait évoluer vers l'élégance.

Millésime 2006

– *Dégustation d'avril 2007*

14 – Boisé, grillé, cerise, bouche ample, large, bon fruit, plein, riche, tendu, serré, un peu osseux en finale.

Millésime 2007

– *Dégustation d'avril 2008*

13,5 – Nez fermé, un peu éteint, morne, tanins souples, mais l'échantillon manque d'éclat.

Millésime 2008

– *Dégustation d'avril 2009*

5 % cabernet-sauvignon, 25 % de franc, 70 % merlot.

15 – Nez fruits noirs, bouche douce, suave, fondue, fruité noir, très agréable, pas très raffiné mais gourmand.

– *Dégustation d'avril 2010*

15,5 – Nez assez boisé, s'ouvre à l'aération, bouche dense épicée, suave, joli grain de tanins onctueux, bonne longueur, on retient surtout la qualité suave des tanins en milieu de bouche, un peu salin.

Millésime 2009

– *Dégustation d'avril 2010*

Nicolas Thienpont : « *On a grêlé, cela faisait une récolte déjà pas épaisse. Mais il a fallu effectuer un gros travail en vert, on a décidé de virer les bourgeons de deuxième génération. Sortis plus tard, ils avaient été épargnés par la grêle. Mais on pensait être sur un millésime plutôt tardif en mai et on craignait que les fruits issus de ces seconds bourgeons ne mûrissent pas. On est à 20 hl/ha. On a commencé le 28 septembre et on a fini le 12 octobre.* » 70 % merlot, 30 % cabernet franc.

15,5 – Floral, fruits rouges, bouche onctueuse, intense, tanins moelleux, pas mal d'alcool, sensible en finale, belle matière mais chauffe en finale.

CADET-PIOLA

Grand cru classé
Surface : 7 ha
Propriétaire : La Mondiale
Contact : Claire Thomas-Chenard
33330 Saint-Émilion
05.57.24.72.23
contact@soutard.larmande.com

Le Cadet est un lieu-dit, pour une fois facile à repérer dans la complexité des terroirs saint-émilionnais, puisqu'il s'agit du coteau à gauche de la route quand on quitte le haut de la ville en direction de Montagne. Il existe plusieurs domaines Cadet, mais pour celui-ci j'ai une tendresse particulière. Irrégulier, il a un côté mal fagoté, capable du meilleur et non du pire, mais du brut de fonderie. Encore que tout ça, c'est du passé. D'abord parce qu'avec l'arrivée d'Amélie, l'un des trois enfants d'Alain Jabiol, aux commandes du cru, il avait gagné au fil du temps en finesse et en régularité. Amélie profitait des conseils de l'excellent œnologue Gilles Pauquet, discret intervenant dans de nombreux crus de prestige comme Figeac ou Cheval-Blanc. C'est encore plus du passé depuis l'été 2009, car Cadet-Piola a été vendu. Il fait partie désormais du petit empire que s'est constitué dans ce secteur la compagnie d'assurances La Mondiale, déjà propriétaire de Larmande et de Soutard. Amélie était pourtant installée à Cadet-Piola. Depuis 1993, après des études de commerce, Amélie vivait à Bordeaux (il n'y a pas de maison habitable à Cadet-Piola) et « aidait au vin ». Elle a ainsi appris sur le tas, avec son père, le métier de vigneronne. *« Papa a pris sa retraite officiellement, mais il continue avec moi. On fait tout nous-mêmes. C'est plus intéressant de suivre du départ jusqu'à la fin. J'ai deux enfants. Mon fils de 3 ans a déjà du plaisir à venir au chai. Moi aussi j'ai commencé comme cela* », me racontait-elle en 2004. Tout semblait donc aller comme sur des roulettes, mais c'était compter sans les problèmes de transmission et de partage qui sont la cause de toutes les ventes ou presque de domaines familiaux. Une histoire un peu similaire, pas dans ses péripéties mais sur la trame, a permis à La Mondiale de conquérir Soutard. Cadet-Piola est formidablement situé, exposé sud, posé sur le socle calcaire – une partie de son chai de vieillissement est une ancienne carrière souterraine –, profitant de la luminosité et des vents du Sud. C'est paraît-il un des rares crus qui, après le redoutable gel de 1956, réussirent à produire une récolte décente.

Millésime 2002

– Dégustation d'avril 2003

14,5 – Mentholé, framboise, s'ouvre à l'aération, bouche dense, tanins serrés, pas mal de fruits, net, équilibré, pas trop extrait, bien dans son millésime.

Millésime 2004

– Dégustation d'avril 2005

70 % merlot, 15 % cabernet franc, 12 % cabernet-sauvignon, 3 % pressac. Élevage en barriques, dont un tiers sont neuves.

16,5 – Nez puissant, plein de notes de baies noires et rouges, cassis, framboise, un boisé racé, une bouche charpentée mais gourmande, sans austérité, fraîche, longue et éclatante.

Millésime 2005

– Dégustation d'avril 2006

15,5/16 – Fruits noirs en gelée, note de grillé, bouche douce, tanins onctueux et généreux, des notes d'orange sanguine en bouche, très beau fruit en finale.

Millésime 2006

– *Dégustation d'avril 2007*

14,5 – Boisé, fruits rouges, bouche tendre en attaque, bien fruitée. Un vin d'une concentration moyenne mais d'un joli fruit. Pas très précis mais gourmand.

Millésime 2007

– *Dégustation d'avril 2008*

15,5 – Nez végétal, bouche molle, douce, très fondue, un peu chocolat, fondu, pas très nerveux, milieu de bouche limite, très doux.

Millésime 2008

– *Dégustation d'avril 2009*

14,5 – Grillé, moka, boisé un peu marqué, joli fruit bien soutenu par le boisé, bouche fine, pas très dense mais bien parfumée, un peu serré en finale.

Millésime 2009

– *Dégustation d'avril 2010*

15/15,5 – Floral, fruits noirs, bouche vive, parfumée, fruits confits, vif, assez élégant, bien parfumé, pas trop extrait.

Canon-La Gaffelière

Grand cru classé
Surface : 20 ha
Propriétaire : Vignobles Comtes von Neipperg
Contact : Stephan von Neipperg
Château Canon-La Gaffelière – 33330 Saint-Émilion
05.57.24.71.33
www.neipperg.com

Si ce cru avait conservé son nom d'autrefois, La Gaffelière-Boitard, jamais, j'en suis certain, les Neipperg ne l'auraient acheté.

Pas un Boitard chez un Neipperg. Canon leur allait beaucoup mieux. Très ancienne famille noble avec des murailles et des machicoulis en décor, les comtes von Neipperg ne font pas partie de ceux qui tous en chœur entonnent *« du passé faisons table rase »*. Le plus célèbre Neipperg, Adam, était de mère française, engagé dans notre armée avant de rejoindre celle d'Autriche au moment de la Révolution. Une baïonnette française lui prit un œil à je ne sais plus quelle bataille où il fut laissé pour mort. Il se vengea en piquant la femme du premier des Français, Napoléon. Le même Napoléon, en exil sur l'île d'Elbe, a dû regretter d'avoir décoré Adam de la Légion d'honneur quand celui-ci était ambassadeur d'Autriche à Paris. En août 1814, chargé d'escorter l'impératrice Marie-Louise d'Autriche allant prendre les eaux à Aix-les-Bains, il déclare : *« Dans six semaines, je serai son meilleur ami et dans six mois son amant. »*

Seulement trois semaines plus tard, l'affaire était faite et la Marie-Louise attendait sans le savoir un premier bébé du séducteur borgne. Chateaubriand a écrit qu'il avait osé *« déposer ses œufs dans le nid de l'aigle »*.

Les Neipperg d'aujourd'hui, issus du premier mariage d'Adam, ont acheté Canon en 1971.

En 1983, un beau jeune homme brun, droit comme un *i* dans son impeccable costume bleu nuit, bardé de diplômes dont celui d'ingénieur agronome, débarquait au château. Et Stephan n'est jamais reparti. Il conserve de ses origines, outre le maintien, un petit côté vieux style : foulard de soie noué dans le col de chemise, pochette, fine moustache qu'accompagnerait si bien un monocle. En plus, ce que tout le monde qui redoute les radars lui envie, il possède une plaque minéralogique allemande et l'indispensable Audi version break bolide. Pour tenter d'approcher la complétude, il faut ajouter qu'il est doté d'un solide sens de l'humour vachard et qu'en matière de costumes pour l'hiver il fait partie des meilleurs tailleurs de la place. Ses cibles préférées : les prétentieux et les possesseurs de mémoire courte. L'affaire du classement de 2006, annulé puis rétabli, puis de nouveau annulé et finalement confirmé, lui a donné l'occasion d'exercer à merveille ses talents à l'encontre de ceux, bien établis, qui ont voulu compenser leur manque d'investissement au vignoble par des recours devant les tribunaux.

Sinon, on en oublierait presque d'évoquer son implication dans le vin et encore plus dans le vignoble. À une visite des chais, il préfère d'ailleurs conduire ses hôtes dans les vignes pour expliquer la taille, l'adaptation du travail selon les variations des sols, les sélections de cépages, etc. Canon-La Gaffelière couvre 20 hectares dont seulement 1 en coteau. Le reste, c'est du pied de côte, situé non loin du siège de la coopérative, entre la voie de chemin de fer, la route « du bas » de Saint-Émilion et les coteaux que dominent la Magdelaine. Entre 5 et 8 mètres de sables en surface et la nappe phréatique à 12 ou 13 mètres en sous-sol, *« ce qui nous permet de faire descendre les racines en profondeur ».* Dès 1984, juste après son arrivée Stephan a supprimé totalement les amendements, travaillé de nouveau les vignes et drainé les endroits les plus « mouillés ». Il fut un des premiers à pratiquer les vendanges vertes et a cessé de le faire, constatant que la vigne compensait les grappes retirées par des grains plus gros !

Avec son complice Stéphane Derenoncourt, qu'il a contribué à faire reconnaître comme un « grand » du vin, ils ont cherché et trouvé le style nouveau de Canon-La Gaffelière et ceux des crus rachetés depuis comme L'Aiguilhe, en côtes-de-castillon : un lieu et un terroir remarquables.

Canon est passé, comme beaucoup, par le stade un peu démonstratif et volumineux avant de s'affirmer comme un vin moderne dans le bon sens du terme. C'est-à-dire en équilibre entre des tanins suaves, un fruité pas trop envahissant et une certaine profondeur minérale qui signe son origine, sa classe.

Second vin : Neipperg Sélection

Millésime 2000

– *Dégustation d'avril 2001*

Stéphane Derenoncourt : *« On a recherché en 2000 la finesse, car le terroir et l'année auraient pu donner des vins durs. On a un peu laissé le vin se faire, on a été vraiment fainéants, on ne l'a pas beaucoup travaillé : vingt-trois jours de cuvaison à 28°C. »* 40 % cabernet franc, 60 % merlot. 13,3° naturels.

17,5 – Mûre, myrtille, très baies noires, souplesse des tanins. Bouche élégante, un peu poivrée, bien fondue, tanin opulent, finale riche et enveloppée.

– *Dégustation d'avril 2002*

17/17,5 – Joli fruit, un peu moins démonstratif que l'an passé, bouche dense, veloutée, très large, un vin pas encore affiné, avec un fort potentiel, une assise remarquable.

Millésime 2001

– Dégustation d'avril 2002

Cette année, la production a chuté de 20 %. *« Pourtant »*, dit Derenoncourt, *« on ne mettra sans doute pas les vins de presse, malgré la perte en volume, pour garder l'élégance. »* 40 % cabernet franc, 5 % cabernet-sauvignon, 55 % merlot.

17 – Nez profond, fruits rouges mûrs, riche, nuances de rose rouge et de fumée, d'épices. Frais à l'attaque, la chair est ronde, ferme, le gras est là, c'est ample, séduisant, aucun excès d'extraction, un beau tanin au grain raffiné.

Millésime 2002

– Dégustation d'avril 2003

Stephan von Neipperg : *« Le volume de nos récoltes a fortement diminué en 2002 : plus les vignes sont âgées, plus la coulure a été importante. À Canon-La Gaffelière, il y a eu 40 % de récolte. »*

17 – Mûre, baies noires confiturées, myrtille, cassis, touche de Zan, très doux, élégant. Tendre à l'attaque, de la fraîcheur en milieu de bouche, un tanin magnifique, soyeux, au grain très fin, très mûr, finale opulente, réglisse et cacao.

Millésime 2003

– Dégustation d'avril 2004

« Le terroir a bien supporté la chaleur, les vignes étaient luxuriantes », dit Stéphane Derenoncourt, *« et n'ont jamais bloqué. Notamment les cabernets francs, qui sont tous d'avant 1956, venaient bien sur ces sols argileux. »*

16,5 – Nez intense, confituré, violette, myrtille, framboise, complexe et épicé. La bouche est mûre, éclatante, plus en élégance qu'en puissance ; un tanin fin et racé, réglissé, habille la longue finale.

Millésime 2004

– Dégustation d'avril 2005

Stephan von Neipperg est satisfait de ses cabernets francs : *« En 2004, ils étaient magnifiques ; ils entrent en totalité dans l'assemblage, qui comprend 45 % de cabernet franc, 50 % de merlot et 5 % de cabernet-sauvignon. »*

16,5/17 – Nez en finesse, profond, violette et Zan, notes réglissées, très racé. Bouche texturée, en élégance, framboisée, droite et fraîche, gourmande, avec ses notes de biscuit et pain grillé, de bois bien fondu.

Millésime 2005

– *Dégustation d'avril 2006*

« En 2005, il y a à la fois la structure, la puissance et aussi la fraîcheur », commente sobrement Stephan von Neipperg. 55 % merlot, 35 % cabernet franc, 10 % cabernet-sauvignon.

17,5 – Nez complexe, évoluant entre la violette, l'iris et le cacao, avec des notes de résine et de fruits noirs. Bouche onctueuse, fruité éclatant, tanins tendus et soyeux. La parfaite maîtrise technique permet de tirer le meilleur parti du terroir.

– *Dégustation du 2 avril 2008*

17,5 – Épicé, grillé, nez encore simple, peu développé bouche dense, épicée, ronde, tendue, serrée, tanins un peu durs, serré. Puissant, peu fondu, refermé aujourd'hui. Fort potentiel.

Millésime 2006

– *Dégustation du 02/04/08*

17 – Fruits noirs, grillé, un peu fermé, bouche étendue, serrée, dense, sans fanfreluches, assez pur, équilibré, tanins bien présents mais sans dureté.

Millésime 2007

– *Dégustation d'avril 2008*

55 % merlot 10 % cabernet-sauvignon, 35 % cabernet franc. *« On a eu des cabernets plus mûrs que les merlots, on a commencé le 2 et terminé le 11 octobre »*, commente Stephan von Neipperg.

16,5 – Épices, fruits noirs, bouche ronde, fondue, délicate. Vin assez concentré, dense, tannique, un peu austère en finale. Soyeux, bien rond en première séquence, serré ensuite.

Millésime 2008

– *Dégustation d'avril 2009*

55 % merlot, 35 % cabernet franc, 10 % cabernet-sauvignon.

16/16,5 – Floral, confiture de fraises, note violette, épices, bouche ronde, ample, veloutée. Vin gourmand, bons tanins de milieu de bouche, pointe d'amertume en finale, équilibré, puissant, assez riche, tendu.

Millésime 2009

– *Dégustation d'avril 2010*

17 – Épicé, cassis, bouche douce, moelleuse, assez tannique, profond, tanins veloutés, long, frais. Élégant, équilibré, fin, tendu, très joli vin, racé.

Archives

– *Dégustation de janvier 1995*

Millésime 1952

18 – Grenat sombre. Café, tabac, caramel. Gras, plein, gâteau de riz au caramel, très pâtisserie, riche, tanins veloutés et serrés, cannelle, beaucoup de matière, riche, très plein.

Millésime 1955

14 – Cacao, un peu de fruit, cassis, gelée de framboises. Bien dense en attaque, très chocolat, ample, pas mal d'acidité. Seconde séquence un peu plus chaotique, un peu d'amertume et de sécheresse.

Millésime 1958

12 – Grenat tuilé. Nez très végétal, poussiéreux. Bouche plus agréable en attaque, encore un peu de fruit et des notes chocolatées, s'effondre et sèche en finale.

Millésime 1959

13 – Grenat dense mais tuilé. Nez oxydatif, rancio, porto tawny. Gras, rond mais soutenu uniquement par l'alcool. La structure est tannique est affaiblie. Très avancé.

Millésime 1961

17 – Grenat jeune. Note mûre, un peu végétal, s'ouvre sur la groseille, cerise. Les notes d'humus s'estompent à l'aération au profit des fruits rouges. Tendre, bien fruité, gras, dense, beaux tanins ronds, pas mal d'alcool, long, puissant et très jeune. Finale fruits à l'eau-de-vie.

Millésime 1964

15,5 – Grenat très foncé, brillant, jeune. Nez épices, tabac, moelle, rôti. Très dense, chocolat, bonne matière fondue mais solide, finale asséchante.

Millésime 1966

16,5 – Nez café, cerise confite, floral, tabac blond, viande rôtie, complexe. Rond, épices et caramel, bien plein. Une légère pointe de sécheresse en finale.

Millésime 1970

17,5 – Nez chocolat, café, épices, poivre, complexe. Bouche riche, ample, beau fruit assez frais, moelleux, beaux tanins, bel équilibre, finale chocolatée.

Chauvin

Grand cru classé
Surface : 15 ha
Propriétaires : Béatrice Ondet et Marie-France Février
Contact : Château Chauvin BP 67 – 33330 Saint-Émilion
05.57.24.76.25
www.chateauchauvin.com

Chauvin est une propriété du plateau, mais située à la limite des communes de Saint-Émilion et de Pomerol. Les sols sont donc assez différents de ceux situés non loin mais plus au sud, où le rocher calcaire affleure. Ici, on trouve des sables anciens et des argiles. Et les vins en sont fort différents. Plus terriens, moins aériens, davantage vineux, gourmands et assez costauds. Chauvin figure une sorte de domaine pionnier dans la reconnaissance du droit des femmes à manier le sécateur et le tonneau. Béatrice Ondet, ancienne pharmacienne, et sa sœur aînée, Marie-France Février, ancien médecin, l'une au chai, l'autre à la vigne, en sont les uniques propriétaires par la volonté des parents. La transmission s'est opérée dans les années 80. Ce n'est pas si lointain, mais il était rare, même à cette époque d'après Mai 68, que les papas confient des propriétés agricoles aux filles…

En 1998, la famille avait acquis une parcelle contiguë, vinifiée sous l'étiquette Vieux-Château-Chauvin. Un collector, car réalisé uniquement cette année-là. Une passagère envie de faire son petit vin de garage, bien que les deux sœurs s'en défendent. Depuis, ce cru est intégré dans Chauvin. La propriété maîtrise ses rendements (90 000 bouteilles avant 1993, 55 000 bouteilles aujourd'hui, mais production d'un second vin), cultive la vigne, pratique l'enherbement et l'ébourgeonnage – et vinifie parcelle par parcelle. Chauvin tient bien sa place à table, mais il pourrait gagner en distinction sans cette finale souvent un peu rude de tanins sévères. Un peu moins d'extraction ? Béatrice et Marie-France me certifient qu'elles vinifient en grande douceur. Mouais ! Sur ces sols sablo-argileux, il est facile d'extraire des tanins qui ne sont pas souhaités. Les choses semblent changer depuis l'arrivée, au printemps 2009, de Laurence Ters de la Verrie, œnologue passée par le Domaine de Chevalier (de 1998 à 2002) comme maître de chai, au Château Quinault puis au Château de Lussac. Pour Laurence, la passion du vin a commencé très tôt, grâce à son grand-père, viticulteur à Cantemerle et à

La Tour-de-Mons, dans le Médoc. « *Il m'emmenait dans le chai et à la vigne. Il y avait une part de mystère, de choses nobles. Toute petite, je faisais une collection d'étiquettes de vins et je connaissais la carte des vignobles de France. J'échangeais, j'écrivais et je suis allée avec mon père visiter des gens pour récupérer des étiquettes. Maintenant, je manque un peu de temps… J'ai fait œnologie ; il y a des fois, quand on est petit, on veut être vétérinaire ou pompier et ça marche pas ; pour moi, tout s'est très bien passé. Je suis ravie de faire mon métier.* »

Laurence s'est donné comme mission d'apporter quelque chose de différent, un peu plus d'éclat et de séduction.

Second vin : La Borderie-de-Chauvin

Millésime 2000

– Dégustation d'avril 2001

Rendements : 38 hl/ha. 80 % merlot, 15 % cabernet franc, 5 % cabernet-sauvignon.

16 – Très coloré, violet. Nez intense, cerise noire, épices. Bouche tendre et charnue, concentrée, chocolatée, bien équilibrée. Un beau vin que l'on peut qualifier de solaire.

– Dégustation du 15 février 2008

15/16 – Nez mentholé, assez frais, poivre, chocolat, assez mûr, belle expression, bouche ronde, encore un peu fermée, tendue, riche, dense, demande à s'affiner, finale un peu amertume, tannique, serrée. Extraction un peu violente.

Millésime 2001

– Dégustation d'avril 2002

80 % merlot, 15 % cabernet franc, 5 % cabernet-sauvignon. Bois neuf 70 %.

15 – Belle robe noire. Nez de merlot mûr, charnel, jabugo, fraise, fruits rouges confits. Bouche gourmande, texturée, notes violette et Zan, assez puissant, beaucoup de charme.

– Dégustation du 15 février 2008

15 – Nez d'un bloc, pas encore à son top, plus sur la réduction que sur l'ouverture. Bouche plus souple, petits tanins moelleux, bien rond, gourmand en première partie, finale un tantinet amère qui doit passer en mangeant, mais un peu agressive en dégustation pure.

Millésime 2002

– *Dégustation d'avril 2003*

14 – Nez ouvert et parfumé, fruits noirs, prune d'ente. Bouche très tannique, sévère, le fruit revient agrémenter la finale.

– *Dégustation du 15 février 2008*

13,5 – Coulure sur les merlots, plus de cabernet dans l'assemblage. Nez très ouvert, chocolat, bouche fraîche, légère, tendre, un peu creux en milieu de bouche, sèche en finale. On a un peu trop demandé à une vendange légère en maturité.

Millésime 2003

– *Dégustation d'avril 2004*

80 % merlot, 15 % cabernet franc, 5 % cabernet-sauvignon. Élevage en barriques, dont 60 % neuves.

14,5 – Nez de boisé, fumée, réglisse, confiture de baies rouges. Beaucoup de chair, trapu, plein, un peu trop boisé et tannique pour une finale qui se montre sévère.

– *Dégustation du 15 février 2008*

14,5 – Deux bouteilles dégustées. Poivre, terre, fruits confits, note pruneau, très poivré, bouche terreuse, amer, sec. Finale sévère sur la deuxième bouteille mais moins amer.

Millésime 2004

– *Dégustation d'avril 2005*

14,5 – Floral, pêche de vigne, prune, joli nez, bouche vive, épicée, un tanin très présent, vigoureux et pas mal d'alcool. Vin généreux et chaleureux.

– *Dégustation du 15 février 2008*

14,5/15 – Grillé, réducteur, bouche fortement boisée, plus marquée par le bois, plus noix de coco, moins sec. Vin assez séveux en finale. « *On a changé de tonnelier et fait des chauffes plus douces et plus longues.* »

Millésime 2005

Dégustation du 15 février 2008

14,5/15 – Nez élégant, agréablement fruité, boisé bien fondu, bouche ronde, fournie, les tanins boisés apportent pas mal de saveur, mais moins rustique que les premiers millésimes. Tanins ronds, souples, en attaque, un peu durs en finale.

Millésime 2006

– *Dégustation d'avril 2007*

13,5 – Nez très marqué par le bois. Matière souple, assez belle. Pour ceux qui aiment les vins démonstratifs, sans trop de raffinement.

– *Dégustation du 15 février 2008*

13,5/14 – Nez coco, vanille, bouche tannique, serrée, un peu vulgaire, puissante mais sans finesse. Dommage cette rusticité en finale.

Millésime 2007

– *Dégustation d'avril 2008*

14,5/15 – Chocolat, suave, bouche douce, tanins doux, un peu sec en finale. Ensemble cohérent et gourmand.

Millésime 2008

– *Dégustation d'avril 2009*

15,5 – Fruits rouges, bouche vive, tendue, élégante, bien fondue, souple, un peu serrée en finale, dense, fruits noirs, belle matière généreuse, tanins croquants, finale serrée mais plus douce que sur certains millésimes de Chauvin.

– *Dégustation d'avril 2010*

15/15,5 – Fruits noirs, réglisse, bouche ronde, suave, un peu fermée, longue, assez serrée en finale.

Millésime 2009

– *Dégustation d'avril 2010*

85 % merlot, 15 % cabernet-franc. Vendanges du 28 septembre jusqu'au 7 octobre pour les merlots ; les cabernets francs le 12 octobre et les cabernets-sauvignons le 19.

16 – Fruits noirs, mûre, bouche tendue et crémeuse, bien ronde, fraîche, vin plein, tannique, puissant mais fondu, bon fruit, long, assez vif.

Archives

– *Dégustation du 15 février 2008*

Millésime 1998

15,5 – 75 % merlot, 20 à 25 % cabernet-franc. *« On avait une vendange de 35 hl/ha sans faire de vendanges vertes. »* Nez bien ouvert, fruits cuits, légèrement mentholé à l'aération. Bouche vive, assez fraîche, tendue, un peu serrée en finale. Tannique.

Millésime 1999

14 – Un peu animal, fruits cuits, bouche ronde en attaque, finale un peu sèche mais vin assez gourmand, très agréable aujourd'hui mais d'une évolution à surveiller. Sèche, petite finale acide.

Clos de l'Oratoire

Grand cru classé
Surface : 10,32 ha
Propriétaire : Vignobles Comtes von Neipperg
Contact : Stephan von Neipperg
Canon-La Gaffelière – 33330 Saint-Émilion
05.57.24.71.33
www.neipperg.com

Ce clos de près de 11 hectares se situe au nord-est de Saint-Émilion sur des sols argilo-calcaires avec de la molasse en calcaire en surface et de l'argile en sous-sol. 90 % de merlot, 5 % de cabernet franc et 5 % cabernet-sauvignon. Cela donne un vin assez solide, gourmand, plus en rondeur qu'en finesse, plus en plaisir qu'en subtilité.

Millésime 2000

– Dégustation d'avril 2001

15,5 – Épices, notes aromatiques dues à l'élevage (qui se dissiperont par la suite), grillé, café, fruits noirs, bouche assez fraîche, petits tanins soyeux, de la rondeur et du velouté, assez gourmand.

Millésime 2001

– Dégustation d'avril 2002

Élevage en barriques 100 % neuves.

16 – Nez ouvert, élégant, tout en fruit. Belle texture riche et grasse, beaucoup de fruit et de rondeur, séduisant.

Millésime 2004

– Dégustation d'avril 2005

Élevage dans 60 % de bois neuf.

16,5 – Très noir, nez frais, un fruit mûr, vanillé, intense. Bouche ronde, soyeuse, avec la séduction du fruit et pourtant de la puissance. Bien extrait, rond en finale sur de jolies notes de cassis.

Millésime 2005

– Dégustation d'avril 2006

90 % merlot, 10 % cabernet franc.

17 – Nez sauvage de violette, mûre, sous-bois, bouche intense, tanins feutrés et frais, de la densité, un fruit remarquable. Un vin droit, tendu, sérieux. Peut-être le meilleur Oratoire que nous ayons dégusté.

– Dégustation d'avril 2008

17 – Sanguin, café, bouche souple, plus grillée, ronde, tendue, long, velouté, beau milieu de bouche bien velouté. La grande différence avec les autres millésimes, c'est ce milieu de bouche.

Millésime 2006

– Dégustation d'avril 2008

16 – Grillé, fruits noirs, épices, chocolat, bouche dense, tendue, vive, tanins serrés, long, puissant mais équilibré, bien typé du millésime.

Millésime 2007

– Dégustation d'avril 2008

90 % merlot, 10 % cabernet franc.

16 – Frais, vif, floral, bouche ronde, fraîche, élégante, tendue, tanins serrés, très en fruit. L'équipe de Stephan von Neipperg a joué le fruit plus que la concentration ; un vin qui serait à boire assez jeune, délicat, équilibré.

Millésime 2008

– Dégustation d'avril 2009

95 % merlot, 5 % cabernet franc.

15,5 – Bouche ample, souple, tanins ronds et veloutés en finale, petite amertume en signature finale.

Millésime 2009

– Dégustation d'avril 2010

Stephan von Neipperg : *« On a 2 hectares qui n'ont rien produit cette année, à cause de la grêle. À l'Oratoire, l'eau est proche de la surface et donc il faut un stress hydrique bien marqué, qui provoque un arrêt de végétation franc, pour faire un grand vin – et c'est ce que nous avons eu cette année. »*

16 – Fruits noirs, boisé assez marqué, bien rond, vin assez tannique, vif, élégant, frais. Tendu.

Clos des Jacobins

Grand cru classé
Surface : 8,5 ha
Propriétaire : Bernard et Thibaut Decoster
Contact : Thibaut et Magali Decoster
4, Gomerie – 33330 Saint-Émilion
05.57.24.70.14
www.closdesjacobins.com

Une histoire mouvementée. Après le démantèlement du groupe Cordier, le négociant qui possédait les bijoux de la couronne ou presque (de Gruaud-Larose à Lafaurie-Peyraguey), cette petite perle de 8,5 hectares en pied de côte, sur le plateau de Saint-Émilion, fut cédée à Gérald Frydman (directeur général des parfumeries Marionnaud et fils du fondateur) début 2001. Même si on ne suit que de loin l'actualité juridico-économique, on se doute de la suite. Marionnaud, en crise, revendu à un groupe chinois, et les Frydman père et fils se retrouvent devant les tribunaux. On se disait, à Saint-Émilion, décidément, ce Clos des Jacobins n'a pas de chance. Puis, par le biais semble-t-il d'Hubert de Boüard (Angélus), qui en assurait la gérance, la famille Decoster a été mise au parfum de la vente possible du cru. Depuis 2004, le Clos est devenu une affaire familiale, gérée par Magali et Thibaut, deux jeunes gens souriants, immédiatement admis dans le cercle des propriétaires de crus classés. Ce qui n'est pas toujours évident, il faut savoir faire preuve de modestie. Le Clos des Jacobins (n'y cherchez pas une quelconque ascendance révolutionnaire, il s'agirait davantage d'une origine monastique, les frères prêcheurs jacobins), saisi comme bien national en 1791, jouit d'un bon terroir, style pied de côte, où se mêlent débris calcaire, sables anciens et argile.

Des investissements importants ont accompagné cette prise en main : cuvier refait, drainage de la propriété, replantation, etc.

L'encépagement comprend 75 % merlot, 23 % cabernet franc, 2 % cabernet-sauvignon. Dans la corbeille se trouvait également La Commanderie, un cru de 6 hectares non classé, en limite de l'appellation pomerol. Le 2008 a été noté 14,5 – Fruits au sucre au nez, bouche tendre, souple, fluide, sans dureté, le fruit l'emporte.

Millésime 2000

– Dégustation d'avril 2001

15 – Nez aromatique, baies noires, myrtille, violette. Beau tanin un peu dur en finale. Le premier résultat est prometteur.

Millésime 2001

– Dégustation d'avril 2002

70 % merlot, 30 % cabernet-sauvignon. 75 % bois neuf.

15,5 – Beau nez de maturité, cerise noire, myrtille. Bel équilibre en bouche, droit, élégant, pas trop extrait, finale longue et fraîche, note de moka.

Millésime 2002

– Dégustation d'avril 2003

14 – Nez de cerise noire, ouvert, bonbon acidulé, boisé toasté. Bouche bien structurée, ferme, mais ne manquant pas de gras.

Millésime 2004

– Dégustation d'avril 2005

14,5/15 – Poudre de riz, myrtille, bouche austère, tanins fermes, une bonne matière assez peu expressive mais qui devrait donner un vin de qualité après élevage.

Millésime 2005

– Dégustation d'avril 2006

16,5 – Fruits noirs, note réductive normale à ce stade de l'élevage, bouche qui attaque sur des tanins disciplinés et élégants, le milieu de bouche est moelleux, la finale plus tendue traduit une extraction un peu forte, mais l'ensemble n'est pas agressif et donne une impression de puissance contrôlée.

Millésime 2008

– Dégustation d'avril 2009

14,5/15 – Rose, floral, bouche tendue, un peu courte mais serrée, finit sur de l'astringence ; assez austère, devrait bien évoluer.

Millésime 2009

– Dégustation d'avril 2010

14,5 – Épices, fruits noirs, prune, bouche très fondue, boisée, chaleureuse, puissante, plus en force qu'en finesse, matière riche. Un vin démonstratif en attaque, un peu fuyant en finale, beaucoup de moelleux.

Clos Saint-Martin

Grand cru classé
Surface : 1,33 ha
Propriétaire : Famille Reiffers
Contact : Sophie Fourcade – 33330 Saint-Émilion
05.57.24.71.09
www.lesgrandesmurailles.fr/index.html

Le terme de petit cru classé conviendrait mieux à ce domaine de 1,33 hectare, dont l'origine est très ancienne – première trace écrite en 1643. Situé au-dessus de Beauséjour, en face de Beau-Séjour-Bécot, en haut de côte, il est géré par Sophie Fourcade, dont la famille possède également Grandes-Murailles et Côtes-de-Baleau. Une seule parcelle très bien placée et un chai de poupée où tout le matériel de vinification semble hérité des terribles Arumbayas, les réducteurs de têtes imaginés par Hergé (*L'Oreille cassée*). Le mini a certes des inconvénients : si on grêle, on grêle ! Je veux dire que c'est en totalité, pas moyen de se rattraper avec une partie éloignée et indemne. Mais cela permet aussi de s'amuser à faire des essais bizarres, et bien difficiles à réaliser dans une propriété de 50 hectares. Par exemple, la vinification en barriques. D'ordinaire, on vinifie en cuve, puis on écoule en barrique les jus fermentés. Au Clos, en 2008, on a supprimé l'étape cuve. Entrer toute la récolte par la bonde – certes élargie – des tonneaux, c'est un truc à déclencher une grève sur le tas dans un cru médocain. Et je ne vous parle pas de la Champagne, où les mouvements sociaux ne sont pas loin d'égaler en fréquence ceux de la SNCF.

Le résultat, en principe, c'est un échange plus fort, plus intime entre le bois de la barrique et le vin pendant la fermentation, lorsque les levures transforment le sucre en alcool. Un procédé utilisé autrefois en Bourgogne et remis au goût du jour sur certaines cuvées par la maison Lucien Le Moine, à Beaune. En Champagne, justement, je l'ai vu aussi pratiquer chez Tarlant par Benoît, le fils de la maison, qui adore multiplier les essais acrobatiques.

Millésime 2000

– Dégustation d'avril 2001

14 – Nez de baies noires, myrtille, bouche ronde, gourmande, feutrée. Finale un peu sèche, très boisée, légèrement amère.

Millésime 2001

– *Dégustation d'avril 2002*

15 – Nez dense, fermé, boisé, épicé et réglissé, bouche opulente, drue, riche et concentrée, beaucoup de chair satinée. Beau vin puissant.

Millésime 2002

– *Dégustation d'avril 2003*

15 – Très coloré, nez fermé, épicés, note de vanille. Bouche pleine, structurée, fruitée, belle finale solide avec du moelleux.

Millésime 2003

– *Dégustation d'avril 2004*

15 – Joli nez floral, net, fruits rouges, bouche souple et tendre à l'attaque, de la gourmandise, texture finale assez drue, bonne longueur.

Millésime 2004

– *Dégustation d'avril 2005*

15/15,5 – Nez bien mûr de merlot, avec de la fraîcheur, bouche équilibrée, grasse et vive à la fois, jolie finale boisée, toastée.

Millésime 2005

– *Dégustation d'avril 2006*

16 – Épices et fruits noirs, bouche dense, épicée, tanin puissant et sans dureté, long, droit.

Millésime 2006

– *Dégustation d'avril 2007*

15 – Une pointe d'oxydation, bouche tendre, bien fondue ; pas très précis mais élégant, bien fruité.

Millésime 2008

– *Dégustation d'avril 2009*

15 – Fruits confits, bouche légère, tendre, vin de calcaire, assez fin, bonne longueur ; un vin étiré, vif, qui devrait prendre de la chair à l'élevage.

Millésime 2009

– Dégustation d'avril 2010

14 – Fruits noirs, encre, bouche vive, tendue, un peu d'amertume, serré en finale, un peu trop extrait, mais cela reste équilibré.

La Clotte

Surface : 4 ha
Propriétaire : Héritiers Chailleau
Contact : Nelly Mouliérac
Château La Clotte – 33330 Saint-Émilion
05.57.24.66.85
www.chateaulaclotte.com

Petit cru accroché dans les murs de Saint-Émilion, face à Pavie-Macquin ; 4 hectares situés sous la fameuse tour du Guetteur, escarpés, morcelés, pas faciles à travailler. *« On a replanté des petits bouts partout, chaque angle, chaque tournière de vigne nous fait perdre du vignoble. C'est planté pour être travaillé par un cheval, pas pour la mécanisation »*, raconte Nelly Mouliérac. La Clotte avait été achetée en 1913 par la famille Chailleau, dont Georges Chailleau fut le héraut, ainsi que des vins de Saint-Émilion, dont il faisait un usage constant jusqu'à sa mort en 1973. *« Mon grand-père était fondateur de la Jurade de Saint-Emilion* [la confrérie]*, mais il a donné le vignoble en métayage. Il avait deux filles et, dans les années 50, les filles ne faisaient pas de vin. Ma mère a donc monté une pension de famille, et le domaine est resté vingt-sept ans comme cela. Quand j'ai commencé, je n'avais pas beaucoup d'expérience. J'avais perdu toute celle de mon grand-père, la mémoire du vignoble. Jusqu'en 1996, j'ai pas mal patiné, mais j'ai voulu garder les méthodes traditionnelles. Je trouve que La Clotte, avec son terroir de côte et de pieds de côte, est assez fin et je ne veux pas des techniques trop extractives. Je reçois pas mal de gens qui achètent directement. Je fais la moitié de mon chiffre d'affaires avec les particuliers. »* Le vin est délicieux, bien représentatif de ce que peuvent donner ces terroirs de pente exposés au sud et naturellement drainés. Des vins à l'image de la propriétaire.

Second vin : Combes-de-Laclotte

Millésime 2000

– Dégustation d'avril 2001

16 – Belle robe grenat. Nez profond, beaux arômes épicés, complexes, cerise, Zan, à la violette. Vin racé, élégant, plein, tannique sans aucune dureté.

Millésime 2001

– Dégustation d'avril 2002

15,5 – Nez ouvert, truffé, confiture de fraise, net. Bouche soyeuse et racée, de la sève, beau vin élégant.

Millésime 2004

– Dégustation d'avril 2005

15,5 – Nez boisé très grillé dominant ; bonne extraction, cerise noire, moka. La bouche contredit un peu le nez, moins de sensations boisées. Les tanins sont assez fins et le fruit remonte au final. Dégusté deux fois.

Millésime 2005

– Dégustation d'avril 2006

16,5 – Cerise confite, bouche élégante, un tanin bien présent mais sans dureté. Vin dense, opulent, équilibré, un très beau fruit entre mûre et prune, qui conclut la finale.

Millésime 2007

– Dégustation d'avril 2008

16 – Fruits noirs, framboise, bouche souple, fraîche, serrée, tendue, tanins moelleux, chocolat.

Millésime 2008

– Dégustation d'avril 2009

16 – Fruits rouges, framboise, bouche bien parfumée, pas très moelleuse, un peu vin d'argile, pieds de côtes, tendre, petits tanins croquants, beaucoup de saveurs, très gelée de mûres en finale.

Millésime 2009

– *Dégustation d'avril 2010*

15 – Réduit, séveux, tendu, vif, élégant, frais, cassis, nerveux, beaucoup de fruit, un peu brut, mais devrait se fondre, bonne longueur, fraîcheur.

Corbin-Michotte

Grand cru classé
Surface : 6,7 ha
Propriétaire : Jean-Noël Boidron
Contact : Jean-Noël Boidron
Corbin-Michotte – 33330 Saint-Émilion
05.57.51.64.88

Marginal et rebelle, le professeur Boidron a longtemps enseigné l'œnologie à la faculté de Bordeaux. De là à en tirer un certain bénéfice de notoriété, sûrement pas. S'il n'était dans l'obligation de vendre ses vins, je l'imaginerais volontiers en ermite. Un sage qui s'amuse en cachette des simagrées de ses contemporains pour briller comme des papillons éphémères autour de la lampe allumée, juste le temps d'une nuit, d'un morceau de vie.

Jean-Noël Boidron pratique l'œnologie du curé de campagne. Pas d'or, pas de chœur pour les litanies, point de rosace vermeille, juste la bonne petite messe classique et bien dite qui s'adresse davantage aux oreilles et aux cerveaux qu'aux âmes indistinctes. Les nouveaux convertis à la bio ? Il approuve. Il admire presque, lui qui n'a jamais versé un litre de désherbant dans ses vignes depuis cinquante ans. La sélection ? Depuis toujours, il la pratique, éliminant sur pied tous les raisins abîmés ou pas assez mûrs. Pour le reste, rien de spectaculaire, et on peut passer à côté de ses vins sans les voir, comme dans la chanson. Souvent, ils sont hermétiques, fermés, à la limite de la réduction, aimables comme un chat en colère. Il faut savoir les approcher, les déboucher cinq ou six heures auparavant, ne pas hésiter à les carafer même quand ils ont atteint l'âge de raison. La grande spécialité de Jean-Noël Boidron est de réussir quand les autres ratent, quand les conditions du millésime s'annoncent déplorables. Il est ainsi l'un des rares à avoir produit un joli vin en 1968 ou en 1984. Cet anticonformiste ne se fie pas aux oracles. Quand on lui annonce le paradis demain, la fin de la galère et *« tous les enfants contents »*, comme disait Vian, il doute et fait douter les autres. Très actif président de la petite et très qualitative appellation saint-georges-saint-émilion, où il possède Château Calon, il a opéré avec ses collègues des choix qui lui ont valu d'être considéré comme une nouvelle variété de poil à gratter. Refusant de se joindre à la grande armée saint-émilionnaise, où il craignait que saint-georges ne soit étouffé : on l'a jugé, critiqué, moqué. Je vais vous faire une confidence : il s'en fiche totalement, peut-être même qu'il en tire comme une petite béatitude. Ses deux fils travaillent avec lui : Emmanuel s'occupe de la partie commerciale et Hubert de la vigne et du vin.

Second vin : Les Abeilles

Millésime 2000

– Dégustation de janvier 2010

17 – Grillé, moka, poivre noir, truffe, très joli nez, bouche ronde, moelleuse, complexe, belle densité, long, plein, épicé, très persistant.

Millésime 2001

– Dégustation d'avril 2002

65 % merlot, 30 % cabernet franc, 5 % cabernet-sauvignon. 40 % de bois neuf.

15 – Nez confiture de fruits noirs. La chair est assez ronde, avec une sucrosité de bois vanillé, onctueuse, vin séducteur.

– Dégustation de décembre 2009

14,5/15 – Nez un peu fermé, bouche élégante, assez mince, fraîche, d'une longueur moyenne mais très agréable. Un vin qui se boit sans fatigue, et qui se développe avec un peu de temps dans le verre. À carafer deux heures avant.

Millésime 2002

– Dégustation de janvier 2010

13,5/14 – Grillé, chocolat, cacao, bouche vive, fruits confits, assez vif, pas très mûr en finale, tanins anguleux, peu fondu. À boire.

Millésime 2003

– Dégustation de janvier 2010

14 – Confituré, pruneau, nez sudiste, bouche volumineuse, dense, épicée, évoluée, confit, un peu serré en finale.

Millésime 2004

– Dégustation d'avril 2005

15 – Très noir, nez de noyau, gentiane, cerise, cacao, bouche friande, style cabernet franc très mûr, de la prestance, de l'éclat. Joli vin complet.

– Dégustation de janvier 2010

16 – Chocolat, fruits noirs, épices douces, truffe, bouche ronde, du volume, long, dense mais sans dureté, grillé, belle matière généreuse.

Millésime 2005

– Dégustation de janvier 2010

14 – Fruits rouges, mentholé, poivre blanc, bouche douce, un peu boisée, moelleuse, chocolatée, bonne longueur, séveuse, un peu trop de bois, assez évolué.

Millésime 2006

– Dégustation de janvier 2010

14,5 – Fruits et bois, l'élevage marque encore le vin, bouche vive, légère, marqué bois, tendre, vif, assez tendu, long.

Millésime 2007

– Dégustation de janvier 2010

13,5/14 – Café, menthe, bouche douce, vanillée, boisée, pas très dense, un peu dominé par le bois, suave, agréable, léger.

Millésime 2008

– *Dégustation de janvier 2010*

13 – Floral, cerise, végétal, boisé marqué en bouche par le bois, séchant à ce stade.

Millésime 2009

– *Dégustation de janvier 2010*

13,5 – Cassis, bouche voluptueuse, puissante, moelleuse, un peu en creux en milieu de bouche, avec une pointe d'amertume en finale.

CORBIN

Grand cru classé
Surface : 13 ha
Propriétaire : Château Corbin
Contact : Anabelle Bardinet, Château Corbin
33330 Saint-Émilion
05.57.25.20.30
www.chateau-corbin.com

On peut l'entendre ainsi : la charmante Anabelle Bardinet, née Cruse, gère ce saint-émilion et d'importants travaux y ont été entrepris grâce à la trésorerie dégagée par la vente de la propriété de famille de sa grand-mère Giraud, le Château Certan-Giraud, à Pomerol.

Cette même phrase, sortie du contexte bordelais et transposée par exemple dans le monde de l'automobile, deviendrait : *« La charmante Anabelle Peugeot, née Citroën, gère cette entreprise* [...] *dégagée par la vente de la firme Volvo à Oslo. »*

Rien que des familles du gotha du vin et des spiritueux girondins (que celui qui n'a jamais eu une bouteille de rhum Bardinet dans sa cuisine me lance la première crêpe), anciennes ou actuelles, réunies en une phrase. Mais Anabelle s'en amuse et n'en tire aucune fierté. Le monde du négoce est petit, se fréquente, se mélange et souvent il est difficile sans guide de s'y retrouver dans les généalogies.

Dans l'univers des terroirs saint-émilionnais, Corbin est à part. Un sous-ensemble où l'on rencontre Haut-Corbin, Grand-Corbin, Corbin, Corbin-Despagne, etc. D'ailleurs, sur place, on dit *« le coin des Corbin »*. Des sols assez particuliers qui n'ont pas grand-chose à voir avec le calcaire du plateau. Plutôt sablo-argileux, ils entraînent les vins vers des goûts pomerolais, surtout au vieillissement. On y retrouve ces fameuses senteurs chocolatées, typiques des grands pomerols. Les Corbin, quand ils sont bien faits, s'affichent généreux, solides, plus en pantalon de velours qu'en col Claudine. Le classement de 1996 n'avait pas épargné le secteur ; plusieurs Corbin était redescendus d'une case pour cause d'abandon provisoire ou de génération finissante. La reprise en main par de plus jeunes très motivés fait du « coin des Corbin » le lieu du vignoble qui bouge et dont on parle. Anabelle (avec un seul *n*) a commencé en juillet 1999. *« Avant, j'ai fait mes études : œnologie et master de l'Énita. Ensuite j'ai travaillé à Branaire-Ducru avec Philippe Dhalluin (il dirige aujourd'hui Mouton-Rothschild). Après j'ai réalisé un vieux rêve : faire de l'humanitaire avec Mère Teresa à Calcutta. Quand j'étais enfant, j'étais allée à une conférence de Mère Teresa et cela m'avait fascinée. Je suis partie pour deux mois et je suis restée six mois. Quand je suis rentrée, je trouvais les gens en France hyper-moroses alors que nous avons tout. J'ai rencontré souvent Mère Teresa, perclue d'arthrose ; son leitmotiv, c'était la famille. Ensuite je suis partie en Californie faire les vinifs du millésime 94. En rentrant ce fut plus dur, j'ai eu l'idée d'aller travailler avec mon père au Château Laujac, à Bégadan. Cela a duré quatre ans. Puis Corbin s'est présenté : une grosse indivision familiale avec une absence d'investissements pendant longtemps. J'ai vu la partie émergée et à chaque pas j'ai découvert la partie immergée. On a très vite pris conscience de ce qu'il y avait à faire. C'est pour cela qu'on a déménagé pour habiter sur place, cela n'avait pas été habité depuis trente ans, il pleuvait dans les chais. Aujourd'hui, Corbin, c'est Sébastien, mon mari, et moi… »*

Second vin : XX-de-Corbin (prononcer vingt)

Millésime 2000

– Dégustation d'avril 2001

13 – Merlots mûrs, un peu lourd. Un vin qui demandera du temps pour s'affiner.

– Dégustation de janvier 2010

13 – Nez pas très net, réduction, bouche vive, densité moyenne, finale assez séchante, léger, assez évolué, sèche en finale.

Millésime 2001

– Dégustation d'avril 2002

80 % merlot, 20 % cabernet franc, élevage en barriques 43 % neuves.

15,5 – Joli bouquet floral et fruits rouges, frais. Bel équilibre en bouche, un tanin frais et bien tramé, vin très élégant.

– Dégustation de janvier 2010

14,5/15 – Épices, poivre, pas très net au nez, assez cabernet, bouche vive, tendue, serrée, un peu sévère mais bonne consistance, légèrement séchant en finale.

Millésime 2002

– Dégustation d'avril 2003

14 – Fruits noirs, petite note épicée de cannelle, bouche souple, moelleuse, équilibré, un vin d'une longueur moyenne mais harmonieux, agréable à boire jeune.

– Dégustation de janvier 2010

14,5/15 – Boisé marqué, bouche ronde, souple, douce, pas très longue, droit, agréable, bonnes saveurs, un peu tendu, vif, tanins encore serrés en finale.

Millésime 2003

– Dégustation de janvier 2010

15,5 – Poivre noir, épices, grillé, sous-bois, bouche moins démonstrative que le nez, rond, en première séquence, assez net, plutot frais pour un 2003, bonne longueur.

Millésime 2004

– Dégustation d'avril 2005

15/15,5 – La proportion de cabernet franc (20 %) est sensible et donne un bel éclat au bouquet, gelée de cerises et framboises, très attirant. Les merlots (80 %) donnent une rondeur agréable, du gras, un toucher satiné en bouche.

– *Dégustation de janvier 2010*

16/16,5 – Fruits rouges, chocolat, bouche vive, fraîche, nette, dense, tendue, élégante, fraîche, longue, bien vive, joli style pas trop extrait, élégant.

Millésime 2005

– *Dégustation de janvier 2010*

« J'ai eu l'impression de vraiment maîtriser la machine à partir de 2005. »

17 – Fruits noirs, poivre blanc, bouche ronde, suave, élégante, fondue en première séquence, plus serrée ensuite, joli fruit, élégant, tendu, bonne longueur, séveux, long.

Millésime 2006

– *Dégustation d'avril 2007*

15 – Floral, bouche ronde, fraîche, assez élégante, la seconde séquence est plus resserrée mais sans dureté. Devrait bien évoluer. 80 % merlot, 20 % cabernet franc.

– *Dégustation de janvier 2010*

15,5 – Nez séveux, un peu cerfeuil, bouche vive, tendue, fraîche, acidité marquée, tanins fermes, restreint en bouche, élégance et fraîcheur.

Millésime 2007

– *Dégustation d'avril 2008*

14,5 – Épices, fruits noirs, tendu, riche, un peu rustique, puissant, sévère, tanins un peu secs en finale.

– *Dégustation de janvier 2010*

14,5 – Chocolat, épices, tabac, bouche ronde suave, élégant, tendre, un peu sévère en finale, tendu, vif.

Millésime 2008

– *Dégustation d'avril 2009*

16 – Très foncé, sureau, mûre, fruits noirs, très merlot mûr, riche, dense, puissant, épicé, gourmand, des notes pomerolaises.

– *Dégustation de janvier 2010*

16 – Fruits noirs, boisé, bouche ronde, suave, tannique, droit, ramassé, beau potentiel, élégant et mûr.

Millésime 2009

– Dégustation d'avril 2010

15 – Fruits noirs, épices, cerise noire, boisé, bouche ronde, souple, moelleuse, beaucoup de volume et de la fraîcheur, relevé en finale.

La Couspaude

Grand cru classé
Surface : 7 ha
Propriétaire : Vignobles Aubert
Contact : Jean-Claude Aubert
BP 40 – 33330 Saint-Émilion
05.57.40.15.76

75 % merlot, 20 % cabernet franc, 5 % cabernet sauvignon.

Sur le plateau calcaire, 7 hectares clos de murs, une grande salle superbe que les propriétaires louent pour des réceptions, des caves souterraines magnifiques que l'on peut visiter, La Couspaude a tout pour séduire et séduit d'ailleurs beaucoup de monde. Il est rare de passer devant la propriété sans constater une affluence de voitures. Le terroir peut se comparer à celui du voisin Trottevieille, le calcaire tendre qui fit la réputation de Saint-Émilion affleure et devrait se traduire dans le vin par de la finesse et un certain lyrisme aromatique. Ce n'est pas le vœu de la famille Aubert, qui semble préférer un style plus puissant, avec des tanins assez affirmés et un boisé qui imprime sa marque. Le vin paraît jubilatoire, facile à saisir et capable de plaire à tous, comme une bonne émission de « prime time » au moment des fêtes de Noël sur une chaîne de grande écoute. C'est légal.

La famille Aubert est propriétaire de plusieurs vignobles dont Lagrave-Aubert, en castillon, peut-être bien mon préféré car il laisse la place au terroir plus qu'à l'œnologie.

Millésime 2000

– *Dégustation d'avril 2001*

13 – En retrait sur le superbe 99, un peu foxé. Réglisse, praliné. Finale très boisée, amer.

Millésime 2002

– *Dégustation d'avril 2003*

13,5 – Fruits rouges, pêche de vigne, bouche ample, beaucoup de gras, une impression de surmaturité, de raisin cuit, la finale se montre séchante.

Millésime 2003

– *Dégustation de décembre 2009*

13 – Vanille, sucre vanillé, bouche moelleuse, ronde en attaque, volumineux, puissant, pointe d'amertume en finale. On pense à un merlot de Californie. Millésime de la canicule.

Millésime 2004

– *Dégustation d'avril 2005*

15,5 – Nez intense et complexe, fruits noirs et rouges, boisé expressif. Bouche ronde, fruits confiturés, café, cacao, boisé noisetté, un peu d'amertume en finale. Un style un peu moins « international » que les années précédentes.

Millésime 2006

– *Dégustation d'avril 2007*

13 – Nez café, cerise, bouche pleine, amertume en finale.

Millésime 2007

– *Dégustation d'avril 2008*

15,5/16 – Épices, fruits rouges, bouche ronde, souple, tendue, petits tanins soyeux, matière derrière, assez plein, long.

Millésime 2008

– *Dégustation d'avril 2009*

14,5 – Framboise, bouche ronde, dense, épicée, bien tendue, très merlot mûr, serré en finale, un peu d'extraction mais bon fruit.

Millésime 2009

– *Dégustation d'avril 2010*

13,5 – Végétal, bouche boisée marquée, rond, tendre, très parfumé, très boisé, caramel, noix de coco, tanins assez fins mais trop de bois. Le terroir est très peu lisible. Vin international.

COUVENT-DES-JACOBINS

Grand cru classé
Surface : 11ha
Propriétaire : Rose-Noëlle Borde
Contact : Couvent-des-Jacobins
Rue Guadet – 33330 Saint-Émilion
05.57.24.70.66
www.couventdesjacobins.fr

D'abord un lieu, en plein cœur de la ville, au centre historique ; l'ancien monastère des frères prêcheurs jacobins, qui cultivaient la vigne dans les remparts de Saint-Émilion. Le chai occupe le réfectoire des moines et la salle de dégustation n'est autre que leur ancienne boulangerie. En sous-sol, un dédale de galeries, d'anciennes carrières, sert de caves où vieillissent vins en barriques et en bouteilles. Le domaine, dans la même famille depuis 1902, est géré délicatement par Rose-Noëlle Borde et son mari.

La direction technique est assurée par Denis Pomarède (ancien d'Axa Millésimes, à Tokaji, en Hongrie). Une partie des 10 hectares se situe en pied de côte au sud, une autre sur le plateau. L'encépagement comprend 75 % de merlot, 25 % cabernet franc âgés, vinification parcellaire, petits rendements (40 hl/ha). Denis Pomarède : « *On a plus tendance à bercer les vins qu'à les fouetter.* » Pas de filtration, collage en barrique, 50 % de bois neuf.

Second vin : Beau-Mayne

Millésime 2000

– Dégustation d'avril 2001

14 – Coloré, nez austère, fruit très mûr. Belle bouche bien bâtie, structurée, notes confites, havane, un peu astringentes en finale. À revoir après élevage.

Millésime 2001

– Dégustation d'avril 2002

Barriques neuves : 35 %.

13 – Bon fruit au nez, boisé présent. Bouche très extraite, assez dure, notes café, cacao.

Millésime 2002

– Dégustation d'avril 2003

13 – Cerise noire, épices, bouche puissante, large, sucrosité, une impression de surmaturité et d'extraction prononcée, les tanins sont durs en finale.

Millésime 2007

– Dégustation d'avril 2008

13,5 – Framboise, fin de bouche un peu sèche.

Millésime 2008

– Dégustation d'avril 2009

15 – Fruits rouges, prune rouge, bouche vive, droite, légère, petits tanins, frais, net, pas trop extrait, longueur moyenne.

Millésime 2009

– Dégustation d'avril 2010

15 – Fraises au sucre, bouche ronde, souple, bien fondue, vive, relevée, tendue, bien fraîche, élégante, un peu serrée.

Dassault

Grand cru classé
Surface : 24 ha
Propriétaire : Famille Dassault (responsable Laurent Dassault)
Contact : Laurence Brun, Château Dassault – 33330 Saint-Émilion
05.57.51.00.00
www.chateaudassault.com

Notre métier n'est pas tous les jours facile. Un exemple : lors de notre première rencontre avec Laurence, elle n'arrivait pas à se faire comprendre d'une sirène d'alarme qui n'en faisait qu'à sa tête et se déclenchait avec une régularité métronomique toutes les deux minutes. Tentez donc de faire raconter sa vie à une jeune femme qui vient de réaliser sa première vinification avec un hurleur de 300 décibels qui vous colle les coronaires contre les basses côtes ! C'était en 1996, et Laurence avait réalisé un 95 d'exception. Elle venait juste de succéder à André Vergriette, son père et accessoirement ancien pilote de chasse, à qui Marcel Dassault avait confié la propriété. Marcel avait acheté ce domaine en 1955, après avoir construit une usine à Mérignac et, paraît-il, se trouvant fort désolé d'avoir dû arracher une parcelle de vignes en appellation graves. En somme, ce serait pour se faire pardonner cette faute qu'il aurait acquis cette très jolie demeure, entourée d'un vaste parc arboré et dominé par le vignoble tout autour. Cela s'appelait Couperie, mais Marcel trouva que Dassault sonnait bien mieux.

Jusqu'à ce très beau 95, je n'avais jamais été ébloui par la production de ce terroir assez moyen (sables et glacis en direction de Montagne). Certains prétendaient même que Dassault, le château, avait obtenu son classement davantage grâce à la glorieuse réputation de Dassault l'avionneur. Mais on est facilement méchante langue à Saint-Émilion. En un an, Laurence avait changé la donne : vendanges vertes, effeuillage, cueillette en cagettes, sélection sévère. Depuis, elle a confirmé la tendance. Dassault mérite sans discussion son rang de cru classé. Un seul truc me chiffonne, pourquoi le second vin ne s'appelle-t-il pas Ailes-de-Dassault ? D, ça ne décolle pas du tout.

Second vin : D-de-Dassault

Millésime 2001

– Dégustation d'avril 2002

75 % merlot, 15 % cabernet franc 10 %, cabernet-sauvignon. 100 % de bois neuf.

14,5 – Nez vanillé, tartelette de fruits rouges, boisé marquant. Bouche trapue, le fruit est expressif, le tanin assez dur, la note finale boisée, toastée.

Millésime 2002

– Dégustation d'avril 2003

15,5 – Nez très expressif, vineux, fruits noirs. Attaque riche et souple, la texture est suave, avec du gras, un tanin ferme tapisse bien la bouche, le vin est sérieux et puissant.

Millésime 2001

– Dégustation d'avril 2005

14,5/15 – Nez de confiserie, fruits au sucre, bouche marquée (trop) par la barrique, bonne texture derrière. Un échantillon – sans doute pris sur bois neuf – un peu agressif, mais une belle matière derrière.

Millésime 2005

– Dégustation d'avril 2006

14,5/15 – Fruits mûrs, sous-bois, bouche tannique, puissante, très extraite. Un vin costaud, serré. Les tanins ne sont pas enjôleurs pour le moment. À revoir après élevage.

Millésime 2007

– Dégustation d'avril 2008

15 – Nez bien fruité, bouche douce, ouverte, beaucoup de fruit, délicat, tendu, un peu brassé mais riche, finale serrée, tannique, un peu d'amertume.

Millésime 2008

– Dégustation d'avril 2009

15/15,5 – Boisé, fruits noirs, bouche fondue, pas trop extrait, joli fruit, fin, gourmand, un peu serré.

Millésime 2009

– *Dégustation d'avril 2010*

16 – Fruits noirs, bouche vive, tendue, fraîche, élégante, bonne matière pas trop extraite, tanins vifs en finale, les arômes sont préservés, fraîcheur et longueur.

DESTIEUX

Grand cru classé
Surface : 8,12 ha
Propriétaire : Christian Dauriac
Contact : Château Destieux – 33330 Saint-Hippolyte
05.57.24.77.44
www.vignobles-dauriac.com

En ces temps bizarres où le métier de vigneron est fortement suspect aux yeux des partisans du « jamais-sans-mon-principe-de-précaution », Christian Dauriac abuse d'une couverture idéale : un laboratoire d'analyses médicales et un diplôme de médecin biologiste. Le jour, le bon docteur traque l'albumine ou le gamma GT et compte les leucocytes. Le soir, il troque la blouse blanche contre le tablier de vigneron, palpe les barriques, suppute les tanins. Il y a du Mister Hyde en lui. C'est de l'inné. Côté papa, on était négoce et, côté maman, production. Le grand-père, Charles Sinsout, fut fondateur de coopérative avant d'être sénateur. *« À la mort de mon père, en 1971, notre mère a acheté Destieux pour que l'on reste attachés au vin. »* La greffe a pris. Destieux est situé sur un « pic » de Saint-Émilion, comme le célèbre Troplong-Mondot, dont il est la réplique sur le plan terroir : rocher calcaire isolé avec une touche siliceuse au sommet, point culminant de l'appellation. Destieux, d'ailleurs, serait une contraction/déformation de « des yeux », pour dire le point de vue. L'exposition, les sols, l'homme aussi – et surtout –, sont les ingrédients du grand vin. Un exemple, Christian Dauriac se déplace chaque année dans les forêts de l'Allier et de la Nièvre pour choisir les chênes qui après trois ans de séchage feront les barriques de

Destieux. Longtemps ce fut le paradis des amateurs trop bien avertis pour ne pas tomber sous le coup d'une inculpation pour délit d'initiés. À la fin des années 90, on pouvait acquérir à la propriété à peu près tout ce qu'on désirait en matière de millésimes mûrs, et pas des tocards, à des prix défiant toute concurrence. Exemple, le trop délicieux 89 à 97 francs. En euros, cela donne quelque chose oscillant entre 14 et 15 toutes taxes. Une approche possible du bonheur à prix Tati. Il y avait quinze millésimes en stock. « *J'ai appris à faire le vin, c'est passionnant, mais je suis nul pour le vendre !* », disait Christian Dauriac.

Depuis, Destieux est commercialisé par la « place de Bordeaux », c'est-à-dire le négoce, condition quasi indispensable pour faire sérieux et mettre toutes les chances de son côté en vue du classement. Car l'objectif de Christian Dauriac, après tant d'années d'efforts, était évidemment de monter en classe supérieure, de passer du rang un peu anonyme de grand cru à celui de grand cru classé, lors de la révision décennale de 2006. Objectif atteint, non sans mal. Au risque de me répéter, mais nul n'est obligé de lire cet ouvrage en totalité, le classement de 2006, bien que sans grande surprise, fut contesté devant les tribunaux par une partie de ceux qui en furent exclus ; c'est-à-dire ceux qui empruntaient la route inverse de celle de Destieux. Après plusieurs passages devant différentes cours, intervention des Parlements et des ministres, il fut convenu que ce classement conserverait les partants et intégrerait également les nouveaux, les méritants. Un classement un peu fourre-tout mais un moindre mal !

Second vin : Reflets-de-Destieux

Millésime 2000

– *Dégustation d'avril 2001*

Propriété conseillée depuis plus de vingt ans par Michel Rolland. Le chai est très moderne, petites cuves en bois tronconiques, table de trie « stridente », vibreur sur tamis, avec dix-huit personnes au tri, graine par graine (six heures de triage par hectare !). Le raisin, parfait, est vinifié avec délicatesse, sans pompage, peu de remontages, pour ne pas trop extraire ; élevage en bois neuf de plusieurs tonnelleries pour la complexité qu'elles apportent.

16,5 – Nez complexe, très fin, fruits rouges, réglisse, boisé. Bouche suave, ronde, d'une grande finesse. Exceptionnel, jusqu'à la finale longue et racée.

Millésime 2001

– Dégustation d'avril 2002

Merlot 66 %, cabernet franc 14 %, cabernet-sauvignon 19 %.

15,5 – Nez complexe, fruits rouges, épices. Boisé élégant, de la race, un tanin gras, opulent. Un vin de gourmandise, extraverti.

Millésime 2002

– Dégustation d'avril 2003

Christian Dauriac : « *Nous avons eu droit à un été indien. C'est une année pour notre terroir qui aime les maturités lentes. En fait, il a moins plu ici en août qu'à La Clémence, à Pomerol ; on a même pu avoir 1 hectare très sec, presque des raisins de Corinthe qui, vinifiés séparément, donnent un résultat formidable ; on l'a bien sûr réintégré dans l'assemblage final.* » Vinification méticuleuse. Élevage 100 % bois neuf.

15,5/16 – Nez élégant, dense, cacao, havane et une note fruits rouges. Viril en bouche, solide, du fruit rouge, de l'allant, du gras, le tanin est puissant, mais domestiqué.

Millésime 2003

– Dégustation d'avril 2004

16 – Très belle couleur. Nez expressif, violette et fruit, pain grillé, raffiné. Superbe soyeux en bouche, très fruité, finale tannique, mais en finesse. Merlot 80 %, cabernet franc 20 %. Élevage 50 % bois neuf.

Millésime 2004

– Dégustation d'avril 2005

15,5 – Nez gourmand, confituré, boisé. Bouche texturée et moelleuse, évoquant la tendresse des confitures de cerise, avec la fraîcheur du fruit et la solidité des tanins.

Millésime 2005

– Dégustation d'avril 2006

16,5 – Fruits rouges soutenus par des notes douces de boisé, bouche aux tanins tendus, élégants, vigoureux mais pas agressifs, beau fruit noir en finale.

– Dégustation d'avril 2008

16,5 – Un peu réducteur, bouche souple, moelleuse, douce, élégante, garnie, long, épicé, chocolat, épicé, grillé, délicieux.

Millésime 2006

– *Dégustation d'avril 2007*

16 – Nez réglissé, beaucoup de fruit. Bouche dense, raffinée, tanins fermes et onctueux, avec un fruit superbe qui se maintient jusqu'à la finale.

– *Dégustation d'avril 2008*

15,5/16 – Nez cacao, fruits noirs, bouche souple, douce, plein, fruité, frais, chocolat, fondu, très moderne, vif, bon fruit en finale.

Millésime 2007

– *Dégustation d'avril 2008*

Laure Ininger, responsable technique, est arrivée en 2006, de Moselle. « *J'ai un papa qui voyage beaucoup et qui m'a donné envie des bonnes choses, c'est un peu une histoire de famille. J'ai fait œno à Toulouse, master de l'Énita à Bordeaux.* » Puis stage à l'Évangile en 2001, que dirige Jean-Pascal Vazart. Ils se découvrent tout deux une autre passion commune, la course automobile, qu'ils pratiquent désormais en couple le week-end.

16,5 – Fruits noirs, bouche ronde, garnie, souple et soyeuse, un peu chocolatée, pas mal de matière, tanins en finale.

Millésime 2008

– *Dégustation d'avril 2009*

15 – Boisé marqué, note moka, bouche ronde, souple, bien fondue, pas très volumineux, avec une douceur en milieu de bouche, finale sur le fruit, bonne longueur.

La Dominique

Grand cru classé
Surface : 23 ha
Propriétaire : Clément Fayat
Contact : Château La Dominique – 33330 Saint-Émilion
05.57.51.31.36
www.vignobles.fayat.com

Ce cru est un mystère. Les ouvrages anciens le signalent comme l'égal des plus grands. Le professeur Henri Enjalbert, qui a tant étudié les sols et sous-sols de la région, compare ceux de La Dominique au terroir de Cheval-Blanc et de Figeac, pas moins. Pourtant, à la dégustation, on est loin du compte. Le vignoble revient de loin, il est vrai, mais son redressement par l'équipe de Clément Fayat, un des poids lourds du BTP, ne date pas d'hier. Depuis son rachat en 1969, on a largement eu le temps de remédier aux maux qui l'accablaient. Car La Dominique, avant les bons soins de Clément, en a bavé. Elle, très fière de porter le nom d'une île où son créateur avait bâti fortune grâce au commerce maritime qui enrichit Bordeaux, s'est retrouvée nue, quasi sans ceps à la fin des années 50. Le grand gel de 1956, un mois de février redoutable, laissa La Dominique uniquement plantée de ceps morts. La famille Bailliencourt (voir Gazin, à Pomerol), en butte à une crise de succession assimilable à la fameuse pelote de laine après le passage d'un troupeau de jeunes chats, n'en pouvait guère. Bref, l'arrivée du sauveur Fayat avec du bon argent capable de mettre tout le monde d'accord et d'investir, fut du meilleur augure. Il a tout fait : reconstruit, replanté, amélioré, agrandi (le chai). Pourtant, La Dominique ne retrouve pas son lit d'autrefois, quand le guide Féret la plaçait en tête des seconds crus en 1868… Clément Fayat avait fait appel à l'œnologue Michel Rolland. Puis, avait confié la gérance à Jean-Luc Thunevin, créateur de Valandraud, capable de transformer une citrouille en cru carrosse. Les voiles sont hissées, mais le navire n'avance guère, encalminé par des tanins trop lourds, malgré quelques jolis millésimes. Nouveau changement de cap en 2010. Peut-être enfin une petite brise de fraîcheur…

Second vin : Saint-Paul-de-Dominique

Millésime 2000

– Dégustation d'avril 2001

14 – Délicat, rose fumée, élégant. Échantillon un peu oxydatif difficile à juger.

Millésime 2001

– Dégustation d'avril 2002

80 % merlot, 15 % cabernet franc, 5 % cabernet-sauvignon. 50 % de bois neuf.

15 – Noir, opaque. Belle complexité au nez, fruits noirs et épices. La bouche est pleine, charnue, bien texturée, avec du gras en finale, notes café, cacao. Vin dense et viril.

Millésime 2002

– Dégustation d'avril 2003

13,5 – Joli nez de cerise et de violette, note de mûre écrasée. La bouche, assez dense et douce en attaque, avec des notes de grillé, se referme assez brutalement sur des tanins rugueux, asséchants. Pointe d'amertume en finale.

Millésime 2007

– Dégustation d'avril 2008

16 – Réducteur, puissant, gras, moelleux, merlot, chocolat, soyeux, long.

Millésime 2008

– Dégustation d'avril 2009

16 – Résine, cassis, bouche garnie, dense, très pin dans ses saveurs, longue, un peu extraite, riche en saveurs, bons tanins, joli vin, plein et fin à la fois. Un peu d'astringence.

Millésime 2009

– Dégustation d'avril 2010

14 – Séveux, feuillage, bouche dense, tannique, assez sévère, beaucoup de matière, un peu trop d'extraction, finale serrée et pointe d'amertume.

Faurie-de-Souchard

Grand cru classé
Surface : 14 ha
Propriétaire : Famille Sciard
Contact : Sciard-Jabiol
Château Faurie-de-Souchard – 33330 Saint-Émilion
05.57.74.43.80

À quoi servent les classements ? À réveiller, à prendre des décisions, à favoriser l'arrivée des nouvelles générations. Du moins, quand il s'agit d'un classement décennal comme celui des saint-émilion. Faurie-de-Souchard en fournit la preuve, comme autrefois, lors du classement de 1996, Grand-Corbin-Despagne. En 2006, ce cru fut déclassé avant de retrouver sa place dans le classement à la suite de démêlés judiciaires dont nous parlons déjà suffisamment par ailleurs. Mais ce bref passage par le purgatoire a provoqué une minirévolution suffisante dans ce joli cru. Faurie-de-Souchard, déjà, quel nom évocateur ! On entend la folie, on se souvient des rochers Suchard de l'enfance, un petit « de » au milieu pour conférer la noblesse, un déferlante de voyelles pour la poésie chantée, des consonnes douces qui chuintent en *f* ou *ch* comme pour mieux susurrer à l'oreille. Avec un nom pareil, on n'a pas le droit de faire moyen. C'est pourtant ce à quoi nous avait habitués le domaine. Puis arrive la terrible année 2006 et son classement impitoyable. Et là, miracle : place aux jeunes, aux investissements, au conseiller miraculeux en la personne de Stéphane Derenoncourt, l'homme qui murmure aux feuilles des vignes.

Le vignoble, d'une seule pièce, est fort bien situé, sur le coteau nord qui domine Saint-Émilion, non loin de Soutard, en dessous des « cadets » (Cadet-Piola, etc.). On va y faire du bon vin, n'en doutons pas.

Millésime 2000

– *Dégustation d'avril 2001*

13,5 – Fruit et boisé. Bouche souple marquée par le grillé du bois, finale tanins sévères.

Millésime 2006

– Dégustation d'avril 2007

13,5/14 – Framboise, bouche très parfumée, bonbon, framboise, joli fruit, finale un peu rugueuse mais bon ensemble. Un peu sec.

Millésime 2009

– Dégustation d'avril 2010

14 – Fruits noirs, séveux, réglisse, bouche puissante, réglissée, assez extraite, un peu lourd en deuxième séquence, finale relevée.

FLEUR-CARDINALE

Grand cru classé
Surface : 18 ha
Propriétaire : Famille Decoster
Contact : Saint-Étienne-de-Lisse – 33330 Saint-Émilion
05.57.40.14.05
www.chateau-fleurcardinale.com

« Tout commence par une idée… Un jour on a envie d'y croire et on se lance. » Ainsi commence leur histoire, telle que Florence et Dominique Decoster la racontent sur leur site. Précisons à nos lecteurs que, pour acquérir un domaine de 18 hectares, posé sur une veine argilo-calcaire semblable à celle de la côte Pavie, dans ce qu'on appelle le bon Saint-Émilion, il est souvent préférable, afin de convaincre le gentil banquier, de posséder une idée forte. Quelque chose comme une idée avec pas mal de zéros derrière. En l'occurrence, comme Dominique Decoster nous l'a confirmé, l'idée tomba au bon endroit : *« Avant, j'étais à Limoges, les porcelaines Haviland. Ma famille, c'était Legrand, matériel électrique. À 25 ans, j'ai eu la possibilité de reprendre une petite affaire de porcelaine et dix ans plus tard, Haviland. J'y suis resté jusqu'en 2000. On a cherché une occupation. On voulait venir ici un peu, de temps en temps. Résultat des courses : on est ici en permanence et notre fille y est scolarisée. On est là pour notre plaisir et on fait le vin qui nous plaît. »*

En 2001, Stéphane Asséo, qui possédait avec sa famille ce joli cru, avait décidé d'aller vinifier sous d'autres cieux, du côté de la Californie. Fleur-Cardinale était à vendre et il fut rapidement acheté. Avec les judicieux conseils de Jean-Luc Thunevin, *« devenu un ami »*, Fleur-Cardinale a continué son ascension (Stéphane Asséo connaissait son affaire) et, juste récompense, a été retenu comme grand cru classé en 2006. *Happy end.* Style assez international.

Second vin : Bois-Cardinale

Millésime 2001

– Dégustation d'avril 2002

Dégusté à deux reprises, mêmes notes.

14,5/15 – Nez toasté, pain grillé, attirant ; belle chair, belle fraîcheur, joli fruit, tanin présent et fin.

Millésime 2003

– Dégustation d'avril 2004

Coteaux argilo-calcaires sur fond rocheux. Ce type de sol a été favorable à ce millésime. Merlot 70 %, cabernet franc 15 %, cabernet-sauvignon 15 %. Élevage 100 % bois neuf.

15 – Nez de fruits rouges confituré, épices ; bouche bien bâtie, charnue, mais en fraîcheur, avec du fruit jusqu'à la finale, très gourmande.

Millésime 2005

– Dégustation d'avril 2006

15,5 – Fraise des bois, joli nez fruité et frais, bouche dense, tanin croquant portant un fruité éclatant, la finale est assez tendue mais le vin devrait s'adoucir à l'élevage.

Millésime 2007

– Dégustation d'avril 2008

14 – Nez fermé, bouche extraite, puissant, tannique, très extrait. L'élevage adoucira peut-être cet ensemble bien sévère pour le moment.

Millésime 2008

– Dégustation d'avril 2009

15 – Fruits noirs, épices, bouche dense, assez puissante, serrée, très fruits noirs ; plutôt vin d'argile récolté très tardivement, un peu austère mais bonne matière, des notes un peu pruneau en finale.

Millésime 2009

– Dégustation d'avril 2010

14 – Fruits noirs compotés, bouche puissante, serrée, un peu extraite, riche, tanins nerveux en finale, pas mal d'alcool, vin généreux et assez équilibré.

FONPLÉGADE

Grand cru classé
Surface : 18 ha
Propriétaire : Stephen Adams
Contact : Château Fonplégade – 33330 Saint-Émilion
05.57.74.43.11
www.adamsfrenchvineyards.com

Méconnaissable ! La grande bâtisse au-dessus de la ligne de chemin de fer (derrière la coopérative, pour ceux qui situent) est devenue d'un coup de baguette magique (en dollars, la baguette) une vraie *winery* accueillante, brillante, stylée… Racheté à Armand Moueix, fin 2004, par l'homme d'affaires américain Stephen Adams, un fervent de Saint-Émilion (il s'y est marié), qui ne boit que du (ça commence par « saint » et ça finit par « ion »), Fonplégade n'a pas seulement changé de décor. Le vin aussi… Conseillé par Michel Rolland, évidemment, le domaine bénéficie d'un excellent terroir de pieds de côtes (argilo-calcaire) pour l'essentiel. Exposition sud. Armand Moueix avait lui-même repris la propriété en 1953 en état de ruine avancé. En soigneux propriétaire corrézien, il s'était préoccupé de la matière première, du raisin, de la vigne et de la terre, agrandissant par des échanges avec Tertre-Daugay la superficie du vignoble.

Une vraie *winery* signifie, comme en Californie, un accueil ininterrompu des visiteurs, des explications, des objets à acheter et du vin également. Château Fonplégade est l'un des très rares crus classés de Saint-Émilion ouverts en permanence aux amateurs et le seul accueillir le grand public sept jours sur sept. Et, quand on devient membre du Fonplégade Wine Club, on peut profiter d'*« avantages exceptionnels »* : envois de vins à domicile quatre fois par an (pas gratuit, le vin, tout de même) de 2, 6, ou 12 bouteilles, *« accompagnés de notes de dégustation, d'informations sur le millésime et de fiches de dégustation ».* Peut-être même un petit topo signé Michel Rollland himself. Quand je pense qu'il en est qui hésitent encore à adhérer ! N'empêche, il a tout compris, Stephen, et notamment que la belle époque des clients qui trouvaient porte close et pleuraient pour obtenir quelques bouteilles est définitivement révolue. Stephen Adams a acquis d'autres propriétés, notamment le Château l'Enclos à Pomerol.

Second vin : Fleur-de-Fonplégade

Millésime 2001

– Dégustation d'avril 2002

60 % merlot, 35 % cabernet franc, 5 % cabernet-sauvignon. 30 % de bois neuf.

14,5 – Robe sombre, nez de fruits noirs, cassis, mûre. Bouche très fruitée, texture grasse, degré élevé, boisé présent en finale.

Millésime 2006

– Dégustation d'avril 2007

16,5 – Cerises au jus, grillé, bouche ample, dense, épicée, bien garnie, joli fruit, plaisant, note de prune, long, tendu.

Millésime 2007

– Dégustation d'avril 2008

15 – Joli nez en fruits rouges, bouche veloutée, douce, élégante, bien fondue, pas de dureté mais une belle assise tannique ; bien travaillé, new style.

Millésime 2008

– *Dégustation d'avril 2009*

14 – Nez boisé, fruits très mûrs, vendange, bouche dense, épicée, confiturée, riche, un peu trop extraite, boisé un peu envahissant, finale serrée.

Millésime 2009

– *Dégustation d'avril 2010*

15 – Cassis, un peu d'oxydation, bouche douce, bien fruitée, savoureuse, finale relevée, serrée, bien mûre, bonne longueur.

FONROQUE

Grand cru classé
Surface : 18 ha
Propriétaire : Famille Moueix
Contact : Alain Moueix
Château Fonroque – 33330 Saint-Émilion
05.57.24.60.02

Il y a à peine quinze ans de cela, malgré son patronyme – Moueix, vieille famille d'origine corrézienne, fortement implantée dans le Libournais viticole –, Alain n'aurait jamais été élu par ses pairs à la présidence des crus classés. Non pas qu'il ait commis un crime, volé un bœuf ou vendu des joueurs de foot. Pis : il est bio. Mais bio de chez bio. Pas seulement bio, mais biodynamique ou biodynamiste, au choix. Le plus approprié serait biodynamite, tant la référence à cette façon de cultiver la vigne provoquait des secousses dans les conversations entre membres de la haute communauté viticole libourno-bordelaise, d'ordinaire flegmatiques. Rares sont ceux qui aiment changer les habitudes. Surtout quand celles-ci apportent confort, facilité et caressent le grisbi dans le sens de la rentabilité. La bio et plus encore la biodynamie nécessitent beaucoup plus de temps passé dans les vignes et une prise de risques importante. Il faut observer, interpréter et surtout prévoir, travailler en amont. Le préventif, plus que le curatif. Alors qu'un traitement chimique ne demande pas une connaissance parfaite du terroir, l'usage des tisanes et autres produits naturels à doses homéopathiques relève de la technique de précision. Il convient d'ajouter qu'il est nettement plus commode de travailler en bio dans une région comme le Languedoc ou la vallée du Rhône, à faible pluviométrie, qu'en Aquitaine, terre vivement mouillée par un ciel fort généreux. L'humidité favorise la pourriture et le développement des maladies. Les temps changent. Les têtes aussi. Nombreux sont ceux, dans les nouvelles générations, qui ne veulent plus du « tout-chimique ». Alain Moueix ne fait pas de prosélytisme, mais il se montre disponible et explique facilement son travail, avec calme, modération et beaucoup d'intelligence. Puis il y a le palpable, le goûtable, le très appréciable Fonroque. Un vin d'une grande délicatesse qui me rappelle la définition d'un grand vin que donnait Pierre Boisset, brillant dégustateur et ancien acheteur, dénicheur de vins, pour la maison Nicolas. Il disait : l'harmonie. Quelque chose de difficile à expliquer, une sorte d'équilibre génial et naturel entre les élements : l'alcool, l'acidité, les tanins, le fruit. Mais pas seulement. Cet équilibre-là, on peut le constater sur une feuille d'analyse sans pour autant le ressentir en bouche. Certains « gros vins » affichent des analyses parfaites et cependant ils lassent le palais. Ils se livrent peut-être trop facilement. L'harmonie, c'est quelque chose en plus, une retenue, une fraîcheur, peut-être ce que, dans le langage de la dégustation, on nomme la minéralité.

Fonroque, belle propriété, appartient à la famille depuis 1930 ; 18 hectares situés le flanc ouest et sud-ouest de la côte dite des « cadets », sur le plateau, du calcaire et de l'argilo-calcaire : un vrai terroir viticole bien drainé et bien exposé. 88 % de merlots et 12 % de cabernets francs, vieux parfois de 70 ans. Alain Moueix (qui s'occupe aussi de Mazeyres, à Pomerol) a repris ce domaine, dont il est fermier et copropriétaire, en 2001. L'année suivante, il a passé 6 hectares en culture biodynamique, et depuis la totalité du cru est cultivée ainsi, sans traitements chimiques, sans engrais… « *Je trouve que les raisins changent. Le pH est plus bas, on a davantage de fraîcheur. Sur le plateau calcaire, on est de plus en plus minéral, et sur l'argile on a gagné en force. Il faut qu'on arrive à bien comprendre ces changements sans courir derrière…* »

Second vin : Château Cartier

Millésime 2002

– *Dégustation d'avril 2003*

16 – Robe noire. Nez dense, puissant, évoquant tous les fruits noirs, myrtille, mûre. Le toucher en bouche est charnu, il évolue vers une texture trapue, la finale est fraîche avec des notes de maturité.

Millésime 2003

– *Dégustation d'avril 2004*

Alain Moueix : « *Notre culture agro-bio permet de ramasser avec huit à dix jours d'avance, on a vendangé mûr le 5 septembre.* » Rendements : 30 hl/ha, élevage en barriques, à 50 % neuves.

15 – Nez : fraise, cassis et vanille, toasté. Bouche solide, un peu marquée par la prise de bois mais apte à bien évoluer.

Millésime 2004

– *Dégustation d'avril 2005*

16 – Nez très parfumé, fruits rouges et poudre de riz, bouche corpulente, pleine, sérieuse et éclatante à la fois, finale solide sur un tanin dense et mûr.

Millésime 2005

– *Dégustation d'avril 2006*

16,5 – Fruits rouges, résine, caillou chaud, bouche tendre en attaque, tanins bien développés ensuite, reste cette élégance des grands vins du plateau et ce milieu de bouche solide et bien plein.

Millésime 2006

– *Dégustation d'avril 2007*

13,5 – Fruits rouges, bonne attaque sur des tanins croquants, s'arrête vite sur une finale un peu abrupte. L'élevage lui fera du bien.

Millésime 2007

– *Dégustation d'avril 2008*

16 – Fruité, framboise, bouche ronde, minérale, élégante assez suave, bien fruité, plus en finesse qu'en matière, long.

Millésime 2008

– Dégustation d'avril 2009

15,5 – Sureau, fruits noirs, bouche ronde, assez garnie, un peu serrée en finale, vive, très fruitée, tendance fruits noirs avec des notes cèdre. Vin fin, élégant.

Millésime 2009

– Dégustation d'avril 2010

16 – Floral, fruité, gelée de framboises, bouche ample, petits fruits rouges, frais, fin, tanins délicats et croquants.

FRANC-MAYNE

Grand cru classé
Surface : 7 ha
Propriétaire : Griet et Hervé Laviale
Contact : Château Franc-Mayne
33 330 Saint-Émilion
05.57.24.62.61
www.chateau-francmayne.com

Voilà un joli domaine dont on pouvait se demander s'il n'était pas hanté. Axa, la compagnie d'assurances, qui possède quelques belles pièces dans le Médoc et Petit-Village, à Pomerol, en était propriétaire depuis une dizaine d'années quand elle a décidé de le lâcher. Ce n'est pas le genre des assurances (de lâcher) et encore moins d'Axa. Mais, il est vrai, que sous sa gouvernance, Franc-Mayne n'avait jamais vraiment cassé des briques. Un beau jour de 1996, des profondes et vastes caves souterraines, on entendit parler avec un fort accent belge, une fois. C'était le nouveau propriétaire, ex-joueur de rugby, Georgy Fourcroy, négociant wallon fort sympathique et bien décidé à fourbir le bijou. Puis, de nouveau, silence, incertitude et nouveau changement de propriétaire. Pourtant, Franc-Mayne, admirablement situé, sur le coteau qui descend depuis Beau-Séjour-Bécot jusqu'à l'entrée de Saint-Émilion, n'a rien d'un fonds de commerce mal placé qu'on se refile de dépités en crédules. Il semble que cette fois le domaine ait trouvé à qui parler. Hervé Laviale, qui présentait les journaux du matin, le week-end sur RTL, et son épouse, Griet, ont la volonté de lui faire recouvrer son rang. Ils en ont aussi largement les moyens.

Griet, née Van Malderen, est issue d'une famille bien connue en Belgique à travers l'entreprise familiale Ontex, un des plus importants fabricants européens de produits d'hygiène corporelle, notamment pour les bébés. Autrement dit, de couches-culottes. Ontex a eu le privilège d'« équiper » la petite princesse Élisabeth, née le 25 octobre 2001, premier enfant du couple royal de Belgique, Mathilde et Philippe.

Les Laviale ont décidé d'ouvrir plus largement le château, en créant un hôtel de charme dans une partie des bâtiments et en permettant aux visiteurs d'accéder aux galeries qui abritent les chais. Hervé et Griet Laviale sont également propriétaires du Château de Lussac et de Vieux-Maillet, en appellation pomerol.

Second vin : Cèdres-de-Franc-Mayne

Millésime 2001

– Dégustation d'avril 2002

90 % merlot, 10 % cabernet franc. 75 % de bois neuf.

15 – Salade de fruits au nez, fraise et framboise. Jolie texture en bouche, tanin dense sans être sec, de la finesse et de la fraîcheur en finale.

Millésime 2003

– Dégustation d'avril 2004

Idéalement située sur le plateau calcaire et en côte et pied de côte, une zone qui a bien supporté la chaleur. Merlot 90 %, cabernet franc 10 %. Deux tiers de bois neuf pour l'élevage.

15 – Nez ouvert, fruit mûr, boisé caramel. Bouche texturée, du gras et du fruit, fondue, ronde. Un vin de plaisir, gras et soyeux.

Millésime 2004

– Dégustation d'avril 2005

15,5 – Très coloré, nez intense, puissant et complexe, tout en fruit mûr, bouche grasse, trapue, serrée, tannique mais élégante. Vin de belle garde.

Millésime 2005

– *Dégustation d'avril 2006*

15,5 – Échantillon un peu éventé, le nez est difficilement cernable mais la bouche est joliment fruitée, tanin gras, onctueux. Un vin flatteur, bien travaillé, avec du fond.

Millésime 2009

– *Dégustation d'avril 2010*

13 – Un peu d'évent au nez, bouche boisée, dense, un peu brut de fonderie, serré, tanins rugueux en finale, extrait, séchant.

GRAND-CORBIN-DESPAGNE

Grand cru classé
Surface : 27 ha
Propriétaire : Famille Despagne
Contact : François Despagne – 33330 Saint-Émilion
05.57.51.08.38
www.grand-corbin-despagne.com

C'est une belle histoire avec, comme dans toutes les belles histoires, un moment un peu triste où le héros est en difficulté, et une fin très heureuse. On vous raconte.

Tous les dix ans, depuis 1955, saint-émilion est reclassée. Une commission indépendante examine chaque château et décide qui sera premier grand cru classé, grand cru classé ou rien du tout. Donc, promotion pour les uns et inévitablement chute pour les autres. Être proprement viré du classement signifie souvent l'enfer. *« C'est un traumatisme. Sur neuf propriétés déclassées en 1996, quatre ont été vendues depuis »*, raconte François Despagne, qui a vécu ce déshonneur. *« Nous avons été déclassés le 4 septembre 1996 et, dès le lendemain, un négociant appelait pour racheter le stock à moitié prix… »* Grand-Corbin-Despagne a été créé en 1812. Louis Despagne, métayer de Cheval-Blanc, achète alors 1 hectare et une maison au lieu-dit Grand-Corbin. Une zone étonnante du vignoble de Saint-Émilion, où les sols sont assez cousins de ceux rencontrés dans l'appellation pomerol voisine. Ici, pas de calcaire, mais des argiles et des sables sur argile, de la « crasse » de fer. Cela se retrouve à la dégustation des millésimes mûrs, où les notes truffées le disputent au chocolat noir.

Les Despagne fréquentent ces terroirs depuis toujours. Famille de brassiers, « laboureurs à bœufs », journaliers, leur présence sur Saint-Émilion est attestée depuis le XVIIe siècle.

Jean Despagne, fils de Louis, réalise le grand saut en achetant 24 hectares en 1850. Depuis, la propriété n'a guère varié (26,80 ha) : *« Mon grand-père Paul est celui qui a porté le cru à son haut niveau. Il a eu deux fils : mon père s'est occupé des vignobles de ma mère, et mon oncle Guy est resté à Grand-Corbin. »*

Comment un domaine prestigieux, géré par la famille depuis sept générations, se retrouve-t-il flanqué à la porte du club des crus classés ? *« Mon oncle était un homme de l'extérieur, passionné par la vigne, le chai ne l'intéressait pas trop. Il a eu un grave problème de santé et ne pouvait plus déguster son vin. Le déclassement a été un gros chagrin, et il m'a demandé de reprendre le flambeau. »*

François Despagne, licencié en biologie moléculaire, a décidé de conduire la propriété comme un authentique cru classé : *« On a tout refait, le chai, la réception de vendanges, on a installé les tables de trie... Pour comprendre nos sols, on a creusé deux fosses par parcelle, sur les 53 parcelles que compte la propriété. Tout cela avec notre propre financement... »* La plupart des négociants ont encouragé les Despagne en achetant chaque année le vin. *« Je suis allé les voir un par un, en leur expliquant ce que je voulais faire. Ils ont misé sur nous. C'est pour garder cette relation que je n'ai pas augmenté mes prix avec le millésime 2000, qui flambait partout. »* Désormais, Grand-Corbin-Despagne a retrouvé sa qualité d'autrefois et l'a même dépassée. Il était donc normal qu'il retrouve son rang lors du classement de 2006. Ce que tout le monde, unanime (l'unanimité est un fait assez rare à Saint-Émilion), attendait et souhaitait. À l'énoncé du nouveau classement, victoire sans surprise : Grand-Corbin-Despagne réintègre la classe supérieure. Mais, c'est là que l'affaire se corse. Un groupe de déclassés qui n'accepte pas le verdict conteste et se tourne vers les tribunaux. Et ils gagnent. Le classement de 2006 est annulé, on en revient à 1996. Tous les efforts de Grand-Corbin-Despagne pour rien. « *Il faut garder de l'énergie pour le vin !* » dit François, victime emblématique de cette décision de justice. Dans le groupe des gagnants, de ceux qui par la voix judiciaire ont renversé la vapeur, personne ne prend la peine de l'appeler pour, sinon s'excuser, du moins le réconforter.

Rassurez-vous, comme promis au départ, l'histoire se finit bien. Après plusieurs péripéties juridico-parlementaro-ministérielles, une sorte de compromis est enfin parvenu : les déclassés ne le sont plus et les nouveaux classés le demeurent. Ouf pour Despagne, qui le méritait tant.

Second vin : Petit-Corbin-Despagne

Millésime 2000

– *Dégustation de décembre 2005*

17 – Poivre, truffe, séveux, assez profond, un adolescent puissant et fermé, gras, dense, tanins serrés, vin râblé, très prometteur.

– *Dégustation de janvier 2010*

17 – Boisé, grillé, chocolat, épices, truffe, bouche dense, épicée, du volume, gourmand, chocolat, puissant et savoureux, long, très persistant.

Millésime 2001

– *Dégustation de décembre 2005*

16,5/17 – Nez finement truffé, prune, note florale entre violette et rose, bouche fraîche, élégante, tanins serrés mais sans dureté, fins et croquants. Moins de garde que 2000, mais plus de charme.

– *Dégustation de janvier 2010*

16,5 – Grillé, café, puissant, chocolaté, bouche ronde, séveuse, note chocolat, du volume mais sans être envahissant, bonne structure, droit. Long.

Millésime 2002

– *Dégustation de décembre 2005*

15 – Nez fruits cuits, pêche au sirop, tabac blond, plus évolué que 2001, bouche souple, douce, déjà très agréable, bonne longueur.

– Dégustation de janvier 2010

14 – Nez de maturité, vin souple, léger, un peu fluide. Sympa, mais manque un peu de chair. À boire aujourd'hui.

Millésime 2003

– Dégustation d'avril 2004

François Despagne : *« J'arrive peu à peu à ce que je voulais ; 2003 est sûrement le meilleur vin qui ait été produit ici depuis dix ans ; les cabernets francs de l'encépagement étaient magnifiques, on a évité la surmaturité des merlots, gardé le fruit ; l'élevage sera fait en barriques neuves à 5 %. Le rendement, par contre, n'est pas suffisant : 28 hl/ha, mais ce n'était pas voulu ! »*

16,5 – Superbe nez de fruits rouges, cerise burlat, framboise, frais, avec des notes épicées et chocolatées. Bouche pleine, gourmande, beau tanin goûteux, mûr, texture ample et racée, finale longue et fraîche.

– Dégustation de décembre 2005

16 – Résine, cèdre, girofle, fruits cuits, poivre, bouche ronde, onctueuse, des accents méridionaux qui remettent en mémoire la canicule, fruits confits, assez frais grâce à des tanins pas trop mûrs, puissant.

– Dégustation de janvier 2010

16 – Fruits confits, confiserie, cerise confite, truffe, bouche puissante, dense, épicée, chocolatée, bonne longueur, vin droit, gourmand, long, un peu serré en finale mais bonne matière, quoique un peu fatigant.

Millésime 2004

– Dégustation d'avril 2005

François Despagne : *« On a continué le redressement technique et commercial, avec une politique de prix raisonnables. Les rendements, qui avaient été très bas en 2002 (baisse de 30 %) et en 2003 (baisse de 35 %), ce qui bien sûr n'était pas voulu, sont cette année plus satisfaisants, à 40 hl/ha. Pour respecter ce fruit délicieux de 2004, nous allons élever dans 40 % de bois neuf seulement. »* 78 % merlot, 22 % cabernet franc.

16,5 – Beaucoup de finesse au nez, floral, rose, lis, framboise, gelée de cerises, bouche élégante, étoffée, charnue, avec un beau tanin serré et aucune amertume. Vin très élégant, séduisant, soyeux.

– Dégustation de décembre 2005

16,5 – Cerise, framboise, chêne, un peu refermé depuis notre dégustation d'avril, bouche dense, ronde, élégante, tanins charnus et frais, le vin a gagné en épaisseur, belle longueur.

– Dégustation de janvier 2010

15,5 – Épices, grillé, chocolat, bouche tendre, assez souple, bien fruitée, légère, tendre mais droite, assez élégante.

Millésime 2005

– Dégustation de janvier 2010

17 – Épices, fruits rouges, olive noire, chocolat, bouche dense, équilibrée, belle matière onctueuse, tendue, bien vif, mentholé, réglissé, marqué cabernet, long, plus pomerol.

Millésime 2006

– Dégustation d'avril 2007

16,5 – Fruits noirs, cerise au chocolat, violette, rond en bouche, tanins tendres, joufflus, du moelleux, dense sans être sec, et toujours ce petit accent pomerolais qui rappelle que Corbin est à la frontière.

– Dégustation d'avril 2009

17 – Épicé, poivré, fruits noirs, olive, bouche assez dense, solide, un peu austère, sévère, finale serrée, séveux, charpenté, long, frais, de garde. Fin mais construit.

– Dégustation de janvier 2010

16,5 – Fruits noirs, cerise noire, épices, bouche dense, complexe, tendue, bonne longueur, frais, vif, long, fin, joli fruit.

Millésime 2007

– Dégustation d'avril 2008

15,5 – Nez fermé, bouche onctueuse, fraîche, fondue, tanins souples, chocolaté, tendre, resserré en finale mais sans dureté.

– Dégustation d'avril 2009

15,5/16 – Boisé, chocolat, épices, menthe, bouche ronde, souple, moins dense que 2008 mais bien fruité, bon équilibre, bon vin intermédiaire, serré, un peu croquant en finale. Très doux.

– Dégustation de janvier 2010

15,5 – Fumé, grillé, chocolat, bonne matière, long, tendre, frais, joli fruit, tendu, fin, élégant, droit, fermé aujourd'hui mais très beau potentiel.

Millésime 2008

– Dégustation d'avril 2009

François Despagne : *« Les gros progrès de l'œnologie, aujourd'hui, c'est la connaissance des raisins – goûter et analyser les baies, définir leur maturité –, mais aussi la connaissance de la météo grâce à Internet. On a une fiabilité à trois ou quatre jours, qui permet de choisir ses dates de vendanges : cela a permis de rattraper un millésime comme 2008, où on a récupéré en septembre une partie du soleil que l'on n'avait pas eu en août. C'est un beau classique bordelais. »* Les vendanges ont commencé le 6 octobre et se sont achevées le 18. Merlot 75 %, 24 % cabernet franc, 1 % cabernet-sauvignon. Rendements faibles : 34 hl/ha. *« La disparité, selon l'âge des vignes, était spectaculaire. Les vieilles vignes donnent du fond et les jeunes de la rondeur. »*

17,5 – Nez épicé, grillé, fruits noirs, craie, violette, bouche douce, tendre. Fin, frais, délicat, joli fruit, le vin a évolué vers plus de délicatesse dans les tanins.

– Dégustation de janvier 2010

17 – Framboise, boisé, bouche ronde, fondue, moelleuse, tendue, un peu sévère, joli fruit, mais refermé, très fruit, long, puissant, tannique.

Millésime 2009

– Dégustation d'avril 2010

16,5 – Fruits noirs, violette, bouche onctueuse, serrée, dense, tannique, mais pas trop extraite. Vin d'argile, bonne longueur.

Archives

– Dégustation de décembre 2005

Millésime 1961

19 – La truffe dans tous ses états, résine, noisette, bouche dense et élégante, sans aspérités ni signe de fatigue. Un vin serré, jeune en structure et parfumé d'Orient, tanins présents, très long, persistance sur les fruits compotés. Un des plus beaux 61 de Bordeaux.

Millésime 1994

14,5 – Notes de cuir et de fenouil, assez frais en bouche, charnu, un peu rustique mais du charme.

Millésime 1995

16,5 – Épices, chocolat, poivre, joli nez, bouche riche, ronde, bien pleine, tanins veloutés, vin assez viril, bien droit, encore jeune.

Millésime 1996

14,5/15 – Épicé, poivré, note de truffe, bouche souple, élégante, acidité présente, peu évolué.

Millésime 1997

15 – Nez chocolat, prune cuite, anis, épices douces, note cacao et chêne, bouche ronde, du gras, très flatteur par sa suavité, résine en finale, bien travaillé.

Millésime 1998

17,5 – Terre, chocolat, épices, puissant et peu évolué, encore d'un bloc, bouche dense, serrée, beaucoup de classe et de réserve, grand vin de garde, long et sérieux.

Millésime 1999

15,5 – Nez cerise, ouvert et fruité, tendre en bouche, fin, élégant, chocolat au lait, tanins soyeux. Une année de forte production, bien maîtrisée ici, un vin gourmand à boire aujourd'hui.

GRAND-MAYNE

Grand cru classé
Surface : 17 ha
Propriétaire : Famille Nony
Contact : Jean-Antoine Nony
1, Le Grand-Mayne – 33330 Saint-Émilion
05.57.74.42.50

La propriété, un morceau du vaste Mayne qui couvrait 250 hectares (incluant Soutard) au XIXe siècle, a été achetée par Jean Nony en 1934. Les Nony étaient négociants et corréziens, presque un pléonasme ici, tant le commerce des vins a été dominé par ces émigrés du Limousin venus chercher et souvent trouver fortune en Aquitaine. Grand-Mayne, à l'ouest de la ville, se partage entre deux types de terroir, les pieds de côtes, sables anciens mêlés d'argile, et les pentes argilo-calcaires. Les vins produits sont naturellement assez corsés et cette impression est renforcée par une vinification qui favorisait l'extraction et un élevage en barriques neuves. Les derniers millésimes ne confirment pas cette tendance. Ils nous ont paru plus aimables, un peu moins marqués au coin du style qui eut beaucoup de succès dans les années 90.

Second vin : Plantes-du-Mayne

Millésime 2001

– Dégustation d'avril 2002

Un nouvel équipement au cuvier, avec des petites cuves en bois de 60 hectolitres, de nouvelles cuves en inox à pigeage. Rendement : 35 hl/ha, 85 % de bois neuf, merlot 75 %, cabernet franc 15 %, cabernet-sauvignon 10 %.

15,5 – Belle couleur grenat. Nez ouvert, riche, beau fruit. Bouche ample, texturée, longue finale cacaotée.

Millésime 2003

– Dégustation d'avril 2004

« *On aimerait un rendement de 40 hl/ha, souvent on a 35, mais cette année, le rapport marc/jus a été faible à cause de la canicule et on a fait seulement 18 hl/ha ! On avait effeuillé côté nord, et on s'est arrêtés au début des chaleurs. Pour la vigne, comme pour le vin, on revient à la prudence, les recettes, ça a des limites* », commente Marc François, maître de chai. « *On élèvera en bois neuf à 60 % en surveillant bien, ce type de millésime exige un marquage à la culotte.* » Après la disparition de Jean-Pierre Nony, c'est son fils, Jean-Antoine, 25 ans, qui prend la relève, la « régence » étant discrètement assurée par la maman, Marie-Françoise. Vendanges du 10 au 13 septembre. 85 % merlot, 10 % cabernet franc, 5 % cabernet-sauvignon.

14,5 – Nez de cassis, réglisse, boisé sensible. La bouche est pleine, un peu sur la prise de bois, mais reste équilibrée, avec du fruit, la finale est sévère mais ne sèche pas.

Millésime 2004

– Dégustation d'avril 2005

16 – Nez agréable, fruits et vanille, cerise. Bouche séduisante, équilibrée, gourmande, avec des notes de cacao, longue, tanins relevés en finale.

Millésime 2007

– Dégustation d'avril 2008

15,5 – Réglisse, oxydation, fruits noirs, bouche ronde et souple, fraîche, tanins moelleux.

Millésime 2008

– Dégustation d'avril 2009

15 – Fruits noirs, bouche douce, tendue, riche, un peu chaleureuse, boisé lacté, chocolat au lait, dense, tanins assez présents, limite en extraction mais bonne structure.

Grand-Pontet

Grand cru classé
Surface : 14 ha
Propriétaire : Sylvie Pourquet-Bécot
Contact : 33330 Saint-Émilion
05.57.74.46.88

Le domaine fut acheté en 1980 par Sylvie Pourquet, sœur de Dominique et Gérard Bécot, de Beau-Séjour-Bécot. Jusqu'en 2000, Grand-Pontet a été travaillé par les deux frères, et depuis il a pris son autonomie. Est-ce la présence massive de merlot dans les assemblages qui lui confère ce côté puissant, à la limite de l'agressivité, ou est-ce dû à une vinification favorable à l'extraction ? Toujours est-il que Grand-Pontet est assez peu comparable à de la dentelle. Parfois, pris de doute, il m'est arrivé de parier sur le futur. Voilà un vin, me disais-je, qui semble enfanté par une femelle grizzli rêvant d'un amour passionnel avec un tigre affamé, mais ce n'est rien. Laisse-lui le temps. Ses griffes vont s'user contre les parois de la bouteille. Mais voilà, avec le temps, tout ne s'en va pas. Et les quelques fois où j'ai eu de nouveau une confrontation avec des Grand-Pontet en principe un peu calmés par le poids des ans, ils étaient de la bande des vieux méchants. Du coup, ça se devine dans les commentaires, j'ai moins de patience.

Second vin : Dauphin-de-Grand-Pontet

Millésime 2000

– Dégustation d'avril 2001

14,5 – Robe couleur myrtille. Nez boisé, café, charnel. Bouche texturée, moka, moins austère qu'avant à ce stade. Longue finale boisée. Un style nouveau.

Millésime 2001

– Dégustation d'avril 2002

75 % merlot, 15 % cabernet franc, 10 % cabernet-sauvignon. 60 % bois neuf. 37,5 hl/ha.

15 – Le nez associe bien le fruit et les épices du bois. L'attaque en bouche est douce, sucrosité du bois, le vin est dru, avec des notes grillées, caramel, la finale est serrée.

Millésime 2003

– Dégustation d'avril 2004

70 % merlot, 15 % cabernet franc, 15 % cabernet-sauvignon. Élevage en bois neuf à 75 %.

15 – Nez de cassis, cacao, réglisse. Toucher en bouche ferme, avec un beau fruit. Équilibré, long mais austère, comme c'est son habitude à ce stade.

Millésime 2004

– Dégustation d'avril 2005

Le vin étant en cours de fermentation malolactique, il est assez austère à déguster. Néanmoins, il est prometteur.

15,5 – Nez de fruits noirs, boisé présent. Assez fin, plus élégant, qui a perdu la rusticité d'avant, avec un beau fruit frais et un corps ferme.

Millésime 2005

– Dégustation d'avril 2006

14,5 – Fruits noirs, mûre, bouche aux tanins serrés, ramassés, un peu rugueux. Un vin assez massif, comme souvent dans sa jeunesse.

Millésime 2006

– Dégustation d'avril 2007

14 – Réglisse, séveux, assez plein, dense, tannique, pas très fondu, assez rustique comme à son habitude.

Millésime 2008

– Dégustation d'avril 2009

13,5/14 – Un peu végétal au nez, bouche vive, tendue, pas très mûr, puissant, décidément un peu végétal.

Millésime 2009

– Dégustation d'avril 2010

14,5/15 – Fruits noirs, ouvert, bouche dense, épicée, droite, bien fruitée, bonne acidité, bouche assez massive mais plaisante, moins extrait que les autres années.

Les Grandes-Murailles

Grand cru classé
Surface : 2 ha
Propriétaire : Famille Reiffers
Contact : Sophie Fourcade – 33330 Saint-Émilion
05.57.24.71.09
www.lesgrandesmurailles.fr/index.html

La parcelle de vigne la plus connue et la plus photographiée par les touristes, celle qui figure sur des millions de cartes postales. Les Grandes-Murailles couvre juste 2 hectares à l'entrée de Saint-

Émilion, derrière les grandes ruines éponymes. En lieu et place de l'ancien couvent détruit et dont il ne reste que ce pan de mur célèbre. En 1986, le classement décennal des vins de Saint-Émilion a frôlé le ridicule de très près en déclassant ce cru sous le motif qu'il partageait un même chai avec un autre domaine de la famille Reiffers, Côte-de-Baleau (il s'appelait Côte-Baleau à l'époque ; depuis, il s'est offert une particule, sans doute pour gommer le côté ballot). Il est vrai que le règlement édicté par l'Inao précisait *« pour un cru un chai »* : le Pacs n'est pas admis en matière de barriques à Saint-Émilion. Mais de là à virer le vignoble étendard des vins de Saint-Émilion… Depuis, chacun des deux crus habite chez lui. Les Grandes-Murailles est retourné sous terre, sous la parcelle qui lui a donné son nom, dans les galeries des anciennes carrières, et le pauvre Baleau est resté seul à la maison. Grandes-Murailles a heureusement retrouvé son rang en 1996, lors du classement suivant. Mais Côte-de-Baleau, dégagé du classement lui aussi, et pour les mêmes raisons, frappe toujours à la porte sans qu'on lui ouvre (très joli 2005).

Sophie Fourcade a renoncé à sa carrière dans la banque pour prendre la succession de sa mère à la tête des trois domaines (Clos Saint-Martin, le troisième) qui couvrent une grosse dizaine d'hectares.

Grandes-Murailles est élevé en barriques dans les galeries creusées en dessous du vignoble, dans le calcaire tendre.

Millésime 2000

– *Dégustation d'avril 2001*

Gravement grêlé en 1999, il retrouve en 2000 son meilleur niveau.

16 – Très noir, violet. Nez riche, confiture de groseilles et de myrtilles, boisé très fin. Belle bouche ample et complexe, ronde, goûteuse et longue. Beau vin riche.

Millésime 2001

– *Dégustation d'avril 2002*

95 % merlot, 5 % cabernet franc, élevage 100 % bois neuf.

16 – Nez boisé, épicé, avec un fruit ravageur. Bouche structurée, une finale tannique qui va se policer à l'élevage.

Millésime 2002

– *Dégustation d'avril 2003*

16/16,5 – Superbe nez aux notes de fruit framboisé, vanillé, un soupçon d'épices, intense. Bouche tendre à l'attaque, élégante, bâtie sur une trame tannique moelleuse.

Millésime 2004

– *Dégustation d'avril 2005*

15 – Joli nez de fruits confits, gelée de cerise, bouche solide, charnue, avec un tanin vigoureux, presque sévère, et un boisé riche, qui va se fondre à l'élevage.

Millésime 2005

– *Dégustation d'avril 2006*

15 – Nez résine, un peu chocolaté, épices douces, bouche souple en attaque, le tanin s'endurcit ensuite, la deuxième séquence est plus tendue, finale fraîche et serrée. L'élevage devrait domestiquer cette matière un peu sauvage.

Millésime 2007

– *Dégustation d'avril 2008*

13,5/14 – Fruits noirs, bouche ronde, souple, chocolatée, bien fondue ; frais en première séquence, mais assez sec en finale.

Millésime 2008

– *Dégustation d'avril 2009*

15/15,5 – Vanille, grillé, boisé marqué, bouche ronde, fraîche, pas très dense mais bien fruitée, droite, équilibrée, milieu de bouche bien garni.

Millésime 2009

– *Dégustation d'avril 2010*

14 – Fruits noirs, bouche puissante, confit, trop extrait, amertume en finale ; puissant, mais trop d'extraction et d'alcool.

Guadet

Grand cru classé
Surface : 5,7 ha
Propriétaire : Geneviève Lignac
Contact : Guy-Pétrus Lignac
4, rue Guadet – 33330 Saint-Émilion
05.57.74.40.04

Au cœur de la ville de Saint-Émilion. Il porte d'ailleurs le nom de sa rue principale en souvenir d'Élie Guadet, qui fut avocat et député avant de finir sous la guillotine, comme cela se faisait beaucoup dans les années 1793 et 1794. Guadet, qui voilà peu s'appelait Guadet-Saint-Julien, réside dans les sous-sols d'une maison bourgeoise de Saint-Émilion, anciennes carrières de pierre calcaire. Le chai à barriques souterrain se visite depuis le jardin. Guy-Pétrus Lignac en est le gérant. Guadet fut déclassé en 2006 avant de retrouver son rang à la suite des procès que ce classement a provoqués.

Depuis, Guy-Pétrus Lignac a fait appel au conseiller Stéphane Derenoncourt afin d'améliorer la qualité des vins. Cela semble judicieux. En matière de vins, il est sans doute préférable d'avoir recours à un bon vinificateur plutôt qu'à un avocat…

Second vin : Jardin-de-Guadet

Millésime 2003

– Dégustation d'avril 2004

75 % merlot, 25 % cabernet franc. Élevage en barriques, neuves pour un tiers.

15,5 – Nez de rose et de framboise. Bouche ronde, assez fraîche, savoureuse, petit tanin fin, bien solide, long en finale sur le fruit.

Millésime 2005

– Dégustation d'avril 2006

Avec le millésime 2005, Guadet-Saint-Julien change de nom et devient tout simplement Guadet.

15 – Nez épicé, note mandarine, fruits confits, bouche bien droite, élégante, tanins fins, pas trop extraits. Bonne longueur, vin sérieux, droit. L'élevage devrait lui ajouter de la rondeur.

Millésime 2008

– Dégustation d'avril 2009

13 – Fruits noirs, craie, bouche tendue, vive, un peu végétale en finale, serrée, manque de maturité.

HAUT-CORBIN

Grand cru classé
Surface : 6 ha
Propriétaire : SMABTP
Contact : Le Jurat
33330 Saint-Émilion
05.57.51.95.54
contact@hautcorbin.fr

Château géré par Philippe Dambrine, qui conduit aussi Cantemerle, sur la rive gauche. Les deux domaines et Le Jurat voisin, en grand cru, ont été acquis par les Mutuelles d'assurances du bâtiment et des travaux publics. Depuis 2008, Olivier Fargeot assume la responsabilité technique du cru : *« Le quartier est sympa »*, dit-il. Et c'est prouvé. Avec François Despagne, Anabelle Bardinet et les autres voisins, tous œuvrant pour un des Corbin, ils se rencontrent, partagent des repas, des sorties, et ont même décidé d'aller un peu plus loin en créant une association informelle, Les Corbin, pour communiquer et faire déguster leurs vins. Dambrine cherchait quelqu'un pour Haut-Corbin et Le Jurat. Depuis quelques millésimes, Hubert de Boüard, propriétaire d'Angélus, intervient comme conseiller à Haut-Corbin : *« Il nous apporte une vision globale, c'est toujours intéressant d'avoir un Jiminy Cricket qui vous titille. »* Fin 2010, la SMABTP a racheté le voisin Grand-Corbin (15 ha) à la famille Giraud. Charles Cruse, de retour d'un séjour de deux ans à Manille pour le compte d'une ONG, s'est vu confier la direction de l'ensemble. Haut-Corbin et Grand-Corbin ne devraient plus faire qu'un. Hubert de Boüard reste conseiller.

Haut-Corbin agit dans la plus grande discrétion. Ce n'est pas le genre à se faire remarquer parmi les meilleures notes sur 100 des dégustateurs internationaux et pressés. En revanche, si on laisse du temps au temps, par exemple huit bonnes années, voire une petite dizaine, il ouvre lentement sa panoplie d'arômes, qui ne sont pas sans rappeler ceux des pomerols voisins, et on se régale. N'est-ce pas ce qu'on demande surtout à une bouteille de vin ?

Millésime 2000

– *Dégustation d'avril 2001*

Le cru se goûte souvent austère en primeurs, mais le fruit typique des 2000 gomme cette sévérité.

15,5 – Beau nez floral, cacao, dense. En bouche, l'attaque tendre laisse place à une texture tannique, solide, massive. Finale café, racée, élégante.

– *Dégustation du 24 mai 2002*

16 – Fermé, réglisse, un peu charbon de bois, cacao, bouche dense, tanins moelleux, le vin est assez fermé mais équilibré et prometteur.

– *Dégustation de janvier 2010*

15,5/16 – Résine, pin, fruité, bouche douce, fondue, vive, joli fruit, serré, mais fruité, bonne longueur, dense, pas encore mûr, tanins serrés.

Millésime 2001

– *Dégustation d'avril 2002*

Merlot 65 %, cabernet franc 10 %, cabernet-sauvignon 25 %.

15,5 – Nez frais et avenant, friand, groseille, fraise. Bouche droite, gourmande, beaucoup de fruit, un tanin fin, aucune sécheresse dans la finale dotée d'un joli fruit long.

– *Dégustation de janvier 2010*

16,5 – Fruits noirs, épices, terre, assez minérale, bouche moelleuse, douce, crémeuse, bonne longueur, vin tendu, sérieux, droit.

Millésime 2002

– *Dégustation d'avril 2003*

65 % merlot, 10 % cabernet franc, 25 % cabernet-sauvignon.

15 – Robe grenat, vive. Nez frais, épicé, clou de girofle, confiture de cassis. Corps souple, de la chair, finale, comme souvent à ce stade, sur un tanin viril, cacaoté.

– *Dégustation de janvier 2010*

14 – Grillé, café, cacao, bouche vive, tendue, cacao, épicé, pas très charnu mais droit. À boire.

Millésime 2003

– *Dégustation d'avril 2004*

Situé dans une zone proche de Pomerol, le coin des Corbin a bien supporté la canicule, et les vins y sont dans l'ensemble bien réussis. 65 % merlot, 10 % cabernet franc, 25 % cabernet-sauvignon. Élevage en bois neuf pour un tiers.

15 – Nez de cassis et de framboise, très plaisant, vanillé. Toucher en bouche ferme, avec un fruit éclatant, un vin sérieux qui évolue bien sur la durée.

Millésime 2004

– *Dégustation d'avril 2005*

65 % merlot, 25 % cabernet-sauvignon, 10 % cabernet franc. Élevage en barriques dont un tiers de neuves.

15,5 – Nez de fleurs et de fruits rouges, frais, bouche soyeuse et friande, dotée d'un petit tanin gourmand, délicieux et difficile à recracher.

Millésime 2005

– *Dégustation de janvier 2010*

15,5 – Nez fermé, poivre, bouche puissante, volumineuse, pas très précise, dense, moins défini que les précédents, long, serré.

Millésime 2006

– *Dégustation de janvier 2010*

14 – Chocolat, champignon, réducteur, bouche tendue, vive, tanins vifs, bonne longueur, tendu en finale, tanins un peu sévères.

Millésime 2007

– *Dégustation de janvier 2010*

14,5/15 – Chocolat, grillé, café, bouche souple, suave, bien rond, gras, plein, un peu boisé, belle bouche moelleuse, gourmand.

Millésime 2008

– *Dégustation d'avril 2009*

13,5/14 – Fruits rouges, bouche vive, tendue, petits tanins mordants, un peu serré en finale.

Millésime 2009

– *Dégustation d'avril 2010*

16 – Épices, fruits noirs, bouche ronde, moelleuse, chocolat, tanins veloutés, souple, moelleux, bien fruité mais avec ce côté pomerolais si particulier. Bonne longueur.

HAUT-SARPE

Grand cru classé
Surface : 21,5 ha
Propriétaire : Maison Joseph Janoueix
Contact : Joseph Janoueix
37, rue Pline-Parmentier – 33506 Libourne
05.57.51.41.86

Sept propriétés et 120 hectares de vignes, voici la famille Joseph Janoueix, une des branches de la grande tribu Janoueix. Arrivés au début du XXe siècle de leur Corrèze, les Janoueix ont suivi le parcours classique : d'abord le commerce, puis l'achat de propriétés, de génération en génération. Joseph avait trois frères et une sœur. Deux sont restés au pays. Ils faisaient du négoce de bétail ou de quincaillerie. Les trois autres sont venus à Libourne après la Grande Guerre. Joseph a racheté La Croix, La Croix-Toulifaut, La Croix-Saint-Georges, à Pomerol, et bien sûr Haut-Sarpe. Albert possédait Gratte-Cap à Pomerol, Petit-Clos-Figeac et Grand-Fortin. Le troisième frère, François, détenait notamment Petit-Clos-du-Roy, à Montagne.

Chez Janoueix, tendance Joseph, la très forte personnalité de la doyenne, Marie-Antoinette, décédée en 2008, a marqué la gestion à l'ancienne de la maison. Son fils, Jean-François, et son petit-fils, Jean-

Philippe, sont aujourd'hui aux commandes. L'entreprise est très fière d'afficher le message de félicitations adressé par Yvon Gattaz, ancien président du CNPF (ancien nom du Medef), pour vous dire si on est moderne. On a vérifié, Gattaz n'était pas corrézien, mais né à Bourgoin-Jallieu, dans l'Isère. Haut-Sarpe est situé derrière la ville de Saint-Émilion, sur un point culminant. Il s'agit d'un cru historique, fort bien placé, qui devrait fournir un vin excellent chaque année. Il l'est parfois, mais pas toujours. À noter cependant que, à chaque millésime où la nature oblige à de faibles rendements, Haut-Sarpe grimpe en qualité. Un hasard, sans doute. Mais, depuis 2004, les vins semblent davantage en liaison directe avec le terroir : plus de consistance, un milieu de bouche davantage garni.

Second vin : Vieux-Sarpe

Millésime 2002

– *Dégustation d'avril 2003*

14 – Beau fruit, assez complexe. Bouche vive et gourmande, boisé toasté sans excès, finale avec du gras, vin bien fait.

Millésime 2003

– *Dégustation d'avril 2004*

L'année 2003 n'a pas fait un rendement satisfaisant (d'un point de vue corrézien), seulement 40 hl/ha, mais voilà, le vin est bon... 70 % merlot, 20 % cabernet franc 10 % cabernet-sauvignon. Élevage en bois, neuf à 70 %.

16 – Nez de cerise noire, noyau, kirsch. Bouche trapue, puissante, du fruit, de la matière et du potentiel.

Millésime 2004

– *Dégustation d'avril 2005*

15 – Nez léger, cerise rouge, frais et nerveux, bouche ferme, presque sévère, tanin viril, fruité préservé en finale.

Millésime 2006

– *Dégustation d'avril 2007*

13 – Gelée de groseilles, floral, rose rouge, bouche fraîche, pas très précise, sèche et un peu fuyante.

Millésime 2007

– Dégustation d'avril 2008

16 – Fermé, bouche ronde, souple, fondu, un peu austère au niveau des saveurs, serré, dense, épicé. Assez extrait mais bien contrôlé.

Millésime 2008

– Dégustation d'avril 2009

15 – Mûre, fruits noirs, bouche dense, moelleuse, épicée, tannique, bonne longueur. Un vin costaud, un peu trop extrait, mais l'ensemble devrait se fondre à l'élevage.

La Marzelle

Grand cru classé
Surface : 13 ha
Propriétaire : Famille Sioen
Contact : Philippe Genevey
33330 Saint-Émilion
05.57.55.10.55
www.chateaulamarzelle.com

Situé sur le plateau de Saint-Émilion, La Marzelle était un cru en déliquescence quand Jean-Jacques Sioen l'a acheté au cours de l'année 1998. Tout était à reprendre : bâtiments, chais, vignoble. Peu à peu, avec l'aide de l'œnologue Marc Quertinier, un homme compétent qui fuit les modes et les podiums, le niveau de qualité a grimpé. De là, la polémique lors du classement décennal rendu public en 2006. Résumons : la dégustation, une des composantes du jugement du jury, portait sur des millésimes antérieurs. Normal, car les vins de Bordeaux doivent s'affirmer avec le temps. La Marzelle a été déclassé. Les nouveaux propriétaires et leur gérant, Philippe Genevey, n'ont pas accepté cette décision, faisant valoir notamment les efforts entrepris depuis la reprise. Les responsables du classement arguaient de leur côté que la règle du jeu est connue et admise par tous ceux qui participent et qui déposent un dossier de classement ou de renouvellement de classement. Et qu'on ne peut changer les règles en fonction de tel cas particulier (La Marzelle n'était d'ailleurs pas le seul domaine dans ce cas). Bref, les déclassés sont allés en justice et ont gagné. Tant mieux pour eux. Ils ont, ce faisant, permis à des crus qui n'avaient guère produit d'efforts et qui méritaient d'être déclassés de conserver leur titre. Plus ennuyeux, en obtenant l'annulation du classement, ils barraient la route à des domaines qui, eux, avaient fourni des efforts considérables pour se faire classer. Bref, le législateur a mis tout le monde d'accord en rétablisssant le classement précédent, celui de 1996, et en incluant les promus de 2006. Peut-être eût-il été plus sage de prévoir une clause particulière pour des crus comme La Marzelle, ayant changé de propriétaire et de politique. Oui, mais, répondent les tenants du règlement, le prix d'achat d'un cru dépend de son état… En clair, on ne peut pas prétendre avoir le beurre, l'argent du beurre et la fille de la crémière. Parfois, si, la preuve.

Jean-Jacques Sioen avait créé son entreprise en 1960, qui était spécialisée dans les textiles techniques en Belgique. L'entreprise s'est ensuite spécialisée dans les vêtements de protection. Il est brutalement décédé en novembre 2009, après avoir laissé en 2005 la direction du groupe à sa fille Michelle.

Second vin : Prieuré-Lamarzelle

Millésime 2000

– Dégustation d'avril 2001

14,5 – Réduit ; bouche solide, charnue, très astringente en finale. Très extrait.

Millésime 2002

– Dégustation d'avril 2003

13 – Épices, fruits noirs, bouche marqué par la barrique, biscuit, vanille, des notes de fruits confits, pas mal d'alcool.

Millésime 2006

– Dégustation d'avril 2007

14,5 – Frais, cerise, framboise, bouche vive, fraîche, tendue, tanins serrés, finale agréable sur le fruit.

Millésime 2008

– *Dégustation d'avril 2009*

15,5/16 – Groseille, fruits noirs, bouche ronde, soyeuse, souple, bien fruitée, belle structure fraîche et tendue, un peu serrée en finale, vin équilibré, fin, bien fait.

Millésime 2009

– *Dégustation d'avril 2010*

13,5/14 – Oxydatif, confituré et boisé, serré, extrait, un peu lourd.

LARCIS-DUCASSE

Grand cru classé
Surface : 10,5 ha
Propriétaire : Famille Gratiot-Alphandéry
Contact : Nicolas Thienpont, David Suire
33330 Saint-Émilion
05.57.24.70.84

Longtemps en sommeil, ce cru figure désormais parmi les vedettes. De bonnes fées se sont penchées sur ce terroir magnifique : « *J'ai découvert une chose avec cette dégustation : la définition du vin de luxe, c'est le temps. Celui qu'on met à le faire, celui qu'il prend à s'épanouir. Le temps qu'il persiste en bouche et celui de sa vie dans la bouteille* », s'émerveille Jacques Gratiot, propriétaire de Larcis-Ducasse. Cette dégustation ? Une vaste remontée dans le… temps. 1945, 1952, 1966, 1967, 1970 puis tous les millésimes, du 73 au 2005 (voir plus loin).

Ce cru classé en saint-émilion est remarquablement situé. Sur la côte Pavie, exposé au sud, petites parcelles à flanc de coteau. Un terroir de côte et pieds de côte, comme on dit sur place, pour le différencier du plateau calcaire qui domine la Dordogne, ou des peu intéressants sables du fond de vallée. Le vignoble est exposé en pente, au sud, et comporte une grande variété de sols, du calcaire aux sables feldspathiques ferreux. Même quand il n'était pas au mieux de sa forme, il y avait dans le vin de Larcis comme une petite part de mystère, une note séveuse, racée, qui le distinguait des vins à la mode internationale faits de bois vanillé et de rondeur sucrée. La famille Raba, des juifs espagnols qui fuyaient l'Inquisition, s'est installée à Bordeaux, a prospéré avec le commerce triangulaire (comme beaucoup, mais peu le disent), puis s'est orientée vers des activités plus nobles, notamment le barreau. Ils ont acheté cette propriété en 1892. Sous l'Occupation, André Raba, qui dirige le domaine, est arrêté par les troupes allemandes sous le prétexte qu'il écoute la radio anglaise, et décède peu de temps après. *« C'est ma mère* [sa nièce] *qui en a hérité en 1941 »*, nous dit Jacques Gratiot. Hélène Gratiot-Alphandéry a d'autres activités. Elle est professeur de psychologie à la Sorbonne, travaille avec Henri Wallon et Henri Piaget, et dirige la revue *Enfance.*

En 1990, son fils, jeune retraité de L'Oréal (d'où l'intérêt pour une juste définition du luxe), prend sa suite à la gérance de la propriété. Le sol des chais est en terre battue, l'élevage se pratique toujours dans de très anciennes cuves en bois. Jacques Gratiot réalise les investissements nécessaires et comprend vite qu'*« il ne fallait pas dépasser* [son] *niveau d'incompétence »*. En 2001, il confie donc la gérance au tandem Nicolas Thienpont et Stéphane Derenoncourt, qui réussissent si bien dans le cru voisin, Pavie-Macquin. Gros travail dans le vignoble, plantation, replantation, complantation et grand respect du raisin avec un résultat déjà sensible. Pour qu'il donne son maximum, il faudra attendre. Toujours le temps…

Millésime 2000

– *Dégustation de décembre 2007*

17 – Mentholé, vanillé, réglisse, bouche onctueuse, ronde, dense, épicée, chocolatée, plénitude et fraîcheur. Un vin complet, élégant.

Millésime 2001

– *Dégustation d'avril 2002*

65 % merlot, 25 % cabernet franc, 10 % cabernet-sauvignon.

15 – Belle robe dense. Nez de coulis de mûres. Bouche drue, charnue, extraite, finit sévère avec une fine amertume de chocolat noir.

– Dégustation de décembre 2007

16 – Nez puissant, fruits noirs, épices, bouche ronde, souple, un peu marquée par le bois, vin gourmand, bien garni, le côté chaleureux, cacaoté des 2001.

Millésime 2002

– Dégustation d'avril 2003

70 % merlot, 25 % cabernet franc, 5 % cabernet-sauvignon. Rendement avant saignée : 28 hl/ha.

14,5/15 – Nez boisé, confituré, réglissé, avec des arômes frais de groseille. La bouche est souple, pleine, le corps assez mûr, texturé, solide jusqu'à la finale. Long, finit avec sérieux. Vin plein.

– Dégustation de décembre 2007

15 – Mûre, fruits confits, bouche ronde, souple, petits tanins soyeux, beaucoup de jus, de saveurs, même si c'est un peu amer, tanins ronds, note terre en finale.

Millésime 2003

– Dégustation d'avril 2004

Vendanges étalées du 10 septembre (merlots) au 2 octobre (sauvignons). 75 % merlot, 20 % cabernet franc, 5 % cabernet-sauvignon. Élevage dix-huit mois en bois neuf à 60 %. La propriété passe progressivement en culture biologique.

16 – Nez de violette, Zan, réglisse, complexe. Bouche nette, racée, avec un beau fruit. Vinification précise, pure, droite, finale sur un tanin élégant et bien extrait.

– Dégustation de décembre 2007

16 – Fruits noirs, ciste, arbouse, bouche ronde, grasse, puissante et vive, des côtés banyuls, gourmand, un peu lourd mais cela reste du vin de Bordeaux.

Millésime 2004

– Dégustation d'avril 2005

78 % merlot, 20 % cabernet franc, 2 % cabernet-sauvignon.

15,5 – Bouquet ouvert, expressif, agréable, cerise noire, cassis, belle chair, texture serrée sans dureté, ronde, avec une finale sur des tanins très extraits mais mûrs.

– *Dégustation de décembre 2007*

16,5 – Fruits noirs, cerise, bouche élégante, tendue, fine, ronde, savoureuse, joli fruit, très fin.

Millésime 2005

– *Dégustation d'avril 2006*

75 % merlot, 25 % cabernet franc.

17,5 – Réglisse et violette, tanins soyeux, vin d'une grande longueur, bien équilibré, parfumé aux fruits noirs, très classe.

– *Dégustation de décembre 2007*

18 – Sirop de cerises, épices, bien fruité, le bois est encore présent, poire, élégant, frais, fin, complet, riche, d'une grande harmonie.

Millésime 2006

– *Dégustation d'avril 2007*

16 – Fruits noirs, cerise, bouche ronde, veloutée très fruitée, tanins fins et charnus, long, plein, beau vin harmonieux.

Millésime 2007

– *Dégustation d'avril 2008*

17 – Robe sombre, un peu de bois sensible au nez, bouche dense et fraîche, élégante, avec du moelleux, long, frais, vif, serré. Beau fruit et tension en bouche, long.

Millésime 2008

– *Dégustation d'avril 2009*

« Quelques changements : on a pu drainer l'ensemble, on a refait le palissage sur 80 % des parcelles et, dernière chose, on a équipé les cuves en béton pour faire du pigeage au cœur de la fermentation, quand elle est la plus active. Cela a libéré la pression de gaz, le jus imprègne bien le chapeau », commente Nicolas Thienpont. 78 % merlot, 22 % cabernet franc.

16,5/17– Violette, fruits noirs, vanille, bouche douce, tendre, élégante, bien fruitée, tendue, tanins assez marqués en finale, réglisse. Vin onctueux, long, très violette, belle persistance sur les fruits noirs.

– Dégustation de mars 2010

17 – Nez marqué par son élevage, moelleux, frais, souple, tanins bien fondus par une année en bois, le vin a gagné en douceur, en moelleux, long, fin, un fruité de baies sauvages, belle persistance, vin racé.

Millésime 2009

– Dégustation d'avril 2010

20 % cabernet franc, 80 % merlot. 14,3° en alcool.

17,5 – Frais, minéral, épices, violette, fruits rouges, bouche racée, tannique mais fondue, bel équilibre, bonne amertume rafraîchissante en finale, crayeux, on devine le grand terroir. Un vin que l'on ne peut pas faire ailleurs.

Archives

– Dégustation de décembre 2007

Millésime 1945

16,6 – Belle couleur brique, nez feutré, cuir, cire, vieux bois, assez minéral, bouche solaire, ronde, assez tannique, pointe anisée, délicate. Encore charnu, petite pointe acide en finale, un vin imparfait mais goûteux, finale kirschée, persistante.

Millésime 1952

14,5/15 – Cuir, fumée, bois brûlé, bouche plus évoluée que le 45, tanins pas encore fondus, ça devait être raide au départ, finale astringente, un peu animal mais séduisant.

Millésime 1966

15,5 – Caramel noir, animal, bouche vive, tendue, délicate, fruits confits, serrée, note chocolatée, structure vive, tendue, plus de matière que dans le 52. Assez frais.

Millésime 1967

14,5 – Bouillon de bœuf, Viandox, rond, souple, agréable, un peu tassé en finale, serré, râpeux, mais de bonnes saveurs. Typiquement rive droite. Considéré comme un des tout meilleurs 67 à l'époque.

Millésime 1970

17 – Très frais, floral, séveux, bouche toute ronde, bien fondue, petits tanins soyeux, belle matière d'une grande finesse, veloutée, chocolatée. Évolution comme en fanfare, tous les éléments bien alignés. Rien n'a vieilli prématurément. Année généreuse en rendement et chaude même au moment des vendanges : « *On refroidissait avec des pains de glace.* »

Millésime 1973

13,5/14 – Nez assez discret, bouche tendre, de la dentelle, un peu usée comme un vieux vêtement confortable, c'est en déclin, mais avec de beaux restes. On est à 80 hl/ha…

Millésime 1974

13,5 – Vieux porto, bouche encore garnie, un peu rustique mais avec de la tenue. Sèche assez vite mais du fruit.

Millésime 1975

13 – Nez discret, confit, minéral, rond, tendu, un peu plus plat, sèche assez vite. Astringent.

Jean-Claude Berrouet, qui participe à la dégustation (voir Pétrus) : « *Tout dépend de l'intervention humaine, si on a trop extrait on a des tanins et de l'acidité. Les pellicules étaient très épaisses car c'est une année froide et sèche. Même si pendant les vendanges il a fait chaud.* »

Millésime 1976

14,5/15 – Cannelle, des notes sucrées, alcool, sucre vanillé, bouche souple, bien intégrée, pas très longue mais savoureuse. À l'aération note séveuse, anisée, beaucoup d'élégance en bouche malgré le côté fuyant en finale. Année de la grande sécheresse.

Millésime 1977

14 – Terreux, vieux bois, assez marqué, un bouquet simple mais présent. Bouche ronde, grasse, bien tannique mais fondue, volumineux. Pas très fin mais goûteux. Tient peu de temps dans le verre.

Millésime 1978

17,5/18 – Anisé, fruits rouges, nez de vin jeune, quelques notes confites, la complexité des vins de maturité longue, tendu, vif, élégant. Acidité qui porte les saveurs et ne sèche pas le vin. Tout en finesse.

Millésime 1979

15 – Nez plus confit, caramel, végétal à l'aération, bouche ronde, serrée, tendue, pas encore à son top. Serrée en finale, un peu rustique.

Millésime 1980

12 – Confit, caramel, un peu dilué, finale caramel. Maigre.

Millésime 1981

13,5 – Nez poivré, végétal, pas très dense mais fin, agréable, tendu, vif, un peu séchant en finale.

Millésime 1982

16,5 – Cerise cuite, pin, nez jeune, bien exprimé, compact, bouche dense, tannique, serrée, assez vive ; manque peut-être un peu de gras, mais de très belles saveurs, long.

Millésime 1983

15/16 – Nez puissant, très rôti, séveux, bouche ronde et grasse, mais délicate, un peu rugueuse en finale, vin séduisant, costaud, très savoureux, chaleureux.

Millésime 1984

12 – Rouille, évolué, bouche usée, sur le déclin, sèche en finale.

Millésime 1985

13,5 – Raffiné, délicat, note sous-bois, bouche un peu décevante, manquant de densité. Élégante mais pas très charnue, la finale est végétale.

Millésime 1986

14,5 – Feuille morte, chocolat, agrumes, bouche ronde en attaque, fine, longue, élégante, commence à entrer en phase de pleine maturité, une belle acidité derrière. Évolue vite dans le verre. 1986 est davantage un millésime de la rive gauche, rendement important sur le merlot.

Millésime 1987

14,5 – Nez de maturité, fruits confits, résine, poivre, cacao, bouche bien mûre, dense, agréable, pas très longue mais goûteuse, vanillée. Marqué par le boisé.

Millésime 1988

17,5 – Fourrure, fermé, bouche droite, longue, élégante, dans le style du 86 en un peu plus fournie, très fin, un peu margalien. Grand classique.

Millésime 1989

17 – Cacao, café, sous-bois, bouche tendue, côté minéral, fin, le nez est dans le style chaleureux des 89, mais la bouche rappelle les 88, dans la finesse, avec en plus un côté crémeux.

Millésime 1990

18 – Menthe, pin, résine, laurier, côté provençal, très à part, bouche généreuse, solaire. Un vin avec du volume, de la grande maturité et pourtant toujours cette délicatesse et cette fraîcheur.

Millésime 1991

14,5 – Nez fruits confits, un peu terreux, bouche ronde agréable, un peu sèche en finale, serrée.

Millésime 1992

Pas noté – Chien mouillé, chocolat, dilué, ça a dû être sympa, mais là c'est mort.

Millésime 1993

14 – Assez évolué, résine, bouche souple, meilleure que le nez, pas très charnue. Évidemment la finesse de ces vins les fait apparaître assez vite maigres en année moyenne, agréable.

Millésime 1994

13 – Odeur de cuisson, réduction, bouche charnue, ronde, pas très élégante, garnie mais rustique.

Millésime 1995

15 – Fermé, végétal, bouche fruits confits un peu évoluée, bonne saveurs, assez fin. Un peu serré en finale.

Millésime 1996

15 – Fruits rouges et grillé du bois, bouche légère, tendre, bien fruitée. Un vin élégant, sans grande densité mais régalant, au top aujourd'hui. Sans la longueur. Charmant.

Millésime 1997

15,5 – Mentholé, thym, confiserie et vanille. La bouche confirme le côté boisé, délicat, jeune, assez gourmand. Un peu boisé mais sans la sécheresse, très agréable. Velouté.

Millésime 1998

17 – Fermé, bouche tendue. Vin austère, dans l'esprit des 88, mais sans la douceur des tanins. Bonne longueur, un vin en devenir.

Millésime 1999

15,5 – Fruits confits, grillé, poivre, bouche onctueuse, longue, bonne saveur, moins complexe que le 88, à boire aujourd'hui.

LARMANDE

Grand cru classé
Surface : 23 ha
Propriétaire : La Mondiale
Contact : Claire Thomas-Chenard
33330 Saint-Émilion
05.57.24.71.41
château-larmande.com

Claire Chenard, élève de Jean-Claude Berrouet, fille et petite-fille d'œnologues, arrivée en 1998, a pris en 2000 la direction de ce cru, qui appartient à la compagnie La Mondiale. Les propriétaires l'ont doté des moyens nécessaires à une remise en état : un chai et un cuvier tout neufs qui sortent de terre. « *On a dressé une cartographie complète du vignoble, sols et sous-sols. Nous avons 25 hectares dont 2,5 sont en grand cru classé, et constituent la meilleure partie du vignoble ; le reste est à 70 % sableux, 15 % argilo-calcaire ; sur les argiles on a des vins austères. On a repris tout le vignoble sur Larmande ; le cuvier a été refait en 2003 ; peu à peu, on replante. Je suis arrivée en 1998. J'avais dit : il faudra cinq ou six ans avant que les vins répondent* », commente Claire Thomas-Chenard (voir Soutard). Prédiction qui se vérifie.

Second vin : Cadet-de-Larmande

Millésime 2000

– *Dégustation d'avril 2001*

15 – Nez expressif, notes de mûre, de fumée, de cerise noire. Bouche assez boisée, corpulente, dense. Finale longue, vin puissant, cerise au chocolat.

Millésime 2002

– *Dégustation d'avril 2003*

Claire Chenard : « *En 2002, on aura 65 % de merlot dans le grand vin, 30 % de cabernet franc et 5 % de sauvignon.* » Rendement : 25 hl/ha.

13,5 – Le bouquet, framboisé, évoque les cabernets francs mûrs. La texture est souple, le corps charnu, la finale reste sur des notes vives.

Millésime 2003

– *Dégustation d'avril 2004*

65 % merlot, 30 % cabernet franc, 5 % cabernet-sauvignon.

15,5 – Nez floral parfumé, rose rouge. Bouche soyeuse, mûre, savoureuse, vin attirant, finale sur un boisé craquant.

Millésime 2004

– *Dégustation d'avril 2005*

14 – Framboise, fraise, bouche fraîche, assez élégante, bien fruitée, plus en finesse qu'en densité. Un vin à boire assez jeune.

Millésime 2006

– Dégustation d'avril 2007

15 – Floral, rose, framboise, bouche tendre, élégante, souple, fraîche, élégante, bien fondue. Le vignoble et les installations sont désormais en état, et cela se sent.

Millésime 2007

– Dégustation d'avril 2008

14 – Framboise, cerise, bouche ronde, tendue, un peu séchante, boisé marqué, un peu rustique, serré en finale.

Millésime 2008

– Dégustation d'avril 2009

14,5/15 – Floral, cerise, pivoine, bouche vive, tendue, un peu végétale, serrée, pas d'une très grande maturité, bon fruit style baies noires, un peu serré en finale.

Millésime 2009

– Dégustation d'avril 2010

15,5 – Feuillage, bon végétal, bouche suave, bien fondue, vive, parfumée, élégante, bonne longueur, finesse.

LAROQUE

Grand cru classé
Surface : 61 ha
Propriétaire : Famille Beaumartin
Contact : Bruno Sainson, Château Laroque
33330 Saint-Christophe-des-Bardes
05.57.24.77.28
www.chateau-laroque.com

Un grand domaine de 61 hectares dont 27 en cru classé, le reste est vendu sous le nom de Château Peymouton. Un très beau portail forgé XVIIIe, des communs dont on ferait bien son ordinaire, une immense terrasse à balustres, un château au style fondu, entre tour médiévale de défense et façade éclairée aux innombrables fenêtres… Comment imaginer que ce cru classé a vécu pendant trente ans, de 1930 à 1960 environ, sans vigne, les coteaux en prairies, des vaches pour les brouter, un gardien pour surveiller ? On croit la connaître par cœur, cette crise de l'entre-deux-guerres, avec son cortège d'anecdotes et de malheurs. Mais, quand les témoins racontent ces crus classés, qui font aujourd'hui rêver nos milliardaires, échangés alors contre un cheptel ou un fonds de mercerie, on peine à réaliser. La famille Beaumartin, propriétaire des lieux, possédait au début du XXe siècle des forêts et des châteaux. Rochemorin, dans les graves, et le fantastique Haut-Bailly, rival en rouge de Haut-Brion. La crise, encore elle, les a convaincus de vendre ces bijoux pour aller planter des pins ailleurs, un peu plus loin dans les Landes. En 1935, cependant, ils ont racheté Laroque ou du moins ce qui restait de ce grand domaine qui en 1906 comprenait 130 hectares. On y faisait un peu de tout, du blanc, surtout du doux jusqu'au XVIIIe siècle, avant que Saint-Émilion ne s'oriente définitivement vers le vin rouge. Les Beaumartin ont commencé à replanter Laroque vers les années 60 et remis en route le domaine. Au cours des années 80, le vin se vendant mieux, ils ont cherché à améliorer la qualité. Par le biais de la famille Moueix, négociant et propriétaire de nombreux crus, ils ont recruté un jeune diplômé de l'université de Bordeaux alors en poste à Canon-La Gaffelière : Bruno Sainson. *« Dans un premier temps, on a essayé de comprendre les parcelles. C'est grand, Laroque. L'année 1984, très difficile, nous a d'une certaine façon aidés en nous obligeant à travailler plus sur la récolte. En 1985, on a, au contraire, profité de la qualité du millésime pour éliminer certaines vignes en pied de côte. En 1989, on a commencé à faire tomber du raisin. L'étape décisive, ce fut 1990. On a créé une vraie sélection en écartant les parcelles les moins intéressantes et celles qui ne sont pas classées. Dans la foulée, on a créé Peymouton, un saint-émilion que l'on travaille avec la même technique mais sur les terroirs moins favorables. Peymouton, en recueillant ce qui est un peu moins digne du grand cru classé, nous a permis de hausser la qualité de Laroque. »* De par sa situation sur les coteaux à l'est de Saint-Émilion, Laroque bénéficie d'une assez bonne diversité de terroirs, exposition et sols, qui lui permet de surprendre dans des millésimes difficiles. Élevé en 1996 au rang de grand cru classé, ce vaste domaine ne cesse de s'améliorer. Les derniers millésimes figurent parmi ce qu'on peut trouver de plus authentique dans cette appellation. « *Mon objectif, c'est de rester Laroque, de ne pas me prendre au jeu de la course à la concentration. On doit chercher le raffinement, l'élégance. Depuis 1996, j'ai le sentiment qu'on s'en approche.* » Le chai, refait en bleu roi et noir, a beaucoup d'allure. Le cuvier où se déroulent les fermentations et le chai à barriques : un ensemble très beau et original.

Second vin : Tours-de-Laroque

Millésime 2000

– Dégustation de septembre 2003

16 – Très fermé, austère, rugueux dans sa jeunesse, ce vin s'affirme, gagne en rondeur. Beaucoup de tanins, puissant, riche, il demandera une bonne dizaine d'années d'attente.

Millésime 2001

– Dégustation d'avril 2002

87 % merlot, 11 % cabernet franc, 2 % cabernet-sauvignon. 50 % de bois neuf.

14,5 – Bouquet mûr de fruits frais, framboisé. Corps souple, tendre, mais plus solide en finale avec des petits tanins bien gourmands.

– Dégustation de septembre 2003

15,5 – Truffe, épices, gelée de framboises, petits tanins doux, bouche délicate, élégante, bien équilibrée, finale cerise.

Millésime 2002

– Dégustation d'avril 2003

16,5 – Un nez ouvert, attirant, cerise bigarreau, prune, épices, cannelle, poivre. Bouche sapide, charnue, texturée, le boisé, un peu réglissé, est bien intégré.

– Dégustation de septembre 2003

16,5 – Très fruits rouges, cerise, bouche charnue, un fruité net, une matière dense et soyeuse, bel ensemble élégant et prometteur.

Millésime 2003

– Dégustation d'avril 2004

87 % merlot, 11 % cabernet franc, 2 % cabernet-sauvignon. Élevage en bois neuf à 55 %.

16 – Nez de biscuit fourré au cassis, grillé. Du corps, savoureux, charnu, très long sur des notes de fruit et de réglisse, beau vin racé.

Millésime 2004

– Dégustation d'avril 2005

87 % merlot, 11 % cabernet franc, 2 % cabernet-sauvignon.

16 – Nez en élégance, floral, rose rouge, muscaté, bouche gourmande, sur le fruit jusqu'en finale. Vin de plaisir, frais, tout en fruit malgré de petits tanins savoureux et racés.

Millésime 2005

– Dégustation d'avril 2006

« *Qu'est-ce qu'on s'est inquiétés ! Les vinifications traînaient, les fermentations allaient tout doux sans que l'on sache bien pourquoi* », raconte Bruno Sainson. « *Il fallait travailler le vin mais rester discret, ne pas trop en faire. C'est l'équilibre qui le rend intéressant, pas ce qu'on impose.* »

17 – Fruits noirs, cerise, bouche ample, large, tanin généreux et velouté. Des notes épicées encadrent un fruit délicieux.

Millésime 2006

– Dégustation d'avril 2007

14,5 – Fermé, gelée de groseilles, plat, pas d'exubérance, vin protestant, des petits tanins croquants, joli fruit qui se réveille en finale. Bon équilibre.

Millésime 2007

– Dégustation d'avril 2008

15 – Boisé, bouche souple, tanins veloutés, frais, fin, élégant, pas trop extrait. Un vin avec de la réserve.

– Dégustation d'avril 2009

15 – Mise en bouteilles prévue pour le 22 avril. Nez fruits noirs, bouche douce, tendre, aimable, bon vin pour dans cinq ans. Droit, agréable, plus fluide que 2008, moins de chair mais vin de fruit.

Millésime 2008

– *Dégustation d'avril 2009*

« Il fallait particulièrement préparer ce millésime. On a fait des effeuillages successifs, avec des vendanges du 14 au 23 octobre, les vendanges les plus tardives de Laroque. On a eu de très lentes maturations, qui se sont révélées à la fin sur certaines parcelles. »

Le second vin, Tours-de-Laroque, est composé de 60 % merlot, 25 % cabernet franc, 10 % cabernet-sauvignon et 5 % de vin de presse. Cassis, très fruits noirs, bouche pleine, dense, finale un peu serrée. *« Les cabernets-sauvignons ont décroché et n'ont jamais atteint la maturité. »* Le grand vin est fortement (92 %) merlot, le reste en franc.

16,5 – Fruits rouges, bouche ronde, souple, fraîche, petits tanins doux et serrés, bien fruités, un peu de vert en finale, tendu, de la mâche, serré, plein, la finesse de fruit du calcaire, la texture des argiles.

Millésime 2009

– *Dégustation d'avril 2010*

16 – Fruits rouges, parfumé, bouche ronde, fraîche, parfumée, élégante, finale un peu plus dense, bon fruit, vif, long.

Archives

– *Dégustation de septembre 2003*

Millésime 1988

16,5 – Nez très frais de fougère, d'iris, cassis, des notes de rose séchée, bouche ronde, un peu chocolatée, menthe, des tanins ronds, serrés, netteté et délicatesse.

Millésime 1989

15 – Nez épicé, poivré, fruits confits, bouche onctueuse en attaque, du volume et de la gourmandise malgré une pointe de sec en finale.

Millésime 1990

15,5 – Des arômes menthol et basilic, thym, fruits noirs, assez sauvage, bouche plus en finesse que le 89, pas mal d'alcool mais des tanins plus doux et un fruité bien exprimé.

Millésime 1991

13,5 – Nez floral, assez frais, bouche fraîche, nette, élégante, tanins un peu vifs. L'élevage a donné du gras à un millésime aride.

Millésime 1992

14 – Poudre de cacao, vanille, fruits confits, bouche tendre, gourmande, encore assez fraîche, agréable aujourd'hui mais à boire.

Millésime 1993

14,5 – Encre, café, toasté, bouche onctueuse, des tanins bien fondus, beaucoup de gourmandise, prêt à boire avec une matière un peu plus présente que dans le 92.

Millésime 1994

16 – Encore peu ouvert, épices douces, bouche élégante, tanins soyeux, une pointe d'acidité, beaucoup de finesse, finale mentholée. Un millésime froid bien compris par la propriété qui a fait une sévère sélection de terroirs.

Millésime 1995

15 – Épices, fleurs séchées, olive noire, puissant en bouche, minéralité, tanins vifs, serrés, peu fondus. Costaud mais moins élégant que le 94.

Millésime 1996

16 – Première année du classement. Nez de truffe, fruits noirs, très net, bouche mentholée, cerise au chocolat, beaucoup de fraîcheur, beaucoup de fruits, long et fin.

Millésime 1997

15 – Nez poivré, bouche solide, tannique, un peu austère, encore fermé, mais il devrait commencer à s'ouvrir, bonne assise.

Millésime 1998

16,5 – Épices, fruits noirs, nez riche, bouche ronde et soyeuse, l'élégance du 88 en moins austère, belle finale fruitée.

Millésime 1999

15 – Nez puissant un peu porto, bouche dense, riche en saveurs, généreuse, plus sumo que le délicat 98.

LAROZE

Grand cru classé
Surface : 27 ha
Propriétaire : Famille Meslin
Contact : 33330 Saint-Émilion
05.57.24.79.79
www.laroze.com

Les Meslin actuels descendent directement par les femmes d'une vieille famille, les Gurchy, « *installée depuis 1610* » dans la région, raconte Guy Meslin, responsable du cru. « *Nous avons été aussi cordiers. Mes ancêtres avaient deux corderies et faisaient du commerce avec les marins. Mon arrière-grand-père avait la maison de négoce la plus importante de Libourne avant l'arrivée des Corréziens.* » Au moment de l'ouverture de la ligne de chemin de fer Paris-Bordeaux, le commerce du vin libournais, qui jusque-là devait emprunter le fleuve jusqu'à Bordeaux, puis faire du cabotage jusqu'aux ports bretons pour gagner Paris ou les villes du Nord, a connu un essor considérable. De nombreux Corréziens sont alors venus s'installer et tenter de faire fortune. On retrouve leurs noms à la tête de nombreuses affaires de vin ou comme propriétaires de domaines. Les Gurchy possédaient Laroze et Angélus. À la fin du XIXe siècle, la grand-mère de Guy, seule de quatre sœurs à rester dans la vigne, a choisi de garder Laroze, à cause de la maison et du parc qui l'entourait. Le père de Guy a arrêté l'activité de négoce dans les années 60 et aujourd'hui Guy Meslin gère et modernise ses 27 hectares de Laroze. Un chai nouveau, climatisé depuis 1996, une vinification douce, chaque cuve est équipée de sa propre pompe de remontage pour pouvoir doser sans saturer le vin en oxygène, ce qui préserve le fruit. « *On pratique les remontages par petites touches successives, cela permet d'éviter une extraction brutale qui ferait sortir les tanins de pépins végétaux.* » Il est adepte du microbullage pendant les macérations : cela précipite les anthocyanes et permet de doser l'élevage en bois neuf.

Du côté des vignes, Guy Meslin ne fait pas la fortune des marchands de produits : « *On fait du bio à nous, sans certification. On fait nos composts, on laboure… On avait fait de la biodynamie à un moment, mais, avec le sulfate de cuivre, ce n'est pas très bien, et depuis on travaille autrement.* »

Le souci de ce propriétaire familial, qui améliore sans arrêt le bien dont il a hérité, ce sont les prix actuels du foncier qui vont rendre difficile, voire impossible, la transmission à la famille, à cause des droits d'héritage. « *Ce qui me gêne, ce n'est pas l'arrivée d'un œil extérieur, on a sans cesse besoin de renouvellement, mais c'est l'obligation pour les gens de vendre. On a un peu l'impression d'être les derniers dinosaures. On est la cible de tous les marchands de biens. On est la génération qui a remonté les propriétés et qui peut-être ne pourra pas transmettre. Le paquet de pognon, je n'en veux pas !* »

Second vin : La Fleur-Laroze

Millésime 2000

– Dégustation d'avril 2001

14,5 – Robe grenat. Nez bien fruité, cassis, griotte. Bouche souple, chair assez tendre, joli fruit, touche de poivron et cassis en finale.

– Dégustation d'avril 2002

15,5 – Épices, menthe, assez complet, des notes de fruits et de moka (élevage), bouche ample, douce, moelleuse, sans la trace un peu poivron trouvée l'an passé. Le vin s'est élargi mais conserve de la finesse.

Millésime 2001

– Dégustation d'avril 2002

68 % merlot, 26 % cabernet franc, 6 % cabernet-sauvignon. Élevage : 60 % de bois neuf.

15 – Mûre et violette, avec de la vivacité, de l'éclat, corps bien bâti, mais sans exagération, assez tendre, un fruité éclatant.

Millésime 2002

– Dégustation de mars 2007

15,5 – 80 % merlot, cassis, baies noires, rond, moelleux en attaque, très fruité, les cabernets francs ont aromatisé l'ensemble. Finale tannique, le boisé n'est pas encore complètement fondu.

Millésime 2003

– Dégustation de mars 2007

15 – Grillé, café, torréfaction des arômes qui signent ce millésime de canicule, rond, épicé, un petite séquence fruits confits, assez frais pour un 2003. À boire.

Millésime 2004

– *Dégustation d'avril 2005*

14 – Fruits noirs, réglisse, tanins un peu rugueux, mais un très joli fruit en finale.

– *Dégustation de mars 2007*

16 – Nez cassis, violette, rond, tendre, élégant, frais, fin, bouche séveuse, beaucoup plus élégant que le 2003, concentré pour un 2004, mais sans dureté.

Millésime 2005

– *Dégustation d'avril 2006*

16 – Fruits noirs, note de thym, nez sauvage et frais, bouche dans la continuité, des notes mentholées, poivrées, tanin fin et croquant, assez éveillé. On succombe à son charme.

– *Dégustation de mars 2007*

15,5 – Année du changement d'étiquette : « *Je voulais faire passer autre chose… Le patrimoine, la famille, montrer que derrière le vin, il y a autre chose* », commente Guy Meslin.

Nez épicé, peu ouvert, bouche dense, un peu toastée, puissant, tannique, un peu bourru, marqué par le boisé.

Millésime 2006

– *Dégustation d'avril 2007*

14,5 – Gelée de groseilles, nez de fruits rouges, bouche tendue, fraîche, serrée, vive, un peu de tension en finale mais bon ensemble. Joli fruit.

– *Dégustation de mars 2007*

15,5 – Cerise, fruits confits, bouche puissante, serrée, note cerise et café, long, assez fin.

Millésime 2007

– *Dégustation d'avril 2008*

Guy Meslin : « *Je suis gérant au quotidien, le décideur, car j'ai la chance que ma famille me suive depuis dix-sept ans. On a un nouveau système de trie par rouleaux, qui permet de séparer les baies rondes, pas abîmées, de première qualité, pour Laroze. La seconde qualité fait du second vin, La Fleur-Laroze, et la troisième est soit vendue en vrac, soit portée à la distillerie.* »

80 % merlot, 20 % cabernet franc.

14,5 – Cassis, framboise, nez puissant, bouche séveuse, équilibré, bonne longueur, un peu rugueux en finale.

Millésime 2008

– *Dégustation d'avril 2009*

14,5/15 – Boisé, fruits rouges, bouche tendue, fraîche, tannique, serrée, finale croquante ; plutôt vin de calcaire, un peu extrait mais bien fait.

Millésime 2009

– *Dégustation d'avril 2010*

15,5 – Fruits noirs, violette, cerise, fruits rouges, mûre, bouche fraîche, élégante, sans le milieu de bouche parfois fuyant que l'on y trouve quelquefois.

Le Prieuré

Grand cru classé
Surface : 6,2 ha
Propriétaire : Aline Guichard-Goldschmidt
Contact : Aline et Paul Goldschmidt
Château Siaurac – 33500 Néac
05.57.51.64.58
www.baronneguichard.com

Guichard, un nom qui fleure bon la télé en noir et blanc et les Peugeot 403. C'est plutôt à l'époque des Traction avant Citroën, que de Gaulle et Olivier Guichard se sont rencontrés, quand le Général connaissait sa « traversée du désert ». Mais, dans le souvenir collectif d'une génération, Olivier Guichard, c'est ce ministre un peu pataud, taillé comme un rugbyman, qui eut la lourde charge de l'Éducation nationale au lendemain de 1968. Un « baron du gaullisme » disait-on à l'époque, mais il l'était vraiment (sans trop le revendiquer), descendant d'un baron d'Empire du côté paternel. Le grand-père maternel avait eu la bonne idée d'investir dans la vigne aux environs de Libourne. Les Guichard, Aline, sa fille, sont donc propriétaires de ce joli petit cru posé sur le calcaire, et d'autres domaines (Vray-Croix-de-Gay en pomerol et Siaurac en lalande-de-pomerol)...

Élu de la Loire-Atlantique, maire de La Baule, président du conseil général, Olivier Guichard ne s'est intéressé que distraitement à ses domaines, plutôt bien gérés par un responsable solide. Aline et Paul Goldschmidt ont d'autres ambitions : placer ces crus parmi les meilleurs de chaque appellation. Pour ce qui concerne Le Prieuré, ils ont donc rénové les installations, créé un second vin et fait appel à Stéphane Derenoncourt, conseiller pointu, qui réussit brillamment à Larcis-Ducasse et à Pavie-Macquin notamment.

Ici, la démonstration est moins évidente. Nous étions quelques-uns à beaucoup aimer le côté cristallin des vins du Prieuré, au tout début des années 2000, quand est arrivé Yannick Reyrel, formé auprès de Jean-Claude Berrouet, le grand vinificateur chez Moueix (Pétrus, Trotanoy, etc.). Beaucoup de finesse, d'éclat, de tension. Les derniers millésimes nous semblent plus lourds, plus démonstratifs, certes, mais moins dans la vérité de ce terroir calcaire. Le travail du conseiller reflète la volonté (ou parfois l'absence de volonté) des propriétaires. Dans ce cas précis, on peut se demander si ceux-ci n'en veulent pas un peu trop. À suivre.

Second vin : Délice-du-Prieuré

Millésime 2001

– *Dégustation d'avril 2002*

Yannick Reyrel a repris depuis cette année la gestion technique de ce cru et lui a fait faire un bond en avant spectaculaire. 85 % merlot, 15 % cabernet franc. 35 % de bois neuf.

15,5 – Joli nez de framboise, fraises en tartelette. Bouche tendre et soyeuse, équilibrée, finale, cerise au chocolat. Délicieux.

Millésime 2004

– *Dégustation d'avril 2005*

80 % merlot, 20 % cabernet franc.

15,5 – Nez boisé, réglissé, baies noires, texture drue, bon fruit en bouche, du gras et de la fraîcheur, sucrosité vanillée du bois. Friand et fin.

Millésime 2005

– Dégustation d'avril 2006

15 – Floral, rose rouge, pointe de vanille, bouche vive, serrée, plus dense que de coutume, bien fruité et étoffée.

Millésime 2006

– Dégustation d'avril 2007

13,5 – Cerise, groseille, bouche fruitée, frais, léger, un peu fluide.

Millésime 2007

– Dégustation d'avril 2008

14,5 – Fruits noirs, bouche un peu éteinte sur cet échantillon, tanins rugueux, un peu brut de fonderie. Rustique mais puissant, besoin d'élevage.

Millésime 2008

– Dégustation d'avril 2009

15 – Fruits noirs, bouche ronde, tendre, fraîche, matière dense, bouche riche, beaucoup de fruit, un peu trop extrait, bonne longueur.

Millésime 2009

– Dégustation d'avril 2010

13,5 – Oxydatif, feuillage, séveux, bouche vive, tendue, pas mal de tanins, finale serrée, extraite.

MONBOUSQUET

Grand cru classé
Surface : 30 ha
Propriétaire : Gérard Perse
Contact : Vignobles Perse, Château Pavie – 33330 Saint-Émilion
05.57.55.43.43
www.chateaupavie.com

Monbousquet est entré depuis le classement de 2006 (et après les rebondissements juridiques qui ont suivi) dans la catégorie des grands crus classés, et ce n'est que justice ou juste récompense accordée au travail réalisé par le propriétaire. Gérard Perse, venu de la grande distribution et passionné de vin, a investi d'abord ici à Monbousquet, puis dans d'autres domaines. Son plus bel achat fut le premier grand cru classé Pavie.

Ensuite, deux versions sont possibles, à vous de choisir. Celle de Gérard Perse en résumé. Monbousquet est un grand terroir, on y retrouve de la grave comme à Cheval-Blanc et à Figeac, posé sur de l'argile avec de la crasse de fer (comme dans les grands pomerols, c'est moi qui l'ajoute).

Une autre version est disponible. Monbousquet est à Saint-Sulpice-de-Faleyrens, c'est-à-dire en bas de Saint-Émilion, dans l'ancien lit de la Dordogne, et posé sur des graviers et des sables déposés par la rivière. Pas grand-chose à voir avec Figeac et Cheval-Blanc, situés sur le plateau en haut de Saint-Émilion, en limite de pomerol, sur des graves anciennes.

Gérard Perse a fait un travail formidable en réalisant un drainage de toute la propriété ; cela a permis de faire baisser la nappe phréatique, qui à cet endroit peut affleurer. Je trouve que parvenir à faire classer, grâce à cette obstination, un cru défavorisé au niveau terroir est une belle performance et qu'il n'est nul besoin de récrire la géographie, l'histoire et la géologie. Le terroir est avant tout ce que l'homme en fait : toute l'histoire des vins de Bordeaux s'est construite autour de la rencontre entre des sols, un investissement humain, une capacité à trouver des marchés. Monbousquet végétait et Monbousquet est aujourd'hui un cru reconnu. Point. Parfois, quand la communication brouille l'information, on finit par ne plus rien comprendre et surtout ne plus rien croire. La qualité du vin est incontestable. On aime ou pas, c'est un style !

Second vin : Angélique-de-Monbousquet

Millésime 2001

– *Dégustation d'avril 2002*

Laurent Lusseau était déjà à Monbousquet avant l'arrivée de Gérard Perse. Il est aujourd'hui manager des vignobles Perse : « *Les drainages de 1998 à 3,50 mètres sous terre ont considérablement changé la donne. Cela nous permet aujourd'hui de moins extraire et d'être plus sur le fruit. Notre production, grâce aussi à la taille (8 grappes par cep), atteint 30 hl/ha.* » Monbousquet reste le moins puissant des vins du domaine. 60 % merlot, 30 % cabernet franc, 10 % cabernet-sauvignon. Élevage 100 % bois neuf.

15,5/16 – Noir ; nez rappelant qu'il est encore sur lies, fermentaire, mais un beau fruit s'exprime. Bouche pleine, un tanin ferme, certes, mais civilisé, bel équilibre, vin élégant.

Millésime 2003

– *Dégustation d'avril 2004*

14,5/15 – Nez fleuri, aimable, confiture de fruits rouges, bouche grasse, ronde, un tanin de belle qualité, manque de fraîcheur en finale qui durcit un peu.

Millésime 2007

– *Dégustation d'avril 2008*

14,5/15 – Joli nez bien parfumé, plutôt fruits noirs, bouche douce, ronde, tendre, veloutée en attaque, assez longue, douce, pas très complexe mais plaisante par son côté velouté, finale un peu dure.

Millésime 2008

– *Dégustation d'avril 2009*

13,5 – Floral, violette, bouche dense, encre, tendu, puissant, serré, un peu buvard, séchant en finale, tanins durs.

Millésime 2009

– *Dégustation d'avril 2010*

60 % merlot, 30 % cabernet franc, 10 % cabernet-sauvignon.

15,5/16 – Violette, réglisse, cassis, bouche douce en attaque, tanins bien fondus et arrondis par l'alcool, moelleux, bien fruité, très rond, long.

Le domaine, depuis quelques années, produit aussi un vin blanc, deux tiers sauvignon, un tiers sauvignon gris :

15 – **Monbousquet blanc**. Floral, poire, bien fruité, bouche fraîche, pêche de vigne, bien fruité. Très agréable.

Moulin-du-Cadet

Grand cru classé
Surface : 4,6 ha
Propriétaire : Isabelle et Pierre Blois
Contact : Blois Moueix, 92, cours Tourny – 33500 Libourne
05.57.55.00.50

Un petit domaine de 4,6 hectares dont 3 sur le plateau calcaire et le reste le long de Laroze, sur des zones argileuses. Il est planté à 100 % en merlot et cultivé en biodynamie depuis 2002 sous la houlette d'Alain Moueix (voir Fonroque).

Millésime 2005

– *Dégustation d'avril 2006*

15,5 – Très joli nez chocolat, cerise, épices douces, bouche dense, tanin racé, fruits confits, du charme et de la densité.

Millésime 2006

– *Dégustation d'avril 2007*

16 – Réducteur, fruits rouges, mûre, puissant, dense, épicé, tanins serrés, un peu dur, rugueux, de la classe, belle complexité, long.

Millésime 2007

– *Dégustation d'avril 2008*

14,5 – Framboise, nez vif, frais, floral, limite végétal, bouche, tendue, fraîche, tanins vifs, vin à venir.

Millésime 2008

– *Dégustation d'avril 2009*

14 – Fraise des bois, bouche fraîche, douce, bien fruitée, cerise, tendue, un peu sauvage.

Millésime 2009

– *Dégustation d'avril 2010*

15,5 – Vanillé, séveux, bouche dense, tendue, serrée, puissante mais équilibrée, bien vive en finale, pas mal d'alcool, long ; relevé en finale.

PAVIE-DECESSE

Grand cru classé
Surface : 3,5 ha
Propriétaire : Gérard Perse
Contact : Vignobles Perse, Château Pavie – 33330 Saint-Émilion
05.57.55.43.43
www.chateaupavie.com

Un autre fleuron des vignobles Perse (voir Pavie et Monbousquet), dont le territoire a été diminué de 3 hectares à la suite d'un remembrement au sein des propriétés. L'enveloppe Pavie contenait incrustés (ou en limite), dans le premier grand cru classé Pavie, deux autres domaines, Pavie-Decesse (6,5 ha) et La Cluzière (2 ha). Perse a choisi d'intégrer 3 hectares de Pavie-Decesse et La Cluzière dans Pavie. En revanche, il a fait retirer de Pavie et déclasser 6 hectares qui se trouvaient tout en bas du coteau, en dessous de la ligne de chemin de fer, qui signifie la limite des grands terroirs des saint-émilion. L'actuel Pavie-Decesse est composé de 90 % merlot, 10 % cabernet franc. Élevage comme à Pavie, plus de vingt-quatre mois en barriques 100 % neuves.

Millésime 2001

– *Dégustation d'avril 2002*

15,5 – La robe est noire, le nez confituré, puissant, empyreumatique. La bouche, très boisée-grillée, est puissante, caramel, gratin de fruits rouges, crème brûlée. Très concentré, serré, massif et malgré tout gourmand.

Millésime 2003

– *Dégustation d'avril 2004*

Dégusté à Pavie. 90 % merlot, 10 % cabernet franc.

14,5 – Nez de fruits confiturés, café, cacao. Très extrait, tanin formidable, fruit très mûr, style exotique, imposant par son volume.

Millésime 2007

– *Dégustation d'avril 2008*

14 – Grillé, café, bouche ronde, souple, soyeuse, un peu de sucrosité, agréable, finale tendue, avec une pointe d'amertume.

Millésime 2008

– *Dégustation d'avril 2009*

16 – Nez violette, bouche dense, tendue, extraite mais avec une certaine finesse. Long, un peu trop de tanins mais beaucoup de fruit.

Millésime 2009

– *Dégustation d'avril 2010*

15,5/16 – Épices, grillé, violette, bouche douce, veloutée, tendre, matière veloutée. Large, moelleux mais finale serrée, un peu séchante.

Ripeau

Grand cru classé
Surface : 15,3 ha
Propriétaire : Famille De Wilde
Contact : Barbara Janoueix-Coutel
Château Ripeau – 33330 Saint-Émilion
05.57.74.41.41
www.chateauripeau.com

À Saint-Émilion, on peut être corrézien, c'est fréquent. On peut être belge également, c'est bien vu pour le commerce hanséatique. Barbara, née Janoueix (Corrèze), mais d'une maman De Wilde (Belgique), possède donc tous les atouts pour placer Ripeau en tête des crus bien vendus. Petite-fille d'Albert Janoueix, elle connaît parfaitement l'histoire de ces familles venues chercher fortune au début du XXe siècle. Mais ici, précise-t-elle, rien à voir avec les Janoueix, nous sommes chez les De Wilde, et c'est d'ailleurs son cousin Louis De Wilde, œnologue, qui contrôle la partie technique. Barbara, après une école de commerce à Paris, travaillait à la banque Lazard : *« En 2004, maman m'a demandé de venir reprendre la propriété. J'ai suivi une formation à la fac d'œnologie… »*

Ripeau est en limite de Pomerol avec des sols sablo-argileux, des sables anciens d'origine éolienne et la fameuse crasse de fer en sous-sol que l'on rencontre surtout à Pomerol. L'encépagement comprend 63 % de merlot, 29 % de cabernet-franc et 8 % de cabernet-sauvignon.

Second vin : Garenne-de-Ripeau

Millésime 2000

– Dégustation d'avril 2001

13,5 – Nez frais, joli fruit. Corps moyen, finale un peu mince. Plaisant.

Millésime 2002

– Dégustation d'avril 2003

13 – Grillé, fruits noirs, bouche large, volumineuse mais avec des notes végétales, une extraction qui ne sied pas très bien à ce millésime.

Millésime 2004

– *Dégustation de février 2008*

14 – Nez bien exprimé, mûre, fruits noirs, bouche ronde, du gras, assez touffue, puissant mais pas très affiné.

Millésime 2005

– *Dégustation de février 2008*

15 – 65 % merlot, 25 % cabernet-franc, 10 % cabernet-sauvignon.

Floral, fruits confits, sucrosité, bouche dense, large, puissante, belle matière malgré une pointe d'amer en finale.

Millésime 2006

– *Dégustation d'avril 2007*

15 – Confit, séveux, bouche tendue, résine de pin, riche, plein, finale un peu dure mais vin original, bien construit, long, serré en finale.

Millésime 2007

– *Dégustation d'avril 2008*

13 – Floral, groseille, bouche un peu fuyante, sèche en finale.

Millésime 2008

– *Dégustation d'avril 2009*

15 – Floral, fruits rouges, bouche vive, tendue, fraîche, petits tanins croquants, bon fruit, bonne longueur.

Saint-Georges-Côte-Pavie

Grand cru classé
Surface : 5,5 ha
Propriétaire : Jacques Masson
Contact : Château Saint-Georges-Côte-Pavie
1, Saint-Georges – 33330 Saint-Émilion
05.57.55.48.90

Un petit morceau de la fameuse côte Pavie, et pas le plus mauvais, sur des sols d'éboulis, du bon argilo-calcaire qui donne des vins d'une grande finesse. La propriété est située près de La Gaffelière. Elle appartient à la même famille depuis 1873. La gestion du vignoble et du chai a varié souvent ces dernières années, sans pour autant tomber en de mauvaises mains, et le vin est demeuré d'une qualité constante et remarquable. Après un passage chez Xavier Milhade (Château Boutisse et l'excellent Château Recougne, en bordeaux supérieur), ce fut ensuite l'équipe d'Ausone, avec Alain Vauthier et sa fille Pauline, qui veilla sur le cru. L'essentiel demeure : le vin est excellent.

Millésime 2000

– *Dégustation d'avril 2001*

35 hl/ha, le vignoble est âgé, produit 4 ou 5 grappes par pied. 75 % merlot, 25 % cabernet franc.

16 – Belle robe violine. Nez net, expressif, complexe et élégant, fruit frais. Bouche bien bâtie, onctueuse, charnue, à la puissance bien maîtrisée, au tanin doux et serré.

Millésime 2001

– *Dégustation d'avril 2002*

80 % merlot, 20 % cabernet franc. 50 % de bois neuf.

14 – Couleur violacée ; joli fruit, cassis, cerise noire. Texture drue, finale sèche, un peu décevant par rapport au 2000.

Millésime 2002

– *Dégustation d'avril 2003*

Élevage en barriques d'un vin à 70 % et neuves à 30 %. 80 % merlot, 20 % cabernet-sauvignon.

16,5 – Superbe nez, intense, fin, cerise, fruits frais, bouche racée, soyeuse, longue finale sur le fruit, framboise, vin viril mais délicat, tout en élégance.

Millésime 2004

– *Dégustation d'avril 2005*

16,5 – Nez intense, framboisé, floral, texturé, souple et bien bâti, belle bouche ample et ronde, tanins fins et soyeux, grande longueur.

Millésime 2006

– *Dégustation d'avril 2007*

14,5 – Grillé, eucalyptus, bouche tannique, peu fondue, serrée, beau fruit mais structure dure en finale ; bonne première séquence, le reste suivra selon l'élevage.

Millésime 2008

– *Dégustation d'avril 2009*

17 – Bien fruité, cerise noire, belle expression d'un fruit très pur, bouche fraîche, tanins d'une belle finesse, sensation de sucrosité des fruits mûrs, fin, élégant, belle persistance.

La Serre

Grand cru classé
Surface : 7 ha
Propriétaire : Luc d'Arfeuille
Contact : Luc d'Arfeuille – 33330 Saint-Émilion
05.57.24.71.38
darfeuille.luc@wanadoo.fr

Les 7 hectares de La Serre, en périphérie de la ville, sont posés sur le plateau calcaire truffé de galeries ; un vrai gruyère où parfois un tracteur peut quasiment disparaître, absorbé par le sous-sol, laissant au chauffeur un souvenir impérissable mais traumatisant. Sous le cru, comme à Villemaurine ou Trottevieille, des kilomètres de carrières souterraines, parfois sur plusieurs niveaux. La belle pierre dorée des maisons de Bordeaux, c'est ici qu'elle fut extraite. Les professionnels respectaient des normes, laissant de puissants piliers soutenir la surface. Mais parfois, la cupidité a provoqué des ravages. Des pirates de la pierre ont aminci les piliers, taillé là où il ne fallait pas, mettant en péril ceux qui travaillent la mince couche de terre en surface. Mais quel vin raffiné, celui des vignes qui s'alimentent avec l'humidité de cette roche tendre ! La Serre représente la pureté de ces sols. Élégance, délicatesse, minceur (mais pas maigreur), le Brummel de Saint-Émilion. Luc d'Arfeuille n'a jamais été déraisonnable et tenté de faire de son vin un pomerol chaud et généreux. D'autres, parmi ses voisins, ont suffisamment fréquenté ce concept pour séduire au large. Depuis quelques millésimes, l'œnologue Stéphane Toutoundji conseille la propriété. Il me semble qu'il a apporté un peu plus de régularité ou d'amabilité sans dénaturer. En principe, c'est à cela que servent les œnologues.

Second vin : Menuts-de-La Serre

Millésime 2000

– *Dégustation d'avril 2001*

13 – Cerise et violette. Bouche serrée, fermée, tanin assez aride. Austère.

Millésime 2001

– *Dégustation d'avril 2002*

80 % merlot, 20 % cabernet franc. 50 % de bois neuf.

14 – Boisé très présent au nez, avec un fruité confituré. La bouche est tendre, ronde, souple, le tanin bien gras en finale.

Millésime 2003

– *Dégustation d'avril 2004*

80 % merlot, 20 % cabernet franc. Élevage : 50 % bois neuf, 50 % barriques d'un vin.

15,5 – Nez de cassis, cacao un peu mentholé, After Eight, vanillé. Toucher en bouche suave, tendre, rond, élégant et racé, finale un peu austère.

Millésime 2004

– *Dégustation d'avril 2005*

15,5/16 – Nez expressif, élégant, au fruité intense, mûre et myrtille. Une touche de boisé en bouche, avec du gras, plein, solide, charnu, frais et croquant en finale.

Millésime 2005

– *Dégustation d'avril 2006*

16 – Confiserie, boisé un peu marqué, bouche élégante, petits tanins fins, doux, élégants, beaucoup d'allure, un vrai saint-émilion de calcaire, tendu et frais.

Millésime 2006

– *Dégustation d'avril 2007*

15 – Framboise, rose, cerise, très joli nez floral, fraises au sucre, bouche vanillée discrète, ronde, bien tendre mais avec une longueur agréable, petits tanins portant sur le fruit. Vrai vin du plateau.

Millésime 2007

– *Dégustation d'avril 2008*

15 – Fruits noirs, épices, bouche ronde, souple, bien fondue, élégante, petits tanins doux, soyeux, un style frais et fin.

Millésime 2008

– *Dégustation d'avril 2009*

17 – Fruits rouges, framboise, bouche tendre, élégante, bien tendue, vif, serré en finale, petits tanins fins et croquants, long.

Millésime 2009

– *Dégustation d'avril 2010*

La grêle lui a fait perdre 30 % de la récolte.

16 – Floral, fruits rouges, bouche douce, petits tanins soyeux, frais, fin, élégant, finale assez serrée, délicieux ! Bon niveau de tanins, vin bien construit, qui conserve de la fraîcheur.

SOUTARD

Grand cru classé
Surface : 22 ha
Propriétaire : La Mondiale
Contact : Claire Thomas-Chenard
33330 Saint-Émilion
05.57.24.72.23
contact@soutard.larmande.com

C'est un classique bordelais, presque du décor. Un domaine familial, des héritiers en désaccord sur le devenir des biens. Celui qui veut garder est seul dans la place : on le tient pour privilégié. Les autres, ceux qui veulent vendre, sont ailleurs, dans des métiers rémunérateurs, mais moins valorisants. Le bien ne leur rapporte pas grand-chose et pourtant il vaut cher, c'est du foncier lourd comme un lingot. Rien qu'un quart du magot permettrait d'installer les enfants : appartement ou cabinet. C'est vendu à une banque, une compagnie d'assurances ou à un patron de supermarchés. Soutard, lui, a été récupéré par les assurances, la compagnie La Mondiale. Il aurait pu tomber plus mal. La Mondiale est installée à deux pas et déjà mouillée dans le vin. Elle est propriétaire de Larmande, un joli nom, mais un terroir bien moins intéressant que celui de Soutard, posé sur le plateau calcaire. Soutard pourrait être un premier cru classé, et c'est bien l'objectif de Claire Thomas-Chenard, la patronne des deux domaines.

Mais je vous ai parlé d'elle à Larmande. Il faut lui laisser du temps pour apprivoiser Soutard. J'ai davantage envie de vous raconter Soutard au temps de François des Ligneris, celui qui est définitivement parti en 2006. Sur les 22 hectares d'un seul tenant que compte la propriété, 16 sont sur ce fameux plateau calcaire où se regroupe l'essentiel des crus classés. Au XVIIIe siècle, les paysans ont creusé des sillons dans la roche pour y faire pousser la vigne, quand la couche de terre était trop mince.

Depuis cette époque, le terroir, la superficie, l'emplacement du vignoble, rien n'a changé. Et cependant, Soutard est aussi une histoire récente, originale, profondément indépendante des modes de pensée bordelais. Cela tient à la personnalité de la famille qui fut aux commandes. Des grands-parents qui apprenaient aux petits le rythme des saisons, la vie du poulailler et du potager, les bons et les mauvais champignons. *« Ma grand-mère était originaire d'ici. La famille avait plusieurs propriétés. Au moment de la succession, son frère lui a dit de choisir, elle a pris Soutard. Mon grand-père venait de l'Allier, des céraliers et des éleveurs.* » Mais aussi des érudits : « *Ses frères et lui s'écrivaient en grec ancien. Il allait au bistrot du village parler philosophie. C'étaient des philosophes chrétiens qui aimaient inviter. Ils recevaient d'autres penseurs, des musiciens. La liberté allait avec l'attrait de la terre.* » Le comte Jacques des Ligneris, le père de François, ingénieur agronome, était surnommé « le comte rouge », à cause de ses opinions rose soutenu.

Saint-Émilion est riche en comtes. Sans trop chercher, j'en recense au moins cinq. Trois d'entre eux ont hérité de surnoms. Après « le comte rouge », un autre, connu pour son mauvais caractère avait été rebaptisé « le comte à rebours ». Enfin, un troisième, très bel homme et sans doute pas insensible aux charmes féminins, était désigné par un très poétique « comte courant ».

Ami du grand historien Robert Paxton, qui était venu lui rendre visite lors du procès Papon, Jacques des Ligneris s'était peu à peu replié sur son monde personnel. Il est décédé en 2008. Le fils, François, est pleinement dans ce continuum comtal contestataire et philosophique : « *Je reste calé sur les saisons. Je ne précipite rien, il se raconte une histoire entre le ciel et la terre, on essaie de respecter.* » François des Ligneris possède toujours le bistrot où tout le monde va, L'Envers du décor, mais il ne participe plus aux assemblées générales des vignerons du cru. Certains s'en réjouissent : la mouche du coche est écartée. D'autres le regrettent : « *Nous nous connaissons depuis l'école ; François était alors surtout un emmerdeur. Il l'est resté, mais aujourd'hui, en plus, il propose. Des gens comme lui sont indispensables à Saint-Émilion* », commentait, avant la vente de Soutard, un de ses amis, propriétaire d'un cru classé voisin. François des Ligneris a commencé en 1978 avec son père, qui lui a vraiment confié les rênes du domaine en 1988. L'époque était au renouveau de la richesse à Bordeaux. Les années 90 n'ont cessé, malgré les soubresauts, d'amplifier le phénomène. Bordeaux devenait un laboratoire où on parlait d'abord d'argent, ensuite de technique – surtout celles qui permettaient d'obtenir des vins facilement exportables – et très peu de terroir, de garde, d'expression future, de plaisir à table. Ligneris s'est d'abord senti exclu, dépassé, comme un pêcheur à Saint-Tropez, bon pour le musée Grévin. Il lui fallait à la fois trouver ses marques, maintenir l'intégrité du patrimoine, faire du vin, et du vin sa vie. Il a hésité un peu entre ni Dieu ni maître, l'ironie permanente ou la marge. « *On entend trop les mots de sélection et de concentration. Cela me rappelle les mots d'un type arrivé au pouvoir en 1933, démocratiquement !* » Il a finalement opté pour la plus évidente des attitudes : défendre son identité, « *exister de façon sauvage et libre* ». Soutard, à partir du milieu des années 90, est devenu un des plus fins, des plus vivants saint-émilion. Claire Thomas-Chenard sait de quoi elle a hérité : plus que d'un cru, d'une histoire, si tant est que l'on puisse dissocier les deux. « *Dans un verre de vin, il y a un tiers de géographie et deux tiers d'histoire* », dit (je le cite de mémoire) l'historien et géographe Jean-Robert Pitte.

Second vin : Jardins-de-Soutard

Millésime 2000

– *Dégustation d'avril 2001*

16 – Comme d'habitude, François des Ligneris n'a pas encore effectué ses ensembles : « *Mes vins vivent leur vie, les malolactiques sont encore en cours, pas de soufre, pas d'aération, ils sont réduits et c'est normal.* » On déguste donc les lots, un par un, et les presses, et tout est très bon ; les cabernets frais, framboisés, les merlots, mûrs et friands. Cela devrait donner un très beau vin de garde, sans concessions, comme le viticulteur !

Millésime 2001

– *Dégustation d'avril 2002*

Pour les primeurs, dit François des Ligneris, « *à Soutard on ne visite pas l'appartement témoin, on visite le chantier* ».

Nous irons donc aussi aux barriques, goûter les évolutions différentes suivant le tonnelier. La version définitive aura été élevée en 35 % de bois neuf. Merlot 35 %, cabernet franc 45 %, cabernet-sauvignon 20 %.

16,5/17 – Nez de fruit craquant comme un bigarreau bien mûr, avec une grande pureté d'arômes. Bouche au tanin très fin, serré, subtile, notes de banane chaude, de cacao, une belle structure charnue.

Millésime 2002

– *Dégustation d'avril 2003*

François des Ligneris : « *La meilleure décision que j'aie prise cette année est l'achat d'une table vibrante pour la trie, suivie d'une deuxième table après l'éraflage. Je m'en suis félicité quand j'ai vu tout ce que cela a permis d'écarter, bouts de rafle, feuilles, baies pas mûres, etc., qui seraient allé dans les cuves. Le cuvier est thermorégulé depuis cette année, cela évite de manipuler les moûts et de les oxyder.* » Les fermentations malolactiques ne sont pas finies, les ensembles pas définis, nous dégustons aux barriques, dont un tiers sont neuves, des lots splendides. Rendement de 27 hl/ha, 80 à 85 % de grand vin, qui sera composé de merlot à 75 % et de cabernet franc à 25 %.

16,5/17 – Des fruits frais, d'une grande finesse, cerise, arômes croquants de framboise et groseille, beaucoup d'élégance dans la bouche, tanins croquants et denses.

Millésime 2004

– *Dégustation d'avril 2005*

« *On a vendangé tard, à partir du 8 octobre, jusqu'à la fin du mois. Nous n'avions pas fait de vendanges vertes, pas de saignée non plus : avec nos méthodes de culture bio, la vigne se régule bien. On a eu des rendements élevés – 55 hl/ha – et pourtant c'est bien concentré* », annonce François des Ligneris.

16,5/17 – Nos notes traduisent les impressions ressenties cuve par cuve : charnu, tannique, fruit pur, vivacité, gourmand, maturité. Assurément une réussite.

Millésime 2005

– *Dégustation d'avril 2006*

L'histoire n'est pas drôle. Histoire de famille et d'argent : François des Ligneris va sans doute quitter Soutard, qui est en vente. « *On n'est pas plus forts que les autres...* » Un terroir magnifique, un des plus beaux du plateau. Plus que cela encore, un château vivant qui reçoit, anime, invente, poétise, agace et donne du vin excellent. François vénère le poète Gaston Couté, on lui dédie ces quatre vers :

« *L'odeur du buis, le son du glas*
Un temps de neige, un soir d'ivresse
M'attristent moins que la tristesse
Des moulins qui ne tournent pas ! »

Comme d'habitude, Soutard a pris son temps pour s'assembler, sans forcer la nature : « *On vinifie lot par lot. On a trois terroirs différents. On laisse tout séparé, on goûte cuve après cuve.* » Le cabernet franc, qui entrera en force dans l'assemblage, est remarquable de fruité et de finesse. Le merlot, rond et séveux, lui donne de la chair.

17 – Des arômes de fruit d'une grande pureté, framboise, cerise. Tanins serrés et fins, beaucoup de classe.

Millésime 2006

– Dégustation d'avril 2007

Ce qui fait le malheur des uns fait le bonheur des autres : Claire Thomas-Chenard remplace François de Ligneris.

16 – Cerise, bouche fraîche, élégante, tendue, petits tanins serrés, élégant et fin, racé.

Millésime 2008

– Dégustation d'avril 2009

16,5/17 – Fruits rouges, bouche fraîche, fine, bien parfumée, joli boisé, frais et fin, délicat, beaucoup de petits fruits rouges ; vin de calcaire.

Millésime 2009

– Dégustation d'avril 2010

16 – Fruits noirs, framboise, nez un peu sauvage, bouche vive, fruitée, élégante, peu extraite, fin tendre, bonne longueur, tendu, assez rafraîchissant.

Archives

– Dégustation du 5 février 2002

Millésime 1982

16 – Nez de fruits cuits, encre, épices douces, fleurs séchées, bouche ronde, tendre, veloutée, finale écorce d'orange. Étonnamment frais pour un vin de cet âge. Une partie de la vendange n'était pas éraflée, ce qui lui a sans doute conféré une acidité bénéfique.

Millésime 1983

13,5 – Nez très poivré, un peu rouille, bouche épicée, assez exubérante dans ses saveurs, mais un peu désarticulée.

Millésime 1985

16,5 – Des arômes de fourrure, de gibier et de poivre blanc, après agitation une montée de prune cuite. Bref, un nez facile à saisir et flatteur. 40 % de barriques neuves, ce qui était peu habituel au domaine à l'époque. Bouche élégante et bien ronde, tanins soyeux, beaucoup d'allure et de saveurs. Un régal aujourd'hui.

Millésime 1986

16,5 – Nez épices et chocolat noir, tanins serrés en bouche, vin sérieux, droit, moins flatteur que le 85, mais plus élégant. Deux styles très différents. On apprécie ici la précision, le côté sévère, presque médocain.

Millésime 1987

14 – 30 % de second vin, pour la première fois. Nez cuir, épices, belle bouche plus flatteuse, avec du fruit bien préservé et des tanins ronds. À boire.

Millésime 1988

15,5 – *« On a fait trente-deux jours de cuvaison, la plus longue jamais réalisée ici. C'était l'époque où tous discutaient et cherchaient la performance. »* Nez complexe de vanille, d'épices et de cèdre, bouche dense, peu fondue, tanins solides à la limite de la dureté. Vin encore austère.

Millésime 1989

16 – Des arômes de chocolat blanc, cannelle, bouche gourmande, souple, réglisse, de la douceur, un peu d'alcool, beaucoup de charme.

Millésime 1990

15,5 – Violette, Zan, bouche puissante et tannique faite pour le gibier, un peu sudiste.

Millésime 1991

13 – Année du gel, plus intéressant au nez qu'en bouche, marquée par des notes poivron.

Millésime 1992

14 – Chocolat et café, bouche souple, gourmande, peu dense mais soyeuse.

Millésime 1993

14 – Assez boisé, léger mais bien équilibré, saveurs de fruits cuits. À point.

Millésime 1994

15 – Première bouteille personnalisée de Soutard. Nez violette, mûre, arômes de jeunesse, bouche bien pleine, un peu rugueuse, solide, mais manque de charme.

Millésime 1995

16 – Violette et myrtille, joli nez frais, bouche dense, élégante, tanins fermes mais sans aspérités, vieillissement lent et harmonieux.

Millésime 1996

16,5 – Nez vif de fruits rouges, bouche jeune, un peu anguleuse encore, beaucoup d'élégance et de promesse. Du style.

Millésime 1997

14,5 – Nez puissant de réglisse et de truffe, bouche flatteuse en rondeur, pas mal de bois mais bien fondu, vin pour séduire.

Millésime 1998

15,5 – Épicé et violette, bouche austère, longue, un peu Brummel, de la finesse plus que de la puissance, tanins en réserve. Bel avenir.

Millésime 1999

15 – Fruits noirs, framboise sauvage, fin, net, très jeune, élégant. Une matière qui n'en impose pas, le fruit passe devant. On pourra le boire assez jeune.

TERTRE-DAUGAY

Grand cru classé
Surface : 16 ha
Propriétaire : Comte Léo de Malet Roquefort
Contact : Château Tertre-Daugay
33330 Saint-Émilion
05.57.56.40.80

On ne peut pas le rater. Perché sur une colline, un tertre, en aval de Saint-Émilion, dominant la route de Castillon et la vallée de la Dordogne, il semble faire le pendant à Troplong-Mondot, lui aussi perché sur une hauteur, mais en amont. Autant le dire, c'est un terroir magnifique qui devrait donner un vin du même adjectif. Ce n'est pas le cas ; pourtant, parmi les crus déclassés en 2006 (rassurons immédiatement les enfants et les âmes sensibles, ils ont tous été reclassés), lors du jugement dernier (mais tout de même décennal), il fut le seul que personnellement j'aurais épargné. Mais, comme d'habitude, que ce soit pour la constitution de l'équipe de France de baby-foot ou les remaniements ministériels, personne ne me demande mon avis.

Pourquoi cette mansuétude ? Parce que j'aime bien Léo de Malet Roquefort (rien que le nom : un auteur que j'adore, l'inventeur de Nestor Burma, complété de Roquefort d'abord) ? Parce que Léo conduit à fond la caisse des vieilles Bugatti ? Parce qu'il possède aussi, bien que ce ne soit pas accessoirement, La Gaffelière (voir ce château) ?

Nenni. C'est bien plus simple. Tertre-Daugay, sans doute un peu négligé par le Léo pendant un certain temps, faisait l'objet de beaucoup de soins malgré quelques manques de bol notoires.

Je l'avais repéré en 1995. Superbe de franchise, de netteté, de tension. Un côté électrique, un vin qui regarde dans les yeux. Après, il y eut des passages difficiles. Léo s'est un peu fâché contre un technicien à qui il avait confié le domaine. Puis il a relancé la machine. Mais lui, au moins, n'a pas attendu le verdict de 2006 pour téléphoner au faiseur de miracles Stéphane Derenoncourt, comme on compose le 17 quand le grille-pain attaque les rideaux.

La restructuration du vignoble, commencée au début des années 90, commence à porter ses fruits, et le coup de patte de Derenoncourt a permis d'étoffer un milieu de bouche autrefois un peu fluet. Il y eut, vers 2007 et 2008, de gros déstockages de millésimes mûrs à prix bas en foire aux vins de septembre dans les grandes surfaces. Les vins n'étaient certes pas parfaits, mais leur fruité exubérant emportait l'adhésion.

Second vin : Château de Roquefort

Millésime 2000

– *Dégustation d'avril 2001*

Le millésime est le meilleur, ici, depuis 1995. 60 % merlot, 40 % cabernet franc.

15 – Nez de groseille et mûre, cerise, ample. Assez racé, très fruit, élégant, bonne structure, beaucoup de bois neuf (70 %).

Millésime 2003

– *Dégustation d'avril 2004*

De gros efforts de complantation ont été faits par le comte de Malet Roquefort sur cette propriété. Merlot 60 %, cabernet franc, 40 %.

14,5 – Nez fruits rouges, framboisé, bouche charnue, avec du gras, de la densité, un tanin presque austère, avec de riches notes confiturées en finale.

Millésime 2004

– *Dégustation d'avril 2005*

13,5 – Fruits noirs, mûre et cassis. Un peu décevant en bouche, très extrait, très boisé, finale qui sèche.

Millésime 2005

– *Dégustation d'avril 2006*

65 % merlot, 35 % cabernet franc.

14,5 – Joli nez de petits fruits rouges, attaque de bouche sur des tanins onctueux, la finale est plus serrée, un peu rugueuse mais de jolies notes épicées.

Millésime 2006

– *Dégustation d'avril 2007*

14 – Fruits rouges, bouche douce, pas très dense mais fruitée, souple, fraîche, épicée en finale.

Millésime 2007

– *Dégustation d'avril 2008*

15 – Fruits rouges, bouche vive un peu boisée mais beaucoup de fruits, tendu, frais, élégant, bien fait.

Millésime 2008

– *Dégustation d'avril 2009*

14,5 – Groseille, fruits rouges, bouche fraîche, douce, bien parfumée, pas très précise à ce stade, un peu touffue mais bien fruitée. Joli vin après élevage, petite note végétale en finale.

Millésime 2009

– *Dégustation d'avril 2010*

14,5 – Fruits noirs, mûre, poivré, alcool, gras, moelleux, souple, bien fondu, assez fin, tanins éveillés en finale.

La Tour-Figeac

Grand cru classé
Surface : 15 ha
Propriétaire : Famille Rettenmaier
Contact : Otto Maximilian Rettenmaier
BP 7 – 33330 Saint-Émilion
05.57.51.77.62

Proche de Figeac, dont il faisait partie autrefois, ce cru racheté en 1994 est géré par Otto Maximilian Rettenmaier, fils des propriétaires, une famille d'importants industriels spécialisés dans la fourniture de fibres de bois, de cellulose ou de fruits... Ils possèdent une quinzaine d'usines en Europe et dans le monde. Les Rettenmaier ont racheté les établissements Nicolas, près d'Auxerre. Une entreprise qui fabrique de spectaculaires remorques routières pour les convois exceptionnels. Nicolas a notamment conçu celles qui ont acheminé les différentes parties de l'Airbus A380. À plus petite échelle, La Tour-Figeac est travaillé avec la même précision. Le domaine, situé sur des sols graveleux et sableux anciens, est cultivé en biodynamie sans que cela soit revendiqué et clairement affiché. La direction technique est assurée par Christine Derenoncourt, épouse de Stéphane.

Second vin : Esquisse de La Tour-Figeac

Millésime 2000

– Dégustation d'avril 2001

Après quatre ans de jachère, les 2 hectares attenants au château – qui étaient cultivés en orge – viennent d'être replantés en merlot et un peu de cabernet franc (complantés pour limiter la propagation des maladies), à partir d'une sélection opérée sur des vieux ceps plantés entre 1901 et 1930. Ici, on prend beaucoup de soins à conserver le naturel. Otto Rettenmaier : *« On a une récolte tellement satisfaisante en qualité qu'on n'est pas sûrs de faire du deuxième vin cette année. »* 60 % merlot, 40 % cabernet franc, 36 hl/ha.

16,5 – Robe noire. Nez ouvert, au fruit riche et mûr, pur, frais, élégant. Bouche très fine, puis opulente, cassis, amande, vin long, harmonieux, soyeux.

Millésime 2001

– Dégustation d'avril 2002

65 % merlot, 35 % cabernet franc, rendement : 35 hl/ha.

16,5 – Nez expressif, droit, fruits noirs confits. Attaque tout en fruit, cerise, cacao, bouche gourmande et fraîche, finale serrée sur un tanin délicat.

Millésime 2004

– Dégustation d'avril 2005

16 – Nez finement épicé, fruits noirs, tanins soyeux et liés en bouche, toucher délicat, joli fruit bien persistant. Très classe.

Millésime 2005

– Dégustation d'avril 2006

16 – Épices, grillé, tabac blond, tarte aux myrtilles, bouche souple, tanin tendre, bien mûr et pas trop extrait. Un vin séduisant mais avec du fond.

Millésime 2006

– Dégustation d'avril 2007

14 – Frais, fin, fruité et boisé, bonne matière, un peu d'amertume mais bien tendu.

Millésime 2007

– Dégustation d'avril 2008

15 – Épicé, fruits noirs, bouche ronde, souple, fondue, serrée, tendue. Vin peu aimable à ce stade mais prometteur.

La Tour-du-Pin

Grand cru classé
Surface : 7 ha
Propriétaires : Bernard Arnault et Albert Frère
Contact : Pierre-Olivier Clouet, La Tour-du-Pin
33330 Saint-Émilion
05.57.24.73.34
www.chevalblanc.com

Il pleut toujours où c'est mouillé. C'était le titre d'un film de Jean-Daniel Simon, peut-être aussi un dicton pour dire où va la fortune – ou quelque chose dans le genre, qui colle parfaitement à la vie récente de ce cru. Très bien situé, entre Figeac et Cheval-Blanc, mais nullement valorisé, il était prévisible et quasi certain que le classement décennal des saint-émilion ne lui conserverait pas son rang lors de sa dernière révision en 2006. De fait, La Tour-du-Pin Figeac Moueix, ainsi s'appelait-il afin de le distinguer de son jumeau La Tour-du-Pin-Figeac (appartenant à la famille Giraud), propriété d'une branche de la large famille Moueix, fut déclassé. La suite, les péripéties judiciaires interminables, les contestations de certains déclassés, le Parlement qui s'en mêle, le Sénat qui reclasse, les cours qui cassent… Bref, une solution brevetée Ponce Pilate a transformé le classement en un vaudeville où tout le monde s'embrasse à la fin. Les déclassés se retrouvent classés au même titre que ceux payés de leurs efforts et nouvellement promus. Et voilà La Tour-du-Pin-Figeac Moueix de nouveau en haut de l'échelle. Entre-temps, il a changé de propriétaire. Les anciens ont renoncé et s'en sont séparés dès 2006 au profit du duo de milliardaires Albert Frère et Bernard Arnault, déjà propriétaires du prestigieux voisin Cheval-Blanc. Une bonne affaire, en somme, même si la remise à niveau du cru, qui en changeant de maître a raccourci son nom, demande de l'investissement et du temps. Ne soyons pas inquiets, il est confié aux excellentes mains de l'équipe de Cheval, Pierre Lurton et sa bande. Brièvement, Olivier Berrouet, fils de Jean-Claude, le grand vinificateur de Pétrus, y fit trois petits tours avant de s'en aller succéder à son père. Un boulot qui ne se refuse pas. Désormais, le jeune et excellent Pierre-Olivier Clouet tient fermement les rênes. Le domaine couvre 7 hectares dont 2 en cabernet franc et le reste en merlot.

Millésime 2000

– Dégustation d'avril 2001

Sous le nom de La Tour-du-Pin Figeac Moueix.

12 – Nez assez fruité. Bouche souple, végétale, finale sèche.

Millésime 2006

– Dégustation d'avril 2007

Olivier Berrouet : *« On a du travail. Pour le moment, on a commencé à décompacter les sols en les travaillant, faut y aller doucement pour ne pas arracher les vignes. »* 75 % merlot.

13,5 – Nez floral, bouche tendre, un peu mince, bon fruit mais tanins un peu rugueux.

Millésime 2007

– Dégustation d'avril 2008

« C'est la première année que l'on maîtrise, car, l'an passé on est arrivés pour les vendanges », dit Pierre-Olivier Clouet. 25 % cabernet-franc, 75 % merlot.

14 – Fruits noirs, bouche ronde, joli fruit du cabernet franc, tanins souples. Pas trop d'extraction. Un vin simple et agréable, à boire jeune.

Millésime 2008

– Dégustation d'avril 2009

« Le vignoble avait besoin d'être retravaillé. C'est le premier millésime qui intègre les sols de sables, ça donne du fruit, ils contribuent à la complexité », dit Pierre-Olivier Clouet. Vendangé autour du 10 octobre.

15 – Joli fruit, cerise, poivre, épicé, tendu, bouche vive, Tanins moelleux, bouche garnie, vin gourmand.

Millésime 2009

– Dégustation d'avril 2010

« On ne veut surtout pas de tanins durs, surtout pas de sécheresse », dit Nicolas Corporandy, responsable du vignoble de Cheval-Blanc. 80 % merlot, 20 % cabernet-franc.

15,5/16 – Cerise, bouche souple, rond, frais, fin, petits tanins soyeux, gourmandise, finale assez serrée qui se prolonge, de l'allure.

La Tour-du-Pin-Figeac

Grand cru classé
Surface : 11 ha
Propriétaire : Giraud-Bélivier
Contact : Sylvie Giraud, Château Le Caillou
41, rue de Catusseau – 33500 Pomerol
05.57.51.06.10/05.57.51.63.93
giraud-belivier@wanadoo.fr

On les appelait les jumeaux. La Tour-du-Pin Giraud-Bélivier, gérée par André Giraud, et La Tour-du-Pin-Figeac Moueix, propriété d'une des branches de la famille Moueix, celle d'Armand. Deux morceaux de l'ancienne seigneurie de Figeac, tant de fois coupée, divisée, que l'on retrouve une ribambelle de domaines incluant Figeac dans leur intitulé. Mais, depuis le rachat par Albert Frère et Bernard Arnault du cru des Moueix, la situation s'est considérablement simplifiée, puisque leur La Tour-du-Pin a perdu le Figeac au passage. L'horizon s'éclaircit singulièrement ; il faudrait même être bien étourdi pour confondre La Tour-du-Pin-Figeac avec La Tour-du-Pin ou encore avec La Tour-Figeac, l'autre voisin, appartenant à Otto Rettenmaier... Bref, celui qui nous concerne présentement possède un excellent terroir entre Figeac et Cheval-Blanc, des sols comparables à certains pomerols. On y produit de gentils vins les bonnes années. On pourrait sans doute y réaliser de très grands vins. Il y en eut autrefois. La famille Giraud possède également Château Le Caillou, à Pomerol.

Second vin : Tournelle-du-Pin-Figeac

Millésime 2001

– *Dégustation d'avril 2002*

15 – 75 % merlot, 25 % cabernet franc. 40 % de bois neuf. Nez de cerise, framboise, net et frais. Texture suave, corps racé, le tanin en finale est encore assez dur, mais l'ensemble donne un beau vin.

Millésime 2002

– *Dégustation d'avril 2003*

15 – Joli nez complexe, boisé de neuf, cerise, groseille. Bouche soyeuse à l'attaque, le corps est charnu, la texture moelleuse, et le fruit ressort en finale, avec un petit tanin fin.

Millésime 2008

– Dégustation d'avril 2009

15 – Nez épicé, fruits noirs, bouche garnie, tendue, épicée, fruits cuits, bonne longueur, un peu austère, tanins moelleux.

Millésime 2009

– Dégustation d'avril 2010

16 – Fruits noirs, bouche tendre, souple, fraîche, assez élégante, bien fondue, vin plutôt élégant, vif, fin, équilibré.

VILLEMAURINE

Grand cru classé
Surface : 7 ha
Propriétaire : Justin Onclin
Contact : Luc Pasqueron, Château Villemaurine
33330 Saint-Émilion
05.57.74.47.30
www.villemaurine.com

En 2006, Villemaurine faisait partie des déclassés. Son nouveau propriétaire, au printemps 2007, n'a pas protesté et même fait savoir qu'il ne le ferait pas. Justin Onclin appréhendait suffisamment le cru et l'histoire des vins de Bordeaux pour accepter le jugement. Négociant et belge, c'est-à-dire venu du pays où l'on aime les vins de France, où, sans trop le montrer, on les connaît bien mieux qu'en France, il n'ignorait pas que Villemaurine était en déchéance. C'est même sans doute pour cette raison qu'il l'a acheté. Villemaurine symbolise pour moi des heures de dégustation. Quand le syndicat de Saint-Émilion ne disposait pas encore d'une belle salle à côté du couvent des Cordeliers, nous dégustions là, dans une pièce bien éclairée, en hauteur, avec vue sur la plus belle parcelle de Villemaurine. On pouvait évaluer la largeur, la longueur de la vigne, le nombre de ceps, et surtout s'interroger sur le nombre de pieds manquants. Loin de moi l'idée de faire de la peine à la famille qui gérait ce cru, persuadée paraît-il en toute bonne foi de faire bien, mais nous, de l'autre côté de la vitre, nous constations le désastre. Un si beau terroir, incrusté dans le plateau et le coteau, juste ce qu'il faut d'argilo pour séduire le calcaire et des sols pas labourés, bétonnés par les passages d'engins mécaniques. Les chais, j'y suis allé une fois. Ils reniflaient la pollution.

Bref, gros chantier dans ce cru qui en avait franchement besoin. Le nouveau propriétaire commente : « *On a déplacé les nouvelles cuves de 60 hectolitres en double paroi dans un autre chai : c'est là que l'on a fait le 2009, le temps de refaire l'ancien chai, et on les a rapportées ensuite. Stéphane Derenoncourt a vinifié ce nouveau millésime. On a fait un gros travail dans le vignoble. On a beaucoup travaillé les terres. On a arraché 1 hectare que l'on va replanter. Le travail investi nous donne un retour rapide sur la qualité, on est assez contents. Il y a 7 hectares classés et 1 hectare non classé : Clos-Larcis, on va en faire du second vin.* » Villemaurine a été reclassé par le truchement d'actions judiciaires menées par de mauvais perdants. Justin Onclin n'en faisait pas partie, mais il en apprécie modestement l'augure. Car lui sait.

Dans quelques années, je le parie, Villemaurine sera un des meilleurs des saint-émilion.

Second vin : Clos-Larcis

Millésime 2000

– *Dégustation d'avril 2001*

14 – Fruits noirs, un peu réduit. Assez bon volume, élégant. Bonne finale crémeuse.

Millésime 2001

– *Dégustation d'avril 2002*

70 % merlot, 15 % cabernet franc. 33 % de bois neuf.

14,5 – Nez de pain d'épice, fruits rouges, toasté. Texture virile, extrait, robuste, vin de garde.

Millésime 2007

– *Dégustation d'avril 2008*

14,5 – Réducteur, bouche vive, tendue, fraîche.

Millésime 2008

– *Dégustation d'avril 2009*

Toute petite récolte de 27 hl/ha.

15 – Nez fruits noirs, épices douces, violette, bouche dense, épicée, assez tonique, acidité marquée, un peu tendu, solide, très réglisse en fruits noirs. « *100 % merlot, on n'a pas de cabernet pour l'instant* ».

Saint-émilion grand cru et saint-émilion

ADAUGUSTA

Grand cru
Surface : 1,08 ha
Propriétaire : Gérard et Catherine Canuel
Contact : 1, Grand-Sable – 33330 Saint-Hippolyte
05.47.84.06.76/06.84.20.25.20
contact@chateauadaugusta.fr

Gérard et Catherine Canuel ont abandonné la vie parisienne il y a cinq ans pour s'investir dans ce petit cru de 1,08 hectare.

Gérard était dans l'industrie pétrolière. *« Je suis parti à 59 ans ; ils ont pour politique de dégager les gens avant 60 ans. Je me suis inscrit en master de gestion viticole et j'ai fait mon stage à La Fleur-de-Boüard, chez mon cousin Hubert de Boüard. On a vendu notre maison à Versailles pour tout investir ici, par passion, en 2005. C'était une ancienne ferme à l'abandon. On a deux parcelles : une sur coteau, à Saint-Étienne-de-Lisse, et une ici, sur Saint-Hippolyte. Deux difficultés : la crise et la nécessité de créer la clientèle, car rien n'existait… Mais si je ne l'avais pas fait, je l'aurais regretté. »*

Millésime 2006

– *Dégustation d'avril 2009*

16,50 – Fruits noirs, floral, bouche tendue, fraîche, élégante, bien garnie, fin, friand. Joli fruit.

Millésime 2007

– *Dégustation d'avril 2009*

15,5 – Fruits noirs, épices, bouche ronde, soyeuse, fraîche, tendue, joli fruit, élégant, frais, vif, bien fruité, un peu serré.

Millésime 2008

– *Dégustation d'avril 2009*

16 – Fruits noirs, merlot mûr (75 % merlot), grillé, bouche franche, vive, bon fruit, cerise en finale, très fin, élégant, long.

Millésime 2009

– *Dégustation d'avril 2010*

14 – Réducteur, grillé, épicé, bouche tendue, fraîche un peu rugueuse, agréable mais besoin d'élevage.

Bellisle-Mondotte

Grand cru
Surface : 4,54 ha
Propriétaire : Famille Escure
Contact : 103, Grand-Pey – 33330 Saint-Sulpice-de-Faleyrens
05.57.51.20.47.

Un beau terroir, en bord de plateau, au sud, voisin de La Mondotte, géré par Jean-Marie Bouldy (Bellegrave, en pomerol). Il ne faut pas le confondre avec son presque homonyme Mondotte-Bellisle et les autres Mondotte qui, on s'en serait douté, voisinent avec le premier grand cru classé Troplong-Mondot.

Propriété de la famille Escure, ce petit vignoble de 4,54 hectares est situé sur un coteau argilo-calcaire très pentu. L'encépagement est composé de 80 % merlot et 20 % cabernet franc.

Millésime 2000

– *Dégustation d'avril 2001*

Élevage en bois neuf à 50 %.

15,5 – Nez de cerise griotte, poivré, chocolat, fraîcheur de fruits rouges, bouche soyeuse, raffinée, avec de la vivacité, finale solide, trapue, boisée ; vin jovial.

Millésime 2001

– Dégustation d'avril 2002

15 – Joli nez expressif, framboise, cassis, frais. Pris sur une barrique neuve, il offre un boisé pas trop prenant, fraise et cerise, un petit tanin croquant. Vin fin et délicieux.

Millésime 2002

– Dégustation d'avril 2003

16,5 – Nez superbe, violette pure, framboisé, une touche de fumée. Bouche friande, suave, très gourmande, violette et cassis, corps plein, belle extraction nuancée.

Millésime 2003

– Dégustation d'avril 2004

14,5/15 – Nez sur le fruit et la réglisse, bien ouvert ; bouche bien bâtie, notes de violette, tanin fin, équilibre en soyeux.

Millésime 2005

– Dégustation d'avril 2006

16 – Framboise, joli nez de fruits rouges, bouche ronde, des impressions de maturité et de sucrosité, tanins bien enrobés, séduisant mais avec une profondeur prometteuse pour l'avenir.

Millésime 2006

– Dégustation d'avril 2007

14,5/15 – Épices, fruits noirs, bouche tendre, assouplie, peu de fruit, séveux, bien rond, tanins en finale.

Millésime 2008

– Dégustation d'avril 2009

14 – Boisé, vanille, fruits rouges, assez marqué bois, bouche ronde, parfumée par le bois, un peu séchante en finale.

Millésime 2009

– *Dégustation d'avril 2010*

16 – Fruits noirs bien mûrs, poivre noir, séduisant, charnu, texture dense, tanins racés, serrés, long, suave.

BOUTISSE

Grand cru
Surface : 25 ha
Propriétaire : Xavier Milhade
Contact : Marc Milhade, Château Boutisse
33330 Saint-Christophe-des-Bardes
05.57.74.10.84
www.chateau-boutisse.fr

85 % de merlot, 14 % de cabernet-sauvignon, 1 % de cabernet franc et… 30 ares de carménère plantée en 2007. Xavier Milhade, très ami avec Dominique Hébrard, qui possède quelques pieds de carménère à Château Trianon, de la vieille carménère comme elle existait autrefois à Bordeaux, s'est pris d'amour pour cette jolie grappe capricieuse. Sur Recougne, l'autre domaine de Xavier, il a planté 2,5 hectares de carménère. À Boutisse, il s'agit davantage d'une expérience. Boutisse, sur le plateau de Saint-Émilion à l'est de la ville, est devenu l'affaire de Marc, le fils de Xavier. Marc est ingénieur des Arts et Métiers. *« J'étais très intéressé par la technique, la mécanique, mais j'ai travaillé très tôt sur le vin ; on a monté un club œnologique à notre école avec un copain de Cognac. »* Diplôme en poche, il est allé travailler chez Peugeot pendant un an à l'usine d'Aulnay-sous-Bois. *« J'ai surtout appris à gérer les gens, le contact humain. On était avec des gens qui subissaient la pression, dont beaucoup ne parlaient pas français. C'est très formateur… Mais quand on est né dans la campagne, c'est difficile de s'attacher à cette vie-là. »* On s'en doute, d'autant qu'il y avait de belles propriétés au soleil de Saint-Émilion et que papa Xavier est davantage tourné, nécessité fait loi, vers la partie commerciale. *« Cela me laissait de l'espace. »*

Pour apprendre, Marc a d'abord intégré les équipes qui travaillaient les vignes. « *J'ai mis trois ans pour me souvenir des rituels, quelles opérations, à quel moment et comment optimiser en se référant aux expériences de l'année précédente.* » Boutisse est un placement d'avenir.

Millésime 2000

– *Dégustation d'avril 2001*

14,5 – Robe très noire, nez vineux, cerise noire, vanille, corps moyen au boisé présent.

– *Dégustation de juin 2010*

14 – Boisé encore présent, épices, bouche souple, chocolatée, léger, tendre mais équilibré, frais.

Millésime 2001

– *Dégustation de juin 2010*

15 – Nez chocolat, épices, bouche souple mais plus garnie que 2000, un peu réglissé en finale, droit, assez épicé, bonne longueur, finale vanillée. Le boisé est fondu mais laisse sa pincée d'arômes en finale.

Millésime 2002

– *Dégustation de juin 2010*

15 – Fruits confits, poivré, assez profond, bouche tendue, vive, nerveuse, du fruit et de la profondeur, long, frais. Très différent du 2001.

Millésime 2003

– *Dégustation de juin 2010*

13 – Chocolat à cuisiner, bouche séchante de tanins qui ont souffert de la chaleur.

Millésime 2004

– *Dégustation de juin 2010*

14 – Poivré, frais, tendre, assez raffiné, mentholé, tendu, frais, un peu rugueux en finale.

Millésime 2005

– *Dégustation de juin 2010*

14,5/15 – Fermé au nez, le fruit commence à pointer une oreille, la bouche est tendue, ferme, encore sévère, finale tannique.

Millésime 2006

– *Dégustation de juin 2010*

14 – Boisé au nez, bouche ronde suave, le vin est encore peu ouvert, souple, assez chaleureux, un peu serré en finale, pas mal de fond.

Millésime 2007

– *Dégustation d'avril 2008*

16 – Délicat, tanins fins, très joli fruit, équilibre parfait.

– *Dégustation de juin 2010*

16 – Fruits noirs, bouche souple, élégante, petits tanins frais ronds, délicats, droit, le vin conserve un joli fruit mais on retient surtout sa rondeur et sa finesse.

Millésime 2008

– *Dégustation de juin 2010*

14,5 – Boisé, cerise confite, bouche ronde, souple, tendue, un boisé un peu imposant, la texture du vin n'est pas en cause, petits tanins ronds comme en 2007 mais il faudra l'attendre au moins cinq ans.

Millésime 2009

– *Dégustation d'avril 2010*

14,5 – Fruit net, réglisse, poivre, savoureux, charnu, tendu, tanins serrés, fait saliver, pointe d'amertume.

– *Dégustation de juin 2010*

15,5 – Nez encore fermentaire, très beau fruit, rond, gras, plein, épicé, long, droit, un vin large, généreux, le fruit est préservé, une belle matière bien arrondie par l'alcool et des tanins gras.

Château Brun

Surface : 11 ha
Propriétaire : Famille Brun
Contact : 33330 Saint-Christophe-des-Bardes
05.57.24.77.06

C'est Bruno Brun et Aude son épouse qui sont de garde cette fois là : *« Je suis numéro 3 sur cinq frères et sœurs »*, tous associés dans cette propriété de familiale, un peu à l'écart du circuit traditionnel. *« Nous sommes tous à la retraite, alors on se partage. Chaque semaine, à tour de rôle, on garde la propriété, avec les oies qui nous préviennent dès qu'une voiture arrive. On a un maître de chai, Benoît Turbet-Delof, qui s'occupe aussi de Grandes-Murailles. Il est chef de culture et c'est lui qui fait le vin. Quand on était en activité on ne pouvait pas être à la propriété. Maintenant on s'occupe des vendanges et de la vente. On se partage entre les particuliers et le négoce. »* Une fratrie qui s'entend à merveille et se retrouve les week-ends et lors des fêtes dans cette jolie maison au bord d'un petit étang. Aude : *« On fait les vendanges ensemble. Nous, les femmes, on est à la cuisine ; il y a les maîtres de chai, les maîtres de vigne et les maîtresses des fourneaux. Les hommes apportent les bouteilles. Avec les enfants et les petits-enfants, certaines fois on est plus de cinquante dans la maison. »*

Petits prix, bonne humeur et bon accueil.

Millésime 2004

– Dégustation d'avril 2009

14 – Bouche douce, un peu chocolatée, fraîche ; à boire aujourd'hui, rond, tendre, souple.

Millésime 2005

– Dégustation d'avril 2009

14 – Fermé, réduit, épices, bouche chocolat, ronde, douce, tanins frais, dense, épicé, tanins serrés en finale, note résine, sèche un peu en finale.

Millésime 2006

– *Dégustation d'avril 2009*

13,5 – Fruits noirs, bouche tendre, fraîche, tendue, tanins assez garnis, ronde, un peu vif et séchant en finale.

Millésime 2007

– *Dégustation d'avril 2009*

14 – Pas encore en bouteille, très fruit, bouche tannique mais fraîche, finale un peu serrée. Pas encore collé.

Millésime 2008

– *Dégustation d'avril 2009*

15,5 – Fruits noirs, bouche ronde, bien fruitée, tendue, fraîche, vive, un peu serrée en finale, élégante, beau fruit.

Millésime 2009

– *Dégustation d'avril 2010*

13 – Fruits noirs, épices, bouche douce en attaque, tanins vifs ensuite, un peu trop sur les tanins en finale.

Le Calicé

Grand cru
Surface : 3,20 ha
Propriétaire : Famille Sainson
Contact : Le Peillan
33330 Vignonet
06.08.48.14.35
sainson.lecalice@orange.fr

Petite propriété de 3,20 hectares. *« J'ai acheté avec ma femme et mon fils en 2006 »*, raconte Bruno Sainson, par ailleurs directeur du cru classé Château Laroque. *« Première récolte en 2007. Situé à Vignonet, dans le nord de la commune, ça touche Saint-Émilion. Sols sableux sur deux tiers, avec crasse de fer, et le reste argile à 30 centimètres. On y fait tout à la main. Il n'y avait pas de chai, juste une grange.* » 70 % merlot, 30 % cabernet franc.

Autre vin : Petit-Calicé

Millésime 2007

– *Dégustation d'avril 2009*

14,5/15 – Vanille, menthe, bouche fruits noirs et fruits au sucre, tannique, finale serrée, relevée, joli fruit.

15/15,5 – **Petit-Calicé**. Même vin, sélection d'élevage. Nez fermé, joli boisé blond, bouche épicée, dense, tannique mais bonne longueur, grains de tanins plus nobles.

Millésime 2008

– *Dégustation d'avril 2009*

14,5 – Nez bien fruité, fruits rouges. Bouche douce, vive, tendue, finale un peu serrée.

Carteau-Côte-Daugay

Grand cru
Surface : 16 ha
Propriétaire : Famille Bertrand
Contact : Jacques Bertrand, Château Carteau
33330 Saint-Émilion
05.57.24.73.94
www.chateau-carteau.com

La propriété de la famille Bertrand, située au pied du tertre Daugay, ce ne serait que moi, mériterait d'être montée au rang de cru classé. De 2000 à 2008, invariablement, quel que soit le millésime, Jacques Bertrand a proposé son vin en réservation primeur à 11 euros. Un très beau terroir, un vin qui ne varie jamais en fonction des modes, solidité et élégance des vins de côtes, concluez vous-même : une excellente affaire pour l'amateur qui préfère le bon contenu au contenant célèbre. La famille – Jacques travaille avec ses enfants, Anne-Marie, Catherine et Bruno – exploite aussi le Château Franc-Pipeau, une petite propriété de 6 hectares sur Saint-Hippolyte.

Second vin : Vieux-Lescours

Millésime 2000

– Dégustation d'avril 2001

15,5 – Robe violette. Nez séduisant, fruit mûr, pruneau, boisé bien fondu. Bouche dense et complexe, avec une finale longue et très fruitée.

Millésime 2002

– Dégustation d'avril 2003

15,5 – Du fruit rouge au nez, expressif, avec des nuances vanillées. Bouche charnue, texture dense, finale gourmande sur un petit tanin gras.

Millésime 2005

– Dégustation d'avril 2006

15 – Nez fraises au sucre, bonbon, bouche tendre, élégante, évoquant la confiserie et la cerise du gâteau, tanins soyeux, bonne longueur.

Millésime 2006

– Dégustation d'avril 2007

14 – Confit, pointe oxydative, rond, tendre, bien fondu, frais, tanins onctueux, long. Un peu sec en finale, bonne tenue, classique.

Millésime 2007

– Dégustation d'avril 2008

15,5/16 – Nez floral et framboise, tanins délicats, très belle bouche, en finesse.

Chante-Alouette

Grand cru
Surface : 7,10 ha
Propriétaire : Guy d'Arfeuille
Contact : Benoît d'Arfeuille, Chante-Alouette
33330 Saint-Émilion
05.57.24.71.81
www.chateau-chante-alouette.com

Petite propriété au bas de Saint-Émilion, dans les parties sableuses de l'appellation, fort bien travaillée par Benoît d'Arfeuille : « *Ce sont des vins qui plaisent à tout le monde !* » On ne saurait mieux dire. D'autant que les prix, surtout si on retient les vins en primeur dès le mois de mai, affichent un taux de raisonnabilité proche de 100 %. Comme l'encépagement quand on cumule merlot (80 %) et cabernet franc (20 %). « *Ma mère est cogérante de La Conseillante, à Pomerol, mon père était négociant. Il y avait six enfants d'Arfeuille. Ils étaient originaires de la Haute-Vienne, vieille famille qui a fait du commerce et ensuite acheté des propriétés : La Pointe, Toumalin, La Conseillante… Mon père avait envie d'avoir quelques pieds de vigne, et je suis arrivé ici en 1995. On est dans les sables, avec quelques poches d'argile. On travaille en famille, je fais le chai et le tracteur, c'est ça que j'aime, surtout la vigne. On ne néglige rien, la palette qui part pour le Laos comme le particulier qui passe. J'ai trois enfants et je leur fais faire du vin. Ils ont vendangé un rang, égrappé et vinifié leur vin. On l'a appelé la cuvée des Trois-Frères. On la boit pour les anniversaires.* » Il a tout dit.

Millésime 2004

– *Dégustation de mars 2008*

15 – Rose, framboise, bouche délicate, fine, élégante, bien fruitée, tendre mais sans faiblesse, un style plus coulant que 2005, plus prêt à boire, aussi.

Millésime 2005

– *Dégustation d'avril 2006*

14,5 – Joli nez délicat, floral, bouche tendre, pas trop extraite, petits tanins doux, sucrosité du raisin mûr, finale sur la gelée de groseilles.

– *Dégustation de mars 2008*

15 – Nez fermé, bouche ronde mais fermé, beaucoup de moelleux. Un vin qui ne se livre pas encore, très bien équilibré, long et gourmand.

Millésime 2006

– *Dégustation d'avril 2007*

14,5 – Un nez de saint-émilion et un goût de saint-émilion. Petits fruits noirs, gourmand, soyeux, élégant. Un plaisir gourmand.

– *Dégustation de mars 2008*

14,5 – Note grillée et fruits rouges, bouche souple, soyeuse, bien parfumée, équilibrée. 80 % merlot, 20 % cabernet franc.

Millésime 2007

– *Dégustation d'avril 2008*

15 – Nez fruits rouges, boisé blond, bouche vive, équilibrée, pas trop extrait, bon fruit, bonne longueur, extraction maîtrisée.

Millésime 2008

– *Dégustation d'avril 2009*

15 – Beaucoup de couleur, bouche assez fine, boisée mais pas trop extraite, tendue en finale, serrée.

Millésime 2009

– *Dégustation d'avril 2010*

15 – Expressif, goudron, feuille de cassis, frais, tanins souples, tendre, fruité séduisant, délicat, long.

Le Châtelet

Grand cru
Surface : 3,3 ha
Propriétaire : Famille Berjal
Contact : Julien Berjal, Château Le Chatelet – 33330 Saint-Émilion
05.57.74.60.06/06.72.91.09.29
www.chateau-lechatelet.com

Un terroir – 3,30 hectares – qui ferait rêver plus d'un candidat à l'accession à la propriété viticole. Sur la meilleure partie du plateau calcaire, entre Clos-Fourtet et Beauséjour-Bécot, à portée de fusil des grandes murailles de la ville historique. Passage à vide après le décès du grand-père de Julien Berjal, déclassement en 1996, et le jeune homme qui veut venger l'honneur familial. Bref, un scénario impeccable en cours de réalisation. La première fois que je l'ai rencontré, Julien connaissait quelques difficultés à manier la pipette. Un exercice peu évident avec un bras dans le plâtre et l'autre sérieusement bandé. *« L'hiver à la neige et l'été sur les vagues, derrière un bateau. J'aime les sports à sensation, snowboard, wakeboard… Dès que je peux. »* Surtout pas au moment des vendanges… *« Je suis arrivé ici tout de suite après mon BTS, c'est un terroir exceptionnel. Il y a beaucoup de travail sur la vigne. On a changé tous les piquets, on redresse, on taille. Ça commence à rendre. Mon objectif, c'est le prochain classement des saint-émilion. »* Pas gagné, au vu des difficultés rencontrées par le classement de 2006. Peu importe, Julien a déjà en partie réussi son pari. Le Châtelet se remarque dans les dégustations. Prochaine étape, la culture bio. Julien Berjal s'en approche de plus en plus.

Millésime 2005

– *Dégustation d'avril 2006*

16,5 – Nez très ouvert, rose et griotte, la grande douceur du plateau calcaire, le boisé est un peu prenant au départ, mais la fraîcheur du vin domine aisément, tanin croquant, toucher délicat, bonne longueur et grande élégance.

Millésime 2006

– *Dégustation d'avril 2007*

16 – Boisé, vanille, bouche tendre, souple, petits tanins fins et croquants, élégant et fin, finale agréable et joli fruit bien valorisé par un bois discret.

Millésime 2007

– *Dégustation d'avril 2008*

17 – Un peu réducteur, bouche souple, bien fondue et fruitée, tendu, fin, vif, vin de calcaire, très élégant et structuré, dentelle solide, très beau fruit.

Millésime 2008

– *Dégustation d'avril 2009*

14,5/15 – Fruits noirs, bouche ronde, souple, tendue ensuite, bonne matière serrée en finale marquée par le bois, un peu trop présent sur cet échantillon.

Millésime 2009

– *Dégustation d'avril 2010*

16 – Nez très mûr, épices, vanille, cannelle, chocolat, très onctueux, délicat, frais, séveux, pointe d'amertume agréable, très long.

16,5 – Cuvée. Confiture de fruits noirs, noyau, nez délicat, riche, racé, tanins fermes, balsamique, long.

Clos Badon Thunevin

Grand cru
Surface : 6,5 ha
Propriétaire : SCI Badon-Guérin
Contact : Jean-Luc Thunevin
6, rue Guadet – 33330 Saint-Émilion
05.57.55.09.12
www.thunevin.com

Outre son grand vin, Valandraud, Jean-Luc Thunevin conseille un grand nombre de domaines et produit plusieurs crus dont ce Clos Badon, voisin de Chante-Alouette, dans la partie sableuse des bas de Saint-Émilion. 50 % cabernet franc, 50 % merlot.

Millésime 2000

– Dégustation d'avril 2001

15 – Très parfumé, fruits noirs, une bouche aux saveurs de fruits bien mûrs, tanin dru, ferme mais sans dureté.

Millésime 2001

– Dégustation d'avril 2002

14,5 – Une véritable friandise : nez de fruits et bonbon, éclatant, toute la vivacité du cabernet mûr, savoureux.

Millésime 2005

– Dégustation d'avril 2006

15,5 – Café, grillé, boisé un peu envahissant, la bouche en revanche est beaucoup plus expressive, riche, puissante, généreuse. Le tanin est puissant mais sans dureté, plus en largeur qu'en délicatesse, mais ne boudons pas le plaisir.

Millésime 2006

– Dégustation d'avril 2007

13,5 – Robe très noire ; nez plein de nuances, intéressant. Saveurs fraîches et élégantes ; légère amertume en finale pour le moment.

Millésime 2007

– Dégustation d'avril 2008

16,5 – Floral, bouche gazeuse, tanins doux, serrés, veloutés, beaucoup de charme, long, frais, bien fruité, très beau milieu de bouche frais et tendu.

Millésime 2008

– Dégustation d'avril 2009

14,5 – Floral, joli fruit, tension, frais, bien fruité, serré, finale un peu serrée.

Clos de la Cure

Grand cru
Surface : 6,70 ha
Propriétaire : Famille Bouyer
Contact : Alexia Bouyer, Château Milon
33330 Saint-Christophe-des-Bardes
05.57.24.77.18
www.chateaumilon-closdelacure.fr

Alexia et Pierre Bouyer exploitent deux propriétes, Milon (7 hectares) et ce Clos de la Cure, situé sur un sol de pied de coteau pour 3 hectares et sur le plateau de Saint-Étienne-de-Lisse, argile et roche calcaire en dessous. *« Le vin n'est jamais impressionnant jeune, mais quand ça vieillit c'est fantastique. »* D'autant que les Bouyer (7e génération) ne sont *« jamais tombés dans la mode de la surextraction »* qui donne *« des vins poussiéreux, qui ne résistent pas dans le temps »*. Et qu'ils sont plutôt branchés cabernet franc, *« qui apporte de la finesse, plus que le merlot »*.

Millésime 2000

– *Dégustation d'avril 2001*

14,5 – Noir d'encre. Nez fruits noirs, notes animales (fourrure), bouche onctueuse et puissante, mûre.

Millésime 2007

– *Dégustation d'avril 2008*

15,5/16 – Fruits rouges, bouche vive, bien tendue, vif, assez frais. Élégant, bon végétal.

Millésime 2008

– *Dégustation d'avril 2009*

14,5 – Fraise des bois, confituré, boisé, bouche ronde, suave, bien fruitée, tendue, un peu de fruits confits, tanins doux.

Millésime 2009

– Dégustation d'avril 2010

14 – **Milon**. Note boisée, balsamique, encens, moelleux, velouté, fraîcheur du fruit, tanins un peu astringents, pointe d'amertume, tendu.

Clos des Abbesses & La Grande Abbesse

Saint-émilion et grand cru
Surface : 5,20 ha
Propriétaire : Famille Chariol
Contact : Agnès et Philippe Chariol
247, les Jouans – 33330 Saint-Sulpice-de-Faleyrens
06.79.81.80.05
www.clos-des-abbesses.com

Petit domaine en bas de Saint-Émilion, voisin de Monbousquet. Agnès et Philippe Chariol travaillent en couple. De la taille de la vigne à la commercialisation, ils se chargent de tout et trouvent le temps d'accueillir les visiteurs, d'expliquer et de faire déguster. Ils proposent deux vins : un saint-émilion simple, Clos des Abbesses, et un grand cru, La Grande Abbesse. *« Ici, c'était une grange à foin. Il y avait des vaches, autrefois : quand l'année était mouillée, les vaches étaient grasses et la récolte de vin, maigre ; quand il faisait beau, c'était l'inverse. On est installés depuis 2002. On a fait un BTS élaboration et commerce des vins. C'est là qu'on s'est connus, au lycée de Montagne-Saint-Émilion. On a pas mal de restaurants à Paris, comme clients. On ne savait pas trop comment s'y prendre, alors on a acheté un guide des bistrots et on en a visité un paquet, toujours tous les deux. Des particuliers, aussi : on va livrer dans la cuisine des gens… »*

Prix très bas et super-qualité, l'adresse qu'on ne donne qu'aux amis.

Millésime 2006

– *Dégustation d'avril 2009*

15 – Ferme, dense, tannique, bouche dense, tonique, frais, vif, fruits noirs.

15,5 – **La Grande Abbesse**. Nez épicé, mûre, bouche vive, tendue, serrée, riche, bien équilibré, moelleux.

Millésime 2007

– *Dégustation d'avril 2008*

14,5 – Nez fumé, réglisse, fruits noirs, bouche souple, fine, bien fruitée, vin simple, bien fait, pas très dense mais qui sera agréable jeune.

– *Dégustation d'avril 2009*

14,5 – Nez refermé ; bouche étirée, longue, note de prune, souple, frais, fin.

15 – **La Grande Abbesse**. 80 % merlot, 20 % cabernet franc. Grillé, épicé, bouche dense, souple, fraîche, bien ronde, moelleuse, bonne longueur.

Millésime 2008

– *Dégustation d'avril 2009*

14,5/15 – Cassis, bouche fruitée, simple, douce, pas très complexe mais bien fruitée ; vin sans maquillage, bien fait sur le fruit.

15,5 – **La Grande Abbesse**. Poivre, encre, bouche droite, petits tanins serrés, pas mal d'allure, tendu, assez frais, long, belle structure.

Millésime 2009

– *Dégustation d'avril 2010*

14 – Réduit, fruits noirs derrière à l'aération, le fruit vient ensuite, bouche tendre, assez fine, pas très dense mais bien fruité.

15,5 – **La Grande Abbesse**. Violette, bien fruité au nez, bouche tendre, élégante, tendue, un peu séchante à cause de la réduction, frais, fin, élégant, bonne longueur.

Clos Grandes-Versannes

Grand cru
Surface : 1,6 ha
Propriétaire : Vignobles J.-L. Sylvain
Contact : Jean-Luc Sylvain, Château La Perrière – 33570 Lussac
05.57.74.51.33
www.vignobles-jlsylvain.com

Pas très facile de s'y retrouver avec toutes ces Versannes. Il en existe des grandes, des hautes, des petites mais pas de moyennes. Et surtout, il ne faut en effet pas confondre ce clos avec le Domaine des Grandes-Versannes, de Gilles Pirabeau, ou le Château Grandes-Versannes, second vin du château Gravet-Renaissance.

Là, au clos, c'est tout petit, à peine 1 hectare, mais les vignobles de Jean-Luc Sylvain représentent une entité plus importante avec La Rose-Perrière, à Lussac, qui couvre 10 hectares. Jean-Luc, par ailleurs un tonnelier de très haute réputation, a repris la direction du domaine familial en 2004. Depuis, nous avons distingué ce vin tous les ans en dégustation à l'aveugle.

« C'était à mes grands-parents, composé de deux terroirs différents. Le premier, c'est sables et graves, et l'autre, c'est graves et argile. Mon grand-père était maître de chai et s'occupait de cette petite propriété ; c'était ce qui arrondissait les fins de mois. Ça m'embêtait de vendre Grandes-Versannes. » Mais comment justifier l'emploi d'un technicien sur une aussi petite surface ? Alors, Jean-Luc a acheté La Rose-Perrière, à Lussac – *« c'était dans mes moyens… »* – et embauché Bruno Célérier, fils de vigneron de Puisseguin. *« L'idée était aussi de faire des essais chez moi, on a des protocoles d'essais dans le chai, notamment pour vinifier en barriques. Parfois je me dis que cela me prend trop de temps. »*

Prix très raisonnables.

Millésime 2004

– Dégustation de janvier 2010

13,5/14 – Fruits noirs, marqué cabernet, bouche douce, le boisé gomme les aspérités du cabernet pas très mûr, agréable, un peu sévère.

Millésime 2005

– Dégustation d'avril 2006

15,5 – Nez très ouvert, bouche ronde, bien fruitée, tanins de qualité, onctueux et gourmand en attaque, plus tendu ensuite. On commence par la séduction, on termine par l'élégance.

– Dégustation de janvier 2010

15,5 – Fruits noirs, épices, tendue, vive, joli fruit, long, crèmeux, doux, frais, gourmand.

Millésime 2006

– Dégustation d'avril 2007

15,5 – Réducteur, café, boisé, bouche souple, douce, assez bon fruit, petits tanins vifs mais mûrs, un peu de rugosité en finale mais joli fruit et structure solide.

– Dégustation de janvier 2010

15 – Joli nez, grillé, plus boisé, bouche vive, dense, fraîche, serrée, belle acidité rafraîchissante, finale un peu sévère.

Millésime 2007

– Dégustation d'avril 2008

15,5/16 – Un peu végétal, bouche puissante mais fondue, un peu oxydé, élégant, frais, fin, belle matière, équilibrée, long, bien fait.

– Dégustation de janvier 2010

15 – Note fraise, un peu marquée par les cabernets, menthe, bouche fraîche, vive, tendue, petits tanins serrés, un peu austère, mais pas mal.

Millésime 2008

– Dégustation d'avril 2009

14 – Épices, poivre noir, bouche, tendue, un peu trop boisée, pas très fine mais puissante.

– Dégustation de janvier 2010

14,5 – Floral, framboise, un peu boisé, bouche tendue, vive, joli fruit, serré, prometteur, besoin d'air. Tendu, vif, bien fruité.

Millésime 2009

– Dégustation d'avril 2010

14,5/15 – Fruits rouges, bouche vive, tendue, fraîche, petits tanins vifs, beaucoup de fruit, boisé fondu, assez élégant.

Clos Saint-Émilion-Philippe

Grand cru
Surface : 7,68 ha
Propriétaire : SARL SEA Philippe
Contact : 2, lieu-dit Beychet – 33330 Saint-Émilion
05.57.51.05.93/06.88.08.14.03
www.clos-saint-emilion.com

C'est un peu compliqué, leur affaire. Sur 7,68 hectares, Jean-Claude Philippe, petit-fils du fondateur et médecin, produit pas moins de trois vins, dont l'un change d'intitulé ou de numéro chaque année en fonction de l'âge, respectable, des ceps plantés en 1900. La Cuvée du Père représente l'entrée de gamme, rustique et sympa. La cuvée Clos Saint-Émilion-Philippe joue la normalité d'un milieu de gamme bien fait. La cuvée 102, 103 et sa suite, fait figure d'ex-vin de garage, reprofilé haut de gamme vieilles vignes. Mais est-on vraiment certain que les ceps ont tous été plantés en 1900 ? Si oui, quel mois ? Si par exemple, on en a mis en terre en novembre, et d'autres en décembre, cela vaudrait le coup de séparer et de faire deux cuvées, non ? Olivier Dauga, ancien rugbyman, en dehors de faire exploser ses chemises achetées par sa maman du temps où le chanteur Antoine faisait la mode et pas la pub pour les lunettes de vieux, conseille la famille Philippe. Un homme de bon sens, il va nous trouver la solution. La propriété vendait tout en vrac au négoce, ce n'est que depuis le milieu des années 90 que le cru connaît la bouteille.

Autre vin : Cuvée du Père

Millésime 2005

– *Dégustation d'avril 2006*

15 – **Clos Saint-Émilion-Philippe**. Nez réservé, bouche épicée, petits tanins serrés bien présents et sans dureté qui portent un joli fruit évoquant la griotte et les groseilles, élégant, charmeur.

Millésime 2008

– *Dégustation d'avril 2009*

14 – **Cuvée 108**. Réduit, bouche souple, assez fine, fruitée, moderne, pas trop extraite, tanins bien oxygénés.

Millésime 2009

– *Dégustation d'avril 2010*

14 – **Clos Saint-Émilion-Philippe**. Nez expressif, kirsch, menthe fraîche, texture souple, tanins fins, note d'amertume, long, harmonieux, séveux.

Coutet

Grand cru
Surface : 13 ha
Propriétaire : Famille David-Beaulieu
Contact : Alain et Xavier David-Beaulieu – 33330 Saint-Émilion
05.57.74.43.21/06.13.03.17.62
www.chateau-coutet.com

Coutet est entouré par Beau-Séjour-Bécot, Bellevue, Beauséjour-Duffau, Angélus, Grand-Mayne. Ce serait pléonastique de souligner son excellente situation, sur le plateau de Saint-Émilion. Le domaine est dans la famille depuis le XVe siècle, et de nombreux documents conservés par la famille en attestent. Car ici, le temps s'est arrêté au début du XXe siècle. « *Le grand-père avait fait du culturisme pour pouvoir s'engager lors de la guerre de 1914. Très militaire au début, mais vite désabusé. On a toutes ses lettres où on sent venir son dégoût pour la guerre. Il en était revenu traumatisé et a choisi de partir vivre en Indochine… Après, le domaine a été conservé par ses trois sœurs, qui l'ont géré à l'ancienne. Si bien que l'on peut dire : jamais il n'y a eu de désherbants ni vraiment de traitements chimiques, juste du cuivre et du soufre. On continue comme ça* », racontent les deux frères David-Beaulieu, qui classent et conservent les archives, les commandes du tsar Nicolas II, amateur de Château Coutet, ou, plus rare encore, une bouteille très ancienne, bouchée au verre.

Alain est resté avec son père à la propriété et Xavier, ingénieur informaticien, est venu les rejoindre en 2003 pour s'occuper du commerce et de la communication. Coutet avait besoin d'une sérieuse remise à niveau. Les deux frères ambitionnent de lui faire recouvrer son rang d'ancien cru classé, qu'il détenait jusqu'en 1986.

Second vin : Demoiselles-de-Coutet

Millésime 2007

– *Dégustation d'avril 2009*

15 – Rose rouge, épices, violette, poivre, bouche tendre, élégante, bien fraîche, bonne longueur, tendue, bien fruité.

Millésime 2008

– *Dégustation d'avril 2009*

15,5/16 – 60 % merlot, 30 % cabernet franc, 7 % malbec, 3 % cabernet-sauvignon, vendangé du 7 au 17 octobre. Nez fruits noirs, mûre, bouche douce, garnie, épicée, bonne matière, joli fruit, une acidité assez marquée, bonne tenue. Petits tanins suaves ; tendu en finale.

Le Destrier

Surface : 10 ha
Propriétaire : Vignobles Cheminade
Contact : Olivier Cheminade
Peyrouquet, 7, Saint-Pey-d'Armens – 33330 Saint-Émilion
05.57.47.15.39
www.vignobles-cheminade.com

Le Destrier se détache d'un ensemble plus vaste. Un domaine à la fois récent et ancien. Les Cheminade sont là depuis cinq générations, mais Olivier s'est vraiment installé en 2003 : « *On a 40 hectares, 20 en bordeaux et 20 en saint-émilion. Jusqu'en 2001, mon père portait tout à la coopérative. J'en ai retiré une partie. En 2001, j'ai créé cette cuvée Le Destrier avec 2 barriques, puis 5 barriques en 2002, et comme ça a bien marché, je me suis lancé l'année suivante en jeune agriculteur, avec du bordeaux et du saint-émilion. Mon idée c'est de vendre la totalité de ma production en bouteilles. Ça peut paraître bizarre en période de crise, mais je manque de vin…* » Le 2009 Prestige en primeur était proposé à… 7,50 €.

Millésime 2005

– *Dégustation d'avril 2006*

15,5 – Floral et des notes grillées, bouche tendre mais sans faiblesse, petits tanins garnis, bonne matière fine et généreuse, riche en saveurs.

Millésime 2006

– *Dégustation d'avril 2007*

13,5 – Groseille, mûre, bouche fraîche, ronde, tendre, assez fluide, favorisant le fruit.

Millésime 2007

– *Dégustation d'avril 2008*

13,5 – **Prestige**. Fumé, un peu extrait, bouche serrée, amertume en finale. Joli fruit ; l'élevage lui fera du bien.

Millésime 2009

– Dégustation d'avril 2010

13,5/14 – Prestige. Fruité, prune, cerise, bouche souple, tendre, bien ronde, agréable, à boire jeune.

14,5 – Premium. Fruits rouges et violette, cassis, bouche douce, ronde, bien fruitée, tendre, bien fondue, petits tanins délicats, tout en fruit.

Faugères

Grand cru
Surface : 49 ha
Propriétaire : Silvio Denz
Contact : 33330 Saint-Étienne-de-Lisse
05.57.40.34.99
www.chateau-faugeres.com

En 1987, Péby Guisez hérite de ce domaine, dans sa famille depuis 1823. Lui est producteur de cinéma, sa femme est publicitaire : ils changent de vie et s'investissent totalement dans ce vaste vignoble réparti sur deux appellations, côtes-de-castillon et saint-émilion. En 1997, Péby est mort et Corinne décide de poursuivre. Finalement, le domaine est vendu en 2005 à Silvio Denz, important industriel suisse dans l'univers du luxe et des parfums. Tellement important qu'il peut s'offrir le concours de l'architecte Mario Botta, rénovateur de la Scala de Milan, entre autres. Il est aussi le concepteur de la Kyobo Tower, à Séoul, la double tour rouge que l'on nous montre chaque fois que la télévison s'intéresse à la capitale de la Corée du Sud. Le Mario a réalisé en pleine campagne saint-émilionnaise une tour de 14,50 mètres sur trois niveaux avec une terrasse couverte et ouverte qui domine la vallée de la Dordogne. Ce n'est pas tout à fait le style chartreuse en pierres dorées de la région, mais il faut de tout, comme dirait sans doute celui qui a délivré le permis de construire. Demeure le vin. Jusqu'à présent, c'était signé œnologie moderne avec un profil Carcassonne by Viollet-le-Duc. On verra par la suite si le style s'inscrit dans le patrimoine élégant de ceux de la région. Silvio Denz possède aussi Château de Chambrun, en lalande-de-pomerol.

Millésime 2000

– *Dégustation d'avril 2001*

14 – Belle robe, de la finesse au nez, plus élégant que sa cuvée spéciale Péby, de la tendresse, pas trop d'extraction, boisé un peu trop présent. À revoir après élevage.

Millésime 2001

– *Dégustation d'avril 2002*

13,5 – Robe noire, dense. Pruneau, boisé grillé, bouche très extraite, tanin austère, très boisé.

La propriété propose aussi un vin de garage, Péby-Faugères, surmûri, épais, tannique, mais qui manque de finesse (**12,5**).

Millésime 2003

– *Dégustation d'avril 2004*

Merlot 85 %, cabernet franc 10 % cabernet-sauvignon 5 %. Élevage 50 % bois neuf.

15 – Robe noire et dense, bouquet de fruits noirs confiturés, un boisé très toasté, épices. Bouche réglissée tout en opulence et en charme.

Millésime 2008

– *Dégustation d'avril 2009*

14 – Joli nez fruité, bouche ronde, souple, douce, tendre, tendue en finale, un peu trop boisée.

La Fleur-Pourret

Grand cru
Surface : 4,5 ha
Propriétaire : Famille Manoncourt
Contact : Laure et Éric d'Aramon
33330 Saint-Émilion
05.57.24.72.26
www.château-figeac.com

Propriété (4,5 ha) de la famille Manoncourt (Château Figeac), rachetée à Axa. Sables sur argiles et calcaire. Désormais, on le trouve à Figeac, en vente au domaine.

Millésime 2006

– *Dégustation d'avril 2007*

16 – Nez très axé sur le fruit, élégant. Il embaume la pâtisserie fraîche (mille-feuille). Saveurs intenses et élégantes : tarte aux cerises, tanins fins, superbes.

Millésime 2007

– *Dégustation d'avril 2008*

54 % de merlot, 6 % cabernet-sauvignon, 40 % cabernet franc.

14,5/15 – Fumé, grillé, épicé, fruits noirs, bouche dense, riche, assez puissante, épicée, bon fruit, massif, bien rond en milieu de bouche.

Millésime 2008

– *Dégustation d'avril 2009*

14/14,5 – Nez fermé, bouche tendue, un peu sévère, qui va se fondre à l'élevage.

Fombrauge et Magrez-Fombrauge

Grand cru
Surface : 55 ha
Propriétaire : Bernard Magrez
Contact : Château Fombrauge
33330 Saint-Christophe-des-Bardes
05.57.24.77.12
www.bernard-magrez.com

Repris en 1998 par Bernard Magrez (Pape-Clément, La Tour-Carnet), conseillé par Michel Rolland, le cru innove, en 2000, avec une sélection sur 1,5 hectare d'une parcelle (au lieu-dit Maurens, merlot et cabernet franc vinifiés séparément), commercialisée sous le nom de Magrez-Fombrauge : *« Tout ça pour qu'on parle de nous ! »*, dit Bernard Magrez. *« À l'endroit où se trouve mon château, retiré en dehors du passage, je dois imaginer quelque chose pour faire parler de nous. »* Ajoutée à la réfection totale des bâtiments, parc, jardins et pelouses, qui ressemblent maintenant à un Relais & Châteaux, bannières flottant au vent, la création de Magrez-Fombrauge a donné du grain à moudre aux médias ! Côté vignoble et vinifications, le rouleau compresseur Magrez est passé aussi, mettant en place comme dans tous ses châteaux le dernier cri des techniques et des équipements, petites cuves en bois tronconiques, double table de trie où officient 22 personnes, égrenage et pigeage manuels, écoulage par gravité. Fombrauge est un produit très présent dans les foires aux vins.

Second vin : Cadran-de-Fombrauge

Millésime 2000

– *Dégustation d'avril 2001*

15 – Très coloré, boisé grillé, un peu truffé, fruits noirs. Bouche grasse, clou de girofle, épices, fumée. Finale élégante sur un tanin ferme mais gras.

Millésime 2001

– *Dégustation d'avril 2002*

Rendement : 32 hl/ha, bois neuf pour 70 % des barriques. 77 % merlot, 12 % cabernet-sauvignon, 11 % cabernet franc. Vendanges du 27 septembre au 15 octobre.

15/15,5 – Robe noir violacé, nez profond, complexe, un peu fermé, fruits noirs confiturés. Bouche souple à l'attaque, charnue, notes de bois grillé, texture serrée mais feutrée, vin gourmand.

Millésime 2002

– *Dégustation d'avril 2003*

71 % merlot, 18 % cabernet franc, 11 % cabernet-sauvignon.

15,5 – Robe violine. Nez de fumée, boisé, superbe fruit frais. Le fruit s'exprime en bouche, biscuit fourré, myrtille, vin opulent, finale dominée par le bois à ce stade.

16 – **Magrez-Fombrauge**. Nez un peu austère et réduit, un degré élevé (14°), la bouche est très concentrée, puissante, le boisé très réglissé couvre la finale qui sèche un peu.

Millésime 2003

– *Dégustation d'avril 2004*

15 – Nez ouvert et fruité, prune, cassis. Bouche charnue, tanins gras et feutrés.

15,5 – **Magrez-Fombrauge**. Plus concentrée, imposante, riche, mais qui garde de la fraîcheur.

Millésime 2007

– *Dégustation d'avril 2008*

14,5/15 – Boisé marqué, bouche vive, fraîche, vanillée mais bon fruit.

Millésime 2008

– *Dégustation d'avril 2009*

14,5 – Floral, souple, délicat, tendre, bien fruité, bouche garnie, petits tanins doux, un peu extrait mais agréable.

Millésime 2009

– *Dégustation d'avril 2010*

14 – Expressif, mûre, confiture de fruits noirs, très charnu, onctueux, dans un style extrait mais gourmand, manque un peu de nerf.

Château de Fonbel

Grand cru
Surface : 15 ha
Propriétaire : Famille Vauthier
Contact : Alain Vauthier – 33330 Saint-Émilion
05.57.24.24.57
château.ausone@wanadoo.fr

Ce cru appartenait à l'oncle d'Alain Vauthier, de Château Ausone. La vision du vin par le tonton était assez différente de celle d'Alain, en termes de rendements et de commercialisation. *« Il produisait beaucoup et stockait tout. »* Alain Vauthier s'est de plus en plus impliqué dans la gestion du cru et l'a assez rapidement fait progresser. Une forte proportion de cabernet-sauvignon, qui ne mûrit pas forcément bien ici, conférait au vin une dureté en finale pas très agréable. Les Vauthier, désormais, modifient les assemblages en introduisant notamment de la carménère, un cépage ancien du Bordelais. C'est en quelque sorte devenu un lieu d'expérimentation dont le but est de produire un vin simple, facile, bien parfumé.

Millésime 2001

– *Dégustation d'avril 2002*

13 – Gelée de mûres, note épicée, bouche tendre, assez souple en attaque, plus dure ensuite et finissant séchante.

Millésime 2002

– *Dégustation d'avril 2003*

14,5 – Nez ouvert, framboisé, confiture de cassis. Souple et gourmand, un joli fruit.

Millésime 2004

– *Dégustation d'avril 2005*

15 – Nez ouvert, tout en fruit, bouche ronde et gourmande, un fruit très expressif. Délicieux et presque à boire.

Millésime 2005

– Dégustation d'avril 2006

15 – Épicé, chocolat au nez, bouche puissante et ronde, pas de dureté, un vin assez volumineux, bien fruité, d'une agréable rusticité.

Millésime 2006

– Dégustation d'avril 2007

14,5 – Cassis, cerise, vanille, bouche onctueuse, fruitée très cerise, un peu serrée en finale mais gourmande.

Millésime 2007

– Dégustation d'avril 2008

70 % merlot, 20 % cabernet-sauvignon, 7 % petit-verdot, 3 % carménère, plantée en 2005 à 12 600 pieds à l'hectare. Pauline Vauthier : « *La carménère en baies peut avoir un goût de chou, mais en vin fini c'est bon, épicé, et de couleur très noire.* »

15 – Bouche dense, puissante mais fondue, favorisant le fruit. Réglisse et mûre en finale. 30 % de fûts neufs bien digérés.

Millésime 2008

– Dégustation d'avril 2009

14 – 30 % de bois, le reste est en cuve. Cassis, vanille, fruits au sucre. Bouche douce et moelleuse.

Millésime 2009

– Dégustation d'avril 2010

15 – Fruits noirs, réglisse, épices, bouche dense, bien fruitée, vif, conserve beaucoup de fruit. Bonne longueur sans dureté.

La Gomerie

Grand cru
Surface : 2,52 ha
Propriétaire : Famille Bécot
Contact : Château Beau-Séjour-Bécot
33330 Saint-Émilion
05.57.74.46.87
www.beausejour-becot.com

Ce minuscule vignoble serait en réalité le seul morceau survivant d'une vaste propriété ecclésiastique qui couvrait au Moyen Âge 200 hectares. Les traces floues de l'existence de ce bien et ses limites variables suivant les textes imposent le conditionnel... Cette petite propriété a été reprise par Gérard et Dominique Bécot en 1995. Gérard raconte très bien : *« On cherchait des vignobles : avec mon frère, on préparait l'avenir pour nos départs à la retraite, un bien qui nous permettrait à la revente de payer les droits de succession. On cherchait dans le Languedoc, mais c'est loin. La route pour y aller, c'était crevant. On a abandonné. On était à deux doigts d'acheter Les Trois-Croix à Fronsac* [repris par la suite par Patrick Léon, ancien directeur technique de Mouton-Rothschild] *quand l'agent nous a proposé La Gomerie, avec une parcelle qui touche Beau-Séjour. Il n'y a que 2,5 hectares partagés en deux lots. Le terroir du bas n'est pas un grand terroir, faut pas produire beaucoup, mais l'assemblage des deux donne un vin gourmand, qu'on a envie de boire tout de suite. »* Le vin est vinifié dans les propres bâtiments de La Gomerie, afin que nul ne puisse les accuser de vouloir agrandir Beau-Séjour. L'objectif, selon Gérard, n'était pas d'en faire un vin de garage à forte plus-value (mon œil !). Mais les premiers millésimes, apparus au moment où la mode pour ces cuvées minuscules issues de terroirs moyens avec de faibles rendements et fortements travaillés au chai, ont fait forte impression auprès des Américains. Les prix se sont vite emballés. Aujourd'hui, le soufflé est retombé, mais La Gomerie continue d'être bien apprécié. C'est d'ailleurs un vin très agréable, même s'il ne possède pas la complexité des vins issus des grands terroirs.

Millésime 2001

– *Dégustation d'avril 2002*

100 % merlot, élevé dans 100 % de barriques neuves à grain fin du tonnelier Radoux.

15 – Fruits rouges, mûre, note épicée du bois, bouche large, dense, assez boisée mais qui conserve une certaine délicatesse des tanins et beaucoup de gourmandise.

Millésime 2002

– *Dégustation d'avril 2003*

100 % merlot. Élevage en bois neuf.

15,5 – Nez de fruits, épices, écorces, boisé grillé. Bouche dense très en fruit, finit avec du gras et de la puissance sur un tanin ferme.

Millésime 2003

– *Dégustation d'avril 2004*

16 – Nez de fruits noirs, épices, noyau ; bouche très structurée, bien bâtie, opulente, superbe, séveuse.

Millésime 2004

– *Dégustation d'avril 2005*

100 % merlot ; rendement : 38 hl/ha.

15,5 – Robe très colorée, nez très dominé par la prise de bois, réglisse et caramel, bouche ronde, opulente, moderne, bien faite, gourmande.

Millésime 2005

– *Dégustation d'avril 2006*

17,5 – Nez complexe entre épices et confiserie, bouche dense et très onctueuse, beaucoup de tanins mais très mûrs, veloutés, doux en première séquence. On pourrait craindre la mollesse, mais la tension arrive ensuite et réveille la bouche qui se prolonge dans la vivacité. Une belle construction.

Millésime 2006

– *Dégustation d'avril 2007*

15,5 – Tabac, épices, rond, soyeux, souple, tanins très fondus, opulent, velouté ; vin très gourmand qui pourra se boire assez jeune.

Millésime 2007

– Dégustation d'avril 2008

16 – Violette, épices, fin, bouche bien fondue, délicat, élégant, bien fruité, fin.

Millésime 2008

– Dégustation d'avril 2009

17 – Floral, petits fruits rouges, style vin de calcaire. Bouche moelleuse et fraîche, tanins raffinés. Très bon fruit, beaucoup d'éclat.

Millésime 2009

– Dégustation d'avril 2010

17 – Fruits noirs, résine, épices, bouche douce, fraîche, veloutée, très gourmande, vin suave, séduisant avec beaucoup de fraîcheur, finale violette.

Archives

– Dégustation d'avril 2003

Millésime 1995

15,5 – Jus de rôti, grillé, note de résine, bouche chocolatée qui ferait penser davantage à un pomerol qu'à un saint-émilion, moka, moelleux et gourmand.

Les Gravières & Lynsolence

Grand cru
Surface : 2,5 ha pour Lynsolence, 4,5 ha pour Les Gravières
Propriétaire : Denis Barraud
Contact : Denis Barraud, Château Les Gravières
33330 Saint-Sulpice-de-Faleyrens
05.57.84.54.73
www.denis-barraud.com

Excellent vinificateur, Denis Barraud travaille plusieurs vignobles, notamment La Cour-d'Argent, en bordeaux supérieur, un vin intelligent. C'est-à-dire qui ne prétend pas autre chose que de régaler celui qui aura dépensé très peu d'argent, car Barraud n'assomme pas. Ces deux domaines saint-émilionnais, Les Gravières, QG de l'ensemble, et ce Lynsolence, un peu plus sophistiqué, sont élaborés dans le même esprit. Les Gravières, 100 % merlot, est un bon placement, très raisonnable. Lynsolence, de création récente (1998), produit sur Saint-Sulpice, vieilles vignes 100 % merlot également, vinifié en cuve bois, vise un public plus collectionneur de crus rares et son prix s'en ressent. Mais c'est un vin de garde…

Millésime 2002

– *Dégustation d'avril 2003*

14 – **Les Gravières**. Nez d'expression modeste, fruits noirs. Bouche plus pleine, charnue, un boisé fondu, vin classique avec du volume en finale.

Millésime 2006

– *Dégustation d'avril 2007*

15 – **Lynsolence**. Framboise, fruits rouges, floral, bouche tendre, pas trop extraite, petits tanins doux, assez fluide mais bien fait. Bonne longueur, un peu de dureté en finale, mais réussi.

Millésime 2007

– *Dégustation d'avril 2008*

15 – **Les Gravières**. Minéral, fruits rouges, bouche ronde, souple en attaque, plus ferme en seconde partie, bien équilibré, bon fruit.

17 – **Lynsolence**. Cerise burlat, sirop de cerise, bouche tendre, souple, tanins de grande qualité, souple, soyeux, très classe.

Millésime 2008

– *Dégustation d'avril 2009*

13,5/14 – **Les Gravières**. Fruits noirs, violette, bouche ronde, onctueuse, un peu extraite, serrée en finale, astringence, bon fruit mais un peu trop d'extraction.

14,5/15 – **Lynsolence**. Floral, fruits rouges, bouche ronde, tanins soyeux, frais, boisé mais bien fait, pointe d'amertume en finale, belle première séquence, finale un peu amère.

Millésime 2009

– Dégustation d'avril 2010

15,5 – **Lynsolence**. Fin, frais, cassis, eucalyptus, cacao, toasté, onctueux, dense, tanins délicats, boisé élégant.

JEAN-FAURE

Grand cru
Surface : 18 ha
Propriétaire : Olivier Decelle
Contact : Château Jean-Faure – 33330 Saint-Émilion
05.57.51.34.86

« Je suis un agité. On était des triplés, tous agités, ma pauvre maman nous attachait ! » Tout s'explique. Voilà un garçon dont le père a créé Picard Surgelés, que lui, Olivier, a fortement développé et bien vendu. Un non-agité aurait fait le bon choix : villa en Corse, appartement à New York, voilier dans un port ensoleillé toute l'année, etc. Olivier Decelle a aussi pris la direction du soleil, mais par un chemin bien difficile, celui de l'appellation maury, dans le Roussillon, ce cousin du banyuls en plus noir, plus sévère, plus montagnard, pourrait-on dire, ce qui ne correspond pas à la réalité du relief, juste une impression de dégustation. Le maury, depuis les années 80 et la fin de la grande mode des « vins doux » en France, semblait aussi aisé à vendre que des langues-de-belle-mère au mur des Lamentations. Depuis, le Mas Amiel, une des gloires anciennes de la région, a retrouvé un second souffle. *« Mon métier a toujours été de rechercher des produits, je me suis battu contre la vache folle, j'ai contribué à relancer la pêche française. »*

Puis, comme l'« agité » avait peur de s'ennuyer, il a décidé de voir s'il pouvait se compliquer un peu plus l'existence : *« J'ai rencontré l'œnologue Jacques Boissenot, à qui j'ai dit que je voulais acheter quelques vignes à Bordeaux. »* Jacques Boissenot et son fils Éric conseillent tout ce qu'on fait de mieux dans le Médoc. Le « mieux », c'est-à-dire les plus grands, les plus connus, mais également des petits crus moins célèbres, mais très bien travaillés. Ainsi, Jacques le connecte sur la vente de Haut-Maurac, un cru bourgeois. De là, quoi de plus facile que de traverser Garonne et Dordogne ? Depuis, Olivier Decelle possède Haut-Ballet, à Fronsac, Haut-Maurac, dans le Médoc et ce Jean-Faure, cru de grande notoriété autrefois. Mal gouverné dans les années 70 et 80, il est détrôné de son rang de grand cru classé en 1986. Un point commun dans tous ces crus : la recherche du fruit et de l'équilibre plus que l'extraction forcenée.

Premier millésime, 2004 : *« On a signé en juin, on surveilllait depuis février. Un peu sportif sous les tentes, dans un environnement compliqué, et le drainage n'était pas encore fait, c'est la première chose que l'on a réalisée. »* Comme tout nouveau, il fait appel à l'œnologue vedette Michel Rolland, puis, pour 2005, c'est Stéphane Derenoncourt qui pilote. À partir de 2007, le maître de chai et premier conseiller s'appelle Olivier Decelle.

Jean-Faure est très bien situé, voisin direct de La Dominique, dans cette partie de Saint-Émilion qui cousine avec la partie sablo-argileuse de pomerol.

Millésime 2004

– Dégustation de mars 2008

13 – Grillé, souple, cacao, serré en finale un peu astringent. *« On a retrouvé les anciens drainages situés au-dessus de la couche d'argile. »*

Millésime 2005

– Dégustation de mars 2008

15,5 – Un peu réducteur, fermé, fraise, bouche ronde, souple, bien fruitée, douce, beaux tanins moelleux, onctueux, tanins de qualité. Majorité de cabernet franc.

– Dégustation de décembre 2010

15,5/16 – Nez fermé au départ, s'ouvre en carafe sur des notes cerise, bouche séveuse, juteuse, tanins fins, élégants. Un vin savoureux avec de la réserve.

Millésime 2006

– *Dégustation de mars 2008*

14 – Fruits noirs, épices, bouche ronde, souple, bien fondue, épicée, chocolat en finale, tendue, un peu sur les tanins, finale astringente. À venir.

Millésime 2007

– *Dégustation de mars 2008*

15 – Vanille, fraise Tagada, fruits rouges, bouche ronde, souple, petits tanins soyeux, chocolaté. Côté pomerolais dans les saveurs un peu cacao et les rondeurs de milieu de bouche.

– *Dégustation de janvier 2010*

15 – Fruits confits, prune, encre, un peu refermé, bouche souple mais tannique, notes cacao, belle matière onctueuse, vin gourmand.

Millésime 2008

– *Dégustation d'avril 2009*

14,5/15 – Échantillon un peu oxydé au nez, bouche dense, épicée, tendue, bien fruitée, finale cerise.

Millésime 2009

– *Dégustation d'avril 2010*

16 – Fruits noirs confits, bouche boisée, note poudre de riz, tendue, très fruitée, petits tanins fins, joli vin d'élégance.

MANGOT

Grand cru
Surface : 37 ha
Propriétaire : Vignobles Jean Petit
Contact : 33330 Saint-Étienne-de-Lisse
05.57.40.18.23
chateaumangot.pagesperso-orange.fr

Avec 37 hectares d'un seul tenant, Mangot constitue une exception ici, dans ce Saint-Émilionnais fortement morcelé. Cette propriété familiale, un des points culminants de l'appellation (86 mètres d'altitude), a été constituée par Jean Petit, le grand-père de Karl et Yann Todeschini, la nouvelle génération : *« Il a commencé avec un bœuf. Il faisait de la prestation, du labour à façon, et il a racheté ici en viager, puis il a fait des échanges. Notre père a modernisé en créant le viticole. »* Les Todeschini ont aussi 25 hectares en côtes-de-castillon, Château La Brande. *« Notre père avait une entreprise de taille de pierre. Il a beaucoup rénové sur Saint-Émilion. Ici, il a fait tous les plans, des bâtiments simples, identiques à notre image, et surtout de l'hygiène. »* Karl est revenu à la propriété en avril 2008 et Yann en juillet, quand le papa a connu quelques problèmes de santé. *« On a commencé à en parler et on a pris la décision de revenir essayer de travailler ensemble. 2008 fut notre premier millésime. »*

Millésime 2002

– Dégustation d'avril 2008

15 – Bois marqué qui demande à s'intégrer, tanins assez fins, bonne longueur en bouche.

Millésime 2008

– Dégustation d'avril 2009

85 % merlot, 10 % cabernet-sauvignon, 5 % cabernet franc.

15 – Fruits noirs, tendu, épicé, vin d'argile, long, frais bien garni, gourmand pas trop extrait.

16 – **Quintessence du Château Mangot**. *« 95 % merlot : une seule parcelle où on a un merlot qui est toujours sur la finesse. »* Fruits rouges, framboise, bouche délicate, tendre ; frais, tanins moelleux, très élégant.

Millésime 2009

– Dégustation d'avril 2010

14 – Fraise écrasée, bouche fondue, boisée, un peu d'amertume, tendue, vive, assez dense.

De Millery

Grand cru
Surface : 0,8 ha
Propriétaire : Famille Manoncourt
Contact : Laure et Éric d'Aramon
33330 Saint-Émilion
05.57.24.72.26
www.château-figeac.com

Petite propriété de 81,63 ares à Saint-Christophe-des-Bardes, à côté de l'église. Elle appartient à Thierry Manoncourt, de Figeac, décédé en 2010. Sa mère la lui avait achetée pendant la Seconde Guerre mondiale, avec sa solde d'aspirant, pour qu'il ait *« quelque chose en rentrant »*. Thierry Manoncourt était alors prisonnier en Allemagne. Revenu au pays, avec l'argent de la récolte, il a acheté sa première voiture, une Amilcar CGSS (sport surbaissé, un bolide). Puis, il a fait le tour de France avec un copain qui avait des bons d'essence… Depuis peu, la famille propose ce vin à la dégustation. Jusque-là, il était dispersé entre les proches et quelques connaissances. Figeac ouvre de plus en plus grand ses portes et permet au visiteur d'acheter quelques bouteilles. Bienheureux ceux qui auront la chance d'acquérir ce Millery et de le boire en rêvant à l'Amilcar.

Millésime 2007

– Dégustation d'avril 2008

50/50 cabernet franc et merlot, pur argilo-calcaire.

15,5 – Nez épicé, fruits noirs, bien fruité, bouche souple, framboise, très marqué par le franc, légèreté, finesse, fruit, petits tanins croquants. Finale élégante.

Millésime 2008

– Dégustation d'avril 2009

15,5 – Framboise, pêche de vigne, bouche vive, fruitée, tendre, fin, beaucoup de fruit, vif.

La Mondotte

Grand cru
Surface : 4,5 ha
Propriétaire : Vignobles Comtes von Neipperg
Contact : Stephan von Neipperg
Château Canon-La Gaffelière – 33330 Saint-Émilion
05.57.24.71.33
www.neipperg.com

Stephan dit : *« Ce n'est pas un vin de garage ! »* Parfait, mais c'est drôlement bien imité. La Mondotte est un petit cru situé en contrebas de Château Troplong-Mondot, sur un terroir particulièrement favorable aux vins de garage, c'est-à-dire que l'on peut obtenir une matière riche, voluptueuse, pour peu qu'on laisse mûrir un peu plus longtemps, que l'on procède à des extractions un peu plus poussées, quitte à corriger les tanins trop vigoureux par un élevage favorisant l'oxygène qui les arrondit. (Naguère, on disait en microbullant mais, depuis *Mondovino,* le film de Jonathan Nossiter, c'est devenu un gros mot, et Stephan von Neipperg se défend d'utiliser ce procédé.) La Mondotte existe depuis longtemps et Stephan en est devenu propriétaire en 1991. On en entendait peu parler ; on ne le goûtait pas plus. J'ai même lu quelque part qu'il jouait le rôle de seconde marque, de second vin à Château Canon-La Gaffelière, le cru classé des Neipperg. Puis commence cette mode des vins de garage (mini-cru, mini-chai qui tient dans un garage, maxi-concentration), avec Le Pin, à Pomerol dont le propriétaire, Jacques Thienpont, dit, lui aussi : *« Ce n'est pas un vin de garage ! »* Le phénomène prend de l'ampleur avec la réussite de Jean-Luc Thunevin et son Valandraud, qui dit : *« Ce n'est plus un vin de garage ! »* Il a raison, ce n'est plus.

Et, comme bourgeons au printemps, on voit fleurir un peu partout (mais surtout rive droite) des cuvées spéciales, des parcelles isolées, des châteaux miniatures, des vignes plus vieilles que les impôts, des rendements ridicules à force d'être bas et des vendanges en Moon Boots, tellement on a attendu tard dans l'automne pour vendanger. Et voilà que, d'un coup de baguette magique, La Mondotte 1996 sort de l'ombre, juste au bon moment, béatifié d'une note astronomique par l'Américain pape des papilles Parker. Le particulièrement agaçant dans cette histoire, c'est qu'en plus le vin est bon, très bon, même.

Millésime 2000

– *Dégustation d'avril 2001*

80 % merlot, 20 % cabernet franc.

16,5 – Très beau fruit au nez, épices douces, boisé raffiné. Du volume, équilibre remarquable entre les notes fruitées et fraîches et des tanins opulents.

– *Dégustation d'avril 2008*

17 – Tabac de Virginie, boîte à cigares, fruits noirs, belle complexité, bouche ample, moelleuse, onctueuse sans être lourde, du charme et, malgré la densité, de la fraîcheur.

Millésime 2001

– *Dégustation d'avril 2002*

Stephan von Neipperg : « *Nous avons une baisse de 10 %... en volume cette année. Il est vinifié avec les levures naturelles, égrappé et non foulé, une fermentation de douze jours, pas de microbullage.* »

16,5 – Nez intense, cerise au chocolat, havane, cassis. Bouche au tanin intense et crémeux, avec du gras et une superbe finale en finesse.

Millésime 2004

– *Dégustation d'avril 2005*

16,5 – Nez sérieux mais joli, framboisé, cassis, violette. Bien extrait, concentré, une texture dense mais qui reste aimable, de la puissance, long et riche, et un peu sauvage en finale.

Millésime 2005

– Dégustation d'avril 2006

17 – Une bouche dense, très structurée, un tanin vif, présent, et qui porte le fruit très longtemps.

– Dégustation d'avril 2008

17 – Grillé, café, cerise, bouche ronde, bien parfumée, un peu serrée, tendue, fermée, bien veloutée, future belle bouteille, un peu brassée à ce stade.

Millésime 2006

– Dégustation d'avril 2008

16 – Boisé un peu marqué, chocolat, bouche dense, épicée, volumineuse, tendue, un peu trop extraite, un petit côté sec en finale, des tanins qui vont avoir du mal à se faire oublier.

Millésime 2007

– Dégustation d'avril 2008

17 – Un peu réduit, violette ensuite, bouche souple, fraîche, équilibrée, petits tanins ronds, peu extrait, frais, élégant, tendu mais harmonieux.

Millésime 2008

– Dégustation d'avril 2009

15,5 – Nez épicé, fraise des bois, tendu, vif, finale serrée. Vin puissant, assez extrait, riche mais pas très câlin au niveau des tanins.

Millésime 2009

– Dégustation d'avril 2010

80 % merlot, 20 % cabernet franc. 14,2°.

16,5/17 – Fruits noirs, un peu boisé, bouche très souple, tanins gras en milieu de bouche, doux, frais, tendu, vif et long. Très dense.

Moulin-Saint-Georges

Grand cru
Surface : 7 ha
Propriétaire : Famille Vauthier
Contact : Alain Vauthier – 33330 Saint-Émilion
05.57.24.24.57
château.ausone@wanadoo.fr

Remarquablement situé, au pied d'Ausone et contigu à Pavie, ce cru est *« le seul à n'être pas classé dans ce secteur »*, selon Alain Vauthier. En pied de côte sur sol argilo-calcaire et bénéficiant des soins de l'équipe d'Ausone, c'est la bonne affaire du secteur. Une forte proportion de merlot et environ 20 % de cabernet franc.

Millésime 2000

– *Dégustation d'avril 2001*

16,5 – Nez de fruits noirs, myrtille, mûre, un peu grillé. Bouche suave, onctueuse, très élégante, finale en tanin crémeux.

Millésime 2001

– *Dégustation d'avril 2002*

16 – Nez très aromatique, élégant et complexe. Bouche charnue, fruits confits, mûre, cacao, moka, beau tanin gras en finale.

Millésime 2002

– *Dégustation d'avril 2003*

15,5 – Robe grenat, de l'élégance au nez, bon fruit, la bouche est fine, friande, sur un petit tanin délicieux.

Millésime 2004

– *Dégustation d'avril 2005*

15,5/16 – Nez frais, ouvert, plaisant avec ses notes boisées bien gourmandes. Belle vinification, bouche franche et bien bâtie, tanin fin, finale de pur plaisir.

Millésime 2005

– *Dégustation d'avril 2006*

15,5 – Nez bien fruité, fraises au sucre, cerise, bouche fraîche, petits tanins ronds et savoureux, un vin vif, bien fruité, droit.

Millésime 2007

– *Dégustation d'avril 2008*

16 – Épices, fruits noirs, bouche ronde, vanillée, suave, fin, élégant, long, droit.

Millésime 2008

– *Dégustation d'avril 2009*

16,5 – Fruits noirs, boisé, bouche dense, moelleuse, élégante, fraîche, bien fruitée. Vin très élégant, raffiné, long, gourmand et fin.

Millésime 2009

– *Dégustation d'avril 2010*

80 % merlot, 20 % cabernet franc. « *On veut augmenter la proportion de cabernet franc, on en plante 30 ares en 2010* », dit Pauline Vauthier.

17 – Épices, fruits rouges, fraise écrasée, éclatant, gras, onctueux, délicieux, long, très beau fruit, tanins enrobés, grande classe.

Pas-de-l'Âne

Grand cru
Surface : 2,2 ha
Propriétaire : SCEA Cros-Figeac
Contact : Arnaud Delaire, Le Cros – 33330 Saint-Émilion
05.57.74.62.55

Un tout petit domaine de création récente. Date de naissance 2001, heureuse époque des « vins de garage » qui voyait le triomphe du *small is beautiful*. Du moment que c'était minuscule, travaillé façon dentellière dans les vignes et charpentier dans les chais, pas regardant sur la quantité de bois neuf, les riches gogos planétaires se les arrachaient. Bien qu'il s'en défende, je soupçonne fort Arnaud Delaire et ses amis d'avoir lorgné ce type de réussite. Arnaud Delaire travaillait dans le secteur de la promotion immobilière. *« On était assez spécialisés dans la propriété viticole, et c'est comme cela qu'on a racheté, avec d'autres associés, d'abord Branda en 1998, à Puisseguin, puis Pas-de-l'Âne en 2001. »* Pas-de-l'Âne, provient d'une seule vigne de 2,225 hectares, précisément située entre Laroque et Boutisse, un secteur assez argileux, avec un encépagement moitié cabernet et moitié merlot. Au départ, vinifié dans un style puissant, limite agressif, Pas-de-l'Âne s'est civilisé, a appris les bonnes manières et notamment qu'il vaut mieux manger son picotin dans sa propre mangeoire. Les derniers millésimes révèlent une vraie personnalité.

Millésime 2001

– *Dégustation d'avril 2002*

60 % merlot, 40 % cabernet franc.

15 – Nez boisé intense, puissant. Bouche drue, serrée, un fruit riche, vin d'argile, consistant mais réussi.

Millésime 2005

– *Dégustation d'avril 2006*

16 – Café, grillé, un peu trop marqué par la barrique, bouche en revanche plus franche, souple, tanins de qualité, serrés et doux, beaucoup de saveur.

Millésime 2007

– *Dégustation d'avril 2008*

16 – Boisé marqué au nez, cerise, bouche vive, bien fruitée, un peu marquée par le bois, mais très beau fruit, vif, long, fin, un peu d'amertume en finale.

Millésime 2009

– Dégustation d'avril 2010

15 – Fruits noirs, boisé, café, bouche fine, souple, tendre en attaque, se resserre ensuite, bons tanins assez fins, gourmand, bien fruité, finale séveuse.

Pierre-de-Lune

Grand cru
Surface : 1,05 ha
Propriétaire : Véronique et Tony Ballu
Contact : 33330 Saint-Émilion
05.57.74.49.72/06.70.80.24.27
www.chateau-pierredelune.com

Véronique et Tony se sont connus au lycée viticole et ne se sont plus quittés. Tony est devenu en 1991 régisseur de Château Clos-Fourtet, premier grand cru classé en saint-émilion. Tous les deux avaient envie de faire aussi leur propre vin. Ne disposant pas d'une fortune personnelle leur permettant d'acquérir une grande propriété, ils ont acheté en 1999 une parcelle de 1 hectare à un coopérateur sur la commune de Saint-Sulpice-de-Faleyrens, en bas de l'appellation, sur des sols de sables et *« une belle veine de graves »*. Au départ 100 % merlot, la parcelle a été complantée de 10 % de cabernet-sauvignon, entré en production en 2002. Au début, ils ont vinifié *« chez les copains »*. Depuis, les Ballu ont acquis une jolie maison ancienne sur la commune de Saint-Émilion. Ils y ont installé leur chai, mais ils ont aussi rénové la partie habitation pour accueillir des séminaires ou proposer des repas à l'occasion de fêtes familiales. Ils ont aussi aménagé plusieurs chambres d'hôtes. Sur place, on peut déguster et acheter du vin. Et c'est peut-être cela, le plus intéressant, car leur Pierre-de-Lune est excellent.

Second vin : Éclipse

Millésime 2000

– *Dégustation d'avril 2001*

15 – Nez de fruits confits, raisin mûr. Bouche gourmande, très serrée mais tendre. Finale agréable sur le fruit.

Millésime 2001

– *Dégustation d'avril 2002*

100 % merlot. *« Nous avons perdu du volume à cause des escargots qui ont dévoré les bourgeons au printemps, au point que 400 ceps n'ont rien donné ! Mais je le trouve plus intéressant que mon 2000. »*

15,5 – Nez fin et frais, fruits noirs, boisé sensible. La bouche est très souple mais dense, un tanin gourmand, un vin de soie.

Millésime 2002

– *Dégustation d'avril 2003*

14,5 – Nez délicat, floral, rose, confiture de fruits rouges, épices douces, cannelle, vanille. La bouche est encore un peu sauvage, avec du moelleux, concentration bien maîtrisée.

Millésime 2005

– *Dégustation d'avril 2006*

16 – Nez sous-bois, épices douces, assez sauvage, bouche fraîche, tanins délicats, vivacité et tension mais sans dureté, bien fruité, équilibré.

Millésime 2006

– *Dégustation d'avril 2007*

90 % merlot, 10 % cabernet-sauvignon.

14,5 – Poivré, minéral, sanguin, bouche assez dense, bien relevée.

Millésime 2009

– *Dégustation d'avril 2010*

« J'ai augmenté les surfaces de 10 % : on est passés de 95 ares à 1,05 hectare. Je suis terriblement angoissé pour les enfants à cause des droits de succession », s'amuse Tony Ballu. *« On fait tous les traitements pour aller vers le bio, mais je prends le temps car j'ai peur du botrytis ; au lieu d'avoir une conversion sur trois ans, je l'aurai sur sept. »*

15 – Épices, fruits noirs, bouche bien fruitée, tendre, frais, fruité noir, moelleux, bien gourmand.

PINDEFLEURS

Grand cru
Surface : 17 ha
Propriétaire : Famille Lauret
Contact : Dominique Lauret
Saint-Laurent-des-Combes – 33330 Saint-Émilion
05.57.24.72.95
chateau.pipeau@wanadoo.fr

Dominique Lauret, sœur de Richard Mestreguilhem (Pipeau) a racheté en 2006 ce cru à une Mme Dior, *« cousine des parfums »*. Tout petit cru de 2 hectares au départ, mais qui possédait une petite réputation au Japon, car le nom magique de Dior figurait sur l'étiquette. Ce petit atout, Dominique en aura bien besoin, car Pindefleurs s'est enrichi de 15 hectares prélevés à Pipeau. *« Mon frère Richard et moi, nous avons chacun des enfants et il vaut mieux faire les partages tant que nous sommes frère et sœur et ne pas leur laisser ce travail à eux, qui seront des cousins. »* Passer de 2 à 17 hectares nécessite de créer une clientèle. Pindefleurs était jusqu'alors vinifié à Pipeau, mais, depuis la récolte 2009, il dispose de son propre chai et de sa responsable technique, Audrey, la fille de Dominique, qui a réalisé ses premières vinifications en Afrique du Sud dans la propriété de la « Générale », May-Éliane de Lencquesaing, ancienne propriétaire de Pichon-Comtesse, à Pauillac. Bonne école.

Millésime 2006

– *Dégustation d'avril 2010*

14 – Fruits noirs, 70 % de bois neuf, chocolat, rond, souple, tendre, assez vif en finale, tanins serrés, droit. Long.

Millésime 2007

– Dégustation d'avril 2010

14,5 – Fruits noirs, boisé, bouche ronde, suave, tendre, bien fondue, tendre, élégant, bon fruit, bonne longueur.

Millésime 2008

– Dégustation d'avril 2010

14,5 – Bien vif, élégant, tendre, joli fruit, tendu, frais. Bonne longueur.

Millésime 2009

– Dégustation d'avril 2010

15 – Fruits noirs, bouche ronde, souple, fruitée, 90 % merlot, rond, souple, frais, fin.

PIPEAU

Grand cru
Surface : 25 ha
Propriétaire : Vignobles Mestreguilhem
Contact : Richard et Brigitte Mestreguilhem
33330 Saint-Laurent-des-Combes
05.57.24.72.95
www.chateaupipeau.com

Le nom ne fait peut-être pas très sérieux et l'étiquette n'a pas dû beaucoup évoluer depuis que Georges, le grand-père de Richard, s'installa sur ce domaine en 1929. « *Il avait acheté en viager. Le nom était facile à mémoriser. Mon grand-père a fait très tôt de la bouteille et il livrait les petites caves sur Bordeaux. Dans les années 30, on était dans tous les restaurants de Bordeaux.* » Depuis, le savoir-faire, lui, s'est enrichi des connaissances actuelles, mais l'application, la méticulosité, le souci du détail, l'envie de travailler Pipeau comme un très grand cru classé se perpétuent avec les générations. Alors, oublions l'étiquette et place au contenu, il en vaut la peine. C'est un saint-émilion assez exceptionnel, car il réunit plusieurs qualités qui semblent contradictoires au départ. Les Mestreguilhem n'ont pas l'âme courtisane. Les concessions à la tradition pour être mieux dégusté dès le mois d'avril, lors des primeurs, ne figurent pas sur leur feuille de route. Pipeau est comme la vengeance. Il sait attendre. Ses auteurs l'ont construit pour. Il est doté d'une proportion de bois neuf assez importante à l'élevage sans que cela gêne, car la matière du vin est toujours fort généreuse et le supporte aisément. Vin de garde, assurément, mais vin assez agréable aussi dans sa jeunesse. Chaque année, je le déguste à l'aveugle, parmi une ribambelle d'autres échantillons, et le sélectionne toutes les fois.

Richard et sa sœur Dominique ont pris une sage décision. Leurs enfants respectifs ayant manifesté leur volonté de poursuivre l'activité vigneronne, ils ont décidé, sans plus attendre, de diviser la propriété. *« On préfère le faire maintenant, plutôt que de repousser le problème et de laisser ce fardeau à la génération suivante. Tout le monde s'entend très bien, c'est donc le bon moment. »*

Dominique ajoute : *« Je lui ai enlevé 15 hectares ! »* Rarement partage se sera déroulé aussi sereinement. Dominique installe donc sa fille sur une propriété voisine, Pindefleurs, et continue d'aider son frère à Pipeau.

Millésime 2000

– Dégustation d'avril 2001

15 – Beau nez dense, violette, cerise, pain grillé. Bouche assez boisée mais grasse, onctueuse, ronde. Vin de garde, très bien équilibré.

Millésime 2002

– Dégustation d'avril 2003

16 – Très joli boisé grillé au nez, cerise burlat, framboise. Charnu, ferme et souple, une finale tannique, de la gourmandise dans un boisé raffiné. Vin sensuel, élégant.

Millésime 2003

– Dégustation d'avril 2004

Merlot 80 %, cabernet franc 10 %, cabernet-sauvignon 10 %. Élevage 60 % bois neuf.

14,5 – Nez de fruit et de vanille, frais. Souple et soyeux, très racé, le boisé est très présent en finale.

Millésime 2004

– *Dégustation d'avril 2005*

15 – Bouquet fruité, plaisant, poivré, une bouche tannique, fourrure, une finale corsée et tannique.

Millésime 2005

– *Dégustation d'avril 2006*

16 – Fruits noirs, épices douces, bouche dense et tendue, tanins serrés. Un vin de caractère, pas trop extrait, long et droit. Un grand et classique saint-émilion bâti pour la garde.

– *Dégustation d'avril 2010*

16/16,5 – Fruits noirs, grillé, cerise, bouche ronde, soyeuse, bien rond, fruité, élégant, joli fruit, frais, distingué, long.

Millésime 2006

– *Dégustation d'avril 2010*

15,5/16 – Fruits noirs, poivré, épices, bouche ronde, tendue, épicée, fraîche, nerveuse, longue assez vive.

Millésime 2007

– *Dégustation d'avril 2010*

15 – Fruits noirs, café, grillé, bouche douce, souple, fraîche et fruitée, très agréable, belle longueur.

Millésime 2008

– *Dégustation d'avril 2009*

16 – Fruits noirs, chocolat, nez pomerolais, bouche gourmande, vin d'argile, bonne matière, longueur moyenne mais beaucoup de gourmandise. Souple, rond, fin.

– *Dégustation d'avril 2010*

16 – Mûre, myrtille, bouche délicate, épicée, fruitée, vive, longue, tendue, fraîche.

Millésime 2009

– Dégustation d'avril 2010

15,5 – Fruits rouges, bouche ronde, souple, bien fruitée, tendre, pas trop extrait, petits tanins croquants, vif.

De Pressac

Grand cru
Surface : 36 ha
Propriétaire : Famille Quenin
Contact : Jean-François Quenin, Château de Pressac
Saint-Étienne-de-Lisse – 33330 Saint-Émilion
05.57.40.18.02
www.chateau-de-pressac.com

Comptant 42 hectares dont 36 de vignes d'un seul tenant, un tiers sur le plateau de Saint-Émilion, un tiers sur le coteau et un tiers en pied de côtes, le domaine a été acheté en 1997 par Jean-François Quenin, ancien dirigeant du groupe d'électroménager Darty, qui cherchait « *une petite maison avec trois chambres* ». Finalement, après un premier atterrissage à Lalande, les Quenin ont choisi le vaste et superbe château de Pressac. Une bâtisse très ancienne, plusieurs fois partiellement détruite, remaniée et où fut signée en 1453, après la bataille de Castillon, l'acte mettant fin à la guerre de Cent Ans. Très belle vue et beaucoup de travail : « *On a 70 % de jeunes vignes, car c'était planté horizontalement et travaillé par les bœufs. On a dû arracher 40 % du vignoble, construire des petites terrasses, et, dans le reste, on avait beaucoup de pieds manquants qu'on a remplacés. Au* XVIII*e siècle, la propriété appartenait à une famille venue de Cahors qui a apporté ici le cépage malbec ; c'est pour cela que longtemps dans la région on a appelé ce cépage pressac…* » La propriété, magnifique, accueille volontiers les touristes et Jean-François Quenin n'a guère rencontré de problème d'intégration : il est aujourd'hui président de l'appellation saint-émilion. Un rôle où il excelle. Jean-François Quenin n'aime rien tant que jouer les naïfs.

Sans doute un truc appris dans sa vie antérieure. On croirait Pierre Richard (en moins chevelu) dans un de ses rôles phares. Mais il ne faut pas s'y tromper, il y a du Machiavel chez Candide et, dans l'état actuel des choses saint-émilionnaises, rien n'est de trop.

Second vin : Tour-de-Pressac

Millésime 2001

– *Dégustation d'avril 2002*

13,5 – Discret au nez, en attente, bouche réglissée, la finale est austère à ce stade.

Millésime 2002

– *Dégustation de février 2008*

15 – Chocolaté, fruits noirs, épices douces, gelée de mûres, assez fin, bon équilibre, tanins bien définis, un vin précis et élégant.

Millésime 2003

– *Dégustation d'avril 2004*

Merlot 73 %, cabernet franc 20 %, cabernet-sauvignon 5 %, carménère 1 %, pressac 1 %.

14,5/15 – Beau bouquet de fruits, framboise, complexe et raffiné. Bouche pleine, élégante et fine.

Millésime 2004

– *Dégustation de février 2008*

15,5 – Séveux, assez boisé au nez, bouche réglissée, dense, tannique, robuste, d'une belle longueur.

Millésime 2005

– *Dégustation de février 2008*

14,5/15 – Violette, feuillage, bouche dense, épicée, tanins bien présents, vin encore touffu qui demande à s'affiner, mais d'une bonne longueur.

Millésime 2006

– *Dégustation d'avril 2007*

15 – Fruité noir, fruits rouges, cerises, bouche fraîche, tanins élégants, droit, bonne matière, finale épaisse, mais du volume et une bonne maturité.

– *Dégustation d'avril 2008*

14,5 – Mûre, violette, joli nez, bouche tannique, dense, bien parfumée, les tanins sont assez présents en finale.

Millésime 2007

– *Dégustation d'avril 2008*

14 – Boisé, rhum, bouche puissante, trop extraite, boisé lourd, dense, épais. Puissant, un peu végétal.

Millésime 2009

– *Dégustation d'avril 2010*

16/16,5 – Fruits noirs, encore fermentaire, vendange, bouche ronde, bien fruitée, tendue, un peu serrée, tendre, élégant, moins extrait que certains millésimes de Pressac, bien équilibré.

Quinault-L'Enclos

Grand cru
Surface : 16 ha
Propriétaire : Albert Frère
05.57.74.19.52

On aurait dû appeler ce domaine La Folie-Raynault. C'était d'abord un nom marchand et assez proche de la réalité. Alain Raynault, docteur en médecine et fils de vigneron (La Croix-de-Gay, pomerol), s'est totalement investi dans ce métier au début parallèle puis peu à peu devenu sa principale occupation. Fondateur du Cercle rive droite, qui rassemble un grand nombre de crus pour leur promotion, conseiller de domaines, acteur important parfois controversé du marché des bonnes notes par les dégustateurs d'outre-Atlantique, Alain Raynault avait récupéré ce terroir de qualité moyenne pour en faire une vedette parmi les vins boisés et extraits. C'était un temps déraisonnable où la qualité se mesurait à la puissance des tanins et au baratin œnologique des propriétaires. À ce jeu-là, docteur Alain ne craignait personne. Il avait même fait peindre sur les murs de son chai ou de la salle de dégustation des fresques le représentant au milieu de journalistes et dégustateurs en anges annonciateurs. Par chance pour moi, nous étions un peu en froid à ce moment-là. Puis, la vie ayant parfois la détestable habitude de mal renvoyer les balles, Alain a changé. De tout pour tout, il est passé à « tout ça pour ça ». Et cela lui va bien mieux. Changement en 2000 de mode de vinification, d'œnologue avec l'arrivée de Dubourdieu. La raison triomphant de la puissance, c'eût été un bon thème de fresques, mais il n'en avait plus l'envie. Quinault, qui se vendait très cher quand la mode lancée par Bob Parker était aux petites cuvées concentrées et à peu près imbuvables, a brusquement vu ses prix chuter quand les vrais amateurs argentés se sont réveillés. Alain, endetté, a dû vendre quelques vignes, puis le château en entier à Albert Frère, déjà copropriétaire de Cheval-Blanc. C'est donc l'équipe du premier grand cru classé qui gère le domaine.

Second vin : Fleur-de-Quinault

Millésime 2000

– *Dégustation d'avril 2001*

16 – Beau nez très boisé, mais très fruité, notes épicées. Bouche charnue, beaucoup d'allure malgré un élevage encore marquant.

Millésime 2001

– *Dégustation d'avril 2002*

15,5/16 – Robe grenat noir. Nez exotique, fruits compotés, banane flambée, clou de girofle, cacaoté. Bouche riche et fraîche, réglissée, opulente, avec une finale longue et gourmande.

Millésime 2002

– *Dégustation d'avril 2003*

16 – Nez agréable, racé, de cassis et groseille, frais. Bouche charnue et élégante, bien extraite, sans excès, avec un tanin serré et savoureux.

Millésime 2003

– Dégustation d'avril 2004

Merlot 77 %, cabernet franc 17 %, cabernet-sauvignon 6 %. Élevage bois neuf 60 %.

16 – Beau nez frais, violette et cassis, complexe, épicé. Bouche raffinée, élégante, pas trop extraite, mais équilibrée. Beau vin délicat et racé.

Millésime 2004

– Dégustation d'avril 2005

15,5 – Beau nez net et ouvert, évoquant les fleurs rouges et les baies noires, mûre et bigarreau. Un sans-faute en bouche, fraîche, équilibrée et gourmande.

Millésime 2005

– Dégustation d'avril 2006

16 – Nez épicé, bouche dense, serrée, tendue, tanins vifs et présents, beaucoup de matière. L'extraction a été virile, mais sans libérer de verdeur.

Millésime 2008

– Dégustation d'avril 2009

15 – Fruits rouges, bouche ronde, fruitée, douce, bien garnie, finale un peu serrée, mais joli vin qui préserve le fruit.

Millésime 2009

– Dégustation d'avril 2010

70 % merlot, 20 % cabernet franc, 10 % cabernet-sauvignon. *« L'esprit, c'est le fruit, on essaie de gommer les finales amères qui sont obtenues en surextraction. Pas de surmaturité, des dates de vendanges adaptées »*, nous dit Pierre-Olivier Clouet, le responsable technique de Cheval-Blanc.

14,5/15 – Nez réglissé, fruits noirs, mûre, bouche douce, ronde, très gras, rond, souple, peu de relief mais de la gourmandise, souple.

Rol Valentin

Grand cru
Surface : 5,5 ha
Propriétaire : Éric Prissette
05.57.74.43.51
www.rolvalentin.com

Éric Prissette, ancien joueur de foot, a acheté en 1994 une maison entourée de 1,8 hectare de vignes. Aidé par l'œnologue Gilles Pauquet, il apprend le vin et passe un BEPA (brevet d'aptitude professionnelle agricole). C'est la grande mode des vins de garage et il se lance, se fait remarquer et engrange les dividendes. Pourtant, au bout de trois ou quatre millésimes hyperboisés, il commence à se poser des questions et évolue vers un style plus en finesse : *« On est partis sur autre chose comme construction de vins*, nous disait-il. *On a un autre équilibre. On s'est débarrassés des critères 200 % de barriques neuves et tout ça. Ça comporte des risques. Ce qui nous a fait connaître, on le renie aujourd'hui, d'une certaine façon.* » Le domaine s'est agrandi ; Éric Prissette, qui a pris comme consultant son ami Derenoncourt, est devenu un vrai vigneron et le vin, un vrai vin. C'est évidemment à ce moment-là qu'il a décidé de vendre. Il a opéré une passe décisive à Alexandra et Nicolas Robin, déjà propriétaires en castillon (Château de Laussac) et à Pomerol (clos Vieux-Taillefer).

Millésime 2000

– *Dégustation d'avril 2001*

15,5 – Robe noire. Fruit expressif, cerise, cacao, biscuit. Bouche gourmande, avec du gras, suave, voluptueuse, finale feutrée et fruitée.

Millésime 2001

– *Dégustation d'avril 2002*

85 % merlot, 15 % cabernet franc.

15,5 – Nez de fruits noirs, écorce, peau d'orange. Bouche arrondie, onctueuse, le corps est puissant, corsé, velouté, avec de la race, savoureux en finale.

Millésime 2003

– *Dégustation d'avril 2004*

15,5 – Beau bouquet de fruits noirs et rouges, noyau, vanille. Bouche souple, élégante, un tanin très fin, serré, de la puissance contenue.

Millésime 2004

– Dégustation d'avril 2005

16,5 – Joli nez expressif, cassis, fruits rouges, boisé modéré, bouche de soie, tanin franc, finale violette et Zan, longue et plaisante. Vin précis, de charme.

Millésime 2005

– Dégustation d'avril 2006

16 – Fruits noirs, mûre, épices douces, bouche bien ronde, veloutée en attaque, la seconde séquence est plus mouvementée sur un tanin serré. Vin de caractère.

Millésime 2007

– Dégustation d'avril 2008

17 – Nez fruité, bouche tendue, petits tanins vifs, beaucoup de fruit, équilibré, tanins très classe, long, frais, fin et beaucoup de fond.

Millésime 2008

– Dégustation d'avril 2009

15,5/16 – Fruits noirs compotés, charnu, élégant, matière dense, riche, note réglissée, long et déjà harmonieux.

SANSONNET

Grand cru
Surface : 7 ha
Propriétaire : Marie-Bénédicte Lefévère
Contact : Jean Trias
Château Sansonnet
33330 Saint-Émilion
06.11.10.18.14
www.chateau-sansonnet.com

C'est un bijou ramassé au vide-grenier, un truc de brocante que personne n'avait vu, que tous croyaient en laiton, alors que c'était de l'or. Il a toutefois fallu bien gratter la peinture qui le recouvrait et y passer du temps. Sansonnet fut autrefois la propriété d'un ministre de Louis XVIII, ce dont tout le monde se fiche un peu. Déjà, Louis XVIII, on n'en retient que le nom de son prédécesseur, alors un ministre… Plus grave pour Sansonnet, il eut plus tard comme maîtres des gens que le terroir intéressait peu et dont l'objectif premier était le rendement. Conséquence prévisible : des sols bourrés de potasse car l'engrais n'est pas cher, et des vignes en très mauvais état car l'entretien du vignoble, c'est cher. Pourtant, quel terroir ! Situé juste derrière Trottevieille, Sansonnet est magnifiquement placé, au cœur de ce fameux plateau calcaire truffé de galeries et d'anciennes carrières souterraines. Quelques dizaines de centimètres de terre ou parfois rien du tout, et le calcaire tendre dessous, qui régule l'alimentation hydrique de la vigne. D'ailleurs, Sansonnet figurait jusqu'en 1996 parmi les crus classés. Mais trop de mauvais traitements et donc de mauvais vins ont eu raison de la patience des jurés chargés du classement décennal. Pour Sansonnet, ce fut la délivrance car, trois ans plus tard, en 1999, il quitta ses mauvais parents pour une famille d'accueil plus aimante, celle du marquis d'Aulan, Patrick de son prénom, fils des anciens propriétaires de Piper-Heidsieck, en Champagne. Immédiatement, Patrick d'Aulan entreprit des travaux importants, cuvier et chais à barriques neufs, sans toucher à l'enveloppe des bâtiments anciens, comme disent les architectes. Avec une équipe technique efficace et une bonne communication, on le sentait bien parti pour reconquérir assez rapidement le titre de cru classé. Mais d'Aulan avait aussi investi dans une importante *bodega* en Argentine et des domaines en Hongrie. Certains disent également qu'il rencontrait des difficultés à s'intégrer au monde compliqué de Saint-Émilion… Toujours est-il qu'on entendait moins parler de Sansonnet depuis trois ou quatre ans. Jusqu'en août 2009. Nouveau coup de théâtre et surtout nouveaux propriétaires, motivés à fond pour redonner son brillant au bijou de la brocante. Sansonnet, à cette date, est en effet racheté par Marie-Bénédicte Lefévère, ancienne pharmacienne et fille de Dominique Leymarie, courtier en vins à Libourne, fermier de Château Badet, qui appartient à la mairie de cette ville, et propriétaire de Château Tour-Robert, à Pomerol. Les cousins possèdent par ailleurs quelques belles parcelles en Bourgogne. Autant dire que Marie-Bénédicte a baigné dans ce monde du vin depuis sa tendre enfance et que, du temps des ordonnances illisibles et des potions magiques contre le rhume des foins, elle ne rêvait que d'une chose : posséder une propriété bien à elle. Ce que confirme Christophe, son mari : « *Son père, qui avait vu passer trop de crises, lui disait de ne pas y aller ! Mais c'était son envie depuis toujours. On l'a acheté en une semaine sur un coup de cœur, grâce à Alain Vauthier* (Ausone), *qui nous en a parlé. J'ai un métier à côté, le BTP, mais j'adore. On a acheté une propriété aussi à côté de Rol-Valentin, derrière Chauvin. Sansonnet était un peu petit pour équilibrer les comptes…* » Pour Sansonnet, l'objectif est clair : c'est le classement. Jean Trias, discret et pertinent responsable technique depuis 1999, dresse l'état des lieux : « *Quand on a repris en 99, c'était vendangé à la machine. Il a fallu complanter 40 % du vignoble et repalisser les vignes. Autant la remise en état de la cuverie, ça va vite, mais le vignoble nous a pris cinq ans. Aujourd'hui, tout commence à se roder. On va arracher 0,5 hectare de merlot pour augmenter en cabernet franc. On veut être à 50 % merlot et 50 % cabernet franc.* » Quant aux travaux encore nécessaires dans les bâtiments, Christophe en fait son affaire.

Second vin : Benjamin-de-Sansonnet

Millésime 2001

– *Dégustation d'avril 2002*

15,5 – Nez élégant, du merlot mûr, fruits compotés, notes charnelles, fumée, jambon de Jabugo, bien concentré. Bouche solide, charnue, dense, finale café, un beau vin de classe.

Millésime 2002

– *Dégustation d'avril 2003*

Jean Trias : « *On a ramassé les jeunes merlots, puis les merlots plus âgés et on a fini, le 6 octobre, par les cabernets. C'était mûr, mais il ne fallait pas aller chercher la maturité trop loin, pour ne pas arriver à des vins secs.* » Élevage en bois neuf à 50 %. Merlot 70 %, cabernet franc 20 %, cabernet-sauvignon 10 %. Rendement 30 hl/ha.

15,5 – Nez frais, confituré, fruits rouges. Bouche souple, fruitée, tout en finesse, petit tanin gourmand, joli vin de plaisir. En progrès sur les millésimes précédents.

Millésime 2003

– Dégustation d'avril 2004

Merlot 80 %, cabernet franc 20 %. Élevage 40 % bois neuf.

15,5 – Robe grenat, nez très boisé sur l'échantillon, peut-être pris sur une barrique neuve. Fruits rouges, bouche structurée, finale assez dure, qui demande à s'assouplir à l'élevage.

Millésime 2004

– Dégustation d'avril 2005

15 – Nez assez distingué, violette et Zan, bouche ronde, moelleuse, racée, avec du gras au milieu de bouche et une finale plus dure.

Millésime 2005

– Dégustation d'avril 2006

16 – Nez cerise, fruits rouges au sucre. La bouche est tout autant savoureuse, un fruité bien exprimé posé sur des tanins vifs, virils, mais pas trop extraits. Le vin gagne chaque année en précision.

– Dégustation d'octobre 2009

15,5 – Nez fruits rouges, assez ouvert, 90 % merlot, 10 % cabernet franc, épices, assez complexe, bouche douce, élégante, fruitée, séveux, finale baie noire, pas trop extrait.

Millésime 2006

– Dégustation d'avril 2007

14 – Fruits noirs, prune, bouche ronde, texture souple ; évoluera sans aucun doute vers une bouche sympathique et nuancée.

– Dégustation d'octobre 2009

14,5 – Nez réducteur, fruits noirs, cerise, poivre, austère, bouche douce, bien ronde, une parcelle de franc est en attente, agréable, bien fait, tout en rondeur, le franc lui fera du bien.

Millésime 2007

– Dégustation d'octobre 2009

15 – Réductif, mûre, violette, bouche vive, douce, boisée assez marquée, mise en bouteille récente, tanins assez fins, joli fruit, racé, fin. Plus raffiné que le 2006.

Millésime 2008

– Dégustation d'octobre 2009

Jean Trias : *« On est passés en baie entière avec table de trie. On achemine le raisin dans la cuve par gravité. On a supprimé les pompes et le fouloir. Cela donne des fermentations plus douces et l'extraction est plus complète, plus aromatique. »*

16 – Nez cacao, fruits rouges, cerise, bouche douce bien parfumée, tanins encore rugueux en finale, très joli fruit, bien séveux, dense, poivré, relevé, tendu.

Millésime 2009

– Dégustation d'avril 2010

Le cru était sur le passage du nuage de grêle de mai. Récolte faible en volume.

15 – Crème de cassis, fruits rouges, viande fumée, texture dense, savoureux, balsamique, fraîcheur du fruit, harmonieux.

SIMARD

Surface : 40 ha
Propriétaire : Famille Vauthier
Contact : Alain Vauthier, Vignobles Vauthier-Mazière
Château Simard – 33330 Saint-Émilion
05.57.24.24.57

Propriété vinifiée par les Vauthier (Ausone), située en face de Canon-La Gaffelière. Élevage en cuve béton. Un vin qui ne prétend à rien sauf à faire plaisir.

Millésime 2006

– Dégustation d'avril 2007

14,5 – Fruits noirs, bouche tendre, bien fruitée, tanins vifs, fraîcheur et gourmandise.

Millésime 2007

– *Dégustation d'avril 2008*

80 % merlot, 20 % cabernet franc.

15 – Fruits noirs, épices, cassis, bouche ronde, souple, douce. Un vin tourné vers la fraîcheur et le fruit.

Millésime 2008

– *Dégustation d'avril 2009*

Depuis le décès de son oncle, Alain Vauthier est maintenant propriétaire de Simard, qu'il vinifiait depuis 2005. *« On a bien en main la partie technique, c'est surtout sur la partie commerciale qu'on a du boulot. Mon grand-oncle vendait encore le 1996 et commençait le 98… »*, commente Pauline, la fille d'Alain.

15 – Fruits noirs, cassis, un peu cabernet au nez, 35 % cabernet franc. Bouche dense, épicée, tendue, un peu serrée en finale gentiment rustique, gourmand.

Millésime 2009

– *Dégustation d'avril 2010*

Pauline Vauthier : « *On veut faire un gros chai pour faire Fonbel et Simard* ». 65 % merlot, 35 % cabernet franc.

15,5 – Nez boisé, fruits noirs, bouche dense, bons tanins, vifs, enrobés, suave, long, tanins frais, vifs, éveillés, mais sans dureté.

TERTRE-ROTEBŒUF

Grand cru
Surface : 6 ha
Propriétaire : Famille Mitjavile
Contact : Château Tertre-Rotebœuf
1, Tertre – 33330 Saint-Laurent-des-Combes
www.tertre-rotebœuf.com

Il n'est pas question de tenter ici une imitation des fines analyses psychologiques développées dans les réponses au courrier des lectrices de magazines pour lycéennes en classe de seconde. Mais j'ai tout de même mon idée. François Mitjavile se plaît à offrir l'apparence d'un homme habité par la plus merveilleuse des sérénités. Mais ce n'est qu'apparence. Sous l'huile de la mer calmée, la violente tempête intérieure. Flots enchanteurs d'un discours rassurant légèrement emphatique et, en profondeur, doute et désarroi.

Il faut imaginer alors, si par malheur, histoire de ne pas béatifier sans enquête préalable, on tente une sorte de remarque : *« La finale du 2003 n'est-elle pas un peu plus séchante que celle du magnifique 2001 ? »* Peste et choléra ! Foudre de Jupiter, colère d'Héra !

Pourtant, ce n'est pas pour me vanter mais, en 2003, il a fait très chaud. Au point même que la vigne a connu des blocages de maturité et que parfois les tanins sont un tantinet agressifs et qu'encore cela se traduit par des finales grattouilleuses. Même à Tertre ? Sans doute, mais cela ne s'avoue pas aussi simplement, frustement. Il faut savoir envelopper le discours de ouate parabolique, quitte à copier le maître.

François Mitjavile ne dit pas qu'il est attaché au système des appellations contrôlées. Il dit : *« Je suis passionné par l'idée de la pensée des appellations d'origine. Il valait mieux préserver la variété contradictoire des saveurs plutôt que l'idée du Dieu unique de la beauté. Le concept est né quand l'Église s'est séparée de l'État, et le merveilleux s'est reporté sur l'appellation d'origine ; elle intègre ma notion de cru et de civilisation, de patrimoine humain, de savoir-faire. »* C'est toute la différence.

Tertre-Roteboeuf est un lieu. Le géographe Jean-Robert Pitte évoque le *« génie des lieux »* où se mêlent histoire, climat, appropriation humaine. On le respire dans cette maison qui sent la cire et le détail, sur cette terrasse qui domine les vignes et la Dordogne au loin. Un lieu à l'écart et pourtant dans le monde, comme ses occupants, qui se nourrit du monde mais le laisse au-dehors. On est presque surpris d'y trouver une auto et d'y entendre parler technique : cliquage pour doser l'oxygène ou autre. Le chai est en terre battue, les barriques sont neuves et les principes aussi solides que les murs du bâti.

« Je suis très opposé aux vins noirs ou bleus et aux saveurs primaires, à cette idée moderne du vin. Je suis pour les élevages très longs. » Ils peuvent durer vingt-quatre mois ou davantage. *« C'est presque le propos de ma vie professionnelle. Le 2004, j'avais peur qu'il ne tienne pas l'élevage, j'avais peur qu'il vire sur les saveurs tertiaires, mais on est restés sur le fruit ; les vieux disaient qu'il allait "vairer". Quand on pratique ces élevages très longs, après à la mise en bouteilles, le vin ne se ferme jamais. »*

L'assemblage comprend systématiquement 85 % de merlot et 15 à 20 % de cabernet franc. Pas de second vin, les Mitjavile considèrent que le vin doit être le reflet de la diversité des parcelles. Si l'une est moins bonne, on doit chercher à comprendre pourquoi. Une partie du vignoble est posée sur le plateau calcaire, l'autre sur les pentes plus argileuses formant un cirque. La vigne y est taillée très bas, afin de profiter au maximum de la chaleur renvoyée par le sol.

Millésime 2000

– *Dégustation d'avril 2010*

16,5 – Épices, truffe, prune, tanins moelleux, vin large, saveurs de prune cuite, de confiture à l'ancienne, une grosse bulle de saveurs et un tanin très doux, vin très gourmand.

Millésime 2001

– *Dégustation d'avril 2010*

17,5 – Grillé, boisé un peu plus sensible que dans le 2000 au premier nez, à l'aération des senteurs minérales et sous-bois, bouche souple, moelleuse, vin d'émotion, par ses saveurs automnales, de sous-bois de champignons, long, fin.

Millésime 2002

– *Dégustation d'avril 2010*

15,5 – Grillé, chocolat, fruits noirs, sanguin, charnel, bouche un peu plus évoluée, chocolat, assez pomerolais, plus court que le 2001.

Millésime 2003

– *Dégustation d'avril 2010*

15 – Épices, bouche puissante, large, épicée, grillée, vin sudiste, solaire, velouté, une première séquence assez soyeuse, finale sur les tanins un peu rapide. Puissant en attaque, un peu séchant en finale.

Millésime 2004

– *Dégustation d'avril 2010*

16,5 – Poivre, cacao, encore sur ses arômes de transition, lacté, chocolat, bouche ample, moelleuse, ample, long, très doux, joli 2004, tout en longueur.

Millésime 2005

– Dégustation d'avril 2010

17,5 – Fermé, s'ouvre doucement sur des senteurs de cerises en bocal, truffe, poivre blanc, bouche suave, tendue, délicate, serrée, assez rigoriste, du volume, très dense, sur la retenue à ce stade.

Millésime 2006

– Dégustation d'avril 2010

« C'est le vin qui m'a causé le plus d'emmerdements à l'élevage de ma vie. Des abats d'eau considérables en septembre, il fallait accepter l'eau, qui avait un effet dégradant sur les tanins. Mais elle n'a pas dégradé la puissance aromatique. »

16,5/17 – Fruits noirs, olives, bouche de grillé, rôti, épicé, dense, vif, serré, épicé, riche, vif, très tendu.

Millésime 2007

– Dégustation d'avril 2010

16 – Fruits noirs, menthe, boisé encore sensible, cacao, assez trapu, un peu sur la retenue, il est en boule et demande à se détendre.

Millésime 2008

– Dégustation d'avril 2010

17 – Menthe, eucalyptus, cèdre, bouche veloutée, fraîche, élégante, tendue, dense. *« J'aime les vins quand il ne sont plus impressionnants, mais émouvants. On recherche une palette aromatique plutôt qu'une puissance en bouche. »* Long, très persistant.

Millésime 2009

– Dégustation d'avril 2010

16,5/17 – Nez fermé, bouche voluptueuse, ample, large et longue, beaucoup de charme, s'exprime davantage en élégance en saveurs qu'en puissance, malgré ses 15,6°. Long, tendu, frais.

Trianon

Grand cru
Surface : 10 ha
Propriétaire : BHL
Contact : Dominique Hébrard
2, rue du Port-de-la-Feuillade – 33126 Fronsac
05.57.55.00.66/05.57.25.34.46
www.hebrard.com

Racheté en 2000 par Dominique Hébrard, doté d'un nom de famille qui traverse les époques et les murs des plus grands crus (notamment Cheval-Blanc, autrefois). Mais on peut lire ses aventures plus détaillées à la page consacrée à Bellefont-Belcier, cru classé en saint-émilion. Trianon a la particularité d'intégrer dans son encépagement des vignes de carménère, un cépage davantage médocain que libournais. Bien que dans le Médoc il soit devenu une rareté. En revanche, la ou le carménère fait le bonheur de certains vignobles d'Amérique du Sud. Trianon a été repris par la société que Dominique Hébrard a montée avec ses deux associés, Jacques Berrebi et Alain Laguillaumie. D'où son nom, BHL. Rien à voir avec un philosophe moderne.

Millésime 2005

– Dégustation d'avril 2006

14 – Boisé, chocolat, vin moderne, bien rond, dans la séduction, des tanins moelleux et de bonnes saveurs de maturité.

Millésime 2006

– Dégustation d'avril 2007

13,5/14 – Nez grillé, beau boisé, bouche souple, tendue, épicée, fraîche, bon fruit ; pas mal, malgré la pointe d'amertume en finale.

– Dégustation d'avril 2008

14,5 – Fruits noirs, énergique en bouche, tonique, vif, bon fruit, un vin simple mais bien fruité, de repas, bonne fraîcheur.

Millésime 2007

– Dégustation d'avril 2008

14,5 – Boisé, grillé, bouche ronde, douce en attaque, très agréable, bien parfumée, nerveuse.

Millésime 2008

– Dégustation d'avril 2009

14,5/15 – Pomme, oxydation, bouche ronde, souple, le fruité est gommé par l'oxydation, bonne structure derrière, tanins très doux et soyeux.

Valandraud

Grand cru
Surface : 10 ha
Propriétaire : Établissements Thunevin
Contact : Jean-Luc Thunevin
6, rue Guadet – 33330 Saint-Émilion
05.57.55.09.13
www.thunevin.com

Allez voir sa photo sur le site. Toujours ce petit sourire. Il en dit long. Il raconte la revanche. Quand Jean-Luc Thunevin en rajoute un peu dans le registre humilité et modestie, ou quand il a la tentation de jouer les victimes, le petit sourire est là qui le trahit, qui se moque des autres, de lui-même un peu aussi, et qui lui dit : n'en fais pas trop !

Mais qui ne serait pas fier d'une telle sublimation de vie ? Thunevin, dont les esprits moqueurs disaient que dans son nom il y a tune et vin, n'était sans doute pas, à l'école, le bon élève que l'on place au premier rang. Et quand ses études ont cessé de le poursuivre, il a fait comme tous les jeunes glandeurs de son âge, trente-six métiers. Dans les biographies autorisées, on découvre « Jean-Luc coupe le bois » (bûcheron), « Jean-Luc compte les billets » (employé de banque), « Jean-Luc vend des bonbons » (épicier, cartes postales, souvenirs), etc. Puis, dans sa boutique fourre-tout de Saint-Émilion,

Jean-Luc est devenu marchand de vins. La suite est prévisible : Jean-Luc fait du vin.

Jusque-là, rien d'exceptionnel. Ce qui l'est davantage, c'est la suite : en quelques millésimes, son vin, Valandraud (contraction d'un nom de lieu avec celui de son épouse, Murielle Andraud), est devenu un vin mythique, vendu aussi cher qu'un premier cru classé. Quand on pense aux grands stratèges, à l'argent investi à gaver des célébrités dans des palaces étoilés comme une nuit de 15 août, aux voyages somptuaires « de presse », aux cadeaux… Tout cela pour une petite photo dans les pages people… Quand on pense à l'énergie dépensée par certains pour obtenir un semblant de reconnaissance internationale, on comprend mieux le petit sourire de Jean-Luc. Car lui, rien. Juste la bienveillante complicité de son ami Alain Vauthier. Celui-ci, propriétaire du célèbre Ausone, a fait la pub de Valandraud, invitant toutes les pontes du gosier qui défilaient chez lui à visiter son copain qui élaborait du vin dans son garage. Très peu de vin, quelques centaines de bouteilles au début, produites sur une petite parcelle, terroir viticole moyen, mais fortement travaillé par le couple, notamment Murielle, qui s'est révélée une chef de culture de talent. Valandraud est devenu un phénomène et Thunevin, un homme riche. Il conseille, vinifie, achète, raconte dans son blog tout le bien qu'il pense des autres et tout le bien que les autres pensent de Valandraud. Bref, il fait prospérer ses lauriers. Et son mini-mini est devenu un confortable cru d'une dizaine d'hectares avec des parcelles bien plus intéressantes – en termes de sols – que celles du départ : *« C'est quand même plus facile de faire un grand vin avec un bon terroir »*, me confiait-il. Son aventure a donné des idées à d'autres propriétaires de Saint-Émilion ou d'ailleurs. Avec plus ou moins de bonheur. Car tout le monde n'est pas capable de faire du Thunevin. Valandraud a été fortement imité. Tous les nouveaux ou presque, une partie des anciens aussi, dans les sans-grade, ont été tentés de faire comme Thunevin. Ils ont produit des vins ennuyeux. De tous ces vins de garage lourds et rassasiants il ne reste pas grand-chose. Seul Valandraud a survécu. Parce que Valandraud est bon ? Sans aucun doute, mais pas seulement. D'autres vins issus de cette mouvance auraient mérité le détour, certains même provenaient de sols de meilleure qualité. Mais leurs géniteurs n'étaient pas Thunevin, doté d'un vrai talent pour humer l'air du temps, deviner ce qui va séduire et le réaliser. La preuve, une nouvelle fois, qu'il n'y a pas de grand vin sans, au départ, l'intelligence humaine. Autrement dit, qu'un grand terroir est aussi une construction intellectuelle. Jean-Luc Thunevin a tellement bien compris ce rapport architectural entre l'homme, les sols, le savoir-faire et le commerce qu'il s'est dépêché dès qu'il le put d'offrir à son vin des sols de meilleure qualité. Sinon, il mettait en péril la suite de l'aventure. Faudra-t-il, lors d'un prochain classement, si cela existe encore, lui offrir une place parmi les crus classés ? Bien sûr que oui. Les grands vins sont nés d'histoires similaires. Au XIXe siècle, s'emparant d'un morceau de Figeac tombé bien bas et dont personne ne voulait, un Ducasse, mais il aurait pu s'appeler Thunevin, en fit Cheval-Blanc.

Second vin : Virginie-de-Valandraud

Millésime 2000

– Dégustation d'avril 2001

16,5 – Nez complexe, associant les fruits noirs (myrtille, prune) aux épices, expressif et très profond. Bouche élégante, raffinée, tanin serré qui a gagné en finesse, du vrai grand vin auquel ne manque que le grain de folie des grands terroirs qui fait les « super-premiers ».

Millésime 2001

– Dégustation d'avril 2002

Vendanges très tardives, du 10 au 24 octobre. 70 % merlot, 25 % cabernet franc, 2,5 % malbec, 2,5 % cabernet-sauvignon.

16,5 – Robe d'encre. Nez intense de fruit très mûr, prune, cassis, épices, pain grillé. Bouche extraite, dense, notes confites, cacao, café moka, fruit rouge enrobé de chocolat, boisé bien fondu.

Millésime 2003

– Dégustation d'avril 2004

16,5/17 – Une belle robe et un charme remarquable, au nez explosif dans un bouquet complexe de fruits et d'épices, des notes plus chaudes de cacao et de cerise au chocolat. Bouche pleine, élégante, un bel équilibre entre la fraîcheur et le tanin, serré, un grand vin de race.

15 – **Virginie-de-Valandraud**. Fruité, épicé, vif et équilibré malgré un degré élevé (15°). Signalons enfin un Valandraud kasher, de très belle facture, racé et fin, proche du grand vin.

Millésime 2005

– *Dégustation d'avril 2006*

17 – Fruits noirs, boisé sans excès, attaque de bouche tendre, élégante, la matière prend sa place ensuite : des tanins nobles, onctueux. Un vin puissant et chaleureux, mais qui ne sacrifie pas l'élégance.

15,5 – **Virginie-de-Valandraud**. Vanille, boisé blond, tabac, bouche ronde et soyeuse, une pointe d'amertume qui donne la fraîcheur. Bon équilibre, vin moderne et initiatique.

Millésime 2006

– *Dégustation d'avril 2007*

15 – Nez fruité. Texture souple, mais croustillante. Bien travaillé. Le fruit est très présent. La profondeur de ce vin domine la finale légèrement asséchante.

Millésime 2007

– *Dégustation d'avril 2008*

16,5/17 – Réducteur, bouche souple, gazeuse, bien fruitée, élégante, boisée, gourmande, bien ronde, tendue.

15 – **Virginie-de-Valandraud**. Réducteur, grillé, cerise, bouche ronde, parfumée, un peu courte, vive, élégante, petits tanins soyeux, finale un peu raide.

Millésime 2008

– *Dégustation d'avril 2009*

15 – Boisé, un peu café, bouche amertume, puissante, dense, très boisée, tannique, finale très serrée ; vin puissant dont on ne sait comment il va évoluer.

14 – **Virginie-de-Valandraud**. Grillé, épicé, moka, bouche dense, puissante, serrée ; vin extrait, difficile à goûter aujourd'hui mais prometteur.

Satellites de saint-émilion

La grande famille qui porte le nom de « saint-émilion » est constituée, schématiquement, de saint-émilion « tout court » et « quelque chose-saint-émilion ». « Quelque chose », ce sont les satellites. Ce mot est contesté, parfois revendiqué, cela dépend des saisons. Mais c'est une réalité économique constituée de quatre appellations cousines, et voisines, qui ont toutes le droit de porter le nom illustre accolé au leur : montagne, lussac, puisseguin et saint-georges.

Si, au XIIIe siècle, l'Anglais propriétaire des lieux, en l'occurrence Sa Majesté Édouard Ier, limite le territoire viticole de Saint-Émilion aux contours qu'il a aujourd'hui, le fil du temps a rendu plus élastiques les frontières. Au XIXe siècle, on produit du saint-émilion dans un périmètre beaucoup plus large que celui édicté par Édouard. Et la remise en ordre ne se fera pas dans la douceur. Il ne faudra pas moins de trois procès – tribunal civil en 1921, cour d'appel en 1923, Cour de cassation en 1929 – pour en revenir au tracé historique. Et ce n'est qu'en 1936, et après des négociations assez « sioux », que les quatre cousines de la grande dame – montagne (1 600 ha), saint-georges (170 ha), lussac (1 400 ha) et puisseguin (1 000 ha) – accèdent à l'appellation contrôlée, avec le droit de faire un petit ajout (petit mais de poids commercial) à leur nom de commune, celui de saint-émilion. Quatre qui, en vérité, étaient cinq au départ. La petite commune de Parsac, fusionnée en 1973 avec celle de Montagne, a cessé de revendiquer son AOC faute de combattants. La commune de Saint-Georges, elle aussi, a fusionné avec Montagne. Mais les vignerons ont farouchement défendu leur particularisme d'appellation, du fait surtout de l'homogénéité de son terroir. Lussac-saint-émilion offre une très grande variété de terroirs. Puisseguin est posée sur un plateau accidenté et pierreux à l'est des trois autres, avec un climat plus sec.

Une petite rivière, au nord-est, la Barbanne (la même qui sépare pomerol de lalande-de-pomerol), joue les Rubicons entre saint-émilion et les quatre « cousines ». Avec l'esprit à la chicane, on pourrait même se demander si le versant des saint-georges, bien exposé, sud-sud-ouest, qui descend vers la Barbanne, n'est pas meilleur que son vis-à-vis situé en appellation saint-émilion mais exposé, par la force des choses du relief, nord-nord-est. La réponse est oui, c'est meilleur. Et, sans vouloir souffler sur les braises, ces terroirs sont tout de même plus intéressants que ceux des bas de saint-émilion, sablo-limoneux…

Il n'en reste pas moins que, satisfaites d'avoir arraché le nom de famille, les appellations « satellites » – comme on le dit pas très joliment – ont pendant longtemps fait bouillir la marmite en jouant l'ambiguïté. En bénéficiant aussi, de la part du consommateur, d'une ignorance bien compréhensible des subtilités courtelinesques de l'appellation contrôlée française.

Il y a quelques années, le fait d'avoir le nom de saint-émilion sur l'étiquette semblait suffire à un grand nombre de propriétaires. La vigne produisait généreusement ; les raisins n'étaient pas forcément mûrs et les dégustations étaient assez ennuyeuses. Les temps ont agréablement changé.

Les nouvelles générations ont une autre vision. Les repreneurs aussi, ceux qui trouvent trop cher le mètre carré à Saint-Émilion et préfèrent s'installer un peu plus loin du centre historique. Des nouveaux venus, en quête d'une autre vie ou d'une activité différente après avoir constitué leur pelote dans des activités moins nobles. Des propriétaires de Saint-Émilion qui cherchent ici à agrandir leur domaine et leur gamme ou à faciliter les partages successoraux. Tous sont animés d'une envie de bien faire et de dépasser largement une viticulture de subsistance. On taille court, on procède comme dans les grands crus aux travaux qui font les beaux raisins (ébourgeonnage, vendanges vertes, etc.). Puis, il faut le souligner, les nouveaux ont une vision plus écologique du travail de la vigne.

On pourrait penser que ces appellations qui jouent les seconds rôles à côté de la star se serrent les coudes pour communiquer ensemble. Ce serait oublier que nous sommes en France, pays où la division est bien plus valorisante que l'addition. Depuis la création de ces AOC, leurs relations relèvent davantage du « je t'aime, moi non plus », avec serment d'amour, rupture définitive, réconciliation, lune de miel et nouvelle déchirure. S'ajoute l'interrogation identitaire : qui sommes-nous ? Une aubaine de gondole pour ménages à faibles revenus qui s'offrent un presque saint-émilion ou des crus à part entière ? Devons-nous danser avec saint-émilion, au risque de finir écrabouillés dans ses beaux bras musclés, ou guincher à quatre sur notre propre partition ?

Montagne et saint-georges, rejoints par lalande-de-pomerol, ont créé une structure commune et distincte de celle formée par puisseguin et lussac, qui ont préféré rejoindre saint-émilion. *« On n'est pas contre saint-émilion, mais on ne veut pas être sous le joug. On perdait la maîtrise de notre budget »*, confiait l'un des responsables de montagne. Frustration et sentiment que tout allait être dicté par *« les gens de Saint-Émilion »* ont engendré colère et rupture : *« On avait peur d'être moins bien traités que les saint-émilion génériques, alors que nos terroirs sont supérieurs à ceux des terroirs de sables. »*

On retiendra la très haute qualité des vins de saint-georges-saint-émilion. L'appellation n'est pas grande, c'est même la plus petite des quatre. Elle possède un terroir homogène et remarquable avec exposition plein sud, en coteau. Montagne est comme saint-georges, très attachée à son identité, et compte beaucoup de vignerons indépendants. Elle présente des visages différents, parfois bourrus, gentiment rustiques. Lussac affiche un style plus raffiné et puisseguin varie entre les deux. Un certain nombre de producteurs ont compris qu'il fallait renoncer à imiter le style des saint-émilion grands crus trop extraits qui ont fait florès au début des années 2000.

Lussac-saint-émilion

Barbe-Blanche

Surface : 28 ha
Propriétaires : André Lurton/André Magnon
Contact : Château Bonnet – 33420 Grézillac
05.57.25.58.58
www.andrelurton.com

Domaine historique de l'appellation, Barbe-Blanche a été en partie (la moitié) racheté par l'infatigable André Lurton (en 2000) que l'on retrouve dans plusieurs domaines cités dans ce livre. Je vous conseille d'aller voir à La Louvière, en pessac-léognan.

Une cuvée Henri-IV, lui aussi, de la Bourgogne à Jurançon, infatigable promoteur du vin, rassemble les raisins de ceps anciens produits sur un enclos près du château.

Millésime 2008

– *Dégustation d'avril 2009*

14 – Bouche ronde, bien fruité. Bonne matière, droit, tendu.

Millésime 2009

– *Dégustation d'avril 2010*

15 – Fruits noirs, prune, boisé imposant, bouche vive, tendue, pas mal d'acidité renforcée par les tanins et le bois, demande de l'élevage : futur joli vin.

Château du Courlat

Surface : 16 ha
Propriétaire : Famille Bourotte
Contact : Jean-Baptiste Bourotte
62, quai du Priourat BP 79 – 33502 Libourne Cedex
05.57.51.62.17
www.jbaudy.fr

Un sol d'argile, en coteau, avec un bon écoulement des eaux ; l'ensemble fait 25 hectares dont 16 seulement sont plantés. Une très belle maison, avec beaucoup d'espace, posée sur une colline dominant la région, des arbres, un lac, pas de voisin, le château du Courlat figure le point de ralliement des Bourotte pour les fêtes de famille. Le domaine avait été acheté par l'arrière-grand-père, Jean-Baptiste Audy, à qui ceux d'aujourd'hui rendent hommage en baptisant de son prénom la cuvée de choc. Venu de Corrèze faire fortune à Libourne, l'ancêtre a laissé derrière lui une bonne affaire de négoce, des propriétés et quelques anecdotes : *« Il a toujours traîné son petit-fils, mon père ; partout. Il avait un hôtel derrière le grand théâtre, c'était le quartier des maisons closes. Il allait toucher son loyer, mais il ne voulait pas que mon père y entre… »*, raconte l'actuel Jean-Baptiste Bourotte, prénommé comme le grand-père. Pierre, son père, s'est retrouvé à 19 ans responsables des propriétés. Aujourd'hui, Jean-Baptiste s'occupe beaucoup des domaines, auxquels il fait prendre un chemin plus tourné vers la finesse. *« On a deux vins, un Courlat classique et la cuvée Jean-Baptiste, 100 % merlot. C'est un peu notre laboratoire. On y fait des essais, notamment de plantations à haute densité, 7 500 pieds à l'hectare ; on essaie d'adapter à chaque terroir. »*

Autre vin : Tradition

Millésime 2001

– Dégustation d'avril 2002

14 – **Tradition**. Cuvée issue de 3 hectares de vieilles vignes. Fruits noirs, épices, menthe, bouche bien ronde, tanins gras, note cacao, tanins un peu raides en finale.

Millésime 2003

– Dégustation d'avril 2004

14 – **Jean-Baptiste**. Nez groseille, bouche fraîche, tanins fins, fruits rouges. Un vin qui devrait bien évoluer à l'élevage.

Millésime 2005

– Dégustation de janvier 2010

15 – Jean-Baptiste. Nez un peu boisé, bouche bien fruitée, douce, souple, gourmande, bonne finesse, assez rond et gourmand.

Millésime 2006

– Dégustation de janvier 2010

13 – Jean-Baptiste. Fruits rouges, un peu végétal, pas très net, léger en bouche.

Millésime 2007

– Dégustation de janvier 2010

15 – Jean-Baptiste. Fruits noirs et rouges, poivre, bouche ronde, souple, fraîche, agréable, pas trop extrait, bien fait, équilibré.

Château de La Grenière

Surface : 15 ha
Propriétaire : Vignobles Dubreuil
Contact : Jean-Pierre Dubreuil – 33570 Lussac-Saint-Émilion
05.57.24.16.87

La propriété appartenait autrefois à une grande famille de notables, de militaires et de médecins, dont les revenus n'avaient que peu à voir avec l'agriculture. Durant la Première Guerre mondiale, les hommes furent mobilisés. Les femmes se sont retrouvées seules, avec des ressources amoindries. Elles ont alors décidé de céder la propriété aux métayers qui la travaillaient : les Dubreuil. Quatre générations de Dubreuil plus tard, le domaine a bien changé. En polyculture jusque dans les années 60, avec un élevage de vaches laitières important, La Grenière se consacre uniquement au vin. *« C'est mon père qui a tout transformé. Il a lancé la vente aux particuliers en 1973, lors de la grande crise bordelaise. Jusqu'en*

1972, c'était vendu par un seul négociant. Mon père a tout mis en bouteilles et commencé à commercialiser. Je suis arrivé en 1987, on a agrandi et là, avec un volume plus important, on a cherché de nouveaux débouchés. On fait une dizaine de Salons par an», raconte Jean-Pierre Dubreuil. La cuvée La Chartreuse existe depuis le millésime 86 (la cuvée normale est très bien aussi, dans un genre plus simple). Au départ, c'était le même assemblage, avec un élevage en cuve pour La Grenière basique et un passage en fûts neufs de quatre mois pour La Chartreuse. «*On s'était fait peur.*» Il y a de quoi, car, pendant trois à quatre mois, l'échange entre vin et bois de la barrique ne s'effectue que dans un sens, du bois vers le vin. Les non-initiés alors s'inquiètent du fort goût boisé de leur rouge et parfois le retirent des fûts. En fait, passé ce stade, l'échange s'équilibre et le vin, s'il est au départ suffisamment concentré, reprend le dessus. Depuis 2000, Jean-Pierre opère une sélection dans les parcelles : seules sont retenues les vignes les plus vieilles, de 45 à 50 ans, et le vin reste plus d'un an dans les fûts, dont seulement un tiers sont neufs. Les autres ont déjà connu un millésime, ou deux, ou trois. L'assemblage se compose de 70 à 80 % de merlot, 30 % de cabernet-sauvignon. La Grenière simple bénéficie depuis 2004 d'un élevage en barriques «*que l'on récupère sur La Chartreuse quand elles ont plus de trois ans, ça apporte un peu de finesse*». 65 % de merlot, 25 % de cabernet-sauvignon et 10 % de franc.

Millésime 2000

– *Dégustation de juin 2008*

17 – **La Chartreuse**. Nez fruits confits, sanguin, charnel, menthe, commence à s'ouvrir depuis un an. Bouche ronde et souple, gras, élégant, bien fruité, boisé fondu, garde beaucoup de fraîcheur, long, tendu, équilibré. Vin séveux, harmonieux. Un régal qui commence à pouvoir être bu.

15 – **La Grenière**. Nez cacao, fruits confits, séveux, bouche chocolatée, ronde, parfumée, tendre, élégante. Bien fondue, fraîcheur.

Millésime 2001

– *Dégustation d'avril 2002*

16,5 – **La Chartreuse**. Belle complexité aromatique dès sa jeunesse, ce vin devrait évoluer avec des allures de grand cru, tanins soyeux en bouche, trame serrée et douce, grande longueur.

– Dégustation de juin 2008

15 – La Chartreuse. Poivré, cuir, menthe, nez intéressant, bouche fondue, chocolatée, tanins fins, bien réussi mais moins de finesse que dans le 2000. L'inverse de la cuvée normale, la longueur en bouche n'est pas la même. Un peu sec en finale.

16 – La Grenière. Épicé, poivré, cuir, plus raffiné que 2000, bouche ronde, souple, élégante, bien fondue, très gourmande.

Millésime 2002

– Dégustation d'avril 2003

14,5/15 – La Chartreuse. Nez assez frais et plaisant, violette, texture souple, tendre, le boisé est exact, l'équilibre fait le charme.

– Dégustation de juin 2008

14,5 – La Chartreuse. Chocolat noir, petite touche florale et végétale, bouche mince mais parfumée, agréable aujourd'hui, avec des notes agrumes rafraîchissantes, mais pas un grand vin de garde.

13,5 – La Grenière. Nez discret, un peu végétal, bouche fruitée mais un peu mince et marquée au coin du poivron.

Millésime 2003

– Dégustation de juin 2008

15 – La Chartreuse. L'élevage conforte le côté fruits confits, marqué en bouche par le boisé, gourmand, spectaculaire, long, un peu serré en finale. Beaucoup de gourmandise, en première séquence, un peu de dureté en finale.

14,5 – La Grenière. Nez fermé, discret, fruits confits, bouche ronde en attaque, finale assez serrée mais de la fraîcheur.

Millésime 2004

– Dégustation de juin 2008

15,5 – La Chartreuse. Nez encore un peu confus, fruits noirs, épices qui montent, rond, souple, boisé un peu plus marqué, vin jeune, friand, fin, gourmand mais dans la finesse, bel équilibre.

15 – La Grenière. Orange, bouche ronde, agréable, bien fruitée, tanins fins, pas une matière phénoménale mais beaucoup de fruit, élégant.

Millésime 2005

– Dégustation d'avril 2006

15 – La Chartreuse. Fruits à l'eau-de-vie, chêne, le vin est en pleine prise de bois mais la structure devrait le supporter, tanins fins et serrés, trame dense.

– Dégustation de juin 2008

16,5 – La Chartreuse. Boisé marqué, un peu noix de coco, bouche garnie, bien pleine, dense tannique, puissante, d'un bloc, puissant, fermé, à venir. Beaucoup de matière, mais harmonieux.

15,5 – La Grenière. Fermé, bouche dense, tanins serrés mais moelleux, matière imposante et peu assouplie, pas de tanins durs mais un côté massif, d'un bloc. Massif mais sans dureté.

Millésime 2006

– Dégustation de juin 2006

15,5 – La Chartreuse. Vient d'être sulfité, très fruits rouges, framboise, bouche marquée par l'élevage, bien équilibré, frais, rappelle le 2001, finesse. Long, bien fruité.

Millésime 2007

– Dégustation d'avril 2008

15,5 – La Chartreuse. Nez boisé, bouche vive et fraîche, tendue, élégante, bonne longueur et un fruité éclatant.

Millésime 2008

– Dégustation d'avril 2009

14,5 – La Chartreuse. Nez fruité, bouche ronde en attaque, serrée en finale, petits tanins croquants.

14 – La Grenière. Fruits au sucre, bouche douce, élégante, bien fondue, petits tanins croquants, finit un peu vite.

Des Landes

Surface : 30 ha
Propriétaire : Lassagne Père & Fils
Contact : 5, Lagrenière
33570 Lussac
05.57.74.68.05
www.chateaudeslandes.net

Le domaine fut créé par Paul Lassagne en 1952. Il était alors « conducteur de fours » dans une tuilerie. Avec ses économies, il a acheté 2 hectares avec un chai et une petite ferme. Plus tard, Daniel, son fils, l'a rejoint. Plus tard encore et récemment, ce fut le tour de Nicolas. Le domaine a beaucoup grandi et changé. Les Lassagne cultivent désormais 30 hectares et proposent deux cuvées, Les Landes (tout petit prix) et la cuvée Prestige. Un domaine spécial bonnes affaires.

Millésime 2002

– *Dégustation d'avril 2003*

14,5 – Un beau fruit, groseille, baies rouges et noires en salade, que l'on retrouve en bouche, soyeuse, plaisante.

Millésime 2003

– *Dégustation d'avril 2004*

15 – **Prestige**. Nez frais, ouvert, assez voluptueux, dense et charnu en bouche, friand, finale délicatement boisée.

Millésime 2006

– *Dégustation d'avril 2007*

14 – Nez légèrement vanillé, qui laisse apparaître de jolies notes d'un fruit mûr et sain. Bouche pleine de fraîcheur, souple, équilibrée. Finale harmonieuse. Très prometteur.

Millésime 2007

– *Dégustation d'avril 2008*

13,5 – Bien fruité, bouche ronde, tendue, pas très longue.

Millésime 2008

– Dégustation d'avril 2009

14 – **Prestige**. Fruits rouges, bouche légère, assez vive, un peu serrée.

Millésime 2009

– Dégustation d'avril 2010

13 – **Prestige**. Nez floral, un peu végétal, bouche souple, fraîche, assez fine, un peu serrée en finale. Devrait grandir à l'élevage.

LYONNAT

Surface : 52 ha
Propriétaire : Famille Milhade
Contact : Gérard Milhade
Château Lyonnat – 33570 Lussac
05.57.74.60.16/05.57.55.48.90
www.chateaulyonnat.com

Cette ancienne propriété d'une abbaye puis de l'évêché de Bordeaux a paraît-il longtemps fourni le Vatican. Rachetée en 1961 par la famille Milhade, elle ravit des palais moins épiscopaux. Un vignoble assez âgé, composé de 70 % merlot, 15 % cabernet franc, 15 % cabernet-sauvignon. Il est géré par une des branches de la famille Milhade, propriétaire et négociant, bien connue dans le vignoble de la rive droite.

Second vin : La Rose-Perruchon

Millésime 2000

– Dégustation d'avril 2001

14,5 – Nez de fruits noirs et notes vives de groseille. Bouche assez mûre, souple, boisé présent sur l'échantillon (probablement pris sur une barrique neuve).

Millésime 2001

– Dégustation d'avril 2002

15,5 – Des arômes frais de fleurs et de fruits rouges, bouche délicate garnie de petits tanins bien ronds. Vin élégant, fruité, avec de la réserve.

Millésime 2002

– Dégustation d'avril 2003

13,5/14 – Très noir, avec un nez surprenant, sur la prise de bois, cuir, giboyeux. La chair est belle, le fond tannique bien extrait, la finale masquée par les arômes animaux.

Millésime 2003

– Dégustation d'avril 2004

14,5 – Un peu fermé au nez, fruits noirs. Bouche plantureuse, gourmande, bon fruit.

Millésime 2005

– Dégustation d'avril 2006

14,5 – Encore marqué par les fermentations, brut de fonderie, les tanins sont vifs et serrés, fraîcheur et finesse de la structure en bouche. Un vin qui devrait bien évoluer à l'élevage.

Millésime 2008

– Dégustation d'avril 2009

14 – Nez boisé, bouche ronde, serrée, un peu astringente en finale, bien fruitée.

La Rose-Perrière

Surface : 10 ha
Propriétaire : Vignobles J.-L. Sylvain
Contact : Jean-Luc Sylvain,
Château La Perrière – 33570 Lussac
05.57.74.51.33
www.vignobles-jlsylvain.com

Jean-Luc Sylvain, tonnelier bien connu et recherché par les grands crus, possède cette propriété à Lussac et également Clos des Grandes-Versannes, en saint-émilion grand cru.

Ici, deux cuvées s'affrontent. Quel est le premier ? Qui sera le second ?

« Le gros volume, c'est La Perrière. La Rose-Perrière, c'est notre haut de gamme. On en fait 10 000 à 15 000 bouteilles. Le but, c'est d'inverser ; de faire 70 000 bouteilles de La Rose-Perrière, mais lussac, aujourd'hui, c'est difficile à vendre en gagnant sa vie. » La Perrière est un vin très honnête proposé un peu plus de 5 euros en primeur… Tandis que La Rose-Perrière se situe entre 8 et 10 euros…

Curieusement, j'avais écrit un commentaire très favorable sur le millésime 2006 avec une note plutôt moyenne. Rectifions nos erreurs, il mérite beaucoup mieux. D'autant qu'une chose est sûre : l'élevage en barriques est particulièrement suivi et soigné !

Second vin : La Perrière

Millésime 2005

– Dégustation d'avril 2006

14,5 – Épicé, fruits confits, mûr, gras, plein dense, épicé, vin puissant, rond et généreux.

Millésime 2006

– Dégustation d'avril 2007

13,5 – Nez fin qui marie habilement le boisé au fruit. Bouche très agréable, qui révèle une matière de dentelle et de fruit.

– Dégustation de janvier 2010

15 – Nez framboise, vanille, fruits frais, bouche élégante, tanins fins, bonne longueur, fin, belle qualité de tanins.

Millésime 2007

– Dégustation d'avril 2008

14,5/15 – **La Perrière**. Fruité cerise, bouche ronde, souple, fraîche, tendue, bien équilibrée.

– Dégustation de janvier 2010

14,5 – Épices, séveux, bouche moelleuse, tendre, frais, fin, finale moins séveuse que 2006, un peu étriqué en finale.

Millésime 2008

– Dégustation d'avril 2009

14,5/15 – Floral, fruits rouges, un peu minéral, assez profond, bouche puissante mais fondue, beaucoup de matière, généreux, un peu trop extrait, finale sévère.

14 – **La Perrière**. Floral, fruits rouges, bouche tendre, élégante, bien équilibrée, pas très longue mais bon fruit.

– Dégustation de janvier 2010

15/15,5 – Réglisse, séveux, grillé, fruits noirs, assez boisé en bouche, gras, plein, dense, tannique, puissante, demande encore de l'élevage.

Millésime 2009

– Dégustation d'avril 2010

15 – Prune, fruits noirs, bouche ronde, assez fraîche, un peu d'amertume en finale due à la prise de bois, l'élevage en fera une jolie bouteille.

14,5 – **La Perrière**. Fruits noirs, boisé, bouche tannique, moelleuse, du volume, un peu extrait en finale mais joli fruit, frais, tendu, sucrosité.

Tour-des-Agasseaux

Propriétaires : Guy Benjamin, Arnaud Delaire, Yves Blanc
Contact : Arnaud Delaire – 33570 Puisseguin
05.57.74.62.55
arnaud.delaire@wanadoo.fr

Tour-des-Agasseaux, comme son voisin Vieux-Château-Chambeau, appartient à trois investisseurs dont nous narrons les aventures à Château Branda, en puisseguin.

Millésime 2002

– *Dégustation d'avril 2003*

14,5 – Vanille du bois neuf et fruits rouges, nougatine, bouche soyeuse, un tanin mûr, caramel et réglisse.

Millésime 2003

– *Dégustation d'avril 2004*

14,5/15 – Un joli nez de fruit mûr, bouche charnue, étoffée, avec de la finesse, long, avec des nuances fruitées sauvages.

Millésime 2008

– *Dégustation d'avril 2009*

14 – Fruits noirs, boisé fort, bouche dense, tannique, extraction forte, pointe d'amertume en finale.

La Bergère

Surface : 15 ha
Propriétaire : André et Camille Benoist
Contact : Camille Benoist
Château La Bergère et Moulin-La Bergère
Tourteau – 33570 Montagne
05.57.74.61.61/06.03.69.53.15
labergere@wanadoo.fr

André Benoist et son fils, Camille, étaient agriculteurs près de Chartres. Le père aimait le vin, le fils aussi et voulait en faire son métier. Il est d'abord allé demander conseil aux vignerons de la Loire : *« Et la Loire m'a emmené en Bourgogne. »* Laquelle ne présente qu'un seul handicap pour un candidat vigneron : un prix du foncier stratosphérique. Alors, Camille a cherché ailleurs en conservant l'idée de produire un vin avec de l'esprit bourguignon : *« Je suis allé dans cette voie de la fraîcheur et de la digestibilité des vins, presque un peu trop légers pour la région. »* En 1999, il réalise son premier millésime et le fait déguster à des courtiers et à des négociants : *« des pros du vrac »*. Tous lui ont fait la même réponse : *« Ils m'ont dit que je ne le vendrais pas. Je l'ai mis en bouteilles. Ce sont les petits clients, les particuliers, la restauration qui me l'ont acheté. C'est ce millésime dont la profession ne voulait pas qui m'a créé ma clientèle. »*

Une partie du domaine s'étend en appellation montagne et l'autre, sous le nom de Moulin-La Bergère, en saint-georges (voir cette appellation). Les Benoist n'ont pas modifié leur style : des vins tendres, élégants, qui se conservent bien mais peuvent aussi se boire dans leur jeunesse.

Millésime 2005

– *Dégustation d'avril 2006*

16,5 – Nez de framboise sauvage, rose rouge, bouche fraîche, élégante, délicate, petits tanins croquants qui confèrent à ce vin beaucoup de distinction. Un vin très classe.

Millésime 2009

– *Dégustation d'avril 2010*

14,5/15 – Bien fruité, bouche douce, ronde, bien garnie, vanillée mais sans excès, bonne matière, vin gourmand et droit, bien dans son rôle.

Coucy

Surface : 20 ha
Propriétaire : Groupe Bonfils
Contact : Domaine de Cibadiès – 34310 Capestang
05.57.24.16.96/04.67.93.10.10
bonfils@bonfilswines.com

Ce très ancien domaine a été racheté par le groupe familial Bonfils en 2007. Les Bonfils, originaires d'Alsace, avaient émigré en Algérie comme beaucoup d'autres, au moment de la guerre de 1870 qui conduisit à l'occupation de l'Alsace et de la Lorraine. Retour en France, cinq générations plus tard, au début des années 60, avec pas grand-chose de plus qu'une valise. Papa Bonfils s'installe sur un petit domaine en Languedoc, le fait prospérer et en reprend un autre. Aujourd'hui, les Bonfils père et (3) fils sont à la tête de 1 100 hectares et, à la minute où j'écris, de quinze domaines, mais dans une heure ils seront peut-être seize… À Bordeaux, outre Coucy, ils ont racheté en 2010 Puy-Bardens, en cadillac-côtes-de-bordeaux.

Millésime 2007

– *Dégustation d'avril 2008*

13 – Nez grillé, boisé toasté, bouche gourmande en attaque, bien fondue, tanins souples ; vin un brin racoleur mais agréable.

Millésime 2009

– *Dégustation d'avril 2010*

16 – Nez minéral, calcaire, bouche vive, tannique, tendue, vin frais, assez élégant, bonne matière, finale un peu serrée, bonne longueur, séveux et minéral.

Archives

– *Dégustation de juin 2000*

Millésime 1997

15,5 – Grenat soutenu, nez jeune, cassis, fin, fruité, rond, plein, gras, bien fait, beaucoup de fruit, tanins serrés et onctueux.

Millésime 1998

15 – Nez de violette et de café, onctueux en bouche, tanins enrobés, suavité du merlot bien mûr, très gourmand, manque peut-être un peu de mordant.

La Couronne

Surface : 11 ha
Propriétaire : Thomas Thiou
Contact : Château La Couronne BP 10 – 33570 Montagne
05.57.74.66.62

En 1943, Edgard Gineste était boulanger à Montagne. Un de ses voisins est venu lui proposer d'acheter son domaine. C'était la guerre, la crise, les vins ne se vendaient pas, les propriétés non plus. Osera-t-on dire qu'Edgard l'acheta une bouchée de pain ?

Le pain et le vin ont en commun que leur réussite dépend en grande partie de la maîtrise de la fermentation. Edgard s'est très bien habitué à son nouveau métier et a fait de La Couronne un des domaines remarquables de montagne. À 82 ans, en 1994, il a décidé de passer la main et de céder son domaine à Thomas Thiou, ancien gérant d'un magasin Nicolas, à Paris. Thomas s'est rapidement intégré au tissu local et a créé une cuvée spéciale, Reclos-de-La Couronne, davantage extraite et boisée.

Millésime 2001

– *Dégustation d'avril 2002*

15 – Nez floral, rose rouge, bouche assez tendue, tanins serrés. Un peu austère, mais avec un remarquable potentiel qui devrait évoluer dans l'élégance.

14,5 – **Reclos-de-La Couronne**. 100 % de barriques neuves.

Des arômes de prune et de sureau, bouche puissante, tannique finissant sur des notes moka. L'ensemble nous a paru puissant, mais un peu trop extrait.

Millésime 2002

– *Dégustation d'avril 2003*

14 – **Reclos-de-La Couronne**. Confituré, gelée de mûres. Beaucoup de volume, cacao, café, fruits macérés, tanin dense, vin de garde.

Millésime 2003

– *Dégustation d'avril 2004*

15,5 – **Reclos-de-La Couronne**. Un joli nez de groseille, assez frais, le boisé est un peu trop présent en bouche.

Millésime 2006

– *Dégustation d'avril 2007*

14,5 – Discret, floral, bouche souple, fluide, pas trop extraite, agréable. Bon vin pour dans deux ans. Tanins ronds.

14,5 – **Reclos-de-La Couronne**. Boisé, vanille, café, bouche ample, marquée par le bois, épicée, un peu acide mais de la matière, puissant, séveux.

Millésime 2007

– Dégustation d'avril 2008

14 – Nez fruité, un peu oxydatif, bouche tendre, ronde, soyeuse, tanins vigoureux en finale, un peu rustique, mais pas mal.

Millésime 2008

– Dégustation d'avril 2009

14 – **Reclos-de-La Couronne**. Fruits confits, boisé, bouche un peu rustique, tanins veloutés, un peu épais, mais assez plaisant.

Millésime 2009

– Dégustation d'avril 2010

13 – Fruits rouges, épices, bouche tendre, veloutée, bonne longueur, pas mal de bois, assez gourmand, alcool en finale.

Archives

– Dégustation de juin 2000

Millésime 1997

15 – Grenat soutenu, nez légèrement boisé avec une touche fourrure, très doux en bouche, rond, sucrosité du raisin mûr, gourmand et élégant, long.

Millésime 1998

15,5 – **Reclos-de-La Couronne**. Nez boisé, laurier, gras, puissant, beaucoup de tanins enrobés, très merlot par son onctuosité. Vendue par les cavistes uniquement.

HAUT-BONNEAU

Surface : 13 ha
Propriétaire : Famille Marchand
Contact : Sarah et Bruno Marchand
33570 Montagne
05.57.74.69.23
www.chateau-haut-bonneau.com

Sarah et Bruno Marchand ont repris l'exploitation derrière le père de Bruno en 1999, agrandissant, depuis, le vignoble de 2 hectares. Des prix bas, surtout si on retient son vin en primeur, et une qualité suivie. Avec les plus vieux ceps de cabernet franc, les Marchand proposent la cuvée Éloïna-David, qui elle non plus ne vous ruinera pas.

Millésime 2002

– *Dégustation d'avril 2003*

14 – Nez élégant, encore fermé. La bouche se distingue par son équilibre, sapide, charnue, fruit et bois bien intégrés.

Millésime 2005

– *Dégustation d'avril 2006*

14 – Fruits rouges relevés par des notes de chêne, rond, frais, tendre en attaque, tanins plus vigoureux en finale, bon ensemble bien fruité.

Millésime 2007

– *Dégustation d'avril 2008*

13,5/14 – Fruits rouges, bouche simple, un peu vive, tanins serrés, bonne matière, pas trop extrait, un peu d'amertume en finale.

14,5/15 – **Éloïna-David**. 100 % cabernet franc. Réductif, bouche assez garnie, tanins mûrs ; tannique, dense, serrée, droite. Un vin assez sévère, qui devrait faire une belle bouteille après élevage.

Millésime 2008

– *Dégustation d'avril 2009*

13 – Boisé, fruits confits, joli nez, bouche ronde, pas très longue, astringence en finale.

14 – **Éloïna-David**. Tendu, vif, petits tanins croquants, bouche ronde, pas très fruitée mais droite, du potentiel.

Millésime 2009

– *Dégustation d'avril 2010*

13,5 – Fruits noirs et rouges, framboise, bouche douce, veloutée, tanins soyeux en attaque, un peu plus rugueux en finale, pas mal d'alcool, un peu trop d'extraction.

CHÂTEAU DES MOINES

Surface : 21,5 ha
Propriétaire : Famille Tapon
Contact : Nicole Tapon
Mirande – 33570 Montagne
05.57.74.61.20
tapon.over-blog.com

Les Tapon, famille sympathique et multipropriétaire (Château Raymond-Tapon, en saint-émilion, etc.), a passé la vitesse supérieure avec l'arrivée aux commandes d'une nouvelle génération incarnée par Nicole Tapon et son compagnon, Jean-Christophe Renaut, ancien sommelier. Culture bio, travail très soigné de la vigne et du chai, promotion… Sur le terroir de montagne, ils proposent plusieurs vins : le BB Moines, une cuvée orientée fruit et dégustation rapide. Et surtout ce Gay-Moulins à 100 % cabernet franc, une rareté puisque, très souvent, ce cépage est minoritaire et accompagne le merlot. Des découvertes récentes et génétiques ont démontré que le cabernet franc, alias le bouchet, était historiquement le premier cépage de bordeaux et que le merlot comme le cabernet-sauvignon étaient ses petits-enfants, obtenus par mariage avec d'autres cépages. Gay-Moulins figure donc un ancêtre bien vivant du patrimoine girondin.

Autre vin : Croix-Saint-Jean (lalande-de-pomerol)

Millésime 2002

– *Dégustation d'avril 2003*

13,5/14 – **Gay-Moulins**. Nez prometteur, fruits rouges frais, la chair est souple, un boisé un peu insistant avec ses notes grillées habille la finale.

Millésime 2006

– *Dégustation d'avril 2007*

14 – **Gay-Moulins**. Fruits noirs, bouche ronde, tendre, pas agressive, tendue en finale, mais bien équilibrée.

Millésime 2008

– *Dégustation d'avril 2009*

13,5 – Menthe, groseille, cassis, bouche ronde, souple, fraîche, un peu végétale en finale.

15 – **Gay-Moulins**. Fruits rouges, boisé doux, bouche tendre, fine, petits tanins croquants, frais.

Millésime 2009

– *Dégustation d'avril 2010*

15 – **BB Moines**. Bois, fruits rouges, bouche fraîche, vive, assez élégante, pas trop extraite, bonne longueur, un peu trop de bois neuf sur cet échantillon mais un joli vin derrière.

La Papeterie

Surface : 3 ha
Propriétaire : Estager & Fils
Contact : C. Estager – 33500 Néac
05.57.51.35.09
www.estager-vin.com

Famille de négociants corréziens, les Estager, branche C (Claude et Charles), que l'on ne confondra pas avec la branche Jean-Pierre (la confusion est d'autant plus aisée que cette dernière possède également un La Papeterie à Montagne), travaillent deux autres domaines : Château Fougeailles en lalande-de-pomerol, Château Lafleur-Grangeneuve en pomerol. La Papeterie se distingue depuis quelques millésimes dans nos dégustations.

Millésime 2008

– *Dégustation d'avril 2009*

15,5 – Nez fruits noirs, assez frais, bouche tendue, élégante, tanins fins et savoureux, tendu, droit, raffiné et solide.

Millésime 2009

– *Dégustation d'avril 2010*

14,5/15 – Nez floral et fruité, bouche douce, veloutée, tanins bien arrondis qui traduisent une forte maturité du raisin, peut-être aux dépens d'une plus grande finesse, mais l'ensemble est gourmand, goûteux, généreux.

ROC-DE-CALON

Surface : 23,9 ha
Propriétaire : Bernard Laydis
Contact : Bernard Laydis, Roc-de-Calon
33570 Montagne
05.57.74.63.99
www.rocdecalon.com

Dans la famille Laydis, il semble que la tradition soit d'apprendre d'abord un premier métier puis, tout compte fait, de devenir vigneron. Ainsi, le père de Bernard fut boulanger avant de s'investir dans le domaine de son beau-père et de reprendre carrément le flambeau. Bernard a poussé le bouchon encore plus loin, suivant jusqu'au bout un long cursus de pharmacien, puis, comme papa, se dirigeant vers les bondes et le sécateur. Un rôle qui convient bien mieux à ce bon vivant et franc-tireur, plus apte à vanter les mérites de l'assemblage merlot-cabernet par voie orale qu'à exécuter les ordonnances. Le domaine est situé sur le flanc ouest de la butte de Calon, au meilleur de l'appellation montagne-saint-émilion, autour du lieu-dit Barreau, qui a donné son nom à l'autre château des Laydis. Bernard a mis au point avec Stéphane Toutoundji, œnologue qui conseille nombre de propriétés et spécialiste des vins au bon rapport qualité/prix, une potion pour le public jeune, pressé, capable de soulager une soif immédiate et un besoin de saveurs pressées. Petit jeu avec les mots, contrepèterie de potard, cette cuvée instantanée s'appelle Daylis, vin moins concentré, à boire dans sa jeunesse, un montagne qui accouche d'une souris en somme.

Autres vins : Roc-de-Calon Prestige, Daylis, Château Barraud

Millésime 2000

– *Dégustation d'avril 2001*

15,5 – **Prestige**. Encore une cuvée spéciale, 95 % merlot, 5 % cabernet franc sur des vignes de 40 ans. Mais Bernard Laydis n'en fait pas un vin de garage : 40 % de bois neuf seulement.

Nez cerise et violette, vanillé. Belle bouche expressive, ronde, mais fraîche sans lourdeur.

Millésime 2001

– *Dégustation d'avril 2002*

15 – **Prestige**. Matière serrée, trame très dense construite avec des tanins ronds qui n'agressent pas le palais. Bonne longueur et équilibre. Vin sérieux et de garde.

Millésime 2007

– *Dégustation d'avril 2008*

13,5 – **Prestige**. Fruité, bouche souple, bien fondue, un peu fluide.

Millésime 2008

– *Dégustation d'avril 2009*

14 – **Prestige**. Nez fermé, bouche ronde, pleine, un peu massive mais savoureuse ; un peu gros vin, mais gourmand.

Millésime 2009

– *Dégustation d'avril 2010*

15,5 – **Prestige**. Nez discret, fruits noirs, bouche vive, fraîche, assez élégante, un vin direct, net et précis, tanins et fruits bien posés, de l'élégance et de la maîtrise. On n'est pas allé trop loin dans l'extraction et le vinificateur a conservé fruit et fraîcheur.

Archives

– *Dégustation de juin 2000*

Millésime 1998

15 – Nez fin de cerise, pêche de vigne, bouche tendre, élégante, délicate, petits tanins serrés, finale encore un peu sévère. Prometteur.

Treytins

Surface : 3 ha
Propriétaire : Vignobles Léon Nony
Contact : Vincent Duret
33500 Néac
05.57.55.58.58
www.chateautreytins.fr

Domaine dirigé par une équipe championne dont nous disons le plus grand bien en évoquant Château Garraud, vaisseau amiral des Nony.

Autres vins : Treytins, cette fois en lalande-de-pomerol, et Château Garraud en lalande également.

Millésime 2002

– *Dégustation d'avril 2003*

14 – Nez floral, intense, bouche gourmande, satinée, un petit tanin rond, finale chaleureuse.

Millésime 2006

– *Dégustation d'avril 2007*

14,5 – Cassis, bouche fraîche, vive, épicée, un peu dure en finale mais bien équilibrée.

Millésime 2008

– *Dégustation d'avril 2009*

14 – Petite note cassis, bouche vive, tendue, un peu végétale, assez fraîche, du fruit.

Millésime 2009

– *Dégustation d'avril 2010*

14 – Réducteur, bouche dense, réduite, assez serrée, manque de charme mais pas de matière, puissant, tannique, doit s'affiner.

Vieux-Château-Palon

Surface : 5,20 ha
Propriétaire : Vignobles Naulet
Contact : Grégory Naulet
Mondou – 33330 Saint-Sulpice-de-Faleyrens
06.89.10.90.01

Né pas très loin, dans le vignoble de Saint-Émilion, Grégory Naulet a acheté cette propriété en 1999. Tout était à reconstruire : chais, vignobles et réputation. En un peu plus de dix ans, il a tenu ce pari pas très évident.

Millésime 2005

– *Dégustation d'avril 2006*

15 – Épices, cacao, fruits noirs, bouche large et intense aux tanins généreux, veloutés. L'acidité équilibre l'ensemble et ajoute une touche d'élégance.

Millésime 2006

– Dégustation d'avril 2007

15 – Boisé, brioche, bouche ample, volumineuse, puissante, tanins domestiqués malgré l'extraction ; vin un peu Nouveau Monde, mais gourmand, se boira assez jeune malgré l'acidité.

Millésime 2007

– Dégustation d'avril 2008

14,5 – Floral, vanille, bouche ronde, souple, assez boisée, mais bon travail sur les tanins, flatteur, un peu sucré, produit moderne.

Millésime 2008

– Dégustation d'avril 2009

14,5/15 – Boisé, épices, petits fruits en bouche, légère, tendre, un peu de verdeur en finale, frais. Très bon fruit.

VIEUX-CHÂTEAU-SAINT-ANDRÉ

Surface : 5,2 ha
Propriétaire : Jean-Claude Berrouet
Contact : Vieux-Château-Saint-André, 1, Samion – 33570 Montagne
06.60.34.62.15
chateau.samion@wanadoo.fr

Propriété de Jean-Claude Berrouet, l'ancien vinificateur de Pétrus. Officiellement à la retraite, Jean-Claude travaille en famille ce domaine et le petit vignoble Samion, en lalande-de-pomerol. Comme les Berrouet sont des gens discrets, Jean-Claude présentait assez peu ces vins en dégustation. Des fois que quelqu'un imagine qu'il puisse profiter de son aura – légitime – pour valoriser ses crus. C'est un privilège d'y avoir eu accès avec le millésime 2009 !

Autre vin : Samion

Millésime 2009

– *Dégustation d'avril 2010*

16 – Fruits rouges, nez aromatique, quetsche, bouche tendre, douce, élégante, petits tanins ronds, note de miel en finale, équilibre parfait, fruit préservé.

16/17 – **Samion**. Nez fruits noirs, framboise, bouche ronde, suave, tanins fondus, bien parfumé, beaucoup de rondeur et de moelleux, long, frais, fin, équilibré. Un vin harmonieux, bien dans le style de l'homme.

Puisseguin-saint-émilion

Branda

Surface : 10 ha
Propriétaires : Guy Benjamin, Arnaud Delaire, Yves Blanc
Contact : Arnaud Delaire – 33570 Puisseguin
05.57.74.62.55
arnaud.delaire@wanadoo.fr

Comment Arnaud Delaire, ce citadin pur béton vibré, est-il devenu un vigneron impliqué dans le Saint-Émilionnais ? Il n'y a qu'une chose qui provoque les pertes durables de conscience et les choix irrationnels : l'amour. *« J'ai épousé une Saint-Émilionnaise. Quand je l'ai rencontrée et qu'elle m'a dit faire du saint-émilion, je lui ai demandé : alors, c'est à vous Saint-Émilion ? J'étais bluffé. J'étais étudiant et je ne savais rien de ce qui se passait là-bas. »* Puis, brillant esprit entrepreneurial (que c'est laid, ce mot. Pour une fois, le remplacer par un anglicisme ne me gênerait pas), le voilà à la Cogédim, comme promoteur immobilier. Mais on lui pardonne, car depuis il s'est rattrapé. *« Première approche du vignoble en 1987, j'ai monté une agence spécialisée dans la recherche et la vente des propriétés viticoles. »* En 1995, adieu la Cogédim et ses appartements témoins, Arnaud prépare son installation définitive au milieu des vignes. *« En 1997, Yves Blanc, mon beau-père, a vendu Haut-Brisson, son domaine de saint-émilion, à Vignonet, et on a eu l'opportunité de racheter Branda l'année d'après. »* En 2001, avec d'autres associés, il reprend Pas-de-l'Âne, un joli terroir sur le plateau, et se lance dans un vaste programme plus au sud, du côté de Maury, en côtes-du-roussillon-villages. Les débuts de Branda avec la nouvelle équipe ressemblaient aux prestations des groupes de rock à un tube et puis s'en va : tout dans le look et pas grand-chose dans la durée. *« On s'inscrivait dans la mode des vins de garage »*, avoue Arnaud. De la barrique neuve à profusion et des extractions genre « Terminator fait du vin ». Depuis, sous la direction technique d'Yves Blanc, Branda s'est assagi. Il est même devenu une référence en matière de vin agréable à boire, sans craindre de se planter une écharde dans le gosier.

Millésime 2000

– *Dégustation de mars 2001*

60 % merlot, 40 % cabernet franc, 54 hl/ha et 100 % bois neuf.

15 – Nez ouvert, expressif, net. Bouche trapue au fruit intense et frais. La finale est très café grillé, le boisé la domine un peu.

Millésime 2001

– *Dégustation d'avril 2002*

16,5 – Des arômes de cerise et de violette un peu troublés par une forte présence boisée, belle bouche très pure, dense et moelleuse, beaucoup de fruits bien exprimés. Longueur et finesse.

Millésime 2002

– *Dégustation de mars 2003*

14,5 – Framboise, cassis, pain grillé. Élégant en bouche, boisé imposant, clou de girofle, épices qui dominent la finale.

Millésime 2003

– *Dégustation d'avril 2004*

14,5 – Très coloré, boisé, nez mûr et grillé, reste bien gourmand malgré un boisé un peu trop présent.

Millésime 2005

– *Dégustation d'avril 2006*

16 – Fruits rouges en salade, framboise, l'attaque de bouche est tendre et pose le fruit. La deuxième séquence est plus vigoureuse, avec des tanins à profusion que l'élevage va placer sur le bon chemin. Bonne longueur, vin de garde.

Millésime 2008

– *Dégustation de mars 2009*

14,5 – Pêche de vigne, fruits rouges, bouche garnie, fraîche, tanins serrés, bon fruit, nerveux en finale.

Cave coopérative de Puisseguin

Surface : 970 ha
Propriétaire : Les Producteurs réunis de Puisseguin et Lussac
Contact : Benjamin Maison. Les Producteurs réunis
Durand – 33570 Lussac
05.57.55.50.40 – www.puisseguin-lussac.com

« *Il y a deux ans, je leur ai dit que ça ne marchait plus comme ça !* » Ainsi parlait Claude Bonnin, en 2003, quand il m'expliquait pourquoi la coopérative des vignerons de Puisseguin avait amélioré son vin. L'ancien président de la cave n'est pas un familier du contournement diplomatique : « *Mon fils a acheté une propriété en dehors de la coop. En 1997, il est passé dans ses vignes et a fait tomber les raisins en trop. Tout le monde était fou, même son beau-père tournait la tête de l'autre côté. Moi-même je fais partie de la vieille génération, celle qui ramassait les grains tombés par terre… À la première réunion, j'ai dit : je peux pas le tuer, mon fils. Si vous voulez, je démissionne. Je m'en vais une heure et, quand je reviendrai, vous me direz ce que vous décidez. Ils m'ont dit qu'ils ne voulaient pas que je parte, alors je suis resté. Seulement, au moment des vendanges, c'était le jour et la nuit. Lui, il avait des raisins bien mûrs, magnifiques. Après la floraison, en 1999, j'ai dit qu'il fallait faire tomber la moitié de la future récolte pour avoir du vin de qualité. La première année on a été quatre ou cinq coopérateurs à essayer. Il y en a un qui a choisi de le faire un rang sur deux. J'ai fait venir des adhérents et on leur a montré le résultat, le rang où il avait fait tomber du raisin était mûr et l'autre bien chargé ne l'était pas. En 2000, on a embauché un technicien qui a fait du porte-à-porte chez les adhérents et on a commencé à enherber les vignes. Ici, on a des terroirs bénis des dieux, même le dernier des couillons peut faire 100 hl/ha, s'il ne maîtrise pas sa vigne. Quand on enherbe pendant deux ou trois ans, les vignes accusent le coup, elles produisent moins, et c'est meilleur...* » La Cave coopérative de Lussac et Puisseguin – un poids lourd de la région, 140 coopérateurs – vinifie 40 000 hectolitres d'AOC lussac, puisseguin et montagne-saint-émilion, sans compter des vins de châteaux en bordeaux et bordeaux supérieur, de moindre intérêt, des vins de table en vrac, et des vins dont elle assure l'élevage en contrat avec des négociants. Des efforts incontestables sont faits pour rehausser le niveau des bouteilles d'appellation locale, tant par des conseils de culture aux adhérents qu'au chai, entièrement refait à neuf. L'équipe d'accueil conseille et fait déguster gratuitement du lundi au vendredi avec visite guidée des chais sur rendez-vous.

Millésime 2002

– *Dégustation de mars 2003*

15 – **Renaissance**. Une cuvée barrique, qui existe aussi en lussac, aromatique, épicée, bien structurée. 85 % merlot, 15 % cabernet-sauvignon.

Nez flatteur, cerise et violette, la charpente est ferme, avec du gras, finale charnue sur un bon tanin.

Millésime 2009

– *Dégustation d'avril 2010*

15 – **Cuvée 1938**. Violette, mûre, bouche douce, élégante, bien fruitée, vive, bonne longueur, tendue, racée.

15,5 – **Premya**. Violette, bouche fruitée, tendue, vive, épicée, nerveuse, prune, vin élégant, tendu, vif, très frais.

Guibot-La Fourvieille

Surface : 41 ha
Propriétaire : Henri Bourlon
Contact : 33570 Puisseguin
05.57.55.22.75
www.vignobleshenribourlon.com

L'arrière-grand-père Bourlon avait participé à l'expédition du Mexique (1864) au côté de Maximilien, prince impérial et archiduc d'Autriche. L'issue de cette affaire ne fut pas des plus heureuses pour Maximilien. Elle le fut davantage pour papy Bourlon, qui y fonda une famille. Un de ses fils revint en France pour y suivre des études d'ingénieur agro. Le voilà lui aussi amoureux et fondateur de famille. La suite, c'est une grosse propriété de 41 hectares que dirigent Brigitte, ex-Bourlon devenue Destouet, et Éric, son mari. Encore une histoire d'amour : *« On s'est rencontrés sur les bancs de sciences éco à Bordeaux. »* Ce n'est pas La Fourvieille qu'on aurait dû l'appeler, ce Guibot, mais La Fleur-Bleue. Éric est passé du tennis de haut niveau (il continue à donner des cours aux jeunes de la commune) à la vinification. Son coup droit est très apprécié en dégustation.

Second vin : Château Guibeau

Millésime 2007

– Dégustation d'avril 2008

15 – Fruits rouges, bouche tendre, en attaque, assez tendue ensuite, frais, fin, délicat, bien équilibré.

Millésime 2008

– Dégustation d'avril 2009

15 – Bien fruité, fraise, framboise, fruits rouges, bouche souple, fruitée, élégante, tanins bien fondus, un peu de boisé, moka, mais bon ensemble, très gourmand.

Soleil et Rival

Surface : 20 ha
Propriétaire : Winevest Partners
Contact : Château Soleil
SCEA Winevest Saint-Émilion
BP 34 – 33330 Saint-Émilion
05.57.74.60.18
www.chateausoleil.fr

Soleil, propriété achetée par Stephan von Neipperg, de Canon-La Gaffelière, et ses associés. C'était en 2005. Depuis, les mêmes ont repris une vingtaine d'hectares sur la commune voisine de Lussac, pour créer Le Rival de Château Soleil. On pourrait imaginer qu'il s'agit là d'un nom commercial et on se tromperait, car il existait bel et bien un M. Soleil. La famille avait créé ce cru à la toute fin du XVIIIe et l'avait conservé jusqu'à la reprise par Stephan et ses amis. Les chais ont bien sûr été entièrement rénovés et le vignoble, préoccupation première de Neipperg, travaillé avec les mêmes soins que dans ses autres propriétés. Résultat, c'est bon. Surtout Le Rival.

Millésime 2005

– *Dégustation d'avril 2006*

80 % merlot, 10 % cabernet franc, 10 % cabernet-sauvignon.

15 – Nez encore fermentaire, note épicée, bouche moelleuse, sucrosité d'un raisin très mûr, tanins doux se resserrant en finale, bien construit.

Millésime 2006

– *Dégustation d'avril 2008*

14,5 – Fruits noirs, épices, noisette, charmeur, initiatique, bouche ronde, souple bien fruitée, agréable, plaisant.

Millésime 2007

– *Dégustation d'avril 2008*

14 – Boisé, fruits confits, bouche ronde, douce, un peu tendue, bonne acidité ; vin simple, pas très garni mais bien fruité.

Millésime 2008

– Dégustation d'avril 2009

14 – Échantillon légèrement oxydé, bouche ronde, souple, bien fruitée, pointe d'amertume en finale.

Millésime 2009

– Dégustation d'avril 2010

14 – Fruits noirs, confituré, bouche ronde, un peu extraite, tendue, vive, tannique. Un peu trop extrait.

16,5 – **Le Rival** (lussac). Fruits noirs, cassis, bouche suave, dense, tannique, serrée, poivrée, longue, belle matière noble, petits tanins savoureux.

Saint-georges-saint-émilion

Château Calon

Surface : 35 ha en montagne, 7,5 en saint-georges
Propriétaire : Jean-Noël Boidron
Contact : Emmanuel Boidron, Château Calon – 33570 Montagne
05.57.51.64.68

Propriété de la famille Boidron qui s'étend sur deux vignobles, en appellation montagne et en saint-georges. Voir Corbin-Michotte, grand cru classé de saint-émilion.

Millésime 2006

– *Dégustation d'avril 2007*

14 – **Saint-georges**. Fruits mûrs, prune, mûre, un peu oxydatif, vif en bouche, bonne matière, tanins ronds et souples, bien mûrs, finale un peu sèche, mais bon fruit.

Millésime 2007

– *Dégustation d'avril 2008*

13,5 – **Montagne**. Fruits rouges confits, bouche boisée, vive, souple, un peu simple, fruité.

14 – **Saint-georges**. Réduit, bouche tendue, vive, fraîche, bonne matière, pas très dense, équilibré et fruité.

Millésime 2008

– *Dégustation d'avril 2009*

13,5 – **Saint-georges**. Cassis, framboise, note végétale, structure légère, beaucoup de fruit.

Millésime 2009

– Dégustation d'avril 2010

14,5/15 – **Saint-georges**. Fruits rouges, bouche tendre, ronde, bien fruitée, plus sur les parfums, la légèreté et la douceur que sur la concentration, vin gourmand et élégant.

14,5 – **Montagne**. Cassis très fortement marqué, bouche ronde, moelleuse, douce, bien fruitée avec cette dominante cassis, tanins virils, bonne longueur.

Clos du Pavillon-Saint-Georges

Surface : 0,62 ha
Propriétaire : Nicole Tapon & Jean-Christophe Renaut
Contact : Clos du Pavillon-Saint-Georges – 33570 Montagne
05.57.74.61.20
tapon.over-blog.com

Acheté en 2004 par Nicole Tapon et Jean-Christophe Renaut (voir des Moines, en montagne-saint-émilion), ce vignoble de poupée est travaillé avec le plus grand soin en agriculture biologique certifiée avec le recours au cheval qui effectue *« quatre façons aux charrues »*.

Millésime 2005

– Dégustation d'avril 2006

16,5 – Des notes truffe et sous-bois, grillé, bouche ample, dense, bien épicée, des petits tanins serrés et fins, le fruit se mélange à des notes minérales. Beaucoup de classe.

Millésime 2006

– Dégustation d'avril 2007

Étiquette très originale : saint Georges terrassant le dragon, et les mentions légales à l'envers, en haut de l'étiquette. En noir et blanc, style BD de Robert Crumb.

14,5/15 – Nez vanille, mousse, sous-bois, chêne, très vanillé, bon fond de vin derrière, petits tanins fins, joli grain, un peu trop boisé sur l'échantillon.

Millésime 2008

– Dégustation d'avril 2009

15 – Fruits rouges, bouche douce, délicate, pas trop extraite, un peu de tanins en finale, bonne tenue, frais, un peu serré en finale.

Millésime 2009

– Dégustation d'avril 2010

14,5 – Fraise, framboise, nez un peu sauvage, boisé assez marqué en bouche à ce stade de l'élevage. Belle matière, le vin est un peu chahuté mais prometteur.

HAUT-SAINT-GEORGES & LA GRANDE-BARDE

Surface : 6 ha pour Haut-Saint-Georges,
9 ha pour La Grande-Barde
Propriétaire : Famille Van der Kelen
Contact : Dominique Maurèze
La Grande-Barde – 33570 Montagne
05.57.74.64.98
www.chateau-lagrandebarde.com

Haut-Saint-Georges et La Grande-Barde ont été achetés en 1995 par la famille Van der Kelen, une dynastie ancienne de brasseurs belges. La Brasserie Haacht, fondée en 1898 et célèbre pour ses bières de fermentation basse (la Primus), est la troisième de Belgique. Les Van der Kelen ont investi dans ces deux domaines jumeaux pour les doter d'un outil performant. Cuves en bois tronconiques, chais souterrains pour Haut-Saint-Georges.

Millésime 2001

– Dégustation d'avril 2002

16 – **La Grande-Barde**. Des arômes de fruits rouges et de gelée de mûres, tanins fins et vifs, beaucoup de fraîcheur. Un vin élégant, droit, retenu, tourné vers la garde. Beaucoup d'allure.

Millésime 2002

– Dégustation d'avril 2003

15 – Haut-Saint-Georges. Nez expressif, ouvert, violette et framboise. Friand en bouche, gras, gourmand et frais à la fois, élégant.

Millésime 2003

– Dégustation d'avril 2004

15,5 – Haut-Saint-Georges. Beau bouquet de fruit avec un boisé fumé. Texture gourmande, fournie, charnue, le boisé est très intense mais le vin le supporte bien.

Millésime 2005

– Dégustation d'avril 2006

15 – Haut-Saint-Georges. Nez de cire et de chêne, épices douces, bouche dense, refermée mais avec un très beau potentiel, tanins croquants, belle longueur.

Millésime 2006

– Dégustation d'avril 2007

15 – Haut-Saint-Georges. Nez vanille, résine, boisé marqué, bouche tendue, serrée, bien fruité, gras, riche, puissant, des notes de cire, un boisé un peu dominateur mais un vin mûr derrière, qui devrait bien évoluer.

15 – La Grande-Barde. Sucrosité, fruits rouges, boisé, sucré, bouche ronde, fraîche, pas trop extraite, tanins vifs, pointe d'acidité, mais plutôt dans un registre frais, bon fruit en finale.

Millésime 2007

– Dégustation d'avril 2008

13 – Haut-Saint-Georges. Grillé, bois toasté, bouche puissante marquée par la barrique, tanins moelleux, un peu séché en finale à cause de son élevage.

Millésime 2008

– Dégustation d'avril 2009

14,5 – Haut-Saint-Georges. Fruits noirs, bouche ronde, puissante, un peu extraite, serrée, large et longue.

Millésime 2009

– *Dégustation d'avril 2010*

14,5/15– Haut-Saint-Georges. Fruits rouges un peu confits, cassis, bouche onctueuse, tanins veloutés, vin bien rond, dominé par la rondeur du merlot, plaisant, gourmand, très suave.

Archives

– *Dégustation de juin 2000*

Millésime 1996

14 – **Haut-Saint-Georges**. Grenat, cassis, fruits noirs dominants, rond en bouche, souple, joli fruit, finale sur des tanins un peu rugueux.

15 – **La Grande-Barde**. Grenat sombre, nez original de fleurs et de garrigue, thym, bouche souple, très joli fruit, droit, rond, tanins enrobés, bonne persistance sur la mûre.

Macquin

Surface : 30 ha
Propriétaire : Denis Corre-Macquin
Contact : Christine et Denis Corre-Macquin
33570 Saint-Georges
05.57.74.64.66
chateau.macquin.pagesperso-orange.fr

Ici, la vedette, c'est le grand-père disparu, Albert Macquin, parti de Bray-sur-Seine pour suivre les cours de l'école d'agronomie de Grignan, et qui deviendra l'un des principaux artisans de la lutte contre le phylloxéra en contribuant à replanter une grande partie du vignoble bordelais. *« En 1892, il a pratiqué 2 millions de greffes ici, au château. En 1900, il gérait 120 hectares de vignes »*, dont le fameux Château Figeac. Il est aussi le fondateur de Pavie-Macquin, un des meilleurs crus classés de saint-émilion. *« Les deux sœurs Macquin se sont battues pour ne pas avoir Pavie-Macquin, car elles aimaient avant tout les fleurs et les petits oiseaux que l'on trouve ici.* » C'est la maman de Denis qui a gagné, hélas pour lui !

Macquin est un vin et un lieu exquis et les Corre-Macquin, des personnages hors du commun qui s'intéressent à l'histoire, la littérature (un autre grand-père fut fondateur de la NRF aux côtés de Gide), à la voile, aux chiens briards…

Millésime 2000

– *Dégustation d'avril 2001*

15 – Nez racé, le fruit en est mûr et frais. Beaucoup de plaisir en bouche, souple et soyeuse, avec un petit tanin gourmand et une finale fraîche.

Millésime 2003

– *Dégustation d'avril 2004*

15 – Coloré, un peu austère au nez, fruits frais. Bouche texturée, satinée, assez élégante et longue.

Millésime 2005

– *Dégustation d'avril 2006*

15,5 – Épices, fruits rouges, nez très frais, bouche tendre, élégante, petits tanins fins et nobles, pas trop d'extraction, note framboise sauvage et griotte en finale.

Millésime 2006

– *Dégustation d'avril 2007*

15,5 – Mûre, fruits noirs, touche épicée, bouche ronde, souple, grasse, beau fruit, bon équilibre, vin assez complet.

Millésime 2007

– *Dégustation d'avril 2008*

16 – Épices, taille-crayon, bouche fondue, tanins doux, bonne maturité, fin, délicat, long, d'une belle élégance sans faiblesse.

Millésime 2008

– *Dégustation d'avril 2009*

15,5/16 – Floral, fruit rouges, tanins très frais, délicats, bien fondus, très élégant, joli fruit, vin raffiné.

Millésime 2009

– Dégustation d'avril 2010

14 – Floral, fruité, bouche tendue, vive, tanins un peu vifs, joli fruit, un peu séchant à ce stade.

Archives

– Dégustation de juin 2000

Millésime 1997

15 – Sombre, fruits cuits, épices, plein, fin, joli fruit, petits tanins serrés et souples, beaucoup d'élégance.

Millésime 1998

16 – Grenat foncé, nez épices douces, mûre, réglisse, bouche souple, garnie, petits tanins veloutés, impression de grande délicatesse, de dentelle solide, finale sur le fruit.

MOULIN-LA BERGÈRE

Surface : 5 ha
Propriétaire : André et Camille Benoist
Contact : Camille Benoist
Château La Bergère et Moulin-La Bergère,
Tourteau – 33570 Montagne
05.57.74.61.61/06.03.69.53.15
labergere@wanadoo.fr

Voir La Bergère, en appellation montagne-saint-émilion.

Millésime 2005

– Dégustation d'avril 2006

16 – Framboise, fraises au sucre, nez très pur, bouche tendre, tanins fins et nobles, beaucoup d'allure, on pense à certains saint-émilion du plateau calcaire.

Millésime 2006

– Dégustation d'avril 2007

16,5 – Violette, épices douces, vanille, bouche ample, large mais fine, tanins doux, moelleux, très beau fruit bien préservé, belle longueur, grand vin de finesse et d'équilibre.

Millésime 2007

– Dégustation d'avril 2008

14,5/15 – Nez fermé, bouche douce, très fondue, boisé un peu marqué, mais bon fruit, tanins très doux, belle maturité, un vin délicat qui se boira assez jeune, bien équilibré.

Millésime 2009

– Dégustation d'avril 2010

14,5/15 – Floral, séveux, bouche tendre, soyeuse, tanins doux en première séquence, un peu plus serrés en finale. Joli vin, bien fruité mais manquant un peu de matière en milieu de bouche.

Tour-du-Pas-Saint-Georges

Surface : 14 ha
Propriétaire : Delbeck Vignobles et Développements
Contact : Château Tour-du-Pas-Saint-Georges
Saint-Georges-Saint-Émilion – 33570 Montagne
05.57.24.70.94
www.delbeckvignobles.com

Avec la vente de Château Bel-Air (voir ce cru), premier grand cru classé en saint-émilion, Pascal Delbeck a réussi à s'offrir un chai à la mesure de son talent et de ses capacités d'inventeur. Je vous invite aussi à rendre visite, dans les pages lalande-de-pomerol, à Âme-de-Musset, du même et sur lequel j'en dis un peu plus.

Second vin : Le Sablier

Millésime 2004

– *Dégustation de février 2009*

15 – Nez fruits mûrs, chocolat, évolue vers le végétal noble, bouche dense, tannique, longue, droite, assez vif, bonne complexité.

Millésime 2005

– *Dégustation de février 2009*

16 – Nez séveux, poivre noir, tendu, vif, tannique, long, puissant, très beaux tanins, plein, long mais d'une grande élégance, relevé en finale. 60/40 merlot/cabernet, avec un peu de cabernet-sauvignon.

– *Dégustation de janvier 2011*

16,5 – Après une période de fermeture, ce 2005 commence à s'ouvrir, nez de fruits noirs et note truffée, bouche suave, onctueuse, longue, tanins veloutés. Encore ado.

Millésime 2006

– *Dégustation d'avril 2007*

15 – Violette, fraise, bouche veloutée, tendue, épicée, fraîche, un vin bien équilibré et qui comprend dans son assemblage un peu de carménère, ancien cépage du Bordelais.

– *Dégustation de février 2009*

15,5 – Boisé encore un peu présent, tannique, tendu, à maturité mais avec de l'acidité, frais, élégant, bien tendu, long.

Millésime 2007

– *Dégustation d'avril 2008*

15 – Fruits rouges, cassis, baies noires, bouche souple, bien fondue, un peu plus austère que les autres, sans doute à cause d'une assez forte proportion de cabernets, dense, longue, très moelleuse.

15 – **Cuvée du Docteur**. Une cuvée vraiment particulière, sans merlot, pourtant le cépage dominant de l'appellation : 33 % carménère, 33 % petit-verdot, 33 % malbec. Sanguin, ferrugineux, laurier, tendu, droit, assez médocain.

Millésime 2008

– *Dégustation d'avril 2009*

16,5 – Cassis, des tanins délicats, très frais, structure élégante, raffinée, future très belle bouteille par son élégance tannique. On juge davantage aujourd'hui la structure que le fruit.

Millésime 2009

– *Dégustation d'avril 2010*

15/15,5 – Floral, fruits noirs, mûre, bouche veloutée ; vin solide, tannique, qui s'affinera à l'élevage. Du volume et de la finesse.

Les côtes-de-bordeaux

Blaye et bourg au nord, castillon et francs à l'ouest, premières-côtes au sud… De par leurs sols et leur situation géographique, les différents vignobles (13 000 hectares) rassemblés sous le terme de côtes n'ont pas grand-chose en commun, si ce n'est la même situation dans la hiérarchie des vins de Bordeaux. Ni tout à fait en haut, ni tout à fait en bas, ils sont cette deuxième marche qui a longtemps oscillé, en matière de prix, en fonction de la demande du négoce. Il y a une dizaine d'années, quelques producteurs isolés dans chacune de ces appellations s'affichaient en vrais leaders avec des vins qui écrasaient, par leur qualité, l'énorme majorité des autres. Depuis, la situation a changé. Quelques propriétaires de crus classés en saint-émilion, qui souhaitaient s'agrandir, sont allés voir en périphérie, du côté des côtes-de-francs ou de-castillon. Des aspirants vignerons, aussi, moins fortunés que les compagnies d'assurances, se sont installés en Blayais ou en premières-côtes, etc., où dorment par endroits de vrais grands terroirs viticoles jamais vraiment révélés. À l'intérieur même de ces appellations, les nouvelles générations formées par l'Université à l'œnologie et au commerce ont vite compris que, pour « valoriser le produit », il fallait redoubler de qualité. Durant la dernière décennie, quelques vignerons ont pensé se démarquer de la multitude en se lançant dans l'œnologie pied-de-biche. On extrayait à l'arraché, on abusait de la barrique neuve ultrachauffée pour donner des goûts d'expresso au vin, etc. Cela n'a pas été inutile. Les expériences (mauvaises ou bonnes) ont enrichi le savoir-faire et la connaissance des possibilités maximales des terroirs. Surtout, cela a permis de constater que les progrès possibles étaient ailleurs : dans la recherche de l'origine et la valorisation du terroir.

Les différentes appellations côtes, sauf bourg, ont réuni leurs forces pour créer une AOC commune, qui s'appelle sans surprise côtes-de-bordeaux. Avantages multiples. Déjà pour le négoce, qui peinait à expliquer et à vendre ces vins manquant de notoriété.

Désormais, il peut assembler les vins de ces divers terroirs et les proposer à ses clients, distributeurs français ou étrangers, sous cette marque commune facile à identifier et à retenir : côtes-de-bordeaux. Côté acheteurs, là aussi on joue la commodité. Pas facile d'expliquer aux Chinois (ou même aux Français) les nuances entre ces différentes appellations qui relèvent toutes d'un assemblage de mêmes cépages. Les différentes appellations ne perdent pas leur identité pour autant puisque, dans la nouvelle hiérarchie, on trouve côtes-de-bordeaux tout court en entrée de gamme, puis, au-dessus (sur l'étiquette), côtes-de-bordeaux suivi du nom d'origine : blaye, castillon, francs et enfin cadillac, qui remplace l'ancien nom premières-côtes, ce qui fait quand même plus chic. Cadillac est aussi une commune de cette appellation. Les côtes-de-bourg ont voulu conserver leur indépendance, arguant qu'ils vendent mieux leurs vins, qu'ils jouissent d'une réputation ancienne et établie et que se mêler ne les grandirait pas.

Dans cette catégorie intermédiaire, on trouve également le vignoble des graves-de-vayres, 700 hectares entre Bordeaux et Libourne, qui pourrait se rapprocher du groupement des côtes ; et, en limite du Périgord, sur la rive gauche de la Dordogne, l'appellation sainte-foy-bordeaux. Officiellement, elle couvre 7 000 hectares mais, dans la pratique, la très grande majorité des vignerons déclarent leur production en bordeaux ou bordeaux supérieur. Seuls 300 hectares sont revendiqués sous cette dénomination.

Blaye

Longtemps, les côtes-de-blaye ne se sont pas levées de bonne heure. Étendue le long de la rive droite de la Gironde jusqu'aux frontières charentaises, l'appellation pantouflait, guettant les touristes, et plus souvent le négoce bordelais, qui venait chercher là des rouges souples et veloutés, et des blancs fruités et grassouillets. Le prix à l'hectolitre en vrac n'étant guère différent de celui des simples bordeaux, ces achats permettaient au commerce d'améliorer ses « vins de marque » à moindres frais. Car, même médiocrement vinifiés, les vins du Blayais sont d'une lignée supérieure : affaire de climat et de situation géographique (proximité de l'estuaire et de l'océan). Affaire de terroirs, très variés (coteaux graveleux, plateaux calcaires, buttes argileuses), mais de qualité. On trouve de tout dans le Blayais, même du sable noir limoneux, où poussent d'excellentes asperges. Surtout, quelques sols peuvent cacher – à la manière de celui du laboureur de La Fontaine – de véritables trésors.

Mais, jusque récemment, ils n'étaient pas très nombreux à s'en apercevoir. Au sud, on trouvait le long du fleuve des châteaux aussi somptueux que leurs vins étaient médiocres. Passé glorieux, virage contemporain mal négocié. Le réveil est venu du nord, où on s'est débarrassé dans les années 80 d'un complexe d'infériorité. Les vignerons de là-haut étaient des polyculteurs qui sont peu à peu devenus vignerons à part entière. Les bovins le regretteront, mais pas l'amateur au vu de la qualité des vins.

Les côtes-de-blaye couvrent 5 500 hectares, comptent 800 viticulteurs, dont la moitié sont en cave coopérative. Les blancs représentent 10 % de la production.

Ne l'oublions jamais, nous sommes en France, où le premier des arts n'est pas la haute couture ou le vin, mais celui de compliquer. Ainsi Blaye, belle forteresse de Vauban gardant la Gironde. Le nom suffit, il coule doux comme des tanins de merlot. Mais non, il fallait densifier. Donc, on a inventé les côtes-de-blaye. Mais cela ne sonnait pas assez boucherie donc on a rajouté premières-côtes-de-blaye, pour que les gens ne confondent pas avec les secondes-côtes-de-blaye qui n'existent pas.

Puis encore, un jour, il fallut inventer un nouveau concept pour désigner les vins qui vraiment sortaient du lot. Alors, nos responsables vignerons se sont installés autour de la table pour une séance de créativité et qu'ont-ils trouvé ? Blaye. Blaye tout court. Génial ! Bref, on se retrouve aujourd'hui avec la dénomination de base commune à tous les vins de côtes, côtes-de-bordeaux, plus ici deux étages supplémentaires… On me dit que cela va être simplifié incessamment. Espérons.

Bel-Air-La Royère

Surface : 5,6 ha
Propriétaire : Famille Loriaud
Contact : Corinne et Xavier Loriaud
1, Les Ricards – 33390 Cars
05.57.42.91.34

Venus du pays du cognac voisin en 1993, Xavier et Corinne Loriaud ont transcendé ce Château Bel-Air-La Royère. Ils étaient « endettés jusque-là » mais satisfaits de voir très vite les meilleurs cavistes de France se précipiter sur leurs bouteilles. Une année, Xavier est allé diriger les vinifications au Château La Tour-Carnet, propriété de Bernard Magrez. Loriaud, regettant son indépendance perdue chez Magrez, dont les méthodes de management ne s'apparentent que de très loin au scénario des *Bisounours au royaume des Rigolos,* on s'est dit que l'attelage ne durerait pas. Effectivement.

Millésime 2001

– Dégustation d'avril 2002

15 – Joli nez floral et sucré, bouche dense, ronde, beaucoup de fruit et des tanins moelleux, un boisé présent mais qui ne domine pas le vin. Belle bouteille dans quatre ans.

Millésime 2002

– Dégustation d'avril 2003

16,5 – Cerise, frais, groseille, bouche ample, tanin crémeux, du boisé assez présent à ce stade mais qui ne gêne pas l'expression d'un fruit rouge intense.

Millésime 2003

– Dégustation d'avril 2004

15,5 – Nez engageant, éclatant, fruits rouges et noirs. Bouche ouverte, tendre, mais garnie à foison de fruit et de tanins solides. Finale toastée, gourmande et longue.

Millésime 2004

– Dégustation d'avril 2005

14,5 – Nez boisé, café, bouche aux tanins bien présents. On a le sentiment, à ce stade, d'une extraction un peu trop vigoureuse. À revoir.

Millésime 2005

– Dégustation d'avril 2006

16 – Floral, prune, rose, touche de vanille. Bouche délicate, pas trop extraite, plus en élégance qu'en puissance, petits tanins serrés, trame fine, très beau fruit.

Millésime 2007

– Dégustation d'avril 2008

15 – Nez discret, jolie matière soyeuse, du fond, savoureux, du bois mais du vin.

Millésime 2008

– Dégustation d'avril 2009

15,5 – Boisé, café, chocolat, puissant, dense, épicé, un peu trop extrait, vanillé, gras. Après élevage, faut voir.

Millésime 2009

– *Dégustation d'avril 2010*

15,5 – Épices, fruits noirs, bouche serrée, moderne mais bien fait, bon boisé noisette, matière, volume, belle finale fruitée.

DUBRAUD

Surface : 25 ha
Propriétaire : Alain Vidal
Contact : Alain et Céline Vidal
33920 Saint-Christoly-de-Blaye
05.57.42.45.30
www.chateau-dubraud.com

Originaires des vignes du sud de la France, les Vidal sont venus affronter la pluviométrie insistante des bords de Gironde. Ce Dubraud, qui vivait au rythme lent du fleuve, s'est soudain senti porté par un mistral drôlement décapant. Voyez les notes…

Millésime 2001

– *Dégustation d'avril 2002*

16,5 – **Blaye**. Épices douces, fruits mûrs, tanins ronds et fins, soyeux, trame délicate et solide, long, droit, belle finale cerise. Beau vin harmonieux.

Millésime 2002

– *Dégustation d'avril 2003*

15,5 – **Blaye**. Des notes poivrées et de pain d'épice, frais en bouche, boisé intégré, discret, un tanin ferme mais enrobé. Vin sérieux, équilibré, prometteur.

Millésime 2003

– *Dégustation d'avril 2004*

14 – **Premières-côtes-de-blaye**. Bouquet complexe de fruits, cassis et violette. Texture suave, agréable, souple, vin de fruit, qui se boira jeune.

Millésime 2006

– Dégustation d'avril 2007

14,5 – Blaye. Grand vin de Château Dubraud. Noyau, fruits confits, bouche ronde en attaque, puissant mais fondu, belle attaque, refermé en finale.

Millésime 2007

– Dégustation d'avril 2008

14,5/15 – Premières-côtes-de-blaye. Nez discret, bouche bien ronde, fondue, petits tanins fondus, rond, chocolaté.

14,5 – Blaye. Joli nez net, note florale, finesse, belle matière, fraîcheur séveuse, boisé en finale, joli vin.

Millésime 2008

– Dégustation d'avril 2009

13,5 – Blaye. Alcool, fruits confits, fondu, un peu d'astringence en fin de bouche, mais ça devrait se fondre.

Millésime 2009

– Dégustation d'avril 2010

15,5/16 – Blaye-côtes-de-bordeaux. Épices, fruits noirs, prune, fruits doux, élégant, bien fondu, bien fruité, tendre, long, très fin.

Les Grands-Maréchaux

Surface : 21 ha
Propriétaire : SCEA Les Maréchaux
Contact : Château Les Maréchaux, 204, avenue Thiers
33100 Bordeaux
05.56.77.80.60

Et qui sont ces maréchaux ? Étienne Barre, Christophe Reboul-Salze et Xavier Touton, qui fait office de gérant. Rien de bien guerrier dans ces trois noms, grands officiers du courtage et du négoce bordelais. En 1997, Étienne Barre et Christophe Reboul-Salze se sont associés pour reprendre ce joli cru endormi sur la commune de Saint-Girons-d'Aiguevives. Le style est résolument moderne avec une extraction qui privilégie le fruit et un élevage en barriques assez marqué, qui demande trois bonnes années pour se fondre.

Millésime 2000

– *Dégustation d'avril 2001*

Propriété conseillée par Stéphane Derenoncourt. 60 % merlot, 20 % cabernet franc et 10 % cabernet-sauvignon.

15 – Joli vin à la robe sombre. Parfumé, boisé, fruits noirs. Bouche en souplesse, vive, serrée, sur un tanin frais. Finale carrée sur le boisé. À attendre.

Millésime 2003

– *Dégustation d'avril 2004*

14,5 – Bouquet de fruits noirs, cassis et violette. Texture gourmande, tendre, croquante, vin délicieux.

Millésime 2006

– *Dégustation d'avril 2007*

15 – Fruits noirs, bois, bouche onctueuse, un peu de sucrosité, fruits mûrs, long, assez serré.

Domaine des Graves-d'Ardonneau

Surface : 35 ha
Propriétaire : Famille Rey
Contact : Christian Rey
Ardonneau – 33620 Saint-Mariens
05.57.68.66.98
www.gravesdardonneau.com

« On travaille en famille, de la grand-mère, très active – elle fait toutes les factures –, à Laurent, 26 ans, qui s'occupe de la vinification. » Pascale, la maman, est à la barre et fait les présentations. Voilà Audrey, l'épouse de Laurent, et Fanny, sa sœur, pour le commerce. On allait oublier Christian, le papa, *« mon petit mari »* 1,90 mètre et 110 kilos. *« On peut mourir de beaucoup de choses ici, mais pas de faim ni de soif ! »*

Les Rey, ancienne famille de la région, ont modelé ce vignoble au fil des générations, et agrandi les surfaces. En 2009, ils ont repris 16 hectares : *« Car les enfants restent travailler avec nous. Tout le monde nous dit : vous avez de la chance. On ne leur a jamais caché les inconvénients du métier. Depuis quatre générations, c'est un domaine transmis par les femmes, c'est pour cela que les femmes ont tant de tonus ici. »* On avait remarqué, Pascale ! Tout petits prix.

Millésime 2002

– Dégustation d'avril 2005

15 – **Cuvée Prestige**. Floral, vanille, cerise, gras, plein, bien fruité, tanins onctueux, équilibré, une légère amertume réveille la finale.

Millésime 2006

– Dégustation d'avril 2007

14 – **Blaye**. Fruits confits, cerise, bouche bien pleine, gras, rond, bien boisé, alcool, puissant.

– Dégustation d'avril 2009

13,5/14 – **Prestige**. Boisé un peu marqué noix de coco, tanins fins, joli fruit en finale.

14 – **Tradition**. 80 % merlot, 20 % cabernet-sauvignon. Nez un peu fermé, réducteur, bouche ferme, tendue, joli fruit, passé en barriques anciennes.

Millésime 2007

– Dégustation d'avril 2008

13,5 – **Prestige**. Réduit, bouche ronde, soyeuse, chocolatée, souple, sans doute un bon vin mais très réduit.

– Dégustation d'avril 2009

14 – **Prestige**. Un peu de réduction, boisé, bouche douce, finale séveuse, joli fruit en finale.

Millésime 2008

– Dégustation d'avril 2009

15 – **Prestige**. Fruits noirs, olives, boisé, bouche dense, tannique, minérale, puissante, riche, un peu trop de bois mais du vin, long, à venir.

– Dégustation d'avril 2010

14 – **Prestige**. Boisé un peu marqué, bouche souple, tanins bien fondus, rond et tendre, équilibré.

Millésime 2009

– Dégustation d'avril 2010

14 – **Prestige**. Boisé un peu marqué, bouche souple, tanins bien fondus, rond et tendre, équilibré.

HAUT-BERTINERIE

Surface : 60 ha
Propriétaire : Famille Bantegnies
Contact : Château Bertinerie
33620 Cubnezais
05.57.68.70.74
boutique.chateaubertinerie.com

Daniel Bantegnies, je l'ai connu aveugle à cause d'une terrible maladie, étonnant dans sa volonté de dépasser l'infirmité, faisant goûter à la barrique, pipette en main, comme un voyant. Puis, un jour, les chirurgiens ont réussi à lui redonner 2 dixièmes. C'était au milieu des années 90 et, comme un bonheur n'arrive jamais seul, ses deux fils, Éric et Frantz, diplômés en viticulture et œnologie, venaient de le rejoindre sur la propriété. Le domaine fait figure d'exception dans le vignoble français avec ses vignes en lyre. Il faut imaginer, à la place des traditionnels piquets, des sortes de grands Y sur lesquels la vigne se dédouble avec des grappes exposées presque en permanence aux rayons du soleil. Une méthode mise au point naguère par l'Inra et qui a trouvé assez peu d'adeptes en France. La critique porte sur le nombre de pieds à l'hectare, une densité beaucoup plus faible que sur les vignes en conduite serrée et plus basse, et des ceps moins en concurrence les uns avec les autres. Qu'importe, Daniel Bantegnies a fait sienne la méthode et en a tiré le meilleur profit, Château Bertinerie servant longtemps de modèle dans la région. Le dynamisme de l'équipe se traduit également par une boutique en ligne et, sur place, la création d'un service « réceptions » pour les séminaires, les banquets, etc. Les vins se divisent en deux groupes : Bertinerie, plus simple, et Haut-Bertinerie, plus riche.

Millésime 2000

– Dégustation d'avril 2001

15 – **Haut-Bertinerie**. Nez boisé, baies noires, riche. Bouche onctueuse, chocolatée, petits tanins gras, finale fraîche sur des notes gaies framboisées. Vin extraverti.

Millésime 2001

– Dégustation d'avril 2002

15,5 – **Haut-Bertinerie**. Nez épanoui qui traduit le raisin bien mûr, fruits noirs, bouche onctueuse, tanins fins, bonne longueur.

Millésime 2003

– Dégustation d'avril 2004

15,5 – **Haut-Bertinerie**. Épices, tabac, torréfaction, bouche dense, épicée, une matière encore peu domptée, des tanins serrés et un très joli fruité en finale.

Millésime 2007

– Dégustation d'avril 2008

16 – Haut-Bertinerie. Grillé, fruits rouges, bouche ronde, tanins moelleux, gras, long, chocolaté.

Millésime 2009

– Dégustation d'avril 2010

14 – Haut-Bertinerie. Fruits noirs, vanille, bouche très ronde, frais, le boisé n'est pas très plaisant mais les tanins sont de qualité ; l'ensemble est assez fin.

HAUT-CANTELOUP

Surface : 44 ha
Propriétaire : EARL Bordenave & Fils
Contact : Château Haut-Canteloup
N° 1, La Palanque – 33390 Fours
05.57.42.87.12/06.22.12.39.04
www.chateau-haut-canteloup.com

Le loup est un animal sauvage, pas forcément solitaire mais assez peu causant. À Haut-Canteloup, il y a bien longtemps qu'on ne l'a plus entendu chanter, mais ce n'est pas pour autant que la famille Bordenave l'a remplacé. Travailleurs discrets, méticuleux, précis, Alexandre et Vincent, les deux fils, qui succèdent à leurs parents, ne sont pas du genre extraverti. La propriété progresse à pas de géant mais à pas de loup aussi. Surtout pas de bruit, pas de communication tonitruante. Nous sommes chez des timides efficaces. Les prix aussi sont timides, nul ne s'en plaindra. Le domaine produit également du vin blanc, sur une surface assez vaste, de très bonne qualité.

Second vin : Cuvée tradition

Millésime 2006

– Dégustation d'avril 2007

15 – Prestige. Vanille, gelée de cerises, bouche pleine, dense, épicée, assez riche, pas mal de bois, puissant, un peu rude, mais ça devrait se fondre.

Millésime 2007

– Dégustation d'avril 2008

14 – Prestige. Bien fruité, cerise, bouche boisée, tendre, tanins moelleux, bien rond, gourmand.

Millésime 2008

– Dégustation d'avril 2009

14 – Prestige. Framboise, fruits rouges au sucre, bouche tendre, un côté cuisson, joli fruit, fraise cuite. Vin facile, sur le fruit, pas très dense.

14 – Haut-Canteloup blanc. Sauvignon très marqué, vif, bourgeon de cassis, bien typé.

HAUT-COLOMBIER

Surface : 54 ha
Propriétaire : Famille Chéty
Contact : Olivier et Emmanuel Chéty
La Maisonnette – 33390 Cars
05.57.42.10.28
www.chateauhautcolombier.com

Pour faire un ouvrage comme celui-ci, la première ligne de la recette indique : rassemblez vos notes. En compilant, on fait le bilan. Tel producteur qui communique beaucoup ne vaut pas le coup, on ne l'a « sorti » que deux fois. Et tel autre, discret, rafle la mise à chaque dégustation. Les Chéty, Olivier et Emmanuel, ne ratent rien, si bien qu'on peut se demander si l'année où ils ne furent pas distingués ce n'était pas le dégustateur qui était distrait… Il convient d'ajouter que si nous devions créer une catégorie pour les prix et un baromètre de gentillesse, Olivier et Emmanuel seraient classés ras des pâquerettes pour la première et plein soleil sur le second. Sans oublier Véronique, chef de la commercialisation, et les parents, Jean et Danielle, qui surveillent la couvée. Nos Chéty sont bons dans tous les rayons, blaye et premières-côtes-de-blaye. Qui dit mieux ?

Millésime 2002

– *Dégustation d'avril 2003*

15 – **Blaye**. Fruits macérés, kirsch, bouche dense, tanins serrés, riche, très puissant. L'élevage devrait l'adoucir. Du potentiel.

Millésime 2003

– *Dégustation d'avril 2004*

15,5 – **Blaye**. Beau fruit mûr, vanille, confiture de cerise. Bouche trapue, concentrée, dense, mais reste ronde et savoureuse.

14,5 – **Premières-côtes-de-blaye**. Nez résine, cèdre, bouche souple, parfumée à la groseille, vin fruité délicat, très agréable à boire jeune.

Millésime 2005

– *Dégustation d'avril 2006*

14,5 – **Premières-côtes-de-blaye**. Boisé et fruits noirs, pâtisserie, bouche chaleureuse, ronde, puissante, tanins onctueux.

16 – **Blaye**. Fruits confits, tarte aux fruits, une bouche éclatante, très garnie, tanins moelleux en attaque, beaucoup de volume. La finale plus resserrée lui confère de l'élégance.

Millésime 2006

– *Dégustation d'avril 2007*

16 – **Premières-côtes-de-blaye**. Épices, vanille, noisette, bouche ronde, petits tanins doux, bien fait, équilibré, long, bien fruité.

15,5 – **Blaye**. Tabac, caramel, bouche souple et ronde en attaque, un peu resserrée en finale, poivrée ; un peu dur, mais il devrait s'arrondir.

Millésime 2007

– Dégustation d'avril 2008

15,5 – Premières-côtes-de-blaye. Réducteur, rond, tendre, souple, bien fondu, délicat, frais et fin, chocolaté.

Millésime 2008

– Dégustation d'avril 2009

17 – Blaye. Fruits confits, joli nez, pierre, minéral, fumée ; joli vin, délicat et soyeux, bien travaillé, avec de la fraîcheur, long, concentré et fin.

Millésime 2009

– Dégustation d'avril 2010

14 – Blaye-côtes-de-bordeaux. Grillé, café, moka, bouche ronde, souple, bien fondue, serré, marqué par l'élevage, un peu rustaud à ce stade.

HAUT-GRELOT

Surface : 58 ha
Propriétaire : Joël Bonneau
Contact : Céline et Julien Bonneau
Les Grelots – 33820 Saint-Ciers-sur-Gironde
05.57.32.65.98
www.chateau-haut-grelot.com

Un grand domaine viticole qui était, il n'y a pas si longtemps, un petit domaine agricole. Dans cette partie du Blayais, on travaillait davantage les céréales et surtout l'élevage. La vigne ne représentait qu'un complément familial. La précédente génération avait développé la partie vignoble, mais c'est vraiment Joël qui, à partir de 1975, a entièrement reconverti le domaine et abandonné l'élevage. Avec un seul objectif, se distinguer de la masse des vins médiocres que produisait alors le Blayais, en montant la qualité. Dans les années 90, il créait la cuvée Coteaux-de-Méthez. Son argument, expliquait-il, pour une cuvée prestige n'était pas un élevage en barriques neuves mais « *une définition en cru* ». En l'occurrence, une parcelle de merlot bien située sur laquelle les rendements étaient sérieusement contrôlés. En quelques années, ce Coteaux-de-Méthez est devenu une référence de Blaye. Aujourd'hui, ses enfants, Céline et Julien, prennent la relève. À signaler, un joli blanc, pas forcément la version barrique, mais le tout simple en cuve, qui se boit sans poser au *Penseur* de Rodin. Prix très bas. Le Coteaux-de-Méthez 2009 était proposé (en primeur) à moins de 7 euros.

Millésime 2006

– *Dégustation d'avril 2007*

14,5/15 – **Coteaux-de-Méthez**. Cerise, mûre, bouche ample, grasse, bien ronde, onctueuse, bonnes saveurs de fruits noirs en finale.

Millésime 2007

– *Dégustation d'avril 2009*

14,5/15 – **Coteaux-de-Méthez**. Fruits noirs, bouche douce, bien fondue, tanins fondus, doux. Un vin travaillé, gourmand, souple, petit creux en milieu de bouche.

Millésime 2009

– *Dégustation d'avril 2010*

15,5 – **Coteaux-de-Méthez**. Fruits noirs, tanins fins, du gras, assez élégant, frais, délicat, tendre, bien fondu, long ; joli vin.

Les Jonqueyres

Surface : 14 ha
Propriétaire : Pascal Montaut
Contact : Isabelle et Pascal Montaut
Château Les Jonqueyres
Courgeau – 33390 Saint-Paul-de-Blaye
05.57.42.34.88 – www.chateaulesjonqueyres.com

La logique aurait voulu que je consacre un long texte aux Jonqueyres, de loin le plus grand vignoble d'Isabelle et Pascal, et que j'écrive plus court la page consacrée au minuscule Clos Alphonse-Dubreuil, en côtes-de-bourg. J'ai fait exactement l'inverse. Il ne faut pas supputer là une sorte de préférence. C'est juste que j'ai commencé par le Clos. Jetez les deux yeux sur leur site, la page d'accueil où Pascal raconte ses motivations qui remontent à l'enfance.

Second vin : If des Jonqueyres

Millésime 2000

– Dégustation d'avril 2001

14,5 – Bouquet frais de fruits aguichants. Bouche friande, fraise, chocolat, finale tannique sur des notes havane.

Millésime 2003

– Dégustation d'avril 2004

15 – Assez frais au nez, avec beaucoup de fruit, toucher suave en bouche, corps et finale charnus.

Millésime 2005

– Dégustation d'avril 2006

16 – Épicé, fruits noirs, bouche puissante, dense, serrée, tannique. Un vin moins dans la tendance séduction mais avec du fond, une structure solide bien marquée. Vin de garde.

Millésime 2006

– Dégustation d'avril 2007

15 – Beau fruit, un peu fruits au sucre, bouche douce, fraîche, vive, serrée, bien fruitée.

– Dégustation de novembre 2010

16 – Nez fruits noirs, violette, joli fruit, fraise en confiture, très beau fruit, pur, long, frais, élégant, tendu.

Millésime 2007

– Dégustation de novembre 2010

15 – Fruits noirs, bouche tendre, bon fruit assez vif en finale, tanins tendres, bon équilibre, un vin à boire jeune pour profiter du fruit.

Millésime 2008

– Dégustation d'avril 2009

15 – Épices, fruits noirs, bouche douce, tension, vif en finale, tendu, frais, fin, assez extrait.

– Dégustation de novembre 2010

15,5/16 – Rose, floral, bouche tendre, élégante, vive, petits tanins fins, élégant, tendu, belle acidité fondue dans les tanins.

Millésime 2009

– Dégustation d'avril 2010

14,5 – Fruits noirs, épices, boisé, bouche puissante ; le vin est un peu écrasé par la prise de bois, du fond.

– Dégustation de novembre 2010

16 – En élevage, boisé, prélevé sur une barrique neuve, bouche tendre, élégante, fraîche, du volume et de la fraîcheur, prometteur, long, beaux tanins croquants en finale.

Mondésir-Gazin

Surface : 15 ha
Propriétaire : Laurence et Marc Pasquet
Contact : 10, Le Sablon – 33390 Plassac
05.57.42.29.80
www.mondesirgazin.com

Il ne faut pas se perdre parmi tous les Gazin de la région. Ce nom désigne d'abord un lieu-dit, un vaste coteau près de l'estuaire et orienté au sud. Il désigne un endroit très favorable à la vigne par ses sols argilo-calcaires, mais surtout par la proximité avec la Gironde qui agit comme un régulateur climatique favorisant également la lumière. Les Pasquet travaillent dans la minutie, cultivent en bio, utilisent des cuves plus larges que hautes pour favoriser une extraction douce, préfèrent allonger la durée d'élevage (près de deux années) plutôt que d'augmenter la part de bois neuf.

Millésime 2002

– Dégustation de juin 2005

16 – **Blaye**. Fruits noirs, bouche séveuse, tanins onctueux portant un joli fruité un peu confit, long, plein, bien construit.

Millésime 2007

– Dégustation d'avril 2008

15 – **Blaye**. Joli nez bien expressif, fruit net, charnu, frais, harmonieux, puissant, gourmand.

Millésime 2009

– Dégustation d'avril 2010

14 – **Blaye**. Nez discret, bouche ronde, souple, élégante, malgré une finale un peu marquée par l'amertume, pointe de dureté en finale.

Montfollet

Surface : 150 ha
Propriétaire : Châteaux solidaires
Contact : Cave du Blayais
05.57.42.13.15

Dix domaines rassemblés pour mettre en commun leur savoir et leurs moyens, cela s'appelle une coopérative. Mais pas grand-chose à voir avec les grosses machines qui comptent des centaines d'adhérents. Ici, tout le monde se connaît. Monfollet appartient à Dominique Raymond, qui a pris la suite de son père et de son grand-père à la présidence de cette petite coopérative où sept familles représentent 94 % des 150 hectares de vignobles exploités. *« En 2000, on a changé toutes les cuves. Rien n'avait bougé depuis la fondation, en 1937. On a demandé un audit à l'œnologue Christian Veyry, qui continue de nous assister, et comme nous n'étions pas endettés, on a investi. Notre but, c'est le haut de gamme. La cave s'occupe de la commercialisation. On part de l'aval du marché et on passe commande aux viticulteurs en établissant un cahier des charges. »* Les adhérents de la cave possèdent aussi des vignes en appellation côtes-de-bourg voisine.

Autres vins : Beaumont-Les Pierrières, Chinier-La Fougère, Cazeaux, Grand-Vincent, Haut-Cabut, Haut-Grelat, Haut-Lalande, Haut-Prieur, Les Tours-de-Peyrat.

Millésime 2003

– Dégustation d'avril 2004

14 – **Blaye**. Nez dense, boisé, confit. Très charnu, équilibré, extrait, café, chicorée.

Millésime 2004

– Dégustation d'avril 2005

15 – **Vieilles Vignes**. Fruits noirs, sous-bois, bouche puissante, tannique, tanins vigoureux. La matière n'est pas encore fondue. À attendre.

Millésime 2005

– Dégustation d'avril 2006

15 – **Blaye**. Fruits noirs, réglisse, bouche opulente, pas mal d'extraction mais sans dureté, un vin assez démonstratif en première séquence avec une finale plus tendue.

Millésime 2006

– Dégustation d'avril 2007

15 – **Premières-côtes-de-blaye**. Noyau, cerise confite, boisé, bouche ronde, bien boisée, gras, épicée, bonne longueur, puissant, long, alcool.

Millésime 2008

– Dégustation d'avril 2009

14,5 – **Blaye**. Fermé, épices, bouche souple, un peu de verdeur, structuré, tendu, boisé marqué, un peu violent.

13,5/14 – **Côtes-de-bourg**. Cuvée Margaux. Boisé, vanille, noix de coco, bouche boisée assez intense, prise de bois, un peu séchante.

Millésime 2009

– Dégustation d'avril 2010

14 – **Blaye-côtes-de-bordeaux**. Nez épicé, bouche ronde, souple, bonne matière sans faiblesse, avec des tanins fondus, du volume et de la douceur.

La Raz-Caman

Surface : 30 ha
Propriétaire : Famille Pommeraud
Contact : Jean-François Pommeraud
Château La Raz-Caman
33390 Anglade
05.57.64.41.82 – www.larazcaman.com

Il y eut bien un Raz-Caman au départ de cette histoire, un seigneur qui hélas – tout chevalier qu'il fût – a rejoint depuis bien longtemps la longue liste de nos chers disparus. La famille Pommeraud a récupéré le domaine en 1857. Quel temps faisait-il ce jour-là ? J'imagine qu'il devait faire beau, car l'optimisme semblait absolument indispensable en tant que moteur à énergie pour remettre en état une propriété abandonnée depuis plus d'un demi-siècle. Quand tout fut de nouveau en ordre, vous connaissez la suite, il y eut successivement le phylloxéra, la guerre de 1914, la crise de 1929, Tino Rossi, une autre guerre mondiale, etc. Ce n'est que dans les années 70 que Jean-François Pommeraud, fan de rugby, a enfin pu redonner vie pour de vrai au domaine. Entre-temps, une grande partie avait été distribuée en guise de rémunération aux ouvriers par les arrière-grands-parents. Les Pommeraud ont racheté toutes les parcelles et reconstitué l'ancien vignoble. En 1999, fut rattaché au domaine un petit voisin d'à peine 5 hectares, baptisé Mélignan, fortement marqué par la présence du cépage malbec.

Second vin : Caman

Millésime 2000

– *Dégustation d'avril 2001*

16 – **Mélignan**. Beau nez confit, fruits noirs, mûre sauvage. Bouche puissante, grasse, opulente, beaucoup de fruit. Remarquable.

Millésime 2001

– *Dégustation d'avril 2002*

15,5 – **Mélignan**. Nez de mûre et de gelée de sureau, marqué par les arômes de merlot, gras, rond, ample. Vin joufflu mais qui laisse la priorité au fruit.

Millésime 2005

– *Dégustation d'avril 2006*

15 – Premier nez de grillé, suie, ensuite beau fruit, tanins souples, charnus, grande gourmandise, vin charmeur.

Millésime 2006

– *Dégustation d'avril 2007*

14 – Épices, fruits noirs, bouche tendre, souple en attaque, mais sans dureté, un peu séchant en finale.

Millésime 2007

– *Dégustation d'avril 2008*

14/14,5 – Bien fruité, cerise, fraise, bouche fruitée, très merlot mûr, bien rond, souple, petits tanins en finale.

Millésime 2009

– Dégustation d'avril 2010

13,5/14 – Fruits noirs, goudron, épices, vanille, bonne matière, finale noix de coco due à un boisé trop marqué à ce stade.

SEGONZAC

Surface : 43 ha
Propriétaire : Famille Marmet
Contact : 39 Segonzac
33390 Saint-Genès-de-Blaye
05.57.42.18.16 – www.chateau-segonzac.com

Le domaine fut créé par Jean Dupuy en 1887, sous une forme assez moderne, doté d'un équipement en avance sur son temps. Jean Dupuy était ministre de l'Agriculture et il fut le fondateur du *Petit Parisien,* qui devait évoluer après la Seconde Guerre mondiale en *Parisien libéré*. Sa petite-fille, Micheline Dupuy, était écrivain et historienne, auteur de nombreux ouvrages sur les grands moments et les grands hommes (et femmes) d'Aquitaine pendant la guerre de Cent Ans. Micheline Dupuy est décédée en septembre 2010. Mais, en 1990, elle avait cédé son domaine à un industriel suisse, Jacques Marmet. En 2009, sa fille, Charlotte, et son gendre, Thomas Herter, ont pris les commandes. Depuis le cinéaste Alain Tanner et son *Charles mort ou vif,* on sait que les Suisses ne sont pas tous des citoyens qui traversent seulement quand le petit bonhomme est vert et ne jettent jamais de papier par terre. Les Suisses de Segonzac confirment ce non-conformisme. Pour fêter les 120 ans du château, ils ont organisé une visite des chais façon bal costumé. Aidés des commerçants locaux, ils ont monté un défilé de mode. Les mannequins « amateurs » possédaient une démarche chaloupée relevant davantage d'un entraînement à la dégustation sans cracher qu'à de longues répétitions devant un jury de « casteurs » impitoyables. Sans prendre de risque majeur, je crois pouvoir affirmer que l'accueil au château pour les particuliers est sympathique.

Millésime 2001

– Dégustation d'avril 2002

15 – Héritage. Nez fermé à ce stade, élégant en bouche, droit, long, tanins fins, une certaine classe.

Millésime 2002

– Dégustation d'avril 2003

16 – Héritage. Ouvert, agréable, fin, boisé biscuit. Corpulent en bouche, avec du fruit, frais, corpulent, finale gibier, fourrure. Beaucoup de personnalité.

– Dégustation d'avril 2005

14,5 – Vieilles Vignes. Nez un peu animal, vin à carafer, bouche puissante, dense, tannique, assez serrée, riche. Vin droit, sérieux, à attendre deux ans.

Millésime 2008

– Dégustation d'avril 2009

14,5/15 – Vignes Grand Âge. Fruits noirs, grillé, prise de bois, bouche marquée par le bois, assez longue mais tanins un peu serrés en finale ; un vin assez minéral, tendu.

Millésime 2009

– Dégustation d'avril 2010

14 – Vignes Grand Âge. Tarte à la myrtille, sucre, bouche ronde, du gras, du volume, un peu sucré, bon fruit souple, fondu, gourmand, manque de finale.

Côtes-de-bourg

Séveux, coloré, sérieux… Les côtes-de-bourg forment comme une avancée médocaine en terre de droite, de rive droite. Des vins de caractère, comme ceux qui les élaborent et qui ont décidé de faire bande à part. Les autres vignobles bordelais portant le nom de côtes – côtes-de-castillon, de-francs, de-blaye, premières-côtes – se rassemblent sous la bannière côtes-de-bordeaux. Ceux de Bourg (4 000 ha) jouent la résistance dans la solitude, refusant de se noyer dans la masse et sans doute de cohabiter avec blaye. Commercialement, l'appellation possède du dynamisme et semble moins en difficulté que les autres. Mais derrière ce refus se cachent aussi les vieilles querelles de barons locaux, l'histoire. Bourg, la ville, est une ancienne citadelle appuyée à la rive droite de la Dordogne, presque à la pointe où elle rejoint la Garonne pour former la Gironde. Après la Révolution, elle s'est violemment opposée à la voisine Blaye, citadelle de Vauban, pour savoir qui serait chef-lieu. On peut en rire à l'heure européenne, mais ces traces-là ne connaissent pas de détachant. Même si nombre de vignerons sont propriétaires dans les deux appellations bourg et blaye. Donc, bourg, l'appellation, vit sa vie et cherche sa voie. Celle-ci semble passer par le retour en force d'un cépage un peu mis de côté par les générations précédentes : le malbec, associé aux traditionnels merlot, cabernet-sauvignon et cabernet franc. Plus de la moitié des parcelles plantées récemment le sont en malbec. Une sorte de revanche : lors des replantations dans les années 60, après le grand gel de 1956, pépiniéristes et vignerons ont donné la priorité au merlot et au cabernet-sauvignon. Le malbec, originaire sans doute des Charentes voisines, a émigré à Cahors où il est dominant et a fait le bonheur des vignobles d'Argentine. De nouvelles sélections opérées sur de veilles souches ont permis de retrouver des plants de qualité. À Bourg, une parcelle expérimentale en sélection massale rassemble des ceps provenant du Bordelais mais aussi… de Cahors et d'Argentine : un retour au pays.

BRÛLESÉCAILLE

Surface : 26 ha
Propriétaire : Rodet-Recapet
Contact : Martine et Jacques Rodet – 33710 Tauriac
05.57.68.40.31
www.brulesecaille.com

Jacques est originaire de la région de Montélimar, où sa famille récoltait pêches et abricots. Il est venu faire ses études à Bordeaux où il a rencontré Martine, qui préparait son diplôme d'œnologue. Martine, fille de vigneron déjà installé à Brûlesécaille – qui signifie brûle et taille les sarments. Facile d'imaginer la suite. Jacques a planté quelques pêchers à Brûlesécaille pour la consommation familiale et n'est pas retourné à Montélimar. Brûlesécaille est un lieu viticole original et assez idéal. Le vignoble domine les alentours sur un des points les plus hauts de la région, 43 mètres, en faisant un carré de 500 mètres de côté dont la maison figure le centre. Les amateurs de haute montagne nous diront que 43 mètres, ce n'est pas l'Éverest. Nous leur répondrons que 43 mètres au-dessus de la Dordogne, c'est bien assez pour que les eaux de pluie ne s'attardent pas au pied des ceps et s'évacuent vers le bas gentiment mais fermement. Cette situation, bien ventilée et en hauteur, a évité quelques catastrophes à Brûlesécaille, qui est ainsi passé au travers des gels de 1945, 1956 et plus récemment 1991. Il s'agit donc d'un vignoble de coteau, qui plus est posé sur un vrai terroir : une résurgence du plateau calcaire à astéries qui part de Saint-Émilion et qui s'achève ici avant de s'effondrer dans la Dordogne. Une fine couche de limons et d'argile le recouvre, permettant à la vigne de s'implanter. Sur ce sol, avec ces vieilles vignes (vieilles, car elles n'ont pas disparu lors des gels cités plus haut), les Rodet produisent un vin de caractère, sérieux, de garde, dont les saveurs culminent après quelques années de vieillissement. Les Rodet proposent d'ailleurs à la vente des vins jeunes et des millésimes mûrs. « *Toute notre action est tournée vers les particuliers. On fait tous les Salons des caves particulières, Paris, Bordeaux, Lille, Lyon, Reims, Nice. C'est aussi pour cela, pour offrir une gamme plus complète, que nous avons un peu de blanc et que nous avons repris un petit domaine de 2 hectares à Saint-Émilion, Yon-Saint-Christophe.* » Les merlots et les malbecs sont vendangés à la main. « *On est pratiquement les seuls à le faire, donc on trouve du personnel facilement, parfois même des gens des autres domaines. Pour Yon-Saint-Christophe, on loue un car et on emmène tout le monde à Saint-Émilion ; on a souvent fini dans la journée. Après on fait la fête…* »

Second vin : La Gravière

Millésime 2000

– Dégustation d'avril 2001

16 – Vin de séduction. Nez de confiture de baies noires, vanillé, élégant. Bouche onctueuse, riche tendre et fraîche. Finale boisée, sans excès. Beaucoup d'étoffe.

Millésime 2001

– Dégustation d'avril 2002

15,5 – Ce classique de l'appellation est toujours un peu boudeur dans sa jeunesse. Fruits rouges, tanins serrés, vif, solide, beau potentiel de garde.

Millésime 2002

– Dégustation de novembre 2010

15 – Nez chocolat, fruits cuits, bouche ronde, onctueuse, savoureuse, le vin est resté très jeune. Il est à point aujourd'hui.

Millésime 2003

– Dégustation de novembre 2010

15,5 – Chocolat, cacao, bouche puissante, large, ample, bonne longueur, frais pour le millésime de la canicule, vin construit, gras, plein, riche, qui peut encore attendre.

Millésime 2004

– Dégustation de novembre 2010

15 – Fruits noirs, violette, bouche légère, tendre, vin élégant, gourmand, à boire maintenant, bon équilibre. Le millésime était généreux en quantité, mais pas de dilution ici, juste de la douceur.

Millésime 2005

– Dégustation de novembre 2010

16 – Nez eau-de-vie de cerise, fruits noirs, bouche puissante, tanins bien affirmés, une matière dense, et un vin qui ne se livre pas encore. Un très fort potentiel de garde.

Millésime 2006

– Dégustation de novembre 2010

14 – Millésime difficile, il est tombé 200 millimètres d'eau avant les vendanges. Nez peu ouvert, poivre blanc, épices, bouche en longueur, tanins présents et moins enrobés que sur d'autres millésime, un peu rugueux en finale.

Millésime 2007

– Dégustation de novembre 2010

14,5 – Nez café, torréfaction, chocolat, bouche ronde, suave, gourmande. Un vin assez flatteur à boire sur sa jeunesse.

Millésime 2008

– Dégustation de novembre 2010

14,5 – Nez boisé, bouche vive, tendue, le vin n'est pas encore fait. Le boisé qui marque un peu la bouche n'est pas intégré, la finale est vive et retrouve le fruit. À attendre.

Millésime 2009

– Dégustation de novembre 2010

16 – Fruits noirs, mûre, Zan, bouche ample, large, beaucoup de moelleux, puissant mais équilibré, bonne matière, fruits noirs, en finale. Vin extraverti, déjà gourmand.

Clos Alphonse-Dubreuil

Surface : 0,5 ha
Propriétaire : Pascal Montaut
Contact : Isabelle et Pascal Montaut
Château Les Jonqueyres
Courgeau – 33390 Saint-Paul-de-Blaye
05.57.42.34.88

Pascal, c'est d'abord Les Jonqueyres, un côtes-de-blaye généreux, plein, dont je ne vais pas vous parler ici, puisque nous stationnons dans l'espace réservé aux côtes-de-bourg. L'histoire de Pascal s'écrit avec les grands-pères, tous deux vignerons, artisans amoureux de leurs vignes, où le gamin allait gambader. L'eau rougie et le fond de vin pur le dimanche ont sédimenté son destin. Il a réuni les deux petits vignobles pour en faire un grand et le travailler comme eux, dans le respect du jus de la terre. Une enfance comme cela, à écouter la sagesse des vieux, ça détermine.

On se connaît depuis longtemps, depuis que son millésime 85, lors d'une vaste dégustation à l'aveugle, faillit bousculer Lynch-Bages, magnifique cette année-là. Je ne dis pas qu'aujourd'hui Lynch-Bages ne dépasserait pas d'une grande longueur le clos de Pascal mais, à l'époque, au début des années 90, comme challenger, il faisait très mal. La rectitude du cabernet-sauvignon, la pointe de douceur du merlot sur des sols labourés, et des rendements maîtrisés. Banal ? Pas ces années-là. Le désherbant coulait pleine tonne partout, y compris chez les plus grands de la rive d'en face. Quant aux rendements… Je me souviens de Pascal se prenant de bec avec d'autres vignerons – rassurons les âmes sensibles, Pascal a du répondant – parce qu'il était un des tout premiers à faire tomber de la vendange, à éclaircir. Scandale à Bourg ! C'était alors un sacrilège de sacrifier des grappes. En face, à Jean-Luc Vonderheyden, qui avait osé recommander cette pratique, on avait scié des pieds de vigne.

Pascal labourait, maîtrisait ses rendements, vendangeait à maturité. Donc, Pascal faisait de très bons vins, voire de très grands. De marginal, voire gauchiste de service, il est assez vite devenu un vigneron admiré, intégré au sein des instances syndicales. Il s'est même un moment occupé de la commission technique au syndicat des côtes-de-blaye. Cela n'a pas duré. Mais la nouvelle génération s'en est inspirée. Et lui continue son petit bonhomme de vin. Pas de levures autres que celles du terroir ; le reste, vous connaissez, labour, contrôle, gros travail dans les vignes, vendanges à la main et belle fête quand tout est rentré dans le chai.

Millésime 2003

– Dégustation d'avril 2004

16 – Nez Zan, myrtille, goudron, bouche grasse et opulente, potelée, petits tanins soyeux mais serrés, vin tonique, bien équilibré.

Millésime 2004

– Dégustation d'avril 2005

15,5 – Élevé en fûts. Fruité engageant, belle maturité, texture serrée, tanins savoureux, déjà harmonieux.

Millésime 2005

– Dégustation de novembre 2010

17,5 – Fermé, belle matière en bouche, 60 % cabernet-sauvignon, dense, fruits noirs, structure solide, peu fondue, tanins enrobés, future très belle bouteille.

Millésime 2006

– Dégustation d'avril 2007

15,5 – Boisé, fruits confits, fondu, gras, plein, velouté, du volume, tanins fins, bien fondus, long. Bonne matière, vin long, tendu.

Millésime 2007

– Dégustation d'avril 2008

15 – Nez bien fruité, bouche ronde et tannique à la fois, bien relevée ; soyeux, bien fondu, tendu en finale.

Millésime 2008

– Dégustation d'avril 2009

16,5/17 – Nez fermé, bouche dense, tendue, minérale, joli fruit et minéralité, frais, vif, long, un peu serré en finale, tanins fins.

Millésime 2009

– Dégustation d'avril 2010

16,5/17 – Léger évent sur cet échantillon prélevé à la barrique, rien que du normal, bouche douce, belle matière, dense, tannique, un peu d'astringence due à l'oxydation. Très fin, long, profilé, précis.

FOUGAS-MALDOROR

Surface : 17 ha
Propriétaire : Jean-Yves Béchet
Contact : Vignobles Béchet BP 51
33710 Lansac
05.57.68.42.15
www.chateau-fougas.com

Jean-Yves Béchet, issu d'une famille de négociants bordelais, a repris ce cru en 1976. Michelle et lui se sont investis sans compter dans ce domaine. Ils sont les inventeurs d'une formule qui a fait des petits un peu partout dans la France viticole : la location de vignes. Vous téléphonez, vous louez, vous suivez les travaux de la vigne de loin ou de près selon vos disponibilités et surtout vous vendangez vos raisins : le meilleur moment. Enfin, une fois que le vin est abouti, vinifié et élevé par les Béchet, vous récupérez vos bouteilles. Une sorte de club des loueurs s'est ainsi créé, une amicale Fougas…

Au départ, le domaine s'appelle ainsi, Fougas. Mais les Béchet, en hommage à Lautréamont, ont imaginé d'ajouter à ce Fougas un peu pagnolesque une dimension plus dramatique et poétique en ajoutant Maldoror. Par la suite, comme ça roulait bien en bouche comme des tanins gentiment domestiqués, tout le monde a adopté Fougas-Maldoror pour désigner le domaine. Maldoror est né de la perpétuelle insatisfaction « béchétienne ». En 1992, Jean-Yves trouvait ses vins trop secs, pas assez ci, manquant de ça. Il rencontre alors l'Attila des mauvais tanins, Jean-Marc Dournel, œnologue-conseil dans le Bergeracois, également producteur d'un pécharmant splendide, Domaine des Costes, à Bergerac. On doit à Dournel de boire de nouveau de bons monbazillacs récoltés par tries successives. Il est grandement responsable de la montée en qualité des vins rouges de ce vignoble et du passage en bio de nombreux producteurs. Petite digression pour signaler que le vignoble de Bergerac est celui qui comprend la plus grande surface convertie en bio. Fougas est également bio. Sympathie mutuelle, discussion, essais… Quelque temps plus tard Jean-Yves Béchet m'écrit alors : *« Dournel est sympa, mais qu'est-ce qu'il nous fait bosser ! »* En 1993, première cuvée de Maldoror, un peu trop boisée. En 1995, le vin l'emporte sur la barrique. Dans les années 2000, Fougas-Maldoror parvient jusqu'aux narines de Robert Parker, qui lui colle une grosse note sur 100. Les suiveurs inconditionnels du gourou, qui achètent à la note sans même regarder le nom du château (le troupeau de Panurge est aussi vaste que le vaste monde), se précipitent. Les demandes affluent, les négociants (voir la précédente parenthèse) se précipitent, les prix, d'un intermédiaire à l'autre, s'envolent comme les étourneaux d'octobre. L'année suivante, Parker a trouvé d'autres « blockbusters » et le troupeau a suivi. Pas facile de gérer la suite pour un vigneron. Que doit-il faire ? Se rapprocher du goût, ou supposé tel, du grand leader en espérant le séduire de nouveau et vendre les vins plus cher ? Continuer de cultiver le petit jardin familial avec les bons vieux clients fidèles qui ne sont pas forcément amateurs de vins sucrés, concentrés, boisés plus plus ? Méditer sur l'avenir du monde quand l'homme aura enfin compris que le bonheur, malgré Platon, ce n'est pas le désir de posséder, mais jouir de ce que l'on a ?

Je crains de m'éloigner.

L'amateur de vin moderne, semble-t-il, a fait le tour de ces cuvées maximum. La tendance aujourd'hui s'affirme davantage vers des vins authentiques, moins mondialisés ou uniformisés par une œnologie dominant la nature. Les Béchet qui, vous l'aurez compris, disposent d'un QI avantageux, ont bien sûr intégré ces nouvelles données que le Dournel avait, de son côté, anticipées.

Millésime 2000

– *Dégustation d'avril 2001*

16 – Beau nez parfumé, racé, boisé vanillé. Bouche dense, avec du gras, concentrée et élégante à la fois, beaucoup de bois mais bien pris. Très beau vin.

– *Dégustation d'avril 2008*

16,5 – Pour la première fois, du cabernet dans cette cuvée (25 %). Cèdre, cacao, bouche dense, épicée, tendue, plus plein, finale un peu lactée, frais, long.

Millésime 2001

– *Dégustation d'avril 2002*

16 – Nez de baies noires, mûres, cassis, avec des touches discrètes et élégantes de bois neuf. Bouche très soyeuse, fraîche, fruitée, bien bâtie, avec un tanin savoureux et fin qui habille la finale.

– *Dégustation d'avril 2008*

15 – Chocolat, résine, bouche ronde, douce, tanins souples, chocolaté, rond, long, gourmand, à point, un peu trop de bois.

Millésime 2003

– *Dégustation d'avril 2008*

13,5 – Nez puissant cèdre, boisé, bouche qui évolue vite, petite amertume.

Millésime 2004

– *Dégustation d'avril 2005*

16,5 – Nez de fruits rouges mêlés de cannelle ; le boisé, mieux maîtrisé qu'autrefois, intervient pour souligner les arômes. Bouche ronde en attaque, tanins de qualité, soyeux mais fermes, qui évoluent en densité jusqu'à la finale, assez serrée. Joli vin de garde.

– *Dégustation d'avril 2008*

16 – Fruits noirs, minéral, frais, fin délicat, tendre, sympa, pas trop de bois, bien fruité, gourmand, on a envie de le boire.

Millésime 2005

– *Dégustation d'avril 2006*

15 – Une structure très serrée, un vin sérieux, presque austère à ce stade, long, puissant, de garde.

– Dégustation d'avril 2008

14 – Fruits rouges, boisé, nez noix de coco, bouche vive, tendue mais séchée par le bois.

Millésime 2006

– Dégustation d'avril 2007

15 – Fraise, boisé, bouche ronde, souple, bien fondue, un peu dure en finale, mais joli fruit ; extraction bien menée, bien travaillé, favorisant le fruit. Élevage en bois un peu marqué.

– Dégustation d'avril 2008

14,5 – Frais, rose rouge, bouche vive, lactée, chocolat blanc, sèche un peu en finale.

Millésime 2007

– Dégustation d'avril 2008

15,5 – Nez floral, fraises au sucre, bouche tendue, vive, équilibrée, pas trop extraite, bon fruit, gourmand, belle finale relevée. Une version un peu nouvelle de Fougas, moins marquée par le bois et l'extraction, plus en fruit. Un petit réglage qui lui va bien.

Millésime 2009

– Dégustation d'avril 2010

14,5 – Fruits noirs et rouges, bouche douce, très fondue, vin souple, agréable, qui pourra se boire assez jeune.

Archives

Dégustation d'avril 2008

Millésime 1993

14 – Nez un peu évolué résine, bouche ronde, souple, tendue, plus frais que le nez, une pointe d'évolution en finale.

Millésime 1995

16 – Poivré, résine, frais, délicat, souple et vif, tanins bien fondus, belle acidité, long.

Millésime 1996

15 – Nez un peu réduit, bouche fraîche, tendue, vive, élégant, frais, finale un peu sèche.

Millésime 1997

13 – Fleurs séchées, frais au nez, bouche évoluée, sèche en finale.

Millésime 1998

17 – Nez fumé, grillé, animal, fumé, rond, chocolaté, gourmand, tendu, frais, solide.

Millésime 1999

13,5/14 – Fumé, résine, cèdre, épices, bouche chocolat, tanins un peu feutrés. Très beau nez, la bouche est décevante.

GRAND-MAISON

Surface : 6,5 ha
Propriétaire : Jean Mallet-Hervé Romat
Contact : Jean Mallet-Hervé Romat
Valades – 33710 Bourg
05.57.64.24.04/06.08.88.10.69
www.grandmaison-bourg.com

Un petit cru particulièrement bien placé, exposé face à la Gironde, sur le coteau et le plateau qui la domine à 85 mètres de hauteur. Beaucoup de vent qui sèche les grains et les concentre, peu de maladies par voie de conséquence, d'autant que la pluie sur ce promontoire est toujours moins importante et s'écoule très vite. La propriété a été rachetée par deux complices : Jean Mallet et Hervé Romat. Jean, ancien copropriétaire de Haut-Macô – un cru qui autrefois a remporté la prestigieuse course des Côtes –, s'est retrouvé, à la suite de partages familiaux, au chômage technique et s'est associé à Hervé Romat, œnologue-conseil en France et en Espagne. Deux vieux amis (Hervé conseillait Jean à Haut-Macô depuis 1989), deux talents complémentaires pour accoucher d'un vin délicieux. Une autre particularité du domaine, la présence du cépage malbec (entre 8 et 10 %) en complément du merlot. Le malbec a peu à peu disparu du Bordelais ou presque. En spécialiste, Hervé Romat explique : *« Le malbec, c'est un raisin à gros grains avec quatre pépins, c'est beaucoup. S'il n'est pas mûr, il donne des tanins végétaux. Il faut qu'il soit dans une configuration de pépins bien mûrs et il faut le vinifier à une température pas trop chaude, sans trop extraire. Si, en revanche, il est trop mûr, il donne un vin lourd et sans fruit. Souvent, les gens en ont trois rangs par-ci par-là et ils le vendangent en même temps que les autres cépages, aux mauvaises dates pour lui. Il faut lui apporter une attention particulière, comprendre comment il fonctionne, le ramasser et le vinifier à part.* »

Millésime 2004

– *Dégustation de février 2008*

16 – Jean Mallet et Hervé Romat recherchent davantage le fruité, l'équilibre, que la concentration et la lourdeur. C'est réussi. Un bouquet immédiat de fruits rouges en salade, des petits tanins suaves. Harpagons s'abstenir, car à table la bouteille se vide très vite… « *On a moins de barriques neuves qu'en 2005, car les raisins avaient déjà un goût un peu boisé à la vendange.* »

Millésime 2005

– *Dégustation de février 2008*

8 % de malbec, 85 à 90 % de merlot, le complément en cabernet franc. 50 % de barriques neuves.

16,5/17 – Nez de cailloux chauds, calcaire, pierreux, fruits confits, épices ; bouche soyeuse, riche, tendue, avec des notes mentholées, long, équilibré, à attendre.

Millésime 2006

– *Dégustation d'avril 2007*

16 – Réduit, bouche souple, ronde, douce, fondue, très doux en bouche, moelleux, qualité des tanins, merlot mûr, long, souple, délicat.

– *Dégustation de mars 2008*

15 – Violette, nez un peu fermé, le vin est en cours de collage, bouche vive, bien fruitée, moins épicée que le 2005, mais bel équilibre.

Millésime 2007

– *Dégustation d'avril 2008*

5 % de malbec, 95 % merlot.

15 – Fruité, plein, bien fondu, élégant, tanins doux et soyeux, beaucoup de fruit, équilibre impeccable.

Millésime 2008

– *Dégustation d'avril 2009*

15 – Réduit, grillé, fruits rouges derrière, bouche souple, élégante, fondue en attaque, resserrée ensuite, un peu rugueuse en finale.

HAUT-MACÔ

Surface : 49 ha
Propriétaire : Famille Mallet
Contact : Château Haut-Macô
33710 Tauriac
05.57.68.81.26 – www.hautmaco.com

Bernard et Jean Mallet ont transformé ce vaste domaine en un cru des plus performants. La nouvelle génération vient de leur succéder. Ils ont conservé la cuvée Jean-Bernard, remarquable sur le millésime 2009. Prix quasi cadeau…

Autre vin : Domaine de Lilotte

Millésime 2008

– *Dégustation d'avril 2009*

14 – **Jean-Bernard**. Réduit, assez extrait, un peu violent, dense, tendu, serré, manque de charme à ce stade, austère, droit.

Millésime 2009

– *Dégustation d'avril 2010*

15,5 – **Jean-Bernard**. Fruits noirs, olives, bouche moelleuse, gras, belle matière ronde, frais, fin, long.

Labadie

Surface : 66 ha
Propriétaire : Joël Dupuy
Contact : Vignobles Dupuy
33710 Mombrier
05.57.64.23.84
vignoblesjdupuy@aol.com

Joël Dupuy a commencé en 1980, à 20 ans. La propriété couvrait déjà 30 hectares : *« Quand mes parents se sont mariés, en 1956, ils avaient 3 ou 4 hectares chacun. »* Et lui a plus que doublé le vignoble en créant, à côté, un autre domaine, Laroche-Joubert, et en agrandissant largement Labadie. Il est rejoint par son fils, Damien, qui a fait ses premières vinifications en 2010. Damien a suivi des études de commerce et marketing et devrait développer la partie commerciale, qui n'est pas le point fort de Joël : *« C'est pas mon truc, les Salons. Si quelqu'un négocie le prix, je ne veux pas. La clientèle vient par plaisir parce qu'ils ont goûté nos vins, je fais un mailing une fois par an c'est tout. »* Le domaine vend un peu plus de la moitié en bouteilles et voudrait évoluer vers la totalité.

Le vignoble est réparti sur trois communes : *« On pioche un peu sur tous les terroirs, ça aide, car, en fonction des millésimes, certains terroirs se révèlent mieux que d'autres. »*

Autre vin : Laroche-Joubert

Millésime 2002

– Dégustation d'avril 2005

15,5 – Sous-bois, chocolat, boisé discret, bouche charmeuse, dense, épicée, bien fondue, bonne longueur, dans la séduction.

Millésime 2004

– Dégustation de novembre 2010

14 – Violette, fruits noirs, bouche souple, ronde, tendre, bien fondue, légère, fruitée, finale légèrement tannique.

Millésime 2005

– Dégustation de novembre 2010

15 – Épices, fruits noirs, bouche tendre, souple, bien fruité, 45 % de bois américain, bouche plus soutenue que 2004, long, plein, délicat, petits tanins frais.

Millésime 2006

– *Dégustation de novembre 2010*

14,5 – Fruits noirs, bouche marquée par les tanins, bon fruit noir, long, gourmand.

Millésime 2007

– *Dégustation de novembre 2010*

14 – Fruits rouges, assez éclatant, rose, bouche douce, un peu séchante en deuxième partie.

Millésime 2008

– *Dégustation de novembre 2010*

15 – Fruits noirs, bouche tendue, vive, vin à venir. Un peu serré mais fin.

MARTINAT

Surface : 10 ha
Propriétaire : Famille Donze
Contact : Lucie et Stéphane Donze
33170 Lansac
05.57.68.34.98
06.11.17.08.28

Ce domaine est surtout renommé pour sa cuvée Epicurea, composée de 80 % merlot et 20 % malbec, un cépage souvent présenté comme ancien ou traditionnel mais qui ne l'est pas tant que ça. Le malbec prend sa source à Cahors, sans doute pensent les spécialistes (ampélographes) sur le plateau de Haute-Serre d'où son autre nom, auxerrois, ce qui a trompé longtemps son monde. « Haut-serrois », serait devenu par déformation « auxerrois ». Personne n'a relevé de traces de ce cépage du côté d'Auxerre ; on trouve par contre des traces anciennes en Charente. Le malbec fut importé dans le Bordelais par une famille de Cahors qui avait racheté le Château de Pressac, près de Saint-Émilion, d'où le troisième nom du malbec, utilisé seulement à Bordeaux, le pressac… C'est clair ? Le malbec a déserté la plupart des appellations bordelaises ou demeure comme infime complément, sauf dans le Blayais et surtout ici, en côtes-de-bourg, où il m'est arrivé d'en goûter d'excellents. Lucie et Stéphane Donze lui confèrent une place importante et une certaine noblesse dans cette cuvée Epicurea. Le bon philosophe grec prônait la recherche du plaisir naturel, non sophistiqué, mais il n'a rien précisé pour les assemblages merlot et malbec.

Millésime 2001

– *Dégustation d'avril 2002*

16 – **Epicurea**. Nez épicé, poivre, mûre, assez complexe, bouche bien ronde, tanins fondus, un vin moderne, marqué par la rondeur du merlot mais qui ne trahit pas son terroir, belle finale sur le fruit.

Millésime 2002

– *Dégustation d'avril 2003*

15 – **Epicurea**. Nez fruits noirs, sous-bois, souple en bouche, un tanin tendre et moelleux, beaucoup de rondeur.

Millésime 2003

– *Dégustation d'avril 2004*

14,5/15 – **Epicurea**. Nez dense et luxuriant, fruits noirs, boisé neuf sensible. En bouche, austère, dense, de la présence, sans dureté, finale assez grasse.

Millésime 2006

– *Dégustation d'avril 2007*

15,5 – **Epicurea**. Vanillé, framboise, très fruits rouges, bouche tendre, élégant, souple, bien fruité, réussi, très beau fruit bien préservé par une extraction modérée.

Millésime 2007

– *Dégustation d'avril 2008*

14,5 – **Epicurea**. Cerise, boisé, bouche ronde, chocolatée, doux, bien fondu, tanins moelleux. Vin moderne, bien travaillé.

Millésime 2008

– *Dégustation d'avril 2009*

15 – **Epicurea**. Vanille, floral, cerise, boisé, bouche plus charmeuse, tendre, élégant, peu d'extraction, frais, fin, tanins délicats.

Millésime 2009

– *Dégustation d'avril 2010*

15 – **Epicurea**. Fruits noirs, épices, bien fruité, belle matière souple, bien fondue, long, droit, bonne tenue en bouche, long.

Mercier

Surface : 23 ha
Propriétaire : Famille Chéty
Contact : 33710 Saint-Trojan
05.57.42.66.99 – www.chateau-mercier.fr

Christophe représente la treizième génération de la même souche à travailler sur ce domaine. Personnellement, je connais mieux la douzième, parce que dans une vie antérieure, avec ses parents Martine et Philippe, Jean-Yves, de Fougas-Maldoror, et d'autres vignerons, on organisait une vaste dégustation de tous les vins des côtes-de-bordeaux que l'on avait baptisée la Course des côtes. Ça nous prenait du temps, de l'énergie, mais l'affaire produisait aussi une forte bonne humeur. Château Mercier a fini plusieurs fois dans le groupe de tête. Philippe et Martine n'engendrent ni la mélancolie ni le désir soudain de commencer un jeûne dans un monastère mal chauffé du bout du monde où la boulette de riz sans sel fait office de gueuleton. Les deux se sont connus dès l'enfance, se sont dragués dans les bals du pays, ont braillé en chœur des méchancetés sur les ministres de l'Agriculture lors des manifs paysannes, ont fini par se marier sans se calmer pour reprendre la succession du grand-père. Les Chéty proposent une gamme élargie dont on peut retenir une petite production de vin blanc et deux rouges, le Mercier Tradition, qui ne fait de mal à personne et surtout pas au compte en banque, et la Cuvée Prestige qui elle non plus n'atteint pas les sommets où peuvent se situer les monastères mal chauffés dont nous causions plus haut.

Millésime 2001

– *Dégustation d'avril 2002*

15,5 – **Prestige**. Joli nez de cassis et de myrtille, bouche dense, tanins présents mais ronds, du fruit, de l'élégance. Vin sérieux qui ne se livre pas dans sa prime jeunesse.

Millésime 2002

– *Dégustation d'avril 2003*

14,5 – **Prestige**. Épices, vanille du chêne, bouche nette, bonne matière, tanin ferme, un vin qui demande de l'attente.

Millésime 2003

– *Dégustation d'avril 2004*

16 – **Prestige**. Nez de fruits noirs, mûre, cassis, myrtille, boisé raffiné. Élégant, sérieux, tannique, boisé remarquable de finesse et de discrétion, long et équilibré, beaucoup de classe.

Millésime 2004

– *Dégustation d'avril 2006*

14,5 – **Prestige**. Expressif et net, fruit de grande pureté, belle fraîcheur, tanins gras et ensemble charmeur.

Millésime 2005

– *Dégustation d'avril 2007*

15 – **Tradition**. Café, tabac, biscuit, sanguin, bouche tendre, souple, élégant, souple, rond, bien tendu.

Millésime 2006

– *Dégustation d'avril 2008*

13,5 – **Tradition**. Fruité, bouche douce, tendre, légère ; vin en finesse mais manque un peu de matière.

Millésime 2008

– *Dégustation d'avril 2009*

13 – **Prestige**. Épices, bouche puissante, serrée, dense, très marquée bois, riche, puissant, épices et fruits confits, long mais séché par le bois.

Nodoz

Surface : 32 ha
Propriétaire : Famille Magdeleine
Contact : Famille Magdeleine-Cénac
18, chemin de Nodoz – 33710 Tauriac
05.57.68.41.03
www.chateau-nodoz.com

Au XIXe siècle, Nodoz appartenait à un important négociant armateur, Bordes, qui possédait une des plus importantes flottes de voiliers marchands. N'ayant pas senti tourner le vent de la vapeur, il fut contraint de céder le domaine à des Américains à qui l'on doit le *z* final. Puis le domaine échut au grand-père Magdeleine, dans les années 30. Depuis, ce Nodoz est conduit de main de maître par Jean-Louis et, depuis 2002, par Sandrine Magdeleine-Cénac et son époux, Jean-François Cénac. Bien avant que ce soit la mode, les Magdeleine pratiquaient les vendanges vertes, et ils ont été les premiers dans cette région à multiplier les essais d'élevage en barriques neuves avec des provenances différentes : Jupilles, dans la Sarthe, pour l'élégance, ou forêt de Tronçais, dans l'Allier…

Second vin : Château Galau

Millésime 2003

– *Dégustation d'avril 2004*

14,5 – Élevage en barriques de chêne. Nez charnel, confituré, boisé. Cette présence du bois neuf équipe la bouche, de façon gourmande pour le moment, il ne faudra pas l'exagérer à l'élevage.

– *Dégustation de juin 2005*

15,5 – Cire, boisé assez marqué. Gras, plein en bouche, tanins généreux, notes de Zan à la violette et de café. Le boisé est un peu prenant, ce qui n'est pas étonnant chez ces vignerons passionnés depuis fort longtemps par l'élevage en barriques. Un vin de garde, avec beaucoup de fraîcheur pour ce millésime.

Millésime 2003

– *Dégustation d'avril 2007*

14,5/15 – Élevé en barriques neuves. Boisé prononcé, bouche volumineuse, ronde, du gras, bien plein, dense, riche, bien vinifié, joli fruit confit, un peu trop de bois.

Millésime 2007

– *Dégustation d'avril 2008*

15,5 – Boisé très marqué, bouche puissante, tannique, épicé, dense, viril, bien dans le style maison. Avec un peu moins de bois, ce serait parfait.

Millésime 2009

– *Dégustation d'avril 2010*

15 – Nez fruits noirs, bouche ronde, souple, élégante, bien fruitée, épicée, joli fruit, petits tanins croquants.

ROC-DE-CAMBES

Surface : 10 ha
Propriétaire : Famille Mitjavile
Contact : Château Tertre-Rotebœuf
1, Tertre – 33330 Saint-Laurent-des-Combes
tertre.roteboeuf-roc.de.cambes@wanadoo.fr

On en saura davantage sur la famille et la méthode Mitjavile en se rendant à la page consacrée à Tertre-Rotebœuf, dans les pages sur saint-émilion… Le vin est composé de 80 % merlot et 20 % cabernet-sauvignon.

Millésime 2008

– *Dégustation d'avril 2010*

15 – Grillé, plein, riche, épicé, retenu, frais, élégant, granuleux, beaucoup d'allure, finale un peu rugueuse.

Millésime 2009

– *Dégustation d'avril 2010*

16 – Nez de merlot mûr, le fruit confit, moelleux, plein, riche, saveurs de grande maturité, la finale relevée donne de la fraîcheur à l'ensemble.

SAUMAN

Surface : 23,5 ha
Propriétaire : Famille Braud
Contact : Véronique Braud
33710 Villeneuve-Bourg
05.57.42.16.64
www.chateausauman.com

Véronique Braud dit qu'elle est née dans le vin et que c'est pour cela qu'elle devait « *faire autre chose* » avant de revenir. Éducatrice spécialisée jusqu'en 1989, elle fut la première femme de sa génération à s'installer vigneronne. Pas vraiment facile face au poids des masculines traditions, mais, grâce à son exigence dans le travail, elle a réussi à changer les mentalités. Son papa, par exemple, est aujourd'hui très fier de sa fille : Véronique fait merveille au chai. C'est ainsi qu'est née en 2004 la cuvée Émotion. Les Braud avaient remarqué que la meilleure cuve, au moment des écoulages, c'était celle où on mélangeait merlot et malbec. Le grand-père avait planté une parcelle à partir d'une sélection opérée par Guy Revaire, un grand nom du Blayais. « *On accusait le malbec de pourrir, et jamais les raisins de cette vigne n'ont pourri. D'habitude, la récolte de cette parcelle ne remplissait pas une cuve. En 2004, il y avait une forte vendange et on a pu isoler une cuve de malbec pur.* » Vinification séparée, dégustations, assemblage précis avec du merlot… Depuis, Émotion a été reproduite en 2005, 2006, pas 2007.

Millésime 2000

– Dégustation de novembre 2010

15 – **Tradition**. Nez chocolaté, bien mûr, fruits noirs, assez évolué, à boire aujourd'hui, bouche fraîche, très merlot, rond, à point aujourd'hui.

14,5/15 – **Cuvée particulière**. Cacao, réglisse, 50/50 merlot et cabernet-sauvignon, poivre blanc, bouche ronde, souple, délicat, finale un peu séchante mais beaucoup de saveurs.

Millésime 2001

– Dégustation d'avril 2005

17 – **Cuvée particulière**. Fleurs séchées, rose, cire, épices douces, bouche vive, tanins élégants, fins, délicat, beaucoup d'allure et de classe.

– Dégustation de novembre 2010

14 – **Tradition**. Cassis, bouche vive, fruits noirs, jeune, frais, vif.

15 – **Cuvée particulière**. Chocolat, poivre, fruits confits, bouche tendue, tanins un peu sévères en finale, un peu séchante, note électrique. Une première séquence délicieuse, une finale plus froide.

Millésime 2003

– Dégustation de novembre 2010

15,5 – **Cuvée particulière**. Poivre noir, chocolat, bouche généreuse, opulente, tendue, fraîche, fruits confits, plein.

Millésime 2004

– Dégustation de novembre 2010

16 – **Émotion**. 50 % malbec. Épices, poivre blanc, bouche ronde, souple, Zan à la violette, long, frais, bien fruité, beaucoup de caractère.

Millésime 2005

– Dégustation de novembre 2010

16 – **Tradition**. Cassis, fruits confits, bouche vive, fraîche, tendue, longue, encore jeune, beaucoup de fruit.

15 – **Émotion**. Fruits noirs, épices, 70 % malbec, bouche grasse, pleine, dense, tanins vigoureux, un vin encore très jeune, très marqué malbec.

Millésime 2006

– Dégustation de novembre 2010

14 – **Tradition**. Nez encore assez fermé, bouche vive, tendue, équilibrée, homogène, le fruit n'est pas très évident, droit mais sans éclat.

14,5 – **Émotion**. 55 % malbec, 40 % merlot. Fruits noirs, mûre, poivre, bouche tendue, vive, moins d'éclat que le 2005, mais agréable.

Millésime 2007

– Dégustation de novembre 2010

14 – **Tradition**. Merlot, cabernet et malbec, pas de cuvée Émotion. Floral, fruits noirs, délicat, élégant, frais, bonne bouche de vin à boire jeune.

Millésime 2008

– Dégustation de novembre 2010

13,5/14 – **Tradition**. Frais, fin, élégant, bouche souple, agréable, tendue, le fruit manque un peu de persistance.

15,5/16 – **Émotion**. Fruits noirs, note de pêche, bouche ronde, souple, fondue, élégante, long, frais, gourmand, 60 % de malbec.

Millésime 2009

– Dégustation de novembre 2010

15,5/16 – **Tradition**. Fruits noirs, bouche ronde, solaire, plein, dense, tanins doux, très mûr, long.

15 – **Émotion**. Nez poivré, bouche puissante, très riche, large, assez massif à ce stade.

Cadillac et premières-côtes-de-bordeaux

Avec la création de l'appellation côtes-de-bordeaux, commune à tous les vignobles des côtes (blaye, castillon, francs…), ce que l'on appelait premières-côtes disparaît. Cela fera sans doute de la peine à nos amis bouchers, à qui cette dénomination semblait dédiée. Mais le nouveau nom, Cadillac, celui d'une des communes de la région rendu célèbre grâce au concours des industries automobiles américaines, sonne plus chic. Cadillac, AOC naguère uniquement réservée aux seuls liquoreux, s'étend (3 400 ha) de Bassens, aux portes de Bordeaux, jusqu'à Saint-Maixant, sur la rive droite de la Garonne. Une longue bande de coteaux qui dominent la Garonne sur une soixantaine de kilomètres et qui n'excède jamais 5 kilomètres de largeur. Une belle balade en voiture dans un paysage boisé, très vallonné, avec parfois des points de vue époustouflants sur le fleuve, Yquem en face, la forêt des Landes au loin. Un relief varié de collines entrecoupées de vallées. Le cépage merlot domine, complété de cabernet-sauvignon et de franc. Il est difficile de définir un profil type des vins rouges de la région. Le vignoble est trop étiré et, d'un village à l'autre, d'un bout de l'appellation à l'autre, les caractéristiques varient. D'ailleurs, autrefois, le Nord produisait du vin rouge et le Sud, qui entoure Loupiac et Sainte-Croix-du-Mont, des blancs moelleux. On peut cependant se retrouver autour d'une douceur et d'une facilité d'approche qui leur sont communes. Mais les vins produits par endroits sur des graves sableuses et ailleurs sur de la roche calcaire affleurante délivreront des messages aromatiques assez différents.

Brethous

Surface : 15 ha
Propriétaire : Famille Verdier
Contact : Cécile Verdier – 33360 Camblanes-et-Meynac
05.56.20.77.76
www.brethous.com

Cécile Verdier a succédé à ses parents en 1998, à une époque où encore peu de femmes devenaient vigneronnes. Pas gagné d'avance avec l'entourage qui n'imagine pas qu'une fille puisse exercer ce métier, les préjugés, les habitudes. Cécile a donc suivi un long détour qui l'a conduite à Radio-France, *« à l'administration des journalistes »*. Puis, comme c'est une obstinée, en plus de sa maîtrise de gestion, elle a passé par correspondance un brevet de technicien agricole. Adieu, le confort des bureaux de la Maison de la Radio. Au revoir, la vue sur la Seine. Bonjour, les ampoules aux mains. Cécile n'a pas commencé tout de suite par la face nord. Elle a suivi un stage chez le plus gentil des œnologues, Pierre-Jean Sadoux, vigneron au Château Court-les-Mûts, près de Bergerac (excellent rouge). Puis retour à la maison, au domaine qui, perché sur un mamelon, domine la vallée de la Garonne. *« Pour une fille, il faut convaincre, et pourtant on sait monter sur un tracteur. Progressivement, j'ai pris ma place. Ce sont des métiers où il n'y a jamais de routine. Il faut toujours inventer. Mais il y a aussi un moment où il faut savoir dire : là, je ne suis pas compétente. »*

Millésime 2003

– Dégustation d'avril 2008

14 – Nez résine, grillé, bouche séveuse, vin rond, souple, finale chocolatée. À boire.

Millésime 2004

– Dégustation d'avril 2008

13,5/14 – Nez de fruits mûrs, bouche aux tanins souples, le vin est entré dans son âge adulte. À boire.

14,5 – **Cuvée Prestige**. Un tiers de barriques neuves, fruits noirs, beaucoup moins évolué que le précédent, bouche souple, fondue, savoureux, finale un peu séchante, mais bon ensemble.

Millésime 2005

– Dégustation d'avril 2008

15,5 – Fruits noirs, bouche dense, tendre en attaque, les tanins arrivent ensuite, fins et croquants. Matière serrée, peu fondue, joli vin à venir, bien construit et riche en saveurs.

Millésime 2007

– Dégustation d'avril 2008

Cécile Verdier avance tranquillement *« avec les copains »* vers le bio.

15 – Confit, boisé présent pour le moment, bonne matière cependant, tannique mais fondue, joli fruit préservé en finale.

Carignan

Surface : 65 ha
Propriétaire : Andy Lench
Contact : 60, allée des Châteaux
33360 Carignan-de-Bordeaux
05.56.21.21.30
www.chateau-carignan.com

Adorable château niché sur un flanc de coteau, *« entièrement d'époque »*, comme dirait Jacques Dufilho dans l'historique sketch de la visite du château (visible sur ina.fr). Cette fois, c'est vrai : d'époque et chargé d'histoire, puisqu'il fut la demeure de Jean Poton de Xaintrailles, vainqueur des Anglais et du connétable John Talbot, mettant ainsi un point final, enfin, à la guerre de Cent Ans. C'est loin, on oublie, on se la représente en épisodes chamarrés, mais ce fut la pire période de l'histoire de France, plus terrible que la guerre de 14, puisque c'est la seule fois en deux mille ans que la démographie de notre pays recula sensiblement. La peste avait de ce point de vue donné un furieux coup de main à la soldatesque.

Philippe Pieraerts, citoyen belge fort sympathique – c'est curieux, mais, quand on parle des Belges, on accole souvent l'adjectif sympathique, peut-être pour nous faire pardonner les méchantes blagues que l'on raconte sur eux, une fois – Philippe Pieraerts, donc, et sa femme avaient restauré et décoré admirablement la maison, et je me souviens d'une dégustation dans les cuisines du château où je ne me lassais pas de repérer les détails, les menus objets qu'ils avaient rassemblés pour redonner son cachet au lieu. En 2007, les Pieraerts ont vendu à Andy Lench, un Britannique qui a créé aux États-Unis une société de distribution de vins, puis une autre de placement dans le vin et les domaines. Son seul but dans cette affaire étant de venger Talbot. Je plaisante. Mais le retour d'un Anglais dans le château de Xaintrailles est un joyeux pied de nez à l'Histoire, comme on dit dans les documentaires à la télévision. Philippe Pieraerts répétait : *« On peut faire bon à Bordeaux à condition de s'en donner les moyens. »* Il avait choisi comme conseiller Louis Mitjavile (voir Domaine de l'Aurage, en castillon). Andy a dit oui à la formule et continue sur cette lancée. Chacun ses goûts, mais pour ce qui est du mien, il a choisi. À la cuvée Prima 100 % bois neuf, mon goût préfère le normal ou la série Orangerie, nettement moins chère et à boire comme ça, sans dire au préalable trois paters-œnologue, comme un péché pas trop capiteux.

Millésime 2001

– Dégustation d'avril 2002

15,5 – Très fruits noirs, beaucoup d'expression, bouche bien oxygénée, tanins doux, bien arrondis par la vinification et le début d'élevage, beaucoup de saveurs. Un vin assez technique mais issu d'une belle vendange.

– Dégustation d'avril 2005

15 – **L'Orangerie**. Résine, café, joli nez original, frais en bouche, épicé, droit, tanins assez vigoureux. Pas mal de classe.

Millésime 2003

– Dégustation d'avril 2004

14 – **Prima**. Nez floral, cassis, framboise. Bouche boisée, épicée, clou de girofle, texture moyenne, chaud.

Millésime 2004

– Dégustation d'avril 2005

15 – Joli fruit, cerise, bouche fraîche, élégante, bien fruitée. Vin distingué, tanins vigoureux qui devraient s'arrondir à l'élevage.

CLOS-CHAUMONT

Surface : 10 ha
Propriétaire : Pieter Verbeek
Contact : Château Clos-Chaumont – 33550 Haux
05.56.23.37.23
chateau-clos-chaumont@wanadoo.fr

C'est le clan des Néerlandais à Bordeaux. Le propriétaire s'appelle Pieter Verbeek et il a été conseillé pour son installation « *de A à Z* » par Cornelis Van Leeuwen, professeur à l'École nationale d'ingénieurs en travaux agricoles, l'Énita. Cornelis, dit Kees, est le numéro un en France dans la connaissance et le fonctionnement des terroirs viticoles : « *Pieter est un collectionneur de grands vins, mais un collectionneur qui boit ses vins… À la fin des années 80, sa femme lui a dit : "Si avec tout l'argent que tu mets dans le vin tu achetais une propriété ?" Il a dit chiche !* » L'encépagement est composé de 75 % merlot, 10 % cabernet-sauvignon et surtout 15 % de cabernet franc que Kees qualifie d'exceptionnels. « *On avait en fermage une parcelle de francs, un matériel végétal remarquable. On a dû rendre la parcelle, mais j'avais fait des sélections que l'on a replantées. J'en ai même mis à Cheval-Blanc.* » Kees est conseiller de Cheval-Blanc. Clos-Chaumont produit également un très agréable blanc mentholé.

Second vin : Charmes de Clos-Chaumont

Millésime 2001

– Dégustation d'avril 2002

14,5 – Cerise, fruits rouges frais, bouche tendre, délicate, bien fruitée. Un vin à boire jeune sur son premier fruit mais capable de bien vieillir, assez structuré.

Millésime 2003

– Dégustation d'avril 2004

14 – Nez gouleyant du fruit, du boisé grillé, goudron. Attaque soyeuse, rond, sans aspérités, plaisant, finale fraîche mais courte.

Millésime 2005

– Dégustation d'avril 2006

14,5 – Boisé doux, bouche dense, tanins présents et virils, joli fruit qui perdure en finale.

Millésime 2006

– Dégustation d'avril 2007

13,5 – Grillé, café, sanguin, plein, dense, tannique, vif, solide, bonne matière, finale assez marquée mais bon vin d'avenir. Tanins soyeux, élégant.

Millésime 2007

– Dégustation d'avril 2008

14 – Papier, un peu réduit, bouche boisée, serrée en finale, un peu rustique, mais bon fond de vin.

Millésime 2009

– Dégustation d'avril 2010

14,5/15 – Épices, fruits noirs, grillé, bouche boisée, vive, bien fondue, jolis tanins fins et veloutés.

Dudon

Surface : 70 ha
Propriétaire : Jean Merlaut
Contact : Château Dudon – 33880 Baurech
05.57.97.77.35
www.jean-merlaut.com

Propriétaire de Gruaud-Larose à Saint-Julien, Jean Merlaut exploite à Baurech – village dont il est le maire – ce Château Dudon, connu pour son rosé. Mais le rouge, surtout la cuvée Jean-Baptiste-Dudon, vaut le détour.

Millésime 2009

– Dégustation d'avril 2010

14,5/15 – **Cuvée Jean-Baptiste-Dudon**. Élevée en bois, représente 50 % de la production. 40 % merlot, 30 % cabernet-sauvignon et 30 % de franc. Nez fermé, bouche souple, boisé un peu fumé, cheminée, grillé, merlot mûr. À boire jeune.

Les Guyonnets

Surface : 26 ha, dont 4,5 en blanc
Propriétaire : Sophie et Didier Tordeur
Contact : Les Guyonnets
33490 Verdelais
05 56 62 09 89 /03.44.54.71.01
www.chateau-les-guyonnets.fr

Le domaine a été repris par une famille de céréaliers venus de Picardie et, depuis, le vin monte en qualité chaque année. J'espère simplement que cela va s'arrêter, car je ne note pas au-dessus de 20. On ne dira jamais assez combien la plaine de l'Oise, sa beauté mélancolique, son horizontalité émouvante, fait du bien aux vallons bordelais en termes d'investissement.

Autres vins : Apogée (cuvée prestige), blanc, rosé

Millésime 2008

– Dégustation d'avril 2009

15 – Grillé, gourmand, belle attaque sur un fruit très mûr, bouche douce, assez précise, tanins délicats, bonne longueur, bien fait.

Millésime 2009

– Dégustation d'avril 2010

16 – Fruits noirs, cassis, fruits mûrs, joli nez, bouche ronde, moelleuse, douce, tanins moelleux, élégant, bien fruité, matière serrée mais sans dureté.

CHÂTEAU DE LESTIAC

Surface : 350 ha, dont 22 pour Lestiac
Propriétaire : Famille Gonfrier
Contact : Gonfrier Frères, Château de Marsan
33550 Lestiac-sur-Garonne
05.56.72.14.38
www.gonfrier.fr

Ne cherchons pas le grand-père fortuné aux îles, l'ancêtre enrichi grâce à un commerce maritime inavouable en Afrique et Amérique, ni même la trace d'une paire d'hypermarchés si décoratifs dans les faubourgs de nos grandes villes… Rien de tout cela, le père Gonfrier est arrivé ici en 1962, de retour d'Algérie avec un billet aller, la valise en carton plutôt que le cercueil en sapin, poches vides, tête triste et remplie de souvenirs dont l'amertume s'effiloche avec le temps. Et, surtout l'envie de reconstruire. C'était la crise du bon vin mais pas de l'emploi, il s'est embauché, a mis quelques sous de côté et, comme les propriétés se vendaient au prix du vent, il a racheté un premier domaine. En 1998, les Gonfrier régnaient sur 200 hectares ; en 2009, avec 350, ils envisageaient une pause. J'ai écrit « régnaient » par facilité. Le terme s'adapte mal à cette famille modeste et discrète. En 2004, le père et les deux fils associés ont réussi un joli coup en rachetant au groupe Suez Château Tanesse, ancien bijou des domaines Cordier à Langoiran, chartreuse de la seconde moitié du XVIIIe siècle entourée de 52 hectares de vignes produisant du rouge et plus secrètement un blanc liquoreux remarquable.

Les Gonfrier possèdent douze domaines différents. Lestiac figurant le vaisseau amiral, nous avons rassemblé ici les notes de dégustation concernant quelques-uns des domaines.

Millésime 2002

– *Dégustation d'avril 2005*

14 – **Lestiac Cuvée Prestige**. Vanillé, boisé un peu prenant, frais, net, élégant, style moderne, avec une extraction assez forte. Tanins du vin et du chêne un peu trop présents en finale. À attendre.

Millésime 2007

– *Dégustation d'avril 2008*

14,5/20 – **Tanesse Cadillac**. Blanc liquoreux. Miel, boisé, bouche souple, élégante, concentrée, en finesse.

Vin issu d'une exploitation certifiée au titre de l'agriculture raisonnée.

Millésime 2007

– *Dégustation d'avril 2008*

15,5 – **Lestiac**. Grillé, cerise, bouche ronde, tannique mais fondue, bon fruit, long, bien fait. Manque un peu d'éclat en finale. Belle qualité de tanins surtout.

15 – **De Marsan**. Fruité, bouche ronde, souple, fraîche, tanins doux, pas mal de matière, tendu, bien fait.

Millésime 2008

– *Dégustation d'avril 2009*

14 – **Lestiac Prestige**. Fruits rouges, sucrosité au nez, bouche douce, tendre, un peu poivron en finale.

Millésime 2009

– *Dégustation d'avril 2010*

15 – **Cayla**. Fruits noirs, cassis, un peu cabernet, frais, vif, net, assez élégant, bonne longueur.

MONT-PÉRAT

Surface : 100 ha
Propriétaire : Vignobles Despagne
Contact : Le Touyre – 33420 Naujan-et-Postiac
05.57.84.55.08
www.despagne.fr

Voir Tour-de-Mirambeau (bordeaux supérieur). Mont-Pérat a été racheté en 1998 par Jean-Louis Despagne. Le vignoble devait être totalement repensé : *« Il y avait 100 hectares et 200 000 pieds de vigne »*, commente Joël Élissalde, directeur technique des domaines. Cela revient à dire que 1 hectare comprenait 2 000 pieds quand la norme devrait être autour de 5 000. Le faible nombre de ceps implique que, pour obtenir un rendement acceptable, chacun doit produire un nombre de grappes très important avec comme conséquence une dilution de la matière. Dans les rangs espacés de 4 mètres, les Despagne ont réussi à planter un rang de vignes au milieu ; pour d'autres, il a fallu arracher. Le terroir est superbe à cet endroit vallonné de l'appellation et d'ores et déjà les vins affirment leur personnalité avec un fruité éclatant.

Millésime 2006

– *Dégustation d'avril 2010*

14,5/15 – Chocolat, moelleux, souple, gourmand, mentholé, finale assez serrée, joli fruit.

Millésime 2008

– Dégustation de juin 2010

15 – Prune, un peu végétal au nez, pas encore en place, tanins fins, belle matière, un peu brassé par la mise en bouteilles mais prometteur.

Millésime 2009

– Dégustation de juin 2010

15,5 – Fruits noirs, bouche ronde, moelleuse, beaucoup de fruit, 80 % merlot, 15 % de cabernet-sauvignon, 5 % franc, très gourmand.

Nénine

Surface : 12,6 ha
Propriétaire : Famille Fouquet
Contact : Stéphane Fouquet
Château Nénine – 33880 Baurech
05.56.78.70.78

Nénine, que l'on ne confondra pas avec Lénine, issu d'un terroir plus au nord-est sur les coteaux de l'Oural, ni avec Nénin, plus proche géographiquement et dans sa définition puisque cru célèbre de pomerol. Ici, sur ces hauteurs qui dominent le lit de la Garonne, si on regarde au loin, on aperçoit sur l'autre rive la butte d'Yquem. Et, si on regarde par terre, on voit des graves « minières », avec des pépites de fer. Nénine, mine… Peut-être est-ce là la solution de l'énigme… Propriété de la famille Fouquet dont le fils, Stéphane, est courtier : *« Mes parents ont acheté en 1973. Ils ont découvert la propriété en se promenant et en faisant un demi-tour avec la voiture : il y avait une belle vue sur la Garonne. Mais le vignoble était à l'abandon. Les arbres servaient de piquets pour la vigne. »* Fortement planté en cabernet (40 % cabernet franc et 20 % cabernet-sauvignon pour 40 % de merlot). Des sols secs, favorables aux années humides et au cabernet. Autrefois, pas de rouge, on y faisait uniquement des liquoreux dont les pays nordiques raffolaient.

Millésime 2000

– *Dégustation d'avril 2001*

15 – **Cuvée des Augustins**. Robe sombre. Nez ouvert, pur, fruit bien exprimé. Bouche bien extraite, charnue sans dureté, boisé, élégant et joli fruit en finale.

Millésime 2001

– *Dégustation d'avril 2003*

16,5 – **Cuvée des Augustins**. Très fruits rouges, bouche ronde, tendre, tanin ferme mais soyeux, élégant, frais, joli vin.

Millésime 2002

– *Dégustation d'avril 2008*

15 – **Cuvée des Augustins**. Nez grillé, café, poivre, bouche souple, tanins fins et doux qui confèrent au vin beaucoup d'élégance. Finale fruits noirs.

Millésime 2003

– *Dégustation d'avril 2004*

Demi-récolte, la vigne ayant été grêlée sur une face en juillet. Fermentations malolactiques pas encore finies en avril, ce qui explique peut-être les échantillons douteux.

14 – **Cuvée des Augustins**. Fruits noirs, surmûri, sans défaut. Du gras, du moelleux, de la puissance, il faudra limiter le boisé lors de l'élevage pour garder du fruit.

Millésime 2005

– *Dégustation d'avril 2006*

15 – **Cuvée des Augustins**. Confiserie, grenadine, bouche douce, tendre, le tanin est délicat, pas trop extrait, la finale un peu plus serrée laisse la place à un fruité intense.

– *Dégustation d'avril 2008*

15,5 – Fruits rouges, nez encore jeune, bouche tendre en attaque, élégante, bien fruitée, le milieu de bouche est bien garni, tannique mais sans dureté, un vin plein, pas encore à son maximum, très fin.

Millésime 2006

– *Dégustation d'avril 2007*

14,5/15 – **Cuvée des Augustins**. Floral, cerise, bouche douce, tendre, pas trop extraite, tanins doux, bonne matière, sans dureté.

– *Dégustation d'avril 2008*

14,5 – Encore en cuve au moment de la dégustation. Nez peu ouvert, épices, petit fruit rouge derrière, attaque fraîche, vive, bien fruitée, finale un peu rugueuse, devrait se fondre.

Millésime 2007

– *Dégustation d'avril 2008*

Stéphane Fouquet : *« C'est une année qui serait passée pour très bonne dans les années 80, mais là, on sort de plusieurs millésimes très mûrs. On est dans un style 99 mais plus fruité. La question était : est-ce que je vendange ou est-ce que j'attends en sachant que tout peut arriver ? »*

15,5 – **Cuvée des Augustins**. Fruits noirs, bouche souple, fondue, bien ronde, serrée en finale, bonne séquence fraîche, tendue, réglissée.

La Charmille (La Rame)

Surface : 4 ha
Propriétaire : Yves Armand
Contact : Yves Armand, Angélique et Olivier Allo
33410 Sainte-Croix-du-Mont
05.56.62.01.50

Appendice rouge fort bien fait du Château La Rame et de la famille Armand, dont nous tressons les éloges en sainte-croix-du-mont. Belle histoire, bons vins, gens sympathiques : cela vaut le coup de tourner les pages.

Millésime 2000

– *Dégustation d'avril 2001*

16 – Nez expressif, cerise, fraise. Bouche délicieuse, bel équilibre, fraîche, riche, avec un tanin élégant.

Millésime 2001

– *Dégustation d'avril 2002*

14,5 – Encore chargé en gaz carbonique quand nous l'avons dégusté, ce vin se distinguait cependant par la belle qualité de ses tanins, ronds et fins.

Millésime 2002

– *Dégustation d'avril 2003*

15 – Nez épicé, demeurant peu ouvert au moment de la dégustation, tanin gras, bien souple en bouche, plus ferme en finale et portant le fruit, ensemble assez élégant.

Millésime 2005

– *Dégustation d'avril 2006*

14,5 – **La Charmille**. Nez très expressif, bigarreau confit, mûre, épicé en bouche, onctueux sur des tanins savoureux.

Millésime 2006

– *Dégustation d'avril 2007*

15,5 – **La Charmille**. Nez grillé, cerise, bouche souple, frais, élégant, tanins soyeux, frais, rond, long.

Millésime 2008

– *Dégustation d'avril 2009*

16 – **La Charmille**. Fruits noirs, olive, bouche souple, fraîche, élégante, joli fruit posé sur une structure en finesse.

Reynon

Surface : 37,5 ha, dont 21 en rouge
Propriétaire : Florence et Denis Dubourdieu
Contact : Château Reynon – 33410 Beguey
05.56.62.96.51
www.denisdubourdieu.fr

Reynon a été acheté par Jacques David. Sa fille Florence et son mari Denis lui ont succédé en 1976. Reynon est donc venu le fief de Denis Dubourdieu, son laboratoire expérimental, son champ de bataille fort bien labouré. Je pense beaucoup de bien de cet homme-là, célèbre professeur et chercheur en œnologie à la faculté de Talence, et je le dis ailleurs. À Doisy-Daëne, par exemple, cru classé en sauternes, ou au Clos Floridène, en graves. Je n'en rajoute pas, cela finirait par l'agacer. Denis a son petit caractère…

Millésime 2001

– *Dégustation d'avril 2002*

14,5 – Rouge. Nez de miel et de fruits noirs, bouche souple, tanins tendres et veloutés, de bonnes saveurs fraîches en finale, bien équilibré.

Millésime 2002

– *Dégustation d'avril 2003*

15 – Rouge. Fruits rouges, nez un peu bourguignon, frais, net en bouche, note menthol et résine, tanin ferme, de l'allure.

Millésime 2004

– *Dégustation d'avril 2005*

16 – Rouge. Cerise noire, mûr, joli fruit, bouche souple, fraîche, tanins de belle qualité, fringants mais sans agressivité, extraction mesurée, bel équilibre.

Millésime 2007

– *Dégustation d'avril 2008*

14,5/15 – Rouge. Grillé, boisé, rond, tendre, bien fruité, tendu, chocolaté, souple, frais, bien dans l'esprit du millésime, harmonieux.

Millésime 2008

– *Dégustation d'avril 2009*

14,5 – Rouge. Chocolat, moka, bouche en prise de bois, finale serrée, prometteur mais austère à ce stade.

Millésime 2009

– *Dégustation d'avril 2010*

14 – Rouge. Fruits noirs, olives, boisé, serré, bon fond de vin.

Castillon

En bout de piste du vignoble bordelais, celle qui mène au Périgord, le vignoble émerge lentement de l'anonymat. Autrefois noyée dans la masse des bordeaux génériques, l'appellation a fait sa révolution culturelle dans les années 80 pour devenir côtes-de-castillon. Elle grimpait d'une marche l'escalier des AOC, moyennant une restructuration du vignoble qui faillit déclencher une guerre civile.

Castillon est une sorte de tiret entre le Périgord, les vins de Bergerac, et le Saint-Émilionnais.

La vigne s'étend le long de la Dordogne, rive droite, un peu en plaine, beaucoup sur les coteaux et sur le plateau calcaire. Depuis toujours, le négoce libournais venait ici faire ses achats pour améliorer ses bordeaux ordinaires et parfois, dit-on, ses saint-émilion jugés faiblards.

Avec un foncier au prix attractif, Castillon a attiré quelques pointures de Saint-Émilion qui se sont offert de magnifiques terroirs. Mais certains ont déchanté. La notoriété est un plat qui se mange froid. Il faut beaucoup de temps pour faire admettre dans le monde qu'un vignoble sans arbre généalogique prestigieux en vaut bien un autre. Acheter, faire du bon vin fut aisé, le vendre plus compliqué, surtout à un prix soutenu. Reste que cette appellation de grande qualité s'inscrit comme un réservoir de bons vins, séveux, proches des saint-émilions, la plupart à tarif raisonnable.

Domaine de l'A

Surface : 6ha
Propriétaire : Christine et Stéphane Derenoncourt
Contact : Fillol – 33350 Sainte-Colombe
05.57.24.60.29
www.vigneronsconsultants.com

Un petit chez-soi valant mieux qu'un grand chez-les-autres, la famille Derenoncourt s'est installée dans ce hameau, entourée de jardins et de vignes. La jolie maison a demandé de lourds travaux de rénovation, mais la vaste cuisine peut accueillir les amis et l'équipement semble digne d'un macaron Michelin. C'est ici que le célèbre consultant autodidacte, qui conseille de la Russie au Moyen-Orient, pose ses valises, débouche les bouteilles à usage intime, cesse de cracher le vin pour le boire, et mitonne des petits plats pour ses amis et les membres de sa bande. La plupart, à l'inverse du patron, sont blindés de diplômes. Plus loin le chai, autour les vignes. Ils ont bien choisi, les Derenoncourt. Le site est parfait, sur le coteau calcaire du Castillonnais, en prolongement de la côte de Saint-Émilion. Que dire de plus ? Le vin, s'il était mauvais, ce serait désespérant. Un peu comme si Dieu (celui que vous préférez) autorisait les guerres et les épidémies et cautionnait la faim dans le monde ou la pluie sur les vendanges. Avec Stéphane, jamais de panne ; bon toujours, avec Derenoncourt ! Tant de portraits ont été écrits sur ce personnage attachant qu'il semble inutile d'en rajouter. Le plus intime et sans doute le plus vrai fut tracé en 2009 par ma camarade Laure Gasparotto dans *Les Vins de Laure* (Grasset).

Millésime 2000

– Dégustation d'avril 2001

La propriété de Stéphane et Christine Derenoncourt est cultivée en biodynamie. 60 % merlot, 25 % cabernet franc, 15 % cabernet-sauvignon.

16 – Nez délicat, raffiné, fruit bien mûr, boisé élégant. Race et souplesse en bouche, vin sensuel, harmonieux, avec un beau tanin gras et mûr.

Millésime 2002

– Dégustation d'avril 2003

15 – Marqué fruits rouges, prune, rond, gras en attaque, tanins assez fermes ensuite. Derenoncourt étant spécialiste de l'élevage, on imagine qu'il saura domestiquer cette pointe de rudesse.

Millésime 2003

– Dégustation d'avril 2004

60 % merlot, 25 % cabernet franc, 15 % cabernet-sauvignon, 17 hl/ha, élevage 100 % bois neuf.

16 – Beau nez délicat, racé, de la classe, vanillé. Bouche à la trame serrée, un fruit frais, élégant, une finale gourmande de biscuit au cassis.

Millésime 2004

– Dégustation d'avril 2005

15,5 – Nez floral et cassis, bouche douce, veloutée, joli fruit, tanins bien enrobés mais assez vifs, bonne longueur.

Millésime 2005

– Dégustation d'avril 2006

16 – Le bois est présent, fruits noirs confits, matière riche, profonde, structure tannique élégante, beau potentiel de garde.

Millésime 2009

– Dégustation d'avril 2010

14,5 – Fruits noirs, boisé, grillé, fourrure, bouche moelleuse, extraction assez sensible, puissant. À revoir quand l'élevage aura calmé les tanins.

Château d'Aiguilhe-Querre

Surface : 2,4 ha
Propriétaire : Famille Querre
Contact : Emmanuel et Gaëtane Querre
Moulin de Lavaud – 33500 Pomerol
05.57.77.84.14/06.82.28.87.02
www.aiguilhe-querre.com

On ne confondra pas avec le château d'Aiguilhe de Stephan von Neipperg. Mais, si on confond, ce n'est pas trop grave, car les deux sont excellents. Les Querre, très ancienne famille de négociants et propriétaires de vignobles, ont repris ce petit domaine en 2000.

Millésime 2006

– *Dégustation d'avril 2007*

15 – Mûre, cire, rond, gras, riche, dense, puissant, belle matière, long.

Millésime 2007

– *Dégustation d'avril 2008*

16,5 – Joli nez assez discret, fruité délicat et complexe, savoureux, assez acide, long, fin.

Millésime 2008

– *Dégustation d'avril 2009*

16 – Floral, ciste, bouche ronde, assez fin, gourmand, une petite douceur sucrée en bouche qui lutte avec le côté minéral, crayeux, long.

Millésime 2009

– *Dégustation d'avril 2010*

14 – Fruits noirs, épices, bouche douce, tendre, assez élégante, finale un peu charbon mais bon ensemble, assez classique mais bien fait.

Château d'Aiguilhe

Surface : 50 ha
Propriétaire : Vignobles Comtes von Neipperg
Contact : Stephan von Neipperg
Château Canon-La Gaffelière – 33330 Saint-Émilion
05.57.24.71.33
www.neipperg.com

Un lieu écarté du monde, un coteau qui domine la Dordogne, un domaine de 110 hectares dont 50 seulement sont consacrés à la viticulture (le reste, c'est pour les animaux et les cèpes), des murailles en ruine d'une forteresse du XIVe siècle, un jardin à la française : quand on découvre cet Aiguilhe, on a vraiment envie que le vin soit bon. Il ne l'a pas toujours été. Longtemps à l'abandon, le domaine avait connu un bon rafraîchissement avec le rachat en 1989 par Raventos i Blanc, un des premiers producteurs de cava, le mousseux espagnol. Premiers investissements, et immédiatement des résultats : un vin sauvage aux saveurs de mûre. Stephan von Neipperg, propriétaire du cru classé Canon-La Gaffelière, a repéré puis repris ce cru à la fin des années 90 et là, on est vraiment passé à la vitesse supérieure : cuvier octogonal en sous-sol avec réception de vendanges au-dessus (au rez-de-chaussée, si vous préférez). *« Je ne veux pas faire un saint-émilion bis ni une bête de concours, mais un côtes-de-castillon. »* C'est plutôt réussi. Du fruit, de la finesse et encore du fruit : on en oublierait presque qu'un des ancêtres de Stephan a mis la pâtée à Napoléon et lui a piqué sa Marie-Louise.

Millésime 2000

– Dégustation d'avril 2001

80 % merlot, 20 % cabernet franc. 85 % de bois neuf pour l'élevage dans ce millésime.

16 – Nez puissant et dense, myrtille, champignon blanc. Bouche élégante, fruit pur, corsé, frais et harmonieux.

– Dégustation d'avril 2002

16,5/17 – Un peu comme la pâte brisée que l'on écrase sous le rouleau, le vin s'est étiré, affiné, élargi. Des notes de quetsche et de rose, de framboise, une bouche dense mais fine, beaucoup de saveurs, un vin pulpeux, riche mais pas fatigant, vraie réussite.

Millésime 2001

– *Dégustation d'avril 2002*

15,5 – Fruits mûrs, sucrosité au nez, bouche soyeuse, très joli fruit, flatteur, gourmand mais sur des bases solides, tanins fondus, bonne longueur.

Millésime 2002

– *Dégustation d'avril 2003*

En 2002, la coulure a entraîné une perte de 15 %.

16 – Nez ouvert, fruits noirs, réglisse, épices. Moelleux, opulent, aucune dureté, long sur un fruit gourmand, donne envie de le boire tout de suite.

Millésime 2003

– *Dégustation d'avril 2004*

« Le terroir a très bien supporté la canicule, c'est resté luxuriant ; par contre, on a perdu 40 % du poids des baies à cause de la chaleur. »

Merlot 80 %, cabernet franc 20 %, rendement 30 hl/ha. Élevage en barriques 80 % neuves.

15,5 – Bouquet complexe, charnel, cassis. Bouche ample, charnue, pleine, garnie de tanin puissant mais rond.

Millésime 2004

– *Dégustation d'avril 2005*

80 % merlot, 20 % cabernet franc. Les vendanges ont commencé très tard, le 8 octobre.

16,5 – Nez poivré, épices, une touche minérale, craie, des notes de tarte aux myrtilles, bouche délicate, tendre, pas trop extraite, favorisant l'expression du fruit, long et élégant.

Millésime 2005

– *Dégustation d'avril 2006*

80 % merlot, 20 % cabernet franc.

15 – Violette, cassis, bouche puissante, tanins virils, serrés, un vin encore brut de fonderie, très dense.

– *Dégustation d'avril 2008*

16 – Fumé, violette, Zan, grillé, bouche ronde, souple, bien fondue, beaucoup de fraîcheur, un peu fruits rouges, frais, délicat, tendu, équilibré.

Millésime 2006

– Dégustation d'avril 2008

15 – Fruits confits, un peu boisé, grillé, noisette, bouche souple, ronde, tendue, tanins vifs, serrés, un peu dur en finale, tannique.

Millésime 2007

– Dégustation d'avril 2008

17 – 80 % merlot, 20 % cabernet franc. Floral, rose, cerise, bouche élégante, tendre, fraîche, bien tendue, joli fruit préservé. Long, équilibre parfait.

Millésime 2008

– Dégustation d'avril 2009

14,5/15 – Violette, boisé, fruits noirs, bouche dense, séduisante par ses saveurs de fruits confits et sa sucrosité, vin moderne, alcool.

Millésime 2009

– Dégustation d'avril 2010

80 % merlot, 20 % cabernet franc.

16,5/17 – Fruits noirs, gelée de mûres, bouche tannique mais moelleuse, frais, de la matière, mais ça reste élégant, bonne longueur, joli fruit en finale. Allie la gourmandise et la profondeur.

AMPÉLIA

Surface : 5 ha
Propriétaire : François Despagne
Contact : François Despagne – 33330 Saint-Émilion
05.57.51.08.38/06.09.08.77.08
www.grand-corbin-despagne.com

Un petit domaine planté à 95 % en merlot, racheté en 99 et travaillé à 100 % par François Despagne (Grand-Corbin-Despagne, en saint-émilion). *« C'est un vin de plaisir, pas une cuvée de la bidouille... »*, lâche-il en guise de commentaire. Ampélia est situé sur le plateau de Saint-Philippe-d'Aiguilhe, un très bon terroir sur la roche tendre, le calcaire est à 30 centimètres.

Millésime 2000

– Dégustation d'avril 2001

15 – Bouquet parfumé, cerise, rose. Jolie bouche souple, goûteuse, bien extraite.

Millésime 2001

– Dégustation d'avril 2002

15 – Joli nez de violette, bouche sur le fruit, tanins serrés un peu rugueux, pas encore arrondis par l'élevage, élégant avec beaucoup de bouquet.

Millésime 2004

– Dégustation d'avril 2005

15 – Fruits confits, cerise, bouche tendre, souple, tanins bien ronds. Un vin gourmand, bien fruité.

Millésime 2005

– Dégustation d'avril 2007

14,5 – Fruits noirs, grillé, chocolat, bouche dense, épicée, bien fondue, très oxygénée mais sans dureté en finale, moderne.

Millésime 2008

– Dégustation d'avril 2009

16,5 – Merlot 95 %, cabernet franc 5 %. Nez boisé (25 à 35 % de bois neuf), fruits noirs. Gelée de cassis, bouche ronde souple, tendre, bien fondue, élégant, minéral, délicieux, très fin.

Millésime 2009

– Dégustation d'avril 2010

14 – Grillé, café, moka, bien boisé, bouche douce, moelleuse, merlot mûr.

Domaine de l'Aurage

Surface : 20 ha
Propriétaire : Louis Mitjavile
Contact : Domaine de l'Aurage
Château Cadet – 33350 Saint-Genès-de-Castillon
05.57.47.95.15

Une grande villa côtière comme on peut en trouver du côté d'Honfleur ou de Royan, un style d'époque haut-de-forme Sadi Carnot/Poincaré avec des toits très hauts et pentus, perchée au faîte d'une colline du Castillonnais. Incongrue ici, dans ce décor qui n'est pas bord de mer. Louis, qui a racheté en 2007, tente une vague explication sur une nostalgie océanique des premiers propriétaires. On trouve bien des Ker Machin sur des pavillons dans le Massif central ! Toujours est-il que vaste, confortable, entourée de bois et les vignes au pied, la bâtisse est sans doute agréable à vivre. Louis Mitjavile a fait le conseiller. Il continue d'ailleurs dans d'autres propriétés. Il a le bagage technique pour et une expérience unique, celle du Tertre-Roteboeuf depuis trente ans, *« une source inépuisable de renseignements »*. Tertre-Rotebœuf et Roc-de-Cambes sont les deux propriétés familiales que le papa François a transformées en vin d'adeptes, d'initiés, qui ne fréquentent jamais les voies rapides de la communication.

Louis voulait son domaine à lui. Ce n'est pas une rupture. Louis dit « nous » dès qu'il parle de technique et de principes de vinification ou d'élevage, et déclare tranquillement n'avoir jamais connu d'affrontements psychologiques avec François, n'avoir jamais eu besoin de *« tuer le père »*.

Il s'agit plutôt d'une continuité familiale logique : on agrandit, on prolonge, on essaie en étant toujours bien concentré sur le projet : *« Je ne voulais pas aller dans une appellation où nous étions déjà avec ma famille ni dans une où je donne des conseils ; très vite castillon s'est imposée à moi. Il y avait dans le lot une parcelle de saint-émilion car nous sommes en limite des deux appellations, mais je n'en ai pas voulu, sinon le castillon aurait toujours été considéré comme le second par la notoriété de saint-émilion. Je veux vraiment m'immerger dans cette appellation. »*

Louis vendange quand les raisins sont très mûrs : *« Sur des terroirs comme ici, on peut pousser la maturité ; sur les argiles, sur les sables, ça vire plus rapidement.* » Et, comme à Tertre-Roteboeuf, il pratique des élevages en bois très longs, de dix-huit à dix-neuf mois : « *Parfois, vers quatorze mois, le vin a une période de sécheresse et les gens prennent peur et le sortent. Alors là, c'est foutu, il restera sec ; il faut le laisser, et après ça s'intègre. il faut sentir une légère évolution pour considérer que l'élevage est terminé.* »

L'encépagement est composé de 85 % merlot et 15 % cabernet-franc.

Pas de second vin : « *Nous estimons que ça doit être le reflet du travail ; si une parcelle est moins bien, il faut chercher à comprendre pourquoi et l'améliorer.* »

Millésime 2007

– *Dégustation d'avril 2010*

15 – Nez fruits noirs, encre, épices, bouche moelleuse gourmande, soyeuse, très beaux tanins de milieu de bouche, mais la gamme aromatique est plus tournée vers le cuit et le grillé, vers l'élevage que vers le fuit du raisin.

Millésime 2008

– *Dégustation d'avril 2010*

16,5/17 – Fruits noirs, grillé, épicé, bouche tendre, élégante, fraîche, délicieuse, très beau fruit en finale.

Millésime 2009

– *Dégustation d'avril 2010*

15,5/16 – Pas très ouvert, un peu fermentaire, bouche encore secouée, bonne matière, onctueux, plein, vin gourmand avec pas mal de profondeur. « *On essaie de travailler davantage la richesse que la concentration.* »

Château La Brande

Surface : 25 ha
Propriétaire : Vignobles Jean Petit
Contact : 33330 Saint-Étienne-de-Lisse
05.57.40.18.23
chateaumangot.pagesperso-orange.fr

Propriété de la sympathique famille Todeschini (voir Château Mangot, à Saint-Émilion). Prix très raisonnables.

Millésime 2002

– *Dégustation d'avril 2003*

15 – Tanin puissant mais enrobé, ferme, assez sérieux (peut-être marqué cabernet), portant un fruité noir très séduisant. Bonne longueur.

Millésime 2003

– *Dégustation d'avril 2004*

14,5 – Nez ouvert et sérieux, fruit mûr, plaisant. Beaucoup de corps, du fruit à profusion, de l'opulence.

Millésime 2007

– *Dégustation d'avril 2008*

15 – Pain grillé, belle maturité, fruits noirs, charnu, expressif, frais, tendu, long et savoureux.

Millésime 2008

– *Dégustation d'avril 2009*

14,5 – 70 % merlot, 22 % cabernet franc, 8 % cabernet-sauvignon. 14,2° en alcool. Vanille, boisé, bouche ronde, souple, un peu marquée par la prise de bois, tanins doux, bonne longueur.

Millésime 2009

– *Dégustation d'avril 2010*

14 – Fruits noirs, sanguin, serré, un peu dur, de la tenue mais à ce stade peu de charme.

Brisson

Surface : 35 ha
Propriétaire : Famille Valade
Contact : Paul et Cédric Valade
1, Le Plantey – 33350 Belves-de-Castillon
06.84.80.03.39/05.57.47.93.92
www.vignobles-valade.com

Après ses études, Cédric Valade, ingénieur en techniques agricoles, est revenu en mai 2010 travailler avec son père : « *Comme pour n'importe quels père et fils qui travaillent ensemble, il y a tous les quinze jours deux heures où ça fume. Mais c'est lui qui m'a beaucoup appris.* » Cédric a fait le plein d'idées pour dynamiser le domaine. La première qui fut mise en application, présenter son vin à notre dégustation, n'a pas été la plus mauvaise puisque nous l'avons sélectionné. « *On va développer la vente directe, on prend toutes les occasions qui se présentent. Si ça vous a plu, c'est que nous sommes mobilisés sur la technique. Je suis persuadé que si mes vins ne sont pas parfaits, je n'arriverai pas à les vendre.* » Mais chacun son savoir, Cédric s'estime meilleur vigneron que vendeur et envisage d'embaucher un responsable commercial. « *Les écoles de commerce sont pleines, et moi, ce qui m'intéresse, c'est la qualité, c'est être dans le chai, c'est le terrain. Le travail avec les mains, et la tête aussi.* » Tout petit prix, belle qualité pour ce castillon. Les Valade exploitent également 3,5 hectares en saint-émilion, à Saint-Christophe-des-Bardes.

Millésime 2004

– *Dégustation d'avril 2010*

15 – Fruits noirs, violette, fruits cuits, tendre, bien fondu, bouche ronde, souple, très agréable.

Millésime 2005

– *Dégustation d'avril 2010*

14,5 – Fruits noirs, épices, eau-de-vie, bouche puissante, onctueuse généreuse, dense, un peu chocolatée, 80 à 85 % de merlot.

Millésime 2006

– *Dégustation d'avril 2010*

15,5 – Nez chocolat, bouche vive, ferme, tendu, de garde, fermé, joli fruit en bouche. Bonne longueur, frais.

Millésime 2007

– *Dégustation d'avril 2010*

14,5 – Fruits noirs, chocolat, bouche ronde, suave, épicée, souple, à boire sur sa fraîcheur, bien rond, long, un peu réservé en finale.

Millésime 2008

– *Dégustation d'avril 2010*

16 – Fermé, fruits noirs, encore jeune, belle matière, plein, rond, vif, tendu, équilibre parfait.

Millésime 2009

– *Dégustation d'avril 2010*

15 – Fruits noirs un peu compotés, légère surnaturité, tendu, vif, plein, de l'allure.

Clos Louie

Surface : 0,9 ha
Propriétaire : Pascal et Sophie Lucin-Douteau
Contact : 3, Grand-Faurie
33330 Saint-Émilion
05.57.74.46.63
sophie.pascal.co@wanadoo.fr

Minuscule propriété de 0,9 hectare, avec une parcelle de plus d'un siècle complantée en merlot, malbec « à queue rouge », une variété rare paraît-il, carménère, cabernet franc et sauvignon… Un témoin d'avant le phylloxéra. La vigne est travaillée à la façon des premiers crus, culture raisonnée, vendange manuelle, double trie des baies, vinification en baies entières avec pigeage au pied… Pas donné, mais très bon.

Millésime 2003

– *Dégustation d'avril 2004*

17 – Très coloré, un nez intense, un fruit explosif, dévastateur, des saveurs gourmandes, une texture élégante, délicieux.

Millésime 2004

– *Dégustation d'avril 2005*

16,5 – Mûre, violette, cerise, nez bien relevé, bouche délicate, petits tanins fins et vigoureux, fruité éclatant.

Millésime 2005

– *Dégustation d'avril 2006*

16 – Épices, fruits rouges, sous-bois, silex, la bouche est dense, intense en saveurs, le tanin bien fondu tapisse agréablement le palais. Long et savoureux.

Millésime 2006

– *Dégustation d'avril 2007*

15 – Violette, épices, gentiane, minéralité, bouche puissante, très structurée, assez brut de fonderie, mais très prometteur.

Millésime 2007

– *Dégustation d'avril 2008*

14 – Nez discret, assez simple, légèrement fruits rouges, acidulé, séveux, joli vin sur le fruit.

Millésime 2009

– *Dégustation d'avril 2010*

15 – Fruits noirs, boisé, bouche dense, tannique mais fondue, pas mal de bois. Vin bien fait, un peu dans l'excès, mais joli fruit.

Clos Puy-Arnaud

Surface : 8,5 ha
Propriétaire : EARL Thierry Valette
Contact : Thierry Valette
33350 Belvès-de-Castillon
05.57.47.90.33

Vignoble de Thierry Valette, musicien (de jazz) et vigneron (de la famille qui était à Pavie avant Gérard Perse), en culture biologique et même biodynamique, désormais. Prix assez soutenu, plutôt jazz que java.

Millésime 2000

– *Dégustation d'avril 2001*

70 % merlot, 20 % cabernet franc, 10 % cabernet-sauvignon.

16 – Nez de fruits noirs, exotique, épicé, peau d'orange. Bouche soyeuse, tendre, avec un boisé très fin, beaucoup d'harmonie.

Millésime 2001

– *Dégustation d'avril 2002*

15 – Nez d'amande, d'épices douces, bouche élégante, texture fine, tanins serrés, finale réglissée, vin en devenir.

Millésime 2005

– *Dégustation d'avril 2006*

15 – Note de résine, impression de fraîcheur, petits tanins serrés, séveux, jolie matière qui demande à se fondre.

Millésime 2008

– *Dégustation d'avril 2009*

13 – Nez de sureau et boisé plus violent, bouche tannique, finale rugueuse.

Millésime 2009

– Dégustation d'avril 2010

15 – Fruits noirs, épices douces, miel, du boisé, bouche vive, tendue, fraîche, pas mal de bois, assez élégant.

CÔTE-MONTPEZAT

Surface : 28 ha
Propriétaire : Dominique Bessineau
Contact : 8, Brousse – BP 42
33350 Belvès-de-Castillon
05.57.56.05.55
www.cote-montpezat.com

Dominique Bessineau, industriel de l'écobusiness venu du nord de la France, propriétaire de Côte-Montpezat et de Haut-Bernat, à Puisseguin, s'est installé ici en 1989. Il fut l'un des pionniers du renouveau par voie externe de cette appellation qui depuis a attiré de nombreux investisseurs. La plupart ont un peu rapidement pensé que l'histoire importait peu, qu'il suffisait de faire du bon vin pour le vendre cher. Ceux-là ont déchanté. Dominique Bessineau a compris, lui, qu'il s'inscrivait dans un mouvement de longue durée que l'on pouvait résumer ainsi :

– Faire du bon vin, du vrai, buvable et pas de la cuvée de compétition dont on dit « remarquable ! » mais que personne ne boit.

– Le vendre à un prix attractif dans un rayon plus large que celui des collectionneurs.

On le trouve donc chez les cavistes, mais aussi dans les foires aux vins. Et nul n'est déçu.

Millésime 2001

– Dégustation d'avril 2002

15,5 – Nez floral, pivoine, rond en bouche, tendre, tanins serrés mais fondus, joli fruit, bonne finale fraîche et suave.

Millésime 2006

– Dégustation d'avril 2007

14 – **Compostelle**. Fruits noirs, cerise, kirsch, bois bien fondu, rond, gras, plein, bien fait, puissant, alcool.

Millésime 2007

– Dégustation d'avril 2008

14,5 – Nez complexe et fin, frais, tanins séveux, réglisse, en longueur, fruit délicat.

Millésime 2008

– Dégustation d'avril 2009

15,5 – Nez un peu oxydé, souple en bouche, tanins frais et doux, bonne longueur, assez délicat, long et fin.

JOANIN-BÉCOT

Surface : 12 ha
Propriétaire : Famille Bécot
Contact : Château Beau-Séjour-Bécot
33330 Saint-Émilion
05.57.74.46.87
www.beausejour-becot.com

Après cinq années d'études commerciales, Juliette Bécot, la fille de Gérard (Beau-Séjour-Bécot, à Saint-Émilion), a décidé que finalement elle allait devenir viticultrice. Ce n'est d'ailleurs pas incompatible, car faire du bon vin signifie bien le vendre aussi. Sans marché, pas de moyens, pas de grand vin. *« On a acheté avec elle une propriété de 5 hectares. On a défriché, c'est à côté de Château d'Aiguilhe, et on a racheté 3 hectares dans le même secteur »*, racontait le papa, pas peu fier du choix de sa fille. Aujourd'hui, le domaine situé près de Saint-Philippe-d'Aiguilhe couvre près de 12 hectares dont les trois quarts sont en merlot et le reste en cabernet franc. C'est maintenant que les études de Juliette lui sont indispensables, car vendre du castillon, même excellent, n'est pas aussi aisé que de placer du premier grand cru classé en saint-émilion. Mais Juliette, dès la naissance, a fait le plein d'énergie.

Millésime 2001

– *Dégustation d'avril 2002*

15 – Épices, note de grillé et de boisé, cerise cuite, bouche souple, bien fruitée, un vin souple et friand.

Millésime 2002

– *Dégustation d'avril 2003*

14 – Épices, fruits noirs, bouche onctueuse, grasse, avec une certaine sucrosité due à un alcool assez présent. Un vin généreux mais un peu trop chaleureux.

Millésime 2003

– *Dégustation d'avril 2004*

La remise en état du vignoble et des chais se poursuit, et la propriété de Juliette Bécot prend son régime de croisière ; il reste encore 1,8 hectare à planter, à 6 200 pieds à l'hectare. 75 % merlot, 25 % cabernet franc. Rendement 2003 : 32 hl/ha, élevage en barriques, dont 70 % neuves.

15,5 – Très joli nez mûr, fruit noir et framboise. Belle vinification exacte, du gras en bouche, du fruit, de la rondeur, une finale fruitée, plaisante, beaucoup de charme.

Millésime 2004

– *Dégustation d'avril 2005*

15 – Nez de cassis, prune, pivoine, bouche souple en attaque, avec une note de sucrosité de merlot mûr, beaucoup de fruits. Les tanins se resserrent ensuite et donnent une finale vigoureuse mais sans dureté.

Millésime 2005

– *Dégustation d'avril 2006*

15,5 – Fruits noirs, tarte aux myrtilles, bouche tannique, fraîche, tendue, panier de fruits frais en finale.

Millésime 2006

– *Dégustation d'avril 2007*

15,5 – Fruits noirs, bouche bien parfumée, Zan à la violette, plein, épicé, grillé, du gras, des tanins veloutés, très gourmand.

Millésime 2007

– *Dégustation d'avril 2008*

15 – Violette, Zan, bouche dense, moelleuse, un peu rustique mais plaisante ; tanins fermes en finale.

Millésime 2008

– *Dégustation d'avril 2009*

15 – Mûre, myrtille, sureau, bouche ronde, souple, bien fondue en attaque, un peu rugueux en finale, mais plaisant, bien parfumé.

LAPEYRONIE

Surface : 2,5 ha
Propriétaire : Hélène et Fred Lapeyronie
Contact : 33350 Gardegan-et-Tourtirac
05.57.40.19.27

Vie mouvementée que celle de Fred et Hélène, qui ont dû déménager et changer de vignoble au moins deux fois. Originaires de Saint-Émilion, les Lapeyronie (parents de Fred) avaient un domaine et trois enfants. Un seul s'intéressait au vin, Fred. Résultat, c'est Hélène qui le raconte : *« On a vendu en 1987 et on a cherché ailleurs. »* Pas bien loin, tout près, même, sur un superbe coteau des côtes-de-castillon. Ils créent alors le Château Lapeyronie, qui, en quelques millésimes – Fred au vignoble, Hélène au chai – devient la vedette de l'appellation. Au tout début des années 2000, il se produit une sorte de ruée vers l'est : les côtes-de-castillon attirent les chercheurs d'or de Saint-Émilion. Terroirs superbes, foncier pas cher. Tout le monde veut y aller. Autrefois, déjà, les marchands de Saint-Émilion et de Libourne s'y rendaient souvent, mais plus discrètement, pour acheter les belles cuvées qui, judicieusement assemblées, devenaient de purs saint-émilion. Version modernisée des Noces de Cana.

Mais la ruée récente avait des allures plus franches. Il s'agissait de donner de la notoriété à cette appellation, d'y produire de grands vins et de les vendre cher, ce que ne savaient pas faire les autochtones (sous-entendu, des péquenots). Las ! Il n'est pas si facile, même quand on possède déjà un château renommé, d'accélérer l'histoire. Il faut du temps, même à l'ère d'Internet, pour construire une réputation. Quelques-uns ont d'ailleurs abandonné et fait demi-tour.

Gérard Perse, qui, plusieurs années auparavant, avait racheté Pavie, s'intéresse lui aussi aux côtes-de-castillon. En 2001, il offre aux Lapeyronie un prix suffisant pour les faire réfléchir et clore les emprunts. Le Château Lapeyronie devient, au grand désespoir d'Hélène, le Clos des Lunelles by Gérard Perse.

Mais, comme ces deux-là ne peuvent vivre sans raisin, on les retrouve quelque temps plus tard sur un nouveau Lapeyronie, plus petit mais tout aussi délicieux, doublé d'un Éden, en côtes-de-francs, pas bien grand non plus. Cette fois, ils ont promis, ils ne bougeront plus jusqu'à la prochaine fois.

Millésime 2004

– *Dégustation d'avril 2005*

16 – Note fumée, épices douces, bouche onctueuse, tanins gras, beaucoup de volume, tanins moelleux, un peu marqué par la prise de barrique, long, prometteur.

Millésime 2005

– *Dégustation d'avril 2006*

15,5 – Très joli fruit, net et expressif, trame tannique dense, fraîcheur agréable, long et séduisant.

Millésime 2006

– *Dégustation d'avril 2007*

16 – Fruits noirs, café, cerise, bouche dense, épicée, tendue, riche serrée en finale, mais bonne tenue ; vin qui, après élevage, devrait être un top.

Millésime 2007

– *Dégustation d'avril 2008*

16 – Floral, rose, framboise, bouche ronde, tendre, élégante, en longueur, petits tanins fins et croquants.

Millésime 2009

– *Dégustation d'avril 2010*

15 – Fruits confits, bouche vive, un peu serrée en finale, tendue, tanins croquants, finale un peu rugueuse.

Château de Pitray

Surface : 37 ha
Propriétaires : Comte et comtesse de Boigne
Contact : Jean de Boigne
Château de Pitray
33350 Gardegan
05.57.40.63.35 – www.chateau-pitray.com

À l'écart des routes et de la vie moderne, Pitray figure le décor parfait pour un film en costumes. La demeure actuelle, construite sous le Second Empire et sur les ruines d'un château médiéval, a fière allure. Haut, crénelé, tours et tourelles à tous les étages, on pourrait imaginer une des dernières folies de Viollet-le-Duc. Tout autour, un immense parc et des forêts qui abritent cerfs et chevreuils. L'endroit somnolait gentiment et les vins aussi quand, en 2003, le fils de la famille, Jean, s'en est rapproché. Le chai et la vigne n'étant pas son métier, il a recruté une jolie tornade comme directrice technique. En peu de temps, Christina Frachon chamboulait l'ordre établi et présentait un 2006 remarqué : *« Il y a un bon terroir, et je veux faire des vins de garde. Mon objectif est de faire de la qualité, et de tout vendre en bouteilles. On revoit tout, on rajeunit tout. »* Depuis, pour des raisons familiales, Christina est partie de Pitray, mais l'esprit insufflé semble toujours habiter le château. Chambres d'hôtes, vastes et stylées, et forcément silencieuses.

Millésime 2006

– Dégustation d'avril 2007

16/17 – Cuvée Madame. Confiture de mûres, prune, bouche dense, caramel, fruits noirs, riche, plein, presque trop puissant.

Millésime 2007

– Dégustation d'avril 2008

15 – Cuvée Madame. Nez résine, cèdre, bouche séveuse, tanins fins, racés, beaucoup de fond, fruits noirs, long.

Millésime 2008

– Dégustation d'avril 2009

14 – Cuvée Madame. Bouche douce, ronde ; dommage pour l'oxydation sur cet échantillon, car bon fruit et structure agréable.

Millésime 2009

– Dégustation d'avril 2010

14,5 – Olives noires, fruits noirs, doux, tendre, élégant, fondu, manque un peu de mordant, mais bien fondu, soyeux.

La Roche-Pressac

Surface : 6 ha
Propriétaire : Chrystelle et Jean-Marc Lirand
Contact : Château La Roche-Pressac
3, route de Sainte-Colombe
33350 Saint-Magne-de-Castillon
05.57.40.48.24/06.75.08.36.81
www.laroche-pressac.com

Changement de vie. En 2003, après avoir mûrement réfléchi au projet, Chrystelle et Jean-Marc ont trouvé leur paradis et acheté ce petit domaine jusque-là conseillé par Jean-Luc Thunevin (pour le millésime 2000 et 2001). Un peu attirés au départ par la barrique neuve, comme souvent les nouveaux vignerons, ils sont revenus à une pratique plus judicieuse de l'usage du chêne. Mais l'époque n'était pas favorable à la création d'un nouveau vignoble et les prix pratiqués sans doute pas assez rémunérateurs : La Roche-Pressac est aujourd'hui à vendre.

Second vin : Cadet-de-La Roche

Millésime 2000

– *Dégustation d'avril 2001*

15 – Vin de fruit, au bouquet frais, cerise, fraise, jolie bouche appuyée sur un boisé élégant.

Millésime 2001

– *Dégustation d'avril 2002*

14,5 – Un boisé un peu dominateur au nez, mais la bouche révèle un vin solide, séveux, aux tanins racés.

Millésime 2008

– *Dégustation d'avril 2009*

15 – Boisé blond, bouche douce, en pleine prise de bois (l'effet de la barrique est assez violent les premiers mois), pas mal d'extraction mais assez fin, devrait bien se fondre.

Millésime 2009

– *Dégustation d'avril 2010*

14 – Fruits noirs, épices, résine, bouche ronde, moelleuse, épicée, assez fraîche, vin agréable, assez raffiné.

VEYRY

Surface : 4 ha
Propriétaire : Christian Veyry
Contact : Christian Veyry
33330 Saint-Laurent-des-Combes
06.07.28.53.80

Cette petite propriété figure le jardin privé de Christian Veyry, œnologue sympathique et modeste (ce qui n'est pas toujours le cas de ses confrères). Christian conseille un paquet de grands et petits crus, avec toujours la même attention rigoureuse. Il en oublie parfois de présenter ses vins dans les dégustations. Qu'importe, on sait que c'est bon.

Millésime 2000

– *Dégustation d'avril 2001*

Christian Veyry vient d'acquérir un hectare près de Lapeyronie (comportant de vieux cabernets francs). Pour 2000, le vin est 100 % merlot, 42 hl/ha. Christian Veyry : *« J'ai des indices de tanins très élevés mais je n'ose pas en parler parce qu'ils ne sont presque pas décelables, tellement c'est mûr. »*

15,5 – Belle robe noire. Nez ouvert, souriant, solaire, beau boisé, riche en fruit. Bouche souple et soyeuse, belle densité, boisé ferme mais bien pris.

Millésime 2002

– *Dégustation d'avril 2003*

Christian Veyry : *« J'ai fait peu de remontage en cuve, j'ai essayé de respecter la matière première sans chercher à lui faire donner ce qu'elle n'avait pas. Nous sommes dans un secteur favorisé, sur des coteaux exposés sud qui ont mieux supporté le côté aléatoire de l'année. C'était la première fois que j'étais aussi peu anxieux sur mon vin. »*

15,5 – Vanille, fruits rouges, note grillée, bouche épicée, tanin ferme mais sans sécheresse, fraises au sucre, gelée de cerises, un vin délicieux et un bon potentiel.

Millésime 2003

– *Dégustation d'avril 2004*

100 % merlot, *« qu'on a ramassé tôt pour éviter la surmaturité et garder de bonnes acidités »*. 30 hl/ha, élevage 50 % bois neuf, 50 % d'un vin.

15 – Beaucoup de fruit, des notes épicées. Du gras, du corps, impression de douceur, puis tanin un peu sauvage en finale, va être dompté par l'élevage.

Millésime 2004

– *Dégustation d'avril 2005*

15,5 – Nez fermé, fruits noirs, bouche ronde, souple, tanins frais et rectilignes, très soyeux, bien travaillé.

Millésime 2005

– *Dégustation d'avril 2006*

16,5 – Marqué par une note boisée d'élevage, ensuite sur le fruit, élégant, beaucoup de finesse, pas totalement fondu.

Vieux-Château-Champ-de-Mars

Surface : 17 ha
Propriétaire : Famille Moro
Contact : Régis Moro – 33350 Les Salles-de-Castillon
05.57.40.63.49

Ne pas se fier au côté nounours. Pas plus gentil et accueillant que cet homme-là. Simplement, à sa manière de plisser les yeux et de se frotter la barbe, on devine qu'il sera bien malaisé de lui faire prendre un sandwich club trois fromages de la voiture-bar TGV pour le menu dégustation de Troisgros. Pas méfiant à la façon des paysans de Maupassant, juste insensible au chant des sirènes. Régis, fils de vigneron, est devenu vigneron assez tard. Pas de place pour lui dans l'exploitation familiale, trop petite. Il a d'abord fait le peintre dans l'entreprise artisanale de son beau-père, avant de trouver des vignes et de se lancer en 1984. Était-ce l'effet maturité, il a bien vite compris que, pour s'en sortir en côtes-de-castillon, il fallait se tracer une route originale, proposer un vin d'une qualité très supérieure à la moyenne, sans tomber dans les excès de ceux – c'était l'époque – qui pensaient que plus on fait lourd plus on va plaire. Certes, on va plaire un temps. Celui d'une dégustation. D'un coup de cœur. D'une belle note sur 100 chez les faiseurs de rois d'un jour. C'est toi qu'as eu a fève, c'est toi qui portes la couronne ce soir. Demain sera un autre jour. Dans ces appellations à la notoriété récente et fragile, créer une clientèle, ne pas la décevoir, la conserver, s'avère difficile. Régis a construit au fil du temps, en améliorant sans cesse, sans que cela soit toujours bien visible. Il faut aller sur place pour découvrir qu'il vinifie dans des cuves en bois comme à Château Margaux. Un investissement considérable et qui ne se lit pas sur l'étiquette et encore moins sur les tarifs, car c'est la condition sine qua non pour fidéliser les clients : des prix raisonnables. Même si la qualité est comparable à celle d'un classé de saint-émilion, personne n'est prêt à y mettre un prix identique. Pour avoir pensé le contraire, nombreux sont ceux qui se sont plantés et dont on retrouve les bouteilles bradées dans les foires aux vins.

Sans le crier sur les toits, discrètement mais fermement, Régis s'est peu à peu rapproché de la culture bio. Puis, quand il fut persuadé, il a demandé sa certification et depuis, quelles que soient les années, compliquées sur le plan météo ou non, il poursuit avec d'excellents résultats. Si Vieux-Château-Champ-de-Mars se situe bien en dessous de la barre des 10 euros, la Cuvée Johanna issue de très vieilles vignes de merlot (plus que centenaires pour certaines) flirte davantage avec les 20 euros. Mais il y en a si peu…

Autre vin : Johanna

Millésime 2000

– Dégustation d'avril 2001

16 – Superbe nez de fruits noirs, épices, clou de girofle. Bouche élégante, soyeuse, extraction modérée, avec du gras, finesse et race en finale.

Millésime 2001

– Dégustation d'avril 2002

16,5 – Nez violette et fruits noirs, bouche tendre et tanins croquants, des saveurs de fruits frais et de brioche, long, droit, équilibré, très classe.

On le préfère à la Cuvée Johanna, 15,5, plus puissante, plus concentrée mais moins élégante.

Millésime 2002

– Dégustation d'avril 2003

15,5 – Nez confiture de mûres et de groseilles, boisé bien fondu. Un peu brut de décoffrage, avec un tanin opulent et encore viril mais déjà plus civilisé qu'il y a un mois, et surtout un boisé bien intégré, du gras, aucune lourdeur.

16 – **Johanna**. Épicé, fruits noirs, en attente. Bouche souple masquant une vraie réserve de puissance qui s'exprime en finale, persistance complexe de pain d'épice, cacao, gelée de groseilles.

Millésime 2003

– Dégustation d'avril 2004

16 – Nez réglissé, confiture de fruits noirs, comme toujours assez austère, profond. Bouche corpulente, étoffée, un fruit précis, une texture garnie de tanin bien extrait, vin sérieux et de garde.

16,5 – **Johanna**. Plus serrée, épicée, poivrée, superbe.

Millésime 2004

– Dégustation d'avril 2005

« *On n'arrive même pas au rendement autorisé cette année. Les vignes ont 50 ans et se régulent d'elles-mêmes* », confie Régis Moro.

17 – Nez très fruité, cerise, fruits rouges, framboise, bouche tendre, souple, élégante, petits tanins gourmands, vif et frais. Un vin délicieux et bien équilibré.

17,5 – **Johanna**. Confiture de mûres, gelée de cassis, bouche onctueuse, tanins gras et cependant frais, puissant mais élégant, très long, finale explosive sur une palette de fruits noirs.

Millésime 2005

– Dégustation d'avril 2006

15,5 – Fermé, boudeur au nez, bouche tendue, élégante, petits tanins racés, frais et vifs, beaucoup de fruit.

17 – **Johanna**. Résine, gelée de mûres, myrtille, bouche épicée, minérale, veloutée et serrée à la fois. Forte densité qui s'exprime en délicatesse. Grand vin.

Millésime 2006

– *Dégustation d'avril 2007*

« On a eu beaucoup moins de pluie que saint-émilion sur tout le haut de l'appellation et sur les côtes-de-francs. On n'a d'ailleurs pas eu de cèpes non plus... », raconte Régis Moro. Le domaine est passé en bio : *« C'est notre deuxième année de conversion, et, au niveau du fruit, jamais on n'a eu des parfums comme cette année. »* 80 % merlot, 10 % cabernet-sauvignon et 10 % cabernet franc.

16 – Cerise, framboise, violette, bouche tendre, Zan, très beau fruit éclatant, tanins élégants, fondus, bien équilibrés. Un vin remarquable cette année.

18 – **Johanna**. Un vrai bonheur mais il y en a peu : rose, bouche très douce et dense, beaucoup de fruit et une minéralité qui confère au vin un certain mystère.

Millésime 2007

– *Dégustation d'avril 2008*

Malgré la pression du mildiou, Régis Moro n'a pas voulu déroger à son mode de culture en bio. *« Ce n'est pas le moment d'abandonner quand ça va mal ! Je n'ai pas voulu traiter avec des produits phytosanitaires non bio. J'ai des voisins qui ne sont pas tous en bio et qui ont fait moins de récolte... »* En revanche, compte tenu de la qualité moyenne du millésime, il a choisi de ne pas produire de cuvée Johanna, le haut de gamme du domaine, préférant intégrer les vieux merlots qui la composent à sa cuvée classique.

15 – Rose et framboise, bouche élégante, fraîche, tendue, tendre, pas trop extrait, du fruit et de l'équilibre comme l'exigeait l'année.

Millésime 2008

– *Dégustation d'avril 2009*

80 % merlot, 20 % cabernet-sauvignon. *« On a eu une forte pression du mildiou, on a fait de l'homéopathie en passant toutes les semaines avec de toutes petites doses. Des vinifications sans besoin d'intervenir, macération très longue de soixante jours sur marc à basse température (15 à 16°C), on ne chauffe jamais, on intervient le moins possible. On n'extrait pas de tanin en faisant comme cela. On n'extrait que du fruit. Et on écoule directement de la cuve dans les barriques... »*

16 – Nez fruits noirs, bouche tendue, serrée, fermentation malolactique pas encore faite, tension, souplesse, long, bonne structure.

17 – **Johanna**. 80 %, 20 % cabernet franc, « *la seule belle parcelle de cabernet franc qu'on ait eue* ». Cassis, profond, minéral, crayeux en bouche, très fin, sans lourdeur, très beau fruit en finale.

Millésime 2009

– *Dégustation d'avril 2010*

80 % merlot, 10 % cabernet-sauvignon, 10 % cabernet franc. « *Toute la propriété a reçu la grêle, on a fait 27 hl/ha. Les fermentations malolactiques ne sont pas finies. On a fait des essais, on trouve que le vin s'exprime mieux quand elles se font tard, on a plus de gras, plus de fruit et, plus tard, cet avantage se conserve. Mais pour les primeurs, ça rend les dégustations plus difficiles.* »

15,5 – Le nez ne traduit pas la réalité du vin, mais la bouche est prometteuse : souple, ronde, grasse, bien dense. Vin fin, élégant, pas trop d'alcool.

16,5 – **Johanna**. 80 % merlot, 20 % cabernet franc. Sur ces vieilles vignes, on est à 20 hl/ha. « *J'ai commencé à vendanger le 1er octobre et fini le 15. Je compare souvent les raisins aux cerises, quand on les ramasse trop tard, les cerises, ce n'est plus bon ; les raisins, c'est pareil.* » Nez fermé, bouche puissante, tendue, vive, serrée, longue, beaucoup de matière.

Francs

L'origine du nom serait à chercher du côté de la bataille de Vouillé, en 507, où Clovis mit en déroute les armées du roi des Wisigoths Alaric II. Une partie de l'armée de Clovis, après la déroute des ennemis, aurait tenu campement par ici. Mais pas plus que l'on a retrouvé le trésor caché des rois wisigoths on n'est en mesure de certifier l'authenticité de cette… légende. Cependant, le côté camp retranché convient parfaitement à la plus petite des appellations de Bordeaux, 450 hectares, un peu à l'écart sur les coteaux les plus élevés de la Gironde, à mi-chemin entre les vallées de l'Isle et de la Dordogne, à l'est de Saint-Émilion. Beaucoup de très petites parcelles cultivées par des coopérateurs et quelques grandes familles qui ont relancé l'appellation. C'est notamment le fief des Thienpont, que l'on retrouve dans plusieurs domaines de la rive droite.

ÉDEN-DE-LAPEYRONIE

Surface : 2 ha
Propriétaire : Hélène et Fred Lapeyronie
Contact : 33350 Gardegan-et-Tourtirac
05.57.40.19.27

Pour suivre les aventures de Fred aux vignes et de la belle Hélène au chai, veuillez consulter Lapeyronie en côtes-de-castillon.

Millésime 2001

– Dégustation d'avril 2002

17 – Nez mentholé, note d'orange et de cèdre du cabernet, bouche délicate, tanins soyeux, beaucoup de longueur, harmonieux, bien travaillé, très classe.

Millésime 2002

– Dégustation d'avril 2003

16 – Fruits noirs, notes de chêne, bouche dense, ample, très beau fruit porté par un tanin moelleux.

Millésime 2003

– Dégustation d'avril 2004

16 – Beaucoup de fruit, cassis, myrtille, charmeur et élégant. La texture est savamment raffinée, le tanin dense, mais mûr et gras, le fruit accompagne la finale, racée, longue et moelleuse.

Millésime 2004

– Dégustation d'avril 2005

16,5 – Mûre, violette, sous-bois, bouche élégante, tanins frais, fruits confits, long, soyeux, élégant.

Millésime 2005

– Dégustation d'avril 2006

16 – Nez discret, un vin encore fermé qui se goûte sur la structure, tanins racés, fruité prometteur, à attendre.

Millésime 2006

– Dégustation d'avril 2007

15 – Fermentaire au nez, bouche souple, douce, peu extraite, bon fruit, privilégie le fruit à l'extraction.

Millésime 2007

– Dégustation d'avril 2008

16 – Réduit, fumé, bouche souple, ronde, très beau fruit, doux, délicat, souple, long.

De Francs

Surface : 40 ha
Propriétaires : De Boüard et Hébrard
Contact : Dominique Hébrard
2, rue du Port-de-la-Feuillade – 33126 Fronsac
05.57.40.65.91
www.hebrard.com

Propriété d'Hubert de Boüard (L'Angélus) et de Dominique Hébrard (Bellefont-Belcier, Trianon, à Saint-Émilion), cette ancienne place forte date de nos amicales querelles avec nos très chers amis anglais (qui n'en demeurent pas moins les meilleurs clients pour les vins de Bordeaux). Hubert et Dominique ont racheté le domaine dans les années 80 et l'ont remis en état. On connaît surtout la cuvée Les Cerisiers, qui fait en partie le printemps (en automne) des foires aux vins.

Millésime 2000

– *Dégustation d'avril 2001*

15 – **Les Cerisiers**. Beau fruit au nez, profond et capiteux. Superbe bouche ronde, onctueuse, charnue, finale au tanin ferme mais crémeux.

Millésime 2002

– *Dégustation d'avril 2003*

15 – Nez complexe, entre épices, sous-bois et fruits confits, bouche souple, tanins ronds et serrés, bonne longueur, vin équilibré, favorisant le fruit.

Millésime 2003

– *Dégustation d'avril 2004*

15 – Nez de fumée, jambon, fruits confits. Bouche tendre avec du gras, assez fraîche, finale drue et tannique.

Millésime 2005

– *Dégustation d'avril 2006*

16,5 – Finesse et élégance s'expriment dès le nez, fruit superbe, tanins soyeux et gourmands, long, délicieux.

Millésime 2009

– *Dégustation d'avril 2010*

14,5 Fruits noirs, bouche tendue, extraite, serrée, puissante, un peu séchante en finale. Trop extrait, joli boisé.

PÉLAN-BELLEVUE

Surface : 22 ha
Propriétaire : Famille Moro
Contact : Régis Moro – 33350 Les Salles-de-Castillon
05.57.40.63.49

Propriété de Régis Moro, de Vieux-Château-Champ-de-Mars, en côtes-de-castillon (voir ce domaine). La cuvée Pélan constitue un vin un peu unique, longtemps élaboré à partir de 80 % de cabernet-sauvignon, ce qui est rare dans le Saint-Émilionnais, plutôt orienté vers le merlot. Régis Moro : « *Les très bonnes années sont à 30 hl/ha, c'est à ce prix qu'on arrive à faire mûrir les cabernets sur ces terroirs pas très favorables à ce cépage. On n'apporte rien, pas d'engrais, on laisse la plante se nourrir toute seule.* » À partir de 2010, Régis a modifié son assemblage avec l'entrée en course d'une parcelle de petit-verdot, encore un cépage médocain, et d'une vigne du cabernet franc. Cultivé en bio et délicieux.

Millésime 2000

– *Dégustation d'avril 2001*

15,5 – Nez élégant, raffiné, fruits noirs, myrtille, cacao. Corps puissant, serré, tannique, avec beaucoup de gras, crémeux, sans masquer un fruit superbe.

Millésime 2001

– *Dégustation d'avril 2002*

15,5 – Gelée de mûres, tarte à la myrtille, ce vin est toujours très séduisant par son fruité expressif, bouche dans le même sens, rondeur, douceur des tanins, finale réglisse.

Millésime 2002

– Dégustation d'avril 2003

15 – Belle complexité d'arômes, fruits noirs en bouche, mélange de puissance et de gras, avec un tanin ferme et un boisé bien fondu, gourmand.

Millésime 2004

– Dégustation d'avril 2005

16,5 – Puissant, sérieux, très dense, un peu janséniste, en retenue, mais d'un équilibre parfait. Un vin de garde.

Millésime 2005

– Dégustation d'avril 2006

15,5 – Fruits rouges, bouche vive, serrée, précise, un filet tannique bien dense mais sans dureté, de la classe.

Millésime 2006

– Dégustation d'avril 2007

17 – Épices, poivré, rose, bouche dense, concentrée mais sans dureté, tanins serrés et d'une grande élégance.

Millésime 2008

– Dégustation d'avril 2009

16 – Fruits rouges, fermentation malolactique en cours, bouche tendue, fraîche, élégante, serrée, vive, beaux tanins, vin frais et tendu.

Millésime 2009

– Dégustation d'avril 2010

16 – Frais, fin, tendu, élégant, tanins plus fondus que les autres années, moins austère. Ce vin qui d'habitude demande au moins cinq ans avant de se révéler semble presque prêt à boire, mais avec une belle réserve tannique.

PUYGUERAUD

Surface : 32 ha
Propriétaire : Famille Thienpont
Contact : Nicolas Thienpont
Adresse : 33570 Saint-Cibard
05.57.56.07.47 www.nicolas-thienpont.com

Propriété pionnière des côtes-de-francs, achetée en 1946 par George Thienpont, replantée en 1970. Aujourd'hui, c'est Nicolas Thienpont, son fils, qui la gère. Nicolas, souvent associé à Stéphane Derenoncourt, est gestionnaire de nombreux domaines, dont Pavie-Macquin, premier cru classé de saint-émilion. Des vignes de 40 ans. 70 % merlot, 15 % cabernet franc, 10 % malbec et 5 % cabernet-sauvignon. Nicolas Thienpont : *« Puygueraud fait l'objet de beaucoup de travail à la vigne pour obtenir plus de finesse en plus de la richesse. »*

Les Thienpont dominent cette appellation où ils exploitent également Godard-Bellevue, un rouge agréable mais avec moins de sève que Puygueraud, plus facile à boire jeune, et produisent un agréable blanc sous le nom charmant… de Charmes-Godard. La Prade, un petit cru de 4,5 hectares racheté en 2000, est en passe de donner de très bons résultats.

Second vin : Lauriol

Millésime 2000

– Dégustation d'avril 2001

15,5 – Nez très élégant, cassis, pin, notes toastées. Bouche raffinée, bien charnue, la finale reste solide avec des nuances fraîches de fruit mûr.

15,5 – **Cuvée George**. 35 % de malbec, Nez exotique, cerise noire, complexe et agréable. Bouche au tanin mûr, boisée, grasse, aucune sensation anguleuse, fraîche. Nicolas : *« Nous ne ferons pas cette cuvée tous les ans, car il faut que ce soit très mûr. »*

Millésime 2002

– Dégustation d'avril 2003

14,5 – Frais, cerise, framboise, bouche tannique, bien ferme, pas de dureté, joli fruit en finale. Un vin qui met toujours du temps à se révéler.

– *Dégustation d'avril 2005*

14,5 – Épices, fleurs séchées, nez discret, bouche dense, tannique, peu fondue. Puygueraud n'est jamais aimable dans sa jeunesse. Vin un peu austère exigeant de l'attente, mais on est récompensé car il développe une élégance surprenante.

Millésime 2003

– *Dégustation d'avril 2004*

Merlot 65 %, malbec 5 %, cabernet franc 20 %, cabernet-sauvignon 10 %.

15,5 – Nez de fruits noirs, austère. Du fruit et de la présence en bouche, puissance et tanin de qualité.

15 – **George**. Très floral, violette, mais tout aussi dense, bien que plus aimable.

Millésime 2004

– *Dégustation d'avril 2005*

65 % merlot, 5 % malbec, 20 % cabernet franc, 10 % cabernet-sauvignon.

16 – Joli nez de violette, bouche tannique mais bien enrobée, puissant, tanins vigoureux se resserrant en finale. Belle trame solide, un peu moins austère que d'habitude.

Millésime 2005

– *Dégustation d'avril 2006*

15,5 – Aromatique, note de poivre noir, résine, fruits confits, texture serrée, trame tannique encore un peu rugueuse, qui va se patiner. Bel avenir.

Millésime 2006

– *Dégustation d'avril 2007*

16 – Fruits rouges et noirs, bouche fraîche, tendue, élégante, bien fruitée, longue, élégante, beaucoup de finesse.

Millésime 2007

– *Dégustation d'avril 2008*

15,5 – Bien aromatique, de la mâche, joli fond, séveux, à attendre.

Millésime 2008

– Dégustation d'avril 2009

« On a fait des sélections massales de merlot récupérées sur Saint-Émilion, qu'on a exportées sur Puygueraud et qui commencent à donner. »

16 – Épices, fruits noirs, bouche dense, moins tannique qu'autrefois, un peu serré en finale. 70 % merlot, 25 % cabernet franc, 5 % malbec.

Millésime 2009

– Dégustation d'avril 2010

15,5 – Floral, violette, bouche vive, épicée, moka, bonne longueur, tendu ; vin vif, serré, tannique.

Sainte-foy-bordeaux

Ce sont les protestants, exilés en Hollande et amateurs de vins blancs doux, qui ont assuré la richesse des vignerons et du commerce organisé autour du port de Sainte-Foy-la-Grande sur la Dordogne. Le déclin est venu avec la fin de l'engouement pour les vins blancs liquoreux. Toute la région en produisait, des portes de Libourne jusqu'à Périgueux. Dans les années 60, la reconversion vers le vin rouge s'est accompagnée d'un long passage à vide, la plupart des producteurs préférant vendre leur production sous la dénomination bordeaux plutôt que de relancer une AOC sainte-foy-bordeaux connue uniquement pour les doux. Depuis une vingtaine d'années, quelques vignerons ont décidé de redonner vie à cette appellation. Encore aujourd'hui, si officiellement l'aire de production couvre 7 000 hectares, seuls 300 hectares sont revendiqués chaque année en AOC sainte-foy, qui souhaite rejoindre le « groupe côtes », l'association que rassemble les côtes-de-castillon, de-blaye, de-francs et cadillac.

Château du Champ-des-Treilles

Surface : 10 ha
Propriétaire : Corinne et Jean-Michel Comme
Contact : Corinne Comme
Pibran – 33250 Pauillac
05.56.59.15.88/06.83.45.55.91
www.champdestreilles.com

Corinne Comme s'occupe du domaine avec l'aide de son mari, responsable technique de Pontet-Canet, cru classé en pauillac. D'où leur adresse et leur domicile, loin de leurs vignes… Cultivé en biodynamie, Champ-des-Treilles est traité comme un cru. Toutes les replantations se font à 10 000 pieds l'hectare, une densité hors norme dans la région où l'on est plus souvent sur 3 000 ou 4 000 pieds (pour un volume identique, le nombre de grappes par pied n'est évidemment pas le même). Des rouges de grande qualité, bien définis, pas trop extraits, et des blancs uniques, floraux, originaux. Un compliment en Bordelais, où les blancs ont tendance à se ressembler. La notoriété du domaine, qui devrait réjouir alentour car cela contribue à faire connaître cette AOC un peu à l'écart, n'est semble-t-il pas du goût de tout le monde, et les Comme ont été plusieurs fois victimes de vandalisme. Dommage.

Depuis 2010, Corinne conseille Climens, superbe cru de barsac qui souhaite passer en culture biodynamique.

Millésime 2000

– Dégustation d'avril 2001

14,5 – Nez très frais de fruits rouges, bouche bien équilibrée, joli fruit, belle texture de tanins gourmands. Un vin à boire sans se prendre la tête.

– Dégustation d'avril 2002

15,5 – Le vin s'est étoffé depuis l'an passé, il a conservé son fruité et son côté séveux, des notes réglisse se sont ajoutées, un rouge charnel, un peu sévère mais qui devrait se révéler au bout de trois ans.

Millésime 2001

– Dégustation d'avril 2002

60 % merlot, 31 % cabernet franc, 7 % cabernet-sauvignon, 2 % petit-verdot.

16 – Un fruité doux, de cerise bien mûre, sans acidité, bouche ronde et élégante, bien équilibrée, tanins bien fondus. Un vin délicat, bien fait, qui pourra se boire assez jeune malgré une aptitude certaine à la garde.

Millésime 2002

– Dégustation d'avril 2003

Rendements très réduits de 19 hl/ha pour cause de coulure.

15 – **Grand Vin**. au nez très ouvert tourné vers les fruits rouges, bouche nette, fraîche pas trop extraite, gourmandise.

16,5 – **Le Sens**. Un assemblage de 50 % merlot et 50 % petit-verdot sur des vignes jeunes (3 et 4 ans) plantées en forte densité et qui, elles aussi, ont très peu produit cette année. Beaucoup d'épices et des notes de prune rouge, bouche moelleuse, tendre, beaucoup d'élégance, de fruit et de finesse.

Millésime 2007

– *Dégustation d'avril 2008*

15,5 – **Champ-des-Treilles**. Cerise, floral, bouche souple, très en fruit. Un vin tonique, friand, bien équilibré, un régal qui se boira dans les quatre années à venir.

15 – **Passion**. Blanc au joli nez d'agrumes, pêche blanche, vif, élégant, désaltérant, un vin gourmand et immédiat.

– *Dégustation d'octobre 2008*

16 – **Passion**. Floral, iris, fruits blancs, note anisée, tendre et vif, long, fin, original, très joli blanc.

Millésime 2008

– *Dégustation d'avril 2009*

60 % merlot, 30 % cabernet franc, 6 % cabernet-sauvignon, 4 % petit-verdot.

16 – Fruits rouges, bouche douce, pas trop extraite, bon équilibre, beaucoup de fruit, élégant, long.

Millésime 2009

– *Dégustation d'avril 2010*

16 – **Grand Vin**. 60 % merlot, 10 % cabernet-sauvignon, 30 % cabernet franc, avec un soupçon de petit-verdot. Nez cerise, frais, fruits rouges et noirs, bouche tendue, minérale, tonique, tanins croquants, très juteux, long, vif.

15,5 – **Le Sens**. 50 % merlot, 50 % petit-verdot. *« Le petit-verdot vit sa vie à part des autres cépages. Il adore les étés frais et pluvieux. »* Fruits noirs, olives, bouche puissante, fraise, épices, tanins serrés, beaucoup de caractère, très tannique mais sans dureté.

Bordeaux et bordeaux supérieurs

L'appellation bordeaux, sans qualificatif ajouté, représente une des plus vastes appellations françaises. C'est en effet l'AOC de base en Gironde viticole. On peut en produire sur la commune de Margaux ou de Pauillac si on le décide. Ce qui serait malgré tout étonnant. L'essentiel des volumes provient de la vaste région de l'Entre-Deux-Mers, entre Dordogne et Garonne. Là se succèdent des creux et des bosses, des sols trop humides, mais aussi des coteaux calcaires de très grande valeur viticole potentielle. On y produit des rouges mais aussi des blancs, soit sous la dénomination bordeaux, soit en appellation entre-deux-mers, qui semble à certains producteurs un peu incongrue. Pourquoi un autre nom quand on a déjà la chance de s'appeler bordeaux ? Les rosés peinent à s'affirmer, car les cépages bordelais nécessitent une macération assez longue pour affirmer leur parfum ; en revanche, plus macérés donc plus colorés, les clairets sont souvent délicieux, même si leur rose tirant sur le rouge n'est pas vraiment à la mode

Quand le besoin s'est fait sentir, dans les années 80, de tirer vers le haut cette vaste appellation générale et générique bordeaux rouges, les acteurs de l'époque n'ont guère eu le choix.

Grimper dans la hiérarchie ? Impossible : l'AOC bordeaux, située par définition à la base de l'édifice, ne peut prétendre à autre chose dans le classement. Restait une dénomination surannée mais existante, propriété du syndicat des producteurs : bordeaux « supérieur ». Aïe ! Déjà, cela signifie que le reste est inférieur ou ordinaire. Puis cela sonne comme une réclame des années 60 pour le vin en litre étoilé, quand il passait le cap des 10,5°. Autant dire le pic de la ringardise. Comment suggérer la qualité avec un nom pareil ? Un concept sans racines, sans lieu, sans lien avec le terroir, sans évocation géographique, sans tout cet ensemble de repères qui sont les fondations de notre système d'appellations. Le nom, bordeaux supérieur, les « gouvernements » successifs de l'appellation ont, chacun à son tour, envisagé de le changer.

Puis, devant la difficulté à mettre tout le monde d'accord sur quelque chose d'autre et d'innovant, les responsables d'alors ont choisi de lui donner du sens. Alors que les bordeaux « simples » peuvent être commercialisés dès le mois de décembre qui suit la vendange, les supérieurs doivent attendre le mois de septembre suivant. Un élevage plus long, donc des vins plus concentrés et davantage de garde. Les vignerons choisissent leur meilleure parcelle ou leur meilleure cuvée, et presque tous pratiquent l'élevage en barriques. Ou, du moins, la pratiquaient.

Sous la pression d'une partie des producteurs, quelques appellations bordelaises, dont celles-ci, ont modifié leur règlement intérieur pour s'autoriser l'usage des copeaux ou des « staves », planches de chêne introduites dans les cuves. Cela permet de donner au vin un goût boisé en économisant le prix des barriques. C'est un système utilisé ailleurs, notamment dans les pays du Nouveau Monde.

Évidemment, cela ne remplace pas un élevage traditionnel en barriques, dont le but n'est pas d'apporter une saveur boisée mais d'arrondir, d'intégrer les tanins. Ces artifices de crise ressemblent au fameux cautère sur la jambe de bois. La réussite des vins du Nouveau Monde ne se réduit pas à l'usage des copeaux, fussent-ils de chêne français. Elle est davantage à rechercher dans la performance de leur système de vente et de communication, souvent bien relayé par des pouvoirs politiques qui ont pris la mesure du poids économique de ce secteur.

Par ailleurs, dans l'histoire des produits de qualité, il est bien rare, pour ne pas dire exceptionnel, que la sortie de crise s'opère par le bas… Pour preuve, les éclatantes différences de fortune que l'on rencontre dans cette superbe région de l'Entre-Deux-Mers, où la densité d'églises romanes, de châteaux et de bastides devrait en faire la première destination pour l'œnotourisme.

Certaines exploitations asphyxiées ne parviennent plus à survivre, tandis que d'autres affichent une robuste santé. Ces dernières n'ont pas recours aux copeaux, elles pratiquent l'élevage traditionnel et commercialisent leur vin sans difficulté majeure, même si, comme tout le monde, elles ont subi la crise de 2008. Le secret de leur bonne forme : avoir compris que le consommateur voulait de plus en plus des vins de qualité, et anticipé l'érosion du marché traditionnel. Le temps du négociant qui passait à la propriété et achetait en vrac le contenu des cuves en payant un bon prix n'existe plus. Chacun doit inventer son propre système de commercialisation. Le vigneron n'est plus seulement vigneron, il est devenu chef d'entreprise, paysan entrepreneur, capable de soigner sa vigne, de transformer la matière première en produit fini et raffiné, et surtout, car c'est la clé de son avenir, de le vendre. Les Despagne, Carteyron, Duffau, Roumage et autres que vous rencontrerez dans ces pages ne sont pas forcément meilleurs viticulteurs que d'autres, mais ils possèdent plus complètement leur métier.

Dans cette mer de vins que sont les bordeaux et bordeaux supérieurs, on trouve donc de tout. De petits vins, mais aussi des pépites. C'est modestement, car bien sûr j'en oublie, ce que j'ai tenté de sélectionner au fil des années et des dégustations. Non pas des grenouilles qui singent le bœuf, des poid-plume qui voudraient paraître en crus classés, mais de vrais vins délicieux, bien faits, équilibrés, que l'on peut boire en toute saison sans connaître par cœur le manuel du grand dégustateur.

Tout au sud de la zone de production des bordeaux, sur la rive droite de la Garonne, les producteurs qui souhaitent élaborer du blanc liquoreux jouissent de l'AOC bordeaux-saint-macaire, que quelques vignerons maintiennent et relancent.

BELLE-GARDE

Surface : 45 ha
Propriétaire :
Contact : Château Belle-Garde
Éric Duffau
33420 Génissac
05.57.24.49.12

On se connaît depuis l'époque où, jeune vigneron, fils de vigneron, petit-fils de vigneron et tonnelier, arrière-petit-fils de vigneron et fabricant de charrettes, Éric débutait avec 7 hectares en location. En 1990, pour le compte de la revue *GaultMillau,* qui à l'époque donnait le *la* en matière de vins, nous avions, avec mon copain Pierre

Crisol, organisé le plus grand banc d'essai de bordeaux et bordeaux supérieurs jamais réalisé. Leur slogan publicitaire, celui du syndicat d'appellation, annonçait fièrement *« Mille et un Bordeaux »*. Nous les avions pris au mot : réunissez vos mille et un bordeaux, nous trouverons suffisamment de bons palais pour les goûter et les classer. Ils en rassemblèrent, de mémoire, plus de 800. De notre côté, nous avions mobilisé tout ce qui se faisait de mieux en matière de sommeliers, restaurateurs, amateurs éclairés (notamment après la dégustation) et surtout cavistes, les plus intéressés à dénicher de bons crus pas chers… Parmi les mieux notés figuraient trois vins de la famille Duffau. Un échantillon de papa Jean, deux d'Éric. Joël, son jeune frère, n'était me semble-t-il pas encore totalement installé dans son domaine de La Mothe-du-Barry… Plus tard, dans d'autres dégustations, il rejoindra Éric dans les palmarès.

Depuis, pas une fois Belle-Garde ne m'a déçu. Je l'ai fait boire à toutes sortes d'amateurs, éclairés ou non. Un temps *GaultMillau* fut hébergé dans les magnifiques locaux de *L'Express*, avenue de Friedland, à Paris (un temps où les journaux étaient riches !). Ceux qui comptent dans la classe politique, les grands dirigeants d'entreprise, un ancien président de la République, pour résumer tous les VIP qui participaient aux grands débats organisés par cet hebdomadaire, ont bu et apprécié Belle-Garde, que mon ami Paco, le maître d'hôtel attitré de *L'Express* (un temps où les journaux avaient les moyens !), leur servait généreusement. Ce faisant, nous avons participé modestement aux nécessaires économies que devaient réaliser la presse pour survivre, en substituant à un vin cher et absolument sans intérêt ce joli Belle-Garde, délicieux et coûtant une pincée de francs (aujourd'hui est un temps où les journaux comptent !).

Nous sommes depuis passés à l'euro et la famille Duffau, contrairement à toutes les grandes surfaces, à certains boulangers et à de nombreux cafetiers, n'a pas profité de la complexité à convertir le franc en euro pour augmenter ses prix. *« Nous sommes meilleurs vignerons que marchands »*, m'a dit un jour l'un des deux frères Duffau. Ce n'est pas tout à fait vrai, car, en maintenant des prix très raisonnables, ils ont su conserver une clientèle fidèle qui chaque année revient vers eux commander son bordeaux pour l'année. Le plus beau compliment sur ce vin revient à Jean Lenoir, l'inventeur du Nez du Vin, ces petits flacons qui emprisonnent toutes sortes d'arômes à deviner. Lors d'une de ces vastes dégustations de bordeaux « génériques », il vint me voir et me dit à l'oreille : *« Tu nous a tendu un piège, mais je ne suis pas tombé dedans. Le n° 23, ce n'est pas un bordeaux simple, c'est un pomerol ? »* Il s'agissait de Belle-Garde. Éric présente une gamme simple avec un vin de base idéal pour « tous les jours », une cuvée Excellence qu'il faut savoir attendre et, au milieu, une cuvée « élevée en fûts de chêne » qui a ma préférence. Tout petits prix et grand plaisir.

Millésime 2000

– *Dégustation de juin 2002*

17,5 – Cuvée vieillie en fûts. Nez cannelle, épices douces, fruits confits, bouche sérieuse, bien garnie, tanins de grande qualité qui lui confèrent tenue et longueur. Vin raffiné.

Millésime 2001

– *Dégustation d'avril 2002*

15,5 – **Excellence**. Le nez de cassis et de violette habituel sur ce cru est un peu masqué par le bois de la barrique, mais tout cela devrait se fondre. Bouche tannique mais sans excès, fruit sauvage et saveurs épicées.

Millésime 2002

– *Dégustation d'avril 2003*

16 – **Excellence**. Frais et racé, fruit pur, riche et vanillé, élégant, finale bien boisée, très bordeaux.

Millésime 2003

– *Dégustation d'avril 2004*

14 – **Excellence**. Nez mûr, fruits noirs. Bouche agréable, charnue, finale un peu dure à ce stade.

– *Dégustation d'avril 2005*

16 – **Belle-Garde**. Fruits noirs, poivre blanc, rond en bouche, tanins fermes mais sans dureté, joli fruit. À boire dans un an.

17 – **Fûts de chêne**. Robe très foncée, nez vanillé, fruits compotés, bouche ample, riche, le fruité est mis en valeur par un boisé délicat, bien fait, tanins resserrés en finale. Beaucoup de classe dans ce « petit pomerol ».

Millésime 2006

– *Dégustation d'avril 2007*

15,5 – Excellence. Encre, bonne matière en bouche issue d'une vendange saine, vin peu expressif à ce stade, l'élevage va l'épanouir, extraction maîtrisée.

Millésime 2007

– *Dégustation d'avril 2008*

14,5/15 – Excellence. Nez un peu touffu, marqué bois ; bouche grasse, ronde, souple, onctueuse, douce, très fondue.

Millésime 2008

– *Dégustation d'avril 2009*

15,5 – Excellence. Fraise écrasée, banane, bouche vive, boisée, bonbon. Vin séducteur, frais, facile, le boisé est bien intégré, tanins fins, bonne longueur.

Millésime 2009

– *Dégustation d'avril 2010*

15 – Excellence. Nez fermé, bouche tannique, serrée, tanins moelleux mais vin fermé, fraîcheur et densité.

Bonnet

Surface : 300 ha dont 150 en rouge
Propriétaire : André Lurton
Contact : Château Bonnet – 33420 Grézillac
05.57.25.58.58

André Lurton (voir La Louvière, entre autres, en pessac-léognan) est né ici en 1924. Il y possède toujours sa chambre, même si les bâtiments et le domaine ont bien changé. En 1953, après le décès de Léonce Recapet, son grand-père maternel, quand se firent les partages, Bonnet ne dépassait pas 30 hectares de vignes, lesquelles se sont dépêchées de geler en 1956. André, aujourd'hui, règne sur quelque 650 hectares au total mais n'a jamais oublié la période de sa vie, où de retour des maquis, il ne « *mangeai*[t] *de la viande qu'une fois par semaine* ».

Second vin : Le Colombey

Millésime 2007

– *Dégustation de novembre 2010*

15 – Rouge. Fruits bien mûrs, fruits confits, cerise confite, frais, élégant, tendu, joli fruit.

Millésime 2009

– *Dégustation de novembre 2010*

Bouteille équipée d'un bouchon à vis.

15,5 – Blanc. 50 % sauvignon, 40 % sémillon et 10 % muscadelle. Nez fruits blancs, marqué sauvignon, pêche blanche, bouche vive, élégante, note de poire, frais, fin, joli fruit.

La Cour-d'Argent

Surface : 20 ha
Propriétaire : Denis Barraud
Contact : Denis Barraud, Château Les Gravières
33330 Saint-Sulpice-de-Faleyrens
05.57.84.54.73
www.denis-barraud.com

Nous avons fait connaissance au pied d'une potence. Une vraie, comme à Montfaucon, qui fit tant pour la renommée de François Villon. Le chai de Denis Barraud, installé au cœur de la ville de Branne, donnait à la fois sur la rue et sur les quais de la Dordogne, où autrefois on chargeait les bateaux qui rejoignaient Bordeaux. Bel endroit. Denis Barraud possède également plusieurs domaines en saint-émilion (grand cru) Les Gravières et Lynsolence, des vins de bonne qualité. Un jour – était-ce le jour de la potence ? –, il m'a dit : *« Un vin pas bon et bon marché est toujours trop cher. »* La Cour-d'Argent, c'est exactement l'inverse : un vin bon marché (entre 4 et 6 euros) et toujours très bon. Fortement marqué merlot (95 %), c'est le bordeaux du vendredi soir quand, finie la semaine, on veut se faire plaisir sans trop penser à qui a commencé, la poule ou l'œuf.

La potence ? Juste une construction réalisée pour le tournage d'un téléfilm en costumes, *La Rivière Espérance.* Une sombre histoire autour des bateaux qui vont sur l'eau avec des hommes et des femmes qui se font du mal dans *« un décor naturel somptueux »*.

Millésime 2003

– Dégustation d'avril 2005

15 – **Cuvée spéciale**. Nez de fruits rouges, bouche tendre, souple, tanins soyeux, vin vif, fruité, finale épicée.

Millésime 2007

– Dégustation d'avril 2008

14,5 – Fruits confits, bouche agréable, moelleuse, bien parfumée, un peu râpeuse en finale.

Millésime 2008

– Dégustation d'avril 2009

15,5 – Floral, framboise, bouche vive, finement boisée, joli fruit, long, frais, un peu de croquant en finale, joli vin tout en finesse.

Millésime 2009

– Dégustation d'avril 2010

13 – Séveux, vif, accrocheur, a besoin d'élevage, un peu rustique à ce stade.

Damase

Surface : 15 ha
Propriétaire : Xavier Milhade
Contact : Château Damase – 33910 Savignac-de-l'Isle
05.57.74.10.84
contact@chateau-recougne.fr

Damase, chacun le sait, fut un actif pape d'origine lusitanienne, entre troisième siècle et demi et quatrième siècle moins le quart. Pour des raisons que j'ignore, ce fut aussi le prénom du fondateur de la dynastie Milhade quand celle-ci décida d'œuvrer dans le vin. Les Milhade sont installés dans le Libournais. Cela signifie que, à l'image de tous les négociants de cette sous-région d'Aquitaine, leur racines sont corréziennes et pauvres. Enfin Damase, mais cela s'affirme comme une conséquence de ce qui précède, c'est le nom du domaine où réside Xavier Milhade, jolie maison entourée de vignes. Croissant et se multipliant, les Milhade ont décidé de partager leurs affaires. À toi le frigo, à moi l'écran plat. En l'occurrence, c'est à toi la maison de négoce et une pincée de domaines, à moi les autres. Xavier et son fils se consacrent désormais à leurs propriétés issues de ce partage, dont ce Damase, où, depuis quelques années, ils ont planté de la carménère, vieux cépage bordelais capricieux qui fait fureur en Amérique du Sud mais que l'on avait plus ou moins abandonné sur ces rivages de l'Atlantique. La carménère, si j'ai bien compris Louis-Pierre Pradier, un spécialiste de ce cépage (voir Château Baudens, cru artisan du Médoc), est un mauvais hermaphrodite. Il a du mal à fructifier en solitaire. Il lui faut la compagnie du merlot pour que sa récolte soit sinon abondante du moins raisonnable. Cela tombe bien car, du merlot, il y en a beaucoup sur ce terroir argileux, pas loin de 90 % de l'encépagement. La carménère de Damase donne lieu à une cuvée particulière.

Jusque-là, Damase connaissait une diffusion quasi sous le manteau. À mon avis, seuls ceux qui savaient pour le pape d'origine portugaise pouvaient espérer en acheter une bouteille. Cette époque est révolue ; désormais, il suffit d'en commander. En latin, de préférence, car Damase fut le pape qui imposa cette langue dans la chrétienté aux dépens du grec.

Millésime 2006

– *Dégustation d'avril 2007*

15 – Carménère. Menthe, garrigue, grillé, bouche onctueuse, aux saveurs d'herbes grillées, origan, long, un peu râpeux mais original.

Millésime 2009

– *Dégustation d'avril 2010*

13,5/14 – Fruits noirs, épices, bouche tendue, un peu extraite, finale serrée, mais pas séchante.

Archives

– *Dégustation de juin 2002*

Millésime 1999

14,5 – Très fruité avec des notes réglissées, souple, soyeux en bouche, gras, gourmand, bien fait. On peut le boire assez jeune.

DARZAC

Surface : 70 ha
Propriétaire : Famille Barthe
Contact : 22, route de Bordeaux – 33420 Naujan-et-Postiac
05.57.84.55.04/06.08.01.08.77
www.chateau-darzac.com

Vignoble familial très ancien (plus de 400 ans, selon les propriétaires), dirigé depuis 1997 par Stéphane et Alain Barthe. Stéphane a suivi des études viticoles puis s'est envolé vers l'Afrique du Sud et le Zimbabwe, avant de rejoindre l'exploitation en 1989. Alain est le commercial de la maison, poste à hautes responsabilités dans une propriété de l'Entre-Deux-Mers. Il a travaillé au Club Méditerranée et dans l'informatique ; en 1997, il est revenu prêter mainforte à son frère : « *On était des spécialistes du blanc. On a construit notre réputation sur le blanc. Puis il a fallu changer, et on a fourni de gros efforts de qualité. On a cherché à faire le mieux en rouge et on le vend. Je ne dis pas que l'on ne souffre pas, mais quand on fait des vins de qualité, on peut s'en sortir.* » Chaque année, Alain parcourt des milliers de kilomètres, visite plus de 150 cavistes, anime des dégustations chez les particuliers. « *On est trop souvent en train de vouloir régler nos problèmes par la technique. Il faut montrer que l'on fait des bons vins et s'attacher à les vendre.* » Allusion directe à l'autorisation (accordée) d'utiliser des copeaux de chêne en remplacement des barriques pour donner un goût boisé au vin, le remède qui permettrait soi-disant de travailler à armes égales avec la concurrence du Nouveau Monde. Comme si le secret du succès des vins d'Australie résidait dans l'usage de ces fameux copeaux et non dans leur capacité à vendre. « *Il faut se montrer plus ouvert à Bordeaux et accueillir les gens* », dit encore Alain Barthe.

Autres vins : blanc, blanc doux, rosé.

Millésime 2005

– Dégustation d'avril 2006

16 – **Héritage**. Vanille, fruits au sucre, bouche ronde, tendre, souple, tanin doux, extraction mesurée qui favorise le fruit et l'élégance.

Archives

Dégustation de juin 2002

Millésime 1999

15,5 – **Cuvée Claude-Barthe** (hommage au papa). Fruits noirs, mûre, gras, rond, frais, joli fruit quoique encore discret, bonne matière. Un vin qui va se révéler au bout de trois ans.

Domaine de Courteillac

Surface : 29 ha
Propriétaire : Dominique Méneret
Contact : Domaines Méneret-Audy
Château Brondeau
33500 Arveyres
05.57.55.11.80

Du temps de Stéphane Asséo, c'était un peu le bazar baba, le camping façon une maison bleue accrochée à la colline, on y vient à pied… Vraiment accroché à la colline, Courteillac ! Sur le plateau calcaire qui relie Saint-Émilion au Castillonnais. *« On est situés à la cassure du plateau, il y a de la roche en dessous qui fonctionne comme une grosse éponge »*, disait Stéphane. Le calcaire absorbe l'eau pendant les pluies et la rend aux racines, au compte-gouttes pendant les périodes de sec. Le raisin évite ainsi le stress qui pourrait bloquer sa maturité. J'ai perdu de vue, au sens propre, Stéphane Asséo, qui a choisi de glisser un océan entre Bordeaux et lui. Il est aujourd'hui en Californie, où il fait ce qu'il sait bien faire, du vin. Ça marche, on le voit de temps à autre à la télé au cours d'un reportage. Un Frenchie en Californie, ça ne se rate pas et ça fait gagner du temps, pas besoin de traduire. C'est un de ses amis, Dominique Méneret, gendre de négociant-propriétaire (la maison Audy), lui-même négociant (il avait créé Bernard & Méneret autrefois, devenue depuis Ballande & Méneret), qui a racheté en 1998. Conseillé par Stéphane Derenoncourt, la vedette qui ne se prend pas pour une vedette, et son équipe de jeunes ingénieurs et œnologues, Méneret n'a pas trahi l'esprit Courteillac, vins gourmands, riches, onctueux mais pas rassasiants, dans un style qui rappelle les (bons) castillons. Si, malin, on achète en primeur, il en coûte moins de 10 euros (le 2007 s'est vendu 7,50 euros).

Millésime 2001

– *Dégustation d'avril 2002*

15,5 – Un terroir assez exceptionnel dans un site privilégié pour la vigne. Fruits rouges, cerise, beaucoup de fraîcheur dans les arômes, bouche tapissée de petits tanins soyeux, du fruit et de l'élégance, une vraie personnalité.

Millésime 2002

– Dégustation d'avril 2003

14,5/15 – Joli bouquet de fruit et de boisé toasté. Bouche texturée, gourmande, finale serrée mais de la suavité, tanin mûr.

Millésime 2005

– Dégustation d'avril 2006

16 – Fruits noirs bien mûrs, tanins gras et denses, concentré sans excès, un vin qui préserve fraîcheur et gourmandise.

Millésime 2006

– Dégustation d'avril 2007

14 – Dominante fruits noirs, cassis, bouche souple en attaque, tendue après, un peu trop extrait, très cassis comme certains castillons.

Millésime 2007

– Dégustation d'avril 2008

15,5/16 – Réglissé, poivre, mûre, bouche ample, pleine, moelleuse, gras, onctueux, un vin gourmand.

Millésime 2008

– Dégustation d'avril 2009

14,5 – Un peu oxydé, belle qualité de tanins, bonne longueur, un peu d'alcool en finale. À redéguster.

Millésime 2009

– Dégustation d'avril 2010

14,5/15 – Fruits noirs, boisé, bouche serrée, tendue, vive, tannique, assez bon potentiel, équilibré.

Jean Faux

Surface : 13 ha
Propriétaire : Pascal Colotte
Contact : 33350 Sainte Radegonde
05.57.40.03.85
www.chateaujeanfaux.com

Pascal n'a pas hérité de ce très joli château, perdu dans la nature entre collines hérissées de pins parasol et ruisseau sauvage à peine domestiqué quand il traverse le domaine. Lieu magique, un brin mystique, déniché en 2002 presque par hasard. Pascal n'est pas un héritier. Il est né dans les maisons ouvrières de la vallée de la Chiers, au pied du Bois de Châ, à Longwy. Son père a fait partie des « charrettes » de licenciements quand les grands prévisionnistes ont affirmé que l'acier n'avait plus d'avenir et que la sidérurgie devait disparaître du sol Lorrain. C'était en 1979. Pascal avait 18 ans. Je ne sais pas comment, vingt ans plus tard, il figurait à la tête d'une des plus importantes tonnelleries de France, associé de Marc Saury, reçu et écouté dans les châteaux. Je sais en revanche que dès qu'on parle de Longwy, des hauts fourneaux, de l'acier, des coulées continues, du ciel zébré d'orange quand la fonte coulait, des copains de là-bas désespérés et fiers, il pleure. Même tonneliers, les hommes du fer ne sont pas de bois.

« On était deux associés avec Marc Sauty. On a fait entrer des actionnaires en 2005, puis on a cédé l'intégralité de l'affaire et maintenant je suis "vigneron de père et fils", à plein temps depuis 2007. Avant, j'habitais dans les aéroports. Quand tu es dans un business important tu n'es plus le patron, c'est ton agenda... Je me suis rendu compte que je voulais me poser, ça a dû se faire inconsciemment. Je ne savais pas faire du vin, j'avais la théorie, je savais en boire, le goûter. C'est un truc qui laisse la place à l'humain. Je n'ai pas réfléchi, j'ai trouvé cet endroit. C'était triste, un ancien lieu protestant, mais je me suis dit qu'on pouvait en faire quelque chose. Je ne fais pas d'argent, mais j'ai la prétention de ne pas en perdre ; je suis né pauvre et je respecte trop l'argent. » Très vite, avec l'aide de son copain Stéphane Derenoncourt, Pascal a réussi à remettre en route ce vignoble de coteaux. Il produit des vins de qualité et respecte la nature. Le domaine est cultivé en bio : *« Je ne veux pas mettre de produits dont on dit qu'ils sont bons pour la vigne, et que pour les passer il te faut*

des gants longs comme ça et une combinaison. » Nous avons dégusté le 2010, noté 16. Fruits rouges bien mûrs, fin, note de bois frais, tanins veloutés, poivre, savoureux, long en bouche. Un élevage soigné, c'est le moins que l'ancien patron de Saury pouvait faire.

Millésime 2006

– *Dégustation d'avril 2011*

16 – Nez jeune, fruits rouges, note poivrée, bouche tendue, vive, petits tanins croquant, vin d'élégance réhaussé par une acidité bien tempérée.

Millésime 2007

– *Dégustation d'avril 2011*

14,5 – Nez de maturité, commence à évoluer sur les épices et les fruits compotés, bouche bien ronde, goumande.

Millésime 2008

– *Dégustation d'avril 2011*

15 – Cerise, fruits rouges, bouche vive, tendue, fraîche, encore assez jeune. On pourra peut-être consommer le 2009 avant.

Millésime 2009

– *Dégustation d'avril 2011*

15,5 – Fruits noirs, poivre, prune, épices douces, bouche veloutée, tanins moelleux mais de la fraîcheur en finale, très long.

Féret-Lambert

Surface : 11 ha
Propriétaire : Sulzer-Féret
Contact : Henri et Valérie Féret – 33420 Grézillac
06.85.92.76.78/05.57.74.93.18

Son arrière-grand-père avait créé le célèbre (à Bordeaux) *Bordeaux et ses vins*, un gros livre qui recense toutes les propriétés viticoles ou presque, indiquant précisément leur surface, leur encépagement, une source incomparable de renseignements pratiques auxquels s'ajoutent des commentaires – rarement critiques, puisqu'ils sont écrits par les propriétaires des crus cités. Henri Féret, courtier en vins à Bordeaux, « *courtier de campagne* », a racheté en 1997. « *C'était à mes oncles et tantes. Mon arrière-grand-père avait acheté pour son fils, qui ne savait qu'en faire. Mon grand-père a vécu sur la bête. Il y avait 60 hectares de vignes au départ ; à la mort des mes grands-parents, il n'y avait plus rien !* » La famille qui avait précédé les Féret sur ce domaine de Lambert, à la fin du XIXe siècle, avait été victime d'une bande de « chauffeurs », ces bandits des campagnes qui brûlaient les pieds de leurs victimes pour leur faire dire où ils cachaient leur magot. « *On a planté nos premiers ceps en 1998 ; première récolte en 2001. Mais on avait repris en fermage 5 hectares pour avoir de la vieille vigne et pas mal de cabernet.* » Le second vin, peu cher (le 2006 était à 4,75 euros en 2009), figure parmi les bonnes affaires du duché d'Aquitaine.

Second vin : Costes de Féret-Lambert

Millésime 2004

– *Dégustation de février 2009*

14 – 100 % merlot, 50 % de grand vin (le reste en Costes). Élevage : seize mois en barriques, un tiers de neuves. « *On essaie de faire des raisins sains et mûrs. Nous sommes sur des sols de calcaire à astéries qui donnent de l'acidité.* » Nez flatteur, note fumée, bouche chocolat, souple, gourmand.

Millésime 2005

– *Dégustation d'avril 2006*

14,5 – Floral, entre lilas et violette, bouche tendre, élégante, posée sur un boisé discret et valorisant, joli fruit, extraction douce.

– *Dégustation de février 2009*

15,5 – Nez séveux, bouche dense, tendue, fraîche et fine, élégante, tanins vifs et frais, bonne longueur.

Millésime 2006

– *Dégustation de février 2009*

15 – 10 % cabernet-sauvignon, cassis, fruits noirs, mûre, frais, vif, élégant, moins serré en milieu de bouche mais très beau fruit.

Millésime 2007

– *Dégustation d'avril 2008*

14,5 – Nez de cassis, aromatique, savoureux, plein, boisé élégant, long et gourmand.

– *Dégustation de février 2009*

14 – Nez fermé, vanille, frais en bouche, fin, un peu plus végétal que les autres.

Millésime 2008

– *Dégustation d'avril 2009*

15 – Fruits noirs, bouche ronde, onctueuse, un peu simple mais bien fait, souple, merlot mûr, bien travaillé.

Millésime 2009

– *Dégustation d'avril 2010*

14,5 – Fruits noirs, joli nez, bouche merlot mûr mais avec de l'élégance, finale un peu trop sur l'extraction mais bien fait.

Fleur-Haut-Gaussens

Surface : 30 ha
Propriétaire : Vignobles Pierre Lhuillier & Fils
Contact : Hervé Lhuillier
Les Gaussens – 33240 Vérac
05.57.84.48.01
fleur.haut.gaussens@wanadoo.fr

Jolie propriété, entre Libourne et Fronsac, dans un paysage vallonné, entretenue comme un jardin de ministère. Un chai où, si la tartine venait à tomber côté beurre, on n'hésiterait pas à la tremper dans le café au lait. Au départ, un seul vignoble qui s'est divisé en trois dans les années 70. « *Mon oncle a récupéré le domaine familial et mon père, des bâtiments agricoles ; c'était petit, mon père a eu 7 ou 8 hectares. Les histoires de partage sont toujours compliquées.* »

Ne pas se fier au côté un peu lunaire d'Hervé Lhuillier, c'est un gros bosseur, et une machine à penser. Il est arrivé en 1996, pour s'associer avec ses parents. Depuis, la propriété est passée à 30 hectares, 90 % merlot, 5 % de franc et 5 % de sauvignon. En peu d'années, Fleur-Haut-Gaussens est devenu une petite marque avec une belle notoriété et une étiquette « *sobre et chic* ». De celles qui flattent les invités et leur donnent l'impression d'être reçus façon grand cru. « *On est passés par un créateur d'étiquettes.* » Hervé a tout chamboulé dans l'organisation parentale : « *J'ai sans doute été un peu brutal, mais j'avais des idées, et j'ai eu la chance qu'ils m'écoutent. On voulait que ça soit classe. On a revu la taille, le nombre de boutons, on enlève tous les contre-boutons, effeuillage enherbement dans les bas, double table de trie.* »

Le domaine vendait en vrac des vins valorisés par des médailles dans les concours à des négociants pour leurs vins de marque. « *On a senti que les courtiers n'étaient plus très chauds, les prix des grands crus flambaient et là je suis monté en flèche, je me suis dit qu'il fallait tout vendre en bouteille : 30 000 bouteilles en 2001, 70 000 en 2002, et en 2003 la totalité, 140 000…* » Cavistes et particuliers constituent l'essentiel de la clientèle. Mais on peut aussi trouver Fleur-Haut-Gaussens dans quelques foires aux vins de septembre sur les millésimes les plus jeunes.

Second vin : Fleur-Haut-Gaussens-2

Millésime 2001

– Dégustation de juin 2010

15 – Chocolat, cerise confite, garrigues, 100 % merlot, bouche ronde, souple, note fruits confits, soyeux, gourmand, au top aujourd'hui.

Millésime 2002

– Dégustation de juin 2010

14,5 – Cassis, nez plus marqué cabernet, bouche souple, généreuse, de la tenue, plus viril que 2001, plus sévère, tendu, serré.

Millésime 2003

– Dégustation d'avril 2004

14 – Fruits noirs, cassis, prune d'ente. Bouche calibrée, texturée, finale serrée mais sans sécheresse.

– Dégustation de juin 2010

15,5 – Nez un peu fermé, bouche douce, bien fondue, agréable, sans lourdeur, assez frais et fondu pour un 2003 de la rive droite, de la réserve.

Millésime 2004

– Dégustation de juin 2010

15 – Nez réducteur, bouche serrée, assez élégant, petits tanins vifs, frais, tendu, long, fin.

Millésime 2005

– Dégustation de juin 2010

17 – Nez feuillage, vigne vierge – *« On a fait 200 000 bouteilles »* –, bouche dense mais souple, une belle matière généreuse, onctueuse mais pas trop extraite, long, frais, attention grand vin. Nettement au-dessus de son classement.

Millésime 2006

– Dégustation d'avril 2007

14,5/15 – Très boisé mais de qualité, fruits noirs, puissant en bouche, bien extrait mais assez fin tout de même, tanins de qualité, limite amertume en finale à cause du bois.

– Dégustation de juin 2010

15,5 – Nez fermé, bouche vive, tendue, serrée, un vin pas encore accompli, demande encore deux ans d'attente. Joli fruit en finale sur la mûre, la prune, bonne longueur, le boisé est totalement fondu.

Millésime 2007

– Dégustation d'avril 2008

14,5 – Rond, moelleux, bien fruité, tanins souples, bouche délicate, droit, agréable, bien fait, bon fruit.

– Dégustation de juin 2010

14 – Floral, encore nez jeune, cerise, flatteur, moins de fond que les autres millésimes.

Millésime 2008

– Dégustation d'avril 2009

14 – Pomme, cerise, bouche légère, un peu séchante, bon fruit mais manque un peu de soleil.

– Dégustation de juin 2010

14 – Nez trop boisé, bouche tendue, vive, échantillon trop boisé, belle bouche élégante, vive, longue, beau fruit.

Millésime 2009

– Dégustation d'avril 2010

14,5 – Café, grillé, un peu trop de bois, bon fruit mais trop d'extraction qui apporte de l'amertume en finale.

14,5/15 – **Le 2**. Fruits noirs, bouche tendue, serrée mais avec du relief, merlot bien mûr, un peu rugueux, du caractère.

– Dégustation de juin 2010

15 – Fruits rouges, boisé mieux digéré qu'en avril, bouche puissante riche, serrée, tendue, beaucoup de matière, long, future belle bouteille, un peu d'alcool.

15 – **Le 2**. Réducteur, cerise, joli fruit, droit, élégant, tendre, très fruits rouges, merlot à 100 %. Très gourmand, délicieux.

FREYNEAU

Surface : 40 ha
Propriétaire : Éric et Valérie Maulin
Contact : 05.56.12.95.46

« *J'ai beaucoup appris à Pontet Canet !* » Malin, Éric Maulin, quand il s'est agi de faire le stages qui précèdent toute nouvelle installation d'un jeune agriculteur, a choisi de franchir les rivières. D'aller voir dans le Médoc, terre étrangère pour tout bon habitant de l'Entre-Deux-Mers ou du Libournais. C'était en 1990 et, du Médoc, « *on en parlait plus que de Saint-Émilion et Pauillac, c'était assez mystique. J'avais plus à apprendre de l'autre côté...* » Chanceux ou bon stagiaire, il a aussi œuvré à Latour et Mouton...

La propriété existe depuis 1897 et le père d'Éric avait déjà commencé la vente en bouteilles, mais celle-ci n'excédait pas 10 000 à 15 000 bouteilles. Avec Éric et son épouse, Valérie, ce sont 80 000 bouteilles que se partage une clientèle particulière ravie de trouver aussi bon si peu cher (moins de 8 euros, les millésimes récents). « *L'image des bordeaux est celle de vins chers, mais il y a de super-produits à très bon prix. Il n'y peut pas y avoir 1 million de bouteilles au prix des premiers crus.* » La solution Maulin : ne pas avoir peur « *d'y aller* ». Aidés par la famille et une commerciale, ils participent à de nombreux Salons, visitent et reçoivent : « *On a construit le chai pour cela. À 90 % du temps, on a quelqu'un qui reçoit...* » Le domaine propose des millésimes mûrs à tarifs raisonnables.

Autre vin : La Tuilerie

Millésime 2000

– *Dégustation d'avril 2010*

15,5 – **Prestige.** « *C'est une sélection entre 3 000 et 6000 bouteilles. On garde les meilleurs lots en barriques neuves au minimum seize mois. On ne la fait pas tous les ans.* » 25 % malbec, 65 % merlot, 10 % cabernet franc.

Nez pas très plaisant, à attendre, bouche puissante, ronde, dense, tanins soyeux, long. Joli vin à carafer.

Millésime 2001

– Dégustation d'avril 2010

70 % merlot, 25 % cabernet-sauvignon, 5 % malbec.

14 – **Tradition**. Épicé, café, résine, bouche tendre – *« on laisse macérer longtemps mais à faible température, à 22°C, pour gagner en rondeur et ne pas extraire de tanins durs »* –, note grillé, vin tendre, équilibré. À boire aujourd'hui.

Millésime 2002

– Dégustation d'avril 2010

15 – **Tradition**. Nez un peu boisé, café, bouche élégante, fraîche, tendre, fin, joli fruit.

Millésime 2003

– Dégustation d'avril 2010

15,5 – **Tradition**. Fruits confits, épices, poivre, bouche ronde, bien fruitée fraîche, tendue, vive, longue. Beau fruit.

Millésime 2004

– Dégustation d'avril 2010

15 – **Tradition**. Floral, fruits noirs, épices, bouche douce, bien fondue, tendre. *« Ce qu'il faut, c'est maîtriser les apports organiques, la fertilité ; si vous maîtrisez la fertilité, vous n'avez pas besoin de traiter contre la pourriture. »* Mûr à point, bien fruité. À boire.

Millésime 2005

– Dégustation d'avril 2010

15,5 – **Tradition**. Sève, résine, pin, bouche dense, pas mal boisée, pas encore fondue, 25 % de barriques neuves, tendu, frais à venir, demande de l'attente.

Millésime 2008

– Dégustation d'avril 2009

14 – **Tradition**. Nez fruits noirs, bouche souple, un peu fluide mais douce, fraîche, tendre ; à boire jeune.

Millésime 2009

– Dégustation d'avril 2010

15,5 – Tradition. Fruits noirs, bois, bouche fine, petits tanins fins, assez croquants, vin élégant, bien fait, sans prétention, mais équilibré.

GRAND-VILLAGE

Surface : 18 ha
Propriétaire : Famille Guinaudeau
Contact : Guinaudeau, Grand-Village – 33240 Mouillac
05.57.84.44.03
scea.guinaudeau@orange.fr

Le couple de vignerons Jacques et Sylvie Guinaudeau est plus connu pour son Lafleur, un des plus grands pomerols, qui a bien failli leur échapper au début des années 2000 (voir Lafleur à Pomerol). Mais Grand-Village, situé au nord de Fronsac, constitue le siège familial, le centre décisionnaire, une base arrière bien confortable dans une très belle demeure isolée et ancienne. Jacques Guinaudeau raconte très bien et je lui laisse volontiers la parole :

« On a fait évoluer beaucoup Grand-Village. On a eu un sommet avec le 90, et puis après des soucis avec des climats moins faciles, de 1991 à 1994. On s'est plantés avec ces millésimes. Après, nous avons cherché, entre 1995 et 2001, à faire du plus raisonnable. On a eu une bonne qualité, mais plus standard. Dans le contexte où nous étions plus installés à Lafleur, confortés, à partir de 2002, nous pouvions à nouveau nous permettre de prendre le temps de faire des travaux dans la vigne, ébourgeonner, etc. C'est aussi la période de l'arrivée de notre fils Baptiste et de sa compagne Julie qui travaillent avec nous. Nous, on a commencé très jeunes. On s'est installés en 1980. On n'a pas été bridés par les parents et on a reproduit le même schéma. Mes parents n'étaient pas vignerons, c'était une maison de vacances, ici, et les vignes étaient en fermage. Mon père était prof d'allemand à Bordeaux et la propriété était dans la famille depuis fort longtemps. J'ai fait des études, je m'intéressais beaucoup plus à des domaines comme

l'architecture. Il y avait cette propriété, j'aimais bien la nature, la biologie, j'ai commencé à faire des stages, quelques études, un BTS, car mon père est mort à ce moment-là, j'avais 24 ans… La propriété faisait surtout du vrac, vendu au négoce, des productions trop importantes, ramassées top tôt. On s'est rendu compte qu'on avait quelques bons lots, on fait de la vente directe, les marchés… Baptiste s'occupe du travail de la vigne. Julie s'occupe du vin, du chantier de vendanges, de l'organisation. Nous avons des consultants : Jean-Claude Berrouet, un ami, Christian Veyry, Vincent Dupuch. On les interroge, à des moments différents. Mais c'est nous qui décidons. »

Je n'en doute pas.

Autre vin : Grand-Village blanc

Millésime 2003

– Dégustation de janvier 2010

14 – Nez chocolat, épices, poivre, bouche grasse, dense, épicée, chocolat, gourmand mais un peu lourd, réglisse en finale.

Millésime 2004

– Dégustation d'avril 2005

15 – Bien fruité, griotte, bouche ronde et tendre, fruits rouges, légèrement vanillé. Bon vin initiatique, frais, vif, régalant.

– Dégustation de janvier 2010

15 – Fruité, vif, bouche ronde, souple, tendre, joli fruit, léger, tendre, élégant, sapide, excitant.

Millésime 2005

– Dégustation de janvier 2010

15,5 – Fruits noirs, un peu poivre noir, bouche douce, fondue, tanins soyeux, élégant, bonne longueur, épicée, mentholé, long, fin.

Millésime 2006

– Dégustation de janvier 2010

14 – Fruits noirs, poivre, bouche note animale, réglissée, bonne longueur, tendue, très vif.

Millésime 2007

– *Dégustation de janvier 2010*

14 – Fruits noirs, réducteur, mûre, bouche tendre, douce, élégante, veloutée, très mûre et myrtille, délicat.

Millésime 2008

– *Dégustation de janvier 2010*

15 – Fruits noirs, cerise, bouche tendre, souple, bien fruitée, bonne longueur, réglisse, serré en finale, joli vin.

Landereau

Surface : 76 ha
Propriétaire : Famille Baylet
Contact : Bruno Baylet
Château Landereau, Sadirac BP 43
33670 Créon
05.56.30.64.28/06.80.65.91.27
www.vignoblesbaylet.com

La famille Baylet produit aussi L'Hoste-Blanc, un domaine acheté dans les années 80. Ce grand vignoble comprend 60 hectares de cépages rouges et 16 de blancs. Bruno Baylet propose une gamme large qui va de blancs bien fruités à des rouges plus sérieux, en passant par un bordeaux clairet délicieux. Dans cette offre bien étudiée, ma préférence va à la cuvée Prestige en rouge, proposée en primeur à moins de 9 euros et d'une qualité comparable à un très bon saint-émilion. *« Dans cette gamme de prix, on ne trouve plus grand-chose dans les grands crus, il y a une place à prendre pour ceux qui ont de bons terroirs. »* Des vins un peu fermés dans leur toute première jeunesse et qui s'épanouissent ensuite en bouteille, d'une belle capacité de garde.

Millésime 2001

– *Dégustation d'avril 2002*

16,5 – **Prestige**. Nez puissant de fruits noirs et d'épices, bouche onctueuse, tanins serrés et veloutés, des notes bien présentes de prune bien mûre, droit, long, déjà agréable mais de bonne garde.

Millésime 2003

– Dégustation d'avril 2005

15 – Poivre blanc, épices, prune, bouche dense mais tanins doux, souples, bien fondus. Bien structuré, tanins de qualité qui portent le fruit.

– Dégustation de mai 2004

15,5 – **Clairet**. Rose vif, nez très frais, confiserie, puissant et rond, harmonieux, long sur le fruit.

Millésime 2005

– Dégustation d'avril 2006

15,5 – **Prestige**. Grillé et confiserie, bouche dense, tanins serrés, beaucoup de matière, comme toujours dans ce domaine qui construit des vins pour durer. Long et sérieux.

Millésime 2006

– Dégustation d'avril 2007

14,5/15 – **Prestige**. Café, boisé, bouche puissante, des tanins serrés, un peu rugueux en finale mais pas amer, demande à vieillir comme tous les vins de ce domaine.

Millésime 2008

– Dégustation d'avril 2009

14 – Nez boudeur, le vin est un peu oxydé et fermé, mais avec une belle matière riche et onctueuse, pas mal d'alcool.

Millésime 2009

– Dégustation d'avril 2010

14,5 – Fruits noirs, bouche douce, rugueuse en finale, mais assez fin.

Lascaux

Surface : 16 ha
Propriétaires : Sylvie et Fabrice Lascaux
Contact : Sylvie et Fabrice Lascaux
La Caillebosse – 33910 Saint-Martin-du-Bois
05.57.84.72.16/06.82.88.96.16
www.vignobles-lascaux.fr

Dans la série petits prix, la gamme des 5 à 8 euros, Sylvie et Fabrice Lascaux méritent le détour. Et, si vous ne le faites pas, ce n'est pas un problème, ils viendront à vous. Genre gros bosseurs, on les rencontre plus facilement sur les routes que sur une chaise longue au bord d'une piscine. Sylvie est fille de vignerons de Fronsac, à l'aise et dans son élément. Le parcours de Fabrice relève davantage du hasard et de la nécessité : *« J'étais cuisinier, je travaillais avec Philippe Etchebest, puis j'ai eu un grave accident de moto et j'ai dû me recycler. J'ai pris des cours pour adultes et travaillé à Château Gazin. »* En 1998, ils ont repris ce petit domaine de 4 hectares qu'ils ont fait grandir jusqu'à 16, situé au nord de l'appellation pomerol, pas très loin du Fronsadais. Son premier métier, Fabrice l'exerce encore pour les amis et les clients devenus amis qui passent à la maison. Mais, plus encore, ils l'influencent dans ses choix de vigneron. Les Lascaux aiment les vins gourmands, qui tiennent en bouche, capables de magnifier les mets ou de se magnifier avec eux. La cuvée Abeline, le vin frais, sans élevage en bois, qui donne envie de finir la bouteille, ou la cuvée Fût de chêne, un peu plus de garde, armée pour affronter les viandes juteuses.

Un vrai vin de gastronome qu'ils font déguster un peu partout en France : *« On était hier en Champagne. On fait dix Salons par an et deux "portes ouvertes" chez nous. Il faut bouger, ne pas attendre le client… »* S'ajoute le gîte rural, le terrain d'accueil pour les camping-cars, une boutique à Lacanau, une autre à Arcachon, des dépôts chez des copains vignerons en Champagne, les Lascaux ne doivent pas user beaucoup leur poste de télévision.

Chez eux, il faut goûter également le rosé, délicieux, aux saveurs de framboise.

Dernière nouvelle : les Lascaux s'occupent désormais de Château Tour-Bel-Air, 13 hectares en appellation fronsac. Ainsi, ils sont presque certains de ne pas s'ennuyer…

Millésime 2001

– Dégustation d'avril 2002

16 – **Cuvée spéciale**. Nez de cuir frais et de violette, solide en bouche, sérieux, des notes d'épices et une structure ferme. Moins gourmand que certains autres, mais plus en finesse.

Millésime 2002

– Dégustation d'avril 2005

16 – Nez chocolaté, cannelle, gelée de myrtilles, bouche fraîche et vive, petits tanins croquants. Vin élégant, droit, bien éveillé, bien soyeux.

Millésime 2005

– Dégustation d'avril 2006

16 – **Fût de chêne**. Fruits confits, boisé doux, tarte aux cerises, bouche souple aux tanins généreux et onctueux en attaque, beaucoup de fruit et une pointe de vivacité en finale pour l'élégance.

Millésime 2006

– Dégustation d'avril 2007

15 – **Fût de chêne**. Prune, bouche ronde, un peu fluide, sèche un peu en finale mais bon fruit.

16 – **Abeline**. Très joli fruit au nez, gelée de framboises, fruits rouges en cuisson, bouche délicate, fine, petits tanins élégants, bonne longueur, matière, finesse, et belle conclusion sur le fruit.

Millésime 2007

– Dégustation d'avril 2008

15 – **Fût de chêne**. Frais, fin, élégant, joli fruit, un peu mince mais bien fruité.

13,5/14 – **Abeline**. Tendre, élégant, un peu léger.

Millésime 2008

– Dégustation d'avril 2009

15,5 – **Fût de chêne**. Fruits rouges, framboise, bouche vive, tendue, bien fruitée, longue, bon élevage, frais, vif, élégant.

Millésime 2009

– *Dégustation d'avril 2010*

15 – **Abeline**. Fruits rouges, cerise, bien fruité, mûre, bouche tendre, élégante, sur le fruit.

16 – **Fût de chêne**. Tendu, vif, épicé, serré, puissant. À attendre.

Lestrille-Capmartin

Surface : 42 ha
Propriétaire : Famille Roumage
Contact : Estelle Roumage
15, route de Créon – 33750 Saint-Germain-du-Puch
05.57.24.51.02
www.lestrille.com

« *J'ai pris le large à 18 ans, dans le nord de l'Angleterre, une école de commerce, deux ans dans le Nord industriel, c'était un programme européen. J'avais envie d'aller vinifier au Chili, mais il fallait que j'apprenne l'espagnol, j'ai passé quatre ans à Madrid, j'y ai rencontré mon mari et je suis rentrée ici.* » Ouf ! ont dû se dire ses parents, quand Estelle a enfin posé ses valises. Mais c'était pour de nouveau partir, pas très longtemps cette fois. Un master à l'Énita, l'école d'ingénieurs agro de Bordeaux, puis un détour dans une maison de négoce, une petite vinification en Nouvelle-Zélande et le pigeon voyageur « *s'est mis*[e] *au boulot* ». C'était en 2001. Estelle dit qu'elle n'a jamais eu de pression de la part de « *papa* » pour revenir et s'occuper du domaine. On la croit volontiers. Pas le genre de papa, homme efficace et discret, un sage qui avait parfaitement deviné que toute tentative de pression sur son phénomène de fille aurait provoqué une réaction inverse. Estelle passe beaucoup de temps dans le cuvier et à s'occuper de la commercialisation, tandis que Jean-Louis, son papa, a gardé les parties du métier qui l'intéressaient : le vignoble et les sélections. « *Il est de plus en plus fin pour les assemblages.* » Estelle et Jean-Louis ont ouvert une boutique « *autour du vin* ». On y vend des objets, des livres, des produits et du vin, bien sûr. « *On a une salle de réception et aussi un bar à vin, où on peut manger.* »

La gamme aussi a changé : « *On a supprimé Prestige pour avoir un Lestrille fortement merlot, élevé en cuve, puis Lestrille-Capmartin, élevé en fûts mais pas neufs, et Le Secret, 100 % merlot, créé en 2005, élevé en partie en fûts neufs…* »

Millésime 2001

– *Dégustation d'avril 2002*

15 – **Prestige**. Nez frais de framboise et de cerise, bouche tendre, vive, tanins délicats et serrés, bonne densité mais sans sacrifier la finesse.

Millésime 2002

– *Dégustation d'avril 2003*

15,5/16 – **Tradition**. Ouvert, fruits noirs, boisé raffiné. Charnu et ample, le boisé accompagne une belle finale de fruit.

Millésime 2004

– *Dégustation de juin 2010*

16 – **Prestige**. Nez pain d'épice, fruits noirs, bouche ronde, moelleuse, douce, bien fondue, belles saveurs épicées, 47 % de bois neuf, 50/50 cabernet-sauvignon et merlot. Long, fruits confits.

Millésime 2005

– *Dégustation d'avril 2006*

16,5 – **Tradition**. Épicé, baies noires, bouche en finesse, petits tanins élégants, croquants, qui développent en bouche une trame douce et prenante. Beau travail en douceur.

– *Dégustation de décembre 2010*

16,5 – **Prestige**. Fruits noirs, mûre, bouche, frais, élégant, très soyeux, long, frais, gourmand. De beaux tanins moelleux.

Millésime 2006

– *Dégustation d'avril 2007*

15 – **Prestige**. Terre, fruits noirs, minéral, bouche boisée, dense, tendue, un peu d'astringence mais de l'élégance et de la retenue dans l'extraction.

– *Dégustation de juin 2010*

14 – **Lestrille**. Mûre, cassis, bouche ronde, fruité cacao, tendre, frais, gourmand.

15 – **Le Secret**. Nez boisé, bouche douce, élégante, joli boisé qui demande à se fondre, dense, puissant, un peu trop de bois. Long.

Millésime 2007

– *Dégustation d'avril 2008*

15 – **Prestige**. Violette, original, frais, fin, élégant, délicat.

– *Dégustation de juin 2010*

15 – **Tradition**. Fruits noirs, épices, bouche douce, tendre, élégante, soyeuse, bien frais, droit, beau fruit.

Millésime 2008

– *Dégustation d'avril 2009*

16,5 – **Le Secret**. Framboise, nez un peu saint-émilion, craie, bouche vive, fine, élégante, fraîche, longue, très tendue.

– *Dégustation de juin 2010*

14,5 – **Lestrille**. Cassis, un peu réducteur, bouche souple, vive mais fondue, bien fruité.

15,5 – **Lestrille-Capmartin**. Nez fruits noirs, bouche souple, élégante, bien fondue, tanins soyeux, frais et gourmand.

16,5 – **Le Secret**. Fermé, cerise, bouche ronde, douce, élégant, joli fruit, bel équilibre, note fruits rouges, frais, bonne longueur.

15 – **Entre-Deux-Mers**, un blanc composé de 86 % sauvignon (dont 10 de sauvignon gris), 10 % muscadelle et 4 % sémillon, un vin gras aux saveurs de poire et de litchi, long, et très parfumé.

Archives

– Dégustation de juin 2002

Millésime 1999

15,5 – Nez épicé, mûre, terre mouillée, rond, tanins serrés et souples, bonne matière, long, de garde.

CHÂTEAU DE LISENNES

Surface : 50 ha
Propriétaire : Famille Soubie
Contact : Jean-Luc Soubie
Les Vins de Lisennes – 33370 Tresses
05.57.34.13.03
www.lisennes.fr

Une très jolie chartreuse XVIIIe prolongée par une drôle de dépendance au toit à deux pentes qui n'en finissent pas : *« C'est une coucoutte du XVIe… Ça ressemble à une poule qui couve, d'où ce nom. D'un côté et de l'autre se trouvaient les habitations et, au centre, les animaux, qui apportaient un peu de chaleur avec le foin au-dessus comme isolant »*, dit Jean-Luc Soubie. On est venu parler du vin mais le vin, ce n'est jamais un « produit anonyme ». Parfois, si, mais ce n'est pas très bon, juste une boisson de passage, comme l'amour proche des casernes d'autrefois. Jean-Luc a beaucoup exploré les archives, retrouvé la trace des propriétaires depuis le XIIIe siècle, et il raconte facilement. Lisennes a vu défiler des époques, tantôt dorées, tantôt vaches maigres, et des personnages qui se sont parfois ruinés pour embellir le domaine. En 1900, un William Taylor, d'origine britannique, ce qui ne l'empêcha pas de demeurer plusieurs décennies maire de Tresses, fut un des plus entreprenants. Un vrai moderniste, qui possédait une automobile en 1902. Ce Taylor vraiment riche dépensa toute sa fortune dans la mécanisation de la propriété, s'équipant avec l'électricité et les premiers moteurs thermiques. Finalement, le grand-père Soubie, originaire des Pyrénées, partit à 18 ans au Chili, revint en France pour s'engager lors de la Première

Guerre mondiale, puis, petite fortune faite dans le commerce, acheta Lisennes en 1938 pour s'y livrer à la polyculture. Aussi parce qu'il pressentait l'imminence d'un second conflit mondial. Il avait vu juste, et Lisennes accueillit nombre de réfugiés.

Encore dans les années 70, on pouvait y trouver des pommiers et des cépages hybrides qui donnaient des vins grossiers mais en abondance. Jean-Luc Soubie commercialise Lisennes. L'élaboration du vin, c'est son père, Jean-Pierre, qui s'en charge : « *Le commerce, ce n'était pas son affaire. Il vendait tout en vrac. Moi, j'ai fait une école de commerce. J'ai commencé en 1992. Au début, ce n'était pas facile, d'autant que je me retrouvais avec des bouteilles bradées chez Carrefour avec l'étiquette Lisennes. Mon père a une connaissance incroyable sur la vigne et on s'entend bien, car chacun fait son truc. Moi, j'ai une société qui s'appelle Vin de Lisennes. Je lui achète toutes les bouteilles et je les revends. On fait les dégustations ensemble... Mais chacun son secteur.* » Jean-Pierre Soubie (assisté en cave par Nathalie Loubeyres, maître de chai) a appliqué un plan de rigueur à la propriété. Peu à peu, tout a été replanté, passant de 2 000 à 4 000 pieds à l'hectare : « *Les vignes de 5 ans qui sont à 4 000 nous font du meilleur vin que celles à 2 000 qui ont 25 ans !* »

Une gamme petits prix qui commence par un excellent clairet, rosé soutenu, à moins de 5 euros, et qui s'achève (cuvée Prestige) autour de 8 euros.

Autres vins : blanc et clairet

Millésime 2002

– *Dégustation d'avril 2007*

14 – **Tradition**. Réglisse, fourrure, rond, assez dense, matière encore assez serrée en finale.

15 – **Prestige**. 80 % merlot. Chocolat, plein et élégant, tanins fins, long, belle complexité aromatique.

Millésime 2003

– *Dégustation d'avril 2007*

14,5 – **Tradition**. Vif, frais, assez friand pour le millésime, à boire aujourd'hui, fruits noirs, moelleux.

14,5 – **Prestige**. Café, chocolat, fruits noirs, bouche assez ronde en attaque, gourmande, la finale semble plus rugueuse avec des tanins un peu mordants.

Millésime 2004

– Dégustation d'avril 2007

15,5 – Esprit de Lisennes. Une cuvée vraiment particulière composée uniquement de cabernet franc, élevé en barriques neuves. Nez fruits rouges, bouche vive, élégante, petits tanins frais et vifs, vin tendu, d'une grande fraîcheur.

Millésime 2005

– Dégustation d'avril 2006

15 – Tradition. Nez d'une grande finesse, joli fruit pur, épices douces, tanins savoureux et frais, long et net.

17 – Prestige. Rose rouge, framboise, bouche aux petits tanins doux et nobles, beaucoup de fraîcheur, un fruit vivant, frais, porté par une structure solide et délicate.

Millésime 2006

– Dégustation d'avril 2007

16 – Prestige. *« En 2006, on a fait un gros travail en amont, d'effeuillage et d'éclaircissage, qui nous a permis de vendanger dans de bonnes conditions. »*

Frais, fruits rouges, souple, élégant, tendre, joli fruit bien préservé, long et fin.

Millésime 2007

– Dégustation d'avril 2008

13,5 – Prestige. Bonne matière mais prise de bois difficile. La barrique, à ce stade, gêne la dégustation. 6,50 €.

Millésime 2008

– Dégustation d'avril 2009

14,5 – Prestige. Floral, bouche douce, un peu fluide, délicate, bien fruitée, élégante, pas trop extraite.

MARJOSSE

Surface : 40 ha
Propriétaire : Pierre Lurton
Contact : 33420 Tizac-de-Curton
05.57.55.57.80
pierre.lurton@wanadoo.fr

Propriété personnelle de Pierre Lurton, directeur de Cheval-Blanc et d'Yquem. Un chai étonnant, en cèdre rouge, au beau milieu d'un bois. Cuvier-cathédrale, en ciment. Une partie des sols de Marjosse est constituée de calcaire blanc comparable à celui du plateau de Saint-Émilion. C'est un rouge facile à boire et proposé à des prix beaucoup plus raisonnables que ceux des propriétés dont s'occupe Pierre Lurton...

Également un très bon blanc, sauvignon, sémillon et une assez forte proportion de muscadelle, 10 %, qui lui confère des arômes originaux, un vin à boire dans l'année.

Millésime 2000

– *Dégustation d'avril 2001*

15,5 – Nez pur au fruit net et frais. Bouche friande, charnue, un peu boisée (35 % de bois neuf). Jolie matière. Vin gourmand. Vin plaisir.

Millésime 2001

– *Dégustation d'avril 2002*

14,5/15 – Nez fumée, prune, tanins souples, joli fruit, un vin de plaisir immédiat, pas trop extrait, tout en rondeur et saveurs.

Millésime 2006

– *Dégustation d'avril 2007*

14,5 – Nez fruits rouges, finement épicé, fruits noirs, bouche ronde, souple.

15,5 – Blanc. Joli fruit, un peu typé graves, fruits blancs, sauvignon, bien fruité, agréable, droit, vif.

Millésime 2008

– *Dégustation d'avril 2009*

14,5 – Nez fermé, bouche vive, acidité marquée, manque un peu de moelleux à ce stade, mais tendu, assez fin.

Millésime 2009

– *Dégustation d'avril 2010*

90 % merlot, 5 % cabernet-sauvignon, 4 % malbec, 1 % cabernet franc.

15 – Nez très merlot, bien mûr mais pas « surmûr », bouche souple, ronde, bien fruité, tendre et gourmand.

La Mothe-du-Barry

Surface : 25 ha
Propriétaire : Joël Duffau
Contact : Joël Duffau – 33420 Moulon
05.57.74.93.98

Joël comme son frère Éric (voir Château Belle-Garde) sont des précurseurs. Parmi les premiers à enherber les vignes pour réduire les rendements, ils se sont attaqués très tôt à la clientèle particulière et aux cavistes : « *En vendant en bouteilles, on peut faire des efforts, avoir une autre approche que ceux qui vendent en vrac. On n'a pas la même pression et on a la clientèle qui nous encourage, nous soutient. Ceux qui vendent à la citerne seront bloqués par les fluctuations du marché, on ne peut pas leur demander d'en faire plus. Et puis, même si on n'est pas beaucoup plus riches, on est plus heureux…* » La cuvée Design, le nom était à la mode quand Joël l'a lancée, est un petit bijou, un concentré de fruit à prix ridicule (le 2009 en primeur était proposé à 4,30 euros…).

Millésime 2000

– Dégustation de juin 2002

17 – Design. Nez pâtisserie, épices douces, fruits noirs, tarte à la myrtille, bouche fraîche, douce, séveuse, bonne matière, bien dense mais sans dureté, ensemble garni et souple, très gourmand.

Millésime 2001

– Dégustation d'avril 2002

15 – Le Barry. Note de café et de fruits noirs, bouche ample, réglissée, douce. Du fruit et de la douceur.

Millésime 2003

– Dégustation d'avril 2005

15,5 – Design. Floral, cassis, fraise des bois, tanins fondus, moelleux, bouche onctueuse, parfumée. Bon vin de gourmandise.

Millésime 2008

– Dégustation d'avril 2009

15,5 – Design. Framboise, vanille, bouche vive, joli fruit, net, tendu, élégant, frais, un peu serré en finale. Beau vin d'avenir.

Millésime 2009

– Dégustation d'avril 2010

15 – Design. Fermé au nez, gras, moelleux, bonne matière, tanins serrés en finale. Prometteur.

Mousseyron

Surface : 30 ha
Propriétaire : Famille Larriaut
Contact : Jacques et Joris Larriaut
33490 Saint-Pierre-d'Aurillac
05.56.76.44.53
larriautjacques@wanadoo.fr

« On a eu le bon ! », dit Jacques Larriaut, évoquant l'époque où le vin de Bordeaux se vendait facilement : *« Il suffisait de faire déguster. On allait en Bretagne ou dans le Nord, avec 33 sur la plaque du fourgon, et ça partait tout seul. »* Les Larriaut exploitent ce domaine, situé au sud de l'appellation, depuis cinq générations et Jacques laisse peu à peu la place à son fils, Joris, qui avait déjà une cuvée à son nom avant d'envisager de faire du vin. Il y a 2 hectares de loupiac, pour compléter la gamme, (fort bon, d'ailleurs, ce loupiac à petit prix) et 28 en bordeaux, proposé en cuvée traditionnelle et en version Joris avec un élevage un peu plus élaboré. *« Ça va bien pour Joris, car les parents ont investi avant, mais le jeune qui veut moderniser, il ne peut pas, les banques ne suivent pas. Nous, on a arraché quelques vignes, on garde les droits de plantation, mais on ne replante pas. On a la chance d'être nés là avec un patrimoine… »* dit Jacques.

Autrefois, Mousseyron, comme d'autres exploitations voisines, produisait des poires, des pêches et même des petit pois… Quand la viticulture, à partir des années 70, a commencé de bien démarrer, la plupart se sont spécialisés et ont agrandi leur vignoble. Certains comme Jacques et son épouse ont construit et équipé les bâtiments pour bien vinifier et mettre en bouteilles. D'autres se sont contentés de vendre leur vin en vrac à un négoce qui à l'époque rémunérait correctement le producteur. La vente aux particuliers fonctionne toujours assez bien, tandis que la vente en vrac est faible et à des prix très bas. Les Larriaut commercialisent plus de la moitié de leur production aux particuliers. *« En France, on essaie de maintenir et de trouver des restaurateurs, des cavistes. On fait des dégustations à domicile chez les particuliers. C'est souvent le samedi et le dimanche. »*

Autres vins : loupiac, blanc sec, rosé.

Millésime 2003

– *Dégustation d'avril 2010*

Les rouges sont la plupart du temps assemblés autour de 60 % merlot et 40 % cabernet-sauvignon.

14 – **Joris**. Joli nez, floral, fruité, note caramel, bouche puissante, un peu boisée – *« on assemble avec du vin élevé en cuve, jamais plus de 30 % de bois neuf »* –, moelleux, à boire.

Millésime 2005

– *Dégustation d'avril 2010*

15 – **Joris**. Épices, fruits noirs, bouche ronde, souple, bien fruitée, élégante, délicate. Longue.

15 – **Loupiac**. Miel, fruits blancs, abricot, bien équilibré, frais gourmand. Délice d'apéro.

Millésime 2006

– *Dégustation d'avril 2007*

15 – **Joris**. Grillé, café, bouche dense, puissante, riche, tendue, belle matière issue d'une vendange saine.

– *Dégustation d'avril 2010*

15,5 – **Joris**. Réglisse, fruits noirs, frais et fin, petits tanins croquants, belle finesse, joli fruit, fraîcheur, délicatesse.

Millésime 2007

– *Dégustation d'avril 2010*

14 – **Joris**. Fruits noirs, bouche ronde, moelleuse, chocolatée, souple, à boire jeune.

Millésime 2008

– *Dégustation d'avril 2009*

15 – **Joris**. Feuillage, cerise, bouche délicate, vive, tendue, bien fruitée, fraîche, joli fruit bien préservé, du croquant en finale.

Millésime 2009

– *Dégustation d'avril 2010*

15 – **Joris**. Floral, bouche souple, agréable, en finesse, tendre, bien fruité, relevé en finale.

15 – **Blanc sec**. 80 % sauvignon, 10 % muscadelle, 10 % sémillon. Nez marqué par les senteurs florales du sauvignon, fruit et fraîcheur, tendre, bien fruité, pêche blanche.

14 – **Rosé**. 60 % cabernet-sauvignon, 40 % merlot, cerise, fraise, fraise Tagada, très fruité, rosé d'apéro, frais et fruité. Très gourmand.

Moutte-Blanc

Surface : 4 ha
Propriétaire : Famille de Bortoli
Contact : Patrice de Bortoli
6, impasse de la Libération – 33460 Macau
05.57.88.40.39/06.03.55.83.38
moutteblanc@wanadoo.fr

Nous retrouverons Moutte-Blanc parmi les crus artisans du Haut-Médoc. Cette propriété située à Macau, non loin de l'appellation margaux, a la particularité, comme d'autres crus, même classés, de posséder une partie de ses vignes en appellation haut-médoc et l'autre sur ce qu'on appelle les palus, ces zones autrefois inondables, asséchées depuis, avec des limons en surface, des graves ou du calcaire en dessous. Ce sont évidemment des terrains bas, assez proches du fleuve. Moutte-Blanc est un cru original et particulièrement soigné sous toutes ses formes. En bordeaux supérieur, depuis qu'il présente ses vins, Patrice de Bortoli se distingue au cours de toutes nos dégustations à l'aveugle. En cru artisan aussi, mais c'est une autre histoire. Sur une parcelle bien délimitée, plantée en vieux ceps de petit-verdot, le cépage un peu plus rare du Médoc, il produit la cuvée Moisin.

Pour le reste, prix bas, bien en dessous de la barre déterminante des 10 euros.

Second vin : sous le même nom, du haut-médoc en cru artisan.

Millésime 2006

– Dégustation d'avril 2007

15 – Réducteur, bouche puissante, dense, mais riche, puissant, droit, du cabernet, bonne longueur.

Millésime 2007

– Dégustation d'avril 2008

14,5/15 – Fruits rouges, fraise, framboise, bouche ronde, souple, fondue, agréable, assez cabernet.

Millésime 2008

– Dégustation d'avril 2009

13 – Floral, boisé, un peu sec, bouche vive, parfumée, finale un peu asséchante, bon fruit.

Millésime 2009

– Dégustation d'avril 2010

14 – **Moisin**. Il s'agit de pur petit-verdot, qui, dégusté à l'aveugle, au milieu d'une grande quantité de merlots aux rondeurs assurées, faisait un peu voyou. Nez épicé, bouche puissante, tanins présents, beaucoup de matière, difficile à juger à ce stade, une petite amertume en finale. Un vin sans doute prometteur, mais boudeur et brut de fonderie aujourd'hui.

PARENCHÈRE

Surface : 63 ha dont 59 en rouge
Propriétaire : Per Landin
Contact : 5, Parenchère, BP 57 – 33220 Ligueux
05.57.46.04.17

Raphaël Gazaniol a deviné assez tôt que son métier de vigneron, appris auprès de ses parents et grands-parents, n'aurait plus vraiment d'avenir en Afrique du Nord. En 1958, il franchit la

Méditerranée et achète ce cru, pratiquement à l'abandon, surtout consacré à la production de vins blancs moelleux. Il agrandit le domaine, le replante, en cépages rouges principalement, et se tourne vers l'international. Jean, son fils, continue dans la même voie et propose ses vins essentiellement à l'export (80 %). En janvier 2005, Parenchère a été racheté par M. Per Landin, suédois et amateur de vins français. Jean Gazaniol a assuré la transmission des savoirs pendant cinq ans, et c'est désormais l'œnologue Richard Curty, embauché en 2006, qui dirige sur place la propriété. Julia Gazaniol, la fille de Jean, travaille au domaine, ou plutôt pour le domaine, car, ayant la charge de la commercialisation, on a davantage de chances de la rencontrer à New York ou à Shanghai que du côté de Ligueux…

Autres vins : blanc et rosé, rouge cuvée traditionnelle

Millésime 2001

– Dégustation d'avril 2002

14 – **Raphaël**. Un vin très concentré, puissant, tanins moelleux, beaucoup de matière et un boisé prenant. Ne se présente pas au mieux aujourd'hui, l'élevage devrait l'affiner.

Millésime 2006

– Dégustation d'avril 2007

15 – **Raphaël**. Boisé, tendu, tanins vifs, serrés, bonne matière, long, frais, solide, bien fait.

Millésime 2009

– Dégustation d'avril 2010

15 – **Raphaël**. Frais et fin en bouche, marqué par le prise de bois mais prometteur, une belle structure tannique de qualité, tanins croquants et fruité bien posé, résine.

Pénin

Surface : 40 ha
Propriétaire : Famille Carteyron
Contact : Patrick Carteyron – 33420 Génissac
05.57.24.46.98
www.chateaupenin.com

C'est bien malgré lui et presque contraint que Patrick Carteyron s'est installé en 1982. Son père était mort en janvier 1981, à 54 ans, son frère et sa sœur n'étaient pas intéressés par le métier, et il fallait sauver cette petite exploitation que sa mère seule ne pouvait faire fonctionner. Patrick avait les compétences. Œnologue confirmé, il possédait un laboratoire à Blaye avec une clientèle bien développée : cent cinquante propriétés, trois négociants, deux caves coopératives. « *J'aimais bien mon boulot.* » Le quitter pour une petite propriété au toit percé et « *des gouttières partout* » ne le faisait pas rêver : deux cuves en bois et deux en ciment, les vieux tonneaux du grand-père, un chai en terre battue… La moitié de la production était vendue en vrac au négoce et l'autre partait en cave coopérative. « *J'ai divisé mon salaire par quatre et j'ai mis cinq ans à le retrouver ! Au début, j'ai enseigné à temps partiel au lycée de Montagne pour le BTS viti-œno. Ça arrondissait les fins de mois et j'aimais bien.* »

Huit années plus tard, en 1990, les comptes de Patrick passaient en positif et nous faisions connaissance. Pénin, Belle-Garde, d'Éric Duffau, et quelques autres se plaçaient au premier rang d'une vaste dégustation que nous avions organisée avec le gratin des sommeliers et cavistes français. Depuis, il est bien rare que je ne retrouve pas Pénin parmi les meilleurs des bordeaux supérieurs lors de mes longs tête-à-tête (à l'aveugle) avec des dizaines et des dizaines de ces crus à la Maison des bordeaux, sise sur la commune de Beychac-et-Caillau.

Pénin couvre aujourd'hui 40 hectares, produit 270 000 bouteilles et « *tout est vendu par nous-mêmes, en bouteille* ». Patrick Carteyron se livre en parallèle à une petite activité de négoce afin de proposer à ses clients des vins d'autres appellations bordelaises (lalande-de-pomerol, etc.), dans une fourchette de prix pas trop éloignée de la sienne. Pénin possède un bon terroir : « *On est sur de la grave rouge comme à Saint-Sulpice* [une des communes de l'appellation saint-émilion]. *Les clairets, on les produit sur les terres de palus : c'est de l'argile et en dessous de la grave blanche de rivière. Les rosés sur des terrains à blancs.* » En 1989, Patrick avait repéré une friche qui lui semblait prometteuse et qu'il a achetée vite et pas cher. « *On a fait des fosses avec la minipelle, pour voir ce qu'il y avait en dessous.* » Une belle couche de graves, ces petits cailloux arrondis par l'érosion fluviale ou glaciaire, qui, depuis, plantée en merlot, lui offre son haut de gamme baptisé, cela va de soi, Les Cailloux.

Autre vin : Tradition (le rouge le moins cher), clairet, rosé, blanc.

Millésime 2000

– *Dégustation de juin 2002*

16 – **Grande Sélection**. Nez marqué par la barrique, note de fruits rouges ensuite, gras en bouche, très onctueux, belle qualité des tanins, joli vin de moyenne garde.

– *Dégustation de juin 2010*

15,5 – **Grande Sélection**. Fruits noirs, floral, fruits compotés, agréablement évolué, bouche ronde, moelleuse, bonne densité, mûr, commence à s'ouvrir, 100 % merlot. Long, large, moelleux.

16,5 – **Les Cailloux**. Fruits noirs, grillé, chocolat, bouche bien mûre, moelleux, doux, long, un peu plus riche en alcool, puissant mais fondu, très soyeux.

Millésime 2001

– *Dégustation de juin 2010*

16 – **Grande Sélection**. Note chocolatée, poivre noir, plus frais que le 2000, plein, saveurs, très harmonieux, épicé, fruits cuits, long, frais, tanins veloutés.

14,5/15 – **Les Cailloux**. Épices, mentholé, gelée de mûres, plein, dense, élégant, un peu plus boisé, à l'époque 100 % de bois neuf, un peu vanillé, un peu dominé par le bois.

Millésime 2002

– *Dégustation d'avril 2003*

14,5/15 – **Grande Sélection**. Nez éclatant, baies rouges, tout en fruit. Soyeux, friand, un peu de bois et une extraction sage, vin de plaisir, gourmand.

15 – **Les Cailloux**. Intense, mûre et myrtille, tendre, suave, charnu et gras jusqu'à la finale sur un fruit superbe.

– *Dégustation de juin 2010*

14 – **Grande Sélection**. Les fruits rouges ont fait place au végétal et au menthol, bouche agréable, soyeuse, beau milieu de bouche, encore de la réserve, finale un peu rugueuse.

14,5 – **Les Cailloux**. Nez fruits noirs, légèrement réducteur, un peu évolué, poivre noir, un peu vieillissant, le fruit s'estompe au nez et en bouche le tanin est encore présent.

Millésime 2003

– *Dégustation d'avril 2004*

16 – **Grande Sélection**. Nez très fin, cerise au chocolat, fruits rouges. Grande race en bouche, onctueux, frais, belle finale longue sur un boisé délicat.

16 – **Clairet**. D'un beau rose soutenu, superbe fruit, vineux et onctueux, long sur une note épicée.

– *Dégustation de juin 2010*

14,5/15 – **Grande Sélection**. Épices, poivre blanc, cacao, bouche pleine, assez évoluée, à boire aujourd'hui, rond, bien fondu sans dureté en finale, fruits compotés.

16 – **Les Cailloux**. Chocolat, nez pomerolais, poivre noir, bouche tendue, vive, fraîche, longue, tendu, un 2003 surprenant d'équilibre et de fraîcheur.

Millésime 2004

– *Dégustation d'avril 2005*

16 – **Grande Sélection**. Nez peu ouvert, bouche souple, élégante, bien fruitée, petits tanins serrés et croquants. Un joli vin bien équilibré, gourmand mais avec de la classe.

– *Dégustation de juin 2010*

14 – **Grande Sélection**. Nez poivré, chocolat, mûre, bouche douce, souple, bien fondue, bon milieu de bouche doux et moelleux, gourmand, agréable, petite sécheresse en finale. Déjà bien évolué.

14,5 – **Les Cailloux**. Sanguin, poivre, fumé, un peu plus de boisé au nez, bouche tendue, serrée, encore tannique, moins de moelleux que 2003, finale un peu serrée.

Millésime 2005

– Dégustation d'avril 2007

16,5 – **Grande Sélection**. Nez fruits noirs, belle bouche bien tapissée, tanins serrés et délicats, croquants, belle matière noble, long, fin.

– Dégustation de juin 2010

16,5 – **Grande Sélection**. Épices douces, commence à s'ouvrir, griotte, poivre blanc, bouche tendue, serrée, vive, ronde, moelleuse, un peu chaleureuse, à servir à 16°C, long, plein, belle matière généreuse.

17 – **Les Cailloux**. Fermé, gelée de mûres, un peu serré en bouche, encore jeune, dense, tannique, peu fondu, mentholé, eucalyptus, tanin présent, dense et soyeux, un vin à attendre encore cinq ans.

Millésime 2006

– Dégustation de juin 2010

16 – **Grande Sélection**. Note poivrée, fruits noirs, vin assez jeune, bouche vive, tendue, généreuse, vif, bon prolongement, fraîcheur, finesse, tanins pas encore complètement fondus, belle finale fruitée, note anisée en finale.

16 – **Les Cailloux**. Poivre, chocolat, mentholé, bouche fraîche, élégante, tannique, demande de l'attente, frais, long, vif, serré, vin sérieux, un peu austère mais d'avenir. Deux vins, deux styles.

Millésime 2007

– Dégustation d'avril 2008

16 – **Grande Sélection**. Nez fruité, bouche douce, un peu boisée, bonne fraîcheur.

– Dégustation de juin 2010

15,5 – **Grande Sélection**. Fruits noirs, prune, nez assez jeune, bouche ronde, bien souple, bonne matière, finale avec un peu d'amertume, mais très agréable.

16 – **Les Cailloux**. Fruits noirs, épices, tendu, frais, vif, serré, mais moins de tanins que le 2006, gourmand, boisé un peu prenant sur le côté vanille en finale.

Millésime 2008

– *Dégustation d'avril 2009*

15 – **Grande Sélection**. Fruits au sucre, bouche douce, tanins soyeux, un peu de rudesse en finale, mais très beau fruit ; vin équilibré qui devrait grandir à l'élevage.

– *Dégustation de juin 2010*

15,5 – **Grande Sélection**. Fruits noirs, cassis, mûre, bouche tannique, peu fondue, serrée, un peu sévère, acidité, vif, à attendre deux ans.

16,5 – **Les Cailloux**. Menthe, frais, un peu fermé, tendu en bouche, joli fruit, long, frais, tendu, plus en longueur qu'en largeur, joli fruit en persistance, long.

Millésime 2009

– *Dégustation d'avril 2010*

14,5 – **Grande Sélection**. Floral, rose rouge, fruits au sucre, bouche souple, plaisante, vin immédiatement plaisant, séducteur, bien fait, avec du fond.

– *Dégustation de juin 2010*

16 – **Blanc**. 15 % de sémillon, le reste en sauvignon, très mûr, poire, gras, plein, riche, fleurs blanches, onctueux, long, très gourmand, fruits blancs.

Rauzan-Despagne

Surface : 64 ha
Propriétaire : Vignobles Despagne
Contact : Le Touyre – 33420 Naujan-et-Postiac
05.57.84.55.08
www.despagne.fr

Une des propriétés de la famille Despagne, qui gère au total 300 hectares, que des vins de qualité. Rauzan est davantage planté en cépages blancs (51 ha pour 13 de rouge). Les bordeaux rouges, commentés ici, présentent le même style Despagne, tanins rouges et fruité bien exprimé, que sur Tour-de-Mirambeau. En se reportant à ce domaine, vous en saurez davantage sur les Despagne et leurs domaines. Les vins sont vendus à un prix assez soutenu (entre 12 et 15 euros en primeur).

Millésime 2002

– *Dégustation d'avril 2003*

15,5 – **Grande Réserve**. Nez sensuel, châtaigne, caramel, boisé toasté. La chair opulente autorise à penser que le boisé, dominant à ce jour, sera bien maîtrisé.

Millésime 2003

– *Dégustation d'avril 2004*

14,5 – **Grande Réserve**. Nez mûr, fruits noirs. Bouche tendre, sucrosité du bois, bouche aux tanins onctueux, vin bien travaillé, séducteur, plein.

Millésime 2008

– *Dégustation d'avril 2009*

15,5 – **Grand Vin**. Nez un peu fermé, groseille, bouche vive, fruitée, un peu serrée en finale, rafraîchissante, nerveuse.

Recougne

Surface : 70 ha
Propriétaire : Xavier Milhade
Contact : Château Recougne – 33133 Galgon
05.57.50.33.43
www.chateau-recougne.fr

En jetant un œil à Boutisse, en saint-émilion, ou à Damase, presque voisin de page de ce Recougne (ils ont des noms bizarres, les crus des Milhade), le lecteur s'épargnera du temps (is money, comme disait Franklin) et un effort de concentration de la pensée qu'il pourra ainsi injecter dans des activités plus immédiatement nécessaires à son bien-être. Disons, pour résumer, que la tribu Milhade, en croissance démographique ininterrompue depuis trois générations, a cru bon d'organiser les partages familiaux. Xavier, à qui une fois pour toutes sa maman a dû dire *« avec un blazer bleu marine, tu passes partout et c'est indémodable ! »*, est devenu l'unique propriétaire de ce Recougne, vaste domaine de l'Entre-Deux-Mers. Mais, décidément, rien n'est jamais simple au royaume des hommes, c'est son frère Gérard qui commercialise à travers sa société, Milhade SA, le vin sous le nom de Recougne. Xavier le vend aussi, mais sous un autre nom : Montcabrier.

Lumineux, non ? Quand il ne taquine pas le notaire à coups de partages obscurs, Xavier, œnologue de formation, avoue une passion pour un cépage lui aussi compliqué : la carménère. En voie de disparition voilà peu dans le vignoble bordelais, elle est fort bien représentée à Recougne, par une grande parcelle de 2,5 hectares. Capricieuse, la carménère fructifie mal. Elle pollinise de façon incohérente, m'avait expliqué Louis-Pierre Pradier, ancien technicien de la Chambre d'agriculture, lui aussi passionné de carménère qu'il cultive dans son minuscule cru Baudens, dans le Médoc. Pradier a choisi de la planter à côté d'un rang de merlot, qui joue le rôle du pollinisateur, macho mais productif.

C'est ce léger retard à l'allumage au moment de la fleur qui a causé sa perte, à la carménère.

Xavier a mis la main sur quelques très vieux pieds qui subsistaient chez son ami Dominique Hébrard, à Château Trianon (Saint-Émilion). Des pieds mères de grande qualité qu'il a greffés, multipliés, plantés et qui ajoutent de la complexité aux rouges de Recougne. Ce cru fait partie des vins qui se distinguent très souvent dans nos dégustations à l'aveugle, tant dans sa version simple que dans la cuvée de prestige Terra Recognita. Marc Milhade, le fils de Xavier, revenu aux propriétés depuis quelques années, prend de plus en plus en charge les vinifications. Doué, même s'il lui manque encore un zeste de confiance en lui. Tant d'hommes en ont à revendre qu'on ne saurait le lui reprocher. Prix entre 6 et 10 euros.

Millésime 2001

– Dégustation d'avril 2002

14,5 – Bien fruité, sans prétention, un bon vin de plaisir.

15,5 – **Terra Recognita**. Nez étonnant de tarte à la framboise, rond en bouche, tanins soyeux, bien gourmand, fruité et vineux, bien équilibré.

Millésime 2002

– Dégustation d'avril 2003

15,5/16 – Fruit bien mûr, bouche fraîche, extraction exacte, du volume, pas de sec, un bien beau vin.

Millésime 2003

– Dégustation d'avril 2004

14,5 – Nez ouvert et parfumé, floral. Bouche tendre mais charnue, jolie texture du gras, finit sur un fruit frais.

15 – **Terra Recognita**. Cerise, épices, bouche au tanin ample, matière veloutée, du volume et du fruit.

Millésime 2006

– Dégustation d'avril 2007

14,5 – Fruits rouges et noirs confits, bien fruité, bonne matière, pas trop extraite.

Millésime 2007

– Dégustation d'avril 2008

16 – Réglisse, bouche ronde, souple, bien fruitée, élégante et délicate, bons tanins ; du travail d'orfèvre.

Millésime 2008

– Dégustation d'avril 2009

14 – Fruits rouges, bouche ronde, fine, souple, un peu dure en finale, mais bon fruit, bonne structure. Le boisé gêne un peu.

Archives

– Dégustation de juin 2002

Millésime 1999

16,5 – **Terra Recognita**. Nez de fruits noirs, gelée de mûres, prune rouge, frais et élégant, tanins vifs, serrés mais sans agressivité, ensemble soyeux et fruité, long. Belle bouteille de gastronomie.

TAYET

Surface : 10 ha
Propriétaire : Château Haut-Breton-Larigaudière
Contact : Jacques de Schepper – 33460 Soussans
05.57.88.94.17

Le bordeaux supérieur produit par le cru bourgeois de margaux Haut-Breton-Larigaudière, sur la commune de Macau. Ce n'est pas du margaux, même si les limites de l'appellation sont proches, mais c'est tout de même très bon...

Millésime 2001

– Dégustation d'avril 2002

15,5 – **Prestige**. Des arômes de réglisse et de cire, bouche élégante, tanins fins, belle longueur avec une finale framboise qui perdure.

Millésime 2005

– Dégustation d'avril 2006

15,5 – **Prestige**. Épicé, note de grillé, chocolat, belle attaque en rondeur sur des saveurs cacao, du volume et de la finesse. Tanins éveillés en finale, qui confèrent au vin une touche d'élégance.

Millésime 2008

– Dégustation d'avril 2009

15 – **Prestige**. Nez pas très exprimé, bouche douce, fruité plus présent qu'au nez, délicat en bouche, soyeux, des allures margaliennes, bien fait.

Millésime 2009

– Dégustation d'avril 2010

14,5 – Prestige. Épices, fruits noirs, bouche souple mais garnie, médocaine, relevée par la présence de cabernet, assez élégante.

Tour-de-Mirambeau/Girolate

Surface : 300 ha au total dont 70 pour ce cru
Propriétaire : Vignobles Despagne
Contact : Le Touyre – 33420 Naujan-et-Postiac
05.57.84.55.08
www.despagne.fr

Dans une région, l'Entre-Deux-Mers, où on arrache les vignes, où les vignerons se désolent de ne pouvoir trouver un prix de vente des vins qui rémunère leur travail, les Despagne figurent l'exception. Ce ne sont pas les seuls à réussir. Certains domaines, parce qu'ils ont très tôt cherché à développer une clientèle fidèle, s'en sortent, maintiennent l'activité en attendant des jours meilleurs. Mais une santé à la Despagne, pas plus d'une trentaine de domaines n'est en mesure de l'afficher. C'est une des branches Despagne – ils sont assez nombreux, en Aquitaine, sans tous descendre forcément du même arbre, à produire du très bon vin. L'étoile familiale s'est mise à briller avec Jean-Louis, œnologue de formation, qui a très vite compris que l'avenir du vin se profilait du côté de celui qui le consomme. Cela semble un peu bêta comme réflexion, mais si tous les machins viticoles (syndicats, coopératives, groupements, et même vignerons) avaient pensé comme Jean-Louis, le vin de France se porterait bien mieux. Prenez dix producteurs, placez-les autour d'une table, de quoi parleront-ils ? Des problèmes de producteurs. Pour le consommateur, on verra plus tard. C'est sans doute en train de changer, un peu, effet positif de la crise…

Jean-Louis Despagne a construit son affaire avec ses connaissances scientifiques, un savoir-faire incontestable dans la vigne, le vin, la gestion du personnel, une parfaite maîtrise de la commercialisation. Certains diront qu'il a joué de façon personnelle, mais n'est-ce pas la vocation de chaque petite ou moyenne entreprise ?

Dans un monde viticole où grande est la confusion entre ce qui relève de la défense de l'appellation, de l'action syndicale, de la gestion interprofessionnelle et la nécessaire activité de commerce et de communication de chaque exploitation, les Despagne ne sont pas assez nombreux. Leurs rangs s'élargissent difficilement avec, aujourd'hui, des banques frileuses et de mauvaise foi, une grande distribution souvent vampirique. Jean-Louis et ses enfants, qui prennent peu à peu le relais, exportent 70 % de leurs vins et commercialisent en bouteille le produit de 300 hectares de vignes. Des exploitations différentes : Tour-de-Mirambeau, l'origine et le siège de l'exploitation, Rauzan-Despagne, Bel-Air-Perponcher, Girolate (rattachée à Tour-de-Mirambeau), et plus récemment Mont-Pérat, superbe domaine de 100 hectares en appellation cadillac (ex-premières-côtes), qui se situe en dehors de la ligne gustative des autres étiquettes (voir Mont-Pérat, en cadillac).

Une certaine similitude en effet rassemble ces vins : rondeur des tanins, fruité préservé, gourmandise, plaisir immédiat, avec une espérance de garde d'une dizaine d'années. Cela concerne les rouges, mais aussi les blancs, qui ont d'abord fait la réputation de Jean-Louis Despagne. Ceux-ci se présentent avec un fruit éclatant, souvent des notes de poire et d'ananas, dotés d'une forte capacité d'adaptation : apéritif ou repas.

Je mets à part Girolate. J'ai d'abord pensé que le nom provenait de la méthode utilisée pour le produire. Joël Élissalde, directeur technique du groupe, m'a détrompé : *« C'est le nom du lieu-dit. Cela signifie la terre qu'on tourne, car elle est très riche en argile, il fallait la travailler. »* Produit sur un coteau de 10 hectares, Girolate suit un parcours tout à fait original. Pas de cuve, pas de techniques d'extraction traditionnelles. Le raisin est égrappé, foulé, puis introduit dans des barriques classiques par le trou de la bonde. La barrique devient la cuve de vinification. Elle est placée sur un système de roulettes qui permet de la faire tourner sur elle-même afin de mélanger jus et marc. Ensuite, on écoule et on enlève le fond des barriques pour retirer le marc qui est pressé. Le vin est replacé dans les barriques qui ont retrouvé leur fond, et c'est fini.

Voilà pour la technique, la plus épurée possible mais pas très facile à pratiquer. Reste le goût. Girolate, proposé à un prix très élevé (autour de 50 euros) en primeur, se vend bien. Pour ma part, je trouve le résultat trop dominé par le bois, un peu moins cependant dans les années de grande concentration (millésime 2005) où il parvient à intégrer l'apport des barriques (toutes neuves).

Depuis 2008, une parcelle superbement située sur un plateau exposé sud, plantée en raisins blancs, est travaillée en biodynamie avec l'aide du conseiller Jacques Mell, à qui j'emprunte ces quelques lignes, qui me semblent bien résumer la démarche : « *En biodynamie, la maladie de la plante n'est pas perçue comme un problème crucial en soi, mais plutôt comme un indicateur d'un sol malade dans lequel la faiblesse de la vie microbienne n'est plus en mesure d'apporter à la plante l'ensemble des éléments dont elle a besoin* […] *Le travail n'est pas fondé sur une lutte à l'aide de tel ou tel produit, mais sur un travail de fond, de paysan, au sens le plus noble du terme.* » Les premiers résultats sont étonnants et se démarquent de la production habituelle du domaine, une pointe de terroir, de minéral en plus.

Millésime 2000

– Dégustation d'avril 2001

70 % merlot, 30 % cabernet-sauvignon. Vignes de 40 ans.

15,5 – **Passion**. Très beau bouquet intense, au fruit complexe, boisé, vanille. Bouche dense, austère, bâtie pour la garde. Vin puissant et riche.

Millésime 2001

– Dégustation d'avril 2002

16,5 – **Passion**. C'est désormais un grand classique de la famille bordeaux, des arômes de violette et de pain d'épice, bouche puissante, tanins gras, des notes qui rappellent le fruité d'un cornas, long, persistant.

Millésime 2005

– Dégustation de juin 2010

80 % de merlot et 20 % de cabernet-sauvignon.

15,5/16 – **Grand Vin** (qui a succédé à Passion). Nez encore peu développé, bouche tendre, élégante, petits tanins fins, rond, tendre, souple, fin.

14,5/15 – **Girolate**. Nez chocolat, bouche puissante, dense, tannique, fermée, intense, très ferme, long, un vin porteur de finesse mais trop tourné vers le bois.

Millésime 2006

– *Dégustation d'avril 2007*

15 – **Girolate**. Grillé, sous-bois, prune, bouche puissante, encre, bois, serré, dense, beaucoup de matière, un peu trop extrait mais beaucoup d'allure, finale chicorée. Une cuvée très particulière... à prix exceptionnel : prévoir 55 euros.

– *Dégustation de juin 2010*

14 – **Girolate**. L'élevage a confirmé le boisé. Fruits noirs, sous-bois, boisé, bouche grillé, dense, intense, tendue, vin trop marqué bois.

15 – **Grand vin**. Chocolat, cacao, bouche tendre mais vive, mentholée, fraîche, bonne longueur, finale relevée. Commence à s'ouvrir.

15 – **Tour-de-Mirambeau blanc**. 70 % sauvignon, 30 % sémillon, nez marqué sauvignon, fleurs blanches, droit, frais, beurré, longueur moyenne mais bien gourmand, zones argilo-sableuses qui donnent des vins plaisants.

Millésime 2007

– *Dégustation de juin 2010*

14,5 – **Grand Vin**. Menthe chocolatée, bouche gourmande, douce, bien ronde, mûr à point, joli fruit, à boire aujourd'hui, bonne longueur. Un peu chaleureux.

15 – **Tour-de-Mirambeau blanc**. Litchi, des arômes de viognier, ananas, des sauvignons très mûrs donnent ce côté ananas.

Millésime 2008

– *Dégustation d'avril 2009*

14,5 – **Girolate**. Nez un peu boisé, bouche serrée, tendue, riche, puissant, un peu trop de muscle à ce stade.

14,5 – **Grand Vin**. Floral, framboise, note café, bouche vive, gourmand, un peu de creux en milieu de bouche.

– *Dégustation de juin 2010*

14,5/15 – **Girolate**. Nez fermé, bouche tendue, vive, plus élégante que le 2008, un peu séchant en finale à ce stade. Bonne longueur.

15,5 – **Grand Vin**. Vient d'être mis en bouteille, nez fruits noirs, bouche mentholée, fraîche, vif, élégant.

Millésime 2009

– Dégustation d'avril 2010

15,5 – Grand Vin. Réglisse, menthe, fruits rouges. *« On a mis 10 % de franc pour redonner de la vivacité, car les merlots sont riches mais un peu patauds, cette année. »* Frais en bouche, dense, bons tanins, de la niaque en milieu de bouche.

16 – Girolate blanc. 50/50 sauvignon et sémillon. Nez citronné, fleurs blanches, belle complexité, long, gras, plein, note minérale, silex en finale.

INDEX

Abbesses & La Grande Abbesse (Clos), 1672
Adaugusta, 1656
Agassac (Ch. d'), 118
Aiguilhe (Ch. d'), 1846
Aiguilhe-Querre (Ch. d'), 1845
Alphonse-Dubreuil (Clos), 1807
Âme-de-Musset, 1366
Ampélia, 1848
Ancien (L'), 1367
Andron Blanquet, 704
Angélus, 1431
Anthonic, 256
Arche (Ch. d'), 1021
Argenteyre (L'), 770
Argilus-du-Roi (Ch. L'), 707
Armailhac (Ch. d'), 564
Armajan-des-Ormes, 1112
Arrosée (L'), 1520
Arsac (Ch. d'), 418
Ausone, 1413

Badon Thunevin (Clos), 1669
Balestard-La Tonnelle, 1522
Barbe-Blanche, 1734
Baret, 926
Barrabaque, 1184
Barreyres, 122
Batailley, 546
Baudan (Ch.), 236
Baudens, 828
Beauregard, 1211
Beauregard-Ducasse, 976
Beauséjour hDL, 1447
Beau-Séjour-Bécot, 1438
Beau-Site, 709
Beau-Soleil, 1209
Bégadan, 829
Béhèré, 664
Béjac-Romelys, 830
Bel-Air, 123
Bel-Air-La Royère, 1782
Bélair-Monange, 1452
Belgrave, 94
Bellefont-Belcier, 1523
Belle-Garde, 1887
Bellegrave, 652, 1214
Belles-Graves, 1370
Belle-Vue, 127
Bellevue, 1527
Bellisle-Mondotte, 1657
Bel-Orme-Tronquoy-de-Lalande, 125
Bergat, 1530
Bergère (La), 1746
Berliquet, 1533
Bernadotte, 129
Bessane (La), 426
Bessan-Ségur, 772
Beyan (Le), 222
Beychevelle, 460
Biston-Brillette, 258
Bonalgue, 1218
Bonnet, 1890
Bon-Pasteur (Le), 1222
Boscq (Le), 711
Bourdillot (Ch. Le), 977
Bourgneuf-Vayron/Bourgneuf, 1225
Bouscaut, 843
Boutisse, 1659
Boyd-Cantenac, 286
Branaire-Ducru, 466
Branas-Grand-Poujeaux, 261

Branda, 1760
Brande (Ch. La), 1852
Brane-Cantenac, 291
Branne (La), 773
Brethous, 1827
Bridane (La), 533
Brillette, 262
Brisson, 1853
Brondelle, 979
Broustet, 1024
Brown, 928
Brûlesécaille, 1804
Brun (Ch.), 1662

Cabanne (La), 1227
Cadet-Piola, 1536
Caillou, 1026
Calicé (Le), 1663
Calon (Ch.), 1767
Calon-Ségur, 668
Cambon-La Pelouse, 132
Camensac, 100
Canon, 1461
Canon et Junayme (fronsac), 1186
Canon-de-Brem, 1188
Canon-La Gaffelière, 1538
Canon-Saint-Michel, 1189
Cantegril, 1114
Cantelys, 930
Cantemerle, 88
Cantenac-Brown, 298
Canton-des-Ormeaux (Clos du), 1238
Capbern-Gasqueton, 713
Cap Léon Veyrin, 237
Carbonnieux, 847
Cardonne (La), 776
Carignan, 1828
Carles (Ch. de), 1150
Carmes-Haut-Brion (Les), 931
Caronne-Sainte-Gemme, 134
Carteau-Côte-Daugay, 1664
Cartillon (Ch. du), 137
Cassagne Haut-Canon, 1190
Cave coopérative de Puisseguin, 1762
Certan-de-May, 1229
Certan-Marzelle, 1230
Chadenne, 1152
Champ-des-Treilles (Ch. du), 1879
Chante-Alouette, 1666
Chantegrive (De), 982
Chantelune, 417
Chantelys, 777
Charmail, 138
Charmille (La Rame) (La), 1838
Chasse-Spleen, 264
Châtelet (Le), 1668
Chauvin, 1544
Cheval-Blanc, 1420
Cissac, 140
Citran, 144
Clare (La), 778
Clarke, 239
Clauzet, 714
Clémence (La), 1232
Clerc-Milon, 551
Climens, 1028
Clinet, 1235
Clocher (Clos du), 1239
Clos-Chaumont, 1830
Clos-du-Roy, 1154
Clos-Fourtet, 1470
Closiot, 1116
Clos-René (Ch.), 1243
Clotte (La), 1555
Clotte-Cazalis (La), 1117
Colombier-Monpelou, 654
Conseillante (La), 1245
Corbin, 1560
Corbin-Michotte, 1557
Cornélie, 148
Cos-d'Estournel, 673
Cos-Labory, 682
Coteau (Le), 437
Côte-Montpezat, 1857
Coucy, 1747
Coudot (Ch. de), 223
Coufran, 151
Couhins, 854
Couhins-Lurton, 851
Cour-d'Argent (La), 1891
Courlat (Ch. du), 1735

Couronne (La), 1748
Couspaude (La), 1564
Coutelin-Merville, 716
Coutet, 1039, 1677
Couvent-des-Jacobins, 1566
Crock (Le), 717
Croix (La), 985, 1252
Croix-de-Gay (La), 1254
Croix-des-Moines (La), 1371
Croix-du-Casse (La), 1256
Croix-Taillefer (La), 1258
Croizet-Bages, 555
Cros (Ch. du), 1137
Cruzeau (Ch. de), 935
Cure (Clos de la), 1671

Dalem, 1156
Damase, 1893
Darzac, 1894
Dassault, 1568
Dauphine (Ch. de La), 1158
Dauphiné-Rondillon, 1135
Dauzac, 313
Desmirail, 318
Destieux, 1570
Destrier (Le), 1679
Devise d'Ardilley, 153
Deyrem-Valentin, 421
Doisy-Daëne, 1052
Doisy-Védrines, 1056
Domaine de Carbonnieu, 1114
Domaine de Chevalier, 858
Domaine de l'A, 1843
Domaine de la Solitude, 971
Domaine de l'Aurage, 1850
Domaine de l'Église, 1261
Domaine de Courteillac, 1896
Domaine des Graves-d'Ardonneau, 1787
Domaine du Noble, 1136
Domeyne, 720
Dominique (La), 1574
Dubraud, 1784
Ducluzeau, 241
Ducru-Beaucaillou, 472
Dudon, 1832
Duhart-Milon, 559
Durfort-Vivens, 324
Duthil, 155
Dutruch-Grand-Poujeaux, 268

Eck (Ch. d'), 937
Éden-de-Lapeyronie, 1871
Église (Clos l'), 1242
Église-Clinet (L'), 1263
Escurac (D'), 779
Évangile (L'), 1265
Eyran (Ch. d'), 938

Fargues (Ch. de), 1119
Faugères, 1680
Faurie-de-Souchard, 1576
Féret-Lambert, 1900
Ferrande, 987
Ferrière, 333
Feytit-Clinet, 1271
Fieuzal (Ch. de), 865
Figeac, 1475
Filhot, 1059
Fleur-Cardinale, 1577
Fleur-Chaigneau (La), 1375
Fleur-de-Boüard (La), 1373
Fleur-de-Gay (La), 1273
Fleur-Haut-Gaussens, 1902
Fleur-La Mothe, 782
Fleur-Pétrus (La), 1275
Fleur-Peyrabon (La), 655
Fleur-Pourret (La), 1682
Floridène (Clos), 984
Fombrauge et Magrez-Fombrauge, 1683
Fonbadet, 656
Fonbel (Ch. de), 1685
Fonplégade, 1579
Fonréaud, 242
Fonroque, 1581
Fontenil, 1161
Fontesteau, 156
Fontis, 783
Fougas-Maldoror, 1809

Fourcas-Dupré, 244
Fourcas-Hosten, 247
Franc-Maillet, 1277
Franc-Mayne, 1584
Francs (De), 1873
Freyneau, 1905

Gaby (Ch. du), 1192
Gadet-Terrefort, 832
Gaffelière (La), 1486
Galiane (La), 427
Garance-Haut-Grenat, 834
Garde (La), 940
Garraud, 1377
Garricq (La), 270
Gay (Le), 1283
Gazin, 1279
Gazin-Rocquencourt, 942
Gironville (Ch. de), 158
Giscours, 338
Glana (Du), 534
Gloria, 537
Gombaude-Guillot, 1285
Gomerie (La), 1687
Grand-Abord, 989
Grand-Brun, 225
Grand-Corbin-Despagne, 1586
Grand-Enclos du Château de Cérons, 988
Grandes-Murailles (Les), 1596
Grandes-Versannes (Clos), 1674
Grand-Maison, 1813
Grand-Mayne, 1592
Grand-Moulinet, 1289
Grand-Ormeau, 1381
Grand-Pontet, 1594
Grand-Puy-Ducasse, 569
Grand-Puy-Lacoste, 573
Grands Chênes (Les), 785
Grands-Maréchaux (Les), 1785
Grand-Village, 1907
Granins-Grand-Poujeaux, 271
Grave (La), 1292
Gravière (La), 1383
Gravières & Lynsolence (Les), 1689
Graviers (Ch. des), 456
Grenière (Ch. de La), 1736
Greysac, 787
Grivière, 790
Gruaud-Larose, 478
Guadet, 1599
Guibot-La Fourvieille, 1764
Guillot, 1293
Guillot-Clauzel, 1295
Guiraud, 1063
Guitignan, 273
Gurgue (La), 428
Guyonnets (Les), 1832

Hauchat-La Rose, 1162
Haura, 991
Haut-Bages-Libéral, 577
Haut-Bages-Monpelou, 658
Haut-Bailly, 868
Haut-Ballet, 1194
Haut-Batailley, 582
Haut-Beauséjour, 721
Haut-Bergey et Branon, 944
Haut-Bertinerie, 1788
Haut-Bonneau, 1751
Haut-Breton-Larigaudière, 424
Haut-Brion, 877
Haut-Canteloup, 1790
Haut-Chaigneau, 1385
Haut-Colombier, 1791
Haut-Corbin, 1600
Haut-Grelot, 1793
Haut-Lagrange, 945
Haut-Lariveau, 1164
Haut-Macô, 1815
Haut-Madrac, 160
Haut-Marbuzet, 723
Haut-Maurac, 793
Haut-Mayne (Ch.), 1124
Haut-Mazeris, 1194
Haut-Nouchet, 949
Haut-Peyraguey (Clos), 1036
Haut-Reys, 992
Haut-Saint-Georges & La Grande-Barde, 1769

Haut-Sarpe, 1603
Hauts-Conseillants (Les), 1390
Haut-Surget, 1387
Haye (La), 731
Hosanna, 1296
Huste (Ch. de La), 1166

Inclassable (L'), 795
Issan (D'), 346

Jacobins (Clos des), 1550
Jaugueyron (Clos du), 146
Jean Faux, 1898
Jean-de-Gué, 1392
Jean-Faure, 1691
Joanin-Bécot, 1858
Jonqueyres (Les), 1795
Justices & Gilette (Les), 1125

Kirwan, 354

Labadie, 1816
Labégorce, 431
Labégorce-Zédé, 435
Laborderie-Mondésir, 1394
Lafaurie-Peyraguey, 1068
Lafite-Rothschild, 585
Lafleur, 1298
Lafleur-Gazin, 1302
Lafon-Rochet, 687
Lagrange, 484
Lagune (La), 105
Lalande-Borie, 540
Lamarque (Ch. de), 163
Lamothe-Bergeron, 168
Lamothe-Despujols, 1072
Lamothe-Guignard, 1074
Landereau, 1909
Landes (Des), 1740
Lanessan, 170
Langlet, 993
Langoa-Barton, 492
Lapeyronie, 1860
Larcis-Ducasse, 1607
Larmande, 1614
Laroque, 1616
Larose-Trintaudon, 173
Laroze, 1622
Larrivaux, 176
Larrivet-Haut-Brion, 951
Lascaux, 1911
Lascombes, 360
Latour, 598
Latour à Pomerol, 1304
Latour-Martillac, 890
Lauga (Ch. de), 227
Lauzette-Declercq (La), 161
Laville, 1127
Laville-Haut-Brion, 895
Layauga-Duboscq, 797
Lécuyer, 1306
Léoville-Barton, 497
Léoville-Las-Cases, 504
Léoville-Poyferré, 514
Lestage, 250
Lestiac (Ch. de), 1833
Lestrille-Capmartin, 1913
Lilian-Ladouys, 734
Lisennes (Ch. de), 1916
Liversan, 177
Loubens, 1140
Loudenne, 798
Louie (Clos), 1854
Louvière (La), 954
Luchey-Halde, 958
Lynch-Bages, 606
Lynch-Moussas, 612
Lyonnat, 1741

Macquin, 1771
Magdelaine, 1491
Magneau, 995
Malartic-Lagravière, 897
Malescasse, 179
Malescot-Saint-Exupéry, 366
Malle (Ch. de), 1076
Mangot, 1694
Marbuzet (Ch.), 735
Margaux (Ch.), 304
Marjosse, 1919

Marquis-d'Alesme-Becker, 371
Marquis-de-Terme, 375
Marsalette (Clos), 933
Martinat, 1817
Marzelle (La), 1605
Maucaillou, 274
Maucamps, 181
Maurac, 183
Mazeris, 1196
Mazeris-Bellevue, 1197
Mazeyres, 1308
Méjean, 998
Mercier, 1819
Meyney, 737
Micalet, 229
Mille-Roses, 184
Millery (de), 1695
Mission-Haut-Brion (La), 903
Moines (Ch. des), 1752
Monbousquet, 1628
Monbrison, 439
Mondésir-Gazin, 1797
Mondotte (La), 1696
Mongravey, 442
Mont (Ch. du), 999
Mont (Du), 1141
Montfollet, 1798
Mont-Pérat, 1835
Montrose, 692
Montviel, 1311
Mothe-du-Barry (La), 1920
Moulin (Du), 187
Moulin (Le), 1313
Moulin-de-Blanchon (Ch.), 185
Moulin-de-la-Rose, 541
Moulin-du-Cadet, 1630
Moulin-Haut-Laroque, 1167
Moulin-La Bergère, 1773
Moulin-Pey-Labrie, 1199
Moulin-Saint-Georges, 1699
Mousseyron, 1922
Mouton-Rothschild, 615
Moutte-Blanc, 1924
Myrat, 1079

Nairac, 1083
Nénin, 1314
Nénine, 1836
Noaillac, 800
Nodoz, 1821

Olivier, 909
Oratoire (Clos de l'), 1548
Ormes-de-Pez (Les), 740
Ormes-Sorbet (Les), 802
Osmond (D'), 232

Palmer, 380
Paloumey, 188
Pape-Clément, 913
Papeterie (La), 1753
Parenchère, 1925
Pas-de-l'Âne, 1700
Patache-d'Aux, 804
Paveil-de-Luze, 444
Pavie, 1500
Pavie-Decesse, 1631
Pavie-Macquin, 1495
Pavillon & Château Grand-Renouil (Ch. du), 1201
Pavillon & Les Roques (Du), 1143
Pavillon-Bel-Air, 1395
Pavillon-Saint-Georges (Clos du), 1768
Pédesclaux, 625
Pélan-Bellevue, 1874
Pénin, 1927
Périer (Ch. du), 807
Petit-Bocq, 745
Petit-Village, 1318
Pétrus, 1321
Peyrabon, 191
Peyre (La), 766
Pez (Ch. de), 748
Phélan-Ségur, 750
Piada, 1128
Pibran, 660
Pichon-Longueville (Pichon-Baron), 637

Pichon-Longueville-Comtesse-de-Lalande, 630
Picque-Caillou, 960
Pierre-de-Lune, 1702
Pin (Le), 1330
Pindefleurs, 1704
Pipeau, 1705
Pitray (Ch. de), 1862
Plince, 1334
Plincette, 1335
Pointe (La), 1336
Poitevin, 808
Pontac-Lynch, 446
Pontet-Caillou, 966
Pontet-Canet, 645
Pontoise-Cabarrus, 193
Pont-Saint-Martin, 965
Potensac, 810
Pouget, 390
Poujeaux, 275
Pressac (De), 1708
Preuillac, 814
Prieuré (La), 1625
Prieuré-Lichine, 393
Providence (La), 1340
Puy-Arnaud (Clos), 1856
Puygueraud, 1876

Quinault-L'Enclos, 1710

Rabaud-Promis, 1085
Rahoul, 1001
Ramafort, 815
Rame (La), 1144
Raux (Ch. du), 195
Rauzan-Despagne, 1931
Rauzan-Gassies, 398
Rauzan-Ségla, 403
Raymond-Lafon, 1130
Rayne-Vigneau, 1088
Raz-Caman (La), 1799
Recougne, 1932
Renard-Mondésir, 1169
Respide, 1003
Retout (Du), 196
Reynon, 1840
Reysson, 198
Rieussec, 1092
Ripeau, 1633
Rivière (Ch. de La), 1170
Roc-de-Calon, 1754
Roc-de-Cambes, 1822
Rochemorin (Ch. de), 967
Roche-Pressac (La), 1863
Rollan-de-By, 817
Rol Valentin, 1713
Romer, 1099
Romer-du-Hayot, 1097
Roquetaillade-La Grange, 1005
Rose-Perrière (La), 1743
Rouget, 1342
Rousselle (La), 1172

Saint-Christoly, 819
Saint-Émilion-Philippe (Clos), 1676
Saint-Georges-Côte-Pavie, 1635
Saint-Martin (Clos), 1553
Saint-Pierre, 521
Saint-Robert, 1008
Sales (Ch. de), 1343
Sansonnet, 1714
Saransot-Dupré, 251
Sartre (Ch. Le), 968
Sauman, 1823
Segonzac, 1801
Seguin, 970
Ségur-de-Cabanac, 755
Sénéjac, 200
Sergant, 1396
Sergue (La), 1397
Sérilhan, 757
Serre (La), 1636
Siaurac, 1398
Sigalas-Rabaud, 1101
Simard, 1718
Siran, 448
Smith-Haut-Lafitte, 918
Sociando-Mallet, 202
Soleil et Rival, 1765
Soudars, 213

Soutard, 1639
Suau, 1104
Suduiraut, 1106

Tailhas (Ch. du), 1348
Taillan (Du), 214
Taillefer, 1345
Talbot, 527
Tayac, 450
Tayet, 1935
Terrey-Gros-Cailloux, 543
Tertre (Du), 411
Tertre-Daugay, 1645
Tertre-Roteboeuf, 1719
Tessonnière (Ch. La), 837
Tour-Blanche (La), 1109
Tour-Carnet (La), 112
Tour-de-Bessan (La), 452
Tour-de-By (La), 821
Tour-de-Mirambeau/Girolate, 1936
Tour-de-Mons (La), 453
Tour-de-Pez, 758
Tour-des-Agasseaux, 1745
Tour-des-Termes, 760
Tour-du-Moulin, 1173
Tour-du-Pas-Saint-Georges, 1774
Tour-du-Pin (La), 1650
Tour-du-Pin-Figeac, 1652
Tour-Figeac (La), 1648
Tour Haut-Brion (La), 924
Tour-Maillet, 1351
Tournefeuille, 1400
Tourteau-Chollet, 1010
Treytins, 1756
Trianon, 1723
Trois-Croix (Ch. Les), 1175
Trois-Moulins, 215
Tronquoy-Lalande, 762
Troplong-Mondot, 1505
Trotanoy, 1353
Trottevieille, 1513
Tuyttens, 1131

Valandraud, 1724
Verdignan, 216
Veyres (Ch. de), 1132
Veyry, 1865
Viaud (De), 1404
Vieux-Château-Certan, 1356
Vieux-Château-Champ-de-Mars, 1866
Vieux-Château-Gaubert, 1011
Vieux-Château-Palon, 1757
Vieux-Château-Saint-André, 1758
Vieux-Robin, 826
Villa-Bel-Air, 1014
Villambis (De), 217
Villars (Ch.), 1178
Villegeorge (Ch. de), 218
Villemaurine, 1653
Violette (La), 1361
Vrai-Canon-Bouché, 1203
Vray-Croix-de-Gay, 1362

Yquem (D'), 1043

Remerciements à

Gilles Abrant, Nathalie Arrigoni, Catherine Barbier, Emma Baudry, Sylvain Boivert, Olivier Bompas, Audrey Bourolleau, Manuel Carcassonne, Christophe Château, Sophie Dabudyk, Valérie Descudet, Astrid Deysine, Nathalie Diffi, Frédérique Dutheillet de Lamothe, Jean-Christophe Estève, Francis Étourneaud, Laure Gasparotto, Didier Gontier, Daniel Harrus, Frédérique Javanaud, Jean Lissague, Emmanuelle Ponsan-Dantin, Armand Verchère, Jean-Louis Vivière, et à tous ceux qui sur place ont favorisé mon travail.

Un grand merci à mon journal, *Le Point*, à mes collègues et amis qui m'ont encouragé, à son actionnaire François Pinault, propriétaire d'un grand cru, qui n'a jamais songé à influencer mon jugement.

Cet ouvrage a été composé par IGS-CP
à L'Isle-d'Espagnac (16)

Achevé d'imprimer en août 2011
dans les ateliers Grafica Veneta S.p.A. - Italie
dépôt légal : septembre 2011

N° d'édition 16824